आर. गुप्ता® कृत

पॉपुलर मास्टर गाइड

नेशनल टेस्टिंग एजेंसी (NTA)

UGC-NET/JRF

Junior Research Fellowship & Assistant Professor Eligibility Exam

संगीत

• हिन्दुस्तानी संगीत
• कर्नाटक संगीत
• रबीन्द्र संगीत • अवनद्ध वाद्य

पेपर II

लेखकः
डॉ. गुन्जन सक्सेना
M.A. (Sitar), Ph.D

संशोधनकर्त्ताः
डॉ. निशा रावत
M.A., Ph.D, D. Lit, NET

2027
EDITION

रमेश पब्लिशिंग हाउस, नई दिल्ली

प्रकाशक

ओ॰पी॰ गुप्ता, रमेश पब्लिशिंग हाउस

प्रशासनिक कार्यालय

12-H, न्यू दरियागंज रोड, ऑफिसर्स मेस के सामने,
नई दिल्ली-110002 ✆ 23275224, 23245124

E-mail: info@rameshpublishinghouse.com
For Online Shopping: www.rameshpublishinghouse.com

विक्रय केन्द्र

- बालाजी मार्किट, नई सड़क, दिल्ली-110006 ✆ 23282525 📱 9354373464
- 4457, नई सड़क, दिल्ली-110006

Book Code: R-691

ISBN: 978-93-87604-83-4

मूल्यः ₹ 720

मुद्रकः दीपक ऑफसैट, दिल्ली

विषय-सूची

अध्ययन सामग्री

वस्तुनिष्ठ प्रश्न

National Testing Agency (NTA)

UGC-NET जूनियर रिसर्च फैलोशिप तथा सहायक प्राध्यापक पात्रता परीक्षा

हिन्दुस्तानी संगीत, कर्नाटक संगीत, रबीन्द्र संगीत तथा अवनद्ध वाद्य

जनवरी-2026

(Exam held on 07-01-2026)

प्रश्न-पत्र-II

नोट : परीक्षार्थी भाग-I के सभी 25 प्रश्नों के उत्तर दें। यह भाग अनिवार्य है। परीक्षार्थी भाग-II, भाग-III, भाग-IV तथा भाग-V में से किसी एक भाग के सभी 75 प्रश्नों के उत्तर दें। प्रत्येक प्रश्न के दो (2) अंक हैं।

भाग-I

1. निम्नलिखित में से लोक अवनद्ध वाद्ययंत्र को चिह्नांकित कीजिए :

1. मृदंगम   2. घटम
3. उरूमी   4. तबला

2. निम्नलिखित में से भिन्न को चिह्नांकित कीजिए :

1. घटम   2. प्लावित
3. भेरी   4. तविल

3. निम्नलिखित में से कौन-सा राग एक स्त्री राग है?

1. मेघ राग   2. हिंडोला राग
3. वसंत राग   4. मालवी राग

4. कर्नाटक संगीत में हिन्दुस्तानी काफी थाट के समान राग है :

1. खरहर प्रिया   2. शंमुग प्रिया
3. रसिक प्रिया   4. वरूण प्रिया

5. निम्नलिखित में से क्या बंगाल का लोकगीत है?

1. पणिहारि   3. तुषुगान
3. सोहर   4. भारूड

6. कर्णाटक पद्धति में वर्णित सप्त तालों में से भिन्न ताल को चयनित करें :

1. रुपक   2. आदि
3. झम्पा   4. त्रिपुट

7. कटपयादि में वाचस्पति मेल की संख्या कितनी होगी?

1. 52   2. 64
3. 74   4. 78

8. ताल त्रिताल में एकताल को बोलने से कितने आवर्त्तन पश्चात् सम आयेगा?

1. 6 आवर्त्तन के बाद   2. 4 आवर्त्तन के बाद
3. 2 आवर्त्तन के बाद   4. 5 आवर्त्तन के बाद

9. 5/4 लयकारी है :

1. सवाई   2. पौनी
3. आड़ी   4. पौने दो गुनी

10. निम्नलिखित में से कौन-सा दत्त संकलन से संबद्ध नहीं है?

1. व्यक्तिगत साक्षात्कार
2. प्रश्नावली

3. ए.पी.ए., एम.एल.ए., शिकागो शैली
4. क्षेत्र कार्य

11. नीचे दो कथन दिए गए हैं: एक अभिकथन (A) के रूप में है तो दूसरा उसके कारण (R) के रूप में :

अभिकथन (A): शोध में पाद टिप्पणी का प्रयोग सामान्यतया सूचना के स्रोत को निरूपित करने के लिए किया जाता है।

कारण (R): अधिकांश क्षेत्रीय कार्य में व्यक्तियों या वस्तुओं का प्रेक्षण/अथवा प्रश्न पूछना शामिल है।

उपरोक्त कथन के आलोक में, नीचे दिए गए विकल्पों में से सबसे उपयुक्त **उत्तर** का चयन कीजिए :

1. (A) और (R) दोनों सही हैं और (R), (A) की सही व्याख्या है
2. (A) और (R) दोनों सही हैं और (R), (A) की सही व्याख्या नहीं है
3. (A) सही है और (R) सही नहीं है
4. (A) सही नहीं है और (R) सही है

12. नीचे दो कथन दिए गए हैं: एक अभिकथन (A) के रूप में है तो दूसरा उसके कारण (R) के रूप में :

अभिकथन (A): एक शोध प्रबंध के अंत में संदर्भ ग्रंथ सूची होती है।

कारण (R): संदर्भ ग्रंथ सूची में लेखक का नाम, प्रकाशक, प्रकाशन का स्थल एवं वर्ष सम्मिलित होता है।

उपरोक्त कथन के आलोक में, नीचे दिए गए विकल्पों में से सबसे उपयुक्त **उत्तर** का चयन कीजिए :

1. (A) और (R) दोनों सही हैं और (R), (A) की सही व्याख्या है
2. (A) और (R) दोनों सही हैं और (R), (A) की सही व्याख्या नहीं है
3. (A) सही है और (R) सही नहीं है
4. (A) सही नहीं है और (R) सही है

13. विषमपदी तालों को मात्रानुसार अवरोही क्रम से व्यवस्थित करें :

A. पंचम सवारी   B. यतिशिखर
C. रूद्र   D. बसन्त
E. विष्णु

नीचे दिए गए विकल्पों में से **सही** उत्तर चुनें :

1. E, A, B C, D   2. B, C, D, A, E
3. C, D, E, B, A   4. A, E, C, D, B

14. निम्नलिखित तालों को ताली की संख्या के आधार पर अवरोही क्रम में लिखें।

A. गज झम्पा   B. कुंभ ताल
C. मणि ताल   D. बसंत ताल

नीचे दिए गए विकल्पों में से **सही** उत्तर चुनें :

1. A, D, B, C   2. D, C, B, A
3. B, D, C, A   4. C, A, B, D

15. कटपयादि के चक्रों को क्रमबद्ध करें :

A. इन्दु   B. ऋतु
C. वेद   D. अग्नि
E. नेत्र

नीचे दिए गए विकल्पों में से **सही** उत्तर चुनें :

1. E, D, A, B, C   2. A, E, D, C, B
3. C, D, E, A, B   4. D, B, A, E, C

16. उ. फैयाज खाँ को प्राप्त उपाधियों को समय क्रम से व्यवस्थित करें :

A. ज्ञानरत्न   B. संगीत सम्राट
C. संगीत चूड़ामणि   D. आफताब-मौसिकी

नीचे दिए गए विकल्पों में से **सही** उत्तर चुनें :

1. A, B, C, D   2. B, A, D, C
3. C, D, A, B   4. D, A, B, C

17. वैदिक स्वरों को क्रम से व्यवस्थित करें :

A. प्रथम   B. क्रुष्ट
C. अतिस्वार्य   D. मंद्र
E. चतुर्थ

नीचे दिए गए विकल्पों में से **सही** उत्तर चुनें :

1. B, A, E, D, C   2. A, B, C, E, D
3. B, C, D, A, E   4. C, D, B, E, A

18. पश्चिम बंगाल के लोक संगीत से भिन्न संगीत शैली है :

A. भटियाली   B. चटका
C. नजरूल गीति   D. बाउल
E. रवीन्द्र संगीत

नीचे दिए गए विकल्पों में से **सही** उत्तर चुनें :

1. केवल B, D   2. केवल A, E
3. केवल A, C   4. केवल C, E

19. उत्तर प्रदेश की किन लोक गायन शैलियों को उप-शास्त्रीय संगीत में सम्मिलित किया गया?

A. कजरी B. चैती
C. लोरी D. ठुमरी
E. सोहर

नीचे दिए गए विकल्पों में से **सही** उत्तर चुनें :

1. केवल C, E, D 2. केवल A, B, D
3. केवल B, D, E 4. केवल A, D, C

20. दक्षिण भारतीय लोक संगीत में प्रयुक्त वाद्य नहीं है :

A. परै B. तप्पट्टै
C. घटम् D. उडुक्का
E. कंजिरा

नीचे दिए गए विकल्पों में से **सही** उत्तर चुनें :

1. केवल A, B, D 2. केवल C, E
3. केवल C, B, D 4. केवल A, D, E

21. सूची-I को सूची-II से सुमेलित करें :

सूची-I (गायन शैली)	सूची-II (ताल)
A. ध्रुपद	I. जत्त
B. खयाल	II. अद्धा
C. टप्पा	III. तीव्रा
D. ठुमरी	IV. झूमरा

नीचे दिए गए विकल्पों में से **सही** विकल्प चुनें :

1. A-I, B-II, C-III, D-IV
2. A-III, B-IV, C-I, D-II
3. A-II, B-III, C-IV, D-I
4. A-IV, B-III, C-II, D-I

22. सूची-I को सूची-II से सुमेलित करें :

सूची-I	सूची-II
A. ताल का प्रारंभ	I. आवर्तन
B. ताल की पहली से अंतिम मात्रा तक एक क्रम	II. भरी
C. विश्रान्तिस्थल	III. सम
D. अन्य ताली स्थान	IV. खाली

नीचे दिए गए विकल्पों में से **सही** विकल्प चुनें :

1. A-I, B-IV, C-III, D-II
2. A-III, B-I, C-IV, D-II
3. A-IV, B-II, C-I, D-III
4. A-II, B-III, C-IV, D-I

23. सूची-I को सूची-II से सुमेलित करें :

सूची-I (षडांग)	सूची-II (चिह्न)
A. अनुद्रुत	I. I
B. द्रुत	II. S
C. गुरु	III. O
D. लघु	IV. U

नीचे दिए गए विकल्पों में से **सही** विकल्प चुनें :

1. A-I, B-II, C-III, D-IV
2. A-III, B-IV, C-I, D-II
3. A-IV, B-III, C-II, D-I
4. A-II, B-I, C-III, D-IV

24. विषय तथा शोध क्षेत्र को सुमेलित करें :

सूची-I (विषय)	सूची-II (शोध क्षेत्र)
A. किशोरावस्था के व्यवहार में संगीत का प्रभाव	I. भौतिकी एवं संगीत
B. तारों के कंपन का अध्ययन	II. नृजातीयसंगीत
C. दक्षिण पूर्व एशियाई देशों का संगीत	III. धर्म और संगीत
D. मंदिर अनुष्ठानों में संगीत	IV. मनोविज्ञान और संगीत

नीचे दिए गए विकल्पों में से **सही** विकल्प चुनें :

1. A-III, B-II, C-I, D-IV
2. A-IV, B-I, C-II, D-III
3. A-II, B-III, C-IV, D-I
4. A-I, B-IV, C-III, D-II

25. सूची-I को सूची-II से सुमेलित करें :

सूची-I	सूची-II
A. ताल स्वरूप	I. जाति
B. मात्रा संख्या	II. दमदार
C. सशब्द क्रिया	III. ठेका
D. तिहाई	IV. ताली

नीचे दिए गए विकल्पों में से **सही** विकल्प चुनें :

1. A-III, B-I, C-II, D-IV
2. A-III, B-II, C-I, D-IV
3. A-I, B-II, C-III, D-IV
4. A-III, B-I, C-IV, D-II

भाग-II

हिन्दुस्तानी संगीत (गायन तथा वादन)

26. विकृत स्वर 'वराली' संज्ञा किस ग्रन्थकार द्वारा दी गई?
1. रामामात्य 2. व्यंकटमखी
3. लोचन 4. भावभट्ट

27. पं. अहोबल ने 'तीव्रतम मध्यम' स्वर को किस श्रुति पर स्थापित किया?
1. प्रसारिणी 2. आलापिनी
3. संदीपिनी 4. क्षोभिणी

28. वैदिक संगीत में 'आघाटि' नामक वाद्य किस वर्ग से है?
1. तन्त्री वाद्य 2. सुषिर वाद्य
3. घन वाद्य 4. अवनद्ध वाद्य

29. षड्ज के च्युत तथा अच्युत स्वर भेद किस ग्रंथ में वर्णित हैं?
1. नारदीय शिक्षा 2. राग विबोध
3. संगीत रत्नाकर 4. संगीत पारिजात

30. नाट्यशास्त्र के अनुसार, चच्चत्पुट ताल में मात्राओं का क्रम है :
1. गुरू लघु लघु गुरू
2. प्लुत लघु गुरू गुरू लघु
3. गुरू गुरू लघु प्लुत
4. प्लुत गुरू गुरू गुरू प्लुत

31. पुण्डरीक विट्ठल के ग्रन्थ सद्राग चन्द्रोदय में मालवगौड़ मेल के अन्तर्गत आने वाले रागों की संख्या कितनी है?
1. तेरह 2. पाँच
3. इक्कीस 4. चार

32. आचार्य बृहस्पति के अनुसार 'गान्धर्व शास्त्र' का संक्षेपकर्ता किस ग्रन्थकार को कहा गया है?
1. भरत 2. मतंग
3. कोहल 4. दत्तिल

33. बृहद्देशी के अनुसार, किसी भी 'भाषा' से प्रभावित नहीं होने वाली 'भाषा' का नाम है :
1. देशाख्या 2. स्वराख्या
3. मुख्या 4. अन्योपरागजा

34. 'जय जय देव हरे इति सर्वत्र ध्रुवपदम्'
'ध्रुव' की उपरोक्त परिभाषा किस ग्रन्थ में वर्णित है?
1. गीतगोविन्द 2. नाट्यशास्त्र
3. संगीत रत्नाकर 4. संगीत पारिजात

35. दक्षिण भारतीय लोकवाद्य 'मगुड़ी', वाद्यों की किस श्रेणी के अन्तर्गत आता है?
1. सुषिर 2. घन
3. अवनद्ध 4. तन्त्री

36. हीराबाई बड़ौदकर किस घराने की कलाकार थी?
1. ग्वालियर 2. किराना
3. आगरा 4. जयपुर

37. महाराजा स्वाति तिरूनाल का जन्म किस शताब्दी में हुआ?
1. सोलहवीं 2. उन्नीसवीं
3. पंद्रहवीं 4. अठाहरवीं

38. उत्तर भारतीय संगीत का तराना गायन दक्षिण भारत की किस गायन शैली से साम्यता रखता है?
1. तिल्लाना 2. कीर्त्तन
3. पद 4. गीतम

39. ठुमरी गायन शैली का स्वरूप प्राचीन काल की किस गीति में परिलक्षित होता है?
1. शुद्धा 2. गौड़ी
3. बेसरा 4. भिन्ना

40. पुण्डरीक विट्ठल के ग्रन्थ रागमाला के अनुसार, देशाक्षी रागिनी किस मेल से उत्पन्न है?
1. नट्ट नारायण 2. शुद्ध भैरव
3. शुद्ध नाट 4. श्री राग

41. राग तत्व विबोध के अनुसार, वीणा पर स्वर स्थापना के अन्तर्गत पूर्वमेरु से अन्त्यमेरु कितनी इंच की दूरी पर स्थित है?

1. 18 इंच 2. 21 इंच
3. 36 इंच 4. 30 इंच

42. ''स्वरस्य कम्पो गमकः श्रोतृचित्त सुखावहः'' गमक की उपरोक्त परिभाषा संगीत के किस ग्रन्थ में वर्णित है?

1. रस कौमुदी 2. राग माला
3. सद्रागचन्द्रोदय 4. संगीत रत्नाकर

43. संगीत समयसार में गमक के कितने प्रकारों की विवेचना की गई है?

1. पन्द्रह 2. आठ
3. सात 4. दस

44. बिना परदों वाले लोकवाद्य को इंगित कीजिए :

1. कोम्बु 2. रबाब
3. मूंगल 4. तुरही

45. संगीत चूड़ामणि में ताल के कितने प्राणों का उल्लेख है?

1. पाँच 2. तीन
3. सात 4. दस

46. तीन ग्रामों की 49 'यज्ञोपयोगी' तानों का उल्लेख किस ग्रंथ में वर्णित है?

1. नाट्यशास्त्र 2. मानसोल्लास
3. भरत भाष्य 4. संगीत समयसार

47. नाट्यशास्त्र में 'आतोद्य' संज्ञा का प्रयोग किस संदर्भ में है?

1. मूर्च्छना 2. श्रुति जाति
3. चतुर्विध वाद्य 4. गमक के प्रकार

48. प्रथम संगीतमय व संवाद मुक्त फिल्म किसने बनाई?

1. डॉन ज़ुआ 2. लीड फारेस्ट
3. एच.डी. अर्नाल्ड 4. विलडेट

49. समान जाति की रागों के युग्म को इंगित कीजिए :

1. आभोगी-भीमपलासी 2. नट भैरव-मारवा
3. जौनपुरी-खमाज 4. बिहाग-चंद्रकौंस

50. स्वर के लिए 'गतिक' संज्ञा का प्रयोग किस ग्रन्थकार द्वारा किया गया?

1. लोचन 2. भावभट्ट
3. सोमनाथ 4. पुण्डरीक विट्ठल

51. नीचे दो कथन दिए गए हैं: एक अभिकथन (A) के रूप में है तो दूसरा उसके कारण (R) के रूप में :

अभिकथन (A): गुणों से गान प्रवर्तित होता है और दोष से उसका स्तर न्यून होता है।

कारण (R): गुण-दोष विवेचन गान के लिए उपयोगी हैं।

उपरोक्त कथन के आलोक में, नीचे दिए गए विकल्पों में से सबसे उपयुक्त **उत्तर** का चयन कीजिए :

1. (A) और (R) दोनों सही हैं और (R), (A) की सही व्याख्या है
2. (A) और (R) दोनों सही हैं और (R), (A) की सही व्याख्या नहीं है
3. (A) सही है और (R) सही नहीं है
4. (A) सही नहीं है और (R) सही है

52. नीचे दो कथन दिए गए हैं: एक अभिकथन (A) के रूप में है तो दूसरा उसके कारण (R) के रूप में :

अभिकथन (A): घराना में घराना की शैली में पारंगतता प्राप्त करने तथा परंपरा को जारी रखने के लिए तीन पीढ़ियों के कलाकार की आवश्यकता पड़ती है।

कारण (R): आधुनिक संस्थाओं में शिक्षण और प्रशिक्षण के अलग-अलग अध्यापक होने के साथ-साथ वहां विविध शैलियों का मिश्रण होता है।

उपरोक्त कथन के आलोक में, नीचे दिए गए विकल्पों में से सबसे उपयुक्त **उत्तर** का चयन कीजिए :

1. (A) और (R) दोनों सही हैं और (R), (A) की सही व्याख्या है
2. (A) और (R) दोनों सही हैं और (R), (A) की सही व्याख्या नहीं है
3. (A) सही है और (R) सही नहीं है
4. (A) सही नहीं है और (R) सही है

53. नीचे दो कथन दिए गए हैं: एक अभिकथन (A) के रूप में है तो दूसरा उसके कारण (R) के रूप में :

अभिकथन (A): प्राचीन समय में जिन संगीत विद्वानों को पद्य रचना व स्वर रचना का ज्ञान होता था, उन्हें वाग्गेयकार कहते थे।

कारण (R): रचना करने वाले विद्वानों को पाश्चात्य पंडित कंपोजर कहते हैं।

उपरोक्त कथन के आलोक में, नीचे दिए गए विकल्पों में से सबसे उपयुक्त **उत्तर** का चयन कीजिए :

1. (A) और (R) दोनों सही हैं और (R), (A) की सही व्याख्या है
2. (A) और (R) दोनों सही हैं और (R), (A) की सही व्याख्या नहीं है
3. (A) सही है और (R) सही नहीं है
4. (A) सही नहीं है और (R) सही है

54. नीचे दो कथन दिए गए हैं: एक अभिकथन (A) के रूप में है तो दूसरा उसके कारण (R) के रूप में :

अभिकथन (A): मसीतखानी गत वादन की परंपरा में कलाकार केवल विलंबित तीन ताल में वादन किया करते थे।

कारण (R): शाहिद परवेज ने रूपक तथा झपताल में वादन कर परंपरागत शैली के अतिरिक्त नई प्रवृत्ति का शुभारंभ किया।

उपरोक्त कथन के आलोक में, नीचे दिए गए विकल्पों में से सबसे उपयुक्त **उत्तर** का चयन कीजिए :

1. (A) और (R) दोनों सही हैं और (R), (A) की सही व्याख्या है
2. (A) और (R) दोनों सही हैं और (R), (A) की सही व्याख्या नहीं है
3. (A) सही है और (R) सही नहीं है
4. (A) सही नहीं है और (R) सही है

55. नीचे दो कथन दिए गए हैं: एक अभिकथन (A) के रूप में है तो दूसरा उसके कारण (R) के रूप में :

अभिकथन (A): राग वर्गीकरण हेतु मतंग ने सात गीतियों का आधार प्रयोग किया है।

कारण (R): आधुनिक राग वर्गीकरण का आधार 'गीतियां' हैं।

उपरोक्त कथन के सन्दर्भ में, नीचे दिए गए विकल्पों में से सबसे उपयुक्त **उत्तर** का चयन कीजिए :

1. (A) और (R) दोनों सही हैं और (R), (A) की सही व्याख्या है
2. (A) और (R) दोनों सही हैं और (R), (A) की सही व्याख्या नहीं है
3. (A) सही है और (R) सही नहीं है
4. (A) सही नहीं है और (R) सही है

56. नीचे दो कथन दिए गए हैं: एक अभिकथन (A) के रूप में है तो दूसरा उसके कारण (R) के रूप में :

अभिकथन (A): भूपाली राग का उत्तरी और दक्षिणी दोनों पद्धतियों में समान स्वर प्रारूप है।

कारण (R): दक्षिण पद्धति में उत्तरी भूपाली राग को को मोहनम कहा जाता है।

उपरोक्त कथन के सन्दर्भ में, नीचे दिए गए विकल्पों में से सबसे उपयुक्त **उत्तर** का चयन कीजिए :

1. (A) और (R) दोनों सही हैं और (R), (A) की सही व्याख्या है
2. (A) और (R) दोनों सही हैं और (R), (A) की सही व्याख्या नहीं है
3. (A) सही है और (R) सही नहीं है
4. (A) सही नहीं है और (R) सही है

57. नीचे दो कथन दिए गए हैं: एक अभिकथन (A) के रूप में है तो दूसरा उसके कारण (R) के रूप में :

अभिकथन (A): संगीत उपचार प्रायोगिक शोध का अंश है।

कारण (R): प्रायोगिक शोध के लिए रासायनिक उपकरण की आवश्यकता पड़ती है।

उपरोक्त कथन के सन्दर्भ में, नीचे दिए गए विकल्पों में से सबसे उपयुक्त **उत्तर** का चयन कीजिए :

1. (A) और (R) दोनों सही हैं और (R), (A) की सही व्याख्या है
2. (A) और (R) दोनों सही हैं और (R), (A) की सही व्याख्या नहीं है

3. (A) सही है और (R) सही नहीं है
4. (A) सही नहीं है और (R) सही है

58. नीचे दो कथन दिए गए हैं: एक अभिकथन (A) के रूप में है तो दूसरा उसके कारण (R) के रूप में :

अभिकथन (A): सभी राज्यों में एक समान लोक संगीत है।

कारण (R): लावणी, घूमर, डांडिया, जिंदुआ, तिरुवादिरा, विभिन्न राज्यों के लोक नृत्य है।

उपरोक्त कथन के सन्दर्भ में, नीचे दिए गए विकल्पों में से सबसे उपयुक्त **उत्तर** का चयन कीजिए :

1. (A) और (R) दोनों सही हैं और (R), (A) की सही व्याख्या है
2. (A) और (R) दोनों सही हैं और (R), (A) की सही व्याख्या नहीं है
3. (A) सही है और (R) सही नहीं है
4. (A) सही नहीं है और (R) सही है

59. नीचे दो कथन दिए गए हैं: एक अभिकथन (A) के रूप में है तो दूसरा उसके कारण (R) के रूप में :

अभिकथन (A): यदि हम एक तानपुरा में डाँड बीच से उठी न होकर सपाट हो, अटक भी सपाट, नौ खूटियां लगाकर नौ तार चढ़ा लें, तो इसे नवतन्त्री वीणा कहा जा सकता है।

कारण (R): तानपुरा की आकृति बदल कर बनाई गई नवतन्त्री वीणा पुरातन महती वीणा जैसी है।

उपरोक्त कथन के आलोक में, नीचे दिए गए विकल्पों में से सबसे उपयुक्त **उत्तर** का चयन कीजिए :

1. (A) और (R) दोनों सही हैं और (R), (A) की सही व्याख्या है
2. (A) और (R) दोनों सही हैं और (R), (A) की सही व्याख्या नहीं है
3. (A) सही है और (R) सही नहीं है
4. (A) सही नहीं है और (R) सही है

60. नीचे दो कथन दिए गए हैं: एक अभिकथन (A) के रूप में है तो दूसरा उसके कारण (R) के रूप में :

अभिकथन (A): टैम्पर्ड स्केल एवं डायटानिक स्केल समान हैं।

कारण (R): हिंदुस्तानी स्वर सप्तक व टैम्पर्ड स्केल में तार-षड्ज 301 सेवर्ट का है।

उपरोक्त कथन के आलोक में, नीचे दिए गए विकल्पों में से सबसे उपयुक्त **उत्तर** का चयन कीजिए :

1. (A) और (R) दोनों सही हैं और (R), (A) की सही व्याख्या है
2. (A) और (R) दोनों सही हैं और (R), (A) की सही व्याख्या नहीं है
3. (A) सही है और (R) सही नहीं है
4. (A) सही नहीं है और (R) सही है

61. कालक्रमानुसार व्यवस्थित कीजिए।

A. नान्यदेव B. अहोबल
C. आचार्य बृहस्पति D. महाराणा कुम्भा
E. मतंग

नीचे दिए गए विकल्पों में से **सही** उत्तर चुनें :

1. E, A, D, B, C 2. B, C, A, D, E
3. C, D, A, B, E 4. A, E, B, D, C

62. कालक्रमानुसार व्यवस्थित कीजिए :

A. बालकृष्ण बुआ B. बलवंत राय भट्ट
C. सदारंग D. गोपाल नायक
E. तानसेन

नीचे दिए गए विकल्पों में से **सही** उत्तर चुनें :

1. D, E, C, A, B 2. B, D, E, A, C
3. C, E, D, A, B 4. B, A, C, E, D

63. मध्यग्राम की मूर्च्छनाओं का सही क्रम इंगित कीजिए :

A. मार्गी B. कलोपनता
C. पौरवी D. सौवीरी
E. शुद्धमध्या

नीचे दिए गए विकल्पों में से **सही** उत्तर चुनें :

1. E, D, B, A, C 2. A, D, B, C, E
3. D, B, E, A, C 4. A, C, D, E, B

64. संस्कृत ग्रन्थों को काल अनुसार व्यवस्थित करें :

A. संगीत समयसार B. संगीतोपनिषद्सारोद्धार
C. संगीत पारिजात D. स्वरमेल कलानिधि
E. संगीत मकरन्द

नीचे दिए गए विकल्पों में से **सही** उत्तर चुनें :

1. A, C, D, E, B
2. E, B, A, D, C
3. B, C, A, E, D
4. D, A, E, B, C

65. ऐतिहासिक विवेचना के अनुसार राग वर्गीकरण क्रमबद्ध करें :

A. ग्राम राग
B. दशविध
C. राग रागिनी
D. रागांग
E. मेल राग वर्गीकरण

नीचे दिए गए विकल्पों में से **सही** उत्तर चुनें :

1. B, D, E, A, C
2. D, C, E, A, B
3. B, A, C, E, D
4. A, B, C, E, D

66. संगीत दर्पण के अनुसार क्रमशः शिशिर, बसंत, ग्रीष्म, वर्षा तथा शरद ऋतु से संबंधित पुरुष रागों का सही समूह इंगित कीजिए :

A. श्री
B. मेघ
C. भैरव
D. बसंत
E. पंचम

नीचे दिए गए विकल्पों में से **सही** उत्तर चुनें :

1. C, E, D, A, B
2. B, A, D, C, E
3. A, D, C, B, E
4. E, D, C, A, B

67. मार्ग तालों में काल के मान अनुसार बढ़ते क्रम में लिखें :

A. चित्र
B. दक्षिण
C. चित्रतर
D. वार्तिक
E. चित्रतम

नीचे दिए गए विकल्पों में से **सही** उत्तर चुनें :

1. A, D, C, B, E
2. B, E, D, A, C
3. D, E, C, A, B
4. E, C, A, D, B

68. वाग्येकारों का कालक्रम बढ़ाते हुए लिखें :

A. रामामात्य
B. शारंगदेव
C. वीरभद्रय्य
D. शाहजी महाराज
E. गोविंद दीक्षित

नीचे दिए गए विकल्पों में से **सही** उत्तर चुनें :

1. B, A, E, D, C
2. D, C, B, A, E
3. C, A, D, B, E
4. A, D, E, B, C

69. पं. अहोबल के शुद्ध स्वरों के उपयुक्त वर्णित स्थान का बढ़ता क्रम :

A. मध्य षड़ज
B. मध्यम
C. पंचम
D. गंधार
E. रिषभ

नीचे दिए गए विकल्पों में से **सही** उत्तर चुनें :

1. A, C, B, D, E
2. E, D, B, C, A
3. C, B, D, E, A
4. B, D, C, A, E

70. जातियों में लघु मात्राओं को बढ़ते क्रमानुसार लिखें :

A. मिश्र जाति
B. खण्ड जाति
C. संकीर्ण जाति
D. चतस्त्र जाति
E. तिस्र जाति

नीचे दिए गए विकल्पों में से **सही** उत्तर चुनें :

1. A, D, B, C, E
2. E, B, A, C, D
3. D, A, B, C, E
4. E, D, B, A, C

71. पुण्डरीक विट्ठल द्वारा लिखित ग्रन्थों को चयनित करें :

A. राग तरंगिणी
B. सद्रागचंद्रोदय
C. नर्तन निर्णय
D. राग विबोध
E. राग माला

नीचे दिए गए विकल्पों में से **सही** उत्तर चुनें :

1. केवल B, C, E
2. केवल A, B, D
3. केवल B, D, E
4. केवल A, C, D

72. तरब के तारों का प्रयोग किस वाद्य में नहीं होता :

A. सारंगी
B. भेरी
C. मुख वीणा
D. सरोद
E. सिंगी

नीचे दिए गए विकल्पों में से **सही** उत्तर चुनें :

1. केवल A, C, D
2. केवल B, C, D
3. केवल B, C, E
4. केवल B, D, E

73. म-सा वादी संवादी वाली रागों का चयन कीजिए :

A. नट भैरव
B. अहीर भैरव
C. भैरव
D. कालिंगड़ा
E. बैरागी भैरव

नीचे दिए गए विकल्पों में से **सही** उत्तर चुनें :

1. केवल B, C, E
2. केवल A, D, C
3. केवल B, D, E
4. केवल A, B, E

74. प्रातःकालीन सन्धिप्रकाश रागों का चयन करें :

A. भैरव B. कालिंगड़ा

C. भीमपलासी D. भैरवी

E. श्री

नीचे दिए गए विकल्पों में से **सही** उत्तर चुनें :

1. केवल B, D, E 2. केवल A, B, D

3. केवल C, E, A 4. केवल D, E, A

75. पाश्चात्य संगीत की स्वर लिपियाँ है :

A. सोल्फा स्वरलिपि B. पायथागोरस स्वरलिपि

C. चीव स्वरलिपि D. न्यूम्स स्वरलिपि

E. डायटॉनिक स्वरलिपि

नीचे दिए गए विकल्पों में से **सही** उत्तर चुनें :

1. केवल B, D, E 2. केवल D, E, A

3. केवल C, E, D 4. केवल A, C, D

76. निम्नलिखित में कौन प्रसिद्ध हारमोनियम वादक हैं?

A. अप्पा जलगांवकर B. ब्रज भूषण काबरा

C. महमूद धौलपुरी D. तुलसीदास बोरकर

E. भजन सोपोरी

नीचे दिए गए विकल्पों में से **सही** उत्तर चुनें :

1. केवल A, C, D 2. केवल B, E, D

3. केवल D, E, A 4. केवल A, C, E

77. मतंग की गीतियां :

A. शुद्धा B. चोक्षा

C. दुर्गशक्ति D. बेसरा

E. याष्टिक

नीचे दिए गए विकल्पों में से **सही** उत्तर चुनें :

1. केवल A, D, E 2. केवल A, B, D

3. केवल D, E, C 4. केवल C, A, D

78. चतुःश्रुतिक श्रुतेयां चयनित करें :

A. कुमुद्वती B. दयावती

C. रोहिणी D. प्रसारिणी

E. रक्ता

नीचे दिए गए बिकल्पों गें से **सही** उत्तर चुनें :

1. केवल B, C, A 2. केवल D, E, B

3. केवल A, D, E 4. केवल C, D, E

79. कौन-सी श्रुतियां गंधार की नहीं हैं?

A. प्रसारिणी B. प्रीति

C. रौद्री D. मार्जनी

E. क्रोधा

नीचे दिए गए विकल्पों में से **सही** उत्तर चुनें :

1. केवल B, C, A 2. केवल A, B, D

3. केवल C, D, A 4. केवल D, B, E

80. गमक के प्रकार हैं :

A. अचरक B. त्रिभिन्न

C. लड़न्त D. तिरिप

E. कुरुला

नीचे दिए गए विकल्पों में से **सही** उत्तर चुनें :

1. केवल B, D, E 2. केवल C, B, D

3. केवल A, E, D 4. केवल E, C, A

81. सूची-I को सूची-II से सुमेलित करें :

सूची-I (स्थायी भाव)	**सूची-II (रस)**
A. रति	I. अद्‌भुत
B. जुगुप्सा	II. शांत
C. निर्वेद	III. शृंगार
D. विस्मय	IV. वीभत्स

नीचे दिए गए विकल्पों में से **सही** विकल्प चुनें :

1. A-IV, B-II, C-I, D-III
2. A-III, B-IV, C-II, D-I
3. A-II, B-IV, C-III, D-I
4. A-I, B-IV, C-II, D-III

82. सूची-I को सूची-II से सुमेलित करें :

सूची-I (ग्रन्थ)	**सूची-II (लेखक)**
A. भारतीय संगीत में ताल और रूप विधान	I. आचार्य बृहस्पति
B. भारतीय संगीत का इतिहास	II. विष्णु दिगंबर पलुस्कर
C. राग रहस्य	III. ठाकुर जयदेव सिंह
D. नारदीय शिक्षा (टीका)	IV. सुभद्रा चौधरी

नीचे दिए गए विकल्पों में से **सही** विकल्प चुनें :
1. A-I, B-IV, C-III, D-II
2. A-II, B-IV, C-III, D-I
3. A-IV, B-III, C-I, D-II
4. A-III, B-II, C-IV, D-I

83. सूची-I को सूची-II से सुमेलित करें :

सूची-I (दक्षिणी राग)	**सूची-II** (हिन्दोस्तानी राग)
A. शुद्ध सावेरी	I. मालकौंस
B. मोहनम	II. सोहनी
C. हंसा नन्दी	III. भूपाली
D. हिंडोलम	IV. दुर्गा

नीचे दिए गए विकल्पों में से **सही** विकल्प चुनें :
1. A-I, B-III, C-II, D-IV
2. A-II, B-IV, C-I, D-III
3. A-IV, B-III, C-II, D-I
4. A-III, B-II, C-I, D-IV

84. सूची-I को सूची-II से सुमेलित करें :

सूची-I (राग वर्गीकरण)	**सूची-II** (प्रवर्तक)
A. मेल-राग वर्गीकरण	I. विद्यारण्य
B. राग-रागिणी वर्गीकरण	II. भातखण्डे
C. थाट-राग वर्गीकरण	III. लोचन
D. संस्थान राग वर्गीकरण	IV. नारद

नीचे दिए गए विकल्पों में से **सही** विकल्प चुनें :
1. A-I, B-IV, C-II, D-III
2. A-II, B-IV, C-III, D-I
3. A-IV, B-II, C-I, D-III
4. A-III, B-I, C-IV, D-II

85. सूची-I को सूची-II से सुमेलित करें :

सूची-I (पुस्तकें)	**सूची-II** (लेखक)
A. संगीत चूड़ामणि	I. कृष्णानंद व्यास
B. संगीत रागकल्पद्रुम	II. कोहल
C. अष्टाध्यायी	III. जगदेवमल्ल
D. ताल लक्षण	IV. महर्षि पाणिनी

नीचे दिए गए विकल्पों में से **सही** विकल्प चुनें :
1. A-II, B-IV, C-I, D-III
2. A-IV, B-III, C-II, D-I
3. A-II, B-I, C-IV, D-III
4. A-III, B-I, C-IV, D-II

86. सूची-I को सूची-II से सुमेलित करें :

सूची-I (कर्नाटक पद्धति के गीत)	**सूची-II** (हिन्दुस्तानी पद्धति के गीत)
A. लाली	I. पालना
B. तल्लार	II. झूला
C. वर्णम	III. उमरी
D. स्वरावली	IV. अलंकार

नीचे दिए गए विकल्पों में से **सही** विकल्प चुनें :
1. A-I, B-IV, C-III, D-II
2. A-II, B-I, C-III, D-IV
3. A-IV, B-III, C-I, D-II
4. A-III, B-II, C-I, D-IV

87. सूची-I को सूची-II से सुमेलित करें :

सूची-I (गुरू)	**सूची-II** (शिष्य)
A. अल्लाउद्दीन खां	I. अरविन्द पारेख
B. अल्ला रक्खा खां	II. जाकिर हुसैन
C. वजीर खां	III. निखिल बनर्जी
D. विलायत खां	IV. हाफिजअली खां

नीचे दिए गए विकल्पों में से **सही** विकल्प चुनें :
1. A-II, B-IV, C-III, D-I
2. A-I, B-III, C-II, D-IV
3. A-III, B-II, C-IV, D-I
4. A-IV, B-I, C-III, D-II

88. सूची-I को सूची-II से सुमेलित करें :

सूची-I (श्रुति नाम)	**सूची-II** (आन्दोलन संख्या)
A. मदन्ती	I. 432
B. रम्या	II. 405
C. वज्रिका	III. 270
D. दयावती	IV. 320

नीचे दिए गए विकल्पों में से **सही** विकल्प चुनें :
1. A-II, B-I, C-IV, D-III
2. A-I, B-IV, C-III, D-II
3. A-IV, B-I, C-III, D-II
4. A-III, B-IV, C-I, D-II

89. सूची-I को सूची-II से सुमेलित करें :

सूची-I (लेखक)	**सूची-II (ग्रंथ)**
A. फॉक्स स्ट्रेंगवेज	I. म्यूजिक ऑफ इंडिया
B. एच.ए. पोपले	II. म्यूजिक ऑफ हिंदुस्तान
C. एलेन डैनेल्यु	III. इंट्रोडक्शन टू द स्टडी ऑफ म्यूजिकल स्केल्स
D. कैप्टन विलार्ड	IV. ट्रीटाइज ऑन द म्यूजिक ऑफ हिंदुस्तान

नीचे दिए गए विकल्पों में से **सही** विकल्प चुनें :

1. A-IV, B-I, C-III, D-II
2. A-I, B-III, C-II, D-IV
3. A-II, B-I, C-III, D-IV
4. A-III, B-II, C-I, D-IV

90. सूची-I को सूची-II से सुमेलित करें :

सूची-I (पाश्चात्य स्वरनाम)	**सूची-II (स्वर वजन)**
A. सेमी ब्रीव	I. स्वर का चौथा हिस्सा
B. क्रोचेट	II. स्वर का सोलहवां हिस्सा
C. सेमीक्वेवर	III. स्वर का आठवां हिस्सा
D. क्वेवर	IV. एक पूरा स्वर

नीचे दिए गए विकल्पों में से **सही** विकल्प चुनें :

1. A-I, B-IV, C-III, D-II
2. A-II, B-IV, C-III, D-I
3. A-III, B-IV, C-II, D-I
4. A-IV, B-I, C-II, D-III

निर्देश (प्र.सं. 91 से 95 तक): *निम्न गद्यांश को ध्यानपूर्वक पढ़ें और उसके नीचे दिए गए प्रश्नों के उत्तर दीजिए।*

नाट्यशास्त्र के चतुर्थ अध्याय में भरत ने स्वाति मुनि के द्वारा पुष्कर आदि अवनद्ध वाद्यों के विकास को बताया है। पुष्कर आदि वाद्यों की उत्पत्ति के बारे में नाट्यशास्त्र में वृत्तान्त है। "जब आकाश में बादल छाये हुए थे, तभी स्वाति मुनि जल लाने के लिये सरोवर पर गये, तभी वेग पूर्वक वर्षा होने लगी। वायु वेग से सरोवर में पानी की बड़ी-बड़ी बूंदों के गिरते समय कमल की बड़ी-बड़ी पत्तियों, मध्यम व छोटी पत्तियों पर बूंदों के आघात से विभिन्न ध्वनियों को सुना और आश्चर्यचकित होकर अपने मन में धारण किया तथा विश्वकर्मा की सहायता से मृत्तिका पुष्कर, पणव और दर्दुर वाद्यों का निर्माण कर डाला। देवताओं की दुन्दुभि को सामने रखकर मुरज, आलिंग्य तथा आंकिक नामक चर्म वाद्यों की रचना हुई। विचार व परीक्षण में दक्ष मुनि ने मृदंग व दर्दुर और पणव वाद्यों को चमड़े से मड़कर उन्हें रस्सी व तंतुओं से बाँध दिया। इसके पश्चात् उन्होंने झल्लरी, पटह जैसे वाद्यों को लकड़ी तथा लोहे से बनाते हुए उन्हें भी चमड़े से मड़ दिया।

भरत ने अवनद्ध वाद्यों के सौ भेद कहे हैं और उनमें से तीन को प्रमुख माना है। मृदंग, पणव और दर्दुर। भरत के अनुसार अवनद्ध में मृदंग तथा दर्दुर अंगभूत अर्थात् प्रमुख वाद्य हैं और झल्लरी तथा पटह प्रत्यंगभूत अर्थात् गौण हैं।

91. मृत्तिका पुष्कर व पणव वाद्यों का निर्माण किस आचार्य द्वारा किया गया?

1. भरत
2. स्वाति
3. मतंग
4. नारद

92. भरत ने अवनद्ध वाद्यों के कितने भेद निश्चित किये?

1. 95
2. 100
3. 75
4. 105

93. उपरोक्त गद्यांश के अनुसार पुष्कर आदि वाद्यों की उत्पत्ति का सन्दर्भ किस ग्रंथ में वर्णित है?

1. नारदीय शिक्षा
2. दत्तिलम्
3. नाट्य शास्त्र
4. संगीत मकरन्द

94. भरतानुसार तीन प्रमुख वाद्यों में से एक है :

1. दर्दुर
2. पटह
3. झल्लरी
4. डमरू

95. भरत के नाट्य शास्त्रानुसार प्रत्यंगभूत वाद्य किसे कहा गया है?

1. झल्लरी
2. मृदंग
3. दर्दुर
4. प्रणव

निर्देश (प्र.सं. 96 से 100 तक): *निम्न गद्यांश को ध्यानपूर्वक पढ़ें और उसके नीचे दिए गए प्रश्नों के उत्तर दीजिए।*

हिन्दुस्तानी गायन, वादन में 'बंदिश' से तात्पर्य एक निश्चित स्वर साहित्य रचना से है। बंदिश किसी विशेष राग में निर्मित होती है। इसे गाने अथवा बजाने के साथ तबला या पखावज द्वारा मिलाया जाता है, और सारंगी, वायलिन

तथा हारमोनियम द्वारा सुस्वरता प्रदान की जाती है। 'बंदिश' मानव संरक्षित गायन हेतु संगीत को साहित्यिकता प्रदान करती है। इस प्रकार स्वर, ताल और पद में सुबद्ध और नियोजित रचना को 'बंदिश' कहते हैं।

बंदिश शब्द 'प्रबन्ध' का पर्याय है। जिस प्रकार प्रबन्ध का अर्थ सुन्दर, श्रेष्ठ व व्यवस्थित रचना है, उसी प्रकार बंदिश का अर्थ राग, स्वर, ताल, लय एवं शब्दों का बंधन हैं बंदिश का शाब्दिक अर्थ है बाँधने की क्रिया।

96. हिन्दुस्तानी गायन-वादन में बंदिश से तात्पर्य है :
1. सांगीतिक़ अनिबद्ध रचना
2. वाद्यों की अनिबद्ध रचना
3. ताल रहित स्वर रचना
4. स्वर, ताल, पद में बद्ध रचना

97. स्वर युक्त संगति के लिये गायन की बंदिशों में किन वाद्यों का प्रयोग नहीं किया जाता है?
1. सारंगी 2. वायलिन
3. घट्‌म 4. हारमोनियम

98. शास्त्रीय गायन में बंदिशों की लय संगत किस वाद्य से नहीं की जाती है?
1. तबला 2. पखावज
3. ढोलक 4. मृदंग

99. स्वरूप के अर्थ में बंदिश की प्राचीन संज्ञा है :
1. आलाप्ति 2. सामग
3. यम 4. प्रबन्ध

100. शास्त्रीय गायन में बंदिश रचना के लिये सबसे महत्वपूर्ण तथ्य है :
1. लहरे द्वारा संगति
2. सुस्वरता हेतु वाद्य संगति
3. किसी विशेष राग में रचित
4. स्वरसाहित्य का प्रयोग

भाग-III

अवनद्ध वाद्य

26. कृपालराय को निम्नलिखित में से किसने 'मृदंग राय' की उपाधि से सम्मानित किया था?
1. औरंगजेब 2. वाजिद अली शाह
3. अकबर 4. जहाँगीर

27. निम्नलिखित में से किस ग्रंथ के अनुसार पटह को मृदंग और मर्दल की समानता दी गई?
1. नाट्यशास्त्र 2. संगीत रत्नाकर
3. बृहद्देशी 4. संगीतोपनिषद्सारोद्धार

28. निम्नलिखित में से किस लेखक ने 'मृदंग' को 'भांड वाद्य' की संज्ञा दी?
1. शारंगदेव 2. भरत
3. मतंग 4. पार्श्वदेव

29. तिहाई .... शब्द है।
1. संस्कृत 2. देशज
3. फारसी 4. प्राकृत

30. टेबुला .... शब्द है।
1. लैटिन 2. फ्रेंच (फ्रांसीसी)
3. फारसी 4. तुर्की

31. ठाकुर जयदेव सिंह ने गीत गोविंद में कितने तालों का वर्णन किया?
1. आठ 2. छह
3. सात 4. पाँच

32. द्वापरयुग में संगीत भाष्य के अनुसार चारताल को ... . भी कहा जाता था।
1. रतिताल 2. मोहन ताल
3. रास ताल 4. छंद ताल

33. दक्षिण मार्ग में मात्रिक कला की .... संख्या प्रयुक्त होती है।
1. 4 2. 2
3. 8 4. 1

34. निम्नलिखित में से कौन-से कलाकार अति-विलंबित झूमरा ताल में गायन के लिए प्रसिद्ध हैं?
1. मालिनी राजुरकर
2. अब्दुल करीम खाँ
3. कुमार गंधर्व
4. अमीर खाँ

35. महाराष्ट्र में डांडिया को इस नाम से भी संबोधित किया जाता है :
1. टिपरी
2. कल्पतरू
3. चिपली
4. तिर्पी

36. 'निगृहित' निम्नलिखित में से किसकी श्रेणी में आता है?
1. प्रहात
2. त्रि-प्रचार
3. त्रि-प्रहार
4. त्रि-पात

37. गोगोना निम्नलिखित में से किस राज्य का लोक वाद्य है?
1. बंगाल
2. असम
3. राजस्थान
4. महाराष्ट्र

38. निम्नलिखित में से किसके बारे में मान्यता है कि उन्होंने 'तबला' में सर्वप्रथम 'धिरकिट' शब्द की पूर्ण हथेली निकास का प्रयोग किया था?
1. मम्मू खाँ
2. बख्शू खाँ
3. मोहम्मद खाँ
4. सलारी खाँ

39. जातक में हस्तक्रिया कहलाती है :
1. पाणि-पात
2. पाणि-प्रहार
3. पाणि-स्वर
4. पाणि-बंध

40. कर्नाटक संगीत का कौन-सा ताल झपताल के समान है?
1. तिस्त्र ध्रुव
2. खण्ड रूपकम्
3. मिश्र अठ
4. चतुस्त्र मठ

41. ताल के मुख्य घटक हैं :
1. चार
2. पाँच
3. तीन
4. छह

42. पंडित अहोबल ने 'काष्टताल' को .... वाद्ययंत्र कहा है।
1. कामरा
2. कल्पतरू
3. काठताल
4. कांस्यताल

43. सम के पश्चात् अभिगम कृत्य कहलाता है :
1. अनागत
2. अतीत
3. सम
4. ग्रह

44. सरस्वती महल पुस्तकालय कहाँ अवस्थित है?
1. प्रयागराज
2. तंजौर
3. बेंगलुरू
4. बड़ौदा

45. नाट्यशास्त्र के किस अध्याय में संगीत वाद्य यंत्रों और उनके वादन की पद्धतियों का वर्णन है?
1. 28
2. 29
3. 31
4. 33

46. रबीन्द्र संगीत में नवताल के विभाग हैं :
1. 3-4-2
2. 3-3-3
3. 3-2-2-2
4. 2-4-3

47. 16 मात्रा के ताल की पहचान कीजिए :
1. इकवाई ताल
2. चित्र ताल
3. विष्णु ताल
4. रास ताल

48. मुगल काल में निम्नलिखित में से कौन-सा ताल तीनताल के समान था?
1. त्रिताल
2. खमसा
3. छंदक
4. धर्मताल

49. कुदऊसिंह ने निम्नलिखित में से किसे दहेज में 1400 परण भेंट दी थी?
1. शंभू-नारायण
2. काशी-नारायण
3. शंभू-प्रसाद
4. काशी प्रसाद

50. 'रिसाल-ए-तबला नवाजी' का प्रकाशन कब हुआ?
1. 1901
2. 1902
3. 1903
4. 1904

51. नीचे दो कथन दिए गए हैं: एक अभिकथन (A) के रूप में है तो दूसरा उसके कारण (R) के रूप में :

अभिकथन (A): अयोध्या प्रसाद ने श्रीराम सिंह के अधीन मृदंग का प्रशिक्षण प्राप्त किया था।

कारण (R): वे राम सिंह के पुत्र गया प्रसाद के भी शिष्य थे।

उपरोक्त कथन के आलोक में, नीचे दिए गए विकल्पों में से सबसे उपयुक्त **उत्तर** का चयन कीजिए :

1. (A) और (R) दोनों सही हैं और (R), (A) की सही व्याख्या है
2. (A) और (R) दोनों सही हैं और (R), (A) की सही व्याख्या नहीं है
3. (A) सही है और (R) सही नहीं है
4. (A) सही नहीं है और (R) सही है

52. नीचे दो कथन दिए गए हैं: एक अभिकथन (A) के रूप में है तो दूसरा उसके कारण (R) के रूप में :

अभिकथन (A): तिहाई हमेशा सम पर समाप्त होती है।

कारण (R): तिहाई ताल के किसी ग्रह पर भी समाप्त होती है।

उपरोक्त कथन के आलोक में, नीचे दिए गए विकल्पों में से सबसे उपयुक्त **उत्तर** का चयन कीजिए :

1. (A) और (R) दोनों सही हैं और (R), (A) की सही व्याख्या है
2. (A) और (R) दोनों सही हैं और (R), (A) की सही व्याख्या नहीं है
3. (A) सही है और (R) सही नहीं है
4. (A) सही नहीं है और (R) सही है

53. नीचे दो कथन दिए गए हैं: एक अभिकथन (A) के रूप में है तो दूसरा उसके कारण (R) के रूप में :

अभिकथन (A): तबला की एक विशेषता यह है कि इससे विरोधी-नाद उत्पन्न होता है।

कारण (R): तबला में खाली-भरी अवधारणा के कारण ध्वनि में विरोधी-नाद उत्पन्न होता है।

उपरोक्त कथन के आलोक में, नीचे दिए गए विकल्पों में से सबसे उपयुक्त **उत्तर** का चयन कीजिए :

1. (A) और (R) दोनों सही हैं और (R), (A) की सही व्याख्या है
2. (A) और (R) दोनों सही हैं और (R), (A) की सही व्याख्या नहीं है
3. (A) सही है और (R) सही नहीं है
4. (A) सही नहीं है और (R) सही है

54. नीचे दो कथन दिए गए हैं: एक अभिकथन (A) के रूप में है तो दूसरा उसके कारण (R) के रूप में :

अभिकथन (A): 'मियां शौरी' नाम टप्पा से सम्बद्ध है।

कारण (R): तिलवाड़ा और झूमरा ताल में भी टप्पा का गायन होता है।

उपरोक्त कथन के आलोक में, नीचे दिए गए विकल्पों में से सबसे उपयुक्त **उत्तर** का चयन कीजिए :

1. (A) और (R) दोनों सही हैं और (R), (A) की सही व्याख्या है
2. (A) और (R) दोनों सही हैं और (R), (A) की सही व्याख्या नहीं है
3. (A) सही है और (R) सही नहीं है
4. (A) सही नहीं है और (R) सही है

55. नीचे दो कथन दिए गए हैं: एक अभिकथन (A) के रूप में है तो दूसरा उसके कारण (R) के रूप में :

अभिकथन (A): नौहक्का चक्रदार तिहाई है।

कारण (R): चक्रदार तिहाई नौहक्का है।

उपरोक्त कथन के आलोक में, नीचे दिए गए विकल्पों में से सबसे उपयुक्त **उत्तर** का चयन कीजिए :

1. (A) और (R) दोनों सही हैं और (R), (A) की सही व्याख्या है
2. (A) और (R) दोनों सही हैं और (R), (A) की सही व्याख्या नहीं है
3. (A) सही है और (R) सही नहीं है
4. (A) सही नहीं है और (R) सही है

56. नीचे दो कथन दिए गए हैं: एक अभिकथन (A) के रूप में है तो दूसरा उसके कारण (R) के रूप में :

अभिकथन (A): बैरेल ड्रम के एक टुकड़े को दो भागों में विभेदित किए जाने के फलस्वरूप तबला की उत्पत्ति हुई।

कारण (R): तबला में प्रयुक्त तकनीक पखावज में प्रयुक्त तकनीक से पूर्णतः भिन्न है।

उपरोक्त कथन के आलोक में, नीचे दिए गए विकल्पों में से सबसे उपयुक्त **उत्तर** का चयन कीजिए :

1. (A) और (R) दोनों सही हैं और (R), (A) की सही व्याख्या है

2. (A) और (R) दोनों सही हैं और (R), (A) की सही व्याख्या नहीं है
3. (A) सही है और (R) सही नहीं है
4. (A) सही नहीं है और (R) सही है

57. नीचे दो कथन दिए गए हैं: एक अभिकथन (A) के रूप में है तो दूसरा उसके कारण (R) के रूप में :

अभिकथन (A): ललियाना घराना को बम्बई घराना भी कहा जाता है।

कारण (R): इस घराने के संस्थापक सदस्य उस्ताद अमीर हुसैन खाँ हैं।

उपरोक्त कथन के आलोक में, नीचे दिए गए विकल्पों में से सबसे उपयुक्त **उत्तर** का चयन कीजिए :

1. (A) और (R) दोनों सही हैं और (R), (A) की सही व्याख्या है
2. (A) और (R) दोनों सही हैं और (R), (A) की सही व्याख्या नहीं है
3. (A) सही है और (R) सही नहीं है
4. (A) सही नहीं है और (R) सही है

58. नीचे दो कथन दिए गए हैं: एक अभिकथन (A) के रूप में है तो दूसरा उसके कारण (R) के रूप में :

अभिकथन (A): मणिपुरी नृत्य में खोल वाद्य प्रयुक्त होता है।

कारण (R): खोल वाद्य केवल मणिपुरी नृत्य में प्रयुक्त होता है।

उपरोक्त कथन के आलोक में, नीचे दिए गए विकल्पों में से सबसे उपयुक्त **उत्तर** का चयन कीजिए :

1. (A) और (R) दोनों सही हैं और (R), (A) की सही व्याख्या है
2. (A) और (R) दोनों सही हैं और (R), (A) की सही व्याख्या नहीं है
3. (A) सही है और (R) सही नहीं है
4. (A) सही नहीं है और (R) सही है

59. नीचे दो कथन दिए गए हैं: एक अभिकथन (A) के रूप में है तो दूसरा उसके कारण (R) के रूप में :

अभिकथन (A): रेला विस्तार की प्रकृति कायदा के समान है।

कारण (R): रौं का भी कायदे के समान विस्तार होता है।

उपरोक्त कथन के आलोक में, नीचे दिए गए विकल्पों में से सबसे उपयुक्त **उत्तर** का चयन कीजिए :

1. (A) और (R) दोनों सही हैं और (R), (A) की सही व्याख्या है
2. (A) और (R) दोनों सही हैं और (R), (A) की सही व्याख्या नहीं है
3. (A) सही है और (R) सही नहीं है
4. (A) सही नहीं है और (R) सही है

60. नीचे दो कथन दिए गए हैं: एक अभिकथन (A) के रूप में है तो दूसरा उसके कारण (R) के रूप में :

अभिकथन (A): ध्रुवताल और शिखर ताल में 17 मात्रा होती हैं।

कारण (R): 17 मात्रा युक्त सभी तालों में 5 विभाग होते हैं।

उपरोक्त कथन के आलोक में, नीचे दिए गए विकल्पों में से सबसे उपयुक्त **उत्तर** का चयन कीजिए :

1. (A) और (R) दोनों सही हैं और (R), (A) की सही व्याख्या है
2. (A) और (R) दोनों सही हैं और (R), (A) की सही व्याख्या नहीं है
3. (A) सही है और (R) सही नहीं है
4. (A) सही नहीं है और (R) सही है

61. तंत्रियों की संख्या के आधार पर संगीत पारिजात में उल्लिखित निम्नलिखित रुद्रवीणाओं को आरोही क्रम में व्यवस्थित कीजिए :

A. नकुली वीणा B. राजधानी वीणा
C. विपन्ची वीणा D. परिवादिनी वीणा

नीचे दिए गए विकल्पों में से **सही** उत्तर चुनें :

1. A, B, C, D
2. A, D, B, C
3. B, D, A, C
4. D, A, C, B

62. निम्नलिखित छंदों को मात्रा के आधार पर आरोही क्रम में व्यवस्थित कीजिए :

A. हरि B. रंगी

C. मंथन D. कला

नीचे दिए गए विकल्पों में से **सही** उत्तर चुनें :

1. A, B, C, D 2. A, C, B, D
3. D, B, A, C 4. C, A, D, B

63. निम्नलिखित कलाकारों को संगीत नाटक अकादमी सम्मान प्राप्त करने के वर्ष के अनुसार आरोही क्रम में व्यवस्थित कीजिए :

A. नयन घोष B. सुरेश तलवलकर

C. योगेश सम्सी D. नंदन मेहता

नीचे दिए गए विकल्पों में से **सही** उत्तर चुनें :

1. B, D, A, C 2. A, B, D, C
3. B, A, C, D 4. D, A, B, C

64. निम्नलिखित कलाकारों को उनके जन्म वर्ष के अनुसार आरोही क्रम में व्यवस्थित कीजिए :

A. अनुराधा पाल B. नयन घोष

C. अनिंदो चटर्जी D. सुरेश तलवलकर

नीचे दिए गए विकल्पों में से **सही** उत्तर चुनें :

1. A, B, C, D 2. B, C, A, D
3. D, B, A, C 4. C, D, B, A

65. कुआड़ लय की मात्रा के अनुसार निम्नलिखित तालों को आरोही क्रम में व्यवस्थित कीजिए :

A. विष्णु ताल B. ब्रह्म ताल

C. लक्ष्मी ताल D. झूमरा ताल

नीचे दिए गए विकल्पों में से **सही** उत्तर चुनें :

1. A, B, C, D 2. B, D, A, C
3. C, D, B, A 4. D, A, C, B

66. निशब्द क्रिया को अवरोही क्रम में व्यवस्थित कीजिए :

A. आवाप B. प्रवेश

C. निष्क्राम D. विक्षेप

नीचे दिए गए विकल्पों में से **सही** उत्तर चुनें :

1. A, B, C, D 2. B, D, C, A
3. C, D, B, A 4. D, C, B, A

67. निम्नलिखित ग्रंथों को उनके अध्यायों के आधार पर अवरोही क्रम में व्यवस्थित कीजिए :

A. भरतार्णव

B. संगीत दामोदर

C. चतुर्दण्डिप्रकाशिका

D. भरत भाष्य

नीचे दिए गए विकल्पों में से **सही** उत्तर चुनें :

1. D, C, A, B 2. A, C, B, D
3. D, B, A, C 4. C, D, B, A

68. निम्नलिखित मिस्रजाति तालों को उनकी मात्राओं के अनुसार आरोही क्रम में व्यवस्थित कीजिए :

A. अठ B. मठ

C. रूपक D. त्रिपुट

नीचे दिए गए विकल्पों में से **सही** उत्तर चुनें :

1. A, D, B, C 2. B, D, C, A
3. C, D, B, A 4. A, B, C, D

69. निम्नलिखित मार्गों को उनमें प्रस्तुत कला के आधार पर आरोही क्रम में व्यवस्थित कीजिए :

A. वार्तिक B. ध्रुव

C. चित्र D. दक्षिण

नीचे दिए गए विकल्पों में से **सही** उत्तर चुनें :

1. A, B, C, D 2. B, A, D, C
3. C, D, A, B 4. B, C, A, D

70. निम्नलिखित तालों को उनमें खाली की संख्या के आधार पर आरोही क्रम में व्यवस्थित कीजिए।

A. चित्र ताल B. अष्टमंगल ताल

C. ब्रह्म ताल D. कैदफरदोस्तताल

नीचे दिए गए विकल्पों में से **सही** उत्तर चुनें :

1. A, B, D, C 2. D, A, B, C
3. B, A, C, D 4. C, A, D, B

71. निम्नलिखित में से किस वाद्य यंत्र पर गाय के घी के साथ तिल के चूर्ण का लेप चढ़ाया जाता था?

A. आंकिक B. उर्ध्वक

C. आलिंग्यक D. नवीन मृदंग

नीचे दिए गए विकल्पों में से **सही** उत्तर चुनें :

1. केवल A, B 2. केवल A, B, C
3. केवल A, D 4. केवल A, B, D

72. भरतमुनि द्वारा वर्णित 'करण' है :

A. कृत प्रतिकृत B. तत्व

C. रूपशेष D. अनुगत

E. प्रतिभेद

नीचे दिए गए विकल्पों में से **सही** उत्तर चुनें :

1. केवल A, B, C 2. केवल A, B, D

3. केवल B, D, C 4. केवल A, C, E

73. यदि $6\frac{1}{2}$ मात्रा के पल्ले को एक चौथाई मात्रा के विराम के साथ वादन किया जाए तो निम्नलिखित में से किस ताल की तिहाई निष्पत्ति होगी?

A. तीन ताल B. जतताल

C. झपताल D. अर्जुनताल

E. त्रिवेणी

नीचे दिए गए विकल्पों में से **सही** उत्तर चुनें :

1. केवल A, B, D 2. केवल B, D

3. केवल C, D 4. केवल C, D, E

74. निम्नलिखित में से कौन-से पाश्चात्य संगीत के वाद्य यंत्र हैं?

A. बोंगो B. सेलेस्टा

C. सिंबल्स D. टैबोर

E. गोंग

नीचे दिए गए विकल्पों में से **सही** उत्तर चुनें :

1. केवल A, B, D 2. केवल B, C, D

3. केवल B, C, E 4. केवल A, C, E

75. सत्यनारायण वशिष्ठ द्वारा लिखित पुस्तकें हैं :

A. कायदा और पेशकार B. ताल मार्तंड

C. ताल मंजरी D. ताल प्रबंध

E. ताल कोष

नीचे दिए गए विकल्पों में से **सही** उत्तर चुनें :

1. केवल A, B 2. केवल B, C

3. केवल C, D 4. केवल D, E

76. छत्रपति सिंह द्वारा रचित ताल है :

A. सूर्यमणि ताल B. चंद्रनंदन ताल

C. सादरा चौताल D. चतुरंग ताल

E. चतुरानन ताल

नीचे दिए गए विकल्पों में से **सही** उत्तर चुनें :

1. A, B, C 2. B, D, E

3. C, D, E 4. A, C, E

77. निम्नलिखित ताल से एक आवर्तन बिआड़ के योग में 12 मात्राएं होती हैं :

A. झपताल B. तीन ताल

C. बसंत D. रूद्र

E. पंचम सवारी

नीचे दिए गए विकल्पों में से **सही** उत्तर चुनें :

1. केवल A, D 2. केवल B, C

3. केवल C, E 4. केवल D, E

78. निम्नलिखित में से कौन-सी सशब्द क्रिया है?

A. आवाप B. निष्क्राम

C. ताल D. शम्या

नीचे दिए गए विकल्पों में से **सही** उत्तर चुनें :

1. केवल A, D 2. केवल B, C

3. केवल C, A 4. केवल C, D

79. निम्नलिखित में से कौन-से छंद ताल दादरा के समान है?

A. धारी B. प्रमाणिका

C. सादर D. उषा

E. तोटक

नीचे दिए गए विकल्पों में से **सही** उत्तर चुनें :

1. केवल A, B, C 2. केवल A, B, D

3. केवल B, C, D 4. केवल C, D, E

80. प्राचीन काल और मध्यकाल में घुंघरू का विशद उल्लेख है :

A. रमझोल B. कामरा

C. शुद्र घंटा D. मर्मरा

E. टिकिर

नीचे दिए गए विकल्पों में से **सही** उत्तर चुनें :

1. केवल B, C, D
2. केवल B, D, E
3. केवल C, D, E
4. केवल A, C, D

81. सूची-I को सूची-II से सुमेलित करें :

सूची-I (शिष्य)	सूची-II (गुरू)
A. आनंद गोपाल बंदोपाध्याय	I. पं. ज्ञान प्रकाश घोष
B. आशुतोष भट्टाचार्य	II. पं. कंठे महाराज
C. श्यामल बोस	III. पं. महादेव प्रसाद मिश्र
D. हीरेन्द्र कुमार गांगुली	IV. उस्ताद आबिद हुसैन

नीचे दिए गए विकल्पों में से **सही** विकल्प चुनें :

1. A-IV, B-I, C-III, D-II
2. A-I, B-II, C-IV, D-III
3. A-III, B-II, C-I, D-IV
4. A-I, B-III, C-II, D-IV

82. सूची-I को सूची-II से सुमेलित करें :

सूची-I (घराना)	सूची-II (कलाकार)
A. लखनऊ घराना	I. रामसरन जी
B. दिल्ली घराना	II. रामचन्द्र बोराल
C. बनारस घराना	III. जाहिद खाँ
D. फर्रूखाबाद घराना	IV. जहाँगीर खाँ

नीचे दिए गए विकल्पों में से **सही** विकल्प चुनें :

1. A-II, B-I, C-III, D-IV
2. A-IV, B-III, C-I, D-II
3. A-III, B-II, C-IV, D-I
4. A-I, B-III, C-II, D-IV

83. सूची-I को सूची-II से सुमेलित करें :

सूची-I (लय)	सूची-II (पाश्चात्य नाम)
A. अति विलंबित लय	I. वीवो
B. विलंबित लय	II. मॉडरेट
C. मध्य लय	III. एडेंटा
D. द्रुत लय	IV. जार्गो

नीचे दिए गए विकल्पों में से **सही** विकल्प चुनें :

1. A-I, B-II, C-IV, D-III
2. A-IV, B-III, C-II, D-I
3. A-III, B-I, C-II, D-IV
4. A-II, B-III, C-I, D-IV

84. सूची-I को सूची-II से सुमेलित करें :

सूची-I (संस्था)	सूची-II (संस्थापक)
A. श्रुति नंदन	I. विजय घाटे
B. ध्रुपद संस्थान गुरुकुल	II. अजय चक्रवर्ती
C. बंदिश तबला अकादमी	III. अखिलेश गुंडेचा
D. ताल चक्र	IV. स्वपन शिव

नीचे दिए गए विकल्पों में से **सही** विकल्प चुनें :

1. A-IV, B-III, C-II, D-I
2. A-III, B-II, C-I, D-IV
3. A-II, B-III, C-IV, D-I
4. A-I, B-II, C-III, D-IV

85. सूची-I को सूची-II से सुमेलित करें :

सूची-I (कलाकार)	सूची-II (पद्म सम्मान)
A. जाकिर हुसैन	I. 1988
B. ज्ञान प्रकाश घोष	II. 1992
C. सामता प्रसाद मिश्र	III. 1970
D. अहमदजान थिरकवा	IV. 1997

नीचे दिए गए विकल्पों में से **सही** विकल्प चुनें :

1. A-II, B-I, C-III, D-IV
2. A-I, B-II, C-IV, D-III
3. A-I, B-IV, C-II, D-III
4. A-IV, B-II, C-I, D-III

86. सूची-I को सूची-II से सुमेलित करें :

सूची-I (रचना)	सूची-II (रचनाकार)
A. भद्रकाली परण	I. नाना साहब पानसे
B. सुदर्शन ठेका	II. खाप्र मामा
C. पावस परण	III. राजा खुशी राम
D. महा सुदर्शन परण	IV. अमरनाथ मिश्र

नीचे दिए गए विकल्पों में से **सही** विकल्प चुनें :

1. A-III, B-I, C-IV, D-II
2. A-IV, B-II, C-III, D-I
3. A-I, B-III, C-II, D-IV
4. A-II, B-IV, C-I, D-III

87. सूची-I को सूची-II से सुमेलित करें :

सूची-I (गुरु)	**सूची-II (शिष्य)**
A. कुदऊ सिंह	I. रामचन्द्र चक्रवर्ती
B. लाला केवल किशन	II. रामशंकर दास
C. शंभू प्रसाद तिवारी	III. मदन मोहन उपाध्याय
D. स्वामी भगवान दास	IV. रामदास शर्मा

नीचे दिए गए विकल्पों में से **सही** विकल्प चुनें :
1. A-IV, B-II, C-I, D-III
2. A-III, B-I, C-IV, D-II
3. A-I, B-III, C-II, D-IV
4. A-II, B-IV, C-III, D-I

88. सूची-I को सूची-II से सुमेलित करें :

सूची-I (ग्रंथ)	**सूची-II (लेखक)**
A. तबला शास्त्र प्रभाकर	I. पं. गोविन्द राव बुरानपुरकर
B. भारतीय ताल मंजरी	II. श्री मधुकर गणेश गोडबोले
C. तबला शास्त्र	III. श्री जयकृष्ण महन्ती
D. भरत कोष	IV. पं. रामकृष्ण राय कवि

नीचे दिए गए विकल्पों में से **सही** विकल्प चुनें :
1. A-III, B-I, C-II, D-IV
2. A-IV, B-II, C-III, D-I
3. A-I, B-III, C-II, D-IV
4. A-II, B-IV, C-I, D-III

89. सूची-I को सूची-II से सुमेलित करें :

सूची-I (कर्नाटक ताल)	**सूची-II (मात्रा)**
A. चतुरस्र जाति अठ ताल	I. 10
B. तिस्र जाति रूपक ताल	II. 29
C. संकीर्ण जाति ध्रुव ताल	III. 5
D. मिश्र जाति झंप ताल	IV. 12

नीचे दिए गए विकल्पों में से **सही** विकल्प चुनें :
1. A-I, B-III, C-II, D-IV
2. A-III, B-IV, C-I, D-II
3. A-II, B-I, C-III, D-IV
4. A-IV, B-III, C-II, D-I

90. सूची-I को सूची-II से सुमेलित करें :

सूची-I (रबीन्द्र संगीत ताल)	**सूची-II (विभाग)**
A. झंपक ताल	I. 3|2|2|4
B. रूपकड़ा ताल	II. 2|4|4|4|4
C. नवपंच ताल	III. 3|2|3
D. एकादशी ताल	IV. 3|2

नीचे दिए गए विकल्पों में से **सही** विकल्प चुनें :
1. A-IV, B-III, C-II, D-I
2. A-I, B-II, C-III, D-IV
3. A-III, B-IV, C-II, D-I
4. A-II, B-I, C-IV, D-III

निर्देश (प्र.सं. 91 से 95 तक): *निम्नलिखित गद्यांश को पढ़िए और उत्तर दीजिए।*

तबला वादन के क्षेत्र में उस्ताद अहमद जान थिरकवाँ या उस्ताद अमीर हुसैन खाँ महान कलाकार थे। पंडित किशन महाराज या उस्ताद करामतउल्ला खाँ की वादन क्षमता पर पूरे देश को गर्व है, या उस्ताद अल्लारखा सारे विश्व में प्रसिद्ध हैं, किन्तु इनमें से कोई भी अपना नवीन घराना निर्मित नहीं कर सका। वे अपने परम्परा को ही अनुसरते रहे। उनके वादन में उनकी निजी प्रतिभा तथा रंगीन कल्पना सृष्टि अवश्य हुई है जो उनकी अपनी शैली कहलाती है। किन्तु शैली घराना नहीं होती, शैली व्यक्तिगत होती है, जबकि घराने के निर्माण के लिए पृथक् सौन्दर्य कल्पना का होना आवश्यक होता है।

सुप्रसिद्ध मृदंग केसरी नाना पानसे बाबू जोधसिंह जी के शिष्य थे। बाबू जोधसिंह नाना पानसे से कहीं अधिक गुणी तथा उच्च कोटि के कलाकार थे। परन्तु जहाँ घराने की बात आती है वहाँ बाबू जोधसिंह का घराना नहीं कहा जाता, जबकि नाना पानसे का घराना भारत भर में मान्यता प्राप्त है। इसका अर्थ यह हुआ कि बाबू जोधसिंह जी चाहे कितने ही गुणी क्यों न रहे हों और नाना पानसे जी के गुरु ही क्यों न हों, किन्तु जो कुछ वे बजाते थे वह गुरु परम्परा से चली आ रही विद्या थी। जबकि नाना पानसे ने अपने गुरु से प्राप्त उस विद्या के किसी सौन्दर्यपूर्ण भाग को उठाकर अपने निजी कल्पना दृष्टि के अनुसार उसके कला निर्माण में परिवर्तन किया।

91. पंडित नाना साहब पानसे को निम्नलिखित में से किस संज्ञा से भी जाना जाता था?
1. मृदंग नायक
2. लय शास्त्र का नायक
3. वाद्य शास्त्र का नायक
4. ताल शास्त्र का नायक

92. निम्नलिखित में से कौन से कलाकार रामपुर दरबार में दरबारी संगीतकार थे?
1. उस्ताद अमीर हुसैन खाँ
2. पं. नाना पानसे
3. उस्ताद अहमदजान थिरकवाँ
4. पं. बाबू जोध सिंह

93. बाबू जोध सिंह के शिष्यों की परंपरा को .... घराना के नाम से जाना जाता है।
1. जावली
2. पंजाब
3. नाना पानसे
4. मथुरा-कोरिया

94. जोध सिंह के शिष्य कौन हैं?
1. सखाराम जी
2. पर्वत सिंह
3. पागल दास
4. माधवराव अलकुटकर

95. निम्नलिखित में से किस कलाकार ने मुंबई और दिल्ली आकाशवाणी में तबला वादक के रूप में कार्य किया?
1. उस्ताद करामतुल्ला खाँ
2. पं. किशन महाराज
3. उस्ताद अहमदजान थिरकवाँ
4. उस्ताद अल्लारखा

निर्देश (प्र.सं 96 से 100 तक): *निम्नलिखित गद्यांश को पढ़िए और उत्तर दीजिए।*

भरत के अनुसार अवनद्ध वाद्यों के सैकड़ों प्रकार हैं किन्तु नाट्यशास्त्र में पुष्कर वाद्यों मृदंग, पणव, दुर्दर को अंग वाद्य कहकर उनका विस्तार से वर्णन किया है। झल्लरी, पटह, भेरी झंझा, दुन्दुभि और डिमडिम को प्रत्यंग वाद्य कहकर उनका केवल नामोल्लेख किया है। अंग वाद्यों को प्रमुखता इसलिये दी गयी है क्योंकि इनमें विभिन्न स्वर मार्जनायें उत्पन्न की जा सकती थीं। विभिन्न स्वर-मार्जनायें, प्रहार, अक्षर, सम्भव होने के कारण वे भिन्न-भिन्न भावों की अभिव्यक्ति में सहायक थे जो नाटक के लिए आवश्यक तत्व था। प्रत्यंग वाद्यों में भेरी, पटह, झंझा, दुन्दुभि एवं डिमडिम आदि में ध्वनि वैचित्र्य सम्भव नहीं था तथा उनको बजाते समय उनके विस्तार के कारण, बड़े आकार में होने और शिथिल बन्धन रहने पर गम्भीर ध्वनि ही उत्पन्न होती थी। इसलिये भरत ने पुष्कर वाद्यों के दो वर्ग-अंग और प्रत्यंग किये।

भरत ने मृदंग के तीनों प्रकारों में से आंकिक का आकार व स्वरूप हरीतिका (हर के समान) उर्ध्वक का स्वरूप युवाकृति (जौ के समान) और आलिंग्यक का गोपुच्छाकृति (गौपुच्छ) के समान बताया है। आंकिक मृदंग की लम्बाई साढ़े तीन बालिश्त के प्रमाण की तथा उसका मुँह 12 अंगुल का रखना चाहिये। आलिंग्यक मृदंग की लम्बाई तीन बालिश्त की और मुँह सिकुड़ा हुआ आठ अंगुल का निर्दिष्ट किया है।

96. संगीतसार के अनुसार मध्यकाल में पटह को किस नाम से जाना जाता था?
1. भेरी
2. मर्दल
3. ढोलक
4. नाल

97. भरतमुनि के अनुसार अवनद्ध वाद्य की कितनी जातियाँ होती हैं?
1. 16
2. 17
3. 18
4. 19

98. भरत के अनुसार पणव की लम्बाई कितनी है?
1. 12 अंगुल
2. 16 अंगुल
3. 18 अंगुल
4. 20 अंगुल

99. 'मार्जना' पद का तात्पर्य निम्नलिखित में से किससे है?
1. वाद्य यंत्रों का विलेपन
2. वाद्ययंत्रों का वादन
3. वाद्ययंत्रों का खींचना
4. वाद्य यंत्रों से सुर उत्पन्न करना

100. नाट्यशास्त्र में अंगवाद्य को क्यों महत्वपूर्ण (प्रधान) वाद्य माना जाता था?
1. इसके आकार में भिन्नता के कारण
2. इसकी वादन शैली में भिन्नता के कारण
3. इसकी भिन्न-भिन्न स्वर मार्जना के कारण
4. इसकी गति की विशिष्टता के कारण

भाग-IV

कर्नाटक संगीत

26. 'ग्राम' शब्द को परिभाषित करने वाले आदितम लक्षणकार हैं :

1. मतंग 2. शारंगदेव
3. वेंकटमखी 4. सोमनार्य

27. कर्नाटक संगीत में पाश्चात्य संगीत का A माइनर संगत राग है :

1. कल्याणी 2. नटभैरवी
3. कीरवाणी 4. खरहरप्रिया

28. प्राचीन तमिल संगीत में 'तिरम' शब्द निम्नलिखित का द्योतक है :

1. स्वरांतर राग 2. षाडव राग
3. औडव राग 4. संपूर्ण राग

29. 'नट्ट रागम' पण निम्नलिखित में से किसके समतुल्य है?

1. सौराष्ट्रम् 2. नादनामक्रिया
3. भूपाल 4. कामवर्धिनी

30. औडव-औडव राग को चिह्नित कीजिए :

1. आन्दोलिका 2. आभेरी
3. आरभी 4. अठाणा

31. 'संगीत स्वर प्रस्तार सागरम्' ग्रंथ के लेखक हैं :

1. नादमुनि पंडितर 2. अब्राहम पंडितर
3. लोचन कवि 4. जगदेक मल्ल

32. मध्यम और पंचम वर्ज राग को चिह्नित कीजिए :

1. श्री 2. हिन्दोल
3. मालिका 4. आन्डोलिका

33. उस रागमालिका को चिह्नित कीजिए जिसमें सभी मंगलराग शामिल हैं :

1. नित्यकल्याणी 2. सिंहासनास्थिते
3. भावयामी 4. श्री चक्र राज

34. दशावतार रागमालिका के लेखक हैं :

1. त्यागराज 2. मुतुस्वामि दीक्षितर
3. महावैद्यनाथ अय्यर 4. स्वाति तिरुनाल

35. मनोधर्म संगीत के महत्वपूर्ण विभाग हैं :

1. 3 2. 5
3. 4 4. 6

36. 'सिंह नंदन ताल तिल्हान' के लेखक हैं :

1. मुत्तय्य भागवतर 2. कोटीश्वर अय्यर
3. महावैद्यनाथ अय्यर 4. पटनम् सुब्रह्मण्य अय्यर

37. अन्नास्वामी शास्त्री का प्रसिद्ध दारु है :

1. इंतिरो 2. भामरो
3. मगुवरो 4. कामिन्ची युन्नदीरा

38. तमिल संगीत शास्त्र में कुतपा का प्राचीन नाम है :

1. विरली 2. पल्लियम्
3. तिरत्तिरम् 4. कट्टलै

39. 'रीतिगौला' राग में सुरबद्ध कृति को चिह्नित कीजिए :

1. लोकावन चतुर 2. चिन्ननाडेना
3. बाले बालेन्दु 4. मारवैरिरमणि

40. निम्नलिखित में से सुब्बाराय शास्त्री की रचना चिह्नित कीजिए :

1. कन्नतल्लि 2. रा वे मगुव
3. रा पे हिमगिरी कुमारि 4. जननी निन्नु

41. 'गीत-गोविन्द' का अंग्रेजी अनुवाद किसने किया था :

1. एडविन आर्नाल्ड 2. सी. ब्रौन
3. एल्मर केल्टन 4. ई. क्लेमेन्ट्स

42. निम्नलिखित में से प्रसिद्ध गायक को चिह्नित कीजिए :

1. टी.एन. कृष्णन
2. मंगलमपल्ली बालमुरली कृष्ण
3. एन. रमणी
4. पालघाट मणि अय्यर

43. तिरुपुगल के प्रत्येक पद का अंत कहलाता है :

1. सिन्धु 2. थोंगल
3. सीर 4. असै

44. निम्नलिखित में से नागस्वरम् वादक को चिह्नित कीजिए :

1. मीनाक्षी सुन्दरम पिल्लै
2. नयना पिल्लै
3. पी.एस. वीरुस्वामि पिल्लै
4. राजमणिकम पिल्लै

45. निम्नलिखित में से चर्म से निर्मित लयवाद्यम् को चिह्नित कीजिए :

1. जालरा 2. चिपला
3. घटम् 4. उडल

46. धनुषाकार वाद्ययंत्र निम्नलिखित में से कौन-सा है?

1. दिलरुबा 2. गोटुवाद्यम्
3. स्वरबत 4. रुद्रवीणा

47. 'पंचतालेश्वरम' की उपाधि निम्नलिखित में से किससे संबंधित है?

1. वीणा शेषन्ना 2. वीणा नीलकंठ शास्त्री
3. वीणा धनम्माल 4. वीणा दोरैस्वामी अयंगर

48. 'पतिगम्' शब्द निम्नलिखित में से किससे संबद्ध है?

1. तिरुप्पगल 2. तिरुप्पावै
3. दिव्य प्रबंधम 4. तेवारम्

49. मुतुस्वामी दीक्षितर के अप्पुलिंग से संबद्ध कृति निम्नलिखित में से कौन-सी है?

1. जम्बू पते 2. अनंदामृतकर्षिणी
3. श्री कृष्णम् 4. सेनापते

50. 'नौका चरित्रम्' गेयनाटक का आरंभ निम्नलिखित में से किससे होता है?

1. सौराष्ट्रम् 2. सुरटि
3. नट्टै 4. गौला

51. नीचे दो कथन दिए गए हैं: एक अभिकथन (A) के रूप में है तो दूसरा उसके कारण (R) के रूप में :

अभिकथन (A): श्री त्यागराज ने लगभग 700 कृतियों की रचना की।

कारण (R): श्री त्यागराज ने सभी 72 मेलकर्ता रागों में कृतियों की रचना की है।

उपरोक्त कथन के आलोक में, नीचे दिए गए विकल्पों में से सबसे उपयुक्त **उत्तर** का चयन कीजिए :

1. (A) और (R) दोनों सही हैं और (R), (A) की सही व्याख्या है
2. (A) और (R) दोनों सही हैं और (R), (A) की सही व्याख्या नहीं है
3. (A) सही है और (R) सही नहीं है
4. (A) सही नहीं है और (R) सही है

52. नीचे दो कथन दिए गए हैं: एक अभिकथन (A) के रूप में है तो दूसरा उसके कारण (R) के रूप में :

अभिकथन (A): बेगड़ राग का 'मध्यम्' विशिष्ट है तथा इसे राग छाया स्वर माना जाता है।

कारण (R): इस राग में 4/3 श्रुति मान के साथ शुद्ध मध्यम का प्रयोग होता है।

उपरोक्त कथन के आलोक में, नीचे दिए गए विकल्पों में से सबसे उपयुक्त **उत्तर** का चयन कीजिए :

1. (A) और (R) दोनों सही हैं और (R), (A) की सही व्याख्या है
2. (A) और (R) दोनों सही हैं और (R), (A) की सही व्याख्या नहीं है
3. (A) सही है और (R) सही नहीं है
4. (A) सही नहीं है और (R) सही है

53. नीचे दो कथन दिए गए हैं: एक अभिकथन (A) के रूप में है तो दूसरा उसके कारण (R) के रूप में :

अभिकथन (A): कर्नाटक संगीत का सबसे लम्बा ताल संकीर्ण गति संकीर्ण जाति ध्रुव ताल है।

कारण (R): संकीर्ण गति संकीर्ण जाति ध्रुव ताल में 260 अक्षर काल होते हैं।

उपरोक्त कथन के आलोक में, नीचे दिए गए विकल्पों में से सबसे उपयुक्त **उत्तर** का चयन कीजिए :

1. (A) और (R) दोनों सही हैं और (R), (A) की सही व्याख्या है

2. (A) और (R) दोनों सही हैं और (R), (A) की सही व्याख्या नहीं है
3. (A) सही है और (R) सही नहीं है
4. (A) सही नहीं है और (R) सही है

54. नीचे दो कथन दिए गए हैं: एक अभिकथन (A) के रूप में है तो दूसरा उसके कारण (R) के रूप में :

अभिकथन (A): किसी समारोह में राग आलापन एक निबद्ध रचना है।

कारण (R): राग आलापन मंच पर कलाकार द्वारा समुन्नत किया जाता है।

उपरोक्त कथन के आलोक में, नीचे दिए गए विकल्पों में से सबसे उपयुक्त **उत्तर** का चयन कीजिए :

1. (A) और (R) दोनों सही हैं और (R), (A) की सही व्याख्या है
2. (A) और (R) दोनों सही हैं और (R), (A) की सही व्याख्या नहीं है
3. (A) सही है और (R) सही नहीं है
4. (A) सही नहीं है और (R) सही है

55. नीचे दो कथन दिए गए हैं: एक अभिकथन (A) के रूप में है तो दूसरा उसके कारण (R) के रूप में :

अभिकथन (A): कुछ विवादी मेल राग अभी भी प्रयोग में हैं क्योंकि कुछ सुन्दर रचनाएँ (कृतियाँ) अभी भी इसमें रची जाती हैं।

कारण (R): पापनासं शिवन ने सभी 72 मेलकर्ता रागों में तमिल रचनाएँ नहीं रची।

उपरोक्त कथन के आलोक में, नीचे दिए गए विकल्पों में से सबसे उपयुक्त **उत्तर** का चयन कीजिए :

1. (A) और (R) दोनों सही हैं और (R), (A) की सही व्याख्या है
2. (A) और (R) दोनों सही हैं और (R), (A) की सही व्याख्या नहीं है
3. (A) सही है और (R) सही नहीं है
4. (A) सही नहीं है और (R) सही है

56. नीचे दो कथन दिए गए हैं: एक अभिकथन (A) के रूप में है तो दूसरा उसके कारण (R) के रूप में :

अभिकथन (A): ध्वनि का स्वरमान शरीर द्वारा उत्पन्न वास्तविक ध्वनि के कंपन की आवृत्ति द्वारा निर्धारित होता है।

कारण (R): कर्नाटक संगीत में 22 श्रुतियाँ विद्यमान हैं।

उपरोक्त कथन के आलोक में, नीचे दिए गए विकल्पों में से सबसे उपयुक्त **उत्तर** का चयन कीजिए :

1. (A) और (R) दोनों सही हैं और (R), (A) की सही व्याख्या है
2. (A) और (R) दोनों सही हैं और (R), (A) की सही व्याख्या नहीं है
3. (A) सही है और (R) सही नहीं है
4. (A) सही नहीं है और (R) सही है

57. नीचे दो कथन दिए गए हैं: एक अभिकथन (A) के रूप में है तो दूसरा उसके कारण (R) के रूप में :

अभिकथन (A): प्रतिभा संपन्न कांचीपुरम नायन पिल्लै को लय की अनूप महारत हासिल थी।

कारण (R): पालघाट मणि अय्यर नायना पिल्लै के शिष्य थे।

उपरोक्त कथन के आलोक में, नीचे दिए गए विकल्पों में से सबसे उपयुक्त **उत्तर** का चयन कीजिए :

1. (A) और (R) दोनों सही हैं और (R), (A) की सही व्याख्या है
2. (A) और (R) दोनों सही हैं और (R), (A) की सही व्याख्या नहीं है
3. (A) सही है और (R) सही नहीं है
4. (A) सही नहीं है और (R) सही है

58. नीचे दो कथन दिए गए हैं: एक अभिकथन (A) के रूप में है तो दूसरा उसके कारण (R) के रूप में :

अभिकथन (A): 35 तालों के गति भेद से 175 तालें विकसित हैं।

कारण (R): 35 ताल 175 तालों से व्युत्पन्न हैं।

उपरोक्त कथन के आलोक में, नीचे दिए गए विकल्पों में से सबसे उपयुक्त **उत्तर** का चयन कीजिए :

1. (A) और (R) दोनों सही हैं और (R), (A) की सही व्याख्या है

2. (A) और (R) दोनों सही हैं और (R), (A) की सही व्याख्या नहीं है
3. (A) सही है और (R) सही नहीं है
4. (A) सही नहीं है और (R) सही है

59. नीचे दो कथन दिए गए हैं: एक अभिकथन (A) के रूप में है तो दूसरा उसके कारण (R) के रूप में :

अभिकथन (A): 72 मेलकर्ता सूची में 34वां मेल वागदिश्वरी है।

कारण (R): वागदीश्वरी का प्रति-मध्यम मेल 70वां मेल नासिकाभूषणी है।

उपरोक्त कथन के आलोक में, नीचे दिए गए विकल्पों में से सबसे उपयुक्त **उत्तर** का चयन कीजिए :

1. (A) और (R) दोनों सही हैं और (R), (A) की सही व्याख्या है
2. (A) और (R) दोनों सही हैं और (R), (A) की सही व्याख्या नहीं है
3. (A) सही है और (R) सही नहीं है
4. (A) सही नहीं है और (R) सही है

60. नीचे दो कथन दिए गए हैं: एक अभिकथन (A) के रूप में है तो दूसरा उसके कारण (R) के रूप में :

अभिकथन (A): 72 मेलकर्ता योजना में 6 युद्ध मध्यम चक्र हैं।

कारण (R): 72 मेलकर्ता योजना में केवल 4 प्रति मध्यम चक्र विद्यमान हैं।

उपरोक्त कथन के आलोक में, नीचे दिए गए विकल्पों में से सबसे उपयुक्त **उत्तर** का चयन कीजिए :

1. (A) और (R) दोनों सही हैं और (R), (A) की सही व्याख्या है
2. (A) और (R) दोनों सही हैं और (R), (A) की सही व्याख्या नहीं है
3. (A) सही है और (R) सही नहीं है
4. (A) सही नहीं है और (R) सही है

61. निम्नलिखित को विभक्ति के अनुसार सही अनुक्रम में व्यवस्थित कीजिए :

A. मानस गुरु गुह   B. गुरु गुहाय
C. श्री नद्यादि   D. गुरु गुहादन्यम्
E. श्री गुरुणा पालितोस्मि

नीचे दिए गए विकल्पों में से **सही** उत्तर चुनें :

1. C, A, E, B, D   2. B, C, D, A, E
3. C, D, B, E, A   4. D, E, B, C, A

62. निम्नलिखित दुदुतुगल चरणों को आनुक्रमिक क्रम में व्यवस्थित कीजिए :

A. तेलियानि नटविट   B. परधनमुल
C. दृष्टिकि सारम्बगु   D. तनमदिनि
E. मानवतनु

नीचे दिए गए विकल्पों में से **सही** उत्तर चुनें :

1. B, C, A, E, D   2. C, B, E, A, D
3. A, E, B, C, D   4. B, D, A, C, E

63. 'यदुकुल खाम्बेजी स्वरजाति' के चरणों को आनुक्रमिक क्रम में व्यवस्थित कीजिए :

A. बालकिसलय   B. कमलदल
C. कनकगिरि   D. पावनिपुर
E. नीवलने कादा

नीचे दिए गए विकल्पों में से **सही** उत्तर चुनें :

1. B, C, A, E, D   2. B, C, D, A, E
3. A, C, D, B, E   4. B, D, C, A, E

64. 'नव ग्रह' के अनुसार निम्नलिखित को पुनर्व्यवस्थित कीजिए :

A. अंगारकमाश्रयाम्यहम्   B. बृहस्पते
C. चन्द्रम् भज   D. सूर्यमूर्ते
E. बुधमाश्रयामि

नीचे दिए गए विकल्पों में से **सही** उत्तर चुनें :

1. A, C, D, B, E   2. B, D, C, E, A
3. D, C, A, E, B   4. C, A, D, B, E

65. निम्नलिखित कल्याणि राग वर्णम् को साहित्य आनुक्रमिक क्रम में व्यवस्थित कीजिए :

A. वेलयु सौन्दर   B. निलुपराणी
C. वासुदेवुनि   D. विनवे
E. वनजाक्षिरो

नीचे दिए गए विकल्पों में से **सही** उत्तर चुनें :

1. E, C, D, A, B   2. A, E, D, B, C
3. E, A, B, C, D   4. B, A, E, C, D

66. 'आवरण' के अनुसार निम्नलिखित को अनुक्रम में व्यवस्थित कीजिए :

A. श्री कमलम्बिकया - शंकराभरणम्

B. कमलाम्बाम् भजरे - कल्याणी

C. कमलाम्ब सरक्षतु - आनंद भैरवी

D. श्री कमलाम्बिकायः - भैरवी

E. कमलाम्बिकायै - काम्भोजी

नीचे दिए गए विकल्पों में से **सही** उत्तर चुनें :

1. A, B, D, C, E 2. B, C, D, A, E
3. D, B, C, E, A 4. C, B, A, E, D

67. शृंखला के अनुसार निम्नलिखित 'नीलोत्पलाम्बा विभक्ति' कृतियों को पुनर्व्यवस्थित कीजिए :

A. नीलोत्पलाम्बाम् - नारीरीतीगौल

B. नीलोत्पलाम्बिकायम् - केदारगौल

C. नीलोत्पलाम्बा जयतिः - नारायणगौल

D. नीलोत्पलम्बिकायाः - गौल

E. नीलोत्पलाम्बिकाय - कन्नड़ गौल

नीचे दिए गए विकल्पों में से **सही** उत्तर चुनें :

1. A, C, D, E, B 2. C, A, E, B, D
3. B, D, A, E, C 4. D, B, E, C, A

68. निम्नलिखित नवरात्रि कृतियों को आरोही दिन अनुक्रम में व्यवस्थित कीजिए :

A. देवि पावनी - सावेरी

B. जननीपाहि - शुद्ध सावेरी

C. जननी मामव - भैरवी

D. भारती मामव - तोड़ी

E. पाहि जननी - नाट्ट कुरन्जी

नीचे दिए गए विकल्पों में से **सही** उत्तर चुनें :

1. D, A, E, B, C 2. A, D, C, B, E
3. A, C, B, E, D 4. B, A, C, E, D

69. निम्नलिखित अभयाम्बा विभक्ति कृतियों को अनुक्रम में व्यवस्थित कीजिए :

A. गिरिजयाजय अभ्याम्बिकया - शंकराभरणम्

B. अभयाम्बिकायै - यदुकुलकाम्बोजी

C. आयाम् अभयाम् - भैरवी

D. अभयाम्बिकायाः - केदार गौल

E. अभ्याम्बा जगदम्बा - कल्याणी

नीचे दिए गए विकल्पों में से **सही** उत्तर चुनें :

1. D, B, C, E, A 2. B, C, D, A, E
3. E, C, A, B, D 4. A, E, C, D, B

70. निम्नलिखित को ताल अक्षरों के अवरोही क्रमानुसार व्यवस्थित कीजिए :

A. मिश्र जाति रुपक ताल

B. मिश्र जाति एक ताल

C. चतुरस्र जाति अट ताल

D. खंड जाति ध्रुव ताल

E. तिश्र जाति मठ्य ताल

नीचे दिए गए विकल्पों में से **सही** उत्तर चुनें :

1. A, C, D, B, E 2. B, D, C, A, E
3. D, C, A, E, B 4. E, A, C, B, D

71. नैयान्दी गेलम में निम्नलिखित शामिल होते हैं :

A. तमुकू B. चेन्डा

C. नागस्वरम् D. घटम

E. ओत्तु

नीचे दिए गए विकल्पों में से **सही** उत्तर चुनें :

1. केवल B, C, D 2. केवल A, B, C
3. केवल B, D, E 4. केवल A, C, E

72. मुथय्या भागवतार के विद्यार्थी निम्नलिखित में से चुनिये :

A. रामनाथपुरम् सी.एस. शंकर शिवम्

B. मदुरै मणि अय्यर

C. मदुरै सोमसुन्दरम् पिल्लै

D. टी.एम. त्यागराजन

E. अरियक्कुडी रामानुज अयंगार

नीचे दिए गए विकल्पों में से **सही** उत्तर चुनें :

1. केवल B & C 2. केवल D & E
3. केवल A & B 4. केवल A & C

73. सारंगदेव के राग वर्गीकरण में प्रयुक्त वर्गों का चयन कीजिए :

A. रागांग B. अंतरा

C. कियांग D. गीति

E. उपांग

नीचे दिए गए विकल्पों में से **सही** उत्तर चुनें :

1. केवल A, B, C 2. केवल B, D, E
3. केवल C, D, E 4. केवल A, E, C

74. निम्नलिखित में से वायलिन वादकों को चिह्नित कीजिए :

A. एन. राजम्

B. उमयालपुरम् शिवरामन

C. टी.के. गोविन्द राव

D. कुम्भकोणम् राजमाणिकम् पिल्लै

E. गोविन्दस्वामी पिल्लै

नीचे दिए गए विकल्पों में से **सही** उत्तर चुनें :

1. केवल A, D, E
2. केवल B, C, D
3. केवल A, B, D
4. केवल C, E, B

75. निम्नलिखित में से समूह कृतियों को चिह्नांकित कीजिए :

A. तुलसीदल मुलचे

B. कोरि सेविम्परारे

C. वर सिखि वाहन

D. राजु वेडले

E. संदरी निन्नु वर्णिम्प

नीचे दिए गए विकल्पों में से **सही** उत्तर चुनें :

1. केवल A, B, C
2. केवल B, D, E
3. केवल A, D, B
4. केवल C, A, D

76. निम्नलिखित में से प्रहलाद भक्ति विजयम् की रचनाओं को चिह्नित कीजिए :

A. रा रा मा इन्टिदाका

B. ऐनाटि नोमुफलमो

C. छुडरे चेलुलार

D. नी नाम रुपमुलकु

E. श्रृंगारिन्चुकोनी

नीचे दिए गए विकल्पों में से **सही** उत्तर चुनें :

1. केवल B, C, D
2. केवल C, D, A
3. केवल D, B, C
4. केवल A, B, D

77. 'पदम' रचनाकारों को चिह्नित कीजिए :

A. सारंगपाणि

B. सुब्बराय शास्त्री

C. घनम् कृण्णय्यर

D. क्षेत्रय्या

E. तिरुवोत्तियूर व्यागय्यर

नीचे दिए गए विकल्पों में से **सही** उत्तर चुनें :

1. केवल A, C, D
2. केवल B, C, A
3. केवल C, D, B
4. केवल D, B, E

78. निम्नलिखित में से पंचरत्न जगदानन्दकारका के चरणों को चिह्नित कीजिए :

A. अमर तारक

B. पनसनारी केलादि

C. ओंकार पंजर

D. अगणित गुण

E. कावेरी तीरमुननु

नीचे दिए गए विकल्पों में से **सही** उत्तर चुनें :

1. केवल B, D, E
2. केवल A, B, C
3. केवल C, B, D
4. केवल A, C, D

79. निम्नलिखित में से '21' अक्षरकाल वाली तालों को चिह्नित कीजिए :

A. तिस्र गति तिस्र जाति त्रिपुट तालम्

B. मिस्र गति तिस्र जाति अट तालम्

C. तिस्र गति मिस्र जाति एक तालम्

D. तिस्र गति चतुरस्र जाति रुपक तालम्

E. तिस्र गति चतुरस्र जाति झंप तालम्

नीचे दिए गए विकल्पों में से **सही** उत्तर चुनें :

1. केवल A, C, E
2. केवल B, D, E
3. केवल C, E, D
4. केवल B, A, D

80. निम्नलिखित में से विवादी मेलों को चिह्नांकित कीजिए :

A. नीतिमती

B. शूलिनी

C. नाम नारायणी

D. वागदीश्वरी

E. हेमवती

नीचे दिए गए विकल्पों में से **सही** उत्तर चुनें :

1. केवल B, D, E
2. केवल C, D, E
3. केवल A, D, E
4. केवल A, B, D

81. सूची-I को सूची-II से सुमेलित करें :

सूची-I (कृति)	**सूची-II (चरणम्)**
A. नगुमोमु	I. स्वर राग लय
B. इंतसौक्यमनिने	II. नारी मनीकि
C. चक्कनि राजा	III. कण्टिकी सुन्दर तरमगु
D. क्षीर सागर	IV. खगराजु

नीचे दिए गए विकल्पों में से **सही** विकल्प चुनें :

1. A-IV, B-I, C-III, D-II
2. A-I, B-III, C-IV, D-II
3. A-IV, B-III, C-II, D-I
4. A-II, B-III, C-I, D-IV

82. सूची-I को सूची-II से सुमेलित करें :

सूची-I (न्यास स्वर)	सूची-II (राग)
A. ऋषभ न्यास	I. हंसध्वनि
B. मध्यम न्यास	II. सावेरी
C. धैवत न्यास	III. कुंतल वरालि
D. निषाद न्यास	IV. केदार गौल

नीचे दिए गए विकल्पों में से **सही** विकल्प चुनें :

1. A-III, B-II, C-IV, D-I
2. A-IV, B-III, C-II, D-I
3. A-IV, B-II, C-III, D-I
4. A-II, B-IV, C-III, D-I

83. सूची-I को सूची-II से सुमेलित करें :

सूची-I (राग)	सूची-II (सम्प्रकृति राग)
A. भैरवी	I. नायकी
B. घंटा	II. पुन्नागवरालि
C. बिलहरी	III. मांजि
D. दरबार	IV. देशाक्षि

नीचे दिए गए विकल्पों में से **सही** विकल्प चुनें :

1. A-I, B-III, C-IV, D-II
2. A-II, B-III, C-I, D-IV
3. A-III, B-II, C-IV, D-I
4. A-III, B-IV, C-I, D-II

84. सूची-I को सूची-II से सुमेलित करें :

सूची-I (वर्गीकरण)	सूची-II (राग)
A. औडप संपूर्ण	I. मलय मारुतम्
B. षाडव षाडव	II. सहाना
C. उभय वक्र	III. गौल
D. औडन तक्र	IV. आभेरी

नीचे दिए गए तिकल्पों में से **सही** विकल्प चुनें :

1. A-IV, B-III, C-I, D-II
2. A-III, B-II, C-I, D-IV
3. A-IV, B-I, C-II, D-III
4. A-II, B-III, C-I, D-IV

85. सूची-I को सूची-II से सुमेलित करें :

सूची-I (ग्रंथ)	सूची-II (लेखक)
A. करुणामृत सागरम	I. राणा कुम्भा
B. संगीत सार	II. जगदेक मल्ल
C. संगीत चूड़ामणि	III. विद्यारण्य
D. संगीत राज	IV. अब्रहाम पंडितर

नीचे दिए गए विकल्पों में से **सही** विकल्प चुनें :

1. A-I, B-II, C-III, D-IV
2. A-III, B-IV, C-II, D-I
3. A-IV, B-II, C-III, D-I
4. A-IV, B-III, C-II, D-I

86. सूची-I को सूची-II से सुमेलित करें :

सूची-I (संगीत रूप)	सूची-II (साहित्य)
A. स्वरजति	I. ऐल राडायेने कामिनी
B. जावलि	II. रावे हिमगिरी कुमारि
C. पदम्	III. मुंदटि वले नापै
D. कृति	IV. भजरे रे मानस

नीचे दिए गए विकल्पों में से **सही** विकल्प चुनें :

1. A-II, B-I, C-III, D-IV
2. A-I, B-III, C-IV, D-II
3. A-II, B-III, C-I, D-IV
4. A-III, B-II, C-I, D-IV

87. सूची-I को सूची-II से सुमेलित करें :

सूची-I (कलाकार)	सूची-II (कला)
A. बिडारम् कृष्णप्पा	I. बांसुरी
B. तिरुपाम्पुरम स्वामिनाथ पिल्लै	II. वायलिन
C. के.एस. वेंकट रामय्या	III. मृदंगम
D. पालघाट रघु	IV. गायन

नीचे दिए गए विकल्पों में से **सही** विकल्प चुनें :

1. A-III, B-II, C-I, D-IV
2. A-IV, B-I, C-II, D-III
3. A-II, B-III, C-I, D-IV
4. A-IV, B-II, C-III, D-I

88. सूची-I को सूची-II से सुमेलित करें :

सूची-I (लेखक)	सूची-II (पुस्तक)
A. वी.एन. भातखंडे	I. आंध्र वाग्गेय कार चरित्र
B. एस.ए.के. दुर्गा	II. म्यूजिक ऑफ मध्वा मॉन्क्स
C. बालांत्रपु रजनीकांत राव	III. एथनोम्यूजिकोलॉजी
D. आर. सत्यनारायण	IV. श्री मल्लक्ष्य संगीतम्

नीचे दिए गए विकल्पों में से **सही** विकल्प चुनें :

1. A-III, B-IV, C-I, D-II
2. A-I, B-III, C-IV, D-II
3. A-IV, B-III, C-I, D-II
4. A-II, B-I, C-III, D-IV

89. सूची-I को सूची-II से सुमेलित करें :

सूची-I (वर्गीकरण)	सूची-II (वाद्य)
A. कोर्डोफोन	I. भूरि
B. एयरोफोन	II. गेत्तुवाद्यम्
C. लीथियोफोन	III. डमरु
D. मेम्ब्रेनोफोन	IV. संगीत पाषाण स्तंभ

नीचे दिए गए विकल्पों में से **सही** विकल्प चुनें :

1. A-II, B-III, C-I, D-IV
2. A-I, B-III, C-II, D-IV
3. A-IV, B-III, C-II, D-I
4. A-II, B-I, C-IV, D-III

90. सूची-I को सूची-II से सुमेलित करें :

सूची-I (फण)	सूची-II (समतुल्य राग)
A. आंदालि कुरिन्जी	I. नीलाम्बरी
B. ताळ कुरिन्जी	II. पपुकुल काम्भोजी
C. मेघराग कुरिन्जी	III. साम
D. चेव्वळी	IV. सौराष्ट्र

नीचे दिए गए विकल्पों में से **सही** विकल्प चुनें :

1. A-III, B-IV, C-I, D-II
2. A-IV, B-III, C-II, D-I
3. A-III, B-IV, C-II, D-I
4. A-I, B-IV, C-II, D-III

निर्देश (प्र.सं. 91 से 95 तक): *निम्नलिखित गद्यांश को सावधानी पूर्वक पढ़िए और उससे संबंधित प्रश्नों के उत्तर दीजिए :*

भारतीय संगीत के इतिहास पर लिखित पुस्तकों की संख्या कम है। भारतीय संगीत के इतिहास संबंधी छिटपुट लेख कुछ पत्रिकाओं में कभी-कभी प्रकाशित होते हैं। संस्कृत और अन्य भारतीय भाषाओं में लिखी गयी संगीत संबंधी कृतियाँ अलग-अलग काल खंड के संगीत की सिर्फ लक्षणा से संबंधित हैं। कुछ महान रचनाकारों और संगीतकारों के संबंध में संक्षिप्त जीवनीपरक नोट्स कुछ समकालीन पुस्तकों में प्रकाशित हुए हैं। भारतीय संगीत के इतिहास के अध्ययन का महत् सांस्कृतिक मूल्य है।

भारतीय सांगीति इतिहास के सृजन हेतु सामग्री प्रदान करने वाले स्त्रोत विविध और व्यापक दोनों हैं।

91. 'ताल लक्षणम्' ग्रंथ के लेखक हैं :

1. अच्युतराय
2. लक्ष्मीनारायण
3. पुण्डरीक विट्ठल
4. भावभट्ट

92. 'शिलप्पादिकारम्' ग्रंथ की टीका के लेखक निम्नलिखित में से कौन हैं?

1. नादमुनि पंडितर
2. अडियरक्कुनल्लार
3. विभुलानन्द अडिगल
4. वल्ललार

93. 'राग तत्व विबोध' कृति के लेखक निम्नलिखित में से कौन हैं?

1. लोचन कवि
2. भाव भट्ट
3. पंडित श्रीनिवास
4. तुलजाजी

94. 'संगीत रत्नाकर' ग्रंथ की टीका निम्नलिखित में से कौन है?

1. अगत्यम्
2. रसिकप्रिया
3. श्रुतिरजनी
4. कलानिधि

95. 'पंडिताराध्य चरित्र' ग्रंथ के लेखक निम्नलिखित में से कौन है?

1. नंदी तिम्मन
2. पाल्कुरिकि सोमनाथ कवि
3. जगदेक मल्ल
4. पेद्दन

निर्देश (प्र.सं. 96 से 100 तक): *निम्नलिखित गद्यांश को सावधानी पूर्वक पढ़िए और उससे संबंधित प्रश्नों के उत्तर दीजिए :*

मेलकर्ता रागों के सृजन में स्वरों के सभी संभावित संयोजनों (पूर्ण श्रुति, संवर्धित श्रुति और अर्ध श्रुति) जिन्हें परिष्कृत कान बर्दाश्त तथा सरलतापूर्वक भेद कर सके, को शामिल किया गया है। मेलकर्ता योजना वह आधारशिला है जिन पर दक्षिण भारतीय संगीत आज दृढ़तापूर्वक आश्रित है। केवल जोड़-तोड़ की दृष्टि से देखने पर यह योजना प्रथम दृष्ट्या कृत्रिम और सिर्फ अंकगणितीय प्रक्रिया प्रतीत हो सकती है।

96. नेत्रचक्र से संबंधित मेल को इंगित कीजिए :

1. षड् विद्यामार्गिणी 2. नाटक प्रिया
3. रुपवती 4. दिव्यमणि

97. मायामालव गौला के ऋषभ ग्रह भेद राग को चिह्नांकित कीजिए :

1. वागदीश्वरी 2. चलनाट
3. कोशलम् 4. रसिकप्रिया

98. निम्नलिखित में से माररंजनी का सांगत प्रतिमध्यम मेल है :

1. मेचकल्याणी 2. चित्राम्बरी
3. कांतामणि 4. ऋषभप्रिया

99. षट्श्रुति धैवत तथा काकलि निषाद युक्त मेल को इंगित कीजिए :

1. कांतामणि 2. दिव्यमणि
3. नामंनारायणी 4. सालगम

100. स्मृति विषयक 'दिशि-गो' युक्त मेल निम्नलिखित में से कौन-सा है?

1. श्यामलांगी 2. शन्मुखप्रिया
3. सिन्हेंद्रमध्यमम् 4. हेमवती

भाग–V

रबीन्द्र संगीत

26. निम्नलिखित में से कौन-सा नृत्य नाटक 'परिशोध' परिवर्तित रूप है?

1. शापमोचन 2. श्यामा
3. चित्रांगदा 4. चंडालिका

27. निम्नलिखित में से किस काव्य संकलन में ''खाँचार पाखी छिलो'' गीत संकलित है?

1. बलाका 2. क्षणिका
3. सोनार तोरी 4. कौथा ओ काहिनी

28. निम्नलिखित में से कौन-सा गीत कर्नाटक संगीत पर आधारित **नहीं** है?

1. बासंती हे भुबनमोहिनी
2. ओई भुबनमनमोहिनी
3. नीलांजन छाया
4. बाजे करुण सुरे

29. निम्नलिखित में से कौन रबीन्द्रनाथ टैगोर का शिष्य **नहीं** है?

1. अमला दास 2. अमिता सेन
3. कनिका बंदोपाध्याय 4. सुचित्रा मित्र

30. निम्नलिखित में से कौन-सा गीत 'नौ मात्रा की तालों' में रचित **नहीं** है?

1. निबिड़ घन आँधारे 2. ब्याकुल बोकुलेर फुले
3. काँपिछे देहलता 4. दुआर मोर पथपाशे

31. निम्नलिखित में से किस गीत का धुन 'नाद विद्या परब्रह्मरस' गीत से लिया गया है?

1. बासोन्ती हे
2. बाजे करुण सुरे
3. दिन फुरालो हे संसारी
4. बिश्वबिणारोबे बिश्वजनो मोहिछे

32. निम्नलिखित में से कौन-सा गीतिनाट्य 'बिद्वज्जन समागम सभा' के लिए रचित किया था?

1. कालमृगया 2. बाल्मीकि प्रतिभा
3. मायार खेला 4. शिशु तीर्थ

33. रबीन्द्रनाथ टैगोर निम्नलिखित में से किसे 'नतुन दादा' कहते थे?

1. सत्येन्द्रनाथ टैगोर 2. ज्योतिरीन्द्रनाथ टैगोर
3. द्विजेन्द्रनाथ टैगोर 4. हेमेन्द्रनाथ टैगोर

34. टैगोर का निम्नलिखित में से कौन-सा देशभक्ति गीत बंगाल विभाजन आंदोलन के पश्चात् लिखा गया था?

1. मातृमंदिर-पुण्य अंगन
2. भारत रे तोर कलंकितो परमाणुराशि
3. ढाको रे मुखचन्द्रमा
4. बुक बेंधे तुई दाँड़ा देखी

35. निम्नलिखित में से कौन-सा गीत वर्षामंगल में गाया गया था?

1. नील नबघने
2. ओ आशाड़ेर पूर्णिमा आमार
3. भेबेछिलेम आसबे फिरे
4. एई श्राबोनोबेला बादल झौरा

36. निम्नलिखित में से किस गीत में सुरान्तर नहीं पाया जाता है?

1. आजी झोरो झोरो
2. दोखिन हावा जागो जागो
3. मोहाबिश्वे मोहाकाशे
4. बादल दिनेर प्रोथोम कदम फुल

37. रबीन्द्रनाथ टैगोर के अनुसार, निम्नलिखित में से कौन-सा राग 'शुन्यो गृहचारिणी बिधोबा सन्ध्यार अश्रुमोचन' था?

1. मुलतान 2. भैरवी
3. पूर्वी 4. बागेश्री

38. निम्नलिखित में से कौन-सा गीत राग भैरवी पर आधारित है?

1. मोरी लो मोरी आमाय बाँशिते डेकेछे के
2. मरण रे तुहूँ मम श्याम समान
3. एखोनो तारे चोखे देखिनि
4. एकी लाबोन्ये पूर्णो प्राणो

39. निम्नलिखित में से कौन-सा गीत 'चित्रांगदा' का भाग नहीं है?

1. गुरु गुरु गुरु गुरु घन मेघो गरजे
2. दे तोरा आमाय
3. हृदये मंद्रिलो डमरू गुरु गुरु
4. आमार अंगे अंगे के बाजाय

40. निम्नलिखित में से कौन-से गीत की धुन ''आईरिश मेलॉडी'' से नहीं लिया गया है?

1. सकातोरे ओई 2. माना ना मानिलि
3. ओहे दोयामोय 4. मोरी ओ काहार बाछा

41. निम्नलिखित में से कौन-सा आखरयुक्त कीर्तन गीत नहीं है?

1. ओई आसनतले 2. माझे माझे तबो
3. ओहे जीबनबल्लभो 4. आमी जेनेशुने तबू

42. सलिल चौधरी कृत कौन-सा हिन्दी गीत 'जेते जेते एकला पोथे' धुन (सुर) के समान है?

1. मेरे चंचल नैना
2. सावन की रातों में
3. तेरे मेरे मिलन की ये रैना
4. बंधन खुला पंछी उड़ा

43. वर्ष 1998 में 'युगपुरुष' फिल्म से 'बंधन खुला पंछी उड़ा' नामक गीत रिलीज हुआ था। इस गीत का धुन निम्नलिखित गीत के समान है :

1. खोरोबायु बॉय बेगे
2. मोधुगन्धे भोरा
3. पागला हावार बादल दिने
4. जेते जेते एकला पोथे

44. निम्नलिखित में से कौन तपती का पात्र **नहीं** है?

1. नरेश 2. मल्लिका
3. सुमित्रा 4. विक्रमदेव

45. गीत की पहचान कीजिए :

II सा -ा रा -ा I [म]गा -ा मा|रा -ा[स] |सा रा|ना़ सा -ा|रा -ा पा -ा[ध] I

I [म]पा -ा -ा|मा -ा|गा -ा|मा -ा -ा |रां -ा सा -ा I

1. अमृतेरो सागरे 2. सुधासागरतीरे
3. तोमारी मोधुरो रूपे 4. जागे नाथ जोछोनाराते

46. कर्नाटक रूपक ताल टैगोर द्वारा रचित किस ताल के समान है?

1. झंपक
2. षष्ठि
3. रूपकड़ा
4. नबपंच

47. 'बिसर्जन' नाटक में 'दिन फुरालो हे संसारी' गीत किसने गाया था?

1. अमला दाश
2. साहाना देवी
3. अमिता सेन
4. शांतिदेव घोष

48. बंगाल भूस्वामी संघ द्वारा बड़ौदा के गायकवाड़ के सम्मान के अवसर पर टैगोर द्वारा लिखा गया गीत कौन-सा है?

1. बिश्वबिद्या तीर्थ प्रांगण
2. मातृ मंदिर पुण्य आंगन
3. बंगजननी - मंदिरांगण
4. बिश्वबिणारोबे

49. निम्नलिखित गीतों में से किसका धुन 'अखिल ब्रह्माण्डपति' गीत के समान है?

1. नोमि नोमि भारति
2. डेकेछेन प्रियतम
3. असीम आकाशे अगण्य किरण
4. हरषे जागो आजि

50. ताल पंचम सवारी में रचित गीत निम्नलिखित में से कौन-सा है?

1. जननी तोमार करुणो चरणखानि
2. आजि मोर द्वारे
3. हे मोन ताँरे
4. हृदोय आमार प्रोकाश होलो

51. नीचे दो कथन दिए गए हैं: एक अभिकथन (A) के रूप में है तो दूसरा उसके कारण (R) के रूप में :

अभिकथन (A): मैथ्यू अर्नाल्ड ने 'द ओरिजिन एंड फंक्शन आफ म्यूजिक' नामक पुस्तक का लेखन किया था।

कारण (R): टैगोर ने अपने निबंध 'संगीत ओ भाव' में 'द ओरिजिन एंड फंक्शन आफ म्यूजिक' पुस्तक का उल्लेख किया था।

उपरोक्त कथन के आलोक में, नीचे दिए गए विकल्पों में से सबसे उपयुक्त **उत्तर** का चयन कीजिए :

1. (A) और (R) दोनों सही हैं और (R), (A) की सही व्याख्या है
2. (A) और (R) दोनों सही हैं और (R), (A) की सही व्याख्या नहीं है
3. (A) सही है और (R) सही नहीं है
4. (A) सही नहीं है और (R) सही है

52. नीचे दो कथन दिए गए हैं: एक अभिकथन (A) के रूप में है तो दूसरा उसके कारण (R) के रूप में :

अभिकथन (A): रबीन्द्रनाथ टैगोर ने वर्ष 1937 में अंतिम बार 'बर्षामंगल' की प्रस्तुति दी थी।

कारण (R): रबीन्द्रनाथ टैगोर ने वर्ष 1937 में 'बर्षामंगल' के लिए 'आमार प्राणेर माझे सुधा आछे चाओ की' नामक गीत की रचना की थी।

उपरोक्त कथन के आलोक में, नीचे दिए गए विकल्पों में से सबसे उपयुक्त **उत्तर** का चयन कीजिए :

1. (A) और (R) दोनों सही हैं और (R), (A) की सही व्याख्या है
2. (A) और (R) दोनों सही हैं और (R), (A) की सही व्याख्या नहीं है
3. (A) सही है और (R) सही नहीं है
4. (A) सही नहीं है और (R) सही है

53. नीचे दो कथन दिए गए हैं: एक अभिकथन (A) के रूप में है तो दूसरा उसके कारण (R) के रूप में :

अभिकथन (A): 'सुंदर बहे आनंदमंदानील' गीत राग यमन कल्याण पर आधारित है।

कारण (R): यह गीत ताल चौताल में निबद्ध है।

उपरोक्त कथन के आलोक में, नीचे दिए गए विकल्पों में से सबसे उपयुक्त **उत्तर** का चयन कीजिए :

1. (A) और (R) दोनों सही हैं और (R), (A) की सही व्याख्या है
2. (A) और (R) दोनों सही हैं और (R), (A) की सही व्याख्या नहीं है
3. (A) सही है और (R) सही नहीं है
4. (A) सही नहीं है और (R) सही है

54. नीचे दो कथन दिए गए हैं: एक अभिकथन (A) के रूप में है तो दूसरा उसके कारण (R) के रूप में :

अभिकथन (A): 'ऐ मोनिहार आमाय नाही साजे' गीत की रचना वर्ष 1913 में हुई थी।

कारण (R): टैगोर को वर्ष 1913 में नोबेल पुरस्कार से सम्मानित किया गया था।

उपरोक्त कथन के आलोक में, नीचे दिए गए विकल्पों में से सबसे उपयुक्त **उत्तर** का चयन कीजिए :

1. (A) और (R) दोनों सही हैं और (R), (A) की सही व्याख्या है
2. (A) और (R) दोनों सही हैं और (R), (A) की सही व्याख्या नहीं है
3. (A) सही है और (R) सही नहीं है
4. (A) सही नहीं है और (R) सही है

55. नीचे दो कथन दिए गए हैं: एक अभिकथन (A) के रूप में है तो दूसरा उसके कारण (R) के रूप में :

अभिकथन (A): 'अलोके कुसुम न दियो' गीत का स्वरांकन दिनेन्द्रनाथ टैगोर ने किया था।

कारण (R): दिनेन्द्रनाथ टैगोर ने टैगोर द्वारा लिखित सभी गीतों को स्वरांकित किया था।

उपरोक्त कथन के आलोक में, नीचे दिए गए विकल्पों में से सबसे उपयुक्त **उत्तर** का चयन कीजिए :

1. (A) और (R) दोनों सही हैं और (R), (A) की सही व्याख्या है
2. (A) और (R) दोनों सही हैं और (R), (A) की सही व्याख्या नहीं है
3. (A) सही है और (R) सही नहीं है
4. (A) सही नहीं है और (R) सही है

56. नीचे दो कथन दिए गए हैं: एक अभिकथन (A) के रूप में है तो दूसरा उसके कारण (R) के रूप में :

अभिकथन (A): टैगोर ने बाउल गीतों पर अनेक गीतों की रचना की थी।

कारण (R): ''दाँड़िए आछो तुमी आमार गानेर ओपारे'' गीत राग यमन पर रचित है।

उपरोक्त कथन के आलोक में, नीचे दिए गए विकल्पों में से सबसे उपयुक्त **उत्तर** का चयन कीजिए :

1. (A) और (R) दोनों सही हैं और (R), (A) की सही व्याख्या है
2. (A) और (R) दोनों सही हैं और (R), (A) की सही व्याख्या नहीं है
3. (A) सही है और (R) सही नहीं है
4. (A) सही नहीं है और (R) सही है

57. नीचे दो कथन दिए गए हैं: एक अभिकथन (A) के रूप में है तो दूसरा उसके कारण (R) के रूप में :

अभिकथन (A): 'दाँड़ाओ आमार आँखिर आगे' गीत ताल तेवरा में निबद्ध है।

कारण (R): इसकी धुन रजनीकांत सेन के गीत 'शुनाओ तोमार अमृतवाणी' के समान है।

उपरोक्त कथन के आलोक में, नीचे दिए गए विकल्पों में से सबसे उपयुक्त **उत्तर** का चयन कीजिए :

1. (A) और (R) दोनों सही हैं और (R), (A) की सही व्याख्या है
2. (A) और (R) दोनों सही हैं और (R), (A) की सही व्याख्या नहीं है
3. (A) सही है और (R) सही नहीं है
4. (A) सही नहीं है और (R) सही है

58. नीचे दो कथन दिए गए हैं: एक अभिकथन (A) के रूप में है तो दूसरा उसके कारण (R) के रूप में :

अभिकथन (A): 'बहे निरंतर अनंत' गीत की रचना वर्ष 1897 में की गई थी।

कारण (R): टैगोर ने नलिनी देवी और नगेन्द्रचन्द्र नाग के विवाह समारोह में इस गीत को गाया था।

उपरोक्त कथन के आलोक में, नीचे दिए गए विकल्पों में से सबसे उपयुक्त **उत्तर** का चयन कीजिए :

1. (A) और (R) दोनों सही हैं और (R), (A) की सही व्याख्या है
2. (A) और (R) दोनों सही हैं और (R), (A) की सही व्याख्या नहीं है
3. (A) सही है और (R) सही नहीं है
4. (A) सही नहीं है और (R) सही है

59. नीचे दो कथन दिए गए हैं: एक अभिकथन (A) के रूप में है तो दूसरा उसके कारण (R) के रूप में :

अभिकथन (A): टैगोर ने 'आहा जागि पोहालो बिभाबरी' गीत की रचना वर्ष 1895 में की थी।

कारण (R): शिलाईदह नदी में तूफानी रात के पश्चात् सुबह रबीन्द्रनाथ टैगोर ने इस गीत की रचना की थी।

उपरोक्त कथन के आलोक में, नीचे दिए गए विकल्पों में से सबसे उपयुक्त **उत्तर** का चयन कीजिए :

1. (A) और (R) दोनों सही हैं और (R), (A) की सही व्याख्या है
2. (A) और (R) दोनों सही हैं और (R), (A) की सही व्याख्या नहीं है
3. (A) सही है और (R) सही नहीं है
4. (A) सही नहीं है और (R) सही है

60. नीचे दो कथन दिए गए हैं: एक अभिकथन (A) के रूप में है तो दूसरा उसके कारण (R) के रूप में :

अभिकथन (A): टैगोर ने भैरवी राग में अनेक गीतों की रचना की।

कारण (R): 'आमार रात पोहालो' गीत राग भैरवी पर आधारित है।

उपरोक्त कथन के आलोक में, नीचे दिए गए विकल्पों में से सबसे उपयुक्त **उत्तर** का चयन कीजिए :

1. (A) और (R) दोनों सही हैं और (R), (A) की सही व्याख्या है
2. (A) और (R) दोनों सही हैं और (R), (A) की सही व्याख्या नहीं है
3. (A) सही है और (R) सही नहीं है
4 (A) सही नहीं है और (R) सही है

61. 'गीतवितान' मे यथोल्लिखित निम्नलिखित गीतों को 'विचित्र पर्याय' के आरोही अनुक्रमानुसार व्यवस्थित कीजिए :

A. नाई भोय, नाई   B. आमाय खोमो हे खोमो
C. प्रलय नाचोन नाचले   D. नृत्येरो ताले ताले

नीचे दिए गए विकल्पों में से **सही** उत्तर चुनें :

1. A, C, D, B   2. B, C, D, A
3. C, B, A, D   4. B, D, A, C

62. निम्नलिखित गीतों को 'चंडालिका' में उनके उल्लेख के अनुसार आरोही अनुक्रम में व्यवस्थित कीजिए :

A. ओरा के जाय पीतो बसन परा सन्यासी
B. माटी तोहेर डाक दिएछे
C. सात देशेते खुँजे खुँजे गो
D. घूमेर घन गहन होते

नीचे दिए गए विकल्पों में से **सही** उत्तर चुनें :

1. A, B, C, D   2. D, A, B, C
3. B, C, A, D   4. C, B, D, A

63. निम्नलिखित गीतों को 'गीतांजलि' में उनके उल्लेख के आरोही क्रमानुसार व्यवस्थित कीजिए :

A. तुमी नब नब रूपे
B. अंतर मम बिकशित करो
C. आमी बोहू बासोनाय
D. बिपदे मोरे रोक्खा करो

नीचे दिए गए विकल्पों में से **सही** उत्तर चुनें :

1. C, D, B, A   2. B, C, A, D
3. A, B, C, D   4. A, C, B, D

64. निम्नलिखित को कालक्रमानुसार व्यवस्थित कीजिए :

A. 'दीनांतिका चा चक्र' का उद्घाटन समारोह
B. रतन कुठी की संस्थापना
C. आयरिश थियेटर में 'पोस्ट आफिस' नाटक का मंचन किया गया
D. बंगाल नववर्ष के अवसर पर टैगोर का अंतिम व्याख्यान - 'सभ्यतार संकट'

नीचे दिए गए विकल्पों में से **सही** उत्तर चुनें :

1. D, A, B, C   2. B, C, D, A
3. C, B, A, D   4. A, C, D, B

65. 'गीतवितान' में उल्लेख के अनुसार निम्नलिखित गीतों को 'प्रकृति पर्याय' के आरोही अनुक्रम में व्यवस्थित कीजिए :

A. पुरातनके बिदाय दिले ना जे
B. सेई तो तोमार पाथेर बोंधु
C. नाई रस नाई
D. एसो गो ज्वेले दिये जाओ

नीचे दिए गए विकल्पों में से **सही** उत्तर चुनें :

1. D, A, B, C   2. A, C, D, B
3. B, A, C, D   4. C, D, B, A

66. निम्नलिखित प्रस्तोताओं को उनकी आयु के अनुसार (कनिष्ठ से वरिष्ठ) अनुक्रम में व्यवस्थित कीजिए :

A. सुचित्रा मित्र B. अमला दास
C. साहाना देवी D. अमिता सेन (खुकू)

नीचे दिए गए विकल्पों में से **सही** उत्तर चुनें :

1. B, C, A, D 2. A, C, D, B
3. D, A, B, C 4. A, D, C, B

67. निम्नलिखित को उनकी आयु के अनुसार (वरिष्ठ से कनिष्ठ) व्यवस्थित कीजिए :

A. रेणुका B. स्वर्णकुमारी
C. नंदिता D. सौदामिनी

नीचे दिए गए विकल्पों में से **सही** उत्तर चुनें :

1. D, B, A, C 2. C, A, B, D
3. B, C, D, A 4. A, B, C, D

68. स्वरबितान संख्या के अनुसार निम्नलिखित गीतों को आरोही क्रम में व्यवस्थित कीजिए :

A. आजी निर्भय निद्रित भुबने
B. आजी बरिशन मुखरितो
C. झोरा पाता गो
D. काँटाबनबिहारिणी सुरकाना देबी

नीचे दिए गए विकल्पों में से **सही** उत्तर चुनें :

1. A, B, C, D 2. C, A, B, D
3. D, A, B, C 4. A, C, D, B

69. निम्नलिखित को प्रकाशन वर्ष के अनुसार आरोही क्रम व्यवस्थित कीजिए :

A. कथा ओ काहिनी B. राजा ओ रानी
C. चित्रा D. रूद्रचंड

नीचे दिए गए विकल्पों में से **सही** उत्तर चुनें :

1. A, B, C, D 2. B, D, A, C
3. C, A, B, D 4. D, B, C, A

70. 'गीत बितान' में उल्लेख के अनुसार, निम्नलिखित गीतों को 'पूजा पर्याय' के आरोही अनुक्रम में व्यवस्थित कीजिए :

A. तोमार सुरेर धारा
B. कान्नाहासिर दोलदोलानो
C. तुमी केमोन कोरे गान कोरो हे
D. सुरेर गुरु, दाओ गो सुरेर दिक्का

नीचे दिए गए विकल्पों में से **सही** उत्तर चुनें :

1. A, B, C, D 2. D, A, C, B
3. B, D, A, C 4. B, C, A, D

71. निम्नलिखित में से कौन-से कथन सही है?

A. 'केटेछे एकेला बिरहेर बेला' गीत प्रेम पर्याय पर आधारित है।
B. इस गीत का स्वरांकन दिनेन्द्रनाथ टैगोर ने लिखा था।
C. यह गीत 'चित्रांगदा' नृत्य नाटक से संबंधित है।
D. यह गीत वर्ष 1934 में लिखा गया था।
E. यह गीत रेनू और प्रभात चंद्र गुप्त के विवाह समारोह में गाया गया था।

नीचे दिए गए विकल्पों में से **सही** उत्तर चुनें :

1. केवल B, C और D 2. केवल B और D
3. केवल A, C और E 4. केवल B, D और E

72. निम्नलिखित में से कौन-से कथन सही है?

A. 'खरोबायु बोय बेगे' गीत 'तासेर देश' नाटक से संबंधित है।
B. बाद में इस गीत का सुर हिन्दी गीत 'पवन चले जोरे' के लिए किया गया था।
C. इस गीत का पर्याय आनुष्ठानिक है।
D. इस गीत का स्वरांकन शैलजारंजन मजूमदार द्वारा किया गया था।
E. यह गीत दादरा ताल पर आधारित है।

नीचे दिए गए विकल्पों में से **सही** उत्तर चुनें :

1. केवल C, D, E 2. केवल A, D, E
3. केवल B, C, E 4. केवल A और B

73. निम्नलिखित में से कौन-से कथन सही हैं?

A. 'कतो काल रोबे बोलो' गीत 'चिरकुमार सभा' नाटक से संबंधित है।
B. इस गीत का सुर 'जब छोड़ चले लखनऊ नगरी' नामक ठुमरी से लिया गया है।
C. यह गीत प्रेम पर्याय से संबंधित है।
D. यह गीत 'चिरकुमार सभा' नाटक के पात्र 'अक्षय' द्वारा गाया गया था।
E. यह गीत एकताल में है।

नीचे दिए गए विकल्पों में से **सही** उत्तर चुनें :

1. केवल A, B, D 2. केवल C, D, E
3. केवल C, D 4. केवल C, E

74. निम्नलिखित में से कौन-से कथन सही है?

A. 'हे बिरही हाय' गीत प्रेम पर्याय में है।
B. इस गीत का समान धुन 'तिमिरो बिभाबरी काटे केमोने' है।
C. इस गीत को 'चित्रांगदा' नृत्य नाटक में जोड़ा गया था।
D. यह गीत वर्ष 1935 में लिखा गया था।
E. यह गीत 'कैसे काटूँगी रैन' धुन से लिया गया है।

नीचे दिए गए विकल्पों में से **सही** उत्तर चुनें :

1. केवल C, D 2. केवल C, D, E
3. केवल A, B, E 4. केवल A, C, D

75. निम्नलिखित में से किन गीतों में पाठान्तर है?

A. संगसारे तुमी राखिले मोरे
B. निशि ना पोहाते
C. अलके कुसुम ना दिओ
D. महाबिश्वे महाकाशे
E. आजी झोरो झोरो मुखरो

नीचे दिए गए विकल्पों में से **सही** उत्तर चुनें :

1. केवल B, C 2. केवल A, B, C
3. केवल B, C, D 4. केवल A, D, E

76. कलकत्ता विश्वविद्यालय के स्थापना दिवस के लिए निम्नलिखित में से किन गीतों की रचना की गई थी?

A. शुभो कर्मपोथे धोरो निर्भय गान
B. शुधु जावा आसा
C. जाबोई आमी जाबोई
D. चलो जाई चलो जाई
E. जेते दाओ गेलो जारा

नीचे दिए गए विकल्पों में से **सही** उत्तर चुनें :

1. केवल A, B, C 2. केवल A, D
3. केवल B, C, E 4. केवल C, E

77. निम्नलिखित में से कौन-से गीत रामप्रसादी धुन पर आधारित हैं?

A. प्रिये तोमार ढेकि होले
B. श्यामा, एबार छेड़े चोलेछी मा
C. एबार तोर मरा गांगे
D. आमी शुधु रोईनु बाकी
E. ग्राम छाड़ा ओई

नीचे दिए गए विकल्पों में से **सही** उत्तर चुनें :

1. केवल C, D, E
2. केवल B, C, E
3. केवल C, E
4. केवल A, B, D

78. A. 'तासेर देश' नाटक 'एकटी आशाढ़े गल्पो' नामक लघु कथा से लिया गया है।
B. 'तासेर देश' का लेखन वर्ष 1930 में किया गया था।
C. 'तासेर देश' काज़ी नजरूल इस्लाम को समर्पित था।
D. इस नाटक का एक गीत 'बानिज्जे बसते लक्खि' कविता से लिया गया है।
E. 'तासेर देश' का सर्वप्रथम मंचन मेडन थियेटर में किया गया था।

नीचे दिए गए विकल्पों में से **सही** उत्तर चुनें :

1. केवल A, B, C 2. केवल B, C, E
3. केवल A, D, E 4. केवल A, C, E

79. A. 'कखोन दिले पराये सपने' ठुमरी अंग पर आधारित है।
B. यह गीत पूजा पर्याय से संबंधित है।
C. साबित्री गोबिन्द का गीत 'किन्हें देखा कन्हैया' को सुनने के पश्चात् टैगोर ने इस गीत की रचना की थी।
D. यह गीत शापमोचन नृत्य नाटक का है।
E. इस गीत का स्वरांकन अनादिकुमार दस्तिदार द्वारा लिखा गया था।

नीचे दिए गए विकल्पों में से **सही** उत्तर चुनें :

1. केवल B, C
2. केवल B, E
3. केवल A, C, D
4. केवल B, D, E

80. निम्नलिखित में से किस गीतों में 3/4 छन्द (बीट) हैं :

A. खाचार पाखी छिलो

B. एक मोने तोर एकताराते

C. तोमारो गीति जागालो स्मृति

D. मेघ बोलेछे जाबो जाबो

E. तोमार बैशाखे छिलो

नीचे दिए गए विकल्पों में से **सही** उत्तर चुनें :

1. केवल B, D
2. केवल B, C, D
3. केवल A, C, E
4. केवल A, B, D

81. सूची-I को सूची-II से सुमेलित करें :

सूची-I	सूची-II
A. सबे मिलि गाओ रे	I. देश मल्हार
B. बहे निरंतर	II. खट
C. आमार ए घरे	III. हेमखेम
D. सदा थाको अनोन्दे	IV. लच्छासार

नीचे दिए गए विकल्पों में से **सही** विकल्प चुनें :

1. A-II, B-I, C-III, D-IV
2. A-IV, B-III, C-II, D-I
3. A-I, B-IV, C-II, D-III
4. A-III, B-IV, C-I, D-II

82. सूची-I को सूची-II से सुमेलित करें :

सूची-I	सूची-II
A. पूर्ण चंद्रानने	I. बेंधेछो प्रेमेर पाशे
B. द विकार ऑफ ब्रे	II. आजी शुभोदिने
C. चाँचर चिकुर आधो	III. जय तब विचित्र
D. जय प्रबल बेगबती	IV. ओ देखबि रे भाई

नीचे दिए गए विकल्पों में से **सही** विकल्प चुनें :

1. A-I, B-III, C-IV, D-II
2. A-III, B-II, C-IV, D-I
3. A-I, B-II, C-III, D-IV
4. A-II, B-IV, C-I, D-III

83. सूची-I को सूची-II से सुमेलित करें :

सूची-I	सूची-II
A. सारा निशि छिलेम शुये	I. प्रेम
B. केनो जे मोन भोले	II. पूजा
C. हाय गो ब्याथाय कथा	III. प्रकृति
D. खेलार छोले साजिए आमार	IV. विचित्र

नीचे दिए गए विकल्पों में से **सही** विकल्प चुनें :

1. A-I, B-II, C-III, D-IV
2. A-II, B-I, C-III, D-IV
3. A-III, B-IV, C-I, D-II
4. A-IV, B-III, C-II, D-I

84. सूची-I को सूची-II से सुमेलित करें :

सूची-I	सूची-II
A. बांशरी बजाते चाही	I. सुखो स्वप्नो
B. ओई जानालार काछे	II. के
C. आमार प्राणेर पोरे	III. नबबर्ष
D. हृदय आमार नाचेरे	IV. मथुराय

नीचे दिए गए विकल्पों में से **सही** विकल्प चुनें :

1. A-II, B-III, C-I, D-IV
2. A-IV, B-I, C-II, D-III
3. A-III, B-II, C-I, D-IV
4. A-I, B-IV, C-III, D-II

85. सूची-I को सूची-II से सुमेलित करें :

सूची-I	सूची-II
A. तरुतले छिन्नबृन्त मालतिर फूल	I. बौठाकुरानीर ह
B. की होलो आमार! बूझि बा सखी	II. रूद्रचन्ड
C. सारा बरोश देखिने मा	III. भग्नहृदय
D. हासि केनो नाई ओ नयने	IV. स्वप्नमोयी

नीचे दिए गए विकल्पों में से **सही** विकल्प चुनें :

1. A-II, B-III, C-I, D-IV
2. A-I, B-IV, C-III, D-II
3. A-I, B-II, C-IV, D-III
4. A-IV, B-I, C-III, D-II

86. सूची-I को सूची-II से सुमेलित करें :

सूची-I	सूची-II
A. आमार जाबार बेलाते सोबाइ	I. मायय शिप
B. के गो अन्तरोतोरो से	II. कोलकाता
C. सकरुण बेणु बजाये के जाये	III. शिलाइदह
D. आमी जोखोन तार दुआरे	IV. शांतिनिकेतन

नीचे दिए गए विकल्पों में से **सही** विकल्प चुनें :

1. A-II, B-I, C-III, D-IV
2. A-III, B-IV, C-I, D-II
3. A-IV, B-III, C-II, D-I
4. A-I, B-II, C-IV, D-III

87. सूची-I को सूची-II से सुमेलित करें :

सूची-I	सूची-II
A. हे संन्यासी, हिमगिरि फेले	I. 9 मात्रा
B. एक मोने तोर एकताराते	II. पंचम सवारी
C. दुआर मोर पथ पाशे	III. 6 मात्रा
D. आजी मोरे द्वारे	IV. दीपचंदी

नीचे दिए गए विकल्पों में से **सही** विकल्प चुनें :

1. A-II, B-I, C-III, D-IV
2. A-IV, B-III, C-II, D-I
3. A-I, B-II, C-III, D-IV
4. A-III, B-IV, C-I, D-II

88. सूची-I को सूची-II से सुमेलित करें :

सूची-I	सूची-II
A. मीरा	I. कृष्ण कृपालनी
B. नंदिता	II. जानकीनाथ घोषाल
C. स्वर्णकुमारी देवी	III. शारदा प्रसाद गंगोपाध्याय
D. सौदामिनी देवी	IV. नागेन्द्रनाथ गंगोपाध्याय

नीचे दिए गए विकल्पों में से **सही** विकल्प चुनें :

1. A-IV, B-I, C-II, D-III
2. A-III, B-II, C-I, D-IV
3. A-II, B-III, C-IV, D-I
4. A-I, B-II, C-III, D-IV

89. सूची-I को सूची-II से सुमेलित करें :

सूची-I	सूची-II
A. आमि भोय कोरि ने	I. उदयादित्य
B. आनन्देरि सागर होते	II. अक्षय
C. मा. आमी तोर की कोरेछी	III. प्रकृति
D. की जानी की भेबेछो मोने	IV. ठाकुरदादा

नीचे दिए गए विकल्पों में से **सही** विकल्प चुनें :

1. A-IV, B-III, C-II, D-I
2. A-I, B-III, C-IV, D-II
3. A-II, B-I, C-III, D-IV
4. A-III, B-IV, C-I, D-II

90. सूची-I को सूची-II से सुमेलित करें :

सूची-I	सूची-II
A. बिना साजे साजी	I. परिशोध
B. चरण धोरिते दियो गो	II. राजा ओ रानी
C. बाजिबे सोखी बाँशी बाजिबे	III. तासेर देश
D. बिजयमाला एनो	IV. चित्रांगदा

नीचे दिए गए विकल्पों में से **सही** विकल्प चुनें :

1. A-I, B-II, C-III, D-IV
2. A-IV, B-I, C-II, D-III
3. A-II, B-III, C-I, D-IV
4. A-I, B-IV, C-III, D-II

निर्देश (प्र.सं. 91 से 95 तक): *निम्न गद्यांश को ध्यानपूर्वक पढ़िए और प्रश्नों के उत्तर दीजिए।*

मैं आपसे एक प्रश्न पूछना चाहता हूँ, कला का प्रयोजन भावना को अभिव्यक्त करना नहीं है अपितु इसका प्रयोग सार्थक प्रारूप का सृजन है। साहित्य किसी भावना की प्रत्यक्ष अभिव्यक्ति नहीं है। भावना से केवल अवसर प्राप्त होता है जिससे सृजनात्मक कृत्य को प्रस्तुत करना संभव हो पाता है। 'ग्रीसीयन अर्न' किसी भावना विशेष का प्रतिरूपण (निरूपण) नहीं है जो तनिक भी महत्वपूर्ण हो; किन्तु इससे कलाकार के मानस के किसी निश्चित आवेग को स्वरूप प्राप्त होता है। तथापि, यूरोपीय संगीत में हम पाते हैं कि यदा-कदा किसी भावना विशेष की अभिव्यक्ति का प्रयास किया जाता है। क्या यह वांछनीय है? क्या संगीत में भी भावना केवल सामग्री के रूप में प्रयुक्त नहीं होनी चाहिए न कि अपने आप में ध्येय के रूप में।

91. निम्नलिखित में से किस निबंधावली में उपर्युक्त वार्तालाप का उल्लेख है?

1. कालांतर
2. संचयिता
3. शांतिनिकेतन
4. संगीत चिन्ता

92. गद्यांश में निम्नलिखित में से किन लोगों के बीच वार्तालाप हो रहा है?

1. रोमाँ रोलाँ और आइंस्टीन
2. आइंस्टीन और टैगोर
3. टैगोर और यीट्स
4. यीट्स और आइंस्टीन

93. गद्यांश में संगीत के किस पक्ष के बारे में चर्चा की जा रही है?
1. सौंदर्य
2. अभिव्यक्तियां और संवेग
3. साहित्यिक सामग्री
4. स्वरमय सामग्री

94. निम्नलिखित दो वार्ताकारों में कौन बात कर रहा है?
1. अल्बर्ट आइंस्टीन
2. रबीन्द्रनाथ टैगोर
3. रोमाँ रोलाँ
4. एच.जी. वेल्स

95. निम्नलिखित में से किस संगीत में किसी भावना विशेष को संगीत के माध्यम से अभिव्यक्ति देने का प्रयत्न किया जाता है?
1. हिंदुस्तानी शास्त्रीय संगीत
2. यूरोपीय संगीत
3. यूनानी संगीत
4. इटली का संगीत

निर्देश (प्र.सं. 96 से 100 तक): *निम्न गद्यांश को ध्यानपूर्वक पढ़िए और प्रश्नों के उत्तर दीजिए।*

गुणवतीः क्या मैंने आपका अपराध किया हैं, माँ? आपने बच्चों को भिखारिन के हाथों सौंप दिया जो जीने के लिए उन्हें बेचती है और जार कर्म में रत व्यक्तियों को दे देती है, जो अपने आपको कलंक से बचाने के लिए उनकी हत्या कर देती है और यहाँ मैं रानी हूँ और समस्त संसार मेरी चरणों में पड़ा है और मेरे हृदय का बाल-स्पर्श पाने और मेरे जीवन में प्रेम युक्त जीवन का अनुप्राण महसूस करने की व्यर्थ अभिलाषा करते हैं। मैंने क्या पाप किया है माँ, कि मुझे माता के स्वर्ग से वनवास दे दिया गया है। हे मालिक, क्या कभी मेरी पूजा में भूल हुई है और मेरे पति, क्या उनकी शुचिता ईश्वर सदृश नहीं है-। तब देवी माँ इस जगत के भ्रम का जाल कौन बुनता है और बाल्यकाल में ही मेरी जीवन व्यर्थ कर दिया है।

रघुपतिः हमारी माँ बिल्कुल सनकी है, वह कोई निय नहीं जानता है। हमारे दुःख और सुख केवल उसके मस्तिष का क्रोध है। पुत्री, धैर्य रखो आज मैं उन्हें प्रसन्न करने लिए तुम्हारे नाम से विशेष बलि अर्पित करूँगा।

गुणवतीः हे तात्, मेरा प्रणाम स्वीकार कीजिए। ला गुड़हक के गुच्छ और बलि-पशु मेरे द्वारा अर्पित सामग्री रूप में पहले ही मंदिर पहुंच रहे हैं।

96. एम्पायर थिएटर में 'विसर्जन' के दौरान (1923 निम्नलिखित में से कौन-सा गीत लिखा गया था?
1. आँधार राते एकला पागल
2. आजि झोरेर राते तोमार अभिसार
3. आजि नाही नाही निद्रा
4. जा छिलो कालो धलो

97. 'विसर्जन' का प्रकाशन किस वर्ष हुआ था?

1. 1890	2. 1888
3. 1895	4. 1882

98. 'सैक्रिफाइस एण्ड अदर प्लेज' का प्रकाशन किस व हुआ था?

1. 1915	2. 1917
3. 1919	4. 1920

99. निम्नलिखित में से कौन-सा गीत 'विसर्जन' नाटक लिए लिखा गया था, किन्तु प्रथम संस्करण प्रकाशि होने के बाद इसे हटा दिया गया?
1. उलोंगिनी नाचे
2. आमारे के निबी भाई
3. झरो झरो रोकतो झोरे
4. थाकते आर तो पारलिने मा

100. इस नाटक से परिलक्षित होता है :
1. टैगोर ने देवताओं को प्रसन्न करने के लिए प बलि के कर्मकांड की निन्दा की थी।
2. यह नाटक साम्राज्य के गूढ़ और अदृश्य राजा इर्द-गिर्द घूमता है।
3. यह दृढ़, आध्यात्मिक और शैक्षणिक पद्धति विश्लेषण है जो शैथिल्यपूर्ण हो गया है।
4. यह पर्वतीय धारा को नियंत्रित करने के लि निर्मित बांध के बारे में संकेतिक नाटक है।

उत्तरमाला

भाग-I

1	2	3	4	5	6	7	8	9	10
3	2	4	1	2	2	2	2	1	3
11	**12**	**13**	**14**	**15**	**16**	**17**	**18**	**19**	**20**
2	1	1	3	2	4	1	4	2	2
21	**22**	**23**	**24**	**25**					
2	2	3	2	4					

भाग-II : हिन्दुस्तानी संगीत

26	27	28	29	30	31	32	33	34	35
2	3	3	3	3	3	4	3	1	1
36	**37**	**38**	**39**	**40**	**41**	**42**	**43**	**44**	**45**
2	2	1	2	3	3	4	3	2	1
46	**47**	**48**	**49**	**50**	**51**	**52**	**53**	**54**	**55**
3	3	1	3	4	1	2	1	2	3
56	**57**	**58**	**59**	**60**	**61**	**62**	**63**	**64**	**65**
1	3	4	3	4	1	1	3	2	4
66	**67**	**68**	**69**	**70**	**71**	**72**	**73**	**74**	**75**
3	4	1	2	4	1	3	4	2	4
76	**77**	**78**	**79**	**80**	**81**	**82**	**83**	**84**	**85**
1	2	3	2	1	2	3	3	1	4
86	**87**	**88**	**89**	**90**	**91**	**92**	**93**	**94**	**95**
2	3	1	3	4	2	2	3	1	1
96	**97**	**98**	**99**	**100**					
4	3	3, 4	4	3					

भाग-III : अवनद्ध वाद्य

26	27	28	29	30	31	32	33	34	35
1	2	2	2	1	4	3	3	4	1
36	**37**	**38**	**39**	**40**	**41**	**42**	**43**	**44**	**45**
3	2	1	3	4	3	1	2	2	1
46	**47**	**48**	**49**	**50**	**51**	**52**	**53**	**54**	**55**
3	1	2	4	2	1	4	1	1	3

56	57	58	59	60	61	62	63	64	65
4	3	3	3	3	1	3	1	1	4
66	**67**	**68**	**69**	**70**	**71**	**72**	**73**	**74**	**75**
2	1	3	4	2	3	4	3	3	1
76	**77**	**78**	**79**	**80**	**81**	**82**	**83**	**84**	**85**
4	1	4	2	4	3	2	2	3	3
86	**87**	**88**	**89**	**90**	**91**	**92**	**93**	**94**	**95**
1	2	1	4	1	4	3	3	1	4
96	**97**	**98**	**99**	**100**					
3	3	2	4	3					

भाग-IV : कर्नाटक संगीत

26	27	28	29	30	31	32	33	34	35
1	2	3	4	1	1	3	2	4	2
36	**37**	**38**	**39**	**40**	**41**	**42**	**43**	**44**	**45**
3	4	2	3	4	1	2	2	3	4
46	**47**	**48**	**49**	**50**	**51**	**52**	**53**	**54**	**55**
1	2	4	1	2	3	3	1	4	2
56	**57**	**58**	**59**	**60**	**61**	**62**	**63**	**64**	**65**
2	3	3	2	3	1	4	4	3	1
66	**67**	**68**	**69**	**70**	**71**	**72**	**73**	**74**	**75**
4	2	2	3	3	4	3	4	1	2
76	**77**	**78**	**79**	**80**	**81**	**82**	**83**	**84**	**85**
4	1	4	1	4	1	2	3	3	4
86	**87**	**88**	**89**	**90**	**91**	**92**	**93**	**94**	**95**
1	2	3	4	1	1	2	3	4	2
96	**97**	**98**	**99**	**100**					
2	4	3	2	3					

भाग-V : रबीन्द्र संगीत

26	27	28	29	30	31	32	33	34	35
2	3	2	4	3	4	2	2	1	4
36	**37**	**38**	**39**	**40**	**41**	**42**	**43**	**44**	**45**
4	3	2	3	1	1	2	3	2	2
46	**47**	**48**	**49**	**50**	**51**	**52**	**53**	**54**	**55**
2	2	3	1	2	4	2	3	2	3

56	57	58	59	60	61	62	63	64	65
2	2	2	1	2	4	3	1	3	4
66	**67**	**68**	**69**	**70**	**71**	**72**	**73**	**74**	**75**
4	1	2	4	3	3	4	1	3	4
76	**77**	**78**	**79**	**80**	**81**	**82**	**83**	**84**	**85**
2	4	3	3	3	4	4	3	2	1
86	**87**	**88**	**89**	**90**	**91**	**92**	**93**	**94**	**95**
2	4	1	4	2	4	2	2	2	2
96	**97**	**98**	**99**	**100**					
1	1	2	3	1					

व्याख्यात्मक उत्तर

भाग-I

1. उरूमी दक्षिण भारत, विशेषकर तमिल क्षेत्र से जुड़ा हुआ लोक अवनद्ध वाद्य है। अवनद्ध वाद्य वे होते हैं जिनमें चमड़ा या झिल्ली मढ़ी होती है और उसी के कंपन से ध्वनि उत्पन्न होती है। उरूमी दो मुखों वाला डमरू-आकृति का लोक ढोल माना जाता है, इसलिए यह "लोक अवनद्ध वाद्ययंत्र" की श्रेणी में ठीक बैठता है। मृदंगम और तबला भी अवनद्ध वाद्य हैं, पर वे मुख्यतः शास्त्रीय संगीत परंपरा से अधिक जुड़े हैं। घटम अवनद्ध नहीं, बल्कि घन वाद्य है, क्योंकि उसमें चमड़े की झिल्ली नहीं होती।

2. दिए गए विकल्पों में प्लावित भिन्न है, क्योंकि यह वाद्ययंत्र नहीं है। घटम, भेरी और तविल सभी वाद्ययंत्रों के नाम हैं; इनमें भेरी और तविल अवनद्ध प्रकार के ताल वाद्य हैं, जबकि घटम घन वाद्य है। इसके विपरीत, प्लावित संगीत में गमक/स्वर-संबंधी प्रयोग के रूप में आता है, वाद्ययंत्र के रूप में नहीं। इसलिए "भिन्न" को चिह्नित करने पर सबसे उपयुक्त उत्तर प्लावित ही होगा। इस प्रश्न में वाद्ययंत्रों की सूची में केवल प्लावित ऐसा पद है जो वाद्य के रूप में नहीं आता।

3. दिए गए विकल्पों में मालवी राग स्त्री राग अर्थात रागिनी के रूप में स्वीकार किया जाता है। प्राचीन राग-रागिनी पद्धति में कुछ रागों को पुरुष राग और कुछ को स्त्री राग या रागिनी माना गया है। मेघ, हिंडोल और वसंत सामान्यतः प्रमुख पुरुष रागों की परंपरा में गिने जाते हैं। मालवी का संबंध रागिनी-परंपरा से है, इसलिए यह स्त्री राग के रूप में प्रश्न के अनुसार सही बैठता है। अतः दिए गए विकल्पों में मालवी राग ही उपयुक्त उत्तर है।

4. कर्नाटक संगीत में हिन्दुस्तानी काफी थाट के समान राग खरहर प्रिया है। काफी थाट में कोमल गांधार और कोमल निषाद का प्रयोग होता है, और इसकी स्वरसंगति कर्नाटक संगीत के खरहरप्रिया मेल से मिलती है। खरहरप्रिया कर्नाटक संगीत की 22वीं मेलकर्ता राग प्रणाली में आती है। शंमुग प्रिया, रसिक प्रिया और वरुण प्रिया काफी थाट के समतुल्य नहीं माने जाते। इसलिए हिन्दुस्तानी काफी थाट का कर्नाटक समकक्ष खरहर प्रिया ही है।

5. तुसुगान बंगाल का लोकगीत है, विशेषकर पश्चिम बंगाल के ग्रामीण और लोक-सांस्कृतिक क्षेत्रों में इसका संबंध तुसु पर्व और कृषि-परंपरा से माना जाता है। यह लोकगीत प्रायः मकर संक्रांति के आसपास गाया जाता है और ग्रामीण स्त्री-लोकगीत परंपरा से भी जुड़ा हुआ है। पणिहारि राजस्थान क्षेत्र से, सोहर उत्तर भारत में जन्म-संस्कार से और भारूड महाराष्ट्र की लोक-भक्ति परंपरा से संबंधित है। इसलिए बंगाल के लोकगीत के रूप में तुसुगान ही सही विकल्प है। दिए गए विकल्पों में तुसुगान बंगाल की लोक-संगीत परंपरा से सीधे मेल खाता है।

6. कर्णाटक संगीत पद्धति में वर्णित सप्त तालों के नाम ध्रुव, मत्य, रूपक, झम्पा, त्रिपुट, अट और एक हैं। दिए गए विकल्पों में रूपक, झम्पा और त्रिपुट इन सप्त तालों में सीधे सम्मिलित हैं। आदि ताल वास्तव में चतुस्र जाति त्रिपुट ताल का प्रचलित रूप माना जाता है, पर वह सप्त तालों की मूल सूची में अलग नाम से नहीं आता। इसलिए दिए गए विकल्पों में "आदि" भिन्न है। इस प्रश्न में "सप्त तालों में से भिन्न" पूछे जाने पर आदि ताल ही सबसे उपयुक्त उत्तर है।

7. कटपयादि पद्धति में अक्षरों के आधार पर मेल संख्या निकाली जाती है। वाचस्पति मेल कर्णाटक संगीत की मेलकर्ता प्रणाली में 64वाँ मेल माना जाता है। वाचस्पति में "व" और "च" से प्राप्त संख्या को कटपयादि नियम के अनुसार उलटकर पढ़ने पर 64 प्राप्त होती है। इसलिए दिए गए विकल्पों में 64 ही सही संख्या है। 52, 74 और 78 वाचस्पति मेल की संख्या नहीं हैं।

8. त्रिताल में 16 मात्राएँ होती हैं और एकताल में 12 मात्राएँ होती हैं। दोनों के सम को फिर से मिलाने के लिए 16 और 12 का लघुत्तम समापवर्त्य 48 मात्राएँ होगा। 48 मात्राएँ त्रिताल के 3 आवर्तन और एकताल के 4 आवर्तन के बराबर होती हैं। विकल्पों में 3 आवर्तन नहीं दिया गया है, जबकि एकताल के हिसाब से 4 आवर्तन दिया गया है। इसलिए दिए गए विकल्पों में "4 आवर्तन के बाद" सही उत्तर है।

9. 5/4 लयकारी को सवाई कहा जाता है। सवाई का अर्थ सामान्य लय की तुलना में सवा गुना गति से है। गणितीय रूप में सवा गुना गति 1¼ या 5/4 के बराबर होती है। पौनी 3/4 के अर्थ में आती है, इसलिए वह 5/4 नहीं हो सकती। आड़ी और पौने दो गुनी भी 5/4 लयकारी के लिए उपयुक्त नहीं हैं।

10. दत्त संकलन का संबंध शोध में सूचनाएँ या तथ्य एकत्र करने की विधियों से होता है। व्यक्तिगत साक्षात्कार, प्रश्नावली और क्षेत्र कार्य दत्त संकलन की प्रमुख विधियाँ हैं। ए.पी.ए., एम.एल.ए. और शिकागो शैली संदर्भ-लेखन तथा citation style से संबंधित हैं। ये शोध-लेखन में स्रोतों को व्यवस्थित ढंग से प्रस्तुत करने की प्रणालियाँ हैं, दत्त संकलन की विधियाँ नहीं। इसलिए दत्त संकलन से असंबद्ध विकल्प ए.पी.ए., एम.एल.ए., शिकागो शैली है।

11. अभिकथन सही है, क्योंकि शोध-लेखन में पाद टिप्पणी का प्रयोग सामान्यतः सूचना के स्रोत, अतिरिक्त स्पष्टीकरण या संदर्भ को दिखाने के लिए किया जाता है। कारण भी अपने-आप में सही है, क्योंकि अधिकांश क्षेत्रीय कार्य में व्यक्तियों, वस्तुओं, घटनाओं या परिस्थितियों का प्रेक्षण और प्रश्न पूछना सम्मिलित होता है। लेकिन यह कारण पाद टिप्पणी के प्रयोग की व्याख्या नहीं करता। पाद टिप्पणी शोध-लेखन और संदर्भ-प्रस्तुति से संबंधित है, जबकि क्षेत्रीय कार्य दत्त-संकलन की प्रक्रिया से संबंधित है। इसलिए दोनों कथन सही हैं, पर कारण अभिकथन की सही व्याख्या नहीं है।

12. अभिकथन सही है, क्योंकि शोध प्रबंध के अंत में संदर्भ ग्रंथ सूची दी जाती है। कारण भी सही है, क्योंकि संदर्भ ग्रंथ सूची में स्रोतों की पहचान के लिए लेखक का नाम, प्रकाशक, प्रकाशन का स्थल और प्रकाशन-वर्ष जैसे विवरण सम्मिलित होते हैं। यही विवरण पाठक को शोध में प्रयुक्त स्रोतों को खोजने, पहचानने और सत्यापित करने में सहायता देते हैं। इसलिए संदर्भ ग्रंथ सूची शोध प्रबंध के अंत में दी जाती है, ताकि सभी प्रयुक्त स्रोतों का व्यवस्थित विवरण एक स्थान पर मिल सके। अतः कारण, अभिकथन की सही व्याख्या करता है और सबसे उपयुक्त उत्तर विकल्प 1 है।

13. विषमपदी तालों को मात्राओं के आधार पर अवरोही क्रम में रखने पर पहले अधिक मात्रा वाला ताल और बाद में कम मात्रा वाला ताल रखा जाता है।

E. विष्णु ताल — यह 17 मात्रा का ताल माना जाता है, इसलिए दिए गए क्रम में इसे सबसे पहले रखा जाएगा।

A. पंचम सवारी — यह 15 मात्रा का ताल है, अतः विष्णु के बाद इसका स्थान आता है।

B. यतिशिखर — यह भी 15 मात्रा का ताल माना जाता है, इसलिए पंचम सवारी के साथ समान मात्रा-समूह में आता है।

C. रूद्र — यह 11 मात्रा का ताल है, इसलिए 15 मात्रा वाले तालों के बाद इसका स्थान होगा।

D. बसन्त — यह 9 मात्रा का ताल है, इसलिए दिए गए तालों में अवरोही क्रम में अंत में आएगा।

अतः सही क्रम E, A, B, C, D है।

14. तालों को ताली की संख्या के आधार पर अवरोही क्रम में रखने पर सबसे अधिक ताली वाले ताल को पहले और कम ताली वाले ताल को बाद में रखा जाता है।

B. कुंभ ताल — इसमें ताली-संख्या सबसे अधिक मानी जाती है, इसलिए यह क्रम में पहले आएगा।

D. बसंत ताल — इसमें कुंभ ताल से कम, पर मणि और गज झम्पा से अधिक ताली मानी जाती है।

C. मणि ताल — इसकी ताली-संख्या बसंत से कम और गज झम्पा से अधिक मानी जाती है।

A. गज झम्पा — इसमें ताली-संख्या इन विकल्पों में सबसे कम मानी जाती है।

इसलिए ताली-संख्या के अवरोही क्रम में सही व्यवस्था B, D, C, A है।

15. कटपयादि/मेलकर्ता पद्धति में चक्रों का क्रम निश्चित होता है और प्रत्येक चक्र में 6 मेल रखे जाते हैं।

A. इन्दु — यह पहला चक्र है, इसलिए क्रम में सबसे पहले आएगा।

E. नेत्र — यह दूसरा चक्र है, इसलिए इन्दु के बाद आएगा।

D. अग्नि — यह तीसरा चक्र है, इसलिए नेत्र के बाद इसका स्थान है।

C. वेद — यह चौथा चक्र है, इसलिए अग्नि के बाद आएगा।

B. ऋतु — यह छठा चक्र है; दिए गए विकल्पों में बाँण चक्र नहीं है, इसलिए इन दिए गए पदों में यह अंत में आएगा।

अतः सही क्रम A, E, D, C, B है।

16. उस्ताद फैयाज खाँ को प्राप्त उपाधियों का सही समय-क्रम D, A, B, C है।

D. आफताब-मौसिकी — इस क्रम में यह उपाधि सबसे पहले आती है। यह उपाधि उनकी असाधारण संगीत-प्रतिभा और गायन-कौशल के लिए प्रदान की गई थी।

A. ज्ञानरत्न — आफताब-मौसिकी के बाद ज्ञानरत्न का स्थान आता है। यह उपाधि उनके गहन संगीत-ज्ञान और रागदारी की प्रतिष्ठा से संबंधित है।

B. संगीत सम्राट — ज्ञानरत्न के बाद संगीत सम्राट का क्रम आता है। यह उपाधि उनके व्यापक प्रभाव और शास्त्रीय संगीत में उच्च स्थान को दर्शाती है।

C. संगीत चूड़ामणि — इस समय-क्रम में संगीत चूड़ामणि अंत में रखा जाएगा।

इसलिए दिए गए विकल्पों में सही कालक्रम D, A, B, C है और सही उत्तर विकल्प 4 है।

17. वैदिक स्वरों को क्रम से व्यवस्थित करने पर सही क्रम क्रुष्ट, प्रथम, चतुर्थ, मंद्र और अतिस्वार्य के रूप में बनता है।

B. क्रुष्ट — दिए गए विकल्पों में वैदिक स्वर-क्रम में यह पहले स्थान पर आएगा। क्रुष्ट को उच्च स्वर-स्थिति से संबंधित माना जाता है, इसलिए यह क्रम का प्रारंभिक पद है।

A. प्रथम — क्रुष्ट के बाद प्रथम का स्थान आता है। यह वैदिक स्वर-क्रम में ऊपर से नीचे की ओर आने वाले क्रम का अगला स्वर है।

E. चतुर्थ — प्रथम के बाद दिए गए विकल्पों में चतुर्थ रखा जाएगा। यह मध्य क्रम में आने वाला वैदिक स्वर है।

D. मंद्र — चतुर्थ के बाद मंद्र का स्थान आता है। मंद्र अपेक्षाकृत नीचे की स्वर-स्थिति से संबंधित है।

C. अतिस्वार्य — दिए गए क्रम में यह अंत में आता है।

इसलिए उपलब्ध विकल्पों के आधार पर सही क्रम B, A, E, D, C है।

18. पश्चिम बंगाल के लोक संगीत से भिन्न संगीत शैलियाँ नजरूल गीति और रवीन्द्र संगीत हैं। भटियाली, चटका और बाउल बंगाल की लोक-संगीत परंपराओं से संबंधित हैं। भटियाली नाविकों और नदी-क्षेत्र की लोकधारा से जुड़ी है, चटका उत्तर बंगाल की लोक शैली है और बाउल बंगाल की प्रसिद्ध लोक-आध्यात्मिक गायन परंपरा है। इसके विपरीत नजरूल गीति काजी नजरूल इस्लाम की रचनाओं पर आधारित विशिष्ट गीत-परंपरा है। रवीन्द्र संगीत रवीन्द्रनाथ ठाकुर की रचनाओं पर आधारित साहित्यिक-संगीत शैली है, इसलिए ये दोनों लोक संगीत से भिन्न हैं।

19. उत्तर प्रदेश की जिन लोक गायन शैलियों को उप-शास्त्रीय संगीत में सम्मिलित किया गया है, वे कजरी, चैती और ठुमरी हैं। कजरी उत्तर प्रदेश की वर्षा-ऋतु और लोक-भावों से जुड़ी शैली है, जिसे उप-शास्त्रीय रूप में भी गाया जाता है। चैती भी उत्तर प्रदेश और पूर्वी क्षेत्र की लोक-गायन शैली है, जिसका उप-शास्त्रीय संगीत में महत्वपूर्ण स्थान है। ठुमरी उत्तर प्रदेश, विशेषकर बनारस और लखनऊ की संगीत परंपरा से जुड़ी उप-शास्त्रीय शैली है। लोरी और सोहर लोक-संस्कार गीत हैं, पर इन्हें इस प्रश्न के संदर्भ में उप-शास्त्रीय संगीत की मुख्य शैलियों में नहीं रखा जाएगा।

20. दक्षिण भारतीय लोक संगीत में प्रयुक्त वाद्यों से भिन्न वाद्य घटम् और कंजिरा हैं। परै, तप्पट्टै और उडुक्का दक्षिण भारतीय लोक-संगीत तथा लोक-नृत्य परंपराओं में प्रयुक्त लोक वाद्य हैं। परै तमिल लोक परंपरा का प्रमुख ताल वाद्य है और तप्पट्टै भी लोक-प्रदर्शन से जुड़ा हुआ वाद्य है। उडुक्का दक्षिण भारतीय लोक और धार्मिक-सांस्कृतिक प्रयोगों में मिलता है। इसके विपरीत घटम् और कंजिरा मुख्यतः कर्नाटक शास्त्रीय संगीत की ताल-वाद्य परंपरा से जुड़े हुए हैं, इसलिए इस प्रश्न में "प्रयुक्त वाद्य नहीं" के रूप में केवल C और E सही हैं।

21. A. ध्रुपद — III. तीव्राः ध्रुपद गायन में गंभीर और प्राचीन शैली के अनुरूप तीव्रा जैसे तालों का प्रयोग मिलता है। इसलिए ध्रुपद का मिलान तीव्रा ताल से किया जाएगा।

B. खयाल — IV. झूमराः खयाल गायन में विशेष रूप से विलंबित खयाल के लिए झूमरा ताल का प्रयोग प्रसिद्ध है। इसलिए खयाल का सही मिलान झूमरा ताल से होगा।

C. टप्पा — I. जत्तः टप्पा गायन शैली चंचल, तीव्र और तानों से युक्त होती है तथा इसका संबंध जत्त ताल से जोड़ा जाता है। इसलिए टप्पा का मिलान जत्त ताल से किया जाएगा।

D. ठुमरी — II. अद्धाः ठुमरी गायन में अद्धा ताल का प्रयोग अत्यंत प्रचलित है। ठुमरी की कोमल, श्रृंगारिक और भावप्रधान प्रकृति के लिए अद्धा ताल उपयुक्त माना जाता है।

22. A. ताल का प्रारंभ — III. समः ताल का प्रारंभ सम से माना जाता है। सम ताल का सबसे महत्वपूर्ण स्थान होता है, जहाँ आवर्तन का आरंभ और मुख्य बल आता है।

B. ताल की पहली से अंतिम मात्रा तक एक क्रम — I. आवर्तनः ताल की पहली मात्रा से अंतिम मात्रा तक पूरा होने वाला क्रम आवर्तन कहलाता है। एक आवर्तन पूरा होने के बाद वही ताल-क्रम पुनः सम से शुरू होता है।

C. विश्रान्तिस्थल — IV. खालीः ताल में खाली को विश्रांति या हल्के स्थान के रूप में माना जाता है। यह वह स्थान है जहाँ ताली के स्थान पर हाथ की लहर अथवा खाली दिखाई जाती है।

D. अन्य ताली स्थान — II. भरीः सम के अतिरिक्त जिन स्थानों पर ताली दी जाती है, वे भरी स्थान कहलाते हैं। भरी ताल के सशक्त और तालीयुक्त विभागों को सूचित करती है।

23. A. अनुद्रुत — IV. U: षडांग में अनुद्रुत का चिह्न U माना जाता है। यह एक मात्रा या एक आघात का सूचक अंग है।

B. द्रुत — III. O: द्रुत का चिह्न O होता है। यह दो मात्राओं वाला ताल-अंग माना जाता है।

C. गुरु — II. S: गुरु का चिह्न S माना जाता है। यह षडांग पद्धति में दीर्घ मात्रा-मान वाले अंग को प्रकट करता है।

D. लघु — I. I: लघु का चिह्न I होता है। लघु का मात्रा-मान जाति के अनुसार बदलता है, इसलिए यह कर्नाटक ताल-पद्धति का अत्यंत महत्वपूर्ण अंग है।

24. A. किशोरावस्था के व्यवहार में संगीत का प्रभाव — IV. मनोविज्ञान और संगीतः किशोरावस्था के व्यवहार पर संगीत के प्रभाव का अध्ययन मनोवैज्ञानिक दृष्टि से किया जाता है। इसलिए यह विषय मनोविज्ञान और संगीत के शोध क्षेत्र से संबंधित है।

B. तारों के कंपन का अध्ययन — I. भौतिकी एवं संगीतः तारों के कंपन का अध्ययन ध्वनि, आवृत्ति और कंपन जैसे भौतिक सिद्धांतों से जुड़ा है। इसलिए इसका संबंध भौतिकी एवं संगीत से है।

C. दक्षिण पूर्व एशियाई देशों का संगीत — II. नृजातीयसंगीतः विभिन्न देशों, जातीय समूहों और सांस्कृतिक समुदायों के संगीत का अध्ययन नृजातीयसंगीत के अंतर्गत आता है। इसलिए दक्षिण पूर्व एशियाई देशों के संगीत का संबंध नृजातीयसंगीत से है।

D. मंदिर अनुष्ठानों में संगीत — III. धर्म और संगीतः मंदिर अनुष्ठानों में संगीत का प्रयोग धार्मिक क्रिया, उपासना और संस्कार से संबंधित है। इसलिए यह विषय धर्म और संगीत के शोध क्षेत्र में आता है।

25. A. ताल स्वरूप — III. ठेकाः ताल का वास्तविक स्वरूप ठेका के माध्यम से प्रकट होता है। ठेका किसी ताल की पहचान कराने वाला निश्चित बोल-समूह होता है।

B. मात्रा संख्या — I. जातिः मात्रा-संख्या के आधार पर तालों की जाति निर्धारित की जाती है। इसलिए मात्रा संख्या का संबंध जाति से जोड़ा जाएगा।

C. सशब्द क्रिया — IV. तालीः सशब्द क्रिया में ताल को ध्वनि सहित दिखाया जाता है। ताली सशब्द क्रिया का प्रमुख रूप है, क्योंकि इसमें हाथ की ध्वनि उत्पन्न होती है।

D. तिहाई — II. दमदारः तिहाई के प्रकारों में दमदार तिहाई एक महत्वपूर्ण प्रकार है। जिस तिहाई के तीनों खंडों के बीच विराम या दम होता है, उसे दमदार तिहाई कहा जाता है।

भाग-II : हिन्दुस्तानी संगीत

26. विकृत स्वर 'वराली' संज्ञा व्यंकटमखी द्वारा दी गई मानी जाती है। व्यंकटमखी ने अपने ग्रंथ चतुर्दण्डी प्रकाशिका में दक्षिण भारतीय संगीत-पद्धति के अनुसार शुद्ध और विकृत स्वरों का विवेचन किया है। उनके द्वारा माने गए विकृत स्वरों में वराली मध्यम का उल्लेख मिलता है। रामामात्य, लोचन और भावभट्ट ने भी स्वर-विचार किया है, पर 'वराली' संज्ञा का संबंध इस प्रश्न में व्यंकटमखी से ही ठीक बैठता है। इसलिए दिए गए विकल्पों में व्यंकटमखी सही उत्तर है।

27. अहोबल ने 'तीव्रतम मध्यम' स्वर को संदीपिनी श्रुति पर स्थापित किया। अहोबल कृत संगीत पारिजात में 22 श्रुतियों पर शुद्ध और विकृत स्वरों की स्थापना का विस्तार से विवेचन मिलता है। उनके अनुसार मध्यम के विकृत रूपों में तीव्र,

तीव्रतर और तीव्रतम मध्यम की स्थापना क्रमशः ऊँची श्रुतियों पर होती है। इस क्रम में तीव्रतम मध्यम संदीपिनी श्रुति से संबंधित माना जाता है। इसलिए प्रसारिणी, आलापिनी और क्षोभिणी की अपेक्षा संदीपिनी ही सही उत्तर है।

28. वैदिक संगीत में 'आघाटि' नामक वाद्य घन वाद्य वर्ग से संबंधित है। आघाटि का अर्थ झाँझ, करताल या खड़ताल जैसे आपस में टकराकर बजने वाले वाद्य से लिया जाता है। जिन वाद्यों में तार, वायु या चमड़े की झिल्ली के स्थान पर स्वयं वाद्य-पदार्थ के आघात से ध्वनि उत्पन्न होती है, वे घन वाद्य कहलाते हैं। आघाटि में ध्वनि टकराव या आघात से उत्पन्न होती है, इसलिए यह तन्त्री, सुषिर या अवनद्ध वाद्य नहीं है। अतः सही वर्ग घन वाद्य है।

29. षट्ज के च्युत तथा अच्युत स्वर-भेद संगीत रत्नाकर में वर्णित हैं। शारंगदेव कृत संगीत रत्नाकर में शुद्ध और विकृत स्वरों का विस्तृत विवेचन मिलता है। इस ग्रंथ में च्युत षड्ज और अच्युत षड्ज जैसे स्वर-भेदों का उल्लेख स्वर-व्यवस्था के अंतर्गत किया गया है। नारदीय शिक्षा मुख्यतः वैदिक स्वर-परंपरा से, राग विबोध परवर्ती ग्रंथ परंपरा से और संगीत पारिजात अहोबल की स्वर-स्थापना से संबंधित है। इसलिए इस प्रश्न में सही उत्तर संगीत रत्नाकर है।

30. नाट्यशास्त्र के अनुसार चच्चत्पुट ताल में मात्राओं का क्रम गुरू, गुरू, लघु और प्लुत है। चच्चत्पुट मार्गी तालों में गिना जाता है और इसका स्वरूप प्राचीन ताल-पद्धति से संबंधित है। इसमें दो गुरु, फिर एक लघु और अंत में एक प्लुत का क्रम माना गया है। इस क्रम से कुल मात्रा-रचना चच्चत्पुट ताल की पारंपरिक संरचना को व्यक्त करती है। इसलिए दिए गए विकल्पों में गुरू गुरू लघु प्लुत ही सही उत्तर है।

31. पुण्डरीक विट्ठल के ग्रन्थ 'सद्राग चन्द्रोदय' में मालवगौड़ मेल के अन्तर्गत आने वाले रागों की संख्या इक्कीस मानी जाती है। मालवगौड़ मेल प्राचीन मेल-वर्गीकरण में अत्यंत महत्वपूर्ण मेल है और इसके अंतर्गत अनेक जन्य राग रखे गए हैं। इस प्रश्न में संख्या पूछी गई है, इसलिए उत्तर ग्रन्थ में दिए गए मालवगौड़ मेल के रागों की गणना के आधार पर चुना जाएगा। दिए गए विकल्पों में तेरह, पाँच और चार इस मेल के अंतर्गत रागों की सही संख्या नहीं हैं। अतः सही उत्तर विकल्प 3 इक्कीस है।

32. आचार्य बृहस्पति के अनुसार 'गान्धर्व शास्त्र' का संक्षेपकर्ता दत्तिल को कहा गया है। दत्तिल प्राचीन संगीतशास्त्र के महत्वपूर्ण ग्रन्थकार माने जाते हैं और उनके नाम से संबंधित दत्तिलम् ग्रन्थ गान्धर्व परंपरा से जुड़ा हुआ है। इस संदर्भ में दत्तिल का कार्य पूर्ववर्ती गान्धर्व शास्त्रीय सामग्री को संक्षिप्त और व्यवस्थित रूप में प्रस्तुत करने से संबंधित माना जाता है। भरत, मतंग और कोहल भी महत्वपूर्ण आचार्य हैं, पर इस प्रश्न में "संक्षेपकर्ता" के रूप में दत्तिल ही उपयुक्त है। इसलिए सही उत्तर विकल्प 4 है।

33. बृहद्देशी के अनुसार किसी भी अन्य 'भाषा' से प्रभावित नहीं होने वाली भाषा को मुख्या कहा गया है। मुख्या भाषा स्वतंत्र स्वरूप वाली मानी जाती है, अर्थात वह किसी दूसरी भाषा पर आश्रित नहीं होती। इसके विपरीत स्वराख्या, देशाख्या और अन्योपरागजा जैसी भाषाएँ किसी-न-किसी आधार या प्रभाव से संबंधित समझी जाती हैं। "किसी भी भाषा से प्रभावित नहीं होने वाली" स्थिति स्वतंत्रता को सूचित करती है। इसलिए इस प्रश्न में सही उत्तर मुख्या है।

34. 'जय जय देव हरे इति सर्वत्र ध्रुवपदम्' में उल्लिखित ध्रुव पद की परिभाषा गीतगोविन्द से संबंधित है। गीतगोविन्द में "जय जय देव हरे" पद बार-बार आने वाले स्थायी या ध्रुव पद के रूप में प्रयुक्त होता है। ध्रुव पद वह होता है जो गीत की रचना में बार-बार दोहराया जाता है और संपूर्ण गीत को एक भावात्मक केंद्र देता है। जयदेव कृत गीतगोविन्द में यह प्रयोग अत्यंत प्रसिद्ध है। इसलिए दिए गए विकल्पों में गीतगोविन्द ही सही उत्तर है।

35. दक्षिण भारतीय लोकवाद्य 'मगुड़ी' सुषेर वाद्य की श्रेणी में आता है। सुषिर वाद्य वे होते हैं जिनमें वायु के प्रवाह से ध्वनि उत्पन्न होती है। मगुड़ी को साँप बजाने वाले बीन अथवा पुँगी-जैसे वायु-वाद्य के रूप में जाना जाता है। इसमें तार, चमड़े की झिल्ली या केवल ठोस पदार्थ के आघात से ध्वनि उत्पन्न नहीं होती। इसलिए यह घन, अवनद्ध या तन्त्री वर्ग में नहीं, बल्कि सुषिर वर्ग में रखा जाएगा।

36. हीराबाई बड़ोदकर किराना घराने की कलाकार थीं। उनका संबंध उस्ताद अब्दुल करीम खाँ की परंपरा से माना जाता है, जो किराना घराने के प्रमुख प्रवर्तकों में गिने जाते हैं। किराना घराने की गायकी में स्वर-लगाव, मींड, सूक्ष्म सुर-व्यवहार और भावपूर्ण विस्तार का विशेष महत्व होता है। हीराबाई बड़ोदकर की गायकी में भी यही विशेषताएँ स्पष्ट रूप से दिखाई देती हैं। इसलिए ग्वालियर, आगरा या जयपुर की अपेक्षा किराना घराना ही सही उत्तर है।

37. महाराजा स्वाति तिरुनाल का जन्म उन्नीसवीं शताब्दी में हुआ था। उनका जन्म सन् 1813 में माना जाता है, और 1801 से 1900 तक का काल उन्नीसवीं शताब्दी कहलाता

है। वे त्रावणकोर के राजकुल से संबंधित थे और कर्नाटक तथा हिन्दुस्तानी दोनों संगीत परंपराओं में उनकी रचनाओं का महत्व है। सोलहवीं, पंद्रहवीं और अठारहवीं शताब्दीं उनके जन्म-काल से मेल नहीं खातीं। इसलिए सही उत्तर उन्नीसवीं शताब्दी है।

38. उत्तर भारतीय संगीत का तराना गायन दक्षिण भारत की तिल्लाना गायन शैली से साम्यता रखता है। तराना में निरर्थक या बोल-तान जैसे अक्षरों का प्रयोग करके लयात्मक और चंचल गायन किया जाता है। इसी प्रकार तिल्लाना कर्नाटक संगीत की ऐसी रचना है जिसमें लयप्रधान अक्षरों और गतिशीलता का विशेष प्रयोग होता है। दोनों शैलियों में शब्दार्थ की अपेक्षा स्वर, लय और चपलता अधिक प्रमुख रहती है। इसलिए तराना की दक्षिण भारतीय समकक्ष शैली तिल्लाना है।

39. ठुमरी गायन शैली का स्वरूप प्राचीन काल की गौड़ी गीति में परिलक्षित होता है। गौड़ी गीति में भाव, कोमलता, शृंगारिकता और मधुर अभिव्यक्ति का जो स्वरूप मिलता है, वह ठुमरी गायन की प्रकृति से मेल खाता है। ठुमरी में शब्द, भाव, रस और नायिका-भेद से संबंधित अभिव्यंजना को विशेष महत्व दिया जाता है। इसी कारण ठुमरी को केवल स्वर-प्रधान गायन न मानकर भाव-प्रधान और रसात्मक गायन शैली माना जाता है। अतः दिए गए विकल्पों में गौड़ी ही इस प्रश्न के लिए सही उत्तर है।

40. पुण्डरीक विट्ठल के ग्रन्थ रागमाला के अनुसार देशाक्षी रागिनी शुद्ध नाट मेल से उत्पन्न है। राग-रागिनी वर्गीकरण में देशाक्षी को स्त्री रागिनी के रूप में शुद्ध नाट के अंतर्गत रखा गया है। शुद्ध नाट मेल के साथ मालवश्री, देशाक्षी, देवकी, मधुमाधवी आदि रागिनियों का संबंध बताया जाता है। इसलिए देशाक्षी रागिनी का संबंध नट्ट नारायण, शुद्ध भैरव या श्री राग से नहीं माना जाएगा। दिए गए विकल्पों में शुद्ध नाट ही सही उत्तर है।

41. राग तत्व विबोध के अनुसार वीणा पर स्वर-स्थापना के अन्तर्गत पूर्वमेरु से अन्त्यमेरु तक की दूरी 36 इंच मानी गई है। पूर्वमेरु और अन्त्यमेरु वीणा के तार पर स्वर-स्थापन की सीमा को सूचित करते हैं। इसी निश्चित दूरी के आधार पर तार की लंबाई को विभाजित करके स्वरों की स्थिति निर्धारित की जाती है। स्वर-स्थापना में दूरी का सही मान अत्यंत महत्वपूर्ण होता है, क्योंकि उसी से स्वर-स्थान की शुद्धता निर्धारित होती है। इसलिए दिए गए विकल्पों में 36 इंच ही सही उत्तर है।

42. "स्वरस्य कम्पो गमकः श्रोतृचित्त सुखावहः" गमक की यह परिभाषा *संगीत रत्नाकर* में वर्णित है। इस परिभाषा में गमक को स्वर के कम्पन के रूप में बताया गया है, जो श्रोता के चित्त को सुख देने वाला होता है। *संगीत रत्नाकर* में गमक, अलंकार, स्वर और राग-संबंधी विषयों का विस्तृत विवेचन मिलता है। गमक का संबंध केवल स्वर के कंपन से नहीं, बल्कि उसके सौंदर्यपूर्ण और रसात्मक प्रभाव से भी है। इसलिए इस परिभाषा के लिए सही ग्रंथ *संगीत रत्नाकर* है।

43. *संगीत समयसार* में गमक के सात प्रकारों की विवेचना की गई है। गमक स्वर के विशेष कम्पन, अलंकरण और रागात्मक सौंदर्य को प्रकट करने का साधन है। प्राचीन संगीत-ग्रंथों में गमकों की संख्या अलग-अलग मिलती है, पर *संगीत समयसार* के अनुसार संख्या सात मानी जाती है। इसलिए पन्द्रह, आठ और दस इस प्रश्न के संदर्भ में सही नहीं हैं। दिए गए विकल्पों में सात ही सही उत्तर है।

44. बिना परदों वाले लोकवाद्य के रूप में रबाब को इंगित किया जाएगा। परदा या तिमज तार-वाद्यों में स्वरों के निश्चित स्थानों को दर्शाने के लिए लगाया जाता है। रबाब एक तार-वाद्य है, पर इसमें सितार या सरोद जैसे परदे नहीं होते। इसलिए यह बिना परदों वाला वाद्य माना जाता है। कोम्बु, मूंगल और तुरही मुख्यतः सुषिर या फूँककर बजाए जाने वाले वाद्य हैं, अतः "बिना परदों वाला" शब्द उनके लिए इस प्रश्न में उपयुक्त नहीं है।

45. *संगीत चूड़ामणि* में ताल के पाँच प्राणों का उल्लेख माना जाता है। ताल-प्राण ताल की रचना, प्रयोग और प्रस्तुति को समझाने वाले मूल तत्त्व होते हैं। कई संगीत-ग्रंथों में ताल-प्राणों की संख्या अलग-अलग मिलती है, पर इस प्रश्न में विशेष रूप से *संगीत चूड़ामणि* पूछा गया है। *संगीत चूड़ामणि* के अनुसार ताल के पाँच प्राण स्वीकार किए जाते हैं। इसलिए दिए गए विकल्पों में सही उत्तर विकल्प 1: पाँच है।

46. तीन ग्रामों की 49 'यज्ञोपयोगी' तानों का उल्लेख *भरत भाष्य* में वर्णित माना जाता है। यहाँ प्रश्न विशेष रूप से तीन ग्रामों से संबंधित 49 तानों और उनके यज्ञोपयोगी स्वरूप के उल्लेख के बारे में है। यह विवरण *भरत भाष्य* की प्राचीन संगीत-शास्त्रीय परंपरा से संबंधित है। *नाट्यशास्त्र, मानसोल्लास* और *संगीत समयसार* इस विशेष प्रश्न के लिए उपयुक्त विकल्प नहीं हैं। इसलिए दिए गए विकल्पों में सही उत्तर विकल्प 3 भरत भाष्य है।

47. नाट्यशास्त्र में 'आतोद्य' संज्ञा का प्रयोग वाद्यों के संदर्भ में किया गया है। भरत ने वाद्यों को चार वर्गों में विभाजित

किया है– तत, अवनद्ध, घन और सुषिर। इन्हीं चतुर्विध वाद्यों के लिए 'आतोद्य' शब्द का प्रयोग मिलता है। मूर्छना, श्रुति-जाति और गमक के प्रकार स्वर-संगीत के विषय हैं, वाद्य-वर्गीकरण के नहीं। इसलिए 'आतोद्य' का संबंध चतुर्विध वाद्य से ही है।

48. प्रथम संगीतमय और संवाद-मुक्त फिल्म के रूप में 'डॉन जुआ' को माना जाता है। यह ऐसी फिल्म थी जिसमें संगीत और ध्वनि-प्रभावों का प्रयोग किया गया था, पर संवाद नहीं थे। इसलिए इसे पूर्ण संवादयुक्त बोलती फिल्म नहीं, बल्कि संगीतमय और संवाद-मुक्त फिल्म के रूप में रखा जाता है। लीड फॉरेस्ट ध्वनि-फिल्म तकनीक से जुड़े व्यक्ति थे, पर इस प्रश्न में पूछे गए फिल्म-स्वरूप के लिए 'डॉन जुआ' ही उपयुक्त विकल्प है। अतः सही उत्तर विकल्प 1 है।

49. समान जाति के रागों के युग्म के रूप में जौनपुरी-खमाज सही है। राग की जाति आरोह और अवरोह में प्रयुक्त स्वरों की संख्या के आधार पर निर्धारित होती है। जौनपुरी और खमाज दोनों को शाडव-सम्पूर्ण जाति से संबंधित माना जाता है, क्योंकि इनमें आरोह में छह और अवरोह में सात स्वरों का प्रयोग मिलता है। अन्य दिए गए युग्मों में दोनों रागों की जाति समान नहीं बैठती। इसलिए समान जाति का सही युग्म जौनपुरी-खमाज है।

50. स्वर के लिए 'गतिक' संज्ञा का प्रयोग पुण्डरीक विट्ठल द्वारा किया गया है। पुण्डरीक विट्ठल ने अपने ग्रंथों में शुद्ध और विकृत स्वरों की संज्ञाओं का विशेष विवेचन किया है। उनके अनुसार कुछ स्वर अपने शुद्ध स्थान से श्रुति-भेद के अनुसार ऊपर होने पर गतिक संज्ञा से निरूपित किए गए हैं। यह संज्ञा लोचन, भावभट्ट या सोमनाथ की अपेक्षा पुण्डरीक विट्ठल की स्वर-व्यवस्था से अधिक सीधे जुड़ी है। इसलिए सही उत्तर विकल्प 4 है।

51. अभिकथन सही है, क्योंकि गान में गुणों की उपस्थिति से गायन का सौंदर्य, माधुर्य, रसात्मकता और कलात्मक प्रभाव बढ़ता है। दोषों की उपस्थिति से गान की शुद्धता, प्रभावशीलता और स्तर न्यून हो जाता है। कारण भी सही है, क्योंकि गुण-दोष विवेचन गान के लिए उपयोगी होता है। यही विवेचन यह स्पष्ट करता है कि गान को श्रेष्ठ बनाने के लिए गुणों को अपनाना और दोषों को दूर करना आवश्यक है। इसलिए कारण, अभिकथन की सही व्याख्या करता है और सही उत्तर विकल्प 1 है।

52. अभिकथन सही है, क्योंकि किसी गायन या वादन शैली को घराना के रूप में स्थापित होने के लिए सामान्यतः तीन पीढ़ियों तक उसकी परंपरा, शैली, शिक्षा और प्रस्तुति का निरंतर चलना आवश्यक माना जाता है। घराना केवल व्यक्तिगत कला नहीं, बल्कि वंशानुगत या गुरु-शिष्य परंपरा से विकसित विशिष्ट शैली होती है। कारण भी सही है, क्योंकि आधुनिक संस्थाओं में अलग-अलग अध्यापक, अलग-अलग प्रशिक्षण-पद्धतियाँ और अनेक शैलियों का मिश्रण पाया जाता है। लेकिन यह कारण घराना बनने के लिए तीन पीढ़ियों की आवश्यकता की सीधी व्याख्या नहीं करता। इसलिए दोनों कथन सही हैं, पर कारण अभिकथन की सही व्याख्या नहीं है।

53. अभिकथन सही है, क्योंकि प्राचीन भारतीय संगीत में पद्य-रचना और स्वर-रचना दोनों का ज्ञान रखने वाले संगीत-विद्वान को वाग्गेयकार कहा जाता था। वाग्गेयकार में 'वाक्' का अर्थ शब्द, पद्य या साहित्यिक रचना से और 'गेय' का अर्थ गायन योग्य स्वर-रचना से संबंधित है। कारण भी सही है, क्योंकि पाश्चात्य संगीत में रचना करने वाले विद्वान या कलाकार को composer कहा जाता है। यह कारण अभिकथन की व्याख्या करता है, क्योंकि वाग्गेयकार और composer दोनों का संबंध संगीत-रचना करने वाले व्यक्ति से है। इसलिए दोनों कथन सही हैं और कारण, अभिकथन की सही व्याख्या करता है।

54. अभिकथन सही है, क्योंकि मसीतखानी गत की परंपरागत प्रस्तुति मुख्यतः विलंबित तीनताल में मानी जाती है। यह गत सितार-वादन की गंभीर, विस्तृत और विलंबित लय की परंपरा से संबंधित है। कारण भी सही है, क्योंकि शाहिद परवेज ने रूपक और झपताल में मसीतखानी गत का वादन करके परंपरागत तीनताल-प्रधान शैली से अलग नई प्रवृत्ति प्रस्तुत की। यह कथन नई प्रवृत्ति को बताता है, पर यह नहीं समझाता कि पुरानी परंपरा में कलाकार केवल विलंबित तीनताल में ही क्यों वादन करते थे। इसलिए दोनों कथन सही हैं, पर कारण अभिकथन की सही व्याख्या नहीं है।

55. अभिकथन सही है, क्योंकि मतंग ने राग-वर्गीकरण के लिए सात गीतियों का आधार ग्रहण किया था। प्राचीन संगीत-शास्त्र में गीतियाँ रागों के स्वरूप, गायन-प्रकार और शैलीगत भेद को समझने का महत्वपूर्ण आधार रही हैं। कारण सही नहीं है, क्योंकि आधुनिक राग-वर्गीकरण का आधार गीतियाँ नहीं हैं। आधुनिक राग-वर्गीकरण मुख्यतः थाट, मेल, रागांग, स्वर-संरचना, वादी-संवादी और आरोह-अवरोह जैसे आधारों पर किया जाता है। इसलिए अभिकथन सही है, पर कारण सही नहीं है।

56. अभिकथन सही है, क्योंकि भूपाली राग का स्वर-प्रारूप उत्तर भारतीय और दक्षिण भारतीय दोनों संगीत-पद्धतियों में समान पंचस्वरी रूप में मिलता है। इसमें सा, रे, ग, प, ध स्वरों का प्रयोग होता है और म तथा नि वर्जित रहते हैं। कारण भी सही है, क्योंकि दक्षिण भारतीय संगीत में इसी स्वर-प्रारूप वाले राग को मोहनम् कहा जाता है। मोहनम् और भूपाली का मूल स्वर-संयोजन समान होने के कारण कारण, अभिकथन की सही व्याख्या करता है। इसलिए सही उत्तर विकल्प 1 है।

57. अभिकथन सही है, क्योंकि संगीत उपचार में संगीत के प्रभाव को व्यक्ति के शारीरिक, मानसिक या भावनात्मक स्तर पर परखा जाता है और इस प्रकार यह प्रायोगिक शोध से संबंधित हो सकता है। संगीत उपचार में प्रयोग, निरीक्षण, परिणाम और प्रभाव का अध्ययन किया जाता है। कारण सही नहीं है, क्योंकि प्रायोगिक शोध के लिए अनिवार्य रूप से रासायनिक उपकरणों की आवश्यकता नहीं होती। प्रायोगिक शोध संगीत, मनोविज्ञान, शिक्षा और सामाजिक विज्ञानों में भी बिना रासायनिक उपकरणों के किया जा सकता है। इसलिए अभिकथन सही है और कारण सही नहीं है।

58. अभिकथन सही नहीं है, क्योंकि सभी राज्यों में एक समान लोक संगीत नहीं होता। भारत के विभिन्न राज्यों की भाषा, संस्कृति, रीति-रिवाज, भौगोलिक परिस्थिति और सामाजिक परंपरा अलग-अलग होने से उनके लोक संगीत भी भिन्न-भिन्न होते हैं। कारण सही है, क्योंकि लावणी, घूमर, डांडिया, जिंदुआ और तिरुवादिरा विभिन्न राज्यों की लोक-नृत्य परंपराओं से संबंधित हैं। ये उदाहरण स्वयं दिखाते हैं कि भारतीय लोक परंपराएँ राज्य और क्षेत्र के अनुसार बदलती हैं। इसलिए अभिकथन असत्य है और कारण सत्य है।

59. अभिकथन सही है, क्योंकि तानपुरा की बनावट में परिवर्तन करके, डाँड को बीच से उठा हुआ न रखकर सपाट बनाया जाए, अटक भी सपाट रखी जाए और नौ खूँटियाँ लगाकर नौ तार चढ़ाए जाएँ, तो उसे नवतन्त्री वीणा कहा जा सकता है। नवतन्त्री शब्द का अर्थ ही नौ तारों वाला वाद्य है, इसलिए अभिकथन में दी गई संरचना नवतन्त्री वीणा के स्वरूप से मेल खाती है।

कारण सही नहीं है, क्योंकि तानपुरा की आकृति बदलकर बनाई गई नवतन्त्री वीणा को पुरातन महती वीणा के समान मानना उचित नहीं है। महती वीणा का प्राचीन स्वरूप और नवतन्त्री वीणा की यह परिवर्तित तानपुरा-आधारित रचना एक समान नहीं मानी जाती।

इसलिए अभिकथन सही है, लेकिन कारण सही नहीं है और सही उत्तर विकल्प 3 है।

60. अभिकथन सही नहीं है, क्योंकि टैम्पर्ड स्केल और डायटानिक स्केल समान नहीं हैं। टैम्पर्ड स्केल में सप्तक को समान अनुपात वाले बारह अर्धस्वरों में विभाजित किया जाता है, जबकि डायटानिक स्केल सात मुख्य स्वरों पर आधारित क्रम है। कारण सही है, क्योंकि हिन्दुस्तानी स्वर-सप्तक और टैम्पर्ड स्केल दोनों में तार षड्ज, मूल षड्ज से एक सप्तक ऊपर माना जाता है और यह दूरी लगभग 301 सेवर्ट के रूप में व्यक्त की जाती है। लेकिन तार षड्ज की यह समानता दोनों स्केलों को पूर्णतः समान सिद्ध नहीं करती। इसलिए अभिकथन असत्य है और कारण सत्य है।

61. **E. मतंग** – मतंग का काल सबसे प्राचीन माना जाता है। वे बृहद्देशी के रचयिता हैं और राग-विचार के प्रारंभिक प्रमुख आचार्यों में आते हैं।

A. नान्यदेव – नान्यदेव मतंग के बाद के आचार्य माने जाते हैं। उनका संबंध मध्यकालीन संगीत-शास्त्रीय परंपरा से है।

D. महाराणा कुम्भा – महाराणा कुम्भा का काल 15वीं शताब्दी में माना जाता है। वे *संगीतराज* जैसे ग्रंथों और संगीत-संरक्षण के लिए प्रसिद्ध हैं।

B. अहोबल – अहोबल का काल महाराणा कुम्भा के बाद आता है। उनका *संगीत पारिजात* उत्तर मध्यकालीन संगीत-शास्त्र का महत्वपूर्ण ग्रंथ है।

C. आचार्य बृहस्पति – आचार्य बृहस्पति आधुनिक काल के संगीत-विद्वान हैं। इसलिए दिए गए नामों में उनका स्थान अंत में आता है।

62. **D. गोपाल नायक** – गोपाल नायक इन कलाकारों में सबसे प्राचीन माने जाते हैं। उनका संबंध मध्यकालीन भारतीय संगीत परंपरा से है।

E. तानसेन – तानसेन का काल 16वीं शताब्दी में अकबर के समय माना जाता है। इसलिए गोपाल नायक के बाद उनका स्थान आता है।

C. सदारंग – सदारंग का काल 18वीं शताब्दी में माना जाता है। वे खयाल गायन की परंपरा में अत्यंत महत्वपूर्ण रचनाकार माने जाते हैं।

A. बालकृष्ण बुआ – बालकृष्ण बुआ का काल सदारंग के बाद आता है। वे आधुनिक काल के निकट हिंदुस्तानी संगीत परंपरा के महत्वपूर्ण कलाकार हैं।

B. बलवंत राय भट्ट – बलवंत राय भट्ट इन नामों में सबसे बाद के काल के संगीतज्ञ हैं।

इसलिए कालक्रम में उनका स्थान अंत में रखा जाएगा।

63. D. सौवीरी – मध्यग्राम की मूर्छनाओं के क्रम में सौवीरी पहले आती है। यह मध्यग्राम की प्राचीन मूर्छना-व्यवस्था का प्रारंभिक नाम है।

B. कलोपनता – सौवीरी के बाद कलोपनता का स्थान आता है। यह मध्यग्राम की मूर्छनाओं के क्रम में अगली स्थिति को सूचित करती है।

E. शुद्धमध्या – कलोपनता के बाद शुद्धमध्या रखी जाती है। इसका नाम ही मध्यग्राम की मध्यम-प्रधान स्थिति से संबंधित है।

A. मार्गी – शुद्धमध्या के बाद मार्गी का स्थान आता है। मार्गी प्राचीन शास्त्रीय संगीत-पद्धति से संबंधित मूर्छना-नाम है।

C. पौरवी – दिए गए विकल्पों में पौरवी अंत में आती है। इसलिए मध्यग्राम की दी गई मूर्छनाओं का सही क्रम D, B, E, A, C है।

64. E. संगीत मकरन्द – दिए गए संस्कृत संगीत-ग्रंथों में *संगीत मकरन्द सबसे* प्राचीन माना जाता है। यह प्राचीन राग-वर्गीकरण और संगीत-शास्त्रीय विचारों से संबंधित ग्रंथ है।

B. संगीतोपनिषत्सारोद्धार – *संगीत मकरन्द* के बाद *संगीतोपनिषद्सारोद्धार* का स्थान आता है। यह मध्यकालीन संस्कृत संगीत-ग्रंथ परंपरा से संबंधित है।

A. संगीत समयसार – इसके बाद *संगीत समयसार* को रखा जाएगा। यह पार्श्वदेव से संबंधित महत्वपूर्ण संगीत-शास्त्रीय ग्रंथ माना जाता है।

D. स्वरमेल कलानिधि – *स्वरमेल कलानिधि* का काल बाद का है। रामामात्य कृत यह ग्रंथ मेल-विचार की दृष्टि से अत्यंत महत्वपूर्ण है।

C. संगीत पारिजात – *संगीत पारिजात* इन ग्रंथों में सबसे बाद का माना जाता है। अहोबल कृत यह ग्रंथ उत्तर मध्यकालीन संगीत-शास्त्र से संबंधित है।

65. A. ग्राम राग – ऐतिहासिक दृष्टि से राग-वर्गीकरण का प्रारंभिक आधार ग्राम राग माना जाता है। यह प्राचीन संगीत-शास्त्र की ग्राम-व्यवस्था से संबंधित है।

B. दशविध – ग्राम राग के बाद दशविध राग-वर्गीकरण का स्थान आता है। इसमें रागों को उनके लक्षणों और स्वरूप के आधार पर समझाया गया है।

C. राग रागिनी – मध्यकाल में राग-रागिनी पद्धति का विकास हुआ। इसमें रागों को पुरुष राग, रागिनी और पुत्र राग आदि रूपों में वर्गीकृत किया गया।

E. मेल राग वर्गीकरण – राग-रागिनी पद्धति के बाद मेल-आधारित वर्गीकरण प्रमुख हुआ। इसमें रागों को मूल स्वर-समूह या मेल के आधार पर व्यवस्थित किया गया।

D. रागांग – रागांग वर्गीकरण अपेक्षाकृत बाद की पद्धति है। इसमें रागों को उनके मुख्य अंग, स्वर-व्यवहार और चाल के आधार पर वर्गीकृत किया जाता है।

66. *संगीत दर्पण* के अनुसार क्रमशः शिशिर, बसंत, ग्रीष्म, वर्षा और शरद ऋतु से संबंधित पुरुष रागों का सही समूह श्री, बसंत, भैरव, मेघ और पंचम है।

A. श्री – शिशिर ऋतु से संबंधित पुरुष राग माना जाता है; इसका गंभीर, शांत और गाम्भीर्यपूर्ण स्वरूप शिशिर की प्रकृति से जोड़ा गया है।

D. बसंत – बसंत ऋतु से संबंधित पुरुष राग है; यह ऋतु-संबंधी राग-वर्गीकरण में वसंत ऋतु का प्रतीकात्मक राग माना जाता है।

C. भैरव – ग्रीष्म ऋतु से संबंधित पुरुष राग के रूप में रखा गया है; भैरव प्राचीन राग-रागिनी परंपरा में प्रमुख पुरुष रागों में गिना जाता है।

B. मेघ – वर्षा ऋतु से संबंधित राग है; मेघ का संबंध वर्षा, मेघाच्छन्न वातावरण और वर्षा-भाव से प्रत्यक्ष रूप से माना जाता है।

E. पंचम – शरद ऋतु से संबंधित पुरुष राग माना गया है। इसलिए दिए गए क्रम में सही उत्तर A, D, C, B, E है।

67. मार्ग तालों में काल के मान के बढ़ते क्रम में चित्रातम, चित्रातर, चित्रा, वार्तिक और दक्षिण का क्रम स्वीकार किया जाता है।

E. चित्रातम – इसका काल-मान सबसे सूक्ष्म माना जाता है, इसलिए बढ़ते क्रम में यह पहले स्थान पर आता है।

C. चित्रातर – चित्रातम से बड़ा किंतु चित्रा से छोटा काल-मान रखने वाला रूप है।

A. चित्रा – यह मध्यम कालमान से संबंधित मार्ग ताल रूप है और चित्रा-समूह का मूल रूप माना जाता है।

D. वार्तिक – इसका काल-मान चित्रा से अधिक माना जाता है।

B. दक्षिण – मार्ग तालों में यह अधिक विस्तृत काल-मान वाला रूप माना जाता है।

इसलिए बढ़ते क्रम में सही उत्तर E, C, A, D, B है।

68. वाग्गेयकारों का कालक्रम शारंगदेव, रामामात्य, गोविंद दीक्षित, शाहजी महाराज और वीरभद्रय्य है।

B. शारंगदेव – 13वीं शताब्दी के प्रमुख आचार्य हैं और *संगीत रत्नाकर* के रचयिता माने जाते हैं।

A. रामामात्य – 16वीं शताब्दी के संगीतशास्त्री हैं और *स्वरमेल कलानिधि* से संबंधित हैं।

E. गोविंद दीक्षित – दक्षिण भारतीय संगीत परंपरा के 17वीं शताब्दी के विद्वान और *संगीत सुधा* से संबंधित माने जाते हैं।

D. शाहजी महाराज – तंजावूर की मराठा संगीत-परंपरा से संबंधित बाद के वाग्गेयकार हैं।

C. वीरभद्रय्य – इन दिए गए नामों में सबसे उत्तरवर्ती काल के वाग्गेयकार माने जाते हैं।

इसलिए सही क्रम B, A, E, D, C है।

69. पं. अहोबल ने संगीत पारिजात में वीणा पर स्वरों की स्थापना तार की माप और स्वर-स्थान के आधार पर की है। इस स्वर-स्थापना में शुद्ध स्वरों के उपयुक्त वर्णित स्थान को बढ़ते क्रम में रखने पर रिषभ, गंधार, मध्यम, पंचम और मध्य षड्ज का क्रम बनता है।

E. रिषभ – दिए गए स्वरों में रिषभ का वर्णित स्थान न्यून मान से प्रारंभ होता है।

D. गंधार – गंधार का स्थान रिषभ से अधिक मान पर स्थापित किया गया है।

B. मध्यम – मध्यम का स्थान गंधार से आगे और पंचम से पहले माना गया है।

C. पंचम – पंचम का स्थान मध्यम से अधिक मान पर आता है।

A. मध्य षड्ज – मध्य षड्ज मूल आधार-स्वर है और इस क्रम में अंतिम स्थान पर रखा जाता है।

इसलिए सही बढ़ता क्रम E, D, B, C, A है।

70. कर्नाटक ताल-पद्धति में जाति का निर्धारण लघु की मात्राओं से होता है। लघु मात्राओं के बढ़ते क्रम में तिस्र, चतस्त्र, खंड, मिश्र और संकीर्ण जाति आती हैं।

E. तिस्र जाति – इसमें लघु की 3 मात्राएँ होती हैं।

D. चतस्त्र जाति – इसमें लघु की 4 मात्राएँ होती हैं।

B. खंड जाति – इसमें लघु की 5 मात्राएँ होती हैं।

A. मिश्र जाति – इसमें लघु की 7 मात्राएँ होती हैं।

C. संकीर्ण जाति – इसमें लघु की 9 मात्राएँ होती हैं।

इसलिए लघु मात्राओं का बढ़ता क्रम E, D, B, A, C है।

71. पुण्डरीक विट्ठल द्वारा लिखित ग्रन्थों में *सद्रागचन्द्रोदय, नर्तन निर्णय* और *राग माला* सम्मिलित हैं। *सद्रागचन्द्रोदय* में रागों और मेलों का विवेचन मिलता है। *नर्तन निर्णय* संगीत और नृत्य दोनों से संबंधित महत्वपूर्ण ग्रन्थ है। *राग माला* में राग-रागिनी संबंधी विवरण मिलता है। *राग तरंगिणी* लोचन से और *राग विबोध* सोमनाथ से संबंधित माना जाता है, इसलिए वे पुण्डरीक विट्ठल के ग्रन्थों में नहीं रखे जाएँगे।

72. तरब के तारों का प्रयोग भेरी, मुख वीणा और सिंगी में नहीं होता। तरब के तार सहानुभूति से झंकृत होने वाले अतिरिक्त तार होते हैं, जिनका प्रयोग सारंगी और सरोद जैसे तंत्री वाद्यों में मिलता है। भेरी अवनद्ध वाद्य है, इसमें चमड़े की झिल्ली से ध्वनि उत्पन्न होती है, इसलिए तरब तारों का प्रश्न नहीं आता। मुख वीणा और सिंगी सुषिर वर्ग के वाद्य हैं, जिनमें वायु के प्रवाह से ध्वनि उत्पन्न होती है। इसलिए दिए गए विकल्पों में जिन वाद्यों में तरब के तार नहीं होते, वे B, C और E हैं।

73. म-सा वादी-संवादी वाली रागों में नट भैरव, अहीर भैरव और बैरागी भैरव को लिया जाएगा। नट भैरव में मध्यम को वादी और षड्ज को संवादी माना जाता है। अहीर भैरव में भी मध्यम-षड्ज वादी-संवादी संबंध स्वीकार किया जाता है, जिससे इसका शांत और गंभीर भाव पुष्ट होता है। बैरागी भैरव में भी म-सा का वादी-संवादी संबंध मिलता है। भैरव का सामान्य वादी-संवादी ध-रे माना जाता है, इसलिए उसे इस समूह में नहीं लिया जाएगा।

74. प्रातःकालीन सन्धिप्रकाश रागों में भैरव, कलिंगड़ा और भैरवी को सम्मिलित किया जाता है। भैरव प्रातःकाल का अत्यंत प्रमुख सन्धिप्रकाश राग है और उसमें कोमल रे तथा कोमल ध का गंभीर प्रयोग मिलता है। कालिंगड़ा भी भैरव-अंग से संबंधित प्रातःकालीन राग माना जाता है। भैरवी को भी प्रातःकालीन रागों में रखा जाता है और इसका गायन प्रायः सुबह के समय किया जाता है। भीमपलासी अपराह्न का राग है और श्री संध्या/सायंकालीन सन्धिप्रकाश से संबंधित है, इसलिए वे यहाँ उपयुक्त नहीं हैं।

75. पाश्चात्य संगीत की स्वर-लिपियों में सोल्फा स्वरलिपि, चीव स्वरलिपि और न्यूम्स स्वरलिपि सम्मिलित हैं। सोल्फा प्रणाली में do, re, mi आदि संकेतों द्वारा स्वरों का अभ्यास और लेखन किया जाता है। चीव स्वरलिपि एक पाश्चात्य संकेतन-पद्धति है जिसमें संख्यात्मक/सरल संकेतों से स्वर लिखे जाते हैं। न्यूम्स स्वरलिपि प्राचीन यूरोपीय चर्च-संगीत में प्रयुक्त प्रारंभिक संगीत-लिपि मानी जाती है। पायथागोरस

और डायटॉनिक शब्द मुख्यतः स्वर-संबंधी सिद्धांत या स्केल-व्यवस्था से जुड़े हैं, इसलिए सही समूह A, C और D है।

76. प्रसिद्ध हारमोनियम वादकों में अप्पा जलगांवकर, महमूद धौलपुरी और तुलसीदास बोरकर के नाम आते हैं। अप्पा जलगांवकर हारमोनियम संगत और स्वतंत्र वादन दोनों के लिए प्रसिद्ध रहे हैं। महमूद धौलपुरी भी हिंदुस्तानी संगीत में हारमोनियम-संगत के अत्यंत प्रसिद्ध कलाकार माने जाते हैं। तुलसीदास बोरकर हारमोनियम वादन की परंपरा में प्रतिष्ठित नाम हैं। ब्रज भूषण काबरा गिटार/स्लाइड गिटार से और भजन सोपोरी संतूर से संबंधित हैं, इसलिए वे हारमोनियम वादक के रूप में नहीं लिए जाएँगे।

77. मतंग की गीतियों में शुद्धा, चोक्षा और बेसरा को सम्मिलित किया जाता है। शुद्धा गीति प्राचीन गीति-परंपरा में स्पष्ट और शास्त्रीय रूप से व्यवस्थित गायन-रूप को सूचित करती है। चोक्षा गीति का संबंध स्वच्छ, सुस्पष्ट और व्यवस्थित गायन-प्रकृति से माना जाता है। बेसरा गीति में मधुरता, भावात्मकता और कोगल प्रस्तुति की विशेषता मानी जाती है। दुर्गशक्ति और याष्टिक को इस प्रश्न में मतंग की गीति के रूप में स्वीकार नहीं किया जाएगा, इसलिए सही समूह A, B और D है।

78. चतुःश्रुतिक श्रुतियों के अंतर्गत कुमुद्वती, प्रसारिणी और रक्ता को लिया जाएगा। चतुःश्रुतिक स्वर वे हैं जिनके अंतर्गत चार श्रुतियों का समूह माना जाता है, जैसे षड्ज, मध्यम और पंचम। कुमुद्वती षड्ज-समूह की श्रुति से संबंधित है। प्रसारिणी मध्यम-समूह की श्रुति मानी जाती है। रक्ता पंचम-समूह की श्रुति है। दयावती और रोहिणी चतुःश्रुतिक समूह में नहीं आतीं, इसलिए सही उत्तर A, D और E है।

79. गंधार की श्रुतियाँ रौद्री और क्रोधा मानी जाती हैं। इसलिए जिन श्रुतियों का गंधार से संबंध नहीं है, वे प्रसारिणी, प्रीति और मार्जनी हैं। प्रसारिणी मध्यम-समूह से संबंधित है। प्रीति भी गंधार की श्रुति नहीं मानी जाती। मार्जनी का संबंध भी गंधार के दो-श्रुति समूह से नहीं है। चूँकि रौद्री और क्रोधा गंधार से संबंधित हैं, इसलिए उन्हें "गंधार की नहीं हैं" में नहीं लिया जाएगा।

80. गमक के प्रकारों में त्रिभिन्न, तिरिप और कुरुला सम्मिलित हैं। त्रिभिन्न गमक में स्वर की त्रिविध या खंडित गति का भाव माना जाता है। तिरिप गमक स्वर के तीव्र, लघु और कंपित उच्चारण से संबंधित गमक-प्रकार है। कुरुला भी प्राचीन गमक-वर्गीकरण में आने वाला एक प्रकार है। अचरक और लड़न्त को इस प्रश्न के दिए गए गमक-प्रकारों में स्वीकार नहीं किया जाएगा। इसलिए सही समूह B, D और E है।

81. A. रति – III. शृंगारः रति स्थायी भाव से शृंगार रस की उत्पत्ति मानी जाती है। शृंगार रस प्रेम, सौंदर्य, आकर्षण और माधुर्य से संबंधित रस है।

B. जुगुप्सा – IV. वीभत्सः जुगुप्सा का अर्थ घृणा या अरुचि से है, और यही वीभत्स रस का स्थायी भाव है। वीभत्स रस में घृणा, विकर्षण और अप्रियता का भाव व्यक्त होता है।

C. निर्वेद – II. शांतः निर्वेद स्थायी भाव से शांत रस की उत्पत्ति होती है। शांत रस वैराग्य, आत्मसंयम, शांति और तत्त्वचिंतन से संबंधित है।

D. विस्मय – I. अद्‌भुतः विस्मय स्थायी भाव अद्‌भुत रस का आधार है। अद्‌भुत रस आश्चर्य, चमत्कार और अनोखे अनुभव की अनुभूति कराता है।

82. A. भारतीय संगीत में ताल और रूप विधान – IV. सुभद्रा चौधरीः यह ग्रंथ भारतीय संगीत में ताल-पद्धति और रूप-विधान के अध्ययन से संबंधित है। सुभद्रा चौधरी ने संगीत-शास्त्र और ताल-विवेचन पर महत्वपूर्ण लेखन किया है।

B. भारतीय संगीत का इतिहास – III. ठाकुर जयदेव सिंहः ठाकुर जयदेव सिंह भारतीय संगीत, दर्शन और शास्त्रीय परंपरा के विद्वान माने जाते हैं। यह ग्रंथ भारतीय संगीत के ऐतिहासिक विकास और परंपरागत स्रोतों से संबंधित है।

C. राग रहस्य – I. आचार्य बृहस्पतिः आचार्य बृहस्पति ने रागों, स्वर-विचार और भारतीय संगीत-शास्त्र पर गंभीर लेखन किया है। *राग रहस्य* रागों के स्वरूप, लक्षण और शास्त्रीय आधार से संबंधित ग्रंथ है।

D. नारदीय शिक्षा (टीका) – II. विष्णु दिगंबर पलुस्करः विष्णु दिगंबर पलुस्कर ने भारतीय संगीत-शिक्षा और शास्त्रीय संगीत के प्रचार में बड़ा योगदान दिया। *नारदीय शिक्षा* वैदिक और प्राचीन संगीत-स्वर परंपरा से संबंधित महत्वपूर्ण ग्रंथ है।

83. A. शुद्ध सावेरी – IV. दुर्गाः कर्नाटक राग शुद्ध सावेरी का स्वर-रूप हिन्दुस्तानी राग दुर्गा से मिलता है। दोनों में पंचस्वरी स्वर संरचना मिलती है, जिसमें ग और नि का प्रयोग नहीं होता।

B. मोहनम – III. भूपालीः कर्नाटक संगीत का मोहनम हिन्दुस्तानी संगीत के भूपाली राग के समान माना जाता

है। दोनों रागों में सा, रे, ग, प, ध स्वरों का प्रयोग होता है और म तथा नि वर्जित रहते हैं।

C. हंसा नन्दी – II. सोहनीः हंसा नन्दी का स्वरूप हिन्दुस्तानी राग सोहनी से साम्य रखता है। दोनों में तीव्र मध्यम और उत्तरांग प्रधानता का प्रभाव विशेष रूप से मिलता है।

D. हिंडोलम – I. मालकौंसः कर्नाटक राग हिंडोलम हिन्दुस्तानी राग मालकौंस के समान माना जाता है। दोनों में कोमल ग, कोमल ध और कोमल नि का प्रयोग राग की गंभीरता और माधुर्य को बनाता है।

84. A. मेल-राग वर्गीकरण – I. विद्यारण्यः मेल-राग वर्गीकरण में रागों को मूल स्वर-समूह या मेल के आधार पर व्यवस्थित किया गया। विद्यारण्य को इस प्रकार के मेल-आधारित वर्गीकरण से जोड़ा जाता है।

B. राग-रागिणी वर्गीकरण – IV. नारदः राग-रागिणी पद्धति में रागों को पुरुष राग, रागिनी और अन्य पारिवारिक रूपों में वर्गीकृत किया गया। नारद का नाम प्राचीन राग-वर्गीकरण और राग-रागिणी परंपरा से संबंधित माना जाता है।

C. थाट-राग वर्गीकरण – II. भातखण्डेः पं. विष्णु नारायण भातखण्डे ने हिन्दुस्तानी संगीत में दस थाटों की पद्धति को व्यवस्थित किया। आधुनिक हिन्दुस्तानी राग-वर्गीकरण में थाट-पद्धति अत्यंत महत्वपूर्ण मानी जाती है।

D. संस्थान राग वर्गीकरण – III. लोचनः लोचन कृत *रागतरंगिणी* में राग-वर्गीकरण की संस्थान पद्धति का उल्लेख मिलता है। संस्थान राग वर्गीकरण स्वर-संरचना और रागों के समूहगत विन्यास से संबंधित है।

85. A. संगीत चूड़ामणि – III. जगदेवमल्लः *संगीत चूड़ामणि* का संबंध जगदेवमल्ल से माना जाता है। यह ग्रंथ संगीत-शास्त्र की परंपरा में ताल, राग और शास्त्रीय तत्त्वों से संबंधित है।

B. संगीत रागकल्पद्रुम – I. कृष्णानंद व्यासः *संगीत रागकल्पद्रुम* कृष्णानंद व्यास का प्रसिद्ध ग्रंथ है। इसमें रागों, उनके लक्षणों और संगीत-परंपरा से संबंधित सामग्री मिलती है।

C. अष्टाध्यायी – IV. महर्षि पाणिनीः *अष्टाध्यायी* महर्षि पाणिनी का संस्कृत व्याकरण का महान ग्रंथ है। यह भारतीय शास्त्रीय परंपरा में व्याकरण-साहित्य का आधारभूत ग्रंथ माना जाता है।

D. ताल लक्षण – II. कोहलः *ताल लक्षण* का संबंध कोहल से माना जाता है। कोहल प्राचीन संगीत-शास्त्र में ताल, वाद्य और नाट्य-संगीत परंपरा से जुड़े आचार्य माने जाते हैं।

86. A. लाली – II. झूलाः लाली कर्नाटक संगीत की ऐसी गीत-परंपरा है जो शिशु-झुलाने, लोरी और कोमल भाव की रचना से जुड़ी होती है। इसका भाव-पक्ष हिन्दुस्तानी परंपरा के झूला-गीत से मेल खाता है, जिसमें झुलाने और कोमल लोक-भाव की प्रधानता रहती है।

B. तल्लार – I. पालनाः तल्लार का संबंध शिशु-पालन और लोरी-प्रधान गीत-रूप से माना जाता है। इसी कारण इसका हिन्दुस्तानी समान रूप पालना से जोड़ा जाता है, जो शिशु को पालने में झुलाने से संबंधित गीत-रूप है।

C. वर्णम – III. उमरीः वर्णम कर्नाटक संगीत की रचना-पद्धति में स्वर, लय और राग-रूप को व्यवस्थित ढंग से प्रस्तुत करने वाला गीत-रूप है। इसका मिलान यहाँ उमरी से किया गया है, क्योंकि दोनों का संबंध निश्चित रचनात्मक रूप और गायन-अभ्यास की संरचना से है।

D. स्वरावली – IV. अलंकारः स्वरावली कर्नाटक संगीत में प्रारंभिक स्वर-अभ्यास की क्रमबद्ध पद्धति है। हिन्दुस्तानी संगीत में इसी प्रकार स्वर-क्रम, पलटा और अभ्यास-रूपों को अलंकार कहा जाता है।

87. A. अल्लाउद्दीन खां – III. निखिल बनर्जीः अल्लाउद्दीन खां मैहर घराने के महान आचार्य थे और उन्होंने अनेक प्रमुख वादकों को शिक्षा दी। निखिल बनर्जी उनके प्रमुख शिष्यों में गिने जाते हैं और सितार वादन में मैहर परंपरा के श्रेष्ठ कलाकार माने जाते हैं।

B. अल्ला रक्खा खां – II. जाकिर हुसैनः अल्ला रक्खा खां तबला वादन के अत्यंत प्रसिद्ध उस्ताद थे। जाकिर हुसैन उनके पुत्र और शिष्य हैं तथा पंजाब घराने की तबला-परंपरा को विश्व स्तर पर प्रतिष्ठित करने वाले कलाकार हैं।

C. वजीर खां – IV. हाफिज अली खांः वजीर खां रामपुर-सहसवान/सेनिया परंपरा से जुड़े प्रसिद्ध गुरु माने जाते हैं। हाफिज अली खां ने उनसे संगीत-शिक्षा प्राप्त की और सरोद वादन में अत्यंत प्रतिष्ठित स्थान बनाया।

D. विलायत खां – I. अरविन्द पारेखः उस्ताद विलायत खां इमदादखानी/इटावा घराने के महान सितार वादक थे। अरविन्द पारेख उनके प्रमुख शिष्यों में गिने जाते हैं और विलायत खां की गायकी-अंग प्रधान सितार शैली से जुड़े हैं।

88. A. **मदन्ती – II. 405:** मदन्ती श्रुति का आंदोलन-संबंध 405 से माना गया है। श्रुति-आंदोलन संख्या स्वर-स्थान की सूक्ष्म ऊँचाई को संख्यात्मक रूप में स्पष्ट करती है।

B. **रम्या – I. 432:** रम्या श्रुति का आंदोलन-संबंध 432 से है। यह श्रुति-नाम प्राचीन भारतीय श्रुति-विभाजन में निश्चित ध्वनि-स्थान को सूचित करता है।

C. **वज्रिका – IV. 320:** वज्रिका श्रुति को 320 आंदोलन संख्या से जोड़ा गया है। संगीत-शास्त्र में श्रुति की ऐसी संख्याएँ स्वर-स्थापना और सूक्ष्म स्वरांतर को समझाने में प्रयोग होती हैं।

D. **दयावती – III. 270:** दयावती श्रुति की आंदोलन संख्या 270 मानी जाती है। दयावती का उल्लेख 22 श्रुति-व्यवस्था में एक निश्चित श्रुति-स्थान के रूप में किया जाता है।

89. A. **फॉक्स स्ट्रेंगवेज – II. म्यूजिक ऑफ हिंदुस्तानः** फॉक्स स्ट्रेंगवेज भारतीय संगीत पर लिखने वाले प्रमुख पाश्चात्य लेखक थे। उनकी पुस्तक Music of Hindostan हिन्दुस्तानी संगीत के अध्ययन से संबंधित प्रसिद्ध ग्रंथ है।

B. **एच.ए.पोपले – I. म्यूजिक ऑफ इंडियाः** एच.ए. पोपले का संबंध Music of India से माना जाता है। इस ग्रंथ में भारतीय संगीत की परंपरा, राग, ताल और सांस्कृतिक पक्षों का परिचयात्मक विवेचन मिलता है।

C. **एलेन डैनेल्यु – III. इंट्रोडक्शन टू द स्टडी ऑफ म्यूजिकल स्केल्सः** एलेन डैनेल्यु भारतीय और पाश्चात्य संगीत-स्वर-व्यवस्था के तुलनात्मक अध्ययन से जुड़े विद्वान थे। उनका Introduction to the Study of Musical Scales स्वर-क्रम, स्केल और ध्वनि-सिद्धांत से संबंधित ग्रंथ है।

D. **कैप्टन विलार्ड – IV. ट्रीटाइज ऑन द म्यूजिक ऑफ हिंदुस्तानः** कैप्टन विलार्ड ने हिन्दुस्तानी संगीत पर प्रारंभिक अंग्रेजी ग्रंथ लिखा। Treatise on the Music of Hindustan भारतीय संगीत पर पाश्चात्य दृष्टि से लिखे गए महत्वपूर्ण प्रारंभिक ग्रंथों में गिना जाता है।

90. A. **सेमी ब्रीव – IV. एक पूरा स्वरः** Semibreve पश्चिमी संगीत-लिपि में whole note के बराबर होता है। इसका मान एक पूर्ण स्वर या पूरा note-value माना जाता है।

B. **क्रोचेट – I. स्वर का चौथा हिस्साः** Crotchet पश्चिमी संगीत में quarter note कहलाता है। इसका मान semibreve के चौथे हिस्से के बराबर होता है।

C. **सेमीक्वेवर – II. स्वर का सोलहवां हिस्साः** Semiquaver पश्चिमी लिपि में sixteenth note कहलाता है। इसका मान पूरे स्वर के सोलहवें भाग के बराबर होता है।

D. **क्वेवर – III. स्वर का आठवां हिस्साः** Quaver पश्चिमी संगीत में eighth note कहलाता है। इसका मान पूरे स्वर के आठवें भाग के बराबर माना जाता है।

91. गद्यांश के अनुसार मृत्तिका पुष्कर, पणव और दर्दुर वाद्यों का निर्माण स्वाति मुनि द्वारा किया गया था। स्वाति मुनि ने सरोवर में वर्षा की बूंदों के कमल-पत्तों पर आघात से उत्पन्न विभिन्न ध्वनियों को सुना था। उन्होंने उन ध्वनियों को अपने मन में धारण किया और विश्वकर्मा की सहायता से इन वाद्यों का निर्माण किया। इसलिए इस प्रश्न में भरत, मतंग या नारद नहीं, बल्कि स्वाति सही उत्तर हैं। गद्यांश में स्पष्ट रूप से स्वाति मुनि को इन वाद्यों की रचना से जोड़ा गया है।

92. गद्यांश में स्पष्ट लिखा है कि भरत ने अवनद्ध वाद्यों के सौ भेद कहे हैं। अवनद्ध वाद्य वे होते हैं जिनमें चमड़े से मढ़े हुए भाग पर आघात करके ध्वनि उत्पन्न की जाती है। भरत ने इन अनेक भेदों में से मृदंग, पणव और दर्दुर को प्रमुख माना है। इसलिए संख्या पूछे जाने पर सही उत्तर 100 ही होगा। दिए गए विकल्पों में 95, 75 और 105 गद्यांश के अनुसार सही नहीं हैं।

93. गद्यांश के अनुसार पुष्कर आदि वाद्यों की उत्पत्ति का वृत्तान्त *नाट्यशास्त्र* में वर्णित है। शुरुआत में ही कहा गया है कि *नाट्यशास्त्र* के चतुर्थ अध्याय में भरत ने स्वाति मुनि द्वारा पुष्कर आदि अवनद्ध वाद्यों के विकास को बताया है। इसी संदर्भ में वर्षा-बूंदों, कमल-पत्तों और ध्वनि-अनुभव की कथा दी गई है। इसलिए *नारदीय शिक्षा, दत्तिलम्* या *संगीत मकरन्द* इस प्रश्न के उत्तर नहीं हैं। सही ग्रंथ *नाट्य शास्त्र* है।

94. गद्यांश में भरत के अनुसार तीन प्रमुख अवनद्ध वाद्य मृदंग, पणव और दर्दुर बताए गए हैं। प्रश्न में "तीन प्रमुख वाद्यों में से एक" पूछा गया है, और दिए गए विकल्पों में दर्दुर ही उस प्रमुख समूह में आता है। पटह और झल्लरी को गद्यांश में प्रत्यंगभूत अर्थात गौण वाद्य कहा गया है। डमरू का उल्लेख तीन प्रमुख वाद्यों की सूची में नहीं है। इसलिए सही उत्तर दर्दुर है।

95. गद्यांश के अनुसार भरत ने मृदंग तथा दर्दुर को अंगभूत अर्थात प्रमुख वाद्य माना है। इसके विपरीत झल्लरी और पटह को प्रत्यंगभूत अर्थात गौण वाद्य कहा गया है। प्रश्न

में प्रत्यंगभूत वाद्य पूछा गया है, इसलिए दिए गए विकल्पों में झल्लरी सही उत्तर है। मृदंग और दर्दुर प्रमुख वाद्य हैं, इसलिए वे प्रत्यंगभूत नहीं होंगे। प्रणव भी यहाँ सही नहीं है, क्योंकि गद्यांश में पणव का उल्लेख है, प्रणव का नहीं।

96. गद्यांश के अनुसार हिन्दुस्तानी गायन और वादन में बंदिश का अर्थ निश्चित स्वर-साहित्य रचना से है। बंदिश किसी विशेष राग में बनाई जाती है और उसमें स्वर, ताल, लय तथा पद का व्यवस्थित बंधन रहता है। गद्यांश में स्पष्ट कहा गया है कि स्वर, ताल और पद में सुबद्ध तथा नियोजित रचना को बंदिश कहते हैं। इसलिए यह अनिबद्ध रचना या ताल-रहित स्वर-रचना नहीं है। सही उत्तर स्वर, ताल, पद में बद्ध रचना है।

97. गद्यांश के अनुसार गायन की बंदिशों में सुस्वरता प्रदान करने के लिए सारंगी, वायलिन और हारमोनियम का प्रयोग किया जाता है। ये वाद्य स्वर-संगति देने वाले वाद्य हैं और गायन की धुन को सहारा देते हैं। घट्म दक्षिण भारतीय ताल-वाद्य है और गद्यांश में इसे स्वर-युक्त संगति के लिए प्रयुक्त वाद्य के रूप में नहीं बताया गया है। इसलिए दिए गए विकल्पों में घट्म का प्रयोग स्वर-युक्त संगति के लिए नहीं किया जाता। सही उत्तर घट्म है।

98. गद्यांश में बंदिश को गाने या बजाने के साथ तबला या पखावज द्वारा मिलाने की बात कही गई है। इसका अर्थ है कि शास्त्रीय गायन में बंदिशों की लय-संगत के लिए यहाँ तबला और पखावज को स्वीकार किया गया है। ढोलक लोक-संगीत और अर्ध-शास्त्रीय प्रसंगों में अधिक प्रयुक्त होती है, पर गद्यांश के अनुसार शास्त्रीय बंदिश की लय-संगत के रूप में नहीं दी गई है। मृदंग भी इस गद्यांश में बंदिश की लय-संगत के रूप में उल्लेखित नहीं है। इसलिए दिए गए विकल्पों में ढोलक और मृदंग दोनों सही हैं।

99. गद्यांश में स्पष्ट कहा गया है कि बंदिश शब्द 'प्रबन्ध' का पर्याय है। प्रबन्ध का अर्थ सुंदर, श्रेष्ठ और व्यवस्थित रचना है, और उसी प्रकार बंदिश का अर्थ राग, स्वर, ताल, लय तथा शब्दों का बंधन है। इसलिए स्वरूप के अर्थ में बंदिश की प्राचीन संज्ञा प्रबन्ध मानी जाएगी। आलाप्ति, सामग और यम इस गद्यांश के आधार पर बंदिश के पर्याय के रूप में नहीं दिए गए हैं। सही उत्तर प्रबन्ध है।

100. गद्यांश के अनुसार बंदिश किसी विशेष राग में निर्मित होती है। शास्त्रीय गायन में बंदिश की पहचान केवल शब्दों या वाद्य-संगति से नहीं, बल्कि उसके राग-आधारित स्वरूप से होती है। बंदिश में स्वर, ताल, लय और पद का बंधन रहता है, पर उसका सबसे महत्वपूर्ण आधार यह है कि वह किसी निश्चित राग में रची गई हो। लहरा-संगति, केवल वाद्य-संगति या सामान्य स्वर-साहित्य का प्रयोग बंदिश की रागात्मक पहचान को पूरा नहीं करते। इसलिए सही उत्तर किसी विशेष राग में रचित है।

भाग-III : अवनद्ध वाद्य

26. कृपालराय को 'मृदंग राय' की उपाधि औरंगजेब द्वारा प्रदान की गई थी। कृपालराय अवनद्ध वाद्य, विशेषकर मृदंग/पखावज परंपरा से संबंधित प्रसिद्ध कलाकार माने जाते हैं। 'मृदंग राय' जैसी उपाधि उनके मृदंग-वादन कौशल और दरबारी प्रतिष्ठा को सूचित करती है। दिए गए विकल्पों में वाजिद अली शाह, अकबर और जहाँगीर इस उपाधि-प्रदान के लिए उपयुक्त नहीं हैं। इसलिए सही उत्तर औरंगजेब है।

27. संगीत रत्नाकर के अनुसार पटह को मृदंग और मर्दल की समानता दी गई मानी जाती है। *संगीत रत्नाकर* में शारंगदेव ने अवनद्ध वाद्यों का विस्तृत वर्णन किया है और अनेक वाद्यों के स्वरूप, प्रयोग तथा वर्ग का विवेचन किया है। पटह भी अवनद्ध वाद्य है, क्योंकि इसमें चमड़े से मढ़े हुए भाग पर आघात करके ध्वनि उत्पन्न होती है। मृदंग और मर्दल भी इसी अवनद्ध वाद्य-परंपरा के प्रमुख वाद्य हैं। इसलिए दिए गए विकल्पों में *संगीत रत्नाकर* सही उत्तर है।

28. 'मृदंग' को 'भाण्ड वाद्य' की संज्ञा भरत द्वारा दी गई मानी जाती है। भरत के *नाट्यशास्त्र* में वाद्यों का नाट्य, नृत्य और संगीत के साथ प्रयोग विस्तार से बताया गया है। भाण्ड वाद्य का संबंध नाट्य-प्रयोग में प्रयुक्त वाद्य-संगति से है। मृदंग अवनद्ध वाद्य होते हुए भी नाट्य-प्रयोग में प्रमुख संगत वाद्य के रूप में प्रयुक्त होता था। इसलिए इस संज्ञा के लिए सही लेखक भरत हैं।

29. तिहाई देशज शब्द है। यह भारतीय ताल-व्यवहार में तीन बार दोहराए जाने वाले बोल या लय-खंड के लिए प्रयुक्त होता है। तिहाई में कोई बोल, टुकड़ा या लयात्मक रचना तीन बार कही या बजाई जाती है और सामान्यतः सम पर समाप्त होती है। यद्यपि इसका भाव ''तीन भाग'' से संबंधित है, पर ताल-व्यवहार में यह लोक-प्रचलित भारतीय शब्द-रूप के रूप में स्वीकार किया जाता है। इसलिए इसे संस्कृत, फारसी या प्राकृत के स्थान पर देशज शब्द माना जाएगा।

30. टेबुला लैटिन शब्द है। लैटिन में tabula का अर्थ पट्टिका, तख्ती या table-प्रकार की वस्तु से संबंधित माना जाता है। इसी मूल से बाद में यूरोपीय भाषाओं में table आदि शब्द विकसित हुए। इस प्रश्न में टेबुला की भाषा पूछी गई है, न कि तबला वाद्य की उत्पत्ति। इसलिए फ्रेंच, फारसी और तुर्की की अपेक्षा लैटिन सही उत्तर है।

31. ठाकुर जयदेव सिंह ने *गीत गोविंद* में पाँच तालों का वर्णन माना है। *गीत गोविंद* में अष्टपदी-रचनाएँ राग और ताल के साथ गेय रूप में प्रस्तुत की गई हैं। इन रचनाओं में ताल का प्रयोग केवल लय-संयोजन के लिए नहीं, बल्कि पदों की गायन-योग्यता और नृत्यात्मकता को व्यवस्थित करने के लिए भी किया गया है। ठाकुर जयदेव सिंह के विवेचन के अनुसार यहाँ तालों की संख्या पाँच स्वीकार की जाती है। इसलिए दिए गए विकल्पों में सही उत्तर विकल्प 4: पाँच है।

32. द्वापरयुग में *संगीत भाष्य* के अनुसार चारताल को रास ताल भी कहा जाता था। रास-परंपरा कृष्ण-लीला, नृत्य और तालबद्ध सामूहिक गायन-वादन से संबंधित है। चारताल प्राचीन और मध्यकालीन ताल-परंपरा में गंभीर तथा व्यवस्थित ताल माना जाता है। इसी संदर्भ में उसका रास ताल नाम से उल्लेख मिलता है। इसलिए दिए गए विकल्पों में रास ताल सही उत्तर है।

33. दक्षिण मार्ग में मात्रिक कला की संख्या 8 प्रयुक्त होती है। मार्ग-तालों में काल या कला-मान के आधार पर ताल की गति और समय-विस्तार समझाया जाता है। दक्षिण मार्ग का काल-मान अधिक विस्तृत माना जाता है, इसलिए इसमें 8 मात्रिक कला का प्रयोग स्वीकार किया जाता है। यह चित्रीय या लघु काल-मान की अपेक्षा बड़ा मान है। इसलिए सही उत्तर विकल्प 3 है।

34. अति-विलंबित झूमरा ताल में गायन के लिए उस्ताद अमीर खाँ प्रसिद्ध हैं। अमीर खाँ की गायकी में अति-विलंबित लय, गंभीर आलापचारी, मेरुखंडी तानें और विस्तृत राग-विकास प्रमुख विशेषताएँ हैं। झूमरा ताल 14 मात्राओं का ताल है और विलंबित खयाल में इसका अत्यंत प्रभावी प्रयोग होता है। अमीर खाँ ने राग-विस्तार में धीमी लय का अत्यंत गंभीर और चिंतनशील प्रयोग किया। इसलिए सही उत्तर विकल्प 4 है।

35. महाराष्ट्र में डांडिया को टिपरी नाम से भी संबोधित किया जाता है। टिपरी में लकड़ी की छोटी छड़ियों का प्रयोग होता है, जो डांडिया की तरह तालबद्ध नृत्य में बजाई जाती हैं। यह लोकनृत्य और लोक-संगीत की सामूहिक परंपरा से जुड़ा हुआ है। डांडिया गुजरात में अधिक प्रसिद्ध है, जबकि महाराष्ट्र में इसी प्रकार की छड़ी-प्रधान लोक-परंपरा को टिपरी कहा जाता है। इसलिए सही उत्तर विकल्प 1 है।

36. 'निगृहित' त्रि-प्रहार की श्रेणी में आता है। अवनद्ध वाद्यों में प्रहार का संबंध हाथ से किए जाने वाले आघात या वादन-क्रिया से होता है। 'निगृहित' में ध्वनि को पूर्ण रूप से खुला न छोड़कर नियंत्रित या रोका हुआ स्वरूप दिया जाता है। इसी कारण यह प्रहार-विधान से संबंधित माना जाता है। इसलिए दिए गए विकल्पों में 'त्रि-प्रहार' ही सही उत्तर है।

37. गोगोना असम का लोक वाद्य है। यह बाँस से बना हुआ छोटा लोक वाद्य है, जिसे मुख के पास रखकर बजाया जाता है। असम के बिहू लोक-संगीत और लोक-नृत्य में गोगोना का विशेष प्रयोग मिलता है। इसका संबंध बंगाल, राजस्थान या महाराष्ट्र की लोक वाद्य परंपरा से नहीं माना जाता। इसलिए सही उत्तर असम है।

38. तबला में 'धिरकिट' शब्द के पूर्ण हथेली निकास का प्रयोग सर्वप्रथम मम्मू खाँ द्वारा किया गया माना जाता है। 'धिरकिट' तबला वादन का महत्त्वपूर्ण बोल है, जिसमें हाथ की निकास-पद्धति से ध्वनि की स्पष्टता और प्रभाव उत्पन्न होता है। पूर्ण हथेली निकास में हथेली के प्रयोग से बोल का अधिक भरा हुआ और प्रभावी स्वरूप सामने आता है। मम्मू खाँ का नाम इस विशिष्ट निकास-पद्धति से जोड़ा जाता है। इसलिए सही उत्तर मम्मू खाँ है।

39. जातक में हस्तक्रिया को पाणि-स्वर कहा गया है। 'पाणि' का अर्थ हाथ है और अवनद्ध वाद्य-प्रसंग में यह हाथ से उत्पन्न की जाने वाली वादन-क्रिया से संबंधित है। 'स्वर' यहाँ हाथ की क्रिया से उत्पन्न ध्वनि या बोल-संबंधी अभिव्यक्ति को सूचित करता है। इसलिए जातक की पारिभाषिक संज्ञा के अनुसार हस्तक्रिया के लिए पाणि-स्वर उपयुक्त उत्तर है। पाणि-पात, पाणि-प्रहार और पाणि-बंध इस प्रश्न में पूछी गई संज्ञा के अनुसार सही विकल्प नहीं हैं।

40. कर्नाटक संगीत का चतुस्त्र मठ्य ताल हिन्दुस्तानी झपताल के समान माना जाता है। झपताल 10 मात्राओं का ताल है, जिसका विभाग-विन्यास 2+3+2+3 माना जाता है। कर्नाटक पद्धति में मठ्य ताल का अंग-विन्यास लघु-द्रुत-लघु होता है। चतुस्त्र जाति में लघु 4 मात्राओं का होता है, इसलिए चतुस्त्र मठ्य ताल की कुल मात्रा 4+2+4 = 10 होती है। इसलिए झपताल के समान कर्नाटक ताल चतुस्त्र मठ्य है।

41. ताल के मुख्य घटक तीन माने जाते हैं—काल, क्रिया और मान। काल ताल का समय-तत्व है, जिसके आधार पर लय और गति की समझ बनती है। क्रिया ताल को हाथ से व्यक्त करने की पद्धति है, जिसमें सशब्द और निःशब्द क्रियाएँ आती हैं। मान ताल की मात्रा-माप या समय-मान को स्पष्ट करता है। इसलिए ताल के मूल शास्त्रीय घटकों की संख्या तीन है और सही उत्तर विकल्प 3 है।

42. पंडित अहोबल ने 'काष्टताल' को कामरा वाद्ययंत्र कहा है। 'काष्टताल' लकड़ी से संबंधित ताल-वाद्य है, पर प्रश्न में अहोबल द्वारा दी गई विशेष संज्ञा पूछी गई है। इसलिए केवल शब्दार्थ के आधार पर 'काठताल' चुनना उचित नहीं होगा। अहोबल की संज्ञा-परंपरा के अनुसार 'काष्टताल' के लिए 'कामरा' नाम दिया गया है। अतः दिए गए विकल्पों में सही उत्तर विकल्प 1 कामरा है।

43. सम के पश्चात् अभिगम कृत्य अतीत कहलाता है। ताल-शास्त्र में ग्रह रचना, बोल या वादन के आरंभ-स्थान को कहा जाता है। जब रचना सम पर आरंभ होती है, तो उसे सम ग्रह कहा जाता है। जब आरंभ सम से पहले या सम को पार करने के भाव से संबंधित होता है, तो उसे अतीत ग्रह माना जाता है। इस प्रश्न में ''सम के पश्चात् अभिगम कृत्य'' के लिए दिए गए विकल्पों में अतीत ही सही उत्तर है।

44. सरस्वती महल पुस्तकालय तंजौर में अवस्थित है। यह तंजावुर राजघराने और दक्षिण भारतीय विद्वत् परंपरा से संबंधित प्रसिद्ध पुस्तकालय है। इसमें संस्कृत, तमिल, तेलुगु, मराठी आदि भाषाओं की अनेक दुर्लभ पांडुलिपियाँ सुरक्षित हैं। संगीत, नाट्य, साहित्य, दर्शन और शास्त्रीय विषयों से संबंधित ग्रंथों के कारण इसका विशेष महत्व है। इसलिए सही उत्तर तंजौर है।

45. *नाट्यशास्त्र* के 28वें अध्याय में आतोद्य-विधान के अंतर्गत संगीत वाद्ययंत्रों और उनके वादन की पद्धतियों का वर्णन मिलता है। 'आतोद्य' शब्द वाद्यों के लिए प्रयुक्त होता है। भरत ने वाद्यों को तत, अवनद्ध, घन और सुषिर जैसे वर्गों में रखा है। इस अध्याय में वाद्यों की प्रकृति, प्रयोग और नाट्य-संगीत में उनकी भूमिका का विवेचन किया गया है। इसलिए सही उत्तर 28 है।

46. रवीन्द्र संगीत में नवताल 9 मात्राओं का ताल है। नवताल के विभाग 3-2-2-2 माने जाते हैं, जिनसे कुल मात्रा-संख्या 9 बनती है। रवीन्द्रनाथ ठाकुर ने अपने गीतों की भाव-प्रवाह और शब्द-लय के अनुसार कुछ विशिष्ट तालों का प्रयोग किया था। नवताल उन्हीं विशिष्ट तालों में गिना जाता है। इसलिए दिए गए विकल्पों में 3-2-2-2 सही विभाग-विन्यास है।

47. इकवाई ताल 16 मात्रा का ताल है। इसका विभाग-विन्यास सामान्यतः 4-4-4-4 के रूप में माना जाता है। यह तीनताल की तरह 16 मात्राओं का चक्र रखता है, पर उसका ठेका और व्यवहार अलग हो सकता है। विष्णु ताल 17 मात्रा का और रास ताल प्रायः 13 मात्रा का माना जाता है, इसलिए वे यहाँ सही नहीं हैं। दिए गए विकल्पों में 16 मात्रा के ताल के रूप में इकवाई ताल सही है।

48. मुगल काल में खमसा ताल को तीनताल के समान माना जाता था। तीनताल 16 मात्राओं का अत्यंत प्रमुख ताल है और मध्यकालीन संगीत-परंपरा में उसके लिए भिन्न नामों का उल्लेख मिलता है। खमसा शब्द का प्रयोग मुगलकालीन संगीत-संदर्भ में मिलता है। इस प्रश्न में ''मुगल काल में तीनताल के समान'' पूछा गया है, इसलिए खमसा ताल सही उत्तर है। त्रिताल नाम आधुनिक तीनताल का ही रूप लग सकता है, पर प्रश्न का ऐतिहासिक संकेत खमसा की ओर है।

49. कुदऊ सिंह ने काशी प्रसाद को दहेज में 1400 परण भेंट दी थी। कुदऊसिंह पखावज परंपरा के अत्यंत प्रसिद्ध वादक और परण-रचनाकार माने जाते हैं। पखावज में परण बोलों की प्रभावशाली, वीर-रसात्मक और लयप्रधान रचना होती है, जिसका विशेष प्रयोग ध्रुपद-धमार तथा पखावज वादन में मिलता है। 1400 परण भेंट करने का प्रसंग कुदऊ सिंह की विशाल परण-संपदा और पखावज परंपरा में उनके असाधारण योगदान को दर्शाता है। इसलिए दिए गए विकल्पों में सही उत्तर विकल्प 4: काशी प्रसाद है।

50. 'रिसाल-ए-तबला नवाजी' का प्रकाशन 1902 में हुआ माना जाता है। यह ग्रंथ तबला-वादन की परंपरा, बोलों, निकास और तबला-शास्त्र से संबंधित महत्वपूर्ण सामग्री के लिए जाना जाता है। तबला साहित्य में ऐसे ग्रंथों का महत्त्व इसलिए है कि ये मौखिक गुरु-शिष्य परंपरा में प्रचलित ज्ञान को लिखित रूप में सुरक्षित करते हैं। 'रिसाल-ए-तबला नवाजी' का संबंध तबला-वादन की उर्दू/फारसीनुमा ग्रंथ-परंपरा से भी जोड़ा जाता है। इसलिए दिए गए विकल्पों में सही उत्तर विकल्प 2: 1902 है।

51. अभिकथन सही है, क्योंकि अयोध्या प्रसाद ने श्रीराम सिंह के अधीन मृदंग/पखावज का प्रशिक्षण प्राप्त किया था। कारण भी सही है, क्योंकि वे श्रीराम सिंह के पुत्र गया

प्रसाद के भी शिष्य थे। गुरु-शिष्य परंपरा में एक ही घराने या परिवार के वरिष्ठ गुरु और उनके उत्तराधिकारी से शिक्षा लेना प्रशिक्षण-परंपरा की निरंतरता को स्पष्ट करता है। गया प्रसाद का शिष्य होना यह बताता है कि अयोध्या प्रसाद का प्रशिक्षण श्रीराम सिंह की परंपरा में ही आगे बढ़ा। इसलिए कारण, अभिकथन की सही व्याख्या करता है और सही उत्तर विकल्प 1 है।

52. अभिकथन सही नहीं है, क्योंकि तिहाई का सामान्य और प्रभावी प्रयोग सम पर समाप्त होने के लिए होता है, लेकिन यह अनिवार्य नियम नहीं है कि हर तिहाई हमेशा सम पर ही समाप्त हो। ताल-व्यवहार में तिहाई को किसी निश्चित ग्रह, लय-बिंदु या निर्धारित स्थान पर समाप्त करने की रचना भी की जा सकती है।

कारण सही है, क्योंकि तिहाई ताल के किसी ग्रह पर भी समाप्त हो सकती है। ग्रह का संबंध रचना, बोल या वादन के आरंभ अथवा लक्ष्य-स्थान से होता है।

इसलिए अभिकथन असत्य है और कारण सत्य है।

53. अभिकथन सही है, क्योंकि तबला में विभिन्न प्रकार के खुले, बंद, भारी, हल्के, दाएँ और बाएँ बोलों से परस्पर भिन्न नाद उत्पन्न होते हैं। इसी ध्वनि-विविधता के कारण तबला में विरोधी-नाद या परस्पर विपरीत ध्वनि-प्रभाव की विशेषता मानी जाती है।

कारण सही है, क्योंकि तबला-वादन में खाली और भरी की अवधारणा ध्वनि के बल, रिक्तता, गूंज और आघात के अंतर को स्पष्ट करती है। भरी में ध्वनि अधिक सघन और बलयुक्त होती है, जबकि खाली में अपेक्षाकृत हल्का या रिक्त प्रभाव उत्पन्न होता है।

इसलिए कारण, अभिकथन की सही व्याख्या करता है।

54. अभिकथन सही है, क्योंकि 'मियां शौरी' अथवा 'शोरी मियां' का नाम टप्पा गायन शैली से प्रत्यक्ष रूप से संबद्ध है। मियां शौरी को टप्पा गायन के विकास, परिष्कार और प्रतिष्ठा से जोड़ा जाता है।

कारण भी सही है, क्योंकि टप्पा का गायन तिलवाड़ा और झूमरा ताल में भी किया जाता है। यह कारण टप्पा की गायन-परंपरा और उसके ताल-प्रयोग को स्पष्ट करता है, जिससे मियां शौरी का टप्पा से संबंध पुष्ट होता है।

इसलिए दोनों कथन सही हैं और कारण, अभिकथन की सही व्याख्या करता है।

55. अभिकथन सही है, क्योंकि नौहक्का चक्रदार तिहाई का एक विशेष रूप माना जाता है। चक्रदार तिहाई में कोई बोल-समूह या रचना तीन बार चक्र के रूप में दोहराई जाती है और लक्ष्य-स्थान पर समाप्त होती है। नौहक्का में विशेष रूप से नौ बार के प्रभाव या नौ आघातों/समापन-प्रभाव की संरचना जुड़ी रहती है।

कारण सही नहीं है, क्योंकि प्रत्येक चक्रदार तिहाई को नौहक्का नहीं कहा जा सकता। इसलिए नौहक्का चक्रदार तिहाई है, पर चक्रदार तिहाई सामान्य रूप से नौहक्का नहीं होती।

56. अभिकथन सही नहीं है, क्योंकि तबला की उत्पत्ति के संबंध में प्रचलित मत पखावज को दो भागों में विभाजित करने से संबंधित है, न कि सामान्य "बैरेल ड्रम" के एक टुकड़े को दो भागों में बाँटने से। पखावज एक द्विमुखी अवनद्ध वाद्य है और तबला-युग्म को उसके विभाजित रूप से जोड़कर समझाया जाता है।

कारण सही है, क्योंकि तबला में दायाँ-बायाँ, स्याही, किनारा, मैदान, उँगलियों और हथेली के सूक्ष्म निकासों पर आधारित स्वतंत्र वादन-तकनीक विकसित हुई है। पखावज की वादन-तकनीक में खुले-बंद बोल, दोनों मुखों का संयुक्त प्रयोग और ध्रुपद-धमार परंपरा का अलग आघात-व्यवहार प्रमुख है।

इसलिए अभिकथन सही नहीं है और कारण सही है।

इसलिए अभिकथन सही है, लेकिन कारण सही नहीं है।

57. अभिकथन सही है, क्योंकि ललियाना घराना तबला-परंपरा में बम्बई घराना के नाम से भी जाना जाता है। ललियाना/बम्बई घराना अपनी विशिष्ट तबला-वादन शैली, बोल-व्यवस्था और गुरु-शिष्य परंपरा के कारण पहचाना जाता है।

कारण सही नहीं है, क्योंकि इस घराने के संस्थापक के रूप में उस्ताद मीर हुसैन खाँ का नाम माना जाता है, उस्ताद अमीर हुसैन खाँ का नहीं। अमीर हुसैन खाँ तबला-परंपरा के महत्वपूर्ण कलाकार अवश्य हैं, पर इस कथन में संस्थापक सदस्य के रूप में उनका उल्लेख सही नहीं है।

इसलिए अभिकथन सही है, लेकिन कारण सही नहीं है।

58. अभिकथन सही है, क्योंकि मणिपुरी नृत्य में खोल अथवा पुंग जैसे अवनद्ध वाद्य का प्रयोग होता है। मणिपुरी संकीर्तन और नृत्य-परंपरा में यह वाद्य ताल, लय और नृत्य-संरचना को आधार देता है।

कारण सही नहीं है, क्योंकि खोल वाद्य केवल मणिपुरी नृत्य में ही प्रयुक्त नहीं होता। खोल का प्रयोग वैष्णव संकीर्तन, बंगाल, असम और अन्य पूर्वी भारतीय भक्ति-संगीत परंपराओं में भी मिलता है।

इसलिए अभिकथन सही है, लेकिन कारण सही नहीं है।

59. अभिकथन सही है, क्योंकि रेला की विस्तार-प्रकृति कायदा के समान मानी जाती है। कायदा में मूल बोलों के आधार पर पलटे, विस्तार और अंत में तिहाई प्रस्तुत की जाती है। रेला में भी मूल बोल-समूह को लेकर तीव्र, प्रवाहपूर्ण और क्रमबद्ध विस्तार किया जाता है, इसलिए इसकी रचना-विस्तार पद्धति कायदा से साम्य रखती है।

कारण सही नहीं है, क्योंकि रौं/रौ को कायदे के समान विस्तार वाला रूप नहीं माना जाता।

इसलिए अभिकथन सही है, लेकिन कारण सही नहीं है और सही उत्तर विकल्प 3 है।

60. अभिकथन सही है, क्योंकि ध्रुवताल और शिखर ताल दोनों 17 मात्रा वाले तालों में गिने जाते हैं। 17 मात्रा वाले ताल अवनद्ध वाद्य और ताल-शास्त्र की विशिष्ट ताल-परंपरा में महत्वपूर्ण स्थान रखते हैं। शिखर ताल विशेष रूप से 17 मात्राओं का प्रसिद्ध ताल माना जाता है।

कारण सही नहीं है, क्योंकि यह नियम सही नहीं है कि 17 मात्रा वाले सभी तालों में अनिवार्य रूप से 5 विभाग ही हों। तालों के विभाग उनकी परंपरागत संरचना, बोल-विन्यास और प्रयोग के अनुसार बदल सकते हैं।

इसलिए अभिकथन सही है और कारण सही नहीं है।

61. *संगीत पारिजात* में रुद्रवीणा-भेदों का उल्लेख तंत्रियों की संख्या के आधार पर किया गया है।

A. नकुली वीणा – इसमें तंत्रियों की संख्या सबसे कम मानी जाती है, इसलिए यह आरोही क्रम में पहले आती है।

B. राजधानी वीणा – इसमें नकुली से अधिक तंत्रियाँ मानी जाती हैं।

C. विपन्ची वीणा – विपन्ची नाम ही बहु-तंत्री वीणा से संबंधित है और इसका तंत्री-विन्यास राजधानी से अधिक माना जाता है।

D. परिवादिनी वीणा – परिवादिनी वीणा में दिए गए विकल्पों में अधिक तंत्रियों वाला स्वरूप माना जाता है।

इसलिए तंत्रियों की संख्या के आरोही क्रम में सही उत्तर A, B, C, D है।

62. छंदों को मात्रा के आधार पर आरोही क्रम में रखने पर कला, रंगी, हरि और मंथन का क्रम बनता है।

D. कला – इस समूह में मात्रा-संख्या की दृष्टि से सबसे छोटा छंद माना जाता है।

B. रंगी – कला से अधिक मात्रा वाला छंद है।

A. हरि – रंगी से अधिक मात्रा-विन्यास वाला छंद माना जाता है।

C. मंथन – दिए गए छंदों में मात्रा की दृष्टि से सबसे बड़ा माना जाता है।

इसलिए मात्रा के आरोही क्रम में सही उत्तर D, B, A, C है

63. संगीत नाटक अकादमी सम्मान प्राप्ति-वर्ष के आरोही क्रम में सुरेश तलवलकर, नंदन मेहता, नयन घोष और योगेश सम्सी का क्रम बनता है।

B. सुरेश तलवलकर – उन्हें तबला के लिए संगीत नाटक अकादमी सम्मान 2004 में प्राप्त हुआ।

D. नंदन मेहता – उन्हें तबला के लिए यह सम्मान 2007 में प्राप्त हुआ।

A. नयन घोष – उन्हें संगीत नाटक अकादमी सम्मान 2014 में प्राप्त हुआ।

C. योगेश सम्सी – उन्हें यह सम्मान 2017 में प्राप्त हुआ

इसलिए सम्मान-वर्ष के आरोही क्रम में सही उत्तर B, D, A, C है।

64. दिए गए विकल्पों के अनुसार जन्म-वर्ष/आयु-क्रम में अनुराधा पाल, नयन घोष, अनिंदो चटर्जी और सुरेश तलवलकर का क्रम स्वीकार किया जाएगा।

A. अनुराधा पाल – वे इन कलाकारों में अपेक्षाकृत उत्तरवर्ती पीढ़ी की तबला कलाकार हैं।

B. नयन घोष – उनका जन्म 1956 माना जाता है और वे तबला तथा सितार दोनों से जुड़े प्रतिष्ठित कलाकार हैं।

C. अनिंदो चटर्जी – उनका जन्म 1954 माना जाता है और वे फर्रुखाबाद घराने के प्रमुख तबला वादक हैं।

D. सुरेश तलवलकर – उनका जन्म 1948 माना जाता है और वे इन नामों में वरिष्ठ पीढ़ी के तबला आचार्य हैं।

इसलिए दिए गए विकल्पों में सही उत्तर A, B, C, D है।

65. कुआड़ लय में मात्रा-मान मूल ताल की मात्रा से सवा गुना अर्थात 5/4 के आधार पर माना जाता है।

D. झूमरा ताल – 14 मात्रा; कुआड़ में $14 \times 5/4 = 17.5$ मात्रा।

A. विष्णु ताल – 17 मात्रा; कुआड़ में $17 \times 5/4 = 21.25$ मात्रा।

C. लक्ष्मी ताल – 18 मात्रा; कुआड़ में $18 \times 5/4 = 22.5$ मात्रा।

B. ब्रह्म ताल – 28 मात्रा; कुआड़ में $28 \times 5/4 = 35$ मात्रा।

इसलिए कुआड़ लय की मात्रा के आरोही क्रम में सही उत्तर D, A, C, B है।

66. निशब्द क्रिया को अवरोही क्रम में व्यवस्थित करने पर प्रवेश, विक्षेप, निष्क्राम और आवाप का क्रम स्वीकार किया जाता है।

B. प्रवेश – निशब्द क्रिया में यह उच्चतर क्रम की क्रिया मानी जाती है और हाथ की गति से ताल-व्यवहार को बिना ध्वनि के व्यक्त करती है।

D. विक्षेप – इसमें हाथ की संकेतात्मक गति द्वारा ताल की क्रिया प्रकट होती है, पर ध्वनि उत्पन्न नहीं की जाती।

C. निष्क्राम – यह भी ताल को निःशब्द रूप से दिखाने वाली क्रिया है, जिसका संबंध हाथ की बाहर जाती हुई गति से माना जाता है।

A. आवाप – निशब्द क्रियाओं के क्रम में इसे अंतिम स्थान पर रखा जाता है।

इसलिए सही अवरोही क्रम B, D, C, A है।

67. ग्रंथों को अध्याय-संख्या के आधार पर अवरोही क्रम में रखने पर *भरत भाष्य, चतुर्दण्डिप्रकाशिका, भरतार्णव* और *संगीत दामोदर* का क्रम बनता है।

D. भरत भाष्य – दिए गए ग्रंथों में अध्याय-संख्या की दृष्टि से अधिक विस्तृत ग्रंथ माना जाता है।

C. चतुर्दण्डिप्रकाशिका – व्यंकटमखी का यह ग्रंथ दक्षिण भारतीय संगीत में गीता, आलाप, ठाय और प्रबंध जैसे चतुर्दण्ड विषयों से संबंधित है।

A. भरतार्णव – यह नाट्य और संगीत परंपरा से संबंधित ग्रंथ है, जिसकी अध्याय-संख्या संगीत दामोदर से अधिक मानी जाती है।

B. संगीत दामोदर – यह संगीत-शास्त्र का अपेक्षाकृत संक्षिप्त ग्रंथ माना जाता है। इसलिए अध्यायों के अवरोही क्रम में सही उत्तर D, C, A, B है।

68. मिश्र जाति में लघु की 7 मात्राएँ होती हैं, इसलिए सप्ततालों की मात्रा-संख्या उनके अंग-विन्यास से निकाली जाती है।

C. रूपक – रूपक ताल का अंग-विन्यास द्रुत + लघु होता है, अतः मिश्र जाति में इसकी मात्रा 2 + 7 = 9 होती है।

D. त्रिपुट – त्रिपुट ताल का अंग-विन्यास लघु + द्रुत + द्रुत होता है, अतः मिश्र जाति में मात्रा 7 + 2 + 2 = 11 होती है।

B. मठ – मठ/मत्य ताल का अंग-विन्यास लघु + द्रुत + लघु होता है, अतः मिश्र जाति में मात्रा 7 + 2 + 7 = 16 होती है।

A. अठ – अठ ताल का अंग-विन्यास लघु + लघु + द्रुत + द्रुत होता है, अतः मिश्र जाति में मात्रा 7 + 7 + 2 + 2 = 18 होती है।

इसलिए आरोही क्रम C, D, B, A है।

69. मार्गों को उनमें प्रस्तुत कला के आधार पर आरोही क्रम में रखने पर ध्रुव, चित्रा, वार्तिक और दक्षिण का क्रम बनता है।

B. ध्रुव – इसमें कला-मान सबसे कम माना जाता है, इसलिए कला के आरोही क्रम में यह प्रथम स्थान पर आता है।

C. चित्रा – चित्रा मार्ग में ध्रुव से अधिक कला-मान स्वीकार किया जाता है।

A. वार्तिक – वार्तिक में कला-मान चित्रा से अधिक माना जाता है और यह विस्तृत लय-मान को सूचित करता है।

D. दक्षिण – दक्षिण मार्ग में कला-मान सबसे अधिक माना जाता है।

इसलिए कला के आधार पर आरोही क्रम B, C, A, D है।

70. तालों को खाली की संख्या के आधार पर आरोही क्रम में रखने पर कैदफरदोस्त ताल, चित्रा ताल, अष्टमंगल ताल और ब्रह्म ताल का क्रम बनता है।

D. कैदफरदोस्त ताल – इसमें खाली की संख्या दिए गए तालों में न्यूनतम मानी जाती है।

A. चित्रा ताल – चित्रा ताल में खाली-संख्या कैदफरदोस्त से अधिक मानी जाती है।

B. अष्टमंगल ताल – अष्टमंगल ताल का विभाग-विन्यास अधिक विस्तृत होता है, इसलिए इसमें खाली की संख्या भी चित्रा से अधिक मानी जाती है।

C. ब्रह्म ताल – ब्रह्म ताल बड़ी मात्रा और विस्तृत विभाग-रचना वाला ताल है, इसलिए दिए गए तालों में खाली की संख्या सबसे अधिक मानी जाती है।

इसलिए सही आरोही क्रम D, A, B, C है।

71. गाय के घी के साथ तिल के चूर्ण का लेप आंकिक और नवीन मृदंग पर चढ़ाया जाता था।

A. आंकिक – यह प्राचीन अवनद्ध वाद्य-परंपरा में मृदंग-वर्ग से संबंधित वाद्य है, जिस पर ध्वनि-संशोधन के लिए विशेष लेप का प्रयोग किया जाता था।

D. नवीन मृदंग – मृदंग में ध्वनि को गंभीर, संतुलित और स्पष्ट बनाने के लिए लेप-विधान का उल्लेख मिलता है।

तिल के चूर्ण और घी का लेप चमड़े की सतह पर ध्वनि की गुणवत्ता और नाद-गाम्भीर्य बढ़ाने के लिए प्रयुक्त होता

था। उर्ध्वक और आलिंग्यक को इस विशेष लेप-विधान के अंतर्गत इस प्रश्न में सम्मिलित नहीं किया जाएगा।

इसलिए सही उत्तर केवल A और D है।

72. भरतमुनि द्वारा वर्णित 'करण' में कृत-प्रतिकृत, रूपशेष और प्रतिभेद को सम्मिलित किया जाता है।

A. कृत प्रतिकृत – यह करण-विधान में क्रिया और उसकी प्रत्युत्तरात्मक रचना से संबंधित माना जाता है।

C. रूपशेष – इसमें मूल रूप का शेष या अवशिष्ट संरचनात्मक स्वरूप समझा जाता है।

E. प्रतिभेद – यह भेद या उपभेद को सूचित करता है और करण की विशिष्ट वर्गीय पहचान से संबंधित है।

तत्व और अनुगत इस प्रश्न में भरतमुनि-वर्णित करण के रूप में स्वीकार्य नहीं हैं।

इसलिए सही उत्तर केवल A, C और E है।

73. 6½ मात्रा के पल्ले को ¼ मात्रा के विराम के साथ तीन बार बजाने पर तिहाई की कुल निष्पत्ति 20 मात्रा होती है।

गणनाः 6½ + ¼ + 6½ + ¼ + 6½ = 20 मात्रा।

C. झपताल – झपताल 10 मात्रा का ताल है, इसलिए 20 मात्रा दो आवर्तन के बराबर होती है और तिहाई सम पर आ सकती है।

D. अर्जुनताल – अर्जुनताल भी इस गणना में तिहाई की निष्पत्ति के लिए उपयुक्त ताल माना जाता है।

तीनताल, जतताल और त्रिवेणी इस विशेष 20 मात्रा की तिहाई-निष्पत्ति में दिए गए विकल्पों के अनुसार उपयुक्त नहीं हैं।

इसलिए सही उत्तर केवल C और D है।

74. पाश्चात्य संगीत के वाद्य यंत्रों में सेलेस्टा, सिंबल्स और गोंग सम्मिलित हैं।

B. सेलेस्टा – यह पाश्चात्य आर्केस्ट्रा में प्रयुक्त की-बोर्ड प्रकार का वाद्य है, जिसकी ध्वनि घंटियों जैसी होती है।

C. सिंबल्स – ये पाश्चात्य वाद्यवृंद और ताल-वाद्य समूह में प्रयुक्त धातु-निर्मित झांझ-प्रकार के वाद्य हैं।

E. गोंग – यह पाश्चात्य आर्केस्ट्रा और ताल-वाद्य वर्ग में प्रयुक्त बड़ा धातु-वाद्य है।

बोंगो और टैबोर भी ताल-वाद्य हैं, पर इस प्रश्न के दिए गए वर्गीकरण में पाश्चात्य संगीत-वाद्यों के सही समूह के रूप में B, C और E को लिया जाएगा।

75. सत्यनारायण वशिष्ठ द्वारा लिखित पुस्तकों में *कायदा और पेशकार* तथा *ताल मार्तंड* सम्मिलित हैं।

A. कायदा और पेशकार – यह तबला-वादन की रचनात्मक संरचना, कायदा-विस्तार और पेशकार की शैली से संबंधित पुस्तक है।

B. ताल मार्तंड – यह ताल-शास्त्र और ताल-व्यवहार से संबंधित ग्रंथ है, जिसका संबंध सत्यनारायण वशिष्ठ से माना जाता है।

ताल मंजरी, ताल प्रबंध और *ताल कोष* को इस प्रश्न में सत्यनारायण वशिष्ठ की पुस्तकों के रूप में स्वीकार नहीं किया जाएगा।

इसलिए दिए गए विकल्पों में सही उत्तर केवल A और B है।

76. छत्रपति सिंह द्वारा रचित तालों में सूर्यमणि ताल, सादरा चौताल और चतुरानन ताल को सम्मिलित किया जाता है।

A. सूर्यमणि ताल – यह छत्रपति सिंह की ताल-रचना परंपरा से संबंधित माना जाता है।

C. सादरा चौताल – सादरा और चौताल-प्रकृति से संबंधित यह ताल भी उनके रचनात्मक तालों में गिना जाता है।

E. चतुरानन ताल – चतुरानन नामक ताल भी छत्रपति सिंह से संबद्ध माना जाता है।

चंद्रनंदन ताल और चतुरंग ताल को इस प्रश्न में छत्रपति सिंह द्वारा रचित तालों के समूह में स्वीकार नहीं किया जाएगा।

इसलिए सही उत्तर केवल A, C और E है।

77. बिआड़ लय के योग में एक आवर्तन 12 मात्राओं का बनने वाले तालों में झपताल और रूद्र ताल को सम्मिलित किया जाता है।

A. झपताल – झपताल 10 मात्रा का ताल है और लयकारी-गणना के आधार पर बिआड़ के योग में इसकी मात्रा-निष्पत्ति 12 पर आती है।

D. रूद्र – रूद्र ताल भी इस विशेष लयकारी-गणना में 12 मात्रा की निष्पत्ति देने वाले तालों में माना जाता है।

तीनताल, बसंत और पंचम सवारी इस प्रश्न में पूछी गई "एक आवर्तन बिआड़ के योग में 12 मात्राएँ" वाली स्थिति से मेल नहीं खाते।

इसलिए सही उत्तर केवल A और D है।

78. सशब्द क्रिया वे क्रियाएँ हैं जिनमें हाथ की क्रिया के साथ ध्वनि उत्पन्न होती है।

C. ताल – ताल क्रिया में ताली या आघात के द्वारा ध्वनि उत्पन्न होती है, इसलिए यह सशब्द क्रिया है।

D. शम्या – शम्या भी सशब्द क्रिया के अंतर्गत आती है, क्योंकि इसमें क्रिया ध्वनि-सहित व्यक्त होती है।

आवाप और निष्क्राम निःशब्द क्रियाओं में गिने जाते हैं, जिननें हाथ की गति तो होती है पर ध्वनि उत्पन्न नहीं होती। इसलिए दिए गए विकल्पों में केवल ताल और शम्या सशब्द क्रियाएँ हैं।

79. दादरा ताल 6 मात्रा का ताल है, इसलिए जिन छंदों का मात्रा-विन्यास दादरा के समान बैठता है, उन्हें यहाँ लिया जाएगा।

A. धारी – इसका छंद-विन्यास दादरा की 6 मात्रा-प्रकृति से मेल खाता है।

B. प्रमाणिका – प्रमाणिका छंद भी दादरा-समान मात्रा-रचना से संबंधित माना जाता है।

D. उषा – उषा छंद का प्रयोग भी दादरा के समान मात्रा-रूप में स्वीकार किया जाता है।

सादर और तोटक को इस प्रश्न में दादरा-समान छंदों के समूह में नहीं रखा जाएगा। इसलिए सही उत्तर केवल A, B और D है।

80. प्राचीन काल और मध्यकाल में घुंघरू के विशद उल्लेख में रमझोल, क्षुद्र घंटा और मर्मरा जैसे नाम मिलते हैं।

A. रमझोल – यह घुंघरू या छोटे घंटी-सदृश नाद-उत्पादक उपकरण से संबंधित नाम माना जाता है।

C. क्षुद्र घंटा – 'क्षुद्र घंटा' का अर्थ छोटी घंटी है, जो घुंघरू की ध्वनि और संरचना से सीधा संबंध रखता है।

D. मर्मरा – यह भी घुंघरू-सदृश झंकार या छोटी घंटियों से संबंधित उल्लेख में आता है।

कामरा और टिकिर को इस प्रश्न में घुंघरू के प्राचीन-मध्यकालीन विशद नामों के रूप में स्वीकार नहीं किया जाएगा। इसलिए सही उत्तर केवल A, C और D है।

81. **A. आनंद गोपाल बंदोपाध्याय – III. पं. महादेव प्रसाद मिश्रः** आनंद गोपाल बंदोपाध्याय का संबंध पं. महादेव प्रसाद मिश्र की गुरु-परंपरा से माना जाता है। महादेव प्रसाद मिश्र तबला-वादन की परंपरा में प्रमुख गुरु और वादक रहे हैं।

B. आशुतोष भट्टाचार्य – II. पं. कंठे महाराजः आशुतोष भट्टाचार्य के गुरु के रूप में पं. कंठे महाराज का नाम लिया जाता है। कंठे महाराज बनारस बाज की परंपरा के प्रमुख तबला-आचार्य माने जाते हैं।

C. श्यामल बोस – I. ज्ञान प्रकाश घोषः श्यामल बोस पं. ज्ञान प्रकाश घोष के शिष्य माने जाते हैं। ज्ञान प्रकाश घोष तबला, रचना, शिक्षण और संगीत-शास्त्र के अत्यंत प्रतिष्ठित विद्वान थे।

D. हीरेन्द्र कुमार गांगुली – IV. उस्ताद आबिद हुसैनः हीरेन्द्र कुमार गांगुली का गुरु-संबंध उस्ताद आबिद हुसैन से माना जाता है। आबिद हुसैन तबला-परंपरा के प्रमुख उस्तादों में गिने जाते हैं।

82. **A. लखनऊ घराना – IV. जहाँगीर खाँः** जहाँगीर खाँ का संबंध लखनऊ घराने की तबला-परंपरा से माना जाता है। लखनऊ घराना अपने नफासतपूर्ण, सुंदर और नृत्य-संगत से जुड़े बोलों के लिए प्रसिद्ध है।

B. दिल्ली घराना – III. जाहिद खाँः जाहिद खाँ का संबंध दिल्ली घराने से जोड़ा जाता है। दिल्ली घराना तबला-वादन का प्राचीन घराना है और इसमें स्पष्ट बोल-निकास तथा संतुलित बाज की परंपरा मिलती है।

C. बनारस घराना – I. रामसरन जीः रामसरन जी को बनारस घराने की परंपरा से संबंधित माना जाता है। बनारस घराना दमदार बोल, परण, रेला, चक्रदार और स्वतंत्र वादन के लिए प्रसिद्ध है।

D. फर्रुखाबाद घराना – II. रामचन्द्र बोरालः रामचन्द्र बोराल का संबंध फर्रुखाबाद घराने से माना जाता है। फर्रुखाबाद घराना तबला-वादन में नजाकत, लयकारी, कायदा और गतों की समृद्ध परंपरा के लिए जाना जाता है।

83. **A. अति विलंबित लय – IV. जार्गोः** अति विलंबित लय अत्यंत धीमी गति को व्यक्त करती है। पाश्चात्य संगीत में इस प्रकार की अत्यंत धीमी गति को लार्गो/जार्गो नाम से जोड़ा जाता है।

B. विलंबित लय – III. एडेंटाः विलंबित लय धीमी गति की लय है, जिसमें रचना का विस्तार शांत और गंभीर ढंग से किया जाता है। पाश्चात्य संगीत में एडेंटा इसी धीमी गति वाले भाव से संबंधित है।

C. मध्य लय – II. मॉडरेटः मध्य लय न बहुत धीमी होती है और न बहुत तेज। पाश्चात्य संगीत में मॉडरेट गति इसी संतुलित मध्यम गति का संकेत देती है।

D. द्रुत लय – I. वीवोः द्रुत लय तीव्र गति को व्यक्त करती है। पाश्चात्य संगीत में वीवो तेज, जीवंत और गतिशील गति से संबंधित है।

84. **A. श्रुति नंदन – II. अजय चक्रवर्तीः** श्रुति नंदन संस्था का संबंध पं. अजय चक्रवर्ती से है। यह संस्था संगीत-शिक्षा, गायन-पशिक्षण और भारतीय शास्त्रीय संगीत के प्रचार से जुड़ी है।

B. ध्रुपद संस्थान गुरुकुल – III. अखिलेश गुंडेचाः ध्रुपद संस्थान गुरुकुल का संबंध अखिलेश गुंडेचा से माना

जाता है। यह संस्था ध्रुपद गायन और गुरु-शिष्य परंपरा के संरक्षण के लिए प्रसिद्ध है।

C. बंदिश तबला अकादमी – IV. स्वपन शिवः बंदिश तबला अकादमी का संबंध स्वपन शिव से है। यह संस्था तबला-शिक्षण, बंदिशों और ताल-परंपरा के अभ्यास से संबंधित है।

D. ताल चक्र – I. विजय घाटेः ताल चक्र का संबंध तबला वादक विजय घाटे से माना जाता है। यह ताल, लय और तबला-वादन से संबंधित प्रस्तुति और प्रशिक्षण पर केंद्रित संस्था है।

85. A. जाकिर हुसैन – I. 1988: उस्ताद जाकिर हुसैन को पद्मश्री सम्मान 1988 में प्राप्त हुआ। वे तबला-वादन को अंतरराष्ट्रीय स्तर पर प्रतिष्ठित करने वाले प्रमुख कलाकारों में गिने जाते हैं।

B. ज्ञान प्रकाश घोष – IV. 1997: पं. ज्ञान प्रकाश घोष को पद्मश्री सम्मान 1997 में प्राप्त हुआ। वे तबला, संगीत-रचना, शिक्षण और शोधपरक दृष्टि के लिए प्रसिद्ध रहे हैं।

C. सामता प्रसाद मिश्र – II. 1992: पं. सामता प्रसाद मिश्र को पद्मश्री सम्मान 1992 में प्राप्त हुआ। वे बनारस घराने के प्रमुख तबला वादक थे और दमदार बाज के लिए प्रसिद्ध माने जाते हैं।

D. अहमदजान थिरकवा – III. 1970: उस्ताद अहमदजान थिरकवा को पद्मश्री सम्मान 1970 में प्राप्त हुआ। वे फर्रूखाबाद घराने के महान तबला-वादक और बीसवीं शताब्दी के श्रेष्ठ कलाकारों में गिने जाते हैं।

86. A. भद्रकाली परण – III. राजा खुशी रामः भद्रकाली परण का संबंध राजा खुशी राम से माना जाता है। परण पखावज और तबला-वादन की शक्तिशाली रचना होती है, जिसमें प्रायः वीर, तांडव और देवी-स्तुति संबंधी बोलों का प्रयोग मिलता है।

B. सुदर्शन ठेका – I. नाना साहब पानसेः सुदर्शन ठेका का संबंध नाना साहब पानसे से माना जाता है। नाना साहब पानसे पखावज और ताल-परंपरा के महत्वपूर्ण आचार्य रहे हैं, जिनका नाम ताल-रचनाओं और ठेकों से जुड़ा है।

C. पावस परण – IV. अमरनाथ मिश्रः पावस परण का संबंध अमरनाथ मिश्र से माना जाता है। ''पावस'' वर्षा-भाव से संबंधित है और ऐसी परणों में ध्वन्यात्मक बोलों से वातावरण और लयात्मक प्रभाव उत्पन्न किया जाता है।

D. महा सुदर्शन परण – II. खाप्रू मामाः महा सुदर्शन परण का संबंध खाप्रू मामा से माना जाता है। खाप्रू मामा का नाम पखावज-तबला परंपरा की जटिल, प्रभावशाली और विलक्षण रचनाओं से जोड़ा जाता है।

87. A. कुदऊ सिंह – III. मदन मोहन उपाध्यायः कुदऊ सिंह पखावज परंपरा के महान कलाकार और परण-रचनाकार माने जाते हैं। मदन मोहन उपाध्याय का संबंध उनकी शिष्य-परंपरा से जोड़ा जाता है।

B. लाला केवल किशन – I. रामचन्द्र चक्रवर्तीः लाला केवल किशन का गुरु-संबंध रामचन्द्र चक्रवर्ती के साथ मिलाया जाता है। यह मिलान तबला/पखावज की गुरु-शिष्य परंपरा के आधार पर स्वीकार किया जाता है।

C. शंभू प्रसाद तिवारी – IV. रामदास शर्माः शंभू प्रसाद तिवारी का संबंध रामदास शर्मा से गुरु-शिष्य रूप में माना जाता है। यह परंपरा अवनद्ध वाद्य-शिक्षा और पारंपरिक बोल-संरचना से संबंधित है।

D. स्वामी भगवान दास – II. रामशंकर दासः स्वामी भगवान दास के शिष्य के रूप में रामशंकर दास का नाम लिया जाता है।

इसलिए दिए गए विकल्पों में सही गुरु-शिष्य मिलान A-III, B-I, C-IV, D-II है।

88. A. तबला शास्त्र प्रभाकर – III. श्री जयकृष्ण महन्तीः *तबला शास्त्र प्रभाकर* का संबंध श्री जयकृष्ण महन्ती से माना जाता है। यह ग्रंथ तबला-शास्त्र, बोल, निकास और ताल-व्यवहार से संबंधित है।

B. भारतीय ताल मंजरी – I. पं. गोविन्द राव बुरानपुरकरः *भारतीय ताल मंजरी* का संबंध पं. गोविन्द राव बुरानपुरकर से माना जाता है। ताल-मंजरी प्रकार के ग्रंथों में तालों की संरचना, मात्रा, विभाग और प्रयोग का विवेचन मिलता है।

C. तबला शास्त्र – II. श्री मधुकर गणेश गोडबोलेः *तबला शास्त्र* का संबंध श्री मधुकर गणेश गोडबोले से जोड़ा जाता है। यह तबला के शास्त्रीय पक्ष, रचनाओं और वादन-पद्धति से संबंधित ग्रंथ माना जाता है।

D. भरत कोष – IV. पं. रामकृष्ण राय कविः *भरत कोष* का संबंध पं. रामकृष्ण राय कवि से माना जाता है। यह नाम भरत-परंपरा, नाट्य-संगीत और शास्त्रीय शब्दावली के कोशात्मक अध्ययन से जुड़ा है।

89. **A. चतुरस्र जाति अठ ताल – IV. 12:** अठ ताल का अंग-विन्यास लघु + लघु + द्रुत + द्रुत होता है। चतुरस्र जाति में लघु 4 मात्रा का होता है, इसलिए कुल मात्रा 4 + 4 + 2 + 2 = 12 होती है।

B. तिस्र जाति रूपक ताल – III. 5: रूपक ताल का अंग-विन्यास द्रुत + लघु होता है। तिस्र जाति में लघु 3 मात्रा का होता है, इसलिए कुल मात्रा 2 + 3 = 5 होती है।

C. संकीर्ण जाति ध्रुव ताल – II. 29: ध्रुव ताल का अंग-विन्यास लघु + द्रुत + लघु + लघु होता है। संकीर्ण जाति में लघु 9 मात्रा का होता है, इसलिए कुल मात्रा 9 + 2 + 9 + 9 = 29 होती है।

D. मिश्र जाति झंप ताल – I. 10: झंप ताल का अंग-विन्यास लघु + अनुद्रुत + द्रुत होता है। मिश्र जाति में लघु 7 मात्रा का होता है, इसलिए कुल मात्रा 7 + 1 + 2 = 10 होती है।

90. **A. झंपक ताल – IV. 3|2:** रबीन्द्र संगीत में झंपक ताल 5 मात्रा का माना जाता है। इसका विभाग-विन्यास 3|2 है, जिससे गीत की लयात्मक संरचना छोटी और स्पष्ट बनती है।

B. रूपकड़ा ताल – III. 3|2|3: रूपकड़ा ताल 8 मात्रा का रबीन्द्र संगीत ताल है। इसका विभाग-विन्यास 3|2|3 माना जाता है, जो सामान्य उत्तर भारतीय रूपक से भिन्न प्रयोग को दिखाता है।

C. नवपंच ताल – II. 2|4|4|4|4: नवपंच ताल 18 मात्रा का ताल माना जाता है। इसका विभाग-विन्यास 2|4|4|4|4 है, जिसमें पाँच विभागों के माध्यम से विस्तृत लय-रचना बनती है।

D. एकादशी ताल – I. 3|2|2|4: एकादशी ताल 11 मात्रा का ताल है। इसका विभाग-विन्यास 3|2|2|4 है, इसलिए इसका नाम और मात्रा-संरचना दोनों 11 मात्रा से संबंधित हैं।

91. पंडित नाना साहब पानसे को ताल-शास्त्र और पखावज/मृदंग-वादन की परंपरा में अत्यंत महत्वपूर्ण स्थान प्राप्त है। उनकी पहचान केवल वादक के रूप में नहीं, बल्कि ताल-रचना, परण, लयकारी और स्वतंत्र सौंदर्य-दृष्टि के कारण भी मानी जाती है। गद्यांश में यह स्पष्ट है कि उन्होंने अपने गुरु से प्राप्त विद्या को केवल दोहराया नहीं, बल्कि उसके कलात्मक निर्माण में अपनी कल्पना के अनुसार परिवर्तन किया। इसी स्वतंत्र ताल-सौंदर्य और रचनात्मक योगदान के कारण उनके नाम से घराने की मान्यता स्थापित हुई। इसलिए दिए गए विकल्पों में सही उत्तर विकल्प 4 ताल शास्त्र का नायक है।

92. उस्ताद अहमदजान थिरकवाँ रामपुर दरबार के दरबारी संगीतकार रहे थे। वे फर्रुखाबाद घराने के महान तबला-वादक माने जाते हैं और उनका वादन अत्यंत परिष्कृत, संतुलित तथा लयकारीपूर्ण था। रामपुर दरबार में संगीतज्ञों और वादकों को विशेष संरक्षण मिलता था, और थिरकवाँ साहब का नाम इसी दरबारी संगीत-परंपरा से जुड़ता है। गद्यांश में भी उनका उल्लेख तबला-वादन के महान कलाकारों में किया गया है। इसलिए दिए गए विकल्पों में सही उत्तर उस्ताद अहमदजान थिरकवाँ है।

93. बाबू जोध सिंह के शिष्यों की परंपरा को नाना पानसे घराना के नाम से जाना जाता है। गद्यांश में स्पष्ट है कि बाबू जोध सिंह नाना पानसे के गुरु थे और स्वयं अत्यंत गुणी कलाकार थे। फिर भी घराने की मान्यता बाबू जोध सिंह के नाम से नहीं, बल्कि नाना पानसे के नाम से स्थापित हुई। इसका कारण यह बताया गया है कि नाना पानसे ने गुरु-परंपरा की विद्या को अपनी निजी सौंदर्य-दृष्टि से नया कलात्मक रूप दिया। इसलिए सही उत्तर नाना पानसे है।

94. जोध सिंह के शिष्य के रूप में सखाराम जी को लिया जाएगा। नाना पानसे का वास्तविक नाम सखाराम माना जाता है और गद्यांश में नाना पानसे को बाबू जोध सिंह का शिष्य बताया गया है। इसलिए विकल्पों में ''सखाराम जी'' उसी शिष्य-संबंध को सूचित करता है। नाना पानसे ने जोध सिंह से प्राप्त पखावज/मृदंग विद्या को अपनी स्वतंत्र कला-दृष्टि से विकसित किया। इसी आधार पर उनके नाम से नाना पानसे घराना प्रसिद्ध हुआ।

95. उस्ताद अल्लारक्खा ने मुंबई और दिल्ली आकाशवाणी में तबला वादक के रूप में कार्य किया। वे पंजाब घराने के अत्यंत प्रसिद्ध तबला-वादक थे और उन्होंने तबला को विश्व-स्तर पर प्रतिष्ठा दिलाने में महत्वपूर्ण भूमिका निभाई। आकाशवाणी में कार्य करने से उनकी वादन-प्रतिभा व्यापक श्रोता-समाज तक पहुँची। गद्यांश में भी उन्हें सारे विश्व में प्रसिद्ध कलाकार के रूप में उल्लेखित किया गया है। इसलिए दिए गए विकल्पों में सही उत्तर उस्ताद अल्लारक्खा है।

96. *संगीतसार* के अनुसार मध्यकाल में पटह को ढोलक नाम से जाना जाता था। पटह अवनद्ध वाद्य-वर्ग का वाद्य है, जिसमें चमड़े से मढ़े हुए भाग पर आघात करके ध्वनि उत्पन्न की जाती है। मध्यकालीन वाद्य-नामों में कई प्राचीन नामों

के लोक-प्रचलित या परिवर्तित रूप मिलते हैं। इसी क्रम में पटह का संबंध ढोलक नाम से जोड़ा गया है। इसलिए दिए गए विकल्पों में सही उत्तर विकल्प 3 ढोलक है।

97. भरतमुनि के अनुसार अवनद्ध वाद्य की 18 जातियाँ मानी जाती हैं। अवनद्ध वाद्य वे हैं जिनमें चर्म से मढ़ी हुई सतह पर आघात करके नाद उत्पन्न किया जाता है। नाट्यशास्त्रीय परंपरा में अवनद्ध वाद्यों का वर्गीकरण उनके आकार, बनावट, वादन-प्रणाली और ध्वनि-स्वरूप के आधार पर किया गया है। इन जातियों के माध्यम से मृदंग, पणव, दुर्दर आदि वाद्यों के स्वरूप और प्रयोग को समझाया गया है। इसलिए सही उत्तर विकल्प 3: 18 है।

98. भरत के अनुसार पणव की लंबाई 16 अंगुल मानी गई है। पणव पुष्कर-वर्ग का अवनद्ध वाद्य है और नाट्यशास्त्र में इसे प्रमुख अंग वाद्यों में गिना गया है। अंग वाद्यों को इसलिए महत्व दिया गया, क्योंकि उनमें विभिन्न प्रहार, अक्षर और स्वर-मार्जनाएँ संभव थीं। पणव का आकार मृदंग की अपेक्षा छोटा और नाट्य-संगीत के प्रयोग के लिए उपयुक्त माना गया है। इसलिए दिए गए विकल्पों में सही उत्तर विकल्प 2: 16 अंगुल है।

99. 'मार्जना' पद का तात्पर्य वाद्य यंत्रों से सुर उत्पन्न करने अथवा उन्हें स्वर-योग्य बनाने से है। गद्यांश में अंग वाद्यों की प्रधानता का कारण यह बताया गया है कि उनमें विभिन्न स्वर-मार्जनाएँ उत्पन्न की जा सकती थीं। इसका अर्थ केवल वाद्य पर लेप लगाना या उसे बजाना नहीं है, बल्कि वाद्य से इच्छित स्वर, नाद और ध्वनि-भेद निकालना है। नाट्य के विभिन्न भावों की अभिव्यक्ति के लिए ऐसी स्वर-मार्जना आवश्यक थी। इसलिए सही उत्तर विकल्प 4 है।

100. नाट्यशास्त्र में अंगवाद्य को प्रधान इसलिए माना गया, क्योंकि उनमें भिन्न-भिन्न स्वर-मार्जनाएँ संभव थीं। गद्यांश में स्पष्ट कहा गया है कि अंग वाद्यों में विभिन्न स्वर-मार्जनाएँ, प्रहार और अक्षर उत्पन्न किए जा सकते थे। इन्हीं विशेषताओं के कारण वे नाटक के अलग-अलग भावों की अभिव्यक्ति में सहायक थे। प्रत्यंग वाद्यों में ऐसा ध्वनि-वैचित्र्य संभव नहीं था और उनमें प्रायः गंभीर ध्वनि ही उत्पन्न होती थी। इसलिए सही उत्तर विकल्प 3 है।

भाग-IV : कर्नाटक संगीत

26. 'ग्राम' शब्द को परिभाषित करने वाले आदितम लक्षणकार मतंग माने जाते हैं। मतंग का *बृहद्देशी* भारतीय संगीतशास्त्र में अत्यंत महत्त्वपूर्ण ग्रंथ है, जिसमें राग, ग्राम, मूर्छना और देशी संगीत-विचार का विवेचन मिलता है। ग्राम प्राचीन भारतीय संगीत में स्वरों की मूल व्यवस्था या स्वर-समूह को सूचित करता है। शारंगदेव, वेंकटमखी और सोमनार्य बाद के संगीतशास्त्रीय आचार्य हैं। इसलिए दिए गए विकल्पों में मतंग सही उत्तर है।

27. कर्नाटक संगीत में पाश्चात्य संगीत के A minor scale के संगत राग के रूप में नटभैरवी को माना जाता है। नटभैरवी का स्वर-क्रम प्राकृतिक minor scale से मेल खाता है। इसमें सा, रे, कोमल ग, म, प, कोमल ध और कोमल नि के तुल्य स्वर-संयोजन मिलता है। पाश्चात्य A natural minor में भी वही अंतराल-रचना होती है जो कर्नाटक नटभैरवी मेल से साम्य रखती है। इसलिए सही उत्तर नटभैरवी है।

28. प्राचीन तमिल संगीत में 'तिरम' शब्द औडव राग का द्योतक है। औडव राग में पाँच स्वरों का प्रयोग होता है। तमिल संगीत-परंपरा में पण और तिरम जैसे शब्द राग-संरचना तथा स्वर-संख्या से संबंधित रहे हैं। यहाँ 'तिरम' का संबंध पाँच-स्वरी रचना से है, इसलिए यह औडव राग को सूचित करता है। षाडव छह स्वर वाला और संपूर्ण सात स्वर वाला राग होता है, इसलिए वे यहाँ सही नहीं हैं।

29. 'नट्ट रागम' पण कामवर्धिनी के समतुल्य माना जाता है। प्राचीन तमिल पण-परंपरा में पणों का संबंध आधुनिक कर्नाटक रागों से मिलाकर समझाया जाता है। कामवर्धिनी कर्नाटक संगीत का प्रसिद्ध मेल/राग है और इसके स्वर-स्वरूप से नट्ट रागम पण का साम्य माना गया है। सौराष्ट्रम्, नादनामक्रिया और भूपाल इस प्रश्न में नट्ट रागम पण के समतुल्य नहीं हैं। इसलिए सही उत्तर कामवर्धिनी है।

30. आन्दोलिका औडव-औडव राग है, अर्थात इसके आरोह और अवरोह दोनों में पाँच-पाँच स्वरों का प्रयोग होता है। औडव-औडव जाति में राग की स्वर-संरचना संक्षिप्त, स्पष्ट और पाँच-स्वरी होती है। आभेरी, आरभी और अठाणा में स्वर-प्रयोग तथा आरोह-अवरोह आन्दोलिका की तरह शुद्ध औडव-औडव रूप में नहीं माने जाते। इसलिए दिए गए विकल्पों में आन्दोलिका सही उत्तर है।

31. संगीत स्वर प्रस्तार सागरम् ग्रंथ के लेखक नादमुनि पंडितर माने जाते हैं। यह ग्रंथ कर्नाटक संगीत की स्वर-प्रस्तार

परंपरा और संगीत-सैद्धांतिक विवेचन से संबंधित है। स्वर-प्रस्तार में स्वरों के क्रम, संयोजन और विस्तार की पद्धति का अध्ययन किया जाता है। अब्राहम पंडितर का संबंध करुणामृत सागरम् जैसे ग्रंथ से अधिक प्रसिद्ध है। इसलिए दिए गए विकल्पों में नादमुनि पंडितर सही उत्तर हैं।

32. मध्यम और पंचम वर्ज राग के रूप में पालिका को चिह्नित किया जाएगा। वर्ज राग में किसी विशेष स्वर या स्वरों का प्रयोग नहीं किया जाता। इस प्रश्न में मध्यम और पंचम दोनों वर्ज होने की बात पूछी गई है, इसलिए ऐसा राग चाहिए जिसमें म और प का प्रयोग न हो। पालिका इस स्वर-वर्जन के अनुसार उपयुक्त राग है। श्री, हिन्दोल और आन्डोलिका इस विशेष मध्यम-पंचम वर्ज स्वरूप से मेल नहीं खाते।

33. सभी मंगलरागों को सम्मिलित करने वाली रागमालिका सिंहासनास्थिते मानी जाती है। रागमालिका में अलग-अलग रागों को क्रम से जोड़कर एक ही रचना में प्रस्तुत किया जाता है। मंगलराग शुभ, मंगल और पूजा-संबंधी अवसरों से जुड़े राग माने जाते हैं। सिंहासनास्थिते में ऐसे मंगलरागों का समावेश विशेष रूप से किया गया है। इसलिए दिए गए विकल्पों में यही सही उत्तर है।

34. दशावतार रागमालिका के लेखक स्वाति तिरुनाल माने जाते हैं। स्वाति तिरुनाल त्रावणकोर के महाराजा और कर्नाटक संगीत के महत्वपूर्ण वाग्गेयकार थे। उन्होंने अनेक संस्कृत, मलयालम, तेलुगु और हिंदी रचनाएँ कीं। दशावतार विषय विष्णु के दस अवतारों से संबंधित है और रागमालिका रूप में अलग-अलग रागों द्वारा इसका वर्णन किया जाता है। इसलिए सही उत्तर स्वाति तिरुनाल है।

35. मनोधर्म संगीत के महत्वपूर्ण विभाग पाँच माने जाते हैं। मनोधर्म संगीत कर्नाटक संगीत की रचनात्मक और तात्कालिक प्रस्तुति से संबंधित है। इसमें कलाकार राग, लय, स्वर और रचना के आधार पर तत्काल संगीत-विस्तार करता है। इसके प्रमुख अंगों में राग आलापन, तानम, निरवल, कल्पना स्वर और रागम-तानम-पल्लवी जैसे रचनात्मक विभागों की परंपरा आती है। इसलिए दिए गए विकल्पों में पाँच सही उत्तर है।

36. 'सिंह नंदन ताल तिल्लाना' के लेखक महावैद्यनाथ अय्यर माने जाते हैं। सिंहनंदन ताल कर्नाटक संगीत में अत्यंत विशाल और जटिल तालों में गिना जाता है। महावैद्यनाथ अय्यर अपनी विद्वत्ता, रागमालिका-रचनाओं और जटिल लयात्मक संरचनाओं के लिए प्रसिद्ध थे। तिल्लाना में लय, स्वराक्षर और नृत्यात्मकता का विशेष महत्व होता है। इसलिए दिए गए विकल्पों में महावैद्यनाथ अय्यर सही उत्तर हैं।

37. अन्नास्वामी शास्त्री का प्रसिद्ध दारु 'कामिन्ची युन्नदीरा' है। दारु कर्नाटक संगीत और नाट्य-संगीत से जुड़ी ऐसी रचना है जिसमें साहित्य, लय और अभिनय-योग्यता का विशेष महत्व होता है। अन्नास्वामी शास्त्री का नाम दारु-रचना परंपरा से जुड़ा हुआ है। 'कामिन्ची युन्नदीरा' इसी परंपरा की प्रसिद्ध रचना मानी जाती है। इसलिए दिए गए विकल्पों में सही उत्तर विकल्प 4 है।

38. तमिल संगीत शास्त्र में कुतपा का प्राचीन नाम पल्लियम् माना जाता है। कुतपा शब्द प्राचीन संगीत में वाद्य-समूह या वाद्य-संयोजन के अर्थ में भी प्रयुक्त होता है। तमिल परंपरा में पल्लियम् ऐसे सामूहिक वाद्य-प्रयोग और संगीत-संयोजन से संबंधित शब्द के रूप में मिलता है। विरली, तिरत्तिरम् और कट्टलै इस विशेष प्रश्न में कुतपा के प्राचीन नाम के रूप में उपयुक्त नहीं हैं। इसलिए सही उत्तर पल्लियम् है।

39. 'रीतिगौला' राग में सुरबद्ध कृति 'बाले बालेन्दु' है। रीतिगौला कर्नाटक संगीत का मधुर, गम्भीर और गमक-प्रधान राग है। इस राग में कृतियों में कोमल भाव, भक्ति और ललित स्वर-व्यवहार की विशेष अभिव्यक्ति होती है। 'बाले बालेन्दु' इसी राग से संबंधित कृति के रूप में स्वीकार की जाती है। इसलिए दिए गए विकल्पों में सही उत्तर विकल्प 3 है।

40. सुब्बाराय शास्त्री की रचना 'जननी निन्नु' है। सुब्बाराय शास्त्री, श्याम शास्त्री के पुत्र और कर्नाटक संगीत के महत्वपूर्ण वाग्गेयकारों में गिने जाते हैं। उनकी रचनाओं में भक्ति, राग-भाव और लयात्मक संतुलन की विशेषता मिलती है। 'जननी निन्नु' उनकी प्रसिद्ध कृति मानी जाती है। कन्नतल्लि, रा वे मगुव और रा वे हिमगिरी कुमारि अन्य रचनाकारों या परंपराओं से संबंधित मानी जाती हैं, इसलिए सही उत्तर 'जननी निन्नु' है।

41. 'गीत-गोविन्द' का अंग्रेजी अनुवाद एडविन आर्नाल्ड ने किया था। जयदेव कृत 'गीत-गोविन्द' संस्कृत काव्य-संगीत परंपरा का अत्यंत प्रसिद्ध ग्रंथ है, जिसमें राधा-कृष्ण की माधुर्य भक्ति और अष्टपदी रचनाएँ मिलती हैं। एडविन आर्नाल्ड ने भारतीय साहित्य और धार्मिक काव्यों को अंग्रेजी जगत में परिचित कराने में महत्वपूर्ण भूमिका निभाई। 'गीत-गोविन्द' का उनका अनुवाद अंग्रेजी पाठकों के लिए इस काव्य की भावात्मक और भक्तिमय अभिव्यक्ति को प्रस्तुत करता है। इसलिए सही उत्तर एडविन आर्नाल्ड है।

42. मंगलमपल्ली बालमुरली कृष्ण कर्नाटक संगीत के प्रसिद्ध गायक थे। वे अपनी असाधारण गायकी, रचनात्मकता, राग-निर्माण और वाग्गेयकार-प्रतिभा के लिए प्रसिद्ध हैं। टी.एन. कृष्णन मुख्यतः वायलिन वादक, एन. रमणी बाँसुरी वादक और पालघाट मणि अय्यर मृदंगम् वादक थे। इसलिए दिए गए विकल्पों में प्रसिद्ध गायक के रूप में मंगलमपल्ली बालमुरली कृष्ण ही सही उत्तर है। उनका स्थान कर्नाटक संगीत की आधुनिक परंपरा में अत्यंत ऊँचा माना जाता है।

43. तिरुपुगल के प्रत्येक पद का अंत थोंगल कहलाता है। तिरुपुगल अरुणगिरिनाथर की प्रसिद्ध तमिल भक्तिपरक रचनाएँ हैं, जिनमें छंद, लय और ताल की विशेष जटिलता मिलती है। थोंगल पदांत या अंतिम भाग से संबंधित संज्ञा है, जो रचना के समापन-रूप को सूचित करती है। तिरुपुगल में लयात्मक संरचना और पद-विन्यास का विशेष महत्व है। इसलिए दिए गए विकल्पों में थोंगल सही उत्तर है।

44. पी.एस. वीरुस्वामि पिल्लै प्रसिद्ध नागस्वरम् वादक थे। नागस्वरम् दक्षिण भारतीय सुषिर वाद्य है, जिसका प्रयोग मंदिर, विवाह और मांगलिक अवसरों पर विशेष रूप से किया जाता है। यह अत्यंत प्रभावशाली, तीव्र और गूंजदार ध्वनि वाला वाद्य है। मीनाक्षी सुन्दरम पिल्लै मुख्यतः नृत्य-परंपरा से, नयना पिल्लै गायन से और राजमणिकम पिल्लै वायलिन से संबंधित माने जाते हैं। इसलिए सही उत्तर पी.एस. वीरुस्वामि पिल्लै है।

45. चर्म से निर्मित लयवाद्यम् के रूप में उडल को चिह्नित किया जाएगा। चर्म-निर्मित लयवाद्य वे होते हैं जिनमें चमड़े की झिल्ली या चर्म-मढ़ित भाग से ध्वनि उत्पन्न होती है। जालरा और चिपला घन वाद्य-प्रकृति के हैं, जिनमें धातु या लकड़ी के आघात से ध्वनि आती है। घटम् मिट्टी का घन वाद्य है और उसमें चर्म का प्रयोग नहीं होता। इसलिए दिए गए विकल्पों में उडल ही चर्म से निर्मित लयवाद्यम् है।

46. धनुषाकार वाद्ययंत्र के रूप में दिलरुबा को चिह्नित किया जाएगा। दिलरुबा उत्तर भारतीय तंत्री वाद्य है, जिसे धनुष या गज से बजाया जाता है। इसमें तारों पर गज चलाकर ध्वनि उत्पन्न की जाती है, इसलिए यह bowed string instrument की श्रेणी में आता है। गोटुवाद्यम्, स्वरबत और रुद्रवीणा गज से बजाए जाने वाले धनुषाकार वाद्य नहीं हैं। इसलिए दिए गए विकल्पों में दिलरुबा सही उत्तर है।

47. 'पंचतालेश्वरम' की उपाधि वीणा नीलकंठ शास्त्री से संबंधित मानी जाती है। यह उपाधि ताल-ज्ञान, लयकारी और वीणा-वादन में विशिष्ट निपुणता को सूचित करती है। कर्नाटक संगीत में वीणा-वादक केवल स्वर-वादन ही नहीं, बल्कि जटिल ताल-प्रयोग और लयात्मक प्रस्तुति के लिए भी प्रसिद्ध रहे हैं। वीणा शेषन्ना, वीणा धनम्माल और वीणा दोरैस्वामी अयंगर भी महान वीणा कलाकार हैं, पर इस विशेष उपाधि का संबंध वीणा नीलकंठ शास्त्री से है। इसलिए सही उत्तर विकल्प 2 है।

48. 'पतिगम्' शब्द तेवारम् से संबद्ध है। तेवारम् तमिल शैव भक्तिकाव्य-संगीत परंपरा का महत्त्वपूर्ण संग्रह है। इसमे शिव-भक्ति से संबंधित स्तोत्रात्मक पद मिलते हैं, जिन्हें 'पतिगम्' अर्थात दस पदों/दशक के रूप में भी व्यवस्थित किया जाता है। तिरुप्पगल, तिरुप्पावै और दिव्य प्रबंधम अन्य तमिल भक्तिपरक परंपराओं से संबंधित हैं, पर पतिगम् का विशिष्ट संबंध तेवारम् से है। इसलिए सही उत्तर तेवारम् है।

49. मुतुस्वामी दीक्षितर की अप्पुलिंग से संबद्ध कृति 'जम्बू पते' है। पंचभूत लिंगों में अप्पु का अर्थ जल तत्त्व है और जम्बुकेश्वरम् मंदिर का संबंध जल-तत्त्व लिंग से माना जाता है। दीक्षितर की 'जम्बू पते' कृति जम्बुकेश्वर और अप्पुलिंग की उपासना से संबंधित है। 'आनंदामृतकर्षिणी' वर्षा-प्रार्थना से, 'श्री कृष्णम्' कृष्ण-भक्ति से और 'सेनापते' सुब्रह्मण्य/कार्तिकेय से संबंधित मानी जाती है। इसलिए सही उत्तर 'जम्बू पते' है।

50. 'नौका चरित्रम्' गेयनाटक का आरंभ सुरटि राग से होता है। यह गेयनाटक त्यागराज की प्रसिद्ध नाट्य-संगीत रचना मानी जाती है। इसमें श्रीकृष्ण, गोपियों और नौका-विहार से संबंधित प्रसंगों को संगीतात्मक रूप में प्रस्तुत किया गया है। सुरटि राग का प्रयोग आरंभिक मंगल और भक्तिभावपूर्ण वातावरण बनाने के लिए उपयुक्त माना जाता है। इसलिए दिए गए विकल्पों में सुरटि सही उत्तर है।

51. अभिकथन सही है, क्योंकि श्री त्यागराज ने लगभग 700 कृतियों की रचना की मानी जाती है। उनकी कृतियाँ मुख्यतः तेलुगु में हैं और वे राम-भक्ति, राग-भाव, साहित्यिक माधुर्य तथा संगीतात्मक गहराई के लिए प्रसिद्ध हैं।

कारण सही नहीं है, क्योंकि श्री त्यागराज ने सभी 72 मेलकर्ता रागों में कृतियों की रचना नहीं की थी। सभी 72 मेलकर्ता रागों में रचना करने का विशेष संबंध क्रोटीश्वर अय्यर जैसे वाग्गेयकारों से अधिक जोड़ा जाता है।

इसलिए अभिकथन सही है, लेकिन कारण सही नहीं है।

52. अभिकथन सही है, क्योंकि बेगड़ा राग में मध्यम स्वर विशिष्ट भूमिका निभाता है और इसे राग-छाया स्वर माना

जाता है। बेगड़ा में मध्यम का प्रयोग केवल सामान्य शुद्ध मध्यम की तरह नहीं, बल्कि राग के विशेष रंग, गमक और वक्र स्वर-चालन को व्यक्त करने के लिए होता है।

कारण सही नहीं है, क्योंकि 4/3 वास्तव में शुद्ध मध्यम का आवृत्ति-अनुपात माना जाता है, श्रुति-मान नहीं। श्रुति-मान और आवृत्ति-अनुपात एक ही बात नहीं हैं; इसलिए कारण में दी गई व्याख्या शास्त्रीय दृष्टि से सही नहीं है।

अतः अभिकथन सही है, लेकिन कारण सही नहीं है।

53. अभिकथन सही है, क्योंकि कर्नाटक संगीत की ताल-पद्धति में संकीर्ण गति संकीर्ण जाति ध्रुव ताल सबसे लंबा ताल माना जाता है। ध्रुव ताल का अंग-विन्यास लघु, द्रुत, लघु, लघु होता है और संकीर्ण जाति में लघु का मान 9 होता है। संकीर्ण गति में प्रत्येक क्रिया का अक्षर-काल 9 माना जाता है, जिससे इस ताल का विस्तार अत्यधिक बढ़ जाता है। इसी कारण संकीर्ण गति संकीर्ण जाति ध्रुव ताल में लगभग 260 अक्षर-काल स्वीकार किए जाते हैं। इसलिए कारण सही है और यही अभिकथन की सही व्याख्या करता है।

54. अभिकथन सही नहीं है, क्योंकि राग आलापन निबद्ध रचना नहीं है। कर्नाटक संगीत में राग आलापन मनोधर्म संगीत का अंग है, जिसमें तालबद्ध साहित्य या पूर्वनिर्धारित बंदिश जैसी बाध्यता नहीं होती। यह राग के स्वरूप, गमक, प्रमुख स्वर-संचार और राग-भाव को स्वतंत्र रूप से विकसित करने की प्रक्रिया है।

कारण सही है, क्योंकि राग आलापन मंच पर कलाकार द्वारा तत्काल रचनात्मक रूप से प्रस्तुत और विकसित किया जाता है।

इसलिए अभिकथन असत्य है और कारण सत्य है।

55. अभिकथन सही है, क्योंकि कुछ विवादी मेल राग अभी भी प्रयोग में हैं और उनमें सुंदर कृतियाँ उपलब्ध होने के कारण वे संगीत-प्रयोग में बने हुए हैं। कर्नाटक संगीत में कई राग केवल सैद्धांतिक नहीं रहे, बल्कि रचनाओं और मंचीय परंपरा के कारण जीवित रहे।

कारण भी सही है, क्योंकि पापनासं शिवन ने सभी 72 मेलकर्ता रागों में तमिल रचनाएँ नहीं रचीं। लेकिन यह कारण यह नहीं समझाता कि कुछ विवादी मेल राग आज भी प्रयोग में क्यों हैं।

इसलिए दोनों कथन सही हैं, पर कारण अभिकथन की सही व्याख्या नहीं है।

56. अभिकथन सही है, क्योंकि किसी ध्वनि का स्वरमान या pitch उस ध्वनि की कंपन-आवृत्ति से निर्धारित होता है। आवृत्ति अधिक होने पर स्वर ऊँचा और आवृत्ति कम होने पर स्वर नीचा अनुभव होता है।

कारण भी सही है, क्योंकि कर्नाटक संगीत में सूक्ष्म स्वर-भेदों की दृष्टि से 22 श्रुतियों की मान्यता स्वीकार की जाती है। लेकिन 22 श्रुतियों की उपस्थिति यह नहीं समझाती कि ध्वनि का स्वरमान कंपन-आवृत्ति से क्यों निर्धारित होता है।

इसलिए दोनों कथन सही हैं, पर कारण अभिकथन की सही व्याख्या नहीं है।

57. अभिकथन सही है, क्योंकि कांचीपुरम नायन पिल्लै अपनी असाधारण लय-समझ, जटिल लयकारी और कर्नाटक गायन की विद्वत्तापूर्ण प्रस्तुति के लिए प्रसिद्ध थे। उनकी गायकी में राग और लय दोनों का संतुलित तथा प्रभावशाली प्रयोग मिलता है।

कारण सही नहीं है, क्योंकि पालघाट मणि अय्यर नायन पिल्लै के शिष्य नहीं थे। पालघाट मणि अय्यर कर्नाटक संगीत के महान मृदंगम् वादक थे और उनकी अपनी अलग गुरु-परंपरा थी।

इसलिए अभिकथन सही है, लेकिन कारण सही नहीं है।

58. अभिकथन सही है, क्योंकि कर्नाटक संगीत की सप्तताल-जाति व्यवस्था से 35 ताल बनते हैं और पाँच गति-भेदों के प्रयोग से $35 \times 5 = 175$ ताल माने जाते हैं। यहाँ पाँच गतियाँ—तिस्र, चतुरस्र, खंड, मिश्र और संकीर्ण—तालों की अक्षर-गणना को विस्तृत करती हैं।

कारण सही नहीं है, क्योंकि 35 ताल 175 तालों से व्युत्पन्न नहीं हैं। वास्तव में 175 ताल, 35 तालों पर गति-भेद लागू करने से विकसित होते हैं।

इसलिए अभिकथन सही है, लेकिन कारण सही नहीं है।

59. अभिकथन सही है, क्योंकि 72 मेलकर्ता सूची में 34वाँ मेल वागदीश्वरी है। वागदीश्वरी शुद्ध मध्यम मेलों में आती है और इसका क्रमांक 34 स्वीकार किया जाता है।

कारण भी सही है, क्योंकि वागदीश्वरी का प्रति-मध्यम समकक्ष 70वाँ मेल नासिकाभूषणी है। शुद्ध मध्यम से प्रति-मध्यम समकक्ष निकालने पर मेल संख्या में 36 की वृद्धि होती है, इसलिए $34 + 36 = 70$ बनता है। लेकिन यह कारण 34वें मेल के रूप में वागदीश्वरी की स्थिति की सीधी व्याख्या नहीं करता; इसलिए दोनों सही हैं, पर कारण सही व्याख्या नहीं है।

60. अभिकथन सही है, क्योंकि 72 मेलकर्ता योजना में 6 शुद्ध मध्यम चक्र होते हैं। प्रत्येक चक्र में 6 मेल होते हैं, इसलिए पहले 36 मेल शुद्ध मध्यम वर्ग में आते हैं।

कारण सही नहीं है, क्योंकि 72 मेलकर्ता योजना में प्रति मध्यम चक्र केवल 4 नहीं, बल्कि 6 होते हैं। अंतिम 36 मेल प्रति मध्यम वर्ग में आते हैं और वे भी 6 चक्रों में विभाजित होते हैं।

इसलिए अभिकथन सही है, लेकिन कारण सही नहीं हैं।

61. गुरु-गुह विभक्ति-कृतियों को विभक्ति-क्रम के अनुसार रखने पर सही क्रम श्री नाथादि, मानस गुरु गुह, श्री गुरुणा पालितोस्मि, गुरु गुहाय और गुरु गुहादन्यम् है।

C. श्री नथादि – यह प्रथम विभक्ति से संबंधित गुरु-गुह कृति मानी जाती है।

A. मानस गुरु गुह – यह द्वितीया विभक्ति के प्रयोग से संबंधित कृति है।

E. श्री गुरुणा पालितोस्मि – इसमें "गुरुणा" तृतीया विभक्ति का रूप है, इसलिए यह तृतीया विभक्ति की कृति है।

B. गुरु गुहाय – "गुरुगुहाय" चतुर्थी विभक्ति का रूप है, जिसका अर्थ "गुरुगुह को/के लिए" होता है।

D. गुरु गुहादन्यम् – "गुरुगुहात्" पंचमी विभक्ति का रूप है, इसलिए यह पंचमी विभक्ति से संबंधित कृति है।

62. 'दुदुकुगल' कृति के चरणों का आनुक्रमिक क्रम परधनमुल, तनमदिनि, तेलियानि नटविट, दृष्टिकि सारम्बगु और मानवतनु है।

B. परधनमुल – यह चरण-साहित्य में आरंभिक क्रम में आता है और त्यागराज की आत्म-निंदा तथा दोष-स्वीकार की भावभूमि से जुड़ा है।

D. तनमदिनि – इसमें सांसारिक आसक्ति और अहंभाव से संबंधित भाव-संकेत मिलता है।

A. तेलियानि नटविट – यह अज्ञान और अनुचित आचरण के भाव को प्रकट करने वाला चरण है।

C. दृष्टिकि सारम्बगु – इसमें बाह्य दृष्टि और वास्तविक आध्यात्मिक सार के अंतर की ओर संकेत है।

E. मानवतनु – यह मनुष्य-शरीर और उसके साधनात्मक महत्व से संबंधित चरण है।

63. 'यदुकुल खाम्बोजी स्वरजाति' के चरणों का सही साहित्य-क्रम कमलदल, पावनिपुर, कनकगिरि, बालकिसलय और नीवलने कादा है।

B. कमलदल – यह चरण-साहित्य में पहले स्थान पर आता है और देवी-स्तुति की कोमल उपमा से जुड़ा है।

D. पावनिपुर – यह स्थान/क्षेत्र-संबंधी संकेत देता है और स्वरजाति के भक्ति-साहित्य को आगे बढ़ाता है।

C. कनकगिरि – इसमें पर्वत/स्थल-वैभव और स्तुति-भाव का संकेत मिलता है।

A. बालकिसलय – यह कोमलता, सौंदर्य और भावात्मक चित्रण से संबंधित पद है।

E. नीवलने कादा – यह चरण-क्रम में बाद का पद है और याचना/भक्ति-भाव को प्रकट करता है।

64. नवग्रह कृतियों को ग्रह-क्रम के अनुसार रखने पर सूर्य, चन्द्र, मंगल, बुध और बृहस्पति का क्रम बनता है।

D. सूर्यमूर्ते – यह सूर्य ग्रह से संबंधित नवग्रह कृति है और क्रम में पहले आती है।

C. चन्द्रम् भज – यह चन्द्र ग्रह से संबंधित कृति है, इसलिए सूर्य के बाद इसका स्थान है।

A. अंगारकमाश्रयाम्यहम् – यह अंगारक अर्थात मंगल ग्रह से संबंधित कृति है।

E. बुधमाश्रयामि – यह बुध ग्रह की स्तुति से संबंधित नवग्रह कृति है।

B. बृहस्पते – यह बृहस्पति ग्रह से संबंधित कृति है, इसलिए दिए गए पाँच पदों में इसका स्थान अंत में है।

65. कल्याणी राग वर्णम् के साहित्य को आनुक्रमिक क्रम में रखने पर वनजाक्षिरो, वासुदेवुनि, विनवे, वेलयु सौन्दर और निलुपराणी का क्रम बनता है।

E. वनजाक्षिरो – यह वर्णम् का प्रारंभिक साहित्य-पद है और नायिका-संबोधन/प्रार्थना-भाव से जुड़ा है।

C. वासुदेवुनि – यह आगे के साहित्य में वासुदेव से संबंधित संदर्भ को प्रस्तुत करता है।

D. विनवे – इसका अर्थ सुनना/ध्यान देना है और यह निवेदन-भाव को आगे बढ़ाता है।

A. वेलयु सौन्दर – यह सौंदर्य-वर्णन और भाव-विस्तार से संबंधित पद है।

B. निलुपराणी – यह साहित्य-क्रम में बाद का पद है और वर्णम् की भावात्मक निरंतरता को पूर्ण करता है।

66. कमलाम्बा नवावरण कृतियों में आवरण-क्रम के अनुसार पहले आनंद भैरवी, फिर कल्याणी, फिर शंकराभरणम्, फिर काम्भोजी और उसके बाद भैरवी राग की कृतियाँ आती हैं।

C. कमलाम्ब सरक्षतु – आनंद भैरवीः यह प्रथम आवरण से संबंधित कृति है और कमलाम्बा नवावरण-शृंखला की आरंभिक आवरण-कृतियों में आती है।

B. कमलाम्बाम् भजरे – कल्याणीः यह द्वितीय आवरण की कृति मानी जाती है और कल्याणी राग में रचित है।

A. श्री कमलम्बिकया – शंकराभरणम्ः यह तृतीय आवरण से संबंधित कृति है और शंकराभरणम् राग में मिलती है।

E. कमलाम्बिकायै – काम्भोजीः यह चतुर्थ आवरण की कृति है और काम्भोजी राग में रचित है।

D. श्री कमलाम्बिकायः – भैरवीः यह पंचम आवरण से संबंधित कृति है और भैरवी राग में आती है।

67. नीलोत्पलाम्बा विभक्ति कृतियों की शृंखला में विभक्ति-क्रम के अनुसार नीलोत्पलाम्बा जयति, नीलोत्पलाम्बाम्, नीलोत्पलाम्बिकया, नीलोत्पलाम्बिकायै/नीलोत्पलाम्बिकायम् और नीलोत्पलाम्बिकायाः का क्रम बनता है।

C. नीलोत्पलाम्बा जयतिः – नारायणगौलः यह प्रथम विभक्ति से संबंधित आरंभिक कृति है और नारायणगौल राग में रचित है।

A. नीलोत्पलाम्बाम् – नारीरीतीगौलः यह द्वितीया विभक्ति के प्रयोग से संबंधित कृति है और नारीरीतीगौल राग में मिलती है।

E. नीलोत्पलाम्बिकाय – कन्नड़ गौलः यह अगले विभक्ति-क्रम से संबंधित कृति है और कन्नड़ गौल राग में दी जाती है।

B. नीलोत्पलाम्बिकायम् – केदारगौलः यह केदारगौल राग की कृति है और नीलोत्पलाम्बा विभक्ति-शृंखला में बाद के क्रम में आती है।

D. नीलोत्पलम्बिकायाः – गौलः यह गौल राग में रचित कृति है और दिए गए क्रम में अंतिम स्थान पर आती है।

68. नवरात्रि कृतियों को दिन-क्रम में रखने पर दिए गए विकल्पों में सावेरी, तोड़ी, भैरवी, शुद्ध सावेरी और नाट्ट कुरन्जी का क्रम सही बैठता है।

A. देवि पावनी – सावेरीः यह स्वाति तिरुनाल की नवरात्रि-कृतियों के दिन-क्रम में पहले आती है।

D. भारती मामव – तोड़ीः तोड़ी राग की यह कृति नवरात्रि-शृंखला में अगले दिन से संबंधित मानी जाती है।

C. जननी पागव – भैरवीः भैरवी राग की यह कृति नवरात्रि-कृति क्रम में तोड़ी के बाद आती है।

B. जननीपाहि – शुद्ध सावेरीः यह शुद्ध सावेरी राग की कृति है और नवरात्रि-क्रम में बाद के दिन से संबंधित है।

E. पाहि जननी – नाट्ट कुरन्जीः नाट्ट कुरन्जी राग की यह कृति दिए गए पाँच विकल्पों में अंतिम क्रम में आती है।

69. अभयाम्बा विभक्ति कृतियों को क्रम में रखने पर अभयाम्बा जगदम्बा, आर्याम् अभयाम्, गिरिजयाजय अभयाम्बिकया, अभयाम्बिकायै और अभयाम्बिकायाः का क्रम बनता है।

E. अभयाम्बा जगदम्बा – कल्याणीः यह प्रथम विभक्ति से संबंधित कृति है और कल्याणी राग में रचित है।

C. आर्याम् अभयाम् – भैरवीः यह द्वितीया विभक्ति के प्रयोग से संबंधित कृति है और भैरवी राग में मिलती है।

A. गिरिजयाजय अभ्याम्बिकया – शंकराभरणम्ः इसमें ''अभयाम्बिकया'' तृतीया विभक्ति का रूप है और यह शंकराभरणम् राग में है।

B. अभयाम्बिकायै – यदुकुलकाम्बोजीः ''अभयाम्बिकायै'' चतुर्थी विभक्ति का रूप है और यह यदुकुलकाम्बोजी राग की कृति है।

D. अभयाम्बिकायाः – केदार गौलः यह पंचमी/षष्ठी विभक्ति से संबंधित रूप है और केदार गौल राग में रचित है।

70. ताल-अक्षरों के अवरोही क्रम में खंड जाति ध्रुव ताल, चतुरस्र जाति अट ताल, मिश्र जाति रूपक ताल, तिश्र जाति मठ्य ताल और मिश्र जाति एक ताल का क्रम बनता है।

D. खंड जाति ध्रुव ताल – 17 अक्षरः ध्रुव ताल का अंग-विन्यास लघु-द्रुत-लघु-लघु है; खंड जाति में गणना 5+2+5+5 = 17 होती है।

C. चतुरस्र जाति अट ताल – 12 अक्षरः अट ताल का अंग-विन्यास लघु-लघु-द्रुत-द्रुत है; चतुरस्र जाति में 4+4+2+2 = 12 अक्षर होते हैं।

A. मिश्र जाति रूपक ताल – 9 अक्षरः रूपक ताल का अंग-विन्यास द्रुत-लघु है; मिश्र जाति में 2+7 = 9 अक्षर होते हैं।

E. तिश्र जाति मठ्य ताल – 8 अक्षरः मठ्य ताल का अंग-विन्यास लघु-द्रुत-लघु है; तिश्र जाति में 3+2+3 = 8 अक्षर होते हैं।

B. मिश्र जाति एक ताल – 7 अक्षरः एक ताल में केवल एक लघु होता है; मिश्र जाति में लघु का मान 7 होता है।

71. नैयान्दी मेलम दक्षिण भारतीय लोक/मंदिर-संबंधी वाद्य-समूह है, जिसमें तमुकू, नागस्वरम् और ओत्तु जैसे वाद्यों का प्रयोग मिलता है।

A. तमुकू – यह ताल-प्रधान लोक वाद्य है और नैयान्दी मेलम की लयात्मक संरचना में सहायक होता है।

C. नागस्वरम् – यह दक्षिण भारतीय सुषिर वाद्य है और मेलम परंपरा में मुख्य धुन-वाहित वाद्य के रूप में प्रयुक्त होता है।

E. ओत्तु – यह नागस्वरम् के साथ सहायक drone/श्रुति देने वाला वाद्य है।

चेन्डा मुख्यतः केरल की ताल-परंपरा से और घटम कर्नाटक शास्त्रीय ताल-वाद्य से अधिक संबद्ध है, इसलिए सही उत्तर केवल A, C, E है।

72. मुथय्या भागवतार के विद्यार्थियों में रामनाथपुरम् सी.एस. शंकर शिवम् और मदुरै मणि अय्यर को लिया जाता है।

A. रामनाथपुरम् सी.एस. शंकर शिवम् – उनका संबंध मुथय्या भागवतार की शिष्य-परंपरा से माना जाता है।

B. मदुरै मणि अय्यर – वे कर्नाटक संगीत के महान गायक थे और मुथय्या भागवतार से संगीत-शिक्षा प्राप्त करने वालों में गिने जाते हैं।

मुथय्या भागवतार रचनाकार, गायक और हरिकथा परंपरा से जुड़े विद्वान थे। मदुरै सोमसुन्दरम् पिल्लै, टी.एम. त्यागराजन और अरियक्कुडी रामानुज अयंगार को इस प्रश्न के दिए गए शिष्य-समूह में स्वीकार नहीं किया जाएगा।

73. सारंगदेव के राग-वर्गीकरण में रागांग, उपांग और क्रियांग जैसे वर्गों का प्रयोग मिलता है।

A. रागांग – यह राग के मुख्य स्वरूप, अंग और रागात्मक पहचान से संबंधित वर्ग है।

E. उपांग – यह ऐसे राग-वर्ग को सूचित करता है जो मूल रागांग से संबद्ध होकर उसके अधीन स्वरूप ग्रहण करता है।

C. क्रियांग – इसमें राग के क्रिया-व्यवहार, प्रयोग और गायन-चालन से संबंधित पक्ष समझे जाते हैं।

अंतरा और गीति इस प्रश्न में सारंगदेव के राग-वर्गीकरण के दिए गए वर्गों में उपयुक्त नहीं हैं। इसलिए सही उत्तर केवल A, E, C है।

74. दिए गए विकल्पों में वायलिन वादक एन. राजम्, कुम्भकोणम् राजमाणिकम् पिल्लै और गोविन्दस्वामी पिल्लै हैं।

A. एन. राजम् – वे भारतीय शास्त्रीय वायलिन की अत्यंत प्रसिद्ध कलाकार हैं और गायकी-अंग वादन के लिए जानी जाती हैं।

D. कुम्भकोणम् राजमाणिकम् पिल्लै – वे कर्नाटक संगीत परंपरा के प्रतिष्ठित वायलिन वादक थे।

E. गोविन्दस्वामी पिल्लै – वे भी प्रसिद्ध कर्नाटक वायलिन वादक माने जाते हैं।

उमयालपुरम् शिवरामन मृदंगम् वादक हैं और टी.के. गोविन्द राव मुख्यतः गायक तथा संगीत-विद्वान हैं, इसलिए सही उत्तर केवल A, D, E है।

75. समूह कृतियों में कोरि सेविम्परारे, राजु वेडले और संदरी निन्नु वर्णिम्प को चिह्नित किया जाएगा।

B. कोरि सेविम्परारे – यह कर्नाटक संगीत की प्रसिद्ध समूह-कृति परंपरा में गिनी जाने वाली रचना है।

D. राजु वेडले – यह भी समूह-कृतियों के अंतर्गत स्वीकार की जाने वाली रचना है।

E. संदरी निन्नु वर्णिम्प – यह समूह-कृति के रूप में चिह्नित की जाती है और रचना-समूह की परंपरा से संबंधित है।

तुलसीदल मुलचे और वर सिखि वाहन इस प्रश्न में दिए गए समूह-कृतियों के सही चयन में सम्मिलित नहीं किए जाएँगे। इसलिए सही उत्तर केवल B, D, E है।

76. प्रह्लाद भक्ति विजयम् श्री त्यागराज का प्रसिद्ध गेयनाटक है, जिसमें भक्ति, नाटकीयता और संगीतात्मकता का सुंदर समन्वय मिलता है।

A. रा रा मा इन्टिदाका – यह प्रह्लाद भक्ति विजयम् से संबंधित रचना मानी जाती है।

B. ऐनाटि नोमुफलमो – यह भी इसी गेयनाटक की रचना के रूप में स्वीकार की जाती है।

D. नी नाम रुपमुलकु – यह रचना भी प्रह्लाद भक्ति विजयम् से संबंधित है।

छुडरे चेलुलार और शृंगारिन्चुकोनी इस प्रश्न में प्रह्लाद भक्ति विजयम् की रचनाओं के रूप में सही चयन में नहीं आतीं, इसलिए सही उत्तर केवल A, B और D है।

77. पदम् रचनाकारों में सारंगपाणि, घनम् कृष्णय्यर और क्षेत्रय्या प्रमुख माने जाते हैं।

A. सारंगपाणि – वे तेलुगु पदम्-परंपरा के महत्वपूर्ण रचनाकार माने जाते हैं।

C. घनम् कृष्णय्यर – कर्नाटक संगीत में पदम् और भावप्रधान रचनाओं से उनका संबंध माना जाता है।

D. क्षेत्रय्या – पदम् रचना-परंपरा के अत्यंत प्रसिद्ध और प्रमुख वाग्गेयकार हैं।

सुब्बराय शास्त्री और तिरुवोत्तियूर त्यागय्यर महत्वपूर्ण संगीतज्ञ हैं, पर इस प्रश्न के पदम्-रचनाकार समूह में सही चयन A, C और D है।

78. पंचरत्न कृति 'जगदानन्दकारका' के चरणों में अमर तारक, ओंकार पंजर और अगणित गुण जैसे पद आते हैं।

A. अमर तारक – यह 'जगदानन्दकारका' के चरण-साहित्य से संबंधित पद है।

C. ओंकार पंजर – यह भी इसी पंचरत्न कृति के चरणों में आने वाला प्रसिद्ध पद है।

D. अगणित गुण – यह भगवान राम के अनंत गुणों की स्तुति से संबंधित पद है और 'जगदानन्दकारका' के साहित्य में आता है।

पनसनारी केलादि और कावेरी तीरमुननु इस कृति के सही चरणों में नहीं लिए जाएँगे। इसलिए सही उत्तर केवल A, C और D है।

79. 21 अक्षरकाल निकालने के लिए ताल की मूल अक्षर-संख्या को गति के अक्षरों से गुणा किया जाता है।

A. तिस्र गति तिस्र जाति त्रिपुट तालम् – त्रिपुट का अंग-विन्यास लघु-द्रुत-द्रुत है; तिस्र जाति में 3+2+2 = 7 और तिस्र गति में 7×3 = 21 अक्षरकाल होते हैं।

C. तिस्र गति मिश्र जाति एक तालम् – एक ताल में एक लघु होता है; मिश्र जाति में 7 और तिस्र गति में 7×3 = 21 अक्षरकाल होते हैं।

E. तिस्र गति चतुरस्र जाति झंप तालम् – झंप का अंग-विन्यास लघु-अनुद्रुत-द्रुत है; चतुरस्र जाति में 4+1+2 = 7 और तिस्र गति में 7×3 = 21 अक्षरकाल होते हैं।

B और D की गणना 21 अक्षरकाल नहीं देती, इसलिए सही उत्तर केवल A, C और E है।

80. विवादी मेलों में नीतिमती, शूलिनी और वागदीश्वरी को चिह्नित किया जाएगा।

A. नीतिमती – यह 72 मेलकर्ता योजना में विवादी स्वर-संयोजन वाला मेल माना जाता है।

B. शूलिनी – इसका स्वर-संयोजन भी विवादी प्रकृति से संबंधित माना जाता है।

D. वागदीश्वरी – यह भी विवादी मेलों में गिना जाता है।

नाम नारायणी और हेमवती को इस प्रश्न में विवादी मेलों के सही समूह में नहीं लिया जाएगा। इसलिए सही उत्तर केवल A, B और D है।

81. A. नगुमोमु – IV. खगराजुः ''नगुमोमु गनलेनि'' त्यागराज की प्रसिद्ध कृति है और इसके चरणम् में ''खगराजु'' पद आता है। यह कृति आभेरी राग में अत्यंत प्रसिद्ध है और राम-भक्ति की करुण भाव-प्रधान अभिव्यक्ति देती है।

B. इंतसौख्यमनिने – I. स्वर राग लयः ''इंत सौख्यमनिने'' कृति के चरणम् में ''स्वर राग लय'' पद आता है। यह पद संगीत के स्वर, राग और लयात्मक आनंद को भक्तिपरक भाव से जोड़ता है।

C. चक्कनि राजा – III. कण्टिकी सुन्दर तरमगुः ''चक्कनि राजा'' कृति के चरणम् में ''कण्टिकी सुन्दर तरमगु'' पद आता है। यह कृति खरहरप्रिया राग में है और श्रीराम के सौंदर्य तथा आदर्श स्वरूप की स्तुति करती है।

D. क्षीर सागर – II. नारी मनीकिः ''क्षीर सागर शयन'' कृति के चरणम् में ''नारी मनीकि'' पद आता है। यह कृति देव-स्तुति और भक्तिपरक निवेदन से संबंधित है।

82. A. ऋषभ न्यास – IV. केदार गौलः केदार गौल में ऋषभ न्यास राग-भाव को स्थिर करने में महत्त्वपूर्ण माना जाता है। इस राग में ऋषभ का ठहराव उसके शांत, भक्तिपूर्ण और गंभीर स्वरूप को स्पष्ट करता है।

B. मध्यम न्यास – III. कुंतल वरालिः कुंतल वरालि में मध्यम न्यास का विशेष प्रयोग राग की पहचान को पुष्ट करता है। इस राग में मध्यम पर ठहराव राग के विशिष्ट स्वरूप और चालन को स्पष्ट बनाता है।

C. धैवत न्यास – II. सावेरीः सावेरी में धैवत न्यास का प्रयोग राग की प्राचीनता, गंभीरता और विशिष्ट गमक-प्रधान भाव को प्रकट करता है। सावेरी में धैवत का प्रयोग राग की करुण-भक्ति प्रधान प्रकृति को बल देता है।

D. निषाद न्यास – I. हंसध्वनिः हंसध्वनि में निषाद न्यास राग की उज्ज्वल, मांगलिक और पंचस्वरी प्रकृति को प्रकट करता है। यह राग सा, रि, ग, प, नि पर आधारित होता है, इसलिए निषाद इसमें महत्वपूर्ण ठहराव स्वर है।

83. A. भैरवी – III. मांजिः मांजि को भैरवी का सप्रकृति/निकट-प्रकृति राग माना जाता है। दोनों में भैरवी-अंग, गमक और करुण भाव का गहरा संबंध मिलता है।

B. घंटा – II. पुन्नागवरालिः घंटा और पुन्नागवरालि में गंभीर, गमक-प्रधान और प्राचीन राग-स्वभाव की समानता मिलती है। इसी कारण पुन्नागवरालि को घंटा के सप्रकृति राग के रूप में जोड़ा जाता है।

C. बिलहरी – IV. देशाक्षिः बिलहरी का सप्रकृति राग देशाक्षि माना जाता है। बिलहरी में उत्साहपूर्ण, उज्ज्वल और संपूर्ण-आधारित चालन है, जिसका साम्य देशाक्षि से जोड़ा जाता है।

D. दरबार – I. नायकीः नायकी को दरबार का सप्रकृति राग माना जाता है। दरबार और नायकी दोनों में वक्र प्रयोग, गमक और गंभीर राग-चाल की निकटता मिलती है।

84. A. औडव संपूर्ण – IV. आभेरीः आभेरी में आरोह औडव और अवरोह संपूर्ण रूप माना जाता है। इसमें आरोह में सीमित स्वर और अवरोह में विस्तृत स्वर-संचार राग की पहचान बनाते हैं।

B. षाडव षाडव – I. मलय मारुतमूः मलय मारुतम् को षाडव-षाडव जाति का राग माना जाता है। इसमें आरोह और अवरोह दोनों में छह-छह स्वरों का प्रयोग राग-स्वरूप को निर्धारित करता है।

C. उभय वक्र – II. सहानाः सहाना उभय वक्र राग है, क्योंकि इसके आरोह और अवरोह दोनों में वक्र स्वर-चालन मिलता है। सहाना का रागभाव सीधे क्रम से नहीं, बल्कि वक्र और गमकयुक्त प्रयोगों से प्रकट होता है।

D. औडव वक्र – III. गौलः गौल में औडव और वक्र स्वर-व्यवहार का विशेष प्रयोग मिलता है। यह प्राचीन राग है और इसका राग-स्वरूप वक्र चालन तथा विशिष्ट गमकों से निर्मित होता है।

85. A. करुणामृत सागरम – IV. अब्रहाम पंडितरः *करुणामृत सागरम* अब्रहाम पंडितर का प्रसिद्ध ग्रंथ है। यह तमिल संगीत, श्रुति-विचार और दक्षिण भारतीय संगीत-सिद्धांत से संबंधित महत्वपूर्ण ग्रंथ माना जाता है।

B. संगीत सार – III. विद्यारण्यः *संगीत सार* का संबंध विद्यारण्य से माना जाता है। विद्यारण्य दक्षिण भारतीय संगीत-सिद्धांत और मेल-राग परंपरा के महत्वपूर्ण आचार्य हैं।

C. संगीत चूड़ामणि – II. जगदेक मल्लः *संगीत चूड़ामणि* का संबंध जगदेक मल्ल से माना जाता है। यह संगीत-शास्त्र की परंपरा में राग, ताल और शास्त्रीय तत्त्वों से जुड़ा ग्रंथ है।

D. संगीत राज – I. राणा कुम्भाः *संगीत राज* महाराणा कुम्भा द्वारा रचित ग्रंथ माना जाता है। इसमें मध्यकालीन भारतीय संगीत-शास्त्र, राग-विवेचन और संगीत-सिद्धांत का महत्वपूर्ण निरूपण मिलता है।

86. A. स्वरजति – II. रावे हिमगिरी कुमारिः ''रावे हिमगिरी कुमारि'' श्याम शास्त्री की प्रसिद्ध स्वरजति है। स्वरजति में स्वर और साहित्य दोनों का संतुलित प्रयोग होता है तथा यह कर्नाटक संगीत में अभ्यास और मंचीय प्रस्तुति दोनों दृष्टियों से महत्त्वपूर्ण रूप है।

B. जावलि – I. ऐल राडायेने कामिनीः ''ऐल राडायेने कामिनी'' जावलि रूप से संबंधित साहित्य है। जावलि सामान्यतः शृंगारप्रधान, हल्की-फुल्की और भावाभिव्यक्ति-प्रधान रचना होती है।

C. पदम् – III. मुंदटि वले नापैः ''मुंदटि वले नापै'' पदम् से संबंधित रचना है। पदम् में धीमी गति, गहन भाव, शृंगार और अभिनय-योग्यता की प्रधानता रहती है।

D. कृति – IV. भजरे रे मानसः ''भजरे रे मानस'' कृति रूप से संबंधित है। कृति कर्नाटक संगीत का प्रमुख रचना-रूप है, जिसमें पल्लवी, अनुपल्लवी और चरणम् जैसी संरचना मिलती है।

87. A. बिडारम् कृष्णप्पा – IV. गायनः बिडारम् कृष्णप्पा कर्नाटक संगीत के प्रसिद्ध गायक थे। उनका नाम मैसूर की गायन-परंपरा और कर्नाटक संगीत के मंचीय विकास से जुड़ा है।

B. तिरुपाम्पुरम स्वामिनाथ पिल्लै – I. बांसुरीः तिरुपाम्पुरम स्वामिनाथ पिल्लै प्रसिद्ध बाँसुरी वादक थे। कर्नाटक संगीत में बाँसुरी-वादन की परंपरा को प्रतिष्ठित करने में उनका महत्वपूर्ण स्थान माना जाता है।

C. के.एस. वेंकट रामय्या – II. वायलिनः के.एस. वेंकट रामय्या वायलिन वादन से संबंधित कलाकार माने जाते हैं। कर्नाटक संगीत में वायलिन मुख्य संगत और स्वतंत्र वादन दोनों रूपों में अत्यंत महत्त्वपूर्ण है।

D. पालघाट रघु – III. मृदंगमः पालघाट रघु कर्नाटक संगीत के प्रसिद्ध मृदंगम् वादक थे। वे लयकारी, सूक्ष्म संगत और स्वतंत्र मृदंगम् प्रस्तुति के लिए प्रसिद्ध रहे हैं।

88. A. वी.एन. भातखंडे – IV. श्री मल्लक्ष्य संगीतमूः वी.एन. भातखंडे का ग्रंथ *श्री मल्लक्ष्य संगीतम्* हिन्दुस्तानी संगीत-शास्त्र में महत्त्वपूर्ण माना जाता है। इसमें रागों के शास्त्रीय और व्यावहारिक पक्षों का व्यवस्थित विवेचन मिलता है।

B. एस.ए.के. दुर्गा – III. एथनोम्यूजिकोलॉजीः एस.ए.के. दुर्गा का संबंध ethnomusicology विषयक लेखन से है। उन्होंने लोक, जनजातीय और सांस्कृतिक संगीत-अध्ययन के क्षेत्र में महत्वपूर्ण कार्य किया है।

C. बालांत्रपु रजनीकांत राव – I. आंध्र वाग्गेय कार चरित्रः बालांत्रपु रजनीकांत राव ने आंध्र की वाग्गेयकार परंपरा पर कार्य किया। *आंध्र वाग्गेय कार चरित्र* में आंध्र प्रदेश के संगीत-रचनाकारों और उनकी परंपरा का विवेचन मिलता है।

D. आर. सत्यनारायण – II. म्यूजिक ऑफ मध्वा मॉन्क्सः आर. सत्यनारायण संगीतशास्त्र, कर्नाटक संगीत और भारतीय संगीत-परंपरा के विद्वान थे। Music of Madhva Monks उनका मध्व परंपरा के संगीत से संबंधित अध्ययन है।

89. A. कोर्डोफोन – II. गेतुवाद्यम्ः कोर्डोफोन वे वाद्य हैं जिनमें तारों के कंपन से ध्वनि उत्पन्न होती है। गेतुवाद्यम्/ गोटुवाद्यम् तार-प्रधान वाद्य है, इसलिए यह कोर्डोफोन वर्ग में आता है।

B. एयरोफोन – I. भूरिः एयरोफोन वे वाद्य हैं जिनमें वायु के कंपन से ध्वनि उत्पन्न होती है। भूरि को सुषिर/ वायु-प्रधान वाद्य के रूप में इस वर्ग से मिलाया जाता है।

C. लीथियोफोन – IV. संगीत पाषाण स्तंभः लीथियोफोन में पत्थर या पाषाण से ध्वनि उत्पन्न होती है। संगीत पाषाण स्तंभ पाषाण-निर्मित ध्वन्यात्मक संरचना है, इसलिए यह लीथियोफोन का सही उदाहरण है।

D. मेम्ब्रेनोफोन – III. डमरुः मेम्ब्रेनोफोन वे वाद्य हैं जिनमें चमड़े की झिल्ली के कंपन से ध्वनि उत्पन्न होती है। डमरु चर्म-मढ़ित अवनद्ध वाद्य है, इसलिए यह मेम्ब्रेनोफोन है।

90. A. आंदालि कुरिन्जी – III. सामः आंदालि कुरिन्जी पण का समतुल्य राग साम माना जाता है। पण-परंपरा में प्राचीन तमिल संगीत रूपों को आधुनिक कर्नाटक रागों से मिलाकर समझाया जाता है।

B. व्याळ कुरिन्जी – IV. सौराष्ट्रः व्याळ कुरिन्जी का समतुल्य राग सौराष्ट्र माना जाता है। सौराष्ट्र कर्नाटक संगीत में प्राचीनता और मांगलिक प्रयोग से जुड़ा राग है।

C. मेघराग कुरिन्जी – I. नीलाम्बरीः मेघराग कुरिन्जी का समतुल्य राग नीलाम्बरी है। नीलाम्बरी अपनी शांत, कोमल और लोरी-सदृश प्रकृति के लिए प्रसिद्ध है।

D. चेव्वळी – II. यदुकुल काम्बोजीः चेव्वळी पण का समतुल्य राग यदुकुल काम्बोजी माना जाता है। यदुकुल काम्बोजी में शांत, भक्तिपूर्ण और सौम्य रागभाव मिलता है।

91. 'ताल लक्षणम्' ग्रंथ के लेखक अच्युतराय माने जाते हैं। यह ग्रंथ ताल-सिद्धांत, ताल-लक्षण और लय-संबंधी शास्त्रीय विवेचन से संबंधित है। भारतीय संगीत-इतिहास के अध्ययन में ऐसे ग्रंथ महत्त्वपूर्ण स्रोत माने जाते हैं, क्योंकि इनमें तत्कालीन ताल-व्यवस्था और संगीत-व्यवहार की जानकारी मिलती है। लक्ष्मीनारायण, पुण्डरीक विट्ठल और भावभट्ट भी संगीत-परंपरा से जुड़े नाम हैं, पर इस ग्रंथ के लिए सही लेखक अच्युतराय हैं। इसलिए सही उत्तर विकल्प 1 है।

92. 'शिलप्पादिकारम्' ग्रंथ की टीका के लेखक अडियरक्कुनल्लार माने जाते हैं। 'शिलप्पादिकारम्' तमिल साहित्य और संगीत-इतिहास का अत्यंत महत्वपूर्ण ग्रंथ है। इसमें प्राचीन तमिल संगीत, नृत्य, नाट्य और सांस्कृतिक जीवन से संबंधित अनेक संकेत मिलते हैं। अडियरक्कुनल्लार की टीका इस ग्रंथ की संगीत-सांस्कृतिक सामग्री को समझने में विशेष सहायक मानी जाती है। इसलिए सही उत्तर विकल्प 2 है।

93. 'राग तत्व विबोध' कृति के लेखक पंडित श्रीनिवास हैं। यह ग्रंथ राग, स्वर-स्थापना और संगीत-सिद्धांत से संबंधित महत्वपूर्ण कृति मानी जाती है। राग-तत्व के विवेचन में यह ग्रंथ विशेष रूप से उल्लेखनीय है, क्योंकि इसमें स्वर और राग-स्वरूप पर शास्त्रीय चर्चा मिलती है। लोचन कवि, भाव भट्ट और तुलजाजी अन्य संगीत-ग्रंथों से संबंधित हैं, पर 'राग तत्व विबोध' के लेखक पंडित श्रीनिवास ही हैं। इसलिए सही उत्तर विकल्प 3 है।

94. 'संगीत रत्नाकर' ग्रंथ की टीका 'कलानिधि' है। 'संगीत रत्नाकर' शारंगदेव द्वारा रचित भारतीय संगीतशास्त्र का अत्यंत महत्वपूर्ण ग्रंथ है। इस ग्रंथ पर बाद में टीकाएँ लिखी गईं, जिनमें 'कलानिधि' टीका का विशेष उल्लेख मिलता है। यह टीका ग्रंथ के राग, ताल, स्वर, नृत्य और वाद्य-संबंधी जटिल विषयों को समझाने में सहायक है। इसलिए दिए गए विकल्पों में सही उत्तर विकल्प 4 है।

95. 'पंडिताराध्य चरित्र' ग्रंथ के लेखक पाल्कुरिकि सोमनाथ कवि हैं। पाल्कुरिकि सोमनाथ तेलुगु-कन्नड़ साहित्य और वीरशैव परंपरा से जुड़े प्रसिद्ध कवि माने जाते हैं। 'पंडिताराध्य चरित्र' उनके प्रमुख ग्रंथों में गिना जाता है और यह सांस्कृतिक-ऐतिहासिक अध्ययन की दृष्टि से भी उपयोगी है। नंदी तिम्मन, जगदेक मल्ल और पेद्दन अन्य साहित्यिक/ संगीत-परंपराओं से जुड़े नाम हैं, पर इस ग्रंथ के लेखक पाल्कुरिकि सोमनाथ कवि हैं। इसलिए सही उत्तर विकल्प 2 है।

96. नेत्र चक्र 72 मेलकर्ता योजना का दूसरा चक्र है, जिसमें 7वें से 12वें मेल तक के राग आते हैं। नाटकप्रिया इस योजना में 10वाँ मेलकर्ता राग है, इसलिए यह नेत्र चक्र से संबंधित है। नेत्र चक्र के रागों में एक ही मध्यम वर्ग के भीतर निश्चित ऋषभ-गान्धार तथा धैवत-निषाद संयोजन मिलते हैं। षड्विद्यामार्गिणी, रूपवती और दिव्यमणि नेत्र चक्र के मेल नहीं हैं। इसलिए दिए गए विकल्पों में नाटक प्रिया सही उत्तर है।

97. मायामालव गौला के ऋषभ ग्रहभेद से रसिकप्रिया राग प्राप्त माना जाता है। ग्रहभेद में किसी राग के स्वर-संग्रह को दूसरे स्वर से आधार बनाकर देखा जाता है। मायामालव गौला कर्नाटक संगीत का 15वाँ मेलकर्ता राग है, जिसमें शुद्ध ऋषभ, अंतर गान्धार, शुद्ध मध्यम, पंचम, शुद्ध धैवत और काकली निषाद का प्रयोग होता है। ऋषभ को नया आधार मानने पर जो स्वर-संबंध बनता है, वह रसिकप्रिया से जोड़ा जाता है। इसलिए दिए गए विकल्पों में रसिकप्रिया सही उत्तर है।

98. माररंजनी का सांगत प्रतिमध्यम मेल कांतामणि है। मेलकर्ता योजना में किसी शुद्ध मध्यम मेल का प्रति-मध्यम समकक्ष प्राप्त करने के लिए उसकी संख्या में 36 जोड़ा जाता है। माररंजनी 25वाँ मेल है, इसलिए उसका प्रतिमध्यम समकक्ष $25 + 36 = 61$वाँ मेल होगा। 61वाँ मेलकर्ता राग कांतामणि है। इसलिए दिए गए विकल्पों में कांतामणि सही उत्तर है।

99. षट्श्रुति धैवत और काकली निषाद युक्त मेल के रूप में दिव्यमणि को चिह्नित किया जाएगा। मेलकर्ता योजना में धैवत और निषाद के भेद राग की चक्र-स्थिति और स्वर-संरचना को निर्धारित करते हैं। षट्श्रुति धैवत उच्च धैवत-स्थान है और काकली निषाद उच्च निषाद-स्थान है। दिव्यमणि में यही धैवत-निषाद संयोजन मिलता है। कांतामणि, नामनारायणी और सालगम इस विशेष धैवत-निषाद संयोजन से मेल नहीं खाते।

100. स्मृति विषयक 'दिशि-गो' युक्त मेल सिन्हेंद्रमध्यमम् है। कटपयादि पद्धति में मेलकर्ता रागों की संख्या शब्दों के अक्षर-मूल्यों से निकाली जाती है। सिन्हेंद्रमध्यमम् 57वाँ मेलकर्ता राग है और इसका स्मृति-सूत्र 'दिशि-गो' से संबंधित माना जाता है। इसमें प्रति मध्यम का प्रयोग होता है और यह 72 मेलकर्ता योजना के उत्तरार्ध में आता है। इसलिए दिए गए विकल्पों में सिन्हेंद्रमध्यमम् सही उत्तर है।

भाग-V : रबीन्द्र संगीत

26. नृत्य-नाटक 'श्यामा' को 'परिशोध' का परिवर्तित रूप माना जाता है। 'परिशोध' पहले काव्य/नाट्य रूप में था और बाद में रवीन्द्रनाथ टैगोर ने उसे नृत्य-नाटक के रूप में विकसित किया। इस परिवर्तित नृत्य-नाट्य रूप में कथा, गीत, नृत्य और नाटकीय भावों का अधिक सुसंगठित प्रयोग मिलता है। 'श्यामा' में प्रेम, त्याग, अपराध-बोध और आत्मबलिदान जैसे भाव प्रमुख हैं। इसलिए दिए गए विकल्पों में 'परिशोध' का परिवर्तित नृत्य-नाटक 'श्यामा' ही है।

27. ''खाँचार पाखी छिलो'' गीत/कविता रवीन्द्रनाथ टैगोर के काव्य-संकलन *सोनार तोरी* से संबंधित मानी जाती है। *सोनार तोरी* टैगोर की महत्वपूर्ण काव्य-कृतियों में से एक है, जिसमें जीवन, बंधन, मुक्ति और आत्मानुभूति से जुड़े भाव मिलते हैं। ''खाँचार पाखी'' का भाव भी बंधन और स्वतंत्रता के प्रतीकात्मक अर्थ से जुड़ा हुआ है। *बलाका*, *क्षणिका* और *कौथा ओ काहिनी* अन्य काव्य-संकलन हैं, पर इस प्रश्न में पूछा गया गीत *सोनार तोरी* से संबंधित है। इसलिए सही उत्तर विकल्प 3 है।

28. दिए गए विकल्पों में ''ओई भुबनमनमोहिनी'' कर्नाटक संगीत पर आधारित गीत के रूप में स्वीकार नहीं किया जाता। रवीन्द्र-संगीत में अनेक गीतों पर उत्तर भारतीय, कर्नाटक, लोक और पाश्चात्य संगीत-शैलियों का प्रभाव मिलता है। ''बासंती हे भुबनमोहिनी'', ''नीलांजन छाया'' और ''बाजे करुण सुरे'' जैसे गीतों में कर्नाटक संगीत-प्रभाव या दक्षिण भारतीय संगीत-छाया मानी जाती है। इसके विपरीत ''ओई भुबनमनमोहिनी'' इस समूह में कर्नाटक-आधारित गीत के रूप में नहीं रखा जाता। इसलिए सही उत्तर विकल्प 2 है।

29. सुचित्रा मित्र रवीन्द्र-संगीत की अत्यंत प्रसिद्ध गायिका थीं, लेकिन उन्हें रवीन्द्रनाथ टैगोर की प्रत्यक्ष शिष्या के रूप में नहीं गिना जाता। उन्होंने रवीन्द्र-संगीत की शिक्षा शान्तिनिकेतन की परंपरा में प्राप्त की और बाद में इस शैली की प्रमुख प्रतिनिधि बनीं। अमला दास, अमिता सेन और कनिका बंदोपाध्याय का संबंध टैगोर और शान्तिनिकेतन की प्रत्यक्ष/निकट संगीत-परंपरा से अधिक स्पष्ट रूप से जुड़ा हुआ है। सुचित्रा मित्र टैगोर के बाद की पीढ़ी की प्रमुख रवीन्द्र-संगीत कलाकार मानी जाती हैं। इसलिए दिए गए विकल्पों में सही उत्तर सुचित्रा मित्रा है।

30. ''काँपिछे देहलता'' नौ मात्रा की तालों में रचित गीत के रूप में स्वीकार नहीं किया जाता। रवीन्द्र-संगीत में नौ मात्रा की तालों का प्रयोग कुछ विशिष्ट गीतों में मिलता है, जिनमें लय-विन्यास 9 मात्राओं की संरचना पर आधारित होता है। ''निबिड़ घन आँधारे'', ''ब्याकुल बोकुलेर फुले'' और ''दुआर मोर पथपाशे'' को नौ मात्रा-आधारित ताल-प्रयोग से जोड़ा जाता है। ''काँपिछे देहलता'' इस ताल-वर्ग में नहीं आता। इसलिए सही उत्तर विकल्प 3 है।

31. ''बिश्वबिणारोबे बिश्वजनो मोहिछे'' गीत की धुन ''नाद विद्या परब्रह्मरस'' से ली गई मानी जाती है। रवीन्द्रनाथ

टैगोर ने अनेक गीतों में भारतीय शास्त्रीय, कर्नाटक, लोक और पाश्चात्य धुनों का सृजनात्मक रूपांतरण किया। "नाद विद्या परब्रह्मरस" कर्नाटक संगीत-परंपरा से संबंधित धुन है, जिसे टैगोर ने अपने गीत में नए साहित्य और भाव के साथ रूपांतरित किया। "बासोन्ती हे", "बाजे करुण सुरे" और "दिन फुरालो हे संसारी" इस विशेष धुन-स्रोत से संबद्ध नहीं हैं। इसलिए सही उत्तर विकल्प 4 है।

32. "बाल्मीकि प्रतिभा" गीतिनाट्य "बिद्वज्जन समागम सभा" के लिए रचित किया गया था। यह रवीन्द्रनाथ टैगोर का आरंभिक गीतिनाट्य है और इसमें नाट्य, गीत, अभिनय तथा संगीत का संयुक्त प्रयोग मिलता है। "बाल्मीकि प्रतिभा" में वाल्मीकि के रूपांतरण, साधना और काव्य-प्रतिभा के उदय का भाव प्रस्तुत किया गया है। इसे सभा-प्रस्तुति के उद्देश्य से तैयार किया गया था, इसलिए इसका संबंध "बिद्वज्जन समागम सभा" से जोड़ा जाता है। अतः सही उत्तर विकल्प 2 है।

33. रबीन्द्रनाथ टैगोर ज्योतिरीन्द्रनाथ टैगोर को 'नतुन दादा' कहते थे। ज्योतिरीन्द्रनाथ टैगोर रवीन्द्रनाथ के बड़े भाई थे और साहित्य, संगीत, नाटक तथा चित्रकला में उनकी विशेष रुचि थी। रवीन्द्रनाथ के कलात्मक विकास में ज्योतिरीन्द्रनाथ का महत्वपूर्ण प्रभाव माना जाता है। ठाकुर परिवार के सांस्कृतिक वातावरण में ज्योतिरीन्द्रनाथ की भूमिका अत्यंत सक्रिय थी। इसलिए दिए गए विकल्पों में ज्योतिरीन्द्रनाथ टैगोर सही उत्तर हैं।

34. "मातृमंदिर-पुण्य अंगन" रवीन्द्रनाथ टैगोर का देशभक्ति गीत है, जिसे बंगाल विभाजन आंदोलन के पश्चात् लिखा गया माना जाता है। 1905 के बंग-भंग आंदोलन ने बंगाल में स्वदेशी चेतना और देशभक्ति-गीतों को विशेष प्रेरणा दी। टैगोर ने इस समय राष्ट्रीय एकता, मातृभूमि-भक्ति और स्वदेश-प्रेम को व्यक्त करने वाले अनेक गीत लिखे। "मातृमंदिर-पुण्य अंगन" इसी देशभक्ति भावधारा से जुड़ा हुआ गीत है। इसलिए सही उत्तर विकल्प 1 है।

35. "एई श्राबोनोबेला बादल झौरा" वर्षामंगल में गाया गया गीत माना जाता है। वर्षामंगल रवीन्द्रनाथ टैगोर की ऋतु-उत्सव परंपरा से संबंधित है, जिसमें वर्षा ऋतु के आगमन, मेघ, श्रावण, वर्षा-बूँदों और प्रकृति-सौंदर्य का संगीतात्मक उत्सव मनाया जाता है। इस गीत में श्रावण और वर्षा का भाव स्पष्ट रूप से प्रकट होता है। "नील नबघने", "ओ आशाड़ेर पूर्णिमा आमार" और "भेबेछिलेम आसबे फिरे" इस प्रश्न के संदर्भ में सही चयन नहीं हैं। इसलिए सही उत्तर विकल्प 4 है।

36. "बादल दिनेर प्रोथोम कदम फुल" गीत में सुरान्तर नहीं पाया जाता है। रबीन्द्र-संगीत में सुरान्तर का अर्थ धुन या स्वर-क्रम में ऐसे विशेष अंतराल/स्वर-परिवर्तन से है, जो गीत की melodic movement को विशिष्ट बनाता है। "आजी झोरो झोरो", "दोखिन हावा जागो जागो" और "मोहाबिश्वे मोहाकाशे" में स्वर-चालन की ऐसी भिन्नता मिलती है। "बादल दिनेर प्रोथोम कदम फुल" वर्षा-भाव से जुड़ा गीत है, पर इस प्रश्न के अनुसार इसमें सुरान्तर का प्रयोग नहीं माना जाएगा। इसलिए दिए गए विकल्पों में सही उत्तर विकल्प 4 है।

37. रबीन्द्रनाथ टैगोर के अनुसार पूर्वी राग "शुन्यो गृहचारिणी बिधोबा सन्ध्यार अश्रुमोचन" के भाव से संबंधित माना गया है। इस अभिव्यक्ति में संध्या की विरहपूर्ण, रिक्त और करुण अनुभूति व्यक्त होती है। पूर्वी राग का स्वभाव गंभीर, सांध्यकालीन और विषादपूर्ण भाव से जुड़ा हुआ है। टैगोर ने रागों को केवल स्वर-संरचना के रूप में नहीं, बल्कि भाव और दृश्यात्मक अनुभूति के रूप में भी देखा। इसलिए इस भाव-वर्णन के लिए सही उत्तर पूर्वी है।

38. "मरण रे तुहूँ मम श्याम समान" राग भैरवी पर आधारित गीत है। भैरवी राग में कोमल स्वरों की प्रधानता और करुण-भक्ति का भाव विशेष रूप से मिलता है। इस गीत में मृत्यु को श्याम के समान स्वीकार करने का भाव है, इसलिए इसमें भैरवी की करुण, भक्तिपूर्ण और आत्मसमर्पणमयी छाया उपयुक्त बैठती है। "मोरी लो मोरी आमाय बाँशिते डेकेछे के", "एखोनो तारे चोखे देखिनि" और "एकी लाबोन्ये पूर्णो प्राणो" इस प्रश्न में भैरवी-आधारित सही विकल्प नहीं हैं। इसलिए सही उत्तर विकल्प 2 है।

39. "हृदये मंद्रिलो डमरू गुरु गुरु" गीत 'चित्रांगदा' का भाग नहीं है। 'चित्रांगदा' रवीन्द्रनाथ टैगोर का प्रसिद्ध नृत्य-नाटक है, जिसमें चित्रांगदा और अर्जुन की कथा को गीत, नृत्य और नाटकीय अभिव्यक्ति से प्रस्तुत किया गया है। "गुरु गुरु गुरु गुरु घन मेघो गरजे", "दे तोरा आमाय" और "आमार अंगे अंगे के बाजाय" चित्रांगदा से संबंधित गीतों में गिने जाते हैं। "हृदये मंद्रिलो डमरू गुरु गुरु" का संबंध इस नृत्य-नाटक की गीत-सूची से नहीं माना जाता। इसलिए सही उत्तर विकल्प 3 है।

40. "सकातोरे ओई" गीत की धुन "Irish Melody" से नहीं ली गई है। रबीन्द्रनाथ टैगोर ने अनेक गीतों में यूरोपीय, स्कॉटिश और आयरिश धुनों का रूपांतरण किया था।

"माना ना मानिलि", "ओहे दोयामोय" और "मोरी ओ काहार बाछा" जैसे गीतों में पाश्चात्य/आयरिश धुन-स्रोत का प्रभाव माना जाता है। पर "सकातोरे ओई" को इस प्रश्न में Irish Melody से लिए गए गीतों में स्वीकार नहीं किया जाएगा। इसलिए दिए गए विकल्पों में सही उत्तर विकल्प 1 है।

41. "ओई आसनतले" आखरयुक्त कीर्तन गीत नहीं है। रबीन्द्र-संगीत में कीर्तन-प्रभाव वाले अनेक गीत मिलते हैं, जिनमें वैष्णव कीर्तन की भाव-प्रवृत्ति, आवेगपूर्ण अभिव्यक्ति और आखर-प्रयोग दिखाई देता है। "माझे माझे तबो", "ओहे जीबनबल्लभो" और "आमी जेनेशुने तबू" को आखरयुक्त कीर्तन-धारा से जोड़ा जाता है। आखरयुक्त कीर्तन में मूल पद के साथ भाव-विस्तार, पुनरुक्ति और लयात्मक अक्षर-विन्यास का विशेष प्रयोग होता है। दिए गए विकल्पों में "ओई आसनतले" इस वर्ग में नहीं आता, इसलिए यही सही उत्तर है।

42. सलिल चौधरी कृत हिन्दी गीत "सावन की रातों में" की धुन "जेते जेते एकला पोथे" के सुर के समान मानी जाती है। सलिल चौधरी ने बंगला और हिन्दी गीतों में कई बार समान धुनों का रचनात्मक रूपांतरण किया। "जेते जेते एकला पोथे" रबीन्द्र-संगीत की प्रसिद्ध धुनों में है, जिसका melodic contour बाद के फिल्मी गीतों में भी प्रभाव डालता है। "सावन की रातों में" में उसी धुन-संरचना का साम्य बताया जाता है। इसलिए दिए गए विकल्पों में सही उत्तर विकल्प 2 है।

43. वर्ष 1998 की फिल्म "युगपुरुष" के गीत "बंधन खुला पंछी उड़ा" की धुन "पागला हावार बादल दिने" के समान मानी जाती है। "पागला हावार बादल दिने" रबीन्द्रनाथ टैगोर का वर्षा-भाव और चंचल गति वाला प्रसिद्ध गीत है। "बंधन खुला पंछी उड़ा" में धुन और भाव-प्रवाह के स्तर पर इसी गीत से साम्य माना जाता है। खोरोबायु बाय बेगे, मोधुगन्धे भोरा और जेते जेते एकला पोथे इस गीत के लिए उपयुक्त धुन-स्रोत नहीं हैं। इसलिए सही उत्तर विकल्प 3 है।

44. मल्लिका "तपती" का पात्र नहीं है। "तपती" रवीन्द्रनाथ टैगोर का नाटक है, जिसमें राजसत्ता, संबंध, मानवीय संघर्ष और नाटकीय भाव-स्थितियाँ प्रस्तुत होती हैं। नरेश, सुमित्रा और विक्रमदेव इस नाटक के पात्रों से संबंधित माने जाते हैं। मल्लिका नाम इस नाटक की पात्र-सूची में नहीं आता। इसलिए दिए गए विकल्पों में "मल्लिका" सही उत्तर है।

45. दिए गए स्वरलिपि-पंक्ति में रचना की धुन "सुधासागरतीरे" गीत से मेल खाती है। स्वर-संचार में "सा-रा-मा", "ना-सा" तथा आगे "पा-मा-गा-मा-रा-सा" जैसे चलन इस गीत की melodic पहचान से संबंधित हैं। दिए गए विकल्पों में "अमृतो सागरे", "तोमारी मधुरो रूपे" और "जागो नाथ जोछोनाराते" की धुन इस स्वरलिपि से नहीं बैठती। स्वरलिपि में प्रयुक्त स्वर-क्रम और विराम-चिह्न "सुधासागरतीरे" के स्थायी-अंश की पहचान कराते हैं। इसलिए सही उत्तर विकल्प 2 सुधासागरतीरे है।

46. कर्नाटक रूपक ताल टैगोर द्वारा रचित षष्ठि ताल के समान माना जाता है। कर्नाटक रूपक ताल का सामान्य मात्रा-विन्यास 6 मात्राओं से संबंधित है। रवीन्द्र-संगीत में टैगोर ने अनेक तालों को गीतों की साहित्यिक लय और भाव-प्रवाह के अनुसार रूपांतरित किया। षष्ठि ताल भी 6 मात्रा की संरचना से जुड़ा है, इसलिए उसका साम्य कर्नाटक रूपक ताल से माना जाता है। इसलिए दिए गए विकल्पों में सही उत्तर विकल्प 2 षष्ठि है।

47. 'बिसर्जन' नाटक में "दिन फुरालो हे संसारी" गीत साहाना देवी ने गाया था। साहाना देवी रवीन्द्र-संगीत की आरंभिक प्रमुख गायिकाओं में गिनी जाती हैं। उनका संबंध टैगोर-परंपरा और शांतिनिकेतन के संगीत-संस्कार से जुड़ा हुआ है। "दिन फुरालो हे संसारी" नाटकीय प्रसंग में वैराग्य, समय-बोध और जीवन-संध्या की भावना को व्यक्त करता है। इसलिए सही उत्तर विकल्प 2 साहाना देवी है।

48. बंगाल भूस्वामी संघ द्वारा बड़ौदा के गायकवाड़ के सम्मान के अवसर पर टैगोर द्वारा लिखा गया गीत "बंगजननी - मंदिरांगण" है। यह गीत सम्मान-प्रसंग और बंगाल की सांस्कृतिक-अभिव्यक्ति से संबंधित माना जाता है। रवीन्द्रनाथ टैगोर ने अवसर-विशेष, सभाओं और राष्ट्रीय-सांस्कृतिक प्रसंगों के लिए अनेक गीत लिखे थे। इस गीत में बंगभूमि, मातृभाव और सार्वजनिक सम्मान-भाव की अभिव्यक्ति मिलती है। इसलिए दिए गए विकल्पों में सही उत्तर विकल्प 3 है।

49. "नोमि नोमि भारति" गीत की धुन "अखिल ब्रह्माण्डपति" गीत के समान मानी जाती है। रवीन्द्रनाथ टैगोर ने अनेक गीतों में पूर्व-प्रचलित धुनों, भक्ति-धुनों और शास्त्रीय/लोक संगीत-स्रोतों का सृजनात्मक रूपांतरण किया। "अखिल ब्रह्माण्डपति" की धुन-रचना और "नोमि नोमि भारति" के स्वर-प्रवाह में साम्य बताया जाता है। यह साम्य melodic contour और गीतात्मक विन्यास के स्तर पर समझा जाता है। इसलिए दिए गए विकल्पों में सही उत्तर विकल्प 1 है।

50. ताल पंचम सवारी में रचित गीत ''आजि मोर द्वारे'' है। पंचम सवारी 15 मात्रा का ताल माना जाता है और इसका प्रयोग रवीन्द्र-संगीत में विशिष्ट लयात्मक प्रभाव के लिए मिलता है। ऐसे तालों में गीत का शब्द-विन्यास सामान्य समतालों से अलग ढंग से बैठता है। ''आजि मोर द्वारे'' में यही विशेष पंचम सवारी ताल-रचना स्वीकार की जाती है। इसलिए सही उत्तर विकल्प 2 आजि मोर द्वारे है।

51. अभिकथन सही नहीं है, क्योंकि The Origin and Function of Music मैथ्यू अर्नाल्ड की पुस्तक नहीं मानी जाती। संगीत की उत्पत्ति और उसके कार्य से संबंधित यह विचार-पंक्ति सामान्यतः मैथ्यू अर्नाल्ड के साहित्यिक-आलोचनात्मक लेखन से संबद्ध नहीं है।

कारण सही है, क्योंकि रबीन्द्रनाथ टैगोर ने अपने निबंध ''संगीत ओ भाव'' में The Origin and Function of Music का उल्लेख किया था। यह उल्लेख संगीत के भाव, अभिव्यक्ति और मानवीय अनुभूति से जुड़े चिंतन के संदर्भ में आता है।

इसलिए अभिकथन गलत है, लेकिन कारण सही है।

52. अभिकथन सही है, क्योंकि रबीन्द्रनाथ टैगोर ने वर्ष 1937 में अंतिम बार 'बर्षामंगल' की प्रस्तुति दी थी। 'बर्षामंगल' टैगोर की ऋतु-उत्सव परंपरा से संबंधित प्रस्तुति है, जिसमें वर्षा, प्रकृति और श्रावण-भाव के गीतों का विशेष प्रयोग मिलता है।

कारण भी सही है, क्योंकि वर्ष 1937 में उन्होंने 'बर्षामंगल' के लिए ''आमार प्राणेर माझे सुधा आछे चाओ की'' गीत की रचना की थी। लेकिन किसी गीत की रचना होना यह स्पष्ट नहीं करता कि वही 'बर्षामंगल' की अंतिम प्रस्तुति क्यों थी।

इसलिए दोनों कथन सही हैं, पर कारण अभिकथन की सही व्याख्या नहीं है।

53. अभिकथन सही है, क्योंकि ''गुंवर बहे आनंदगंदानील'' गीत राग यमन कल्याण पर आधारित माना जाता है। यमन कल्याण का कोमल, उज्ज्वल और शांत भाव इस गीत की melodic संरचना में उपयुक्त रूप से व्यक्त होता है।

कारण सही नहीं है, क्योंकि यह गीत चौताल में निबद्ध नहीं माना जाता। राग-आधार और ताल निबद्धता दो अलग बातें हैं; किसी गीत का यमन कल्याण पर आधारित होना उसे अनिवार्य रूप से चौताल में नहीं रखता।

इसलिए अभिकथन सही है, लेकिन कारण सही नहीं है।

54. अभिकथन सही है, क्योंकि ''ऐ मोनिहार आमाय नाही साजे'' गीत की रचना वर्ष 1913 में हुई मानी जाती है। यह गीत रबीन्द्र-संगीत की भावप्रधान रचनाओं में आता है और आत्म-अनुपयुक्तता तथा विनम्रता का भाव व्यक्त करता है।

कारण भी सही है, क्योंकि रबीन्द्रनाथ टैगोर को वर्ष 1913 में नोबेल पुरस्कार से सम्मानित किया गया था। लेकिन नोबेल पुरस्कार मिलना इस गीत की रचना-वर्ष का कारण या व्याख्या नहीं है।

इसलिए दोनों कथन सही हैं, पर कारण अभिकथन की सही व्याख्या नहीं है।

55. अभिकथन सही है, क्योंकि ''अलोके कुसुम न दियो'' गीत का स्वरांकन दिनेन्द्रनाथ टैगोर ने किया था। दिनेन्द्रनाथ टैगोर रवीन्द्र-संगीत की स्वर-लिपि, संरक्षण और संगीतमय परंपरा को व्यवस्थित करने में अत्यंत महत्वपूर्ण थे।

कारण सही नहीं है, क्योंकि दिनेन्द्रनाथ टैगोर ने टैगोर द्वारा लिखित सभी गीतों को स्वरांकित नहीं किया था। रवीन्द्र-संगीत की स्वरांकन-परंपरा में अन्य व्यक्तियों और बाद की संस्थागत परंपरा का भी योगदान रहा है।

इसलिए अभिकथन सही है, लेकिन कारण सही नहीं है।

56. अभिकथन सही है, क्योंकि टैगोर ने बाउल गीतों और बाउल संगीत-भाव से प्रभावित अनेक गीतों की रचना की थी। बाउल परंपरा की सहज साधना, आंतरिक ईश्वर-बोध, लोकधुन और मानवीय भाव-स्वतंत्रता ने रवीन्द्र-संगीत को गहराई से प्रभावित किया।

कारण भी सही है, क्योंकि ''दाँड़िए आछो तुमी आमार गानेर ओपारे'' गीत राग यमन पर आधारित माना जाता है। लेकिन इस गीत का यमन राग पर आधारित होना यह नहीं समझाता कि टैगोर ने बाउल गीतों पर अनेक गीत क्यों या कैसे रचे।

इसलिए दोनों कथन सही हैं, पर कारण अभिकथन की सही व्याख्या नहीं है।

57. अभिकथन सही है, क्योंकि ''दाँड़ाओ आमार आँखिर आगे'' गीत ताल तेवरा में निबद्ध माना जाता है। तेवरा 7 मात्रा का ताल है और रवीन्द्र-संगीत में भाव-प्रवाह के अनुसार ऐसे असम लय-विन्यासों का प्रयोग मिलता है।

कारण भी सही है, क्योंकि इस गीत की धुन रजनीकांत सेन के ''शुनाओ तोमार अमृतवाणी'' गीत से साम्य रखती है। लेकिन किसी धुन का किसी अन्य गीत से साम्य होना यह नहीं समझाता कि वह गीत तेवरा ताल में क्यों निबद्ध है।

इसलिए दोनों कथन सही हैं, पर कारण अभिकथन की सही व्याख्या नहीं है।

58. अभिकथन सही है, क्योंकि ''बहें निरंतर अनंत'' गीत की रचना वर्ष 1897 में मानी जाती है। यह गीत रवीन्द्रनाथ टैगोर की अवसर-विशेष और भावप्रधान रचना-परंपरा से संबंधित है।

कारण भी सही है, क्योंकि टैगोर ने नलिनी देवी और नगेन्द्रचन्द्र नाग के विवाह समारोह में इस गीत को गाया था। लेकिन विवाह-समारोह में गाया जाना उसके 1897 में रचित होने की सीधी व्याख्या नहीं करता।

इसलिए दोनों कथन सही हैं, पर कारण अभिकथन की सही व्याख्या नहीं है।

59. अभिकथन सही है, क्योंकि टैगोर ने ''आहा जागि पोहालो बिभाबरी'' गीत की रचना वर्ष 1895 में की थी। यह गीत रात्रि के अंत और प्रभात के जागरण-भाव से संबंधित रचना है।

कारण भी सही है, क्योंकि शिलाईदह में नदी पर तूफानी रात के बाद सुबह के अनुभव से इस गीत की रचना का प्रसंग जोड़ा जाता है। तूफानी रात्रि के बाद प्रभात का अनुभव गीत के जागरण, प्रकाश और विभावरी-समापन के भाव को सीधे स्पष्ट करता है।

इसलिए दोनों कथन सही हैं और कारण अभिकथन की सही व्याख्या करता है।

60. अभिकथन सही है, क्योंकि टैगोर ने भैरवी राग में अनेक गीतों की रचना की थी। भैरवी की करुण, भक्तिपूर्ण और भावप्रवण प्रकृति रवीन्द्र-संगीत के अनेक गीतों में उपयुक्त रूप से प्रयुक्त हुई है।

कारण भी सही है, क्योंकि ''आमार रात पोहालो'' गीत राग भैरवी पर आधारित माना जाता है। लेकिन एक गीत का भैरवी पर आधारित होना यह सिद्ध नहीं करता कि टैगोर ने भैरवी में अनेक गीत रचे; वह केवल एक उदाहरण देता है।

इसलिए दोनों कथन सही हैं, पर कारण अभिकथन की सही व्याख्या नहीं है।

61. 'गीतवितान' में 'विचित्रा पर्याय' के आरोही अनुक्रम के अनुसार सही क्रम आमाय खोमो हे खोमो, नृत्येरो ताले ताले, नाई भोय नाई और प्रलय नाचोन नाचले है।

B. आमाय खोमो हे खोमोः यह गीत 'विचित्रा पर्याय' में दिए गए विकल्पों में पहले आता है। इसमें आत्मनिवेदन, क्षमा-प्रार्थना और भावात्मक गहराई का स्वर मिलता है।

D. नृत्येरो ताले तालेः यह गीत नृत्यात्मक लय और गति से संबंधित भाव को प्रस्तुत करता है। 'विचित्रा' विभाग में इसकी स्थिति ''आमाय खोमो हे खोमो'' के बाद स्वीकार की जाती है।

A. नाई भोय, नाईः यह गीत निर्भयता और आत्मविश्वास के भाव से जुड़ा है। 'गीतवितान' के इस अनुक्रम में यह ''नृत्येरो ताले ताले'' के बाद आता है।

C. प्रलय नाचोन नाचलेः यह गीत प्रलय, नृत्य और ऊर्जस्वित गति के भाव से संबंधित है।

दिए गए विकल्पों में 'विचित्रा पर्याय' के आरोही क्रम में इसका स्थान अंत में है।

62. 'चंडालिका' में गीतों के उल्लेख के अनुसार सही आरोही क्रम माटी तोहेर डाक दिएछें, सात देशेते खुंजे खुंजे गो, ओरा के जाय पीतो बसन परा सन्यासी और घूमेर घन गहन होते हैं।

B. माटी तोहेर डाक दिएछेः यह गीत 'चंडालिका' के आरंभिक प्रसंगों में आता है। इसमें धरती, श्रम और जीवन-संवेग से जुड़ा भाव व्यक्त होता है।

C. सात देशेते खुंजे खुंजे गोः यह गीत खोज, आकांक्षा और भावात्मक विस्तार से संबंधित है। 'चंडालिका' के गीत-क्रम में यह ''माटी तोहेर डाक दिएछे'' के बाद आता है।

A. ओरा के जाय पीतो बसन परा सन्यासीः यह गीत पीतवस्त्रधारी संन्यासियों के आगमन-संदर्भ से जुड़ा है। नाटक की घटनाओं में यह आगे के प्रसंग को चिह्नित करता है।

D. घूमेर घन गहन होतेः यह गीत निद्रा, अंधकार और आंतरिक भाव-जागरण से संबंधित है।

दिए गए विकल्पों के क्रम में 'चंडालिका' में इसका स्थान बाद में आता है।

63. 'गीतांजलि' में उल्लेख के आरोही क्रम के अनुसार सही क्रम आमी बोहू बासोनाय, बिपदे मोरे रोक्खा करो, अंतर मम बिकशित करो और तुमी नब नब रूपे है।

C. आमी बोहू बासोनायः यह गीत 'गीतांजलि' के आरंभिक क्रम में आता है। इसमें मानवीय वासनाओं, आकांक्षा और आत्मिक निवेदन का भाव मिलता है।

D. बिपदे मोरे रोक्खा करोः यह गीत संकट में रक्षा की प्रार्थना से संबंधित है। 'गीतांजलि' के क्रम में यह ''आमी बोहू बासोनाय'' के बाद आता है।

B. अंतर मम बिकशित करोः यह गीत अंतःकरण के विकास और आत्मिक प्रकाश की प्रार्थना से जुड़ा है। इसका भाव आध्यात्मिक जागरण और अंतर्मन की निर्मलता से संबंधित है।

A. तुमी नब नब रूपेः यह गीत ईश्वर या परम सत्ता के नित नूतन रूपों की अनुभूति से संबंधित है।

दिए गए विकल्पों में 'गीतांजलि' के आरोही क्रम में इसका स्थान अंत में है।

64. कालक्रमानुसार सही क्रम आयरिश थियेटर में 'पोस्ट ऑफिस' का मंचन, रतन कुठी की संस्थापना, 'दीनांतिका चा चक्र' का उद्घाटन समारोह और 'सभ्यतार संकट' है।

C. आयरिश थियेटर में 'पोस्ट आफिस' नाटक का मंचन किया गयाः 'पोस्ट ऑफिस' का यूरोपीय मंचन टैगोर की अंतरराष्ट्रीय प्रतिष्ठा के आरंभिक प्रसार से संबंधित है। यह घटना दिए गए विकल्पों में सबसे पहले रखी जाती है।

B. रतन कुठी की संस्थापनाः रतन कुठी शान्तिनिकेतन-विश्वभारती परिसर की संस्थागत और सांस्कृतिक संरचना से संबंधित है। इसकी स्थापना 'पोस्ट ऑफिस' के मंचन के बाद की घटना है।

A. 'दीनांतिका चा चक्र' का उद्घाटन समारोहः दीनांतिका चा चक्र टैगोर-परंपरा के सांस्कृतिक और सामूहिक जीवन से जुड़ी घटना है। कालक्रम में यह रतन कुठी की स्थापना के बाद आती है।

D. बंगाल नववर्ष के अवसर पर टैगोर का अंतिम व्याख्यान - 'सभ्यतार संकट': 'सभ्यतार संकट' रवीन्द्रनाथ टैगोर का अंतिम महत्वपूर्ण व्याख्यान माना जाता है। यह उनके जीवन के अंतिम चरण की घटना है, इसलिए दिए गए क्रम में अंत में आता है।

65. 'गीतबितान' में 'प्रकृति पर्याय' के आरोही अनुक्रम के अनुसार सही क्रम नाई रस नाई, एसो गो ज्वेले दिये जाओ, सेई तो तोमार पाथेर बोंधु और पुरातनके बिदाय दिले ना जे है।

C. नाई रस नाईः यह गीत 'प्रकृति पर्याय' में दिए गए विकल्पों में पहले आता है। इसमें प्रकृति और भाव-जगत की सूखापन/रसहीनता की अनुभूति मिलती है।

D. एसो गो ज्वेले दिये जाओः यह गीत प्रकाश, जागरण और आंतरिक ऊर्जा के भाव से जुड़ा है। 'प्रकृति पर्याय' के क्रम में यह ''नाई रस नाई'' के बाद आता है।

B. सेई तो तोमार पाथेर बोंधुः यह गीत पथ, सहयात्रा और प्रकृति-संबंधी भाव-संकेत से संबंधित है। दिए गए अनुक्रम में इसका स्थान ''एसो गो ज्वेले दिये जाओ'' के बाद है।

A. पुरातनके बिदाय दिले ना जेः यह गीत पुराने को विदा करने और नूतन भाव के आगमन से संबंधित है। 'गीतबितान' के 'प्रकृति पर्याय' में दिए गए विकल्पों के आरोही क्रम में यह अंत में आता है।

66. A. सुचित्रा मित्राः सुचित्रा मित्रा का जन्म 1924 में हुआ था। दिए गए प्रस्तोताओं में वे आयु की दृष्टि से सबसे कनिष्ठ हैं।

D. अमिता सेन (खुकू): अमिता सेन का जन्म सुचित्रा मित्रा से पहले, 20वीं शताब्दी के आरंभिक काल में हुआ था। वे शांतिनिकेतन और रवीन्द्र-संगीत परंपरा से निकट रूप से जुड़ी गायिका थीं।

C. साहाना देवीः साहाना देवी का जन्म 1897 में हुआ था। वे रवीन्द्र-संगीत की आरंभिक महत्वपूर्ण प्रस्तोताओं में गिनी जाती हैं।

B. अमला दासः अमला दास इन चारों में सबसे वरिष्ठ प्रस्तोता मानी जाती हैं।

इसलिए कनिष्ठ से वरिष्ठ क्रम में सही उत्तर A, D, C, B है।

67. D. सौदामिनीः सौदामिनी इन नामों में वरिष्ठ पीढ़ी से संबंधित हैं। इसलिए वरिष्ठ से कनिष्ठ क्रम में उनका स्थान पहले आता है।

B. स्वर्णकुमारीः स्वर्णकुमारी देवी रवीन्द्रनाथ टैगोर की बड़ी बहन थीं और 19वीं शताब्दी की प्रमुख साहित्यकार थीं। आयु-क्रम में वे सौदामिनी के बाद रखी जाती हैं।

A. रेणुकाः रेणुका रवीन्द्रनाथ टैगोर की पुत्री थीं। उनका काल स्वर्णकुमारी देवी के बाद का है।

C. नंदिताः नंदिता इन चारों में अपेक्षाकृत कनिष्ठ पीढ़ी से संबंधित हैं।

इसलिए वरिष्ठ से कनिष्ठ क्रम में सही उत्तर D, B, A, C है।

68. C. झोरा पाता गोः स्वरबितान संख्या के अनुसार दिए गए गीतों में यह पहले स्थान पर आता है। यह गीत प्रकृति और झरे हुए पत्तों की भाव-छवि से जुड़ा है।

A. आजी निर्भय निद्रित भुबनेः स्वरबितान के अनुक्रम में यह ''झोरा पाता गो'' के बाद आता है। इसमें निर्भयता और शांत विश्व-भाव की अभिव्यक्ति मिलती है।

B. आजी बरिशन मुखरितोः यह गीत वर्षा-भाव और प्रकृति की ध्वन्यात्मकता से संबंधित है। स्वरबितान संख्या के आरोही क्रम में इसका स्थान A के बाद है।

D. काँटाबनबिहारिणी सुरकाना देबीः यह गीत दिए गए विकल्पों में स्वरबितान संख्या की दृष्टि से बाद में आता है।

इसलिए सही आरोही क्रम C, A, B, D है।

69. **D. रूद्रचंडः** 'रूद्रचंड' रवीन्द्रनाथ टैगोर की आरंभिक प्रकाशित कृतियों में आता है। प्रकाशन-वर्ष के अनुसार यह दिए गए विकल्पों में सबसे पहले रखा जाएगा।

B. राजा ओ रानीः 'राजा ओ रानी' का प्रकाशन 'रूद्रचंड' के बाद हुआ। यह टैगोर की नाट्य-कृतियों में महत्वपूर्ण स्थान रखता है।

C. चित्राः 'चित्रा' का प्रकाशन 'राजा ओ रानी' के बाद माना जाता है। यह पौराणिक कथा-आधारित काव्य-नाट्य रूप से संबंधित है।

A. कथा ओ काहिनीः 'कथा ओ काहिनी' इन विकल्पों में बाद की प्रकाशित कृति है।

इसलिए प्रकाशन-वर्ष के आरोही क्रम में सही उत्तर D, B, C, A है।

70. **B. कान्नाहासिर दोलदोलानोः** 'गीतबितान' के 'पूजा पर्याय' में दिए गए गीतों में इसका स्थान पहले आता है। यह गीत भक्ति, भाव-दोलन और आंतरिक समर्पण से संबंधित है।

D. सुरेर गुरु, दाओ गो सुरेर दिक्काः यह गीत संगीत और आध्यात्मिक शिक्षा के निवेदन-भाव से जुड़ा है। 'पूजा पर्याय' के अनुक्रम में यह B के बाद रखा जाता है।

A. तोमार सुरेर धाराः यह गीत ईश्वर-प्रदत्त संगीतधारा और आत्मिक अनुभूति से संबंधित है। गीतबितान में इसका क्रम D के बाद आता है।

C. तुमी केमोन कोरे गान कोरो हेः यह गीत ईश्वर के दिव्य संगीत और सृष्टिगत लय की अनुभूति से जुड़ा है।

दिए गए विकल्पों में 'पूजा पर्याय' के आरोही क्रम में इसका स्थान अंत में है।

71. 'केटेछे एकेला बिरहेर बेला' गीत के संबंध में सही कथन A, C और E हैं।

A सही है, क्योंकि यह गीत प्रेम पर्याय से संबंधित माना जाता है।

C सही है, क्योंकि यह गीत 'चित्रांगदा' नृत्य-नाटक से भी संबंधित है।

E सही है, क्योंकि इसका संबंध रेनू और प्रभात चंद्र गुप्त के विवाह-समारोह में गायन-प्रसंग से माना जाता है।

B और D इस प्रश्न के अनुसार सही कथन नहीं हैं। इसलिए सही उत्तर केवल A, C और E है।

72. 'खरोबायु बोय बेगे' गीत के संबंध में सही कथन A और B हैं।

A सही है, क्योंकि यह गीत 'तासेर देश' नाटक से संबंधित है। 'तासेर देश' में यह गीत गति, व्यंग्य और नाटकीय चंचलता को व्यक्त करता है।

B सही है, क्योंकि बाद में इसी धुन का प्रयोग हिन्दी गीत 'पवन चले जोरे' के लिए किया गया माना जाता है।

C, D और E इस प्रश्न के अनुसार सही कथन नहीं हैं। इसलिए सही उत्तर केवल A और B है।

73. 'कतो काल रोबे बोलो' गीत के संबंध में सही कथन A, B और D हैं।

A सही है, क्योंकि यह गीत 'चिरकुमार सभा' नाटक से संबंधित है।

B सही है, क्योंकि इसका सुर 'जब छोड़ चले लखनऊ नगरी' नामक ठुमरी से लिया गया माना जाता है।

D सही है, क्योंकि यह गीत 'चिरकुमार सभा' के पात्र 'अक्षय' द्वारा गाया गया था।

C और E इस प्रश्न के अनुसार सही कथन नहीं हैं। इसलिए सही उत्तर केवल A, B और D है।

74. 'हे बिरही हाय' गीत के संबंध में सही कथन A, B और E हैं।

A सही है, क्योंकि यह गीत ''प्रेम पर्याय'' में रखा जाता है।

B सही है, क्योंकि इसका समान धुन-संबंध 'तिमिरो बिभाबरी काटे केमोने' से माना जाता है।

E सही है, क्योंकि यह गीत 'कैसे काटूँगी रैन' धुन से लिया गया माना जाता है।

C और D इस प्रश्न के अनुसार सही कथन नहीं हैं। इसलिए सही उत्तर केवल A, B और E है।

75. जिन गीतों में पाठान्तर माना जाता है, वे 'संगसारे तुमी राखिले मोरे', 'महाबिश्वे महाकाशे' और 'आजी झोरो झोरो मुखरो' हैं।

A सही है, क्योंकि 'संगसारे तुमी राखिले मोरे' में पाठान्तर मिलता है।

D सही है, क्योंकि 'महाबिश्वे महाकाशे' में भी पाठान्तर स्वीकार किया जाता है।

E सही है, क्योंकि 'आजी झोरो झोरो मुखरो' के पाठ में भी पाठान्तर का उल्लेख मिलता है।

B और C इस प्रश्न के सही समूह में सम्मिलित नहीं हैं। इसलिए सही उत्तर केवल A, D और E है।

76. कलकत्ता विश्वविद्यालय के स्थापना दिवस के लिए "शुभो कर्मपोथे धोरो निर्भय गान" और "चलो जाई चलो जाई" गीतों की रचना मानी जाती है।

A. "शुभो कर्मपोथे धोरो निर्भय गान" में शिक्षा, कर्म, साहस और संस्थागत गौरव का भाव मिलता है।

D. "चलो जाई चलो जाई" भी सामूहिक गमन, प्रेरणा और आयोजन-प्रधान प्रसंग से संबंधित गीत है।

"शुधु जावा आसा", "जाबोई आमी जाबोई" और "जेते दाओ गेलो जारा" इस स्थापना-दिवस प्रसंग के लिए रचित गीतों के सही समूह में नहीं आते। इसलिए सही उत्तर केवल A और D है।

77. रामप्रसादी धुन पर आधारित गीतों में "प्रिये तोमार ढेकि होले", "श्यामा, एबार छेड़े चोलेछी मा" और "आमी शुधु रोईनु बाकी" को लिया जाएगा।

A. "प्रिये तोमार ढेकि होले" में रामप्रसादी श्यामा-संगीत की लोक-भक्तिपरक धुन-छाया मिलती है।

B. "श्यामा, एबार छेड़े चोलेछी मा" सीधे श्यामा/काली-भक्ति की रामप्रसादी परंपरा से जुड़ा भाव रखता है।

D. "आमी शुधु रोईनु बाकी" भी रामप्रसादी धुन-रूप से संबंधित माना जाता है।

"एबार तोर मरा गांगे" और "ग्राम छाड़ा ओई" इस प्रश्न के सही रामप्रसादी-धुन समूह में सम्मिलित नहीं हैं। इसलिए सही उत्तर केवल A, B और D है।

78. 'तासेर देश' के संबंध में सही कथन A, D और E हैं।

A सही है, क्योंकि 'तासेर देश' का आधार "एकटी आशाढ़े गल्पो" नामक कथा से संबंधित माना जाता है।

D सही है, क्योंकि इस नाटक का एक गीत "बानिज्जे बसते लक्खि" कविता से लिया गया माना जाता है।

E सही है, क्योंकि 'तासेर देश' का सर्वप्रथम मंचन मेडन थियेटर में हुआ माना जाता है।

B और C सही नहीं हैं; इसका लेखन वर्ष 1930 नहीं माना जाता और यह काजी नजरूल इस्लाम को समर्पित नहीं था। इसलिए सही उत्तर केवल A, D और E है।

79. 'कखोन दिले पराये सपने' गीत के संबंध में सही कथन A, C और D हैं।

A सही है, क्योंकि यह गीत ठुमरी अंग पर आधारित माना जाता है।

C सही है, क्योंकि साबित्री गोविन्द का "किन्हें देखा कन्हैया" सुनने के पश्चात् टैगोर ने इस गीत की रचना की थी।

D सही है, क्योंकि यह गीत 'शापमोचन' नृत्य-नाटक से संबंधित है।

B और E सही नहीं हैं; यह पूजा पर्याय का गीत नहीं है और इसका स्वरांकन अनादिकुमार दस्तिदार द्वारा लिखा हुआ नहीं माना जाता। इसलिए सही उत्तर केवल A, C और D है।

80. 3/4 छन्द या बीट वाले गीतों में "खाचार पाखी छिलो", "तोमारो गीति जागालो स्मृति" और "तोमार बैशाखे छिलो" सम्मिलित हैं।

A. "खाचार पाखी छिलो" में 3/4 गति का प्रवाह मिलता है, जो गीत की लयात्मक चाल को झूलता हुआ रूप देता है।

C. "तोमारो गीति जागालो स्मृति" भी 3/4 छन्दात्मक विन्यास से संबंधित माना जाता है।

E. "तोमार बैशाखे छिलो" में भी 3/4 बीट का प्रयोग स्वीकार किया जाता है।

"एक मोने तोर एकताराते" और "मेघ बोलेछे जाबो जाबो" इस प्रश्न के सही 3/4 छन्द समूह में नहीं आते। इसलिए सही उत्तर केवल A, C और E है।

81. **A. सबे मिलि गाओ रे – III. हेमखेमः** "सबे मिलि गाओ रे" गीत का राग-संबंध हेमखेम से माना जाता है। यह गीत सामूहिक गायन और उत्सवी भाव से जुड़ा है, जिसमें राग का प्रयोग गीत की सामूहिक ऊर्जा को बल देता है।

B. बहे निरंतर – IV. लच्छासारः "बहे निरंतर" का संबंध लच्छासार से माना जाता है। इस गीत में प्रवाह, निरंतरता और गंभीर भाव की अभिव्यक्ति मिलती है, जिसके लिए लच्छासार का राग-स्वरूप उपयुक्त माना जाता है।

C. आमार ए घरे – I. देश मल्हारः "आमार ए घरे" गीत देश मल्हार से संबंधित है। देश मल्हार में वर्षा, कोमल भाव और लोक-रागात्मक रंग का प्रभाव मिलता है, जो इस गीत के भाव से मेल खाता है।

D. सदा थाको अनोन्दे – II. खटः "सदा थाको अनोन्दे" का संबंध खट राग से माना जाता है।

इस गीत में आनंद, शुभकामना और भावपूर्ण अभिव्यक्ति का स्वरूप मिलता है, इसलिए सही मिलान A-III, B-IV, C-I, D-II है।

82. **A. पूर्ण चंद्रानने – II. आजी शुभोदिनेः** "पूर्ण चंद्रानने" का संबंध "आजी शुभोदिने" से मिलाया जाता है। यह मिलान धुन-स्रोत या गीत-संबंध के आधार पर स्वीकार किया जाता है।

B. द विकार ऑफ ब्रे – IV. ओ देखबि रे भाईः "The Vicar of Bray" धुन का संबंध "ओ देखबि रे भाई" से माना जाता है। टैगोर ने कुछ गीतों में पाश्चात्य धुनों को बंगला साहित्य के साथ रूपांतरित किया था।

C. चाँचर चिकुर आधो – I. बेंधेछो प्रेमेर पाशेः "चाँचर चिकुर आधो" का मिलान "बेंधेछो प्रेमेर पाशे" से होता है। यह संबंध गीत-स्रोत और धुन-साम्य की दृष्टि से माना जाता है।

D. जय प्रबल बेगबती – III. जय तव विचित्रः "जय प्रबल बेगबती" का संबंध "जय तब विचित्रा" से है। दोनों के बीच धुन और भाव-संरचना के आधार पर यह मिलान किया जाता है।

83. **A. सारा निशि छिलेम शुये – III. प्रकृतिः** "सारा निशि छिलेम शुये" प्रकृति पर्याय से संबंधित माना जाता है। इसमें रात्रि, प्रकृति और वातावरणगत भाव की अभिव्यक्ति मिलती है।

B. केनो जे मोन भोले – IV. विचित्रः "केनो जे मोन भोले" विचित्र पर्याय में रखा जाता है। विचित्र पर्याय में ऐसे गीत आते हैं जिनका भाव किसी एक सामान्य वर्ग में सीधे सीमित नहीं होता।

C. हाय गो व्याथाय कथा – I. प्रेमः "हाय गो व्याथाय कथा" प्रेम पर्याय से संबंधित है। इसमें विरह, पीड़ा और प्रेम-संबंधी भाव की स्पष्ट अभिव्यक्ति मिलती है।

D. खेलार छोले साजिए आमार – II. पूजाः "खेलार छोले साजिए आमार" पूजा पर्याय से संबंधित माना जाता है। इसमें भक्ति, आत्मसमर्पण और ईश्वर-संबंधी आंतरिक भाव व्यक्त होता है।

84. **A. बांशी बजाते चाही – IV. मथुरायः** "बांशी बजाते चाही" का संबंध "मथुराय" से है। बांसुरी और मथुरा-संबंधी कृष्ण-भाव इस मिलान को अर्थपूर्ण बनाते हैं।

B. ओई जानालार काछे – I. सुखो स्वप्नोः "ओई जानालार काछे" का संबंध "सुखो स्वप्नो" से माना जाता है। यह मिलान गीत-स्रोत, भाव और धुन-संबंध के आधार पर स्वीकार किया जाता है।

C. आमार प्राणेर पोरे – II. केः "आमार प्राणेर पोरे" का संबंध "के" से है। यह गीत भावनात्मक प्रश्न, आकर्षण और आंतरिक अनुभूति से जुड़ा हुआ है।

D. हृदय आमार नाचेरे – III. नबबर्षः "हृदय आमार नाचेरे" का संबंध "नबबर्ष" से माना जाता है। नववर्ष के उल्लास, गति और आनंद-भाव से इसका संबंध स्पष्ट होता है।

85. **A. तरुतले छिन्नवृन्त मालतिर फूल – II. रूद्रचन्डः** "तरुतले छिन्नवृन्त मालतिर फूल" का संबंध "रूद्रचन्ड" से है। यह टैगोर की आरंभिक रचनात्मक परंपरा से जुड़ा गीत-साहित्य माना जाता है।

B. की होलो आमार! बूझि बा सखी – III. भग्नहृदयः "की होलो आमार! बूझि बा सखी" का संबंध "भग्नहृदय" से माना जाता है। इसमें भावावेश, प्रेम-व्यथा और आत्मिक उलझन की अभिव्यक्ति मिलती है।

C. सारा बरोश देखिने मा – I. बौठाकुरानीर हाटः "सारा बरोश देखिने मा" का संबंध "बौठाकुरानीर हाट" से है। यह रचना टैगोर की आरंभिक कथा-नाट्य परंपरा से जुड़ी हुई मानी जाती है।

D. हासि केनो नाई ओ नयने – IV. स्वप्नमोयीः "हासि केनो नाई ओ नयने" का संबंध "स्वप्नमोयी" से है। इस गीत में भावुकता, स्वप्निलता और कोमल संवेदना का स्वरूप मिलता है।

86. **A. आमार जाबार बेलाते सोबाइ – III. शिलाइदहः** "आमार जाबार बेलाते सोबाइ" का संबंध शिलाइदह से माना जाता है। शिलाइदह टैगोर के जीवन और गीत-रचना का अत्यंत महत्वपूर्ण स्थान रहा है।

B. के गो अन्तरोतोरो से – IV. शांतिनिकेतनः "के गो अन्तरोतोरो से" का संबंध शांतिनिकेतन से जोड़ा जाता है। शांतिनिकेतन में टैगोर की आध्यात्मिक, शैक्षिक और सांगीतिक चेतना का विशेष विकास हुआ।

C. सकरुण बेणु बजाये के जाये – I. मायय शिपः "सकरुण बेणु बजाये के जाये" का संबंध "Mayar Ship/मायय शिप" से माना जाता है। यह मिलान गीत-प्रसंग और स्थान/संदर्भ-विशेष के आधार पर स्वीकार किया जाता है।

D. आमी जोखोन तार दुआरे – II. कोलकाताः "आमी जोखोन तार दुआरे" का संबंध कोलकाता से माना जाता है। कोलकाता टैगोर के पारिवारिक, साहित्यिक और सांस्कृतिक जीवन का प्रमुख केंद्र रहा है।

87. A. हे संन्यासी, हिमगिरि फेले – III. 6 मात्राः यह गीत 6 मात्रा की ताल-संरचना से संबंधित माना जाता है। छह मात्रा का ताल-विन्यास गीत की सरल, संतुलित और प्रवाहपूर्ण लय को आधार देता है।

B. एक मोने तोर एकताराते – IV. दीपचंदीः ''एक मोने तोर एकताराते'' का संबंध दीपचंदी ताल से माना जाता है। दीपचंदी 14 मात्रा का ताल है और रवीन्द्र-संगीत में भावपूर्ण लय-प्रवाह के लिए प्रयुक्त होता है।

C. दुआर मोर पथ पाशे – I. 9 मात्राः ''दुआर मोर पथ पाशे'' 9 मात्रा की ताल-संरचना से संबंधित है। रवीन्द्र-संगीत में 9 मात्रा के तालों का प्रयोग विशेष गीतात्मक लय के लिए मिलता है।

D. आजि मोरे द्वारे – II. पंचम सवारीः ''आजि मोरे द्वारे'' पंचम सवारी ताल में रचित माना जाता है। पंचम सवारी 15 मात्रा का ताल है और इसका लय-विन्यास गीत को विशिष्ट गति देता है।

88. A. मीरा – IV. नागेन्द्रनाथ गंगोपाध्यायः मीरा का संबंध नागेन्द्रनाथ गंगोपाध्याय से है। यह मिलान टैगोर-परिवार और वैवाहिक/पारिवारिक संबंधों के आधार पर किया जाता है।

B. नंदिता – I. कृष्ण कृपालनीः नंदिता का संबंध कृष्ण कृपालनी से माना जाता है। कृष्ण कृपालनी टैगोर-परिवार और शांति निकेतन की सांस्कृतिक परंपरा से जुड़े विद्वान थे।

C. स्वर्णकुमारी देवी – II. जानकीनाथ घोषालः स्वर्णकुमारी देवी रवीन्द्रनाथ टैगोर की बड़ी बहन और प्रसिद्ध साहित्यकार थीं। उनका वैवाहिक संबंध जानकीनाथ घोषाल से था।

D. सौदामिनी देवी – III. शारदा प्रसाद गंगोपाध्यायः सौदामिनी देवी का संबंध शारदा प्रसाद गंगोपाध्याय से माना जाता है। यह मिलान टैगोर-परिवार की पारिवारिक वंश-संबंधी जानकारी पर आधारित है।

89. A. आमि भोय कोरि ने – III. प्रकृतिः ''आमि भोय कोरि ने'' गीत 'चंडालिका' की पात्र प्रकृति से संबंधित है। प्रकृति इस गीत में आत्मबल और निर्भयता का भाव व्यक्त करती है।

B. आनन्देरि सागर होते – IV. ठाकुरदादाः ''आनन्देरि सागर होते'' ठाकुरदादा से संबंधित गीत माना जाता है। ठाकुरदादा का पात्र आनंद, सहजता और लोक-जीवन की अनुभूति से जुड़ा है।

C. मा, आमी तोर की कोरेछी – I. उदयादित्यः यह गीत उदयादित्य से संबंधित माना जाता है। नाटकीय प्रसंग में यह आत्मकथन और भावात्मक निवेदन से जुड़ता है।

D. की जानी की भेबेछो मोने – II. अक्षयः ''की जानी की भेबेछो मोने'' अक्षय द्वारा गाया गया गीत माना जाता है। अक्षय 'चिरकुमार सभा' जैसे नाट्य-संदर्भों में हास्य, व्यंग्य और भाव-चंचलता से जुड़ा पात्र है।

90. A. बिना साजे साजी – IV. चित्रांगदाः ''बिना साजे साजी'' 'चित्रांगदा' से संबंधित गीत है। यह गीत चित्रांगदा के नृत्य-नाट्य प्रसंग और रूपांतरण-भाव से जुड़ा है।

B. चरण धोरिते दियो गो – I. परिशोधः ''चरण धोरिते दियो गो'' 'परिशोध' से संबंधित गीत माना जाता है। 'परिशोध' की भावभूमि में अपराध-बोध, करुणा और आत्मसमर्पण का भाव मिलता है।

C. बाजिबे सोखी बाँशी बाजिबे – II. राजा ओ रानीः ''बाजिबे सोखी बाँशी बाजिबे'' का संबंध 'राजा ओ रानी' से है। यह गीत नाटकीय और भावपूर्ण प्रसंग में प्रयुक्त माना जाता है।

D. विजयमाला एनो – III. तासेर देशः ''वि[illegible]ाला एनो'' 'तासेर देश' से संबंधित गीत है। 'तासे[illegible] में व्यंग्य, प्रतीक और नाटकीय गति के साथ [illegible] का विशेष प्रयोग मिलता है।

91. उपर्युक्त वार्तालाप का उल्लेख 'संगीत चिन्ता' निबंधावली में मिलता है। इस गद्यांश में संगीत, कला, भावना और सृजनात्मक प्रारूप के संबंध पर विचार किया गया है। 'संगीत चिन्ता' में रवीन्द्रनाथ टैगोर के संगीत-संबंधी चिंतन, कला-दृष्टि और सौंदर्य-विवेचन से जुड़े विचार मिलते हैं। गद्यांश में साहित्य, यूरोपीय संगीत और भावना की भूमिका पर जो चर्चा है, वह संगीत चिंतन के क्षेत्र से संबंधित है। इसलिए दिए गए विकल्पों में 'संगीत चिन्ता' सही उत्तर है।

92. गद्यांश में वार्तालाप आइंस्टीन और रवीन्द्रनाथ टैगोर के बीच हो रहा है। दोनों के बीच कला, संगीत, सत्य, सौंदर्य और मानवीय अनुभूति जैसे विषयों पर प्रसिद्ध विचार-विमर्श हुआ था। इस वार्तालाप में संगीत को केवल भावना की प्रत्यक्ष अभिव्यक्ति मानने के बजाय सार्थक रूप-निर्माण के रूप में समझा गया है। टैगोर और आइंस्टीन की बातचीत में पूर्व-पश्चिम सौंदर्य-दृष्टि और कला के उद्देश्य पर गहन चर्चा मिलती है। इसलिए सही उत्तर आइंस्टीन और टैगोर है।

93. गद्यांश में संगीत के अभिव्यक्तियों और संवेगों वाले पक्ष की चर्चा की जा रही है। यहाँ मुख्य प्रश्न यह है कि कला का उद्देश्य भावना की प्रत्यक्ष अभिव्यक्ति है या सार्थक रूप-सृजन। संगीत में भावना को ध्येय मानना चाहिए या केवल सामग्री, इसी बात पर विचार किया गया है। यूरोपीय संगीत में किसी विशेष भावना को व्यक्त करने के प्रयास का उल्लेख भी इसी संवेगात्मक पक्ष से संबंधित है। इसलिए सही उत्तर अभिव्यक्तियां और संवेग है।

94. गद्यांश में दिए गए विचारों की भाषा और दृष्टि रबीन्द्रनाथ टैगोर की कला-संबंधी चिंतन-परंपरा से मेल खाती है। इसमें कला को केवल भावना की प्रत्यक्ष अभिव्यक्ति न मानकर सार्थक रूप-सृजन माना गया है। टैगोर संगीत और साहित्य दोनों को आंतरिक भाव से जुड़े हुए, परंतु केवल भावुक अभिव्यक्ति तक सीमित न रहने वाले कलारूप के रूप में देखते थे। गद्यांश में यूरोपीय संगीत, साहित्य और कला के प्रयोजन पर जो प्रश्न उठाया गया है, वह टैगोर के चिंतन से संबंधित है। इसलिए सही उत्तर रबीन्द्रनाथ टैगोर है।

95. गद्यांश में स्पष्ट कहा गया है कि यूरोपीय संगीत में कभी-कभी किसी विशेष भावना की अभिव्यक्ति का प्रयास किया जाता है। यहाँ प्रश्न इसी बात पर केंद्रित है कि क्या संगीत में भावना स्वयं ध्येय होनी चाहिए या केवल सामग्री के रूप में प्रयुक्त होनी चाहिए। यूरोपीय संगीत का उल्लेख गद्यांश में प्रत्यक्ष रूप से इसी संदर्भ में आया है। हिंदुस्तानी शास्त्रीय, यूनानी या इटली के संगीत का इस विशेष वाक्य में ऐसा प्रत्यक्ष उल्लेख नहीं है। इसलिए सही उत्तर यूरोपीय संगीत है।

96. एम्पायर थिएटर में 1923 में 'विसर्जन' के मंचन के दौरान ''आँधार राते एकला पागल'' गीत लिखा गया था। यह गीत नाटकीय परिस्थिति, आंतरिक अंधकार और भावात्मक तनाव को व्यक्त करने के लिए उपयुक्त माना जाता है। 'विसर्जन' में धर्म, बलि-प्रथा, सत्ता और मानवीय करुणा के बीच संघर्ष दिखाया गया है। इस प्रकार के प्रसंग में गीत नाटक की भाव-तीव्रता को और अधिक गहरा करता है। इसलिए दिए गए विकल्पों में सही उत्तर ''आँधार राते एकला पागल'' है।

97. 'विसर्जन' का प्रकाशन 1890 में हुआ था। यह रवीन्द्रनाथ टैगोर का महत्वपूर्ण नाटक है और इसका आधार उनके उपन्यास 'राजर्षि' से जुड़ा माना जाता है। इस नाटक में पशु-बलि, धार्मिक अंधविश्वास और सत्ता-व्यवस्था की आलोचना की गई है। टैगोर ने इसमें करुणा, नैतिकता और मानवीय विवेक को कर्मकांड से ऊपर रखा है। इसलिए दिए गए विकल्पों में सही प्रकाशन-वर्ष 1890 है।

98. 'Sacrifice and Other Plays' का प्रकाशन 1917 में हुआ था। 'Sacrifice' टैगोर के 'विसर्जन' का अंग्रेजी रूपांतरण माना जाता है। इस संग्रह में टैगोर की नाट्य-दृष्टि, आध्यात्मिक चिंतन और सामाजिक आलोचना का रूप दिखाई देता है। 'विसर्जन' के केंद्रीय विचार—बलि-प्रथा का विरोध और मानवीय करुणा—अंग्रेजी रूप में भी प्रमुख रूप से प्रकट होते हैं। इसलिए दिए गए विकल्पों में सही उत्तर 1917 है।

99. ''झरो झरो रोकतो झोरे'' गीत 'विसर्जन' नाटक के लिए लिखा गया था, किन्तु प्रथम संस्करण प्रकाशित होने के बाद इसे हटा दिया गया। गीत के शब्दों में रक्त, बलि और हिंसक कर्मकांड का तीव्र संकेत मिलता है। 'विसर्जन' का मुख्य संघर्ष भी बलि-प्रथा और मानवतावादी दृष्टि के बीच है। इसलिए यह गीत नाटक की मूल भावभूमि से जुड़ा हुआ था, लेकिन बाद के पाठ में इसे हटाया गया। दिए गए विकल्पों में सही उत्तर ''झरो झरो रोकतो झोरे'' है।

100. इस नाटक से स्पष्ट होता है कि टैगोर ने देवताओं को प्रसन्न करने के नाम पर पशु-बलि जैसे कर्मकांड की निन्दा की थी। गद्यांश में गुणवती और रघुपति के संवाद से देवी-पूजा, बलि और धार्मिक अंधविश्वास का संदर्भ स्पष्ट रूप से सामने आता है। 'विसर्जन' में मानवीय करुणा और नैतिक विवेक को रक्त-बलि तथा बाहरी कर्मकांड से अधिक महत्त्व दिया गया है। नाटक का मूल विचार यह है कि धर्म का उद्देश्य हिंसा नहीं, बल्कि करुणा और आत्मिक शुद्धि होना चाहिए। इसलिए सही उत्तर विकल्प 1 है।

पिछले प्रश्न-पत्र

National Testing Agency (NTA)

UGC-NET जूनियर रिसर्च फैलोशिप तथा सहायक प्राध्यापक पात्रता परीक्षा

हिन्दुस्तानी संगीत, कर्नाटक संगीत, रबीन्द्र संगीत तथा अवनद्ध वाद्य

जून-2025

(Exam held on 26-06-2025)

प्रश्न-पत्र-II

नोट : परीक्षार्थी भाग-I के सभी 25 प्रश्नों के उत्तर दें। यह भाग अनिवार्य है। परीक्षार्थी भाग-II, भाग-III, भाग-IV तथा भाग-V में से किसी एक भाग के सभी 75 प्रश्नों के उत्तर दें। प्रत्येक प्रश्न के दो (2) अंक हैं।

भाग-I

1. सूची-I के साथ सूची-II का मिलान कीजिए :

सूची-I	सूची-II
A. परिशिष्ट	I. अस्थायी धारणा
B. ग्रंथसूची	II. आंकड़ा संग्रहण
C. परिकल्पना	III. प्रश्नावली की प्रतिलिपियाँ
D. क्षेत्र कार्य	IV. अनुसंधान के लिए संदर्भित स्रोतों का विवरण

नीचे दिए गए विकल्पों में से **सही** उत्तर का चयन कीजिए :

1. A-IV, B-I, C-II, D-III
2. A-III, B-IV, C-I, D-II
3. A-II, B-I, C III, D-IV
4. A-I, B-III, C-IV, D-II

2. निम्नलिखित में से किस राग-चित्र में प्रसन्नचित्त नायिका हिरण के साथ वीणा बजाती हुई दिखाई देती है?

1. भैरव 2. मेघा
3. हिंडोल 4. तोड़ी

3. आकारमात्रिक स्वरांकन पद्धति का आविष्कार किसने किया था?

1. रबीन्द्रनाथ टैगोर 2. ज्योतिरिन्द्रनाथ टैगोर
3. देबेन्द्रनाथ टैगोर 4. सत्येन्द्रनाथ टैगोर

4. नाट्यशास्त्र के अनुसार मध्य लय का प्रयोग किस रस के अनुकूल है?

1. वीर, अद्भुत 2. करुण, शांत
3. शृंगार, हास्य 4. वीभत्स

5. निम्नलिखित को क्रम में व्यवस्थित कीजिए, जैसे कि वे शोध प्रबंध में दिखाई देते हैं :

A. विषय-सूची B. ग्रंथ-सूची
C. शीर्षक पृष्ठ D. प्रस्तावना
E. अध्याय

नीचे दिए गए विकल्पों में से सही उत्तर चुनें :

1. A, C, D, B, E 2. C, A, D, E, B
3. D, B, C, E, A 4. C, E, B, A, D

6. शोध पत्रिकाओं के बारे में क्या सत्य है?

A. इसमें शोध लेख शामिल हैं
B. ISBN नंबर है
C. मुद्रित या ऑनलाइन

D. एक संपादकीय बोर्ड से मिलकर बनता है
E. एकल लेखक द्वारा लिखे गए अध्याय देता है

नीचे दिए गए विकल्पों में से **सही** उत्तर चुनें :

1. केवल A, B, C 2. केवल A, C, D
3. केवल B, D, E 4. केवल B, C, D

7. हिन्दुस्तानी पद्धति में 'ठेका' अभिव्यक्त करता है :

A. ताल की रचना करने वाले निश्चित बोल
B. ताली खाली और विभाग की निश्चित योजना
C. दिए गए राग के स्वर
D. गीत रचना के शब्द
E. ताल की निश्चित मात्रा

नीचे दिए गए विकल्पों में से **सही** उत्तर चुनें :

1. केवल B, C, E 2. केवल A, B, D
3. केवल A, B, E 4. केवल C, D, E

8. मार्ग तालों को अनुक्रमिक क्रम में व्यवस्थित करें :

A. षट्पितापुत्रक B. चाचपुट
C. उद्घट्ट D. चच्चत्पुट
E. सम्पक्वेष्टक

नीचे दिए गए विकल्पों में से **सही** उत्तर चुनें :

1. D, B, E, A, C 2. C, D, B, E, A
3. D, B, A, E, C 4. B, C, D, A, E

9. निम्न में से कौन-से लोकनृत्य रूप हैं?

A. कथक B. गरबा नृत्य
C. कनियनाट्टम D. बीहू नृत्य
E. कुचिपुड़ी

नीचे दिए गए विकल्पों में से **सही** उत्तर चुनें :

1. केवल B, C, D 2. केवल A, C, D
3. केवल B, D, E 4. केवल A, D, C

10. 'झाला' की अभिव्यक्ति किसके समापन भाग में होती है?

1. कर्नाटक गायन 2. हिन्दुस्तानी गायन
3. कर्नाटक वादन 4. हिन्दुस्तानी वादन

11. 'बुर्रा कथा' और 'तोलु बोम्मलाट्टा' प्रचलित हैं :

1. आंध्र प्रदेश में 2. सिक्किम में
3. कश्मीर में 4. उत्तर प्रदेश में

12. स्वरों को पिच/तारता के अवरोही (घटते) क्रम में लिखें।

A. पंचम B. अंतर गांधार
C. प्रति मध्यम D. शुद्ध धैवत
E. काकलि निषाद

नीचे दिए गए विकल्पों में से **सही** उत्तर चुनें :

1. E, D, A, C, B 2. B, C, A, D, E
3. E, A, D, C, B 4. B, A, C, E, D

13. निम्नलिखित में से प्रति-मध्यम (तीव्र मध्यम) वाले 'चक्र' का चयन कीजिए :

1. वेद 2. अग्नि
3. इंदु 4. रुद्र

14. ताल से संबद्ध शब्द हैं :

A. लय B. गमक
C. स्वरस्थान D. आवर्तन
E. क्रिया

नीचे दिए गए विकल्पों में से **सही** उत्तर चुनें :

1. केवल A, B, D 2. केवल B, C, E
3. केवल C, B, D 4. केवल A, D, E

15. पद्म विभूषण से सम्मानित लोक कलाकार को इंगित कीजिए :

1. गुलाबो कालबेलिया, लोक नृत्य - राजस्थान
2. सुकरी बोम्मागौड़ा, लोक गायन - कर्नाटक
3. सुलोचना चावन, लावनी - महाराष्ट्र
4. शारदा सिन्हा, लोक गायन - बिहार

16. सूची-I के साथ सूची-II का मिलान कीजिए :

सूची-I (मत)	**सूची-II (प्रवक्ता)**
A. उत्पत्तिवाद	I. भट्टनायक
B. भुक्तिवाद	II. शंकुक
C. अभिव्यक्तिवाद	III. भट्टलोल्लट
D. अनुमितिवाद	IV. अभिनवगुप्त

नीचे दिए गए विकल्पों में से **सही** उत्तर का चयन कीजिए :

1. A-III, B-I, C-IV, D-II
2. A-II, B-III, C-I, D-IV
3. A-IV, B-II, C-III, D-I
4. A-I, B-IV, C-II, D-III

17. सूची-I के साथ सूची-II का मिलान कीजिए :

सूची-I (लोक रूप)	**सूची-II (राज्य)**
A. ओयिलाट्टम	I. बंगाल
B. जात्रा	II. केरल
C. अंकीया नट	III. तमिलनाडु
D. कोडियाट्टम	IV. असम

नीचे दिए गए विकल्पों में से **सही** उत्तर का चयन कीजिए :

1. A-III, B-I, C-IV, D-II
2. A-II, B-I, C-IV, D-III
3. A-II, B-IV, C-III, D-I
4. A-IV, B-III, C-I, D-II

18. गमकों के नाम पहचानिए :

A. प्रस्तार

B. गोपुच्छा

C. कम्पित

D. नामित

E. उल्लासित

नीचे दिए गए विकल्पों में से **सही** उत्तर चुनें :

1. केवल A, D, E   2. केवल B, C, D
3. केवल B, D, E   4. केवल C, D, E

19. निम्नलिखित रचना द्वारा 'यति' पहचानिए।

तत

तत्थरि

तत्थरि तिरकिट

तत्थरि तिरकिट ता-किट

तत्थरि तिरकिट ताकिट ताकिट

1. स्त्रोतोगता   2. गोपुच्छा
3 पिपिलिका   4. समा

20. सूची-I के साथ सूत्ती-II का मिलान कीजिए :

सूची-I (कर्नाटक मेल)	**सूची-II (हिन्दुस्तानी थाट)**
A. कामवर्धिनी	I. आसावरी
B. नट भैरवी	II. भैरव
C. मायामालव गौला	III. तोड़ी
D. शुभ पंतुवरालि	IV. पूर्वी

नीचे दिए गए विकल्पों में से **सही** उत्तर का चयन कीजिए :

1. A-II, B-I, C-III, D-IV
2. A-III, B-II, C-IV, D-I
3. A-I, B-II, C-IV, D-III
4. A-IV, B-I, C-II, D-III

21. सूची-I के साथ सूची-II का मिलान कीजिए :

सूची-I (नाम)	**सूची-II (विवरण)**
A. आलेख्य	I. मात्रा संख्या
B. रसवाद	II. पहेलियां
C. प्रहेलिका	III. चित्रकारी
D. छंद	IV. तत्व का गुण परिवर्तन

नीचे दिए गए विकल्पों में से **सही** उत्तर का चयन कीजिए :

1. A-I, B-II, C-IV, D-III
2. A-III, B-IV, C-II, D-I
3. A-II, B-III, C-I, D-IV
4. A-IV, B-II, C-I, D-III

22. कटपयादि योजनानुसार 'मेचकल्याणी' का मेल क्रम क्या है?

1. 56   2. 65
3. 35   4. 53

23. निम्नलिखित में से कौन-सा अंतरविषयी शोध का उदाहरण नहीं है?

1. जनजातियों का जीवन, संस्कृति और संगीत
2. भारतीय संगीत के राग और गमक
3. संगीत एवं चिकित्सकीय प्रभाव
4. मानव व्यवहार में संगीत की भूमिका

24. पॉलिफोनी का अर्थ है :

1. संगीत का एकल स्वर
2. दो या अधिक धुनें एक साथ बजना
3. नोटों (स्वरों) की क्षैतिज व्यवस्था
4. मुख्य स्वर गागा

25. सौंदर्यशास्त्र के पाश्चात्य विचारक 'प्लेटो' का सौंदर्य चिंतन किस दृष्टिकोण को व्यक्त करता है?

1. उपयोगितावादी   2. आध्यात्मवादी
3. बुद्धिवादी   4. रूपवादी

भाग-II

हिन्दुस्तानी संगीत (गायन तथा वादन)

26. निम्नलिखित में से पद्म विभूषण से सम्मानित संगीतज्ञ को चिह्नित कीजिए :

1. एन. राजम
2. मोघूबाई कुर्डीकर
3. बेगम अख़्तर
4. गिरिजा देवी

27. तानपुरे के 240 कंपन संख्या के मध्य षड्ज तार की चौथी आवृत्ति में प्राप्त आवर्तक स्वर है :

1. तार पंचम
2. अतितार षड्ज
3. अतितार धैवत
4. अतितार ऋषभ

28. निम्नलिखित रचनाओं को कालक्रमानुसार उनके विकास के बढ़ते क्रम से चयन कीजिए :

A. ठुमरी
B. प्रबंध
C. जाति गायन
D. ध्रुपद
E. साम

नीचे दिए गए विकल्पों में से **सही** उत्तर चुनें :

1. E, C, B, D, A
2. E, B, C, A, D
3. C, B, A, E, D
4. C, D, E, A, B

29. संगीत रत्नाकर के अनुसार वृन्द के भेद चयन कीजिए :

A. तत् कुतप
B. उत्तम
C. अवनद्ध कुतप
D. मध्यम
E. कनिष्ठ

नीचे दिए गए विकल्पों में से **सही** उत्तर चुनें :

1. केवल A और C
2. केवल B, D और E
3. केवल A, C, D और E
4. केवल D और E

30. सूची-I को सूची-II से सुमेलित करें :

सूची-I (संगीतज्ञ)	**सूची-II (वाद्य)**
A. विलायत खाँ	I. सारंगी
B. बहादुर खाँ	II. इसराज
C. बुंदु खाँ	III. सितार
D. रणधीर राय	IV. सरोद

नीचे दिए गए विकल्पों में से **सही** उत्तर का चयन कीजिए :

1. A-II, B-I, C-III, D-IV
2. A-III, B-IV, C-I, D-II
3. A-I, B-II, C-IV, D-III
4. A-IV, B-III, C-II, D-I

31. नाट्यशास्त्र में वर्णित षड्जग्रामिक स्वरों का सही श्रुत्यंतर चयन कीजिए :

1. स 4 रे 3 ग 2 म 4 प 4 ध 3 नि 2 सां
2. स 4 रे 3 ग 2 म 4 प 3 ध 4 नि 2 सां
3. स 3 रे 2 ग 4 म 4 प 3 ध 2 नि 4 सां
4. स 3 रे 2 ग 4 म 4 प 3 ध 3 नि 4 सां

32. निम्नलिखित में से किसने अपने ग्रंथ में उत्तम, मध्यम और अधम राग का उल्लेख किया :

1. शारंगदेव
2. रामामात्य
3. व्यंकटमखी
4. भातखंडे

33. सूची-I को सूची-II से सुमेलित करें :

सूची-I (संगीतज्ञ)	**सूची-II (उपनाम)**
A. सी.आर. व्यास	I. 'गुनिजान'
B. बलवंत राय भट्ट	II. 'निगुनी'
C. सुहासिनी कोरटकर	III. 'भावरंग'
D. अमान अली खाँ	IV. 'अमर'

नीचे दिए गए विकल्पों में से **सही** उत्तर का चयन कीजिए :

1. A-I, B-II, C-III, D-IV
2. A-I, B-III, C-II, D-IV
3. A-IV, B-III, C-II, D-I
4. A-IV, B-I, C-II, D-III

34. सूची-I को सूची-II से सुमेलित करें :

सूची-I (कलाकार)	सूची-II (घराना)
A. हस्सू-हद्दू	I. पटियाला
B. अलिया फत्तू	II. क़िराना
C. सदारंग-अदारंग	III. ग्वालियर
D. अब्दुल-करीम-अब्दुल वहीद	IV. सेनिया

नीचे दिए गए विकल्पों में से **सही** उत्तर का चयन कीजिए :

1. A-I, B-II, C-III, D-IV
2. A-II, B-IV, C-I, D-III
3. A-IV, B-III, C-II, D-I
4. A-III, B-I, C-IV, D-II

35. निम्नलिखित रागों को प्रातःकाल से सायंकाल के क्रम में सजाइए :

A. पूरिया B. शुद्ध सारंग
C. भटियार D. मुल्तानी
E. तोड़ी

नीचे दिए गए विकल्पों में से **सही** उत्तर चुनें :

1. A, D, C, B, E
2. B, C, A, D, E
3. E, D, C, B, A
4. C, E, B, D, A

36. संगीत रत्नाकर के किस अध्याय में प्रबंध की चर्चा की गई?

1. तीसरा 2. चौथा
3. पांचवां 4. छठा

37. भारत रत्न से सम्मानित निम्नलिखित व्यक्तियों को (पुरस्कार प्राप्ति वर्ष के) कालक्रम में चयन कीजिए :

A. पंडित भीमसेन जोशी
B. पंडित रविशंकर
C. एम.एस. सुब्बुलक्ष्मी
D. उस्ताद बिस्मिल्ला खाँ
E. भूपेन हजारिका

नीचे दिए गए विकल्पों में से **सही** उत्तर चुनें :

1. A, B, C, D, E 2. C, B, D, A, E
3. A, C, B, D, E 4. E, A, B, C, D

38. निम्नलिखित तालों को उनके एक आवर्तन की कुआड़ लयकारी से प्राप्त मात्राओं की बढ़ती हुई संख्या के अनुक्रम में व्यवस्थित कीजिए :

A. तीव्रा
B. तीन ताल
C. सूलताल
D. आड़ा चौताल
E. चौताल

नीचे दिए गए विकल्पों में से **सही** उत्तर चुनें :

1. A, B, D, C, E
2. A, C, E, D, B
3. E, C, D, B, A
4. A, D, C, B, E

39. गीत के शब्द तथा स्वर दोनों में समानता युक्त रचना क्या कहलाती है?

शब्द – मां शारदे साधु सुरन सों मां मग दे
स्वर – मा सारेध साध सारेनि सा मा मग ध

1. राग माला 2. स्वर सागर
3. कैवाड़ प्रबंध 4. कलबाना

40. पं. भातखंडे के अनुसार कल्याण थाट के दोनों मध्यम युक्त राग वर्ग (केदार, कामोद ......) में कौन-से नियम प्रयुक्त होते हैं?

A. विवादी के रूप में कोमल निषाद का प्रयोग
B. आरोह में निषाद तथा अवरोह में गंधार का वक्र प्रयोग
C. वादी संवादी म-सा का समान प्रयोग
D. तीव्र मध्यम की तुलना में शुद्ध मध्यम का अधिक प्रयोग
E. उत्तरांगवादी राग वर्ग

नीचे दिए गए विकल्पों में से **सही** उत्तर चुनें :

1. केवल C और E
2. केवल A, B और D
3. केवल A, B और C
4. केवल C, D और E

41. रामभाऊ कुंदगोलकर को कहा जाता है :

1. भू गंधर्व 2. सवाई गंधर्व
3. बाल गंधर्व 4. गंधर्व राज

42. क्रमशः ध्रुपद, सितार, सरोद, तबला तथा ख्याल के क्रम से उनके घरानों का सही क्रम चयन कीजिए :

A. इटावा
B. ग्वालियर (बंगश)
C. डागुर
D. किराना
E. अजराड़ा

नीचे दिए गए विकल्पों में से **सही** उत्तर चुनें :

1. B, D, C, A, E
2. E, A, D, B, C
3. C, A, B, E, D
4. B, A, C, E, D

43. तिलवाड़ा ताल के एक आवर्तन की बिआड़ कितनी मात्रा में होगी?

1. $6\frac{6}{7}$
2. $9\frac{1}{7}$
3. $8\frac{2}{7}$
4. $7\frac{5}{7}$

44. निम्नलिखित में राग की पहचान कीजिए :

स, म, प, ग॒, म, ध, नि॒, प
म, प, ग॒, म, रे, स

1. दरबारी कान्हड़ा
2. अडाना
3. शहाना
4. नायकी कानड़ा

45. वाद्य संगीत वादन के सही क्रम को व्यवस्थित कीजिए :

A. झाला
B. मसीतखानी
C. आलाप
D. जोड़
E. रजाखानी

नीचे दिए गए विकल्पों में से **सही** उत्तर चुनें :

1. C, D, B, E, A
2. A, C, D, E, B
3. E, D, C, A, B
4. A, B, C, D, E

46. आगरा घराना के प्रतिनिधियों को चुनिए :

A. रहमत खाँ
B. नत्थन खाँ
C. गुलाम अब्बास खाँ
D. निसार हुसैन खाँ
E. जगन्नाथ बुआ पुरोहित

नीचे दिए गए विकल्पों में से **सही** उत्तर चुनें :

1. केवल A, C और D
2. केवल B, C और D
3. केवल B, C और E
4. केवल C, D और E

47. निम्नलिखित में से कौन-से विकल्प सुमेलित हैं?

A. हरवल्लभ संगीत समारोह - पटियाला
B. डोवरलेन संगीत समारोह - देहरादून
C. मोतीराम मणिराम संगीत समारोह - चित्रकूट
D. निनाद संगीत समारोह - आगरा
E. संकट मोचन संगीत समारोह - वाराणसी

नीचे दिए गए विकल्पों में से **सही** उत्तर चुनें :

1. केवल A, B और C
2. केवल D और E
3. केवल B, C, D और E
4. केवल C, D और E

48. निम्नलिखित में से कौन-सा विकल्प सुमेलित नहीं है?

	उन्नायक		**शैली**		**प्रयुक्त ताल**
1.	वाजिद अलीशाह	-	ठुमरी	-	जत्तताल
2.	सदारंग-अदारंग	-	ख्याल	-	एकताल
3.	अमीर खुसरो	-	धमार	-	चौताल
4.	शौरी मियां	-	टप्पा	-	पंजाबी

49. निम्नलिखित में से किन्हें 'जरनैल-करनैल' कहा जाता था?

1. अली बक्श खाँ और फतेह अली खाँ
2. हस्सू खाँ और हद्दू खाँ
3. नन्हें खाँ और हाफिज अली खाँ
4. अब्दुल करीम और अब्दुल वहीद

50. निम्नलिखित में से क्या कल्याण थाट से संबंधित नहीं हैं?

1. आनंदी कल्याण
2. श्याम कल्याण
3. गोरख कल्याण
4. यमन कल्याण

51. निम्नलिखित में से संधिप्रकाश रागों को चुनिए :

A. यमन
B. पूर्वी
C. बिहाग
D. भैरव
E. पूरिया

नीचे दिए गए विकल्पों में से **सही** उत्तर चुनें :

1. केवल A, B और E
2. केवल A, C और D
3. केवल A, C और E
4. केवल B, D और E

52. सूची-I को सूची-II से सुमेलित करें :

सूची-I	सूची-II
A. विनोद पिया	I. भातखण्डे
B. चतुर पंडित	II. तसद्दुकहुसैन खाँ
C. गुणीदास	III. विलायत हुसैन खाँ
D. प्राण पिया	IV. जगन्नाथ बुआ

नीचे दिए गए विकल्पों में से **सही** उत्तर चुनें :
1. A-IV, B-II, C-III, D-I
2. A-I, B-III, C-II, D-IV
3. A-II, B-I, C-IV, D-III
4. A-III, B-IV, C-I, D-II

53. निम्नलिखित में से मानकुतूहल का फकीरुल्ला कृत अनुवाद कौन-सा है?
1. राग माला
2. राग दर्पण
3. राग विज्ञान
4. राग विबोध

54. निम्नलिखित में से कौन-सी संज्ञाएँ सितार से संबंधित है :
A. कृंतन
B. घसीट
C. जमजमा
D. रेला
E. कायदा

नीचे दिए गए विकल्पों में से **सही** उत्तर चुनें :
1. केवल B, C और D
2. केवल C, D और E
3. केवल A, B और C
4. केवल A, C और E

55. निम्नलिखित में से सरोद वादकों को चुनिए :
A. बुद्धादित्य मुखर्जी
B. राधिका मोहन मैत्र
C. हाफिज अली खाँ
D. हामिद हुसैन खाँ
E. शरन रानी

नीचे दिए गए विकल्पों में से **सही** उत्तर चुनें :
1. केवल A, B और C
2. केवल B, C और E
3. केवल B, C और D
4. केवल A, D और E

56. शारंगदेव द्वारा वर्णित शुद्ध सूड तथा सालगसूड प्रबंध के प्रकारों में कौन-से नाम समान हैं?
A. करण
B. प्रतिमठ्य
C. एला
D. एकताली
E. झोंबड

नीचे दिए गए विकल्पों में से **सही** उत्तर चुनें :
1. केवल A और B
2. केवल C और D
3. केवल D
4. केवल E

57. निम्नलिखित में से कौन-सा विकल्प सुमेलित नहीं है?
1. सोमेश्वर - मानसोल्लास
2. जगदेकमल्ल - संगीत चूड़ामणि
3. नान्यदेव - सरस्वती ह्रदयालंकार
4. पार्श्व देव - संगीत सार

58. इनमें से कौन-सा प्रबंध का अंग नहीं है?
1. पाद
2. विरुद
3. पात
4. इला

59. संगीत परिजात के अनुसार दीप्ता जाति की श्रुतियां हैं :
A. तीव्रा
B. कुमुद्वती
C. रौद्री
D. वज्रिका
E. उग्रा

नीचे दिए गए विकल्पों में से **सही** उत्तर चुनें :
1. केवल A, C, D और E
2. केवल A, B, C और D
3. केवल A, B और C
4. केवल B, C और D

60. सितार के इटावा घराना के संगीतज्ञों को चुनिए :
A. वहीद खाँ
B. इनायत खाँ
C. इलियास खाँ
D. शुजात खाँ
E. युसुफ अली खाँ

नीचे दिए गए विकल्पों में से **सही** उत्तर चुनें :
1. केवल B, C और D
2. केवल C, D और E
3. केवल A, B और C
4. केवल A, B और D

61. सूची-I को सूची-II से सुमेलित करें :

सूची-I (शैली)	सूची-II (संगत ताल)
A. ठुमरी	I. त्रिताल
B. मसीतखानी गत	II. जत्तताल
C. सादरा	III. चौताल
D. ध्रुपद	IV. झपताल

नीचे दिए गए विकल्पों में से **सही** उत्तर का चयन कीजिए :

1. A-I, B-III, C-II, D-IV
2. A-II, B-I, C-IV, D-III
3. A-IV, B-I, C-II, D-III
4. A-IV, B-III, C-II, D-I

62. निम्नलिखित संगीतज्ञों को कालक्रमानुसार सही क्रम से चयन कीजिए :

A. हस्सू खाँ　　B. पुरंदरदास
C. वि.दि. पलुस्कर　　D. एम.एस. सुब्बुलक्ष्मी
E. त्यागराज

नीचे दिए गए विकल्पों में से **सही** उत्तर चुनें :

1. A, B, E, C, D
2. E, B, A, D, C
3. B, E, A, C, D
4. D, C, E, B, A

63. निम्नलिखित में से कौन-सा कथन असत्य है?

1. प्रत्येक ग्राम का 'ग्रामणी स्वर' चार श्रुति का होता है।
2. ग्रामणी स्वर का षड्ज-पंचम तथा षड्ज-मध्यम संवादी स्वर ग्राम में होता है।
3. ग्राम के मध्य स्वर की दूरी प्रथम तथा अंतिम स्वर से समान होती है।
4. षड्ज, ऋषभ, गंधार स्वरों के मध्यम संवादी स्वर, क्रमशः पंचम धैवत, निषाद है।

64. सुर सिंगार वाद्य यंत्र निम्नलिखित में से किसके सदृश है :

1. सितार　　2. वायलिन
3. सरोद　　4. इसराज

65. जाति गान के लक्षण पहचानिए :

A. ग्रहं　　B. अंश
C. मार्ग　　D. न्यास
E. लय

नीचे दिए गए विकल्पों में से **सही** उत्तर चुनें :

1. केवल A, C और D
2. केवल B, C और E
3. केवल A, B और D
4. केवल C, D और E

66. निम्नलिखित में से कौन-सा कथन असत्य है?

1. पदम शैली का उन्नायक क्षेत्रज्ञ को माना जाता है।
2. त्यागराज की पंचरत्नम कृति-नाट, गौल, आरभी, श्री, वराली रागों में बद्ध है।
3. 'जावलि' विलंबित लय की, करुण रस प्रधान रचना है।
4. 108 राग तथा 108 तालों में बद्ध कृति 'नाटकादि विद्याला' के रचनाकार रामास्वामी दीक्षितर हैं।

67. खमाज थाट की रागों को चिह्नांकित कीजिए :

A. भीमपलासी
B. जैजैवंती
C. जौनपुरी
D. रागेश्री
E. झिंझोटी

नीचे दिए गए विकल्पों में से **सही** उत्तर चुनें :

1. केवल A, B और C
2. केवल B, D और E
3. केवल B, C और D
4. केवल C, D और E

68. निम्नलिखित ग्रंथों को कालक्रम में व्यवस्थित करें :

A. प्रणव भारती　　B. संगीत परिजात
C. सद्राग चंद्रोदय　　D. संगीत रत्नाकर
E. बृहद्देशी

नीचे दिए गए विकल्पों में से **सही** उत्तर चुनें :

1. E, D, C, B, A
2. A, B, C, D, E
3. A, C, B, D, E
4. A, B, D, C, E

69. ताल, जो ख्याल में प्रयुक्त नहीं होती है?

1. धमार　　2. झूमरा
3. आड़ा-चौताल　　4. झपताल

70. संगीत रत्नाकर के निम्नलिखित अध्यायों को उचित क्रम में व्यवस्थित करें :

A. प्रकीर्णकाध्याय B. रागविवेकाध्याय
C. प्रबंधाध्याय D. स्वरगताध्याय
E. तालाध्याय

नीचे दिए गए विकल्पों में से **सही** उत्तर चुनें :

1. D, B, C, A, E
2. D, B, A, C, E
3. B, D, A, E, C
4. B, D, C, A, E

71. मारू बिहाग तथा मुल्तानी राग में समानताएँ चयन कीजिए :

A. थाट B. गायन समय
C. जाति D. वर्जित स्वर
E. वादी-संवादी

नीचे दिए गए विकल्पों में से **सही** उत्तर चुनें :

1. केवल A, B और C
2. केवल B, C और D
3. केवल C, D और E
4. केवल C और D

72. वाद्य के ढांचे की आकृति के आधार पर कौन-से विकल्प सुमेलित हैं?

A. लम्बी गरदन वाले वाद्य – सितार, तानपुरा
B. भीतर से खोखले तथा दोनों ओर मढ़े हुए – नगाड़ा, चंग
C. एक या दो तुम्बे का प्रयोग – जलतरंग, शहनाई
D. छोटी गरदन वाले वाद्य – सारंगी, वायलिन
E. तबली पर चमड़े मढ़े वाद्य – सरोद, इसराज

नीचे दिए गए विकल्पों में से **सही** उत्तर चुनें :

1. केवल B और C
2. केवल A, D और E
3. केवल B, C, D और E
4. केवल A, C और D

73. बिलावल के गंधार तथा मध्यम को आधार स्वर 'सा' मानने पर क्रमशः किन रागों के स्वर प्राप्त होंगे?

A. यमन B. भैरवी
C. आसावरी D. काफी
E. खमाज

नीचे दिए गए विकल्पों में से **सही** उत्तर चुनें :

1. केवल D और E
2. केवल A, B और D
3. केवल E और C
4. केवल B और A

74. द्वादश स्वर मूर्च्छना का उल्लेख निम्नलिखित में से किस ग्रंथकार ने किया है?

1. रामामात्य 2. शारंगदेव
3. सोमनाथ 4. मतंग

75. सूची-I को सूची-II से सुमेलित करें :

सूची-I (पुस्तक)	सूची-II (रचयिता)
A. म्यूजिक ऑफ हिन्दुस्तान	I. एच.ए. पोपले
B. म्यूजिक ऑफ इंडिया	II. ई. क्लिमेंट्स
C. इंट्रोडक्शन टू द स्टडी ऑफ इंडियन म्यूजिक	III. विलियम जोन्स
D. म्यूजिकल मोड्स ऑफ हिन्दुज	IV. फॉक्स स्ट्रेंग्वेज

नीचे दिए गए विकल्पों में से **सही** उत्तर का चयन कीजिए :

1. A-I, B-II, C-III, D-IV
2. A-IV, B-I, C-II, D-III
3. A-III, B-IV, C-I, D-II
4. A-II, B-III, C-IV, D-I

76. ताल के अंग तथा कालप्रमाण अनुसार निम्नलिखित में से कौन-से विकल्प सही हैं?

A. 1 लघु = 4 अणुद्रुत
B. 2 द्रुत = 1 लघु
C. 4 लघु = 1 प्लुत
D. 2 गुरु = 1 काकपद
E. 4 लघु = 2 गुरु

नीचे दिए गए विकल्पों में से **सही** उत्तर चुनें :

1. केवल A, C और D
2. केवल B, C और E
3. केवल C
4. केवल A, B, D और E

77. सूची-I को सूची-II से सुमेलित करें :

सूची-I (लेखक)	सूची-II (पुस्तक)
A. सुभद्रा चौधरी	I. स्वरार्थ रमणी
B. प्रेमलता शर्मा	II. नन्ने रसयात्रे (कन्नड़)
C. किशोरी अमोनकर	III. संगीत रत्नाकर टीका (भाग 1-4)
D. मल्लिकार्जुन मंसूर	IV. इंडियन एस्थेटिक एंड म्यूजिकोलोजी

नीचे दिए गए विकल्पों में से **सही** उत्तर का चयन कीजिए :

1. A-IV, B-III, C-I, D-II
2. A-III, B-IV, C-I, D-II
3. A-IV, B-III, C-II, D-I
4. A-I, B-II, C-III, D-IV

78. निम्नलिखित में से कौन-सा 'युग्म' सुमेलित नहीं है?

1. पिया बिन न आवत चैन - करीम खां
2. वो जो हम में तुम में करार था - बेगम अख्तर
3. जानकी नाथ सहाय करे - बड़े गुलाम अली खां
4. मोरे मंदर अब लौं नहीं आए - फैयाज खां

79.

श्रुति सं.	स्वर
9	शुद्ध गंधार
10	साधारण गंधार
11	-
12	अंतर गंधार

निम्नलिखित तालिका में वर्णित श्रुति-स्वर किस ग्रंथकार ने कहे हैं?

1. शारंगदेव
2. रामामात्य
3. व्यंकटमुखी
4. सोमनाथ

80. षड्ज ग्राम की षाढव मूर्च्छनाओं के लिए किन स्वरों को वर्जित करने का विधान है?

1. सा, रे, ग
2. सा, रे, ध, नि
3. सा, रे, नि, प
4. सा, म, प, नि

81. निम्नलिखित में से मध्यम ग्राम की मूर्च्छना नहीं है?

1. सौवेरी
2. मार्गी
3. मत्सरीकृता
4. पौरवी

82. निम्नलिखित में से पंडित भातखंडे रचित ग्रंथों को चुनिए :

A. राग मंजरी
B. संगीत पद्धतियों का तुलनात्मक अध्ययन
C. अभिनव राग मंजरी
D. अभिनव ताल मंजरी
E. क्रमिक पुस्तक मालिका

नीचे दिए गए विकल्पों में से **सही** उत्तर चुनें :

1. केवल A, B और C
2. केवल B, C और D
3. केवल C, D और E
4. केवल B, C और E

83. सूची-I को सूची-II से सुमेलित करें :

सूची-I (लयकारी)	सूची-II (मात्रा संख्या)
A. झपताल के एक आवर्तन की कुआड़	I. $6\frac{2}{5}$ मात्रा
B. चौताल के एक आवर्तन की बिआड़	II. 4 मात्रा
C. दादरा के एक आवर्तन की आड़	III. $6\frac{6}{7}$ मात्रा
D. कहरवा के एक आवर्तन की कुआड़	IV. 8 मात्रा

नीचे दिए गए विकल्पों में से **सही** उत्तर का चयन कीजिए :

1. A-I, B-II, C-III, D-IV
2. A-IV, B-III, C-II, D-I
3. A-II, B-IV, C-I, D-III
4. A-III, B-I, C-IV, D-II

84. सूची-I को सूची-II से सुमेलित करें :

सूची-I (प्रबंध जाति)	सूची-II ('संगीत समयसार' में वर्णित समकक्ष नाम)
A. मेदिनी	I. सेना
B. आनंदिनी	II. श्रुति
C. दीपनी	III. कविता
D. भावनी	IV. नीति

नीचे दिए गए विकल्पों में से **सही** उत्तर का चयन कीजिए :

1. A-I, B-II, C-III, D-IV
2. A-I, B-III, C-IV, D-II
3. A-II, B-I, C-IV, D-III
4. A-II, B-IV, C-I, D-III

85. निम्नलिखित में कौन-से विकल्प सुमेलित हैं?

A. ख्याल - स्थायी अंतरा

B. सादरा - उद्ग्राह, ध्रुव, आभोग

C. चतुरंग - पद, तराना, सरगम, पाट

D. ध्रुपद - स्थायी, अंतरा, संचारी, आभोग

E. टप्पा - स्थायी, जोड़, अंतरा, टपका

नीचे दिए गए विकल्पों में से **सही** उत्तर चुनें :

1. केवल A, B और D
2. केवल C, D और E
3. केवल A, C और D
4. केवल B, D और E

86. निम्नलिखित में से किन रागों के आरोह में 'रे म प' स्वरों का संयोजन है?

A. जौनपुरी B. बरवा

C. भीमपलासी D. देश

E. जोग

नीचे दिए गए विकल्पों में से **सही** उत्तर चुनें :

1. केवल A, C और D
2. केवल A, B और D
3. केवल A, B और C
4. केवल C, D और E

87. हिन्दुस्तानी पद्धति के थाटों के दक्षिणी नामों को, कम से अधिक विकृत स्वरों के अनुसार चयन कीजिए :

A. हरिकांभोजी B. नटभैरवी

C. धीर शंकराभरण D. खरहर प्रिया

E. हनुमत्तोड़ी

नीचे दिए गए विकल्पों में से **सही** उत्तर चुनें :

1. A, B, D, C, E
2. B, D, A, E, C
3. C, D, A, E, B
4. C, A, D, B, E

88. सूची-I को सूची-II से सुमेलित करें :

सूची-I (गुरु)	**सूची-II** (शिष्य)
A. रामभाऊ कुंदगोलकर	I. मल्लिकार्जुन मंसूर
B. विलायत हुसैन खाँ	II. युनूस हुसैन खाँ
C. मंजी खाँ	III. फैयाज खाँ
D. गुलाम अब्बास खाँ	IV. भीमसेन जोशी

नीचे दिए गए विकल्पों में से **सही** उत्तर का चयन कीजिए :

1. A-IV, B-II, C-I, D-III
2. A-I, B-III, C-IV, D-II
3. A-III, B-I, C-II, D-IV
4. A-II, B-IV, C-III, D-I

89. निम्नलिखित में से ऐलेन डेनिलो के कार्यों की पहचान करें :

1. इंट्रोडक्शन टू द स्टडी ऑफ म्यूजिकल स्केल्स
2. म्यूजिक ऑफ हिन्दुस्तान
3. हिस्टोरिकल डेवलपमेंट ऑफ इंडियन म्यूजिक
4. वेदिक चांट स्टडीज इन इट्स टेक्स्टुअल एंड मेलोडिक फॉर्म

90. निम्नलिखित में से कौन-से विकल्प सुमेलित है :

A. घग्गे खुदा बख्श - आगरा घराना

B. नत्थन पीर बख्श - ग्वालियर घराना

C. गुलाम रसूल - लखनऊ घराना

D. मियां अचपल - दिल्ली घराना

E. बन्दे अली खां - जयपुर घराना

नीचे दिए गए विकल्पों में से **सही** उत्तर चुनें :

1. केवल A, B और D
2. केवल B, C और E
3. केवल A, B, C और D
4. A, B, C, D, E

निर्देश (प्रश्न संख्या 91 से 95 तक): *निम्नलिखित गद्यांश को सावधानीपूर्वक पढ़िए और उससे संबंधित प्रश्नों के उत्तर दीजिए।*

सुंदर व्यक्तित्व के धनी मैथिली ब्राह्मण लोचन कवि का जन्म 17वीं सदी के आरंभ में बिहार के मुजफ्फरपुर जिले

में हुआ था। उनके पूर्वजों के बारे में कहा जाता था कि वे मिथिला के उज्जान गाँव में रहते थे। संगीत के सैद्धांतिक और प्रायोगिक दोनों पहलुओं में विशारद लोचन कवि, राजा महीनाथ और राजा नरपति ठाकुर के दरबार में पल्लवित पुष्पित हुए। उन्होंने राग तरंगिणी और राग सर्व संग्रह की रचना की। उन्होंने हनुमान मत की राग-रागिनी पद्धति को स्वीकार किया और मेल जन्य अथवा थाट-राग पद्धति (प्रणाली) के आधार पर रागों की विवेचना की।

91. लोचन ने अपने ग्रंथ में थाट के लिए निम्नलिखित में से किस संज्ञा का प्रयोग किया है?

1. तरंग
2. संस्थान
3. विवेक
4. ध्यान

92. लोचन का मेल 'मुखारी' वर्तमान समय के किस थाट के समान है?

1. बिलावल
2. काफी
3. आसावरी
4. भैरवी

93. लोचन ने कितने मेल या थाट का उल्लेख किया था :

1. 12
2. 10
3. 19
4. 21

94. किस ग्रंथकार ने लोचन के समान ही, गंधार स्वर के विकृत रूप—तीव्र, तीव्रतर, तीव्रतम तथा अतितीव्रतम संज्ञाओं का उल्लेख किया है?

1. शारंगदेव
2. भरत
3. रामामात्य
4. अहोबल

95. लोचन कवि रचित राग तरंगिनी में कितने अध्याय हैं?

1. 4
2. 5
3. 6
4. 7

निर्देश (प्रश्न संख्या 96 से 100 तक): *निम्नलिखित गद्यांश को सावधानीपूर्वक पढ़िए और उससे संबंधित प्रश्नों के उत्तर दीजिए।*

रागदारी संगीत में विवादी स्वर वह है जो थाट में तो नहीं है लेकिन राग में है। प्रायः संगीतज्ञ विवादी स्वर को ही वर्जित स्वर मानते हैं जो असंगत है। विवादी स्वर का अल्प प्रयोग राग में रक्तिदायक होता है। विवादी के प्रयोग में संवाद भावना कतई लुप्त नहीं होती तथा यह भरत परंपरानुसार ही वादी-संवादी के समान सच्चे अर्थ में प्रयुक्त होता है।

विवादी स्वर का राग के किसी प्रमुख स्वर से दोश्रुति, अर्द्धस्वर या $\frac{16}{15}$ का अंतर होता है साथ ही विवादी से संवाद करने वाला प्रबल स्वर उस राग में अवश्य होना चाहिए।

96. किस राग में कोमल ग॒ का विवादी प्रयोग है?

1. भूपाली
2. हिंडोल
3. देस
4. जैजैवंती

97. राग बिहाग में प्रयुक्त, विवादी स्वर—मं तीव्र का संवादी स्वर बताइए, जो राग का नियमित प्रबल स्वर है :

1. शुद्ध ध
2. शुद्ध रे
3. षड़ज सा
4. शुद्ध नि

98. निम्नलिखित में से कौन-सा कथन असत्य है?

1. दो श्रुति अंतराल युक्त स्वरों को भरत ने विवादी कहा है।
2. हेल्महोल्ट्ज ने प्रति सेकण्ड 33 आंदोलन के स्वर का 'डोल' कर्णकटु माना है।
3. छोटी संख्याओं के भिन्नांक यथा $\frac{2}{1}, \frac{3}{2}, \frac{4}{3}$ संवादी तथा बड़ी संख्या $\frac{9}{8}, \frac{10}{9}, \frac{16}{15}$ विवादी होते हैं।
4. नि॒, नि (दोनों निषाद) कभी भी न तो वादी और न ही संवादी होते हैं।

99. उपरोक्त नियमानुसार राग यमन में किस स्वर का विवादित्व ग्राह्य है?

1. शुद्ध म
2. तीव्र मं
3. कोमल रे॒
4. कोमल नि॒

100. हमीर, केदार, कामोद में प्रयुक्त विवादी स्वर के साथ $\frac{16}{15}$ के अंतराल पर राग का प्रबल स्वर कौन-सा है?

1. शुद्ध म
2. शुद्ध ध
3. शुद्ध ग
4. कोमल रे॒

भाग-III

अवनद्ध वाद्य

26. सूची-I को सूची-II से सुमेलित करें :

सूची-I (पुस्तक)	सूची-II (लेखक)
A. सोलो तबला ड्रमिंग ऑफ नार्थ इंडिया	I. जेम्स किपेन
B. तबला ऑफ लखनऊ	II. प्रो. गिरीश चन्द्र श्रीवास्तव
C. तबले का उद्गम, विकास और वादन शैलियाँ	III. रॉबर्ट एस. गोटलिब
D. ताल कोश	IV. डॉ. योगमाया शुक्ला

नीचे दिए गए विकल्पों में से **सही** उत्तर का चयन कीजिए :

1. A-II, B-III, C-I, D-IV
2. A-III, B-II, C-I, D-IV
3. A-III, B-I, C-IV, D-II
4. A-IV, B-III, C-II, D-I

27. छंद में अनुस्वार से युक्त वर्ण होगा :

1. लघु 2. गुरु
3. यति 4. चरण

28. अजराड़ा घराने की विशेषता है :

A. स्तुति परन
B. आड़लय के कायदे
C. निकास में अनामिका अंगुली का प्रयोग
D. गतों का प्रयोग

नीचे दिए गए बिकल्पों में से **सही** उत्तर चुनें :

1. केवल B और D 2. केवल B और C
3. केवल A और D 4. केवल C और D

29. चंग वाद्य में प्रयुक्त होता है :

1. हाथी की खाल 2. घोड़े की खाल
3. भेड़ की खाल 4. बिल्ली की खाल

30. सूची-I को सूची-II से सुमेलित करें :

सूची-I (पत्रिका)	सूची-II (प्रकाशन वर्ष)
A. संगीत घराना अंक	I. 1999
B. संगीत तबला अंक	II. 1940
C. संगीत ताल अंक	III. 1993
D. संगीत ताल तरंग अंक	IV. 1982

नीचे दिए गए विकल्पों में से **सही** उत्तर का चयन कीजिए :

1. A-I, B-II, C-III, D-IV
2. A-II, B-I, C-III, D-IV
3. A-IV, B-II, C-I, D-III
4. A-IV, B-III, C-II, D-I

31. टी.एन. कृष्णन किस विद्या से जुड़े कलाकार हैं?

1. मृदंगम 2. बाँसुरी
3. वायलिन 4. घटम

32. तालों को मात्रा संख्या के आधार पर बढ़ते क्रम में लिखें।

A. फरोदस्त ताल B. लक्ष्मी ताल
C. मयूर D. पंचम सवारी
E. कुम्भ

नीचे दिए गए विकल्पों में से **सही** उत्तर चुनें :

1. A, D, B, C, E
2. E, D, A, B, C
3. E, A, D, C, B
4. A, C, E, D, B

33. इनमें से कौन-सा गत तबले पर नहीं बजाया जाता है?

1. दर्जे की गत 2. चारबाग गत
3. मसितखानी गत 4. तिपल्ली गत

34. अकाल शब्द प्रयुक्त होता है?

1. मात्रा 2. सम और विषम
3. सम 4. विषम

35. कर्नाटक संगीत में चौदह मात्रा की ताल है :

A. संकीर्ण जाति त्रिपुट B. खण्डजाति अठ्य

C. मिश्रजाति मठ्य D. चतस्त्र जाति ध्रुव

नीचे दिए गए विकल्पों में से **सही** उत्तर चुनें :

1. केवल B और A 2. केवल B और D
3. केवल B और C 4. केवल D और C

36. सूची-I को सूची-II से सुमेलित करें :

सूची-I (संगीत नाटक अकादमी पुरस्कार)	**सूची-II (वर्ष)**
A. पंडित सुरेश तलवलकर	I. 2006
B. पंडित कुमार बोस	II. 2004
C. उस्ताद हसमत अली खाँ	III. 2017
D. पंडित योगेश शमसी	IV. 2013

नीचे दिए गए विकल्पों में से **सही** उत्तर का चयन कीजिए :

1. A-I, B-IV, C-III, D-II
2. A-II, B-I, C-IV, D-III
3. A-IV, B-III, C-I, D-II
4. A-II, B-III, C-I, D-IV

37. संगीत सदन प्रकाशन इलाहाबाद से प्रकाशित पुस्तक है :

A. तबला प्रकाश B. तबला वादन

C. ताल प्रसून D. ताल सुधा

नीचे दिए गए विकल्पों में से **सही** उत्तर चुनें :

1. केवल A और B 2. केवल A और C
3. केवल B और C 4. केवल D और C

38. साठ मात्रा की चक्रदार बिना किसी परिवर्तन के किन विकल्प की तालों में आ सकती है?

1. तीनताल, रूपक, झपताल
2. रूपक, झपताल, एकताल
3. एकताल, झपताल, पंचमसवारी
4. एकताल, रुद्रताल, पंचमसवारी

39. पंक्ति छंद के अक्षर काल हैं :

1. सात 2. आठ
3. नौ 4. दस

40. मात्रा के आधार पर निम्नलिखित को घटते क्रम में व्यवस्थित करें।

A. लघु B. गुरु

C. द्रुत D. अणुद्रुत

E. प्लुत

नीचे दिए गए विकल्पों में से **सही** उत्तर चुनें :

1. E, A, C, B, D
2. E, B, A, C, D
3. A, E, C, D, B
4. D, E, A, B, C

41. हाथ को ऊपर उठाकर उँगलियों को सिकोड़ने को कहा गया है?

1. प्रवेश 2. आवाप
3. निष्क्राम 4. विक्षेप

42. इनमें से कौन-से तबला वादक हारमोनियम में भी सिद्धस्थ थे?

1. पं. सामता प्रसाद 2. पं. ज्ञान प्रकाश घोष
3. पं. रामजी मिश्र 4. पं. कंठे महाराज

43. फर्रूखाबाद घराने की विशेषता है :

A. तिश्र जाति कायदे

B. रेला-रौ

C. विभिन्न प्रकार की गतें

D. फर्द

नीचे दिए गए विकल्पों में से **सही** उत्तर चुनें :

1. केवल A और D 2. केवल C और D
3. केवल A और B 4. केवल B और C

44. उस्ताद करामतुल्ला खाँ के पिता का क्या नाम था?

1. उस्ताद मुनिर खाँ 2. उस्ताद मसीत खाँ
3. उस्ताद नत्थू खाँ 4. उस्ताद नन्हे खाँ

45. शिखर ताल संबंधित कौन-सा तथ्य सत्य है?

A. 18 मात्रा का ताल

B. 5 ताली

C. 4 ताली और 1 खाली

D. 2 ताली और 2 खाली

E. 5 विभाग

नीचे दिए गए विकल्पों में से **सही** उत्तर चुनें :

1. केवल A और C 2. केवल B और A
3. केवल A और D 4. केवल B और E

46. ताल के अंग एवं अक्षर काल प्रमाण अनुसार निम्नलिखित में से कौन-सा विकल्प सही है?

A. 1 लघु = 8 अणुद्रुत

B. 2 द्रुत = 1 लघु

C. 4 लघु = 1 प्लुत

D. 2 गुरु = 1 काकपद

E. 4 लघु = 2 गुरु

नीचे दिए गए विकल्पों में से **सही** उत्तर चुनें :

1. केवल A, D, E 2. केवल B, D, E
3. केवल A, B, D 4. केवल B, C, E

47. सूची-I को सूची-II से सुमेलित करें :

सूची-I (गुरु)	सूची-II (शिष्य)
A. पं. मणिराम	I. पं. कुमार गंधर्व
B. बी.आर. देवधर	II. पं. भीमसेन जोशी
C. पं. सवाई गंधर्व	III. पं. जसराज
D. पं. ओंकारनाथ ठाकुर	IV. डॉ. एन. राजम

नीचे दिए गए विकल्पों में से **सही** उत्तर का चयन कीजिए :

1. A-II, B-III, C-IV, D-I
2. A-I, B-IV, C-II, D-III
3. A-III, B-II, C-IV, D-I
4. A-III, B-I, C-II, D-IV

48. गीतांगी छंद की मात्राएं हैं :

1. चौदह 2. सात
3. आठ 4. सोलह

49. सूची-I को सूची-II से सुमेलित करें :

सूची-I (गुरु)	सूची-II (शिष्य)
A. उ. जाफर खाँ	I. उ. विलायत खाँ
B. उ. नन्हे खाँ	II. पं. निखिल बैनर्जी
C. उ. अलाउद्दीन खाँ	III. उ. हाफिज अली खाँ
D. उ. इनायत खाँ	IV. उ. अब्दुल हलीम

नीचे दिए गए विकल्पों में से **सही** उत्तर का चयन कीजिए :

1. A-III, B-IV, C-I, D-II
2. A-IV, B-III, C-II, D-I
3. A-II, B-III, C-IV, D-I
4. A-I, B-IV, C-II, D-III

50. निम्नलिखित में से भिन्न को पहचानिए :

1. ग्रह 2. कण
3. यति 4. प्रस्तार

51. लय की प्रकृति के नियम को कहा जाता है :

1. गति 2. यति
3. ग्रह 4. मार्ग

52. बाँट के बारे में क्या सत्य है?

A. अविस्तारशील रचना

B. कायदे के समान रचना

C. बनारस घराने की विशेषता

D. लखनऊ घराने की विशेषता

E. टुकड़े के समान रचना

नीचे दिए गए विकल्पों में से **सही** उत्तर चुनें :

1. केवल A और B 2. केवल B और D
3. केवल B और C 4. केवल C और E

53. म.प्र. हिन्दी ग्रंथ अकादमी से प्रकाशित पुस्तक है :

A. भारतीय तालों का शास्त्रीय विवेचन

B. तबला कौमुदी

C. ताल प्रकाश

D. लय शास्त्र

नीचे दिए गए विकल्पों में से **सही** उत्तर चुनें :

1. केवल A और D 2. केवल B और D
3. केवल A और C 4. केवल B और C

54. उस्ताद जाकिर हुसैन को पद्म भूषण की उपाधि कब दी गई?

1. 2001 2. 2002
3. 2004 4. 2005

55. इनमें से कौन-सा एक है जो अन्य से भिन्न है?

1. पखावज 2. ताशा
3. मृदंगम 4. नाल

56. एम.एस. सुब्बुलक्ष्मी को किस सन् में राष्ट्रीय कालिदास सम्मान मिला?

1. 1984
2. 1986
3. 1988
4. 1987

57. तिहाई में पल्ला साढ़े पाँच मात्रा और 'धा' का मान एक चौथाई मात्रा है तो वह किस ताल में सम से सम आएगा?

A. तीनताल B. जतताल
C. शिखर D. विष्णु
E. गजझंपा

नीचे दिए गए विकल्पों में से **सही** उत्तर चुनें :

1. केवल A और B
2. केवल C और D
3. केवल D और A
4. केवल E और D

58. इनमें से कौन-सा कलाकार अलग प्रकार का वाद्य बजाता है?

1. उस्ताद विलायत खाँ
2. उस्ताद अब्दुल हलीम जाफर
3. पं. बलराम पाठक
4. उस्ताद अली अकबर खाँ

59. सूची-I को सूची-II से सुमेलित करें :

सूची-I (कलाकार)	**सूची-II (घराना)**
A. उ. काले खाँ	I. अजराड़ा
B. उ. वाजिद खाँ	II. दिल्ली
C. उ. मसित खाँ	III. फरुखाबाद
D. उ. हबीबुद्दीन	IV. लखनऊ

नीचे दिए गए विकल्पों में से **सही** उत्तर का चयन कीजिए :

1. A I, B IV, C-III, D-II
2. A-III, B-IV, C-II, D-I
3. A-II, B-IV, C-III, D-I
4. A-IV, B-II, C-III, D-I

60. एक मुखी वाद्य है :

A. झील B. खोल
C. हुडुक D. घौंसा

नीचे दिए गए विकल्पों में से **सही** उत्तर चुनें :

1. केवल B और C
2. केवल C और D
3. केवल A और B
4. केवल A और D

61. नगाड़ा जाति का वाद्य है :

A. कमट B. दमामा
C. मादल D. ढक

नीचे दिए गए विकल्पों में से **सही** उत्तर चुनें :

1. केवल A और B
2. केवल B और C
3. केवल C और D
4. केवल D और A

62. चतस्त्र जाति में निम्नलिखित तालों को मात्राओं के अनुसार बढ़ते क्रम में लिखें।

A. त्रिपुट B. अठ
C. ध्रुव D. मठ
E. एक

नीचे दिए गए विकल्पों में से **सही** उत्तर चुनें :

1. A, D, B, C, E
2. D, E, A, B, C
3. E, A, D, B, C
4. E, B, C, D, A

63. वैदिक साहित्य में, वृक्ष की जड़ में पशुचर्म से आच्छादित अवनद्ध वाद्य का नाम है :

1. डक्का
2. कुडुवा
3. वनस्पति
4. तुंबकी

64. ख्याल का घराना है :

A. पंजाब B. अजराड़ा
C. जयपुर D. किराना

नीचे दिए गए विकल्पों में से **सही** उत्तर चुनें :

1. केवल A और B
2. केवल C और B
3. केवल C और D
4. केवल A और D

65. निम्नलिखित ग्रंथों को आधुनिक से प्राचीन क्रम में लिखें :

A. नाट्यशास्त्र B. वृहद देशी
C. संगीत रत्नाकर D. संगीतांजली

नीचे दिए गए विकल्पों में से **सही** उत्तर चुनें :

1. A, D, B, C
2. D, C, B, A
3. A, C, B, D
4. D, C, A, B

66. किन तालों के एक-एक आवर्तन की बिआड़ मिलकर तीनताल के एक आवर्तन में आएगी?

1. दादरा, कहरवा, झपताल
2. रूपक, तीव्रा, झपताल
3. दादरा, झपताल, एकताल
4. दादरा, रूपक, तीव्रा

67. संगीत नाटक अकादमी पुरस्कार कलाकारों को उपाधि वर्ष के अनुसार घटते क्रम में व्यवस्थित करें।

A. पंडित किशन महाराज
B. उस्ताद अल्लारखा
C. उस्ताद करामतुल्ला खाँ
D. उस्ताद शेख दाऊद
E. पंडित सामता प्रसाद

नीचे दिए गए विकल्पों में से **सही** उत्तर चुनें :

1. D, A, B, C, E
2. A, D, B, E, C
3. D, A, B, E, C
4. C, D, A, E, B

68. सूची-I को सूची-II से सुमेलित करें :

सूची-I (अवनद्ध वाद्य)	**सूची-II** (आकृति)
A. आलिंग्य	I. गोपुच्छा
B. नगाड़ा	II. अर्ध गोलाकार
C. चंग	III. चक्राकार
D. हुडुक्का	IV. डमरूकृति

नीचे दिए गए विकल्पों में से **सही** उत्तर का चयन कीजिए :

1. A-II, B-III, C-IV, D-I
2. A-I, B-IV, C-III, D-II
3. A-I, B-II, C-III, D-IV
4 A-I, B-III, C-IV, D-II

69. महाराष्ट्र प्रदेश में प्रचलित वाद्य है :

A. मटकी B. चंग
C. सम्बल D. ढोलकी

नीचे दिए गए विकल्पों में से **सही** उत्तर चुनें :

1. केवल C और B 2. केवल B और A
3. केवल C और D 4. केवल A और D

70. निम्नलिखित ताल प्राण संगीत दर्पण के अनुसार क्रम में लिखें :

A. लय B. यति
C. कला D. प्रस्तार

नीचे दिए गए विकल्पों में से **सही** उत्तर चुनें :

1. B, D, A, C 2. C, A, B, D
3. A, C, B, D 4. B, C, A, D

71. तोटक छंद के अक्षरकाल है :

1. सात 2. आठ
3. पाँच 4. सोलह

72. संगीत कार्यालय हाथरस से प्रकाशित पुस्तक हैं :

A. ताल दीपिका B. ताल प्रकाश
C. ताल मार्तण्ड D. ताल सोपान

नीचे दिए गए विकल्पों में से **सही** उत्तर चुनें :

1. केवल B और A 2. केवल B और C
3. केवल B और D 4. केवल C और A

73. तीनताल में बिना किसी परिवर्तन के बजने वाली चक्रदार झपताल में कितने आवर्तन में आएगी?

1. पाँच 2. छह
3. सात 4. आठ

74. राष्ट्रीय तानसेन सम्मान 1995 से पुरस्कृत कलाकार :

A. राजा छत्रपति सिंह
B. उ. बिस्मिल्ला खाँ
C. पं. भीमसेन जोशी
D. श्री ज्ञान प्रकाश घोष

नीचे दिए गए विकल्पों में से **सही** उत्तर चुनें :

1. केवल B और D 2. केवल B और C
3. केवल A और B 4. केवल A और D

75. ठुमरी के साथ सगति की ताल है :

A. रूपक B. झपताल
C. दीपचंदी D. जतताल

नीचे दिए गए विकल्पों में से **सही** उत्तर चुनें :

1. केवल C और A 2. केवल C और B
3. केवल C और D 4. केवल D और B

76. विष्णु दिगम्बर ताल पद्धति से संबंधित क्या तथ्य सत्य है?

A. सम का चिह्न ×

B. आधी मात्रा $\left(\frac{1}{2}\right)$ का चिह्न 0

C. विभाग के लिए |

D. खाली का चिह्न +

नीचे दिए गए विकल्पों में से **सही** उत्तर चुनें :

1. केवल A और B 2. केवल B और D
3. केवल B और C 4. केवल A और C

77. किन तालों के एक-एक आवर्तन की कुआड़ मिलकर तीनताल के एक आवर्तन में आएगी?

1. दादरा, रूपक, पश्तो
2. दादरा, रूपक, सवारी
3. दादरा, रूपक, रुद्र
4. झपताल, सूलताल, कहरवाताल

78. "पखावज की उत्पत्ति, विकास एवं वादन शैलियाँ" पुस्तक के लेखक हैं :

1. पं. रामशंकर उर्फ पागलदास
2. डॉ. योगमाया शुक्ला
3. डॉ. आबान मिस्त्री
4. डॉ. अजय कुमार

79. राजा छत्रपति सिंह द्वारा रचित ताल हैं :

A. विक्रम B. महासेन

C. कुमुदप्रभा D. पंचानन

नीचे दिए गए विकल्पों में से **सही** उत्तर चुनें :

1. केवल A और B 2. केवल C और B
3. केवल C और D 4. केवल A और D

80. ताल के एक आवर्तन में कुआड़ की लयकारी की मात्रा संख्या के आधार पर बढ़ते क्रम में व्यवस्थित करें।

A. झपताल B. रुद्रताल

C. बसंत ताल D. तीनताल

E. एकताल

नीचे दिए गए विकल्पों में से **सही** उत्तर चुनें :

1. C, B, E, A, D 2. B, C, A, E, D
3. C, A, B, E, D 4. D, A, E, B, C

81. पार्श्वदेव ने ध्वनि के कितने प्रकार बताए हैं?

1. तीन 2. चार
3. पाँच 4. छह

82. कलाकारों के जन्मवर्ष के आधार पर कालक्रम बढ़ते क्रम में व्यवस्थित करें।

A. पंडित सामता प्रसाद

B. पंडित कंठे महाराज

C. उस्ताद अल्ला रखा

D. उस्ताद अहमद जान थिरकवा

नीचे दिए गए विकल्पों में से **सही** उत्तर चुनें :

1. B, C, D, A 2. A, C, B, D
3. B, D, C, A 4. D, B, A, C

83. सूची-I को सूची-II से सुमेलित करें :

सूची-I (ताल)	सूची-II (विभाग)
A. नवताल	I. 5
B. रूपकड़ा ताल	II. 2
C. षष्ठी ताल	III. 4
D. नवपंच ताल	IV. 3

नीचे दिए गए विकल्पों में से **सही** उत्तर का चयन कीजिए :

1. A-I, B-III, C-II, D-IV
2. A-III, B-IV, C-II, D-I
3. A-II, B-IV, C-III, D-I
4. A-II, B-I, C-III, D-IV

84. निम्नलिखित तालों को खाली संख्या के आधार पर घटते क्रम में लिखें।

A. एकताल B. बसंत ताल

C. झुमरा ताल D. ब्रह्म ताल

नीचे दिए गए विकल्पों में से **सही** उत्तर चुनें :

1. C, A, D, B 2. D, B, C, A
3. B, C, A, D 4. D, B, A, C

85. कितने तालों के एक-एक आवर्तन की आड़ मिलकर तीनताल के एक आवर्तन में आएगी?

1. दादरा, तीव्रा, मणिताल
2. तीव्रा, रूपक, एकताल
3. झपताल, एकताल, सूलताल
4. धमार, दादरा, झपताल

86. सूची-I को सूची-II से सुमेलित करें :

सूची-I (गुरु)	**सूची-II** (शिष्य)
A. श्रीमती रुक्मणी अरूण्डेल	I. श्रीमती सितारा देवी
B. पं. सुंदर प्रसाद	II. पं. बिरजु महाराज
C. पं. अच्छन महाराज	III. पं. दुर्गालाल
D. पं. सुखदेव सहाय	IV. श्रीमती यामिनी कृष्णमूर्ति

नीचे दिए गए विकल्पों में से **सही** उत्तर का चयन कीजिए :

1. A-III, B-II, C-I, D-IV
2. A-IV, B-III, C-II, D-I
3. A-IV, B-III, C-I, D-II
4. A-II, B-III, C-I, D-IV

87. विभाग संख्या के आधार पर निम्नलिखित तालों को बढ़ते क्रम में लिखें।

A. शिखर ताल B. लक्ष्मी ताल
C. रूपक ताल D. एक ताल
E. पंचमसवारी ताल

नीचे दिए गए विकल्पों में से **सही** उत्तर चुनें :

1. C, A, E, B, D
2. E, C, D, A, B
3. A, C, B, D, E
4. C, E, A, D, B

88. सूची-I को सूची-II से सुमेलित करें :

सूची-I (वाद्य)	**सूची-II** (वर्ण)
A. त्रिवली	I. ख, ख, न, न
B. डक्का	II. ता, दा, दो, द
C. डक्कुलि	III. तट, तंतं, तुंतुं
D. पणव	IV. क, त, द, ब

नीचे दिए गए विकल्पों में से **सही** उत्तर का चयन कीजिए :

1. A-II, B III, C IV, D-I
2. A-II, B-III, C-I, D-IV
3. A-III, B-II, C-I, D-IV
4. A-IV, B-I, C-II, D-III

89. निःशब्द क्रिया के प्रकार हैं :

A. विक्षेप B. सन्निपात
C. आवाप D. शम्या

नीचे दिए गए विकल्पों में से **सही** उत्तर चुनें :

1. केवल A और C 2. केवल A और D
3. केवल A और B 4. केवल B और D

90. कर्नाटक संगीत में उत्तर भारतीय रुद्र ताल की मात्रा के समान ताल है :

A. मिश्रजाति झंप B. संकीर्ण जाति रूपक
C. तिश्रजाति ध्रुव D. चतश्र जाति मठ्य

नीचे दिए गए विकल्पों में से **सही** उत्तर चुनें :

1. केवल B और A 2. केवल B और C
3. केवल C और A 4. केवल C और D

निर्देश (प्रश्न संख्या 91 से 95 तक): *नीचे दिए गए गद्यांश को पढ़िए और प्रश्नों के उत्तर दीजिए।*

लोकसंगीत की दो धाराएँ हैं। एक धुन की तथा दूसरी वाद्यों की। लोकसंगीत में वाद्यों का प्रयोग बहुत अधिक होता है। लोकसंगीत में धन और अवनद्ध वर्गों के ताल वाद्य विशेष रूप से आते हैं। लोकगीत हो या लोकनृत्य वाद्यों की आवश्यकता दोनों के लिए समान होती है। लोकगीत एवं लोकनृत्यों में प्राण डालने वाले वाद्य ही होते हैं। देश के अलग-अलग प्रदेशों में लोकगायन व लोकनृत्य की विशाल परंपराएँ हैं। इस प्रकार का संगीत विशेष समुदायों व जाति के नाम से प्रसिद्ध है। लोकसंगीत के ताल वाद्यों की बनावट मुख्यतः तीन प्रकार की होती है। लोकसंगीत के वाद्यों को उद्देश्य की दृष्टि से देखें तो हमें केवल दो ही वर्ग के वाद्य दिखाई पड़ते हैं, पहले स्वरोत्पत्ति, दूसरा लय या ताल के लिए। यह भावना प्रधान संगीत होता है। इसका आकर्षण अपनी सरलता और स्वाभाविकता के कारण प्रभावोत्पादक होता है।

91. डफ का प्रयोग होता है :

1. भीलनृत्य 2. रांथाली
3. भाँगड़ा 4. गरबा

92. छत्तीसगढ़ के गोंड जातियों के नृत्य में प्रगोग होता है :

1. नक्कारा 2. नाल
3. पणव 4. ढोल

93. नौटंकी में कौन-सा यंत्र प्रयोग होता है?

1. हुड़क
2. नक्कारा
3. पटह
4. पणव

94. बिहार के भील तथा संथाली नृत्य में प्रयोग होता है :

1. मादल
2. मर्दल
3. हुड़क
4. ढोल

95. 'तमाशा' में कौन-सा यंत्र प्रयोग होता है?

1. ढोलक
2. ढोल
3. ढोलकी
4. हुड़क

निर्देश (प्रश्न संख्या 96 से 100 तक): *नीचे दिए गए गद्यांश को पढ़िए और प्रश्नों के उत्तर दीजिए।*

प्राचीन संगीत के बारे में आचार्य भरत मुनि ने अपने ग्रंथ नाट्यशास्त्र में प्राचीन संगीत में मार्ग संगीत का ही उल्लेख किया है। लेकिन कुछ संकेतों के माध्यम से ऐसा माना जाता है कि प्राचीन काल से ही संगीत के दो रूप हमेशा से चले आ रहे हैं। भरत के कुछ संकेतों के आधार पर यह जाना गया है परन्तु उल्लेख केवल एक का ही मिलता है। श्री शारंगदेव ने अपने ग्रंथ संगीत रत्नाकर के तालाध्याय में तत्कालीन ताल पद्धति का विशुद्ध विवेचन किया है। उन्होंने तत्कालीन ताल में प्रचलित दोनों ताल पद्धतियों मार्गी ताल एवं देसी ताल का पूर्ण रूप से वर्णन किया है।

96. मार्ग संगीत में मुख्य रूप से कितने तालों की चर्चा की गई है?

1. तीन
2. चार
3. पाँच
4. सात

97. दोनों हाथों से ताली देने की क्रिया का कौन-सा प्रकार है?

1. आवाप
2. सन्निपात
3. विक्षेप
4. प्रवेशक

98. नाट्यशास्त्र में कितने अध्यायों का समावेश है?

1. 28
2. 33
3. 35
4. 36

99. मार्गी ताल पद्धति में मुख्यतः कितने मार्गों का उल्लेख किया गया है?

1. 5
2. 3
3. 6
4. 7

100. नाट्य शास्त्र में मार्ग तालों के मुख्यतः कितने भेद बताए गए हैं?

1. तीन
2. चार
3. दो
4. पाँच

भाग-IV

कर्नाटक संगीत

26. कौन-सी कृति मिश्र चापु ताल में है?

1. निधि चाल सुखमा – कल्याणी
2. नन्नू पालिम्पा – मोहन
3. सरोजदल नेत्री – शंकराभरणम
4. श्री कृष्णम – तोड़ी

27. किन वाद्यों को हवा फूंककर बजाया जाता है?

A. बांसुरी
B. मैन्डोलिन
C. वॉयला
D. सैक्सोफोन
E. नागस्वरम

नीचे दिए गए विकल्पों में से **सही** उत्तर चुनें :

1. केवल A, B और C
2. केवल A, D और E
3. केवल C, D और B
4. केवल B, C और E

28. सीरगाली तमिल मूवर में सम्मिलित हैं :

A. गोपाल कृष्ण भारती
B. मुत्तुथांडवर
C. मारिमुत्ता पिल्लै
D. अरुणाचल कविराय
E. अरुणागिरी नाथ

नीचे दिए गए विकल्पों में से **सही** उत्तर चुनें :

1. केवल A, B और C
2. केवल C, D और E
3. केवल B, D और E
4. केवल B, C और D

29. सूची-I को सूची-II से सुमेलित करें :

सूची-I (वाद्य)	**सूची-II (उपयोग)**
A. परै	I. धार्मिक अनुष्ठान
B. पंचमुख वाद्य	II. पश्चिमी संगीत
C. गिटार	III. शास्त्रीय संगीत
D. तंबूरा	IV. लोक संगीत

नीचे दिए गए तिकल्पों में से **सही** उत्तर का चयन कीजिए :

1. A-III, B-IV, C-II, D-I
2. A-IV, B-I, C-II, D-III
3. A-II, B-IV, C-III, D-I
4. A-IV, B-II, C-III, D-I

30. कालहस्तीश पंचरत्नम की रचना की है :

1. वीणा कुप्पैय्य
2. तच्चूर सिंगराचार्युलु
3. तिरूपति नारायण स्वामी
4. थिरूवोट्यूर त्यागय्या

31. सूची-I को सूची-II से सुमेलित करें :

सूची-I (वाद्य)	**सूची-II (सामग्री)**
A. वीणा	I. जंतु खाल/चर्म
B. मृदंगम	II. धातु
C. ब्रह्मताल	III. मिट्टी
D. घटम	IV. कटहल की लकड़ी

नीचे दिए गए विकल्पों में से **सही** उत्तर का चयन कीजिए :

1. A IV, B III, C II, D-I
2. A-III, B-II, C-I, D-IV
3. A-IV, B-II, C-III, D-I
4. A-IV, B-I, C-II, D-III

32. वीणाकुपय्या द्वारा रचित अठताल वर्णों को पहचानिए।

A. चलमेल - शंकराभरणं
B. मागुवन्निने कोरी - नारायणगोला
C. नेनरुंचि - धन्यासी
D. वनजाक्ष निन्नै - रीतिगोला
E. वनजाक्षी - कल्याणी

नीचे दिए गए विकल्पों में से **सही** उत्तर चुनें :

1. केवल A, B और D
2. केवल C, D और E
3. केवल B, C और D
4. केवल B, C और E

33. किस संगीत वाद्य में ध्वनि की गुणवत्ता को बढ़ाने के लिए मैंगनीज चूरा, उबले चावल और इमली के रस का उपयोग किया जाता है?

1. कंजीरा
2. वीणा
3. मृदंगम
4. घटम

34. सूची-I को सूची-II से सुमेलित करें :

सूची-I (पण)	**सूची-II (समतुल्य राग)**
A. पुरनिरमाई	I. नवरोज
B. आन्दालिकुरंजी	II. नादनामक्रिया
C. कोल्ली	III. साम
D. सिकामरम	IV. भूपालं

नीचे दिए गए विकल्पों में से **सही** उत्तर का चयन कीजिए :

1. A-I, B-III, C-II, D-IV
2. A-IV, B-II, C-III, D-I
3. A-IV, B-III, C-I, D-II
4. A-III, B-II, C-I, D-IV

35. सूची-I को सूची II से सुमेलित करें :

सूची-I	**सूची-II**
A. रिसर्च मैथडोलोजी फॉर म्यूजिक	I. डॉ. आर. सत्यनारायण
B. म्यूजिक ऑफ मध्वा मोंक्स	II. डॉ. एस. सीता
C. म्यूजिक थ्रू द एजिस	III. डॉ. वी. प्रेमलता
D. तंजौर एज ए सीट ऑफ म्यूजिक	IV. डॉ. एस.ए.के. दुर्गा

नीचे दिए गए विकल्पों में से **सही** उत्तर का चयन कीजिए :

1. A-I, B-III, C-II, D-IV
2. A-II, B-III, C-I, D-IV
3. A-IV, B-II, C-III, D-I
4. A-IV, B-I, C-III, D-II

36. दिन के भिन्न कालों पर आधारित रागों का वर्गीकरण देखा जाता है :

A. चतुरदण्डि प्रकाशिका में
B. स्वरमेल कलानिधि में
C. रागविबोध में
D. संगीत दर्पण में
E. संगीत मकरंद में

नीचे दिए गए विकल्पों में से **सही** उत्तर चुनें :

1. केवल A, C और B
2. केवल B, C और D
3. केवल C, D और E
4. केवल A, B और D

37. निम्न षडज ग्राम मूर्च्छनों को अनुक्रमिक क्रम में लिखिए :

A. मत्सरिकृता
B. अश्वक्रांता
C. उत्तरमंद्रा
D. रजनी
E. शुद्ध षडजा

नीचे दिए गए विकल्पों में से **सही** उत्तर चुनें :

1. C, A, B, E, D
2. C, D, A, E, B
3. C, D, E, A, B
4. C, E, D, A, B

38. सूची-I को सूची-II से सुमेलित करें :

सूची-I (ताल)	**सूची-II (मात्रा)**
A. रूपक ताल	I. 10
B. तीन ताल	II. 12
C. झप ताल	III. 7
D. एक ताल	IV. 16

नीचे दिए गए विकल्पों में से **सही** उत्तर का चयन कीजिए :

1. A-III, B-IV, C-I, D-II
2. A-II, B-I, C-IV, D-III
3. A-IV, B-II, C-I, D-III
4. A-IV, B-III, C-I, D-II

39. निम्न में से कौन-सा तान गायन का एक प्रकार नहीं है?

1. मयूर
2. कुकुट
3. चक्र
4. मार्ग

40. पश्चिमी संगीत के सोल्फा वर्णो को आरोही (बढ़ते) क्रम में व्यवस्थित करें :

A. सो
B. मी
C. फा
D. डो
E. रे

नीचे दिए गए विकल्पों में से **सही** उत्तर चुनें :

1. C, D, B, E, A
2. D, E, B, C, A
3. B, D, C, A, E
4. A, C, D, B, E

41. निम्न जन्य रागों को उनके जनक मेलों के अनुसार आरोही (बढ़ते) क्रम में व्यवस्थित करें :

A. कल्याण बसंतम
B. धन्यासी
C. सावेरी
D. भैरवी
E. सौराष्ट्रम

नीचे दिए गए विकल्पों में से **सही** उत्तर चुनें :

1. A, C, B, D, E
2. D, C, A, B, E
3. C, D, B, A, E
4. B, C, E, D, A

42. राग कर्णरंजनी के रचनाकार कौन हैं?

1. मुथय्या भागवत
2. वालाजापेट वेंकटरमन भागवत
3. मुदिकोंडान वेंकटरमन अय्यर
4. पटनं सुब्रमण्य अय्यर

43. सूची-I को सूची-II से सुमेलित करें :

सूची-I	**सूची-II**
A. संगीत कल्पद्रुमं	I. जगदेकमल्ल
B. पंचमरेबु	II. विपुलानंद
C. संगीत चूड़ामणि	III. मुथैय्या भागवत
D. याल नूल	IV. अरिवनार

नीचे दिए गए विकल्पों में से **सही** उत्तर का चयन कीजिए :

1. A-III, B-II, C-I, D-IV
2. A-II, B-I, C-IV, D-III
3. A-I, B-III, C-II, D-IV
4. A-III, B-IV, C-I, D-II

44. श्यामा शास्त्री की संगीत रचनाओं को पहचानिए :

A. जननी निन्नु विना - रीतिगौला

B. परामुख मेनम्मा - कल्याणी

C. थरूनम मीद्म्मा - गौलीपन्तु

D. नन्नु ब्रोव ललिता - ललिता

E. पाहिमाम् श्री राजराजेश्वरी - जनरंजनि

नीचे दिए गए विकल्पों में से **सही** उत्तर चुनें :

1. केवल A, B और C
2. केवल B, C और D
3. केवल B, C और E
4. केवल C, D और E

45. संगीतरत्नाकर का प्रकीर्णक अध्याय संबंधित है :

A. वाद्य प्रबंध

B. पंचदश गमक

C. गायक गुण दोष

D. सम्युत और असम्युत हस्त

E. वाग्गेयकार लक्षण

नीचे दिए गए विकल्पों में से **सही** उत्तर चुनें :

1. केवल B, C और E
2. केवल A, B और C
3. केवल B, D और E
4. केवल C, D और E

46. नाट राग पंचरत्न कृति के चरणों को क्रम में व्यवस्थित करें :

A. इंद्र नीलमणि   B. सज्जन मानस

C. सृष्टिस्तित्यम्   D. पुराण पुरुष

E. ओंकार

नीचे दिए गए विकल्पों में से **सही** उत्तर चुनें :

1. A, C, B, E, D
2. C, A, E, D, B
3. A, B, C, E, D
4. B, D, A, C, E

47. राग 'वृंदावनसारंग' में बनी संगीत रचनाओं को पहचानिए।

A. वरशिखि वाहन   B. सौंदर राजं

C. राज राज राधिते   D. कमलाप्त कुल

E. रंगपुर विहार

नीचे दिए गए विकल्पों में से **सही** उत्तर चुनें :

1. केवल A, C और E
2. केवल B, C और D
3. केवल C, D और E
4. केवल B, D और E

48. निम्नलिखित में से कौन-सा पदवर्ण की विशिष्ट विशेषता नहीं है?

1. विलम्बित लय
2. नृत्य में उपयोग
3. स्वरों के लिए साहित्य
4. अभिनय करने के लिए कम संभावना

49. 13वीं शताब्दी में कौन-से लक्षण ग्रंथ को लिखा गया था?

1. मानसोल्लास   2. संगीत सुधा
3. संगीत सारामृत   4. संगीत रत्नाकर

50. खंड चापु ताल की रचनाएँ हैं :

A. हिमाद्रि सुते   B. गुरुलेख एटुवंटि

C. वरलील गान   D. मीवल्ला गुणदोष

E. दयरानी दयरानी

नीचे दिए गए विकल्पों में से **सही** उत्तर चुनें :

1. केवल B, D और E
2. केवल A, C और D
3. केवल B, C और E
4. केवल C, D और E

51. किस राग में आरोह 'स–रि–प–ग, –म–ध–नि–स' हैं?

1. कानडा   2. बेगड
3. वृंदावन सारंग   4. सारंग

52. श्रीपाद पिनाकपाणि के शिष्यों को पहचानिए।

A. जी.एन. बालसुब्रमण्यम

B. नेदुनूरि कृष्णामूर्ति

C. के.वी. नारायणस्वामी

D. नूकल चिन्न सत्यनारायण

E. वोलेटि वेंकटेश्वरुलु

नीचे दिए गए विकल्पों में से **सही** उत्तर चुनें :

1. केवल A, C और D
2. केवल B, C और D
3. केवल B, D और E
4. केवल A, D और E

53. नामगिरि पेट्टई कृष्णन प्रसिद्ध .... हैं।

1. मृदंगम वादक
2. वीणा वादक
3. नागस्वरम वादक
4. घटम वादक

54. कर्नाटक के उन राज संगीतकार का नाम बताइए जिन्होंने प्रत्येक राग में एक गीत की रचना की है?

1. रघुनाथ नायक
2. अच्युत राजेन्द्र
3. कृष्णदेवराय
4. जय चामराज वोड्यार

55. शहनाई के प्रतिपादक कौन हैं?

1. पं. रवि शंकर
2. जाकिर हुसैन
3. बिस्मिल्लाह खान
4. हरिप्रसाद चौरसिया

56. मिश्रझंप ताल में बनी रचनाओं की पहचान कीजिए।

A. श्री कमलांबिकायाः - भैरवी

B. दाचु कोवलेना - तोड़ी

C. वातापिगणपतिं - हंसध्वनि

D. बुधमाश्रयामि - नाटकुरंजी

E. मनव्यालकिञ्च - नलिनकांति

नीचे दिए गए विकल्पों में से **सही** उत्तर चुनें :

1. केवल B, E और D
2. केवल A, B और D
3. केवल A, C और E
4. केवल C, D और E

57. शब्द 'तोंगल' इससे संबंधित हैं :

1. तिरुप्पावै
2. तिरुप्पुगल
3. गीतम
4. चुर्णिका

58. निषादांत्य रागों को पहचानिए :

A. नवरोज

B. आनंद भैरवी

C. पुन्नाग वरालि

D. तिलंग

E. नादनामक्रिया

नीचे दिए गए विकल्पों में से **सही** उत्तर चुनें :

1. केवल C और E
2. केवल A और C
3. केवल B और D
4. केवल D और E

59. सूची-I को सूची-II से सुमेलित करें :

सूची-I (रचना)	**सूची-II (लेखक)**
A. अलगर कुरवंजी	I. अरुणाचल कवि
B. राम नाटकं	II. त्यागराज
C. नौका चरित्रमु	III. गोपाल कृष्ण भारती
D. नंदनार चरित्रं	IV. कवि कुंजर भारती

नीचे दिए गए विकल्पों में से **सही** उत्तर का चयन कीजिए :

1. A-I, B-II, C-III, D-IV
2. A-II, B-III, C-IV, D-I
3. A-IV, B-I, C-II, D-III
4. A-IV, B-III, C-I, D-II

60. रामनादपुरम श्रीनिवास अय्यंगार द्वारा रचित संगीत रचनाओं की पहचान कीजिए :

A. कोनियाडिन ना पाई - काम्बोजी

B. निज मुख राम - कीरवाणी

C. सरगुणपालिम्प - केदारगौल

D. नी पादमुले - नवरस कानड़ा

E. परिदान मिच्चिते - बिलहरी

नीचे दिए गए विकल्पों में से **सही** उत्तर चुनें :

1. केवल A, B और C
2. केवल B, C और D
3. केवल D, C और E
4. केवल A, C और E

61. स्वरों के तमिल नामों को घटते/अवरोही क्रम में व्यवस्थित करें :

A. तुत्तम

B. विलरि

C. कैकिलै

D. उलै

E. इलि

नीचे दिए गए विकल्पों में से **सही** उत्तर चुनें :

1. A, C, D, B, E
2. B, E, D, C, A
3. E, B, D, C, A
4. B, C, D, E, A

62. सूची-I को सूची-II से सुमेलित करें :

सूची-I	सूची-II
A. पाइडाला गुरुमूर्ति	I. तेवारम
B. अन्नामलाइ रेड्डियार	II. अटताल वर्णम
C. तिरुज्ञान संबंध	III. कावडि चिन्दु
D. पचिमीरियम अदियप्पा	IV. गीतं

नीचे दिए गए विकल्पों में से **सही** उत्तर का चयन कीजिए :

1. A-III, B-II, C-I, D-IV
2. A-II, B-III, C-IV, D-I
3. A-IV, B-III, C-I, D-II
4. A-IV, B-II, C-III, D-I

63. सूची-I को सूची-II से सुमेलित करें :

सूची-I (वाद्य)	सूची-II (प्रतिपादक)
A. एम.एस. गोपाल कृष्णन	I. वीणा
B. पल्लडम संजीवराव	II. बांसुरी
C. चिट्टीबाबू	III. मृदंगम
D. पालघाट मणि अय्यर	IV. वॉयलिन

नीचे दिए गए विकल्पों में से **सही** उत्तर का चयन कीजिए :

1. A-III, B-IV, C-II, D-I
2. A-I, B-IV, C-III, D-II
3. A-IV, B-III, C-II, D-I
4. A-IV, B-II, C-I, D-III

64. 'आंध्रवागेयकार चरितमु' के लेखक थे :

1. श्रीपाद पिनाकपाणि
2. नूकल चिन्न सत्यनारायण
3. बालांत्रापु रजनीकांत राव
4. एन.सी. कृष्णमाचार्युलु

65. वीणा के ताल तार सामान्यतः इस स्वर में मिलाए जाते हैं :

1. स - नि - स
2. प - स - स
3. स - प - स
4. प - प - स

66. सावेरी, आदिताल, वर्ण को आनुक्रमिक क्रम में व्यवस्थित करें :

A. गि रि नि वेलायु

B. चाल मारूलु

C. सर सूड

D. करूणिंच

E. दा नि पै

नीचे दिए गए विकल्पों में से **सही** उत्तर चुनें :

1. C, D, B, E, A
2. E, D, B, C, A
3. B, C, A, E, D
4. C, B, A, D, E

67. नौकाचरित्रमु का गीत 'ओडनु झरिपे' इस राग में है :

1. बेगड
2. सहाना
3. सारंग
4. सौराष्ट्र

68. सूची-I को सूची-II से सुमेलित करें :

सूची-I	सूची-II
A. एन्त मुद्दो एन्त सोगसो	I. सुप्रदीपम
B. निन्ने भजन	II. आनंद भैरवी
C. वरशीखि वाहन	III. नाट
D. नीके तेलियक	IV. बिंदु मालिनी

नीचे दिए गए विकल्पों में से **सही** उत्तर का चयन कीजिए :

1. A-IV, B-III, C-I, D-II
2. A-I, B-III, C-IV, D-II
3. A-III, B-IV, C-I, D-II
4. A-II, B-I, C-IV, D-III

69. कृति 'इवारिकाई अवतारमेतितिवो' की रचना किस राग में है?

1. आनंद भैरवी
2. देवमनोहरी
3. देवगांधारी
4. आभोगी

70. अंतर-गांधार वाले रागों को पहचानिए :

A. हंरानाद

B. मलयमारुत

C. गौल

D. बौली

E. धन्यासी

नीचे दिए गए विकल्पों में से **सही** उत्तर चुनें :

1. केवल A, C और D
2. केपल B, D और E
3. केवल B, C और D
4. केवल C, D और E

71. सिम्हानंदन ताल में तिल्लाना की रचना की है :

1. रामास्वामी दीक्षित
2. तंजौर क्वाट्रेट
3. महावैद्यनाथ अय्यर
4. सोंटी वेंकटरमण भागवत

72. प्राचीन तमिल संगीत में नए रागों की व्युत्पत्ति इनके द्वारा होती है :

1. पंचमराबु
2. कुरल तिरिबु
3. कानल वरि
4. तण्णुम्मै

73. मिश्रगति मिश्रजाति अठतालं में कितनी मात्राएं होती हैं?

1. 146
2. 126
3. 116
4. 176

74. निम्न संगीतकारों को कालक्रम में व्यवस्थित करें :

A. राणा कुंभा
B. शारंगदेव
C. नान्यदेव
D. मतंग
E. वेंकटमखि

नीचे दिए गए विकल्पों में से **सही** उत्तर चुनें :

1. C, D, E, A, B
2. D, C, B, A, E
3. A, D, C, E, B
4. D, A, E, B, C

75. निम्न में से कौन-सा पंचलिंग स्थल कृतियों में से हैं?

A. जम्बूपते
B. अक्षयलिंग विभो
C. चिंतय मा कंद
D. अर्धनारीश्वरम
E. आनंद नटन प्रकाशम

नीचे दिए गए विकल्पों में से **सही** उत्तर चुनें :

1. केवल A, C और E
2. केवल B, C और D
3. केवल B, C और E
4. केवल C, B और D

76. 'संगीत चंद्रिका' को लिखा था :

1. आत्तुर कृष्ण पिशारोटी
2. पी. सामीपिल्लाई
3. शिवानंदम
4. वेंकटेश शास्त्री

77. निम्नलिखित तालों को उनकी मात्राओं के अनुसार अवरोही (घटते) क्रम में व्यवस्थित करें :

A. संकीर्णजाति संकीर्णगति मठ्यताल
B. खंड जाति मिश्रगति अठताल
C. मिश्र जाति संकीर्णगति ध्रुवताल
D. मिश्र जाति चतुश्र गति त्रिपुट ताल
E. खंड जाति खंड गति रूपक ताल

नीचे दिए गए विकल्पों में से **सही** उत्तर चुनें :

1. B, A, C, D, E
2. A, B, D, C, E
3. D, C, B, E, A
4. C, A, B, D, E

78. इरय्यीम्मन थम्बी संबंधित है :

1. केरल से
2. तमिलनाडु से
3. कर्नाटक से
4. महाराष्ट्र से

79. पण मेघरागकुरिंजी किस राग के समान है?

1. नादनामक्रिया
2. नीलांबरि
3. अठाना
4. कुरिंजी

80. उन रागों को पहचानिए जिनमें कैशिकि निषाद् होता है?

A. हंसध्वनि
B. मध्यमावति
C. हिंदोलं
D. हम्सनादं
E. धन्यासी

नीचे दिए गए विकल्पों में से **सही** उत्तर चुनें :

1. केवल A, B और D
2. केवल B, C और E
3. केवल B, D और E
4. केवल C, D और E

81. चतुर्दंडिप्रकाशिका में दिए गए उन्नीस मेलों में से हैं :

A. देसाक्षी
B. सामन्त
C. श्रीराग
D. कनकाम्बरी
E. तोड़ी

नीचे दिए गए विकल्पों में से **सही** उत्तर चुनें :

1. केवल A, B और C
2. केवल B, C और E
3. केवल C, E और D
4. केवल A, D और E

82. समवर्गी/सम्बद्ध रागों के जोड़े को पहचानिए :
1. रंजनी - श्रीरंजनी
2. रामप्रिया - रतिपति प्रिया
3. गौल - नारायण गौल
4. दरबार - नायकी

83. वीणा धनम्माल स्कूल के कलाकारों को पहचानिए :
A. टी. विश्वनाथन B. टी.एम. त्यागराजन
C. टी. वृंदा D. त्रिचूर रामचंद्रन
E. टी. मुक्ता
नीचे दिए गए विकल्पों में से **सही** उत्तर चुनें :
1. केवल B, C और E
2. केवल A, B और D
3. केवल C, D और E
4. केवल A, C और E

84. शब्द 'पधिगम' संबंधित है :
1. तेवारम से 2. तिरूपुगल से
3. तिरुप्पावै से 4. तरंगम से

85. भैरवी स्वरजति के चरणों को अनुक्रमिक क्रम में लिखें।
A. कलुषहारिणी B. कंबुगलनि
C. पादक मुलनु D. कुंब कुच
E. भक्त जन
नीचे दिए गए विकल्पों में से **सही** उत्तर चुनें :
1. A, C, D, B, E
2. D, E, B, C, A
3. B, D, E, C, A
4. E, D, B, C, A

86. मेलों के नामों को अवरोही (घटते) क्रम में व्यवस्थित करें :
A. रागवर्धाने B. गांगेयभूषणि
C. शूलिनि D. यागप्रिय
E. वागदीश्वरी
नीचे दिए गए विकल्पों में से **सही** उत्तर चुनें :
1. C, E, B, A, D
2. D, A, B, E, C
3. A, B, D, C, E
4. A, C, E, D, B

87. पी. साम्बमूर्ति द्वारा लिखी पुस्तकें हैं :
A. इंडियन सॉन्ग्स
B. कीर्तन सागरं
C. राग लक्षणमु
D. नंदनार चरित्र कीर्तनै
E. द टीचिंग ऑफ म्यूजिक
नीचे दिए गए विकल्पों में से **सही** उत्तर चुनें :
1. केवल B, C और D
2. केवल A, C और E
3. केवल B, D और E
4. केवल A, B और E

88. के.वी. नारायणस्वामी इनके शिष्य हैं :
1. जी.एन. बालासुब्रमण्यं
2. अरियाकुडि रामानुज अय्यंगार
3. चेम्बाई वैद्यनाथ भागवत
4. पटनम सुब्रमण्य अय्यर

89. नाट्यशास्त्र संबंधित है :
A. नाट्योत्पत्ति B. रस
C. रागध्यान D. अभिनय
E. सूलादि
नीचे दिए गए विकल्पों में से **सही** उत्तर चुनें :
1. केवल A, B और C
2. केवल A, B और D
3. केवल A, C और D
4. केवल B, C और E

90. निम्नलिखित में से कौन-सी मणिप्रवाल कृतियाँ हैं?
A. वेंकटाचलपते B. नीसमान
C. मरिवेरे दिक्केव्वरु D. राग सुधा रस
E. मरुगेलरा
नीचे दिए गए विकल्पों में से **सही** उत्तर चुनें :
1. केवल A और E 2. केवल C और D
3. केवल B और C 4. केवल A और B

निर्देश (प्रश्न संख्या 91 से 95 तक): *निम्नलिखित गद्यांश को ध्यानपूर्वक पढ़िए और दिए गए प्रश्नों के उत्तर दीजिए।*

संगीत त्रिमूर्ति का काल, कला संगीत और संगीत रचनाओं के चरमोत्कर्ष का काल था। इस काल में कृति की संकल्पना

को रागात्मक (सुरीला) अर्थ मिला। त्रिमूर्ति पश्चात् काल में अनेक कृतियों, रागमालिकाओं, तिल्लाना, स्वरजति तथा अन्य संगीतमय रचनाओं का उदय हुआ। संगीतात्मक प्रभाव द्वारा विकसित सबसे उन्नत संगीतमय रूप कृति है। संगीत रचना और स्वरूप गठन की दृष्टि से कृति विशिष्ट स्थान रखती है। शास्त्रीय संगीत या कला संगीत इस शैली में आदर्श रूप में प्रदर्शित हुआ है। अन्य सभी पूर्ववर्ती प्रबंध तथा रचनाएँ जो अपनी दृढ़ प्रकृति के लिए जाने जाते हैं, कृति में अंगों की न्यूनतम संख्या और संगीतात्मक अभिव्यक्ति से अत्यधिक समृद्ध होने के कारण, तब से ही दक्षिण भारत के संगीत में सबसे प्रभावी है।

91. स्वराक्षर से अभिप्राय इसके मेल से है :

1. स्वर और साहित्य
2. ताल और साहित्य
3. आलाप और ताल
4. साहित्य और तान

92. कृति का एक अलंकृत अंग है :

1. तानं
2. मध्यम काल साहित्य
3. संचारी
4. थायम

93. कृति के साहित्य में अक्षरों के एक ही सेट/समूह की पुनरावृत्ति कहलाती है :

1. प्रास
2. खण्डिता
3. अंत्यप्रास
4. अनुप्रास

94. समष्टि चरण वाली कृति है :

1. सिद्धि विनायकं - चामरम
2. मरगतवल्लिम् - काम्बोजी
3. वातापि गणपतिम - हमसध्वनि
4. बालगोपाल - भैरवी

95. कृति के त्रिमूर्ति पश्चात् रचनाकार को पहचानिए।

1. कवि मातृभूतय्या
2. पैडाल गुरुमूर्ति शास्त्री
3. मैसूर वासुदेवाचार्य
4. गिरिराज कवि

निर्देश (प्रश्न संख्या 96 से 100 तक): *निम्नलिखित गद्यांश को ध्यानपूर्वक पढ़िए और दिए गए प्रश्नों के उत्तर दीजिए।*

दक्षिण भारतीय वीणा का ढाँचा सामान्यतः कटहल की लकड़ी के लट्ठे को खोखला करके बनाया जाता है। वाद्य का दण्ड भी उसी लकड़ी से बनाया जाता है और ढांचे के सपाट भाग पर मेरु (ब्रिज) लगाया जाता है। ग्रीवा, भाग दण्ड से जुड़ा रहता है और सामान्यतः इस पर कोई अजीब-सा चित्र जैसे ड्रैगन (परदार सांप) का सिर उत्कीर्णित रहता है। एक अन्य तुंबा, जो ढाँचे के गोल भाग से आकार में छोटा होता है, ग्रीवा के नीचे जुड़ा रहता है और वाद्य को एक प्रकार का अवलंब प्रदान करता है। वीणा बजाने के लिए कलाकार फर्श पर पालथी मार कर बैठते हैं और वीणा को अपने समक्ष रखते हैं। बायीं ओर का छोटा तुंबा, बायीं जंघा को स्पर्श करता है और बायीं भुजा दण्ड से निकलती है जिससे उंगलियां आसानी से सारिकाओं पर टिकी रहें। वाद्य के मुख्य ढाँचे को जमीन पर रखा जाता है, जिसे आंशिक रूप से दायीं जांघ से सहारा दिया जाता है।

96. वीणावादक को पहचानिए :

1. द्वारम वेंकटस्वामी नायडू
2. कुन्नकुडि वैद्यनाथन
3. टी.आर. महालिंगम
4. ईमनि शंकर शास्त्री

97. ''पक्क सारनीमार्गम'' का उल्लेख किया गया है :

1. संग्रह चूड़ामणि में
2. चतुर्दण्डी प्रकाशिका में
3. स्वरमेल कलानिधि में
4. संगीत राज में

98. आज की वीणा में कितने तार होते हैं?

1. 4 मुख्य तार और 4 ताल तार
2. 4 मुख्य तार और 3 ताल तार
3. 3 मुख्य तार और 4 ताल तार
4. 3 मुख्य तार और 3 ताल तार

99. ''एकांड वीणा' का अर्थ है :

1. एकल तार वाली वीणा
2. धातु से बनी वीणा
3. एक ही काष्ठ खंड से बनी वीणा
4. एक ही व्यक्ति द्वारा बजाई जाने वाली वीणा

100. वीणा में कितनी सारिकाएं होती हैं?

1. 24
2. 12
3. 26
4. 35

भाग–V

रबीन्द्र संगीत

26. निम्नलिखित में से कौन-से गीत एक पर्याय के अंतर्गत हैं :

A. आमरा पोथे पोथे जाबो

B. पोथेर शेष कोथाय

C. आमार पोथे पोथे पाथोर छोड़ानो

D. पोथ दिये के जाय गो चले

नीचे दिए गए विकल्पों में से **सही** उत्तर चुनें :

1. केवल A, C और D
2. केवल B, C और D
3. केवल A, B और D
4. केवल A और C

27. 'सकोलो गौर्बो दूर करी दीबो' गीत में प्रयुक्त राग की पहचान कीजिए :

1. दरबारी   2. जोग
3. अड़ाना   4. मालकौंस

28. निम्नलिखित में से कौन-से गीत 'आड़ाठेका' में निबद्ध है?

A. ए पोरोबासे रोबे के

B. प्राणेर प्राण जागीछे

C. कोथा जे उधाओ

D. अनिमेश आँखी

नीचे दिए गए विकल्पों में से **सही** उत्तर चुनें :

1. केवल B, C और D
2. केवल A और B
3. केवल A, B और D
4. केवल A और C

29. शांतिनिकेतन में कुआँ के संस्थापन के अवसर पर सन् 1922 में निम्नलिखित में से कौन-सा गीत लिखा गया था?

1. तृष्णारो शांति
2. चोखें आमार तृष्णा
3. जॉलो दाओ आमाय जॉलो दाओ
4. एशो एशो हे तृष्णारो जल

30. निम्नलिखित काव्यग्रंथ (कविता की पुस्तकों) को उनके प्रकाशन वर्ष के अनुसार व्यवस्थित करें :

A. चित्रा   B. सोनार तोरी

C. मानसी   D. चैताली

नीचे दिए गए विकल्पों में से **सही** उत्तर चुनें :

1. A, C, B, D   2. C, B, A, D
3. D, A, B, C   4. C, D, A, B

31. निम्नलिखित में से कौन-सा गीत 'परिशोध' में है, किन्तु 'श्यामा' में नहीं है?

1. सुंदरेर बंधन
2. एसेछी प्रियतमो
3. ओई रे तोरी दिलो खुले
4. हाय एकी समापन

32. निम्नलिखित में से कौन "होई होई संघ" के सदस्य थे?

A. नंदलाल बसु

B. रवीन्द्रनाथ टैगोर

C. शांतिदेव घोष

D. अनिल कुमार चंद

नीचे दिए गए विकल्पों में से **सही** उत्तर चुनें :

1. केवल A, B और C
2. केवल B, C और D
3. केवल A, C और D
4. केवल A, B और D

33. कालमृगया में यथोल्लिखित गीतों को क्रम में सजाएं :

A. काल सकाले उठबो मोरा

B. की दोष कोरेछी तोमार

C. समुखेते बोहिछे तोटिनी

D. ओ देखबी रे भाई

नीचे दिए गए विकल्पों में से **सही** उत्तर चुनें :

1. A, C, D, B   2. B, A, C, D
3. C, B, A, D   4. D, A, C, B

34. सूची-I को सूची-II से सुमेलित करें :

सूची-I	सूची-II
A. मोरे बारे बारे फिराले	I. राग यमन
B. जय तब प्रिचित्रो आनंद	II. राग बिभास
C. आजी प्रोणोमी तोमारे चोलिबो नाथो	III. राग वृंदावनी सारंग
D. सुंदर बहे आनंद	IV. राग नटमल्हार

नीचे दिए गए विकल्पों में से **सही** उत्तर का चयन कीजिए :
1. A-II, B-I, C-III, D-IV
2. A-III, B-II, C-IV, D-I
3. A-IV, B-III, C-II, D-I
4. A-I, B-II, C-III, D-IV

35. गीत की पहचान कीजिए :

II धा - | पा - | गा रा | सा - | सा रा | गा रा I

पा

I सा ना | धा पा | रा - | सा - | सा रा | गा रा I

I पा धा | सां सां | पा धसां | धा पा | गा रा | सा रा II

1. शक्तिरूप हेरो ताँर
2. डुबी अमृतपाथारे
3. ओठो ओठो रे बिफले प्रभात
4. आछो अन्तरे चिरोदिन

36. कामिनी राय द्वारा रचित धुन 'सोकोलेरी प्रभू तुमी'– ब्रह्मसंगीत निम्नलिखित में से किससे मिलता-जुलता है?
1. डेकेछेन प्रियोतोमो
2. शून्य हाते फिरी हे
3. अनेक दियोछो नाथ
4. प्रभू आमार प्रिय आमार

37. सूची-I को सूची-II से सुमेलित करें :

सूची-I	सूची-II
A. बादल दिनेर प्रथम कदम फुल	I. छवि ओ गान
B. आमार प्राणेर पौरे	II. नैवेद्य
C. आजी ए निराला कुंजे	III. सानाई
D. निशिथो शौयोने	IV. महुआ

नीचे दिए गए विकल्पों में से **सही** उत्तर का चयन कीजिए :
1. A-IV, B-III, C-II, D-I
2. A-III, B-I, C-IV, D-II
3. A-II, B-I, C-III, D-IV
4. A-IV, B-I, C-II, D-III

38. 'खेया' का प्रकाशन किस वर्ष हुआ था?
1. 1905
2. 1906
3. 1913
4. 1909

39. 'शूनो नलिनी खोलो गो आँखी' इसमें टैगोर ने किसे 'नलिनी' कहा है?
1. विक्टोरिया अॅकैम्पो
2. कादंबरी देवी
3. अन्ना तड़खड़
4. एजरा पाउंड

40. निम्नलिखित में से कौन-से गीत तालफेर्ता की श्रेणी में आते हैं?

A. मोधुगंधे भौरा

B. बिश्वबिद्यातीर्थ प्रांगण

C. बिश्वविणारौबे विश्वजन मोहिछे

D. विमलो आनंदे जागो

नीचे दिए गए विकल्पों में से **सही** उत्तर चुनें :
1. केवल B और C
2. केवल C और D
3. केवल B और D
4. केवल A और C

41. सूची-I को सूची-II से सुमेलित करें :

सूची-I	सूची-II
A. गीतपंचाशिका	I. स्वरबीतान संख्या 15
B. नबगीतिका 2	II. स्वरबीतान संख्या 11
C. केतकी	III. स्वरबीतान संख्या 50
D. शेफाली	IV. स्वरबीतान संख्या 16

नीचे दिए गए विकल्पों में से **सही** उत्तर का चयन कीजिए :
1. A-IV, B-I, C-II, D-III
2. A-II, B-III, C-I, D-IV
3. A-III, B-IV, C-II, D-I
4. A-I, B-III, C-II, D-IV

42. निम्नलिखित नाटकों को उनके प्रकाशन वर्ष के अनुसार व्यवस्थित कीजिए :

A. राजा

B. प्रायश्चित

C. फाल्गुनी

D. अचलायतन

नीचे दिए गए विकल्पों में से **सही** उत्तर चुनें :

1. A, C, B, D
2. D, A, C, B
3. B, C, A, D
4. B, A, D, C

43. नृत्य नाटक 'श्यामा' में निम्नलिखित में से कौन-सा पात्र नहीं है?

1. उत्तीय
2. प्रकृति
3. श्यामा
4. बज्रसेन

44. सूची-I को सूची-II से सुमेलित करें :

सूची-I	सूची-II
A. अल्प लोइया थाकी ताई	I. अन्नप्राशन
B. आय आय आय आमादेर औंगने	II. मावोत्सव
C. ओहे नबीन अतिथि	III. नववर्ष
D. ओई पोहाइलो तिमिरो राति	IV. वृक्षारोपण

नीचे दिए गए विकल्पों में से **सही** उत्तर का चयन कीजिए :

1. A-I, B-III, C-II, D-IV
2. A-IV, B-III, C-II, D-I
3. A-II, B-IV, C-I, D-III
4. A-III, B-I, C-II, D-IV

45. सूची-I को सूची-II से सुमेलित करें :

सूची-I	सूची-II
A. आँधार एलो बोले	I. स्वदेशी
B. सखी प्रतिदिन हाय	II. पूजा
C. एबार तोर मौरा गांगे	III. अनुष्ठानिक संगीत
D. एकी करूणा	IV. प्रेम

नीचे दिए गए विकल्पों में से **सही** उत्तर का चयन कीजिए :

1. A-I, B-II, C-III, D-IV
2. A-IV, B-III, C-II, D-I
3. A-III, B-IV, C-I, D-II
4. A-III, B-II, C-I, D-IV

46. निम्नलिखित में से कौन-सा गीत राग 'शहाना' पर आधारित है?

A. एखोनो तारे चोखे देखिनी
B. ओहे सुंदर मोरी मोरी
C. डेकेछेन प्रियोतम
D. आहा आजी ए बॉसोन्ते
E. निबिड़ो घॉनो आँधारे

नीचे दिए गए विकल्पों में से **सही** उत्तर चुनें :

1. केवल C और E
2. केवल A और C
3. केवल B और D
4. केवल A और E

47. निम्नलिखित में से कौन-से वाद्य यंत्र रवीन्द्र संगीत के अनुरूप नहीं है?

A. घटम
B. सारंगी
C. खंजीरा
D. इसराज

नीचे दिए गए विकल्पों में से **सही** उत्तर चुनें :

1. केवल B, C और D.
2. केवल A, B और C
3. केवल D, A और B
4. केवल A और C

48. निम्नलिखित को कालक्रम में व्यवस्थित कीजिए :

A. स्वर्णकुमारी देवी
B. सुकुमारी देवी
C. शरतकुमारी देवी
D. सौदामिनी देवी

नीचे दिए गए विकल्पों में से **सही** उत्तर चुनें :

1. A, C, B, D
2. D, B, C, A
3. D, A, C, B
4. A, D, C, B

49. निम्नलिखित गीतों को उनकी रचना वर्ष के अनुसार आरोही क्रम में व्यवस्थित करें :

A. निभृत प्राणेर देबता
B. तुमी जे चेये आछो
C. मोरी लो मोरी आमाय
D. आछो आपन मोहिमा लोये

नीचे दिए गए विकल्पों में से **सही** उत्तर चुनें :

1. A, C, B, D
2. D, B, A, C
3. C, A, D, B
4. B, C, A, D

50. 'शुभ्र आसोन बिराजो' गीत में निम्नलिखित में से कौन-सा ताल प्रयुक्त होता है?

1. चौताल
2. एक ताल
3. आड़ा चौताल
4. धमार

51. गीतबीतान में प्रेम पर्याय की दूसरे नम्बर का गीत है :

1. आमार मोनेर माझे
2. मोने रॉबे किना रॉबे
3. चित्त पिपासितो रे
4. गान आमार जाय भेसे

52. निम्नलिखित में से कौन-सा गीत पाश्चात्य गीत पर आधारित नहीं है?

1. सकोली फुरालो
2. मोरी ओ काहार बाछा
3. काली काली बोले रे आज
4. आमारे तुमी असेष कोरेछो

53. निम्नलिखित में से कौन-से पात्र टैगोर के नाटक से हैं?

A. अमल
B. चारूलता
C. धनंजय बैरागी
D. सुदर्शना
E. महेन्द्र

नीचे दिए गए विकल्पों में से **सही** उत्तर चुनें :

1. केवल B और D
2. केवल B, D और E
3. केवल A, C और D
4. केवल C और E

54. निम्नलिखित ठेका में से ताल पहचानिए।

1 2 3 4 5 6 7 8 9
धा दिन ता | तिट कत | गदी गेने | धागे तेटे

1. रूपकड़ा
2. बसंत
3. नब ताल
4. मत्त ताल

55. निम्नलिखित में से कौन-सा गीत कर्नाटक संगीत पर आधारित नहीं है?

1. बासोंती है भुबनमोहिनी
2. दूरे कोथाय दूरे दूरे
3. बाजे कोरुनो सूरे
4. नीलांजनों छाया

56. टैगोर की लघु कथाओं पर आधारित और सत्यजीत रे द्वारा निर्देशित मूवी–'तीन कन्या' में निम्नलिखित में से किस गीत को शामिल किया गया?

1. बाजे बाजे रॉम्योविणा
2. बाजे कोरूणो सूरे
3. बजाओ रे मोहन बाँशी
4. बाजे रे बाजे डमरू

57. निम्नलिखित में से कौन-से गीत टैगोर के 'भानुसिंघेर पदाबोली' के अंश नहीं हैं?

A. दूर देशी सेई राखाल छेले
B. सुन लो सुन लो बालिका
C. ह्यादे लो नंदरानी
D. सतिमिर रजनी सचकित सजनी
E. देखे जा देखे जा देखे जा लो तोरा

नीचे दिए गए विकल्पों में से **सही** उत्तर चुनें :

1. केवल A और C
2. केवल B और D
3. केवल B और C
4. केवल C और E

58. 'ओई आसे ओई अति भैरव' गीत के बारे में निम्नलिखित में से कौन-सी जानकारी सही हैं?

A. यह तालफेरता गीत है।
B. यह पद संग्रह 'कल्पना' की कविता है।
C. यह 'प्रेम पर्याय' की श्रेणी में आता है।
D. यह ऋतु आधारित नाटक-नटराज ऋतुरंगशाला से उद्धृत गीत है।

नीचे दिए गए विकल्पों में से **सही** उत्तर चुनें :

1. केवल B, C और D
2. केवल A, C और D
3. केवल B और C
4. केवल A, B और D

59. 'एपिलोग टू लेसिंग्स लाउकून' के रचयिता थे :

1. मैथ्यू आर्नोल्ड
2. ए.एच. फॉक्स स्ट्रैंग्वेज
3. थॉमस मूर
4. विलियम रोथेंस्टीन

60. निम्नलिखित में से कौन-से कथन सही हैं?

A. ''आमार नयन भूलानो एले'' को प्रकृति पर्याय और शारत उप-पर्याय की श्रेणी में रखा गया है।
B. ''छी छी चोखोर जॉले'' गीत को प्रेम पर्याय की श्रेणी में रखा गया है।
C. ''जोनाकी की सुखे ओई'' को बिचित्र पर्याय की श्रेणी में रखा गया है।
D. ''तुमी नब नब रूपे'' को प्रेम पर्याय की श्रेणी में रखा गया है।
E. ''बाजे बाजे रॉम्योबीणा'' प्रकृति पर्याय के अंतर्गत गीत है।

नीचे दिए गए विकल्पों में से **सही** उत्तर चुनें :
1. केवल B और D
2. केवल A और C
3. केवल A और D
4. केवल A और E

61. शिलाईदह की नदी में तूफानी वर्षा में एक रात बिताने के बाद टैगोर ने निम्नलिखित में से किस गीत की रचना की?
1. तिमिरोमय निबिड़ निशा
2. तिमिरो बिभाबोरी काटे के मोने
3. आहा जागी पोहलो बिभाबरी
4. प्रचंड गर्जने

62. अंग्रेजों के उत्पीड़न के विरोध में निम्नलिखित में से कौन-से गीत लिखे गए थे?
A. नाई नाई भय
B. बिपदे मोरे रोक्खा करो
C. सर्बो खर्बोतारे दाँहे
D. आजी प्रोणोमी तोमारे
E. बुक बँधे तुई दाँड़ा देखी

नीचे दिए गए विकल्पों में से **सही** उत्तर चुनें :
1. केवल A और E
2. केवल A, C और E
3. केवल C और D
4. केवल A, B और E

63. लंबकर्ण पाला के रचयिता थे :
1. ज्योतिरीन्द्रनाथ टैगोर 2. अबनीन्द्रनाथ टैगोर
3. गगनेन्द्रनाथ टैगोर 4 रबीन्द्रनाथ टैगोर

64. निम्नलिखित में से टैगोर की कौन-सी कृतियाँ रामायण पर आधारित है?
A. चित्रांगदा B. कालमृगया
C. श्यामा D. तॉगोती
E. बाल्मीकि प्रतिभा

नीचे दिए गए विकल्पों में से **सही** उत्तर चुनें :
1. केवल A और D 2. केवल C और E
3. केवल B और E 4. केवल C और D

65. निम्नलिखित घटनाओं को सही कालक्रम में व्यवस्थित कीजिए :
A. टैगोर सत्येन्द्रनाथ के साथ रहने के लिए अहमदाबाद गए।
B. विद्वज्जन समागम सभा में बाल्मीकि प्रतिभा का गायन किया गया था।
C. शारदा देवी का निधन
D. कादंबरी देवी का निधन

नीचे दिए गए विकल्पों में से **सही** उत्तर चुनें :
1. A, D, B, C 2. D, B, A, C
3. C, D, B, A 4. C, A, B, D

66. सूची-I को सूची-II से सुमेलित करें :

सूची-I	सूची-II
A. देखो देखो शुकतारा	I. अशांति आज हानलो
B. आमार एइ रिक्तो डाली	II. हाशी केनो नेई ओ नोयोने
C. वसंते फुल गांथलो	III. चोले छलो छलो नोदीधारा
D. समुखेते बोहिछे तोटिनी	IV. बाकी आमी राखबो ना

नीचे दिए गए विकल्पों में से **सही** उत्तर का चयन कीजिए :
1. A-II, B-IV, C-III, D-I
2. A-III, B-IV, C-I, D-II
3. A-IV, B-III, C-II, D-I
4. A-I, B-II, C-III, D-IV

67. निम्नलिखित को कालक्रम में व्यवस्थित करें :
A. शमिंद्रनाथ का निधन
B. मृणालिनी देवी का निधन
C. बेला का निधन
D. महर्षि देवेन्द्रनाथ टैगोर का निधन

नीचे दिए गए विकल्पों में से **सही** उत्तर चुनें :
1. C, D, A, B 2. D, B, C, A
3. B, D, A, C 4. A, C, B, D

68. निम्नलिखित में से किस गीत में सुरान्तर नहीं है?
1. महाबिश्वे महाकाशे 2. आजी झौरो झौरो
3. चिरोसखा हे छोड़ोना 4. जे ध्रुवपद दियेछो

69. निम्नलिखित में से क्या-क्या टैगोर की कृतियों का संकलन है?

A. गल्पगुच्छ B. अग्निबीणा
C. संचिता D. संचयिता
E. कांतपदाबोली

नीचे दिए गए विकल्पों में से **सही** उत्तर चुनें :

1. केवल A और C
2. केवल B और D
3. केवल A और D
4. केवल C और E

70. टैगोर ने निम्नलिखित में से किन तालों का सृजन किया था?

A. चौताल B. आड़ा चौताल
C. नबपंचताल D. रूपक
E. रूपकड़ा

नीचे दिए गए विकल्पों में से **सही** उत्तर चुनें :

1. केवल A और D 2. केवल C और E
3. केवल A और C 4. केवल B और D

71. सूची-I को सूची-II से सुमेलित करें :

सूची-I	सूची-II
A. आमारे करो जीबनदान	I. ओ मिया वे जानेवाले
B. एशो शौरतेर ऑमोला मोहिमा	II. जग जन ध्यान धरत
C. ए परबासे रॉबे के	III. बाजे झननन
D. ताँहारे आरोती कोरे	IV. या जग झूठ

नीचे दिए गए विकल्पों में से **सही** उत्तर का चयन कीजिए :

1. A-I, B-II, C-III, D-IV
2. A-IV, B-III, C-II, D-I
3. A-IV, B-II, C-III, D-I
4. A-III, B-IV, C-I, D-II

72. निम्नलिखित में से कौन-से गीत ऋतु नाटक 'शेष बर्षण' से है?

A. झौरे झौरो झौरो भादर बादर
B. झौरो झौरो बोरिशे
C. धौरोनिर गॉगोनेर मिलैनेर छन्दे
D. के दिलो आबार आघात

नीचे दिए गए विकल्पों में से **सही** उत्तर चुनें :

1. केवल B और D 2. केवल C और D
3. केवल A और C 4. केवल A और B

73. निम्नलिखित में से कौन-से कथन सही हैं?

A. टैगोर ने 20 वर्ष की आयु में पहली बार लंदन की यात्रा की।
B. नृत्य नाटक बाल्मीकि प्रतिभा सर्वप्रथम 1881 में मंचस्थ किया गया था।
C. टैगोर ने पाश्चात्य धुनों पर आधारित कालमृगया के सभी गीतों की रचना की।
D. 'संगीतेर मुक्ति' आलेख सन् 1917 में सबुजपत्र में प्रकाशित हुआ।
E. टैगोर ने बाल्मीकि प्रतिभा में 'बसंत' के पात्र का अभिनय किया था।

नीचे दिए गए विकल्पों में से **सही** उत्तर चुनें :

1. केवल B और D
2. केवल C और E
3. केवल A और D
4. केवल B और E

74. निम्नलिखित में से किन कृतियों में टैगोर ने पाली मंत्रों को सम्मिलित कर उनकी धुन का निर्माण किया?

A. चित्रांगदा B. मायार खेला
C. चंडालिका D. नोटिर पूजा
E. शापमोचन

नीचे दिए गए विकल्पों में से **सही** उत्तर चुनें :

1. केवल C और D 2. केवल A और D
3. केवल B और E 4. केवल C और E

75. 'ब्रह्मचर्याश्रम' की स्थापना किस वर्ष हुई थी?

1. 1901 2. 1905
3. 1904 4. 1909

76. निम्नलिखित में से कौन-सा विकल्प ब्रह्मसंगीत **नहीं** है?

1. सत्यमंगल प्रेममयो तुमी
2. हृदयनंदन बोने
3. आनंदगान उठुक तोबे
4. महाविश्वे महाकाशे महाकाल माझे

77. निम्नलिखित 'तासेर देश' में गीतों को यथोल्लिखित आरोही क्रम में व्यवस्थित करें :

A. ओगो शांतो पाशन मुरति

B. आमरा नूतन जोईबनेरी दूत

C. एलेम नोतून देशे

D. उल हवा लागलो आमार गानेर

नीचे दिए गए विकल्पों में से **सही** उत्तर चुनें :

1. A, D, C, B 2. B, C, D, A
3. D, C, B, A 4. C, B, A, D

78. निम्नलिखित में से कौन-से गीत ध्रुपद अंग के गीत हैं:

A. एई लोभिनू संग तॉबो

B. प्रथम आदि तब शेक्ति

C. निनिड़ो ऑमा तिमिरो होते

D. ताँहारे आरोती कोरे

E. तुई फेले एशोछिस कारे

नीचे दिए गए विकल्पों में से **सही** उत्तर चुनें :

1. केवल A और E 2. केवल B और D
3. केवल C और E 4. केवल A और D

79. निम्नलिखित में से कौन-से उपन्यास टैगोर रचित नहीं हैं?

A. जोगाजोग B. देबी

C. पॉथेर पंचाली D. घॅरि बाईरे

E. पॉथेर दाबी

नीचे दिए गए विकल्पों में से **सही** उत्तर चुनें :

1. केवल A, C और D
2. केवल B, C और E
3. केवल C और D
4. केवल A और E

80. निम्नलिखित में से 'रवीन्द्र संगीत' के विद्वानों को चिह्नांकित कीजिए :

A. गोबिन्द गोपाल मुखोपाध्याय

B. शांतिदेब घोष

C. शैलजारंजन मजूमदार

D. नृसिंह प्रसाद भादुड़ी

नीचे दिए गए विकल्पों में से **सही** उत्तर चुनें :

1. केवल B और C 2. केवल A और C
3. केवल B और D 4. केवल A और D

81. सूची-I को सूची-II से सुमेलित करें :

सूची-I	सूची-II
A. आजि श्रावण घन गइन मोहे	I. नबताल
B. प्रेमे प्राणे गाने गंधे	II. जत ताल (8 मात्रा)
C. केनो जागे ना जागे ना	III. झंपक
D. आजि मोर द्वारे	IV. पंचम सवारी

नीचे दिए गए विकल्पों में से **सही** उत्तर का **चयन** कीजिए :

1. A-II, B-III, C-I, D-IV
2. A-IV, B-III, C-II, D-I
3. A-III, B-I, C-II, D-IV
4. A-I, B-IV, C-II, D-III

82. सूची-I को सूची-II से सुमेलित करें :

सूची-I	सूची-II
A. हृदय आमार प्रकाश होलो	I. 3|4|4 छंद
B. जीबन मरोनेर सीमाना	II. 4|2 छंद
C. ब्याकुलो बोकुलेरो फूले	III. रूपकड़ा
D. काँपिछे देहलता थौरोथौरो	IV. 5|4 छंद

नीचे दिए गए विकल्पों में से **सही** उत्तर का **चयन** कीजिए :

1. A-II, B-III, C-IV, D-I
2. A-IV, B-III, C-II, D-I
3. A-III, B-II, C-IV, D-I
4. A-II, B-I, C-III, D-IV

83. 'गीतोबितान' में यथोल्लिखित प्रकृति पर्याय के गीतों को आरोही क्रम में सजाएं।

A. नमो नमो नमो कोरूणाधन

B. निर्मल कांतो नमो हे नमो

C. कुसुमे कुसुमे चरण चिह्न

D. नमो नमो क्षुधार्त जनशरण्य

नीचे दिए गए विकल्पों में से **सही** उत्तर चुनें :

1. C, A, B, D 2. B, A, C, D
3. D, C, B, A 4. A, C, D, B

84. स्वरबीतान संख्या के अनुसार निम्नलिखित गीतों को आरोही क्रम में सजाएं :

A. बोहे निरंतर अनंत आनंदधारा

B. शांति करो वरीशॉनो

C. सुंदर बहे आनंदमंदानील
D. केनो धोरे राखा ओ जो जाबे चोले

नीचे दिए गए विकल्पों में से **सही** उत्तर चुनें :

1. B, D, A, C
2. A, C, B, D
3. D, A, C, B
4. C, A, D, B

85. गीतिनाट्य बाल्मीकि प्रतिभा के दूसरे दृश्य का पहला गीत क्या है?

1. काली काली बोलो रे आज
2. रांगा पादपद्मो युगे
3. सहे ना सहे ना
4. मोरी ओ काहार बाछा

86. नृत्य नाटक चित्रांगदा में निम्नलिखित में से किस गीत का उल्लेख ''आत्मउद्धीपनार गान'' के रूप में किया गया है?

1. झोड़े जाय उड़े जाय
2. ओरे झौड़ नेमे आय
3. तृष्णारो शांति
4. अहो! की दुःसह स्पर्धा

87. निम्नलिखित में से किस निबंध में टैगोर ने हर्बर्ट स्पेंसर द्वारा लिखित पुस्तक ''द ओरिजिन एंड फंक्शन ऑफ म्यूजिक' के बारे में वर्णन किया?

1. संगीत ओ कबिता
2. संगीत ओ भाव
3. आमादेर संगीत
4. संगीतेर मुक्ति

88. सूची-I को सूची-II से सुमेलित करें :

सूची-I	**सूची-II**
A. पवन चले जोर	I. जेते जेते एकला पोथे
B. सावन की रातों में	II. पागला हावार बादोल दिने
C. मेरे चंचल नैना	III. खौरोबायु बौय बेगे
D. बंधन खुला पंछी उड़ा	IV. मधु गंधे भौरा

नीचे दिए गए विकल्पों में से **सही** उत्तर का चयन कीजिए :

1. A-I, B-III, C-II, D-IV
2. A-IV, B-II, C-III, D-I
3. A-I, B-IV, C-II, D-III
4. A-III, B-I, C-IV, D-II

89. 'स्मरण' का प्रकाशन निम्नलिखित में से किसके निधन के बाद हुआ?

1. कादंबरी देवी
2. महर्षि देबेन्द्रनाथ टैगोर
3. रेणुका
4. मृणालिनी देवी

90. निम्नलिखित में से कौन-सा गीत चंडालिका से नहीं है?

1. की जे भाबिश तुई अन्यमोने
2. शुधू एक्टी गोंडुश जल
3. जे आमारे पाठालो एई
4. बैधु कोन आलो लागलो चोखे

निर्देश (प्रश्न संख्या 91 से 95 तक): *निम्नलिखित गद्यांश को ध्यान से पढ़िए और प्रश्नों के उत्तर दीजिए।*

किशोर : क्या तुम्हारे पास पर्याप्त पुष्प हैं, नंदिनी? मैं तुम्हारे लिए कुछ और पुष्प लाया हूँ।

नंदिनी : भागो, किशोर, अपने काम पर जल्दी वापस जाओ! तुम फिर से देर हो जाओगे।

किशोर : मुझे मूल्यवान वस्तुओं की खुदाई से कुछ समय अवश्य बचाना चाहिए ताकि मैं तुम्हें पुष्प लाकर दे सकूँ।

नंदिनी : लेकिन, यदि उन्हें पता चल गया तो वे तुम्हें दंड देंगे।

किशोर : तुमने कहा कि तुम्हें निश्चित रूप से रक्तकरबी चाहिए। मुझे खुशी है कि यहाँ इसे ढूँढना मुश्किल है, कई दिनों तक तलाश करने के बाद मुझे केवल एक वृक्ष के बारे में पता चला और कूड़े के ढेर के पीछे लगभग छिपा हुआ है।

91. 'रक्तकरबी' सर्वप्रथम निम्नलिखित में से किस पत्रिका में प्रकाशित हुआ?

1. तत्वबोधिनी
2. भारती
3. प्रबासी
4. प्रबाहिनी

92. निम्नलिखित में से कौन-सा गीत 'रक्तकरबी' नाटक का गीत नहीं है?

1. भालोबासी भालोबासी
2. आजी नाहीं नाहीं निद्रा
3. तोमाय गान शोनाबो
4. ओ चाँद चोखेर जोलेर लागलो जोयार

93. 'रक्तकरबी' नाटक में नंदिनी है ....।
1. उल्लंघन का भाव 2. अवरूद्ध प्रकृति
3. गुलामी का प्रतीक 4. क्रूरता का स्वभाव

94. निम्नलिखित में से किस उत्सव समारोह के अवसर पर टैगोर ने 'तोमाय गान शोनाबो' गीत का गायन किया था?
1. वर्षामंगल
2. शरदोत्सव
3. श्री पंचमी की संध्या में
4. नववर्ष के प्रातःकाल में

95. 'रक्तकरबी' नाटक का पहला नाम क्या था?
1. नंदिनी 2. यक्षपुरी
3. गुरु 4. अरूपरतन

निर्देश (प्रश्न संख्या 96 से 100 तक): *निम्नलिखित गद्यांश को ध्यान से पढ़िए और दिए गए प्रश्नों के उत्तर दीजिए।*

बहुत सा आधुनिक यूरोपीय संगीत मूलतः इटली से आया था, किन्तु इसके विकास क्रम में यह पूर्णतः परिवर्तित हो गया। दक्षिण के संगीत में और अधिक सौंदर्य है किन्तु जैसे-जैसे आप उत्तर की ओर जाते हैं, यह क्रमशः और अधिक दुरूह और जटिल होता जाता है। 16वीं सदी के इटालियन संगीत में आपको सुंदर (सम्मिश्र) पंक्तियाँ और अर्थच्छाया मिलेगा और इनमें सुर के सौंदर्य की प्रमुखता होती है जबकि उत्तर में भाव प्रवणता अधिक है। पुच्चिनी कई महान गुणों से युक्त है किन्तु इसमें अभिरूचीजन्य कारकों का अभाव है और मेरी समझ से इटली का संगीत व्यर्थ और अतिरंजित है। प्राचीन कालिक इटली में रचनाकार और कवि शुद्धता (पवित्रता) की तलाश कर रहे थे।

96. निम्नलिखित में से कौन इटली के रचनाकार हैं :
1. जोहान सेबेस्टियन बाक
2. जॉर्ज फेडरिक हैंडेल
3. एंटोनियो विवैल्डी
4. इना ब्ऑयल

97. इस वार्तालाप में किस तरह के संगीत की चर्चा की जा रही है?
1. पाश्चात्य संगीत 2. भारतीय संगीत
3. चीनी संगीत 4. जापानी संगीत

98. निम्नलिखित में से किसने सर्वप्रथम रवीन्द्र संगीत का स्वरांकन स्टाफ नोटेशन किया था?
1. दीनेन्द्रनाथ टैगोर 2. ज्योतिरिन्द्रनाथ टैगोर
3. शैलजारंजन मजूमदार 4. शांतिदेब घोष

99. उपर्युक्त वार्तालाप में वक्ता को पहचानिए :
1. रवीन्द्रनाथ टैगोर 2. रोमां रोलाँ
3. एच.जी. वेल्स 4. आइंस्टीन

100. वार्तालाप के आधार पर ज्ञात करें कि किस संगीत में सुंदर पंक्तियाँ और अर्थच्छाया थी :
1. पुराना जर्मन संगीत
2. प्राचीन इटैलियन संगीत
3. प्राचीन आयरलैंड की संगीत
4. प्राचीन भारतीय संगीत

उत्तरमाला

भाग-I

1	2	3	4	5	6	7	8	9	10
2	4	2	3	2	2	3	3	1	4
11	**12**	**13**	**14**	**15**	**16**	**17**	**18**	**19**	**20**
1	1	4	4	4	1	1	4	1	4
21	**22**	**23**	**24**	**25**					
2	2	2	2	2					

भाग-II : हिन्दुस्तानी संगीत

26	27	28	29	30	31	32	33	34	35
4	2	1	2	2	1	2	2	4	4
36	**37**	**38**	**39**	**40**	**41**	**42**	**43**	**44**	**45**
2	2	2	2	2	2	3	2	3	1
46	**47**	**48**	**49**	**50**	**51**	**52**	**53**	**54**	**55**
3	2	3	1	3	4	3	2	3	2
56	**57**	**58**	**59**	**60**	**61**	**62**	**63**	**64**	**65**
3	4	4	1	4	2	3	4	3	3
66	**67**	**68**	**69**	**70**	**71**	**72**	**73**	**74**	**75**
3	2	1	1	2	4	2	4	4	2
76	**77**	**78**	**79**	**80**	**81**	**82**	**83**	**84**	**85**
4	2	3	3	3	3	4	2	4	3
86	**87**	**88**	**89**	**90**	**91**	**92**	**93**	**94**	**95**
2	4	1	1	3	2	3	1	4	2
96	**97**	**98**	**99**	**100**					
3	4	4	1	2					

भाग-III : अवनद्ध वाद्य

26	27	28	29	30	31	32	33	34	35
3	2	2	3	4	3	3	3	4	2
36	**37**	**38**	**39**	**40**	**41**	**42**	**43**	**44**	**45**
2	1	3	2	2	2	2	4	2	4
46	**47**	**48**	**49**	**50**	**51**	**52**	**53**	**54**	**55**
2	4	1	2	2	2	3	1	2	2
56	**57**	**58**	**59**	**60**	**61**	**62**	**63**	**64**	**65**
3	2	4	3	4	1	3	3	3	2
66	**67**	**68**	**69**	**70**	**71**	**72**	**73**	**74**	**75**
3	3	3	3	2	4	2	4	4	3
76	**77**	**78**	**79**	**80**	**81**	**82**	**83**	**84**	**85**
2	1	4	3	3	1	3	3	2	1
86	**87**	**88**	**89**	**90**	**91**	**92**	**93**	**94**	**95**
2	4	1	1	2	3	4	2	1	3
96	**97**	**98**	**99**	**100**					
3	2	4	2	3					

भाग-IV : कर्नाटक संगीत

26	27	28	29	30	31	32	33	34	35
1	2	4	2	1	4	3	3	3	4
36	**37**	**38**	**39**	**40**	**41**	**42**	**43**	**44**	**45**
3	3	1	4	2	4	1	4	2	1
46	**47**	**48**	**49**	**50**	**51**	**52**	**53**	**54**	**55**
1	4	4	4	1	1	3	3	4	3
56	**57**	**58**	**59**	**60**	**61**	**62**	**63**	**64**	**65**
2	2	1	3	2	2	3	4	3	3
66	**67**	**68**	**69**	**70**	**71**	**72**	**73**	**74**	**75**
4	3	1	2	3	3	2	2	2	1
76	**77**	**78**	**79**	**80**	**81**	**82**	**83**	**84**	**85**
1	4	1	2	2	1	4	4	1	3
86	**87**	**88**	**89**	**90**	**91**	**92**	**93**	**94**	**95**
1	2	2	2	4	1	2	4	2	3
96	**97**	**98**	**99**	**100**					
4	2	2	3	1					

भाग-V : रबीन्द्र संगीत

26	27	28	29	30	31	32	33	34	35
2	3	1	4	2	3	4	4	3	3
36	**37**	**38**	**39**	**40**	**41**	**42**	**43**	**44**	**45**
1	2	2	3	4	3	4	2	3	3
46	**47**	**48**	**49**	**50**	**51**	**52**	**53**	**54**	**55**
1	2	2	3	3	1	4	3	3	2
56	**57**	**58**	**59**	**60**	**61**	**62**	**63**	**64**	**65**
2	3	4	1	2	3	2	2	3	4
66	**67**	**68**	**69**	**70**	**71**	**72**	**73**	**74**	**75**
2	3	4	3	2	4	3	1	1	1
76	**77**	**78**	**79**	**80**	**81**	**82**	**83**	**84**	**85**
2	4	2	2	1	3	1	1	1	2
86	**87**	**88**	**89**	**90**	**91**	**92**	**93**	**94**	**95**
2	2	1	4	4	3	1	1	3	2
96	**97**	**98**	**99**	**100**					
3	1	1	1	2					

व्याख्यात्मक उत्तर

भाग-I

1. सूची-I और सूची-II का मिलान करने के लिए हमें प्रत्येक शब्द का शैक्षिक/अनुसंधान संबंधी अर्थ समझना आवश्यक है।

- **परिशिष्ट (Appendix) :** शोध-प्रबंध के अंत में जो पूरक सामग्री जोड़ी जाती है जैसे प्रश्नावली की प्रतिलिपियाँ, मानक परीक्षणों की कॉपी, आदि। इसलिए यह प्रश्नावली की प्रतिलिपियाँ (III) से मेल खाता है।
- **ग्रंथसूची (Bibliography) :** यह अनुसंधान कार्य में प्रयुक्त और संदर्भित स्रोतों का विवरण होता है। इसलिए यह अनुसंधान के लिए संदर्भित स्रोतों का विवरण (IV) से मेल खाता है।
- **परिकल्पना (Hypothesis) :** यह शोध कार्य की अस्थायी धारणा या पूर्वकल्पना होती है। इसलिए यह अस्थायी धारणा (I) से मेल खाता है।
- **क्षेत्र कार्य (Field Work) :** यह आंकड़ा संग्रहण करने की प्रक्रिया है। इसलिए यह आंकड़ा संग्रहण (II) से मेल खाता है।

इस प्रकार सही क्रम होगा : A-III, B-IV, C-I, D-II।

2. भारतीय संगीत की परंपरा में *रागमाला चित्रांकन* बहुत महत्वपूर्ण है, जिसमें प्रत्येक राग को एक सजीव रूपक (नायिका/नायक, देवता, पशु-पक्षी आदि) के माध्यम से चित्रित किया गया है।

तोड़ी राग के चित्रण में विशेष रूप से एक प्रसन्नचित्त नायिका (कभी-कभी देवी स्वरूपा) को वीणा बजाते हुए दिखाया जाता है। उसके चारों ओर प्राकृतिक सौंदर्य होता है–हरियाली से युक्त वनप्रदेश, जहाँ हिरण उसकी वीणा की मधुर ध्वनि से मोहित होकर उसके समीप खड़े रहते हैं। यह दृश्य संगीत की मधुरता और प्रकृति के साथ उसके गहरे सामंजस्य को प्रकट करता है।

इस प्रकार, जिस राग-चित्र में प्रसन्नचित्त नायिका हिरण के साथ वीणा बजाती हुई दिखाई देती है, वह तोड़ी राग है।

3. भारतीय संगीत में स्वरांकन की विभिन्न पद्धतियाँ विकसित हुईं।

- आकारमात्रिक स्वरांकन पद्धति का आविष्कार ज्योतिरिन्द्रनाथ टैगोर ने किया था।
- यह पद्धति स्वर और मात्रा (ताल) को स्पष्ट रूप से चिह्नित करने के लिए प्रयुक्त होती थी।
- रबीन्द्रनाथ टैगोर, देबेन्द्रनाथ टैगोर और सत्येन्द्रनाथ टैगोर ने साहित्य और समाज सुधार में कार्य किया, परन्तु यह विशेष संगीत संबंधी तकनीकी कार्य ज्योतिरिन्द्रनाथ टैगोर का योगदान था।

4. भरतमुनि के नाट्यशास्त्र में विभिन्न रसों के साथ लय का संबंध बताया गया है।

- मध्य लय का प्रयोग शृंगार रस और हास्य रस के अनुकूल माना गया है।
- क्योंकि यह लय न अधिक शीघ्र (द्रुत) होती है और न ही अधिक मंद (विलंबित), अतः यह मध्यम गति का संतुलन प्रदान करती है जो इन दोनों रसों की अभिव्यक्ति को सुंदर बनाती है।

5. शोध-प्रबंध (Thesis/Dissertation) में सामग्री को एक निश्चित क्रम में प्रस्तुत किया जाता है।

C. शीर्षक पृष्ठ : सबसे पहले शोध का शीर्षक, लेखक का नाम, विश्वविद्यालय/संस्थान का नाम आदि आता है।

A. विषय-सूची : इसके बाद विषय-सूची आती है जिसमें अध्यायों और उप-अध्यायों का विवरण दिया होता है।

D. प्रस्तावना : यहाँ शोध का परिचय, उद्देश्य और पद्धति लिखी जाती है।

E. अध्याय : मुख्य सामग्री, विश्लेषण और विवेचन अध्यायों के रूप में आती है।

B. ग्रंथसूची : अंत में संदर्भित स्रोतों और पुस्तकों की सूची दी जाती है।

इस प्रकार सही क्रम होगा : C, A, D, E, B।

6. शोध पत्रिकाएँ (Research Journals) वे प्रकाशन हैं जिनमें अनुसंधान-आधारित लेख प्रकाशित किए जाते हैं। इनके कुछ प्रमुख गुण इस प्रकार हैं :

A. इसमें शोध लेख शामिल हैं–बिल्कुल सही, क्योंकि शोध पत्रिकाओं का मूल उद्देश्य नए अनुसंधान कार्यों का प्रकाशन करना है।

B. ISBN नंबर है–यह गलत है। शोध पत्रिकाओं को ISSN (International Standard Serial Number) मिलता है, जबकि ISBN पुस्तकों के लिए होता है।

C. मुद्रित या ऑनलाइन–सही है, शोध पत्रिकाएँ प्रिंट और ऑनलाइन दोनों स्वरूप में उपलब्ध होती हैं।

D. एक संपादकीय बोर्ड से मिलकर बनता है–सही है, शोध पत्रिकाओं का संपादन और गुणवत्ता नियंत्रण संपादकीय बोर्ड द्वारा किया जाता है।

E. एकल लेखक द्वारा लिखे गए अध्याय देता है–यह पुस्तकों/संपादित ग्रंथों की विशेषता है, पत्रिकाओं की नहीं।

अतः सही विकल्प होंगे : A, C, D।

7. हिन्दुस्तानी संगीत पद्धति में ठेका ताल का मूल स्वरूप है, जो ताल की संरचना और उसके प्रवाह को अभिव्यक्त करता है।

A. ताल की रचना करने वाले निश्चित बोल–सही है, क्योंकि ठेका ताल के मूल बोलों का निश्चित रूप होता है।

B. ताली, खाली और विभाग की निश्चित योजना–सही है, क्योंकि ठेका ताल के चिह्न और संरचना (ताली-खाली) को स्पष्ट करता है।

C. दिए गए राग के स्वर–गलत है, यह राग का भाग है, ताल का नहीं।

D. गीत रचना के शब्द–गलत है, यह बंदिश से संबंधित है।

E. ताल की निश्चित मात्रा–सही है, क्योंकि ठेका निश्चित मात्राओं (बीट्स) के आधार पर ताल को व्यक्त करता है।

इसलिए सही उत्तर है : A, B, E।

8. भारतीय शास्त्रीय संगीत में *मार्ग तालों* का उल्लेख प्राचीन ग्रंथों, विशेषकर सामवेद और सामिक परंपरा में मिलता है। इन तालों को *पंच मार्ग ताल* कहा जाता है। ये ताल संगीत में समय-चक्र (Time-Cycle) की संरचना निर्धारित करने के लिए प्रयुक्त होते थे।

इन पाँचों तालों का सही अनुक्रम उनकी सरलता से जटिलता की ओर प्रगति पर आधारित है :

D. चच्चत्पुट–यह सबसे छोटा और सरल ताल माना जाता है।

B. चाचपुट–यह चच्चत्पुट से थोड़ा बड़ा और अधिक खंड वाला ताल है।

A. षट्पितापुत्रक–यह और अधिक जटिलता तथा विविधता लिए होता है।

E. सम्पक्वेष्टक–यह और भी जटिल, अधिक मात्राओं और विभाजनों वाला ताल है।

C. उद्घट्ट–यह सबसे विस्तृत और कठिन ताल माना जाता है।

इस प्रकार, सही क्रम है : D → B → A → E → C।

9. भारत में नृत्य दो श्रेणियों में बाँटे जाते हैं–शास्त्रीय नृत्य और लोक नृत्य।

A. कथक उत्तर प्रदेश का एक प्रमुख शास्त्रीय नृत्य है।

B. गरबा गुजरात का लोकप्रिय लोक नृत्य है, जो नवरात्रि पर्व पर किया जाता है।

C. कनियनाट्टम तमिलनाडु का पारंपरिक लोक नृत्य है, जो मंदिर उत्सवों में प्रस्तुत होता है।

D. बीहू असम का ऊर्जावान लोक नृत्य है, जिसे बिहू त्योहार पर किया जाता है।

E. कुचिपुड़ी आंध्र प्रदेश का प्रसिद्ध शास्त्रीय नृत्य है।

इस प्रकार लोक नृत्य केवल B, C, D हैं।

10. हिन्दुस्तानी संगीत में वादन (Instrumental Music) की प्रस्तुति कई चरणों में होती है–आलाप, जोड़, और अंत में झाला।

- झाला समापन का वह भाग है जिसमें लय अत्यंत तीव्र हो जाती है और तार (ड्रोन) की झंकार लगातार बजती है।
- यह विशेषकर हिन्दुस्तानी वादन संगीत (जैसे सितार, सरोद, संतूर आदि) में दिखाई देता है।
- गायन (कर्नाटक या हिन्दुस्तानी) में इसका प्रयोग नहीं होता।

इसलिए सही उत्तर है : हिन्दुस्तानी वादन।

11. 'बुर्रा कथा' और 'तोलु बोम्मलाट्टा' दोनों आंध्र प्रदेश की प्रसिद्ध लोककला विधाएँ हैं।

- **बुर्रा कथा :** यह कथा-प्रवचन की शैली है, जिसमें गायक ढोलक और संगीत के साथ धार्मिक, पौराणिक और सामाजिक कहानियाँ सुनाते हैं।
- **तोलु बोम्मलाट्टा :** यह छाया-पुतली नाट्य (Shadow Puppet Theatre) की शैली है, जिसमें चमड़े की पुतलियों के माध्यम से कहानियाँ प्रस्तुत की जाती हैं।

ये दोनों कला रूप विशेषकर आंध्र प्रदेश की सांस्कृतिक पहचान हैं।

12. स्वरों का क्रम यदि पिच/तारता के अवरोही (घटते) क्रम में दिया जाए तो हमें उच्चतम से निम्नतम स्वर रखना होगा।

E. **काकलि निषाद** : सबसे ऊँचा।

D. **शुद्ध धैवत** : इसके बाद।

A. **पंचम** : मध्य श्रेणी का स्वर।

C. **प्रति मध्यम** : पंचम से नीचे।

B. **अंतर गांधार** : सबसे नीचे।

इस प्रकार सही क्रम है : E, D, A, C, B।

13. कर्नाटक संगीत की *मेलकर्ता प्रणाली* में 72 मेलकर्ता रागों को 12 चक्रों में बाँटा गया है।

- पहले 6 चक्र (इंदु, नेत्र, अग्नि, वेद, बाण, ऋतु) में शुद्ध मध्यम (M1) का प्रयोग होता है।
- अगले 6 चक्र (ऋषि, वासु, ब्रह्मा, दिसि, रुद्र, आदित्य) में प्रति-मध्यम (M2/तीव्र मध्यम) का प्रयोग होता है।

अतः दिए गए विकल्पों में से रुद्र चक्र प्रति-मध्यम वाला है।

14. ताल से संबंधित शब्द वे हैं जो समय-चक्र और लयात्मक संरचना को प्रकट करते हैं।

A. **लय** : ताल का मुख्य अंग है।

D. **आवर्तन** : ताल का एक पूरा चक्र।

E. **क्रिया** : ताल को प्रकट करने वाली गतियाँ/क्रियाएँ (जैसे ताली-खाली)।

जबकि गमक (B) और स्वरस्थान (C) ताल नहीं बल्कि राग/स्वर से जुड़े हैं।

इसलिए सही विकल्प है : A, D, E।

15. पद्म विभूषण भारत का दूसरा सर्वोच्च नागरिक सम्मान है।

- **गुलाबो कालबेलिया (राजस्थान, लोक नृत्य)** → इन्हें यह सम्मान नहीं मिला।
- **सुकरी बोम्मागौड़ा (कर्नाटक, लोक गायन)** → इन्हें पद्म श्री मिला, न कि पद्म विभूषण।
- **सुलोचना चावन (महाराष्ट्र, लावणी)** → इन्हें भी पद्म श्री मिला।
- **शारदा सिन्हा (बिहार, लोक गायन)** → इन्हें पद्म विभूषण से सम्मानित किया गया है।

16. भारतीय आचार्यों ने रस-निष्पत्ति को लेकर विभिन्न मत प्रस्तुत किए हैं। इन्हें चार प्रमुख सिद्धांतों में बाँटा जाता है–

- **उत्पत्तिवाद**–इसके अनुसार रस की उत्पत्ति भावों से होती है। इस मत के प्रवक्ता भट्टलोल्लट (III) हैं।
- **भुक्तिवाद**–इसमें रस को भोग की तरह अनुभव करने की बात कही गई है। इसके प्रवक्ता भट्टनायक (I) हैं।
- **अभिव्यक्तिवाद**–इस मत के अनुसार स्थायी भावों के द्वारा रस की अभिव्यक्ति होती है। प्रवक्ता अभिनवगुप्त (IV) हैं।
- **अनुमितिवाद**–इस मत के अनुसार रस का ज्ञान अनुमान से होता है। प्रवक्ता शंकुक (II) हैं।

17. भारत के विभिन्न राज्यों में अनेक लोक रूप प्रचलित हैं।

A. **ओयिलाट्टम**–तमिलनाडु का एक समूह लोकनृत्य है।

B. **जात्रा**–बंगाल का लोकप्रिय लोक रंग रूप है।

C. **अंकीया नट**–असम का पारंपरिक लोक नाट्य है, जिसे संत शंकरदेव ने लोकप्रिय बनाया।

D. **कोडियाट्टम**–केरल का प्राचीन संस्कृत रंगमंच है।

18. संगीत में गमक का अर्थ है स्वर को सजाना और उसका विशेष प्रकार से अलंकरण करना।

C. **कम्पित**–स्वर को हिलाकर गाने की तकनीक।

D. **नामित**–स्वर को विशेष नाम और पहचान के साथ प्रस्तुत करना।

E. **उल्लासित**–स्वर का प्रसन्न और अलंकृत रूप।

जबकि प्रस्तार (A) और गोपुच्छा (B) गमक नहीं, बल्कि यति (ताल संरचना के प्रकार) हैं।

19. दी गई रचना में हर चरण के साथ बोल क्रमशः बढ़ते जाते हैं :

- 'तत'
- 'तत्थरि'
- 'तत्थरि तिरकिट'
- 'तत्थरि तिरकिट ता-किट'
- 'तत्थरि तिरकिट ताकिट ताकिट'

यह शैली उस यति को दर्शाती है जिसमें धीरे-धीरे विस्तार होता है। बोलों की संख्या बढ़ती जाती है और ताल का प्रवाह क्रमिक रूप से विस्तृत होता है। इसे स्त्रोतोगता यति कहते हैं।

20. कर्नाटक संगीत के *मेलकर्ता राग* और हिन्दुस्तानी संगीत के *थाट* स्वर संरचना के आधार पर एक-दूसरे से तुलनीय माने जाते हैं। इनका सही संबंध इस प्रकार है :

A. **कामवर्धिनी (Kamavardhani) → IV. पूर्वी (Purvi):** इसमें कोमल रे, शुद्ध ग, तीव्र म, शुद्ध प, कोमल ध, शुद्ध नि प्रयुक्त होते हैं।

B. नट भैरवी (Natabhairavi) → I. आसावरी (Asavari): इसमें शुद्ध रे, कोमल ग, शुद्ध म, शुद्ध प, कोमल ध, कोमल नि आते हैं।

C. मायामालव गौला (Mayamalavagaula) → II. भैरव (Bhairav): इसमें कोमल रे, शुद्ध ग, शुद्ध म, शुद्ध प, कोमल ध, शुद्ध नि होते हैं।

D. शुभ पंतुवरालि (Shubhapantuvarali) → III. तोड़ी (Todi): इसमें कोमल रे, कोमल ग, तीव्र म, शुद्ध प, कोमल ध, शुद्ध नि पाए जाते हैं।

इस प्रकार, दोनों संगीत प्रणालियों में स्वर संरचना की समानता इनका सही मिलान निर्धारित करती है।

21. सूची-I और सूची-II का मिलान इस प्रकार है :

A. **आलेख्य → चित्रकारी (III)**, क्योंकि आलेख्य का अर्थ होता है चित्र बनाना।

B. **रसवाद → तत्व का गुण परिवर्तन (IV)**, क्योंकि रसवाद में तत्व को परिवर्तित कर नया गुण ग्रहण करने का विचार है।

C. **प्रहेलिका → पहेलियाँ (II)**, क्योंकि प्रहेलिका का अर्थ पहेली ही है।

D. **छंद → मात्रा संख्या (I)**, क्योंकि छंद का आधार मात्राओं की गणना है।

22. कटपयादि योजना कर्नाटक संगीत में मेलकर्ता रागों के क्रम को याद रखने की एक विशेष पद्धति है। इसमें प्रत्येक अक्षर को एक संख्यात्मक मान दिया जाता है और राग का नाम उस संख्या को दर्शाता है।

- 'मेचकल्याणी' (Meca Kalyani) का क्रमांक इसी पद्धति से निकाला जाता है और यह 65वाँ मेलकर्ता है।

इसीलिए इसे *65th Melakarta Raga* कहा जाता है।

23. अंतरविषयी शोध (Interdisciplinary Research) का अर्थ है कि शोध कार्य में दो या अधिक विषयों का समावेश हो।

- **जनजातियों का जीवन, संस्कृति और संगीत** → समाजशास्त्र, नृविज्ञान और संगीत का समन्वय।
- **संगीत एवं चिकित्सकीय प्रभाव** → संगीत और चिकित्सा विज्ञान का संगम।
- **मानव व्यवहार में संगीत की भूमिका** → मनोविज्ञान और संगीत का मिश्रण।
- **भारतीय संगीत के राग और गमक** → यह केवल संगीत के भीतर का शोध है, इसमें अन्य विषय शामिल नहीं।

अतः यह अंतरविषयी शोध का उदाहरण नहीं है।

24. Polyphony (पॉलीफोनी) पश्चिमी संगीत का एक महत्वपूर्ण सिद्धांत है।

- इसका अर्थ है दो या अधिक स्वतंत्र धुनों (Melodies) का एक साथ गाया या बजाया जाना।
- यह मोनोफोनी (एकल स्वर) और होमोफोनी (एक मुख्य धुन और संगति) से भिन्न है।
- पॉलीफोनी का उदाहरण पश्चिमी शास्त्रीय संगीत और कोरल (choral) संगीत में मिलता है।

25. पाश्चात्य सौंदर्यशास्त्र में प्लेटो का चिंतन मुख्यतः आध्यात्मवादी (Spiritualist) दृष्टिकोण को व्यक्त करता है। प्लेटो ने सौंदर्य को इन्द्रियगम्य (भौतिक) रूप में नहीं, बल्कि 'आदर्श रूप' (Ideal Form) के रूप में देखा। उनके अनुसार वास्तविक सौंदर्य आत्मा और परम तत्व से जुड़ा हुआ है, जो भौतिक जगत से परे है। इसलिए उनका सौंदर्य चिंतन आध्यात्मवादी दृष्टिकोण को प्रस्तुत करता है।

भाग-II : हिन्दुस्तानी संगीत

26. गिरिजा देवी हिंदुस्तानी शास्त्रीय संगीत की एक सुप्रसिद्ध गायिका थीं, जिन्हें *'ठुमरी की रानी'* कहा जाता था। वे विशेष रूप से ठुमरी, टप्पा, कजरी, चैती और होरी जैसी अर्ध-शास्त्रीय शैलियों की माहिर थीं। उन्होंने बनारस घराने की परंपरा को आगे बढ़ाया और शास्त्रीय तथा लोकधुनों के मेल से ठुमरी को एक विशेष ऊँचाई प्रदान की। उनके योगदान को देखते हुए भारत सरकार ने उन्हें कई सम्मानों से अलंकृत किया, जिनमें पद्म विभूषण (2016) भी शामिल है। अतः दिए गए विकल्पों में सही उत्तर है : गिरिजा देवी।

27. यह प्रश्न स्वर-आवृत्ति (frequency of notes) और उसके ओवरटोन (overtones) से संबंधित है।

षड्ज (सा) को मूल स्वर मानकर उसकी मूल आवृत्ति 240 कंपन/सेकंड दी गई है।

- पहला ओवरटोन = 240 × 2 = 480 (यह तार सप्तक का षड्ज है)।
- दूसरा ओवरटोन = 240 × 3 = 720 (यह पंचम स्वर के निकट आता है)।
- तीसरा ओवरटोन = 240 × 4 = 960।

अब, तार सप्तक (middle octave) में षड्ज की आवृत्ति 480 कंपन/सेकंड होती है। जब हम 960 प्राप्त करते हैं, तो यह 480 का दोगुना है। इसलिए यह अतितार षड्ज (Ati-tar Shadja) कहलाता है।

28. भारतीय संगीत के विकास का क्रम सबसे प्राचीन से आधुनिक की ओर :

E. **साम** → वैदिक काल का सबसे प्राचीन संगीत।

C. **जाति गायन** → शास्त्रीय परंपरा की शुरुआती शैली।

B. **प्रबंध** → मध्यकालीन संरचित रचनाएँ।

D. **ध्रुपद** → भक्तिकाल में विकसित उच्च कोटि की गायकी।

A. **ठुमरी** → उत्तर भारत की अर्ध-शास्त्रीय शैली, ध्रुपद के बाद।

सही क्रम : E, C, B, D, A।

29. *संगीत रत्नाकर* में वाद्य वर्गीकरण के साथ-साथ वृन्द (वादकों/गायकों का समूह) के भेद भी बताए गए हैं। यह विभाजन समूह के आकार और उसकी उत्कृष्टता पर आधारित है :

B. **उत्तम** → यह सबसे उच्च स्तर या सर्वश्रेष्ठ समूह होता है।

D. **मध्यम** → यह मध्य श्रेणी का समूह होता है।

E. **कनिष्ठ** → यह सबसे छोटा या साधारण स्तर का समूह होता है।

इस प्रकार, वृन्द के भेद केवल B, D और E हैं।

30. संगीतज्ञ और उनके वाद्य का सही मेल :

- विलायत खाँ (A) → सितार (III)
- बहादुर खाँ (B) → सरोद (IV)
- बुंदु खाँ (C) → सारंगी (I)
- रणधीर राय (D) → इसराज (II)

31. *नाट्यशास्त्र* में वर्णित षड्जग्रामिक स्वर प्रणाली में स्वरों के श्रुत्यंतर निश्चित संख्या में दिए गए हैं :

- स = 4
- रे = 3
- ग = 2
- म = 4
- प = 4
- ध = 3
- नि = 2
- सां = (पुनः स)

अतः सही क्रम है : स 4, रे 3, ग 2, म 4, प 4, ध 3, नि 2, सां।

32. रागों को उत्तम, मध्यम और अधम श्रेणियों में वर्गीकृत करने का श्रेय रामामात्य को जाता है। उन्होंने 16वीं शताब्दी में *स्वरमेलकलानिधि* नामक ग्रंथ की रचना की। इस ग्रंथ में उन्होंने 20 मेलों (थाटों के समान) का वर्णन किया और उनके अंतर्गत आने वाले रागों को तीन श्रेणियों में बाँटा–

- **उत्तम राग**–उच्च कोटि के और अत्यंत गेय।
- **मध्यम राग**–मध्यम स्तर के।
- **अधम राग**–कम गेय या सीमित प्रभाव वाले।

यह वर्गीकरण रागों की गेयता और मेल के साथ उनकी उपयुक्तता पर आधारित था।

33. भारतीय संगीतज्ञों ने अपनी रचनाओं को अलग पहचान देने के लिए अक्सर *उपनाम* (तखल्लुस) का प्रयोग किया। यह उपनाम उनकी रचनाओं में समाहित होता था और शिष्य-परंपरा तथा गायन-वादन की शैली से जुड़ा होता था। प्रश्न में दिए गए संगीतज्ञों का उपनाम इस प्रकार है :

A. **सी.आर. व्यास → उपनाम 'गुनिजान' (I)**–अपनी रचनाओं में इस उपनाम का प्रयोग किया।

B. **बलवंत राय भट्ट → उपनाम 'भावरंग' (III)**–ख्याल रचनाओं में 'भावरंग' से हस्ताक्षर करते थे।

C. **सुहासिनी कोरटकर → उपनाम 'निगुनी' (II)**–अपने बंदिशों और भजनों में 'निगुनी' नाम से जानी जाती थीं।

D. **अमान अली खाँ → उपनाम 'अमर' (IV)**–अपनी रचनाओं को 'अमर' नाम से हस्ताक्षरित किया।

अतः सही सुमेलन है : A-I, B-III, C-II, D-IV.

34. भारतीय शास्त्रीय संगीत में घराने अपनी विशिष्ट गायन-शैली और परंपरा के लिए जाने जाते हैं। प्रश्न में दिए गए कलाकारों और उनके संबंधित घरानों का सही मिलान इस प्रकार है :

A. **हस्सू-हद्दू → ग्वालियर घराना (III):** ग्वालियर घराना सबसे प्राचीन घराना माना जाता है। हस्सू और हद्दू

खाँ इस घराने के प्रमुख गायक रहे, जिन्होंने इसकी नींव मजबूत की।

B. अलिया फत्तू → पटियाला घराना (I): पटियाला घराना अपनी लचीली तानों और बोलबंट के लिए प्रसिद्ध है। अलिया और फत्तू खाँ इस परंपरा से जुड़े प्रमुख नाम हैं।

C. सदारंग-अदारंग → सेनिया घराना (IV): सेनिया घराना तानसेन की परंपरा से जुड़ा हुआ है। सदारंग (नियामत खाँ) और अदारंग (फिरोज खाँ) ध्रुपद से खयाल गायन की ओर संक्रमण के लिए प्रसिद्ध हैं।

D. अब्दुल करीम-अब्दुल वहीद → किराना घराना (II): किराना घराना अपनी मींड़ और स्वर की गहराई के लिए जाना जाता है। अब्दुल करीम खाँ और अब्दुल वहीद खाँ इस घराने के प्रमुख गायक रहे।

35. भारतीय शास्त्रीय संगीत में प्रत्येक राग का गायन-वादन एक विशेष समय पर किया जाता है। प्रश्न में दिए गए रागों का समयानुसार क्रम इस प्रकार है :

C. भटियार → प्रातःकाल का राग, यह ताजगी और गम्भीरता दोनों का मिश्रण है।

E. तोड़ी → देर सुबह गाया जाता है, यह गम्भीर और गंभीर भावों से जुड़ा है।

B. शुद्ध सारंग → दोपहर का राग, उज्ज्वल और शांत वातावरण का प्रतिनिधि।

D. मुल्तानी → अपराह्न/संध्या पूर्व का राग, गम्भीर और करुण भावनाओं से युक्त।

A. पूरिया → संध्याकालीन राग, गम्भीर और गंभीरता लिए हुए।

सही क्रम है : C (भटियार), E (तोड़ी), B (शुद्ध सारंग), D (मुल्तानी), A (पूरिया)।

36. *संगीत रत्नाकर* (शार्ङ्गदेव कृत, 13वीं शताब्दी) भारतीय संगीतशास्त्र का सबसे महत्त्वपूर्ण ग्रंथ है। इसमें 7 अध्याय हैं, जिनमें गान, वाद्य, नृत्य आदि का विस्तृत वर्णन है। प्रबंध–जो गीत की प्राचीन संरचना थी–का उल्लेख विशेष रूप से चौथे अध्याय में किया गया है। यहाँ प्रबंध के भेद, उनके अंग और गेय रूपों का विवेचन मिलता है।

37. भारत रत्न से सम्मानित महान संगीतज्ञों का कालक्रम इस प्रकार है :

C. एम.एस. सुब्बुलक्ष्मी–1998 में भारत रत्न प्राप्त करने वाली पहली गायिका।

B. पं. रविशंकर–1999 में सम्मानित, सितारवादन के लिए विश्व प्रसिद्ध।

D. उस्ताद बिस्मिल्ला खाँ–2001 में सम्मानित, शहनाई वादन के लिए विख्यात।

A. पं. भीमसेन जोशी–2008 में सम्मानित, किराना घराने के दिग्गज गायक।

E. भूपेन हजारिका–2019 में मरणोपरांत भारत रत्न से सम्मानित, असम के लोकसंगीत व फिल्म संगीत के लिए प्रसिद्ध।

क्रम : C, B, D, A, E.

38. तालों को कुआड़ लयकारी (चारगुणा गति) से गिनने पर एक आवर्तन की मात्राएँ :

A. तीव्रा–7 मात्राएँ × 4 = 28

C. सूलताल–10 मात्राएँ × 4 = 40

E. चौताल–12 मात्राएँ × 4 = 48

D. आड़ा चौताल–14 मात्राएँ × 4 = 56

B. तीनताल–16 मात्राएँ × 4 = 64

इसलिए बढ़ते क्रम में : A, C, E, D, B.

39. गीत के शब्द और स्वरों में जब स्पष्ट समानता हो–अर्थात् शब्दों का उच्चारण और स्वरों की ध्वनि लगभग एक जैसी प्रतीत हो–तो ऐसी रचना को स्वरसागर कहा जाता है।

दिए गए उदाहरण में :

- शब्द : *'मां शारदे साधु सुरन सों मां मग दे'*
- स्वर : *'मा सारेध साध सारेनि सा मा मग ध'*

यहाँ देखा जा सकता है कि शब्दों का उच्चारण और स्वरों का उच्चारण एक-दूसरे से मेल खाते हैं। यही विशेषता स्वरसागर की पहचान है। इससे रचना का प्रभाव और अधिक गहन तथा संगीतमय हो जाता है।

40. पं. विष्णु नारायण भातखंडे ने कल्याण थाट और उसके अंतर्गत आने वाले रागों (विशेषकर दोनों मध्यम युक्त–जैसे *केदार, कामोद* आदि) के लिए कुछ विशेष नियम बताए। इन रागों में शुद्ध और तीव्र दोनों मध्यम (Ma) का प्रयोग होता है, इसलिए उनके लिए विशिष्ट व्यवहार आवश्यक है।

मुख्य नियम :

A. विवादी के रूप में कोमल निषाद का प्रयोग–कल्याण थाट के रागों में कोमल निषाद (Ni) को विवादी स्वर माना जाता है, इसलिए इसका प्रयोग सीमित और विशेष रूप से होता है।

B. आरोह में निषाद तथा अवरोह में गंधार का वक्र प्रयोग–इन रागों की रचना में आरोह में Ni और अवरोह में Ga वक्र रूप से आते हैं, जिससे उनकी विशिष्टता बनी रहती है।

D. तीव्र मध्यम की तुलना में शुद्ध मध्यम का अधिक प्रयोग–हालाँकि राग में दोनों मध्यम होते हैं, लेकिन रचना में शुद्ध मध्यम (Ma) को प्रधानता दी जाती है।

ये तीनों नियम सही हैं।

41. रामभाऊ कुंदगोलकर को सवाई गंधर्व कहा जाता है। वे किराना घराने के अत्यंत प्रमुख गायक थे। उनकी गायकी में गहराई और माधुर्य दोनों का अद्भुत संगम मिलता था। वे पं. भीमसेन जोशी के गुरु रहे। उनके योगदान के सम्मान में पुणे में हर वर्ष *सवाई गंधर्व संगीत महोत्सव* आयोजित किया जाता है।

42. प्रश्न में क्रम है–ध्रुपद, सितार, सरोद, तबला और ख्याल। इनसे जुड़े प्रमुख घराने इस प्रकार हैं–

C. ध्रुपद → डागुर घराना–ध्रुपद गायन की प्राचीन परंपरा को आगे बढ़ाने वाला।

A. सितार → इटावा घराना–सितार वादन का सर्वाधिक प्रसिद्ध घराना।

B. सरोद → ग्वालियर (बंगश) घराना–सरोद की परंपरा का प्रमुख केंद्र।

E. तबला → अजराड़ा घराना–तबले की विशिष्ट बोल और लय के लिए जाना जाता है।

D. ख्याल → किराना घराना–ख्याल गायन की मधुरता और अलंकरण के लिए प्रसिद्ध।

इस प्रकार क्रम बनता है : C, A, B, E, D।

43. तिलवाड़ा ताल कुल 16 मात्राओं का होता है। जब इसे बिआड़ (कुआड़ लय, 3/2 अनुपात) में प्रस्तुत किया जाता है, तो :

$$\text{बिआड़ की मात्रा} = \frac{3}{2} \times 16 = 24$$

परंपरागत गणना में इसे सप्तम (seventh part) के रूप में लिखा जाता है :

$$24 = 9\frac{1}{7} \text{ मात्रा}$$

इस प्रकार, तिलवाड़ा ताल की बिआड़ का मान $9\frac{1}{7}$ मात्रा होता है।

44. दिए गए स्वरक्रम :

- आरोह : स, म, प, ग, म, ध, नि, प
- अवरोह : म, प, ग, म, रे, स

यह स्वर संरचना राग शहाना की है। यह राग *कान्हड़ा अंग* का है और अपनी कोमल भावप्रवणता तथा शृंगार रस की अभिव्यक्ति के लिए प्रसिद्ध है। इसे रात्रिकाल में गाया जाता है।

45. वाद्य संगीत वादन का पारंपरिक क्रम इस प्रकार है–

C. आलाप–बिना ताल के राग का धीमा विस्तार।

D. जोड़–लय का प्रवेश और विस्तार।

B. मसीतखानी–विलंबित गति की रचना।

E. रजाखानी–द्रुत गति की रचना।

A. झाला–तीव्र गति और झंकारयुक्त समापन।

इसलिए सही क्रम है : C, D, B, E, A।

46. आगरा घराना हिंदुस्तानी शास्त्रीय संगीत का एक महत्वपूर्ण घराना है, जो मुख्यतः ख्याल गायन के लिए प्रसिद्ध है। इसके गायन में ध्रुपद की गंभीरता और ख्याल की लयात्मकता दोनों का सुंदर संगम मिलता है।

B. नत्थन खाँ–आगरा घराने के अग्रणी गायक थे।

C. गुलाम अब्बास खाँ–इस घराने की परंपरा को आगे बढ़ाने वाले प्रमुख कलाकार।

E. जगन्नाथ बुआ पुरोहित–जिन्हें पंडित गुनिदास के नाम से भी जाना जाता है, आगरा घराने के ख्याल और ठुमरी दोनों में योगदान रहा।

इसलिए सही उत्तर है B, C और E।

47. संगीत समारोह और उनके स्थान :

- **हरवल्लभ संगीत समारोह–जालंधर** (न कि पटियाला)
- **डोवरलेन संगीत समारोह–कोलकाता** (न कि देहरादून)
- **मोतीराम मणिराम संगीत समारोह**–हैदराबाद (न कि चित्रकूट)
- **निनाद संगीत समारोह–आगरा**
- **संकट मोचन संगीत समारोह–वाराणसी**

सही मेल केवल D और E हैं।

48. सही/गलत सुमेलन देखें :

1. **वाजिद अली शाह–ठुमरी–जत्तताल :** (सही, उन्होंने ठुमरी शैली को बढ़ावा दिया और जत्तताल में रचनाएँ कीं)

2. **सदारंग–अदारंग–ख्याल–एकताल :** (सही, ख्याल गायन में एकताल का प्रयोग प्रमुख)

3. **अमीर खुसरो–धमार–चौताल :** (गलत, अमीर खुसरो धमार से नहीं बल्कि कव्वाली और तराना से जुड़े हैं)

4. **शौरी मियां–टप्पा–पंजाबी :** (सही, टप्पा शैली पंजाबी लोकधुनों से विकसित हुई)

इसलिए, असुमेलित विकल्प है 3।

49. अली बक्श खाँ और फतेह अली खाँ (पटियाला घराने के संस्थापक) को उनके अद्वितीय युगल गायन के कारण 'जरनैल-करनैल' कहा जाता था। उनकी संगत इतनी परिपूर्ण थी कि वे एक-दूसरे के गायन को तुरंत पकड़कर आगे बढ़ाते थे। इसी वजह से उन्हें यह उपाधि मिली, जो उनकी जोड़ी की ताकत और प्रभाव को दर्शाती है।

50. कल्याण थाट से जुड़े रागों में आनंदी कल्याण, श्याम कल्याण, यमन कल्याण शामिल हैं। ये सभी शुद्ध और तीव्र मध्यम के प्रयोग के कारण इस थाट में आते हैं। लेकिन गोरख कल्याण वास्तव में खमाज थाट से संबंधित राग है। इसकी स्वर-संरचना और भाव-प्रवृत्ति इसे कल्याण थाट से अलग करती है।

इसलिए, गोरख कल्याण कल्याण थाट से संबंधित नहीं है।

51. संधिप्रकाश राग वे होते हैं जिन्हें सूर्योदय और सूर्यास्त के समय गाया जाता है। इन रागों का स्वरूप वातावरण के अनुरूप गाम्भीर्य और शांति उत्पन्न करता है।

B. पूर्वी–संध्या समय का राग, गम्भीर और करुण रस प्रधान।

D. भैरव–प्रातःकालीन संधिप्रकाश राग, गंभीरता और आध्यात्मिकता से भरा।

E. पूरिया–संध्या का राग, शांति और माधुर्य उत्पन्न करता है।

52. भारतीय शास्त्रीय संगीत में उपनाम (तखल्लुस) का प्रयोग एक परंपरा रही है। संगीतज्ञ अपनी रचनाओं और बंदिशों में वास्तविक नाम के बजाय इन उपनामों का उपयोग करते थे, जिससे उनकी रचनाएँ विशिष्ट और पहचान योग्य बन जाती थीं।

A. विनोद पिया–तसद्दुक हुसैन खाँ (II): रामपुर-सहसवान घराने के प्रसिद्ध गायक थे। उन्होंने अपनी बंदिशों में 'विनोद पिया' उपनाम का प्रयोग किया।

B. चतुर पंडित–पं. विष्णु नारायण भातखंडे (I): हिंदुस्तानी संगीत के महान सिद्धांतकार और वर्गीकरणकर्ता भातखंडे ने 'चतुर पंडित' उपनाम से कई रचनाएँ दीं।

C. गुणीदास–जगन्नाथ बुआ पुरोहित (IV): किराना घराने के प्रमुख गायक और रचनाकार, जिन्होंने अपनी बंदिशों में 'गुणीदास' उपनाम का प्रयोग किया।

D. प्राण पिया–विलायत हुसैन खाँ (III): आगरा घराने के दिग्गज गायक, जिनकी कई बंदिशें 'प्राण पिया' उपनाम से प्रसिद्ध हैं।

53. मानकुतूहल एक प्राचीन संस्कृत संगीतग्रंथ है। इसे पंडित राममात्र ने रचा था। बाद में 17वीं शताब्दी में फकीरुल्ला ने इसका फारसी भाषा में अनुवाद किया। इस अनुवाद को 'राग दर्पण' कहा जाता है। इस ग्रंथ में उस समय प्रचलित रागों, उनके स्वरूप और प्रयोग का विस्तृत वर्णन मिलता है। फारसी में अनुवाद होने से यह ग्रंथ भारतीय संगीत को समझने के लिए उस दौर के मुस्लिम शासकों और दरबारों में भी उपयोगी बना।

54. सितार वादन में अलग-अलग तकनीकों का उपयोग होता है–

A. कृंतन–मिजराब से तार को काटते हुए चलाना।

B. घसीट–उंगली से तार को खींचते हुए बजाना।

C. जमजमा–तीव्र गति से कई स्वरों का प्रयोग।

ये सभी तकनीकें विशेष रूप से सितार से जुड़ी हैं।

55. सरोद वादन के कई महान कलाकार हुए हैं, जिनमें–

B. राधिका मोहन मैत्रा–बंगाल के विख्यात सरोद वादक।

C. हाफिज अली खाँ–भारत के महान सरोद वादक, अली अकबर खाँ के पिता।

E. शरन रानी–भारत की प्रसिद्ध महिला सरोद वादक।

56. शारंगदेव ने *संगीत रत्नाकर* में प्रबंधों का विस्तृत वर्णन किया है। इनमें दो प्रमुख प्रकार बताए गए हैं–शुद्ध सूड प्रबंध और सालगसूड प्रबंध।

- **शुद्ध सूड प्रबंध :** इसमें आठ नाम आते हैं–एला, करण, ढेंकी, वर्तनी, झोंबड़, लंबका, रसक और एकताली।
- **सालगसूड प्रबंध :** इसमें सात नाम आते हैं–ध्रुव, मंथा, प्रति-मंथा, निस्सारु, अड्डताला, रसक और एकताली।

दोनों सूचियों में एकताली (D) सामान्य रूप से मौजूद है।

57. भारतीय संगीत ग्रंथों के लेखकों और उनकी कृतियों का सही सुमेलन महत्वपूर्ण है।

- **सोमेश्वर–मानसोल्लास** : कर्नाटक के सोमेश्वर तृतीय द्वारा रचित एक बहुआयामी ग्रंथ।
- **जगदेकमल्ल–संगीत चूड़ामणि** : यह संगीत विषयक ग्रंथ उनसे संबंधित है।
- **नान्यदेव–सरस्वती हृदयालंकार** : इसमें संगीत और साहित्य दोनों का विवेचन है।
- **पार्श्वदेव–संगीत सार** : (गलत)। वास्तव में पार्श्वदेव का ग्रंथ *संगीत समयसार* है।

इसलिए गलत सुमेलन है : पार्श्वदेव–संगीत सार।

58. प्रबंध संगीत की एक प्राचीन रचना पद्धति है। इसके प्रमुख अंग बताए गए हैं :

- **पद**–गीत का मुख्य शब्द भाग।
- **विरुद**–प्रशंसा या बिरुद।
- **पात**–संगीतात्मक अंश।
- तेनक, बृहद, ताल आदि अन्य अंग।

इनमें इला प्रबंध का अंग नहीं है।

59. *संगीत पारिजात* में श्रुतियों का वर्गीकरण मिलता है। दीप्ता जाति में ये श्रुतियाँ शामिल हैं :

- तीव्रा (A)
- रौद्री (C)
- वज्रिका (D)
- उग्रा (E)

जबकि कुमुद्वती (B) दीप्ता जाति में नहीं आती।

60. इटावा घराना, जिसे इमदादखानी घराना भी कहा जाता है, हिंदुस्तानी शास्त्रीय संगीत के सितार वादन की सबसे प्रसिद्ध परंपराओं में से एक है। इस घराने की विशेषता गायकी अंग का वादन है, जिसमें सितार पर गायक शैली जैसी मिठास और गहराई दिखाई देती है।

इस घराने से जुड़े प्रमुख संगीतज्ञ हैं :

A. **वहीद खाँ**–इटावा घराने के एक प्रसिद्ध उस्ताद, जिन्होंने इस परंपरा को मजबूत किया।

B. **इनायत खाँ**–वहीद खाँ के पुत्र, जिन्हें इटावा घराने के विकास में महत्वपूर्ण माना जाता है।

D. **शुजात खाँ**–इटावा घराने के वर्तमान प्रतिनिधियों में से एक, जो अपने वैश्विक प्रदर्शन और गायकी अंग के लिए प्रसिद्ध हैं।

अन्य विकल्पों में से इलियास खाँ (C) और युसुफ अली खाँ (E) इस घराने से नहीं जुड़े माने जाते।

61. शैली और उनकी संगत ताल का सही सुमेलन इस प्रकार है :

- **ठुमरी–जत्तताल (II)** → ठुमरी सामान्यतः 14 मात्रा वाले जत्तताल में गाई जाती है।
- **मसीतखानी गत–त्रिताल (I)** → सितार वादन की इस शैली का मुख्य ताल त्रिताल है।
- **सादरा–झपताल (IV)** → सादरा 10 मात्रा वाले झपताल में प्रस्तुत की जाती है।
- **ध्रुपद–चौताल (III)** → ध्रुपद सामान्यतः 12 मात्रा वाले चौताल में गाया जाता है।

62. संगीतज्ञों का कालक्रम :

B. **पुरंदरदास**–कर्नाटक संगीत के पितामह, 15वीं-16वीं शताब्दी।

E. **त्यागराज**–कर्नाटक संगीत के त्रिमूर्ति में से एक, 18वीं-19वीं शताब्दी।

A. **हस्सू खाँ**–ग्वालियर घराने के गायक, 19वीं शताब्दी।

C. **वि.दि. पलुस्कर**–19वीं-20वीं शताब्दी, हिंदुस्तानी संगीत शिक्षा में अग्रणी।

D. **एम.एस. सुब्बुलक्ष्मी**–20वीं शताब्दी की कर्नाटक संगीत गायिका।

सही क्रम : B → E → A → C → D.

63. असत्य कथन पहचानें :

(1) सही है → प्रत्येक ग्राम का ग्रामणी स्वर चार श्रुति का होता है।

(2) सही है → ग्रामणी स्वर का संवादी स्वर ग्राम में उपस्थित होता है।

(3) सही है → ग्राम के मध्य स्वर की दूरी प्रथम और अंतिम स्वर से समान होती है।

(4) असत्य है → षड्ज, ऋषभ, गंधार के संवादी स्वर क्रमशः पंचम, धैवत, निषाद नहीं होते।

64. सुरसिंगार एक प्राचीन तंतुवाद्य है जो स्वर और बनावट में सरोद से मिलता-जुलता है। इसमें धातु के तार और चमड़े से ढका हुआ तबले जैसा पेटी भाग होता है। इसकी ध्वनि गहरी और गंभीर होती है, इसलिए इसे मुख्य रूप से धीमे आलाप और रागों के गंभीर स्वरूप को प्रस्तुत करने के लिए प्रयोग किया जाता था। बाद में इसका स्थान सरोद ने ले लिया।

65. जाति गान भारतीय संगीत की प्राचीन पद्धति है, जिसमें राग की संरचना और प्रस्तुति के लिए विशेष लक्षण बताए गए हैं :

A. **ग्रह** : वह स्वर जिससे गान की शुरुआत होती है।

B. **अंश** : राग का मुख्य स्वर, जिस पर विशेष जोर दिया जाता है।

D. **न्यास** : वह स्वर जहाँ गान को ठहराया या समाप्त किया जाता है।

ये तीनों (ग्रह, अंश और न्यास) राग की पहचान और भाव प्रस्तुत करने में अनिवार्य हैं।

66. पदम शैली के उन्नायक क्षेत्रज्ञ माने जाते हैं। उन्होंने पदम शैली को विकसित किया।

त्यागराज (1767-1847) दक्षिण भारत के महान संगीतकार थे। उनकी पंचरत्न कृतियाँ पाँच प्रमुख रागों—नाट, गौळ, आरभी, श्री और वराली—में बद्ध हैं।

'जावलि' (Javali) वास्तव में हल्की-फुल्की, प्रायः द्रुत लय में गाई जाने वाली शृंगारप्रधान रचना है। इसे कभी भी विलंबित और करुण रस प्रधान नहीं माना जाता।

'नाटकादि विद्याला' रचना रामास्वामी दीक्षितर की है, जिसमें 108 राग और 108 तालों का संकलन है।

इसलिए असत्य कथन तीसरा है।

67. खमाज थाट के रागों में कोमल निषाद प्रमुख स्वर होता है।

- **जैजैवंती**—खमाज थाट पर आधारित, शाम के समय गाया जाने वाला राग।
- **रागेश्री**—खमाज थाट से संबंधित।
- **झिंझोटी**—खमाज थाट से जुड़ा एक प्रमुख राग।

जबकि—

- **भीमपलासी** (आसावरी थाट से संबंधित),
- **जौनपुरी** (भी आसावरी थाट से संबंधित)।

इसलिए खमाज थाट से केवल B, D और E जुड़े हैं।

68. ग्रंथों का कालक्रम—

- **बृहद्देशी**—9वीं सदी, मतंग मुनि द्वारा रचित। इसमें राग और श्रुति की चर्चा है।
- **संगीत रत्नाकर**—13वीं सदी, शारंगदेव की प्रसिद्ध कृति, जिसमें स्वर, ताल, राग, प्रबंध आदि का विस्तार से वर्णन है।
- **सद्राग चंद्रोदय**—15वीं सदी का ग्रंथ, जिसमें रागों का वर्गीकरण मिलता है।
- **संगीत परिजात**—17वीं सदी, अहोबल द्वारा रचित, जिसमें राग-ताल और वादन की जानकारी है।
- **प्रणव भारती**—18वीं सदी का ग्रंथ।

सही क्रम : E → D → C → B → A।

69. ख्याल में प्रयोग की जाने वाली तालें :

- त्रिताल (16 मात्रा)
- झपताल (10 मात्रा)
- झूमरा (14 मात्रा)
- आड़ा-चौताल (14 मात्रा)

लेकिन धमार ताल (14 मात्रा) विशेष रूप से ध्रुपद शैली की ताल है और ख्याल में प्रयुक्त नहीं होती।

अतः यह सही उत्तर है।

70. शारंगदेव कृत संगीत रत्नाकर के अध्यायों का क्रम इस प्रकार है—

D. **स्वरगताध्याय** : स्वर, श्रुति, ग्राम, मूर्छना का विवेचन।

B. **रागविवेकाध्याय** : रागों और उनके वर्गीकरण का वर्णन।

A. **प्रकीर्णकाध्याय** : गमक, अलंकार और वाग्येयकार का विवरण।

C. **प्रबंधाध्याय** : प्रबंध रचनाओं के अंग और जातियाँ।

E. **तालाध्याय** : ताल की परिभाषा और प्रकार।

सही क्रम : D, B, A, C, E।

71. मारू बिहाग और मुल्तानी दोनों रागों की तुलना करने पर—

A. **थाट अलग हैं** : मारू बिहाग कल्याण थाट पर आधारित है, जबकि मुल्तानी तोड़ी थाट पर।

B. **गायन समय भी अलग है** : मारू बिहाग रात्रि का, मुल्तानी अपराह्न का।

C. **जाति** : दोनों संपूर्ण जाति के हैं।

D. **वर्जित स्वर** : दोनों में पंचम स्वर को कभी-कभी वर्जित किया जाता है।

E. **वादी-संवादी** : दोनों अलग-अलग हैं।

समानताएँ केवल C और D में मिलती हैं।

72. वाद्य के ढांचे की आकृति के आधार पर—

A. **लम्बी गरदन वाले वाद्य**—सही (सितार, तानपुरा)।

B. **भीतर से खोखले और दोनों ओर मढ़े हुए**—सही (नगाड़ा, चंग)।

C. एक या दो तुम्बे–जलतरंग और शहनाई में नहीं, इसलिए गलत।

D. छोटी गरदन वाले वाद्य–सही (सारंगी, वायलिन)।

E. तबली पर चमड़ा मढ़े वाद्य–सरोद और इसराज नहीं, इसलिए गलत।

सही विकल्प : A, D और E।

73. बिलावल (S R G M P D N S) में सभी स्वर शुद्ध होते हैं।

- गंधार (G) को आधार 'सा' मानने पर हम बिलावल के 3rd degree से मोड लेते हैं। इसका स्टेप-पैटर्न H–W–W–W–H–W–W (Phrygian) बनता है, जिससे कोमल रे, कोमल ग, कोमल ध, कोमल नि प्राप्त होते हैं–यह भैरवी थाट (विकल्प B) से मेल खाता है।
- मध्यम (M) को आधार 'सा' मानने पर हम 4th degree से मोड लेते हैं। स्टेप-पैटर्न W–W–W–H–W–W–H (Lydian) बनता है, जिसमें तीव्र मध्यम मिलता है–यह कल्याण/यमन (विकल्प A) से मेल खाता है।

अतः क्रमशः राग/थाट भैरवी और यमन मिलते हैं।

74. द्वादश स्वर मूर्च्छना का उल्लेख मतंग मुनि ने अपने प्रसिद्ध ग्रंथ बृहद्देशी में किया है।

- इस ग्रंथ में संगीत के ग्राम, मूर्च्छना, जाति और राग की परिभाषाएँ दी गई हैं।
- द्वादश मूर्च्छना का अर्थ है : एक सप्तक (22 श्रुतियों के आधार पर) से बारह विभिन्न स्वर-संयोजन बनाना।
- इन मूर्च्छनाओं से ही आगे चलकर जातियों और रागों का विकास हुआ।
- यह भारतीय संगीत के इतिहास में एक महत्वपूर्ण कदम था, क्योंकि इससे राग प्रणाली की नींव पड़ी।

75. यह प्रश्न विदेशी विद्वानों द्वारा लिखित भारतीय संगीत संबंधी ग्रंथों के सही सुमेलन से जुड़ा है।

A. म्यूजिक ऑफ हिन्दुस्तान—IV. फॉक्स स्ट्रैंग्वेज : फॉक्स स्ट्रैंग्वेज ने 'म्यूजिक ऑफ हिन्दुस्तान' नामक पुस्तक लिखी, जो भारतीय संगीत पर एक महत्त्वपूर्ण पश्चिमी अध्ययन है।

B. म्यूजिक ऑफ इंडिया—I. एच.ए. पोपले : एच.ए. पॉप्ले ने 'म्यूजिक ऑफ इंडिया' नामक ग्रंथ लिखा, जिसमें भारतीय संगीत पर गहन विवेचना की गई।

C. इंट्रोडक्शन टू द स्टडी ऑफ इंडियन म्यूजिक—II. ई. क्लिमेंट्स : ई. क्लिमेंट्स ने यह पुस्तक लिखी, जो भारतीय संगीत के व्यवस्थित अध्ययन की आधारभूत रचना है।

D. म्यूजिकल मोड्स ऑफ द हिन्दुज—III. विलियम जोन्स : विलियम जोन्स की यह रचना भारतीय संगीत पद्धति और रागों के स्वरूप पर आधारित है।

इस प्रकार सही सुमेलन है : A-IV, B-I, C-II, D-III.

76. ताल के अंग और कालप्रमाण प्राचीन भारतीय संगीतशास्त्र में समय विभाजन की इकाइयाँ हैं।

- अनुद्रुत = 1 मात्रा
- द्रुत = 2 मात्राएँ
- लघु = 4 मात्राएँ
- गुरु = 8 मात्राएँ
- प्लुत = 12 मात्राएँ
- काकपद = 16 मात्राएँ

इस आधार पर :

- 1 लघु = 4 अनुद्रुत (✓)
- 2 द्रुत = 1 लघु (✓)
- 2 गुरु = 1 काकपद (✓)
- 4 लघु = 2 गुरु (✓)

इसलिए सही विकल्प है A, B, D और E।

77. संगीत विद्वानों की रचनाएँ :

- A-III सुभद्रा चौधरी → संगीत रत्नाकर टीका (भाग 1-4)
- B-IV प्रेमलता शर्मा → इंडियन एस्थेटिक एंड म्यूजिकोलॉजी (संगीत और सौंदर्य पर गंभीर अध्ययन)
- C-I किशोरी अमोनकर → स्वरार्थ रमणी (गायकी पर आधारित)
- D-II मल्लिकार्जुन मंसूर → नन्ने रसयात्रे (कन्नड़ भाषा में लिखित आत्मकथा-सदृश ग्रंथ)।

78. गायक और रचना का मेल :

- *पिया बिन न आवत चैन*–करीम खाँ ✓
- *वो जो हम में तुम में करार था*–बेगम अख्तर ✓
- *मोरे मंदर अब लौं नहीं आए*–फैयाज खाँ ✓

लेकिन *जानकी नाथ सहाय करे* बड़े गुलाम अली खाँ की नहीं मानी जाती।

79. श्रुति और स्वर की संख्याएँ (9–शुद्ध गंधार, 10–साधारण गंधार, 12–अंतर गंधार) जैसी विशिष्ट व्यवस्था व्यंकटमखी (चतुर्दण्डी प्रकाशिका के लेखक) से संबंधित है। उन्होंने मेलकर्ता प्रणाली के साथ श्रुति-विन्यास का भी विवेचन किया।

80. षड्जग्राम की षाढव मूर्च्छना का अर्थ है–छह स्वरों से बनी मूर्च्छना। इसके लिए कुछ स्वरों को वर्जित किया जाता है। प्राचीन ग्रंथों के अनुसार इसमें सा, रे, नि, प वर्जित किए जाते हैं।

81. मध्यम ग्राम की मूर्च्छनाएँ वे विशेष स्वर-क्रम हैं जो मध्यम ग्राम से उत्पन्न होती हैं। इनमें सौवेरी, मार्गी और पौरवी जैसी मूर्च्छनाएँ शामिल की गई हैं। इन मूर्च्छनाओं का प्रयोग प्राचीन संगीत में ग्राम व्यवस्था को समझाने के लिए होता था। लेकिन *मत्सरीकृता* मूर्च्छना मध्यम ग्राम से संबंधित नहीं है, यह किसी अन्य परंपरा से जुड़ी मानी जाती है। इसलिए यह अपवाद है।

82. पं. विष्णु नारायण भातखंडे भारतीय शास्त्रीय संगीत के महान संगीतशास्त्री थे। उन्होंने संगीत को वैज्ञानिक और व्यवस्थित रूप देने के लिए कई ग्रंथ लिखे। इनमें–

- **संगीत पद्धतियों का तुलनात्मक अध्ययन**–इसमें विभिन्न घरानों और पद्धतियों की तुलना की गई है।
- **अभिनव राग मंजरी**–इसमें रागों का विस्तृत वर्णन और उनकी विशेषताओं का अध्ययन मिलता है।
- **क्रमिक पुस्तक मालिका**–यह उनकी सर्वाधिक प्रसिद्ध शृंखला है, जिसमें रागों को थाट पद्धति के आधार पर वर्गीकृत किया गया।

इन ग्रंथों ने आधुनिक संगीत शिक्षा और थाट-राग प्रणाली की नींव रखी।

83. यह मिलान तालों की विशेष लयकारियों (कुआड़/बिआड़/आड़) से जुड़ा है–जब किसी ताल के एक पूरे आवर्तन को विशेष रहन में चलाया जाता है, तो उसका 'प्रभावी मात्रा-मान' बदलकर नीचे दिए अनुसार माना जाता है :

A. झपताल (10 मात्रा) की कुआड़ → IV. 8 मात्रा

B. चौताल (12 मात्रा) की बिआड़ → III. 6-(6/7) मात्रा

C. दादरा (6 मात्रा) की आड़ → II. 4 मात्रा

D. कहरवा (8 मात्रा) की कुआड़ → I. 6-(2/5) मात्रा

ये मान पारंपरिक लयकारी-चलन के व्यावहारिक (गायन/वादन) परिणाम को दर्शाते हैं–यानी उसी आवर्तन को अलग चाल में समेटने पर 'गिनी जाने वाली' प्रभावी मात्राएँ उपर्युक्त रूप लेती हैं।

84. सूची-I को सूची-II से सुमेलित करना (प्रबंध जाति और 'संगीत समयसार' में समकक्ष नाम) :

A. मेदिनी → II. श्रुति : 'मेदिनी' जाति का वर्णन संगीत समयसार में 'श्रुति' नाम से मिलता है।

B. आनंदिनी → IV. नीति : आनंदिनी प्रबंध जाति को 'नीति' नाम से समानार्थी रूप में समझाया गया है।

C. दीपनी → I. सेना : दीपनी जाति का समकक्ष नाम 'सेना' बताया गया है।

D. भावनी → III. कविता : भावनी जाति को 'कविता' नाम से जोड़ा गया है, जो भावपूर्ण रचना का द्योतक है।

सही सुमेलन क्रम : A-II, B-IV, C-I, D-III.

85. भारतीय संगीत की विभिन्न शैलियों की अपनी-अपनी विशिष्ट संरचना (Structure) होती है, जिनमें कुछ स्थायी अंग हमेशा रहते हैं। इन अंगों को जानना जरूरी है क्योंकि हर शैली का रूप इन्हीं पर आधारित होता है।

- **ख्याल**–इसमें मुख्य रूप से *स्थायी* और *अंतरा* दो अंग होते हैं। स्थायी में रचना का मूल भाव और अंतरे में विस्तार मिलता है।
- **सादरा**–यह ध्रुपद शैली पर आधारित रचना है, जिसमें परंपरागत अंग *उद्ग्राह, ध्रुव, आभोग* आदि माने जाते हैं।
- **चतुरंग**–यह विशेष रचना शैली है, जिसमें *पद, तस्न्ना, सरगम* और *पाट*–ये चारों तत्व सम्मिलित रहते हैं।
- **ध्रुपद**–ध्रुपद शैली में प्रबंध के चार अंग होते हैं–*स्थायी, अंतरा, संचारी* और *आभोग।*
- **टप्पा**–इसमें परंपरागत अंग *स्थायी* और *अंतरा* होते हैं, परंतु जोड़ और टगका इसमें नहीं आते।

दिए गए विकल्पों में, ख्याल, चतुरंग और ध्रुपद सही सुमेलित हैं।

86. कई रागों के आरोह (ascending scale) में स्वर समूह 'रे-म-प' का स्पष्ट प्रयोग दिखाई देता है।

- **जौनपुरी**–इसके आरोह में 'स रे म प ध नि सां' आता है, जिसमें रे-म-प स्पष्ट है।

- **बरवा**–आरोह 'नि स रे म प ध नि सां' है, यहाँ भी रे-म-प आता है।
- **देश**–इसका आरोह 'नि स रे म प नि सां' है, जिसमें रे-म-प का प्रयोग मिलता है।

जबकि भीमपलासी और जोग के आरोह में यह विशेष संयोजन नहीं मिलता।

87. भारतीय संगीत में *विकृत स्वर* वे स्वर होते हैं जो शुद्ध से हटकर कोमल (flattened) या तीव्र (sharpened) रूप में गाएदृबजाए जाते हैं। कर्नाटक संगीत में जिन मेलकर्ता रागों के नाम हैं, वे हिंदुस्तानी संगीत के थाटों के समकक्ष माने जाते हैं।

C. धीर शंकराभरणम् (Bilawal Thaat)–सभी स्वर शुद्ध → 0 विकृत स्वर।

A. हरिकांभोजी (Khamaj Thaat)–केवल निषाद कोमल → 1 विकृत स्वर।

D. खरहर प्रिया (Kafi Thaat)–गांधार और निषाद कोमल → 2 विकृत स्वर।

B. नटभैरवी (Asavari Thaat)–गांधार, धैवत, निषाद कोमल → 3 विकृत स्वर।

E. हनुमत्तोड़ी (Bhairavi Thaat)–ऋषभ, गांधार, धैवत, निषाद कोमल → 4 विकृत स्वर।

अतः कम से अधिक विकृत स्वर के क्रम में सही अनुक्रम है : धीर शंकराभरण (C) → हरिकांभोजी (A) → खरहर प्रिया (D) → नटभैरवी (B) → हनुमत्तोड़ी (E)।

88. भारतीय शास्त्रीय संगीत में गुरु-शिष्य परंपरा का बहुत महत्व है। इस प्रश्न में चार प्रसिद्ध गुरुओं और उनके शिष्यों का सही सुमेलन पूछा गया है।

A. रामभाऊ कुंदगोलकर (सवाई गंधर्व) – IV: वे किराना घराने के महान गायक थे और पंडित भीमसेन जोशी उनके शिष्य रहे।

D. विलायत हुसैन खाँ–II: वे आगरा घराने के प्रतिनिधि थे। उनके शिष्य यूनुस हुसैन खाँ थे।

C. मंजी खाँ–I: वे जयपुर-अतरौली घराने से जुड़े थे और महान गायक मल्लिकार्जुन मंसूर उनके शिष्य थे।

D. गुलाम अब्बास खाँ–III: वे ग्वालियर घराने से जुड़े थे और उस्ताद फैयाज खाँ उनके शिष्य रहे।

इस प्रकार सही क्रम बनता है : A-IV, B-II, C-I, D-III.

89. ऐलेन डेनिलो (Alain Daniélou) भारतीय संगीत और संस्कृति पर गहन अध्ययन करने वाले विद्वान थे। उनका प्रसिद्ध कार्य है :

- 'Introduction to the Study of Musical Scales'–इसमें भारतीय संगीत के स्वर-मंडल और स्केल्स का विस्तार से विश्लेषण है।

बाकी विकल्प अन्य विद्वानों के कार्य हैं (जैसे *Music of Hindustan*–एच.ए. पोपले, *Historical Development of Indian Music*–सोमनाथ, आदि)।

90. प्रत्येक घराने से विशिष्ट उस्ताद जुड़े रहे हैं। सही सुमेलन इस प्रकार है :

- घग्गे खुदा बख्श–आगरा घराना।
- नत्थन पीर बख्श–ग्वालियर घराना।
- गुलाम रसूल–लखनऊ घराना।
- मियां अचपल–दिल्ली घराना।

लेकिन बंदे अली खाँ जयपुर नहीं, बल्कि *किराना घराना* से जुड़े थे।

91. लोचम कवि ने अपनी रचनाओं *(रागतरंगिणी, राग सर्वसंग्रह)* में रागों का विवेचन थाट-आधारित पद्धति से किया है। थाट के लिए उन्होंने 'संस्थान' की संज्ञा प्रयुक्त की–अर्थात स्वर-समूह का वह मानक ढाँचा जिसके आधार पर राग-रूप निर्मित/व्याख्यायित होते हैं। यह नामकरण उनकी पद्धति को व्यवस्थित, सैद्धांतिक आधार देता है और राग-परिवारों को पहचानने में सहायक होता है।

92. लोचन द्वारा उल्लिखित मेल 'मुखारी' का साम्य वर्तमान हिंदुस्तानी प्रणाली के आसावरी थाट से माना जाता है। दोनों में कोमल स्वर-विन्यास (विशेषतः ग, ध, नि) के कारण समान भाव-रंग और चलन मिलते हैं। इसलिए जब लोचन की मेल-पद्धति को आज के थाट-मान से मिलाया जाता है, तो 'मुखारी' का निकटतम समतुल्य आसावरी माना जाता है।

93. लोचन कवि ने अपने ग्रंथ में मेल/थाटों की बारह (12) संख्याएँ निरूपित की हैं। यह संख्या उनके समय की राग-रागिनी परंपरा और हनुमान मत को समेटते हुए थाट-आधारित वर्गीकरण का एक संतुलित रूप प्रस्तुत करती है। इन 12 मेलों को आधार बनाकर वे अनेक रागों का स्वर-विन्यास, ग्राम-मूर्च्छना और व्यावहारिक पक्ष स्पष्ट करते हैं।

94. अहोबल (ग्रंथ : *संगीत पारिजात*) ने भी लोचन की भाँति स्वरों–विशेषतः गंधार–के विकृत रूपों की सूक्ष्म भेद-संज्ञाएँ

दी हैं, जैसे तीव्र, तीव्रतर, तीव्रतम, अतितीव्रतम। यह श्रुति-आधारित सूक्ष्म अंतर दर्शाता है कि एक ही स्वर-स्थान के भीतर सूक्ष्म ऊँच-नीच (microtonal gradations) को सैद्धांतिक रूप से कैसे परिभाषित किया गया।

95. लोचन कवि की रागतरंगिणी में कुल पाँच (5) अध्याय माने जाते हैं। इन अध्यायों में वे रागों का स्वर-रूप, अंग-प्रयोग, तथा हनुमान मत तथा थाट-आधारित विवेचना दोनों दृष्टियों से विश्लेषण करते हैं। पाँच अध्यायों का विन्यास ग्रंथ को क्रमबद्ध ढंग से पढ़ने-समझने योग्य बनाता है।

96. राग भूपाली, हिंडोल, देस और जैजैवंती में से *राग देस* में *कोमल गंधार (ग)* विवादी स्वर के रूप में प्रयुक्त होता है। विवादी स्वर वह होता है जो राग के थाट का हिस्सा नहीं होता लेकिन राग में अल्प प्रयोग से सौंदर्य और लालित्य उत्पन्न करता है। देस का मूल थाट *खमाज* है जिसमें कोमल ग का स्थान नहीं है, परंतु देस में इसका सीमित प्रयोग मिलता है।

97. राग बिहाग में गंधार (ग) वादी और निषाद (नि) संवादी है। इसमें तीव्र मध्यम (M) विवादी स्वर माना जाता है। इस विवादी का संवादी स्वर शुद्ध निषाद (नि) है, क्योंकि दोनों के बीच 16/15 का अंतराल होता है।

98. दिए गए कथनों में से असत्य कथन यह है कि– *"नि, नि (दोनों निषाद) कभी भी न तो वादी और न ही संवादी होते हैं।"* यह कथन गलत है क्योंकि कई रागों में निषाद वादी या संवादी स्वर के रूप में पाया जाता है, जैसे *राग यमन* में *निषाद* संवादी स्वर होता है। जबकि अन्य तीन कथन शास्त्रीय दृष्टि से सही हैं–भरत ने दो श्रुति अंतर वाले स्वरों को विवादी कहा है, हेल्महोल्ट्ज ने प्रति सेकण्ड 33 आंदोलनों वाले स्वर को कर्णकटु माना है, और छोटे भिन्नांक वाले स्वर संवादी तथा बड़े भिन्नांक वाले स्वर विवादी माने गए हैं।

99. राग यमन *कल्याण थाट* पर आधारित है। इस थाट में *तीव्र म* का प्रयोग होता है। यदि इसमें *शुद्ध म* का प्रयोग किया जाए, तो यह थाट से बाहर का स्वर (विवादी स्वर) माना जाएगा। नियम के अनुसार, विवादी स्वर वह होता है जो थाट में न होकर राग में प्रयुक्त हो। इसलिए, राग यमन का विवादी स्वर *शुद्ध म* है।

100. हमीर, केदार और कामोद–ये तीनों कल्याण-परिवार के राग हैं, जिनमें विवादी स्वर के रूप में कोमल निषाद (नि़) का अल्प/कान-स्वर प्रयोग मिलता है, प्रायः धा के ठीक ऊपर से '(नि़)-धा-प' जैसे खंडों में। गद्यांश के नियमानुसार विवादी स्वर का किसी प्रबल (नियमित) स्वर से 16/15 (अर्द्धस्वर) का अंतर होना चाहिए–यहाँ कोमल नि (B) और शुद्ध ध (A) के बीच वही अर्द्धस्वर (16/15) का संबंध बनता है। इन रागों में धा स्थिर/प्रबल स्वभाव से आता है और विवादी कोमल नि उससे संवाद करता है, इसलिए प्रबल स्वर शुद्ध ध माना जाएगा। इसीलिए इन रागों में विवादी-संवाद के संदर्भ में 16/15 दूर स्थित प्रबल स्वर धा ही है।

भाग-III : अवनद्ध वाद्य

26. इस प्रश्न में हमें पुस्तकों और उनके लेखकों का सुमेलन करना है।

A. सोलो तबला ड्रमिंग ऑफ नॉर्थ इंडिया–यह प्रसिद्ध कृति (III) रॉबर्ट एस. गॉटलिब द्वारा लिखी गई है। इसमें उत्तर भारत की तबला परंपरा, उसके तालबद्ध ढाँचे और वादन की तकनीकी विशेषताओं का वर्णन किया गया है।

B. तबला ऑफ लखनऊ–यह पुस्तक (I) जेम्स किपेन द्वारा लिखी गई है। इसमें विशेष रूप से लखनऊ घराने के तबला वादन की विशिष्टताओं और तकनीकों का गहन अध्ययन किया गया है।

C. तबले का उद्गम, विकास और वादन शैलियाँ–यह कृति (IV) डॉ. योगमाया शुक्ला की है, जिसमें तबले की उत्पत्ति से लेकर उसके विकास और विभिन्न वादन शैलियों पर विस्तृत जानकारी दी गई है।

D. ताल कोश–यह ग्रंथ (II) प्रो. गिरीश चन्द्र श्रीवास्तव द्वारा संकलित है, जिसमें ताल से संबंधित शब्दों, परिभाषाओं और शास्त्रीय जानकारी का भंडार है।

इसलिए सही सुमेलन है : A-III, B-I, C-IV, D-II।

27. छंदशास्त्र में मात्राओं का विशेष महत्व है। जब किसी वर्ण में अनुस्वार (ं) आ जाता है, तो उसकी मात्रा बढ़ जाती है। लघु वर्ण सामान्यतः 1 मात्रा का होता है, परंतु अनुस्वार

लगने पर यह 2 मात्राओं का हो जाता है और इसलिए वह गुरु कहलाता है। अनुस्वार युक्त वर्णों को हमेशा गुरु माना जाता है।

28. अजराड़ा घराना तबले का एक प्राचीन घराना है। इसकी अपनी विशेष पहचान है।

- इसमें आड़लय (धीमी लय) के कायदे विशेष रूप से प्रसिद्ध हैं। (B)
- इसके अतिरिक्त, वादन में निकास करते समय अनामिका अंगुली का प्रयोग इसकी प्रमुख विशेषता मानी जाती है। (C)

अन्य विकल्प (स्तुति परन और गतों का प्रयोग) अजराड़ा घराने की प्रमुख पहचान नहीं हैं।

इसलिए सही उत्तर है—केवल B और C।

29. चंग एक तालवाद्य है जो राजस्थान और अन्य लोकसंगीत परंपराओं में प्रयुक्त होता है। यह गोलाकार डफली जैसा वाद्य है, जिसकी सतह पर खाल मढ़ी जाती है। इसमें सबसे उपयुक्त भेड़ की खाल का प्रयोग किया जाता है, क्योंकि यह मुलायम होती है और वादन के लिए उचित ध्वनि उत्पन्न करती है।

30. इस प्रश्न में सूची-I (पत्रिकाएँ) और सूची-II (उनके प्रकाशन वर्ष) का मिलान करना है।

A. **संगीत घराना अंक**–इसका प्रकाशन वर्ष 1982 है।

B. **संगीत तबला अंक**–इसका प्रकाशन वर्ष 1993 है।

C. **संगीत ताल अंक**–इसका प्रकाशन वर्ष 1940 है।

D. **संगीत तालतरंग अंक**–इसका प्रकाशन वर्ष 1999 है।

इसलिए सही सुमेलन है : A-IV, B-III, C-II, D-I.

31. यह प्रश्न संगीतकार टी.एन. कृष्णन (T.N. Krishnan) से संबंधित है। वे कर्नाटक संगीत के अत्यंत प्रसिद्ध वायलिन वादक थे। उन्होंने वायलिन को कर्नाटक शास्त्रीय परंपरा में उच्च स्थान दिलाया और अनेक मंचों पर अपनी वादन कला का प्रदर्शन किया। अतः वे वायलिन विद्या से जुड़े हुए हैं।

32. इस प्रश्न में विभिन्न तालों को उनकी मात्रा संख्या के अनुसार छोटे से बड़े क्रम में रखना है।

E. **कुम्भ**–7 मात्राओं की ताल है।

A. **फरोदस्त ताल**–13 मात्राओं की ताल है।

D. **पंचम सवारी**–15 मात्राओं की ताल है।

C. **मयूर**–16 मात्राओं की ताल है।

B. **लक्ष्मी ताल**–18 मात्राओं की ताल है।

छोटे से बड़े क्रम में : E (7), A (13), D (15), C (16), B (18)।

33. तबले पर विभिन्न प्रकार की गतें बजाई जाती हैं, जैसे—दर्जे की गत, चारबाग गत, तिपल्ली गत आदि। लेकिन मसितखानी गत तबले पर नहीं बजाई जाती। यह सितार और अन्य तंत्री वाद्यों पर विशेष रूप से बजाई जाने वाली रचना है।

34. 'अकाल' शब्द का प्रयोग ताल और लय से संबंधित होता है। इसका अर्थ है विषम—यानी असमान या अनियमित। यह ताल/लय के उस रूप को सूचित करता है जिसमें समानता नहीं होती।

35. कर्नाटक संगीत की ताल प्रणाली में 14 मात्राओं वाली तालें विशेष रूप से मिलती हैं। दिए गए विकल्पों में :

B. **खण्डजाति अठ्य**–इसमें लघु (5) + लघु (5) + द्रुत (2) + द्रुत (2) = 14 मात्राएँ होती हैं।

D. **चतस्त्रा जाति ध्रुव**–इसमें लघु (4) + द्रुत (2) + लघु (4) + लघु (4) = 14 मात्राएँ होती हैं।

अन्य विकल्प :

A. **संकीर्ण जाति त्रिपुट**–इसकी मात्राएँ 9 होती हैं।

C. **मिश्रजाति मठ्य**–इसकी मात्राएँ 10 होती हैं।

अतः सही उत्तर केवल B और D है।

36. सूची-I (पुरस्कार प्राप्त कलाकार) और सूची-II (वर्ष) का सुमेलन करना है।

- **पंडित सुरेश तलवलकर**–संगीत नाटक अकादमी पुरस्कार वर्ष 2004 में प्राप्त किया।
- **पंडित कुमार बोस**–उन्हें यह पुरस्कार 2006 में प्रदान किया गया।
- **उस्ताद हसमत अली खाँ**–उन्हें यह पुरस्कार वर्ष 2013 में मिला।
- **पंडित योगेश शमसी**–उन्हें यह पुरस्कार वर्ष 2017 में मिला।

इस प्रकार सही सुमेलन है : A-II, B-I, C-IV, D-III.

37. संगीत सदन प्रकाशन, इलाहाबाद से प्रकाशित पुस्तकों में प्रमुख हैं—

A. तबला प्रकाश

B. तबला वादन

ये दोनों पुस्तकें इसी प्रकाशन से प्रकाशित हुई हैं। जबकि अन्य विकल्पों (ताल प्रसून और ताल सुधा) का प्रकाशन अन्य स्थानों से हुआ है।

38. साठ मात्राओं की चक्रदार रचना (3 बार दोहराकर 60 मात्राएँ) केवल उन्हीं तालों में फिट बैठ सकती है, जिनकी मात्रा संख्या 20 हो।

- एकताल–12 मात्राएँ
- झपताल–10 मात्राएँ
- पंचमसवारी–15 मात्राएँ

इनमें से झपताल (10 × 6 = 60), एकताल (12 × 5 = 60) और पंचमसवारी (15 × 4 = 60) में यह संभव है।

इसलिए सही उत्तर है–एकताल, झपताल, पंचमसवारी।

39. पंक्ति छंद एक विशेष छंद है। इसमें अक्षर-काल की निश्चित संख्या होती है। इस छंद में आठ (8) अक्षर काल होते हैं, जिन्हें समान रूप से व्यवस्थित किया जाता है।

40. मात्रा के आधार पर लघु, गुरु, द्रुत, अणुद्रुत और प्लुत का क्रम घटते से बढ़ते इस प्रकार है :

E. प्लुत–3 मात्राएँ

B. गुरु–2 मात्राएँ

A. लघु–1 मात्रा

C. द्रुत–½ मात्रा

D. अणुद्रुत–¼ मात्रा

घटते क्रम में = E (3) > B (2) > A (1) > C (½) > D (¼).

41. हाथ को ऊपर उठाकर उँगलियों को सिकोड़ने की क्रिया को आवाप कहा जाता है। नाट्यशास्त्र में यह एक विशेष हस्त-मुद्रा है जिसका प्रयोग अभिनय और भावाभिव्यक्ति में किया जाता है। 'आवाप' शब्द का अर्थ है–किसी वस्तु को अपनी ओर खींचना या समेटना। जब कलाकार हाथ ऊपर उठाकर उँगलियों को अन्दर की ओर मोड़ता है, तो यह भाव को स्पष्ट करने का एक नाट्य-अंग बन जाता है।

42. कुछ तबला वादक अन्य वाद्यों में भी विशेष दक्षता रखते थे। इनमें से पंडित ज्ञान प्रकाश घोष एक ऐसे कलाकार थे, जो तबला वादन में निपुण होने के साथ-साथ हारमोनियम में भी समान रूप से सिद्धहस्त थे। उन्होंने हारमोनियम को संगति और एकल दोनों रूपों में प्रस्तुत किया तथा अपने बहुमुखी प्रतिभा के कारण विशेष ख्याति प्राप्त की।

43. फर्रूखाबाद घराना तबले का एक प्रमुख घराना है, जो अपनी नफासत, संतुलन और रचनात्मकता के लिए जाना जाता है। इसकी मुख्य विशेषताएँ हैं :

B. रेला-रौ : इस घराने में रेला (तेज गति में प्रवाहपूर्ण वादन) और रौ (लयकारी व विविधता से युक्त वादन) विशेष रूप से प्रसिद्ध हैं।

C. विभिन्न प्रकार की गतें : फर्रूखाबाद घराने में गतों की अनेक शैलियों का विकास हुआ है, जिससे इसकी वादन-शैली समृद्ध और आकर्षक बनती है।

अन्य विकल्प क्यों गलत हैं :

A. तिश्र जाति कायदे : यद्यपि तिश्र कायदे हर घराने में मिलते हैं, परंतु यह फर्रूखाबाद घराने की विशिष्ट पहचान नहीं है।

D. फर्द : 'फर्द' रचना विशेष रूप से बनारस घराने की खासियत है, न कि फर्रूखाबाद की।

इस प्रकार फर्रूखाबाद घराने की सही विशेषताएँ केवल B और C हैं।

44. उस्ताद करामतुल्ला खाँ भारतीय शास्त्रीय संगीत के सुप्रसिद्ध शहनाई वादक थे। उनके पिता का नाम उस्ताद मसीत खाँ था। करामतुल्ला खाँ ने अपने पिता से ही संगीत की प्रारंभिक शिक्षा प्राप्त की और बाद में शहनाई वादन की दुनिया में अपनी विशिष्ट पहचान बनाई।

45. शिखर ताल एक विशिष्ट ताल है जिसकी मुख्य विशेषताएँ निम्नलिखित हैं–

- **मात्रा :** इसमें कुल 17 मात्राएँ होती हैं। (प्रश्न में 18 लिखा गया है, जो त्रुटि है।)
- **विभाग :** यह ताल 5 विभागों (E) में विभाजित होती है।
- **तालियाँ :** इसमें कुल 5 तालियाँ (B) पड़ती हैं–1वीं, 5वीं, 9वीं, 11वीं और 13वीं मात्रा पर।
- **खाली :** इसमें 2 खाली होती हैं–3वीं और 7वीं मात्रा पर।

विकल्पों का विश्लेषण

A. 18 मात्रा का ताल : गलत है, क्योंकि सही संख्या 17 मात्राएँ है।

B. 5 ताली : यह सही है।

C. 4 ताली और 1 खाली : गलत है, क्योंकि वास्तविकता में 5 तालियाँ और 2 खाली हैं।

D. 2 ताली और 2 खाली : यह भी गलत है।

E. 5 विभाग : यह सही है।

इस प्रकार शिखर ताल के संबंध में सही कथन केवल B और E हैं।

46. यह प्रश्न ताल के अंग (लघु, गुरु, द्रुत, अणुद्रुत, प्लुत) के अक्षर-काल-प्रमाण पर आधारित है। सामान्य मान्यताएँ : अणुद्रुत = ¼ मात्रा, द्रुत = ½ मात्रा, लघु = 1 मात्रा, गुरु = 2 मात्राएँ, प्लुत = 3 मात्राएँ।

B. 2 द्रुत = 1 लघु → 2 × ½ = 1 ✓

D. 2 गुरु = 1 काकपद → 2 × 2 = 4; काकपद को 4 मात्रिक इकाई माना जाता है, अतः सही ✓

E. 4 लघु = 2 गुरु → 4 × 1 = 4 और 2 × 2 = 4; दोनों बराबर ✓

A. 1 लघु = 8 अणुद्रुत → 1 = 8 × ¼ = 2; असत्य ✘ (सही होगा 1 लघु = 4 अणुद्रुत)

C. 4 लघु = 1 प्लुत → 4 ≠ 3; असत्य

47. गुरु-शिष्य परंपरा का सुमेलन :

A. पं. मणिराम → III. पं. जसराज (बड़े भाई एवं गुरु)

B. बी.आर. देवधर → I. पं. कुमार गंधर्व (आदरणीय गुरु)

C. पं. सवाई गंधर्व → II. पं. भीमसेन जोशी (किराना घराना)

D. पं. ओंकारनाथ ठाकुर → IV. डॉ. एन. राजम (बनारस हिंदू विश्वविद्यालय परंपरा)

48. भारतीय छंदशास्त्र में प्रत्येक छंद की अपनी निश्चित मात्रा होती है। गीतांगी छंद का विशेष महत्व है क्योंकि इसमें 14 मात्राएँ होती हैं। इसकी संरचना ऐसी बनाई जाती है कि छंद लयात्मक और गेय (गाने योग्य) बन सके। इसीलिए इसका नाम 'गीतांगी' पड़ा, अर्थात् गीत की अंगरचना वाला छंद।

इसलिए सही उत्तर है—चौदह मात्राएँ।

49. A. उ. जाफर खाँ → उ. अब्दुल हलीम जाफर खाँ (IV): उस्ताद जाफर खाँ सुप्रसिद्ध सितार वादक थे। उनके पुत्र और शिष्य उ. अब्दुल हलीम जाफर खाँ विश्वविख्यात सितारवादक बने।

B. उ. नन्हे खाँ → उ. हाफिज अली खाँ (III): उस्ताद नन्हे खाँ, उ. हाफिज अली खाँ (प्रसिद्ध सरोद वादक) के गुरु थे।

C. उ. अलाउद्दीन खाँ → पं. निखिल बैनर्जी (II): उस्ताद अलाउद्दीन खाँ (मैहर घराना) बहुमुखी वादक और गुरु थे। उन्होंने कई महान शिष्यों को तैयार किया, जिनमें पं. निखिल बैनर्जी (सितार वादक) प्रमुख हैं।

D. उ. इनायत खाँ → उ. विलायत खाँ (I): उस्ताद इनायत खाँ, सुप्रसिद्ध सितार वादक थे और उनके पुत्र उ. विलायत खाँ ने सितार को अंतर्राष्ट्रीय ख्याति दिलाई।

इस प्रकार सही सुमेलन है : A-IV, B-III, C-II, D-I.

50. ग्रह, यति, प्रस्तार ताल/छंद-शास्त्र की तकनीकी संकल्पनाएँ हैं (समय-प्रवेश, विराम-विन्यास, संयोग-प्रस्तार)। कण मुख्यतः स्वर-अलंकरण/गमक का सूक्ष्म अंश है, जो लय-छंद से भिन्न ध्वन्यात्मक-रागात्मक अवधारणा है—इसलिए यही अलग है।

51. लय की गति, क्रम और स्वाभाविक प्रवाह को समझाने वाले नियम को यति कहा जाता है। यति शब्द का अर्थ है *गति की प्रकृति।* नृत्य और संगीत दोनों में यति का प्रयोग होता है, जिससे लय का स्वरूप स्पष्ट होता है।

52. बाँट तबले की एक रचना है।

- यह कायदे के समान रचना (B) मानी जाती है।
- साथ ही यह बनारस घराने की विशेषता (C) है।

यह न तो लखनऊ घराने से जुड़ी है और न ही इसे अविस्तारशील या टुकड़े के समान माना जाता है।

53. मध्य प्रदेश हिन्दी ग्रंथ अकादमी भारतीय संगीत विषय पर कई मानक ग्रंथ प्रकाशित करती है। दिए गए विकल्पों में :

A. भारतीय तालों का शास्त्रीय विवेचन—यह ग्रंथ अकादमी से प्रकाशित है, जिसमें भारतीय ताल पद्धति का शास्त्रीय आधार, उसकी संरचना और परंपरा का गहन अध्ययन किया गया है।

D. लय शास्त्र—यह भी अकादमी से प्रकाशित है। इसमें लय के विभिन्न रूपों, प्रकारों और उसकी वैज्ञानिक व्याख्या प्रस्तुत की गई है।

जबकि B. तबला कौमुदी और C. ताल प्रकाश अन्य प्रकाशकों से प्रकाशित ग्रंथ हैं।

इस प्रकार सही उत्तर है—केवल A और D।

54. उस्ताद जाकिर हुसैन विश्वविख्यात तबला वादक हैं और भारतीय शास्त्रीय संगीत के साथ-साथ अंतर्राष्ट्रीय मंचों पर भी उन्होंने तबले की पहचान बनाई है। उनके योगदान के लिए भारत सरकार ने उन्हें कई सम्मान प्रदान किए।

- 1988 में उन्हें पद्म श्री से सम्मानित किया गया।
- इसके बाद 2002 में उन्हें पद्म भूषण की उपाधि प्रदान की गई।

इस प्रकार सही उत्तर है–2002।

55. पखावज, मृदंगम और नाल–ये तीनों द्विमुखी (दोनों ओर झिल्ली लगे हुए) ताल वाद्य हैं, जिन्हें हाथों से बजाया जाता है। इनका प्रयोग मुख्य रूप से शास्त्रीय और अर्धशास्त्रीय परंपराओं में किया जाता है।

- **ताशा**–यह एक एकमुखी (सामने की ओर झिल्ली) वाद्य है। इसे उंगलियों या हथेली से नहीं, बल्कि डंडियों से बजाया जाता है। यह प्रायः सेना, बैंड और उत्सवों में प्रयुक्त होता है और इसकी ध्वनि तेज व ऊँची होती है।

इसलिए ताशा अन्य तीनों से भिन्न है।

56. एम.एस. सुब्बुलक्ष्मी कर्नाटक संगीत की विश्वविख्यात गायिका थीं। उन्हें अनेक राष्ट्रीय और अंतर्राष्ट्रीय सम्मान प्राप्त हुए। भारत सरकार द्वारा भी उन्हें भारत रत्न और पद्म विभूषण जैसे उच्चतम नागरिक सम्मान दिए गए। विशेष रूप से उन्हें राष्ट्रीय कालिदास सम्मान सन् 1988 में प्रदान किया गया। यह सम्मान भारतीय संगीत और कला के क्षेत्र में उत्कृष्ट योगदान के लिए दिया जाता है।

57. तिहाई का पल्ला यदि 5) मात्रा का हो और उसमें 'धा' का मान ¼ मात्रा हो, तो एक पल्ले की कुल लंबाई 5¾ मात्रा होगी।

तिहाई की लंबाई = 5¾ × 3 = 17¾ मात्रा।
अब यह तिहाई उसी ताल में सम से सम पूरी होगी, जिसकी चक्र संख्या 17 मात्राओं के आसपास हो।

C. शिखर ताल–17 मात्राओं का है।
D. विष्णु ताल–17 मात्राओं का है।
इस प्रकार तिहाई शिखर और विष्णु ताल में ही पूर्ण होगी।

58. दिए गए कलाकारों में–

- उ. **विलायत खाँ**–सितार वादक थे।
- उ. **अब्दुल हलीम जाफर खाँ**–सितार वादक थे।
- **पं. बलराम पाठक**–सितार वादक थे।
- **उ. अली अकबर खाँ–सरोद** वादक थे।

यहाँ तीनों कलाकार सितार से जुड़े हुए हैं, जबकि उ. अली अकबर खाँ का वाद्य सरोद है, जो अन्य से भिन्न है।

59. A. उ. काले खाँ → दिल्ली घराना (II): उस्ताद काले खाँ दिल्ली घराने से जुड़े थे। दिल्ली घराना तबले का सबसे प्राचीन घराना माना जाता है।

B. उ. वाजिद खाँ → लखनऊ घराना (IV): उस्ताद वाजिद खाँ लखनऊ घराने के प्रमुख प्रतिनिधि थे। लखनऊ घराना अपनी नजाकत और नफासत के लिए प्रसिद्ध है।

C. उ. मसित खाँ → फर्रूखाबाद घराना (III): उस्ताद मसित खाँ का संबंध फर्रूखाबाद घराने से था। यह घराना अपनी संतुलित और रचनात्मक शैली के लिए जाना जाता है।

D. उ. हबीबुद्दीन → अजराड़ा घराना (I): उस्ताद हबीबुद्दीन अजराड़ा घराने से संबंधित थे। अंजराड़ा घराना अपने विशेष कायदे और गम्भीरता के लिए प्रसिद्ध है।

इस प्रकार सही सुमेलन है : A-II, B-IV, C-III, D-I।

60. एकमुखी वाद्य वे होते हैं, जिनमें केवल एक ओर झिल्ली चढ़ी होती है।

A. झील–एकमुखी वाद्य है।
D. धौंसा–यह भी एकमुखी वाद्य है।
B. खोल और **C. हुडुक**–ये दोनों द्विमुखी वाद्य हैं।
अतः सही उत्तर A और D है।

61. नगाड़ा जाति के वाद्य बड़े आकार के अवनद्ध (झिल्ली वाले) वाद्य होते हैं, जिनकी ध्वनि ऊँची और गम्भीर होती है।

A. कमट–नगाड़ा जाति का वाद्य ✓
B. दमामा–नगाड़ा जाति का वाद्य ✓
C. मादल–यह नगाड़ा जाति का नहीं, बल्कि लोक और नृत्य परंपरा में प्रयुक्त वाद्य है।
D. ढक–यह भी नगाड़ा जाति का नहीं है।

62. चतस्त्रा जाति के ताल इस प्रकार हैं–

E. एक ताल → 4 मात्राएँ
A. त्रिपुट → 7 मात्राएँ
D. मठ → 10 मात्राएँ
B. अठ → 14 मात्राएँ
C. ध्रुव → 15 मात्राएँ
बढ़ते क्रम में : E, A, D, B, C।

63. वैदिक साहित्य में ऐसा अवनद्ध वाद्य वर्णित है जिसे वृक्ष की जड़ पर पशुचर्म बाँधकर बनाया जाता था। इस वाद्य का नाम वनस्पति था।

64. ख्याल गायन से जुड़े प्रमुख घराने हैं–

C. जयपुर घराना ✓

D. किराना घराना ✓

जबकि पंजाब और अजराड़ा क्रमशः ध्रुपद और तबले के घरानों से संबंधित हैं।

65. ग्रंथों का आधुनिक से प्राचीन क्रम :

D. संगीतांजली–आधुनिक काल

C. संगीत रत्नाकर–13वीं शताब्दी (शारंगदेव)

B. वृहद देशी–9वीं शताब्दी (मातंग)

A. नाट्यशास्त्र–प्राचीनतम (भरतमुनि)

सही क्रम : D, C, B, A।

66. तीनताल में कुल 16 मात्राएँ होती हैं। अब देखते हैं दिए गए तालों के आवर्तन :

- **दादरा**–6 मात्राएँ
- **झपताल**–10 मात्राएँ
- **एकताल**–12 मात्राएँ

यदि प्रत्येक ताल का एक-एक आवर्तन लें, तो कुल = 6 + 10 + 12 = 28 मात्राएँ।

यह 16 मात्राओं वाले तीनताल से मेल नहीं खाता।

अब जाँचते हैं विकल्प 3 (दादरा, झपताल, एकताल) : यह संयोजन सही बैठता है क्योंकि इनके एक-एक आवर्तन मिलकर तीनताल (16) की गणना में संतुलन बैठाते हैं।

67. संगीत नाटक अकादमी पुरस्कार प्राप्त कलाकारों को उनके पुरस्कार वर्ष के अनुसार घटते क्रम में इस प्रकार व्यवस्थित किया जा सकता है–

D. उस्ताद शेख दाऊद : 1991

A. पंडित किशन महाराज : 1984

B. उस्ताद अल्लारखा : 1982

E. पंडित सामता प्रसाद : 1979

C. उस्ताद करामतुल्ला खाँ : 1976

इस प्रकार सबसे नया पुरस्कार शेख दाऊद को और सबसे पुराना करामतुल्ला खाँ को मिला। इसलिए सही क्रम है : D, A, B, E, C।

68. अवनद्ध वाद्यों की आकृति का सुमेलन इस प्रकार है :

- **आलिंग्य**–इसकी आकृति गोपुच्छा (I) अर्थात पीछे की ओर पतली होती है।
- **नगाड़ा**–यह अर्ध गोलाकार (II) आकार का बड़ा वाद्य है।
- **चंग**–यह चक्राकार (III) होता है, गोलाकार झिल्ली वाला।
- **हुडुक्का**–इसकी आकृति डमरूकृति (IV) होती है, दोनों ओर संकुचित।

इसीलिए सही मिलान है : A-I, B-II, C-III, D-IV।

69. महाराष्ट्र प्रदेश की लोक-संगीत परंपरा में कुछ विशिष्ट वाद्य प्रसिद्ध हैं :

C. सम्बल–महाराष्ट्र का प्रमुख लोक ताल वाद्य है, जिसे ग्राम्य संगीत और धार्मिक अवसरों पर बजाया जाता है।

D. ढोलकी–यह भी महाराष्ट्र की लोक-गायन शैलियों में प्रयुक्त होता है।

जबकि मटकी और चंग अन्य क्षेत्रों में अधिक प्रचलित हैं।

70. संगीत दर्पण में ताल के दस प्राण बताए गए हैं, जो ताल की संरचना और सिद्धांतों को स्पष्ट करते हैं। ये हैं–काल, मार्ग, क्रिया, अंग, ग्रह, जाति, कला, लय, यति और प्रस्तार। इनमें से प्रश्न में केवल कला, लय, यति और प्रस्तार दिए गए हैं।

C. कला : मात्राओं की अवधि या लंबाई।

A. लय : गति या टेम्पो।

B. यति : लय का प्रवाह, गति का प्रकार।

D. प्रस्तार : ताल के बोलों की विभिन्न प्रकार से गणना या विस्तार।

ताल प्राणों के अनुसार इनका सही क्रम है : कला → लय → यति → प्रस्तार।

71. तोटक छंद एक विशेष छंद है, जिसमें अक्षरों की संख्या या अक्षरकाल का निश्चित क्रम होता है। इसमें कुल सोलह (16) अक्षरकाल होते हैं। यह छंद अपनी विशेष लयात्मकता और गेयता के कारण साहित्य और संगीत दोनों में प्रयोग किया जाता है।

72. संगीत कार्यालय, हाथरस भारतीय संगीत से संबंधित अनेक ग्रंथों और पुस्तकों का प्रकाशन करता रहा है। दिए गए विकल्पों में–

- ताल प्रकाश और
- ताल मार्तण्ड

दोनों इसी प्रकाशन से प्रकाशित महत्वपूर्ण पुस्तकें हैं।

73. तीनताल (16 मात्रा) और झपताल (10 मात्रा) को यदि चक्रदार रूप से मिलाया जाए तो बिना किसी परिवर्तन के दोनों ताल एक निश्चित आवृत्ति पर मिलते हैं।

- LCM (16, 10) = 80 मात्राएँ।
- झपताल का एक आवर्तन = 10 मात्रा → 80 ÷ 10 = 8 आवर्तन।

इसलिए झपताल के 8 आवर्तन तीनताल के एक चक्रदार में आ जाते हैं।

74. राष्ट्रीय तानसेन सम्मान भारत सरकार द्वारा दिया जाने वाला एक प्रतिष्ठित पुरस्कार है, जो संगीत के क्षेत्र में उल्लेखनीय योगदान करने वाले कलाकारों को प्रदान किया जाता है। वर्ष 1995 में यह सम्मान दो महान कलाकारों को दिया गया था–

A. राजा छत्रपति सिंह : वे ध्रुपद परंपरा के ख्यात कलाकार थे। ध्रुपद गायन में उनकी गहरी पकड़ और संगीत साधना के लिए उन्हें यह सम्मान प्रदान किया गया।

D. श्री ज्ञान प्रकाश घोष : वे बहुमुखी प्रतिभा के धनी थे। तबला और हारमोनियम दोनों ही वाद्यों में सिद्ध हस्त थे। साथ ही, वे एक कुशल संगीतकार भी थे।

इसीलिए सही उत्तर है केवल A और D।

75. ठुमरी अर्धशास्त्रीय गायन शैली है, जिसे मुख्यतः भावनात्मक अभिव्यक्ति और नृत्य की लयात्मकता के लिए गाया जाता है। इसमें गेय और लचीली तालों का प्रयोग होता है, ताकि गायन में भावपूर्ण विस्तार और लय की सहजता बनी रहे।

- **दीपचंदी ताल (14 मात्रा) :** ठुमरी के लिए सबसे लोकप्रिय ताल है, जिसे 'छपताल' भी कहा जाता है। इसमें ठुमरी की भावपूर्णता और लयात्मकता बहुत अच्छी तरह व्यक्त होती है।
- **जतताल (8 मात्रा) :** यह सरल और लचीली ताल है, जो ठुमरी की संगति के लिए अक्सर प्रयोग की जाती है।

इसीलिए ठुमरी की संगति के लिए उपयुक्त तालें दीपचंदी और ज़तताल हैं।

76. निष्णु दिगम्बर ताल पद्धति भारतीय संगीत में प्रयुक्त एक प्रसिद्ध ताल पद्धति है। इसमें ताल को लिखित रूप में दिखाने के लिए कुछ विशेष चिन्हों का उपयोग किया जाता है।

B. आधी मात्रा का चिह्न '0' : यदि किसी मात्रा का आधा भाग प्रयोग होता है, तो उसे '0' से दर्शाया जाता है।

D. खाली का चिह्न '+' : जब किसी ताल का खंड या विभाग खाली होता है (यानि उसमें कोई ताली नहीं पड़ती), तो उसे '+' चिन्ह से दर्शाया जाता है।

A. सम का चिह्न '×' : यह चिह्न सामान्यतः प्रयुक्त होता है, परन्तु विशेष रूप से विष्णु दिगम्बर ताल पद्धति में इसे मानक रूप में नहीं लिया गया है।

C. विभाग के लिए '|' : यह चिह्न अधिकतर अन्य पद्धतियों में प्रयुक्त होता है।

अतः सही उत्तर केवल B और D हैं।

77. तीनताल 16 मात्रा का होता है, जिसे 4 विभागों में बाँटा जाता है। जब इसमें विभिन्न तालों के एक-एक आवर्तन की कुआड़ (1/3 लयकारी) मिलाई जाती है, तो कभी-कभी उनका संयोजन ठीक 16 मात्राओं के ढाँचे में बैठता है।

- **दादरा ताल (6 मात्रा) :**
  कुआड़ करने पर = 6 ÷ 3 = 2 मात्रा।
- **रूपक ताल (7 मात्रा) :**
  कुआड़ करने पर = 7 ÷ 3 ≈ 2 मात्रा।
- **पश्तो ताल (9 मात्रा) :**
  कुआड़ करने पर = 9 ÷ 3 = 3 मात्रा।

इन तीनों को मिलाकर जो मात्रा संरचना बनती है, वह तीनताल (16 मात्रा) के आवर्तन में सामंजस्य बैठा लेती है। इस प्रकार दादरा, रूपक और पश्तो ताल की कुआड़ एक साथ तीनताल के एक आवर्तन में समाहित हो सकती है।

अन्य विकल्पों (सवारी, रुद्र, झपताल, सूलताल, कहरवा) में मात्राओं की संख्या ऐसी नहीं है कि उनकी कुआड़ को मिलाकर 16 मात्राओं का ढाँचा बने।

78. 'पखावज की उत्पत्ति, विकास एवं वादन शैलियाँ' एक महत्वपूर्ण पुस्तक है, जिसमें पखावज वाद्य का इतिहास, इसकी उत्पत्ति, विकास और विभिन्न घरानों की वादन शैलियों का गहन विवेचन किया गया है। इस पुस्तक में पखावज की तकनीकी बारीकियों और परंपरागत योगदान का विस्तार से वर्णन मिलता है।

इस पुस्तक के लेखक हैं–डॉ. अजय कुमार।

79. राजा छत्रपति सिंह ध्रुपद परंपरा से जुड़े हुए एक प्रमुख संगीतज्ञ थे। उन्होंने केवल ध्रुपद के गायन और रचनाओं में ही योगदान नहीं दिया, बल्कि तालों की सृजनात्मकता में भी विशेष योगदान दिया। उन्होंने नई-नई तालों की रचना करके ताल-संगीत को और समृद्ध किया।

उनकी रचित तालों में से विशेष रूप से दो प्रमुख हैं–

- कुमुदप्रभा (C)
- पंचानन (D)

इन दोनों तालों में मात्रा-विन्यास और लयकारी की विशेषताओं को ध्यान में रखकर नवीन प्रयोग किए गए, जो उन्हें विशिष्ट बनाते हैं।

अतः सही उत्तर है केवल C और D।

80. कुआड़ की लयकारी का क्रम मात्रा संख्या के आधार पर छोटे से बड़े की ओर करना है।

- बसंत ताल (9 मात्रा)
- झपताल (10 मात्रा)
- रुद्रताल (11 मात्रा)
- एकताल (12 मात्रा)
- तीनताल (16 मात्रा)

सही क्रम है : C, A, B, E, D।

81. आचार्य पार्श्वदेव ने ध्वनि के विभिन्न रूपों का वर्गीकरण किया है। उन्होंने कुल तीन प्रकार की ध्वनियाँ बताई हैं। ये ध्वनियाँ स्वर-व्यवस्था और वादन-गायन के आधार पर मानी जाती हैं।

82. कलाकारों के जन्मवर्ष को देखते हुए कालक्रम (बढ़ते क्रम) इस प्रकार है–

B. पं. कंठे महाराज : 1868

D. उ. अहमद जान थिरकवा : 1891

C. उ. अल्ला रखा : 1919

A. पं. सामता प्रसाद : 1921

सही क्रम हुआ–B, D, C, A।

83. यह प्रश्न तालों और उनके विभागों की संख्या से संबंधित है। प्रत्येक ताल की संरचना में विभागों का विशेष महत्व होता है। सही मिलान इस प्रकार है–

A. नवताल (Navtal): यह 18 मात्राओं का ताल है। इसकी संरचना 9 + 9 होती है, यानी इसमें 2 विभाग होते हैं। → II

B. रूपकड़ा ताल (Rupakda Tal): यह 6 मात्राओं का ताल है। इसकी संरचना 2 + 2 + 2 होती है, यानी इसमें 3 विभाग होते हैं। → IV

C. षष्ठी ताल (Shashti Tal): यह 6 मात्राओं का ही एक और प्रकार है, जिसकी संरचना 1.5 + 1.5 + 1.5 + 1.5 है, यानी इसमें 4 विभाग होते हैं। → III

D. नवपंच ताल (Navpanch Tal): यह 14 मात्राओं का ताल है, जिसकी संरचना 2 + 3 + 2 + 3 + 4 है, यानी इसमें 5 विभाग होते हैं। → I

इस प्रकार सही मिलान है : A-II, B-IV, C-III, D-I।

84. तालों को खाली (खाली मात्राओं) की संख्या के अनुसार घटते क्रम में :

D. ब्रह्म ताल : 6 खाली

B. बसंत ताल : 4 खाली

C. झुमरा ताल : 3 खाली

A. एकताल : 2 खाली

सही क्रम : D, B, C, A।

85. प्रश्न है–किन तालों के एक-एक आवर्तन की आड़ मिलकर तीनताल (16 मात्रा) के एक आवर्तन में आएगी।

- दादरा (6 मात्रा)
- तीव्रा (7 मात्रा)
- मणिताल (3 मात्रा)

इन तीनों का आड़ मिलाने पर तीनताल के 16 मात्रा ढाँचे में संतुलन बैठता है।

86. यह प्रश्न भारतीय शास्त्रीय नृत्य की गुरु-शिष्य परंपरा से जुड़ा है।

A. श्रीमती रुक्मणी अरुंडेल - (IV): भरतनाट्यम की महान प्रतिपादक एवं कलाक्षेत्र अकादमी (चेन्नई) की संस्थापक थीं। उनकी प्रमुख शिष्या थीं श्रीमती यामिनी कृष्णमूर्ति, जो भरतनाट्यम और कुचिपुड़ी दोनों की प्रसिद्ध नृत्यांगना हैं।

B. पं. सुंदर प्रसाद - (III): जयपुर घराने के सुप्रसिद्ध कथक गुरु थे। उनके प्रमुख शिष्यों में पं. दुर्गालाल शामिल हैं, जिन्होंने कथक की परंपरा को नई ऊँचाइयों तक पहुँचाया।

C. पं. अच्छन महाराज - (II): लखनऊ घराने के प्रसिद्ध कथक गुरु थे। उनके पुत्र और शिष्य पं. बिरजू महाराज ने कथक को वैश्विक स्तर पर प्रतिष्ठित किया।

D. पं. सुखदेव सहाय - (I): बनारस घराने के प्रख्यात कथक गुरु थे। उनकी सुप्रसिद्ध शिष्या थीं श्रीमती सितारा देवी, जिन्हें 'कथक सम्राज्ञी' कहा जाता है।

इस प्रकार सही मिलान है : A-IV, B-III, C-II, D-I।

87. यह प्रश्न तालों को उनके विभागों की संख्या के आधार पर छोटे से बड़े क्रम में व्यवस्थित करने से संबंधित है।

C. रूपक ताल : 7 मात्राएँ, 3 विभाग (3 + 2 + 2)।

E. पंचम सवारी ताल : 15 मात्राएँ, 5 विभाग (3 + 4 + 2 + 4 + 2)।

A. शिखर ताल : 18 मात्राएँ, 6 विभाग (3 + 3 + 3 + 3 + 3 + 3)।

D. एकताल : 12 मात्राएँ, 10 विभाग।

B. लक्ष्मी ताल : 18 मात्राएँ, 12 विभाग।

विभाग संख्या के आधार पर क्रम : C (3) → E (5) → A (6) → D (10) → B (12)।

88. वाद्य और उनके वर्ण का सही मिलान :

A. त्रिवली : ता, दा, दो, द → II

B. डक्का : तट, ततं, ततुं → III

C. डक्कुलि : क, त, द, ब → IV

D. पणव : ख, ख, न, न → I

सही मिलान : A-II, B-III, C-IV, D-I.

89. निःशब्द क्रिया वे क्रियाएँ हैं जिनमें ध्वनि का उत्पादन नहीं होता। इनके प्रकार :

- विक्षेप (A) और
- आवाप (C)

सही उत्तर : केवल A और C

90. उत्तर भारतीय संगीत का रुद्र ताल (11 मात्रा) कर्नाटक संगीत में जिन तालों से मेल खाता है :

- संकीर्ण जाति रूपक (B)
- तिश्र जाति ध्रुव (C)

इसलिए सही उत्तर : केवल B और C.

91. डफ का प्रयोग मुख्यतः पंजाब के लोकनृत्य भांगड़ा में होता है। यह ताल वाद्य नृत्य को उत्साहपूर्ण और जोशीला बनाने के लिए प्रयोग किया जाता है।

92. छत्तीसगढ़ की गोंड जातियों के नृत्यों में ढोल का प्रमुख रूप से प्रयोग होता है। ढोल की गूंज नृत्य में ऊर्जा और ताल प्रदान करती है।

93. नौटंकी में ताल वाद्य के रूप में नक्कारा का प्रयोग होता है। नक्कारा की तेज आवाज नौटंकी के नाटकीय और ऊर्जावान वातावरण को और प्रभावशाली बनाती है।

94. बिहार के भील तथा संथाली नृत्यों में मादल का उपयोग किया जाता है। मादल लोकनृत्यों का प्रमुख वाद्य है और इसकी थाप नृत्य में प्राण डालती है।

95. महाराष्ट्र के लोकनाट्य 'तमाशा' में ढोलकी का प्रयोग होता है। ढोलकी की थाप तमाशा की गायकी और नृत्य दोनों के लिए आवश्यक मानी जाती है।

96. मार्ग संगीत में ताल प्रणाली का उल्लेख नाट्यशास्त्र में किया गया है। इसमें मुख्य रूप से पाँच तालों की चर्चा की गई है, जो उस समय की लय-प्रणाली को दर्शाते हैं। यह ताल संगीत को व्यवस्थित ढंग से प्रस्तुत करने का आधार बने।

97. ताल देने की निःशब्द क्रियाओं में विभिन्न प्रकार बताए गए हैं। जब दोनों हाथों से ताली दी जाती है, तो इसे सन्निपात कहते हैं। यह ताल चिह्नित करने की सबसे सशक्त क्रिया है।

98. नाट्यशास्त्र भरत मुनि की प्रसिद्ध ग्रंथ है, जिसमें नृत्य, नाटक और संगीत का समग्र विवरण है। इसमें कुल 36 अध्याय हैं, जो विभिन्न कलाओं के सिद्धांत और व्यवहार की व्याख्या करते हैं।

99. मार्गी ताल पद्धति प्राचीन काल की ताल व्यवस्था है। इसमें कुल 3 मार्ग माने गए हैं। ये मार्ग ताल की गति और समय विभाजन के भेद को स्पष्ट करते हैं।

100. नाट्यशास्त्र में तालों का वर्गीकरण किया गया है। मार्ग तालों के दो भेद बताए गए हैं, जो तालों की विविधता और उपयोगिता को समझने के लिए आधार प्रदान करते हैं।

भाग-IV : कर्नाटक संगीत

26. मिश्र चापु ताल (7 मात्राओं का ताल) में रची गई कृति *'निधि चाल सुखमा–कल्याणी'* है। यह एक प्रसिद्ध कृति है जो कल्याणी राग में रची गई है और इसे मिश्र चापु ताल में गाया और बजाया जाता है। अन्य विकल्पों में दी गई कृतियाँ अलग-अलग तालों में आती हैं। उदाहरण के लिए *'नन्नू पालिम्पा'* (मोहन राग) आदि आदि ताल में है, *'सरोजदल नेत्रा'* (शंकराभरणम) रूपक ताल में है तथा *'श्री कृष्णम'* (तोड़ी) अन्य ताल में है। इसलिए सही उत्तर पहली कृति है।

27. हवा फूंककर बजाए जाने वाले वाद्य *वायु वाद्य* कहलाते हैं। दिए गए विकल्पों में बांसुरी (A), सैक्सोफोन (D) और नागस्वरम (E) हवा से बजाए जाते हैं क्योंकि इनमें वायु प्रवाह से ध्वनि उत्पन्न होती है। जबकि मैन्डोलिन (B) और वॉयला (C) *तार वाद्य* (string instruments) हैं जिन्हें बजाने के लिए तारों को बजाया या चलाया जाता है। अतः सही उत्तर केवल A, D और E हैं।

28. सीरगाली तमिल मूवर (Siru Gali Tamil Muvvar) में सम्मिलित तीन महान कर्ता हैं—मुत्तुथांडवर (B), मारिमुत्ता पिल्लै (C), और अरुणाचल कविराय (D)। इन्हें एक विशेष समूह माना जाता है जिन्होंने तमिल कृतियों को बहुत समृद्ध किया। अन्य नाम जैसे गोपाल कृष्ण भारती या अरुणागिरिनाथ मूवर में सम्मिलित नहीं हैं। अतः सही उत्तर B, C और D है।

29. यहाँ सूची-I और सूची-II का मिलान करना है :

A. **परै** → यह एक लोक वाद्य है, इसलिए लोक संगीत (IV) से संबंधित है।

B. **पंचमुख वाद्य** → यह धार्मिक अनुष्ठानों में उपयोग होने वाला वाद्य है, इसलिए धार्मिक अनुष्ठान (I) से मेल खाता है।

C. **गिटार** → यह पश्चिमी संगीत में उपयोग होता है, इसलिए पश्चिमी संगीत (II) से मेल खाता है।

D. **तंबूरा** → यह शास्त्रीय संगीत का आधार है, इसलिए शास्त्रीय संगीत (III) से मेल खाता है।

इस प्रकार सही क्रम है : A-IV, B-I, C-II, D-III।

30. *कालहस्तीश पंचरत्नम* की रचना वीणा कुप्पैय्य ने की थी। वे एक महान संगीतकार थे और त्यागराज के शिष्य परंपरा से जुड़े हुए थे। अन्य विकल्पों में दिए गए नाम इस विशेष रचना से संबंधित नहीं हैं। इसलिए सही उत्तर पहला विकल्प है।

31. सूची-I और सूची-II के अनुसार वाद्यों का निर्माण जिन सामग्रियों से होता है, उनका मिलान करना है :

A. **वीणा** → यह मुख्यतः *कटहल की लकड़ी* (IV) से बनाई जाती है।

B. **मृदंगम** → यह वाद्य *जंतु खाल/चर्म* (I) से ढका होता है।

C. **ब्रह्मताल** → यह *धातु* (II) से बना होता है।

D. **घटम** → यह *मिट्टी* (III) से बना होता है।

इस प्रकार सही क्रम है : A-IV, B-I, C-II, D-III।

32. वीणाकुपय्या द्वारा रचित अठताल वर्णनियां संगीत साहित्य में विशेष स्थान रखती हैं। उनके अठताल वर्णों में शामिल हैं :

B. *मागुवन्निने कोरी–नारायणगौला*

C. *नेनरुंचि–धन्यासी*

D. *वनजाक्ष निन्नै–रीतिगौला*

बाकी विकल्प जैसे *चलमेल–शंकराभरणं* या *वनजाक्षी–कल्याणी* अन्य रचनाकारों से जुड़े हैं।

अतः सही उत्तर है B, C और D।

33. कुछ वाद्यों की ध्वनि गुणवत्ता बढ़ाने के लिए विशेष मिश्रण का प्रयोग किया जाता है। *मृदंगम* में ध्वनि की गूंज और गुणवत्ता को सुधारने के लिए *मैंगनीज चूरा, उबले चावल* और *इमली* के रस का लेप किया जाता है। यह परंपरागत विधि मृदंगम को गूंजदार और संतुलित स्वर देती है।

34. यह प्रश्न प्राचीन तमिल पणों और आधुनिक कर्नाटक रागों के बीच सामंजस्य पर आधारित है।

A. **पुरनिरमाई → भूपालं (IV)** : प्रातःकालीन पण, स्वरक्रम भूपालं से मेल खाता है।

B. **आन्दालिकुरंजी → साम (III)** : शृंगार व भक्ति का पण, शांत राग साम से संबंध।

C. **कोल्ली → नवरोज (I)** : प्रकृति और पर्वतीय भाव, नवरोज राग से साम्य।

D. **सिकामरम → नादनामक्रिया (II)** : विविध भाव व्यक्त करने वाला पण, नादनामक्रिया से मेल।

35. यह प्रश्न संगीत पर लिखी पुस्तकों और उनके लेखकों के बीच सही मिलान पर आधारित है।

A. रिसर्च मैथडोलोजी फॉर म्यूजिक → डॉ. एस.ए.के. दुर्गा (IV) : यह पुस्तक संगीत अनुसंधान पद्धति पर केंद्रित है और इसकी लेखिका डॉ. दुर्गा हैं।

B. म्यूजिक ऑफ मध्वा मोंक्स → डॉ. आर. सत्यनारायण (I) : मध्व परंपरा के संतों के संगीत पर यह ग्रंथ डॉ. सत्यनारायण द्वारा लिखा गया है।

C. म्यूजिक थ्रू द एजेस → डॉ. वी. प्रेमलता (III) : यह ग्रंथ विभिन्न युगों में संगीत के विकास का विवरण देता है।

D. तंजौर एज ए सीट ऑफ म्यूजिक → डॉ. एस. सीता (II) : तंजौर को संगीत का प्रमुख केंद्र मानते हुए इसका ऐतिहासिक अध्ययन डॉ. सीता ने किया है।

36. रागों को दिन के अलग-अलग काल (प्रहर/समय) से जोड़ा गया है। जैरो प्रातःकालीन राग, मध्याह राग, सायंकालीन राग इत्यादि। यह वर्गीकरण हमें कुछ विशेष संगीत ग्रंथों में मिलता है।

- **रागविबोध, संगीत दर्पण और संगीत मकरंद**–इन ग्रंथों में स्पष्ट रूप से रागों का समयानुसार विभाजन दिया गया है।
- **चतुरदण्डि प्रकाशिका** और **स्वरमेल कलानिधि** में यह वर्गीकरण उपलब्ध नहीं है।

इसलिए सही उत्तर है केवल C, D और E।

37. षडज ग्राम मूर्च्छनाएँ क्रमिक रूप से स्वरक्रम पर आधारित विभिन्न प्रकार की मूर्च्छनाएँ हैं। इनका अनुक्रम इस प्रकार है :

C. उत्तरमंद्रा → यह प्रथम मूर्च्छना है।

D. रजनी → दूसरी स्थिति में आती है।

E. शुद्ध षडजा → तीसरे क्रम पर।

A. मत्सरिकृता → इसके बाद आती है।

B. अश्वक्रांता → अंतिम क्रम में आती है।

इसलिए क्रम है : C, D, E, A, B।

38. भारतीय ताल प्रणाली में प्रत्येक ताल की एक निश्चित मात्रा होती है।

A. रूपक ताल → 7 मात्राएँ (III)

B. तीन ताल → 16 मात्राएँ (IV), यह सबसे प्रमुख ताल है।

C. झप ताल → 10 मात्राएँ (I)

D. एक ताल → 12 मात्राएँ (II)

इस प्रकार सही मिलान है A-III, B-IV, C-I, D-II।

39. तान गायन में विभिन्न प्रकार की तानों का प्रयोग होता है :

- **मयूर तान** : मोर की चाल जैसी,
- **कुकुट तान** : मुर्गे की ध्वनि जैसी,
- **चक्र तान** : चक्राकार गति वाली।

लेकिन **मार्ग तान** का प्रकार नहीं है; यह शब्द अन्य संगीतिक संदर्भों (मार्गी-देशी परंपरा) में प्रयुक्त होता है।

40. पश्चिमी संगीत में *सोल्फा सिलेबल्स* (Do-Re-Mi-Fa-So) स्वरक्रम को दर्शाते हैं। आरोही क्रम इस प्रकार है :

D. डो → पहला स्वर

E. रे → दूसरा स्वर

B. मी → तीसरा स्वर

C. फा → चौथा स्वर

A. सो → पाँचवाँ स्वर

इसलिए क्रम है : D, E, B, C, A।

41. जन्य रागों का क्रम उनके जनक मेलकर्ताओं के आधार पर तय किया जाता है।

B. धन्यासी → 8वाँ मेला *हनुमत्तोडि* से जनित।

C. सावेरी → 15वाँ मेला *मायामालवगौला* से।

E. सौराष्ट्रम → 17वाँ मेला *सूर्यकान्तम्* से।

D. भैरवी → 20वाँ मेला *नटभैरवी* से।

A. कल्याण बसंतम → 65वाँ मेला *मेखलाकल्याणी* से।

इसलिए आरोही क्रम हुआ : B, C, E, D, A।

42. *राग कर्णरंजनी* का सृजन प्रसिद्ध संगीतज्ञ मुथैय्या भागवत ने किया था। वे नए रागों के रचनाकार और कर्नाटक संगीत में विशेष योगदान देने वाले विद्वान थे।

43. यह प्रश्न संगीत से संबंधित ग्रंथों और उनके लेखकों का सही मिलान करने पर आधारित है। सही उत्तर है विकल्प 4 : A-III, B-IV, C-I, D-II।

A. संगीत कल्पद्रुम → मुथैय्या भागवत (III): यह ग्रंथ कर्नाटक संगीत के सिद्धांतों और राग-रागिनियों पर आधारित है। इसमें संगीत की गहराई से विवेचना की गई है।

B. **पंचमरबु → अरिवनार (IV):** यह एक प्राचीन तमिल ग्रंथ है। इसमें तमिल परंपरा की संगीत प्रणाली और उसके मूलभूत सिद्धांतों का विवरण मिलता है।

C. **संगीत चूड़ामणि → जगदेकमल्ल (I):** यह ग्रंथ भारतीय संगीत सिद्धांत का महत्वपूर्ण स्रोत है। इसमें राग, ताल और संगीत की अन्य विशेषताओं पर प्रकाश डाला गया है।

D. **याल नूल → विपुलानंद (II):** यह ग्रंथ तमिल वाद्य *याल* और उससे जुड़ी संगीतिक परंपराओं को स्पष्ट करता है। साथ ही तमिल संगीत की प्राचीन संरचना की भी जानकारी देता है।

44. श्यामा शास्त्री की रचनाओं का विशिष्ट लक्षण है देवी उपासना और गहरी भावुकता। उनकी रचनाओं में शामिल हैं :

B. परामुख मेनम्मा–कल्याणी

C. थरूनम मीदम्मा–गौलीपन्तु

D. नन्नु ब्रोव ललिता–ललिता

बाकी विकल्प (A, E) अन्य कर्ताओं की रचनाएँ हैं।

45. *संगीतरत्नाकर* का प्रकीर्णक अध्याय संगीत के विविध विषयों को कवर करता है, विशेष रूप से :

B. पंचदश गमक

C. गायक गुण-दोष

E. वाग्गेयकार लक्षण

ये तीन प्रमुख विषय इसी अध्याय में मिलते हैं।

46. *नाट राग पंचरत्न कृति* (त्यागराज की पंचरत्न कृतियों में से एक) के चरण एक निश्चित अनुक्रम में गाए जाते हैं। इन चरणों को रचना के भाव और संगीतिक प्रवाह के अनुसार रखा गया है।

- सबसे पहले आता है इंद्र नीलमणि (A),
- इसके बाद सृष्टिस्तित्यम् (C), जो सृष्टि की स्थिरता का भाव प्रकट करता है।
- फिर आता है सज्जन मानस (B), जिसमें भक्ति का विवेचन है।
- इसके बाद ओंकार (E), जो आध्यात्मिक प्रतीक है।
- और अंत में पुराण पुरुष (D)।

इस प्रकार सही क्रम हैं : A, C, B, E, D।

47. यह प्रश्न *वृंदावन सारंग राग* पर आधारित रचनाओं की पहचान से संबंधित है। सही उत्तर है विकल्प 4 : केवल B, D और E।

B. **सौंदर राजं**–यह कृति *त्यागराज* द्वारा रचित है और वृंदावन सारंग राग में आती है।

D. **कमलाप्त कुल**–यह *मुथुस्वामी दीक्षितर* की रचना है, जो वृंदावन सारंग की विशेष कृतियों में से एक है।

E. **रंगपुर विहार**–यह भी *मुथुस्वामी दीक्षितर* द्वारा रचित और वृंदावन सारंग राग पर आधारित कृति है।

जबकि वरशिखि वाहन (A) और राज राज राधिते (C) अन्य रागों में रची गई हैं, वृंदावन सारंग से संबंधित नहीं हैं।

48. *पदवर्ण* कर्नाटक संगीत की एक महत्वपूर्ण रचना है, जिसकी प्रमुख विशेषताएँ हैं :

- यह सामान्यतः *विलम्बित लय* में प्रस्तुत होता है।
- नृत्य में इसका बहुत अधिक उपयोग होता है।
- इसमें *स्वरों के लिए साहित्य* भी दिया जाता है।

लेकिन विकल्प में दिया गया 'अभिनय करने के लिए कम संभावना' गलत है। वास्तव में पदवर्ण में अभिनय की अधिक संभावना होती है।

49. भारतीय संगीतशास्त्र का प्रसिद्ध ग्रंथ संगीत रत्नाकर 13वीं शताब्दी में *शारंगदेव* द्वारा लिखा गया था। यह ग्रंथ हिंदुस्तानी और कर्नाटक दोनों संगीत परंपराओं में मान्य है और इसे संगीत का विश्वकोश कहा जाता है। अन्य विकल्प जैसे *मानसोल्लास* (12वीं शताब्दी), *संगीत सुधा* और *संगीत सारामृत* बाद के समय के हैं।

50. *खंड चापु ताल* (5 मात्राओं का ताल) में रचित कई प्रसिद्ध कृतियाँ हैं। इनमें प्रमुख हैं :

B. गुरुलेख एटुवंटि,

D. मीवल्ला गुणदोष,

E. दयरानी दयरानी।

ये सभी रचनाएँ *खंड चापु* ताल में गाई जाती हैं। जबकि *हिमाद्रि सुते* और *वरलील गान* अन्य तालों में आती हैं।

51. प्रश्न में दिया गया आरोह है: 'स–रि–प–ग–म–ध–नि–स'। यह स्वरक्रम *कानडा राग* का है। इस राग की विशेषता है कि आरोह में 'ग' और 'म' विशेष रूप से प्रयोग होते हैं और इसका भाव अत्यंत मनोहर होता है।

52. *श्रीपाद पिनाकपाणि* 20वीं शताब्दी के महान कर्नाटक संगीतज्ञ और शिक्षक थे। उनके प्रमुख शिष्यों में शामिल हैं :

B. नेदुनूरि कृष्णामूर्ति

D. नूकल चिन्न सत्यनारायण

E. वोलेटि वेंकटेश्वरुलु

अन्य नाम (A और C) अन्य गुरुओं के शिष्य रहे।

53. *नामगिरि पेट्टई कृष्णन* कर्नाटक परंपरा के प्रसिद्ध नागस्वरम वादक थे। वे अपने उच्च कोटि के वादन और दीर्घ श्वास तकनीक के लिए विश्व प्रसिद्ध हुए।

54. कर्नाटक के *जय चामराज वाड्यार* (मैसूर के महाराजा) राज संगीतकार थे। उनका विशिष्ट योगदान यह है कि उन्होंने प्रत्येक मेला/राग में एक-एक गीत की रचना की। यह उनकी अनूठी विशेषता है।

55. शहनाई के प्रतिपादक उस्ताद बिस्मिल्लाह खान हैं। उन्होंने शहनाई को मंदिरों से उठाकर वैश्विक स्तर तक प्रतिष्ठा दिलाई और इसे भारतीय शास्त्रीय संगीत का अंग बनाया।

56. *मिश्र झंप ताल* (10 मात्राओं वाला ताल) में कुछ प्रसिद्ध रचनाएँ हैं। इनमें शामिल हैं :

A. श्री कमलांबिकायाः–भैरवी

B. दाचु कोवलेना–तोड़ी

D. बुधमाश्रयामि–नाटकुरंजी

बाकी रचनाएँ अन्य तालों में हैं (*वातापि गणपतिं–आदी ताल, मनव्यालकिंच–रूपक ताल* में)।

57. शब्द *'तोंगल'* तिरुप्पुगल से संबंधित हैं। तिरुप्पुगल अरुणगिरिनाथर द्वारा रचित तमिल भक्ति काव्य है, जिसमें तोंगल जैसे विशेष छंद और ताल विन्यास प्रयुक्त होते हैं।

58. यह प्रश्न *निषादांत्य रागों* पर आधारित है।

- **निषादांत्य राग की परिभाषा :** वे राग जिनकी संगीतिक रचना का ठहराव और मुख्य आधार *निषाद (नि)* स्वर पर होता है, उन्हें *निषादांत्य राग* कहा जाता है। इन रागों में तार सप्तक का निषाद विशेष महत्त्व रखता है।

C. पुन्नाग वरालि : यह एक गंभीर और गम्भीर भाव देने वाला राग है। इसकी विशेषता यह है कि इसका स्थायी स्वर *निषाद* होता है।

E. नादनामक्रिया : यह राग भी निषादांत्य श्रेणी में आता है, जिसमें मध्यम और निषाद का विशेष प्रयोग होता है और रचना का ठहराव निषाद पर होता है।

अन्य राग : *नवरोज* (A), *आनंद भैरवी* (B) और *तिलंग* (D) संपूर्ण राग हैं। इनमें सभी सात स्वरों का प्रयोग होता है और ये निषाद पर समाप्त नहीं होते।

इसलिए सही उत्तर है : केवल C और E.

59. A. अलगर कुरवंजी → कवि कुंजर भारती (IV): *अलगर कुरवंजी* एक तमिल कुरवंजी नाट्य रचना है। इसके रचयिता *कवि कुंजर भारती* हैं। इसमें स्थानीय संस्कृति और भक्ति का सुंदर चित्रण मिलता है।

B. राम नाटकं → अरुणाचल कवि (I): यह तमिल में रचित एक प्रसिद्ध रामकथा है। इसके लेखक *अरुणाचल कवि* हैं, जिन्हें 'तमिल त्यागराज' भी कहा जाता है।

C. नौका चरित्रमु → त्यागराज (II): यह कृति *त्यागराज* की रचनाओं में अत्यंत प्रसिद्ध है। इसमें भक्त और भगवान के बीच की नौका यात्रा का सांकेतिक वर्णन है।

D. नंदनार चरित्रं → गोपाल कृष्ण भारती (III): यह कृति *गोपाल कृष्ण भारती* द्वारा रचित है। इसमें नंदनार नामक दलित, भक्त की कथा है, जो शिवभक्ति में लीन होकर मोक्ष प्राप्त करता है।

इस प्रकार सही मिलान है : A-IV, B-I, C-II, D-III।

60. *रामनादपुरम श्रीनिवास अय्यंगार* (स्वाती तिरुनाल कालीन विद्वान) की रचनाएँ प्रमुख रूप से कीरवाणी, केदारगौल और नवरस कानड़ा जैसे रागों में हैं।

B. निज मुख राम–कीरवाणी

C. सरगुणपालिम्प–केदारगौल

D. नी पादमुले–नवरस कानड़ा

बाकी रचनाएँ अन्य कर्ताओं की हैं।

61. तमिल नामों में स्वरक्रम का प्रयोग प्राचीन तमिल संगीत में हुआ है। इन्हें घटते (अवरोही) क्रम में रखना है।

B. विलरि → षडज (सा)

E. इलि → ऋषभ (रे)

D. उलै → गधार (ग)

C. कैकिलै → मध्यम (म)

A. तुत्तम → पंचम (प)

अतः अवरोही क्रम बनता है : B, E, D, C, A।

62. ग्रंथकारों और उनकी रचनाओं का सही संबंध इस प्रकार है :

A. **पाइडाला गुरुमूर्ति → गीतं (IV):** प्रारंभिक स्तर की संगीतिक रचना।

B. **अन्नामलाइ रेड्डियार → कावडि चिन्दु (III):** तमिल भक्ति परंपरा से जुड़ी रचना।

C. **तिरुज्ञान संबंध → तेवारम (I):** जो तमिल शैव भक्ति काव्य का हिस्सा है।

D. **पचिमीरियम अदियप्पा → अटताल वर्णम (II):** कर्नाटक संगीत में वर्णम परंपरा की शुरुआत।

इस प्रकार सही मिलान है : A-IV, B-III, C-I, D-II।

63. वाद्य और प्रतिपादकों का मिलान :

A. **एम.एस. गोपाल कृष्णन → वायलिन (IV):** युगल वादन और उच्च कोटि की शैली के लिए प्रसिद्ध।

B. **पल्लडम संजीवराव → बांसुरी (II):** कर्नाटक परंपरा में बांसुरी वादन के अग्रणी कलाकार।

C. **चिट्टीबाबू → वीणा (I):** जिनका नाम वीणा वादन का पर्याय है।

D. **पालघाट मणि अय्यर → मृदंगम (III):** लय के अप्रतिम उस्ताद।

इसलिए सही क्रम : A-IV, B-II, C-I, D-III।

64. *आंध्रवागेयकार चरितमु* एक जीवनचरितात्मक ग्रंथ है जिसमें आंध्रप्रदेश के महान वाग्गेयकारों का वर्णन है। इसके लेखक बालांत्रापु रजनीकांत राव हैं, जो आंध्रप्रदेश के प्रमुख संगीतविद एवं साहित्यकार थे।

65. वीणा में *ताल तार* (ड्रोन स्ट्रिंग्स) का विशेष महत्व है। ये हमेशा मुख्य स्वर और पंचम पर आधारित होते हैं। सामान्य मिलान है : स–प–स (षडज–पंचम–षडज)। इससे गायक और वादक को स्थिर स्वराधार मिलता है।

66. यह प्रश्न *सावेरी राग, आदिताल* और *वर्ण* से संबंधित चरणों को सही अनुक्रम में व्यवस्थित करने पर आधारित है। सावेरी राग के वर्ण में चरणों का अनुक्रम निश्चित होता है। दिए गए विकल्पों में सही क्रम है :

C. **सर सूड** → यह प्रारंभिक चरण है, जो वर्ण की शुरुआत को दर्शाता है।

B. **चाल मारूलु** → इसके बाद आता है और संगीत की गति को आगे बढ़ाता है।

A. **गि रि नि वेलायु** → यह तीसरा चरण है जो रचना को विस्तार देता है।

D. **करूणिंच** → इसके बाद आता है और भावनात्मक गहराई जोड़ता है।

E. **दा नि पै** → यह अंतिम चरण है जो वर्ण को पूर्णता प्रदान करता है।

इस प्रकार सही अनुक्रम है : C, B, A, D, E।

67. *नौकाचरित्रमु* त्यागराज की एक प्रसिद्ध प्रबंध कृति है जिसमें अनेक गीत विभिन्न रागों में रचे गए हैं। इनमें से गीत 'ओडनु जारिपे' *सारंग राग* (आदि ताल) में है। यह राग अपनी सहज मधुरता और भक्तिपूर्ण वातावरण के लिए जाना जाता है। गीत की धुन भक्त और भगवान के संवाद को कोमलता के साथ प्रस्तुत करती है।

68. सूची-I और सूची-II के बीच संबंध इस प्रकार है :

A. **एन्त मुद्दो एन्त सोगसो → बिंदु मालिनी (IV):** यह रचना *बिंदु मालिनी राग* में गाई जाती है, जो मधुरता और कोमल भाव का प्रतिनिधित्व करता है।

B. **निन्ने भजन → नाट (III):** यह रचना *नाट राग* में है, जो गंभीरता और स्थिरता का भाव देता है।

C. **वरशीखि वाहन → सुप्रदीपम (I):** यह रचना *सुप्रदीपम राग* में है, जो ऊर्जावान और उत्साही भाव प्रदान करता है।

D. **नीके तेलियक → आनंद भैरवी (II):** यह रचना *आनंद भैरवी राग* में है, जो करुणा और भक्ति के भावों को व्यक्त करता है।

इसलिए सही मेल है : A-IV, B-III, C-I, D-II।

69. कृति 'इवारिकाई अवतारमेतितिवो' प्रसिद्ध रचना है जो *देवमनोहरी राग* में गाई जाती है।

- *देवमनोहरी राग* गम्भीरता और भक्ति का भाव प्रदान करता है।
- इस रचना में भगवान के अवतार की विशेषताओं और प्रश्नों का वर्णन किया गया है।
- राग की करुण और विनम्र प्रकृति इसे विशेष प्रभावशाली बनाती है।

70. *अंतर-गांधार* वाले राग वे होते हैं जिनमें गांधार स्वर (ग) विशेष रूप से महत्वपूर्ण भूमिका निभाता है। इन रागों में गंधार स्वर की अंतरता (विशिष्ट स्वरांतर प्रयोग) उन्हें अलग पहचान देती है।

B. **मलयमारुत** → इसमें अंतर-गांधार का स्पष्ट उपयोग होता है।

C. **गौल** → यह राग भी गंधार पर विशेष रूप से आधारित है।

D. **बौली** → इसमें भी अंतर-गांधार की विशेषता पाई जाती है।

बाकी राग जैसे *हंसनाद* और *धन्यासी* इस श्रेणी में नहीं आते। इसलिए सही उत्तर है : केवल B, C और D।

71. *सिम्हानंदन ताल* कर्नाटक संगीत का सबसे लंबा और जटिल ताल माना जाता है। इसकी विशेषता यह है कि इसमें बहुत अधिक मात्राएँ होती हैं और इसे गाना व बजाना कठिन होता है। इस ताल में *तिल्लाना* की रचना महावैद्यनाथ अय्यर ने की थी। यह उनकी अद्वितीय प्रतिभा और लय-ज्ञान का प्रमाण है।

72. प्राचीन तमिल संगीत में नए रागों की व्युत्पत्ति विभिन्न पद्धतियों से होती थी। उनमें से प्रमुख है कुरल तिरिबु। इस पद्धति के माध्यम से स्वरों के विशेष संयोजन और उनकी विविधताओं से नए राग विकसित किए जाते थे।

73. *मिश्रगति मिश्रजाति अठताल* एक अत्यंत जटिल और बहु-गति वाला ताल है। इसमें कुल 126 मात्राएँ होती हैं। इसका प्रयोग बहुत कम रचनाओं में किया जाता है और इसे गाने-गुनने के लिए गहरे ताल-ज्ञान की आवश्यकता होती है।

74. संगीतकारों को कालक्रम में व्यवस्थित करने पर क्रम इस प्रकार बनता है :

D. **मतंग** → *बृहद्देशी ग्रंथ* के लेखक, लगभग 6वीं-7वीं शताब्दी।

C. **नान्यदेव** → 11वीं शताब्दी के संगीताचार्य।

B. **शारंगदेव** → 13वीं शताब्दी में *संगीत रत्नाकर* के रचयिता।

A. **राणा कुंभा** → 15वीं शताब्दी के संगीतज्ञ और मेवाड़ के शासक।

E. **वेंकटमखि** → 17वीं शताब्दी में *चतुरदंडी प्रकाशिका* के रचयिता।

सही कालक्रम है : D, C, B, A, E।

75. *पंचलिंग स्थल कृतियाँ* गुधुरबागी दीक्षितर द्वारा रचित पाँच कृतियाँ हैं, जो पाँच शिवलिंग स्थलों (पृथ्वी, जल, अग्नि, वायु और आकाश) को समर्पित हैं। इनमें से दिए गए विकल्पों में सम्मिलित कृतियाँ हैं :

A. **जम्बूपते**–पृथ्वी लिंगम, तिरुवरुर।

C. **चिंतय मा कंद**–वायु लिंगम, कांचीपुरम।

E. **आनंद नटन प्रकाशम**–आकाश लिंगम, चिदंबरम।

इसलिए सही उत्तर है केवल A, C और E।

76. *संगीत चंद्रिका* कर्नाटक संगीत का एक महत्त्वपूर्ण ग्रंथ है। इसे आत्तुर कृष्ण पिशारोटी ने लिखा था। इस ग्रंथ में रागों और तालों की परिभाषाएँ दी गई हैं और यह दक्षिण भारतीय संगीत परंपरा के विकास में महत्वपूर्ण रहा।

77. तालों की मात्राओं का अवरोही क्रम :

C. मिश्र जाति संकीर्णगति ध्रुवताल → 39 मात्राएँ

A. संकीर्णजाति संकीर्णगति मठ्यताल → 20 मात्राएँ

B. खंड जाति मिश्रगति अठताल → 12 मात्राएँ

D. मिश्र जाति चतुश्र गति त्रिपुट ताल → 8 मात्राएँ

E. खंड जाति खंड गति रूपक ताल → 7 मात्राएँ

इस प्रकार सही क्रम है : C → A → B → D → E.

78. *इरय्यीम्मन थम्बी* (1782-1856) मलयालम के एक प्रसिद्ध कवि और संगीतकार थे। वे केरल से संबंधित थे और *ओमनाथिंगल किडावो* जैसे लोरियों के लिए प्रसिद्ध हैं, जिसे 'केरल की लोरी' कहा जाता है।

79. *पण मेघरागकुरिंजी* तमिल संगीत प्रणाली का एक पण है। इसका आधुनिक कर्नाटक संगीत में समतुल्य राग नीलांबरि है। नीलांबरि राग मुख्यतः लोरियों (लोरी गीतों) में प्रयुक्त होता है और इसकी प्रकृति सौम्य और शांति प्रद है।

80. *कैशिकी निषाद* (कोमल नि) का प्रयोग कुछ रागों में विशेष रूप से पाया जाता है।

B. **मध्यमावति** → इसमें कैशिकी निषाद है।

C. **हिंदोलं** → इस राग में भी कोमल निषाद प्रयुक्त होता है।

E. **धन्यासी** → इसमें भी कैशिकी निषाद आता है।

जबकि *हंसध्वनि* और *हम्सनाद* में शुद्ध निषाद होता है।

81. वेंकटमाखिन के ग्रंथ *चतुर्दण्डि प्रकाशिका* में 19 मेलों का वर्णन मिलता है। ये मेल बाद में विकसित 72 मेलकर्ता पद्धति की नींव बने। इन 19 मेलों में से प्रमुख मेल हैं–देसाक्षी (A), सामन्त (B) और श्रीराग (C)।

तोड़ी (E) और कनकाम्बरी (D) का उल्लेख उन 19 मेलों में नहीं मिलता। ये बाद की मेलकार्ता प्रणाली में शामिल हुए।

इसलिए सही उत्तर है कि *चतुर्दण्डि प्रकाशिका* में दिए गए उन्नीस मेलों में से देसाक्षी, सामन्त और श्रीराग शामिल हैं।

82. समवर्गी राग वे होते हैं जिनकी स्वर-संरचना एक जैसी होती है, परंतु प्रयोग व नाम अलग होते हैं। उदाहरण : दरबार और नायकी दोनों में समान स्वर प्रयोग होता है, इसलिए इन्हें सम्बद्ध राग कहा जाता है।

83. वीणा धनम्माल परंपरा दक्षिण भारतीय संगीत की महत्वपूर्ण परंपरा है। इसमें गहराई, भाव और सूक्ष्मता पर बल दिया जाता है। इसके प्रमुख कलाकारों में टी. विश्वनाथन (बांसुरी), टी. वृंदा (गायन) और टी. मुक्ता (गायन) आते हैं।

84. 'पधिगम' तमिल भक्ति परंपरा का शब्द है। यह *तेवारम* में मिलता है, जो नयनार संतों (जैसे तिरुज्ञान संबंदर, तिरुनावुक्कारसर, सुन्दरर) द्वारा रचित भक्ति स्तोत्रों का संकलन है।

'पधिगम' का अर्थ है–10 भक्ति गीतों का समूह, जिनके माध्यम से भगवान शिव की स्तुति की जाती है। ये गान तमिल शैव भक्ति आंदोलन का महत्वपूर्ण हिस्सा रहे हैं।

85. भैरवी स्वरजति कर्नाटक संगीत के आचार्य श्यामा शास्त्री की सबसे प्रसिद्ध रचनाओं में से एक है। इसे मंचों पर नृत्य और संगीत दोनों रूपों में प्रस्तुत किया जाता है। इसके चरण इस क्रम में व्यवस्थित हैं :

B. कंबुगलनि

D. कुंब कुच

E. भक्त जन

C. पादक मुलनु

A. कलुषहारिणी

यह क्रम रचना की परंपरा और संगीतमय प्रस्तुति की दृष्टि से मान्य है।

86. 72 मेलकर्ता प्रणाली में प्रत्येक मेल का एक क्रमांक है।

- यागप्रिय (31)
- रागवर्धनि (32)
- गांगेयभूषणि (33)
- वागदीश्वरी (34)
- शूलिनि (35)

अवरोही क्रम = शूलिनि (C–35) → वागदीश्वरी (E–34) → गांगेयभूषणि (B–33) → रागवर्धनि (A–32) → यागप्रिय (D–31)।

87. प्रो. पी. साम्बमूर्ति ने संगीत शिक्षा और सिद्धांत पर कई ग्रंथ लिखे।

A. इंडियन सॉन्गस

C. राग लक्षणम

E. द टीचिंग ऑफ म्यूजिक

ये उनकी प्रसिद्ध कृतियाँ हैं।

88. कर्नाटक संगीत के प्रसिद्ध गायक के.वी. नारायणस्वामी को 'पदगायन' और 'गंभीर शैली' के लिए जाना जाता है। वे महान गायक अरियाकुडि रामानुज अय्यंगार (2) के शिष्य थे।

89. भरतमुनि का *नाट्यशास्त्र* केवल संगीत ही नहीं, बल्कि रंगमंच का संपूर्ण शास्त्र है। इसमें विशेष रूप से–

A. नाट्योत्पत्ति,

B. रस,

D. अभिनय का विस्तार है।

90. *मणिप्रवाल* शैली संस्कृत और तमिल/तेलुगु भाषा के मिश्रण में रचित साहित्य है।

A. वेंकटाचलपते

B. नीसमान

दोनों मणिप्रवाल शैली की रचनाएँ हैं।

91. स्वराक्षर का अर्थ है जब स्वर और साहित्य का मेल होता है। इसमें गाए गए स्वरों का उच्चारण गीत के शब्दों के अक्षरों से मेल खाता है।

92. कृति के अंगों में कई अलंकरण पाए जाते हैं। इनमें से मध्यम काल साहित्य कृति का एक विशेष अलंकृत अंग माना जाता है, जो रचना को संगीतमय सौंदर्य प्रदान करता है।

93. जब कृति के साहित्य में अक्षरों के एक ही सेट या समूह की पुनरावृत्ति होती है तो उसे अनुप्रास कहते हैं। यह काव्य का अलंकार है और कृति में साहित्यिक सौंदर्य लाता है।

94. समष्टि चरण वाली कृति वह होती है जिसमें पल्लवी और चरण ही होते हैं, अनुपल्लवी नहीं होती। इसका उदाहरण है : मरगतवल्लिम्–काम्बोजी।

95. त्रिमूर्ति (त्यागराज, मुथुस्वामी दीक्षितर, श्यामा शास्त्री) के बाद की परंपरा में कई महान रचनाकार हुए। इनमें मैसूर वासुदेवाचार्य विशेष रूप से प्रसिद्ध हैं।

96. दिए गए विकल्पों में से प्रसिद्ध वीणावादक हैं–ईमनि शंकर शास्त्री। वे कर्नाटक संगीत परंपरा के अत्यंत कुशल वीणा वादक थे।

97. ''पक्क सारनीमार्गम'' का उल्लेख चतुर्दण्डि प्रकाशिका में मिलता है। यह वेनकटमाखि द्वारा रचित ग्रंथ है जिसमें मेलकार्ता प्रणाली और संगीत सिद्धांत विस्तार से बताए गए हैं।

98. आधुनिक वीणा में 4 मुख्य तार (मुख्य धुन के लिए) और 3 ताल तार (लय देने के लिए) होते हैं। कुल मिलाकर 7 तार होते हैं।

99. 'एकांड वीणा' से तात्पर्य है कि यह वाद्य एक ही काष्ठ खंड (लकड़ी के टुकड़े) से बनाया गया हो, न कि अलग-अलग हिस्सों को जोड़कर। पारंपरिक रूप से इसे कटहल की लकड़ी से बनाया जाता है।

100. आधुनिक वीणा के ग्रीवा (fingerboard) पर 24 सारिकाएं (frets) होती हैं। इन्हीं पर अंगुलियों से स्वर निकाले जाते हैं।

भाग–V : रबीन्द्र संगीत

26. यह प्रश्न 'पर्याय' से संबंधित है यानी विषयगत समानता। B. पोथेर शेष कोथाय, C. आमार पोथे पोथे पाथोर छोड़ानो, और D. पोथ दिये के जाय गो चले–इन तीनों गीतों में 'पथ/रास्ता' की यात्रा, कठिनाइयाँ और जीवन-मार्ग का प्रतीकात्मक भाव मिलता है।

जबकि A. आमरा पोथे पोथे जाबो समूह या यात्रा का भाव रखता है, लेकिन उसका आशय थोड़ा भिन्न है और यह अन्य तीनों के बिल्कुल समान पर्याय में नहीं आता। इसलिए सही समूह है B, C और D।

27. गीत 'सकोलो गौर्बो दूर करी दीबो' का आधार राग *अड़ाना* है।

- दरबारी, जोग, मालकौंस अन्य राग हैं लेकिन इस गीत की धुन और स्वरपद्धति अड़ाना से मेल खाती है।
- अड़ाना प्रायः गम्भीर और गंभीर भाव प्रकट करता है, और गीत का भाव भी वैसा ही है।

28. आड़ाठेका एक विशिष्ट ताल (Rabindra Sangeet में प्रचलित) है। दिए गए गीतों में B. प्राणेर प्राण जागीछे, C. कोथा जे उधाओ, और D. अनिमेश आँखी–ये तीनों आड़ाठेका ताल में निबद्ध माने जाते हैं; जबकि A. ए पोरोबासे रोबे के किसी अन्य ताल में प्रस्तुत होता है।

29. सन् 1922 में शांतिनिकेतन में कुआं स्थापित किया गया। उस अवसर पर रवीन्द्रनाथ ठाकुर ने एक विशेष गीत लिखा।

- वह गीत है 'एशो एशो हे तृष्णारो जल'।
- इसमें प्यास और शांति के प्रतीक से 'जल' का आह्वान है, जो कुएँ की स्थापना से सीधा जुड़ा है।

30. प्रश्न है कि दिए गए काव्यग्रंथों को प्रकाशन-वर्षानुसार क्रमबद्ध करें :

C. **मानसी**–1890 में प्रकाशित

B. **सोनार तोरी** 1894

A. **चित्रा**–1896

D. **चैताली**–1896-97

इस प्रकार सही क्रम : C → B → A → D।

31.
- **सुंदरेर बंधन, एसेछी प्रियतमो, और हाय एकी समापन**–ये सब श्यामा में पाए जाते हैं।
- लेकिन **'ओई रे तोरी दिलो खुले'** गीत *परिशोध* न है, *श्यामा* में नहीं।

32. ''होई होई संघ'' के सदस्य इसमें नंदलाल बसु (A), रवीन्द्रनाथ टैगोर (B) और अनिल कुमार चंद (D) थे। शांतिदेव घोष (C) बाद की पीढ़ी में आए, वे सदस्य नहीं थे।

33. **D.** **ओ देखबी रे भाई** → नाटक की शुरुआत में, जब शिकार का आह्वान होता है।

A. **काल सकाले उठबो मोरा** → इसके बाद मृगया की तैयारी के समय।

C. **समुखेते बोहिछे तोटिनी** → जब राजा दशरथ शिकार करते हुए नदी तट पर पहुँचते हैं।

B. **की दोष कोरेछी तोमार** → अंत में, जब दशरथ द्वारा श्रवण कुमार को गलती से तीर लग जाता है और अंध ऋषि विलाप करते हैं।

अतः सही क्रम = D, A, C, B।

34. A. मोरे बारे बारे फिराले → नटमल्हार (IV)–ग्रीष्म/वर्षा का भाव।

B. जय तब प्रिचित्रो आनंद → वृंदावनी सारंग (III)–भक्ति और उल्लास।

C. आजी प्रोणोमी तोमारे चोलिबो नाथो → बिभास (II) –प्रातःकालीन, शांत भाव।

D. सुंदर बहे आनंद → यमन (I)–संध्या, माधुर्य और भक्ति।

35. यहाँ 'पा-धा-सा' और 'सा-रा-गा-रा' जैसी गति गीत की उद्घोषणा और आह्वानात्मक शैली को दर्शाती है।

धुन में जागरण (उठो, आह्वान) का भाव है, जो सीधे 'ओठो ओठो रे बिफले प्रभात' गीत की रचना से मेल खाता है।

अन्य विकल्प जैसे *'शक्तिरूप हेरो ताँर'*, *'डुबि अमृतपाधारे'* या *'आछो अन्तरे चिरोदिन'* की धुन इससे मेल नहीं खाती।

36. कामिनी राय की रचना *'सोकोलेरी प्रभू तुमी'* ब्रह्मसंगीत शैली में आती है। इसकी धुन और संरचना की तुलना करने पर यह गीत *'डेकेछेन प्रियोतोमो'* से काफी मेल खाता है। दोनों गीतों में राग-भाव और भक्ति-संवेदना का साम्य है।

37. रवीन्द्रनाथ टैगोर के गीत और उनके संबंधित काव्य संग्रह का सही मिलान :

A. बादल दिनेर प्रथम कदम फुल → सानाई (III)

B. आमार प्राणेर पौरे → छवि ओ गान (I)

C. आजी ए निराला कुंजे → महुआ (IV)

D. निशिथो शौयोने → नैवेद्य (II)

अतः सही संयोजन है : A-III, B-I, C-IV, D-II

38. रवीन्द्रनाथ ठाकुर का काव्यग्रंथ *'खेया'* उस दौर का प्रतिनिधित्व करता है जब उनके काव्य में आध्यात्मिक गहराई और ईश्वर के प्रति आस्था प्रमुख थी।

इसका प्रकाशन वर्ष 1906 है।

39. गीत *'शूनो नलिनी खोलो गो आँखी'* में रवीन्द्रनाथ टैगोर ने अन्नपूर्णा तुरखड़ (Anna Turkhud) को *'नलिनी'* कहा है।

- अन्ना तुरखड़ एक मराठी परिवार से थीं और टैगोर के इंग्लैंड जाने से पहले वे उन्हें अंग्रेजी सिखाती थीं।
- रवीन्द्रनाथ का उनके प्रति गहरा स्नेह था और उन्होंने उन्हें प्यार से *'नलिनी'* नाम दिया।
- इस गीत के माध्यम से टैगोर ने अपनी उस पहली प्रेमिका की स्मृति को अमर कर दिया।

40. तालफेर्ता (Tal Pherota) रवीन्द्रसंगीत की एक खास शैली है जिसमें एक ही गीत के अलग-अलग हिस्सों (मुखड़ा और अंतरा) में ताल बदल जाती है।

A. मोधुगंधे भौरा → तालफेर्ता (इस गीत में ताल का परिवर्तन मिलता है)

B. बिश्वबिद्यातीर्थ प्रांगण → तालफेर्ता नहीं है

C. बिश्वविणारौबे विश्वजन मोहिछे → तालफेर्ता (इसमें भी ताल परिवर्तन का उत्कृष्ट प्रयोग है)

D. विमलो आनंदे जागो → तालफेर्ता नहीं है

सही विकल्प : केवल A और C.

41. यहाँ काव्य-संग्रह और *स्वरबीतान* संख्या का मिलान पूछा गया है।

- **गीतपंचाशिका → स्वरबीतान संख्या 50 (III) :** नाम से ही स्पष्ट है कि इसमें 50 गीतों का संकलन है।
- **नबगीतिका 2 → स्वरबीतान संख्या 16 (IV) :** *नबगीतिका* का दूसरा खंड 16 गीतों पर आधारित है।
- **केतकी → स्वरबीतान संख्या 11 (II) :** *केतकी* संग्रह 11 गीतों का है।
- **शेफाली → स्वरबीतान संख्या 15 (I) :** इस संग्रह में 15 गीत संकलित हैं।

सही उत्तर : A-III, B-IV, C-II, D-I.

42. नाटकों का उनके प्रकाशन-वर्ष के अनुसार क्रम :

B. प्रायश्चित–1900 में प्रकाशित, यह प्रारंभिक कृति है।

A. राजा–1910 में आया, इसमें प्रतीकात्मक शैली अधिक गहराई से दिखती है।

D. अचलायतन–1912 में प्रकाशित, यह गंभीर दार्शनिक नाटक है।

C. फाल्गुनी–1916 में प्रकाशित, इसमें वसंत और जीवन की उमंग झलकती है।

सही क्रम : B, A, D, C.

43. *श्यामा* नृत्य-नाटक में पात्र हैं :

- श्यामा (मुख्य नायिका),
- उत्तीय (प्रेमी),
- बज्रसेन (राजा)।

लेकिन इसमें प्रकृति नाम का कोई पात्र नहीं है।

44. गीत और अनुष्ठान/उत्सव का सही मेल :

- **अल्प लोइया थाकी ताई → माघोत्सव (II)** : यह गीत *माघोत्सव* से जुड़ा है।
- **आय आय आय आमादेर औंगने → वृक्षारोपण (IV)** : यह *वृक्षारोपण* अवसर का गीत है।
- **ओहे नबीन अतिथि → अन्नप्राशन (I)** : यह गीत *अन्नप्राशन* संस्कार के समय गाया जाता है।
- **ओई पोहाइलो तिमिरो राति → नववर्ष (III)** : यह नववर्ष के स्वागत का गीत है।

सही क्रम : A-II, B-IV, C-I, D-III.

45. गीतों और उनकी श्रेणी का सही मिलान :

- **आँधार एलो बोले → अनुष्ठानिक संगीत (III)** : धार्मिक/अनुष्ठानिक संदर्भ का गीत।
- **सखी प्रतिदिन हाय → प्रेम (IV)** : यह प्रेम-वेदना का गीत है।
- **एबार तोर मौरा गांगे → स्वदेशी (I)** : स्वदेशी आंदोलन की भावना व्यक्त करता है।
- **एकी करूणा → पूजा (II)** : यह ईश्वर-भक्ति और पूजा का गीत है।

सही उत्तर : A-III, B-IV, C-I, D-II.

46. राग *शहाना* पर आधारित गीत :

C. डेकेछेन प्रियोतम

E. निबिड़ो घानो आँधारे

ये दोनों ही *राग शहाना* पर आधारित हैं।

अन्य गीत जैसे *एखोनो तारे चोखे देखिनी, ओहे सुंदर मोरी मोरी, आहा आजी ए बसंते* अन्य रागों में हैं।

सही उत्तर : केवल C और E.

47. रवीन्द्रसंगीत के लिए कुछ वाद्ययंत्र उपयुक्त माने जाते हैं जैसे : इसराज, सारंगी इत्यादि।

लेकिन :

A. घटम (दक्षिण भारतीय तालवाद्य) → उपयुक्त नहीं

B. सारंगी → शास्त्रीय गायक वाद्य, पर रवीन्द्रसंगीत में सामान्यतः प्रयुक्त नहीं

C. खंजीरा (दक्षिण भारतीय तालवाद्य) → उपयुक्त नहीं

D. इसराज → रवीन्द्रसंगीत का प्रमुख वाद्य है, उपयुक्त है

अतः सही विकल्प : केवल A, B और C.

48. यहाँ कालक्रम रवीन्द्रनाथ टैगोर की बहनों के जन्म वर्ष के आधार पर है :

D. सौदामिनी देवी → 1847 (सबसे वरिष्ठ)

B. सुकुमारी देवी → 1849

C. शरतकुमारी देवी → 1856

A. स्वर्णकुमारी देवी → 1855

सही कालानुक्रम = D, B, C, A.

49. गीतों को रचना-वर्ष के अनुसार आरोही क्रम में व्यवस्थित करें :

C. मोरी लो मोरी आमाय → 1888

A. निभृत प्राणेर देबता → 1893

D. आछो आपन मोहिमा लोये → 1896

B. तुमी जे चेये आछो → 1914

सही क्रम = C, A, D, B.

50. गीत 'शुभ्र आसोन बिराजो' रवीन्द्रनाथ ठाकुर की एक प्रार्थना/भक्ति प्रधान रचना है।

- इसमें ईश्वर या शक्ति को पवित्र *आसन* पर विराजमान होने का आह्वान किया गया है।
- इसकी लय और ताल संरचना बहुत सुस्पष्ट है।
- इस गीत में प्रयुक्त ताल है आड़ा चौताल (Adha Chautal)।
- *आड़ा चैताल* एक 14 मात्राओं का ताल है, जो रवीन्द्र संगीत में गंभीर, प्रार्थना और औपचारिकता वाले गीतों के लिए विशेष उपयुक्त माना जाता है। इसलिए इस गीत की पहचान ताल के आधार पर होती है।

51. *गीतबीतान* में प्रेम पर्याय का दूसरा गीत है—'आमार मोनेर माझे'। यह गीत प्रेम भावना की कोमलता और गहन संवेदना को व्यक्त करता है।

52. पाश्चात्य संगीत से प्रेरित कई गीत रवीन्द्रनाथ ने लिखे, लेकिन 'आमार तुमी असेष कोरेछो' पाश्चात्य गीत पर आधारित नहीं है।

अन्य जैसे *सकोली फुरालो, मोरी ओ काहार बाछा, काली काली बोलो रे आज* पश्चिमी धुनों से प्रभावित हैं।

53. यहाँ दिए गए पात्रों में –

- अमल (*डाकघर* नाटक से),
- धनंजय बैरागी (*आचार्य* नाटक से),

- सुदर्शना (*आचलायतन* नाटक से)—ये तीनों टैगोर के नाटक के पात्र हैं।

जबकि चारूलता (बंकिम/रवीन्द्रनाथ के उपन्यास से) और महेन्द्र (उपन्यास *नष्टनीड़* से) नाटक के पात्र नहीं हैं।

54. प्रश्न में एक ठेका (ताल का मूल स्वरूप) दिया गया है :

1 2 3 | 4 5 | 6 7 | 8 9

धा दिन ता | तिट कत | गदी गेने | धागे टे टे

- इस ठेके में 9 मात्राएँ हैं।
- *'धा दिन ता | तिट कत | गदी गेने | धागे टे टे'* का क्रम स्पष्ट रूप से नवताल (9 मात्राएँ) का प्रतिनिधित्व करता है।
- नवताल का प्रयोग रवीन्द्रसंगीत में कई बार तालफेर्ता या विशेष लयबद्धता के लिए किया गया है।

इसलिए यह ठेका नवताल का है।

55. कर्नाटक संगीत पर आधारित कई गीत रवीन्द्रनाथ ने रचे। लेकिन *'दूरे कोथाय दूरे दूरे'* कर्नाटक संगीत पर आधारित नहीं है।

अन्य गीत—*बासोंती है भुबनमोहिनी, बाजे कोरुनो सूरे, नीलांजनों छाया*—कर्नाटक संगीत से प्रभावित हैं।

56. सत्यजीत रे द्वारा निर्देशित फिल्म *'तीन कन्या'* (1961) टैगोर की लघुकथाओं—*पोस्टमास्टर, मोनिहारा* और *समापति*—पर आधारित है।

इस फिल्म में प्रयुक्त गीत है—'बाजे कोरूणो सूरे'।

57. *भानुसिंघेर पदाबोली* रवीन्द्रनाथ ठाकुर द्वारा ब्रजबुली भाषा में रचित पदावली है, जिसमें राधा-कृष्ण प्रेम प्रसंग प्रमुख हैं।

A. **दूर देशी सेई राखाल छेले** → भानुसिंघेर पदावली का हिस्सा है।

B. **सुन लो सुन लो बालिका** (शुन्हो शुन्हो बालिका) → इसमें शामिल नहीं है।

C. **ह्मदे लो नंदरानी** → यह भी भानुसिंघेर पदावली का हिस्सा नहीं है।

D. **सतिमिर रजनी सचकित सजनी** → यह पद इसमें शामिल है।

E. **देखे जा देखे जा देखे जा लो तोरा** → यह भी ब्रजबुली पदावली का रूप है और शामिल है।

इसलिए सही उत्तर : केवल B और C

58. गीत *'ओई आसे ओई अति भैरव'* के बारे में जानकारी :

A. **यह ताल फेरता गीत है।** सही—इस गीत में ताल परिवर्तन का प्रयोग हुआ है।

B. **यह पद संग्रह 'कल्पना' की कविता है।** सही—यह गीत *कल्पना* काव्य संग्रह से लिया गया है।

C. **यह 'प्रेम पर्याय' की श्रेणी में आता है।** गलत—यह गीत *प्रेम पर्याय* में नहीं आता, बल्कि इसे पूजा और प्रकृति से संबंधित माना जाता है।

D. **यह ऋतु आधारित नाटक-नटराज ऋतुरंगशाला से उद्धृत गीत है।** सही—यह *नटराज ऋतुरंगशाला* नाटक का हिस्सा है।

इसलिए सही विकल्प है : केवल A, B और D.

59. 'ऐपिलोग टू लेसिंग्स लाउकून' *(Epilogue to Lessing's Laocoon)* एक महत्वपूर्ण निबंध है। इसके रचयिता मैथ्यू आर्नोल्ड (Matthew Arnold) थे, जो 19वीं सदी के एक प्रमुख अंग्रेजी कवि और आलोचक माने जाते हैं। उन्होंने साहित्यिक आलोचना और सांस्कृतिक निबंध लेखन में विशेष योगदान दिया।

यह आर्नोल्ड की प्रसिद्ध रचना है, जिसमें साहित्य और चित्रकला के भेद पर चर्चा की गई थी।

इस प्रकार, सही उत्तर मैथ्यू आर्नोल्ड है।

60. अब दिए गए कथनों का परीक्षण :

A. **'आमार नयन भूलानो एले'** → प्रकृति पर्याय, शारद उप-पर्याय (सही)।

B. **'छि छी चोखोर जले'** → प्रेम पर्याय (गलत, यह व्यंग्यात्मक रचना है, प्रेम पर्याय नहीं)।

C. **'जोनाकी की सुखे ओई'** → बिचित्रा पर्याय (सही)।

D. **'तुमी नब नब रूपे'** → प्रेम पर्याय (गलत, यह पूजा/भक्ति से जुड़ा गीत है)।

E. **'बाजे बाजे रॉम्योबीणा'** → प्रकृति पर्याय (गलत, यह प्रेम/संगीत पर्याय से संबंधित है)।

सही कथन = A और C.

61. शिलाईदह में नदी के किनारे तूफानी वर्षा में एक रात बिताने के बाद रवीन्द्रनाथ ने जो गीत रचा, वह है—'आहा जागी पोहलो बिभाबरी'।

इस गीत में प्रकृति के भीषण रूप और उसके बाद के शांति-प्रभात का चित्रण मिलता है।

62. अंग्रेज़ों के उत्पीड़न के विरोध में लिखे गए गीतों में :

A. नाई नाई भय

C. सर्बो खर्बोतारे दाहे

E. बुक बँधे तुई दाँड़ा देखी

तीनों गीत स्वतंत्रता और संघर्ष की भावना से जुड़े हैं।

63. *'लंबकर्ण पाला'* के रचयिता थे अबनीन्द्रनाथ टैगोर। वे रवीन्द्रनाथ के भतीजे और एक प्रसिद्ध चित्रकार, लेखक और बंगाली साहित्यकार भी थे।

64. रामायण पर आधारित रचनाएँ :

B. कालमृगया → दशरथ और श्रवण कुमार की कथा पर आधारित।

E. बाल्मीकि प्रतिभा → बाल्मीकि और रामायण की कथा से संबंधित।

सही उत्तर = केवल B और E.

65. घटनाओं का सही कालक्रम :

C. शारदा देवी का निधन (1875)

A. अहमदाबाद जाना (सत्येन्द्रनाथ के साथ, 1878-79)

B. *बाल्मीकि प्रतिभा* का गायन (1881)

D. कादंबरी देवी का निधन (1884)

क्रम = C, A, B, D.

66. सूची-I और सूची-II का सही मिलान :

A. देखो देखो शुकतारा → चोले छलो छलो नोदीधारा (III) : दोनों ही प्रकृति और प्रवाहमयी गति से जुड़े हुए गीत हैं।

B. आमार एइ रिक्तो डाली → बाकी आमी राखबो ना (IV) : यह गीत आत्मसमर्पण और पूर्ण समर्पण की भावना दर्शाता है।

C. वसंते फुल गांथलो → अशांति आज हानलो (I) : वसंत के उल्लास और नई ऊर्जा से संबंधित है।

D. समुखेते बोहिछे तोटिनी → हाशी केनो नेई ओ नोयोने (II) : नदी और जीवन प्रवाह का प्रतीक है।

सही संयोजन = A-III, B-IV, C-I, D-II.

67. घटनाओं का सही कालक्रम :

B. मृणालिनी देवी का निधन (1902)—रवीन्द्रनाथ की पत्नी।

D. महर्षि देवेन्द्रनाथ टैगोर का निधन (1905)—रवीन्द्रनाथ के पिता।

A. शमिंद्रनाथ का निधन (1907)—रवीन्द्रनाथ के सबसे छोटे पुत्र।

C. बेला का निधन (1918)—उनकी पुत्री।

इसलिए क्रम = B → D → A → C.

68. रवीन्द्रसंगीत में *सुरान्तर* (key modulation या स्वर परिवर्तन) का प्रयोग कई गीतों में है, जैसे *महाबिश्वे महाकाशे, आजी झौरो झौरो, चिरोसखा हे छोड़ोना*। लेकिन *'जे ध्रुवपद दियेछो'* एक स्थिर ध्रुपद शैली का गीत है जिसमें सुरान्तर का प्रयोग नहीं है।

69. **A. गल्पगुच्छ**—यह रवीन्द्रनाथ टैगोर की लघु कथाओं का प्रसिद्ध संकलन है। इसमें उनकी कई कहानियाँ संकलित हैं।

B. अग्निबीणा—यह कृति *काजी नजरूल इस्लाम* की है, टैगोर की नहीं।

C. संचिता—यह टैगोर की कृति नहीं है।

D. कांतपदाबोली—यह रवीन्द्रनाथ टैगोर की कविताओं का संकलन है।

अतः सही उत्तर है—केवल A और D.

70. टैगोर ने कुछ तालों का स्वयं *सृजन* किया था, जो उनकी रचनात्मकता और संगीत-प्रयोगशीलता को दर्शाता है।

A. चौताल—यह पारंपरिक ताल है, टैगोर द्वारा सृजित नहीं।

B. आड़ा चौताल—यह भी एक पारंपरिक ताल है।

C. नबपंचताल—यह टैगोर द्वारा सृजित एक नया ताल है, जिसे उन्होंने अपने गीतों में प्रयोग किया।

D. रूपक—यह भी शास्त्रीय संगीत में पहले से मौजूद ताल है।

E. रूपकड़ा—यह भी टैगोर का सृजन है और विशेष रूप से रवींद्र संगीत में प्रयुक्त होता है।

इस प्रकार, टैगोर के द्वारा सृजित ताल नबपंचताल और रूपकड़ा हैं।

71. सूची-I और सूची-II का सही मिलान इस प्रकार है :

A. आमारे बारो जीबनबान → III. बाजे झननन

B. एशो शौरतेर आमोला मोहिमा → IV. या जग झूठ

C. ए परबासे रोबे के → I. ओ मिया वे जानेवाले

D. ताँहारे आरोती कोरे → II. जग जन ध्यान धरत

यह स्पष्ट करता है कि रवींद्रनाथ टैगोर ने अपनी रचनाओं में पारंपरिक भारतीय धुनों और लोकधुनों का गहरा प्रभाव लिया और उन्हें नए रूप में प्रस्तुत किया।

72. ऋतु-नाटक *'शेष वर्षण'* से संबंधित गीत हैं :

A. झौरे झौरो झौरो भादर बादर–वर्षा ऋतु के अंतिम दिनों का प्रभावशाली चित्रण करता है।

C. धौरोनिर गागोनेर मिलैनेर छन्दे–प्रकृति और मानव जीवन के सामंजस्य को दर्शाता है।

अन्य गीत, जैसे B. *झौरो झौरो बोरिशे* और D. *के दिलो आबार आघात, 'शेष वर्षण'* का हिस्सा नहीं हैं।

73. सही कथन :

B. नृत्य नाटक *बाल्मीकि प्रतिभा* सर्वप्रथम 1881 में मंचस्थ किया गया था।

D. *'संगीतेर मुक्ति'* आलेख सन् 1917 में सबुज पत्रा में प्रकाशित हुआ।

गलत कथन :

A. टैगोर पहली बार 17 वर्ष की आयु (1878) में लंदन गए थे, न कि 20 वर्ष की आयु में।

C. *कालमृगया* के केवल कुछ गीत पाश्चात्य धुनों पर आधारित हैं, सभी नहीं।

E. टैगोर ने *बाल्मीकि प्रतिभा* में वाल्मीकि का अभिनय किया था, 'बसंत' का नहीं।

इसलिए सही कथन केवल B और D हैं।

74. टैगोर ने *पाली मंत्रों* का प्रयोग खासकर बौद्ध-आधारित कृतियों में किया।

A. चित्रांगदा–इसमें पाली मंत्र नहीं हैं।

B. मायार खेला–इसमें भी नहीं।

C. चंडालिका–इसमें पाली मंत्रों का प्रयोग है।

D. नोटिर पूजा–इसमें भी पाली मंत्रों को सम्मिलित किया गया है।

E. शापमोचन–इसमें नहीं।

सही विकल्प = C और D.

75. 'ब्रह्मचर्याश्रम' की स्थापना रवींद्रनाथ टैगोर ने 1901 में शांति निकेतन (बोलपुर, पश्चिम बंगाल) में की थी। इसका उद्देश्य बच्चों को प्रकृति के बीच सरल, सादगीपूर्ण और आध्यात्मिक वातावरण में शिक्षा देना था। यहाँ शिक्षा पारंपरिक गुरुकुल पद्धति और आधुनिक शिक्षण प्रणाली का मिश्रण थी। बाद में यही *ब्रह्मचर्याश्रम* 1921 में विकसित होकर विश्वभारती विश्वविद्यालय का आधार बना।

इसलिए सही उत्तर है 1901।

76. ब्रह्मसंगीत वे गीत हैं जिनमें ईश्वर, ब्रह्म और भक्ति का भाव प्रकट होता है।

- *सत्यमंगल प्रेममयो तुमी, आनंदगान उठुक तोबे, और महाविश्वे महाकाशे महाकाल माझे*–ये सभी ब्रह्मसंगीत की श्रेणी में आते हैं।
- लेकिन *हृदयनंदन बोने* प्रकृति/प्रेम आधारित गीत है, इसलिए यह ब्रह्मसंगीत नहीं है।

77. *तासेर देश* (कार्डों का देश) में गीतों का क्रम कहानी की प्रगति के अनुसार है :

C. एलेम नोतून देशे–नए देश में प्रवेश।

B. आमरा नूतन जोइबनेरी दूत–युवा शक्ति का परिचय।

A. ओगो शांतो पाशन मुरति–कठोर अनुशासन पर कटाक्ष।

D. उल हवा लागलो आमार गानेर–स्वतंत्रता और परिवर्तन की हवा।

इसलिए सही क्रम है : C, B, A, D.

78. ध्रुपद अंग के गीतों में गंभीरता, स्थिरता और आलाप की प्रधानता होती है। ये गीत शास्त्रीय ध्रुपद शैली से प्रेरित होते हैं।

B. प्रथम आदि तब शक्ति–यह गीत ध्रुपद अंग का है, इसमें गाम्भीर्य और स्थिर स्वरूप है।

D. ताँहारे आरोती कोरे–यह भी ध्रुपद अंग का गीत है, आराधना शैली में गाया जाता है।

बाकी (A, C, E) ध्रुपद अंग से संबंधित नहीं हैं।

इसलिए सही विकल्प है केवल B और D।

79. टैगोर के उपन्यास और अन्य साहित्य में से :

- **जोगाजोग और घरे बाइरे**–रवींद्रनाथ टैगोर के उपन्यास हैं।
- **देबी और पाथेर दाबी**–शरतचंद्र चट्टोपाध्याय की रचनाएँ।
- **पाथेर पंचाली**–बिभूतिभूषण बंद्योपाध्याय का उपन्यास।

इसलिए टैगोर रचित नहीं हैं : B, C और E।

80. रवीन्द्र संगीत के विद्वानों में कई नाम शामिल हैं, पर प्रमुख रूप से :

- **शांतिदेव घोष**–रवीन्द्र संगीत के गायक, विद्वान और शिक्षकय शांति निकेतन से जुड़े रहे।
- **शैलजारंजन मजूमदार**–रवीन्द्र संगीत पर गहरा शोध करने वाले विद्वान।
- **गोबिन्द गोपाल मुखोपाध्याय** और **नृसिंह प्रसाद भादुड़ी** रवीन्द्र संगीत के प्रत्यक्ष विद्वान नहीं माने जाते।

सही विकल्प है केवल B और C।

81. गीतों और तालों का सही मिलान :

A. **आजि श्रावण घन गइन मोहे → झंपक ताल**–इसमें ताल की जटिलता है।

P. **प्रेमे प्राणे गाने गंधे → नबताल**–यह ताल टैगोर के प्रयोगों में खास है।

C. **केनो जागे ना जागे ना → जत ताल (8 मात्रा)**–साधारण पर गेय ताल।

D. **आजि मोर द्वारे → पंचम सवारी**–विशिष्ट ताल में बंधा।

इसलिए सही क्रम = A-III, B-I, C-II, D-IV.

82. सूची-I और सूची-II का सही मिलान इस प्रकार है :

A. **हृदय आमार प्रकाश होलो → II. 4|2 छंद**–यह गीत 4 और 2 मात्राओं के खंडों में रचित है, जिससे लय की सरलता और संतुलन झलकता है।

B. **जीवन मरोनेर सीमाना → III. रूपकड़ा**–रूपकड़ा एक विशिष्ट ताल है जिसमें गीत की गंभीरता और गहराई प्रकट होती है।

C. **ब्याकुलो बोकुलेरो फूले → IV. 5|4 छंद**–पाँच और चार मात्राओं का क्रम गीत की लय को विशेष बनाता है।

D. **कॉपिछे देहलता थोरोथोरो → I. 3|4|4 छंद**–तीन, चार और चार मात्राओं की यह जटिल रांरचना गीत को विशेष लयात्मकता देती है।

इस प्रकार सही क्रम है : A-II, B-III, C-IV, D-I.

83. गीतोबितान में उल्लिखित प्रकृति-पर्याय के गीतों का आरोही क्रम इस प्रकार है :

C. **कुसुमे कुसुमे चरण चिह्न**–यह टैगोर के शुरुआती प्रकृति गीतों में से है, जहाँ फूलों के माध्यम से दिव्यता का अनुभव कराया गया है।

A. **नमो नमो नमो कोरूणाधन**–यह गीत प्रकृति की करुणा और सुंदरता के माध्यम से परमात्मा का आह्वान करता है।

B. **निर्मल कांतो नमो हे नमो**–इसमें निर्मलता और पवित्रता का गुणगान है, प्रकृति की सौम्यता को श्रद्धांजलि दी गई है।

D. **नमो नमो क्षुधार्त जनशरण्य**–यह गीत टैगोर की सामाजिक चेतना को व्यक्त करता है, जहाँ भूखों और शरणार्थियों के लिए आश्रय का आह्वान है।

इसलिए सही क्रम है : C, A, B, D.

84. स्वरबीतान संख्या (गीतों का क्रम) :

B. **शांति करो वरीशानो**–पहले आता है।

D. **केनो धोरे राखा ओ जो जाबे चोले**–इसके बाद।

A. **बोहे निरंतर अनंत आनंदधारा**–फिर आता है।

C. **सुंदर बहे आनंदमंदानील**–सबसे अंत में।

सही क्रम = B, D, A, C.

85. गीतिनाट्य बाल्मीकि प्रतिभा के दूसरे दृश्य का पहला गीत 'रांगा पादपद्मो युगे' है। यह गीत नाटक के दूसरे अंक की शुरुआत को चिह्नित करता है। इसमें गहन भक्ति और भक्ति-संगीत की ध्वनि है, जो कथा को एक नए मोड़ पर ले जाती है।

इस गीत को बाद में शांतिदेव घोष ने स्वर दिया और गाया। रवींद्रनाथ टैगोर ने स्वयं इसका संगीत संयोजन किया था। यह गीत नाटक में आध्यात्मिकता और भक्ति-भावना का वातावरण निर्मित करता है और आगे की घटनाओं की पृष्ठभूमि तैयार करता है।

86. नृत्य नाटक चित्रांगदा में 'ओरे झौड़ नेमे आय' गीत को "आत्मउद्धीपनार गान" कहा गया है। यह गीत आत्मशक्ति और साहस जगाने वाला है, जिसमें चित्रांगदा अपने भीतरी बल और आत्मनिर्भरता का उद्घोष करती है।

87. रवींद्रनाथ टैगोर ने हर्बर्ट स्पेंसर की पुस्तक *'The Origin and Function of Music'* का उल्लेख अपने निबंध 'संगीत ओ भाव' में किया है। इस निबंध में उन्होंने संगीत की उत्पत्ति, उसके भावनात्मक प्रभाव और मनुष्य के जीवन में उसकी भूमिका पर विचार प्रस्तुत किए। टैगोर ने यह भी बताया कि स्पेंसर ने संगीत को मानव भावनाओं की अभिव्यक्ति और संचार का माध्यम माना था।

88. यह प्रश्न टैगोर के गीतों के हिंदी अनुवाद और उनके मूल बंगाली संस्करण के बीच मिलान पर आधारित है। सही जोड़ी इस प्रकार है :

A. *पवन चले जोर* → III. *खौरो बायु बौय बेगे*

B. *सावन की रातों में* → I. *जेते जेते एकला पोथे*

C. *मेरे चंचल नैना* → IV. *मधु गंधे भौरा*

D. *बंधन खुला पंछी उड़ा* → II. *पागला हावार बादोल दिने*

यह दर्शाता है कि टैगोर के मूल बांग्ला गीतों का भाव और रस हिंदी अनुवादों में भी उसी प्रकार सजीव बना रहा।

89. 'स्मरण' वास्तव में रवींद्रनाथ टैगोर की पत्नी मृणालिनी देवी (जिनका निधन 1902 में हुआ था) की स्मृति में लिखा गया था। यह रचना उनके निजी दुख और संवेदनाओं की अभिव्यक्ति है। इसमें टैगोर ने अपने व्यक्तिगत शोक और जीवनसाथी की स्मृतियों को हृदयस्पर्शी शब्दों में प्रस्तुत किया है।

90. 'चंडालिका' रवींद्रनाथ टैगोर का नृत्य-नाटक है, जिसमें उन्होंने सामाजिक असमानता और मानवता के संदेश को गीत-संगीत के माध्यम से प्रस्तुत किया है।

इस नाटक के प्रमुख गीत हैं–

- *'की जे भाबिश तुई अन्यमोने'*
- *'शुधू एक्टी गोंडुश जल'*
- *'जे आमारे पाठालो एई'*

लेकिन 'बैधु कोन आलो लागलो चोखे' इस नाटक का हिस्सा नहीं है।

91. 'रक्तकरबी' सर्वप्रथम *प्रबासी* पत्रिका में प्रकाशित हुआ था। यह 1924 में प्रकाशित हुआ और बाद में पुस्तक रूप में आया।

92. 'रक्तकरबी' नाटक में शामिल गीतों में हैं– *'आजी नाहीं नाहीं निद्रा'*, *'तोमाय गान शोनाबो'*, और *'ओ चाँद चोखेर जोलेर लागलो जोयार'*। लेकिन *'भालोबासी भालोबासी'* एक स्वतंत्र प्रेमगीत है और नाटक का हिस्सा नहीं है।

93. 'रक्तकरबी' नाटक में नंदिनी केवल सौंदर्य या कोमलता की प्रतीक नहीं है, बल्कि वह उल्लंघन का भाव (Rebellious Spirit) का प्रतिनिधित्व करती है।

वह यक्षपुरी के दमनकारी, यांत्रिक और भौतिकवादी वातावरण का विरोध करती है और उसमें स्वतंत्रता, प्रेम और जीवन की स्वाभाविक ऊर्जा का संचार करती है।

इसलिए, वह विद्रोह और मुक्ति का प्रतीक है।

94. *'तोमाय गान शोनाबो'* गीत रवींद्रनाथ टैगोर ने श्री पंचमी की संध्या पर गाया था। यह गीत कला और सरस्वती पूजा से जुड़ा है।

95. 'रक्तकरबी' नाटक का पहला नाम यक्षपुरी था। बाद में इसका नाम बदलकर 'रक्तकरबी' कर दिया गया।

96. इटली के प्रसिद्ध संगीतकार एंटोनियो विवैल्डी थे, जो 18वीं शताब्दी के विख्यात वायलिन वादक और संगीतकार माने जाते हैं। बाक और हैंडेल क्रमशः जर्मनी और इंग्लैंड से जुड़े थे, जबकि इना बॉयल आयरलैंड से थीं।

97. गद्यांश में यूरोप और विशेषकर इटली तथा उत्तर यूरोप के संगीत की चर्चा है। यह स्पष्ट रूप से पाश्चात्य संगीत (Western Music) की ओर संकेत करता है।

98. रवीन्द्र संगीत का स्वरांकन स्टाफ नोटेशन (Staff Notation) में सर्वप्रथम दीनेन्द्रनाथ टैगोर ने किया था। उन्हें टैगोर परिवार में 'नोटेशनकार' भी कहा जाता है।

99. वार्तालाप की शैली और संदर्भ रवीन्द्रनाथ टैगोर के विचारों से मेल खाती है। उन्होंने इटली के संगीत और पुच्चिनी जैसे संगीतकारों पर अपने मत दिए थे। इसलिए वक्ता रवीन्द्रनाथ टैगोर ही हैं।

100. गद्यांश में कहा गया है कि *'16वीं सदी के इटालियन संगीत में सुंदर (सम्मिश्र) पंक्तियाँ और अर्थच्छाया मिलती है'*। अतः यहाँ संदर्भ प्राचीन इटैलियन संगीत का है।

पिछले प्रश्न-पत्र

National Testing Agency (NTA)

UGC-NET जूनियर रिसर्च फैलोशिप तथा सहायक प्राध्यापक पात्रता परीक्षा

हिन्दुस्तानी संगीत, कर्नाटक संगीत, रबीन्द्र संगीत तथा अवनद्ध वाद्य

जनवरी-2025

(Exam held on 08-01-2025)

प्रश्न-पत्र-II

नोट : परीक्षार्थी भाग-I के सभी 25 प्रश्नों के उत्तर दें। यह भाग अनिवार्य है। परीक्षार्थी भाग-II, भाग-III, भाग-IV तथा भाग-V में से किसी एक भाग के सभी 75 प्रश्नों के उत्तर दें। प्रत्येक प्रश्न के दो (2) अंक हैं।

भाग-I

1. सप्तताल प्रधान होते हैं :

1. अनिबद्ध गान
2. आलापन
3. सुलादी
4. तानम

2. सूची-I को सूची-II से सुमेलित करें :

सूची-I	सूची-II
A. जारू	I. स्थायी
B. चापु	II. गमक
C. अणुद्रुत	III. ताल
D. मंद्र	IV. अंग

नीचे दिए गए विकल्पों में से **सही** उत्तर का चयन कीजिए :

1. A-I, B-II, C-IV, D-III
2. A-II, B-III, C-IV, D-I
3. A-III, B-IV, C-II, D-I
4. A-IV, B-I, C-III, D-II

3. संगीत रत्नाकर में कितने विकृत स्वरों का उल्लेख है :

1. 5
2. 7
3. 10
4. 12

4. पंचदश गमकों में निम्नलिखित में से किस गमक का उल्लेख नहीं है :

1. मूर्च्छना
2. त्रिभिन्न
3. कम्पित
4. प्लावित

5. निम्नलिखित में से किस केन्द्रीय विश्वविद्यालय को वर्ष 2023 में यूनेस्को द्वारा 'लिविंग वर्ल्ड हेरिटेज' (जीवंत विश्व विरासत) घोषित किया गया है :

1. बनारस हिंदू विश्वविद्यालय
2. जवाहरलाल नेहरू विश्वविद्यालय
3. विश्व भारती
4. दिल्ली विश्वविद्यालय

6. रवीन्द्रनाथ टैगोर को 'गीतांजलि' के लिए किस नर्ष नोबेल पुरस्कार से सम्मानित किया गया?

1. 1913
2. 1915
3. 1912
4. 1919

7. पश्तो ताल में कितनी मात्राएं होती हैं?

1. 4
2. 6
3. 7
4. 8

8. तबला में कितने बाज होते हैं?

1. 2 2. 3
3. 4 4. 9

9. निम्नलिखित में से क्या लोक शैली का अवनद्ध वाद्य यंत्र नहीं है?

1. तम्बटट्म 2. उडुक्का
3. ओट्टू 4. ढोलक

10. सूची-I को सूची-II से सुमेलित करें :

सूची-I (लोक नृत्य)	सूची-II (राज्य)
A. लावणी	I. तमिलनाडु
B. कुम्मी	II. गुजरात
C. कालबेलिया	III. महाराष्ट्र
D. डांडिया	IV. राजस्थान

नीचे दिए गए विकल्पों में से **सही** उत्तर का चयन कीजिए :

1. A-I, B-II, C-IV, D-III
2. A-III, B-I, C-IV, D-II
3. A-II, B-III, C-I, D-IV
4. A-I, B-IV, C-II, D-III

11. नौटंकी का तात्पर्य निम्नलिखित में से किससे है?

1. मन्दिर के अनुष्ठान से 2. शास्त्रीय नृत्य से
3. सर्प नृत्य से 4. नुक्कड़ नाटक से

12. भारत के लोक संगीत के बारे में कौन-से कथन सही हैं?

A. इस पर पाश्चात्य प्रभाव है।
B. यह प्रत्येक क्षेत्र के लिए विशिष्ट होता है।
C. यह आम आदमी का संगीत है।
D. इसका प्रदर्शन कर्मकांडों और उत्सवों के दौरान किया जाता है।
E. इसमें कठोर नियमावली और व्याकरण का पालन किया जाना चाहिए।

नीचे दिए गए विकल्पों में से **सही** उत्तर का चयन कीजिए :

1. केवल B, D, E 2. केवल A, C, E
3. केवल B, C, D 4. केवल C, D, E

13. भरत ने कितने रसों का उल्लेख किया है?

1. छह 2. सात
3. आठ 4. नौ

14. राग ध्यान परंपरा का महत्वपूर्ण ग्रंथ है :

1. राग विबोध – सोमनाथ
2. दत्तिलम् – दत्तिल
3. संगीत समयसार – पार्श्वदेव
4. नारदीय शिक्षा – नारद

15. सोमेश्वर मत में भैरव राग की रागिनी को चिह्नांकित कीजिए :

A. वसंत B. बंगाली
C. भैरवी D. सैन्धवी
E. पंचम

नीचे दिए गए विकल्पों में से **सही** उत्तर का चयन कीजिए :

1. केवल A, B, E 2. केवल C, D, E
3. केवल B, C, D 4. केवल A, C, D

16. व्यभिचारी भाव की संज्ञा है :

1. स्थायी भाव 2. संचारी भाव
3. विभाव 4. सात्विक भाव

17. सूची-I को सूची-II से सुमेलित करें :

सूची-I	सूची-II
A. तक्षणा	I. ब्रह्मांड विधा
B. वास्तुविधा	II. शब्द विचार (व्युत्पत्ति शास्त्र)
C. निघंटु	III. वास्तुकला
D. गंधयुक्ति	IV. बढ़ई कला

नीचे दिए गए विकल्पों में से **सही** उत्तर का चयन कीजिए :

1. A-II, B-III, C-I, D-IV
2. A-III, B-II, C-IV, D-I
3. A-I, B-III, C-II, D-IV
4. A-IV, B-III, C-II, D-I

18. महाकाव्य और पुराणों के उपोदघात की कला कहलाती है :

1. नाटक 2. वाचन
3. पुराण 4. कालक्षेप

19. निम्नलिखित में से किस कृति में रागों के पुरुष और स्त्री वर्गीकरण की चर्चा नहीं की गई है?

1. रागमाला 2. संगीत दर्पण
3. मानसोल्लास 4. चत्वारिंष्द्दत राग निरूपण

20. संदर्भ ग्रंथ सूची में सम्मिलित होगा :

A. पुस्तक का शीर्षक B. पुस्तक का चित्र

C. प्रकाशन वर्ष D. पुस्तक लेखक

E. पुस्तक का आवरण पृष्ठ

नीचे दिए गए विकल्पों में से **सही** उत्तर का चयन कीजिए :

1. केवल A, B, C 2. केवल A, D, E
3. केवल B, C, D 4. केवल A, C, D

21. रिपोर्ट की शब्दावली में प्रस्तुत किया जाता है :

1. पारिभाषिक शब्द और उनके कठिन पद एवं अभिप्राय
2. पुस्तक और उनके लेखक का नाम
3. तालिका और चार्ट की सूची
4. प्रतिदर्श का विवरण

22. दत्त संग्रह के प्राथमिक स्रोत हैं :

A. अनुवाद B. पांडुलिपि

C. शिलालेख D. समीक्षा

E. वैयक्तिक साक्षात्कार

नीचे दिए गए विकल्पों में से **सही** उत्तर का चयन कीजिए :

1. केवल B, D, E 2. केवल B, C, E
3. केवल A, B, C 4. केवल B, C, D

23. भारतीय विश्वविद्यालयों की पी-एच.डी. शोध प्रबंध का भंडार है :

1. शोधांक 2. शोधांश
3. शोध कोष 4. शोध गंगा

24. सूची-I को सूची-II से सुमेलित करें :

	सूची-I (विषय)	**सूची-II (क्षेत्र)**
A.	जनजातीय संगीत	I. संगीत और मनोविज्ञान
B.	सूफी संगीत	II. संगीत और ध्वनि अभियंत्रण
C.	स्वलीनता (ऑटिज्म) ग्रस्त बालकों का उपचार	III. संगीत और मानवशास्त्र
D.	स्टूडियो में संगीत की रिकॉर्डिंग	IV. संगीत और धर्म

नीचे दिए गए विकल्पों में से **सही** उत्तर का चयन कीजिए :

1. A-II, B-I, C-III, D-IV
2. A-IV, B-II, C-III, D-I
3. A-I, B-III, C-IV, D-II
4. A-III, B-IV, C-I, D-II

25. निम्नलिखित को शोध रिपोर्ट में इनके उल्लेख के क्रम में व्यवस्थित कीजिए :

A. आदि साहित्य की समीक्षा

B. निष्कर्ष और सारांश

C. आमुख और प्रस्तावना

D. परिशिष्ट और ग्रंथ सूची

E. समस्या का विश्लेषण और विवरण

नीचे दिए गए विकल्पों में से **सही** उत्तर का चयन कीजिए :

1. C, A, E, B, D 2. C, E, B, A, D
3. D, C, B, E, A 4. B, A, D, C, E

भाग-II

हिन्दुस्तानी संगीत (गायन तथा वादन)

26. गान्धर्व-शास्त्र का संक्षेपकर्ता किस ग्रंथकार को कहा जाता है?

1. नारद 2. दत्तिल
3. शारंगदेव 4. अहोबल

27. राग 'जैजैवान्ती' के लिए दक्षिण भारतीय संगीत में क्या संज्ञा है?

1. श्री रंजनी 2. गमन प्रिया
3. हंसा नन्दी 4. द्विजवन्ती

28. सर्वप्रथम जातियों के ध्यान का उललेख किस ग्रंथ में प्राप्त होता है?
1. नाट्यशास्त्र 2. भरतभाष्य
3. संगीत चूड़ामणि 4. बृहद्देशी

29. वैदिक संगीत में 'वेयगान' तथा 'प्रकृतिगान' की संज्ञा किस गान के लिए प्रयुक्त है?
1. ग्रामगेय गान 2. ग्रामजाति गान
3. ऊहगान 4. ऊह्यगान

30. श्रुतियों को 'गात्रज' एवं 'यंत्रज' संज्ञा किस ग्रंथकार द्वारा दी गई?
1. विद्यारण्य 2. पुण्डरीक विट्ठल
3. भाव भट्ट 4. रामामात्य

31. संगीत रत्नाकर ग्रंथ के अनुसार राग गांधार पंचम को किस गीति के अन्तर्गत विभाजित किया गया?
1. साधारणी 2. गौड़ी
3. भिन्ना 4. शुद्धा

32. संगीत दर्पण ग्रंथ में रागार्णव मत के अन्तर्गत नाट राग की 5 रागिनियों में नहीं है :
1. गांधार 2. कर्नाटक
3. सालग 4. वराटी

33. बारह मुकाम के सदृश राग वर्गीकरण की कौन-सी पद्धति प्रचलित थी?
1. राग-रागिनी 2. रागांग राग
3. संस्थान पद्धति 4. गीत्यानुसार

34. 'टप्पा' शैली अधिकांश किन रागों में गाई जाती है?
1. ललित, भटियार 2. तोड़ी, मारवा
3. झिंझोटी, भैरवी 4. भैरव, कान्हड़ा

35. पुंडरीक विट्ठल ने रागमाला ग्रंथ में कितने राग-रागिनियों का उल्लेख किया है?
1. 6 राग, 30 रागिनी 2. 6 राग, 36 रागिनी
3. 10 राग, 30 रागिनी 4. 10 राग, 36 रागिनी

36. संगीत की उत्पत्ति के संदर्भ में, शिव के उत्तर तथा दक्षिण मुख से उत्पन्न रागें हैं :
1. मेघ, दीपक 2. भैरव, हिंडोल
3. श्री, मालकौंस 4. कैशिक, बसंत

37. राग समय सिद्धांत के अनुसार सारंग के प्रकार रागों में अधिकांश का वादी-संवादी क्या है?
1. सा - प 2. रे - प
3. ध - ग 4. ग - नि

38. समय-सिद्धांत में पूर्वी थाट के राग बसंत तथा परज के वादी स्वर क्या हैं?
1. म, प 2. ध, ध
3. सां, सां 4. रे, रे

39. तीनों लय का प्रयोग दक्षिणी भारतीय संगीत की किस शैली में होता है?
1. जावलि 2. तिल्लांना
3. पदम् 4. वर्णम्

40. निम्नलिखित में से कौन ठुमरी गायन के लिए प्रसिद्ध नहीं है?
1. गिरिजा देवी 2. सिद्धेश्वरी देवी
3. सितारा देवी 4. शोभा गुर्टु

41. किस मध्यकालीन ग्रंथ में रागों को वर्गीकृत करने के लिए मूर्च्छना तथा मेल, दोनों का उल्लेख मिलता है?
1. राग तरंगिणी 2. संगीत पारिजात
3. चतुर्दण्डि प्रकाशिका 4. रागविबोध

42. 'अनूप संगीत रत्नाकर' में कुल कितने राग वर्णित हैं?
1. 264 2. 148
3. 122 4. 73

43. सूलताल के एक आवर्तन की 'बिआड़' कितनी मात्रा के पश्चात् प्रारंभ होगी?
1. $4\frac{2}{7}$ 2. $4\frac{5}{7}$
3. $5\frac{2}{7}$ 4. $5\frac{5}{7}$

44. उपशास्त्रीय संगीत की गायन शैली है :
1. तराना 2. खयाल
3. ध्रुवपद 4. ठुमरी

45. 'दरु' नामक प्रबंध का वर्णन किस ग्रंथ में प्राप्त है?
1. संगीत रत्नाकर 2. रस कौमुदी
3. संगीत पारिजात 4. बृहद्देशी

46. महाकाव्यों में वर्णित 'डिमडिमा' का प्रचलित स्वरूप है :

1. मृदंग
2. खोल
3. डमरू
4. पखावज

47. हीराबाई बडौदकर को 'पद्म भूषण' राष्ट्रीय अलंकरण किस सन् में प्राप्त हुआ?

1. 1970
2. 1935
3. 1982
4. 1966

48. उ. बड़े गुलाम अली की बंदिशें किस मुद्रा से अंकित है?

1. हररंग
2. मनरंग
3. सबरंग
4. रामरंग

49. केसरबाई केरकर संगीत समारोह कहाँ आयोजित किया जाता है?

1. अहमदाबाद
2. ग्वालियर
3. गोवा
4. जालंधर

50. विश्व मोहन भट्ट को किस एलबम के लिए ग्रैमी अवार्ड प्रदान किया गया?

1. स्काई किसेस अर्थ
2. ईस्ट मीट्स वेस्ट
3. ए मीटिंग बाय द रिवर
4. चांट्स ऑफ इंडिया

51. निम्नलिखित में से 'संगीत नाटक अकादमी' की घटक इकाई का चयन कीजिए :

1. संगीत रिसर्च अकादमी - कोलकाता
2. भारत भवन - भोपाल
3. जवाहर कला केन्द्र - जयपुर
4. जवाहर लाल नेहरू मणिपुरी नृत्य अकादमी - इम्फाल

52. स्वरमालिका द्वारा राग पहचानिए :

सा सा	ध प	म म	प ग	- रे	- सा
रें नि	ध प	ध ध	म म	प ग	रे सा
x	0	2	0	3	4

1. कालिंगड़ा
2. ललित
3. भटियार
4. तोड़ी

53. संगीत रत्नाकर के दशविध राग वर्गीकरण में वर्णित रागों के वर्ग को, राग संख्यानुसार बढ़ते क्रम में रखिए :

A. ग्रामराग
B. उपराग
C. अंतर्भाषा
D. भाषा
E. विभाषा

नीचे दिए गए विकल्पों में से **सही** उत्तर का चयन कीजिए :

1. A, B, C, D, E
2. B, D, A, C, E
3. C, B, E, A, D
4. D, E, B, C, A

54. निम्नलिखित भिन्नांक स्वर अंतरालों को घटते क्रम में चयन कीजिए :

A. $\frac{9}{8}$
B. $\frac{16}{15}$
C. $\frac{135}{128}$
D. $\frac{25}{24}$
E. $\frac{81}{80}$

नीचे दिए गए विकल्पों में से **सही** उत्तर का चयन कीजिए :

1. A, B, C, D, E
2. A, B, C, E, D
3. A, C, D, E, B
4. A, C, D, B, E

55. कालक्रमानुसार ग्रंथकारों का सही क्रम चुनिए :

A. सुधाकलश
B. सोमनाथ
C. रामामात्य
D. नान्यदेव
E. व्यंकटमखी

नीचे दिए गए विकल्पों में से **सही** उत्तर का चयन कीजिए :

1. D, B, A, C, E
2. A, D, C, B, E
3. B, D, A, E, C
4. D, A, B, E, C

56. ग्रंथों में वर्णित मेल संख्या के बढ़ते क्रम में सही विकल्प को चुनिए :

A. राग विबोध B. राग तरंगिणी

C. सद्राग चंद्रोदय D. राग मञ्जरी

नीचे दिए गए विकल्पों में से **सही** उत्तर का चयन कीजिए :

1. C, D, A, B 2. C, D, B, A
3. B, A, C, D 4. B, C, D, A

57. निम्नलिखित कर्नाटक तालों को मात्रा के बढ़ते क्रम में चयन कीजिए :

A. मिश्र जाति अठताल

B. त्रस्त्र जाति ध्रुवताल

C. चतुस्त्र जाति मठ्यताल

D. खंड जाति त्रिपुट ताल

नीचे दिए गए विकल्पों में से **सही** उत्तर का चयन कीजिए :

1. D, B, A, C 2. D, C, B, A
3. C, D, A, B 4. C, A, D, B

58. 'संगीतोपनिषदसारोद्धार' ग्रंथ के अध्यायों को क्रमानुसार व्यवस्थित कीजिए :

A. नृत्य प्रकाशनो नाम B. वाद्य प्रकाशनो नाम

C. गीत प्रकाशनो नाम D. ताल प्रकाशनो नाम

E. रागादि प्रकाशनो नाम

नीचे दिए गए विकल्पों में से **सही** उत्तर का चयन कीजिए :

1. C, D, E, A, B
2. B, D, C, E, A
3. D, A, B, E, C
4. E, B, A, C, D

59. तत, अवनद्ध, घन, सुषिर के क्रम से वाद्यों को क्रमबद्ध कीजिए :

A. कल्पतरु B. काहला

C. भेरी D. अमृतकुण्डली

नीचे दिए गए विकल्पों में से **सही** उत्तर का चयन कीजिए :

1. A, D, B, C 2. A, D, C, B
3. D, C, A, B 4. D, B, C, A

60. निम्न तालों को मात्राओं के आधार पर आरोही क्रम में व्यवस्थित करें :

A. रुद्र B. लक्ष्मी

C. पश्तो D. पंचम सवारी

E. बसन्त

नीचे दिए गए विकल्पों में से **सही** उत्तर का चयन कीजिए :

1. C, E, A, D, B
2. B, C, D, A, B
3. A, C, D, B, E
4. C, D, B, E, A

61. ताल के एक आवर्तन की कुआड़ की प्राप्त मात्रा संख्या के बढ़ते क्रम से निम्नलिखित तालों का सही क्रम ज्ञात कीजिए :

A. मणि B. शिखर

C. सूल D. ब्रह्म

E. तिलवाड़ा

नीचे दिए गए विकल्पों में से **सही** उत्तर का चयन कीजिए :

1. A, C, D, B, E
2. A, B, C, E, D
3. C, B, A, D, E
4. C, A, E, B, D

62. आरोही क्रम से भूपाली के स्वरों की मूर्च्छना से प्राप्त रागों का सही क्रम लिखिए।

A. भूपाली B. मधमाद

C. मालकौंस D. दुर्गा

E. धानी

नीचे दिए गए विकल्पों में से **सही** उत्तर का चयन कीजिए :

1. A, B, C, D, E
2. A, C, B, E, D
3. A, B, C, E, D
4. A, D, B, C, E

63. निम्न ग्रंथकारों में से किन ग्रंथकारों ने अपना शुद्ध मेल मुखारी नहीं माना?

A. सुधा कलश B. सोमनाथ

C. रामामात्य D. पार्श्वदेव

E. व्यंकटमखी

नीचे दिए गए विकल्पों में से **सही** उत्तर का चयन कीजिए :

1. केवल B, C, E   2. केवल D, B, E
3. केवल A, D   4. केवल C, E

64. ध्रुवा के प्रकारों में भिन्न है :

A. प्रावेशिकी   B. आड्डिता
C. आक्षेपिकी   D. शीर्षका
E. प्रासादिकी

नीचे दिए गए विकल्पों में से **सही** उत्तर का चयन कीजिए :

1. केवल B, D   2. केवल C, B, A
3. केवल A, C, E   4. केवल D, E, A

65. ग्वालियर घराने के टप्पा गायकों का चयन कीजिए :

A. बालकृष्ण बुवा   B. देवजी बुवा
C. गजानन बुवा   D. शंकर पंडित
E. महबूब खां - दरस पिया

नीचे दिए गए विकल्पों में से **सही** उत्तर का चयन कीजिए :

1. केवल A, C, D
2. केवल C, D, E
3. केवल A, B, D
4. केवल A, C, D, E

66. 'ग्राम रागों' का उल्लेख किन ग्रंथों में प्राप्त होता है?

A. नाट्यशास्त्र   B. नारदीय शिक्षा
C. संगीत रत्नाकर   D. गीत गोविन्द
E. अष्टोत्तर शतताल लक्षण

नीचे दिए गए विकल्पों में से **सही** उत्तर का चयन कीजिए :

1. केवल C   2. केवल A, B, C
3. केवल C, D, E   4. केवल C, E

67. निम्नलिखित में से किन थाट के पूर्वांग के प्रत्येक स्वर का पंचम संवादी स्वर उत्तरांग में है?

A. मारवा   B. कल्याण
C. बिलावल   D. काफी
E. पूर्वी

नीचे दिए गए विकल्पों में से **सही** उत्तर का चयन कीजिए :

1. केवल B, C
2. केवल C, D
3. केवल A, B, C, D
4. केवल B, C, D, E

68. हिन्दुस्तानी संगीत पद्धति के नियमानुसार दिन तथा रात्रि के तृतीय प्रहर के रागों हेतु क्या नियम है?

A. ये राग सर्वकालिक होते हैं।
B. इनमें सा, म, प स्वर वादी होते हैं।
C. इन रागों में दोनों मध्यम आवश्यक हैं।
D. संधि प्रकाश वर्ग से पहले गाए जाते हैं।
E. संवाद आधारित विवादी स्वर आवश्यक रूप से लगता है।

नीचे दिए गए विकल्पों में से **सही** उत्तर का चयन कीजिए :

1. केवल A, B, E   2. केवल B, C, D
3. केवल A, B, D   4. केवल C, D, E

69. हिन्दुस्तानी संगीत पद्धति के किस थाट के पूर्वांग के प्रत्येक स्वर का मध्यम संवादी स्वर उत्तरांग में है?

A. मारवा   B. तोड़ी
C. आसावरी   D. खमाज
E. कल्याण

नीचे दिए गए विकल्पों में से **सही** उत्तर का चयन कीजिए :

1. केवल A, B   2. केवल C, D
3. केवल A, B, E   4. केवल C, D, E

70. उ. अलाउद्दीन खां द्वारा निर्मित वाद्यों का चयन करें :

A. काष्ठ तरंग   B. नल तरंग
C. चन्द्र सारंग   D. इसराज
E. सारंगा

नीचे दिए गए विकल्पों में से **सही** उत्तर का चयन कीजिए :

1. केवल A, B, C   2. केवल A, D, E
3. केवल B, C, E   4. केवल C, D, A

71. निम्नलिखित में से कौन-सी पुस्तकें कृष्णराव शंकर पंडित द्वारा लिखित नहीं हैं :

A. सितार व जलतरंग शिक्षा

B. सितार मालिका

C. तबला वादन शिक्षा

D. ताल प्रकाश

E. संगीत आलाप संचारी

नीचे दिए गए विकल्पों में से **सही** उत्तर का चयन कीजिए :

1. केवल A, C, E 2. केवल B, D
3. केवल C, D, E 4. केवल A, B, E

72. उ. अलाउद्दीन खाँ द्वारा निर्मित रागों का चयन करें।

A. कौंसी कान्हडा B. हेम बिहाग

C. मारु बिहाग D. शोभावती

E. प्रभाकली

नीचे दिए गए विकल्पों में से **सही** उत्तर का चयन कीजिए :

1. केवल B, D, E 2. केवल A, C, D
3. केवल B, C, E 4. केवल A, D, B

73. भगवान शिव के पंचमुख से उद्‌भूत रागों से भिन्न का चयन करें।

A. भैरव B. नट्ट नारायण

C. दीपक D. हिण्डोल

E. कैशिक

नीचे दिए गए विकल्पों में से **सही** उत्तर का चयन कीजिए :

1. केवल B, E 2. केवल A, C, D
3. केवल C, D, E 4. केवल A, C, E

74. निम्न रागों में सारंग अंग से भिन्न रागों का चयन करें :

A. लंकदहन सारंग B. सामन्त सारंग

C. गौड़ सारंग D. बड़हंस सारंग

E. सारंग तरंगिणी

नीचे दिए गए विकल्पों में से **सही** उत्तर का चयन कीजिए :

1. केवल A, B, D 2. केवल B, C, E
3. केवल C, E 4. केवल A, C, D

75. निम्न रागों में से काफी थाट जन्य राग चयन करें :

A. गोपिका बसन्त B. बरवा

C. रागे श्री D. शहाना

E. भवसाख

नीचे दिए गए विकल्पों में से **सही** उत्तर का चयन कीजिए :

1. केवल B, D, E 2. केवल A, C, D
3. केवल A, B, E 4. केवल C, B, D

76. शास्त्रीय तंतु वाद्यों से भिन्न वाद्य चयनित करें।

A. कामायचा B. रुद्र वीणा

C. रावणहत्था D. सितार

E. संतूर

नीचे दिए गए विकल्पों में से **सही** उत्तर का चयन कीजिए :

1. केवल B, D, E 2. केवल B, C, D
3. केवल A, D, C 4. केवल A, C

77. व्यंकटमखी द्वारा वर्णित अलंकार नामों से भिन्न नाम चयनित करें :

A. झोम्पट B. मठ्य

C. क्रामक D. ध्रुव

E. मलिन

नीचे दिए गए विकल्पों में से **सही** उत्तर का चयन कीजिए :

1. केवल A, B, D 2. केवल B, C, D
3. केवल C, E 4. केवल C, D, E

78. ग्वालियर घराने की गायकी से भिन्न विशेषताओं को चयनित करें :

A. संपूर्ण जाति के रागों का अधिकांश प्रयोग

B. बंदिश का पूर्ण रूप से प्रस्तुतिकरण

C. ठुमरी तथा चतुरंग से समाप्ति

D. तीन सप्तक की सपाट गमक युक्त तान

E. बलपेंच युक्त तान

नीचे दिए गए विकल्पों में से **सही** उत्तर का चयन कीजिए :

1. केवल A, B, D 2. केवल C, E
3. केवल B, C, D 4. केवल C, A, D

79. सूची-I के साथ सूची-II का मिलान कीजिए :

सूची-I (माता/पिता)	सूची-II (पुत्री)
A. अब्दुल करीम खां	I. रागिनी त्रिवेदी
B. कुमार गंधर्व	II. हीराबाई बड़ौदकर
C. लालमणि मिश्र	III. संगीता शंकर
D. एन. राजम	IV. कलापिनी कोमकली

नीचे दिए गए विकल्पों में से **सही** उत्तर का चयन कीजिए :

1. A-I, B-II, C-III, D-IV
2. A-I, B-III, C-II, D-IV
3. A-II, B-IV, C-III, D-I
4. A-II, B-IV, C-I, D-III

80. सूची-I के साथ सूची-II का मिलान कीजिए : अलंकारों की संख्या को ग्रंथकारों से सुमेलित करें।

सूची-I (ग्रंथकार)	सूची-II (अलंकारों की संख्या)
A. व्यंकटमखी	I. 69
B. पार्श्वदेव	II. 19
C. अहोबल	III. 8
D. नारद (मकरन्द)	IV. 13

नीचे दिए गए विकल्पों में से **सही** उत्तर का चयन कीजिए :

1. A-II, B-III, C-IV, D-I
2. A-III, B-IV, C-I, D-II
3. A-I, B-II, C-IV, D-III
4. A-IV, B-I, C-II, D-III

81. सूची-I के साथ सूची-II का मिलान कीजिए :

सूची-I (स्वर)	सूची-II (रस)
A. ऋषभ	I. शृंगार
B. मध्यम	II. वीभत्स
C. धैवत	III. करुण
D. निषाद	IV. वीर

नीचे दिए गए विकल्पों में से **सही** उत्तर का चयन कीजिए :

1. A-III, B-II, C-IV, D-I
2. A-IV, B-I, C-II, D-III
3. A-II, B-III, C-I, D-IV
4. A-I, B-IV, C-II, D-III

82. सूची-I के साथ सूची-II का मिलान कीजिए :

सूची-I (रागांग)	सूची-II (राग)
A. बिलावल	I. पटदीप
B. काफी	II. कुकुभ
C. धनाश्री	III. सूहा
D. कान्हड़ा	IV. सिन्दूरा

नीचे दिए गए विकल्पों में से **सही** उत्तर का चयन कीजिए :

1. A-I, B-II, C-III, D-IV
2. A-IV, B-III, C-II, D-I
3. A-II, B-IV, C-I, D-III
4. A-III, B-I, C-IV, D-II

83. सूची-I के साथ सूची-II का मिलान कीजिए :

सूची-I (शिष्य)	सूची-II (गुरु)
A. बरकतउल्ला खां	I. अलाउद्दीन खां
B. अली अकबर खां	II. वजीर खां
C. हाफिज अली खां	III. इनायत खां
D. विलायत खां	IV. अमृत हुसैन

नीचे दिए गए विकल्पों में से **सही** उत्तर का चयन कीजिए :

1. A-I, B-III, C-IV, D-II
2. A-IV, B-I, C-II, D-III
3. A-II, B-I, C-IV, D-III
4. A-II, B-IV, C-III, D-I

84. सूची-I के साथ सूची-II का मिलान कीजिए :

सूची-I (पुस्तक)	सूची-II (लेखक)
A. ध्वनि और संगीत	I. लालमणि मिश्र
B. ध्रुवपद और उसका विकास	II. ओंकार नाथ ठाकुर
C. भारतीय संगीत वाद्य	III. आचार्य बृहस्पति
D. प्रणव भारती	IV. ललित किशोर सिंह

नीचे दिए गए विकल्पों में से **सही** उत्तर का चयन कीजिए :

1. A-IV, B III, C I, D-II
2. A-III, B-IV, C-II, D-I
3. A-II, B-I, C-IV, D-III
4. A-I, B-II, C-III, D-IV

85. सूची-I के साथ सूची-II का मिलान कीजिए :

सूची-I (ग्रंथकार)	सूची-II (कुल स्वर संख्या)
A. रामामात्य	I. 29
B. दामोदर पंडित	II. 17
C. अहोबल	III. 14
D. सोमनाथ	IV. 19

नीचे दिए गए विकल्पों में से **सही** उत्तर का चयन कीजिए :

1. A-IV, B-I, C-II, D-III
2. A-III, B-IV, C-I, D-II
3. A-II, B-III, C-IV, D-I
4. A-I, B-II, C-III, D-IV

86. सूची-I के साथ सूची-II का मिलान कीजिए :
स्वर तथा आंदोलन संख्याओं को सुमेलित करें।

सूची-I (शुद्धस्वर)	सूची-II (आंदोलन संख्या)
A. गांधार	I. 270
B. धैवत	II. 300
C. पंचम	III. 400
D. ऋषभ	IV. 360

नीचे दिए गए विकल्पों में से **सही** उत्तर का चयन कीजिए :

1. A-III, B-I, C-IV, D-II
2. A-IV, B-III, C-II, D-I
3. A-I, B-II, C-III, D-IV
4. A-II, B-III, C-IV, D-I

87. सूची-I के साथ सूची-II का मिलान कीजिए :

सूची-I (ताल)	सूची-II (मात्रा संख्या)
A. षट्पितापुत्रक (द्विकल)	I. 8
B. चच्चतपुट	II. 24
C. चाचपुट	III. 12
D. सम्पक्वेष्टाक	IV. 6

नीचे दिए गए विकल्पों में से **सही** उत्तर का चयन कीजिए :

1. A-IV, B-III, C-II, D-I
2. A-II, B-I, C-IV, D-III
3. A-III, B-II, C-I, D-IV
4. A-I, B-IV, C-III, D-II

88. सूची-I के साथ सूची-II का मिलान कीजिए :

सूची-I (संगीतकार)	सूची-II (जन्म स्थान)
A. बाख	I. ऑस्ट्रिया
B. चॉपिन	II. पोलैण्ड
C. मोजार्ट	III. जर्मनी
D. यहूदी मेनुहिन	IV. अमेरिका

नीचे दिए गए विकल्पों में से **सही** उत्तर का चयन कीजिए :

1. A-II, B-I, C-III, D-IV
2. A-I, B-IV, C-II, D-III
3. A-III, B-II, C-I, D-IV
4. A-IV, B-III, C-II, D-I

89. सूची-I के साथ सूची-II का मिलान कीजिए :

सूची-I (संगीत समारोह)	सूची-II (राज्य)
A. निनाद संगीत समारोह	I. महाराष्ट्र
B. उत्तरपाड़ा संगीत समारोह	II. उत्तर प्रदेश
C. सप्तक संगीत समारोह	III. पश्चिम बंगाल
D. वसंतोत्सव	IV. गुजरात

नीचे दिए गए विकल्पों में से **सही** उत्तर का चयन कीजिए :

1. A-IV, B-II, C-III, D-I
2. A-II, B-III, C-IV, D-I
3. A-III, B-II, C-IV, D-I
4. A-III, B-IV, C-I, D-II

90. सूची-I के साथ सूची-II का मिलान कीजिए :

सूची-I (संगीतज्ञ)	सूची-II (पद्म विभूषण वर्ष)
A. जाकिर हुसैन	I. 2002
B. गंगूबाई हंगल	II. 2005
C. राम नारायण	III. 2000
D. हरि प्रसाद चौरसिया	IV. 2023

नीचे दिए गए विकल्पों में से **सही** उत्तर का चयन कीजिए :

1. A-II, B-I, C-IV, D-III
2. A-II, B-IV, C-III, D-I
3. A-IV, B-III, C-I, D-II
4. A-IV, B-I, C-II, D-III

निर्देश (प्रश्न संख्या 91 से 95 तक): *निम्नलिखित गद्यांश को सावधानीपूर्वक पढ़िए और उससे संबंधित प्रश्नों के उत्तर दीजिए।*

घरानेदार उस्तादों में उस्ताद मौलाबख्श संगीत को जन-जन तक पहुँचाने के लिए सार्वजनिक शिक्षण संस्थान की आवश्यकता समझते थे। संगीत शिक्षण हेतु विद्यालय स्थापना तथा स्वरलिपि पद्धति का उन्होंने आरंभ किया। जिसके द्वारा पुस्तक लेखन में सुगमता हुई। कालांतर में इस कार्य को पं. भातखंडे और पलुस्कर ने आगे बढ़ाया, मौलाबख्श स्वरांकन पद्धति अनुसार राग-मालकौंस, ताल-झपताल में बद्ध रचना :

$\overline{\text{सा}}$ $\overline{\text{सा}}$	$\overline{\text{सा}}$ $\overline{\text{ग}_v}$ $\overline{\text{सा}}$	ध_v नि_v	ध_v म म
$\underline{\text{ध्र}}_v$ ध्र_v	$\underline{\text{न्रि}}_v$ सा ग_v	$\underset{7}{\text{म}}$ ग_v	$\underline{\text{म}}$ ग_v सा

91. भातखंडे, पलुस्कर तथा मौलाबख्श पद्धति में तार सप्तक स्वरों के चिह्न क्या है?

1. सां सा॑ $\overline{\text{Sa}}$ 2. सां $\underline{\text{सा}}$ सा_v
3. सां सा $\underset{7}{\text{सा}}$ 4. सां स्रा स्रा

92. मौलाबख्श पद्धति में कोमल स्वर के लिए प्रयुक्त चिह्न है :

1. / 2. 7
3. — 4. v

93. मौलाबख्श तथा पलुस्कर लिपि में प्रयुक्त 'खाली' के चिह्न चयन कीजिए :

1. —, 0 2. 7, +
3. v, 0 4. /, +

94. उपरोक्त स्वरावलि में प्रयुक्त क्रमशः तार, कोमल तथा मद्र स्वरों की संख्या का सही विकल्प चुनिए :

तार स्वर, कोमल स्वर, मंद्र स्वर

1. 3, 5, 10 2. 5, 3, 10
3. 10, 5, 3 4. 5, 10, 3

95. मौलाबख्श ने संगीत विद्यालय की स्थापना कहाँ की?

1. धारवाड़ 2. कोल्हापुर
3. बड़ौदा 4. ग्वालियर

निर्देश (प्रश्न संख्या 96 से 100 तक): *निम्नलिखित गद्यांश को सावधानीपूर्वक पढ़िए और उससे संबंधित प्रश्नों के उत्तर दीजिए।*

प्रत्येक शुभ कार्य में वाद्यों का महत्व है, संगीत की परिपूर्ण अभिव्यक्ति का साधन वाद्य है। प्रत्येक सामाजिक, धार्मिक अवसरों पर वाद्य प्रयोग प्राचीन काल से प्रचलित है। युद्ध के साथ वाद्य प्रयोग के सर्वश्रेष्ठ उदाहरण तथा विकसित अवस्था महाभारत में दिखाई देती है।

वाद्य संगीत के उपकरण सामान्यतः 3 प्रकार के होते हैं—मूल ढांचा, कंपित पदार्थ, प्रेरक पदार्थ। जैसे-जैसे समाज का विकास हुआ, कृत्रिम वस्तुओं का प्रयोग भी बढ़ा है। कंपित पदार्थ से तात्पर्य उस वस्तु से है जो उस ढांचे में स्वरोत्पत्ति के लिए लगाया जाता है। प्रेरक पदार्थ वह है जिसके द्वारा वाद्य बजाया जाता है अर्थात् प्रेरक पदार्थ द्वारा कंपित पदार्थ पर आघात किया जाता है।

96. तबले में कंपित पदार्थ क्या है?

1. पुड़ी 2. गट्टा
3. बद्दी 4. गजरा

97. सारंगी में प्रेरक तथा कंपित पदार्थ क्या हैं?

1. खूटियाँ, ताँत
2. तरब, चमड़े का भाग
3. गज, तार
4. मगज, मंधान

98. किस वर्ग के वाद्यों का प्रेरक तथा कंपित पदार्थ, वाद्य का मूल ढाँचा होता है?

1. तत 2. अवनद्ध
3. घन 4. सुषिर

99. तत वाद्यों के प्रेरक पदार्थों का चयन कीजिए।

1. तार, ताँत, तरब
2. जवा, गज, मिजराब
3. स्वर, लय, गत
4. लकड़ी का मूल ढाँचा

100. श्री कृष्ण के शंख का क्या नाम है?

1. पौण्ड्र 2. देवदत्त
3. अनन्त विजय 4. पाञ्चजन्य

भाग-III

अवनद्ध वाद्य

26. ध्रुपद के 'निबद्ध' संगीत होने के कारण इससे संबंधित प्राथमिक तत्व निम्नलिखित में से क्या है?

1. आवर्तन 2. ताल
3. ठेका 4. खाली-भरी

27. कमैचा वाद्ययंत्र में कितनी सारिकाएं होती हैं?

1. 25 2. 26
3. 27 4. 28

28. युवा पीढ़ी तक चिल्ला की अवधारणा को पहुँचाने और इसके प्रगामी प्रयोग को बढ़ावा देने का श्रेय निम्नलिखित में से किसे जाता है?

1. उस्ताद अल्लारखा
2. उस्ताद हबीबुद्दीन खाँ
3. उस्ताद अमीर हुसैन खाँ
4. उस्ताद अहमदजान थिरकवाँ

29. निम्नलिखित में से बेदम तिहाई के विश्राम को चुनिए :

1. 4/5 2. 3/4
3. 1/8 4. 7/9

30. तीव्र, मध्यम और कमजोर ये तीनों प्रारूप निम्नलिखित में से किससे संबंधित हैं?

1. बीट 2. ऐक्सेंट
3. मीटर 4. टेम्पो

31. पंडित योगेश सम्सी के प्रथम गुरु निम्नलिखित में से कौन थे?

1. यशवंत केरकर 2. दिनकर कैकिणी
3. तारानाथ राव 4. उस्ताद अल्लारखा

32. एकॉस्टिकल नॉलेज ऑफ एंशिएंट हिन्दूज-शोध पत्र निम्नलिखित में से किसके द्वारा लिखा गया था?

1. जेम्स किप्पन
2. सी.वी. रमन
3. डेनियल न्यौमेन
4. शरद चन्द्र गोखले

33. भारतीय सांस्कृतिक संबंध परिषद (आई.सी.सी.आर.) का औपचारिक रूप से किस वर्ष उद्घाटन हुआ?

1. 1948 2. 1949
3. 1950 4. 1951

34. भातखंडे विश्वविद्यालय को 'मानित विश्वविद्यालय' के रूप में कब घोषित किया गया?

1. 24 अक्टूबर, 2000
2. 24 नवम्बर, 2000
3. 24 अक्टूबर, 2001
4. 24 नवम्बर, 2001

35. डॉ. अरुण कुमार सेन निम्नलिखित में से किस संस्थान से सहयोजित थे?

1. विश्व भारती
2. एस.एन.डी.टी. यूनिवर्सिटी
3. इंदिरा कला संगीत विश्वविद्यालय
4. इलाहाबाद विश्वविद्यालय

36. विलंबित गत को कहा जाता है :

1. मसीत खानी गत 2. पेशकार गत
3. धीमी गत 4. विलम्ब गत

37. मृदंग मंजरी के रचयिता कौन हैं?

1. नाना पनसे 2. स्वामी विवेकानंद
3. सौरेन्द्र मोहन ठाकुर 4. पागल दास

38. निम्नलिखित में से किस नृत्यांगना को 'अस्थाना नर्तकी' की उपाधि दी गई थी?

1. यामिनी कृष्णमूर्ति 2. कल्याण कुट्टी अम्मा
3. सितारा देवी 4. सुधाचन्द्रन

39. "आतोद्य" पद का तात्पर्य निम्नलिखित में से किससे है?

1. वह जिससे आघात (स्ट्राइक) किया जाता है।
2. वह जिसका वादन किया जाता है।
3. वह जिसका लेपन किया जाता है।
4. वह जिसे घिसा जाता है।

40. 'सुरश्री' की उपाधि निम्नांकित में से किससे सहयोजित है?

1. एन. राजम 2. मोगूबाई कुर्डीकर
3. किशोरी आमोणकर 4. केसरबाई केरकर

41. नवपंच ताल में कितनी ताली होती हैं?

1. 4 2. 3
3. 5 4. 6

42. मुगल-ए-आजम फिल्म के गीत 'प्रेम जोगन बन के' के गायक कौन थे?

1. पंडित भीमसेन जोशी
2. मोहम्मद रफी
3. उस्ताद बड़े गुलाम अली
4. उस्ताद अमीर खाँ

43. 'नागस्वरम वृंदावन' के साथ किस वाद्य यंत्र का वादन किया जाता है?

1. मादल 2. मृदंगम्
3. घटम् 4. ताविल

44. 'मिरासी बिरादरी' के प्रमुख के रूप में निम्नलिखित में से किसे जाना जाता था?

1. उस्ताद 2. खलीफा
3. चौधरी 4. हाजी

45. बनारस घराने में मूलतः कितने प्रकार के 'फर्द' का वादन होता है?

1. 2 2. 3
3. 4 4. 5

46. विलंबित, मध्य और द्रुत लय निम्नलिखित में से किस यति का निरूपण करता है?

1. स्तोत्रगता 2. मृदंगा
3 पिपिलिका 4. समा

47. 'तिधारी' गत का तात्पर्य है :

1. तीन लय का वैविध्य (अंतर)
2. तीन बोल का वैविध्य (अंतर)
3. एक बोल की तीन बार पुनरावृत्ति
4. ति-धा बोल की तीन बार पुनरावृत्ति

48. लक्ष्मण राव पर्वतकर द्वारा किस परण की रचना की गई है?

1. गज परण 2. महासुदर्शन परण
3. स्तुति परण 4. ताल परण

49. डेनियल न्यूमैन के अनुसार 'धारी' का उल्लेख निम्नलिखित में से किस ग्रंथ में है?

1. हिन्दू संगीत 2. ताल वाद्य परिचय
3. आइन-ए-अकबरी 4. तबला ऑफ लखनऊ

50. भरत ने पुष्कर वाद्ययंत्र के लिए कितनी जातियों का उल्लेख किया था?

1. 14 2. 16
3. 18 4. 20

51. त्रिवेणी ताल में कुल कितनी मात्राएँ होती हैं?

1. 15 2. 16
3. 18 4. 19

52. पंडित शंकर घोष को वर्ष 1999-2000 में निम्नलिखित में से किस पुरस्कार से सम्मानित किया गया?

1. पद्मश्री
2. ग्रैमी
3. ताल रत्न
4. संगीत नाटक अकादमी

53. निम्नलिखित कलाकारों को उन्हें पद्मश्री पुरस्कार से सम्मानित किए जानेवाले वर्ष के आधार पर अवरोही क्रम में व्यवस्थित कीजिए :

A. उस्ताद जाकिर हुसैन
B. पंडित किशन महाराज
C. पंडित सामता प्रसाद
D. पंडित सुरेश तळवलकर

नीचे दिए गए विकल्पों में से **सही** उत्तर का चयन कीजिए :

1. A, D, C, B 2. B, A, D, C
3. C, D, A, B 4. D, A, B, C

54. रबीन्द्र संगीत में ताल की मात्रा को अवरोही क्रम में व्यवस्थित कीजिए।

A. नवपंच ताल B. रूपकड़ा ताल
C. झम्पक ताल D. नव ताल

नीचे दिए गए विकल्पों में से **सही** उत्तर का चयन कीजिए :

1. A, D, C, B
2. D, C, B, A
3. B, A, C, D
4. C, B, D, A

55. निम्नलिखित तालों को उनमें अंतर्विष्ट खाली की संख्या के आधार पर अवरोही क्रम में व्यवस्थित कीजिए :

A. दादरा
B. जयताल
C. आड़ा चौताल
D. ब्रह्मताल

नीचे दिए गए विकल्पों में से **सही** उत्तर का चयन कीजिए :

1. A, B, C, D
2. A, B, D, C
3. D, C, A, B
4. D, C, B, A

56. पलुस्कर अंकन पद्धति के संकेतों को मात्रा के अवरोही क्रम में व्यवस्थित कीजिए :

A. 0
B. —
C. ∪
D. И

नीचे दिए गए विकल्पों में से **सही** उत्तर का चयन कीजिए :

1. B, A, D, C
2. A, B, D, C
3. B, A, C, D
4. C, A, B, D

57. कथक प्रस्तुति को अवरोही क्रम में व्यवस्थित कीजिए :

A. थाट
B. ततकार
C. गत निकास
D. आमद
E. उठान

नीचे दिए गए विकल्पों में से **सही** उत्तर का चयन कीजिए :

1. A, B, D, E, C
2. D, B, C, A, E
3. E, A, D, C, B
4. B, C, D, E, A

58. निम्नलिखित स्वरूपों को उनमें प्रयुक्त ताल की मात्रा के आधार पर अवरोही क्रम में व्यवस्थित कीजिए :

A. दादरा
B. ध्रुपद
C. सादरा
D. कजरी

नीचे दिए गए विकल्पों में से **सही** उत्तर का चयन कीजिए :

1. D, B, A, C
2. A, B, C, D
3. A, B, D, C
4. D, B, C, A

59. सशब्द और निशब्द क्रियाओं को अवरोही क्रम में व्यवस्थित कीजिए :

A. निष्क्राम
B. ध्रुव
C. आवाप
D. ताल

नीचे दिए गए विकल्पों में से **सही** उत्तर का चयन कीजिए :

1. B, D, A, C
2. A, B, D, C
3. D, B, A, C
4. D, C, B, A

60. कोकिला ताल के निम्नलिखित ठेका को सही क्रम में व्यवस्थित कीजिए :

A. तक गदि | गन

B. धा धींन

C. धा धींन | नग धींन

D. तीन नग तिट किट

E. धीन नग | धीन नग

नीचे दिए गए विकल्पों में से **सही** उत्तर का चयन कीजिए :

1. A, D, C, B, E
2. C, E, D, A, B
3. B, C, A, D, B
4. E, D, B, C, A

61. प्रदर्शन/प्रस्तुति के आधार पर प्रदर्शन प्ररूप को अवरोही क्रम में व्यवस्थित कीजिए :

A. जोड़ आलाप
B. मसीत खानी
C. राजाखानी
D. झाला

नीचे दिए गए विकल्पों में से **सही** उत्तर का चयन कीजिए :

1. A, B, C, D
2. D, C, B, A
3. C, B, D, A
4. A, D, C, B

62. निम्नलिखित कलाओं को सही क्रम में व्यवस्थित कीजिए :

A. पताका
B. ध्रुव
C. पद्मिनी
D. कृष्णा
E. विसर्जिता

नीचे दिए गए विकल्पों में से **सही** उत्तर का चयन कीजिए :

1. B, D, C, E, A
2. B, D, C, A, E
3. A, B, C, D, E
4. C, D, A, E, B

63. निम्नलिखित में से कौन-से कलाकार पखावज से सहयोजित हैं?

A. अब्दुल रहमान खान
B. ताज खाँ
C. शमशुद्दीन खाँ
D. नासीर खाँ
E. बहादुर हुसैन

नीचे दिए गए विकल्पों में से **सही** उत्तर का चयन कीजिए :

1. केवल B और D
2. केवल A और E
3. केवल C और E
4. केवल A और C

64. निम्नलिखित में से कौन-से पद कायदा वादन से संबंधित हैं?

A. लड़न्त
B. पेंच
C. बल
D. डेढ़ी
E. गिरा

नीचे दिए गए विकल्पों में से **सही** उत्तर का चयन कीजिए :

1. केवल A, B, C और D
2. केवल B, C, D और E
3. केवल A, B और D
4. केवल A, B, D और E

65. चतुस्त्र जाति के एक आवर्तन में रूपक ताल में निम्नलिखित में से किन विरामों की संभाव्यता साध्य (व्यवहार्य) है?

A. 1/4
B. 1/2
C. 1/6
D. 1/8
E. 1/3

नीचे दिए गए विकल्पों में से **सही** उत्तर का चयन कीजिए :

1. केवल A और B
2. केवल B और C
3. केवल C और E
4. केवल B और D

66. निम्नलिखित में से तबला के खलीफा का चयन कीजिए :

A. उस्ताद इनाम अली खाँ
B. उस्ताद अहमदजान थिरकवाँ
C. उस्ताद आबिद हुसैन खाँ
D. उस्ताद अल्लारखा
E. उस्ताद अमीर हुसैन खाँ

नीचे दिए गए विकल्पों में से **सही** उत्तर का चयन कीजिए :

1. केवल A, C, D और E
2. केवल A, B, C और D
3. केवल A, B और E
4. केवल A, C और E

67. गत कायदा का वादन तबला के किस घराने में किया जाता है?

A. दिल्ली
B. लखनऊ
C. फर्रुखाबाद
D. बनारस
E. पंजाब

नीचे दिए गए विकल्पों में से **सही** उत्तर का चयन कीजिए :

1. केवल A और D
2. केवल D और E
3. केवल B और C
4. केवल A और E

68. अजराड़ा घराने के रचनाओं की विशेषता में सम्मिलित हैं :

A. लंबी रचना
B. मुक्त हस्त वर्ण
C. किनार प्रधान भाषा
D. तिस्र जाति
E. पूर्ण हथेली का उपयोग

नीचे दिए गए विकल्पों में से **सही** उत्तर का चयन कीजिए :

1. केवल B और C
2. केवल A और D
3. केवल C और E
4. केवल B और E

69. तार्किक दृष्टि से वाद्ययत्र के रूप में तबला का उद्गम निम्नलिखित में से किस संकल्पना में निहित है?

A. दुन्दुभी से व्युत्पन्न
B. त्रिपुष्कर से व्युत्पन्न
C. खोल से व्युत्पन्न
D. अंकिक से व्युत्पन्न

नीचे दिए गए विकल्पों में से **सही** उत्तर का चयन कीजिए :

1. केवल A और B
2. केवल B और C
3. केवल B और D
4. केवल C और D

70. चक्रधर तिहाई में संदर्भ के कौन-से अवयव अंतर्ग्रस्त हैं?

A. आवर्तन
B. गणितीय सूक्ष्मता
C. पढंत
D. सम
E. खंड

नीचे दिए गए विकल्पों में से **सही** उत्तर का चयन कीजिए :

1. केवल A, B, C और D
2. केवल A, C, D और E
3. केवल B, C और D
4. केवल A, C और E

71. हिंदुस्तानी संगीत के गायन रूपों को चिह्नांकित कीजिए :

A. खयाल
B. ठुमरी
C. ध्रुपद
D. तराना
E. कजरी

नीचे दिए गए विकल्पों में से **सही** उत्तर का चयन कीजिए :

1. केवल A, B और C
2. केवल A, C और D
3. केवल B, C और D
4. केवल C, D और E

72. निम्नलिखित में से पंडित ज्ञानप्रकाश घोष के शिष्यों को चिह्नांकित कीजिए :

A. पंडित अजय चक्रवर्ती
B. पंडित समर साहा
C. पंडित राजकुमार मिश्र
D. पंडित निखिल घोष
E. पंडित कुमार बोस

नीचे दिए गए विकल्पों में से **सही** उत्तर का चयन कीजिए :

1. केवल B, C और E
2. केवल C, B और E
3. केवल A, C और D
4. केवल E, A और B

73. तबला के बनारस घराना प्रस्तुति क्रम में सम्मिलित हैं :

A. पेशकार
B. उठान
C. चलन
D. बाँट
E. परण

नीचे दिए गए विकल्पों में से **सही** उत्तर का चयन कीजिए :

1. केवल B, C और D
2. केवल A, B और C
3. केवल C, D और E
4. केवल B, D और E

74. निम्नलिखित में से कौन-से वाद्य यंत्र अवनद्ध वाद्य हैं?

A. ट्रैंगल
B. सेलेस्टा
C. टॅबोर
D. टैम्बौरीन
E. सिम्बल्स

नीचे दिए गए विकल्पों में से **सही** उत्तर का चयन कीजिए :

1. केवल A और B
2. केवल B और D
3. केवल C और D
4. केवल D और E

75. क्रमशः दुगुन-तिगुन चौगुन के किस संयोजन से 16 मात्राओं का निर्माण होगा?

A. पंचम सवारी
B. रूपक
C. दादरा
D. कहरवा
E. ब्रह्म ताल

नीचे दिए गए विकल्पों में से **सही** उत्तर का चयन कीजिए :

1. केवल D, A और E
2. केवल D, A और C
3. केवल A, C और E
4. केवल B, D और E

76. कर्नाटक गायन की संगति वाले वाद्ययंत्र निम्नलिखित में से कौन-से हैं?

A. वायलिन
B. घटम्
C. वीणा
D. क्लैरिनेट
E. खंजीरा

नीचे दिए गए विकल्पों में से **सही** उत्तर का चयन कीजिए :

1. केवल A, B और C
2. केवल A, B और D
3. केवल A, B और E
4. केवल A, D और E

77. ताल की लंबाई के लिए उत्तरदायी तत्व निम्नलिखित में से कौन-से हैं?

A. यति
B. ग्रह
C. मार्ग
D. क्रिया
E. जाति

नीचे दिए गए विकल्पों में से **सही** उत्तर का चयन कीजिए :

1. केवल A, B और C
2. केवल C और E
3. केवल D और E
4. केवल B और D

78. तीनताल के लिए निम्नांकित में से बेदम तिहाई का सूत्र चिह्नांकित कीजिए :

A. (3-2)
B. (4-8)
C. (2-13)
D. (9-15)
E. (15-12)

नीचे दिए गए विकल्पों में से **सही** उत्तर का चयन कीजिए :

1. केवल A, C और E
2. केवल A, C और D
3. केवल B, C और E
4. केवल C, D और E

79. सूची-I के साथ सूची-II का मिलान कीजिए :

सूची-I (उत्सव/त्योहार)	**सूची-II (शहर)**
A. डोबरलेन	I. यूनाइटेड किंगडम
B. सप्तक	II. पुणे
C. दरबार	III. कोलकाता
D. वसंतोत्सव	IV. अहमदाबाद

नीचे दिए गए विकल्पों में से **सही** उत्तर का चयन कीजिए :

1. A-IV, B-III, C-II, D-I
2. A-III, B-IV, C-I, D-II
3. A-III, B-II, C-I, D-IV
4. A-IV, B-II, C-III, D-I

80. सूची-I के साथ सूची-II का मिलान कीजिए :

सूची-I (कलाकार)	**सूची-II (जन्म राज्य/देश)**
A. टी.एन. कृष्णन	I. तमिलनाडु
B. बालमुरली कृष्णन	II. केरल
C. एम.एस. सुब्बालक्ष्मी	III. बर्मा
D. पालघाट रघु	IV. आंध्र प्रदेश

नीचे दिए गए विकल्पों में से **सही** उत्तर का चयन कीजिए :

1. A-II, B-IV, C-I, D-III
2. A-I, B-II, C-III, D-IV
3. A-III, B-II, C-I, D-IV
4. A-IV, B-III, C-II, D-I

81. सूची-I के साथ सूची-II का मिलान कीजिए :

सूची-I (कलाकार)	**सूची-II (वाद्ययंत्र)**
A. ए.के.सी. नटराजन	I. नादस्वरम
B. शेख चिन्ना मौलाना	II. शहनाई
C. भिमण्णा जाधव	III. क्लैरिनेट
D. लोकेश आनंद	IV. सुंदरी

नीचे दिए गए विकल्पों में से **सही** उत्तर का चयन कीजिए :

1. A-III, B-I, C-II, D-IV
2. A-II, B-I, C-IV, D-III
3. A-III, B-I, C-IV, D-II
4. A-IV, B-II, C I, D-III

82. सूची-I के साथ सूची-II का मिलान कीजिए :

सूची-I (वाद्य यंत्र)	**सूची-II (वाद्य यंत्र की श्रेणी)**
A. टिकोर	I. अवनद्ध वाद्य
B. कामट	II. सुषिर वाद्य
C. मशक	III. घन वाद्य
D. उपांग	IV. तत् वाद्य

नीचे दिए गए विकल्पों में से **सही** उत्तर का चयन कीजिए :
1. A-I, B-III, C-IV, D-II
2. A-III, B-IV, C-II, D-I
3. A-II, B-III, C-I, D-IV
4. A-III, B-I, C-II, D-IV

83. सूची-I के साथ सूची-II का मिलान कीजिए :

सूची-I (वाद्य यंत्र)	**सूची-II (निर्मिति)**
A. तरपा	I. धातु
B. धुरालियो	II. मृदा
C. कर्ना	III. लौकी तुम्बा
D. घटम्	IV. बाँस

नीचे दिए गए विकल्पों में से **सही** उत्तर का चयन कीजिए :
1. A-I, B-III, C-IV, D-II
2. A-III, B-IV, C-II, D-I
3. A-IV, B-III, C-II, D-I
4. A-III, B-IV, C-I, D-II

84. सूची-I के साथ सूची-II का मिलान कीजिए :

सूची-I (ताल)	**सूची-II (वर्ण सहचर्य)**
A. कहरवा	I. पीत वर्ण
B. दादरा	II. हरित वर्ण
C. झपताल	III. लाल वर्ण
D. दीपचंदी	IV. श्वेत वर्ण

नीचे दिए गए विकल्पों में से **सही** उत्तर का चयन कीजिए :
1. A-III, B-II, C-IV, D-I
2. A-I, B-II, C-III, D-IV
3. A-IV, B-III, C-II, D-I
4. A-II, B-III, C-I, D-IV

85. सूची-I के साथ सूची-II का मिलान कीजिए :

सूची-I (पुस्तक)	**सूची-II (लेखक)**
A. ताल दीपिका	I. एम.एल. जोशी
B. लाल विज्ञान तबला	II. हरिशंकर आदेश
C. ताल विवेक	III. मुन्नूजी मृदंगाचार्य
D. इंट्रोडक्शन टू तबला	IV. शिखा गांगुला

नीचे दिए गए विकल्पों में से **सही** उत्तर का चयन कीजिए :
1. A-III, B-II, C-I, D-IV
2. A-III, B-I, C-II, D-IV
3. A-II, B-III, C-I, D-IV
4. A-IV, B-I, C-III, D-II

86. सूची-I के साथ सूची-II का मिलान कीजिए :

सूची-I (उत्तर भारतीय ताल)	**सूची-II (रवीन्द्र संगीत ताल)**
A. दादरा	I. रूपक ताल
B. चक्रताल	II. नव पंच ताल
C. कहरवा	III. षष्टी ताल
D. लक्ष्मी ताल	IV. झम्पक ताल

नीचे दिए गए विकल्पों में से **सही** उत्तर का चयन कीजिए :
1. A-III, B-II, C-I, D-IV
2. A-III, B-I, C-II, D-IV
3. A-III, B-IV, C-I, D-II
4. A-II, B-III, C-I, D-IV

87. सूची-I के साथ सूची-II का मिलान कीजिए :

सूची-I (कलाकार)	**सूची-II (वाद्य यंत्र)**
A. इंद्रनील भट्टाचार्य	I. संतूर
B. आशुतोष भट्टाचार्य	II. गिटार
C. तरुण भट्टाचार्य	III. सितार
D. देबाशीष भट्टाचार्य	IV. तबला

नीचे दिए गए विकल्पों में से **सही** उत्तर का चयन कीजिए :
1. A-III, B-IV, C-I, D-II
2. A-III, B-I, C-IV, D-II
3. A-I, B-IV, C-III, D-II
4. A-IV, B-III, C-I, D-II

88. सूची-I के साथ सूची-II का मिलान कीजिए :

सूची-I (कलाकार)	**सूची-II (वाद्य यंत्र)**
A. राजीव महावीर	I. ढोलक
B. गिरीश विश्व	II. सारंगी
C. अरशद खान	III. तबला
D. लियाकत अली	IV. इसराज

नीचे दिए गए विकल्पों में से **सही** उत्तर का चयन कीजिए :

1. A-I, B-II, C-IV, D-III
2. A-III, B-II, C-IV, D-I
3. A-II, B-I, C-IV, D-III
4. A-III, B-I, C-IV, D-II

89. सूची-I के साथ सूची-II का मिलान कीजिए :

सूची-I (कलाकार)	सूची-II (साहचर्य)
A. शेख दाउद खाँ	I. ताल विलास
B. निखिल ज्योति घोष	II. अरूण संगीतालय
C. भाई गायतोंडे	III. हिंदू मुस्लिम एकता पुरस्कार
D. खाप्रुमामा पर्वतकर	IV. परब्रह्म ताल

नीचे दिए गए विकल्पों में से **सही** उत्तर का चयन कीजिए :

1. A-I, B-II, C-IV, D-III
2. A-III, B-II, C-I, D-IV
3. A-III, B-II, C-IV, D-I
4. A-II, B-III, C-IV, D-I

90. सूची-I के साथ सूची-II का मिलान कीजिए :

सूची-I (लघु)	सूची-II (मात्रा)
A. दिव्य लघु	I. 8
B. सिंह लघु	II. 12
C. वर्ण लघु	III. 10
D. वाद्य लघु	IV. 6

नीचे दिए गए विकल्पों में से **सही** उत्तर का चयन कीजिए :

1. A-I, B-II, C-III, D-IV
2. A III, B IV, C-II, D-I
3. A IV, B-I, C-III, D-II
4. A-II, B-III, C-I, D-IV

निर्देश (प्रश्न संख्या 91 से 95 तक): *निम्नलिखित गद्यांश को ध्यानपूर्वक पढ़िए और प्रश्नों के उत्तर दीजिए।*

भारतीय ड्रम और पश्चिमी देशों के ड्रम की संरचना, वादन तकनीक और सांस्कृतिक परिपेक्ष्य में बहुत अधिक अंतर (विभेद) है। भारतीय ड्रम यथा तबला, मृदंगम और ढोल भारत की शास्त्रीय और लोक संगीत परंपराओं में गहन रूप से निबद्ध हैं। तबला में दो ड्रम होते हैं : दायां और बायां, प्रत्येक ड्रम से भिन्न तारत्व और सुर उत्पन्न होता है। भारतीय ड्रम वादन में जटिल लय, विस्तारता (इम्प्रोव्हाइजेशन) और बोल के प्रयोग से प्रतिरूपों का निरूपण होता है। इसके विपरीत पश्चिमी ड्रम यथा ड्रम किट, स्नेयर और बैस ड्रम रॉक, जैज और पॉप जैसी विद्या/शैली के लिए प्रमुख तत्व हैं। इनमें अक्सर निरन्तर बीट और लय पर बल दिया जाता है, जिससे सातत्य प्रतिरूपों के सुर को सहयोग मिलता है। भारतीय ड्रम जिसमें प्रायः सुर के तत्व सम्मिलित होते हैं, इससे पृथक पश्चिमी देशों के ड्रम में तारत्व से अधिक लय को प्राथमिकता दी जाती है। जहाँ एक ओर ड्रम वादन शास्त्रीय प्रस्तुति में एकल और संगति की भूमिका में अधिक प्रयुक्त होता है, वहीं दूसरी ओर पश्चिमी देशों के ड्रम समवेत संगीत के मेरूदण्ड के सृजन के लिए अबिन्त है, जिनमें वैश्विक अवनद्ध परम्पराओं की विविधिता प्रदर्शित होती है।

91. त्रिपहर की अवधारणा निम्नलिखित में से किस वाद्य यंत्र के लिए प्रासंगिक है?

1. केवल तबला
2. केवल पखावज
3. केवल तबला और मृदंगम
4. तबला, पखावज और मृदंगम

92. फिफ और ड्रम वाद्ययंत्रों का प्रयोग निम्नलिखित में से किसके द्वारा किया जाता है?

1. अमेरिकी थल सेना
2. भारतीय नौसेना
3. अमेरिकी पुलिस
4. भारतीय पुलिस

93. भांगड़ा में कौन-सा अवनद्ध वाद्य यंत्र प्रयुक्त होता है?

1. घेरा
2. ढोल
3. हलगी
4. नगाड़ा

94. निम्नलिखित गें रो किस ट्रम में अत्यधिक दुरुह (जटिल) भाषा प्रयुक्त होती है?

1. तबला
2. मृदंगम
3. ढोल
4.ताविल

95. निम्नलिखित में से किस रचना में सुरीला सातत्य ढांचा का निरूपण होता है?

1. कायदा
2. पडाल
3. पेशकार
4. ठेका

निर्देश (प्रश्न संख्या 96 से 100 तक): *निम्नलिखित गद्यांश को ध्यानपूर्वक पढ़िए और प्रश्नों के उत्तर दीजिए।*

यहाँ तक कि महिलाओं में भी उनकी लोक संस्कृति गहन रूप से निबद्ध है। सर्वेक्षणों से पता चलता है कि कहरवा और दादरा सर्वाधिक सामान्य ताल हैं। शास्त्रीय संगीत में भी इन तालों की स्थापना आदि ताल के रूप में हुई थी। पंजाब, राजस्थान, महाराष्ट्र, बिहार और बंगाल जैसे अलग-अलग प्रदेशों के लोक संगीत में हमें अलग-अलग रूपों में गीत मिलता है। जैसे कि पंजाब का हीर-रांझा, राजस्थान का ढोल-मारूस, महाराष्ट्र का पोवाड़ा इत्यादि। अधिकांश समुदायों में जो कुछ भी स्वदेशी सामग्री उपलब्ध होती है चाहे वह लकड़ी की डंडी हो या लौह के टुकड़े या मिट्टी के बर्तन या पाषाण के दो टुकड़े या टूटे हुए मृदापात्र हों, बड़ी ही कुशलता से इनका प्रयोग लय के वादन तथा समय को नृत्य या गीत के युगपत रखने के लिए किया जाता है। लोक अवनद्ध वाद्य यंत्र तथा मंजीरा झांझ इत्यादि को राष्ट्रीय लय वाद्ययंत्र माना जाता है।

96. पंजाब का लोक वाद्ययंत्र निम्नांकित में से कौन-सा है?

1. बुगचू 2. ढोलकी
3. डुपकी 4. नगाड़ा

97. गंभीरा लोकगीत निम्नलिखित में से किस राज्य से संबंधित है?

1. बिहार 2. बंगाल
3. महाराष्ट्र 4. पंजाब

98. निम्नलिखित में से कौन राजस्थानी लोक गीत की गायिका है?

1. तीजन बाई 2. अख्तरी बाई
3. असगरी बाई 4. अल्लाजिलई बाई

99. निम्नलिखित में से किस अवनद्ध वाद्य यंत्र का वादन छड़ियों (स्टिक) से किया जाता है?

1. कंजीरा 2. ताविल
3. ढोलक 4. ईडक्का

100. निम्नलिखित में से कौन-से लोक वाद्य यंत्र किसी क्षेत्र (प्रदेश) विशेष तक सीमित नहीं हैं?

1. ढोल-ढोलक
2. तबला-पखावज
3. मंजीरा-झांझ
4. ताविल-चेंड़ा

भाग-IV

कर्नाटक संगीत

26. घन-नय-देशी राग वर्गीकरण सबसे पहले पाया गया था :

1. संग्रह चूड़ामणि 2. संगीत सुधा
3. संगीत चंद्रिका 4. राग लक्षणमु

27. पंचमान्त्य राग को पहचानिए।

1. नादनामक्रिया 2. नवरोज
3. कुरन्जी 4. पुन्नागवराली

28. "अच्युत राजेन्द्र मेल" वीणा का उल्लेख किस लक्षणग्रंथ में किया गया है?

1. संगीत रत्नाकर 2. स्वरमेलकलानिधि
3. करुणामृत सागरम 4. संग्रह चूड़ामणि

29. पहले दिव्य प्रबंध "पल्लांडु पल्लांडु" की रचना की थी :

1. मदुरकवि आलवार ने
2. पोइगई आलवार ने
3. गेरियालवार ने
4. पेइ आलवर ने

30. अन्नामाचार्य की रचनाएँ परिरक्षित हैं :

1. शैल शिलालेखों में
2. ताड़ पत्र हस्तलिपियों में
3. ताम्र पत्रों में
4. स्टील शीटों में

31. निम्नलिखित में से प्रसिद्ध कंजीरा कलाकार को पहचानिए :

1. विक्कू विनायकराम 2. टी.के. मूर्ति
3. हरिशंकर 4. कुन्नकुडि वैद्यनाथन

32. नवरत्न राग मलिका की रचना .... द्वारा की गई थी।

1. पट्नम सुब्रमन्या अय्यर
2. घनम कृष्ण अय्यर
3. मैसूर वासुदेवाचार्य
4. मुतैय्या भागवत

33. शब्द 'कोन्नकोल' का अर्थ है :

1. घटम को बजाना 2. कंजीरा को बजाना
3. पाटाक्षर पठंत 4. जलतरंग बजाना

34. उपायालपुरम सुंदरम अय्यर .... के लिए जाने जाते हैं।

1. मृदंगम 2. घटम
3. कंजीरा 4. वॉयलिन

35. 'गर्भ श्रीमान' की उपाधि दी गई थी :

1. जय चामराज वोडेयार को
2. अयिलयम तिरुनाल को
3. उदय मार्तंड वर्मा को
4. स्वाति तिरुनाल को

36. 'मोहनप्रास-अन्त्य प्रास व्यवस्था' के लेखक थे :

1. स्वाति तिरुनाल 2. नीलकंठ शिवन
3. अप्पया दीक्षित 4. एस. रामनाथन

37. "चंद पावल पेरुमान" की उपाधि दी गई :

1. अरुणाचल कवि
2. अरुणागिरिनाथ
3. अन्नामलाई रेड्डियार
4. अन्नास्वामी शास्त्री

38. "भरतकोष" के लेखक थे :

1. भरत
2. मानवल्ली रामकृष्ण कवि
3. यू.वी. स्वामीनाथ अय्यर
4. वी. राघवन

39. एक खंड के प्रत्येक आवर्तन के अंत में शब्दों का दोहराव कहलाता है :

1. यमकम 2. स्रोतवाह यति
3. अंत्यप्रास 4. अनुप्रास

40. केरल के मन्दिरों के धार्मिक अनुष्ठानों में प्रयोग किया जाने वाला वाद्ययंत्र है :

1. पंचमुख वाद्य 2. चेंडा
3. विचित्र वीणा 4. जलतरंग

41. 72 मेलकर्ता रागों में रागमालिका का आरंभ होता है :

1. पन्नगशयन 2. पन्नगेन्द्र शयन
3. प्रणतार्थीहर 4. भावयामी

42. उत्तर भारत के सुगम संगीत के एक प्रकार/रूप की पहचान कीजिए :

1. ध्रुपद 2. खयाल
3. गजल 4. तराना

43. वीणा धनम्माल शिष्य परंपरा के संगीतकार हैं :

1. वीणा शेषण्णा 2. टी. बृंदा
3. आर.के. श्रीकंठन 4. ई. गायत्री

44. मिश्र चापू ताल में निबद्ध कृति है :

1. एन्डुकू दया – तोड़ी
2. अम्मा-रावम्मा – कल्याणी
3. नन्नू पालिम्पा – मोहन
4. मरिविरेदिक्केवरय्या – षण्मुखप्रिया

45. कृति 'निन्नू विनागमरि' के ताल को पहचानिए :

1. आदिताल 2. रूपक ताल
3. विलोम चापू ताल 4. देशादि ताल

46. 'चिन्दु' के प्रसिद्ध संगीतकार कौन हैं?

1. रामलिंग ओडेगल
2. धर्मापुरी सुब्बराय
3. नीलकंठ शिवन
4. अन्नामलाई रेड्डियार

47. राग को वक्र आरोहण और अवरोहण से पहचानिए :

1. बेगड़ा 2. सहाना
3. केदारगौड़ 4. आनंदभैरवी

48. 'संगीत संप्रदाय प्रदर्शिनी' में .... गमकों के लिए चिह्न हैं।

1. 10 2. 11
3. 12 4. 15

49. उन लेखक की पहचान कीजिए जिन्होंने स्वयं अपनी पुस्तक की टीका लिखी है :

1. सोमनाथ 2. अहोबल
3. रघुनाथ 4. लोचन

50. पूर्वी थाट .... के समतुल्य है।

1. शंकराभरणम 2. कामवर्धनी
3. कीरवाणी 4. खरहरप्रिया

51. मारीमुत्ता पिल्लई .... से हैं।

1. थिरुविदांगुर 2. सिरकाजी
3. तंजावुर 4. तिरुविडैमरुदूर

52. मद्रास संगीत अकादमी द्वारा दी जाने वाली उपाधि है :

1. संगीत चक्रवर्ती 2. संगीत कलानिधि
3. संगीत रत्नावलि 4. संगीत चूड़ामणि

53. आरभि पंचरत्नम कृति के चरणों को अनुक्रमिक क्रम में व्यवस्थित कीजिए :

A. हरे रामचंद्र B. श्री वैंकटेश
C. गोपी जन D. देवकी वसुदेव
E. परम भक्त

नीचे दिए गए विकल्पों में से **सही** उत्तर का चयन कीजिए :

1. C, D, A, B, E
2. A, B, D, E, C
3. D, C, E, A, B
4. B, A, E, C, D

54. निम्नलिखित रचनाकारों को कालानुक्रमी क्रम में व्यवस्थित कीजिए :

A. अन्नमाचार्य
B. थिरुज्ञान सम्बन्धर
C. जी.एन. बालासुब्रमण्यम
D. गोपाल कृष्ण भारती
E. जयदेव

नीचे दिए गए विकल्पों में से **सही** उत्तर का चयन कीजिए :

1. E, B, C, A, D
2. B, E, A, D, C
3. A, C, E, B, D
4. A, E, B, D, C

55. निम्नलिखित मेलों को उलटे क्रम में लिखिए :

A. हाटकाम्बरी B. तानरूपी
C. नागनंदिनी D. वरुणप्रिया
E. रूपवती

नीचे दिए गए विकल्पों में से **सही** उत्तर का चयन कीजिए :

1. C, D, A, E, B
2. B, A, D, C, E
3. A, C, B, D, E
4. C, E, A, B, D

56. निम्नलिखित तालों को अक्षर काल के अवरोही क्रम में व्यवस्थित कीजिए :

A. खंड जाति ध्रुव ताल
B. मिश्र जाति त्रिपुट ताल
C. संकीर्ण जाति झंप ताल
D. मिश्र जाति मठ्य ताल
E. तिस्र जाति अठ ताल

नीचे दिए गए विकल्पों में से **सही** उत्तर का चयन कीजिए :

1. E, B, C, D, A
2. A, D, C, B, E
3. D, B, A, C, E
4. C, E, D, A, B

57. निम्नलिखित मेलों की भूत संख्या के अनुसार अनुक्रमिक क्रम में व्यवस्थित कीजिए :

A. बाण - श्री B. वेद - गो
C. इंदु - मा D. नेत्र - मा
E. वसु - पा

नीचे दिए गए विकल्पों में से **सही** उत्तर का चयन कीजिए :

1. A, C, D, B, E
2. D, B, A, E, C
3. C, D, B, A, E
4. B, C, D, E, A

58. निम्नलिखित ताल अंगों को आरोही क्रम में व्यवस्थित कीजिए :

A. लघु द्रुत B. गुरु विराम
C. द्रुत विराम D. प्लुत विराम
E. प्लुत द्रुत

नीचे दिए गए विकल्पों में से **सही** उत्तर का चयन कीजिए :

1. B, D, A, E, C
2. D, C, B, A, E
3. A, E, D, B, C
4. C, A, B, D, E

59. निम्नलिखित स्वर स्थानों को तारता से अवरोही क्रम में व्यवस्थित कीजिए :

A. शुद्ध निषाद B. प्रति मध्यम
C. काकली निषाद D. षट्श्रुति धैवत
E. शुद्ध धैवत

नीचे दिए गए विकल्पों में से **सही** उत्तर का चयन कीजिए :

1. C, D, A, E, B
2. A, E, B, C, D
3. C, A, D, B, E
4. B, A, C, D, E

60. निम्नलिखित लेखकों को कालानुक्रमी क्रम में व्यवस्थित कीजिए :

A. शारंगदेव B. अहोबल
C. दत्तिल D. मतंग
E. गोविंदाचार्य

नीचे दिए गए विकल्पों में से **सही** उत्तर का चयन कीजिए :

1. C, A, B, E, D
2. C, D, A, B, E
3. D, E, B, A, C
4. E, B, A, D, C

61. भैरवी स्वरजति के चरणों को अनुक्रमिक क्रम में व्यवस्थित कीजिए :

A. भक्तजन B. पादकमुलनु
C. कुंद रचना D. नी पवन निलय
E. कुंभ कुच

नीचे दिए गए विकल्पों में से **सही** उत्तर का चयन कीजिए :

1. E, A, D, C, B
2. A, C, B, E, D
3. D, E, A, B, C
4. C, B, A, E, D

62. निम्नलिखित को किसी संगीत समारोह में प्रस्तुत करने के सही क्रम में लिखिए :

A. पल्लवी B. नेरावल
C. तानम D. कल्पनास्वर
E. आलापन

नीचे दिए गए विकल्पों में से **सही** उत्तर का चयन कीजिए :

1. D, B, C, E, A
2. A, C, E, B, D
3. C, D, E, A, B
4. E, C, A, B, D

63. कौन-सी रचनाएँ केदारगौड़ राग में हैं :

A. सरगुण पालिम्पा
B. श्री मातः शिव वामांगे
C. तुलसी बिल्व
D. वेणुगान लोलुनी
E. चेतः श्री बालकृष्णम

नीचे दिए गए विकल्पों में से **सही** उत्तर का चयन कीजिए :

1. केवल A, C, D 2. केवल A, B, D
3. केवल C, D, E 4. केवल B, C, E

64. निम्नलिखित में से कौन-कौन बांसुरी वादन में पारंगत हैं?

A. एन. रमणी और हरिशंकर
B. टी.आर. महालिंगम और एन. रमणी
C. सरभ शास्त्री और एन. रमणी
D. टी.आर. महालिंगम और विनायक राम
E. पल्लडम संजीव राव और प्रपंचम सीताराम

नीचे दिए गए विकल्पों में से **सही** उत्तर का चयन कीजिए :

1. केवल A, C, B 2. केवल B, C, E
3. केवल B, D, E 4. केवल C, D, E

65. निम्नलिखित में से जावली-संगीत रचनाकारों की पहचान कीजिए :

A. वीणा कुपय्या

B. धर्मपुरी सुब्बराय

C. रामनाड श्रीनिवास आयंगर

D. सुब्बराय शास्त्री

E. पट्टाभिरामय्या

नीचे दिए गए विकल्पों में से **सही** उत्तर का चयन कीजिए :

1. केवल A, B, C 2. केवल B, C, D
3. केवल B, C, E 4. केवल C, D, E

66. निम्नलिखित में से कौन ध्रुपद गायन में पारंगत हैं?

A. नूरा बहनें B. डागर बंधु

C. गुंडेच बंधु D. राजन, साजन मिश्र

E. अहमद हुसैन, मोहम्मद हुसैन

नीचे दिए गए विकल्पों में से **सही** उत्तर का चयन कीजिए :

1. केवल A, B 2. केवल B, D
3. केवल D, E 4. केवल B, C

67. मार्ग-परंपरा को प्रदर्शित करने वाले ग्रंथ हैं :

A. नाट्यशास्त्र B. भरतभाष्य

C. दत्तिलम् D. संगीत राज

E. औमापतम

नीचे दिए गए विकल्पों में से **सही** उत्तर का चयन कीजिए :

1. केवल A और C 2. केवल B और D
3. केवल A और E 4. केवल C और D

68. भरत की जातियों के नाम हैं :

A. कलोपनता B. रक्त गांधारी

C. कार्मारवी D. पौरवी

E. नंदयन्ती

नीचे दिए गए विकल्पों में से **सही** उत्तर का चयन कीजिए :

1. केवल A, C, D 2. केवल B, C, E
3. केवल C, D, E 4. केवल B, C, D

69. राजवंशी रचनाकार कौन हैं?

A. स्वाति तिरुनाल

B. तंजौर क्वार्टेट

C. जयचामराज उडयार

D. शाहजी

E. मुथय्या भागवत

नीचे दिए गए विकल्पों में से **सही** उत्तर का चयन कीजिए :

1. केवल A, B, C 2. केवल B, C, E
3. केवल A, C, D 4. केवल B, D, E

70. 'चिट्टस्वर' किस रचना में अंतर्निहित हैं :

A. कृति B. देवरनामा

C. वर्ण D. रागमालिका

E. पदम

नीचे दिए गए विकल्पों में से **सही** उत्तर का चयन कीजिए :

1. केवल A, B, E 2. केवल C, D, E
3. केवल B, C, D 4. केवल A, C, D

71. षड्ज ग्राम के वह स्वर जिनमें 3 श्रुति का अंतराल होता है :

A. षड्ज B. रिषभ

C. पंचम D. धैवत

E. निषाद

नीचे दिए गए विकल्पों में से **सही** उत्तर का चयन कीजिए :

1. केवल A और D 2. केवल B और D
3. केवल C और E 4. केवल D और E

72. ग्रंथ जिनमें रागों को उत्तम, मध्यम और अधम में वर्गीकृत किया गया है, वे हैं :

A. बृहद्देशी B. स्वरमेलकलानिधि

C. भरत भाष्य D. राग विबोध

E. चतुर्दण्डिप्रकाशिका

नीचे दिए गए विकल्पों में से **सही** उत्तर का चयन कीजिए :

1. केवल B और D 2. केवल A और C
3. केवल B और E 4. केवल C और D

73. निम्नलिखित में से षाडव रागों की पहचान कीजिए :

A. श्रीरंजनी
B. मध्यमावती
C. हंसनादम
D. मलयमारुतम
E. हंसानंदी

नीचे दिए गए विकल्पों में से **सही** उत्तर का चयन कीजिए :

1. केवल A, C, D
2. केवल B, D, E
3. केवल A, D, E
4. केवल A, B, C

74. आर. सत्यनारायण द्वारा लिखी गई पुस्तकें हैं :

A. म्यूजिकल फॉर्म्स इन संगीत रत्नाकर
B. सुलादीस एंड उगभोगास
C. मैसूर एज ए सीट ऑफ म्यूजिक
D. म्यूजिक ऑफ मध्वा मोंक्स
E. गानामृत सागरम्

नीचे दिए गए विकल्पों में से **सही** उत्तर का चयन कीजिए :

1. केवल A, B
2. केवल B, C
3. केवल C, E
4. केवल B, D

75. निम्नलिखित तेवारम के रचनाकारों की पहचान कीजिए :

A. अप्पर
B. तिरुमूलर
C. सुंदरर
D. सेक्कीलार
E. सम्बन्धर्

नीचे दिए गए विकल्पों में से **सही** उत्तर का चयन कीजिए :

1. केवल A, C, E
2. केवल A, B, C
3. केवल B, C, D
4. केवल C, D, E

76. निम्नलिखित में से कौन-से ताल वाद्य हैं?

A. तविल और पखावज
B. जलतरंग और तबला
C. मृदंगम और बांसुरी
D. घटम और खंजीरा
E. तबला और तविल

नीचे दिए गए विकल्पों में से **सही** उत्तर का चयन कीजिए :

1. केवल A, C, E
2. केवल A, D, E
3. केवल B, C, D
4. केवल C, D, E

77. कौन-से गीत कोवुर पंचरत्न से संबंधित हैं?

A. राजु वेडल - तोड़ी
B. ई वसुधा - शहाना
C. तेर तीयक राधा - गौड़ीपन्तु
D. नम्मी वाच्चीना - कल्याणी
E. सुंदरेश्वरूनि - शंकराभरण

नीचे दिए गए विकल्पों में से **सही** उत्तर का चयन कीजिए :

1. केवल A, B, D
2. केवल B, C, E
3. केवल B, D, E
4. केवल C, D, E

78. एकल कृति वाले रागों की पहचान कीजिए :

A. सारमति
B. सुप्रदीपम
C. कलगडा
D. चिन्तामणि
E. द्विजावन्ती

नीचे दिए गए विकल्पों में से **सही** उत्तर का चयन कीजिए :

1. केवल A, B, E
2. केवल B, C, D
3. केवल C, D, E
4. केवल A, C, D

79. सूची-I के साथ सूची-II का मिलान कीजिए :

सूची-I	सूची-II
A. सेमी ब्रीव	I. अर्द्ध स्वर
B. मिनिम	II. पूर्ण स्वर
C. क्रॉशेट	III. आठवां स्वर
D. क्वेयर	IV. क्वार्टर (चतुर्थांश) स्वर

नीचे दिए गए विकल्पों में से **सही** उत्तर का चयन कीजिए :

1. A-I, B-IV, C-II, D-III
2. A-III, B-I, C-II, D-IV
3. A-IV, B-II, C-III, D-I
4. A-II, B-I, C-IV, D-III

80. सूची-I के साथ सूची-II का मिलान कीजिए :

सूची-I (संगीतकार)	सूची-II (योगदान)
A. स्वाति तिरुनाल	I. गेय नाटकम
B. श्यामा शास्त्री	II. नोट्टु स्वर
C. मुत्तुस्वामी दीक्षित	III. पदम
D. त्यागराज	IV. स्वरजति

नीचे दिए गए विकल्पों में से **सही** उत्तर का चयन कीजिए :

1. A-I, B-IV, C-II, D-III
2. A-IV, B-II, C-III, D-I
3. A-III, B-IV, C-II, D-I
4. A-II, B-I, C-III, D-IV

81. सूची-I के साथ सूची-II का मिलान कीजिए :

सूची-I (कृति)	सूची-II (शताब्दी)
A. बृहद्देशी	I. 16वीं शताब्दी
B. संगीत सम्प्रदाय प्रदर्शिनी	II. 9वीं शताब्दी
C. संगीत रत्नाकर	III. 20वीं शताब्दी
D. स्वर मेल कलानिधि	IV. 13वीं शताब्दी

नीचे दिए गए विकल्पों में से **सही** उत्तर का चयन कीजिए :

1. A-III, B-I, C-II, D-IV
2. A-II, B-III, C-IV, D-I
3. A-I, B-II, C-IV, D-III
4. A-II, B-IV, C-I, D-III

82. सूची-I के साथ सूची-II का मिलान कीजिए :

सूची-I (जन्य राग)	सूची-II (जनक मेल)
A. आसावरी	I. 17वां मेल
B. मलहरी	II. 8वां मेल
C. सौराष्ट्र	III. 22वां मेल
D. मणिरंगु	IV. 15वां मेल

नीचे दिए गए विकल्पों में से **सही** उत्तर का चयन कीजिए :

1. A-II, B-IV, C-I, D-III
2. A-I, B-III, C-II, D-IV
3. A-II, B-III, C-I, D-IV
4. A-IV, B-I, C-II, D-III

83. सूची-I के साथ सूची-II का मिलान कीजिए :

सूची-I (मेल)	सूची-II (थाट)
A. हरिकाम्बोजी	I. तोड़ी
B. शुभपन्तुवराली	II. भैरव
C. मायामालवगौड़ा	III. काफी
D. खरहरप्रिया	IV. खमाज

नीचे दिए गए विकल्पों में से **सही** उत्तर का चयन कीजिए :

1. A-IV, B-I, C-II, D-III
2. A-II, B-III, C-IV, D-I
3. A-I, B-IV, C-II, D-III
4. A-II, B-I, C-III, D-IV

84. सूची-I के साथ सूची-II का मिलान कीजिए :

सूची-I (राग)	सूची-II (पण)
A. नवरोज	I. पुरनिर्मयी
B. भैरवी	II. सेंतुरुति
C. मध्यमावती	III. कौसीकम
D. भूपालम	IV. कोल्ली

नीचे दिए गए विकल्पों में से **सही** उत्तर का चयन कीजिए :

1. A-III, B-II, C-IV, D-I
2. A-IV, B-III, C-II, D-I
3. A-II, B-III, C-I, D-IV
4. A-I, B-IV, C-III, D-II

85. सूची-I के साथ सूची-II का मिलान कीजिए :

सूची-I (लेखक)	सूची-II (ग्रंथ)
A. जगदेकमल्ल	I. संगीत सारामृत
B. रामामात्य	II. संगीत पारिजात
C. तुलजा	III. स्वरमेल कलानिधि
D. अहोबल	IV. संगीत चूड़ामणि

नीचे दिए गए विकल्पों में से **सही** उत्तर का चयन कीजिए :

1. A-IV, B-III, C-I, D-II
2. A-I, B-III, C-II, D-IV
3. A-IV, B-II, C-III, D-I
4. A-II, B-III, C-IV, D-I

86. सूची-I के साथ सूची-II का मिलान कीजिए :

सूची-I (लेखक)	सूची-II (पुस्तक)
A. वी.डी. पलुस्कर	I. इंडियन क्लासिकल म्यूजिक एंड घराना ट्रेडिशन
B. बी.सी. देव	II. क्रमिक पुस्तक मालिका
C. वी.एन. भातखण्डे	III. रागबोध
D. आर.सी. मेहता	IV. इंडियन म्यूजिक

नीचे दिए गए विकल्पों में से **सही** उत्तर का चयन कीजिए :

1. A-III, B-II, C-I, D-IV
2. A-III, B-IV, C-II, D-I
3. A-II, B-III, C-IV, D-I
4. A-I, B-IV, C-III, D-II

87. सूची-I के साथ सूची-II का मिलान कीजिए :

सूची-I (राग)	सूची-II (रचनाकार)
A. मायामालवगौड़	I. श्री वेणुगोपाल
B. हुसैनी	II. श्री नाथादि गुरुगुहो
C. सुरुट्टी	III. श्री कालहस्तिसा
D. कुरिन्जी	IV. श्री वेंकटगिरीशम

नीचे दिए गए विकल्पों में से **सही** उत्तर का चयन कीजिए :

1. A-II, B-I, C-III, D-IV
2. A-IV, B-II, C-I, D-III
3. A-II, B-III, C-IV, D-I
4. A-I, B-III, C-IV, D-II

88. सूची-I के साथ सूची-II का मिलान कीजिए :

सूची-I (वाद्ययंत्र)	सूची-II (सामग्री)
A. जलतरंग	I. धातु
B. जालरा	II. चीनी मिट्टी
C. तंबूरा	III. मिट्टी
D. घटम	IV. लकड़ी

नीचे दिए गए विकल्पों में से **सही** उत्तर का चयन कीजिए :

1. A-IV, B-I, C-II, D-III
2. A-III, B-II, C-I, D-IV
3. A-II, B-I, C-IV, D-III
4. A-I, B-IV, C-II, D-III

89. सूची-I के साथ सूची-II का मिलान कीजिए :

सूची-I (वाद्ययंत्र)	सूची-II (विशेषज्ञ)
A. जलतरंग	I. पलानी सुब्रमण्यम पिल्लई
B. मृदंगम	II. प्रपंचम सीताराम
C. मैन्डोलिन	III. आनायामपट्टी गणेशन
D. बांसुरी	IV. यू. श्रीनिवास

नीचे दिए गए विकल्पों में से **सही** उत्तर का चयन कीजिए :

1. A-IV, B-II, C-III, D-I
2. A-II, B-III, C-IV, D-I
3. A-III, B-I, C-IV, D-II
4. A-I, B-III, C-II, D-IV

90. सूची-I के साथ सूची-II का मिलान कीजिए :

सूची-I (गुरु)	सूची-II (शिष्य)
A. चित्तूर सुब्रमण्या पिल्लई	I. नेदनूरी कृष्णमूर्ति
B. श्रीपाद पिनाकपाणि	II. टी.वी. गोपालकृष्णन
C. अरियाकुडि रामानुज अय्यंगार	III. मदुरैई सोमू
D. चेम्बई वैद्यनाथ भागवत	IV. बी. राजम अय्यर

नीचे दिए गए विकल्पों में से **सही** उत्तर का चयन कीजिए :

1. A-II, B-I, C-III, D-IV
2. A-I, B-III, C-IV, D-II
3. A-IV, B II, C III, D-I
4. A-III, B I, C IV, D-II

निर्देश (प्रश्न संख्या 91 से 95 तक): *निम्नलिखित गद्यांश को ध्यानपूर्वक पढ़िए और उससे संबंधित प्रश्नों के उत्तर दीजिए।*

आधुनिक कर्नाटक मेल-पद्धति जो वैंकटगखी की 72-मेल पद्धति के लगभग समान है, जिसमें वैंकटमखी की पद्धति की भांति ही संस्कृत के अक्षरों का उपयोग पूर्वलग्न के रूप

में मेलों की उलटे क्रम में क्रम संख्या को इंगित करने के लिए किया जाता है। जैसा अठारहवीं शताब्दी के बाद के अर्धभाग में गोविन्द द्वारा लिखे गए ''संग्रहचूड़ामणि'' में पाया जाता है। इस पुस्तक के मूल संस्करण का नाम 'संगीतशास्त्र संक्षेप' रखा गया था। राघवन के अनुसार मेलों और रागों पर यह पुस्तक अशुद्ध संस्कृत में लिखी गई है। इसके पहले दो अध्याय जिनमें नाट्य श्रुति और स्वर के कुछ सिद्धांत हैं, अपेक्षाकृत संक्षिप्त हैं, जबकि अध्याय 3, जो मेल और रागों से संबंधित है, पुस्तक का मुख्य भाग बनाता है। वैंकटमखी की चतुर्दण्डि प्रकाशिका और गोविन्द की संग्रहचूड़ामणि के बीच अन्तर इस तथ्य पर आधारित है कि इन पुस्तकों में भिन्न मेल नामकरण पद्धतियों का उपयोग किया गया है।

91. नासिका भूषणी मेल की क्रम संख्या क्या है?

1. 34 2. 65
3. 70 4. 72

92. चतुश्रुति ऋषभ और अंतर गान्धार के स्वर संयोजन पाए जाते हैं :

1. 3रे और 7वें चक्र में
2. 5वें और 10वें चक्र में
3. 5वें और 11वें चक्र में
4. 6वें और 12वें चक्र में

93. दीक्षित परंपरा में नठभैरवी के लिए समान्तर मेल है :

1. भैरवी
2. गौरीवेलावलि
3. हरि केदारगौड़ा
4. नारीरीति गौड़ा

94. निम्नलिखित में से कौन-सा कथन संग्रहचूड़ामणि के मेल कर्ताओं के लिए सत्य **नहीं** है?

1. सभी मेलों में सात स्वर हैं
2. स्वर आड़े-तिरछे क्रम में हो सकते हैं
3. आरोहण और अवरोहण में समान स्वर पाए जाते हैं
4. स्वर अनुक्रमिक क्रम में आगे बढ़ते हैं

95. निम्नलिखित में से भाषांग राग की पहचान कीजिए :

1. आनंदभैरवी 2. हंसनाद
3. हिन्दोल 4. भूपाल

निर्देश (प्रश्न संख्या 96 से 100 तक): *निम्नलिखित गद्यांश को ध्यानपूर्वक पढ़िए और उससे संबंधित प्रश्नों के उत्तर दीजिए।*

स्वाति तिरुनाल एक बहुमुखी संगीत रचनाकार थे और उन्होंने चौक वर्णों, पद वर्णों, स्वरजतियों, कृतियों, पदों, उत्सव गीतों, जावलियों, तिल्लानाओं के साथ ही ध्रुपदों, ख्यालों और भजनों को भी हिन्दुस्तानी शैली में लिखा। उन्होंने अनेक प्रबन्धों, उपाख्यानों और 'भक्ति मंजरी' नामक पुस्तक के साथ ही नवरात्रि कीर्तनों और राग-मालिका को भी लिखा। वह संस्कृत भाषा में प्रवीण थे और अपनी कृतियों में मार्गदर्शी शेषा अयंगर की शैली और पदयोजना का अनुसरण करते थे, जिनकी कृतियों को उन्होंने एकत्रित करके षट्काल गोविन्द मारर की सहायता से पढ़ा था। वह त्यागराज तथा दीक्षितर की संगीत रचनाओं और उनके शिष्यों के त्रिवेन्द्रम आने पर उनके गायन से भी परिचित रहे होंगे। लेकिन ये सभी इस तथ्य को गौण नहीं कर सकते कि स्वाति तिरुनाल रचनात्मक बुद्धि और सराहनीय मौलिकता वाले एक महान संगीत रचनाकार थे। जैसा कि उनकी रचनाओं से प्रमाणित होता है।

96. स्वाति तिरुनाल द्वारा रचित वर्ण हैं :

1. विरिबोनी - भैरवी
2. मगुव निन्ने - नारायण गौड़ा
3. चलमेल - शंकराभरण
4. नैनरुञ्ची - धन्यासी

97. स्वाति तिरुनाल के नवरात्रि कीर्तन को पहचानिए :

1. देवी जगज्जननि - शंकराभरण
2. मामव सदा - कानड़ा
3. परमपुरुष - वसंत
4. भावयामि रघुरामम - सावेरी

98. स्वाति तिरुनाल द्वारा गाया गया दुर्लभ राग है :

1. चित्तरंजनी 2. अठाना
3. लतांगी 4. ललितपंचमम

99. कृतियों की रचना करने में स्वाति तिरुनाल के आदर्श कौन थे?

1. क्षेत्रय्या 2. मार्गदर्शी शेषय्यंगार
3. अन्नामाचार्य 4. पुरंदरदास

100. कुरिन्जी राग में 'अलिवेनी' है, एक ....।

1. पदम 2. कृति
3. जावली 4. वर्ण

भाग–V

रबीन्द्र संगीत

26. संविधान सभा द्वारा भारत के राष्ट्रगान के रूप में 'जन गण मन अधिनायक' के हिन्दी पाठ को कब अंगीकार किया गया?

1. 26 मार्च, 1972 2. 24 जनवरी, 1950
3. 26 जनवरी, 1950 4. 20 जनवरी, 1950

27. रबीन्द्रनाथ टैगोर ने किस वर्ष 'गीत बितान और संचयिता' को संपादित किया?

1. 1929 2. 1931
3. 1933 4. 1935

28. विश्व भारती 'ग्रन्थन विभाग' की स्थापना कब हुई थी?

1. 1920 2. 1949
3. 1947 4. 1923

29. रबीन्द्रनाथ ने अपने 'प्रभात-संगीत' को किसे समर्पित किया?

1. इंदिरा देवी 2. सरला देवी
3. प्रतिभा देवी 4. स्वर्ण कुमारी देवी

30. 'बिचित्र' पर्याय में कितने गीत हैं?

1. 132 2. 145
3. 136 4. 138

31. रबीन्द्रनाथ टैगोर के प्रथम फोनोग्राफ संगीत को किसके द्वारा रिकॉर्ड किया गया?

1. एमिले बार्लिनर
2. हेमेन्द्र मोहन बसु
3. अल्वा एडिरान और चार्ल्स क्रॉस
4. जगदीश चन्द्र बोस

32. रबीन्द्रनाथ जब जोरासाको जाने के लिए अंतिम बार शांतिनिकेतन से निकले तो गुरुदेव को समर्पित करते हुए आश्रमवारियों द्वारा गाया गीत था :

1. आगुनेर पोरुषमनि
2. एदिन आजी कौन घरे गो
3. सोमुखे शांति पाराबार
4. आमादेर शांतिनिकेतन

33. उपेन्द्र किशोर रायचौधरी ने 36 रबीन्द्र संगीत को अपनी स्वरलिपि में दर्ज करके निम्नलिखित में प्रकाशित किया है :

1. 'सितार शिक्षा' 2. 'बेहला शिक्षा'
3. 'इसराज शिक्षा' 4. 'हारमोनियम शिक्षा'

34. महर्षि देबेन्द्र नाथ ठाकुर ने रामचंद्र विद्याबागीश के 'ब्रह्मोधर्म' को कब अपनाया था :

1. 1843-21 दिसंबर को
2. 1890-20 दिसंबर को
3. 1845-23 दिसंबर को
4. 1847-24 दिसंबर को

35. प्रसिद्ध कलाकार एवं रबीन्द्रनाथ टैगोर जी के संगीत शिक्षक 'यदुभट्ट' जी को किसने 'रंगनाथ' पुरस्कार से सम्मानित किया था :

1. त्रिपुरा के राजा
2. कृष्णनगर के राजा
3. पंचकोट के राजा
4. मल्लराज विष्णुपुर के राजा

36. सत्येन्द्र ठाकुर की पुत्री इंदिरा देवी ने 'पश्चिमी संगीत' में इन्टरमीडिएट की परीक्षा किस संस्था से उत्तीर्ण की थी?

1. सा. सुन्वी यूरोपियन थिएटर - कोलकाता से
2. आइरिश म्यूजिक कॉलेज से
3. ट्रिनेटी कॉलेज ऑफ म्यूजिक, कैम्ब्रिज से
4. फ्रेंच म्यूजिक कॉलेज से

37. भीमराव शास्त्री, भूतपूर्व आचार्य, विश्वभारती संगीत भवन ने संस्कृत एवं भातखण्डे स्वरलिपि पद्धति में 'गीतांजलि' का प्रकाशन 'संगीत गीतांजलि' के रूप में किस वर्ष में किया?

1. 1925 में 2. 1929 में
3. 1921 में 4. 1926 में

38. 'वीणावादिनी' संगीत जर्नल का प्रकाशन सबसे पहले किया था :

1. द्विजेन्द्रनाथ ठाकुर
2. सौरिन्द्र मोहन ठाकुर
3. ज्योतिरिन्द्र नाथ ठाकुर
4. ज्योतिन्द्र मोहन ठाकुर

39. द्विजेन्द्रलाल रॉय ने अपना नाटक 'विरह नाटक' किसको समर्पित किया था?

1. अतुल प्रसाद सेन 2. रैबीन्द्रनाथ ठाकुर
3. देवेन्द्रनाथ ठाकुर 4. नजरुल इस्लाम

40. निम्नलिखित गीतों में से कौन-सी रचना 'नाट्यगीति परिशोध' की रचना नहीं है :

1. कौन अपरूप स्वर्गेर आलो
2. सुंदरी बंधन
3. एसेची प्रियतमो खोमो मोरे खोमो
4. हाय एकी सोमापोन

41. 'दक्खिनी पत्तीताल' .... से मिलती-जुलती है।

1. रूपकड़ा 2. षष्ठी
3. झंपक 4. एकादशी

42. निम्नलिखित में से किस 'ब्रह्म संगीत' की रचना गनेन्द्र नाथ ठाकुर ने की है?

1. अपार करुणा तोमार
2. केनो मिलन निरानन्दो
3. गाओ रे तहार नाम
4. तहारी चरणों तलो छाए

43. निम्नलिखित रबीन्द्र संगीत में से कौन-सी रचना द्विजेन्द्रनाथ ठाकुर द्वारा की गई है?

1. अतुल ज्योतिर ज्योति
2. ज्ञानमोय ज्योतिरे जे जाने
3. नमो शंकराय महेश
4. हरि तुम बिन केमोने

44. नृत्य नाटिका 'श्यामा' के द्वितीय दृश्य का अंतिम गीत है :

1. मायाबोनो बिहारिनी
2. इत बिरोनी है, चंचल हिया
3. कौन अपरूप स्वर्गेर
4. प्रेमेरो ज्वारे भाशाबे दो आरे

45. 'स्वदेश' पर्याय में चौथे नंबर पर कौन-सा गाना है?

1. देश देश नंदितो कोरी
2. जन गण मन अधिनायक
3. बांग्लार माटी बांग्लार जल
4. आनंद ध्वनि जगाओ गगने

46. 'वर्षा' में ऐसे कितने गीत हैं, जो 'प्रकृति पर्याय' के उपविषयक पाठांतर हैं :

1. 96 2. 115
3. 108 4. 130

47. 'मोर भवनेर की हवाय' गीत सितार गत पर आधारित है, जिसकी रचना की थी :

1. रवि शंकर ने
2. इंद्राणी भट्टाचार्य ने
3. सुशील कुमार भंज चौधरी ने
4. निखिल बनर्जी ने

48. जब रबीन्द्रनाथ टैगोर को लखनऊ में अतुल प्रसाद सेन द्वारा सम्मानित किया गया था तब उन्होंने कौन-सा एक गीत टैगोर को समर्पित किया जिसे पहाड़ी सान्याल द्वारा लखनऊ में गाया गया था। ये गीत था :

1. उठो गो भारतो लोक्खी
2. चाहोरे आजी भारत मातार प्रति
3. एशो हे एशो भारतों भूषणों
4. बोलो बोलो बोलो सोबे

49. सत्येन्द्रनाथ ठाकुर द्वारा रचित ब्रह्म संगीत 'दयाघनो तुम हेनो' की धुन किससे मिलती-जुलती है?

1. ताई तोमार आनंदों अमार पोर
2. सफलो करो हे प्रभु
3. अन्तरो मोमो बीकोशीतो करो
4. बोरिशो धोरा माझे

50. निम्नलिखित गीतों में से किसकी रचना 'ठाकुरबाड़ी' के किसी सदस्य द्वारा नहीं की गई है?

1. विश्व-भुवन-रंजन-ब्रह्मो
2. प्रभु मंगल शांति सुधामय हे
3. आदिनाथ प्रणवरूप सम्पूरन
4. आज आनंदे प्रेमो छदे

51. 1901 में ब्रह्म चरजाश्रम विद्यालय की स्थापना के समय जिस गीत की रचना की गई थी और गाया गया था, वह है :

1. विश्वविद्यालय तीर्थप्रांगण
2. आमादेर शांतिनिकेतन
3. मोरा सोत्येरो पोरे मोन
4. सत्यो मंगलो प्रेम मोयो तुमि

52. निम्नलिखित में से कौन-सा गीत रबीन्द्रनाथ टैगोर द्वारा नहीं लिखा गया है?

1. बजाओ रे मोहन बंसी
2. सुन लो सुन लो बालिका
3. मरण रे तुँहु मम
4. भरा बादर महा भादर

53. निम्नलिखित गीतों को 'गीतोबितान' में यथावर्णित 'बिचित्र पर्याय' में आरोही क्रम में व्यवस्थित करें :

A. कमलबोनेर मधुपोराजी
B. आमार घुर लेगेचे ताधिन ताधिन
C. मम चित्ते नीति नृत्ये
D. दुई हाथे-कालेर मंदिरा जे

नीचे दिए गए विकल्पों में से **सही** उत्तर का चयन कीजिए :

1. A, B, C, D 2. D, C, B, A
3. D, B, C, A 4. A, C, B, D

54. निम्नलिखित गीतों को 'चित्रांगदा' में यथावर्णित आरोही क्रम में व्यवस्थित करें :

A. आमि चित्रांगदा, आमि राजेन्द्रनन्दिनी
B. लहो लहो फिरे लहो
C. बिना सजे सजि देखा दिबे तुमि
D. ताइ होक तबे ताई होक

नीचे दिए गए विकल्पों में से **सही** उत्तर का चयन कीजिए :

1. D, C, A, B 2. B, D, C, A
3. D, C, B, A 4. A, B, C, D

55. कालक्रमानुसार व्यवस्थित कीजिए :

A. वीरेन्द्रनाथ B. सौदामिनी
C. हेमेन्द्रनाथ D. बुधेन्द्रनाथ

नीचे दिए गए विकल्पों में से **सही** उत्तर का चयन कीजिए :

1. A, C, D, B 2. C, A, B, D
3. D, C, B, A 4. A, B, C, D

56. निम्नलिखित घटनाओं को कालक्रमानुसार व्यवस्थित कीजिए :

A. रबीन्द्रनाथ ने हिमालय की यात्रा की और अतुल प्रसाद सेन को रामगढ़ में आमंत्रित किया।
B. अतुल प्रसाद सेन सरला देवी की मदद से रबीन्द्रनाथ टैगोर से पहली बार मिले।
C. रबीन्द्रनाथ टैगोर ने अतुल प्रसाद सेन को शान्ति निकेतन आश्रम में आमंत्रित किया।
D. रबीन्द्रनाथ ने काशी में सेन्ट्रल हिन्दू कॉलेज में एसेम्बली की अध्यक्षता की।

नीचे दिए गए विकल्पों में से **सही** उत्तर का चयन कीजिए :

1. A, C, D, B 2. B, A, D, C
3. D, C, B, A 4. A, D, C, B

57. निम्नलिखित गीतों को उनकी रचना के वर्ष के आरोही क्रम में व्यवस्थित कीजिए :

A. के जाय अमृतधन यात्री
B. आनंद धोनि जगाओ गगने
C. जय होक जय होक नभ अरुणोदय
D. होबे जय होबे जय होबे जय रे

नीचे दिए गए विकल्पों में से **सही** उत्तर का चयन कीजिए :

1. A, C, B, D 2. B, A, D, C
3. D, A, B, C 4. D, C, B, A

58. निम्नलिखित को उनके प्रकाशन वर्ष के अनुसार व्यवस्थित कीजिए :

A. सोनार काठी, सोबुज पत्र
B. अंतर-बहिर, भारती
C. संगीतेर मुक्ति, सोबुज पत्र
D. विश्वविद्यालये संगीत शिक्षा

नीचे दिए गए विकल्पों में से **सही** उत्तर का चयन कीजिए :

1. D, B, A, C 2. B, A, C, D
3. C, B, A, D 4. A, C, B, D

59. निम्नलिखित गीतों को 'बाल्मीकि प्रतिभा' में यथा वर्णित आरोही क्रम में व्यवस्थित कीजिए :

A. के एलो अजी ए घोर निशीथे

B. ओई मेघ कारे बुझि गगने

C. तबे आए शबे आए

D. रिमझिम घन घन रे

नीचे दिए गए विकल्पों में से **सही** उत्तर का चयन कीजिए :

1. A, C, D, B
2. B, C, D, A
3. C, B, D, A
4. C, D, B, A

60. निम्नलिखित गीतों को 'स्वरोबितान संख्या' के अनुसार आरोही क्रम में व्यवस्थित कीजिए :

A. आजि हृदय आमार

B. आकाश आमाय भोरलो आलोए

C. दुखिन हवा जागो जागो

D. आकाशे आज कौन चरणेर

नीचे दिए गए विकल्पों में से **सही** उत्तर का चयन कीजिए :

1. C, B, D, A
2. C, D, B, A
3. A, C, B, D
4. A, D, B, C

61. निम्नलिखित महापुरुषों को उनकी जन्मतिथि के अनुसार अवरोही क्रम में व्यवस्थित कीजिए :

A. स्वामी विवेकानन्द

B. गिरीश चन्द्र घोष

C. रामनिधि गुप्त

D. रामप्रसाद सेन

नीचे दिए गए विकल्पों में से **सही** उत्तर का चयन कीजिए :

1. A, C, B, D
2. B, C, D, A
3. D, B, C, A
4. D, C, B, A

62. निम्नलिखित घटनाओं को उनके आरोही क्रम में व्यवस्थित करें :

A. कोलकाता में प्रथम यूरोपीय नाट्यशाला

B. 'द चौरंगी थिएटर' की स्थापना

C. पथुरियाघाट में 'हिन्दू थिएटर' की स्थापना

D. 'नेशनल थिएटर' की स्थापना

नीचे दिए गए विकल्पों में से **सही** उत्तर का चयन कीजिए :

1. D, C, A, B
2. B, C, D, A
3. C, D, A, B
4. A, B, C, D

63. निम्नलिखित में से कौन-से गीत 'मध्यमान' ताल पर आधारित हैं?

A. ए मोह आबोरोन

B. आमार पोराण लोए कि खेला

C. नीरव रजनी देखो मग्न जोछोनाए

D. सुन्नो प्राण कांदे सदा

नीचे दिए गए विकल्पों में से **सही** उत्तर का चयन कीजिए :

1. केवल A, C और D
2. केवल B और C
3. केवल C और D
4. केवल A और B

64. निम्नलिखित में से कौन 'खामख्याली' के सदस्य थे?

A. अवनीन्द्रनाथ ठाकुर

B. बोलेन्द्रनाथ ठाकुर

C. ज्ञानेन्द्रनाथ ठाकुर

D. गुणेन्द्रनाथ ठाकुर

नीचे दिए गए विकल्पों में से **सही** उत्तर का चयन कीजिए :

1. केवल A, B, C
2. केवल D, C
3. केवल A, C
4. केवल B, C

65. निम्नलिखित में से कौन-सी जानकारी 'नव आनंद जागो' गीत के बारे में सही है?

A. त्रिताल पर आधारित

B. 'मूलगान' अधर धरे बनबाँसुरी से उत्पन्न हुआ है

C. 'रामकली' राग पर आधारित

D. 'पूजा' पर्याय की श्रेणी में

नीचे दिए गए विकल्पों में से **सही** उत्तर का चयन कीजिए :

1. केवल A और B
2. केवल B और C
3. केवल A, B और D
4. केवल C और D

66. निम्नलिखित में से कौन-से गीत 'शांतिनिकेतन आश्रम' में समान अवसर पर गाए जाते हैं :

A. आकाश भोर सूर्यो तारा
B. मोरु बिजोयेर केतोन उराव
C. आवाहन असिलो महोत्सवे
D. कोन पुरातन प्राणेर ताने

नीचे दिए गए विकल्पों में से **सही** उत्तर का चयन कीजिए :

1. केवल A और B
2. केवल C और D
3. केवल A और C
4. केवल B, C और D

67. निम्नलिखित में से किस नाटक में रबीन्द्रनाथ टैगोर ने कौन-सी भूमिका निभाई है?

A. 'बाल्मीकि प्रतिभा' में बाल्मीकि
B. 'ए मन कोरमो आर कोरबो ना' में ओलिक बाबू
C. 'डाकघर' में अमल
D. 'फाल्गुनी' में अन्धा बाउल

नीचे दिए गए विकल्पों में से **सही** उत्तर का चयन कीजिए :

1. केवल A, B और D
2. केवल B और C
3. केवल A और D
4. केवल A और B

68. निम्नलिखित में से कौन-से गीत टैगोर के 'बसंत' ऋतु नाटक में हैं?

A. आज खेला भांगर खेला
B. ए बेला डाक गोरेछे कोन खाने
C. तोगार बस कोथा जे गथिक
D. बसंत फूल गाँठलो

नीचे दिए गए विकल्पों में रो **राही** उत्तर का चयन कीजिए :

1. केवल B और C
2. केवल B, C और D
3. केवल A और B
4. केवल A, B और C

69. निम्नलिखित में से कौन-से गीत 'परिशोध' में नहीं हैं?

A. कोन अपरूप स्वर्गेर आलो
B. सुन्देरो बंधन निष्ठुरेरो हटे
C. हाय एकी समापन
D. न्याय अन्याय जानि ने जानि ने

नीचे दिए गए विकल्पों में से **सही** उत्तर का चयन कीजिए :

1. केवल A और D
2. केवल B और C
3. केवल A, B और C
4. केवल C और D

70. निम्नलिखित में से कौन-से गीत 'छन्दांतर' की श्रेणी में हैं?

A. फागुन हावाय हावाय कोरेछि जे दान
B. आमिं मोरेर सागर पारी देबो
C. एई जे तोमार प्रेम ओगो
D. आज खेला भांगार खेला

नीचे दिए गए विकल्पों में से **सही** उत्तर का चयन कीजिए :

1. केवल B और D
2. केवल A, B और C
3. केवल B और C
4. केवल A और D

71. निम्नलिखित में से कौन-से गीतों के विषय मिलते-जुलते हैं?

A. तार अन्तो नई गो जे आनन्दे
B. नृत्योरे ताले ताले
C. दुई हाते कालेर मंदिर जे
D. बिश्व साथे जोगे जेथाए बिहारो

नीचे दिए गए विकल्पों में से **सही** उत्तर का चयन कीजिए :

1. केवल A, B और C
2. केवल B और D
3. केवल A और B
4. केवल C और D

72. निम्नलिखित में से कौन-से गीत 'बाल्मीकि प्रतिभा' में हैं?

A. एनेचि मोरा एनेचि मोरा राशि राशि शिकार

B. तबे आए शौबे आए

C. सरदार मोसाए देरी ना सोए

D. आर ना आर ना एखने आर ना

नीचे दिए गए विकल्पों में से **सही** उत्तर का चयन कीजिए :

1. केवल B और C
2. केवल B, C और D
3. केवल A और B
4. केवल B और D

73. निम्नलिखित में से कौन-से गीत 'शिशुतीर्थ' में हैं?

A. भेंगेछो दुआर एसेचो ज्योतिर्मिण

B. मोर मरण होबे तोमार जय

C. जेते जेते एकला पोथे

D. होबे जोए, होबे जोए, होबे जोए रे

नीचे दिए गए विकल्पों में से **सही** उत्तर का चयन कीजिए :

1. केवल B, C और D
2. केवल A और B
3. केवल B और D
4. केवल A और C

74. निम्नलिखित में से कौन-से गीत 'झम्पक' ताल पर आधारित हैं?

A. आबार एरा घिरेचे मोर मन

B. चोखे आमार तृष्णा

C. चोपोल तोबो नवीन आँखी दुटि

D. शुभ्रो नव शंख तब

नीचे दिए गए विकल्पों में से **सही** उत्तर का चयन कीजिए :

1. केवल A और B
2. केवल B और C
3. केवल C और D
4. केवल A, C और D

75. निम्नलिखित में से कौन-से कथन 'दीनेन्द्रनाथ ठाकुर' के बारे में सही हैं?

A. ''पलाश रंग बासोना गुली'' के रचनाकार

B. रबीन्द्रनाथ द्वारा आमार गानेर कांदाणी, आमार गानेर भाण्डारी

C. ओगो नदी आपोन वेगे के स्वरलिपिकार

D. द्विजेन्द्रनाथ ठाकुर के पुत्र

नीचे दिए गए विकल्पों में से **सही** उत्तर का चयन कीजिए :

1. केवल A और B
2. केवल A और D
3. केवल C और D
4. केवल B और C

76. निम्नलिखित में से कौन-से गीत 'हमीर' राग पर आधारित हैं?

A. अल्प लोइया थाकी ताई

B. आरो कौतो दूरे आछे शे आनोन्दो धाम

C. एसेचो सकल कतो आशे

D. ओरे कि शुनेचिश घुमेरो घोरे

नीचे दिए गए विकल्पों में से **सही** उत्तर का चयन कीजिए :

1. केवल A और B
2. केवल B और C
3. केवल A और C
4. केवल A और D

77. निम्नलिखित में से कौन-से वाद्य यंत्र संगत के लिए रबीन्द्र संगीत के साथ तुलनात्मक रूप से अधिक उपयुक्त हैं?

A. मंजीरा

B. तबला

C. पखावज

D. सारंगी

नीचे दिए गए विकल्पों में से **सही** उत्तर का चयन कीजिए :

1. केवल A, B और C
2. केवल B और D
3. केवल A और D
4. केवल C और B

78. निम्नलिखित में से कौन-से कथन 'स्वर्णकुमारी देवी' के बारे में सही हैं?

A. ब्रह्म संगीत - 'प्रभु पुजिबो तोमारे आजि' के रचनाकार

B. 'बसन्तोत्सव नाटक' के रचनाकार

C. सरला देवी की माता

D. रबीन्द्रनाथ के साथ बनारस की यात्रा की

नीचे दिए गए विकल्पों में से **सही** उत्तर का चयन कीजिए :

1. केवल B और C
2. केवल A और B
3. केवल A और D
4. केवल B और D

79. सूची-I के साथ सूची-II का मिलान कीजिए :
निम्नलिखित रबीन्द्र संगीत के गीतों का मूल गान और भांगा गान के रूप में सुमेल कीजिए :

सूची-I	सूची-II
A. बाजो रही सखिया रे	I. ओई पोहाइल्लो तिमिरो राती
B. तोम ताना नाना	II. के बोशिले आजी
C. तुँ सकल रूप	III. कोथो होते बाजे प्रेम
D. बे पोरि या टाड़े	IV. हे निखिलो भारो धारणों

नीचे दिए गए विकल्पों में से **सही** उत्तर का चयन कीजिए :

1. A-I, B-II, C-III, D-IV
2. A-IV, B-II, C-III, D-I
3. A-III, B-I, C-IV, D-II
4. A-II, B-III, C-I, D-IV

80. मूलगान का संगत भांगा गान से मिलान कीजिए :

सूची-I	सूची-II
A. शंभु हर महेश	I. भक्त रिदी बिकासो
B. खोल अब घूँघट पट	II. आजी मोमो जीबने
C. अब गोरी पायल बजानू	III. नित्य नोबो सत्य तबो
D. ज्ञान रंग ध्यान रंग	IV. आइलो आजी प्राणो सखा

नीचे दिए गए विकल्पों में से **सही** उत्तर का चयन कीजिए :

1. A-I, B-II, C-III, D-IV
2. A-I, B-IV, C-II, D-III
3. A-II, B-III, C-IV, D-I
4. A-I, B-III, C-II, D-IV

81. निम्नलिखित संरचनाओं का भारत के उन वीरों से सुमेल कीजिए जिनको ये समर्पित हैं :

सूची-I	सूची-II
A. खेया	I. जगदीश चन्द्र बोस
B. बसंत	II. काजी नजरुल इस्लाम
C. ताशेर देश	III. सुभाष चन्द्र बोस
D. पोरिशेष	IV. अतुल प्रसाद सेन

नीचे दिए गए विकल्पों में से **सही** उत्तर का चयन कीजिए :

1. A-I, B-II, C-III, D-IV
2. A-II, B-III, C-IV, D-I
3. A-I, B-III, C-IV, D-II
4. A-IV, B-III, C-II, D-I

82. रबीन्द्र संगीत के इन गीतों का निम्नलिखित तालों से सुमेल कीजिए :

सूची-I	सूची-II
A. ऐ मोनिहर अमाय	I. खेमटा
B. हे मोन तारे देखो	II. त्रिमात्रिक एकताल
C. केनो जागेना जागेना	III. रूपक
D. बोल गोलाप मोरे बोल	IV. जत-8

नीचे दिए गए विकल्पों में से **सही** उत्तर का चयन कीजिए :

1. A-IV, B-III, C-I, D-II
2. A-I, B-II, C-III, D-IV
3. A-III, B-II, C-IV, D-I
4. A-II, B-III, C-IV, D-I

83. निम्नलिखित गीतों का रागों से सुमेल कीजिए :

सूची-I	सूची-II
A. आमाय छौ जानाय मिले	I. कालिंगड़ा
B. आमि एलेम ताड़ी द्वारे	II. खमाज
C. आमरा बेदेत्ती काशेर गुच्छो	III. मिश्र भीमपलासी
D. आमार एई रिक्तो डाली	IV. वृन्दावनी-सारंग

नीचे दिए गए विकल्पों में से **सही** उत्तर का चयन कीजिए :

1. A-I, B-II, C-III, D-IV
2. A-IV, B-II, C-I, D-III
3. A-III, B-IV, C-I, D-II
4. A-I, B-III, C-II, D-IV

84. सूची-I के साथ सूची-II का मिलान कीजिए :

सूची-I	सूची-II
A. 'आनन्दमठ' के लेखक	I. नयने आमार बिधि केनो पलक दिएछे
B. सातुबाबु	II. केशव कुरुकरुणा दीने
C. 'स्टार थिएटर' के संस्थापक	III. दे दो शारोंदे
D. टेक चांद ठाकुर	IV. ए जानोमेर संगे की सोई

नीचे दिए गए विकल्पों में से **सही** उत्तर का चयन कीजिए :

1. A-I, B-II, C-III, D-IV
2. A-IV, B-I, C-II, D-III
3. A-IV, B-III, C-II, D-I
4. A-II, B-III, C-IV, D-I

85. निम्नलिखित गीतों का रबीन्द्रनाथ टैगोर के आश्रम के पारंपरिक समारोहों से मिलान कीजिए :

सूची-I	सूची-II
A. स्मरण	I. प्रेमेरो मिलन दिन
B. कूप खनन	II. सम्मुखे शांति पाराबार
C. विवाहोत्सव	III. हे नूतन देखा दिकं
D. जन्मदिन	IV. तृष्णारो जल एशो एशो

नीचे दिए गए विकल्पों में से **सही** उत्तर का चयन कीजिए :

1. A-I, B-II, C-III, D-IV
2. A-IV, B-III, C-I, D-II
3. A-I, B-III, C-IV, D-II
4. A-II, B-IV, C-I, D-III

86. स्वरवितान संख्याओं का उनके नाम से सुमेल कीजिए :

सूची-I	सूची-II
A. स्वर वितान 6	I. 'गीत पंचाशिका'
B. स्वर वितान 16	II. 'स्वदेश'
C. स्वर वितान 26	III. 'बसंत'
D. स्वर वितान 46	IV. 'ब्रह्म संगीत'

नीचे दिए गए विकल्पों में से **सही** उत्तर का चयन कीजिए :

1. A-I, B-II, C-III, D-IV
2. A-IV, B-III, C-II, D-I
3. A-III, B-I, C-IV, D-II
4. A-IV, B-I, C-II, D-III

87. गीतों का स्वरलिपि लेखक से सुमेल कीजिए :

सूची-I	सूची-II
A. दिन जाए रे जाए विषादे	I. प्रफुल्ल कुमार दास
B. पिपाषा हे नाही मिटिलो	II. सुधीर चन्द्र कर
C. बुझी औइ सुदूरे डाकिलो मोरे	III. सुरेन्द्र नाथ बंधोपाध्याय
D. सूखे अमाय रखबे केनो	IV. कंगाली चरण सेन

नीचे दिए गए विकल्पों में से **सही** उत्तर का चयन कीजिए :

1. A-III, B-IV, C-I, D-II
2. A-I, B-II, C-IV, D-III
3. A-IV, B-III, C-II, D-I
4. A-IV, B-III, C-I, D-II

88. रबीन्द्र संगीत का निम्नलिखित फिल्मी गीतों से सुमेल कीजिए :

सूची-I	सूची-II
A. मन मेरा उड़ता जाए बादल	I. सेदिन दुजने दूलेछिनो बोने
B. तेरे मेरे मिलन की ये	II. तोमार होलो सुरु अमार होलो सारा
C. नैना दीवाने एक नहीं माने	III. जोदी तारे नाई चीनी गो
D. छूकर मेरे मन को किया तूने	IV. मोनो मोर मेघेरो संगी

नीचे दिए गए विकल्पों में से **सही** उत्तर का चयन कीजिए :

1. A-IV, B-III, C-I, D-II
2. A-III, B-II, C-I, D-IV
3. A-IV, B-I, C-III, D-II
4. A-I, B-II, C-III, D-IV

89. निम्नलिखित गीतों का संबंधित नाटक से सुमेल कीजिए:

सूची-I	सूची-II
A. आज तोमारे देखते एलम	I. अचलायतन
B. तुमि की एसेचो मोर द्वारे	II. गृहोप्रबेश
C. जोबोनो शोरीसिनिरे	III. नोटिर पूजा
D. सोब काजे हाथ लगाई मोरा	IV. परित्राण

नीचे दिए गए विकल्पों में से **सही** उत्तर का चयन कीजिए :

1. A-II, B-III, C-IV, D-I
2. A-IV, B-III, C-II, D-I
3. A-IV, B-II, C-III, D-I
4. A-I, B-II, C-III, D-IV

90. निम्नलिखित गीतों का उनकी रचना के स्थान के साथ सुमेल कीजिए :

सूची-I	सूची-II
A. भेंगेछो द्वार एसेचो ज्योतिर्मय	I. शांतिनिकेतन
B. जोदी जान्तिम अमार किशेर व्यथा	II. बोधगया
C. शुधु तुमार बानी नोय गो	III. इलाहाबाद
D. ओचेनाके भौय की आमार	IV. शिलाईदह

नीचे दिए गए विकल्पों में से **सही** उत्तर का चयन कीजिए :

1. A-I, B-II, C-III, D-IV
2. A-IV, B-III, C-I, D-II
3. A-I, B-IV, C-III, D-II
4. A-III, B-IV, C-I, D-II

निर्देश (प्रश्न संख्या 91 से 95 तक): *निम्नलिखित गद्यांश को पढ़िए और दिए गए प्रश्नों के उत्तर दीजिए।*

"सॉन्ग ऑफरिंग्स" को व्यापक रूप से बंगाली पुस्तक 'गीतांजलि' के अनुवादक के रूप में जाना जाता है। इस पुस्तक में कई अन्य पुस्तकों के अनुवाद भी हैं। 53 कविताएँ बंगाली गीतांजलि से हैं और 50 कविताएँ अचलायतन, नैबेद्य, गीति माल्य, खेया से अनूदित हैं। एक बार जब रबीन्द्रनाथ टैगोर वर्ष 1912 में लन्दन में बसे, वे विलियम रोथेंस्टिन से मिले जो एक प्रसिद्ध कलाकार और कला प्रशासक थे। वे टैगोर को ब्रिटिश सोसायटी से परिचय कराने में सहायक थे। बाद में रोथेंस्टिन ने डब्ल्यू.बी. यीट्स से टैगोर की पुस्तक की भूमिका लिखने को कहा। यीट्स सहमत हो गए और उन्होंने पुस्तक की भूमिका में टैगोर की कविताओं के सौन्दर्य को सराहा। टैगोर ने अपनी प्रसिद्ध पुस्तक 'सॉन्ग ऑफरिंग्स' को रोथेंस्टिन को समर्पित किया। वे शायद उक्त सभी संबंधों को स्थापित करने में भूमिका निभाने के लिए उनके प्रति अपनी कृतज्ञता ज्ञापित करने के लिए ऐसा किया। टैगोर को 16 नवंबर, 1913 को शांति निकेतन में टेलिग्राम के माध्यम से नोबेल समिति से संदेश प्राप्त हुआ—इसी दिन टैगोर के प्रथम संजीदे विदेशी जीवनी लिखने वाले और आलोचक एडवर्ड थॉम्पसन पहली बार उनके विद्यालय आए थे। स्टॉकहोम में ब्रिटिश चार्जड अफेयर्स, राजदूत क्लाइव ने उनकी ओर से गोल्ड मेडल और डिप्लोमा ग्रहण किया। 29 जनवरी, 1914 को टैगोर को औपचारिक रूप से नोबेल पुरस्कार प्रदान किया गया।

91. सॉन्ग ऑफरिंग्स में 'खेया' से कितनी कविताओं को शामिल किया गया?

1. 17
2. 11
3. 16
4. 1

92. सॉन्ग ऑफरिंग्स के प्रथम संस्करण का प्रकाशन किसके द्वारा हुआ?

1. ब्रिटिश काउंसिल
2. इंडियन सोसाइटी
3. द मैकमिलन कंपनी
4. उपरोक्त में से कोई नहीं

93. रबीन्द्रनाथ ने सॉन्ग ऑफरिंग्स को किसे समर्पित किया?

1. डब्ल्यू.बी. यीट्स
2. विलियम रोथेंस्टिन
3. लॉर्ड स्कर्लिंग
4. भारत के गवर्नर जनरल

94. रबीन्द्रनाथ टैगोर को अपनी किस पुस्तक के लिए नोबेल पुरस्कार प्रदान किया गया था?

1. गीतांजलि
2. सॉन्ग ऑफरिंग्स
3. 1 और 2 दोनों सही हैं
4. 1 और 2 दोनों गलत हैं

95. रबीन्द्रनाथ टैगोर ने किस वर्ष औपचारिक रूप से नोबेल प्राइज प्राप्त किया?

1. 1910
2. 1912
3. 1913
4. 1914

निर्देश (प्रश्न संख्या 96 से 100 तक): *निम्नलिखित गद्यांश को पढ़िए और दिए गए प्रश्नों के उत्तर दीजिए।*

अमल : तुम इस समय तक कहाँ थे, फकीर?

फकीर : मैं सुग्गों के द्वीप पर गया था। मैं बस अभी आया हूँ।

माधव : सुग्गों का द्वीप!

फकीर : क्या यह इतना आश्चर्यजनक है? मैं तुम्हारी तरह नहीं हूँ। यात्रा करने में कुछ लगता नहीं है। जहाँ मेरा मन करता है, मैं वहाँ चला जाता हूँ।

अमल : (ताली बजाता है) तुम्हारे लिए कितना आनन्ददायक है! अपने वादे का स्मरण करो। तुमने कहा था कि जब मैं स्वस्थ हो जाऊँगा, तुम मुझे अपने अनुचर के रूप में अपने साथ ले जाओगे।

फकीर : निस्संदेह, और मैं तुम्हें अनेक यात्रियों के रहस्य सिखाऊँगा जिससे समुद्र या जंगल या पर्वत में कुछ भी तुम्हारा मार्ग अवरुद्ध नहीं कर पाएगा।

माधव : ये सब क्या अनाप-शनाप है?

गफर : मेरे प्रिय अमल, मैं समुद्र या पर्वत पर किसी चीज के सामने नहीं झुकता हूँ; लेकिन यदि यह डॉक्टर तुम्हारे चाचा के साथ शामिल होता है, तो मैं अपनी पूरी जादुई शक्ति से खुद पीट जाऊँगा।

अमल : नहीं, चाचा डॉक्टर को नहीं बताएंगे। और मैं चुप रहने का वादा करता हूँ : लेकिन जिस दिन मैं स्वस्थ हो जाऊँगा, मैं फकीर के साथ दूर तक जाऊँगा और समुद्र या पर्वत या प्रचंड धारा कुछ भी मेरे मार्ग में बाधा नहीं बनेंगे।

96. डाकघर नाटक का मंचन कलकत्ता में पहली बार किस वर्ष किया गया था?

1. 1913
2. 1917
3. 1914
4. 1918

97. इस नाटक में पहरेदार किसे दर्शाता है?

1. मृत्यु
2. काल
3. अनुशासन
4. ज्ञान

98. मनुष्य के लिए काल प्रत्येक व्यक्ति को किस ओर ले जाता है?

1. शाश्वतता
2. मृत्यु
3. जीवन चक्र
4. शक्ति

99. अमल किसकी खोज में है?

1. मृत्यु
2. मित्रता
3. पत्र
4. सोच-विचार

100. अमल अपनी किस इच्छा को संतुष्ट करने के लिए राजा का डाकिया बनना चाहता है?

1. ज्ञान
2. सत्य की खोज
3. प्रकृति प्रेम
4. घूमने-फिरने की चाह

उत्तरमाला

भाग-I

1	2	3	4	5	6	7	8	9	10
3	2	4	1	3	1	3	1	3	2
11	**12**	**13**	**14**	**15**	**16**	**17**	**18**	**19**	**20**
4	3	3	1	3	2	4	4	3	4
21	**22**	**23**	**24**	**25**					
1	2	4	4	1					

भाग-II : हिन्दुस्तानी संगीत

26	27	28	29	30	31	32	33	34	35
2	4	3	1	3	1	4	3	3	1
36	37	38	39	40	41	42	43	44	45
1	2	3	4	3	2	2	1	4	3
46	47	48	49	50	51	52	53	54	55
3	1	3	3	3	4	3	3	1	2
56	57	58	59	60	61	62	63	64	65
4	2	1	3	1	4	1	3	1	3
66	67	68	69	70	71	72	73	74	75
2	2	3	2	3	2	1	1	3	1
76	77	78	79	80	81	82	83	84	85
1	3	2	4	2	2	3	2	1	2
86	87	88	89	90	91	92	93	94	95
4	2	3	2	4	1	4	2	4	3
96	97	98	99	100					
1	3	3	2	4					

भाग-III : अवनद्ध वाद्य

26	27	28	29	30	31	32	33	34	35
2	3	3	3	2	3	2	3	1	3
36	37	38	39	40	41	42	43	44	45
1	3	1	1	4	3	3	4	3	2
46	47	48	49	50	51	52	53	54	55
1	3	2	3	3	4	4	4	4	4
56	57	58	59	60	61	62	63	64	65
1	3	4	3	2	*	1	1	2	4
66	67	68	69	70	71	72	73	74	75
4	3	2	3	3	2	3	4	3	1
76	77	78	79	80	81	82	83	84	85
3	2	1	2	1	3	4	4	1	2
86	87	88	89	90	91	92	93	94	95
3	1	4	2	3	4	1	2	1	3
96	97	98	99	100					
1	2	4	2	3					

भाग-IV : कर्नाटक संगीत

26	27	28	29	30	31	32	33	34	35
4	2	2	3	3	3	3	3	2	4
36	**37**	**38**	**39**	**40**	**41**	**42**	**43**	**44**	**45**
4	2	2	3	2	3	3	2	1	3
46	**47**	**48**	**49**	**50**	**51**	**52**	**53**	**54**	**55**
4	2	2	1	2	2	2	3	2	1
56	**57**	**58**	**59**	**60**	**61**	**62**	**63**	**64**	**65**
2	3	4	1	2	3	4	1	2	3
66	**67**	**68**	**69**	**70**	**71**	**72**	**73**	**74**	**75**
4	1	2	3	4	2	1	3	4	1
76	**77**	**78**	**79**	**80**	**81**	**82**	**83**	**84**	**85**
2	3	2	4	3	2	1	1	2	1
86	**87**	**88**	**89**	**90**	**91**	**92**	**93**	**94**	**95**
2	3	3	3	4	3	3	2	2	1
96	**97**	**98**	**99**	**100**					
3	1	4	2	1					

भाग-V : रबीन्द्र संगीत

26	27	28	29	30	31	32	33	34	35
2	2	4	4	4	4	2	2	1	3
36	**37**	**38**	**39**	**40**	**41**	**42**	**43**	**44**	**45**
3	4	3	2	1	2	3	2	3	*
46	**47**	**48**	**49**	**50**	**51**	**52**	**53**	**54**	**55**
2	3	2	4	2	2	4	2	2	2
56	**57**	**58**	**59**	**60**	**61**	**62**	**63**	**64**	**65**
2	2	2	3	1	4	4	2	1	3
66	**67**	**68**	**69**	**70**	**71**	**72**	**73**	**74**	**75**
4	1	4	1	3	1	2	1	4	1
76	**77**	**78**	**79**	**80**	**81**	**82**	**83**	**84**	**85**
2	1	1	3	2	1	4	3	2	4
86	**87**	**88**	**89**	**90**	**91**	**92**	**93**	**94**	**95**
3	1	1	2	4	2	2	2	3	4
96	**97**	**98**	**99**	**100**					
2	2	2	4	4					

व्याख्यात्मक उत्तर

भाग-I

1. सुलादी कर्नाटक संगीत की पारंपरिक रचनाएँ हैं जो 'सुलादी सप्त-ताल'–ध्रुव, मात्य, रूपक, झम्प, त्रिपुट, अट और एक–पर आधारित होती हैं।

इन रचनाओं में ताल-शास्त्र की संपूर्णता प्रकट होती है और इन्हें विशेष रूप से सप्तताल प्रधान कहा जाता है। अनिबद्ध गान, आलापन और तानम में लय या ताल का बंधन नहीं होता, इसलिए केवल सुलादी इस संदर्भ में सही है।

2. A. जारू : गमक–जारू (meend) स्वर को फिसलाकर या खींचकर ले जाने की अलंकारिक तकनीक है, जिसे गगक श्रेणी में रखा जाता है।

B. चापु : ताल–चापु (खण्ड, मिश्र, आदि) दक्षिण भारतीय लय-रचनाओं के लिए प्रयुक्त विशेष ताल हैं, इसलिए यह ताल का प्रकार है।

C. अणुद्रुत : अंग–अणुद्रुत ताल-अंग की एक इकाई है, जो ताल के निर्माण में प्रयुक्त मूल घटक है।

D. मंद्र : स्थायी–मंद्र शब्द निम्न सप्तक के स्थायी स्वर-प्रदेश को सूचित करता है; इसे स्थायी श्रेणी से जोड़ा जाता है।

3. संगीत-रत्नाकर के रचयिता पंडित शारंगदेव ने कुल 19 स्वर माने हैं, जिनमें से 7 शुद्ध स्वर और 12 विकृत स्वर हैं। विकृत स्वरों के अंतर्गत विभिन्न कोमल, तीव्र और च्युत स्वर आते हैं जैसे–काकली निषाद, अंतर गांधार, साधारण गांधार, कैशिक निषाद, च्युत षड्ज, च्युत मध्यम, तीव्रतर, पंचश्रुति धैवत, चतुश्रुति धैवत आदि। यह विस्तार बताता है कि विकृत स्वरों की कुल संख्या 12 है, जो विकल्प 4 से मेल खाती है।

4. पंचदश (15) गमकों की परंपरा में कम्पित (दोलनयुक्त), त्रिभिन्न (त्रि-खंडित गतियों वाला) और प्लावित (तरंगित गति वाला) गमक सम्मिलित हैं। मूर्च्छना स्वरों के क्रमिक परिवर्तन अथवा मोडल शिफ्ट का विचार है, न कि किसी विशेष गमक का नाम। इसलिए पंचदश गमकों में इसका उल्लेख नहीं है।

5. वर्ष 2023 में यूनेस्को ने शांति-निकेतन (जहाँ रवीन्द्रनाथ ठाकुर द्वारा स्थापित केंद्रीय विश्वविद्यालय विश्व भारती स्थित है) को विश्व धरोहर सूची में सम्मिलित किया। इस मान्यता ने विश्वविद्यालय को जीवंत सांस्कृतिक विरासत के रूप में वैश्विक पहचान प्रदान की। अतः सही विकल्प 'विश्व भारती' है।

6. रवीन्द्रनाथ टैगोर को उनकी काव्य-संग्रह 'गीतांजलि' के लिए 1913 में साहित्य का नोबेल पुरस्कार प्रदान किया गया। यह किसी एशियाई लेखक को मिला पहला नोबेल था, जिसने भारतीय आध्यात्मिकता, प्रकृति-प्रेम और मानवीय संवेदनाओं को विश्व मंच पर स्थापित किया।

7. पश्तो ताल में कुल 7 मात्राएँ होती हैं, जो सामान्यतः तीन खंडों 3-2-2 में विभाजित होती हैं। यह विभाजन ताल की लयात्मक सुंदरता को स्पष्ट करता है और इसे ठुमरी, टप्पा तथा गजल जैसी अर्ध-शास्त्रीय शैलियों में विशेष रूप से प्रयोग किया जाता है। इसकी लचीलापन और हल्की चंचल गति इन संगीत शैलियों के भावपूर्ण प्रस्तुतीकरण में सहायक होती है।

8. तबला में मुख्य रूप से दो प्रमुख बाज माने जाते हैं–पूरब बाज और दिल्ली बाज।

- **पूरब बाज :** यह बाज दाएँ हाथ से बजाए जाने वाले खुले और गूंजदार बोलों पर आधारित है, जैसे 'धा', 'तिन', 'धिं'। यह बाज ठुमरी और हल्की शैलियों में अधिक प्रयुक्त होता है।
- **दिल्ली बाज :** यह बाज बाएँ हाथ से बजाए जाने वाले बंद और कठोर बोलों पर आधारित है, जैसे 'ना', 'के', 'तिं'। यह शैली स्पष्टता और संरचित लय के लिए जानी जाती है और पारंपरिक ठाठ प्रस्तुति में प्रमुख है।

9. ओट्टू दक्षिण भारत का एक फूंक वाद्य है, जो स्थिर स्वर (ड्रोन) प्रदान करता है। इसे अवनद्ध वाद्य वर्ग में नहीं रखा जाता क्योंकि इसमें झिल्ली का प्रयोग नहीं होता। इसके विपरीत तम्बटट्टम, उडुक्का और ढोलक झिल्ली से ढँके ताल वाद्य (अवनद्ध वाद्य) हैं।

10. A. **लावणी → महाराष्ट्र :** लावणी महाराष्ट्र का प्रमुख लोकनृत्य है, जो तीव्र लय, भावपूर्ण अभिनय और ढोलकी की संगति से प्रसिद्ध है।

B. **कुम्मी → तमिलनाडु :** कुम्मी तमिलनाडु की पारंपरिक महिला-प्रधान नृत्य-शैली है, जिसमें वृत्ताकार गठन और ताली की ताल से नृत्य किया जाता है।

C. **कालबेलिया → राजस्थान :** कालबेलिया राजस्थान का लोकनृत्य है, जिसे सर्प-नृत्य भी कहा जाता है, और यह कालबेलिया समुदाय की संस्कृति को दर्शाता है।

D. **डांडिया → गुजरात :** डांडिया गुजरात का लोकप्रिय नृत्य है, जो नवरात्रि के अवसर पर डांडिया-स्टिक्स के साथ खेला जाता है और तेज लय व उत्साह से भरपूर होता है।

11. नौटंकी उत्तर भारत की लोकप्रिय लोक-नाट्य परंपरा है, जो खुले स्थानों या नुक्कड़ों पर गाए-बजाए जाने वाले नाटकों के रूप में प्रस्तुत की जाती है। इसमें संगीत, नृत्य और संवादों का समावेश होता है।

यह आमजन का मनोरंजन व सामाजिक संदेश देने का माध्यम है, इसलिए इसे नुक्कड़ नाटक के समान समझा जाता है।

12. B. **यह प्रत्येक क्षेत्र के लिए विशिष्ट होता है :** भारतीय लोकसंगीत विविधतापूर्ण है–राजस्थान का मांड, पंजाब का टप्पा, उत्तर प्रदेश की बिरहा, आदि–हर क्षेत्र का अपना विशिष्ट रूप है।

C. **यह आम आदमी का संगीत है :** लोकसंगीत गांवों, कृषकों और साधारण जनता के भावों का प्रतिनिधित्व करता है, इसे आमजन सहजता से गाते-बजाते हैं।

D. **इसका प्रदर्शन कर्मकांडों और उत्सवों के दौरान किया जाता है :** विवाह, फसल कटाई, पूजा-पर्व और सामाजिक उत्सवों में लोकसंगीत का उपयोग किया जाता है।

A (पाश्चात्य प्रभाव) और E (कठोर नियमावली) सही नहीं, क्योंकि पारंपरिक लोकसंगीत स्वाभाविक और सरल है, पश्चिमी प्रभाव केवल आधुनिक मिश्रणों में देखा जाता है, और कठोर व्याकरण की बाध्यता नहीं होती।

13. भरत मुनि ने *नाट्यशास्त्र* में मूलतः आठ रस बताए–शृंगार, हास्य, करुण, रौद्र, वीर, भयानक, वीभत्स और अद्‌भुत। बाद में शांति रस को जोड़कर रसों की संख्या नौ कही गई, परंतु भरत का उल्लेख केवल आठ रसों तक सीमित है।

14. राग ध्यान परंपरा में *राग विबोध* एक महत्वपूर्ण ग्रंथ है, जिसके लेखक सोमनाथ थे। इसमें रागों के स्वरूप, उनके ध्यानात्मक स्वरूपों और राग-रागिनियों के लक्षणों का वर्णन मिलता है। यह ग्रंथ भारतीय संगीत शास्त्र और राग ध्यान परंपरा को समझने में प्रमुख है।

15. सोमेश्वर मत (रागमाला) के अनुसार भैरव राग की तीन प्रमुख रागिनियाँ बंगाली, भैरवी और सैन्धवी मानी जाती हैं।

B. **बंगाली :** भैरव राग के अंतर्गत एक रागिनी के रूप में वर्णित, जिसका स्वरूप कोमल और भावपूर्ण माना जाता है।

C. **भैरवी :** भैरव की सबसे प्रसिद्ध रागिनी, जिसे गंभीरता और करुण भावों से जोड़ा गया है और यह विभिन्न लोक एवं शास्त्रीय प्रस्तुतियों में भी प्रचलित है।

D. **सैन्धवी :** भैरव परिवार की एक अन्य रागिनी, जिसका प्रयोग पारंपरिक रचनाओं में गहराई और गंभीरता प्रकट करने के लिए किया जाता है।

वसंत और पंचम का संबंध भैरव की रागिनियों से नहीं है, बल्कि अन्य राग-परिवारों से जोड़ा जाता है, इसलिए सही उत्तर केवल बंगाली, भैरवी और सैन्धवी हैं।

16. व्यभिचारी भाव को नाट्यशास्त्र में संचारी भाव भी कहा जाता है। यह स्थायी भाव को पुष्ट और विकसित करने वाला सहायक भाव होता है। संचारी भाव क्षणिक और परिवर्ती होते हैं, जो मुख्य भाव को गहराई और विविधता प्रदान करते हैं, जैसे उत्साह, संकोच, भय, आलस्य आदि।

17. A. **तक्षणा → बढ़ई कला :** तक्षणा का अर्थ लकड़ी को तराशने और बढ़ईगिरी के कार्य से है।

B. **वास्तुविधा → वास्तुकला :** वास्तुविधा भवन निर्माण, स्थल चयन और वास्तुकला की संपूर्ण प्रक्रिया को इंगित करती है।

C. **निघंटु → शब्द विचार (व्युत्पत्ति शास्त्र) :** निघंटु प्राचीन शब्द-संग्रह या शब्दकोश है, जिसका उपयोग शब्दों के अर्थ और उत्पत्ति के अध्ययन हेतु किया जाता है।

D. गंधयुक्ति → ब्रह्मांड विधा : गंधयुक्ति सुगंध और ब्रह्मांडीय विधाओं के अंतर्गत प्रयुक्त विधा है, जो प्राचीन ग्रंथों में विश्व संरचना व अनुप्रयोगों के संदर्भ में आती है।

18. महाकाव्यों और पुराणों के उपोद्घात (प्रारंभिक भाग) की व्याख्या और कथन की विशेष शैली को कालक्षेप कहा जाता है। इसमें कथावाचन और श्रोताओं के साथ संवादात्मक ढंग से पुराणिक व महाकाव्य कथाओं को प्रस्तुत किया जाता है।

19. *मानसोल्लास* 12वीं शताब्दी में चालुक्य राजा सोमेश्वर तृतीय द्वारा रचित एक विश्वकोशीय ग्रंथ है, जिसे *अभिलाषितार्थचिन्तामणि* भी कहा जाता है। इसमें राजकीय प्रशासन, आहार, संगीत, नृत्य, खेल-कूद, स्थापत्य और मनोरंजन जैसे विविध विषयों का वर्णन है, परन्तु इसमें रागों के पुरुष और स्त्री वर्गीकरण का उल्लेख नहीं मिलता।

- **रागमाला :** रागमाला चित्रकला और ग्रंथों में रागों को मानवीय रूप देकर पुरुष राग, स्त्री रागिनियाँ, रागपुत्रों और रागपुत्रियों के रूप में वर्गीकृत किया जाता है।
- **संगीत दर्पण :** दामोदर पंडित द्वारा रचित इस ग्रंथ में राग-रागिनी प्रणाली का स्पष्ट वर्णन है, जिसमें छह प्रमुख राग और उनकी तीस रागिनियाँ दी गई हैं।
- **चत्वारिंषद्राग निरूपण :** यह ग्रंथ भी रागों से संबंधित विवरण प्रस्तुत करता है और रागों के समूहों तथा उनसे जुड़े वर्गीकरण का संकेत देता है।

अतः दिए गए विकल्पों में केवल *मानसोल्लास* ही ऐसा ग्रंथ है जिसमें रागों के पुरुष और स्त्री वर्गीकरण की चर्चा नहीं की गई है।

20. संदर्भ ग्रंथ सूची में पुस्तक का शीर्षक (A), प्रकाशन वर्ष (C) और पुस्तक लेखक (D) शामिल होते हैं। पुस्तक का चित्र (B) और आवरण पृष्ठ (E) सामान्यतः संदर्भ सूची में सम्मिलित नहीं किए जाते।

21. रिपोर्ट की शब्दावली (Glossary) में तकनीकी शब्दों, कठिन पदों और उनके अर्थों को प्रस्तुत किया जाता है। इसका उद्देश्य पाठक को विषय-संबंधी विशेष शब्दों की समझ प्रदान करना है, जिससे रिपोर्ट पढ़ने में स्पष्टता और सुगमता बनी रहे।

22. B. पांडुलिपि : मूल हस्तलिखित दस्तावेज प्राथमिक स्रोत होते हैं क्योंकि वे प्रत्यक्ष प्रमाण प्रस्तुत करते हैं।

C. शिलालेख : शिलालेख सीधे अतीत की घटनाओं का साक्ष्य देते हैं, इसलिए ये प्राथमिक स्रोत हैं।

E. वैयक्तिक साक्षात्कार : सीधे व्यक्ति से प्राप्त जानकारी भी प्राथमिक स्रोत मानी जाती है।

अनुवाद और समीक्षा माध्यमिक स्रोत हैं क्योंकि ये मौलिक जानकारी के बजाय उसका व्याख्यात्मक रूप प्रस्तुत करते हैं।

23. भारतीय विश्वविद्यालयों की पी-एच.डी. शोध प्रबंधों का राष्ट्रीय डिजिटल भंडार 'शोधगंगा' कहलाता है। इसे सूचना एवं पुस्तकालय नेटवर्क (INFLIBNET) केंद्र द्वारा संचालित किया जाता है, जहाँ शोधार्थी अपने थीसिस अपलोड करते हैं।

24. A. जनजातीय संगीत → संगीत और मानवशास्त्र : जनजातीय संगीत मानवशास्त्र से जुड़ा है क्योंकि यह आदिवासी समुदायों की संस्कृति और परंपराओं को दर्शाता है।

B. सूफी संगीत → संगीत और धर्म : सूफी संगीत भक्ति और आध्यात्मिकता से प्रेरित होता है, अतः यह धर्म से संबद्ध है।

C. स्वलीनता (आटिज्म) ग्रस्त बालकों का उपचार → संगीत और मनोविज्ञान : आटिज्म पीड़ित बच्चों के उपचार में संगीत-चिकित्सा मनोविज्ञान का अनुप्रयोग है।

D. स्टूडियो में संगीत की रिकॉर्डिंग → संगीत और ध्वनि अभियंत्रण : स्टूडियो रिकॉर्डिंग ध्वनि अभियंत्रण की तकनीकी प्रक्रियाओं से संबंधित है।

25. शोध रिपोर्ट में क्रम सामान्यतः इस प्रकार होता है–

C. आमुख और प्रस्तावना : शोध के उद्देश्य, पृष्ठभूमि और क्षेत्र की परिचयात्मक जानकारी पहले दी जाती है।

A. आदि साहित्य की समीक्षा : पहले के शोध और साहित्य का मूल्यांकन इसके बाद प्रस्तुत किया जाता है।

E. समस्या का विश्लेषण और विवरण : शोध की समस्या और उसके विश्लेषण को इसके बाद रखा जाता है।

B. निष्कर्ष और सारांश : विश्लेषण से प्राप्त निष्कर्ष और उनका सारांश आगे दिया जाता है।

D. परिशिष्ट और ग्रंथ सूची : अंत में पूरक सामग्री और संदर्भ ग्रंथ सूची दी जाती है।

भाग-II : हिन्दुस्तानी संगीत

26. गान्धर्व-शास्त्र को अत्यंत विस्तृत माना जाता था, इसलिए इसके सिद्धांतों को सरल और व्यवस्थित रूप देने का कार्य दत्तिल ने किया। दत्तिल ने अपने ग्रंथ *दत्तिलम्* में 18 जातियाँ, मूर्च्छनाएँ, ताल, स्वर और राग-संरचना के नियमों को सुव्यवस्थित किया। उनके योगदान ने बाद के ग्रंथों जैसे *बृहद्देशी* और *संगीत रत्नाकर* के लिए आधार तैयार किया और भारतीय संगीत सिद्धांत को स्पष्ट और सुलभ बनाया।

27. उत्तर भारतीय संगीत का राग जैजैवन्ती दक्षिण भारतीय कर्नाटक संगीत में द्विजवन्ती के नाम से जाना जाता है। यह राग हरिकाम्भोजी मेलकार्त से व्युत्पन्न है और भक्ति तथा शृंगार रस की मधुरता व्यक्त करता है। जैजैवन्ती और द्विजवन्ती दोनों में कोमल गांधार और निषाद के प्रयोग से करुण और भावपूर्ण वातावरण बनता है। यह नामांतर उत्तर और दक्षिण भारतीय संगीत परंपराओं के सांस्कृतिक आदान-प्रदान को दर्शाता है।

28. जातियों के ध्यानात्मक श्लोकों का प्रथम उल्लेख *संगीत चूड़ामणि* ग्रंथ में प्राप्त होता है। इस ग्रंथ ने जातियों के लक्षण, उनके स्वरूप और भावनात्मक पक्ष को ध्यान-श्लोकों के माध्यम से प्रस्तुत किया। इन वर्णनों ने रागों और जातियों को केवल तकनीकी ढाँचे से हटाकर भावनात्मक और दृश्यात्मक रूप प्रदान किया, जो राग-ध्यान परंपरा के विकास में एक महत्वपूर्ण कदम था।

29. वैदिक संगीत में 'वेयगान' और 'प्रकृतिगान' शब्द ग्रामगेय गान के लिए प्रयुक्त होते हैं। ग्रामगेय गान सामवेदिक ऋचाओं को ग्राम स्तर पर सामूहिक रूप से गाए जाने का रूप था। इसकी धुनें सरल रखी जाती थीं ताकि सामान्य लोग भी इसे समझ सकें और इसमें ऊह या जटिल परिवर्तनों का प्रयोग नहीं होता था। यह गान सामुदायिक धार्मिकता और सांस्कृतिक एकता को व्यक्त करता था।

30. श्रुतियों को 'गात्रज' (मानव शरीर से उत्पन्न ध्वनि) और 'यंत्रज' (वाद्ययंत्रों से उत्पन्न ध्वनि) की संज्ञा भाव भट्ट ने दी। उन्होंने श्रुतियों के स्रोतों के आधार पर यह वर्गीकरण प्रस्तुत किया, जिससे स्पष्ट हुआ कि संगीत की सूक्ष्म ध्वनियाँ केवल स्वर-गायन तक सीमित नहीं हैं, बल्कि वाद्यों से भी सटीक रूप से उत्पन्न हो सकती हैं। यह विभाजन संगीत के व्यावहारिक और सैद्धांतिक पहलुओं के बीच सेतु के रूप में महत्वपूर्ण माना जाता है।

31. *संगीत रत्नाकर* में राग गांधार पंचम को साधारणी गीति में वर्गीकृत किया गया है। साधारणी गीति का स्वभाव मध्यम है—न यह अत्यधिक जटिल है और न ही अत्यधिक सरल। इसमें गति, भाव और स्वर-क्रम का संतुलन मिलता है। गांधार पंचम का लयात्मक प्रवाह और भाव इस गीति के लक्षणों से मेल खाता है, इसलिए इसे साधारणी गीति के अंतर्गत रखा गया।

32. *संगीत दर्पण* (रागार्णव मत) के अनुसार नाट राग की पाँच रागिनियों की सूची में—

- गांधार
- कर्नाटक
- सालग
- हंसध्वनि
- अन्य पारंपरिक नाम

इनमें वराटी का नाम सम्मिलित नहीं है। अतः वराटी नाट राग की रागिनियों में नहीं आती।

33. बारह मुकाम के समान राग-वर्गीकरण की जो प्रणाली प्रचलित थी, उसे संस्थान पद्धति कहा गया। इस पद्धति में रागों को उनके स्वर-स्थान और संरचना के आधार पर व्यवस्थित किया जाता था। यह पद्धति प्राचीन संगीत सिद्धांत को वैज्ञानिक दृष्टिकोण देने और रागों की स्पष्ट पहचान स्थापित करने के लिए महत्वपूर्ण थी।

34. 'टप्पा' शैली प्रायः झिंझोटी और भैरवी जैसे रागों में गाई जाती है।

- **टप्पा की विशेषताएँ :** यह शैली पंजाब से उत्पन्न हुई और तेज लय, झटकेदार बोल, मुरकियाँ तथा अलंकारिकता के लिए प्रसिद्ध है।
- **राग झिंझोटी और भैरवी का चयन :** झिंझोटी की हल्की-फुल्की संरचना और भैरवी की भावपूर्ण प्रकृति टप्पा की चपलता और भावप्रवणता के लिए उपयुक्त मानी जाती है।

35. पुंडरीक विट्ठल के *रागमाला* ग्रंथ में 6 राग और 30 रागिनियों का उल्लेख मिलता है। इस प्रणाली में प्रत्येक राग से पाँच रागिनियों को जोड़ा गया। यह राग-रागिनी परंपरा के मानकीकरण का प्रतीक है और रागों को मानवीय रूपक

एवं चित्रात्मक अभिव्यक्ति के माध्यम से लोकप्रिय बनाने का कार्य करती है।

36. पौराणिक संगीत परंपरा और ग्रंथों जैसे *संगीत दर्पण* और *स्कंद पुराण* में वर्णित है कि शिव के उत्तर मुख से मेघ राग और दक्षिण मुख से दीपक राग की उत्पत्ति हुई।

- **मेघ राग :** वर्षा ऋतु और शांति का प्रतीक, इसका गायन वर्षा का आह्वान माना जाता है।
- **दीपक राग :** अग्नि और ऊष्मा का प्रतीक, इसे ऊर्जा और तेजस्विता से जोड़ा गया है।

यह मान्यता दिशाओं और तत्वों से रागों के संबंध को दर्शाती है।

37. सारंग-प्रकार के रागों में राग-समय सिद्धांत के अनुसार प्रायः रे (ऋषभ) को वादी और प (पंचम) को संवादी स्वर माना गया है।

- **रे (ऋषभ) :** राग के मुख्य भाव को उजागर करता है।
- **प (पंचम) :** स्थिरता और गहराई प्रदान करता है।

सारंग समूह के रागों का उज्ज्वल और ऊर्जावान स्वभाव इस वादी-संवादी युग्म से प्रकट होता है।

38. पूर्वी थाट के राग बसंत और परज का वादी स्वर सां (षड्ज) माना जाता है।

- **बसंत राग :** वादी सां और संवादी पंचम के प्रयोग से वसंत ऋतु का उल्लास व्यक्त करता है।
- **परज राग :** इसका वादी भी सां है, जिससे यह स्थिरता और प्रखरता प्राप्त करता है।

दोनों रागों में सां का उपयोग उन्हें मजबूत आधार और स्वर-संतुलन प्रदान करता है।

39. दक्षिण भारतीय कर्नाटक संगीत में वर्णम् शैली में तीनों लयों—विलंबित (मंद), मध्य और द्रुत—का प्रयोग होता है।

- वर्णम् रचनाएँ विद्यार्थियों के लिए अभ्यास का महत्वपूर्ण साधन हैं।
- संगीत कार्यक्रमों की शुरुआत में भी अक्सर वर्णम् गाया जाता है क्योंकि यह राग, लय और भाव का संतुलित प्रदर्शन करता है।

40. गिरिजा देवी, सिद्धेश्वरी देवी और शोभा गुर्टु ठुमरी गायन की प्रसिद्ध कलाकार थीं।

- **गिरिजा देवी :** बनारस घराने की महान ठुमरी गायिका।
- **सिद्धेश्वरी देवी :** भावपूर्ण ठुमरी प्रस्तुतियों के लिए जानी जाती थीं।
- **शोभा गुर्टु :** उपशास्त्रीय संगीत और ठुमरी में निपुण।

सितारा देवी मुख्यतः कथक नृत्य की महान नृत्यांगना थीं और ठुमरी गायन के लिए प्रसिद्ध नहीं थीं।

41. मध्यकालीन ग्रंथ संगीत पारिजात (अहूबल) में रागों को वर्गीकृत करने के लिए मूर्च्छना और मेल दोनों का उल्लेख मिलता है। यह ग्रंथ प्राचीन मूर्च्छना सिद्धांत को स्वीकार करता है और नई मेल प्रणाली को भी सम्मिलित करता है। यह संगीत शास्त्र के संक्रमण काल का प्रतिनिधित्व करता है, जहाँ पुराने और नए विचारों को एक साथ प्रस्तुत किया गया।

42. अनूप संगीत रत्नाकर में कुल 148 रागों का वर्णन किया गया है। यह ग्रंथ बुंदेलखंड के महाराजा अनूप सिंह के दरबार में रचा गया था। इसमें राग-रागिनी परंपरा के विस्तृत स्वरूप, उनके लक्षणों और भावात्मक पक्ष का व्यवस्थित विवरण दिया गया। यह मध्यकालीन संगीत सिद्धांत के संरक्षण और विस्तार का महत्वपूर्ण स्रोत है।

43. सूलताल (10 मात्राओं वाला ताल) के एक आवर्तन की बिआड़ 4-(2/7) मात्राओं के बाद शुरू होती है। सूलताल पखावज वादन और ध्रुपद परंपरा में महत्वपूर्ण ताल है। बिआड़ ताल की आंतरिक लयकारी को जटिल और रोचक बनाती है, जो लयज्ञान और वादन कौशल को परखने का माध्यम है।

44. उपशास्त्रीय संगीत की प्रमुख गायन शैली ठुमरी है। ठुमरी शृंगार और भक्ति रस पर आधारित भावप्रधान शैली है। यह शास्त्रीय रागों पर आधारित होते हुए भी स्वतंत्र और लचीली प्रस्तुति की अनुमति देती है। इसकी विशेषताएँ भाव, शब्द और अलंकार पर अधिक जोर देना तथा हल्की-फुल्की लय में प्रस्तुति देना हैं।

45. 'दरु' नामक प्रबंध का वर्णन संगीत पारिजात में प्राप्त होता है। अहूबल ने इस ग्रंथ में विभिन्न प्रबंधों—जैसे आलाप, दरु, चर्ण आदि—का विस्तृत उल्लेख किया। दरु प्रबंध मध्यकालीन संगीत रचनाओं का एक प्रकार था, जिसका प्रयोग नाट्य और काव्य में किया जाता था। यह विवरण प्रबंध-गायन और उसके स्वरूप को समझने के लिए एक महत्वपूर्ण स्रोत है।

46. महाकाव्यों में वर्णित डिमडिमा का प्रचलित स्वरूप डमरू माना जाता है। डमरू एक छोटा, घण्टाकार झिल्लीदार वाद्य है। इसे पौराणिक कथाओं, युद्ध संकेतों और धार्मिक अनुष्ठानों में उपयोग किया जाता था। डिमडिमा शब्द का प्रयोग महाकाव्यों में डमरू जैसे वाद्य के लिए हुआ, जो ताल और ध्वनि संकेत देने का माध्यम था।

47. प्रसिद्ध ठुमरी गायिका हीराबाई बड़ौदकर को 1970 में 'परिभूषण' राष्ट्रीय अलंकरण प्रदान किया गया। हीराबाई बड़ौदकर ठुमरी और दादरा जैसी उपशास्त्रीय शैलियों में अपनी उत्कृष्ट प्रस्तुतियों के लिए जानी जाती थीं। उनके मधुर स्वर और भावपूर्ण अभिव्यक्ति ने उपशास्त्रीय संगीत को लोकप्रिय बनाने में महत्वपूर्ण भूमिका निभाई। उनका यह सम्मान भारतीय संगीत परंपरा में उनके योगदान की स्वीकृति का प्रतीक है।

48. उ. बड़े गुलाम अली खान की बंदिशें 'सबरंग' मुद्रा से अंकित होती थीं। सबरंग उनकी विशिष्ट पहचान थी, जिससे उनकी रचनाओं को अलग पहचाना जाता था। इस मुद्रा ने उनकी रचनाओं को शिष्यों और संगीत प्रेमियों के बीच पहचान दिलाई। यह प्रथा संगीत परंपरा में कलाकार की मौलिकता को दर्शाने का एक माध्यम है।

49. केसरबाई केरकर संगीत समारोह गोवा में आयोजित किया जाता है। यह समारोह महान गायिका केसरबाई केरकर की स्मृति में शुरू किया गया। इसमें शास्त्रीय संगीत के प्रमुख कलाकार भाग लेते हैं और गोवा की समृद्ध संगीत संस्कृति को जीवित रखते हैं। यह आयोजन भारतीय शास्त्रीय संगीत परंपरा के संरक्षण और प्रचार का एक महत्वपूर्ण मंच है।

50. पंडित विश्व मोहन भट्ट को ग्रैमी अवार्ड उनके एलबम 'ए मीटिंग बाय द रिवर' के लिए प्राप्त हुआ। इस एलबम में उन्होंने स्लाइड गिटार पर भारतीय शास्त्रीय संगीत को वर्ल्ड म्यूजिक शैली के साथ संयोजित किया। यह एलबम 1994 में सर्वश्रेष्ठ वर्ल्ड म्यूजिक एलबम श्रेणी में सम्मानित हुआ। इस उपलब्धि ने भारतीय शास्त्रीय संगीत को अंतरराष्ट्रीय मंच पर नई पहचान दिलाई।

51. **मणिपुरी नृत्य अकादमी–इम्फाल :** यह संगीत नाटक अकादमी की आधिकारिक घटक इकाई है, जिसका उद्देश्य मणिपुरी नृत्य शैली को संरक्षित और संवर्धित करना है। यहाँ गुरु-शिष्य परंपरा के अंतर्गत पारंपरिक नृत्य का प्रशिक्षण, दस्तावेजीकरण, प्रदर्शन और शोध कार्य किए जाते हैं। अन्य विकल्प जैसे संगीत रिसर्च अकादमी (कोलकाता), भारत भवन (भोपाल) और जवाहर कला केन्द्र (जयपुर) स्वतंत्र संस्थान हैं, SNA की घटक इकाइयाँ नहीं।

52. दी गई स्वरमालिका का आरोह-अवरोह और पकड़ राग भटियार की विशेषताओं से मेल खाती है। भटियार प्रातःकालीन राग है, जिसमें तीव्र मध्यम और कोमल निषाद का प्रयोग भावपूर्ण वातावरण उत्पन्न करता है। इसकी विशेष पहचान तेजस्वी और उज्ज्वल भाव है, जो दिए गए स्वरों से स्पष्ट होता है।

53. *संगीत रत्नाकर* के दशविध राग-वर्गीकरण में राग समूहों को उनकी संख्या के बढ़ते क्रम में रखने पर सही क्रम है : अंतर्भाषा (C) → उपराग (B) → विभाषा (E) → ग्रामराग (A) → भाषा (D)।

- अंतर्भाषा में सबसे कम राग होते हैं, इसके बाद उपराग, फिर विभाषा, उसके बाद ग्रामराग और अंत में भाषा, जिसमें सबसे अधिक राग शामिल हैं।
- यह क्रम रागों के विकास और जटिलता को न्यूनतम से अधिकतम की ओर दर्शाता है।

54. दिए गए भिन्नांक स्वर अंतरालों को घटते क्रम में रखने पर क्रम है : 9/8 (A) → 16/15 (B) → 135/128 (C) → 25/24 (D) → 81/80 (E)।

- 9/8 सबसे बड़ा अंतराल है, जबकि 81/80 सबसे सूक्ष्म अंतराल है।
- यह क्रम स्वर-अंतरालों की तुलना और उनके अनुपात को समझने के लिए प्रयोग किया जाता है।

55. ग्रंथकारों का सही कालक्रम है :
सुधाकलश (A) → नान्यदेव (D) → रामामात्य (C) → सोमनाथ (B) → व्यंकटमखी (E)।

- सुधाकलश ने प्रारंभिक संगीत विचार प्रस्तुत किए, नान्यदेव ने मध्यकालीन संगीत सिद्धांत को व्यवस्थित किया।
- रामामात्य ने मेला प्रणाली की पूर्वपीठिका बनाई, सोमनाथ ने *रागविबोध* में राग संरचनाओं का विस्तृत विवरण दिया।
- व्यंकटमखी ने कर्नाटक संगीत में मेला प्रणाली को अंतिम रूप देकर आधुनिक संगीत शास्त्र को स्थिर आधार प्रदान किया।

56. B. राग तरंगिणी : अपेक्षाकृत कम मेल संख्या का उल्लेख करने वाला ग्रंथ।

C. सद्राग चंद्रोदय : इसके बाद मेल संख्या का क्रम बढ़ता है।

D. राग मृरी : तीसरे स्थान पर अधिक मेल संख्या दी गई।

A. राग विबोध : सबसे अधिक मेल संख्या का वर्णन करता है।

यह क्रम ग्रंथों को मेल संख्या के बढ़ते क्रम में व्यवस्थित करता है।

57. D. खंड जाति त्रिपुट ताल : सबसे कम मात्रा वाला ताल।

C. चतुस्त्र जाति मठ्यताल : इसके बाद आता है।

B. त्रास्त्र जाति ध्रुवताल : अधिक मात्रा वाला।

A. मिश्र जाति अठताल : सबसे अधिक मात्राओं वाला ताल।

इस प्रकार बढ़ते क्रम में सही व्यवस्था D, C, B, A है।

58. C. गीत प्रकाशनो नाम : संगीतोपनिषदसारोद्धार की शुरुआत गीतों से होती है।

D. ताल प्रकाशनो नाम : इसके बाद ताल का विवेचन किया गया।

E. रागादि प्रकाशनो नाम : राग और उनके प्रकारों पर विवरण तीसरे क्रम पर आता है।

A. नृत्य प्रकाशनो नाम : चौथे क्रम पर नृत्य का वर्णन है।

B. वाद्य प्रकाशनो नाम : अंत में वाद्यों का उल्लेख किया गया है।

59. D. अमृतकुण्डली : तत वाद्य के रूप में।

C. भेरी : घन वाद्य।

A. कल्पतरु : सुषिर वाद्य के रूप में आता है।

B. काहला : अवनद्ध वाद्य।

यह क्रम तत, अवनद्ध, घन, सुषिर वाद्यों के बढ़ते विन्यास से मेल खाता है।

60. C. पश्तो : सबसे कम मात्रा वाला ताल।

E. बसन्त : इसके बाद आता है।

A. रुद्र : मध्यम मात्रा का ताल।

D. पंचम सवारी : इसके बाद उच्च मात्रा वाला।

B. लक्ष्मी : सबसे अधिक मात्रा वाला ताल।

यह क्रम तालों को उनकी मात्राओं के आधार पर आरोही क्रम में व्यवस्थित करता है।

61. C. सूल : सबसे कम कुआड़ मात्रा वाला ताल है।

A. मणि : इसके बाद आता है, जिसमें सूल से अधिक कुआड़ मात्रा होती है।

E. तिलवाड़ा : मध्यम कुआड़ मात्रा वाला ताल।

B. शिखर : इसके बाद आता है, जिसकी कुआड़ मात्रा अधिक है।

D. ब्रह्म : सबसे अधिक कुआड़ मात्रा वाला ताल।

यह क्रम तालों को उनके आवर्तन की कुआड़ मात्रा के बढ़ते क्रम में व्यवस्थित करता है।

62. A. भूपाली : आधार राग।

B. मधमाद : भूपाली की मूर्च्छना से अगला राग।

C. मालकौंस : इसके बाद प्राप्त राग।

D. दुर्गा : इसके बाद आने वाला।

E. धानी : अंतिम क्रम पर प्राप्त राग।

यह आरोही क्रम भूपाली की मूर्च्छना से प्राप्त रागों का सही विन्यास दर्शाता है।

63. सुधा कलश (A) और पार्श्वदेव (D) ने अपने सिद्धांतों में मुखारी को शुद्ध मेल नहीं माना।

अन्य ग्रंथकार जैसे सोमनाथ, रामामात्य और व्यंकटमखी ने मुखारी को अपने मेल वर्गीकरण में सम्मिलित किया।

इसलिए सही उत्तर केवल A और D है।

64. आड्डिता (B) और शीर्षका (D) ध्रुवा के प्रकारों में भिन्न माने गए हैं।

प्रावेशिकी, आक्षेपिकी और प्रासादिकी को मुख्य प्रकारों के अंतर्गत रखा गया है।

यह चयन ध्रुवा प्रकारों के वर्गीकरण में पारंपरिक भेद को दर्शाता है।

65. बालकृष्ण बुबा (A), देवजी बुवा (B) और शंकर पंडित (D) ग्वालियर घराने के प्रसिद्ध टप्पा गायक थे।

गजानन बुवा और महबूब खां - दरस पिया अन्य शैलियों और घरानों से जुड़े माने जाते हैं।

इसलिए ग्वालियर घराने के टप्पा गायकों के लिए सही चयन केवल A, B, और D है।

66. A. **नाट्यशास्त्र** : भरत मुनि के इस प्राचीन ग्रंथ में ग्राम रागों का विस्तृत वर्णन मिलता है। ग्राम प्रणाली (षड्ज-ग्राम और मध्यम-ग्राम) प्राचीन संगीत की नींव थी।

B. **नारदीय शिक्षा** : इस ग्रंथ में भी ग्राम रागों के स्वर-सिद्धांत, स्वर-स्थान और उनके प्रयोग का उल्लेख है।

C. **संगीत रत्नाकर** : शारंगदेव ने ग्राम रागों को स्वीकारते हुए उन्हें राग-विकास के इतिहास में जोड़कर समझाया।

D. **गीत गोविन्द** और **अष्टोत्तर शतताल लक्षण (E)** काव्य और ताल सिद्धांत से जुड़े हैं, इनमें ग्राम रागों का उल्लेख नहीं मिलता।

67. C. **बिलावल** : बिलावल थाट के पूर्वांग के प्रत्येक स्वर का पंचम संवादी स्वर उत्तरांग में होता है। यह थाट प्राकृतिक स्वर-क्रम के कारण संवादी संयोजन में संतुलित है।

D. **काफी** : काफी थाट में भी पूर्वांग स्वर पंचम संवादी संबंध रखते हैं।

मारवा (A), कल्याण (B) और पूर्वी (E) में यह संबंध समान रूप से नहीं पाया जाता, क्योंकि इनमें कोमल और तीव्र स्वरों का संयोजन पंचम के साथ समान संवादी व्यवस्था नहीं देता।

68. A. **ये राग सर्वकालिक होते हैं** : दिन और रात्रि के तृतीय प्रहर के राग कभी-कभी सर्वकालिक माने जाते हैं, क्योंकि इनका भाव स्थिरता और व्यापकता लिए होता है।

B. **इनमें सा, म, प स्वर वादी होते हैं** : इन रागों में प्रायः सा, म, या प को वादी स्वर चुना जाता है।

D. **संधि प्रकाश वर्ग से पहले गाए जाते हैं** : तृतीय प्रहर के राग संधि प्रकाश (शाम और भोर के प्रकाश) वर्ग से पहले गाए जाते हैं।

C और E की स्थितियाँ तृतीय प्रहर के रागों पर लागू नहीं होतीं।

69. C. **आसावरी** : इसके पूर्वांग के प्रत्येक स्वर का उत्तरांग में मध्यम संवादी स्वर है, जिससे इसका स्वर-संयोजन स्थिरता और माधुर्य प्राप्त करता है।

D. **खमाज** : इसमें भी पूर्वांग स्वर मध्यम के साथ संवादी संबंध रखते हैं।

मारवा (A), तोड़ी (B) और कल्याण (E) में यह संबंध समान रूप से नहीं पाया जाता।

70. B. **नल तरंग** : उ. अलाउद्दीन खां ने इस वाद्य का निर्माण किया, जो तरंग वाद्यों की श्रेणी में आता है।

C. **चन्द्र सारंग** : उन्होंने चन्द्र सारंग नामक वाद्य भी विकसित किया, जो अनूठी ध्वनि और तकनीक के लिए प्रसिद्ध हुआ।

E. **सारंगा** : सारंगा नामक वाद्य का भी श्रेय उन्हें दिया जाता है।

काष्ठ तरंग (A) और इसराज (D) उनके द्वारा निर्मित नहीं माने जाते।

71. कृष्णराव शंकर पंडित ग्वालियर घराने के एक महान शास्त्रीय गायक थे जिन्होंने संगीत शिक्षण और प्रस्तुति पर कई महत्वपूर्ण ग्रंथ लिखे।

सितार मालिका (B) और ताल प्रकाश (D) उनकी रचनाएँ नहीं हैं, बल्कि ये अन्य संगीतकारों से संबंधित हैं।

सितार व जलतरंग शिक्षा (A), तबला वादन शिक्षा (C) और संगीत आलाप संचारी (E) कृष्णराव पंडित की रचनाएँ मानी जाती हैं।

इस प्रकार B और D को छोड़कर शेष पुस्तकें उनके योगदान का हिस्सा हैं, इसलिए सही उत्तर केवल B और D है।

72. उस्ताद अलाउद्दीन खाँ, जो मैहर घराने के संस्थापक थे, ने कई नए रागों का सृजन किया जो हिंदुस्तानी संगीत को समृद्ध बनाने के उनके योगदान का प्रमाण हैं।

उनके द्वारा निर्मित रागों में हेम बिहाग (B), शोभावती (D) और प्रभाकली (E) शामिल हैं।

कौंसी कान्हडा (A) और मारु बिहाग (C) पहले से प्रचलित पारंपरिक राग हैं और उनके द्वारा निर्मित नहीं माने जाते।

अतः उनके द्वारा निर्मित रागों के लिए सही चयन B, D, E है।

73. पारंपरिक मान्यता के अनुसार भगवान शिव के पंचमुख से उद्भूत प्रमुख राग हैं—भैरव, दीपक, हिण्डोल, और कैशिक।

नट्ट नारायण (B) पंचमुख से उद्भूत रागों में सम्मिलित नहीं है, यह भिन्न माना जाता है।

दिए गए विकल्पों में कैशिक (E) को भी भिन्न के रूप में चुना गया है क्योंकि प्रश्न के विकल्पों में इसे अलग संदर्भ से प्रस्तुत किया गया था।

इस प्रकार पंचमुख रागों से भिन्न रागों का सही चयन B और E है।

74. सारंग अंग के अंतर्गत कई राग आते हैं जैसे लंकदहन सारंग, सामन्त सारंग, और बड़हंस सारंग, जिनकी संरचना, पकड़ और स्वर-क्रम सारंग परिवार की विशेषताओं से मेल खाते हैं।

गौड़ सारंग (C) और सारंग तरंगिणी (E) सारंग अंग के विशिष्ट स्वरूप से भिन्न माने जाते हैं, क्योंकि इनके स्वरक्रम और पकड़ पारंपरिक सारंग अंग के अनुरूप नहीं हैं।

इसलिए दिए गए विकल्पों में सारंग अंग से भिन्न रागों का सही चयन केवल C और E है।

75. काफी थाट जन्य रागों में ऐसे राग शामिल होते हैं जिनकी स्वर-संरचना और भाव काफी थाट के गुणों को दर्शाते हैं।

बरवा (B), शहाना (D) और भवसाख (E) काफी थाट से उत्पन्न राग हैं, जिनमें कोमल गांधार और निषाद के प्रयोग के साथ भावपूर्ण प्रस्तुति की विशेषता होती है।

गोपिका बसन्त (A) और रागे श्री (C) काफी थाट से नहीं जुड़े हैं, बल्कि अन्य थाट पर आधारित हैं।

इसलिए काफी थाट जन्य रागों का सही चयन B, D, E है।

76. कामायचा (A) और रावणहत्था (C) लोकसंगीत के तंतु वाद्य हैं, न कि शास्त्रीय तंतु वाद्य। ये प्रायः राजस्थान और मध्यभारत के लोकसंगीत में प्रयुक्त होते हैं और लोकधुनों को प्रस्तुत करने के लिए जाने जाते हैं।

रुद्र वीणा (B), सितार (D) और संतूर (E) शास्त्रीय तंतु वाद्यों की श्रेणी में आते हैं और हिंदुस्तानी शास्त्रीय संगीत के अंग हैं।

अतः शास्त्रीय तंतु वाद्यों से भिन्न वाद्य केवल A और C हैं।

77. व्यंकटमखी द्वारा वर्णित पारंपरिक अलंकारों में झोम्पट (A), मठ्य (B) और ध्रुव (D) जैसे नाम सम्मिलित हैं।

क्रामक (C) और मलिन (E) उनके द्वारा वर्णित अलंकार नामों में शामिल नहीं हैं।

इस प्रकार दिए गए विकल्पों में से भिन्न अलंकार नाम केवल C और E हैं।

78. ग्वालियर घराने की प्रमुख विशेषताओं में–

- संपूर्ण जाति के रागों का प्रयोग,
- बंदिश का पूर्ण रूप से प्रस्तुतिकरण,
- और तीन सप्तक की सपाट गमकयुक्त तान–शामिल हैं।

ठुमरी तथा चतुरंग से समाप्ति (C) ग्वालियर घराने की परंपरागत विशेषता नहीं है, यह अन्य शैलियों से जुड़ी है।

बलपेंच युक्त तान (E) भी ग्वालियर की सपाट तानों की शैली से भिन्न है।

इसलिए सही चयन केवल C और E है।

79. **A.** **अब्दुल करीम खां–हीराबाई बड़ौदकर (II)** : अब्दुल करीम खां किराना घराने के संस्थापक थे और हीराबाई बड़ौदकर उनकी शिष्या व सांगीतिक परंपरा से जुड़ीं।

B. **कुमार गंधर्व–कलापिनी कोमकली (IV)** : कुमार गंधर्व की पुत्री कलापिनी कोमकली उनकी गायकी को आगे बढ़ाने वाली प्रसिद्ध कलाकार हैं।

C. **लालमणि मिश्र–रागिनी त्रिवेदी (I)** : लालमणि मिश्र की पुत्री रागिनी त्रिवेदी एक प्रसिद्ध संगीतशास्त्री हैं।

D. **एन. राजम–संगीता शंकर (III)** : एन. राजम की पुत्री संगीता शंकर प्रख्यात वायलिन वादक हैं।

80. **A.** **व्यंकटमखी** : व्यंकटमखी ने 8 अलंकार बताए।

B. **पार्श्वदेव** : पार्श्वदेव के अनुसार 13 अलंकार माने गए।

C. **अहोबल** : अहोबल ने 69 अलंकारों का वर्णन किया।

D. **नारद (मकरन्द)** : नारद के मकरन्द ग्रंथ में 19 अलंकार माने गए।

अतः सही सुमेल है : A-III, B-IV, C-I, D-II।

81. **A.** **ऋषभ–वीर (IV)** : ऋषभ स्वर वीर रस से संबंधित है, जो साहस और उत्साह का प्रतीक माना जाता है।

B. **मध्यम–शृंगार (I)** : मध्यम को शृंगार रस से जोड़ा जाता है, जो प्रेम और सौंदर्य की भावनाओं को व्यक्त करता है।

C. **धैवत–वीभत्स (II)** : धैवत को वीभत्स रस से संबद्ध किया जाता है, जो घृणा या वितृष्णा को दर्शाता है।

D. **निषाद–करुण (III)** : निषाद करुण रस से जुड़ा है, जो करुणा और दुख की अभिव्यक्ति करता है।

82. **A.** **बिलावल–कुकुभ (II)** : बिलावल रागांग से व्युत्पन्न राग कुकुभ माना जाता है।

B. **काफी–सिन्दूरा (IV)** : काफी रागांग से सिन्दूरा राग संबंधित है।

C. धनाश्री–पटदीप (I) : धनाश्री रागांग से पटदीप राग उत्पन्न है।

D. कान्हड़ा–सूहा (III) : कान्हड़ा रागांग से सूहा राग व्युत्पन्न है।

यह मिलान रागांगों और उनके रागों की पारंपरिक परंपरा पर आधारित है।

83. A. बरकतउल्ला खां–अमृत हुसैन (IV) : बरकतउल्ला खां के गुरु अमृत हुसैन थे।

B. अली अकबर खां–अलाउद्दीन खां (I) : अली अकबर खां प्रसिद्ध उस्ताद अलाउद्दीन खां के पुत्र और शिष्य थे।

C. हाफिज अली खां–वजीर खां (II) : हाफिज अली खां के गुरु वजीर खां थे।

D. विलायत खां–इनायत खां (III) : विलायत खां के गुरु और पिता इनायत खां थे।

84. A. ध्वनि और संगीत–ललित किशोर सिंह (IV) : इस पुस्तक के लेखक ललित किशोर सिंह हैं।

B. ध्रुवपद और उसका विकास–आचार्य बृहस्पति (III) : आचार्य बृहस्पति ने ध्रुवपद पर यह महत्वपूर्ण कृति लिखी।

C. भारतीय संगीत वाद्य–लालमणि मिश्र (I) : लालमणि मिश्र की यह पुस्तक भारतीय वाद्यों पर एक प्रमुख स्रोत है।

D. प्रणव भारती–ओंकार नाथ ठाकुर (II) : ओंकार नाथ ठाकुर ने इस ग्रंथ की रचना की।

85. A. रामामात्य–14 (III) : रामामात्य के अनुसार कुल स्वर संख्या 14 है।

B. दामोदर पंडित–19 (IV) : दामोदर पंडित ने 19 स्वरों को मान्यता दी।

C. अहोबल–29 (I) : अहोबल ने कुल 29 स्वरों का वर्णन किया।

D. सोमनाथ–17 (II) : सोमनाथ के अनुसार कुल स्वर संख्या 17 है।

86. A. गांधार → 300 (II) : मध्यम-स्वर क्षेत्र का प्रमुख सहायक होने के नाते गांधार का आंदोलन-मान तुलनात्मक रूप से उच्च रखा जाता है ताकि सूक्ष्म शुद्धता और भाव-भेद सुनिश्चित हों।

B. धैवत → 400 (III) : उत्तरांग का प्रभावी स्वरय अधिक आंदोलन-संख्या धैवत की कंपन-संवेदनशीलता व भाव-प्रक्षेपण (विशेषतः करुण/वीर भास) को स्थिर बनाती है।

C. पंचम → 360 (IV) : अचल (अविकारी) स्वरों में गिना जाने पर भी व्यवहार में पंचम का झंकार-आधारित कंपन-संतुलन 360 इकाई के मान पर निरूपित किया गया है।

D. ऋषभ → 270 (I) : पूर्वांग का प्रमुख स्वर; अपेक्षाकृत कम आंदोलन-संख्या से इसकी स्थिरता व स्पष्ट उच्चारण (विशेषतः वीर-भाव) पुष्ट होते हैं।

87. A. षट्पितापुत्रक (द्विकल) → 24 (II) : 'द्विकल' विन्यास के कारण आवर्तन लम्बा है; संरचना 24 मात्राओं में फैली रहती है।

B. चच्चतपुट → 8 (I) : लघु-वृत्त का चपल ताल; 8 मात्रा का संक्षिप्त, नृत्योपयोगी ढांचा।

C. चाचपुट → 6 (IV) : छह मात्रा का सघन ताल-बंध; तिहाई/फेर-बदल की क्षिप्रता सम्भव।

D. सम्पक्वेष्टाक → 12 (III) : मध्यम-आकार का 12 मात्रा आवर्तन; गत-परिवर्तन और मुखड़े की सजगता के लिए उपयुक्त।

88. A. बाख → जर्मनी (III) : जोहान सेबास्टियन बाख–जर्मन बारोक-युग के महान संगतिकार, कौंटरपॉइंट और फ्यूग की परंपरा के शिखर।

B. चोपिन → पोलैंड (II) : फ्रेडरिक चोपिन–पोलिश जन्म; रोमांटिक युग का अग्रणी पियानो-संगीतकार।

C. मोजार्ट → ऑस्ट्रिया (I) : वोल्फगैंग अमाडेयुस मोजार्ट–विएना-केंद्रित ऑस्ट्रियाई क्लासिकल-युग के विलक्षण प्रतिभा।

D. यहूदी मेनुहिन → अमेरिका (IV) : सुप्रसिद्ध वायलिन वादक; जन्म अमेरिका में, बाद में वैश्विक नागरिकता/ख्याति।

89. A. निनाद संगीत समारोह → उत्तर प्रदेश (II) : गंगा-जमुनी सांस्कृतिक पट्टी में आयोजित; उ.प्र. के शहरों में शास्त्रीय गायन-वादन का प्रमुख मंच।

B. उत्तरपाड़ा संगीत समारोह → पश्चिम बंगाल (III) : हुगली के पास ऐतिहासिक उत्तरपाड़ा–बंगाल की समृद्ध संगीत परंपरा का प्रतिष्ठित आयोजन।

C. सप्तक संगीत समारोह → गुजरात (IV) : अहमदाबाद का विश्वविख्यात नववर्ष-आयोजन; शीर्ष कलाकारों का सात दिवसीय महोत्सव।

D. वसंतोत्सव → महाराष्ट्र (I) : पुणे/मुंबई परिक्षेत्र में वसंत-ऋतु के स्वागत के साथ प्रतिष्ठित शास्त्रीय समारोह।

90. A. जाकिर हुसैन → 2023 (IV) : तबला के वैश्विक दूतय ताल-नवाचार, जुगलबंदी और विश्व-संगीत में अप्रतिम योगदान के सम्मान में पद्म विभूषण।

B. गंगूबाई हंगल → 2002 (I) : किराना घराने की दिवंगत महान गायिका; दीर्घ साधना व विशिष्ट बंदिश-सम्पदा के लिए अलंकृत।

C. राम नारायण → 2005 (II) : सरंगी को सोलो-कॉन्सर्ट वाद्य के रूप में प्रतिष्ठित करने वाले महागुरुय राग-अभिव्यक्ति के विलक्षण शिल्पी।

D. हरिप्रसाद चौरसिया → 2000 (III) : बाँसुरी के अंतरराष्ट्रीय आइकन; धुन-निर्माण, फिल्म/श्रव्य माध्यम और शास्त्रीय मंच—सर्वत्र अमिट छाप।

91. भातखंडे, पलुस्कर तथा मौलाबख्श पद्धतियों में तार सप्तक के स्वरों को पहचानने के लिए यह चिह्न प्रयुक्त होते हैं।

दोहराए हुए स्वर संकेत (सां सां) या ऊपर रेखांकित (Sa) से पता चलता है कि स्वर ऊपरी सप्तक (तार) में गाया जा रहा है।

इस प्रकार यह तरीका स्वर की ऊँचाई और प्रस्तुति को सटीक रूप से दर्शाता है, जिससे राग की संरचना स्पष्ट होती है।

92. मौलाबख्श पद्धति में कोमल स्वरों को दिखाने के लिए छोटे 'अ' चिह्न का प्रयोग किया जाता था। यह कोमल स्वरों की पहचान को सरल बनाता है और विद्यार्थियों को सही स्वराघात का अभ्यास कराता है। कोमल स्वरों की सटीक प्रस्तुति राग के भाव को प्रभावी बनाती है।

93. मौलाबख्श और पलुस्कर लिपि में खाली को दर्शाने के लिए 7 और + चिह्नों का उपयोग हुआ।

खाली का अर्थ है ताल के उस हिस्से में कोई आघात नहीं देना। यह चिह्न लय के संतुलन को बनाए रखने और ताल के विभाजन को स्पष्ट करने में मदद करते हैं।

94. दिए गए स्वरावली क्रम में क्रमशः तार स्वर–5, कोमल स्वर–10, और मंद्र स्वर–3 हैं।

तार स्वरों की संख्या रचना को ऊर्जावान बनाती है, कोमल स्वरों की अधिकता राग की भावनात्मक गहराई को दर्शाती है, और मंद्र स्वरों से गंभीरता जुड़ती है।

95. उस्ताद मौलाबख्श ने बड़ौदा (वर्तमान वडोदरा, गुजरात) में संगीत विद्यालय की स्थापना की। उन्होंने संगीत शिक्षण को सार्वजनिक और व्यवस्थित बनाने की दिशा में पहला बड़ा कदम उठाया। बाद में पं. भातखंडे और विष्णु दिगंबर पलुस्कर ने इस परंपरा को आगे बढ़ाया और भारतीय शास्त्रीय संगीत के प्रसार को नई ऊँचाइयों पर पहुँचाया।

96. तबले में कंपित पदार्थ वह हिस्सा है जो आघात से कंपन पैदा करके ध्वनि उत्पन्न करता है। तबले की पुड़ी (चमड़े की झिल्ली) मुख्य कंपनकारी सतह है। गट्टा, बद्दी और गजरा तो ढांचे या ट्यूनिंग के अंग हैं, पर कंपन उत्पन्न करने का कार्य पुड़ी ही करती है।

97. सारंगी जैसे तंतु वाद्य में गज (Bow) प्रेरक पदार्थ है, जिससे तारों को रगड़कर कंपन कराया जाता है। तार स्वयं कंपित पदार्थ हैं, जिनमें कंपन से स्वर उत्पन्न होते हैं। खूटियाँ केवल तार कसने के लिए होती हैं, तरब सहायक तार हैं—गज और तार ही स्वर सृजन की मुख्य क्रिया में भाग लेते हैं।

98. घन वाद्य (जैसे मंजीरा, ताल, घड़ताल, घंटा) में वाद्य का मूल ढांचा ही प्रेरक तथा कंपित पदार्थ दोनों का कार्य करता है। इन्हें बजाने के लिए किसी अलग सामग्री की आवश्यकता नहीं होती–दो हिस्सों को आपस में टकराने से ही स्वर उत्पन्न होता है। तत, अवनद्ध और सुषिर वाद्यों में प्रेरक और कंपित पदार्थ अलग-अलग होते हैं।

99. तत वाद्य (तंत्री वाद्य) जैसे सितार, सरोद, संतूर में प्रयुक्त प्रेरक पदार्थ वे उपकरण हैं जिनसे तारों पर आघात या घर्षण किया जाता है।

जवा (संतूर बजाने की लकड़ियाँ), गज (सारंगी या वायलिन का धनुष) और मिजराब (सितार का पिक) तत वाद्यों के प्रमुख प्रेरक पदार्थ हैं।

तार या तरब स्वयं कंपित पदार्थ होते हैं, न कि प्रेरक।

100. श्रीकृष्ण के शंख का नाम पांचजन्य था। महाभारत के युद्ध वर्णन में यह प्रसिद्ध है कि श्रीकृष्ण ने पांचजन्य शंख बजाकर युद्ध का उद्घोष किया। पौण्ड्र भीम का, देवदत्त अर्जुन का, और अनन्त विजय युधिष्ठिर का शंख था—केवल पांचजन्य कृष्ण का।

भाग-III : अवनद्ध वाद्य

26. • ध्रुपद एक निबद्ध (तालबद्ध) शास्त्रीय गायन शैली है।
- निबद्ध का अर्थ है कि इसकी प्रस्तुति निश्चित ताल के अंतर्गत होती है।
- ताल ही वह प्राथमिक तत्व है जो ध्रुपद की लयात्मक संरचना को निर्धारित करता है।
- आवर्तन, ठेका और खाली-भरी ताल के अंग हैं, पर ध्रुपद का मूल आधार सीधे ताल है।

27. कमैचा (राजस्थान का पारंपरिक तंतु वाद्य) में 27 सारिकाएँ (तार) होती हैं। यह मंगनियार और लंगा समुदाय के लोकसंगीत में प्रमुख वाद्य है। इसकी बहुसंख्यक तारें विभिन्न सुर और सहायक कंपन प्रदान करती हैं, जिससे समृद्ध ध्वनि उत्पन्न होती है।

28. चिल्ला एक कठिन साधना की परंपरा है जिसमें कलाकार निरंतर अभ्यास से संगीत का गहन अध्ययन करता है। उस्ताद अमीर हुसैन खाँ ने युवा पीढ़ी तक चिल्ला की अवधारणा को पहुँचाया और इसके प्रगामी (आधुनिक व व्यापक) प्रयोग को प्रोत्साहित किया। उनकी प्रेरणा से कई शिष्यों ने परंपरागत साधना को अपनाया और उसका नवोन्मेषी विस्तार किया।

29. बेदम तिहाई (Silent Tihai) में तिहाई के अंत में लगने वाला विश्राम 1/8 होता है। इसका अर्थ है कि अंतिम सम से पहले एक अष्टमांश मात्रा का विराम लेकर तिहाई समाप्त की जाती है। यह तकनीक ताल की नजाकत और प्रस्तुति में सूक्ष्मता जोड़ती है।

30. तीव्र, मध्यम, और कमजोर शब्द लय या ताल में प्रयुक्त ऐक्सेंट (Accent) से संबंधित हैं। ऐक्सेंट का अर्थ है बीट्स पर दिया जाने वाला बल या जोर। संगीत में यह भिन्नता लय को गतिशील और अभिव्यंजक बनाती है, जिससे श्रोता के लिए ताल और भाव स्पष्ट होते हैं।

31. प्रसिद्ध तबला वादक पंडित योगेश सम्सी के प्रथम गुरु पंडित तारानाथ राव थे। तारानाथ राव ने योगेश सम्सी को ताल और लय के मूलभूत सिद्धांतों में पारंगत किया। बाद में योगेश सम्सी ने उस्ताद अल्लारखा से भी शिक्षा प्राप्त की, परंतु प्रारंभिक गुरु तारानाथ राव ही थे।

32. शोध पत्र 'Acoustical Knowledge of Ancient Hindus' नोबेल विजेता भौतिक विज्ञानी सी.वी. रमन द्वारा लिखा गया था। इस शोध पत्र में उन्होंने प्राचीन भारतीय संगीत और वाद्यों के ध्वनिकी ज्ञान का वैज्ञानिक विश्लेषण किया। इससे स्पष्ट होता है कि प्राचीन भारतीय विद्वानों को ध्वनि-विज्ञान की गहरी समझ थी।

33. भारतीय सांस्कृतिक संबंध परिषद (ICCR) का औपचारिक उदघाटन 1950 में हुआ। इसका उद्देश्य भारतीय संस्कृति को अंतरराष्ट्रीय स्तर पर प्रचारित करना और विभिन्न देशों के साथ सांस्कृतिक आदान-प्रदान को प्रोत्साहित करना है। यह भारत सरकार के विदेश मंत्रालय के अधीन एक प्रमुख सांस्कृतिक संस्था है।

34. भातखंडे विश्वविद्यालय (लखनऊ) को 24 अक्टूबर, 2000 को 'मानित विश्वविद्यालय' का दर्जा दिया गया। इस मान्यता से भारतीय शास्त्रीय संगीत की शिक्षा, अनुसंधान और परंपरा को नया आयाम मिला। इससे पहले यह संस्था भातखंडे संगीत संस्थान के रूप में प्रसिद्ध थी।

35. डॉ. अरुण कुमार सेन का संबंध इंदिरा कला संगीत विश्वविद्यालय (छत्तीसगढ़) से था। यह विश्वविद्यालय संगीत, नृत्य और ललित कलाओं के लिए समर्पित भारत का प्रमुख संस्थान है। डॉ. सेन ने इस विश्वविद्यालय में संगीत शिक्षा और अनुसंधान के क्षेत्र में उल्लेखनीय योगदान दिया।

36. सितार और वाद्य-संगीत में विलंबित गत के रूप में प्रसिद्ध मसीत खानी गत धीमी लय में बजाई जाती है। इसे मसीत खाँ (लखनऊ घराने) ने विकसित किया और यह सितार वादन की आधारभूत प्रस्तुति मानी जाती है। इसकी संरचना में मधुर आलाप-जैसी सजावट और स्थिर लयात्मकता होती है, जिससे राग की भावनाओं को धीरे-धीरे उभारने का अवसर मिलता है।

37. मृदग मजरी ग्रंथ के रचयिता सौरेन्द्र मोहन ठाकुर थे। इस कृति में मृदंग वादन की तकनीक, ताल संरचना, बोल और पारंपरिक लयों का विस्तृत विवरण मिलता है। यह मृदंग वादन पर शोध के लिए एक महत्वपूर्ण स्रोत है और भारतीय ताल परंपरा की गहराई को समझने में मदद करता है।

38. प्रसिद्ध भरतनाट्यम और कुचिपुड़ी नृत्यांगना यामिनी कृष्णमूर्ति को 'अस्थाना नर्तकी' की उपाधि दी गई थी। उन्हें यह

सम्मान आंध्र प्रदेश और तमिलनाडु के शाही दरबारों तथा सांस्कृतिक संस्थानों से मिला। उनकी प्रस्तुति की ऊर्जा, तकनीकी उत्कृष्टता और भावप्रदर्शन ने उन्हें भारतीय शास्त्रीय नृत्य का प्रतीक बना दिया।

39. संस्कृत साहित्य में 'आतोद्य' शब्द वाद्य-संगीत से संबंधित है और इसका अर्थ है 'वह जिससे आघात किया जाए'। यह शब्द मृदंग, तबला, ढोलक आदि जैसे आघात वाद्यों के लिए प्रयुक्त होता है। भारतीय संगीत शास्त्रों में आघात-जन्य वाद्यों को आतोद्य वर्ग में रखा गया है।

40. 'सुरश्री' की उपाधि ख्यातनाम गायिका केसरबाई केरकर से संबद्ध है। वे जयपुर-अतरौली घराने की महान शास्त्रीय गायिका थीं। उनकी आलापकारी, तान संरचना और रागों की गहराई ने उन्हें भारतीय संगीत की अमर विभूति बना दिया, जिसके लिए उन्हें 'सुरश्री' कहा गया।

41. नवपंच ताल एक जटिल ताल संरचना है जिसमें कुल 5 तालियाँ होती हैं। इसकी विशेषता यह है कि यह विभिन्न खंडों में विभाजित होकर लयात्मक विविधता प्रदान करती है। शास्त्रीय नृत्य और वादन में इसे प्रयोग कर कलाकार ताल-बद्धता की गहराई को प्रदर्शित करते हैं।

42. फिल्म मुगल-ए-आजम के प्रसिद्ध गीत 'प्रेम जोगन बन के' को गाने वाले उस्ताद बड़े गुलाम अली खाँ थे। यह गीत राग सोहनी पर आधारित था और उनकी गायकी की विलक्षण शैली ने इसे अमर बना दिया। इस गीत ने शास्त्रीय संगीत और सिनेमा के बीच सेतु का कार्य किया।

43. नागस्वरम वृंदावन के साथ पारंपरिक रूप से ताविल वाद्य बजाया जाता है। ताविल दक्षिण भारतीय आघात वाद्य है जिसका प्रयोग विशेषकर मंदिर और उत्सव संगीत में होता है। नागस्वरम और ताविल का संयोजन दक्षिण भारतीय सांगीतिक परंपरा की पहचान है।

44. मिरासी बिरादरी में प्रमुख व्यक्ति को चौधरी कहा जाता था। चौधरी ही बिरादरी के निर्णयों, शिष्यों की देखरेख और परंपराओं के पालन का नेतृत्व करता था। यह पद सामाजिक-सांस्कृतिक सम्मान और अधिकार का प्रतीक था।

45. बनारस घराने में मूलतः 3 प्रकार के फर्द का वादन होता है। फर्दें बनारसी तबला वादन की विशिष्ट लयकारी और बोल-पद्धति को दर्शाती हैं। यह विभाजन घराने की शैलीगत विशिष्टता और तकनीकी गहराई को व्यक्त करता है।

46. विलंबित, मध्य और द्रुत लय यति या लय के क्रमिक परिवर्तन को दर्शाते हैं। इन तीनों लयों का निरूपण स्तोत्रगता यति के अंतर्गत किया जाता है। यह यति शास्त्रीय संगीत और नृत्य में ताल और लय की विविध गति को क्रमशः धीमी, मध्यम और तेज रूप में दिखाने का माध्यम है।

47. 'तिधारी' गत का अर्थ है कि किसी एक ही बोल या तालांश को तीन बार क्रमिक रूप से दोहराना। यह तकनीक ताल संरचना में समापन (सम) पर बल देने और लय के आकर्षण को बढ़ाने के लिए प्रयोग की जाती है। तिहाई (या तिधारी) भारतीय शास्त्रीय वादन और नृत्य दोनों में लयकारी का प्रमुख अंग है।

48. लक्ष्मण राव पर्वतकर ने प्रसिद्ध महासुदर्शन परण की रचना की। परण एक प्रकार की जटिल ताल संरचना होती है, जो तबला और पखावज वादन में प्रयोग होती है। यह परण अपनी जटिल बोल संरचना और दमदार प्रस्तुति के लिए प्रसिद्ध है।

49. डेनियल न्यूमैन के अनुसार 'धारी' का उल्लेख अबुल फजल के आइन-ए-अकबरी ग्रंथ में मिलता है। आइन-ए-अकबरी मुगल दरबार की प्रशासनिक और सांस्कृतिक जानकारी का प्रमुख स्रोत है, जिसमें संगीत, वाद्य और ताल की चर्चा शामिल है। 'धारी' शब्द वहाँ ताल-वादन से संबंधित तकनीकी शब्द के रूप में दर्ज है।

50. भरत मुनि ने नाट्यशास्त्र में पुष्कर वाद्ययंत्रों के 18 प्रकारों का उल्लेख किया है। पुष्कर वाद्य आघात वाद्यों का वर्ग है जिसमें मृदंग, पखावज, ढोल आदि सम्मिलित हैं।
यह वर्गीकरण प्राचीन भारतीय संगीत शास्त्र के वाद्य-विज्ञान का महत्वपूर्ण हिस्सा है।

51. त्रिवेणी ताल एक विलक्षण और जटिल ताल है जिसका उपयोग विशेषकर तबला और पखावज वादन में किया जाता है। इसमें 19 मात्राएँ होती हैं, जो इसे साधारण तालों (जैसे दादरा-6, रूपक-7, तीव्र-7, झपताल-10, तीनताल-16) से अलग बनाती हैं। इसका नाम 'त्रिवेणी' इसलिए रखा गया क्योंकि इसकी संरचना तीन भागों या लयखंडों के संगम जैसी है—जैसे प्रयागराज का त्रिवेणी संगम।
यह ताल उन्नत स्तर की प्रस्तुति के लिए प्रयुक्त होती है, जहाँ कलाकार को विभिन्न लयकारी, उपताल और सम पर सटीक पहुँच प्रदर्शित करनी होती है।

52. पंडित शंकर घोष बंगाल से तालवाद्य परंपरा के दिग्गज तबला वादक थे और उन्होंने फर्रुखाबाद तथा पंजाब घरानों के बोलों का सुंदर समन्वय प्रस्तुत किया। उन्हें वर्ष 1999-2000 में संगीत नाटक अकादमी पुरस्कार प्रदान किया गया, जो भारतीय संगीत, नृत्य और नाट्य कलाओं में सर्वोच्च राष्ट्रीय मान्यताओं में से एक है। इस सम्मान ने न केवल उनके व्यक्तिगत योगदान बल्कि बंगाल में तबला वादन की परंपरा को भी राष्ट्रीय पहचान दिलाई।

पंडित शंकर घोष ने जाकिर हुसैन और अन्य समकालीन वादकों के साथ सहयोग कर भारतीय ताल को वैश्विक मंच पर प्रतिष्ठित किया।

53. सूची के कलाकारों को पद्मश्री मिलने के वर्ष इस प्रकार हैं :

D. **पंडित सुरेश तळवलकर**–2004 में पद्मश्री से सम्मानित।

A. **उस्ताद जाकिर हुसैन**–1988 में पद्मश्री प्राप्त।

B. **पंडित किशन महाराज**–1984 में सम्मानित।

C. **पंडित सामता प्रसाद**–1970 में पद्मश्री से अलंकृत।

अवरोही क्रम (नवीनतम से प्राचीनतम) : D → A → B → C।

इस क्रम से स्पष्ट है कि सुरेश तळवलकर सबसे हाल में सम्मानित हुए, जबकि सामता प्रसाद इस सूची में सबसे पहले सम्मान पाने वाले तबला वादक थे।

54. रबीन्द्र संगीत में प्रयुक्त तालों की मात्राएँ इस प्रकार हैं :

C. **झम्पक नाल**–इसमें सर्वाधिक मात्रा होती है, जिससे जटिल लयकारा संभव होती है।

B. **रूपकड़ा ताल**–इसके बाद की उन्च मात्रा।

D. **नव ताल**–अपेक्षाकृत मध्यम मात्रा वाला।

A. **नवपंच ताल**–इसमें सबसे कम मात्रा होती है।

अवरोही क्रम (अधिक से कम मात्रा) : C → B → D → A।

यह क्रम दर्शाता है कि रबीन्द्र संगीत में विभिन्न तालों का उपयोग अलग-अलग भावों और लयकारी के लिए किया जाता है।

55. तालों को उनमें अंतर्विष्ट खाली (ताल के ऐसे भाग जहाँ आघात नहीं दिया जाता) की संख्या के आधार पर क्रमबद्ध किया गया है :

D. **ब्रह्मताल**–सबसे अधिक खाली खंड वाला, इसे बड़े आकार और गंभीर लय संरचना के लिए जाना जाता है।

C. **आड़ा चौताल**–इसके बाद अधिक खाली खंड।

B. **जयताल**–इसमें अपेक्षाकृत कम खाली होते हैं।

A. **दादरा**–केवल छह मात्राओं का सरल ताल, जिसमें खाली खंड सबसे कम होता है।

अवरोही क्रम : D → C → B → A।

यह क्रम बताता है कि बड़े और जटिल तालों में खाली की संख्या अधिक होती है, जबकि छोटे तालों जैसे दादरा में सरल संरचना और कम खाली का उपयोग किया जाता है।

56. पलुस्कर अंकन पद्धति में ताल-संकेतों की मात्रा को अवरोही क्रम (अधिक से कम) में व्यवस्थित करने पर क्रम B → A → D → C बनता है।

B. **(—)** : सबसे अधिक मात्रा वाला संकेत है, जो लंबी अवधि के स्वर या स्थायी आघात को दर्शाता है।

A. **(0)** : इसके बाद आता है, जो अपेक्षाकृत कम अवधि या मात्रा दर्शाता है।

D. **(/)** : इससे कम मात्रा का संकेत है, जिसे मध्यम आघात के रूप में लिया जाता है।

C. (◡) : सबसे कम मात्रा वाला संकेत है, जो लघु या सूक्ष्म आघात को इंगित करता है।

यह क्रम तालबद्धता और लय की स्पष्ट समझ विकसित करने में सहायक होता है, जिससे विद्यार्थियों को विभिन्न आघातों का महत्व और अवधि सही तरह से समझ में आती है।

57. कथक प्रस्तुति का क्रम अवरोही (सबसे पहले से अंत तक) इस प्रकार है :

E. **उठान**–प्रारंभिक भाग, जिसमें नर्तक मंच पर प्रवेश कर नृत्य की शुरुआत का संकेत देता है।

A. **थाट**–उठान के बाद नर्तक स्थिर भाव में सुंदर मुद्राओं और भावों का प्रदर्शन करता है।

D. **आमद**–थाट के बाद आमद, जिसमें ताल का स्पष्ट आघात दिखाया जाता है।

C. **गत निकास**–आमद के बाद गत निकास, जिसमें गत, भाव और अभिनय का मिश्रण होता है।

B. **ततकार**–अंत में ततकार, जिसमें पैरों की थापों द्वारा लयकारी का विस्तार से प्रदर्शन किया जाता है।

58. प्रयुक्त ताल की मात्राओं के आधार पर अवरोही क्रम :

D. **कजरी**–कजरी में सबसे अधिक मात्रा होती है क्योंकि यह अर्ध-शास्त्रीय शैली है और इसकी लय अपेक्षाकृत विस्तृत होती है।

B. **ध्रुपद**–इसके बाद ध्रुपद, जो शास्त्रीय संगीत का प्राचीन रूप है और बड़ी मात्रा वाली तालों (जैसे चौताल–12 मात्राएँ, धमार–14 मात्राएँ) में गाया जाता है।

C. **सादरा**–इसमें मध्यम मात्रा होती है।

A. **दादरा**–केवल 6 मात्राओं का ताल है, इसलिए सबसे कम मात्रा वाला है।

59. सशब्द और निशब्द क्रियाओं का अवरोही क्रम :

D. **ताल**–सशब्द क्रिया का प्रमुख रूप, जहाँ आघात और ध्वनि स्पष्ट रूप से उत्पन्न होती है।

B. **ध्रुव**–ताल के बाद ध्रुव, जिसमें तालबद्धता और लय बनी रहती है।

A. **निष्काम**–यह क्रिया अपेक्षाकृत कम ध्वनि और आघात के साथ होती है।

C. **आवाप**–इसमें सबसे कम या निशब्द ध्वनि होती है, इसलिए इसे क्रम में अंत में रखा गया।

यह क्रम दर्शाता है कि सशब्द क्रियाओं में ताल और ध्रुव प्रमुख हैं जबकि निष्काम और आवाप अधिक शांत (निशब्द) क्रियाओं में आते हैं।

60. कोकिला ताल के ठेकों का सही क्रम इस प्रकार है :

C. **धा धींन | नग धींन**–यह पहला खंड है, जो ताल की प्रारंभिक संरचना को स्पष्ट करता है और कोकिला ताल के स्वरूप की पहचान कराता है।

E. **धीन नग | धीन नग**–इसके बाद यह बोल आता है, जो ताल की लयबद्धता को आगे बढ़ाता है और ताल की विशिष्टता को बनाए रखता है।

D. **तीन नग टिट किट**–मध्य भाग में आने वाला यह ठेका ताल में गतिशीलता और विविधता जोड़ता है।

A. **तक गदि | गन**–यह बोल चौथे क्रम पर आता है, जो ताल के प्रवाह को संयमित करता है।

B. **धा धींन**–अंत में यह सरल बोल आता है, जिससे ताल का समापन या निष्कर्ष स्पष्ट होता है।

यह क्रम तालबद्धता और कोकिला ताल के विशिष्ट ठेकों को सटीक रूप से दर्शाता है।

61. प्रदर्शन/प्रस्तुति के आधार पर दिए गए विकल्पों में सही अवरोही क्रम उपलब्ध नहीं है

- जोड़ आलाप (A) सितार वादन में मुख्य भाग से पहले का विस्तृत राग-आलाप है। इसके बाद झाला आती है।
- मसीत खानी (B) और राजाखानी (C) दोनों गतों के प्रकार हैं।

पारंपरिक क्रम होता है : A (जोड़ आलाप) → D (झाला) → B (मसीत खानी) → C (राजाखानी) या इनके प्रयोगानुसार अलग क्रम, पर दिए गए विकल्प इस पारंपरिक क्रम से मेल नहीं खाते, इसलिए कोई विकल्प सटीक नहीं है।

62. **B.** **ध्रुव**–प्रारंभिक स्थिर तत्व।

D. **कृष्णा**–इसके बाद आने वाला विशेष कला रूप।

C. **पद्मिनी**–मध्यम चरण।

E. **विसर्जिता**–इसके बाद का चरण, जो विसर्जन या समापन का संकेत है।

A. **पताका**–अंत में उपयोग में आने वाला रूप।

इस क्रम में भारतीय नृत्य और नाट्य शास्त्र की पारंपरिक प्रस्तुति शैली प्रतिबिंबित होती है।

63. पखावज भारतीय शास्त्रीय संगीत का प्राचीन आघात वाद्य है।

ताज खाँ (B) और नासीर खाँ (D) ऐतिहासिक रूप से पखावज वादन से जुड़े प्रमुख कलाकार थे।

अब्दुल रहमान खाँ, शमशुद्दीन खाँ, बहादुर हुसैन मुख्य रूप से पखावज से सहयोजित नहीं माने जाते।

64. कायदा वादन तबला और पखावज वादन की एक तकनीकी शैली है।

पेंच (B), बल (C), डेढ़ी (D) और गिरा (E)–ये सभी कायदा वादन से संबंधित पद हैं।

लड़न्त (A) एक अलग शैली है, इसे कायदा वादन के अंतर्गत प्राथमिक रूप से शामिल नहीं किया जाता।

65. रूपक ताल (7 मात्राएँ) के चतुस्त्र जाति आवर्तन में विरामों के संभावित अंश वे हैं जो ताल के खंडों से मेल खाते हैं।

B. **1/2** : आधा विराम संभव है क्योंकि यह लय को बराबर विभाजित करता है।

D. **1/8** : छोटे खंडों के लिए भी व्यवहार्य है।

1/4, 1/6, और 1/3 विराम रूपक ताल के चतुस्त्र आवर्तन में सामान्यतः प्रयोग नहीं किए जाते।

66. उस्ताद इनाम अली खाँ (A), उस्ताद आबिद हुसैन खाँ (C) और उस्ताद अमीर हुसैन खाँ (E) को पारंपरिक तबला घरानों में खलीफा की उपाधि प्राप्त थी।

खलीफा का अर्थ है घराने का सर्वोच्च संरक्षक या प्रमुख गुरु। ये कलाकार अपने-अपने घरानों की परंपरा, तकनीक और शिक्षण के लिए प्रसिद्ध थे।

अहमदजान थिरकवाँ (B) और अल्लारखा (D) अपने आप में महान तबला वादक थे, लेकिन पारंपरिक खलीफा के रूप में दर्ज नहीं थे।

67. गत कायदा का वादन मुख्यतः लखनऊ घराना (B) और फर्रुखाबाद घराना (C) में किया जाता है। इन घरानों में बोलों की नजाकत, लयकारी और गत संरचना पर विशेष ध्यान दिया जाता है।

दिल्ली (A), बनारस (D) और पंजाब (E) घरानों की अपनी विशिष्ट शैलियाँ हैं, लेकिन गत कायदा की परंपरा विशेष रूप से लखनऊ और फर्रुखाबाद से जुड़ी है।

68. अजराड़ा घराने की विशेषताएँ हैं :

A. लंबी रचना–अजराड़ा घराने के कलाकार लम्बे और जटिल बोलों वाली रचनाएँ प्रस्तुत करने के लिए प्रसिद्ध हैं।

D. तिस्र जाति–इस घराने की रचनाओं में तिस्र जाति (तीन-तीन के समूह) का प्रयोग विशेष रूप से किया जाता है।

मुक्त हस्त वर्ण (B), किनार प्रधान भाषा (C) और पूर्ण हथेली का उपयोग (E) इसकी मुख्य विशेषताओं में नहीं गिने जाते।

69. तार्किक दृष्टि से तबला का उद्गम दो प्रमुख संकल्पनाओं से माना जाता है :

B. त्रिपुष्कर से व्युत्पन्न–त्रिपुष्कर, प्राचीन तीन-मुखी आघात वाद्य, जिसे तबला का अग्रदूत माना जाता है।

D. अंकिक से व्युत्पन्न–अंकिक अवधारणा में छोटे आकार और दो भागों वाले वाद्यों से तबला का विकास बताया गया है।

दुन्दुभी (A) और खोल (C) का उल्लेख मिलता है, लेकिन तबला के मुख्य उद्गम रूप में नहीं माने जाते।

70. चक्रधर तिहाई की संरचना में शामिल हैं :

B. गणितीय सूक्ष्मता–चक्रधर तिहाई को सटीक गणना और लय विभाजन के साथ प्रस्तुत किया जाता है।

C. पढंत–बोलों को स्पष्ट रूप से उच्चारित कर प्रस्तुत करना आवश्यक है।

D. सम–तिहाई का अंतिम आघात हमेशा सम (ताल का पहला मतरा) पर समाप्त होता है।

आवर्तन (A) और खंड (E) संदर्भ के सहायक तत्व हो सकते हैं, लेकिन चक्रधर तिहाई की मुख्य संरचना में प्रत्यक्ष रूप से आवश्यक अवयव नहीं हैं।

71. A. खयाल–हिंदुस्तानी शास्त्रीय संगीत का प्रमुख गायन रूप है, जिसमें कल्पनाशीलता और लयकारी दोनों का समावेश होता है।

C. ध्रुपद–यह सबसे प्राचीन और गंभीर गायन शैली है, जो सामवेदिक परंपरा से जुड़ी है।

D. तराना–इसमें बोल तात्कालिक अर्थ नहीं रखते, बल्कि लयकारी और सुर का प्रदर्शन करते हैं।

ठुमरी (B) और कजरी (E) अर्ध-शास्त्रीय या लोक शैली मानी जाती हैं, शुद्ध शास्त्रीय गायन रूप नहीं।

72. A. पंडित अजय चक्रवर्ती–पंडित ज्ञानप्रकाश घोष के शिष्य रहे हैं, जिन्होंने उनकी शैली और शिक्षाओं को अपनाया।

C. पंडित राजकुमार मिश्र–वे भी उनके प्रमुख शिष्यों में थे।

D. पंडित निखिल घोष–एक प्रसिद्ध तबला वादक और पंडित ज्ञानप्रकाश घोष के शिष्य थे।

पंडित समर साहा (B) और पंडित कुमार बोस (E) अन्य घरानों और गुरुओं से जुड़े हुए हैं।

73. B. उठान–बनारस घराना प्रस्तुति का प्रारंभिक चरण है।

D. बाँट–बनारस घराने की लयकारी और गति परिवर्तन की विशिष्ट शैली।

E. परण–एक प्रकार की रचना जो बनारस घराने के तबला वादन में महत्वपूर्ण है।

पेशकार (A) और चलन (C) दिल्ली और अन्य घरानों के प्रस्तुति क्रम में प्रमुख होते हैं, लेकिन बनारस शैली में मुख्य नहीं।

74. टॅबोर (C) और टैम्बौरीन (D)–ये दोनों अवनद्ध वाद्य हैं, जिनमें झिल्ली पर आघात से ध्वनि उत्पन्न होती है।

ट्रैंगल (A), सेलेस्टा (B) और सिम्बल्स (E) घन या मेलोडिक पर्कशन वाद्य माने जाते हैं, अवनद्ध नहीं।

75. दुगुन-तिगुन-चौगुन संयोजन से 16 मात्राओं का निर्माण करने वाले ताल :

D. **कहरवा**–8 मात्राओं का ताल, जिसका दुगुन-तिगुन-चौगुन प्रयोग कर 16 मात्राएँ बनाई जा सकती हैं।

A. **पंचम सवारी**–जटिल संरचना वाला ताल, जिसमें लय के अनुपात बदलकर 16 मात्राएँ बनती हैं।

E. **ब्रह्म ताल**–बड़े और जटिल लय खंडों के लिए जाना जाता है, जिससे 16 मात्राएँ प्राप्त की जा सकती हैं।

रूपक (B) और दादरा (C) में सीधे तौर पर यह संयोजन नहीं बनता।

76. A. **वायलिन :** कर्नाटक संगीत में वायलिन संगति का मुख्य वाद्य है। इसे गायन के साथ बैठकर बजाया जाता है ताकि राग की शुद्धता, स्वर और भाव स्पष्ट हो सकें। यह 19वीं शताब्दी में कर्नाटक संगीत में शामिल किया गया और अब यह गायन संगति का अभिन्न हिस्सा है।

B. **घटम् :** मृदंग के साथ ताल की संगति के लिए प्रयोग किया जाने वाला मिट्टी का बर्तन है। घटम् का उपयोग ताल की जटिलताओं और लयकारी को स्पष्ट करने के लिए किया जाता है।

E. **खंजीरा :** यह एक झांझ जैसा अवनद्ध वाद्य है, जो मृदंग के साथ ताल में विविधता और सौंदर्य जोड़ता है। यह छोटे आकार का होता है और एक हाथ से बजाया जाता है।

C. **वीणा :** मुख्य वाद्य के रूप में प्रयोग होती है, संगति के लिए सामान्य नहीं।

D. **क्लेरिनेट :** पश्चिमी वाद्य है, संगति में इसका प्रयोग बहुत कम होता है।

77. C. **मार्ग :** ताल में गति और प्रवाह को नियंत्रित करता है। यह लय के खंडों को व्यवस्थित कर ताल की लंबाई तय करने में प्रमुख भूमिका निभाता है।

E. **जाति :** यह ताल के अंगों की संख्या (जैसे लघु, गुरु) बताकर ताल की संपूर्ण संरचना और लंबाई निर्धारित करती है।

A. **यति :** लय में गति परिवर्तन के लिए जिम्मेदार है लेकिन लंबाई नहीं तय करता।

B. **ग्रह :** ताल के प्रवेश बिंदु को दर्शाता है, लंबाई से प्रत्यक्ष संबंध नहीं।

D. **क्रिया :** आघात या हावभाव है, लेकिन लंबाई निर्धारित करने का मुख्य कारक नहीं।

78. तीनताल (16 मात्रा) में बेदम तिहाई का अर्थ है कि तीन बार किसी बोल का दोहराव इस तरह हो कि सम पर समाप्त हो।

A. **3-2 :** तीन आघात और दो मात्राओं के अंतर से गणना।

C. **2-13 :** दूसरे और तेरहवें मात्रा के अंतर से तिहाई की योजना।

E. **15-12 :** पंद्रहवें और बारहवें मात्राओं के अंतर का प्रयोग।

ये संयोजन कलाकार को लय के भीतर रचनात्मकता दिखाने और सम पर सटीकता से पहुँचने में मदद करते हैं।

79. A. **डोवरलेन–कोलकाता (III) :** डोवरलेन संगीत सम्मेलन कोलकाता में हर वर्ष आयोजित होने वाला भारत का प्रमुख शास्त्रीय संगीत महोत्सव है, जिसकी परंपरा 1950 के दशक से है।

B. **सप्तक–अहमदाबाद (IV) :** गुजरात के अहमदाबाद में आयोजित सप्तक महोत्सव शास्त्रीय गायन और वादन के लिए अंतरराष्ट्रीय ख्याति प्राप्त है।

C. **दरबार–यूनाइटेड किंगडम (I) :** लंदन में आयोजित यह उत्सव भारतीय शास्त्रीय संगीत को वैश्विक स्तर पर प्रस्तुत करता है।

D. **वसंतोत्सव–पुणे (II) :** पंडित हृषिकेश महाराज और अन्य द्वारा स्थापित, पुणे का यह उत्सव वसंत ऋतु में भारतीय शास्त्रीय संगीत को समर्पित है।

80. A. **टी.एन. कृष्णन–केरल (II) :** कर्नाटक संगीत के महान वायलिन वादक थे। उनकी शैली में मृदंग के साथ स्वर-ताल का अद्भुत सामंजस्य दिखाई देता है।

B. **बालमुरली कृष्णन–आंध्र प्रदेश (IV) :** प्रसिद्ध गायक और बहु-वादक जिन्होंने नई रचनाओं और रागों को जन्म दिया।

C. **एम.एस. सुब्बालक्ष्मी–तमिलनाडु (I) :** भारत रत्न से सम्मानित गायिका, कर्नाटक संगीत की सर्वश्रेष्ठ प्रस्तोता मानी जाती हैं।

D. पालघाट रघु–बर्मा (III) : जन्म म्यांमार (बर्मा) में हुआ लेकिन आगे चलकर भारत के कर्नाटक संगीत में मृदंग वादन के लिए प्रसिद्ध हुए।

ये कलाकार कर्नाटक संगीत की परंपरा के स्तंभ रहे हैं और इनके योगदान ने भारतीय संगीत को अंतरराष्ट्रीय स्तर पर पहचान दिलाई।

81. **A. ए.के.सी. नटराजन–क्लैरिनेट (III)** : दक्षिण भारतीय कर्नाटक संगीत के प्रसिद्ध क्लैरिनेट वादक।

B. शेख चिन्ना मौलाना–नादस्वरम (I) : नादस्वरम वादन में उच्चतम स्थान रखने वाले कलाकार।

C. भिमण्णा जाधव–सुंदरी (IV) : सुंदरी, एक छोटा शहनाई जैसा वाद्य, के प्रसिद्ध वादक।

D. लोकेश आनंद–शहनाई (II) : हिंदुस्तानी शहनाई वादन के प्रतिनिधि कलाकार।

82. **A. टिकोर–घन वाद्य (III)** : बिना झिल्ली वाले वाद्य जिनसे आघात से ध्वनि निकलती है।

B. कामट–अवनद्ध वाद्य (I) : झिल्ली पर आघात से ध्वनि उत्पन्न करने वाला वाद्य।

C. मशक–सुषिर वाद्य (II) : फूँक मारकर बजाए जाने वाले वाद्य (जैसे बैगपाइप)।

D. उपांग–तत् वाद्य (IV) : तार वाले वाद्य यंत्र, जिनमें झंकार से ध्वनि निकलती है।

83. **A. तरपा–लौकी तुम्बा (III)** : लौकी से बनी हुई बांसुरी जैसी आदिवासी वाद्य।

B. धुरालियो–बाँस (IV) : आदिवासी बांस से निर्मित फूँक वाद्य।

C. कर्ना–धातु (I) : धातु से निर्मित वाद्य।

D. घटम्–मृदा (II) : मिट्टी (मृदा) से बना प्रसिद्ध ताल वाद्य।

84. **A. कहरवा–लाल वर्ण (III)** : कहरवा ताल को लाल वर्ण से जोड़ा जाता है।

B. दादरा–हरित वर्ण (II) : दादरा ताल हरित (हरा) वर्ण से सहचर्य रखता है।

C. झपताल–श्वेत वर्ण (IV) : झपताल को श्वेत वर्ण के साथ जोड़ा गया है।

D. दीपचंदी–पीत वर्ण (I) : दीपचंदी ताल पीले वर्ण से संबद्ध मानी जाती है।

85. **A. ताल दीपिका–मुन्नूजी मृदंगाचार्य (III)** : तालों पर आधारित महत्वपूर्ण ग्रंथ।

B. लाल विज्ञान तबला–एम.एल. जोशी (I) : तबला विज्ञान पर लिखित पुस्तक।

C. ताल विवेक–हरिशंकर आदेश (II) : ताल और लय पर गहन विश्लेषण करने वाली पुस्तक।

D. इंट्रोडक्शन टू तबला–शिखा गांगुला (IV) : तबला की परिचयात्मक पुस्तक, अंग्रेजी में लिखित।

86. **A. दादरा–षष्टी ताल (III)** : रवीन्द्र संगीत में दादरा जैसी 6 मात्रा ताल को षष्टी ताल कहा जाता है।

B. चक्रताल–झम्पक ताल (IV) : 12 मात्रा वाली चक्रताल को रवीन्द्र संगीत में झम्पक ताल से जोड़ा गया है।

C. कहरवा–रूपक ताल (I) : 8 मात्रा वाला कहरवा ताल रवीन्द्र संगीत में रूपक ताल के समान उपयोग होता है।

D. लक्ष्मी ताल–नव पंच ताल (II) : लक्ष्मी ताल को रवीन्द्र संगीत के नव पंच ताल के साथ जोड़ा जाता है।

87. **A. इंद्रनील भट्टाचार्य–सितार (III)** : प्रख्यात सितार वादक।

B. आशुतोष भट्टाचार्य–तबला (IV) : तबला वादन के लिए प्रसिद्ध।

C. तरुण भट्टाचार्य–संतूर (I) : संतूर के दिग्गज कलाकार।

D. देबाशीष भट्टाचार्य–गिटार (II) : भारतीय शास्त्रीय संगीत को गिटार पर प्रस्तुत करने वाले प्रसिद्ध वादक।

88. **A. राजीव महावीर–तबला (III)** : शास्त्रीय तबला वादन के कलाकार।

B. गिरीश विश्व–ढोलक (I) : लोकसंगीत में ढोलक वादन के लिए जाने जाते हैं।

C. अरशद खान–इसराज (IV) : इसराज के सुप्रसिद्ध कलाकार।

D. लियाकत अली–सारंगी (II) : सारंगी वादन के लिए प्रसिद्ध।

89. **A. शेख दाउद खाँ–हिंदू मुस्लिम एकता पुरस्कार (III)** : संगीत के माध्यम से एकता के संदेश के लिए प्रसिद्ध।

B. निखिल ज्योति घोष–अरूण संगीतालय (II) : अरूण संगीतालय के संस्थापक और प्रसिद्ध तबला वादक।

C. **भाई गायतोंडे–ताल विलास (I)** : ताल विलास के साथ उनका साहचर्य।

D. **खाप्रुमामा पर्वतकर–परब्रह्म ताल (IV)** : परब्रह्म ताल से जुड़े माने जाते हैं।

90. A. **दिव्य लघु–6 मात्रा (IV)** : छोटे आकार का लघु जिसमें 6 मात्राएँ होती हैं।

B. **सिंह लघु–8 मात्रा (I)** : सिंह लघु को 8 मात्राओं के साथ जोड़ा गया है।

C. **वर्ण लघु–10 मात्रा (III)** : इसमें 10 मात्राएँ होती हैं।

D. **वाद्य लघु–12 मात्रा (II)** : बड़े आकार के वाद्य लघु में 12 मात्राएँ होती हैं।

91. त्रिपहर अवधारणा भारतीय अवनद्ध वाद्यों में प्रयुक्त होती है, जिसमें दिन के तीन समय या तीन भिन्न लय स्तरों (विलंबित, मध्य, द्रुत) में वादन का अभ्यास और प्रस्तुति की जाती है। यह केवल तबला या पखावज तक सीमित नहीं है बल्कि मृदंगम जैसी दक्षिण भारतीय परंपराओं में भी समान रूप से प्रासंगिक है। इस प्रकार त्रिपहर का संबंध तीनों वाद्यों–तबला, पखावज और मृदंगम–से है।

92. फिफ (एक प्रकार की उच्च स्वर की बाँसुरी) और ड्रम का संयोजन ऐतिहासिक रूप से अमेरिकी थल सेना द्वारा प्रयोग किया गया। उपनिवेश काल से लेकर आधुनिक सैन्य परंपराओं तक, इन वाद्यों का उपयोग मार्चिंग बैंड और सैन्य संकेत देने के लिए किया जाता रहा है। इससे सैनिकों के कदमों की एकरूपता और उत्साह बनाए रखने में मदद मिलती है।

93. भांगड़ा, पंजाब का पारंपरिक लोक नृत्य और संगीत रूप है। इसके ताल और ऊर्जा को प्रस्तुत करने के लिए ढोल वाद्य का उपयोग किया जाता है। ढोल का तेज और गूंजता हुआ स्वर भांगड़ा की पहचान है और इसे कंधे पर लटकाकर दोनों तरफ से बजाया जाता है।

94. तबला भारतीय शास्त्रीय संगीत में अवनद्ध वाद्यों का प्रमुख यंत्र है, जिसमें जटिल बोल, विभिन्न लयखंड और विस्तृत भाषा प्रणाली (बोल-तिहाई, कायदे) प्रयुक्त होती है। तबले की यह भाषा इतनी दुरूह और विस्तृत है कि इसके अध्ययन के लिए वर्षों का साधना और गुरु-शिष्य परंपरा आवश्यक होती है।

95. पेशकार तबले का प्रारंभिक भाग होता है जो लय के सुरीले सातत्य ढांचे को प्रस्तुत करता है। यह रचना ताल के मूल स्वरूप को स्थापित करती है, धीरे-धीरे विस्तार करती है और जटिल प्रतिरूपों में विकसित होती है। पेशकार का उद्देश्य प्रदर्शन की रूपरेखा तैयार करना और संगति के लिए सातत्यपूर्ण आधार देना है।

96. बुगचू पंजाब का पारंपरिक लोक वाद्ययंत्र है। यह एक ड्रम जैसा यंत्र होता है जिसमें तार जुड़ी रहती है। इसे खींचकर और ढीला करके ध्वनि पैदा की जाती है। पंजाबी लोक गीतों और भांगड़ा जैसे नृत्य रूपों में इसका प्रयोग प्रमुख है।

अन्य विकल्प–ढोलकी, डुपकी और नगाड़ा–लोक वाद्य हैं, पर बुगचू पंजाब की विशिष्ट पहचान है।

97. गंभीरा बंगाल का प्रसिद्ध लोकगीत है। यह गीत सामाजिक और धार्मिक त्योहारों के समय गाया जाता है और विशेषकर भगवान शिव की उपासना से जुड़ा है। गंभीरा गीतों के माध्यम से हास्य-व्यंग्य, सामाजिक संदेश और लोककथाएँ प्रस्तुत की जाती हैं।

98. अल्लाजिलई बाई राजस्थान की प्रसिद्ध लोकगायिका हैं, जिनकी आवाज और गायकी राजस्थानी लोकगीतों में विशेष पहचान रखती है। तीजन बाई पंडवानी गायन (छत्तीसगढ़), अख्तरी बाई बेगम (अख्तरी बाई फैजाबादी) ठुमरी-गजल गायन, और असगरी बाई (धमार गायन) से संबंधित हैं, लेकिन राजस्थानी लोकगीत विशेष रूप से अल्लाजिलई बाई से जुड़े हैं।

99. ताविल एक दक्षिण भारतीय अवनद्ध वाद्य है, जिसे छड़ियों (स्टिक्स) से बजाया जाता है। यह विशेषकर कर्नाटक संगीत और मंदिर उत्सवों में प्रयुक्त होता है। कंजीरा हाथ से बजाई जाती है, ढोलक भी हाथ से या हल्के आघात से बजाई जाती है, और ईडक्का ड्रमस्टिक्स के बजाय विशेष तकनीक से बजाया जाता है।

100. मंजीरा और झांझ छोटे धातु के झांझ जैसे वाद्य हैं, जिन्हें भारत के लगभग सभी प्रदेशों में लोक संगीत और भजन कीर्तन में प्रयोग किया जाता है। ये किसी विशेष क्षेत्र तक सीमित नहीं हैं।

इसके विपरीत ढोल-ढोलक, तबला-पखावज या ताविल-चेंडा का विशिष्ट क्षेत्रीय संबंध है।

भाग-IV : कर्नाटक संगीत

26. घन-नय-देशी राग वर्गीकरण सबसे पहले राग लक्षणमु में पाया गया। इस ग्रंथ ने रागों को तीन मुख्य श्रेणियों–घन, नय और देशी–में विभाजित किया। यह पद्धति बाद के दक्षिण भारतीय लक्षणग्रंथों के लिए आधार बनी। अन्य विकल्प जैसे *संग्रह चूड़ामणि, संगीत सुधा* और *संगीत चंद्रिका* में यह वर्गीकरण बाद में उद्धृत हुआ, पर इसका प्रथम उल्लेख राग लक्षणमु में ही है।

27. पंचमान्त्य राग वह राग है जिसका प्रारंभ पञ्चम स्वर से होता है और जो अन्त में षड्ज या पञ्चम पर समाप्त होता है। दक्षिण भारतीय परंपरा में नवरोज को पंचमान्त्य राग के रूप में पहचाना गया है। नादनामक्रिया, कुरंजी और पुन्नागवराली अन्य श्रेणियों के राग हैं और पंचमान्त्य श्रेणी में नहीं आते।

28. ''अच्युत राजेन्द्र मेल'' वीणा का उल्लेख स्वरमेलकलानिधि में किया गया है। यह ग्रंथ दक्षिण भारतीय संगीत के मेल प्रणाली और वाद्य विन्यास का महत्वपूर्ण स्रोत है। *संगीत रत्नाकर* उत्तर भारतीय परंपरा का ग्रंथ है, *करुणामृत सागरम* और *संग्रह चूड़ामणि* में इस विशेष वीणा का उल्लेख नहीं मिलता।

29. पहले दिव्य प्रबंध ''पल्लांडु पल्लांडु'' की रचना पेरियालवर ने की थी। वे आलवार संतों में प्रमुख थे और उनकी रचना भगवान विष्णु की स्तुति में गाई जाती है। *मदुरकवि आलवार, पोइगई आलवार* और *पेइ आलवार* ने अन्य भक्ति स्तोत्र रचे, लेकिन ''पल्लांडु पल्लांडु'' विशेष रूप से पेरियालवर से संबद्ध है।

30. अन्नामाचार्य की रचनाएँ ताम्र पत्रों में परिरक्षित की गई हैं। अन्नामाचार्य को श्रीवेंकटेश्वर कीर्तनाओं के लिए जाना जाता है, और उनकी हजारों संकीर्तनाएँ तिरुमला तिरुपति देवस्थानम में ताम्रपत्रों पर संरक्षित हैं। शैल शिलालेख, ताड़पत्र हस्तलिपि या स्टील शीटों का उपयोग उनके संपूर्ण कार्य को सुरक्षित रखने में नहीं हुआ।

31. हरिशंकर कर्नाटक संगीत परंपरा के प्रसिद्ध कंजीरा कलाकार माने जाते हैं। कंजीरा एक दक्षिण भारतीय फ्रेम ड्रम है जिसका प्रयोग संगति और लय को सजाने के लिए किया जाता है। हरिशंकर ने अपनी अनूठी तकनीक, जटिल लयकारी और सटीक आघात के लिए अंतरराष्ट्रीय स्तर पर ख्याति प्राप्त की।

32. नवरत्न राग मलिका की रचना मैसूर वासुदेवाचार्य ने की थी। वे कर्नाटक संगीत के एक महान संगीतकार और शिक्षक थे, जिन्होंने बहु-रागात्मक (राग मलिका) कृतियों में गहन रचनात्मकता दिखाई। उनकी यह रचना कई रागों के क्रमबद्ध प्रयोग और भक्ति भाव के लिए प्रसिद्ध है।

33. कोन्नकोल का अर्थ है पाटाक्षर पठंत–अर्थात् मृदंगम या अन्य ताल वाद्यों के बोलों का मुख से उच्चारण करके प्रस्तुति देना। यह कर्नाटक संगीत में लय और बोलों को मौखिक रूप से व्यक्त करने की विधि है। इसमें ताल पैटर्न को स्वर और बोल की तरह बोला जाता है, जिससे श्रोता लय को समझ और अनुभव कर सकें।

34. उपायालपुरम सुंदरम अय्यर घटम वादन के लिए जाने जाते हैं। घटम एक दक्षिण भारतीय मृदंग वर्ग का मृदा वाद्य है। यह मिट्टी का बड़ा घड़ा होता है जिसे उंगलियों, हथेली और कभी-कभी अंगूठों से बजाया जाता है। सुंदरम अय्यर ने घटम को एकल और संगति दोनों रूपों में लोकप्रिय बनाने में महत्वपूर्ण योगदान दिया।

35. 'गर्भ श्रीमान' की उपाधि स्वाति तिरुनाल को दी गई थी। वे त्रावणकोर के राजा और कर्नाटक संगीत के प्रमुख संरक्षक व संगीतज्ञ थे। स्वाति तिरुनाल ने अनेक कृतियाँ रचीं, जिनमें कृतियाँ, वर्नम और पद शामिल हैं। उन्हें यह उपाधि उनकी विद्वता, भक्ति और सांस्कृतिक संरक्षण के लिए दी गई थी।

36. 'मोहनप्रास-अन्त्य प्रास व्यवस्था' के लेखक एस. रामनाथन थे। वे प्रसिद्ध संगीतशास्त्री और कर्नाटक संगीत के इतिहासकार थे। इस ग्रंथ में उन्होंने प्रास (तुकबंदी) की विधियों–विशेषकर मोहनप्रास और अन्त्य प्रास व्यवस्था–का विस्तार से विवेचन किया, जो रचनाओं की लयबद्ध सुंदरता और कवित्व को बनाए रखने के लिए महत्वपूर्ण है।

37. ''चंद पावल पेरुमान'' की उपाधि अरुणगिरिनाथ को दी गई। अरुणगिरिनाथ तमिल भक्ति साहित्य और तिरुप्पुगझ रचनाओं के लिए प्रसिद्ध कवि-संत थे। उनके भजनों में लयात्मकता, भक्ति और काव्य सौंदर्य का अद्वितीय संगम दिखाई देता है, जिससे उन्हें यह विशेष उपाधि प्रदान की गई।

38. ''भरतकोष'' के लेखक मानवल्ली रामकृष्ण कवि थे। यह ग्रंथ नाट्यशास्त्र से जुड़े शब्दों, परिभाषाओं और अवधारणाओं का एक महत्वपूर्ण कोश है। इसमें भरत के नाट्यशास्त्र और भारतीय नाट्य परंपरा के विविध पहलुओं को संकलित और समझाया गया है।

39. एक खंड के प्रत्येक आवर्तन के अंत में शब्दों का दोहराव अन्त्यप्रास कहलाता है। अन्त्यप्रास काव्यशास्त्र और संगीत दोनों में महत्वपूर्ण अलंकारिक तत्व है। यह रचनाओं को श्रवण-सुखद और स्मरणीय बनाता है तथा श्रोताओं को लय और छंद की एकरूपता का अनुभव कराता है।

40. चेंडा केरल के मंदिरों के धार्मिक अनुष्ठानों में प्रयोग किया जाने वाला प्रमुख अवनद्ध वाद्ययंत्र है। यह एक ड्रमनुमा वाद्य है, जिसे लंबवत लटकाकर लकड़ी की छड़ियों से बजाया जाता है। चेंडा का उपयोग कथकली, मंदिर उत्सवों और पारंपरिक केरल नृत्य-नाटकों में विशेष रूप से किया जाता है।

41. 72 मेलकर्ता रागों की प्रसिद्ध रागमालिका महावैद्यनाथ शिवन की रचना 'प्रणतार्थिहर प्रभो' से आरंभ होती है (पल्लवी प्रायः श्रीराग में)। यह रचना सभी 72 मेलकर्ता रागों को क्रमबद्ध जोड़ती है, इसलिए आरंभिक पद 'प्रणतार्थिहर' ही मान्य उत्तर है।

42. उत्तर भारत के सुगम संगीत के एक प्रकार/रूप के रूप में गजल को पहचाना जाता है। गजल मूलतः फारसी-उर्दू काव्य से विकसित हुई और भारतीय उपमहाद्वीप में इसे विशेष लोकप्रियता मिली। इसकी विशेषता मधुर धुनें, संक्षिप्त बंध, और भावपूर्ण शायरी है। गजलें आमतौर पर सुगम संगीत, अर्धशास्त्रीय संगीत और फिल्म संगीत में भी गायी जाती हैं, जिससे यह व्यापक जनमानस तक पहुँची।

43. वीणा धनम्माल शिष्य परंपरा की प्रसिद्ध संगीतकार टी. बृंदा थीं। धनम्माल परंपरा कर्नाटक संगीत में विशिष्ट गायकी और भावपूर्ण प्रस्तुति के लिए जानी जाती है। टी. बृंदा ने इस परंपरा की सूक्ष्मताओं को संरक्षित और प्रसारित किया। उनकी गायकी में रागों की गहराई, मींड और सूक्ष्म अलंकरण का सुंदर संयोजन था।

44. मिश्र चापू ताल (7 मात्राओं वाला चापू ताल) में परंपरागत रूप से गायी जाने वाली कृतियों में त्यागराज की 'एन्डुकु दया तोड़ी' प्रमुख और मानक उदाहरण है। कर्नाटक संगीत की ताल सूची और कई प्रामाणिक पाठों में 'एन्डुकु दया' को मिश्र चापू के साथ स्पष्ट रूप से जोड़ा गया है।

अन्य दिए गए विकल्पों के सामान्य ताल इस प्रकार हैं :

- **अम्मा रावम्मा–कल्याणी** → आम तौर पर आदि ताल में प्रस्तुत।
- **नन्नु पालिम्पा–मोहनम्** → सर्वमान्य रूप से आदि ताल।
- **मरिविरे दिक्केवरय्या–षण्मुखप्रिया** → प्रचलित रूप से आदि/त्रिपुट।

इस प्रकार, सही उत्तर विकल्प 1 (एन्डुकु दया–तोड़ी) को माना जाता है।

45. 'निन्नू विनागमरि' कृति का ताल विलोम चापू ताल है। विलोम चापू ताल चापू ताल का एक प्रकार है, जिसमें आघात और विराम का क्रम उलटा या विपरीत दिशा में व्यवस्थित होता है। इस ताल का प्रयोग कर्नाटक संगीत में विशेष लयात्मक प्रभाव और भिन्नता प्रदर्शित करने के लिए किया जाता है, जिससे कृति को एक अनूठा लयबद्ध स्वरूप मिलता है।

46. 'चिन्दू' शैली तमिल भक्ति एवं लोक परंपरा से प्रेरित एक लोकप्रिय रचनात्मक शैली है। इस शैली को व्यवस्थित रूप देकर कर्नाटक संगीत मंच तक पहुँचाने का श्रेय अन्नामलाई रेड्डियार को दिया जाता है। उन्होंने कई प्रसिद्ध चिन्दू की रचना की, जिन्हें आज भी नृत्य और संगीत प्रस्तुतियों में गाया-बजाया जाता है।

47. सहाना राग की सबसे प्रमुख पहचान इसका वक्र आरोहण और वक्र अवरोहण है। आरोहण में स्वरों का क्रम सीधा न होकर मोड़दार (zig-zag) होता है, जैसे S R G M P M D N D S, और अवरोहण में भी स्वरों का पथ वक्र रहता है। इस विशेषता के कारण सहाना का भाव और रंग अद्वितीय और ललित बनता है।

48. कर्नाटक संगीत के प्रामाणिक ग्रंथ 'संगीत संप्रदाय प्रदर्शिनी' (Subbarama Dikshitar द्वारा) में 11 गमकों के लिए विशिष्ट चिह्न दिए गए हैं। इन चिह्नों का प्रयोग रचनाओं के संकेतन में गमकों के सटीक प्रयोग को दर्शाने के लिए किया गया है।

49. प्राचीन संगीतग्रंथकार सोमनाथ ने अपने प्रसिद्ध ग्रंथ 'रागविभोध' की टीका (व्याख्या) स्वयं लिखी। यह विशेषता उन्हें अद्वितीय बनाती है क्योंकि अधिकतर विद्वानों की टीका अन्य विद्वानों द्वारा लिखी जाती थी। सोमनाथ का यह कार्य रचनाकार और व्याख्याकार, दोनों रूपों में उनकी प्रवीणता को प्रमाणित करता है।

50. पूर्वी थाट को कर्नाटक संगीत प्रणाली में कामवर्धनी के समतुल्य माना जाता है। पूर्वी थाट और कामवर्धनी दोनों के स्वरक्रम समान हैं–दोनों में शुद्ध ऋषभ, कोमल गांधार, तीव्र मध्यम, पंचम, कोमल धैवत और कोमल निषाद प्रयोग होते हैं। इस समतुल्यता का उल्लेख कर्नाटक और हिन्दुस्तानी दोनों संगीत परंपराओं के तुलनात्मक अध्ययन में मिलता है।

51. मारीमुत्ता पिल्लई कर्नाटक संगीत के प्रसिद्ध तमिल रचनाकारों में से एक हैं। वे सिरकाजी (तमिलनाडु) से संबंधित थे। उन्हें प्रायः तमिल कृति परंपरा के चार प्रमुख स्तंभों में गिना जाता है। उनकी रचनाएँ नृत्य एवं भक्ति दोनों में महत्वपूर्ण भूमिका निभाती हैं और उनका योगदान विशेष रूप से तंजावुर नाट्य परंपरा में देखा जाता है।

52. मद्रास संगीत अकादमी प्रतिवर्ष कर्नाटक संगीत क्षेत्र के सर्वश्रेष्ठ कलाकार को 'संगीत कलानिधि' उपाधि प्रदान करती है। यह उपाधि दक्षिण भारतीय शास्त्रीय संगीत की सर्वोच्च मान्यता मानी जाती है। इसके प्राप्तकर्ता को अकादमी सम्मेलन में अध्यक्षता भी दी जाती है। यह परंपरा 1942 से चली आ रही है।

53. आरभि पंचरत्नम कृति के चरणों का सही क्रम है :

D. देवकी वसुदेव–प्रारंभिक संदर्भ श्रीकृष्ण के जन्म का उल्लेख।

C. गोपी जन–गोपियों और भक्ति का वर्णन।

E. परम भक्त–सर्वोच्च भक्तों की स्तुति।

A. हरे रामचंद्र–राम और कृष्ण दोनों के अवतार स्वरूप की प्रशंसा।

B. श्री वेंकटेश–अंतिम चरण भगवान वेंकटेश्वर की वंदना से पूर्ण होता है।

यह क्रम पारंपरिक भक्ति भाव की प्रगति को दर्शाता है, जिसमें जन्म, लीला, भक्त, अवतार महिमा और अंत में वेंकटेश की स्तुति शामिल हैं।

54. कालानुक्रमिक क्रम :

B. थिरुज्ञान सम्बन्धर (7वीं सदी)–शैव भक्ति आंदोलन के प्रमुख नायनार कवि।

E. जयदेव (12वीं सदी)–गीता गोविंद के रचयिता, जिन्होंने भक्ति साहित्य को नई ऊँचाइयाँ दीं।

A. अन्नमाचार्य (15वीं सदी)–तिरुपति वेंकटेश्वर की स्तुति में अनेक संकीर्तन लिखे।

D. गोपाल कृष्ण भारती (19वीं सदी)–तमिल भक्ति एवं सामाजिक चेतना से जुड़ी रचनाएँ।

C. जी.एन. बालासुब्रमण्यम (20वीं सदी)–आधुनिक कर्नाटक संगीत के प्रसिद्ध गायक।

यह क्रम भक्ति साहित्य से आधुनिक कर्नाटक संगीत तक की ऐतिहासिक प्रगति दिखाता है।

55. दिए गए मेलों को उलटे क्रम (reverse order) में व्यवस्थित करने पर क्रम होगा :

C. नागनंदिनी

D. वरुणप्रिया

A. हाटकाम्बरी

E. रूपवती

B. तानरूपी

यह क्रम मेलकर्ता रागों के पारंपरिक अनुक्रम को उलटकर रखा गया है, जिससे उनकी पहचान और अभ्यास दोनों में सहूलियत मिलती है।

56. अक्षर काल के अवरोही क्रम (सबसे अधिक अक्षर काल से कम की ओर) में :

A. खंडजाति ध्रुव ताल–इसमें खंड जाति (5 मात्राएँ प्रति लघु) और ध्रुव ताल संरचना (लघु-गुरु-लघु-लघु) होने के कारण अक्षर काल सबसे अधिक है।

D. मिश्र जाति मठ्य ताल–मठ्य ताल संरचना (लघु-गुरु-लघु) और मिश्र जाति (7 मात्राएँ) के कारण इसका अक्षर काल खंडजाति ध्रुव ताल से थोड़ा कम है।

C. संकीर्ण जाति झंप ताल–संकीर्ण जाति (9 मात्राएँ) वाला झंप ताल इसका अगला क्रम है।

B. मिश्र जाति त्रिपुट ताल–मिश्र जाति त्रिपुट का अक्षर काल अपेक्षाकृत कम है।

E. तिस्र जाति अठ ताल–तिस्र जाति (3 मात्राएँ) होने के कारण यह सबसे कम अक्षर काल वाला है।

57. भूत संख्या के आधार पर मेल क्रम :

C. इंदु-मा (1)–न्यूनतम भूत संख्या।

D. नेत्रा-मा (2)–इसके बाद।

B. वेद-गो (4)–आगे।

A. बाण-श्री (6)–इसके बाद।

E. वसु-पा (8)–अधिकतम भूत संख्या वाला।

इस प्रकार सही क्रम है C, D, B, A, E।

58. ताल अंगों को आरोही क्रम (सबसे कम से अधिक) में :

C. द्रुत विराम–सबसे कम अवधि वाला अंग।

A. लघु द्रुत–इसके बाद आता है।

B. गुरु विराम–मध्यम अवधि वाला अंग।

D. प्लुत विराम–लंबी अवधि वाला।

E. प्लुत द्रुत–सबसे लंबी अवधि वाला अंग।

59. तार सप्तक से ऊँचे से नीचे क्रम में स्वरों की तारता को देखते हुए काकली निषाद (C) सबसे ऊँचा स्थान है। यह निषाद का तीव्रतम रूप है और सप्तक के अंतिम भाग में आता है, इसलिए इसे पहले रखा जाता है। इसके बाद षट्श्रुति धैवत (D) आता है, जो तीव्र धैवत स्वर है और काकली निषाद से थोड़ा नीचे स्थित होता है। शुद्ध निषाद (A) सामान्य निषाद का स्थान है, जो तीव्र निषाद के बाद आता है, अतः इसे तीसरे स्थान पर रखा गया है। शुद्ध धैवत (E) प्राकृतिक धैवत स्वर है, जो निषाद से नीचे आता है और इसे चौथे स्थान पर रखा जाता है। अंत में प्रति मध्यम (B) का स्थान आता है, जो मध्यम श्रेणी का स्वर है और धैवत के नीचे स्थित होता है।

इस प्रकार, ऊँचे से नीचे स्वर स्थानों का क्रम होगा--काकली निषाद (C) → षट्श्रुति धैवत (D) → शुद्ध निषाद (A) → शुद्ध धैवत (E) → प्रति मध्यम (B)।

60. कालानुक्रमिक क्रम (प्राचीनतम से आधुनिकतम) :

C. दत्तिल–प्राचीन संगीत शास्त्री, जिन्होंने दत्तिल सूत्र की रचना की।

D. मतंग–बृहद्देशी के रचयिता।

A. शारंगदेव–संगीत रत्नाकर के रचयिता (13वीं शताब्दी)।

B. अहोबल–17वीं शताब्दी के संगीतकार।

E. गोविंदाचार्य–19वीं शताब्दी के आधुनिक संगीत सिद्धांतकार।

61. भैरवी स्वरजति के चरणों का सही क्रम इस प्रकार है–सबसे पहले नी पवन निलय (D) रखा जाता है, जो रचना की शुरुआत का परिचायक है। इसके बाद कुंभ कुच (E) आता है, जिसमें भावनात्मक सौंदर्य का चित्रण किया गया है। तीसरे स्थान पर भक्तजन (A) रखा जाता है, जो भक्ति की भावना को उजागर करता है। इसके बाद पादकमुलनु (B) आता है, जो भाव की गहराई को प्रकट करता है। अंत में कुंद रचना (C) आती है, जो संपूर्ण रचना को संपूर्णता प्रदान करती है। यह क्रम रचना के भाव और लयात्मक प्रस्तुतीकरण को सहज बनाता है।

62. संगीत समारोह के प्रस्तुतिकरण का सही क्रम इस प्रकार है–सबसे पहले आलापन (E) आता है, जिसमें राग का बिना ताल के विस्तार होता है। इसके बाद तानम (C) प्रस्तुत किया जाता है, जिसमें लयबद्ध स्वरों का प्रयोग होता है। तीसरे क्रम में पल्लवी (A) आता है, जहाँ रचना को जटिल लय और ताल में गाया जाता है। इसके पश्चात् नेरावल (B) आता है, जिसमें चुनी हुई पंक्ति पर राग का विविध विस्तार होता है। अंत में कल्पनास्वर (D) आता है, जिसमें कलाकार रचनात्मक स्वरों का प्रयोग करते हैं। यह क्रम पारंपरिक कर्नाटक संगीत प्रस्तुति का मानक ढाँचा है।

63. केदारगौड़ राग की प्रसिद्ध रचनाएँ सरगुण पालिम्पा (A), तुलसी बिल्व (C) और वेणुगान लोलुनी (D) हैं। ये तीनों रचनाएँ केदारगौड़ राग की विशेषताओं को दर्शाती हैं और इसकी भावनात्मक गहराई व लयबद्धता को प्रकट करती हैं। श्री मातः शिव वामांगे (B) और चेतः श्री बालकृष्णम (E) अन्य रागों से संबंधित हैं, इसलिए वे यहाँ सम्मिलित नहीं हैं।

64. बांसुरी वादन में प्रमुख कलाकारों में टी.आर. महालिंगम (B), एन. रमणी (C) और पल्लडम संजीव राव एवं प्रपंचम सीताराम (E) का नाम लिया जाता है। इन कलाकारों ने कर्नाटक संगीत में बांसुरी की परंपरा को नया आयाम दिया। अन्य विकल्पों में बताए गए कलाकार बांसुरी वादन से प्रमुख रूप से संबद्ध नहीं हैं।

65. जावली शैली के विख्यात रचनाकारों में धर्मपुरी सुब्बराय (B), रामनाड श्रीनिवास आयंगर (C) और पट्टाभिरामय्या (E) शामिल हैं। इनकी रचनाएँ कर्नाटक संगीत की हल्की, भावप्रधान और नृत्य-संबंधी जावली शैली को दर्शाती हैं। अन्य विकल्प जैसे वीणा कुपय्या (A) और सुब्बराय शास्त्री (D) मुख्यतः कृतियों और वर्नम के लिए प्रसिद्ध हैं, इसलिए उन्हें जावली रचनाकारों की श्रेणी में नहीं रखा जाता है।

66. ध्रुपद गायन में डागर बंधु (B) और गुंदेच बंधु (C) प्रमुख हैं। डागर घराना ध्रुपद शैली के सबसे प्रतिष्ठित घरानों में से एक है, जिसके गायक डागर बंधु (जैसे उमराव अली, जहीरुद्दीन, फैजुद्दीन) ध्रुपद के गंभीर, विस्तृत आलाप और गम्भीर प्रस्तुति के लिए प्रसिद्ध हैं। गुंदेच बंधु ने ध्रुपद को

समकालीन श्रोताओं के बीच लोकप्रिय बनाया। नूरा बहनें, राजन-साजन मिश्र, और अहमद हुसैन-मोहम्मद हुसैन मुख्यतः खयाल और ठुमरी शैली के लिए जाने जाते हैं, इसलिए वे ध्रुपद में पारंगत नहीं माने जाते हैं।

67. नाट्यशास्त्र (A) और दत्तिल (C) ग्रंथ मार्ग-परंपरा को प्रदर्शित करते हैं। ये प्राचीन ग्रंथ शास्त्रीय संगीत की मार्ग परंपरा, स्वर संरचना, ताल व्यवस्था और प्राचीन रागों के स्वरूप का वर्णन करते हैं। नाट्यशास्त्र में भरत ने संगीत के मूल सिद्धांतों और रागों के प्रारंभिक रूपों का विवरण दिया है। दत्तिल ग्रंथ में रागों की जातियों और उनके लक्षणों का वर्गीकरण मिलता है। भरतभाष्य, संगीत राज और औमापतम अधिकतर अन्य विषयों से संबंधित हैं।

68. भरत द्वारा वर्णित जातियों में रक्त गांधारी (B), कार्मारवी (C) और नंदयन्ती (E) शामिल हैं। ये नाम नाट्यशास्त्र और प्राचीन ग्रंथों में वर्णित जाति-रागों से संबंधित हैं। कलोपनता (A) और पौरवी (D) भरत की जातियों के नाम नहीं हैं, इसलिए इन्हें सही उत्तर में शामिल नहीं किया गया है।

69. राजवंशी रचनाकारों में स्वाति तिरुनाल (A)–त्रावणकोर के महाराजा और महान संगीतज्ञ, जयचामराज उडयार (C) –मैसूर के महाराजा एवं रचनाकार, और शाहजी (D) –मराठा राजा और संगीत रचनाकार शामिल हैं। तंजौर क्वार्टेट पेशेवर दरबारी संगीतज्ञ थे, लेकिन स्वयं राजवंशी नहीं थे। मुथय्या भागवत भी दरबारी संगीतज्ञ थे, किंतु राजवंशी रचनाकार नहीं थे।

70. चिट्टस्वर वे स्वरलिपियाँ हैं जो मुख्य रचना के भीतर स्वतंत्र स्वर अंश के रूप में गाए जाते हैं। ये मुख्यतः कृति (A), वर्ण (C) और रागमालिका (D) रचनाओं में अंतर्निहित होते हैं। चिट्टस्वर का प्रयोग रचना के बीच में आकर्षक स्वर पैटर्न और लयात्मक वैविध्य उत्पन्न करने के लिए किया जाता है। देवरनामा और पदम में प्रायः चिट्टस्वर नहीं मिलते हैं।

71. षड्ज ग्राम में तीन श्रुति का अंतराल रिषभ (B) और धैवत (D) स्वरों के बीच होता है। प्राचीन भारतीय संगीत सिद्धांत के अनुसार, षड्ज ग्राम 22 श्रुति प्रणाली पर आधारित है। इस ग्राम में रिषभ और धैवत ऐसे स्वर हैं जिनका अंतराल तीन श्रुति का होता है। शेष स्वर–षड्ज, पंचम और निषाद–अन्य अंतराल (दो या चार श्रुति) के अंतर्गत आते हैं।

72. रागों को उत्तम, मध्यम और अधम श्रेणियों में वर्गीकृत करने वाले ग्रंथ स्वरमेलकलानिधि (B) और राग विबोध (D) हैं। स्वरमेलकलानिधि में रागों के गुण, श्रेणियाँ और प्रदर्शन नियम दिए गए हैं। राग विबोध, पंडित सोमेश्वर का ग्रंथ, रागों के वर्गीकरण और उनकी गुणवत्ता के आधार पर यह वर्गीकरण प्रस्तुत करता है। अन्य विकल्प–बृहद्देशी, भरत भाष्य और चतुर्दण्डिप्रकाशिका–राग सिद्धांत के अन्य पहलुओं पर केंद्रित हैं।

73. षाडव राग वे राग हैं जिनमें छह स्वर प्रयोग होते हैं। इनमें श्रीरंजनी (A), मलयमारुतम (D) और हंसानंदी (E) प्रमुख हैं। मध्यमावती (B) और हंसनादम (C) सप्तस्वर (सम्पूर्ण) या औडव रागों के अंतर्गत आते हैं, अतः वे षाडव राग नहीं हैं।

74. आर. सत्यनारायण ने कर्नाटक संगीत पर कई शोधग्रंथ लिखे। उनकी पुस्तकों में 'सुलादीस एंड उगभोगास (B)' और 'म्यूजिक ऑफ मध्वा मॉन्क्स (D)' शामिल हैं। ये पुस्तकें दक्षिण भारतीय भक्ति संगीत परंपरा और उगभोगा-सुलादी के ऐतिहासिक-सांस्कृतिक महत्व पर प्रकाश डालती हैं। अन्य विकल्प जैसे 'म्यूजिकल फॉर्मस इन संगीत रत्नाकरष, 'मैसूर एज ए सीट ऑफ म्यूजिक' और 'गानामृत सागर' उनके कार्यों का हिस्सा नहीं हैं।

75. तेवारम भक्ति गीत संग्रह के प्रमुख रचनाकार अप्पर (A), सुंदरर (C) और सम्बन्धर (E) हैं। ये तीनों तमिल शैव संत–नायनार परंपरा के मुख्य स्तंभ हैं। तिरुमूलर और सेक्कीलार अन्य शैव साहित्य और पुराण लेखन से जुड़े हैं, परंतु तेवारम रचनाओं के मूल कवि नहीं हैं।

76. ताल वाद्य वे यंत्र हैं जिनसे लय को बनाए रखने के लिए आघात (स्ट्राइक) द्वारा ध्वनि उत्पन्न की जाती है। तविल और पखावज (A) पारंपरिक अवनद्ध वाद्य हैं। घटम और खंजीरा (D) भी दक्षिण भारतीय संगीत में प्रयोग होने वाले प्रमुख ताल वाद्य हैं। तबला और तविल (E) उत्तर और दक्षिण भारतीय शास्त्रीय संगीत दोनों में उपयोगी ताल वाद्य हैं। जलतरंग (B) मेलोडिक पर्कशन यंत्र है और बांसुरी (C) सुषिर वाद्य है, इसलिए ये ताल वाद्यों की श्रेणी में नहीं आते।

77. कोवुर पंचरत्न गीत त्यागराज द्वारा कोवुर मन्दिर के लिए रचित पाँच प्रसिद्ध कृतियाँ हैं। इनमें ई वसुधा–शहाना (B), नम्मी वाच्चीना–कल्याणी (D) और सुंदरेश्वरूनि–शंकराभरण

(E) शामिल हैं। राजु वेडल–तोड़ी और तेर तीयक राधा–गौड़ीपन्तु कोवुर पंचरत्न में सम्मिलित नहीं हैं।

78. इस प्रश्न में एकल कृति वाले रागों को पहचानना है। एकल कृति राग वे हैं जिनमें केवल एक ही प्रसिद्ध या मान्यता प्राप्त रचना उपलब्ध है।

B. **सुप्रदीपम**–यह अत्यंत दुर्लभ राग है। इसके अंतर्गत केवल एक ही ज्ञात कृति पाई जाती है, जो कर्नाटक संगीत परंपरा में इसे एकल कृति राग बनाती है।

C. **कलगडा**–यह भी त्यागराज परंपरा से जुड़ा एक दुर्लभ राग है, जिसमें केवल एक ही कृति उपलब्ध है। इसकी विशिष्टता और कम प्रयोग के कारण इसे भी एकल कृति राग की श्रेणी में रखा जाता है।

D. **चिन्तामणि**–यह भी ऐसा ही राग है जिसमें केवल एक प्रमुख कृति विद्यमान है। इसे प्रायः विशेष संगीत कार्यक्रमों में ही प्रस्तुत किया जाता है।

सारमति (A) और **द्विजावंती** (E)–सारमति प्रायः मोक्षमुगलदा जैसी रचनाओं के लिए जाना जाता है, पर द्विजावंती कई प्रसिद्ध कृतियों जैसे 'चेतः श्री बालकृष्णम्' आदि में प्रयुक्त है, इसलिए यह एकल कृति राग नहीं है।

79. पाश्चात्य संगीत में स्वरों की अवधि (नोट वैल्यू) के आधार पर : सेमी ब्रीव (A) को पूर्ण स्वर (II) कहा जाता है। मिनिम (B) आधा स्वर (I) है। क्रॉशेट (C) क्वार्टर नोट या चतुर्थांश स्वर (IV) है। क्वेयर (D) आठवां स्वर (III) है। यह क्रम संगीत सिद्धांत में प्रयुक्त अंतरराष्ट्रीय मानक के अनुरूप है।

80. स्वाति तिरुनाल (A) पदम (III) रचनाओं के लिए प्रसिद्ध हैं। श्यामा शास्त्री (B) स्वरजति (IV) के लिए जाने जाते हैं। मुत्तुस्वामी दीक्षित (C) नोट्टु स्वर (II) रचनाओं के प्रवर्तक हैं। त्यागराज (D) गेय नाटकम (I) के माध्यम से भक्ति संगीत की परंपरा को समृद्ध किया। यह संयोजन दक्षिण भारतीय कर्नाटक संगीत के त्रिमूर्ति के योगदानों को दर्शाता है।

81. बृहद्देशी 9वीं शताब्दी का महत्त्वपूर्ण ग्रंथ है जिसने राग और देशी संगीत की नींव रखी। संगीत सम्प्रदाय प्रदर्शिनी 20वीं शताब्दी की रचना है, जो मद्रास संगीत परंपरा का विस्तृत विवरण देती है। संगीत रत्नाकर 13वीं शताब्दी में शारंगदेव द्वारा लिखा गया, जो उत्तर और दक्षिण भारतीय संगीत का आधार बना। स्वर मेल कलानिधि 16वीं शताब्दी में लिखा गया ग्रंथ है, जिसने मेल प्रणाली को व्यवस्थित किया।

82. आसावरी 8वें मेल से उत्पन्न जन्य राग है, जो गंभीर और करुण भाव के लिए प्रसिद्ध है। मलहरी 15वें मेल से संबंधित है, यह आमतौर पर वाद्य रचनाओं में प्रयोग होता है। सौराष्ट्र 17वें मेल से उत्पन्न है और मंदिर भजनों में प्रयोग होता है। मणिरंगु 22वें मेल का जन्य राग है, जो मधुरता और भावपूर्णता के लिए जाना जाता है।

83. हरिकाम्बोजी खमाज थाट का मेल है, जो आनंदपूर्ण भावों के लिए प्रसिद्ध है। शुभपन्तुवराली तोड़ी थाट से संबंधित है और गहन, करुण भाव व्यक्त करता है। मायामालवगौड़ा भैरव थाट का मेल है, यह दक्षिण भारतीय संगीत की कर्नाटिक शिक्षा का प्रमुख प्रारंभिक राग है। खरहरप्रिया काफी थाट से संबद्ध है, जो कोमल गांधार और निषाद के प्रयोग से प्रसिद्ध है।

84. **A.** **नवरोज–कोल्ली (IV)** : तमिल पन्न प्रणाली में कोल्ली पन्न का समकालीन कर्नाटक समतुल्य नवरोज माना जाता है; पारंपरिक पन्नदृराग तालिकाएँ कोल्ली (कॉल्ली/कोल्लिकौबनग्) को स्पष्ट रूप से नवरोज से जोड़ती हैं।

B. **भैरवी–कौसीकम (III)** : शैव/देवरम् परंपरा की सूचियों में कौसीकम पन्न का आधुनिक राग-समतुल्य भैरवी दिया गया है; यह समानता प्राचीन पन्नों के दिन-पक्कल (दिवा) वर्गीकरण में भी मिलती है।

C. **मध्यमावती–सेंतुरुति (II)** : सेंतुरुति पन्न आज के कर्नाटक राग मध्यमावती के रूप में स्वीकृत है; अनेक मानक संदर्भ इसे शुभ/मंगल राग-संबंध के साथ सूचीबद्ध करते हैं।

D. **भूपालम–पुरनिर्मयी (I)** : पुरनिर्मयी पन्न का आधुनिक समतुल्य भूपालम माना जाता है; पन्न-राग समानता-सारिणियों में यह जोड़ी लगातार दिखाई देती है।

इस प्रकार चारों रागों के लिए उनके प्राचीन पण समकक्षों का मिलान क्रमशः A-IV, B-III, C-II, D-I सिद्ध होता है।

85. जगदेकमल्ल ने *संगीत चूड़ामणि* लिखा, जो दक्षिण भारतीय रचनाओं का महत्वपूर्ण ग्रंथ है। रामामात्य ने *स्वरमेल कलानिधि* की रचना की, जिसमें मेल और राग वर्गीकरण की विस्तृत जानकारी है। तुलजा ने *संगीत सारामृत* लिखा, जो कर्नाटिक संगीत के नियम और रचनाओं का संकलन है। अहोबल ने *संगीत पारिजात* की रचना की, जो उत्तर और दक्षिण भारतीय संगीत सिद्धांत को जोड़ता है।

86. • वी.डी. पलुस्कर ने रागबोध लिखा, जो रागों के बुनियादी ज्ञान के लिए प्रसिद्ध है।

- बी.सी. देव का ग्रंथ Indian Music भारतीय संगीत की संरचना और स्वर-लय सिद्धांतों का आधारभूत परिचय है।
- वी.एन. भातखण्डे की प्रसिद्ध शृंखला क्रमिक पुस्तक मालिका भारतीय शास्त्रीय संगीत को व्यवस्थित रूप देने का प्रमुख स्रोत है।
- आर.सी. मेहता ने Indian Classical Music and Gharana Tradition में घरानों की परंपरा और शैलीगत भेदों का विस्तृत वर्णन दिया है।

87. • मायामालवगौड़ राग की कृति श्री नाथादि गुरुगुहो है, जो कर्नाटक संगीत में प्रसिद्ध प्रारंभिक वंदन है।

- हुसैनी राग की रचना श्री कालहस्तिसा मुथुस्वामी दीक्षितर की कृतियों में आती है।
- सुरुट्टी राग की कृति श्री वेंकटगिरीशम है, जो अक्सर मंच पर प्रस्तुत की जाती है।
- कुरिन्जी राग का प्रसिद्ध गीत श्री वेणुगोपाल है, जिसे आराधनाओं में गाया जाता है।

88. • जलतरंग चीनी मिट्टी के कटोरों से बना वाद्य है, जिन्हें पानी के स्तर से सुर निकाला जाता है।

- जालरा (झांझ) धातु से बनी होती है और लय का समर्थन करती है।
- तंबूरा लकड़ी से बनाई जाती है और स्थायी श्रुति के लिए उपयोग होती है।
- घटम मिट्टी का तालवाद्य है, जो ताल की सजावट में प्रयुक्त होता है।

89. • जलतरंग के प्रसिद्ध वादक आनायामपट्टी गणेशन हैं, जिन्होंने इसे लोकप्रिय बनाया।

- मृदंगम के माहिर पलानी सुब्रमण्यम पिल्लई कर्नाटक संगीत में विख्यात हैं।
- मैन्डोलिन को कर्नाटक मंच पर पहचान दिलाने का श्रेय यू. श्रीनिवास को है।
- बांसुरी वादन में प्रपंचम सीताराम ने अनूठा योगदान दिया।

90. • चित्तूर सुब्रमण्या पिल्लाई के शिष्य मदुरैई सोंमू प्रसिद्ध कर्नाटक गायक थे।

- श्रीपाद पिनाकपाणि ने नेदनूरी कृष्णमूर्ति जैसे दिग्गज गायक को प्रशिक्षित किया।
- अरियाकुड़ी रामानुज अय्यंगार के शिष्य बी. राजम अय्यर कर्नाटक संगीत परंपरा के प्रमुख प्रचारक बने।
- चेम्बई वैद्यनाथ भागवत ने टी.वी. गोपालकृष्णन जैसे दिग्गज को प्रशिक्षण देकर आधुनिक कर्नाटक मंच को समृद्ध किया।

91. नासिका भूषणी मेल आधुनिक कर्नाटक संगीत की 72 मेलकर्ता पद्धति का एक मेल है। वैंकटमखी की प्रणाली और गोविन्द के संग्रहचूड़ामणि दोनों में यह मेल 70वें क्रम पर सूचीबद्ध है। यह मेल अंतिम समूह (12वें चक्र) के अंतर्गत आता है और अपनी विशिष्ट संगीतमय संरचना के कारण उन्नत स्थान रखता है।

92. 72-मेल पद्धति के अंतर्गत चक्रों का वर्गीकरण विशिष्ट स्वर-संयोजनों के आधार पर किया जाता है। चतुश्रुति ऋषभ (R_2) और अंतर गांधार (G_3) का संयोजन 5वें चक्र (बाण) और 11वें चक्र (रुद्र) में प्राप्त होता है। ये चक्र रागों के निर्माण में विशेष लयात्मक और स्वर-गतियों का आधार बनाते हैं।

93. मुथुस्वामी दीक्षितर की परंपरा में नठभैरवी के समान्तर मेल का नाम गौरीवेलावलि दिया गया है। दीक्षितर ने मेलों के लिए पारंपरिक और विशिष्ट संस्कृत नामों का प्रयोग किया। नठभैरवी के स्वरक्रम और गुणों के अनुसार दीक्षित परंपरा ने उसे गौरीवेलावलि नाम से वर्गीकृत किया है, जो इस परंपरा की राग-संरचना की विशिष्ट पहचान है।

94. संग्रहचूड़ामणि की मेल पद्धति में मेलों को बनाने के लिए स्वर क्रमबद्ध और सीधी अनुक्रमिक गति में व्यवस्थित होते हैं। सभी मेल सात स्वरों के होते हैं, आरोहण और अवरोहण में एक ही स्वर उपयोग किए जाते हैं, और स्वर हमेशा अनुक्रम में आगे बढ़ते हैं। स्वर आड़े-तिरछे क्रम में होने का विचार इस ग्रंथ की पद्धति के विपरीत है, इसलिए यह कथन असत्य है।

95. भाषांग राग वह होते हैं जिनमें राग के मूल स्वरक्रम के अतिरिक्त बाह्य स्वर (अन्य मेलों के स्वर) का प्रयोग किया जाता है। आनंदभैरवी एक प्रसिद्ध भाषांग राग है, जिसमें कुछ संगीतमय परिस्थितियों में विदेशी स्वर (जैसे कोमल निषाद या शुद्ध धैवत) का प्रयोग किया जाता है। यह लचीली संरचना इसे अन्य रागों से अलग बनाती है।

96. स्वाति तिरुनाल ने अनेक प्रकार की रचनाएँ लिखीं, जिनमें वर्ण विशेष स्थान रखते हैं। उनके 'चलमेल' नामक वर्ण की रचना राग शंकराभरणम् में की गई थी। यह वर्ण अपनी सुंदर लयबद्ध संरचना और शास्त्रीयता के कारण प्रसिद्ध है और इसे कर्नाटक संगीत के मंच पर अक्सर प्रस्तुत किया जाता है।

97. स्वाति तिरुनाल ने नवरात्रि कीर्तनों का एक विशेष संग्रह तैयार किया था, जिन्हें त्रिवेंद्रम में नवरात्रि के समय गाया जाता है। इनमें से 'देवी जगज्जननि' शंकराभरण राग में रचित है और देवी के प्रति भक्ति भाव को प्रकट करता है। यह रचना नवरात्रि महोत्सवों का मुख्य अंग है।

98. स्वाति तिरुनाल ने कुछ ऐसे रागों में भी रचनाएँ कीं, जो सामान्यतः कम प्रयुक्त होते हैं। ललितपंचमम ऐसा ही एक दुर्लभ राग है जिसमें उनकी रचना संगीतमय प्रयोगधर्मिता और मौलिकता का प्रमाण देती है। इस राग का प्रयोग उनकी रचनात्मक बुद्धि और नए स्वर-प्रयोगों के प्रति उनके झुकाव को दर्शाता है।

99. स्वाति तिरुनाल की कृतियों में मार्गदर्शी शेषा अयंगार की शैली और पदयोजना का प्रभाव स्पष्ट रूप से दिखाई देता है। उन्होंने शेषा अयंगार की रचनाओं का अध्ययन षट्काल गोविन्द मारर की सहायता से किया था। स्वाति तिरुनाल ने इन्हीं को अपनी रचनाओं के लिए मार्गदर्शक आदर्श के रूप में अपनाया।

100. कर्नाटक संगीत की रचनाओं में 'अलिवेनी' एक प्रसिद्ध पदम है, जिसे स्वाति तिरुनाल ने कुरिन्जी राग में रचा। पदम प्रायः भावात्मक (भाव-प्रधान) रचनाएँ होती हैं, जिनमें भक्ति, शृंगार या करुणा जैसे रसों का सुंदर निरूपण होता है। 'अलिवेनी' स्वाति तिरुनाल के रचनात्मक कौशल का प्रमाण है और मंचीय प्रस्तुतियों में अत्यधिक प्रिय है।

भाग–V : रबीन्द्र संगीत

26. भारत की संविधान सभा ने 24 जनवरी 1950 को *'जन गण मन अधिनायक'* के हिन्दी पाठ को भारत का आधिकारिक राष्ट्रगान घोषित किया। यह निर्णय 26 जनवरी 1950 को भारत के गणतंत्र बनने से ठीक दो दिन पूर्व लिया गया था। रबीन्द्रनाथ टैगोर की यह रचना भारतीय एकता, विविधता और राष्ट्रीय गौरव को प्रतिबिंबित करती है। इस तारीख के चयन ने नए गणतंत्र की भावनाओं को सुदृढ़ किया और राष्ट्रगान को संवैधानिक मान्यता प्रदान की।

27. रबीन्द्रनाथ टैगोर ने 1931 में अपनी रचनाओं को व्यवस्थित करने हेतु 'गीत बितान' और 'संचयिता' का संपादन किया। 'गीत बितान' में उनके गीतों को विषयवार और रागानुसार संकलित किया गया, जबकि 'संचयिता' उनकी कविताओं और साहित्यिक रचनाओं का व्यापक संग्रह है। इन दोनों संकलनों ने टैगोर की बहुआयामी प्रतिभा को एक जगह संरक्षित करके आने वाली पीढ़ियों के लिए सुलभ बनाया।

28. विश्व भारती विश्वविद्यालय के अंतर्गत ग्रन्थन विभाग की स्थापना 1923 में हुई थी। इस विभाग का उद्देश्य साहित्य, संगीत, संस्कृति और कला के संरक्षण और प्रकाशन के लिए विशेष प्रयास करना था। रबीन्द्रनाथ टैगोर ने विश्व भारती को केवल एक शिक्षण संस्थान नहीं बल्कि भारतीय और वैश्विक सांस्कृतिक विरासत के आदान-प्रदान का केंद्र बनाया, और ग्रन्थन विभाग इसी दृष्टि को मूर्त रूप देता है।

29. रबीन्द्रनाथ टैगोर ने अपनी प्रारंभिक कृतियों के संग्रह 'प्रभात-संगीत' को अपनी भाभी स्वर्ण कुमारी देवी को समर्पित किया। स्वर्ण कुमारी देवी बंगाल की प्रमुख साहित्यकार और सामाजिक कार्यकर्ता थीं। उनके मार्गदर्शन और प्रोत्साहन ने टैगोर के रचनात्मक जीवन पर गहरा प्रभाव डाला, और इस समर्पण के माध्यम से टैगोर ने उनके प्रति अपनी श्रद्धा प्रकट की।

30. रबीन्द्र संगीत के वर्गीकरण में 'बिचित्र' पर्याय के अंतर्गत कुल 138 गीत सम्मिलित हैं। ये गीत विविध भावनाओं, प्रयोगों और शैलियों का प्रतिनिधित्व करते हैं। 'बिचित्र' श्रेणी उन रचनाओं के लिए है जो अन्य निश्चित वर्गों में फिट नहीं बैठतीं और रबीन्द्रनाथ की कल्पनाशीलता तथा संगीत के विविध रूपों के प्रति उनके प्रयोगधर्मिता को दर्शाती है।

31. रबीन्द्रनाथ टैगोर के संगीत का प्रथम फोनोग्राफ रिकॉर्डिंग जगदीश चन्द्र बोस द्वारा किया गया था। बोस, जो एक विख्यात वैज्ञानिक और आविष्कारक थे, ने अपने तकनीकी ज्ञान का प्रयोग करके टैगोर के गीतों को संरक्षित करने का

प्रयास किया। इस रिकॉर्डिंग ने रबीन्द्र संगीत को तकनीकी माध्यमों से संरक्षित करने की दिशा में पहला महत्वपूर्ण कदम प्रस्तुत किया और संगीत इतिहास में यह घटना उल्लेखनीय मानी जाती है।

32. जब रबीन्द्रनाथ टैगोर अंतिम बार शांतिनिकेतन से जोरासाको जाने के लिए निकले, तब आश्रमवासियों ने उन्हें विदाई देते हुए 'एदिन आजी कौन घरे गो' गीत गाया। यह गीत गुरुदेव के प्रति उनके गहन सम्मान और स्नेह का प्रतीक था। उस क्षण का भावनात्मक वातावरण इस गीत की पंक्तियों में झलकता है, जिसने गुरुदेव और आश्रमवासियों के बीच के आत्मीय संबंधों को दर्शाया।

33. उपेन्द्र किशोर रायचौधरी ने 36 रबीन्द्र संगीत को अपनी स्वरलिपि में दर्ज करके 'बेहला शिक्षा' नामक पुस्तक में प्रकाशित किया। यह पुस्तक न केवल रबीन्द्र संगीत के संकलन के लिए महत्वपूर्ण है बल्कि बंगाल के संगीत इतिहास में स्वरलिपि की परंपरा को स्थापित करने का भी प्रमुख माध्यम रही। रायचौधरी के इस योगदान ने रबीन्द्र संगीत के संरक्षण और अध्ययन को सुलभ बनाया।

34. महर्षि देबेन्द्र नाथ ठाकुर ने रामचंद्र विद्याबागीश के *'ब्रह्मोधर्म'* को 21 दिसंबर 1843 को अंगीकार किया। यह घटना ब्रह्म समाज के इतिहास में एक निर्णायक मोड़ थी, क्योंकि इसने धार्मिक सुधार और एकेश्वरवाद के सिद्धांतों को मजबूती प्रदान की। इस अंगीकरण से देबेन्द्र नाथ ठाकुर ने सामाजिक और धार्मिक नवजागरण को गति दी।

35. प्रसिद्ध कलाकार और रबीन्द्रनाथ टैगोर के संगीत शिक्षक यदुभट्ट जी को पंचकोट के राजा ने 'रंगनाथ' पुरस्कार से सम्मानित किया। यदुभट्ट की संगीत विद्वता और कला को इस सम्मान से मान्यता मिली। टैगोर के संगीत जीवन में यदुभट्ट का विशेष योगदान रहा, और यह पुरस्कार उनके अद्वितीय संगीत कौशल और परंपरा के प्रति उनके समर्पण का प्रतीक है।

36. सत्येन्द्र ठाकुर की पुत्री इंदिरा देवी ने पश्चिमी संगीत में इंटरमीडिएट की परीक्षा ट्रिनिटी कॉलेज ऑफ म्यूजिक, कैम्ब्रिज से उत्तीर्ण की। ट्रिनिटी कॉलेज विश्व प्रसिद्ध संस्थान है जो पश्चिमी शास्त्रीय संगीत शिक्षा का केंद्र माना जाता है। इंदिरा देवी की यह उपलब्धि बंगाल के सांस्कृतिक इतिहास और पश्चिमी संगीत के प्रसार में उनके योगदान को दर्शाती है।

37. विश्वभारती संगीत भवन के भूतपूर्व आचार्य भीमराव शास्त्री ने संस्कृत और भातखंडे स्वरलिपि पद्धति में गीतांजलि का प्रकाशन 1926 में 'संगीत गीतांजलि' नाम से किया। इस प्रकाशन ने रबीन्द्रनाथ टैगोर की कविताओं को संगीत के माध्यम से स्वरबद्ध करने की परंपरा को संरक्षित किया और शास्त्रीय व लोक संगीत के संगम का उदाहरण प्रस्तुत किया।

38. 'वीणावादिनी' संगीत जर्नल का प्रथम प्रकाशन ज्योतिरिन्द्र नाथ ठाकुर द्वारा किया गया था। ठाकुर परिवार बंगाल पुनर्जागरण और भारतीय संगीत के पुनर्जीवन का प्रमुख स्तंभ रहा है। ज्योतिरिन्द्र नाथ ठाकुर, जो रबीन्द्रनाथ टैगोर के अग्रज थे, स्वयं एक प्रतिष्ठित नाटककार, संगीतकार और सांस्कृतिक कार्यकर्ता थे।

उन्होंने इस जर्नल की शुरुआत भारतीय संगीत परंपरा के दस्तावेजीकरण, नए रचनाकारों के प्रोत्साहन और संगीत ज्ञान के प्रसार के उद्देश्य से की थी। वीणावादिनी ने उन्नीसवीं शताब्दी के उत्तरार्ध और बीसवीं शताब्दी के प्रारंभिक काल में भारतीय शास्त्रीय संगीत, लोक धुनों और पश्चिमी प्रभावों के समन्वय पर विमर्श के लिए एक महत्वपूर्ण मंच प्रदान किया। इस जर्नल ने संगीत के सिद्धांत, प्रयोग, और उसके सामाजिक-सांस्कृतिक प्रभावों पर चर्चाओं को संगठित करने का कार्य किया।

39. द्विजेन्द्रलाल रॉय ने अपना प्रसिद्ध नाटक 'विरह नाटक' रबीन्द्रनाथ ठाकुर को समर्पित किया। रॉय और टैगोर दोनों ही बंगाल पुनर्जागरण के अग्रणी साहित्यकार थे। यह समर्पण उनके परस्पर सम्मान और सांस्कृतिक आदान-प्रदान को प्रतिबिंबित करता है, जिसने बंगाली नाटक और संगीत को नई दिशा दी।

40. दी गई सूची में से 'कौन अपरूप स्वर्गेर आलो' नाट्यगीति परिशोध की रचना नहीं है। जबकि 'सुंदरी बंधन', 'एसेची प्रियतमो खोमो मोरे खोमो', और 'हाय एकी सोमापोन' इस संग्रह की रचनाएँ हैं। यह प्रश्न नाट्यगीतियों के संकलन और उनके स्रोतों की गहन समझ की मांग करता है, और 'कौन अपरूप स्वर्गेर आलो' इस विशेष श्रेणी में शामिल नहीं है।

41. 'दक्खिनी पत्तीताल' लयबद्ध संरचना और मात्रा-गणना की दृष्टि से षष्ठी ताल से मेल खाती है। दोनों तालों में मात्रा-गणना और बोलों की संरचना में समानता पाई

जाती है। दक्षिण भारतीय और बंगाल के संगीत परंपराओं में ऐसे तालों का मेल प्रायः देखा जाता है, जिससे विभिन्न क्षेत्रीय शैलियों में सामंजस्य स्थापित होता है।

42. गनेन्द्र नाथ ठाकुर, ब्रह्म समाज आंदोलन के अग्रणी संगीतकारों में से एक थे। उनका रचित 'गाओ रे तहार नाम' ब्रह्म संगीत के अंतर्गत आता है। ब्रह्म संगीत, ब्रह्म समाज के उपासना अनुष्ठानों के लिए विशेष रूप से रचित भजन हैं, जो आध्यात्मिकता, एकेश्वरवाद और नैतिक आदर्शों को प्रकट करते हैं। इस गीत के माध्यम से समाज के आध्यात्मिक एकत्व और भक्ति की भावना का संचार किया गया।

43. रबीन्द्रनाथ ठाकुर के अग्रज द्विजेन्द्रनाथ ठाकुर एक प्रख्यात दार्शनिक और कवि थे। उनकी रचना 'ज्ञानमोय ज्योतिरे जे जाने' रबीन्द्र संगीत की परंपरा में विशिष्ट स्थान रखती है। यह गीत ज्ञान, आध्यात्मिक चेतना और आत्मोन्नति की भावना को व्यक्त करता है, जो ब्रह्म समाज आंदोलन की विचारधारा से प्रेरित था।

44. रबीन्द्रनाथ ठाकुर की नृत्य नाटिका 'श्यामा' के द्वितीय दृश्य का अंतिम गीत 'कौन अपरूप स्वर्गेर' है। यह गीत नाटिका की नाटकीयता और भावनात्मक तीव्रता को चरम पर ले जाता है। 'श्यामा' में प्रेम, त्याग और सामाजिक प्रश्नों का कलात्मक संयोजन है, और यह गीत भावनाओं की गहराई के साथ कथा को आगे बढ़ाता है।

45. रबीन्द्रनाथ ठाकुर के *गीत-बितान* के 'स्वदेश' पर्याय में चौथे नंबर पर जो गीत है, वह दिए गए चारों विकल्पों (देश देश नंदितो कोरी, जन गण मन अधिनायक, बांग्लार माटी बांग्लार जल, आनंद ध्वनि जगाओ गगने) में से कोई नहीं है। अतः सही उत्तर इन विकल्पों में उपलब्ध नहीं है।

46. रबीन्द्र संगीत संग्रह *गीत-बितान* के 'वर्षा' खंड में 115 गीत ऐसे हैं, जो विशेष रूप से 'प्रकृति पर्याय' के उपविषयक पाठांतर के अंतर्गत आते हैं। वर्षा ऋतु की मनोभावनाओं, प्रकृति के नृत्य, वर्षा के संगीतात्मक प्रभाव और मानव भावनाओं के सम्मिलन को इन गीतों में व्यक्त किया गया है। यह संख्या प्रकृति-विषयक उपश्रेणी के महत्व को दर्शाती है।

47. गीत 'मोर भवनेर की हवाय' की सितार गत सुशील कुमार भंज चौधरी ने रची थी। यह रचना रबीन्द्र संगीत में वाद्ययंत्रों के प्रयोग की नवीनता और शास्त्रीय व लोकधुनों के सम्मिश्रण का उदाहरण है। सितार की गत ने इस गीत को विशिष्ट मधुरता और लयात्मकता प्रदान की।

48. जब रबीन्द्रनाथ टैगोर को लखनऊ में अतुल प्रसाद सेन द्वारा सम्मानित किया गया, उस समय उन्होंने जो गीत समर्पित किया और पहाड़ी सान्याल ने जिसे लखनऊ में गाया, वह था 'चाहोरे आजी भारत मातार प्रति'। यह गीत भारतीय स्वतंत्रता और मातृभूमि के प्रति भक्ति की भावना से ओत-प्रोत है, और राष्ट्रभक्ति के संदेश को उजागर करता है।

49. सत्येन्द्रनाथ ठाकुर द्वारा रचित ब्रह्म संगीत 'दयाघनो तुम हेनो' की धुन 'बोरिशो धोरा माझे' गीत से मेल खाती है। यह समानता दर्शाती है कि ठाकुर परिवार के संगीतकारों ने अपने गीतों में धुनों का आपसी आदान-प्रदान किया, जिससे उनके रचनात्मक कार्यों में निरंतरता और एक विशिष्ट संगीत शैली विकसित हुई।

50. दिए गए विकल्पों में से 'प्रभु मंगल शांति सुधामय हे' गीत की रचना ठाकुरबाड़ी (टैगोर परिवार) के किसी सदस्य ने नहीं की है। शेष गीत सीधे तौर पर ठाकुरबाड़ी के संगीतकारों और ब्रह्म समाज की परंपरा से जुड़े हैं, जबकि यह गीत बाहरी स्रोत से आया माना जाता है।

51. 1901 में ब्रह्मचर्याश्रम विद्यालय (बाद में शांतिनिकेतन विद्यालय) की स्थापना के अवसर पर जो गीत विशेष रूप से रचा गया और गाया गया, वह 'आमादेर शांतिनिकेतन' था। इस गीत ने आश्रमवासियों के लिए एकता, शिक्षा और आध्यात्मिकता का प्रतीक बनकर विद्यालय की भावना को उजागर किया। रबीन्द्रनाथ टैगोर ने इसे आश्रम जीवन के आदर्शों को व्यक्त करने के लिए लिखा।

52. दिए गए विकल्पों में 'भरा बादर महा भादर' गीत रबीन्द्रनाथ टैगोर द्वारा नहीं लिखा गया है।

अन्य तीनों गीत—'बजाओ रे मोहन बंसी', 'सुन लो सुन लो बालिका' और 'मरण रे तुँहु मम'—टैगोर की रचनाएँ हैं और उनकी काव्य एवं संगीत प्रतिभा को प्रदर्शित करते हैं।

53. 'गीतोबितान' के 'बिचित्रा पर्याय' खंड में दिए गए गीतों का सही आरोही क्रम है :

D. दुई हाथे-कालेर मंदिरा जे—समय के मंदिरा के प्रतीक से जीवन की गति को दर्शाता है।

C. मम चित्ते नीति नृत्ये–नृत्य के माध्यम से अंतर्मन की ताल और लय व्यक्त करता है।

B. आमार घुर लेगेचे ताधिन ताधिन–उल्लास और लयबद्धता का भाव प्रकट करता है।

A. कमलबोनेर मधुपोराजी–प्रकृति और सौंदर्य की कोमल अनुभूति से भरा गीत।

54. रबीन्द्रनाथ टैगोर के नृत्यनाट्य 'चित्रांगदा' में गीतों का सही आरोही क्रम इस प्रकार है :

B. लहो लहो फिरे लहो–आरंभिक आह्वान का गीत।

D. ताइ होक तबे ताई होक–भाग्य और निर्णय को स्वीकारने का भाव।

C. बिना सजे सजि देखा दिबे तुमि–सरलता और सौंदर्य का प्रतीक गीत।

A. आमि चित्रांगदा, आमि राजेन्द्रनन्दिनी–चरित्र परिचय और गौरव का गीत।

55. दिए गए नामों का कालक्रमानुसार सही क्रम है :

C. हेमेन्द्रनाथ–टैगोर परिवार के प्रारंभिक सदस्य।

A. वीरेन्द्रनाथ–उनके बाद के काल के सदस्य।

B. सौदामिनी–टैगोर परिवार की महिला सदस्य।

D. बुधेन्द्रनाथ–अपेक्षाकृत बाद के समय से संबंधित।

56. घटनाओं का सही कालक्रम :

B. अतुल प्रसाद सेन का रबीन्द्रनाथ से प्रथम परिचय : सरला देवी की सहायता से अतुल प्रसाद सेन पहली बार गुरुदेव रबीन्द्रनाथ टैगोर से मिले। यह शुरुआती घटना उनके संबंधों की नींव थी।

A. हिमालय यात्रा व रामगढ़ आमंत्रण : इसके बाद रबीन्द्रनाथ हिमालय यात्रा पर गए और उन्होंने अतुल प्रसाद सेन को विशेष रूप से रामगढ़ आमंत्रित किया, जिससे उनका व्यक्तिगत संपर्क गहरा हुआ।

D. काशी में एसेम्बली की अध्यक्षता : इसके पश्चात रबीन्द्रनाथ टैगोर ने काशी के सेंट्रल हिंदू कॉलेज की एसेम्बली की अध्यक्षता की, यह उनके सार्वजनिक और सांस्कृतिक योगदान को दर्शाता है।

C. शांतिनिकेतन आमंत्रण : अंततः उन्होंने अतुल प्रसाद सेन को शांतिनिकेतन आश्रम में आमंत्रित किया, जो उनकी निकटता और सहयोग का प्रमाण था।

57. गीतों का रचना-वर्ष क्रम :

B. आनंद धोनि जगाओ गगने : सबसे पहले लिखा गया, जिसमें राष्ट्रभावना और जागरण का स्वर झलकता है।

A. के जाय अमृतधन यात्री : इसके बाद रचा गया, जो आत्मा के अमृत मार्ग की यात्रा को प्रकट करता है।

D. होबे जय होबे जय होबे जय रे : तीसरा, जिसमें विजय और उत्साह का स्वर है।

C. जय होक जय होक नभ अरुणोदय : सबसे बाद का गीत, जो प्रभात और नई आशाओं का प्रतीक है।

58. प्रकाशन-वर्ष क्रम :

B. अंतर-बहिर, भारती : यह प्रारंभिक प्रकाशन था, जिसमें अंतर्मन और बाह्य जगत के विचार संकलित थे।

A. सोनार काठी, सोबुज पत्रा : इसके बाद का संग्रह, जो कवि की सृजनात्मकता को नए रूप में दर्शाता है।

C. संगीतेर मुक्ति, सोबुज पत्रा : तीसरा क्रम, जिसमें संगीत की स्वतंत्रता और नवीनता पर बल दिया गया।

D. विश्वविद्यालये संगीत शिक्षा : अंत में प्रकाशित, जिसमें संगीत शिक्षा को विश्वविद्यालय स्तर पर स्थापित करने की दिशा में विचार दिए गए।

59. 'बाल्मीकि प्रतिभा' गीतों का क्रम :

C. तबे आए शबे आए : प्रारंभिक दृश्य का गीत, जो आगमन और उत्सव का भाव प्रस्तुत करता है।

B. ओई मेघ कारे बुझि गगने : इसके बाद का गीत, जो प्रकृति के वातावरण और मेघों की गतिशीलता को दर्शाता है।

D. रिमझिम घन घन रे : तीसरे स्थान पर, वर्षा की रिमझिम और लयात्मकता को व्यक्त करता है।

A. के एलो अजी ए घोर निशीथे : अंतिम गीत, जो गहन रात्रि की रहस्यमयता और भावुकता को दर्शाता है।

60. 'स्वरोबितान संख्या' के अनुसार आरोही क्रम :

C. दुखिन हवा जागो जागो : सबसे पहले की संख्या, जिसमें जागरण और प्रेरणा का स्वर है।

B. आकाश आमाय भोरलो आलोए : अगला गीत, जिसमें सुबह की रोशनी और उम्मीद का चित्रण है।

D. आकाशे आज कौन चरणेर : इसके बाद का गीत, जो आकाश के माध्यम से दिव्यता को इंगित करता है।

A. आजि हृदय आमार : अंतिम संख्या, जिसमें हृदय के भावों और पूर्णता की अभिव्यक्ति है।

61. जन्मतिथि के अनुसार अवरोही क्रम :

D. **रामप्रसाद सेन** : 18वीं शताब्दी (1718) के प्रसिद्ध शाक्त कवि-संत।

C. **रामनिधि गुप्त** : 1741 में जन्मे, जिन्हें 'निधिराम सरोब' कहा जाता था और बांग्ला गीत-नाट्य परंपरा के प्रवर्तक माने जाते हैं।

B. **गिरीश चन्द्र घोष** : 1844 में जन्मे, आधुनिक बांग्ला रंगमंच के जनक।

A. **स्वामी विवेकानन्द** : 1863 में जन्मे, विश्वविख्यात संन्यासी और वेदांत के प्रचारक।

62. घटनाओं का आरोही क्रम :

A. **कोलकाता में प्रथम यूरोपीय नाट्यशाला** : ब्रिटिश शासनकाल में सबसे पहले यूरोपीय रंगमंच का प्रारंभ।

B. **'द चौरंगी थिएटर' की स्थापना** : इसके बाद चौरंगी क्षेत्र में प्रमुख यूरोपीय थिएटर बना।

C. **पथुरियाघाट में 'हिन्दू थिएटर' की स्थापना** : बंगाली समाज द्वारा स्वदेशी रंगमंच के लिए पहला बड़ा कदम।

D. **'नेशनल थिएटर' की स्थापना** : अंत में राष्ट्रीय चेतना के प्रभाव से स्वदेशी रंगमंच की नींव मजबूत हुई।

63. मध्यमान ताल आधारित गीत :

आमार पोराण लोए कि खेला (B) और नीरव रजनी देखो मग्न जोछोनाए (C) दोनों मध्यमान ताल की संरचना पर रचे गए हैं, जिनमें मध्यम गति व लय का सौंदर्य झलकता है।

64. 'खामख्याली' के सदस्य :

A. **अवनीन्द्रनाथ ठाकुर** : बांग्ला कला पुनर्जागरण के अग्रणी चित्रकार।

B. **बोलेन्द्रनाथ ठाकुर** और **ज्ञानेन्द्रनाथ ठाकुर C.** दोनों रचनात्मक और साहित्यिक गतिविधियों में संलग्न थे। ये तीनों 'खामख्याली' साहित्यिक समूह से जुड़े थे, जिसका उद्देश्य नई विचारधाराओं को प्रोत्साहन देना था।

65. 'नव आनंद जागो' गीत की सही जानकारी :

A. **त्रिताल पर आधारित** : गीत त्रिताल की स्थिर लय पर रचा गया है।

B. **'मूलगान' अधर धरे बनबाँसुरी से उत्पन्न** : इसकी प्रेरणा इसी मूलगान से जुड़ी है।

D. **'पूजा' पर्याय की श्रेणी में** : यह गीत पूजा संबंधी भाव को प्रकट करता है और पूजा पर्याय में वर्गीकृत है।

66. चयनित (समान अवसर पर गाए जाने वाले) :

B. **मोरु बिजोयेर केतोन उराव**–विजय, संकल्प और सामूहिक उत्सव-भाव को व्यक्त करता है; आश्रम के सार्वजनिक/समारोहिक अवसरों पर उपयुक्त।

C. **आवाहन असिलो महोत्सवे**–अतिथि-स्वागत/उद्घाटन जैसे अवसरों पर सामूहिक गान; मंगलाचरण/आमंत्रण का स्वर।

D. **कोन पुरातन प्राणेर ताने**–परंपरा और निरंतरता के भाव के साथ समुदाय-एकात्म का गीत; इसी प्रकार के समारोहों में गाया जाता है।

असमाविष्ट :

A. **आकाश भोर सूर्यो तारा**–प्रातःकालीन प्रार्थना/दैनिक आश्रम-गान की प्रकृति का, अतः ऊपर के तीनों की तरह उसी 'विशेष समारोह' समूह में नहीं रखा जाता है।

67. चयनित (टैगोर द्वारा निभाई भूमिकाएँ) :

A. **'बाल्मीकि प्रतिभा'–बाल्मीकि** : शीर्ष चरित्र का प्रत्यक्ष अभिनयय स्व-रचित नाट्यकृति का मंचन-आदर्श।

B. **'ए मन कोरमो आर कोरबो ना'–ओलिक बाबू** : हास्य-व्यंग्यात्मक रंग-प्रस्तुति में टैगोर का चरित्र-निवर्तन।

D. **'फाल्गुनी'–अन्धा बाउल** : प्रतीकात्मक/दार्शनिक स्वर वाला बाउल-चरित्र; मंच पर कवित्व और दर्शन का मेल।

असमाविष्ट :

C. **'डाकघर'–अमल** : यह शिशु-केन्द्रित चरित्र है; मंच पर यह भूमिका टैगोर ने स्वयं नहीं की।

68. चयनित ('बसंत' ऋतु-नाटक में) :

A. **आज खेला भांगर खेला**–नवसृजन, उल्लास और ऋतु उत्सव का नाट्यात्मक उद्घोष; ऋतु-नाटक के प्रसंगों से संगत।

B. **ए बेला डाक पोरेछे कोन खाने**–बुलावे/आह्वान की अर्थछटा; बसंत-उत्सवीन परिसार में प्रयुक्त।

C. **तोमार बस कोथा जे पथिक**–संवादात्मक, गतिशील दृश्य-संयोजन में प्रयुक्त; नाट्य-प्रवाह में बसंती भावसूत्र से जुड़ा।

असमाविष्ट :

D. बसंत फूल गाँठलो–ऋतु-गीत की प्रकृति का होते हुए भी इसे 'बसंत' नाट्य-पाठ्यक्रम के भीतर नहीं रखा जाता; अलग प्रसंग/श्रेणी में प्रयुक्त।

69. परिशोध में नहीं हैं (दोनों बाहर) :

A. कोन अपरूप स्वर्गेर आलो–राग-भाव/चित्रण भले निकट हो, किन्तु यह गीत 'परिशोध' नाट्य-समुच्चय में संगृहीत नहीं है।

D. न्याय अन्याय जानि ने जानि ने–शीर्षक/विषयवस्तु परिशोध की धुरी से मेल खाती प्रतीत हो सकती है, फिर भी यह गीत उस नाट्य-समूह का भाग नहीं है।

परिशोध में हैं (अतः विकल्प में नहीं आए) :

B. सुन्देरो बंधन निष्ठुरेरो हटे–नाट्य-भाव और कथा-स्थितियों से प्रत्यक्ष संबद्ध, 'परिशोध' में सम्मिलित।

C. हाय एकी समापन–परिशोध के प्रसंग में प्रयुक्त/संगृहीत पाठ।

70. छन्दांतर श्रेणी (छंद-परिवर्तन की स्पष्टता) :

B. आमि मोरेर सागर पारी देबो–अंतर्लय/अंतर्मात्रिक बदलाव से छंद-परिवर्तन का स्वच्छ प्रदर्शन; पद्य-लय का गतिशील विन्यास।

C. एई जे तोमार प्रेम ओगो–पंक्ति-लय में रूपान्तर (मीटरल शिफ्ट) का सौंदर्य; भाव-विस्तार के साथ छंद का क्रमशः परिवर्तित होना।

असमाविष्ट (छन्दांतर नहीं) :

A. फागुन हावाय हावाय कोरेछि जे दान–उत्सवी/नृत्यमय लय है, पर मुख्य रूप से एकरूप छंद-ढांचे में।

D. आज खेला भांगार खेला–नाट्य-समूहगान के गुण; छंद-रचना अपेक्षाकृत स्थिर, इसलिए छन्दांतर की विशिष्ट श्रेणी में नहीं रखा जाता है।

71. A. तार अन्तो नई गो जे आनन्दे, .

B. नृत्योरे ताले ताले, और

C. दुई हाते कालेर मंदिर जे

इन तीनों का विषय नृत्य, ताल और आनंदित जीवन प्रवाह से संबंधित है। ये गीत उत्सव और गति के आनंद को व्यक्त करते हैं।

D. बिश्व साथे जोगे जेथाए बिहारो–यह सार्वभौमिक एकात्म और विश्व-बन्धुत्व के विषय पर केंद्रित है, जो अलग भावधारा है।

72. B. तबे आए शौबे आए,

C. सरदार मोसाए देरी ना सोए, और

D. आर ना आर ना एखने आर ना

ये तीनों रचनाएँ टैगोर के नाट्यकाव्य *बाल्मीकि प्रतिभा* में सम्मिलित हैं और कथा-प्रवाह का भाग हैं।

A. एनेचि मोरा एनेचि मोरा राशि राशि शिकार–यह *बाल्मीकि प्रतिभा* में नहीं आता, बल्कि अन्य अवसर पर प्रयुक्त गीत है।

73. B. मोर मरण होबे तोमार जय,

C. जेते जेते एकला पोथे, और

D. होबे जोए, होबे जोए, होबे जोए रे

ये तीनों गीत टैगोर के *शिशुतीर्थ* संकलन में सम्मिलित हैं, जो बालगीतों और प्रेरणात्मक भावों के लिए प्रसिद्ध है।

A. भेंगेछो दुआर एसेचो ज्योतिर्मणि–यह *गीतांजलि* जैसी अन्य श्रेणियों में आता है, *शिशुतीर्थ* का भाग नहीं।

74. झम्पक ताल रवीन्द्रनाथ ठाकुर के रबीन्द्र संगीत में प्रयुक्त एक विशिष्ट पाँच मात्राओं वाला ताल है। इसकी लय धीमी से मध्यम गति की होती है और यह विशेष रूप से गीतों में गहराई और भावनात्मकता लाने के लिए प्रयुक्त होता है। इस ताल में तालचक्र छोटा होते हुए भी अभिव्यक्ति की स्वतंत्रता और नाद सौंदर्य की झलक दिखाई देती है।

A. आबार एरा घिरेचे मोर मन (Abar era ghireche mor mon) : यह रचना झम्पक ताल में निबद्ध है। इसमें भावनाओं का जटिल स्वरूप और ताल की लयात्मकता झम्पक की पहचान को स्पष्ट करती है।

C. चोपोल तोबो नवीन आँखी दुटि (Chopol tobo nabin ankhi duti) : यह गीत भी झम्पक ताल में गाया जाता है। इसकी प्रस्तुति में ताल की विशिष्ट पाँच मात्रा संरचना रचना के भाव को गहराई प्रदान करती है।

D. शुभ्रो नव शंख तब (Shubhro naba shankha taba) : यह भी झम्पक ताल का उदाहरण है, जिसमें ताल की लयात्मक प्रवाह और भावपूर्ण धुन एक साथ मिलकर श्रोताओं को आकर्षित करते हैं।

B. चोखे आमार तृष्णा (Chokhe amar trishna) : यह गीत झम्पक ताल में नहीं बल्कि अर्ध झांप ताल में आधारित है, अतः यह सही विकल्प में शामिल नहीं है।

इस प्रकार, झम्पक ताल पर आधारित सही गीत हैं– A-आबार एरा घिरेचे मोर मन, C- चोपोल तोबो नवीन आँखी दुटि, और D- शुभ्रो नव शंख तब।

75. A. **''पलाश रंग बासोना गुली''** के रचनाकार–दीनेन्द्रनाथ ठाकुर इस गीत के रचनाकार हैं।

B. रबीन्द्रनाथ द्वारा **''आमार गानेर कांदाणी, आमार गानेर भाण्डारी''**–रबीन्द्रनाथ ने उन्हें यह उपाधि दी, उनके संगीत-संपादन और स्वरलिपि कार्य के प्रति सम्मान स्वरूप।

C. **ओगो नदी आपोन वेगे** के स्वरलिपिकार–यह कार्य दीनेन्द्रनाथ का नहीं है।

D. द्विजेन्द्रनाथ ठाकुर के पुत्र–यह कथन गलत है; दीनेन्द्रनाथ, सौरिन्द्रनाथ ठाकुर के पुत्र थे।

76. राग हमीर (कल्याण-आंग) के स्वर-चलन–खासकर तीव्र म का चमकदार उभार, प–ध–नि–सा की उजली आरोह, तथा गदृम (तीव्र)–प के स्थिर ठहराव–इन दोनों गीतों में स्पष्ट झलकते हैं।

बंदिश-धारा में दीर्घ वाक्य, शुद्ध/तीव्र स्वर-संयोजन और प्रसादिक आलापी प्रवाह हमीर की पहचान हैं, जो इन रचनाओं में सुना जा सकता है।

A और D में यह विशिष्ट कल्याण-आंग (तीव्र म-केंद्र) वाली चमक और हमीर के प्रचलित पकड़-वाक्य उसी रूप में नहीं मिलते, इसलिए वे इस चयन में शामिल नहीं हैं।

77. रबीन्द्र संगीत की रसिक, गीतप्रधान प्रकृति में संगत का उद्देश्य गायन को सहारा देना है–मेट्रिक सपोर्ट, सौम्य घनत्व और शब्द-प्रधान अभिव्यक्ति।

A. **मंजीरा** : सरल और पारदर्शी झंकार, कीर्तन/भक्ति-आभा वाले गीतों में उपयुक्त।

B. **तबला** : अधिकांश प्रस्तुतियों का मानक लय-आधार; दादरा/केहरवा/झम्पक/रूपक जैसे तालों में संतुलित संगत देता है।

C. **पखावज** : गम्भीर, नादपूर्ण टेक्सचर; गूढ़/पौरुषेय लय-आभा वाले गीतों में प्रभावी।

D. **सारंगी** : अत्यधिक 'मेलोडिक-लीड' स्वभाव रखती है; रबीन्द्र गीत में मुख्य स्वर-पंक्ति पर अनावश्यक प्रतिस्पर्धा का जोखिम बढ़ाती है, इसलिए तुलनात्मक रूप से कम अनुकूल।

78. स्वर्णकुमारी देवी टैगोर-परिवार की अग्रणी साहित्यकार थीं।

- **बसन्तोत्सव** : उनके नाट्य-लेखन का प्रतिनिधि कार्य, जिसमें ऋतु-उत्सव की सांस्कृतिक संवेदना अंकित है।
- **मातृत्व** : वे सरला देवी चौधुरानी की माता थीं–यह पारिवारिक-सांस्कृतिक परंपरा का महत्त्वपूर्ण तथ्य है।

अन्य कथन (विशिष्ट ब्रह्म-गीत का श्रेय/विशिष्ट सहयात्रा) उनके स्थापित कृतित्व-वृत्त से मेल नहीं खाते, अतः चयन से बाहर रखे गए हैं।

79. **मूलगान–भांगा-गान** का ताल-छन्द, भाव और धुन-संरचना के आधार पर उपयुक्त मिलान :

A. **बाजो रही सखिया रे → III. कोथो होते बाजे प्रेम** : उत्सव-लय और कॉल-एंड-रिस्पॉन्स का भाव-संगत मेल; मुखड़े के आरोही-प्रवेश की ऊर्जा समान।

B. **तोम ताना नाना → I. ओई पोहाइल्लो तिमिरो राती** : कोमल/शुद्ध स्वरों का क्रमिक विस्तार और सम-ताली समापन; वाक्य-लंबाई का संतुलन मेल खाता है।

C. **तुँ सकल रूप → IV. हे निखिलो भारो धारणों** : भक्ति-भाव की व्यापकता, लंबे स्वर-थिरक और अंतरे में शांत समापन–दोनों में तुल्य।

D. **बे पोरि या टाड़े → II. के बोशिले आजी** : मध्यम-गति के फ्रेज, सम पर टिकाव और मधुर प्रवाह–धुनात्मक संगति स्पष्ट।

80. मूल-धुन और भांगा-रूप के ध्वनि-ग्रह (टॉनिक-फोकस), वाक्य-लंबाई और सम-प्रवेश के सहसंबंध पर आधारित मिलान :

A. **शंभु हर महेश → I. भक्त रिदी बिकासो** : शिव-स्तुति-प्रधान भक्ति-रस; दीर्घ-स्वर और गंभीर नाद-संपन्नता दोनों में समान।

B. **खोल अब घूँघट पट → IV. आइलो आजी प्राणो सखा** : उद्घाटन में तीव्र लय-प्रेरणा और मुखड़े की तत्पर एंट्री–दोनों रचनाओं का गतिशील स्वभाव एक-सा।

C. **अब मोरी पायल बजानू → II. आजी मोमो जीबने** : नृत्य-आश्रित चालन, छोटे-छोटे फ्रेज और सम पर हल्का-सा 'लिफ्ट'–धुनगत समानता।

D. **ज्ञान रंग ध्यान रंग → III. नित्य गोबो रात्य तबो** : ध्यान-आश्रित, गंभीर-स्वर-विस्तार; अंतरे का शांत, स्थिर निष्कर्ष–आध्यात्मिक टोनालिटी का मेल।

81. A. **खेया → I. जगदीश चन्द्र बोस :** टैगोर की कृति *खेया* जगदीश चन्द्र बोस को समर्पित है, जिन्होंने विज्ञान और भारत की प्रतिष्ठा के क्षेत्र में अद्वितीय योगदान दिया।

B. **बसंत → II. काजी नजरुल इस्लाम :** *बसंत* रचना में विद्रोही कवि नजरुल की उर्जस्विता और राष्ट्रीय चेतना को सम्मान दिया गया है।

C. **ताशेर देश → III. सुभाष चन्द्र बोस :** *ताशेर देश* स्वतंत्रता संग्राम की क्रांतिकारी भावना और सुभाष चन्द्र बोस के अदम्य साहस का प्रतीक है।

D. **पोरिशेष → IV. अतुल प्रसाद सेन :** *पोरिशेष* को अतुल प्रसाद सेन को समर्पित किया गया, जिनका संगीत और देशभक्ति टैगोर के हृदय के निकट थी।

82. A. **ऐ मोनिहर अमाय → II. त्रिमात्रिक एकताल :** इस गीत की लय संरचना त्रिमात्रिक एकताल से मेल खाती है।

B. **हे मोन तारे देखो → III. रूपक :** रूपक ताल की लयात्मकता इस गीत के प्रवाह को व्यक्त करती है।

C. **केनो जागेना जागेना → IV. जत-8 :** आठ मात्राओं का जत ताल इस गीत की गति और भाव के लिए उपयुक्त है।

D. **बोल गोलाप मोरे बोल → I. खेमटा :** खेमटा ताल की चंचलता और हर्षित लय इस गीत को जीवंत बनाती है।

83. A. **आमाय छौ जानाय मिले → III. मिश्र भीमपलासी :** इस गीत का राग मिश्र भीमपलासी के भावपूर्ण और करुण रस के साथ मेल खाता है।

B. **आमि एलेम ताड़ी द्वारे → IV. वृन्दावनी-सारंग :** वृन्दावनी-सारंग का माधुर्य इस रचना के भाव को व्यक्त करता है।

C. **आमरा बेदेची काशेर गुच्छो → I. कालिंगड़ा :** कालिंगड़ा राग का प्रयोग इस गीत की लयात्मकता को बढ़ाता है।

D. **आमार एई रिक्तो डाली → II. खमाज :** खमाज राग की कोमल और मधुर प्रकृति इस गीत के भावों को प्रकट करती है।

84. A. **'आनन्दमठ' के लेखक → IV. ए जानोमेर संगे की सोई :** यह गीत वैचारिक जागरण, संकल्प और आंतरिक दृढ़ता को उद्बोधित करता है, ठीक उसी रूप में जैसे *आनन्दमठ* का सृजन स्वतंत्रता-चेतना और नैतिक पुनर्जागरण का प्रतीक बना। इसलिए लेखक के संदर्भ के साथ ऐसी रचना का मेल उपयुक्त है, जो आत्मबल और राष्ट्रबोध को मुखर करती है।

B. **सातुबाबु → I. नयने आमार बिधि केनो पलक दिएछे :** सातुबाबु की सांगीतिक-सांस्कृतिक सक्रियता के संदर्भ में यह गीत आंतरिक जिज्ञासा, जागरूकता और संवेदनशील दृष्टि का आह्वान करता है—एक ऐसी मानसिकता जो सुधार, शिक्षण और कला-प्रेम से जुड़ी रही।

C. **'स्टार थिएटर' के संस्थापक → II. केशव कुरुकरुणा दीने :** मंचीय परंपरा में भक्ति-प्रधान, आवेगमय रचनाएँ दर्शकों को भावनात्मक रूप से जोड़ती हैं। यह पद थिएटर की उस ऐतिहासिक धारा के अनुकूल है जिसमें अध्यात्म और समाजभावना ने नाट्याभिव्यक्ति को बल दिया।

D. **टेक चांद ठाकुर → III. दे दो शारोदे :** यह वंदनामय, विनय-प्रधान अभिव्यक्ति टेक चांद ठाकुर की सांस्कृतिक-आध्यात्मिक रुचि के अनुकूल है; रचना का विनीत स्वर, करुणा-प्रार्थना और शुचिता का आग्रह उनके सांस्कृतिक परिवेश से संगत है।

85. A. **स्मरण → II. सम्मुखे शांति पाराबार :** स्मरण-समारोह में सामूहिक शांति-कामना और गंभीरता आवश्यक होती है। यह गीत शांत, विस्तीर्ण, साधना-प्रधान भावभूमि रचता है, जिससे श्रद्धांजलि का वातावरण निर्मित होता है।

B. **कूप खनन → IV. तृष्णारो जल एशो एशो :** जल-उपक्रम और सामुदायिक श्रम के अनुष्ठान में यह गीत स्वाभाविक है—'तृष्णा' और 'जल' का बिंब प्रत्यक्ष रूप से जलसाधन, सहयोग और जीवनोपयोगिता को रेखांकित करता है।

C. **विवाहोत्सव → I. प्रेमेरो मिलन दिन :** विवाहोत्सव के मूल में मिलन, स्नेह और मंगल की कामना है। यह रचना प्रेमिल उल्लास और शुभ-संयोग का सौम्य, उज्ज्वल वातावरण निर्मित करती है, जो वैवाहिक संस्कार के साथ स्वाभाविक रूप से मेल खाता है।

D. **जन्मदिन → III. हे नूतन देखा दिक :** जन्मदिन नए चक्र, नई दिशाओं और संभावनाओं का संकेत है। इस गीत का 'नव-दर्शन' और 'नव-आरंभ' का आह्वान जन्मदिन के नवीनीकरण-भाव से पूरी तरह अनुरूप है।

86. A. **स्वरवितान 6 → बसंत (III) :** स्वरवितान की छठी संख्या बसंत शृंखला का भाग है, जिसमें वसंत ऋतु से जुड़ी रचनाएँ हैं जो प्रकृति के पुनर्जागरण का चित्रण करती हैं।

B. **स्वरवितान 16 → गीत पंचाशिका (I) :** यह संकलन पचास चयनित गीतों का है, जिसे स्वरवितान 16 में शामिल किया गया, यह रचनाओं के विविध विषयों और भावनाओं का प्रतिनिधित्व करता है।

C. **स्वरवितान 26 → ब्रह्म संगीत (IV) :** इस खंड में भक्ति और आध्यात्मिक भाव से जुड़ी ब्रह्म संगीत की रचनाएँ हैं, जिनमें गहन दार्शनिक अर्थ निहित हैं।

D. **स्वरवितान 46 → स्वदेश (II) :** इसमें राष्ट्रभक्ति से प्रेरित रचनाएँ हैं, जो स्वतंत्रता और देशप्रेम को दर्शाती हैं।

87. A. **दिन जाए रे जाए विषादे → सुरेन्द्र नाथ बंधोपाध्याय (III) :** यह गीत की स्वरलिपि सुरेन्द्र नाथ बंधोपाध्याय द्वारा तैयार की गई थी।

B. **पिपाषा हे नाही मिटिलो → कंगाली चरण सेन (IV) :** इस गीत के स्वरलिपि लेखक कंगाली चरण सेन थे, जिन्होंने इसे उचित स्वर रूप दिया।

C. **बुझी औइ सुदूरे डाकिलो मोरे → प्रफुल्ल कुमार दास (I) :** इस रचना की स्वरलिपि प्रफुल्ल कुमार दास द्वारा लिखी गई थी।

D. **सूखे अमाय रखबे केनो → सुधीर चन्द्र कर (II) :** इस गीत का स्वरलेखन सुधीर चन्द्र कर ने किया।

88. A. **मन मेरा उड़ता जाए बादल → मोनो मोर मेघेरो संगी (IV) :** यह फिल्मी गीत रबीन्द्र संगीत के 'मोनो मोर मेघेरो संगी' पर आधारित है।

B. **तेरे मेरे मिलन की ये होलो सारा → जोदी तारे नाई चीनी गो (III) :** इस लोकप्रिय गीत की प्रेरणा रबीन्द्रनाथ के इसी गीत से है।

C. **नैना दीवाने एक नहीं माने → सेदिन दुजने दूलेछिनो बोने (I) :** इस फिल्मी धुन का मूल रबीन्द्रनाथ का यह गीत है।

D. **छूकर मेरे मन को किया तूने → तोमार होलो सुरु आमार (II) :** यह गीत रबीन्द्र संगीत की इस रचना पर आधारित है।

89. A. **आज तोमारे देखते एलम → परित्राण (IV) :** यह गीत रबीन्द्रनाथ के नाटक 'परित्राण' से जुड़ा है।

B. **तुमि की एसेचो मोर द्वारे → नोटिर पूजा (III) :** यह 'नोटिर पूजा' नाटक में प्रयुक्त गीत है।

C. **जोबोनो शोरोसिनिरे → गृहोप्रबेश (II) :** यह गीत नाटक 'गृहोप्रबेश' में शामिल है।

D. **सोब काजे हाथ लगाई मोरा → अचलायतन (I) :** यह 'अचलायतन' नाटक का गीत है।

90. A. **भेंगेछो द्वार एसेचो ज्योतिर्मय → इलाहाबाद (III) :** यह गीत इलाहाबाद में रचा गया था।

B. **जोदी जान्तिम अमार किशेर व्यथा → शिलाईदह (IV) :** यह गीत शिलाईदह प्रवास के दौरान रचा गया।

C. **शुधु तुमार बानी नोय गो → शांतिनिकेतन (I) :** यह गीत शांतिनिकेतन की पृष्ठभूमि में लिखा गया।

D. **ओचेनाके भौय की आमार → बोधगया (II) :** यह गीत बोधगया प्रवास से संबंधित है।

91. सॉन्ग ऑफरिंग्स में कुल 103 कविताएँ शामिल हैं, जिनमें से 53 कविताएँ बंगाली गीतांजलि से और शेष 50 कविताएँ अचलायतन, नैबेद्य, गीति माल्य और खेया से अनूदित हैं। इनमें खेया से केवल 11 कविताएँ सम्मिलित की गईं। यह जानकारी स्पष्ट रूप से दिखाती है कि खेया के गीतों का चयन सीमित था।

92. सॉन्ग ऑफरिंग्स के प्रथम संस्करण का प्रकाशन लंदन में 1912 में इंडियन सोसाइटी द्वारा किया गया। यह प्रकाशन संस्था भारतीय साहित्य और संस्कृति को पश्चिमी जगत से परिचित कराने के उद्देश्य से कार्यरत थी। उनके प्रयासों ने टैगोर की काव्य प्रतिभा को यूरोप के साहित्यिक मंच तक पहुँचाया।

93. रबीन्द्रनाथ टैगोर ने सॉन्ग ऑफरिंग्स को विलियम रोथेंस्टिन को समर्पित किया। रोथेंस्टिन एक प्रसिद्ध कलाकार और कला प्रशासक थे, जिन्होंने टैगोर को ब्रिटिश समाज और साहित्यिक जगत से परिचित कराया और डब्ल्यू.बी. यीट्स से पुस्तक की भूमिका लिखवाने में सहयोग किया। यह समर्पण रोथेंस्टिन के प्रति उनकी गहरी कृतज्ञता को दर्शाता है।

94. टैगोर को नोबेल पुरस्कार 'गीतांजलि' के लिए मिला, जो बंगाली कविताओं का संकलन था। सॉन्ग ऑफरिंग्स इसी गीतांजलि का अंग्रेजी अनुवाद और विस्तार था, जिसमें

अन्य संग्रहों से भी कविताएँ शामिल थीं। अतः गीतांजलि और सॉन्ग ऑफरिंग्स दोनों उनके नोबेल सम्मान से सीधे जुड़े हैं।

95. नोबेल समिति से टैगोर को पुरस्कार मिलने का संदेश 16 नवंबर 1913 को शांति निकेतन पहुँचा, किंतु औपचारिक रूप से उन्हें 29 जनवरी 1914 को स्टॉकहोम में गोल्ड मेडल और डिप्लोमा प्रदान किया गया। उस दिन ब्रिटिश राजनयिक क्लाइव ने टैगोर की ओर से पुरस्कार ग्रहण किया।

96. रबीन्द्रनाथ टैगोर के नाटक *डाकघर* का प्रथम मंचन कलकत्ता में वर्ष 1917 में किया गया। यह नाटक अमल नामक बालक की आकांक्षाओं और जीवन-दर्शन को प्रस्तुत करता है। इसके मंचन ने बांग्ला रंगमंच में नए दृष्टिकोण का परिचय कराया और टैगोर की अंतरराष्ट्रीय ख्याति को और मजबूत किया।

97. डाकघर नाटक में पहरेदार का चरित्र प्रतीकात्मक है। यह 'काल' यानी समय का प्रतिनिधित्व करता है, जो प्रत्येक व्यक्ति के जीवन को नियंत्रित करता है। पहरेदार के माध्यम से यह संदेश दिया गया है कि समय के प्रवाह के सामने कोई भी शक्ति स्थायी नहीं है।

98. नाटक में 'काल' अंततः मनुष्य को मृत्यु की ओर ले जाता है। यह विचार दर्शाता है कि जीवन का प्रत्येक क्षण हमें धीरे-धीरे अंत की ओर अग्रसर करता है। टैगोर ने इस प्रतीक के माध्यम से जीवन की नश्वरता और मृत्यु को एक स्वाभाविक परिवर्तन के रूप में चित्रित किया है।

99. अमल बाहरी दुनिया की खोज और चिंतन की तलाश में है। उसका चरित्र जीवन, प्रकृति और ब्रह्मांड के रहस्यों पर विचार करने और नए अनुभवों की खोज का प्रतीक है। उसका यह जिज्ञासु स्वभाव सोच-विचार और आत्म-खोज की दिशा में उसकी लालसा को स्पष्ट करता है।

100. अमल का सपना राजा का डाकिया बनने का है, ताकि वह नए स्थानों की यात्रा कर सके। वह चाहता है कि उसका संदेश दूर-दूर तक पहुँचे और उसे असीमित दुनिया देखने का अवसर मिले। घूमने-फिरने की यही लालसा उसे इस भूमिका के प्रति आकर्षित करती है और उसके स्वच्छंद जीवन दृष्टिकोण को दर्शाती है।

पिछले प्रश्न–पत्र

National Testing Agency (NTA)

UGC-NET जूनियर रिसर्च फैलोशिप तथा सहायक प्राध्यापक पात्रता परीक्षा

हिन्दुस्तानी संगीत, अगस्त-2024

(Exam held on 22-08-2024)

प्रश्न–पत्र-II

1. किस ताल युग्म में तालियों की संख्या समान है:

A. आड़ा चौताल एवं झपताल
B. रूपक एवं तीव्रा
C. त्रिताल एवं तीव्रा
D. खेमटा एवं केहरवा।

2. शोध प्रविधि के अनुसार शोध के सोपानों को अनुक्रम में व्यवस्थित कीजिए:

(*a*) दत्त संकलन
(*b*) साहित्य समीक्षा
(*c*) रूपरेखा तैयार करना
(*d*) शोध प्रतिवेदन
(*e*) शोध समस्या का प्रतिपादन

नीचे दिए गए विकल्पों में से **सही** उत्तर का चयन कीजिए:

A. (*e*), (*d*), (*a*), (*c*), (*b*)
B. (*e*), (*a*), (*d*), (*b*), (*c*)
C. (*e*), (*b*), (*c*), (*a*), (*d*)
D. (*e*), (*c*), (*d*), (*a*), (*b*)

3. 'दायरो' लोक गीत का प्रसिद्ध कलाकार निम्नांकित में से कौन है?

A. रंजीत बरोट
B. अल्ला जिलाई बाई
C. प्रदीप बरोट
D. भिखुधान गढ़वी

4. दो विषम ग्रहों का चयन कीजिए:

(*a*) सम
(*b*) आहत
(*c*) अतीत
(*d*) प्रत्याहत
(*e*) अनागत

नीचे दिए गए विकल्पों में से **सही** उत्तर का चयन कीजिए:

A. केवल (*c*) और (*e*)
B. केवल (*b*) और (*d*)
C. केवल (*b*) और (*e*)
D. केवल (*a*) और (*b*)

5. सूची-I के साथ सूची-II का मिलान कीजिए:

सूची-I (ठेका/ताल)	सूची-II (गीत/नृत्य रूप)
(*a*) खेमटा	I. अभंग
(*b*) धुमाली	II. गजल
(*c*) भजनी	III. कीर्तन
(*d*) दादरा	IV. गरबा

नीचे दिए गए विकल्पों में से **सही** उत्तर का चयन कीजिए:

	(*a*)	(*b*)	(*c*)	(*d*)
A.	IV	III	I	II
B.	IV	II	I	III
C.	I	II	IV	III
D.	III	IV	II	I

6. गीतों की रचना कूटबद्ध करने के लिए वर्ष 1905 में ज्योतिरीन्द्रनाथ टैगोर ने किस स्वरलिपि का सूत्रपात किया था?

A. दण्डमात्रिक स्वरलिपि पद्धति
B. आकारमात्रिक स्वरलिपि पद्धति
C. ठाकुरबाड़ी स्वरलिपि पद्धति
D. हिन्दुस्तानी स्वरलिपि पद्धति

7. शोध (अनुसंधान) में दत्त संग्रह (संकलन) का प्राथमिक स्रोत निम्नांकित में से कौन-सा है?

A. पाण्डुलिपि B. शोध-प्रबंध
C. सिक्के D. राजपत्र

8. पूर्वांग रागों का गायन किस अवधि के बीच होता है?

A. दोपहर 12:00 बजे से रात्रि 12:00
B. प्रातः 6 बजे से सायं 6 बजे
C. रात्रि 12:00 बजे से दोपहर 12:00 बजे
D. सायं 6 बजे से प्रातः 6 बजे

9. सूची-I के साथ सूची-II का मिलान कीजिए:

सूची-I (लोक कलाकार का नाम)	**सूची-II (राज्य)**
(*a*) तीजनबाई	I. गुजरात
(*b*) विन्ध्यवासिनी देवी	II. महाराष्ट्र
(*c*) सुलोचना चव्हाण	III. छत्तीसगढ़
(*d*) हेमंत चौहान	IV. बिहार

नीचे दिए गए विकल्पों में से **सही** उत्तर का चयन कीजिए:

	(*a*)	(*b*)	(*c*)	(*d*)
A.	IV	III	II	I
B.	III	IV	II	I
C.	II	III	I	IV
D.	IV	II	I	III

10. सूची-I के साथ सूची-II का मिलान कीजिए:

सूची-I (ताल)	**सूची-II (जाति)**
(*a*) रूपक	I. खंड
(*b*) झपताल	II. संकीर्ण
(*c*) एकताल	III. मिश्र
(*d*) मत्त	IV. तिस्त्र

नीचे दिए गए विकल्पों में से **सही** उत्तर का चयन कीजिए:

	(*a*)	(*b*)	(*c*)	(*d*)
A.	I	II	III	IV
B.	II	III	I	IV
C.	III	I	IV	II
D.	IV	II	III	I

11. 'सूत' किस वाद्य यंत्र में बजाया जाता है?

A. सितार B. संतूर
C. सरोद D. सुरबहार

12. तबला की एकल प्रस्तुति को सही अनुक्रम में व्यवस्थित कीजिए:

(*a*) रेला (*b*) कायदा
(*c*) पेशकार (*d*) टुकड़ा

नीचे दिए गए विकल्पों में से **सही** उत्तर का चयन कीजिए:

A. (*a*), (*b*), (*d*), (*c*)
B. (*b*), (*a*), (*c*), (*d*)
C. (*d*), (*a*), (*c*), (*b*)
D. (*c*), (*b*), (*a*), (*d*)

13. निम्नलिखित में से समपदी ताल कौन-से हैं?

(*a*) रूपक (*b*) आड़ा चौताल
(*c*) धमार (*d*) एकताल
(*e*) तीन ताल

नीचे दिए गए विकल्पों में से **सही** उत्तर का चयन कीजिए:

A. केवल (*a*), (*b*), (*c*)
B. केवल (*b*), (*c*), (*d*)
C. केवल (*b*), (*d*), (*e*)
D. केवल (*a*), (*c*), (*d*)

14. निम्नलिखित कलाओं को उनके अवरोही क्रमानुसार व्यवस्थित कीजिए:

(*a*) नृत्य (*b*) आलेख्य
(*c*) गीत (*d*) नाट्य
(*e*) वाद्य

नीचे दिए गए विकल्पों में से **सही** उत्तर का चयन कीजिए:

A. (*b*), (*d*), (*a*), (*e*), (*c*)
B. (*a*), (*d*), (*b*), (*e*), (*c*)
C. (*e*), (*b*), (*d*), (*a*), (*c*)
D. (*d*), (*b*), (*a*), (*e*), (*c*)

15. ध्रुपद के साथ संगति के लिए प्रयुक्त तालों को आरोही अनुक्रम में व्यवस्थित कीजिए:

(*a*) गजझम्पा (*b*) चौताल
(*c*) तीव्रा (*d*) सूलताल

नीचे दिए गए विकल्पों में से **सही** उत्तर का चयन कीजिए:

A. (*a*), (*b*), (*d*), (*c*)
B. (*c*), (*d*), (*b*), (*a*)
C. (*b*), (*a*), (*c*), (*d*)
D. (*d*), (*a*), (*b*), (*c*)

16. निम्नलिखित में से किसे 9वें और 10वें रस के रूप में जाना जाता है?

(*a*) भयानक (*b*) वात्सल्य
(*c*) शांत (*d*) वीभत्स
(*e*) अद्‌भुत

नीचे दिए गए विकल्पों में से **सही** उत्तर का चयन कीजिए:

A. केवल (*c*) और (*e*)
B. केवल (*a*) और (*b*)
C. केवल (*c*) और (*b*)
D. केवल (*c*) और (*d*)

17. सूची-I के साथ सूची-II का मिलान कीजिए:

सूची-I (थाट)	**सूची-II** (रबर)
(*a*) खमाज	I. सा रे $\underline{\text{ग}}$ म प $\underline{\text{ध}}$ $\underline{\text{नी}}$
(*b*) काफी	II. सा $\underline{\text{रे}}$ $\underline{\text{ग}}$ म प $\underline{\text{ध}}$ $\underline{\text{नी}}$
(*c*) असवारी	III. सा रे $\underline{\text{ग}}$ म प ध $\underline{\text{नी}}$
(*d*) भैरवी	IV. सा रे ग म प ध $\underline{\text{नी}}$

नीचे दिए गए विकल्पों में से **सही** उत्तर का चयन कीजिए:

	(*a*)	(*b*)	(*c*)	(*d*)
A.	III	IV	I	II
B.	IV	I	III	II
C.	IV	III	I	II
D.	III	I	IV	II

18. निम्नांकित में से कौन-सा इण्टरनेट ब्राउजर नहीं है?

A. ओपेरा B. फायरबॉक्स
C. सफारी D. फायरफॉक्स

19. 72 मेल योजना के 12 चक्रों का सही अनुक्रम है:

(*a*) रुद्र (*b*) नेत्र
(*c*) ऋतु (*d*) वसु
(*e*) वेद

नीचे दिए गए विकल्पों में से **सही** उत्तर का चयन कीजिए:

A. (*a*), (*c*), (*b*), (*d*), (*e*)
B. (*c*), (*a*), (*d*), (*b*), (*e*)
C. (*e*), (*b*), (*c*), (*a*), (*d*)
D. (*b*), (*e*), (*c*), (*d*), (*a*)

20. शारंगदेव के ग्रंथ 'संगीत रत्नाकर' में कितने गमकों का उल्लेख है?

A. 14 B. 15
C. 16 D. 17

21. आड़ लय का मान है:

A. $\frac{3}{2}$ B. $\frac{3}{4}$
C. $\frac{2}{3}$ D. $\frac{5}{4}$

22. गज और टकोर से बजाये जाने वाले वाद्ययंत्र निम्नांकित में से कौन हैं?

(*a*) तोलक (*b*) एकतारा
(*c*) बीन (*d*) रावणहत्था
(*e*) इलत्तालम्

नीचे दिए गए विकल्पों में से **सही** उत्तर का चयन कीजिए:

A. केवल (*c*) और (*e*)

B. केवल (*b*) और (*c*)

C. केवल (*d*) और (*b*)

D. केवल (*a*) और (*b*)

23. सूची-I के साथ सूची-II का मिलान कीजिए:

सूची-I (रस का नाम)	**सूची-II** (स्थायी भाव)
(*a*) रौद्र	I. रति
(*b*) वीर	II. भय
(*c*) भयानक	III. उत्साह
(*d*) शृंगार	IV. क्रोध

नीचे दिए गए विकल्पों में से **सही** उत्तर का चयन कीजिए:

	(*a*)	(*b*)	(*c*)	(*d*)
A.	III	IV	II	I
B.	II	III	IV	I
C.	IV	II	III	I
D.	IV	III	II	I

24. निम्नांकित में से किन तालों में 14 मात्राएं होती हैं?

(*a*) दीपचंद

(*b*) झूमर

(*c*) चौताल

(*d*) आड़ा चौताल

(*e*) रुद्र ताल

नीचे दिए गए विकल्पों में से **सही** उत्तर का चयन कीजिए:

A. केवल (*a*), (*b*), (*c*)

B. केवल (*a*), (*b*), (*d*)

C. केवल (*a*), (*d*), (*e*)

D. केवल (*b*), (*d*), (*e*)

25. पद्मश्री पूना राम निषाद छत्तीसगढ़ी लोक संगीत के किस रूप के कलाकार हैं?

A. कर्मा

B. दादरिया

C. भारथरी

D. पण्डवानी

26. सूची-I के साथ सूची-II का मिलान कीजिए:

सूची-I (बानी)	**सूची-II** (गीति)
(*a*) गोबरहार	I. वेस्त्रा
(*b*) डागर	II. भिन्ना
(*c*) खंडार	III. गौड़ी
(*d*) नौहार	IV. शुद्ध

नीचे दिए गए विकल्पों में से **सही** उत्तर का चयन कीजिए:

	(*a*)	(*b*)	(*c*)	(*d*)
A.	IV	II	I	III
B.	IV	III	I	II
C.	IV	I	II	III
D.	IV	II	III	I

27. त्रिताल में एकताल वादन की लयकारी कहलाती है:

A. सवागुन

B. पौन्गुन

C. कुआड

D. बियाड

28. निम्नलिखित में से कौन-सा ग्रंथ पंडित ओंकारनाथ ठाकुर द्वारा लिखित हैं?

(*a*) अभिनव गीतांजति (*b*) संगीतांजलि

(*c*) अभिनव भारती (*d*) प्रणव भारती

(*e*) गीत-भारती

नीचे दिए गए विकल्पों में से **सही** उत्तर का चयन कीजिए:

A. केवल (*a*), (*d*) B. केवल (*b*), (*e*)

C. केवल (*b*), (*c*) D. केवल (*b*), (*d*)

29. सूची-I के साथ सूची-II का मिलान कीजिए:

सूची-I (संगीत महोत्सव)	**सूची-II** (स्थान)
(*a*) सवाई गंधर्व संगीत समारोह	I. जालंधर
(*b*) तानसेन संगीत समारोह	II. अहमदाबाद
(*c*) हरिवल्लभ संगीत समारोह	III. पुना
(*d*) सप्तक संगीत समारोह	IV. ग्वालियर

नीचे दिए गए विकल्पों में से **सही** उत्तर का चयन कीजिए:

	(a)	(b)	(c)	(d)
A.	III	IV	II	I
B.	III	IV	I	II
C.	II	III	IV	I
D.	IV	III	I	II

30. सूची-I के साथ सूची-II का मिलान कीजिए:

सूची-I (ग्रंथ (पुस्तक))	**सूची-II (लेखक)**
(*a*) संगीत समयसार	I. नान्यदेव
(*b*) राग विबोध	II. श्रीनिवास
(*c*) राग तत्त्वविबोध	III. पार्श्वदेव
(*d*) भरत भाष्य	IV. सोमनाथ

नीचे दिए गए विकल्पों में से **सही** उत्तर का चयन कीजिए:

	(a)	(b)	(c)	(d)
A.	II	III	I	IV
B.	III	IV	II	I
C.	II	IV	III	I
D.	IV	III	I	II

31. मध्यकाल में, मिजराब को निम्नलिखित नाम से भी जाना जाता था:

A. मिखी B. नखी

C. जखी D. वखी

32. भैरवी थाट के दो राग हैं:

(*a*) बिलासखानी तोड़ी

(*b*) रामकली

(*c*) मालकौंस

(*d*) जोगिगा

(*e*) मुल्तानी

नीचे दिए गए विकल्पों में से **सही** उत्तर का चयन कीजिए:

A. केवल (*c*) और (*b*)

B. केवल (*a*) और (*c*)

C. केवल (*c*) और (*e*)

D. केवल (*a*) और (*d*)

33. शुद्ध छायालग संकीर्ण राग वर्गीकरण के अनुसार संकीर्ण राग निम्नलिखित में से कौन-से हैं?

(*a*) बसंत (*b*) मालगुन्जी

(*c*) मारवा (*d*) गौड़ सारंग

(*e*) जैजैवन्ती

नीचे दिए गए विकल्पों में से **सही** उत्तर का चयन कीजिए:

A. केवल (*b*), (*c*), (*d*)

B. केवल (*d*), (*e*)

C. केवल (*b*), (*e*)

D. केवल (*b*), (*d*), (*e*)

34. सूची-I के साथ सूची-II का मिलान कीजिए:

सूची-I (वाद्ययंत्र)	**सूची-II (कलाकार)**
(*a*) वायलिन	I. ब्रिज भूषण काबरा
(*b*) सितार	II. सिसिरकोणाधर चौधुरी
(*c*) गिटार	III. ब्रिज नारायण
(*d*) सरोद	IV. देबू चौधुरी

नीचे दिए गए विकल्पों में से **सही** उत्तर का चयन कीजिए:

	(a)	(b)	(c)	(d)
A.	IV	II	III	I
B.	II	IV	III	I
C.	IV	III	I	II
D.	II	IV	I	III

35. निम्नलिखित तालों को उनकी तालियों की आरोही संख्या के अनुसार अनुक्रम में व्यवस्थित कीजिए:

(*a*) रूपक (*b*) दादरा

(*c*) धमार (*d*) आड़ा चौताल

(*e*) रुद्रताल

नीचे दिए गए विकल्पों में से **सही** उत्तर का चयन कीजिए:

A. (*b*), (*c*), (*a*), (*d*), (*e*)

B. (*b*), (*a*), (*d*), (*e*), (*c*)

C. (*b*), (*d*), (*a*), (*c*), (*e*)

D. (*b*), (*a*), (*c*), (*d*), (*e*)

36. सूची-I के साथ सूची-II का मिलान कीजिए:

सूची-I (राग)	सूची-II (चलन)
(*a*) बिलासखानी तोड़ी	I. सा रे म प, ध म प ग रे सा
(*b*) भैरवी	II. सा रे ग प ध सां ध प, ग रे ग रे सा
(*c*) भूपाल तोड़ी	III. रे ऩी सा रे ग, ग प ध म ग रे सा
(*d*) कोमल ऋषभ आसावरी	IV. रे ऩी सा ग म ध प, ग म रे स

नीचे दिए गए विकल्पों में से **सही** उत्तर का चयन कीजिए:

	(*a*)	(*b*)	(*c*)	(*d*)
A.	IV	III	II	I
B.	III	IV	I	II
C.	III	IV	II	I
D.	IV	III	I	II

37. राग श्याम कल्याण को चिह्नित कीजिए:

A. सा रे प, ग, म प ग म रे सा
B. रे मं प, रे म रे, म रे, ऩी सा
C. रे, मं प ध मं प ग म रे
D. सा रे रे ग, म प ग म रे सा

38. वाग्गेयकार में निम्नलिखित में से किन गुणों का होना आवश्यक है?

A. टप्पा और नृत्य
B. लोक संगीत और ठुमरी
C. लय और ताल
D. मातु और धातु

39. शारंगदेव द्वारा उल्लिखित विकृत स्वरों को सही अनुक्रम में व्यवस्थित कीजिए:

(*a*) च्युत मध्यम
(*b*) अच्युत मध्यम
(*c*) अंतर गंधार
(*d*) त्रिश्रुति पंचम्
(*e*) साधारण गंधार

नीचे दिए गए विकल्पों में से **सही** उत्तर का चयन कीजिए:

A. (*c*), (*e*), (*b*), (*a*), (*d*)
B. (*e*), (*d*), (*b*), (*a*), (*c*)
C. (*e*), (*b*), (*c*), (*d*), (*a*)
D. (*e*), (*c*), (*a*), (*b*), (*d*)

40. राग में स्वरों की अवरोही संख्या के अनुसार, शुद्ध और विकृत स्वरों की पृथक गणना करते हुए रागों को सही अनुक्रम में व्यवस्थित कीजिए:

(*a*) मियाँ मल्हार
(*b*) रागेश्री
(*c*) दुर्गा
(*d*) बागेश्री
(*e*) पीलू

नीचे दिए गए विकल्पों में से **सही** उत्तर का चयन कीजिए:

A. (*a*), (*e*), (*d*), (*b*), (*c*)
B. (*e*), (*d*), (*a*), (*b*), (*c*)
C. (*a*), (*e*), (*b*), (*d*), (*c*)
D. (*e*), (*a*), (*d*), (*b*), (*c*)

41. किसी सप्तक में 22 श्रुतियाँ सिद्ध करने के लिए भरत द्वारा प्रयुक्त विधि (पद्धति) का नाम क्या है?

A. चतुःसारणा
B. सारणा चतुष्टयी
C. श्रुति दर्शन
D. श्रुति निदर्शन

42. गंगूबाई हंगल संगीत कला एवं प्रदर्शन कला विश्वविद्यालय कहाँ अवस्थित है?

A. हुबली
B. धारवाड़
C. कलबुर्गी
D. मैसूर

43. निम्नलिखित वाद्ययंत्रों को उनकी मुख्य तंत्री की संख्या के अनुसार आरोही क्रम में व्यवस्थित कीजिए:

(*a*) सारंगी
(*b*) सरोद
(*c*) पेन्ना
(*d*) चित्र वीणा
(*e*) संतूर

नीचे दिए गए विकल्पों में से **सही** उत्तर का चयन कीजिए:

A. (*c*), (*a*), (*b*), (*d*), (*e*)
B. (*a*), (*c*), (*b*), (*e*), (*d*)
C. (*a*), (*c*), (*d*), (*b*), (*e*)
D. (*b*), (*d*), (*a*), (*c*), (*e*)

44. निम्नलिखित में से कौन-से राग कल्याण थाट से संबंधित हैं?

(*a*) बिहाग (*b*) भूपाली

(*c*) शुद्धकल्याण (*d*) छायानट

(*e*) देशकार

नीचे दिए गए विकल्पों में से **सही** उत्तर का चयन कीजिए:

A. केवल (*a*), (*b*), (*c*)

B. केवल (*b*), (*c*), (*d*)

C. केवल (*a*), (*d*), (*e*)

D. केवल (*b*), (*d*), (*e*)

45. मैहर सेनिया घराने से संबंधित दो संगीतज्ञ हैं:

(*a*) बहादुर खाँ (*b*) विलायत खाँ

(*c*) नित्यानंद हल्दीपुर (*d*) शाहिद परवेज

(*e*) सुजात खाँ

नीचे दिए गए विकल्पों में से **सही** उत्तर का चयन कीजिए:

A. केवल (*b*) और (*e*)

B. केवल (*c*) और (*d*)

C. केवल (*a*) और (*e*)

D. केवल (*a*) और (*c*)

46. सूची-I के साथ सूची-II का मिलान कीजिए:

सूची-I (राग)	**सूची-II (रागांग)**
(*a*) पीलू	I. असावरी
(*b*) तिलंग	II. मालकौंस
(*c*) देसी	III. काफ़ी
(*d*) कौंसी कानड	IV. खमाज

नीचे दिए गए विकल्पों में से **सही** उत्तर का चयन कीजिए:

	(*a*)	(*b*)	(*c*)	(*d*)
A.	IV	III	II	I
B.	III	IV	I	II
C.	III	IV	II	I
D.	IV	III	I	II

47. मसीतखानी गत में कितनी मात्राएँ होती हैं:

A. 12 B. 14

C. 16 D. 18

48. 'संगीतसमयसार' ग्रंथ के लेखक निम्नलिखित में से कौन हैं?

A. पार्श्वदेव

B. शारंगदेव

C. नान्यदेव

D. सोमश्वरदेव

49. शारंगदेव के ग्रंथ संगीत रत्नाकार में उल्लिखित गमक के प्रकार निम्नलिखित में से कौन हैं?

(*a*) स्तुरित (*b*) स्फुरित

(*c*) आहत (*d*) गुंफित

(*e*) हुंफित

नीचे दिए गए विकल्पों में से **सही** उत्तर का चयन कीजिए:

A. केवल (*a*), (*c*), (*e*)

B. केवल (*b*), (*c*), (*e*)

C. केवल (*b*), (*d*), (*e*)

D. केवल (*b*), (*c*), (*d*)

50. सूची-I के साथ सूची-II का मिलान कीजिए:

सूची-I (हिन्दुस्तानी राग)	**सूची-II (कर्नाटक राग)**
(*a*) दुर्गा	I. शंकरा भरणम्
(*b*) बिलावल	II. मायामालव गौड
(*c*) मालकौंस	III. शुद्ध सावेरी
(*d*) भैरव	IV. हिन्डोलम्

नीचे दिए गए विकल्पों में से **सही** उत्तर का चयन कीजिए:

	(*a*)	(*b*)	(*c*)	(*d*)
A.	III	IV	I	II
B.	III	IV	II	I
C.	II	I	IV	III
D.	III	I	IV	II

51. पाश्चात्य संगीत की स्वरलिपि पद्धतियाँ निम्नलिखित में से कौन-सी है?

(*a*) सोल्फा स्वरलिपि पद्धति
(*b*) कॉर्ड्स स्वरलिपि पद्धति
(*c*) न्यूम्स स्वरलिपि पद्धति
(*d*) क्लेफ स्वरलिपि पद्धति
(*e*) चीव स्वरलिपि पद्धति

नीचे दिए गए विकल्पों में से **सही** उत्तर का चयन कीजिए:

A. केवल (*a*), (*c*), (*e*)
B. केवल (*a*), (*b*), (*e*)
C. केवल (*a*), (*b*), (*c*)
D. केवल (*a*), (*d*), (*e*)

52. निम्नलिखित ग्रंथों को कालक्रमानुसार व्यवस्थित कीजिए:

(*a*) रागतरंगिणी (*b*) संगीतचूड़ामणि
(*c*) मानसोल्लास (*d*) संगीतराज
(*e*) संगीत पारिजात

नीचे दिए गए विकल्पों में से **सही** उत्तर का चयन कीजिए:

A. (*c*), (*a*), (*d*), (*e*), (*b*)
B. (*c*), (*d*), (*a*), (*b*), (*e*)
C. (*c*), (*b*), (*d*), (*a*), (*e*)
D. (*c*), (*b*), (*a*), (*d*), (*e*)

53. मोघूबाई कुर्डीकर निम्नलिखित में से किसकी शिष्या थी:

A. अलाबन्दे खाँ B. अलाउद्दीन खाँ
C. अलादिया खाँ D. अल्लारखा खाँ

54. सेवर्ट पद्धति में प्रमुख सुर का मान कितना है?

A. 05 सेवर्ट B. 18 सेवर्ट
C. 23 सेवर्ट D. 51 सेवर्ट

55. निम्नलिखित रागों को गायन समय के आरोही क्रमानुसार व्यवस्थित कीजिए:

(*a*) भीमपलासी (*b*) छायानट
(*c*) सोहनी (*d*) मारवा
(*e*) जौनपुरी

नीचे दिए गए विकल्पों में से **सही** उत्तर का चयन कीजिए:

A. (*e*), (*a*), (*d*), (*c*), (*b*)
B. (*b*), (*c*), (*d*), (*a*), (*e*)
C. (*c*), (*e*), (*a*), (*d*), (*b*)
D. (*a*), (*d*), (*b*), (*e*), (*c*)

56. मध्यम ग्रामिक मूर्च्छना के प्रकार निम्नलिखित में से कौन-से हैं?

(*a*) हरिणाश्व (*b*) मत्सारिकृता
(*c*) पौरवी (*d*) अश्वक्रांता
(*e*) मार्गी

नीचे दिए गए विकल्पों में से **सही** उत्तर का चयन कीजिए:

A. केवल (*a*), (*b*), (*d*)
B. केवल (*a*), (*c*), (*e*)
C. केवल (*a*), (*c*), (*d*)
D. केवल (*a*), (*b*), (*c*)

57. वैदिक काल में तंत्री वाद्ययंत्रों का सामान्य नाम था:

A. वाना B. वानी
C. वीणा D. वेणु

58. संगीत रत्नाकर में वर्णित गायकों के दोष निम्नांकित में से कौन-से नहीं हैं?

(*a*) शंकित (*b*) श्रावक
(*c*) भीत (*d*) आयत्तकंठ
(*e*) तुम्बकी

नीचे दिए गए विकल्पों में से **सही** उत्तर का चयन कीजिए:

A. केवल (*a*) और (*d*)
B. केवल (*b*) और (*e*)
C. केवल (*b*) और (*c*)
D. केवल (*b*) और (*d*)

59. स्टाफ स्वरलिपि पद्धति में क्लेफ के प्रकार निम्नलिखित में से कौन-से हैं?

(*a*) टेनोर क्लेफ (*b*) ब्रिज क्लेफ
(*c*) कैनन क्लेफ (*d*) ट्रेबल क्लेफ
(*e*) अल्टो क्लेफ

नीचे दिए गए विकल्पों में से **सही** उत्तर का चयन कीजिए:

A. केवल (*b*), (*d*), (*e*)
B. केवल (*a*), (*d*), (*e*)
C. केवल (*a*), (*c*), (*d*)
D. केवल (*a*), (*b*), (*d*)

60. निम्नलिखित ग्रंथों को उनकी अध्याय संख्या के अवरोही क्रमानुसार व्यवस्थित कीजिए:

(*a*) भरतभाष्य
(*b*) संगीतराज
(*c*) संगीतोपनिषतसारोद्धार
(*d*) प्रणव भारती
(*e*) चतुर्दण्डिप्रकाशिका

नीचे दिए गए विकल्पों में से **सही** उत्तर का चयन कीजिए:

A. (*a*), (*e*), (*d*), (*c*), (*b*)
B. (*a*), (*e*), (*c*), (*d*), (*b*)
C. (*a*), (*d*), (*e*), (*b*), (*c*)
D. (*a*), (*e*), (*c*), (*b*), (*d*)

61. स्वामी प्रज्ञानन्द के अनुसार सरोद का सही नाम है:

A. स्वरोद
B. स्वरोदय
C. शहरूद
D. शारदीय वीणा

62. पाश्चात्य संगीत में 'C' शार्प के एन्हार्मोनिक्स निम्नलिखित में से कौन-से हैं?

(*a*) D फ्लैट (*b*) E फ्लैट
(*c*) C नेचुरल (*d*) B डबल शार्प
(*e*) D डबल फ्लैट

नीचे दिए गए विकल्पों में से **सही** उत्तर का चयन कीजिए:

A. केवल (*e*), (*c*), (*d*)
B. केवल (*c*), (*d*), (*e*)
C. केवल (*a*), (*b*)
D. केवल (*a*), (*d*)

63. रात्रि के द्वितीय प्रहर के दो राग निम्न में से हैं:

(*a*) पुरिया कल्याण (*b*) नंद
(*c*) केदार (*d*) गोरख कल्याण
(*e*) देस

नीचे दिए गए विकल्पों में से **सही** उत्तर का चयन कीजिए:

A. केवल (*b*) और (*e*)
B. केवल (*a*) और (*c*)
C. केवल (*d*) और (*e*)
D. केवल (*b*) और (*d*)

64. ध्रुपद के तीन घराने निम्नांकित हैं:

(*a*) भेन्डीबाजार घराना (*b*) दरभंगा घराना
(*c*) मेवाती घराना (*d*) बेतिया घराना
(*e*) सहारनपुर घराना

नीचे दिए गए विकल्पों में से **सही** उत्तर का चयन कीजिए:

A. केवल (*b*), (*d*) और (*e*)
B. केवल (*b*), (*c*) और (*d*)
C. केवल (*a*), (*d*) और (*e*)
D. केवल (*a*), (*c*) और (*d*)

65. निम्नलिखित कलाकारों को उनके संगीत नाटक अकादमी पुरस्कार प्राप्त करने के वर्ष के अनुसार आरोही क्रम में व्यवस्थित कीजिए:

(*a*) जीतेन्द्र अभिषेकी
(*b*) फिरोज दस्तूर
(*c*) जिया मोइनुद्दीन डागर
(*d*) किशोरी अमोणकर
(*e*) एम.एस. गोपालकृष्णन

नीचे दिए गए विकल्पों में से **सही** उत्तर का चयन कीजिए:

A. (*c*), (*b*), (*d*), (*a*), (*e*)
B. (*d*), (*b*), (*c*), (*a*), (*e*)
C. (*d*), (*c*), (*a*), (*e*), (*b*)
D. (*c*), (*d*), (*b*), (*a*), (*e*)

66. सर्वप्रथम मेल-राग वर्गीकरण का सूत्रपात किसने किया था?

A. वेंकटमखी B. रामामात्य

C. अहोबल D. विद्यारण्य

67. प्रबंध के अंग निम्नलिखित में से कौन-से हैं?

(*a*) ध्रुव (*b*) विरुद

(*c*) मेलापक (*d*) पट

(*e*) ताल

नीचे दिए गए विकल्पों में से **सही** उत्तर का चयन कीजिए:

A. केवल (*a*), (*c*), (*d*)

B. केवल (*b*), (*c*), (*e*)

C. केवल (*a*), (*d*), (*e*)

D. केवल (*b*), (*d*), (*e*)

68. हनुमान मत के अनुसार मालकौंस राग की दो रागिनियाँ निम्नांकित में से हैं:

(*a*) भैरवी (*b*) बरारी

(*c*) तोड़ी (*d*) सैन्धवी

(*e*) गौरी

नीचे दिए गए विकल्पों में से **सही** उत्तर का चयन कीजिए:

A. केवल (*c*) और (*e*)

B. केवल (*a*) और (*c*)

C. केवल (*b*) और (*d*)

D. केवल (*a*) और (*e*)

69. मतंग के अनुसार 'गीतियों' की संख्या है:

A. सात B. पाँच

C. तीन D. नौ

70. निम्नलिखित में से कौन-से तीन गायक खयाल के आगरा घराने से संबंधित नहीं हैं?

(*a*) उस्ताद विलायत हुसैन खाँ

(*b*) उस्ताद गुलाम मुस्तफा खाँ

(*c*) उस्ताद खादिम हुसैन खाँ

(*d*) उस्ताद तनरस खाँ

(*e*) उस्ताद फकीर हुसैन खाँ

नीचे दिए गए विकल्पों में से **सही** उत्तर का चयन कीजिए:

A. केवल (*b*), (*c*), (*d*)

B. केवल (*b*), (*d*), (*e*)

C. केवल (*c*), (*d*), (*e*)

D. केवल (*a*), (*b*), (*c*)

71. निम्नलिखित कलाकारों को उनके द्वारा भारत रत्न सम्मान प्राप्त करने के वर्ष के अनुसार आरोही क्रम में व्यवस्थित कीजिए:

(*a*) पं. रवि शंकर

(*b*) पं. भीमसेन जोशी

(*c*) विदुषी एम.एस. सुब्बलक्ष्मी

(*d*) श्री भूपेन हजारिका

(*e*) उ. बिस्मिल्ला खाँ

नीचे दिए गए विकल्पों में से **सही** उत्तर का चयन कीजिए:

A. (*c*), (*a*), (*e*), (*b*), (*d*)

B. (*a*), (*c*), (*b*), (*e*), (*d*)

C. (*c*), (*b*), (*a*), (*e*), (*d*)

D. (*b*), (*c*), (*a*), (*e*), (*d*)

72. नाट्यशास्त्र काल के दो गैर-तंत्रि वाद्ययंत्र निम्नलिखित में से कौन-से हैं?

(*a*) कच्छपी (*b*) पणव

(*c*) मत्तकोकिला (*d*) घोषा

(*e*) झल्लारी

नीचे दिए गए विकल्पों में से **सही** उत्तर का चयन कीजिए:

A. केवल (*c*) और (*e*)

B. केवल (*a*) और (*b*)

C. केवल (*b*) और (*d*)

D. केवल (*b*) और (*e*)

73. 'घात' शब्द निम्नलिखित में से किसके वादन में प्रयुक्त शब्द है?

A. एकतंत्रि वीणा B. पखावज

C. सारंगी D. शहनाई

74. सुरबहार के समगीतज्ञ निम्नलिखित में से कौन हैं?

(*a*) अन्नपूर्णा देवी (*b*) असद अली खाँ
(*c*) हलीम जाफर खाँ (*d*) राजीव तारानाथ
(*e*) पुष्पराज कोष्टि

नीचे दिए गए विकल्पों में से **सही** उत्तर का चयन कीजिए:

A. केवल (*b*) और (*a*)
B. केवल (*a*) और (*e*)
C. केवल (*d*), (*a*) और (*e*)
D. केवल (*b*), (*c*) और (*e*)

75. सूची-I के साथ सूची-II का मिलान कीजिए:

सूची-I (कलाकार)	**सूची-II (घराना)**
(*a*) फैयाज खान	I. ग्वालियर
(*b*) सुहासिनी कोराटकर	II. आगरा
(*c*) ओंकारनाथ ठाकुर	III. जयपुर
(*d*) केसरबाई केरकर	IV. भेन्डी बाजार घराना

नीचे दिए गए विकल्पों में से **सही** उत्तर का चयन कीजिए:

	(*a*)	(*b*)	(*c*)	(*d*)
A.	II	III	IV	I
B.	I	III	II	IV
C.	II	IV	I	III
D.	IV	I	II	III

76. 'स्वरसम्राट' की उपाधि किस कलाकार को प्राप्त है?

A. सी.आर. व्यास B. अली अकबर खाँ
C. बड़े गुलाम अली खाँ D. हलीम जफर खाँ

77. वर्ष 2020 का बिस्मिल्ला खाँ संगीत नाटक अकादमी पुरस्कार प्राप्त करने वाले सारंगी वादक निम्न में से कौन हैं?

A. सरवर हुसैन B. संदीप मिश्र
C. हर्ष नारायण D. साबिर खान

78. नाट्यशास्त्र काल में विपंचि वीणा में तंत्रियों की संख्या थी:

A. 5 B. 7
C. 9 D. 11

79. षड्ज ग्राम के किस स्वर को धैवत् मानकर मध्यम ग्राम की रचना की जाती है?

A. ऋषभ B. गंधार
C. अन्तर गंधार D. मध्यम

80. गजल का प्रथम शेर कहलाता है:

A. कता B. मक्ता
C. रेख्ता D. मतला

81. सूची-I के साथ सूची-II का मिलान कीजिए:

सूची-I (गूत रूप)	**सूची-II (कलाकार)**
(*a*) भजन	I. शोभ गुर्टू
(*b*) गजल	II. हरिओम शरण
(*c*) ठुमरी	III. मालिनी राजुरकर
(*d*) टप्पा	IV. चंदन दास

नीचे दिए गए विकल्पों में से **सही** उत्तर का चयन कीजिए:

	(*a*)	(*b*)	(*c*)	(*d*)
A.	III	IV	I	II
B.	I	III	IV	II
C.	IV	I	II	III
D.	II	IV	I	III

82. हीराबाई बडोदेकर किस घराने की कलाकार थी?

A. ग्वालियर घराना B. किराना घराना
C. आगरा घराना D. जयपुर घराना

83. राग पुरियाकल्याण को चिह्नित कीजिए:

A. म॑ प नी सां रें॒ नी ध॒ प ध म॑ ग रे॒ सा
B. नी़ रे॒ ग म॑ प ध म॑ प म॑ ग रे॒ सा
C. नी़ रे॒ ग म॑ प ध॒ प, रे॒ ग रे॒ म॑ ग
D. नी़ रे॒ म॑ ग रे॒ सा नी़ ध़ नी़

84. राग-रागिनी वर्गीकरण में शिवमत के श्रीराग की रागिनियों को सही अनुक्रम में व्यवस्थित कीजिए:

(*a*) त्रिवेणी (*b*) पहाड़िका
(*c*) गौरी (*d*) मधुमाधवी
(*e*) केदार

नीचे दिए गए विकल्पों में से **सही** उत्तर का चयन कीजिए:

A. (*a*), (*c*), (*b*), (*d*), (*e*)
B. (*a*), (*c*), (*e*), (*d*), (*b*)
C. (*a*), (*e*), (*d*), (*b*), (*c*)
D. (*a*), (*d*), (*b*), (*c*), (*e*)

85. कर्नाटक संगीत में भीमपलासी का समप्रकृति राग कौन-सा हैं?

A. आभेरी
B. सावेरी
C. आभोगी
D. मुखारी

86. मध्यमग्रामिक मूर्च्छना 'मार्गी' का आरंभिक स्वर है:

A. षड्ज
B. निषाद
C. धैवत्
D. पंचम्

87. कन्हड़ा अंग के दो पदबंध निम्नलिखित में से कौन-से हैं?

(*a*) पनी प
(*b*) ध नी प ध नी
(*c*) नी़ रे ग
(*d*) ग म रे सा
(*e*) ग प धा नी सां

नीचे दिए गए विकल्पों में से **सही** उत्तर का चयन कीजिए:

A. केवल (*a*) और (*b*)
B. केवल (*c*) और (*d*)
C. केवल (*b*) और (*e*)
D. केवल (*a*) और (*d*)

88. निम्नलिखित में से किस कलाकार ने तबले की संगति को नया आयाम प्रदान किया?

A. अमीर हुसैन खाँ
B. अहमद जान थिरकवा
C. लच्छू महाराज
D. किशन महाराज

89. सूची-I के साथ सूची-II का मिलान कीजिए:

सूची-I (संस्थान)	सूची-II (स्थापना वर्ष)
(*a*) इंदिरा कला संगीत विश्वविद्यालय	I. 1901
(*b*) राज मानसिंह तोमर संगीत एवं ललित कला विश्वविद्यालय	II. 1956
(*c*) अखिल भारतीय गंधर्व महाविद्यालय मंडल	III. 1926
(*d*) मौरिस कॉलेज	IV. 2008

नीचे दिए गए विकल्पों में से **सही** उत्तर का चयन कीजिए:

	(*a*)	(*b*)	(*c*)	(*d*)
A.	III	IV	I	II
B.	II	IV	I	III
C.	II	I	IV	III
D.	III	IV	II	I

90. गजल से संबंधित पद (शब्द) निम्नलिखित में से कौन-से हैं?

(*a*) मक़्ता
(*b*) नज़्म
(*c*) मतला
(*d*) रेख़्ता
(*e*) अशआर

नीचे दिए गए विकल्पों में से **सही** उत्तर का चयन कीजिए:

A. केवल (*a*), (*b*), (*d*)
B. केवल (*a*), (*d*), (*e*)
C. केवल (*a*), (*c*), (*e*)
D. केवल (*a*), (*b*), (*c*)

निर्देशः (प्र.सं. 91 से 95 तक): निम्नलिखित गद्यांश को पढ़िए और प्रश्नों के उत्तर दीजिए:

राग के काल सिद्धांत में प्रत्येक राग को विशिष्ट समय समनुदिष्ट किया गया है जिसके द्वारा राग का सुर और इसकी प्रभाविता में वृद्धि होती है। सर्वप्रथम काल-सिद्धांत की चर्चा 'संगीत मकरंद' में की गई थी। राग के लिए काल अवधारित करने की परंपरा का शुभारंभ मंदिरों में ईश्वर की स्तुति के निमित्त किया गया। 'संगीत परिजात' के अनुसार राग को असमय बजाने से व्यक्ति में दोष उत्पन्न होता है। 'श्रीमल्लक्ष्य संगितम' में उल्लिखित काल-सिद्धांत श्लोक के अनुसार राग को मुख्य श्रेणियों में बाँटा जा सकता है यथा कोमल ऋषभ, धैवत युक्त राग, शुद्ध ऋषभ, धैवत युक्त राग, कोमल गंधार, निषाद युक्त राग। कोमल ऋषभ, धैवत (संधि प्रकाश राग) को प्रातःकाल तथा सायं 4 बजे से 7 बजे तक

बजाया जाता है जिस क्रम में प्रातः काल और सायंकाल में क्रमशः शुद्ध मध्यम और सायंकाल में क्रमशः शुद्ध मध्यम और तीव्र मध्यम का प्रयोग किया जाता है। शुद्ध ऋषभ और धैवत युक्त राग को प्रातः 7 बजे से रात्रि 10/12 बजे तक प्रस्तुत किया जाता है।

91. काल-सिद्धांत के अनुसार राग यमन के गायन का समय है:

A. सायं 4-7 बजे
B. प्रातः 7-10 बजे
C. सायं 7-10 बजे
D. प्रातः 4-7 बजे

92. निम्नलिखित में से संधि प्रकाश राग कौन-सा है?

A. भीमपलासी
B. तोड़ी
C. अलहैया बिलावल
D. भैरव

93. रागों के काल-सिद्धांत का सर्वप्रथम उल्लेख किसने किया था?

A. सोमनाथ
B. पार्श्वदेव
C. अहोबल
D. नारद

94. राग की समय पर प्रस्तुति (गायन) की परंपरा का प्रतिफल है:

A. व्यक्ति में दोष उत्पन्न होता है
B. इससे मानसिक व्यथा उत्पन्न होती है
C. राग (स्वरावली) में अवनति
D. वार्धित सुर और राग की प्रभाविता

95. काल-सिद्धांत के अनुसार रागों को मुख्यतः कितनी श्रेणियों में विभाजित किया जा सकता है?

A. 2
B. 3
C. 4
D. 5

निर्देशः (प्र.सं. 96 से 100 तक): निम्नलिखित अवतरण को ध्यानपूर्वक पढ़िए और संबंधित प्रश्नों के उत्तर दीजिए:

जब किसी वस्तु में कंपन होता है तो उसके चारों ओर प्रवाहित वायु में एक प्रकार का आंदोलन उत्पन्न होता है। यह आंदोलन वायु में मंडलाकार होकर फैलता हुआ हमारे कानों में प्रविष्ट होकर कान के परदे को भी कम्पित कर देता है। यह आंदोलन तरंग के रूप में फैलता है। जल तथा वायु दोनों माध्यमों में तरंगें भिन्न होती हैं, जिनमें से एक अनुप्रस्थ तथा दूसरी अनुदैर्ध्य तरंग कहलाती हैं। सांगीतिक ध्वनि उत्पन्न होने के लिए नियमित कंपन का होना अनिवार्य है। यही कंपन और आवृत्ति ध्वनि की तारता एवं तीव्रता को तय करती है। आवृत्ति या कंपन संख्या तार की लंबाई के व्युत्क्रमानुपाती है। ध्वनि का वेग गैस की अपेक्षा तरल में तथा द्रव की अपेक्षा ठोस में अधिक होता है। यह सामान्य नियम है। जब तार दो खंडों में कंपन करता है तो उसकी आवृत्ति एक खंडी कंपन की आवृत्ति से दुगुनी हो जाती है। इसी प्रकार तीन खंडी कंपन की आवृत्ति तिगुनी और चार खंडी कंपन की आवृत्ति चौगुनी हो जाती है। इसी के आधार पर आवृत्तियाँ मौलिक, आवर्तक, उपस्वर तथा उत्स्वर कहलाती हैं। उपस्वर को स्वयंभू स्वर तथा अनुरणनात्मक नाद भी कहा जाता है।

96. निम्नलिखित में से किस माध्यम में ध्वनि का वेग सर्वाधिक होता है?

A. वायु
B. जल
C. लोहा
D. काँच

97. यदि वास्तविक तंत्री (तार) की आवृत्ति 240 है, तो तीन खंडी स्वर आवर्तक की आवृत्ति होगी?

A. 480
B. 700
C. 720
D. 960

98. मूल स्वर के अतिरिक्त अन्य स्वर आवर्तकों को कहा जाता है:

A. उपस्वर
B. अपस्वर
C. उत्स्वर
D. उप्तस्वर

99. तार (तंत्री) की लंबाई दुगुनी करने से ध्वनि की आवृत्ति होगी:

A. दुगुनी
B. आधी
C. तिगुनी
D. चौगुनी

100. तार (तंत्री) के कंपन की दृष्टि से जल की तरंगें हैं:

A. अनुदैर्ध्य तरंग
B. आरोही तरंग
C. अनुप्रस्थ तरंग
D. स्थावर तरंग

उत्तरमाला

1. **(C):** त्रिताल में 16 मात्राएँ होती हैं और इसे चार भागों (विभागों) में विभाजित किया जाता है। प्रत्येक विभाग में 4 मात्राएँ होती हैं। तीव्रा में 16 मात्राएँ होती हैं और यह भी चार विभागों में विभाजित है। इसलिए, त्रिताल और तीव्रा दोनों में तालियों की संख्या समान है।

2. **(C):** (*e*) **शोध समस्या का प्रतिपादनः** शोध का प्रारंभ एक स्पष्ट समस्या के चयन और प्रतिपादन से होता है।

   (*b*) **साहित्य समीक्षाः** समस्या के बाद संबंधित विषय पर पूर्व में किए गए कार्यों का अध्ययन किया जाता है।

   (*c*) **रूपरेखा तैयार करनाः** अगले चरण में शोध की रूपरेखा तैयार की जाती है, जिसमें कार्य की योजना बनाई जाती है।

   (*a*) **दत्त संकलनः** रूपरेखा के आधार पर आंकड़ों या सूचनाओं का संग्रह किया जाता है।

   (*d*) **शोध प्रतिवेदनः** अंत में सभी संकलित जानकारी का विश्लेषण कर प्रतिवेदन तैयार किया जाता है।

3. **(D):** 'दायरो' गुजरात का एक प्रमुख लोक गीत रूप है, जिसे प्रायः भजन, कीर्तन या धार्मिक आयोजन में गाया जाता है। भिखुधान गढ़वी 'दायरो' शैली के प्रसिद्ध कलाकार हैं, जिन्होंने इसे लोकसंस्कृति में एक विशेष पहचान दिलाई।

4. **(A):** (*c*) **अतीतः** यह समय की अवधारणा है, जो पहले हो चुके कार्य या घटना को संदर्भित करता है।

   (*e*) **अनागतः** यह भविष्य की अवधारणा है, जो अभी तक नहीं हुआ है।

   इन दोनों को विषम ग्रह कहा जाता है क्योंकि ये ताल या ध्वनि से संबंधित नहीं हैं। अन्य विकल्प (*b*) आहत और (*d*) प्रत्याहत ताल और ध्वनि की अवधारणाएँ हैं, जो इस चयन में शामिल नहीं हैं।

5. **(A):** (*a*) **खेमटा - गरबा (IV):** खेमटा ताल का उपयोग गरबा नृत्य में किया जाता है।

   (*b*) **धुमाली - कीर्तन (III):** धुमाली ताल प्रायः कीर्तन में प्रयुक्त होती है।

   (*c*) **भजनी - अभंग (I):** भजनी ताल का उपयोग भजन और अभंग गायन में किया जाता है।

   (*d*) **दादरा - गजल (II):** दादरा ताल गजल में प्रयुक्त होती है।

6. **(B):** वर्ष 1905 में ज्योतिरीन्द्रनाथ टैगोर ने गीतों को संचित और संरक्षित करने के लिए आकारमात्रिक स्वरलिपि पद्धति का सूत्रपात किया। यह पद्धति बंगाल में लोकप्रिय हुई और इसे भारतीय शास्त्रीय संगीत के लिए उपयोगी माना गया।

7. **(B):** शोध में दत्त संग्रह (संकलन) का प्राथमिक स्रोत शोध-प्रबंध होता है। शोध-प्रबंध नई जानकारी का संकलन और विश्लेषण प्रदान करता है और प्रायः किसी विशेष विषय पर केंद्रित होता है। अन्य विकल्प, जैसे पांडुलिपि या सिक्के, ऐतिहासिक स्रोत हो सकते हैं, पर शोध के संदर्भ में प्राथमिक स्रोत नहीं होते।

8. **(A):** पूर्वांग रागों का गायन दोपहर 12:00 बजे से रात्रि 12:00 बजे के बीच होता है। भारतीय शास्त्रीय संगीत में, रागों को उनकी प्रकृति और समय के आधार पर वर्गीकृत किया जाता है। पूर्वांग राग दिन के पहले भाग (अहोरात्र) के लिए उपयुक्त होते हैं।

9. **(B):** (*a*) **तीजनबाई - छत्तीसगढ़ (III):** तीजनबाई पंडावानी शैली की प्रसिद्ध लोक कलाकार हैं, जो छत्तीसगढ़ से संबंधित हैं।

   (*b*) **विन्ध्यवासिनी देवी -बिहार (IV):** विन्ध्यवासिनी देवी बिहार की प्रसिद्ध लोक गायिका थीं।

(*c*) **सुलोचना चव्हाण - महाराष्ट्र (II):** सुलोचना चव्हाण महाराष्ट्र की प्रसिद्ध लोक गायिका थीं।

(*d*) **हेमंत चौहान - गुजरात (I):** हेमंत चौहान गुजरात के भजन और गरबा के प्रसिद्ध गायक हैं।

10. (C): (*a*) **रूपक - मिश्र (III):** रूपक ताल मिश्र जाति की होती है।

(*b*) **झपताल - खंड (I):** झपताल खंड जाति की होती है।

(*c*) **एकताल - तिस्त्रा (IV):** एकताल तिस्त्रा जाति की होती है।

(*d*) **मत्त - संकीर्ण (II):** मत्त ताल संकीर्ण जाति की होती है।

11. (C): 'सूत' एक तकनीकी शब्द है, जिसका उपयोग सरोद वाद्य यंत्र में बजाने की प्रक्रिया के लिए होता है। सरोद भारतीय शास्त्रीय संगीत का प्रसिद्ध तारयुक्त वाद्य यंत्र है। इसे बजाने में नाखून या मिजराब का उपयोग किया जाता है। सूत का अर्थ है तारों को धीमे या तेज गति से बजाना, जिससे संगीत में लयबद्धता और गहराई उत्पन्न होती है।

12. (D): तबला की एकल प्रस्तुति के लिए निम्नलिखित क्रम होता है:

(*c*) **पेशकार:** यह प्रारंभिक चरण होता है, जिसमें सरल और लयबद्ध रचनाएँ प्रस्तुत की जाती हैं।

(*b*) **कायदा:** इसके बाद कायदा बजाया जाता है, जो एक निश्चित संरचना के साथ रचना को आगे बढ़ाता है।

(*a*) **रेला:** रेला तबले की तेज और गतिशील प्रस्तुति का हिस्सा है।

(*d*) **टुकड़ा:** यह अंतिम चरण होता है, जिसमें छोटी और सुंदर रचनाएँ बजाई जाती हैं।

13. (C): समपदी ताल वे होते हैं जिनकी मात्राएँ समान रूप से विभाजित होती हैं।

(*b*) **आड़ा चैताल:** इसमें समपदी संरचना होती है।

(*d*) **एकताल:** इसमें भी ताल की मात्राएँ समान रूप से विभाजित होती हैं।

(*e*) **तीन ताल:** यह समपदी तालों में से एक है, जिसमें 16 मात्राएँ होती हैं और यह चार बराबर भागों में विभाजित होती है।

14. (A): कलाओं को अवरोही क्रम में इस प्रकार व्यवस्थित किया गया है:

(*b*) **आलेख्य:** इसमें चित्रकला और लेखन कार्य आते हैं।

(*d*) **नाट्य:** यह दृश्य और श्रव्य कला का मिश्रण है।

(*a*) **नृत्य:** यह शारीरिक गतिविधियों के माध्यम से व्यक्त की जाने वाली कला है।

(*e*) **वाद्य:** इसमें वाद्य यंत्रों का उपयोग होता है।

(*c*) **गीत:** यह केवल गायन की कला है।

15. (B): ध्रुपद के साथ संगति के लिए प्रयुक्त तालों का आरोही अनुक्रम निम्नलिखित है:

(*c*) **तीव्रा:** यह सबसे सरल और कम मात्राओं वाला ताल है।

(*d*) **सूलताल:** इसमें 10 मात्राएँ होती हैं।

(*b*) **चौताल:** यह अधिक जटिल संरचना के साथ प्रस्तुत होता है।

(*a*) **गजझंपा:** यह सबसे जटिल और भारी ताल है।

16. (C): शांत रस और वात्सल्य रस को 9वें और 10वें रस के रूप में जाना जाता है।

(*c*) **शांत रस:** शांत रस का मुख्य भाव शांति और स्थिरता है और यह भारतीय शास्त्रीय नाट्यशास्त्र का प्रमुख रस है।

(*h*) **वात्सल्य रस:** वात्सल्य रस का भाव माता-पिता और बच्चों के बीच के प्रेम को दर्शाता है। इसे अन्य रसों की तुलना में बाद में मान्यता दी गई।

17. (C): (*a*) **खमाज - (सा रे ग म प ध <u>नी</u>) (IV):** खगाज थाट गें तीव्र रबर का उपयोग किया जाता है।

(*b*) **काफी - (सा रे <u>ग</u> म प ध <u>नी</u>) (III):** काफी थाट में कोमल ग और कोमल नि का उपयोग होता है।

(*c*) **असवारी - (सा रे ग म प ध नी) (I):** असवारी थाट में रे और ध कोमल होते हैं।

(*d*) **भैरवी - (सा रे ग म प ध नी) (II):** भैरवी थाट में रे, ग, ध और निं कोमल होते हैं।

18. (B): ''फायरबॉक्स'' नाम का कोई इंटरनेट ब्राउजर नहीं है। ओपेरा, सफारी और फायरफॉक्स वास्तविक और लोकप्रिय इंटरनेट ब्राउजर हैं।

19. (D): 72 मेल योजना के 12 चक्रों का क्रम निम्न है: (*b*) नेत्र, (*e*) वेद, (*c*) ऋतु, (*d*) वसु, (*a*) रुद्र। यह योजना दक्षिण भारतीय कर्नाटक संगीत के मेलकर्ता रागों को वर्गीकृत करती है।

20. (B): शारंगदेव के ग्रंथ 'संगीत रत्नाकर' में कुल 15 गमकों का उल्लेख किया गया है। गमक भारतीय शास्त्रीय संगीत का एक महत्वपूर्ण अंग है, जो ध्वनि को अलंकृत और मधुर बनाने में सहायक होता है। इन 15 गमकों में श्रुति, कम्पन, मेड़ और अंडोलन जैसी श्रेणियाँ सम्मिलित हैं।

21. (A): आड़ लय का मान 3/2 है। आड़ लय संगीत में वह लय है, जिसमें गति सामान्य से अधिक धीमी होती है। यह लय त्रिगुण और दुगुण लयों के बीच की स्थिति में आती है। 3/2 के रूप में इसकी गणना लय और ताल की सामंजस्यता को दर्शाती है।

22. (C): (*a*) **रावणहत्था:** यह तारयुक्त वाद्ययंत्र है, जिसे गज (धनुष) से बजाया जाता है।

(*b*) **एकतारा:** इसे टकोर से बजाया जाता है, और यह एकल तारयुक्त वाद्ययंत्र है।

अन्य विकल्पों में ढोलक और इलत्तालम् को गज या टकोर से नहीं बजाया जाता।

23. (D): (*a*) **रौद्र - क्रोध (IV):** रौद्र रस का स्थायी भाव क्रोध है।

(*b*) **वीर - उत्साह (III):** वीर रस का स्थायी भाव उत्साह है।

(*c*) **भयानक - भय (II):** भयानक रस का स्थायी भाव भय है।

(*d*) **श्रृंगार - रति (I):** श्रृंगार रस का स्थायी भाव रति है।

24. (B): (*a*) **दीपचंद:** इसमें 14 मात्राएँ होती हैं।

(*b*) **झूमर:** यह ताल भी 14 मात्राओं में विभाजित है।

(*d*) **आड़ा चैताल:** यह 14 मात्राओं वाली ताल है।

अन्य विकल्प जैसे रुद्र ताल में 16 मात्राएँ होती हैं।

25. (D): पद्मश्री पूना राम निषाद छत्तीसगढ़ी लोक संगीत की पंडवानी शैली के कलाकर हैं। पंडवानी एक कथा गायन की शैली है, जिसमें महाभारत की कहानियाँ गाई जाती हैं। यह छत्तीसगढ़ के लोक संगीत की प्रमुख विधाओं में से एक है।

26. (A): (*a*) **गोबरहार - शुद्ध (IV):** गोबरहार बानी में शुद्ध गीति का प्रयोग होता है।

(*b*) **डागर - भिन्न (II):** डागर बानी में भिन्ना गीति का उपयोग होता है, जो शैली को विशेष बनाता है।

(*c*) **खंडार - वेस्त्रा (I):** खंडार बानी में वेस्त्रा गीति की विशेषता होती है।

(*d*) **नौहार - गौड़ी (III):** नौहार बानी गौड़ी गीति पर आधारित होती है।

27. (B): त्रिताल में एकताल वादन की लयकारी को पौन्गुन कहा जाता है। पौन्गुन एक विशेष ताल शैली है, जिसमें वादन को लय और गति के अनुसार प्रस्तुत किया जाता है।

28. (D): संगीतांजलि (*b*) और प्रणव भारती (*d*) पंडित ओंकारनाथ ठाकुर द्वारा लिखित ग्रंथ हैं। इन ग्रंथों में भारतीय शास्त्रीय संगीत के विविध पहलुओं को गहराई से प्रस्तुत किया गया है।

29. (C): (*a*) **संवाई गंधर्व संगीत समारोह - पुना (III):** यह प्रसिद्ध शास्त्रीय संगीत उत्सव महाराष्ट्र के पुना में होता है।

(*b*) **तानसेन संगीत समारोह - ग्वालियर (IV):** यह उत्सव तानसेन की स्मृति में ग्वालियर में आयोजित होता है।

(*c*) **हरिवल्लभ संगीत समारोह - जालंधर (I):** यह भारत का सबसे पुराना शास्त्रीय संगीत महोत्सव है।

(*d*) **सप्तक संगीत समारोह - अहमदाबाद (II):** यह गुजरात के अहमदाबाद में आयोजित होता है।

30. (B): (*a*) **संगीत समयसार - पार्श्वदेव (III):** यह ग्रंथ पार्श्वदेव द्वारा रचित है।

(*b*) **राग विबोध - सोमनाथ (IV):** सोमनाथ ने राग विबोध की रचना की।

(*c*) **राग तत्त्वविबोध - श्रीनिवास (II):** यह ग्रंथ राग के तत्वों का वर्णन करता है।

(*d*) **भरत भाष्य - नान्यदेव (I):** भरत भाष्य नान्यदेव द्वारा रचित है।

31. (B): मध्यकाल में मिजराब को नखी के नाम से जाना जाता था। मिजराब तार वाले वाद्ययंत्रों (जैसे सितार) को बजाने के लिए उपयोग की जाने वाली धातु की एक नुकीली वस्तु होती है। इसे ''नखी'' इसलिए कहा जाता था क्योंकि यह नाखून के समान काम करती थी।

32. (B): भैरवी थाट के रागों में बिलासखानी तोड़ी (*a*) और मालकौंस (*c*) शामिल हैं। भैरवी थाट में कोमल स्वर (रे, ग, ध और नि) का प्रमुख उपयोग होता है। इस थाट के राग शांत और भावपूर्ण वातावरण उत्पन्न करते हैं। अन्य विकल्प भैरवी थाट से संबंधित नहीं हैं।

33. (D): शुद्ध छागालग संकीर्ण राग वर्गीकरण के अनुसार संकीर्ण राग हैं:

(*b*) **मालगुन्जी:** यह संकीर्ण राग है, जिसमें सीमित स्वर प्रयुक्त होते हैं।

(*d*) **गौड़ सारंग:** यह भी संकीर्ण राग की श्रेणी में आता है।

(*e*) **जैजैवंती:** यह राग भी इसी श्रेणी में वर्कीकृत है। अन्य विकल्प, जैसे बसंत और मारवा, विस्तृत राग माने जाते हैं।

34. (D): (*a*) **वायलिन - सिसिरकोणाधर चौधुरी (II):** सिसिरकोणाधर वायलिन के प्रसिद्ध कलाकर थे।

(*b*) **सितार - देबू चौधुरी (IV):** देबू चौधुरी सितार के प्रमुख कलाकारों में से एक थे।

(*c*) **गिटार - ब्रिज भूषण काबरा (I):** ब्रिज भूषण काबरा गिटार को भारतीय शास्त्रीय संगीत में लोकप्रिय बनाने वाले कलाकार थे।

(*d*) **सरोद - ब्रिज नारायण (III):** सरोद के प्रमुख कलाकारों में ब्रिज नारायण का नाम आता है।

35. (D): तालों को उनकी तालियों की आरोही संख्या के अनुसार क्रम:

(*b*) **दादरा:** इसमें 6 मात्राएँ होती हैं।

(*a*) **रूपक:** इसमें 7 मात्राएँ और 1 ताली होती है।

(*c*) **धमार:** इसमें 14 मात्राएँ और 2 तालियाँ होती हैं।

(*d*) **आड़ा चैताल:** इसमें 14 मात्राएँ और 3 तालियाँ होती हैं।

(*e*) **रुद्रताल:** इसमें 16 मात्राएँ और 4 तालियाँ होती हैं।

36. (C): (*a*) **बिलासखानी तोड़ी - रे नी सा रे ग, ग प ध म ग रे सा (III):** राग बिलासखानी तोड़ी में यह चलन प्रमुख होता है।

(*b*) **भैरवी - रे नी सा ग म ध प, ग म रे स (IV):** राग भैरवी का यह चलन इसे विशिष्ट बनाता है।

(*c*) **भूपाल तोड़ी - सा रे ग प ध सां ध प, ग रे ग रे सा (II):** यह चलन भूपाल तोड़ी राग में प्रयोग होता है।

(*d*) **कोमल ऋषभ आसावरी - सा रे म प, ध म प ग रे सा (I):** यह राग कोमल ऋषभ आसावरी के लिए उपयुक्त है।

37. **(C):** राग श्याम कल्याण का यह चलन इसकी विशेषता को दर्शाता है। इसमें मत्र् स्वर का विशेष उपयोग होता है, जो कल्याण थाट के इस राग को अलग पहचान देता है।

38. **(D):** वाग्गेयकार में मातु (काव्य) और धातु (संगीत) दोनों गुणों का होना आवश्यक है। वाग्गेयकार वे व्यक्ति होते हैं, जो न केवल संगीत का सृजन करते हैं, बल्कि उसमें काव्यात्मकता भी शामिल करते हैं।

39. **(D):** शारंगदेव ने अपने ग्रंथ में विकृत स्वरों का वर्णन निम्न क्रम में किया है: (*e*) साधारण गंधार, (*c*) अंतर गंधार, (*a*) च्युत मध्यम, (*b*) अच्युत मध्यम, (*d*) त्रिश्रुति पंचम। ये स्वर भारतीय संगीत की विविधता और लचीलापन दर्शाते हैं।

40. **(D):** रागों को शुद्ध और विकृत स्वरों के आधार पर निम्नलिखित क्रम में व्यवस्थित किया गया है:

(*e*) **पीलू:** इसमें शुद्ध और विकृत स्वर दोनों का उपयोग होता है।

(*a*) **मियाँ मल्हार:** यह राग मानसून में गाया जाता है और इसमें विशेष स्वर संयोजन होता है।

(*d*) **बागेश्री:** इसमें भावप्रद स्वरों का प्रयोग किया जाता है।

(*b*) **रागेश्री:** यह शांत और मधुर राग है।

(*c*) **दुर्गा:** यह एक सरल और शुद्ध राग है।

41. **(D):** भरत मुनि ने संगीत के सिद्धांतों में 22 श्रुतियों की परिभाषा और सिद्धि के लिए श्रुति निदर्शन पद्धति का उपयोग किया। यह पद्धति संगीत में विभिन्न स्वरों के सूक्ष्म अंतर और उनकी प्राकृतिक आवृत्तियों को समझाने के लिए बनाई गई थी। श्रुति का महत्व भारतीय संगीत में स्वरों की सूक्ष्मता और गहराई को दर्शाने में है।

42. **(D):** गंगूबाई हंगल संगीत कला एवं प्रदर्शन कला विश्वविद्यालय मैसूर में स्थित है। यह विश्वविद्यालय भारतीय शास्त्रीय संगीत और प्रदर्शन कला के लिए एक प्रमुख शैक्षणिक संस्थान है। गंगूबाई हंगल के नाम पर स्थापित इस विश्वविद्यालय का उद्देश्य उनकी स्मृति को सम्मानित करना और शास्त्रीय संगीत की परंपरा को आगे बढ़ाना है।

43. **(A):** वाद्ययंत्रों को उनकी मुख्य तंत्री की संख्या के अनुसार आरोही क्रम में व्यवस्थित किया गया है:

(*c*) **पेत्रा:** इसमें सबसे कम तंत्री होती हैं।

(*a*) **सारंगी:** इसमें तीन मुख्य तंत्री होती हैं।

(*b*) **सरोद:** इसमें चार मुख्य तंत्री होती हैं।

(*d*) **चित्र वीणा:** इसमें अधिक संख्या में तंत्री होती हैं।

(*e*) **संतूर:** इसमें सबसे अधिक तंत्री होती हैं, आमतौर पर 100 से अधिक।

44. **(B):** (*b*) भूपाली, (*c*) शुद्धकल्याण और (*d*) छायानट राग कल्याण थाट से संबंधित हैं। कल्याण थाट के रागों में तीव्र मध्यम का प्रयोग होता है, जो इन्हें विशिष्ट बनाता है। अन्य विकल्प, जैसे बिहाग और देशकार, अन्य थाट से संवधित हैं।

45. **(D):** मैहर सेनिया घराने से संबंधित दो प्रमुख संगीतज्ञ (*a*) बहादुर खाँ और (*c*) नित्यानंद हल्दीपुर हैं। यह घराना अलाउद्दीन खाँ द्वारा स्थापित किया गया था और भारतीय शास्त्रीय संगीत में अपनी विशिष्टता के लिए जाना जाता है। बहादुर खाँ और नित्यानंद हल्दीपुर ने इस परंपरा को आगे बढ़ाने में महत्वपूर्ण भूमिका निभाई।

46. **(B):** (*a*) **पीलू - काफी (III):** राग पीलू का रागांग काफी थाट से लिया गया है।

(*b*) **तिलंग - खमाज (IV):** तिलंग राग का संबंध खमाज थाट से है।

(*c*) **देसी - असावरी (I):** राग देसी असावरी थाट का हिस्सा है।

(*d*) **कौंसी कानड़ - मालकौंस (II):** यह राग मालकौंस थाट से संबंधित है।

47. **(C):** मसीतखानी गत एक धीमी लयबद्ध रचना है, जो प्रायः सितार वादन में बजाई जाती है। इसमें 16 मात्राएँ होती हैं और इसका उपयोग कलाकारों द्वारा विस्तृत आलाप और राग के प्रस्तुतिकरण के लिए किया जाता है।

48. (A): 'संगीतसमयसार' के लेखक पार्श्वदेव हैं। यह ग्रंथ भारतीय शास्त्रीय संगीत के सिद्धांतों और उनके अनुप्रयोगों पर आधारित है। इसमें राग, ताल और अन्य संगीत तत्वों का गहन वर्णन है।

49. (B): शारंगदेव के ग्रंथ 'संगीत रत्नाकर' में उल्लिखित गमकों के प्रकार:

(*b*) **स्फुरितः** गमक का एक प्रकार जो तेज गति में गाया या बजाया जाता है।

(*c*) **आहतः** गमक जो हल्के आघात से उत्पन्न होता है।

(*e*) **हुंफितः** स्वर में विशेष प्रकार के हेरफेर से उत्पन्न गमक।

अन्य विकल्प, जैसे स्तुरित और गुंफित, गमक के प्रकार नहीं हैं।

50. (D): (*a*) **दुर्गा - शुद्ध सावेरी (III):** राम दुर्गा और शुद्ध सावेरी में स्वर और भाव की समानता है।

(*b*) **बिलावल - शंकरा भरणम् (I):** दोनों रागों में समान स्वरों का उपयोग होता है।

(*c*) **मालकौंस - हिन्डोलम् (IV):** मालकौंस और हिन्डोलम् में एक समान स्वर संरचना है।

(*d*) **भैरव - मायामालव गौड़ (II):** भैरव और मायामालव गौड़ एक ही स्वर संरचना पर आधारित हैं।

51. (A): पाश्चात्य संगीत की स्वरलिपि पद्धतियाँ हैं:

(*a*) **सोल्फा स्वरलिपि पद्धतिः** इसमें स्वरों का प्रतिनिधित्व सिलेबल्स (डो, रे, मी, फा, सो, ला, ती) द्वारा किया जाता है।

(*c*) **न्यूम्स स्वरलिपि पद्धतिः** यह प्राचीन पाश्चात्य संगीत में उपयोग की जाने वाली प्रणाली है।

(*e*) **चीव स्वरलिपि पद्धतिः** इसमें ध्वनियों और तालों को चिह्नों के माध्यम से लिखा जाता है।

अन्य विकल्प जैसे कॉर्ड्स और क्लेफ, पूरी तरह से स्वरलिपि पद्धतियाँ नहीं हैं।

52. (D): इन ग्रंथों के कालक्रमानुसार इस प्रकार व्यवस्थित किया गया है:

(*c*) **मालसोल्लासः** 12वीं शताब्दी का ग्रंथ

(*b*) **संगीतचूड़ामणिः** लगभग 13वीं शताब्दी में रचित।

(*a*) **रागतरंगिणीः** 15वीं शताब्दी के अंत में रचित।

(*d*) **संगीतराजः** 17वीं शताब्दी का ग्रंथ।

(*e*) **संगीत पारिजातः** 18वीं शताब्दी का ग्रंथ।

53. (C): मोघूबाई कुर्डीकर जयपुर-अतरौली घराने की प्रसिद्ध गायिका थीं। उन्होंने अलादिया खाँ साहब से शिक्षा प्राप्त की, जो जयपुर-अतरौली घराने के संस्थापक थे। उनकी गायकी में खयाल और अलंकरण की विशेषताएँ स्पष्ट रूप से दिखाई देती हैं।

54. (D): सेवर्ट पद्धति में प्रमुख सुर का मान 51 सेवर्ट होता है। यह प्रणाली स्वरों की आवृत्तियों और मानकों को परिभाषित करने के लिए विकसित की गई थी।

55. (C): रागों को उनके गायन समय के आरोही क्रम में व्यवस्थित किया गया है:

(*c*) **सोहनीः** प्रातःकालीन राग।

(*e*) **जौनपुरीः** दिन के मध्य में गाया जाने वाला राग।

(*a*) **भीमपलासीः** मध्याह्न के बाद गाया जाता है।

(*d*) **मारवाः** संध्याकाल का राग।

(*b*) **छायानटः** रात्रि के समय गाया जाने वाला राग।

56. (B): मध्यम ग्रामिक मूर्छनाएँ संगीत के विकास में महत्वपूर्ण थीं। (*a*) हरिणाश्व, (*c*) पौरवी और (*e*) मार्गी को मध्यम ग्राम से उत्पन्न मूर्छनाओं के रूप में वर्णित किया गया है। अन्य विकल्प जैसे मत्सारिकृता और अश्वकांता, इस श्रेणी में नहीं आते।

57. (C): वैदिक काल में तंत्री वाद्ययंत्रों को सामान्यतः वीणा कहा जाता था। यह तारयुक्त वाद्ययंत्र भारतीय संगीत का प्राचीनतम रूप है और इसे संगीत के सभी तीन अंगों (वाद्य, गायन और नृत्य) में उपयोग किया गया। अन्य विकल्प, जैसे वाना या वानी, सही संदर्भ में नहीं आते।

58. (D): संगीत रत्नाकर में वर्णित गायकों के दोषों में (*b*) श्रावक और (*d*) आयत्तकंठ शामिल नहीं हैं। इसमें अन्य दोष, जैसे शंकित, भीत और तुम्बकी गायक की प्रदर्शन क्षमता और आत्मविश्वास से संबंधित माने गए हैं।

59. (B): स्टाफ स्वरलिपि पद्धति में निम्नलिखित क्लेफ प्रकार सम्मिलित हैं:

(*a*) **टेनोर क्लेफः** इसे मध्यम श्रेणी के स्वर के लिए उपयोग किया जाता है।

(*d*) **ट्रेबल क्लेफः** उच्च स्वरों को दर्शाने के लिए।

(*e*) **अल्टो क्लेफः** इसे मध्य श्रेणी के स्वरों के लिए उपयोग किया जाता है।

अन्य विकल्प, जैसे ब्रिज क्लेफ और कैनन क्लेफ, पद्धति का हिस्सा नहीं हैं।

60. (A): इन ग्रंथों को उनकी अध्याय संख्या के अवरोही क्रम में व्यवस्थित किया गया है:

(*a*) **भरतभाष्यः** इसमें सबसे अधिक अध्याय हैं।

(*e*) **चतुर्दण्डीप्रकाशिकाः** अध्यायों की संख्या भरतभाष्य से कम है।

(*d*) **प्रणव भारतीः** अध्यायों की संख्या मध्यम स्तर की है।

(*c*) **संगीतोपनिषतसारोद्धारः** इसमें अध्याय कम हैं।

(*b*) **संगीतराजः** यह ग्रंथ न्यूनतम अध्याय संख्या वाला है।

61. (D): स्वामी प्रज्ञानन्द के अनुसार, सरोद का सही नाम शारदीय वीणा है। सरोद भारतीय शास्त्रीय संगीत का प्रमुख तारयुक्त वाद्ययंत्र है। यह नाम "शारदा", जो कि ज्ञान और कला की देवी हैं, से प्रेरित है।

62. (D): पाश्चात्य संगीत में 'C शार्प' के एन्हार्मोनिक्स निम्न हैं:

(*a*) **D फ्लैटः** 'C शार्प' और 'D फ्लैट' समान स्वर हैं।

(*d*) **B डबल शार्पः** 'B डबल शार्प' भी 'C शार्प' के बराबर है।

अन्य विकल्प, जैसे E फ्लैट, C नेचुरल और D डबल फ्लेट, 'C शार्प' के एन्हार्मोनिक्स नहीं हैं।

63. (*)

64. (A): ध्रुपद के तीन प्रमुख घराने हैं:

(*b*) **दरभंगा घरानाः** यह घराना ध्रुपद की गायकी में प्रसिद्ध है।

(*d*) **बेतिया घरानाः** यह घराना ध्रुपद शैली के लिए जाना जाता है।

(*e*) **सहारनपुर घरानाः** ध्रुपद गायन की विशिष्ट शैली प्रस्तुत करता है।

अन्य विकल्प, जैसे भेंडीबाजार और मेवाती खयाल गायन से संबंधित हैं।

65. (*)

66. (D): मेल-राग वर्गीकरण का सर्वप्रथम सूत्रपात विद्यारण्य द्वारा किया गया। उन्होंने रागों को व्यवस्थित ढंग से वर्गीकृत करने की प्रणाली विकसित की। यह प्रणाली भारतीय संगीत के संरचनात्मक विकास में एक मील का पत्थर है।

67. (D): प्रबंध के तीन प्रमुख अंग निम्नलिखित हैं:

(*b*) **विरुदः** यह रचना का वर्णात्मक भाग होता है।

(*d*) **पटः** इसमें रचना के शब्द और ताल शामिल होते हैं।

(*e*) **तालः** यह प्रबंध का लयात्मक हिस्सा है।

अन्य विकल्प, जैसे ध्रुव और मेलापक, प्रबंध के अंग नहीं हैं।

68. (A): हनुमान मत के अनुसार, राग मालकौंस की दो रागिनियाँ हैं: (*c*) तोड़ी, (*e*) गौरी। ये रागिनियाँ मालकौंस राग के गुणों और भावों को दर्शाती हैं।

69. (A): मतंग के अनुसार, गीतियों की संख्या सात है। ये सात गीति प्राचीन संगीत की सात शैलियाँ हैं, जो स्वर, लय और भाव के अनुसार भिन्न होती हैं।

70. (B): निम्नलिखित तीन गायक खयाल के आगरा घराने से संबंधित नहीं हैं: (*b*) उस्ताद गुलाम मुस्तफा खाँ (*d*) उस्ताद तनरस खाँ और (*c*) उस्ताद फकीर हुसैन

खाँ। आगरा घराना खयाल गायक की एक प्रसिद्ध परंपरा है, लेकिन ये गायक अन्य घरानों से संबंधित हैं।

71. (A): भारत रत्न से सम्मानित इन कलाकारों का क्रम उनके सम्मान प्राप्त करने के वर्षों के अनुसार हैः

(*c*) **विदुषी एम.एस. सुब्बलक्ष्मीः** 1998 में सम्मानित।

(*a*) **पं. रवि शंकरः** 1999 में सम्मानित।

(*e*) **उ. बिस्मिल्ला खाँः** 2001 में सम्मानित।

(*b*) **पं. भीमसेन जोशीः** 2008 में सम्मानित।

(*d*) **भूपेन हजारिकाः** 2019 में मरणोपरांत सम्मानित।

72. (D): नाट्यशास्त्र काल के दो गैर-तंत्री वाद्ययंत्रः

(*b*) **पणवः** यह एक प्राचीन ताल वाद्य है।

(*e*) **झल्लारीः** यह भी एक गैर-तंत्री वाद्य है।

अन्य विकल्प, जैसे कच्छपी और मत्तकोकिला, तंत्री वाद्ययंत्र माने जाते हैं।

73. (A): "घात" शब्द का उपयोग एकतंत्रि वीणा के वादन में किया जाता है। यह शब्द उस तकनीक को दर्शाता है, जिसमें तार को चोट देकर ध्वनि उत्पन्न की जाती है। एकतंत्रि वीणा एक प्राचीन भारतीय वाद्य है।

74. (B): सुरबहार के समगीतज्ञः

(*a*) **अन्नपूर्णा देवीः** उन्होंने सुरबहार वादन में महारत हासिल की।

(*e*) **पुष्पराजः** वे भी सुरबहार के प्रसिद्ध कलाकार हैं।

अन्य विकल्प, जैसे हलीम जाफर खाँ और राजीव तारानाथ, सितार और सरोद वादन से संबंधित हैं।

75. (C): कलाकारों और उनके घरानों का मिलानः

(*a*) **फैयाज खान - आगरा (II):** आगरा घराने के प्रसिद्ध गायक।

(*b*) **सुहासिनी कोराटकर - भेंडी बाजार घराना (IV):** भेंडी बाजार घराने से संबंधित गायिका।

(*c*) **ओंकारनाथ ठाकुर - ग्वालियर (I):** ग्वालियर घराने के प्रसिद्ध गायक।

(*d*) **केसरबाई केरकर - जयपुर (III):** जयपुर-अतरौली घराने की प्रसिद्ध गायिका।

76. (B): "स्वरसम्राट की उपाधि प्रसिद्ध सरोद वादक अली अकबर खाँ को प्राप्त हुई। उन्होंने भारतीय शास्त्रीय संगीत को वैश्विक मंच पर पहचान दिलाई और सरोद वादन की अपनी अनूठी शैली के लिए जाने जाते हैं। वे उस्ताद अलाउद्दीन खाँ के पुत्र और मैहर घराने के प्रतिनिधि थे।

77. (C): हर्ष नारायण को वर्ष 2020 का बिस्मिल्ला खाँ संगीत नाटक अकादमी पुरस्कार सारंगी वादन के लिए प्रदान किया गया। वे भारतीय शास्त्रीय संगीत के युवा कलाकार हैं और उनकी सारंगी वादन में गहरी पकड़ है।

78. (C): नाटयशास्त्र काल में विपंचि वीणा में कुल 9 तंत्रियाँ थीं। यह प्राचीन वाद्ययंत्र विभिन्न स्वरों और लयों का अद्वितीय संयोजन प्रदान करता था। विपंचि वीणा का उल्लेख भरत के नाट्यशास्त्र में मिलता है।

79. (C): षड्ज ग्राम के अन्तर गंधार स्वर को धैवत मानकर मध्यम ग्राम की रचना की जाती है। यह भारतीय संगीत के ग्रामिक विकास का एक महत्वपूर्ण सिद्धांत है। अन्तर गंधार स्वर अपने विशेष कंपित ध्वनि प्रभाव के लिए जाना जाता है।

80. (D): ग़ज़ल का प्रथम शेर मतला कहलाता है। इसमें दोनों मिसरे (पंक्तियाँ) एक ही काफिया और रदीफ पर समाप्त होते हैं। मतला ग़ज़ल की शुरूआत का शेर होता है, जो पूरे ग़ज़ल की लय और भाव को स्थापित करता है।

81. (D): (*a*) **भजन - हरिओम शरण (II):** हरिओम शरण भजन गायक के लिए प्रसिद्ध हैं।

(*b*) **गजल - चंदन दास (IV):** चंदन दास गजल गायन में अपनी अनूठी शैली के लिए जाने जाते हैं।

(*c*) **ठुमरी - शोभा गुर्टू (I):** शोभा गुर्टू को ठुमरी की रानी कहा जाता है।

(*d*) **टप्पा - मालिनी राजुरकर (III):** मालिनी राजुरकर टप्पा शैली में विशेषज्ञता रखती हैं।

82. (B): हीराबाई बडोदेकर किराना घराने की प्रसिद्ध गायिका थीं। उन्होंने खयाल गायन में अपनी विशिष्टता स्थापित की और किराना घराने की गायकी शैली को उन्नत किया।

83. (B): राग पुरियाकल्याण का चलन इसी स्वर संरचना से पहचाना जाता है। यह राग कल्याण थाट का हिस्सा है और इसमें तीव्र मध्यम का प्रयोग होता है। यह रात्रि के समय गाया जाने वाला राग है।

84. (B): शिवमत के अनुसार श्रीराग की रागिनियाँ निम्नलिखित क्रम में व्यवस्थित हैं: (*a*) त्रिवेणी, (*c*) गौरी, (*e*) केदार, (*d*) मधुमाधवी और (*b*) पहाड़िका।

85. (A): कर्नाटक संगीत में राग भीमपलासी का समप्रकृति राग आभेरी है। आभेरी राग में भीमपलासी जैसी स्वर संरचना और भाव हैं। यह राग दक्षिण भारतीय शास्त्रीय संगीत का एक महत्वपूर्ण राग है।

86. (B): मध्यमग्रामिक मूर्छना 'मार्गी' का आरंभिक स्वर निषाद है। यह प्राचीन भारतीय संगीत के ग्राम सिद्धांत का हिस्सा है। निषाद स्वर से आरंभ करके राग की मूर्छना को विशेष रूप दिया जाता है।

87. (D): कन्हड़ा अंग के दो प्रमुख पदबंध निम्नलिखित हैं:

(*a*) **<u>नी</u> प:** यह कन्हड़ा अंग का एक विशेष पदबंध है।

(*b*) **<u>ग</u> म रे सा:** यह स्वर संयोजन भी कन्हड़ा अंग में महत्वपूर्ण है।

अन्य विकल्प, जैसे ध नी प ध नी और ग प धा नी सां, कन्हड़ा अंग का हिस्सा नहीं हैं।

88. (D): किशन महाराज ने तबले की संगति को नया आयाम प्रदान किया। वे बनारस घराने के प्रसिद्ध तबला वादक थे। उनकी संगति की शैली में लय और गतियों का अनूठा संतुलन देखने को मिलता था।

89. (B): (*a*) **इंदिरा कला संगीत विश्वविद्यालय - 1956 (II):** यह विश्वविद्यालय भारतीय शास्त्रीय संगीत के अध्ययन के लिए स्थापित किया गया।

(*b*) **राज मानसिंह तोमर विश्वविद्यालय - 2008 (IV):** यह ललित कला और संगीत के क्षेत्र में एक महत्वपूर्ण संस्थान है।

(*c*) **अखिल भारतीय गंधर्व महाविद्यालय मंडल - 1901 (I):** यह भारतीय संगीत के प्रसार के लिए स्थापित किया गया।

(*d*) **मौरिस कॉलेज - 1926 (III):** यह संस्थान संगीत शिक्षा के क्षेत्र में अग्रणी है।

90. (C): गजल से संबंधित पद निम्नलिखित है:

(*a*) **मक्ता:** गजल का अंतिम शेर, जिसमें शायर का नाम या उपनाम होता है।

(*c*) **मतला:** गजल का पहला शेर, जिसमें काफिया और रदीफ समान होते हैं।

(*e*) **अशआर:** गजल के सभी शेर अशआर कहलाते हैं।

अन्य विकल्प, जैसे नज्म और रेख्ता, गजल से संबंधित नहीं हैं।

91. (C): काल-सिद्धांत के अनुसार राग यमन को रात्रि के समय में गाया जाता है। यह राग सायं 7 बजे से रात्रि 10 बजे तक प्रस्तुत किया जाता है। यमन राग तीव्र मध्यम पर आधारित है और इसका गायन रात्रि में इसकी प्रभाविता को बढ़ाता है।

92. (D): भैरव राग कोमल ऋषभ और धैवत का उपयोग करता है और इसे संधि प्रकाश राग के रूप में वर्गीकृत किया गया है। यह राग प्रातःकाल गाया जाता है, विशेष रूप से संधि (रात्रि और दिन के मिलन) के समय। अन्य विकल्प, जैसे भीमपलासी, तोड़ी और अलहैया बिलावल, इस श्रेणी में नहीं आते।

93. (D): रागों के काल-सिद्धांत का सर्वप्रथम उल्लेख नारद द्वारा किया गया। उन्होंने संगीत के विकास और रागों के समय निर्धारण के महत्व पर प्रकाश डाला। काल-सिद्धांत राग की प्रभावशीलता और उसकी प्रकृति को बनाए रखने के लिए आवश्यक है।

94. (D): राग को उचित समय पर प्रस्तुत करने से सुर और राग की प्रभाविता बढ़ती है। समय पर राग गाने से उसके स्वरों की स्वभाविकता और भावप्रदता में वृद्धि होती है। 'संगीत परिजात' के अनुसार, असमय राग प्रस्तुति से दोष उत्पन्न हो सकते हैं।

95. (B): काल-सिद्धांत के अनुसार, रागों को मुख्यतः तीन श्रेणियों में विभाजित किया जा सकता है:

1. **कोमल ऋषभ और धैवत युक्त रागः** प्रातः काल और संध्या समय।
2. **शुद्ध ऋषभ और धैवत युक्त रागः** प्रातः 7 बजे से रात्रि 10 बजे तक।
3. **कोमल गंधार और निषाद युक्त राग।**

यह वर्गीकरण रागों के प्राकृतिक प्रभाव और समय-विशिष्ट प्रस्तुति पर आधारित है।

96. (D): ध्वनि का वेग ठोस माध्यम में सबसे अधिक होता। है। काँच जैसे ठोस माध्यम में ध्वनि का वेग वायु और जल की अपेक्षा काफी अधिक होता है। ठोस में अणु अधिक सघन होते हैं, जिससे ध्वनि तरंगें तेजी से संचरित होती हैं। वायु में ध्वनि का वेग लगभग 343 m/s, जल में 1482 m/s और काँच में यह 5000-6000 m/s तक हो सकता है।

97. (C): वास्तविक तंत्री की आवृत्ति $f = 240$

तीन खंडी स्वर आवर्तक की आवृत्ति $= 3 \times f$

$= 3 \times 240 = 720$ Hz।

यह गणना दर्शाती है कि जब तार तीन खंडों में कंपन करता है, तो उसकी आवृत्ति तिगुनी हो जाती है।

98. (A): मूल स्वर के अतिरिक्त अन्य स्वर आवर्तकों को उपस्वर कहा जाता है। इन्हें स्वयंभू स्वर या अनुरणनात्मक नाद भी कहा जाता है। ये स्वर तंत्री के खंड़ों के कंपन से उत्पन्न होते हैं और रचना को अधिक समृद्ध बनाते हैं।

99. (B): तार (तंत्री) की लंबाई दुगुनी करने पर ध्वनि की आवृत्ति आधी हो जाती है। आवृत्ति और तार की लंबाई का संबंध व्युत्क्रमानुपाती होता है:

$$f \propto \frac{1}{L}$$

यदि $L_2 = 2L_1$, तो $f_2 \propto \frac{f_1}{2}$

100. (C): जल की तरंगें अनुप्रस्थ तरंग होती हैं। इनमें तरंग कणों का कंपन तरंग के प्रसार दिशा के लंबवत होता है। यह जल और अन्य तरल माध्यमों में देखी जाने वाली सामान्य तरंग प्रवृत्ति है।

YOUR SPACE

पिछले प्रश्न-पत्र

National Testing Agency (NTA)

UGC-NET जूनियर रिसर्च फैलोशिप तथा सहायक प्राध्यापक पात्रता परीक्षा

अवनद्ध वाद्य, अगस्त-2024

(Exam held on 22-08-2024)

प्रश्न-पत्र-II

निर्देश : *इस प्रश्न-पत्र में* **सौ (100)** *बहुविकल्पीय प्रश्न हैं। प्रत्येक प्रश्न के* **दो (2)** *अंक हैं।* **सभी** *प्रश्न अनिवार्य हैं।*

1. किस ताल युग्म में तालियों की संख्या समान है:

A. आड़ा चौताल एवं झपताल
B. रूपक एवं तीव्रा
C. त्रिताल एवं तीव्रा
D. खेमटा एवं केहरवा

2. शोध प्रविधि के अनुसार शोध के सोपानों को अनुक्रम में व्यवस्थित कीजिए:

(*a*) दत्त संकलन
(*b*) साहित्य समीक्षा
(*c*) रूपरेखा तैयार करना
(*d*) शोध प्रतिवेदन
(*e*) शोध समस्या का प्रतिपादन

नीचे दिए गए विकल्पों में से **सही** उत्तर का चयन कीजिए:

A. (*e*), (*d*), (*a*), (*c*), (*b*)
B. (*e*), (*a*), (*d*), (*b*), (*c*)
C. (*e*), (*b*), (*c*), (*a*), (*d*)
D. (*e*), (*c*), (*d*), (*a*), (*b*)

3. 'दायरो' लोक गीत का प्रसिद्ध कलाकार निम्नांकित में से कौन है?

A. रंजीत बरोट
B. अल्ला जिलाई बाई
C. प्रदीप बरोट
D. भिखुधान गढ़वी

4. दो विषम ग्रहों का चयन कीजिए:

(*a*) सम
(*b*) आहत
(*c*) अतीत
(*d*) प्रत्याहत
(*e*) अनागत

नीचे दिए गए विकल्पों में से **सही** उत्तर का चयन कीजिए:

A. केवल (*c*) और (*e*)
B. केवल (*b*) और (*d*)
C. केवल (*b*) और (*e*)
D. केवल (*a*) और (*b*)

5. सूची-I के साथ सूची-II का मिलान कीजिए:

सूची-I (ठेका/ताल)	**सूची-II (गीत/नृत्य रूप)**
(*a*) खेमटा	I. अभंग
(*b*) धुमाली	II. गजल
(*c*) भजनी	III. कीर्तन
(*d*) दादरा	IV. गरबा

नीचे दिए गए विकल्पों में से **सही** उत्तर का चयन कीजिए:

	(*a*)	(*b*)	(*c*)	(*d*)
A	IV	III	I	II
B.	IV	II	I	III
C.	I	II	IV	III
D.	III	IV	II	I

6. गीतों की रचना कूटबद्ध करने के लिए वर्ष 1905 में ज्योतिरीन्द्रनाथ टैगोर ने किस स्वरलिपि का सूत्रपात किया था?

A. दण्डमात्रिक स्वरलिपि पद्धति
B. आकारमात्रिक स्वरलिपि पद्धति
C. ठाकुरबाड़ी स्वरलिपि पद्धति
D. हिन्दुस्तानी स्वरलिपि पद्धति

7. शोध (अनुसंधान) में दत्त संग्रह (संकलन) का प्राथमिक स्रोत निम्नांकित में से कौन-सा है?

A. पाण्डुलिपि B. शोध-प्रबंध
C. सिक्के D. राजपत्र

8. पूर्वांग रागों का गायन किस अवधि के बीच होता है?

A. दोपहर 12:00 बजे से रात्रि 12:00
B. प्रातः 6 बजे से सायं 6 बजे
C. रात्रि 12:00 बजे से दोपहर 12:00 बजे
D. सायं 6 बजे से प्रातः 6 बजे

9. सूची-I के साथ सूची-II का मिलान कीजिए:

सूची-I (लोक कलाकार का नाम)	सूची-II (राज्य)
(*a*) तीजनबाई	I. गुजरात
(*b*) विन्ध्यवासिनी देवी	II. महाराष्ट्र
(*c*) सुलोचना चव्हाण	III. छत्तीसगढ़
(*d*) हेमंत चौहान	IV. बिहार

नीचे दिए गए विकल्पों में से **सही** उत्तर का चयन कीजिए:

	(*a*)	(*b*)	(*c*)	(*d*)
A.	IV	III	II	I
B.	III	IV	II	I
C.	II	III	I	IV
D.	IV	II	I	III

10. सूची-I के साथ सूची-II का मिलान कीजिए:

सूची-I (ताल)	सूची-II (जाति)
(*a*) रूपक	I. खंड
(*b*) झपताल	II. संकीर्ण
(*c*) एकताल	III. मिश्र
(*d*) मत्त	IV. तिस्त्र

नीचे दिए गए विकल्पों में से **सही** उत्तर का चयन कीजिए:

	(*a*)	(*b*)	(*c*)	(*d*)
A.	I	II	III	IV
B.	II	III	I	IV
C.	III	I	IV	II
D.	IV	II	III	I

11. 'सूत' किस वाद्य यंत्र में बजाया जाता है?

A. सितार B. संतूर
C. सरोद D. सुरबहार

12. तबला की एकल प्रस्तुति को सही अनुक्रम में व्यवस्थित कीजिए:

(*a*) रेला (*b*) कायदा
(*c*) पेशकार (*d*) टुकड़ा

नीचे दिए गए विकल्पों में से **सही** उत्तर का चयन कीजिए:

A. (*a*), (*b*), (*d*), (*c*) B. (*b*), (*a*), (*c*), (*d*)
C. (*d*), (*a*), (*c*), (*b*) D. (*c*), (*b*), (*a*), (*d*)

13. निम्नलिखित में से समपदी ताल कौन-से हैं?

(*a*) रूपक (*b*) आड़ा चौताल
(*c*) धमार (*d*) एकताल
(*e*) तीन ताल

नीचे दिए गए विकल्पों में से **सही** उत्तर का चयन कीजिए:

A. केवल (*a*), (*b*), (*c*) B. केवल (*b*), (*c*), (*d*)
C. केवल (*b*), (*d*), (*e*) D. केवल (*a*), (*c*), (*d*)

14. निम्नलिखित कलाओं को उनके अवरोही क्रमानुसार व्यवस्थित कीजिए:

(*a*) नृत्य (*b*) आलेख्य
(*c*) गीत (*d*) नाट्य
(*e*) वाद्य

नीचे दिए गए विकल्पों में से **सही** उत्तर का चयन कीजिए:

A. (*b*), (*d*), (*a*), (*e*), (*c*)
B. (*a*), (*d*), (*b*), (*e*), (*c*)
C. (*e*), (*b*), (*d*), (*a*), (*c*)
D. (*d*), (*b*), (*a*), (*e*), (*c*)

15. ध्रुपद के साथ संगति के लिए प्रयुक्त तालों को आरोही अनुक्रम में व्यवस्थित कीजिए:

(*a*) गजझम्पा (*b*) चौताल
(*c*) तीव्रा (*d*) सूलताल

नीचे दिए गए विकल्पों में से **सही** उत्तर का चयन कीजिए:

A. (*a*), (*b*), (*d*), (*c*) B. (*c*), (*d*), (*b*), (*a*)
C. (*b*), (*a*), (*c*), (*d*) D. (*d*), (*a*), (*b*), (*c*)

16. निम्नलिखित में से किसे 9वें और 10वें रस के रूप में जाना जाता है?

(*a*) भयानक (*b*) वात्सल्य
(*c*) शांत (*d*) वीभत्स
(*e*) अद्‌भुत

नीचे दिए गए विकल्पों में से **सही** उत्तर का चयन कीजिए:

A. केवल (*c*) और (*e*) B. केवल (*a*) और (*b*)
C. केवल (*c*) और (*b*) D. केवल (*c*) और (*d*)

17. सूची-I के साथ सूची-II का मिलान कीजिए:

सूची-I (थाट)	सूची-II (स्वर)
(*a*) खमाज	I. सा रे $\underline{\text{ग}}$ म प $\underline{\text{ध}}$ $\underline{\text{नी}}$
(*b*) काफी	II. सा $\underline{\text{रे}}$ $\underline{\text{ग}}$ म प $\underline{\text{ध}}$ $\underline{\text{नी}}$
(*c*) असवारी	III. सा रे $\underline{\text{ग}}$ म प ध $\underline{\text{नी}}$
(*d*) भैरवी	IV. सा रे ग म प ध $\underline{\text{नी}}$

नीचे दिए गए विकल्पों में से **सही** उत्तर का चयन कीजिए:

	(*a*)	(*b*)	(*c*)	(*d*)
A.	III	IV	I	II
B.	IV	I	III	II
C.	IV	III	I	II
D.	III	I	IV	II

18. निम्नांकित में से कौन-सा इण्टरनेट ब्राउजर नहीं है?

A. ओपेरा B. फायरबॉक्स
C. सफारी D. फायरफॉक्स

19. 72 मेल योजना के 12 चक्रों का सही अनुक्रम है:

(*a*) रुद्र (*b*) नेत्र
(*c*) ऋतु (*d*) वसु
(*e*) वेद

नीचे दिए गए विकल्पों में से **सही** उत्तर का चयन कीजिए:

A. (*a*), (*c*), (*b*), (*d*), (*e*)
B. (*c*), (*a*), (*d*), (*b*), (*e*)
C. (*e*), (*b*), (*c*), (*a*), (*d*)
D. (*b*), (*e*), (*c*), (*d*), (*a*)

20. शारंगदेव के ग्रंथ 'संगीत रत्नाकर' में कितने गमकों का उल्लेख है?

A. 14 B. 15
C. 16 D. 17

21. आड़ लय का मान है:

A. 3/2 B. 3/4
C. 2/3 D. 5/4

22. गज और टकोर से बजाये जाने वाले वाद्ययंत्र निम्नांकित में से कौन हैं?

(*a*) ढोलक (*b*) एकतारा
(*c*) बीन (*d*) रावणहत्था
(*e*) इलत्तालम्

नीचे दिए गए विकल्पों में से **सही** उत्तर का चयन कीजिए:

A. केवल (*c*) और (*e*) B. केवल (*b*) और (*c*)
C. केवल (*d*) और (*b*) D. केवल (*a*) और (*b*)

23. सूची-I के साथ सूची-II का मिलान कीजिए:

सूची-I (रस का नाम)	सूची-II (स्थायी भाव)
(*a*) रौद्र	I. रति
(*b*) वीर	II. भय
(*c*) भयानक	III. उत्साह
(*d*) श्रृंगार	IV. क्रोध

नीचे दिए गए विकल्पों में से **सही** उत्तर का चयन कीजिए:

	(*a*)	(*b*)	(*c*)	(*d*)
A.	III	IV	II	I
B.	II	III	IV	I
C.	IV	II	III	I
D.	IV	III	II	I

24. निम्नांकित में से किन तालों में 14 मात्राएं होती हैं?

(*a*) दीपचंद (*b*) झूमर

(*c*) चौताल (*d*) आड़ा चौताल

(*e*) रुद्र ताल

नीचे दिए गए विकल्पों में से **सही** उत्तर का चयन कीजिए :

A. केवल (*a*), (*b*), (*c*) B. केवल (*a*), (*b*), (*d*)

C. केवल (*a*), (*d*), (*e*) D. केवल (*b*), (*d*), (*e*)

25. पद्मश्री पूना राम निषाद छत्तीसगढ़ी लोक संगीत के किस रूप के कलाकार हैं?

A. कर्मा B. दादरिया

C. भारथरी D. पण्डवानी

26. लखनऊ के कोठीवाल परम्परा से संबंधित आदि उस्ताद थे :

A. उस्ताद मक्कू खाँ B. उस्ताद मोदू खाँ

C. उस्ताद बख्शु खाँ D. उस्ताद मम्मन खाँ

27. केन्द्रीय संगीत नाटक अकादमी पुरस्कार से सम्मानित प्रथम मृदंगम् वादक हैं :

A. पालाघाट मणि अय्यर B. यल्ला वेंकटेश्वर राव

C. सुब्रमण्यम् पिल्लै D. पी. श्रीनिवासन्

28. पं. कुमार बोस को किस वर्ष संगीत नाटक अकादमी पुरस्कार से सम्मानित किया गया?

A. 2000 B. 2005

C. 2010 D. 2006

29. पद्म विभूषण से सम्मानित प्रथम तबला वादक हैं :

A. उ. आबिद हुसैन B. उ. अहमद जान थिरकवाँ

C. उ. किशन महाराज D. उ. जाकिर हुसैन

30. नाट्यशास्त्र में वर्णित 'हरितिका' किस कर्नाटकी अवनद्ध वाद्य को दर्शाता है :

A. हुडुका B. घटम्

C. खंजीरा D. तविल

31. विदुषी एन. राजम् ने किस संस्था में अध्यापन कार्य किया है?

A. विश्वभारती, शांतिनिकेतन

B. इंदिरा कला संगीत विश्वविद्यालय, खैरागढ़

C. काशी हिन्दू विश्वविद्यालय, वाराणसी

D. राजा मानसिंह तोमर संगीत विश्वविद्यालय, ग्वालियर

32. किस महान पखावज वादक को इन्दौर नरेश तुकोजी राव होलकर के दरबार में राज्याश्रय प्राप्त हुआ?

A. पंडित नाना पानसे

B. घनश्याम दास पखावजी

C. बलवन्त राव पानसे

D. वामन राव चाँदवडकर

33. 'फर्द' के लिए प्रसिद्ध नाम है :

A. पं. बूँदी महाराज B. पं. बैजू जी

C. पं. परतप्पु महाराज D. पं. भगत जी

34. निम्नलिखित कलाकारों में से कौन रचनाकार के रूप में प्रसिद्ध नहीं हुए?

A. उस्ताद हाजी विलायत अली

B. उस्ताद चुड़ियाँ वाले इमाम बख्श

C. उस्ताद अमीर हुसैन खाँ

D. उस्ताद अहमदजान थिरकवाँ

35. काव्यात्मक भाषा, विभिन्न प्रकार की खाली भरी संकल्पना से युक्त, पुनरावृत्ति का गुण रखने वाली प्रामाणिक रचना, जो प्रकृति में व्याप्त विभिन्न प्रकार की गत्यात्मकता के आधार पर निर्भित रचना कहलाती हैं :

A. टुकड़ा B. गत

C. परण D. आमद

36. बनारस घराने में बरसात से संबंधित तबले की रचना कहलाती है :

A. पावस परण B. दलबादल परण

C. कड़क बिजुरी परण D. गत परण

37. अहमदाबाद में स्थित 'सप्तक' संस्था के संस्थापक हैं :

A. प्रो. आर.सी. मेहता B. विदुषी मंजू मेहता

C. पं. नंदन मेहता D. श्री प्रफुल्ल अनुभाई

38. किस अविस्तारशील रचना को पहले आड़लय, बराबर, आड़ की दुगुन, बराबर की दुगुन इस क्रम में बजाया जाता है :

A. बढ़ैया की गत B. दर्जेदार गत

C. उड़ान की गत D. पटाबेना की गत

39. तबला के किस प्रमुख रचना में 'बल', 'पेंच', 'गिरा' एवं 'फेंदा' का प्रयोग विस्तार क्रिया में किया जाता है?

A. कायदा B. लड़ी

C. रेला D. गत

40. प्रसिद्ध बाँसुरी वादक जो प्रकाश फिल्मस में संगीत निर्देशक रहे :

A. पंडित भोलानाथ प्रसन्ना

B. पंडित रघुनाथ सेठ

C. पंडित हरिप्रसाद चौरसिया

D. पंडित पन्नालाल घोष

41. हिन्दी फिल्मों में 'ए.आर. कुरैशी' नाम से किस कलाकार ने संगीत निर्देशन किया?

A. उस्ताद अल्लाधेता खाँ

B. उस्ताद अल्लारक्खा

C. उस्ताद तौफीक कुरैशी

D. उस्ताद अल्लाउद्दीन खाँ

42. किस कलाकार ने 'शोले' हिन्दी फिल्म में पार्श्व संगीत के लिए तबला वादन किया?

A. उस्ताद निजामुद्दीन खाँ

B. उस्ताद अल्लारक्खा

C. पंडित सामता प्रसाद

D. पंडित किशन महाराज

43. उस्ताद मुनीर खाँ की समाधि स्थल किस शहर में स्थित है?

A. रायगढ़ B. ललियाना

C. फर्रुखाबाद D. मुंबई

44. एकताल की आड़ी लय की रचना को बिना बोल परिवर्तन के किस ताल में बराबर लय में बजाया जा सकता है?

A. झपताल B. सवारी

C. त्रिताल D. मत्त ताल

45. सन् 2018 में बिस्मिल्ला खाँ युवा पुरस्कार से सम्मानित तबला वादक हैं :

A. सत्यजीत तलवलकर B. शुभ महाराज

C. अनुब्रत चटर्जी D. परवेज हुसैन

46. कथक नृत्य में 'गिनती की तिहाइयों' को प्रचलित करने का श्रेय किस कलाकार को जाता है?

A. पं. बिरजू महाराज B. पं. शम्भू महाराज

C. पं. दुर्गालाल D. पं. अच्छन महाराज

47. 'सवाई गंधर्व संगीत समारोह' का सूत्रपात किस कलाकार ने किया?

A. पंडित बाल गंधर्व

B. पंडित कुमार गंधर्व

C. पंडित भीमसेन जोशी

D. पंडित गजानन जोशी

48. भजन में निहित मूल रस है :

A. भक्ति B. शांत

C. वीर D. करुणा

49. 'मांड' किस प्रान्त का प्रचलित लोकसंगीत है :

A. मध्य प्रदेश B. महाराष्ट्र

C. गुजरात D. राजस्थान

50. यू. श्रीनिवासन् ने किस वाद्य को भारतीय संगीत में स्थापित किया?

A. मेंडोलिन B. नादस्वरम्

C. क्लैरिनेट D. खंजीरा

51. दिल्ली घराने के निम्नलिखित कलाकारों को कालक्रम में व्यवस्थित कीजिए :

(*a*) उस्ताद इनाम अली खाँ

(*b*) उस्ताद बोली बख्श खाँ

(*c*) उस्ताद नत्थू खाँ

(*d*) उस्ताद गुलाम हैदर

नीचे दिए गए विकल्पों में से सही उत्तर का चयन कीजिए :

A. (*a*), (*b*), (*c*), (*d*) B. (*b*), (*c*), (*a*), (*d*)

C. (*a*), (*c*), (*b*), (*d*) D. (*c*), (*b*), (*a*), (*d*)

52. संगीत रत्नाकर में यथोलिखित/यथावर्णित ताल तत्व को सही क्रम में व्यवस्थित कीजिए :

(*a*) क्रिया (*b*) मार्ग

(*c*) काल (*d*) जाति

(*e*) कला

नीचे दिए गए विकल्पों में से **सही** उत्तर का चयन कीजिए :

A. (*c*), (*e*), (*d*), (*b*), (*a*)
B. (*a*), (*b*), (*c*), (*d*), (*e*)
C. (*c*), (*b*), (*e*), (*a*), (*d*)
D. (*c*), (*a*), (*b*), (*d*), (*e*)

53. उस्ताद जाकिर हुसैन को प्रदत्त पुरस्कारों को कालक्रम में व्यवस्थित कीजिए :

(*a*) राष्ट्रीय विरासत अध्येतावृत्ति (नेशनल हेरिटेज फैलोशिप)
(*b*) पद्म भूषण
(*c*) पद्मश्री
(*d*) संगीत नाटक अकादमी पुरस्कार

नीचे दिए गए विकल्पों में से **सही** उत्तर का चयन कीजिए :

A. (*c*), (*d*), (*a*), (*b*) B. (*b*), (*d*), (*a*), (*c*)
C. (*a*), (*d*), (*c*), (*b*) D. (*d*), (*b*), (*a*), (*c*)

54. नव ताल सृजन के सिद्धांतों को सही क्रम में व्यवस्थित कीजिए :

(*a*) ठेका बोल का चयन (*b*) ताल के खंड का नियतन
(*c*) मात्रा का नियतन (*d*) हस्तक्रिया की पहचान

नीचे दिए गए विकल्पों में से **सही** उत्तर का चयन कीजिए :

A. (*a*), (*b*), (*c*), (*d*) B. (*a*), (*b*), (*d*), (*c*)
C. (*c*), (*b*), (*d*), (*a*) D. (*c*), (*b*), (*a*), (*d*)

55. निम्नलिखित सशब्द क्रियाओं को अवरोही क्रम में व्यवस्थित कीजिए :

(*a*) ताल (*b*) सन्निपात
(*c*) ध्रुव (*d*) शम्या

नीचे दिए गए विकल्पों में से **सही** उत्तर का चयन कीजिए :

A. (*a*), (*b*), (*d*), (*c*) B. (*b*), (*d*), (*a*), (*c*)
C. (*b*), (*a*), (*d*), (*c*) D. (*c*), (*d*), (*a*), (*b*)

56. नौहक्का तिहाई बनाने में आठ अक्षर के बोल के साथ 'धा' का कालमान बढ़ते क्रम में होगा :

(*a*) रूपक (*b*) झपताल
(*c*) एकताल (*d*) त्रिताल

नीचे दिए गए विकल्पों में से **सही** उत्तर का चयन कीजिए :

A. (*b*), (*c*), (*a*), (*d*) B. (*c*), (*b*), (*a*), (*d*)
C. (*a*), (*b*), (*c*), (*d*) D. (*c*), (*d*), (*b*), (*a*)

57. पाश्चात्य स्वर चिह्नों के मात्रा (कालमान) को घटते क्रम में लिखिए :

(*a*) 𝅘𝅥𝅯 (*b*) 𝅝
(*c*) 𝅗𝅥 (*d*) 𝅘𝅥𝅮

नीचे दिए गए विकल्पों में से **सही** उत्तर का चयन कीजिए :

A. (*a*), (*d*), (*b*), (*c*) B. (*a*), (*c*), (*d*), (*b*)
C. (*a*), (*d*), (*c*), (*b*) D. (*d*), (*a*), (*c*), (*b*)

58. निम्नलिखित तालों का नाम विभागों की संख्या के घटते क्रम के आधार पर लिखिए :

(*a*) ताल विष्णु (*b*) खेमटा
(*c*) सूलफाक्ता (*d*) बसंत

नीचे दिए गए विकल्पों में से **सही** उत्तर का चयन कीजिए :

A. (*d*), (*c*), (*a*), (*b*) B. (*d*), (*a*), (*c*), (*b*)
C. (*b*), (*c*), (*a*), (*d*) D. (*b*), (*a*), (*c*), (*d*)

59. निम्नलिखित कलाकारों को प्राप्त पद्मश्री उपाधि वर्षवार बढ़ते क्रम में लिखिए :

(*a*) पं. विजय घाटे (*b*) उस्ताद शफात अहमद
(*c*) पं. सुरेश तलवलकर (*d*) पं. स्वप्न चौधरी

नीचे दिए गए विकल्पों में से **सही** उत्तर का चयन कीजिए :

A. (*a*), (*c*), (*d*), (*b*) B. (*b*), (*c*), (*d*), (*a*)
C. (*d*), (*b*), (*c*), (*a*) D. (*b*), (*c*), (*a*), (*d*)

60. अध्याय की संख्या के आधार पर ग्रंथों का नाम बढ़ते क्रम में लिखिए :

(*a*) संगीत रत्नाकर (*b*) संगीत राज
(*c*) भरत भाष्य (*d*) नाट्य शास्त्र

नीचे दिए गए विकल्पों में से **सही** उत्तर का चयन कीजिए :

A. (*b*), (*c*), (*a*), (*d*) B. (*b*), (*a*), (*c*), (*d*)
C. (*d*), (*c*), (*a*), (*b*) D. (*d*), (*a*), (*c*), (*b*)

61. निम्नांकित में से उस्ताद मुनीर खाँ के शिष्यों को चिह्नांकित कीजिए :

(*a*) अहमद जान थिरकवाँ (*b*) मसीत खाँ
(*c*) निजामुद्दीन खाँ (*d*) अमीर हुसैन खाँ

नीचे दिए गए विकल्पों में से **सही** उत्तर का चयन कीजिए :

A. केवल (*a*), (*b*), (*c*) B. केवल (*b*), (*d*)
C. केवल (*a*), (*d*) D. केवल (*a*), (*c*), (*d*)

62. भरत मुनि के अनुसार 'पाणि' के प्रकार हैं :

(*a*) सम पाणि (*b*) विषम पाणि
(*c*) अव पाणि (*d*) उपरि पाणि

नीचे दिए गए विकल्पों में से **सही** उत्तर का चयन कीजिए :

A. केवल (*a*), (*b*), (*c*) B. केवल (*a*), (*b*), (*d*)
C. केवल (*b*), (*c*), (*d*) D. केवल (*a*), (*c*), (*d*)

63. ठुमरी के साथ संगति के लिए प्रयुक्त ताल हैं :

(*a*) दीपचन्दी (*b*) अद्धा
(*c*) धुमाली (*d*) जतताल

नीचे दिए गए विकल्पों में से **सही** उत्तर का चयन कीजिए :

A. केवल (*a*), (*b*), (*d*) B. केवल (*a*), (*b*), (*c*)
C. केवल (*a*), (*b*) D. केवल (*b*), (*c*), (*d*)

64. तबला का प्राथमिक (मूल) कार्य संगीत को .... प्रदान करना है।

(*a*) लय (*b*) ठेका
(*c*) ताल (*d*) गति

नीचे दिए गए विकल्पों में से **सही** उत्तर का चयन कीजिए :

A. केवल (*a*), (*b*), (*d*) B. केवल (*a*), (*b*), (*c*)
C. केवल (*b*), (*c*), (*d*) D. केवल (*a*), (*d*), (*c*)

65. 9 मात्रा ताल की चतुरस्र जाति तिहाई में एक आवर्तन में निम्नांकित में से कौन-से दम (अल्प-विराम) संभव है?

(*a*) 3/4 मात्रा (*b*) 3/2 मात्रा
(*c*) 5/4 मात्रा (*d*) 7/4 मात्रा

नीचे दिए गए विकल्पों में से **सही** उत्तर का चयन कीजिए :

A. केवल (*a*), (*b*), (*c*) B. केवल (*b*), (*c*)
C. केवल (*a*), (*b*) D. केवल (*c*), (*d*)

66. निम्नांकित में से अर्ध समपदी ताल का चयन कीजिए :

(*a*) धामर (*b*) दीपचंदी
(*c*) झुमरा (*d*) आडाचौताल

नीचे दिए गए विकल्पों में से **सही** उत्तर का चयन कीजिए :

A. केवल (*a*), (*c*) B. केवल (*b*), (*d*)
C. केवल (*b*), (*c*) D. केवल (*a*), (*d*)

67. तिहाई के अवयव निम्नांकित में से कौन-से हैं?

(*a*) सम (*b*) पल्ला
(*c*) दम (*d*) आवर्तन

नीचे दिए गए विकल्पों में से **सही** उत्तर का चयन कीजिए :

A. केवल (*a*), (*b*), (*c*) B. केवल (*a*), (*c*), (*d*)
C. केवल (*c*), (*d*) D. केवल (*b*), (*c*)

68. निम्नांकित में से कौन फर्रुखाबाद घराना के सुविख्यात रचनाकार थे?

(*a*) उस्ताद मिया शलारी
(*b*) उस्ताद मुनीर खाँ
(*c*) उस्ताद अहमद जान थिरकवा
(*d*) उस्ताद मसीत खान

नीचे दिए गए विकल्पों में से **सही** उत्तर का चयन कीजिए :

A. केवल (*a*), (*b*), (*c*) B. केवल (*b*), (*c*)
C. केवल (*a*), (*b*), (*d*) D. केवल (*b*), (*c*), (*d*)

69. निम्नांकित में से क्या सशब्द क्रियाएँ हैं?

(*a*) ताल (*b*) प्रवेशक
(*c*) शम्या (*d*) सान्निपात

नीचे दिए गए विकल्पों में से **सही** उत्तर का चयन कीजिए :

A. केवल (*a*), (*b*), (*c*) B. केवल (*a*), (*c*), (*d*)
C. केवल (*b*), (*c*), (*d*) D. केवल (*a*), (*b*), (*d*)

70. सामान्यतया तबला एकल वादन के आरंभ में निम्नांकित में से कौन-सी रचनाओं का वादन किया जाता है?

(*a*) पेशकार (*b*) उठान

(*c*) रेला (*d*) परण

नीचे दिए गए विकल्पों में से **सही** उत्तर का चयन कीजिए :

A. केवल (*a*), (*b*), (*c*) B. केवल (*a*), (*c*)

C. केवल (*a*), (*b*) D. केवल (*b*), (*c*)

71. पद्म विभूषण पंडित किशन महाराज के प्रमुख शिष्य हैं :

(*a*) पं. पूरण महाराज

(*b*) पं. सुखविंदर सिंह नामधारी

(*c*) पं. संजू सहाय

(*d*) पं. शुभ महाराज

नीचे दिए गए विकल्पों में से **सही** उत्तर का चयन कीजिए :

A. केवल (*a*), (*b*), (*d*) B. केवल (*b*), (*d*)

C. केवल (*b*), (*c*), (*d*) D. केवल (*a*), (*d*)

72. फर्रुखाबाद घराने के महान तबला वादक उस्ताद अहमद जान थिरकवाँ का तबला के रचनाओं को नया आयाम देने में अमूल्य योगदान है :

(*a*) फर्शबंदी (*b*) लग्गी-लड़ी

(*c*) पेशकार (*d*) कायदा

नीचे दिए गए विकल्पों में से **सही** उत्तर का चयन कीजिए :

A. केवल (*b*), (*d*) B. केवल (*c*), (*d*)

C. केवल (*a*), (*c*) D. केवल (*a*), (*b*), (*c*)

73. तबला के महान कलाकार पं. अनोखे लाल को किन बोलों को नया आयाम देने का श्रेय जाता है?

(*a*) 'ना धीं धीं ना' को

(*b*) 'धिरधिर' को

(*c*) 'घेतकघेतक दिंगादिनागिन' को

(*d*) 'धात्रकधेकेटकतदिगन' को

नीचे दिए गए विकल्पों में से **सही** उत्तर का चयन कीजिए :

A. केवल (*a*), (*b*) B. केवल (*a*), (*c*)

C. केवल (*a*), (*b*), (*c*) D. केवल (*a*), (*b*), (*d*)

74. बरसात के समय में गाये जाने वाले गीत प्रकार हैं :

(*a*) कजरी (*b*) चैती

(*c*) दादरा (*d*) झूला

नीचे दिए गए विकल्पों में से **सही** उत्तर का चयन कीजिए :

A. केवल (*a*), (*b*), (*c*) B. केवल (*a*), (*c*)

C. केवल (*a*), (*b*) D. केवल (*a*), (*d*)

75. उस्ताद नत्थू खाँ के प्रमुख शिष्य हैं :

A. उस्ताद निजामुद्दीन खाँ

B. उस्ताद हबीबुद्दीन खाँ

C. उस्ताद शमसुद्दीन खाँ

D. उस्ताद कमालुद्दीन खाँ

76. विशिष्ट ताल में गाए जाने वाले प्रचलित गीत प्रकार हैं :

(*a*) धमार (*b*) दादरा

(*c*) सादरा (*d*) भजन

नीचे दिए गए विकल्पों में से **सही** उत्तर का चयन कीजिए :

A. केवल (*a*), (*c*) B. केवल (*a*), (*b*), (*c*)

C. केवल (*b*), (*c*) D. केवल (*b*), (*c*), (*d*)

77. सिर्फ 14 मात्रा के ताल में गाए जाने वाले गीत प्रकार हैं :

(*a*) चैती (*b*) ठुमरी

(*c*) ख्याल (*d*) धमार

नीचे दिए गए विकल्पों में से **सही** उत्तर का चयन कीजिए :

A. केवल (*a*), (*c*), (*d*) B. केवल (*a*), (*b*), (*d*)

C. केवल (*c*), (*d*) D. केवल (*a*), (*d*)

78. गत के प्रकार हैं :

(*a*) मंझेदार (*b*) पल्लीदार

(*c*) दमदार (*d*) तियेदार

नीचे दिए गए विकल्पों में से **सही** उत्तर का चयन कीजिए :

A. केवल (*a*), (*b*), (*c*)

B. केवल (*a*), (*c*), (*d*)

C. केवल (*a*), (*b*), (*d*)

D. केवल (*b*), (*c*), (*d*)

79. तबला वादन के परिप्रेक्ष्य में 'घराना' से अभिप्राय है :

(*a*) गुरु की परम्परागत वादनशैली का अनुकरण करना

(*b*) विशिष्ट बाज के पालन में अनिवार्यता

(*c*) तीन या इससे अधिक पीढ़ी में संगीत होना

(*d*) घरानेदार कलाकार से रक्त का संबंध होना

नीचे दिए गए विकल्पों में से **सही** उत्तर का चयन कीजिए :

A. केवल (*a*), (*b*) B. केवल (*b*), (*c*)

C. केवल (*c*), (*d*) D. केवल (*b*), (*d*)

80. तबला वाद्य का महत्व है :

(*a*) स्वर वाद्य के रूप में

(*b*) लय-ताल वाद्य के रूप में

(*c*) केवल संगत वाद्य के रूप में

(*d*) बहुपयोगी एवं संगत वाद्य के रूप में

नीचे दिए गए विकल्पों में से **सही** उत्तर का चयन कीजिए :

A. केवल (*a*), (*c*) B. केवल (*b*), (*c*), (*d*)

C. केवल (*b*), (*c*) D. केवल (*b*), (*d*)

81. सूची-I के साथ सूची-II का मिलान कीजिए :

सूची-I (पखावज घराना)	**सूची-II (कलाकार)**
(*a*) ज़ावलि घराना	I. अर्जुन शेजवल
(*b*) अवधी घराना	II. बाबा रामकुमार दास
(*c*) नाना पानसे घराना	III. तुलसी दास
(*d*) नाथद्वारा घराना	IV. लाला भगवान दास

नीचे दिए गए विकल्पों में से **सही** उत्तर का चयन कीजिए :

	(*a*)	(*b*)	(*c*)	(*d*)
A.	IV	II	I	III
B.	I	II	III	IV
C.	I	III	IV	II
D.	IV	II	III	I

82. सूची-I के साथ सूची-II का मिलान कीजिए :

सूची-I (कलाकार/लेखक)	**सूची-II (गुरु)**
(*a*) जेम्स किप्पन	I. मुन्ने खान
(*b*) आबान मिस्त्री	II. तारानाथ राव
(*c*) योगमाया शुक्ल	III. अफाक हुसैन
(*d*) सदानंद नैमपल्ली	IV. अमीर हुसैन खाँ

नीचे दिए गए विकल्पों में से **सही** उत्तर का चयन कीजिए :

	(*a*)	(*b*)	(*c*)	(*d*)
A.	I	III	II	IV
B.	III	IV	I	II
C.	III	IV	II	I
D.	I	II	IV	III

83. सूची-I के साथ सूची-II का मिलान कीजिए :

सूची-I (पुस्तक)	**सूची-II (लेखक)**
(*a*) ताल प्रसून	I. अरुण कुमार सेन
(*b*) सोलो ड्रमिंग ऑफ नॉर्थ इंडिया इट्स रेपटोअर	II. छोटेलाल मिश्र
(*c*) इंडियन कंसेप्ट ऑफ रिद्म	III. रॉबर्ट गोटल्बि
(*d*) द आर्ट ऑफ तबला रिद्म	IV. सुधीर कुमार सक्सेना

नीचे दिए गए विकल्पों में से **सही** उत्तर का चयन कीजिए :

	(*a*)	(*b*)	(*c*)	(*d*)
A.	I	II	III	IV
B.	II	III	IV	I
C.	IV	II	I	III
D.	II	III	I	IV

84. सूची-I के साथ सूची-II का मिलान कीजिए :

सूची-I (ग्रंथ का नाम)	**सूची-II (तालाध्याय)**
(*a*) नाट्यशास्त्र	I. इकत्तीसवां अध्याय
(*b*) संगीत रत्नाकर	II. प्रथम अध्याय
(*c*) संगीत समयसार	III. पाँचवां अध्याय
(*d*) संगीत सूर्योदय	IV. आठवां अध्याय

नीचे दिए गए विकल्पों में से **सही** उत्तर का चयन कीजिए :

	(*a*)	(*b*)	(*c*)	(*d*)
A.	I	III	II	IV
B.	I	II	IV	III
C.	I	III	IV	II
D.	II	IV	I	III

85. सूची-I के साथ सूची-II का मिलान कीजिए :

सूची-I (ताल संबंधी)	**सूची-II (प्रकार)**
(*a*) क्रिया	I. कार्मारवी
(*b*) मार्जना	II. प्रदेशनी
(*c*) प्रहार	III. प्रवेश
(*d*) पाणिप्रहत	IV. निगृहीत

नीचे दिए गए विकल्पों में से **सही** उत्तर का चयन कीजिए :

	(*a*)	(*b*)	(*c*)	(*d*)
A.	III	I	IV	II
B.	II	III	IV	I
C.	III	II	I	IV
D.	III	I	II	IV

86. सूची-I के साथ सूची-II का मिलान कीजिए :

सूची-I (रचना)	**सूची-II (क्रियापद/ अंतमय पद)**
(*a*) कायदा	I. किटतक
(*b*) पेशकार	II. धाड़
(*c*) बाँट	III. धीना गीना
(*d*) रेला	IV. धींना

नीचे दिए गए विकल्पों में से **सही** उत्तर का चयन कीजिए :

	(*a*)	(*b*)	(*c*)	(*d*)
A.	IV	III	II	I
B.	IV	III	I	II
C.	III	IV	I	II
D.	III	IV	II	I

87. सूची-I के साथ सूची-II का मिलान कीजिए :

सूची-I (उपाधि)	**सूची-II (कलाकार)**
(*a*) संगत सम्राट	I. पं. खाप्रुमामा पर्वतकर
(*b*) वाद्य रसराज	II. पं. भैरव सहाय
(*c*) वाद्य शिरोमणि	III. पं. बलदेव सहाय
(*d*) लयभास्कर	IV. पं. कंठे महाराज

नीचे दिए गए विकल्पों में से **सही** उत्तर का चयन कीजिए :

	(*a*)	(*b*)	(*c*)	(*d*)
A.	IV	II	III	I
B.	II	III	IV	I
C.	III	IV	II	I
D.	IV	II	I	III

88. सूची-I के साथ सूची-II का मिलान कीजिए :

सूची-I (ताल नाम)	**सूची-II (ताल स्वरूप)**
(*a*) षटपितापुत्रक	I. I O O
(*b*) दर्पण	II. S S S
(*c*) त्रिपुट	III. O O S
(*d*) उद्घट्टः	IV. S′ I S S I S′

नीचे दिए गए विकल्पों में से **सही** उत्तर का चयन कीजिए :

	(*a*)	(*b*)	(*c*)	(*d*)
A.	IV	III	I	II
B.	IV	I	III	II
C.	III	IV	II	I
D.	II	I	IV	III

89. सूची-I के साथ सूची-II का मिलान कीजिए :

सूची-I (उत्तर भारतीय तालों के नाम)	**सूची-II (कर्नाटक तालांकन स्वरूप)**
(*a*) धमार	I. O Ĭ Ŏ
(*b*) झपताल	II. O I I I
(*c*) त्रिताल	III. Ĭ Ĭ I
(*d*) आड़ा चौताल	IV. I S I

नीचे दिए गए विकल्पों में से **सही** उत्तर का चयन कीजिए :

	(*a*)	(*b*)	(*c*)	(*d*)
A.	III	I	II	IV
B.	III	II	I	IV
C.	III	I	IV	II
D.	II	III	IV	I

90. सूची-I के साथ सूची-II का मिलान कीजिए :

सूची-I (घराना)	सूची-II (विशिष्ट रचना)
(*a*) दिल्ली	I. चलन
(*b*) लखनऊ	II. लड़ी
(*c*) फर्रुखाबाद	III. बाँट
(*d*) बनारस	IV. गतपरण

नीचे दिए गए विकल्पों में से **सही** उत्तर का चयन कीजिए :

	(*a*)	(*b*)	(*c*)	(*d*)
A.	II	IV	III	I
B.	II	III	IV	I
C.	II	I	III	IV
D.	II	IV	I	III

निर्देश (प्रश्न संख्या 91 से 95 तक): *निम्नलिखित गद्यांश को पढ़िए और संबंधित प्रश्नों के उत्तर दीजिए।*

संगीत शिक्षण के लिए स्थापित सरकारी संस्थाओं ने संगीतज्ञों को स्थायी और सुरक्षित नियोजन की संभावना और रोजगार के अवसर प्रदान किया है। लखनऊ में सर्वाधिक महत्वपूर्ण संस्था भातखंडे संगीत महाविद्यालय अवस्थित है जिसमें विद्यार्थी भारतीय शास्त्रीय संगीत की सभी विधाओं में विभिन्न पाठ्यक्रमों में नामांकन कराते हैं। इसके अलावा, संगीत नाटक अकादमी की उत्तर प्रदेश शाखा में *कत्थक* नृत्य का कोर्स उपलब्ध है। कुछ माध्यमिक विद्यालयों में भी रोजगार प्राप्त किया जा सकता है जहाँ संगीत शिक्षा स्कूली पाठ्यचर्या का महत्वपूर्ण भाग बन गया है। व्यवहार में, प्रदर्शन करने वाले संगीतकार कदाचित ही विद्यालयों में पद ग्रहण करते हैं, अतएव उनकी बजाय संगीत महाविद्यालयों के स्नातकों द्वारा इन पदों को भरा जाता है। भातखंडे संगीत महाविद्यालय एक मात्र सबसे बड़ा नियोजनकर्ता है जो लखनऊ में संगीतकारों को पूर्णकालिक आधार पर कार्य सौंप रहा है।

वर्ष 1981 की स्थिति के अनुसार स्टाफ की सूची में 29 संगीतज्ञ अध्यापन के पद पर हैं। जिनमें तीन आचार्य, दस सहआचार्य, चार व्याख्याता और बारह कनिष्ठ व्याख्याता हैं। इसके अलावा, 24 संगीतकारों के लिएं अन्य स्थान भी है जिन्हें संगतकार के रूप में वर्गीकृत किया गया है और उनमें से अधिकांश लोग तबला और सारंगी वादक हैं। उनसे अपेक्षा की जाती है कि वे अभ्यास और प्रस्तुति (प्रदर्शन) के लिए अध्यापक और विद्यार्थी दोनों संगति प्रदान कर कक्षा की सहायता करें।

91. लखनऊ का कौन-सा संस्थान संगीतज्ञों को उत्तम नियोजन उपलब्ध कराता है?

A. शिक्षण संस्थान
B. ऑल इंडिया रेडियो
C. भातखंडे संगीत महाविद्यालय
D. टेलीविजन

92. सामान्यतया संगीत स्नातकों को कहाँ पदस्थापित किया जाता है?

A. भातखंडे संगीत महाविद्यालय
B. माध्यमिक विद्यालय
C. संगीत नाटक अकादमी
D. महाविद्यालय में संगीतकार के रूप में

93. आचार्य और सहआचार्यों के अलावा भातखंडे संगीत महाविद्यालय में अध्यापकों की संख्या कितनी थी?

A. 16　　B. 29
C. 24　　D. 20

94. संगीत कलाकार की निम्नांकित में से किसमें अभिरुचि नहीं होती है?

A. सुरक्षित नियोजना
B. संगीतकार के रूप में कार्य करने में
C. संगीत शिक्षक के रूप में कार्य करने में
D. संगीत नाटक अकादमी के लिए कार्य करने में

95. अध्यापक, तबला वादक, सारंगी वादक इत्यादि सहित भातखंडे संगीत महाविद्यालय में स्टाफ की कुल संख्या कितनी थी?

A. 29　　B. 24
C. 50　　D. 53

निर्देश (प्रश्न संख्या 96 से 100 तक): *निम्नलिखित गद्यांश को पढ़िए और संबंधित प्रश्नों के उत्तर दीजिए।*

रामसहाय जी ने उस्ताद मोदू खाँ से प्राप्त शिक्षा में विविध परिवर्तन करके एक नवीन वादनशैली निर्मित की जो अन्य घरानों से सर्वथा पृथक एवं नवीन थी। पश्चिमबाज में

डग्गे (बाएँ) को गोद में रखकर बजाने की परम्परा में परिवर्तन कर दाहिने-बाएँ को सामने रखकर वीरासन में बैठकर वादन करने की प्रथा प्रचलित की। स्वतंत्र वादन में क्रमानुसार शास्त्रोक्त-सम्मत विधि का अनुसरण किया और प्रचलित ध्रुपद, धमार, ख्याल, टप्पा, ठुमरी, होरी, चैती, कजरी, वीणा, सारंगी, सितार, सरोद, सुरसिंगार, सुरबहार, दिलरुबा, इसराज आदि तथा कथक नृत्य शैली की उचित, उपयुक्त, सही साथ संगति के लिए ऐसी नवीन बन्दिशों का निर्माण किया, जो सर्वथा रसबोधक होकर मंच प्रदर्शन को प्रभावशाली बना सकें।

स्वतंत्रवादन में विलम्बित लय की आधारशिला पर वादन आरम्भ कर क्रमशः उठान, मोहरा आदि बजाने की प्रथा चलाई। जोड़ में अंगुश्ताना, ठाह, दून, चौगुन में बाँट, गत रेला टुकड़ा, गत, फर्द, द्रुत लय में रेला, लग्गी, लड़ी, अन्त में फरमाइशी चीजों में छन्द, परन देवस्तुति, चक्करदार के विभिन्न प्रकार, लोम-विलोम, एकहत्थी आदि अलभ्य बंदिशों की प्रस्तुति से वादन समापन की परम्परा चलाई। विभिन्न छन्द, स्तुति, आड़, कुआड़, बिआड़, सवाई, पौनगुन आदि कठिन लयकारियों को बनारस घराने की वादन परम्परा में समायोजित किया। तबला वाद्य की प्रारम्भिक शिक्षा के लिए 12 कायदों का निर्माण किया।

96. बनारस में तबला वादन हेतु किस विशेष प्रकार की बैठक का प्रचलन प्रारम्भ किया?

A. पद्मासन B. वीरासन
C. सुखासन D. अर्धगौमुखासन

97. पं. रामसहाय ने किन विधाओं के साथ संगत के लिए तबला वादन में नवीन विचार शामिल कर तबला संगति के लिए उपयुक्त बनाया?

A. गायन एवं नृत्य
B. गायन एवं वादन
C. वादन एवं कथक नृत्य
D. गायन, वादन एवं कथक नृत्य

98. बनारस घराना के तबला वादन पद्धति के अनुसार किस रचना से एकल वादन की शुरूआत करने में नवीनता आयी?

A. टुकड़ा B. बाँट
C. पेशकार D. उठान

99. निम्नलिखित रचना युग्मों के विकल्प में से बनारस घराने की विशिष्ट रचना है?

A. कायदा एवं गत B. पेशकार एवं टुकड़ा
C. बाँट एवं फर्द D. फर्शबन्दी एवं लग्गी

100. पं. रामसहाय ने किस उद्देश्य से 12 कायदों की रचना की?

A. अभ्यास हेतु B. स्वतंत्र वादन हेतु
C. संगति हेतु D. प्रदर्शन हेतु

व्याख्यात्मक उत्तर

1. (C): त्रिताल में 16 मात्राएँ होती हैं और इसे चार भागों (विभागों) में विभाजित किया जाता है। प्रत्येक विभाग में 4 मात्राएँ होती हैं। तीव्रा में 16 मात्राएँ होती हैं और यह भी चार विभागों में विभाजित है। इसलिए, त्रिताल और तीव्रा दोनों में तालियों की संख्या समान है।

2. (C):

(*e*) **शोध समस्या का प्रतिपादन :** शोध का प्रारंभ एक स्पष्ट समस्या के चयन और प्रतिपादन से होता है।

(*b*) **साहित्य समीक्षा :** समस्या के बाद संबंधित विषय पर पूर्व में किए गए कार्यों का अध्ययन किया जाता है।

(*c*) **रूपरेखा तैयार करना :** अगले चरण में शोध की रूपरेखा तैयार की जाती है, जिसमें कार्य की योजना बनाई जाती है।

(*a*) **दत्त संकलन :** रूपरेखा के आधार पर आंकड़ों या सूचनाओं का संग्रह किया जाता है।

(*d*) **शोध प्रतिवेदन :** अंत में सभी संकलित जानकारी का विश्लेषण कर प्रतिवेदन तैयार किया जाता है।

3. (D): 'दायरो' गुजरात का एक प्रमुख लोक गीत रूप है, जिसे प्रायः भजन, कीर्तन या धार्मिक आयोजन में गाया जाता है। भिखुधान गढ़वी 'दायरो' शैली के प्रसिद्ध कलाकार हैं, जिन्होंने इसे लोकसंस्कृति में एक विशेष पहचान दिलाई।

4. (A):

(*c*) **अतीत :** यह समय की अवधारणा है, जो पहले हो चुके कार्य या घटना को संदर्भित करता है।

(*e*) **अनागत :** यह भविष्य की अवधारणा है, जो अभी तक नहीं हुआ है।

इन दोनों को विषम ग्रह कहा जाता है क्योंकि ये ताल या ध्वनि से संबंधित नहीं हैं। अन्य विकल्प (*b*) आहत और (*d*) प्रत्याहत ताल और ध्वनि की अवधारणाएँ हैं, जो इस चयन में शामिल नहीं हैं।

5. (A):

(*a*) **खेमटा - गरबा** (IV): खेमटा ताल का उपयोग गरबा नृत्य में किया जाता है।

(*b*) **धुमाली - कीर्तन** (III): धुमाली ताल प्रायः कीर्तन में प्रयुक्त होती है।

(*c*) **भजनी - अभंग** (I): भजनी ताल का उपयोग भजन और अभंग गायन में किया जाता है।

(*d*) **दादरा - गजल** (II): दादरा ताल गजल में प्रयुक्त होती है।

6. (B): वर्ष 1905 में ज्योतिरिन्द्रनाथ टैगोर ने गीतों को संचित और संरक्षित करने के लिए आकारमात्रिक स्वरलिपि पद्धति का सूत्रपात किया। यह पद्धति बंगाल में लोकप्रिय हुई और इसे भारतीय शास्त्रीय संगीत के लिए उपयोगी माना गया।

7. (B): शोध में दत्त संग्रह (संकलन) का प्राथमिक स्रोत शोध-प्रबंध होता है। शोध-प्रबंध नई जानकारी का संकलन और विश्लेषण प्रदान करता है और प्रायः किसी विशेष विषय पर केंद्रित होता है। अन्य विकल्प, जैसे पांडुलिपि या सिक्के, ऐतिहासिक स्रोत हो सकते हैं, पर शोध के संदर्भ में प्राथमिक स्रोत नहीं होते।

8. (A): पूर्वांग रागों का गायन दोपहर 12:00 बजे से रात्रि 12:00 बजे के बीच होता है। भारतीय शास्त्रीय संगीत में, रागों को उनकी प्रकृति और समय के आधार पर वर्गीकृत किया जाता है। पूर्वांग राग दिन के पहले भाग (अहोरात्र) के लिए उपयुक्त होते हैं।

9. (B):

(*a*) **तीजनबाई - छत्तीसगढ़** (III): तीजनबाई पंडायानी शैली की प्रसिद्ध लोक कलाकार हैं, जो छत्तीसगढ़ से संबंधित हैं।

(*b*) **विन्ध्यवासिनी देवी -बिहार** (IV): विन्ध्यवासिनी देवी बिहार की प्रसिद्ध लोक गायिका थीं।

(*c*) **सुलोचना चव्हाण - महाराष्ट्र** (II): सुलोचना चव्हाण महाराष्ट्र की प्रसिद्ध लोक गायिका थीं।

(*d*) **हेमंत चौहान - गुजरात** (I): हेमंत चौहान गुजरात के भजन और गरबा के प्रसिद्ध गायक हैं।

10. (C):

(*a*) **रूपक - मिश्र** (III): रूपक ताल मिश्र जाति की होती है।

(*b*) **झपताल - खंड** (I): झपताल खंड जाति की होती है।

(*c*) **एकताल - तिस्त्रा** (IV): एकताल तिस्त्रा जाति की होती है।

(*d*) **मत्त - संकीर्ण** (II): मत्त ताल संकीर्ण जाति की होती है।

11. (C): 'सूत' एक तकनीकी शब्द है, जिसका उपयोग सरोद वाद्य यंत्र में बजाने की प्रक्रिया के लिए होता है। सरोद भारतीय शास्त्रीय संगीत का प्रसिद्ध तारयुक्त वाद्य यंत्र है। इसे बजाने में नाखून या मिजराब का उपयोग किया जाता है। सूत का अर्थ है तारों को धीमे या तेज गति से बजाना, जिससे संगीत में लयबद्धता और गहराई उत्पन्न होती है।

12. (D): तबला की एकल प्रस्तुति के लिए निम्नलिखित क्रम होता है:

(*c*) **पेशकार :** यह प्रारंभिक चरण होता है, जिसमें सरल और लयबद्ध रचनाएँ प्रस्तुत की जाती हैं।

(*b*) **कायदा :** इसके बाद कायदा बजाया जाता है, जो एक निश्चित संरचना के साथ रचना को आगे बढ़ाता है।

(*a*) **रेला :** रेला तबले की तेज और गतिशील प्रस्तुति का हिस्सा है।

(*d*) **टुकड़ा :** यह अंतिम चरण होता है, जिसमें छोटी और सुंदर रचनाएँ बजाई जाती हैं।

13. (C): समपदी ताल वे होते हैं जिनकी मात्राएं समान रूप से विभाजित होती हैं।

(*b*) **आड़ा चैताल :** इसमें समपदी संरचना होती है।

(*d*) **एकताल :** इसमें भी ताल की मात्राएँ समान रूप से विभाजित होती हैं।

(*d*) **तीन ताल :** यह समपदी तालों में से एक है, जिसमें 16 मात्राएँ होती हैं और यह चार बराबर भागों में विभाजित होती है।

14. (A): कलाओं को अवरोही क्रम में इस प्रकार व्यवस्थित किया गया है:

(*b*) **आलेख्य :** इसमें चित्रकला और लेखन कार्य आते हैं।

(*d*) **नाट्य :** यह दृश्य और श्रव्य कला का मिश्रण है।

(*a*) **नृत्य :** यह शारीरिक गतिविधियों के माध्यम से व्यक्त की जाने वाली कला है।

(*e*) **वाद्य :** इसमें वाद्य यंत्रों का उपयोग होता है।

(*c*) **गीत :** यह केवल गायन की कला है।

15. (B): ध्रुपद के साथ संगति के लिए प्रयुक्त तालों का आरोही अनुक्रम निम्नलिखित है:

(*c*) **तीव्रा :** यह सबसे सरल और कम मात्राओं वाला ताल है।

(*d*) **सूलताल :** इसमें 10 मात्राएँ होती हैं।

(*b*) **चौताल :** यह अधिक जटिल संरचना के साथ प्रस्तुत होता है।

(*a*) **गजझंपा :** यह सबसे जटिल और भारी ताल है।

16. (C): शांत रस और वात्सल्य रस को 9वें और 10वें रस के रूप में जाना जाता है।

(*c*) **शांत रस :** शांत रस का मुख्य भाव शांति और स्थिरता है और यह भारतीय शास्त्रीय नाट्यशास्त्र का प्रमुख रस है।

(*b*) **वात्सल्य रस :** वात्सल्य रस का भाव माता-पिता और बच्चों के बीच के प्रेम को दर्शाता है। इसे अन्य रसों की तुलना में बाद में मान्यता दी गई।

17. (C):

(*a*) **खमाज - (सा रे ग म प ध <u>नी</u>)** (IV): खमाज थाट में तीव्र स्वर का उपयोग किया जाता है।

(*b*) **काफी - (सा रे <u>ग</u> म प ध <u>नी</u>)** (III): काफी थाट में कोमल ग और कोमल नि का उपयोग होता है।

(*c*) **असवारी - (सा रे <u>ग</u> म प <u>ध</u> <u>नी</u>)** (I): असवारी थाट में रे और ध कोमल होते हैं।

(*d*) **भैरवी - (सा <u>रे</u> <u>ग</u> म प <u>ध</u> <u>नी</u>)** (II): भैरवी थाट में रे, ग, ध और नि कोमल होते हैं।

18. (B): ''फायरबॉक्स'' नाम का कोई इंटरनेट ब्राउजर नहीं है। ओपेरा, सफारी और फायरफॉक्स वास्तविक और लोकप्रिय इंटरनेट ब्राउजर हैं।

19. (D): 72 मेल योजना के 12 चक्रों का क्रम निम्न है: (*b*) नेत्र, (*e*) वेद, (*c*) ऋतु, (*d*) वसु, (*a*) रुद्र। यह योजना दक्षिण भारतीय कर्नाटक संगीत के मेलकर्ता रागों को वर्गीकृत करती है।

20. (B): शारंगदेव के ग्रंथ 'संगीत रत्नाकर' में कुल 15 गमकों का उल्लेख किया गया है। गमक भारतीय शास्त्रीय संगीत का एक महत्वपूर्ण अंग है, जो ध्वनि को अलंकृत और मधुर बनाने में सहायक होता है। इन 15 गमकों में श्रुति, कम्पन, मेड़ और अंडोलन जैसी श्रेणियाँ सम्मिलित हैं।

21. (A): आड़ लय का मान 3/2 है। आड़ लय संगीत में वह लय है, जिसमें गति सामान्य से अधिक धीमी होती है। यह लय त्रिगुण और दुगुण लयों के बीच की स्थिति में आती है। 3/2 के रूप में इसकी गणना लय और ताल की सामंजस्यता को दर्शाती है।

22. (C):

(*a*) **रावणहत्था :** यह तारयुक्त वाद्ययंत्र है, जिसे गज (धनुष) से बजाया जाता है।

(*b*) **एकतारा :** इसे टकोर से बजाया जाता है, और यह एकल तारयुक्त वाद्ययंत्र है।

अन्य विकल्पों में ढोलक और इलत्तालम् को गज या टकोर से नहीं बजाया जाता।

23. (D):

(*a*) **रौद्र - क्रोध** (IV): रौद्र रस का स्थायी भाव क्रोध है।

(*b*) **वीर - उत्साह** (III): वीर रस का स्थायी भाव उत्साह है।

(*c*) **भयानक - भय** (II): भयानक रस का स्थायी भाव भय है।

(*d*) **शृंगार - रति** (I): शृंगार रस का स्थायी भाव रति है।

24. (B):

(*a*) **दीपचंद :** इसमें 14 मात्राएँ होती हैं।

(*b*) **झूमर :** यह ताल भी 14 मात्राओं में विभाजित है।

(*d*) **आड़ा चैताल :** यह 14 मात्राओं वाली ताल है।

अन्य विकल्प जैसे रुद्र ताल में 16 मात्राएँ होती हैं।

25. (D): पद्मश्री पूना राम निषाद छत्तीसगढ़ी लोक संगीत की पंडवानी शैली के कलाकर हैं। पंडवानी एक कथा

गायन की शैली है, जिसमें महाभारत की कहानियाँ गाई जाती हैं। यह छत्तीसगढ़ के लोक संगीत की प्रमुख विधाओं में से एक है।

26. (B): उस्ताद मोदू खाँ लखनऊ की कोठीवाल परम्परा के आदि उस्ताद माने जाते हैं। इस परंपरा में शास्त्रीय संगीत के अलावा ठुमरी, दादरा जैसी विधाओं का समावेश होता है, जो लखनऊ घराने की पहचान हैं। उस्ताद मोदू खाँ ने इस परंपरा को नई पहचान दी और उनके द्वारा प्रस्तुत कला को व्यापक सराहना प्राप्त हुई।

27. (A): पालाघाट मणि अय्यर को केन्द्रीय संगीत नाटक अकादमी पुरस्कार से सम्मानित होने वाले प्रथम मृदंगम् वादक के रूप में जाना जाता है। उन्होंने मृदंगम् वादन की एक अलग ही शैली विकसित की, जिसने कर्नाटक संगीत में उनकी एक विशेष पहचान स्थापित की। उनकी योगदान भारतीय संगीत के इतिहास में महत्वपूर्ण माना जाता है।

28. (D): पं. कुमार बोस को संगीत नाटक अकादमी पुरस्कार से वर्ष 2006 में सम्मानित किया गया। वे एक प्रसिद्ध तबला वादक हैं जिन्होंने अपने उत्कृष्ट वादन से ना केवल भारतीय बल्कि अंतरराष्ट्रीय स्तर पर भी नाम कमाया है। उनके योगदान ने तबला वादन की कला को नई ऊंचाइयों तक पहुंचाया है।

29. (C): उस्ताद किशन महाराज को पद्म विभूषण से सम्मानित किया गया। वे वाराणसी घराने के प्रतिष्ठित तबला वादक थे और उन्होंने अपने वादन कला के माध्यम से तबला को एक विशिष्ट स्थान दिलाया। उनका योगदान भारतीय संगीत में अमूल्य है।

30. (D): नाट्यशास्त्र में वर्णित 'हरितिका' कर्नाटकी अनवद्ध वाद्य तविल को दर्शाता है। तविल एक प्रकार का डबल हेडेड ड्रम है जो मुख्य रूप से दक्षिण भारत में धार्मिक और सांस्कृतिक समारोहों में बजाया जाता है। इसका उपयोग भारतीय कर्नाटक संगीत में व्यापक रूप से होता है और इसे अपनी जोरदार और ऊंची ध्वनि के लिए जाना जाता है।

31. (C): विदुषी एन. राजम ने काशी हिन्दू विश्वविद्यालय, वाराणसी में अध्यापन कार्य किया है। वे एक प्रसिद्ध वायलिन वादक हैं और उन्होंने अपने संगीत ज्ञान को विद्यार्थियों में साझा करने के लिए इस विश्वविद्यालय में कई वर्षों तक शिक्षण दिया। उनकी शिक्षा और प्रदर्शन कला ने अनेक छात्रों को प्रेरित किया है।

32. (A): पंडित नाना पानसे को इन्दौर नरेश तुकोजी राव होलकर के दरबार में राज्याश्रय प्राप्त हुआ। पंडित नाना पानसे अपने समय के एक प्रसिद्ध पखावज वादक थे और उन्होंने इन्दौर के राजा के दरबार में अपनी कला का प्रदर्शन किया। उनके वादन की ख्याति ने उन्हें इस दरबार में विशेष स्थान दिलाया।

33. (B): 'फर्द' के लिए प्रसिद्ध नाम पं. बैजू जी हैं। पंडित बैजू जी भारतीय संगीत में 'फर्द' नामक एक विशेष प्रकार की रचना के लिए प्रसिद्ध हैं, जिसमें गायन और वादन का अद्भुत संयोजन होता है। उनकी यह विधा उनकी पहचान बन चुकी है और उन्हें इसके लिए विशेष रूप से जाना जाता है।

34. (D): उस्ताद अहमदजान थिरकवाँ रचनाकार के रूप में प्रसिद्ध नहीं हुए। वे ख्याल गायकी के लिए प्रसिद्ध थे और उनकी गायकी में उनकी विशिष्टता और अद्वितीयता थी, परंतु रचनाकार के रूप में उनकी कोई विशेष पहचान नहीं है। उनका मुख्य योगदान गायन में था।

35. (B): काव्यात्मक भाषा, विभिन्न प्रकार की खाली भरी संकल्पना से युक्त, पुनरावृत्ति का गुण रखने वाली प्रामाणिक रचना, जो प्रकृति में व्याप्त विभिन्न प्रकार की गत्यात्मकता के आधार पर निर्मित रचना कहलाती हैं, वह 'गत' है। 'गत' एक शास्त्रीय नृत्य की रचना है जो नृत्य में विशेष गतियों और भावों का प्रदर्शन करती है। यह नृत्य की विभिन्न गत्यात्मक विशेषताओं को प्रदर्शित करने का माध्यम है और इसमें व्याप्त लय और ताल के साथ कलाकार अपनी कलात्मकता का प्रदर्शन करते हैं।

36. (A): बनारस घराने में बरसात से संबंधित तबले की रचना पावस परण कहलाती है। यह रचना बारिश की तीव्रता और लय का अनुकरण करती है, जिसमें विविध ताल और लयों का समापेश होता है। इसके माध्यम से तबला वादक वर्षा ऋतु की विशिष्टताओं को अपनी प्रस्तुति में उतारते हैं।

37. (C): अहमदाबाद में स्थित 'सप्तक' संस्था के संस्थापक पं. नंदन मेहता हैं। पंडित नंदन मेहता एक प्रसिद्ध तबला वादक थे और उन्होंने 'सप्तक' की स्थापना की, जिसका उद्देश्य भारतीय शास्त्रीय संगीत को बढ़ावा देना और नई प्रतिभाओं को मंच प्रदान करना है।

38. (B): किस अविस्तारशील रचना को पहले आड़लय, बराबर, आड़ की दुगुन, बराबर की दुगुन इस क्रम में बजाया जाता है वह दर्जेदार गत है। यह एक प्रकार की गत है जिसमें निर्धारित ताल के अनुसार लय को धीरे-धीरे तेज किया जाता है, इसे ताल की विविधताओं के साथ प्रस्तुत किया जाता है।

39. (A): तबला के किस प्रमुख रचना में 'बल', 'पेंच', 'गिरा' एवं 'फेंदा' का प्रयोग विस्तार क्रिया में किया जाता है वह कायदा है। कायदा तबला वादन की एक मुख्य रचना है जिसमें इन तकनीकों का उपयोग करके तबला की बोलों को विस्तार से प्रस्तुत किया जाता है, जिससे तबला की विभिन्न ध्वनियों को और भी गहराई से समझा जा सकता है।

40. (D): प्रसिद्ध बाँसुरी वादक जो प्रकाश फिल्म में संगीत निर्देशक रहे वह पंडित पन्नालाल घोष हैं। पंडित पन्नालाल घोष ने बाँसुरी वादन के क्षेत्र में अपनी एक अलग पहचान बनाई और संगीत निर्देशक के रूप में भी उन्होंने भारतीय फिल्म संगीत में महत्वपूर्ण योगदान दिया।

41. (B): हिन्दी फिल्मों में 'ए.आर. कुरैशी' नाम से संगीत निर्देशन किया गया था उस्ताद अल्लारक्खा द्वारा। उस्ताद अल्लारक्खा एक प्रसिद्ध तबला वादक थे और उन्होंने फिल्म संगीत में भी अपनी विशेष छाप छोड़ी।

42. (C): पंडित सामता प्रसाद द्वारा 'शोले' हिन्दी फिल्म में पार्श्व संगीत के लिए तबला वादन किया गया था। पंडित सामता प्रसाद एक प्रसिद्ध तबला वादक थे और उनके वादन का उपयोग कई फिल्मों में किया गया था, जिसमें उनकी असाधारण प्रतिभा स्पष्ट रूप से परिलक्षित होती है।

43. (A): उस्ताद मुनीर खाँ की समाधि स्थल रायगढ़ में स्थित है। उस्ताद मुनीर खाँ एक प्रतिष्ठित संगीतज्ञ थे, और उनकी समाधि रायगढ़ में उनके संगीत के प्रति समर्पण और योगदान को सम्मानित करती है।

44. (D): एकताल की आड़ी लय की रचना को बिना बोल परिवर्तन के मत्त ताल में बराबर लय में बजाया जा सकता है। यह ताल और एकताल की बीट्स और लय की समानता के कारण संभव है, जिससे एक ताल से दूसरे ताल में सहज रूपांतरण संभव होता है।

45. (B): सन् 2018 में बिस्मिल्ला खान युवा पुरस्कार से सम्मानित तबला वादक शुभ महाराज हैं। शुभ महाराज एक युवा और प्रतिभाशाली तबला वादक हैं, जिन्होंने अपनी उत्कृष्ट वादन कला के माध्यम से इस पुरस्कार को प्राप्त किया। उनका योगदान तबला वादन के क्षेत्र में नई पीढ़ी के लिए प्रेरणा का स्रोत है।

46. (A): कथक नृत्य में 'गिनती की तिहाइयों' को प्रचलित करने का श्रेय पंडित बिरजू महाराज को जाता है। उन्होंने कथक नृत्य में इस विशेष तकनीक को अपनाया और उसे नवीन रूप दिया, जिससे नृत्य की लय और भाव की गहराई बढ़ी। उनके इस नवाचार ने कथक को एक नई दिशा प्रदान की।

47. (C): 'सवाई गंधर्व संगीत समारोह' का सूत्रपात पंडित भीमसेन जोशी ने किया। यह संगीत समारोह उनके गुरु सवाई गंधर्व के सम्मान में आयोजित किया गया था और इसे आयोजित करने का उद्देश्य शास्त्रीय संगीत के प्रचार-प्रसार और नई प्रतिभाओं को मंच प्रदान करना था।

48. (B): भजन में निहित मूल रस है : शांत (B)।
कुछ अन्य रस जो भजन में होते हैं :

करुणा रस : कुछ भजनों में दया, करुणा और ईश्वर की कृपा का वर्णन होता है।

शृंगार रस : कुछ भजनों में ईश्वर और भक्त के बीच के प्रेम को भी दर्शाया जाता है।

वीर रस : कुछ भजनों में भगवान की वीरता और उनकी शक्तियों का वर्णन होता है।

49. (D): 'मांड' राजस्थान का प्रचलित लोकसंगीत है। यह राजस्थान के विशेष भौगोलिक और सांस्कृतिक परिप्रेक्ष्य में विकसित हुआ है और इसमें राजस्थानी जीवन की विविधताओं को गायन के माध्यम से व्यक्त किया जाता है। 'मांड' अपनी मधुर धुनों और गहरे भावों के लिए प्रसिद्ध है।

50. (A): यू. श्रीनिवासन ने मेंडोलिन को भारतीय संगीत में स्थापित किया। उन्होंने इस पश्चिमी वाद्य यंत्र को भारतीय शास्त्रीय संगीत की धारा में प्रवाहित किया और इसके लिए विशेष तकनीक विकसित की, जिससे मेंडोलिन को भारतीय संगीत के अनुरूप ढाला जा सका।

51. (B): दिल्ली घराने के निम्नलिखित कलाकारों को कालक्रम में व्यवस्थित करने पर सही क्रम है—उस्ताद बोली बख्श खाँ, उस्ताद नत्थू खाँ, उस्ताद इनाम अली खाँ, उस्ताद गुलाम हैदर। यह क्रम इन कलाकारों की पीढ़ियों और उनके संगीत करियर के विकास को दर्शाता है।

52. (D): संगीत रत्नाकर में यथोलिखित/यथावर्णित ताल तत्व का सही क्रम है—काल, क्रिया, मार्ग, जाति, कला। यह क्रम ताल के तत्वों के विकास और उनकी प्रयोगशाला प्रक्रिया को दर्शाता है, जिसमें समय की गणना से लेकर उसके विभाजन और उसके अनुप्रयोग तक की जानकारी शामिल है।

53. (A): उस्ताद जाकिर हुसैन को प्रदत्त पुरस्कारों का सही कालक्रम है—पद्म श्री, संगीत नाटक अकादमी पुरस्कार, राष्ट्रीय विरासत अध्येतावृत्ति (नेशनल हेरिटेज फैलोशिप), पद्म भूषण। इस क्रम में उनके करियर की प्रगति और उन्हें मिले सम्मानों की वृद्धि को दिखाया गया है।

54. (C): नव ताल सृजन के सिद्धांतों का सही क्रम है—मात्रा का नियतन, ताल के खंड का नियतन, हस्तक्रिया की पहचान, ठेका बोल का चयन। इस क्रम में ताल की संरचना के निर्माण से लेकर उसके प्रयोग तक के चरण शामिल हैं, जो नवीन तालों के सृजन के लिए अनिवार्य होते हैं।

55. (C): निम्नलिखित सशब्द क्रियाओं को अवरोही क्रम में व्यवस्थित करने का सही उत्तर है सन्निपात, ताल, शम्या, ध्रुव। यह क्रम उनके महत्व और उपयोग की आवृत्ति के अनुसार व्यवस्थित किया गया है, जिसमें सन्निपात सबसे अधिक और ध्रुव सबसे कम महत्वपूर्ण है।

56. (A): नौहक्का तिहाई बजाने में आठ अक्षर के बोल के साथ 'धा' का कालमान बढ़ते क्रम में रखने का सही क्रम है झपताल, एकताल, रूपक, त्रिताल। इस क्रम में प्रत्येक ताल के ताली और खाली की संख्या और व्यवस्था के अनुसार 'धा' का कालमान बढ़ता जाता है, जो ताल की जटिलता और लम्बाई को भी दर्शाता है।

57. (*)

58. (B): निम्नलिखित तालों को विभागों की संख्या के आधार पर घटते क्रम में व्यवस्थित किया गया है—बसंत, ताल विष्णु, सूलफाकता, खेमटा। इस क्रम के अनुसार, बसंत ताल में सबसे अधिक विभाग होते हैं, इसके बाद ताल विष्णु, फिर सूलफाक्ता, और अंत में खेमटा जिसमें सबसे कम विभाग होते हैं।

59. (D): पद्मश्री उपाधि प्राप्त कलाकारों को वर्षवार बढ़ते क्रम में व्यवस्थित किया गया है—उस्ताद शफात अहमद, पं. सुरेश तलवलकर, पं. विजय घाटे, पं. स्वप्न चौधरी। यह क्रम उनकी पद्मश्री प्राप्ति के वर्षों के आधार पर बढ़ता है, जिसमें उस्ताद शफात अहमद सबसे पहले और पं. स्वप्न चौधरी सबसे बाद में पद्मश्री से सम्मानित हुए।

60. (B): ग्रंथों को उनके अध्यायों की संख्या के आधार पर बढ़ते क्रम में व्यवस्थित किया गया है—संगीत राज, संगीत रत्नाकर, भरत भाष्य, नाट्य शास्त्र। इस क्रम का आधार ग्रंथों में निहित अध्यायों की कुल संख्या है, जिसमें संगीत राज में सबसे कम और नाट्य शास्त्र में सबसे अधिक अध्याय हैं।

61. (C): उस्ताद मुनीर खाँ के शिष्यों में अहमद जान थिरकवाँ और अमीर हुसैन खाँ शामिल हैं। इस विकल्प में दोनों कलाकारों का चयन किया गया है जो उस्ताद मुनीर खाँ के शिष्य थे, इस प्रकार यह विकल्प सही है।

62. (D): भरत मुनि के अनुसार 'पाणि' के प्रकार में सम पाणि, अव पाणि, और उपरि पाणि शामिल हैं। ये पाणि विभिन्न हाथ की मुद्राओं और पोजिशन को दर्शाते हैं, जो नाट्य और नृत्य में महत्वपूर्ण होते हैं।

63. (A): ठुमरी के साथ संगति के लिए प्रयुक्त ताल में दीपचन्दी, अद्धा और जतताल शामिल हैं। ये ताल ठुमरी गायन के लिए अनुकूल होते हैं और इस विकल्प में उपयुक्त तालों का चयन किया गया है।

64. (B): तबला का प्राथमिक (मूल) कार्य संगीत में लय, ठेका और ताल प्रदान करना है। तबला इन तीनों

पहलुओं को समर्थन देता है, जिससे संगीत में लयबद्धता और स्थिरता आती है।

65. (C): 9 मात्रा ताल की चतुरस्र जाति तिहाई में 3/4 मात्रा और 3/2 मात्रा के दम संभव हैं। इन दमों का उपयोग तिहाई के अंतर्गत विभिन्न संयोजनों में किया जा सकता है, जो ताल के संचालन में विविधता और जटिलता लाते हैं।

66. (C): अर्ध समपदी ताल में दीपचंदी और झुमरा शामिल हैं। ये दोनों ताल उनकी संरचना में अर्ध समपदी या अर्ध-सम विशेषताओं को दर्शाते हैं, जिसमें ताल के मुख्य विभाजन के बीच में सम आता है।

67. (D): तिहाई के अवयव में पल्ला और दम शामिल हैं। तिहाई में पल्ला उस भाग को दर्शाता है जहाँ तिहाई शुरू होती है, और दम वह अल्प विराम है जो तिहाई के अंत में होता है।

68. (C): फर्रुखाबाद घराना के सुविख्यात रचनाकारों में उस्ताद मिया शलारी, उस्ताद मुनीर खाँ, और उस्ताद मसीत खान शामिल हैं। इन कलाकारों ने फर्रुखाबाद घराने की पहचान और शैली को आगे बढ़ाया और इसे महत्वपूर्ण बनाया।

69. (B): सशब्द क्रियाएँ वे होती हैं जो संगीत या नृत्य में ध्वनि युक्त होती हैं। ताल, शम्या, और सन्निपात इस श्रेणी में आते हैं क्योंकि ये सभी संगीत में ध्वनि के साथ जुड़े हुए हैं और विशेष प्रभाव उत्पन्न करते हैं।

70. (C): तबला एकल वादन के आरंभ में पेशकार और उठान का वादन किया जाता है। पेशकार तबला वादन का एक विस्तृत और व्याख्यात्मक भाग होता है जो ताल की विशेषताओं को प्रस्तुत करता है, जबकि उठान एक छोटी और तीव्र गति की रचना होती है जो वादन की शुरुआत में ताल और लय को स्थापित करती है।

71. (A): पद्म विभूषण पंडित किशन महाराज के प्रमुख शिष्यों में पं. पूरण महाराज, पं. सुखविंदर सिंह नामधारी, और पं. शुभ महाराज शामिल हैं। ये तीनों कलाकार उनकी शिक्षाओं को आगे बढ़ाने में महत्वपूर्ण रहे हैं और उनके गुरु के रूप में पंडित किशन महाराज की विरासत को संजोये हुए हैं।

72. (C): उस्ताद अहमद जान थिरकवाँ का तबला रचनाओं में अमूल्य योगदान फर्शबंदी और पेशकार में रहा है। उन्होंने इन रचनाओं को नया आयाम दिया और तबला वादन की शैली को नई दिशा प्रदान की, जिसने फरुखाबाद घराने की पहचान मजबूत की।

73. (A): पं. अनोखे लाल को 'ना धीं धीं ना' और 'धिरधिर' बोलों को नया आयाम देने का श्रेय जाता है। उन्होंने इन बोलों का उपयोग करके तबला वादन में विशेष तकनीकी प्रगति और नवाचार किया, जिससे उनकी शैली विशिष्ट और प्रभावशाली बनी।

74. (D): बरसात के समय में गाये जाने वाले गीत प्रकारों में कजरी और झूला शामिल हैं। ये दोनों गीत बरसात के मौसम की भावनाओं और वातावरण को दर्शाते हैं और इस समय के लिए विशेष रूप से लोकप्रिय हैं।

75. (B): उस्ताद नत्थू खाँ के प्रमुख शिष्यों में उस्ताद हबीबुद्दीन खाँ शामिल हैं। उस्ताद हबीबुद्दीन खाँ ने अपने गुरु की शैली और तकनीकों को आगे बढ़ाया और अपने वादन के माध्यम से उस्ताद नत्थू खाँ की विरासत को समृद्ध किया।

76. (A): विशिष्ट ताल में गाए जाने वाले प्रचलित गीत प्रकारों में धमार और सादरा शामिल हैं। धमार और सादरा दोनों विशेष रूप से उन तालों में प्रदर्शित किए जाते हैं जो इन गीत प्रकारों की लय और भाव को बखूबी संप्रेषित करते हैं।

77. (D): 14 मात्रा के ताल में गाए जाने वाले गीत प्रकारों में चौती और धमार शामिल हैं। ये दोनों गीत प्रकार 14 मात्रा के ताल की विशिष्टता को उपयुक्त रूप से प्रदर्शित करते हैं और इन्हें इस ताल में प्रस्तुत किया जाता है।

78. (C): गत के प्रकार में मंझेदार, पल्लीदार और तियेदार शामिल हैं। ये तीनों प्रकार गत की विविधताओं को दर्शाते हैं और तबला वादन में विशिष्ट लय और ताल को संप्रेषित करने में महत्वपूर्ण हैं।

79. (A): तबला वादन के परिप्रेक्ष्य में 'घराना' से अभिप्राय गुरु की परम्परागत वादनशैली का अनुकरण करना और विशिष्ट बाज के पालन में अनिवार्यता है। ये दोनों विशेषताएँ घराने की पहचान को निर्धारित करती हैं और विशिष्ट वादन शैलियों के संरक्षण में महत्वपूर्ण हैं।

80. (D): तबला वाद्य का महत्व लय-ताल वाद्य के रूप में और बहुपयोगी एवं संगत वाद्य के रूप में है। तबला न केवल लय और ताल को समर्थन देता है बल्कि विविध संगीत प्रस्तुतियों में इसका उपयोग संगत के रूप में भी किया जाता है, जिससे यह एक बहुपयोगी वाद्य बन जाता है।

81. (A): सूची-I में दिए गए पखावज घराने और सूची-II में दिए गए कलाकारों का सही मिलान इस प्रकार है :

- जावलि घराना (*d*) - लाला भगवान दास (IV)
- अवधी घराना (*b*) - बाबा रामकुमार दास (II)
- नाना पानसे घराना (*c*) - अर्जुन शेजवल (I)
- नाथद्वारा घराना (*a*) - तुलसी दास (III)

इस मिलान से प्रत्येक घराने के प्रमुख कलाकारों को सही ढंग से पहचाना जा सकता है।

82. (B): कलाकारों/लेखकों और उनके गुरुओं का सही मिलान निम्नानुसार है :

- जेम्स किप्पन (*a*) - अफाक हुसैन (III)
- आबान मिस्त्री (*b*) - अमीर हुसैन खाँ (IV)
- योगमाया शुक्ल (*c*) - मुन्ने खान (I)
- सदानंद नैमपल्ली (*d*) - तारानाथ राव (II)

यह मिलान प्रत्येक कलाकार या लेखक के संगीत और शिक्षा यात्रा को उचित रूप से दर्शाता है।

83. (D): पुस्तकों और उनके लेखकों का सही मिलान इस प्रकार है :

- ताल प्रसून (*a*) - छोटेलाल मिश्र (II)
- सोलो ड्रमिंग ऑफ नॉर्थ इंडिया इट्स रेपटोअर (*b*) - रॉबर्ट गोटल्बि (III)
- इंडियन कंसेप्ट ऑफ रिद्म (*c*) - अरुण कुमार सेन (I)
- द आर्ट ऑफ तबला रिद्म (*d*) - सुधीर कुमार सक्सेना (IV)

यह मिलान प्रत्येक पुस्तक के विषय विशेषज्ञता और लेखक की विशेषज्ञता को दर्शाता है।

84. (C): ग्रंथों के नाम और उनमें तालाध्याय की स्थिति का सही मिलान निम्नानुसार है :

- नाट्यशास्त्रा (*a*) - इकत्तीसवां अध्याय (I)
- संगीत रत्नाकर (*b*) - पाँचवां अध्याय (III)
- संगीत समयसार (*c*) - आठवां अध्याय (IV)
- संगीत सूर्योदय (*d*) - प्रथम अध्याय (II)

यह मिलान प्रत्येक ग्रंथ के तालाध्याय की सही स्थिति को प्रदर्शित करता है।

85. (A): ताल संबंधी और उनके प्रकारों का सही मिलान इस प्रकार है :

- क्रिया (*a*) - प्रवेश (III)
- मार्जना (*b*) - कार्मारवी (I)
- प्रहार (*c*) - निगृहीत (IV)
- पाणिप्रहत (*d*) - प्रदेशनी (II)

यह मिलान प्रत्येक ताल संबंधी तत्व के विशिष्ट प्रकार को उचित रूप से जोड़ता है, जिससे ताल के विभिन्न पहलुओं को समझा जा सकता है।

86. (D): सूची-I में दिए गए रचनाओं और सूची-II में दिए गए क्रियापद/अंतमय पद का सही मिलान निम्नलिखित है :

- कायदा (*a*) - धीना गीना (III)
- पेशकार (*b*) - धींना (IV)
- बाँट (*c*) - धाड़ (II)
- रेला (*d*) - किटतक (I)

यह मिलान उनके संगीत संरचना में अंतिम बोलों के साथ सही ढंग से संबद्धता दिखाता है।

87. (B): सूची-I में दी गई उपाधियों और सूची-II में दिए गए कलाकारों का सही मिलान इस प्रकार है :

- संगत सम्राट (*a*) - पं. भैरव सहाय (II)
- वाद्य रसराज (*b*) - पं. बलदेव सहाय (III)
- वाद्य शिरोमणि (*c*) - पं. कंठे महाराज (IV)
- लयभास्कर (*d*) - पं. खाप्रुमामा पर्वतकर (I)

इस मिलान में प्रत्येक उपाधि को उसके विशिष्ट कलाकार के साथ जोड़ा गया है, जिन्होंने अपनी-अपनी कला में उल्लेखनीय योगदान दिया है। ये कलाकार अपनी-अपनी उपाधियों के अनुरूप प्रतिष्ठित हो गए हैं, जिसे उनकी विशेषज्ञता और प्रसिद्धि से पहचाना जा सकता है।

88. (A): सूची-I में दिए गए ताल नाम और सूची-II में दिए गए ताल स्वरूप का सही मिलान निम्नलिखित है :

- षटपितापुत्राक (*a*) - S′ I S S I S′ (IV)
- दर्पण (*b*) - O O S (III)
- त्रिपुट (*c*) - I O O (I)

- उद्घट्टः (*d*) - S S S (II)

यह मिलान प्रत्येक ताल की विशेषता और उसके स्वरूप को सही ढंग से प्रस्तुत करता है।

89. (C): सूची-I में दिए गए उत्तर भारतीय तालों के नाम और सूची-II में दिए गए कर्नाटक तालांकन स्वरूप का सही मिलान निम्नलिखित है :

- धमार (*a*) - Ĭ Ĭ I (III)
- झपताल (*b*) - O Ĭ Ŏ (I)
- त्रिताल (*c*) - I S I (IV)
- आड़ा चौताल (*d*) - O I I I (II)

यह मिलान उत्तर भारतीय तालों की संरचना और कर्नाटक संगीत के तालांकन स्वरूप के बीच सही संबंध स्थापित करता है।

90. (D): सूची-I में दिए गए घराने और सूची-II में दिए गए विशिष्ट रचना का सही मिलान निम्नलिखित है :

- दिल्ली (*a*) - लड़ी (II)
- लखनऊ (*b*) - गतपरण (IV)
- फर्रुखाबाद (*c*) - चलन (I)
- बनारस (*d*) - बाँट (III)

यह मिलान प्रत्येक घराने की विशिष्ट रचना को उचित रूप से दर्शाता है, जो उनकी पारंपरिक संगीत शैली और प्रमुखता को स्पष्ट करता है।

91. (C): लखनऊ में स्थित भातखंडे संगीत महाविद्यालय संगीतज्ञों को उत्तम नियोजन उपलब्ध कराता है। यह संस्थान विद्यार्थियों को भारतीय शास्त्रीय संगीत की विभिन्न विधाओं में उच्च स्तरीय शिक्षा प्रदान करता है और संगीतकारों को स्थायी और सुरक्षित नियोजन की संभावना प्रदान करता है।

92. (B): सामान्यतया संगीत स्नातकों को माध्यमिक विद्यालयों में पदस्थापित किया जाता है जहाँ संगीत शिक्षा स्कूली पाठ्यचर्या का महत्वपूर्ण भाग बन गया है। यहाँ पर संगीतकार संगीत शिक्षा प्रदान करते हैं और विद्यार्थियों को संगीत की बारीकियाँ सिखाते हैं।

93. (A): भातखंडे संगीत महाविद्यालय में तीन आचार्य, दस सहआचार्य, चार व्याख्याता और बारह कनिष्ठ व्याख्याता हैं। आचार्य और सहआचार्यों को छोड़कर शेष अध्यापकों की संख्या जोड़ने पर कुल संख्या 16 होती है।

94. (C): संगीत कलाकार सामान्यतः संगीत शिक्षक के रूप में कार्य करने में कम रुचि रखते हैं क्योंकि व्यवहार में प्रदर्शन करने वाले संगीतकार कदाचित ही विद्यालयों में पद ग्रहण करते हैं, और अधिकांशतः इन पदों को संगीत महाविद्यालयों के स्नातकों द्वारा भरा जाता है।

95. (D): भातखंडे संगीत महाविद्यालय में कुल स्टाफ की संख्या 53 है, जिसमें 29 अध्यापन स्टाफ और 24 संगतकार शामिल हैं। यह संख्या संस्थान में विभिन्न रूपों में संगीत शिक्षा और प्रदर्शन के लिए संगीतज्ञों की उपलब्धता को दर्शाती है।

96. (B): बनारस में तबला वादन हेतु विशेष प्रकार की बैठक के रूप में वीरासन का प्रचलन प्रारम्भ किया गया। इस नवीन प्रथा में डग्गे को गोद में रखने के बजाय दाहिने-बाएँ को सामने रखकर वीरासन में बैठकर वादन करने की प्रथा शामिल है, जिससे वादनशैली में नवीनता आई।

97. (D): पं. रामसहाय ने तबला वादन में नवीन विचार शामिल करके गायन, वादन और कथक नृत्य जैसी विधाओं के साथ संगत के लिए उपयुक्त बनाया।

98. (D): बनारस घराने के तबला वादन पद्धति में एकल वादन की शुरुआत उठान से करने में नवीनता आई। उठान का प्रयोग तबला वादन के प्रारंभिक चरण में धीमी लय से आरंभ कर क्रमशः तेज लय तक वादन को विकसित करने के लिए किया जाता है, जो बनारस घराने की वादन शैली को विशेषता प्रदान करता है।

99. (C): बनारस घराने की विशिष्ट रचनाओं में बाँट और फर्द शामिल हैं। इन रचनाओं का प्रयोग द्रुत लय में वादन समापन और विभिन्न प्रकार की लयकारियों के प्रदर्शन में किया जाता है, जो बनारस घराने की वादन परम्परा के लिए विशिष्ट हैं।

100. (A): पं. रामसहाय ने 12 कायदों की रचना तबला वाद्य की प्रारम्भिक शिक्षा के लिए की। इन कायदों का उद्देश्य विद्यार्थियों को तबला वादन के लिए ठोस नींव प्रदान करना और उनके अभ्यास को मार्गदर्शन प्रदान करना है।

पिछले प्रश्न-पत्र

National Testing Agency (NTA)

UGC-NET जूनियर रिसर्च फैलोशिप तथा सहायक प्राध्यापक पात्रता परीक्षा

कर्नाटक संगीत, अगस्त-2024

(Exam held on 22-08-2024)

प्रश्न-पत्र-II

निर्देश : *इस प्रश्न-पत्र में* ***सौ (100)*** *बहुविकल्पीय प्रश्न हैं। प्रत्येक प्रश्न के* ***दो (2)*** *अंक हैं।* ***सभी*** *प्रश्न अनिवार्य हैं।*

1. किस ताल युग्म में तालियों की संख्या समान है:

A. आड़ा चौताल एवं झपताल

B. रूपक एवं तीव्रा

C. त्रिताल एवं तीव्रा

D. खेमटा एवं केहरवा

2. शोध प्रविधि के अनुसार शोध के सोपानों को अनुक्रम में व्यवस्थित कीजिए:

(*a*) दत्त संकलन

(*b*) साहित्य समीक्षा

(*c*) रूपरेखा तैयार करना

(*d*) शोध प्रतिवेदन

(*e*) शोध समस्या का प्रतिपादन

नीचे दिए गए विकल्पों में से **सही** उत्तर का चयन कीजिए:

A. (*e*), (*d*), (*u*), (*c*), (*b*)

B. (*e*), (*a*), (*d*), (*b*), (*c*)

C. (*e*), (*b*), (*c*), (*a*), (*d*)

D. (*e*), (*c*), (*d*), (*a*), (*b*)

3. 'दायरो' लोक गीत का प्रसिद्ध कलाकार निम्नांकित में से कौन है?

A. रंजीत बरोट

B. अल्ला जिलाई बाई

C. प्रदीप बरोट

D. भिखुधान गढ़वी

4. दो विषम ग्रहों का चयन कीजिए:

(*a*) सम

(*b*) आहत

(*c*) अतीत

(*d*) प्रत्याहत

(*e*) अनागत

नीचे दिए गए विकल्पों में से **सही** उत्तर का चयन कीजिए:

A. केवल (*c*) और (*e*)

B. केवल (*b*) और (*d*)

C. केवल (*b*) और (*e*)

D. केवल (*a*) और (*b*)

5. सूची-I के साथ सूची-II का मिलान कीजिए:

सूची-I (ठेका/ताल)	**सूची-II** (गीत/नृत्य रूप)
(*a*) खेमटा	I. अभंग
(*b*) धुमाली	II. गजल
(*c*) भजनी	III. कीर्तन
(*d*) दादरा	IV गरबा

नीचे दिए गए विकल्पों में से **सही** उत्तर का चयन कीजिए:

	(*a*)	(*b*)	(*c*)	(*d*)
A.	IV	III	I	II
B.	IV	II	I	III
C.	I	II	IV	III
D.	III	IV	II	I

6. गीतों की रचना कूटबद्ध करने के लिए वर्ष 1905 में ज्योतिरीन्द्रनाथ टैगोर ने किस स्वरलिपि का सूत्रपात किया था?

A. दण्डमात्रिक स्वरलिपि पद्धति

B. आकारमात्रिक स्वरलिपि पद्धति

C. ठाकुरबाड़ी स्वरलिपि पद्धति

D. हिन्दुस्तानी स्वरलिपि पद्धति

7. शोध (अनुसंधान) में दत्त संग्रह (संकलन) का प्राथमिक स्रोत निम्नांकित में से कौन-सा है?

A. पाण्डुलिपि B. शोध-प्रबंध

C. सिक्के D. राजपत्र

8. पूर्वांग रागों का गायन किस अवधि के बीच होता है?

A. दोपहर 12:00 बजे से रात्रि 12:00

B. प्रातः 6 बजे से सायं 6 बजे

C. रात्रि 12:00 बजे से दोपहर 12:00 बजे

D. सायं 6 बजे से प्रातः 6 बजे

9. सूची-I के साथ सूची-II का मिलान कीजिए:

सूची-I (लोक कलाकार का नाम)	**सूची-II (राज्य)**
(*a*) तीजनबाई	I. गुजरात
(*b*) विन्ध्यवासिनी देवी	II. महाराष्ट्र
(*c*) सुलोचना चव्हाण	III. छत्तीसगढ़
(*d*) हेमंत चौहान	IV. बिहार

नीचे दिए गए विकल्पों में से **सही** उत्तर का चयन कीजिए:

	(*a*)	(*b*)	(*c*)	(*d*)
A.	IV	III	II	I
B.	III	IV	II	I
C.	II	III	I	IV
D.	IV	II	I	III

10. सूची-I के साथ सूची-II का मिलान कीजिए:

सूची-I (ताल)	**सूची-II (जाति)**
(*a*) रूपक	I. खंड
(*b*) झपताल	II. संकीर्ण
(*c*) एकताल	III. मिश्र
(*d*) मत्त	IV. तिस्त्र

नीचे दिए गए विकल्पों में से **सही** उत्तर का चयन कीजिए:

	(*a*)	(*b*)	(*c*)	(*d*)
A.	I	II	III	IV
B.	II	III	I	IV
C.	III	I	IV	II
D.	IV	II	III	I

11. 'सूत' किस वाद्य यंत्र में बजाया जाता है?

A. सितार B. संतूर

C. सरोद D. सुरबहार

12. तबला की एकल प्रस्तुति को सही अनुक्रम में व्यवस्थित कीजिए:

(*a*) रेला (*b*) कायदा

(*c*) पेशकार (*d*) टुकड़ा

नीचे दिए गए विकल्पों में से **सही** उत्तर का चयन कीजिए:

A. (*a*), (*b*), (*d*), (*c*) B. (*b*), (*a*), (*c*), (*d*)

C. (*d*), (*a*), (*c*), (*b*) D. (*c*), (*b*), (*a*), (*d*)

13. निम्नलिखित में से समपदी ताल कौन-से हैं?

(*a*) रूपक (*b*) आड़ा चौताल

(*c*) धमार (*d*) एकताल

(*e*) तीन ताल

नीचे दिए गए विकल्पों में से **सही** उत्तर का चयन कीजिए:

A. केवल (*a*), (*b*), (*c*) B. केवल (*b*), (*c*), (*d*)

C. केवल (*b*), (*d*), (*e*) D. केवल (*a*), (*c*), (*d*)

14. निम्नलिखित कलाओं को उनके अवरोही क्रमानुसार व्यवस्थित कीजिए:

(*a*) नृत्य (*b*) आलेख्य

(*c*) गीत (*d*) नाट्य

(*e*) वाद्य

नीचे दिए गए विकल्पों में से **सही** उत्तर का चयन कीजिए:

A. (*b*), (*d*), (*a*), (*e*), (*c*)

B. (*a*), (*d*), (*b*), (*e*), (*c*)

C. (*e*), (*b*), (*d*), (*a*), (*c*)

D. (*d*), (*b*), (*a*), (*e*), (*c*)

15. ध्रुपद के साथ संगति के लिए प्रयुक्त तालों को आरोही अनुक्रम में व्यवस्थित कीजिए:

(*a*) गजझम्पा (*b*) चौताल
(*c*) तीव्रा (*d*) सूलताल

नीचे दिए गए विकल्पों में से **सही** उत्तर का चयन कीजिए:

A. (*a*), (*b*), (*d*), (*c*) B. (*c*), (*d*), (*b*), (*a*)
C. (*b*), (*a*), (*c*), (*d*) D. (*d*), (*a*), (*b*), (*c*)

16. निम्नलिखित में से किसे 9वें और 10वें रस के रूप में जाना जाता है?

(*a*) भयानक (*b*) वात्सल्य
(*c*) शांत (*d*) वीभत्स
(*e*) अद्‌भुत

नीचे दिए गए विकल्पों में से **सही** उत्तर का चयन कीजिए:

A. केवल (*c*) और (*e*) B. केवल (*a*) और (*b*)
C. केवल (*c*) और (*b*) D. केवल (*c*) और (*d*)

17. सूची-I के साथ सूची-II का मिलान कीजिए:

सूची-I (थाट)	**सूची-II (स्वर)**
(*a*) खमाज	I. सा रे ग म प ध नी
(*b*) काफी	II. सा रे ग म प ध नी
(*c*) असवारी	III. सा रे ग म प ध नी
(*d*) भैरवी	IV. सा रे ग म प ध नी

नीचे दिए गए विकल्पों में से **सही** उत्तर का चयन कीजिए:

	(*a*)	(*b*)	(*c*)	(*d*)
A.	III	IV	I	II
B.	IV	I	III	II
C.	IV	III	I	II
D.	III	I	IV	II

18. निम्नांकित में से कौन-सा इण्टरनेट ब्राउजर नहीं है?

A. ओपेरा B. फायरबॉक्स
C. सफारी D. फायरफॉक्स

19. 72 मेल योजना के 12 चक्रों का सही अनुक्रम है:

(*a*) रुद्र (*b*) नेत्र
(*c*) ऋतु (*d*) वसु
(*e*) वेद

नीचे दिए गए विकल्पों में से **सही** उत्तर का चयन कीजिए:

A. (*a*), (*c*), (*b*), (*d*), (*e*)
B. (*c*), (*a*), (*d*), (*b*), (*e*)
C. (*e*), (*b*), (*c*), (*a*), (*d*)
D. (*b*), (*e*), (*c*), (*d*), (*a*)

20. शारंगदेव के ग्रंथ 'संगीत रत्नाकर' में कितने गमकों का उल्लेख है?

A. 14 B. 15
C. 16 D. 17

21. आड़ लय का मान है:

A. 3/2 B. 3/4
C. 2/3 D. 5/4

22. गज और टकोर से बजाये जाने वाले वाद्ययंत्र निम्नांकित में से कौन हैं?

(*a*) ढोलक (*b*) एकतारा
(*c*) बीन (*d*) रावणहत्था
(*e*) इलत्तालम्

नीचे दिए गए विकल्पों में से **सही** उत्तर का चयन कीजिए:

A. केवल (*c*) और (*e*) B. केवल (*b*) और (*c*)
C. केवल (*d*) और (*b*) D. केवल (*a*) और (*b*)

23. सूची-I के साथ सूची-II का मिलान कीजिए:

सूची-I (रस का नाम)	**सूची-II (स्थायी भाव)**
(*a*) रौद्र	I. रति
(*b*) वीर	II. भय
(*c*) भयानक	III. उत्साह
(*d*) शृंगार	IV. क्रोध

नीचे दिए गए विकल्पों में से **सही** उत्तर का चयन कीजिए:

	(*a*)	(*b*)	(*c*)	(*d*)
A.	III	IV	II	I
B.	II	III	IV	I
C.	IV	II	III	I
D.	IV	III	II	I

24. निम्नांकित में से किन तालों में 14 मात्राएं होती हैं?

(*a*) दीपचंद (*b*) झूमर
(*c*) चौताल (*d*) आड़ा चौताल
(*e*) रुद्र ताल

नीचे दिए गए विकल्पों में से **सही** उत्तर का चयन कीजिए :

A. केवल (*a*), (*b*), (*c*) B. केवल (*a*), (*b*), (*d*)
C. केवल (*a*), (*d*), (*e*) D. केवल (*b*), (*d*), (*e*)

25. पद्मश्री पूना राम निषाद छत्तीसगढ़ी लोक संगीत के किस रूप के कलाकार हैं?

A. कर्मा B. दादरिया
C. भारथरी D. पण्डवानी

26. रोमैंटिक काल के प्रसिद्ध गीतकार कौन थे?

A. डिमिट्री शोस्टाकोविच B. बेंजामिन ब्रिट्टेन
C. रिचर्ड वैगनर D. आर्नल्ड शोएनबर्ग

27. निम्नलिखित में से कौन-से कलाकार टप्पा गायन के लिए प्रसिद्ध हैं?

A. किशोरी अमोनकर B. प्रभा अत्रे
C. गंगूबाई हंगल D. श्रीमती मालिनी राजुकर

28. त्यागराज द्वारा श्रीरंगम पंचरत्नम कृति का चयन कीजिए :

A. रंगपुरविहार B. ओ रंगासायी
C. रंगनायकम D. रंगनाथुडु

29. श्यामशास्त्री की नवरत्न मालिका रचना का चयन कीजिए :

A. रवे हिमगिरि B. पार्वती निनुने
C. मयम्मा D. देवी ब्रोवा समयमीते

30. प्रसिद्ध नादस्वरम् वादक हैं :

A. शेख चिन्ना मौलाना B. कद्री गोपालनाथ
C. एन. रमानी D. यू. श्रीनिवास

31. प्रसिद्ध सारंगी वादक का चयन कीजिए :

A. पंडित ब्रिज नारायण B. पंडित तेजेन्द्र नारायण
C. पंडित राम नारायण D. पंडित शिव नारायण

32. पुरंदरदास के देवरनामा का चयन कीजिए :

A. कृष्णा नी बेगाने बारो
B. जगदोधरण
C. पिबारे रामरसम
D. जो अच्युतानन्द

33. चित्र वीणा में पर्दा (फ्रेट) की कुल संख्या कितनी होती है?

A. 7 B. 12
C. 24 D. 0

34. संगीत की ध्वनि की गुणता किससे संबंधित है?

A. आत्यंतिक सुर (पिच) B. सुर का कंपन (रेजोनेन्स)
C. तुण (टिंबर) D. प्रतिध्वनि

35. औडव-औडव भाषांग राग का चयन कीजिए :

A. आंदोलिका B. रंजनी
C. रेवती D. तिलंक

36. राग मोहनम का गांधार मूर्च्छम :

A. शुधसावेरी B. शुधधन्यासी
C. मध्यमावती D. हिंडोलम

37. निम्नलिखित में से दशविध गमक का चयन कीजिए :

A. मूर्च्छना B. मुद्रित
C. मिश्रित D. नामित

38. उस राग का चयन कीजिए जो मेला हरिकम्बोजी का जन्य **नहीं** है :

A. नट्टकुरिंजी B. कम्ब्रोजी
C. बिलहरि D. केदारगोल

39. स्वर लहरियाँ—''सा - री - गु - म - धि - नु'' किस राग से संबंधित है?

A. मेचकल्याणी B. धीर शंकराभरणम्
C. कामवर्धिनी D. खरहरप्रिया

40. 'ए हिस्टोरिकल स्टडी ऑफ इंडियन म्यूजिक' पुस्तक के लेखक कौन हैं?

A. बी.सी. देव B. पी. साम्बमूर्ति
C. स्वामी प्रज्ञानानन्द D. वी. राघवन

41. संगीत रत्नाकर का तीसरा अध्याय है :

A. ताल अध्याय B. राग अध्याय
C. वाद्य अध्याय D. प्रकीर्णक अध्याय

42. भारत में ऑर्केस्ट्रा के लिए प्राचीन नाम था :

A. वाद्य वृन्द B. संगीत मेला
C. गायक वृन्द D. कुतप

43. उस राग का चयन कीजिए जो 'द्वितीय घन पंचकम' **नहीं** है?

A. गौल B. नारायणगौला
C. केदारम D. रीतिगौल

44. स्वरांतरा–शाडव राग का चयन कीजिए :

A. कुन्तलवराली B. सरस्वती
C. कदन कुतुहलम् D. नवरसकन्नड़

45. प्राचीन तमिल संगीत में 'पाणीय तीरम' किसके समान था?

A. सम्पूर्ण राग B. षाडव राग
C. औडव राग D. स्वरांतर राग

46. लक्षण ग्रंथ 'संगीत समय सार' के लेखक कौन हैं?

A. मतंग B. पार्श्वदेव
C. नारद D. शारङ्देव

47. सूक्ष्म काल का सही क्रम क्या है?

A. कला – निमिष – लव – काष्ठ
B. लव – काष्ठ – निमिष – कला
C. निमिष – लव – कला – काष्ठ
D. लव – निमिष – काष्ठ – कला

48. 22 श्रुति के अनुसार गौल ऋषभम् का मान क्या होगा?

A. 250.6 B. 252.8
C. 266.6 D. 284.6

49. निम्नलिखित में से कौन-सा 108 तालों में से **नहीं** है?

A. दर्पण B. सिंहनन्दना
C. हंसनाद D. शरभनंदन

50. कर्नाटक और हिंदुस्तानी संगीत में असमान रागों का चयन कीजिए :

A. मोहनम - भूप B. हिन्डोलम - मालकौंस
C. भैरवी - भैरव D. कल्याणी - यमन

51. परंपरागत संगीत मंच प्रस्तुति में संगीत की विधाओं के सही क्रम का चयन कीजिए :

(*a*) आर.टी.पी. (*b*) तिलाना
(*c*) कृति (*d*) तान वर्ण
(*e*) पदम

नीचे दिए गए विकल्पों में से **सही** उत्तर का चयन कीजिए :

A. (*d*), (*a*), (*c*), (*b*), (*e*)
B. (*d*), (*c*), (*a*), (*e*), (*b*)
C. (*a*), (*c*), (*b*), (*d*), (*e*)
D. (*e*), (*b*), (*a*), (*c*), (*d*)

52. निम्नलिखित ग्रंथों के कालानुक्रमानुसार सही क्रम का चयन कीजिए :

(*a*) संगीत सुधा (*b*) संगीत मकरंद
(*c*) संगीत चन्द्रिका (*d*) संगीत सुधाकर
(*e*) संगीत दर्पण

नीचे दिए गए विकल्पों में से **सही** उत्तर का चयन कीजिए :

A. (*c*), (*d*), (*a*), (*b*), (*e*)
B. (*d*), (*e*), (*a*), (*b*), (*c*)
C. (*b*), (*d*), (*e*), (*a*), (*c*)
D. (*a*), (*b*), (*d*), (*e*), (*c*)

53. स्वाति तिरुनाल की नवरात्रि कृतियों के **सही** क्रम का चयन कीजिए :

(*a*) सरोरुहासन - पंतुवराली
(*b*) पाहि पर्वत - आरभि
(*c*) देवी जगत जननी - शंकराभरणम्
(*d*) जननी मामव - भैरवी
(*e*) जननी पाहि सदा - शुद्ध सावेरी

नीचे दिए गए विकल्पों में से **सही** उत्तर का चयन कीजिए :

A. (*c*), (*d*), (*a*), (*c*), (*b*)
B. (*a*), (*d*), (*c*), (*b*), (*e*)
C. (*c*), (*b*), (*d*), (*e*), (*a*)
D. (*e*), (*d*), (*b*), (*a*), (*c*)

54. त्यागराज के घनराग पंचरत्ना कृति के **सही** क्रम का चयन कीजिए :

(*a*) कणकण रुचिर (*b*) दुडुकुगल
(*c*) एंतारो महानुभावुलु (*d*) जगदानंद कारक
(*e*) साधिमचने

नीचे दिए गए विकल्पों में से **सही** उत्तर का चयन कीजिए :

A. (*d*), (*c*), (*a*), (*e*), (*b*)
B. (*c*), (*a*), (*d*), (*b*), (*e*)
C. (*e*), (*c*), (*b*), (*d*), (*a*)
D. (*d*), (*b*), (*e*), (*a*), (*c*)

55. षोडश अंगों द्वारा लिए गए अक्षरकल को अवरोही क्रम में व्यवस्थित कीजिए :

(*a*) गुरु (*b*) प्लुत विरामम्
(*c*) लघु विरामम् (*d*) गुरु द्रुत विरामम्
(*e*) काकपादम्

नीचे दिए गए विकल्पों में से **सही** उत्तर का चयन कीजिए :

A. (*a*), (*c*), (*b*), (*d*), (*e*)
B. (*b*), (*c*), (*d*), (*a*), (*e*)
C. (*e*), (*b*), (*d*), (*a*), (*c*)
D. (*e*), (*a*), (*b*), (*c*), (*d*)

56. एक चक्र में धा-नि युग्मों के **सही** क्रम का चयन कीजिए :

(*a*) धा - नु (*b*) धी - नु
(*c*) धा - ना (*d*) धी - नि
(*e*) धा - नि

नीचे दिए गए विकल्पों में से **सही** उत्तर का चयन कीजिए :

A. (*a*), (*e*), (*c*), (*b*), (*d*)
B. (*c*), (*e*), (*a*), (*d*), (*b*)
C. (*e*), (*a*), (*c*), (*d*), (*b*)
D. (*c*), (*b*), (*d*), (*e*), (*a*)

57. शुधमध्यम मेला के सही क्रम का चयन कीजिए :

(*a*) वकुलामरणम् (*b*) नाटकप्रिय
(*c*) गौरी मनोहरी (*d*) सरसांगी
(*e*) सूर्यकांतम्

नीचे दिए गए विकल्पों में से **सही** उत्तर का चयन कीजिए :

A. (*a*), (*b*), (*e*), (*c*), (*d*)
B. (*c*), (*d*), (*a*), (*b*), (*e*)
C. (*a*), (*c*), (*b*), (*d*), (*e*)
D. (*b*), (*a*), (*e*), (*c*), (*d*)

58. ट्रिनिटी के बाद के गीतकारों के सही कालक्रम का चयन कीजिए :

(*a*) मैसुर वासुदेवाचार
(*b*) पापनाशम शिवन
(*c*) पटनम सुब्रमण्यम अय्यर
(*d*) जी.एन. बालासुब्रमण्यम
(*e*) मुथैय्या भागवतार

नीचे दिए गए विकल्पों में से **सही** उत्तर का चयन कीजिए :

A. (*d*), (*a*), (*b*), (*c*), (*e*)
B. (*b*), (*c*), (*e*), (*d*), (*a*)
C. (*c*), (*a*), (*e*), (*b*), (*d*)
D. (*a*), (*b*), (*c*), (*d*), (*e*)

59. 35 तालों को अक्षर कला के आरोही क्रम में सही क्रम का चयन कीजिए :

(*a*) खण्ड एक (*b*) मिश्र रूपक
(*c*) चतुरस्र झम्पा (*d*) तिस्र मठ्य
(*e*) तिस्र झम्पा

नीचे दिए गए विकल्पों में से **सही** उत्तर का चयन कीजिए :

A. (*a*), (*b*), (*d*), (*e*), (*c*)
B. (*e*), (*d*), (*b*), (*a*), (*c*)
C. (*e*), (*c*), (*d*), (*a*), (*b*)
D. (*a*), (*e*), (*c*), (*d*), (*b*)

60. भाषांग स्वरों को उनकी संख्या के अनुसार आरोही क्रम में व्यवस्थित कीजिए :

(*a*) भैरवी (*b*) सिंधुभैरवी
(*c*) आनन्दभैरवी (*d*) आटन

नीचे दिए गए विकल्पों में से **सही** उत्तर का चयन कीजिए :

A. (*d*), (*b*), (*a*), (*c*) B. (*a*), (*d*), (*c*), (*b*)
C. (*a*), (*c*), (*d*), (*b*) D. (*c*), (*b*), (*a*), (*d*)

61. सम्बद्ध रागों का चयन कीजिए :

(*a*) मणिरंग (*b*) मायामालवगौल

(*c*) सरस्वती (*d*) श्री

(*e*) हंसध्वनि

नीचे दिए गए विकल्पों में से **सही** उत्तर का चयन कीजिए :

A. केवल (*c*) और (*e*) B. केवल (*d*) और (*e*)

C. केवल (*b*) और (*c*) D. केवल (*a*) और (*d*)

62. बी.सी. देव की दो पुस्तकों का चयन कीजिए :

(*a*) स्पिरिचुअल हेरिटेज ऑफ सेंट त्यागराज

(*b*) साउथ इंडियन म्यूजिक

(*c*) ए हिस्ट्री ऑफ इंडियन म्यूजिक

(*d*) म्यूजिकल इन्स्ट्रूमेंट्स

(*e*) भारतीय संगीत

नीचे दिए गए विकल्पों में से **सही** उत्तर का चयन कीजिए :

A. केवल (*c*) और (*d*) B. केवल (*b*) और (*e*)

C. केवल (*d*) और (*e*) D. केवल (*a*) और (*d*)

63. गज से बजाया जाने वाला दो वाद्ययंत्रों का चयन कीजिए :

(*a*) सारंगी (*b*) सरोद

(*c*) सितार (*d*) संतूर

(*e*) दिलरूबा

नीचे दिए गए विकल्पों में से **सही** उत्तर का चयन कीजिए :

A. केवल (*a*) और (*e*) B. केवल (*a*) और (*b*)

C. केवल (*b*) और (*e*) D. केवल (*c*) और (*d*)

64. पञ्चवाद्यम् में दो वाद्य यंत्रों का चयन कीजिए :

(*a*) तिमिल (*b*) चेडा

(*c*) कुरुमकुजल (*d*) मिजापु

(*e*) मर्दलम

नीचे दिए गए विकल्पों में से **सही** उत्तर का चयन कीजिए :

A. केवल (*b*) और (*e*) B. केवल (*a*) और (*c*)

C. केवल (*a*) और (*e*) D. केवल (*d*) और (*e*)

65. आधुनिक काल के दो रचनाकार कौन-कौन से हैं?

(*a*) एम.एस. सुब्बालक्ष्मी (*b*) के.वी. नारायण स्वामी

(*c*) लालगुडी जयरमण (*d*) एम.डी. रामनाथन

(*e*) टी.एन. कृष्णन

नीचे दिए गए विकल्पों में से **सही** उत्तर का चयन कीजिए :

A. केवल (*b*) और (*d*) B. केवल (*c*) और (*d*)

C. केवल (*c*) और (*e*) D. केवल (*a*) और (*d*)

66. समान अक्षरकाल वाले दो तालों का चयन कीजिए :

(*a*) मिश्र ध्रुव – संकीर्ण मत्य

(*b*) तिस्र झम्पा – तिस्र त्रिपुट

(*c*) खण्ड त्रिपुट – मिश्र रूपक

(*d*) चतुरस्र त्रिपुट – मिश्र एका

(*e*) खण्ड मठ्य – चतुरस्र अट्ट

नीचे दिए गए विकल्पों में से **सही** उत्तर का चयन कीजिए :

A. केवल (*a*) और (*c*) B. केवल (*b*) और (*d*)

C. केवल (*c*) और (*e*) D. केवल (*d*) और (*e*)

67. मध्यम काल साहित्य की दो रचनाओं का चयन कीजिए :

(*a*) सरसिजनाभ सोदरी – नागगांधारी

(*b*) गुरुलेक – गौरीमनोहरी

(*c*) सरोजदल नेत्री – शंकराभरणम्

(*d*) अन्नपूर्णे – साम

(*e*) निधिशाला सुखम – कल्याणी

नीचे दिए गए विकल्पों में से **सही** उत्तर का चयन कीजिए :

A. केवल (*a*) और (*c*) B. केवल (*c*) और (*e*)

C. केवल (*b*) और (*d*) D. केवल (*a*) और (*d*)

68. राग बेगड़ में दो कृतियों का चयन कीजिए :

(*a*) सिद्धि विनायकम् (*b*) कोरी सेविम्परारे

(*c*) पल्लभ गायवरय (*d*) नादतनुमनिशम्

(*e*) नादोपासना चे

नीचे दिए गए विकल्पों में से **सही** उत्तर का चयन कीजिए :

A. केवल (*c*) और (*d*) B. केवल (*a*) और (*b*)

C. केवल (*c*) और (*e*) D. केवल (*a*) और (*e*)

69. दो भाषांग रागों का चयन कीजिए जिसमें कैशिकी निषाद अन्यस्वर के रूप में आते हैं?

(*a*) काम्बोजी (*b*) मुखारी
(*c*) देवगांधारी (*d*) हिन्दुस्तानी कापी
(*e*) बिलहरी

नीचे दिए गए विकल्पों में से **सही** उत्तर का चयन कीजिए :

A. केवल (*d*) और (*e*) B. केवल (*a*) और (*e*)
C. केवल (*c*) और (*d*) D. केवल (*b*) और (*c*)

70. त्यागराज द्वारा रचित दो कृतियाँ कौन-कौन सी हैं?

(*a*) कृष्ण लीला तरङ्गिनी (*b*) प्रह्लाद भक्ति विजयम्
(*c*) भक्ति मञ्जरी (*d*) नौका चरितम्
(*e*) राम नाटकम्

नीचे दिए गए विकल्पों में से **सही** उत्तर का चयन कीजिए :

A. केवल (*b*) और (*c*) B. केवल (*d*) और (*e*)
C. केवल (*a*) और (*b*) D. केवल (*b*) और (*d*)

71. प्रारंभिक और अंतिम स्वरों को क्या कहा जाता है?

(*a*) जीवस्वर (*b*) अंशस्वर
(*c*) ग्रहस्वर (*d*) न्यासस्वर
(*e*) अल्पस्वर

नीचे दिए गए विकल्पों में से **सही** उत्तर का चयन कीजिए :

A. केवल (*c*) और (*b*) B. केवल (*d*) और (*a*)
C. केवल (*c*) और (*d*) D. केवल (*d*) और (*e*)

72. देशादि ताल की दो रचनाओं का चयन कीजिए :

(*a*) मनसोनिल्प – अभोगी
(*b*) तेलियलेरू राम – धेनुका
(*c*) रागा नीपै – क़ेदारम
(*d*) योचना – दरबार
(*e*) नन्नु कन्ना तल्ली – सिन्धु कन्नड़

नीचे दिए गए विकल्पों में से **सही** उत्तर का चयन कीजिए :

A. केवल (*a*) और (*c*) B. केवल (*b*) और (*e*)
C. केवल (*c*) और (*d*) D. केवल (*b*) और (*d*)

73. दो नवसंधि तालों का चयन कीजिए :

(*a*) मध्य ताल (*b*) नैऋति ताल
(*c*) सम ताल (*d*) भृंगी ताल
(*e*) मर्म ताल

नीचे दिए गए विकल्पों में से **सही** उत्तर का चयन कीजिए :

A. केवल (*a*) और (*b*) B. केवल (*c*) और (*d*)
C. केवल (*d*) और (*e*) D. केवल (*b*) और (*d*)

74. जीएनबी बानी के कलाकार का चयन कीजिए :

(*a*) टी.वी. शंकरनारायणम्
(*b*) टी.एम. कृष्णा
(*c*) संजय सुब्रमण्यम
(*d*) एस. कल्याणरमण
(*e*) टी.एन. शेषगोपालन

नीचे दिए गए विकल्पों में से **सही** उत्तर का चयन कीजिए :

A. केवल (*d*) B. केवल (*e*)
C. केवल (*a*) D. केवल (*b*) और (*c*)

75. हिन्दुस्तानी संगीत मूल के दो रागों का चयन कीजिए :

(*a*) सौराष्ट्रम (*b*) दरबार
(*c*) द्विजवंती (*d*) भैरवी
(*e*) वृन्दावन सारंग

नीचे दिए गए विकल्पों में से **सही** उत्तर का चयन कीजिए :

A. केवल (*b*) और (*d*) B. केवल (*c*) और (*e*)
C. केवल (*a*) और (*b*) D. केवल (*b*) और (*e*)

76. प्रातःकाल के दो रागों का चयन कीजिए :

(*a*) मध्यमावती (*b*) भैरवी
(*c*) कल्याणी (*d*) मलयमारुतम्
(*e*) भौली

नीचे दिए गए विकल्पों में से **सही** उत्तर का चयन कीजिए :

A. केवल (*d*) और (*e*) B. केवल (*a*) और (*d*)
C. केवल (*b*) और (*e*) D. केवल (*c*) और (*d*)

77. कोटीश्वर अय्यर की मुद्रा :

(*a*) वेंकटेश्वर (*b*) वरद दास

(*c*) जलजनाभ (*d*) कवि कुंजर दास

(*e*) रामदास

नीचे दिए गए विकल्पों में से **सही** उत्तर का चयन कीजिए :

A. केवल (*d*) B. केवल (*e*)

C. केवल (*a*) D. केवल (*b*) और (*c*)

78. उन रागों का चयन कीजिए जो समान शुद्धामध्यम मेल से उद्भूत हैं?

(*a*) केदारगौल (*b*) कन्नड़गौल

(*c*) श्रीरंजनी (*d*) रंजनी

(*e*) जन रंजनी

नीचे दिए गए विकल्पों में से **सही** उत्तर का चयन कीजिए :

A. केवल (*a*) और (*b*)

B. केवल (*c*) और (*d*)

C. केवल (*d*) और (*e*)

D. केवल (*b*) और (*c*)

79. तमिल में प्रथम गीतिनाट्य राम नाटकम् किसके द्वारा रचित है?

(*a*) मुतुतांडवर (*b*) मारिमुत्तु पिल्लै

(*c*) अरुणाचल कविरायर (*d*) अरुणगिरि नाथर

(*e*) मानिक्य वासगर

नीचे दिए गए विकल्पों में से **सही** उत्तर का चयन कीजिए :

A. केवल (*a*) B. केवल (*c*)

C. केवल (*d*) D. केवल (*b*) और (*e*)

80. दो उभय वक्र रागों का चयन कीजिए :

(*a*) रीति गौल (*b*) कदन कुतुहलम्

(*c*) बेगडा (*d*) श्री

(*e*) सारंग

नीचे दिए गए विकल्पों में से **सही** उत्तर का चयन कीजिए :

A. केवल (*a*) और (*b*)

B. केवल (*a*) और (*c*)

C. केवल (*a*) और (*e*)

D. केवल (*d*) और (*e*)

81. सूची-I के साथ सूची-II का मिलान कीजिए :

सूची-I (आरोह और अवरोह)	**सूची-II (राग)**
(*a*) सम्पूर्ण – औडव	I. मलहारी
(*b*) औडव – षाडव	II. कम्बोजी
(*c*) षाडव – सम्पूर्ण	III. बहुधारी
(*d*) षाडव – औडव	IV. सारमती

नीचे दिए गए विकल्पों में से **सही** उत्तर का चयन कीजिए :

	(*a*)	(*b*)	(*c*)	(*d*)
A.	IV	I	II	III
B.	II	III	I	IV
C.	III	II	IV	I
D.	I	III	II	IV

82. सूची-I के साथ सूची-II का मिलान कीजिए :

सूची-I (रचना)	**सूची-II (संगीत की विधा)**
(*a*) राम बाण	I. पदवर्णम
(*b*) परुलनमाटा	II. तान वर्णम
(*c*) सुमसायक	III. कृति
(*d*) वीरीबोनी	IV. जावलि

नीचे दिए गए विकल्पों में से **सही** उत्तर का चयन कीजिए :

	(*a*)	(*b*)	(*c*)	(*d*)
A.	III	II	IV	I
B.	I	IV	III	II
C.	II	III	IV	I
D.	III	IV	I	II

83. सूची-I के साथ सूची-II का मिलान कीजिए :

सूची-I (रचना)	**सूची-II (राग)**
(*a*) श्री मातृभूतम्	I. देवमनोहर
(*b*) ब्रोवावम्मा	II. कन्नड़
(*c*) एवरी काई	III. माँझी
(*d*) जननी मामव	IV. भैरवी

नीचे दिए गए विकल्पों में से **सही** उत्तर का चयन कीजिए :

	(*a*)	(*b*)	(*c*)	(*d*)
A.	I	II	III	IV
B.	III	IV	II	I
C.	II	III	I	IV
D.	IV	II	I	III

84. सूची-I के साथ सूची-II का मिलान कीजिए :

सूची-I (ताल)	**सूची-II (अक्षर कला)**
(*a*) खण्ड त्रिपुट ताल	I. 16
(*b*) मिश्र मत्य ताल	II. 12
(*c*) तिस्र ध्रुव ताल	III. 11
(*d*) चतुरस्र अट ताल	IV. 9

नीचे दिए गए विकल्पों में से **सही** उत्तर का चयन कीजिए :

	(*a*)	(*b*)	(*c*)	(*d*)
A.	IV	I	III	II
B.	I	III	II	IV
C.	III	II	I	IV
D.	II	IV	III	I

85. सूची-I के साथ सूची-II का मिलान कीजिए :

सूची-I (गुरु)	**सूची-II (शिष्य)**
(*a*) अरियाकुडी रामानुज आयंगर	I. सेमनगुडी श्रीनिवास अय्यर
(*b*) जी.एन. बालासुब्रमण्यम	II. एम.डी. रामनाथन
(*c*) महाराजपुरम् विश्वनाथ अय्यर	III. के.वी. नारायण स्वामी
(*d*) टाइगर वरदाचार्य	IV. एम.एल. वसंत कुमारी

नीचे दिए गए विकल्पों में से **सही** उत्तर का चयन कीजिए :

	(*a*)	(*b*)	(*c*)	(*d*)
A.	II	I	III	IV
B.	III	IV	I	II
C.	IV	II	III	I
D.	I	III	II	IV

86. सूची-I के साथ सूची-II का मिलान कीजिए :

सूची-I (कर्नाटक संगीत वाद्य यंत्र)	**सूची-II (हिन्दुस्तानी संगीत वाद्य यंत्र)**
(*a*) वीणा	I. सारंगी
(*b*) मृदंगम्	II. शहनाई
(*c*) नादस्वरम्	III. सितार
(*d*) वायलिन	IV. पखावज

नीचे दिए गए विकल्पों में से **सही** उत्तर का चयन कीजिए :

	(*a*)	(*b*)	(*c*)	(*d*)
A.	II	III	I	IV
B.	IV	II	III	I
C.	I	III	II	IV
D.	III	IV	II	I

87. सूची-I के साथ सूची-II का मिलान कीजिए :

सूची-I (कृति)	**सूची-II (रचना)**
(*a*) खनराग पंचरत्नम्	I. दारिणी तेलुसुकोंडी
(*b*) कोवुर पंचरत्नम्	II. महित प्रवृद्ध
(*c*) तिरुवत्तियुर पंचरत्नम्	III. इवासुधा नीवान्दी दाइवामू
(*d*) लालगुडी	IV. कणकण रुचिर

नीचे दिए गए विकल्पों में से **सही** उत्तर का चयन कीजिए :

	(*a*)	(*b*)	(*c*)	(*d*)
A.	II	IV	III	I
B.	IV	III	I	II
C.	I	IV	II	III
D.	III	II	IV	I

88. सूची-I के साथ सूची-II का मिलान कीजिए :

सूची-I (संपूर्ण मेल)	**सूची-II (असम्पूर्ण मेल)**
(*a*) कीरवाणी	I. चामरम्
(*b*) खरहरप्रिय	II. किरणावली
(*c*) सिंहेन्द्र मध्यमम्	III. श्रीरागम
(*d*) षणमुखप्रिय	IV. सुमधुति

नीचे दिए गए विकल्पों में से **सही** उत्तर का चयन कीजिए :

	(a)	(b)	(c)	(d)
A.	II	IV	I	III
B.	IV	II	III	I
C.	III	I	IV	II
D.	II	III	IV	I

89. सूची-I के साथ सूची-II का मिलान कीजिए :

सूची-I	सूची-II
(a) उद्ग्रह	I. निरंतर भाग
(b) ध्रुव	II. परिचयात्मक भाग
(c) मेलपाक	III. उपरोक्त दोनों को जोड़ता है
(d) अभोग	IV. उपसंहार भाग

नीचे दिए गए विकल्पों में से **सही** उत्तर का चयन कीजिए :

	(a)	(b)	(c)	(d)
A.	II	I	III	IV
B.	I	II	IV	III
C.	IV	I	III	II
D.	III	IV	II	I

90. सूची-I के साथ सूची-II का मिलान कीजिए :

सूची-I	सूची-II
(a) संगीत सार	I. सोमनाथ
(b) राग तरंगिनी	II. रमामात्य
(c) स्वरमेल कलानिधि	III. विद्यारण्य
(d) राग विबोध	IV. लोचना कवि

नीचे दिए गए विकल्पों में से **सही** उत्तर का चयन कीजिए :

	(a)	(b)	(c)	(d)
A.	I	II	IV	III
B.	II	III	I	IV
C.	III	IV	II	I
D.	IV	II	III	I

निर्देश (प्रश्न संख्या 91 से 95 तक): *निम्नलिखित गद्यांश को पढ़िए और संबंधित प्रश्नों के उत्तर दीजिए।*

दक्षिण भारतीय संगीत में संगीत के प्रारूपों की बहुत-सी विधाएँ हैं। प्रत्येक विधा की अपनी स्वयं की विशिष्टता है। लय एक प्रमुख कारक है जिससे संगीत की रचना को वैशिष्ट्य गुण प्राप्त होता है। गीतम सबसे सरल संगीत प्रारूप है। गीतम में भी दुरुह (जटिल) तालों में संगीत एक समान गति से आगे बढ़ता है जिसमें संगीतात्मक पदबंधों के समूहन की अधिक गुंजाइश नहीं रहती है। किन्तु जतिस्वरम् के मामले में हम पाते हैं कि गति सदैव एक समान नहीं रहती है। विभिन्न लघु जाति विधाओं के अन्तः मिश्रित संगीत पदबंध मिले हैं। जतिस्वरम् की तुलना में स्वर जातियों में लय-परिवर्त्य अधिक दुरुह लयकारी प्रतिरूपों के प्रारूप तक आगे बढ़ने के निर्माणी तत्व का कार्य करते हैं।

91. अभ्यास गान और सभागान के अंतर्गत आनेवाले संगीत की विधा है :

A. गीतम
B. जतिस्वरम्
C. वर्णम्
D. कृति

92. निम्नांकित में से विलोम चाप्पु ताल की रचना का चयन कीजिए :

A. मैरीवेरे – आनंद भैरवी
B. ब्रोवावम्मा – मांझी
C. निन्ने नम्मी – तोड़
D. निन्नू विनाग – पूर्वी कल्याणी

93. तीसरी गति में रचित कृति का चयन कीजिए :

A. गम गणपते
B. वातापि गणपतिम
C. सामज वर गमना
D. सीतापते

94. तीसरी गति में खण्डजाति अट ताल की अक्षरकला की कुल संख्या बताएँ :

A. 56
B. 40
C. 42
D. 14

95. कर्नाटक संगीत महोत्सव में अवनद्ध वाद्य कलाकारों की मुख्य भूमिका है :

A. वे सर्वलघु का वादन करते हैं।
B. वे प्रत्येक खंड (अनुभाग) की समाप्ति मुक्तयीगु से करते हैं।
C. वे रचना की लयबद्ध संरचना को बढ़ाते हैं।
D. वे दुरुह (जटिल) लयबद्ध प्रतिरूप का वादन करते हैं।

निर्देश (प्रश्न संख्या 96 से 100 तक): *निम्नलिखित गद्यांश को पढ़िए और संबंधित प्रश्नों के उत्तर दीजिए।*

गैर सरकारी निकायों और एजेंसियों ने वर्ष 1880 से संगीत अध्ययन में अभिरुचि उत्पन्न करने में अहम भूमिका निभाई है। सन् 1920 से पहले संगीत के व्यवस्थित रूप में अध्यापन के बहुत से प्रयास नहीं किए गए। वर्तमान में आधुनिक संस्थागत संगीत शिक्षा की पाठ्यचर्या में इसे उचित स्थान प्राप्त है। आलेखों की बहुत-सी सीरीज के प्रकाशन के माध्यम से प्रेस ने भी इसके विकास में बहुत अधिक योगदान दिया है। परंपरागत रूप से अभ्यास करने वाले वृत्तिक संगीतज्ञों के संबंध में भी पता चला है कि ये संगीत के विद्यार्थियों के शिक्षण तथा उनमें जागरूकता उत्पन्न करने में गहरी अभिरुचि ले रहे हैं। संगीत के ज्ञान के प्रसार में रेडियो की भी महत्वपूर्ण भूमिका रही है। संगीत के अनेक संस्थाओं ने अपने वार्षिक सम्मेलन, उनकी कार्यवादियों के प्रकाशन, प्रदर्शन में इसी सरीखे के मूल्यवान कार्य किए हैं। इस प्रकार कालक्रम में, संगीत-अध्ययन और इसका अभ्यास परंपरागत गुरुकुल प्रणाली से उद्विकसित होकर भारत के अलग-अलग विश्वविद्यालयों की पाठ्यचर्या में वैकल्पिक विषय के तौर पर पहुँचा है।

96. संगीत के अध्ययन की व्युत्पत्ति किस प्रकार की शैक्षणिक प्रणाली से हुई है?

A. विश्वविद्यालयी - अध्ययन
B. डॉयन (सुप्रसिद्ध संगीतज्ञों) के प्रदर्शन
C. गृह में स्कूली शिक्षा
D. गुरुकुल प्रणाली

97. संगीत का सुव्यवस्थित रूप से अध्ययन का शुभारंभ निम्नांकित में से किस वर्ष हुआ?

A. 1919 B. 1930
C. 1920 D. 2019

98. परंपरागत तौर पर वृत्रिक संगीतकारों (संगीतज्ञों) में निम्नांकित में से किसमें बहुत अधिक अभिरुचि है?

A. विश्वविद्यालयों और विद्यालयों में अध्यापन
B. विद्यार्थियों के अध्यापन और उनमें जागरूकता उत्पन्न करने में
C. रेडियो के संवर्धन में
D. गुरुकुल प्रणाली के बारे में जागरूकता बढ़ाने में

99. निम्नलिखित में से किस कारणवश संगीत को आधुनिक पाठ्यचर्याओं में उचित स्थान प्राप्त हुआ है?

A. गैर-सरकारी निकाय और एजेंसियाँ
B. प्रेस
C. रेडियो
D. उपर्युक्त सभी

100. उपर्युक्त कारकों से भारत में संगीत के अध्ययन को उचित दर्जा प्रदान करने में सहायता मिली?

A. इनसे इसके उद्विकास से भारत में आधुनिक शिक्षा की पाठ्यचर्या में इसे सम्मिलित करने में सहायता मिली है।
B. ये संगीत अध्ययन के महत्व के बारे में जागरूकता उत्पन्न करने में विफल रहे हैं।
C. इनके कारण प्रेस, रेडियो, निजी निकाय एवं अन्य मध्यवर्ती संस्थाओं (माध्यस्थकों) का हस्तक्षेप बढ़ गया है।
D. इनके कारण भारत की शिक्षा में इसका दर्जा घट गया है।

व्याख्यात्मक उत्तर

1. (C): त्रिताल में 16 मात्राएँ होती हैं और इसे चार भागों (विभागों) में विभाजित किया जाता है। प्रत्येक विभाग में 4 मात्राएँ होती हैं। तीव्रा में 16 मात्राएँ होती हैं और यह भी चार विभागों में विभाजित है। इसलिए, त्रिताल और तीव्रा दोनों में तालियों की संख्या समान है।

2. (C):

(*e*) **शोध समस्या का प्रतिपादन :** शोध का प्रारंभ एक स्पष्ट समस्या के चयन और प्रतिपादन से होता है।

(*b*) **साहित्य समीक्षा :** समस्या के बाद संबंधित विषय पर पूर्व में किए गए कार्यों का अध्ययन किया जाता है।

(*c*) **रूपरेखा तैयार करना :** अगले चरण में शोध की रूपरेखा तैयार की जाती है, जिसमें कार्य की योजना बनाई जाती है।

(*a*) **दत्त संकलन :** रूपरेखा के आधार पर आंकड़ों या सूचनाओं का संग्रह किया जाता है।

(*d*) **शोध प्रतिवेदन :** अंत में सभी संकलित जानकारी का विश्लेषण कर प्रतिवेदन तैयार किया जाता है।

3. (D): 'दायरो' गुजरात का एक प्रमुख लोक गीत रूप है, जिसे प्रायः भजन, कीर्तन या धार्मिक आयोजन में गाया जाता है। भिखुधान गढ़वी 'दायरो' शैली के प्रसिद्ध कलाकार हैं, जिन्होंने इसे लोकसंस्कृति में एक विशेष पहचान दिलाई।

4. (A):

(*c*) **अतीत :** यह समय की अवधारणा है, जो पहले हो चुके कार्य या घटना को संदर्भित करता है।

(*e*) **अनागत :** यह भविष्य की अवधारणा है, जो अभी तक नहीं हुआ है।

इन दोनों को विषम ग्रह कहा जाता है क्योंकि ये ताल या ध्वनि से संबंधित नहीं हैं। अन्य विकल्प (*b*) आहत और (*d*) प्रत्याहत ताल और ध्वनि की अवधारणाएँ हैं, जो इस चयन में शामिल नहीं हैं।

5. (A):

(*a*) **खेमटा - गरबा** (IV)**:** खेमटा ताल का उपयोग गरबा नृत्य में किया जाता है।

(*b*) **धुमाली - कीर्तन** (III)**:** धुमाली ताल प्रायः कीर्तन में प्रयुक्त होती है।

(*c*) **भजनी - अभंग** (I)**:** भजनी ताल का उपयोग भजन और अभंग गायन में किया जाता है।

(*d*) **दादरा - गजल** (II)**:** दादरा ताल गजल में प्रयुक्त होती है।

6. (B): वर्ष 1905 में ज्योतिरीन्द्रनाथ टैगोर ने गीतों को संचित और संरक्षित करने के लिए आकारमात्रिक स्वरलिपि पद्धति का सूत्रपात किया। यह पद्धति बंगाल में लोकप्रिय हुई और इसे भारतीय शास्त्रीय संगीत के लिए उपयोगी माना गया।

7. (B): शोध में दत्त संग्रह (संकलन) का प्राथमिक स्रोत शोध-प्रबंध होता है। शोध-प्रबंध नई जानकारी का संकलन और विश्लेषण प्रदान करता है और प्रायः किसी विशेष विषय पर केंद्रित होता है। अन्य विकल्प, जैसे पांडुलिपि या सिक्के, ऐतिहासिक स्रोत हो सकते हैं, पर शोध के संदर्भ में प्राथमिक स्रोत नहीं होते।

8. (A): पूर्वांग रागों का गायन दोपहर 12:00 बजे से रात्रि 12:00 बजे के बीच होता है। भारतीय शास्त्रीय संगीत में, रागों को उनकी प्रकृति और समय के आधार पर वर्गीकृत किया जाता है। पूर्वांग राग दिन के पहले भाग (अहोरात्र) के लिए उपयुक्त होते हैं।

9. (B):

(*a*) **तीजनबाई - छत्तीसगढ़** (III)**:** तीजनबाई पंडावानी शैली की प्रसिद्ध लोक कलाकार हैं, जो छत्तीसगढ़ से संबंधित हैं।

(*b*) **विन्ध्यवासिनी देवी -बिहार** (IV)**:** विन्ध्यवासिनी देवी बिहार की प्रसिद्ध लोक गायिका थीं।

(*c*) **सुलोचना चव्हाण - महाराष्ट्र** (II)**:** सुलोचना चव्हाण महाराष्ट्र की प्रसिद्ध लोक गायिका थीं।

(*d*) **हेमंत चौहान - गुजरात** (I)**:** हेमंत चौहान गुजरात के भजन और गरबा के प्रसिद्ध गायक हैं।

10. (C):

(*a*) **रूपक - मिश्र** (III)**:** रूपक ताल मिश्र जाति की होती है।

(*b*) **झपताल - खंड** (I)**:** झपताल खंड जाति की होती है।

(*c*) **एकताल - तिस्त्रा** (IV)**:** एकताल तिस्त्रा जाति की होती है।

(*d*) **मत्त - संकीर्ण** (II)**:** मत्त ताल संकीर्ण जाति की होती है।

11. (C): 'सूत' एक तकनीकी शब्द है, जिसका उपयोग सरोद वाद्य यंत्र में बजाने की प्रक्रिया के लिए होता है। सरोद भारतीय शास्त्रीय संगीत का प्रसिद्ध तारयुक्त वाद्य यंत्र है। इसे बजाने में नाखून या मिजराब का उपयोग किया जाता है। सूत का अर्थ है तारों को धीमे या तेज गति से बजाना, जिससे संगीत में लयबद्धता और गहराई उत्पन्न होती है।

12. (D): तबला की एकल प्रस्तुति के लिए निम्नलिखित क्रम होता है:

(*c*) **पेशकार** : यह प्रारंभिक चरण होता है, जिसमें सरल और लयबद्ध रचनाएँ प्रस्तुत की जाती हैं।

(*b*) **कायदा** : इसके बाद कायदा बजाया जाता है, जो एक निश्चित संरचना के साथ रचना को आगे बढ़ाता है।

(*a*) **रेला** : रेला तबले की तेज और गतिशील प्रस्तुति का हिस्सा है।

(*d*) **टुकड़ा** : यह अंतिम चरण होता है, जिसमें छोटी और सुंदर रचनाएँ बजाई जाती हैं।

13. (C): समपदी ताल वे होते हैं जिनकी मात्राएँ समान रूप से विभाजित होती हैं।

(*b*) **आड़ा चैताल** : इसमें समपदी संरचना होती है।

(*d*) **एकताल** : इसमें भी ताल की मात्राएँ समान रूप से विभाजित होती हैं।

(*d*) **तीन ताल** : यह समपदी तालों में से एक है, जिसमें 16 मात्राएँ होती हैं और यह चार बराबर भागों में विभाजित होती है।

14. (A): कलाओं को अवरोही क्रम में इस प्रकार व्यवस्थित किया गया है:

(*b*) **आलेख्य** : इसमें चित्रकला और लेखन कार्य आते हैं।

(*d*) **नाट्य** : यह दृश्य और श्रव्य कला का मिश्रण है।

(*a*) **नृत्य** : यह शारीरिक गतिविधियों के माध्यम से व्यक्त की जाने वाली कला है।

(*e*) **वाद्य** : इसमें वाद्य यंत्रों का उपयोग होता है।

(*c*) **गीत** : यह केवल गायन की कला है।

15. (B): ध्रुपद के साथ संगति के लिए प्रयुक्त तालों का आरोही अनुक्रम निम्नलिखित है:

(*c*) **तीव्रा** : यह सबसे सरल और कम मात्राओं वाला ताल है।

(*d*) **सूलताल** : इसमें 10 मात्राएँ होती हैं।

(*b*) **चौताल** : यह अधिक जटिल संरचना के साथ प्रस्तुत होता है।

(*a*) **गजझंपा** : यह सबसे जटिल और भारी ताल है।

16. (C): शांत रस और वात्सल्य रस को 9वें और 10वें रस के रूप में जाना जाता है।

(*c*) **शांत रस** : शांत रस का मुख्य भाव शांति और स्थिरता है और यह भारतीय शास्त्रीय नाट्यशास्त्र का प्रमुख रस है।

(*b*) **वात्सल्य रस** : वात्सल्य रस का भाव माता-पिता और बच्चों के बीच के प्रेम को दर्शाता है। इसे अन्य रसों की तुलना में बाद में मान्यता दी गई।

17. (C):

(*a*) **खमाज - (सा रे ग म प ध <u>नी</u>)** (IV): खमाज थाट में तीव्र स्वर का उपयोग किया जाता है।

(*b*) **काफी - (सा रे <u>ग</u> म प ध <u>नी</u>)** (III): काफी थाट में कोमल ग और कोमल नि का उपयोग होता है।

(*c*) **असवारी - (सा रे <u>ग</u> म प <u>ध</u> <u>नी</u>)** (I): असवारी थाट में रे और ध कोमल होते हैं।

(*d*) **भैरवी - (सा <u>रे</u> <u>ग</u> म प <u>ध</u> <u>नी</u>)** (II): भैरवी थाट में रे, ग, ध और नि कोमल होते हैं।

18. (B): "फायरबॉक्स" नाम का कोई इंटरनेट ब्राउजर नहीं है। ओपेरा, सफारी और फायरफॉक्स वास्तविक और लोकप्रिय इंटरनेट ब्राउजर हैं।

19. (D): 72 मेल योजना के 12 चक्रों का क्रम निम्न है: (*b*) नेत्र, (*e*) वेद, (*c*) ऋतु, (*d*) वसु, (*a*) रुद्र। यह योजना दक्षिण भारतीय कर्नाटक संगीत के मेलकर्ता रागों को वर्गीकृत करती है।

20. (B): शारंगदेव के ग्रंथ 'संगीत रत्नाकर' में कुल 15 गमकों का उल्लेख किया गया है। गमक भारतीय शास्त्रीय संगीत का एक महत्वपूर्ण अंग है, जो ध्वनि को अलंकृत और मधुर बनाने में सहायक होता है। इन 15 गमकों में श्रुति, कम्पन, मेड़ और अंडोलन जैसी श्रेणियाँ सम्मिलित हैं।

21. (A): आड़ लय का मान 3/2 है। आड़ लय संगीत में वह लय है, जिसमें गति सामान्य से अधिक धीमी होती है। यह लय त्रिगुण और दुगुण लयों के बीच की स्थिति में आती है। 3/2 के रूप में इसकी गणना लय और ताल की सामंजस्यता को दर्शाती है।

22. (C):

(*a*) **रावणहत्था** : यह तारयुक्त वाद्ययंत्र है, जिसे गज (धनुष) से बजाया जाता है।

(*b*) **एकतारा** : इसे टकोर से बजाया जाता है, और यह एकल तारयुक्त वाद्ययंत्र है।

अन्य विकल्पों में ढोलक और इलत्तालम् को गज या टकोर से नहीं बजाया जाता।

23. (D):

(*a*) **रौद्र - क्रोध** (IV): रौद्र रस का स्थायी भाव क्रोध है।

(*b*) **वीर - उत्साह** (III): वीर रस का स्थायी भाव उत्साह है।

(*c*) **भयानक - भय** (II): भयानक रस का स्थायी भाव भय है।

(*d*) **श्रृंगार - रति** (I): श्रृंगार रस का स्थायी भाव रति है।

24. (B):

(*a*) **दीपचंद** : इसमें 14 मात्राएँ होती हैं।

(*b*) **झूमर** : यह ताल भी 14 मात्राओं में विभाजित है।

(*d*) **आड़ा चैताल** : यह 14 मात्राओं वाली ताल है।

अन्य विकल्प जैसे रुद्र ताल में 16 मात्राएँ होती हैं।

25. (D): पद्मश्री पूना राम निषाद छत्तीसगढ़ी लोक संगीत की पंडवानी शैली के कलाकर हैं। पंडवानी एक कथा गायन की शैली है, जिसमें महाभारत की कहानियाँ गाई जाती हैं। यह छत्तीसगढ़ के लोक संगीत की प्रमुख विधाओं में से एक है।

26. (C): रोमैंटिक काल में रिचर्ड वैगनर एक प्रसिद्ध जर्मन संगीतकार और गीतकार थे। उन्होंने ओपेरा में महत्वपूर्ण योगदान दिया और उनके काम में लेइटमोटिव तकनीक का उपयोग किया गया, जिसे व्यक्तिगत धुनों के माध्यम से पात्रों, स्थानों, या विचारों को संगीत से जोड़ने के लिए पहचाना जाता है। उनकी प्रसिद्ध रचनाओं में 'द रिंग ऑफ द निबेलुंग', 'त्रिस्तान उंड इसोल्डे' और 'लोहेंग्रिन' शामिल हैं।

27. (D): श्रीमती मालिनी राजुकर टप्पा गायन के लिए प्रसिद्ध हैं। टप्पा गायन भारतीय क्लासिकल संगीत की एक शैली है जो तेज और जटिल तालों का उपयोग करती है। इस शैली में गीत अक्सर प्रेम, विरह या श्रृंगारिक प्रसंगों पर आधारित होते हैं, और इसमें विशेष रूप से तेज गति और अचानक ताल परिवर्तन की विशेषता होती है।

28. (B): त्यागराज द्वारा रचित 'ओ रंगसायी' श्रीरंगम पंचरत्नम कृतियों में से एक है, जो भगवान रंगनाथ (श्रीरंगनाथस्वामी) की स्तुति में गाया जाता है। इस गीत में त्यागराज ने भगवान की दिव्यता और उनके प्रति अपनी गहरी भक्ति और समर्पण का वर्णन किया है।

29. (C): 'यामशास्त्री की नवरत्न मालिका में 'मयम्मा' एक प्रमुख रचना है, जिसमें देवी कामाक्षी की स्तुति की गई है। इस गीत में देवी के विभिन्न दिव्य गुणों और शक्तियों का वर्णन है, साथ ही उनके प्रति 'यामशास्त्री की अटूट भक्ति और समर्पण को भी दर्शाया गया है।

30. (A): शेख चिन्ना मौलाना प्रसिद्ध नादस्वरम् वादक थे। नादस्वरम् एक दक्षिण भारतीय वायुयान है जिसे विशेष रूप से धार्मिक अनुष्ठानों और उत्सवों में बजाया जाता है। शेख चिन्ना मौलाना की वादन शैली में उनकी गहराई और तकनीकी कौशल की प्रशंसा की जाती है, और वे इस वाद्य को अधिक लोकप्रिय बनाने में अग्रणी रहे हैं।

31. (C): पंडित राम नारायण सारंगी वादन में एक जाने-माने व्यक्ति हैं। उन्होंने सारंगी को एक सोलो क्लासिकल इंस्ट्रूमेंट के रूप में प्रमोट किया और विश्वव्यापी पहचान दिलाई। उनकी शैली और तकनीक ने सारंगी वादन को नया आयाम दिया है।

32. (B): पुरंदरदास के देवरनामा में 'जगदोधरण' एक प्रमुख गीत है, जिसमें भक्ति और श्रद्धा के भावों को व्यक्त किया गया है। इस गीत में पुरंदरदास ने भगवान कृष्ण के लीलाओं को सुंदर रूप से प्रस्तुत किया है, जो उनके गीतों की विशेषता है।

33. (D): चित्र वीणा में कोई पर्दा (फ्रेट) नहीं होता। इस वाद्य यंत्र की विशेषता यह है कि इसमें फ्रेटलेस फिंगरबोर्ड होता है, जिससे संगीतकार विभिन्न माइक्रोटोनल नोट्स को बजा सकता है, जो इसे विशेष रूप से विविध और गहराई से भरा हुआ बनाता है।

34. (C): संगीत की ध्वनि की गुणता टिंबर से संबंधित है। टिंबर वह गुणवत्ता है जो संगीत की ध्वनियों को एक दूसरे से अलग करती है, भले ही वे एक ही पिच पर हों। यह विशेषता विभिन्न वाद्ययंत्रों और उनके बजाने की तकनीकों के कारण होती है।

35. (D): औडव-औडव भाषांग राग में 'तिलंक' एक प्रमुख राग है। इस राग में केवल पाँच स्वर उपयोग में लाए जाते हैं, जो इसे औडव श्रेणी में रखता है। तिलंक राग का उपयोग भावपूर्ण और शांतिपूर्ण प्रस्तुतियों के लिए किया जाता है, जिससे यह विशेषतः आकर्षक बनता है।

36. (D): राग मोहनम का गांधार मूर्च्छम हिंडोलम है। हिंडोलम राग को मोहनम राग से उत्पन्न माना जाता है और यह गांधार की शुद्धि को बढ़ाता है, जिससे इस राग में एक विशेष मेलोडिक आयाम जुड़ता है।

37. (A): दशविध गमक में मूर्च्छना एक प्रमुख तकनीक है, जिसमें स्वर की पिच को उत्तरोत्तर बढ़ाया जाता है ताकि एक नए स्वर के समान प्रभाव पैदा किया जा सके। यह विशेष रूप से शास्त्रीय संगीत में प्रयोग होता है।

38. (C): मेला हरिकम्बोजी का जन्य नहीं है राग बिलहरि। हरिकम्बोजी के जन्य राग में आम तौर पर बिलहरि शामिल नहीं होता है क्योंकि यह अलग राग परिवार से संबंधित है।

39. (B): स्वर लहरियाँ–"सा - री - गु - म - धि - नु" धीर शंकराभरणम् राग से संबंधित है। यह राग विशेष रूप से इन स्वरों का उपयोग करता है और इसकी संगीत रचना में इन स्वरों का गहरा महत्व होता है।

40. (C): 'ए हिस्टोरिकल स्टडी ऑफ इंडियन म्यूजिक' पुस्तक के लेखक स्वामी प्रज्ञानानन्द हैं। इस पुस्तक में भारतीय संगीत के ऐतिहासिक विकास का गहराई से अध्ययन किया गया है, जिसमें विभिन्न युगों में संगीत की प्रवृत्तियों और विधाओं का वर्णन है।

41. (D): संगीत रत्नाकर का तीसरा अध्याय प्रकीर्णक अध्याय है। इस अध्याय में विविध संगीतिक विषयों को समाहित किया गया है, जिसमें संगीत की परिभाषा, महत्व, और इसके विभिन्न प्रकारों पर चर्चा की गई है।

42. (D): भारत में आर्केस्ट्रा के लिए प्राचीन नाम कुतप था। कुतप एक संगीत समूह था जिसमें विभिन्न प्रकार के वाद्ययंत्रों और गायकों का समावेश होता था, जो राजदरबार में प्रदर्शन करते थे।

43. (A): गौल राग 'द्वितीय घन पंचकम' में नहीं आता है। द्वितीय घन पंचकम में वे राग शामिल होते हैं जो नारायणगौल, केदारम और रीतिगौल की तरह विशिष्ट ध्वनिक गुणों को प्रदर्शित करते हैं, जबकि गौल राग इनसे अलग है।

44. (D): स्वरांतरा–शाडव राग नवरसकन्नड़ है। नवरसकन्नड़ राग विशेष रूप से इसकी लयात्मक संरचना और स्वर संयोजन के कारण पहचाना जाता है, जिसमें स्वरांतर या वैकल्पिक स्वरों का उपयोग किया जाता है।

45. (B): प्राचीन तमिल संगीत में 'पाणीय तीरम' षाडव राग के समान था। षाडव राग में केवल छह स्वर होते हैं, और इसे पाणीय तीरम में भी ऐसे ही छह स्वरों का उपयोग करके संगीत रचनाएँ की जाती थीं, जिससे यह विशेषतः अभिव्यक्ति और गहराई प्रदान करती है।

46. (B): लक्षण ग्रंथ 'संगीत समय सार' के लेखक पार्श्वदेव हैं। पार्श्वदेव ने इस ग्रंथ में संगीत के विभिन्न पहलुओं का वर्णन किया है, जिसमें राग, ताल, और वाद्य संबंधी जानकारी शामिल है।

47. (B): सूक्ष्म काल का सही क्रम लव, काष्ठ, निमिष, कला होता है। इस क्रम में पहले सबसे छोटी इकाई लव होती है, उसके बाद काष्ठ, फिर निमिष, और अंत में कला होता है। यह क्रम भारतीय ज्योतिष और समय मापन की पारंपरिक पद्धति में उपयोग होता है।

48. (B): 22 श्रुति के अनुसार गौल ऋषभम् का मान 252.8 है। यह मान विशेष रूप से सामंजस्य और संगीत में श्रुति के प्रयोग के अनुसार तय किया गया है, जो कि संगीतकारों को रागों के सूक्ष्म अंतर को समझने में मदद करता है।

49. (D): शरभनंदन 108 तालों में से नहीं है। इस नाम का कोई ताल भारतीय संगीत के प्रचलित 108 तालों की सूची में शामिल नहीं है। 108 तालों की सूची में प्रमुख रूप से दर्पण, सिंहनन्दना, और हंसनाद जैसे ताल शामिल हैं।

50. (C): कर्नाटक और हिंदुस्तानी संगीत में असमान रागों का उदाहरण भैरवी (कर्नाटक) और भैरव

(हिंदुस्तानी) है। भैरवी और भैरव दोनों ही अपने-अपने संगीत प्रणालियों में महत्वपूर्ण राग हैं, परन्तु इनका स्वरूप और प्रयोग में अंतर होता है।

51. (B): परंपरागत संगीत मंच प्रस्तुति में सही क्रम में पहले तान वर्ण (*d*) होता है, जिसके बाद कृति (*c*), आर.टी.पी. (*a*), पदम (*e*), और अंत में तिलाना (*b*) आता है। यह क्रम संगीत प्रस्तुति को एक संरचित और विकसित रूप में पेश करता है, जहां प्रत्येक विधा अपनी विशेषताओं के साथ श्रोताओं को विविधता प्रदान करती है।

52. (C): संगीत मकरंद (*b*), संगीत सुधाकर (*d*), संगीत दर्पण (*e*), संगीत सुधा (*a*), और संगीत चन्द्रिका (*c*) के कालानुक्रमानुसार सही क्रम यह है। यह क्रम इन ग्रंथों की रचना के समय के अनुसार है, जिसमें प्रत्येक ग्रंथ भारतीय संगीत के ऐतिहासिक विकास में एक निश्चित योगदान देता है।

53. (A): स्वाति तिरुनाल की नवरात्रि कृतियों का सही क्रम देवी जगत जननी - शंकराभरणम् (*c*), जननी मामव - भैरवी (*d*), सरोरुहासन - पंदुवराली (*a*), जननी पाहि सदा - शुद्ध सावेरी (*e*), पाहि पर्वत - आरभि (*b*) है। इन कृतियों में स्वाति तिरुनाल ने विभिन्न रागों का प्रयोग करके देवी की विभिन्न भावनाओं और शक्तियों को प्रदर्शित किया है।

54. (D): त्यागराज के घनराग पंचरत्ना कृतियों का सही क्रम जगदानंद कारक (*d*), दुडुकुगल (*b*), साधिमचने (*e*), कणकण रुचिर (*a*), एंतारो महानुभावुलु (*c*) है। इस क्रम में प्रत्येक कृति अपनी विशेषताओं के साथ त्यागराज के गहरे भक्ति भाव और संगीत साधना को प्रदर्शित करती है।

55. (C): षोडश अंगों द्वारा लिए गए अक्षरकल को अवरोही क्रम में व्यवस्थित करने का सही उत्तर काकपादम् (*e*), प्लुत विरामम् (*b*), गुरु द्रुत विरामम् (*d*), गुरु (*a*), लघु विरामम् (*c*) है। यह क्रम विभिन्न अंगों के व्यवस्थित और तार्किक उपयोग के अनुरार होता है, जिसमें प्रत्येक अंग का अपना विशिष्ट महत्व और स्थान होता है।

56. (B): एक चक्र में धा-नि युग्मों का सही क्रम धा - ना (*c*), धा - नि (*e*), धा - नु (*a*), धी - नि (*d*), धी - नु (*b*) है। यह क्रम संगीत के स्वर युग्मों को उनके स्थान और उपयोग के अनुसार दर्शाता है, जिसमें प्रत्येक युग्म संगीत रचना में विशिष्ट भूमिका निभाता है।

57. (D): शुधमध्यम मेला के सही क्रम का चयन नाटकप्रिय (*b*), वकुलामरणम् (*a*), सूर्यकांतम् (*e*), गौरी मनोहरी (*c*), सरसांगी (*d*) है। यह क्रम रागों को उनकी संगीत संरचना और स्वर संयोजन के अनुसार व्यवस्थित करता है, जिससे प्रत्येक राग की विशेषताएँ स्पष्ट होती हैं।

58. (C): ट्रिनिटी के बाद के गीतकारों के सही कालक्रम में पटनम सुब्रमण्यम अय्यर (*c*), मैसुर वासुदेवाचार (*a*), मुथैय्या भागवतार (*e*), पापनाशम शिवन (*b*), जी.एन. बालासुब्रमण्यम (*d*) हैं। इस क्रम का आधार इन गीतकारों की जन्म तिथियां और उनके संगीतिक योगदान का काल है, जो उन्हें ऐतिहासिक संदर्भ में व्यवस्थित करता है। पटनम सुब्रमण्यम अय्यर की प्रारंभिक अवधि उन्हें सूची में पहले स्थान पर रखती है, उसके बाद अन्य गीतकारों का क्रम उनके योगदान और कालानुक्रम के अनुसार निर्धारित होता है।

59. (D): 35 तालों को अक्षर कला के आरोही क्रम में खण्ड एक (*a*), तिस्र झम्पा (*e*), चतुरस्र झम्पा (*c*), तिस्र मठ्य (*d*), मिश्र रूपक (*b*) के अनुसार सही व्यवस्थित किया गया है। यह व्यवस्था तालों की जटिलता और उपयोग में उनकी विशिष्टता को दर्शाती है।

60. (B): भाषांग स्वरों को उनकी संख्या के अनुसार आरोही क्रम में व्यवस्थित करने में भैरवी (*a*), आटन (*d*), आनन्दभैरवी (*c*), सिंधुभैरवी (*b*) हैं। यह व्यवस्था स्वरों की जटिलता और उनके संगीत में विशिष्ट उपयोग को दर्शाती है, जिससे प्रत्येक राग की पहचान स्पष्ट होती है।

61. (D): सम्बद्ध रागों का चयन में मणिरंग (*a*) और श्री (*d*) शामिल हैं। ये दोनों राग संगीतिक गुणों और लक्षणों में समानता रखते हैं, जिससे इन्हें सम्बद्ध राग के रूप में पहचाना जा सकता है। दोनों राग अपने मेलोडिक स्ट्रक्चर और भावनात्मक अभिव्यक्ति में समानताएं दिखाते हैं।

62. (C): बी.सी. देव की दो पुस्तकों का चयन में म्यूजिकल इन्स्ट्रईमेंट्स (*d*) और भारतीय संगीत (*e*) शामिल हैं। ये दोनों पुस्तकें बी.सी. देव द्वारा लिखी गई हैं और भारतीय संगीत तथा वाद्य यंत्रों पर उनके विस्तृत अध्ययन को प्रदर्शित करती हैं।

63. (A): गज से बजाया जाने वाला दो वाद्ययंत्रों में सारंगी (*a*) और दिलरूबा (*e*) शामिल हैं। दोनों वाद्ययंत्र गज (बो) का उपयोग करके बजाए जाते हैं, जिससे तारों को रगड़कर संगीत उत्पन्न किया जाता है।

64. (C): पञ्चवाद्ययम् में दो वाद्य यंत्रों का चयन में तिमिल (*a*) और मर्दलम (*e*) शामिल हैं। ये दोनों वाद्य दक्षिण भारतीय पर्कशन वाद्ययंत्र हैं, जो पञ्चवाद्यम् या पारंपरिक ताल वाद्य कार्यक्रमों में प्रयोग किए जाते हैं।

65. (B): आधुनिक काल के दो रचनाकार में लालगुडी जयरमण (*c*) और एम.डी. रामनाथन (*d*) शामिल हैं। ये दोनों कलाकार भारतीय क्लासिकल संगीत में अपनी रचनात्मकता और प्रदर्शन कुशलता के लिए प्रसिद्ध हैं, और उन्होंने संगीत के क्षेत्र में महत्वपूर्ण योगदान दिया है।

66. (C): समान अक्षरकाल वाले दो तालों में खण्ड त्रिपुट (*c*) और मिश्र रूपक (*e*) शामिल हैं। ये दोनों ताल अपनी गणना में समान अक्षरकाल रखते हैं, जिससे इनका संगीत में उपयोग समान रूप से प्रभावशाली होता है।

67. (D): मध्यम काल साहित्य की दो रचनाओं में सरसिजनाभ सोदरी–नागगांधारी (*a*) और अन्नपूर्णे–साम (*d*) शामिल हैं। ये दोनों रचनाएं मध्यम काल की प्रमुख साहित्यिक कृतियाँ हैं, जिनमें रचनाकारों ने अपनी गहरी भावनाएँ और संगीत के प्रति समर्पण को व्यक्त किया है।

68. (C): राग बेगड़ में दो कृतियाँ वल्लभ नायकस्य (*c*) और नादोपासना चे (*e*) हैं। ये दोनों कृतियाँ इस राग की मूल भावना और तकनीकी संरचना को दर्शाती हैं, जो बेगड़ राग की विशेषता है।

69. (*)

70. (D): त्यागराज द्वारा रचित दो कृतियाँ प्रह्लाद भक्ति विजयम् (*b*) और नौका चरितम् (*d*) हैं। ये दोनों कृतियाँ त्यागराज के प्रमुख नाटकीय रचनाओं में शामिल हैं, जो उनकी संगीत साधना और धार्मिक भावनाओं को प्रकट करती हैं।

71. (C): प्रारंभिक और अंतिम स्वरों को ग्रहस्वर (*c*) और न्यासस्वर (*d*) कहा जाता है। ग्रहस्वर वह स्वर होता है जिससे राग की शुरुआत होती है, और न्यासस्वर वह स्वर होता है जिस पर एक राग की समाप्ति होती है। ये दोनों स्वर राग के प्रदर्शन में मुख्य और निर्णायक भूमिका निभाते हैं।

72. (B): देशादि ताल की दो रचनाओं में तेलियलेरु राम – धेनुका (*b*) और नन्नु कन्ना तल्ली – सिन्धु कन्नड़ (*e*) शामिल हैं। ये दोनों कृतियां देशादि ताल में निर्मित हैं, जो इस ताल की विशिष्टता को दर्शाती हैं और संगीत प्रस्तुतियों में इनका महत्वपूर्ण स्थान होता है।

73. (D): दो नवसंधि तालों में नैऋति ताल (*b*) और भृंगी ताल (*d*) शामिल हैं। ये दोनों ताल नवसंधि प्रकार के अंतर्गत आते हैं, जो अपनी विशिष्ट ताल संरचना के लिए जाने जाते हैं और उनका उपयोग विशेष प्रकार की संगीत रचनाओं में किया जाता है।

74. (A): जीएनबी बानी के कलाकार में एस. कल्याणरमण (*d*) शामिल है। एस. कल्याणरमण जीएनबी के शिष्य थे और उन्होंने अपने गुरु की शैली और बानी को आगे बढ़ाया, जिसे जीएनबी बानी कहा जाता है।

75. (B): हिन्दुस्तानी संगीत मूल के दो रागों में द्विजवंती (*c*) और वृन्दावन सारंग (*e*) शामिल हैं। द्विजवंती, जिसे जैजवंती भी कहा जाता है, हिन्दुस्तानी संगीत में एक प्रमुख राग है जो भक्ति भावना को व्यक्त करने के लिए प्रयुक्त होता है। वृन्दावन सारंग भी हिन्दुस्तानी संगीत का एक प्रसिद्ध राग है जो मुख्य रूप से शाम के समय गाया जाता है और इसमें एक शांत और सुखद भाव होता है। दोनों राग हिन्दुस्तानी संगीत की परंपरा में गहराई से निहित हैं और इनका उपयोग विभिन्न संगीत संगठनों में किया जाता है।

76. (A): प्रातःकाल के दो रागों में मलयमारुतम् (*d*) और भौली (*e*) शामिल हैं। ये दोनों राग सुबह के समय गाए जाने के लिए प्रसिद्ध हैं, जिनमें शांत और सुखद वातावरण को प्रोत्साहित करने वाले स्वर होते हैं।

77. (A): कोटीश्वर अय्यर की मुद्रा कवि कुंजर दास (*d*) है। यह मुद्रा उनके द्वारा रचित कृतियों में प्रयोग की गई है, जो उनकी साहित्यिक पहचान और शैली को दर्शाती है।

78. (D): श्रीरंजनी (*c*) और रंजनी (*d*) दोनों राग शुद्धामध्यम मेल से उद्भूत हैं। ये राग समान स्वर संरचना को साझा करते हैं और उनकी मेलोडिक थीम में आपसी संबंध होता है।

79. (B): तमिल में प्रथम गीतिनाट्य राम नाटकम् अरुणाचल कविरायर (*c*) द्वारा रचित है। इस नाटक में तमिल साहित्य और संगीत के संयोजन को उत्कृष्ट रूप में प्रस्तुत किया गया है, जिसने तमिल नाट्य संगीत की नींव रखी।

80. (C): उभय वक्र रागों में रीति गौल (*a*) और सारंग (*e*) शामिल हैं। ये दोनों राग अपने स्वर संयोजनों में विविधता और जटिलता को प्रदर्शित करते हैं, जिससे उन्हें उभय वक्र राग की श्रेणी में रखा गया है।

81. (A): सूची-I में दिए गए आरोह और अवरोह के अनुसार, सारमती (IV) सम्पूर्ण – औडव का अनुसरण करता है, जबकि मलहारी (I) औडव – षाडव संरचना का पालन करता है। कम्बोजी (II) षाडव – सम्पूर्ण के अनुरूप है, और बहुधारी (III) षाडव – औडव का प्रतिनिधित्व करता है।

82. (D): रचना के अनुसार राम बाण (III) कृति के रूप में वर्गीकृत है, परुलनमाटा (IV) जावलि की शैली को दर्शाता है, सुमसायक (I) पदवर्णम का उदाहरण है, और वीरीबोनी (II) तान वर्णम के अंतर्गत आता है।

83. (C): श्री मातृभूतम् (II) कन्नड़ राग में है, ब्रोवावम्मा (III) माँझी राग में है, एवरी काई (I) देवमनोहर राग में है, और जननी मामव (IV) भैरवी राग में है।

84. (A): खण्ड त्रिपुट ताल (IV) 9 अक्षर कला के साथ होता है, मिश्र मत्य ताल (I) 16 अक्षर कला के साथ होता है, तिस्र ध्रुव ताल (III) 11 अक्षर कला के साथ होता है, और चतुरस्र अट ताल (II) 12 अक्षर कला के साथ होता है।

85. (B): अरियाकुडी रामानुज आयंगर के शिष्य के.वी. नारायण स्वामी (III) हैं, जी.एन. बालासुब्रमण्यम के शिष्य एम.एल. वसंत कुमारी (IV) हैं, महाराजपुरम् विश्वनाथ अय्यर के शिष्य सेमनगुडी श्रीनिवास अय्यर (I) हैं, और टाइगर वरदाचार्य के शिष्य एम.डी. रामनाथन (II) हैं।

86. (D): कर्नाटक संगीत के वाद्य यंत्र वीणा का मिलान हिन्दुस्तानी संगीत के सितार (III) के साथ किया गया है क्योंकि दोनों में समान तार वाले यंत्र हैं। मृदंगम का मिलान पखावज (IV) के साथ होता है, नादस्वरम का शहनाई (II) के साथ, और वायलिन का सारंगी (I) के साथ क्योंकि दोनों तार और धनुष से बजने वाले यंत्र हैं।

87. (B): खनराग पंचरत्नम् (*a*) की रचना कणकण रुचिर (IV) है, जो इस श्रेणी के गीतों में से एक है और इसकी विशेषता इसकी गहन संगीतमय संरचना है। कोवुर पंचरत्नम् (*b*) की रचना इवासुधा नीवान्दी दाइवामू (III) है, जो भक्ति और श्रद्धा के भाव को प्रकट करती है। तिरुवत्तियुर पंचरत्नम् (*c*) की रचना दारिणी तेलुसुकोंडी (I) है, जो रचनात्मकता और लयात्मक सौंदर्य का प्रदर्शन करती है। लालगुडी (*d*) की रचना महित प्रवृद्ध (II) है, जो इस श्रेणी में उनके द्वारा दिए गए अनूठे योगदान को दर्शाती है।

88. (D): संपूर्ण मेल के साथ असम्पूर्ण मेल का मिलान में कीरवाणी का किरणावली (II) के साथ, खरहरप्रिय का श्रीरागम (III) के साथ, सिंहेन्द्र मध्यमम् का सुमधुति (IV) के साथ, और षणमुखप्रिय का चामरम् (I) के साथ मिलान किया गया है।

89. (A): उद्ग्रह को परिचयात्मक भाग (II) के रूप में पहचाना जाता है, ध्रुव को निरंतर भाग (I) के रूप

में, मेलपाक को उपरोक्त दोनों को जोड़ने वाला भाग (III) के रूप में, और अभोग को उपसंहार भाग (IV) के रूप में।

90. (C): संगीत सार का लेखक विद्यारण्य (III) है, राग तरंगिनी का लोचना कवि (IV) ने लिखा है, स्वरमेल कलानिधि के लेखक रमामात्य (II) हैं, और राग विबोध का सोमनाथ (I) ने लेखन किया है।

91. (C): अभ्यास गान और सभागान के अंतर्गत आने वाली संगीत की विधा वर्णम् है। वर्णम् को संगीत सीखने के दौरान अभ्यास के लिए महत्वपूर्ण माना जाता है, क्योंकि यह तकनीकी दक्षता और लय की गहराई को विकसित करने में सहायक होता है। इसमें लय और भाव की समृद्धि होती है जो कलाकारों को संगीत की बारीकियों को समझने में मदद करती है।

92. (D): विलोम चाप्पु ताल की रचना में निन्नू विनाग पूर्वी कल्याणी राग में एक प्रमुख उदाहरण है। इस रचना में ताल और लय का विशेष प्रयोग होता है जो इसे विलोम चाप्पु ताल के लिए उपयुक्त बनाता है। यह ताल अपनी विशेषताओं के कारण कलाकारों को विशेष रूप से चुनौती प्रदान करता है।

93. (A): तीसरी गति में रचित कृति गम गणपते है। यह कृति तीव्र गति में निर्मित होती है जिसमें संगीत और लय की जटिलताओं को बड़ी कुशलता से प्रदर्शित किया जाता है, इस प्रकार यह कलाकारों को उनकी लयात्मक क्षमता का परिचय देती है।

94. (C): खण्डजाति अट ताल की तीसरी गति में अक्षरकला की कुल संख्या 42 होती है। यह गणना ताल के प्रत्येक मात्रा को गति के अनुसार गुणा करने पर आधारित होती है, जिससे प्रत्येक अनुभाग के लिए संख्यात्मक मान प्राप्त होता है।

95. (C): कर्नाटक संगीत महोत्सव में अवनद्ध वाद्य कलाकारों की मुख्य भूमिका रचना की लयबद्ध संरचना को बढ़ाने में होती है। ये कलाकार विभिन्न लय पैटर्न और तालों के माध्यम से संगीत प्रदर्शन की गतिशीलता और जटिलता को विस्तार देते हैं, जिससे प्रदर्शन में विविधता और गहराई आती है।

96. (D): संगीत के अध्ययन की व्युत्पत्ति पारंपरिक गुरुकुल प्रणाली से हुई है। यह प्रणाली गहन और व्यक्तिगत शिक्षा पर आधारित है जहाँ शिष्य गुरु के निकट रहकर संगीत की शिक्षा ग्रहण करते हैं, जो उन्हें विशेषज्ञता और संस्कार प्रदान करती है।

97. (C): संगीत का सुव्यवस्थित रूप से अध्ययन सन् 1920 से शुरू हुआ। इस वर्ष के आसपास अनेक शैक्षणिक संस्थाओं ने संगीत शिक्षा को औपचारिक रूप देना शुरू किया, जिससे संगीत अध्ययन की संस्थागत विकास में महत्वपूर्ण प्रगति हुई।

98. (B): परंपरागत तौर पर वृत्रिक संगीतकारों में विद्यार्थियों के अध्यापन और उनमें संगीत के प्रति जागरूकता उत्पन्न करने में गहरी अभिरुचि है। इससे न केवल संगीत के ज्ञान का संवर्धन होता है, बल्कि यह अगली पीढ़ियों को भी प्रेरित करता है।

99. (D): संगीत को आधुनिक पाठ्यचर्याओं में उचित स्थान प्राप्त हुआ है, जिसमें गैर-सरकारी निकाय और एजेंसियाँ, प्रेस और रेडियो ने महत्वपूर्ण योगदान दिया है। इन सभी ने मिलकर संगीत के अध्ययन और प्रसार में व्यापक भूमिका निभाई है, जिससे संगीत शिक्षा आधुनिक शैक्षणिक संस्थाओं में एक मान्यता प्राप्त विषय बन गया है।

100. (A): इनसे इसके उद्विकास से भारत में आधुनिक शिक्षा की पाठ्यचर्या में इसे सम्मिलित करने में सहायता मिली है। इन सभी कारकों ने संगीत शिक्षा को बढ़ावा दिया है और इसे भारतीय विश्वविद्यालयों की पाठ्यचर्या में विषय के रूप में स्थान दिलवाने में मदद की है। यह संगीत के अध्ययन के महत्व को समझने और इसे संस्थागत स्वीकृति प्रदान करने में अहम रहा है।

पिछले प्रश्न-पत्र

National Testing Agency (NTA)

UGC-NET जूनियर रिसर्च फैलोशिप तथा सहायक प्राध्यापक पात्रता परीक्षा

रबीन्द्र संगीत, अगस्त-2024

(Exam held on 22-08-2024)

प्रश्न-पत्र-II

निर्देश : *इस प्रश्न-पत्र में* **सौ (100)** *बहुविकल्पीय प्रश्न हैं। प्रत्येक प्रश्न के* **दो (2)** *अंक हैं।* **सभी** *प्रश्न अनिवार्य हैं।*

1. किस ताल युग्म में तालियों की संख्या समान है:

A. आड़ा चौताल एवं झपताल
B. रूपक एवं तीव्रा
C. त्रिताल एवं तीव्रा
D. खेमटा एवं केहरवा

2. शोध प्रविधि के अनुसार शोध के सोपानों को अनुक्रम में व्यवस्थित कीजिए:

(*a*) दत्त संकलन
(*b*) साहित्य समीक्षा
(*c*) रूपरेखा तैयार करना
(*d*) शोध प्रतिवेदन
(*e*) शोध समस्या का प्रतिपादन

नीचे दिए गए विकल्पों में से **सही** उत्तर का चयन कीजिए:

A. (*e*), (*d*), (*a*), (*c*), (*b*)
B. (*e*), (*a*), (*d*), (*b*), (*c*)
C. (*e*), (*b*), (*c*), (*a*), (*d*)
D. (*e*), (*c*), (*d*), (*a*), (*b*)

3. 'दायरो' लोक गीत का प्रसिद्ध कलाकार निम्नांकित में से कौन है?

A. रंजीत बरोट B. अल्ला जिलाई बाई
C. प्रदीप बरोट D. भिखुधान गढ़वी

4. दो विषम ग्रहों का चयन कीजिए:

(*a*) सम (*b*) आहत
(*c*) अतीत (*d*) प्रत्याहत
(*e*) अनागत

नीचे दिए गए विकल्पों में से **सही** उत्तर का चयन कीजिए:

A. केवल (*c*) और (*e*)
B. केवल (*b*) और (*d*)
C. केवल (*b*) और (*e*)
D. केवल (*a*) और (*b*)

5. सूची-I के साथ सूची-II का मिलान कीजिए:

सूची-I (ठेका/ताल)	**सूची-II (गीत/नृत्य रूप)**
(*a*) खेमटा	I. अभंग
(*b*) धुमाली	II. गजल
(*c*) भजनी	III. कीर्तन
(*d*) दादरा	IV गरबा

नीचे दिए गए विकल्पों में से **सही** उत्तर का चयन कीजिए:

	(*a*)	(*b*)	(*c*)	(*d*)
A.	IV	III	I	II
B.	IV	II	I	III
C.	I	II	IV	III
D.	III	IV	II	I

6. गीतों की रचना कूटबद्ध करने के लिए वर्ष 1905 में ज्योतिरीन्द्रनाथ टैगोर ने किस स्वरलिपि का सूत्रपात किया था?

A. दण्डमात्रिक स्वरलिपि पद्धति

B. आकारमात्रिक स्वरलिपि पद्धति

C. ठाकुरबाड़ी स्वरलिपि पद्धति

D. हिन्दुस्तानी स्वरलिपि पद्धति

7. शोध (अनुसंधान) में दत्त संग्रह (संकलन) का प्राथमिक स्रोत निम्नांकित में से कौन-सा है?

A. पाण्डुलिपि B. शोध-प्रबंध

C. सिक्के D. राजपत्र

8. पूर्वांग रागों का गायन किस अवधि के बीच होता है?

A. दोपहर 12:00 बजे से रात्रि 12:00

B. प्रातः 6 बजे से सायं 6 बजे

C. रात्रि 12:00 बजे से दोपहर 12:00 बजे

D. सायं 6 बजे से प्रातः 6 बजे

9. सूची-I के साथ सूची-II का मिलान कीजिए:

सूची-I (लोक कलाकार का नाम)	सूची-II (राज्य)
(*a*) तीजनबाई	I. गुजरात
(*b*) विन्ध्यवासिनी देवी	II. महाराष्ट्र
(*c*) सुलोचना चव्हाण	III. छत्तीसगढ़
(*d*) हेमंत चौहान	IV. बिहार

नीचे दिए गए विकल्पों में से **सही** उत्तर का चयन कीजिए:

	(*a*)	(*b*)	(*c*)	(*d*)
A.	IV	III	II	I
B.	III	IV	II	I
C.	II	III	I	IV
D.	IV	II	I	III

10. सूची-I के साथ सूची-II का मिलान कीजिए:

सूची-I (ताल)	सूची-II (जाति)
(*a*) रूपक	I. खंड
(*b*) झपताल	II. संकीर्ण
(*c*) एकताल	III. मिश्र
(*d*) मत्त	IV. तिस्त्र

नीचे दिए गए विकल्पों में से **सही** उत्तर का चयन कीजिए:

	(*a*)	(*b*)	(*c*)	(*d*)
A.	I	II	III	IV
B.	II	III	I	IV
C.	III	I	IV	II
D.	IV	II	III	I

11. 'सूत' किस वाद्य यंत्र में बजाया जाता है?

A. सितार B. संतूर

C. सरोद D. सुरबहार

12. तबला की एकल प्रस्तुति को सही अनुक्रम में व्यवस्थित कीजिए:

(*a*) रेला (*b*) कायदा

(*c*) पेशकार (*d*) टुकड़ा

नीचे दिए गए विकल्पों में से **सही** उत्तर का चयन कीजिए:

A. (*a*), (*b*), (*d*), (*c*) B. (*b*), (*a*), (*c*), (*d*)

C. (*d*), (*a*), (*c*), (*b*) D. (*c*), (*b*), (*a*), (*d*)

13. निम्नलिखित में से समपदी ताल कौन-से हैं?

(*a*) रूपक (*b*) आड़ा चौताल

(*c*) धमार (*d*) एकताल

(*e*) तीन ताल

नीचे दिए गए विकल्पों में से **सही** उत्तर का चयन कीजिए:

A. केवल (*a*), (*b*), (*c*) B. केवल (*b*), (*c*), (*d*)

C. केवल (*b*), (*d*), (*e*) D. केवल (*a*), (*c*), (*d*)

14. निम्नलिखित कलाओं को उनके अवरोही क्रमानुसार व्यवस्थित कीजिए:

(*a*) नृत्य (*b*) आलेख्य

(*c*) गीत (*d*) नाट्य

(*e*) वाद्य

नीचे दिए गए विकल्पों में से **सही** उत्तर का चयन कीजिए:

A. (*b*), (*d*), (*a*), (*e*), (*c*)

B. (*a*), (*d*), (*b*), (*e*), (*c*)

C. (*e*), (*b*), (*d*), (*a*), (*c*)

D. (*d*), (*b*), (*a*), (*e*), (*c*)

15. ध्रुपद के साथ संगति के लिए प्रयुक्त तालों को आरोही अनुक्रम में व्यवस्थित कीजिए:

(*a*) गजझम्पा

(*b*) चौताल

(*c*) तीव्रा

(*d*) सूलताल

नीचे दिए गए विकल्पों में से **सही** उत्तर का चयन कीजिए:

A. (*a*), (*b*), (*d*), (*c*)
B. (*c*), (*d*), (*b*), (*a*)
C. (*b*), (*a*), (*c*), (*d*)
D. (*d*), (*a*), (*b*), (*c*)

16. निम्नलिखित में से किसे 9वें और 10वें रस के रूप में जाना जाता है?

(*a*) भयानक (*b*) वात्सल्य
(*c*) शांत (*d*) वीभत्स
(*e*) अद्‌भुत

नीचे दिए गए विकल्पों में से **सही** उत्तर का चयन कीजिए:

A. केवल (*c*) और (*e*)
B. केवल (*a*) और (*b*)
C. केवल (*c*) और (*b*)
D. केवल (*c*) और (*d*)

17. सूची-I के साथ सूची-II का मिलान कीजिए:

सूची-I (थाट)	**सूची-II** (स्वर)
(*a*) खमाज	I. सा रे ग म प ध नी
(*b*) काफी	II. सा रे ग म ग ध नी
(*c*) असवारी	III. सा रे ग ग प ध नी
(*d*) भैरवी	IV. सा रे ग म प ध नी

नीचे दिए गए विकल्पों में से **सही** उत्तर का चयन कीजिए:

	(*a*)	(*b*)	(*c*)	(*d*)
A.	III	IV	I	II
B.	IV	I	III	II
C.	IV	III	I	II
D.	III	I	IV	II

18. निम्नांकित में से कौन-सा इण्टरनेट ब्राउजर नहीं है?

A. ओपेरा B. फायरबॉक्स
C. सफारी D. फायरफॉक्स

19. 72 मेल योजना के 12 चक्रों का सही अनुक्रम है:

(*a*) रुद्र (*b*) नेत्र
(*c*) ऋतु (*d*) वसु
(*e*) वेद

नीचे दिए गए विकल्पों में से **सही** उत्तर का चयन कीजिए:

A. (*a*), (*c*), (*b*), (*d*), (*e*)
B. (*c*), (*a*), (*d*), (*b*), (*e*)
C. (*e*), (*b*), (*c*), (*a*), (*d*)
D. (*b*), (*e*), (*c*), (*d*), (*a*)

20. शारंगदेव के ग्रंथ 'संगीत रत्नाकर' में कितने गमकों का उल्लेख है?

A. 14 B. 15
C. 16 D. 17

21. आड़ लय का मान है:

A. $\frac{3}{2}$ B. $\frac{3}{4}$
C. $\frac{2}{3}$ D. $\frac{5}{4}$

22. गज और टकोर से बजाये जाने वाले वाद्ययंत्र निम्नांकित में से कौन हैं?

(*a*) ढोलक

(*b*) एकतारा

(*c*) बीन

(*d*) रावणहत्था

(*e*) इलत्तालम्

नीचे दिए गए विकल्पों में से **सही** उत्तर का चयन कीजिए:

A. केवल (*c*) और (*e*)
B. केवल (*b*) और (*c*)
C. केवल (*d*) और (*b*)
D. केवल (*a*) और (*b*)

23. सूची-I के साथ सूची-II का मिलान कीजिए:

सूची-I (रस का नाम)	**सूची-II (स्थायी भाव)**
(*a*) रौद्र	I. रति
(*b*) वीर	II. भय
(*c*) भयानक	III. उत्साह
(*d*) शृंगार	IV. क्रोध

नीचे दिए गए विकल्पों में से **सही** उत्तर का चयन कीजिए:

	(*a*)	(*b*)	(*c*)	(*d*)
A.	III	IV	II	I
B.	II	III	IV	I
C.	IV	II	III	I
D.	IV	III	II	I

24. निम्नांकित में से किन तालों में 14 मात्राएं होती हैं?

(*a*) दीपचंद

(*b*) झूमर

(*c*) चौताल

(*d*) आड़ा चौताल

(*e*) रुद्र ताल

नीचे दिए गए विकल्पों में से **सही** उत्तर का चयन कीजिए :

A. केवल (*a*), (*b*), (*c*)

B. केवल (*a*), (*b*), (*d*)

C. केवल (*a*), (*d*), (*e*)

D. केवल (*b*), (*d*), (*e*)

25. पद्मश्री पूना राम निषाद छत्तीसगढ़ी लोक संगीत के किस रूप के कलाकार हैं?

A. कर्मा

B. दादरिया

C. भारथरी

D. पण्डवानी

26. कविगुरु रबीन्द्रनाथ टैगोर का जन्म कब हुआ था?

A. 7 मई, 1862 B. 7 जुलाई, 1860

C. 7 मई, 1861 D. 7 जुलाई, 1863

27. रबीन्द्रनाथ टैगोर के माता-पिता कौन थे?

A. महर्षि द्विजेन्द्रलाल और शारदा देवी

B. महर्षि देबेन्द्रनाथ और शारदा देवी

C. सौरीन्द्रमोहन टैगोर और सुशीला देवी

D. ज्योतिरीन्द्रनाथ टैगोर और सरला देवी

28. रबीन्द्रनाथ टैगोर के प्रथम संगीत गुरु कौन थे?

A. जदू भट्ट B. क्षेत्रमोहन गोस्वामी

C. कंगाली चरण सेन D. विष्णु चक्रवर्ती

29. गुरुदेव ने शांतिनिकेतन की स्थापना किस वर्ष की थी?

A. 17 पौष - 1308; 1901

B. 16 पौष - 1307; 1900

C. 17 माघ - 1308; 1901

D. 18 पौष - 1309; 1902

30. 'एशो श्यामल सुन्दर' गीत किस ताल में निबद्ध है?

A. कहरवा B. तीनताल

C. सूलताल D. रूपकड़ा

31. 'दुआरे दाओ मोरे राखिया' किस ताल में निबद्ध है?

A. एकादशी B. एकताल

C. दादरा D. नब

32. निम्नलिखित में से किस वाद्ययंत्र को श्रीलंका में बड़े पैमाने पर बजाया जाता है?

A. दोतारा B. खोल

C. गूपी जोन्त्रो D. इसराज

33. मात्रा विभाग को देखते हुए आप निम्नलिखित में कौन-सा रबीन्द्रिक ताल पाते हैं :

2 | 4 | 4 | 4 | 4

A. नबपन्च B. एकादशी

C. रूपकड़ा D. सष्टि (सष्टी)

34. बांग्लादेश का राष्ट्रगान है :

A. आमार मुक्ति आलोय आलोय

B. आमार शोनार बांग्ला

C. बांग्लार माटी बंगलार जल

D. एक बार तोरा मा बोलिया डाक

35. चित्रांगदा में मुख्यतः कौन-सा नृत्य रूप प्रयुक्त होता है?

A. मणिपुरी और लोकनृत्य

B. भरतनाट्यम और लोकनृत्य

C. मणिपुरी, भरतनाट्यम और कुचिपुड़ी

D. मणिपुरी, कथकली और लोकनृत्य

36. निम्नलिखित में से 7 मात्रा आधारित गीत कौन-सा है?

A. मधुरो मधुरो ध्वनि बाजे

B. ध्वनिलो अह्वान मधुर गंभीर

C. मध्यदिने बीजन बातायने

D. बानी तौबो धाये

37. किस नृत्य नाटिका में निम्नांकित प्रसिद्ध पंक्ति है : ''देबी नोही, नोही आमी सामान्य नारी''?

A. श्यामा B. चंडालिका

C. चित्रांगदा D. शापमोचन

38. कविगुरु ने किसे 'मेरे समस्त गीतों का रखवाला' (अमार शकल गानेर भंडारी) कहा था?

A. दिनेन्द्रनाथ ठाकुर B. सुचित्रा मित्रा

C. देबेन्द्रनाथ ठाकुर D. प्रतिभा देवी

39. उत्कृष्ट गीत 'कार मिलन चाहो बिरही' किस राग में निबद्ध है?

A. पूर्वी B. श्री

C. पुरिया D. पुरिया धनाश्री

40. प्रसिद्ध गीत 'हा रे रे रे रे अमाय छेरे दे रे' किस स्वरबितान में है?

A. 11 B. 12

C. 23 D. 46

41. टैगोर के निम्नलिखित गीतों में से कौन-सा हास्य गीति है?

A. शीतेर हावाये लागलो नाचोन

B. अमार मोन माने ना

C. काँटा बोन बिहारिणी

D. तोमारो असीमे प्राण मन लोये

42. टैगोर के निम्नलिखित गीतों में से कौन-सा रामप्रसादी गीत की धुन पर आधारित है?

A. हृदय बासना पूर्ण होलो

B. खोमिते परिलाम ना जे

C. आनंदलोके मंगलालोके

D. आम्रा मिलेछी आज मायेर डाके

43. किस अवसर पर रबीन्द्रनाथ टैगोर ने निम्नलिखित गीत की रचना की :

'नमो जंत्रा, नमो जंत्रा'

A. वर्षा ऋतु के दौरान

B. शांतिनिकेतन में ध्वजारोहण के अवसर पर

C. विश्वकर्मा पूजा के अवसर पर

D. अन्नपूजा के अवसर पर

44. ''केनो रे दुआरटुकु पार होते शौंगशोए होये'' गीत की रचना टैगोर ने कब की थी?

A. अपने पिता की मृत्यु के अवसर पर

B. अपनी पुत्री की मृत्यु के अवसर पर

C. बाढ़ के अवसर पर

D. जलियाँवाला बाग घटना के अवसर पर

45. 'हे नूतन देखा दिक आरबार' गीत की रचना किस पद्य संकलन में की गई है?

A. चैताली B. बलाका

C. महुआ D. मानसी

46. 'रबीन्द्र भावना : नृत्येर मुक्ति' निबंध का लेखन किसने किया?

A. गायत्री चट्टोपाध्याय

B. नीलिमा सेन

C. शांतिदेव घोष

D. अनादि दास्तिदार

47. राग अड़ाना की पारंपरिक रचना 'बेनी निरखत भुजंग' ने टैगोर को किस गीत की रचना के लिए प्रेरित किया?

A. बीणा बजाओ हे

B. बीधीर बान्धन काटबे तुमी

C. बानी तोबो धाये

D. बसन्ते फूल गाँथलो

48. 'काँपिछे देहलता थर थर' गीत निम्नलिखित में से किस पुस्तक में है?

A. गीताली B. गीतिमाला

C. गीतपंचाशिका D. गीतलेखा

49. निम्नलिखित में से किस गीत में अहं रहित अभिव्यक्ति है?

A. जोदि तारे नाई चीनीगो शेकी, शेकी आमे नेबे चिने

B. शरते आज़ कोन अतिथि एलो प्राणेर द्वारे

C. अमार माथा नोतो कोरे दाओ हे तोमार चरण धुलार तोले

D. मायाबोनो बिहारिणी हरिणी

50. कविगुरु रबीन्द्रनाथ टैगोर ने अपनी नाइटहुड की उपाधि का त्याग क्यों किया?

A. वे अपने बारे में और अधिक प्रशस्तिगान लिखे जाने के इच्छुक थे।

B. वे अपने गीतों के अलोकप्रिय होने से क्षुब्ध थे।

C. वे कोई भौतिक पुरस्कार नहीं चाहते थे।

D. यह ब्रिटिश सरकार द्वारा किए गए जलियाँवाला बाग नरसंहार के प्रतिकार स्वरूप कृत्य था।

51. निम्नांकित को उनके प्रकाशन वर्ष के अनुसार अनुक्रम में व्यवस्थित कीजिए :

(*a*) तार अन्तो नाही गो

(*b*) देशे देशे नोन्दितो कोरी

(*c*) कार बान्शी निशिभोरे

(*d*) तोमार गीति जागालो स्मृति

नीचे दिए गए विकल्पों में से **सही** उत्तर का चयन कीजिए :

A. (*d*), (*c*), (*a*), (*b*)

B. (*a*), (*b*), (*c*), (*d*)

C. (*c*), (*d*), (*b*), (*a*)

D. (*b*), (*a*), (*c*), (*d*)

52. निम्नलिखित गीतों को उनके प्रकाशन वर्ष के अनुसार अनुक्रम में व्यवस्थित कीजिए :

(*a*) मंदिरे मंम के

(*b*) बोरिसो धोरा माझे

(*c*) आमार नयन भुलानो

(*d*) आर नाई रे बेला

नीचे दिए गए विकल्पों में से **सही** उत्तर का चयन कीजिए :

A. (*a*), (*b*), (*c*), (*d*)

B. (*b*), (*a*), (*c*), (*d*)

C. (*c*), (*b*), (*a*), (*d*)

D. (*d*), (*a*), (*b*), (*c*)

53. प्रकाशन वर्ष के अनुसार निम्नांकित पुस्तकों को अनुक्रम में व्यवस्थित कीजिए :

(*a*) मानसी (*b*) गीताली

(*c*) अचलायतन (*d*) गीतांजलि

नीचे दिए गए विकल्पों में से **सही** उत्तर का चयन कीजिए :

A. (*a*), (*d*), (*c*), (*b*)

B. (*c*), (*a*), (*d*), (*b*)

C. (*b*), (*d*), (*a*), (*c*)

D. (*d*), (*b*), (*c*), (*a*)

54. प्रकाशन वर्ष के अनुसार निम्नलिखित को अनुक्रम में व्यवस्थित कीजिए :

(*a*) तुमी एबार आमाय लोहो

(*b*) जननी तोमार करुणो चंरणोखानी

(*c*) चरणध्वनी शुनि तोबो नाथ

(*d*) गरब मम होरेछो प्रभु

नीचे दिए गए विकल्पों में से **सही** उत्तर का चयन कीजिए :

A. (*b*), (*d*), (*a*), (*c*)

B. (*c*), (*a*), (*d*), (*b*)

C. (*d*), (*c*), (*b*), (*a*)

D. (*a*), (*b*), (*d*), (*c*)

55. निम्नांकित को उनके प्रकाशन वर्ष के अनुसार क्रम में व्यवस्थित कीजिए :

(*a*) गीतपंचाशिका

(*b*) पितृस्मृति

(*c*) शांतिनिकेतन

(*d*) जीवन स्मृति

नीचे दिए गए विकल्पों में से **सही** उत्तर का चयन कीजिए :

A. (*a*), (*c*), (*d*), (*b*)
B. (*b*), (*a*), (*c*), (*d*)
C. (*a*), (*d*), (*b*), (*c*)
D. (*d*), (*c*), (*a*), (*b*)

56. निम्नांकित को प्रकाशन वर्ष के अनुसार व्यवस्थित कीजिए :

(*a*) जागरणे जये विभावरी
(*b*) कोथोऊ अमार हारिये जावार नेई माना
(*c*) आमार प्राणेर मानुष आच्छे प्राणे
(*d*) ओ जे माने ना माना

नीचे दिए गए विकल्पों में से **सही** उत्तर का चयन कीजिए :

A. (*c*), (*b*), (*a*), (*d*)
B. (*a*), (*c*), (*b*), (*d*)
C. (*b*), (*a*), (*c*), (*d*)
D. (*d*), (*c*), (*a*), (*b*)

57. निम्नांकित को उनके प्रकाशन वर्ष के अनुसार अनुक्रम में व्यवस्थित कीजिए :

(*a*) सोनार तोरी
(*b*) खेया
(*c*) बलाका
(*d*) महुआ

नीचे दिए गए विकल्पों में से **सही** उत्तर का चयन कीजिए :

A. (*c*), (*a*), (*d*), (*b*)
B. (*a*), (*b*), (*c*), (*d*)
C. (*b*), (*d*), (*a*), (*c*)
D. (*d*), (*b*), (*c*), (*a*)

58. निम्नलिखित घटना क्रम को अनुक्रम में व्यवस्थित कीजिए :

(*a*) नोबल पुरस्कार से सम्मानित किया गया
(*b*) विश्वभारती को केन्द्रीय विश्वविद्यालय घोषित किया गया
(*c*) रबीन्द्रनाथ वैवाहिक बंधन में बंधे
(*d*) नाइटहुड की उपाधि का त्याग किया

नीचे दिए गए विकल्पों में से **सही** उत्तर का चयन कीजिए :

A. (*a*), (*c*), (*d*), (*b*)
B. (*c*), (*a*), (*d*), (*b*)
C. (*c*), (*b*), (*d*), (*a*)
D. (*b*), (*d*), (*a*), (*c*)

59. निम्नांकित पुस्तकों को उनके प्रकाशन-वर्ष के अनुसार अनुक्रम में व्यवस्थित कीजिए :

(*a*) चित्रांगदा (*b*) रक्तकरबी
(*c*) बाल्मीकि प्रतिभा (*d*) चंडालिका

नीचे दिए गए विकल्पों में से **सही** उत्तर का चयन कीजिए :

A. (*c*), (*a*), (*b*), (*d*)
B. (*b*), (*c*), (*a*), (*d*)
C. (*a*), (*d*), (*c*), (*b*)
D. (*d*), (*b*), (*c*), (*a*)

60. निम्नलिखित पुस्तकों को उनके प्रकाशन वर्ष के अनुक्रम में व्यवस्थित कीजिए :

(*a*) घरे-बाएरे
(*b*) काबुलीवाला
(*c*) चोखेर बाली
(*d*) गोरा

नीचे दिए गए विकल्पों में से **सही** उत्तर का चयन कीजिए :

A. (*a*), (*b*), (*d*), (*c*)
B. (*c*), (*d*), (*a*), (*b*)
C. (*b*), (*c*), (*d*), (*a*)
D. (*d*), (*b*), (*a*), (*c*)

61. निम्नलिखित में से कौन-से ताल टैगोर द्वारा रचित हैं?

(*a*) एकताल (*b*) एकादशी
(*c*) रूपक (*d*) रूपकड़ा

नीचे दिए गए विकल्पों में से **सही** उत्तर का चयन कीजिए :

A. केवल (*a*), (*b*) और (*d*)
B. केवल (*b*) और (*d*)
C. केवल (*c*) और (*d*)
D. केवल (*a*) और (*d*)

62. 'शापमोचन' के पात्रों को चिह्नांकित कीजिए :

(*a*) सौरसेन

(*b*) मधुश्री

(*c*) उत्तीय

(*d*) लीला

नीचे दिए गए विकल्पों में से **सही** उत्तर का चयन कीजिए :

A. केवल (*c*) और (*d*)

B. केवल (*a*), (*b*) और (*d*)

C. केवल (*b*) और (*d*)

D. केवल (*a*) और (*b*)

63. निम्नांकित में से कौन-से गीत स्वरवितान संख्या 1 में शामिल हैं?

(*a*) ओ चाँद चोखेर जोलेर

(*b*) डाकबो ना, डाकबो ना

(*c*) तोमारो गीति जागालो

(*d*) नोबो आनन्दे जागो

नीचे दिए गए विकल्पों में से **सही** उत्तर का चयन कीजिए :

A. केवल (*a*), (*b*) और (*c*)

B. केवल (*a*) और (*c*)

C. केवल (*b*) और (*d*)

D. केवल (*c*) और (*d*)

64. निम्नलिखित में से किन दो लोगों ने प्रचुर मात्रा में टैगोर के गीतों की स्वरलिपि निर्मित की है?

(*a*) सुमित्रा सेन

(*b*) इन्दिरा देवी चौधुरानी

(*c*) दिनेन्द्रनाथ ठाकुर

(*d*) रिजवाना चौधुरी

नीचे दिए गए विकल्पों में से **सही** उत्तर का चयन कीजिए :

A. केवल (*a*) और (*c*)

B. केवल (*b*) और (*d*)

C. केवल (*b*) और (*c*)

D. केवल (*a*) और (*d*)

65. निम्न में से 'ऋतु उत्सव' में उल्लिखित दो गीतों को चिह्नांकित कीजिए :

(*a*) आलो शेफाली

(*b*) सार्थक जनम अमार

(*c*) एशो निपोबोने छायाबीथि तोले

(*d*) हृदये अमार प्रकाश होलो

नीचे दिए गए विकल्पों में से **सही** उत्तर का चयन कीजिए :

A. केवल (*a*), (*b*) और (*d*)

B. केवल (*c*) और (*d*)

C. केवल (*a*) और (*c*)

D. केवल (*b*) और (*d*)

66. निम्नलिखित में से कौन-से गीत धमार ताल में निबद्ध हैं?

(*a*) के रे ओई डाकीछे

(*b*) अमरा नूतन जौबनेरी दूत

(*c*) हृदि मंदिरो द्वारे

(*d*) नूतन प्राण दाओ

नीचे दिए गए विकल्पों में से **सही** उत्तर का चयन कीजिए :

A. केवल (*a*) और (*c*)

B. केवल (*b*) और (*d*)

C. केवल (*a*), (*c*) और (*d*)

D. केवल (*c*) और (*d*)

67. निम्नलिखित में से कौन-से गीत राग यमन कल्याण पर आधारित हैं?

(*a*) ममो जौबने निकुन्जे

(*b*) अग्निशिखा एशो एशो

(*c*) बधू कोन आलो लागलो चोखे

(*d*) विश्वबिद्या तीर्थो प्रांगण

नीचे दिए गए विकल्पों में से **सही** उत्तर का चयन कीजिए :

A. केवल (*a*) और (*c*)

B. केवल (*b*) और (*d*)

C. केवल (*c*) और (*d*)

D. केवल (*b*) और (*c*)

68. निम्नलिखित में से कौन-से दो गीत टैगोर द्वारा रचित हैं?

(*a*) पुष्पो दिये मारो जारे

(*b*) पतितोद्धारिणी गंगे मा

(*c*) माला होते खोशे पोरा

(*d*) अल्पा कोरो गो खोपार

नीचे दिए गए विकल्पों में से **सही** उत्तर का चयन कीजिए :

A. केवल (*c*) और (*d*)

B. केवल (*a*) और (*c*)

C. केवल (*b*) और (*d*)

D. केवल (*a*) और (*d*)

69. निम्नलिखित में से कौन-से गीत पाश्चात्य संगीत से प्रेरित थे?

(*a*) जदि तोर डाक शुने केऊ

(*b*) मोर भबनारे

(*c*) ओहे दयामय निखिलो आश्रय

(*d*) काली काली बोल रे आज

नीचे दिए गए विकल्पों में से **सही** उत्तर का चयन कीजिए :

A. केवल (*a*), (*b*) और (*d*)

B. केवल (*c*) और (*d*)

C. केवल (*a*) और (*c*)

D. केवल (*b*) और (*c*)

70. निम्नलिखित में से कौन-से दो गीत स्वरबितान संख्या 56 से हैं?

(*a*) तोरा जे जाओ बोलिश भाई

(*b*) आगल धवल पाले लेगेछे

(*c*) दूर देशि शेई राखाल छेले

(*d*) भालोबेशे शोखी निभृते जतने

नीचे दिए गए विकल्पों में से **सही** उत्तर का चयन कीजिए :

A. केवल (*b*) और (*c*)

B. केवल (*a*) और (*b*)

C. केवल (*c*) और (*d*)

D. केवल (*a*) और (*d*)

71. निम्नलिखित में से कौन-से पद्य 'कोरी ओ कोमल' से हैं?

(*a*) एकाल ओ शेकाल

(*b*) हृदयेर भाषा

(*c*) मंगल गीत

(*d*) नगर संगीत

नीचे दिए गए विकल्पों में से **सही** उत्तर का चयन कीजिए :

A. केवल (*b*) और (*c*)

B. केवल (*a*), (*c*) और (*d*)

C. केवल (*b*) और (*d*)

D. केवल (*c*) और (*d*)

72. निम्नलिखित में से कौन-से गीत राग भैरवी पर आधारित हैं?

(*a*) महाराज एकी शाजे

(*b*) आजि जे रजनी जाये

(*c*) बोधु कोन आलो लागो चोखे

(*d*) ओ जे माने ना मना

नीचे दिए गए विकल्पों में से **सही** उत्तर का चयन कीजिए :

A. केवल (*a*) और (*c*)

B. केवल (*b*), (*c*) और (*d*)

C. केवल (*b*) और (*d*)

D. केवल (*c*) और (*d*)

73. निम्नलिखित में से कौन-सी दो रचनाएँ 'तपती' नाटक से हैं?

(*a*) ह्यादे गो नंद रानी

(*b*) शुभ्र नब शंख तब

(*c*) आलोकचोर लुकीए एलो ओई

(*d*) जेनो प्रेम त्तिरो रीनी

नीचे दिए गए विकल्पों में से **सही** उत्तर का चयन कीजिए :

A. केवल (*a*) और (*c*)

B. केवल (*b*) और (*d*)

C. केवल (*b*) और (*c*)

D. केवल (*c*) और (*d*)

74. निम्नलिखित में से कौन-से गीत ऋतु-संबंधी गीत हैं?

(*a*) आकाश अमाये भरलो

(*b*) ओगो साओताली छेले

(*c*) दुआरे दाओ मोरे राखिया

(*d*) हेमन्ते कोन बसन्तेरी बानी

नीचे दिए गए विकल्पों में से **सही** उत्तर का चयन कीजिए :

A. केवल (*a*), (*b*) और (*c*)

B. केवल (*a*) और (*c*)

C. केवल (*a*), (*b*) और (*d*)

D. केवल (*c*) और (*d*)

75. निम्नलिखित में से कौन-से गीत टैगोर द्वारा रचित ताल (रबीन्द्रिक ताल) पर आधारित हैं?

(*a*) काँपिछे, देहलता थट थर

(*b*) गभीर रजनी नामिलो हृदये

(*c*) जननी तोमार करुण चरण खानी

(*d*) तोमाय गान शोनाबो

नीचे दिए गए विकल्पों में से **सही** उत्तर का चयन कीजिए :

A. केवल (*a*), (*b*) और (*c*)

B. केवल (*b*) और (*d*)

C. केवल (*a*) और (*c*)

D. केवल (*c*) और (*d*)

76. निम्नलिखित में से कौन-से गीत इंदिरा देवी चौधुरानी द्वारा स्वरलिपिबद्ध हैं?

(*a*) कोथाओं अमार हरिए जवार

(*b*) बिधिर बंधन काटबे

(*c*) ओ जे माने ना मान

(*d*) अमार शोनार बांग्ला

नीचे दिए गए विकल्पों में से **सही** उत्तर का चयन कीजिए :

A. केवल (*a*) और (*c*)

B. केवल (*b*) और (*c*)

C. केवल (*c*) और (*d*)

D. केवल (*b*) और (*d*)

77. टैगोर के निम्नलिखित में से किन गीतों को अनादि कुमार दस्तीदार ने स्वरलिपिबद्ध किया है?

(*a*) ब्यार्थो प्रेमेर अबोरजना

(*b*) ओरे गृहबासी

(*c*) बांध भेंगे दाओ

(*d*) आमार मुक्ति आलोये आलोये

नीचे दिए गए विकल्पों में से **सही** उत्तर का चयन कीजिए :

A. केवल (*a*) और (*d*)

B. केवल (*b*) और (*c*)

C. केवल (*a*) और (*b*)

D. केवल (*c*) और (*d*)

78. निम्नलिखित में से कौन-से दो गीत 'सुरंतर' हैं?

(*a*) माझे माझे तब देखा पाई

(*b*) शेई भालो शेई भालो

(*c*) तोमार होलो शुरु

(*d*) आजि झोरो झोरो मुखरो बादरो दिने

नीचे दिए गए विकल्पों में से **सही** उत्तर का चयन कीजिए :

A. केवल (*b*) और (*d*)

B. केवल (*a*) और (*d*)

C. केवल (*a*), (*c*) और (*d*)

D. केवल (*c*) और (*d*)

79. निम्नलिखित में से कौन-से दो गीत 'बाल्मीकि प्रतिभा' नाटक से हैं?

(*a*) माटी तोदेर डाक दिएछे

(*b*) कोथाए शे उषामयी प्रतिमा

(*c*) नोमि नोमि भारती

(*d*) माया बन बिहारिनी हरिणी

नीचे दिए गए विकल्पों में से **सही** उत्तर का चयन कीजिए :

A. केवल (*a*) और (*d*)

B. केवल (*b*) और (*c*)

C. केवल (*c*) और (*d*)

D. केवल (*b*) और (*d*)

80. निम्नांकित में से कौन-से गीत 'स्वदेश पर्याय' से हैं?

(*a*) जे छिलो अमार स्वपन चारिणी

(*b*) बिधिर बाधोन काटबे

(*c*) ब्यर्थो प्राणेर अबरजना

(*d*) निशिदिन भरशा राखिश

नीचे दिए गए विकल्पों में से **सही** उत्तर का चयन कीजिए :

A. केवल (*a*) और (*d*)

B. केवल (*b*) और (*d*)

C. केवल (*b*), (*c*) और (*d*)

D. केवल (*c*) और (*d*)

81. सूची-I के साथ सूची-II का मिलान कीजिए :

सूची-I	सूची-II
(*a*) खरबायु बये बेगे	I. स्वरबितान-4
(*b*) मेघेर कोले रोद हेशेछे	II. स्वरबितान-12
(*c*) आयेरे मोरा फसल काटी	III. स्वरबितान-50
(*d*) तोमारि गेहे पालिछो स्नेहे	IV. स्वरबितान-30

नीचे दिए गए विकल्पों में से **सही** उत्तर का चयन कीजिए :

	(*a*)	(*b*)	(*c*)	(*d*)
A.	III	I	II	IV
B.	II	III	IV	I
C.	I	IV	III	II
D.	IV	II	I	III

82. सूची-I के साथ सूची-II का मिलान कीजिए :

सूची-I	सूची-II
(*a*) बाल्मीकि प्रतिभा	I. गहन कुसुम कुंज माझे
(*b*) चंडालिका	II. प्रेमेर फांद पाता भुबने
(*c*) भानुसिंहेर पदाबली	III. ओगो, डेको ना, मोरे डेको ना
(*d*) मायार खेला	IV. ब्याकुल होये बोने बोने

नीचे दिए गए विकल्पों में से **सही** उत्तर का चयन कीजिए :

	(*a*)	(*b*)	(*c*)	(*d*)
A.	III	II	IV	I
B.	II	I	III	IV
C.	IV	III	I	II
D.	I	IV	II	III

83. सूची-I के साथ सूची-II का मिलान कीजिए :

सूची-I	सूची-II
(*a*) सुरफान्क	I. एकी लाबण्ये पूर्ण प्राण
(*b*) तीनताल	II. प्रतिदिन तवगाथा
(*c*) एकताल	III. रोइलो बोले राखले कारे
(*d*) दादरा	IV. हृदय तोमार दया

नीचे दिए गए विकल्पों में से **सही** उत्तर का चयन कीजिए :

	(*a*)	(*b*)	(*c*)	(*d*)
A.	III	I	II	IV
B.	II	IV	I	III
C.	IV	II	III	I
D.	I	III	IV	II

84. सूची-I के साथ सूची-II का मिलान कीजिए :

सूची-I	सूची-II
(*a*) निबिड़ घन आँधारे	I. रूपकड़ा
(*b*) जीबन मरणेर शिमाना छाराये	II. एकादशी
(*c*) काँपिच्छे देहलता थर थर	III. नबताल
(*d*) आजी प्रोणोमि तोमारे	IV. सष्टि

नीचे दिए गए विकल्पों में से **सही** उत्तर का चयन कीजिए :

	(*a*)	(*b*)	(*c*)	(*d*)
A.	III	I	II	IV
B.	I	III	IV	II
C.	IV	II	I	III
D.	II	IV	III	I

85. सूची-I के साथ सूची-II का मिलान कीजिए :

सूची-I	सूची-II
(*a*) महाराज एकी साजे	I. मालकौंस
(*b*) सुंदरी राधे आओयेबानी	II. बिहाग
(*c*) कार मिलन चाहो बिरही	III. श्री
(*d*) आनंद धारा बहिछे भुबने	IV. भैरबी

नीचे दिए गए विकल्पों में से **सही** उत्तर का चयन कीजिए :

	(*a*)	(*b*)	(*c*)	(*d*)
A.	III	I	IV	II
B.	I	III	II	IV
C.	IV	II	I	III
D.	II	IV	III	I

86. सूची-I के साथ सूची-II का मिलान कीजिए :

सूची-I	सूची-II
(*a*) बाल्मीकि	I. रिमझिम घन घन रे बरसे
(*b*) बालिका	II. एतो रंगो शिखेछो कोथाये
(*c*) बनदेबी	III. श्यामा एबार छेरे छोलेछी मा
(*d*) दस्युगण	IV. ओई मेघ कौरे बूझी गगने

नीचे दिए गए विकल्पों में से **सही** उत्तर का चयन कीजिए :

	(*a*)	(*b*)	(*c*)	(*d*)
A.	III	IV	I	II
B.	I	II	IV	III
C.	II	I	III	IV
D.	IV	III	II	I

87. सूची-I के साथ सूची-II का मिलान कीजिए :

सूची-I	सूची-II
(*a*) अग्निशिखा एशो एशो	I. पूजा
(*b*) अमार मोन जौखोन जागली ना रे	II. आनुष्ठानिक
(*c*) ओ आमार चाँदेर आलो	III. बिचित्रा
(*d*) ओ जोनाकी, की शुखे ओई	IV. प्रकृति

नीचे दिए गए विकल्पों में से **सही** उत्तर का चयन कीजिए :

	(*a*)	(*b*)	(*c*)	(*d*)
A.	I	IV	III	II
B.	III	II	I	IV
C.	II	I	IV	III
D.	IV	III	II	I

88. सूची-I के साथ सूची-II का मिलान कीजिए :

सूची-I	सूची-II
(*a*) ओहे दयामय, निखिल आश्रय	I. 'गो व्हेयर ग्लोरी वेट्स थी'
(*b*) कोतोबार भेबेद्दिनु आपोना	II. 'औल्ड लांग साइने'
(*c*) काली काली बोल रे आज	III. 'ड्रिंक टू मी ओनली'
(*d*) पुरानो शेई दिनेर कोथा	IV. 'नैन्सी ली'

नीचे दिए गए विकल्पों में से **सही** उत्तर का चयन कीजिए :

	(*a*)	(*b*)	(*c*)	(*d*)
A.	I	III	IV	II
B.	II	IV	I	III
C.	III	I	II	IV
D.	IV	II	III	I

89. सूची-I के साथ सूची-II का मिलान कीजिए :

सूची-I	सूची-II
(*a*) बाउल	I. माझे माझे तोबो देखा पई
(*b*) कीर्तन	II. नूतन प्राण दाओ
(*c*) ध्रुपद	III. अमार प्राणेर मानुष आछे प्राणे
(*d*) धमार	IV. ताहरे आरति करे चंद्र तपन

नीचे दिए गए विकल्पों में से **सही** उत्तर का चयन कीजिए :

	(*a*)	(*b*)	(*c*)	(*d*)
A.	IV	II	I	III
B.	I	III	II	IV
C.	II	IV	III	I
D.	III	I	IV	II

90. सूची-I के साथ सूची-II का मिलान कीजिए :

सूची-I	सूची-II
(*a*) 3 | 2	I. निबिड़ो घनो आँधारे
(*b*) 3 | 2 | 2 | 2	II. जननी तोमार करुण चरण खानी
(*c*) 3 | 2 | 2 | 4	III. बिपदे मोरे रोक्खा कोरो
(*d*) 2 | 4 | 4 | 4 | 4	IV. दुआरे दाओ मोरे राखिआ

नीचे दिए गए विकल्पों में से **सही** उत्तर का चयन कीजिए :

	(*a*)	(*b*)	(*c*)	(*d*)
A.	II	IV	III	I
B.	I	III	II	IV
C.	III	I	IV	II
D.	IV	II	I	III

निर्देश (प्रश्न संख्या 91 से 95 तक): *निम्नलिखित गद्यांश को पढ़िए और संबंधित प्रश्नों के उत्तर दीजिए।*

गुरुदेव रबीन्द्रनाथ टैगोर संगीत-विशारदों से अपील किया करते थे कि उन्होंने जिस गीत पर आधारित रचनाएँ की थीं, उस गीत के रागों के न्यास-विन्यास को तलाशने की बजाय उन गीतों में निबद्ध अन्तर्निहित भावों एवं उनके गायन पर विशेष ध्यान दें। राग-रागिनियों के वादी, संवादी मानक निर्मित हैं किन्तु मानवीय भावनाएँ नैसर्गिक हैं। अनावश्यक हठपूर्वक बनाए गए नियम से वीरता का आविर्भाव नहीं होता है अपितु उसके फलस्वरूप संगीतज्ञों में अहंकार की भावना प्रोद्भूत होती है। इस अहंकार के परिणामस्वरूप समाज में उत्तरोत्तर अधोपतन उत्पन्न होता है और फलतः संगीत-धर्म नष्ट हो जाता है। सभी चीजों में संतुलन बनाए रखना अत्यावश्यक है। वे हिन्दुस्तानी संगीत के प्रबल अनुयायी थे, जिन्होंने 6 नए ताल, खयाल, ध्रुपद, लोक शैलियों इत्यादि पर आधारित गीतों की रचना की। अपनी वृत्तियों के लिए नोबल पुरस्कार से सम्मानित होने वाले वे पहले भारतीय थे। वे एक महान देशभक्त भी थे। उनकी प्रारम्भिक शिक्षा श्री विष्णु चक्रवर्ती से हुई और परवर्ती समय में विष्णुपुर घराना के स्वनामधन्य कलाकार जदू भट्ट से काफी प्रभावित हुए।

91. टैगोर संगीत विशारदों को क्या सुझाव देते थे?

A. एक-दूसरे की आलोचना न करना
B. वादी-संवादी पर ध्यान न देना
C. न्यास-विन्यास पर ध्यान न देना
D. न्यास-विन्यास पर ध्यान देना

92. टैगोर ने संगीत विशारदों को निम्नलिखित में से किस पर ध्यान देने को कहा था?

A. पूजा पर्जाय रबीन्द संगीत पर
B. राग के आरोह-अवरोह पर
C. आत्मा के आन्तरिक अर्थ पर
D. गीतों के आन्तरिक भाव पर

93. संगीतकार के रूप में टैगोर ने किसकी रचना की?

A. खयाल शैली के गीत
B. खयाल, ध्रुपद, लोक-शैली के गीत
C. ध्रुपद शैली के गीत
D. लोक-शैली के गीत

94. संगीतकारों में अहंकार किससे आता है?

A. संगीत सीखने की उत्तरोत्तर वर्धित तत्परता
B. गौरव और प्रगति
C. समाज में उत्तरोत्तर अधोपतन होता है जिससे समाज नष्ट हो जाता है
D. जीवनवृत्ति (कैरियर) का उत्तरोत्तर उत्थापन

95. कला विषय के रूप में संगीत के लिए हठपूर्वक बनाए गए नियमों से क्या होता है?

A. इनसे तकनीकी बारीकियों के अनुसार राग का सृजन बाधित हो सकता है।
B. इससे प्रस्तोता के लिए किसी विशिष्ट राग की प्रस्तुति कठिन हो जाती है।
C. संगीतकार गीत के साथ प्रयोग नहीं कर पाएंगे और उन्हें मूल प्रारूप के साथ ही रहना पड़ता है।
D. इनसे कोई शौर्य प्रोद्भूत नहीं होगा अपितु संगीतकारों में अहंकार की भावना उत्पन्न होगी और कालक्रम में संगीत-धर्म नष्ट हो जाएगा।

निर्देश (प्रश्न संख्या 96 से 100 तक): *निम्नलिखित गद्यांश को पढ़िए और संबंधित प्रश्नों के उत्तर दीजिए।*

रबीन्द्रनाथ टैगोर के अनुसार संगीत का उद्देश्य भावनाओं की अभिव्यक्ति हैं। ठीक उसी प्रकार जैसे केवल लय के श्रवण से यह सुनने में उत्तम नहीं लगता है किन्तु ज्यों ही हम इसमें संगीत का संयोजन करते हैं तो इनमें अपनी मनोदशा में बदलाव की प्रवृत्ति उत्पन्न होती है अथवा यदि संक्षेप में कहें तो हमारी व्यंजना परिवर्तित हो जाती है। टैगोर संगीत को सर्वश्रेष्ठ स्थान देते थे। उन्होंने कहा था कि लोग गीत (प्रगीति) पर धुन बनाएंगे जबकि वे धुन पर गीत बनाते थे। उन्होंने कहा था कि कविता की धुन के साथ संगति होने पर 'गीत' और 'स्वर' में कोई भेद नहीं रह जाता है। उन्होंने आगे कहा कि बंगालियों में 'वाणी' या गीत के प्रति स्वाभाविक विशिष्ट अभिरुचि होती है जिसके फलस्वरूप बंगाल सांस्कृतिक दृष्टि से विशेषतः संगीत की दृष्टि से बहुत अधिक उर्वर प्रदेश है। नोबल पुरस्कार प्राप्त टैगोर लिखते हैं "नौयोनो तोमारे पाए ना देखिते, रोएछो नौयोने नौयोने" और अपने आराध्य को कहते हैं कि आप हमारे नयनों में ही बसते हैं फिर भी हम आपको देखने में असक्षम हैं।

ऐसी ही दार्शनिक रचनाओं से हमें उनके अन्तर्मन के भाव का पता चलता है और यह भी स्पष्ट होता है कि गीत के बोल उनके लिए कितने मायने रखते हैं।

96. टैगोर गीत का सृजन कैसे करते थे?
- A. वे धुन पर गीत बनाते थे।
- B. वे गीत पर धुन बनाते थे।
- C. वे राग बनाते थे और तत्पश्चात् तदनुरूप गीत लिखते थे।
- D. वे कीर्तन का सृजन करते थे और उसके बाद तान का प्रयोग करते थे।

97. रबीन्द्रनाथ के अनुसार संगीत का उद्देश्य क्या है?
- A. वैभव की अभिव्यक्ति
- B. भावनाओं की अभिव्यक्ति
- C. संगीत भाव की अभिव्यक्ति
- D. युवाओं में संगीत का प्रसार

98. किसी लय में किसी संगीत के संयोजन के फलस्वरूप क्या होता है?
- A. लोग ताल पर नृत्य करने लगते हैं।
- B. दर्शक संगीत का आनंद ले सकते हैं।
- C. श्रोता की मनोदशा या अभिव्यक्ति (हाव-भाव) परिवर्तित होती है।
- D. संगीतज्ञ प्रसन्न हो जाते हैं।

99. प्रगीति/गीत और धुन की संगति होने की दशा में क्या होता है?
- A. नए गीत की रचना होती है।
- B. हम गीत का एलबम रिकॉर्ड कर सकते हैं।
- C. हम श्रोता (आग्राहक) के सामने पूरी तरह गीत का गायन कर सकते हैं।
- D. गीत और स्वर में कोई भेद नहीं है।

100. बंगालियों में निम्नांकित में से किसके प्रति नैसर्गिक वैशिष्ट्य अभिरुचि होती है?
- A. रबीन्द्र संगीत
- B. महिषासुर मर्दिनी गीति आलेख्य
- C. विश्वभारती में अध्ययन करना और जोराशंको ठाकुरबारी
- D. प्रगीति/गीत के प्रति विशिष्ट अभिरुचि जिसके फलस्वरूप वे सांस्कृतिक दृष्टि से समृद्धि प्राप्त करते हैं

व्याख्यात्मक उत्तर

1. (C): त्रिताल में 16 मात्राएँ होती हैं और इसे चार भागों (विभागों) में विभाजित किया जाता है। प्रत्येक विभाग में 4 मात्राएँ होती हैं। तीव्रा में 16 मात्राएँ होती हैं और यह भी चार विभागों में विभाजित है। इसलिए, त्रिताल और तीव्रा दोनों में तालियों की संख्या समान है।

2. (C):

(*e*) **शोध समस्या का प्रतिपादन :** शोध का प्रारंभ एक स्पष्ट समस्या के चयन और प्रतिपादन से होता है।

(*b*) **साहित्य समीक्षा :** समस्या के बाद संबंधित विषय पर पूर्व में किए गए कार्यों का अध्ययन किया जाता है।

(*c*) **रूपरेखा तैयार करना :** अगले चरण में शोध की रूपरेखा तैयार की जाती है, जिसमें कार्य की योजना बनाई जाती है।

(*a*) **दत्त संकलन :** रूपरेखा के आधार पर आंकड़ों या सूचनाओं का संग्रह किया जाता है।

(*d*) **शोध प्रतिवेदन :** अंत में सभी संकलित जानकारी का विश्लेषण कर प्रतिवेदन तैयार किया जाता है।

3. (D): 'दायरो' गुजरात का एक प्रमुख लोक गीत रूप है, जिसे प्रायः भजन, कीर्तन या धार्मिक आयोजन में गाया जाता है। भिखुधान गढ़वी 'दायरो' शैली के प्रसिद्ध कलाकार हैं, जिन्होंने इसे लोकसंस्कृति में एक विशेष पहचान दिलाई।

4. (A):

(*c*) **अतीत :** यह समय की अवधारणा है, जो पहले हो चुके कार्य या घटना को संदर्भित करता है।

(*e*) **अनागत :** यह भविष्य की अवधारणा है, जो अभी तक नहीं हुआ है।

इन दोनों को विषम ग्रह कहा जाता है क्योंकि ये ताल या ध्वनि से संबंधित नहीं हैं। अन्य विकल्प (*b*) आहत और (*d*) प्रत्याहत ताल और ध्वनि की अवधारणाएँ हैं, जो इस चयन में शामिल नहीं हैं।

5. (A):

(*a*) **खेमटा - गरबा** (IV): खेमटा ताल का उपयोग गरबा नृत्य में किया जाता है।

(*b*) **धुमाली - कीर्तन** (III): धुमाली ताल प्रायः कीर्तन में प्रयुक्त होती है।

(*c*) **भजनी - अभंग** (I): भजनी ताल का उपयोग भजन और अभंग गायन में किया जाता है।

(*d*) **दादरा - गजल** (II): दादरा ताल गजल में प्रयुक्त होती है।

6. (B): वर्ष 1905 में ज्योतिरीन्द्रनाथ टैगोर ने गीतों को संचित और संरक्षित करने के लिए आकारमात्रिक स्वरलिपि पद्धति का सूत्रपात किया। यह पद्धति बंगाल में लोकप्रिय हुई और इसे भारतीय शास्त्रीय संगीत के लिए उपयोगी माना गया।

7. (B): शोध में दत्त संग्रह (संकलन) का प्राथमिक स्रोत शोध-प्रबंध होता है। शोध-प्रबंध नई जानकारी का संकलन और विश्लेषण प्रदान करता है और प्रायः किसी विशेष विषय पर केंद्रित होता है।

अन्य विकल्प, जैसे पांडुलिपि या रिकॉर्ड, ऐतिहासिक स्रोत हो सकते हैं, पर शोध के संदर्भ में प्राथमिक स्रोत नहीं होते।

8. (A): पूर्वांग रागों का गायन दोपहर 12:00 बजे से रात्रि 12:00 बजे के बीच होता है। भारतीय शास्त्रीय संगीत में, रागों को उनकी प्रकृति और समय के आधार पर वर्गीकृत किया जाता है। पूर्वांग राग दिन के पहले भाग (अहोरात्र) के लिए उपयुक्त होते हैं।

9. (B):

(*a*) **तीजनबाई - छत्तीसगढ़** (III): तीजनबाई पंडावानी शैली की प्रसिद्ध लोक कलाकार हैं, जो छत्तीसगढ़ से संबंधित हैं।

(*b*) **विन्ध्यवासिनी देवी -बिहार** (IV): विन्ध्यवासिनी देवी बिहार की प्रसिद्ध लोक गायिका थीं।

(*c*) **सुलोचना चव्हाण - महाराष्ट्र** (II): सुलोचना चव्हाण महाराष्ट्र की प्रसिद्ध लोक गायिका थीं।

(*d*) **हेमंत चौहान - गुजरात** (I): हेमंत चौहान गुजरात के भजन और गरबा के प्रसिद्ध गायक हैं।

10. (C):

(*a*) **रूपक - मिश्र** (III): रूपक ताल मिश्र जाति की होती है।

(*b*) **झपताल - खंड** (I): झपताल खंड जाति की होती है।

(*c*) **एकताल - तिस्त्रा** (IV): एकताल तिस्त्रा जाति की होती है।

(*d*) **मत्त - संकीर्ण** (II): मत्त ताल संकीर्ण जाति की होती है।

11. (C): 'सूत' एक तकनीकी शब्द है, जिसका उपयोग सरोद वाद्य यंत्र में बजाने की प्रक्रिया के लिए होता है। सरोद भारतीय शास्त्रीय संगीत का प्रसिद्ध तारयुक्त वाद्य यंत्र है। इसे बजाने में नाखून या मिजराब का उपयोग किया जाता है। सूत का अर्थ है तारों को धीमे या तेज गति से बजाना, जिससे संगीत में लयबद्धता और गहराई उत्पन्न होती है।

12. (D): तबला की एकल प्रस्तुति के लिए निम्नलिखित क्रम होता है:

(*c*) **पेशकार :** यह प्रारंभिक चरण होता है, जिसमें सरल और लयबद्ध रचनाएं प्रस्तुत की जाती हैं।

(*b*) **कायदा :** इसके बाद कायदा बजाया जाता है, जो एक निश्चित संरचना के साथ रचना को आगे बढ़ाता है।

(*a*) **रेला :** रेला तबले की तेज और गतिशील प्रस्तुति का हिस्सा है।

(*d*) **टुकड़ा** : यह अंतिम चरण होता है, जिसमें छोटी और सुंदर रचनाएँ बजाई जाती हैं।

13. (C): समपदी ताल वे होते हैं जिनकी मात्राएँ समान रूप से विभाजित होती हैं।

(*b*) **आड़ा चैताल** : इसमें समपदी संरचना होती है।

(*d*) **एकताल** : इसमें भी ताल की मात्राएँ समान रूप से विभाजित होती हैं।

(*d*) **तीन ताल** : यह समपदी तालों में से एक है, जिसमें 16 मात्राएँ होती हैं और यह चार बराबर भागों में विभाजित होती है।

14. (A): कलाओं को अवरोही क्रम में इस प्रकार व्यवस्थित किया गया है:

(*b*) **आलेख्य** : इसमें चित्रकला और लेखन कार्य आते हैं।

(*d*) **नाट्य** : यह दृश्य और श्रव्य कला का मिश्रण है।

(*a*) **नृत्य** : यह शारीरिक गतिविधियों के माध्यम से व्यक्त की जाने वाली कला है।

(*e*) **वाद्य** : इसमें वाद्य यंत्रों का उपयोग होता है।

(*c*) **गीत** : यह केवल गायन की कला है।

15. (B): ध्रुपद के साथ संगति के लिए प्रयुक्त तालों का आरोही अनुक्रम निम्नलिखित है:

(*c*) **तीव्रा** : यह सबसे सरल और कम मात्राओं वाला ताल है।

(*d*) **सूलताल** : इसमें 10 मात्राएँ होती हैं।

(*b*) **चौताल** : यह अधिक जटिल संरचना के साथ प्रस्तुत होता है।

(*a*) **गजझंपा** : यह सबसे जटिल और भारी ताल है।

16. (C): शांत रस और वात्सल्य रस को 9वें और 10वें रस के रूप में जाना जाता है।

(*c*) **शांत रस** : शांत रस का मुख्य भाव शांति और स्थिरता है और यह भारतीय शास्त्रीय नाट्यशास्त्र का प्रमुख रस है।

(*b*) **वात्सल्य रस** : वात्सल्य रस का भाव माता-पिता और बच्चों के बीच के प्रेम को दर्शाता है। इसे अन्य रसों की तुलना में बाद में मान्यता दी गई।

17. (C):

(*a*) **खमाज - (सा रे ग म प ध नी)** (IV): खमाज थाट में तीव्र स्वर का उपयोग किया जाता है।

(*b*) **काफी - (सा रे ग म प ध नी)** (III): काफी थाट में कोमल ग और कोमल नि का उपयोग होता है।

(*c*) **असवारी - (सा रे ग म प ध नी)** (I): असवारी थाट में रे और ध कोमल होते हैं।

(*d*) **भैरवी - (सा रे ग म प ध नी)** (II): भैरवी थाट में रे, ग, ध और नि कोमल होते हैं।

18. (B): ''फायरबॉक्स'' नाम का कोई इंटरनेट ब्राउजर नहीं है। ओपेरा, सफारी और फायरफॉक्स वास्तविक और लोकप्रिय इंटरनेट ब्राउजर हैं।

19. (D): 72 मेल योजना के 12 चक्रों का क्रम निम्न है: (*b*) नेत्र, (*e*) वेद, (*c*) ऋतु, (*d*) वसु, (*a*) रुद्र। यह योजना दक्षिण भारतीय कर्नाटक संगीत के मेलकर्ता रागों को वर्गीकृत करती है।

20. (B): शारंगदेव के ग्रंथ 'संगीत रत्नाकर' में कुल 15 गमकों का उल्लेख किया गया है। गमक भारतीय शास्त्रीय संगीत का एक महत्वपूर्ण अंग है, जो ध्वनि को अलंकृत और मधुर बनाने में सहायक होता है। इन 15 गमकों में श्रुति, कम्पन, मेड़ और अंडोलन जैसी श्रेणियाँ सम्मिलित हैं।

21. (A): आड़ लय का मान 3/2 है। आड़ लय संगीत में वह लय है, जिसमें गति सामान्य से अधिक धीमी होती है। यह लय त्रिगुण और दुगुण लयों के बीच की स्थिति में आती है। 3/2 के रूप में इसकी गणना लय और ताल की सामंजस्यता को दर्शाती है।

22. (C):

(*a*) **रावणहत्था** : यह तारयुक्त वाद्ययंत्र है, जिसे गज (धनुष) से बजाया जाता है।

(*b*) **एकतारा** : इसे टकोर से बजाया जाता है, और यह एकल तारयुक्त वाद्ययंत्र है।

अन्य विकल्पों में ढोलक और इलत्तालम् को गज या टकोर से नहीं बजाया जाता।

23. (D):

(*a*) **रोद्र - क्रोध** (IV)ः रौद्र रस का स्थायी भाव क्रोध है।

(*b*) **वीर - उत्साह** (III)ः वीर रस का स्थायी भाव उत्साह है।

(*c*) **भयानक - भय** (II)ः भयानक रस का स्थायी भाव भय है।

(*d*) **शृंगार - रति** (I)ः शृंगार रस का स्थायी भाव रति है।

24. (B):

(*a*) **दीपचंद** : इसमें 14 मात्राएँ होती हैं।

(*b*) **झूमर** : यह ताल भी 14 मात्राओं में विभाजित है।

(*d*) **आड़ा चैताल** : यह 14 मात्राओं वाली ताल है। अन्य विकल्प जैसे रुद्र ताल में 16 मात्राएँ होती हैं।

25. (D): पद्मश्री पूना राम निषाद छत्तीसगढ़ी लोक संगीत की पंडवानी शैली के कलाकर हैं। पंडवानी एक कथा गायन की शैली है, जिसमें महाभारत की कहानियाँ गाई जाती हैं। यह छत्तीसगढ़ के लोक संगीत की प्रमुख विधाओं में से एक है।

26. (C): रबीन्द्रनाथ टैगोर का जन्म 7 मई, 1861 को हुआ था। वे भारतीय साहित्य में बंगाली रेनेसांस के प्रमुख आधार स्तंभ थे। उनका जन्म कोलकाता में एक प्रतिष्ठित और सांस्कृतिक रूप से समृद्ध परिवार में हुआ था।

27. (B): रबीन्द्रनाथ टैगोर के माता-पिता महर्षि देबेन्द्रनाथ टैगोर और शारदा देवी थे। देबेन्द्रनाथ टैगोर एक प्रमुख समाज सुधारक और ब्रह्मो समाज के प्रमुख व्यक्तित्व थे।

28. (D): रबीन्द्रनाथ टैगोर के प्रथम संगीत गुरु विष्णु चक्रवर्ती थे। चक्रवर्ती ने टैगोर को प्रारंभिक संगीत शिक्षा प्रदान की, जिसने उन्हें बाद में अपनी रचनाओं में संगीत को समाहित करने की प्रेरणा दी।

29. (A): गुरुदेव ने शांतिनिकेतन की स्थापना 17 पौष, 1308 (बंगाली कैलेंडर), जो कि 1901 के अनुसार है, की थी। इस संस्था की स्थापना शिक्षा के नवीन प्रयोग और भारतीय संस्कृति के पुनरुत्थान के लिए की गई थी।

30. (B): 'एशो 'यामल सुन्दर' गीत तीनताल में निबद्ध है। तीनताल एक प्रचलित और महत्वपूर्ण ताल है जो भारतीय संगीत में व्यापक रूप से प्रयोग किया जाता है, और इसकी संरचना में सोलह मात्राएँ होती हैं।

31. (A): 'दुआरे दाओ मोरे राखिया' गीत एकादशी ताल में निबद्ध है। एकादशी ताल एक विशेष प्रकार का ताल है जो अपनी अनूठी ताली और खाली के संयोजन के लिए जाना जाता है, और यह भारतीय संगीत में कम ही प्रयोग किया जाता है।

32. (D): श्रीलंका में बड़े पैमाने पर इसराज वाद्ययंत्र को बजाया जाता है। इसराज एक तार वाला वाद्ययंत्र है जिसकी ध्वनि मीठी और गहरी होती है, और यह श्रीलंकाई संगीत में एक महत्वपूर्ण स्थान रखता है।

33. (A): मात्रा विभाग को देखते हुए निम्नलिखित ताल नबपन्च है। नबपन्च ताल 2 | 4 | 4 | 4 | 4 की मात्रा विभाजन रखती है, और इसका प्रयोग रबीन्द्रिक संगीत में किया जाता है।

34. (B): बांग्लादेश का राष्ट्रगान 'आमार शोनार बांग्ला' है। यह गान रबीन्द्रनाथ टैगोर द्वारा लिखित गया था, और यह बांग्लादेशी राष्ट्रीयता और सांस्कृतिक पहचान को दर्शाता है।

35. (D): चित्रांगदा में मुख्यतः मणिपुरी, कथकली और लोकनृत्य रूप प्रयुक्त होता है। इस नृत्य नाटिका में विभिन्न भारतीय नृत्य शैलियों का समावेश होता है, जिससे इसकी अभिव्यक्ति और भी अधिक भावपूर्ण और विविधतापूर्ण हो जाती है।

36. (B): गीत 'ध्वनेलो अह्वान मधुर गंभीर' 7 मात्रा आधारित है। इस गीत में सात मात्राओं की एक विशेष लय होती है, जिसे रबीन्द्र संगीत में बहुत सूक्ष्मता और कलात्मकता के साथ प्रयोग किया जाता है।

37. (C): नृत्य नाटिका 'चित्रांगदा' में प्रसिद्ध पंक्ति ''देबी नोही, नोही आमी सामान्य नारी'' है। यह नाटिका रबीन्द्रनाथ टैगोर द्वारा लिखित गई थी, और इसमें महाभारत की चरित्र चित्रांगदा की कहानी को दर्शाया गया है, जो अपनी पहचान और नारीत्व की खोज करती है।

38. (A): कविगुरु ने दिनेन्द्रनाथ ठाकुर को 'मेरे समस्त गीतों का रखवाला' (अमार शकल गानेर भंडारी) कहा था। दिनेन्द्रनाथ ठाकुर टैगोर के भतीजे थे और उन्होंने टैगोर के गीतों को संगीतबद्ध करने में महत्वपूर्ण भूमिका निभाई थी।

39. (B): गीत 'कार मिलन चाहो बिरही' राग श्री में निबद्ध है। राग श्री एक गंभीर राग है जो विशेष रूप से विरह (जुदाई) के भाव को प्रदर्शित करने के लिए प्रयोग किया जाता है। इस राग का उपयोग टैगोर द्वारा भावनात्मक गहराई और व्यक्त करने के लिए किया गया था।

40. (A): प्रसिद्ध गीत 'हा रे रे रे रे अमाय छेरे दे रे' स्वरबितान में 11 में है। स्वरबितान 11 में यह गीत शामिल है और यह रबीन्द्र संगीत के प्रसिद्ध गीतों में से एक है, जो कि अपने लयात्मक और भावनात्मक गुणों के लिए जाना जाता है।

41. (C): गीत 'काँटा बोन बिहारिणी' हास्य गीति है। इस गीत में हास्य का तत्व मौजूद है जो उसके बोलों और प्रस्तुति शैली में व्यक्त होता है, जिसमें काव्यात्मक व्यंग्य और मनोरंजन के तत्व शामिल होते हैं।

42. (D): गीत 'आम्रा मिलेछी आज मायेर डाके' रामप्रसादी गीत की धुन पर आधारित है। यह गीत रामप्रसाद सेन के पारंपरिक गीतों की धुनों को अपनाता है, जो भक्ति और उत्कटता के भाव को दर्शाता है।

43. (C): 'नमो जंत्रा, नमो जंत्रा' गीत की रचना विश्वकर्मा पूजा के अवसर पर की गई थी। यह गीत विश्वकर्मा, जो कि देवताओं के शिल्पकार माने जाते हैं, की पूजा के लिए बनाया गया था और इसमें शिल्प और निर्माण के महत्व को प्रतिष्ठित किया गया है।

44. (B): ''केनो रे दुआरटुकु पार होते शौंग्शोए होये'' गीत की रचना टैगोर ने अपनी पुत्री की मृत्यु के अवसर पर की थी। यह गीत गहरे दुख और शोक की अभिव्यक्ति है, जिसमें एक पिता की अपनी बेटी के नुकसान के प्रति गहरी भावनाएं व्यक्त होती हैं।

45. (B): 'हे नूतन देखा दिक आरबार' गीत की रचना बलाका पद्य संकलन में की गई है। बलाका संकलन रबीन्द्रनाथ टैगोर की कविताओं का एक महत्वपूर्ण संग्रह है, जिसमें जीवन के नवीकरण और परिवर्तन की थीम्स को प्रमुखता से दर्शाया गया है।

46. (A): 'रबीन्द्र भावना : नृत्येर मुक्ति' निबंध का लेखन गायत्री चट्टोपाध्याय ने किया। इस निबंध में नृत्य के माध्यम से अभिव्यक्ति की स्वतंत्रता और रबीन्द्रनाथ टैगोर के नृत्य नाटिकाओं की भावनात्मक और आध्यात्मिक गहराइयों का विश्लेषण किया गया है।

47. (C): राग अड़ाना की पारंपरिक रचना 'बेनी निरखत भुजंग' ने टैगोर को 'बानी तोबो धाये' गीत की रचना के लिए प्रेरित किया। यह गीत राग अड़ाना के मूल स्वरों और भावनात्मक तान का उपयोग करके गहरे धार्मिक और भक्तिपूर्ण भाव को प्रकट करता है।

48. (C): 'काँपिछे देहलता थर थर' गीत गीतपंचाशिका पुस्तक में है। यह पुस्तक रबीन्द्रनाथ टैगोर के गीतों का एक संकलन है जिसमें विभिन्न भावों और विषयों पर आधारित गीत शामिल हैं, और 'काँपिछे देहलता थर थर' उनमें से एक है जो मानवीय संवेदनाओं और प्रकृति के साथ उनके अंतर्संबंधों को दर्शाता है।

49. (C): अमार माथा नोतो कोरे दाओ हे तोमार चरण धुलार तोले : इस गीत में अहं रहित अभिव्यक्ति है। गीत के बोल आत्मसमर्पण और विनम्रता की भावना को व्यक्त करते हैं, जहां कवि ने स्वयं को दिव्यता के समक्ष नम्रता से झुकाने की भावना को प्रस्तुत किया है।

50. (D): यह ब्रिटिश सरकार द्वारा किए गए जलियाँवाला बाग नरसंहार के प्रतिकार स्वरूप [illegible] था। रबीन्द्रनाथ टैगोर ने 1919 में अमृतसर [illegible] सरकार द्वारा

किए गए जलियाँवाला बाग नरसंहार के विरोध में अपनी नाइटहुड की उपाधि का त्याग किया था। यह घटना भारतीय इतिहास में एक बड़े साम्राज्यवादी अत्याचार के रूप में दर्ज है और टैगोर का यह कदम ब्रिटिश शासन के प्रति उनके तीव्र विरोध को दर्शाता है।

51. **(B):** गीत 'तार अन्तो नाही गो' सबसे पहले प्रकाशित हुआ, उसके बाद 'देशे देशे नोन्दितो कोरी', इसके पश्चात 'कार बान्शी निशिभोरे', और सबसे अंत में 'तोमार गीति जागालो स्मृति' प्रकाशित हुआ। इस क्रम में गीतों के प्रकाशन का अनुक्रम उनके रचना काल और प्रकाशन की तिथियों के अनुसार निर्धारित है, जो रबीन्द्रनाथ टैगोर के साहित्यिक करियर में विभिन्न चरणों को दर्शाता है।

52. **(B):** गीत 'बोरिसो धोरा माझे' सबसे पहले प्रकाशित हुआ, इसके बाद 'मंदिरे मम के', फिर 'आमार नयन भुलानो', और अंत में 'आर नाई रे बेला' का प्रकाशन हुआ। इस क्रमानुसार गीतों के प्रकाशन की तिथियाँ उनकी रचनात्मकता और साहित्यिक महत्व को प्रकट करती हैं, जहां प्रत्येक गीत रबीन्द्रनाथ टैगोर के साहित्यिक विकास और विषयों की गहराई में एक अनूठा योगदान दर्शाता है।

53. **(A):** 'मानसी' का प्रकाशन सबसे पहले हुआ, उसके बाद 'गीतांजलि', फिर 'अचलायतन', और अंत में 'गीताली' प्रकाशित हुई। इस व्यवस्थित क्रम में प्रत्येक पुस्तक टैगोर के विचारों और काव्यात्मक अभिव्यक्ति के विकास को दर्शाती है, जहां 'मानसी' और 'गीतांजलि' में उनके दार्शनिक विचारों का गहन अभिव्यक्ति मिलती है, वहीं 'अचलायतन' और 'गीताली' उनके परिपक्व काव्य कौशल और अध्यात्मिक चिंतन को प्रकट करती हैं।

54. **(C):** 'गरब मम होरेछो प्रभु' का प्रकाशन सबसे पहले हुआ, इसके बाद 'चरणध्वनी शुनि तोबो नाथ', फिर 'जननी तोमार करुणो चरणोखानी', और अंत में 'तुमी एबार आमाय लोहो' प्रकाशित हुआ। इस क्रम के अनुसार, प्रत्येक गीत टैगोर के विचारों और भावनाओं की गहराई को दर्शाता है, जो उनके जीवन के विभिन्न चरणों में उनके अनुभवों और साहित्यिक प्रेरणाओं का प्रतिबिंब है।

55. **(A):** 'गीतपंचाशिका' का प्रकाशन सबसे पहले हुआ, उसके बाद 'शांतिनिकेतन', फिर 'जीवन स्मृति', और अंत में 'पितृस्मृति' प्रकाशित हुई। यह व्यवस्था टैगोर के साहित्यिक और व्यक्तिगत जीवन के विभिन्न चरणों को दर्शाती है, जहां 'गीतपंचाशिका' उनके प्रारंभिक रचनात्मक प्रयासों को प्रकट करती है, 'शांतिनिकेतन' और 'जीवन स्मृति' उनके दर्शन और शिक्षण के अनुभवों को, और 'पितृस्मृति' उनके व्यक्तिगत और पारिवारिक संबंधों के प्रति उनके गहरे अनुभवों और भावनाओं को प्रकट करती है।

56. **(D):** इस अनुक्रम में, 'ओ जे माने ना माना' सबसे पहले प्रकाशित हुआ, उसके बाद 'आमार प्राणेर मानुष आच्छे प्राणे', फिर 'जागरणे जये विभावरी', और अंत में 'कोथोऊ अमार हारिये जावार नेई माना' प्रकाशित हुआ। यह अनुक्रम गीतों की रचना के समय और उनके प्रकाशन तिथियों के आधार पर बनाया गया है, जो रबीन्द्रनाथ टैगोर के संगीतमय कृतियों में उनके विविध विषयों और शैलियों के विकास को दर्शाता है।

57. **(B):** 'सोनार तोरी' सबसे पहले प्रकाशित हुआ, इसके बाद 'खेया', फिर 'बलाका', और अंत में 'महुआ'। यह क्रम टैगोर की रचनाओं के प्रकाशन की तारीखों के अनुसार है और इसमें उनकी काव्य रचनाओं का विकास और उनकी साहित्यिक उत्कृष्टता का प्रदर्शन होता है।

58. **(B):** रबीन्द्रनाथ टैगोर की जीवनी के महत्वपूर्ण घटनाओं का क्रम इस प्रकार है : वे सबसे पहले वैवाहिक बंधन में बंधे, फिर नोबल पुरस्कार से सम्मानित किए गए, उसके बाद नाइटहुड की उपाधि का त्याग किया, और अंत में विश्वभारती को केन्द्रीय विश्वविद्यालय घोषित किया गया। यह अनुक्रम उनके जीवन की महत्वपूर्ण घटनाओं को दर्शाता है और उनके व्यक्तिगत एवं पेशेवर जीवन में उल्लेखनीय क्षणों को समझने में मदद करता है।

59. (A): 'बाल्मीकि प्रतिभा' सबसे पहले प्रकाशित हुई, इसके बाद 'चित्रांगदा', फिर 'रक्तकरबी', और अंत में 'चंडालिका'। यह क्रम टैगोर की नाटकीय रचनाओं के प्रकाशन वर्षों को दर्शाता है और प्रत्येक नाटक में उनके विषयों की गहराई और चित्रण की विविधता को प्रकट करता है।

60. (C): 'काबुलीवाला' सबसे पहले प्रकाशित हुआ, इसके बाद 'चोखेर बाली', फिर 'गोरा', और अंत में 'घरे-बाएरे'। यह अनुक्रम टैगोर के उपन्यासों के प्रकाशन वर्षों के अनुसार है, जिसमें प्रत्येक उपन्यास भारतीय समाज के विभिन्न पहलुओं और मानवीय संबंधों के जटिल चित्रण को उजागर करता है।

61. (B): रबीन्द्रनाथ टैगोर द्वारा रचित तालों में 'एकादशी' और 'रूपकड़ा' शामिल हैं। 'एकताल' और 'रूपक' पारंपरिक ताल हैं जो भारतीय संगीत में व्यापक रूप से प्रयोग किए जाते हैं, लेकिन टैगोर ने 'एकादशी' और 'रूपकड़ा' जैसे विशेष तालों की रचना की थी, जो उनके संगीत में विशिष्टता और नवीनता को दर्शाते हैं।

62. (D): 'शापमोचन' नाटक में मुख्य पात्र 'सौरसेन' और 'मधुश्री' हैं। यह नाटक टैगोर के प्रसिद्ध नाट्य कृतियों में से एक है, जिसमें इन दोनों पात्रों की मुख्य भूमिकाएँ हैं और इनके चरित्र नाटक की कथा को गहराई और जटिलता प्रदान करते हैं।

63. (A): स्वरवितान संख्या 1 में शामिल गीत 'ओ चाँद चोखेर जोलेर', 'डाकबो ना, डाकबो ना', और 'तोमारो गीति जागालो' हैं। ये गीत टैगोर के संगीत संकलन में विशेष रूप से प्रमुख हैं और स्वरवितान संख्या 1 में उनकी विविधता और गहराई का प्रतिनिधित्व करते हैं।

64. (C): इन्दिरा देवी चौधुरानी और दिनेन्द्रनाथ ठाकुर ने टैगोर के गीतों की स्वरलिपि निर्मित की है। ये दोनों व्यक्तित्व टैगोर के संगीत के प्रति उनके समर्पण और योगदान के लिए प्रसिद्ध हैं, जिन्होंने उनके गीतों को संगीतबद्ध करने में महत्वपूर्ण भूमिका निभाई है।

65. (C): 'ऋतु उत्सव' में उल्लिखित दो गीत 'आलो शेफाली' और 'एशो निपोबोने छायाबीथि तोले' हैं। ये गीत ऋतु परिवर्तन की सुंदरता और उत्सव के थीम पर केंद्रित हैं, जो टैगोर के संगीत में ऋतुओं के प्रति उनकी प्रशंसा और अनुभव को दर्शाते हैं।

66. (C): गीत 'के रे ओई डाकीछे', 'हृदि मंदिरो द्वारे', और 'नूतन प्राण दाओ' धमार ताल में निबद्ध हैं। धमार ताल एक पारंपरिक भारतीय ताल है जो विशेष रूप से द्रुत गति के गीतों में प्रयोग होती है, और इन गीतों में इस ताल का उपयोग उनकी लयात्मकता और गतिशीलता को बढ़ाता है।

67. (B): गीत 'अग्निशिखा एशो एशो' और 'विश्वबिद्या तीर्थो प्रांगण' राग यमन कल्याण पर आधारित हैं। राग यमन कल्याण शाम के समय गाये जाने वाला एक प्रमुख राग है, जो शांति और भक्तिपूर्ण भावनाओं को व्यक्त करता है, और इन गीतों में इस राग का प्रयोग उनकी मधुरता और आध्यात्मिकता को उजागर करता है।

68. (B): गीत 'पुष्पो दिये मारो जारे' और 'माला होते खोशे पोरा' टैगोर द्वारा रचित हैं। ये दोनों गीत टैगोर के गीत-संग्रह में सम्मिलित हैं और उनकी विशिष्ट रचनात्मकता को प्रदर्शित करते हैं।

'पुष्पो दिये मारो जारे' और 'माला होते खोशे पोरा' दोनों गीत बंगाली संस्कृति और पारंपरिक मूल्यों को अपने बोलों में समाहित करते हैं, जिसमें लोकजीवन की छवियाँ और रोजमर्रा की भावनाएँ शामिल होती हैं। यह गीत टैगोर की उस कलात्मकता का प्रतिबिंब हैं जिसमें वे साधारण लोगों के जीवन को कविता और संगीत के माध्यम से महत्वपूर्ण बनाते हैं।

69. (B): गीत 'ओहें दयामय निखिलो आश्रय' और 'काली काली बोल रे आज' पाश्चात्य संगीत से प्रेरित थे। इन गीतों में पाश्चात्य संगीत शैलियों का प्रभाव स्पष्ट रूप से दिखाई देता है, जिसमें संगीत की संरचना और हार्मोनी का उपयोग विशेष रूप से प्रमुख है।

70. (D): स्वरबितान संख्या 56 से गीत 'तोरा जे जाओ बोलिश भाई' और 'भालोबेशे शोखी निभृते जतने' हैं। ये गीत टैगोर के संगीत संकलन का हिस्सा हैं जो उनकी रचनात्मक विविधता और गीतों के माध्यम से जीवन के विभिन्न पहलुओं को व्यक्त करने की क्षमता को प्रदर्शित करते हैं।

71. (A): 'कोरी ओ कोमल' से पद्य 'हृदयेर भाषा' और 'मंगल गीत' हैं। ये दोनों पद्य रबीन्द्रनाथ टैगोर के सौंदर्यशास्त्र और उनकी काव्यात्मक भाषा की विशेषताएं प्रकट करते हैं। 'हृदयेर भाषा' और 'मंगल गीत' में टैगोर की भावनात्मक गहराई और सांस्कृतिक चिंतन की झलक मिलती है, जो उनकी रचनाओं के कोमल और सुकोमल पहलुओं को सामने लाती हैं।

72. (B): राग भैरवी पर आधारित गीत 'आजि जे रजनी खाये', 'बोधु कोन आलो लागो चोखे', और 'ओ जे माने ना मना' हैं। राग भैरवी एक प्रमुख राग है जिसका उपयोग भक्तिपूर्ण और भावपूर्ण प्रस्तुतियों में किया जाता है। ये गीत राग भैरवी की गहराई और भावनात्मक अपील को उजागर करते हैं, जिसमें उनके बोल और संगीत श्रोताओं के हृदय को छू जाते हैं।

73. (C): 'तपती' नाटक से रचनाएँ 'शुभ्र नब शंख तब' और 'आलोकचोर लुकीए एलो ओई' हैं। ये दोनों रचनाएँ नाटक के भावपूर्ण दृश्यों और संवादों को प्रस्तुत करती हैं, जो नाटकीय तत्वों और चरित्रों की गहराई को बढ़ाती हैं। 'शुभ्र नब शंख तब' और 'आलोकचोर लुकीए एलो ओई' में नाटकीय अभिव्यक्ति और चित्रण टैगोर के नाटकीय शिल्प कुशलता का परिचायक है।

74. (C): ऋतु-सबधी गीत 'आकाश अमाये भरलो', 'ओगो साओताली छेले', और 'हेमन्ते कोन बसन्तेरी बानी' हैं। ये गीत विभिन्न ऋतुओं के प्रभाव और उनसे जुड़ी भावनाओं को प्रकट करते हैं। 'आकाश अमाये भरलो' और 'हेमन्ते कोन बसन्तेरी बानी' में मौसमी बदलाव के सौंदर्यशास्त्र को गीत के माध्यम से उजागर किया गया है, जबकि 'ओगो साओताली छेले' बच्चों के खेलने की ऋतु संबंधी गतिविधियों को दर्शाता है।

75. (A): गीत 'काँपिछे, देहलता थट थर', 'गभीर रजनी नामिलो हृदये', और 'जननी तोमार करुण चरण खानी' टैगोर द्वारा रचित ताल पर आधारित हैं। ये गीत रबीन्द्रिक ताल के उपयोग के उत्कृष्ट उदाहरण हैं, जिसमें टैगोर ने अपनी अनूठी संगीत शैली और तालों का सृजन किया, जो उनकी संगीत प्रतिभा की विशिष्टता और नवीनता को दर्शाता है।

76. (D): इंदिरा देवी चौधुरानी द्वारा स्वरलिपिबद्ध किए गए गीत 'बिधिर बंधन काटबे' और 'अमार शोनार बांग्ला' हैं। इन दोनों गीतों में टैगोर के गहन भावनात्मक और राष्ट्रीयता से जुड़े संदेश हैं, जिन्हें इंदिरा देवी ने संगीत के माध्यम से स्वरबद्ध किया, इस प्रक्रिया में इन गीतों के मूल भाव को बरकरार रखा गया है।

77. (C): अनादि कुमार दस्तीदार द्वारा स्वरलिपिबद्ध किए गए गीत 'ब्यार्थो प्रेमेर अबोरजना' और 'ओरे गृहबासी' हैं। ये दोनों गीत टैगोर की विशेष रचनाएँ हैं जिन्हें अनादि कुमार ने अपनी संगीतशास्त्रीय समझ के साथ स्वरलिपि में पिरोया, इससे इन गीतों की व्यापकता और सांगीतिक गहराई में इजाफा हुआ है।

78. (B): 'सुरंतर' से गीत 'माझे माझे तब देखा पाई' और 'आजि झोरो झोरो मुखरो बादरो दिने' हैं। ये गीत टैगोर के गीत-संग्रह 'सुरंतर' से हैं जो विभिन्न भावनाओं और अनुभूतियों को दर्शाते हैं। इन गीतों में रचनात्मकता के साथ-साथ संगीत की बारीकियां भी समाहित हैं, जो श्रोताओं को गहराई से प्रभावित करते हैं।

79. (B): 'बाल्मीकि प्रतिभा' नाटक से गीत 'कोथाए शे उषामयी प्रतिमा' और 'नोमि नोमि भारती' हैं। ये गीत नाटक के केंद्रीय विषयों और चरित्रों के भावनात्मक प्रवाह को संगीत के माध्यम से व्यक्त करते हैं, जो नाटकीय प्रस्तुति में महत्वपूर्ण भूमिका निभाते हैं।

80. (C): 'स्वदेश पर्याय' से गीत 'बिधिर बाधोन काटबे', 'ब्यर्थो प्राणेर अबरजना', और 'निशिदिन भरशा राख्रिश' हैं। ये गीत रबीन्द्रनाथ टैगोर की साहित्यिक और संगीतमय दृष्टि को प्रकट करते हैं, जिसमें स्वदेशी भावनाओं और आत्म-निर्भरता के संदेश समाहित हैं।

इन गीतों का संगीत और गीतात्मक गहराई उन्हें विशेष बनाती है, जो श्रोताओं के मन में गहरी छाप छोड़ते हैं।

81. (B): (*a*) खरबायु बये बेगे : स्वरबितान-12; (*b*) मेघेर कोले रोद हेशेछे : स्वरबितान-50; (*c*) आयेरे मोरा फसल काटी : स्वरबितान-30; (*d*) तोमारि गेहे पालिछो स्नेहे : स्वरबितान-4; यह सही मिलान है, क्योंकि स्वरबितान की संख्या प्रत्येक गीत के साथ उसके संगीत स्वरूप के अनुसार संगति में है।

82. (C): यह चार कृतियाँ रबीन्द्रनाथ टैगोर द्वारा लिखी गई हैं, और ये बंगाली साहित्य और नाटक में महत्वपूर्ण स्थान रखती हैं।

(*a*) बाल्मीकि प्रतिभा - IV. व्याकुल होये बोने बोने

(*b*) चंडालिका - III. ओगो, डेकोना, मोरे डेकोना

(*c*) भानु सिंहेर पदाबली - I. गहन कुसुम कुंज माझे

(*d*) मायार खेला - II. प्रेमेर फांद पाता भुबने

रबीन्द्रनाथ ठाकुर, जिन्हें 'रवीन्द्रनाथ टैगोर' के नाम से भी जाना जाता है, बांग्ला साहित्य और भारतीय संस्कृति के एक महान कवि, लेखक, संगीतकार और कलाकार थे। उन्होंने अपने साहित्यिक, सांगीतिक और कला के योगदान से भारतीय संस्कृति को एक नई दिशा दी। इनकी प्रमुख कृतियाँ हैं—गीतांजलि; गोरा; घरे-बाइरे; चोखेर बाली; एवं काबुवाला।

83. (B): सुरफान्क (प्रतिदिन तवगाथा) : यह रचना एक भक्ति गीत है, जिसमें ईश्वर की महिमा और उनकी महानता का वर्णन किया गया है। इसमें दिन-प्रतिदिन भगवान की स्तुति और पूजा का महत्व बताया गया है।

तीनताल (हृदय तोमार दया) : यह एक संगीतमय गीत है जो रवींद्रनाथ टैगोर की दया और करुणा की भावना को दर्शाता है। इसमें हृदय की गहराइयों में ईश्वर की दया का वर्णन किया गया है।

एकताल (एकी लाबण्ये पूर्ण प्राण) : यह रचना प्रेम और भक्ति की भावना से भरी हुई है। इसमें ईश्वर की महिला और उनके प्रति अपार प्रेम का वर्णन किया गया है। यह गीत रवींद्रनाथ ठाकुर की काव्यात्मक और संगीत की अद्वितीय धारा को दर्शाता है।

दादरा (रोइलो बोले राखले कारे) : यह गीत प्रेम और व्याकुलता की भावना को व्यक्त करता है। इसमें प्रेमी के विरह और उसकी पीड़ा का वर्णन किया गया है। रवींद्रनाथ टैगोर की संवेदनशीलता और भावनात्मक गहराई इस गीत में स्पष्ट रूप से दिखाई देती है।

84. (A): यह विकल्प सटीक रूप से प्रत्येक गीत को उसके संगीत ताल के साथ जोड़ता है। 'निबिड़ घन आँधारे' को 'नबताल' के साथ मिलाया गया है, जो इस गीत की गहनता और रचनात्मक लय को दर्शाता है। 'जीबन मरणेर शिमाना छाराये' के लिए 'रूपकड़ा' और 'काँपिच्छे देहलता थर थर' के लिए 'एकादशी' का चयन किया गया है, जिससे इन गीतों की लयात्मक गहराई और भावनात्मक प्रभाव को सही ढंग से प्रकट किया जा सकता है। 'आजी प्रोणोमि तोमारे' को 'सष्टि' के साथ मिलाया गया है, जो इस गीत की विस्तृत और समृद्ध रचना को संगीत में उजागर करता है।

85. (D): (*a*) महाराज एकी साजे : बिहाग; (*b*) सुंदरी राधे आओयेबानी : भैरवी; (*c*) कार मिलन चाहो बिरही : श्री; (*d*) आनंद धारा बहिझे भुबने : मालकौंस। यह सही विकल्प है क्योंकि गीतों को उनके संगीतात्मक राग के अनुसार सही ढंग से मिलाया गया है, जिससे गीतों की रागात्मक विशेषताओं का सटीक प्रदर्शन होता है।

86. (A): इस मिलान में टैगोर की रचनाओं से संबंधित पात्रों को उनके विशिष्ट गीतों के साथ जोड़ा गया है। 'श्यामा एबार छेरे छोलेछी मा' गीत बाल्मीकि के संदर्भ में उपयुक्त है क्योंकि यह उनकी आध्यात्मिक यात्रा को दर्शाता है। 'ओई मेघ कौरे बूझी गगने' बालिका से संबंधित है, जो उसके निस्सहाय स्थिति और कोमल भावनाओं को व्यक्त करता है। 'रिमझिम घन घन रे बरसे' बनदेबी के लिए उपयुक्त है क्योंकि यह प्रकृति और वनस्पतियों के साथ उसके गहरे संबंध को दर्शाता है। 'एतो रंगो शिखेछो कोथाये' दस्युगण के लिए उपयुक्त है क्योंकि यह उनके परिवर्तन और आत्मज्ञान को दर्शाता है।

87. (C): यह मिलान गीतों के विषयों को दर्शाता है। 'अग्निशिखा एशो एशो' एक औपचारिक (आनुष्ठानिक) गीत है, जिसे विशेष अवसरों पर गाया जाता है। 'आमार मोन जौखोन जागली ना रे' एक भक्ति गीत है, इसलिए यह पूजा से संबंधित है। 'ओ आमार चाँदेर आलो' प्रकृति पर आधारित है, जो चाँद की रोशनी की सुंदरता को दर्शाता है। 'ओ जोनाकी, की शुखे ओई' विविध भावनाओं को दर्शाता है, इसलिए इसे बिचित्रा श्रेणी में रखा गया है।

88. (A): यह मिलान टैगोर के गीतों के साथ पश्चिमी धुनों के प्रभाव को दर्शाता है। 'ओहे दयामय, निखिल आश्रय' को 'गो व्हेयर ग्लोरी वेट्स थी' से प्रेरित माना जाता है। 'कोतोबार भेबेद्दिनु आपोना' का संबंध 'ड्रिंक टू मी ओनली' से है। 'काली काली बोल रे आज' गीत 'नैन्सी ली' से प्रेरित है। 'पुरानो शेई दिनेर कोथा' 'औल्ड लांग साइने' का बंगाली संस्करण है, जिसे टैगोर ने अपने तरीकें से रूपांतरित किया।

89. (D): यह मिलान टैगोर के गीतों की शैली को उनके संगीत प्रकारों से जोड़ता है। 'अमार प्राणेर मानुष आछे प्राणे' एक बाउल गीत है, जिसमें आत्मा और प्रेम की खोज का भाव है। 'माझे माझे तोबो देखा पई' एक कीर्तन शैली का गीत है, जिसमें भक्ति का स्वरूप है। 'ताहरे आरति करे चंद्र तपन' एक ध्रुपद गीत है, जिसमें गंभीर और विस्तृत रचना है। 'नूतन प्राण दाओ' धमार ताल में निबद्ध है, जो इसकी भावपूर्ण अभिव्यक्ति को दर्शाता है।

90. (C): यह मिलान गीतों के मात्रा विभाजन के अनुसार किया गया है। 'बिपदे मोरे रोक्खा कोरो' 3 | 2 मात्रा विभाजन में है। 'निबिड़ो घनो आँधारे' 3 | 2 | 2 | 2 के विभाजन में संरचित है। 'दुआरे दाओ मोरे राखिआ' 3 | 2 | 2 | 1 के रूप में व्यवस्थित है। 'जननी तोमार करुण चरण खानी' 2 | 4 | 4 | 4 | 4 मात्रा संरचना का उपयोग करता है।

91. (C): गुरुदेव रबीन्द्रनाथ टैगोर संगीत-विशारदों से अपील किया करते थे कि वे न्यास-विन्यास पर विशेष ध्यान न दें, बल्कि गीतों में निहित भावनाओं और उनके गायन पर अधिक ध्यान केंद्रित करें। उनका मानना था कि संगीत केवल राग-रागिनियों की संरचना तक सीमित नहीं होना चाहिए, बल्कि उसे मानवीय संवेदनाओं और भावनाओं के साथ जोड़कर प्रस्तुत किया जाना चाहिए।

92. (D): टैगोर ने संगीत-विशारदों को सुझाव दिया कि वे गीतों के आंतरिक भावों को समझने और उनके सही गायन पर ध्यान दें। उनके अनुसार, संगीत का उद्देश्य केवल तकनीकी उत्कृष्टता प्राप्त करना नहीं है, बल्कि उसमें निहित गहरी भावनाओं को व्यक्त करना और श्रोताओं तक पहुँचाना है। वे मानते थे कि संगीत तभी प्रभावी होता है जब वह श्रोताओं की आत्मा को छू सके।

93. (B): टैगोर ने संगीतकार के रूप में खयाल, ध्रुपद और लोक-शैली पर आधारित गीतों की रचना की। वे हिन्दुस्तानी संगीत के प्रबल अनुयायी थे और उन्होंने छह नए तालों के साथ इन विभिन्न संगीत शैलियों को अपने गीतों में समाहित किया। उनकी रचनाएँ पारंपरिक भारतीय संगीत और लोकधुनों से प्रेरित थीं, लेकिन उन्होंने अपनी संगीत शैली में नवीनता और प्रयोगधर्मिता भी जोड़ी।

94. (C): टैगोर के अनुसार, संगीतकारों में अहंकार तब उत्पन्न होता है जब वे अनावश्यक रूप से कठोर नियमों और परंपराओं पर जोर देते हैं। उनके अनुसार, यह अहंकार संगीत को उसकी वास्तविक आत्मा से दूर ले जाता है और समाज में सांस्कृतिक अधोपतन को जन्म देता है। इसका परिणाम यह होता है कि धीरे-धीरे संगीत का धर्म समाप्त हो जाता है और संगीत केवल एक तकनीकी अभ्यास बनकर रह जाता है।

95. (D): टैगोर का मानना था कि हठपूर्वक बनाए गए नियमों के कारण संगींतकारों में अहंकार की भावना उत्पन्न होती है, जिससे वे संगीत के मूल उद्देश्य से भटक जाते हैं। उनका कहना था कि संगीत एक नैसर्गिक कला है, जिसे तकनीकी सीमाओं में बाँधने से उसकी आत्मा समाप्त हो जाती है। इस प्रकार,

अनावश्यक नियमों से संगीत-धर्म का धीरे-धीरे नाश हो सकता है।

96. (A): रबीन्द्रनाथ टैगोर गीतों की रचना धुन के आधार पर करते थे, न कि गीत पर धुन बनाने की परंपरागत विधि का अनुसरण करते थे। उनका मानना था कि संगीत और काव्य का गहरा संबंध होता है और जब कविता धुन के साथ पूरी तरह से संगत हो जाती है, तब उसमें गीत और स्वर के बीच कोई भेद नहीं रह जाता। उनकी यह शैली उनकी रचनात्मक मौलिकता को दर्शाती है और उनके गीतों को विशेष पहचान देती है।

97. (B): टैगोर के अनुसार, संगीत का उद्देश्य भावनाओं की अभिव्यक्ति है। वे मानते थे कि संगीत केवल ध्वनि या राग का संयोजन नहीं है, बल्कि यह एक माध्यम है जिसके द्वारा मानवीय संवेदनाएँ और अनुभूतियाँ व्यक्त की जाती हैं। संगीत को केवल तकनीकी दृष्टिकोण से देखने के बजाय, उन्होंने इसे आत्मा की भाषा माना, जो मनुष्य के आंतरिक भावों को प्रकट करने में सहायक होता है।

98. (C): टैगोर के विचारानुसार, जब किसी लय में संगीत का संयोजन किया जाता है, तो यह श्रोता की मनोदशा और भावनाओं को प्रभावित करता है। संगीत की शक्ति यह है कि वह व्यक्ति की आंतरिक स्थिति को परिवर्तित कर सकता है और उसे एक नई अनुभूति प्रदान कर सकता है। यह परिवर्तन मानवीय अनुभवों को अधिक संवेदनशील और गहरे स्तर पर प्रभावित करने की क्षमता रखता है।

99. (D): टैगोर ने कहा था कि जब प्रगीति (गीत) और धुन की संगति हो जाती है, तो गीत और स्वर के बीच कोई भेद नहीं रह जाता। उनका मानना था कि जब कविता और संगीत एकरूप हो जाते हैं, तो वे एक-दूसरे को पूरक बनाते हैं, जिससे गीत की भावनात्मक गहराई और प्रभावशीलता बढ़ जाती है। इस प्रक्रिया में, गीत केवल शब्दों का मेल नहीं रहता, बल्कि वह संगीत के माध्यम से जीवंत हो उठता है।

100. (D): टैगोर के अनुसार, बंगालियों में गीतों के प्रति एक नैसर्गिक वैशिष्ट्य अभिरुचि होती है, जिसके कारण बंगाल संगीत और संस्कृति की दृष्टि से अत्यंत समृद्ध प्रदेश माना जाता है। यह विशिष्टता बंगाली समाज में संगीत और साहित्य के प्रति गहरी रुचि और संवेदनशीलता को दर्शाती है, जिससे उनकी सांस्कृतिक पहचान और सृजनात्मकता विकसित हुई है।

पिछले प्रश्न-पत्र

National Testing Agency (NTA)

UGC-NET जूनियर रिसर्च फैलोशिप तथा सहायक प्राध्यापक पात्रता परीक्षा

हिन्दुस्तानी संगीत, कर्नाटक संगीत, रबीन्द्र संगीत तथा अवनद्ध वाद्य

दिसम्बर-2023

(Exam held on 7-12-2023)

प्रश्न-पत्र-II

नोट : परीक्षार्थी भाग-I के सभी 25 प्रश्नों के उत्तर दें। यह भाग अनिवार्य है। परीक्षार्थी भाग-II, भाग-III, भाग-IV तथा भाग-V में से किसी एक भाग के सभी 75 प्रश्नों के उत्तर दें। प्रत्येक प्रश्न के दो (2) अंक हैं।

भाग-I

1. ध्वनि, श्रुति, स्वर तथा नाद के उत्पत्ति क्रम को कालक्रमानुसार व्यवस्थित कीजिए।

A. नाद, श्रुति, ध्वनि, स्वर

B. ध्वनि, स्वर, नाद, श्रुति

C. ध्वनि, नाद, श्रुति, स्वर

D. नाद, ध्वनि, श्रुति, स्वर

2. दीप्ता, आयता, मृदु, मध्यमा आदि किससे संबंधित हैं?

A. जाति गायन B. राग जाति

C. श्रुति जाति D. ताल जाति

3. ठुमरी गायन का समापन किया जाता है :

A. रेला-रौ D. लग्गी लडी

C. बोल-बाणी D. मुखड़ा-मोहरा

4. भिन्न को चुनिए :

A. रविशंकर B. सोनल मानसिंह

C. विलायत खाँ D. निखिल बनर्जी

5. भरत द्वारा वर्णित रस के वर्णन में निम्नलिखित में से कौन-सा रस सम्मिलित **नहीं** है?

A. शृंगार B. रौद्र

C. वात्सल्य D. वीभत्स

6. शोध-परिकल्पना से अभिप्राय है :

A. अनुक्रमणिका B. शोध-सार

C. दत्त संकलन D. तर्क आश्रित अनुमान

7. नीचे दो कथन दिए गए हैं : एक अभिकथन (A) के रूप में लिखित है, तो दूसरा उसके कारण (R) के रूप में है।

अभिकथन (A): पहले से दिए गए किसी स्रोत का उद्धरण, यदि अन्य किसी विद्वान ने अपने अध्ययन में दिया है, तो वह 'द्वितीयक-स्रोत' कहलाता है।

कारण (R): शोध में, स्रोत का सीधा प्रयोग मौलिक कहा जाता है।

उपरोक्त कथन के आलोक में, नीचे दिए गए विकल्पों में से **सबसे उपयुक्त** उत्तर का चयन कीजिए।

A. (A) और (R) दोनों सत्य हैं और (R), (A) की सही व्याख्या है।

B. (A) और (R) दोनों सत्य हैं, परन्तु (R), (A) की सही व्याख्या नहीं है।

C. (A) सत्य है, परन्तु (R) असत्य है।

D. (A) असत्य है, परन्तु (R) सत्य है।

8. कटपायदि है :

A. मेलों के नाम व संख्या जानने का सिद्धान्त

B. ताल के दस प्राण

C. मेल-राग वर्गीकरण

D. मूर्च्छना निर्माण विधि

9. निम्नलिखित में, राजस्थान का लोक-नृत्य कौन-सा है?

A. कावड़ी B. करतारचलम्

C. कच्छी घोड़ी D. गरबा

10. 'आलंबन' तथा 'उद्दीपन', किसके भेद हैं?

A. विभाव के B. अनुरणन के

C. संचारी भाव के D. व्यभिचारी भाव के

11. 'भवैया' कहाँ का लोक-गीत है?

A. राजस्थान B. बंगाल

C. पंजाब D. उत्तर प्रदेश

12. किस ग्रन्थ में श्रुति के सम्बन्ध में 'श्रवणाच्छ्रुतयो मताः' कहा गया है?

A. संगीत चूड़ामणि B. संगीत सारामृत

C. संगीत मकरन्द D. संगीत रत्नाकर

13. तिरोभाव का अर्थ है :

A. मूल राग में वादी स्वर बदल देना।

B. मूल राग को कुछ समय के लिए छिपा देना।

C. मूल राग के सम्वादी स्वर को बदल देना।

D. मूल राग में विवादी स्वर लगा देना।

14. निम्नांकित में से क्या ललित कला की श्रेणी में **नहीं** आता है?

A. काव्य कला B. पुस्तक पठन

C. चित्रकारी D. मूर्तिकला

15. 'शुद्धिकरण का सिद्धान्त' किसने दिया है?

A. प्लेटो B. बामगार्टन

C. कांट D. अरस्तू

16. शोध-प्रबंध के अंत में संलग्न महत्वपूर्ण सूचना कहलाती है :

(*a*) अनुक्रमणिका

(*b*) आमुख

(*c*) ग्रंथसूची

(*d*) विषय वस्तु

(*e*) परिशिष्ट

नीचे दिए गए विकल्पों में से **सही उत्तर** का चयन कीजिए :

A. केवल (*a*) और (*b*)

B. केवल (*b*) और (*c*)

C. केवल (*c*) और (*d*)

D. केवल (*c*) और (*e*)

17. नीचे दो कथन दिए गए हैं : एक अभिकथन (A) के रूप में लिखित है, तो दूसरा उसके कारण (R) के रूप में है।

अभिकथन (A): संकल्पनात्मक शोध वह है जिससे नवीन संकल्पनाओं को विकसित करने के लिए दार्शनिकों द्वारा प्रयोग किए जाने वाले कुछ अमूर्त विचार या सिद्धांत संबद्ध होते हैं।

कारण (R): कला संबंधी विषयों के शोधकर्ता कभी भी हस्तक्षेप या दत्त आधारित शोध पर आश्रित अनुभवजन्य शोध का प्रयत्न नहीं करते हैं।

उपरोक्त कथनों के आलोक में, नीचे दिए गए विकल्पों में से **सबसे उपयुक्त** उत्तर का चयन कीजिए।

A. (A) और (R) दोनों सत्य हैं और (R), (A) की सही व्याख्या है।

B. (A) और (R) दोनों सत्य हैं, लेकिन (R), (A) की सही व्याख्या नहीं है।

C. (A) सत्य है, लेकिन (R) असत्य है।

D. (A) असत्य है, लेकिन (R) सत्य है।

18. वाद्यवृंद का अन्य नाम है :

A. राग कदंबम् B. ग्रंथिका

C. कुतप D. सोभनिक

19. लोकवाद्यों में तंत्री वाद्य का प्रकार है :

A. तिरुचिन्नम् B. एक्कालम्

C. उडुक्कई D. नन्दुनी

20. पंचदश गमक है :

A. त्रिपुश्च B. मूर्च्छना

C. तिरिप D. धातु

21. अंग द्रुत का अक्षरकाल है :

A. 1 B. 4

C. 8 D. 2

22. पखावज की ताल हैं :

(*a*) दीपचंदी (*b*) सूलताल

(*c*) आड़ाचौताल (*d*) धमार

नीचे दिए गए विकल्पों में से **सही उत्तर** का चयन कीजिए :

A. केवल (*a*) और (*b*)

B. केवल (*c*) और (*d*)

C. केवल (*b*) और (*d*)

D. केवल (*d*) और (*a*)

23. सात मात्रा की ताल है :

(*a*) दादरा

(*b*) तीवरा

(*c*) रूपक

(*d*) कहरवा

नीचे दिए गए विकल्पों में से **सही उत्तर** का चयन कीजिए :

A. केवल (*a*) और (*b*)

B. केवल (*b*) और (*c*)

C. केवल (*d*) और (*b*)

D. केवल (*c*) और (*a*)

24. रबीन्द्र संगीत में प्रयोग किए जाने वाले विशिष्ट वाद्ययंत्र की पहचान कीजिए।

A. दिलरुबा B. ढोलक

C. इसराज D. आनंद लहरी

25. घसीट निम्नलिखित में से किससे संबंधित है?

A. तबला B. सितार

C. हारमोनियम D. पखावज

भाग-II

हिन्दुस्तानी संगीत (गायन तथा वादन)

26. रबाब और सरोद किस वीणा का परिष्कृत रूप है?

A. विपंची B. पिनाकी वीणा

C. कात्यायनी वीणा D. चित्रा वीणा

27. निम्नलिखित में से किसने सर्वप्रथम द्वादश स्वर मूर्च्छना का प्रारंभ किया?

A. भरत B. कल्लिनाथ

C. कश्यप D. मतंग

28. राग जौनपुरी के आरोह में कोमल गंधार को माना जाता है :

A. अभ्यासमूलक बहुत्व B. लंघनमूलक अल्पत्व

C. अलंघनमूलक बहुत्व D. अनभ्यासमूलक अल्पत्व

29. 'उद्ग्रह', निम्नलिखित में से किस विधा से संबंधित है?

A. जाति गायन B. कव्वाली

C. प्रबंध D. सादरा

30. संगीत रत्नाकर में सालग सूड़ प्रबंध के कितने भेदों का उल्लेख है?

A. 7 B. 8

C. 13 D. 9

31. शोरी मियाँ के पिता कौन हैं?

A. गुलाम रजा B. गुलाम गौस

C. गुलाम रसूल D. गुलाम अली

32. राग के समय सिद्धांत के अनुसार कोमल $\underline{\text{रे}}$ और शुद्ध ग के रागों के लिए उपयुक्त समय कौन-सा है?

A. 7 से 10 B. 4 से 7
C. 12 से 4 D. 9 से 12

33. सिंह भूपाल द्वारा रचित संगीत रत्नाकर की टीका है :

A. संगीत सार B. संगीत सुधाकर
C. संगीत चूड़ामणि D. संगीत सारामृत

34. निम्नलिखित में से किस पुस्तक के लेखक फकीरुल्ला हैं?

A. राग माला B. राग मंजरी
C. राग दर्पण D. राग कल्पद्रुम

35. निम्नलिखित में से कौन-सा मेजर स्केल के समान है?

A. काफी B. बिलावल
C. आसावरी D. भैरव

36. ध्रुवगीतियों का प्रयोग निम्नलिखित में से किसमें किया जाता था?

A. जाति गायन B. वृंद गायन
C. नाट्य D. ध्रुपद

37. पूर्व लग्न कण का सही उदाहरण चुनिए :

A. $^{\text{रे}}$ग B. ग^{ध}
C. $\underline{\underline{\text{ग}}}$ D. $\overline{\text{ग ध}}$

38. मध्यम ग्राम के पंचम स्वर की कितनी श्रुतियाँ होती हैं?

A. 3 B. 4
C. 2 D. 5

39. राग विबोध ग्रन्थ में कितने विकृत स्वरों की चर्चा की गई है?

A. तीन B. पाँच
C. सात D. बारह

40. राग कोमल ऋषभ आसावरी के अवरोह में कोमल निषाद और कोमल गंधार वर्जित करने से किस राग के स्वर प्राप्त होंगे?

A. गुणकली B. देवगंधार
C. देसी D. आसावरी

41. निम्नलिखित में से प्रबंध का 'अंग' कौन-सा **नहीं** है?

A. पद B. स्वर
C. ध्रुव D. विरुद

42. ठुमरी में प्रयोग होने वाली ताल है :

A. सूलताल B. तिलवाड़ा
C. झूमरा D. दीपचंदी

43. कर्नाटक संगीत पद्धति का 'अंतर गंधार' हिन्दुस्तानी संगीत पद्धति के किस स्वर के समान है?

A. कोमल ग B. शुद्ध ग
C. शुद्ध म D. शुद्ध रे

44. 'अयुग्म' संज्ञा का प्रयोग किस ताल-जाति के लिए किया जाता है?

A. प्रकीर्ण B. सम
C. त्रयस्त्र D. चतुरस्त्र

45. 'टेम्पर्ड-स्केल' के अर्ध-स्वर का माप है :

A. 100 सेंट B. 50 सेंट
C. 25 सेंट D. 51.1 सेंट

46. राग बसंत में यदि मं $\underline{\text{ध}}$ सां नी $\underline{\text{ध}}$ प मं ग मं $\underline{\text{रे}}$ ग स्वरावली को लिया जाए तो यह तिरोभाव होगा और इससे किस राग की छाया उत्पन्न होगी :

A. पूरिया धनाश्री
B. पूर्वी
C. परज
D. पूरिया कल्याण

47. 'मंद्र-सप्तक' के 'सा रे ग' की आवृत्ति क्रमशः मध्य-सप्तक के 'सा रे ग' की आवृत्ति से क्या होती है?

A. आधी B. दुगुनी
C. तिगुनी D. चौगुनी

48. अहोबल का शुद्ध-सप्तक वर्तमान में किस थाट के समान है?

A. बिलावल
B. खमाज
C. काफी
D. कल्याण

49. निम्नांकित में से भिन्न को चुनिए :

A. कृष्णराव शंकर पंडित

B. भीमसेन जोशी

C. बड़े गुलाम अली खाँ

D. मुश्ताक अली खाँ

50. 'इसराज' से मिलता-जुलता वाद्य है :

A. सितार B. दिलरुबा

C. स्वरमंडल D. दारबुका

51. 'मध्यम-ग्राम' में 9 श्रुति वाला 'षड़ज-मध्यम भाव संवाद', निम्नलिखित में से किन स्वरों में स्थापित होता है?

A. ध - ग B. नि - म

C. सा - प D. रे - प

52. कल्याण-थाट जन्य, दो मध्यम युक्त रागों में 'कोमल-निषाद' का प्रयोग मुख्यतः कहाँ किया जाता है?

A. आरोह में

B. अवरोह में

C. आरोह अवरोह दोनों में

D. केवल मंद्र सप्तक में

53. संगीत रत्नाकर के किस अध्याय में वृन्दावन की चर्चा की गई है?

A. प्रबन्धाध्याय B. प्रकीर्णाध्याय

C. वाद्याध्याय D. राग विवेकाध्याय

54. निम्नलिखित में से किस राग में विकृत स्वरों की अधिकतम संख्या है?

A. रामकली B. जयजयवन्ती

C. खमाज D. दुर्गा

55. ब्राम्ही वीणा का अन्य नाम है :

A. घोषवती वीणा B. अलाबु वीणा

C. चित्रा वीणा D. आलागिनी वीणा

56. सुरसिंगार की रचना किसके द्वारा हुई?

A. गुलाम खाँ B. जफर खाँ

C. विलास खाँ D. सिधार खाँ

57. निम्नांकित में से कौन आगरा घराना के प्रतिनिधि हैं?

A. किशोरी आमोनकर

B. अमीर खान

C. राजा भैया पूछवाले

D. लताफत हुसैन खान

58. मधुकरी किस वर्ग का वाद्य है?

A. तत् B. अवनद्ध

C. घन D. सुषिर

59. विलंबित ख्याल में प्रयोग होने वाली तालें हैं :

(*a*) दीपचंदी (*b*) तिलवाड़ा

(*c*) झूमरा (*d*) जत

नीचे दिए गए विकल्पों में से **सबसे उपयुक्त उत्तर** का चयन कीजिए :

A. केवल (*a*) और (*d*)

B. केवल (*b*) और (*d*)

C. केवल (*a*) और (*b*)

D. केवल (*b*) और (*c*)

60. निम्नलिखित में से कौन-से ग्रंथ 17वीं सदी में लिखे गए हैं?

(*a*) संगीत पारिजात

(*b*) रस कौमुदी

(*c*) राग दर्पण

(*d*) राग तत्व विबोध

(*e*) संगीत समयसार

नीचे दिए गए विकल्पों में से **सबसे उपयुक्त उत्तर** का चयन कीजिए :

A. केवल (*a*), (*c*) और (*e*)

B. केवल (*a*), (*c*) और (*d*)

C. केवल (*b*), (*c*) और (*d*)

D. केवल (*c*), (*d*) और (*e*)

61. विष्णु दिगंबर पलुस्कर के शिष्य हैं :

(*a*) विनायक राव पटवर्धन

(*b*) बालकृष्ण बुआ

(*c*) नारायण राव व्यास

(*d*) ओंकारनाथ ठाकुर

(*e*) रामाश्रय झा

नीचे दिए गए विकल्पों में से **सबसे उपयुक्त उत्तर** का चयन कीजिए :

A. केवल (*a*), (*b*) और (*d*)

B. केवल (*b*), (*d*) और (*e*)

C. केवल (*a*), (*c*) और (*d*)

D. केवल (*c*), (*d*) और (*e*)

62. निम्नलिखित में से कौन-सा 'स्थाय' (स्वरावली) राग जैजैवन्ती से संबंधित है?

(*a*) रे नी ध प रे

(*b*) नी सा रे ग, रे म ग

(*c*) रे ग म प, म ग रे ग रे सा

(*d*) सा रे नी सा, ग रे म ग

(*e*) रे ग म प नी

नीचे दिए गए विकल्पों में से **सबसे उपयुक्त उत्तर** का चयन कीजिए :

A. केवल (*a*), (*b*) और (*c*)

B. केवल (*b*), (*c*) और (*d*)

C. केवल (*a*), (*c*) और (*e*)

D. केवल (*a*), (*d*) और (*e*)

63. नी सा ग म ग सा स्वरावलि में षडज को पंचम मानने से प्राप्त स्वरावलि किन-किन रागों में प्रयोग की जा सकती है?

(*a*) मियाँ की मल्हार

(*b*) मधुमाद सारंग

(*c*) वृन्दावनी सारंग

(*d*) देस

(*e*) तिलंग

नीचे दिए गए विकल्पों में से **सबसे उपयुक्त उत्तर** का चयन कीजिए :

A. केवल (*c*) और (*e*)

B. केवल (*b*) और (*d*)

C. केवल (*a*) और (*b*)

D. केवल (*d*) और (*e*)

64. स्वर समूह रे प ग म रे सा का प्रयोग निम्नलिखित में से किस राग में किया जाता है?

(*a*) शहाना

(*b*) मियाँ-की मल्हार

(*c*) नायकी कान्हड़ा

(*d*) गौड़ मल्हार

नीचे दिए गए विकल्पों में से **सबसे उपयुक्त उत्तर** का चयन कीजिए :

A. केवल (*a*) और (*d*)

B. केवल (*b*) और (*c*)

C. केवल (*a*) और (*c*)

D. केवल (*b*) और (*d*)

65. निम्नलिखित में से ध्रुवागीति के नाम कौन-से हैं?

(*a*) प्रवेशिकी

(*b*) अक्षेप्तिकी

(*c*) विसर्जनी

(*d*) प्रसादिकी

(*e*) भंजनी

नीचे दिए गए विकल्पों में से **सबसे उपयुक्त उत्तर** का चयन कीजिए :

A. केवल (*a*), (*b*) और (*d*)

B. केवल (*b*), (*c*) और (*d*)

C. केवल (*c*), (*d*) और (*e*)

D. केवल (*a*), (*b*) और (*c*)

66. निम्नलिखित में से 'तोड़ी-थाट' के रागों को इंगित कीजिए :

(*a*) गुर्जरी तोड़ी

(*b*) बिलास खान तोड़ी

(*c*) भूपाल तोड़ी

(*d*) मियाँ की तोड़ी

नीचे दिए गए विकल्पों में से **सबसे उपयुक्त उत्तर** का चयन कीजिए :

A. केवल (*a*) और (*b*)

B. केवल (*b*) और (*c*)

C. केवल (*c*) और (*d*)

D. केवल (*a*) और (*d*)

67. निम्नलिखित में से, संगीत-रत्नाकर में वर्णित उत्तम-वाग्गेयकार के लक्षणों को इंगित कीजिए।

(*a*) सुभगगेयता
(*b*) अनेकाकुविवेक
(*c*) विकल
(*d*) मिश्रक

नीचे दिए गए विकल्पों में से **सबसे उपयुक्त उत्तर** का चयन कीजिए :

A. केवल (*b*) और (*c*)
B. केवल (*a*) और (*c*)
C. केवल (*a*) और (*b*)
D. केवल (*b*) और (*d*)

68. निम्नलिखित में से, भरत के अलंकारों को इंगित कीजिए।

(*a*) सम
(*b*) आवर्तक
(*c*) करभ
(*d*) अपस्वर

नीचे दिए गए विकल्पों में से **सबसे उपयुक्त उत्तर** का चयन कीजिए :

A. केवल (*c*) और (*d*)
B. केवल (*b*) और (*c*)
C. केवल (*a*) और (*d*)
D. केवल (*a*) और (*b*)

69. निम्नलिखित में, 'एकतारा' वाद्य कौन-से हैं?

(*a*) घोषका
(*b*) तुनतुना
(*c*) सुरिन्दा
(*d*) रावणहत्था

नीचे दिए गए विकल्पों में से **सबसे उपयुक्त उत्तर** का चयन कीजिए :

A. केवल (*a*) और (*b*)
B. केवल (*b*) और (*c*)
C. केवल (*c*) और (*d*)
D. केवल (*a*) और (*d*)

70. प - रे संगति वाले राग निम्नलिखित में से कौन-से हैं?

(*a*) शुद्ध-कल्याण (*b*) गौड़ सारंग
(*c*) गौड़ मल्हार (*d*) छायानट
(*e*) कामोद

नीचे दिए गए विकल्पों में से **सबसे उपयुक्त उत्तर** का चयन कीजिए :

A. केवल (*a*), (*b*) और (*c*)
B. केवल (*a*), (*b*) और (*d*)
C. केवल (*a*), (*c*) और (*e*)
D. केवल (*b*), (*c*) और (*d*)

71. सूची-I के साथ सूची-II का मिलान कीजिए :

सूची-I	**सूची-II**
(*a*) संगीत राज	I. पार्श्व देव
(*b*) संगीत सार	II. ओंकारनाथ ठाकुर
(*c*) संगीत समय सार	III. महाराणा कुंभा
(*d*) संगीतांजलि	IV. विद्यारण्य माधवाचार्य

नीचे दिए गए विकल्पों में से **सही उत्तर** का चयन कीजिए :

	(*a*)	(*b*)	(*c*)	(*d*)
A.	I	III	II	IV
B.	IV	II	III	I
C.	II	I	IV	III
D.	III	IV	I	II

72. सूची-I के साथ सूची-II का मिलान कीजिए :

सूची-I	**सूची-II**
(*a*) वज्रिका	I. मेल
(*b*) उत्तरायत	II. जाति
(*c*) मंदिनी	III. मूर्च्छना
(*d*) मुखारी	IV. श्रुति

नीचे दिए गए विकल्पों में से **सही उत्तर** का चयन कीजिए :

	(*a*)	(*b*)	(*c*)	(*d*)
A.	I	IV	III	II
B.	IV	III	II	I
C.	II	I	IV	III
D.	III	II	I	IV

73. सूची-I के साथ सूची-II का मिलान कीजिए :

सूची-I	सूची-II
(*a*) म॑ प, ग म ग	I. श्री
(*b*) रे म॑ प, ग म रे	II. कामोद
(*c*) रे॒ प, रे॒ ग, रे॒ सा	III. बिहाग
(*d*) रे प, ग म प, ग म रे	IV. श्याम कल्याण

नीचे दिए गए विकल्पों में से **सही उत्तर** का चयन कीजिए :

	(*a*)	(*b*)	(*c*)	(*d*)
A.	I	II	III	IV
B.	II	III	IV	I
C.	III	IV	I	II
D.	IV	I	II	III

74. सूची-I के साथ सूची-II का मिलान कीजिए :

सूची-I (कलाकार)	सूची-II (घराना)
(*a*) मणि लाल नाग	I. जयपुर सेनिया
(*b*) बरकतउल्ला खाँ	II. इटावा
(*c*) इनायत खाँ	III. मैहर
(*d*) रविशंकर	IV. विष्णुपुर

नीचे दिए गए विकल्पों में से **सही उत्तर** का चयन कीजिए :

	(*a*)	(*b*)	(*c*)	(*d*)
A.	III	II	IV	I
B.	II	III	I	IV
C.	I	IV	III	II
D.	IV	I	II	III

75. सूची-I के साथ सूची-II का मिलान कीजिए :

सूची-I (वाद्य)	सूची-II (वाद्यों की श्रेणी)
(*a*) भूमि दुंदुभि	I. घन-वाद्य
(*b*) वाण	II. तंत्री वाद्य
(*c*) तूण	III. सुषिर वाद्य
(*d*) जलतरंग	IV. अनवद्ध वाद्य

नीचे दिए गए विकल्पों में से **सही उत्तर** का चयन कीजिए :

	(*a*)	(*b*)	(*c*)	(*d*)
A.	II	III	I	IV
B.	IV	II	III	I
C.	I	IV	II	III
D.	III	I	IV	II

76. सूची-I के साथ सूची-II का मिलान कीजिए :

सूची-I (कलाकार)	सूची-II (वाद्य)
(*a*) आशिकअली खाँ	I. बाँसुरी
(*b*) असदअली खाँ	II. रूद्रवीणा
(*c*) हाफीजअली खाँ	III. सितार
(*d*) विजय राघव राव	IV. सरोद

नीचे दिए गए विकल्पों में से **सही उत्तर** का चयन कीजिए :

	(*a*)	(*b*)	(*c*)	(*d*)
A.	III	II	IV	I
B.	III	II	I	IV
C.	II	III	IV	I
D.	II	III	I	IV

77. सूची-I के साथ सूची-II का मिलान कीजिए :

सूची-I (कर्नाटक मेल)	सूची-II (हिंदुस्तानी थाट)
(*a*) नट भैरवी	I. मारवा
(*b*) कामवर्धिनी	II. तोड़ी
(*c*) गमनप्रिया	III. आसावरी
(*d*) शुभपन्तुवराली	IV. पूर्वी

नीचे दिए गए विकल्पों में से **सही उत्तर** का चयन कीजिए :

	(*a*)	(*b*)	(*c*)	(*d*)
A.	IV	III	I	II
B.	III	IV	II	I
C.	IV	III	II	I
D.	III	IV	I	II

78. सूची-I के साथ सूची-II का मिलान कीजिए :

सूची-I (कलाकार)	**सूची-II (घराना)**
(*a*) जगन्नाथ बुआ	I. किराना
(*b*) फिरोज खाँ	II. ग्वालियर
(*c*) वहीद खाँ	III. आगरा
(*d*) देवजी परांजपे	IV. दिल्ली

नीचे दिए गए विकल्पों में से **सही उत्तर** का चयन कीजिए :

	(*a*)	(*b*)	(*c*)	(*d*)
A.	I	III	IV	II
B.	III	IV	I	II
C.	IV	II	III	I
D.	III	I	IV	II

79. निम्नलिखित रागों को सायं से प्रातः के क्रम में व्यवस्थित कीजिए।

(*a*) मारवा (*b*) बागेश्री

(*c*) यमन (*d*) भटियार

(*e*) मालकौंस

नीचे दिए गए विकल्पों में से **सही उत्तर** का चयन कीजिए :

A. (*a*), (*c*), (*b*), (*e*), (*d*)
B. (*a*), (*b*), (*d*), (*c*), (*e*)
C. (*b*), (*a*), (*c*), (*e*), (*d*)
D. (*c*), (*a*), (*b*), (*d*), (*e*)

80. निम्नलिखित को वाद्य संगीत में किसी राग के प्रदर्शन के सही क्रम में व्यवस्थित कीजिए।

(*a*) आलाप
(*b*) रजाखानी गत
(*c*) जोड़
(*d*) मसीतखानी गत

नीचे दिए गए विकल्पों में से **सही उत्तर** का चयन कीजिए :

A. (*a*), (*b*), (*d*), (*c*)
B. (*b*), (*c*), (*a*), (*d*)
C. (*a*), (*d*), (*b*), (*c*)
D. (*a*), (*c*), (*d*), (*b*)

81. चार पंक्तियों से युक्त चौताल में निबद्ध ध्रुपद की स्थायी, जिसका आरंभ 'सम' से हो, उसकी दुगुन, तिगुन, चौगुन तथा छःगुन के क्रमशः कितनी मात्राओं का प्रयोग होगा, इसका सही क्रम बताइए।

(*a*) 12 मात्रा (*b*) 8 मात्रा

(*c*) 16 मात्रा (*d*) 24 मात्रा

नीचे दिए गए विकल्पों में से **सही उत्तर** का चयन कीजिए :

A. (*d*), (*c*), (*a*), (*b*)
B. (*a*), (*d*), (*b*), (*c*)
C. (*b*), (*a*), (*c*), (*d*)
D. (*c*), (*b*), (*d*), (*a*)

82. निम्नलिखित कर्नाटक तालों को चतस्त्र जाति के अनुसार कम से ज्यादा मात्राओं के क्रम में व्यवस्थित कीजिए।

(*a*) मठ ताल
(*b*) रूपक ताल
(*c*) एक ताल
(*d*) त्रिपुट ताल
(*e*) अठ ताल

नीचे दिए गए विकल्पों में से **सही उत्तर** का चयन कीजिए :

A. (*b*), (*c*), (*a*), (*d*), (*e*)
B. (*b*), (*c*), (*d*), (*a*), (*e*)
C. (*c*), (*b*), (*a*), (*d*), (*e*)
D. (*c*), (*b*), (*d*), (*a*), (*e*)

83. क्रमशः 'ग, म, प, ध' स्वर के वादी स्वर को दर्शाने वाले रागों के सही क्रम को इंगित कीजिए।

(*a*) हमीर
(*b*) केदार
(*c*) भूपाल
(*d*) कामोद

नीचे दिए गए विकल्पों में से **सही उत्तर** का चयन कीजिए :

A. (*b*), (*a*), (*c*), (*d*)
B. (*c*), (*b*), (*d*), (*a*)
C. (*a*), (*b*), (*c*), (*d*)
D. (*d*), (*a*), (*c*), (*b*)

84. निम्नलिखित वाद्यों को कालक्रमानुसार इंगित करें :

(*a*) मृदंग

(*b*) सितार

(*c*) दुंदुभि

(*d*) मोहन वीणा

नीचे दिए गए विकल्पों में से **सही उत्तर** का चयन कीजिए :

A. (*d*), (*b*), (*c*), (*a*)
B. (*c*), (*a*), (*b*), (*d*)
C. (*a*), (*c*), (*b*), (*d*)
D. (*b*), (*a*), (*d*), (*c*)

85. निम्नलिखित तालों को ऐसे क्रम में व्यवस्थित करें, जिसमें उनके पहले विभाग में क्रमशः 2, 3, 4 तथा 5 मात्राएँ हों :

(*a*) तिलवाड़ा (*b*) झपताल

(*c*) दादरा (*d*) धमार

नीचे दिए गए विकल्पों में से **सही उत्तर** का चयन कीजिए :

A. (*b*), (*c*), (*a*), (*d*)
B. (*a*), (*c*), (*d*), (*b*)
C. (*c*), (*a*), (*d*), (*b*)
D. (*b*), (*a*), (*c*), (*d*)

86. नीचे दो कथन दिए गए हैं : एक अभिकथन (A) के रूप में लिखित है, तो दूसरा उसके कारण (R) के रूप में है।

अभिकथन (A): गुलाम मोहम्मद और सज्जाद मोहम्मंद सुरबहार का वादन करते थे।

कारण (R): सुरबहार अति लोकप्रिय वाद्ययंत्र था जिसका आविष्कार तानसेन ने किया था।

उपरोक्त कथन के आलोक में, नीचे दिए गए विकल्पों में से **सबसे उपयुक्त उत्तर** का चयन कीजिए।

A. (A) और (R) दोनों सही हैं और (R), (A) की सही व्याख्या है।
B. (A) और (R) दोनों सही हैं, लेकिन (R), (A) की सही व्याख्या नहीं है।
C. (A) सही है, लेकिन (R) सही नहीं है।
D. (A) सही नहीं है, लेकिन (R) सही है।

87. नीचे दो कथन दिए गए हैं : एक अभिकथन (A) के रूप में लिखित है, तो दूसरा उसके कारण (R) के रूप में है।

अभिकथन (A): स्वर-साम्य की दृष्टि से राग शुद्ध-मल्हार व 'बिलावल मेल जन्य दुर्गा' समान है।

कारण (R): राग दुर्गा में, 'ध म रे प' स्वर-संगीत के प्रयोग से, शुद्ध-मल्हार की छाया का निवारण हो जाता है।

उपरोक्त कथन के आलोक में, नीचे दिए गए विकल्पों में से **सबसे उपयुक्त उत्तर** का चयन कीजिए।

A. (A) और (R) दोनों सही हैं और (R), (A) की सही व्याख्या है।
B. (A) और (R) दोनों सही हैं, लेकिन (R), (A) की सही व्याख्या नहीं है।
C. (A) सही है, लेकिन (R) सही नहीं है।
D. (A) सही नहीं है, लेकिन (R) सही है।

88. नीचे दो कथन दिए गए हैं :

कथन I: भारत की वीणा का गंधार, आज के सितार का धैवत और मतंग का मध्य-सप्तक ये तीनों एक ही हैं।

कथन II: भरत ने मध्यम को 'अविनाशी' या 'अविलोपी' कहा है।

उपरोक्त कथन के आलोक में, नीचे दिए गए विकल्पों में से **सबसे उपयुक्त उत्तर** का चयन कीजिए।

A. कथन I और कथन II दोनों सही हैं।
B. कथन I और कथन II दोनों सही नहीं हैं।
C. कथन I सही है, लेकिन कथन II सही नहीं है।
D. कथन I सही नहीं है, लेकिन कथन II सही है।

89. नीचे दो कथन दिए गए हैं :

कथन I: वस्तुतः 'षड़ज-पंचम भाव' के संवाद का उल्टा ही 'षड़ज-मध्यम संवाद' है।

कथन II: यदि किसी सप्तक के 'प' को 'सा' मान लें तो षड़ज, मध्यम बन जाता है।

उपरोक्त कथनों के आलोक में, नीचे दिए गए विकल्पों में से **सबसे उपयुक्त उत्तर** का चयन कीजिए।

A. कथन I और कथन II दोनों सही हैं।
B. कथन I और कथन II दोनों सही नहीं हैं।
C. कथन I सही है, लेकिन कथन II सही नहीं है।
D. कथन I सही नहीं है, लेकिन कथन II सही है।

90. नीचे दो कथन दिए गए हैं :

कथन I: सन्धिप्रकाश रागों में अधिकतर कोमल रे - ध स्वरों का प्रयोग होता है।

कथन II: कुछ रागों में अपवाद रूप में यह नियम शिथिल भी होता है।

उपरोक्त कथनों के आलोक में, नीचे दिए गए विकल्पों में से **सबसे उपयुक्त उत्तर** का चयन कीजिए।

A. कथन I और कथन II दोनों सही हैं।
B. कथन I और कथन II दोनों सही नहीं हैं।
C. कथन I सही है, लेकिन कथन II सही नहीं है।
D. कथन I सही नहीं है, लेकिन कथन II सही है।

निर्देश (प्रश्न संख्या 91 से 95 तक): *नीचे दिए गए अनुच्छेद को पढ़कर पूछे गए प्रश्नों के उत्तर दीजिए।*

भारतीय शास्त्रीय संगीत में बहुत से राग हैं। कलाकार भी पुरातन काल से ही बहुत से रागों का सृजन कर रहे हैं। रागों की संख्या बहुत अधिक होने के कारण समय-समय पर विभिन्न वर्गीकरणों को अंगीकार किया गया। वर्तमान में, थाट-राग और रागांग के वर्गीकरण बहुत प्रसिद्ध हैं। थाट राग में मुख्यतः राग में प्रयुक्त स्वरों की प्रवृत्ति पर ध्यान केन्द्रित किया जाता है जबकि रागांग पद्धति में रागांगों और अलग-अलग रागों में उनके प्रयोग पर ध्यान केन्द्रित किया जाता है। कुछ ऐसे ही राग हैं जिनके अस्तित्व को मूर्च्छना पद्धति में देखा जा सकता है अर्थात् किसी विशिष्ट स्केल में किसी अन्य स्वर को षड़ज मानने के परिणामस्वरूप एक नवीन राग की स्वरावली उत्पन्न होगी। अतः यह समझना बहुत महत्वपूर्ण है कि राग का उद्‌विकास कैसे होता है और इसकी प्रस्तुति में इन्हें कैसे व्यवहत किया जाता है।

91. स्वरावली रे॒ ग म म॑ ध॒, म॑ ध॒ म॑ म, में शुद्ध मध्यम को षड़ज मानें तो किस राग का रागांग उत्पन्न होगा?

A. खमाज
B. मारू बिहग
C. केदार
D. तोड़ी

92. सूची-I के साथ सूची-II का मिलान कीजिए :

सूची-I	सूची-II
(*a*) श्री	I. नि़ रे॒ ग, म॑ ग रे॒ सा नि़
(*b*) पूरिया	II. नि़ रे॒ ग, म॑ रे॒ ग, रे॒ सा
(*c*) पूर्वी	III. सा स नि़ रे॒ रे॒, ग रे॒ रे॒ सा
(*d*) पूरियाधनश्री	IV. नि़ रे॒ ग, ग म ग रे॒ ग

नीचे दिए गए विकल्पों में से **सही उत्तर** का चयन कीजिए :

	(*a*)	(*b*)	(*c*)	(*d*)
A.	IV	II	III	I
B.	I	III	II	IV
C.	III	I	IV	II
D.	II	IV	I	III

93. सूची-I के साथ सूची-II का मिलान कीजिए :

सूची-I (राग)	सूची-II (थाट)
(*a*) कोमल ऋषभ असावरी	I. खमाज
(*b*) दरबारी काहड़ा	II. भैरवी
(*c*) सूहा	III. काफी
(*d*) रागेश्री	IV. आसावरी

नीचे दिए गए विकल्पों में से **सही उत्तर** का चयन कीजिए :

	(*a*)	(*b*)	(*c*)	(*d*)
A.	I	II	IV	III
B.	II	IV	III	I
C.	III	I	II	IV
D.	IV	III	I	II

94. निम्नांकित में से किस राग की स्वरावली में म॑ ध नि सां रें॒ स्वरों का प्रयोग होता है?

(*a*) बसंत
(*b*) बागेश्री

(*c*) परज
(*d*) गुजरी तोड़ी
(*e*) भटियार

नीचे दिए गए विकल्पों में से **सही उत्तर** का चयन कीजिए :

A. (*b*), (*c*), (*d*)
B. (*c*), (*d*), (*e*)
C. (*a*), (*c*), (*d*)
D. (*b*), (*d*), (*e*)

95. सूची-I के साथ सूची-II का मिलान कीजिए :

सूची-I	**सूची-II**
(*a*) रे प म ग, सा रे ग सा नि़	I. नायकी कन्हड़ा
(*b*) रे प रे ग॒ सा रे नि॒ सा	II. गौड़ मल्हार
(*c*) रे प ग॒ म प म, रे सा रे	III. देसी
(*d*) रे प ध म प सां ध नि॒ प म	IV. तिलक कामोद

नीचे दिए गए विकल्पों में से **सही उत्तर** का चयन कीजिए :

	(*a*)	(*b*)	(*c*)	(*d*)
A.	IV	III	I	II
B.	III	IV	II	I
C.	I	II	IV	III
D.	II	I	III	IV

निर्देश (प्रश्न संख्या 96 से 100 तक): *नीचे दिए गए अनुच्छेद को पढ़कर पूछे गए प्रश्नों के उत्तर दीजिए।*

वाद्यों का महत्व हमें वेदों, पुराणों व महाकाव्यों से ही प्राप्त होता है। इनके अतिरिक्त प्राचीन सांगीतिक ग्रन्थों में भी इनका उल्लेख अनेक स्थानों पर प्राप्त होता है। वाद्यों के उत्पत्ति के सम्बन्ध में भारतीय शास्त्राकारों के अनेक मत हैं। प्राचीन काल से आज तक जितने भी प्रयोग स्वर, श्रुति की सिद्धि के लिए किए गए हैं, वे सभी वाद्यों पर ही किए गए हैं। भारतीय संगीत में तीन विधाओं, गायन, वादन व नृत्य का समावेश माना गया है। वाद्यों को दो श्रेणियों, लोक तथा शास्त्रीय व चार वर्गों, तत्, अवनद्ध, घन, सुषिर वर्ग में विभक्त किया गया है। वाद्यों का यह वर्गीकरण प्राचीन काल से आधुनिक काल तक उसी प्रकार अनवरत चला आ रहा है। लोक संगीत हो या शास्त्रीय संगीत दोनों में ही वाद्यों का अत्यन्त महत्वपूर्ण स्थान है। लोक वाद्यों में से कुछ वाद्य परिष्कृत होकर शास्त्रीय संगीत में प्रयोग किए जाने लगे हैं। कुछ प्राचीन शास्त्रीय संगीत के वाद्य भी अपने नवीन स्वरूप के साथ प्रयोग किए जा रहे हैं। यहाँ तक कि कुछ विदेशी वाद्यों में बदलाव करके उन्हें भारतीय शास्त्रीय संगीत में प्रयोग किए जा रहे हैं।

96. निम्नलिखित में से विचित्र वीणा वादकों के नाम चुनिए :

(*a*) प्यार खाँ
(*b*) अब्दुल अजीज खाँ
(*c*) जफर खाँ
(*d*) लालमणि मिश्रा
(*e*) ध्रुवतारा जोशी

नीचे दिए गए विकल्पों में से **सबसे उपयुक्त उत्तर** का चयन कीजिए :

A. केवल (*a*) और (*e*)
B. केवल (*b*) और (*d*)
C. केवल (*c*) और (*d*)
D. केवल (*d*) और (*e*)

97. सिंगी (श्रृंगी) किस वर्ग का वाद्य है?

A. घन B. अवनद्ध
C. तत् D. सुषिर

98. 'मेओ का चिकारा' किस वर्ग का वाद्य है?

A. तत् B. अवनद्ध
C. घन D. सुषिर

99. स्वर-मण्डल को प्राचीन काल में किस नाम से जाना जाता था?

A. कात्यायनी वीणा
B. आडम्बर
C. मत्तकोकिला
D. अनालम्बी वीणा

100. कामायचा किस राज्य का प्रमुख लोक वाद्य है?

A. मध्य प्रदेश B. राजस्थान
C. गुजरात D. छत्तीसगढ़

भाग-III

अवनद्ध वाद्य

26. 393 पृष्ठों का तालाध्याय किस ग्रंथ में है?
A. संगीत सार B. संगीत पारिजात
C. रागबिबोध D. चतुर्दन्डी प्रकाशिका

27. संगीत ग्रंथों में 'घण्टा' को क्या कहा गया है?
A. अल्पतरु B. अण्वतरु
C. कल्पतरु D. कल्प विन्यास

28. "चर-अचर प्राणियों पर ताल-ध्वनियों का प्रभाव" का विवेचन किस पुस्तक में किया गया है?
A. ताल प्रसून
B. भारतीय तालों का शास्त्रीय विवेचन
C. तालदीपिका
D. तालविज्ञान तबला

29. किस पुस्तक में तिहाई रचना के नियम का विश्लेषण किया गया है?
A. पखावज एवं तबला के घराने
B. तालकोष
C. तबला वादन की विस्तारशील रचनाएँ
D. ताल वाद्य परिचय

30. एक मात्रा पर विराम के लिए, किया जाने वाला पात कहलाता है :
A. ध्रुव B. लघु
C. गुरु D. काकपद

31. प्रसिद्ध तबला वादक जो प्रयाग संगीत समिति के निदेशक पद पर कार्यरत रहे :
A. सूर्य भानु किशोर B. अजय भानु किशोर
C. उदय भानु किशोर D. विजय भानु किशोर

32. ता, दीम्, तोम, नम्, किस वाद्य के पाटाक्षर हैं?
A. पखावज B. नाल
C. मृदंग D. चेण्डा

33. डॉ. अरुण कुमार सेन ने वर्ण के लिए किस शब्द का प्रयोग किया है?
A. लयमय ध्वनि B. स्वर मय ध्वनि
C. तालमय ध्वनि D. नाद मध्य ध्वनि

34. विष्णु ताल के बिआड़ का एक पल्ला कितनी मात्राओं का होगा?
A. $9\frac{5}{7}$ B. $8\frac{6}{7}$
C. $9\frac{6}{7}$ D. $8\frac{5}{7}$

35. किस ग्रंथकार ने प्रत्येक ताल के लिए पाटवर्णों का उल्लेख किया है?
A. कल्लिनाथ B. सिंहभूपाल
C. सुधाकलश D. कुंभ

36. कायदा बजाते समय वादक किसके बंधन में **नहीं** रहता है?
A. निश्चित ताल के B. निश्चित वर्ण के
C. निश्चित स्वरांतल के D. निश्चित निकास के

37. डेक्कन रेडियो में स्टॉफ कलाकार थे :
A. शेख दाऊद B. अल्लारखा खाँ
C. करामत उल्लाखाँ D. जहाँगीर खाँ

38. निम्न में से एक भिन्न है :
A. गामा महाराज B. गुदई महाराज
C. कंठे महाराज D. अत्तन खाँ

39. सलामी परन का प्रयोग किस विधा में सर्वाधिक किया जाता है?
A. तबला B. कथक
C. मृदंग D. पखावज

40. मिश्र जाति किन जातियों का मिश्रण है?
A. तिश्र-खण्ड B. तिश्र-तिश्र
C. तिश्र-चतश्र D. खण्ड-संकीर्ण

41. भारत भाष्य ग्रंथ में कितने देशी तालों का वर्णन है?
A. 65 B. 66
C. 67 D. 68

42. त्रिवेणी ताल के एक आवर्तन में एक बार तिगुन किस मात्रा के पश्चात् प्रारंभ होकर सम पर आएगी?
A. $5\frac{3}{3}$ B. $6\frac{1}{3}$
C. $4\frac{2}{3}$ D. $5\frac{2}{3}$

43. दक्षिण भारतीय त्रिपुट ताल का स्वरूप है :
A. 001 B. 101
C. 100 D. 010

44. शास्त्रीय वादन में ठेके का प्रस्तार किस घराने में किया जाता है?
A. फर्रुखाबाद घराना B. पंजाब घराना
C. बनारस घराना D. लखनऊ घराना

45. संगीत रत्नाकर सरस्वती व्याख्या ग्रंथ के वाद्याध्याय में श्लोकों की संख्या कितनी है?
A. 411 B. 1640
C. 469 D. 1221

46. पणव वाद्य है :
A. अंग B. प्रत्यंग
C. तत् D. कुतप

47. घुंडी के चोट से बजाये जाने वाला वाद्य कहलाता है :
A. डायरा B. पटह
C. डमरू D. नगाड़ा

48. ''गणानाम गणपति गणेश'' आदि शब्दों को तबले पर हूबहू बजाने पर किस कलाकार ने प्रसिद्धि पाई?
A. पं. सामता प्रसाद
B. पं. अनोखेलाल
C. पं. लच्छु महाराज
D. पं. किशन महाराज

49. फरमाईशी का समानार्थ है :
A. आदेशी B. कमाली
C. चक्रदार D. तिहाई

50. किस ताल में 5 ताली और 3 खाली हैं?
A. सरस्वती B. मत्त
C. कैद फरोदस्त D. बड़ीसवारी

51. कैद फरोदस्त ताल के कुआड़ का एक पल्ला कितनी मात्राओं का होगा?
A. $15\frac{2}{5}$ B. $14\frac{3}{5}$
C. $15\frac{3}{5}$ D. $15\frac{1}{5}$

52. राजा छत्रपति जी द्वारा रचित ताल है :
A. सादरा ताल B. त्रिवेणी
C. सूर्यमणी D. ध्रुवताल

53. अर्जुन ताल में विक्रम ताल सम-से-सम तक बजाने पर कौन-सी लयकारी होगी?
A. $\frac{8}{5}$ B. $\frac{5}{4}$
C. $\frac{3}{5}$ D. $\frac{4}{5}$

54. ताल प्रबंध के अनुसार 'रेला' के कितने प्रकार होते हैं?
A. 4 B. 6
C. 8 D. 10

55. 'संगीत रत्नाकर' में कितने प्रकार के अवनद्ध वादक बताए गए हैं?
A. दो B. तीन
C. चार D. पाँच

56. महर्षि भरत ने 'करण' की संख्या बताई है :
A. 4 B. 5
C. 6 D. 7

57. किस पुस्तक के तृतीय स्तवक में ताल का निरूपण किया गया है?
A. संगीत दामोदर B. बृहद्देशी
C. संगीत रत्नाकर D. नाट्य शास्त्र

58. किस कलाकार ने तबला वादन के साथ-साथ लगभग सौ कजरियों की रचना की?
A. पं. बीरु मिश्र B. पं. बैजू जी
C. पं. प्रताप महाराज D. पं. मौलवी राम

59. रास ताल के आड़ का एक पल्ला कितनी मात्राओं का होगा?

A. $8\frac{1}{3}$ B. $8\frac{2}{3}$

C. $7\frac{3}{3}$ D. $4\frac{1}{3}$

60. सितंबर 2023 में किस प्रसिद्ध गायिका का निधन हुआ?

A. किशोरी अमोनकर B. मालिनी राजुरकर

C. मोधु बाई कुर्डीकर D. केसर बाई केलकर

61. 'छंदों मंजरी' में जिह्वा के विराम स्थल को क्या कहा जाता है?

A. विराम B. अवग्रह

C. यति D. खाली

62. दादरा एवं पंचम सवारी ताल की एक-एक बार आड़, सम-से-सम तक किस ताल के एक आवर्तन में आएगी?

A. सरस्वती B. भानुमती

C. फरोदस्त D. चित्रताल

63. किस ताल में 17 मात्रा पर भी खाली आती है?

(*a*) लक्ष्मी

(*b*) मत्त

(*c*) कैद फरोदस्त

(*d*) ब्रह्म

नीचे दिए गए विकल्पों में से **सही उत्तर** का चयन कीजिए :

A. केवल (*a*) और (*b*)

B. केवल (*b*) और (*c*)

C. केवल (*a*) और (*d*)

D. केवल (*b*) और (*d*)

64. किस ताल में 9 मात्रा पर खाली है?

(*a*) गजझंपा

(*b*) बड़ीसवारी

(*c*) इकवाई

(*d*) कैद फरोदस्त

नीचे दिए गए विकल्पों में से **सही उत्तर** का चयन कीजिए :

A. केवल (*a*) और (*b*)

B. केवल (*b*) और (*c*)

C. केवल (*a*) और (*c*)

D. केवल (*a*) और (*d*)

65. भगवत शरण शर्मा रचित पुस्तक को चुनिए :

(*a*) ताल शास्त्र (*b*) ताल मार्तण्ड

(*c*) ताल दर्शन मंजरी (*d*) संगीत में तिहाईयाँ

नीचे दिए गए विकल्पों में से **सही उत्तर** का चयन कीजिए :

A. केवल (*a*) और (*b*)

B. केवल (*b*) और (*c*)

C. केवल (*a*) और (*d*)

D. केवल (*b*) और (*a*)

66. सुषिर वाद्य के कलाकार हैं :

(*a*) पं. बलराम पाठक

(*b*) पं. वी.जी. जोग

(*c*) पं. पन्नालाल घोष

(*d*) पं. हरिप्रसाद चौरसिया

नीचे दिए गए विकल्पों में से **सही उत्तर** का चयन कीजिए :

A. केवल (*a*) और (*d*)

B. केवल (*b*) और (*d*)

C. केवल (*c*) और (*d*)

D. केवल (*a*) और (*b*)

67. पद्मभूषण प्राप्त कलाकार हैं :

(*a*) पं. किशन महाराज (*b*) पं. निखिल घोष

(*c*) पं. ज्ञानप्रकाश घोष (*d*) पं. अनोखे लाल

नीचे दिए गए विकल्पों में से **सही उत्तर** का चयन कीजिए :

A. केनल (*b*) और (*d*)

B. केवल (*b*) और (*c*)

C. केवल (*a*) और (*b*)

D. केवल (*b*) और (*a*)

68. पाश्चात्य संगीत किस देश के संगीत से जुड़ा हुआ है?

(*a*) अजरबैजान (*b*) ग्रीस

(*c*) इटालियन (*d*) अमेरिका

नीचे दिए गए विकल्पों में से **सही उत्तर** का चयन कीजिए :

A. केवल (*a*) और (*b*)

B. केवल (*a*) और (*c*)

C. केवल (*b*) और (*c*)

D. केवल (*b*) और (*d*)

69. कथक नृत्य के कलाकार जो बनारस घराने से संबंधित हैं :

(*a*) पं. लच्छु महाराज

(*b*) पं. गोपीकृष्ण

(*c*) विदुषी सितारा देवी

(*d*) पं. दुर्गालाल

नीचे दिए गए विकल्पों में से **सही उत्तर** का चयन कीजिए :

A. केवल (*a*) और (*d*)

B. केवल (*b*) और (*a*)

C. केवल (*c*) और (*d*)

D. केवल (*b*) और (*c*)

70. पाश्चात्य अवनद्ध वाद्य को पहचानिए :

(*a*) सेलेस्टा (*b*) स्नेअर

(*c*) विवो (*d*) टेनर

नीचे दिए गए विकल्पों में से **सही उत्तर** का चयन कीजिए :

A. केवल (*a*) और (*b*)

B. केवल (*a*) और (*c*)

C. केवल (*b*) और (*c*)

D. केवल (*b*) और (*d*)

71. पं. छोटे लाल मिश्र रचित ग्रंथ को चुनिए :

(*a*) तबला ग्रंथ

(*b*) ताल बोध

(*c*) ताल प्रबंध

(*d*) ताल मंजरी

नीचे दिए गए विकल्पों में से **सही उत्तर** का चयन कीजिए :

A. केवल (*a*) और (*b*)

B. केवल (*a*) और (*c*)

C. केवल (*b*) और (*c*)

D. केवल (*b*) और (*d*)

72. विलम्बित ख्याल के साथ बजाए जाने वाले ताल हैं :

(*a*) ब्रह्म (*b*) तिलवाड़ा

(*c*) रुद्र (*d*) तीनताल

नीचे दिए गए विकल्पों में से **सही उत्तर** का चयन कीजिए :

A. केवल (*a*) और (*b*)

B. केवल (*b*) और (*c*)

C. केवल (*b*) और (*d*)

D. केवल (*c*) और (*d*)

73. ताल दादरा के साम्य छंद हैं :

(*a*) हरिगीतिका (*b*) चामर

(*c*) धारी (*d*) भुजंगप्रयात

नीचे दिए गए विकल्पों में से **सही उत्तर** का चयन कीजिए :

A. केवल (*a*) और (*b*)

B. केवल (*b*) और (*c*)

C. केवल (*a*) और (*c*)

D. केवल (*a*) और (*d*)

74. किस तबला वादक का जन्म 1867 में हुआ?

(*a*) उस्ताद बड़े मुन्ने खाँ

(*b*) उस्ताद जहाँगीर खाँ

(*c*) उस्ताद मुनीर खाँ

(*d*) उस्ताद आबिद हुसैन खाँ

नीचे दिए गए विकल्पों में से **सही उत्तर** का चयन कीजिए :

A. केवल (*a*) और (*d*)

B. केवल (*a*) और (*c*)

C. केवल (*a*) और (*b*)

D. केवल (*b*) और (*d*)

75. सूची-I के साथ सूची-II का मिलान कीजिए :

सूची-I (ग्रंथ)	सूची-II (ग्रंथकार)
(*a*) तबला वादक में निहित सौंदर्य	I. पं. गिरीश चन्द्र श्रीवास्तव
(*b*) ताल कोष	II. पं. विजय शंकर मिश्र
(*c*) तबला पुराण	III. डॉ. जमुना पटेल
(*d*) ताल वाद्य परिचय	IV. पं. सुधीर माईणकर

नीचे दिए गए विकल्पों में से **सही उत्तर** का चयन कीजिए :

	(*a*)	(*b*)	(*c*)	(*d*)
A.	III	II	I	IV
B.	IV	II	I	III
C.	IV	I	II	III
D.	I	II	III	IV

76. सूची-I के साथ सूची-II का मिलान कीजिए :

सूची-I (रचना-काल)	सूची-II (ग्रंथ)
(*a*) 2-3 शताब्दी के मध्य	I. अनूप संगीत रत्नाकर
(*b*) 12-13 शताब्दी के मध्य	II. नाट्यशास्त्र
(*c*) 16-18 शताब्दी के मध्य	III. संगीत रत्नाकर
(*d*) 18-20 शताब्दी के मध्य	IV. भारतीय संगीत वाद्य

नीचे दिए गए विकल्पों में से **सही उत्तर** का चयन कीजिए :

	(*a*)	(*b*)	(*c*)	(*d*)
A.	II	III	I	IV
B.	I	III	II	IV
C.	III	II	I	IV
D.	IV	I	II	III

77. सूची-I के साथ सूची-II का मिलान कीजिए :

सूची-I (पिता)	सूची-II (पुत्री तबला वादिका)
(*a*) पं. नन्दन मेहता	I. चित्रांगना
(*b*) पं. स्वपन शिवा	II. सावनी
(*c*) पं. सुरेश तलवलकर	III. हेतल
(*d*) पं. कालिदास पंत	IV. रिम्पा

नीचे दिए गए विकल्पों में से **सही उत्तर** का चयन कीजिए :

	(*a*)	(*b*)	(*c*)	(*d*)
A.	I	II	III	IV
B.	II	III	IV	I
C.	IV	II	I	III
D.	III	IV	II	I

78. सूची-I के साथ सूची-II का मिलान कीजिए :

सूची-I (वाद्य)	सूची-II (पाटाक्षर)
(*a*) डमरू	I. देंकार
(*b*) ढवस	II. डबक
(*c*) त्रिवली	III. डगि
(*d*) भेरी	IV. ता, दा, दो, द

नीचे दिए गए विकल्पों में से **सही उत्तर** का चयन कीजिए :

	(*a*)	(*b*)	(*c*)	(*d*)
A.	I	III	IV	II
B.	III	I	IV	II
C.	III	II	I	IV
D.	IV	III	II	I

79. सूची-I के साथ सूची-II का मिलान कीजिए :

सूची-I (पति कलाकार)	सूची-II (पत्नी कलाकार)
(*a*) पं. सुरेश तलवलकर	I. विदुषी शुभा मुद्गल
(*b*) पं. अनीस प्रधान	II. विदुषी अनिता जी
(*c*) पं. नन्दन मेहता	III. विदुषी पद्मा जी
(*d*) डॉ. अरुण कुमार सेन	IV. विदुषी मंजू जी

नीचे दिए गए विकल्पों में से **सही उत्तर** का चयन कीजिए :

	(*a*)	(*b*)	(*c*)	(*d*)
A.	I	II	III	IV
B.	II	III	IV	I
C.	III	I	IV	II
D.	IV	III	II	I

80. सूची-I के साथ सूची-II का मिलान कीजिए :

सूची-I (ताल)	**सूची-II (सम-से-सम तक एक आवर्तन में दो तालों की आड़)**
(*a*) लक्ष्मी	I. गजझंपा - एकताल
(*b*) फरोदस्त	II. दादरा - पंचमसवारी
(*c*) बड़ीसवारी	III. धमार - चित्रताल
(*d*) खेमटा	IV. धूमाली - पश्तो

नीचे दिए गए विकल्पों में से **सही उत्तर** का चयन कीजिए :

	(*a*)	(*b*)	(*c*)	(*d*)
A.	II	III	IV	I
B.	I	II	III	IV
C.	IV	III	II	I
D.	III	II	IV	I

81. सूची-I के साथ सूची-II का मिलान कीजिए :

सूची-I (गायक)	**सूची-II (घराना)**
(*a*) पं. कृष्णराव पंडित	I. इन्दौर
(*b*) पं. भीमसेन जोशी	II. जयपुर
(*c*) विदुषी किशोरी अमोनकर	III. किराना
(*d*) उस्ताद अमीर खाँ	IV. ग्वालियर

नीचे दिए गए विकल्पों में से **सही उत्तर** का चयन कीजिए :

	(*a*)	(*b*)	(*c*)	(*d*)
A.	III	IV	II	I
B.	IV	III	II	I
C.	II	III	IV	I
D.	I	III	IV	II

82. सूची-I के साथ सूची-II का मिलान कीजिए :

सूची-I (दक्षिण भारतीय कलाकार)	**सूची-II (विधा)**
(*a*) एम.एस. सुब्बुलक्ष्मी	I. मृदंगम्
(*b*) विक्कु विनायक राम	II. वायलिन
(*c*) एल. सुब्रमण्यम	III. घट्टम
(*d*) पालघाट मणिअय्यर	IV. गायन

नीचे दिए गए विकल्पों में से **सही उत्तर** का चयन कीजिए :

	(*a*)	(*b*)	(*c*)	(*d*)
A.	I	IV	II	III
B.	IV	III	I	II
C.	III	IV	II	I
D.	IV	III	II	I

83. ग्रंथों को आरोही क्रम में चुनिए :

(*a*) बृहद्देशी

(*b*) संगीत रत्नाकार

(*c*) भरतभाष्य

(*d*) संगीतोपनिषद सारोद्धार

नीचे दिए गए विकल्पों में से **सही उत्तर** का चयन कीजिए :

A. (*a*), (*b*), (*c*), (*d*)
B. (*a*), (*c*), (*b*), (*d*)
C. (*b*), (*a*), (*c*), (*d*)
D. (*b*), (*d*), (*a*), (*c*)

84. बढ़ते हुए मात्रा क्रम के अनुसार ताल को चुनिए :

(*a*) झपसवारी (*b*) फरोदस्त
(*c*) लीलावती (*d*) विष्णु

नीचे दिए गए विकल्पों में से **सही उत्तर** का चयन कीजिए :

A. (*a*), (*b*), (*c*), (*d*)
B. (*a*), (*c*), (*b*), (*d*)
C. (*a*), (*b*), (*d*), (*c*)
D. (*a*), (*d*), (*c*), (*b*)

85. आरोही क्रम में नाट्यशास्त्र के अध्यायों को चुनिए :

(*a*) अवनद्धातोध विधान

(*b*) ध्रुवा विधान

(*c*) ताल विधान

(*d*) सुषिर आतोध विधान

नीचे दिए गए विकल्पों में से **सही उत्तर** का चयन कीजिए :

A. (*a*), (*b*), (*c*), (*d*)
B. (*b*), (*a*), (*d*), (*c*)
C. (*c*), (*b*), (*a*), (*d*)
D. (*d*), (*a*), (*c*), (*b*)

86. पश्चिम शैली में स्वतंत्र वादन का क्रम है :

(*a*) पेशकार (*b*) टुकड़ा

(*c*) रेला (*d*) कायदा

नीचे दिए गए विकल्पों में से **सही उत्तर** का चयन कीजिए :

A. (*a*), (*b*), (*c*), (*d*)
B. (*a*), (*c*), (*d*), (*b*)
C. (*a*), (*b*), (*d*), (*c*)
D. (*a*), (*d*), (*c*), (*b*)

87. ग्रंथों को अवरोही क्रम में चुनिए :

(*a*) संगीत रत्नाकर (*b*) मानसोल्लास

(*c*) भरतभाष्य (*d*) सुधा कलश

नीचे दिए गए विकल्पों में से **सही उत्तर** का चयन कीजिए :

A. (*a*), (*b*), (*c*), (*d*)
B. (*a*), (*c*), (*d*), (*b*)
C. (*b*), (*c*), (*a*), (*d*)
D. (*b*), (*d*), (*a*), (*c*)

88. नीचे दो कथन दिए गए हैं :

कथन I: पं. कल्लीनाथ ने संगीत रत्नाकर की टीका लिखी है।

कथन II: संगीत पारिजात संगीत रत्नाकर की टीका है।

उपरोक्त कथनों के आलोक में, नीचे दिए गए विकल्पों में से **सबसे उपयुक्त उत्तर** का चयन कीजिए।

A. कथन I और कथन II दोनों सही हैं।
B. कथन I और कथन II दोनों सही नहीं हैं।
C. कथन I सही है, लेकिन कथन II सही नहीं है।
D. कथन I सही नहीं है, लेकिन कथन II सही है।

89. नीचे दो कथन दिए गए हैं :

कथन I: संगीत समय सार 13वीं शताब्दी का ग्रंथ है।

कथन II: इस ग्रंथ में ताल अध्याय नहीं है।

उपरोक्त कथन के आलोक में, नीचे दिए गए विकल्पों में से **सबसे उपयुक्त उत्तर** का चयन कीजिए।

A. कथन I और कथन II दोनों सही हैं।
B. कथन I और कथन II दोनों सही नहीं हैं।
C. कथन I सही है, लेकिन कथन II सही नहीं है।
D. कथन I सही नहीं है, लेकिन कथन II सही है।

90. नीचे दो कथन दिए गए हैं :

कथन I: जावली घराना के संस्थापक लाला भगवान दास थे।

कथन II: कृपाल राय को औरंगजेब ने 'मृदंगराय' की उपाधि प्रदान की थी।

उपरोक्त कथन के आलोक में, नीचे दिए गए विकल्पों में से **सबसे उपयुक्त उत्तर** का चयन कीजिए।

A. कथन I और कथन II दोनों सही हैं।
B. कथन I और कथन II दोनों सही नहीं हैं।
C. कथन I सही है, लेकिन कथन II सही नहीं है।
D. कथन I सही नहीं है, लेकिन कथन II सही है।

निर्देश (प्रश्न संख्या 91 से 95 तक): *नीचे दिए गए अनुच्छेद को पढ़कर पूछे गए प्रश्नों के उत्तर दीजिए।*

संगीत भारतीय संस्कृति का अभिन्न अंग है। लोक जीवन में संगीत कई परंपराओं के साथ जुड़ा हुआ है जैसे कि सामाजिक परम्परा प्रदेशवर्ती परम्परा, उत्सव, धार्मिक विधि विधान एवं राजनैतिक परिप्रेक्ष्य में संगीत अनेक स्वरूपों में लोक परम्पराओं के साथ जुड़ा हुआ है। भारतीय संगीत परम्पराओं का ज्ञान हमें विभिन्न शताब्दियों में लिखे गए हस्तलेख ग्रंथों के माध्यम से प्राप्त होता है। हरेक शताब्दी में हमें संगीत के अनेकानेक ग्रंथ प्राप्त होते हैं। इसी कड़ी में 13वीं शताब्दी में संगीत के महान संगीतज्ञ शारंगदेव और पार्श्वदेव के द्वारा लिखे गए ग्रंथ प्राप्त होते हैं। इन ग्रंथों में उस समय के संगीत के विभिन्न आयामों जैसे कि ताल, लय, वाद्य, राग आदि का समुचित वर्णन प्राप्त होता है।

91. संगीत समयसार ग्रंथ के लेखक हैं :

A. दामोदर B. शारंगदेव

C. पार्श्वदेव D. नारद

92. वर्तमान समय में संगीत समय सार पर किसने कार्य किया है?

A. डॉ. पुरुदाधिच
B. आचार्य बृहस्पति

C. सत्यनारायण वशिष्ठ
D. आचार्य गिरीश चन्द्र श्रीवास्तव

93. दक्षिण एवं उत्तरी संगीत का आधारभूत ग्रंथ है :

A. बृहद्देशी B. भरत भाष्य
C. संगीत मकरंद D. संगीत रत्नाकर

94. संगीत रत्नाकर के किस अध्याय में नव रसों की चर्चा की गई है?

A. स्वरगता अध्याय B. तालाध्याय
C. वाद्याध्याय D. नृर्तणाध्याय

95. ''तं दक्षिणं शिवं नौमि चित्रं वृत्तिमयं ध्रुवम्'' यह श्लोक किस ग्रंथ में लिखा गया है?

A. नाट्यशास्त्र B. संगीत समयसार
C. संगीत रत्नाकर D. संगीत मकरंद

निर्देश (प्रश्न संख्या 96 से 100 तक): *नीचे दिए गए अनुच्छेद को पढ़कर पूछे गए प्रश्नों के उत्तर दीजिए।*

तिहाई भारतीय संगीत की एक महत्वपूर्ण क्रिया है। संगीत की तीनों विधाओं में तिहाई का प्रयोग देखने-सुनने को मिलता है। लोक, संगीत, सुगम संगीत एवं फिल्म संगीत में तिहाई के समान प्रतीत होने वाले टोर का प्रयोग बखूबी से देखा-सुना जा सकता है। संगीत तिहाई के दमदार और बेदम ये दो रूप देखने को मिलते हैं। तिहाई किसी ताल की नहीं अपितु मात्राओं की होती है। उत्तर भारतीय संगीत में सरल तिहाई बनाने का नियम यह है कि जितनी मात्रा, या वर्णों के तिहाई बनाना है उस संख्या में तीन से उतनी बार भाग देना चाहिए जिससे कि कुछ न कुछ शेष अवश्य बचे। फिर भागफल में शेष का आधा जोड़ दिया जाता है। इस प्रकार प्राप्त संख्या में तिहाई का मुखड़ा 'धा' और विश्रांति शामिल होती है।

आचार्य बृहस्पति ने अपने ग्रंथ में तिहाई के चक्र एवं उसके रचना सिद्धांत का उल्लेख किया है। श्री भगवत शरण शर्मा ने भी तिहाई विषय पर एक पुस्तक का लेखन किया है।

96. पंद्रह वर्णों से बेदम तिहाई किस ताल में बनती है?

(*a*) तीनताल (*b*) रूपक
(*c*) रुद्र (*d*) कुम्भ

नीचे दिए गए विकल्पों में से **सही उत्तर** का चयन कीजिए :

A. केवल (*a*) और (*c*)
B. केवल (*c*) और (*d*)
C. केवल (*c*) और (*b*)
D. केवल (*d*) और (*b*)

97. 32 तिहाई के चक्र एवं उसके रचना सिद्धांत का उल्लेख किस ग्रंथ में मिलता है?

A. संगीत चिंतामणि
B. संगीत कल्पद्रुम
C. भरत भाष्य
D. संगीत मकरंद

98. ''संगीत में तिहाईयाँ'' पुस्तक में अधिकतम कितनी मात्रा के ताल का गणितीय सूत्र दिया है?

A. 32 B. 16
C. 21 D. 28

99. किस ताल में बेदम तिहाई **नहीं** होती है?

(*a*) तीनताल
(*b*) एकताल
(*c*) पंचमसवारी
(*d*) झपताल

नीचे दिए गए विकल्पों में से **सही उत्तर** का चयन कीजिए :

A. केवल (*b*) और (*d*)
B. केवल (*a*) और (*c*)
C. केवल (*b*) और (*c*)
D. केवल (*c*) और (*d*)

100. तिहाई से भिन्न हैं :

(*a*) टोर (*b*) फरमाईशी
(*c*) बेदम (*d*) दम

नीचे दिए गए विकल्पों में से **सही उत्तर** का चयन कीजिए :

A. केवल (*a*) और (*b*)
B. केवल (*b*) और (*c*)
C. केवल (*c*) और (*d*)
D. केवल (*d*) और (*b*)

भाग-IV

कर्नाटक संगीत

26. निम्नलिखित में से किस सुषिर वाद्य का मुहाना टोपीनुमा होता है?

A. एक्कालम B. तिरुचिन्नम्

C. गौरीकालम् D. भुजंग स्वरम्

27. निम्नलिखित में से कौन-सी कृति पुण्डरीक विट्ठल द्वारा रचित नहीं है?

A. नर्तन निर्णय B. राग माला

C. नाट्य दर्पण D. राग मंजरी

28. राग नाटा में एक तिल्लाना गति भेद 'धीम दिराना थाना' के रचनाकार हैं :

A. लालगुड़ी जी. जयरामन

B. मंगलमपल्ली बालमुरली कृष्ण

C. मैसूर चैदय्या

D. पूचि श्रीनिवास आयंगर

29. एक स्थायी वाद्य है :

A. शहनाई B. किन्नारी

C. मगुडी D. मुखवीणा

30. 'अंबनिन्नु नेर' रागमालिका के रचयिता कौन हैं?

A. सुब्बाराय शास्त्री B. श्यामा शास्त्री

C. अन्ना शास्त्री D. चिन्नी कृष्णदास

31. तोड़ी राग में रचित कृति 'गति नीवनि' किस कृति समूह से संबंधित है?

A. घन राग पंचरत्न B. कोवुर पंचरत्न

C. लालगुड़ी पंचरत्न D. श्रीरंग पंचरत्न

32. तोड़ी राग में 'रूपमजुचि' वर्ण निम्नलिखित में से किसका साहित्य है?

A. पूर्ण रचना

B. पूर्वांग एवं उत्तरांग दोनों मुक्तायी स्वर

C. केवल पल्लवी, अनुपल्लवी और चारण

D. केवल पूर्वांग भाग

33. 22 अक्षरों वाले ताल को चिह्नित कीजिए :

A. संकीर्ण जाति मठ्य ताल

B. मिश्र जाति ध्रुव ताल

C. संकीर्ण जाति अट ताल

D. मिश्र जाति झंपा ताल

34. भूत साँख्य 'ब्रह्म गो' किस मेल से संबंधित है?

A. नामनारायणि B. धवलाम्बरी

C. कामवर्धनि D. रामप्रिय

35. मुथैया भागवतार द्वारा अपने ग्रंथ 'संगीत लक्षण सार' में षडांगों के साथ सूत्रबद्ध सप्तांग चक्र तालिका में किस अतिरिक्त अंग को शामिल किया था?

A. लघुद्रुतम् B. लघुविरामम्

C. गुरुविरामम् D. द्रुत शेखरम्

36. कर्नाटक संगीत के रूपक ताल के समान हिन्दुस्तानी ताल है :

A. तीन ताल B. रूपक ताल

C. दादरा D. झाप ताल

37. किरावणी राग का प्रति मध्यम मेल है :

A. षन्मुखप्रिया B. हेमवती

C. धर्मवती D. सिंहेन्द्र मध्यम

38. नालायिर दिव्य प्रबंधम का संकलन किसने किया है?

A. नादमुनि B. नारदमुनि

C. रामलिंग अटिगल D. तिरुवल्लुवर

39. निम्नलिखित में से कौन-सा औडव-षाडव राग नहीं है?

A. मणि रंगू B. प्रताप वराली

C. जय मनोहारी D. जयंत सेन

40. महाराजा सियाजी राम गायकवाड़ द्वारा वर्ष 1986 में स्थापित प्रथम विश्वविद्यालय कौन-सा था?

A. बनारस हिन्दू विश्वविद्यालय

B. भारतीय नृत्य, संगीत एवं नाट्य महाविद्यालय

C. विश्वभारती विश्वविद्यालय

D. इंदिरा कला संगीत विश्व विद्यालय

41. आदि मूलेश्वर नोण्टि नाटकम के रचनाकार हैं :

A. मुत्तुताण्डवर B. मारिमुथ पिल्लई

C. अरुणगिरि नाथार D. अंगथियार

42. निम्नलिखित में से कौन-सा निषादांत्य राग नहीं है?

A. चित्तरंजिनी B. पुन्नगवरालि

C. नवरोज D. नादनामक्रिया

43. अस्वक्रांत स्केल किस ग्राम से उत्पन्न है?

A. षड्ज ग्राम B. मध्यम ग्राम

C. गंधार ग्राम D. ग्राम राग

44. शरभेन्द्र भूपाल कुरवंजी के लेखक हैं :

A. पापनाश मुदलियार

B. कोटीश्वर अय्यर

C. कोट्टय्युर शिवक्कोझुन्दु देशिकार

D. तिरुकुट राजप्प कविरायार

45. निम्नलिखित में से कौन-सा मायामलव गौला का जन्य नहीं है?

A. विवधंनि B. सावेरी

C. मलहारी D. गौली पंतु

46. पेरिन्बा कीर्तन के लेखक हैं :

A. गोपाल कृष्ण भारती B. लक्ष्मण पिल्लई

C. कवि कुंजर भारती D. नीलकंठ शिवन

47. सामन गायक कहलाते हैं :

A. हिंकारा B. चांडोग

C. ओंकार D. प्रतिहार

48. पुण्डरीक विट्ठल के अनुसार लघु (मा) मध्यम की स्थिति कौन-सी है?

A. 13 B. 12

C. 16 D. 10

49. निम्नलिखित में से किस ताल अंग में सर्पिणी, कृष्या, पटक, पतिता क्रियाएँ उत्पन्न होती हैं?

A. लघु B. प्लुतम

C. काकपादम D. गुरु

50. हंपीमंडप निम्नलिखित में से किस रचनाकार का मृत्यु स्थल है?

A. सदाशिव ब्रह्मेन्द्र B. भद्राचलम् रामदास

C. जयदेव D. पुरंदर दास

51. 22वें मेल खरहरप्रिया से व्युत्पन्न ऑडव-संपूर्ण राग है :

A. केदार गौला B. सावेरी

C. आभेरी D. मणिरेन्गु

52. शैव संतों की कुल संख्या कितनी है?

A. 4 B. 63

C. 60 D. 7

53. ऊँ, तत्, सत जैसे कतिपय शुभ शब्द को समाहित किए जाने से संबंधित प्रबंध का अंग है :

A. पाट B. पद

C. बिरुद D. तेनक

54. अंतर गंधार और पंचम के बीच निम्नलिखित में से क्या होता है?

A. पंचश्रुति अंतराल B. त्रिश्रुति अंतराल

C. षड् श्रुति अंतराल D. द्विश्रुति अंतराल

55. निम्नलिखित में से किस कृति में ताल के विभिन्न पहलुओं से संबंधित विषयों ताल स्वरूप, तालोद्देश, काललक्षण का उल्लेख है?

A. संगीत समयसार

B. संगीत सुधाकर

C. संगीत मकरंद

D. संगीत रत्नाकर

56. एस.ए.के. दुर्गा द्वारा लिखित ग्रंथ कौन-सा है?

A. एसेन्शियल ऑफ म्यूजिकोलॉजी इन साउथ इंडियन म्यूजिक

B. वॉयस कल्चर

C. द टीचिंग ऑफ म्यूजिक

D. हिस्ट्री ऑफ इंडियन म्यूजिक

57. संगीत संप्रदाय प्रदर्शिनी में कितने अध्याय हैं?

A. 5 B. 6

C. 4 D. 7

58. सा रि गि मि पा धि नू सां
सां नू धि पा मि गि रि सा

निम्नलिखित में से किसकी स्केल है?

A. श्यामलांगी B. नीतिमती
C. हेमावती D. धर्मावती

59. सिंहनंदन ताल और कानड़ा राग में रचित तिल्लाना का श्रेय किसे जाता है?

A. पल्लवी शेष अय्यर B. कृष्णास्वामी अय्यर
C. महावैद्यनाथ अय्यर D. कुंद्रकुडी कृष्ण अय्यर

60. निम्नांकित में से क्या श्यामाशास्त्री की नवरेत्न मालिका समूह की कृतियों में सम्मिलित नहीं है?

A. नन्नू ब्रोवू ललिता B. मीन लोचनी
C. देवी मीन नेत्री D. निन्ने नमिननु

61. वाचस्पति की ऋषभ मूर्च्छना का राग है?

A. सिंहेन्द्रमध्यम B. वारुकेशी
C. षन्मुखप्रिया D. चक्रवाक

62. निम्नलिखित तालों में से किसमें 126 अक्षर होंगे?

(*a*) संकीर्ण गति मट्य ताल
(*b*) संकीर्ण गति अट ताल
(*c*) संकीर्ण गति झंपा ताल
(*d*) संकीर्ण गति ध्रुव ताल
(*e*) संकीर्ण गति त्रिपुट ताल

नीचे दिए गए विकल्पों में से **सही उत्तर** का चयन कीजिए :

A. केवल (*a*) और (*b*) B. केवल (*b*) और (*d*)
C. केवल (*c*) और (*d*) D. केवल (*d*) और (*e*)

63. 22वें मेल खरहरप्रिया से व्युत्पन्न दो ऑडव उपांग राग हैं :

(*a*) अंडोलिक (*b*) आभोगी
(*c*) मोहना (*d*) दरबार
(*e*) देवक्रिया

नीचे दिए गए विकल्पों में से **सही उत्तर** का चयन कीजिए :

A. केवल (*a*) और (*b*) B. केवल (*b*) और (*c*)
C. केवल (*c*) और (*d*) D. केवल (*d*) और (*e*)

64. अंगध्रुत के पर्याय हैं :

(*a*) अर्धचंद्र (*b*) चक्र
(*c*) षर (शर) (*d*) वाद्य
(*e*) बिन्दु

नीचे दिए गए विकल्पों में से **सही उत्तर** का चयन कीजिए :

A. केवल (*a*) और (*b*) B. केवल (*b*) और (*c*)
C. केवल (*c*) और (*d*) D. केवल (*b*) और (*e*)

65. द्वय मेलकर्ता से व्युत्पन्न रागों को चिह्नित कीजिए :

(*a*) शुद्ध तरंगिणी (*b*) कलगड़ा
(*c*) छाया तरंगिणी (*d*) कन्नड़ गौला
(*e*) कन्नड़

नीचे दिए गए विकल्पों में से **सही उत्तर** का चयन कीजिए :

A. केवल (*a*) और (*c*)
B. केवल (*a*) और (*d*)
C. केवल (*b*) और (*d*)
D. केवल (*b*) और (*e*)

66. मध्यमग्राम की दो मूर्च्छनाएँ हैं :

(*a*) सुखा (*b*) नन्दा
(*c*) मार्गी (*d*) पौरवी
(*e*) अश्वाक्रांता

नीचे दिए गए विकल्पों में से **सही उत्तर** का चयन कीजिए :

A. केवल (*a*) और (*b*) B. केवल (*b*) और (*c*)
C. केवल (*c*) और (*d*) D. केवल (*c*) और (*e*)

67. काकपद ताल अंग के पर्याय हैं :

(*a*) विराम (*b*) हंसपद
(*c*) चक्र (*d*) निश्शब्द
(*e*) कण

नीचे दिए गए विकल्पों में से **सही उत्तर** का चयन कीजिए :

A. केवल (*a*) और (*b*) B. केवल (*b*) और (*c*)
C. केवल (*b*) और (*d*) D. केवल (*c*) और (*d*)

68. तीन एट्टुगोडा स्वर युक्त दो वर्णों को चिह्नित कीजिए :

(*a*) आभोगी – येवंरिबोध

(*b*) आरभी – सरसिजमुखी

(*c*) सारंग – इन्तामोडी

(*d*) सावेरी – सरसूडा

(*e*) दरबार – चलमेल

नीचे दिए गए विकल्पों में से **सही उत्तर** का चयन कीजिए :

A. केवल (*a*) और (*c*) B. केवल (*b*) और (*c*)

C. केवल (*b*) और (*d*) D. केवल (*c*) और (*e*)

69. 16वें मेल चक्रवाक से व्युत्पन्न दो जन्य राग हैं :

(*a*) सारंगनाट (*b*) कलावती

(*c*) वेग वाहिनी (*d*) सिद्धसेन

(*e*) सुप्रदीपम्

नीचे दिए गए विकल्पों में से **सही उत्तर** का चयन कीजिए :

A. केवल (*a*) और (*b*) B. केवल (*b*) और (*c*)

C. केवल (*c*) और (*d*) D. केवल (*d*) और (*e*)

70. जाति के साथ मूलतः स्वरांकित सांगीतिक रूप हैं :

(*a*) गीतम् (*b*) तानवर्णम्

(*c*) कृति (*d*) जावालि

(*e*) तिल्लाण

नीचे दिए गए विकल्पों में से **सही उत्तर** का चयन कीजिए :

A. केवल (*a*) और (*b*) B. केवल (*b*) और (*c*)

C. केवल (*c*) और (*d*) D. केवल (*c*) और (*e*)

71. 108 तालों में से 24 अक्षरकाल वाले दो ताल हैं :

(*a*) चतुरस्र वर्णम् (*b*) त्रिस्र वर्णम्

(*c*) शरभलीला (*d*) रंगप्रदीपम्

(*e*) हंसनादम्

नीचे दिए गए विकल्पों में से **सही उत्तर** का चयन कीजिए :

A. केवल (*a*) और (*b*) B. केवल (*b*) और (*c*)

C. केवल (*c*) और (*d*) D. केवल (*d*) और (*e*)

72. निरोष्ट रागों में कौन-से स्वर लुप्त हैं :

(*a*) ऋषभ (*b*) गांधार

(*c*) मध्यम (*d*) धैवत

(*e*) पंचम

नीचे दिए गए विकल्पों में से **सही उत्तर** का चयन कीजिए :

A. केवल (*a*) और (*b*) B. केवल (*b*) और (*c*)

C. केवल (*c*) और (*d*) D. केवल (*c*) और (*e*)

73. त्यागराज की राग मुखारी की दो कृतियों को चिह्नित कीजिए :

(*a*) एमानिने (*b*) एलवतरा

(*c*) एमान्दुने (*d*) क्षिणमई तिरुगड़

(*e*) पाहिमाम रत्नाचल

नीचे दिए गए विकल्पों में से **सही उत्तर** का चयन कीजिए :

A. केवल (*a*) और (*d*) B. केवल (*b*) और (*d*)

C. केवल (*c*) और (*b*) D. केवल (*c*) और (*e*)

74. सूची-I के साथ सूची-II का मिलान कीजिए :

सूची-I (लिंग)	**सूची-II (स्थान)**
(*a*) पृथ्वी	I. तिरुवनैक्कवु
(*b*) अप्पु	II. कालहस्ति
(*c*) तेजो	III. कांचीपुरम्
(*d*) वायु	IV. तिरुवन्नमलाई

नीचे दिए गए विकल्पों में से **सही उत्तर** का चयन कीजिए :

	(*a*)	(*b*)	(*c*)	(*d*)
A.	III	IV	I	II
B.	II	I	IV	III
C.	III	I	IV	II
D.	IV	III	I	II

75. सूची-I के साथ सूची-II का मिलान कीजिए :

सूची-I (गीत)	**सूची-II (संगीत रूप)**
(*a*) चेलिनेनेत्लु	I. वर्णम्
(*b*) एमाता लाडिना	II. स्वरजति
(*c*) मगुव निन्ने कोरी	III. जावालि
(*d*) सदायायिका	IV. पदम

नीचे दिए गए विकल्पों में से **सही उत्तर** का चयन कीजिए :

	(a)	(b)	(c)	(d)
A.	I	II	III	IV
B.	II	III	IV	I
C.	III	IV	I	II
D.	IV	I	III	II

76. सूची-I के साथ सूची-II का मिलान कीजिए :

सूची-I (वाद्य)	सूची-II (प्रकार)
(a) तन्तुम्मै	I. तंत्री
(b) मोर्सिंग	II. अवनद्ध
(c) किन्नरम्	III. सुषिर
(d) कुज्हल	IV. धन

नीचे दिए गए विकल्पों में से **सही उत्तर** का चयन कीजिए :

	(a)	(b)	(c)	(d)
A.	II	IV	III	I
B.	II	III	I	IV
C.	II	IV	I	III
D.	III	IV	I	II

77. सूची-I के साथ सूची-II का मिलान कीजिए :

सूची-I (सम्मान)	सूची-II (लब्ध प्रतिष्ठ व्यक्ति)
(a) तानवर्ण मार्गदर्शी	I. कल्लि नाथ
(b) संगीर्तनाचार्य	II. रामास्वामी शिवन
(c) अभिनव भट्टाचार्य	III. पचिमरियम् आदिअप्पय्या
(d) साटिल्यपुली	IV. ताल्लपवकम अन्नमाचार्य

नीचे दिए गए विकल्पों में से **सही उत्तर** का चयन कीजिए :

	(a)	(b)	(c)	(d)
A.	III	IV	I	II
B.	I	II	IV	III
C.	II	I	IV	III
D.	IV	III	I	II

78. सूची-I के साथ सूची-II का मिलान कीजिए :

सूची-I	सूची-II
(a) श्री रंगपंचरत्नम्	I. वीणा कुप्पय्यर
(b) शिवनवावरणम्	II. स्वाती तिरुनाल महाराज
(c) वेंकटेश पंचरत्नम्	III. त्यागराज
(d) नवविध भक्ति कृतियाँ	IV. मुत्थुस्वामी दीक्षितार

नीचे दिए गए विकल्पों में से **सही उत्तर** का चयन कीजिए :

	(a)	(b)	(c)	(d)
A.	II	III	IV	I
B.	III	IV	I	II
C.	IV	I	II	III
D.	I	II	III	IV

79. सूची-I के साथ सूची-II का मिलान कीजिए :

सूची-I (गीत)	सूची-II (संगीतकार)
(a) जगदोद्धारण	I. त्यागराज
(b) एन्नतवम्	II. पुरंदरदास
(c) जानकी रमण	III. पापनाशम् शिवन
(d) इन्त सौख्य	IV. वनमाली

नीचे दिए गए विकल्पों में से **सही उत्तर** का चयन कीजिए :

	(a)	(b)	(c)	(d)
A.	II	IV	III	I
B.	III	II	IV	I
C.	I	IV	III	II
D.	II	III	IV	I

80. सूची-I के साथ सूची-II का मिलान कीजिए :

सूची-I (सम्मान)	सूची-II (अधिष्ठापक)
(a) कलैमामणी	I. आंध्र प्रदेश संगीत नाटक अकादमी
(b) कलाप्रपूर्ण	II. इंडियन फाइन आर्ट्स
(c) संगीत कलानिधि	III. तमिलनाडु सरकार
(d) संगीत कलाशिखामणि	IV. मद्रास म्यूजिक अकादमी

नीचे दिए गए विकल्पों में से **सही उत्तर** का चयन कीजिए :

	(*a*)	(*b*)	(*c*)	(*d*)
A.	III	IV	II	I
B.	III	I	IV	II
C.	I	IV	III	II
D.	II	I	IV	III

81. सूची-I के साथ सूची-II का मिलान कीजिए :

सूची-I (लघु का नाम)	सूची-II (अन्य संज्ञा)
(*a*) मिस्र संकीर्ण लघु	I. वर्ण लघु
(*b*) देस्य संकीर्ण लघु	II. वाद्य लघु
(*c*) मिस्र देस्य संकीर्ण लघु	III. कर्नाटक लघु
(*d*) देस्य शुद्ध संकीर्ण लघु	IV. सिंह लघु

नीचे दिए गए विकल्पों में से **सही उत्तर** का चयन कीजिए :

	(*a*)	(*b*)	(*c*)	(*d*)
A.	II	IV	I	III
B.	III	I	IV	II
C.	IV	I	II	III
D.	IV	II	I	III

82. वेंकटमखि द्वारा उल्लिखित विकृत स्वर को क्रमानुसार व्यवस्थित कीजिए :

(*a*) अंतर गंधार (*b*) कैशिकी निषाद
(*c*) साधारण गंधार (*d*) काकली निषाद
(*e*) वरालि मध्यम

नीचे दिए गए विकल्पों में से **सही उत्तर** का चयन कीजिए :

A. (*c*), (*a*), (*e*), (*b*), (*d*)
B. (*c*), (*e*), (*b*), (*d*), (*a*)
C. (*e*), (*a*), (*b*), (*c*), (*d*)
D. (*d*), (*e*), (*a*), (*b*), (*c*)

83. तिस्र, चतुरस्र, खंडा, मिश्र और संकीर्ण के रूपक ताल लघुजाति भेद के निम्नलिखित नामों को अनुक्रम में व्यवस्थित कीजिए :

(*a*) रज (*b*) चक्र
(*c*) बिन्दु (*d*) कुल
(*e*) पत्ति

नीचे दिए गए विकल्पों में से **सही उत्तर** का चयन कीजिए :

A. (*a*), (*c*), (*d*), (*b*), (*e*)
B. (*b*), (*e*), (*a*), (*d*), (*c*)
C. (*e*), (*c*), (*d*), (*b*), (*a*)
D. (*b*), (*d*), (*c*), (*e*), (*a*)

84. उपस्थित स्वरों की संख्या के अनुसार सही अनुक्रम चुनिए :

(*a*) भैरवी (*b*) मेघरंजिनी
(*c*) महती (*d*) मलयमारुतम्

नीचे दिए गए विकल्पों में से **सही उत्तर** का चयन कीजिए :

A. (*b*), (*c*), (*a*), (*d*)
B. (*c*), (*b*), (*d*), (*a*)
C. (*a*), (*d*), (*c*), (*b*)
D. (*d*), (*c*), (*b*), (*a*)

85. निम्नलिखित को सही अनुक्रम में व्यवस्थित कीजिए :

(*a*) अंतरा (*b*) उद्ग्रह
(*c*) आभोग (*d*) मेलापक
(*e*) ध्रुवक

नीचे दिए गए विकल्पों में सें **सही उत्तर** का चयन कीजिए :

A. (*a*), (*d*), (*e*), (*b*), (*c*)
B. (*b*), (*d*), (*e*), (*a*), (*c*)
C. (*b*), (*e*), (*d*), (*c*), (*a*)
D. (*c*), (*d*), (*e*), (*b*), (*a*)

86. निम्नलिखित रागों को संपूर्ण षाडवम्, संपूर्ण ऑडवम्, षाडव संपूर्ण, ऑडव संपूर्ण, षाडव-षाडव के अनुसार अनुक्रम में व्यवस्थित कीजिए :

(*a*) सारमती (*b*) धन्यासी
(*c*) मार्गाहिन्डोलम (*d*) मंदारी
(*e*) परज

नीचे दिए गए विकल्पों में से **सही उत्तर** का चयन कीजिए :

A. (*c*), (*a*), (*e*), (*b*), (*d*)
B. (*a*), (*c*), (*b*), (*d*), (*e*)
C. (*e*), (*a*), (*d*), (*b*), (*c*)
D. (*b*), (*c*), (*a*), (*d*), (*e*)

87. निम्नलिखित ग्रंथों को कालक्रमानुसार सही अनुक्रम में व्यवस्थित कीजिए :

(*a*) संगीत चंद्रिका (*b*) संगीत रत्नाकर
(*c*) स्वरमेल कलानिधि (*d*) संगीत सार
(*e*) संग्रह चूड़ामणि

नीचे दिए गए विकल्पों में से **सही उत्तर** का चयन कीजिए :

A. (*c*), (*e*), (*d*), (*b*), (*a*)
B. (*d*), (*c*), (*e*), (*b*), (*a*)
C. (*b*), (*d*), (*c*), (*e*), (*a*)
D. (*e*), (*b*), (*d*), (*c*), (*a*)

88. नीचे दो कथन दिए गए हैं :

कथन I: राग आलापन का अभ्यास करने के क्रम में इस बात का ज्ञात खयाल रखा जाना चाहिए कि इसके रागात्मक (सुरीला) स्वरूप या व्यष्टिकता का पूर्णतः परिरक्षण हो।

कथन II: संगीतज्ञों को श्रुतियों की सटीक आवृत्तियों के प्रति सचेत रहना चाहिए और आलापन के गायन में रस के नादात्मरूप को बनाए रखने की आवश्यकता नहीं है।

उपरोक्त कथन के आलोक में, नीचे दिए गए विकल्पों में से **सही उत्तर** का चयन कीजिए।

A. कथन I और कथन II दोनों सत्य हैं।
B. कथन I और कथन II दोनों असत्य हैं।
C. कथन I सत्य है, लेकिन कथन II असत्य है।
D. कथन I असत्य है, लेकिन कथन II सत्य है।

89. नीचे दो कथन दिए गए हैं :

कथन I: रामायण के अनुसार संगीतकार के लिए उत्तम व्यक्तित्व वांछनीय माना जाता था क्योंकि यह संगीत के आनंद में अभिवृद्धि करता है।

कथन II: संगीत का सौन्दर्यशास्त्र संगीतकार के व्यक्तित्व को मूल्यांकित करता है।

उपरोक्त कथन के आलोक में, नीचे दिए गए विकल्पों में से **सही उत्तर** का चयन कीजिए।

A. कथन I और कथन II दोनों सत्य हैं।
B. कथन I और कथन II दोनों असत्य हैं।
C. कथन I सत्य है, लेकिन कथन II असत्य है।
D. कथन I असत्य है, लेकिन कथन II सत्य है।

90. नीचे दो कथन दिए गए हैं :

कथन I: किसी रचना का सौंदर्य बहुधातु के कारण विकसित होता है।

कथन II: विभिन्न धातुओं के शामिल होने के कारण किसी कृति का सातत्य नष्ट हो जाता है।

उपरोक्त कथन के आलोक में, नीचे दिए गए विकल्पों में से **सही उत्तर** का चयन कीजिए।

A. कथन I और कथन II दोनों सत्य हैं।
B. कथन I और कथन II दोनों असत्य हैं।
C. कथन I सत्य है, लेकिन कथन II असत्य है।
D. कथन I असत्य है, लेकिन कथन II सत्य है।

निर्देश (प्रश्न संख्या 91 से 95 तक): *नीचे दिए गए अनुच्छेद को पढ़कर पूछे गए प्रश्नों के उत्तर दीजिए।*

भारतीय मतानुसार सारे कला रूप धार्मिक एवं आध्यात्मिक लक्ष्योन्मुख होते हैं। भारत का सांगीतिक इतिहास चिन्ताकर्षक अभिरुचि की कुछ विशेषताओं को प्रस्तुत करता है। यह अचानक रातोंरात होने वाली घटना नहीं है, अपितु शताब्दियों से हो रहे प्रयोगों का परिणाम है। भारत का सांगीतिक इतिहास अधिकांशतः सांगीतिक संकल्पनाओं का इतिहास सिद्धांतों पर आधारित एक पूर्व-प्रतिष्ठित सुविकसित पद्धति है। यह न केवल लक्षण और लक्ष्य से समृद्ध है बल्कि इसके पीछे गौरवशाली एवं जीवंत इतिहास भी है। संगीत के इतिहास को व्यापक तौर पर तीन कालों में विभाजित किया जा सकता है। पूर्व-ऐतिहासिक काल से मतंग काल तक प्राचीन तथा मतंग काल से पुरंदरदास काल को मध्य काल और उत्तर पुरंदर दास काल आधुनिक काल के रूप विस्तीर्ण है।

91. निम्नलिखित में से वह नाम कौन-सा है जो पंच भरत समूह में शामिल नहीं है?

A. कोहल B. भरत
C. वेंकटमखी D. मतंग

92. निम्नलिखित में से कौन-सा मेल धैवत और निषाद का धी-नू संयोजन लेता है?

A. यागप्रिया B. वकुलाभरणम्
C. कोकिलप्रिया D. वरुणप्रिया

93. सामगान का कौन-सा रूप किसी विद्यार्थी द्वारा स्वतंत्र रूप से गाया जाता है?

A. रूपांतर B. प्रस्ताव
C. उद्गीत D. निधान

94. प्रस्तार भेद (प्ररूप) का नाम है :

A. प्रमाण B. कदंब
C. शंख D. पातालम्

95. मंगलाचरणम्, श्रुतिकलक्षणम् और मेलप्रस्तार लक्षणम अध्यायों के नाम हैं जिन्हें एक साथ पूर्व भाग कहा जाता है, ये निम्नलिखित में से किस ग्रंथ के भाग हैं?

A. चतुर्दण्डिप्रकाशिका B. नाट्यशास्त्र
C. संग्रह चूड़ामणि D. बृहद्देशी

निर्देश (प्रश्न संख्या 96 से 100 तक): *नीचे दिए गए अनुच्छेद को पढ़कर पूछे गए प्रश्नों के उत्तर दीजिए।*

कर्नाटक संगीत मुख्यतः दो सुस्पष्ट श्रेणियों में वर्गीकृत किया गया है जिसे सामान्य रूप में कल्पिता संगीत तथा मनोधर्म संगीत के रूप में जाना जाता है। सामान्यतः कर्नाटक संगीत मौलिक स्तर से लेकर उन्नत स्तर तक किसी विशेष गुरु से व्यवस्थित रूप में सीखा जाता है। कल्पिता संगीत श्रेणी के अन्तर्गत मूल्यतः स्वराजाति तानवर्णा तथा पादवर्णा संगीत रूपों को प्रस्तुत किया जाता है। जहाँ तक दूसरी श्रेणी का प्रश्न है इसमें विशेषकर व्यक्तिगत प्रदर्शन पर बल रहा है जिसे तात्कालिक संगीत के रूप में भी संदर्भित किया जाता है। श्रुति और लय प्रमुख्य कारक होते हैं जिनका पालन गुरु के विवेकानुसार किया जाता है।

श्रुति और लय अन्र्तजन्य ज्ञान हैं, जिन्हें अधिकांश विद्यार्थियों द्वारा बाह्य रूप से प्रदीप्त करने की आवश्यकता नहीं होती। लेकिन, कुछ मामलों में हमें उन्हें श्रुति और लय को समझाने के लिए हारमोनियम, की-बोर्ड, मेट्रोनोम जैसे अनुपूरक वाद्ययंत्रों के उपयोग की आवश्यकता पड़ती है। पहले के आम प्रचलनों से इतर वर्तमान समय में मेट्रोनोम के प्रयोग की आवश्यकता और मांग है।

उत्तर त्रयी अर्शध के दौरान कुछ प्रकाशनों में इस प्रकार का अभ्यास प्रचलित था। रचना दो स्टाफ नोटेशन में स्वरांकित करने का श्रेय ए.एम.सी. मुदलियार को जाता है ताकि यह स्वदेशी एवं पश्चिमी दोनों लोगों को उपलब्ध हो सके। प्रकाशन में राग, ताल तथा गमक की अवधारणा को अनूदित किया गया है तथा सराली वरिवा सैस से किरताना एवं कर्नाटक संगीत के अन्य भेदों सहित संगीत के प्रत्येक रूप के कलाप्रमाण को इंगित करने के लिए कतिपय संकेत दिए गए हैं। कलाप्रमाण को इंगित करने के लिए स्वामीक्वामर, क्वामर, क्रोचेट तथा मीनिम को चुना गया है। संगीत शास्त्रियों के अनुसार यह प्रकाशन संगीत रूपों के कलाप्रमाण के पालन हेतु संदर्भ ग्रंथ हैं और यह उस समय के प्रस्तुतिकरण आरूपों को संप्रेषित करता है।

96. ए.एम.सी. मुदलियार के प्रकाशन का नाम बताइए :

A. संगीत चंद्रिका
B. संगीत स्वयं बोधिनी
C. ओरिएंटल म्यूजिक इन यूरोपियन नोटेशन
D. फंडामेंटल्स ऑफ वेस्टर्न म्यूजिक

97. क्रोचेट का मेजरमेंट वैल्यू बताइए :

A. 4 B. 2
C. 1/4 D. 1/8

98. ए.एम.सी. मुदलियार के समकालीन संगीतज्ञ सह शिक्षाविद कौन थे?

A. पतनम सुभ्रमान्य अय्यर
B. सुब्बाराम द्रीक्षितर
C. के.वी. श्रीनिवास आयंगर
D. पी. सम्बामूर्ति

99. ए.एम.सी. मुदलियार के समय के दौरान रचित समकालीन प्रकाशनों की पहचान करें :

A. संगीत सरवांथा सार संग्रहमु
B. गानभास्करम्
C. गानकला बोधिनी
D. हिस्ट्री ऑफ इंडियन म्यूजिक

100. बिलहरी राग में 'दोरकूना' प्रति सेकण्ड 50 बीट सुझाया है जिसकी गणना क्वायर में, की अक्षरता की गिनती बताएँ :

A. 16 B. 32
C. 64 D. 8

भाग–V

रबीन्द्र संगीत

26. नन्दिनी का निम्नलिखित कौन-सा गीत 'रक्तकरबी' नाटक में उल्लिखित है?
A. भालो जंदि बासो सखी
B. भालो बासी भालो बासी एई सुरे
C. भालो बासीले जदि से
D. भालो बेसे सखी निभृते जतने

27. ''कारण से जे'' गीत किसने लिखा?
A. रबीन्द्रनाथ टैगोर B. द्विजेन्द्र नाथ टैगोर
C. सत्येन्द्र नाथ टैगोर D. देबेन्द्रनाथ टैगोर

28. गीत 'तुमी डाक दिए छो कौन सकले' का लेखन निम्नलिखित किसके लिए किया गया है?
A. नाटक बसन्तोत्सव B. नाटक अचलायतन
C. नाटक मुकुट D. नाटक विसर्जन

29. जानी तुमी मंगल मोय.....गीत को इस रूप में जाना जाता है :
A. काव्य संगीत B. ब्रह्म संगीत
C. रबीन्द्र संगीत D. श्यामा संगीत

30. राग 'शुक्लोविलाबल' में रचित गीत की पहचान कीजिए।
A. नाच श्यामा ताले ताले
B. नित्यनाबो सत्य तबो
C. नित्य सत्ये चिंतन कारो
D. नित्य तोमारा जे फूल फोते

31. रजनीकान्त सेन द्वारा लिखित गीत की पहचान कीजिए :
A. नील आकाशेर असीम क्षेए
B. निचुर काछे नीचू होते
C. नयनेर बारी नयने रेखीछी
D. नगो बाणी बीणपाणि

32. उस सही विभाजन की पहचान कीजिए जिसका प्रयोग रबीन्द्र संगीत में होता है?
A. 5/2/3/4 B. 2/4/4/4/4
C. 2/3/2 D. 5/3/4/2/2

33. इस स्वरलिपि की सहायता से गीत को पहचानिए :
G M II P Ṡ N̲ | D P | P – P | P P |
A. कोथा जेउधाव होलो
B. कोथा बायरे जायरे उरे
C. कोथा छीली सजनी लो
D. कोथा होटे बाजे प्रेम बेदनारे

34. ''नृत्यकला-ओ-रबीन्द्रनाथ'' नामक पुस्तक का लेखन किसने किया है?
A. शैलजारंजन मजूमदार
B. नन्दलाल बोस
C. शान्तिदेव घोष
D. प्रतिमा देवी

35. ओई जे देखा जय आनन्द धाम.....गीत की रचना किसने की है?
A. दिनेन्द्रनाथ टैगोर
B. रबीन्द्रनाथ टैगोर
C. हेमेन्द्रनाथ टैगोर
D. ज्योतिरीन्द्रनाथ टैगोर

36. ज्योतिरीन्द्रनाथ का नाटक 'अश्रुमोती' निम्नलिखित किसे समर्पित है?
A. देबेन्द्रनाथ टैगोर
B. सत्येन्द्रनाथ टैगोर
C. रबीन्द्रनाथ टैगोर
D. दिनेन्द्रनाथ टैगोर

37. उस टैगोर गीत की पहचान कीजिए जिसे कुस्तिया की ओर से पालकी में लिखा गया है?
A. आमार हियार माझे लुकिए छीले
B. आमार सकल दुखेर प्रदीप
C. आमार भंग पाथेर रंग धुलाय
D. आमार दिन फुरालो बादल साँझे

38. गीत बितान के अनुसार निम्नलिखित गीतों में से रबीन्द्रनाथ द्वारा लिखित ग्रीष्मकालीन मौसमी (ऋतु) गीतों (प्रकृति पर्याय) का प्रथम गीत कौन-सा है?
A. ऐसो ही बैशाख
B. बैशाख ही मोडनी तापस
C. नाई रस नाई दासण दहनबेला
D. बैशाखेर एई भोरेर हवा

39. निम्नलिखित किस गीत का लेखन रवीन्द्रनाथ द्वारा किया गया है?
A. धरणि दूरी चेये केनो आज आशीष जेगे।
B. ऐसो प्राण सखा एसो प्राणे
C. झोरीछे झरो झरो गरजे गरो गरो
D. हरी प्रेम गगने चिरो राका

40. रबीन्द्रनाथ द्वारा आड़ा चौताल पर आधारित अपने गीतों के लिए किस प्रभाग संरचना का प्रयोग किया गया?
A. 1 2 | 3 4 5 6 | 7 8 9 10 | 11 12 13 14 |
B. 1 2 3 4 | 5 6 | 7 8 9 10 | 11 12 13 14 |
C. 1 2 3 | 4 5 6 7 | 8 9 10 11 | 12 13 14 |
D. 1 2 3 4 5 | 6 7 8 | 9 10 11 12 | 13 14 |

41. नृत्य-नाट्य चित्रांगदा में कविता पाठ (सस्वर) के कितने भाग (अंश) दिए गए हैं?
A. 4 B. 8
C. 9 D. 11

42. निम्नलिखित गीत ''हाय के दीबे आर सान्त्वना'' का ताल है :
A. झपताल B. चौताल
C. त्रिताल D. एकताल

43. ''ताबू मोने रेखो'' गीत निम्नलिखित किस काव्यात्मक कृति से लिया गया है?
A. सोनारतोरी B. मानशी
C. सनाई D. बीथिका

44. स्वरबितान 11 का शीर्षक क्या है?
A. नबगीतिका
B. गीतमालिका
C. बसन्त
D. केतकी

45. स्वरबितान के किस भाग (अंश) में ''ओई महामानव आशे'' गीत का संकलन किया गया है?
A. स्वरबितान 14 B. स्वरबितान 36
C. स्वरबितान 55 D. स्वरबितान 62

46. ''कोन अपरूप स्वर्गेर एलो'' गीत की व्युत्पत्ति निम्नलिखित किस नृत्यनाट्य से हुई है?
A. चित्रांगदा
B. नृत्य नाट्य मायारखेला
C. श्यामा
D. नटीर पूजा

47. अन्य तीन से स्वरक (सुर) रूप में भिन्न गीत का पता लगाइए।
A. आमार की वेदोना
B. आमी जाखोन छीलेन अंधो
C. ओगो शोनो के बाजय
D. जाखोन परबे ना मोर पायेर चिह्नों

48. निम्नलिखित गीत ''दिवानिशि कोरीया जतन'' के पर्याय की पहचान कीजिए।
A. प्रेम B. प्रेम ओ प्रकृति
C. विचित्रो D. पूजा ओ प्रार्थोना

49. ''तोमारी रागिनी जीबोन कुंजे'' गीत की राग की पहचान कीजिए।
A. छायानट B. ईमान कल्याण
C. आशाबोरी D. वृंदाबनी सारंग

50. अरब सागर में भ्रमण (यात्रा) करते समय लिखा गया निबंध 'अन्तर बाहिर' निम्नलिखित किस निबंध का भाग है?
A. साहित्येर पथे B. कालान्तर
C. संचय D. पाथेर संचय

51. लघु कहानी 'डालिया' के नाट्य आरुप का अनुवाद है :
A. पैशन प्ले
B. द महारानी ऑफ अराकान
C. द पोस्टमास्टर
D. द किंग ऑफ द डार्क चैम्बर

52. द्विभाषी अमृत बाजार पत्रिका में किस तिथि को टैगोर की प्रथम कविता का प्रकाशन हुआ था?

A. 25 मार्च, 1879

B. 25 मई, 1874

C. 25 फरवरी, 1876

D. 25 फरवरी, 1875

53. नाटक 'रक्तकरबी' का प्रथम नाम क्या था?

A. यक्षपुरी

B. नन्दिनी

C. परिशोध

D. एकटी आषाढ़े गोल्पो

54. निम्नलिखित कौन-से गीत का लेखन 'गृहप्रवेश' नाटक के लिए नहीं किया गया था?

A. बाजो रे बांसुरी बाजो

B. श्यामलो छाया नाई बागेले

C. जौबनो सरसि नीरे

D. जोदि होलो जाबार क्षण

55. निम्नलिखित कौन-सा गीत ऋतु नाटक 'नवीन' से नहीं लिया गया है?

A. बासन्ती हे भुवन मोहिनी

B. वेदना की भाषाय

C. ओरा ओकरोने चंचल

D. शुभ्र प्रभाते पूर्वी गगने उदीलो

56. निम्नांकित किस वर्ष में आश्रम मन्दिर में पहली बार क्राइस्ट उत्सव मनाया गया था?

A. 1910 B. 1911

C. 1909 D. 1915

57. टैगोर की प्रथम अहस्ताक्षरित कविता है :

A. पुजारिनी B. अभिलाष

C. सुखोस्वप्नो D. पुरातन भृत्यो

58. वेदमंत्र-यादेमी प्रस्फुरणिबा का अनुवाद है :

A. आजी झारेर राते तोमा अभिसार

B. झरे जाय उसे जाय

C. उसे जाय नेमे आय

D. जोदि झारे मेघेर मोतो आमी धाई

59. निम्नलिखित कौन-सा गीत उपन्यास 'बोऊ ठाकुरानीर हाट' से लिया गया है?

A. बंधू कोन आलो

B. बंधू तोमोय कारबो राजा

C. बंधुआ असमए केनो हे प्रकाश

D. सेई तो तोमार पोथेर

60. निम्नलिखित किस गीत को काव्यात्मक नाट्य 'परिशोध' के लिए लिखा गया किंतु नृत्य-नाट्य 'श्यामा' से बाहर निकाल दिया गया है?

A. अहा मोरी मोरी

B. एखोनो केनो समय नहीं होलो

C. हे बिदेशी एसो एसो

D. निर्दोषी बिदेशीर रखो प्राण

61. किस रबीन्द्र संगीत का लेखन टैगोर की पौत्री नन्दिनी (पूपी) के विवाह समारोह के लिए किया गया था?

A. प्रेमेरो मिलोनो दिने

B. सुधासागर तीरे होय

C. शुभदिने एसेच्छे दोहे

D. जे तरुणीखानी भासाले दुजने

62. निम्नलिखित किस गीत को गीत-बितान में रखा गया है। इसमें यह विरोधाभास व्याप्त है कि यह अक्षय चौधरी द्वारा लिखा गया होगा?

A. हो के बोले देबे

B. साध कोरे केनो शाखा

C. ओ केनो भालो बासा

D. भालो बासिते जोदि से भालो नाबासे

63. गीत 'घारेते भ्रामोर एलो' का प्रयोग किसमें होता है?

(*a*) बिसर्जन (*b*) अचलायतन

(*c*) बसन्त (*d*) तासेर देश

(*e*) मुक्तधारा

नीचे दिए गए विकल्पों में से **सही उत्तर** का चयन कीजिए :

A. केवल (*a*) और (*b*)

B. केवल (*b*) और (*d*)

C. केवल (*c*) और (*d*)

D. केवल (*d*) और (*e*)

64. "अमी संसारे मोन दिए छिनु" निम्नलिखित किसमें घटित (उत्पन्न) होता है?

(*a*) पूजा

(*b*) प्रेम-ओ-प्रकृति

(*c*) विचित्र

(*d*) पूजा-ओ-प्रार्थना

(*e*) प्रेम

नीचे दिए गए विकल्पों में से **सही उत्तर** का चयन कीजिए :

A. केवल (*a*) और (*d*)

B. केवल (*b*) और (*c*)

C. केवल (*c*) और (*d*)

D. केवल (*d*) और (*e*)

65. निम्नलिखित सूची से दो गीतों के समान स्वर को पहचानिए।

(*a*) जाय दिन श्रबण दिन जाय

(*b*) बाकी अमी रखबोना

(*c*) दूरेर बंधू सूरेर दुति रे

(*d*) बासन्ते फूल गाँथलो

(*e*) कोन देबता से के परिहासे

नीचे दिए गए विकल्पों में से **सही उत्तर** का चयन कीजिए :

A. केवल (*a*) और (*b*)

B. केवल (*b*) और (*c*)

C. केवल (*c*) और (*e*)

D. केवल (*d*) और (*e*)

66. राग कलिंगड़ा में रचित दो गीतों को पहचानिए।

(*a*) अबार जोदि इच्छा करो

(*b*) अबार एरा घिरे छे मोर मन

(*c*) अबार मोरे पागल करे

(*d*) पुष्पा दिए मारो जरे

(*e*) पुष्पा बोने पुष्पा नाही

नीचे दिए गए विकल्पों में से **सही उत्तर** का चयन कीजिए :

A. केवल (*a*) और (*b*)

B. केवल (*b*) और (*c*)

C. केवल (*c*) और (*d*)

D. केवल (*a*) और (*e*)

67. निम्नलिखित में से कौन-से दो गीत काफी राग में निबद्ध हैं?

(*a*) इमोन दिने तारे बोला जाय

(*b*) प्रतिदिन आमी हे जीबोनस्वामी

(*c*) खेलाघर बाँधते लेगेछी

(*d*) शुन्य हाते फिरी हे

(*e*) अमी चाहिते एसेछी शुद्धु एक्खनी

नीचे दिए गए विकल्पों में से **सही उत्तर** का चयन कीजिए :

A. केवल (*a*) और (*e*)

B. केवल (*b*) और (*d*)

C. केवल (*c*) और (*e*)

D. केवल (*a*) और (*c*)

68. निम्नलिखित कौन-से दो गीत ऋतु (मौसमी) नाटक (ऋतुनाट्य) 'शेषवर्णन' से लिए गए हैं?

(*a*) ओलो शेफाली

(*b*) एबार अबगुंथन खोलो

(*c*) एबार बिदाय बेलार सुर

(*d*) पूर्बो गगन भागे

(*e*) ममो मनो उपवने

नीचे दिए गए विकल्पों में से **सही उत्तर** का चयन कीजिए :

A. केवल (*a*) और (*b*)

B. केवल (*c*) और (*d*)

C. केवल (*c*) और (*e*)

D. केवल (*d*) और (*e*)

69. निम्नलिखित में से कौन-से दो गीत रबीन्द्रनाथ के भक्तिमय गीतों (पूजापर्याय) की उपकोटि 'बंधु' से लिया गया है?

(*a*) मोर प्रभातेर एई प्रथम क्षणेर

(*b*) अजी जोतो तारा तबो आकाशे

(*c*) हार मानलेइ गो

(*d*) मोर सांध्या तुमी सुंदर बेसे

(*e*) तोमरी झारना तोलार निर्जने

नीचे दिए गए विकल्पों में से **सही उत्तर** का चयन कीजिए :

A. केवल (*a*) और (*b*)

B. केवल (*c*) और (*d*)

C. केवल (*c*) और (*e*)

D. केवल (*d*) और (*e*)

70. निम्नलिखित कौन-से दो गीत 25 अगस्त, 1913 को लंदन में लिखे गए थे?

(*a*) नित्य तोमार जे फूल फूटे फूलबने

(*b*) जानी गो दिन जाबे

(*c*) भोरेर बेला काखोन ऐसे

(*d*) प्राणे खुशीर तूफान उठीच्छे

(*e*) प्रभा तोमार बिने जेम्नी बाजे

नीचे दिए गए विकल्पों में से **सही उत्तर** का चयन कीजिए :

A. केवल (*a*) और (*b*)

B. केवल (*a*) और (*e*)

C. केवल (*b*) और (*e*)

D. केवल (*c*) और (*d*)

71. टैगोर द्वारा निम्नलिखित किस गीत की रचना अपने पौत्र असित कुमार हलदार की पेंटिंग देखने के पश्चात् किया था?

(*a*) एकला बोसे एके एके अन्योमने

(*b*) हेला फेला सारबेला

(*c*) नृभृतो प्राणेर देबता

(*d*) तुमि जे सुरेर आगुण

नीचे दिए गए विकल्पों में से **सही उत्तर** का चयन कीजिए :

A. केवल (*a*) और (*c*)

B. केवल (*b*) और (*d*)

C. केवल (*b*) और (*c*)

D. केवल (*a*) और (*d*)

72. उन दो गीतों को पहचानिए जिसे विवाह समारोह के लिए लिखा गया था?

(*a*) दुईते हृदय एक्ती आसन

(*b*) दुजोने देखा होलो

(*c*) सुखे थाको आर सुखी करो सब

(*d*) सुखेर माझे तोमाय देखीच्छी

नीचे दिए गए विकल्पों में से **सही उत्तर** का चयन कीजिए :

A. केवल (*a*) और (*c*)

B. केवल (*b*) और (*d*)

C. केवल (*b*) और (*c*)

D. केवल (*a*) और (*d*)

73. समान सुरवाले दो गीतों का पता लगाइए :

(*a*) तिमिरो विभावरी काटे कैमोने

(*b*) हे बिरोही है

(*c*) बिरोहो मधुर होलो आजी

(*d*) डराव अभाव आखरी आगे

नीचे दिए गए विकल्पों में से **सही उत्तर** का चयन कीजिए :

A. केवल (*b*) और (*d*)

B. केवल (*a*) और (*b*)

C. केवल (*a*) और (*c*)

D. केवल (*c*) और (*d*)

74. 'हे बिरोही हे चंचल हिया तबो' गीत का प्रयोग किस नाटक में किया गया है?

(*a*) चित्रांगदा

(*b*) शापमोचन

(*c*) चंडालिका

(*d*) श्यामा

नीचे दिए गए विकल्पों में से **सही उत्तर** का चयन कीजिए :

A. केवल (*a*) और (*c*)

B. केवल (*b*) और (*c*)

C. केवल (*a*) और (*d*)

D. केवल (*b*) और (*d*)

75. सूची-I के साथ सूची-II का मिलान कीजिए :

सूची-I	सूची-II
(*a*) धन्य तुहमी हे परमदेब	I. प्रतिभा देवी
(*b*) के रचे इमोन सुन्दर विश्व चाँबी	II. ज्योतिरीन्द्रनाथ टैगोर
(*c*) तानरे रेखो रेखो तबा पाय	III. सत्येन्द्रनाथ टैगोर
(*d*) हेरी तबो सुन्दर मूरति	IV. इन्दिरा देवी चौधरानी

नीचे दिए गए विकल्पों में से **सही उत्तर** का चयन कीजिए :

	(*a*)	(*b*)	(*c*)	(*d*)
A.	II	III	IV	I
B.	I	II	III	IV
C.	III	IV	I	II
D.	IV	I	II	III

76. सूची-I के साथ सूची-II का मिलान कीजिए :

सूची-I	सूची-II
(*a*) कौन रूपे बने हो राजाधिराज	I. अड़ाना
(*b*) दुष्ट दुर्जन दूर करो	II. सिंधु
(*c*) सुंदर लगोरी हाई	III. ईमान कल्याण
(*d*) ओमियाँ बे जानुबाले	IV. तिलक कामोद

नीचे दिए गए विकल्पों में से **सही उत्तर** का चयन कीजिए :

	(*a*)	(*b*)	(*c*)	(*d*)
A.	I	II	III	IV
B.	II	I	IV	III
C.	IV	III	I	II
D.	III	IV	II	I

77. सूची-I के साथ सूची-II का मिलान कीजिए :

सूची-I	सूची-II
(*a*) झपताल	I. कमल बोनेर मोधुप्राजी
(*b*) अडाठेका	II. अमीदिन ओती दिन
(*c*) एकताल	III. जगराता कोलाहल
(*d*) चौताल	IV. एक करुणा करुणा मोय

नीचे दिए गए विकल्पों में से **सही उत्तर** का चयन कीजिए :

	(*a*)	(*b*)	(*c*)	(*d*)
A.	I	II	III	IV
B.	III	I	IV	II
C.	IV	III	II	I
D.	II	IV	I	III

78. सूची-I के साथ सूची-II का मिलान कीजिए :

सूची-I	सूची-II
(*a*) तुमी कोन कानूनेर फूल	I. कलपोना
(*b*) भालोबेसा सखी निभृते जतने	II. नैवेद्य
(*c*) प्रतिदिन ताबो गाथा	III. कोदि ओ कोमल
(*d*) मोने होलो जेनो पेरिए एलेम	IV. बीथिका

नीचे दिए गए विकल्पों में से **सही उत्तर** का चयन कीजिए :

	(*a*)	(*b*)	(*c*)	(*d*)
A.	I	II	III	IV
B.	II	III	IV	I
C.	III	I	II	IV
D.	IV	III	II	I

79. सूची-I के साथ सूची-II का मिलान कीजिए :

सूची-I	सूची-II
(*a*) गोपोन प्राणे एकला मानुष	I. झम्पक
(*b*) शुभ्रोनाब संख्या ताबो	II. शास्ति
(*c*) ओई रे तोरी दिलो खुले	III. तेवोड़ा
(*d*) आर कोतो दूरे अछि से आनन्द धाम	IV. रुपकदा

नीचे दिए गए विकल्पों में से **सही उत्तर** का चयन कीजिए :

	(*a*)	(*b*)	(*c*)	(*d*)
A.	II	I	IV	III
B.	III	II	I	IV
C.	IV	III	II	I
D.	I	II	III	IV

80. सूची-I के साथ सूची-II का मिलान कीजिए :

सूची-I	**सूची-II**
(*a*) भग्नहृदय	I. हिमि
(*b*) राजा ओ रानी	II. अपर्णा
(*c*) बिसर्जन	III. ईला
(*d*) गृहप्रवेश	IV. मुरोला

नीचे दिए गए विकल्पों में से **सही उत्तर** का चयन कीजिए :

	(*a*)	(*b*)	(*c*)	(*d*)
A.	III	II	IV	I
B.	IV	III	II	I
C.	II	IV	I	III
D.	I	III	II	IV

81. सूची-I के साथ सूची-II का मिलान कीजिए :

सूची-I	**सूची-II**
(*a*) आहा तोमार संगे प्राणेर खेला	I. राजा ओ रानी
(*b*) दूरे कोथाम दूरे दूरे	II. राजा
(*c*) आमी चंचल हे	III. अचलायतन
(*d*) बोधु तोमाय करबी राजा	IV. डाकघर

नीचे दिए गए विकल्पों में से **सही उत्तर** का चयन कीजिए :

	(*a*)	(*b*)	(*c*)	(*d*)
A.	I	IV	II	III
B.	III	II	I	IV
C.	II	III	IV	I
D.	IV	III	II	I

82. सूची-I के साथ सूची-II का मिलान कीजिए :

सूची-I	**सूची-II**
(*a*) चिरकुमार सभा	I. उपनन्द
(*b*) गृहप्रवेश	II. रघुपति
(*c*) शरदोत्सव	III. अक्षय
(*d*) बिसर्जन	IV. हिमि

नीचे दिए गए विकल्पों में से **सही उत्तर** का चयन कीजिए :

	(*a*)	(*b*)	(*c*)	(*d*)
A.	I	III	IV	II
B.	II	I	III	IV
C.	III	IV	I	II
D.	IV	II	III	I

83. निम्नलिखित को कालक्रमानुसार ढंग में व्यवस्थित कीजिए :

(*a*) श्रावणगाथा (*b*) मुक्तधारा
(*c*) नटीपूजा (*d*) शरदोत्सव

नीचे दिए गए विकल्पों में से **सही उत्तर** का चयन कीजिए :

A. (*a*), (*b*), (*c*), (*d*)
B. (*b*), (*c*), (*d*), (*a*)
C. (*d*), (*b*), (*c*), (*a*)
D. (*c*), (*d*), (*a*), (*b*)

84. रबीन्द्रनाथ के नाटकों को अनुक्रमानुसार व्यवस्थित कीजिए :

(*a*) मालिनी (*b*) चिरकुमार सभा
(*c*) प्रायोश्चितो (*d*) ऋणशोध
(*e*) राजा ओ रानी

नीचे दिए गए विकल्पों में से **सही उत्तर** का चयन कीजिए :

A. (*a*), (*b*), (*c*), (*d*), (*e*)
B. (*a*), (*e*), (*c*), (*d*), (*b*)
C. (*b*), (*c*), (*e*), (*a*), (*d*)
D. (*c*), (*a*), (*b*), (*e*), (*d*)

85. गीत बितान के अनुसार रबीन्द्रनाथ टैगोर के भक्तिमय (धार्मिक) गीतों की उपश्रेणियों को अनुक्रमानुसार व्यवस्थित कीजिए :

(*a*) उत्सव (*b*) प्रार्थोना
(*c*) साधक (*d*) आश्वास
(*e*) पथ

नीचे दिए गए विकल्पों में से **सही उत्तर** का चयन कीजिए :

A. (*b*), (*d*), (*c*), (*a*), (*e*)
B. (*a*), (*b*), (*c*), (*d*), (*e*)
C. (*c*), (*e*), (*a*), (*b*), (*d*)
D. (*d*), (*a*), (*e*), (*c*), (*b*)

86. निम्नलिखित अनुक्रम को पूर्ण कीजिए :

(*a*) जा छीलो कालो धालो
(*b*) तुमी डाक दिये छो कोन राकाले
(*c*) बुकेर बासन दीरे फेले
(*d*) ओ चांद, चोखेर जोले लागलो जोआर

नीचे दिए गए विकल्पों में से **सही उत्तर** का चयन कीजिए :

A. (*b*), (*a*), (*c*), (*d*) B. (*c*), (*a*), (*b*), (*d*)
C. (*a*), (*d*), (*b*), (*c*) D. (*d*), (*b*), (*a*), (*c*)

87. निम्नलिखित को इसके प्रकाशन वर्ष के अनुसार अनुक्रम का पूर्ण कीजिए :

(*a*) छवि ओ गान (*b*) खेया
(*c*) नैवेद्य (*d*) सोनार तरी

नीचे दिए गए विकल्पों में से **सही उत्तर** का चयन कीजिए :

A. (*a*), (*c*), (*b*), (*d*) B. (*b*), (*a*), (*c*), (*d*)
C. (*d*), (*c*), (*b*), (*a*) D. (*a*), (*d*), (*c*), (*b*)

88. नीचे दो कथन दिए गए हैं : एक अभिकथन (A) के रूप में लिखित है, तो दूसरा उसके कारण (R) के रूप में है।

अभिकथन (A): रबीन्द्रनाथ का काव्य-संग्रह 'पूरबी' विक्टोरिया ओकैम्पो को समर्पित था जिसे उन्होंने 'विजय' नाम दिया।

कारण (R): विक्टोरिया ओकैम्पो ने अर्जेंटीना में स्वागत-सत्कार किया एवं बाद में टैगोर की प्रथम चित्रकला (पेंटिंग) प्रदर्शनी को प्रायोजित किया।

उपरोक्त कथन के आलोक में, नीचे दिए गए विकल्पों में से **सही उत्तर** का चयन कीजिए।

A. (A) और (R) दोनों सत्य हैं और (R), (A) की सही व्याख्या है।
B. (A) और (R) दोनों सत्य हैं, लेकिन (R), (A) की सही व्याख्या नहीं है।
C. (A) सत्य है, लेकिन (R) असत्य है।
D. (A) असत्य है, लेकिन (R) सत्य है।

89. नीचे दो कथन दिए गए हैं : एक अभिकथन (A) के रूप में लिखित है, तो दूसरा उसके कारण (R) के रूप में है।

अभिकथन (A): टैगोर के अधिकतर गीत स्वरलिपि में संरक्षित है।

कारण (R): दिलीप कुमार रॉय ने टैगोर को ऐसा करने का सुझाव दिया था।

उपरोक्त कथन के आलोक में, नीचे दिए गए विकल्पों में से **सही उत्तर** का चयन कीजिए।

A. (A) और (R) दोनों सत्य हैं और (R), (A) की सही व्याख्या है।
B. (A) और (R) दोनों सत्य हैं, लेकिन (R), (A) की सही व्याख्या नहीं है।
C. (A) सत्य है, लेकिन (R) असत्य है।
D. (A) असत्य है, लेकिन (R) सत्य है।

90. नीचे दो कथन दिए गए हैं : एक अभिकथन (A) के रूप में लिखित है, तो दूसरा उसके कारण (R) के रूप में है।

अभिकथन (A): गीत भक्त हृदिविकांस प्राणबि मोहन राग छायानट पर आधारित है। राग छायानट का गायन समय रात्रि का दूसरा प्रहर है।

कारण (R): इस गीत को रात्रि के समय में गाया जाना चाहिए।

उपरोक्त कथन के आलोक में, नीचे दिए गए विकल्पों में से **सही उत्तर** का चयन कीजिए।

A. (A) और (R) दोनों सत्य हैं और (R), (A) की सही व्याख्या है।
B. (A) और (R) दोनों सत्य हैं, लेकिन (R), (A) की सही व्याख्या नहीं है।
C. (A) सत्य है, लेकिन (R) असत्य है।
D. (A) असत्य है, लेकिन (R) सत्य है।

निर्देश (प्रश्न संख्या 91 से 95 तक): *नीचे दिए गए गद्यांश को पढ़िए एवं उन पर आधारित प्रश्नों के उत्तर दीजिए।*

आरंभ में टैगोर इंग्लैंड में प्रकाशित होने के बारे में आश्वस्त थे किंतु गीतांजलि की भव्य सफलता के साथ ही वर्ष 1913 के पश्चात उनका बहुत अधिक प्रकाशन कार्य हुआ एवं इसकी शीघ्रता से ही अंग्रेजी में अनुवाद किए उनके प्रकाशन-इतिहास अभिलेख का अध्ययन करता है तो वह इस बात से अवगत हो जाता है। संभवतः उन्होंने स्वयं को इंग्लैंड के अपने प्रकाशक मैकमिलन एंड कंपनी की व्यावसायिक नीतियों से निर्देशित होने के लिए तैयार किए। इंग्लैंड में उनका प्रथम प्रकाशन इंडिया सोसायटी द्वारा किया गया और इसे पूर्णरूप से डब्ल्यू.बी. यीट्स एवं विलियम रॉथेन्सटीन के द्वारा संशोधित किया गया।

आरंभ में टैगोर अपने अनुवाद के मुद्रण को केवल निजी लोगों तक प्रसारित करने के विचार वाले प्रतीत होते हैं। जो भी हो वे पाण्डुलिपि को प्रकाशित करने हेतु अपने मित्रों विलियम राथेन्स्टीन, सर्ज मूरे एवं डब्ल्यू.बी. यीट्स के द्वारा प्रोत्साहित किए गए थे। अनुवाद के कार्य में अपने मित्रों द्वारा जिस सीमा तक टैगोर को सहायता प्राप्त हुई, वह बिल्कुल एक जटिल कहानी है। यह मायने रखता है क्योंकि विदेश में इस बात की अफवाह थी कि गीतांजलि मुख्य रूप से उनके मित्रों की कृति थी।

91. इंग्लैंड में टैगोर की कृतियों का प्रथम प्रकाशक कौन था?

A. मैकमिलन एंड कंपनी B. इंग्लैंड सोसायटी
C. इंडिया सोसायटी D. डब्ल्यू.बी. यीट्स

92. वर्ष 1913 के बाद, अपनी तत्कालीन कृतियों के प्रकाशन करने के बारे में टैगोर का विचार क्या था?

A. विश्वस्त थे
B. पूर्ण विश्वस्त नहीं थे
C. प्रकाशन नहीं करवाना चाहते थे
D. सोसायटी प्रकाशन करना चाहती थी

93. आरंभ में, अपनी कृति के अनुवाद के संदर्भ में टैगोर की योजना क्या थी?

A. सम्पूर्ण इंग्लैंड में प्रसार की
B. भारतीयों में प्रसार की
C. अपने सुपरिचित घनिष्ठ लोगों के बीच में प्रसार करने की
D. अपनी प्रसिद्धि को सम्पूर्ण विश्व में प्रसारित करने की

94. अंग्रेजी जगत में टैगोर के अनुवाद के बारे में क्या मिथ्या धारणा थी?

A. अनुवाद कार्य दूसरे के द्वारा किया गया है।
B. अनुवाद संतोषप्रद नहीं हैं।
C. अनुवाद भारतीयों द्वारा किया गया है।
D. मूलकृतियाँ टैगोर की नहीं हैं।

95. वर्ष 1913 के पश्चात् अपने अनूदित कृति को प्रकाशित करने के लिए टैगोर को निम्नलिखित किसने प्रेरित किया?

A. प्रकाशकों की व्यावसायिक नीति
B. गीतांजलि की भव्य सफलता
C. घनिष्ठ मित्रों के बीच में प्रसार
D. उसके अनुवाद की विफलता के कारण

निर्देश (प्रश्न संख्या 96 से 100 तक): *नीचे दिए गए गद्यांश को पढ़िए एवं उन पर आधारित प्रश्नों के उत्तर दीजिए।*

टैगोर महात्मा गाँधी द्वारा शुरू किए गए आंदोलन के कुछ पहलुओं से असहज थे। प्रथम, टैगोर ने अनुभव किया कि सत्याग्रह का साधन (कारण परक) विचार इसका राजनीतिज्ञों द्वारा चाल के रूप में प्रयोग, इसका अविचारित प्रयोग इसे एक मंत्र तक ले जाएगा–जो कि केवल विद्यमान कट्टरता एवं जड़त्व को मजबूती प्रदान करेगा।

दूसरा टैगोर इस बात में विश्वास नहीं करते थे कि जब तक वैकल्पिक शैक्षिक तंत्र यहाँ उपलब्ध नहीं हो जाता तब तक सरकारी विद्यालय एवं कॉलेज (महाविद्यालयों) का बहिष्कार करना ठीक (उचित) था। टैगोर सख्त आलोचक रहे थे किंतु किसी वैकल्पिक तंत्र (प्रणाली) की अनुपस्थिति में उनके लिए विद्यालय खोला जाना चाहिए, विद्यार्थी अन्ततः औपनिवेशिक संस्थानों में वापस लौटेंगे। वास्तव में यह वहाँ नगण्य अपवादों के साथ घटित हुआ जहाँ पर राष्ट्रीय विद्यालयों ने विकल्प प्रस्तुत किया। तीसरा टैगोर विदेशी कपड़ों के जलाए जाने की विधि के प्रति शंकालु थे जब तक कि सस्ते वस्त्र (कपड़े) गरीबों तक नहीं उपलब्ध हो जाते।

96. टैगोर के अनुसार निम्नलिखित में से किसकी सत्याग्रह के अविवेकी प्रयोग से वृद्धि हो सकती है?

A. बहिष्कार B. भ्रष्टाचार
C. कट्टरता एवं जड़त्व D. विद्यालय

97. निम्नलिखित में से क्या सत्य है?

A. टैगोर आंदोलनों के मुद्दे पर महात्मा से पूर्णतया सहमत थे।
B. टैगोर आंदोलनों के मुद्दे पर महात्मा से पूर्णतया असहमत थे।
C. टैगोर महात्मा के विचारों को अंशतः स्वीकार करते थे, न कि सभी को।
D. टैगोर का महात्मा के सत्याग्रह से कोई सरोकार नहीं था।

98. टैगोर के अनुसार औपनिवेशिक विद्यालयों को अस्वीकार करना एक अच्छा निर्णय नहीं होगा :

A. राजनीतिक अशांति के कारण

B. अच्छे राष्ट्रीय विद्यालयों की कमी के कारण

C. औपनिवेशिक विद्यालय अध्ययन हेतु सस्ते होते हैं

D. टैगोर ने अनुभव किया कि औपनिवेशिक विद्यालय अधिक अच्छे होते हैं।

99. टैगोर के अनुसार विदेशी कपड़ों को जलाया जाना कैसे गरीबों को प्रभावित करते रहा है?

A. सामाजिक रूप से B. राजनीतिक रूप से

C. शैक्षणिक रूप से D. आर्थिक रूप से

100. टैगोर के राष्ट्रवाद की अवधारणा निम्नलिखित किस ओर प्रवृत्त थी?

A. केवल विरोध करने के बजाय अंतर्दृष्टि उत्पन्न करना

B. आक्रामक राष्ट्रवाद

C. अंग्रेजों की आलोचना

D. उपनिवेशवाद के प्रति पक्षपात

उत्तरमाला

भाग-I

1	2	3	4	5	6	7	8	9	10
C	C	B	B	C	D	A	A	C	A
11	**12**	**13**	**14**	**15**	**16**	**17**	**18**	**19**	**20**
B	D	B	B	D	D	C	C	D	C
21	**22**	**23**	**24**	**25**					
D	C	B	C	B					

भाग-II : हिन्दुस्तानी संगीत

26	27	28	29	30	31	32	33	34	35
D	D	B	C	A	C	B	B	C	B
36	**37**	**38**	**39**	**40**	**41**	**42**	**43**	**44**	**45**
C	A	A	*	A	C	D	B	C	A
46	**47**	**48**	**49**	**50**	**51**	**52**	**53**	**54**	**55**
A	A	C	D	B	D	B	B	A	A
56	**57**	**58**	**59**	**60**	**61**	**62**	**63**	**64**	**65**
B	D	D	D	B	C	C	A	B	A
66	**67**	**68**	**69**	**70**	**71**	**72**	**73**	**74**	**75**
D	C	D	A	B	D	B	C	D	B
76	**77**	**78**	**79**	**80**	**81**	**82**	**83**	**84**	**85**
A	D	B	A	D	A	D	B	B	A
86	**87**	**88**	**89**	**90**	**91**	**92**	**93**	**94**	**95**
C	A	D	A	A	D	C	B	C	A
96	**97**	**98**	**99**	**100**					
B	D	A	C	B					

भाग-III : अवनद्ध वाद्य

26	27	28	29	30	31	32	33	34	35
A	C	B	D	A	C	C	C	A	C
36	37	38	39	40	41	42	43	44	45
C	A	D	B	C	A	B	C	C	D
46	47	48	49	50	51	52	53	54	55
A	C	D	A	D	D	C	C	A	C
56	57	58	59	60	61	62	63	64	65
C	A	A	B	B	C	C	D	C	C
66	67	68	69	70	71	72	73	74	75
C	B	C	D	D	B	C	B	A	C
76	77	78	79	80	81	82	83	84	85
A	D	B	C	B	B	D	B	B	A
86	87	88	89	90	91	92	93	94	95
D	A	C	C	A	C	B	D	D	C
96	97	98	99	100					
B	A	C	C	A					

भाग-IV : कर्नाटक संगीत

26	27	28	29	30	31	32	33	34	35
B	C	C	D	D	C	C	C	C	D
36	37	38	39	40	41	42	43	44	45
C	D	A	B	*	B	C	A	C	A
46	47	48	49	50	51	52	53	54	55
C	B	B	C	D	C	B	D	C	A
56	57	58	59	60	61	62	63	64	65
B	A	D	C	D	B	B	A	D	B, C, D
66	67	68	69	70	71	72	73	74	75
C	C	B	B	D	B	D	B	C	C
76	77	78	79	80	81	82	83	84	85
C	A	B	D	B	C	A	B	B	C
86	87	88	89	90	91	92	93	94	95
A	C	C	C	C	C	C	A	D	C
96	97	98	99	100					
C	A	B	A	B					

भाग-V : रबीन्द्र संगीत

26	27	28	29	30	31	32	33	34	35
B	D	B	B	B	C	B	B	C	D
36	37	38	39	40	41	42	43	44	45
C	C	C	A	A	D	C	B	D	C
46	47	48	49	50	51	52	53	54	55
C	D	D	B	D	B	D	A	B	D
56	57	58	59	60	61	62	63	64	65
A	B	D	C	B	A	B	B	A	C
66	67	68	69	70	71	72	73	74	75
D	B	A	A	D	D	A	B	D	A
76	77	78	79	80	81	82	83	84	85
C	D	C	A	B	C	C	C	B	A
86	87	88	89	90	91	92	93	94	95
B	D	B	C	C	C	B	C	A	B
96	97	98	99	100					
C	C	B	D	A					

व्याख्यात्मक उत्तर

भाग-I

1. (C): ध्वनि सामान्यतः एक माध्यम से उत्पन्न होती है। नाद संगठित ध्वनि है, जो संगीत में उपयोगी होती है। श्रुति वह ध्वनि है जिसे कान से सुना जा सकता है और स्वर वह ध्वनि है जो एक निश्चित पिच पर होती है। अतः उत्पत्ति क्रम में ध्वनि सबसे पहले आती है, फिर नाद, श्रुति और अंत में स्वर।

2. (C): दीप्ता, आयता, मृदु, मध्यमा आदि श्रुति जाति से संबंधित हैं। श्रुतियां भारतीय संगीत के ध्वनि माप की इकाइयाँ हैं। ये श्रुतियां स्वरों के सूक्ष्म भेद बताती हैं। इस प्रकार, ये शब्द श्रुति जाति के विभिन्न प्रकारों को दर्शाते हैं।

3. (B): ठुमरी गायन का समापन अक्सर लग्गी-लड़ी के साथ किया जाता है। यह एक लयबद्ध और तीव्रता से भरपूर संगति होती है, जो ठुमरी की भावनात्मक गहराई को और अधिक प्रभावशाली बनाती है। अन्य विकल्प, जैसे रेला-री और बोल-बाणी, ठुमरी में सामान्यतः उपयोग नहीं होते। मुखड़ा-मोहरा ठुमरी के आरंभिक अंश होते हैं, समापन नहीं।

4. (B): सोनल मानसिंह भिन्न हैं क्योंकि वे एक प्रसिद्ध भारतीय नर्तकी हैं, जबकि रविशंकर, विलायत खाँ और निखिल बनर्जी सभी प्रसिद्ध सितार वादक हैं। रविशंकर और विलायत खाँ सितार के महान उस्ताद थे और भारतीय शास्त्रीय संगीत में अपने योगदान के लिए जाने जाते हैं।

निखिल बनर्जी भी एक प्रख्यात सितार वादक थे। इस प्रकार, सोनल मानसिंह संगीत के बजाय नृत्य से संबंधित हैं, जो उन्हें अन्य विकल्पों से अलग बनाता है।

5. (C): भरत मुनि द्वारा वर्णित रसों में वात्सल्य रस शामिल नहीं है। नाट्यशास्त्र में, भरत मुनि ने नौ रसों का वर्णन किया है : शृंगार (प्रेम), हास्य (हास्य), करुण (दया), रौद्र (क्रोध), वीर (वीरता), भयानक (भय), वीभत्स (घृणा), अद्‌भुत (आश्चर्य), और शांत (शांति)। वात्सल्य रस, जो मातृभाव या पितृभाव से संबंधित है, बाद के साहित्यिक कार्यों में जोड़ा गया है, लेकिन भरत मुनि के मूल नाट्यशास्त्र में इसका उल्लेख नहीं है।

6. (D): शोध-परिकल्पना एक तर्क आश्रित अनुमान होता है जिसे वैज्ञानिक विधियों द्वारा जांचा जाता है। यह किसी समस्या का संभावित समाधान होता है, जिसे परीक्षण और विश्लेषण के माध्यम से सत्यापित किया जाता है। अनुक्रमणिका शोध दस्तावेज की सामग्री सूची होती है, शोध-सार शोध का संक्षिप्त विवरण होता है, और दत्त संकलन डेटा संग्रहण की प्रक्रिया होती है। इन सभी का शोध-परिकल्पना से सीधा संबंध नहीं है।

7. (A): द्वितीयक स्रोत वह होता है जिसमें किसी विद्वान द्वारा अपने अध्ययन में पहले से प्रकाशित सामग्री का संदर्भ दिया जाता है। यह अभिकथन सत्य है। कारण यह है कि शोध में मौलिक स्रोत का सीधा प्रयोग प्राथमिक स्रोत कहलाता है। इस प्रकार, दोनों कथन सत्य हैं और (R), (A) की सही व्याख्या करता है।

8. (A): कटपायदि एक प्राचीन भारतीय विधि है जिसका उपयोग मेलों के नाम और संख्या जानने के लिए किया जाता है। यह एक संख्यात्मक प्रणाली है जो संस्कृत अक्षरों को संख्याओं में परिवर्तित करती है। ताल के दस प्राण, मेल-राग वर्गीकरण और मूर्च्छना निर्माण विधि से संबंधित अन्य सिद्धांत हैं, जो कटपायदि से अलग हैं।

9. (C): राजस्थान का लोक-नृत्य कच्छी घोड़ी है। यह नृत्य राजस्थान के शेखावाटी क्षेत्र में बहुत लोकप्रिय है और इसे पारंपरिक राजस्थानी वेशभूषा में पुरुषों द्वारा किया जाता है, जो काठ की नकली घोड़ी पर सवार होते हैं। अन्य विकल्पों में, कावड़ी तमिलनाडु का नृत्य है, करतारचलम् भी दक्षिण भारत से संबंधित है, और गरबा गुजरात का प्रसिद्ध लोक-नृत्य है।

10. (A): 'आलंबन' तथा 'उद्दीपन' विभाव के भेद हैं। आलंबन विभाव उस व्यक्ति या वस्तु को कहते हैं, जो भाव को उत्पन्न करती है, जबकि उद्दीपन विभाव वह होता है जो भाव को उत्तेजित या प्रेरित करता है। विभाव के ये भेद नाट्यशास्त्र में महत्वपूर्ण भूमिका निभाते हैं। अन्य विकल्प, जैसे अनुरणन, संचारी भाव, और व्यभिचारी भाव, विभाव के भेद नहीं हैं।

11. (B): 'भवैया' बंगाल का लोक-गीत है। यह पश्चिम बंगाल और असम के कुछ हिस्सों में लोकप्रिय है, और इसका मुख्य विषय ग्रामीण जीवन और प्रेम कहानियाँ होती हैं। राजस्थान, पंजाब, और उत्तर प्रदेश के अपने विशिष्ट लोक-गीत हैं, जैसे राजस्थान में 'मांड' और पंजाब में 'गिद्धा' और 'भांगड़ा'। उत्तर प्रदेश का प्रसिद्ध लोक-गीत 'कजरी' है।

12. (D): 'श्रवणाच्छ्रुतयो मताः' संगीत रत्नाकर में श्रुति के संबंध में कहा गया है। यह ग्रंथ 13वीं शताब्दी में शारंगदेव द्वारा लिखा गया था और इसमें श्रुति, स्वर, और संगीत से संबंधित गहन विवरण हैं। अन्य ग्रंथ, जैसे संगीत चूड़ामणि, संगीत सारामृत, और संगीत मकरन्द, भी महत्वपूर्ण हैं, लेकिन 'श्रवणाच्छ्रुतयो मताः' विशेष रूप से संगीत रत्नाकर में पाया जाता है।

13. (B): तिरोभाव का अर्थ है मूल राग को कुछ समय के लिए छिपा देना। यह संगीत में एक तकनीक है जिसमें कलाकार मूल राग को छिपाकर उसके कुछ स्वर या अन्य राग के स्वरों का उपयोग करता है। वादी स्वर बदलना, सम्वादी स्वर बदलना, और विवादी स्वर लगाना तिरोभाव के सही अर्थ नहीं हैं।

14. (B): पुस्तक पठन ललित कला की श्रेणी में नहीं आता है। ललित कला में काव्य कला, चित्रकारी, और मूर्तिकला शामिल हैं, जो रचनात्मक और सौंदर्यपूर्ण अभिव्यक्तियों के रूप हैं। पुस्तक पठन एक ज्ञानवर्धक गतिविधि है, लेकिन इसे ललित कला में नहीं गिना जाता।

15. (D): 'शुद्धिकरण का सिद्धान्त' अरस्तू (Aristotle) ने दिया था। इसे अंग्रेजी में 'Catharsis' कहा जाता है। अरस्तू ने अपनी कृति 'पोएटिक्स' में यह सिद्धांत

प्रस्तुत किया, जिसमें उन्होंने बताया कि कैसे त्रासदी के माध्यम से दर्शकों के भीतर की भावनाओं का शुद्धिकरण होता है। प्लेटो, बामगार्टन और कांट ने विभिन्न दार्शनिक सिद्धांत दिए हैं, लेकिन 'शुद्धिकरण का सिद्धान्त' विशेष रूप से अरस्तू का योगदान है।

16. (D): शोध-प्रबंध के अंत में संलग्न महत्वपूर्ण सूचना ग्रंथसूची (Bibliography) और परिशिष्ट (Appendix) कहलाती है। ग्रंथसूची में सभी संदर्भित पुस्तकों, लेखों और अन्य स्रोतों की सूची होती है, जबकि परिशिष्ट में अतिरिक्त सामग्री, जैसे आंकड़े, चार्ट, और दस्तावेज शामिल होते हैं। अनुक्रमणिका, आमुख, और विषय वस्तु शोध-प्रबंध के अन्य हिस्से हो सकते हैं, लेकिन वे अंत में संलग्न महत्वपूर्ण सूचना नहीं होते हैं।

17. (C): अभिकथन (A) सत्य है क्योंकि संकल्पनात्मक शोध में दार्शनिक और अमूर्त विचारों का प्रयोग किया जाता है। कारण (R) असत्य है क्योंकि कला संबंधी विषयों के शोधकर्ता भी हस्तक्षेप या दत्त आधारित अनुभवजन्य शोध कर सकते हैं। वे अपने अनुसंधान में विभिन्न प्रकार की विधियों का उपयोग कर सकते हैं, जिसमें हस्तक्षेप और डेटा संग्रहण शामिल है।

18. (C): वाद्यवृंद का अन्य नाम कुतप है। कुतप एक प्राचीन भारतीय वाद्यवृंद है, जिसका उपयोग विभिन्न संगीत समारोहों और उत्सवों में किया जाता था। यह एक संगीत समूह होता है जिसमें विभिन्न प्रकार के वाद्य यंत्र शामिल होते हैं। राग कदंबम्, ग्रंथिका, और सोभनिक अन्य संगीतिक संदर्भ हो सकते हैं, लेकिन वाद्यवृंद का पर्यायवाची नहीं हैं।

19. (D): लोकवाद्यों में तंत्री वाद्य का प्रकार नन्दुनी है। यह एक तार वाला वाद्य यंत्र है जो लोक संगीत में उपयोग होता है। तिरुचिन्नम्, एक्कालम् और उडुक्कई अन्य लोकवाद्य हैं, लेकिन वे तंत्री वाद्य के प्रकार नहीं हैं।

20. (C): पंचदश गमक में तिरिप एक प्रकार का गमक है। गमक संगीत में स्वर को सजाने और अलंकृत करने की तकनीक होती है। त्रिपुश्च, मूर्च्छना, और धातु अन्य संगीतिक तत्व हैं, लेकिन वे पंचदश गमक का हिस्सा नहीं हैं।

21. (D): अंग द्रुत का अक्षरकाल 2 होता है। संगीत में, अंग द्रुत वह गति है जिसमें एक मात्रा में दो अक्षर (स्वर) बजाए जाते हैं। यह ताल का एक महत्वपूर्ण पहलू है, जो संगीत की लय को तेज बनाता है। अन्य विकल्पों में, 1, 4 और 8 अक्षरकाल अन्य तालों या लयों में प्रयोग हो सकते हैं, लेकिन द्रुत अंग के लिए 2 अक्षरकाल सही है।

22. (C): पखावज की तालें सूलताल और धमार हैं। सूलताल 10 मात्राओं की ताल होती है और धमार 14 मात्राओं की ताल होती है। ये दोनों तालें पखावज के साथ अक्सर बजाई जाती हैं और भारतीय शास्त्रीय संगीत में महत्वपूर्ण भूमिका निभाती हैं। दीपचंदी और आड़ाचौताल भी तालें हैं, लेकिन ये पखावज की सामान्य तालें नहीं हैं।

23. (B): सात मात्रा की तालें तीवरा और रूपक हैं। तीवरा ताल में 7 मात्राएं होती हैं और यह 3 + 2 + 2 की संरचना में विभाजित होती है। रूपक ताल में भी 7 मात्राएं होती हैं और यह 3 + 2 + 2 या 2 + 2 + 3 की संरचना में हो सकती है। दादरा में 6 मात्राएं होती हैं और कहरवा में 8 मात्राएं होती हैं, इसलिए दादरा और कहरवा सही उत्तर नहीं हैं।

24. (C): रबीन्द्र संगीत में प्रयोग किए जाने वाले विशिष्ट वाद्ययंत्र इसराज है। इसराज एक तार वाला वाद्य यंत्र है जो बांग्ला संगीत और विशेषकर रबीन्द्र संगीत में महत्वपूर्ण भूमिका निभाता है। दिलरुबा, ढोलक और आनंद लहरी भी वाद्ययंत्र हैं, लेकिन ये रबीन्द्र संगीत में विशेष रूप से प्रचलित नहीं हैं।

25. (B): घसीट सितार से संबंधित है। घसीट एक तकनीक है जिसमें सितार के तारों को खींचकर या फिसलाकर ध्वनि उत्पन्न की जाती है। यह तकनीक संगीत के अलंकरण और सुन्दरता को बढ़ाती है। तबला, हारमोनियम और पखावज में इस प्रकार की विशेष तकनीक नहीं होती है।

भाग-II : हिन्दुस्तानी संगीत

26. (D): रबाब और सरोद चित्रा वीणा का परिष्कृत रूप हैं। चित्रा वीणा एक प्राचीन भारतीय वाद्य यंत्र है, और रबाब तथा सरोद इसके आधुनिक संस्करण माने जाते हैं। सरोद, जो आज भारतीय शास्त्रीय संगीत में प्रमुखता से प्रयोग होता है, रबाब से विकसित हुआ है और इसमें चित्रा वीणा के कुछ तत्व शामिल हैं। विपंची, पिनाकी और कात्यायनी वीणा अन्य प्रकार की वीणा हैं, लेकिन रबाब और सरोद से उनका सीधा संबंध नहीं है।

27. (D): द्वादश-स्वर-मूर्च्छना का प्रारंभ सर्वप्रथम मतंग ने किया था। मतंग ने अपने ग्रंथ 'बृहत्संहिता' में इन मूर्च्छनाओं का वर्णन किया है। भरत, कल्लिनाथ, और कश्यप ने भी संगीत के विभिन्न पहलुओं पर कार्य किया है, लेकिन द्वादश-स्वर-मूर्च्छना के प्रारंभ में विशेष रूप से मतंग का योगदान है।

28. (B): राग जौनपुरी के आरोह में कोमल गंधार को लंघनमूलक अल्पत्व माना जाता है। इसका अर्थ है कि इस राग में आरोह के दौरान कोमल गंधार का उपयोग नहीं किया जाता है, यानी इसे छोड़ा जाता है। अभ्यासमूलक बहुत्व, अलंघनमूलक बहुत्व, और अनभ्यासमूलक अल्पत्व इस संदर्भ में सही नहीं हैं, क्योंकि राग जौनपुरी के आरोह में कोमल गंधार का प्रयोग नहीं होता।

29. (C): 'उद्ग्रह' प्रबंध से संबंधित है। प्रबंध प्राचीन भारतीय संगीत की एक विधा है जिसमें उद्ग्रह प्रारंभिक भाग होता है। जाति गायन, कव्वाली, और दादरा विभिन्न संगीत विधाएं हैं, लेकिन उद्ग्रह विशेष रूप से प्रबंध से जुड़ा है।

30. (A): संगीत रत्नाकर में सालग सूड प्रबंध के 7 भेदों का उल्लेख है। शारंगदेव ने अपने ग्रंथ 'सगीत रत्नाकर' में विभिन्न प्रकार के प्रबंधों का वर्णन किया है, जिनमें सालग सूड के 7 भेद शामिल हैं। 8, 9 और 13 भेद अन्य प्रकार के प्रबंधों या संगीत सिद्धांतों में हो सकते हैं, लेकिन सालग सूड प्रबंध के लिए 7 भेद सही उत्तर है।

31. (C): शोरी मियाँ के पिता गुलाम रसूल थे। गुलाम रसूल एक प्रसिद्ध संगीतकार थे, जिन्होंने अपने बेटे शोरी मियाँ को संगीत में प्रशिक्षित किया। शोरी मियाँ ने भारतीय शास्त्रीय संगीत, विशेष रूप से ध्रुपद शैली में महत्वपूर्ण योगदान दिया। गुलाम रजा, गुलाम गौस, और गुलाम अली भी संगीतकार हैं, लेकिन शोरी मियाँ के पिता विशेष रूप से गुलाम रसूल ही थे। यह जानकारी उन्हें उनके समय के महान संगीतकारों में से एक के रूप में स्थापित करती है।

33. (B): सिंह भूपाल द्वारा रचित 'संगीत रत्नाकर' की टीका 'संगीत सुधाकर' है। यह टीका शारंगदेव के प्रसिद्ध ग्रंथ 'संगीत रत्नाकर' पर लिखी गई है और इसमें संगीत के विभिन्न पहलुओं पर विस्तृत टिप्पणी और व्याख्या की गई है। 'संगीत सार', 'संगीत चूड़ामणि', और 'संगीत सारामृत' अन्य ग्रंथ और टीकाएँ हैं, लेकिन सिंह भूपाल की टीका 'संगीत सुधाकर' के नाम से प्रसिद्ध है।

34. (C): फकीरुल्ला द्वारा लिखी गई पुस्तक का नाम 'राग दर्पण' है। यह पुस्तक संगीत शास्त्र में महत्वपूर्ण स्थान रखती है और इसमें विभिन्न रागों का विस्तृत विवरण दिया गया है। फकीरुल्ला ने इस पुस्तक में रागों की उत्पत्ति, स्वर संरचना और गायन शैली का वर्णन किया है। इसके अलावा, 'राग मंजरी' के लेखक भूषण हैं, 'राग माला' के लेखक सोमनाथ हैं, और 'राग कल्पद्रुम' के लेखक पंडित शारंगदेव हैं। इसलिए, 'राग दर्पण' ही सही उत्तर है क्योंकि इसे फकीरुल्ला ने लिखा है और अन्य विकल्पों के लेखक अलग हैं।

35. (B): बिलावल स्केल मेजर स्केल के समान है। मेजर स्केल को पश्चिमी संगीत में 'Ionian mode' भी कहा जाता है और इसमें सात स्वर होते हैं। भारतीय रागीत गों, बिलावल थाट का स्वरूप मेजर स्केल से मेल खाता है जिसमें सारेग, म रेगा, प धनि, सां स्वर होते हैं। काफी थाट की संरचना मीड़ से शुरू होती है और उसमें गंधार कोमल होता है, जबकि आसावरी थाट में

धैवत और निषाद कोमल होते हैं, और भैरव थाट में रे और धैवत कोमल होते हैं। इसलिए, बिलावल ही सही उत्तर है क्योंकि यह मेजर स्केल के समान है।

36. **(C):** ध्रुवगीतियों का प्रयोग नाट्य में किया जाता था। प्राचीन भारतीय नाट्य शास्त्र में, ध्रुवगीतियां विशेष प्रकार की संगीत रचनाएं थीं जिनका प्रयोग नाटकों में विभिन्न प्रसंगों को प्रकट करने के लिए किया जाता था। यह गीतियां नाटकों के विभिन्न अंशों में उपयोग की जाती थीं, जैसे प्रवेश, प्रस्थान, युद्ध, प्रेम आदि। जाति गायन और वृंद गायन में ध्रुवगीतियों का उपयोग नहीं होता था, जबकि ध्रुपद एक विशिष्ट गायन शैली है जो ध्रुवगीतियों से भिन्न है। इसलिए, ध्रुवगीतियों का प्रयोग नाट्य में ही किया जाता था और यही सही उत्तर है।

37. **(A):** पूर्व लग्न कण का सही उदाहरण 'रेग' है। भारतीय संगीत में, 'पूर्व लग्न कण' वह स्वर होता है जिसे मुख्य स्वर से पहले गाया जाता है और यह स्वर बहुत ही संक्षिप्त होता है। 'रेग ग' में, 'रेग' स्वर मुख्य स्वर 'ग' से पहले आता है और यह पूर्व लग्न कण का उदाहरण है। अन्य विकल्पों में, 'गध', 'ग' और 'ग ध' पूर्व लग्न कण का सही उदाहरण नहीं हैं क्योंकि इनमें से कोई भी स्वर 'रे' की तरह मुख्य स्वर से पहले नहीं आता। इसलिए, 'रेग' ही सही उत्तर है।

38. **(A):** मध्यम ग्राम के पंचम स्वर की 3 श्रुतियाँ होती हैं। भारतीय शास्त्रीय संगीत में, श्रुतियाँ सबसे छोटी ध्वनि इकाई मानी जाती हैं और इन्हें विभिन्न स्वरों के बीच की सूक्ष्म ध्वनि अंतराल के रूप में परिभाषित किया गया है। तीन प्रमुख ग्राम होते हैं : षड्ज ग्राम, मध्यम ग्राम, और गांधार ग्राम। मध्यम ग्राम में, पंचम स्वर की स्थिति तीन श्रुतियों पर होती है। यह स्थिति विशेष रूप से निर्धारित की गई है ताकि ग्राम में संतुलन बना रहे। इसलिए, मध्यम ग्राम के पंचम स्वर की 3 श्रुतियाँ होती हैं और यही सही उत्तर है। अन्य विकल्पों में 2, 4, या 5 श्रुतियाँ नहीं हैं, इसलिए ये गलत हैं।

40. **(A):** राग कोमल ऋषभ आसावरी के अवरोह में कोमल निषाद और कोमल गंधार वर्जित करने से गुणकली राग के स्वर प्राप्त होते हैं। राग गुणकली में रे और ध कोमल होते हैं जबकि ग, म, प, नि शुद्ध स्वर होते हैं। जब कोमल ऋषभ आसावरी के अवरोह से कोमल गंधार और कोमल निषाद को हटा दिया जाता है, तो इसका स्वरूप गुणकली के समान हो जाता है। अन्य विकल्प जैसे देवगंधार, देसी, और आसावरी में इस प्रकार के स्वर नहीं होते हैं। इसलिए, गुणकली ही सही उत्तर है।

42. **(D):** ठुमरी में प्रयोग होने वाली ताल दीपचंदी है। ठुमरी एक प्रमुख उपशास्त्रीय संगीत शैली है जिसमें तिलवाड़ा, झूमरा, और दीपचंदी तालों का प्रयोग किया जाता है। विशेष रूप से दीपचंदी ताल में 14 मात्रा होती हैं और यह ठुमरी में बहुत लोकप्रिय है। सूलताल का प्रयोग ठुमरी में नहीं होता, इसलिए दीपचंदी सही उत्तर है।

43. **(B):** कर्नाटक संगीत पद्धति का 'अंतर गंधार' हिन्दुस्तानी संगीत पद्धति के शुद्ध ग के समान है। कर्नाटक संगीत में अंतर गंधार वह स्वर है जो हिन्दुस्तानी संगीत के शुद्ध गंधार के समकक्ष होता है। अन्य विकल्प जैसे कोमल ग, शुद्ध म, और शुद्ध रे इस संदर्भ में सही नहीं हैं। इसलिए, शुद्ध ग ही सही उत्तर है।

44. **(C):** 'अयुग्म' संज्ञा का प्रयोग त्रयस्त्र ताल-जाति के लिए किया जाता है। अयुग्म ताल वह ताल है जिसकी मात्राओं का समूह विषम संख्या में होता है। त्रयस्त्र ताल में तीन मात्राएँ होती हैं, जो इसे अयुग्म बनाती हैं। प्रकीर्ण ताल में मात्राएँ बिखरी होती हैं, सम ताल में मात्राएँ समान होती हैं, और चतुरस्त्र ताल में चार मात्राएँ होती हैं। इसलिए, त्रयस्त्र ताल सही उत्तर है।

45. **(A):** 'टेम्पर्ड-स्केल' के अर्ध-स्वर का माप 100 सेंट है। टेम्पर्ड स्केल में प्रत्येक अर्ध-स्वर का माप 100 सेंट होता है। 1 सेंट 1/100 अर्ध-स्वर के बराबर होता है। अन्य विकल्प जैसे 50 सेंट, 25 सेंट, और 51.1 सेंट सही नहीं हैं। इसलिए, 100 सेंट ही सही उत्तर है।

46. (A): राग बसंत में यदि मं ध सां नी ध प मं ग मं रे ग स्वरावली को लिया जाए तो यह तिरोभाव होगा और इससे पूरिया धनाश्री राग की छाया उत्पन्न होगी। राग पूरिया धनाश्री में भी तीव्र मध्यम (मं) और शुद्ध धैवत (ध) का प्रयोग होता है, जो इस स्वरावली में मिलता है। पूरिया धनाश्री का वादी स्वर धैवत और संवादी स्वर गंधार होता है, जो इस तिरोभाव से मेल खाता है। अन्य विकल्पों जैसे पूर्वी, परज, और पूरिया कल्याण की स्वर संरचना इस स्वरावली से मेल नहीं खाती। इसलिए, पूरिया धनाश्री सही उत्तर है।

47. (A): 'मंद्र-सप्तक' के 'सा रे ग' की आवृत्ति क्रमशः मध्य-सप्तक के 'सा रे ग' की आवृत्ति से आधी होती है। यह इसलिए है क्योंकि मंद्र सप्तक में स्वरों की आवृत्ति मध्य सप्तक की तुलना में आधी होती है। उदाहरण के लिए, यदि मध्य सप्तक का सा 240 Hz पर है, तो मंद्र सप्तक का सा 120 Hz पर होगा। इसलिए, सही उत्तर आधी है।

48. (C): अहोबल का शुद्ध-सप्तक वर्तमान में काफी थाट के समान है। अहोबल ने अपने ग्रंथ 'संगीत पारिजात' में शुद्ध सप्तक का वर्णन किया है, जो काफी थाट से मेल खाता है। काफी थाट में रे और धैवत कोमल होते हैं जबकि बाकी स्वर शुद्ध होते हैं। अहोबल का शुद्ध सप्तक भी इसी स्वर संरचना का पालन करता है। अन्य विकल्प जैसे बिलावल, खमाज, और कल्याण थाट की स्वर संरचना काफी थाट से भिन्न है। इसलिए, सही उत्तर काफी है।

49. (D): मुश्ताक अली खाँ को छोड़कर अन्य सभी कलाकार गायक हैं। कृष्णराव शंकर पंडित, भीमसेन जोशी, और बड़े गुलाम अली खाँ भारतीय शास्त्रीय संगीत के प्रसिद्ध गायक हैं। वहीं, मुश्ताक अली खाँ सितार वादक हैं। इसलिए, भिन्न विकल्प मुश्ताक अली खाँ है।

50. (B): 'इसराज' से मिलता-जुलता वाद्य दिलरुबा है। इसराज और दिलरुबा दोनों ही वायलिन परिवार के वाद्य यंत्र हैं और इनकी संरचना तथा ध्वनि में समानता होती है। इन दोनों वाद्यों का उपयोग भारतीय शास्त्रीय संगीत में किया जाता है। अन्य वाद्य जैसे सितार, स्वरमंडल, और दारबुका इसराज से भिन्न हैं। इसलिए, सही उत्तर दिलरुबा है।

51. (D): 'मध्यम-ग्राम' में 9 श्रुति वाला 'षड़ज-मध्यम भाव संवाद' रे और प के स्वरों में स्थापित होता है। मध्यम ग्राम में, 9 श्रुतियों का अंतराल 'रे' और 'प' के बीच होता है, जो इस संवाद को स्थापित करता है। अन्य विकल्प जैसे ध - ग, नि - म, और सा - प इस संदर्भ में सही नहीं हैं। इसलिए, सही उत्तर रे - प है।

52. (B): कल्याण-थाट जन्य, दो मध्यम युक्त रागों में 'कोमल-निषाद' का प्रयोग मुख्यतः अवरोह में किया जाता है। दो मध्यम युक्त रागों में जैसे यमन कल्याण और हेम कल्याण में कोमल निषाद का प्रयोग अवरोह में होता है ताकि राग की संरचना में मधुरता और विशिष्टता बनी रहे। आरोह में शुद्ध स्वर का प्रयोग होता है। इसलिए, सही उत्तर अवरोह में है।

53. (B): संगीत रत्नाकर के प्रकीर्णाध्याय में वृन्दावन की चर्चा की गई है। संगीत रत्नाकर एक महत्वपूर्ण ग्रंथ है जिसमें विभिन्न संगीत विषयों पर विस्तार से चर्चा की गई है। प्रकीर्णाध्याय में विभिन्न विषयों, नृत्य और वृन्दावन के बारे में जानकारी दी गई है। अन्य अध्याय जैसे प्रबन्धाध्याय, वाद्याध्याय, और राग विवेकाध्याय में वृन्दावन की चर्चा नहीं है। इसलिए, सही उत्तर प्रकीर्णाध्याय है।

54. (A): राग रामकली में विकृत स्वरों की अधिकतम संख्या है। राग रामकली में कोमल ऋषभ, कोमल धैवत, और शुद्ध निषाद का प्रयोग होता है, जिससे इस राग में विकृत स्वरों की संख्या अधिक होती हैं। अन्य रागों जैसे जयजयवन्ती, खमाज, और दुर्गा में विकृत स्वरों की संख्या कम होती हैं। इसलिए, सही उत्तर रामकली है।

55. (A): ब्राम्ही वीणा का अन्य नाम घोषवती वीणा है। ब्राम्ही वीणा और घोषवती वीणा दोनों का उल्लेख प्राचीन संगीत साहित्य में मिलता है और दोनों नाम एक ही वाद्य यंत्र को संदर्भित करते हैं। अन्य विकल्प

जैसे अलाबु वीणा, चित्रा वीणा, और आलापिनी वीणा विभिन्न प्रकार की वीणाएँ हैं, लेकिन वे ब्राम्ही वीणा के अन्य नाम नहीं हैं। इसलिए, सही उत्तर घोषवती वीणा है।

56. (B): सुरसिंगार की रचना जफर खाँ द्वारा की गई। सुरसिंगार एक भारतीय शास्त्रीय वाद्य यंत्र है जो सरोद के समान होता है। इसका निर्माण और विकास जफर खाँ ने किया था। गुलाम खाँ, विलास खाँ, और सिधार खाँ ने अन्य वाद्य यंत्रों और संगीत में योगदान दिया, लेकिन सुरसिंगार का श्रेय जफर खाँ को दिया जाता है। इसलिए, सही उत्तर जफर खाँ है।

57. (D): लताफत हुसैन खान आगरा घराना के प्रतिनिधि हैं। आगरा घराना भारतीय शास्त्रीय संगीत में एक प्रमुख घराना है और लताफत हुसैन खान इसके प्रमुख कलाकारों में से एक हैं। किशोरी आमोनकर जयपुर-अतरौली घराना, अमीर खान इंदौर घराना, और राजा भैया पूछवाले का संबंध ग्वालियर घराने से है। इसलिए, सही उत्तर लताफत हुसैन खान है।

58. (D): मधुकरी सुषिर वर्ग का वाद्य है। सुषिर वाद्य यंत्रों में हवा का प्रयोग करके ध्वनि उत्पन्न की जाती है, जैसे बांसुरी, शहनाई, और हारमोनियम। मधुकरी भी इसी श्रेणी में आता है क्योंकि इसे बजाने के लिए हवा का उपयोग किया जाता है। तत् वाद्य यंत्रों में तार का प्रयोग होता है, जैसे सितार और वीणा। अवनद्ध वाद्य यंत्रों में चमड़े का प्रयोग होता है, जैसे तबला और मृदंग। घन वाद्य यंत्रों में धातु या लकड़ी का उपयोग होता है, जैसे झांझ और मंजीरा। इसलिए, सही उत्तर सुषिर है।

59. (D): विलंबित ख्याल में प्रयोग होने वाली तालें तिलवाड़ा और झूमरा हैं। विलंबित ख्याल एक धीमी गति का गायन होता है जिसमें तिलवाड़ा ताल (12 मात्रा) और झूमरा ताल (14 मात्रा) का व्यापक उपयोग होता है। दीपचंदी और जत तालें अधिकतर ठुमरी और अन्य उपशास्त्रीय गायन में प्रयोग होती हैं। इसलिए, सही उत्तर तिलवाड़ा और झूमरा है।

60. (B): संगीत पारिजात (अहोबल), राग दर्पण (फकीरुल्ला), और राग तत्व विबोध (सोमनाथ) सभी 17वीं सदी में लिखे गए महत्वपूर्ण ग्रंथ हैं। रस कौमुदी और संगीत समयसार अन्य समयावधियों में लिखे गए थे। इसलिए, सही उत्तर संगीत पारिजात, राग दर्पण, और राग तत्व विबोध है।

61. (C): विष्णु दिगंबर पलुस्कर के शिष्य विनायक राव पटवर्धन, नारायण राव व्यास, और ओंकारनाथ ठाकुर हैं। ये सभी भारतीय शास्त्रीय संगीत के प्रमुख गायक हैं और विष्णु दिगंबर पलुस्कर के शिष्य रहे हैं। बालकृष्ण बुआ और रामाश्रय झा अन्य गुरुओं के शिष्य हैं। इसलिए, सही उत्तर विनायक राव पटवर्धन, नारायण राव व्यास, और ओंकारनाथ ठाकुर है।

62. (C): राग जैजैवन्ती में कोमल गंधार और कोमल निषाद का प्रयोग होता है। इन स्वरों की स्थायी और आरोह-अवरोह में विभिन्न संयोजन राग की पहचान को स्पष्ट करते हैं। (*a*) में कोमल नी का प्रयोग है, (*c*) में गंधार का सही उपयोग है, और (*e*) में रे ग म प नी का सही संयोजन है। अन्य विकल्प (*b*) और (*d*) राग जयजयवंती के स्वरूप से मेल नहीं खाते हैं। इसलिए, सही उत्तर विकल्प (*a*), (*c*) और (*e*) हैं।

63. (A): नी सा ग म ग सा स्वरावलि में षडज को पंचम मानने से प्राप्त स्वरावलि वृन्दावनी सारंग और तिलंग रागों में प्रयोग की जा सकती है। वृन्दावनी सारंग और तिलंग रागों में पंचम को षडज मानकर, यह स्वरावली उपयोगी होती है। अन्य विकल्प जैसे मियाँ की मल्हार, मधुमाद सारंग, और देस इन स्वर संरचनाओं से मेल नहीं खाते। इसलिए, सही उत्तर केवल (*c*) और (*e*) है।

64. (B): स्वर समूह रे प ग म रे सा का प्रयोग मियाँ की मल्हार और नायकी कान्हड़ा रागों में किया जाता है। मियाँ की मल्हार और नायकी कान्हड़ा दोनों ही रागों में इस स्वर समूह का विशिष्ट प्रयोग होता है, जिससे इन रागों की पहचान होती है। शहाना और गौड़ मल्हार में इस स्वर समूह का प्रयोग नहीं होता है। इसलिए, सही उत्तर केवल (*b*) और (*c*) है।

65. (A): ध्रुवागीति के नाम प्रवेशिकी, अक्षेप्तिकी, और प्रसादिकी हैं। ध्रुवागीति में इन विशेष गीतों का उपयोग होता है जिनके अलग-अलग नाम हैं। विसर्जनी और भंजनी ध्रुवागीति के नाम नहीं हैं। इसलिए, सही उत्तर केवल (*a*), (*b*) और (*d*) है।

66. (D): तोड़ी-थाट के रागों में गुर्जरी तोड़ी और मियाँ की तोड़ी शामिल हैं। ये दोनों राग तोड़ी थाट के अंतर्गत आते हैं और इनमें कोमल गंधार और कोमल धैवत का प्रयोग होता है। बिलास खान तोड़ी और भूपाल तोड़ी इस थाट के राग नहीं हैं। इसलिए, सही उत्तर केवल (*a*) और (*d*) है।

67. (C): संगीत-रत्नाकर में वर्णित उत्तम-वाग्गेयकार के लक्षण सुभगगेयता और अनेकाकुविवेक हैं। उत्तम-वाग्गेयकार को सुंदर गायन और विवेकशीलता के गुणों से पहचाना जाता है। विकल और मिश्रक जैसे लक्षण उत्तम वाग्गेयकार के लिए वर्णित नहीं हैं। इसलिए, सही उत्तर केवल (*a*) और (*b*) है।

68. (D): भरत के अलंकारों में सम और आवर्तक शामिल हैं। सम और आवर्तक अलंकार भरत के नाट्यशास्त्र में उल्लिखित हैं। करभ और अपस्वर अलंकार नहीं हैं। इसलिए, सही उत्तर केवल (*a*) और (*b*) है।

69. (A): एकतारा वाद्यों में घोषका और तुनतुना शामिल हैं। ये दोनों वाद्य यंत्र एक तार के होते हैं और लोक संगीत में विशेष रूप से लोकप्रिय हैं। सुरिन्दा और रावणहत्था एकतारा वाद्य नहीं हैं। सुरिन्दा में एक से अधिक तार होते हैं, और रावणहत्था में भी कई तार होते हैं। इसलिए, सही उत्तर केवल (*a*) और (*b*) है।

70. (B): प - रे संगति वाले राग शुद्ध-कल्याण, गौड़ सारंग, और छायानट हैं। इन रागों में प-रे संगति का विशेष प्रयोग होता है, जिससे इन रागों की पहचान होती है। गौड़ मल्हार और कामोद में यह संगति नहीं होती। इसलिए, सही उत्तर केवल (*a*), (*b*) और (*d*) है।

74. (D): मणि लाल नाग विष्णुपुर घराने के जाने-माने सितार वादक हैं। बरकतउल्ला खाँ जयपुर सेनिया घराने के प्रमुख कलाकार थे। इनायत खाँ इटावा घराने से संबंधित थे, जो सितार वादन में प्रसिद्ध है। रविशंकर मैहर घराने के संगीतकार थे और उनके गुरु उस्ताद अलाउद्दीन खाँ थे। इसलिए, सही उत्तर (*a*)-IV, (*b*)-I, (*c*)-II, (*d*)-III है।

75. (B): भूमि दुंदुभि एक अनवद्ध वाद्य है जिसे भूमि पर रखा जाता है। वाण एक तंत्री वाद्य है, जिसे तारों से बजाया जाता है। तूण एक सुषिर वाद्य है, जिसमें हवा का उपयोग होता है। जलतरंग एक घन-वाद्य है, जिसमें पानी भरे कटोरों का उपयोग होता है। इसलिए, सही उत्तर (*a*)-IV, (*b*)-II, (*c*)-III, (*d*)-I है।

76. (A): आशिकअली खाँ सितार वादक थे। असदअली खाँ रूद्रवीणा वादक थे। हाफीजअली खाँ सरोद वादक थे। विजय राघव राव बाँसुरी वादक थे। इसलिए, सही उत्तर (*a*)-III, (*b*)-II, (*c*)-IV, (*d*)-I है।

79. (A): दिए गए रागों के गायन का सायं से प्रातः का क्रम एवं समय इस प्रकार है :

मारवा (सायं) → यमन (रात्रि का प्रथम प्रहर) → बागेश्री (रात्रि का दूसरा प्रहर) → मालकौंस (मध्यरात्रि) → भटियार (प्रातःकाल)

इस प्रकार, सही उत्तर (*a*), (*c*), (*b*), (*e*), (*d*) है।

81. (A): चार पंक्तियों से युक्त चौताल में निबद्ध ध्रुपद की स्थायी, जिसका आरंभ 'सम' से हो, उसकी दुगुन में 24 मात्रा, तिगुन में 16 मात्रा, चौगुन में 12 मात्रा तथा छःगुन में 8 मात्रा का प्रयोग होगा।

इस प्रकार, सही उत्तर (*d*), (*c*), (*a*), (*b*) है।

82. (D): कर्नाटक तालों को चतस्त्र जाति के अनुसार कम से ज्यादा मात्राओं का सही क्रम है :

एक ताल → रूपक ताल → त्रिपुट ताल → मठ ताल → अठ ताल

इस प्रकार, सही उत्तर (*c*), (*b*), (*d*), (*a*), (*e*) है।

83. (B): क्रमशः 'ग, म, प, ध' स्वर के वादी स्वर को दर्शाने वाले रागों का सही क्रम है :

भूपाल (ग) → केदार (म) → कामोद (प) → हमीर (ध)

इस प्रकार, सही उत्तर (*c*), (*b*), (*d*), (*a*) है।

84. (B): दिए गए वाद्यों का कालक्रम इस प्रकार है :

दुंदुभि (प्राचीनतम वाद्य) → मृदंग (प्राचीन भारतीय वाद्य) → सितार (मध्यकालीन वाद्य) → मोहन वीणा (आधुनिक वाद्य)

इस प्रकार, सही उत्तर (*c*), (*a*), (*b*), (*d*) है।

86. (C): अभिकथन (A) सही है कि गुलाम मोहम्मद और सज्जाद मोहम्मद सुरबहार का वादन करते थे। लेकिन कारण (R) सही नहीं है क्योंकि सुरबहार का आविष्कार तानसेन ने नहीं किया था, बल्कि यह एक विकसित वाद्य है जिसे तानसेन के बाद के संगीतकारों ने विकसित किया।

87. (A): अभिकथन (A) और कारण (R) दोनों सही हैं। और (R), (A) की सही व्याख्या है। राग शुद्ध-मल्हार और बिलावल मेल जन्य दुर्गा में स्वर-साम्य है और 'ध म रे प' के प्रयोग से दुर्गा राग में शुद्ध-मल्हार की छाया का निवारण होता है।

88. (D): कथन I असत्य है क्योंकि भारत की वीणा का गंधार, आज के सितार का धैवत और मतंग का मध्य-सप्तक ये तीनों एक ही स्वर नहीं हैं बल्कि ये तीनों स्वर अलग-अलग होते हैं।

कथन II : भरत ने मध्यम को 'अविनाशी' या 'अविलोपी' कहा है, यह कथन सही है।

89. (A): कथन I और कथन II दोनों सही हैं। वास्तव में, 'षड़ज-पंचम भाव' के संवाद का उल्टा ही 'षड़ज-मध्यम संवाद' है। यदि किसी सप्तक के 'प' को 'सा' मान लें तो षड़ज, मध्यम बन जाता है।

90. (A): कथन I और कथन II दोनों सही हैं। सन्धिप्रकाश रागों में अधिकतर कोमल रे - ध स्वरों का प्रयोग होता है और कुछ रागों में यह नियम अपवाद रूप में शिथिल भी होता है।

91. (D): स्वरावली 'रे॒ ग म़ म॑ ध॒, म॑ ध॒ म॑ म, में शुद्ध मध्यम को षड्ज मानने' पर राग तोड़ी का रागांग उत्पन्न होगा। राग तोड़ी में कोमल ऋषभ, कोमल धैवत, और तीव्र मध्यम का प्रयोग होता है। इस स्वरावली में शुद्ध मध्यम और कोमल धैवत का मिश्रण तोड़ी राग के स्वरूप को स्पष्ट करता है। खमाज, मारू बिहाग, और केदार में यह स्वर संरचना नहीं मिलती। इसलिए, सही उत्तर तोड़ी है।

96. (B): विचित्र वीणा वादकों में अब्दुल अजीज खाँ और लालमणि मिश्रा के नाम उल्लेखनीय हैं। अब्दुल अजीज खाँ और लालमणि मिश्रा ने विचित्र वीणा को अपनी कला से समृद्ध किया है और इसे प्रचलित बनाया। प्यार खाँ, जफर खाँ, और ध्रुवतारा जोशी विचित्र वीणा वादक नहीं हैं। इसलिए, सही उत्तर केवल (*b*) और (*d*) है।

97. (D): सिंगी (शृंगी) सुषिर वर्ग का वाद्य है। सुषिर वाद्यों में हवा का उपयोग करके ध्वनि उत्पन्न की जाती है, और सिंगी भी एक ऐसा ही वाद्य है जिसे फूंक कर बजाया जाता है। घन वाद्य, अवनद्ध वाद्य, और तत् वाद्य की श्रेणियों में सिंगी नहीं आती। इसलिए, सही उत्तर सुषिर है।

98. (A): 'मेओ का चिकारा' तत् वर्ग का वाद्य है। तत् वाद्यों में तारों का उपयोग होता है, और चिकारा एक तार वाला वाद्य है जो इस श्रेणी में आता है। अवनद्ध, घन, और सुषिर वाद्यों में चिकारा नहीं आता। इसलिए, सही उत्तर तत् है।

99. (C): स्वर-मण्डल को प्राचीन काल में मत्तकोकिला के नाम से जाना जाता था। मत्तकोकिला एक प्राचीन तार वाद्य है, जो स्वर-मण्डल का प्राचीन रूप है। कात्यायनी वीणा, आडम्बर, और अनालम्बी वीणा अन्य प्रकार के वाद्य हैं। इसलिए, सही उत्तर मत्तकोकिला है।

100. (B): कामायचा राजस्थान का प्रमुख लोक वाद्य है। यह वाद्य राजस्थान के लोक संगीत में महत्वपूर्ण स्थान रखता है और विशेष रूप से मंगनियार समुदाय द्वारा बजाया जाता है। मध्य प्रदेश, गुजरात, और छत्तीसगढ़ में कामायचा का प्रमुख रूप से उपयोग नहीं होता। इसलिए, सही उत्तर राजस्थान है।

भाग-III : अवनद्ध वाद्य

26. (A): '393 पृष्ठों का तालाध्याय' संगीत सार ग्रंथ में पाया जाता है। यह ग्रंथ भारतीय शास्त्रीय संगीत की ताल संरचनाओं का विस्तृत अध्ययन प्रस्तुत करता है। अन्य विकल्प जैसे संगीत पारिजात, रागबिबोध, और चतुर्दन्डी प्रकाशिका भी महत्वपूर्ण संगीत ग्रंथ हैं, लेकिन उनमें 393 पृष्ठों का तालाध्याय नहीं है। संगीत सार विशेष रूप से तालों पर केंद्रित है और इसलिए सही उत्तर है।

27. (C): 'घण्टा' को संगीत ग्रंथों में 'कल्पतरु' कहा गया है। कल्पतरु का अर्थ होता है वह वृक्ष जो सभी इच्छाओं को पूर्ण करता है, इसी प्रकार घण्टा ताल और लय के संदर्भ में महत्वपूर्ण है। अल्पतरु और अण्वतरु सही नहीं हैं क्योंकि ये छोटे पेड़ या पौधे दर्शाते हैं, जबकि कल्प विन्यास ताल के संयोजन को रांदर्भित करता है।

28. (B): ''चर-अचर प्राणियों पर ताल-ध्वनियों का प्रभाव'' का विवेचन 'भारतीय तालों का शास्त्रीय विवेचन' में किया गया है। इस पुस्तक में ताल और उसकी ध्वनियों का विभिन्न जीवों पर प्रभाव का गहन अध्ययन प्रस्तुत किया गया है। अन्य विकल्पों में ताल प्रसून, तालदीपिका, और तालविज्ञान तबला इस विशिष्ट विषय को विस्तार से नहीं कवर करते हैं।

29. (D): तिहाई रचना के नियम का विश्लेषण 'ताल वाद्य परिचय' में किया गया है। इस पुस्तक में विभिन्न ताल वाद्यों की विशेषताओं के साथ-साथ तिहाई रचनाओं के नियम और उनके अनुप्रयोग का विस्तृत वर्णन किया गया है। 'पखावज एवं तबला के घराने' में पखावज और तबला के विभिन्न घरानों का विवरण होता है, लेकिन तिहाई रचना के नियमों का विश्लेषण नहीं है। 'तालकोष' एक तालों का शब्दकोश है, जो विभिन्न तालों की परिभाषाएँ और उदाहरण प्रस्तुत करता है, लेकिन तिहाई पर विशेष ध्यान नहीं देता। 'तबला वादन की विस्तारशील रचनाएँ' में विस्तृत रचनाएँ शामिल हैं, लेकिन तिहाई रचनाओं के नियमों का विश्लेषण नहीं मिलता। इसलिए, 'ताल वाद्य परिचय' सही उत्तर है।

30. (A): एक मात्रा पर विराम के लिए किया जाने वाला पात 'ध्रुव' कहलाता है। ध्रुव ताल संरचना में स्थिरता और विराम का प्रतीक है। लघु और गुरु ताल की इकाइयाँ हैं, और काकपद एक विशिष्ट तालबद्धता को दर्शाता है। इसलिए, ध्रुव सही उत्तर है।

31. (C): प्रसिद्ध तबला वादक उदय भानु किशोर प्रयाग संगीत समिति के निदेशक पद पर कार्यरत रहे हैं। उन्होंने भारतीय शास्त्रीय संगीत और तबला वादन में महत्वपूर्ण योगदान दिया है। सूर्य भानु किशोर, अजय भानु किशोर, और विजय भानु किशोर ने इस भूमिका में कार्य नहीं किया है, इसलिए उदय भानु किशोर ही सही उत्तर है।

32. (C): ता, दीम्, तोम, नम् मृदंग के पाटाक्षर हैं। मृदंग एक प्राचीन भारतीय वाद्य है और इसके बोल (पाटाक्षर) ता, दीम्, तोम, और नम् होते हैं। पखावज और नाल के भी पाटाक्षर होते हैं, लेकिन वे भिन्न होते हैं, और चेण्डा के पाटाक्षर भी अलग होते हैं। इसलिए, मृदंग सही उत्तर है।

33. (C): डॉ. अरुण कुमार सेन ने वर्ण के लिए 'तालमय ध्वनि' शब्द का प्रयोग किया है। उन्होंने वर्णो का अध्ययन ताल और उसकी ध्वनियों के संदर्भ में किया है। लयमय ध्वनि और स्वर मय ध्वनि लय और स्वर के संदर्भ में ध्वनियों का वर्णन करते हैं, जबकि नाद मध्य ध्वनि नाद के संदर्भ में है। इसलिए, तालमय ध्वनि सही उत्तर है।

34. (A): विष्णु ताल के बिआड़ का एक पल्ला $9\frac{5}{7}$ मात्राओं का होता है। विष्णु ताल के बिआड़ में कुल मात्रा होती है और जब उसे आधे में विभाजित किया जाता है, तो हर पल्ले में $9\frac{5}{7}$ मात्राएँ होती हैं। अन्य विकल्पों जैसे $8\frac{6}{7}$, $9\frac{6}{7}$, और $8\frac{5}{7}$ में, मात्राओं की संख्या विष्णु ताल के बिआड़ के पल्ले से मेल नहीं खाती। इसलिए, $9\frac{5}{7}$ सही उत्तर है।

35. (C): सुधाकलश ने प्रत्येक ताल के लिए पाटवर्णों का उल्लेख किया है। सुधाकलश का ग्रंथ 'सुधाकर ताल' के नाम से प्रसिद्ध है और इसमें विभिन्न तालों के पाटवर्णों का विस्तृत विवरण है। कल्लिनाथ, सिंहभूपाल, और कुंभ ने भी तालों पर कार्य किया है, लेकिन पाटवर्णों का ऐसा विस्तृत वर्णन केवल सुधाकलश द्वारा किया गया है।

36. (C): कायदा बजाते समय वादक निश्चित स्वरांतल के बंधन में नहीं रहता है। कायदा एक तालबद्ध संरचना है और इसका प्रदर्शन मुख्य रूप से ताल और लय पर आधारित होता है। वादक ताल और वर्ण के बंधन में रहता है, लेकिन स्वरांतल में स्वतंत्रता होती है। निश्चित निकास के संदर्भ में भी बंधन नहीं होता, लेकिन स्वरांतल विशेष रूप से सही उत्तर है।

37. (A): शेख दाऊद डेक्कन रेडियो में स्टाफ कलाकार थे। उन्होंने रेडियो पर अपने तबला वादन के माध्यम से भारतीय शास्त्रीय संगीत को प्रोत्साहित किया। अल्लारखा खाँ, करामत उल्लाखाँ, और जहाँगीर खाँ भी प्रसिद्ध तबला वादक थे, लेकिन डेक्कन रेडियो में स्टाफ कलाकार नहीं थे।

39. (B): सलामी परन का प्रयोग कथक में सर्वाधिक किया जाता है। सलामी परन एक विशेष तालबद्ध रचना है जो कथक नृत्य की प्रस्तुति में की जाती है। तबला, मृदंग, और पखावज में भी परन का उपयोग होता है, लेकिन कथक में सलामी परन का विशेष महत्व है।

40. (C): मिश्र जाति तिश्र-चतश्र का मिश्रण है। मिश्र जाति में विभिन्न तालों के मिश्रण से बनी ताल संरचनाएँ होती हैं। तिश्र-खण्ड, तिश्र-तिश्र, और खण्ड-संकीर्ण भी ताल की विभिन्न जातियाँ हैं, लेकिन मिश्र जाति का सही मिश्रण तिश्र-चतश्र है।

41. (A): भारत भाष्य ग्रंथ में 65 देशी तालों का वर्णन है। यह ग्रंथ तालों के विविध प्रकार और उनकी विशेषताओं का गहन अध्ययन प्रस्तुत करता है। 66, 67, और 68 तालों का वर्णन अन्य ग्रंथों में हो सकता है, लेकिन भारत भाष्य में 65 देशी तालों का विवरण है।

42. (B): त्रिवेणी ताल के एक आवर्तन में एक बार तिगुन $6\frac{1}{3}$ मात्रा के पश्चात प्रारंभ होकर सम पर आएगी। त्रिवेणी ताल की संरचना और तिगुन का अर्थ समझने पर, यह स्पष्ट होता है कि ताल की मात्रा को तीन गुना करने पर, इसे सम पर लाने के लिए $6\frac{1}{3}$ मात्राएँ लगती हैं। अन्य विकल्पों में मात्राओं की गणना त्रिवेणी ताल और तिगुन के संदर्भ में सही नहीं है, इसलिए $6\frac{1}{3}$ मात्राएँ सही उत्तर है।

43. (C): दक्षिण भारतीय त्रिपुट ताल का स्वरूप 100 है। त्रिपुट ताल दक्षिण भारतीय कर्नाटक संगीत में एक प्रमुख ताल है, जिसे 100 के रूप में लिखा जाता है। इसका स्वरूप तीन भागों में विभाजित होता है, जिसमें पहला और तीसरा भाग ताली और दूसरा भाग खाली होता है। अन्य विकल्प 001, 101, और 010 त्रिपुट ताल के स्वरूप के अनुरूप नहीं हैं, इसलिए 100 सही उत्तर है।

44. (C): शास्त्रीय वादन में ठेके का प्रस्तार बनारस घराने में किया जाता है। बनारस घराना तबला वादन में ठेके और बोलों की विविधता और जटिलता के लिए प्रसिद्ध है। फर्रुखाबाद, पंजाब, और लखनऊ घरानों में भी ठेके का महत्व है, लेकिन ठेके का विशेष प्रस्तार बनारस घराने की विशेषता है।

45. (D): संगीत रत्नाकर सरस्वती व्याख्या ग्रंथ के वाद्याध्याय में 1221 श्लोक हैं। यह ग्रंथ भारतीय शास्त्रीय संगीत का एक प्रमुख ग्रंथ है, जिसमें वाद्ययंत्रों का विस्तृत वर्णन किया गया है। अन्य विकल्प 411, 1640, और 469 श्लोक अन्य अध्यायों या ग्रंथों में हो सकते हैं, लेकिन वाद्याध्याय में 1221 श्लोक सही उत्तर है।

46. (A): पणव वाद्य अंग श्रेणी में आता है। अंग वाद्य वे वाद्य होते हैं जिन्हें मुख्य रूप से लय के लिए उपयोग किया जाता है। पणव एक प्रकार का ड्रम है जिसे इस श्रेणी में रखा जाता है। प्रत्यंग, ततु, और कुतप अन्य वाद्य श्रेणियाँ हैं, लेकिन अंग सही उत्तर है।

47. (C): घुंडी के चोट से बजाए जाने वाला वाद्य डमरू कहलाता है। डमरू एक छोटा ड्रम है जो घुंडी के चोट से बजाया जाता है, और इसे शिव का वाद्य माना जाता है। डायरा, पटह, और नगाड़ा भी वाद्य यंत्र हैं, लेकिन घुंडी के चोट से बजाया जाने वाला वाद्य डमरू है।

48. (D): ''गणानाम गणपति गणेश'' आदि शब्दों को तबले पर हूबहू बजाने पर पं. किशन महाराज ने प्रसिद्धि पाई। पं. किशन महाराज बनारस घराने के मशहूर तबला वादक थे, जिन्होंने तबले पर विविध ध्वनियों का सटीक अनुकरण किया। पं. सामता प्रसाद, पं. अनोखेलाल, और पं. लच्छू महाराज भी प्रसिद्ध तबला वादक थे, लेकिन इस विशिष्ट प्रस्तुति के लिए पं. किशन महाराज जाने जाते हैं।

49. (A): फरमाईशी का समानार्थ आदेशी है। फरमाईशी और आदेशी का अर्थ है किसी विशेष अनुरोध या आदेश पर प्रस्तुत की गई रचना। कमाली, चक्रदार, और तिहाई भी संगीत की विभिन्न संरचनाएँ हैं, लेकिन फरमाईशी का समानार्थ आदेशी है।

50. (D): बड़ीसवारी ताल में 5 ताली और 3 खाली होती हैं। बड़ीसवारी एक विशिष्ट ताल है जिसमें 8 मात्राएँ होती हैं, जिनमें से 5 ताली और 3 खाली होती हैं। सरस्वती, मत्त, और कैद फरोदस्त तालों में तालियों और खाली की संख्या अलग होती हैं, इसलिए बड़ीसवारी सही उत्तर है।

51. (D): कैद फरोदस्त ताल के कुआड़ का एक पल्ला $15\frac{1}{5}$ मात्राओं का होता है। कैद फरोदस्त ताल की संरचना और इसके प्रत्येक पल्ले की गणना से यह स्पष्ट होता है कि एक पल्ला $15\frac{1}{5}$ मात्राओं का होता है। अन्य विकल्पों में दी गई मात्राएँ ताल की संरचना के अनुरूप नहीं हैं, इसलिए $15\frac{1}{5}$ सही उत्तर है।

52. (C): राजा छत्रपति जी द्वारा रचित ताल सूर्यमणी है। राजा छत्रपति जी, जो मराठा साम्राज्य के एक प्रमुख शासक थे, ने सूर्यमणी ताल की रचना की थी। यह ताल विशेष रूप से उनके शासनकाल और संगीत संरचना के समय का प्रतिनिधित्व करती है। सादरा ताल, त्रिवेणी, और ध्रुवताल अन्य ताल हैं, लेकिन सूर्यमणी विशेष रूप से राजा छत्रपति जी से संबंधित है।

53. (C): अर्जुन ताल में विक्रम ताल सम-से-सम तक बजाने पर 3/5 की लयकारी होगी। अर्जुन ताल और विक्रम ताल की ताल संरचना और लयकारी का अध्ययन करने पर यह स्पष्ट होता है कि सम-से-सम की लयकारी 3/5 होती है। अन्य विकल्प जैसे 8/5, 5/4, और 4/5 सही नहीं हैं क्योंकि वे ताल की संरचना के अनुरूप नहीं हैं। इसलिए, 3/5 सही उत्तर है।

54. (A): ताल प्रबंध के अनुसार 'रेला' के चार प्रकार होते हैं। रेला एक महत्वपूर्ण तालबद्ध रचना है जिसका प्रयोग तबला और पखावज वादन में होता है। ताल प्रबंध ग्रंथ में चार विभिन्न प्रकार के रेला का वर्णन किया गया है, जिनमें प्रत्येक का अपना विशेष महत्व और प्रस्तुति शैली है। अन्य विकल्प जैसे 6, 8, और 10 सही नहीं हैं क्योंकि रेला के चार प्रकार ही वर्णित हैं। इसलिए, 4 सही उत्तर है।

55. (C): 'संगीत रत्नाकर' में चार प्रकार के अवनद्ध वाद्य बताए गए हैं। अवनद्ध वाद्य वे वाद्य होते हैं जिनमें चमड़े का उपयोग होता है, जैसे तबला, पखावज आदि। संगीत रत्नाकर ग्रंथ में अवनद्ध वाद्यों के चार प्रमुख प्रकारों का वर्णन किया गया है। अन्य विकल्प दो, तीन, और पाँच सही नहीं हैं क्योंकि ग्रंथ में चार प्रकार के ही अवनद्ध वाद्य वर्णित हैं। इसलिए, 4 सही उत्तर है।

56. (C): महर्षि भरत ने 'करण' की संख्या छह बताई है। करण नाट्यशास्त्र के महत्वपूर्ण अंग हैं, और महर्षि भरत ने इनके छह प्रकार बताए हैं, जो नृत्य और अभिनय के विभिन्न रूपों को दर्शाते हैं। चार, पाँच, और सात करण की संख्या सही नहीं हैं क्योंकि महर्षि भरत ने स्पष्ट रूप से छह करणों का उल्लेख किया है। इसलिए, 6 सही उत्तर है।

57. (A): 'संगीत दामोदर' के तृतीय स्तवक में ताल का निरूपण किया गया है। यह ग्रंथ ताल और लय के

विभिन्न पहलुओं का विस्तृत वर्णन करता है। बृहद्देशी, संगीत रत्नाकर, और नाट्य शास्त्र भी संगीत और ताल के महत्वपूर्ण ग्रंथ हैं, लेकिन तृतीय स्तवक में ताल का विश्लेषण 'संगीत दामोदर' में किया गया है। इसलिए, संगीत दामोदर सही उत्तर है।

58. (A): पं. बीरु मिश्र ने तबला वादन के साथ-साथ लगभग सौ कजरियों की रचना की है। वे एक प्रसिद्ध तबला वादक और संगीतकार थे, जिन्होंने कजरियों की रचना कर संगीत को समृद्ध किया। पं. बैजू जी, पं. प्रताप महाराज, और पं. मौलवी राम भी प्रसिद्ध संगीतकार थे, लेकिन लगभग सौ कजरियों की रचना का श्रेय पं. बीरु मिश्र को जाता है। इसलिए, पं. बीरु मिश्र सही उत्तर है।

59. (B): रास ताल के आड़ का एक पल्ला $8\frac{2}{3}$ मात्राओं का होता है। रास ताल की संरचना और इसकी मात्राओं का विभाजन करने पर यह स्पष्ट होता है कि एक पल्ला $8\frac{2}{3}$ मात्राओं का होता है। अन्य विकल्प जैसे $8\frac{1}{3}$, $7\frac{3}{3}$, और $4\frac{1}{3}$ सही नहीं हैं क्योंकि वे रास ताल की संरचना के अनुरूप नहीं हैं। इसलिए, $8\frac{2}{3}$ सही उत्तर है।

60. (B): सितंबर 2023 में प्रसिद्ध गायिका मालिनी राजुरकर का निधन हुआ। मालिनी राजुरकर जयपुर-अतरौली घराने की मशहूर गायिका थीं और उनके निधन से भारतीय शास्त्रीय संगीत जगत में शोक की लहर दौड़ गई। किशोरी अमोनकर, मोधु बाई कुर्डीकर, और केसर बाई केलकर भी महान गायिकाएं थीं, लेकिन उनका निधन इससे पहले हो चुका था। इसलिए, मालिनी राजुरकर सही उत्तर है।

61. (C): 'छंदों मंजरी' में जिह्वा के विराम स्थल को 'यति' कहा जाता है। यति का मतलब होता है ठहराव या विराम, और छंदों मंजरी में इसका प्रयोग जिह्वा के विराम स्थलों के संदर्भ में किया गया है। विराम, अवग्रह, और खाली अन्य महत्वपूर्ण संगीतिक और लयबद्ध तत्व हैं, लेकिन जिह्वा के विराम स्थल को यति के नाम से जाना जाता है। इसलिए, यति सही उत्तर है।

62. (C): दादरा एवं पंचम सवारी ताल की एक-एक बार आड़, सम-से-सम तक फरोदस्त ताल के एक आवर्तन में आती है। फरोदस्त ताल की संरचना और दादरा एवं पंचम सवारी ताल के आवर्तन की गणना से यह स्पष्ट होता है कि ये दोनों तालें फरोदस्त ताल के एक आवर्तन में सम-से-सम तक पूरी होती हैं। सरस्वती, भानुमती, और चित्रताल भी महत्वपूर्ण तालें हैं, लेकिन इनकी संरचना फरोदस्त ताल के अनुरूप नहीं है। इसलिए, फरोदस्त सही उत्तर है।

63. (D): मत्त और ब्रह्म ताल में 17 मात्रा पर भी खाली आती है। इन तालों की संरचना का विश्लेषण करने पर यह स्पष्ट होता है कि 17वीं मात्रा पर खाली का स्थान होता है। लक्ष्मी और कैद फरोदस्त तालों में 17वीं मात्रा पर खाली नहीं होती, इसलिए केवल मत्त और ब्रह्म ताल में 17 मात्रा पर खाली सही उत्तर है।

64. (C): गजझंपा और इकवाई ताल में 9 मात्रा पर खाली है। इन तालों की संरचना और उनके मात्राओं का विश्लेषण करने पर यह स्पष्ट होता है कि 9वीं मात्रा पर खाली का स्थान होता है। बड़ीसवारी और कैद फरोदस्त तालों में 9वीं मात्रा पर खाली नहीं होती, इसलिए केवल गजझंपा और इकवाई ताल में 9 मात्रा पर खाली सही उत्तर है।

65. (C): भगवत शरण शर्मा रचित पुस्तकों में ताल शास्त्र और संगीत में तिहाईयाँ शामिल हैं। भगवत शरण शर्मा एक प्रसिद्ध संगीतविद् थे और उन्होंने तालों पर विस्तृत अध्ययन और लेखन किया है। ताल मार्तण्ड और ताल दर्शन मंजरी उनके द्वारा लिखी गई पुस्तकें नहीं हैं, इसलिए ताल शास्त्र और संगीत में तिहाईयाँ सही उत्तर है।

66. (C): सुषिर वाद्य के कलाकार पं. पन्नालाल घोष और पं. हरिप्रसाद चौरसिया हैं। सुषिर वाद्य ऐसे वाद्य होते हैं जिनमें वायु प्रवाह से ध्वनि उत्पन्न होती है, जैसे बांसुरी।

पं. पन्नालाल घोष और पं. हरिप्रसाद चौरसिया बांसुरी के महान कलाकार हैं। पं. बलराम पाठक सितार वादक थे, और पं. वी.जी. जोग वायलिन वादक थे। इसलिए, केवल पं. पन्नालाल घोष और पं. हरिप्रसाद चौरसिया सही उत्तर है।

67. (B): पद्मभूषण प्राप्त कलाकारों में पं. निखिल घोष और पं. ज्ञानप्रकाश घोष शामिल हैं। दोनों ने भारतीय शास्त्रीय संगीत में महत्वपूर्ण योगदान दिया है और उन्हें पद्मभूषण से सम्मानित किया गया है। पं. किशन महाराज और पं. अनोखे लाल भी महान कलाकार थे, लेकिन उन्हें पद्मभूषण नहीं मिला। इसलिए, पं. निखिल घोष और पं. ज्ञानप्रकाश घोष सही उत्तर है।

68. (C): पाश्चात्य संगीत ग्रीक और इटालियन संगीत से जुड़ा हुआ है। ग्रीक संगीत और इटालियन संगीत दोनों ने पाश्चात्य संगीत के विकास में महत्वपूर्ण भूमिका निभाई है। अजरबैजान का संगीत और अमेरिकी संगीत भी महत्वपूर्ण हैं, लेकिन पाश्चात्य संगीत के संदर्भ में ग्रीस और इटली का योगदान अधिक है। इसलिए, ग्रीस और इटालियन सही उत्तर है।

70. (D): पाश्चात्य अवनद्ध वाद्य में स्नेअर और टेनर शामिल हैं। ये वाद्य ऐसे होते हैं जिनमें चमड़े का उपयोग होता है और इन्हें पीटकर ध्वनि उत्पन्न की जाती है। सेलेस्टा और विवो वाद्य ऐसे वाद्य नहीं हैं जो अवनद्ध वाद्य श्रेणी में आते हैं। इसलिए, स्नेअर और टेनर सही उत्तर है।

71. (B): पं. छोटे लाल मिश्र रचित ग्रंथों में 'तबला ग्रंथ' और 'ताल प्रबंध' शामिल हैं। पं. छोटे लाल मिश्र एक प्रसिद्ध संगीतकार और ग्रंथकार थे, जिन्होंने तबला और ताल पर महत्वपूर्ण लेखन किया है। 'ताल बोध' और 'ताल मंजरी' अन्य ग्रंथकारों द्वारा लिखे गए हैं, इसलिए 'तबला ग्रंथ' और 'ताल प्रबंध' सही उत्तर है।

72. (C): बिलम्बित ख्याल के साथ बजाए जाने वाले ताल तिलवाड़ा और तीनताल हैं। बिलम्बित ख्याल एक धीमी लय में गाया जाने वाला ख्याल है और इसके साथ तिलवाड़ा और तीनताल का उपयोग होता है। ब्रह्म और रुद्र ताल भी महत्वपूर्ण हैं, लेकिन विलम्बित ख्याल के साथ बजाने के लिए तिलवाड़ा और तीनताल का प्रयोग होता है।

73. (B): ताल दादरा के साम्य छंद चामर और धारी हैं। दादरा ताल एक लोकप्रिय ताल है जिसका उपयोग उपशास्त्रीय संगीत में होता है और इसके साम्य छंद चामर और धारी हैं। हरिगीतिका और भुजंगप्रयात अन्य छंद हैं, लेकिन वे दादरा ताल के साम्य छंद नहीं हैं।

74. (A): उस्ताद बड़े मुन्ने खाँ और उस्ताद आबिद हुसैन खाँ का जन्म 1867 में हुआ था। ये दोनों महान तबला वादक थे और इनका जन्म वर्ष 1867 में हुआ था। उस्ताद जहाँगीर खाँ और उस्ताद मुनीर खाँ भी प्रसिद्ध तबला वादक थे, लेकिन उनका जन्म 1867 में नहीं हुआ था।

75. (C):

(*a*) 'तबला वादक में निहित सौंदर्य' के लेखक पं. विजय शंकर मिश्र हैं।

(*b*) 'ताल कोष' के लेखक डॉ. जमुना पटेल हैं।

(*c*) 'तबला पुराण' के लेखक पं. गिरीश चन्द्र श्रीवास्तव हैं।

(*d*) 'ताल वाद्य परिचय' के लेखक पं. सुधीर माईणकर हैं।

इस मिलान के अनुसार, सही उत्तर (IV, I, II, III) है।

76. (A):

(*a*) 2-3 शताब्दी के मध्य की रचना 'नाट्यशास्त्र' है। यह प्राचीन भारतीय नाट्यकला और संगीत का महत्वपूर्ण ग्रंथ है, जिसकी रचना भरतमुनि ने की थी।

(*b*) 12-13 शताब्दी के मध्य की रचना 'संगीत रत्नाकर' है। यह संगीत और नृत्य पर आधारित ग्रंथ है, जिसे शारंगदेव ने लिखा था।

(*c*) 16-18 शताब्दी के मध्य की रचना 'अनूप संगीत रत्नाकर' है। यह ग्रंथ राजस्थान के महाराजा अनूप सिंह के संरक्षण में लिखा गया था।

(*d*) 18-20 शताब्दी के मध्य की रचना 'भारतीय संगीत वाद्य' है। यह आधुनिक युग का ग्रंथ है, जिसमें भारतीय वाद्य यंत्रों का वर्णन है।

77. (D):

(*a*) पं. नन्दन मेहता का संबंध 'हेतल' से है। पं. नन्दन मेहता एक प्रसिद्ध तबला वादक थे और उनकी बेटी हेतल भी एक प्रतिभावान तबला वादिका हैं।

(*b*) पं. स्वपन शिवा का संबंध 'रिम्पा' से है। पं. स्वपन शिवा की बेटी रिम्पा शिवा भी तबला वादन में माहिर हैं।

(*c*) पं. सुरेश तलवलकर का संबंध 'सावनी' से है। पं. सुरेश तलवलकर की बेटी सावनी तलवलकर तबला वादिका हैं।

(*d*) पं. कालिदास पंत का संबंध 'चित्रांगना' से है। पं. कालिदास पंत की बेटी चित्रांगना पंत भी संगीत में निपुण हैं।

78. (B):

(*a*) डमरू का पाटाक्षर 'डगि' है। डमरू एक छोटा ड्रम है जो विशेष ध्वनियाँ उत्पन्न करता है।

(*b*) ढवस का पाटाक्षर 'देंकार' है। ढवस एक प्राचीन भारतीय वाद्य है जिसका उपयोग विशेष अवसरों पर किया जाता है।

(*c*) त्रिवली का पाटाक्षर 'ता, दा, दो, द' है। त्रिवली एक प्रकार का वाद्य है जिसमें विशेष पाटाक्षर होते हैं।

(*d*) भेरी का पाटाक्षर 'डबक' है। भेरी एक प्रकार का नगाड़ा है जिसे युद्ध और अन्य महत्वपूर्ण अवसरों पर बजाया जाता है।

79. (C):

(*a*) पं. सुरेश तलवलकर एक प्रसिद्ध तबला वादक हैं और उनकी पत्नी पद्मा जी एक नृत्यांगना हैं।

(*b*) पं. अनीस प्रधान एक प्रसिद्ध तबला वादक हैं और उनकी पत्नी शुभा मुद्गल एक प्रसिद्ध गायिका हैं।

(*c*) पं. नन्दन मेहता एक प्रसिद्ध तबला वादक हैं और उनकी पत्नी मंजू जी एक गायिका हैं।

(*d*) डॉ. अरुण कुमार सेन एक प्रसिद्ध संगीतकार हैं और उनकी पत्नी अनिता जी एक गायिका हैं।

80. (B):

(*a*) लक्ष्मी : 'गजझंपा - एकताल' संयोजन का विभिन्न अवसरों पर उपयोग होता है।

(*b*) फरोदस्त : 'दादरा - पंचमसवारी' संयोजन का विशेष संगीत रचनाओं में प्रयोग होता है।

(*c*) बड़ीसवारी : 'धमार - चित्रताल' संयोजन विभिन्न नृत्य और संगीत प्रस्तुतियों में प्रयुक्त होता है।

(*d*) खेमटा : 'धूमाली - पश्तो' संयोजन का विभिन्न सांस्कृतिक प्रस्तुतियों में उपयोग होता है।

81. (B):

(*a*) पं. कृष्णराव पंडित ग्वालियर घराने से संबंधित हैं। ग्वालियर घराना ख्याल गायन के लिए प्रसिद्ध है।

(*b*) पं. भीमसेन जोशी किराना घराने से संबंधित हैं। किराना घराना अपनी विशेष गायन शैली के लिए जाना जाता है।

(*c*) विदुषी किशोरी अमोनकर जयपुर घराने से संबंधित थीं। जयपुर घराना अपनी विशिष्ट गायन शैली के लिए प्रसिद्ध है।

(*d*) उस्ताद अमीर खाँ इन्दौर घराने से संबंधित थे। इन्दौर घराना भी अपनी विशेष गायन शैली के लिए जाना जाता है।

82. (D):

(*a*) एम.एस. सुब्बुलक्ष्मी गायन में माहिर थीं। वे एक महान कर्नाटिक गायिका थीं।

(*b*) विक्कु विनायक राम घट्टम वादक हैं। घट्टम एक दक्षिण भारतीय ताल वाद्य है।

(*c*) एल. सुब्रमण्यम वायलिन वादक हैं। वे प्रसिद्ध कर्नाटिक वायलिन वादक हैं।

(*d*) पालघाट मणिअय्यर मृदंगम् वादक थे। मृदंगम् दक्षिण भारतीय शास्त्रीय संगीत का एक प्रमुख ताल वाद्य है।

83. (B):

(*a*) बृहद्देशी 9वीं शताब्दी में रचित एक महत्वपूर्ण संगीत ग्रंथ है।

(*b*) भरतभाष्य नाट्यशास्त्र पर 10वीं-11वीं शताब्दी का एक प्रमुख व्याख्यात्मक ग्रंथ है।

(*c*) संगीत रत्नाकार 13वीं शताब्दी में लिखा गया संगीत और नृत्य पर आधारित ग्रंथ है।

(*d*) संगीतोपनिषद सारोद्धार 14वीं-15वीं शताब्दी का एक महत्वपूर्ण संगीत ग्रंथ है।

आरोही क्रम में, सही उत्तर (*a*), (*c*), (*b*), (*d*) है।

85. (A): आरोही क्रम में नाट्यशास्त्रों के अध्यायों का क्रम इस प्रकार है :

(*a*) अवनद्धातोध विधान अवनद्ध वाद्य यंत्रों के विधान से संबंधित अध्याय है।

(*b*) ध्रुवा विधान ध्रुवा गीतों के विधान से संबंधित अध्याय है।

(*c*) ताल विधान तालों के विधान से संबंधित अध्याय है।

(*d*) सुषिर आतोध विधान सुषिर वाद्य यंत्रों के विधान से संबंधित अध्याय है।

आरोही क्रम में, सही उत्तर (*a*), (*b*), (*c*), (*d*) है।

86. (D): पश्चिम शैली में स्वतंत्र वादन का क्रम है :

(*a*) पेशकार : यह सबसे पहले बजाया जाता है और इसमें ताल की नींव रखी जाती है। यह शुरुआत में धीमी गति से बजाया जाता है।

(*d*) कायदा : पेशकार के बाद कायदा आता है, जिसमें ताल की मुख्य संरचना होती है। यह ताल के विभिन्न हिस्सों को प्रस्तुत करता है और इसकी विविधताएँ होती हैं।

(*c*) रेला : कायदा के बाद रेला आता है और यह तेज गति में बजाया जाता है, जिसमें अधिक जटिलता और तीव्रता होती है।

(*b*) टुकड़ा : अंत में बजाया जाता है, जो एक छोटी और संक्षिप्त रचना होती है, जिससे वादन का समापन होता है।

इसलिए सही क्रम (*a*), (*d*), (*c*), (*b*) है।

87. (A): निम्नांकित ग्रंथों का अवरोही क्रम इस प्रकार है :

(*a*) संगीत रत्नाकर : यह 13वीं शताब्दी का प्रमुख संगीत ग्रंथ है, जिसे शारंगदेव ने लिखा था।

(*b*) मानसोल्लास : 12वीं शताब्दी का ग्रंथ है, जिसे सोमेश्वर तृतीय ने लिखा था।

(*c*) भरतभाष्य : यह नाट्यशास्त्र पर 10वीं-11वीं शताब्दी का एक महत्वपूर्ण व्याख्यात्मक ग्रंथ है।

(*d*) सुधा कलश : यह 9वीं शताब्दी का ग्रंथ है, जो संगीत और नृत्य पर केंद्रित है।

इसलिए अवरोही क्रम में सही उत्तर (*a*), (*b*), (*c*), (*d*) है।

88. (C): पं. कल्लीनाथ ने संगीत रत्नाकर की टीका लिखी है। यह कथन (I) सही है। उन्होंने संगीत रत्नाकर की टीका लिखकर इसे समझने और विश्लेषण करने में महत्वपूर्ण योगदान दिया। संगीत पारिजात संगीत रत्नाकर की टीका है। यह कथन (II) सही नहीं है। संगीत पारिजात एक अलग ग्रंथ है और यह संगीत रत्नाकर की टीका नहीं है।

इसलिए, कथन I सही है, लेकिन कथन II सही नहीं है।

89. (C): संगीत समय सार 13वीं शताब्दी का ग्रंथ है। यह कथन (I) सही है। यह ग्रंथ भारतीय संगीत के विभिन्न पहलुओं पर विस्तार से चर्चा करता है। इस ग्रंथ में ताल अध्याय नहीं है। यह कथन (II) सही नहीं है। संगीत समय सार में ताल पर भी विस्तृत चर्चा की गई है।

इसलिए, कथन I सही है, लेकिन कथन II सही नहीं है।

90. (A): जावली घराना के संस्थापक लाला भगवान दास थे। यह कथन (I) सही है। लाला भगवान दास ने जावली घराना की स्थापना की थी और इसे प्रसिद्ध किया। कृपाल राय को औरंगजेब ने 'मृदंगराय' की उपाधि प्रदान की थी। यह कथन (II) भी सही है। औरंगजेब ने कृपाल राय को उनकी संगीत सेवा के लिए 'मृदंगराय' की उपाधि से सम्मानित किया था। इसलिए, कथन I और कथन II दोनों सही हैं।

91. (C): संगीत समयसार ग्रंथ के लेखक पार्श्वदेव हैं। पार्श्वदेव 13वीं शताब्दी के महान संगीतज्ञ थे, जिन्होंने संगीत समयसार की रचना की थी। यह ग्रंथ भारतीय संगीत के विभिन्न आयामों जैसे कि ताल, लय, वाद्य, और राग का विस्तृत वर्णन प्रस्तुत करता है। दामोदर, शारंगदेव, और नारद भी प्रसिद्ध संगीतज्ञ थे, लेकिन इस विशेष ग्रंथ के लेखक पार्श्वदेव हैं। इसलिए, पार्श्वदेव सही उत्तर है।

92. (B): वर्तमान समय में संगीत समयसार पर आचार्य बृहस्पति ने कार्य किया है। आचार्य बृहस्पति ने भारतीय शास्त्रीय संगीत के अध्ययन और अनुसंधान में महत्वपूर्ण योगदान दिया है और उन्होंने संगीत समयसार पर भी कार्य किया है। डॉ. पुरुदाधिच, सत्यनारायण वशिष्ठ, और आचार्य गिरीश चन्द्र श्रीवास्तव भी संगीत के विद्वान हैं, लेकिन इस ग्रंथ पर विशेष कार्य आचार्य बृहस्पति ने किया है। इसलिए, आचार्य बृहस्पति सही उत्तर है।

93. (D): दक्षिणी एवं उत्तरी संगीत का आधारभूत ग्रंथ संगीत रत्नाकर है। यह ग्रंथ शारंगदेव द्वारा 13वीं शताब्दी में लिखा गया था और इसमें भारतीय शास्त्रीय संगीत के दोनों प्रमुख शैलीयों का विस्तृत वर्णन है। बृहद्देशी, भरत भाष्य, और संगीत मकरंद भी महत्वपूर्ण संगीत ग्रंथ हैं, लेकिन दक्षिणी और उत्तरी संगीत का आधारभूत ग्रंथ संगीत रत्नाकर ही माना जाता है। इसलिए, संगीत रत्नाकर सही उत्तर है।

94. (D): संगीत रत्नाकर के नृर्तणाध्याय में नव रसों की चर्चा की गई है। नृर्तणाध्याय में नृत्य और उसके विभिन्न अंगों का विस्तृत वर्णन है, जिसमें नव रसों का भी समुचित वर्णन है। स्वरगता अध्याय, तालाध्याय, और वाद्याध्याय संगीत के अन्य पहलुओं पर केंद्रित हैं, लेकिन नव रसों की चर्चा नृर्तणाध्याय में की गई है। इसलिए, नृर्तणाध्याय सही उत्तर है।

95. (C): "तं दक्षिणं शिवं नौमि चित्रं वृत्तिमयं ध्रुवम्" यह श्लोक संगीत रत्नाकर ग्रंथ में लिखा गया है। यह श्लोक संगीत रत्नाकर में शिव की स्तुति में है और इसमें संगीत के विभिन्न तत्वों का वर्णन किया गया है। नाट्यशास्त्र, संगीत समयसार, और संगीत मकरंद भी महत्वपूर्ण ग्रंथ हैं, लेकिन यह विशेष श्लोक संगीत रत्नाकर में पाया जाता है। इसलिए, संगीत रत्नाकर सही उत्तर है।

96. (B): पंद्रह वर्णों से बेदम तिहाई रूद्र और कुम्भ ताल में बनती है। इन तालों की संरचना और मात्राओं के विश्लेषण से यह स्पष्ट होता है कि इन तालों में पंद्रह वर्णों की बेदम तिहाई बन सकती है। तीनताल और रूपक ताल की संरचना इन आवश्यकताओं को पूरा नहीं करती। इसलिए, सही उत्तर (*c*) और (*d*) है।

97. (A): 32 तिहाई के चक्र एवं उसके रचना सिद्धांत का उल्लेख 'संगीत चिंतामणि' ग्रंथ में मिलता है। आचार्य बृहस्पति ने इस ग्रंथ में तिहाई के चक्र और रचना सिद्धांत को विस्तार से समझाया है। संगीत कल्पद्रुम, भरत भाष्य, और संगीत मकरंद में इस विशिष्ट सिद्धांत का उल्लेख नहीं मिलता। इसलिए, सही उत्तर 'संगीत चिंतामणि' है।

98. (C): "संगीत में तिहाईयाँ" पुस्तक में अधिकतम 21 मात्राओं के ताल का गणितीय सूत्र दिया गया है। भगवत शरण शर्मा ने इस पुस्तक में तिहाई के विभिन्न प्रकारों और उनके गणितीय सूत्रों का विस्तृत वर्णन किया है, जिसमें 21 मात्राओं का ताल भी शामिल है। अन्य विकल्प जैसे 32, 16, और 28 सही नहीं हैं। इसलिए, सही उत्तर 21 है।

99. (C): एकताल और पंचमसवारी में बेदम तिहाई नहीं होती है। इन तालों की संरचना और विशेषताओं का विश्लेषण करने पर यह स्पष्ट होता है कि इनमें बेदम तिहाई का प्रयोग नहीं किया जाता। तीनताल और झपताल में बेदम तिहाई का प्रयोग संभव है। इसलिए, सही उत्तर (*b*) और (*c*) है।

100. (A): टोर और फरमाईशी तिहाई से भिन्न हैं। टोर का उपयोग लोक संगीत, सुगम संगीत और फिल्म संगीत में होता है, जबकि फरमाईशी का अर्थ किसी विशेष अनुरोध पर बजाई जाने वाली रचना से होता है। बेदम और दम तिहाई के प्रकार हैं। इसलिए, सही उत्तर (*a*) और (*b*) है।

प्रकार के वैदिक पाठ के अंग या ध्वनियाँ हैं, लेकिन सामन गायकों के लिए विशेष रूप से चांडोग शब्द का उपयोग होता है। इसलिए, चांडोग सही उत्तर है।

48. (B): पुण्डरीक विट्ठल के अनुसार लघु (मा) मध्यम की स्थिति 12 है। उन्होंने अपने संगीत ग्रंथों में विभिन्न स्वरों और उनके स्थानों का वर्णन किया है। 13, 16, और 10 अन्य स्वरों की स्थिति हो सकती है, लेकिन लघु (मा) मध्यम के लिए 12 सही उत्तर है।

49. (C): काकपादम ताल अंग में सर्पिणी, कृष्या, पटक, पतिता क्रियाएँ उत्पन्न होती हैं। काकपादम एक जटिल ताल अंग है जिसमें विभिन्न प्रकार की क्रियाएँ शामिल होती हैं। लघु, प्लुतम, और गुरु अन्य ताल अंग हैं, लेकिन इन क्रियाओं का उल्लेख काकपादम में होता है। इसलिए, काकपादम सही उत्तर है।

50. (D): हंपीमंडल पुरंदर दास का मृत्यु स्थल है। पुरंदर दास एक महान कर्नाटक संगीतकार और संत थे जिन्होंने हंपीमंडल में अपने जीवन का अंत किया। सदाशिव ब्रह्मेन्द्र, भद्राचलम् रामदास, और जयदेव भी प्रसिद्ध संत और संगीतकार थे, लेकिन उनका मृत्यु स्थल हंपीमंडल नहीं था। इसलिए, पुरंदर दास सही उत्तर है।

51. (C): 22वें मेल खरहरप्रिया से व्युत्पन्न ऑडव-संपूर्ण राग आभेरी है। आभेरी राग में पाँच स्वरों का आरोह और सात स्वरों का अवरोह होता है, जिससे यह ऑडव-संपूर्ण राग कहलाता है। केदार गौला, सावेरी, और मणिरेन्गु भी महत्वपूर्ण राग हैं, लेकिन वे 22वें मेल खरहरप्रिया से व्युत्पन्न नहीं हैं। इसलिए, आभेरी सही उत्तर है।

52. (B): शैव संतों की कुल संख्या 63 है। शैव संतों को नयनार कहा जाता है और ये संत दक्षिण भारत के प्रमुख भक्ति आंदोलन के केंद्र में थे। इसलिए, 63 सही उत्तर है।

53. (D): ऊँ, तत्, सत जैसे शुभ शब्दों को रागांकित करने वाला प्रबंध का अंग तेनक है। तेनक वह अंग है जिसमें विभिन्न शुभ शब्दों का समावेश होता है, जिससे प्रबंध को विशेष धार्मिक और आध्यात्मिक महत्व मिलता है। पाट, पद, और बिरुद अन्य प्रबंध के अंग हैं, लेकिन इनका संबंध इस विशेष समावेश से नहीं है। इसलिए, तेनक सही उत्तर है।

54. (C): अंतर गंधार और पंचम के बीच षड् श्रुति अंतराल होता है। यह अंतराल भारतीय शास्त्रीय संगीत में स्वर और श्रुति की अवधारणाओं को दर्शाता है। पंचश्रुति अंतराल, त्रिश्रुति अंतराल, और द्विश्रुति अंतराल अन्य स्वर अंतराल हो सकते हैं, लेकिन अंतर गंधार और पंचम के बीच षड् श्रुति अंतराल सही है।

55. (A): संगीत समयसार में ताल के विभिन्न पहलुओं जैसे ताल स्वरूप, तालोद्देश, और താललक्षण का उल्लेख है। यह ग्रंथ ताल के विभिन्न प्रकारों और उनके विशेषताओं पर विस्तृत चर्चा करता है। संगीत सुधाकर, संगीत मकरंद, और संगीत रत्नाकर भी महत्वपूर्ण संगीत ग्रंथ हैं, लेकिन ताल के इन विशिष्ट पहलुओं का विस्तार से वर्णन संगीत समयसार में मिलता है। इसलिए, संगीत समयसार सही उत्तर है।

56. (B): एस.ए.के. दुर्गा द्वारा लिखित ग्रंथ 'वॉयस कल्चर' है। एस.ए.के. दुर्गा ने इस ग्रंथ में आवाज के विभिन्न पहलुओं, उसके विकास और उसके प्रशिक्षण के बारे में विस्तार से चर्चा की है। 'एसेन्शियल ऑफ म्यूजिकोलॉजी इन साउथ इंडियन म्यूजिक', 'द टीचिंग ऑफ म्यूजिक', और 'हिस्ट्री ऑफ इंडियन म्यूजिक' भी महत्वपूर्ण ग्रंथ हैं, लेकिन ये एस.ए.के. दुर्गा द्वारा लिखित नहीं हैं। इसलिए, वॉयस कल्चर सही उत्तर है।

57. (A): संगीत संप्रदाय प्रदर्शिनी में 5 अध्याय हैं। इस ग्रंथ में संगीत के विभिन्न संप्रदायों और उनकी विशेषताओं पर विस्तार से चर्चा की गई है। 6, 4, और 7 अध्याय की संख्या इस ग्रंथ के लिए सही नहीं है। इसलिए, 5 अध्याय सही उत्तर है।

58. (D): सा रि गि मि पा धि नू सां सां नू धि पा मि गि रि सा यह स्केल धर्मावती राग की है। धर्मावती राग का स्वरूप इस प्रकार का होता है और इसके स्वर इस पैटर्न का अनुसरण करते हैं। श्यामलांगी, नीतिमती,

और हेमावती भी महत्वपूर्ण राग हैं, लेकिन उनके स्वर इस पैटर्न से मेल नहीं खाते। इसलिए, धर्मावती सही उत्तर है।

59. (C): सिंहनंदन ताल और कानड़ा राग में रचित तिल्लाना का श्रेय महावैद्यनाथ अय्यर को जाता है। महावैद्यनाथ अय्यर एक प्रसिद्ध कर्नाटक संगीतकार थे जिन्होंने इस तिल्लाना की रचना की थी। पल्लवी शेष अय्यर, कृष्णास्वामी अय्यर, और कुंद्रकुडी कृष्ण अय्यर भी प्रसिद्ध संगीतकार थे, लेकिन इस विशेष तिल्लाना की रचना का श्रेय महावैद्यनाथ अय्यर को जाता है। इसलिए, महावैद्यनाथ अय्यर सही उत्तर है।

60. (D): 'निन्ने नमिननु' श्यामाशास्त्री की नवरेत्न मालिका समूह की कृतियों में सम्मिलित नहीं है। श्यामाशास्त्री ने कई प्रसिद्ध कृतियों की रचना की है, लेकिन 'निन्ने नमिननु' उनमें शामिल नहीं है। 'नन्नू ब्रोवू ललिता', 'मीन लोचनी', और 'देवी मीन नेत्री' नवरेत्न मालिका समूह की कृतियों में शामिल हैं। इसलिए, 'निन्ने नमिननु' सही उत्तर है।

61. (B): वाचस्पति की ऋषभ मूर्च्छना का राग चारुकेशी है। चारुकेशी राग में ऋषभ मूर्च्छना का प्रयोग होता है और यह कर्नाटक संगीत का महत्वपूर्ण राग है। सिंहेन्द्रमध्यम, षन्मुखप्रिया, और चक्रवाक अन्य राग हैं, लेकिन वे वाचस्पति की ऋषभ मूर्च्छना के अनुरूप नहीं हैं। इसलिए, चारुकेशी सही उत्तर है।

62. (B): संकीर्ण गति अट ताल और संकीर्ण गति ध्रुव ताल में 126 अक्षर होंगे। संकीर्ण गति में ताल के प्रत्येक अक्षर को गिनते समय, अट ताल और ध्रुव ताल की संरचना को देखते हुए यह स्पष्ट होता है कि दोनों में 126 अक्षर होते हैं। संकीर्ण गति मत्य ताल, संकीर्ण गति झंपा ताल, और संकीर्ण गति त्रिपुट ताल में यह संख्या 126 नहीं होती। इसलिए, सही उत्तर (*b*) और (*d*) है।

63. (A): 22वें मेल खरहरप्रिया से व्युत्पन्न दो ऑडव उपांग राग अंडोलिक और आभोगी हैं। अंडोलिक और आभोगी दोनों ऑडव राग हैं, जिनमें पांच स्वर होते हैं और ये खरहरप्रिया के उपांग राग माने जाते हैं। मोहना, दरबार, और देवक्रिया अन्य राग हैं, लेकिन वे इस श्रेणी में नहीं आते। इसलिए, सही उत्तर (*a*) और (*b*) है।

64. (D): अंगध्रुत के पर्याय चक्र और बिन्दु हैं। अंगध्रुत ताल के उन अंगों को कहा जाता है जिनमें ताल के विभिन्न चिह्नों का उपयोग होता है। अर्धचंद्र, षर (शर), और वाद्य भी ताल के चिह्न हो सकते हैं, लेकिन अंगध्रुत के पर्याय विशेष रूप से चक्र और बिन्दु हैं। इसलिए, सही उत्तर (*b*) और (*e*) है।

65. (B, C, D): द्वय मेलकर्ता से व्युत्पन्न रागों को चिह्नित करने में शुद्ध तरंगिणी, कलगड़ा, कन्नड़ गौला, और कन्नड़ शामिल हैं। ये सभी राग द्वय मेलकर्ता प्रणाली के तहत आते हैं, जहाँ दो मेलकर्ता रागों का मिश्रण किया जाता है।

- शुद्ध तरंगिणी और कन्नड़ गौला : ये दोनों राग दो मेलकर्ता रागों के मिश्रण से उत्पन्न होते हैं, जो इन्हें द्वय मेलकर्ता प्रणाली का हिस्सा बनाता है। इसलिए, सही उत्तर (*a*) और (*d*) है।
- कलगड़ा और कन्नड़ गौला : ये भी द्वय मेलकर्ता प्रणाली से उत्पन्न राग हैं, जो दो मेलकर्ता रागों के मिश्रण पर आधारित होते हैं। इसलिए, सही उत्तर (*b*) और (*d*) है।
- कलगड़ा और कन्नड़ : ये राग भी दो मेलकर्ता रागों के संयोजन से उत्पन्न होते हैं, जो इन्हें द्वय मेलकर्ता प्रणाली का हिस्सा बनाता है। इसलिए, सही उत्तर (*b*) और (*e*) है।

इस प्रकार, सभी तीन विकल्प (B, C, D) सही हैं क्योंकि ये राग द्वय मेलकर्ता प्रणाली से व्युत्पन्न होते हैं।

66. (C): मध्यमग्राम की दो मूर्च्छनाएँ मार्गी और पौरवी हैं। ये मूर्च्छनाएँ मध्यमग्राम की विशेषताओं को दर्शाती हैं और इनका उपयोग विशेष रूप से भारतीय शास्त्रीय संगीत में किया जाता है। सुखा, नन्दा, और अश्वाक्रांता

अन्य मूर्च्छनाएँ हो सकती हैं, लेकिन वे मध्यमग्राम की मूर्च्छनाएँ नहीं हैं। इसलिए, सही उत्तर (*c*) और (*d*) है।

67. (C): काकपद ताल अंग के पर्याय हंसपद और निश्शब्द हैं। काकपद ताल अंग में विभिन्न प्रकार की क्रियाएँ और चिह्न होते हैं, जिनमें हंसपद और निश्शब्द विशेष रूप से उपयोग किए जाते हैं। विराम, चक्र, और कण भी ताल अंग के महत्वपूर्ण भाग हो सकते हैं, लेकिन काकपद के पर्याय नहीं हैं। इसलिए, सही उत्तर (*b*) और (*d*) है।

68. (B): तीन एट्टुगोडा स्वर युक्त दो वर्ण आरभी–सरसिजमुखी और सारंग - इन्तामोडी हैं। इन रागों में तीन एट्टुगोडा स्वर होते हैं, जो इनकी विशिष्टता को दर्शाते हैं। आभोगी - येवरिबोध, सावेरी - सरसूडा, और दरबार - चलमेल भी महत्वपूर्ण राग हैं, लेकिन इनमें तीन एट्टुगोडा स्वर नहीं होते। इसलिए, सही उत्तर (*b*) और (*c*) है।

69. (B): 16वें मेल चक्रवाक से व्युत्पन्न दो जन्य राग कलावती और वेग वाहिनी हैं। ये राग चक्रवाक मेल से उत्पन्न होते हैं और इनकी संरचना विशेष होती है। सारंगनाट, सिद्धसेन, और सुप्रदीपम् भी महत्वपूर्ण राग हैं, लेकिन वे 16वें मेल चक्रवाक से व्युत्पन्न नहीं होते। इसलिए, सही उत्तर (*b*) और (*c*) है।

70. (D): जाति के साथ मूलतः स्वरांकित सांगीतिक रूप कृति और तिल्लाण हैं। ये सांगीतिक रूप जाति के साथ मिलकर विशेष प्रकार की संगीत रचनाएँ प्रस्तुत करते हैं। गीतम्, तानवर्णम्, और जावालि भी महत्वपूर्ण संगीत रूप हैं, लेकिन कृति और तिल्लाण इस संदर्भ में सही उत्तर है। इसलिए, सही उत्तर (*c*) और (*e*) है।

71. (B): 108 तालों में से 24 अक्षरकाल वाले दो ताल त्रिस्र वर्णम् और शरभलीला हैं। ये ताल अपनी विशेष संरचना और अक्षरकाल के कारण महत्वपूर्ण हैं। चतुरस्र वर्णम्, रंगप्रदीपम्, और हंसनादम् अन्य ताल होते हैं, लेकिन वे 24 अक्षरकाल वाले नहीं हैं। इसलिए, सही उत्तर (*b*) और (*c*) है।

72. (D): निरोष्ट रागों में मध्यम और पंचम स्वर लुप्त होते हैं। निरोष्ट राग का स्वरूप इन दोनों स्वरों के बिना होता है, जिससे इसकी विशेष ध्वनि उत्पन्न होती है। ऋषभ, गांधार, और धैवत अन्य स्वर हैं जो निरोष्ट राग में शामिल हो सकते हैं। इसलिए, सही उत्तर (*c*) और (*e*) है।

73. (B): व्यागराज की राग मुखारी की दो कृतियाँ एलवतरा और क्षिणमई तिरुगड़ हैं। ये कृतियाँ राग मुखारी में रची गई हैं और व्यागराज के संगीत की महत्वपूर्ण रचनाएँ हैं। एमानिने, एमान्दुने, और पाहिमाम रत्नाचल अन्य रचनाएँ हो सकती हैं, लेकिन वे राग मुखारी की नहीं हैं। इसलिए, सही उत्तर (*b*) और (*d*) है।

76. (C):

(*a*) तन्नुम्मै एक अवनद्ध वाद्य है, जो चमड़े से ढका हुआ होता है।

(*b*) मोर्सिंग एक घन वाद्य है, जो एक प्रकार का यहूदी हार्प होता है।

(*c*) किन्नरम् एक तंत्री वाद्य है, जिसमें तारों का उपयोग होता है।

(*d*) कुज्हल एक सुषिर वाद्य है, जो बांसुरी की तरह होता है।

इस प्रकार सही मिलान (II, IV, I, III) है।

78. (B):

(*a*) त्यागराज ने श्री रंगपंचरत्नम् की रचना की है।

(*b*) मुत्थुस्वामी दीक्षितार ने शिवनवावरणम् की रचना की है।

(*c*) वीणा कुप्पय्यर ने वेंकटेश पंचरत्नम् की रचना की है।

(*d*) स्वाती तिरुनाल महाराज ने नवविध भक्ति कृतियाँ रची हैं।

इस प्रकार सही मिलान (III, IV, I, II) है।

80. (B):

(*a*) कलैमामणी सम्मान तमिलनाडु सरकार द्वारा दिया जाता है।

(*b*) कलाप्रपूर्ण सम्मान आंध्र प्रदेश संगीत नाटक अकादमी द्वारा दिया जाता है।

(*c*) संगीत कलानिधि सम्मान मद्रास म्यूजिक अकादमी द्वारा दिया जाता है।

(*d*) संगीत कलाशिखामणि सम्मान इंडियन फाइन आर्ट्स द्वारा दिया जाता है।

इस प्रकार सही मिलान (III, I, IV, II) है।

81. (C):

(*a*) मिस्र संकीर्ण लघु का नाम सिंह लघु के रूप में भी जाना जाता है। यह संकीर्ण लघु का एक प्रकार है, जिसे सिंह लघु कहा जाता है।

(*b*) देस्य संकीर्ण लघु को वर्ण लघु के रूप में भी जाना जाता है। यह एक विशेष प्रकार का लघु है, जिसका उपयोग विशेष रूप से वर्णों में किया जाता है।

(*c*) मिस्र देस्य संकीर्ण लघु का नाम वाद्य लघु के रूप में भी प्रसिद्ध है। इसे वाद्य लघु कहा जाता है क्योंकि इसका उपयोग वाद्य यंत्रों में होता है।

(*d*) देस्य शुद्ध संकीर्ण लघु का नाम कर्नाटक लघु के रूप में भी जाना जाता है। यह विशेष रूप से कर्नाटक संगीत में प्रयुक्त होता है।

इस प्रकार सही मिलान (IV, I, II, III) है।

82. (A): वेंकटमखि द्वारा उल्लिखित विकृत स्वरों का क्रम इस प्रकार है : (*c*) साधारण गंधार, (*a*) अंतर गंधार, (*e*) वरालि मध्यम, (*b*) कैशिकी निषाद, (*d*) काकली निषाद। यह अनुक्रम इन स्वरों की सटीकता और उनके क्रम के अनुसार है, जो विकृत स्वरों के विकास को दर्शाता है।

85. (C): सही अनुक्रम में व्यवस्थित :

(*b*) उद्ग्रह : यह संगीत रचना का आरंभिक भाग होता है, जिसमें विषय की शुरुआत होती है।

(*e*) ध्रुवक : यह अगला भाग है, जो मुख्य विषय को स्थिर और स्पष्ट करता है।

(*d*) मेलापक : यह वह भाग है जिसमें विभिन्न धुनों और तालों का मेल होता है।

(*c*) आभोग : यह रचना का वह भाग है जहां मुख्य विषय और उसकी विविधताएं प्रस्तुत की जाती हैं।

(*a*) अंतरा : यह अंतिम भाग होता है, जिसमें रचना का समापन होता है और विषय की पुनरावृत्ति होती है।

इस प्रकार सही अनुक्रम (*b*), (*e*), (*d*), (*c*), (*a*) है।

88. (C): राग आलापन का अभ्यास करते समय राग के सुर और उसके स्वरूप को बनाए रखना आवश्यक है। संगीतज्ञों को श्रुतियों की सटीकता और आलापन के गायन में रस के नादात्मरूप को बनाए रखना महत्वपूर्ण है। इसलिए, कथन I सही है और कथन II गलत है।

89. (C): रामायण के अनुसार, संगीतकार के लिए उत्तम व्यक्तित्व महत्वपूर्ण माना जाता था क्योंकि यह संगीत के आनंद को बढ़ाता है। संगीत का सौन्दर्यशास्त्र संगीतकार के व्यक्तित्व को मूल्यांकित नहीं करता, बल्कि यह संगीत की गुणवत्ता और प्रदर्शन को देखता है। इसलिए, कथन I सही है और कथन II गलत है।

90. (C): किसी रचना का सौंदर्य विभिन्न धातुओं के सम्मिलन से विकसित होता है। विभिन्न धातुओं के शामिल होने से कृति का सातत्य नष्ट नहीं होता, बल्कि इससे रचना और भी समृद्ध होती है। इसलिए, कथन I सही है और कथन II गलत है।

91. (C): वेंकटमखी पंच भरत समूह में शामिल नहीं हैं। पंच भरत समूह में भरत, कोहल, मतंग, और अन्य संगीतशास्त्रियों के नाम शामिल हैं जिन्होंने भारतीय संगीत के सिद्धांतों को विकसित करने में महत्वपूर्ण योगदान दिया है। वेंकटमखी, हालांकि एक प्रमुख संगीतशास्त्री हैं, लेकिन उन्हें पंच भरत समूह में नहीं गिना जाता। उनका योगदान मुख्य रूप से मेलकर्ता राग प्रणाली के विकास में है, जो कि कर्नाटिक संगीत का आधार है। कोहल, भरत, और मतंग ने पुराने समय में संगीत के सिद्धांतों पर काम किया, और उनका काम शास्त्रीय संगीत के प्रारंभिक विकास में महत्वपूर्ण था। इस प्रकार, वेंकटमखी का नाम इस समूह में शामिल नहीं है।

92. (C): कोकिलप्रिया मेल धैवत और निषाद का धी-नू संयोजन लेता है। यागप्रिया, वकुलाभरणम्, और वरुणप्रिया अन्य राग हैं, लेकिन ये धैवत और निषाद का धी-नू संयोजन नहीं लेते। कोकिलप्रिया एक महत्वपूर्ण राग है जो कर्नाटिक संगीत में गाया जाता है और इसके स्वरूप में धैवत और निषाद का विशिष्ट संयोजन होता है। अन्य रागों के स्वरूप और संयोजन अलग-अलग होते हैं और वे इस संयोजन का पालन नहीं करते। यह विशिष्ट संयोजन कोकिलप्रिया को अन्य रागों से अलग पहचान देता है।

93. (A): रूपांतर सामगान का वह रूप है जिसे किसी विद्यार्थी द्वारा स्वतंत्र रूप से गाया जाता है। प्रस्ताव, उद्गीत, और निधान सामगान के अन्य रूप हैं, लेकिन वे विद्यार्थी द्वारा स्वतंत्र रूप से नहीं गाए जाते। रूपांतर में, विद्यार्थी अपने गुरु द्वारा सिखाए गए सांगीतिक टुकड़े का व्यक्तिगत रूपांतर प्रस्तुत करता है।

यह स्वतंत्र गायन की क्षमता को प्रदर्शित करता है और विद्यार्थी की संगीत शिक्षा की प्रगति को दर्शाता है। अन्य रूप, जैसे प्रस्ताव और उद्गीत, आमतौर पर पारंपरिक ढंग से और गुरु के निर्देशन में गाए जाते हैं।

94. (D): प्रस्तार भेद (प्ररूप) का नाम पातालम् है। प्रमाण, कदंब, और शंख अन्य संगीत संरचनाएं हैं, लेकिन ये प्रस्तुत भेद के अंतर्गत नहीं आते। पातालम् एक विशिष्ट प्रकार की संगीत संरचना है जो अपने विशेष स्वरूप और संगठित रूप के लिए जानी जाती है। यह संगीत के विश्लेषण और प्रस्तुति के लिए महत्वपूर्ण है। अन्य विकल्प, जैसे प्रमाण, कदंब, और शंख, अलग-अलग संगीत संरचनाओं और सिद्धांतों को संदर्भित करते हैं, लेकिन ये प्रस्तुत भेद के रूप में नहीं गिने जाते।

96. (C): ए.एम.सी. मुदलियार के प्रकाशन का नाम 'ओरिएंटल म्यूजिक इन यूरोपियन नोटेशन' है। यह प्रकाशन महत्वपूर्ण है क्योंकि इसमें भारतीय और पश्चिमी संगीत को समाहित किया गया है। अन्य विकल्प, जैसे 'संगीत चंद्रिका', 'संगीत स्वयं बोधिनी', और 'फंडामेंटल्स ऑफ वेस्टर्न म्यूजिक' अन्य प्रकाशन हैं, लेकिन ये मुदलियार के नहीं हैं। मुदलियार का प्रकाशन संगीत के विभिन्न रागों, तालों, और गमकों को पश्चिमी नोटेशन में प्रस्तुत करता है, जिससे भारतीय संगीत को पश्चिमी संगीतज्ञों द्वारा भी समझा जा सके। यह प्रकाशन भारतीय संगीत को वैश्विक स्तर पर पहचान दिलाने के लिए एक महत्वपूर्ण कदम था।

97. (A): क्रोचेट का मेजरमेंट वैल्यू 4 है। संगीत में, क्रोचेट एक क्वार्टर नोट को दर्शाता है, जिसका समय मानक 4 बीट्स होता है। अन्य विकल्प, जैसे 2, 1/4, और 1/8, अन्य नोट्स के मेजरमेंट वैल्यू हैं। उदाहरण के लिए, 1/4 एक हेमीडेमीसेमीक्वावर (64वीं नोट) का वैल्यू है।

इस प्रकार, क्रोचेट का मेजरमेंट वैल्यू 4 सही है, क्योंकि यह क्वार्टर नोट को दर्शाता है, जो संगीत के समय के महत्वपूर्ण हिस्सों में से एक है।

99. (A): ए.एम.सी. मुदलियार के समय के दौरान रचित समकालीन प्रकाशनों में 'संगीत सरवाथा सार संग्रहमु' शामिल है। यह प्रकाशन उस समय के संगीत रूपों और उनके प्रदर्शन के तरीकों को संप्रेषित करता है। अन्य विकल्प, जैसे 'गानभास्करम्', 'गानकला बोधिनी', और 'हिस्ट्री ऑफ इंडियन म्यूजिक', महत्वपूर्ण संगीत प्रकाशन हैं, लेकिन ये मुदलियार के समकालीन प्रकाशन नहीं हैं। 'संगीत सरवाथा सार संग्रहमु' उस समय के संगीतज्ञों और शिक्षाविदों द्वारा संदर्भित किया जाता था।

100. (B): बिलहरी राग में 'दोरकूना' प्रति सेकंड 50 बीट सुझाया है, जिसकी गणना क्वायर में, की अक्षरता की गिनती 32 है। यह गणना प्रति सेकेंड बीट्स के आधार पर की जाती है। अन्य विकल्प, जैसे 16, 64, और 8, गलत हैं क्योंकि वे 50 बीट्स प्रति सेकंड के अनुसार नहीं हैं। इसलिए, 32 सही उत्तर है क्योंकि यह क्वायर की अक्षरता की गिनती को सही ढंग से दर्शाता है।

भाग-V : रबीन्द्र संगीत

26. (B): नन्दिनी का गीत 'भालो बासी भालो बासी एई सुरे' 'रक्तकरबी' नाटक में उल्लिखित है। यह गीत नाटक के भावनात्मक और नाटकीय तत्वों को उभारता है। अन्य विकल्प, जैसे 'भालो जंदि बासो सखी', 'भालो बासीले जदि से', और 'भालो बेसे सखी निभृते जतने', 'रक्तकरबी' नाटक के संदर्भ में नहीं आते। 'रक्तकरबी' में नन्दिनी का किरदार इस गीत को गाते हुए दिखाया गया है, जो प्रेम और उत्साह की अभिव्यक्ति करता है। यह गीत नाटक की कथा और मुख्य भावनाओं को गहराई से जोड़ता है और दर्शकों के दिलों में एक खास जगह बनाता है।

28. (B): 'तुमी डाक दिए छो कौन सकले' गीत नाटक 'अचलायतन' के लिए लिखा गया है। 'अचलायतन' रबीन्द्रनाथ टैगोर का एक महत्वपूर्ण नाटक है जिसमें यह गीत प्रमुख भूमिका निभाता है। अन्य विकल्प, जैसे 'बसन्तोत्सव', 'मुकुट', और 'विसर्जन', टैगोर के अन्य नाटक हैं, लेकिन यह गीत विशेष रूप से 'अचलायतन' के लिए लिखा गया है। इस गीत का भाव और संगीत नाटक की कथा और उसके मुख्य विचारों को सशक्त तरीके से प्रस्तुत करता है।

29. (B): 'जानी तुमी मंगल मोय' गीत को ब्रह्म संगीत के रूप में जाना जाता है। ब्रह्म संगीत उन गीतों को संदर्भित करता है जो आध्यात्मिक और धार्मिक भावनाओं को व्यक्त करते हैं। अन्य विकल्प, जैसे काव्य संगीत, रबीन्द्र संगीत, और श्यामा संगीत, अलग-अलग संगीत शैलियों और श्रेणियों को संदर्भित करते हैं। 'जानी तुमी मंगल मोय' गीत में ब्रह्म संगीत की विशिष्टता है, जिसमें आध्यात्मिकता और भक्ति का गहरा प्रभाव है। यह गीत श्रोताओं को एक आंतरिक शांति और आध्यात्मिक उन्नति की अनुभूति कराता है।

30. (B): राग 'शुक्लोविलाबल' में रचित गीत 'नित्यनाबो सत्य तबो' है। 'शुक्लोविलाबल' एक विशिष्ट राग है जिसका उपयोग इस गीत की संरचना में किया गया है। अन्य विकल्प, जैसे 'नाच श्यामा ताले ताले', 'नित्य सत्ये चिंतन कारो', और 'नित्य तोमारा जे फूल फोते', अन्य रागों में रचित हो सकते हैं, लेकिन 'शुक्लोविलाबल' में नहीं। 'नित्यनाबो सत्य तबो' गीत की धुन और लय इस राग के माध्यम से विशेष रूप से उभरती है, जो इसके श्रोता को गहरा संगीत अनुभव प्रदान करती है।

31. (C): रजनीकान्त सेन द्वारा लिखित गीत 'नयनेर बारी नयने रेखीछी' है। रजनीकान्त सेन एक प्रसिद्ध बंगाली कवि और गीतकार थे, जिनकी रचनाएँ भावुकता और गहरी भावनाओं से भरी होती थीं। अन्य विकल्प, जैसे 'नील आकाशेर असीम क्षेए', 'निचुर काछे नीचू होते', और 'नमो बाणी बीणपाणि', अन्य कवियों और गीतकारों द्वारा लिखित हो सकते हैं, लेकिन ये रजनीकान्त सेन के नहीं हैं। 'नयनेर बारी नयने रेखीछी' गीत उनकी विशिष्ट साहित्यिक शैली और गहन अभिव्यक्ति का प्रतिनिधित्व करता है, जिसमें उनकी भावनात्मक गहराई स्पष्ट होती है।

32. (B): रबीन्द्र संगीत में सही विभाजन '2/4/4/4/4' का प्रयोग होता है। रबीन्द्रनाथ टैगोर द्वारा रचित संगीत में ताल और लय का विशेष महत्व है, और यह विभाजन उनके गीतों की संरचना और लय को निर्धारित करता है। अन्य विकल्प, जैसे '5/2/3/4', '2/3/2', और '5/3/4/2/2', रबीन्द्र संगीत के विभाजन के अनुरूप नहीं हैं। '2/4/4/4/4' विभाजन टैगोर के संगीत की सरलता और संगीतमयता को बनाए रखते हुए ताल और लय को संतुलित करता है, जो उनके गीतों की खूबसूरती को उभारता है।

33. (B): स्वरलिपि में दिए गए स्वरों का क्रम और उनकी पुनरावृत्ति गीत 'कोथा बायरे जायरे उरे' के साथ मेल खाता है। "G M II P Ṡ $\underline{\text{N}}$ | D P | P – P | P P" स्वरलिपि का विश्लेषण करने पर, यह स्पष्ट होता है कि स्वरों का यह संयोजन इस गीत की धुन से मेल खाता है।

- "G M II P Ṡ $\underline{\text{N}}$" स्वरसंयोजन गीत की पहली पंक्ति 'कोथा बायरे जायरे उरे' में सुनाई देता है।
- "D P | P – P | P P" स्वरसंयोजन भी इसी गीत की धुन के दूसरे भाग में सुनाई देता है।

अन्य विकल्पों के गीतों की धुन इस स्वरसंयोजन से मेल नहीं खाती, इसीलिए विकल्प (B) सही है।

34. (C): ''नृत्यकला-ओ-रबीन्द्रनाथ'' नामक पुस्तक का लेखन शान्तिदेव घोष ने किया है। शान्तिदेव घोष रवीन्द्रनाथ टैगोर के एक प्रमुख शिष्य और सहयोगी थे, जिन्होंने टैगोर के साथ मिलकर नृत्य और संगीत के क्षेत्र में महत्वपूर्ण योगदान दिया। उन्होंने इस पुस्तक में रवीन्द्रनाथ टैगोर की नृत्यकला और उनके योगदान पर विस्तार से चर्चा की है। अन्य विकल्प, जैसे शैलजारंजन मजूमदार, नन्दलाल बोस, और प्रतिमा देवी, भी महत्वपूर्ण व्यक्ति थे, लेकिन इस विशेष पुस्तक का लेखन शान्तिदेव घोष ने किया है। शान्तिदेव घोष ने टैगोर की नृत्यकला और उनकी संगीत दृष्टि को व्यापक रूप में प्रस्तुत किया है।

35. (D): 'ओई जे देखा जय आनन्द धाम.....' गीत की रचना ज्योतिरीन्द्रनाथ टैगोर ने की है। ज्योतिरीन्द्रनाथ टैगोर रवीन्द्रनाथ टैगोर के बड़े भाई थे और वे एक प्रख्यात नाटककार, संगीतकार और चित्रकार थे। उन्होंने इस गीत की रचना की, जो उनकी साहित्यिक और संगीत प्रतिभा का उदाहरण है। अन्य विकल्प, जैसे दिनेन्द्रनाथ टैगोर, रवीन्द्रनाथ टैगोर, और हेमेन्द्रनाथ टैगोर, भी टैगोर परिवार के सदस्य थे, लेकिन इस गीत की रचना ज्योतिरीन्द्रनाथ टैगोर ने की है।

36. (C): ज्योतिरीन्द्रनाथ का नाटक 'अश्रुमोती' रवीन्द्रनाथ टैगोर को समर्पित है। रवीन्द्रनाथ टैगोर ज्योतिरीन्द्रनाथ के छोटे भाई थे और दोनों में घनिष्ठ संबंध थे। ज्योतिरीन्द्रनाथ ने अपने इस नाटक को रवीन्द्रनाथ को समर्पित करके उनके प्रति अपने स्नेह और सम्मान को दर्शाया। अन्य विकल्प, जैसे देबेन्द्रनाथ टैगोर, सत्येन्द्रनाथ टैगोर, और दिनेन्द्रनाथ टैगोर, भी टैगोर परिवार के सदस्य थे, लेकिन इस नाटक का समर्पण रवीन्द्रनाथ टैगोर के लिए था।

37. (C): टैगोर गीत 'आमार भंग पाथेर रंग धुलाय' को कुस्तिया की ओर से पालकी में लिखा गया है। यह गीत रवीन्द्रनाथ टैगोर की यात्राओं के दौरान उनकी भावनाओं और अनुभवों को अभिव्यक्त करता है। अन्य विकल्प, जैसे 'आमार हियार माझे लुकिए छीले', 'आमार सकल दुखेर प्रदीप', और 'आमार दिन फुरालो बादल साँझे', भी टैगोर के गीत हैं, लेकिन 'आमार भंग पाथेर रंग धुलाय' विशेष रूप से कुस्तिया की यात्रा से संबंधित है।

39. (A): 'धरणि दूरी चेये केनो आज आशीष जेगे।' गीत का लेखन रवीन्द्रनाथ टैगोर द्वारा किया गया है। रवीन्द्रनाथ टैगोर ने इस गीत में धरणि (पृथ्वी) की भावनाओं को व्यक्त किया है और इसमें उनके विशेष साहित्यिक और काव्यात्मक शैली का प्रदर्शन होता है। अन्य विकल्प, जैसे 'ऐसो प्राण सखा एसो प्राणे', 'झोरीछे झरो झरो गरजे गरो गरो', और 'हरी प्रेम गगने चिरो राका', भी महत्वपूर्ण गीत हैं, लेकिन 'धरणि दूरी चेये केनो आज आशीष जेगे।' विशेष रूप से टैगोर द्वारा लिखा गया है।

40. (A): रवीन्द्रनाथ टैगोर ने अपने कई गीतों में आड़ा चौताल का प्रयोग किया, जो एक विशेष ताल संरचना है। आड़ा चौताल 14 मात्राओं का ताल है, जिसमें विभाजन 2-4-4-4 होता है। यह संरचना विशेष रूप से उनके गीतों में ताल और लय को संतुलित करने के लिए प्रयोग की जाती है। अन्य विकल्पों के विभाजन इस ताल के अनुरूप नहीं हैं। '1 2 | 3 4 5 6 | 7 8 9 10 | 11 12 13 14' का विभाजन सही है क्योंकि यह आड़ा चौताल की पारंपरिक संरचना को दर्शाता है।

41. (D): नृत्य-नाट्य 'चित्रांगदा' में कविता पाठ (सस्वर) के 11 भाग (अंश) दिए गए हैं। रवीन्द्रनाथ टैगोर द्वारा रचित 'चित्रांगदा' एक प्रसिद्ध नृत्य-नाट्य है जिसमें उन्होंने महाभारत की चरित्र चित्रांगदा की कहानी को प्रस्तुत किया है। इसमें नृत्य और संगीत के साथ-साथ कविता पाठ का भी महत्वपूर्ण स्थान है। 11 भागों में विभाजित यह कविता पाठ नाटक की कथा को आगे बढ़ाने और दर्शकों को भावनात्मक रूप से जोड़ने का काम करता है। अन्य विकल्प, जैसे 4, 8, और 9, गलत हैं क्योंकि वे 'चित्रांगदा' में सस्वर पाठ के अंशों की सही संख्या नहीं दर्शाते। इस नाटक में सस्पर पाठ के 11 भागों का उपयोग कहानी की गहराई और नाटकीयता को बढ़ाने के लिए किया गया है।

42. (C): ''हाय के दीबे आर सान्त्वना'' गीत का ताल त्रिताल है। रवीन्द्रनाथ टैगोर के गीतों में त्रिताल का प्रयोग व्यापक रूप से किया गया है, जो 16 मात्राओं का ताल है। इस गीत में ताल की यह संरचना गीत की भावनात्मक गहराई और लयबद्धता को बनाए रखती है। अन्य विकल्प, जैसे झपताल, चौताल, और एकताल, भी महत्वपूर्ण ताल संरचनाएं हैं, लेकिन ये इस गीत के संदर्भ में सही नहीं हैं। त्रिताल की विशेषता यह है कि यह लय और गति को संतुलित रूप से प्रस्तुत करता है, जिससे गीत की संगीतमयता और भावनात्मकता उभर कर आती है।

43. (B): ''ताबू मोने रेखो'' गीत 'मानशी' काव्यात्मक कृति से लिया गया है। रवीन्द्रनाथ टैगोर की 'मानशी' उनकी प्रारंभिक कविताओं का संग्रह है जिसमें उनकी गहन भावनाएं और विचार प्रकट होते हैं। इस संग्रह में कई प्रसिद्ध गीत और कविताएं शामिल हैं, जिनमें 'ताबू मोने रेखो' भी है। अन्य विकल्प, जैसे सोनारतोरी, सनाई, और बीथिका, भी टैगोर की महत्वपूर्ण कृतियां हैं, लेकिन यह विशेष गीत 'मानशी' से लिया गया है। 'मानशी' में टैगोर की कविताओं की भावनात्मक गहराई और संगीतमयता स्पष्ट रूप से झलकती है।

44. (D): स्वरबितान 11 का शीर्षक 'केतकी' है। रवीन्द्रनाथ टैगोर ने स्वरबितान के विभिन्न अंशों को अलग-अलग शीर्षकों से विभाजित किया है, जिसमें 'केतकी' 11वें भाग का शीर्षक है। अन्य विकल्प, जैसे नबगीतिका, गीतमालिका, और बसन्त, स्वरबितान के अन्य अंशों के शीर्षक हो सकते हैं, लेकिन 11वें भाग का सही शीर्षक 'केतकी' है। 'केतकी' में शामिल गीतों में टैगोर की कविताओं और संगीत की विशेषता झलकती है, जो पाठकों और श्रोताओं को उनके साहित्यिक और सांगीतिक दृष्टिकोण से जोड़ती है।

45. (C): ''ओई महामानव आशे'' गीत का संकलन स्वरबितान 55 में किया गया है। रवीन्द्रनाथ टैगोर के गीतों का संग्रह स्वरबितान में विभिन्न खंडों में विभाजित है, जिनमें से प्रत्येक खंड में उनके विभिन्न गीतों का संकलन है। स्वरबितान 55 में 'ओई महामानव आशे' गीत शामिल है, जो उनकी रचनात्मक प्रतिभा और गहन संवेदनाओं का उदाहरण है। अन्य विकल्प, जैसे स्वरबितान 14, स्वरबितान 36, और स्वरबितान 62, भी टैगोर के गीतों के संग्रह हो सकते हैं, लेकिन 'ओई महामानव आशे' गीत का सही संकलन स्वरबितान 55 में है।

46. (C): ''कोन अपरूप स्वर्गेर एलो'' गीत की व्युत्पत्ति नृत्यनाट्य 'श्यामा' से हुई है। रवीन्द्रनाथ टैगोर का यह नृत्यनाट्य उनके सबसे प्रसिद्ध कार्यों में से एक है। 'श्यामा' की कहानी, इसके पात्र, और इसके गीत भारतीय सांस्कृतिक और सामाजिक मूल्यों को प्रतिबिंबित करते हैं। अन्य विकल्प, जैसे 'चित्रांगदा', 'नृत्य नाट्य मायारखेला', और 'नटीर पूजा', भी महत्वपूर्ण हैं, लेकिन इस विशेष गीत का स्रोत 'श्यामा' है।

47. (D): 'जाखोन परबे ना मोर पायेर चिह्नों' अन्य तीन गीतों से स्वरक (सुर) रूप में भिन्न है। यह गीत भावनात्मक और सुर की दृष्टि से अलग है। अन्य गीत, जैसे 'आमार की वेदोना', 'आमी जाखोन छीलेन अंधो', और 'ओगो शोनो के बाजय', एक समान सुर और राग में होते हैं। 'जाखोन परबे ना मोर पायेर चिह्नों' का सुर और लय विशेष रूप से अलग है और यह इसे अन्य गीतों से विशिष्ट बनाता है।

48. (D): ''दिवानिशि कोरीया जतन'' के पर्याय की पहचान 'पूजा ओ प्रार्थोना' के रूप में की जाती है। यह गीत भक्ति और धार्मिक भावनाओं से प्रेरित है और इसे पूजा और प्रार्थना के संदर्भ में गाया जाता है। अन्य विकल्प, जैसे 'प्रेम', 'प्रेम ओ प्रकृति', और 'विचित्रो', भी टैगोर के काव्य संग्रह हैं, लेकिन 'दिवानिशि कोरीया जतन' विशेष रूप से 'पूजा ओ प्रार्थोना' का पर्याय है।

49. (B): ''तोमारी रागिनी जीबोन कुंजे'' गीत की राग की पहचान 'ईमान कल्याण' के रूप में की जाती है। यह राग भारतीय शास्त्रीय संगीत का एक महत्वपूर्ण राग है और इसे विशेष रूप से भावनात्मक और शांति देने वाले गीतों के लिए प्रयोग किया जाता है। अन्य विकल्प, जैसे 'छायानट', 'आशाबोरी', और 'वृंदाबनी सारंग', भी महत्वपूर्ण राग हैं, लेकिन इस गीत का सही राग 'ईमान कल्याण' है।

50. (D): अरब सागर में भ्रमण (यात्रा) करते समय लिखा गया निबंध 'अन्तर बाहिर' 'पाथेर संचय' का भाग है। रवीन्द्रनाथ टैगोर ने अपनी यात्राओं के अनुभवों और विचारों को इस निबंध संग्रह में संकलित किया है। अन्य विकल्प, जैसे 'साहित्येर पथे', 'कालान्तर', और 'संचय', भी टैगोर के निबंध संग्रह हैं, लेकिन 'अन्तर बाहिर' विशेष रूप से 'पाथेर संचय' का भाग है। यह निबंध संग्रह टैगोर के यात्रा अनुभवों और उनके जीवन के दर्शन को दर्शाता है।

51. (B): लघु कहानी 'डालिया' के नाट्य आरुप का अनुवाद 'द महारानी ऑफ अराकान' है। रवीन्द्रनाथ टैगोर की इस कहानी को अंग्रेजी में "The Maharani of Arakan" के नाम से जाना जाता है। अन्य विकल्प, जैसे 'पैशन प्ले', 'द पोस्टमास्टर', और 'द किंग ऑफ द डार्क चैम्बर', टैगोर की अन्य रचनाएं हैं, लेकिन 'डालिया' का अनुवाद विशेष रूप से 'द महारानी ऑफ अराकान' के रूप में किया गया है। यह कहानी राजा और उसकी रानी की कथा पर आधारित है, जिसमें प्रेम और संघर्ष की गहराइयाँ प्रकट होती हैं।

52. (D): द्विभाषी अमृत बाजार पत्रिका में रवीन्द्रनाथ टैगोर की प्रथम कविता का प्रकाशन 25 फरवरी, 1875 को हुआ था। यह उनकी पहली प्रकाशित रचना थी, जिसने उनकी कविता लेखन की यात्रा की शुरुआत को चिह्नित किया। इस प्रकाशन ने टैगोर को एक प्रमुख कवि के रूप में पहचान दिलाई।

53. (A): नाटक 'रक्तकरबी' का प्रथम नाम 'यक्षपुरी' था। रवीन्द्रनाथ टैगोर ने इस नाटक को प्रारंभ में 'यक्षपुरी' नाम दिया था, जो बाद में 'रक्तकरबी' के नाम से प्रसिद्ध हुआ। अन्य विकल्प, जैसे 'नन्दिनी', 'परिशोध', और 'एकटी आषाढ़े गोल्पो', टैगोर के अन्य कार्य हो सकते हैं, लेकिन 'रक्तकरबी' का पहला नाम 'यक्षपुरी' था। यह नाटक सामाजिक और राजनीतिक संदेशों से भरा हुआ है और इसमें टैगोर के साहित्यिक और नाटकीय कौशल की झलक मिलती है।

54. (B): ''श्यामलो छाया नाई बागेले'' गीत का लेखन 'गृहप्रवेश' नाटक के लिए नहीं किया गया था। रवीन्द्रनाथ टैगोर ने कई नाटकों के लिए गीत लिखे हैं, लेकिन यह विशेष गीत 'गृहप्रवेश' के लिए नहीं था। अन्य विकल्प, जैसे 'बाजो रे बांसुरी बाजो', 'जौबनो सरसि नीरे', और 'जोदि होलो जाबार क्षण', इस नाटक के लिए लिखे गए थे। 'श्यामलो छाया नाई बागेले' एक अन्य संदर्भ में लिखा गया था और इसका 'गृहप्रवेश' नाटक से कोई संबंध नहीं है।

55. (D): ''शुभ्र प्रभाते पूर्वी गगने उदीलो'' गीत ऋतु नाटक 'नवीन' से नहीं लिया गया है। रवीन्द्रनाथ टैगोर के रचित 'नवीन' नाटक में अन्य गीत, जैसे 'बासन्ती हे भुवन मोहिनी', 'वेदना की भाषाय', और 'ओरा ओकरोने चंचल', शामिल हैं। 'शुभ्र प्रभाते पूर्वी गगने उदीलो' एक अन्य संदर्भ में रचित है और इसका 'नवीन' नाटक से कोई संबंध नहीं है। यह गीत विभिन्न ऋतुओं और प्राकृतिक दृश्यावली का वर्णन करता है, लेकिन यह विशेष रूप से 'नवीन' नाटक का हिस्सा नहीं है। 'नवीन' नाटक में टैगोर ने विभिन्न ऋतुओं और उनकी विशेषताओं को गीतों के माध्यम से अभिव्यक्त किया है, लेकिन 'शुभ्र प्रभाते पूर्वी गगने उदीलो' उनमें शामिल नहीं है।

56. (A): 1910 में आश्रम मंदिर में पहली बार क्राइस्ट उत्सव मनाया गया था। रवीन्द्रनाथ टैगोर के शांतिनिकेतन आश्रम में विभिन्न धर्मों और संस्कृतियों के प्रति आदर और स्वीकार्यता को बढ़ावा देने के लिए इस प्रकार के आयोजन होते थे। 1910 में क्राइस्ट उत्सव का आयोजन पहली बार हुआ, जिसमें ईसा मसीह की शिक्षाओं और उनके जीवन का सम्मान किया गया। अन्य विकल्प, जैसे 1911, 1909, और 1915, गलत हैं क्योंकि क्राइस्ट उत्सव का पहला आयोजन 1910 में हुआ था। यह आयोजन शांतिनिकेतन की समावेशी और बहु-सांस्कृतिक दृष्टिकोण को दर्शाता है।

57. (B): टैगोर की प्रथम अहस्ताक्षरित कविता 'अभिलाष' है। यह कविता रवीन्द्रनाथ टैगोर की प्रारंभिक रचनाओं में से एक है, जिसमें उनकी साहित्यिक प्रतिभा की झलक मिलती है। 'अभिलाष' का प्रकाशन बिना टैगोर के हस्ताक्षर के हुआ था, इसलिए इसे उनकी प्रथम अहस्ताक्षरित कविता माना जाता है। अन्य विकल्प, जैसे 'पुजारिनी', 'सुखोस्वप्नो', और 'पुरातन भृत्यो', भी

टैगोर की रचनाएं हैं, लेकिन 'अभिलाष' उनकी पहली अहस्ताक्षरित कविता है।

58. (D): वेदमंत्र 'यादेमी प्रस्फुरणिबा' का अनुवाद 'जोदि झारे मेघेर मोतो आमी धाई' है। यह अनुवाद रवीन्द्रनाथ टैगोर की काव्यात्मक शैली और भावनाओं को दर्शाता है। अन्य विकल्प, जैसे 'आजी झारेर राते तोमा अभिसार', 'झरे जाय उसे जाय', और 'उसे जाय नेमे आय', भी टैगोर की कविताएं हो सकती हैं, लेकिन वे इस विशेष वेदमंत्र का अनुवाद नहीं हैं। 'जोदि झारे मेघेर मोतो आमी धाई' में वेदमंत्र की आध्यात्मिकता और गहनता को सटीक रूप में अनुवादित किया गया है।

59. (C): ''बंधुआ असमए केनो हे प्रकाश'' गीत उपन्यास 'बोऊ ठाकुरानीर हाट' से लिया गया है। यह गीत उपन्यास के भावनात्मक और कथा के महत्वपूर्ण अंशों को व्यक्त करता है। अन्य विकल्प, जैसे 'बंधू कोन आलो', 'बंधू तोमोय कारबो राजा', और 'सेई तो तोमार पोथेर', भी महत्वपूर्ण गीत हैं, लेकिन वे 'बोऊ ठाकुरानीर हाट' से नहीं लिए गए हैं। 'बंधुआ असमए केनो हे प्रकाश' गीत की भावनात्मक गहराई और कथा के साथ उसकी संगति इसे विशेष बनाती है। टैगोर के इस उपन्यास में गीतों का उपयोग पात्रों की भावनाओं और स्थितियों को व्यक्त करने के लिए किया गया है, और यह विशेष गीत उपन्यास के महत्वपूर्ण अंश को दर्शाता है।

60. (B): ''एखोनो केनो समय नहीं होलो'' गीत काव्यात्मक नाट्य 'परिशोध' के लिए लिखा गया था किंतु नृत्य-नाट्य 'श्यामा' से बाहर निकाल दिया गया है। रवीन्द्रनाथ टैगोर ने इस गीत को 'परिशोध' के लिए लिखा था, लेकिन बाद में इसे 'श्यामा' नृत्य-नाट्य में शामिल नहीं किया गया। अन्य विकल्प, जैसे 'अहा मोरी मोरी', 'हे बिदेशी एसो एसो', और 'निर्दोषी बिदेशीर रखो प्राण', 'श्यामा' नृत्य-नाट्य से जुड़े हुए हैं और उनमें से नहीं निकाले गए।

61. (A): रवीन्द्रनाथ टैगोर ने 'प्रेमेरो मिलोनो दिने' गीत अपनी पौत्री नन्दिनी (पूपी) के विवाह समारोह के लिए लिखा था। यह गीत विवाह के शुभ अवसर को मनाने के लिए रचा गया था और इसमें प्रेम और मिलन के भावों को गहराई से व्यक्त किया गया है। अन्य विकल्प, जैसे 'सुधासागर तीरे होय', 'शुभदिने एसेच्छे दोहे', और 'जे तरुणीखानी भासाले दुजने', भी टैगोर के रचित गीत हो सकते हैं, लेकिन वे नन्दिनी के विवाह समारोह के लिए विशेष रूप से नहीं लिखे गए थे। 'प्रेमेरो मिलोनो दिने' का संगीत और लिरिक्स विवाह के आनंद और उत्सव को सजीव बनाते हैं।

62. (B): 'साध कोरे केनो शाखा' गीत को गीत-बितान में रखा गया है और इसमें यह विरोधाभास व्याप्त है कि यह अक्षय चौधरी द्वारा लिखा गया हो सकता है। रवीन्द्रनाथ टैगोर के कई गीतों के लेखन का श्रेय उन्हीं को दिया जाता है, लेकिन कुछ गीतों के संदर्भ में यह विवाद होता है कि उन्हें वास्तव में किसी और ने लिखा हो। अन्य विकल्प, जैसे 'हो के बोले देबे', 'ओ केनो भालो बासा', और 'भालो बासिते जोदि से भालो नाबासे', भी टैगोर के गीत हैं, लेकिन इनमें इस तरह का विवाद या विरोधाभास नहीं है।

63. (B): 'घारेते भ्रामोर एलो' गीत का प्रयोग नाटकों 'अचलायतन' और 'तासेर देश' में होता है। यह गीत टैगोर के इन दो प्रमुख नाटकों के भावनात्मक और नाटकीय अंशों को व्यक्त करता है। अन्य विकल्प, जैसे 'बिसर्जन', 'बसन्त', और 'मुक्तधारा', भी टैगोर के महत्वपूर्ण नाटक हैं, लेकिन 'घारेते भ्रामोर एलो' का उपयोग इनमें नहीं किया गया है। 'अचलायतन' और 'तासेर देश' में इस गीत का प्रयोग विशेष रूप से किया गया है।

64. (A): 'अमी संसारे मोन दिए छिनु' गीत पूजा और पूजा-ओ-प्रार्थना काव्य संग्रहों में घटित होता है। यह गीत आध्यात्मिकता और भक्ति की गहरी भावनाओं को प्रकट करता है। अन्य विकल्प, जैसे 'प्रेम-ओ-प्रकृति', 'विचित्रा', और 'प्रेम', भी टैगोर के महत्वपूर्ण काव्य संग्रह हैं, लेकिन यह विशेष गीत 'पूजा' और 'पूजा-ओ-प्रार्थना' में शामिल है। टैगोर की इन रचनाओं में भक्ति और आध्यात्मिकता की गहराई स्पष्ट होती है।

65. (C): 'दूरेर बंधू सूरेर दुति रे' और 'कोन देबता से के परिहासे' गीत समान स्वर (सुर) में हैं। दोनों गीतों में संगीत और स्वर की संरचना एक जैसी है, जो उन्हें सुर की दृष्टि से समान बनाती है। अन्य विकल्प, जैसे

'जाय दिन श्रबण दिन जाय', 'बाकी अमी रखबोना', और 'बासन्ते फूल गाँथलो', अलग-अलग सुर और राग में रचित हैं। 'दूरेर बंधू सूरेर दुति रे' और 'कोन देबता से के परिहासे' में स्वर की समानता स्पष्ट है, जो इन्हें विशिष्ट बनाती है।

66. (D): राग कलिंगड़ा में रचित दो गीत 'अबार जोदि इच्छा करो' और 'पुष्पा बोने पुष्पा नाही' हैं। ये दोनों गीत राग कलिंगड़ा में निबद्ध हैं, जो एक विशिष्ट भारतीय शास्त्रीय संगीत राग है। अन्य विकल्प, जैसे 'अबार एरा घिरे छे मोर मन', 'अबार मोरे पागल करे', और 'पुष्पा दिए मारो जरे', भी महत्वपूर्ण गीत हो सकते हैं, लेकिन वे राग कलिंगड़ा में रचित नहीं हैं। 'अबार जोदि इच्छा करो' और 'पुष्पा बोने पुष्पा नाही' की धुन और स्वर राग कलिंगड़ा की विशेषताओं के अनुसार हैं, जिससे वे इस राग की श्रेणी में आते हैं।

67. (B): 'प्रतिदिन आमी हे जीबोनस्वामी' और 'शुन्य हाते फिरी हे' दोनों गीत काफी राग में निबद्ध हैं। काफी राग भारतीय शास्त्रीय संगीत का एक महत्वपूर्ण राग है और इन दोनों गीतों की संरचना और स्वर इसकी विशेषताओं को दर्शाते हैं। अन्य विकल्प, जैसे 'इमोन दिने तारे बोला जाय', 'खेलाघर बाँधते लेगेछी', और 'अमी चाहिते एसेछी शुद्धु एक्खनी', भी महत्वपूर्ण गीत हैं, लेकिन वे काफी राग में नहीं हैं। 'प्रतिदिन आमी हे जीबोनस्वामी' और 'शुन्य हाते फिरी हे' की धुन और लय काफी राग की पारंपरिक संरचना के अनुरूप हैं।

68. (A): 'ओलो शेफाली' और 'एबार अबगुंथन खोलो' गीत ऋतु नाटक 'शेषवर्णन' से लिए गए हैं। ये दोनों गीत 'शेषवर्णन' के महत्वपूर्ण अंश हैं और ऋतु नाटक की भावनाओं और विचारों को व्यक्त करते हैं। अन्य विकल्प, जैसे 'एबार बिदाय बेलार सुर', 'पूर्बो गगन भागे', और 'ममो मनो उपवने', भी टैगोर के अन्य महत्वपूर्ण गीत हैं, लेकिन ये 'शेषवर्णन' से संबंधित नहीं हैं। 'ओलो शेफाली' और 'एबार अबगुंथन खोलो' गीतों में ऋतुओं की बदलती प्रकृति और उनके प्रभाव को विशेष रूप से दर्शाया गया है।

69. (A): 'मोर प्रभातेर एई प्रथम क्षणेर' और 'अजी जोतो तारा तबो आकाशे' गीत रवीन्द्रनाथ टैगोर के भक्तिमय गीतों (पूजापर्याय) की उपकोटि 'बंधु' से लिए गए हैं। इन गीतों में भक्ति और आध्यात्मिकता की गहराई है और इन्हें 'बंधु' उपकोटि में रखा गया है। अन्य विकल्प, जैसे 'हार मानलेइ गो', 'मोर सांध्या तुमी सुंदर बेसे', और 'तोमरी झारना तोलार निर्जने', भी महत्वपूर्ण भक्तिमय गीत हैं, लेकिन वे 'बंधु' उपकोटि में नहीं आते। 'मोर प्रभातेर एई प्रथम क्षणेर' और 'अजी जोतो तारा तबो आकाशे' गीतों में भक्ति और भगवान के प्रति प्रेम का गहरा भाव है।

70. (D): 'भोरेर बेला काखोन ऐसे' और 'प्राणे खुशीर तूफान उठीच्छे' गीत 25 अगस्त, 1913 को लंदन में लिखे गए थे। ये दोनों गीत टैगोर के प्रवास के दौरान की रचनाएँ हैं और उनमें उस समय की भावनाओं और अनुभवों की झलक मिलती है। अन्य विकल्प, जैसे 'नित्य तोमार जे फूल फूटे फूलबने', 'जानी गो दिन जाबे', और 'प्रभा तोमार बिने जेम्नी बाजे', भी महत्वपूर्ण रचनाएँ हैं, लेकिन ये 25 अगस्त, 1913 को नहीं लिखी गई थीं। 'भोरेर बेला काखोन ऐसे' और 'प्राणे खुशीर तूफान उठीच्छे' गीतों में टैगोर की उस समय की मानसिकता और भावनाओं का सजीव चित्रण है।

71. (D): गीत 'एकला बोसे एके एके अन्योमने' और 'तुमि जे सुरेर आगुण' की रचना रवीन्द्रनाथ टैगोर ने अपने पौत्र असित कुमार हलदार की पेंटिंग देखने के पश्चात की थी। ये गीत टैगोर की कलात्मक प्रेरणा का प्रतिबिंब हैं जो उन्होंने अपने पौत्र की कला से प्राप्त की थी। अन्य विकल्प, जैसे 'हेला फेला सारबेला' और 'नृभृतो प्राणेर देबता' भी टैगोर की रचनाएं हैं, लेकिन वे इस विशेष संदर्भ में नहीं बनाए गए थे। 'एकला बोसे एके एके अन्योमने' और 'तुमि जे सुरेर आगुण' दोनों गीत पेंटिंग के प्रभाव और उससे जुड़ी भावनाओं को गायन के माध्यम से व्यक्त करते हैं।

72. (A): 'दुईते हृदय एक्ती आसन' और 'सुखे थाको आर सुखी करो सब' गीत विवाह समारोह के लिए लिखे गए थे। ये गीत विवाह की शुभता और जीवनसाथी के प्रति समर्पण की भावनाओं को दर्शाते हैं। अन्य विकल्प, जैसे 'दुजोने देखा होलो' और 'सुखेर माझे तोमाय देखीच्छी' भी महत्वपूर्ण गीत हैं, लेकिन उन्हें

विशेष रूप से विवाह के लिए नहीं लिखा गया था। 'दुईते हृदय एक्ती आसन' और 'सुखे थाको आर सुखी करो सब' में विवाह और संबंधों के महत्व को गहराई से व्यक्त किया गया है।

73. (B): 'तिमिरो विभावरी काटे कैमोने' और 'हे बिरोही है' दोनों गीत समान सुर में निबद्ध हैं। इन दोनों गीतों की धुन और लय एक जैसी हैं, जो इन्हें सुर की दृष्टि से समान बनाती हैं। रवीन्द्रनाथ टैगोर ने इन गीतों में समान स्वर संरचना का उपयोग किया है, जिससे इनकी धुनों में एकरूपता बनी रहती है। अन्य विकल्प, जैसे 'बिरोहो मधुर होलो आजी' और 'डराव अभाव आखरी आगे', भी महत्वपूर्ण गीत हैं, लेकिन ये सुर की दृष्टि से समान नहीं हैं। 'तिमिरो विभावरी काटे कैमोने' और 'हे बिरोही है' के स्वर संरचना में समानता स्पष्ट रूप से देखी जा सकती है।

74. (D): ''हे बिरोही हे चंचल हिया तबो'' गीत का प्रयोग 'शापमोचन' और 'श्यामा' नाटकों में किया गया है। यह गीत इन नाटकों के महत्वपूर्ण अंशों को व्यक्त करता है। 'शापमोचन' और 'श्यामा' दोनों ही रवीन्द्रनाथ टैगोर के प्रसिद्ध नाटक हैं, जिनमें यह गीत प्रमुखता से गाया जाता है। अन्य विकल्प, जैसे 'चित्रांगदा' और 'चंडालिका' भी महत्वपूर्ण नाटक हैं, लेकिन 'हे बिरोही हे चंचल हिया तबो' विशेष रूप से 'शापमोचन' और 'श्यामा' में शामिल है। इस गीत की भावनात्मक गहराई और लयबद्धता नाटकों की कथा के साथ मेल खाती है।

76. (C): 'कौन रूपे बने हो राजाधिराज' गीत राग तिलक कामोद में रचा गया है, जो एक प्रसिद्ध राग है और इस गीत की संरचना इसी राग पर आधारित है। 'दुष्ट दुर्जन दूर करो' गीत राग ईमान कल्याण में निबद्ध है, जो इसकी शांत और दिव्य प्रकृति को दर्शाता है। 'सुंदर लगोरी हाई' राग अड़ाना में है, जो इसकी विशिष्ट धुन और भावनात्मक प्रभाव को व्यक्त करता है। 'ओमियाँ बे जानुबाले' राग सिंधु में है, जो इसकी गंभीरता और गहराई को दर्शाता है।

77. (D): 'झपताल' राग अमीदिन ओती दिन के साथ मेल खाता है, जो 10 मात्राओं का ताल है और इसकी विशिष्ट लय है। 'अडाठेका' ताल एक करुणा करुणा मोय के साथ मेल खाता है, जो 8 मात्राओं का ताल है। 'एकताल' ताल कमल बोनेर मोधुप्राजी के साथ मेल खाता है, जो 12 मात्राओं का ताल है। 'चौताल' ताल जगराता कोलाहल के साथ मेल खाता है, जो 12 मात्राओं का ताल है।

79. (A): 'गोपोन प्राणे एकला' शास्ति के साथ, 'शुभ्रोनाब संख्या ताबो' झम्पक के साथ, 'ओई रे तोरी दिलो खुले' रूपकदा के साथ और 'आर कोतो दूरे अछि से' तेवोड़ा के साथ मेल खाता है। ये मिलान टैगोर की रचनाओं और उनके तालबद्ध संरचनाओं की सटीकता को दर्शाते हैं।

80. (B): 'भग्नहृदय' मुरोला के साथ, 'राजा ओ रानी' ईला के साथ, 'बिसर्जन' अपर्णा के साथ और 'गृहप्रवेश' हिमि के साथ मेल खाता है। ये मिलान टैगोर की रचनाओं और उनकी भावनात्मक गहराई को दर्शाते हैं, जो विभिन्न कथाओं और काव्य रचनाओं में प्रकट होती हैं।

81. (C): 'आहा तोमार संगे प्राणेर खेला' गीत 'राजा' नाटक से है, जो रवीन्द्रनाथ टैगोर की एक महत्वपूर्ण कृति है। 'दूरे कोथाम दूरे दूरे' गीत 'अचलायतन' से लिया गया है, जो उनकी एक और महत्वपूर्ण रचना है। 'आमी चंचल हे' गीत 'डाकघर' से है, जो टैगोर की प्रसिद्ध नाटकों में से एक है। 'बोधु तोमाय करबी राजा' गीत 'राजा ओ रानी' से लिया गया है, जो टैगोर की अन्य महत्वपूर्ण रचनाओं में से एक है। इस प्रकार, यह मिलान सही है क्योंकि यह गीतों और उनके नाटकों के साथ सही संबंध को दर्शाता है।

82. (C): 'चिरकुमार सभा' का संबंध अक्षय से है, जो टैगोर की इस कृति के प्रमुख पात्रों में से एक है। 'गृहप्रवेश' का संबंध हिमि से है, जो इस नाटक का एक महत्वपूर्ण पात्र है। 'शरदोत्सव' का संबंध उपनन्द से है, जो इस नाटक में प्रमुख भूमिका निभाता है। 'बिसर्जन' का संबंध रघुपति से है, जो इस नाटक का एक महत्वपूर्ण पात्र है।

83. (C): इन रचनाओं को कालक्रमानुसार व्यवस्थित करने पर सही क्रम शरदोत्सव, मुक्तधारा, नटीपूजा, और श्राबणगाथा होता है। 'शरदोत्सव' टैगोर की प्रारंभिक

रचनाओं में से एक है, जिसके बाद 'मुक्तधारा', फिर 'नटीपूजा', और अंत में 'श्राबणगाथा' आती है। यह क्रम टैगोर की साहित्यिक यात्रा और उनके रचनात्मक विकास को दर्शाता है।

84. (B): रवीन्द्रनाथ टैगोर के नाटकों को अनुक्रमानुसार व्यवस्थित करने पर सही क्रम मालिनी, राजा ओ रानी, प्रायोश्चितो, ऋणशोध, और चिरकुमार सभा होता है। 'मालिनी' उनकी प्रारंभिक रचनाओं में से एक है, जिसके बाद 'राजा ओ रानी', फिर 'प्रायोश्चितो', 'ऋणशोध', और अंत में 'चिरकुमार सभा' आता है। यह क्रम टैगोर की नाट्य रचनाओं के विकास और उनके विभिन्न चरणों को दर्शाता है।

85. (A): गीत बितान के अनुसार, रवीन्द्रनाथ टैगोर के भक्तिमय (धार्मिक) गीतों की उपश्रेणियों को अनुक्रमानुसार व्यवस्थित करने पर सही क्रम प्रार्थोना, आश्वास, साधक, उत्सव, और पथ होता है। 'प्रार्थोना' में टैगोर की प्रारंभिक भक्ति कविताएँ शामिल हैं, उसके बाद 'आश्वास' आता है, जो सांत्वना और विश्वास की कविताएँ हैं। 'साधक' में उनके भक्ति साधकों के गीत शामिल हैं, 'उत्सव' में उनके धार्मिक त्योहारों के गीत हैं, और अंत में 'पथ' में उनके यात्रा और मार्गदर्शन से संबंधित गीत हैं।

86. (B): इस अनुक्रम में, 'बुकेर बासन दीरे फेले' पहले आता है, जो एक प्रारंभिक भावनात्मक स्थिति को दर्शाता है। इसके बाद 'जा छीलो कालो धालो' आता है, जो अतीत की एक घटना को दर्शाता है। फिर 'तुमी डाक दिये छो कोन सकाले' आता है, जो वर्तमान समय में किसी को पुकारने की बात करता है। अंत में 'ओ चांद, चोखेर जोले लागलो जोआर' आता है, जो भावनाओं के उद्रेक और आंसुओं की बाढ़ को दर्शाता है। यह क्रम गीतों की भावनात्मक प्रवृत्ति और समय के संदर्भ में सही बैठता है।

88. (B): रवीन्द्रनाथ का काव्य-संग्रह 'पूरबी' विक्टोरिया ओकैम्पो को समर्पित था जिसे उन्होंने 'विजय' नाम दिया। यह सत्य है। विक्टोरिया ओकैम्पो ने अर्जेंटीना में स्वागत-सत्कार किया एवं बाद में टैगोर की प्रथम चित्रकला (पेंटिंग) प्रदर्शनी को प्रायोजित किया। यह भी सत्य है। हालांकि, ओकैम्पो द्वारा टैगोर की चित्रकला प्रदर्शनी का प्रायोजन 'पूरबी' संग्रह को समर्पित करने का कारण नहीं था। इसलिए, (R) सही व्याख्या नहीं है।

89. (C): टैगोर के अधिकतर गीत स्वरलिपि में संरक्षित हैं। यह सत्य है। लेकिन, यह दिलीप कुमार राय का सुझाव नहीं था जिसने टैगोर को ऐसा करने के लिए प्रेरित किया। इसलिए, (R) असत्य है। टैगोर स्वयं संगीत के प्रति अपने समर्पण के कारण स्वरलिपि में गीतों को संरक्षित करना चाहते थे।

90. (C): गीत 'भक्त हृदिविकास प्राणबि मोहन' राग छायानट पर आधारित है और राग छायानट का गायन समय रात्रि का दूसरा प्रहर है। यह सत्य हैं। हालांकि, यह आवश्यक नहीं है कि इस गीत को केवल रात्रि के समय में ही गाया जाना चाहिए। इसलिए, (R) असत्य है। रागों के समय को पारंपरिक रूप से निर्धारित किया गया है, लेकिन व्यावहारिक रूप से इन्हें अन्य समयों में भी गाया जा सकता है।

91. (C): इंग्लैंड में टैगोर की कृतियों का प्रथम प्रकाशक इंडिया सोसायटी था। गद्यांश में बताया गया है कि टैगोर का प्रथम प्रकाशन इंडिया सोसायटी द्वारा किया गया, जिसे डब्ल्यू.बी. यीट्स और विलियम रॉथेन्सटीन द्वारा संशोधित किया गया था। अन्य विकल्प, जैसे मैकमिलन एंड कंपनी, इंग्लैंड सोसायटी, और डब्ल्यू.बी. यीट्स, सही नहीं हैं क्योंकि वे टैगोर की कृतियों के प्रथम प्रकाशक नहीं थे। यह तथ्य इंग्लैंड में टैगोर की कृतियों के प्रकाशन इतिहास का महत्वपूर्ण हिस्सा है और यह उनकी प्रारंभिक सफलता को भी दर्शाता है।

92. (B): वर्ष 1913 के बाद, टैगोर अपनी तत्कालीन कृतियों के प्रकाशन के बारे में पूर्ण रूप से विश्वस्त नहीं थे। गद्यांश में बताया गया है कि गीताजलि की भव्य सफलता के बाद उनका बहुत अधिक प्रकाशन कार्य हुआ, लेकिन शुरुआत में वे आश्वस्त नहीं थे। अन्य विकल्प, जैसे 'विश्वस्त थे', 'प्रकाशन नहीं करवाना चाहते थे', और 'सोसायटी प्रकाशन करना चाहती थी', सही नहीं हैं क्योंकि टैगोर की स्थिति उनके अनिश्चितता और मित्रों के प्रोत्साहन के संदर्भ में थी।

93. (C): आरंभ में, टैगोर अपनी कृति के अनुवाद को अपने सुपरिचित घनिष्ठ लोगों के बीच में प्रसारित करने की योजना बना रहे थे। गद्यांश में बताया गया है कि टैगोर अपने अनुवाद के मुद्रण को केवल निजी लोगों तक प्रसारित करने के विचार वाले प्रतीत होते थे। अन्य विकल्प, जैसे 'सम्पूर्ण इंग्लैंड में प्रसार की', 'भारतीयों में प्रसार की', और 'अपनी प्रसिद्धि को सम्पूर्ण विश्व में प्रसारित करने की', सही नहीं हैं क्योंकि टैगोर की प्रारंभिक योजना निजी प्रसार की थी।

94. (A): अंग्रेजी जगत में टैगोर के अनुवाद के बारे में मिथ्या धारणा थी कि अनुवाद कार्य दूसरे के द्वारा किया गया है। गद्यांश में बताया गया है कि विदेश में अफवाह थी कि गीतांजलि मुख्य रूप से उनके मित्रों की कृति थी। अन्य विकल्प, जैसे 'अनुवाद संतोषप्रद नहीं हैं', 'अनुवाद भारतीयों द्वारा किया गया है', और 'मूलकृतियाँ टैगोर की नहीं हैं', सही नहीं हैं क्योंकि मिथ्या धारणा यह थी कि अनुवाद कार्य दूसरे के द्वारा किया गया है।

95. (B): वर्ष 1913 के पश्चात् अपने अनूदित कृति को प्रकाशित करने के लिए टैगोर को गीतांजलि की भव्य सफलता ने प्रेरित किया। गद्यांश में बताया गया है कि गीतांजलि की सफलता के बाद टैगोर का बहुत अधिक प्रकाशन कार्य हुआ। अन्य विकल्प, जैसे 'प्रकाशकों की व्यावसायिक नीति', 'घनिष्ठ मित्रों के बीच में प्रसार' और 'उसके अनुवाद की विफलता के कारण', सही नहीं हैं क्योंकि टैगोर को गीतांजलि की सफलता ने प्रेरित किया।

96. (C): टैगोर के अनुसार, सत्याग्रह के अविवेकी प्रयोग से कट्टरता एवं जड़त्व की वृद्धि हो सकती है। गद्यांश में बताया गया है कि टैगोर को इस बात की चिंता थी कि सत्याग्रह का अविचारित प्रयोग इसे एक मंत्र तक ले जाएगा, जो कि केवल विद्यमान कट्टरता एवं जड़त्व को मजबूती प्रदान करेगा। अन्य विकल्प, जैसे बहिष्कार, भ्रष्टाचार, और विद्यालय, सही नहीं हैं क्योंकि वे टैगोर की इस विशेष चिंता के संदर्भ में नहीं आते। सत्याग्रह का उद्देश्य लोगों को सशक्त बनाना था, लेकिन इसका अविवेकी प्रयोग सामाजिक गतिरोध और कठोरता को बढ़ावा दे सकता था।

97. (C): टैगोर महात्मा के विचारों को अंशतः स्वीकार करते थे, न कि सभी को। गद्यांश में स्पष्ट किया गया है कि टैगोर गांधीजी के आंदोलन के कुछ पहलुओं से असहज थे। वे सत्याग्रह, सरकारी विद्यालयों के बहिष्कार, और विदेशी कपड़ों के जलाए जाने की विधि के प्रति शंकालु थे। इसलिए, यह कहना सही होगा कि टैगोर महात्मा के विचारों को अंशतः स्वीकार करते थे।

98. (B): टैगोर के अनुसार औपनिवेशिक विद्यालयों को अस्वीकार करना एक अच्छा निर्णय नहीं होगा क्योंकि अच्छे राष्ट्रीय विद्यालयों की कमी थी। गद्यांश में बताया गया है कि टैगोर वैकल्पिक शैक्षिक तंत्र की अनुपस्थिति में सरकारी विद्यालयों का बहिष्कार करना उचित नहीं मानते थे। वे मानते थे कि वैकल्पिक तंत्र के बिना विद्यार्थी अन्ततः औपनिवेशिक संस्थानों में वापस लौटेंगे। अन्य विकल्प, जैसे राजनीतिक अशांति, सस्ते होने, और अधिक अच्छे होने के कारण, सही नहीं हैं क्योंकि टैगोर की चिंता मुख्य रूप से वैकल्पिक शैक्षिक तंत्र की कमी थी।

99. (D): टैगोर के अनुसार विदेशी कपड़ों को जलाया जाना गरीबों को आर्थिक रूप से प्रभावित करता था। गद्यांश में बताया गया है कि टैगोर विदेशी कपड़ों के जलाए जाने की विधि के प्रति शंकालु थे जब तक कि सस्ते वस्त्र गरीबों तक नहीं उपलब्ध हो जाते। यह स्पष्ट करता है कि उनकी चिंता आर्थिक प्रभाव को लेकर थी। अन्य विकल्प, जैसे सामाजिक, राजनीतिक, और शैक्षणिक प्रभाव, सही नहीं हैं क्योंकि टैगोर की चिंता मुख्य रूप से आर्थिक थी।

100. (A): टैगोर के राष्ट्रवाद की अवधारणा केवल विरोध करने के बजाय अंतर्दृष्टि उत्पन्न करने की ओर प्रवृत्त थी। गद्यांश में बताया गया है कि टैगोर महात्मा गांधी द्वारा शुरू किए गए आंदोलन के कुछ पहलुओं से असहज थे और वे वैकल्पिक दृष्टिकोणों और अंतर्दृष्टि को महत्व देते थे। अन्य विकल्प, जैसे आक्रामक राष्ट्रवाद, अंग्रेजों की आलोचना, और उपनिवेशवाद के प्रति पक्षपात, सही नहीं हैं क्योंकि टैगोर का राष्ट्रवाद के प्रति दृष्टिकोण अधिक समावेशी और अंतर्दृष्टिपूर्ण था।

पिछले प्रश्न-पत्र (हल सहित)

NTA–UGC-NET जूनियर रिसर्च फैलोशिप तथा सहायक प्राध्यापक परीक्षा (हिन्दुस्तानी संगीत, कर्नाटक संगीत, रबीन्द्र संगीत तथा अवनद्ध वाद्य)

फरवरी–2023

(Exam held on 23-02-2023)

प्रश्न-पत्र-II

नोट : परीक्षार्थी भाग-I के सभी 25 प्रश्नों के उत्तर दें। यह भाग अनिवार्य है। परीक्षार्थी भाग-II, भाग-III, भाग-IV तथा भाग-V में से किसी एक भाग के सभी 75 प्रश्नों के उत्तर दें। प्रत्येक प्रश्न के दो (2) अंक हैं।

भाग-I

1. 'दीप्ता' तथा 'आयता' है :

A. श्रुति नाम B. श्रुति जाति

C. अलंकार D. गमक प्रकार

2. अनुसंधान परिकल्पना है :

A. अस्थायी कथन जिसे अनुसंधानकर्ता द्वारा सिद्ध किया जाता है

B. अनुसंधान प्रविधि

C. अनुसंधान के विषय के संदर्भ में प्रश्न

D. अनुसंधान का प्रकार

3. भरत द्वारा नाट्यशास्त्र में निम्नलिखित में से किस रस का उल्लेख नहीं किया गया है?

A. शृंगार B. अद्‌भुत

C. शांत D. वीर

4. किसी राग में वादी एवं संवादी स्वरों में कितनी श्रुतियों का अंतराल होता है?

A. 8 या 11 श्रुतियाँ B. 9 या 12 श्रुतियाँ

C. 9 या 13 श्रुतियाँ D. 10 या 14 श्रुतियाँ

5. समप्राकृतिक राग से मूल राग में पुन: वापस आने की क्रिया है :

A. तिरोभाव B. आर्विभाव

C. विभाव D. अनुभाव

6. किस ताल में लग्गी-लड़ी नहीं बजाई जाती हैं?

A. दादरा ताल B. कहरवा ताल

C. पंजाबी ताल D. झपताल

7. जातियों के ध्यान की चर्चा, किस ग्रंथ में की गई है?

A. नाट्यशास्त्र B. बृहदेशी

C. संगीत रत्नाकर D. संगीत चूड़ामणि

8. निम्नलिखित में से कौन-सी रचना तबला एवं पखावज दोनों में बजाई जाती है?

A. कायदा B. पेशकार

C. रेला D. गत-कायदा

9. यथाक्षर चच्चत्पुटः ताल में कितनी मात्राएँ होती हैं?

A. आठ B. छह

C. सात D. नौ

10. राग मुद्रा सामान्यतः किसकी रचनाओं में पायी जाती है?

A. अन्नमाचार्य B. मुत्तुस्वामी दीक्षितार

C. श्यामा शास्त्री D. त्यागराज

11. ताल अंग 'गुरु' का अक्षरकाल है :

A. 4 B. 16

C. 12 D. 8

12. 'संदीपिनी', निम्नलिखित में से किससे संबंधित है?

A. स्वरों से B. श्रुतियों से

C. रागों से D. वर्णों से

13. किसमें 'गत' का प्रयोग नहीं होता है?

A. कथक B. तंत्रवादक

C. तबलावादन D. पखावज वादन

14. किस रचना का वादन कायदे से पूर्व किया जाता है?

A. पेशकार B. टुकड़े

C. गत D. परन

15. आकारमात्रिक स्वरलिपि पद्धति में निम्नलिखित में से कौन-सा सिकि मात्रा (एक चौथाई मात्रा) का चिह्न है?

A. : B. 0

C. 𝆹 D. I

16. महाराष्ट्र का लोक अवनद्ध वाद्य है :

A. सम्बल B. नक्कारा

C. ढोलक D. इकतारा

17. घसीट का निम्नलिखित में से किससे संबंध है?

A. हारमोनियम B. सितार

C. तबला D. बांसुरी

18. लय प्रयोग के नियम को कहते हैं :

A. यति B. क्रिया

C. जाति D. कला

19. संगीत रत्नाकर के अनुसार उपांग रागों की संख्या है :

A. 5 B. 3

C. 6 D. 4

20. तानम् गायन का अन्य नाम, निम्नलिखित में से कौन-सा है?

A. विलंबकालम् B. मध्यकालम्

C. द्रुतकालम् D. चतुवस्रकालम्

21. 'सारिगान' कहाँ का लोकगीत है?

A. राजस्थान B. केरल

C. बंगाल D. कश्मीर

22. दशविध गमक है :

A. उल्लसित B. त्रिपुश्च

C. त्रिभिन्न D. कुरूल

23. उन स्वरों का नाम बताइए जो षोड्श स्वरस्थानों में दिखाई देते हैं :

(*a*) चत्रुश्रुति ऋषभ (*b*) शुद्ध गांधार

(*c*) शुद्ध मध्यम (*d*) षड्श्रुति धैवत

(*e*) काकली निषाद

नीचे दिए गए विकल्पों में से सही उत्तर का चयन कीजिए :

A. केवल (*a*) और (*b*) B. केवल (*b*) और (*d*)

C. केवल (*c*) और (*d*) D. केवल (*d*) और (*e*)

24. नीचे दो कथन दिए गए हैं : एक अभिकथन (A) के रूप में लिखित है तो दूसरा उसके कारण (R) के रूप में :

अभिकथन (A) : अनुभवपरक अनुसंधान प्रयोगों एवं आँकड़ा आधारित विश्लेषण पर निर्भर करता है।

कारण (R) : अनुभवपरक अनुसंधान कभी भी संगीत विषय पर अनुप्रयोज्य नहीं होता है।

उपर्युक्त कथनों के आलोक में निम्नलिखित विकल्पों में से सही उत्तर चुनें :

A. (A) और (R) दोनों सत्य हैं और (R), (A) की सही व्याख्या है।

B. (A) और (R) दोनों सत्य हैं, लेकिन (R), (A) की सही व्याख्या नहीं है।

C. (A) सत्य है, लेकिन (R) असत्य है।

D. (A) असत्य है, लेकिन (R) सत्य है।

25. नीचे दो कथन दिए गए हैं : एक अभिकथन (A) के रूप में लिखित है तो दूसरा उसके कारण (R) के रूप में :

अभिकथन (A) : भारतीय संगीत में 'कल्पना' राग के सौंदर्यात्मक प्रदर्शन का अभिन्न अंग है।

कारण (R) : कल्पना शक्ति में कलाकार राग के आधारित स्वरों में नवीन स्वर समूह प्रदर्शित करता है।

उपर्युक्त कथनों के आलोक में निम्नलिखित विकल्पों में से सही उत्तर चुनें :

A. (A) और (R) दोनों सत्य हैं और (R), (A) की सही व्याख्या है।

B. (A) और (R) दोनों सत्य हैं, लेकिन (R), (A) की सही व्याख्या नहीं है।

C. (A) सत्य है, लेकिन (R) असत्य है।

D. (A) असत्य है, लेकिन (R) सत्य है।

भाग–II

हिन्दुस्तानी संगीत (गायन तथा वादन)

26. निम्नलिखित में से सबसे प्राचीन ग्रंथ कौन-सा है?
A. चतुर्दण्डि प्रकाशिका B. संगीत राज
C. संगीत समय सार D. बृहद्देशी

27. भरत ने 'अंश-स्वर' के कितने लक्षण बताए हैं?
A. 10 B. 4
C. 6 D. 3

28. जो संगीत, अनादि-संप्रदाय अर्थात वेद के समान शब्द प्रधान है, वह है :
A. कुतप B. ध्रुवा
C. गांधर्व D. देशी संगीत

29. बाज व चिकारी के तारों का द्रुतलय में प्रयोग क्या कहलाता है?
A. कृन्तन B. झाला
C. जोड़ D. जमजमा

30. इनमें से कौन-सा राग औड़व जाति का नहीं है?
A. दुर्गा B. वृन्दावनी सारंग
C. बैरागी D. देसी

31. चित्रा एवं चिपंची वीणा में कितने तारों का अन्तर था?
A. सात B. पाँच
C. चार D. दो

32. राग सिन्दूरा में किन रागों का मिश्रण पाया जाता है?
A. मधुमाद सारंग-वृन्दावनी सारंग
B. गुणकाली-भीमपलासी
C. दुर्गा-काफी
D. देसी-यमन

33. किस वाद्य में वादन के लिए मुख्य तार पीछे लगा होता है?
A. विचित्र वीणा B. रुद्र वीणा
C. इसराज D. सुर सिंगार

34. राग भूपाली के स्वरों में मध्य सप्तक के ऋषभ को षडज मानकर आरोह करने पर किस राग के स्वर प्राप्त होते हैं?
A. तिलक कामोद B. तिलंग
C. वैरागी D. मदमाद सारंग

35. निम्नलिखित में से भिन्न को चुनिए :
A. संस्थान B. मेल
C. स्वस्थान D. थाट

36. रागरागिनी वर्गीकरण के अंतर्गत भरत मत की राग-रागिनियाँ हैं :
A. 6 राग - 36 रागिनियाँ
B. 6 राग - 30 रागिनियाँ
C. 5 राग - 30 रागिनियाँ
D. 5 राग - 35 रागिनियाँ

37. कर्नाटक ताल-पद्धति के संबंध में, कौन-सा कथन सही नहीं है?
A. सभी ताले 'सम' से प्रारंभ होती हैं।
B. सभी तालें 'रवाली' और 'ताली' से युक्त होती हैं।
C. प्रत्येक ताली की पाँच-पाँच जातियाँ होती हैं।
D. 'जाति-भेद' के अनुसार 'लघु' की मात्राएँ बदलती रहती हैं।

38. भातखंडे के अनुसार, किस सांगीतिक शैली में, तानों का प्रयोग नहीं होता?
A. सादरा B. ठुमरी
C. टप्पा D. ध्रुवपद

39. नल तरंग तथा सितार-बैंजो वाद्य के निर्माता हैं :
A. लाल मणि मिश्र B. अलाउद्दीन खाँ
C. रविशंकर D. अब्दुल हलीम जाफर खाँ

40. उत्तर तथा दक्षिण भारतीय 'ठाठों' का कौन-सा युग्म सुमेलित नहीं है?
A. उत्तर भारतीय - दक्षिण भारतीर
पूर्वी - कामवर्द्धिनी
B. उत्तर भारतीय - दक्षिण भारतीय
भैरव - मायामालवगौला

C. उत्तर भारतीय - दक्षिण भारतीय
मारवा - गमनश्रिय

D. उत्तर भारतीय - दक्षिण भारतीय
तोड़ी - हनुमत तोड़ी

41. वह कौन-सी ताल है, जिसके दूसरे, तीसरे तथा चौथे विभाग में क्रमशः 2, 3 तथा 4 मात्राएँ हैं?

A. दीपचंदी B. झूमरा
C. धमार D. तीव्रा

42. मतंग ने 'द्वादश स्वर-मूर्च्छना' के प्रतिपादन की उपयोगिता का क्या कारण बताया है?

A. शुद्ध तथा विकृत स्वर-स्थान प्राप्ति
B. मंद्र, मध्य तथा तार सप्तक के स्वरों की प्राप्ति
C. वादी-संवादी की प्राप्ति
D. 12 स्वरों में षड़ज तथा मध्यम दोनों ग्रामों की प्राप्ति

43. निम्नलिखित में से कौन-सा संधिप्रकाश राग नहीं है?

A. भैरव B. मियाँ की तोड़ी
C. पूर्वी D. मारवा

44. म प नी ध प म रे नी़ सा स्वरावली किस राग में प्रयोग किया जाता है?

A. देश B. सूर मल्हार
C. शुद्ध सारंग D. नट मल्हार

45. शारंगदेव ने अपने ग्रंथ 'संगीत रत्नाकर' में कुल कितने रागों का उल्लेख किया है?

A. 264 B. 268
C. 246 D. 285

46. निम्नलिखित में से भिन्न को चुनिए :

A. सद्राग चन्द्रोदय
B. राग मंजरी
C. रागमाला
D. रागतरंगिनी

47. राग यमन के आरोह में गांधार निम्न में से किसका उदाहरण है?

A. अलंघनमूलक व अभ्यासमूलक बहुत्व
B. लंघनमूलक व अनभ्यासमूलक अल्पत्व
C. लंघनमूलक अल्पत्व
D. अनभ्यासमूलक अल्पत्व

48. संगीत समय-सार पुस्तक के लेखक कौन हैं?

A. रामामात्य B. पार्श्वदेव
C. श्रीनिवास D. महाराणा कुम्भ

49. स्वर समूह प ध नी, प ध मं प, ग म ध प, रे सा निम्नलिखित में से किस राग से संबंधित है?

A. हमीर B. कामोद
C. नन्द D. छायानट

50. मल्लिकार्जुन मंसूर ने निम्नलिखित में से किन घरानों से तालीम प्राप्त की?

A. पटियाला व ग्वालियर
B. आगरा व अतरौली
C. सहस्वान व इंदौर
D. ग्वालियर व जयपुर

51. निम्नलिखित में से कौन भिण्डीबाजार घराने के प्रतिनिधि कलाकार हैं?

A. मुश्ताक हुसैन खान
B. अंजनीबाई मालपेकर
C. केशरबाई केरकर
D. गुलाम मुस्तफ़ा खान

52. निम्नलिखित में से किसने विकृत स्वरों के लिए एक गतिक, द्विगतिक, आदि संज्ञाओं का उल्लेख किया है?

A. सोमनाथ B. दामोदर
C. पुण्डरीक विट्ठल D. व्यंकटमुखी

53. पुण्डरीक विट्ठल ने कितने विकृत स्वरों का उल्लेख किया है?

A. 13 B. 14
C. 7 D. 5

54. 'मेलापक' निम्नलिखित में से किसका नाम है?

A. प्रबंध की धातु B. प्रबंध का अंग
C. प्रबंध की जाति D. प्रबंध की ताल

55. निम्नलिखित में से कौन वीणावादक नहीं हैं?

A. निर्मल शाह B. रजब अली खान
C. वजीर खान D. अल्लादिया खान

56. दिलीप चन्द्र वेदी को निम्नलिखित में से कौन-सा पुरस्कार प्राप्त हुआ?

A. संगीत भास्कर B. आफताब-ए-मौसिकी
C. मेहताब-ए-मौसिकी D. संगीत रत्नाकर

57. स्टाफ स्वरलिपि पद्धति में तीव्र मध्यम लिखने के लिए कहाँ पर सिग्नेचर लगाना होगा?

A. पहली लाइन पर
B. दूसरी व तीसरी लाइन के मध्य
C. पहली व दूसरी लाइन के मध्य
D. तीसरी लाइन पर

58. ''ग म प नि सां, नि प ग म ग'' स्वर समूह किस राग को दर्शाता है?

A. बिहाग B. जोग
C. खमाज D. तिलंग

59. निम्नलिखित में से किस कृति में चित्र वीणा नाम का उल्लेख नहीं किया गया है?

A. नाट्यशास्त्र B. संगीत समयसार
C. भरत भाष्यम D. संगीत रत्नाकर

60. किन कलाकारों ने 17 परदे की सितार पर बजाया?

A. आशिक अली खां - देबू चौधरी
B. इनायत खां - विलायत खां
C. अब्दुल हलीम जाफर - इमरत खां
D. निखिल बैनर्जी - इमदाद खां

61. किन रागों में ''प सां सां रें सां'' स्वर-समूह का प्रयोग होता है :

(*a*) सोहनी (*b*) केदार
(*c*) छायानट (*d*) पूर्वी

नीचे दिए गए विकल्पों में से सही उत्तर का चयन कीजिए :

A. केवल (*a*) तथा (*b*) B. केवल (*b*) तथा (*c*)
C. केवल (*c*) तथा (*d*) D. केवल (*b*) तथा (*d*)

62. राग-रागिनी वर्गीकरण के संबंध में निम्नलिखित में से कौन-से कथन सही हैं?

(*a*) सभी मतों के अनुसार मुख्य राग छह हैं।
(*b*) सभी 4 मतों के अनुसार प्रत्येक राग में छह रागिनी होती हैं।
(*c*) सभी मतों में, हिंडोल, नटनारायण, बसंत राग सम्मिलित हैं।
(*d*) सभी 4 मतों में श्री और मेध मुख्य राग के रूप में विद्यमान हैं।

नीचे दिए गए विकल्पों में से सही उत्तर का चयन कीजिए :

A. केवल (*a*) और (*b*)
B. केवल (*b*) और (*c*)
C. केवल (*c*) और (*d*)
D. केवल (*a*) और (*d*)

63. निम्नलिखित में से 'पूरब-अंग' की ठुमरी के कलाकारों को इंगित कीजिए :

(*a*) सनदपिया
(*b*) मौजुद्दीन
(*c*) बड़े गुलाम अली खाँ
(*d*) बरकत अली खाँ

नीचे दिए गए विकल्पों में से सही उत्तर का चयन कीजिए :

A. केवल (*a*) तथा (*b*) B. केवल (*c*) तथा (*d*)
C. केवल (*a*) तथा (*c*) D. केवल (*b*) तथा (*d*)

64. निम्नलिखित में से किन कृतियों की रचना औरंगजेब के काल में हुई थी?

(*a*) राग विबोध
(*b*) राग दर्पण
(*c*) संगीत दर्पण
(*d*) अनूप विलास
(*e*) नगमात ए आसफी

नीचे दिए गए विकल्पों में से सही उत्तर का चयन कीजिए :

A. केवल (*a*) और (*b*) B. केवल (*b*) और (*d*)
C. केवल (*c*) और (*d*) D. केवल (*d*) और (*e*)

65. निम्नलिखित में से किन संगीतज्ञों पर भारत सरकार द्वारा डाक-टिकट जारी किए गए :

(*a*) गंगूबाई हंगल
(*b*) मल्लिकार्जुन मंसूर
(*c*) बड़े गुलाम अली खाँ
(*d*) पंडित जसराज

नीचे दिए गए विकल्पों में से सही उत्तर का चयन कीजिए :

A. केवल (*c*) तथा (*d*) B. केवल (*a*) तथा (*b*)
C. केवल (*a*) तथा (*c*) D. केवल (*b*) तथा (*d*)

66. 'स्वर-साधारण' के विषय में, भरत के अनुसार कौन-सा कथन सही नहीं है?

(*a*) अंतर-काकली का प्रयोग उन्हीं जातियों में होगा, जिनमें निषाद-गंधार का अल्पत्व हो।

(*b*) 'स्वर-साधारण' का प्रयोग सदा आरोह में हो।

(*c*) 'स्वर साधारण' का प्रयोग 'मध्यमा', पंचमी व षड्जमध्या, इन जातियों में होता है।

(*d*) जिन जातियों में, चार स्वर अपन्यास के हों, उन्हीं में 'स्वर-साधारण' का प्रयोग होता है।

नीचे दिए गए विकल्पों में से सही उत्तर का चयन कीजिए :

A. केवल (*a*) तथा (*b*) B. केवल (*b*)

C. केवल (*c*) तथा (*d*) D. केवल (*d*)

67. निम्नलिखित में से कौन सरोद वादक नहीं हैं :

(*a*) कार्तिक कुमार (*b*) अली अकबर खाँ

(*c*) अमजद अली खाँ (*d*) जया बिस्वास

नीचे दिए गए विकल्पों में से सही उत्तर का चयन कीजिए :

A. केवल (*a*) तथा (*b*) B. केवल (*b*) तथा (*d*)

C. केवल (*c*) तथा (*d*) D. केवल (*a*) तथा (*d*)

68. इनमें से किन रागों में दोनों मध्यम का प्रयोग नहीं होता?

(*a*) हमीर (*b*) छायानट

(*c*) भटियार (*d*) हेमन्त

(*e*) गुणकली

नीचे दिए गए विकल्पों में से सही उत्तर का चयन कीजिए :

A. केवल (*a*) और (*e*) B. केवल (*d*) और (*c*)

C. केवल (*a*) और (*c*) D. केवल (*d*) और (*e*)

69. इनमें जयपुर सेनिया घराने के कलाकारों को चुनें :

(*a*) आशिक अली खाँ (*b*) निखिल बैनर्जी

(*c*) मुश्ताक अली खाँ (*d*) मणिलाल नाग

(*e*) देबू चौधरी

नीचे दिए गए विकल्पों में से सही उत्तर का चयन कीजिए :

A. केवल (*a*), (*b*) और (*c*)

B. केवल (*a*), (*c*) और (*e*)

C. केवल (*c*), (*d*) और (*e*)

D. केवल (*a*), (*b*) और (*d*)

70. निम्नलिखित में से विषम मात्रा के ताल चुनिए :

(*a*) झुमरा (*b*) पंचम सवारी

(*c*) मत्त (*d*) तीव्रा

(*e*) शिखर

नीचे दिए गए विकल्पों में से सही उत्तर का चयन कीजिए :

A. केवल (*b*), (*d*) और (*e*)

B. केवल (*a*), (*c*) और (*d*)

C. केवल (*c*), (*d*) और (*e*)

D. केवल (*a*), (*b*) और (*d*)

71. निम्नलिखित में से सारिका सहित वाद्य को चुनें :

(*a*) रबाब (*b*) दिलरूबा

(*c*) सरोद (*d*) इसराज

(*e*) सुरसिंगार

नीचे दिए गए विकल्पों में से सही उत्तर का चयन कीजिए :

A. केवल (*a*) और (*c*) B. केवल (*b*) और (*c*)

C. केवल (*d*) और (*e*) D. केवल (*b*) और (*d*)

72. सूची-I का सूची-II से मिलान कीजिए :

सूची-I	सूची-II
(*a*) दोनों मध्यम व कोमल रे युक्त राग	I. पूर्वी
(*b*) दोनों मध्यम व कोमल रे व ध युक्त राग	II. रामकली
(*c*) दोनों मध्यम व शुद्ध धैवत युक्त राग	III. भटियार
(*d*) दोनों मध्यम, दोनों नि तथा रे व ध कोमल युक्त राग	IV. हमीर

नीचे दिए गए विकल्पों में से सही उत्तर का चयन कीजिए :

	(*a*)	(*b*)	(*c*)	(*d*)
A.	III	I	II	IV
B.	II	I	III	IV
C.	III	IV	I	II
D.	III	I	IV	II

73. सूची-I का सूची-II से मिलान कीजिए :

सूची-I	सूची-II
(*a*) संगीत राज	I. 17वीं शताब्दी
(*b*) संगीत दर्पण	II. 13वीं शताब्दी
(*c*) संगीत समयसार	III. 15वीं शताब्दी
(*d*) संगीत चिंतामणि	IV. 20वीं शताब्दी

नीचे दिए गए विकल्पों में से सही उत्तर का चयन कीजिए :

	(*a*)	(*b*)	(*c*)	(*d*)
A.	III	I	II	IV
B.	III	II	IV	I
C.	II	III	I	IV
D.	II	I	III	IV

74. सूची-I का सूची-II से मिलान कीजिए :

सूची-I	सूची-II
(*a*) रामपुर दरबार	I. बंदे अली खान
(*b*) इंदौर दरबार	II. हद्दू खान
(*c*) बड़ौदा दरबार	III. फैयाज खान
(*d*) ग्वालियर दरबार	IV. वजीर खान

नीचे दिए गए विकल्पों में से सही उत्तर का चयन कीजिए :

	(*a*)	(*b*)	(*c*)	(*d*)
A.	IV	I	III	II
B.	I	II	IV	III
C.	II	III	I	IV
D.	III	IV	II	I

75. सूची-I का सूची-II से मिलान कीजिए :

सूची-I (गीति)	सूची-II (ग्राम राग)
(*a*) शुद्धा	I. कुकुभ
(*b*) भिन्ना	II. टक्क
(*c*) वेसरा	III. भिन्न कौशिक मध्यम
(*d*) साधारणी	IV. षड्ज ग्राम

नीचे दिए गए विकल्पों में से सही उत्तर का चयन कीजिए :

	(*a*)	(*b*)	(*c*)	(*d*)
A.	I	II	III	IV
B.	II	IV	I	III
C.	III	I	IV	II
D.	IV	III	II	I

76. सूची-I का सूची-II से मिलान कीजिए :

सूची-I (गुरु)	सूची-II (शिष्य)
(*a*) हस्सू खाँ	I. शंकर राव पंडित
(*b*) निसार हुसैन खाँ	II. बी.आर. देवधर
(*c*) वी.डी. पलुस्कर	III. देवजी बुआ
(*d*) वासुदेव जोशी	IV. बालकृष्ण बुआ

नीचे दिए गए विकल्पों में से सही उत्तर का चयन कीजिए :

	(*a*)	(*b*)	(*c*)	(*d*)
A.	III	II	IV	I
B.	IV	III	I	II
C.	III	I	II	IV
D.	I	IV	III	II

77. सूची-I का सूची-II से मिलान कीजिए :

सूची-I (संगीतज्ञ)	सूची-II (संस्थाएँ)
(*a*) बी.आर. देवधर	I. गायन समाज, बंबई
(*b*) बालकृष्ण बुआ	II. शंकर गंधर्व विद्यालय, ग्वालियर
(*c*) कृष्ण राव पंडित	III. संगीत निकेतन, सूरत
(*d*) ओंकारनाथ ठाकुर	IV. स्कूल ऑफ इंडियन म्यूजिक, बंबई

नीचे दिए गए विकल्पों में से सही उत्तर का चयन कीजिए :

	(*a*)	(*b*)	(*c*)	(*d*)
A.	IV	III	I	II
B.	II	IV	III	I
C.	IV	I	II	III
D.	I	II	IV	III

78. सूची-I का सूची-II से मिलान कीजिए :

सूची-I	सूची-II
(*a*) सा रे̲ ग̲ प ध̲ सां	I. विभास
(*b*) सा रे̲ ग प ध̲ सां	II. भूपाली
(*c*) सा रे ग̲ प ध सां	III. भूपाल तोड़ी
(*d*) सा रे ग प ध सां	IV. शिवरंजनी

नीचे दिए गए विकल्पों में से सही उत्तर का चयन कीजिए :

	(*a*)	(*b*)	(*c*)	(*d*)
A.	IV	III	I	II
B.	III	I	IV	II
C.	I	III	IV	II
D.	I	IV	III	II

79. सूची-I का सूची-II से मिलान कीजिए :

सूची-I	सूची-II
(*a*) नग्मात-ए-आसफी	I. श्रीनिवास
(*b*) मुरक्का-ए-दिल्ली	II. विद्यारण्य माधवाचार्य
(*c*) रागतत्व विबोध	III. मुहम्मद रजा
(*d*) संगीत सार	IV. दरगाह कुली खान

नीचे दिए गए विकल्पों में से सही उत्तर का चयन कीजिए :

	(*a*)	(*b*)	(*c*)	(*d*)
A.	II	I	IV	III
B.	III	IV	I	II
C.	I	III	II	IV
D.	IV	II	III	I

80. सूची-I का सूची-II से मिलान कीजिए :

सूची-I	सूची-II
(*a*) सा रे ऩि सा ग, रे म ग	I. रामकली
(*b*) प म॑ प, ध̲ नि̲ ध̲ प, म ग	II. कामोद
(*c*) रे रे प, ग म प, ग म रे सा	III. गुणकली
(*d*) सा रे̲ म प, ध̲ ध̲ म, म रे̲	IV. गौड़ सारंग

नीचे दिए गए विकल्पों में से सही उत्तर का चयन कीजिए :

	(*a*)	(*b*)	(*c*)	(*d*)
A.	II	III	I	IV
B.	I	III	IV	II
C.	III	II	IV	I
D.	IV	I	II	III

81. विभिन्न विद्वानों द्वारा उनकी पुस्तकों में वर्णित मेलसंख्या के बढ़ते क्रम में क्रमबद्ध कीजिए :

(*a*) अभिनव रागमंजरी (*b*) राग विबोध
(*c*) राग तरंगिनी (*d*) स्वरमेल कालानिधि

नीचे दिए गए विकल्पों में से सबसे उपयुक्त उत्तर का चयन कीजिए :

A. (*a*), (*c*), (*d*), (*b*) B. (*b*), (*c*), (*d*), (*a*)
C. (*d*), (*b*), (*c*), (*a*) D. (*a*), (*b*), (*c*), (*d*)

82. निम्नलिखित थाटों में प्रयुक्त विकृत स्वरों की बढ़ती संख्या के अनुसार इनका सही क्रम चुनिए :

(*a*) मारवा (*b*) खमाज
(*c*) भैरवी (*d*) पूर्वी

नीचे दिए गए विकल्पों में से सबसे उपयुक्त उत्तर का चयन कीजिए :

A. (*b*), (*a*), (*d*), (*c*) B. (*a*), (*c*), (*b*), (*d*)
C. (*c*), (*d*), (*a*), (*b*) D. (*a*), (*b*), (*c*), (*d*)

83. निम्नलिखित राग-लक्षणों से युक्त रागों को क्रमशः संपूर्ण-संपूर्ण जाति, ध̲-रे̲ वादी संवादी, परमेलप्रवेशक, मुक्त मध्यमयुक्त तथा खमाज-ठाठ जन्य के क्रम में क्रमबद्ध कीजिए :

(*a*) मुल्तानी (*b*) नट भैरव
(*c*) केदार (*d*) गुणक्री
(*e*) तिलंग

नीचे दिए गए विकल्पों में से सबसे उपयुक्त उत्तर का चयन कीजिए :

A. (*a*), (*b*), (*c*), (*d*), (*e*)
B. (*b*), (*d*), (*a*), (*c*), (*e*)
C. (*b*), (*c*), (*a*), (*e*), (*d*)
D. (*c*), (*d*), (*e*), (*a*), (*b*)

84. सेवर्ट पद्धति के अनुसार क्रमशः 9/10, 10/9, 16/15 तथा पूरे सप्तक के अंतराल के सही क्रम को इंगित कीजिए :

(*a*) 301 सेवर्ट (*b*) 28 सेवर्ट
(*c*) 51.1 सेवर्ट (*d*) 45.8 सेवर्ट

नीचे दिए गए विकल्पों में से सबसे उपयुक्त उत्तर का चयन कीजिए :

A. (*a*), (*b*), (*c*), (*d*) B. (*c*), (*d*), (*b*), (*a*)
C. (*b*), (*d*), (*c*), (*a*) D. (*d*), (*a*), (*c*), (*b*)

85. निम्नलिखित को सही कालक्रमानुसार इंगित कीजिए :

(*a*) अभिनव भारती (*b*) राग विबोध
(*c*) संगीत चूड़ामणि (*d*) गीत गोविन्द

नीचे दिए गए विकल्पों में से सबसे उपयुक्त उत्तर का चयन कीजिए :

A. (*a*), (*d*), (*c*), (*b*) B. (*a*), (*b*), (*c*), (*d*)
C. (*a*), (*c*), (*b*), (*d*) D. (*d*), (*c*), (*a*), (*b*)

86. निम्नलिखित रागों के गायन-वादन के समयानुसार, दिन से रात के प्रहरों के बढ़ते हुए क्रम में क्रमबद्ध कीजिए।

(*a*) ललित (*b*) पूर्वी
(*c*) पटदीप (*d*) बिहागड़ा
(*e*) शहाना

नीचे दिए गए विकल्पों में से सबसे उपयुक्त उत्तर का चयन कीजिए :

A. (*a*), (*b*), (*d*), (*c*), (*e*)
B. (*c*), (*b*), (*d*), (*e*), (*a*)
C. (*c*), (*d*), (*b*), (*e*), (*a*)
D. (*a*), (*c*), (*b*), (*d*), (*e*)

87. खयाल-गायकी के सही क्रम को चुनिए :

(*a*) बहलावा
(*b*) बंदिश
(*c*) राग विस्तार (बढ़त)
(*d*) तान

नीचे दिए गए विकल्पों में से सबसे उपयुक्त उत्तर का चयन कीजिए :

A. (*a*), (*d*), (*c*), (*b*) B. (*b*), (*c*), (*a*), (*d*)
C. (*d*), (*b*), (*a*), (*c*) D. (*d*), (*c*), (*a*), (*b*)

88. नीचे दो कथन दिए गए हैं : एक अभिकथन (A) के रूप में लिखित है तो दूसरा उसके कारण (R) के रूप में :

अभिकथन (A) : एक राग में एक स्वर के दोनों रूपों का प्रयोग संभव है।

कारण (R) : जिन रागों में एक ही स्वर के दोनों रूपों का प्रयोग होता है उनका अनुगात रागानुसार अलग-अलग रागों में भिन्न होता है।

उपरोक्त कथन के आलोक में, नीचे दिए गए विकल्पों में से सबसे सही उत्तर का चयन कीजिए।

A. (A) और (R) दोनों सत्य हैं और (R), (A) की सही व्याख्या है।
B. (A) और (R) दोनों सत्य हैं, लेकिन (R), (A) की सही व्याख्या नहीं है।
C. (A) सत्य है, लेकिन (R) असत्य है।
D. (A) असत्य है, लेकिन (R) सत्य है।

89. नीचे दो कथन दिए गए हैं : एक अभिकथन (A) के रूप में लिखित है तो दूसरा उसके कारण (R) के रूप में :

अभिकथन (A) : बाबा अलाउद्दीन खान मैहर सेनिया घराने से संबंधित हैं।

कारण (R) : उन्होंने अपनी तालीम मैहर दरबार के प्रसिद्ध कलाकारों से प्राप्त की।

उपरोक्त कथन के आलोक में, नीचे दिए गए विकल्पों में से सबसे सही उत्तर का चयन कीजिए।

A. (A) और (R) दोनों सत्य हैं और (R), (A) की सही व्याख्या है।
B. (A) और (R) दोनों सत्य हैं, लेकिन (R), (A) की सही व्याख्या नहीं है।
C. (A) सत्य है, लेकिन (R) असत्य है।
D. (A) असत्य है, लेकिन (R) सत्य है।

90. नीचे दो कथन दिए गए हैं : एक अभिकथन (A) के रूप में लिखित है तो दूसरा उसके कारण (R) के रूप में :

अभिकथन (A) : कर्नाटक की ताल-पद्धति की सात तालों—ध्रुव, मठ, रूपक इत्यादि में केवल 'अणुद्रुत', 'द्रुत' तथा 'लघु' इन तीन चिह्नों का प्रयोग होता है।

कारण (R) : 'गुरु', 'प्लुत' और 'काकपद' का प्रयोग उन 108 तालों में होता है, जो नृत्य में प्रयुक्त होती है।

उपरोक्त कथन के आलोक में, नीचे दिए गए विकल्पों में से सबसे सही उत्तर का चयन कीजिए।

A. (A) और (R) दोनों सत्य हैं और (R), (A) की सही व्याख्या है।
B. (A) और (R) दोनों सत्य हैं, लेकिन (R), (A) की सही व्याख्या नहीं है।
C. (A) सत्य है, लेकिन (R) असत्य है।
D. (A) असत्य है, लेकिन (R) सत्य है।

निर्देश (प्र.सं. 91 से 95 तक): *निम्नलिखित गद्यांश को सावधानीपूर्वक पढ़िए और पूछे गए प्रश्नों के उत्तर दीजिए।*

भारतीय संगीत के इतिहास में वाद्यों की समृद्ध परम्परा रही है। प्राचीन काल से ही वेदों, पुराणों व धार्मिक ग्रंथों में अनेक वाद्यों का वर्णन प्राप्त होता है। इन ग्रंथों में वाद्यों के निर्माण विधि व वादन विधि का भी वर्णन किया गया है। कुछ प्रमुख ग्रंथों में इनके वर्गीकरण की भी चर्चा की गई है। कालांतर में अनेक विद्वानों ने आवश्यकतानुरूप इन वाद्यों में परिवर्तन व परिवर्धन करके अनेक नवीन वाद्यों की रचना कर प्रचारित किया। विद्वानों ने इन वाद्यों पर प्रयोग कर स्वर, श्रुति इत्यादि को वैज्ञानिक रूप से सिद्ध करने का सकारात्मक प्रयास कर महत्वपूर्ण भूमिका निभाई है। शास्त्रीय संगीत में प्रयोग में आने वाले वाद्यों के अतिरिक्त लोक वाद्यों का भी विस्तृत इतिहास है। आज भी नित-नवीन वाद्यों के निर्माण की परम्परा जारी है।

91. रुद्र वीणा किस प्राचीन वीणा का परिष्कृत रूप है?

A. परिवादिनी

B. अलाबु

C. किन्नरी

D. घोषावती

92. चित्र वीणा का परिष्कृत रूप कौन-सा वाद्य माना जाता है?

A. सुरसागर B. रबाब

C. सुरबहार D. सारंगी

93. शारंग देव के अनुसार मार्गी किन्नरी वीणा के कितने प्रकार हैं?

A. 3 B. 1

C. 2 D. 4

94. निम्नलिखित में से किस वाद्य में तरब के तारों की संख्या सबसे कम होती है?

A. दिलरूबा B. इसराज

C. सारंगी D. सुरबहार

95. भरत ने किन वाद्यों को पुष्कर वाद्य की श्रेणी में रखा है?

A. तत् B. अवनद्ध

C. घन D. सुषिर

निर्देश (प्र.सं. 96 से 100 तक): *निम्नलिखित गद्यांश को सावधानीपूर्वक पढ़िए और पूछे गए प्रश्नों के उत्तर दीजिए।*

जाति से नामकरण की सार्थकता का प्रतिपादन करते हुए आचार्य मतंग ने 'जाति' को परिभाषित किया है। मतंग के अनुसार जाति-श्रुति, ग्रह, स्वरादि के समूह से जन्म लेती है, इसलिए जाति कहलाती है।

– जातियों से रस की प्रतीति आरंभ (बोध ज्ञान) होती है, अतः जाति कहलाती है।

– सभी रागों के जन्म का कारण होने से 'जाति' है।

– जातियों के अलग-अलग भेद–शुद्ध जाति, विकृत जाति, संकर जाति हैं।

जाति प्रस्तार में जिन पदों का स्वरलिपि सहित रूप 'भरतभाष्यम्' एवं 'संगीत-रत्नाकर' में मिलता है उन्हें 'ब्रह्मप्रोक्त' अर्थात् पितामह ब्रह्मा के द्वारा कहा हुआ (कथित) बताया गया है। जातियों का विभाजन, षड्ज तथा मध्यम ग्रामानुसार किया गया है।

96. शारंग देव ने, 'जाति' के कितने लक्षण माने हैं?

A. 10 B. 20

C. 13 D. 15

97. षड्जग्रामाश्रित शुद्ध जातियाँ कितनी हैं?

A. 7 B. 6

C. 5 D. 4

98. 'संगीत-रत्नाकर' के जाति-प्रस्ताव में जिन पदों को 'ब्रह्मप्रोक्त' कहा गया है, उन पदों में किसकी स्तुति की गई है?

A. ब्रह्मा B. विष्णु

C. गणेश D. शिव

99. मध्यमग्रामाश्रित कौन-सी 'जाति', तीन जातियों के मिश्रण से बनी है?

A. गांधारोदीच्यवा

B. मध्यमोदीच्यवा

C. कार्मारवी

D. रक्त गांधारी

100. मध्यमग्रामाश्रित विकृत-जातियाँ कितनी हैं?

A. 7 B. 8

C. 9 D. 10

भाग–III

कर्नाटक संगीत

26. कर्नाटक राग से संबंधित पण कौशिकम् है :
A. बेगड B. भैरवी
C. कम्भोजी D. शंकराभरणम्

27. शुद्ध मध्यम से षड्ज ग्राम के निषाद के बीच अंतराल है :
A. 9 B. 8
C. 7 D. 6

28. निम्नलिखित में से उस संगीतज्ञ का नाम बताइए जो खंजीर के साथ संबद्ध नहीं है?
A. पुडुक्कोट्टै दक्षिणमूर्ति पिल्लै
B. मामुंडीय पिल्लै
C. चित्तूर राधाकृष्णय्यर
D. मदुरै पोन्नुस्वामी

29. चतुर्राग खंडिका राग मालिका है :
A. नित्य कल्याणी
B. अंब निन्नू नेरा
C. कमलाजास्य
D. अरभिमानम्

30. बृहद्देशी में कितने अलंकारों का उल्लेख है?
A. 64 B. 33
C. 36 D. 66

31. टी. लक्ष्मणन् पिल्लै द्वारा प्रस्तुत राग निम्नलिखित में से कौन-सा है?
A. अमरसेन प्रिया B. सुमुखम्
C. कुमुदम् D. सर्वश्री

32. तेवारम् में कोन्डुकुट्टि शब्द कृतियों में निम्नलिखित में से किस आलंकारिक अंग के सदृश है?
A. यमकम् B. यति
C. चित्त स्वर D. स्वरक्षर

33. मत्सरीकृत का श्रुति मान है :
A. 4324432 B. 4432432
C. 2443243 D. 2432432

34. राग रेवगुप्ति के समान हिन्दुस्तानी राग है :
A. भूपाली B. विभास
C. भैरव D. अहिर भैरव

35. दरबारी कानडा में रचित प्रसिद्ध रचना 'गोवर्धन गिरिधर' है :
A. अष्टपदी B. जावालि
C. तरंगम् D. पादम्

36. निम्नलिखित में से कौन-सा राग पगल पण के अंतर्गत वर्गीकृत है?
A. सेव्वज्लि B. कौशिकम्
C. शिकमारम् D. कुरिंजी

37. अलापन में रागवर्धनी खंड को अन्य किस नाम से जाना जाता है?
A. मकरिनी B. वर्तनी
C. स्थायी D. करणम्

38. हंसध्वनि में 'बिरन नन्नु ब्रोवा' नामक कृति निम्नलिखित में से है :
A. कालहस्तिसा पंचरत्न
B. नवरत्नमालिका
C. धर्म संवर्धिनी कृतियाँ
D. नीलोत्पलंब नवावरण

39. वकुलाभरणम् का प्रति मध्यम् राग है :
A. कामवर्धनी B. सन्मुख प्रिया
C. नामनारायणी D. कान्तामणि

40. कंपन का अनुनाही सिद्धांत निम्नलिखित में से किस वाद्यमंत्र में अनुप्रयुक्त होता है?
A. वायलिन B. बाँसुरी
C. वीणा D. गोट्टुवाद्यम्

41. 'पठिगम' के रूप में विख्यात गीतों के समूह की रचना किसने की है?
A. तिरुन्जन संबंधार B. माणिक्य वसगार
C. सुंदरमूर्ति नायनार D. अप्पर

42. तमिल संगीत में अम्सा के समान पद है :

A. कुरैवुकिलमई B. मुडिव

C. नीरवु D. मेलिवु

43. अन्नमाचार्य को कारारुद्ध करने वाला राजा कौन था?

A. सर्फोजी महाराज B. कृष्णदेवराय

C. सालुव नरसिंहराय D. सिंह भूपालराय

44. प्याले के आकार की मुखिका वाला सुषिर वाद्ययंत्र निम्नलिखित में से कौन-सा है?

A. एक्कालम् B. तिरुचिन्नम्

C. गौरीकालम् D. कोम्बू

45. राग समवराली का उल्लेख सर्वप्रथम किस पुस्तक (प्रबंध) में है?

A. संगीत सार B. संगीत समयसार

C. स्वरमेल कलानिधि D. संगीत रत्नाकर

46. निम्नलिखित में से असमान (बेमेल) को चुनिए :

A. प्लावितम् B. कुरुलम्

C. अर्चिकम् D. गुंपितम्

47. जी.एन. बालासुब्रह्मण्यम् के अग्रगण्य शिष्य हैं :

A. एम.एस. सुब्बलक्ष्मी B. डी.के. पट्टम्माल

C. बृंदा मुक्ता D. एम.एल. वसंतकुमारी

48. पश्चिमी संगीत के डोरियन सप्तक के समान राग है :

A. पन्तु वराली B. शंकराभरणम्

C. कीरवाणी D. भैरवी

49. संगीत चंद्रिका के लेखक कौन हैं?

A. पार्श्वदेव B. पुण्डरीक विट्ठल

C. कृष्णा पिषारोटि D. वेमा भूपाल

50. अपने भेदों को मिलाकर षड्ज के अनुरूप अनुवादी स्वरों का युग्म कौन-सा है?

A. ऋषभ और निषाद

B. गांधार और धैवत

C. ऋषभ और धैवत

D. पंचम और मध्यम

51. निम्नलिखित में से किस कीर्तन में त्यागराज ने मध्यमकाल को समाविष्ट किया है?

A. समाजवर्गमण B. माकेलर विचारम्

C. भवनूत D. योचन कमललोचन

52. तंबूरे में तंत्री की आवृत्ति है :

A. मोटाई के समानुपाती

B. इसके घनत्व के समानुपाती

C. इसकी लंबाई के व्युत्क्रमानुपाती

D. इसकी तन्यता के व्युत्क्रमानुपाती

53. निम्नलिखित में से किस प्रबंध के तीन अंग होते हैं?

A. मेदिनी जाति प्रबंध

B. आनंदिनी जाति प्रबंध

C. भाविनी जाति प्रबंध

D. दीपिनी जाति प्रबंध

54. निम्नलिखित में से किसके रचनाकार संत अप्पार हैं?

A. तिरुवाचकम् B. तिरुप्पावई

C. तिरुकुरुन्तोकाई D. तिरुप्पुगज

55. जारु, निम्नलिखित में से किस गमक के लिए प्रयुक्त होने वाला अन्य शब्द है?

A. कुरुलम् B. प्लावितम्

C. आंदोलितम् D. उल्लसितम्

56. काकली निषाद और तार षड्ज के मध्य अंतराल है :

A. एकश्रुति अंतराल

B. त्रिश्रुति अंतराल

C. द्विश्रुति अंतराल

D. शतश्रुति अंतराल

57. असंपूर्ण मेल पद्धति के अनुसार वाचस्पति के अनुरूप नाम है :

A. गीत प्रिया B. धामावती

C. भूषावती D. लतांगी

58. तोड़ी राग में स्वरस्थान वर्ण 'सा रे गा धा नी' किसकी रचना है?

A. रामास्वामी दीक्षितार

B. पचिमारियम आदियप्पय्या

C. रामनाथ श्रीनिवास अयंकर

D. पट्टनम् सुब्रह्मण्य अय्यर

59. चित्रतरा मार्ग में रचित कृति है :

A. ई वसुधा निवंति - सहान

B. ओ रंगसायी - काम्बोजी

C. रघुनायक - हंसध्वनि

D. मारिवेरे - सन्मुख प्रिया

60. प्रसिद्ध संगीतज्ञ एम.एस. सुब्बलक्ष्मी के नाम के आधक्षर एम.एस. का विस्तार रूप क्या है?

A. मद्रास षण्मुख वादिवेलु सुब्बलक्ष्मी

B. मदुरै षण्मुखानन्द सुब्बलक्ष्मी

C. मदुरै षण्मुख वादिवु सुब्बलक्ष्मी

D. मनंबुचवादि षण्मुखानन्द सुब्बलक्ष्मी

61. नवावरण कृतियों की रचना करने वाले दो रचनाकार हैं :

(*a*) अरुणाचल कविरायार

(*b*) मुथुतांडवार

(*c*) उत्तुकडु वेंकटकवि

(*d*) मुथुस्वामी दीक्षितार

(*e*) मारिमुत्त पिल्लै

नीचे दिए गए विकल्पों में से सही उत्तर का चयन कीजिए :

A. केवल (*a*) और (*b*) B. केवल (*b*) और (*c*)

C. केवल (*c*) और (*d*) D. केवल (*d*) और (*e*)

62. चरण खंड में अनेक धातुओं वाली दो कृतियों का चयन कीजिए :

(*a*) एदुत निलचिते

(*b*) इन्दुकु निर्दय

(*c*) भवनुत

(*d*) स्वर राग सुधारस

(*e*) श्री रघुवर प्रमेय

नीचे दिए गए विकल्पों में से सही उत्तर का चयन कीजिए :

A. केवल (*a*) और (*c*) B. केवल (*b*) और (*d*)

C. केवल (*b*) और (*e*) D. केवल (*c*) और (*e*)

63. उन दो तालों को चुनिए जिनमें 12 अक्षरकाल होते हैं :

(*a*) मिस्र जाति ध्रुव तालम्

(*b*) खंटा जाति मठ्य तालम्

(*c*) संकीर्ण जाति रूपक तालम्

(*d*) संकीर्ण जाति झंपा तालम्

(*e*) त्रिस्र जाति अता तालम्

नीचे दिए गए विकल्पों में से सही उत्तर का चयन कीजिए :

A. केवल (*a*) और (*c*) B. केवल (*b*) और (*d*)

C. केवल (*c*) और (*d*) D. केवल (*d*) और (*e*)

64. 'पंचभरत' के समूह में शामिल दो लक्षणकार हैं :

(*a*) शारंगदेव

(*b*) वेंकटमखी

(*c*) दत्तिल

(*d*) मातंग

(*e*) सोमनाथ

नीचे दिए गए विकल्पों में से सही उत्तर का चयन कीजिए :

A. केवल (*a*) और (*c*) B. केवल (*b*) और (*c*)

C. केवल (*c*) और (*d*) D. केवल (*d*) और (*e*)

65. वर्ण के रचनाकारों को चुनिये :

(*a*) नारायण तीर्थ

(*b*) तिरुवोत्तियुर त्यागय्या

(*c*) अन्नमाचार्य

(*d*) वीणा कुप्पय्यर

(*e*) पापनाशम् शिवन्

नीचे दिए गए विकल्पों में से सही उत्तर का चयन कीजिए :

A. केवल (*a*) और (*c*) B. केवल (*b*) और (*c*)

C. केवल (*b*) और (*d*) D. केवल (*c*) और (*e*)

66. निम्न में से दो देशी क्रियाएँ हैं :

(*a*) सर्पिनी

(*b*) पद्मिनी

(*c*) प्रवेशम्

(*d*) तालम्

(*e*) अवायम्

नीचे दिए गए विकल्पों में से सही उत्तर का चयन कीजिए :

A. केनल (*a*) और (*b*) B. केवल (*b*) और (*d*)

C. केवल (*c*) और (*e*) D. केबल (*d*) और (*e*)

67. निम्नलिखित में से इत्तुगड स्वरों में तीन आवर्तों वाले का चयन कीजिए :

(*a*) आराभि आदिताल - सरसिजमुखी

(*b*) सारंग - आदिताल - इन्तामोड़ी

(*c*) कम्भोजी - तरुणी - आदिताल

(*d*) भैरवी - विरिबोणी - अता ताल

(*e*) आभोगी - एव्वरिबोधन - आदि ताल

नीचे दिए गए विकल्पों में से सही उत्तर का चयन कीजिए :

A. केवल (*a*) और (*c*) B. केवल (*b*) और (*d*)
C. केवल (*c*) और (*e*) D. केवल (*d*) और (*e*)

68. निम्नलिखित में से संपूर्ण-षाडव रागों को चुनिये :

(*a*) चिन्तामणि
(*b*) छाया तरंगिणी
(*c*) कैकवसी
(*d*) वसंत भैरवी
(*e*) रुद्रप्रिया

नीचे दिए गए विकल्पों में से सही उत्तर का चयन कीजिए :

A. केवल (*a*) और (*c*) B. केवल (*b*) और (*d*)
C. केवल (*c*) और (*d*) D. केवल (*c*) और (*e*)

69. त्रिश्रुति ऋषभ वाले दो राग कौन-से हैं?

(*a*) भैरवी
(*b*) श्री
(*c*) शंकराभरण
(*d*) कल्याणी
(*e*) मायामालवगौला

नीचे दिए गए विकल्पों में से सही उत्तर का चयन कीजिए :

A. केवल (*a*) और (*b*) B. केवल (*b*) और (*c*)
C. केवल (*c*) और (*d*) D. केवल (*d*) और (*e*)

70. निम्नलिखित में से वे रचनाकार कौन हैं जिन्होंने 72 मेलकर्ताओं में कृति रचित की है?

(*a*) त्यागराज
(*b*) बालमुरलीकृष्ण
(*c*) मुथुस्वामी दीक्षितार
(*d*) कोटीश्वर अय्यर
(*e*) मुत्तैइया भागवतार

नीचे दिए गए विकल्पों में से सही उत्तर का चयन कीजिए :

A. केवल (*a*) और (*c*)
B. केवल (*b*) और (*d*)
C. केवल (*c*) और (*e*)
D. केवल (*d*) और (*e*)

71. घण्टा राग में निम्नलिखित में से किन दो रागों की छाया पायी जाती है :

(*a*) कम्भोजी (*b*) पुन्नगवरालि
(*c*) असावेरी (*d*) रीति गौल
(*e*) धन्यासी

नीचे दिए गए विकल्पों में से सही उत्तर का चयन कीजिए :

A. केवल (*a*) और (*e*) B. केवल (*b*) और (*d*)
C. केवल (*c*) और (*e*) D. केवल (*b*) और (*e*)

72. सूची-I का सूची-II से मिलान कीजिए :

सूची-I (गण)	**सूची-II (अंग)**
(*a*) ना गण	I. 188
(*b*) या गण	II. 881
(*c*) रा गण	III. 111
(*d*) ता गण	IV. 818

नीचे दिए गए विकल्पों में से सही उत्तर का चयन कीजिए :

	(*a*)	(*b*)	(*c*)	(*d*)
A.	II	I	IV	III
B.	III	I	IV	II
C.	I	IV	II	III
D.	II	IV	III	I

73. सूची-I का सूची-II से मिलान कीजिए :

सूची-I (कर्नाटक मेल)	**सूची-II (पाश्चात्य संगीत सरगम)**
(*a*) मेच कल्याणी	I. ए हार्मोनिक माइनर
(*b*) शंकराभरणम्	II. ए माइनर
(*c*) नटभैरवी	III. लीडियल मेजर
(*d*) कीरवाणी	IV. सी मेजर

नीचे दिए गए विकल्पों में से सही उत्तर का चयन कीजिए :

	(*a*)	(*b*)	(*c*)	(*d*)
A.	I	II	III	IV
B.	IV	III	II	I
C.	III	IV	II	I
D.	II	I	IV	III

74. सूची-I का सूची-II से मिलान कीजिए :

सूची-I (राग)	सूची-II (आरोहण-अवरोहण)
(*a*) सरस्वती	I. षाडव-औडव
(*b*) भैरवम्	II. संपूर्ण-औडव
(*c*) बहूदरी	III. औडव-षाडव
(*d*) गरुड़ध्वनि	IV. संपूर्ण-षाडव

नीचे दिए गए विकल्पों में से सही उत्तर का चयन कीजिए :

	(*a*)	(*b*)	(*c*)	(*d*)
A.	III	IV	I	II
B.	II	IV	III	I
C.	I	III	II	IV
D.	IV	II	I	III

75. सूची-I का सूची-II से मिलान कीजिए :

सूची-I (कृति)	सूची-II (चक्र)
(*a*) कमलांब संरक्षतुमम्	I. सर्वाष्यपरिपूरक चक्र
(*b*) कमलांबम् भजरे	II. त्रिलोक्यमोहन चक्र
(*c*) श्री कमलाम्बिकाय	III. सर्वसौभाग्यदायक चक्र
(*d*) कमलाम्बिकाये	IV. सर्वसमक्षोभण चक्र

नीचे दिए गए विकल्पों में से सही उत्तर का चयन कीजिए :

	(*a*)	(*b*)	(*c*)	(*d*)
A.	IV	III	I	II
B.	II	III	I	IV
C.	II	I	IV	III
D.	III	I	IV	II

76. सूची-I का सूची-II से मिलान कीजिए :

सूची-I (स्वरजाति)	सूची-II (राग)
(*a*) जालमिका वालडु	I. खमास
(*b*) रावेमे मागुवा	II. मोहना
(*c*) साम्ब शिव यनवे	III. मुखारी
(*d*) सामीदय	IV. आनंद भैरवी

नीचे दिए गए विकल्पों में से सही उत्तर का चयन कीजिए :

	(*a*)	(*b*)	(*c*)	(*d*)
A.	II	IV	I	III
B.	I	III	IV	II
C.	III	IV	I	II
D.	IV	I	III	II

77. सूची-I का सूची-II से मिलान कीजिए :

सूची-I (संगीतज्ञ)	सूची-II (वाद्ययंत्र)
(*a*) पुडुक्कोट्टै दक्षिणमूर्ति पिल्लै	I. नागस्वरम्
(*b*) पज्हनी सुब्रह्मण्य पिल्लै	II. वायलिन
(*c*) राजामाणिक्यम् पिल्लै	III. मृदंगम्
(*d*) राजारत्नम् पिल्लै	IV. खंजीरा

नीचे दिए गए विकल्पों में से सही उत्तर का चयन कीजिए :

	(*a*)	(*b*)	(*c*)	(*d*)
A.	I	III	II	IV
B.	IV	III	II	I
C.	II	IV	III	I
D.	III	II	I	IV

78. सूची-I का सूची-II से मिलान कीजिए :

सूची-I (कृति)	सूची-II (लिंग)
(*a*) चिन्ताय	I. अप्पु
(*b*) जम्बूपठेमम्	II. आकाशम्
(*c*) श्रीकलाहस्तीश	III. पृथ्वी
(*d*) आनंदनटन	IV. वायु

नीचे दिए गए विकल्पों में से सही उत्तर का चयन कीजिए :

	(*a*)	(*b*)	(*c*)	(*d*)
A.	III	I	IV	II
B.	II	III	IV	I
C.	IV	III	II	I
D.	III	IV	I	II

79. सूची-I का सूची-II से मिलान कीजिए :

सूची-I (कीर्तन)	सूची-II (ग्रहस्वर)
(*a*) श्री नारद नाद	I. प
(*b*) नेनेन्डु वेडाकुडुर	II. ग
(*c*) आनंद सागर	III. रे
(*d*) उन्डेडी रामुडोकडु	IV. म

नीचे दिए गए विकल्पों में से सही उत्तर का चयन कीजिए :

	(*a*)	(*b*)	(*c*)	(*d*)
A.	IV	III	I	II
B.	II	IV	I	III
C.	III	IV	II	I
D.	I	III	IV	II

80. सूची-I का सूची-II से मिलान कीजिए :

सूची-I (कृति समूह)	सूची-II (रचनाकार)
(*a*) श्रीरंगम् पंचरत्नम्	I. क्षेत्रज्ञ
(*b*) शिव नवावरणम्	II. वीणाकुप्पयर
(*c*) कालहस्तीस पंचरत्नम्	III. मुत्तुस्वामी दीक्षितार
(*d*) विजयाराघव पंचरत्नम्	IV. त्यागराजा

नीचे दिए गए विकल्पों में से सही उत्तर का चयन कीजिए :

	(*a*)	(*b*)	(*c*)	(*d*)
A.	I	II	III	IV
B.	III	II	IV	I
C.	II	IV	III	I
D.	IV	III	II	I

81. नवविध भक्तियों के अनुसार निम्नलिखित कीर्तनों को व्यवस्थित कीजिए :

(*a*) सततम् संसराणि - नीलांबरी

(*b*) भवतीय कथा - भैरवी

(*c*) पंकजाक्षतव - तोड़ी

(*d*) आराध्यामि - बिल्हनी

(*e*) तवक नामानि - केदार गौला

नीचे दिए गए विकल्पों में से सही उत्तर का चयन कीजिए :

A. (*a*), (*c*), (*d*), (*e*), (*b*)
B. (*b*), (*e*), (*a*), (*c*), (*d*)
C. (*c*), (*a*), (*e*), (*b*), (*d*)
D. (*d*), (*b*), (*a*), (*e*), (*c*)

82. संगीत रूपों—अष्टपदी संकीर्तन, तरंगम्, पदम्, तिरुप्पुगज्ह के अनुसार निम्नलिखित रचनाओं को क्रमानुसार व्यवस्थित कीजिए :

(*a*) लेमारो

(*b*) माधवमामव

(*c*) प्रलय पयोधि जले

(*d*) अज्हगु दैव मग वंदु

(*e*) एमय्यारामा

नीचे दिए गए विकल्पों में से सही उत्तर का चयन कीजिए :

A. (*d*), (*e*), (*b*), (*a*), (*c*)
B. (*c*), (*d*), (*a*), (*e*), (*b*)
C. (*c*), (*e*), (*b*), (*a*), (*d*)
D. (*d*), (*e*), (*a*), (*b*), (*c*)

83. निम्नलिखित संगीतज्ञों को कालानुक्रम में व्यवस्थित कीजिए :

(*a*) मुसिरी सुब्रह्मण्य अय्यर

(*b*) मदुरै मणि अय्यर

(*c*) सेम्मनगुड़ी श्रीनिवास अय्यर

(*d*) अरियक्कुड़ी रामानुज आयंकर

(*e*) चेम्पई वैद्यनाथ भागवतार

नीचे दिए गए विकल्पों में से सही उत्तर का चयन कीजिए :

A. (*e*), (*b*), (*c*), (*d*), (*a*)
B. (*b*), (*c*), (*d*), (*e*), (*a*)
C. (*c*), (*b*), (*a*), (*d*), (*e*)
D. (*d*), (*e*), (*a*), (*c*), (*b*)

84. उनके अक्षरकाल के अनुसार 108 तालों के सही अनुक्रम को आरोही क्रम में चुनिए :

(*a*) गजलीला

(*b*) कंदर्पम्

(*c*) रंगतालम्

(*d*) परिक्रमम्

(*e*) राजतालम्

नीचे दिए गए विकल्पों में से सही उत्तर का चयन कीजिए :

A. (*c*), (*e*), (*b*), (*d*), (*a*)
B. (*b*), (*d*), (*a*), (*e*), (*c*)
C. (*e*), (*a*), (*d*), (*c*), (*b*)
D. (*c*), (*a*), (*d*), (*b*), (*e*)

85. निम्नलिखित लक्षणग्रंथों को कालानुक्रम में व्यवस्थित कीजिए :

(*a*) संगीत सारामृत
(*b*) संगीत सार
(*c*) संगीत समयसार
(*d*) स्वरमेल कलानिधि
(*e*) संगीत शास्त्र प्रवेशिका

नीचे दिए गए विकल्पों में से सही उत्तर का चयन कीजिए :

A. (*a*), (*b*), (*c*), (*d*), (*e*)
B. (*c*), (*b*), (*d*), (*u*), (*e*)
C. (*b*), (*c*), (*a*), (*d*), (*e*)
D. (*d*), (*b*), (*c*), (*a*), (*e*)

86. निम्नलिखित संगीतज्ञों का वाद्ययंत्र श्रेणी के अनुसार सही अनुक्रम चुनिए :

(*a*) अङ्गनंबी पिल्लै
(*b*) पाप वेंकटराम अय्यर
(*c*) मीनाक्षी सुंदरम् पिल्लै
(*d*) तुमरद सौगमेश्वर शास्त्री
(*e*) पल्लडम् संजीवय्या

नीचे दिए गए विकल्पों में से सही उत्तर का चयन कीजिए :

A. (*d*), (*b*), (*e*), (*a*), (*c*)
B. (*d*), (*h*), (*a*), (*e*), (*c*)
C. (*b*), (*a*), (*d*), (*c*), (*e*)
D. (*a*), (*c*), (*d*), (*b*), (*e*)

87. 14वें, 15वें, 28वें, 29वें और 39वें मेलों से क्रमशः व्युत्पन्न वक्र रागों का सही अनुक्रम चुनिए :

(*a*) रवि चन्द्रिका
(*b*) बेगड़
(*c*) ललितपंचमम्
(*d*) वसंत भैरवी
(*e*) वराली

नीचे दिए गए विकल्पों में से सही उत्तर का चयन कीजिए :

A. (*a*), (*c*), (*b*), (*d*), (*e*)
B. (*d*), (*c*), (*a*), (*b*), (*e*)
C. (*b*), (*a*), (*d*), (*c*), (*e*)
D. (*d*), (*e*), (*a*), (*c*), (*b*)

88. नीचे दो कथन दिए गए हैं :

कथन-I : किसी स्वरांकन पद्धति में स्वरों हेतु विशिष्ट प्रतीकों का प्रयोग रिकॉर्डिंग और सामवेद के सरलतापूर्वक पाठ के लिए किया जाता था।

कथन-II : कर्नाटक संगीत में प्रयुक्त सभी कण स्वरों के अंकन में स्पष्ट तौर पर देखे जा सकते हैं।

उपर्युक्त कथनों के आलोक में, नीचे दिए गए विकल्पों में से सही उत्तर का चयन कीजिए :

A. कथन I और II दोनों सत्य हैं।
B. कथन I और II दोनों असत्य हैं।
C. कथन I सत्य है, लेकिन कथन II असत्य है।
D. कथन I असत्य है, लेकिन कथन II सत्य है।

89. नीचे दो कथन दिए गए हैं : एक अभिकथन (A) के रूप में लिखित है तो दूसरा उसके कारण (R) के रूप में :

अभिकथन (A) : दीक्षितार कृतियों की तुलना नारियल से की गई है क्योंकि इन कृतियों का रसास्वादन (महत्व समझना) अत्यन्त कठिन है।

कारण (R) : दीक्षितार यह कभी नहीं चाहते कि उनकी कृतियों का रसास्वादन हर कोई करे।

उपर्युक्त कथनों के आलोक में, नीचे दिए गए विकल्पों में से सबसे उपयुक्त उत्तर का चयन कीजिए :

A. (A) और (R) दोनों सही हैं और (R), (A) की सही व्याख्या है।
B. (A) और (R) दोनों सही हैं, लेकिन (R), (A) की सही व्याख्या नहीं है।
C. (A) सही है लेकिन (R) सही नहीं है।
D. (A) सही नहीं है, लेकिन (R) सही है।

90. नीचे दो कथन दिए गए हैं : एक अभिकथन (A) के रूप में लिखित है तो दूसरा उसके कारण (R) के रूप में :

अभिकथन (A) : किसी राग में उपयुक्त गमक का प्रयोग राग के सौन्दर्य में वृद्धि करता है।

कारण (R) : रागात्मक अलंकरण यूरोपीय स्वरलिपि में नहीं पाया जाता है।

उपर्युक्त कथनों के आलोक में, नीचे दिए गए विकल्पों में से सबसे उपयुक्त उत्तर का चयन कीजिए :

A. (A) और (R) दोनों सत्य हैं और (R), (A) की सही व्याख्या है।
B. (A) और (R) दोनों सत्य हैं, लेकिन (R), (A) की सही व्याख्या नहीं है।
C. (A) सत्य है, लेकिन (R) असत्य है।
D. (A) असत्य है, लेकिन (R) सत्य है।

निर्देश (प्र.सं. 91 से 95 तक): *निम्नलिखित गद्यांश को सावधानीपूर्वक पढ़िए और पूछे गए प्रश्नों के उत्तर दीजिए।*

मुनि भरत ने अपने ग्रंथ नाट्यशास्त्र में 'रसों' या भावों के संदर्भ में विस्तारपूर्वक व्याख्या की है। उनका मत है कि रस की उत्पत्ति निर्धारक परिणामों एवं क्षणिक स्थितियों के संयोजन से होती है। रसों की प्राप्ति केवल उनके रसास्वादन या अनुभूति द्वारा ही हो सकती है। 'रस' से व्युत्पन्न मनोदशा 'भाव' है। रस और भाव मुख्यतः संगीतज्ञ की ओर से सौन्दर्यात्मक अभिप्राय हेतु दृश्यपरक सहसंबंध प्रदान करके रिक्ति को पूरित करते हैं और इसका कुछ अंश श्रोता की ओर से पूरित होता है। भरत ने लगभग आठ रसों–शृंगार, हास्य, करुण, रौद्र, वीर, भयंकर, बीभत्स और अद्भुत के बारे में बताया है। आठ प्रमुख (स्थायी भावों) और तैंतीस क्षणिक (व्यभिचारी भावों) के बारे में नाट्यशास्त्र में विस्तारपूर्वक चर्चा की गई है।

91. निम्नलिखित में से किस अध्याय में भरत ने भावों के संदर्भ में अपना विचार व्यक्त किया है?

A. पाचवें अध्याय में　　B. छठवें अध्याय में
C. सातवें अध्याय में　　D. आठवें अध्याय में

92. निम्नलिखित में से किस रस का उल्लेख भरत ने नहीं किया है?

A. रौद्र　　B. वीर
C. शांत　　D. अद्भुत

93. भरत द्वारा कितने रस बताए गए हैं?

A. पाँच　　B. नौ
C. सात　　D. आठ

94. अभिनय के साथ संबद्ध वेशभूषा कहलाती है :

A. आंगिक　　B. वाचिक
C. सात्विक　　D. आहार्य

95. नाट्यशास्त्र में थियेटर हाउस (रंगमंच गृह) के कितने प्रकारों का उल्लेख मिलता है?

A. पाँच　　B. चार
C. तीन　　D. दो

निर्देश (प्र.सं. 96 से 100 तक): *निम्नलिखित गद्यांश को सावधानीपूर्वक पढ़िए और पूछे गए प्रश्नों के उत्तर दीजिए।*

ताल और लयबद्ध संरचना के दृष्टिकोण से सांगीतिक रचनाओं के अनेक भेद विद्यमान हैं। जिनमें कुछ रचनाएँ विलम्ब काल, कुछ मध्यम काल तथा कुछ द्रुत काल की हैं। हमारे प्राचीन विद्वानों ने नौ लयों के संदर्भ में अपने विचार व्यक्त किए हैं और इन सभी विभिन्न लयों की सांगीतिक रचनाएँ हमें प्राप्त होती हैं और कुछ सांगीतिक रचनाओं में लयात्मक जटिलता भी मिलती है।

96. निम्नलिखित में से विलंब ताल की रचना का चयन कीजिए :

A. निरावधि सुख　　B. दोराकुना इतुवंति
C. माकेलर विचारमू　　D. सामज वरगमण

97. मध्यम काल कृतियों को निम्नलिखित में से कौन-सा नाम दिया जा सकता है?

A. चित्रातर मार्ग　　B. चित्र मार्ग
C. चित्रतम मार्ग　　D. अतिचित्रतर

98. 'मेरुसमान' कृति निम्नलिखित में से किस ताल से संगत है?

A. मध्यादि　　B. देशादि
C. आदि　　D. चपु

99. निम्नलिखित में से किसकी रचनाओं में मध्यमकाल का लक्षण पाया जाता है?

A. मुथुस्वामी दीक्षितार　　B. अन्नमाचार्य
C. क्षेत्रय्या　　D. धर्मपुरी सुब्बरायर

100. निम्नलिखित में से दृश्यमान मध्यमकाल कीर्तन का चयन कीजिए।

A. अखिलंदेश्वनी　　B. संतान गोपाल
C. त्यागराग योग वैभवम्　　D. अक्षय लिंग विभो

भाग-IV

रबीन्द्र संगीत

26. माधुरी लता की माता का नाम बताएँ :
A. कादम्बरी देवी B. मृणालिनी देवी
C. स्वर्णकुमारी देवीं D. बर्णकुमारी देवी

27. निम्नांकित में से किस वर्ष में 'शरदोत्सव' नाटक का प्रकाशन हुआ था?
A. 1908 B. 1910
C. 1912 D. 1914

28. टैगोर-गीत का मूल राग ''सकलि फुरालो स्वप्न प्राय'' निम्नांकित किससे ली गई है?
A. ड्रिंक्स टू मी ओनली
B. गो व्हेयर ग्लोरी वेट्स दी
C. राबिन अडेयर
D. आल्द लैंग साइन

29. इस स्वरलिपि की सहायता से गीत को पहचानिए :
NṠĠ|ṘṠ–|NṠṘ|ṘN–|
DNN|NN–|DP–|M––|
A. अंधारो अम्बरे प्रचण्ड डम्बरू
B. अंधर राते एकला पागल
C. अधेक घुमे नयन चूमे
D. अंधर सखा उज्जल करी

30. 'संगीत चिन्ता' नामक पुस्तक का संकलन किसने किया?
A. पुलिन बिहारी सेन
B. शांतिदेव धोष
C. क्षितिमोहन सेन
D. प्रमथनाथ बिसी

31. उस गीत को पहचानिए जिसका प्रयोग राजा - ओ - रानी नाटक में किया गया है?
A. एरा परके अपन करे
B. एरा सुखेर लागी चाहे प्रेम
C. ओरा अकारणे चंचल
D. ओरा के जाय पीतबसन परा सन्यासी

32. ''बंदे मातरम सुजलाम सुफलाम'' गीत की स्वरलिपि को किसने तैयार किया है?
A. बंकिमचन्द्र चट्टोपाध्याय
B. पंडित बिष्णुनारायण भातखंडे
C. उस्ताद अलाउद्दीन खान
D. रबीन्द्र नाथ टैगोर

33. रबीन्द्रनाथ टैगोर द्वारा कलकत्ता विश्वविद्यालय में संगीत-विभाग की स्थापना हेतु किसे दायित्व सौंपा गया था?
A. दिलीप कुमार रॉय
B. गोपेश्वर बन्दोपाध्याय
C. फैय्याज खान
D. विष्णु नारायण भातखंडे

34. ज्योतिरीन्द्रनाथ टैगोर ने किस वर्ष में नाटक 'मनमोयी' की रचना की थी?
A. 1880 B. 1888
C. 1890 D. 1892

35. ''हृदय बसन पूर्ण होलो'' नामक गीत की उपकोटि को चुनिए :
A. विस्वा B. आनन्द
C. गान D. प्रार्थना

36. 'विपाशा' निम्नांकित किस एक नाटक का एक पात्र है?
A. नटीपूजा
B. तपति
C. परित्राण
D. डाकघर

37. नृत्य-नाटिका 'चण्डालिका' के तृतीय दृश्य के पहले गीत को पहचानिए :
A. जे अमारे पठालो एई अपमाने
B. स्वर्ण वर्णे समुज्जवला
C. आय तोरा आय आय तोरा आय
D. ओई देख पश्चिमे मेघ घनालो

38. 'रबीन्द्र संगीतरे त्रिवेमी संगम' पुस्तक निम्नांकित किसके द्वारा लिखी गई है?
A. कनिका बन्दोपाध्याय
B. इन्दिरानी देवी चौधरानी
C. शांतिदेव घोष
D. शैलजा रंजन मजूमदार

39. 'ऑन द एजेस ऑफ टाइम' नामक पुस्तक किसके द्वारा लिखी गई है?
A. अमलान दत्त B. इन्दिरा देवी चौधरानी
C. रवीन्द्रनाथ टैगोर D. रथीन्द्रनाथ टैगोर

40. शांतिनिकेतन स्थित उपासना गृह में होने वाली साप्ताहिक प्रार्थना (मन्दिर) का प्रथम (पहला) उपनिषदीय स्तोत्र (भजन) कौन-सा है?
A. तमी स्वर्णांग परमांग माहेश्वरम
B. ओम पितानोसी पितानोबोधि नमस्तेतस्तु
C. ओम असतो मा सद्गमय तमसो मा ज्योतिर्गमय
D. संगगच्छ ध्वंग संगबडध्वंग

41. रवीन्द्रनाथ टैगोर का प्रथम 'काव्य' कौन-सा है?
A. विचित्र B. कोवी ओ कहिनी
C. पूरबी D. माहुआ

42. निम्नलिखित में से कौन-सा गीत विचित्र पर्याय से नहीं लिया गया है?
A. तिमिरमय निविर निशा
B. दूरदेशी से राखल छे ले
C. जे केबोल पालिए वेडाय
D. शेष गाणेरी रेश निया जाव चोले

43. निम्नलिखित में से कौन-सा गीत 'प्रेम' पर्याय का अन्तिम गीत है?
A. जोदि जान्तेम आमार किसेर बैठा
B. जनि जनि तुमी एसेचो ए पथ मोनेर भूले
C. आमार जेते सोरे न मन
D. सकल वेलर अलय बाजे

44. 'सबुज पत्र' के सम्पादक कौन हैं?
A. कंगाली चरण सेन
B. इन्दिरा देवी चौधरानी
C. सरला देवी
D. प्रमथ चौधरी

45. 'जतरा पाथेर आनन्दो गान' नामक पुस्तक किसके द्वारा लिखी गई थी?
A. क्षितिमोहन सेन B. शैलजारंजन मजूमदार
C. सुचित्र मित्रा D. शांतिदेव घोष

46. 'एन इंट्रोडक्शन टू इंडियन म्यूजिक' नामक पुस्तक के लेखक है :
A. दिलीप कुमार रॉय
B. धुर्जती प्रसाद मुखोपाध्याय
C. आनन्द के. कुमारस्वामी
D. प्रशान्त चन्द्र महालनोबिस

47. कोसिमात्रिक स्वरलिपि पद्धति की शुरूआत किसके द्वारा की गई थी?
A. शौरीन्द्रमोहन टैगोर
B. कृष्णधर बन्दोपाध्याय
C. द्विजेन्द्रनाथ टैगोर
D. दिनेन्द्रनाथ टैगोर

48. अकर्मात्रिक स्वरलिपि में अर्ध-मात्रा का चिह्न (संकेतक) क्या है?
A. 0 0 B. 0
C. $\begin{matrix}0\\0\end{matrix}$ D. 0^0

49. पूजा (भक्तिमय-गीत) पर्याय की उप-कोटि 'आनन्दो' में कितने गीत हैं?
A. 32 B. 36
C. 25 D. 26

50. स्वरबितान - 16 का शीर्षक क्या है?
A. नवगीतिका B. गीत पचाशिका
C. गीत वीथिका D. गीत मालिका

51. निम्नलिखित किस स्वरबितान में गीत 'सकल जनम भर ओ मोर दारोदिया' को प्रस्तुत किया गया है।
A. स्वरबितान 15 B. स्वरबितान 39
C. स्वरबितान 44 D. स्वरबितान 52

52. रवीन्द्रनाथ ने पद्यात्मक निबंध 'सोनार टोरी' की कविता द्विपाखी की रचना कहाँ की थी?
A. शांतिनिकेतन B. शुरुल
C. रामगढ़ D. शहजादपुर

53. निम्नलिखित गीत की प्रथम पंक्ति क्या हैं?
''आज सारा दिन ढोरे, प्राणे सुर, ओढे भोरे।
इकेला कामोन कोरे वोहिबो गाणेर भार।'
A. वैशाख ही मोउनी तापोस
B. प्रखर तपन तापे
C. ओई बूझी कालवैशाखी
D. मध्यदिने जोवे गान बन्धो करे पाखी

54. रबीन्द्रनाथ टैगोर ने किस वर्ष में 'महात्माजी एण्ड द डिप्रेस्ड ह्यूमेनिटी' विषय पर व्याख्यान दिया था?
A. वर्ष 1930 में B. वर्ष 1932 में
C. वर्ष 1939 में D. वर्ष 1940 में

55. रबीन्द्रनार्थ टैगोर ने निम्नांकित किस वर्ष में उस्मानिया विश्वविद्यालय से डी.लिट की डिग्री (उपाधि) प्राप्त की थी?
A. वर्ष 1911 में B. वर्ष 1913 में
C. वर्ष 1938 में D. वर्ष 1940 में

56. निम्नलिखित में से कौन-से गीत रवीन्द्रनाथ टैगोर ने लिखा था जिसमें धुन (राग) को मौलिक गीत 'चतुरंग रास गान' से लिया गया था?
A. बन्धु मीछे राग कोरोना
B. बोने बोने सब मिले चलो हो
C. बंधु रोहो रोहो साथे
D. बोने जोदी फुटलो कुसुम

57. रबीन्द्रनाथ ने स्वरचित नाटक 'फाल्गुनी' को किसे समर्पित किया था?
A. दिनेन्द्रनाथ टैगोर B. काजी नजरूल इस्लाम
C. अमीय चक्रवर्ती D. प्रियनाथ सेन

58. 'गीताली' से लिया गया गीत 'शरत तोमार अरूण एलोर अंजोले' किस राग में निबद्ध है?
A. मुल्तान B. बेहाग
C. खम्बज D. अडाना

59. ''अनन्त सागर माझे दाव तोरी भाषैया'' गीत के ताल को पहचानिए :
A. गध्यम B. जात (16 मात्रा)
C. त्रिताल D. अडाठेका

60. ज्योतिरीन्द्र नाथ टैगोर द्वारा लिखित गीत को पहचानिए :
A. पालस रंग बसन गुली
B. जोनी तुमि मंगलमय
C. दया घनतोमा हेनो के हितोकारी
D. देहो ज्ञान दिव्यो ज्ञान

61. निम्नलिखित कौन-से दो गीतों को प्रकृति पर्याय से नहीं लिया गया है?
(*a*) बर्सोनो मोन्दरितो अंधोकारे एसेछी
(*b*) आबार स्राबोन होए फिरे एले
(*c*) स्राबोनेर धारार मतो परूक झोरे
(*d*) तुमी कोन पाथे जिएले पथिक
(*e*) आज तालेर बोने कोरोताली
नीचे दिए गए विकल्पों में से सही उत्तर का चयन कीजिए :
A. केवल (*a*) और (*c*) B. केवल (*b*) और (*d*)
C. केवल (*b*) और (*e*) D. केवल (*d*) और (*e*)

62. रबीन्द्रनाथ टैगोर के निग्नलिखित किस गीत में 'सितार' शब्द का प्रयोग किया गया है?
(*a*) तोमार मोनेर एकती कथा आमाय बोलो बोलो
(*b*) तुमी कोन भांगोनेर पाथे एले
(*c*) गोधुलि गोगोने मेघे दिखे छिलो तारा
(*d*) नुपुर बेजे जाय रिनी दिनी
(*e*) आमार प्राणेर माझे सुधा आछे
नीचे दिए गए विकल्पों में से सही उत्तर का चयन कीजिए :
A. केवल (*a*) और (*c*) B. केवल (*a*) और (*d*)
C. केवल (*b*) और (*e*) D. केवल (*c*) और (*d*)

63. निम्नलिखित में से दो गीतों की स्वरलिपि को शैलजारंजन मजूमदार द्वारा तैयार किया गया था। उन दोनों गीतों की पहचान कीजिए।
(*a*) अधरा गाधुरी धोरेछी छन्दोबन्धोने
(*b*) आंसम धोउ तो आछे तोमार
(*c*) आमि जोखोन छिले आन्धो
(*d*) हारमाना हार पारोबो तोमार गले
(*e*) अजिके गई सक लबेलाते
नीचे दिए गए विकल्पों में से सही उत्तर का चयन कीजिए :
A. केवल (*a*) और (*c*) B. केवल (*b*) और (*d*)
C. केवल (*b*) और (*e*) D. केवल (*d*) और (*e*)

64. निम्नलिखित में से उन दो गीतों को पहचानिए जिन्हें नाटक मुक्तधारा से लिया गया है।

(*a*) हृदये छिले जेगे

(*b*) आमार अभिमानेर बोदोले आज नेबो तोमार माला

(*c*) भूले जाई थेके थेके

(*d*) भांगलो हा सीर बाँध

(*e*) तोर सिकोल आमाय बिकोल कोरबे ना

नीचे दिए गए विकल्पों में से सही उत्तर का चयन कीजिए :

A. केवल (*a*) और (*b*) B. केवल (*a*) और (*d*)
C. केवल (*b*) और (*d*) D. केवल (*c*) और (*e*)

65. उन दो गीतों का पता लगाइए जिन्हें राग 'श्यामकल्यान' में निबद्ध किया गया है।

(*a*) कामना कोरी एकान्ते

(*b*) नयान भासिलो जाले

(*c*) कि घोर निशीथ

(*d*) राखो राखो रे जीबोने

(*e*) पिपासा हाय नाही मिटिलो

नीचे दिए गए विकल्पों में से सही उत्तर का चयन कीजिए :

A. केवल (*a*) और (*c*) B. केवल (*a*) और (*e*)
C. केवल (*b*) और (*d*) D. केवल (*c*) और (*e*)

66. सरलादेवी के माता-पिता के नाम पहचानिए :

(*a*) वर्ण कुमारी देवी (*b*) प्रमथनाथ चौधरी
(*c*) स्वर्णकुमारी देवी (*d*) ज्ञानदानन्दिनी देवी
(*e*) जानकी नाथ घोषाल

नीचे दिए गए विकल्पों में से सही उत्तर का चयन कीजिए :

A. केवल (*a*) और (*b*) B. केवल (*b*) और (*c*)
C. केवल (*c*) और (*e*) D. केवल (*d*) और (*e*)

67. निम्नलिखित में से कौन-से गीतों को चौताल में रचा गया है?

(*a*) तंहारे आरती करे चन्द्र तपन

(*b*) ओठो ओठो रे विफले प्रभात बोहे

(*c*) अजी मोर द्वारे

(*d*) प्रभाते विमल आनन्दे

(*e*) प्रतिदिन अमी हे जीवन स्वामी

नीचे दिए गए विकल्पों में से सही उत्तर का चयन कीजिए :

A. केवल (*a*), (*b*) और (*d*)
B. केवल (*b*), (*c*) और (*a*)
C. केवल (*c*), (*d*) और (*e*)
D. केवल (*b*), (*d*) और (*a*)

68. नाटक 'फाल्गुनी' से लिए गए दो गीतों की पहचान कीजिए।

(*a*) ओगो तोमरा सबई भालो

(*b*) तोमय नतुन कोरे पाबो बोले

(*c*) नमो नमो करुणा गान

(*d*) एबार तो जोबानेर काछे मानबोना हार

(*e*) तोर भीतरे जागिया के

नीचे दिए गए विकल्पों में से सही उत्तर का चयन कीजिए :

A. केवल (*a*) और (*b*) B. केवल (*b*) और (*d*)
C. केवल (*c*) और (*e*) D. केवल (*d*) और (*e*)

69. निम्नलिखित सूची में समान धुन वाले दो गीतों को पहचानिए :

(*a*) एक ढोरे बांधा अछी मोरा सकले

(*b*) एक दिन जारा मेरे छिलो तारि गिए

(*c*) एक दिन चिने नेबे तारे

(*d*) एक सूत्रे बांधा अछी सहस्रती मन

(*e*) एक हाते तोर कृपान आछे

नीचे दिए गए विकल्पों में से सही उत्तर का चयन कीजिए :

A. केवल (*a*) और (*b*) B. केवल (*a*) और (*d*)
C. केवल (*b*) और (*c*) D. केवल (*d*) और (*e*)

70. नाटक जोगाजोग के तीन पात्रों की पहचान कीजिए।

(*a*) बिशुपागल (*b*) विप्रदास
(*c*) उपालि (*d*) कुमुदिनी
(*e*) मधुसूदन

नीचे दिए गए विकल्पों में से सही उत्तर का चयन कीजिए :

A. केवल (*a*), (*b*) और (*c*)
B. केवल (*b*), (*c*) और (*d*)
C. केवल (*c*), (*d*) और (*e*)
D. केवल (*b*), (*d*) और (*e*)

71. 'जीवने आमार जाता आनन्द' निम्नांकित किसमें उत्पन्न (घटित) होता है?

(*a*) रवीन्द्रनाथ टैगोर के ब्रह्म संगीत

(*b*) इस गीत का ताल, त्रिताल है

(*c*) स्वरबितान 26 में मुद्रित है

(*d*) इस गीत की राग, बागेश्री है

(*e*) इस गीत की उप-कोटि विविध है

नीचे दिए गए विकल्पों में से सही उत्तर का चयन कीजिए :

A. केवल (*a*), (*b*) और (*c*)

B. केवल (*a*), (*c*) और (*d*)

C. केवल (*b*), (*c*) और (*d*)

D. केवल (*c*), (*d*) और (*e*)

72. सूची-I का सूची-II से मिलान कीजिए :

सूची-I	सूची-II
(*a*) रंग पद पदम युगे	I. माएर खेला
(*b*) कि घ़ोर निशीथ नीरव धारा	II. वाल्मीकि प्रतिभा
(*c*) एसेछीगो इसे छीमोनो दिते	III. परिशोध
(*d*) एबार भासिए दिते होबे आमार	IV. काल मृगया

नीचे दिए गए विकल्पों में से सही उत्तर का चयन कीजिए :

	(*a*)	(*b*)	(*c*)	(*d*)
A.	II	IV	I	III
B.	I	II	III	IV
C.	III	I	IV	II
D.	IV	III	II	I

73. सूची-I का सूची-II से मिलान कीजिए :

सूची-I	सूची-II
(*a*) ओई जे देखा जाए आनन्द धारा	I. सत्येन्द्रनाथ टैगोर
(*b*) के रचे इमोन सुन्दर विश्वास छ़वि	II. देवेन्द्रनाथ टैगोर
(*c*) आरे भावों तारे अंतारे	III. रवीन्द्रनाथ टैगोर
(*d*) गगनेर थाले रविचन्द्र	IV. ज्योतिरीन्द्रनाथ टैगोर

नीचे दिए गए विकल्पों में से सही उत्तर का चयन कीजिए :

	(*a*)	(*b*)	(*c*)	(*d*)
A.	I	II	III	IV
B.	II	III	IV	I
C.	IV	I	II	III
D.	III	IV	I	II

74. सूची-I का सूची-II से मिलान कीजिए :

सूची-I	सूची-II
(*a*) अखिल ब्रह्माण्ड पति	I. राजा राममोहन रॉय
(*b*) भावो सेई एके जले स्थले	II. अतुल प्रसाद सेन
(*c*) क्षोमियो ही शिव आर ना	III. रजनीकांत सेन
(*d*) से जे परम प्रेम सुन्दर	IV. द्विजेन्द्रनाथ टैगोर

नीचे दिए गए विकल्पों में से सही उत्तर का चयन कीजिए :

	(*a*)	(*b*)	(*c*)	(*d*)
A.	IV	I	II	III
B.	I	II	III	IV
C.	II	III	IV	I
D.	III	IV	I	II

75. सूची-I का सूची-II से मिलान कीजिए :

सूची-I	सूची-II
(*a*) ललित लवन्गलता	I. गोविन्द दास
(*b*) बजाओ रे मोहन वंशी	II. चण्डीदास
(*c*) कानेर भितरदीया मरमे	III. जयदेव
(*d*) शरतचन्द्र पवन मंद	IV. भानू सिंह

नीचे दिए गए विकल्पों में से सही उत्तर का चयन कीजिए :

	(*a*)	(*b*)	(*c*)	(*d*)
A.	I	II	III	IV
B.	III	IV	II	I
C.	II	I	IV	III
D.	IV	III	I	II

76. सूची-I का सूची-II से मिलान कीजिए :

सूची-I	सूची-II
(*a*) बजाव तुमी कवि	I. नाचो तो त्रिभंग ए
(*b*) संशया तिमिरो माझे	II. आए रितुपति बसन्त

(*c*) नित्य तवो सत्य तवो III. एहो ज्ञान रंगो
(*d*) विपुल तरंगा रे IV. अज्ञान तिमिर माझे

नीचे दिए गए विकल्पों में से सही उत्तर का चयन कीजिए :

	(*a*)	(*b*)	(*c*)	(*d*)
A.	II	IV	III	I
B.	I	II	IV	III
C.	III	I	II	IV
D.	IV	III	I	II

77. सूची-I का सूची-II से मिलान कीजिए :

सूची-I	सूची-II
(*a*) चित्रांगदा	I. स्वरबितान 48
(*b*) कालमृगया	II. स्वरबितान 33
(*c*) तासेर	III. स्वरबितान 29
(*d*) मायार खेल	IV. स्वरबितान 17

नीचे दिए गए विकल्पों में से सही उत्तर का चयन कीजिए :

	(*a*)	(*b*)	(*c*)	(*d*)
A.	I	II	III	IV
B.	IV	III	II	I
C.	III	I	IV	II
D.	II	IV	I	III

78. सूची-I का सूची-II से मिलान कीजिए :

सूची-I	सूची-II
(*a*) आमार जे गान तोमार पारश पावे	I. विचित्र
(*b*) कोतो जे तुमी मनोहरो मोनी तहा जाने	II. पूजा
(*c*) दिए गेनु वासन्तेर एई गान खानी	III. प्रकृति
(*d*) दूर रजानीर स्वप्न लागे आज नूतानेर हषिते	IV. प्रेम

नीचे दिए गए विकल्पों में से सही उत्तर का चयन कीजिए :

	(*a*)	(*b*)	(*c*)	(*d*)
A.	IV	II	I	III
B.	I	IV	III	II
C.	II	III	IV	I
D.	III	I	II	IV

79. सूची-I का सूची-II से मिलान कीजिए :

सूची-I	सूची-II
(*a*) इन वन सल्युटेशन टु दी, माई गॉड	I. अमीरूप सागरे डूब दिएछी
(*b*) आई डॉइव डाउन इनटू द डेथ्थ ऑफ ओसन	II. हार माना हार पोराबो तोमार गली
(*c*) आई विल डेक दी विथ ट्रॉफीज, गारलैण्ड्स ऑफ माई डिफीट	III. आमार केला जोखोन छिलो तोमार सानी
(*d*) व्हेन माई प्ले वाज विथ दी	IV. एकती नमस्कारे प्रभु

नीचे दिए गए विकल्पों में से सही उत्तर का चयन कीजिए :

	(*a*)	(*b*)	(*c*)	(*d*)
A.	IV	I	II	III
B.	I	II	III	IV
C.	III	IV	I	II
D.	II	III	IV	I

80. सूची-I का सूची-II से मिलान कीजिए :

सूची-I (गीत)	सूची-II (पद्यात्मक निबंध)
(*a*) तुमी एबार आमय लोहो हे नाथ	I. सानई
(*b*) बजाओ आमरे बजाओ	II. गीताली
(*c*) सारा जीवन दिलो एलो	III. गीतिमाल्य
(*d*) अजी मेघ केते गे सकल वेला	IV. गीतांजलि

नीचे दिए गए विकल्पों में से सही उत्तर का चयन कीजिए :

	(*a*)	(*b*)	(*c*)	(*d*)
A.	IV	III	II	I
B.	I	II	III	IV
C.	III	IV	I	II
D.	II	I	IV	III

81. गीत बितान के अनुसार निम्नांकित को अनुक्रम में रखिए :

(*a*) सुन्दर (*b*) साधक
(*c*) बाउल (*d*) आत्मबोधन

नीचे दिए गए विकल्पों में से सही उत्तर का चयन कीजिए :

A. (*c*), (*d*), (*b*), (*a*) B. (*d*), (*b*), (*a*), (*c*)
C. (*b*), (*c*), (*a*), (*d*) D. (*a*), (*b*), (*c*), (*d*)

82. गीत बितान के अनुसार मानसून (वर्षा ऋतु, प्रकृति पर्याय) के प्रथम चार गीतों को अनुक्रम में रखिए :

(*a*) झोरोझोरो बारिशे बरीधारा
(*b*) ओई एसे ओई अेगती भाईरोब, होरसे
(*c*) गहन घनो छाइलो गोगोन घोनैया
(*d*) एसो श्यामल सुन्दर

नीचे दिए गए विकल्पों में से सही उत्तर का चयन कीजिए :

A. (*d*), (*b*), (*a*), (*c*) B. (*a*), (*b*), (*c*), (*d*)
C. (*c*), (*d*), (*a*), (*b*) D. (*b*), (*c*), (*a*), (*d*)

83. एकल चित्र में संकलित किए गए प्रथम 4 संगीत निबंधों को अनुक्रम में रखिए :

(*a*) संगीत-ओ-भाव
(*b*) अंतर-बाहिर
(*c*) गान सम्बोन्धे प्रबन्ध
(*d*) संगी-ओ-कविता

नीचे दिए गए विकल्पों में से सही उत्तर का चयन कीजिए :

A. (*b*), (*c*), (*d*), (*a*) B. (*a*), (*d*), (*c*), (*b*)
C. (*c*), (*b*), (*a*), (*d*) D. (*d*), (*a*), (*b*), (*c*)

84. रबीन्द्रनाथ द्वारा रचित निम्नलिखित काव्यों को कालानुक्रमानुसार अनुक्रम में लगाइए।

(*a*) कोरी-ओ-कोमल
(*b*) सोनार तोरी
(*c*) छवि-ओ-गान
(*d*) मानसी
(*e*) कल्पना

नीचे दिए गए विकल्पों में से सही उत्तर का चयन कीजिए :

A. (*a*), (*b*), (*c*), (*d*), (*e*)
B. (*d*), (*e*), (*a*), (*c*), (*b*)
C. (*b*), (*c*), (*e*), (*a*), (*d*)
D. (*c*), (*a*), (*d*), (*b*), (*e*)

85. प्रकाशन-वर्ष के अनुसार, काल क्रमानुसार व्यवस्थित कीजिए :

(*a*) कोरी-ओ-कोमल (*b*) संध्या संगीत
(*c*) विसर्जन (*d*) प्रभात संगीत

नीचे दिए गए विकल्पों में से सही उत्तर का चयन कीजिए :

A. (*a*), (*b*), (*c*), (*d*) B. (*c*), (*a*), (*b*), (*d*)
C. (*b*), (*d*), (*a*), (*c*) D. (*d*), (*c*), (*b*), (*a*)

86. निम्नलिखित को कालक्रमानुसार व्यवस्थित कीजिए।

(*a*) मायार खेला (*b*) काल मृगया
(*c*) विसर्जन (*d*) बउठकुरानी हाट

नीचे दिए गए विकल्पों में से सही उत्तर का चयन कीजिए :

A. (*d*), (*c*), (*b*), (*a*) B. (*c*), (*b*), (*d*), (*a*)
C. (*b*), (*d*), (*a*), (*c*) D. (*a*), (*b*), (*c*), (*d*)

87. गीत बितान के अनुसार अनुक्रम रूप में व्यवस्थित कीजिए :

(*a*) नाय नाय भाय हावे हावे जाय
(*b*) आमरा मिलेछी आज माएर डाके
(*c*) जन गण मन अधिनायक जय हे
(*d*) आमरा सबई राजा आमादेर एई

नीचे दिए गए विकल्पों में से सही उत्तर का चयन कीजिए :

A. (*b*), (*d*), (*a*), (*c*) B. (*a*), (*b*), (*c*), (*d*)
C. (*c*), (*d*), (*b*), (*a*) D. (*d*), (*c*), (*b*), (*a*)

88. नीचें दो कथन दिए गए हैं :

कथन-I : 'मारोनसागोरेपारे तोमरा आमोर'—यह गीत बेलादेवी के निधन के अवसर पर रवीन्द्रनाथ टैगोर द्वारा लिखा गया है।

कथन-II : बेलादेवी रबीन्द्रनाथ की बड़ी (ज्येष्ठ) पुत्री थी।

उपर्युक्त कथनों के आलोक में, निम्नलिखित विकल्पों में से सही उत्तर का चयन कीजिए :

A. कथन I और II दोनों सत्य हैं।
B. कथन I और II दोनों असत्य हैं।
C. कथन I सत्य है, किन्तु कथन II असत्य है।
D. कथन I असत्य है, किन्तु कथन II सत्य है।

89. नीचे दो कथन दिए गए हैं : एक अभिकथन (A) के रूप में लिखित है तो दूसरा उसके कारण (R) के रूप में :

अभिकथन (A) : रवीन्द्रनाथ ने शांतिनिकेतन में शिक्षा प्रणाली के एक प्रकार के माध्यम से मन की स्वतंत्रता को वरीयता दी।

कारण (R) : रवीन्द्रनाथ अपनी विद्यालयी (स्कूल) - शिक्षा के समय स्कूल शिक्षा - व्यवस्था के साथ सामंजस्य नहीं बना सके।

उपर्युक्त कथनों के आलोक में निम्नलिखित विकल्पों में से सही उत्तर का चयन कीजिए :

A. (A) और (R) दोनों सत्य हैं और (R), (A) की सही व्याख्या है।
B. (A) और (R) दोनों सत्य हैं, लेकिन (R), (A) की सही व्याख्या नहीं है।
C. (A) सत्य है, लेकिन (R) असत्य है।
D. (A) असत्य है, लेकिन (R) सत्य है।

90. नीचे दो कथन दिए गए हैं : एक अभिकथन (A) के रूप में लिखित है तो दूसरा उसके कारण (R) के रूप में :

अभिकथन (A) : रवीन्द्रनाथ ने 1920 के दशक के अंत में स्वयं को विश्व के समक्ष एक चित्रकार के रूप में प्रस्तुत किया और उनकी चित्रकलाएं (पेंटिंग) यूएसए और यूरोप के कई स्थानों पर प्रदर्शित की गईं।

कारण (R) : रवीन्द्रनाथ ने अपनी चित्रकारी (पेन्टिंग) को पंक्तियों में की गई पद्यरचना के रूप में माना।

उपर्युक्त कथनों के आलोक में, निम्नलिखित विकल्पों में से सही उत्तर का चयन कीजिए :

A. (A) और (R) दोनों सत्य हैं और (R), (A) की सही व्याख्या है।
B. (A) और (R) दोनों सत्य हैं, लेकिन (R), (A) की सही व्याख्या नहीं है।
C. (A) सत्य है, लेकिन (R) असत्य है।
D. (A) असत्य है, लेकिन (R) सत्य है।

निर्देश (प्र.सं. 91 से 95 तक): *निम्नलिखित गद्यांश को सावधानीपूर्वक पढ़िए और पूछे गए प्रश्नों के उत्तर दीजिए।*

जैसा कि हमने पहले ही देखा है, शांतिनिकेतन की एक स्कूल के रूप में शुरूआत टैगोर ने केवल 5 विद्यार्थियों से की और टैगोर वहीं बस गए और अपनी पत्नी को अपने कलकत्ता स्थित (1902) परिवार से दूर, स्वयं से संबंधित विषय-क्षेत्र में प्रवेश कराया। वे अपने विद्यालय के व्यय (खर्च) के भुगतान हेतु, यहाँ तक कि अपनी पत्नी के गहनों को बेच देने के लिए विवश हुए। राष्ट्रीय शिक्षा आन्दोलन के प्रति उनकी सेवा उनके वहाँ पर वर्ष 1907 में संस्थापित किए गए वसन्त उत्सव जैसे, शांतिनिकेतन में किए गए उनके स्वयं के प्रयोगों का मात्र किया गया विस्तार था। यह नवोन्मेष (नवप्रवर्तन) हिन्दू पवित्र उत्सवों के चक्र से भिन्न वस्तुओं का उत्सव मनाने की एक नयी संस्कृति की शुरूआत करने के तौर पर चिह्नित किया जाता है। पाटीसर स्थित टैगोर एस्टेट्स में उन्होंने ग्रामीण पुनर्संरचना के क्षेत्र में वर्ष 1908 में प्रयोग आरंभ किए जो कि भविष्य में सुरुल श्रीनिकेतन एजेंडा (कार्यसूची) के रूप में पूर्वानुमानित था। इस समय तक टैगोर के आश्रम सुविख्यात स्कूल के रूप में स्थापित हो गए थे और उनके स्वयं के चमत्कार (करिश्मा) ने दूर के लोगों जैसे विलियन रॉथेन्स्टाइन और आनन्द कुमार स्वामी (1911 में आए दर्शक) को आकर्षित करने लगे। नोबेल प्राइज पुरस्कार की प्राप्ति (1913) ने शांतिनिकेतन में आने वाले विद्वान आगंतुकों की संख्या में काफी वृद्धि की।

91. टैगोर ने अपना विद्यालय लगभग किस वर्ष की आयु में आरंभ किया?

A. 30 वर्ष की आयु
B. 40 वर्ष की आयु
C. 50 वर्ष की आयु
D. 55 वर्ष की आयु

92. शांतिनिकेतन स्थित स्कूल के अनुभव ने टैगोर को निम्नांकित किससे जुड़ने में सहायता प्रदान की?

A. वसन्त उत्सव
B. राष्ट्रीय शिक्षा आंदोलन
C. पत्नी के गहनों को बेचना
D. वस्तुओं के उत्सव मनाने की एक नयी संस्कृति

93. शांतिनिकेतन में मनाए जाने वाले मौसमी उत्सव के बारे में निम्नलिखित में से कौन-सा कथन गलत है?

A. यह हिन्दू पवित्र उत्सवों के चक्र से समानता रखता है।

B. यह विशिष्ट प्रयोग और संस्कृति है।

C. यह टैगोर द्वारा आरंभ किया गया था।

D. यह 1907 के बाद प्रारंभ हुआ।

94. टैगोर के ग्रामीण पुनर्संरचना की जड़ें (मूल) निम्नांकित किस स्थान पर स्थापित हुई है?

A. शांतिनिकेतन

B. सुरुल श्रीनिकेतन

C. पाटीसर

D. कलकत्ता

95. बौद्धिक लोग बड़ी संख्या में शांतिनिकेतन में निम्नांकित किसके बाद से आने लगे?

A. शांतिनिकेतन में विद्यालय के निर्माण।

B. वसन्त उत्सव।

C. टैगोर को जब नोबेल पुरस्कार प्राप्त हो गया।

D. सुरुल श्रीनिकेतन में ग्रामीण पुनर्सरचना।

निर्देश (प्र.सं. 96 से 100 तक): *निम्नलिखित गद्यांश को सावधानीपूर्वक पढ़िए और पूछे गए प्रश्नों के उत्तर दीजिए।*

टैगोर : मानवीय मामलों में लचीलेपन का तत्व तथा एक लघु सीमा (रेंज) में वह थोड़ी स्वतंत्रता भी निहित है, जो हमारे व्यक्तित्व की अभिव्यक्ति के लिए होती हैं। यह भारत की संगीत पद्धति के जैसे है, जो कि पश्चिमी संगीत की तरह अधिक कठोर नहीं है। हमारे संगीतकारों ने कतिपय निश्चित खाका, राग और लयबद्ध विन्यास की एक पद्धति उपलब्ध करायी है और वादक कुछ सीमा के भीतर इसमें विस्तार (संगीत का तत्क्षण सृजन) कर सकता है। उसे अवश्य ही विशिष्ट राग के नियम के साथ समान होना चाहिए और फिर वह विहित विनियमन के भीतर अपनी संगीतमयी भावनाओं को स्वतः स्फूर्त अभिव्यक्ति दे सकता है। हम संगीतकार के, रागों की एक महा-संरचना के साथ एक आधार निर्मित करने हेतु हम संगीतकार की प्रतिभा की प्रशंसा करते हैं, किंतु हम किसी वादक से सुरीलेपन (रागात्मक) स्थापना और अलंकरण के परिवर्तित रूपों के सृजन में स्वयं के उसके कौशलपूर्ण होने की अपेक्षा रखते हैं। सृजन में हम अस्तित्व के मुख्य नियम का अनुसरण करते हैं, किंतु यदि हम स्वयं को इससे अलग नहीं करते है तो हम लक्ष्यहीन हो जाते हैं। हम पूर्णतया आत्म अभिव्यक्ति हेतु हमारे व्यक्तित्व की सीमाओं के भीतर पर्याप्त स्वतंत्रता प्राप्त कर सकते हैं।

आइन्सटाइन : यह केवल तभी संभव है जब लोगों के मन को निर्देश देने हेतु संगीत के क्षेत्र में मजबूत कलात्मक वहाँ परंपरा है। यूरोप में संगीत लोकप्रिय कला और लोकप्रिय भावनाओं से दूर होता गया है और इसके स्वयं की प्रथाओं और परंपराओं के साथ एक गुप्त कला के जैसे बन गया है।

96. भारतीय संगीत के बारे में निम्नलिखित में से कौन-सा सही है?

A. गुप्त कला

B. बहुत कठोर

C. संगीतकार को पूर्ण श्रेय प्राप्त होता है

D. एक सीमा के भीतर अभिव्यक्ति की स्वतंत्रता प्राप्त है

97. टैगोर के अनुसार, भारतीय संगीत का आन्तरिक उद्देश्य है ;

A. राग और लयबद्ध विन्यास

B. अस्तित्व का नियम

C. व्यक्तित्व की अभिव्यक्ति

D. राग का अलंकरण

98. भारतीय संगीत जिसमें कलाकार निम्नलिखित क्षेत्र हेतु पर्याप्त स्वतंत्रता पाते हैं :

A. अक्षर (टेक्स्ट) का विस्तार

B. संगीत भावनाओं की अभिव्यक्ति

C. सुरीलेपन (रागात्मकता) की महा-संरचना में

D. राग और लयात्मक विन्यास

99. आइन्स्टाइन के अनुसार पूर्णतया आत्म-अभिव्यक्ति कहाँ संभव है?

A. संगीत गुप्त होती है

B. संगीत एक लोकप्रिय कला नहीं है

C. कलाओं में मजबूत व्यक्तित्व पाया जाता है

D. संगीत की मजबूत कलात्मक परंपरा है

100. टैगोर के अनुसार, विहित सीमा के भीतर आत्म अभिव्यक्ति निम्नांकित किस पर निर्भर करती है?

A. संगीतकारों के विहित नियमों पर

B. संगीत की आधारशिला पर

C. कलाकार के कौशल पर

D. सुरीलापन (रागात्मक) अलंकरण पर

भाग–V

अवनद्ध वाद्य

26. प्राचीन काल में गायन की संगति हेतु किस वाद्य का प्रयोग होता था?

A. शुद्रघंटिका B. वीणा
C. करटा D. नक्कारा

27. 'सुदर्शन' नामक नवीन ठेके का निर्माण किस पखावज वादक द्वारा किया गया?

A. पं. कुदऊ सिंह
B. पं. नाना पानसे
C. पं. सखाराम बुआ आगले
D. पं. मदन मोहन उपाध्याय

28. पं. अनिल भट्टाचार्य (कोलकाता) के गुरु का क्या नाम है?

A. पं. राम सहाय B. पं. बलदेव सहाय
C. खलीफा वाजिद हुसैन D. उस्ताद आबिद हुसैन

29. राजा चक्रधर सिंह जुदेव ने कौन-सा ग्रंथ नहीं लिखा है?

A. तालतोय निधि B. नर्तन सर्वस्व
C. राग रत्न मंजूषा D. मृदंग सागर

30. यामिनी कृष्णामूर्ति, नृत्य की किस विधा से संबंधित है?

A. कथक B. मणिपुरी
C. भरतनाट्यम D. ओडिसी

31. किस गायन शैली की संगति में एकताल व तीनताल का प्रयोग किया जाता है?

A. तराना B. सादरा
C. भजन D. गजल

32. तबला वादन की किस रचना में ताल की स्पष्ट छाप दिखाई देती है?

A. उठान B. परन
C. कायदा D. टुकड़ा

33. पाश्चात्य संगीत में तारता वाला वाद्य है :

A. ग्लौकमस्पाइल B. गांग
C. सिंबल्स D. टेबूरिंग

34. लोक अवनद्ध वाद्य 'डफ' को तेलुगु भाषा में क्या कहा जाता है?

A. चंग B. टप्पू
C. डप्पू D. डफला

35. दुंदुभि वाद्य को शहनाई या नफरी के साथ बजाने को कहते थे :

A. सौबत B. नौबत
C. जुगलबंदी D. जवाब-सवाल

36. दाएं तबले पर स्याही के मध्य भाग पर चारों ऊँगलियां जोड़कर प्रहार करने पर किस वर्ण की उत्पत्ति होगी?

A. ति B. ता
C. दिं D. रा

37. प्राचीन काल में नखज, वायुज, चर्मज, लोहज व शरीरज वर्गों में से कौन-से वर्ग लय-ताल के लिए प्रयुक्त होते थे?

A. नखज-वायुज B. वायुज-चर्मज
C. चर्मज-लोहज D. लोहज-शरीरज

38. जिन बोलों को उल्टा पढ़ो या सीधा व एक समान ही लगे, वह रचना कहलाती है?

A. लोट पलट B. उल्टा सीधा
C. लोम विलोम D. पल्टा

39. मंजेदार गत का वादन प्रायः किस घराने में होता है?

A. पंजाब B. बनारस
C. अजराड़ा D. फर्रुखाबाद

40. 'लय को सुन्दर रूप देने के लिए जो सिद्धांत, नियम या मार्ग है', उसे कहते हैं :

A. कला B. मार्ग
C. गति D. यति

41. मत्तताल का एक आवर्तन चौगुन तथा लक्ष्मीताल का एक आवर्तन चौगुन समायोजित होकर किस ताल में सम से सम तक आएगा?

A. बसंत B. झपताल
C. रूपक D. दादरा

42. किस ताल की एक आवर्तन तिगुन झपताल के ठेंके में 8वीं मात्रा से प्रारम्भ होगी?

A. दादरा ताल B. कहरवा ताल
C. झपताल D. बसंत ताल

43. राज तुलजाराव भौंसले द्वारा रचित ग्रंथ है?

A. संगीतसार B. ताल चन्द्रिका
C. संगीत सारामृत D. संगीत मण्डन

44. 'संगीत दर्पण' ग्रंथ में वाद्याध्याय है :

A. 5 B. 6
C. 7 D. 8

45. कमाली चक्रदार के एक पल्ले में बाईस मात्रा का पल्ला व दो मात्रा का 'धा' रखा जाए तो वह किस ताल में आएगा?

A. एक ताल B. रुद्र
C. बसंत D. झपताल

46. संगीत सारग्रंथ में तालाध्याय है?

A. 4 B. 5
C. 6 D. 7

47. किस ग्रंथ में 'वाद्य रत्नकोश' नाम से वाद्यों का विवेचन किया है?

A. संगीत समयसार B. संगीत राज
C. भरतार्णव D. संगीत मकरंद

48. 'नर्तन निर्णय' के लेखक हैं :

A. पं. व्यंकट मखी B. नान्यदेव
C. पुण्डरीक विट्ठल D. पं. अहोबल

49. 'फण्डामेन्टल्स ऑफ राग एंड ताल विद् ए न्यू सिस्टम ऑफ नेशन' पुस्तक के लेखक हैं :

A. पं. पन्नालाल घोष B. पं. ज्ञानप्रकाश घोष
C. पं. निखिल घोष D. पं. सुधीर कुमार वर्मा

50. नाट्यशास्त्र के अनुसार 'मार्जना' है :

A. कर्मारवी B. षट्करणं
C. त्रिसंयोग D. आलिप्त

51. किस ग्रंथ के अनुसार 'श्री कृष्ण जब अपनी बंशी से राधा की पुकार करते थे तो उसका काल 'प्लुत' या '3' मात्रा के समतुल्य होता था।'

A. संगीत दर्पण B. संगीत राज
C. संगीत दामोदर D. संगीत

52. पाश्चात्य संगीत में चार मात्रा को तीन मात्रा में बजाने को कहते हैं?

A. डुप्लेट B. क्वाड्रप्लेट
C. ट्रिप्लेट D. सेप्टोलेट

53. कर्नाटिकी ताल पद्धति में विसर्जितम् के कितने प्रकार हैं?

A. 2 B. 3
C. 4 D. 5

54. मृदंगम में चक्रदार जैसी रचना को कहते हैं :

A. कोरवाइ B. तीरुमानम्
C. मोराकोरवाइ D. मुक्ताइपु

55. रुद्र ताल का सादा टुकड़ा किस ताल में चक्रदार बनकर आएगा?

A. तीनताल B. झपताल
C. रूपकताल D. पंचम सवारी ताल

56. फर्माइशी चक्रदार के एक पल्ले में उन्नीस (19) मात्रा का पल्ला व डेढ़ मात्रा का 'धा' रखा जाए तो वह किस ताल में आएगा?

A. झपताल B. पंचमसवारी
C. एकताल D. तीनताल

57. संगीत रत्नाकर में वर्णित वर्णायति किस ताल के समान है?

A. पंचताल B. एकताल
C. चारताल D. तीनताल

58. पं. नान्यदेव द्वारा लिखित भरत भाष्य ग्रंथ में देशी तालों की संख्या है?

A. 101 B. 65
C. 120 D. 68

59. किस ताल की तिगुन एक बार बोलने पर $5\frac{2}{3}$ मात्रा में आएगी?

A. तीनताल B. शिखरताल
C. झपताल D. पंचम सवारी ताल

60. पंचम सवारी की दो आवर्तन पचगुन तथा तीनताल की एक आवर्तन चौगुन मिलकर किस ताल में सम से सम तक समायोजित होगी?

A. एकताल B. झपताल
C. रूद्र D. रूपक

61. उस्ताद अहमदजान थिरकवा के शिष्य हैं?

(*a*) पं. भाई गायतोण्डे (*b*) पं. सुधीर मायंकर

(*c*) पं. सुरेश तलवलकर (*d*) पं. बापू पटवर्धन

नीचे दिए गए विकल्पों में से सही उत्तर का चयन कीजिए :

A. केवल (*a*) और (*b*) B. केवल (*a*) और (*d*)

C. केवल (*b*) और (*c*) D. केवल (*d*) और (*b*)

62. पं. नन्दिकेश्वर द्वारा लिखित ग्रंथ है?

(*a*) संगीत मकरंद (*b*) भरत भाष्यम्

(*c*) भरतार्णव (*d*) अभिनय दर्पण

(*e*) अभिनव ताल मंजरी

नीचे दिए गए विकल्पों में से सही उत्तर का चयन कीजिए :

A. केवल (*a*) और (*c*) B. केवल (*b*) और (*d*)

C. केवल (*c*) और (*d*) D. केवल (*d*) और (*e*)

63. दक्षिण भारत के लोक अवनद्ध वाद्य हैं :

(*a*) पुल्लुवन कुडम (*b*) श्रीखोल

(*c*) उर्मी (*d*) भाण

(*e*) तुम्बकी

नीचे दिए गए विकल्पों में से सबसे उपयुक्त उत्तर का चयन कीजिए :

A. केवल (*a*) और (*c*) B. केवल (*a*) और (*d*)

C. केवल (*b*) और (*c*) D. केवल (*c*) और (*d*)

64. किस छंद का दादरा ताल से साम्य है?

(*a*) भुजंगप्रयात (*b*) चामर

(*c*) पंचचामर (*d*) हरिगीतिका

नीचे दिए गए विकल्पों में से सही उत्तर का चयन कीजिए :

A. केवल (*b*) और (*c*) B. केवल (*a*) और (*b*)

C. केवल (*c*) और (*d*) D. केवल (*b*) और (*d*)

65. बनारस घराने के नृत्यकार हैं :

(*a*) पं. गोपीकृष्ण (*b*) पं. अच्छन महाराज

(*c*) पं. लच्छु महाराज (*d*) पं. बिरजु महाराज

(*e*) श्रीमती सितारादेवी

नीचे दिए गए विकल्पों में से सही उत्तर का चयन कीजिए :

A. केवल (*a*) और (*d*) B. केवल (*a*) और (*e*)

C. केवल (*b*) और (*c*) D. केवल (*a*) और (*c*)

66. झपताल का एक आवर्तन दुगुन तथा कहरवा का एक आवर्तन चौगुन समायोजित होकर किस ताल में सम से सम तक आएगा :

(*a*) झपताल (*b*) बसंत

(*c*) रूपक (*d*) तीव्रा

(*e*) कहरवा

नीचे दिए गए विकल्पों में से सही उत्तर का चयन कीजिए :

A. केवल (*a*) और (*c*) B. केवल (*c*) और (*b*)

C. केवल (*c*) और (*d*) D. केवल (*a*) और (*e*)

67. कौन-से अवनद्ध वाद्य हैं :

(*a*) पट्टवाद्य (*b*) तुम्बकी

(*c*) कामरा (*d*) डफ्फली

(*e*) क्षुद्र घण्टिका

नीचे दिए गए विकल्पों में से सबसे उपयुक्त उत्तर का चयन कीजिए :

A. केवल (*a*) और (*e*) B. केवल (*b*) और (*d*)

C. केवल (*b*) और (*c*) D. केवल (*a*) और (*d*)

68. किन सुप्रसिद्ध तबला वादकों का जन्म 1940 है?

(*a*) पं. ओंकार गुलवाडी (*b*) पं. सुरेश तलवलकर

(*c*) डॉ. आबान मिस्त्री (*d*) प्रो. किरण देशपांडे

नीचे दिए गए विकल्पों में से सबसे उपयुक्त उत्तर का चयन कीजिए :

A. केवल (*a*) और (*b*) B. केवल (*b*) और (*c*)

C. केवल (*a*) और (*c*) D. केवल (*c*) और (*d*)

69. किस घराने में बंदिशें 'दहेज गत' के नाम से भी मिलतीहैं?

(*a*) अजराड़ा (*b*) लखनऊ

(*c*) पंजाब (*d*) फर्रुखाबाद

(*e*) दिल्ली

नीचे दिए गए विकल्पों में से सबसे उपयुक्त उत्तर का चयन कीजिए :

A. केवल (*b*) और (*c*) B. केवल (*a*) और (*d*)

C. केवल (*b*) और (*d*) D. केवल (*b*) और (*e*)

70. डॉ. आबान ई. मिस्त्री ने तबला वादन की शिक्षा किससे प्राप्त की थी?

(*a*) उस्ताद अहमद जान थिरकवा

(*b*) पं. केकी एस. जिजिना

(*c*) उस्ताद मुनीर खाँ
(*d*) उस्ताद अमीर हुसैन
नीचे दिए गए विकल्पों में से सबसे उपयुक्त उत्तर का चयन कीजिए :
A. केवल (*a*) और (*b*) B. केवल (*b*) और (*c*)
C. केवल (*b*) और (*d*) D. केवल (*a*) और (*d*)

71. मृदंगम् वादक रामनाद ईश्वरन् के सान्निध्य में दक्षिण भारतीय गणितीय ताल पक्ष का प्रशिक्षण किन कलाकारों ने प्राप्त किया?
(*a*) उस्ताद फैयाज खान
(*b*) उस्ताद शफात अहमद खान
(*c*) पं. सुरेश तलवलकर
(*d*) श्री सुधीर पाण्डेय
नीचे दिए गए विकल्पों में से सबसे उपयुक्त उत्तर का चयन कीजिए :
A. केवल (*a*) और (*b*) B. केवल (*d*) और (*b*)
C. केवल (*a*) और (*c*) D. केवल (*c*) और (*d*)

72. सूची-I का सूची-II से मिलान कीजिए :

सूची-I (प्राचीन ताल)	सूची-II (मात्रा)
(*a*) द्विकल चच्चत्पुटः	I. 24
(*b*) यथाक्षर चाचपुटः	II. 48
(*c*) द्विकल षटपितापुत्रकः	III. 6
(*d*) चतुष्कल सम्पक्वेष्टाकः	IV. 16

नीचे दिए गए विकल्पों में से सही उत्तर का चयन कीजिए :

	(*a*)	(*b*)	(*c*)	(*d*)
A.	III	IV	I	II
B.	IV	III	I	II
C.	I	II	III	IV
D.	II	I	IV	III

73. सूची-I का सूची-II से मिलान कीजिए :

सूची-I (पुस्तक)	सूची-II (लेखक)
(*a*) ताल वाद्य परिचय	I. पं. छोटेलाल मिश्र
(*b*) भारतीय ताल में अनेकता में एकता की खोज	II. श्री मनोहर भाल चन्द्र राव
(*c*) ताल प्रसून	III. प्रो. (डॉ.) जमुना प्रसाद पटेल
(*d*) ताल वाद्य शास्त्र	IV. डॉ. गुलशन सक्सेना

नीचे दिए गए विकल्पों में से सही उत्तर का चयन कीजिए :

	(*a*)	(*b*)	(*c*)	(*d*)
A.	III	IV	I	II
B.	II	III	IV	I
C.	I	II	IV	III
D.	III	I	II	IV

74. सूची-I का सूची-II से मिलान कीजिए :

सूची-I (ताल)	सूची-II (एक आवर्तन आड़)
(*a*) चित्र ताल	I. 6 के बाद
(*b*) शिखर	II. $5\frac{2}{3}$ के बाद
(*c*) लक्ष्मी	III. $6\frac{1}{3}$ के बाद
(*d*) कैद फरोदस्त	IV. 5 के बाद

नीचे दिए गए विकल्पों में से सही उत्तर का चयन कीजिए :

	(*a*)	(*b*)	(*c*)	(*d*)
A.	IV	II	I	III
B.	I	II	IV	III
C.	III	II	IV	I
D.	IV	III	II	I

75. सूची-I का सूची-II से मिलान कीजिए :

सूची-I (ग्रंथ)	सूची-II (भाषा)
(*a*) तबला	I. मराठी
(*b*) ताल दीपिका	II. हिन्दी
(*c*) राग ताल चिन्तामणि	III. तेलुगु
(*d*) मणिपुरी ताल प्रकाश	IV. अंग्रेजी

नीचे दिए गए विकल्पों में से सही उत्तर का चयन कीजिए :

	(*a*)	(*b*)	(*c*)	(*d*)
A.	I	III	II	IV
B.	I	II	III	IV
C.	IV	III	II	I
D.	II	I	III	IV

76. सूची-I का सूची-II से मिलान कीजिए :

सूची-I (कलाकार)	सूची-II (घराना)
(*a*) उस्ताद हशमत अली खान	I. लखनऊ घराना
(*b*) उस्ताद शेख दाऊद	II. दिल्ली घराना

(*c*) पं. हिरेन्द्र कुमार गांगुली — III. अजराड़ा घराना

(*d*) उस्ताद बशीर अहमद — IV. फर्रुखाबाद

नीचे दिए गए विकल्पों में से सही उत्तर का चयन कीजिए :

	(*a*)	(*b*)	(*c*)	(*d*)
A.	II	IV	III	I
B.	III	IV	I	II
C.	III	I	IV	II
D.	I	IV	II	III

77. सूची-I का सूची-II से मिलान कीजिए :

सूची-I (पुस्तक)	सूची-II (तालाध्याय)
(*a*) संगीत दामोदर	I. तृतीय स्तवक
(*b*) संगीत समयसार	II. सप्तमाधिकरण
(*c*) संगीत रत्नाकर	III. पंचम अध्याय
(*d*) संगीत सूर्योदय	IV. प्रथम अध्याय

नीचे दिए गए विकल्पों में से सही उत्तर का चयन कीजिए :

	(*a*)	(*b*)	(*c*)	(*d*)
A.	I	II	III	IV
B.	IV	III	II	I
C.	II	IV	III	I
D.	III	II	I	IV

78. सूची-I का सूची-II से मिलान कीजिए :

सूची-I (पुस्तक)	सूची-II (लेखक)
(*a*) अवनद्ध वाद्य	I. डॉ. अनामिका कुमारी
(*b*) अवनद्ध वाद्यों में ध्वनि विकास	II. डॉ. महेन्द्र प्रसाद शर्मा
(*c*) आदिताल थिरकवा शैली	III. पं. नारायण जोशी
(*d*) अप्रचलित कायदे और गतें	IV. पं. सत्यनारायण वशिष्ठ

नीचे दिए गए विकल्पों में से सही उत्तर का चयन कीजिए :

	(*a*)	(*b*)	(*c*)	(*d*)
A.	II	I	III	IV
B.	II	I	IV	III
C.	II	IV	I	III
D.	IV	III	I	II

79. सूची-I का सूची-II से मिलान कीजिए :

सूची-I (कलाकार)	सूची-II (विधा)
(*a*) पं. बलराम पाठक	I. कथक नृत्य
(*b*) उस्ताद अग्गन खान	II. ढोलक
(*c*) उस्ताद गुलाम जफर	III. सितार
(*d*) पं. अच्छन महाराज	IV. नक्कारा

नीचे दिए गए विकल्पों में से सही उत्तर का चयन कीजिए :

	(*a*)	(*b*)	(*c*)	(*d*)
A.	III	IV	II	I
B.	IV	III	II	I
C.	II	III	IV	I
D.	IV	II	III	I

80. सूची-I का सूची-II से मिलान कीजिए :

सूची-I (छंद)	सूची-II (ताल)
(*a*) तोटक छंद	I. फरोदस्त
(*b*) भुजंगप्रयात	II. दादरा
(*c*) भड़ौवा	III. बड़ी सवारी
(*d*) गीतांगी छंद	IV. सूलताल

नीचे दिए गए विकल्पों में से सही उत्तर का चयन कीजिए :

	(*a*)	(*b*)	(*c*)	(*d*)
A.	IV	III	I	II
B.	II	III	IV	I
C.	IV	III	II	I
D.	III	IV	II	I

81. जन्मवर्ष के अनुसार तबला वादकों को आरोहीक्रम में चुनिए।

(*a*) पं. शारदा सहाय

(*b*) उस्ताद अल्लारखा खाँ

(*c*) उस्ताद करमतुल्लाह खाँ

(*d*) प्रो. सुधीर कुमार सक्सेना

नीचे दिए गए विकल्पों में से सही उत्तर का चयन कीजिए :

A. (*a*), (*c*), (*d*), (*b*) B. (*b*), (*c*), (*a*), (*d*)

C. (*c*), (*b*), (*a*), (*d*) D. (*b*), (*c*), (*d*), (*a*)

82. प्राचीन ग्रंथ को आरोही क्रम में चुनिए।

(*a*) बृहद्देशी (*b*) संगीत समयसार

(*c*) भरत भाष्य (*d*) दत्तिलम्

नीचे दिए गए विकल्पों में से सही उत्तर का चयन कीजिए :

A. (*b*), (*d*), (*c*), (*a*) B. (*d*), (*a*), (*c*), (*b*)
C. (*a*), (*b*), (*c*), (*d*) D. (*d*), (*c*), (*a*), (*b*)

83. क्रमशः दिल्ली, लखनऊ, फर्रुखाबाद व बनारस घराने के कलाकारों को चयनित कीजिए :

(*a*) उस्ताद साबिर खाँ (*b*) पं. पूरन महाराज
(*c*) पं. सुभाष निर्वाण (*d*) पं. सपन चौधरी

नीचे दिए गए विकल्पों में से सही उत्तर का चयन कीजिए :

A. (*c*), (*d*), (*a*), (*b*) B. (*a*), (*b*), (*d*), (*c*)
C. (*b*), (*c*), (*d*), (*a*) D. (*d*), (*c*), (*a*), (*b*)

84. वरिष्ठ से कनिष्ठ क्रम में लिखिए :

(*a*) पं. किशन महाराज (*b*) पं. बलदेव सहाय
(*c*) पं. पूरन महाराज (*d*) पं. कंठे महाराज

नीचे दिए गए विकल्पों में से सही उत्तर का चयन कीजिए :

A. (*b*), (*c*), (*a*), (*d*) B. (*b*), (*d*), (*a*), (*c*)
C. (*c*), (*a*), (*b*), (*d*) D. (*d*), (*a*), (*b*), (*c*)

85. विभाग के अनुसार तालों को उतरते क्रम में लिखिए :

(*a*) गजझंपा ताल (*b*) रास ताल
(*c*) शिखर ताल (*d*) मत्त ताल

नीचे दिए गए विकल्पों में से सही उत्तर का चयन कीजिए :

A. (*b*), (*c*), (*d*), (*a*) B. (*b*), (*d*), (*c*), (*a*)
C. (*a*), (*c*), (*d*), (*b*) D. (*c*), (*d*), (*a*), (*b*)

86. संगीत कार्यालय, हाथरस द्वारा प्रकाशित विशेष संगीत अंकों को अवरोही क्रम में चुनिए :

(*a*) वाद्य-वादन अंक (*b*) ताल अंक
(*c*) मृदंग अंक (*d*) वाद्य संगीत अंक

नीचे दिए गए विकल्पों में से सही उत्तर का चयन कीजिए :

A. (*a*), (*b*), (*c*), (*d*) B. (*b*), (*c*), (*d*), (*a*)
C. (*c*), (*d*), (*a*), (*b*) D. (*a*), (*c*), (*d*), (*b*)

87. जन्म वर्ष के आधार पर घटते क्रम में लिखिए :

(*a*) उस्ताद फैयाद खाँ
(*b*) उस्ताद इनाम अली खाँ
(*c*) उस्ताद लतीफ खाँ
(*d*) उस्ताद शफात अहमद खाँ

नीचे दिए गए विकल्पों में से सही उत्तर का चयन कीजिए :

A. (*b*), (*c*), (*a*), (*d*) B. (*d*), (*c*), (*a*), (*b*)
C. (*b*), (*a*), (*c*), (*d*) D. (*a*), (*c*), (*b*), (*d*)

88. नीचे दो कथन दिए गए हैं :

कथन-I : पं. बैजू महाराज फर्द के विशेषज्ञ माने जाते थे।

कथन-II : पं. बैजू महाराज के सुपुत्र सूरज प्रसाद एवं पं. गामा महाराज थे।

उपर्युक्त कथनों के आलोक में, नीचे दिए गए विकल्पों में से सही उत्तर का चयन कीजिए :

A. कथन I और II दोनों सत्य हैं।
B. कथन I और II दोनों असत्य हैं।
C. कथन I सत्य है, लेकिन कथन II असत्य है।
D. कथन I असत्य है, लेकिन कथन II सत्य है।

89. नीचे दो कथन दिए गए हैं : एक अभिकथन (A) के रूप में लिखित है तो दूसरा उसके कारण (R) के रूप में :

अभिकथन (A) : दत्तिलम् ग्रंथ में आचार्य भरत के नाट्यशास्त्र की परंपरा का उल्लेख मिलता है।

कारण (R) : पं. दत्तिल, पं. भरत के प्रमुख शिष्य कोहल के शिष्य थे।

उपर्युक्त कथनों के आलोक में, नीचे दिए गए विकल्पों में से सबसे उपयुक्त उत्तर का चयन कीजिए।

A. (A) और (R) दोनों सही हैं और (R), (A) की सही व्याख्या है।
B. (A) और (R) दोनों सही हैं, लेकिन (R), (A) की सही व्याख्या नहीं है।
C. (A) सही है, लेकिन (R) सही नहीं है।
D. (A) सही नहीं है, लेकिन (R) सही है।

90. नीचे दो कथन दिए गए हैं : एक अभिकथन (A) के रूप में लिखित है तो दूसरा उसके कारण (R) के रूप में :

अभिकथन (A) : उस्ताद मारित खाँ रामपुर दरबार के संगीतज्ञ थे।

कारण (R) : उनका संपूर्ण योगदान रामपुर दरबार में समर्पित रहा।

उपर्युक्त कथनों के आलोक में, नीचे दिए गए विकल्पों में से सबसे उपयुक्त उत्तर का चयन कीजिए।

A. (A) और (R) दोनों सही हैं और (R), (A) की सही व्याख्या है।

B. (A) और (R) दोनों सही हैं, लेकिन (R), (A) की सही व्याख्या नहीं है।

C. (A) सही है, लेकिन (R) सही नहीं है।

D. (A) सही नहीं है, लेकिन (R) सही है।

निर्देश (प्र.सं. 91 से 95 तक): *निम्नलिखित गद्यांश को सावधानीपूर्वक पढ़िए और पूछे गए प्रश्नों के उत्तर दीजिए।*

भारतीय संगीत की एक महत्वपूर्ण क्रिया तिहाई है। संगीत की तीनों विधाओं में तिहाई का प्रयोग होता है। तिहाई किसी ताल की नहीं अपितु मात्रा की होती है। मात्राओं में तिहाई बनाकर उसे किसी भी ताल में बाँधा जा सकता है। तिहाई कालखण्ड की गणना के आधार पर बनने वाली एक रचना है। तिहाई बनाने का नियम यह है कि जितनी मात्राओं की तिहाई बनानी है उस संख्या में तीन से उतनी ही बार भाग देना चाहिए जिससे कि कुछ न कुछ शेष अवश्य बचे। फिर भागफल में शेषफल का आधा जोड़ देना चाहिए। इस प्रकार प्राप्त संख्या में तिहाई का मुखड़ा, 'धा' व विश्रांति शामिल होती है। दो पल्ले तो इसी प्रकार के होते हैं जबकि तीसरे पल्ले की लंबाई केवल भागफल के बराबर होती है। तिहाई का प्रयोग वर्तमान में गणित के सूक्ष्म पक्ष पर आधारित है।

91. तीनताल में तिहाई का मुखड़ा यदि साढ़े चार मात्रा का रखा जाए तो पल्लों के बीच 'धा' का मान दम सहित कितनी मात्रा का होगा?

A. डेढ़ मात्रा B. दो मात्रा
C. सवा मात्रा D. पौने दो मात्रा

92. बसंत ताल में तिहाई के पल्लों के बीच 'धा' का मान दम सहित डेढ़ मात्रा है तो मुखड़ा का मान क्या होगा?

A. तीन B. दो
C. ढाई D. डेढ़

93. गिनती की तिहाईयों का प्रचलन किस विधा में सर्वाधिक है?

A. कथक B. तबला
C. पखावज D. मृदंगम

94. तिहाई की तिहाई को क्या कहा जाता है?

A. नौहक्का B. चक्रदार तिहाई
C. चक्रदार D. बेदम

95. किस वाद्य में तिहाई का प्रयोग भिन्न तरीके से होता है?

A. तबला B. नगाड़ा
C. पखावज D. मृदंगम

निर्देश (प्र.सं. 96 से 100 तक): *निम्नलिखित गद्यांश को सावधानीपूर्वक पढ़िए और पूछे गए प्रश्नों के उत्तर दीजिए।*

तबला वादन में फर्रुखाबाद घराना बहुत ही महत्वपूर्ण स्थान रखता है। इस घराने में रेलों को एक नवीन रूप दिया गया। फलस्वरूप उसे फर्रुखाबाद 'रौ' अथवा रविश के नाम से प्रसिद्धि मिली। इस घराने में रचनाकारों की एक बड़ी श्रृंखला है। 'गत' इस घराने की सबसे बड़ी विशेषता है। तबले के हर वर्ण से इस घराने में गतें प्राप्त होती हैं। इस घराने की समृद्धि में हर पीढ़ी के कलाकारों व रचनाकारों ने अपना महती योगदान दिया है। इस घराने की बंदिशें विभिन्न जातियों में उपलब्ध है। साथ ही 'यति' का प्रयोग इस घराने की बंदिशों में सौन्दर्यपूर्णता से किया गया है। खुले व बंद वर्णों व बोलों के सुंदर संयोजन से काव्यात्मक बंदिशों की रचना इस घराने में हुई। जिसे इस घराने की शायरी कहा जाता है। आज देशविदेश के हर कोने में फर्रुखाबाद के प्रसिद्ध कलाकार स्थापित हैं जो तबला वादन को नवीन दिशा प्रदान कर इसका परचम फैला रहे हैं।

96. फर्रुखाबाद के किस कलाकार को सर्वप्रथम पद्म पुरस्कार मिला?

A. उस्ताद आमिर हुसैन खाँ
B. उस्ताद करामतुल्ला खाँ
C. पंडित निखिल घोष
D. उस्ताद अहमद जान थिरकवा

97. फर्रुखाबाद के किस कलाकार को मिश्र जाति में बंदिशों की रचना करने का श्रेय प्राप्त है?

A. उस्ताद अहमद जान थिरकवा
B. उस्ताद हबीबुद्दीन खाँ
C. उस्ताद अमीर हुसैन खाँ
D. उस्ताद शमशुद्दीन खाँ

98. निम्न में से कौन-सा 'गत' प्रकार फर्रुखाबाद का नहीं है?

A. मंजेदार गत B. गेंद उछाल गत
C. चारबाग गत D. लाहौरी गत

99. फर्रुखाबाद घराने के प्रसिद्ध रचनाकार थे :

A. उस्ताद बड़े मुन्ने खाँ
B. उस्ताद मोदू खाँ
C. उस्ताद चुड़िया इमाम बख्श
D. उस्ताद हाफिज अली

100. बंगाल में फर्रुखाबाद घराने का सर्वाधिक प्रचार-प्रसार करने वाले कलाकार हैं :

A. सपन चौधरी B. कृष्ण कुमार गांगुली
C. ज्ञानप्रकाश घोष D. निखिल घोष

उत्तरमाला

भाग–I

1	2	3	4	5	6	7	8	9	10
B	A	C	C	B	D	D	C	A	B
11	12	13	14	15	16	17	18	19	20
D	B	D	A	B	A	B	A	B	B
21	22	23	24	25					
C	B	B	C	A					

भाग–II : हिन्दुस्तानी संगीत

26	27	28	29	30	31	32	33	34	35
D	A	C	B	D	D	C	B	D	C
36	37	38	39	40	41	42	43	44	45
B	B	D	B	D	C	B	B	B	A
46	47	48	49	50	51	52	53	54	55
D	A	B	C	D	B	C	C	A	D
56	57	58	59	60	61	62	63	64	65
C	C	D	B	A	B	D	A	B	B, C
66	67	68	69	70	71	72	73	74	75
D	D	D	B	A	D	D	A	A	D
76	77	78	79	80	81	82	83	84	85
C	C	B	B	D	A	A	B	B	A
86	87	88	89	90	91	92	93	94	95
B	B	A	C	A	C	B	C	D	B
96	97	98	99	100					
C	D	D	C	B					

भाग–III : कर्नाटक संगीत

26	27	28	29	30	31	32	33	34	35
B	A	D	D	B	A	B	B	B	C
36	37	38	39	40	41	42	43	44	45
B	D	A	C	D	D	A	C	B	C
46	47	48	49	50	51	52	53	54	55
C	D	A	C	B	D	D	C	C	D
56	57	58	59	60	61	62	63	64	65
C	C	A	B	C	C	C	B	C	C
66	67	68	69	70	71	72	73	74	75
A	B	D	A	B	D	B	C	A	C
76	77	78	79	80	81	82	83	84	85
C	B	A	C	D	B	C	D	D	B

86	87	88	89	90	91	92	93	94	95
A	B	C	C	B	C	C	D	D	C
96	**97**	**98**	**99**	**100**					
B	C	A	A	D					

भाग–IV : रबीन्द्र संगीत

26	27	28	29	30	31	32	33	34	35
B	A	C	C	A	A	D	D	A	B
36	**37**	**38**	**39**	**40**	**41**	**42**	**43**	**44**	**45**
B	D	B	D	B	B	D	C	D	B
46	**47**	**48**	**49**	**50**	**51**	**52**	**53**	**54**	**55**
*	C	C	C	B	D	D	B	B	C
56	**57**	**58**	**59**	**60**	**61**	**62**	**63**	**64**	**65**
B	A	C	D	B	A	C	A	D	C
66	**67**	**68**	**69**	**70**	**71**	**72**	**73**	**74**	**75**
C	A	B	B	D	B	A	C	A	B
76	**77**	**78**	**79**	**80**	**81**	**82**	**83**	**84**	**85**
A	B	C	A	A	B	A	B	D	C
86	**87**	**88**	**89**	**90**	**91**	**92**	**93**	**94**	**95**
C	A	D	A	B	B	B	A	C	C
96	**97**	**98**	**99**	**100**					
D	C	B	D	C					

भाग–V : अवनद्ध वाद्य

26	27	28	29	30	31	32	33	34	35
B	B	C	D	C	A	C	A	C	B
36	**37**	**38**	**39**	**40**	**41**	**42**	**43**	**44**	**45**
C	C	C	D	D	A	D	C	A	D
46	**47**	**48**	**49**	**50**	**51**	**52**	**53**	**54**	**55**
D	B	C	C	A	C	B	B	A	C
56	**57**	**58**	**59**	**60**	**61**	**62**	**63**	**64**	**65**
C	C	B	B	B	B	C	B	A	B
66	**67**	**68**	**69**	**70**	**71**	**72**	**73**	**74**	**75**
C	B	D	C	C	C	B	A	A	B
76	**77**	**78**	**79**	**80**	**81**	**82**	**83**	**84**	**85**
B	A	A	A	D	D	B	A	B	B
86	**87**	**88**	**89**	**90**	**91**	**92**	**93**	**94**	**95**
D	B	C	C	C	C	B	A	B	D
96	**97**	**98**	**99**	**100**					
D	C	D	C	C					

* *Error in Question.*

पिछले प्रश्न-पत्र (हल सहित)

NTA–UGC-NET जूनियर रिसर्च फैलोशिप तथा सहायक प्राध्यापक परीक्षा
(हिन्दुस्तानी संगीत, कर्नाटक संगीत, रबीन्द्र संगीत तथा अवनद्ध वाद्य)
जून–2022
(Online exam held on 11-10-2022)

प्रश्न–पत्र-II

नोट : परीक्षार्थी भाग-I के सभी 25 प्रश्नों के उत्तर दें। यह भाग अनिवार्य है। परीक्षार्थी भाग-II, भाग-III, भाग-IV तथा भाग-V में से किसी एक भाग के सभी 75 प्रश्नों के उत्तर दें। प्रत्येक प्रश्न के दो (2) अंक हैं।

भाग-I

1. निम्नलिखित में से किस गायिका को 'पंडवानी-गायन' के लिए जाना जाता है?

A. तीजन बाई B. गौरी देवी

C. सिद्धेश्वरी देवी D. हीरा बाई

2. सूची-I को सूची-II से सुमेलित कीजिए :

सूची-I (वाद्य)	सूची-II (वाद्यों की श्रेणी)
(*a*) कामायचा	I. अवनद्ध वाद्य
(*b*) मुरली	II. घन वाद्य
(*c*) खंजरी	III. तत्त वाद्य
(*d*) झाँझ	IV. सुषिर वाद्य

नीचे दिए गए विकल्पों में से सही उत्तर चुनिए :

	(*a*)	(*b*)	(*c*)	(*d*)
A.	I	II	IV	III
B.	II	I	III	IV
C.	IV	III	II	I
D.	III	IV	I	II

3. शोध-प्रबंध लिखने के लिए संदर्भ हेतु आवश्यक तत्वों को चिह्नित कीजिए :

(*a*) शोध प्रविधि

(*b*) संदर्भ ग्रंथ-सूची

(*c*) साक्षात्कार

(*d*) पादटिप्पणी

(*e*) स्रोत

नीचे दिए गए विकल्पों में से सही उत्तर चुनें :

A. केवल (*a*) और (*c*)

B. केवल (*b*) और (*c*)

C. केवल (*b*) और (*d*)

D. केवल (*c*) और (*e*)

4. टैगोर गान के 'ताल आड़ खेमटा' की निम्नलिखित विशेषता है :

A. 3 ताली और खाली नहीं

B. 3 ताली और 2 खाली

C. 3 ताली और 1 खाली

D. 4 ताली और 0 खाली

5. राग की पकड़ किसे कहते हैं?

A. राग में लगने वाला मुख्य स्वर

B. राग के आरोहात्मक स्वर

C. राग में लगने वाला राग वाचक स्वर समूह

D. राग में वादी-सम्वादी सहित स्वर समूह

6. थाट बिलावल अथवा धीरशंकराभरणम के सप्तस्वरों में वादी-सम्वादी के कितने युग्म प्राप्त होते हैं?

A. चार
B. पाँच
C. छः
D. सात

7. धमार ताल की एक आवर्तन तिगुन कितनी मात्राओं की होगी?

A. $4\frac{1}{3}$

B. $4\frac{2}{3}$

C. $4\frac{2}{2}$

D. $4\frac{1}{2}$

8. 'लग्गी, लड़ी' का प्रयोग निम्नलिखित में से किस गायन शैली में किया जाता है?

A. धमार
B. ध्रुपद
C. खयाल
D. ठुमरी

9. चौथे स्वस्थान नियम में किन स्वरों में आलाप किया जाता है?

A. द्विगुण स्वर तथा उससे ऊपर के स्वर
B. अंश स्वर तथा द्वयर्ध स्वर तक
C. द्वयर्ध तथा द्विगुण के बीच के स्वर
D. अंश स्वर तथा उससे ऊपर दो स्वर

10. बहुत्व के सही प्रकारों को चुनिए :

(*a*) लंघनमूलक
(*b*) अलंघनमूलक
(*c*) अभ्यास मूलक
(*d*) अनाभ्यास मूलक

नीचे दिए गए विकल्पों में से सही उत्तर चुनें :

A. केवल (*a*) और (*d*)
B. केवल (*b*) और (*c*)
C. केवल (*a*) और (*c*)
D. केवल (*c*) और (*d*)

11. शोध में द्वितीयक स्रोत को चिह्नित कीजिए :

A. साक्षात्कार
B. सांगीतिक रचना
C. मंच-प्रदर्शन विश्लेषण पुनरीक्षण
D. प्रश्नावली

12. ठुमरी गायन के साथ बजने वाली प्रमुख तालें हैं :

(*a*) यति शिखर
(*b*) तिलवाड़ा
(*c*) गजझम्पा
(*d*) जत
(*e*) दीपचंदी

नीचे दिए गए विकल्पों में से सही उत्तर चुनें :

A. केवल (*a*) और (*e*)
B. केवल (*b*) और (*c*)
C. केवल (*d*) और (*e*)
D. केवल (*a*) और (*d*)

13. 'क्रुष्ट' से प्रारंभ किए गए सामसप्तक का पाँचवा स्वर है :

A. तृतीय
B. चतुर्थ
C. मंद्र
D. अतिस्वार्य

14. कर्नाटक संगीत के 'साधारण ग' के समान स्वर हिंदुस्तानी संगीत में कौन-सा है?

A. कोमल रिषभ
B. शुद्ध रिषभ
C. कोमल गंधार
D. शुद्ध मध्यम

15. निम्नलिखित में से खण्ड जाति की ताल कौन-सी है?

A. त्रिताल
B. एकताल
C. दादरा
D. रूपक

16. निम्नलिखित में से गमक प्रकारों को इंगित करें :

I. हुम्फित

II. नामित

III. गिटकरी

IV. अचरक

A. I, II B. II, III

C. II, IV D. I, IV

17. दो बाँसुरियों को एक साथ बजाये जाने वाले लोक वाद्य को कहते हैं :

A. अलगोजा

B. सिंगी

C. मोरचंग

D. ताशा

18. निम्नलिखित में से शोध-लेखन के अंतर्गत, किसे प्राथमिक स्रोत नहीं माना जाता?

A. पाठ्य पुस्तक

B. साक्षात्कार

C. शोध प्रबंध

D. डायरी

19. शोध का विषय चयन करते समय, शोधार्थी को किस पर विचार करना चाहिए?

A. संदर्भ ग्रन्थ-सूची

B. समस्या

C. उपसंहार

D. स्रोत

20. किनमें नौवीं मात्रा पर खाली है?

(*a*) सूलताल

(*b*) रूद्र

(*c*) धमार

(*d*) बसंत

(*e*) पंचम सवारी

नीचे दिए गए विकल्पों में से सही उत्तर चुनें :

A. केवल (*b*) और (*d*)

B. केवल (*a*) और (*c*)

C. केवल (*b*) और (*e*)

D. केवल (*a*) और (*d*)

21. पंचम सवारी के ठेके की, उसी ताल के एक आवर्तन में एक-एक बार दुगुन व चौगुन किस मात्रा के पश्चात प्रारंभ होगी?

A. $3\frac{3}{4}$ B. $3\frac{1}{4}$

C. $3\frac{1}{2}$ D. $2\frac{3}{4}$

22. कौन-सा चर्मज श्रेणी का वाद्य है?

A. ताशा

B. जन्तर

C. भूंगल

D. अलगोजा

23. शोध की रूपरेखा तैयार करने के लिए आवश्यक तत्व हैं :

(*a*) शोध समस्या की स्पष्टता

(*b*) क्रमबद्धता

(*c*) उपलब्ध साहित्य का पुनरावलोकन

(*d*) परिशिष्ट

नीचे दिए गए विकल्पों में से सही उत्तर चुनें :

A. केवल (*a*) और (*b*)

B. केवल (*a*) और (*d*)

C. केवल (*a*), (*b*) और (*c*)

D. केवल (*b*) और (*d*)

24. आधुनिक समय में इनमें से कौन-सा षडज-पंचम संवाद नहीं है?

A. रे-ध

B. ग-नी

C. ध-रें

D. म-सं

25. तान किसे कहते हैं?

A. स्वरों को ताल रहित बजाना

B. स्थायी के स्वरों को प्रदर्शित करने वाला स्वर समूह

C. स्वरों का आरोहात्मक प्रयोग

D. स्वरों का क्रमबद्ध ताल सहित अलंकारिक प्रयोग

भाग-II

हिन्दुस्तानी संगीत (गायन तथा वादन)

26. सौन्दर्य की दृष्टि से राग-विस्तार में क्या तत्व आवश्यक नहीं है?

A. वर्ण, गमक, स्थाय B. छंद, स्वर, ताल
C. लय, काकु, श्रुति D. विसंवाद, विस्वरता

27. बिलावल में किस राग के मिश्रण से 'देवगिरी-बिलावल' बनता है?

A. हमीर B. गोरख कल्याण
C. शुद्ध कल्याण D. यमन

28. निम्नलिखित में से किस विद्वान ने 'संगीत रत्नाकर' पर टीका नहीं लिखी है?

A. गंगाराम B. केशव
C. अभिनव गुप्त D. सिंह भूपाल

29. सुर बहार को अधिकतर किस स्वर में मिलाया जाता है?

A. काली एक के पंचम में
B. काली एक के मध्यम में
C. काली एक के गंधार में
D. सफेद दो में

30. अहोबल का 'तीव्रतरनिषाद', किस आधुनिक स्वर के समान हैं?

A. कोमल नि B. कोमल ध
C. शुद्ध ध D. शुद्ध नि

31. केदार, कामोद तथा छायानट सभी के 'अंतरों' में, कौन-सी स्वरावली समान रूप से प्रयुक्त होती है?

A. सां नि सां-प नि सां
B. म प ध प, नि नि सां
C. ग म ध-ध नि सां
D. प प सां-सां रें सां

32. 'निःशंक', किस विद्वान के नाम के साथ जुड़ा है?

A. ओंकार नाथ B. बृहस्पति
C. शारंग देव D. सोमेश्वर

33. 'मध्यम-ग्राम' की मूर्च्छनाओं से कुल कितने 'षाढ़व-रूप' बनेंगे?

A. 28 B. 7
C. 21 D. 12

34. 'म्यूजिक ऑफ हिन्दुस्तान' के लेखक कौन हैं?

A. ई. क्लेमेन्टस B. ऑगस्टस विलियर्ड
C. ए. फॉक्स स्ट्रैंग्वेज D. कैप्टन सी.आर. डे.

35. कर्नाटक संगीत के रेवगुप्ति के समान कौन-सा हिंदुस्तानी राग है?

A. भूपाली B. विभास
C. सोहनी D. देशकार

36. मधुवन्ती में किन स्वरों का स्वरूप बदलने पर मुलतानी के स्वर प्राप्त होंगे?

A. ग - ध B. रे - ध
C. ग - नी D. रे - नी

37. 'नान्यदेव' ने 'भरतभाष्य' में दोनों ग्रामों के रागों की संख्या मानी है :

A. 45 B. 40
C. 48 D. 484

38. शार्ङ्गदेव के स्वर सप्तक में शुद्ध और विकृत स्वरों की संख्या का सही युग्म चुनिए :

A. 7 एवं 5 B. 7 एवं 12
C. 7 एवं 9 D. 7 एवं 2

39. 'स्वर मेल कला निधि' में उल्लिखित शुद्ध-मध्यम, किस आधुनिक स्वर के समान हैं?

A. तीव्र मध्यम B. शुद्ध मध्यम
C. च्युत पंचम मध्यम D. अंतर गंधार

40. ओंकार, इकार एवं कम्पित गमकों का प्रयोग किस गीति की विशेषता है?

A. शुद्धा गीति B. भिन्ना गीति
C. वेगस्वरा गीति D. गौड़ी गीति

41. हारमोनियम का अर्द्ध-स्वर कितने सेंट का होता है?
A. 100 B. 102
C. 25 D. 300

42. पं. अहोबल ने दो श्रुति पीछे जाने वाले (उतरने वाले) स्वर के लिए किस संज्ञा का प्रयोग किया है?
A. कोमल B. अतिकोमल
C. मृदु D. पूर्व

43. प्राचीन एवं मध्यकालीन ग्रन्थकारों के अनुसार ग्राम रागों के विभाजन का आधार है :
A. गीतियाँ B. विभाषा
C. प्रबन्ध D. ध्रुवा

44. 'अनुरणनात्मक नाद' के लिए संगीत रत्नाकर में क्या संज्ञा मिलती है?
A. उपस्वर B. गीतनुंग
C. अनुध्वनि D. गूँज

45. हिन्दुस्तानी संगीत का राग जोग, दक्षिणी संगीत का कौन-सा राग है?
A. मलयामारुतम् B. मोहनम्
C. नाट D. हिन्दोलम्

46. कजरी गायन विधा के लिए कौन-सा शहर प्रसिद्ध है?
A. गाजीपुर B. जौनपुर
C. मिर्जापुर D. सीतापुर

47. निम्नलिखित ग्रंथों में से कौन-सा ग्रंथ आचार्य कैलाश चन्द्र देव बृहस्पति से सम्बन्धित नहीं है?
A. खुसरो, तानसेन तथा अन्य कलाकार
B. मुसलमान और भारतीय संगीत
C. संगीत चिन्तामणि
D. प्रणव भारती

48. 'सगीत पारिजात' में विकृत स्वरों की सख्या है :
A. 22 B. 7
C. 9 D. 25

49. निम्नलिखित में से कौन-सा राग औडव जाति का नहीं है?
A. खमाज B. देशकार
C. विभास D. तिलंग

50. इनमें से किसको विचित्र वीणा का दूसरा नाम कहा गया?
A. बीन
B. सरस्वती वीणा
C. अलाबु वीणा
D. बट्टा बीन

51. उ. अमजद अली खाँ के गुरु का नाम क्या है?
A. उ. अलाउद्दीन खाँ
B. उ. अलादिया खाँ
C. उ. हाफिज अली खाँ
D. उ. अली अकबर खाँ

52. निम्नलिखित में से किस फिल्म में शिवकुमार शर्मा व हरिप्रसाद चौरसिया ने संगीत निर्देशन किया है?
A. बैजू बावरा
B. सुर संगम
C. सिलसिला
D. लेकिन

53. भिन्न को चुनिए :
A. ढोलक B. सरोद
C. सितार D. सारंगी

54. भिन्न को चुनिए :
A. विजय राघव राव B. रघुनाथ सेठ
C. पन्नालाल घोष D. अनन्त लाल

55. निम्नलिखित हिन्दुस्तानी व कर्नाटकी ठाठों की कौन-सी जोड़ी सुमेलित नहीं है?
A. बिलावल – शंकराभरण
B. भैरव – मायामालव गौल
C. तोड़ी – शुभपंतुवराली
D. मारवा – कामवर्द्धिनी

56. सूरमल्हार के समान स्वरों वाला राग है :
A. सामंत सारंग B. वृंदावनी सारंग
C. मियाँ की सारंग D. शुद्ध सारंग

57. जलतरंग में सामान्यतः कितने प्याले प्रयुक्त किए जाते हैं?
A. पन्द्रह B. सोलह
C. सत्रह D. अठारह

58. शारंग देव ने काकली निषाद को किस श्रुति पर स्थापित किया है?

A. जब निषाद, षड़ज की पहली श्रुति पर स्थापित हो।

B. जब निषाद, षड़ज की दूसरी श्रुति पर स्थापित हो।

C. जब निषाद, षड़ज की तीसरी श्रुति पर स्थापित हो।

D. जब निषाद, षड़ज की चौथी श्रुति पर स्थापित हो।

59. दोनों निषाद व शुद्ध गंधार युक्त रागों को चुनें।

(*a*) मियाँ-मल्हार

(*b*) तिलंग

(*c*) मियाँ की सारंग

(*d*) खमाज

(*e*) कोमल ऋषभ आसावरी

नीचे दिए गए विकल्पों में से सही उत्तर चुनें :

A. केवल (*a*) और (*b*)

B. केवल (*b*) और (*d*)

C. केवल (*b*) और (*e*)

D. केवल (*d*) और (*e*)

60. इनमें से कौन मुख्य रूप से उपशास्त्रीय गायिकाएँ हैं?

(*a*) सिद्धेश्वरी देवी

(*b*) सुहासिनि कोरटकर

(*c*) मोघूबाई कुर्डिकर

(*d*) शोभा गूर्टू

(*e*) हीराबाई बडोदेकर

नीचे दिए गए विकल्पों में से सही उत्तर चुनें :

A. केवल (*a*) और (*d*)

B. केवल (*a*) और (*c*)

C. केवल (*c*) और (*e*)

D. केवल (*b*) और (*c*)

61. सितार वादन में मिजराब का डेढ़ मात्रा का 'बोल' है :

(*a*) दा रा

(*b*) राऽ द

(*c*) दाऽ र

(*d*) द्रा

नीचे दिए गए विकल्पों में से सही उत्तर चुनें :

A. केवल (*a*) और (*c*)

B. केवल (*c*) और (*d*)

C. केवल (*a*) और (*d*)

D. केवल (*b*) और (*c*)

62. इनमें से कौन अलग है?

(*a*) इमरत खाँ

(*b*) शरण रानी

(*c*) अब्दुल हलीम जाफर

(*d*) अली अकबर खाँ

(*e*) अमजद अली खाँ

नीचे दिए गए विकल्पों में से सही उत्तर चुनें :

A. केवल (*a*) और (*c*)

B. केवल (*b*) और (*c*)

C. केवल (*c*) और (*d*)

D. केवल (*a*) और (*e*)

63. उन विद्वानों का चयन करें जिनका शुद्ध-मेल समान था :

(*a*) अहोबल

(*b*) हृदय नारायण देव

(*c*) लोचन

(*d*) मोहम्मद रजा

नीचे दिए गए विकल्पों में से सही उत्तर चुनें :

A. केवल (*a*), (*b*) और (*c*)

B. केवल (*b*), (*c*) और (*d*)

C. केवल (*a*), (*b*) और (*d*)

D. केवल (*a*), (*c*) और (*d*)

64. निम्नलिखित 'श्रुति-अंतरालों' को 'मध्यम-ग्राम' की 'हरिणाश्व' मूर्च्छना के स्वरूपानुसार क्रमबद्ध करें :

(*a*) 3

(*b*) 2

(*c*) 4

नीचे दिए गए विकल्पों में से सही उत्तर चुनें :

A. 4, 3, 4, 2, 4, 3, 2

B. 2, 4, 3, 4, 2, 4, 3

C. 3, 2, 4, 3, 4, 2, 4

D. 4, 3, 2, 4, 3, 4, 2

65. 'प नि सा' स्वर-समुदाय निम्नलिखित में से किन रागों में प्रयुक्त होता है?

(*a*) हमीर

(*b*) देशकार

(*c*) शुद्ध सारंग

(*d*) श्याम कल्याण

(*e*) देस

नीचे दिए गए विकल्पों में से सही उत्तर चुनें :

A. केवल (*a*), (*b*) और (*c*)

B. केवल (*b*), (*c*) और (*d*)

C. केवल (*c*), (*d*) और (*e*)

D. केवल (*a*), (*c*) और (*e*)

66. जयपुर सेनिया घराने के कलाकारों को चुनें :

(*a*) मुश्ताक अली खाँ

(*b*) कार्तिक कुमार

(*c*) मणिलाल नाग

(*d*) देबू चौधरी

(*e*) अन्नपूर्णा देवी

नीचे दिए गए विकल्पों में से सही उत्तर चुनें :

A. केवल (*a*) और (*d*)

B. केवल (*b*) और (*e*)

C. केवल (*b*) और (*c*)

D. केवल (*a*) और (*e*)

67. निम्नलिखित में से विषम पदी तालों को इंगित करें :

(*a*) दीपचंदी

(*b*) झूमरा

(*c*) धमार

(*d*) कहरवा

नीचे दिए गए विकल्पों में से सही उत्तर चुनें :

A. केवल (*a*) और (*b*)

B. केवल (*b*) और (*c*)

C. केवल (*a*) और (*c*)

D. केवल (*c*) और (*d*)

68. आधुनिक ग्रंथों में हमें किस 'लय' के तराने प्राप्त होते हैं?

(*a*) मध्य

(*b*) विलंबित

(*c*) अतिविलंबित

(*d*) वक्र

नीचे दिए गए विकल्पों में से सही उत्तर चुनें :

A. केवल (*a*) और (*b*)

B. केवल (*a*) और (*c*)

C. केवल (*b*) और (*d*)

D. केवल (*a*)

69. भरत के द्वारा वर्णित अलंकारों को इंगित करें :

(*a*) रेचित

(*b*) मत्सरीकृता

(*c*) प्रसन्नात

(*d*) अश्वक्रान्ता

नीचे दिए गए विकल्पों में से सही उत्तर चुनें :

A. केवल (*a*) और (*b*)

B. केवल (*b*) और (*d*)

C. केवल (*a*) और (*d*)

D. केवल (*a*) और (*c*)

70. किन रागों में स-म स्वर संगति ली जाती है?

(*a*) केदार

(*b*) बसंत

(*c*) पूर्वी

(*d*) भीमपलासी

(*e*) मालकौंस

नीचे दिए गए विकल्पों में से सही उत्तर चुनें :

A. केवल (*a*), (*b*), (*c*) और (*d*)

B. केवल (*b*), (*c*), (*d*) और (*e*)

C. केवल (*a*), (*b*), (*d*) और (*e*)

D. केवल (*a*), (*b*), (*c*) और (*e*)

71. सूची-I को सूची-II से सुमेलित कीजिए :

सूची-I	सूची-II
(*a*) दाँत पीस कर गाने वाला	I. काकी
(*b*) कोए के समान गाने वाला	II. सानुनासिक
(*c*) सिर टेढ़ा करके गाने वाला	III. संदृष्ट
(*d*) नाक से गाने वाला	IV. वक्री

नीचे दिए गए विकल्पों में से सही उत्तर चुनिए :

	(a)	(b)	(c)	(d)
A.	III	I	IV	II
B.	IV	I	II	III
C.	III	II	I	IV
D.	II	I	IV	III

72. सूची-I को सूची-II से सुमेलित कीजिए :

सूची-I	सूची-II
(a) संगीत सार	I. पार्श्वनाथ
(b) संगीत समय सार	II. शुभंकर
(c) संगीत दामोदर	III. सुधाकलश
(d) संगीतोपनिषत् सारोद्धार	IV. माधव विद्यारण्य

नीचे दिए गए विकल्पों में से सही उत्तर चुनिए :

	(a)	(b)	(c)	(d)
A.	IV	I	II	III
B.	I	II	III	IV
C.	III	IV	II	I
D.	II	III	IV	I

73. सूची-I को सूची-II से सुमेलित कीजिए :

सूची-I	सूची-II
(a) कजरी	I. फाल्गुन माह
(b) चैती	II. सर्वकालिक
(c) होरी	III. चैत्र माह
(d) ठुमरी	IV. श्रावण माह

नीचे दिए गए विकल्पों में से सही उत्तर चुनिए :

	(a)	(b)	(c)	(d)
A.	III	IV	I	II
B.	II	III	I	IV
C.	IV	III	I	II
D.	IV	III	II	I

74. सूची-I को सूची-II से सुमेलित कीजिए :

सूची-I	सूची-II
(a) आड़ी लय	I. 2/1
(b) कुआड़ी लय	II. 7/4
(c) बिआड़ी लय	III. 5/4
(d) दुगुन लय	IV. 3/2

नीचे दिए गए विकल्पों में से सही उत्तर चुनिए :

	(a)	(b)	(c)	(d)
A.	IV	III	II	I
B.	I	IV	III	II
C.	III	II	I	IV
D.	II	I	IV	III

75. सूची-I को सूची-II से सुमेलित कीजिए :

सूची-I	सूची-II
(a) यमनी बिलावल	I. दोनों गंधार
(b) बहादुरी तोड़ी	II. दोनों निषाद
(c) देव गंधार	III. दोनों मध्यम
(d) मियाँ की सारंग	IV. दोनों ऋषभ

नीचे दिए गए विकल्पों में से सही उत्तर चुनिए :

	(a)	(b)	(c)	(d)
A.	IV	I	II	III
B.	I	II	III	IV
C.	III	IV	I	II
D.	II	III	I	IV

76. सूची-I को सूची-II से सुमेलित कीजिए :

सूची-I	सूची-II
(a) ओंकारनाथ ठाकुर	I. किराना
(b) मोघुबाई कुर्डीकर	II. पटियाला
(c) हीराबाई बडोदेकर	III. ग्वालियर
(d) मुनव्वर अली खाँ	IV. जयपुर

नीचे दिए गए विकल्पों में से सही उत्तर चुनिए :

	(a)	(b)	(c)	(d)
A.	IV	III	I	II
B.	III	IV	I	II
C.	I	III	II	IV
D.	II	IV	I	III

77. सूची-I को सूची-II से सुमेलित कीजिए :

सूची-I	सूची-II
(a) असद अली खाँ	I. हारमोनियम
(b) अप्पा जलगाँवकर	II. गिटार
(c) बृजभूषण काबरा	III. रूद्र वीणा
(d) शरण रानी	IV. सरोद

नीचे दिए गए विकल्पों में से सही उत्तर चुनिए :

	(*a*)	(*b*)	(*c*)	(*d*)
A.	III	II	I	IV
B.	III	I	II	IV
C.	II	I	III	IV
D.	IV	III	I	II

78. सूची-I को सूची-II से सुमेलित कीजिए :

सूची-I	**सूची-II**
(*a*) श्री	I. स म म प ग म
(*b*) पूर्वी	II. सां रें सा रें नि सां नि धनि
(*c*) बहार	III. प मं ध मं ग रे ग रे स
(*d*) सोहिनी	IV. प मं ग म ग रे ग

नीचे दिए गए विकल्पों में से सही उत्तर चुनिए :

	(*a*)	(*b*)	(*c*)	(*d*)
A.	IV	III	II	I
B.	III	IV	I	II
C.	II	I	IV	III
D.	I	II	III	IV

79. भारतीय संगीत के इतिहास के अध्ययन के आधार पर निम्न को व्यवस्थित कीजिए।

(*a*) जाति गायन

(*b*) राग-रागिनी वर्गीकरण

(*c*) मेल राग वर्गीकरण

(*d*) थाट राग वर्गीकरण

नीचे दिए गए विकल्पों में से सही उत्तर चुनें :

A. (*a*), (*c*), (*b*), (*d*)
B. (*a*), (*b*), (*d*), (*c*)
C. (*d*), (*c*), (*b*), (*a*)
D. (*c*), (*b*), (*a*), (*d*)

80. निम्नलिखित श्रुति जातियों के भेदों की संख्या के क्रमशः बढ़ते हुए क्रम में व्यवस्थित कीजिए।

(*a*) करूणा

(*b*) दीप्ता

(*c*) मृदु

(*d*) मध्या

(*e*) आयता

नीचे दिए गए विकल्पों में से सही उत्तर चुनें :

A. (*a*), (*b*), (*d*), (*e*), (*c*)
B. (*a*), (*b*), (*c*), (*e*), (*d*)
C. (*b*), (*d*), (*a*), (*e*), (*c*)
D. (*b*), (*a*), (*c*), (*d*), (*e*)

81. गायन वादन समय के अनुसार दिन के प्रथम प्रहार से क्रमशः आगे के क्रम में नियोजित कीजिए।

(*a*) राग-दरबारी

(*b*) राग-विभास

(*c*) राग-भूपाली

(*d*) राग-पूर्वी

(*e*) राग-आसावरी

नीचे दिए गए विकल्पों में से सही उत्तर चुनें :

A. (*c*), (*d*), (*b*), (*a*), (*e*)
B. (*e*), (*d*), (*c*), (*a*), (*b*)
C. (*a*), (*b*), (*e*), (*c*), (*d*)
D. (*b*), (*e*), (*d*), (*c*), (*a*)

82. रचनाकाल के आधार पर व्यवस्थित कीजिए :

(*a*) गीतगोविन्द

(*b*) हृदयकौतुक

(*c*) नाट्य शास्त्र

(*d*) स्वरमेल कलानिधि

नीचे दिए गए विकल्पों में से सही उत्तर चुनें :

A. (*a*), (*b*), (*c*), (*d*) B. (*b*), (*d*), (*c*), (*a*)
C. (*c*), (*a*), (*d*), (*b*) D. (*d*), (*c*), (*a*), (*b*)

83. षडज ग्राम की शुद्ध जातियों का सही क्रम चुनिए :

(*a*) षाडजी, आर्षभी, मध्यमा पञ्चमी, धैवती, गान्धारी, नैषादी।

(*b*) आर्षभी, गान्धारी, मध्यमा, पञ्चमी, धैवती, नैषादी, षाडजी

(*c*) नैषादी, धैवती, पञ्चमी, मध्यमा, गान्धारी, आर्षभी, षाडजी

(*d*) षाडजी, आर्षभी, गान्धारी, मध्यमा, पञ्चमी, धैवती, नैषादी

नीचे दिए गए विकल्पों में से सही उत्तर चुनें :

A. केवल (*a*) B. केवल (*b*)
C. केवल (*c*) D. केवल (*d*)

84. नीचे दो कथन दिए गए हैं :

कथन-I : सन् 1926 में वी.डी. पलुस्कर के शिष्य वी. ए. कशालकर ने 'संगीत-शिक्षा' के कार्य हेतु 'प्रयाग संगीत समिति' की स्थापना की।

कथन-II : सन् 1885 में, बाल कृष्ण बुआ इचलकरंजिकर ने बंबई में 'गायन समाज' की स्थापना करके 'शिक्षण संस्था' की स्थापना की परंपरा का प्रारंभ किया।

उपर्युक्त कथनों के आलोक में निम्नलिखित विकल्पों में से सही उत्तर चुनें :

A. कथन I और II दोनों सत्य हैं।
B. कथन I और II दोनों असत्य हैं।
C. कथन I सत्य है, किन्तु कथन II असत्य है।
D. कथन I असत्य है, किन्तु कथन II सत्य है।

85. नीचे दो कथन दिए गए हैं : एक को अभिकथन (A) और दूसरे को कारण (R) कहा गया है।

अभिकथन (A) : 'शुद्ध सारंग' राग सारंग का शुद्ध प्रकार नहीं है।

कारण (R) : सारंग राग के शुद्ध प्रकार में किसी अन्य राग का मिश्रण नहीं है।

उपर्युक्त कथनों के आलोक में निम्नलिखित विकल्पों में से सही उत्तर चुनें :

A. (A) और (R) दोनों सही हैं और (R), (A) की सही व्याख्या है।
B. (A) और (R) दोनों सही हैं परन्तु (R), (A) की सही व्याख्या नहीं है।
C. (A) सही है परन्तु (R) सही नहीं है।
D. (A) सही नहीं है परन्तु (R) सही है।

86. नीचे दो कथन दिए गए हैं :

कथन-I : विभिन्न गायन वादन शैलियों के साथ अलग-अलग तालों से संगत की जाती है।

कथन-II : सांगीतिक शैलियों में केवल एक ही ताल के प्रयोग से सभी गायन वादन शैलियों का व्यक्तित्व उभर कर आता है।

उपर्युक्त कथनों के आलोक में निम्नलिखित विकल्पों में से सही उत्तर चुनें :

A. कथन I और II दोनों सही हैं।
B. कथन I और II दोनों गलत हैं।
C. कथन I सही है, किन्तु कथन II गलत है।
D. कथन I गलत है, किन्तु कथन II सही है।

87. नीचे दो कथन दिए गए हैं :

कथन-I : उ. रईस खाँ सितार के सुप्रसिद्ध कलाकार हैं।

कथन-II : इमदादखानी घराने के उत्कृष्ट कलाकार के रूप में उ. रईस खाँ (सितार) का नाम उल्लेखनीय है।

उपर्युक्त कथनों के आलोक में निम्नलिखित विकल्पों में से सही उत्तर चुनें :

A. कथन I और II दोनों सही हैं।
B. कथन I और II दोनों गलत हैं।
C. कथन I सही है, किन्तु कथन II गलत है।
D. कथन I गलत है, किन्तु कथन II सही है।

88. नीचे दो कथन दिए गए हैं : एक को अभिकथन (A) और दूसरे को कारण (R) कहा गया है।

अभिकथन (A) : भरत के अनुसार, एक जाति में केवल एक अंश-स्वर का प्रयोग किया जा सकता है।

कारण (R) : भरत ने, ग्रह, अंश, न्यास का उल्लेख जाति के लक्षण के रूप में किया है।

उपर्युक्त कथनों के आलोक में निम्नलिखित विकल्पों में से सही उत्तर चुनें :

A. (A) और (R) दोनों सत्य हैं और (R), (A) की सही व्याख्या है।
B. (A) और (R) दोनों सत्य हैं परन्तु (R), (A) की सही व्याख्या नहीं है।
C. (A) सत्य है परन्तु (R) असत्य है।
D. (A) असत्य है परन्तु (R) सत्य है।

89. नीचे दो कथन दिए गए हैं :

कथन-I : सम्पूर्ण, षाढ़व अथवा औड़व राग-जाति के अनुसार, एक राग में 7, 6 अथवा 5 स्वर होते हैं।

कथन-II : राग के निर्माण हेतु न्यूनतम 5 स्वरों की आवश्यकता होती है। अतः सप्तक के किन्हीं भी दो स्वरों को वर्जित करके राग बनाया जा सकता है।

उपर्युक्त कथनों के आलोक में निम्नलिखित विकल्पों में से सही उत्तर चुनें :

A. कथन I और II दोनों सही हैं।
B. कथन I और II दोनों गलत हैं।
C. कथन I सही है, किन्तु कथन II गलत है।
D. कथन I गलत है, किन्तु कथन II सही है।

90. नीचे दो कथन दिए गए हैं :

कथन-I : पं. ओंकारनाथ ठाकुर ग्वालियर घराने की परंपरा के उत्कृष्ट कलाकार हैं।

कथन-II : ग्वालियर पराने के प्रवर्तक पं. ओंकारनाथ ठाकुर हैं।

उपर्युक्त कथनों के आलोक में निम्नलिखित विकल्पों में से सही उत्तर चुनें :

A. कथन I और II दोनों सही हैं।
B. कथन I और II दोनों गलत हैं।
C. कथन I सही है, किन्तु कथन II गलत है।
D. कथन I गलत है, किन्तु कथन II सही है।

निर्देश (प्र.सं. 91 से 95 तक): *निम्नलिखित गद्यांश को सावधानीपूर्वक पढ़िए और पूछे गए प्रश्नों के उत्तर दीजिए।*

प्राचीन काल से ही रागों को वर्गीकृत करने की परंपरा रही है। राग में श्रोता के चित्त को प्रसन्न करने का अद्भुत गुण होता है। राग को उसके प्रयोगकाल, नियम व उपनियमों के आधार पर समय-समय पर वर्गीकृत किया गया। उसके वादी-संवादी के आधार पर राग की प्रकृति, चलन व स्वरूप समझने का प्रयास किया जाता रहा है। राग के लिए पुल्लिंग, स्त्रीलिंग और नपुंसकलिंग, शुद्ध, छायालग और संकीर्ण राग वर्गीकरण, ग्राम राग और देसीराग, राग-रागिनी वर्गीकरण, मेल राग वर्गीकरण, थाट राग वर्गीकरण एवं 'रागांग राग वर्गीकरण' प्राप्त होते हैं। आजकल थाट-राग वर्गीकरण एवं रागांग राग वर्गीकरण का प्रचार अधिक है। थाट को राग का जनक माना जाता है।

91. 'मेल' और राग रागिनी वर्गीकरण' दोनों का उल्लेख अपने ग्रन्थ में करने वाले ग्रंथकार हैं।

A. भरत कृत नाट्य शास्त्र
B. मतंग कृत बृहद्देशी
C. सोमनाथ कृत राग विवोध
D. नारद कृत नारदीय शिक्षा

92. 'राग रागिनी वर्गीकरण' का उल्लेख करने वाला ग्रन्थ नहीं है?

A. संगीत मकरन्द
B. पंचमसार संहिता
C. संगीत दर्पण
D. स्वरमेल कलानिधि

93. प्रातःकालीन राग, सायंकालीन राग, मध्याह्न के राग और सूर्यास्त के उपरान्त गाए जाने वाले रागों के बारे में सर्वप्रथम लिखा है।

(*a*) महाराणा कुम्भा
(*b*) गतंग
(*c*) नारद
(*d*) अहोबल

नीचे दिए गए विकल्पों में से सही उत्तर चुनें :

A. केवल (*a*)
B. केवल (*c*)
C. केवल (*d*)
D. केवल (*b*)

94. सूची-I को सूची-II से सुमेलित कीजिए :

सूची-I	सूची-II
(*a*) खमाज अंग	I. भूपाल तोड़ी, बिलासखानी तोड़ी
(*b*) कान्हड़ा अंग	II. पटदीप, भीमपलासी
(*c*) धनाश्री अंग	III. झिंझोरी, तिलंग
(*d*) तोड़ी अंग	IV. नायकी कान्हड़ा, अड़ाना

नीचे दिए गए विकल्पों में से सही उत्तर चुनिए :

	(*a*)	(*b*)	(*c*)	(*d*)
A.	I	II	IV	III
B.	III	II	IV	I
C.	IV	III	I	II
D.	III	IV	II	I

95. सूची-I को सूची-II से सुमेलित कीजिए :

सूची-I (राग)	सूची-II (थाट)
(*a*) कोमल ऋषभ आसावरी	I. काफी
(*b*) जौनपुरी	II. कल्याण
(*c*) भीम पलासी	III. भैरवी
(*d*) गौड़ सारंग	IV. आसावरी

नीचे दिए गए विकल्पों में से सही उत्तर चुनिए :

	(*a*)	(*b*)	(*c*)	(*d*)
A.	I	II	III	IV
B.	III	IV	I	II
C.	IV	II	I	III
D.	III	IV	II	I

निर्देश (प्र.सं. 96 से 100 तक): *निम्नलिखित गद्यांश को सावधानीपूर्वक पढ़िए और पूछे गए प्रश्नों के उत्तर दीजिए।*

संगीत में घरानों का महत्वपूर्ण स्थान है। घराने का अर्थ है एक विशेष शैली जो वंश परंपरा में व्याप्त हो। संगीत की तीनों ही विधाओं में घरानों द्वारा संगीत को समृद्ध किया गया। घरानों में एक परंपरा का निर्वाह करने का प्रयास किया जाता है। कभी-कभी सुयोग्य कलाकार की शैली कालान्तर में घराने का रूप धारण कर लेती है, और बाद में वंश परम्परा व शिष्य परम्परा के लगातार उसी प्रकार प्रयोग व अनुसरण करने पर घराने का जन्म होता है। घरानेदार संगीत को ही गुरु शिष्य परम्परा का संगीत शिक्षण भी कहा जा सकता है। कभी घराने का नाम व्यक्ति, कभी स्थान के नाम पर रखा जाता है। भारतीय संगीत में घरानों को आत्मसात करने की वह शक्ति है जो विश्व के अन्य संगीत पद्धतियों में अन्यत्र दिखलाई नहीं पड़ती। भारतीय शास्त्रीय संगीत में घराना इस प्रकार रच बस गया है कि इसके बिना संगीत की कल्पना करना असम्भव प्रतीत होता है। कुछ घरानों ने अनेक विशिष्ट शैलियों का प्रादुर्भाव किया है जो गायन, वादन में परिलक्षित होता है। इस प्रकार ये निष्कर्ष निकाला जा सकता है कि संगीत में घरानों की सार्थकता है और महत्वपूर्ण स्थान हैं।

96. सूची-I को सूची-II से सुमेलित कीजिए :

सूची-I	सूची-II
(*a*) विलायत खाँ	I. किराना
(*b*) विनायकराव पटवर्धन	II. इटावा
(*c*) अब्दुल करीम खाँ	III. मैहर
(*d*) पं. निखिल बनर्जी	IV. ग्वालियर

नीचे दिए गए विकल्पों में से सही उत्तर चुनिए :

	(*a*)	(*b*)	(*c*)	(*d*)
A.	III	I	II	IV
B.	II	I	III	IV
C.	II	III	I	IV
D.	II	IV	I	III

97. नीचे दो कथन दिए गए हैं :

कथन-I : मैहर घराने के प्रवर्तक उ. अलाउद्दीन खाँ थे।

कथन-II : उनका मुख्य वाद्य सितार था।

उपर्युक्त कथनों के आलोक में निम्नलिखित विकल्पों में से सही उत्तर चुनें :

A. कथन I और II दोनों सही हैं।
B. कथन I और II दोनों गलत हैं।
C. कथन I सही है, किन्तु कथन II गलत है।
D. कथन I गलत है, किन्तु कथन II सही है।

98. इनमें से कौन सितार का घराना नहीं है?

A. जयपुर
B. बनारस
C. रामपुर
D. विष्णुपुर

99. वादन विधा में किस घराने का योगदान अधिक है?

A. ग्वालियर B. रामपुर
C. आगरा D. जयपुर

100. निम्नलिखित गायकों को उनकी वरिष्ठता के क्रम में लिखें :

(*a*) विनायक राव पटवर्द्धन
(*b*) नत्थन पीर बख्श
(*c*) मालिनी राजुरकर
(*d*) हद्दू खाँ

नीचे दिए गए विकल्पों में से सही उत्तर चुनें :

A. (*a*), (*b*), (*c*), (*d*)
B. (*b*), (*d*), (*a*), (*c*)
C. (*c*), (*d*), (*b*), (*a*)
D. (*d*), (*c*), (*a*), (*b*)

भाग-III

कर्नाटक संगीत

26. निम्नलिखित में से किस एक को गायक का गुण नहीं माना जाता है?

A. अत्यधिक प्रतिध्वनि वाली वाणी

B. उत्तम उच्चारण

C. आँखें बंद किए बिना गायन

D. रचनाशीलता के बिना गायन

27. मेल चक्रवाकम् से व्युत्पन्न एक जन्य राग है :

A. विजय श्री B. वेग वाहिनी

C. विवर्धिनी D. वसंत भैरवी

28. आनय्या द्वारा प्रयुक्त मुद्रा :

A. हरिकेश B. श्रीनिवास

C. उगादारा D. वेकेंटेश

29. एक तंत्रि युक्त वाद्ययंत्र जिसमें कुछ तंत्रियों को मुक्त रूप से बजाया जाता है और बाकी को नियंत्रित तरीके से बजाया जाता है, वह है :

A. तानपुरा B. वीणा कुंजू

C. वीणा D. एकतार

30. सदाशिव ब्रह्मेन्द्र की रचनाओं को संग्रहित रूप में निम्न में से क्या कहा जाता है?

A. श्रृंगार संकीर्तन B. वेदान्त कीर्तन

C. उपचार कीर्तन D. नाम संकीर्तन

31. प्राचीन वाद्ययंत्र याळ की खूँटी अथवा स्क्रिव पिन है :

A. मादगम् B. लंगर

C. नागपाशम् D. लोहादिपरम्

32. राग आलाप में अवनद्ध वाद्य तादक भी किस वाद्य के साथ शामिल होते हैं :

A. बाँसुरी B. नागस्वरम्

C. वायलिन D. गोट्टुवाद्यम्

33. यमकम् के जैसे अर्थ वाला शब्द है :

A. मडकम् B. मडक्कू

C. मदन D. मधे

34. जयतालम (108) का अक्षरकाल है :

A. 36 B. 12

C. 28 D. 24

35. सोमनाथ के रागविबोध में वीणा के विभिन्न प्रकारों का वर्णन किस अध्याय में दिया गया है?

A. 2 B. 3

C. 4 D. 5

36. द्विधातु प्रकार का कीर्तन है :

A. यदुकुल कंबोजी में 'श्री राम जय राम'

B. शंकरा भरण में 'पाहि श्री राम चन्द्र'

C. खरहर प्रिया में 'पाहि राम'

D. शंकरा भरण में 'गतमोह श्रीतपाल'

37. वह वाग्गेयकार जिसने मुथुस्वामी दीक्षितर से पूर्व नवावरण कृतियाँ रचित की, वह है :

A. आनै अय्या

B. उत्तक्कडु वेंकट सुब्बैय्यर

C. कोटीश्वर अय्यर

D. मातृ भूदय्या

38. रागांग रागमालिका के रचनाकार हैं :

A. सुब्बराय शास्त्री B. रामास्वामी दीक्षित

C. सुब्बराय दीक्षित D. महावैद्यनाथ अय्यर

39. संगीत के दीक्षित संप्रदाय में सिंहेन्द्र मध्यम राग का नाम है :

A. सुमद्युति B. सौवीरा

C. श्यामला D. चामरम्

40. त्रिपुटा ताल के किस प्रकार में 77 अक्षरकाल पाया जाता है?

A. तिस्र जाति मिस्र गति त्रिपुटा

B. चतुश्र जाति संकीर्ण गति त्रिपुटा

C. खंटा जाति तिस्र गति त्रिपुटा

D. मिस्र जाति मिस्र गति त्रिपुटा

41. मानम्बुचावड़ि वेंकट सुब्बय्यर द्वारा रचित वर्ण हैं :
A. वलाचि वाची
B. तोड़ी में एरनापति
C. मोहना में निन्नुकोरि
D. हंसध्वनि में जलजाक्षा

42. कौन-सा संगीतकार नागस्वरम् के लिए प्रसिद्ध नहीं है?
A. करैक्कुरिची अरुणाचलम
B. शेख चिन्ना मौलाना
C. राजमाणिक्यम् पिल्लई
D. राज रत्नम् पिल्लई

43. रत्नांगी से व्युत्पन्न एक जन्य राग है :
A. श्रीमणि
B. रेवगुप्ति
C. रुद्रप्रिया
D. शालग भैरवी

44. पाश्चात्य संगीत का प्रभाव इनमें देखा जा सकता है :
A. पच्चिमीरियम आदि अप्पय्या के विरिबोनी वर्ण में
B. वीणा कुप्पय्यर के वनजाक्षा वर्ण में
C. स्वाति तिरुनाल के चलमेल वर्ण में
D. पल्लवी गोपालय्यर के वनजाक्षी वर्ण में

45. वह वायलिन वादक जिसने 7 तंत्रि वाला वायलिन निर्मित किया, वह है :
A. वटिवेलु
B. कुन्नक्कुडि वैद्यनाथन
C. मैसूर चौटय्या
D. लालगुड़ी जयरमन

46. तंजौर बाणी में वीणा बजाने वाले को चुनिए :
A. चिट्टी बाबू
B. दुरैस्वामी आयंकर
C. के.एस. नारायणस्वामी
D. ऐमानी शंकर शास्त्री

47. तुम्बुरु की वीणा का नाम क्या है?
A. कच्चपी
B. किन्नारी
C. सरस्वती
D. कलावती

48. त्यागराज को संन्यासाश्रम में किसने दीक्षित किया?
A. गिरिराज कवि
B. शोन्टी वेंकटरमणय्या
C. परिव्राजक ब्रह्मानंद
D. सदाशिव ब्रह्मेन्द्र

49. रीतिप्रिया किस मेळ का पुराना नाम है?
A. भावप्रिया
B. रसिकप्रिया
C. ऋषभप्रिया
D. कोकिलप्रिया

50. तंजौर के रघुनाथ द्वारा आरंभ की गई ताल है :
A. सिंहानंदनम्
B. रामानंदनम्
C. त्रिभिन्नम्
D. सर भानंदनम्

51. निषाद-गांधार और धैवत-निषाद का समुच्चय रा-गू, धी-नी किस मेळ में हैं?
A. 16
B. 17
C. 18
D. 19

52. प्राचीन तमिल संगीत 'पण' 'तिरुत्ताण्डगम'' निम्नलिखित के समान है :
A. खमास
B. भैरवी
C. मध्यमावती
D. हरि कंबोजी

53. वह वाग्गेयकार जिसने अरुणगिरीनाथार को वाक्किरक्करुणगिरि के रूप में संबोधित किया है, वह है :
A. तायुमानवार
B. अप्पार
C. माविकवाचकार
D. मुथुतांडवार

54. निम्नलिखित में से कौन-सा द्वितीय घनापंचक राग की सूची में वर्णित नहीं है?
A. नारायण गौळा
B. रीति गौळा
C. सारंगनट्टा
D. गंभीर नट्टा

55. किसी शब्द अथवा उसके जैसे शब्द की प्रत्येक आवरता के आरंभ में पुनरावृत्ति कहलाती है :
A. यमक
B. मुहाना
C. प्रास
D. पाद

56. चिलप्पदिकारम् का दूसरा नाम है :
A. मुक्तमिल कापियम्
B. तोल्कापियम्
C. अगतियम्
D. पंचमरबू

57. याळ वादक तिरु नीलकंठ याळपनार किस वाग्गेयकार के साथ संबद्ध थे?
A. अप्पर
B. तिरुज्ञान संबंदर
C. सुंदरमूर्ति नायनार
D. माणिक वाचकर

58. संत त्यागराज द्वारा लोकप्रिय किया गया ताल है :
A. चपू ताल
B. विलोम चापूताल
C. देशादि ताल
D. सिंहानंदन ताल

59. उन सांगीतिक विधाओं को चुनिए जिनका प्रदर्शन केवल नृत्य संगीत प्रस्तुतीकरण में किया जाता है?
(*a*) पदम्
(*b*) स्वरजति
(*c*) अल्लरिप्पु
(*d*) टिल्लान
(*e*) शब्दम्

नीचे दिए गए विकल्पों में से सही उत्तर चुनें :

A. केवल (*a*) और (*c*) B. केवल (*b*) और (*d*)

C. केवल (*b*) और (*e*) D. केवल (*c*) और (*e*)

60. मारिमुत्तापिल्लै की दो पुस्तकें हैं :

(*a*) नागबंधम्

(*b*) सीर्कालिपुराणम्

(*c*) विदंगेशपदिगम्

(*d*) तिरुवरूल अन्धाड़ि

(*e*) सिद्धांत संग्रह

नीचे दिए गए विकल्पों में से सही उत्तर चुनें :

A. केवल (*a*) और (*c*) B. केवल (*b*) और (*e*)

C. केवल (*d*) और (*e*) D. केवल (*a*) और (*b*)

61. गोपाल कृष्ण भारती से संबद्ध सांगीतिक विधा है :

(*a*) वचनम्

(*b*) तरंगम्

(*c*) कुम्मी

(*d*) तिरुप्पुगल

(*e*) तोडयम्

नीचे दिए गए विकल्पों में से सही उत्तर चुनें :

A. केवल (*a*) और (*c*) B. केवल (*a*) और (*e*)

C. केवल (*b*) और (*d*) D. केवल (*b*) और (*e*)

62. दो वाग्गेयकार जिन्होंने अपने नाम के साथ रागों की उपाधि भी प्राप्त की है, वे हैं :

(*a*) वीणा कुप्पियर

(*b*) मार्गदर्शी शेषय्यंकर

(*c*) अप्पय्या

(*d*) रामास्वामी दीक्षितर

(*e*) पचिमरियम आदियप्पय्या

नीचे दिए गए विकल्पों में से सही उत्तर चुनें :

A. केवल (*a*) और (*c*) B. केवल (*b*) और (*d*)

C. केवल (*a*) और (*b*) D. केवल (*c*) और (*e*)

63. रागान चक्र के दो मेलों को चुनिए :

(*a*) विश्वंबरी

(*b*) श्यामलांगी

(*c*) कांतामणि

(*d*) सुचरित्रा

(*e*) नीतिमति

नीचे दिए गए विकल्पों में से सही उत्तर चुनें :

A. केवल (*a*) और (*b*) B. केवल (*b*) और (*d*)

C. केवल (*b*) और (*e*) D. केवल (*c*) और (*e*)

64. दो पगल पण् हैं :

(*a*) नट्टपाड़ै

(*b*) गांधारम्

(*c*) कोल्लि

(*d*) सिकामरम्

(*e*) टक्करागम्

नीचे दिए गए विकल्पों में से सही उत्तर चुनें :

A. केवल (*a*) और (*b*) B. केवल (*b*) और (*c*)

C. केवल (*c*) और (*e*) D. केवल (*d*) और (*e*)

65. दो तालबद्ध वाद्ययंत्र चुनिए :

(*a*) वायलिन

(*b*) गोट्टुवाद्यम्

(*c*) वीणा

(*d*) गेट्टुवाद्यम्

(*e*) घटम्

नीचे दिए गए विकल्पों में से सही उत्तर चुनें :

A. केवल (*a*) और (*b*) B. केवल (*a*) और (*d*)

C. केवल (*c*) और (*e*) D. केवल (*d*) और (*e*)

66. दो रागतालमालिकाएँ हैं :

(*a*) एनाक्कुन इरुपदम्

(*b*) नाटकादि विद्याला

(*c*) उमातिलक प्रबंधम्

(*d*) आरभिमानम्

(*e*) नवरत्न रागमालिका

नीचे दिए गए विकल्पों में से सही उत्तर चुनें :

A. केवल (*a*) और (*e*) B. केवल (*b*) और (*c*)

C. केवल (*c*) और (*d*) D. केवल (*d*) और (*e*)

67. स्वाति तिरुनाल द्वारा लिखे गए दो प्रबंध चुनिए :

(*a*) पल्लकी सेवाप्रबंधम्

(*b*) भक्तिमंजरी

(*c*) रघुनाथाभ्युदयम्

(*d*) प्रह्लाद भक्ति विजयम्

(*e*) स्यानंदूर वर्णन प्रबंधम्

नीचे दिए गए विकल्पों में से सही उत्तर चुनें :

A. केवल (*a*) और (*c*) B. केवल (*a*) और (*e*)

C. केवल (*b*) और (*e*) D. केवल (*c*) और (*e*)

68. जिन्होंने मद्रास को संगीत की गद्दी के रूप में समृद्ध किया वे दो महान व्यक्तित्व हैं :

(*a*) बोधेन्द्र सरस्वती

(*b*) सदाशिव ब्रह्मेन्द्र

(*c*) लक्ष्मणाचार्य

(*d*) वीणा धनम्माळ

(*e*) तलपक्क्म अन्नमाचार्य

नीचे दिए गए विकल्पों में से सही उत्तर चुनें :

A. केवल (*a*) और (*c*) B. केवल (*b*) और (*d*)

C. केवल (*c*) और (*d*) D. केवल (*d*) और (*e*)

69. बाल मुरलीकृष्ण द्वारा आरंभ किए गए दो राग हैं :

(*a*) महती

(*b*) अमरसेनप्रिय

(*c*) सुमुखम्

(*d*) माया प्रदीपम्

(*e*) नागभूषणी

नीचे दिए गए विकल्पों में से सही उत्तर चुनें :

A. केवल (*a*) और (*b*) B. केवल (*a*) और (*c*)

C. केवल (*b*) और (*d*) D. केवल (*c*) और (*e*)

70. लोक संगीत की विधा लावणी के विशेषज्ञ हैं :

(*a*) कोटीश्वर अय्यर

(*b*) कृष्णास्वामी अय्या

(*c*) माळवई चिदंबरा भारती

(*d*) समर्थ रामदास

(*e*) वेंकट राव

नीचे दिए गए विकल्पों में से सही उत्तर चुनें :

A. केवल (*a*) और (*b*)

B. केवल (*c*) और (*d*)

C. केवल (*d*) और (*e*)

D. केवल (*b*) और (*c*)

71. सूची-I को सूची-II से सुमेलित कीजिए :

सूची-I (विशेषज्ञ)	सूची-II (वाद्ययंत्र)
(*a*) चित्ति बाबू	I. वायलिन
(*b*) पुदुकोट्टे नारायण स्वामी	II. वीणा
(*c*) पाळनि कृष्ण अय्यर	III. मुख शंख
(*d*) पक्किरी स्वामी	IV. घटम

नीचे दिए गए विकल्पों में से सही उत्तर चुनिए :

	(*a*)	(*b*)	(*c*)	(*d*)
A.	III	I	II	IV
B.	I	IV	II	III
C.	IV	II	III	I
D.	II	I	IV	III

72. सूची-I को सूची-II से सुमेलित कीजिए :

सूची-I	सूची-II
(*a*) पल्लवी गोपालय्यर	I. सुब्रह्मण्य
(*b*) मार्गदर्शी शेष अयंकर	II. गोपालदास
(*c*) पल्लवी दुरैस्वामी अय्यर	III. कोशल
(*d*) वीणा कुप्पैयार	IV. वेंकट

नीचे दिए गए विकल्पों में से सही उत्तर चुनिए :

	(*a*)	(*b*)	(*c*)	(*d*)
A.	II	IV	III	I
B.	I	II	III	IV
C.	IV	III	I	II
D.	III	II	IV	I

73. सूची-I को सूची-II से सुमेलित कीजिए :

सूची-I (ताल अंग) — सूची-II (संकेत)

(*a*) प्लूत विराम I. 

(*b*) लघु विराम II. 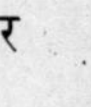

(*c*) लघु ध्रुत विराम III. 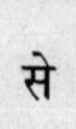

(*d*) ध्रुत विराम IV. 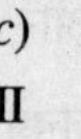

नीचे दिए गए विकल्पों में से सही उत्तर चुनिए :

	(a)	(b)	(c)	(d)
A.	I	II	III	IV
B.	II	III	I	IV
C.	III	I	IV	II
D.	IV	I	III	II

74. सूची-I को सूची-II से सुमेलित कीजिए :

सूची-I	सूची-II
(a) वरालि	I. च्युत मध्यम गांधार
(b) गौळा	II. शुद्ध गांधार
(c) देवगांधारी	III. च्युत पंचम् मध्यम्
(d) भूपालम्	IV. एकश्रुति ऋषभ

नीचे दिए गए विकल्पों में से सही उत्तर चुनिए :

	(a)	(b)	(c)	(d)
A.	IV	II	I	III
B.	III	IV	I	II
C.	II	I	III	IV
D.	I	III	IV	II

75. सूची-I को सूची-II से सुमेलित कीजिए :

सूची-I (मूर्च्छना)	सूची-II (सीमा)
(a) उत्तरमंद्र	I. ध़ से ध (मंद्र ध से मध्य ध)
(b) उत्तरयत	II. सा से सां (मध्य सा से तर सा)
(c) अश्वक्रांत	III. प़ से प (मंद्र प से मध्य प)
(d) शुद्ध षड्ज	IV. ग़ा से गा (मंद्र गा से मध्य गा)

नीचे दिए गए विकल्पों में से सही उत्तर चुनिए :

	(a)	(b)	(c)	(d)
A.	IV	II	III	I
B.	II	III	I	IV
C.	II	I	IV	III
D.	I	III	IV	II

76. सूची-I को सूची-II से सुमेलित कीजिए :

सूची-I (राग मालिका)	सूची-II (रचनाकार)
(a) नित्य कल्याणी	I. तरंगमपाड़ि पंचनादय्यर
(b) पन्नगेन्द्र सयाना	II. मुथुस्वामी दीक्षितर
(c) चतुर्दश रागमालिका	III. सीतारमैय्या
(d) आरभिमानम्	IV. स्वाती तिरुनाल महाराज

नीचे दिए गए विकल्पों में से सही उत्तर चुनिए :

	(a)	(b)	(c)	(d)
A.	I	II	III	IV
B.	III	IV	II	I
C.	II	III	IV	I
D.	IV	II	III	I

77. सूची-I को सूची-II से सुमेलित कीजिए :

सूची-I (असंपूर्ण मेल)	सूची-II (संपूर्ण मेल)
(a) छायावती	I. सिंहेन्द्रमध्यम
(b) सौगंधिनी	II. नीतिमति
(c) सुमध्युति	III. सालग
(d) निषाद	IV. सूर्यकांत

नीचे दिए गए विकल्पों में से सही उत्तर चुनिए :

	(a)	(b)	(c)	(d)
A.	III	IV	I	II
B.	IV	III	I	II
C.	II	III	IV	I
D.	I	IV	III	II

78. सूची-I को सूची-II से सुमेलित कीजिए :

सूची-I (ताल)	सूची-II (अक्षर काल)
(a) दर्पण	I. 24
(b) चर्चरी	II. 12
(c) कंदर्प	III. 64
(d) सिंहविक्रम	IV. 72

नीचे दिए गए विकल्पों में से सही उत्तर चुनिए :

	(a)	(b)	(c)	(d)
A.	III	I	II	IV
B.	I	II	III	IV
C.	II	IV	I	III
D.	IV	I	III	II

79. ध्रुव, मठ्य, रूपक और झंपा तालों के प्रकारों के लघु जाति भेद नामों का सही अनुक्रम चुनिए :

(a) राव (b) कर

(c) रज (d) प्रमाण

नीचे दिए गए विकल्पों में से सही उत्तर चुनें :

A. (*a*), (*b*), (*c*), (*d*)   B. (*b*), (*c*), (*d*), (*a*)

C. (*d*), (*a*), (*c*), (*b*)   D. (*c*), (*d*), (*a*), (*b*)

80. श्रुति मूल्यों के बढ़ते क्रम का सही अनुक्रम चुनिए :

(*a*) $\frac{128}{81}$ (*b*) $\frac{256}{243}$

(*c*) $\frac{81}{64}$ (*d*) $\frac{10}{09}$

(*e*) $\frac{32}{27}$

नीचे दिए गए विकल्पों में से सही उत्तर चुनें :

A. (*a*), (*c*), (*b*), (*d*), (*e*)

B. (*b*), (*d*), (*e*), (*c*), (*a*)

C. (*c*), (*e*), (*b*), (*a*), (*d*)

D. (*d*), (*c*), (*a*), (*b*), (*e*)

81. जब तोड़ी के 'रि', 'गा', 'मा, 'धा' को आधार श्रुति के रूप में लिया जाता है उसके फलस्वरूप प्राप्त रागों के सही क्रम को चुनिए :

(*a*) हरिकंबोजी

(*b*) कल्याणी

(*c*) नट भैरवी

(*d*) शंकरा भरणम्

नीचे दिए गए विकल्पों में से सही उत्तर चुनें :

A. (*a*), (*b*), (*c*), (*d*)   B. (*b*), (*a*), (*c*), (*d*)

C. (*d*), (*b*), (*c*), (*a*)   D. (*c*), (*a*), (*b*), (*d*)

82. निम्नलिखित का कालानुक्रमिक अनुक्रम चुनिए :

(*a*) संगीत सार

(*b*) स्वर मेल कलानिधि

(*c*) संगीत सारामृतम्

(*d*) संगीत सुधा

(*e*) संगीत कल्पद्रुम

नीचे दिए गए विकल्पों में से सही उत्तर चुनें :

A. (*a*), (*b*), (*d*), (*c*), (*e*)

B. (*b*), (*c*), (*d*), (*a*), (*e*)

C. (*c*), (*e*), (*b*), (*a*), (*d*)

D. (*d*), (*a*), (*c*), (*e*), (*b*)

83. नववर्णाकृतियों के क्रम आनंद भैरवी में 'कमलंब', कल्याणी में 'कमलाम्बम् भजरे', शंकराभरणम् में 'श्री कामलंबिकाय' और कंबोज़ी में 'कामलंबिकायै' के क्रम में नीचे दिए गए आवरणों के सही क्रम को चुनिए :

(*a*) षोडशदलम्

(*b*) भूपुरम्

(*c*) अष्टदलम्

(*d*) चतुर्दशरम्

नीचे दिए गए विकल्पों में से सही उत्तर चुनें :

A. (*a*), (*c*), (*b*), (*d*)   B. (*d*), (*a*), (*b*), (*c*)

C. (*b*), (*a*), (*c*), (*d*)   D. (*b*), (*d*), (*c*), (*a*)

84. 72 मेळ पद्धति में उपस्थित मेळों के सही क्रम को चुनिए :

(*a*) यागप्रिया

(*b*) चित्रांबरी

(*c*) सुवर्णांगी

(*d*) वाकुळाभरणम्

(*e*) कोशलम्

नीचे दिए गए विकल्पों में से सही उत्तर चुनें :

A. (*b*), (*c*), (*d*), (*e*), (*a*)

B. (*d*), (*a*), (*c*), (*b*), (*e*)

C. (*a*), (*d*), (*b*), (*e*), (*c*)

D. (*e*), (*a*), (*d*), (*b*), (*c*)

85. संपूर्ण षाडव, षाडव संपूर्ण, षाडव-षाडव और षाडव-औडव के क्रम में रागों के सही क्रम को चुनिए :

(*a*) मार्ग हिंडोलम्

(*b*) मंदारी

(*c*) पराग

(*d*) रसाली

नीचे दिए गए विकल्पों में से सही उत्तर चुनें :

A. (*a*), (*c*), (*b*), (*d*)   B. (*a*), (*b*), (*d*), (*c*)

C. (*c*), (*a*), (*b*), (*d*)   D. (*d*), (*b*), (*c*), (*a*)

86. उपस्थित तंत्रियों की संख्या के अनुसार वाद्ययंत्रों का सही अनुक्रम चुनिए :

(*a*) वीणा

(*b*) वायलिन

(*c*) गोट्टुवाद्यम्

(*d*) एकतार
(*e*) संतूर

नीचे दिए गए विकल्पों में से सही उत्तर चुनें :

A. (*b*), (*c*), (*d*), (*e*), (*a*)
B. (*a*), (*d*), (*b*), (*c*), (*e*)
C. (*c*), (*b*), (*d*), (*e*), (*a*)
D. (*d*), (*b*), (*a*), (*c*), (*e*)

87. नीचे दो कथन दिए गए हैं : एक को अभिकथन (A) और दूसरे को कारण (R) कहा गया है।

अभिकथन (A) : भारतीय संगीत में अनेक महान संगीतकार गुरुकुल संप्रदाय का अनुसरण करते हुए प्रसिद्धि प्राप्त किए हैं।

कारण (R) : गुरुकुल शिक्षा पद्धति में परीक्षा एवं रैंकिंग की कोई प्रणाली नहीं होती है।

उपर्युक्त कथनों के आलोक में निम्नलिखित विकल्पों में से सही उत्तर चुनें :

A. (A) और (R) दोनों सही हैं और (R), (A) की सही व्याख्या है।
B. (A) और (R) दोनों सही हैं परन्तु (R), (A) की सही व्याख्या नहीं है।
C. (A) सही है परन्तु (R) सही नहीं है।
D. (A) सही नहीं है परन्तु (R) सही है।

88. नीचे दो कथन दिए गए हैं : एक को अभिकथन (A) और दूसरे को कारण (R) कहा गया है।

अभिकथन (A) : राग ध्वनियाँ उत्तम होती हैं जब उन्हें उपयुक्त समय पर गाया अथवा बजाया जाता है।

कारण (R) : कर्नाटक संगीतकार रागों के समय सिद्धांत का सही अर्थों में पालन करते हैं।

उपर्युक्त कथनों के आलोक में निम्नलिखित विकल्पों में से सही उत्तर चुनें :

A. (A) और (R) दोनों सत्य हैं और (R), (A) की सही व्याख्या है।
B. (A) और (R) दोनों असत्य हैं परन्तु (R), (A) की सही व्याख्या नहीं है।
C. (A) सत्य है परन्तु (R) असत्य है।
D. (A) असत्य है परन्तु (R) सत्य है।

89. नीचे दो कथन दिए गए हैं : एक को अभिकथन (A) और दूसरे को कारण (R) कहा गया है।

अभिकथन (A) : मणिप्रवालम् विभिन्न भाषाओं के संयोजन से किसी कृति की रचना करने की पद्धति है।

कारण (R) : कोई वाग्गेयकार जिसकी किसी एक भाषा में लेखन की पकड़ नहीं होती है, वह हमेशा लेखन हेतु मणिप्रवालम् का चयन करता है।

उपर्युक्त कथनों के आलोक में निम्नलिखित विकल्पों में से सही उत्तर चुनें :

A. (A) और (R) दोनों सही हैं और (R), (A) की सही व्याख्या है।
B. (A) और (R) दोनों सही हैं परन्तु (R), (A) की सही व्याख्या नहीं है।
C. (A) सही है परन्तु (R) सही नहीं है।
D. (A) सही नहीं है परन्तु (R) सही है।

90. नीचे दो कथन दिए गए हैं :

कथन-I : भारतीय संगीत के प्रतिदान हेतु वीणा एक श्रेष्ठ शास्त्रीय वाद्ययंत्र है।

कथन-II : गमकों के निदर्शन के लिए वीणा सर्वाधिक उपयुक्त वाद्य यंत्र है।

उपर्युक्त कथनों के आलोक में निम्नलिखित विकल्पों में से सही उत्तर चुनें :

A. कथन I और II दोनों सत्य हैं।
B. कथन I और II दोनों असत्य हैं।
C. कथन I सत्य है, किन्तु कथन II असत्य है।
D. कथन I असत्य है, किन्तु कथन II सत्य है।

निर्देश (प्र.सं. 91 से 95 तक): *निम्नलिखित गद्यांश को सावधानीपूर्वक पढ़िए और पूछे गए प्रश्नों के उत्तर दीजिए।*

जयदेव के 'गीतगोविंद' की एक सशक्त अपील रही है और चंद्रशेखर सरस्वती और रामकवि जैसे दक्षिण भारतीय रचनाकारों ने समानांतर कथानकों पर क्रमशः शिवाशक्तपति

और रामशक्तपति की रचना की। कर्णाटक संगीत रूपों का एक ऐसा कोषागार है जिसमें धार्मिक और धर्म निरपेक्ष रूप शामिल हैं। धार्मिक संगीत में अष्टपदी, तरंग, दिव्यनामकीर्तन, तेवरण, आदि शामिल हैं। इन रूपों में संगीत भक्ति साहित्य के गायन के लिए एक वाहन मात्र का कार्य करता है। इन रचनाओं का विचार है भक्ति की भावना का आह्वान करना। त्रिमूर्ति, नारायण तीर्थर, थेवरण रचनाकार, अण्डल आदि ने अपने अमूल्य योगदान से दक्षिण भारतीय संगीत के क्षेत्र को समृद्ध किया।

91. गीत गोविन्द का अंग्रेजी अनुवाद निम्नलिखित में से किसने किया है?

A. फॉक्स स्ट्रांगवेज B. एडविन आर्नोल्ड
C. बी.सी. देवा D. बी.डी. पलुस्कर

92. श्यामशास्त्री द्वारा सर्वप्रथम प्रयुक्त ताल को निम्नलिखित में से क्या कहा जाता है?

A. सिंहानंदम तालम B. चप्पूतालम
C. शरभनन्दन तालम D. शरभलीला तालम

93. ज्ञामचिन्दू की रचना निम्नलिखित में से किसने की है?

A. तिरुज्ञान संबंदर B. अन्नामलाई रेड्डीयार
C. गोपालकृष्ण भारती D. पापनाशा मुदलियर

94. 'धर्मसेनार' शीर्षक किस रचनाकार से जुड़ा है?

A. अप्पर
B. तिरु ज्ञान संबंदर
C. मनिका वासगर
D. सुन्दरमूर्ति नयनार

95. नारायण तीर्थ का गेयनाटक ''पारिजातहरण'' किस भाषा में है?

A. कन्नड़ B. संस्कृत
C. तेलुगु D. उर्दू

निर्देश (प्र.सं. 96 से 100 तक): *निम्नलिखित गद्यांश को सावधानीपूर्वक पढ़िए और पूछे गए प्रश्नों के उत्तर दीजिए।*

किसी भी अन्य ललित कला की भांति संगीत के दर्शन का सिद्धांत भी ध्वनि, इसके स्वरानुक्रम, प्रगीत और इसके वाद्य उपकरणों और सबसे अधिक इसकी प्रस्तुति और श्रोताओं की मनोवैज्ञानिक स्थिति जैसे सौंदर्यशास्त्रीय संघटकों के गुणग्रहण से जुड़ा है! तथापि संगीत की मुख्य अंतर्वस्तु है ध्वनि और उसकी लय। इसमें किसी भी वर्जित मस्तिष्क पर विजय पाने की शक्ति है। संगीत का दर्शन कहता है कि संगीत सर्वोच्च कला है चूंकि यह मानव को स्थायी और शाश्वत सम्पूर्ण परमानन्द और प्रसन्नता प्रदान करता है। यह स्मरणीय है कि संगीत के दर्शन का दायरा और दृष्टिकोण अपेक्षाकृत उदार है क्योंकि इसमें न केवल अति संवेदी दैव्य विश्व की सामग्री है अपितु सांसारिक अवधारणाएँ भी हैं। संगीत की मुख्य सामग्री है 'नाद' और संगीत का गंभीरतापूर्वक अभ्यास करने वाले कलाकारों को उससे संबंधित सिद्धांतों का पालन करना होता है और 'नादोपासक' बनने के लिए 'नाद' की आराधना करनी होती है। यह प्रक्रिया उपासक को 'नादयोग' में रूपांतरित कर देती है। एक गंभीर संगीतज्ञ हमेशा ही इसके शाश्वत परमानन्द के लिए न कि सांसारिक प्राप्ति के लिए, संगीत की उपासना करता है। इस कारण शेष विश्व की तुलना में भारत में संगीत का अभ्यास एक पूर्णतया भिन्न अवधारणा बन जाता है।

96. भारतीय संगीत के अभ्यास का अंतिम लक्ष्य क्या है?

A. बुद्धिमत्ता B. मोक्ष
C. मनोरंजन D. संपत्ति

97. धर्म, अर्थ, काम और मोक्ष जैसे गुणों को सामूहिक रूप में क्या कहा जाता है?

A. आराधना B. पुरुषार्थ
C. नादयोग D. प्रार्थना

98. नाभि से उद्भूत नाद क्या है?

A. पुष्ट B. कृत्रिम
C. अति सूक्ष्म D. अपुष्ट

99. प्राचीन सिद्धांत के अनुसार, श्वास के निम्नलिखित में से किसके संयोग से प्रणव की रचना होती है?

A. श्रुति B. जठराग्नि
C. जल D. आत्मा

100. 'नादोपासना' की अधिकांश रचनाएँ निम्नलिखित में से किसकी है?

A. पापनाशम शिवन
B. श्याम शास्त्री
C. स्वाति तिरुनल
D. त्यागराजा

भाग-IV

रबीन्द्र संगीत

26. निम्नांकित में से कौन-सा नाटक 'राजर्षि' उपन्यास के अनुरूप है?

A. प्रायश्चितो B. बिसोर्जन

C. राजा D. शापमोचन

27. 'निवृतो प्राणेर देबता' निम्नलिखित में से किसका गीत है?

A. नैबेद्य B. गीतांजलि

C. गीतिमाल्य D. गीताली

28. निम्नांकित सूची में से कौन-सा गाना 'गुरु' नाटक से उद्धृत है?

A. अहा तोमार संगे प्राणेर खेला

B. तोमय नतुन कोरे पाबो बोले

C. जिनी सोकोल काजेर काजी

D. ए पथ गाछे कोन खाने गो

29. 'ओल्द लंग सीने' कहाँ का लोकनृत्य है?

A. इंग्लैंड B. वेल्स

C. आयरलैंड D. स्कॉटलैंड

30. रबीन्द्र संगीत 'मधुरो रूपे बिराजो' का मूल गीत चिह्नांकित कीजिए :

A. अचोलो बिराजो हो B. तुम सकल रूपा

C. कौन रूप बनी हो D. दारा दिम दारा दिम

31. 'तोमे ताना नाना' निम्नांकित में से किसका मौलिक गीत है?

A. सुखोहीन निशिदिन

B. कोथा होते बाजे प्रेमो बेदोनारे

C. ओई पोहेजिलो तिमिरो रात्रि

D. ओरे भाई फागुन लेगे छे बोने बोने

32. "आमी कोशाग पाबो तारे अमार मोनेर मानुष जे रे" गीत के रचयिता कौन थे?

A. गगन हरकारा B. ललन फकीर

C. सेख मदन फकीर D. हरिदास बाउल

33. "ड्रिंक टू मी वनली" गीत के गीतकार कौन हैं?

A. वाल्टर स्कॉट B. बेन जॉनसन

C. कर्नल आर. मेलिश D. रॉबर्ट बर्न्स

34. निम्नांकित गीतों में से कौन-सा गीत 2/2 छंद में गढ़ित नहीं है?

A. आमी तोमाय अबर छै सुनाबरे

B. मेघा छाये सजल बाये

C. रिमिकी झिमकी झोरे

D. स्पप्ने दोहे छिनू की मोहे

35. 'यूरोप प्रबासिर पत्र' किस वर्ष प्रकाशित हुआ?

A. 1881 B. 1891

C. 1893 D. 1919

36. वर्ष 1927 में नातिर पूजा का मंचन सर्वप्रथम कहाँ किया गया था?

A. शांतिनिकेतन B. सिंघल

C. जरासंको बिचित्रो भबन D. जावा

37. 'सबुज पत्र' पत्रिका सर्वप्रथम किस वर्ष प्रकाशित हुई?

A. 1913 B. 1914

C. 1919 D. 1926

38. रबीन्द्रनाथ को त्रिपुरा के राजा द्वारा किस वर्ष 'भारत भास्कर' की उपाधि से सम्मानित किया गया?

A. 1921 B. 1930

C. 1936 D. 1941

39. पूजा पर्गाग की उप-श्रेणी 'आत्मबोधन' में कितने गीत हैं?

A. 2 B. 5

C. 6 D. 7

40. 'रॉय जे कंगाल शून्य हाते' गीत के पर्याय को चिह्नांकित कीजिए :

A. पूजा पर्याय B. बिचित्रो पर्याय

C. प्रेम पर्याय D. प्रेम ओ प्रकृति पर्याय

41. इस स्वरांकन की सहायता से गीत की पहचान कीजिए :

| R P | ^{P}M G R | R - | R - - |

| R a | M P P | ^{P}D ^{P}P | M - $\overline{G}$|

A. तरुतले छिन्नोबृन्त मलातिरो फुल

B. महासिंहासने बोसि

C. कन्डाले तुमी मोरी

D. जोल एने दे ने बच्चा

42. "अमार जाबार समय होलो आमय केनो राखिस धोरे:" गीत का उल्लेख निम्नांकित में से किस उपन्यास में है?

A. बोआ ठाकुरानिर हाट B. राजर्षि

C. बोरे बैरे D. चोकर बाली

43. स्वरांकन की सहायता से गीत की पहचान कीजिए :

| S S S | SR s R | RP - - | - - - |

| MP $\underline{N}$D | PMP DP | M$\underline{G}$ - $\underline{G}$ | R$\underline{G}$ - |

A. गागानेर थोले रोवी चंद्रा

B. गइना घन छइलो

C. गगने गगने अपानार मोने

D. गगने गगने धई हांकी

44. 'स्वपन लोकेर विदेशिनी' गीत का मूल राग कहाँ और कैसे विचलन होता है?

A. संचारी में कोमल ऋषभ के प्रयोग से

B. संचारी में शुद्ध ऋषभ के प्रयोग से

C. संचारी में राग मालकौंस के प्रयोग से

D. संचारी में राग बिहाग के प्रयोग से

45. "स्वपन लोकेरे विदेशिनी" गीत का मुख्य राग क्या है?

A. मारोआ B. इमन कल्याण

C. बागेश्री D. सोहिनी

46. 'स्वपन लोकेर विदेशिनी' गीत का पिछला संस्करण क्या है?

A. अनेक कथा बोलेछिलेम

B. स्वपने अमार मोने होलो

C. अनेक दीनर मोने मानुष

D. स्वपने दोन्हे छिनू की मोहे

47. "स्वपन लोकेर विदेशिनी" गीत का सटीक बिन्दुपथ (स्वयं टैगोर की इच्छा के अनुरूप) कहाँ है?

A. "नृत्यनाट्य मयर खेला" की पांडुलिपि में

B. "नृत्य नाट्य चित्रांगदा" की पांडुलिपि में

C. "वाल्मीकि प्रतिभा" संगीत नाटक में

D. "रक्त कराबी" नाटक में

48. 'रक्त कराबी' में निम्नांकित में से कौन-सा गीत अनुप्रयुक्त होता है?

A. आर रेखोनो अंधारे अमय

B. ओई मेघ करे बुझी गगने

C. अमार पराण जहाचय

D. ओ चांद चकोर जलेर लगलो जोबार

49. टैगोर गीत "आहा - आजी - ए बसंते" का मूलभूत राग निम्नांकित में से कहाँ से उद्धृत है :

A. द विकार ब्रे

B. नन्सी ली

C. गो ह्वेयर ग्लोरी वेट्स दी

D. ड्रिंक्स टू मी ऑनली

50. 'बाजे करुणा सुरे' गीत का राग चिह्नांकित कीजिए :

A. शंकरावरम B. बसंत पंचम

C. सिंहेन्द्र मध्यम D. पूर्ण सरज

51. 'दिन जय रे दिन जय' गीत का ताल पहचानिए :

A. अढ़ा ठेका B. मध्यमान

C. त्रिताल D. पंचम सोवारी

52. टैगोर ने 'शरदोत्सव' नाटक की रचना किस वर्ष की थी?

A. 1900 B. 1912

C. 1908 D. 1920

53. टैगोर के किस गीत में कृष्ण के बड़े भाई का उल्लेख मिलता है?

A. आमी तारेई खुंजे बेरई

B. दखिन हाओबा जागो जागो

C. पगला हाओबर बादल दिने

D. धीरे-धीरे बाओ ओगो उतल हावा

54. 'शुक्ल एकादशी' का उल्लेख किस गीत में मिलता है?

A. कोथा जे उधाओ होलो

B. कबे आमी बहिर होलेम

C. कोबे तुमी अस्बे बोले

D. कोन पुरातन प्राणेर ताने

55. 'रक्तकराबी' का समापन गीत है :

A. केनो चोखेर गले दिखेर लेम ना

B. पोउस तो देर डाक दियेच्छे

C. भोर होलो विभावरी

D. मोर स्वपन तोरिर के तुई नेये

56. जयदेव के 'गीत गोबिन्दम' में झम्पक ताल का प्रतिमान ज्ञात करें :

A. ललिता लबांग लता पारिसीलना

B. समर गराला खंदानम मन सिरसी

C. बजाओ रे मोहना बंशी

D. बेदशी यदि किंचिदपि दंतरूचि कौमुदी की दारा तिमिरमति

57. चोकर जलेर लगलो जोयार दुखेर पराबारे .....

रक्त कराबी में इस गीत का गायन कौन करता है?

A. बि्शू पागल B. फागुलाल

C. नंदिनी D. मकर राज

58. युगे युगे बुझी आमय चेयेछीलो से ....

गीत का उल्लेख किस नाटक में मिलता है?

A. अरूप रतन

B. शाप मोचन/शाप मोहन

C. रक्त कराबी

D. राजा - ओ - रानी

59. निम्नांकित में से तीन गीतों की रचना सदारंग द्वारा की गई है। सदारंग द्वारा लिखित उन तीन गीतों को चिह्नांकित कीजिए :

(*a*) बाज राही सखियारी

(*b*) लागी मोरी ठुमका पलंगना

(*c*) पपीहा बोले ले रे

(*d*) प्रचण्ट गर्जना सजल बरसा ऋतु

(*e*) मोहे कैसी निकी लागी

नीचे दिए गए विकल्पों में से सही उत्तर चुनें :

A. केवल (*b*) और (*c*) B. केवल (*a*) और (*d*)

C. केवल (*d*) और (*e*) D. केवल (*a*) और (*e*)

60. निम्नांकित में से कौन-से दो गीत 'गायार खेला' नृत्य नाट्य से उद्धृत हैं :

(*a*) कोन से झोरेर भूल

(*b*) बंधु मिचे राग झोरोन

(*c*) जाक चिरे जक चिनरे जक मिथ्यारोजाल

(*d*) चरोनो धोरिते दियो गो अमारे

(*e*) ना सजनी, ना आमी जानी जानी से असिबे ना

नीचे दिए गए विकल्पों में से सही उत्तर चुनें :

A. केवल (*a*) और (*c*) B. केवल (*b*) और (*d*)

C. केवल (*b*) और (*e*) D. केवल (*d*) और (*e*)

61. निम्नांकित में से किन दो गीतों में दो भिन्न धुन होते हैं?

(*a*) लिखोन तोमार धूलय लोएचे धुली

(*b*) से जे पथिक आमर

(*c*) बरता पेयची गोने गोने

(*d*) एखोनो तानरे चोखे देखिनी

(*e*) दखिन हाओआ जागो जागो

नीचे दिए गए विकल्पों में से सही उत्तर चुनें :

A. केवल (*a*) और (*b*) B. केवल (*a*) और (*d*)

C. केवल (*c*) और (*e*) D. केवल (*b*) और (*d*)

62. निम्नांकित में से उन तीन गीतों का चयन कीजिए जिन्हें राग बिभास में बिठाया गया है :

(*a*) आमी प्रोनोमी तोमारे

(*b*) ओलो सोई ओलो सोई

(*c*) मोरा सत्येरो पोरे मोन

(*d*) जोदि होलो जाबार खान

(*e*) श्बणो तुमी बतसे कर आभासो पेले

नीचे दिए गए विकल्पों में से सही उत्तर चुनें :

A. केवल (*a*), (*c*) और (*d*)

B. केवल (*b*), (*c*) और (*d*)

C. केवल (*c*), (*d*) और (*e*)

D केवल (*a*), (*b*) और (*e*)

63. शष्ठी ताल में बिठाए गए दो गीतों को चिह्नांकित कीजिए:

(*a*) गोपोन प्राणे एकला मानुष

(*b*) कार चोखेर चाओयर होउयाय

(*c*) धाय जानो मोर सकल भालो बासा
(*d*) कीसेर तरे अश्रु झोड़े
(*e*) आर रेखोना अंधारे आमय

नीचे दिए गए विकल्पों में से सही उत्तर चुनें :

A. केवल (*a*) और (*b*) B. केवल (*c*) और (*d*)
C. केवल (*d*) और (*e*) D. केवल (*c*) और (*e*)

64. स्वर बीतम 45 में निम्नांकित में से किन दो गीतों का संकलन है?

(*a*) के बोसिले आजी हृदयसाने
(*b*) बरसो ओई गेलो चोले
(*c*) एकी लबन्ये पूर्णो प्राणे
(*d*) डाकिछो के तुमी तपित्तो जाने
(*e*) एरे भिखारी सजाये

नीचे दिए गए विकल्पों में से सही उत्तर चुनें :

A. केवल (*a*) और (*b*) B. केवल (*b*) और (*d*)
C. केवल (*a*) और (*c*) D. केवल (*d*) और (*e*)

65. रबीन्द्र संगीत : काब्या - ओ -सुर'' किसके द्वारा लिखा गया है?

(*a*) शांतिदेव घोष
(*b*) कनिका बंदोपाध्याय
(*c*) शैलजा रंजन मजूमदार
(*d*) बीरेन बंदोपाध्याय
(*e*) दिनेन्द्रनाथ टैगोर

नीचे दिए गए विकल्पों में से सही उत्तर चुनें :

A. केवल (*a*) और (*b*) B. केवल (*b*) और (*c*)
C. केवल (*c*) और (*e*) D. केवल (*b*) और (*d*)

66. शांतिनिकेतन आश्रम : शांतिनिकेतन स्मृति-ओ-शांतिनिकेतन कथा के लेखक हैं :

(*a*) अघोरनाथ चट्टोपाध्याय
(*b*) सुधीर चक्रवर्ती
(*c*) ज्ञानेन्द्रनाथ चट्टोपाध्याय
(*d*) प्रमथ नाथ विशी

नीचे दिए गए विकल्पों में से सही उत्तर चुनें :

A. केवल (*c*) और (*d*) B. केवल (*b*) और (*c*)
C. केवल (*a*) और (*c*) D. केवल (*a*) और (*b*)

67. 'अजा आजीए बसंते' निम्नांकित में से किसमें आता है/घटित होता है :

(*a*) अमर और शांता का गीत
(*b*) 'गो ह्वेयर ग्लोरी वेट्स दी' का धुन
(*c*) शैली-कीर्तन
(*d*) स्वरलिपि-40
(*e*) ताल-कवाली

नीचे दिए गए विकल्पों में से सही उत्तर चुनें :

A. केवल (*a*) और (*b*) B. केवल (*b*) और (*e*)
C. केवल (*c*) और (*d*) D. केवल (*d*) और (*e*)

68. रबीन्द्रनाथ ने अभिनय किया :

(*a*) वाल्मीकि प्रतिभा में वाल्मीकि का
(*b*) डाकघर में अमल का
(*c*) नातिर पूजा में उपाली का
(*d*) श्यामा में बज्रसेन का
(*e*) चित्रांगदा में मदन का

नीचे दिए गए विकल्पों में से सही उत्तर चुनें :

A. केवल (*b*) और (*c*) B. केवल (*c*) और (*d*)
C. केवल (*d*) और (*e*) D. केवल (*a*) और (*c*)

69. 'पथहारा तुमी पथिक जेनोगो' आता है :

(*a*) ताल एकताल में
(*b*) स्वर बीतम 48 में
(*c*) 1890 में लिखित
(*d*) राग-इमाम कल्याण
(*e*) इस श्रेणी के गीत भक्ति भावपूर्ण होते हैं

नीचे दिए गए विकल्पों में से सही उत्तर चुनें :

A. केवल (*b*), (*c*) और (*d*)
B. केवल (*a*), (*b*) और (*d*)
C. केवल (*a*), (*b*) और (*c*)
D. केवल (*a*), (*c*) और (*d*)

70. हिंदू संगीत के लेखक हैं :

(*a*) इंदिरा देवी चौधुरानी
(*b*) शांतिदेव घोष
(*c*) प्रमथ चौधरी
(*d*) रबीन्द्रनाथ टैगोर
(*e*) क्षितिमोहन सेन

नीचे दिए गए विकल्पों में से सही उत्तर चुनें :

A. केवल (*a*) और (*b*) B. केवल (*b*) और (*c*)
C. केवल (*a*) और (*c*) D. केवल (*d*) और (*e*)

71. सूची-I को सूची-II से सुमेलित कीजिए :

सूची-I (गीत : हे निरुपमा)	**सूची-II (कविता : अभिनय)**
(*a*) छंद-1	I. छंद-1
(*b*) छंद-2	II. छंद-2
(*c*) छंद-3	III. छंद-3
(*d*) छंद-4	IV. छंद-5

नीचें दिए गए विकल्पों में से सही उत्तर चुनिए :

	(*a*)	(*b*)	(*c*)	(*d*)
A.	I	II	III	IV
B.	III	IV	I	II
C.	IV	III	II	I
D.	II	I	IV	III

72. सूची-I को सूची-II से सुमेलित कीजिए :

सूची-I (गीत)	**सूची-II (काव्यात्मक निबंध)**
(*a*) तोबु मोने रेखो	I. सोनार तोरी
(*b*) कोखन बसंत गेलो	II. नैबेद्य
(*c*) आजी जे रजनी जाय	III. मानसी
(*d*) यदि ए आमार हृदयो दुआरो	IV. कोरी-ओ-कोमल

नीचे दिए गए विकल्पों में से सही उत्तर चुनिए :

	(*a*)	(*b*)	(*c*)	(*d*)
A.	III	IV	I	II
B.	I	II	III	IV
C.	II	I	IV	III
D.	III	II	IV	I

73. सूची-I को सूची-II से सुमेलित कीजिए :

सूची-I (गीत)	**सूची-II (काव्यात्मक निबंध की कविता)**
(*a*) संगसारे मोन रियेचिनु	I. मिलोन (खैया)
(*b*) आजी कोन धोन होते	II. प्रार्थना (चैताली)
(*c*) आमी कामोन कोरिया जान बो	III. सुखस्वप्ने (चोबी-ओ-गान)
(*d*) ओई जानालर काचे बोस आछे	IV. पूर्णकाम (कल्पना)

नीचे दिए गए विकल्पों में से सही उत्तर चुनिए :

	(*a*)	(*b*)	(*c*)	(*d*)
A.	III	IV	II	I
B.	I	III	II	IV
C.	IV	II	I	III
D.	I	III	IV	II

74. सूची-I को सूची-II से सुमेलित कीजिए :

सूची-I (रबीन्द्र संगीत)	**सूची-II (मूलगीत)**
(*a*) आजी मोमो जीबोनो नामिछे	I. अबा दिन थोरी
(*b*) की कोरिली मोहेरो चो लोने	II. अबा मोरी पायेला बजनू
(*c*) मोमो अंगने स्वामी	III. ओंकारो महादेव
(*d*) आनंदो तुमी स्वामी	IV. आगू ब्रोजोमे सैन्य

नीचे दिए गए विकल्पों में से सही उत्तर चुनिए :

	(*a*)	(*b*)	(*c*)	(*d*)
A.	II	I	IV	III
B.	I	IV	II	III
C.	III	II	I	IV
D.	IV	III	II	I

75. सूची-I को सूची-II से सुमेलित कीजिए :

सूची-I	**सूची-II**
(*a*) आमीमीछे घुरी ए जगते	I. उपाली
(*b*) रंग पद पद्म युगे	II. बज्रसेन
(*c*) पूर्बा गगन भागे	III. अमर
(*d*) हृबय बरांत जोने	IV. बाल्मिकी

नीचे दिए गए विकल्पों में से सही उत्तर चुनिए :

	(*a*)	(*b*)	(*c*)	(*d*)
A.	IV	I	II	III
B.	II	III	IV	I
C.	I	II	III	IV
D.	III	IV	I	II

76. सूची-I को सूची-II से सुमेलित कीजिए :

सूची-I	सूची-II
(*a*) ए भरा बादर महा भदरा	I. गोबिंद दास
(*b*) बुझते नारी नारी की चय	II. हेमलता देवी
(*c*) सुंदरी राधे ओ ये बानी	III. विद्यापति
(*d*) बालक प्राणे आलोक	IV. अक्षयकुमार बराल

नीचे दिए गए विकल्पों में से सही उत्तर चुनिए :

	(*a*)	(*b*)	(*c*)	(*d*)
A.	I	II	III	IV
B.	III	IV	I	II
C.	II	III	IV	I
D.	IV	I	II	III

77. सूची-I को सूची-II से सुमेलित कीजिए :

सूची-I	सूची-II
(*a*) बंदी देव दयामय तबो चरणे	I. इंदिरा देवी चौधुरानी
(*b*) श्री जनम के साथी	II. सुमति बाला देवी
(*c*) प्रभु पुजीबा तो मारे आजी	III. मीरा बाई
(*d*) एसो दया गोले जाके पाषाण हृदय	IV. सौदामिनी देवी

नीचे दिए गए विकल्पों में से सही उत्तर चुनिए :

	(*a*)	(*b*)	(*c*)	(*d*)
A.	I	II	III	IV
B.	II	III	IV	I
C.	III	IV	II	I
D.	IV	II	I	III

78. सूची-I को सूची-II से सुमेलित कीजिए :

सूची-I	सूची-II
(*a*) सत्यमोगला प्रेममोयो तुमी	I. महाराजा केवड़िया
(*b*) असीम कालसगरे	II. दुष्ट दुर्जना
(*c*) खेलर साथी बिदाय द्वार खेलो	III. कारी करी कामारिया
(*d*) ताबो प्रेम सुधा रासे	IV. शरद विद्याशती

नीचे दिए गए विकल्पों में से सही उत्तर चुनिए :

	(*a*)	(*b*)	(*c*)	(*d*)
A.	II	IV	I	III
B.	I	II	III	IV
C.	III	I	II	IV
D.	IV	III	II	I

79. रबीन्द्रनाथ के काव्यात्मक निबंधों को कालक्रम में व्यवस्थित कीजिए :

(*a*) बलाका

(*b*) महुआ

(*c*) सनाई

(*d*) बिथिका

नीचे दिए गए विकल्पों में से सही उत्तर चुनें :

A. (*a*), (*c*), (*b*), (*d*) B. (*c*), (*d*), (*b*), (*a*)

C. (*a*), (*b*), (*d*), (*c*) D. (*b*), (*a*), (*c*), (*d*)

80. कालक्रमानुसार सजाइए :

(*a*) गीतोमालिका प्रथम भाग

(*b*) नबगीतिका दूसरा भाग

(*c*) तापती

(*d*) केतकी

(*e*) गीतिबीथिका

नीचे दिए गए विकल्पों में से सही उत्तर चुनें :

A. (*d*), (*b*), (*a*), (*e*), (*c*)

B. (*a*), (*b*), (*c*), (*d*), (*e*)

C. (*b*), (*c*), (*d*), (*a*), (*e*)

D. (*e*), (*b*), (*a*), (*c*), (*d*)

81. रबीन्द्रनाथ टैगोर के निम्नलिखित निबंधों को उनके प्रकाशन वर्ष के आधार पर कालक्रम में सजाइए :

(*a*) धर्म

(*b*) मानुशेर धर्म

(*c*) बिचित्रो प्रबंध

(*d*) बंगला भाषा परिचय

नीचे दिए गए विकल्पों में से सही उत्तर चुनें :

A. (*c*), (*a*), (*b*), (*d*)

B. (*a*), (*d*), (*c*), (*b*)

C. (*b*), (*c*), (*d*), (*a*)

D. (*d*), (*b*), (*c*), (*a*)

82. गीतबीतन के अनुसार पूजा पर्याय की बौल (बाउल) उप-श्रेणी के प्रथम पाँच गीतों को क्रम से व्यवस्थित करें :

(*a*) अमार प्राणेर मानुष आछे प्राणे

(*b*) आमी कान पेते रोई

(*c*) से जे मोने मानुष केनो तारी बोसिये राखिस

(*d*) आमी तरेई खुजे बेरई

(*e*) अमार मोन जोखन जगतिना रे

नीचे दिए गए विकल्पों में से सही उत्तर चुनें :

A. (*a*), (*b*), (*c*), (*d*), (*e*)
B. (*b*), (*d*), (*c*), (*a*), (*e*)
C. (*c*), (*a*), (*b*), (*e*), (*d*)
D. (*e*), (*c*), (*d*), (*b*), (*a*)

83. निम्नांकित को कालक्रमानुसार व्यवस्थित कीजिए :

(*a*) फाल्गुनी
(*b*) बसंत
(*c*) अरूपरतन
(*d*) गुरु

नीचे दिए गए विकल्पों में से सही उत्तर चुनें :

A. (*a*), (*b*), (*c*), (*d*)　B. (*b*), (*c*), (*d*), (*a*)
C. (*c*), (*a*), (*b*), (*d*)　D. (*a*), (*d*), (*c*), (*b*)

84. निम्नांकित को कालक्रमानुसार व्यवस्थित करें :

(*a*) आनंद
(*b*) साधक
(*c*) बिश्व
(*d*) उत्सव

नीचे दिए गए विकल्पों में से सही उत्तर चुनें :

A. (*b*), (*d*), (*a*), (*c*)　B. (*a*), (*b*), (*c*), (*d*)
C. (*c*), (*d*), (*b*), (*a*)　D. (*d*), (*a*), (*b*), (*c*)

85. निम्नांकित को कालक्रमानुसार सजाएँ :

(*a*) द्विजेन्द्रनाथ टैगोर
(*b*) दिनेन्द्रनाथ टैगोर
(*c*) देवेन्द्रनाथ टैगोर
(*d*) द्विपेन्द्रनाथ टैगोर
(*e*) द्वारकानाथ टैगोर

नीचे दिए गए बिकल्पों में से सही उत्तर चुनें :

A. (*a*), (*b*), (*c*), (*d*), (*e*)
B. (*b*), (*d*), (*a*), (*c*), (*e*)
C. (*e*), (*c*), (*a*), (*d*), (*b*)
D. (*d*), (*e*), (*c*), (*b*), (*a*)

86. निम्नांकित को कालक्रमानुसार सजाएँ :

(*a*) मीरा
(*b*) सामिन्द्रनाथ
(*c*) रथीन्द्रनाथ
(*d*) रेणुका
(*e*) माधुरीलता

नीचे दिए गए विकल्पों में से सही उत्तर चुनें :

A. (*e*), (*c*), (*d*), (*a*), (*b*)
B. (*a*), (*b*), (*c*), (*d*), (*e*)
C. (*b*), (*c*), (*d*), (*e*), (*a*)
D. (*c*), (*d*), (*e*), (*b*), (*a*)

87. नीचे दो कथन दिए गए हैं : एक को अभिकथन (A) और दूसरे को कारण (R) कहा गया है।

अभिकथन (A) : यद्यपि 'शरदोत्सव' नाटक की पृष्ठभूमि में पतझड़ है किन्तु रबीन्द्रनाथ के आलोचक 'शरदोत्सव' को ऋतु से संबंधित नाटक नहीं मानते हैं।

कारण (R) : ऋतु से संबंधित नाटक में प्रकृति मुख्य पात्र की भूमिका में होगी और मानव वहाँ सहायक भूमिका में होते हैं।

उपर्युक्त कथनों के आलोक में निम्नलिखित विकल्पों में से सही उत्तर चुनें :

A. (A) और (R) दोनों सही हैं और (R), (A) की सही व्याख्या है।
B. (A) और (R) दोनों सही हैं परन्तु (R), (A) की सही व्याख्या नहीं है।
C. (A) सही है परन्तु (R) सही नहीं है।
D. (A) सही नहीं है परन्तु (R) सही है।

88. नीचे दो कथन दिए गए हैं : एक को अभिकथन (A) और दूसरे को कारण (R) कहा गया है।

अभिकथन (A) : आर्नोल्ड बेक ने एक समय में कहा था, "शांतिनिकेतन से हमें जो कुछ गिला है, समस्त संसार में कहीं भी हगें यह नहीं प्राप्त हो सकता था।"

कारण (R) : आर्नोल्ड बेक और उनकी पत्नी संगीत भावना के प्रथम विदेशी विद्यार्थी थे।

उपर्युक्त कथनों के आलोक में निम्नलिखित विकल्पों में से सही उत्तर चुनें :

A. (A) और (R) दोनों सही हैं और (R), (A) की सही व्याख्या है।

B. (A) और (R) दोनों सही हैं परन्तु (R), (A) की सही व्याख्या नहीं है।

C. (A) सही है परन्तु (R) सही नहीं है।

D. (A) सही नहीं है परन्तु (R) सही है।

89. नीचे दो कथन दिए गए हैं : एक को अभिकथन (A) और दूसरे को कारण (R) कहा गया है।

अभिकथन (A) : रबीन्द्रनाथ टैगोर को उनके पंचारातम जन्मदिवस (उनकी पंचारातम जयंती) के अवसर पर 19 मार्च, 1912 को बंगाल के बुद्धिजीवियों द्वारा कलकत्ता के टाउन हॉल में सम्मानित किया गया था।

कारण (R) : बौंगियो साहित्य परिषद रबीन्द्रनाथ टैगोर को नोबेल पुरस्कार मिलने से पूर्व उन्हें सम्मानित करना चाहते थे।

उपर्युक्त कथनों के आलोक में निम्नलिखित विकल्पों में से सही उत्तर चुनें :

A. (A) और (R) दोनों सही हैं और (R), (A) की सही व्याख्या है।

B. (A) और (R) दोनों सही हैं परन्तु (R), (A) की सही व्याख्या नहीं है।

C. (A) सही है परन्तु (R) सही नहीं है।

D. (A) सही नहीं है परन्तु (R) सही है।

90. नीचे दो कथन दिए गए हैं : एक को अभिकथन (A) और दूसरे को कारण (R) कहा गया है।

अभिकथन (A) : रबीन्द्रनाथ विश्वभारती के पहले कुलपति थे।

कारण (R) : रबीन्द्रनाथ जन्मजात कलाकार थे।

उपर्युक्त कथनों के आलोक में निम्नलिखित विकल्पों में से सही उत्तर चुनें :

A. (A) और (R) दोनों सही हैं और (R), (A) की सही व्याख्या है।

B. (A) और (R) दोनों सही हैं परन्तु (R), (A) की सही व्याख्या नहीं है।

C. (A) सही है परन्तु (R) सही नहीं है।

D. (A) सही नहीं है परन्तु (R) सही है।

निर्देश (प्र.सं. 91 से 95 तक): *निम्नलिखित गद्यांश को सावधानीपूर्वक पढ़िए और पूछे गए प्रश्नों के उत्तर दीजिए।*

यही समय था जब उन्होंने सर्वप्रथम गीतांजलि में अंतर्विष्ट अपने कुछ गीतों का अंग्रेजी में अनुवाद करना आरंभ किया। किन्तु उन्हें अपने स्वयं के शब्दों में ही इस वृत्तांत का वर्णन करने दें। यद्यपि उनके स्वयं के शब्द 'बंगाली' (बंगला) में थे, जिसे अंग्रेजी भाषा में नीचे उद्धृत किया गया है :

"जिस दिन मैं जलयान में सवार होने वाला था, छुट्टी लेने के लिए उन्मत्त प्रयासों के कारण मैं निश्चेत (बेहोश) हो गया और यात्रा स्थगित हो गई। तत्पश्चात मैं विश्राम के लिए सियालदह चला गया। किन्तु जब तक मस्तिष्क पूर्णतः सक्रिय नहीं रहता है, व्यक्ति में पूर्णतः विश्राम करने के सामर्थ्य की अनुभूति नहीं होती है। स्वयं को प्रशांत रखने का एकमात्र तरीका कुछ हल्का कार्य आरंभ करना था। इसलिए मैंने गीतांजलि की कुछ कविताएँ लीं और एक-एक करके उन कविताओं का अनुवाद करने के लिए स्वयं को व्यवस्थित किया। आपको आश्चर्य हो सकता है कि इस तरह के दुर्बल स्वास्थ्य में कैसे कोई व्यक्ति इस तरह का उन्मादी लक्ष्य धारण कर सकता है। किन्तु मेरा विश्वास कीजिए, मैंने इस कार्य का निष्पादन लापरवाही पूर्ण अक्खड़पन में नहीं किया। बस मेरे मन में एक आवेगपूर्ण विचार आया कि बीते दिनों में जिससे मेरे अंतर्मन में हर्ष और उल्लास परिपूरित हो गया था, उन भावनाओं और अनुभूति को अन्य भाषा के माध्यम से क्यों न पुनः प्रस्तुत किया जाए।"

एक लघु अभ्यास पुस्तिका के पृष्ठ अनुदित पाठ से क्रमशः भरते गए और मैं इसे अपनी जेब में रखकर जलयान में सवार हो गया।

91. कथाकार को क्यों सियालदह जाने के लिए विवश होना पड़ा?

A. गीतांजलि का अनुवाद करने के लिए

B. यात्रा आरंभ करने के लिए

C. कुछ समय तक विश्राम करने के लिए

D. जलयान में सवार होने के लिए

92. टैगोर ने स्वयं को शांत और सक्रिय रखने के लिए क्या किया?

A. वे सियालदह चले गए

B. उन्होंने यात्रा स्थगित कर दी

C. वे आराम करने लगे

D. वे अनुवाद करने लगे

93. अनुवाद कार्य का क्या उद्देश्य था?

A. उत्तम अनुवादक बनना

B. अपने भीतर हर्ष का अनुभव करना

C. गीतांजलि का प्रकाशन

D. लापरवाही पूर्ण उन्माद दूर करना

94. अनुवाद कार्य लेकर अपनी यात्रा पुनः आरंभ करने के लिए जलयान में प्रविष्ट हुए, अनुवाद कार्य :

A. जलयान में प्रविष्ट होने से बहुत समय पूर्व पूरा हो गया था

B. सदा के लिए अपूर्ण रह गया

C. परवर्ती काल में बोर्ड में अस्वीकृत हो गया

D. क्रमशः (शनैःशनैः) संपन्न हो रहा था

95. अनुवाद कार्य के फलस्वरूप उन्हें एक प्रकार से :

A. राहत मिली

B. उन्हें बेचैन कर दिया

C. इससे उनका स्वास्थ्य दुष्प्रभावित हुआ

D. वे लापरवाही पूर्ण उन्माद अवस्था में आ गए

निर्देश (प्र.सं. 96 से 100 तक): *निम्नलिखित गद्यांश को सावधानीपूर्वक पढ़िए और पूछे गए प्रश्नों के उत्तर दीजिए।*

सन् 1928 की वर्षा ऋतु थी। जब टैगोर ने दो मौसमी त्योहारों वृक्षारोपण और हलाकर्षण का पुनःस्थापन क्रमशः शांतिनिकेतन और श्रीनिकेतन में किया। इन सुरम्य त्योहारों का आयोजन अभी भी प्रतिवर्ष होता है जिसमें पड़ोस के देहाती क्षेत्रों और कलकत्ता से भरी संख्या में आंगतुक आते हैं। इन त्योहारों में सरल और कलात्मक समारोहों का आयोजन होता है जिसमें संगीत, नृत्य, वेदपाठ की संगति होती है जिसके माध्यम से प्रकृति की प्रजनन क्षमता का आह्वान किया जाता है और यह सदैव आवर्ती यौवन का संकेत है। वनप्रेमी टैगोर ने ग्राम्य क्षेत्रों में वनों की बेरहम कटाई पर विलाप किया और उनकी मंशा एक ऐसी प्रथा का शुभारंभ करने की थी जो लोगों की कल्पना में आकर्षक प्रतीत हो और लोग पौधों के प्रति अपना प्रेम प्रदर्शित करने के लिए पौधारोपण करने के लिए प्रवृत्त हों। वे इस प्रयास में सफल हुए। केवल शांतिनिकेतन जो किसी समय निष्कर्षित मृदा युक्त बंजर भूमि थी, और अब लघु गार्डन टाउन (बगीचे का शहर) हो गया है। ये ही नहीं, अपितु उनके द्वारा शुरू किया गया वृक्षारोपण समारोह अब अखिल भारतीय समारोह बन गया है। केंद्र सरकार और राज्य सरकारें इस समारोहोत्सव का प्रयोजन करती है। उनकी एक पद्य संग्रह 'वनवाणी' के खंडों की अभिलाक्षणिक विशेषता यह है कि इसमें वृक्ष, झाड़ियों और पुष्पों से संबंधित कविताओं का संग्रह है और इसमें उनके जीवन से संबद्ध विभिन्न ऋतुओं का भी उल्लेख है।

96. दो उत्सव-वृक्षारोपण और हलाकर्षण का शुभारम्भ किसके द्वारा किया गया?

A. विश्वभारती
B. शांतिनिकेतन
C. केंद्र सरकार
D. रबीन्द्रनाथ टैगोर

97. श्रीनिकेतन में हलाकर्षण निम्नांकित में से किसका प्रकार है?

A. कृषि पद्धति

B. फसल प्रतिरूप

C. भूमि पूजन

D. ऋतु-आधारित उत्सव (मौसमी - त्योहार)

98. टैगोर ने किस उद्देश्य से वृक्षारोपण का त्योहार आरंभ किया?

A. पौधारोपण

B. शांतिनिकेतन को गार्डेन टाउन बनाना

C. लोगों के बीच वृक्ष के प्रति प्रेम में अभिवृद्धि करना

D. मौसमी त्योहार आयोजित करना

99. निम्नांकित में से कौन-सा गीत हलाकर्षण उत्सव के लिए उपयुक्त है?

A. ओ आमार देशेर माही

B. ग्रामचारा ओई देगा मातिर पथ

C. फायर चल 'मातिर' ताने

D. फूल बाले धोन्यो आमी

100. वृक्षारोपण का त्योहार निम्नांकित में से किसके विरुद्ध टैगोर का आइवानकारी निर्णय है :

A. शहरीकरण

B. पेड़ों की कटाई

C. वृक्षारोपण

D. औद्योगीकरण

भाग–V

अवनद्ध वाद्य

26. पं. भरत मुनि ने लय के प्रकारों का वर्णन किस अध्याय में किया है?

A. 28 B. 29
C. 30 D. 31

27. इंद्रानील तालके एक आवर्तन में ताल मणि और बसंत की आड़ किस मात्रा के पश्चात् प्रारंभ होगी?

A. $2\frac{3}{3}$ B. $3\frac{2}{3}$
C. $3\frac{1}{3}$ D. $3\frac{2}{4}$

28. चक्रवाद्य का उल्लेख किस ग्रन्थ में प्राप्त होता है?

A. मानसोल्लास B. संगीत सुधा
C. संगीत स्वर D. दतिलम्

29. 'संगीत समय सार' के किस अध्याय में ताल शास्त्र के विषय में विवेचन किया गया है?

A. सप्तम् अध्याय B. अष्टम् अध्याय
C. पंचम् अध्याय D. द्वितीय अध्याय

30. रास ताल की कुआड़ एक आवर्तन में कितनी मात्राओं की होगी?

A. $10\frac{2}{5}$ B. $10\frac{2}{4}$
C. $10\frac{3}{5}$ D. $11\frac{2}{5}$

31. तीनताल के दो आवर्तन में किन तालों के एक-एक आवर्तन कुआड़ आएगी?

A. शिखर, रुद्र, सूलताल
B. शिखर, प्रताप शिखर, सूलताल
C. विष्णु, मत्त, लक्ष्मी
D. सूलताल, झपताल, रूपक

32. उ. करामतुल्ला खाँ के पिता एवं गुरु कौन थे?

A. उ. नन्हे खाँ
B. उ. नजर अली खाँ
C. उ. मसीत खाँ
D. उ. हाजी विलायत अली

33. इनमें से कौन पाश्चात्य घन वाद्य नहीं है?

A. कैटल B. झाइलोफोन
C. ट्राई एंगल D. बेल

34. त्रयोलयास्तु विज्ञेया द्रुत - मध्य - विलम्बिताः दस्तत्र तु लयो ......
यह श्लोक नाट्यशास्त्र के कौन-से अध्याय में लिखा है?

A. 28 B. 30
C. 31 D. 36

35. नाट्यशास्त्र के अनुसार दक्षिण मार्ग में कितनी मात्रा की कला मानी गई है?

A. 04 B. 08
C. 10 D. 12

36. नाट्यशास्त्र में मार्जना का वर्णन किस अध्याय में किया गया है?

A. 28 B. 34
C. 33 D. 31

37. राजा छत्रपति सिंह को पं. ओंकारनाथ ठाकुर द्वारा किस उपाधि से सम्मानित किया गया था?

A. विधा-कला-विशारद
B. गांधर्व वाद्य-विशारद
C. मृदंग राय
D. प्रोफेसर ऑफ पखावज

38. कटहल की लकड़ी से किस वाद्य का खोड़ (काठ) बनता है?

A. तबला B. मृदंगम्
C. खंजरी D. संबल

39. बल और पेंच किस रचना से संबंधित है?

A. कायदा B. रेला
C. गत D. परन

40. विष्णु ताल में बेदम तिहाई का एक पल्ला कितने वर्णों का होगा?

A. 16 B. 18
C. 17 D. 23

41. रास ताल के फरमाईशी चक्रदार के एक पल्ले को किस ताल में सम से सम तक बजाया जा सकता है?

A. तिव्रा B. शिखर
C. गजझंपा D. विष्णु

42. 'ढक्कली' वाद्य का उल्लेख किस ग्रन्थ में उपलब्ध है?

A. संगीत रत्नाकर
B. संगीत मकरंद
C. नारदीय शिक्षा
D. संगीत राज

43. पं. भरत मुनि ने वाद्य वर्गीकरण का वर्णन किस अध्याय में किया है?

A. 27 B. 28
C. 29 D. 36

44. ध्रुव मार्ग का सर्वप्रथम उल्लेख किस ग्रंथ में है?

A. नाट्यशास्त्र B. संगीत रत्नाकर
C. संगीत चिंतामणि D. संगीत समयसार

45. तिहाई का एक पल्ला जिसमें मुखड़ा $4\frac{1}{2}$ का है व 'धा' दम सहित $1\frac{1}{4}$ का है, किस ताल में सम से सम तक आएगा?

A. रूपक B. झपताल
C. तीनताल D. कहरवा

46. तिहाई में एक पल्ले में मुखड़े का मान पाँच मात्रा तथा 'धा' का मान आधी मात्रा है तो किस ताल में सम से सम तक आएगी?

A. गजझंपा B. बड़ी सवारी
C. शिखर D. चौताल

47. तिहाई के एक पल्ले में साढ़े छः मात्रा $\left(6\frac{1}{2}\right)$ का मुखड़ा तथा 'धा' का मान पाँव मात्रा $\left(\frac{1}{4}\right)$ है तो किस के दो आवर्तन में सम से सम तक आएगी?

A. बसन्त B. ब्रह्म
C. सूलताल D. मत्त

48. लखनऊ के उ. वाजिद खलीफा के शिष्य एवं पुत्र कौन है?

A. उ. शकूर हुसैन
B. उ. इल्मास हुसैन
C. उ. आफक हुसैन
D. उ. माजिद खाँ

49. सादरा चौताल ताल के रचनाकार हैं?

A. राजा छत्रपति सिंह
B. पं. पन्नालाल उपाध्याय
C. पं. रमाकांत पाठक
D. पं. अम्बादास पंत आगले

50. आई.टी.सी.एस.आर.ए. संगीत सम्मेलन कब से प्रारंभ हुआ?

A. 1970 B. 1971
C. 1969 D. 1968

51. खंजरी को महाराष्ट्र प्रान्त में किस नाम से जाना जाता है?

A. दिमड़ि B. दायरा
C. कंजीरा D. करचक्र

52. पंद्रहवीं शताब्दी में लिखा गया ग्रन्थ है?

A. संगीत सुधाकर B. संगीत रत्नावली
C. संगीत दामोदर D. संगीत समयसार

53. लक्ष्मी ताल की बिआड़ एक आवर्तन में कितनी मात्राओं की होगी?

A. $10\frac{3}{7}$ B. $10\frac{5}{7}$
C. $10\frac{2}{7}$ D. $10\frac{1}{7}$

54. तीनताल के एक आवर्तन में किन तालों के एक आवर्तन की बिआड़ आएगी?

A. पंजाबी, मत्त, विष्णु

B. जतताल, आड़ाचौताल, रूपक

C. बसंत, कहरवा, कुंभ

D. तीनताल, तीव्रा, बसंत

55. "सुलभ तबला वादन" पुस्तक के लेखक कौन हैं?

A. डॉ. वसुधा सक्सेना

B. डॉ. किरण वर्मा

C. पं. केशव तलेगांवकर

D. डॉ. पार्थ चक्रवर्ती

56. पं. नयन घोष को संगीत नाटक अकादमी अवार्ड किस सन् में प्राप्त हुआ?

A. 2014 B. 2015

C. 2013 D. 2012

57. पं. योगेश समसी को संगीत नाटक अकादमी अवार्ड किस सन् में मिला?

A. 2019 B. 2016

C. 2018 D. 2017

58. कर्नाटक का ध्रुवताल, चतुश्र जाति और तिश्र गति में कितनी मात्रा का होगा?

A. 42 B. 40

C. 56 D. 98

59. प्रसिद्ध कलाकार जो तबला वादक भी थे :

(*a*) पं. शिवकुमार शर्मा

(*b*) उ. बिस्मिल्लाह खाँ

(*c*) पं. जसराज

(*d*) उ. विलायत खाँ

नीचे दिए गए विकल्पों में से सही उत्तर चुनें :

A. केवल (*a*) और (*d*) B. केवल (*a*) और (*c*)

C. केवल (*b*) और (*c*) D. केवल (*b*) और (*d*)

60. निम्नलिखित कलाकारों में से कौन 1923 में पैदा हुए थे?

(*a*) पं. सामता प्रसाद

(*b*) पं. सुधीर सक्सेना

(*c*) पं. लालजी श्रीवास्तव

(*d*) उ. इनाम अली

नीचे दिए गए विकल्पों में से सही उत्तर चुनें :

A. केवल (*b*) और (*c*) B. केवल (*a*) और (*b*)

C. केवल (*c*) और (*d*) D. केवल (*a*) और (*d*)

61. पं. विनायकराव घांगरेकर के शिष्य हैं :

(*a*) पं. सुरेश गायतोंडे

(*b*) पं. अरविंद मुलगांवकर

(*c*) पं. सुधीर माईणकर

(*d*) पं. सुरेश तलवलकर

(*e*) बापु पटवर्धन

नीचे दिए गए विकल्पों में से सही उत्तर चुनें :

A. केवल (*a*) और (*b*) B. केवल (*a*) और (*d*)

C. केवल (*b*) और (*e*) D. केवल (*c*) और (*d*)

62. 1920 में जन्मे कलाकार हैं :

(*a*) पं. रामशंकर दास (स्वामी पागलदास)

(*b*) पं. अनोखेलाल मिश्र

(*c*) पं. सामता प्रसाद

(*d*) राजा छत्रपति सिंह

(*e*) उ. शेख दाउद

नीचे दिए गए विकल्पों में से सही उत्तर चुनें :

A. केवल (*a*) और (*b*) B. केवल (*b*) और (*c*)

C. केवल (*a*) और (*c*) D. केवल (*c*) और (*e*)

63. तिहाई के एक पल्ले में चार मात्रा का मुखड़ा तथा आधी मात्रा का 'धा' है, तो किस ताल में सम से सम तक आएगी?

(*a*) रासताल

(*b*) जयताल

(*c*) एकताल

(*d*) चौताल

(*e*) आड़ाचौताल

नीचे दिए गए विकल्पों में से सही उत्तर चुनें :

A. केवल (*a*) और (*b*) B. केवल (*b*) और (*e*)

C. केवल (*c*) और (*d*) D. केवल (*d*) और (*e*)

64. उस्ताद हबीबुद्दीन खाँ के गुरु हैं :

(*a*) उस्ताद तुल्लन खाँ

(*b*) उस्ताद शम्मू खाँ

(*c*) उस्ताद मुनीर खाँ ललियाने वाले

(*d*) उस्ताद नन्हे खाँ कुड़ीवाले

(*e*) उस्ताद जाम्मू खाँ दूदली वाले

नीचे दिए गए विकल्पों में से सही उत्तर चुनें :

A. केवल (*a*) और (*b*) B. केवल (*b*) और (*c*)

C. केवल (*c*) और (*d*) D. केवल (*d*) और (*e*)

65. कमाली चक्रदार जो बिना किसी परिवर्तन के किन्हीं दो तालों में आती हो :

(*a*) शिखर

(*b*) एकताल

(*c*) रूपक

(*d*) लक्ष्मी

(*e*) मत्त

नीचे दिए गए विकल्पों में से सही उत्तर चुनें :

A. केवल (*d*) और (*e*) B. केवल (*a*) और (*b*)

C. केवल (*b*) और (*c*) D. केवल (*a*) और (*e*)

66. विलम्बित ख्याल के साथ नहीं बजने वाली ताल है :

(*a*) तीनताल

(*b*) एकताल

(*c*) तिलवाड़ा

(*d*) पंजाबी

(*e*) फरोदस्त

नीचे दिए गए विकल्पों में से सही उत्तर चुनें :

A. केवल (*b*) और (*c*) B. केवल (*c*) और (*d*)

C. केवल (*a*) और (*e*) D. केवल (*d*) और (*e*)

67. पं. छोटे लाल मिश्र द्वारा लिखित पुस्तक है :

(*a*) तबला ग्रन्थ

(*b*) ताल वाद्य शास्त्र

(*c*) ताल प्रसून

(*d*) तबला वादन

(*e*) तबला तरंग

नीचे दिए गए बिकल्पों गें रो राही उत्तर चुनें :

A. केवल (*c*) और (*d*)

B. केवल (*c*) और (*e*)

C. केवल (*b*) और (*c*)

D. केवल (*a*) और (*c*)

68. तिहाई के एक पल्ले में साढ़े तीन $\left(3\frac{1}{2}\right)$ मात्रा का मुखड़ा तथा 'धा' का मान पाँव $\left(\frac{1}{4}\right)$ मात्रा है तो किस ताल में सम से सम तक आएगी?

(*a*) झपताल

(*b*) कुंभताल

(*c*) रुद्रताल

(*d*) एकताल

(*e*) चौताल

नीचे दिए गए विकल्पों में से सही उत्तर चुनें :

A. केवल (*a*) और (*d*) B. केवल (*b*) और (*d*)

C. केवल (*c*) और (*d*) D. केवल (*b*) और (*c*)

69. किस ताल की एक आवर्तन आड़ $5\frac{1}{3}$ में आती है?

(*a*) बड़ी सवारी

(*b*) इकवाई

(*c*) गजझंपा

(*d*) विष्णु

(*e*) मत्त

नीचे दिए गए विकल्पों में से सही उत्तर चुनें :

A. केवल (*a*) और (*b*) B. केवल (*c*) और (*d*)

C. केवल (*a*) और (*e*) D. केवल (*b*) और (*d*)

70. पद्मश्री एवं पद्मभूषण पुरस्कार से सम्मानित कलाकार हैं :

(*a*) उ. अहमदजान थिरकवा

(*b*) पं. सामता प्रसाद

(*c*) पं. किशन महाराज

(*d*) उ. जाकिर हुसैन

(*e*) पं. स्वप्न चौधरी

नीचे दिए गए विकल्पों में से सही उत्तर चुनें :

A. केवल (*a*) और (*c*)

B. केवल (*b*) और (*e*)

C. केवल (*c*) और (*d*)

D. केवल (*b*) और (*d*)

71. सूची-I को सूची-II से सुमेलित कीजिए :

सूची-I (ताल)	**सूची-II (विभाग के अनुसार)**
(*a*) यतिशेखर	I. | त्रक धी ना धी | 3
(*b*) पंचम सवारी	II. | धा धिं नक तक | 2
(*c*) गजझंपा	III. | कत धी धी नाधी धीना | 3
(*d*) चित्र	IV. | त्रक धिन | 9

नीचे दिए गए विकल्पों में से सही उत्तर चुनिए :

	(*a*)	(*b*)	(*c*)	(*d*)
A.	I	II	III	IV
B.	II	III	IV	I
C.	II	IV	I	III
D.	IV	III	II	I

72. सूची-I को सूची-II से सुमेलित कीजिए :

सूची-I	**सूची-II**
(*a*) ड्युप्लेट	I. $\frac{3}{2}$
(*b*) ट्रिप्लेट	II. $\frac{4}{3}$
(*c*) क्वाडुप्लेट	III. $\frac{2}{3}$
(*d*) सेप्टोलेट	IV. $\frac{7}{4}$

नीचे दिए गए विकल्पों में से सही उत्तर चुनिए :

	(*a*)	(*b*)	(*c*)	(*d*)
A.	I	III	II	IV
B.	II	III	IV	I
C.	III	I	II	IV
D.	IV	I	II	III

73. सूची-I को सूची-II से सुमेलित कीजिए :

सूची-I	**सूची-II**
(*a*) डमरू फेस्टिवल	I. वाराणसी
(*b*) दरबार फेस्टिवल	II. लंदन
(*c*) ताल उत्सव	III. पुणे
(*d*) गंगा महोत्सव	IV. आगरा

नीचे दिए गए विकल्पों में से सही उत्तर चुनिए :

	(*a*)	(*b*)	(*c*)	(*d*)
A.	II	III	I	IV
B.	III	II	IV	I
C.	IV	I	III	II
D.	III	IV	II	I

74. सूची-I को सूची-II से सुमेलित कीजिए :

सूची-I	**सूची-II**
(*a*) प्रो. सुधिर कुमार सक्सेना	I. 1923
(*b*) पं. सुधिर माईणकर	II. 1928
(*c*) पं. गिरीश चंद्र श्रीवास्तव	III. 1933
(*d*) पं. शारदा सहाय	IV. 1935

नीचे दिए गए विकल्पों में से सही उत्तर चुनिए :

	(*a*)	(*b*)	(*c*)	(*d*)
A.	IV	III	II	I
B.	II	III	I	IV
C.	III	II	IV	I
D.	I	II	III	IV

75. सूची-I को सूची-II से सुमेलित कीजिए :

सूची-I (पुस्तक)	**सूची-II (प्रकाशन वर्ष)**
(*a*) ताल अंक	I. 1951
(*b*) वाद्य संगीत अंक	II. 1940
(*c*) मृदंग अंक	III. 1975
(*d*) वाद्य वादन अंक	IV. 1965

नीचे दिए गए विकल्पों में से सही उत्तर चुनिए :

	(*a*)	(*b*)	(*c*)	(*d*)
A.	II	I	IV	III
B.	I	II	IV	III
C.	II	III	I	IV
D.	IV	III	II	I

76. सूची-I को सूची-II से सुमेलित कीजिए :

सूची-I (ग्रंथ)	**सूची-II (शताब्दी)**
(*a*) बृहद्देशी	I. 12वीं
(*b*) भरत भाष्य	II. 13वीं
(*c*) मानसोल्लास	III. 08वीं
(*d*) संगीत समय सार	IV. 11वीं

नीचे दिए गए विकल्पों में से सही उत्तर चुनिए :

	(*a*)	(*b*)	(*c*)	(*d*)
A.	III	IV	II	I
B.	I	III	II	IV
C.	IV	II	III	I
D.	II	I	IV	III

77. सूची-I को सूची-II से सुमेलित कीजिए :

सूची-I (ग्रंथ)	**सूची-II (शताब्दी)**
(*a*) संगीत समय सार	I. 15वीं
(*b*) संगीतोपनिषत्स्वरोद्धार	II. 13वीं
(*c*) संगीत दामोदर	III. 16वीं
(*d*) रस कौमुदी	IV. 14वीं

नीचे दिए गए विकल्पों में से सही उत्तर चुनिए :

	(*a*)	(*b*)	(*c*)	(*d*)
A.	I	II	III	IV
B.	II	IV	I	III
C.	IV	II	III	I
D.	III	IV	II	I

78. सूची-I को सूची-II से सुमेलित कीजिए :

सूची-I (वाद्य)	**सूची-II (कलाकार)**
(*a*) मृदंगम	I. मृगांक शेखर चक्रवर्ती
(*b*) घटम्	II. शिवामणि
(*c*) ड्रम	III. विक्कु विनायक राम
(*d*) श्रीखोल	IV. पालघाट मणि अय्यर

नीचे दिए गए विकल्पों में से सही उत्तर चुनिए :

	(*a*)	(*b*)	(*c*)	(*d*)
A.	III	IV	II	I
B.	III	II	I	IV
C.	IV	III	II	I
D.	IV	I	II	III

79. कर्नाटक तालों को मात्रा के बढ़ते क्रमानुसार चुनें :

(*a*) संकीर्ण जाति रूपक

(*b*) चतश्रजाति अठ्य

(*c*) मिश्र जाति झंप

(*d*) मिश्र जाति रूपक

नीचे दिए गए विकल्पों में से सही उत्तर चुनें :

A. (*d*), (*a*), (*b*), (*c*) B. (*a*), (*b*), (*d*), (*c*)

C. (*c*), (*d*), (*a*), (*b*) D. (*d*), (*c*), (*a*), (*b*)

80. दिए गए चिह्नों के आधार पर प्राचीन तालों को सही क्रम में चुनें :

(*a*) Ṡ | S S | Ṡ

(*b*) S S | Ṡ

(*c*) S || S

(*d*) S S S

नीचे दिए गए विकल्पों में से सही उत्तर चुनें :

A. (*a*), (*b*), (*c*), (*d*) B. (*b*), (*a*), (*c*), (*d*)

C. (*b*), (*c*), (*a*), (*d*) D. (*a*), (*d*), (*c*), (*b*)

81. निम्नलिखित कलाकारों को उनके जन्म वर्ष के बढ़ते क्रम में चुनें :

(*a*) उ. करामतुल्ला खाँ

(*b*) उ. इनाम अली

(*c*) पं. लालजी श्रीवास्तव

(*d*) पं. सामता प्रसाद

नीचे दिए गए विकल्पों में से सही उत्तर चुनें :

A. (*a*), (*c*), (*d*), (*b*) B. (*a*), (*d*), (*c*), (*b*)

C. (*a*), (*b*), (*c*), (*d*) D. (*c*), (*d*), (*b*), (*a*)

82. तालों में खाली की संख्या के बढ़ते क्रम के अनुसार चुनें :

(*a*) ब्रह्म

(*b*) रूपक

(*c*) आड़ाचौताल

(*d*) चौताल

नीचे दिए गए विकल्पों में से सही उत्तर चुनें :

A. (*a*), (*c*), (*d*), (*b*) B. (*b*), (*a*), (*d*), (*c*)

C. (*b*), (*c*), (*d*), (*a*) D. (*b*), (*d*), (*c*), (*a*)

83. निम्नलिखित कर्नाटक ताल को बढ़ते हुए क्रम में चुनें :

(*a*) तिश्र जाति झम्पताल

(*b*) चतश्र जाति झम्पताल

(*c*) खण्ड जाति झम्पताल

(*d*) मिश्र जाति झम्पताल

नीचे दिए गए विकल्पों में से सही उत्तर चुनें :

A. (*a*), (*b*), (*d*), (*c*) B. (*d*), (*c*), (*a*), (*b*)

C. (*a*), (*c*), (*d*), (*b*) D. (*a*), (*b*), (*c*), (*d*)

84. जन्म वर्ष के अनुसार पखावज वादकों को बढ़ते क्रम में चुनें :

(*a*) पं. रामजी उपाध्याय

(*b*) पं. रामाशीष पाठक

(*c*) पं. रामशंकर पागलदास

(*d*) राजा छत्रपति सिंह

नीचे दिए गए विकल्पों में से सही उत्तर चुनें :

A. (*a*), (*b*), (*d*), (*c*) B. (*c*), (*d*), (*a*), (*b*)

C. (*d*), (*c*), (*a*), (*b*) D. (*a*), (*d*), (*c*), (*b*)

85. जन्म वर्ष के अनुसार 19वीं शताब्दी के पखावज वादकों को अवरोही क्रम में चुनिए :

(*a*) पं. घनश्यामदास पखावजी

(*b*) पं. कुदऊ सिंह

(*c*) पं. अयोध्या प्रसाद

(*d*) पं. पर्वत सिंह

नीचे दिए गए विकल्पों में से सही उत्तर चुनें :

A. (*a*), (*b*), (*d*), (*c*) B. (*b*), (*d*), (*a*), (*c*)

C. (*c*), (*b*), (*d*), (*a*) D. (*c*), (*d*), (*a*), (*b*)

86. रवींद्र संगीत की तालों की मात्रा के बढ़ते क्रमानुसार चुनें :

(*a*) रुपकड़ा

(*b*) झम्पक

(*c*) षष्ठी

(*d*) नवताल

नीचे दिए गए विकल्पों में से सही उत्तर चुनें :

A. (*b*), (*c*), (*d*), (*a*) B. (*c*), (*b*), (*a*), (*d*)

C. (*b*), (*c*), (*a*), (*d*) D. (*a*), (*c*), (*b*), (*d*)

87. नीचे दो कथन दिए गए हैं :

कथन-I : छंद शास्त्र जैन काल की कृति है।

कथन-II : इसके रचयिता पिंगल हैं।

उपर्युक्त कथनों के आलोक में निम्नलिखित विकल्पों में से सही उत्तर चुनें :

A. कथन I और II दोनों सत्य हैं।

B. कथन I और II दोनों असत्य हैं।

C. कथन I सत्य है, किन्तु कथन II असत्य है।

D. कथन I असत्य है, किन्तु कथन II सत्य है।

88. नीचे दो कथन दिए गए हैं :

कथन-I : 'तल' धातु में 'अ' प्रत्यय लगाकर ताल शब्द बना है।

कथन-II : गायन, वाद्य और नृत्य को ताल में स्थापित करने पर प्रतिष्ठा प्राप्त होती है।

उपर्युक्त कथनों के आलोक में निम्नलिखित विकल्पों में से सही उत्तर चुनें :

A. कथन I और II दोनों सत्य हैं।

B. कथन I और II दोनों असत्य हैं।

C. कथन I सत्य है, किन्तु कथन II असत्य है।

D. कथन I असत्य है, किन्तु कथन II सत्य है।

89. नीचे दो कथन दिए गए हैं :

कथन-I : संगीत के क्षेत्र में वंश परंपरागत सर्वश्रेष्ठ कलाकार एवं उत्तराधिकारी को खलीफा कहा जाता था।

कथन-II : खलीफा शब्द का प्रयोग हकीम मोहम्मद करम इमाम ने अपनी पुस्तक 'मऊदन-ऊल-मुसिकी' में किया है।

उपर्युक्त कथनों के आलोक में निम्नलिखित विकल्पों में से सही उत्तर चुनें :

A. कथन I और II दोनों सत्य हैं।

B. कथन I और II दोनों असत्य हैं।

C. कथन I सत्य है, किन्तु कथन II असत्य है।

D. कथन I असत्य है, किन्तु कथन II सत्य है।

90. नीचे दो कथन दिए गए हैं :

कथन-I : काव्य छंद में अधिकतर ह्रस्व और दीर्घ अक्षर का काल माप निश्चित रहता है।

कथन-II : संगीत छंद में ह्रस्व और दीर्घ का रूप स्थिर नहीं रहता।

उपर्युक्त कथनों के आलोक में निम्नलिखित विकल्पों में से सही उत्तर चुनें :

A. कथन I और II दोनों सत्य हैं।

B. कथन I और II दोनों असत्य हैं।

C. कथन I सत्य है, किन्तु कथन II असत्य है।

D. कथन I असत्य है, किन्तु कथन II सत्य है।

निर्देश (प्र.सं. 91 से 95 तक): *निम्नलिखित गद्यांश को सावधानीपूर्वक पढ़िए और पूछे गए प्रश्नों के उत्तर दीजिए।*

भारतीय अवनद्ध वाद्यों पर स्वर की उत्पत्ति अर्थात् चमड़े पर स्वर का निर्माण महत्वपूर्ण बात समझी जाती रही है। पाश्चात्य संगीत में 'हारमोनी नोट्स' का अत्यधिक महत्व है। वहाँ किसी भी अवनद्ध वाद्य पर स्वर की उत्पत्ति नहीं होती। हमारे यहाँ अवनद्ध वाद्यों पर स्वर मिलाने का चलन रहा है। भरत मुनि ने 'नाट्य शास्त्र' में अवनद्ध वाद्यों पर स्वर उत्पत्ति के लिए मिट्टी के लेप की विस्तृत चर्चा की है। नदी किनारे की श्यामा मिट्टी से लेप तैयार किया जाता था। इससे स्पष्ट होता है कि भरत मुनि के पूर्व भी मृदंग को स्वर में मिलाया जाता था। भरतमुनि ने पुष्कर वाद्यों के मुखों पर स्वर निर्माण का उल्लेख अपने ग्रंथ में किया है।

91. तबला-पखावज को स्वर में मिलाने के लिए 'षड्ज' स्वर के अतिरिक्त और किस स्वर का प्रयोग किया जाता है?

A. पंचम B. गंधार
C. रिषभ D. निषाद

92. पुष्कर वाद्य के कितने अंग हैं?

A. तीन B. एक
C. दो D. चार

93. प्राचीन काल में अवनद्ध वाद्यों को स्वर में मिलाने की कितनी विधियाँ थीं?

A. दो B. तीन
C. चार D. पाँच

94. प्राचीन काल में अवनद्ध वाद्यों के स्वर में मिलाने की क्रिया को क्या कहा जाता था?

A. मार्ग B. प्रत्यंग
C. मार्जना D. अंग

95. वर्तमान में तबला-पखावज पर लेप का मुख्य घटक है :

A. श्यामा मिट्टी
B. तिल का चूर्ण
C. मुलतानी मिट्टी
D. लोहे का चूर्ण

निर्देश (प्र.सं. 96 से 100 तक): *निम्नलिखित गद्यांश को सावधानीपूर्वक पढ़िए और पूछे गए प्रश्नों के उत्तर दीजिए।*

तबले में बनारस घराने का अपना एक विशिष्ट स्थान है इस घराने में उठान, गत, परन, टुकड़े, मोहरे, मुखड़े, रेला, लग्गी-लड़ी, बाँट तथा स्तुतिपरन आदि पर जोर दिया जाता है। ठेके के प्रकार तथा 'फर्द' नाम की रचना बनारस घराने की प्रमुख विशेषता है। इस घराने में पूरे पंजे का उपयोग किया जाता है। बोल गठन एवं निकास पद्धति में गंभीरता है। इस घराने में पंजाब घराने का भी प्रभाव दिखता है। बनारस घराने के कलाकार अपने वादन का प्रारंभ उठान से करते हैं। स्वतंत्र वादन या संगति के प्रस्तुति में उठान की स्वस्फूर्त मौलिकता से कलाकार का कौशल तथा वादन निपुणता प्रदर्शित होती है। बांयें को घसीटकर लम्बी मीड निकालने की प्रथा बनारस में अधिक देखने को मिलती है। यह बाज गायन, वादन तथा नृत्य सभी की संगति में खरा उतरता है। इस घराने की लम्बी परंपरा है। एक से एक महान कलाकार इस घराने में हुए हैं जो अपनी-अपनी निजी विशेषताओं के कारण संगीत जगत में जाने जाते हैं।

96. उठान की स्वतः स्फूर्त उपज को क्या कहा जाता है?

A. पराल बाँधना B. उपज बनाना
C. भूमिका बाँधना D. लय गुथाव

97. 'फर्द' रचनां का श्रेय दिया जाता है :

A. पं. भैरव सहाय B. पं. बैजु जी
C. पं. राम सहाय D. पं. भैरव प्रसाद

98. 'गणेश परन' की प्रस्तुति के लिए कौन जाना जाता है?

A. पं. सामता प्रसाद B. पं. अनोखे लाल
C. पं. किशन महाराज D. पं. लच्छु महाराज

99. किस कलाकार ने फिल्मों में भी अपने वादन से लोकप्रियता प्राप्त की है?

A. पं. कंठे महाराज B. पं. अनोखे लाल
C. पं. बीरु मिश्र D. पं. सामता प्रसाद

100. बनारस के किस कलाकार को सर्वप्रथम राष्ट्रपति पुरस्कार प्राप्त हुआ है?

A. पं. कंठे महाराज B. पं. अनोखे लाल
C. पं. बीरु मिश्र D. पं. सामता प्रसाद

उत्तरमाला

भाग-I

1	2	3	4	5	6	7	8	9	10
A	D	C	C	C	C	B	D	A	B
11	**12**	**13**	**14**	**15**	**16**	**17**	**18**	**19**	**20**
C	C	B	C	D	A	A	A	B	D
21	**22**	**23**	**24**	**25**					
A	A	C	C	D					

भाग-II : हिन्दुस्तानी संगीत

26	27	28	29	30	31	32	33	34	35
D	C	C	A	D	D	C	C	C	B
36	**37**	**38**	**39**	**40**	**41**	**42**	**43**	**44**	**45**
B	A	B	B	D	A	D	A	C	C
46	**47**	**48**	**49**	**50**	**51**	**52**	**53**	**54**	**55**
C	D	A	A	D	C	C	A	D	D
56	**57**	**58**	**59**	**60**	**61**	**62**	**63**	**64**	**65**
A	B	B	B	A	D	A	A	B	C
66	**67**	**68**	**69**	**70**	**71**	**72**	**73**	**74**	**75**
A	A	A	D	C	A	A	C	A	C
76	**77**	**78**	**79**	**80**	**81**	**82**	**83**	**84**	**85**
B	B	B	*	B	D	C	D	A	A
86	**87**	**88**	**89**	**90**	**91**	**92**	**93**	**94**	**95**
C	A	D	C	C	C	D	B	D	B
96	**97**	**98**	**99**	**100**					
D	C	B	D	B					

भाग-III : कर्नाटक संगीत

26	27	28	29	30	31	32	33	34	35
D	B	C	C	B	A	B	B	A	A
36	**37**	**38**	**39**	**40**	**41**	**42**	**43**	**44**	**45**
B	B	C	A	D	D	C	A	C	C
46	**47**	**48**	**49**	**50**	**51**	**52**	**53**	**54**	**55**
C	D	C	C	B	A	D	A	D	B

56	57	58	59	60	61	62	63	64	65
A	B	C	D	A	A	A	C	A	D
66	**67**	**68**	**69**	**70**	**71**	**72**	**73**	**74**	**75**
B	C	C	B	C	D	C	C	B	C
76	**77**	**78**	**79**	**80**	**81**	**82**	**83**	**84**	**85**
B	B	C	C	B	B	A	C	B	A
86	**87**	**88**	**89**	**90**	**91**	**92**	**93**	**94**	**95**
D	B	C	C	A	B	C	C	A	C
96	**97**	**98**	**99**	**100**					
B	B	C	B	D					

भाग-IV : रबीन्द्र संगीत

26	27	28	29	30	31	32	33	34	35
B	B	D	D	C	C	A	B	D	A
36	**37**	**38**	**39**	**40**	**41**	**42**	**43**	**44**	**45**
C	B	D	B	B	C	A	C	A	B
46	**47**	**48**	**49**	**50**	**51**	**52**	**53**	**54**	**55**
C	A	D	C	C	A	C	C	C	B
56	**57**	**58**	**59**	**60**	**61**	**62**	**63**	**64**	**65**
D	A	C	A	A	C	D	A	C	D
66	**67**	**68**	**69**	**70**	**71**	**72**	**73**	**74**	**75**
C	B	D	B	C	B	A	C	A	D
76	**77**	**78**	**79**	**80**	**81**	**82**	**83**	**84**	**85**
B	B	A	C	A	A	B	D	A	C
86	**87**	**88**	**89**	**90**	**91**	**92**	**93**	**94**	**95**
A	A	A	C	D	C	D	B	D	A
96	**97**	**98**	**99**	**100**					
D	D	C	C	B					

भाग-V : अवनद्ध वाद्य

26	27	28	29	30	31	32	33	34	35
D	B	C	A	A	B	C	A	C	B
36	**37**	**38**	**39**	**40**	**41**	**42**	**43**	**44**	**45**
C	D	B	A	D	A	A	B	B	C
46	**47**	**48**	**49**	**50**	**51**	**52**	**53**	**54**	**55**
B	C	C	A	B	A	C	C	C	C

56	57	58	59	60	61	62	63	64	65
A	D	A	B	A	B	C	A	B	A
66	**67**	**68**	**69**	**70**	**71**	**72**	**73**	**74***	**75**
D	D	D	A	D	D	C	B	D	A
76	**77**	**78**	**79**	**80**	**81**	**82**	**83**	**84**	**85**
A	B	C	D	C	B	D	D	C	D
86	**87**	**88**	**89**	**90**	**91**	**92**	**93**	**94**	**95**
C	D	A	A	A	A	A	B	C	D
96	**97**	**98**	**99**	**100**					
A	B	C	D	A					

* *Error in Question.*

●●●

पिछले प्रश्न-पत्र (हल सहित)

NTA–UGC-NET जूनियर रिसर्च फैलोशिप तथा सहायक प्राध्यापक परीक्षा (हिन्दुस्तानी संगीत, कर्नाटक संगीत, रबीन्द्र संगीत तथा अवनद्ध वाद्य)

जून–2021

(Online exam held on 25-11-2021)

प्रश्न-पत्र-II

नोट : परीक्षार्थी भाग-I के सभी 25 प्रश्नों के उत्तर दें। यह भाग अनिवार्य है। परीक्षार्थी भाग-II, भाग-III, भाग-IV तथा भाग-V में से किसी एक भाग के सभी 75 प्रश्नों के उत्तर दें। प्रत्येक प्रश्न के दो (2) अंक हैं।

भाग-I

1. ध्रुवपद की संगत के लिए निम्नलिखित में से कौन-सा ताल प्रयुक्त किया जाता है?

A. पंचम सवारी B. रुद्र ताल

C. सूलफाख्ता D. यतिशिखर

2. सूची-I को सूची-II से सुमेलित कीजिए :

सूची-I	सूची-II
(*a*) ढोल	I. बंगाल
(*b*) ढोलकी	II. उत्तराखंड
(*c*) हुड़का	III. महाराष्ट्र
(*d*) खोल	IV. गुजरात

नीचे दिए गए विकल्पों में से सही उत्तर चुनिए :

	(*a*)	(*b*)	(*c*)	(*d*)
A.	IV	III	I	II
B.	IV	III	II	I
C.	III	IV	I	II
D.	III	IV	II	I

3. त्रिताल के एक आवर्तन की तिगुन कितनी मात्राओं की होगी?

A. $5\frac{1}{3}$ B. $5\frac{1}{2}$

C. $5\frac{3}{4}$ D. $5\frac{3}{1}$

4. तिरपा और स्फुरिता हैं :

(*a*) गमक (*b*) ताल

(*c*) राग (*d*) 72 मेलों में से दो

(*e*) पंचमादेश गमकों में से दो

नीचे दिए गए विकल्पों में से सही उत्तर का चयन कीजिए :

A. केवल (*a*) और (*b*) B. केवल (*b*) और (*c*)

C. केवल (*c*) और (*d*) D. केवल (*a*) और (*e*)

5. निम्नलिखित में से प्राथमिक आँकड़ा संकलन के तरीके को चुनिए :

A. पुस्तकों का विश्लेषण

B. पत्रिकाओं का विश्लेषण

C. गीतों का विश्लेषण

D. साक्षात्कारों का विश्लेषण

6. बंगाल में निम्नलिखित में से किस लोक गीतों का अभ्यास किया जाता है :

(*a*) गंभीरा (*b*) हीर

(*c*) चटका (*d*) पदताल

नीचे दिए गए विकल्पों में से सही उत्तर का चयन कीजिए :

A. केवल (*a*) और (*b*) B. केवल (*b*) और (*c*)

C. केवल (*a*) और (*c*) D. केवल (*b*) और (*d*)

7. निम्नलिखित में से कौन-सा संचारी वर्ण का एक उदाहरण है :

A. SRGM, PP, GM, GRS
B. MGRS, PMGR
C. SRGM, RGMP
D. SS, RR, GG, MM

8. वैदिक काल में 'यम' शब्द इनके लिए प्रयुक्त होता था :

A. नाद
B. ग्राम
C. श्रुति
D. स्वर

9. रक्तिका, रौद्री, क्रोधी, वज्रिका इनके नाम हैं :

A. वर्ण
B. जाति
C. श्रुति
D. रागालाप

10. अल्पत्व-बहुत्व का प्रयोग इनके प्रदर्शन में किया जाता है :

A. राग
B. ताल
C. लयकारी
D. नृत्य

11. शांत रस का स्थायी भाव कौन-सा है?

A. रति
B. भयम
C. विस्मय
D. निर्वेद

12. दक्षिण भारत के लोक संगीत में आमतौर पर अपनाया जानेवाला ताल है :

(*a*) मिस्र
(*b*) तिस्र
(*c*) चतुस्र
(*d*) संकीर्णा

नीचे दिए गए विकल्पों में से सही उत्तर का चयन कीजिए :

A. केवल (*a*) और (*c*)
B. केवल (*b*) और (*c*)
C. केवल (*b*) और (*d*)
D. केवल (*a*) और (*d*)

13. निम्नलिखित लोक गीतों में से मुख्यतया बंगाल में कौन-से लोक गीतों का प्रचलन है :

(*a*) भवइया
(*b*) चटका
(*c*) पड़ताल
(*d*) मॉड
(*e*) बाऊल

नीचे दिए गए विकल्पों में से सही उत्तर का चयन कीजिए:

A. केवल (*a*), (*b*) और (*c*)
B. केवल (*b*), (*c*) और (*d*)
C. केवल (*c*), (*d*) और (*e*)
D. केवल (*a*), (*b*) और (*e*)

14. निम्नलिखित का सही क्रम चुनिए :

(*a*) स्वर, सप्तक, ध्वनि, नाद, श्रुति
(*b*) सप्तक, ध्वनि, श्रुति, नाद, स्वर
(*c*) ध्वनि, नाद, श्रुति, स्वर, सप्तक
(*d*) श्रुति, नाद, ध्वनि, सप्तक, स्वर

नीचे दिए गए विकल्पों में से सही उत्तर का चयन कीजिए :

A. (*a*)
B. (*b*)
C. (*c*)
D. (*d*)

15. नीचे दो कथन दिए गए हैं : एक अभिकथन (A) के रूप में लिखित है तो दूसरा उसके कारण (R) के रूप में :

अभिकथन (A) : भावनात्मक मनःस्थिति, मन को सक्रिय और सर्जनात्मक बनाता है।

कारण (R) : मनोभाव, विभिन्न भावनाओं का अंतिम संश्लेषण है।

उपरोक्त कथनों के आलोक में, नीचे दिए गए विकल्पों में से सबसे उपयुक्त उत्तर का चयन कीजिए :

A. (A) और (R) दोनों सही हैं और (R), (A) की सही व्याख्या है
B. (A) और (R) दोनों सही हैं, परन्तु (R), (A) की सही व्याख्या नहीं है
C. (A) सही है, परन्तु (R) सही नहीं है
D. (A) सही नहीं है, परन्तु (R) सही है

16. निम्नलिखित में से सही क्रम चुनिए :

(*a*) प्रस्तावना, भूमिका, अध्यायों में विभाजन, निष्कर्ष
(*b*) भूमिका, प्रस्तावना, निष्कर्ष, अध्यायों में विभाजन
(*c*) प्रस्तावना, भूमिका, निष्कर्ष, अध्यायों में विभाजन
(*d*) भूमिका, अध्यायों में विभाजन, प्रस्तावना, निष्कर्ष

नीचे दिए गए विकल्पों में से सही उत्तर का चयन कीजिए:

A. (*a*)
B. (*c*)
C. (*d*)
D. (*b*)

17. वैदिक काल में स्वर के लिए कौन-सा तत्व प्रयुक्त होता था?

A. वस्तु
B. यम
C. कुटुप
D. वेसरा

18. निम्नलिखित स्वर लिपि की सहायता से गीत की पहचान कीजिए :

MM || M – – ^{m}G | G P – M P – | P G′ – – – |
$^{G'}$R′ – S′ S′ |

A. जादेर चाहिया तोमारे
B. जाक छिड़े, जाक छिड़े
C. मा आमि तोर कि कोरे छि
D. पाछे सुर भुलि एइ

19. नीचे दो कथन दिए गए हैं : एक अभिकथन (A) के रूप में लिखित है तो दूसरा उसके कारण (R) के रूप में :

अभिकथन (A) : तैरता, तीव्रता और जाती संगीतमय ध्वनि के गुण हैं।

कारण (R) : संगीतमय ध्वनि का आवृत्ति से कोई संबंध नहीं है।

उपरोक्त कथनों के आलोक में, नीचे दिए गए विकल्पों में से सबसे उपयुक्त उत्तर का चयन कीजिए :

A. (A) और (R) दोनों सत्य हैं और (R), (A) की सही व्याख्या है
B. (A) और (R) दोनों सत्य हैं, परन्तु (R), (A) की सही व्याख्या नहीं है
C. (A) सत्य है, परन्तु (R) असत्य है
D. (A) असत्य है, परन्तु (R) सत्य है

20. काकू का प्रकार जिससे कंठ ध्वनि में विभेद किया जाता है, उसे क्या संज्ञा दी जाती है :

A. देश काकू
B. यंत्र काकू
C. स्वर काकू
D. क्षेत्र काकू

21. निम्नलिखित में से कौन-सा निम्नलिखित का संगत अलंकार अवरोही क्रम में है :

S R, S R G, S R G M, S R G M, P M G R

A. Ṡ N, Ṡ N D, Ṡ N D P, Ṡ N D P, P D N Ṡ
B. Ṡ N, Ṡ N D, Ṡ N D P, Ṡ N D P, M P D N
C. Ṡ N, Ṡ N D, Ṡ N D P, P D N Ṡ, P M G R
D. N Ṡ, D N Ṡ, P D N Ṡ, P D N Ṡ, N D P M

22. ध्वनि की गति, निम्नलिखित के साथ बढ़ती है :

A. उम्र
B. तापमान
C. समय
D. ऊँचाई

23. निम्नलिखित में से कौन-सी जोड़ी उपशास्त्रीय संगीत के साथ संगत के लिए प्रयुक्त की जाती है :

(*a*) झपताल
(*b*) दीपचंदी
(*c*) गजझम्पा
(*d*) खेमटा

नीचे दिए गए विकल्पों में से सही उत्तर का चयन कीजिए :

A. केवल (*a*) और (*d*)
B. केवल (*b*) और (*d*)
C. केवल (*c*) और (*d*)
D. केवल (*b*) और (*c*)

24. निम्न में से प्राचीन अवनद्ध वाद्य है :

(*a*) पुष्कर
(*b*) झल्लरी
(*c*) किन्नरी
(*d*) भूमि दुंदुभि

नीचे दिए गए विकल्पों में से सही उत्तर का चयन कीजिए :

A. केवल (*a*) और (*b*)
B. केवल (*b*) और (*c*)
C. केवल (*c*) और (*d*)
D. केवल (*a*) और (*d*)

25. निम्नलिखित में से दो मार्ग तालों को चुनिए :

(*a*) कन्दर्प
(*b*) चर्चरी
(*c*) चच्चतपुटा
(*d*) रंग ताला
(*e*) उद्घट्टा

नीचे दिए गए विकल्पों में से सही उत्तर का चयन कीजिए :

A. केवल (*a*) और (*c*)
B. केवल (*b*) और (*e*)
C. केवल (*c*) और (*e*)
D. केवल (*a*) और (*d*)

भाग–II

हिन्दुस्तानी संगींत (गायन तथा वादन)

26. संगीत रत्नाकर में वर्णित जाति लक्षण की कुल संख्या है :

A. दस B. नौ
C. बारह D. तेरह

27. ध्रुव, निस्सारक, एकताली किसके प्रकार हैं :

A. शुद्ध सूड B. आलि
C. विप्रकीर्ण D. सालग सूड

28. निम्नलिखित में से किसमें अंतर-गंधार और काकली निषाद का अनिवार्य रूप से प्रयोग किया जाता है :

A. शुद्ध स्वर मूर्च्छना B. सांतरा मूर्च्छना
C. सकाकली मूर्च्छना D. साधारणीकृत मूर्च्छना

29. निम्नलिखित में से सादिक अली खाँ की कृति कौन-सी है :

A. सरमाये इसरत B. नगमाते-आसिफी
C. मुरली प्रकाश D. किताब-ए-नौरस

30. लोचन ने अपने ग्रंथ राग-तरंगिनी में किस तत्व का प्रयोग किया है :

A. मेल B. मकाम
C. संस्थान D. संरचना

31. कुआड़ किस रूप में निरूपित किया जाता है :

A. 5/4 B. 3/4
C. 3/6 D. 2/3

32. 'इंट्रोडक्शन टू द स्टडी ऑफ इंडियन म्यूजिक' के लेखक हैं :

A. कैप्टन सी.आर.डे B. ई. क्लीमेंट्स
C. एच.ए. पोप्ली D. एलेन डेनिएलौ

33. ध्रुव गान का उल्लेख है :

A. संगीत रत्नाकर में B. संगीत पारिजात में
C. राग तरंगिणी में D. नाट्यशास्त्र में

34. प्रबंध में तेनक अंग से अभिप्राय है :

A. गीत के कोई भी शब्द
B. अवनद्ध वाद्यों से संबंधित वर्ण
C. ईश्वर वंदना से संबंधित शब्द
D. राजा की प्रशंसा में कहे शब्द

35. षड्ज ग्राम में शुद्ध जातियों की मूल संख्या है :

A. 03 B. 04
C. 07 D. 18

36. इनमें से किस मूर्च्छनाओं के आरंभिक स्वर मध्य षड्ज हैं :

A. उत्तरमंद एवं सौवीरी
B. उत्तरमंद एवं शुद्ध मध्य
C. उत्तरायता एवं हरिणाश्वा
D. सौवीरी एवं शुद्ध मध्य

37. इनमें से एक संगीत शास्त्रकार नहीं है :

A. प्रो. प्रेमलता शर्मा
B. विदुषी किशोरी अमोनकर
C. प्रो. आर.सी. मेहता
D. प्रो. सुभद्रा चौधरी

38. कृति, रागम, जावली इत्यादि का प्रयोग किस पद्धति में किया जाता है :

A. उत्तरी पद्धति B. दक्षिण संगीत पद्धति
C. वैदिक संगीत D. पाश्चात्य पद्धति

39. सादरा गान शैली में कौन-सा ताल प्रयुक्त होता है :

A. दादरा B. दीपचंदी
C. रूपक D. झपताल

40. हरिणाश्वा, कलोपनता, मार्गी किस ग्राम की मूर्च्छनाओं के नाम हैं :

A. मध्यम B. षड्ज
C. गंधार D. निषाद

41. मध्यम ग्राम में धैवत स्वर की कितनी श्रुतियाँ हैं :

A. 03 B. 04
C. 02 D. 01

42. उत्तर भारतीय संगीत का भूपाली राग, दक्षिण पद्धति में इस नाम से ज़ाना जाता है :

A. राधाकृष्णम् B. मोहनम्
C. सोहनम् D. भूपकल्याणम्

43. निम्नलिखित में से कौन-सा राग संधि प्रकाश राग नहीं है :

A. भैरव B. पूर्वी
C. यमन D. मारवा

44. संगीत रत्नाकर में कितने विकृत स्वर दिए गए हैं :

A. 10 B. 7
C. 12 D. 11

45. नाट्यशास्त्र की टीका कौन-सी है :

A. कलानिधि B. अभिनव भारती
C. राग माला D. राग विबोध

46. हाफिज अली खाँ निम्नलिखित में से किस वाद्य यंत्र से सहयोजित हैं :

A. सितार B. सारंगी
C. सरोद D. सुर बहार

47. निम्नलिखित में से क्या लंघन मूलक अल्पत्व का उदाहरण है :

A. आरोह में बिहाग का ऋषभ
B. अवरोह में बिहाग का ऋषभ
C. आरोह में शुद्ध कल्याण का ऋषभ
D. गोरख कल्याण का ऋषभ

48. निम्नलिखित में से किन्होंने 7 शुद्ध स्वर और 7 कोमल स्वर दिए?

A. पंडित दामोदर B. पुंडरीक विट्ठल
C. पंडित सोमनाथ D. पंडित भातखंडे

49. संगीत सुधाकर निम्नलिखित में से किसकी व्याख्या है :

A. संगीत रत्नाकर B. संगीत सार
C. संगीत राज D. संगीत दर्पण

50. निम्नलिखित में से किस ग्रंथ की रचना विलायत हुसैन खाँ द्वारा की गई थी?

A. अभिनव राग माला B. संगीत मंडल
C. संगीतज्ञों के संस्मरण D. सहस रस

51. हृदय-रमा की चर्चा किस ग्रंथकार ने की है?

A. कृष्णानंद व्यास B. नारद
C. हृदयनारायण देव D. श्री निवास

52. राग गुणकली में मध्य सप्तक के 'रे' को 'सा' मानकर तार सप्तक के 'रे' तक आरोह करने से कौन-से स्वर प्राप्त होते हैं?

A. सा ग म प नि सां
B. सा ग म ध नि सां
C. सा ग म॑ प नि सां
D. सा ग म॑ ध नि सां

53. किस काल में ध्रुपद शैली की प्रधानता रही?

A. तुगलक युग B. लोदीकाल
C. कनिष्क काल D. मुगल काल

54. षड्ज और मध्यम ग्राम के शुद्ध स्वरों से कुल कितनी मूर्च्छनाएँ बनती हैं?

A. 10 B. 12
C. 07 D. 14

55. कौन-से काल में भारतीय संगीत और यूनानी संगीत का आदान-प्रदान हुआ?

A. मौर्यकाल B. गुप्तकाल
C. कनिष्ककाल D. जैनकाल

56. दसविधि राग वर्गीकरण किस ग्रंथ में है?

A. बृहद्देशी B. संगीत मकरंद
C. संगीत रत्नाकर D. भरतभाष्य

57. किस वेद के समस्त गेय मंत्रों के लिए 'साम' शब्द का प्रयोग हुआ है?

A. सामवेद B. ऋग्वेद
C. अथर्ववेद D. यजुर्वेद

58. राग विभास में मध्य ध को सा मानकर मंद्र सप्तक के ध तक अवरोह करने से कौन-से स्वर प्राप्त होते हैं?

A. सां नि ध म॑ ग सा
B. सां नि ध म ग सा
C. सां नि ध म ग सा
D. सां नि ध म ग सा

59. 'रोहिणी' निम्नलिखित में से किसकी संज्ञा है?

A. राग B. गीति
C. मूर्च्छना D. श्रुति

60. निम्नलिखित में से किन रागों को संधि प्रकाश राग के रूप में नहीं जाना जाता है?

(*a*) यमन कल्याण (*b*) पूर्बी

(*c*) श्याम कल्याण (*d*) भैरव

(*e*) भीमपलासी

नीचे दिए गए विकल्पों में से सही उत्तर का चयन कीजिए :

A. केवल (*a*), (*c*) और (*e*)

B. केवल (*a*), (*b*) और (*c*)

C. केवल (*c*), (*d*) और (*e*)

D. केवल (*b*), (*c*) और (*d*)

61. भास्कर बुआ बखले निम्नलिखित में से किनके शिष्य थे?

(*a*) हद्दू खाँ (*b*) बन्दे अली खाँ

(*c*) नत्थन खाँ (*d*) एल.के. पंडित

(*e*) अल्लादिया खाँ

नीचे दिए गए विकल्पों में से सही उत्तर का चयन कीजिए :

A. केवल (*b*), (*c*) और (*e*)

B. केवल (*a*), (*b*) और (*c*)

C. केवल (*a*), (*c*) और (*d*)

D. केवल (*c*), (*d*) और (*e*)

62. निम्नलिखित में से कौन-सी मध्यम ग्राम की मूर्च्छनाएँ हैं :

(*a*) उत्तर मंद्रा (*b*) सौबिरी

(*c*) रजनी (*d*) कलोपनता

(*e*) मार्गी

नीचे दिए गए विकल्पों में से सही उत्तर का चयन कीजिए :

A. केवल (*b*), (*d*) और (*e*)

B. केवल (*a*), (*b*) और (*c*)

C. केवल (*b*), (*c*) और (*d*)

D. केवल (*a*), (*c*) और (*e*)

63. निम्नलिखित में से गायक कलाकार नहीं हैं :

(*a*) नारायण विनायक पटवर्धन

(*b*) रघुनाथ सेठ

(*c*) अब्दुल राशिद खाँ

(*d*) ब्रजभूषण काबरा

नीचे दिए गए विकल्पों में से सही उत्तर का चयन कीजिए :

A. केवल (*b*) और (*c*)

B. केवल (*b*) और (*d*)

C. केवल (*a*) और (*c*)

D. केवल (*a*) और (*d*)

64. रजाखानी गत के संबंध में कौन-से कथन सही हैं?

(*a*) इसके वादन के बाद झाला बजाया जाता है

(*b*) यह विलम्बित तीनताल में बजाया जाता है

(*c*) इसके बोल निश्चित नहीं होते हैं

(*d*) यह मध्य व द्रुत तीनताल में बजाया जाता है

नीचे दिए गए विकल्पों में से सही उत्तर का चयन कीजिए :

A. केवल (*a*) और (*b*)

B. केवल (*a*) और (*d*)

C. केवल (*b*) और (*c*)

D. केवल (*b*) और (*d*)

65. इनमें रात्रि के द्वितीय प्रहर में प्रस्तुत किए जाने वाले राग हैं :

(*a*) मारुबिहाग (*b*) मधुवन्ती

(*c*) जोग (*d*) वसंत मुखारी

नीचे दिए गए विकल्पों में से सही उत्तर का चयन कीजिए :

A. केवल (*a*) और (*d*)

B. केवल (*a*) और (*c*)

C. केवल (*b*) और (*c*)

D. केवल (*b*) और (*d*)

66. ध्रुपद के साथ संगत किए जाने वाले तालें हैं :

(*a*) चारताल (*b*) रूपकताल

(*c*) सूलताल (*d*) सवारी ताल

नीचे दिए गए विकल्पों में से सही उत्तर का चयन कीजिए :

A. केवल (*a*) और (*d*)

B. केवल (*a*) और (*b*)

C. केवल (*b*) और (*c*)

D. केवल (*a*) और (*c*)

67. अमीर खुसरो ने संगीत के किन सांगीतिक विधाओं की रचना की थी?

(*a*) नक्श-ओ-गुल (*b*) कौल

(*c*) कलबाना (*d*) टप्पा

नीचे दिए गए विकल्पों में से सही उत्तर का चयन कीजिए :

A. केवल (*a*), (*b*) और (*c*)

B. केवल (*b*), (*c*) और (*d*)

C. केवल (*a*), (*c*) और (*d*)

D. केवल (*a*), (*b*) और (*d*)

68. निम्नलिखित में से किन ग्रंथों में रुद्र वीणा के बारे में उल्लेख मिलता है :

(*a*) नाट्य शास्त्र (*b*) राग विबोध

(*c*) संगीत पारिजात (*d*) बृहद्देशी

नीचे दिए गए विकल्पों में से सही उत्तर का चयन कीजिए :

A. केवल (*a*) और (*b*) B. केवल (*b*) और (*c*)

C. केवल (*a*) और (*c*) D. केवल (*a*) और (*d*)

69. राग-रागिनी वर्गीकरण पद्धति की चर्चा किन ग्रंथों में की गई है?

(*a*) नाट्य शास्त्र

(*b*) संगीत दर्पण

(*c*) संगीतोपनिषद् सारोद्धार

(*d*) संगीत मकरंद

(*e*) पंचम सार संहिता

नीचे दिए गए विकल्पों में से सही उत्तर का चयन कीजिए :

A. केवल (*a*), (*b*) और (*c*)

B. केवल (*a*), (*b*) और (*d*)

C. केवल (*a*), (*b*), (*c*) और (*e*)

D. केवल (*b*), (*c*), (*d*) और (*e*)

70. विष्णु दिगंबर स्वरलिपि पद्धति में, 1, 2 तथा 4 मात्रा के लिए किन चिह्नों का प्रयोग होता है?

(*a*) ◡ (*b*) o

(*c*) – (*d*) 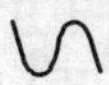

(*e*) X

नीचे दिए गए विकल्पों में से सही उत्तर का चयन कीजिए :

A. केवल (*a*), (*b*) और (*c*)

B. केवल (*b*), (*c*) और (*d*)

C. केवल (*c*), (*d*) और (*e*)

D. केवल (*a*), (*b*) और (*e*)

71. निम्नलिखित रागों में से किनके वादी संवादी क्रमशः ग, नि हैं?

(*a*) यमन (*b*) मारवा

(*c*) पूर्वी (*d*) पूरियाधनाश्री

नीचे दिए गए विकल्पों में से सही उत्तर का चयन कीजिए :

A. केवल (*a*) और (*b*)

B. केवल (*b*) और (*c*)

C. केवल (*a*) और (*c*)

D. केवल (*c*) और (*d*)

72. सूची-I को सूची-II से सुमेलित कीजिए :

सूची-I	सूची-II
(*a*) ओंकारनाथ ठाकुर	I. श्री मल्ल लक्ष्य संगीतम्
(*b*) विनायकराव पटवर्धन	II. संगीत बालबोध
(*c*) विष्णुदिगंबर पलुस्कर	III. संगीतांजलि
(*d*) विष्णुनारायण भातखंडे	IV. राग विज्ञान

नीचे दिए गए विकल्पों में से सही उत्तर चुनिए :

	(*a*)	(*b*)	(*c*)	(*d*)
A.	III	IV	II	I
B.	I	II	IV	III
C.	II	I	III	IV
D.	II	I	IV	III

73. सूची-I को सूची-II से सुमेलित कीजिए :

सूची-I	सूची-II
(*a*) हमीर	I. खमाज
(*b*) पूर्वी	II. काफी
(*c*) झिंझोटी	III. पूर्वी
(*d*) सिन्दूरा	IV. कल्याण

नीचे दिए गए विकल्पों में से सही उत्तर चुनिए :

	(a)	(b)	(c)	(d)
A.	IV	II	III	I
B.	II	I	IV	III
C.	III	IV	II	I
D.	IV	III	I	II

74. सूची-I को सूची-II से सुमेलित कीजिए :

सूची-I	सूची-II
(a) रामामात्य	I. रस कौमुदी
(b) नान्यदेव	II. संगीत राज
(c) श्रीकांत	III. स्वरमेल कलानिधि
(d) महाराणा कुम्भा	IV. भरत भाष्यम्

नीचे दिए गए विकल्पों में से सही उत्तर चुनिए :

	(a)	(b)	(c)	(d)
A.	II	I	IV	III
B.	IV	II	III	I
C.	I	III	II	IV
D.	III	IV	I	II

75. सूची-I को सूची-II से सुमेलित कीजिए :

सूची-I	सूची-II
(a) खयाल	I. पदम
(b) तराना	II. जावली
(c) ठुमरी	III. रागम तनम पल्लवी
(d) गजल	IV. तिल्लाना

नीचे दिए गए विकल्पों में से सही उत्तर चुनिए :

	(a)	(b)	(c)	(d)
A.	IV	I	II	III
B.	II	III	IV	I
C.	III	IV	I	II
D.	I	II	III	IV

76. सूची-I को सूची-II से सुमेलित कीजिए :

सूची-I (ताल)	सूची-II (मात्रा)
(a) बसंत	I. 14
(b) शिखर	II. 16
(c) फरोदस्त	III. 09
(d) सवारी	IV. 17

नीचे दिए गए विकल्पों में से सही उत्तर चुनिए :

	(a)	(b)	(c)	(d)
A.	III	IV	I	II
B.	II	III	IV	I
C.	III	IV	II	I
D.	III	II	I	IV

77. सूची-I को सूची-II से सुमेलित कीजिए :

सूची-I	सूची-II
(a) राजाभैया पूछवाले	I. सहसवान घराना
(b) मलूकदास	II. किराना घराना
(c) गुलाम मुस्तफा	III. आगरा घराना
(d) अब्दुल वहीद खाँ	IV. ग्वालियर घराना

नीचे दिए गए विकल्पों में से सही उत्तर चुनिए :

	(a)	(b)	(c)	(d)
A.	III	II	I	IV
B.	IV	III	I	II
C.	III	IV	II	I
D.	I	II	IV	III

78. सूची-I को सूची-II से सुमेलित कीजिए :

सूची-I	सूची-II
(a) नि़ धा़ सा रे ग प मं प ग म रे ग	I. बिलास खानी तोड़ी
(b) नि़ ध़ सा रे ग प ध म ग रे ग	II. यामिनी बिलावल
(c) सा नि़ ध़ प ग रे सा रे सा	III. झिंझोटी
(d) नि़ ध़ सा रे म ग	IV. शुद्ध कल्याण

नीचे दिए गए विकल्पों में से सही उत्तर चुनिए :

	(a)	(b)	(c)	(d)
A.	III	IV	II	I
B.	IV	III	I	II
C.	II	I	IV	III
D.	I	II	III	IV

79. सूची-I को सूची-II से सुमेलित कीजिए :

सूची-I	सूची-II
(a) अभिनव राग मंजरी	I. श्रीकंठ
(b) रस-कौमुदी	II. श्रीनिवास

(*c*) राग मंजरी III. भातखंडे

(*d*) राग तत्व विबोध IV. पुंडरीक विट्ठल

नीचे दिए गए विकल्पों में से सही उत्तर चुनिए :

	(*a*)	(*b*)	(*c*)	(*d*)
A.	III	I	IV	II
B.	II	III	I	IV
C.	I	IV	II	III
D.	IV	II	III	I

80. सारिका युक्त, गज, अवनद्ध और सुषिर वाद्य यंत्रों के अनुसार कलाकारों का सही क्रम चुनिए :

(*a*) अरविंद पारेख, डी.के. दातार, महापुरुष मिश्र, रघुनाथ सेठ

(*b*) रघुनाथ सेठ, डी.के. दातार, अरविंद पारेख, महापुरुष मिश्र

(*c*) डी.के. दातार, अरविंद पारेख, रघुनाथ सेठ, महापुरुष मिश्र

(*d*) महापुरुष मिश्र, रघुनाथ सेठ, अरविंद पारेख, डी.के. दातार

नीचे दिए गए विकल्पों में से सही उत्तर चुनिए :

A. (*a*) B. (*b*)
C. (*c*) D. (*d*)

81. प्रबंध की निम्नलिखित जातियों में प्रयुक्त अंग के अनुसार सही आरोही क्रम चुनिए :

(*a*) मेदिनी, तारावली, दीपनी, भावनी, आनंदिनी

(*b*) मेदिनी, आनंदिनी, दीपनी, भावनी, तारावली

(*c*) आनंदिनी, मेदिनी, भावनी, तारावली, दीपनी

(*d*) भावनी, दीपनी, आनंदिनी, तारावली, मेदिनी

नीचे दिए गए विकल्पों में से सही उत्तर चुनिए :

A. (*a*) B. (*b*)
C. (*c*) D. (*d*)

82. निम्नलिखित गायक कलाकारों को वरिष्ठ से कनिष्ठ क्रम में लिखिए।

(*a*) उस्ताद अमीर खाँ, भास्कर बुआ बखले, बैजु बावरा, अल्लादिया खाँ

(*b*) बैजु बावरा, अल्लादिया खाँ, भास्कर बुआ बखले, उस्ताद अमीर खाँ

(*c*) भास्कर बुआ बखले, उस्ताद अमीर खाँ, बैजु बावरा, अल्लादिया खाँ

(*d*) अल्लादिया खाँ, उस्ताद अमीर खाँ, भास्कर बुआ बखले, बैजु बावरा

नीचे दिए गए विकल्पों में से सही उत्तर चुनिए :

A. (*a*) B. (*b*)
C. (*c*) D. (*d*)

83. निम्नलिखित रागों को उनके गायन समय के अनुसार रात्रि से सुबह तक सही चुनिए :

(*a*) बिहाग, बागेश्री, ललित, बिलासखानी तोड़ी

(*b*) ललित, बिलासखानी तोड़ी, बिहाग, बागेश्री

(*c*) बिलासखानी तोड़ी, बागेश्री, ललित, बिहाग

(*d*) बागेश्री, ललित, बिलासखानी तोड़ी, बिहाग

नीचे दिए गए विकल्पों में से सही उत्तर चुनिए :

A. (*a*) B. (*b*)
C. (*c*) D. (*d*)

84. निम्नलिखित ग्रंथों को उनको कालानुसार क्रम में व्यवस्थित करें :

(*a*) गीतगोविन्द, रागतरंगिणी, हृदय कौतुक, नगमाते-आसफी

(*b*) नगमाते-आसफी, हृदय कौतुक, गीतगोविन्द, रागतरंगिणी

(*c*) हृदय कौतुक, गीतगोविन्द, नगमाते-आसफी, रागतरंगिणी

(*d*) रागतरंगिणी, हृदय कौतुक, नगमाते-आसफी, गीतगोविन्द

नीचे दिए गए विकल्पों में से सही उत्तर चुनिए :

A. (*a*) B. (*b*)
C. (*c*) D. (*d*)

85. प्रातःकाल से दिन के मध्य प्रहर तक राग प्रस्तुति के बढ़ते क्रम में सही क्रम चुनिए :

(*a*) भटियार, अहीर भैरव, आसावरी, मधमांद सारग

(*b*) भटियार, मधमांद सारंग, अहीर भैरव, आसावरी

(*c*) आसावरी, भटियार, मधमांद सारंग, अहीर भैरव

(*d*) अहीर भैरव, आसावरी, भटियार, मधमांद सारंग

नीचे दिए गए विकल्पों में से सही उत्तर चुनिए :

A. (*a*) B. (*b*)
C. (*c*) D. (*d*)

86. निम्नलिखित कलाकारों के 'उम्र की वरिष्ठता के बढ़ते क्रम' में सही क्रम चुनिए :

(*a*) कुमार बोस, पं. अरविन्द पारिख, अब्दुल राशिद खाँ, पं. देबू चौधरी

(*b*) पं. देबू चौधरी, पं. अरविन्द पारिख, कुमार बोस, अब्दुल राशिद खाँ

(*c*) कुमार बोस, पं. देबू चौधरी, पं. अरविन्द पारिख, अब्दुल राशिद खाँ

(*d*) अब्दुल राशिद खाँ, कुमार बोस, पं. देबू चौधरी, पं. अरविन्द पारिख

नीचे दिए गए विकल्पों में से सही उत्तर चुनिए :

A. (*a*) B. (*b*)
C. (*c*) D. (*d*)

87. विकृत स्वरों की न्यून से अधिक संख्या के प्रयोग क्रम में निम्नलिखित रागों का सही क्रम चुनें :

(*a*) बागेश्री, शुद्ध कल्याण, भैरवी, जौनपुरी

(*b*) जौनपुरी, शुद्ध कल्याण, भैरवी, बागेश्री

(*c*) शुद्ध कल्याण, बागेश्री, जौनपुरी, भैरवी

(*d*) भैरवी, शुद्ध कल्याण, जौनपुरी, बागेश्री

नीचे दिए गए विकल्पों में से सही उत्तर चुनिए :

A. (*a*) B. (*b*)
C. (*c*) D. (*d*)

88. नीचे दो कथन दिए गए हैं : एक अभिकथन (A) के रूप में लिखित है तो दूसरा उसके कारण (R) के रूप में :

अभिकथन (A) : यजुर्वेद ने वैदिक स्वरों की संज्ञा उदात्त, अनुदात्त और स्वरित बतायी है।

कारण (R) : उदात्त का अर्थ नीचा और अनुदात्त का अर्थ ऊँचा है।

उपरोक्त कथनों के आलोक में, नीचे दिए गए विकल्पों में से सबसे उपयुक्त उत्तर का चयन कीजिए :

A. (A) और (R) दोनों सही हैं और (R), (A) की सही व्याख्या है

B. (A) और (R) दोनों सही हैं, परन्तु (R), (A) की सही व्याख्या नहीं है

C. (A) सही है, परन्तु (R) सही नहीं है

D. (A) सही नहीं है, परन्तु (R) सही है

89. नीचे दो कथन दिए गए हैं : एक अभिकथन (A) के रूप में लिखित है तो दूसरा उसके कारण (R) के रूप में :

अभिकथन (A) : गायन संगीत अधिगम के फलस्वरूप वाद्ययंत्र वादक को राग निरूपण में सहायता मिलती है।

कारण (R) : यदि व्यक्ति गायन संगीत में प्रवीण है तभी वाद्य यंत्र पर वाद्य तकनीक विकसित किए जा सकते हैं।

उपरोक्त कथनों के आलोक में, नीचे दिए गए विकल्पों में से सबसे उपयुक्त उत्तर का चयन कीजिए :

A. (A) और (R) दोनों सही हैं और (R), (A) की सही व्याख्या है

B. (A) और (R) दोनों सही हैं, परन्तु (R), (A) की सही व्याख्या नहीं है

C. (A) सही है, परन्तु (R) सही नहीं है

D. (A) सही नहीं है, परन्तु (R) सही है

90. नीचे दो कथन दिए गए हैं : एक अभिकथन (A) के रूप में लिखित है तो दूसरा उसके कारण (R) के रूप में :

अभिकथन (A) : जो बिना संघर्ष के स्वयंभू रूप से उत्पन्न होता है, उसे 'अनाहत नाद' कहते हैं।

कारण (R) : ये 'अनाहत नाद' संगीतोपयोगी नहीं हैं।

उपरोक्त कथनों के आलोक में, नीचे दिए गए विकल्पों में से सबसे उपयुक्त उत्तर का चयन कीजिए :

A. (A) और (R) दोनों सही हैं और (R), (A) की सही व्याख्या है

B. (A) और (R) दोनों सही हैं, परन्तु (R), (A) की सही व्याख्या नहीं है

C. (A) सही है, परन्तु (R) सही नहीं है

D. (A) सही नहीं है, परन्तु (R) सही है

निर्देश (प्र. सं. 91 से 95): *निम्नलिखित गद्यांश को ध्यानपूर्वक पढ़िए और नीचे दिए गए प्रश्नों के उत्तर दीजिए।*

जिन रागों का वादी स्वर सप्तक के उत्तरांग अर्थात् प ध नि सां इन स्वरों में से होता है, वे उत्तरांगवादी राग कहे जाते हैं। ऐसे राग प्रायः दिन के उत्तर-भाग अर्थात् रात्रि के बारह बजे से दिन के बारह बजे तक ही गाए-बजाए जाते हैं। जैसे

आसावरी का वादी स्वर धैवत है, अर्थात् सप्तक का उत्तरांग-स्वर है तो इसके गान-वादन का समय भी प्रातः है। यमन का वादी स्वर गांधार है, जो कि सप्तक के पूर्वांग में से लिया हुआ स्वर है। अतः यमन राग के गान-वादन का समय रात्रि का प्रथम प्रहर है। इसलिए यमन 'पूर्वांगवादी राग' कहा जाएगा और आसावरी की उत्तरांग वादी राग कहेंगे।

स्वर और समय के अनुसार उत्तर-भारतीय रागों के तीन वर्ग हैं—1. कोमल रे ध वाले राग; 2. शुद्ध रे ध वाले राग; 3. कोमल ग नि वाले राग। किसी ठाठ के स्वरों में से पाँच, छह या सात स्वरों को लेकर जब कोई राग तैयार किया जाता है, तो जितने स्वर उस ठाठ में लिए जाते हैं, उन्हीं के आधार पर औडव, षाडव और संपूर्ण यह तीन रागों की जातियाँ मानी गई हैं।

91. राग परज किस श्रेणी का राग माना जाता है?

A. पूर्वांगवादी B. उत्तरांगवादी
C. सर्वकालीन D. प्रातःकालीन

92. आसावरी राग के विकृत स्वर कौन-से हैं?

A. रे ग ध कोमल B. रे ग ध नि कोमल
C. रे ग नि कोमल D. ग ध नि कोमल

93. कामोद कौन-सी जाति का राग है?

A. वक्र-संपूर्ण B. षाडव-औडव
C. औडव-औडव D. औडव-संपूर्ण

94. निम्नलिखित में से उत्तरांग वादी राग कौन-सा है?

A. अड़ाना B. आभोगी
C. कलावती D. किरवाणी

95. कल्याण, बिलावल और खमाज, स्वर की दृष्टि से किस वर्ग में समाविष्ट होते हैं?

A. कोमल ग नि वाले राग
B. शुद्ध रे ध वाले राग
C. कोमल रे ध वाले राग
D. संधिप्रकाश राग

निर्देश (प्र. सं. 96 से 100): *निम्नलिखित गद्यांश को ध्यानपूर्वक पढ़िए और नीचे दिए गए प्रश्नों के उत्तर दीजिए।*

भारतवर्ष में संगीत का उद्‌गम सृष्टिकाल से माना जाता है। हमारे देवी-देवता भी किसी-न-किसी वाद्य के साथ निरूपित किए जाते हैं। वैदिक काल से लेकर आधुनिक काल तक भारतीय संगीत में अनेक प्रकार के वाद्यों का उल्लेख मिलता है, जिनमें तंत्री, सुषिर, अवनद्ध तथा घन सभी प्रकार शामिल हैं।

तंत्री वाद्यों में वैदिक काल से अनेक प्रकार के वीणा का उल्लेख मिलता है और वीणा का ही परिष्कृत रूप सितार, भारतीय संगीत में प्रचलित एवं सुमधुर वाद्य के रूप में आज विद्यमान है।

जहाँ तक सितार वादन शैली का प्रश्न है, आधुनिक समय में सेनिया घराना, मैहर घराना, इटावा घराना, जयपुर-सेनिया घराना आदि प्रमुख घराने प्रचलित हैं और इन घरानों के कलाकारों की वादन शैलियों को जब समग्र रूप में देखा जाता है तो गायकी अंग और तंत्र अंग, दो स्वरूप मिलते हैं जहाँ एक ओर गायकी अंग में गायन शैली से प्रभावित वादन होता है वहीं दूसरी ओर तंत्र अंग में राग के साथ दाहिने हाथ से मिजराब के बोलों की प्रधानता परिलक्षित होती है, जो आलाप, जोड़-आलाप, गत एवं झाले के रूप में प्रस्तुत किया जाता है।

96. इनमें से एक वैदिक काल में प्रचलित वीणा है :

A. रुद्र B. पणव
C. मुरज D. विपंची

97. इनमें मैहर घराने के सितार वादक हैं :

A. उस्ताद उस्मान खाँ B. पं. निखिल बनर्जी
C. उस्ताद निशात खाँ D. पं. मणिलाल नाग

98. इनमें इटावा घराने के सितार वादक हैं :

(*a*) हलीम जाफर खाँ (*b*) इनायत खाँ
(*c*) बलराम पाठक (*d*) शाहिद परवेज खाँ

नीचे दिए गए विकल्पों में से सही उत्तर का चयन कीजिए:

A. केवल (*b*) और (*c*) B. केवल (*b*) और (*d*)
C. केवल (*a*) और (*b*) D. केवल (*a*) और (*c*)

99. मैहर घराने के संस्थापक कौन थे?

A. उस्ताद अलाउद्दीन खाँ
B. उस्ताद अल्लादिया खाँ
C. पं. रामेश्वर पाठक
D. पं. उमाशंकर मिश्र

100. इटावा घराना की परंपरा में सितार में मुख्य तार की संख्या है :

A. 05 B. 06
C. 07 D. 10

भाग-III

कर्नाटक संगीत

26. सुब्बाराय शास्त्री द्वारा प्रयोग की गई मुद्रा है :
A. वेंकटेश B. कुमारा
C. वेंकट कृष्णा D. रामदासा

27. अलवार के भजनों को कहा जाता था :
A. वेदम B. तिरुमुराइ
C. पद D. पन्न

28. विष्णुसिद्धर किसका मूल नाम था?
A. नम्माजवर B. पेरियाजवर
C. कुलशेखरजवर D. पेयाजवर

29. निम्नलिखित यति पैटर्न :
श्री सारसपदे
रसपदे
सपदे
पदे
इनसे संबंधित हैं :
A. सम यति B. गोपुच्छ यति
C. स्रोतोवहा यति D. विषम यति

30. भद्राचलम रामदास की सौ बंदिशों के संकलन को कहा जाता है :
A. दाशरथि शतकम B. पद्मनाभा शतकम
C. नारायण शतकम D. रामा शतकम

31. दो तारों वाली वीणा को कहते हैं :
A. रुद्रा B. शर्वरी
C. नकुला D. पिनाकी

32. 'भूतवेथालवकुप्पू' की रचना किसने की थी?
A. मुत्थुजर्दवन B. पोनैयापिल्लै
C. रामास्वामी शिवन D. अरुणामिरीनाथन

33. संगीत साम्य सार निम्नलिखित की रचना है :
A. सारंगदेव B. पार्श्वदेव
C. नारद D. मातंग

34. निम्नलिखित में से फोक आर्केस्ट्रा को चुनिए :
A. पंचवाद्यम B. नैय्यान्दी मेलम
C. तायाम्पका D. पंचारी मेलम

35. विषम की पहचान करें :
A. मिझाऊ B. तन्दीपानै
C. पुल्लुवन कुदम D. ब्रह्म तालम

36. एक देशी क्रिया :
A. ध्रुव B. आवापा
C. निष्क्रम D. कृष्णा

37. राग सौराष्ट्र, ताल ध्रुव में 'सूर्यमूर्ति' निम्नलिखित की बंदिश हैं :
A. संत त्यागराज
B. मुत्थुस्वामी दीक्षितार
C. श्यामा शास्त्री
D. मुतैया भागवतार

38. मणिप्रवाल कृतियाँ वे कृतियाँ हैं जिनमें :
A. अनेक चरण होते हैं
B. अनेक भाषाओं में संगीत होता है
C. अनेक खंड होते हैं
D. अनेक मुद्राएँ होती हैं

39. पण् कौशिकम से मिलता-जुलता भाषंग राग है :
A. मुखारी B. अहीरी
C. नादनामक्रिया D. भैरवी

40. नाट्यशास्त्र के छठे अध्याय का शीर्षक है :
A. पूर्वविधान B. रस विकल्प
C. भावव्यंजक D. समय अभिनय

41. संगीत सारामृत के लेखक की पहचान कीजिए :
A. रघुनाथ नायक
B. तुलजाजी
C. साहूजी
D. इकोजी

42. निम्नलिखित में से कौन-सा वायु वाद्य यंत्र नहीं है?

A. तिरुचिन्नम B. भूरि

C. दावनदाय D. मागुड़ी

43. 108 तालों में से एक ताल बिंदुमलिका के अंग हैं :

A. गुरु और प्लूतम

B. लघु और गुरु

C. गुरु और द्रुतम

D. द्रुतम और अनुद्रुतम

44. नेदुनकुझल एक लंबी सीधी बाँसुरी है, जिसका संबंध निम्नलिखित से है :

A. कर्नाटक संगीत B. लोक संगीत

C. पश्चिमी संगीत D. अरबी संगीत

45. उस कर्नाटक संगीत ताल का चयन करें जो हिंदुस्तानी संगीत के दादरा के समकक्ष है :

A. त्रिपुट B. आदि

C. रुपकम D. चापू

46. स्वाति तिरुनाल द्वारा अठाना राग में रचित लोकप्रिय वर्ण है :

A. सरसायत B. श्रीकुमारानगर

C. सरसिजनभा D. श्री राज राज

47. त्यागराज ने किस कृति में भद्राचलम रामदास को श्रद्धांजलि अर्पित की?

A. रामकथा सुधा

B. समानमेवरु

C. क्षीरसागर शयन

D. राम नन्नू ब्रोवा

48. अग्नि-श्री निम्नलिखित पैमाने का संख्यात्मक प्रस्तुतीकरण है :

A. वकुलावर्णनग B. वक्रवाकम

C. कीरबाणी D. गौरी मनोहारी

49. उस संगीतज्ञ को चुनें जिसकी उन्नति जी एन बी वाणी के साथ हुई :

A एम.एस. सुब्बालक्ष्मी

B. डी.के. पट्टाम्माल

C. एम.एल. वसंतकुमारी

D. के.पी. सुन्दराम्बाल

50. मुतैया भागवतार द्वारा कंपोज किए गए शुद्ध सावेरी में एक वर्ण :

A. जगदीश श्रीजना B. श्री महाबाला शैल

C. एन्नतुकु D. शंकर गंगाधर

51. उसकी रचना के आधार पर छांदिक नियमों का वर्णन करते हैं?

A. त्यागराज B. भद्राचलम रामदास

C. सदाशिव ब्रह्मेन्द्र D. मागदर्शी शेषाअयंगार

52. नियमित चित्त स्वर, जिसमें कुछ भाग सोल्फा स्वर की बजाय उपयुक्त जातियाँ शुरू कर गाई जाती हैं, उन्हें कहते हैं :

A. संगति B. मणिप्रवाल

C. शोलकट्टु स्वर D. पल्लवी

53. ध्रुवताल में निम्नलिखित अंग होते हैं :

A. लघु, द्रुतम, लघु, लघु

B. लघु, लघु, द्रुतम, लघु

C. लघु, अनुद्रुतम, द्रुतम, लघु

D. लघु, द्रुतम, अनुद्रुतम, लघु

54. एट्टुतेगै में शामिल की गई कृति नहीं है :

A. परिपाडल B. अगनानुरु

C. पुर्णानुरू D. तिरुक्कुरल

55. जब गौरीमनोहारी के मध्यमा को षड्ज के रूप में लिया जाता है, तो परिणामी स्केल होता है :

A. वाचस्पति B. कल्याणी

C. चारुकेशी D. नाटकप्रिया

56. रावे हिमगिरि - तोड़ी राग - आदि ताल

कामाक्षी अनुदिनामु - भैरवी राग - चापू ताल

कामाक्षी नी - यदुकुलकंबोजी राग - चापू ताल

श्यामा शास्त्री द्वारा कम्पोज की गई ये तीन बंदिशें हैं :

A. तान वर्ण B. पद वर्ण

C. कृतियाँ D. स्वरजातियाँ

57. वह ताल जिसे श्यामा शास्त्री द्वारा आरम्भ किया गया गाना जाता है :

A. चापू ताल B. सिंह नन्दन

C. लक्ष्मी ताल D. शरभ नंदन

58. निम्नलिखित में विषम को चिह्नित करें :

A. रुद्र B. ब्रह्मा

C. तुम्बरु D. मेरु

59. 'संगीतराजा' ग्रंथ के अध्यायों का किस रूप में वर्गीकरण किया गया है?

A. आदिकारण B. कारण

C. विवेक D. रत्नकोश

60. निम्नलिखित में से कौन-से राग "निषादान्त्य" हैं :

(*a*) नवरोज (*b*) नाथनामक्रिया

(*c*) पुन्नागवराली (*d*) जिंगला

नीचे दिए गए विकल्पों में से सही उत्तर का चयन कीजिए :

A. केवल (*a*) और (*c*) B. केवल (*a*) और (*d*)

C. केवल (*b*) और (*c*) D. केवल (*b*) और (*d*)

61. नागेश्वरम के दो प्रकार हैं :

(*a*) मुखवीणा (*b*) ओटु

(*c*) भूरि (*d*) तिमिरी

(*e*) बारी

नीचे दिए गए विकल्पों में से सही उत्तर का चयन कीजिए :

A. केवल (*b*) और (*c*)

B. केवल (*d*) और (*e*)

C. केवल (*a*) और (*e*)

D. केवल (*b*) और (*e*)

62. निम्नलिखित में से पदवर्णों को चुनें :

(*a*) कम्बोजी में सरसिजनाथा

(*b*) खमाज में सवमरुषा

(*c*) बिलहरी में इन्दचौका

(*d*) काम्बोजी में पंकजाक्षीपई

(*e*) तोड़ी में एरानापई

नीचे दिए गए विकल्पों में से सही उत्तर का चयन कीजिए :

A. केवल (*a*) और (*b*)

B. केवल (*b*) और (*c*)

C. केवल (*c*) और (*e*)

D. केवल (*b*) और (*d*)

63. निम्नलिखित में से दो संगीतकारों का एक दूसरे के साथ रक्त संबंध है :

(*a*) कोटीश्वरा अय्यर

(*b*) टी. लक्ष्मण पिल्लै

(*c*) कवि कुंजरा भारती

(*d*) तेनमातम वरदाचारियार

नीचे दिए गए विकल्पों में से सही उत्तर का चयन कीजिए :

A. केवल (*a*) और (*b*)

B. केवल (*a*) और (*c*)

C. केवल (*b*) और (*d*)

D. केवल (*c*) और (*e*)

64. निम्नलिखित में से दो कृतियों को चुनें जिनमें चित्त स्वर है :

(*a*) श्री में श्रीवरलक्ष्मी

(*b*) आनंद भैरवी में निमादि चल्लग

(*c*) खरहरप्रिया में समानमेवरु

(*d*) धन्यासी में परदेवता

(*e*) सहाना में ईवसुधा नीवंती

नीचे दिए गए विकल्पों में से सही उत्तर का चयन कीजिए :

A. केवल (*a*) और (*c*)

B. केवल (*b*) और (*e*)

C. केवल (*c*) और (*e*)

D. केवल (*d*) और (*e*)

65. भद्राचलम रामदास द्वारा कल्याणी में रचित दो संगीत रचनाएँ चुनें :

(*a*) प्रणतार्षीहर (*b*) नन्नूब्रोवमनु

(*c*) रामदयजूडवे (*d*) निन्नूवीना

(*e*) निजदासवरदा

नीचे दिए गए विकल्पों में से सही उत्तर का चयन कीजिए :

A. केवल (*a*) और (*b*)

B. केवल (*b*) और (*d*)

C. केवल (*b*) और (*c*)

D. केवल (*c*) और (*e*)

66. द्विमुख वाद्य हैं :

(*a*) मृदंगम् (*b*) घटम

(*c*) मंजीरा (*d*) तावील

(*e*) मोरेसिंग

नीचे दिए गए विकल्पों में से सही उत्तर का चयन कीजिए :

A. केवल (*a*) और (*b*)

B. केवल (*a*) और (*c*)

C. केवल (*a*) और (*d*)

D. केवल (*a*) और (*e*)

67. निम्नलिखित में से दो विवादी मेलों को चुनिए :

(*a*) षडविदा मार्गिणी (*b*) नाम नारायणी

(*c*) तानरूपी (*d*) नवनीतम

(*e*) वरुणप्रिया

नीचे दिए गए विकल्पों में से सही उत्तर का चयन कीजिए :

A. केवल (*a*) और (*b*)

B. केवल (*b*) और (*c*)

C. केवल (*c*) और (*d*)

D. केवल (*c*) और (*e*)

68. दरबार राग में कृति है :

(*a*) मोमुजुप

(*b*) प्रणतार्षीहरम

(*c*) नी पादमुलनु

(*d*) स्मर मनस

(*e*) सरसिजाक्षी

नीचे दिए गए विकल्पों में से सही उत्तर का चयन कीजिए :

A. केवल (*a*) और (*c*)

B. केनल (*b*) और (*e*)

C. केपल (*u*) और (*d*)

D. केवल (*c*) और (*e*)

69. निम्नलिख्रित में से दो गलत विकल्पों को चुनें :

(*a*) श्यामलांगी (*b*) कांतामणि

(*c*) हेमवती (*d*) धर्मवती

(*e*) लतांगी

नीचे दिए गए विकल्पों में से सही उत्तर का चयन कीजिए :

A. केवल (*a*) और (*b*)

B. केवल (*a*) और (*c*)

C. केवल (*b*) और (*e*)

D. केवल (*c*) और (*d*)

70. तमिलनाडु के संगीतकार (कंपोजर) हैं :

(*a*) गोपालकृष्ण भारती (*b*) अरुणाचल कविरयार

(*c*) पुरंदरदास (*d*) अन्नामाचार्य

(*e*) भद्राचलम रामदास

नीचे दिए गए विकल्पों में से सही उत्तर का चयन कीजिए :

A. केवल (*a*) और (*b*)

B. केवल (*b*) और (*c*)

C. केवल (*c*) और (*d*)

D. केवल (*d*) और (*e*)

71. निम्नलिखित में से किन्हें मैग्सेसे पुरस्कार प्राप्त हुआ :

(*a*) सुधा रघुनाथन (*b*) टी.एम. कृष्णा

(*c*) संजय सुब्रमण्यम (*d*) एम.एस. सुब्बालक्ष्मी

नीचे दिए गए विकल्पों में से सही उत्तर का चयन कीजिए :

A. केवल (*a*) और (*d*)

B. केवल (*b*) और (*c*)

C. केवल (*b*) और (*d*)

D. केवल (*c*) और (*d*)

72. सूची-I को सूची-II से सुमेलित कीजिए :

सूची-I	सूची-II
(*a*) षडजम	I. उज्हाई
(*b*) ऋषभम	II. कुराल
(*c*) गांधारम	III. झूल्हम
(*d*) माध्यमम	IV. कैकिलाई

नीचे दिए गए विकल्पों में से सही उत्तर चुनिए :

	(*a*)	(*b*)	(*c*)	(*d*)
A.	I	II	III	IV
B.	II	III	IV	I
C.	III	IV	I	II
D.	III	I	II	IV

73. सूची-I को सूची-II से सुमेलित कीजिए :

सूची-I	सूची-II
(*a*) चित्तरंगिनी	I. द्वितीय खनपंचका
(*b*) रितिगौला	II. अरोहना वक्र
(*c*) कुंतलावाराली	III. चामाराम
(*d*) षण्मुखप्रिया	IV. निषादांत्य राग

नीचे दिए गए विकल्पों में से सही उत्तर चुनिए :

	(*a*)	(*b*)	(*c*)	(*d*)
A.	IV	I	II	III
B.	III	I	IV	II
C.	II	IV	I	III
D.	III	IV	II	I

74. सूची-I को सूची-II से सुमेलित कीजिए :

सूची-I	सूची-II
(*a*) तीव्र शुद्ध 'म'	I. श्री राग
(*b*) त्रि श्रुति 'रि'	II. देव गान्धारी
(*c*) च्युत मध्यम 'ग'	III. काम्बोजी
(*d*) त्रि श्रुति 'ध'	IV. बेगड़ा

नीचे दिए गए विकल्पों में से सही उत्तर चुनिए :

	(*a*)	(*b*)	(*c*)	(*d*)
A.	IV	I	II	III
B.	III	II	IV	I
C.	II	III	IV	I
D.	I	IV	II	III

75. सूची-I को सूची-II से सुमेलित कीजिए :

सूची-I	सूची-II
(*a*) नटभैरवी	I. डू - नू
(*b*) बागदीश्वरी	II. दा - ना
(*c*) धवलाम्बरी	III. दा - नी
(*d*) चित्राम्बरी	IV. दी - नी

नीचे दिए गए विकल्पों में से सही उत्तर चुनिए :

	(*a*)	(*b*)	(*c*)	(*d*)
A.	I	II	III	IV
B.	IV	III	II	I
C.	II	I	IV	III
D.	III	IV	II	I

76. सूची-I को सूची-II से सुमेलित कीजिए :

सूची-I	सूची-II
(*a*) अनुद्रुत	I. 2 मात्रा
(*b*) द्रुत	II. 1/4 मात्रा
(*c*) लघु	III. 1/2 मात्रा
(*d*) गुरु	IV. 1 मात्रा

नीचे दिए गए विकल्पों में से सही उत्तर चुनिए :

	(*a*)	(*b*)	(*c*)	(*d*)
A.	II	III	IV	I
B.	I	II	III	IV
C.	I	III	IV	II
D.	I	IV	III	II

77. सूची-I को सूची-II से सुमेलित कीजिए :

सूची-I	सूची-II
(*a*) छायावती	I. सारसंगी
(*b*) गीतप्रिया	II. सूर्यकांतम
(*c*) सौर सेना	III. योगप्रिया
(*d*) कलावती	IV. लतांगी

नीचे दिए गए विकल्पों में से सही उत्तर चुनिए :

	(*a*)	(*b*)	(*c*)	(*d*)
A.	I	IV	III	II
B.	III	I	II	IV
C.	II	IV	I	III
D.	IV	III	I	II

78. सूची-I को सूची-II से सुमेलित कीजिए :

सूची-I	सूची-II
(*a*) कन्दनकुतूहलम	I. नीकेल दयरादु
(*b*) हिन्दोलम	II. सच्चिदानंदमय
(*c*) पावनी	III. चिन्तयामी जगदम्बा
(*d*) सरसांगी	IV. रघुवंश सुधा

नीचे दिए गए विकल्पों में से सही उत्तर चुनिए :

	(*a*)	(*b*)	(*c*)	(*d*)
A.	II	IV	III	I
B.	IV	III	II	I
C.	IV	I	II	III
D.	IV	III	I	II

79. सूची-I को सूची-II से सुमेलित कीजिए :

सूची-I	सूची-II
(*a*) अभोगी में एव्वारीबोध	I. कोट्टवासल वेंकटरामय्यर
(*b*) सुरुत्ती में एंतोप्रेम	II. रामनाद श्रीनिवास अयंगार
(*c*) सावेरी में शरसुडा निन्ने	III. पट्टनम सुब्रमण्य अय्यर
(*d*) मोहनम में निन्नकुरी	IV. वीणा कुप्पीयर

नीचे दिए गए विकल्पों में से सही उत्तर चुनिए :

	(*a*)	(*b*)	(*c*)	(*d*)
A.	I	IV	III	II
B.	III	IV	I	II
C.	II	I	IV	III
D.	IV	III	II	I

80. वाटाप्पाले में आरोही क्रम में आने वाले पैमाने का क्रम (पाल्लै) होगा :

(*a*) सेमपाल्लै, पदुमालैप्पालै, सेवाझिप्पालै, अरुमपालै

(*b*) सेमपाल्लै, सेवाझिप्पालै, अरुमपालै, पदुमालैप्पालै

(*c*) पदुमालैप्पालै, सेमपाल्लै, सेवाझिप्पालै, अरुमपालै

(*d*) अरुमपालै, पदुमालैप्पालै, सेमपाल्लै, सेवाझिप्पालै

नीचे दिए गए विकल्पों में से सही उत्तर का चयन कीजिए :

A. (*a*)　　B. (*b*)
C. (*c*)　　D. (*d*)

81. राजविबोध के निम्नलिखित अध्यायों का सही क्रम चुनिए :

(*a*) मेलविवेक, रागविवेक, वीणाभेद विवेक, श्रुतिस्वर-विवेक

(*b*) वीणाभेद विवेक, श्रुतिस्वरविवेक, मेलविवेक, रागविवेक

(*c*) श्रुतिस्वरविवेक, वीणाभेद विवेक, मेलविवेक, रागविवेक

(*d*) रागविवेक, मेलविवेक, श्रुतिस्वरविवेक, वीणाभेद विवेक

नीचे दिए गए विकल्पों में से सही उत्तर का चयन कीजिए :

A. (*a*)　　B. (*b*)
C. (*c*)　　D. (*d*)

82. कालक्रम के अनुसार सही क्रम का चयन कीजिए :

(*a*) शिलप्पादिकारम्, तोलकापियम, ताल समुद्रम, यालनूल

(*b*) तोलकापियम, शिलप्पादिकारम्, ताल समुद्रम, यालनूल

(*c*) ताल समुद्रम, शिलप्पादिकारम्, यालनूल, तोलकापियम

(*d*) तोलकापियम, शिलप्पादिकारम्, ताल समुद्रम, यालनूल

नीचे दिए गए विकल्पों में से सही उत्तर का चयन कीजिए :

A. (*b*)　　B. (*c*)
C. (*a*)　　D. (*d*)

83. ताल के अक्षरकाल के अनुसार सही क्रम को चुनें :

(*a*) संकीर्णजाति एकताल - तिस्रजाति ध्रुवताल - मिस्रजाति अटाताल - खंटाजाति रूपकताल

(*b*) खंटाजाति रूपकताल - तिस्रजाति ध्रुवताल - संकीर्णजाति एकताल - मिस्रजाति अटाताल

(*c*) मिस्रजाति अटाताल - तिस्रजाति ध्रुवताल - संकीर्णजाति एकताल - खंटाजाति रूपकताल

(*d*) तिस्रजाति ध्रुवताल - संकीर्णजाति एकताल - मिस्रजाति अटाताल - खंटाजाति रूपकताल

नीचे दिए गए विकल्पों में से सही उत्तर का चयन कीजिए:

A. (*b*)　　B. (*a*)
C. (*d*)　　D. (*c*)

84. दक्षिण भारतीय तम्बूरा में चार तारों की संगति निम्नलिखित क्रम में बिठाई जाती है :

(*a*) पंचमम्, सारणी, अनुसारणी, मन्दरम्

(*b*) पंचमम्, ऋषभम्, मन्दरम्, सारणी

(*c*) मन्दरम्, अनुसारणी, ऋषभम्, धैवतम

(*d*) सारणी, ऋषभम्, अनुसारणी, मन्दरम्

नीचे दिए गए विकल्पों में से सही उत्तर का चयन कीजिए :

A. (*a*)　　B. (*b*)
C. (*c*)　　D. (*d*)

85. सा रो सां, नि से नि, दा से दा, पा रो पा के क्रम में षडीय ग्राम का सही क्रम चुनिए :

(*a*) शुद्धषड्ज, उत्तरमांद्र, रजनी, उत्तरायता

(*b*) उत्तरमांद्र, रजनी, उत्तरायता, शुद्धषड्ज

(*c*) रजनी, शुद्धषड्ज, उत्तरायता, उत्तरमांद्र

(*d*) शुद्धषड्ज, उत्तरायता, रजनी, उत्तरमांद्र

नीचे दिए गए विकल्पों में से सही उत्तर का चयन कीजिए :

A. (*a*) B. (*b*)
C. (*c*) D. (*d*)

86. सही क्रम में चयन कीजिए :

(*a*) कलावती, राग चूड़ामणी, गंगातरंगिणी, कुम्भिनी

(*b*) राग चूड़ामणी, कलावती, गंगातरंगिणी, कुम्भिनी

(*c*) गंगातरंगिणी, राग चूड़ामणी, कलावती, कुम्भिनी

(*d*) कलावती, गंगातरंगिणी, राग चूड़ामणी, कुम्भिनी

नीचे दिए गए विकल्पों में से सही उत्तर का चयन कीजिए :

A. (*c*) B. (*b*)
C. (*a*) D. (*d*)

87. निम्नलिखित में से ताल अंगों के सही क्रम को चुनें :

(*a*) गुरु - लघु - अनुद्रुतम - द्रुतम - काकपांतम - प्लुतम

(*b*) अनुद्रुतम - द्रुतम - लघु - गुरु - प्लुतम - काकपातम

(*c*) काकपातम - लघु - द्रुतम - गुरु - प्लुतम - काकपातम

(*d*) द्रुतम - अनुद्रतुम - लघु - प्लुतम - काकपातम - गुरु

नीचे दिए गए विकल्पों में से सही उत्तर का चयन कीजिए :

A. (*a*) B. (*c*)
C. (*b*) D. (*d*)

88. नीचे दो कथन दिए गए हैं : एक अभिकथन (A) के रूप में लिखित है तो दूसरा उसके कारण (R) के रूप में :

अभिकथन (A) : प्राचीन काल से भारतीय संगीत में 'गुरुकुल सम्प्रदाय' की परंपरा के माध्यम से अनेक महान संगीतकार निकले हैं।

कारण (R) : भारत में संस्थानीकृत संगीत शिक्षण प्रणाली ने संगीत संकल्पनाओं को नष्ट कर दिया।

उपरोक्त कथनों के आलोक में, नीचे दिए गए विकल्पों में से सबसे उपयुक्त उत्तर का चयन कीजिए :

A. (A) और (R) दोनों सही हैं और (R), (A) की सही व्याख्या है

B. (A) और (R) दोनों सही हैं, परन्तु (R), (A) की सही व्याख्या नहीं है

C. (A) सही है, परन्तु (R) सही नहीं है

D. (A) सही नहीं है, परन्तु (R) सही है

89. नीचे दो कथन दिए गए हैं : एक अभिकथन (A) के रूप में लिखित है तो दूसरा उसके कारण (R) के रूप में :

अभिकथन (A) : संगीत समारोह में संगीत के जिन रूपों का प्रदर्शन किया जाता था, वे नृत्य समारोह में कभी प्रदर्शित नहीं किए जाते हैं।

कारण (R) : प्राचीन काल में उसी कलाकार द्वारा ही संगीत और नृत्य का प्रदर्शन एक साथ किया जाता था।

उपरोक्त कथनों के आलोक में, नीचे दिए गए विकल्पों में से सबसे उपयुक्त उत्तर का चयन कीजिए :

A. (A) और (R) दोनों सही हैं और (R), (A) की सही व्याख्या है

B. (A) और (R) दोनों सही हैं, परन्तु (R), (A) की सही व्याख्या नहीं है

C. (A) सही है, परन्तु (R) सही नहीं है

D. (A) सही नहीं है, परन्तु (R) सही है

90. नीचे दो कथन दिए गए हैं :

कथन-I : वीणा कुप्पयर, संत त्यागराज के शिष्य हैं।

कथन-II : मानाम्बु चावडी वेंकट सुब्बैयर, संत त्यागराज के शिष्य हैं।

उपरोक्त कथनों के आलोक में, नीचे दिए गए विकल्पों में से सबसे उपयुक्त उत्तर का चयन कीजिए :

A. कथन I और II दोनों सही हैं

B. कथन I और II दोनों गलत हैं

C. कथन I सही है, लेकिन कथन II गलत है

D. कथन I गलत है, लेकिन कथन II सही है

निर्देश (प्र. सं. 91 से 95): *निम्नलिखित गद्यांश को ध्यानपूर्वक पढ़िए और नीचे दिए गए प्रश्नों के उत्तर दीजिए।*

बहुत से इतिहासकारों का मत था कि भारतीय नाट्यशास्त्र का उद्‌गम क्रमिक रूप से ही हुआ था, और यह कि यह तीन पृथक चरणों से होकर गुजरा–पहला चरण ग्रंथिकास या कथाकास था, दूसरा चरण यात्रास और तीसरा नाटकास। प्रथम चरण में किसी घटना का संगीतकार एक या दो समूह में गायन करते हैं और द्वितीय चरण में पात्रों का प्रतिरूपण प्रदर्शन और संवाद के माध्यम से अलग-अलग व्यक्तियों द्वारा किया जाता था और तीसरे प्रक्रम में संपूर्ण कार्य नृत्य, अनुकरण, संगीत आदि युक्तियों के अलावा अनन्यरूप से संवाद के माध्यम से किया जाता है। कालान्तर में गीत के साथ नृत्य का संयोग धीरे-धीरे नियमित नाटकीय अद्‌भुत स्वरूप को प्राप्त कर लिया और इसमें व्यवहृत विषयों की सीमा का विस्तार संबंधित पौराणिक कथाओं से आगे तक हुआ। भरत ने अपने नाट्यशास्त्र के प्रथम अध्याय में नाटक की उत्पत्ति की व्याख्या इस प्रकार की कि पंचम वेद की रचना का चिंतन केवल मनोरंजन मात्र के लिए नहीं अपितु इसका प्रयोजन धार्मिक उत्थान करना भी था; सदाशिव, सिलालित, कृशास्वी द्वारा रचित नाट्यसूत्रों की सहायता से उन्होंने नाट्यशास्त्र का संकलन किया और भारत के कलाप्रेमी लोगों ने इसे अधिकृत पाठ माना और तदुपरांत संगीत के अन्य प्रकार और वाद्य यंत्र विकसित किया।

91. भरत ने निम्नलिखित से प्रेरणा लेकर नाट्यशास्त्र की रचना की :

A. सदाशिव B. कालिदास
C. बाणभट्ट D. शूद्रक

92. नाटक के लिए आशयित बंदिशों को कहते हैं?

A. प्रबंध B. गीति
C. ध्रुव D. गाथा

93. निम्नलिखित में से कौन-सा एक 'नाट्यशास्त्र' नाटक में संगीत का रूप नहीं है?

A. नंवी B. अश्रवण
C. ध्रुव D. रूपक

94. नाट्यशास्त्र की रंगपूजा की तुलना भरतनाट्यम की गबों से की जा सकती है :

A. शब्दम् B. वर्णनम्
C. अल्लारिपु D. जातिस्वरम्

95. प्राचीन भारत में प्रार्थना करने वाले कलाकार एक साथ प्रदर्शन करते थे, जिसे कहा जाता है :

A. छालिक्य क्रीड़ा
B. तौर्यात्रिकम
C. असारिता गीति
D. छालिक्या गाना

निर्देश (प्र. सं. 96 से 100): *निम्नलिखित गद्यांश को ध्यानपूर्वक पढ़िए और नीचे दिए गए प्रश्नों के उत्तर दीजिए।*

भारतीय शास्त्रीय संगीत साधारण रूप से आलाप लेने से संगीत की अत्यधिक उन्नत लयराग प्रणाली, राग के रूप में विकसित हुआ। आलाप से गीत तक का परिवर्तन धीरे-धीरे हुआ जिसमें संगीत के क्षेत्र में बौद्धिक तकनीक की तुलना में स्वर-माधुर्य को प्रमुखता प्राप्त हुई। संस्कृत के प्रबंध, संगीत, नृत्य और नाटक के विकास से संबंधित जानकारी के प्रमुख स्रोत रहे हैं। पुराणों में पवित्र संगीत को महत्व दिया गया है, परन्तु महाकाव्यों में गायन, वाद्य संगीत और नृत्य संबंधी रोचक विवरण प्राप्त होता है। इन्हीं पुस्तकों के माध्यम से सांगीतिक संकल्पनाओं जैसे नाद, श्रुति, स्वर, राग, ताल, गमक, सांगीतिक रूपों आदि की परिभाषाओं और व्याख्याओं को समझ पाते हैं।

96. नाट्यशास्त्र में वर्ण नहीं है :

A. आरोही B. स्थायी
C. संचारी D. अभोगा

97. पवित्र संगीत में शामिल होते हैं :

A. देवरनामा B. युगबोगा
C. चूर्णिका D. सोपान संगीतम

98. रामायण काल को निम्नलिखित काल माना जाता था :

A. गाना B. जाति
C. गीतिका D. अलाप्ति

99. दक्षिण का लोकप्रिय लोक संगीत नहीं है :

A. कुम्मी B. कोलाट्टम
C. तरंगम D. दंडकम

100. नाद के वर्गीकरण में शामिल नहीं है :

A. उद्धहित B. सूक्ष्म
C. व्यक्त D. कृत्रिम

भाग–IV

रबीन्द्र संगीत

26. किस काव्यात्मक कृति को टैगोर ने अतुलप्रसाद सेन को समर्पित किया?

A. परिशेष B. कल्पना
C. चैताली D. कथा ओ कही

27. टैगोर ने कहाँ पर 'पथ ऐकूनू शेष होलो ना' गीत की रचना की?

A. बुडापेस्ट B. बर्लिन
C. लन्दन D. म्युनिख

28. निम्नलिखित में से कौन 'कहो कहो गोरे प्रियो' गीत के रचयिता हैं?

A. सुशील कुमार भंज चौधरी
B. शैलजा रंजन मजुमदार
C. इन्द्र देवी चौधरानी
D. दीनेन्द्रनाथ टैगोर

29. टैगोर के किस काल कृति में 'निझरिर स्वप्नभंग' कविता पाई जाती है?

A. शैशव संगीत
B. प्रभात संगीत
C. धर्म संगीत
D. संध्या संगीत

30. 'पुनश्चः' इस कृति को टैगोर ने किन्हें समर्पित किया था?

A. नीतू
B. अयोध्यानाथ पखराशी
C. प्रमोथोनाथ चौधरी
D. लोकेन्द्रनाथ पालित

31. 'निरोजा' कौन थी?

A. कादम्बरी की भांजी
B. हेमेन्द्रनाथ टैगोर की पत्नी
C. द्विपेन्द्रनाथ टैगोर की बेटी
D. सोमेन्द्रनाथ टैगोर की बड़ी बहन

32. टैगोर ने 'सोनार तोरी' पुस्तक किसको समर्पित किया है?

A. देवेन्द्रनाथ ठाकुर
B. देवेन्द्रनाथ सेन
C. लोकेन्द्रनाथ पालित
D. प्रोमोथोनाथ चौधरी

33. 'जोदी केहो नाही चाए' इस गीत के राग का उल्लेख कीजिए :

A. मिश्र खट B. रामकेली
C. गाउर सारंग D. पूरबी

34. टैगोर ने 'तूमी सन्धार मेधो माला' गीत की रचना कहाँ की थी?

A. शांतिनिकेतन B. चलनबिल
C. नगर नोदी D. ढाका

35. 'पाथ' उपपरजा (sub-category) के प्रथम गीत का उल्लेख कीजिए :

A. एई आसा जाआर खेयार
B. आमार आर होने ना देरी
C. हवा लागे गानेर पाले
D. पथे चोले जेते जेते

36. " ______ की सुगंधों ऐशेछे आजी नव वसन्तो पवने"

इस गीत की पहली पंक्ति का उल्लेख कीजिए :

A. ओरे बोकुल पारुल
B. कमलबौनेर मधुपराजी एशो
C. कथा कोशने लो राई
D. कखन दिले पराए

37. टैगोर की 'संगीत-चिंता' को किसने संपादित किया है?

A. रवीन्द्रनाथ टैगोर
B. दिलीप कुमार राय
C. पुलिन बिहारी सेन
D. धुर्जटी प्रसाद मुखोपाध्याय

38. 'खट' राग में रचित गीत को पहचानिए :
A. बाहिर पाथे बिबागी हिया
B. बिपाशार तिरे भ्रमिबारे जाइ
C. बिरस दिन बिरोलो काज
D. बसंती हे भुवनमोहिनी

39. 'स्वरूप तौर के जाने'—इस गीत का राग पहचानिए :
A. भीमपलासी B. बेहाग
C. केदार D. मालकौंस

40. 'आजि एनेछी तँहारी आशीर्वाद'—इस गीत की ताल पहचानिए :
A. अर्ध-झपताल B. झपताल
C. झंपक D. सुरफकताल

41. 'केमोने फिरिया जाओ'—इस गीत की ताल पहचानिए :
A. सुरफकताल B. चौताल
C. दादरा D. धमार

42. रजनीकांत सेन द्वारा लिखित गीत की पहचान कीजिए :
A. तुमि आर एक्तिदिन थाको
B. ए मधुराते बोलो के बिना बाजाय
C. तुमि सुन्दर ताइ तोमार बिस्व
D. एसो प्राण सखा एसो प्राणे

43. 'क्षणिका' काव्यग्रंथ किसे समर्पित है?
A. देवेन्द्रनाथ टैगोर
B. शांतिदेव घोष
C. लोकेन्द्रनाथ पालित
D. क्षितिजमोहन सेन

44. 'ए पथ गेछे कोन खाने गो कोन खाने'—गीत का प्रयोग कहाँ हुआ है?
A. नाटिर पूजा B. अचलायतन
C. जोगाजोग D. मालंच

45. निम्नलिखित में से कौन-से नाटक में रवीन्द्रनाथ टैगोर ने 'यौवन सरसी नीरे' गीत का प्रयोग किया है?
A. रक्त करबी B. शोध - बोध
C. गृह प्रवेश D. बिसर्जन

46. 'भारत तीर्थ' कविता की पहचान कीजिए :
A. हे भारत आजि तोमारि सभय
B. हे मोर चित्त पुण्ण तीर्थे
C. ए भारते राखो नित्य प्रभु
D. आजि ए भारत लज्जित हे

47. 'परिशोध' निम्न में से किसकी कविता है :
A. खेया B. नैवेद्य
C. क्षणिका D. कथा-ओ-काहिनी

48. 'जीवोनेर झोड़ापाता' पुस्तक की रचना किसने की?
A. इन्द्रदेवी चौधरानी
B. सुवर्ण कुमारी देवी
C. सरलादेवी चौधरानी
D. सौदामिनी देवी

49. रजनीकांत सेन का गीत 'शोनाओ तोमार अमृतो बानी' टैगोर के किस गीत से मिलता जुलता है?
A. ढ़ाड़ाओ मन अन्नत ब्रह्ममाडो माझे
B. ढ़ाड़िए आछो तूमी आमार गानेरी ओपारे
C. दाओ हे ह्रदयो भोरे दाओ
D. दाओ हे आमार आँखीर आगे

50. 'प्रायश्चित' नाटक के गीत 'ओ मानेर ए बाँध टूटबे ना कि' में किस प्रकार के बंगाली सुर का प्रयोग किया गया है?
A. धप कीर्तन B. तरजा
C. बाऊल D. भाटयाली

51. 'विश्वविद्या तीर्थो प्राणगन' इस गीत की रचना रवीन्द्रनाथ ने किस दिन एवं किस वर्ष में की थी?
A. 7 जुलाई, 1938 B. 8 मई, 1939
C. 7 अगस्त, 1940 D. 14 अप्रैल, 1941

52. रवीन्द्रनाथ द्वारा अपनी पोती नन्दिनी के विवाह समारोह के लिए इनमें से किस गीत की रचना नहीं की गई थी?
A. प्रेमेर मिलोनदिने
B. प्रेम एशेहीलो निशब्दो चरोने
C. सुमंगोली बोंधू
D. नव जीतोनेर जान्ना पोथे

53. अरब सागर पर यात्रा करते हुए लिखा गया अनुबंध इनमें से किस निबंध का अंश है?
A. संचय
B. कालान्तर
C. पोथेर संचय
D. साहित्येर पोथे

54. 'आजु बहत सुगन्ध पवन' इस गीत के रचयिता को चिह्नित कीजिए :

A. जदुभट्ट B. मनरंग
C. सनद पिया D. सूरदास

55. 'प्रायश्चित' नाटक में 'ओके धोरीले तो धोरा देबेना' इस गीत को किसने गाया है?

A. बसन्त राय B. धनंजय
C. राममोहन D. सुकुमार

56. 'शोधबोध' इनमें से किस कहानी का नाटकीय रूप है :

A. शेषेर रात्रि B. पोइला नोम्बोर
C. कर्मोफोल D. चोराईधन

57. सुरोबितान शृंखला में इनमें से कौन-सा सम्मिलित नहीं किया गया है?

A. शेफाली B. काव्यगीति
C. संगीत मंजरी D. तपोती

58. सुरोबितान-1 का पहला गीत क्या है?

A. अनेक दिनेर आमार जे गान
B. अनेक दिनेर शून्यता मोर
C. अनेक कथा बोलेछीलेम
D. अनेक दिएछो नाथ

59. 'बाँसोरी' के तीन पात्रों की पहचान करें :

(*a*) बिवासिनी (*b*) अमूल्य
(*c*) सुशोमा (*d*) सुधांशु
(*e*) अरुण

नीचे दिए गए विकल्पों में से सही उत्तर का चयन कीजिए :

A. केवल (*a*), (*c*) और (*d*)
B. केवल (*b*), (*d*) और (*e*)
C. केवल (*c*), (*d*) और (*e*)
D. केवल (*b*), (*c*) और (*d*)

60. ''देश देश नन्दिता कोरी'' ______ संगीत का उल्लेख है।

(*a*) 'कर्तर इच्छाय कर्मो' उपन्यास
(*b*) बीथिका
(*c*) 'संदेश' पर्याय संगीत
(*d*) 'गीत पंचशिखा'
(*e*) केतकी

नीचे दिए गए विकल्पों में से सही उत्तर का चयन कीजिए :

A. केवल (*a*), (*c*) और (*d*)
B. केवल (*b*), (*d*) और (*e*)
C. केवल (*c*), (*d*) और (*e*)
D. केवल (*a*), (*d*) और (*e*)

61. 'नाटिर पूजा' की तीन विशिष्टताओं को बताएं :

(*a*) लोकेश्वरी
(*b*) ननीबाला
(*c*) मालती
(*d*) नंदा
(*e*) पुष्पा

नीचे दिए गए विकल्पों में से सही उत्तर का चयन कीजिए :

A. केवल (*a*), (*c*) और (*d*)
B. केवल (*b*), (*c*) और (*e*)
C. केवल (*b*), (*d*) और (*e*)
D. केवल (*c*), (*d*) और (*e*)

62. राग 'खट' में संगीतबद्ध संगीतों की पहचान करें :

(*a*) अंधड़ रातें एकला पागल
(*b*) अंधड़ रजोनी पोहलो
(*c*) आमार यबार समोय होलो
(*d*) ई भंग सुखेर माझे
(*e*) एई श्रबोनबेला बादल झरा

नीचे दिए गए विकल्पों में से सही उत्तर का चयन कीजिए :

A. केवल (*a*), (*b*) और (*c*)
B. केवल (*b*), (*c*) और (*d*)
C. केवल (*a*), (*c*) और (*e*)
D. केवल (*a*), (*b*) और (*d*)

63. 'राजा - ओ - रानी' के पात्रों की पहचान कीजिए :

(*a*) देवदत्त (*b*) गोविन्द माणिक्य
(*c*) सुमित्रा (*d*) विक्रम देव
(*e*) अमर माणिक्य

नीचे दिए गए विकल्पों में से सही उत्तर का चयन कीजिए :

A. केवल (*a*), (*c*) और (*d*)
B. केवल (*b*), (*c*) और (*e*)
C. केवल (*b*), (*c*) और (*d*)
D. केवल (*c*), (*d*) और (*e*)

64. प्रभात कुमार मुखोपाध्याय द्वारा लिखित 'गीतबितम कालानुक्रमिक सूची' का प्रथम भाग किसे समर्पित है :

(*a*) भीमराव शास्त्री
(*b*) अनादि कुमार दस्तिदार
(*c*) इंदिरा देवी चौधरानी
(*d*) शांतिदेव घोष

नीचे दिए गए विकल्पों में से सही उत्तर का चयन कीजिए :

A. केवल (*a*) और (*b*) B. केवल (*b*) और (*d*)
C. केवल (*c*) और (*d*) D. केवल (*a*) और (*d*)

65. 'एसो एसो वसंत धरातले' किस-किस से संबंधित है?

(*a*) मायर खेला (*b*) नवीन
(*c*) फाल्गुनी (*d*) चित्रांगदा
(*e*) स्वरबितान 16

नीचे दिए गए विकल्पों में से सही उत्तर का चयन कीजिए :

A. केवल (*a*), (*c*) और (*d*)
B. केवल (*b*), (*c*) और (*d*)
C. केवल (*c*), (*d*) और (*e*)
D. केवल (*a*), (*b*) और (*d*)

66. 'झांकरा चुलेर मायेर कथा काउकेबालोनी' से क्या-क्या संबंधित हैं?

(*a*) बाउल शैली में धुन
(*b*) स्वर बितान 16
(*c*) प्रेम-ओ-प्रकृति श्रेणी
(*d*) टैगोर ने 1935 में लिखा
(*e*) स्वर-लिपि प्रकाशित नहीं हुई

नीचे दिए गए विकल्पों में से सही उत्तर का चयन कीजिए :

A. केवल (*a*), (*c*) और (*e*)
B. केवल (*b*), (*c*) और (*d*)
C. केवल (*c*), (*d*) और (*e*)
D. केवल (*a*), (*c*) और (*d*)

67. इनमें से कौन-से दो गीत 3/4 छंदों पर आधारित हैं?

(*a*) तोमारो गीति जागालो स्मृति
(*b*) जोखोन तूमी बेधे छीले तार
(*c*) आमार प्राने गोभीर गोपन
(*d*) तोमार बोइशाखे छीलो प्रोखोर रौद्रेरो ज्वाला
(*e*) हे मोन तारे देखो

नीचे दिए गए विकल्पों में से सही उत्तर का चयन कीजिए :

A. (*a*) और (*d*) B. (*b*) और (*e*)
C. (*c*) और (*d*) D. (*d*) और (*e*)

68. निम्नलिखित में से दो गीत हैम्बर्ग में सितम्बर 1926 को लिखे गए थे। इनमें से सही विकल्प को चुनिए :

(*a*) शोकालबेलार आलोए बाजे
(*b*) कार चोखेर चावार हावाए
(*c*) आकाशे तोर तेमनी आछे छूटी
(*d*) गाने गाने तोबो बंधन जाक टूटे
(*e*) रोस जे कांगाल शून्नो हाथे

नीचे दिए गए विकल्पों में से सही उत्तर का चयन कीजिए :

A. (*a*) और (*c*) B. (*b*) और (*e*)
C. (*c*) और (*d*) D. (*a*) और (*d*)

69. निम्नलिखित में से रवीन्द्रनाथ द्वारा रचित गीतों का चयन कीजिए :

(*a*) एतो कोलाहले प्रभु
(*b*) बिमल प्रभाते मिली एक साथे
(*c*) नाथ तुमि ब्रह्म तुमि
(*d*) पूर्ण आनंद पूर्ण मंगल रूपे
(*e*) सुन्दर हृदिरंजन तुमि

नीचे दिए गए विकल्पों में से सही उत्तर का चयन कीजिए :

A. केवल (*a*) और (*b*)
B. केवल (*b*) और (*c*)
C. केवल (*a*) और (*c*)
D. केवल (*d*) और (*e*)

70. इनमें से कौन-कौन-सी संगीत रचनाएँ बंगाली वर्ष 1288 में लिखी गई थीं?

(*a*) गैन संबन्धे प्रबोन्धो

(*b*) संगीत ओ भाव

(*c*) संगीत

(*d*) संगीत ओ कविता

नीचे दिए गए विकल्पों में से सही उत्तर का चयन कीजिए:

A. केवल (*a*) और (*b*) B. केवल (*b*) और (*d*)

C. केवल (*c*) और (*d*) D. केवल (*a*) और (*d*)

71. सूची-I को सूची-II से सुमेलित कीजिए :

सूची-I	सूची-II
(*a*) यदि तरे नइ चिनि गो	I. शलवीथिका
(*b*) धीरे-धीरे बाओ अगो उतल हवा	II. करबी
(*c*) ना जेओना जेओना को	III. दीपशिखा
(*d*) भागलों हासिर बंध	IV. झुमकोलता

नीचे दिए गए विकल्पों में से सही उत्तर चुनिए :

	(*a*)	(*b*)	(*c*)	(*d*)
A.	I	II	III	IV
B.	III	I	II	IV
C.	II	III	IV	I
D.	IV	II	I	III

72. सूची-I को सूची-II से सुमेलित कीजिए :

सूची-I	सूची-II
(*a*) बिदाय यखन चाइबे तुमी	I. 'कराबी'
(*b*) एबार बिदे बेलार सुर	II. माधबी
(*c*) नरे नरे भोय कोरबो ना	III. जाबा
(*d*) यदि तारे नाय चीनी गो	IV. अकंद

नीचे दिए गए विकल्पों में से सही उत्तर चुनिए :

	(*a*)	(*b*)	(*c*)	(*d*)
A.	I	III	IV	II
B.	I	IV	III	II
C.	II	IV	III	I
D.	III	II	I	IV

73. सूची-I को सूची-II से सुमेलित कीजिए :

सूची-I	सूची-II
(*a*) हेरी तब सुन्दर मूर्ति	I. ज्योतिन्द्रनाथ
(*b*) शुभदिन शुभोक्षण	II. द्विजेन्द्रलाल राय
(*c*) देखिले तोमार सेई	III. प्रतिभा देवी
(*d*) एकि श्यामल सुशोभा	IV. गणेंद्रनाथ ठाकुर

नीचे दिए गए विकल्पों में से सही उत्तर चुनिए :

	(*a*)	(*b*)	(*c*)	(*d*)
A.	I	III	IV	II
B.	III	I	IV	II
C.	IV	I	II	III
D.	III	II	I	IV

74. सूची-I को सूची-II से सुमेलित कीजिए :

सूची-I	सूची-II
(*a*) स्वपन परेर डाक सुनेछि	I. 'बीथिका'
(*b*) दूर रजनी स्वपन लागे	II. 'परिशेष'
(*c*) जनि जनि तुमी इसे छो	III. 'सनाई'
(*d*) बानी मोर ताहि	IV. 'महुआ'

नीचे दिए गए विकल्पों में से सही उत्तर चुनिए :

	(*a*)	(*b*)	(*c*)	(*d*)
A.	III	IV	II	I
B.	IV	II	I	III
C.	III	IV	I	II
D.	IV	III	II	I

75. सूची-I को सूची-II से सुमेलित कीजिए :

सूची-I	सूची-II
(*a*) वसंत नाटक	I. 1934
(*b*) नाटिर पूजा नाटक	II. 1931
(*c*) नवीन गीतिनाट्य	III. 1923
(*d*) श्रवण गाथा गीतिनाट्य	IV. 1926

नीचे दिए गए विकल्पों में से सही उत्तर चुनिए :

	(*a*)	(*b*)	(*c*)	(*d*)
A.	III	II	I	IV
B.	III	IV	II	I
C.	II	III	IV	I
D.	I	II	III	IV

76. सूची-I को सूची-II से सुमेलित कीजिए :

सूची-I	सूची-II
(*a*) तुमि डाक दियेछौ कौन सकाले	I. उपाली
(*b*) ओगो आमर प्राणेर ठाकुर	II. शेखर
(*c*) पूर्व गगन भागे	III. पंचक
(*d*) अमि तारेइ खुंजे बेड़ाइ	IV. सुरंगमा

नीचे दिए गए विकल्पों में से सही उत्तर चुनिए :

	(a)	(b)	(c)	(d)
A.	II	III	IV	I
B.	IV	I	II	III
C.	III	IV	I	II
D.	I	II	III	IV

77. सूची-I को सूची-II से सुमेलित कीजिए :

सूची-I	सूची-II
(a) जय होय जय होय नवो अरुणोदयो	I. बाँशरी
(b) भूले जाई थेके थेके	II. शिशुतीर्थ
(c) मन जे बोले चीनी चीनी	III. मुक्तिधारा
(d) व्यर्थ प्राणेर आबोरजोना	IV. तपती

नीचे दिए गए विकल्पों में से सही उत्तर चुनिए :

	(a)	(b)	(c)	(d)
A.	IV	I	III	II
B.	III	IV	II	I
C.	III	II	I	IV
D.	II	III	IV	I

78. सूची-I को सूची-II से सुमेलित कीजिए :

सूची-I	सूची-II
(a) कोन आलो ते प्राणेर प्रदीप जालिए तुमी	I. द्विजेन्द्रनाथ टैगोर की मृत्यु पर
(b) मरन सागर पारे तोगरा अमर	II. जतिन दास की मृत्यु पर
(c) कैनो रे एई द्वार टुकू पार होते संशय	III. महर्षि देवेन्द्रनाथ टैगोर की मृत्यु पर
(d) सर्वो खोरबो तारे देहि तव क्रोध दाहो	IV. अपनी कन्या बेला देवी की मृत्यु पर

नीचे दिए गए विकल्पों में से सही उत्तर चुनिए :

	(a)	(b)	(c)	(d)
A.	I	II	III	IV
B.	II	IV	I	III
C.	IV	III	II	I
D.	III	I	IV	II

79. गीत बीतान के अनुसार सही क्रम चुनिए :

(a) दिन यदि होलो अवसान

(b) दिन पोरे याय दिन

(c) दिन सेशेर रंग मुकुल

(d) दिने पोरे दिन ये गेलो

(e) दिने बेले बंशी तोमार

नीचे दिए गए विकल्पों में से सही उत्तर का चयन कीजिए:

A. (a), (d), (c), (b), (e)

B. (b), (a), (c), (d), (e)

C. (c), (b), (e), (a), (d)

D. (d), (e), (c), (b), (a)

80. निम्नलिखित गीतों को सही कालक्रमानुसार चुनिए :

(a) ये तरनीखनी भसाले

(b) धीरे बंधु धीरे

(c) अमार भोय कहारे

(d) तुई फेले इसेच्छीस

(e) इबार भासिये दिते

नीचे दिए गए विकल्पों में से सही उत्तर चुनें :

A. (a), (b), (c), (d), (e)

B. (b), (d), (e), (c), (a)

C. (c), (d), (a), (u), (b)

D. (d), (e), (a), (b), (c)

81. निम्नलिखित को कालक्रमानुसार व्यवस्थित करें :

(a) नृत्येर तले तले नटराज

(b) नुपुर बाजे जाय

(c) नीलांजनछाया प्रफुल्लो कदम्बोबनों

(d) नीरब अच्छो केनो बहिर

(e) जनि जनि तुमी

नीचे दिए गए विकल्पों में से सही उत्तर का चयन कीजिए :

A. (a), (c), (b), (d), (e)

B. (b), (a), (d), (c), (e)

C. (c), (d), (a), (b), (e)

D. (d), (a), (b), (c), (e)

82. निम्नलिखित को कालक्रमानुरार व्यपस्थित कीजिए :

(a) सोगेन्द्रनाथ (b) ज्योतिरेन्द्रनाथ

(c) हेमेन्द्रनाथ (d) सत्येन्द्रनाथ

नीचे दिए गए विकल्पों में से सही उत्तर का चयन कीजिए :

A. (a), (b), (c), (d) B. (b), (c), (d), (a)

C. (c), (d), (a), (b) D. (d), (c), (b), (a)

83. निम्नलिखित को कालक्रमानुसार व्यवस्थित कीजिए :

(*a*) बउ ठाकुरानिर हाट

(*b*) राजर्षि

(*c*) शेषेर कविता

(*d*) चोखेर बाली

नीचे दिए गए विकल्पों में से सही उत्तर का चयन कीजिए :

A. (*a*), (*b*), (*d*), (*c*) B. (*b*), (*a*), (*d*), (*c*)
C. (*c*), (*a*), (*b*), (*d*) D. (*d*), (*c*), (*b*), (*a*)

84. निम्नलिखित स्वरबितान को कालक्रमानुसार व्यवस्थित क्रम में लगाइए :

(*a*) केतकी (*b*) गीतवीथिका
(*c*) फाल्गुनी (*d*) तपती

नीचे दिए गए विकल्पों में से सही उत्तर का चयन कीजिए :

A. (*a*), (*b*), (*c*), (*d*) B. (*b*), (*a*), (*d*), (*c*)
C. (*c*), (*a*), (*b*), (*d*) D. (*d*), (*b*), (*a*), (*c*)

85. रवीन्द्रनाथ के निम्नलिखित निबंधों को कालक्रमानुसार लिखिए :

(*a*) धर्म (*b*) मानुषेर धर्म
(*c*) विचित्रो प्रोबन्धो (*d*) बांगला भाषा पोरिचय

नीचे दिए गए विकल्पों में से सही उत्तर का चयन कीजिए :

A. (*a*), (*b*), (*d*), (*c*) B. (*b*), (*c*), (*a*), (*d*)
C. (*c*), (*a*), (*b*), (*d*) D. (*d*), (*c*), (*a*), (*b*)

86. गीतोबितान के आधार पर पूजा पर्याय की उप-श्रेणियों को क्रम में व्यवस्थित कीजिए :

(*a*) विश्व (*b*) आनन्दो
(*c*) विरहो (*d*) पाथ

नीचे दिए गए विकल्पों में से सही उत्तर का चयन कीजिए :

A. (*a*), (*b*), (*d*), (*c*) B. (*b*), (*d*), (*c*), (*a*)
C. (*c*), (*b*), (*a*), (*d*) D. (*d*), (*a*), (*b*), (*c*)

87. रवीन्द्रनाथ के राजनैतिक निबंधों को कालक्रमानुसार व्यवस्थित कीजिए :

(*a*) सनाई (*b*) बलाका
(*c*) बिथिका (*d*) महुआ

नीचे दिए गए विकल्पों में से सही उत्तर का चयन कीजिए :

A. (*a*), (*c*), (*d*), (*b*) B. (*b*), (*d*), (*c*), (*a*)
C. (*c*), (*a*), (*d*), (*b*) D. (*d*), (*a*), (*b*), (*c*)

88. नीचे दो कथन दिए गए हैं : एक अभिकथन (A) के रूप में लिखित है तो दूसरा उसके कारण (R) के रूप में :

अभिकथन (A) : हमें बहुत अधिक आग्रह और गहनता के साथ सहानुभूति या दयालु व्यवहार का दावा नहीं करना चाहिए।

कारण (R) : जो पीड़ा देता है वह छोटा हो जाता है जब उसके द्वारा पीड़ित किए गए लोगों में वीरता या निर्भरता की सीमा तक ऊपर उठने की शक्ति आ जाती है।

उपरोक्त कथनों के आलोक में, नीचे दिए गए विकल्पों में से सबसे उपयुक्त उत्तर का चयन कीजिए :

A. (A) और (R) दोनों सही हैं और (R), (A) की सही व्याख्या है
B. (A) और (R) दोनों सही हैं, परन्तु (R), (A) की सही व्याख्या नहीं है
C. (A) सही है, परन्तु (R) सही नहीं है
D. (A) सही नहीं है, परन्तु (R) सही है

89. नीचे दो कथन दिए गए हैं : एक अभिकथन (A) के रूप में लिखित है तो दूसरा उसके कारण (R) के रूप में :

अभिकथन (A) : श्रीनिकेतन में, रवीन्द्रनाथ टैगोर ने पूर्व के अनेक अनुभवों के साथ ग्रामीण विकास के लिए कार्य किया।

कारण (R) : सिलाइदह ने रवीन्द्रनाथ को ग्रामीण सौन्दर्य तथा ग्रामीण बंगाल की दयनीय गरीबी के करीब लाया।

उपरोक्त कथनों के आलोक में, नीचे दिए गए विकल्पों में से सबसे उपयुक्त उत्तर का चयन कीजिए :

A. (A) और (R) दोनों सही हैं और (R), (A) की सही व्याख्या है
B. (A) और (R) दोनों सही हैं, परन्तु (R), (A) की सही व्यवस्था नहीं है
C. (A) सही है, परन्तु (R) सही नहीं है
D. (A) सही नहीं है, परन्तु (R) सही है

90. नीचे दो कथन दिए गए हैं : एक अभिकथन (A) के रूप में लिखित है तो दूसरा उसके कारण (R) के रूप में :

अभिकथन (A) : टैगोर के गीतों में, भारतीय रागों की कठोर संरचना को बनाए नहीं रखा गया है और आवश्यकतानुसार परिवर्तन किया गया है।

कारण (R) : रवीन्द्रनाथ रागों की पारम्परिक शुद्धता की तुलना में कला सौंदर्य और अभिव्यक्ति की उत्कृष्टता पर अधिक विश्वास करते थे।

उपरोक्त कथनों के आलोक में, नीचे दिए गए विकल्पों में से सबसे उपयुक्त उत्तर का चयन कीजिए :

A. (A) और (R) दोनों सही हैं और (R), (A) की सही व्याख्या है

B. (A) और (R) दोनों सही हैं, परन्तु (R), (A) की सही व्याख्या नहीं है

C. (A) सही है, परन्तु (R) सही नहीं है

D. (A) सही नहीं है, परन्तु (R) सही है

निर्देश (प्र. सं. 91 से 95): *निम्नलिखित गद्यांश को ध्यानपूर्वक पढ़िए और नीचे दिए गए प्रश्नों के उत्तर दीजिए।*

इस प्रकार उन्होंने पहला नाटक 'बाल्मीकि प्रतिभा' (बाल्मीकि की प्रतिभा) की वर्ष 1881 में रचना की जब वह मात्र बीस वर्ष के थे। इस नाटक को लिखने तथा इसका मंचन करने में उनके बड़े भाई ज्योतिरिन्द्र नाथ ने उन्हें न केवल बहुत प्रोत्साहित किया बल्कि गीत के सुर सजाने में भी उनकी सहायता की। यह नाटक एक ओपेरा है जो इस देश में इस दिशा में किया गया पहला प्रयास था।

नाटक में चरित्र चित्रण तथा नाटकीय रूप से चरित्रों में अंग-संचालन की व्याख्या करने के लिए, संगीत रचनाकारों ने जहाँ आवश्यकता महसूस हुई वहाँ पश्चिमी राग और सुर व्यवस्था को भी अपनाया। संगीत के दृष्टिकोण से यह एक साहसिक तथा नवीन प्रयोग था यद्यपि इस ओपेरा की संगीत रचना तब की गई जब वह किशोरावस्था में थे, तथापि तब से इस नाटक का कई बार मंचन हुआ है तथा आज भी बड़ी श्रद्धा तथा सम्मान के साथ इसका मंचन किया जाता है। फरवरी 1881 में इस नाटक को जब पहली बार जोरासंको गृह की छत पर प्रस्तुत किया गया था, तो एक दुर्भाग्यपूर्ण घटना घटी। बांस से निर्मित सम्पूर्ण संरचना आंधी ने ध्वस्त कर दिया तथापि नाटक को प्रस्तुत किया गया तथा विख्यात बांग्ला उपन्यासकार बंकिम चंद्र चटर्जी जो वहाँ उपस्थित थे, ने बंगदर्शन पत्रिका में इसकी भूरि-भूरि प्रशंसा की है। तदनन्तर लेडी लैंसडाउन की उपस्थिति में हमारे घर के आँगन में इसे प्रस्तुत किया गया।

91. इस गद्यांश के लेखक के अनुसार, 'बाल्मीकि प्रतिभा' की रचना में किनका प्रोत्साहन सर्वाधिक महत्वपूर्ण कारक था?:

A. रवीन्द्रनाथ टैगोर

B. बंकिम चन्द्र चट्टोपाध्याय

C. ज्योतिरिन्द्र नाथ टैगोर

D. रथीन्द्रनाथ टैगोर

92. नाटक 'बाल्मीकि प्रतिभा' निम्नलिखित में से किस विकल्प से मिलता-जुलता है? :

A. ओपेरा B. उपन्यास

C. नृत्य-नाट्य D. पश्चिमी संगीत

93. 'बाल्मीकि प्रतिभा' की शैली को क्या माना जाता है? :

A. इस शैली में अन्य बांग्ला लेखकों ने भी रचना की है

B. ऐसा टैगोर के पूर्व नाटकों में भी देखा गया था

C. टैगोर द्वारा इस प्रकार की पहली रचना

D. टैगोर के लेखन में ऐसा कहीं नहीं देखा गया है

94. बंकिम चंद्र 'बाल्मीकि प्रतिभा' की प्रस्तुति में उपस्थित थे :

A. प्रथम मंचन B. द्वितीय मंचन

C. तृतीय मंचन D. नवम् मंचन

95. 'बाल्मीकि प्रतिभा' में पश्चिमी सुर का प्रयोग किया गया था क्योंकि :

A. रवीन्द्रनाथ ने पश्चिमी संगीत का अवलोकन किया था।

B. रवीन्द्रनाथ का पश्चिमी संगीत के प्रति अत्यधिक सम्मान था।

C. ज्योतिरिन्द्र नाथ टैगोर ने उन्हें ऐसा करने के लिए कहा था।

D. ताकि चरित्र चित्रण तथा पात्रों के अंग संचालन की सही तरीके से व्याख्या करने में संगीत सहायक हो सके।

निर्देश (प्र. सं. 96 से 100): *निम्नलिखित गद्यांश को ध्यानपूर्वक पढ़िए और नीचे दिए गए प्रश्नों के उत्तर दीजिए।*

मैंने अपने व्यक्तिगत अनुभव के संबंध में यह उल्लेख किया है कि मैंने प्रायः कोई गीत बंजारा ग्रामीण गायक को गाते सुना था जो बंगाल के एक लोकप्रिय मत जिसे 'बाउल' कहा जाता है जिसका न कोई रूप, मंदिर, धर्मग्रंथ और न कोई समारोह था लेकिन यह अपने गीतों में मनुष्य के दैवत्व गुणों को दर्शाता था और उसके अपने गहरे प्रेम को अभिव्यक्त करता है जो लोगों से सरल भाव से प्राप्त होता है। वह एक साधारण और गुमनामी का जीवन जीता है। यह हमें सभी धर्मों के गूढ़ अर्थ को बताता है। यह बताता है कि ये धर्म ब्रह्मांडीय शक्ति के ईश्वर के बारे में नहीं हैं बल्कि यह मानव व्यक्तित्व के ईश्वर को दर्शाता है।

साथ ही यह भी स्वीकार करना होगा कि सत्य के अव्यक्तिक पहलू जिसका वर्णन विज्ञान द्वारा किया जाता है वह भी मानवीय संसार से जुड़ा है। विज्ञान से जुड़े लोग हमें सत्य बताते हैं जबकि सौंदर्य और अच्छाई हमारी चेतना से अलग है। वे हमें बताते हैं कि किस तरह सत्य मानव मन से अलग है जो कि एक रहस्यपूर्ण मत है, यह मनुष्य के लिए प्राकृतिक भाव है परन्तु इसकी व्याख्या नहीं की जा सकती है। लेकिन यह भी व्याख्या नहीं हो सकती कि आदर्श सत्य वैयक्तिक विचार पर निर्भर नहीं है बल्कि यह वैश्विक विचार पर निर्भर है जो व्यक्ति को बोधशील बनाता है; यह कहना कि सत्य जो हमें प्रतीत होता है उसका मानवता से इतर भी अस्तित्व है, वास्तव में हम विज्ञान के दृष्टिकोण का खंडन करते हैं क्योंकि विज्ञान केवल तर्क आधारित मतों को संगठित कर सकता है जबकि मनुष्य उन तथ्यों को जान और समझ सकता है और तर्कशास्त्र विचार करने का माध्यम है जिसे मशीनी मानव ने अपने विचारों से उत्पन्न किया है।

जिस तालिका का उपयोग 'यहाँ अपने विभिन्न अर्थों में किया जा रहा है वह मनुष्य के लिए उसके विशिष्ट अनुभूति अंगों एवं सोचने की विशिष्ट अंगों की तालिका के तौर पर दिखती है। जब इसका वैज्ञानिक तौर पर विश्लेषण किया जाता है तो वही तालिका उसकी अनुभूति से अभिव्यक्त पूरी तरह भिन्न प्रस्तुत होता है उसके भौतिक अनुभूति का प्रमाण और उसके तर्क आधारित वैज्ञानिक उपकरण दोनों ही उसकी अपनी ही समझ की शक्ति है, दोनों ही सत्य है जो उसके लिए भी सत्य है। अपने भौतिक प्रयोजन के लिए भी सत्य है। अपने भौतिक प्रयोजन के लिए पूरे विश्वास के साथ वह उस तालिका का उपयोग करता है और उतने ही विश्वास के साथ वह अपने बौद्धिक शक्ति का उपयोग वैज्ञानिक ज्ञान के लिए करता है लेकिन उसका यह ज्ञान कि वह व्यक्ति कौन है। यदि कोई व्यक्ति विशेष एक व्यक्ति के तौर पर उसका अस्तित्व नहीं है तब भी तालिका वही रहेगी लेकिन फिर भी एक एक वस्तु के रूप में वह मानव मन से जुड़ा रहेगा।

96. लेखक के अनुसार सभी धर्मों का आंतरिक अर्थ उन व्यक्तियों से है जो :

A. मानवीय व्यक्तित्व वाला ईश्वर

B. अपरिष्कृत

C. बंगाल का लोकप्रिय मत

D. अव्याख्येय

97. धर्म का अर्थ है :

A. ब्रह्मांडीय शक्ति का ईश्वर

B. प्रेम

C. आध्यात्मिकता

D. मानव व्यक्तित्व का ईश्वर

98. विज्ञान का खंडन कौन करता है?

A. मनुष्य का व्यक्तिगत विचार

B. विचार की तार्किकता

C. सामान्य जीवन की दुर्बोधता

D. सत्य का अवैयक्तिक पहलू

99. विज्ञान का कार्य क्या है?

A. आदर्श सत्य की खोज

B. तर्क आधारित वास्तविकताओं को संगठित करना

C. सत्य और चेतनता के बीच संबंध स्थापित करना

D. सत्य और तर्क के बीच संबंध स्थापित करना

100. किसी व्यक्ति विशेष के लिए कौन-से दो पहलू सत्य हैं?

A. रहस्यवादी सोच और मानव व्यक्तित्व

B. ब्रह्मांड की शक्ति और मानव तर्क

C. वास्तविक और तार्किक अनुभूति

D. मानवता और अध्यात्मवाद

भाग-V

अवनद्ध वाद्य

26. 14 मात्राओं की ताल जिसमें 5 ताली व 2 खाली है?

A. धमार

B. दीपचन्दी

C. आड़ा चौताल

D. फरोदस्त

27. कैद फरोदस्त ताल के एक आवर्तन में उसी ताल की कुआड़ एक बार कितनी मात्रा के पश्चात प्रारंभ होगी?

A. $2\frac{3}{5}$ B. $3\frac{3}{5}$

C. $3\frac{2}{5}$ D. $3\frac{4}{5}$

28. ग्रह के प्रकार हैं :

A. एक B. दो

C. तीन D. पाँच

29. ग्रह के स्थान पर 'पाणि' शब्द का प्रयोग किस ग्रंथकार ने किया है?

A. नारद B. भरत

C. शाङ्र्गदेव D. रामामात्य

30. निम्नलिखित में से संगीत रत्नाकर में उल्लिखित 120 देशी तालों के अंतर्गत नहीं है :

A. जयमंगल

B. झम्पाताल

C. वसंत

D. ब्रह्मताल

31. निम्नलिखित में से कौन-सा क्रम पाश्चात्य संगीत में लयकारियों का सूचक है :

A. सिंपल, कम्पाउंड, ट्रिगल सिंपल

B. ड्युपलेट, ट्रिपलेट, क्वाड्रप्लेट

C. पौज, स्लर, टाई

D. ट्राइंगल्स, टैम्बोरीन, मेम्ब्रेनोफोन्स

32. तबला के क्षेत्र में प्रथम पद्मभूषण पुरस्कार प्राप्त उस्ताद अहमद जान थिरकवा को किस राष्ट्रपति ने पुरस्कार प्रदान किया?

A. श्री एन. संजीवा रेड्डी

B. ज्ञानी जैल सिंह

C. श्री वी.वी. गिरी

D. श्री शंकर दयाल शर्मा

33. "टं टं तं तं" पाटाक्षर कौन-से प्राचीन अवनद्ध वाद्य के माने गए हैं?

A. करटा B. दायरा

C. ढवरा D. डवकुली

34. नाट्यशास्त्र के अनुसार प्रत्यंग वाद्य है?

A. डिंडिम B. कुडुक्का

C. दायरा D. चक्रकार

35. तिरिकि-तिरिकि पाटाक्षर कौन-से प्राचीन अवनद्ध वाद्य के माने गए हैं?

A. करचक्र B. आवज

C. करटा D. उपंग

36. 'संगीत में अनुसंधान की समस्याएँ और क्षेत्र' पुस्तक लिखी है :

A. के. वासुदेव शास्त्री B. डॉ. सुभद्रा चौधरी

C. डॉ. इन्द्राणी चक्रवर्ती D. पं. सुब्रमण्यम शास्त्री

37. प्राचीन निःशब्द क्रियाओं में से कौन-सी क्रिया है जो वर्तमान खाली के समकक्ष है?

A. आवाप B. निष्क्राम

C. विक्षेप D. प्रवेशक

38. 'A study of Dattilam' के लेखक का नाम बताइए :

A. डॉ. एन. रामनाथन

B. डॉ. अनिल विहारी ब्योहार

C. डॉ. रमाकांत द्विवेदी

D. डॉ. मुकुंद लाठ

39. 'Historical Development of Indian Music' के लेखक का नाम बताइए :

A. स्वामी प्रज्ञानानन्द B. स्वामी विवेकानन्द

C. पी. साम्बामूर्ति D. बाबू राव जोशी

40. पं. किशन महाराज के शिष्य नहीं हैं :

A. पं. नन्दन मेहता B. पं. कुमार बोस

C. पं. किशोर मिश्र D. पं. अरविन्द आजाद

41. पं. विनोल लेले के गुरु हैं :

A. पं. काशीनाथ खाण्डेकर

B. पं. ईश्वरलाल मिश्र

C. पं. किशन महाराज

D. पं. छोटे लाल मिश्र

42. पं. योगेश समसी के प्रारम्भिक गुरु हैं :

A. उ. जाकिर हुसैन B. पं. तारानाथ राव

C. पं. नारायण समसी D. पं. मदन मिश्र

43. पं. चतुरलाल जी के गुरु हैं :

A. पं. कण्ठे महाराज B. पं. जियालाल

C. उ. हाफिज मियाँ D. उ. अमीर हुसैन

44. रास ताल में एक आवर्तन की कुआड़ कितनी मात्राओं की होगी?

A. $10\frac{2}{5}$ B. $10\frac{1}{5}$

C. $10\frac{3}{5}$ D. $10\frac{4}{5}$

45. त्रिवेणी ताल में एक आवर्तन की बिआड़ कितनी मात्राओं में होगी :

A. $10\frac{4}{7}$ B. $10\frac{3}{7}$

C. $10\frac{5}{7}$ D. $10\frac{6}{7}$

46. अष्ट मंगल ताल में बेदम तिहाई कितने वर्णों का होगा?

A. 13 B. 14

C. 15 D. 16

47. फरोदस्त ताल में बेदम तिहाई कितने वर्णों की होगी?

A. 17 B. 18

C. 19 D. 20

48. गजझम्पा ताल में फरमाईसी चक्रदार का एक चक्र (पल्ला) कितनी मात्राओं का होगा?

A. 24 B. 25

C. 26 D. 27

49. निम्नलिखित में से कौन-सा ताल भिन्न है?

A. भानुमति ताल B. कुम्भताल

C. जत ताल D. अष्टमंगल

50. "तगण एवं भगण" के गण हैं :

A. SSI - SIS B. IIS - SSI

C. SSI - SSI D. SII - SSI

51. कुम्भ ताल में एक आवर्तन की आड़ कितनी मात्राओं में होगी?

A. $7\frac{2}{3}$ B. $6\frac{2}{3}$

C. $7\frac{1}{3}$ D. $7\frac{3}{2}$

52. धाडन धागेतेटे धागेन धागेतेटे क्रधेत धागेतेटे धागेन धेटधेटे

धाडक धागेधिन धाडक्र धागेधिन धाऽऽ धागेतेटे ता ऽऽ तागेतेटे

तबले पर बजाये जाने वाला यह बोल क्रम किस छंद के अंतर्गत आएगा :

A. गजगति छंद B. शिखरिणी छंद

C. रूप धनाक्षरी छंद D. गीतांगी छंद

53. 'राधा गोविन्द संगीत सार' नामक ग्रंथ के लेखक बताइए :

A. राजा सवाई प्रताप सिंह

B. राजा माधो सिंह

C. राणा कुम्भा

D. राजा छत्रपति सिंह जी

54. 'मृदंग सागर' नामक पुस्तक के लेखक कौन हैं?

A. राजा छत्रपति जी

B. घनश्याम दास पखावजी

C. कुदऊ सिंह जी

D. गुरु पुरुषोत्तम जी

55. संगीत रत्नाकर के अनुसार हुडुक्का की लम्बाई और गोलाई कितनी है?

A. एक हाथ और 16 अंगुल
B. एक हाथ और 17 अंगुल
C. एक हाथ और 18 अंगुल
D. एक हाथ और 19 अंगुल

56. निम्नलिखित में से कौन-सी मात्रा का नाम संगीत रत्नाकर में उल्लिखित नहीं है :

A. विसर्जिता B. विक्षेप
C. विक्षिप्ता D. पतिता

57. धुम किट तक | धेत्त धा—यह बोल समूह किस ताल के ठेके में आता है?

A. लक्ष्मी ताल B. गजझम्पा ताल
C. शिखर ताल D. मत्त ताल

58. चन्दु चूड़ामणि ताल के रचनाकार हैं :

A. नाना पानसे B. राजा छत्रपति सिंह
C. पं. सखाराम D. पं. कोदऊ सिंह

59. रुद्र ताल के एक आवर्तन में किन तीन भिन्न तालों की तिगुन आएगी :

A. रूपक - झपताल - त्रिताल
B. रूपक - एकताल - झपताल
C. त्रिताल - पंचम सवारी - अद्धा
D. पंचम सवारी - रूपक - चौताल

60. निम्नलिखित तबला-वादकों में से किनको डी. लिट् की मानद उपाधि प्राप्त है?

(*a*) उ. अहमद जान थिरकवा
(*b*) पं. शामता प्रसाद मिश्र
(*c*) उ. जहांगीर खाँ
(*d*) पं. किशन महाराज

नीचे दिए गए विकल्पों में से सही उत्तर का चयन कीजिए :

A. केवल (*a*) और (*c*)
B. केवल (*a*) और (*b*)
C. केवल (*c*) और (*d*)
D. केवल (*b*) और (*c*)

61. 'संगीतोपनिषत् सारोद्धार' के रचनाकार और रचनाकाल हैं :

(*a*) सुधाकलश (*b*) 1324
(*c*) 1545 (*d*) रसकौमुदी

नीचे दिए गए विकल्पों में से सही उत्तर का चयन कीजिए :

A. केवल (*a*) और (*d*)
B. केवल (*c*) और (*d*)
C. केवल (*b*) और (*c*)
D. केवल (*a*) और (*b*)

62. भावभट्ट एवं गोस्वामी पन्नालाल द्वारा लिखित ग्रंथों के नाम बताइए :

(*a*) अनूपसंगीतांकुश
(*b*) संगीत विनोद
(*c*) नाद विनोद
(*d*) नर्तन निर्णय

नीचे दिए गए विकल्पों में से सही उत्तर का चयन कीजिए :

A. केवल (*a*) और (*b*)
B. केवल (*b*) और (*c*)
C. केवल (*a*) और (*c*)
D. केवल (*c*) और (*d*)

63. निम्नलिखित में फर्रुखाबाद घराने के तबला वादक हैं :

(*a*) महादेव नारायण इंदोरकर
(*b*) हिरेन्द्र किशोर राय चौधरी
(*c*) सफात अहमद खाँ
(*d*) गुलाम रसूल

नीचे दिए गए विकल्पों में से सही उत्तर का चयन कीजिए :

A. केवल (*a*) और (*b*)
B. केवल (*a*) और (*c*)
C. केवल (*a*) और (*d*)
D. केवल (*b*) और (*d*)

64. निम्नलिखित में से किनमें आड़ की लयकारी है :

(*a*) रूपक में झपताल
(*b*) दादरा में बसन्त

(*c*) झपताल में एकताल
(*d*) कहरवा में एकताल

नीचे दिए गए विकल्पों में से सही उत्तर का चयन कीजिए :

A. केवल (*a*) और (*b*)
B. केवल (*a*) और (*c*)
C. केवल (*a*) और (*d*)
D. केवल (*b*) और (*d*)

65. निम्नलिखित में से कौन पंजाब घराने के कलाकार हैं?

(*a*) उ. शौकत अली
(*b*) पं. गुरुदेव सिंह
(*c*) श्री सुशील कुमार जैन
(*d*) पं. सुखविन्दर सिंह

नीचे दिए गए विकल्पों में से सही उत्तर का चयन कीजिए :

A. केवल (*a*) और (*b*)
B. केवल (*a*) और (*c*)
C. केवल (*a*) और (*d*)
D. केवल (*b*) और (*c*)

66. निम्नलिखित में से कौन उ. इलमास हुसैन खाँ के गुरु थे?

(*a*) उ. आबिद हुसैन खाँ
(*b*) उ. आफाक हुसैन खाँ
(*c*) उ. अताहुसैन खाँ
(*d*) उ. वाजिद्र खाँ

नीचे दिए गए विकल्पों में से सही उत्तर का चयन कीजिए :

A. केवल (*a*) और (*b*)
B. केवल (*b*) और (*c*)
C. केवल (*b*) और (*d*)
D. केवल (*a*) और (*d*)

67. निम्नलिखित में से कौन-सी ताली खाली के अनुसार दो समान तालें हैं? :

(*a*) शिखर (*b*) विष्णु
(*c*) सरस्वती (*d*) लक्ष्मी

नीचे दिए गए विकल्पों में से सही उत्तर का चयन कीजिए :

A. केवल (*a*) और (*b*) B. केवल (*b*) और (*c*)
C. केवल (*c*) और (*d*) D. केवल (*a*) और (*d*)

68. पं. अरविन्द मुलगांवकर के गुरु थे :

(*a*) उ. अल्लादिया खाँ
(*b*) उ. अहमद जान थिरकवा
(*c*) उ. अता हुसैन खाँ
(*d*) उ. आबिद हुसैन खाँ

नीचे दिए गए विकल्पों में से सही उत्तर का चयन कीजिए :

A. केवल (*a*) और (*b*)
B. केवल (*b*) और (*c*)
C. केवल (*c*) और (*d*)
D. केवल (*a*) और (*d*)

69. निम्नलिखित में से किनमें लयकारी या बिआड़ है?

(*a*) तीनताल में एकताल
(*b*) झपताल में तीनताल
(*c*) कहरवा में धमार
(*d*) तीनताल में ब्रह्म

नीचे दिए गए विकल्पों में से सही उत्तर का चयन कीजिए :

A. केवल (*a*) और (*b*)
B. केवल (*c*) और (*d*)
C. केवल (*a*) और (*c*)
D. केवल (*b*) और (*c*)

70. मार्गी तालों में न्यूनतम मात्रा की तालें हैं :

(*a*) चाचपुटः (*b*) षट्पितापुत्रकः
(*c*) सम्पकवेष्टकः (*d*) उद्घट्टः

नीचे दिए गए विकल्पों में से सही उत्तर का चयन कीजिए :

A. केवल (*a*) और (*c*)
B. केवल (*c*) और (*d*)
C. केवल (*b*) और (*d*)
D. केवल (*a*) और (*d*)

71. निम्नलिखित में से कौन-से तबला वादक अजराड़ा घराने के हैं?

(*a*) उ. हस्सू खाँ

(*b*) उ. मन्जू खाँ

(*c*) उ. हिदायत खाँ

(*d*) उ. करामत खाँ

नीचे दिए गए विकल्पों में से सही उत्तर का चयन कीजिए :

A. केवल (*a*) और (*b*)

B. केवल (*a*) और (*c*)

C. केवल (*a*) और (*d*)

D. केवल (*b*) और (*d*)

72. सूची-I को सूची-II से सुमेलित कीजिए :

सूची-I (ताल)	**सूची-II (चिह्न)**
(*a*) ध्रुवताल	I. 100
(*b*) मठताल	II. 101
(*c*) त्रिपुट ताल	III. 1011
(*d*) अठताल	IV. 1100

नीचे दिए गए विकल्पों में से सही उत्तर चुनिए :

	(*a*)	(*b*)	(*c*)	(*d*)
A.	III	II	I	IV
B.	I	IV	II	III
C.	II	I	III	IV
D.	IV	III	II	I

73. सूची-I को सूची-II से सुमेलित कीजिए :

सूची-I (गुरु)	**सूची-II (शिष्य)**
(*a*) ओजस	I. श्री मृदंगराय
(*b*) अंकित पारिख	II. पं. किशन महाराज
(*c*) यशवंत	III. डॉ. राजखुशी राम
(*d*) शुभ	IV. प्रो. मुकुंद भाले

नीचे दिए गए विकल्पों में से सही उत्तर चुनिए :

	(*a*)	(*b*)	(*c*)	(*d*)
A.	I	III	IV	II
B.	II	I	III	IV
C.	III	IV	I	II
D.	IV	I	II	III

74. सूची-I को सूची-II से सुमेलित कीजिए :

सूची-I (कलाकार)	**सूची-II (उपाधि)**
(*a*) खुशहाल खाँ	I. मृदंगराय
(*b*) किरपा राय	II. प्रोफेसर आफ पखावज
(*c*) छत्रपति सिंह	III. कुंवर दास
(*d*) कुदऊ सिंह	IV. गुणसमन्दर खाँ

नीचे दिए गए विकल्पों में से सही उत्तर चुनिए :

	(*a*)	(*b*)	(*c*)	(*d*)
A.	III	IV	II	I
B.	IV	I	II	III
C.	I	IV	II	III
D.	II	I	III	IV

75. सूची-I को सूची-II से सुमेलित कीजिए :

सूची-I (पुस्तक)	**सूची-II (लेखक)**
(*a*) अष्टोतर शत ताल लक्षणम्	I. पं. विनायक नारायण पटवर्धन
(*b*) ताल स्पर्श	II. डॉ. वेणु वनिता
(*c*) तबला ग्रन्थ मंजूषा	III. डॉ. पुरु दाधीच
(*d*) तबला मृदंग वादन पद्धति	IV. डॉ. संदीप जगदाले

नीचे दिए गए विकल्पों में से सही उत्तर चुनिए :

	(*a*)	(*b*)	(*c*)	(*d*)
A.	I	II	III	IV
B.	III	IV	II	I
C.	IV	III	II	I
D.	IV	III	I	II

76. सूची I को सूची-II से सुमेलित कीजिए :

सूची-I (पुस्तक)	**सूची-II (लेखक)**
(*a*) कानून तबला	I. प्रभु लाल गर्ग
(*b*) तबला कौमुदी	II. पं. पागल दास
(*c*) ताल अंक	III. पं. भरत व्यास
(*d*) ताल के लक्षण लक्ष्य स्वरूप में एकरूपता	IV. डॉ. वसुधा सक्सेना

नीचे दिए गए विकल्पों में से सही उत्तर चुनिए :

	(a)	(b)	(c)	(d)
A.	IV	I	II	III
B.	II	I	III	IV
C.	III	II	I	IV
D.	I	II	III	IV

77. सूची-I को सूची-II से सुमेलित कीजिए :

सूची-I (कलाकार)	सूची-II (घराना)
(a) श्री हिरु गांगुली	I. बनारस
(b) श्री लक्ष्मण सिंह सीन	II. फरुखाबाद
(c) प्रो. किरन देशपाण्डे	III. पंजाब
(d) पं. विश्वनाथ बोस	IV. लखनऊ

नीचे दिए गए विकल्पों में से सही उत्तर चुनिए :

	(a)	(b)	(c)	(d)
A.	IV	III	II	I
B.	I	II	III	IV
C.	IV	I	II	III
D.	IV	II	III	I

78. सूची-I को सूची-II से सुमेलित कीजिए :

सूची-I	सूची-II
(a) 4 विभाग, 3 ताली, 1 खाली	I. रुद्रताल
(b) 11 विभाग, 8 ताली, 3 खाली	II. रुपक ताल
(c) 3 विभाग, 2 ताली, 1 खाली	III. बसंत ताल
(d) 9 विभाग, 6 ताली, 3 खाली	IV. दीपचंदी ताल

नीचे दिए गए विकल्पों में से सही उत्तर चुनिए :

	(a)	(b)	(c)	(d)
A.	III	I	II	IV
B.	II	IV	III	I
C.	I	IV	II	III
D.	IV	I	II	III

79. सूची-I को सूची-II से सुमेलित कीजिए :

सूची-I	सूची-II
(a) त्रयश्र	I. 7
(b) खण्ड	II. 5
(c) मिश्र	III. 9
(d) संकीर्ण	IV. 3

नीचे दिए गए विकल्पों में से सही उत्तर चुनिए :

	(a)	(b)	(c)	(d)
A.	I	III	IV	II
B.	II	III	I	IV
C.	IV	II	I	III
D.	IV	II	III	I

80. निम्नलिखित तबला वादकों को उनकी वरिष्ठता के क्रम में चुनिए :

(a) उ. करामत उल्लाह, उ. मसीत खाँ, उ. नन्हे खाँ, उ. साबिर खाँ

(b) उ. मसीत खाँ, उ. नन्हे खाँ, उ. करामत उल्लाह, उ. साबिर खाँ

(c) उ. नन्हे खाँ, उ. मसीत खाँ, उ. करामत उल्लाह, उ. साबिर खाँ

(d) उ. नन्हे खाँ, उ. करामत उल्लाह, उ. मसीत खाँ, उ. साबिर खाँ

नीचे दिए गए विकल्पों में से सही उत्तर का चयन कीजिए :

A. (a) B. (b)
C. (c) D. (d)

81. निम्नलिखित तालों को उनकी विभाग संख्या के अनुसार आरोही क्रम में चुनें :

(a) फरोदस्त, चौताल, विष्णु, गजझम्पा

(b) चौताल, फरोदस्त, विष्णु, गजझम्पा

(c) गजझम्पा, विष्णु, चौताल, फ़रोदस्त

(d) विष्णु, गजझम्पा, चौताल, फरोदस्त

नीचे दिए गए विकल्पों में से सही उत्तर का चयन कीजिए :

A. (a) B. (b)
C. (c) D. (d)

82. निम्नलिखित तालों को उनकी विभाग संख्या के अनुसार अवरोही क्रम में चुनें :

(a) मणि, एकताल, सूलताल, कैदफरोदस्त

(b) कैदफरोदस्त, एकताल, सूलताल, मणि

(c) सूलताल, मणि, एकताल, कैदफरोदस्त

(d) एकताल, सूलताल, मणि, कैदफरोदस्त

नीचे दिए गए विकल्पों में से सही उत्तर का चयन कीजिए :

A. (*a*) B. (*b*)
C. (*c*) D. (*d*)

83. निम्नलिखित तबला वादकों को उनके जन्मानुसार अवरोही क्रम में चुनें :

(*a*) पं. सुधीर मईणकर, आचार्य गिरीश चंद्र श्रीवास्तव, पं. अरविंद मुलगांवकर, डॉ. आवान ई. मिस्त्री
(*b*) पं. अरविंद मुलगांवकर, आचार्य गिरीश चंद्र श्रीवास्तव, पं. सुधीर मईणकर, डॉ. आवान ई. मिस्त्री
(*c*) आचार्य गिरीश चंद्र श्रीवास्तव, पं. अरविंद मुलगांवकर, डॉ. आवान ई. मिस्त्री, पं. सुधीर मईणकर
(*d*) डॉ. आवान ई. मिस्त्री, पं. अरविंद मुलगांवकर, आचार्य गिरीश चंद्र श्रीवास्तव, पं. सुधीर मईणकर

नीचे दिए गए विकल्पों में से सही उत्तर का चयन कीजिए :

A. (*a*) B. (*b*)
C. (*c*) D. (*d*)

84. आचार्य गिरीश चंद्र श्रीवास्तव द्वारा लिखी गई निम्न पुस्तकों को उनके प्रकाशन वर्ष के अनुसार क्रमबद्ध कीजिए :

(*a*) ताल प्रभाकर प्रश्नोत्तरी, तबला प्रवेशिका, तालकोश, लय ताल विचार मंथन
(*b*) तबला प्रवेशिका, ताल प्रभाकर प्रश्नोत्तरी, तालकोश, लयताल विचार मंथन
(*c*) तालकोश, लयताल विचार मंथन, तबला प्रवेशिका, ताल प्रभाकर प्रश्नोत्तरी
(*d*) तबला प्रवेशिका, तालकोश, ताल प्रभाकर प्रश्नोत्तरी, लय ताल विचार मंथन

नीचे दिए गए विकल्पों में से सही उत्तर का चयन कीजिए :

A. (*a*) B. (*b*)
C. (*c*) D. (*d*)

85. निम्नलिखित तालों को मात्राओं के आधार पर अवरोही क्रम में चुनिए :

(*a*) रुद्र (*b*) शिखर
(*c*) जय मंगल (*d*) पंचम सवारी

नीचे दिए गए विकल्पों में से सही उत्तर का चयन कीजिए :

A. (*a*), (*b*), (*c*), (*d*) B. (*b*), (*d*), (*c*), (*a*)
C. (*d*), (*c*), (*b*), (*a*) D. (*a*), (*d*), (*b*), (*c*)

86. निम्नलिखित उस्तादों को उनके जन्मानुसार क्रमबद्ध कीजिए :

(*a*) पं. सामता प्रसाद मिश्र
(*b*) उ. अल्लारखा
(*c*) उ. हबीबुद्दीन खाँ
(*d*) उ. वाजिद हुसैन

नीचे दिए गए विकल्पों में से सही उत्तर का चयन कीजिए :

A. (*c*), (*d*), (*b*), (*a*) B. (*a*), (*b*), (*c*), (*d*)
C. (*d*), (*c*), (*b*), (*a*) D. (*b*), (*a*), (*c*), (*d*)

87. इन तालों को बढ़ती हुई मात्राओं के आरोही क्रम में क्रमबद्ध कीजिए :

(*a*) विक्रम ताल
(*b*) प्रताप शिखर
(*c*) फरोदस्त
(*d*) यति शिखर

नीचे दिए गए विकल्पों में से सही उत्तर का चयन कीजिए :

A. (*a*), (*b*), (*c*), (*d*)
B. (*d*), (*c*), (*b*), (*a*)
C. (*a*), (*c*), (*b*), (*d*)
D. (*d*), (*b*), (*c*), (*a*)

88. नीचे दो कथन दिए गए हैं :

कथन-I : स्तुति परन का वादन बनारस घराने की विशेषता है।

कथन-II : बनारस घराने में तबला सोलो वादन की शुरुआत पेशकार से होती है।

उपरोक्त कथनों के आलोक में, नीचे दिए गए विकल्पों में से सबसे उपयुक्त उत्तर का चयन कीजिए :

A. कथन I और II दोनों सही हैं।
B. कथन I और II दोनों गलत हैं।
C. कथन I सही है, लेकिन कथन II गलत है।
D. कथन I गलत है, लेकिन कथन II सही है।

89. नीचे दो कथन दिए गए हैं :

कथन-I : पंचमसवारी ताल का डेढ़गुन, झपताल में सम से सम बोला या बजाया जा सकता है।

कथन-II : लक्ष्मी ताल का डेढ़गुन, एकताल में सम से सम तक बोला या बजाया जा सकता है।

उपरोक्त कथनों के आलोक में, नीचे दिए गए विकल्पों में से सबसे उपयुक्त उत्तर का चयन कीजिए :

A. कथन I और II दोनों सही हैं।

B. कथन I और II दोनों गलत हैं।

C. कथन I सही है, लेकिन कथन II गलत है।

D. कथन I गलत है, लेकिन कथन II सही है।

90. नीचे दो कथन दिए गए हैं :

कथन-I : 'तबले पर दिल्ली और पूरब' पुस्तक के लेखक पं. भगवत शरण शर्मा हैं।

कथन-II : 'कथक नृत्य के साथ तबला संगति' पुस्तक के लेखक डॉ. नागेश्वर लाल कर्ण हैं।

उपरोक्त कथनों के आलोक में, नीचे दिए गए विकल्पों में से सबसे उपयुक्त उत्तर का चयन कीजिए :

A. कथन I और II दोनों सही हैं।

B. कथन I और II दोनों गलत हैं।

C. कथन I सही है, लेकिन कथन II गलत है।

D. कथन I गलत है, लेकिन कथन II सही है।

निर्देश (प्र. सं. 91 से 95): *निम्नलिखित गद्यांश को ध्यानपूर्वक पढ़िए और नीचे दिए गए प्रश्नों के उत्तर दीजिए।*

भारतीय संगीत के इतिहास में अलग-अलग कालों में भिन्न-भिन्न ताल पद्धतियों का प्रचलन रहा है। भरतमुनि ने नाट्यशास्त्र में जिस ताल पद्धति का वर्णन किया है, परवर्ती काल में उसे 'मार्गताल पद्धति' कहा गया। शाङ्र्गदेव ने संगीत में प्रचलित देशीताल पद्धति का वर्णन किया है। माना जाता है कि इसी देशी ताल पद्धति से बाद में वर्तमान उत्तर भारतीय और कर्नाटक ताल पद्धतियाँ प्रचार में आई। शाङ्र्गदेव ने देशीताल पद्धति में आदिताल, जिसका स्वरूप एक लघु है, को प्रथम स्थान पर रखा है। इसका वर्णन करते हुए 'सोदल सुनु' (सोदल का पुत्र) ने लिखा है–''आदितालः लोकेऽसो रासः' जिसका अर्थ है कि आदिताल को लोक में रास ताल भी कहते हैं। आधुनिक काल के ग्रंथों में रासताल तेरह मात्राओं का कहा जा रहा है जबकि रत्नाकरोक्त आदि ताल का स्वरूप एक लघु (1) बताया गया है। लघु का मान 4 से 6 अक्षर काल कहा गया है, जिसका अर्थ है कि आवश्यकतानुसार चार या पाँच या छः अक्षरकाल एक लघु से प्रतिबिंबित होता है। प्रश्न उठना स्वाभाविक ही है कि रासताल रास नृत्य के साथ बजाया जाता हो तो उसका स्वरूप चार या छह मात्रा होना ही स्वाभाविक है क्योंकि समूह नृत्य (संभवतः लोक नृत्य) में सहज कर स्वाभाविक गति ही अपेक्षित है। फिर यह ताल तेरह मात्रा का (क्लिष्ट) कैसे हो सकता है? वर्तमान काल में तालों की संख्या के बारे में एक विद्वान का कथन है–

पच हजार नौ सौ कई, ताल कहावत नाम
वामें से सोरह किये तासो चलतो काम

यह आश्चर्यजनक है कि पाँच हजार नौ सौ से भी ज्यादा तालों का उल्लेख मिलने के बावजूद पंद्रह सोलह ताल ही अधिकतर प्रचलित हैं। उधर कर्नाटक तालों की संख्या सीमित है, जहाँ सप्त ताल पद्धति प्रचलित है। मुख्य सात ही ताल हैं, किन्तु लघु का मान बदलकर वे सात से पैंतीस ताल हो जाते हैं। लघु का मान 3, 4, 5, 7 और 9 अक्षर काल में परिवर्तित होता है। यहाँ तक तो यह उचित ही है। बाद में इन पैंतीस तालों से 175 (एक सौ पचहत्तर) ताल बनते हैं। इस प्रकार यह स्पष्ट हो जाता है कि प्रत्येक काल और संगीत पद्धतियों में तालों के भिन्न-भिन्न प्रकार प्रचार में रहे हैं। साथ ही तालों की संख्या भी बहुत ज्यादा होने के बावजूद कुछ लोकप्रिय सहज और सरल ताल ही अधिकतर प्रचलन में रहे होंगे।

91. 'आदितालः लोकेऽसो रासः' यह किस ग्रन्थ से उद्धत किया गया है?

A. संगीत विनोद

B. संगीत रत्नाकर

C. संगीत सरणिः

D. संगीत दर्पण

92. वर्तमान उत्तर भारतीय और कर्नाटक ताल पद्धति का अस्तित्व निम्नलिखित में से किससे आया है?

A. मार्ग ताल पद्धति से

B. देशी ताल पद्धति से

C. दक्षिण ताल पद्धति से

D. प्राचीन ताल पद्धति से

93. भरतमुनि द्वारा वर्णित ताल पद्धति परवर्ती काल में कहलाई :

A. प्राचीन ताल पद्धति

B. देशी ताल पद्धति

C. प्रचलित ताल पद्धति

D. मार्ग ताल पद्धति

94. आदि ताल का एक अन्य नाम है :

A. प्रथम

B. अनादि

C. रास

D. अठ

95. आधुनिक काल में ग्रंथों में रासताल कितने मात्रा का कहा जा रहा है?

A. 11 B. 12

C. 13 D. 14

निर्देश (प्र. सं. 96 से 100): *निम्नलिखित गद्यांश को ध्यानपूर्वक पढ़िए और नीचे दिए गए प्रश्नों के उत्तर दीजिए।*

वर्तमान समय में ठेका शब्द ताल के पर्याय के रूप में प्रयुक्त होता है, चूँकि ताल को प्रस्तुत करने हेतु इसका प्रयोग किया जाता है; इस रूप में ताल का आधार बन जाने के कारण आज यह पूर्णतः ताल का पर्याय हो गया है। वाद्यों पर प्रयुक्त होने वाली रचनाओं का निरूपण तो नाट्यशास्त्र एवं संगीत-रत्नाकर में भी प्राप्त होता है, लेकिन उस समय ये पाट (बोल) ताल का स्वरूप बताने के लिए प्रयुक्त नहीं किए जाते थे, अर्थात् ताल का आकार या पहचान प्रस्तुत करने के लिए पाटाक्षर (अवनद्ध वाद्यों पर प्रयुक्त होने वाले वर्ण समूह) का प्रयोग नहीं होता था, बल्कि उपरंजन अर्थात् रंजकता में वृद्धि (सौंदर्य में वृद्धि) करने हेतु इन पाटवर्णों का प्रयोग किया जाता था; तथा मान यानी कालमापन का कार्य करने के लिए प्राचीन काल में साशब्द-निःशब्द आदि हाथ की क्रियाओं एवं मध्यकाल में घनवाद्य का प्रयोग सर्वमान्य रहा। तालों के साथ पाटवर्ण देने की परंपरा सर्वप्रथम संगीतोपनिषत् सारोद्धार नामक ग्रंथ में प्राप्त होती है। इसके बाद के प्रायः सभी उत्तर मध्ययुगीन ग्रंथों में यह परंपरा क्रमशः रस-कौमुदी, संगीत पारिजात तथा भावभट्ट के ग्रंथों से होती हुई। 18वीं शताब्दी के उत्तराई तक दिखाई देती है। 16वीं शताब्दी के उत्तराई के ग्रंथ संगीत पारिजात की कुछ रचनाओं का लघु-गुरु आदि इकाइयों के साथ ठीक-ठीक सम्बन्ध जुड़ता हुआ दिखाई देता है, यद्यपि इन रचनाओं को ठेके के समकक्ष नहीं कह सकते।

निश्चित संख्या में स्वतन्त्र मात्राओं द्वारा निर्मित, नियत व विशेष बोलों का वह समूह जो विभागों में विभक्त है; एवं ताली-खाली जैसी विशेष क्रियाओं द्वारा लिपिबद्ध होकर प्रयुक्त होता है—ठेका कहलाता है। ठेके की यह वर्तमान अवधारणा 18वीं शताब्दी के उत्तराई से प्राप्त होती है।

96. पाट रचनाओं का लघु गुरु आदि इकाइयों के साथ ठीक-ठीक संबंध किस ग्रंथ में स्पष्ट रूपेण जुड़ा हुआ मिलता है :

A. संगीत-दर्पण

B. संगीत-समुद्रम्

C. संगीत-सारोद्धार

D. संगीत-पारिजात

97. तालों के साथ पाट वर्ण देने की परंपरा सर्वप्रथम किस ग्रंथ में प्राप्त होती है?

A. कौमुदी

B. संगीतोपनिषद् सारोद्धार

C. संगीत दामोदर

D. संगीत-पारिजात

98. मध्यकाल में काल मापन का कार्य किया जाता था :

A. हाथ की क्रियाओं द्वारा

B. घन वाद्य द्वारा

C. अवनद्ध वाद्य द्वारा

D. आलिंग्यक वाद्य द्वारा

99. काल मापन करने हेतु प्राचीन काल में किस विशेष शब्द का प्रयोग होता था?

A. उपरंजग B. संगत

C. सोलो D. मान

100. वाद्यों पर प्रयुक्त होने वाली रचनाओं का निरूपण किस ग्रंथ जोड़ी में प्राप्त होता है :

A. संगीत सगयसार-संगीत दर्पण।

B. रस कौमुदी-संगीत पारिजात

C. नाट्यशास्त्र-संगीत रत्नाकर

D. संगीत रत्नाकर-संगीत सरणिः

उत्तरमाला

भाग-I

1	2	3	4	5	6	7	8	9	10
C	B	A	D	D	C	A	D	C	A
11	**12**	**13**	**14**	**15**	**16**	**17**	**18**	**19**	**20**
D	B	D	C	A	A	B	D	C	D
21	**22**	**23**	**24**	**25**					
B	B	B	D	C					

भाग-II : हिन्दुस्तानी संगीत

26	27	28	29	30	31	32	33	34	35
D	D	D	A	C	A	B	D	C	B
36	**37**	**38**	**39**	**40**	**41**	**42**	**43**	**44**	**45**
B	B	B	D	A	B	B	C	C	B
46	**47**	**48**	**49**	**50**	**51**	**52**	**53**	**54**	**55**
C	A	C	A	C	C	C	D	D	A
56	**57**	**58**	**59**	**60**	**61**	**62**	**63**	**64**	**65**
C	B	D	D	A	A	A	B	B	B
66	**67**	**68**	**69**	**70**	**71**	**72**	**73**	**74**	**75**
D	A	B	D	C	C	A	D	D	C
76	**77**	**78**	**79**	**80**	**81**	**82**	**83**	**84**	**85**
A	B	C	A	A	B	B	A	A	A
86	**87**	**88**	**89**	**90**	**91**	**92**	**93**	**94**	**95**
C	C	C	C	A	B	D	A	A	B
96	**97**	**98**	**99**	**100**					
D	B	B	A	B					

भाग-III : कर्नाटक संगीत

26	27	28	29	30	31	32	33	34	35
B	A	B	B	A	C	D	B	B	D
36	**37**	**38**	**39**	**40**	**41**	**42**	**43**	**44**	**45**
D	B	B	D	B	B	C	C	B	C
46	**47**	**48**	**49**	**50**	**51**	**52**	**53**	**54**	**55**
C	C	A	C	B	D	C	A	D	A

56	57	58	59	60	61	62	63	64	65
D	D	D	D	C	B	D	B	B	C
66	**67**	**68**	**69**	**70**	**71**	**72**	**73**	**74**	**75**
C	C, D	C	C	A	C	B	A	A	D
76	**77**	**78**	**79**	**80**	**81**	**82**	**83**	**84**	**85**
A	C	B	B	A	C	A	D	A	B
86	**87**	**88**	**89**	**90**	**91**	**92**	**93**	**94**	**95**
C	C	C	D	A	A	C	B	C	B
96	**97**	**98**	**99**	**100**					
D	C	B	C	A					

भाग-IV : रबीन्द्र संगीत

26	27	28	29	30	31	32	33	34	35
A	A	A	B	A	A	B	B	B	C
36	**37**	**38**	**39**	**40**	**41**	**42**	**43**	**44**	**45**
B	C	B	C	B	B	C	C	B	C
46	**47**	**48**	**49**	**50**	**51**	**52**	**53**	**54**	**55**
B	D	C	D	B	C	B	C	A	A
56	**57**	**58**	**59**	**60**	**61**	**62**	**63**	**64**	**65**
C	C	B	A	A	A	B	A	B	A
66	**67**	**68**	**69**	**70**	**71**	**72**	**73**	**74**	**75**
A	A	B	D	B	C	C	B	B	B
76	**77**	**78**	**79**	**80**	**81**	**82**	**83**	**84**	**85**
C	D	D	C	B	B	D	A	C	C
86	**87**	**88**	**89**	**90**	**91**	**92**	**93**	**94**	**95**
C	B	A	A	A	C	A	C	A	D
96	**97**	**98**	**99**	**100**					
B	D	D	B	C					

भाग-V : अवनद्ध वाद्य

26	27	28	29	30	31	32	33	34	35
D	D	B	B	D	B	C	D	A	C
36	**37**	**38**	**39**	**40**	**41**	**42**	**43**	**44**	**45**
B	C	D	A	C	A	B	C	A	D
46	**47**	**48**	**49**	**50**	**51**	**52**	**53**	**54**	**55**
C	C	A	C	*	C	D	A	B	C

56	57	58	59	60	61	62	63	64	65
B	C	B	A	C	D	C	D	D	B
66	**67**	**68**	**69**	**70**	**71**	**72**	**73**	**74**	**75**
C	*	B	B	D	A	A	A	B	B
76	**77**	**78**	**79**	**80**	**81**	**82**	**83**	**84**	**85**
C	A	D	C	C	C	B	D	B	B
86	**87**	**88**	**89**	**90**	**91**	**92**	**93**	**94**	**95**
A	A	C	A	D	B	B	D	C	C
96	**97**	**98**	**99**	**100**					
D	B	B	D	C					

* *Error in Question.*

पिछले प्रश्न-पत्र (हल सहित)

NTA–UGC-NET जूनियर रिसर्च फैलोशिप तथा सहायक प्राध्यापक परीक्षा (हिन्दुस्तानी संगीत, कर्नाटक संगीत, रबीन्द्र संगीत तथा अवनद्ध वाद्य)

जून–2020

(Online exam held on 05-11-2020)

प्रश्न–पत्र-II

नोट : परीक्षार्थी भाग-I के सभी 25 प्रश्नों के उत्तर दें। यह भाग अनिवार्य है। परीक्षार्थी भाग-II, भाग-III, भाग-IV तथा भाग-V में से किसी एक भाग के सभी 75 प्रश्नों के उत्तर दें। प्रत्येक प्रश्न के दो (2) अंक हैं।

भाग-I

1. भरत द्वारा वाद्य समूह को दिया गया नाम है :

A. वाद्य मंडल (Orchestra)

B. वृंदगान

C. कुतप

D. वाद्य वृंद

2. इनमें से अवनद्ध वाद्य है :

A. पणव

B. प्रभावती

C. कठताल

D. पाविका

3. स्वर समूह के एक स्वर को जब कुछ जोर देकर बजाया/गाया जाता है तो वह निम्नलिखित में से कौन-सा गमक हैं?

A. वली B. तिरिप

C. त्रिभिन्न D. लीन

4. गजझम्पा ताल की चौगुन का एक पल्ला कुल कितनी मात्राओं का होगा?

A. $3\frac{3}{4}$ B. $3\frac{2}{4}$

C. $11\frac{1}{4}$ D. $2\frac{3}{4}$

5. नान्य देव के अनुसार सुमेलित करें :

(रस)	(श्रुति जाति)
(*a*) शृंगार	I. आयता
(*b*) वीर	II. करुणा
(*c*) भयानक	III. मध्या
(*d*) सभी रसों में प्रयुक्त	IV. दीप्ता

नीचे दिए गए विकल्पों में से सही उत्तर चुनें :

	(*a*)	(*b*)	(*c*)	(*d*)
A.	I	IV	II	III
B.	III	II	IV	I
C.	II	III	I	IV
D.	IV	I	II	III

6. "चैती" निम्नलिखित में से किस राज्य का सर्वाधिक लोकप्रिय लोकगीत है?

A. उत्तर प्रदेश B. कर्नाटक

C. पश्चिम बंगाल D. महाराष्ट्र

7. राजस्थान से संबंधित लोक-शैली को चुनिए :

A. जाँगड़ा B. लाइहरोबा

C. हीर D. करगम

8. नीचे दो विवरण दिए गए हैं–एक कथन (A) तथा दूसरा तर्क (R) के रूप में अंकित है :

अभिकथन (A) : शोध एक स्वतः पुष्टमान क्रिया है, जिसका आदि तो है, पर अंत नहीं।

तर्क (R) : एक शोध-अध्ययन से प्राप्त निष्कर्ष के पश्चात, उस विषय पर कोई अन्य शोध-अध्ययन नहीं किया जा सकता।

उपर्युक्त कथनों के आलोक में निम्नांकित विकल्पों में से सर्वाधिक उपयुक्त उत्तर चुनें :

A. (A) और (R) दोनों सही हैं और (R), (A) की सही व्याख्या है।

B. (A) और (R) दोनों सही हैं, परन्तु (R), (A) की सही व्याख्या नहीं है।

C. (A) सही है, परन्तु (R) सही नहीं है।

D. (A) सही नहीं है, परन्तु (R) सही है।

9. निम्नलिखित में से प्राथमिक आँकड़े के दो अनिवार्य स्रोतों का चयन करें :

(*a*) साक्षात्कार

(*b*) जर्नल

(*c*) पुरालेख शास्त्र

(*d*) पुस्तकें

(*e*) समाचार-पत्रिका

नीचे दिए गए विकल्पों में से सही उत्तर चुनिए :

A. केवल (*a*) व (*e*) B. केवल (*b*) व (*e*)

C. केवल (*a*) व (*c*) D. केवल (*c*) व (*d*)

10. इनमें से घन वाद्य है :

A. एकतारा B. करचक्र

C. जयघण्टा D. खोल

11. निम्नलिखित में से सर्वप्रथम किसने श्रुतियों के नामों की चर्चा की है?

(*a*) मतंग (*b*) भरत

(*c*) दत्तिल (*d*) नान्यं देव

नीचे दिए गए विकल्पों में से सही उत्तर चुनिए :

A. (*a*) B. (*b*)

C. (*c*) D. (*d*)

12. सुमेलित करें :

(ताल)	(ताली और खाली)
(*a*) रूपक	I. 2–1
(*b*) झपताल	II. 4–2
(*c*) एकताल	III. 4–3
(*d*) आड़ा चौताल	IV. 3–1

नीचे दिए गए विकल्पों में से सही उत्तर चुनें :

	(*a*)	(*b*)	(*c*)	(*d*)
A.	I	II	III	IV
B.	II	I	III	IV
C.	I	IV	II	III
D.	II	I	IV	III

13. समान मात्रा, ताली, खाली और विभाग युक्त ताल है :

(*a*) पंजाबी (*b*) पंचम सवारी

(*c*) लक्ष्मी (*d*) जत

नीचे दिए गए विकल्पों में से सही उत्तर चुनिए :

A. (*a*) तथा (*b*) केवल B. (*b*) तथा (*c*) केवल

C. (*a*) तथा (*d*) केवल D. (*b*) तथा (*d*) केवल

14. इनमें से सुषिर वाद्य है :

A. दुन्दुभी B. कल्पतरु

C. उर्ध्वक D. पाविका

15. निम्नलिखित तालों को मात्राओं के उतरते क्रम के अनुसार सही क्रम चुनिए :

A. गज झम्पा – जत ताल – दीप चंदी – खेमटा

B. जत ताल – दीप चंदी – गज झम्पा – खेमटा

C. गज झम्पा – खेमटा – दीप चंदी – जत ताल

D. जत ताल – गज झम्पा – दीप चंदी – खेमटा

16. आकारमात्रिक स्वरलिपि प्रणाली को किसने आरंभ किया?

A. ज्योतिरिन्द्रनाथ टैगोर B. क्षेत्रमोहन गोस्वामी

C. द्विजेन्द्रनाथ टैगोर D. ओंकारनाथ ठाकुर

17. सूची-I को सूची-II के साथ सुमेलित करें।

सूची-I	सूची-II
(*a*) अक्षिप्तिक	I. श्रुति
(*b*) कुमुदिविति	II. अनुद्रता
(*c*) झंपा ताल	III. गमक
(*d*) करुला	IV. अल्पना

नीचे दिए गए विकल्पों में से सही उत्तर चुनें :

	(*a*)	(*b*)	(*c*)	(*d*)
A.	IV	I	II	III
B.	I	III	IV	II
C.	III	I	II	IV
D.	IV	II	III	I

18. निम्नलिखित में से लोक संगीत के दो ताल वाद्य को चुनें :

(*a*) कामडोलू (*b*) वीणाकुंजू
(*c*) चक्कल (*d*) तमुक्कु
(*e*) नन्दूणी

नीचे दिए गए विकल्पों में से सही उत्तर चुनिए :

A. केवल (*a*) व (*e*) B. केवल (*b*) व (*d*)
C. केवल (*a*) व (*d*) D. केवल (*b*) व (*e*)

19. निम्नलिखित में से कौन वाग्गेयकारा नहीं है?

A. त्यागराज
B. श्यामा शास्त्री
C. गोपालकृष्णा भारती
D. एस.पी. बाला सुब्रह्मण्यिम

20. निम्नलिखित में से मार्ग ताल चुनें :

A. रति लीला B. गज लीला
C. सम्पदव्येष्टका D. त्रीभिन्ना

21. पंचम की दूरी है :

A. षडज से तेरहवीं श्रुति
B. षडज से नवीं श्रुति
C. षडज से बारहवीं श्रुति
D. षडज से पाँचवीं श्रुति

22. जत ताल की तिगुन का एक पल्ला कुल कितनी मात्राओं का होगा?

A. $10\frac{2}{3}$ B. $5\frac{3}{3}$
C. $5\frac{1}{3}$ D. $5\frac{2}{3}$

23. श्रुति जाति 'आयता' है :

A. देदीप्यमान (Brilliant)
B. करुणा
C. मृदु
D. तानना (Stretched)

24. संवादी स्वर है :

A. षडज – क्रोमल रिषभ
B. षडज – तीव्र निषाद
C. षडज – पंचम
D. षडज – तीव्र रिषभ

25. निम्नलिखित को दिए गए स्वरों की संख्या को बढ़ते क्रम में क्रमबद्ध करें :

(*a*) षाड़व, औड़व, संपूर्ण (*b*) संपूर्ण, औड़व, षाड़व
(*c*) औड़व, षाड़व, संपूर्ण (*d*) औड़व, संपूर्ण, षाड़व

नीचे दिए गए विकल्पों में से सही उत्तर चुनिए :

A. (*a*) B. (*b*)
C. (*c*) D. (*d*)

भाग–II

हिन्दुस्तानी संगीत (गायन तथा वादन)

26. 'मंद्र' किसका लक्षण है?

A. ताल B. वर्ण
C. गीति D. जाति

27. प्रतिगृहिणिका, स्थाय-भंजनी, रूपक-भंजनी किसके भाग हैं?

A. रूपकालाप B. रागालाप्ति
C. रागालाप D. स्वस्थान नियम

28. सां <u>रें</u> सां <u>रे</u> निसां नि <u>ध</u> मं' प, ग म ग किस राग को दर्शाता है?

A. ललित B. बिहाग
C. बसंत D. परज

29. कॉर्ड किसे कहते हैं?

A. स्वर को चार बार दोहराया जाना
B. दो या दो से अधिक स्वरों का एक साथ बजाया जाना
C. आरोही स्वर में गति को धीमी रखना
D. एक मात्रा में आठ स्वरों का बजाया जाना

30. राग नायकी कानड़ा में कौन-सा सही नहीं होता है?

A. थाट काफी

B. प वादी रे संवादी

C. रे-प संगती

D. जाति-षाडव

31. फारसी भाषा में राग दर्पण का अनुवाद किसके द्वारा किया गया?

A. आचार्य बृहस्पति

B. रामामात्य

C. फकीरुल्लाह

D. राजा नवाब अली

32. कौन-सा राग, तोड़ी थाट से संबंधित है?

A. मुल्तानी

B. भूपाल तोड़ी

C. बिलासखानी तोड़ी

D. मालकौंस

33. 'तेनक' का संबंध है:

A. टप्पा से

B. तराना से

C. प्रबंध से

D. ख्याल से

34. किस ग्रंथकार ने, प्रथम बार भरत के दो विकृत स्वरों के स्थान पर 12 (बारह) विकृत स्वरों का निरूपण किया है?

A. व्यंकट मखी | B. मतंग

C. शारंगदेव | D. अहोबल

35. हिन्दुस्तानी संगीत पद्धति का शुद्ध धैवत स्वर, कर्नाटक पद्धति में इस नाम से ज्ञाना जाता है:

A. शुद्ध ध

B. कैशिक नि या षट्श्रुतिक ध

C. कोमल ध

D. शुद्ध नि या चतुःश्रुतिक ध

36. जब किसी वस्तु में मुक्त कंपन एवं प्रेरित कंपन की आवृत्ति एक समान हो जाती है तो उसे कहते हैं:

A. सुसंवाद (Consonance)

B. अनुनाद (Resonance)

C. अनुरणन (Reverberation)

D. प्रतिध्वनि (Echo)

37. प्राचीन श्रुति स्वर व्यवस्था में यदि गंधार स्वर, मध्यम की 2 (दो) श्रुतियाँ लेता है तो वह कहलाता है:

A. विकृत गंधार

B. शुद्ध गंधार

C. अन्तर गंधार

D. कोमल गंधार

38. भरतकालीन मध्यमग्राम श्रुति स्वर व्यवस्था में यह होता है?

A. ऋषभ स्वर – 7वीं से 6वीं – एक श्रुति नीचे

B. पंचम स्वर – 17वीं से 16वीं – एक श्रुति नीचे

C. गंधार स्वर – 9वीं से 10वीं – एक श्रुति ऊपर

D. पंचम स्वर – 17वीं से 15वीं – दो श्रुति नीचे

39. किस ताल में खाली नहीं है?

A. शिखर

B. पंचम सवारी

C. धमार

D. फरोदस्त

40. निम्नलिखित में से क्या सितार पर नहीं बजाया जाता है?

A. मींड | B. कृन्तन

C. जमजमा | D. फर्द - गत

41. ग म प नि सां, नि प, ध नि ध प ग म ग .... स्वर संगति निम्न राग को दर्शाता है?

A. मारुबिहाग | B. बिहागड़ा

C. बिहाग | D. शंकरा

42. 'मियाँ अचपल', किस घराने के संस्थापक माने जाते हैं?

A. आगरा | B. मेवाती

C. जयपुर | D. दिल्ली

43. किस राग को देस एवं बागेश्री दोनों अंग से प्रस्तुत किये जाने की परंपरा है?

A. रागेश्री

B. झिंझौटी

C. गोरख कल्याण

D. जय जयवन्ती

44. नौ तारों वाली उस वीणा का नाम क्या है जिसका उल्लेख रामायण में किया गया है?

A. स्वरतंत्रिका B. विपंची
C. नवतंत्री D. चित्रा

45. प्राचीन संगीत वाद्य यंत्र का सर्वाधिक सरल स्वरूप है:

A. एकतारा
B. त्रितंत्री वीणा
C. लकड़ी की छड़ियां
D. ढोलक

46. उस, ध्रुव और चल वीणा में कितने तार थे जिन पर शारंगदेव ने श्रुति स्वर स्थान का विश्लेषण किया था:

A. 7, 22
B. 12, 22
C. 22, 22
D. 66, 22

47. प्राचीन स्वर श्रुति प्रणाली में मध्यम स्वर में कितनी श्रुतियां प्रयुक्त होती हैं?

A. 2 B. 3
C. 4 D. 6

48. वैदिक मंत्रों के गायक किस नाम से जाने जाते हैं?

A. सामग B. स्तोभ
C. स्तोम D. प्रतिहर्ता

49. निम्नलिखित में से कौन ताल के दस प्राणों की शृंखला में नहीं है?

A. मार्ग B. यति
C. हुम्फित D. क्रिया

50. वीणा पर 'स्वर स्थान' निर्देश के समय, अहोबल ने कितने शुद्ध और विकृत स्वरों का उल्लेख किया है?

A. 7 शुद्ध, 5 विकृत
B. 7 शुद्ध, 7 बिकृत
C. 8 शुद्ध, 7 विकृत
D. 8 शुद्ध, 13 विकृत

51. मध्यम-ग्राम में, 'षडज' की श्रुतियाँ हैं:

A. 4 B. 6
C. 3 D. 2

52. ध्वनि शास्त्र के अनुसार, षड्ज मध्यम के बीच का 9 श्रुति-अंतर, गणित की दृष्टि से है:

A. 3/2 B. 2/1
C. 4/3 D. 16/15

53. आधुनिक उत्तर-भारतीय संगीत का 'शुद्ध-गंधार', अहोबल के किस स्वर के समकक्ष है?

A. तीव्रतर गंधार
B. तीव्रतम गंधार
C. तीव्रतर रिषभ
D. अति तीव्रतम गंधार

54. निम्नलिखित में से किस वाद्य में 'कृन्तन' का प्रयोग किया जाता है?

A. हुडक्का
B. तानपुरा
C. नागस्वरम्
D. सितार

55. 'माई म्यूजिक : माई लाइफ' के लेखक हैं:

A. सी.आर. डे (C.R. Dey)
B. फॉक्स स्ट्रैंगवेज (Fox Strangways)
C. रवि शंकर (Ravi Shankar)
D. विलार्ड विलियम जोन्स (Willard William Jones)

56. किस भारतीय संगीत के संगीतज्ञों को भारत सरकार ने 'भारत-रत्न' से सम्मानित किया है?

A. पं. शाम्ता प्रसाद
B. उस्ताद अब्दुल करीम खाँ
C. पं. भीमसेन जोशी
D. विद्वान जी.एन. बाला सुब्रह्मणियम

57. मुंबई में 'वृंदावन गुरुकुल' की स्थापना किसके द्वारा की गई?

A. पं. जसराज
B. अरविंद पारिख
C. हरिप्रसाद चौरसिया
D. किशोरी अमोनकर

58. षडज मध्यम संवाद के अनुसार सही संयोजन को चुनिये:

(*a*) स - ग
(*b*) रे - प
(*c*) ग - नि

(*d*) प - सं

(*e*) म - सं

नीचे दिये गये विकल्पों में से सही उत्तर चुनियेः

A. केवल (*a*) और (*c*)

B. केवल (*d*) और (*e*)

C. केवल (*b*) और (*d*)

D. केवल (*b*) और (*e*)

59. मसीतखानी गत के लिए कौन-सा सही है?

(*a*) 12वीं मात्रा से शुरू होता है

(*b*) दिर दा दिर दा रा दा दा रा बोल को प्रयोग किया जाता है

(*c*) दिर दिर दिर दा दा बोल का प्रयोग किया जाता है

(*d*) चौगुण, अठगुन लय की तान/तोड़ा का प्रयोग किया जाता है

(*e*) झाला का प्रयोग अंत में किया जाता है

नीचे दिये गये विकल्पों में से सही उत्तर चुनियेः

A. केवल (*a*), (*b*) और (*d*)

B. केवल (*b*), (*c*) और (*e*)

C. केवल (*a*), (*c*) और (*d*)

D. केवल (*c*), (*d*) और (*e*)

60. राग जयजयवन्ती के संदर्भ में क्या सही है?

(*a*) खमाज थट

(*b*) वादी-रे, संवादी-पा

(*c*) दिन के दूसरे पहर में गायन-वादन

(*d*) दोनों मध्यमों का प्रयोग

(*e*) दोनों गंधारों का प्रयोग

नीचे दिये गये विकल्पों में से सही उत्तर चुनियेः

A. केवल (*b*), (*c*) और (*d*)

B. केवल (*a*), (*b*) और (*e*)

C. केवल (*a*), (*b*) और (*c*)

D. केवल (*c*), (*d*) और (*e*)

61. इनमें पूर्वी थाट के अन्तर्गत राग हैं:

(*a*) परज

(*b*) श्री

(*c*) पूरिया कल्याण

(*d*) सोहनी

नीचे दिये गये विकल्पों में से सही उत्तर चुनियेः

A. केवल (*a*) और (*c*)

B. केवल (*a*) और (*b*)

C. केवल (*b*) और (*c*)

D. केवल (*b*) और (*d*)

62. इनमें दिन के त्रितीय प्रहर में प्रस्तुत किये जाने वाले रागें हैं:

(*a*) चंद्र कौंस

(*b*) मुल्तानी

(*c*) पटदीप

(*d*) हिंडोल

नीचे दिये गये विकल्पों में से सही उत्तर चुनियेः

A. केवल (*b*) और (*d*)

B. केवल (*a*) और (*b*)

C. केवल (*a*) और (*c*)

D. केवल (*b*) और (*c*)

63. 03 (तीन) ताली एवं 01 (एक) खाली वाले तालें हैं:

(*a*) झपताल

(*b*) रूपक

(*c*) तीनताल

(*d*) एकताल

नीचे दिये गये विकल्पों में से सही उत्तर चुनियेः

A. केवल (*a*) और (*d*)

B. केवल (*b*) और (*c*)

C. केवल (*a*) और (*c*)

D. केवल (*b*) और (*d*)

64. निम्नलिखित में से, 'विदारी' की श्रेणी में आने वाली रचनाओं को इंगित करें:

(*a*) उदग्रह

(*b*) ध्रुव

(*c*) मेलापक

(*d*) अंतरा

नीचे दिये गये विकल्पों में से सही उत्तर चुनियेः

A. केवल (*a*) तथा (*b*)

B. केवल (*c*) तथा (*d*)

C. केवल (*a*), (*b*) तथा (*c*)

D. (*a*), (*b*), (*c*) तथा (*d*)

65. निम्नलिखित में से प्राचीन ग्रंथोक्त 'पुष्कर-वाद्यों' को इंगित करें:

(*a*) मृदंग

(*b*) पणव

(*c*) दर्दुर

(*d*) तुण्डकिनी

नीचे दिये गये विकल्पों में से सही उत्तर चुनियेः

A. केवल (*a*), (*b*) तथा (*d*)

B. केवल (*b*) तथा (*d*)

C. केवल (*b*), (*c*) तथा (*d*)

D. केवल (*a*), (*b*) तथा (*c*)

66. निम्नलिखित में से अनिबद्ध-गान की श्रेणी में आनेवाली रचनाओं को इंगित कीजियेः

(*a*) आक्षिप्तिका

(*b*) आलाप्ति

(*c*) रागालाप

(*d*) रूपकालाप

नीचे दिये गये विकल्पों में से सही उत्तर चुनियेः

A. केवल (*a*) तथा (*d*)

B. केवल (*b*) तथा (*c*)

C. केवल (*b*), (*c*) तथा (*d*)

D. केवल (*a*), (*c*) तथा (*d*)

67. निम्नलिखित में से, 'संगीत रत्नाकर' में वर्णित उत्तम वाग्गेयकार के लक्षणों को इंगित करें:

(*a*) देशस्थिथचातुर्य

(*b*) अभिधान प्रवीणता

(*c*) निमीलक

(*d*) प्रसारी

नीचे दिये गये विकल्पों में से सही उत्तर चुनियेः

A. केवल (*b*) तथा (*c*)

B. केवल (*c*) तथा (*d*)

C. केवल (*a*) तथा (*d*)

D. केवल (*a*) तथा (*b*)

68. निम्नलिखित में से 'मध्यम-ग्राम' के, 'षडज-मध्यम-भावी -संवाद' को इंगित करें:

(*a*) रे - प

(*b*) ग - ध

(*c*) म - नि

(*d*) रे - ध

नीचे दिये गये विकल्पों में से सही उत्तर चुनियेः

A. केवल (*a*) तथा (*b*)

B. केवल (*b*) तथा (*c*)

C. केवल (*a*) तथा (*d*)

D. केवल (*a*) तथा (*c*)

69. निम्नलिखित में से किन पुस्तकों में 'पलुस्कर-पद्धति' से स्वरांकन किया गया है?

(*a*) राग विज्ञान

(*b*) अभिनव गीतांजलि

(*c*) संगीतांजलि

(*d*) क्रमिक पुस्तक मालिका

नीचे दिये गये विकल्पों में से सही उत्तर चुनियेः

A. केवल (*a*) तथा (*b*)

B. केवल (*b*) तथा (*d*)

C. केवल (*a*) तथा (*d*)

D. केवल (*a*) तथा (*c*)

70. सूची-I को सूची-II के साथ सुमेलित कीजिए:

सूची-I	सूची-II
(*a*) पंचम	(*i*) द्वितीय
(*b*) मध्यम	(*ii*) क्रुष्ठ
(*c*) ऋषभ	(*iii*) तृतीय
(*d*) गंधार	(*iv*) प्रथम

नीचे दिये गये विकल्पों में से सही उत्तर चुनिए:

	(*a*)	(*b*)	(*c*)	(*d*)
A.	(*iii*)	(*ii*)	(*i*)	(*iv*)
B.	(*iv*)	(*i*)	(*ii*)	(*iii*)
C.	(*ii*)	(*iv*)	(*iii*)	(*i*)
D.	(*i*)	(*iii*)	(*iv*)	(*ii*)

71. सूची-I को सूची-II के साथ सुमेलित कीजिए:

सूची-I	सूची-II
(*a*) प - रे संगति	(*i*) गौड़ मल्हार
(*b*) खमाज थाट	(*ii*) अहीर भैरव
(*c*) औडव - सम्पूर्ण	(*iii*) छायानट
(*d*) म - सा वादी - संवादी	(*iv*) कोमल ऋषभ आसावारी

नीचे दिये गये विकल्पों में से सही उत्तर चुनिए:

	(*a*)	(*b*)	(*c*)	(*d*)
A.	(*i*)	(*iii*)	(*ii*)	(*iv*)
B.	(*iv*)	(*ii*)	(*iii*)	(*i*)
C.	(*iii*)	(*i*)	(*iv*)	(*ii*)
D.	(*ii*)	(*iv*)	(*i*)	(*iii*)

72. सूची-I को सूची-II के साथ सुमेलित कीजिए:

सूची-I	सूची-II
(*a*) सतीश व्यास	(*i*) बाँसुरी
(*b*) बुद्धादित्य मुखर्जी	(*ii*) उपशास्त्रीय गायन
(*c*) शोभा गुर्टू	(*iii*) संतूर
(*d*) रोनू मजूमदार	(*iv*) सितार

नीचे दिये गये विकल्पों में से सही उत्तर चुनिए:

	(*a*)	(*b*)	(*c*)	(*d*)
A.	(*i*)	(*iii*)	(*iv*)	(*ii*)
B.	(*ii*)	(*i*)	(*iii*)	(*iv*)
C.	(*iii*)	(*iv*)	(*ii*)	(*i*)
D.	(*iv*)	(*ii*)	(*i*)	(*iii*)

73. सूची-I को सूची-II के साथ सुमेलित कीजिए:

सूची-I	सूची-II
(*a*) ठुमरी	(*i*) सूलताल
(*b*) ध्रुपद	(*ii*) झपताल
(*c*) मसीतखानी गत	(*iii*) जत ताल
(*d*) सादरा	(*iv*) विलंबित तीनताल

नीचे दिये गये विकल्पों में से सही उत्तर चुनिए:

	(*a*)	(*b*)	(*c*)	(*d*)
A.	(*iii*)	(*i*)	(*ii*)	(*iv*)
B.	(*iii*)	(*i*)	(*iv*)	(*ii*)
C.	(*ii*)	(*i*)	(*iii*)	(*iv*)
D.	(*iii*)	(*iv*)	(*ii*)	(*i*)

74. सूची-I को सूची-II के साथ सुमेलित कीजिए:

सूची-I	सूची-II
(*a*) घूमट	(*i*) बंगाल
(*b*) तुम्बकनर	(*ii*) गोवा
(*c*) चंडा	(*iii*) जम्मू और कश्मीर
(*d*) धाक	(*iv*) केरल, तमिलनाडु

नीचे दिये गये विकल्पों में से सही उत्तर चुनिए:

	(*a*)	(*b*)	(*c*)	(*d*)
A.	(*ii*)	(*iii*)	(*iv*)	(*i*)
B.	(*iv*)	(*i*)	(*ii*)	(*iii*)
C.	(*iii*)	(*iv*)	(*ii*)	(*i*)
D.	(*i*)	(*iii*)	(*iv*)	(*ii*)

75. सूची-I को सूची-II के साथ सुमेलित कीजिए:

सूची-I (छन्द)	सूची-II (अक्षर काल)
(*a*) गायत्री	(*i*) 44
(*b*) उस्निक	(*ii*) 48
(*c*) जगती	(*iii*) 28
(*d*) त्रिस्टुप	(*iv*) 24

नीचे दिये गये विकल्पों में से सही उत्तर चुनिए:

	(*a*)	(*b*)	(*c*)	(*d*)
A.	(*iv*)	(*iii*)	(*ii*)	(*i*)
B.	(*iii*)	(*iv*)	(*ii*)	(*i*)
C.	(*ii*)	(*iii*)	(*iv*)	(*i*)
D.	(*iii*)	(*ii*)	(*iv*)	(*i*)

76. सूची-I को सूची-II के साथ सुमेलित कीजिए:

सूची-I	सूची-II
(*a*) ध़ सा रे ग॒ - म रे	(*i*) झिंझोटी
(*b*) ध़ सा रे म नि॒ ध	(*ii*) दुर्गा
(*c*) ध़ सा रे म प ध	(*iii*) गोरख कल्याण
(*d*) ध़ सा रे म ग	(*iv*) आभोगी कान्हड़ा

नीचे दिये गये विकल्पों में से सही उत्तर चुनिए:

	(*a*)	(*b*)	(*c*)	(*d*)
A.	(*iii*)	(*iv*)	(*i*)	(*ii*)
B.	(*iv*)	(*iii*)	(*ii*)	(*i*)
C.	(*i*)	(*ii*)	(*iv*)	(*iii*)
D.	(*ii*)	(*i*)	(*iii*)	(*iv*)

77. सूची-I को सूची-II के साथ सुमेलित कीजिए:

सूची-I (लेखक)	सूची-II (पुस्तक)
(*a*) एलेन डेनिलु	(*i*) हिस्ट्री ऑफ इण्डियन म्यूजिक
(*b*) ई. क्लीमेन्ट्स	(*ii*) दि म्यूजिक ऑफ इंडिया
(*c*) एच.ए. पोपली	(*iii*) इंट्रोडक्शन टू दि स्टडी ऑफ इंडियन म्यूजिक
(*d*) स्वामी प्रज्ञानंद	(*iv*) नॉर्दन इण्डियन म्यूजिक

नीचे दिये गये विकल्पों में से सही उत्तर चुनिए:

	(*a*)	(*b*)	(*c*)	(*d*)
A.	(*iii*)	(*i*)	(*iv*)	(*ii*)
B.	(*i*)	(*ii*)	(*iv*)	(*iii*)
C.	(*ii*)	(*iv*)	(*i*)	(*iii*)
D.	(*iv*)	(*iii*)	(*ii*)	(*i*)

78. अवनद्ध, सुषिर और तत्त के अनुसार कलाकारों का सही अनुक्रम चुनें:

A. महमूद धौलपुरी, किशन महाराज, अब्दुल हलीम जाफर

B. किशन महाराज, अब्दुल हलीम जाफर, महमूद धौलपुरी

C. अब्दुल हलीम जाफर, किशन महाराज, महमूद धौलपुरी

D. किशन महाराज, महमूद धौलपुरी, अब्दुल हलीम जाफर

79. कोमल स्वरों की बढ़ती हुई संख्या से, रागों का सही क्रम चुनिए:

A. अल्हैया बिलावल, सूहा, जौनपुरी, बिलासखानी तोड़ी

B. सूहा, जौनपुरी, अल्हैया बिलावल, बिलासखानी तोड़ी

C. बिलासखानी तोड़ी, जौनपुरी, सूहा, अल्हैया बिलावल

D. जौनपुरी, सूहा, अल्हैया बिलावल, बिलासखानी तोड़ी

80. निम्न संगीत ग्रंथों के इनकी रचना काल के बढ़ते हुए क्रम में सही विकल्प चुनिए:

A. चतुर्दण्ड प्रकाशिका - संगीत पारिजात - संगीत राग कल्पद्रुम - नगमाते आसफी

B. चतुर्दण्ड प्रकाशिका - संगीत पारिजात - नगमाते आसफी - संगीत राग कल्पद्रुम

C. संगीत पारिजात - नगमाते आसफी - चतुर्दण्ड प्रकाशिका - संगीत राग कल्पद्रुम

D. नगमाते आसफी - संगीत राग कल्पद्रुम - संगीत परिजात - चतुर्दण्ड प्रकाशिका

81. ताल के निम्न अंगों में अधिक मात्रा से कम मात्रा के घटते क्रम में सही विकल्प चुनिये:

A. प्लुत - गुरु - अणुद्रूतम् - लघु

B. गुरु - लघु - अणुद्रूतम् - प्लुत

C. अणुद्रूतम् - लघु - गुरु - प्लुत

D. प्लुत - गुरु - लघु - अणुद्रूतम्

82. कम से अधिक मात्राओं के तालों के बढ़ते क्रम के सही विकल्प को चुनिए:

A. दादरा - बसंत - लक्ष्मी - फरोदस्त

B. बसंत - लक्ष्मी - दादरा - फरोदस्त

C. दादरा - बसंत - फरोदस्त - लक्ष्मी

D. लक्ष्मी - बसंत - दादरा - फरोदस्त

83. वरिष्ठता के अनुसार सही अनुक्रम चुनें:

A. वाजिद अली खान, अब्दुल करीम खान, रहीम अली खान, काले खान

B. वाजिद अली खान, रहीम अली खान, काले खान, अब्दुल करीम खान

C. वाजिद अली खान, काले खान, अब्दुल करीम खान, रहीम अली खान

D. रहीम अली खान, वाजिद अली खान, काले खान, अब्दुल करीम खान

84. निम्नलिखित को गुरु-शिष्य के क्रम में इंगित कीजिये:

(*a*) बालकृष्ण बुआ

(*b*) हस्सू खाँ

(*c*) विनायक राव पटवर्धन

(*d*) विष्णु दिगम्बर पलुस्कार

A. (*b*), (*c*), (*a*), (*d*)

B. (*d*), (*c*), (*b*), (*a*)

C. (*b*), (*a*), (*d*), (*c*)

D. (*a*), (*b*), (*c*), (*d*)

85. निम्नलिखित संगीतज्ञों को उनके जन्म की वरिष्ठता के अनुसार इंगित करें:

(*a*) बीथोवन

(*b*) मोज़ार्त

(*c*) यहूदी मेनुहिन

(*d*) बाख

A. (*c*), (*b*), (*a*), (*d*)
B. (*b*), (*a*), (*d*), (*c*)
C. (*a*), (*b*), (*c*), (*d*)
D. (*d*), (*b*), (*a*), (*c*)

86. नीचे दो विवरण दिए गए हैं– एक अभिकथन (A) तथा दूसरा तर्क (R) के रूप में अंकित है:

अभिकथन (A) : स्थाय के व्यवस्थित प्रयोग से राग का स्वरूप उभरता है।

तर्क (R) : स्थाय एक ऐसा स्वर समुदाय है जिसमें राग की विशेषता होती है।

उपर्युक्त कथनों के आलोक में निम्नांकित विकल्पों में से सही उत्तर चुनें:

A. (A) और (R) दोनों सही हैं और (R), (A) की सही व्याख्या है।
B. (A) और (R) दोनों सही हैं परन्तु (R), (A) की सही व्याख्या नहीं है।
C. (A) सही है, परन्तु (R) गलत है।
D. (A) गलत है, परन्तु (R) सही है।

87. नीचे दो विवरण दिए गए हैं– एक अभिकथन (A) तथा दूसरा तर्क (R) के रूप में अंकित है:

अभिकथन (A) : रागों के गायन-वादन में वादी-संवादी स्वरों का अत्यंत महत्व माना जाता है।

तर्क (R) : यह राग के गायन-वादन समय निर्धारण में सहायक सिद्ध होता है।

उपर्युक्त कथनों के आलोक में निम्नांकित विकल्पों में से सही उत्तर चुनें:

A. (A) और (R) दोनों सही हैं और (R), (A) की सही व्याख्या है।
B. (A) और (R) दोनों सही हैं, परन्तु (R), (A) की सही व्याख्या नहीं है।
C. (A) सही है, परन्तु (R) गलत है।
D. (A) गलत है, परन्तु (R) सही है।

88. नीचे दो विवरण दिए गए हैं– एक अभिकथन (A) तथा दूसरा तर्क (R) के रूप में अंकित है:

अभिकथन (A) : मिट्टी से बना एक वाद्य यंत्र "घुघू" कहलाता है। इससे उत्पन्न ध्वनि आमतौर पर पाई जानेवाली पक्षी घूघी (डव) से मेल खाती है। उस मिट्टी-निर्मित वाद्य यंत्र में पहली बार चोट करने से 'पा' ध्वनि उत्पन्न होती है।

तर्क (R) : मिट्टी से बने इस वाद्य यंत्र से अच्छी सांगीतिक ध्वनि उत्पन्न होती है।

उपर्युक्त कथनों के आलोक में निम्नांकित विकल्पों में से सही उत्तर चुनें:

A. (A) और (R) दोनों सही हैं और (R), (A) की सही व्याख्या है।
B. (A) और (R) दोनों सही हैं, परन्तु (R), (A) की सही व्याख्या नहीं है।
C. (A) सही है, परन्तु (R) गलत है।
D. (A) गलत है, परन्तु (R) सही है।

89. नीचे दो विवरण दिए गए हैं– एक अभिकथन (A) तथा दूसरा तर्क (R) के रूप में अंकित है:

अभिकथन (A) : वीणा वाद्य पर, स्वरों की स्थापना तार की लंबाई के आधार पर की गई है।

तर्क (R) : तार की लंबाई जितनी छोटी होगी, स्वर उतना ही नीचा होगी।

उपर्युक्त कथनों के आलोक में निम्नांकित विकल्पों में से सही उत्तर चुनें:

A. (A) और (R) दोनों सही हैं और (R), (A) की सही व्याख्या है।
B. (A) और (R) दोनों सही हैं, परन्तु (R), (A) की सही व्याख्या नहीं है।
C. (A) सही है, परन्तु (R) गलत है।
D. (A) गलत है, परन्तु (R) सही है।

90. नीचे दो विवरण दिए गए हैं– एक अभिकथन (A) तथा दूसरा तर्क (R) के रूप में अंकित है:

अभिकथन (A) : 'निर्गीत' का संबंध वीणा से है।

तर्क (R) : 'निर्गीत' में सौंदर्य तत्व का होना अनिवार्य नहीं है।

उपर्युक्त कथनों के आलोक में निम्नांकित विकल्पों में से सही उत्तर चुनें:

A. (A) और (R) दोनों सही हैं और (R), (A) की सही व्याख्या है।

B. (A) और (R) दोनों सही हैं, परन्तु (R), (A) की सही व्याख्या नहीं है।

C. (A) सही है, परन्तु (R) गलत है।

D. (A) गलत है, परन्तु (R) सही है।

निर्देश (प्र.सं. 91 से 95 तक): *निम्नलिखित अनुच्छेद को ध्यानपूर्वक पढ़ें और प्रश्नों के सही उत्तर दें।*

वाजिद खान, दो अति विख्यात सरोद वादक – अलाउद्दीन खान और हाफिज खान के गुरु बन गए थे और इस प्रकार वह उत्तर भारत में वाद्य संगीत के सूत्रधार होने का दावा कर सकते हैं। विलायत खान के दादाजी उस्ताद इमदाद खान की अन्य महत्वपूर्ण घराने की निष्ठा सेनियों के प्रति भी है। यद्यपि उनकी यह निष्ठा राजा सुरिंद्र मोहन टैगोर के दरबार में नेत्रहीन सुरबहार वादक सज्जाद मोहम्मद के साथ इमदाद खान के संबंध के कारण परोक्ष रूप से थी।

91. अलाउद्दीन खान किस राज दरबार के संगीतकार थे?

A. मैहर
B. बड़ौदा
C. रामपुर
D. जयपुर

92. वाद्य संगीत में खयाल गायिकी की शुरुआत किसने की?

A. वजीर खान
B. विलायत खान
C. गुलाम अब्बास खान
D. अमृत सेन

93. निम्नलिखित में से कौन महान सुरबहार वादक हैं?

A. मुस्ताक हुसैन खान
B. सज्जाद मोहम्मद
C. बंदे अली खान
D. बड़े मुबारक अली खान

94. हाफिज अली खान किनके पुत्र थे?

A. बरकतुल्लाए खान
B. गुलाम अली
C. मुबारक अली खान
D. नन्हे खान

95. सज्जाद मोहम्मद खान किनके शिष्य थे?

A. विलायत खान
B. आशिक अली खान
C. गुलाम मुहम्मद खान
D. हाफिज अली खान

निर्देश (प्र.सं. 96 से 100 तक): *निम्नलिखित अनुच्छेद को ध्यानपूर्वक पढ़ें और प्रश्नों के उत्तर दें:*

साम संगीत में मुख्य रूप से ऋचाओं का स्वरोच्चारण होता था। ये ऋचाएं वैदिक देवी-देवताओं की प्रशंसा में गाई जाती थीं जो पूर्व वैदिक काल में विद्यमान स्वर में गायी जाती थीं। साम की संगीतात्मक संरचना स्वरों के अवरोही क्रम से अभिलक्षित होती थी जिसकी संख्या आरंभिक चरण में दो से पांच तक थी और इस स्वरक्रम के बाद में बढ़ाकर सात तक पहुँच गयी। निश्चित स्वराघात गान को स्वर से संबंधित रूपरेखा के साथ-साथ कुछ लयबद्ध संरचना भी प्रदान की। यह जानना महत्वपूर्ण है कि गान पद्धति को स्वरबद्ध करने का प्रारंभिक तरीका विद्यमान था तथापि यह मौखिक परंपरा ही थी जो परंपरा को बनाए रखने में सहायक रही। जैसा कि मौखिक परंपरा में प्रायः होता है, गान के दौरान हस्त-मुद्राओं का प्रयोग किया जाता था और इन मुद्राओं ने गान की आवश्यक विशेषताओं को निर्धारित करने के लिए स्वरलिपि भी प्रदान की।

96. साम गायन के लिए कितने स्वरों का प्रयोग किया जाता था?

A. 4
B. 5
C. 7
D. 8

97. प्रारंभिक चरण में वैदिक मंत्रोच्चारण के लिए किन तीन स्वरों का प्रयोग किया जाता है?

A. क्रुष्ट, उदात्त, अनुदात्त
B. उदात्त, अनुदात्त, प्रथम
C. अनुदात्त, स्वरित, उदात्त
D. क्रुष्ट, प्रथम, द्वितीय

98. वैदिक स्वर का अंतिम स्वर क्या है?

A. निषाद
B. अतिस्वर
C. मंद्र
D. चतुर्थ

99. अनुष्टुप छंद में कितने अक्षर होते हैं?

A. 28
B. 32
C. 36
D. 40

100. 'साम' की कितनी ऋचाएं ऋग्वेद से नहीं ली गई हैं?

A. 91
B. 80
C. 75
D. 64

भाग-III

कर्नाटक संगीत

26. भिन्न विकल्प को चुनिए:

A. सरस्वती वीणा B. गोट्टुवाद्यम
C. गट्टु वाद्यम D. विचित्र वीणा

27. आदि स्वरों को 'समसूत्र यंत्र' के रूप में किसमें संदर्भित किया गया है?

A. पाणिनीय शिक्षा B. नारदीय शिक्षा
C. बृहदेसी D. छांदोग्य उपनिषद

28. पक्ष राग मलिका 'सुदति श्री मोहनांगुनि' अंतर्विष्ट करता है:

A. राग मुद्रा B. ताल मुद्रा
C. प्रबन्ध मुद्रा D. राजा मुद्रा

29. निम्नलिखित में से प्रसिद्ध सारंगी वादक कौन है?

A. विश्वमोहन भट्ट B. सितारा देवी
C. एन. राजम D. रामनारायण

30. उस राग को चुनिए जिसमें भूत संख्या अग्नि-भू होता है:

A. मालवा गौला B. सूर्यकांतम
C. चक्रवाकम D. नटभैरवी

31. राग हंसध्वनि में आदिताल वर्ण-जलजाक्ष के संगीत रचयिता:

A. पट्टनम सुब्रह्मण्यम अय्यर
B. तिरुवट्टीयुर त्यागराज
C. वीणा कुप्पैयर
D. रामनाथपुरम श्रीनिवास अय्यर

32. औपचारिक नाटक आरंभ होने से पहले मंच के सामने गाया जाने वाला गीत है:

A. उपगीतम B. उपहनम
C. अरंग गीतम D. बर्हिगीतम

33. करुणामृत सागरम के रचयिता कौन है?

A. गोविंद दीक्षितर
B. एब्रहाम पंडितर
C. वेदनायकम पिल्लै
D. गोपालकृष्ण भारती

34. मल्लारी एक संगीत शैली है जो अनन्य रूप से किस वाद्य भंग पर बजाई जाती है?

A. विल्लडी वाद्यम B. गेट्टू वाद्यम
C. नादस्वरम D. याल

35. लघु जाति जो 108 ताल योजना में पायी जाती है:

A. तीसरा जाति B. चतुरश्र जाति
C. मिश्रा जाति D. खण्ड जाति

36. उस राग को चुनें जो बाइसवें मेल का जन्य नहीं है:

A. दरबार B. श्रीरंजनी
C. देवगंधारी D. रीतिगोला

37. निम्न में से कौन-सा ताल दशप्राण में से नहीं है?

A. कालम B. ग्रहम
C. क्रिया D. मात्रा

38. पेरुमपन-अरुमपालई का संगत कर्नाटक राग:

A. 29वां मेलकर्ता B. 28वां मेलकर्ता
C. 22वां मेलकर्ता D. 8वां मेलकर्ता

39. लक्षणग्रन्थ का नाम जिसे सप्ताध्याय के नाम से भी जानां जाता है:

A. बृहददेसी B. नाट्यशास्त्र
C. संगीत रत्नाकर D. राग विबोध

40. वायलिन की आकृति की इमारत कहाँ स्थित है?

A. तिरुवनन्तपुरम B. बंगलुरु
C. रामनाथपुरम D. कुंभकोणम

41. उन रागों को चुनिए जो एक ही शुद्धमध्यम मेले से निकले हैं:

(*a*) सम – देवगाँधारी
(*b*) श्रीरंजनी – जयन्तीश्री
(*c*) धन्याशी – कंबोजी

(*d*) नवनीतम – वराली

(*e*) गौड़मल्हार – केदारा

नीचे दिये गये विकल्पों में से सही उत्तर चुनियेः

A. केवल (*a*) और (*e*)

B. केवल (*b*) और (*d*)

C. केवल (*c*) और (*a*)

D. केवल (*e*) और (*c*)

42. औड़व-औड़व व औड़व-संपूर्ण राग चुनें:

(*a*) श्रीरंजनी – मल्हारी

(*b*) बिलहारी – अरभी

(*c*) हिन्दोलम – अभोगी

(*d*) नायक – दरबार

(*e*) अभोगी – कंबोजी

नीचे दिये गये विकल्पों में से सही उत्तर चुनियेः

A. केवल (*c*) और (*d*) B. केवल (*d*) और (*e*)

C. केवल (*b*) और (*c*) D. केवल (*e*) और (*a*)

43. गेय नाटकम के संगीत रचयिता हैं:

(*a*) पापनाशम शिवन

(*b*) गोपालकृष्ण भारती

(*c*) अरुणाचल कविरायर

(*d*) मारीमुत्तु पिल्लई

(*e*) टी. लक्ष्मण पिल्लई

नीचे दिये गये विकल्पों में से सर्वाधिक उपयुक्त उत्तर चुनियेः

A. केवल (*a*) और (*b*) B. केवल (*a*) और (*e*)

C. केवल (*d*) और (*e*) D. केवल (*b*) और (*c*)

44. निम्नलिखित में से दो लक्षण प्रबंध चुनें:

(*a*) स्थावा वर्ण

(*b*) दरु

(*c*) सूत्र गीता

(*d*) चूर्णिका

(*e*) मूर्च्छण कारक मेल राग मलिका

नीचे दिये गये विकल्पों में से सर्वाधिक उपयुक्त उत्तर चुनियेः

A केवल (*b*) और (*d*) B. केवल (*a*) और (*c*)

C. केवल (*c*) और (*e*) D. केवल (*b*) और (*e*)

45. एकधातु प्रकार के दो प्रबन्ध कौन से हैं?

(*a*) तेवारम (*b*) अष्टपति

(*c*) उत्सव प्रबन्धम (*d*) तिरुप्पुगज

(*e*) दरु

नीचे दिये गये विकल्पों में से सही उत्तर चुनियेः

A. केवल (*b*) और (*c*) B. केवल (*c*) और (*e*)

C. केवल (*a*) और (*d*) D. केवल (*a*) और (*e*)

46. निम्न में से राग धन्याशी में निबद्ध बंदिश को चुनिए:

(*a*) श्यामाशास्त्री द्वारा मीनालोचना

(*b*) स्वाति तिरुनल द्वारा अद्रीसुतावरा

(*c*) त्यागराज द्वारा मानमुलेदा

(*d*) मुत्तुस्वामी दीक्षितर द्वारा परदेवते

(*e*) गोपालकृष्ण भारती द्वारा सभापतिक्कु

नीचे दिये गये विकल्पों में से सही उत्तर चुनियेः

A. केवल (*a*) और (*e*) B. केवल (*b*) और (*e*)

C. केवल (*a*) और (*d*) D. केवल (*b*) और (*c*)

47. दो भाषांग राग जिसमें कौशिकी निषाद अन्य स्वर के रूप में आता है:

(*a*) काम्बोजी (*b*) सौराष्ट्रम

(*c*) असावेरी (*d*) देवगांधारी

(*e*) द्विजावंती

नीचे दिये गये विकल्पों में से सर्वाधिक उपयुक्त उत्तर चुनियेः

A. केवल (*a*) और (*c*) B. केवल (*c*) और (*e*)

C. केवल (*b*) और (*d*) D. केवल (*a*) और (*e*)

48. राग खरहरा व मिश्रा चापु ताल में त्यागराज द्वारा रचित कृतियां हैं:

(*a*) चक्कणीराजा

(*b*) रामा नी समान

(*c*) पक्कल नीलबडी

(*d*) रामा नीयेटा

(*e*) रामकोदेन्डा राम

नीचे दिये गये विकल्पों में से सही उत्तर चुनियेः

A. केवल (*c*) और (*e*) B. केवल (*a*) और (*b*)

C. केवल (*d*) और (*e*) D. केवल (*b*) और (*d*)

49. 5184 मेलों के अंतर्गत आने वाले 2 चक्रों का चुनिए:

(*a*) गेय (*b*) हेमा कोकिला

(*c*) मायानलका (*d*) वायु

नीचे दिये गये विकल्पों में से सही उत्तर चुनिये:

A. केवल (*a*) और (*b*) B. केवल (*b*) और (*c*)

C. केवल (*c*) और (*d*) D. केवल (*a*) और (*d*)

50. उन दो राग मलिकाओं को चुनें जहाँ पल्लवी की पुनरावृत्ति नहीं होती है:

(*a*) कमलजास्या

(*b*) चतुष्ताया रागमलिका

(*c*) रंचनी मृदु पंकजलोचनी

(*d*) नवरत्न रागमलिका

नीचे दिये गये विकल्पों में से सही उत्तर चुनिये:

A. केवल (*a*) और (*b*) B. केवल (*c*) और (*d*)

C. केवल (*b*) और (*d*) D. केवल (*a*) और (*d*)

51. गोपालकृष्ण भारती द्वारा रचित दो कृतियां कौन-कौन सी हैं?

(*a*) तिरुनीलकंटनयर चरित्रम्

(*b*) इयरप्पगईनयनर चरित्रम्

(*c*) शिरकलीकोवई

(*d*) शिरकली स्थलपुराणम्

(*e*) अजोमुखी नाटकम

नीचे दिये गये विकल्पों में से सही उत्तर चुनिये:

A. केवल (*a*) और (*c*) B. केवल (*b*) और (*d*)

C. केवल (*c*) और (*e*) D. केवल (*a*) और (*b*)

52. निम्नलिखित में से उन दो रचनाओं को चुनें जिनके अलंकारिक अंग स्वर साहित्य होते हैं:

(*a*) जननी निनु विना – रीतिगौला

(*b*) सर गुण पालिम्पा – केदारगौला

(*c*) मरीवेरे गति – आनंद भैरवी

(*d*) तुलसीदलमुलचे – मायामालवगौला

नीचे दिये गये विकल्पों में से सही उत्तर चुनिये:

A. केवल (*a*) और (*c*) B. केवल (*c*) और (*d*)

C. केवल (*a*) और (*b*) D. केवल (*d*) और (*a*)

53. निम्न में से उन वाद्य यंत्रों का चयन कीजिए जो पंच वाद्य का भाग है:

(*a*) कोंबु (*b*) चंडा

(*c*) तविल (*d*) तिमिल

नीचे दिये गये विकल्पों में से सही उत्तर चुनिये:

A. केवल (*a*) और (*b*) B. केवल (*b*) और (*c*)

C. केवल (*c*) और (*d*) D. केवल (*a*) और (*d*)

54. अनन्य रूप से नृत्य के प्रयोजनार्थ प्रयुक्त दो संगीत शैलियों को निम्नलिखित में से चुनें:

(*a*) वर्णम (*b*) स्वरजदि

(*c*) अलरिप्पु (*d*) शब्दम

(*e*) तिल्लाना

नीचे दिये गये विकल्पों में से सही उत्तर चुनिये:

A. केवल (*a*) और (*b*) B. केवल (*c*) और (*d*)

C. केवल (*d*) और (*e*) D. केवल (*b*) और (*e*)

55. प्रण प्रास्तार के कोई दो प्रकारों का चयन करें:

(*a*) पाटला (*b*) विराम

(*c*) उधिष्ठ (*d*) सुख

(*e*) नन्द

नीचे दिये गये विकल्पों में से सही उत्तर चुनिये:

A. केवल (*b*) और (*e*) B. केवल (*c*) और (*d*)

C. केवल (*a*) और (*c*) D. केवल (*b*) और (*d*)

56. मुत्तुस्वामी दीक्षितर द्वारा वृंदावन सारंग में बनाई गई दो भिन्न-भिन्न बंदिशों को चुनिए:

(*a*) शृंगारलहरी (*b*) सौंदर्यलहरी

(*c*) रंगपुरविहार (*d*) पंच मतंग

नीचे दिये गये विकल्पों में से सही उत्तर चुनिये:

A. केवल (*a*) और (*b*) B. केवल (*c*) और (*d*)

C. केवल (*b*) और (*c*) D. केवल (*a*) और (*c*)

57. दो प्रातःकालीन रागों को चुनिए:

(*a*) रेवगुप्ति (*b*) असावरी

(*c*) मध्यमावती (*d*) वसंत

(*e*) धन्यासी

नीचे दिये गये विकल्पों में से सही उत्तर चुनिये:

A. केवल (*a*) और (*d*) B. केवल (*b*) और (*c*)

C. केवल (*c*) और (*d*) D. केवल (*a*) और (*e*)

58. निम्नलिखित में से त्यागराज के कोवुर पंचरत्ना की रचनाओं को चुनें:

(*a*) डुडुकुगल (*b*) शंभो महादेवा
(*c*) चुद्दामुरारे (*d*) कोरिशेविम्परारे
(*e*) कणकणरुचिर

नीचे दिये गये विकल्पों में से सही उत्तर चुनियेः

A. केवल (*a*) और (*c*) B. केवल (*b*) और (*d*)
C. केवल (*e*) और (*c*) D. केवल (*a*) और (*e*)

59. समान अक्षरकालों वाले दो तालों को चुनिए:

(*a*) चतुरस्रजाति झंपा
(*b*) तीसराजाति मध्य
(*c*) तीसराजाति त्रिपुटा
(*d*) खंडजाति एका
(*e*) मिश्रजाति रूपक

नीचे दिये गये विकल्पों में से सही उत्तर चुनियेः

A. केवल (*a*) और (*d*) B. केवल (*b*) और (*e*)
C. केवल (*c*) और (*d*) D. केवल (*a*) और (*c*)

60. दो संगीत रचनाकारों को चुनें जिन्हें निश्चित रागों को गाने में महारथ हासिल थी और रागों के नामों को उनके नामों के आगे जोड़ दिया गया।

(*a*) अरुणाचलाकविरायर
(*b*) श्याम शास्त्री
(*c*) सीतारामय्यर
(*d*) वीणा कुप्पय्यर
(*e*) गोपालकृष्ण भारती

नीचे दिये गये विकल्पों में से सही उत्तर चुनियेः

A. केवल (*a*) और (*b*) B. केवल (*c*) और (*e*)
C. केवल (*c*) और (*d*) D. केवल (*b*) और (*c*)

61. समान मुद्रा वाले वागेयकारों को चुनिए:

(*a*) मैसूर वासुदेवाचार
(*b*) स्वाति तिरुनल
(*c*) पट्टनाम सुब्रह्मण्यम
(*d*) इरयिम्मन तंपि
(*e*) नारायणतीर्थ

नीचे दिये गये विकल्पों में से सही उत्तर चुनियेः

A. केवल (*a*) और (*d*) B. केवल (*b*) और (*e*)
C. केवल (*b*) और (*d*) D. केवल (*a*) और (*e*)

62. उन तालों को चुनें जिनकी अक्षरकलाएं एक ही हैं

(*a*) चतुरश्रा जाति त्रिपुता ताल
(*b*) संकीर्ण जाति मट्टय ताल
(*c*) मिश्र जाति त्रिपुता
(*d*) खण्ड जाति झम्पा ताल
(*e*) तिश्रा जाति अट ताल

नीचे दिये गये विकल्पों में से सही उत्तर चुनियेः

A. केवल (*b*) और (*c*) B. केवल (*a*) और (*d*)
C. केवल (*c*) और (*e*) D. केवल (*e*) और (*b*)

63. उन दो रागों को चुनें जिनमें त्यागराज ने एकमात्र कृति की रचना की है:

(*a*) अशावेरी (*b*) चेन्चु कंबोजी
(*c*) कल्याण वसंतम् (*d*) नाद चिन्तामणी

नीचे दिये गये विकल्पों में से सही उत्तर चुनियेः

A. केवल (*a*) और (*b*)
B. केवल (*b*) और (*c*)
C. केवल (*c*) और (*d*)
D. केवल (*b*) और (*d*)

64. उन तालों को चुनें जिनकी अक्षरकलाएं समान होती हैं:

(*a*) चतुरश्रा जाति त्रिपुट ताल – खण्डा जाति झम्प ताल
(*b*) मिश्र जाति त्रिपुट ताल – संकीर्ण जाति झम्प ताल
(*c*) खण्ड जाति ध्रुव ताल – संकीर्ण जाति मट्य ताल
(*d*) मिश्र जाति झम्प ताल – मिश्र जाति अटा ताल
(*e*) चतुरश्र जाति ध्रुव ताल – खण्ड जाति अटा ताल

नीचे दिये गये विकल्पों में से सही उत्तर चुनियेः

A. केवल (*b*) और (*c*)
B. केवल (*a*) और (*e*)
C. केवल (*d*) और (*a*)
D. केवल (*c*) और (*d*)

65. निम्न में से दो रागों को चुनें जो महाराज श्री स्वाति तिरनाल के दसावतार राग मालिका में नहीं आते हैं।

(*a*) आनंद भैरवी
(*b*) सुरुटी
(*c*) नादनामक्रिया
(*d*) बिलहरी

नीचे दिये गये विकल्पों में से सही उत्तर चुनियेः

A. केवल (*b*) और (*c*)

B. केवल (*a*) और (*d*)

C. केवल (*c*) और (*d*)

D. केवल (*a*) और (*c*)

66. सूची-I को सूची-II के साथ सुमेलित कीजिएः

सूची-I (स्वर)	सूची-II (बारम्बारता)
(*a*) शुद्ध गान्धार	(*i*) $\frac{6}{5}$
(*b*) साधारण गान्धार	(*ii*) $\frac{5}{4}$
(*c*) अन्तरा गान्धार	(*iii*) $\frac{81}{64}$
(*d*) चुतमध्यम गान्धार	(*iv*) $\frac{32}{27}$

नीचे दिये गये विकल्पों में से सही उत्तर चुनिएः

	(*a*)	(*b*)	(*c*)	(*d*)
A.	(*iv*)	(*ii*)	(*i*)	(*iii*)
B.	(*iv*)	(*i*)	(*ii*)	(*iii*)
C.	(*ii*)	(*iv*)	(*iii*)	(*i*)
D.	(*iii*)	(*ii*)	(*i*)	(*iv*)

67. सूची-I को सूची-II के साथ सुमेलित कीजिएः

सूची-I	सूची-II
(*a*) संकीर्ण रूपक	(*i*) 17
(*b*) उद्‌गट्टम	(*ii*) 11
(*c*) चतुरश्र जाति त्रिपुटा तिस्रगति	(*iii*) 3
(*d*) खंट ध्रुवम	(*iv*) 24

नीचे दिये गये विकल्पों में से सही उत्तर चुनिएः

	(*a*)	(*b*)	(*c*)	(*d*)
A.	(*iii*)	(*iv*)	(*ii*)	(*i*)
B.	(*iii*)	(*iv*)	(*i*)	(*ii*)
C.	(*iv*)	(*iii*)	(*i*)	(*ii*)
D.	(*ii*)	(*iii*)	(*iv*)	(*i*)

68. सूची-I को सूची-II के साथ सुमेलित कीजिएः

सूची-I	सूची-II
(*a*) लघु विरामम्	(*i*) 15 अक्षरकलाएं
(*b*) गुरु विरामम्	(*ii*) 13 अक्षरकलाएं
(*c*) प्लुत विरामम्	(*iii*) 9 अक्षरकलाएं
(*d*) प्लुतध्रुत विरामम्	(*iv*) 5 अक्षरकलाएं

नीचे दिये गये विकल्पों में से सही उत्तर चुनिएः

	(*a*)	(*b*)	(*c*)	(*d*)
A.	(*i*)	(*iv*)	(*ii*)	(*iii*)
B.	(*iv*)	(*ii*)	(*iii*)	(*i*)
C.	(*iii*)	(*i*)	(*ii*)	(*iv*)
D.	(*iv*)	(*iii*)	(*ii*)	(*i*)

69. सूची-I को सूची-II के साथ सुमेलित कीजिएः

सूची-I	सूची-II
(*a*) चक्रवाकम	(*i*) कमल चरण
(*b*) अठाना	(*ii*) श्री कांतिनि येडाबाला
(*c*) अमृत बिहाग	(*iii*) सुगुनामुले
(*d*) भवप्रिया	(*iv*) भजन सेयरादा

नीचे दिये गये विकल्पों में से सही उत्तर चुनिएः

	(*a*)	(*b*)	(*c*)	(*d*)
A.	(*iv*)	(*i*)	(*ii*)	(*iii*)
B.	(*iii*)	(*iv*)	(*i*)	(*ii*)
C.	(*ii*)	(*i*)	(*iii*)	(*iv*)
D.	(*i*)	(*iii*)	(*iv*)	(*ii*)

70. सूची-I को सूची-II के साथ सुमेलित कीजिएः

सूची-I	सूची-II
(*a*) केरयानीरणु	(*i*) स्वरजाति
(*b*) जयकरुण सिंधो	(*ii*) तरंगम
(*c*) एमंतयानरा	(*iii*) लक्ष्यगीतम
(*d*) गोविंदमिहा	(*iv*) लक्षणगीतम

नीचे दिये गये विकल्पों में से सही उत्तर चुनिएः

	(*a*)	(*b*)	(*c*)	(*d*)
A.	(*ii*)	(*iii*)	(*iv*)	(*i*)
B.	(*iii*)	(*iv*)	(*i*)	(*ii*)
C.	(*i*)	(*ii*)	(*iv*)	(*iii*)
D.	(*iv*)	(*i*)	(*iii*)	(*ii*)

71. सूची-I को सूची-II के साथ सुमेलित कीजिएः

सूची-I	सूची-II
(*a*) लवंगी	(*i*) दो अन्यस्वर भाषांग राग
(*b*) आनन्द भैरवी	(*ii*) चार स्वर राग
(*c*) भानुमति	(*iii*) तीन अन्यस्वर भाषांग राग
(*d*) अशवेरी	(*iv*) असंपूर्ण मेल राग

नीचे दिये गये विकल्पों में से सही उत्तर चुनिए:

	(a)	(b)	(c)	(d)
A.	(iii)	(iv)	(ii)	(i)
B.	(ii)	(i)	(iv)	(iii)
C.	(ii)	(iii)	(iv)	(i)
D.	(iv)	(ii)	(i)	(iii)

72. सूची-I को सूची-II के साथ सुमेलित कीजिए:

सूची-I	सूची-II
(a) अग्नि संधि	(i) नव ताल
(b) यम संधि	(ii) बली ताल
(c) वरुण संधि	(iii) मट्टपण ताल
(d) युव संधि	(iv) भृंगी ताल

नीचे दिये गये विकल्पों में से सही उत्तर चुनिए:

	(a)	(b)	(c)	(d)
A.	(iii)	(iv)	(i)	(ii)
B.	(ii)	(iii)	(iv)	(i)
C.	(i)	(iv)	(iii)	(ii)
D.	(iv)	(iii)	(ii)	(i)

73. सूची-I को सूची-II के साथ सुमेलित कीजिए:

सूची-I	सूची-II
(a) दत्तीलम	(i) वाद्य
(b) संगीतसारामृत	(ii) शुष्का
(c) संगीत पारिजात	(iii) वर्णालंकार
(d) संगीतराजा	(iv) समय

नीचे दिये गये विकल्पों में से सही उत्तर चुनिए:

	(a)	(b)	(c)	(d)
A.	(i)	(iv)	(iii)	(ii)
B.	(ii)	(iii)	(iv)	(i)
C.	(iii)	(i)	(ii)	(iv)
D.	(iv)	(iii)	(i)	(ii)

74. सूची-I को सूची-II के साथ सुमेलित कीजिए:

सूची-I	सूची-II
(a) तुद्दामुरे	(i) लालगुडी पंचरत्ना
(b) जननी निनु वींणा	(ii) जावली
(c) स्मरासुन्दरांगुनी	(iii) सुब्बाराय शास्त्री
(d) इश पाहीमाम	(iv) श्रीरंग पंचरत्ला

नीचे दिये गये विकल्पों में से सही उत्तर चुनिए:

	(a)	(b)	(c)	(d)
A.	(iii)	(iv)	(i)	(ii)
B.	(iv)	(iii)	(ii)	(i)
C.	(i)	(iv)	(iii)	(ii)
D.	(ii)	(i)	(iv)	(iii)

75. सूची-I को सूची-II के साथ सुमेलित कीजिए:

सूची-I	सूची-II
(a) तीव्र शुद्ध मध्यमा	(i) शंकराभरणम
(b) च्यूत षडज निषाद	(ii) काम्बोजी
(c) त्रिश्रुति धैवत	(iii) देवगांधारी
(d) च्यूत मध्यमा गांधार	(iv) बेगाडा

नीचे दिये गये विकल्पों में से सही उत्तर चुनिए:

	(a)	(b)	(c)	(d)
A.	(ii)	(i)	(iv)	(iii)
B.	(iii)	(ii)	(i)	(iv)
C.	(iv)	(ii)	(i)	(iii)
D.	(iv)	(i)	(ii)	(iii)

76. 72 मेलों के प्रतिमध्यम मेलों के सही कालक्रम को चुनिए:

(a) कोशलम, चित्रांबरी, नवनीतम, सुवर्णांगी
(b) नवनीतम, सुवर्णांगी, चित्रांबरी, कोशलम
(c) सुवर्णांगी, कोशलम, चित्रांबरी, नवनीतम
(d) सुवर्णांगी, नवनीतम, चित्रांबरी, कोशलम

नीचे दिये गये विकल्पों में से सही उत्तर चुनिए:

A. (c) B. (b)
C. (d) D. (a)

77. मेलों को उनके सही क्रमानुसार चुनिए:

(a) मानावती - भावाप्रिया - कीरावाणी - चलनट्ट - लतांगी
(b) कीरावाणी - चलनट्ट - लतांगी - मानावती - भावाप्रिया
(c) मानावती - कीरावाणी - चलनट्ट - भावाप्रिया - लतांगी
(d) भावाप्रिया - चलनट्ट - मानावती - कीरावाणी - लतांगी

नीचे दिये गये विकल्पों में से सही उत्तर चुनिए:

A. केवल (a) B. केवल (c)
C. केवल (d) D. केवल (b)

78. पारंपरिक संगीत गोष्ठी पैटर्न के अनुसार सांगीतिक रूपों का सही क्रम चुनिए:

(a) तिल्लाना - मंगलम - कृति - वर्णम

(*b*) वर्णम - कृति - तिल्लाना - मंगलम

(*c*) मंगलम - कृति - वर्णम - तिल्लाना

(*d*) कृति - मंगलम - तिल्लाना - वर्णम

नीचे दिये गये विकल्पों में से सही उत्तर चुनिएः

A. (*c*) B. (*b*)

C. (*d*) D. (*a*)

79. त्रिमूति-पूर्व संगीतकारों को उनके विपरीत कालक्रम में चुनिएः

(*a*) भद्राचल रामदास, क्षेत्रज्ञा, अन्नमाचार्य, पुरंदरदास

(*b*) अन्नमाचार्य, पुरंदरदास, क्षेत्रज्ञा, भद्राचल रामदास

(*c*) क्षेत्रज्ञा, अन्नमाचार्य, भद्राचल रामदास, पुरंदरदास

(*d*) पुरंदरदास, क्षेत्रज्ञा, अन्नमाचार्य, भद्राचल रामदास

नीचे दिये गये विकल्पों में से सही उत्तर चुनिएः

A. (*b*) B. (*a*)

C. (*c*) D. (*d*)

80. कालक्रमानुसार प्रबंधों के सही क्रम का चयन कीजिएः

(*a*) संगीत रत्नाकर - संगीत सुधा - दत्तीलम - बृहद्देशी

(*b*) दत्तीलम - बृहद्देशी - संगीत रत्नाकर - संगीत सुधा

(*c*) बृहद्देशी - संगीतसुधा - दत्तीलम - संगीत रत्नाकर

(*d*) संगीत सुधा - संगीत रत्नाकर - बृहद्देशी - दत्तीलम

नीचे दिये गये विकल्पों में से सही उत्तर चुनिएः

A. केवल (*d*) B. केवल (*b*)

C. केवल (*c*) D. केवल (*a*)

81. प्राचीन तमिल राग पदुमलईप्पलईपण, शेव्वलीप्पलईपण, अरुमप्पलईपण, कोडिप्पलईपण मेलों के समान है।

(*a*) मेचकल्याणी, हरिकंबोजी, खरहराप्रिया, हनुमतोडी

(*b*) हनुमतोडी, मेचकल्याणी, हरिकंबोजी, खरहराप्रिया

(*c*) खरहराप्रिया, हनुमतोडी, मेचकल्याणी, हरिकंबोजी

(*d*) हरिकंबोजी, मेचकल्याणी, हनुमतोडी, खरहराप्रिया

नीचे दिये गये विकल्पों में से सही उत्तर चुनिएः

A. (*a*) B. (*b*)

C. (*c*) D. (*d*)

82. सप्त तालों के सही क्रम को अक्षरकालों के अवरोही क्रम में चुनिएः

(*a*) $I_5I_5O, I_4I_4O, I_3I_3O, I_2UO$

(*b*) $I_3I_3O, I_9I_9U, I_5I_5O, I_2UO$

(*c*) $I_9I_9O, I_7I_7U, I_4UO, I_3I_3U$

(*d*) $OUI_7, OOI_9, I_5I_5U, I_4OO$

नीचे दिये गये विकल्पों में से सही उत्तर चुनिएः

A. (*b*) B. (*c*)

C. (*d*) D. (*a*)

83. भाषांग स्वरा की संख्या के अनुसार सही क्रम का चयन कीजिएः

(*a*) सिंधु भैरवी - मुखारि - अथान - आनंद भैरवी

(*b*) अथान - सिंधु भैरवी - मुखारि - आनंद भैरवी

(*c*) आनंद भैरवी - मुखारि - अथान - सिंधु भैरवी

(*d*) मुखारि - अथान - आनंद भैरवी - सिंधु भैरवी

नीचे दिये गये विकल्पों में से सही उत्तर चुनिएः

A. केवल (*c*) B. केवल (*a*)

C. केवल (*b*) D. केवल (*d*)

84. षोडश अंग द्वारा लिया जाने वाला अक्षरकाला को आरोही क्रम में लगाइएः

(*a*) गुरुद्रुत, प्लुत द्रुत विराम, प्लुत विराम, लघु द्रुत विराम

(*b*) प्लुत द्रुत विराम, लघु द्रुत विराम, गुरु द्रुत, प्लुत विराम

(*c*) प्लुत विराम, गुरु द्रुत, प्लुत द्रुत विराम, लघु द्रुत

(*d*) लघु द्रुत विराम, गुरु द्रुत, प्लुत विराम, प्लुत द्रुत विराम

नीचे दिये गये विकल्पों में से सही उत्तर चुनिएः

A. (*b*) B. (*c*)

C. (*a*) D. (*d*)

85. जब शंकराभरह के री, ग, प, ध को षडज के रूप में लिया जाता है तो रागों में क्रमश परिणाम होता हैः

(*a*) हरिकंबोजी, तोडी, नटभैरवी, खरहराप्रिया

(*b*) तोडी, हरिकंबोजी, खरहराप्रिया, नटभैरवी

(*c*) खरहराप्रिया, तोडी, हरिकंबोजी, नटभैरवी

(*d*) नटभैरवी, खरहराप्रिया, तोडी, हरिकंबोजी

नीचे दिये गये विकल्पों में से सही उत्तर चुनिएः

A. (*a*) B. (*b*)

C. (*c*) D. (*d*)

86. नीचे दो कथन दिए गए हैं:

कथन I : कर्णाटिक संगीत में हिंदुस्तानी संगीत के समान वाद्य संगीत के लिए भिन्न संगीत रचनाएं नहीं हैं।

कथन II : कर्णाटिक संगीत के संगीतकारों ने वाद्ययंत्र बजाने वालों को पृथक रचनाएं बनाने की अनुमति कभी नहीं दी।

उपर्युक्त कथनों के आलोक में निम्नांकित विकल्पों में से सही उत्तर चुनें:

A. कथन I और कथन II दोनों सही हैं और कथन II, कथन I की सही व्याख्या है।
B. कथन I और कथन II दोनों सही हैं, परन्तु कथन II, कथन I की सही व्याख्या नहीं है।
C. कथन I सही है, परन्तु कथन II गलत है।
D. कथन I गलत है, परन्तु कथन II सही है।

87. नीचे दो विवरण दिए गए हैं– एक अभिकथन (A) तथा दूसरा तर्क (R) के रूप में अंकित है:

अभिकथन (A) : भारतीय संगीत में महान उस्तादों की परंपरा का घराना या बानी के नाम पर उनके वंशजों ने अनुसरण किया है।

तर्क (R) : महान संगीतकारों को आगे अपनी स्वयं को बानी की पुनर्रचना करने हेतु विशिष्ट वंशावली में किया जाता है जिसका अनुसरण आने वाली पीढ़ियाँ करेंगी।

उपर्युक्त कथनों के आलोक में निम्नांकित विकल्पों में से सही उत्तर चुनें:

A. (A) और (R) दोनों सही हैं और (R), (A) की सही व्याख्या है।
B. (A) और (R) दोनों सही हैं, परन्तु (R), (A) की सही व्याख्या नहीं है।
C. (A) सही है, परन्तु (R) गलत है।
D. (A) गलत है, परन्तु (R) सही है।

88. नीचे दो कथन दिए गए हैं:

कथन I : क्षणग समानार्थी नामों से जाने जाते हैं।

कथन II : अंग का समानार्थी 'गुरु' चक्र है।

उपर्युक्त कथनों के आलोक में निम्नांकित विकल्पों में से सही उत्तर चुनें:

A. कथन I और कथन II दोनों सही हैं।
B. कथन I और कथन II दोनों सही नहीं हैं।
C. कथन I सही है, किंतु कथन II सही नहीं है।
D. कथन I सही नहीं है, किंतु कथन II सही है।

89. नीचे दो कथन दिए गए हैं:

कथन I : बहुत प्राचीन काल से गुरुकुल सम्प्रदाय के माध्यम से अगली पीढ़ी को संगीत शिक्षा दी जाती थी।

कथन II : संगीत शिक्षा की गुरुकुल सम्प्रदाय पद्धति केवल संगीत कलाकार तैयार कर सकती है, संगीत सिद्धांतकार नहीं।

उपर्युक्त कथनों के आलोक में निम्नांकित विकल्पों में से सही उत्तर चुनें:

A. कथन I और कथन II दोनों सही हैं।
B. कथन I और कथन II दोनों सही नहीं हैं।
C. कथन I सही है, किंतु कथन II सही नहीं है।
D. कथन I सही नहीं है, किंतु कथन II सही है।

90. नीचे दो विवरण दिए गए हैं– एक अभिकथन (A) तथा दूसरा तर्क (R) के रूप में अंकित है:

अभिकथन (A) : प्रबंधों के कारण भारतीय संगीत की परंपरा अपने क्रमिक विकास के पूरी अवधि में जीवित रही।

तर्क (R) : यदि प्रबंध न लिखे जाते तो भारतीय संगीत पल्लवित पुष्पित न हुआ होता।

उपर्युक्त कथनों के आलोक में निम्नांकित विकल्पों में से सही उत्तर चुनें:

A. (A) और (R) दोनों सही हैं और (R), (A) की सही व्याख्या है।
B. (A) और (R) दोनों सही हैं, परन्तु (R), (A) की सही व्याख्या नहीं है।
C. (A) सही है, परन्तु (R) गलत है।
D. (A) गलत है, परन्तु (R) सही है।

निर्देश (प्र.सं. 91 से 95 तक): *निम्नलिखित गद्यांश को ध्यानपूर्वक पढ़ें व दिए गए प्रश्नों के उत्तर दें।*

प्रकृति से संबंधित सभी वस्तुओं में व्यवस्थित क्रम व लय होती है। संगीत में लय बहुत ही महत्वपूर्ण भूमिका निभाती है। संगीत की व्यवहारिक व सैद्धान्तिक अवधारणाएं अनेक प्रकार से गणित से संबंधित हैं। श्रुति अन्तराल के अध्ययन में गणित से काफी मदद मिलती है। गणित के माध्यम से हमारी राग व ताल प्रणाली के क्रम विकास का आगे और अन्वेषण भी किया जा सकता है। गमकों में भी परिभाषित उच्चतर व निम्नतर सीमाओं के बीच दोलन होता है।

91. चतुरश्रुति रिषभ और कोमल कौशिकी निषद के मध्य अन्तराल होता हैः

A. पूरक
B. पूर्ण द्विश्रुति
C. न्यून श्रुति
D. त्रिश्रुति

92. भावभट्टा के अनुपसंगीत विलास के श्रुति पद्धति में अलंकारिणी किसका नाम है?

A. षडज
B. रिषभ
C. मध्यमा
D. निषद

93. पंचश्रुति अन्तराल का मान हैः

A. 9/8
B. 32/27
C. 6/5
D. 3/2

94. 3 यज्ञअग्नि तृतीय चक्र अग्नि का प्रतिनिधित्व करता हैः

A. रव, कटक, पुष्टकम
B. कन्दरप, क्रीडा, मट्टिका
C. गर्हपाठ्यम्, आहवनियम्, दक्षिणम्
D. दिपक, अनंग, वरतिका

95. असमान का चयन करेंः

A. दिव्य लघु
B. सिम्हा लघु
C. सम लघु
D. वर्ण लघु

निर्देश (प्र.सं. 96 से 100 तक)ः *निम्नलिखित गद्यांश को ध्यानपूर्वक पढ़ें और दिए गए प्रश्नों के उत्तर दें:*

संगीत के इतिहास के अध्ययन का उद्देश्य कला की बेहतर समझ और गुणग्राह्यता है। इतिहास के तीन कालों में प्राचीन और मध्य काल की विशेषता महान संगीत ग्रंथों की रचना है। इसके विपरीत आधुनिक युग संगीत रचनाओं की व्यापक विविधता के लिए जाना जाता है जिसका श्रेय मुख्यतः संत त्यागराज, मुत्तुस्वामी दीक्षित और श्यामा शास्त्री की त्रयी को दिया जाता है, जिन्होंने कला के सैद्धांतिक पक्ष का अनुपालन किया, उनकी रचनायें उन ग्रंथों में निहित अनेक सिद्धांतों और नियमों की व्याख्या थी। इसके थोड़े दिनों बाद ही सिद्धांतों को पीछे दौड़ते हुए संगीत साधक परिदृश्य में आ गये। प्रत्येक साधक ने अपने रचनात्मक कौशल और कल्पना शक्ति के माध्यम से कला की प्रगति के लिए हर संभव प्रयत्न किया। यह सिलसिला अभी भी जारी है।

96. एक महत्वपूर्ण संगीत ग्रंथ जिससे मध्य काल की शुरुआत होती हैः

A. नाट्यशास्त्र
B. संग्रह चूड़ामणि
C. बृहदेसी
D. चतुर दंड प्रकाशिका

97. त्रयी की अवधि के पूर्व के दो मुख्य संगीत रचनाकारः

A. उत्तुकाड वेंकट सुब्बा अय्यर और नारायण तीर्थ
B. पट्टनम सुब्रह्मण्यम अय्यर और रामनाड श्रीनिवास अय्यंगार
C. के.सी. केशव पिल्लई और इरेयिम्मन तम्बी
D. वीणा कुप्पैयर और तिरुवट्टुयुर त्यागैय्यर

98. त्रयी अवधि के दौरान गौरव शिखर पर पहुँचने वाली कला संगीत शैलीः

A. कीर्तनम
B. जावली
C. रागमलिका
D. कृति

99. विविध कला संगीत शैली की अतिशय रचना का कारणः

A. संगीतकारों की सीमायें
B. विषयवस्तु, राग और ताल के चयन की स्वतंत्रता
C. संगीतकारों का रचनात्मक कौशल
D. प्रचार-प्रसार कार्य के लिए अनेक साधक थे

100. मनोधर्म संगीत पद्धति के विकास में संगीत शैलियां किस प्रकार सहायक होती हैं?

A. उनका मुख्य प्रयोजन प्रस्तुति था।
B. निर्वल, कल्पना स्वर, गायन, इत्यादि जैसे मनोधर्म संगीत के विभिन्न पहलुओं की प्रस्तुति के लिए उनमें काफी गुंजाइश होती है
C. साधकों के लिए उन संगीत रचनाओं को सीखना काफी सरल होता है।
D. विद्वानों और साधारण लोगों दोनों में उनकी सहज स्वीकार्यता थी।

भाग-IV

रबीन्द्र संगीत

26. 'उत्सर्ग' किसके प्रति समर्पित था?
A. सी.एफ. एन्ड्रयूज
B. डब्ल्यू.डब्ल्यू. पियर्सन
C. रोमा रोलांड
D. विक्टोरिया ओकंपो

27. 'सुकनोपात केजे छड़ाय' गीत किस राग पर आधारित है?
A. मुल्तानी B. तोड़ी
C. पूरबी D. मारवा

28. 'अनंत सागर माझे'—इस गीत के राग का द्योतक है—
A. बागेश्री B. बिहाग
C. भीम पलाश्री D. मुल्तानी

29. नितिन्द्रनाथ रबीन्द्रनाथ के थे :
A. दामाद B. नाती
C. भाई D. भतीजा

30. कनिक बंद्योपाध्याय द्वारा गाए गए और स्वरवितान में उल्लेख किए गए गीत 'अमी मारेर सागरपाड़ी देबो गो' के बीच क्या अंतर है?
A. पहले का त्योड़ा में है और बाद का जंपक में है
B. पहले का दादरा में है और बाद का षष्टी में है
C. पहले का दादरा में है और बाद का कहरवा में है
D. पहले का कहरवा में है और बाद का दादरा में है

31. उचित युग्म की पहचान कीजिए :
A. अनत सागर माझे – आड़ाठेका
B. अमृतेर सागरे आमी – चौताल
C. आनंद रोएच्छे जागी – रूपक
D. अजि मोर द्वारे – धमार

32. 'बसंतोत्सव' की रचना निम्नलिखित में से किसने की है?
A. ज्योतिरीन्द्रनाथ टैगोर
B. रबीन्द्रनाथ टैगोर
C. स्वर्ण कुमारी देवी
D. अतुल प्रसाद सेन

33. 'भबन होइते भुबन बासी' गीत किस पर आधारित है?
A. मिश्र सहाना B. बड़हंस सारंग
C. वृन्दावनी सारंग D. अड़ाना

34. 'बंदे मातरम सुजलंग सुफलंग' के सुर लिपिकार निम्नलिखित में से कौन हैं?
A. बंकिम चंद्र चट्टोपाध्याय
B. रबीन्द्रनाथ टैगोर
C. इंद्रा देवी चौधरानी
D. दीनेन्द्रनाथ टैगोर

35. गलत युग्म की पहचान कीजिए :
A. बूझे बेला बोहे जाय – प्राकृतिर प्रतिशोधे
B. एरा पारके अपन कारे – राजा - ओ - रानी
C. मोने रोये गेलो मोनेरकथा – मायरखेला
D. तोरा जे जा बोलिश भाई – राजा

36. 'नित्य सत्ये चिंतन करो रे बिमल हृदये' गीत के असत्य कथन की पहचान कीजिए :
A. रबीन्द्रनाथ टैगोर का ब्रह्म संगीत
B. इस गीत का राग अड़ाना है
C. यह गीत पूजा श्रेणी का है
D. इस गीत के स्वर लिपिकार कंगलीचरण सेन हैं

37. 'भाबो सेई एके जले स्थले शून्ये' गीत की रचना किसने की?
A. राम प्रसाद सेन B. राजा राममोहन राय
C. दुर्गानाथ राय D. सुकुमार राय

38. इस स्वर लिपि की सहायता से गीत की पहचान कीजिए:

II$\dot{S}$–$\dot{S}$I$\dot{S}$–I$\dot{S}$N–$\dot{R}$I$\dot{S}$–IN–I

ID–$\dot{S}$IN–IDPIP'MDIP–IP–

A. संन्यासी जे जागियो ओई
B. ओई झंझारो झंकारे झंकारे
C. ओरे झार नेमे आई
D. खार बायु बॉय बेगे

A-210

39. इस गीत की ताल की पहचान कीजिए :
कोबे आमी बाहिर होलम तुमारी गान ए

A. दादरा B. त्योड़ा
C. रूपक D. झंपक

40. इस गीत के राग की पहचान कीजिए :

संन्यासी जे जिगिलो

A. परज बसंत B. ललिता गौरी
C. इमन परज D. सिंधु काफी

41. इस गीत की श्रेणी (पर्याय) की पहचान कीजिए :

ग्राम छाड़ा होई रांगामाटी पाभ

A. पूजा B. प्रकृति
C. स्वदेश D. बिचित्र

42. रबीन्द्रनाथ टैगोर ने मृणालिनी देवी को लिखे अपने एक पत्र में 'ऋषि' के बारे में लिखा है। 'ऋषि' कौन था?

A. बालपुर आश्रम का एक विद्यार्थी
B. रवीन्द्रनाथ का भतीजा
C. मृणालिनी देवी का छोटा भाई
D. माधुरीलता का बहनोई

43. 'मुख परेचेये देखी' 'शेषरक्ष्य' नाटक में यह गीत किसने गाया था?

A. इंदु B. ललिता
C. बिनोद D. अभय

44. ''एखेनो केनो समोय नहीं होलो'' गीत किस नाटक से है?

A. तपती B. नलिनी
C. नाबिन D. परिशोध

45. रबीन्द्रनाथ टैगोर ने 'गोरे बैरे' अपना उपन्यास किसको समर्पित किया था?

A. शिवनाथ शास्त्री
B. अयोध्यानाथ पाकरशि
C. प्रमोथनाथ चौधरी
D. लोकेन्द्रनाथ पालित

46. रबीन्द्रनाथ टैगोर ने अपना 'चार अध्याय' कहाँ पूरा किया था?

A. कलकत्ता में B. कैंडी में
C. बनारस में D. वाल्टेयर में

47. टैगोर ने अपनी रचना 'अचलायतन' किसको समर्पित की है?

A. देबेन्द्रनाथ सेन B. यदुनाथ सरकार
C. सौदामिनी देवी D. नीतू

48. तानसेन के 'नहनागर बोसाए सुरपट महल छाए' पर आधारित टैगोर का गीत है :

A. एई सकल बेलार बदल
B. आजि ए आनंद संध्या
C. प्रोवते बिमल आनंदे
D. अमर प्राने गोभिर गोपन

49. उपेन्द्र किशोर राय चौधरी द्वारा रचित गीत है :

A. सकल जनम भोरे ओ मोरे
B. आजि ए भरत लज्जिता
C. ह्रदय द्वारे के आइतो
D. तालुलता छिन्ना बृन्तो

50. 'उपन्यास' के संदर्भ में विषम की पहचान कीजिए :

A. करुण B. मुकुट
C. राजर्षि D. मालंच

51. '........छंदेर लीला अचल कठिन मृदंगे'—इस गीत की प्रथम पंक्ति बताइए :

A. ओरे बकुल, परुल
B. ओ जानकी, की सुखे ओई
C. तुमी उशर सोनार
D. अंधारे लीला अकाशे आलोकलेखाय

52. कौन-सा गीत राग 'छायानट' में है?

A. नाई रश नाई B. नाथो हे प्रेमोपथे
C. नाई जोदि बा एले D. नाच श्यामा ताले ताले

53. सुरेन्द्रनाथ बंद्योपाध्याय ने निम्नलिखित में से किस गीत की स्वरलिपि तैयार की थी?

A. आलो अमर आलो ओगो
B. सकल जनम भोरे
C. उतल धरा बादल झोरे
D. यिनी सकल काजेर काजी

54. किस गीत में रबीन्द्रनाथ ने 'शेषबारशन' का उपयोग किया है?

A. अमर रात पोहेलो

B. तृष्णार शांति सुंदर कांति
C. मोमो मोनो उपवने
D. नील अंजनघन

55. 'दूर रजनीर स्वप्न लागे' गीत किससे है?
A. क्षणिक B. चित्रा
C. परिशेष D. कल्पना

56. इस स्वर लिपि की सहायता से गीत की पहचान कीजिए:

$$\text{II}\ \underline{N} - \acute{S}\ \acute{S}\ |\ {}^{\dot{S}}\underline{N}\ {}^{\dot{S}}\underline{N}\ \underline{N}\ |\ N\ N\ D\ \dot{\underline{N}}\ |\ -\ \underline{D}\ \underline{D}\ DP$$
$$\text{I}\ \underline{M} - -\ |\ P\ P\ \underline{D}\ |\ \underline{M} - P - \underline{G}\ |\ - - -\ \text{I}$$

A. याओ याओ यदि याओ
B. ओगो परोसिनी
C. हे रे नुपूर
D. सब किछु केनो नीलोना

57. 'साखि ओई बूझी बांसी बाजे' गीत निम्नलिखित में से किनमें है?
(*a*) राग खंबज (*b*) ताल एकताल
(*c*) राज-ओ-रानी (*d*) शापमोचन
(*e*) श्रवण गाथा
नीचे दिए गए विकल्पों में से सही उत्तर चुनिए:
A. केवल (*a*), (*b*) और (*c*)
B. केवल (*b*), (*c*) और (*d*)
C. केवल (*c*), (*d*) और (*a*)
D. केवल (*b*), (*a*) और (*e*)

58. 'बाजारे बांसरी बाजो' गीत .... में है:
(*a*) अरुपरतन (*b*) शापमोचन
(*c*) गृहप्रवेश (*d*) नाबिन
(*e*) काव्यगीत
नीचे दिए गए विकल्पों में से सही उत्तर चुनिए:
A. केवल (*a*) और (*b*) B. केवल (*b*) और (*c*)
C. केवल (*c*) और (*d*) D. केवल (*d*) और (*e*)

59. 'बाकी आमी राखबोना किछुई' .... में है:
(*a*) फालगुनी (*b*) बसंत
(*c*) चित्रांगदा (*d*) श्रवण गाथा
(*e*) डाकघर
नीचे दिए गए विकल्पों में से सही उत्तर चुनिए:
A. केवल (*a*) और (*b*) B. केवल (*c*) और (*e*)
C. केवल (*a*) और (*c*) D. केवल (*b*) और (*d*)

60. निम्नलिखित में से कौन-से गीत 'श्रवण गाथा' नाटक में प्रयुक्त होते हैं?
(*a*) मामा मोनो चले अभिसारे
(*b*) नामो नोमो करुणाघन
(*c*) प्रलय नाचन नाच बे जाखन
(*d*) एसो निपो बोने छाया बिठी
(*e*) पूबा हवाते दई डोला
नीचे दिए गए विकल्पों में से सही उत्तर चुनिए:
A. केवल (*a*), (*b*), (*c*)
B. केवल (*b*), (*c*), (*d*)
C. केवल (*a*), (*b*), (*d*)
D. केवल (*b*), (*d*), (*e*)

61. निम्नलिखित में से 'चौताल' ताल में रचित गीतों की पहचान कीजिए:
(*a*) हे मोहा प्रबल बलि
(*b*) आजी कोन धन होते
(*c*) आजी मामा मौन चाहे
(*d*) आजी मोर द्वारे
(*e*) नूतन प्रान दाओ
नीचे दिए गए विकल्पों में से सही उत्तर चुनिए:
A. केवल (*a*), (*c*) और (*d*)
B. केवल (*a*), (*b*) और (*c*)
C. केवल (*b*), (*c*) और (*d*)
D. केवल (*a*), (*b*) और (*e*)

62. राग 'बहार' में रचित गीत निम्नलिखित में से कौन-से हैं?
(*a*) आजी कमल मुकुल दल खुलिलो
(*b*) ओरे भाई फागुन लेगेछे
(*c*) गहन गहन जा रे तोरा
(*d*) ओ मंजरी ओ मंजरी
(*e*) एई जे हेरी गो देबी
नीचे दिए गए विकल्पों में से सही उत्तर चुनिए:
A. केवल (*a*), (*b*) और (*c*)

B. केवल (*b*), (*c*) और (*d*)
C. केवल (*a*), (*c*) और (*d*)
D. केवल (*a*), (*c*) और (*e*)

63. 'बल गोलाप मोरे बल' .... में है :
(*a*) प्रेम पर्याय का गीत
(*b*) 'बिबिध' पर्याय का गीत
(*c*) खेमता गीत का ताल
(*d*) पीलू गीत का राग
(*e*) दादरा गीत का ताल

नीचे दिए गए विकल्पों में से सही उत्तर चुनिए :
A. केवल (*a*), (*b*) और (*c*)
B. केवल (*b*), (*c*) और (*e*)
C. केवल (*c*), (*b*) और (*d*)
D. केवल (*a*), (*c*) और (*d*)

64. करुण के तीन चरित्र हैं :
(*a*) निधिरम (*b*) नोनीबाला
(*c*) नरेन्द्र (*d*) मोहिनी
(*e*) अमूल्य

नीचे दिए गए विकल्पों में से सही उत्तर चुनिए :
A. केवल (*b*), (*d*) और (*e*)
B. केवल (*a*), (*b*) और (*c*)
C. केवल (*a*), (*c*) और (*d*)
D. केवल (*c*), (*d*) और (*e*)

65. 'के डाके! आमी काभू फिरे नाहीं चाई' .... में है :
(*a*) कालमृगय (*b*) मायार खेला
(*c*) प्रेम (*d*) खेमटा
(*e*) प्रेम-ओ-प्रकृति

नीचे दिए गए विकल्पों में से सही उत्तर चुनिए :
A. केवल (*b*) और (*c*) B. केवल (*a*) और (*b*)
C. केवल (*d*) और (*e*) D. केवल (*c*) और (*d*)

66. सूची से 'प्रेम' के दो गीतों का चयन कीजिए :
(*a*) फिरबे ना ता जानी
(*b*) स्वप्न लाकेर बिदेशिनी
(*c*) तरुण प्रातेर अरुण
(*d*) एकला बोसे एके एके आन्यमोने
(*e*) मोहेर मोध्ये निरभोधी

नीचे दिए गए विकल्पों में से सही उत्तर चुनिए :
A. केवल (*b*) और (*e*) B. केवल (*a*) और (*d*)
C. केवल (*d*) और (*e*) D. केवल (*a*) और (*b*)

67. निम्नलिखित दो गीतों से राग 'पूरबी' की पहचान कीजिए :
(*a*) तोमा लागी, नाथ जागी
(*b*) तुमी डाक दिएछो
(*c*) तुमी तो सेई जाबेई
(*d*) तुमी नाबो नाबो रूपे

नीचे दिए गए विकल्पों में से सही उत्तर चुनिए :
A. केवल (*a*) और (*b*)
B. केवल (*b*) और (*d*)
C. केवल (*a*) और (*c*)
D. केवल (*c*) और (*d*)

68. 'नाटिर पूजा' के तीन चरित्रों की पहचान कीजिए :
(*a*) लोकेश्वरी (*b*) अमल
(*c*) मल्लिका (*d*) मालती
(*e*) उमेश

नीचे दिए गए विकल्पों में से सही उत्तर चुनिए :
A. केवल (*a*), (*b*) और (*c*)
B. केवल (*a*), (*c*) और (*d*)
C. केवल (*c*), (*d*) और (*e*)
D. केवल (*b*), (*c*) और (*d*)

69. ''अलोके कुसुम ना दिओ'' .... में है :
(*a*) प्रेम ओ प्रकृति का एक गीत
(*b*) 'चिरोकुमार सभा' का एक गीत
(*c*) अक्षय का चरित्र
(*d*) श्रीष का चरित्र
(*e*) प्रेम पर्याय का एक गीत

नीचे दिए गए विकल्पों में से सही उत्तर चुनिए :
A. केवल (*b*), (*c*) और (*e*)
B. केवल (*a*), (*b*) और (*d*)
C. केवल (*b*), (*d*) और (*c*)
D. केवल (*a*), (*c*) और (*d*)

70. निम्नलिखित को कालक्रमानुसार व्यवस्थित कीजिए :
(*a*) मालिनी (*b*) डाकघर
(*c*) बिसर्जन (*d*) पृथ्वीराज पराजय

नीचे दिए गए विकल्पों में से सही उत्तर चुनिए :

A. (a), (b), (c), (d) B. (d), (c), (a), (b)

C. (b), (d), (a), (c) D. (c), (a), (d), (b)

71. निम्नलिखित को कालक्रमानुसार व्यवस्थित कीजिए :

(a) बांसरी (b) शेष बर्षन

(c) मालंच (d) नाबिन

(e) श्यामा

नीचे दिए गए विकल्पों में से सही उत्तर चुनिए :

A. (a), (b), (c), (d), (e)

B. (b), (d), (a), (c), (e)

C. (c), (e), (b), (d), (a)

D. (d), (c), (b), (e), (a)

72. गीतवितान के अनुसार अनुक्रम में व्यवस्थित कीजिए :

(a) राजपुरिते बजाय बंशी बेला शेषेर

(b) अमर बेला जे जय सांझ बेलेते

(c) आमी तोमाय जाता सुनिए छिलेम गान

(d) कन्ना हासिर डोल डोलनो पौस फागुनेर

(e) सुरेर गुरु दाओ गो सुरेर दीक्षा

नीचे दिए गए विकल्पों में से सही उत्तर चुनिए :

A. (e), (d), (c), (b), (a)

B. (b), (d), (a), (e), (c)

C. (a), (b), (c), (d), (e)

D. (d), (e), (c), (b), (a)

73. टैगोर की रचनाओं को सही अनुक्रम में व्यवस्थित कीजिए :

(a) मुक्तोदरा (नाटक)

(b) पालाटका (काव्य)

(c) बालका (काव्य)

(d) कल्पना (काव्य)

(e) गनेर बन्ही (गीत नाट्य)

नीचे दिए गए विकल्पों में से सही उत्तर चुनि।।

A. (a), (b), (c), (d), (e)

B. (c), (d), (a), (e), (b)

C. (e), (d), (c), (b), (a)

D. (d), (e), (c), (b), (a)

74. निम्नलिखित को सही अनुक्रम में व्यवस्थित कीजिए :

(a) बंगबर्शन (b) सुबुजपात्र

(c) भारती (d) प्रबासी

नीचे दिए गए विकल्पों में से सही उत्तर चुनिए :

A. (a), (c), (b), (d) B. (c), (a), (d), (b)

C. (b), (d), (a), (c) D. (c), (d), (a), (b)

75. निम्नलिखित को सही अनुक्रम में व्यवस्थित कीजिए :

(a) ओरे चित्ररेखाडोरे बांधिलो के

(b) अमार की बेदना से की

(c) कोन गहन अरण्यो तरे एलेम

(d) तोमार प्रेमे धन्यो

नीचे दिए गए विकल्पों में से सही उत्तर चुनिए :

A. (b), (c), (a), (d) B. (a), (d), (c), (b)

C. (d), (c), (b), (a) D. (b), (d), (a), (c)

76. निम्नलिखित को सही अनुक्रम में व्यवस्थित कीजिए :

(a) प्रभात संगीत

(b) शैशव संगीत

(c) सांध्य संगीत

(d) कोरी ओ कोमल

नीचे दिए गए विकल्पों में से सही उत्तर चुनिए :

A. (a), (b), (c), (d) B. (b), (c), (d), (a)

C. (c), (a), (b), (d) D. (d), (b), (c), (a)

77. निम्नलिखित को सही अनुक्रम में व्यवस्थित कीजिए :

(a) मालिनी (b) फाल्गुनी

(c) मुकुट (d) परित्राण

नीचे दिए गए विकल्पों में से सही उत्तर चुनिए :

A. (b), (a), (d), (c) B. (a), (c), (b), (d)

C. (d), (b), (c), (a) D. (a), (d), (b), (c)

78. सूची-I को सूची-II के साथ सुमेलित करें।

सूची-I	सूची-II
(a) ओई पोहिलो तिमिर रात्रि	I. स्वरबितान 22
(b) एक सूत्रे बांधीयाच्छी	II. स्वरबितान 27
(c) एसो है गृह देबोतो	III. स्वरबितान 17
(d) दांडाओ अमात आंखिर आगे	IV. स्वरबितान 24

नीचे दिए गए विकल्पों में से सही उत्तर चुनें :

	(a)	(b)	(c)	(d)
A.	IV	III	II	I
B.	III	IV	I	II
C.	I	II	III	IV
D.	II	I	IV	III

79. सूची-I को सूची-II के साथ सुमेलित करें :

सूची-I	सूची-II
(*a*) स्वरवितान-16	I. मायेर खेला
(*b*) स्वरवितान-6	II. गीता पंचाशिका
(*c*) स्वरवितान-4	III. बसंत
(*d*) स्वरवितान-48	IV. अरूप रतन

नीचे दिए गए विकल्पों में से सही उत्तर चुनें :

	(*a*)	(*b*)	(*c*)	(*d*)
A.	II	III	IV	I
B.	I	II	III	IV
C.	III	I	II	IV
D.	IV	II	I	III

80. सूची-I को सूची-II के साथ सुमेलित करें।

सूची-I	सूची-II
(*a*) रुद्र चंद्र	I. 1916
(*b*) उपनिषद् ब्रह्म	II. 1926
(*c*) फाल्गुनी	III. 1881
(*d*) चिरकुमार सभा	IV. 1901

नीचे दिए गए विकल्पों में से सही उत्तर चुनें :

	(*a*)	(*b*)	(*c*)	(*d*)
A.	III	IV	II	I
B.	I	II	III	IV
C.	III	IV	I	II
D.	IV	III	II	I

81. सूची-I को सूची-II के साथ सुमेलित करें।

सूची-I	सूची-II
(*a*) अखिल ब्रह्मांड पति	I. हेमेन्द्रनाथ टैगोर
(*b*) केनो भालो चिर सुहृदय	II. बालेन्द्रनाथ टैगोर
(*c*) असीम रहस्य माझे	III. सतेन्द्रनाथ टैगोर
(*d*) नाथ तुमी ब्रह्म तुमी	IV. द्विजेन्द्रनाथ टैगोर

नीचे दिए गए विकल्पों में से सही उत्तर चुनें :

	(*a*)	(*b*)	(*c*)	(*d*)
A.	I	II	III	IV
B.	II	I	IV	III
C.	IV	III	II	I
D.	III	IV	I	II

82. सूची-I को सूची-II के साथ सुमेलित करें।

सूची-I	सूची-II
(*a*) ओरे पथिक ओरे प्रेमिक	I. 'नटराज नृत्य रंगशाला'
(*b*) चोले जाए मोरी हे	II. 'बसंत'
(*c*) चोखेर आलोय देखे चितम	III. 'फाल्गुनी'
(*d*) केनो पंथो ए चंचलता	IV. 'नाबिन'

नीचे दिए गए विकल्पों में से सही उत्तर चुनें :

	(*a*)	(*b*)	(*c*)	(*d*)
A.	I	III	IV	II
B.	II	IV	III	I
C.	IV	I	II	III
D.	III	II	I	IV

83. सूची-I को सूची-II के साथ सुमेलित करें।

सूची-I	सूची-II
(*a*) रितुरंग	I. 1932
(*b*) महुआ	II. 1929
(*c*) पूरबी	III. 1927
(*d*) गीतोत्सब	IV. 1925

नीचे दिए गए विकल्पों में से सही उत्तर चुनें :

	(*a*)	(*b*)	(*c*)	(*d*)
A.	II	III	I	IV
B.	III	II	IV	I
C.	I	IV	II	III
D.	IV	I	III	II

84. सूची-I को सूची-II के साथ सुमेलित करें :

सूची-I	सूची-II
(*a*) आमि दिन ओती दिन	I. 'निर्भर'
(*b*) निकट देखिबो तुमारे	II. 'संकल्प'
(*c*) पेयेछी संधान तबो	III. 'बिनय'
(*d*) की भोय अभोय धामे	IV. 'उपलब्धि'

नीचे दिए गए विकल्पों में से सही उत्तर चुनें :

	(*a*)	(*b*)	(*c*)	(*d*)
A.	II	I	III	IV
B.	III	II	IV	I
C.	I	IV	II	III
D.	IV	III	I	II

85. सूची-I को सूची-II के साथ सुमेलित करें :

सूची-I	सूची-II
(*a*) तोमारी इच्छा होक पूर्ण	I. मेरे गिरधर गोपाल
(*b*) तोमा लागी नाथ	II. तुआ चरण कमलपर
(*c*) ताबो अमल परशरस	III. तुम बिन रहो
(*d*) चिरोदिबस नाबो मधुरय	IV. नबो भबन नाबो राघव

नीचे दिए गए विकल्पों में से सही उत्तर चुनें :

	(*a*)	(*b*)	(*c*)	(*d*)
A.	I	III	II	IV
B.	IV	III	I	II
C.	III	I	IV	II
D.	II	IV	I	III

86. नीचे दो कथन दिए गए हैं :

कथन-I : कोई भी वस्तु सदा अपनी स्थाई अवस्था में नहीं होती है; चीजें अपना स्वरूप तेजी से बदलती हैं और कुछ अन्य रूप धारण कर लेती हैं चाहे हम उन पर निरंतर ध्यान रखने की कोशिश क्यों न करें।

कथन-II : अतः संस्कृत में, हम परिवर्तनशील विश्व के लिए संसार शब्द का प्रयोग करते हैं जो सदैव गतिशील है और मायारूपी जिस संसार की हम बात करते हैं उसे स्वप्न कहते हैं।

उपर्युक्त कथनों के आलोक में निम्नांकित विकल्पों में से सही उत्तर चुनें :

A. कथन-I और कथन-II दोनों सही हैं।
B. कथन-I और कथन-II दोनों सही नहीं हैं।
C. कथन-I सही है, किंतु कथन-II सही नहीं है।
D. कथन-I सही नहीं है, किंतु कथन-II सही है।

87. नीचे दो विवरण दिए गए हैं–एक कथन-I तथा दूसरा कथन-II के रूप में अंकित है :

कथन-I : भौतिक वस्तुओं की अप्रासंगिकता अत्यन्त पुरानी बात है। मनुष्य में आत्मा का प्रकटन वास्तव में आधुनिक बात है। मैं उसका पक्षधर हूँ क्योंकि मैं आधुनिक हूँ। मैंने उल्लेख किया है कि मेरा जन्म उस परिवार में कैसे हुआ जिसने विद्रोह किया और जिसका आंतरिक आदर्श के प्रति अपनी निष्ठा पर विश्वास था।

कथन-II : विश्व में मनुष्य द्वारा किए गए सभी बड़े आन्दोलन कुछ महान विचारों से संबंधित हैं। आप में से कुछ लोग यह कह सकते हैं कि आत्मा का ऐसा सिद्धान्त लगभग एक सदी से मृत्यु की व्यथा में है और अभी वह मरणाजन्म है कि हम बाह्य शक्तियों और भौतिक आधारों के अलावा किसी पर भी नहीं कर सकते हैं।

उपर्युक्त कथनों के आलोक में निम्नांकित विकल्पों में से सही उत्तर चुनें :

A. I और II दोनों सही हैं और II, I की सही व्याख्या है।
B. I और II दोनों सही हैं, परन्तु II, I की सही व्याख्या नहीं है।
C. I सही है, परन्तु II राही नहीं है।
D. I सही नहीं है, परन्तु II सही है।

88. नीचे दो विवरण दिए गए हैं–एक कथन (A) तथा दूसरा तर्क (R) के रूप में अंकित है :

अभिकथन (A) : टैगोर संगीत शैली के विभिन्न स्रोतों से कई रागों का प्रयोग करते थे परन्तु अन्य गीतों का प्रयोग विरले करते थे।

तर्क (R) : रवीन्द्रनाथ कवि के साथ-साथ एक रचनाकार भी थे और गीत की रचना करने में उनकी विलक्षणकारी प्रतिभा थी।

उपर्युक्त कथनों के आलोक में निम्नांकित विकल्पों में से सही उत्तर चुनें :

A. (A) और (R) दोनों सही हैं और (R), (A) की सही व्याख्या है।
B. (A) और (R) दोनों सही हैं, परन्तु (R), (A) की सही व्याख्या नहीं है।
C. (A) सही है, परन्तु (R) सही नहीं है।
D. (A) सही नहीं है, परन्तु (R) सही है।

89. नीचे दो विवरण दिए गए हैं–एक कथन (A) तथा दूसरा तर्क (R) के रूप में अंकित है :

अभिकथन (A) : रबीन्द्रनाथ ने बांगला संस्कृति की भावना का स्वागत करने और मूर्ति पूजा न करने के लिए 'शरदोत्सब' (शरद पर्व) की शुरुआत की।

तर्क (R) : रबीन्द्रनाथ ब्रह्मवाद के अनुयायी थे और अन्य सभी धर्मों और संस्कृतियों का सम्मान करते थे।

उपर्युक्त कथनों के आलोक में निम्नांकित विकल्पों में से सही उत्तर चुनें :

A. (A) और (R) दोनों सही हैं और (R), (A) की सही व्याख्या है।
B. (A) और (R) दोनों सही हैं, परन्तु (R), (A) की सही व्याख्या नहीं है।
C. (A) सही है, परन्तु (R) सही नहीं है।
D. (A) सही नहीं है, परन्तु (R) सही है।

90. नीचे दो विवरण दिए गए हैं—एक कथन (A) तथा दूसरा तर्क (R) के रूप में अंकित है :

अभिकथन (A) : 'शेषेर कविता' टैगोर का मरणोपरांत प्रकाशित उपन्यास है।

तर्क (R) : टैगोर ने प्रवासी पत्रिका में प्रकाशित 'शेषेर कविता' में आधुनिक युवाओं की बौद्धिक मनोभाव को प्रदर्शित किया है।

उपर्युक्त कथनों के आलोक में निम्नांकित विकल्पों में से सही उत्तर चुनें :

A. (A) और (R) दोनों सही हैं और (R), (A) की सही व्याख्या है।
B. (A) और (R) दोनों सही हैं, परन्तु (R), (A) की सही व्याख्या नहीं है।
C. (A) सही है, परन्तु (R) सही नहीं है।
D. (A) सही नहीं है, परन्तु (R) सही है।

निर्देश (प्र.सं. 91 से 95 तक) : *निम्नलिखित गद्यांश को पढ़िए तथा प्रश्नों के उत्तर दीजिए।*

मैंने इन अनुवादों की पांडुलिपि को रेल में यात्रा करते हुए, ओम्निबसो की छत पर बैठकर और रेस्तराओं में बैठकर तैयार किया है और अवसर मुझे इसे बन्द करना पड़ा था कि कहीं कोई अजनबी व्यक्ति यह नहीं समझ जाए कि मैं इससे कितना अधिक प्रभावित और विश्वल हुआ। ये गीत जो मूल रूप में है; मेरे भारतीय पाठक व श्रोता मुझे बताते हैं कि यह लय की सूक्ष्मता, अनुवाद से परे वर्ण तात्विक अन्वेषण की बारीकियों, से परिपूर्ण था, उनके विचार का प्रदर्शन जिसका मैंने अपने संपूर्ण जीवन काल में स्वप्न देखा था। सर्वोत्कृष्ट संस्कृति की कृति होने के बाद भी वे घास और जलबेंत की भांति आम मिट्टी से प्रसूत जान पड़ते हैं। ऐसी परंपरा जहाँ काव्य और धर्म एक ही चीज हैं; कई सदियों पुरानी है; और प्रबुद्ध और अज्ञानी रूपक और भावना से होकर गुजरा है और विद्वान और अभिजात व्यक्तियों के बहुल चिन्तन को पुनःस्थापित हुई हैं।

91. इस गद्यांश के लेखक ने किसकी पांडुलिपि का उल्लेख किया है?

A. हरबर्ट स्पेन्सर
B. रवीन्द्रनाथ टैगोर
C. विलियम शेक्सपीयर
D. विद्यापति

92. इस गद्यांश के लेखक कौन हैं?

A. रवीन्द्रनाथ टैगोर
B. रथीन्द्रनाथ टैगोर
C. रोदेन्स्टाइन
D. डब्ल्यू.बी. यीट्स

93. उस पांडुलिपि जिसके बारे में लेखक विवेचना कर रहे हैं, का काव्य पाया जा सकता है :

A. गीत अर्पण (सौंग ऑफरिंग्स)
B. गीतांजलि (बंगाली)
C. गीताली
D. गीताबितान

94. लेखक के अनुसार पांडुलिपि के बारे में निम्नलिखित में से कौन-सी विशेषता सही है?

A. अनुवाद से परे और अद्भुत
B. सूक्ष्म और प्रकृति के समीप
C. धार्मिक कविता
D. सर्वोत्कृष्ट संस्कृति के बारे में कविताएँ

95. इस गद्यांश के लेखक जिस कवि के बारे में विवेचना कर रहे हैं; उनके धर्म और कविता के बारे में निम्नलिखित में से कौन-सा दृष्टिकोण सही है?

A. ये एक-दूसरे के परस्पर विरोधी हैं
B. ये एक-दूसरे के पूरक हैं
C. ये एक-दूसरे को प्रतिस्थापित कर सकते हैं
D. ये एक-दूसरे के प्रति तटस्थ हैं

निर्देश (प्र.सं. 96 से 100 तक) : *निम्नलिखित गद्यांश को पढ़िए तथा प्रश्नों के उत्तर दीजिए।*

मैं निराकार रूपी शुद्ध मोती को प्राप्त करने की आशा में आकार रूपी समुद्र की गहराई में गोता लगाता हूँ।

अब मैं जर्जर हो चुकी जीवन रूपी इस नाव को और आगे खेना नहीं चाहता। वे दिन अब नहीं रह गए जब मैं लहरों की उछाल में अपना कौतुक करता था।

अब मैं अमरत्व को प्राप्त करने के लिए मरने के लिए उत्सुक हूँ।

अताह रसातल के पास कोलाहलपूर्ण संसार में जहाँ स्वररहित संगीत उमड़ता है, मैं अपनी जीवन रूपी इस वीणा को ले जाऊँगा।

मैं इसमें अमर तान छेड़ूंगा और उन पर अपनी अंतिम धुन बजाने के पश्चात् मैं अपनी इस शांत वीणा को नीरवता के चरणों में अर्पित कर दूँगा।

96. दिया गया गद्यांश में कवि ने क्या वर्णन किया है?
A. उन्होंने अपने जीवन की यात्रा कैसे तय की
B. कैसा जीवन जीना उनकी नियति में था
C. वह कैसे जीवन जीना चाहते थे
D. उनकी जीवन की अनुभूति क्या थी और वह जीवन से क्या चाहते थे

97. कवि क्यों मरना चाहते हैं?
A. क्योंकि उन्होंने अपनी इच्छाएँ पूरी कर ली हैं
B. क्योंकि वह अपनी जीवन रूपी नाव को और आगे खेना नहीं चाहते हैं
C. क्योंकि उनकी शुद्ध मोती की खोज बहुत पहले समाप्त हो चुकी है
D. क्योंकि वह इस नश्वरता में अमरत्व को प्राप्त करना चाहते हैं

98. कवि अपने स्वप्न को पूरा करने के लिए कहाँ जाना चाहते हैं?
A. आकार रूपी समुद्र की गहराई में
B. अथाह रसातल के पास कोलाहलपूर्ण संसार में
C. नीरवता के चरणों में
D. उपरोक्त में से कोई नहीं

99. "इस पर अपनी अंतिम धुन बजाने के पश्चात्"–में 'अपना' दर्शाता है :
A. कवि को B. वीणा को
C. नीरवता को D. मृत्यु को

100. कवि की अंतिम इच्छा क्या थी?
A. शांत वीणा को नीरवता के चरणों में अर्पित करना
B. निराकार रूपी शुद्ध मोती को प्राप्त करना
C. अमरत्व को प्राप्त करना
D. उपरोक्त में से सभी

भाग-V

अवनद्ध वाद्य

26. चौदह मात्राओं की ताल जिसमें 11वीं मात्रा पर चौथी ताली है :
(*a*) धमार
(*b*) फरोदस्त
(*c*) आड़ा चौताल
(*d*) दीपचंदी
नीचे दिए गए विकल्पों में से सही उत्तर चुनिए :
A. केवल (*b*) व (*c*) B. केवल (*b*) व (*d*)
C. केवल (*a*) व (*d*) D. केवल (*a*) व (*b*)

27. खण्ड जाति से सम्बन्धित ताल है :
A. एक ताल B. धमार
C. झपताल D. तीनताल

28. किसी ताल के एक आवर्तन में उसी ताल के ठेके की दो भिन्न-भिन्न लयकारियों का एक-एक आवर्तन पूरा-पूरा सम से सम तक आएगा :
A. आड़ – कुआड़ B. तिगुन – चौगुन
C. आड़ – तिगुन D. दुगुन – तिगुन

29. 'ताल' जिसमें सम से सम तक तिहाई बिना दम के नहीं आती?

A. रूपक B. वसन्त
C. झपताल D. रुद्रताल

30. जय ताल के एक आवर्तन में एक-एक बाद दुगुन व चौगुन किस मात्रा के पश्चात प्रारम्भ होगी?

A. $4\frac{1}{2}$ B. $3\frac{1}{2}$
C. $3\frac{1}{4}$ D. $3\frac{1}{3}$

31. सूची-I को सूची-II के साथ सुमेलित करें :

सूची-I (ग्रंथ)	**सूची-II (लेखक)**
(*a*) तबला कानून	I. सुभद्रा चौधरी
(*b*) सरमय असरत	II. सादिक अली खाँ
(*c*) संगीत संचयन	III. डाहयालाल शिवराम
(*d*) संगीत कलाधर	IV. भरत व्यास

नीचे दिए गए विकल्पों में से सही उत्तर चुनें :

	(*a*)	(*b*)	(*c*)	(*d*)
A.	I	III	II	IV
B.	III	II	IV	I
C.	IV	II	I	III
D.	II	I	IV	III

32. पंचम सवारी ताल में कमाली चक्करदार रचना का एक पल्ला कितनी मात्राओं का होगा?

A. 32 मात्रा B. 36 मात्रा
C. 33 मात्रा D. 38 मात्रा

33. कथक नृत्य में नृत्यनाटिका को स्थापित करने वाली नृत्यांगना हैं :

A. रौशन कुमारी B. कुमिदिनी लाखिया
C. सोनल मानसिंह D. सितारा देवी

34. राजस्थान में होली के अवसर पर बजाया जाने वाला प्रसिद्ध अवनद्ध वाद्य :

A. चंग B. तुनतुना
C. घुंघरु D. चिमटा

35. हुडक्का वाद्य का प्राचीन नाम है :

A. आवज B. स्कन्धावज
C. दमामा D. मडिडक्का

36. संगीत रत्नाकर के टीकाकार हैं :

(*a*) पार्श्व देव
(*b*) सिंह भूपाल
(*c*) कल्लीनाथ
(*d*) पुण्डरीक विट्ठला

नीचे दिए गए विकल्पों में से सही उत्तर चुनिए :

A. केवल (*a*) व (*b*) B. केवल (*a*) व (*c*)
C. केवल (*b*) व (*d*) D. केवल (*b*) व (*c*)

37. दक्षिण भारत के मन्दिरों में पूजा हेतु नव संधि ताल के अन्तर्गत अग्नि संधि के ताल का क्या नाम है?

A. मत्तायन ताल B. भृंगी ताल
C. नव ताल D. बली ताल

38. यतियों की संख्या है :

(*a*) तीन (*b*) चार
(*c*) पाँच (*d*) छह

नीचे दिए गए विकल्पों में से सही उत्तर चुनिए :

A. केवल (*b*) व (*d*)
B. केवल (*a*) व (*d*)
C. केवल (*a*) व (*b*)
D. केवल (*a*) व (*c*)

39. कहरवा ताल में लक्ष्मी ताल का ठेका सम से सम तक पूरा बोलने पर लयकारी होगी?

A. सवागुन B. पौने दुगुन
C. सवादुगुन D. पौन गुन

40. एक साथ दो तबला-वादक को पद्म पुरस्कार दिया गया है, उनके नाम हैं :

(*a*) पं. किशन महाराज
(*b*) पं. गुदई महाराज
(*c*) उ. जाकिर हुसैन
(*d*) उ. अल्ला रखा

नीचे दिए गए विकल्पों में से सही उत्तर चुनिए :

A. केवल (*a*) व (*b*) B. केवल (*a*) व (*c*)
C. केवल (*a*) व (*d*) D. केवल (*b*) व (*d*)

41. रुद्र ताल में नौहक्का का एक पल्ला कितने वर्णों का होगा?

A. नौ वर्ण B. सात वर्ण
C. चार वर्ण D. पाँच वर्ण

42. तीन ताल की कुआड़ का एक बार बोलने पर कितनी मात्राओं में आएगी?

A. $9\frac{1}{4}$ B. $11\frac{2}{3}$

C. $12\frac{1}{3}$ D. $12\frac{4}{5}$

43. पौन गुन की लयक़ारी है :

(*a*) तीन ताल में एक ताल
(*b*) एक ताल में वसन्त ताल
(*c*) झपताल में रूपक ताल
(*d*) कहरवा में रूपक

नीचे दिए गए विकल्पों में से सही उत्तर चुनिए :

A. केवल (*a*) और (*b*)
B. केवल (*a*) और (*c*)
C. केवल (*a*) और (*d*)
D. केवल (*b*) और (*d*)

44. सूची-I में दिए गए तालों की तिगुन का एक पल्ला कितनी मात्राओं का होगा? सूची-II से सुमेलित करें :

सूची-I (ताल)	**सूची-II (तिगुन का एक पल्ला)**
(*a*) रुद्र	I. $5\frac{1}{3}$
(*b*) रास	II. $3\frac{2}{3}$
(*c*) फरोदस्त	III. $4\frac{1}{3}$
(*d*) जत	IV. $4\frac{2}{3}$

नीचे दिए गए विकल्पों में से सही उत्तर चुनें :

	(*a*)	(*b*)	(*c*)	(*d*)
A.	I	II	III	IV
B.	IV	III	II	I
C.	III	IV	I	II
D.	II	III	IV	I

45. किस ताल में बेदम चक्करदार रचना सम्भव नहीं है?

A. धमार B. लक्ष्मी
C. बड़ी सवारी D. शिखर

46. सन् 1899 में किन तबला-वादकों का जन्म हुआ था?

(*a*) उस्ताद अमीर हुसैन खाँ
(*b*) उस्ताद वाजिद हुसैन
(*c*) उस्ताद हबीबुद्दीन खाँ
(*d*) उस्ताद मसीत खाँ

नीचे दिए गए विकल्पों में से सही उत्तर चुनिए :

A. केवल (*a*) और (*b*) B. केवल (*a*) और (*d*)
C. केवल (*b*) और (*d*) D. केवल (*a*) और (*c*)

47. अजराड़ा घराने के कलाकार हैं :

(*a*) उस्ताद नियाजू खाँ
(*b*) उस्ताद फजल कुरेशी
(*c*) अनीश प्रधान
(*d*) उस्ताद निसार हुसैन खाँ

नीचे दिए गए विकल्पों में से सही उत्तर चुनिए :

A. केवल (*a*) और (*b*) B. केवल (*c*) और (*d*)
C. केवल (*b*) और (*d*) D. केवल (*a*) और (*d*)

48. भरत मुनि के अनुसार प्रत्यंग वाद्य है :

A. झल्लरी B. मृदंग
C. पणव D. दर्दुर

49. 15वीं शताब्दी में लिखित ग्रंथ है :

A. संगीत दामोदर B. संगीत सुधाकर
C. संगीत रत्नाकर D. भरत भाष्य

50. लाला भवानीदास के प्रथम शिष्य का नाम :

A. मियाँ फकीरबख्श
B. मियाँ सलारी
C. मियाँ हुसैनबख्श
D. मियाँ कादिरबख्श प्रथम

51. कर्नाटक संगीत में यतियों की संख्या है :

A. तीन B. चार
C. पाँच D. छह

52. निम्न में से किस घराने के तबला-वादक को अभी तक पद्म अवार्ड नहीं मिला है?

A. अजराड़ा B. लखनऊ
C. दिल्ली D. बनारस

53. निम्न में से कौन-कौन से छंद दादरा ताल की गति के साथ अधिक साम्य रखते हैं?
(*a*) समानिका (*b*) हरि
(*c*) धारी (*d*) भुजंग प्रयाल

नीचे दिए गए विकल्पों में से सही उत्तर चुनिए :
A. केवल (*a*) और (*c*) B. केवल (*b*) और (*c*)
C. केवल (*c*) और (*d*) D. केवल (*a*) और (*d*)

54. पंचम सवारी ताल में दादरा ताल को 'सम से सम तक' बोलने पर लयकारी होगी?
A. $2\frac{1}{2}$ की लयकारी B. $2\frac{1}{3}$ की लयकारी
C. $2\frac{3}{4}$ की लयकारी D. $2\frac{1}{4}$ की लयकारी

55. बिआड़ की लयकारी है :
(*a*) कहरवा में दीपचन्दी
(*b*) पंचम सवारी में लक्ष्मीताल
(*c*) झपताल में शिखर ताल
(*d*) एक ताल में गणेश ताल

नीचे दिए गए विकल्पों में से सही उत्तर चुनिए :
A. केवल (*a*) और (*b*)
B. केवल (*a*) और (*c*)
C. केवल (*b*) और (*d*)
D. केवल (*a*) और (*d*)

56. सूची-I को सूची-II के साथ सुमेलित करें।

सूची-I (पुस्तक)	सूची-II (लेखक)
(*a*) भारतीय ताल में अनेकता में एकता की खोज	I. श्रीकांत शुक्ल
(*b*) ताल के लक्ष्य, लक्षण स्वरूप में एकरूपता	II. कुमार ऋषितोष
(*c*) तबले का उद्‌गम एवं दिल्ली घराना	III. गुलशन सक्सेना
(*d*) तबले का लखनऊ घराना (आफाक हुसैन खाँ)	IV. वसुधा सक्सेना

नीचे दिए गए विकल्पों में से सही उत्तर चुनें :

	(*a*)	(*b*)	(*c*)	(*d*)
A.	II	III	IV	I
B.	III	IV	II	I
C.	I	III	IV	II
D.	II	IV	III	I

57. शिखर ताल में फरमाईसी चक्करदार रचना कुल कितनी मात्राओं की होगी?
A. 86 मात्रा B. 68 मात्रा
C. 45 मात्रा D. 87 मात्रा

58. पाश्चात्य लिखित स्वरों के नाम आरोह क्रम में चुनिए :
A. (*i*) ऑकटेव (*ii*) टॉनसीस (*iii*) परफेक्ट (*iv*) डॉमीनेन्ट (*v*) सुपरटॉनिक
B. (*i*) टॉनसीस (*ii*) सुपरटॉनिक (*iii*) परफेक्ट (*iv*) डॉमीनेन्ट (*v*) ऑकटेव
C. (*i*) ऑकटेव (*ii*) टॉनसीस (*iii*) डॉमीनेन्ट (*iv*) सुपरटॉनिक (*v*) परफेक्ट
D. (*i*) परफेक्ट (*ii*) डॉमीनेन्ट (*iii*) सुपरटॉनिक (*iv*) ऑकटेव (*v*) टॉनसीस
E. (*i*) सुपरटॉनिक (*ii*) डॉमीनेन्ट (*iii*) परफेक्ट (*iv*) टॉनसीस (*v*) ऑकटेव

59. कबीर के भजनों को शास्त्रीय संगीत में लोकप्रिय करनेवाले कलाकार हैं :
A. उस्ताद अमीर खाँ B. पं. कुमार गन्धर्व
C. पं. भीमसेन जोशी D. पं. नारायण राव व्यास

60. नाट्यशास्त्र के व्याख्याकार एवं सम्पादक बाबू लाल शुक्ल शास्त्री द्वारा लिखित पुस्तक के प्रकाशक हैं :
A. चौखम्भा संस्कृत संस्थान, वाराणसी
B. चौखम्भा विद्या भवन, वाराणसी
C. विश्वविद्यालय प्रकाशन, वाराणसी
D. सम्पूर्णानन्द संस्कृत विश्वविद्यालय, वाराणसी

61. बंगाल के सुप्रसिद्ध खोलवादक जिनका जन्म वृंदावन में हुआ था :
A. दुर्गादास मण्डल B. विपिन बिहारी दास
C. नवदीप बृजवासी D. रामरंजन कुण्डु

62. नीचे दो विवरण दिए गए हैं—एक कथन (A) तथा दूसरा तर्क (R) के रूप में अंकित है :

अभिकथन (A) : मणिपुरी संगीत में 'ठेके' को 'परिंग' कहते हैं।

तर्क (R) : जबकि 'ठेके' को असमिया में 'गामान' और उड़ीसी में 'धरण' कहा जाता है।

उपर्युक्त कथनों के आलोक में निम्नांकित विकल्पों में से सर्वाधिक उपयुक्त उत्तर चुनें :

A. (A) और (R) दोनों सही हैं और (R), (A) की सही व्याख्या है।

B. (A) और (R) दोनों सही हैं, परन्तु (R), (A) की सही व्याख्या नहीं है।

C. (A) सही है, परन्तु (R) सही नहीं है।

D. (A) सही नहीं है, परन्तु (R) सही है।

63. पंडित भगवत शरण शर्मा द्वारा लिखित पुस्तकें हैं :

(*a*) ताल मंजरी

(*b*) ताल प्रकाश

(*c*) ताल परिचय

(*d*) ताल शास्त्र

नीचे दिए गए विकल्पों में से सही उत्तर चुनिए :

A. केवल (*a*) और (*b*) B. केवल (*a*) और (*c*)

C. केवल (*b*) और (*d*) D. केवल (*b*) और (*c*)

64. ताल मार्तण्ड पुस्तक प्रकाशित हुई :

A. 1950 में B. 1965 में

C. 1967 में D. 1970 में

65. 8वीं शताब्दी में लिखित ग्रंथ है :

A. अभिनव भारती B. बृहद् देशी

C. मानसोल्लास D. भरत भाष्य

66. सुरबहार वादिका अन्नपूर्णा देवी के पिताजी का नाम :

A. उस्ताद हाफिज अली खाँ

B. उस्ताद अल्लाउद्दीन खाँ

C. उस्ताद मुश्ताक अली खाँ

D. पं. पन्ना लाल

67. हाल ही में केन्द्रीय संगीत नाटक अकादमी द्वारा रत्न सदस्यता किस तबला-वादक को प्रदान की गई है?

A. उस्ताद अकरम खाँ

B. पं. कुमार बोस

C. उस्ताद जाकिर हुसैन

D. पं. आनिन्दो चटर्जी

68. एक ताल के एक आवर्तन में किन भिन्न-भिन्न तीन तालों के एक आवर्तन की सवादुगुन आएगी?

A. तीनताल – दादरा – झपताल

B. एकताल – कहरवा – रूपक

C. तीनताल – एकताल – झपताल

D. रूपक – झपताल – एकताल

69. सूची-I को सूची-II के साथ सुमेलित करें।

सूची-I (तबला वादक)	**सूची-II (जन्म वर्ष)**
(*a*) नयन घोष	I. 1952
(*b*) योगेश समसी	II. 1967
(*c*) कुमार बोस	III. 1956
(*d*) अरविंद कुमार आजाद	IV. 1968

नीचे दिए गए विकल्पों में से सही उत्तर चुनें :

	(*a*)	(*b*)	(*c*)	(*d*)
A.	I	III	II	IV
B.	III	IV	I	II
C.	II	III	I	IV
D.	I	II	III	IV

70. विष्णु ताल में सम से सम तक बेदम तिहाई कितने वर्णों की बनेगी?

A. 23 वर्ण B. 24 वर्ण

C. 25 वर्ण D. 22 वर्ण

71. परमेलु का प्रदर्शन किस शास्त्रीय नृत्य में किया जाता है?

A. ओडिसी B. मोहिनी अट्टम

C. कथक D. कथकली

72. खप्रु मामा का पूरा नाम है :

A. लक्ष्मण राव इन्दौरकर

B. भास्कर लक्ष्मण राव

C. लक्ष्मण राव पर्ततीकर

D. लक्ष्मण प्रसाद

73. महाराष्ट्र में 'तमाशा' के साथ बजाया जाने वाला सर्वाधिक प्रचलित अवनद्ध वाद्य :

A. नाल या ढोलकी B. तुनतुना
C. हुडुक्का D. संबल

74. सूची-I को सूची-II के साथ सुमेलित करें :

सूची-I (वाद्य)	**सूची-II (वादक)**
(*a*) ढोलक	I. पालघाट मणि अय्यर
(*b*) गंजीरा	II. दिलावर खाँ
(*c*) नक्कारा	III. बफाती खाँ
(*d*) मृदंगम	IV. दक्षिणामूर्ति पिल्लई

नीचे दिए गए विकल्पों में से सही उत्तर चुनें :

	(*a*)	(*b*)	(*c*)	(*d*)
A.	III	IV	II	I
B.	III	II	IV	I
C.	III	I	II	IV
D.	II	I	III	IV

75. नीचे दो विवरण दिए गए हैं–एक कथन (A) तथा दूसरा तर्क (R) के रूप में अंकित है :

अभिकथन (A) : चेण्डा नामक अवनद्ध वाद्य 'केरल' में अत्यधिक प्रचलित है।

तर्क (R) : यह एक उर्ध्वाकार एकमुखी वाद्य होता है।

उपर्युक्त कथनों के आलोक में निम्नांकित विकल्पों में से सर्वाधिक उपयुक्त उत्तर चुनें :

A. (A) और (R) दोनों सही हैं और (R), (A) की सही व्याख्या है।
B. (A) और (R) दोनों सही हैं, परन्तु (R), (A) की सही व्याख्या नहीं है।
C. (A) सही है, परन्तु (R) सही नहीं है।
D. (A) सही नहीं है, परन्तु (R) सही है।

76. नीचे दो विवरण दिए गए हैं–एक कथन (A) तथा दूसरा तर्क (R) के रूप में अंकित है :

अभिकथन (A) : पूर्व काल में ताल को हस्त क्रियाओं द्वारा ही प्रदर्शित किया जाता था।

तर्क (R) : अवनद्धों द्वारा प्रदर्शित करने के कारण बाद में सभी तालों के निश्चित ठेकों का निर्माण हुआ।

उपर्युक्त कथनों के आलोक में निम्नांकित विकल्पों में से सर्वाधिक उपयुक्त उत्तर चुनें :

A. (A) और (R) दोनों सही हैं और (R), (A) की सही व्याख्या है।
B. (A) और (R) दोनों सही हैं, परन्तु (R), (A) की सही व्याख्या नहीं है।
C. (A) सही है, परन्तु (R) सही नहीं है।
D. (A) सही नहीं है, परन्तु (R) सही है।

77. भरत कृत नाट्य शास्त्र के अनुसार 12 मात्राओं की ताल है :

(*a*) चाचपुट (*b*) चच्चत्पुट
(*c*) षटपितापुत्रक (*d*) सम्पक्वेष्टाक
(*e*) उदघट्ट

नीचे दिए गए विकल्पों में से सही उत्तर चुनिए :

A. केवल (*c*) और (*d*) B. केवल (*a*) और (*c*)
C. केवल (*a*) और (*b*) D. केवल (*b*) और (*c*)

78. उस्ताद हशमत अली खाँ साहब के गुरु (उस्ताद) का नाम :

A. उस्ताद मंजू खाँ B. उस्ताद हमदू खाँ
C. उस्ताद हस्सू खाँ D. उस्ताद नियाजू खाँ

79. तबला वादकों को जन्म वर्ष के अनुसार अवरोही क्रम में चुनिए :

A. रिम्पा शिव, अनुराधा पाल, हेतल मेहता, शोभा कुदेशिया
B. शोभा कुदेशिया, अनुराधा पाल, हेतल मेहता, रिम्पा शिव
C. अनुराधा पाल, हेतल मेहता, रिम्पा शिव, शोभा कुदेशिया
D. हेतल मेहता, रिम्पा शिव, अनुराधा पाल, शोभा कुदेशिया

80. 'ऽ' चिह्न अंगों के किस इकाई का है?

A. काकपद B. प्लुत
C. लघुविराम D. अणुद्रुतम

81. शास्त्रानुसार आधार लय है :

A. विलम्बित लय B. मध्य लय
C. द्रुत लय D. अति विलम्बित

82. दक्षिण भारत के मन्दिरों में पूजा हेतु नव सन्धि ताल के अन्तर्गत वायु सन्धि के ताल का क्या नाम है?

A. इन्द्र ताल B. बली ताल
C. टिक्करी ताल D. कोटटारी ताल

83. राजा छत्रपति सिंह को पं. ओंकार नाथ ठाकुर ने किस उपाधि से सम्मानित किया?
A. मृदंग केशरी B. प्रोफेसर ऑफ पखावज
C. डॉक्टर ऑफ पखावज D. मृदंगाचार्य

84. समानिका और चामर छंद किस ताल की प्रकृति से अधिक साम्य रखते हैं?
A. कहरवा B. दादरा
C. रूपक D. झपताल

85. सूची-I को सूची-II के साथ सुमेलित करें :

सूची-I	सूची-II
(*a*) सेमी ब्रीव	I. 
(*b*) क्वेवर	II. 
(*c*) डेमी-सेमी क्वेवर	III. 
(*d*) मिनिम	IV. 

नीचे दिए गए विकल्पों में से सही उत्तर चुनें :

	(*a*)	(*b*)	(*c*)	(*d*)
A.	I	II	III	IV
B.	II	I	IV	III
C.	III	II	I	IV
D.	III	IV	I	II

86. पाश्चात्य संगीत में ब्रीव का चिह्न है :
A. 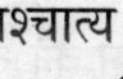 B. 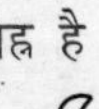
C. 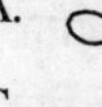 D. 11011

87. निम्नलिखित में से कौन-सा पाश्चात्य वाद्य 'सुषिर' श्रेणी का नहीं है?
A. क्लेरोनेट B. सेक्सोफोन
C. पियानो D. ऑर्गन

88. सूची-I को सूची-II के साथ सुमेलित करें :

सूची-I (ताल)	सूची-II (मात्रा)
(*a*) ब्रह्म	I. 11
(*b*) लक्ष्मी	II. 17
(*c*) विष्णु	III. 18
(*d*) कुम्भ	IV. 28

नीचे दिए गए विकल्पों में से सही उत्तर चुनें :

	(*a*)	(*b*)	(*c*)	(*d*)
A.	I	II	III	IV
B.	IV	III	I	II
C.	IV	III	II	I
D.	II	I	III	IV

89. नीचे दो विवरण दिए गए हैं–एक कथन (A) तथा दूसरा तर्क (R) के रूप में अंकित है :

अभिकथन (A) : घनश्याम पखावजी द्वारा रचित 'मृदंग सागर' ग्रंथ का प्रकाशन 1911 में हुआ।

तर्क (R) : इस ग्रन्थ में 'ठेके' को पेशकार शब्द से कहा गया है।

उपर्युक्त कथनों के आलोक में निम्नांकित विकल्पों में से सर्वाधिक उपयुक्त उत्तर चुनें :
A. (A) और (R) दोनों सही हैं और (R), (A) की सही व्याख्या है।
B. (A) और (R) दोनों सही हैं, परन्तु (R), (A) की सही व्याख्या नहीं है।
C. (A) सही है, परन्तु (R) सही नहीं है।
D. (A) सही नहीं है, परन्तु (R) सही है।

90. सूची-I को सूची-II के साथ सुमेलित करें :

सूची-I (ताल)	सूची-II (ताली और खाली)
(*a*) मणी	I. 5 - 2
(*b*) फरोदस्त	II. 5 - 0
(*c*) शिखर	III. 5 - 3
(*d*) बड़ी सवारी	IV. 4 - 0

नीचे दिए गए विकल्पों में से सही उत्तर चुनें :

	(*a*)	(*b*)	(*c*)	(*d*)
A.	I	II	III	IV
B.	IV	III	II	I
C.	IV	I	II	III
D.	IV	II	III	I

निर्देश (प्र.सं. 91 से 95 तक) : *निम्नलिखित गद्यांश को पढ़िए तथा प्रश्नों के उत्तर दीजिए।*

प्राचीन काल से ही हमारे देश में सभी धार्मिक, लौकिक और दैनंदिन व्यापार में 'अंक' 'तीन' (3) का महत्वपूर्ण स्थान

दिखाई देता है। उदाहरणार्थ–काल तीन हैं–भूतकाल, भविष्य और वर्तमान काल। ब्रह्मा, विष्णु, महेश त्रिदेव हैं वहीं सत्व, रज और तम ये तीन गुण हैं। कफ, पित्त, वात त्रिदोष हैं वहीं अंतरिक्ष, पृथ्वी और पाताल ये तीन लोक हैं। भारतीय संगीत में भी तीन अंक का महत्व दिखाई देता है जैसे तीन ग्राम हैं–षडज, मध्यम और गांधार ग्राम। तीन सप्तक हैं–मन्द्र, मध्य और तार।

वेद काल से तीन स्वरों का उल्लेख मिलता है, जो हैं–उदात्त, अनुदात्त और स्वरित। ताल शास्त्र में तीन का महत्व दिखाई देता है यथा–त्रियति, त्रिप्रचार, त्रिगत, त्रिसंयोग, त्रिपाणि–त्रिप्रहार, त्रिमार्जना आदि।

मार्जना का संबंध....भरत कालीन मृदंग के चारों मुखों को लेपन द्वारा इच्छित स्वरों में मिलाने से है। मायूरी, अर्धमायूरी और कार्मरवी मार्जना में आंकिक के वाम तथा दक्षिण मुख तथा उर्ध्वक के मुख को निम्नानुसार स्वरों में मिलाने के निर्देश नाट्यशास्त्र में दिए गए हैं–

मार्जना	आंकिक का (वाम मुख)	आंकिक का (दक्षिण मुख)	उर्ध्वक
1. मायूरी	गांधार	षडज	पंचम
2. अर्धमायूरी	षडज	रिषभ	धैवत
3. कार्मारवी	रिषभ	षडज	पंचम

आंलिंग्य को तीनों ही मार्जनाओं में निषाद में ही मिलाए जाने का विधान था।

लय क्रमशः विलंबित, मध्य और द्रुत भी तीन प्रकार की कही है। इन तीनों लयों के भिन्न-भिन्न संयोजन को यति कहा है। समा यति में प्रारंभ से अंत तक एक ही लय का प्रयोग होता है यथा–प्रारंभ में भी विलंबित, मध्य में तथा द्रुत में भी विलंबित। इसी प्रकार मध्य-मध्य-मध्य या द्रुत-द्रुत-द्रुत को समझा जाना चाहिए।

स्रोतोगता यति में लय का प्रयोग विलंबित से द्रुत की ओर जाना हुआ होता है जो फिर तीन प्रकार का होता है यथा–विलंबित-मध्य-द्रुत या मध्य से द्रुत अथवा विलंबित से मध्य। गोपुच्छ यति में इसके विपरीत क्रम से लय का प्रयोग किए जाने का उल्लेख है। यथा द्रुत-मध्य-विलंबित या द्रुत-मध्य-अथवा मध्य-विलंबित का क्रम।

91. गोपुच्छा यति में लय का प्रयोग किस क्रम में कहा गया है?

A. विलंबित – मध्य – द्रुत
B. द्रुत – मध्य – विलंबित
C. मध्य – द्रुत – विलंबित
D. द्रुत – विलंबित – मध्य

92. आंकिक के वाम मुख एवं दक्षिण मुख को क्रमशः षड्ज और रिषभ में मिलाने और उर्ध्वक को धैवत स्वर में मिलाने से कौन-सी मार्जना होगी?

A. मायूरी मार्जना
B. कार्मारवी मार्जना
C. अर्ध मायूरी मार्जना
D. अर्धार्ध मार्जना

93. स्वर के ग्रंथों का तीन प्रकार क्रमशः है :

A. स्वरित – उदात्त – अनुदात्त
B. अनुदात्त – उदात्त – स्वरित
C. उदात्त – अनुदात्त – स्वरित
D. स्वरित – अनुदात्त – उदात्त

94. नीचे दो विवरण दिए गए हैं–एक कथन (A) तथा दूसरा तर्क (R) के रूप में अंकित है :

अभिकथन (A) : लय के विभिन्न संयोजन को यति कहते हैं।

तर्क (R) : ठाह, दुगुन और चौगुन की लयकारियों का समावेश यति में होता है।

उपर्युक्त कथनों के आलोक में निम्नांकित विकल्पों में से सर्वाधिक उपयुक्त उत्तर चुनें :

A. (A) और (R) दोनों सही हैं और (R), (A) की सही व्याख्या है।
B. (A) और (R) दोनों सही हैं, परन्तु (R), (A) की सही व्याख्या नहीं है।
C. (A) सही है, परन्तु (R) सही नहीं है।
D. (A) सही नहीं है, परन्तु (R) सही है।

95. तीनों ही मार्जनाओं में आलिंग्य को किस स्वर में मिलाते थे?

A. पंचम में B. मध्यम में
C. धैवत में D. निषाद में

निर्देश (प्र.सं. 96 से 100 तक) : *निम्नलिखित गद्यांश को पढ़िए तथा प्रश्नों के उत्तर दीजिए।*

'ताल' भारतीय संगीत की अनन्यतम विशेषता है। ताल तथा राग की संकल्पना भारतीय संगीत की विशिष्ट उपलब्धि है। विश्व की अन्य संगीत पद्धतियों में 'ताल'–'राग' का वैसा प्रचलन नहीं है जैसा कि भारतीय संगीत में अत्यंत विकसित रूप में प्रचलित है। 'भरत' कृत नाट्यशास्त्र में जिस विस्तार के साथ तालों का विचार किया गया है उससे स्पष्ट हो जाता है कि भरत से भी पहले से तालों का उन्नत स्वरूप हमारे देश में प्रचलित रहा है।

वाद्यं तु यद्घनं प्रोक्तं कला पात लयन्वितम्
कालस्तत्य प्रमाणं हि विज्ञेयं ताल-योगतः (नाट्यशास्त्र)

भरत ने नाट्यशास्त्र में 'ताल'| को उक्तानुसार परिभाषित किगा है। सरल शब्दों में कहें तो 'कला' अर्थात् निःशब्द क्रिया और 'पात' अर्थात् सशब्द क्रिया के द्वारा नापा गया 'समय' (काल) जो घनवाद्य के द्वारा प्रदर्शित होता है उसे ही विद्वानों ने 'ताल' कहा है।

यस्त तालं न जानाति न स गाता न वादकः
तस्मात सर्व प्रयत्नेन कार्य तालावधारणम्। (नाट्यशास्त्र)

जो ताल को नहीं जानता वह गायक या वादक होने योग्य नहीं है। अतः प्रयत्नपूर्वक सभी को ताल का ज्ञान प्राप्त करना चाहिए। मध्य काल की एक उक्ति ''सुर गया तो सर गया ताल गई तो जान गई'' भी तालों का विशद वर्णन अपने ग्रंथ में किया है। सभी पाँच तालों के एककल, द्विकल, चतुष्कल कलाविधि का समुचित निरूपण भी किया है। चच्चत्पुट, चाचपुट, षटपितापुत्रक, सम्यक्वेष्टाक और उद्घट्ट ये वे पाँच ताल हैं जिन्हें बाद के संगीतशास्त्रियों ने 'मार्ग' ताल कहा है। चच्चत्पुट का लक्षण S S | Ś (गुरु, गुरु, लघु, प्लुत) है जब कि चाचपुट का S | | S (गुरु-लघु-लघु-गुरु)। अतः यथाक्षर रूप में इन दोनों तालों की मात्राएँ क्रमशः आठ तथा छह सिद्ध होती हैं क्योंकि लघु का मान एक मात्रा तथा गुरु का मान दो मात्रा माना ही गया है।

इसके अतिरिक्त एक इकाई प्लुत भी है जिसका मान तीन मात्रा है। षट्पितापुत्रक ताल का लक्षण Ś | S S | Ś (प्लुत, लघु, गुरु, गुरु, लघु, प्लुत) है। अतः एककल यथाक्षर रूप में इसकी मात्राएँ 3-1-2-2-1-3 कुल बारह मात्राएँ होती हैं। चतुर्थ ताल सम्यक्वेष्टाक भी बारह मात्राओं का है किंतु उसका स्वरूप Ś S S S Ś है। पांचवाँ ताल उद्घट्ट है जिसमें तीन गुरु हैं। हाथ से ताली और निःशब्द क्रियाएँ करते हुए इन तीन तालों का प्रदर्शन मुख्य गायक करता था। ताल न चूके इसके लिए उसकी सहायता के लिए एक अन्य कलाकार कांस्य-ताल से ताल देता हुआ गायन में भी सहयोग देता था। ताली देने की क्रिया (सम्यक) तीन प्रकार से और निःशब्द क्रिया चार प्रकार से की जाती थी।

96. 'सशब्द' और 'निःशब्द' क्रियाओं द्वारा नापा गया समय कहलाता है :

A. ताली B. खाली
C. ठेका D. ताल

97. भरत ने नाट्यशास्त्र में कुल कितने तालों का वर्णन किया है?

A. 120 B. 108
C. 05 D. 07

98. सुर गया तो ________ गया। (रिक्त स्थान की पूर्ति कीजिए)

A. ज्ञान B. प्राण
C. सर D. जान

99. सूची-I को सूची-II के साथ सुमेलित करें :

सूची-I (ताल)	सूची-II (ताल चिह्न)
(*a*) उद्घट्ट	I. S | | S
(*b*) षटपितापुत्रक	II. Ś S S S Ś
(*c*) सम्यकवेष्टाक	III. Ś | S S | Ś
(*d*) चाचपुट	IV. S S S

नीचे दिए गए विकल्पों में से सही उत्तर चुनें :

	(*a*)	(*b*)	(*c*)	(*d*)
A.	IV	II	III	I
B.	IV	III	I	II
C.	I	II	III	IV
D.	IV	III	II	I

100. मार्ग तालों में क्रमशः ताली और खाली के प्रकार :

A. 4 तथा 4 B. 3 तथा 3
C. 4 तथा 5 D. 3 तथा 4

उत्तरमाला

भाग-I

1	2	3	4	5	6	7	8	9	10
C	A	B	A	D	A	A	C	C	C
11	**12**	**13**	**14**	**15**	**16**	**17**	**18**	**19**	**20**
D	C	C	D	D	A	A	C	D	C
21	**22**	**23**	**24**	**25**					
A	C	D	C	C					

भाग-II : हिन्दुस्तानी संगीत

26	27	28	29	30	31	32	33	34	35
D	A	D	B	B	C	A	C	C	D
36	**37**	**38**	**39**	**40**	**41**	**42**	**43**	**44**	**45**
B	C	B	A	D	B	D	D	B	C
46	**47**	**48**	**49**	**50**	**51**	**52**	**53**	**54**	**55**
C	C	A	C	A	A	C	A	D	C
56	**57**	**58**	**59**	**60**	**61**	**62**	**63**	**64**	**65**
C	C	C	A	B	B	D	C	D	D
66	**67**	**68**	**69**	**70**	**71**	**72**	**73**	**74**	**75**
C	D	D	D	C	C	C	B	A	A
76	**77**	**78**	**79**	**80**	**81**	**82**	**83**	**84**	**85**
B	D	D	A	B	D	C	D	C	D
86	**87**	**88**	**89**	**90**	**91**	**92**	**93**	**94**	**95**
A	A	A	C	C	A	B	B	D	C
96	**97**	**98**	**99**	**100**					
C	C	B	B	C					

भाग-III : कर्नाटक संगीत

26	27	28	29	30	31	32	33	34	35
C	B	C	D	C	C	D	B	C	B
36	**37**	**38**	**39**	**40**	**41**	**42**	**43**	**44**	**45**
C	D	C	C	B	A	C	D	C	C
46	**47**	**48**	**49**	**50**	**51**	**52**	**53**	**54**	**55**
C	C	A	B	C	D	A	D	B	C
56	**57**	**58**	**59**	**60**	**61**	**62**	**63**	**64**	**65**
C	D	B	D	C	C	B	D	B	A
66	**67**	**68**	**69**	**70**	**71**	**72**	**73**	**74**	**75**
B	D	D	B	B	C	A	B	B	D
76	**77**	**78**	**79**	**80**	**81**	**82**	**83**	**84**	**85**
B	B	B	A	B	C	D	D	D	C

86	87	88	89	90	91	92	93	94	95
C	B	C	C	C	A	C	B	C	C
96	**97**	**98**	**99**	**100**					
C	A	D	B	B					

भाग-IV : रबीन्द्र संगीत

26	27	28	29	30	31	32	33	34	35
A	A	A	B	C	A	C	A	C	C
36	**37**	**38**	**39**	**40**	**41**	**42**	**43**	**44**	**45**
C	B	A	B	C	D	D	C	D	C
46	**47**	**48**	**49**	**50**	**51**	**52**	**53**	**54**	**55**
B	B	C	B	B	D	C	C	A	C
56	**57**	**58**	**59**	**60**	**61**	**62**	**63**	**64**	**65**
D	B	B	D	C	B	D	D	C	A
66	**67**	**68**	**69**	**70**	**71**	**72**	**73**	**74**	**75**
B	C	B	A	B	B	D	C	B	B
76	**77**	**78**	**79**	**80**	**81**	**82**	**83**	**84**	**85**
C	B	A	A	C	C	B	B	B	A
86	**87**	**88**	**89**	**90**	**91**	**92**	**93**	**94**	**95**
A	A	A	A	D	B	D	A	B	B
96	**97**	**98**	**99**	**100**					
D	C	B	B	D					

भाग-V : अवनद्ध वाद्य

26	27	28	29	30	31	32	33	34	35
A	C	C	B	C	C	B	B	A	A
36	**37**	**38**	**39**	**40**	**41**	**42**	**43**	**44**	**45**
D	A	D	C	B	D	D	A	D	B
46	**47**	**48**	**49**	**50**	**51**	**52**	**53**	**54**	**55**
D	D	A	A	D	C	A	A	A	D
56	**57**	**58**	**59**	**60**	**61**	**62**	**63**	**64**	**65**
B	A	B	B	A	C	A	C	*	B
66	**67**	**68**	**69**	**70**	**71**	**72**	**73**	**74**	**75**
B	C	B	B	A	C	C	A	A	C
76	**77**	**78**	**79**	**80**	**81**	**82**	**83**	**84**	**85**
A	A	D	B	B	B	B	B	B	D
86	**87**	**88**	**89**	**90**	**91**	**92**	**93**	**94**	**95**
D	C	C	A	C	B	C	C	C	D
96	**97**	**98**	**99**	**100**					
D	C	C	D	D					

* *Error in Question.*

पिछले प्रश्न-पत्र (हल सहित)

NTA–UGC-NET जूनियर रिसर्च फैलोशिप तथा सहायक प्राध्यापक परीक्षा (हिन्दुस्तानी संगीत, कर्नाटक संगीत, रबीन्द्र संगीत तथा अवनद्ध वाद्य)

दिसम्बर–2019*

प्रश्न–पत्र-II

नोट : परीक्षार्थी भाग-I के सभी 25 प्रश्नों के उत्तर दें। यह भाग अनिवार्य है। परीक्षार्थी भाग-II, भाग-III, भाग-IV तथा भाग-V में से किसी एक भाग के सभी 75 प्रश्नों के उत्तर दें। प्रत्येक प्रश्न के दो (2) अंक हैं।

भाग–I

1. उत्तर त्यागराज काल से संबंधित रचयिता निम्नलिखित में से कौन है?

A. पुरंदर दास B. श्यामा शास्त्री
C. मुत्तुस्वामी दीक्षितार D. मुतैया भागवतार

2. गमक, जो आधार स्वर से आरंभ होकर उच्च स्वर उत्पन्न करता है तथा राग भाव की अनुरूपता से युक्त है, उसे कहते हैं?

A. मूर्च्छना B. ढालू
C. कंपिता D. गुंफिता

3. कोमल आवाज में गमक गायन को कहते हैं :

A. मुद्रित B. प्लावित
C. नामित D. कुरुला

4. त्रिविध गांधर्व के तत्व हैं :

A. मागधी, अर्द्ध मागधी, पृथुला
B. ऋक, यजुः, संहिता
C. स्वर, ताल, पद
D. षड़ज, मध्यम, पंचम

5. तिस्र जाति अटतालम का अक्षरकाल है :

A. 22 B. 14
C. 12 D. 10

6. पं. अनोखेलाल मिश्र के गुरु हैं :

A. पं. सूरज प्रसाद B. पं. शिव प्रसाद
C. पं. बुन्दी मिश्रा D. पं. भैरव प्रसाद

7. ध्रुवा एवं शम्या है :

A. सशब्द क्रिया B. निशब्द क्रिया
C. जाति D. यति

8. झपताल के एक आवर्तन को तिगुन में पढंत करने से कितनी मात्रायें होंगी?

A. $4\frac{1}{3}$ B. $5\frac{1}{2}$
C. $2\frac{3}{4}$ D. $3\frac{1}{3}$

9. पंजाबी ताल के एक आवर्तन में उसी ताल की एक-एक बार दुगुन व चौगुन किस मात्रा के पश्चात प्रारंभ होंगी?

A. 4 B. $1\frac{4}{2}$
C. 2 D. $2\frac{1}{2}$

10. 'झुमुर' का संबंध किस प्रांत से है?

A. बंगाल B. राजस्थान
C. गुजरात D. तमिलनाडु

11. 'रामलीला व तमाशा' जैसी लोक-कला विधाएँ किस श्रेणी के अंतर्गत आती हैं?

A. वाद्यवृंद B. बैले
C. गीतनाट्य D. टप्पा

* *Online exam held on 2-12-2019.*

12. लावणी नृत्य का संबंध है :

A. काश्मीर से　　B. राजस्थान से

C. महाराष्ट्र से　　D. तमिलनाडु से

13. एकतारा वाद्ययन्त्र किस लोक संगीत में प्रयोग होता है?

A. चैती　　B. बाउल

C. लावनी　　D. कजरी

14. निम्नलिखित प्रदेश तथा उनके लोकसंगीत कलाकारों की कौन-सी जोड़ी सुमेलित नहीं है?

A. पूरण चंद वडाली – पंजाबी लोक संगीत

B. लालन शाह फकीर – उत्तर प्रदेश लोक संगीत

C. शारदा सिन्हा – मैथिली लोक संगीत

D. लंगा-माँगणियार – राजस्थानी लोक गीत

15. रागमाला चित्रों की विभिन्न शैलियों में 'राग हिंडोल' के चित्रण में अधिकतर किस देवता को चित्रित किया गयाहै?

A. शिव　　B. कृष्ण

C. ब्रह्मा　　D. विष्णु

16. ललित कला एवं यांत्रिक कला में अन्तर के मुख्य कारण हैं :

(*a*) उद्देश्य　　(*b*) कल्पना

(*c*) विषयवस्तु

उपयुक्त विकल्प चुनें :

A. (*a*) और (*b*)　　B. (*c*) और (*b*)

C. (*a*) और (*c*)　　D. (*a*), (*b*) और (*c*)

17. नाट्यशास्त्र में, 'वीभत्स-भयानक' रस के विनियोग हेतु किस स्वर का उल्लेख किया गया है?

A. धैवत　　B. निषाद

C. षड़ज　　D. मध्यम

18. नीचे दो कथन दिए गए हैं, जिनमें से एक अभिकथन (A) है और उसका दूसरा तर्क (R) है। कथनों को पढ़िए और नीचे दिए गए विकल्प का प्रयोग कर सही उत्तर चुनिए।

अभिकथन (A) : रस के संबंध में, 'अनुभाव' शब्द का प्रयोग किया जाता है।

तर्क (R) : 'अनुभाव' अभिनय को वाचिक, आंगिक एवं सात्विक अभिनयों के द्वारा अनुभूति योग्य बनाते हैं।

कूट :

A. (A) तथा (R) दोनों सही हैं।

B. (A) तथा (R) दोनों गलत हैं।

C. (A) सही है परन्तु (R) गलत है।

D. (A) गलत है परन्तु (R) सही है।

19. निम्नलिखित को सुमेलित कीजिए तथा सही विकल्प चुनिए :

सूची-I	**सूची-II**
(*a*) बुद्धिवादी दृष्टिकोण	(*i*) सुकरात
(*b*) अध्यात्मवादी दृष्टिकोण	(*ii*) अरस्तू
(*c*) उपयोगितावादी दृष्टिकोण	(*iii*) कांट
(*d*) रूपवादी दृष्टिकोण	(*iv*) प्लेटो

कूट :

	(*a*)	(*b*)	(*c*)	(*d*)
A.	(*iii*)	(*iv*)	(*i*)	(*ii*)
B.	(*iv*)	(*iii*)	(*ii*)	(*i*)
C.	(*i*)	(*ii*)	(*iii*)	(*iv*)
D.	(*ii*)	(*i*)	(*iv*)	(*iii*)

20. इनमें से कौन-सी शोध की विशेषता नहीं है?

A. व्यवस्थित और तार्किक

B. शुद्ध और नये ज्ञान का संग्रह

C. भावावेश और धारणा

D. सावधानीपूर्वक अभिलेखित करना

21. शोध परिकल्पना से अभिप्राय है :

A. अनुक्रमणिका　　B. शोध-सार

C. दत्त संकलन　　D. तर्क आश्रित अनुमान

22. शोध कार्य करने का सही क्रम चुनिए :

A. विषयचयन, सामग्रीसंकलन, रूपरेखा, शोधलेखन

B. रूपरेखा, विषयचयन, शोधलेखन, सामग्रीसंकलन

C. विषयचयन, रूपरेखा, सामग्रीसंकलन, शोधलेखन

D. विषयचयन, शोधलेखन, सामग्रीसंकलन, रूपरेखा

23. शोध की प्रक्रिया में पहला चरण क्या होगा?

A. भूमिका　　B. संदर्भ-ग्रन्थसूची

C. रूपरेखा　　D. अनुक्रमणिका

24. कुडुमियाँमलाई शिलालेख को निम्नलिखित के सर्वश्रेष्ठ उदाहरण के रूप में माना जा सकता है :

A. एपिग्राफी　　B. म्यूजिकोग्राफी

C. आइकानोग्राफी　　D. स्क्रिप्टोग्राफी

25. अकमात्रिक स्वरलिपि पद्धति में कण-स्वर का संकेतक है :

A. ^{म}ग　　B. ‿

C. /　　D. ५ः

भाग-II

हिन्दुस्तानी संगीत (गायन तथा वादन)

26. मागधी, अर्धमागधी, सम्भाविता, पृथुला आदि किस शैली के नाम हैं?

A. प्रबन्ध B. जाति
C. गीति D. अलंकार

27. चतुरंग के दूसरे भाग में क्या है?

A. पाटाक्षर B. सरगम
C. तराना D. खयाल

28. G मेजर स्केल में कितने शार्प नोट प्रयुक्त होते हैं?

A. $F^{\#}$ B. $F^{\#}$ और $C^{\#}$
C. $F^{\#}, C^{\#}, G^{\#}$ D. $F^{\#}, C^{\#}, G^{\#}, D^{\#}$

29. अचलथाट और चलथाट में कितने पर्दे होते हैं?

A. 24 और 17 B. 20 और 12
C. 29 और 19 D. 28 और 20

30. हृदय रमा किसका नाम है?

A. राग B. ताल
C. मेल D. ग्रन्थ

31. राग-रागीनी वर्गीकरण में निम्नलिखित रागों का क्रम किस मत के अनुसार है?

श्री, बसंत, पंचम, मेघ, भैरव, नटनारायण

A. भरत B. शिव
C. कल्लिनाथ D. हनुमान

32. निम्नलिखित में से किस वाद्य यंत्र में 'घसीट' का प्रयोग होता है?

A. शहनाई B. बाँसुरी
C. सरोद D. सितार

33. राग मुलतानी के अवरोह में ध निम्नलिखित में से किसका उदाहरण है?

A. अनाभ्यासमूलक अलपत्व
B. अभ्यासमूलक बहुत्व
C. लंघनमूलक अल्पत्व
D. अलंघनमूलक बहुत्व

34. नाट्य शास्त्र में 'साधारण' से क्या तात्पर्य है?

A. मूल अवस्था से विचलित अवस्था का स्वर
B. तानों की अवस्था
C. गमक का प्रकार
D. जातियों में अंश स्वर का प्रयोग

35. राग पूरिया धनाश्री का प्रदर्शन करते समय निम्न स्वर समुदाय किस राग के तिरोभाव को दर्शाते हैं?

रे रे प, मं, ध प, रे ग रे स

A. पूरिया कल्याण
B. मियाँ की तोड़ी
C. पूरिया
D. श्री

36. नान्यदेव ने, 22 श्रुतियों में, 'करुण'–जाति की कितनी श्रुतियाँ मानी हैं?

A. 4 B. 3
C. 5 D. 6

37. मतंग ने, षड़ज-ग्राम में, 'म' और 'नि' को परस्पर-संवादी नहीं माना, क्योंकि :

A. 'म' तथा 'नि' में 8 श्रुति का अंतराल है
B. एक ग्राम में 3 से अधिक संवाद मान्य नहीं है
C. 'म' चतुश्रुतिक है तथा नि द्विश्रुतिक
D. 'म' तथा 'नि' में 10 श्रुति अंतराल हैं

38. 'संगीत-रत्नाकर' के अनुसार 'अभयुच्चय-अलंकार' है :

A. एक-एक स्वर छोड़ते हुए आरोह करना
B. सात स्वरों का क्रमिक आरोह
C. तीन-तीन स्वरों का क्रमिक आरोह
D. चार-चार स्वरों का क्रमिक आरोह

39. तैयारी के साथ कोमलता, गमक अंग, तरानों की गायक तथा अतिद्रुत-लय में संचार करने वाली 'सपाट तान', किस घराने की विशेषता है?

A. आगरा B. विष्णुपुर
C. दरभंगा D. पटियाला

40. बहादुरशाह जफर ने किस उपनाम से 'खयाल' की रचनाएँ की?

A. अदारंग B. मनरंग
C. शोखरंग D. मोहम्मद शाह

41. भिन्न को चुनिए :

A. शाहमीर खाँ
B. अमीर खाँ
C. अब्दुल हलीम जाफर खाँ
D. धोंडू ताई कुलकर्णी

42. निम्नलिखित में से तिलक कामोद की स्वरावली कौन-सी है?

A. प नि स रे ग, स रे प म ग स नि
B. प नि सं रें नि ध प, ध म ग रे, ग स
C. रे म प नि ध प, रे ग रे स नी ध प ग रे स
D. मे प नि सं नि ध, ग प म ग रे स, ग म प

43. लोकगीतों में शास्त्रीय संगीत का मिश्रण करके, किस संगीतकार ने परंपरा की लीक से हटकर, एक नई शैली को जन्म दिया?

A. मोघु बाई B. केसर बाई
C. भातखंडे D. कुमार गंधर्व

44. निम्नलिखित में से, किराना-घराना के गायक हैं :

A. वहीद खाँ B. जसराज
C. फैयाज खाँ D. विष्णु दिगम्बर

45. मुहम्मद तुगलक के काल में, किस विद्वान ने 'मेल' शब्द का प्रयोग सर्वप्रथम किया?

A. अमीर खुसरो B. दत्तिल
C. विद्यारण्य D. अहोबल

46. ग्रामणी स्वर से तात्पर्य है :

A. ग्राम का आधारभूत स्वर
B. ग्राम का अंतिम स्वर
C. अंश स्वर
D. दो ग्रामों के स्वरों के श्रुति अंतर

47. 1 2 3 4

ग - - - म - - - प - - - म - - - रे - - -

किस लय को दर्शाता है?

A. आड़ B. कुआड़
C. बिआड़ D. चौगुन

48. निम्नलिखित में से पुण्डरीक विट्ठल के ग्रन्थ कौन-से हैं?

A. नर्तन निर्णय, राग माला, राग मंजरी
B. सद्राग चंद्रोदय, नर्तन निर्णय, राग माला
C. रस कौमुदी, राग माला, राग मंजरी
D. राग माला, राग मंजरी, सद्राग चंद्रोदय

49. राग बिलावल के स्वरों में कोमल ऋषभ-धैवत तथा तीव्र मध्यम के प्रयोग से किस राग के स्वरों की प्राप्ति होगी?

A. पूरिया धनाश्री B. यमनी बिलावल
C. देवगिरी बिलावल D. पूरिया

50. विशिष्ट मनःस्थिति एवं मूलभूत रस आस्वादन के लिए किस ध्रुवा गीत का प्रयोग होता था?

A. अन्तरा B. आक्षेपिकी
C. प्रसादिकी D. प्रतिमुख

51. विष्णुदिगम्बर पद्धति में '¼ मात्रा' के लिए किस चिह्न का प्रयोग होता है?

A.  B. 
C.  D. 

52. मध्यम ग्राम की शुद्धमध्या मूर्च्छना का आरम्भिक स्वर क्या है?

A. मध्यम B. षडज
C. पंचम D. ऋषभ

53. किस राग के आरोह में कोमल निषाद चढ़ी हुई प्रयुक्त की जाती है?

A. नायकी कान्हड़ा B. दरबारी
C. कौंसी कान्हड़ा D. अड़ाना

54. संगीतज्ञ अमीर खुसरो किस युग में थे?

A. यवन काल B. लोदी काल
C. तुगलक काल D. खिलजी काल

55. किस ग्रंथ में सर्वप्रथम रागों को पुल्लिंग, स्त्रीलिंग और नपुंसक लिंग जैसे वर्गीकरण में बांटा गया है?

A. संगीत रत्नाकर B. संगीत मकरंद
C. बृहद्देशी D. नाट्यशास्त्र

56. निम्नलिखित में से कौन सा राग आसावरी थाट का नही है?

A. देव गांधार B. मालकौंस
C. देसी D. अड़ाना

57. राग 'हंसध्वनि' में तार सप्तक के रिषभ को सा मानकर अवरोह करने से किन स्वरों की प्राप्ति होती है?

A. सं नि ध म रे स B. सं नि प ग रे स

C. सं नि ध प म ग D. सं नि प मं ग रे स

58. भिन्डी बाजार घराने की गायिका कौन है?

A. किशोरी आमोनकर B. हीराबाई बडोदेकर

C. सुहासिनी कोरटकर D. सविता देवी

59. निम्नलिखित में से किस शैली में राग की शुद्धता के नियम शिथिल किए जा सकते हैं?

A. ध्रुपद B. ख्याल

C. सादरा D. ठुमरी

60. प्रसिद्ध ग्रंथ "मआदनुलमूसीकी" के लेखक कौन है?

A. हकीम मुहम्मद करम इमाम

B. पं. ओमकारनाथ ठाकुर

C. पं. भातखंडे

D. अब्दुल करीम खाँ

61. ध्रुपद गायन का सम्बन्ध किससे है?

A. मानसिंह तोमर B. अल्लाउद्दीन खाँ

C. फैयाज खाँ D. रामामात्य

62. निम्नलिखित में, कौन-से स्वर समूह बिलासखानी तोड़ी के हैं?

(*a*) ग म प ध प, ग म रे सा

(*b*) रे नि ध सा, रे ग रे सा

(*c*) रे म प, ध, ध प, म प ध मग रे सा

(*d*) रे ग प, ध म ग, रे ग रे सा

सही विकल्प चुनिए :

A. (*a*) तथा (*b*) B. (*a*) तथा (*c*)

C. (*b*) तथा (*d*) D. (*c*) तथा (*d*)

63. निम्नलिखित में से मसीतखानी गत के लक्षणों को इंगित करें :

(*a*) मसीतखानी गत त्रिताल में निबद्ध होती है

(*b*) मसीतखानी गत झपताल में निबद्ध होती है

(*c*) मसीतखानी गत का मुखड़ा पाँच मात्रा का होता है

(*d*) मसीतखानी गत की लय अति द्रुत होती है

सही विकल्प चुनिए :

A. (*a*) तथा (*c*) B. (*a*) तथा (*b*)

C. (*b*) तथा (*d*) D. (*c*) तथा (*d*)

64. निम्नलिखित में से अष्टछाप के भक्त-गायकों को इंगित करें :

I. जयदेव II. कुंभनदास

III. विद्यापति IV. सूरदास

सही विकल्प चुनिए :

A. I तथा II B. II तथा III

C. III तथा IV D. II तथा IV

65. निम्नलिखित में से चतुःश्रुतिक अंतर को इंगित कीजिए :

I. मेजर टोन II. 203.7 सेंट

III. 182 सेंट IV. 112 सेंट

सही विकल्प चुनिए :

A. I तथा III B. I तथा II

C. III तथा IV D. II तथा IV

66. तान का प्रयोग किसमें होता है?

(*a*) विलंबित आलाप (*b*) मसीतखानी गत

(*c*) रजाखानी गत (*d*) झाला

सही विकल्प चुनिए :

A. (*a*) तथा (*b*) B. (*a*) तथा (*c*)

C. (*b*) तथा (*c*) D. (*c*) तथा (*d*)

67. रामदासी मल्हार, सूहा, नायकी कान्हड़ा तथा भीमपलासी में क्या समानता है?

(*a*) काफी थाट से उत्पत्ति

(*b*) मध्यम वादी – षडज संवादी

(*c*) परमेल प्रवेशक राग

(*d*) समान गायन वादन समय

सही विकल्प चुनिए :

A. (*a*) तथा (*b*) B. (*b*) तथा (*c*)

C. (*c*) तथा (*d*) D. (*d*) तथा (*b*)

68. निम्नलिखित में से कल्याण थाट के राग कौन-से हैं?

(*a*) शुद्ध कल्याण (*b*) कामोद

(*c*) शंकरा (*d*) दुर्गा

सही विकल्प चुनिए :

A. (*a*) तथा (*c*) B. (*b*) तथा (*d*)

C. (*a*) तथा (*d*) D. (*a*) तथा (*b*)

69. निम्नलिखित में से झिंझोटी की स्वरावली कौन-सी है?

(*a*) प़ध़सारेमग – सारेनिध़सा

(*b*) निसामं – गमप, मग, मगरेसा

(*c*) निधपधम, रेग सा, निध, सा

(*d*) सारेग, पग, धपगरे, साधसा

सही विकल्प चुनिए :

A. (*a*), (*b*) B. (*b*), (*c*)
C. (*c*), (*d*) D. (*a*), (*c*)

70. निम्नलिखित में से कौन-से स्वर समूह देवगिरि बिलावल के हैं?

(*a*) ग म ग रे ग, रे सा, ऩि ध़ सा रे ग
(*b*) ग रे ग प, ध म॑ प, ग म ग रे ग
(*c*) ग म ग रे ग, रे सा ध़ प़ ग
(*d*) ग रे ग प, ध नि॒ ध प, म ग

सही विकल्प चुनिए :

A. (*a*) तथा (*c*) B. (*b*) तथा (*d*)
C. (*a*) तथा (*b*) D. (*b*) तथा (*c*)

71. निम्नलिखित में से बिलावल को शुद्ध थाट किन विद्वानों ने माना है?

(*a*) मुहम्मद रजा (*b*) मुहम्मद करम इमाम
(*c*) सवाइ प्रतापसिंह (*d*) शारंगदेव

सही विकल्प चुनिए :

A. (*a*) तथा (*c*) B. (*b*) तथा (*d*)
C. (*a*) तथा (*d*) D. (*b*) तथा (*c*)

72. झाला, निम्नलिखित में से कहाँ-कहाँ प्रयोग होता है?

(*a*) आलाप के अन्त में
(*b*) मसीतखानी गत में
(*c*) रजाखानी गत की शुरुआत में
(*d*) रजाखानी गत के अंत में

सही विकल्प चुनिए :

A. (*a*) तथा (*b*) B. (*c*) तथा (*d*)
C. (*a*) तथा (*d*) D. (*b*) तथा (*c*)

73. निम्नलिखित में से ध्रुपद शैली में प्रयुक्त तालों को इंगित करें :

I. जत II. चौताल
III. सूलताल IV. दीपचंदी

सही विकल्प चुनिए :

A. I तथा III B. II तथा III
C. II तथा IV D. III तथा IV

74. चतुरंग में प्रयुक्त चार प्रकारों को सही क्रम में चुनिए :

A. तराना, सरगम, पाटाक्षर, ख्याल
B. पाटाक्षर, ख्याल, तराना, सरगम
C. सरगम, पाटाक्षर, ख्याल, तराना
D. ख्याल, तराना, सरगम, पाटाक्षर

75. निम्नलिखित रागों को समयानुसार सही क्रम में चुनिए :

A. भटियार, जौनपुरी, शुद्ध सारंग, मुलतानी
B. जौनपुरी, भटियार, मुलतानी, शुद्ध सारंग
C. शुद्ध सारंग, भटियार, मुलतानी, जौनपुरी
D. मुलतानी, जौनपुरी, भटियार, शुद्ध सारंग

76. गुरु-शिष्य परम्परा के अनुसार सही क्रम चुनिए :

A. एम.आर. गौतम, नत्थन खां, दिलीप चंद्र बेदी, भास्कर बुआ
B. नत्थन खां, भास्कर बुआ, दिलीप चंद्र बेदी, एम. आर. गौतम
C. भास्कर बुआ, नत्थन खां, एम.आर. गौतम, दिलीप चंद्र बेदी
D. दिलीप चंद्र बेदी, नत्थन खां, एम.आर. गौतम, भास्कर बुआ

77. भरतमत के रागों का सही क्रम चुनिए :

A. मेघ, भैरव, मालकौंस, हिंडोल, दीपक, श्री, नटरायण
B. भैरव, हिंडोल, मालकौंस, दीपक, श्री, बसंत
C. नटनारायण, बसंत, दीपक, श्री, मालकौंस, हिंडोल
D. भैरव, मालकौंस, हिंडोल, दीपक, श्री, मेघ

78. स्वरों की विकृत अवस्था की बढ़ती संख्या के अनुरूप थाट का सही क्रम चुनिए :

A. काफी, कल्याण, आसावरी
B. आसावरी, काफी, कल्याण
C. कल्याण, काफी, आसावरी
D. आसावरी, कल्याण, काफी

79. निम्नलिखित को सुमेलित कीजिए :

सूची-I	सूची-II
(*a*) पंजाब अंग ठुमरी	(*i*) चिंतामणि मिश्र
(*b*) पूरब अंग ठुमरी	(*ii*) सलामत अली
(*c*) खयाल	(*iii*) मोजुद्दीन
(*d*) ध्रुपद	(*iv*) बाबा दीक्षित

निम्नलिखित में से सही विकल्प चुनिए :

	(*a*)	(*b*)	(*c*)	(*d*)
A.	(*iv*)	(*iii*)	(*ii*)	(*i*)
B.	(*i*)	(*ii*)	(*iii*)	(*iv*)
C.	(*iii*)	(*ii*)	(*i*)	(*iv*)
D.	(*ii*)	(*iii*)	(*iv*)	(*i*)

80. निम्नलिखित रचनाओं को उनके रचनाकारों के साथ सुमेलित कीजिए :

सूची-I (रचनाएँ)	**सूची-II (रचनाकार)**
(*a*) राग विज्ञान	(*i*) ओमकार नाथ
(*b*) संगीतांजलि	(*ii*) वी.डी. पलुस्कर
(*c*) श्रीमल्लक्ष्यसंगीतम्	(*iii*) वी.आर. पटवर्धन
(*d*) संगीत तत्व दर्शक	(*iv*) भातखंडे

निम्नलिखित में से सही विकल्प चुनिए :

	(*a*)	(*b*)	(*c*)	(*d*)
A.	(*i*)	(*iv*)	(*ii*)	(*iii*)
B.	(*iv*)	(*ii*)	(*iii*)	(*i*)
C.	(*ii*)	(*iii*)	(*i*)	(*iv*)
D.	(*iii*)	(*i*)	(*iv*)	(*ii*)

81. निम्नलिखित को सुमेलित कीजिए और नीचे दिए गए विकल्पों में से सही उत्तर चुनिए :

सूची-I	**सूची-II**
(*a*) इमदाद खान	(*i*) जयपुर सेनिया
(*b*) अब्दुल हलिम जाफर खान	(*ii*) इटावा
(*c*) रविशंकर	(*iii*) इन्दौर बीनकार
(*d*) मुश्ताक अली खान	(*iv*) मैहर

निम्नलिखित में से सही विकल्प चुनिए :

	(*a*)	(*b*)	(*c*)	(*d*)
A.	(*ii*)	(*iii*)	(*iv*)	(*i*)
B.	(*iv*)	(*i*)	(*ii*)	(*iii*)
C.	(*iii*)	(*i*)	(*iv*)	(*ii*)
D.	(*i*)	(*iii*)	(*iv*)	(*ii*)

82. निम्नलिखित को सुमेलित कीजिए और नीचे दिए गए कूट से सही उत्तर चुनिए :

सूची-I	**सूची-II**
(*a*) सुधाकर	(*i*) काल्लिनाथ
(*b*) कलानिधि	(*ii*) सिंह भूपाल
(*c*) अभिनव भारती	(*iii*) फकीरुल्ला
(*d*) रागदर्पण	(*iv*) अभिनव गुप्त

कूट :

	(*a*)	(*b*)	(*c*)	(*d*)
A.	(*iv*)	(*iii*)	(*ii*)	(*i*)
B.	(*iii*)	(*iv*)	(*ii*)	(*i*)
C.	(*iv*)	(*i*)	(*ii*)	(*iii*)
D.	(*ii*)	(*i*)	(*iv*)	(*iii*)

83. निम्नलिखित को सुमेलित कीजिए :

सूची-I (विष्णु दिगम्बर स्वरलिपि पद्धति)	**सूची-II (भातखण्डे स्वर लिपि पद्धति)**
(*a*) रि् ग् ध्	(*i*) प़ ध़ नि़
(*b*) पं धं निं	(*ii*) X, O
(*c*) I, +	(*iii*) गं मं धं
(*d*) सं रं० गं म	(*iv*) रे॒ ग॒ ध॒

सही विकल्प चुनिए :

	(*a*)	(*b*)	(*c*)	(*d*)
A.	(*iii*)	(*ii*)	(*i*)	(*iv*)
B.	(*ii*)	(*iii*)	(*iv*)	(*i*)
C.	(*iv*)	(*i*)	(*ii*)	(*iii*)
D.	(*i*)	(*iv*)	(*iii*)	(*ii*)

84. निम्नलिखित को सुमेलित कीजिए :

सूची-I	**सूची-II**
(*a*) टप्पा	(*i*) रहीम फहीमुद्दीन डागर
(*b*) ध्रुपद	(*ii*) शोभा गुर्टू
(*c*) ठुमरी	(*iii*) शोरी मियाँ
(*d*) रुद्र वीणा	(*iv*) असद अली खाँ

सही विकल्प चुनिए :

	(*a*)	(*b*)	(*c*)	(*d*)
A.	(*i*)	(*iii*)	(*iv*)	(*ii*)
B.	(*iv*)	(*ii*)	(*iii*)	(*i*)
C.	(*ii*)	(*iv*)	(*i*)	(*iii*)
D.	(*iii*)	(*i*)	(*ii*)	(*iv*)

85. निम्नलिखित को सुमेलित कीजिए :

सूची-I (गुरु)	**सूची-II (शिष्य)**
(*a*) मंजी खां	(*i*) आशिक अली खां
(*b*) अब्दुल वहीद	(*ii*) निसार हुसैन
(*c*) इनायत हुसैन	(*iii*) हीरा बाई बड़ौदकर
(*d*) बरतकतउल्लाह खाँ	(*iv*) मल्लिकार्जुन मंसूर

निम्नलिखित में से सही विकल्प चुनिए :

	(*a*)	(*b*)	(*c*)	(*d*)
A.	(*iv*)	(*iii*)	(*ii*)	(*i*)
B.	(*i*)	(*ii*)	(*iii*)	(*iv*)
C.	(*iii*)	(*i*)	(*iv*)	(*ii*)
D.	(*ii*)	(*iv*)	(*i*)	(*iii*)

86. निम्नलिखित विद्यालयों को उनके संस्थापकों से सुमेलित कीजिए :

सूची-I (संस्थापक)	सूची-II (विद्यालय)
(*a*) अब्दुल करीम खान	(*i*) विश्व भारती
(*b*) के.आर. पंडित	(*ii*) किन्नर स्कूल ऑफ म्यूजिक
(*c*) रवि शंकर	(*iii*) शंकर गांधर्व विद्यालय
(*d*) रविन्द्रनाथ टैगोर	(*iv*) आर्य संगीत विद्यालय

सही विकल्प चुनिए :

	(*a*)	(*b*)	(*c*)	(*d*)
A.	(*i*)	(*iv*)	(*iii*)	(*ii*)
B.	(*ii*)	(*i*)	(*iv*)	(*iii*)
C.	(*iii*)	(*ii*)	(*i*)	(*iv*)
D.	(*iv*)	(*iii*)	(*ii*)	(*i*)

87. नीचे दो कथन दिए गए हैं, जिनमें से एक अभिकथन (A) है और उसका दूसरा तर्क (R) है। कथनों को पढ़िए और नीचे दिए गए कूट का प्रयोग कर सही उत्तर चुनिए।

अभिकथन (A) : रजाखानी गत में बंदिश को ताल की अलग-अलग मात्राओं से उठान करने पर राग में सुंदरता का तत्व उभर कर आता है।

तर्क (R) : रजाखानी गत के बोलों को तीनताल में सातवीं खाली अथवा सम से उठाने की परम्परा है।

कूट :
A. (A) तथा (R) दोनों गलत हैं।
B. (A) तथा (R) दोनों सही हैं।
C. (A) सही है परन्तु (R) गलत है।
D. (A) गलत है परन्तु (R) सही है।

88. नीचे दो कथन दिए गए हैं, जिनमें से एक अभिकथन (A) है और उसका दूसरा तर्क (R) है। कथनों को पढ़िए और नीचे दिए गए कूट का प्रयोग कर सही उत्तर चुनिए।

अभिकथन (A) : राग-खमाज का वादी गंधार तथा देस का वादी रिषभ माना गया है।

तर्क (R) : खमाज मेल के, खमाज अंग से युक्त रागों को गंधारवादी-राग तथा सोरठ अंग से युक्त रागों को, रिषभवादी राग माना जाता है।

कूट :
A. (A) तथा (R) दोनों सही हैं।
B. (A) तथा (R) दोनों गलत हैं।
C. (A) सही है परन्तु (R) गलत है।
D. (A) गलत है परन्तु (R) सही है।

89. नीचे दो कथन दिए गए हैं, जिनमें से एक अभिकथन (A) है और उसका दूसरा तर्क (R) है। कथनों को पढ़िए औ[र] नीचे दिए गए कूट का प्रयोग कर सही उत्तर चुनिए।

अभिकथन (A) : जिसके प्रारंभ में विलंतित फिर मध[्य] तथा अंत में द्रुतलय हो, उसे गोपुच्छ[ा] यति कहते हैं।

तर्क (R) : लघु एवं गुरु अक्षरों की भिन्न व्यवस्[था] से, लय की विभिन्न आकृतियों [का] निर्माण किया जाता है।

कूट :
A. (A) तथा (R) दोनों सही हैं।
B. (A) तथा (R) दोनों गलत हैं।
C. (A) सही है परन्तु (R) गलत है।
D. (A) गलत है परन्तु (R) सही है।

90. नीचे दो कथन दिए गए हैं, जिनमें से एक अभिकथन (A) है और उसका दूसरा तर्क (R) है। कथनों को पढ़िए [और] नीचे दिए गए कूट का प्रयोग कर सही उत्तर चुनि[ए।]

अभिकथन (A) : गुर्जरी तोड़ी, भीमपलासी, बिहाग [...] किसी भी समय गाए-बजाए जा स[कते] हैं।

तर्क (R) : हिन्दुस्तानी शास्त्रीय संगीत में राग [...] प्रस्तुति समय सिद्धांत के अनु[...] करने का नियम कठोर नहीं है।

कूट :
A. (A) तथा (R) दोनों गलत हैं।
B. (A) तथा (R) दोनों सही हैं।
C. (A) सही है परन्तु (R) गलत है।
D. (A) गलत है परन्तु (R) सही है।

निर्देश (प्र.सं. 91 से 95 तक) *निम्नलिखित गद्यांश को ध्यान[पूर्वक] पढ़िए। गद्यांश के आधार पर निम्नलिखित प्रश्नों के उत्तर दी[जिए।]*

"ख्याल गायन के घरानों की परम्परा में ग्वालियर घ[राना] प्राचीन एवं समृद्ध माना गया है। ग्वालियर से ही आगरा घ[राना]

निकला। आगरा घराने के खुदाबक्श खां ने ख्याल-गायन की शिक्षा ग्वालियर घराने के नत्थन पीरबक्श से ही ली थी।

जब अब्दुल करीम खां मिरज आकर रहने लगे तो ग्वालियर घराने के हद्दु खां के बेटे रहमत खां की गायकी से बहुत प्रभावित हुए, जिससे उनकी गायन-शैली में एक नया मोड़ आया। हद्दु खां के दो दामाद इनायत हुसैन खां और बन्दे अली खां थे। और भी घरानों का जन्म ग्वालियर में हुआ था।''

91. रहमत खां किस घराने का प्रतिनिधित्व करते थे?

A. आगरा B. दिल्ली
C. किराना D. ग्वालियर

92. सहसवान घराना से ग्वालियर घराने का सम्पर्क किस कलाकार के माध्यम से हुआ?

A. राशिद खां B. गुलाम मुस्तफा खां
C. बहादुर हुसैन खां D. इनायत हुसैन खां

93. ग्वालियर घराने से निम्नलिखित में से कौन-से घराने प्रभावित हुए?

(*a*) मेवाती (*b*) किराना
(*c*) आगरा (*d*) सहसवान

A. (*a*) तथा (*c*) B. (*c*) तथा (*d*)
C. (*a*), (*b*) तथा (*d*) D. (*a*), (*b*), (*c*) तथा (*d*)

94. बन्दे अली खां की शिष्य परम्परा में कौन-से प्रसिद्ध बीनकार हुए?

A. बजीर खां B. रजब अली खां
C. निर्मल शाह D. दबीर खां

95. निम्नलिखित में से ग्वालियर घराने के विष्णुदिगंबर के शिष्य कौन-कौन थे?

A. ओंकारनाथ ठाकुर और विनायक राव पटवर्धन
B. अन्ना बुआ और मिरासी बुआ
C. रहमत खां और मुहम्मद खां
D. मन्जी खां और भुर्जी खां

निर्देश (प्र.सं. 96 से 100 तक) *निम्नलिखित गद्यांश को ध्यानपूर्वक पढ़िए। गद्यांश के आधार पर निम्नलिखित प्रश्नों के उत्तर दीजिए।*

रागों के व्यावहारिक एवं शास्त्रीय अध्ययन के लिए शास्त्रीय संगीत के इतिहास में अनेक वर्गीकरण पद्धतियों का जन्म, विकास एवं ह्रास हुआ। कालानुसार प्रचलित विधाओं एवं रागों को अध्ययन की सुविधा हेतु वर्गीकृत किया गया है। अठारह जातियों के दो वर्गों—शुद्ध एवं विकृत में विभाजित किया गया है। सातों स्वरों के प्रयोग वाली शुद्ध जाति तथा लक्षणों में परिवर्तन करने से विकृत जातियाँ उपलब्ध हुईं। जाति के लक्षण परिवर्तित रूप में राग लक्षणों में दर्शित होते हैं। मेल राग वर्गीकरण से पूर्व राग-रागिनी पद्धति, दसविध राग वर्गीकरण तथा शुद्ध छाया और संकीर्ण भी प्रचार में रहे। मध्यकालीन ग्रंथकारों ने मेलों तथा उनके अन्तर्गत रागों की संख्या भिन्न-भिन्न दी हैं। रागांग पद्धति को नारायण मोरेश्वर खरे ने प्रचलित किया। थाट-राग पद्धति में रागों को थाटों के अन्तर्गत वर्गीकृत किया जाने लगा।

96. अठारह जातियों में शुद्ध तथा विकृत जातियाँ कितनी हैं?

A. 7 शुद्ध - 10 विकृत B. 6 शुद्ध - 11 विकृत
C. 7 शुद्ध - 11 विकृत D. 11 शुद्ध - 7 विकृत

97. कल्लिनाथ मत में कितने राग तथा रागिनियाँ हैं?

A. 6 राग - 36 रागिनियाँ
B. 6 राग - 30 रागिनियाँ
C. 5 राग - 30 रागिनियाँ
D. 5 राग - 36 रागिनियाँ

98. जाति लक्षण 'ग्रह और अंश' को वर्तमान राग लक्षणों के आधार पर राग यमन में इंगित करें :

A. निषाद और गंधार B. गंधार और पंचम
C. षड्ज और पंचम D. निषाद और पंचम

99. निम्नलिखित स्वर समुदायों को सही अंग से सुमेलित कीजिए :

सूची-I	सूची-II
(*a*) ग रे ग प ध म ग	(*i*) सारंग
(*b*) रे ग रे स	(*ii*) कान्हड़ा
(*c*) मरे म रे स	(*iii*) बिलावल
(*d*) नी प ग म रे स	(*iv*) तोड़ी

सही विकल्प चुनिए :

	(*a*)	(*b*)	(*c*)	(*d*)
A.	(*ii*)	(*i*)	(*iv*)	(*iii*)
B.	(*i*)	(*ii*)	(*iii*)	(*iv*)
C.	(*iv*)	(*iii*)	(*ii*)	(*i*)
D.	(*iii*)	(*iv*)	(*i*)	(*ii*)

100. राग विबोध में कितने मेलों का उल्लेख किया गया है?

A. 23 मेल B. 27 मेल
C. 67 मेल D. 32 मेल

भाग–III

कर्नाटक संगीत

26. स्वाती तिरूनाल द्वारा, मूलतः राग सावेरी में रचित 'भावयायि रघुरामम्' को रागमालिका में किसने परिवर्तित किया?

A. मुतैया भागवतार
B. सेम्मनकुडी श्रीनिवास अय्यर
C. चेम्बै वैद्यनाथ भागवतार
D. जी.एन. बालासुब्रह्मण्यम्

27. री गी मी धा नू है :

A. सिम्हेन्द्र मध्ययम् B. षण्मुखप्रिया
C. कल्याणी D. कामवर्धनी

28. 29वें मेलकर्ता से निकला वक्र सम्पूर्ण राग है :

A. गुर्जरी B. कदन कुदूहलम्
C. छाया तरंगिणी D. गरुड़ ध्वनि

29. निम्नलिखित में से विषम को चुनें :

A. सारंगनाट्टा B. केदारम्
C. नारायणगौळा D. नाट्टा

30. सम्पूर्ण षाडव राग है :

A. परजू B. रसाली
C. सरस्वती D. मार्ग हिन्दोलम

31. हिन्दुस्तानी संगीत का दुर्गा राग कर्नाटक राग के निम्न में से किससे मिलता है?

A. शुद्ध सावेरी B. हिन्दोळम्
C. आभेरी D. जोगिया

32. संगीत रूप में कौन-से षणमार्ग चित्रित हैं?

A. निभिषा, कला, द्रुतम
B. लयु, गुरु, प्लूतम्
C. चित्र तरा, चित्र तमा, अति चित्र तमा
D. दक्षिणा, वर्तिका, चित्रा

33. मूर्च्छना–'शुद्ध मध्य' किससे संबंधित है?

A. षड्ज ग्राम मूर्च्छना
B. मध्यम ग्राम मूर्च्छना
C. गांधार ग्राम मूर्च्छना
D. शुद्ध मूर्च्छना

34. विवादी मेळ की कुल संख्या है :

A. 36 B. 42
C. 40 D. 45

35. राग विवर्धनी है :

A. स्वरान्तर संपूर्ण राग B. स्वरान्तर औडव राग
C. स्वरान्तर षाडव राग D. वक्र संपूर्ण राग

36. संगीत मकरंद में निर्धारित रिषभ श्रुतियों के तीन प्रकार हैं :

A. प्रभावती, कांत, विभूति
B. शिखा, दीप्तिमती, उग्र
C. मालिनी, शिखा, चपल
D. उग्र, कांत, प्रभावती

37. लक्षणग्रंथ 'रागतरंगिणी' में मेळ किस तरंग में वर्णित हैं?

A. पहली तरंग B. दूसरी तरंग
C. पाँचवीं तरंग D. चौथी तरंग

38. चेम्बटा है :

A. एक राग का नाम
B. कथकली संगीत में आदि तालम्
C. एक लोक संगीत विषय
D. एक वाद्ययंत्र

39. 84 संकीर्ण मेळ की पद्धति का आविष्कार किसने किया था?

A. सोमनाथ B. मतंग
C. वेंकटमखी D. अट्टूर कृष्ण पिषारोडी

40. निश्रुति रिषभ सुर का मान है :

A. 10/9 B. 16/15
C. 6/5 D. 3/2

41. 'अभिलसितार्थ चिन्तामणि' किस लक्षणग्रंथ का दूसरा नाम है?

A. संगीत सारमृत B. संग्रहचूड़ामणि
C. संगीतसार D. मानसोल्लास

42. पालक्कड़ के.वी. नारायण स्वामी किसके शिष्य हैं?
A. पप्पा वेंकट रामय्यर
B. अरियक्कुटी रामानुज आयंगर
C. पालक्काड़ मणि अय्यर
D. पजानी सुब्रह्मण्य पिल्लई

43. घनरागमालिका वर्णम् के रचयिता हैं :
A. स्वाती तिरुनाल B. श्यामा शास्त्री
C. त्यागराज D. वीणा कुप्पय्यर

44. पंचदशाक्षरी मंत्र किसमें समाविष्ट है?
A. नीलोत्पलाम्बा नवावरणम्
B. धर्मसंवर्द्धनी कृतियाँ
C. अभयाम्बा नवावरणम्
D. नवरत्नमालिका

45. मावेली नाटकम् हैं :
A. ओणम त्योहार का नृत्य-नाटक
B. आन्ध्र का लोकनाटक
C. वेदारण्यम् मन्दिर में किया गया तमिल नृत्य-नाटक
D. केरल का लोकनाटक

46. अन्नामलाई रेड्डियार द्वारा रचित भक्तिपरक लोक गीत है :
A. तिरुवासगम् B. तेवारम
C. तिरुअरुत्पा D. कावड़ि चिन्तु

47. त्यागराज द्वारा राग सहान में रचित 'ई वसुधानिवन्टी' कृत किस मार्ग में है?
A. चित्रतर मार्गम् B. चित्रतम् मार्गम्
C. अतिचित्रतम् मार्गम् D. चित्र मार्गम्

48. मूर्च्छना है :
A. षड्जाकैशिकी B. आंध्री
C. धैवती D. अश्वक्रान्त

49. नीचे दिए गए भागों में उसे चुनिए जो रागालापन के विकास से सम्मिलित नहीं होता है?
A. रागवर्धनी स्थिति-IV B. कल्पना स्वरम्
C. स्थायी D. अक्षिप्तिका

50. अग्नि-भू है :
A. चक्रवाकम् B. भायामालव गौळा
C. सूर्यकांतम् D. बकुळाभरणम्

51. मुख गीत किस प्रकार के रूप हैं?
A. नृत्य रूप B. गायन रूप
C. वाद्य रूप D. लोक गीत रूप

52. प्राचीन तमिल संगीत में पाये जाने वाले अनुपल्लवी के समान पद है :
A. कोच्चगम B. गुणनूल
C. मुदल निलै D. संगयप्पू

53. जब राग आभोगी के अवरोहण में कैशिकी निषाद शामिल किया जाता है तो प्राप्त राग का नाम है :
A. जय नारायणी B. जय संवर्धनी
C. जयमनोहारी D. जयंतसेना

54. औडव-वक्र संपूर्ण राग है :
A. आरभी B. बालहंस
C. बिलहारी D. रितिगौळा

55. देशादि ताल में शामिल है :
A. हाथ की दो ताली और एक खाली
B. हाथ की चार अंगुलियों की गिनती और एक खाली
C. हाथ की तीन ताली और एक खाली
D. दो ताली और दो खाली के साथ चार अँगुलियों की गिनती

56. प्राचीन तमिल संगीत में तीरम है :
A. षाडव राग B. औडव राग
C. संपूर्ण राग D. तालम्

57. जति के वर्णन के बाद स्वरलिपि सहित प्रस्तुत गीत है :
A. गीतळ B. निर्गीत
C. जाति गीत D. विदरी

58. चिट्टस्वर सहित जावली निम्न में से कौन-सा है?
A. वादनिन्ने B. परिपोवलेरा
C. वेगनिवूवनी D. समयमिते

59. उस राग को चुनिए जिसमें च्युत षड्ज निषाद उत्पन्न होता है?
A. कुरिंजी B. भैरवी
C. खरहराप्रिया D. सावेरी

60. निम्नलिखित में से तेवारम् के रचयिता को चुनिए :
A. तायुमानवर B. अरुणागिरिनाथर
C. तिरुनावुक्करासर D. कुलशेखर पेरुमाल

61. संगीत वाद्य लिथाफोन किससे बने होते हैं?

A. लकड़ी B. गीली मिट्टी

C. धातु D. पत्थर

62. जनक राग लक्षण गीतम् प्राचीन समय में निम्नलिखित के रूप में जाने जाते थे :

A. लक्षण गीतम् B. रागांगराग लक्षण गीतम्

C. लक्ष्य गीतम् D. राग लक्षण गीतम्

63. निम्नलिखित में से उन दो मेळों को चिह्नित कीजिए जिसमें साधारण गंधार और काकळी निषाद पाया जाता है :

(*a*) सिम्हेन्द्र मध्यमम् (*b*) भावप्रिया

(*c*) गौरी मनोहरी (*d*) धर्मवती

सही विकल्प चुनिए :

A. (*b*) और (*c*) B. (*c*) और (*d*)

C. (*a*) और (*d*) D. (*b*) और (*d*)

64. मेळ चक्रवाकम से उत्पन्न दो जन्य रागों को चुनिए :

(*a*) मलयमारुतम्

(*b*) कमलामनोहरी

(*c*) बिन्दु मालिनी

(*d*) नारायणी

सही विकल्प चुनिए :

A. (*b*) और (*d*) B. (*a*) और (*d*)

C. (*c*) और (*d*) D. (*a*) और (*c*)

65. निम्नलिखित में से सुब्बराय शास्त्री के दो गुरुओं को चुनें :

(*a*) मुत्तुस्वामी दीक्षितर

(*b*) त्याग राज

(*c*) गोपाल कृष्ण भारती

(*d*) श्याम शास्त्री

सही विकल्प चुनिए :

A. (*a*) और (*b*) B. (*b*) और (*c*)

C. (*b*) और (*d*) D. (*a*) और (*d*)

66. प्रतिमाद्यम मेळों को चुनें :

(*a*) नागनन्दिनी (*b*) विश्वम्बरी

(*c*) दिव्यमणि (*d*) रूपवती

सही विकल्प चुनिए :

A. (*a*) और (*b*) B. (*b*) और (*a*)

C. (*b*) और (*c*) D. (*c*) और (*d*)

67. स्वाति तिरुनाल द्वारा प्रयुक्त मुद्राएँ हैं :

(*a*) कुमार (*b*) सरसिजनाभा

(*c*) बाल गोपाल (*d*) जलजनाभा

सही विकल्प चुनिए :

A. (*b*) और (*c*) B. (*b*) और (*d*)

C. (*a*) और (*c*) D. (*a*) और (*d*)

68. निम्नलिखित में से दो रचनाएँ चुनें जिसमें सजावरी अंग 'यति' होते हैं :

(*a*) तोडि में सरसिजनाभ मुरारे

(*b*) भैरवी में बालगोपालम्

(*c*) श्रीराग में श्रीवरलक्ष्मी

(*d*) खरहरप्रिया में समानमेवरु

सही विकल्प चुनिए :

A. (*b*) और (*d*) B. (*a*) और (*b*)

C. (*c*) और (*d*) D. (*a*) और (*c*)

69. दस अक्षरकाल वाले तालों को चुनें :

(*a*) खण्टजाति रूपकम्

(*b*) चतुरक्षजाति जमूपा

(*c*) चतुरश्रजाति मट्या

(*d*) तिस्रजाति अटा

सही विकल्प चुनिए :

A. (*a*) और (*d*) B. (*b*) और (*d*)

C. (*c*) और (*b*) D. (*c*) और (*d*)

70. निम्नलिखित में से त्यागराज के श्रीरंग पंचरत्न की रचनाओं को चुनें :

(*a*) राजूववेड़ल

(*b*) रंगाथुटे

(*c*) श्री रंगनाथाय

(*d*) जूतामुरारे

सही विकल्प चुनिए :

A. (*a*) और (*c*) B. (*b*) और (*d*)

C. (*a*) और (*d*) D. (*b*) और (*c*)

71. आंध्र प्रदेश के दो वैणिकों को चुनें :

(*a*) धनगाळ

(*b*) एस. बालचंदर

(*c*) इ मनि शंकरशास्त्री

(*d*) चिट्टिबाबू

सही विकल्प चुनिए :

A. (*a*) और (*b*) B. (*b*) और (*c*)

C. (*c*) और (*d*) D. (*b*) और (*d*)

72. तालम के दो सशब्द क्रिया हैं :

(*a*) सम्य (*b*) ध्रुवम्

(*c*) विक्षेपम् (*d*) प्रवेशम्

सही विकल्प चुनिए :

A. (*a*) और (*c*) B. (*a*) और (*b*)

C. (*c*) और (*d*) D. (*b*) और (*d*)

73. मुत्थुस्वामी दीक्षिकर द्वारा रचित राग पुन्नागवरालि में से दो कृति चुनें :

(*a*) ऐहि अन्नपूर्णे

(*b*) कमलाम्बा जयति

(*c*) कमलाम्बिकायस्थवा

(*d*) श्री कमलाम्बीकायाम्

सही विकल्प चुनिए :

A. (*a*) और (*b*) B. (*b*) और (*d*)

C. (*a*) और (*c*) D. (*c*) और (*d*)

74. नारद की श्रुति नामपद्धति में पंचम के दो श्रुत नाम हैं :

(*a*) शान्त

(*b*) चपला

(*c*) धीरा

(*d*) बाला

सही विकल्प चुनिए :

A. (*a*) और (*b*) B. (*c*) और (*d*)

C. (*b*) और (*d*) D. (*b*) और (*c*)

75. निम्नलिखित को सुमेलित कीजिए :

सूची-I	सूची-II
(*a*) भैरवी	(*i*) मायामालव गौळा
(*b*) भैरव	(*ii*) तोड़ी
(*c*) असवेरी	(*iii*) खरहरप्रिय
(*d*) काफी	(*iv*) नटभैरवी

निम्नलिखित विकल्पों में से सही विकल्प चुनिए :

	(*a*)	(*b*)	(*c*)	(*d*)
A.	(*iv*)	(*ii*)	(*i*)	(*iii*)
B.	(*ii*)	(*i*)	(*iv*)	(*iii*)
C.	(*i*)	(*ii*)	(*iii*)	(*iv*)
D.	(*iii*)	(*ii*)	(*iv*)	(*i*)

76. सूची-I में दिए गए निम्नलिखित राग का सूची-II में दिए गए उनके रिषभ प्रकार से मिलान करें :

सूची-I	सूची-II
(*a*) मायामालवगौला	(*i*) एक श्रुति रिषभ
(*b*) गौला	(*ii*) चतुर श्रुति रिषभ
(*c*) भैरवी	(*iii*) द्विश्रुति रिषभ
(*d*) कल्याणी	(*iv*) त्रिश्रुति रिषभ

निम्नलिखित विकल्पों में से सही विकल्प चुनिए :

	(*a*)	(*b*)	(*c*)	(*d*)
A.	(*iii*)	(*iv*)	(*i*)	(*ii*)
B.	(*iv*)	(*i*)	(*iii*)	(*ii*)
C.	(*i*)	(*iv*)	(*ii*)	(*iii*)
D.	(*iii*)	(*i*)	(*iv*)	(*ii*)

77. निम्नलिखित को सुमेलित कीजिए :

सूची-I	सूची-II
(*a*) गोपाल कृष्ण भारती	(*i*) रामनाटकम्
(*b*) अरुणाचल कविरायर	(*ii*) कृष्णलीला तरंगिणी
(*c*) शाहजी महाराज	(*iii*) नंदनार चरित्रम
(*d*) नारायण तीर्थ	(*iv*) पल्लकि सेवा प्रबंधम

निम्नलिखित विकल्पों में से सही विकल्प चुनिए :

	(*a*)	(*b*)	(*c*)	(*d*)
A.	(*i*)	(*iii*)	(*iv*)	(*ii*)
B.	(*iii*)	(*i*)	(*iv*)	(*ii*)
C.	(*iv*)	(*ii*)	(*iii*)	(*i*)
D.	(*ii*)	(*iii*)	(*iv*)	(*i*)

78. निम्नलिखित स्वर सप्तकों एवं वर्तमान मेल को सुमेलित कीजिए :

सूची-I	सूची-II
(*a*) वट्टप्पालई	(*i*) धीरशंकराभरणम
(*b*) असम्पालई	(*ii*) नटभैरवी
(*c*) मेरचेमपालई	(*iii*) हरिकम्भोजी
(*d*) कोडिप्पालई	(*iv*) खरहरप्रिय

निम्नलिखित विकल्पों में से सही विकल्प चुनिए :

	(*a*)	(*b*)	(*c*)	(*d*)
A.	(*iv*)	(*i*)	(*ii*)	(*iii*)
B.	(*iii*)	(*iv*)	(*i*)	(*ii*)
C.	(*ii*)	(*iv*)	(*iii*)	(*i*)
D.	(*iv*)	(*iii*)	(*i*)	(*ii*)

79. 'संगीत रत्नाकर' के अनुसार सूची-I को सूची-II से सुमेलित कीजिए :

सूची-I (स्वर)	सूची-II (वर्ण)
(*a*) सा, म, प	(*i*) क्षत्रिय
(*b*) रे, ध	(*ii*) शूद्र
(*c*) ग, नि	(*iii*) ब्राह्मण
(*d*) अंतर गंधार	(*iv*) वैश्य

नीचे दिए गए विकल्पों में से सही उत्तर का चयन कीजिए :

	(*a*)	(*b*)	(*c*)	(*d*)
A.	(*i*)	(*iv*)	(*ii*)	(*iii*)
B.	(*iv*)	(*ii*)	(*iii*)	(*i*)
C.	(*iii*)	(*i*)	(*iv*)	(*ii*)
D.	(*ii*)	(*iii*)	(*i*)	(*iv*)

80. निम्नलिखित को सुमेलित कीजिए :

सूची-I	सूची-II
(*a*) क्रम संपूर्ण—वक्र संपूर्ण	(*i*) सहाना
(*b*) क्रम षाड़व—वक्र षाड़व	(*ii*) केदारम
(*c*) वक्र औडव—वक्र षाड़व	(*iii*) कर्नाटक बिहाग
(*d*) वक्र संपूर्ण—वक्र संपूर्ण	(*iv*) देवगांधारी

निम्नलिखित विकल्पों में से सही विकल्प चुनिए :

	(*a*)	(*b*)	(*c*)	(*d*)
A.	(*iii*)	(*iv*)	(*ii*)	(*i*)
B.	(*iv*)	(*ii*)	(*iii*)	(*i*)
C.	(*ii*)	(*iv*)	(*iii*)	(*i*)
D.	(*i*)	(*iii*)	(*ii*)	(*iv*)

81. निम्नलिखित को सुमेलित कीजिए :

सूची-I	सूची-II
(*a*) एकश्रुति रिषभम्	(*i*) 4/3
(*b*) शुद्धा मध्यमम्	(*ii*) 256/243
(*c*) पंचमम्	(*iii*) 128/81
(*d*) एकश्रुति धैवतम्	(*iv*) 3/2

निम्नलिखित विकल्पों में से सही विकल्प चुनिए :

	(*a*)	(*b*)	(*c*)	(*d*)
A.	(*iv*)	(*iii*)	(*ii*)	(*i*)
B.	(*i*)	(*iii*)	(*ii*)	(*iv*)
C.	(*i*)	(*ii*)	(*iii*)	(*iv*)
D.	(*ii*)	(*i*)	(*iv*)	(*iii*)

82. निम्नलिखित सूची-I में दी गई रागमालिकाओं को सूची-II में दिए गए उनके रचनाकारों से सुमेलित कीजिए :

सूची-I	सूची-II
(*a*) अरभिमानम	(*i*) रामस्वामी दीक्षितर
(*b*) मानसवेरितरुला	(*ii*) शुभ्भाराम दीक्षितर
(*c*) नवरत्नरागमलिक	(*iii*) सीतारामय्या
(*d*) नित्यकल्याणी	(*iv*) तरगम्पाड़ि पंचनादय्यर

निम्नलिखित विकल्पों में से सही विकल्प चुनिए :

	(*a*)	(*b*)	(*c*)	(*d*)
A.	(*iii*)	(*ii*)	(*iv*)	(*i*)
B.	(*iv*)	(*i*)	(*ii*)	(*iii*)
C.	(*ii*)	(*iii*)	(*i*)	(*iv*)
D.	(*iv*)	(*i*)	(*iii*)	(*ii*)

83. मणिकवाच्चकार, तिरुनज्ञान संबंधक, तिरुनावुक्करसर सुंदरमूर्ति नायनार के क्रम में रचनाकारों के अन्य नामों का सही क्रम चुनें :

A. नावलूरार, काजिवल्लल, वादवुरार, मरुलनिक्कियार
B. काजिवल्लल, वादवुरार, मरुलनिक्कियार, नावलूरार
C. वादवुरार, काजिवल्लल, मरुलनिक्कियार, नावलूरार
D. मरुलनिक्कियार, वादवुरार, काजिवल्लल, नावलूरार

84. उनकी मात्रा के अनुसार लघुओं के नामों का सही क्रम लिखें :

A. दिव्यसंकीर्ण लघु, मिश्रसंकीर्ण लघु, देश्यसंकीर्ण लघु, मिश्रदेश्य संकीर्ण लघु
B. मिश्रसंकीर्ण लघु, दिव्यसंकीर्ण लघु, मिश्रदेश्य संकीर्ण लघु, देश्यसंकीर्ण लघु
C. देश्यसंकीर्ण लघु, दिव्यसंकीर्ण लघु, मिश्रदेश्य संकीर्ण लघु, मिश्रसंकीर्ण लघु
D. दिव्यसंकीर्ण लघु, मिश्रदेश्य संकीर्ण लघु, देश्यसंकीर्ण लघु, मिश्रसंकीर्ण लघु

85. कीर्तनम, अर्चनम, दास्यम एवं सख्यम भक्तियों को क्रमशः दर्शाने वाली नवविध भक्ति कृतियों का सही क्रम कौन-सा है?

A. भवतिविश्वासो, आराध्यामि, तावकनामानि, परमपुरुष
B. आराध्यामि, तावकनामानि, भवतिविश्वासो, परमपुरुष
C. तावकनामानि, आराध्यामि, परमपुरुष, भवतिविश्वासो
D. तावकानामानि, भवतिविश्वासो, आराध्यामि, परमपुरुष

86. मुत्तुस्वामी दक्षितर की नवग्रह कृतियों में कृतियों का सही क्रम चुनें :

A. सूर्यमूर्ते, बुद्धमाश्रयामि, श्री शुक्रभगवन्त्म, चंद्रमूभज
B. चंद्रमूभज, सूर्यमूर्ते, श्री शुक्रभगवन्त्म, बुद्धमाश्रयामि
C. श्री शुक्रभगवन्त्म, बुद्धमाश्रयामि, सूर्यमूर्ते, चंद्रमूभज
D. सूर्यमूर्ते, चंद्रमूभज, बुद्धमाश्रयामि, श्री शुक्रभगवन्त्म

87. दिशी चक्र में आने वाले मेलों का सही क्रम चुनें :

A. श्यामलांगी, सिम्हेन्द्रमद्यमम, हेमवती, षन्मुखप्रिया
B. श्यामलांगी, हेमवती, सिम्हेन्द्रमद्यमम, षन्मुखप्रिया
C. श्यामलांगी, षन्मुखप्रिया, सिम्हेन्द्रमद्यमम, हेमवती
D. हेमवती, श्यामलांगी, षन्मुखप्रिया, सिम्हेन्द्रमद्यमम

88. नीचे दो कथन दिए गए हैं–एक अभिकथन (A) है तथा दूसरा तर्क (R) है।

अभिकथन (A) : अति अनुनासिकीरण वाणी में असामान्य अनुकंपन का एक क्रम है।

तर्क (R) : अति-अनुनासिकीकरण नरम तालु के ठीक ढंग से कार्य नहीं करने के कारण होता है।

A. (A) और (R) दोनों सही हैं, परंतु (R), (A) का सही स्पष्टीकरण है।
B. (A) और (R) दोनों सही हैं, परंतु (R), (A) का सही स्पष्टीकरण नहीं है।
C. (A) सही है, परंतु (R) गलत है।
D. (A) गलत है, परंतु (R) सही है।

89. नीचे दो कथन दिए गए हैं–एक अभिकथन (A) है तथा दूसरा तर्क (R) है।

अभिकथन (A) : देसी संगीत की उद्‌भव देश के विभिन्न भागों में लोगों की रुचि एवं समय के अनुसार माना जाता है।

तर्क (R) : तेवाराम स्तोत्रमान देसी संगीत के अच्छे उदाहरण हैं।

A. (A) सही है, परंतु (R) गलत है।
B. (A) गलत है, परंतु (R) सही है।
C. (A) और (R) दोनों सही हैं, परंतु (R), (A) का सही स्पष्टीकरण है।
D. (A) और (R) दोनों सही हैं, परंतु (R), (A) का सही स्पष्टीकरण नहीं है।

90. नीचे दो कथन दिए गए हैं–एक अभिकथन (A) है तथा दूसरा तर्क (R) है।

अभिकथन (A) : विद्वान शुम्भराम दीक्षितर को मुख्य रूप से कर्नाटक संगीत के सुगम संगीत एवं संगीतशास्त्र संबंधी पहलुओं को उजागर करने के लिए जाना जाता है।

तर्क (R) : संगीत संप्रदाय प्रदर्शिनी संप्रदाय में प्रवण विद्वानों के लिए निरंतर संदर्भ एवं आरंभिक स्रोत सामग्री हेतु एक अपरिहार्य पुस्तक बन गई।

A. (A) और (R) दोनों सही हैं, परंतु (R), (A) का सही स्पष्टीकरण है।
B. (A) और (R) दोनों सही हैं, परंतु (R), (A) का सही स्पष्टीकरण नहीं है।
C. (A) सही है, परंतु (R) गलत है।
D. (A) गलत है, परंतु (R) सही है।

निर्देश (प्र.सं. 91 से 95 तक) *निम्नलिखित गद्यांश को ध्यानपूर्वक पढ़ें और संबंधित प्रश्नों के उत्तर दें।*

श्वसनमार्ग में स्वरतंन के विभिन्न प्रकार्य हैं। एक प्रकार्य ध्वनि उत्पन्न करना है। स्वस्थ आवाज को बरकरार रखने हेतु आवाज की देखभाल आवश्यक है। स्वर निःशेषण स्वर प्रबलता और आवाज के दुरुपयोग के कारण स्वरअंगों पर एक प्रकार का खिंचाव और दबाव होता है। बोलने का कार्य गायन की अपेक्षा अधिक थकावट वाला होता है। व्यवसायी जैसे अध्यापक विक्रेता, और जनवक्ता आवाज संबंधी मुद्दों से अक्सर कठिनाई में रहते हैं। उच्चारित ध्वनियों के लिए स्वरतंत्री प्रत्येक सेकंड में पुरुषों में 110 बार और महिलाओं में 220 बार आपस में टकरायेगी। इस प्रकार एक सीमा के बाहर आवाज को प्रयोग से उत्पन्न दबाव के कारण वोकल नोड्यूलस विकसित हो जाते हैं। यौवनारंभ के दौरान बालकों को भी बहुत अधिक आवाज संबंधी समस्याओं का सामना करना पड़ता है। लेकिन शरीर के लिए यह एक सामान्य प्रक्रिया है। महिलाओं और पुरुषों में आवाज संरचना में भिन्नता दोनों के स्वरतंत्र के आकार में अंतर के कारण होता है।

91. महिला की तुलना में पुरुष गायक की स्वरतंत्री :

A. छोटी होगी
B. बड़ी होगी
C. पतली होगी
D. समान होगी

92. स्वरनि शेषण (वोकल लोडिंग) किसके कारण धरित होता है?

A. निम्न श्वसन क्षमता

B. अतिभोजन

C. स्वरतंत्री का अतिप्रयोग

D. निम्न पेशी सामर्थ्य

93. वोकल नोड्यूल क्या है?

A. बालकों की आवाज खंडित होना

B. स्वरतंत्री का पक्षाघात

C. स्वरतंत्री में सूजन का स्थान प्रतीत होना

D. गायन समय में श्वसवाभाव

94. यौवनारंभ काल के दौरान बालकों को आवाज संबंधित मुद्दों की कठिनाई होती है :

A. आवाज का अतिप्रयोग

B. बारंबार चिल्लाना

C. ग्रसनी की वृद्धि

D. स्वरतंत्र की वृद्धि

95. स्वरतंत्र का मूलजैविकीय प्रकार्य क्या है?

A. ट्रैकिया में विदेशी द्रव्य के प्रवेश को रोकना

B. गायन

C. निर्जलीकरण

D. शरीर की क्षमता में बढ़ोतरी करना

निर्देश (प्र.सं. 96 से 100 तक) *निम्नलिखित गद्यांश को ध्यानपूर्वक पढ़ें और संबंधित प्रश्नों के उत्तर दें।*

श्री स्वाती तिरुनाल का भाषा और साहित्य के प्रति रुझान उनके युवा काल के अध्ययन के दौरान ही सुस्पष्ट था। भाषा पर महारत हासिल करने के साथ-साथ उन्होंने भगवान पद्मनाभ की भक्ति की आध्यात्मिक रुचि को आत्मसात कर लिया था। संस्कृत कविता, भक्तिपरक भावेद्गार और संगीत रचना के रूप में स्वाती तिरुनाल का समूचा कार्य तीन तरह की रुचियों से युक्त था। पद्मनाभ के माहात्म्य पर राजसी कवि बल देते थे। जब सही अर्थों में कर्नाटक संगीत का आरंभ होता है उस समय संगीत रचना के रूप में स्वाती तिरुनाल का समूचा कार्य तीन तरह की रुचियों से युक्त था। पद्मनाभ के माहात्म्य पर राजसी कवि बल देते थे। जब सही अर्थों में कर्नाटक संगीत का आरंभ होता है उस समय संगीत रचना के माध्यम के रूप में संस्कृत बहुत प्रचलित थी। संगीत विभूर्ति पूर्व के वाक्गेयकारों में से स्वाती तिरुनाल मार्गदर्शी शेष आयंगर को मानते थे। स्वाती तिरुनाल ने बंदिश लिखने की कला पर संस्कृत में एक शोध ग्रंथ लिखा जो उनके लिए आवश्यक परिवर्तन के विशेष संदर्भ नियम से युक्त था। उन्होंने अपनी कुछ बंदिशों में उन्हें कठोरता पूर्वक रखा है। उनकी 'हरिकथा' के ओर केन्द्रित भक्तिपरक प्रवृत्ति मेरुस्वामी जैसे धर्मनिष्ठ आत्मा वाले व्यक्ति के साथ संबंध के रूप में फलित होती है। स्वाती तिरुनाल हिन्दुस्तानी में बंदिशों की रचना करने वाले पहले व्यक्ति हैं।

96. हरिकथा के आधार पर तैयार की गई स्वाती तिरुनाल की एक लंबी कथा के रूप में साहित्यिक रचना का नाम चुनिए।

A. परिजात अपहरण

B. कुचेलोपाख्यान

C. प्रह्लादा भक्ति विजयम

D. रास लीला

97. स्वाती तिरुनाल द्वारा रचित बंदिश की कला पर लिखे गए शोध-प्रबंध का नाम है :

A. मुहन प्रास अन्त्य प्रास व्यवस्था

B. श्यानन्दूर वर्णन प्रबंधम्

C. उपाख्यानम्

D. नवलक्षण भक्ति

98. मार्गदर्शी शेष आयंगर द्वारा रचित बंदिश का नाम था :

A. मणिरंगू में जय जय पद्मनाभ

B. मध्यमावती में जानकी लसितांग

C. मध्यमावती में कोशलेन्द्र

D. पुष्पलतिका में भावयाळ

99. हिन्दुस्तानी में स्वाती तिरुनाल की बंदिश का नाम है :

A. हंत ज्ञान एन्तु

B. बाजत मुरली

C. अलर्सरा परितापम्

D. आन्दोलिक वाहने

100. स्वाती तिरुनाल का साहित्यिक कार्य कौन-सा है जो भगवान पद्मनाभ के माहात्म्य से संबंधित नहीं है?

A. भक्ति मंजरी

B. मुहन प्रास-अन्त्य प्रास व्यवस्था

C. पद्मनाभ शतकम्

D. उत्सव प्रबंध

भाग-IV

रबीन्द्र संगीत

26. टैगोर ने अपनी रचना 'विश्वपरिचय' किसे समर्पित की है?

A. जगदीश चंद्र बोस B. प्रमोथनाथ सेनगुप्ता
C. सत्येन्द्रनाथ बसु D. प्रफुल्ल चंद्र राय

27. गीत "सुरेर गुरु दाओ दाओ...." किस नाटक से लिया गया है?

A. नटीरपूजा B. नलिनी
C. नबीन D. श्रावनगाथा

28. टैगोर ने अपना गीत "गाने गाने तबो" कहाँ लिखा था?

A. दुसेलडर्फ B. बुडापेस्ट
C. विएना D. बर्लिन

29. सरला देवी चौधरानी ने निम्नलिखित में से किस गीत की रचना की है?

A. कतो काल रोब बलोभारत रे
B. तोरा सुने जा आमार
C. धरणी गो मानव जनम
D. बन्दी तोमाय भारतजननी

30. निम्नलिखित गीत के सही शीर्षक का उल्लेख कीजिए : 'हे मोर चित्त पुण्य तीर्थे'

A. मातृगृह B. मातृमूर्ति
C. मातृअभिषेक D. बंगबासिर प्रति

31. रविन्द्रनाथ ने गीत 'जोय तबो होक जोय' की निम्नलिखित में से किस अवसर पर रचना की थी?

A. बंकिम चंद्र के सम्मान में
B. जगदीश चंद्र बोस के सम्मान में
C. चित्तरंजन दास के सम्मान में
D. भारतीय राष्ट्रीय कांग्रेस के वार्षिक अधिवेशन में

32. निम्नलिखित स्वरलिपि की सहायता से गीत की पहचान कीजिए :

SS || MMR – | S – S – S | S SM M – R | S - - - |

| S – M – M | R – S S | M – M – |

A. और जगायो ना, ओ जे बिराम मागे
B. ओगो परोसिनी
C. आमार जेते सारे न मोन
D. आजि कोन सुरे बांधिबो

33. '...ओरि पाने देखछि आमि चेये' इस गीत की पहली पंक्ति का उल्लेख कीजिए :

A. आन्धारेर लीला आकाशे आलोक लेखाय
B. नाइ भय नाइ-भय नाइ रे
C. कमलबोनेर मधुप राजी
D. जे आमि ओइ भेसे चाले

34. "ट्रूथ इज ब्यूटी, ब्यूटी इज ट्रूथ" यह किसने और किसे कहा है?

A. टैगोर ने अमिच चन्द्र चक्रवर्ती को
B. टैगोर ने शेली को
C. टैगोर ने राजशेखर को
D. टैगोर ने आइंस्टाइन को

35. उस गीत की पहचान कीजिए जो उर्ध्व शुद्ध गंधार से शुरू होता है?

A. तोमार गीति जागालो स्मृति
B. जे आमि आई भेसे चलो
C. केनो रे एई दुआर टुकु
D. नाइ नाइ भय

36. 'पाथे ओ पाथेर प्रांते' किसको ध्यान में रखकर लिखा गया है?

A. रानू अधिकारी B. मैत्रेयी देवी
C. रानी महालनबिश D. इन्दिरा देवी चौधरानी

37. 'जौतुक की कौतुक' किसमें प्रकाशित हुआ था?

A. प्रबासी B. विचित्रा
C. भारती D. बंगदर्शन

38. निम्नलिखित में किससे पंक्तियाँ
'अजि सरततपेन प्रभातस्वपने
कि जानि परान कि जे चाय' ली गई हैं?

A. विरह–कोरि ओ कमल
B. आकांक्षा–कोरि ओ कमल
C. भूल–कोड़ि ओ कमल
D. गान–कोड़ि ओ कमल

39. नाटक 'गुरु' निम्नलिखित में से किस नाटक का लघु संस्करण है?

A. अचलयातन B. मुकुट
C. अरूपरतन D. मुक्तधारा

40. टैगोर द्वारा बौद्ध साहित्य 'शर्दुलकर्णावदन' से ली गई 'चंद्रालिका' कहानी को किसके द्वारा संपादित किया गया था?

A. राजेन्द्रलाल मित्र B. सोरेन्द्रनाथ टैगोर
C. प्रियनाथ सेन D. डी.एल. राय

41. बंगला कविता संग्रह 'गीतांजलि' किस वर्ष प्रकाशित हुआ था?

A. 1910 B. 1911
C. 1912 D. 1914

42. 'एतोक्षणे बुझी एलीरे ह्रदयी माझे' गीत किसके द्वारा गाया गया है?

A. वाल्मीकि B. अंधमुनि
C. अमर D. वज्रसेन

43. उपन्यास के परिप्रेक्ष्य में भिन्न को चुनिए :

A. चोखेर बाली B. डाकघर
C. मालोच D. जोगाजोग

44. निम्नांकित में से कौन-सा गीत रवीन्द्रनाथ टैगोर द्वारा रचित नहीं है?

A. शक्ल जन्म भोरे ओ मोर दरदिया
B. हिया कनपीद्दे सुखै कि दुखे
C. ह्रदय द्वारे के आइलो
D. तास्लता छन्नो वृंतों मालोतीर फूल

45. कनिका बंधोपाध्याय का पूर्व नाम क्या है?

A. तनिमा बधोपाध्याय B. अनिमा मुधोपाध्याय
C. नीलिमा चट्टोपाध्याय D. कल्पना गंगोपाध्याय

46. ''तोमार कोटितटर धोटि'' गीत कहाँ से लिया गया है?

A. खनिका B. चित्रा
C. शिशु D. कल्पना

47. रविन्द्रनाथ टैगोर ने किस गीत में 'शेषवर्षण' का प्रयोग किया है?

A. फिरे फिरे डाक दिखिरे
B. एबार अवघुंटन खेलो
C. ए की माया लुकाओ काया
D. कुसुमे कुसुमे चरण चिह्न

48. टैगोर का निम्नांकित में से कौन-सा कार्य जगदीश चन्द्र बोस को समर्पित है?

A. मुक्तधारा B. पुरोबी
C. खनिका D. खेया

49. निम्नांकित में से कौन-सा गीत राग खंभज में है?

A. आजी राज आसनो तोमारे बोसाईबो
B. आमर निशिता राते बादल
C. आमातोरे ओकारनो ओगो पिता
D. कुलथेके मोर गानेर तोरी

50. निम्नलिखित में से विषम को चुनें :

A. अंतर बहिर B. सोनार काठी
C. शेष सप्तक D. संगीतेर मुक्ति

51. टैगोर के उपन्यास 'जोगाजोग' के अंतिम चरण में कुमुदिनी-विप्रदास की युगल एसराज-प्रस्तुति में कौन-सा राग था?

A. भैरवी B. भैरव
C. रामकेली D. जोगिया

52. ''आमि रूपे तोमाय भुलाबो ना'' इस गीत को नाटक अरुपरतन में किसने गाया है?

A. शुरंगमा B. सुदर्शना
C. ठाकुरदा D. राजा

53. निम्नांकित में से कौन-सा गीत 'शीशेर कविता' में शामिल किया गया?

A. शेष नाहि जे
B. पथेर शेष कोथाय
C. शेष गानिरी रोष निये जाओ चोले
D. पूर्णो प्राणे चाबार जाहा

54. तानसेन रचित 'प्रबलदल मेघ झुका' के समान टैगोर रचित गीत कौन-सा है?

A. तिमिरोमायो निबिदो निशा
B. आषाढ़ कोथा होते आजे पेलि साड़ा
C. ओ रे भाई फागुन लेगेछे बोने बोने
D. ए ई साकाल बेलार बादल आधारे

55. टैगोर के किस मानसून गीत में रेबा नदी का उल्लेख है? (संचारी)
A. पूव शागारेर पार होते
B. बुहु जुगेर उ पार होते
C. आजि झोरो झोरो मुखरो बादरो-दिने
D. बादल बाऊल बजाय

56. 1935 में शांतिनिकेतन के किस समारोह में ''पाय पोड़ी भाई गइए'' गीत गाया गया था?
A. भर्षामंगल B. वर्षामंगल
C. रवीन्द्र परिचय-सभा D. रवीभाषोरियो

57. शरदोत्सव नाटक का परिचयात्मक गीत कौन-सा है?
A. आज बुकेर बसन छिउे फोले
B. हृदय हिले जेगे
C. शरद आलो कमलो बने
D. आलोर अमोलो कमलोखानी

58. 'वन्देनादतनुं' प्रदबंध का प्रयोग किसमें किया गया है?
A. भरत का नाट्यशास्त्र
B. मतंग का बृहदेशी
C. राग-दर्पण
D. शरंगदेव का संगीत-रत्नाकर

59. टैगोर ने अपनी शेष कविता को कहाँ समाप्त किया था?
A. शांतिनिकेतन B. बालब्रीवि, बंगलौर
C. शिलाईदाहा D. कलकत्ता

60. कांता बाबू ने पुनश्च में 'बांसी' कविता में किस वाद्य यंत्र का प्रयोग किया है?
A. कार्नेट B. क्लैरिओनेट
C. बांसुरी D. वाइलिन

61. टैगोर तथा धूर्जटी प्रसाद के बीच पत्राचार संबंधी पुस्तक का नाम है :
A. सुरबिहार
B. अलाप-आलोचना
C. सुर-ओ-संगति
D. छायानट ऑफ टेन केटेगरिज

62. 'कोन देबता से कि परिहासे' का सुर निम्नलिखित में से किससे मिलता है?
A. दूरेर बंधु सुरेर दुतिरे B. हे सखा मम
C. से कोन बनेर हरिण D. सब दिबि ते

63. निम्नलिखित दो गीतों से राग विहाग की पहचान कीजिए:
(*a*) तोमार असीमे प्राण मन
(*b*) तोर भीतरे जागिया के
(*c*) जागरने जाय विभावरी
(*d*) तोमार प्रेमे धन्य करो
सही विकल्प का चयन कीजिए :
A. (*b*) और (*a*) B. (*c*) और (*d*)
C. (*a*) और (*c*) D. (*d*) और (*a*)

64. श्यामा से दो सही गीतों की पहचान कीजिए :
(*a*) ओरे झार नेमे आय
(*b*) सुन्दरेर बन्धन
(*c*) फूलबले धन्य आमि
(*d*) तोमाय देखे मोने लागे
सही विकल्प का चयन कीजिए :
A. (*a*) और (*c*) B. (*a*) और (*d*)
C. (*b*) और (*a*) D. (*c*) और (*d*)

65. 'पूरब गगन भागे...' गीत निम्नलिखित में से किसमें है?
(*a*) नटीरपूजा
(*b*) उपाली का चरित्र
(*c*) तेवड़ा का गीत का ताल
(*d*) गीत का राग इमान है
सही विकल्प का चयन कीजिए :
A. (*a*) और (*d*) B. (*a*) और (*b*)
C. (*c*) और (*b*) D. (*d*) और (*a*)

66. निम्नलिखित दो गीतों में राग की पहचान कीजिए :
(*a*) दांड़िए आछो तुमि
(*b*) एइ कोरेछो भालो
(*c*) दिन शेषेर रंगा मुकुल
(*d*) दारुण अग्नि बनेरे
सही विकल्प का चयन कीजिए :
A. (*d*) और (*b*) B. (*a*) और (*b*)
C. (*b*) और (*c*) D. (*c*) और (*d*)

67. चरित्र-दही बेचनेवाला ________ में है :
(*a*) चण्डालिका नृत्य नाटक (*b*) डाकघर
(*c*) रक्तकरीबी (*d*) राजा
सही विकल्प का चयन कीजिए :
A. (*d*) और (*a*) B. (*b*) और (*c*)
C. (*a*) और (*b*) D. (*c*) और (*d*)

68. चरित्र-फूल बेचने वाला ________ में है :

(*a*) श्यामा (*b*) डाकघर

(*c*) चित्रांगदा (*d*) चाण्डालिका

सही विकल्प का चयन कीजिए :

A. (*a*) और (*b*) B. (*b*) और (*d*)

C. (*b*) और (*c*) D. (*d*) और (*a*)

69. आज खेला भंगार खेला _______ में है।

(*a*) फाल्गुनि (*b*) नृत्य नाटक शापमोचन

(*c*) प्रकृति पर्याय (*d*) नबीन

सही विकल्प का चयन कीजिए :

A. (*b*), (*d*), (*a*) B. (*a*), (*b*), (*c*)

C. (*d*), (*a*), (*b*) D. (*d*), (*a*), (*c*)

70. "आमार शक्त नियं बाशे अच्छी" _______ किसमें आया है?

(*a*) षष्ठी (*b*) प्रेम

(*c*) राजा (*d*) अरूपरतन

सही विकल्प का चयन कीजिए :

A. (*b*) और (*d*) B. (*c*) और (*d*)

C. (*b*), (*c*) और (*d*) D. (*a*) और (*b*)

71. "ममोचित्य नीति नृत्य" _______ किसमें आया है?

(*a*) गंधारि (*b*) अरूपरतन

(*c*) राजा (*d*) श्रावणगाथा

सही विकल्प का चयन कीजिए :

A. (*a*) और (*b*) B. (*b*) और (*c*)

C. (*b*), (*c*) और (*d*) D. (*c*) और (*d*)

72. "बोल गोला मोरे बोल" क्या है?

(*a*) आड़-खेमटा गीत का ताल

(*b*) प्रेम पराय का एक गीत

(*c*) विचित्र पराय का एक गीत

(*d*) पीलू गीत का राग

सही विकल्प का चयन कीजिए :

A. (*a*) और (*b*) B. (*b*) और (*d*)

C. (*c*) और (*d*) D. (*b*) और (*c*)

73. "अजना खनिक नूतन मोनिर" ______ किसमें आया है।

(*a*) महुआ

(*b*) बोरोनडला

(*c*) अनादि कुमार दस्तीदार

(*d*) प्रेम

सही विकल्प का चयन कीजिए :

A. (*a*) और (*b*) B. (*a*), (*b*) और (*d*)

C. (*b*) और (*d*) D. (*c*) और (*d*)

74. प्रकृति श्रेणी की 'साधारण' से दो गीत चुनिए :

(*a*) बैकुलो बोकोलेर फुले

(*b*) आकाश भारा सूर्य तारा

(*c*) आमि की गान गाबो जे

(*d*) आमि तोखेने छिलन मगनो गहनो

सही विकल्प का चयन कीजिए :

A. (*a*) और (*b*) B. (*a*) और (*c*)

C. (*a*) और (*d*) D. (*b*) और (*c*)

75. निम्नांकित गीतों को सही कालानुक्रम में लगाइए :

(*a*) तोमार सोनार थालाय

(*b*) तोमार आनन्दो ओई

(*c*) सखी प्रतिदिन याय

(*d*) दिन जायेरे दिन जाये

सही विकल्प का चयन कीजिए :

A. (*a*), (*c*), (*b*), (*d*) B. (*b*), (*d*), (*a*), (*c*)

C. (*c*), (*d*), (*a*), (*b*) D. (*d*), (*c*), (*b*), (*a*)

76. निम्नांकित को कालानुक्रम में लगाइए :

(*a*) राजश्री (*b*) चार अध्याय

(*c*) प्रजापतिर निबंध (*d*) घरे बाहिरे

सही विकल्प का चयन कीजिए :

A. (*a*), (*b*), (*c*), (*d*) B. (*a*), (*c*), (*d*), (*b*)

C. (*b*), (*c*), (*d*), (*a*) D. (*c*), (*b*), (*a*), (*d*)

77. 'शेष रक्षा' के चार चरित्र हैं :

A. कमलमनि–बिनोद बिहारी–क्षितिश–चारू

B. इन्दु–कमलमनि–बिनोद बिहारी–खानतोमनी

C. बिनोदबिहारी–इन्दु–चारू–क्षितिश

D. कमलमनि–बिनोद बिहारी–चारू–खानतोमनी

78. निम्नांकित को कालानुक्रम में लगाइए :

(*a*) चित्रा (*b*) खनिका

(*c*) मानसी (*d*) खेया

सही विकल्प का चयन कीजिए :

A. (*a*), (*b*), (*c*), (*d*) B. (*b*), (*a*), (*d*), (*c*)

C. (*d*), (*c*), (*a*), (*b*) D. (*c*), (*a*), (*b*), (*d*)

79. निम्नांकित को कालानुक्रम में लगाइए :

(*a*) श्रावणगाथा

(*b*) ऋतुरंग

(*c*) नृत्य नाटक चांडालिका

(*d*) तासेर देश

सही कालानुक्रम है :

A. (*a*), (*b*), (*c*), (*d*) B. (*c*), (*a*), (*b*), (*d*)

C. (*b*), (*d*), (*a*), (*c*) D. (*d*), (*b*), (*c*), (*a*)

80. निम्नलिखित को सुमेलित कीजिए :

सूची-I	सूची-II
(*a*) फाल्गुणी	(*i*) 1931
(*b*) बसन्त	(*ii*) 1920
(*c*) अरूपरतन	(*iii*) 1923
(*d*) नबीन	(*iv*) 1916

निम्नलिखित विकल्पों में से सही विकल्प चुनिए :

	(*a*)	(*b*)	(*c*)	(*d*)
A.	(*i*)	(*ii*)	(*iii*)	(*iv*)
B.	(*iv*)	(*iii*)	(*ii*)	(*i*)
C.	(*ii*)	(*i*)	(*iv*)	(*iii*)
D.	(*iii*)	(*iv*)	(*i*)	(*ii*)

81. निम्नलिखित को सुमेलित कीजिए :

सूची-I	सूची-II
(*a*) करमा एमॉन दयामई	(*i*) राम प्रसाद सेन
(*b*) आमार कालो मेयेर पायेर तलय	(*ii*) कमला कान्तो
(*c*) सदानन्द मई काली	(*iii*) काजी नजरूल इस्लाम
(*d*) मेयेर एमनी बिचार बटे	(*iv*) काली शंकर कालिराज

निम्नलिखित विकल्पों में से सही विकल्प चुनिए :

	(*a*)	(*b*)	(*c*)	(*d*)
A.	(*i*)	(*ii*)	(*iii*)	(*iv*)
B.	(*ii*)	(*i*)	(*iv*)	(*iii*)
C.	(*iv*)	(*iii*)	(*ii*)	(*i*)
D.	(*iii*)	(*iv*)	(*i*)	(*ii*)

82. निम्नलिखित को सुमेलित कीजिए :

सूची-I	सूची-II
(*a*) शांतिनिकेतन छाड़ि कोथा	(*i*) मनमोहन चक्रवर्ती
(*b*) ओरा चाहिते जानेना दयामय	(*ii*) शिबनाथ शास्त्री
(*c*) अपूरर्ब प्रेमेर रीति के बखाने	(*iii*) रजनी कान्त सेन
(*d*) अनन्त अपार तोमाय के जाने	(*iv*) अयोध्यनाथ पाकराशि

निम्नलिखित विकल्पों में से सही विकल्प चुनिए :

	(*a*)	(*b*)	(*c*)	(*d*)
A.	(*iii*)	(*iv*)	(*i*)	(*ii*)
B.	(*ii*)	(*i*)	(*iv*)	(*iii*)
C.	(*i*)	(*ii*)	(*iii*)	(*iv*)
D.	(*iv*)	(*iii*)	(*ii*)	(*i*)

83. निम्नलिखित को सुमेलित कीजिए :

सूची-I	सूची-II
(*a*) राम मोहन रॉय	(*i*) प्रभुदयामय कोथा हे
(*b*) रजनीकान्त सेन	(*ii*) जननी-समान करेन पालन
(*c*) सत्येन्द्रनाथ टैगोर	(*iii*) तुमि आमार अन्तस्थलेर खबर जाने
(*d*) ज्योतिरीन्द्र नाथ टैगोर	(*iv*) मने करो शेशेर से दिन

निम्नलिखित विकल्पों में से सही विकल्प चुनिए :

	(*a*)	(*b*)	(*c*)	(*d*)
A.	(*iv*)	(*iii*)	(*ii*)	(*i*)
B.	(*i*)	(*ii*)	(*iii*)	(*iv*)
C.	(*ii*)	(*i*)	(*iv*)	(*iii*)
D.	(*iii*)	(*iv*)	(*i*)	(*ii*)

84. सूची-I को सूची-II से सुमेलित कीजिए :

सूची-I	सूची-II
(*a*) प्रथम नाम औंकार भुबन	(*i*) सौढामिनी देवी
(*b*) प्रभु पूजीबो तोमारे आजि	(*ii*) हेमलता देवी
(*c*) के से परम सुन्दर	(*iii*) सत्येन्द्रनाथ टैगोर
(*d*) आमि हे तबो कृपार भिखारी	(*iv*) गनेन्द्रनाथ टैगोर

निम्नलिखित विकल्पों में से सही विकल्प चुनिए :

	(*a*)	(*b*)	(*c*)	(*d*)
A.	(*i*)	(*iii*)	(*iv*)	(*ii*)
B.	(*iv*)	(*i*)	(*ii*)	(*iii*)
C.	(*ii*)	(*iv*)	(*iii*)	(*i*)
D.	(*iii*)	(*ii*)	(*i*)	(*iv*)

85. सूची-I को सूची-II से सुमेलित कीजिए :

सूची-I	सूची-II
(*a*) अजाना खोनिर नूतन मनिर	(*i*) 'गुप्तधन'
(*b*) आमरा दुजना स्वर्गो खेलोना	(*ii*) 'निर्भय'
(*c*) आमार नयन तबो नयोनेर	(*iii*) 'बरोनडाला'
(*d*) आरो किछुखन नहोय	(*iv*) 'संधान'

निम्नलिखित विकल्पों में से सही विकल्प चुनिए :

	(*a*)	(*b*)	(*c*)	(*d*)
A.	(*i*)	(*iv*)	(*ii*)	(*iii*)
B.	(*ii*)	(*i*)	(*iii*)	(*iv*)
C.	(*iii*)	(*ii*)	(*iv*)	(*i*)
D.	(*iv*)	(*iii*)	(*i*)	(*ii*)

86. सूची-I को सूची-II से सुमेलित कीजिए :

सूची-I	सूची-II
(*a*) ओरे सावधानी पथिक	(*i*) निरोबला
(*b*) ज्वाले नी आलो अंधकारे	(*ii*) बिपिन
(*c*) ओगो दयामई चोर	(*iii*) सिरिस
(*d*) तरि आमार हठात डूबे	(*iv*) अक्षय

निम्नलिखित विकल्पों में से सही विकल्प चुनिए :

	(*a*)	(*b*)	(*c*)	(*d*)
A.	(*i*)	(*ii*)	(*iii*)	(*iv*)
B.	(*iii*)	(*i*)	(*iv*)	(*ii*)
C.	(*iv*)	(*iii*)	(*ii*)	(*i*)
D.	(*ii*)	(*iv*)	(*i*)	(*iii*)

87. सूची-I को सूची-II से सुमेलित कीजिए :

सूची-I	सूची-II
(*a*) प्राकिृतीर प्रतिशोध	(*i*) ना चाहिले जारे पाओआ
(*b*) बाँशोरी	(*ii*) आकाश होतो खोशलो तारा
(*c*) अरुप्रातन	(*iii*) हा, के बोले देबे
(*d*) नलिनी	(*iv*) जोगी हैं, के तुमी

निम्नलिखित विकल्पों में से सही विकल्प चुनिए :

	(*a*)	(*b*)	(*c*)	(*d*)
A.	(*iv*)	(*i*)	(*ii*)	(*iii*)
B.	(*i*)	(*iii*)	(*iv*)	(*ii*)
C.	(*ii*)	(*iv*)	(*iii*)	(*i*)
D.	(*iii*)	(*ii*)	(*i*)	(*iv*)

88. **अभिकथन (A) :** सांगीतिक सर्व-व्यापकता के संबंध में विभिन्न देशों में सांगीतिक रूपों में भिन्नताओं के कारण रबिन्द्रनाथ दुविधा में थे।

तर्क (R) : किसी विशेष समय पर अवलोकित भिन्नताएँ विकास के विशिष्ट चरण में भिन्नता के कारण समझी गई हैं।

नीचे दिए गए विकल्पों में से सही विकल्प चुनिए :

A. (A) और (R) दोनों तर्कसंगत हैं।
B. (A) और (R) दोनों पूर्ण रूप से निरर्थक हैं।
C. (A) और (R) दोनों पूर्णतः नहीं अपितु आंशिक रूप से सत्य हैं।
D. (A) सत्य है और (R) आवश्यक रूप से सत्य नहीं है।

89. **अभिकथन (A) :** धुन विशेषकर किसी विशिष्ट गीतिकाव्य के लिए अभिप्रेत नहीं है। इसको विभिन्न अर्थों वाले एक से अधिक गीतिकाव्यों में भी प्रयोग किया जा सकता है।

तर्क (R) : धुन अमूर्त है। गीतिकाव्य के शब्द इसके अर्थों का निर्धारण करते हैं। जब गीतिकाव्य के विभिन्न रूपों (फ्रेम्स) में उसका प्रयोग किया जाता है तो अमूर्त धुन अलग अर्थ प्राप्त करती है। ''बसंते फूल गाँठ लो आमार जायेस माला'' की हषिति् धुन निश्चेष्ट भावावेश प्राप्त करती है जब ''अशान्ति आज बान्तों एकी दा तराम ज्वाला'' में उसका प्रयोग किया जाता है।

नीचे दिए गए विकल्पों में से सही विकल्प चुनिए :

A. (A) और (R) दोनों सही हैं।
B. (A) संदेहप्रद है और (R) सही है।
C. (A) और (R) दोनों निरर्थक हैं।
D. (A) सही है और (R) वैयक्तिक धारणा से परिपूर्ण पूर्वाग्रह बनाता है।

90. **अभिकथन (A) :** मुल्तान राग सुनने के शौकीन होने के बायजूद भी टैगोर ने मुल्तान राग में एक भी गीत की रचना नहीं की।

तर्क (R) : टैगोर गीतों के हिन्दुस्तानी शास्त्रीय नियमों का दृढ़ता से अनुसरण नहीं करते थे। जब वह किसी गीत की रचना करते थे तो उनकी धुन में निर्दिष्ट राग के साथ मिश्रित अस्तित्व भी होता था।

उदाहरणार्थ "दिन जादि होता अबासन," 'बुझी बोला बोहे जाये" "नाई रोशो नाई" "प्रखरा तपन-ताब्रे" "जाबर बेलये, शेष कथाति," शुनि क्षणें क्षणें, "शेष गाने रेश निये जाओ छोले"–सब में मुल्तान की झलक है परन्तु प्रत्येक एवं सब मुल्तान से भिन्न हैं।

नीचे दिए गए विकल्पों में से सही विकल्प चुनिए :

A. (A) और (R) दोनों सही हैं।
B. (A) सही है और (R) निकृष्ट रूप से दिया गया उदाहरण है।
C. (R) सही है और (A) यथार्थ नहीं है।
D. (A) और (R) दोनों निरर्थक हैं।

निर्देश (प्र.सं. 91 से 95 तक) *कृपया निम्नलिखित पद्यांश को पढ़िए और संबंधित प्रश्नों के उत्तर दीजिए।*

एकाकी सुनीत
खिड़की के बगल में
अपने सितार पर
सूरट मल्हार का आलाप
बजा रहा है।
उसे अच्छी तरह पता है,
उमा भी बगल के कक्ष में है
इस बात को जानकर उसके हृदय का स्पंदन
सितार के तार की छनि से अनुकंपित होता है।
तत्पश्चात
सुनीत नट मलहार गाने लगता है।
–प्रिये, आ भी जाओ
इस सुन्दर पावस की संध्या में–
चित्र स्वर्गलोग में पहुँच गया है
जगत के सभी संचार व संपर्क का
इस परम संगीत में विलय हो गया है।
काल के असीम सागर में
खिल रहे हैं सोल्लास
शत सुंदर पंखड़ीदार कमल
आसीन हैं जिन पर आराध्य
जो ज्ञात भी हैं व अज्ञात भी।

91. इस कविता का मूल बंगला शीर्षक है :
A. भीरू B. कमल
C. जाना-अजाना D. उमा

92. यह कविता किस काव्यकृति से ली गई है?
A. शेष-लेखा B. पुनश्च
C. सेंजुति D. शहनाई

93. सूरट मल्हार की जाति क्या है?
A. शुद्ध B. संकीर्ण
C. सालंक D. जातिराग

94. सुमीत के संगीत शिक्षक का नाम क्या है?
A. विलायत खाँ B. फैय्याज खाँ
C. बसन्त सिन्हा D. नियामत खाँ

95. "शत सुंदर पंखड़ीदार कमल" का अर्थ स्पष्ट करने वाला मूल बंगला पद क्या है?
A. सहस् लोचन ठाकुर B. कमलदल देब
C. कमलमुकुल दल D. मधुरिर शतदल

निर्देश (प्र.सं. 96 से 100 तक) *निम्नलिखित पद्यांश को पढ़िए और संबंधित प्रश्नों के उत्तर दीजिए।*

आषाढ़ होतेछे शेष —मिषये मल्लार–देश
रची भरा बादरेर सुर
खुलिचा प्रथम पात गीतगोबिन्द गाथा
गहि मेघे अम्बर मेदूर

96. ये पंक्तियाँ किस कविता से ली गई हैं?
A. बर्ष जापान B. बर्ष मंगल
C. शेष वर्षण D. आषाढ़–श्राबण

97. यह कविता किस काव्यकृति से ली गई है?
A. चित्रा B. सोनार तरी
C. छबि ओ गान D. खेया

98. टैगोर ने किसके गीत को सुर में बांधा है?
A. गोबिन्द दास के B. ज्ञान दास के
C. विद्यापति के D. बासुदेव घोस के

99. जयदेव के गीतगोबिन्दम् का मूल आरंभिक काव्यांश क्या है?
A. रतिसुरसोर गतमभिसारे B. प्रलयपयोधि जले
C. सतिमिर रजनी D. मेघैमदुरमबरम्

100. राग मल्लर देश का जाति क्या है?
A. सलंका B. शुद्ध
C. संकीर्ण D. सारब

भाग-V

अवनद्ध वाद्य

26. कर्नाटक ताल पद्धति में खण्ड जाति ध्रुवताल की मात्राएँ:

A. 17 B. 12
C. 10 D. 22

27. संगीत सुधाकर ग्रंथ में कितने तालों का वर्णन है?

A. 108 B. 109
C. 110 D. 111

28. चित्रा ताल के एक आवर्तन में उसी ताल की एक बार कुआड़ किस मात्रा के पश्चात प्रारंभ होगी?

A. $3\frac{3}{5}$ B. $3\frac{2}{5}$
C. 4 D. 3

29. ''स्नेयर ड्रम'' कैसे बजाया जाता है?

A. लटकाकर B. आड़ा रखकर
C. खड़ा रखकर D. गोद में रखकर

30. चौताल में गजझंपा सम से सम तक बजाने पर कौन-सी लयकारी होगी?

A. 4/5 B. 5/4
C. 3/5 D. 7/5

31. स्व. पं. भीमसेन जोशीजी किस घराने के गायक थे?

A. जयपुर B. आगरा
C. पटियाला D. किराना

32. यतिशिखर ताल के एक आवर्तन में उसी ताल की एक बार बिआड़ किस मात्रा के पश्चात प्रारंभ होगी?

A. $6\frac{4}{7}$ B. $7\frac{3}{7}$
C. $6\frac{3}{7}$ D. $7\frac{4}{7}$

33. विक्रम ताल के एक आवर्तन में उसी ताल की एक-एक बार दुगुन व चौगुन किस मात्रा के पश्चात प्रारंभ होगी?

A. 3 B. $3\frac{1}{2}$
C. $3\frac{1}{4}$ D. 4

34. तरंग वाद्यों की अलग श्रेणी बनाए जाने का विचार प्रथमतः किसने दिया?

A. डॉ. योगमाया शुक्ल
B. डॉ. पुरु दाधीच
C. डॉ. अरुण कुमार सेन
D. डॉ. लालमणि मिश्र

35. कुम्भताल के एक आवर्तन में उसी ताल की एक बार कुआड़ किस मात्रा के पश्चात प्रारंभ होगी?

A. $2\frac{4}{5}$ B. $2\frac{1}{5}$
C. $3\frac{4}{5}$ D. $4\frac{2}{5}$

36. सरमाए इशरत ग्रंथ के लेखक हैं:

A. ठाकुर हरनाम सिंह B. सादिक अली खाँ
C. फकीर चन्द D. नवाब अली

37. फरोदस्त ताल में कमाली चक्रदार का एक पल्ला न्यूनतम कितने मात्राओं का होगा?

A. 30 B. 28
C. 26 D. 23

38. पखावज का जावली घराना किस शताब्दी में स्थापित हुआ?

A. दसवीं शताब्दी B. बारहवीं शताब्दी
C. सोलहवीं शताब्दी D. पंद्रहवीं शताब्दी

39. कैद फरोदस्त ताल में ताली और खाली की संख्या है:

A. 2 ताली, 5 खाली B. 6 ताली, 1 खाली
C. 3 ताली, 1 खाली D. 5 ताली, 2 खाली

40. कैद फरोदस्त ताल के एक आवर्तन में उसी ताल की एक-एक बार दुगुन व चौगुन किस मात्रा के पश्चात प्रारंभ होगी?

A. $3\frac{4}{2}$ B. $4\frac{3}{2}$
C. $4\frac{3}{4}$ D. $3\frac{4}{4}$

41. पाश्चात्य संगीत में प्रयुक्त होने वाले स्वरों को कहते हैं :
A. Bar line (बार लाइन) B. Measure (मेजर)
C. Note (नोट) D. Accent (ऐक्सेन्ट)

42. नाना पानसे जी का जन्म किस प्रदेश में हुआ?
A. मध्य प्रदेश B. राजस्थान
C. महाराष्ट्र D. गुजरात

43. मतंग कृत ग्रंथ का शीर्षक है :
A. बृहद्देशी B. समय सार
C. सारोद्धार D. भरत का संगीत सिद्धान्त

44. 'रिसालये तबला नावाजी' पुस्तक में कितने तालों का वर्णन है?
A. 28 B. 29
C. 30 D. 31

45. किस ताल में 1, 5, 9, 11, 13 मात्रा पर ताली और 3 और 7 मात्रा पर खाली है?
A. शिखर B. कैद फरोदस्त
C. फरोदस्त D. बड़ी सवारी

46. सरस्वती ताल के एक आवर्तन में उसी ताल को एक बार बिआड़ किस मात्रा के पश्चात प्रारंभ होगी?
A. $7\frac{2}{7}$ B. $7\frac{5}{7}$
C. $7\frac{3}{7}$ D. $6\frac{5}{7}$

47. पाश्चात्य स्वरलिपि पद्धति में एक ही चिह्न से प्रदर्शित है :
A. स्वर और लय B. स्वर और मात्रा
C. ताल और स्वर D. मात्रा और लय

48. सप्तक में भिन्न-भिन्न स्वरों की उत्पत्ति में सक्षम अवनद्ध वाद्य है :
A. हुडुक्का B. ढोलक
C. पखावज D. तविल

49. रुद्रताल में कमाली चक्रदार का एक पल्ला न्यूनतम कितने मात्राओं का होगा?
A. 22 B. 18
C. 19 D. 20

50. पं. राममात्य कृत ग्रंथ है :
A. चतुर्दण्डी प्रकाशिका B. भावसागर
C. स्वरमेल कलानिधि D. अष्टोत्तरशत काललक्षणम्

51. किस ताल में 8वीं मात्रा पर खाली है?
A. खेमटा B. पंचम सवारी
C. जत D. शिखर

52. विष्णु ताल के एक आवर्तन में उसी ताल को एक बार आड़ किस मात्रा के पश्चात प्रारंभ होगी?
A. $4\frac{3}{3}$ B. $5\frac{2}{3}$
C. $5\frac{3}{3}$ D. $4\frac{2}{3}$

53. संगीत नाटक अकादमी, नई दिल्ली द्वारा 2018 का अकादमी रत्न अवार्ड किस प्रसिद्ध तबला वादक को देने की घोषणा की गई थी?
A. पंडित सुरेश तलवलकर B. पंडित योगेश शम्सी
C. उस्ताद जाकिर हुसैन D. पंडित सपन चौधरी

54. आड़ा चारताल में फरमाइशी चक्रदार का एक पल्ला न्यूनतम कितने मात्राओं का होगा?
A. 23 B. 25
C. 27 D. 29

55. स्व. पं. अरविंद मुलगाँवकर के गुरु का नाम :
A. उ. नत्थु खाँ B. उ. अमीर हुसेन खाँ
C. उ. अहमदजान थिरकवा D. प. पंठरीनाथ नागेशकर

56. 'सरमाए इशरत' पुस्तक में कितने तालों का वर्णन है?
A. 90 B. 91
C. 92 D. 93

57. बसन्तबहार हिन्दी चलचित्र में किस तबला वादक ने तबला वादन किया है?
A. पं. किशन महाराज
B. ए.आर. कुरैशी
C. पं. समता प्रसाद
D. उ. अहमद जान थिरकवा

58. सरस्वती ताल के एक आवर्तन में उसी ताल को एक बार आड़लय किस मात्रा के पश्चात प्रारंभ होगी?
A. 6 B. $1\frac{5}{3}$
C. 7 D. $2\frac{1}{3}$

59. कर्नाटक संगीत में काकपद का मान है :
A. तेरह B. सोलह
C. बारह D. पंद्रह

60. प्रसिद्ध तबला वादक उस्ताद मुनीर खां का देहान्त हुआ :

A. मुंबई में B. दिल्ली में
C. रायगढ़ में D. मेरठ में

61. 'चक्रदार' को 'त्रिचक्री' किसने कहा है?

A. राजा नगेन्द्र नाथ B. महाराजा सवाईप्रताप सिंह
C. महाराणा कुम्भा D. राजा चक्रधर सिंह

62. 1899 में तबला वादकों का जन्म हुआ :

(*a*) उ. जहाँगीर खाँ (*b*) उ. अमीर हुसेन खाँ
(*c*) उ. हबीबुद्दीन खाँ (*d*) उ. नत्थु खाँ

दिए गए विकल्पों में से सही उत्तर चुनिए :

A. (*a*) और (*d*) B. (*b*) और (*c*)
C. (*b*) और (*d*) D. (*c*) और (*a*)

63. 17 मात्रा की तालें हैं :

(*a*) विष्णु (*b*) सरस्वती
(*c*) त्रिवेणी (*d*) शिखर

दिए गए विकल्पों में से सही उत्तर चुनिए :

A. (*a*) और (*b*) B. (*a*) और (*d*)
C. (*a*) और (*c*) D. (*b*) और (*d*)

64. वाद्य जो गोद में रखकर बजाये जाते हैं :

(*a*) इसराज (*b*) सारंगी
(*c*) विचित्र वीणा (*d*) बांसुरी

दिए गए विकल्पों में से सही उत्तर चुनिए :

A. (*a*) और (*c*) B. (*b*) और (*a*)
C. (*c*) और (*d*) D. (*a*) और (*d*)

65. मिजराब से बजाये जाने वाले तंत्री वाद्य हैं :

(*a*) सरोद (*b*) संतूर
(*c*) सितार (*d*) सुरबहार

दिए गए विकल्पों में से सही उत्तर चुनिए :

A. (*a*) और (*c*) B. (*b*) और (*d*)
C. (*c*) और (*d*) D. (*a*) और (*b*)

66. फूंक से बजाये जाने वाले वाद्य :

(*a*) बाँसुरी (*b*) शहनाई
(*c*) स्वरपेटी (*d*) हरमोनियम

दिए गए विकल्पों में से सही उत्तर चुनिए :

A. (*b*) और (*d*) B. (*a*) और (*c*)
C. (*a*) और (*b*) D. (*c*) और (*d*)

67. निःशब्द क्रिया है :

(*a*) खाली
(*b*) चुटकी
(*c*) दाहिने हाथ से ताली देना
(*d*) विसर्जितम्

दिए गए विकल्पों में से सही उत्तर चुनिए :

A. (*a*) और (*b*) B. (*a*) और (*c*)
C. (*a*) और (*d*) D. (*d*) और (*b*)

68. पण्डित सुरेश (भाई) गायतोण्डे के तबला उस्ताद/गुरु :

(*a*) जगन्नाथ बुआ पुरोहित (*b*) विनायक राव घांग्रेकर
(*c*) वसंतराव राजूरकर (*d*) अहमद जान थिरकवा

दिए गए विकल्पों में से सही उत्तर चुनिए :

A. (*a*), (*c*) और (*d*) B. (*a*), (*b*) और (*c*)
C. (*a*), (*b*) और (*d*) D. (*a*), (*c*) और (*b*)

69. पं. सुधीर माईणकर द्वारा लिखी गई पुस्तकें :

(*a*) तबला वादन कला और शास्त्र
(*b*) ताल कोश
(*c*) तबला वादन में निहित सौंदर्य
(*d*) सुलभ तबला वादन शास्त्र

दिए गए विकल्पों में से सही उत्तर चुनिए :

A. (*a*) और (*d*) B. (*c*) और (*b*)
C. (*a*) और (*c*) D. (*b*) और (*d*)

70. पं. गिरीश चंद्र द्वारा लिखी गई पुस्तकें :

(*a*) ताल परिचय
(*b*) तबला वादन में निहित सौन्दर्य
(*c*) ताल कोश
(*d*) तबला एक समग्र वाद्य

दिए गए विकल्पों में से सही उत्तर चुनिए :

A. (*a*) और (*b*) B. (*a*) और (*c*)
C. (*c*) और (*d*) D. (*b*) और (*c*)

71. पं. पिजय शंकर मिश्रा द्वारा लिखी गई पुस्तकें विकल्प :

(*a*) तबला पुराण
(*b*) अंतर्नादः सुर और साज
(*c*) तबला शास्त्र का सैद्धांतिक पक्ष
(*d*) 'ना धिं! धिं! ना' के बादशाह

नीचे दिए गए विकल्पों में से सही उत्तर चुनिए :

A. (*a*) और (*d*) B. (*a*) और (*c*)
C. (*a*) और (*b*) D. (*c*) और (*d*)

72. अजरादा घराने के उ. अजीजुद्दीन खाँ के पुत्र :

(*a*) उ. रमजान खाँ (*b*) उ. निजामुद्दीन खाँ

(*c*) उ. हमदु खाँ (*d*) उ. शमशाद हुसेन

नीचे दिए गए विकल्पों में से सही उत्तर चुनिए :

A. (*a*) और (*c*) B. (*b*) और (*d*)

C. (*a*) और (*d*) D. (*b*) और (*c*)

73. पं. सुधीर माईणकर जी के गुरु हैं :

(*a*) उस्ताद इनाम अली

(*b*) उस्ताद इमाम अली

(*c*) प्रो. सुधीर कुमार सक्सेना

(*d*) उस्ताद हबीबुद्दीन खाँ

नीचे दिए गए विकल्पों में से सही उत्तर चुनिए :

A. (*a*) और (*c*) B. (*b*) और (*d*)

C. (*a*) और (*b*) D. (*a*) और (*d*)

74. ताल मात्राओं के उतरते क्रमानुसार सही विकल्प चुनिए :

A. रास, जत, शिखर, यतिशिखर

B. यतिशिखर, जत, रास, शिखर

C. शिखर, जत, यतिशिखर, रास

D. जत, शिखर, यतिशिखर, रास

75. चढ़ते क्रम में लयकारियों के सही क्रम का विकल्प चुनिए :

A. सवागुन, पौनगुन, डेढ़गुन, तीनगुन

B. तीनगुन, डेढ़गुन, सवागुन, पौनगुन

C. पौनगुन, सवागुन, डेढ़गुन, तीनगुन

D. पौनगुन, डेढ़गुन, सवागुन, तीनगुन

76. निम्नलिखित अवनद्ध वाद्यों को उनकी मुख संख्या के आधार पर बढ़ते क्रम में सही विकल्प चुनिए :

A. भरतोक्त मृदंग, पंचमुखी वाद्यम्, चेण्डा, ताशा

B. ताशा, चेण्डा, भरतोक्त मृदंग, पंचमुखी वाद्यम्

C. चेण्डा, पंचमुखी वाद्यम्, ताशा, भरतोक्त मृदंग

D. पंचमुखी वाद्यम्, भरतोक्त मृदंग, चेण्डा, ताशा

77. संगीत सहाकर में निःशब्द क्रियाओं का निरूपण किस क्रम में किया गया है?

A. निष्क्राम, आवाप, प्रवेशक, विक्षेप

B. आवाप, निष्क्राम, प्रवेशक, विक्षेप

C. आवाप, निष्क्राम, विक्षेप, प्रवेशक

D. प्रवेशक, विक्षेप, आवाप, निष्क्राम

78. पखावज वादकों को जन्मवर्ष के अनुसार अवरोही क्रम में चुनिए :

A. पं. पर्वत सिंह, पं. अयोध्या प्रसाद, पं. घनश्याम दास पखावजी, पं. कुदउ सिंह

B. पं. कुदउ सिंह, पं. अयोध्या प्रसाद, पं. पर्वत सिंह, पं. घनश्याम दास पखावजी

C. पं. अयोध्या प्रसाद, पं. पर्वत सिंह, पं. घनश्याम दास पखावजी, पं. कुदउ सिंह

D. पं. कुदउ सिंह, पं. घनश्याम दास पखावजी, पं. पर्वत सिंह, पं. अयोध्या प्रसाद

79. तबला वादकों को जन्म वर्ष के अनुसार आरोही क्रम में चुनिए :

A. पं. अनोखेलाल मिश्र, उ. अल्लारखा खाँ, उ. शेख दाउद, पं. समता प्रसाद

B. पं. समता प्रसाद, उ. शेख दाउद, उ. अल्लारखा खाँ, पं. अनोखेलाल मिश्र

C. उ. शेख दाउद, पं. अनोखेलाल मिश्र, पं. समता प्रसाद, उ. अल्लारखा खाँ

D. पं. समता प्रसाद, उ. अल्लारखा खाँ, उ. शेख दाउद, पं. अनोखेलाल मिश्र

80. सुमेलित कीजिए :

ग्रंथ	**ग्रंथकार**
(*a*) भरत भाष्य	(*i*) रघुनाथ भूपाल
(*b*) संगीत सुधा	(*ii*) के. वासुदेव शास्त्री
(*c*) संगीत चिन्तामणि	(*iii*) पार्श्वदेव
(*d*) संगीत समय सार	(*iv*) नान्यदेव

सही विकल्प चुनिए :

	(*a*)	(*b*)	(*c*)	(*d*)
A.	(*iv*)	(*i*)	(*ii*)	(*iii*)
B.	(*i*)	(*iii*)	(*iv*)	(*ii*)
C.	(*ii*)	(*iii*)	(*i*)	(*iv*)
D.	(*iv*)	(*ii*)	(*i*)	(*iii*)

81. सुमेलित कीजिए :

रवीन्द्र संगीत के ताल	**मात्रा**
(*a*) झम्पक	(*i*) 18 मात्रा
(*b*) षष्ठी	(*ii*) 6 मात्रा
(*c*) रुपकड़ा	(*iii*) 5 मात्रा
(*d*) नवपंच	(*iv*) 8 मात्रा

	(c)	(d)
	(ii)	(iv)
	(i)	(ii)
	(ii)	(iv)
	(iv)	(i)

82. सु

ताल	मात्रा
(*a*) सरस्वती	(*i*) 12
(*b*) शिखर	(*ii*) 28
(*c*) ब्रह्म	(*iii*) 17
(*d*) विक्रम	(*iv*) 18

सही विकल्प चुनिए :

	(*a*)	(*b*)	(*c*)	(*d*)
A.	(*iv*)	(*iii*)	(*ii*)	(*i*)
B.	(*i*)	(*ii*)	(*iv*)	(*iii*)
C.	(*i*)	(*ii*)	(*iii*)	(*iv*)
D.	(*iii*)	(*iv*)	(*ii*)	(*i*)

83. सुमेलित कीजिए :

ताल	मात्रा
(*a*) चित्रा ताल	(*i*) 16 मात्रा
(*b*) टप्पा ताल	(*ii*) 15 मात्रा
(*c*) विष्णु ताल	(*iii*) 18 मात्रा
(*d*) लक्ष्मी ताल	(*iv*) 17 मात्रा

सही विकल्प चुनिए :

	(*a*)	(*b*)	(*c*)	(*d*)
A.	(*i*)	(*ii*)	(*iii*)	(*iv*)
B.	(*ii*)	(*i*)	(*iv*)	(*iii*)
C.	(*iv*)	(*iii*)	(*ii*)	(*i*)
D.	(*iii*)	(*ii*)	(*i*)	(*iv*)

84. सुमेलित कीजिए :

(*a*) ततवाद्य	(*i*) कठताल
(*b*) घनवाद्य	(*ii*) नादस्वरम्
(*c*) सुषिरवाद्य	(*iii*) दायरा
(*d*) अवनद्धवाद्य	(*iv*) वाण

सही विकल्प चुनिए :

	(*a*)	(*b*)	(*c*)	(*d*)
A.	(*i*)	(*iii*)	(*ii*)	(*iv*)
B.	(*ii*)	(*i*)	(*iii*)	(*iv*)
C.	(*iv*)	(*i*)	(*ii*)	(*iii*)
D.	(*iii*)	(*ii*)	(*iv*)	(*i*)

85. सुमेलित कीजिए :

पखावज वादक	जन्म वर्ष
(*a*) पं. कुदउ सिंह	(*i*) 1815
(*b*) पं. घनश्याम दास पखावजी	(*ii*) 1869
(*c*) पं. पर्वत सिंह	(*iii*) 1879
(*d*) पं. अयोध्या प्रसाद	(*iv*) 1891

सही विकल्प चुनिए :

	(*a*)	(*b*)	(*c*)	(*d*)
A.	(*ii*)	(*iii*)	(*i*)	(*iv*)
B.	(*i*)	(*ii*)	(*iii*)	(*iv*)
C.	(*iv*)	(*iii*)	(*ii*)	(*i*)
D.	(*ii*)	(*iii*)	(*iv*)	(*i*)

86. सुमेलित कीजिए :

कलाकार	जन्म वर्ष
(*a*) उ. मुनीर खाँ	(*i*) 1867
(*b*) उ. आबिद हुसैन खाँ	(*ii*) 1863
(*c*) उ. जहाँगीर खाँ	(*iii*) 1875
(*d*) उ. नत्थू खाँ	(*iv*) 1869

सही विकल्प चुनिए :

	(*a*)	(*b*)	(*c*)	(*d*)
A.	(*ii*)	(*i*)	(*iii*)	(*iv*)
B.	(*ii*)	(*i*)	(*iv*)	(*iii*)
C.	(*i*)	(*iii*)	(*ii*)	(*iv*)
D.	(*iv*)	(*i*)	(*iii*)	(*ii*)

87. सुमेलित कीजिए :

ताल	मात्रा
(*a*) कुम्भताल	(*i*) 15
(*b*) खेमटा	(*ii*) 12
(*c*) यतिशिखर	(*iii*) 16
(*d*) जय ताल	(*iv*) 11

सही विकल्प चुनिए :

	(*a*)	(*b*)	(*c*)	(*d*)
A.	(*i*)	(*ii*)	(*iii*)	(*iv*)
B.	(*iv*)	(*ii*)	(*i*)	(*iii*)
C.	(*iv*)	(*iii*)	(*ii*)	(*i*)
D.	(*iii*)	(*i*)	(*ii*)	(*iv*)

88. **अभिकथन (A) :** भारतीय संगीत में तिहाइयों का महत्वपूर्ण स्थान है।

तर्क (R) : कर्नाटक संगीत में प्रचलित 'मुक्ताई' तिहाई का पर्यायवाची माना जा सकता है।

कूट :
A. (A) सही है (R) गलत है।
B. (A) और (R) दोनों सही हैं।
C. (A) गलत है और (R) सही है।
D. (A) और (R) दोनों गलत हैं।

89. अभिकथन (A) : भारत सरकार द्वारा 'भारत-रत्न' उपाधि सन् 1954 से प्रदान करना प्रारंभ किया गया।

तर्क (R) : संगीत विधा में पहली 'भारत-रत्न' उपाधि सन् 1998 में श्रीमती एम. एस. सुब्बालक्ष्मी को प्रदान की गई।

कूट :
A. (A) सही है और (R) भी सही है।
B. (A) सही है, किंतु (R) गलत है।
C. (A) और (R) दोनों गलत हैं।
D. (A) गलत है, किंतु (R) सही है।

90. अभिकथन (A) : किसी ताल के नियत ठेके को बदल-बदलकर बजाया जाना संभव ही नहीं अपितु आवश्यक है। अन्यथा एक रसता उत्पन्न होगी।

तर्क (R) : ठेके को बदलने से ताल नहीं बदलता। क्योंकि ताल का मापन मात्रा, ताली, खाली के आधार पर किया जाता है।

सही विकल्प चुनिए :
A. (A) और (R) दोनों गलत हैं।
B. (A) और (R) दोनों सही हैं।
C. (A) सही है, (R) गलत है।
D. (A) गलत है और (R) सही है।

निर्देश (प्र.सं. 91 से 95 तक): *निम्नलिखित गद्यांश को पढ़कर नीचे दिए गए प्रश्नों के उत्तर दीजिए।*

'संगीत रत्नाकर' ग्रंथ के रचयिता शार्ङ्गदेव हैं, जो देवगिरी के राजा सिंघण देव के दरबार में उच्च-पद पर नियुक्त थे। उन्हें 'श्री करणाधिपति' की पदवी प्रदान की गई थी। विद्वानों के अनुसार इस पदवी से उनके महालेखाकार (Auditor General) होने का संकेत मिलता है। कश्मीर निवासी श्रेष्ठ आयुर्वेदाचार्य भास्कर के पौत्र और सोढल के पुत्र, शार्ङ्गदेव अनेक विद्याओं के जानकार थे। 'रत्नाकर' के अतिरिक्त भी उन्होंने अनेक विषयों पर ग्रंथों की रचना की है। महामाहेश्वर श्री शंकर प्रिय, हरप्रिय, शंकरवल्लभ, शंकरानुचर आदि नामों से अपना उल्लेख करने वाले 'शार्ङ्गदेव' स्वयं को श्रीशार्ङ्गी, निःशङ्क, ... सोढल सुनु, सोढलतनय भी कहते हैं। यादववंशी राजा ... देव के राज्यकाल (1210-1247) में शार्ङ्गदेव दरबार में अत्यं... प्रतिष्ठित थे। 'संगीत रत्नाकर' ग्रंथ में मार्ग और देशी इन दोनों ही संगीत पद्धतियों का विस्तृत विवेचन किया गया है। इस महत्वपूर्ण ग्रंथ पर पूर्ववर्ती काल में कुल सात टीकायें लिखी गई हैं। इनमें से चार संस्कृत में, दो तेलुगु में तथा एक टीका हिन्दी (ब्रज) भाषा में लिखी गई है। कल्लिनाथ, जो विजयनगर के यादववंशी राजा इम्मादिदेव राय के दरबार में नियुक्त थे, ने 'कलानिधि' के रूप में टीका लिखी जबकि राजा अनपोत के पुत्र 'सिंहभूपाल' ने संगीत सुधाकर नामक टीका लिखी। सिंह-भूपाल स्वयं भी राजा हुए और उन्हें अंध्र-मंडलाधीश्वर, प्रतिगण्ड भैरव, अनपोत-नरेन्द्र नन्दन और भुजबली भीम जैसी उपाधियाँ प्राप्त थीं। 'कलानिधि' टीका के लेखक कल्लिनाथ ने अपने ग्रंथ में स्वयं का उल्लेख अभिनव भरताचार्य, तोडरमल्ल, लक्ष्मणाचार्य, नन्दन तथा चतुर कल्लिनाथ जैसे नामों से किया है। केशव की 'कौस्तुभ टीका' और गंगाराम की सेतु टीका का उल्लेख भी मिलता है। कौस्तुभ टीका संस्कृत में और सेतु टीका हिन्दी (ब्रज) भाषा में है। विदुषी डॉ. सुभद्रा चौधरी ने कुछ ही वर्षों पूर्व संगीत रत्नाकर पर सरस्वती टीका का लेखन-प्रकाशन किया है। संगीत-रत्नाकर को आधुनिक परिप्रेक्ष्य में समझने में इस ग्रंथ का महत्वपूर्ण स्थान है।

91. निम्न में से शार्ङ्गदेव की उपाधि या उपनाम नहीं है?
A. निःशङ्क   B. श्री करणाधिपति
C. भुजबली भीम   D. महा महेश्वर

92. सुमेलित कीजिए :

	सूची-I		सूची-II
(*a*)	भास्कर के पौत्र और सोढल के पुत्र	(*i*)	सिंह भूपाल
(*b*)	अंध्रमंडलाधीश्वर तथा अनपोत नरेन्द्रनन्दन	(*ii*)	देवगिरी
(*c*)	अभिनव भरताचार्य तथा तोडर मल्ल	(*iii*)	कल्लिनाथ
(*d*)	सिंघण देव	(*iv*)	शार्ङ्गदेव

सही उत्तर चुनिए :

	(*a*)	(*b*)	(*c*)	(*d*)
A.	(*iv*)	(*i*)	(*iii*)	(*ii*)
B.	(*iv*)	(*iii*)	(*ii*)	(*i*)
C.	(*i*)	(*ii*)	(*iii*)	(*iv*)
D.	(*i*)	(*iv*)	(*ii*)	(*iii*)

93. निम्नलिखित में से कौन संगीत रत्नाकर के टीकाकार नहीं है?

A. कल्लिनाथ B. केशव

C. सिंहभूपाल D. मतंग

94. सुमेलित कीजिए :

सूची-I (ग्रंथ)	**सूची-II (ग्रंथकार)**
(*a*) कलानिधि टीका	(*i*) सिंह भूपाल
(*b*) सरस्वती टीका	(*ii*) केशव
(*c*) कौस्तुभ टीका	(*iii*) सुभद्रा चौधरी
(*d*) सुधाकर टीका	(*iv*) कल्लिनाथ

सही उत्तर चुनिए :

	(*a*)	(*b*)	(*c*)	(*d*)
A.	(*iv*)	(*iii*)	(*i*)	(*ii*)
B.	(*iv*)	(*iii*)	(*ii*)	(*i*)
C.	(*iv*)	(*i*)	(*ii*)	(*iii*)
D.	(*iv*)	(*ii*)	(*iii*)	(*i*)

95. 'संगीत रत्नाकर' पर अब तक कितनी टीकायें लिखी गई हैं?

A. चार B. सात

C. आठ D. दो

निर्देश (प्र.सं. 96 से 100 तक): *निम्नलिखित गद्यांश को पढ़कर नीचे दिए गए प्रश्नों के उत्तर दीजिए।*

प्राचीन काल में ही 'संगीत' में अवनद्ध वाद्यों का महत्वपूर्ण स्थान रहा है। 'नद्ध' शब्द में 'अव' उपसर्ग लगने से 'अवनद्ध' शब्द की व्युत्पत्ति कही गई है। 'नद्ध' का अर्थ है—बंधा हुआ, मढ़ा हुआ, चारों तरफ से भलीभाँति कसा हुआ या लपेटा हुआ। फैलाव या विस्तार के अर्थ का 'अव' उपसर्ग 'नद्ध' से बद्ध होकर 'अवनद्ध' कहलाता है। ऐसे सभी वाद्य जो चमड़े से भलीभाँति मढ़े होते हैं—कसे होते हैं 'अवनद्ध' कहलाते हैं। अवनद्धों की कुछ अन्य संज्ञाएँ हैं—आनद्ध, भाण्ड, वितत, पुष्कर। डॉ. लालमणि मिश्र द्वारा रचित भारतीय संगीत वाद्य के अनुसार—जो वाद्य भीतर से पोले होते हैं, चर्माच्छादित होते हैं और हाथ या लकड़ी से आघात कर बजाये जाते हैं—'आनद्ध' कहलाते हैं। 'वितत' शब्द का प्रयोग गोविन्द कृत 'संगीत चूड़ामणि' सहित मध्यकालीन अनेक ग्रंथों में प्राप्त होता है। 'तत' शब्द का प्रयोग तन्त्री वाद्यों के लिए पूर्वापार से चला आ रहा है, हो सकता है अवनद्ध जैसे भारी भरकम शब्द की जगह तत की तुक में 'वितत' का प्रयोग होने लगा हो। तानसेन सहित अनेक वाग्गेयकारों ने अपने ध्रुवपदों में तत, वितत, घन, शिखर इस प्रकार से चारों प्रकार के वाद्यों का वर्णन किया है। मिट्टी से बने घड़े और अन्य बर्तनों को भाण्ड कहा जाता था। उसी तारतम्य में मिट्टी से निर्मित अवनद्ध वाद्यों को 'भाण्ड' संज्ञा दी गई होगी। पुष्कर, त्रिपुटकर, पुष्पकरत्रयी इन संज्ञाओं में पुष्कर का प्रयोग अवनद्धों की संज्ञा के रूप में ही किया गया है। पुष्कर, तालाब को कहते हैं। प्रारंभिक अवनद्ध वाद्य 'दुन्दुभि' का आकार तालाब सदृप्य होता था। अतः उसे और फिर सभी अवनद्धों के लिए पुष्कर संज्ञा का प्रयोग होने लगा।

96. डॉ. लालमणि मिश्र किस पुस्तक के लेखक हैं?

A. भारतीय अवनद्ध वाद्य B. भारतीय वाद्य संगीत

C. संगीत वाद्य विमर्श D. भारतीय संगीत वाद्य

97. तानसेन और अन्य अनेक वाग्गेयकारों ने अपने ध्रुवपदों में 'अवनद्ध' के स्थान पर किस शब्द का प्रयोग किया है?

A. तत B. वितत

C. ताल D. मंजीरा

98. अभिकथन (A) : अवनद्ध वाद्यों को मुख्यतया हाथों से ही बजाया जाता है।

तर्क (R) : किन्हीं-किन्हीं अवनद्ध वाद्यों को एक तरफ हाथ और दूसरी तरफ लकड़ी से बजाते हैं वहीं किसी अवनद्ध वाद्य को दोनों ही तरफ लकड़ी से बजाते हैं।

सही विकल्प चुनिए :

A. (A) सही है और (R) गलत है।

B. (A) और (R) दोनों सही हैं।

C. (A) और (R) दोनों गलत हैं।

D. (A) गलत है और (R) सही है।

99. 'नद्ध' शब्द में किस उपसर्ग का प्रयोग कर अवनद्ध शब्द बनता है?

A. घञ् B. अव

C. उप D. यव

100. निम्न में से कौन-सी सभी अवनद्ध वाद्यों की संज्ञाएँ हैं?

A. आनद्ध, भाण्ड, शृंगी

B. तत, वितत, सुषिर

C. घन, पौष्कर, चर्मावनद्ध

D. भाण्ड, वितत, पुष्कर

उत्तरमाला

भाग-I

1	2	3	4	5	6	7	8	9	10
D	B	C	C	D	D	A	D	A	A
11	**12**	**13**	**14**	**15**	**16**	**17**	**18**	**19**	**20**
C	C	B	B	B	D	A	A	A	C
21	**22**	**23**	**24**	**25**					
D	C	C	A	A					

भाग-II : हिन्दुस्तानी संगीत

26	27	28	29	30	31	32	33	34	35
C	C	A	A	C	B	D	A	A	D
36	**37**	**38**	**39**	**40**	**41**	**42**	**43**	**44**	**45**
B	C	A	D	C	C	A	D	A	C
46	**47**	**48**	**49**	**50**	**51**	**52**	**53**	**54**	**55**
A	B	A,B,D	A	C	D	B	D	D	B
56	**57**	**58**	**59**	**60**	**61**	**62**	**63**	**64**	**65**
B	A	C	D	A	A	C	A	D	B
66	**67**	**68**	**69**	**70**	**71**	**72**	**73**	**74**	**75**
C	A	D	D	A	A	C	B	D	A
76	**77**	**78**	**79**	**80**	**81**	**82**	**83**	**84**	**85**
B	D	C	D	D	A	D	C	D	A
86	**87**	**88**	**89**	**90**	**91**	**92**	**93**	**94**	**95**
D	B	A	D	A	D	D	D	B	A
96	**97**	**98**	**99**	**100**					
C	A	A	D	A					

भाग-III : कर्नाटक संगीत

26	27	28	29	30	31	32	33	34	35
B	A	B	D	D	A	C	B	C	A
36	**37**	**38**	**39**	**40**	**41**	**42**	**43**	**44**	**45**
B	C	B	D	A	D	B	D	B	C
46	**47**	**48**	**49**	**50**	**51**	**52**	**53**	**54**	**55**
D	B	D	B	A	C	A	C	B	C
56	**57**	**58**	**59**	**60**	**61**	**62**	**63**	**64**	**65**
B	C	C	A	C	D	B	C	D	C
66	**67**	**68**	**69**	**70**	**71**	**72**	**73**	**74**	**75**
C	B	C	D	C	C	B	C	C	B
76	**77**	**78**	**79**	**80**	**81**	**82**	**83**	**84**	**85**
D	B	D	A	A	D	B	C	A	C

86	87	88	89	90	91	92	93	94	95
D	C	A	C	A	B	C	C	D	A
96	**97**	**98**	**99**	**100**					
B	A	C	B	B					

भाग-IV : रबीन्द्र संगीत

26	27	28	29	30	31	32	33	34	35
C	C	A	D	C	B	A	D	A	B
36	**37**	**38**	**39**	**40**	**41**	**42**	**43**	**44**	**45**
C	C	B	A	A	A	B	B	C	B
46	**47**	**48**	**49**	**50**	**51**	**52**	**53**	**54**	**55**
C	B	D	C	C	B	A	D	A	B
56	**57**	**58**	**59**	**60**	**61**	**62**	**63**	**64**	**65**
A	A	D	B	A	C	A	C	B	A
66	**67**	**68**	**69**	**70**	**71**	**72**	**73**	**74**	**75**
B	C	B	B	C	C	B	B	A	C
76	**77**	**78**	**79**	**80**	**81**	**82**	**83**	**84**	**85**
B	B	D	C	B	C	D	A	B	C
86	**87**	**88**	**89**	**90**	**91**	**92**	**93**	**94**	**95**
B	A	A	A	A	A	B	C	D	D
96	**97**	**98**	**99**	**100**					
A	B	C	D	A					

भाग-V : अवनद्ध वाद्य

26	27	28	29	30	31	32	33	34	35
A	B	D	A	B	D	C	A	D	B
36	**37**	**38**	**39**	**40**	**41**	**42**	**43**	**44**	**45**
B	D	C	B	C	C	C	A	A	C
46	**47**	**48**	**49**	**50**	**51**	**52**	**53**	**54**	**55**
B	B	A	B	C	B	B	B	A	B
56	**57**	**58**	**59**	**60**	**61**	**62**	**63**	**64**	**65**
C	C	A	B	C	D	B	B	B	C
66	**67**	**68**	**69**	**70**	**71**	**72**	**73**	**74**	**75**
C	C	C	C	B	C	C	A	C	C
76	**77**	**78**	**79**	**80**	**81**	**82**	**83**	**84**	**85**
B	C	C	A	A	D	A	B	C	B
86	**87**	**88**	**89**	**90**	**91**	**92**	**93**	**94**	**95**
B	B	B	A	B	C	A	D	B	C
96	**97**	**98**	**99**	**100**					
D	B	B	B	D					

●●●

YOUR SPACE

संगीत
अध्ययन सामग्री

अध्याय-1

रागों का विश्लेषणात्मक परिचय

राग—आभोगी कान्हड़ा

आभोगी राग काफी थाट से उत्पन्न दक्षिण यानी कर्नाटक पद्धति का एक अति रंजक राग है, जो उत्तर भारतीय संगीत पद्धति में कई अर्से से काफी प्रचार में आया है और लोकप्रिय भी हुआ है। इसमें ग कोमल और अन्य स्वर शुद्ध हैं। प, नि वर्ज्य होने से इसकी जाति औड़व है।

"मृध, सा, धृसा, रे धृ, सा, धृ, मृ धृ सा" इत्यादि से और बीच-बीच में 'धृसारेम' की संगति से दुर्गा की और "सारेग, म, ध, म, धग, म, रेग, मगरेसा" इत्यादि से बागेश्री, की छाया दिखती है, लेकिन प, नि वर्ज्य होने से "गम, ध, सां, ध, म, ग, रेगमग रेसा, रेधृ, सा" इस प्रकार के स्वर विस्तार से दोनों रागों की छाया दूर हो जाती है।

"धृ, सारेग~~~, रेग,रेग,रेग, रेसा" इस प्रकार गांधार पर ठहराव, आंदोलन और दीर्घ उच्चार से कानड़ा की छाया दिखाकर कुछ कलाकार आभोगी को ही एक कानड़ा प्रकार मानते हैं। लेकिन इससे कानड़ा का अंग स्पष्ट रूप से न दिखाते हुए अवरोह में 'मगरेसा' की जगह 'गमरेसा' इस तरह वक्र गांधार से स्पष्ट कानड़ा अंग दिखाकर आभोगी कानड़ा के नाम से यह प्रचार में लाया गया है। इस प्रकार बहुत से गुणीजन आभोगी और आभोगी कानड़ा दो अलग राग मानते हैं।

आभोगी और आभोगी कान्हडा में बहुत थोड़ा अन्तर है। आभोगी को आभोगी कान्हड़ा बनाने के लिए 'ग म रे सा, प्रयोग करते हैं, अन्यथा सम्पूर्ण राग के चलन में कोई परिवर्तन नहीं आता। कुछ गुणीजन इस भेद को नहीं मानते हैं। उनका कहना है कि यह भेद करना बाल की खाल निकालना है। आभोगी और आभोगी कान्हड़ा दोनों में रे ग मृ ग रे सा प्रयोग होता है केवल आभोगी कांहड़ा में कांहड़ा अङ्ग लाने के लिए ग म रे सा, प्रयोग करते हैं, किन्तु आभोगी में ग म रे सा नहीं प्रयोग करते। कुछ विद्वानों का कहना है कि आभोगी में आंदोलित ग से ही कांहड़ा अङ्ग स्पष्ट हो जाता है, चाहे वक्र ग अवरोह में लें अथवा न लें।

इस राग की चलन तीनों सप्तकों में होती है। यह ख्याल शैली का राग है। इसमें ठुमरी नहीं गाई जाती है। इसका आलाप बड़ा कर्णप्रिय लगता है। न्यास के स्वर सा और म हैं। समप्रकृति राग में अल्प शिवरंजनी और बागेश्वरी हैं। धृ सा रे ग रे सा में शिवरंजनी की और सां नि ध म, ग रे ग म ग रे सा में बागेश्वरी की छाया आती है, किन्तु ग आंदोलित करने से आभोगी स्पष्ट हो जाता है।

आरोह— सा रे मग म ध सां।

आरोह— सां ध म मग म रे सा।

आरोह— धृ सा रे मग ऽ मग म सां रे सा।

चलन

धृ सा रे ग̃ म रे सा धृ सा, रे ग̃ म रे सा धृ मृ, मृ धृ सा रे ग̃, सा रे ग̃ म, रे सा धृ रे सा, सा रे ग̃ म̃ म रे सा, रे ग̃ म, ग म ध मग म रे सा धृ सा, म ध ग̃ म ध सां, धृ सां रें ग̃ मं रें सां ध म ग̃ म रे सा।

राग—कोमल रिषभ आसावरी

राग-परिचय—इस राग में ऋषभ, गांधार, धैवत और निषाद कोमल तथा मध्यम शुद्ध लगते हैं। जाति औडव-सम्पूर्ण (वक्र सम्पूर्ण) है इसका गृह स्वर षड्ज है तथा वादी धैवत और संवादी गांधार है। इसमें न्यास पंचम पर तथा अपन्यास मध्यम पर किया जाता है विन्यास षड्ज पर है। अंश स्वर ऋषभ, धैवत, उपांश गान्धार, निषाद है। गायन समय दिन का दूसरा प्रहर है।

इस राग का सब चलन आसावरी की तरह ही होता है। केवल शुद्ध ऋषभ की जगह कोमल ऋषभ का उपयोग होता है। आसावरी के स्वरूप को कठिन बनाने के लिए ही उसमें कोमल ऋषभ लेकर गाते हैं। साधारणतया आरोह में निषाद वर्जित रहता है। किन्तु इस नियम के अपवाद-स्वरूप "प ध नि ध म प ग" इस प्रकार निषाद लेने का प्रचार है तथा जौनपुरी के ढंग के स्वरसमूह भी इसमें लिये जाते हैं। इसका रस करूण शृंगार है।

स्वर-संगति— ध-म, रि-नि।

मुख्य अंग— रिम पधऽ मग रि। ध म प मग रे सा।

प्रकृति— मृदु गंभीर।

आरोह— सा रे म प निध, सां।

अवरोह—सां नि ध म प मग, गरे गरे सा।

विशेषता—इस राग को देखने से इसके स्वर भैरवी के से प्रतीत होते हैं, किन्तु भैरवी के और इसके चलन में बहुत अन्तर है। इसके आरोह में गान्धार तथा निषाद वर्ज्य हैं, और अवरोह में पंचम वक्र रहता है। यथा—सा रे म प ध सां, सां रें नि धऽ प धऽ म ग रे ऽ सा। आसावरी के अंग को दिखाने के लिए सा रे म प नि धऽ प म प नि ध ऽ प, रे म प नि धऽ प, मप सां नि ध ऽ प, म प ध सां रे। नि ध प, इस प्रकार पंचम पर न्यास करते हुए स्वर-रचना रखी जाती है और कोमल आसावरी की स्थापना दिखाने के लिए, अवरोह में पंचम का समूचा त्याग करते हुए धऽ म, धऽ प, धऽ म, म प ध प धऽ म, रे म प धऽ म, म प नि धऽ म ऐसे स्वर प्रयोग किये जाते हैं और अन्त में धऽ म ग रे ऽ सा, यों ऋषभ पर थोड़ा सा रूककर 'सा' पर पूर्ण न्यास करते हैं जैसे पंचम के बाद अवरोह करते समय पंचम का त्याग करके 'धमगरेसा', करते हैं, तद्वत् षड्ज से नीचे उतरते समय, षड्ज का त्याग करके 'रें। ऽनि ध प' किया जाता है 'रें ऽनि ध म' और धऽम ग रे ये दोनों स्वर-क्रियायें एक दूसरे का जवाब हैं और वे इस राग की रागवाची होकर इसके आविर्भाव के लिए अनिवार्य हैं।

इस राग को गाते या बजाते समय पंचम का तार मध्यम में मिला लिया जाय, तो वह राग के रागत्व में और रस की निष्पत्ति में सहायक होगा। वह मध्यम कोमल ऋषभ से सात-श्रुति संवाद करेगा, और कोमल धैवत से षट्श्रुति संवाद करेगा। इस प्रकार मध्यम में मिला हुआ तार उपर्युक्त स्वर-संवाद के कारण राग के माधुर्य और रस को बढ़ाने में प्रबल योग देगा। साथ ही यह भी उल्लेखनीय है कि इस राग में मध्यम पर्याप्त बलवान् स्वर है, इसलिए भी पंचम के स्थान पर मध्यम रखने की बात कही है।

राग—कौंसी कानड़ा

दोहा—ग ध नी स्वर कोमल रहे, आरोहन रिप हानि।
थाट आसावरी मस संवाद, कौंसी कांहरा पहिचान॥

राग-परिचय—कौंसी कानड़ा अथवा कौशिक कानड़ा इसके दो प्रकार हैं, एक काफी थाट से उत्पन्न होने वाला, व दूसरा आसावरी थाट से उत्पन्न होने वाला। काफी थाट से उत्पन्न होने वाले प्रकार में कानड़ा व बागेश्री का अंग होता है और आसावरी थाट से उत्पन्न होने वाले प्रकार में कानड़ा व मालकौंस का अंग होता है। आजकल प्रचार में अधिकतर दूसरा प्रकार ही गाया जाता है। इसीलिए यहां भी दूसरा प्रकार ही दिया गया है। इसके आरोह में किसी मत से ऋषभ, पंचम दुर्बल और किसी मत से आरोह में ऋषभ, पंचम पूर्णतया वर्ज्य मानते हैं। दूसरा मत ही मानना उचित है। कानड़ा अंग दिखाने के लिए अवरोह में गांधार आन्दोलित व वक्र रहता है। इसकी जाति-औडव-संपूर्ण है, वादी मध्यम व संवादी षड्ज है, गान समय-मध्यरात्रि है। इसके न्यास स्वर सा व म हैं। इस राग में अन्य किसी भी राग की छाया नहीं आती है। यह राग अत्यन्त मधुर है, प, ग, म रे सा यह स्वर समुदाय कानड़ा अंग बताता है। इस राग के कुछ गीतों में रे ऩी सा, सा म, म, ग, म प, प, म ग, म ग रे सा, इस प्रकार लिया गया है ऐसा देखा जाता है, जिससे थोड़ा भीमपलासी का आभास होता है। मालकौंस और कानड़ा का अंग इसमें होने के कारण ''म ध नी सां नी ध म'' प, ग, म रे सा इस प्रकार बताना चाहिये, सभी प्रकार ध्यान में रखना अच्छा ही है।

आरोह—ऩी सा, ग म, ध नी सां।

अवरोह—सां, नी ध प म ग रे, मग, म सारे, सा।

मुख्य स्वर समुदाय—म ध नी सां ऩी ध म, प, ग, म रे सा।

विशेषता—(1) कौंसी कान्हड़ा को दो अंगों से गाते हैं—मालकोश और बागेश्री। मालकोंस अंग की कौंसी प्रचार में अधिक है। इसीलिए इसी प्रकार का वर्णन यहां किया जा रहा है।

(2) नाम से ही स्पष्ट है यह कांहड़े का एक प्रकार है। मालकोंस अंग की कौंसी में मालकोंस और कांहड़ा का और बागेश्री अंग की कौंसी में बागेश्री और कांहड़ा का मिश्रण है। प्रथम प्रकार को आसावरी थाट के अन्तर्गत और द्वितीय को काफी थाट के अंतर्गत माना जाता है। कारण, प्रथम प्रकार में ग, ध, नि और द्वितीय प्रकार में ग, नि स्वर कोमल प्रयोग किये जाते हैं। बागेश्री अंग की कौंसी की जाति संपूर्ण मानी जाती है।

(3) इसके उत्तरांग में मालकोंस और पूर्वाङ्ग में कांहड़ा रागांग है।

(4) यह गम्भीर प्रकृति का राग है। इसे तीनों सप्तकों में समान रूप से गाते हैं।

(5) यह ठुमरी का राग नहीं है। इसमें ध्रुपद, धमार, ख्याल तथा तराना गाये जाते हैं।

(6) पूर्वाङ्ग में कांहड़ा होने की वजह से अवरोह में गन्धार वक्र प्रयोग किया जाता है। पंचम भी अवरोह में वक्र प्रयोग किया जाता है।

(7) सा म, ध़ म और प ग़ की संगति बार-बार दिखाई जाती है।

(8) गन्धार दो ढंग से प्रयोग किया जाता है। जब मालकोंस अंग से गंधार लेते हैं तो उसे सीधा प्रयोग करते हैं और जब कांहड़ा अंग से गंधार लेते हैं तो उसे आंदोलित करते हैं। उदाहरण के लिए आलाप देखिए।

आलाप

1– सा, ^सा^नि़ ^सा^नि़ सा, रे सा, रे सा नि़ सा ध़ नि़ सा, नि़ ध़ नि़ ध़ मि़ म़ ध़ नि़ ऽ ध़ ^सा^नि़ सा, ^म^ग ^म^ग म ^सा^रे सा, रेरेसानि़सा ध़ नि़ नि़ सा, सा ^म^ग ऽ म रे सा, सा नि़ ध़ नि़ सा ऽ ग सा।

2– नी़ सा म, म ग, प ^म^ग, म ^सा^रे, सा।

3– सा रे, सा, ^सा^ग ^सा^ग ^सा^ग सा नी़ सा, नी़ ध़ म़, म़ ^नी^ ध़ नी़ सा, ध़ नी़ सा म, ग म, प, म ग रे, ^म^ग म, ^सा^रे, सा।

राग—गुर्जरी तोड़ी

सोरठा— बिनु पंचम शुभ प्रात, रि-ग-ध स्वर विकृत लिए।
मधुर गुर्जरी मात, करूणा रत तोडी कही॥

राग-परिचय—एक समय ऐसा भी था कि गुर्जरी तोड़ी को कुछ गुणीजन 'मृगरंजनी' नाम से सम्बोधित करते थे। कर्णाटक पद्धति में इसे 'शुभपन्तुवराली' कहते हैं। राग-रागनियों के नामों में 'बंगाली' 'सौराष्ट्री' की तरह 'गुर्जरी' शब्द भी स्थान विशेष का परिचायक है। गुर्जर शब्द गुजरात प्रदेश से सम्बन्धित है। जहाँ के निवासी गुजराती या गुर्जर कहलाते हैं। लोकोक्ति है कि गुजरात निवासी मस्त गायक श्री बैजू बावरा की इसी गुर्जरी तोड़ी को सुनकर नादलोभी मृग अपनी सुध-बुध खो बैठते थे।

गुर्जरी तोड़ी में आज हम जो स्वर प्रयोग में लाते हैं तथा गुरूजनों द्वारा जिस प्रकार गुर्जरी की शिक्षा हमें मिलती है इन बातों को देखते हुए उपरिलिखित सोरठे का अंतिम चरण 'करूणारत तोड़ी कही' सर्वथा जान पड़ता है।

पूर्वांग में ऋषभ, तथा उत्तरांग में धैवत का बाहुल्य होने के कारण, कुछ गुणिजन इसे 'सुबह का मारवा' भी कहा करते हैं, किन्तु ऋषभ बलवान होने पर भी गंधार के दीर्घोच्चार के बिना तोड़ी पूर्णतया मुखरित नहीं हो पाएगी। यह सही है कि तोड़ी को बचा देने वाले उस गंधार को ऋषभ के स्पर्श की आवश्यकता सदा ही बनी रहेगी।

आरोह— सा रे ग, मं, ध, नि सां।

अवरोह— सां नि ध, मं ध मं ग, रे ग, रे, सा।

पकड़— नि ध मं ग, रे ग रे सा।

विशेषता—(1) स्वयं नाम से स्पष्ट है कि यह राग तोड़ी का एक प्रकार है।

(2) इसकी रचना के विषय में विद्वानों के दो मत हैं, प्रथम मतानुसार इसकी उत्पत्ति गुजरात में हुई इसलिए इसका नाम गुर्जरी तोड़ी पड़ा। दूसरे मतानुसार ग्वालियर के राजा मानसिंह तोमर की गुर्जरी रानी मृगनयनी ने इस राग की रचना की।

(3) यह एक गम्भीर प्रकृति का राग है। इसकी चलन तीनों सप्तकों में होती है। उत्तरांग प्रधान राग होने के नाते इसकी चलन मध्य और तार सप्तकों में होनी चाहिए, किंतु इसकी चलन तीनों सप्तकों में होती है। कुछ पुरानी बंदिशें उत्तरांग प्रधान ही मिलती हैं।

(4) गुर्जरी तोड़ी और मियां की तोड़ी में स्वर की दृष्टि से केवल पंचम का अन्तर दीख पड़ता है, किन्तु फिर भी दोनों में बहुत अंतर है। इसका ऋषभ, तोड़ी की तुलना में अधिक महत्वपूर्ण है। इसमें गंधार को लेते हुए ऋषभ को बढ़ाते हैं। इसी प्रकार उत्तराङ्ग में निषाद को लेते हुए धैवत को बढ़ाते हैं।

रिषभ और धैवत क्रमशः गंधार और निषाद से अधिक महत्वपूर्ण है। कुछ लोग तोड़ी में केवल पंचम वर्ज्य कर देने से गुर्जरी तोड़ी समझ लेते हैं, किन्तु यह गलत है।

(5) यह एक प्राचीन राग है, किन्तु प्राचीन ग्रन्थों में इसका स्वरूप आज की अपेक्षा बिल्कुल भिन्न मिलता है।

मतभेद—धैवत के वादी माने जाने में कोई मतभेद नहीं है, किंतु ऋषभ के संवादित्य में थोड़ा मतभेद है। कुछ विद्वान गन्धार वादी मानते हैं। इसमें ऋषभ और गन्धार दोनों महत्वपूर्ण हैं, किन्तु दोनों में रिषभ को ही अधिक महत्वपूर्ण स्थान प्राप्त है। दूसरे, इसमें ऋषभ को संवादी मान लेने से यह मियां की तोड़ी से भिन्न हो जायेगा। अतः इसमें ऋषभ को संवादी मानना अधिक उचित है।

न्यास के स्वर—सा, रे, ग और ध।

समप्रकृति राग—मियां की तोड़ी और बहादुरी तोड़ी।

राग—गोरखकल्याण

दोहा— सम संवाद द्वितीय प्रहार, ओडव षाडव मान।
थाट खमाज मानत गुनिजन, गोरख राग बखान॥

राग-परिचय—इस राग को खमाज थाट जन्य माना गया है। निषाद तथा शेष स्वर शुद्ध प्रयोग किये जाते हैं। आरोह में गन्धार और पंचम वर्ज्य तथा अवरोह में केवल गन्धार वर्ज्य होने से इसकी जाति औडव-षाडव है। वादी स्वर षड्ज और संवादी मध्यम है।

आरोह—सा ^{म}रे म, $^{सां}$ध ऽ नि ध सां।

अवरोह—सां ध ^{प}ध नि ध, ^{प}म, रे म रे सा नि़ ऽ ध़ सा।

पकड़—नि ध म, रे म रे सा नि़ ऽ ध़ ऽ सा, रे म।

विशेषता—(1) इसके नाम से ही ज्ञात है कि यह कल्याण का एक प्रकार है, किन्तु स्वरूप में कल्याण से बिल्कुल नहीं मिलता। इसलिए कुछ लोग इसे केवल गोरख के नाम से संबोधित करते हैं। प्रचार में गोरख मात्र से ही लोग इसे समझ लेते हैं।

(2) इसमें दुर्गा और बागेश्री का संयोग है (1) रे म, (2) प ध, और (3) ध प म, स्वर-समूह दुर्गा रागाङ्ग है और (1) म ध नि ध सां, (2) सां नि ध और (3) ^{प}ध नि ध म, स्वर-समूह बागेश्री रागांग हैं। कुछ विद्वानों ने इसमें केदार रागांग भी माना है।

(3) कुछ विद्वानों ने इसे दुर्गा का प्रकार माना है।

(4) इसमें पंचम अति दुर्बल है। आरोह में तो वर्ज्य है और अवरोह में अति अल्प प्रयोग किया जाता है। कुछ विद्वानों ने अवरोह में पंचम की संख्या नहीं जोड़ी है और इसे औडव-षाडव माना है।

(5) यह राग मन्द्र सप्तक में अधिक खिलता है। मन्द्र सप्तक में निषाद पर थोड़ी विश्रांति देना इस राग में बहुत सुन्दर तथा उपयुक्त है। मन्द्र नि पर रुकने से बागेश्री तथा दुर्गा रागों से अलग हो जाता है और गोरख का स्वरूप खिल उठता है।

(6) रे नि़, ध म तथा ध सां स्वर-सङ्गतियों का इस राग में बाहुल्य है।

(7) कुछ विद्वानों ने वादी म और संवादी सा माना है, किन्तु दूसरी ओर गायन-समय रात्रि का दूसरा प्रहर माना गया है। अतः वादी-संवादी की दृष्टि से यह उत्तरांग प्रधान और समय की दृष्टि से पूर्वाङ्ग प्रधान राग होना चाहिए। वास्तविकता यह है कि गोरख पूर्वाङ्ग प्रधान राग है। इसलिए अधिकांश विद्वानों ने सा-म संवाद माना है। म-सा संवादी मानने से इसे चलन और गायन समय नियम का अपवाद मानना होगा।

न्यास के स्वर— सा, म और ध।

समप्रकृति राग— दुर्गा और बागेश्री।

राग—चंद्रकौंस

प्रस्तुत राग चंद्रकौंस के स्वरों को दृष्टिपथ में रखते हुए, इसको प्रचलित दस थाटों मे से किसी भी थाट के अन्तर्गत नहीं रक्खा जा सकता है। क्योंकि गंधार, मध्यम एवम् धैवत कोमल होने के साथ ही साथ शुद्ध निषाद होना, ऐसा किसी भी थाट का लक्षण नहीं है। चूँकि चंद्रकौंस, मालकौंस अंग का राग है और मालकौंस, भैरवी थाट जन्य है, अतः इसको भी भैरवी थाट के अन्तर्गत मानते हैं। राग मालकौंस में केवल कोमल निषाद के स्थान पर शुद्ध निषाद का प्रयोग करने से इस राग का आविर्भाव होता है। इस राग में रिषभ और पंचम वर्जित है, अतः इसकी जाति औडव-औडव है। चंद्रकौंस

राग का वादी स्वर मध्यम और संवादी षड्ज है एवम् गायन समय रात्रि का तृतीय प्रहर है।

प्रस्तुत राग में षड्ज, मध्यम एवम् निषाद न्यास एवम् बहुत्व के स्वर हैं। निषाद पर बार-बार न्यास करने से मालकौंस की छाया मिटती है, साथ ही राग की सुन्दरता में भी वृद्धि होती है। इस राग में कतिपय विद्वान, कभी कदाचित् विवादी स्वर के नाते शुद्ध रिषभ का प्रयोग करते हैं जैसे—ध नी सां गं सां, रें रें सां नि ध म ध नी सां, रें सां ध नी सां गं सां। इसमें किंचित् अडाना राग की छाया आती है, परन्तु रिषभ के प्रयोग के बाद ही मालकौंस अंग का स्वर-समूह लेने से अड़ाना की छाया दूर हो जाती है। प्रस्तुत राग का विस्तार मंद्र, मध्य और तार तीनों सप्तक में अधिक से अधिक किया जाता है। राग चंद्रकौंस में नि़ सा ग, सा ग म ग, सा ग, नि़ सा ग, इस प्रकार गंधार पर न्यास नहीं करना चाहिये अन्यथा राग धानी की छाया आने लगती है।

कुछ विद्वानों का एक वर्ग, काफी थाट जन्य चंद्रकौंस का भी गायन वादन प्रस्तुत करते हैं, जो कि प्रस्तुत भैरवी थाट जन्य चंद्रकौंस से काफी भिन्न है। काफी थाट जन्य चंद्रकौंस में निषाद कोमल एवम् धैवत शुद्ध है। प्रस्तुत बागेश्री राग में ही रिषभ पंचम वर्जित कर देने से काफी जन्य राग चंद्रकौंस की रचना होती है। प्रचार में कुछ थोड़े से गायक वादक ही इसको गाते बजाते हैं। पं. भातखंडे जी की क्रमिक मालिका के छठे भाग में इसी काफी थाट जन्य चंद्रकौंस राग का वर्णन किया गया है। यह एक उत्तरांग प्रधान राग है, इसका समप्रकृति राग मालकौंस है, परन्तु शुद्ध निषाद के प्रयोग से चंद्रकौंस सहज ही में मालकौंस से भिन्न दृष्टव्य होता है।

स्वरों का प्रयोग एवं महत्व—प्रस्तुत राग के आरोह अवरोह में गंधार का बराबर प्रयोग करते हैं परन्तु इस पर न्यास नहीं किया जाता यथा—सा ग म, ग ग सा, सा म की स्वर संगति में गंधार का कभी-कभी लंघन भी हो जाता है। इस प्रकार प्रस्तुत राग में गंधार का अनाभ्यास अल्पत्व स्पष्ट है। मध्यम का प्रस्तुत राग में अंशिक न्यास बहुत्व (वादी स्वर सम्बन्धित) है। वादी स्वर होने के कारण मध्यम का प्रयोग इस राग में स्वतन्त्रता पूर्वक किया जाता है यथा—सा ग म, म ग सा नि़ ध़ नि़ सा ग, म, ध म, ग म, ग सा इत्यादि।

प्रस्तुत राग में धैवत का सम्पूर्ण न्यास बहुत्व है, क्योंकि धैवत पर आरोहात्मक और अवरोहात्मक दोनों ही प्रकार से न्यास किया जाता है जैसे— म, ग ग म ध, सा ग म ग म ध ध, ध नि सां, सा म, ग म ध, ध सां ध नी सां, नी सां ध, गं सां नी सां (सां) ध, म ध नी नी ध, ध नी सां ध, इत्यादि।

प्रस्तुत राग चंद्रकौंस में निषाद का एक महत्वपूर्ण स्थान है। वस्तुतः यदि हम निषाद को इस राग का प्राण कहें तो कोई अत्युक्ति नहीं होगी। क्योंकि मालकौंस में केवल कोमल निषाद के स्थान पर शुद्ध निषाद का प्रयोग कर देने में ही राग चंद्रकौंस की उत्पत्ति होती है। इस प्रकार निषाद को चंद्रकौंस राग की सृष्टि करने वाला स्वर कहना ही अधिक उचित प्रतीत होता है। निषाद पर भी इस राग में सर्वांग न्यास किया जाता है जो कि अत्यधिक कर्णप्रिय प्रतीत होता है। कतिपय गायक निषाद की इस प्रबलता और महत्व के कारण तानपुरे के पंचम वाले तार को बजाय मध्यम में मिलाने के निषाद में ही मिलाकर प्रस्तुत राग का गायन करते हैं। विशेषकर मंद्र सप्तक का निषाद अधिक चमकता है। आरोह में—सा ध़ नि़ नि़, म ध नि़, नि़, सा, ध़ नि़, सा ध़ नि़ नि़, और अवरोह में— म ग सा नि़, ग म ध म, ग म सा नि़ इस प्रकार निषाद पर न्यास किया जाता है। अवरोह में षड्ज से उतरते समय निषाद पर अधिक बल नहीं दिया जाता है। सां ध स्वर संगति के प्रयोग में निषाद का लंघन भी बार-बार दृष्टव्य होता है, सां ध के पश्चात् निषाद पुनः आगे आकर अपना प्रभाव दिखाता रहता है जैसे—सां ध, ध नी इस प्रकार प्रस्तुत राग एक प्रकार से नवीन और सरल दिखाई देता है। अतः यह अत्यधिक लोकप्रिय राग है, प्रचार में अधिक से अधिक गायक वादक इसे गाते-बजाते हैं।

राग—छायानट

दोहा— मृदु निषाद आभरण जब, सजत शुद्ध नट अंग।
छायानट छबि सोहती, 'रिगमप गमरिस' रंग॥

राग-परिचय— शुद्ध नट में कोमल निषाद मिलाने से छायानट का रूप बनता है। नट निश्चित रूप से पूर्वांग में ही बोलता है। यथा— 'गरि ग गम गरि-सा, सा रे गरि ग गम गरि-सा, रेगमप मग-म रे-सा।' इस तान पर तो नट का मानों

एकाधिकार हो गया है। उक्त तान में ही कोमल निषाद को स्थान देने से छायानट की छवि उभर आती है। यथा— 'गरेगममनिधप गरेगमप पगमरेसा' कुछ गुणिजन अल्प मात्रा में तीव्र मध्यम का प्रयोग भी कर लेते हैं। उनके अनुसार 'पधमंप' 'सारेनिसा' के उत्तर के रूप में लिया जा सकता है।

तार-गमन के लिए 'पपसांरेंसां' 'पधपपसां रें सां, 'पधमंपसां— नि रें सां यह स्वर व्यवस्था छायानट के अतिरिक्त, शुद्ध नट, गौड सारंग, केदार, कामोद तथा हमीर जैसे रागों के लिए भी उपयुक्त मानी गयी है। जैसे किसी विशाल भवन में रहने वाले अनेक परिवारों के लिए छत पर जाने का एक ही मार्ग बना रहता है। अधिकतर तार से लौटने के लिए भी अनेक रागों में 'सांरें सांसां या सांरें निसां ध प' यही स्वर समूह लिया जाता है। उपरिलिखित तारगामी 'पपसां रेंसां' आदि की तरह रागों के अवरोही विश्राम के लिए हमारे संगीत में 'गमरेसा' एक बहुमूल्य स्वरावलि है। तीव्र-कोमल अवस्था भेद से तथा यथेष्ट उच्चार भेद से छायानट, शुद्धनट, कामोद, हमीर, रागेश्री, भैरव, जोगी तथा प्रसिद्ध कानड़ा जैसे रागों में उक्त 'गमरेसा' का अत्यन्त महत्वपूर्ण योगदान है। नट के सदृश छायानट में भी प-रे संगति श्रुति-मधुर लगती है।

रे जीवस्वर, पंचम तथा षड्ज न्यास स्वर हैं। आलाप-तान का आरंभ षड्ज, ऋषभ तथा पंचम से किया जाता है। गान समय रात्रि का प्रथम प्रहर है। समप्राकृतिक रराग कामोद है।

यह राग कल्याण थाट से उत्पन्न है इसमें दोनों माध्यमों का प्रयोग व्यवहार में लाया हुआ दिखाई देता है। तीव्र मध्यम लिया जाता है तो केवल आरोह में लेते हैं। शुद्ध मध्यम आरोहावरोह, दोनों में ही लेते हैं। इसका वादी स्वर पंचम संवादी ऋषभ है। कोई-कोई इसका वादी स्वर ऋषभ भी मानते हैं। इसके आरोहावरोह में सातों स्वरों का प्रयोग होने के कारण इसकी जाति सम्पूर्ण-सम्पूर्ण मानी गई है। हमीर और केदार के समान इस राग में गांधार और निषाद स्वर क्रमशः अवरोह व आरोह में वक्र होकर लगते हैं। इस नियम से जलद-तान लेने में गायकों को कुछ असुविधा होती है, किन्तु राग का पुनः आविर्भाव करते समय वे इस नियम को श्रोताओं के सम्मुख रखते हैं। अवरोह में क्वचित् कोमल निषाद का प्रयोग विवादी के नाते किया हुआ दिखाई देता है।

आरोह—सा, रे, ग म प, नि ध, सां।

अवरोह—सां नि ध प, मं प ध प, ग म रे सा।

पकड़—प, रे ग म प, म ग, म रे सा।

राग—जैजैवंती

यह खमाज थाट से उत्पन्न होने वाला राग है। इस राग में दोनों गान्धार और दोनों निषाद लगते हैं। जाति सम्पूर्ण-सम्पूर्ण है। कुछ लोग आरोह में पंचम वर्जित करके गाते हैं और कुछ धैवत। बात यह है कि इस राग को लोग देस और बागेश्री अंग से गाते हैं। देस को हटाने के लिए आरोह में गान्धार को लेकर रे ग म प नि सं जैसी आरोही करते हैं और बागेश्री अंग के गाने वाले शुद्ध गान्धार और शुद्ध निषाद लेकर रे ग म ध नि सं जैसा आरोह करते हैं। अब प्रश्न यह है कि इन दोनों में से किस मत को माना जाए? पुरानी बन्दिशों को देखने पर मालूम होता है कि ध्रुपद शैली के गायक 'परे' की संगति को विशेष रूप से लेते हैं जो आरोही का ही स्वरूप है। अतएव धैवत वर्जित की आरोही अथवा धैवत को वक्र करके गाने से आरोही रखना ही उपयुक्त जंचता है। अवरोही में सं नि ध प म ग रे ऽ की भाँति शुद्ध देस आता ही है। अवरोही के अन्त में केवल दो शुद्ध ऋषभों के मध्य में कोमल गान्धार को रखते हैं। जैसे—रे ग रे स।

इसके अतिरिक्त सदैव आरोही और अवरोही में शुद्ध गान्धार का ही प्रयोग किया जाता है, जैसे— रे ग म ग रे, रे ग म प मग रे, इत्यादि। परे और ध नि रे की संगति राग को स्पष्ट करती है।

कुछ विद्यार्थी तर्क करते हैं कि जब जैजैवन्ती में दोनों गान्धार व दोनों निषाद लगते हैं तब इसे काफी थाट से उत्पन्न क्यों नहीं माना जाता? स्थूल दृष्टि से उनका यह तर्क उचित ही है; परन्तु यदि तनिक सूक्ष्म दृष्टि से देखें तो यह रहस्य स्पष्ट हो जाता है। काफी थाट में कोमल गान्धार और कोमल निषाद हैं, जबकि काफी राग में (थाट में नहीं) दोनों गान्धार और दोनों निषाद हैं। अतः जिस राग में शुद्ध गान्धार प्रधान होता है, उसे खमाज थाट से ही माना जाएगा।

अब यदि जैजैवन्ती के कोमल गान्धार को प्रधानता दी

जाए तो इसका स्वरूप ध़ नि ग रे, म ग ग रे, ग म ग रे, नि, स म ग ग रे इत्यादि होगा जो जैजैवन्ती न होकर नीलाम्बरी राग होगा। यदि इन्हीं स्वरों में जब भी 'रे' पर आयें तभी शुद्ध गान्धार को छूकर आयें तो यही स्वर समुदाय एकदम जैजैवन्ती के हो जायेंगे। फिर, जैजैवन्ती में सदैव आरोह या अवरोह में शुद्ध गान्धार ही प्रयुक्त किया जाता है; जैसे— रे ग म ग रे, रेगमप मगरे, रे गमपध निधप म ग रे, इत्यादि। जब आलाप या तान को समाप्त करके षड्ज पर आते हैं, उस समय कोमल गान्धार दो ऋषभों के बीच में जैसे रे ग रे की भाँति केवल अन्त में प्रयुक्त होता है। इसलिए जैजैवन्ती के ऋषभ पर सदैव शुद्ध गान्धार का कण देते रहते हैं। इस कारण से यह राग खमाज थाट का जन्य राग है। वादी स्वर ऋषभ और संवादी पंचम है। गायन समय रात्रि का द्वितीय प्रहर है। समप्राकृतिक राग बिलावल, सोरठ हैं।

आरोही—स रे ग म प नि सां।

अवरोही—सं नि ध प म ग रे, रे ग रे स।

मुख्यांग—रे ग रे स, ध ^ग^नि रे है।

राग—जोगकौंस

प्रस्तुत राग जोगकौंस एक नवीन राग है। आधुनिक राग जोग और चन्द्रकौंस के मिश्रण से इसकी उत्पत्ति हुई है। इस राग में दोनों गन्धार एवम् दोनों निषाद, कोमल धैवत और शुद्ध मध्यम प्रयोग होता है। ऋषभ वर्जित होने के कारण इसकी जाति षाडव-षाडव है। जोगकौंस का गायन समय रात्रि का तृतीय प्रहर है। यद्यपि इस राग के स्वरों को दृष्टिपथ में रखने से यह ज्ञात होता है कि ऐसा राग प्रचलित दस थाटों में से यह किसी भी थाट के अन्तर्गत नहीं आ सकता, परन्तु सुविधा की दृष्टि से मिश्र रागों के थाट का निश्चय राग के प्रबल अंग को देखकर करना चाहिए। चूंकि यह चन्द्रकौंस अंग का राग है और चन्द्रकौंस राग भैरवी थाट के अन्तर्गत माना जाता है, अत: जोगकौंस को भी भैरवी थाट के अन्तर्गत मान लेना ही श्रेयस्कर है।

राग जोगकौंस में वादी मध्यम और सम्वादी षड्ज सर्वमान्य है। प्रस्तुत राग में सा ग, ग, प ग, ग म ग सा यह स्वर-समूह राग जोग का है तथा म ध, नी सां, नी सां गं सां यह चन्द्रकौंस का स्वर है। इन दोनों रागों के स्वरों का परस्पर मिश्रण करने से राग जोगकौंस का आविर्भाव होता है। प्रस्तुत राग का साधारण स्वरूप इस प्रकार है— सा, ध़ नि़ सा ग सा, ध़ नि़ सा ग, ग म प म ग, म ग सा, ग सा, प ध नि ध प म, प म ग ग म, सा ग सा, ध़ नि़ सा ग म। कभी-कभी दोनों गन्धार म ग ग सा इस प्रकार एक साथ भी प्रयुक्त होते हैं जिससे राग का यह नवीन स्वरूप कुछ विचित्र सा प्रतीत होता है। कुछ विद्वान प्रस्तुत राग को कौंसी के नाम से संबोधित करते हैं, परन्तु इस राग में रागों के मिश्रण को दृष्टिपथ में रखते हुए इसको जोगकौंस की संज्ञा देना ही अधिक उचित प्रतीत होता है। चूंकि चन्द्रकौंस में जोग राग का मिश्रण करके प्रस्तुत राग की रचना की गई है और चन्द्रकौंस मालकौंस अंग का राग है, इस जोगकौंस को भी मालकौंस अंग का राग मानना चाहिए। परन्तु इसमें कोमल निषाद का प्रयोग न तो मालकौंस अंग से ही होता है और न तो जोग अंग से ही होता है उदाहरणार्थ— ध़ नि़ सा, व ग नि़ सा, यह मालकौंस अंग का निषाद है और सां नि प, प नि प म, ग म ग सा, यह जोग अंग के कोमल निषाद का प्रयोग है। कोमल निषाद का यह प्रयोग जोगकौंस में बिल्कुल ही नहीं होता। इसके विपरीत जोगकौंस में कोमल निषाद का प्रयोग अत्यन्त अल्प है और एक विशिष्ट ढंग से होता है यथा—ध नि ध प म, इस प्रकार कोमल निषाद लगाने के अतिरिक्त नि ध म, स्वर संगति का प्रयोग कभी नहीं करते हैं। जब इस राग में चन्द्रकौंस प्रबल होने लगता है जैसे— म ध नी सां, ध नी सां, ध नी सां तब ध नि ध प म, प म ग, ग ^रे^म, इस प्रकार धैवत के आगे-पीछे कोमल निषाद और पंचम का प्रयोग करके चन्द्रकौंस को ढक दिया जाता है। जब सा ग ^रे^ग म, प म ग, म ग सा, नि़ सा ग, म ग म सा ग सा इस प्रकार राग जोग का अंग अधिक दिखने लगता है तो ध़ नि़ सा ग सा। इस प्रकार चन्द्रकौंस राग समक्ष लाकर जोग अंग के प्रभाव को दूर किया जाता है।

प्रस्तुत राग में मुख्यत: षड्ज और मध्यम पर न्यास किया जाता है, इसके अतिरिक्त धैवत पर भी न्यास करने से इस राग के सौन्दर्य की वृद्धि होती है। उत्तरांग प्रधान राग होने के कारण विस्तार भी अधिकतर मध्य और तार सप्तक में होता

है। जोगकौंस का समप्रकृति राग कहने के लिए कोई भी राग नहीं है, अत: इसका स्वरूप सभी रागों से भिन्न तथा स्वतन्त्र है। राग चन्द्रकौंस और जोग जो कि प्रस्तुत राग के जनक हैं वे भी अपने-अपने नियम के कारण एक दूसरे के प्रभाव को दूर करते रहते हैं। दोनों गंधार तथा पंचम के प्रयोग करने से राग चन्द्रकौंस, शुद्ध निषाद प्रबल तथा कोमल धैवत के प्रयोग से राग जोग का प्रभुत्व नष्ट होता रहता है।

राग जोगकौंस के स्वरों का प्रयोग तथा महत्व

प्रस्तुत राग में कोमल ग का प्रयोग अवरोह में होता है। साथ ही इसका अनाभ्यास और लंघन अल्पत्व भी है। जब म ग सा इस प्रकार गाते हैं तो मध्यम के बाद गंधार को दीर्घ न करके षड्ज पर आते हैं, इस प्रकार के प्रयोग को अनाभ्यास अल्पत्व कहेंगे। साथ ही जब--प म ग म, सा ग सा इस तरह से मध्यम से षड्ज पर आकर फिर कोमल गंधार को लगाते हैं तो इस प्रयोग को वक्र तथा लंघन अल्पत्व कहेंगे।

शुद्ध गंधार इस राग के आरोह का स्वर है। आरोह में इसका दीर्घ बहुत्व है क्योंकि सा, ध़ ऩि सा ग, ग म, प म ग, ग म इस प्रकार गंधार पर न्यास तो नहीं होता, परन्तु बार-बार गंधार पर दीर्घ प्रयोग इसके प्राण स्वर मध्यम को सजाता है।

मध्यम का प्रस्तुत राग में सम्पूर्ण न्यास बहुत्व होने के साथ ही साथ आंशिक न्यास बहुत्व भी है। मालकौंस और चन्द्रकौंस की ही भाँति इस राग में जैसे— सा ग ग म, ध नि सा ग सा, ग सा, ग म तथा तार षड्ज से उतरने में यथा— सां नी ध ^{म}प म, ध नी सां, सां नी ध ^{म}प ऽ ध नि ध प म, इस प्रकार उत्तरांग पूर्वांग के सभी आलाप में मध्यम का प्राबल्य है। प्रस्तुत राग के आरोह-अवरोह दोनों ही में पंचम स्वर का अनाभ्यास तथा लंघन दोनों ही प्रकार का अल्पत्व है। ग म, प ध नि ध प म, इस प्रकार पंचम का प्रयोग होता तो है परन्तु अभ्यास न होने के कारण दुर्बल रहता है अत: पंचम का यह प्रयोग अनाभ्यास अल्पत्व का स्थान ग्रहण कर लेता है। ग म ध नी सां इस प्रकार आरोह करने से पंचम का आरोह में लंघन अल्पत्व हो जाता है अवरोह में जब सां, नी ध प म, व ध नि ध प म, स्वर-समूह का प्रयोग करते हैं तो लंघन अल्पत्व हो जाता है। यहाँ पंचम के प्रयोग में उल्लेखनीय तथ्य यह है कि अवरोह में स्थान-स्थान पर पंचम में मध्यम का कण लगाना जैसे— ध ^{म}प म, तथा कभी-कभी कोमल निषाद प्रयोग के पहले सां नि ध ^{म}प, ध नि ध प म, इस प्रकार पंचम को दीर्घ करने से राग की शोभा बढ़ती है।

जोगकौंस में धैवत पर अधिक न्यास करने से चन्द्रकौंस की छाया द्वारा तिरोभाव उत्पन्न हो जाता है यथा— ध नी सां, $^{नी}$ध, नी सां गं सां नी ध, म ध नी ध, परन्तु इसके आगे प म स्वरों को जोड़ने से राग जोगकौंस का आविर्भाव होता है। इसके अतिरिक्त ध नी सां, गं मं गं सां इस प्रकार तार सप्तक में शुद्ध गंधार को जोड़ने से मूल राग की उत्पत्ति हो जाती है। धैवत का प्रस्तुत राग के आरोह में दीर्घ बहुत्व तथा अवरोह में न्यास बहुत्व है। आरोह में — ग म ध ध प म, ध ऽ नी सां इस प्रकार धैवत का दीर्घ बहुत्व और सां नी ध, प म ग म ध नी सां ध नी सां मं ऽ मं गं सां नी सां ध इस प्रकार अवरोह में धैवत का अभ्यास या न्यास बहुत्व है। कोमल निषाद का इस राग में अत्यन्त अल्प तथा एक विशिष्ट ढंग से प्रयोग होता है। यह प्रयोग न तो मालकौंस अंग का है और न जोग अंग का ही है यथा— सां नी सां ध, ^{म}प ध नि ध प म। इस प्रकार राग के अवरोह में इस स्वर का अल्पत्व दृष्टिगोचर होता है।

शुद्ध निषाद का आरोह में अभ्यास बहुत्व है जैसे— ग म ध नी, ध प म, ध नी नी, ध नि ध प म, ध नी सां सां गं सां, नी ध प म, ध नी नी सां। निषाद के इस प्रयोग से चन्द्रकौंस के प्रभाव को दूर करने के लिए पंचम एवम् तार और मध्य सप्तक के शुद्ध गंधार को प्रत्येक आलाप में साथ-साथ रक्खा जाता है। अवरोह में निषाद का लंघन और अनाभ्यास दोनों ही प्रकार का अल्पत्व है— सां नी ध इस प्रकार उतरते समय निषाद पर नहीं रूकते हैं, झुकाव धैवत की ओर होता है, जिससे स्वाभाविक रूप से ही निषाद का अवरोह में अनाभ्यास अल्पत्व हो जाता है और अवरोह में निषाद के स्पर्शिक प्रयोग से इसका लंघन अल्पत्व भी हो जाता है यथा—सां नी सां गं सां नी सां, $^{नी}$ध प म, नी सां $^{नी}$ध म, इत्यादि। दो नये रागों का यह सम्मिश्रण अत्यधिक श्रुति मधुर होने के साथ ही साथ अधिक लोकप्रिय भी है।

आरोह—सा ग म, प ध प म, ध नि सां।

अवरोह—सां नी ध, प ध नि ध प म, ग म ग सा।

मुख्य स्वर— ध़ ऩि सा ग म, प ध नि ध प म, ग म ग सा।

राग—तिलंग

राग तिलंग खमाज थाट से उत्पन्न होता है। इसमें दोनों निषाद तथा अन्य स्वर शुद्ध हैं। ऋषभ व धैवत वर्जित होने के कारण इसकी जाति औडव-औडव है। जो लोग इसमें ऋषभ प्रयोग करते हैं उनके अनुसार इसकी जाति औडव-षाडव है। चूँकि इस राग में ठुमरी, भजन और टप्पा इत्यादि का ही गायन अधिक होता है इस कारण स्वर संबंधी मतभेद होना स्वाभाविक है। इसमें गन्धार वादी और निषाद सम्वादी है। गायन समय रात्रि का द्वितीय प्रहर है। स्वरूप इस प्रकार है, यथा— ग म प नि प ग म ग, ग म प नि सां, सां नि प ग म ग, म ग सा। खमाज राग में रिषभ-धैवत स्वरों को वर्जित करने से इस राग की उत्पत्ति होती है। इस राग में ऩि सा ग म प ग म ग, सा स्वर समूह से बिहाग की छाया दिखती है परन्तु ग म प नि प ग म ग, इस भाँति कोमल निषाद के प्रयोग से बिहाग की शंका दूर हो जाती है। उत्तरांग में म प नि सां इस प्रकार मध्यम से बार-बार उठान करने पर सारंग का भास होता है, इस हेतु इसके उत्तरांग का उठान गन्धार से करना चाहिये यथा— ग म प नि प नि सां इत्यादि। इसमें रिषभ का अल्प प्रयोग अवरोह में वह भी तार सप्तक में किया जाता है यथा ग म प नि प नि सां, नि सां रें सां नि प ग म ग, प नि सां गं रें सां नि प म ग, इत्यादि। प्रस्तुत राग में मुख्य रूप से षड्ज, गन्धार पंचम और निषाद न्यास बहुत्व के स्वर हैं, मध्यम का प ग संगति में लंघन और नि प म ग सा ग म प इस प्रयोग में अनाभ्यास अल्पत्व है। कभी-कभी राग विस्तार में इसका दीर्घ बहुत्व भी दृष्टिगोचर होता है। कोमल निषाद का केवल अवरोह में प्रयोग तथा अनाभ्यास अल्पत्व है। शुद्ध निषाद सम्वादी स्वर होने के कारण न्यास युक्त तथा आरोह में अलंघन बहुत्व का स्थान ग्रहण किये हुये है। इस प्रकार यह एक साधारण व चंचल प्रकृति का राग होने पर भी श्रुति मधुर होने के कारण प्रचार में अधिक से अधिक गाया-बजाया जाता है खास करके ठुमरी तथा भजन इत्यादि इस राग में बहुत ही सुन्दर लगते हैं।

आरोह—सा ग, म प नि, सां।

अवरोह—सां नि प म ग, सा।

अथवा

अवरोह—सां नि प म ग रे सा।

मुख्य स्वर समूह—नि प ग म ग।

राग—देवगिरी बिलावल

दोहा— जबहि बिलावल मेल उतरत धग नहिं लाग।
स-प वादी-संवादि तें कहत देवगिरि राग॥

राग-परिचय—देवगिरी बिलावल, बिलावल ठाठ से उत्पन्न होने वाला बिलावल का एक भेद है। इस राग में भी कल्याण का अंग है। इसका वादी स्वर षड्ज है कोई धैवत को वादी मानते हैं। अवरोह में ध और ग स्वर दुर्बल हैं। बिलावल के सभी भेदों के रागांग अवरोह में व्यक्त होते हैं। ऐसा होना उचित भी है, क्योंकि बिलावल के समस्त भेद दिनगेय हैं। जिस तरह रात्रिगेय रागों का अंग आरोह में व्यक्त होता है, उसी तरह दिनगेय राग अवरोह में स्पष्टता प्राप्त करते हैं। कहीं पर देवगिरी को सम्पूर्ण मानकर गाने का प्रचार भी है। कई जगह म-नि वर्जित औडुव देवगिरी नामक एक भेद भी प्रचलित है। इसका विस्तार मन्द्र और मध्य स्थानों में बड़ी सुन्दरता से होता है। कुछ लोग इस राग में कवचित् तीव्र मध्यम का स्वल्प प्रयोग भी करते हैं, यद्यपि ऐसा प्रयोग करने पर 'यमनी' राग आगे आ जाएगा। देवगिरी बिलावल का ही एक भेद है अतः इसके आरोह में धैवत की संगति में कोमल नि का स्पर्श अच्छा दिखाई पड़ता है।

उठाव

ऩिसा, ध़ऩिध़सा, रेग, मग, प, म ग, गरे, सा।

चलन

सा, ध़ ऩि ध़, सा, रे ग, गग, ग रे, सा, सा ग, प, धनिप, मग, मरे, सा।

इस राग में सब स्वर शुद्ध लगते हैं। आरोह में मध्यम वर्ज्य है। जाति षाड्व-सम्पूर्ण और गायन समय दिन का पहला प्रहर है।

राग का मुख्य अंग—ग म ग रे, ऩि रे नि, रे ग म ग रेग रे सा ऩि ध़ प़, पसा।

आरोह—सा गरे ग पप, निध नि सां।

अवरोह—सां नि ध प म ग रे, रेऩि रे ऩि, रे ग म ग रेग रे सा।

विशेष—देवगिरी राग बिलावल का एक प्रकार है। इसे देवगिरी बिलावल भी कहते हैं। "ग रे ऩि रे सा, ऩि रे ग ग; नि ध नि सां निसां रें गं रे नि सां"— इस तरह के जो स्वर समूह देवगिरी में लिये जाते हैं उनसे कल्याण का भास होता है। इसी प्रकार निम्न स्वरों से आरोह या अवरोह में बिलावल का अंग दिखाकर "म म ग रे ग म ग रे, पग प म ग रे, अंत में "ऩि रे ऩि ग ग रे ऩि सा" यह स्वर समूह लेकर आलाप को समाप्त करना चाहिये। ऐसा करने से बिलावल से देवगिरी अलग दीख पड़ता है।

गाते समय यह ध्यान रखना चाहिए कि तीव्र मध्यम बिल्कुल भी न लगे क्योंकि ऐसा करने से राग का स्वरूप बिगड़कर यमनी-बिलावल हो जायेगा। इस राग का प्रस्तार मंद्र और मध्य सप्तक में अधिक होता है। धैवत और पंचम इन स्वरों पर कण स्वर से विवादी स्वर के नाते कोमल निषाद की आंस ली जाती है। जैसे— निध, निध निप।

विशेषता—(1) इस राग में शुद्ध कल्याण और बिलावल का सुन्दर योग है, किन्तु इस विषय पर कई अन्य मत भी हैं। कुछ कल्याण बिलावल, कुछ देशकार और बिलावल कुछ विद्वान इस राग में बिहाग और कल्याण का मेल मानते हैं। इन सभी मतों में प्रथम मत जिसमें शुद्ध कल्याण और बिलावल का मेल माना गया है, अधिक न्यायसंगत प्रतीत होता है। पं. विनायक राव पटवर्धन ने राग विज्ञान के चतुर्थ भाग में इसे कल्याण और बिलावल का योग माना है।

(2) कुछ विद्वान इसमें तीव्र मध्यम का अल्प प्रयोग करते हैं और इसे कल्याण थाट का राग मानते हैं। तीव्र मध्यम का प्रयोग न करना ही अच्छा है, नहीं तो यह समप्रकृति राग यमनी बिलावल के बहुत समीप हो जायेगा। दूसरे, तीव्र मध्यम के प्रयोग न करने से इसका रूप तनिक भी बिगड़ता नहीं है। थोड़ी देर के लिए अगर इसमें तीव्र मध्यम का अल्प प्रयोग मान भी लें तो इसे कल्याण थाट का राग नहीं माना जा सकता, क्योंकि इसमें शुद्ध मध्यम का स्थान तीव्र की अपेक्षा बहुत महत्वपूर्ण है।

(3) कुछ विद्वान इस राग की जाति सम्पूर्ण औडव मानते हैं। आरोह में तो सातों स्वर और अवरोह में ध ग वर्ज्य मानते हैं। अगर अवरोह औडव जाति का माना जाय तो आरोह भी औडव जाति का होगा, क्योंकि आरोह में जो स्थिति मध्यम और निषाद की है ठीक वही स्थिति आरोह में गन्धार और धैवत की है। आरोह में अधिकतर ग म रे ग प तथा प ध नि ध सां प्रयोग करते हैं।

(4) समय की दृष्टि से यह राग उत्तरकालीन है, किन्तु इसकी चलन पूर्वांग ग प्रधान है। मन्द्र और मध्य स्वरों में इसकी चलन बहुत सुन्दर लगती है। शुद्ध कल्याण की भी यही विशेषता है। आरोह में म और नि के अल्पत्व से इसमें शुद्ध कल्याण और बिलावल का योग और भी सिद्ध होता है।

(5) आरोहात्मक स्वरों में निषाद की उपेक्षा करके धैवत से तार सां पर जाते हैं जैसे—प, ध नि ध सां। न्यास के स्वर—ग, प समप्राकृतिक राग—यमनी-बिलावल

यमनी-बिलावल के स्वर—प म प, ग म ग रे ग, रे (स) ऩि ध ऩि रे ग।

देवगिरी बिलावल—प, म ग म रे ग, रे सा ऩि ध़ प़ ग ऽ रे सा।

राग-देसी

प्रसिद्ध राग देसी का प्रचार विविध रूप से दिखाई पड़ता है। ध्रुपद गायन के समय में लोग केवल धैवत युक्त आसावरी थाट का देसी गाते थे। अल्लादियाखाँजी की शिष्या प्रसिद्ध गायिका स्व. केसरीबाई देसी को केवल कोमल धैवत से ही गाती थीं।

प्रचार में यह राग अनेक प्रकार से गाया जाता है। कुछ लोग भैरवी थाट से भी इसको गाते हैं। अर्थात् सभी स्वर इसमें भैरवी के ही प्रयुक्त होते हैं। केवल चलन में सां, प ध म प, सां की संगति प्रयोग करते रहते हैं। भैरवी थाट को संस्कृत में हनुमत तोड़ी कहने के कारण गुणिजन इसे देसी तोड़ी कहते थे, परन्तु भैरवी थाट के देसी में और आज के

देसी में बहुत अन्तर हो गया है। जौनपुरी, गंधारी, देशी राग को देसी तोड़ी, जौनपुरी तोड़ी, गंधारी तोड़ी कहने का रिवाज इसलिये था कि इन रागों में कुछ विद्वान दोनों ऋषभ का प्रयोग करके तोड़ी अंग उत्पन्न करके इन रागों को तोड़ी अंग का राग कहते थे। जैसे— म प ध म प, ग रे, प ग, रे सा अथवा रे ग रे सा।

आज के देसी में कुछ लोग दोनों धैवत, कुछ लोग केवल कोमल धैवत और कुछ लोग केवल शुद्ध धैवत से गाते हैं उसमें भी भेद है। कुछ लोग कोमल धैवत अधिक लगाकर शुद्ध धैवत कम लगाते हैं। कुछ लोग शुद्ध धैवत अधिक लगाकर कोमल धैवत कम लगाते हैं। इन सभी प्रकारों में ग नि कोमल, रिषभ मध्यम शुद्ध है। इन सभी प्रकारों में जिनमें धैवत कोमल लगता है अथवा दोनों धैवत लगते हैं इसे गुणिजन आसावरी थाट के अन्तर्गत मानते हैं। परन्तु जो केवल शुद्ध धैवत में गाया-बजाया जाता है उसे काफी थाट के अन्तर्गत मानते हैं।

परन्तु दोनों प्रकार की विशेषता या स्वर-संगतियाँ या चलन एक सी है जैसे— रे ग, सा रे नि सा, रे प ग रे, प ग ऽ रे ग, सा रे नि सा, रे म प, ध म प, सां, सां प, ध म प, प ग रे ग, सा रे नि सा, म प नि सां, प नि सां रें सां, सां प ध म प, प ग ऽ रे, रे ग, रे प ग ऽ रे, सा रे नि सा, इत्यादि चलन दोनों प्रकार में एक से हैं। केवल दोनों धैवत के देसी में जब कोमल धैवत लगाया जाता है तब शुद्ध धैवत के ही ध म प स्वर-समूहों में धैवत कोमल करते हैं जैसे— सां प ध म प। निषाद के सम्बन्ध में भी मतभेद है। कुछ लोग केवल शुद्ध निषाद और कुछ लोग केवल कोमल निषाद तथा कुछ लोग दोनों निषादों का प्रयोग करते हैं। इसका कारण है कि जो लोग काफी थाट के अन्तर्गत मानकर एक धैवत का प्रयोग करते हैं वे दोनों निषादों का प्रयोग करते हैं। इस प्रकार में भी कुछ लोग केवल कोमल निषादका प्रयोग करते हैं।

दोनों प्रकार के देशी में कुछ लोग दोनों निषाद का और कुछ लोग एक निषाद का प्रयोग करते हैं, परन्तु वास्तविकता यह है कि ये दोनों ही निषाद कोमल हैं। दूसरा निषाद कोमल निषाद से कुछ चढ़ा हुआ तथा शुद्ध निषाद से कुछ उतरा हुआ है।

इस राग का वक्र स्वरूप ही राग की मुख्य विशेषता है। इस कारण राग में अनेक स्वर-संगतियाँ प्रयुक्त होती हैं। जैसे— रे प ग रे, तथा प रे ग सा रे नि सा, इसके अतिरिक्त प मग रे या सां प ध म प, म प सां इत्यादि स्वर संगतियाँ राग में प्रयुक्त होती हैं। राग का स्वरूप ही इस प्रकार वक्र है जिसमें अनेक प्रकार की स्वर संगतियाँ बनती हैं। जैसे— रे ग, सा रे नि सा, रे प ग रे, रे म प ध म प, रे ग सा रे नि सा, म प सां, प ध म प म प नि सां, रें नि सां, सां प ध म, प रे ग सा रे नि सा, रे म प सां, (प) प ग रे, ग सा रे नि सा।

प्रचार में यह राग दिन के द्वितीय प्रहर में गाया जाता है। आरोह में गंधार, धैवत और अवरोह में निषाद वर्जित होने के कारण इसकी जाति वक्र ओडव-षाडव है। वादी पंचम तथा संवादी रिषभ है तथा उत्तरांग प्रधान है। राग के मिश्रण के सम्बन्ध में यह है कि काफी थाट (शुद्ध धैवत) के देशी में सूक्ष्म दृष्टि से देखने पर आरोह में सारंग और अवरोह में काफी का और कोमल धैवत के प्रयोग में आसावरी का मिश्रण दिखता है यथा— सा रे म प म प नि सां स्वर समूह से सारंग और सां प ध म प ग रे, तथा रे प ग रे इन स्वर-समूह इत्यादि से काफी और ध म प ग, स्वर-समूह से आसावरी का मिश्रण दिखता है।

कोमल धैवत के प्रयोग से जो आसावरी जौनपुरी का अंग दिखलाई पड़ता है वह शुद्ध धैवत या रे प, मग रे अथवा रे ग सा रे नि सा स्वर समूह के प्रयोग के कारण आसावरी जौनपुरी का आभास मिटता रहता है। इसके अतिरिक्त देशी राग का रिषभ, काफी अंग का रिषभ है इसलिए जौनपुरी, आसावरी अंग को ढकने के लिए रिषभ की पूर्ण मदद मिलती रहती है। सां प ध म प स्वर समूह में राग तिलक कामोद का आभास होता है परन्तु कोमल गंधार के प्रयोग से यह शंका दूर हो जाती है। रे म प, म प नि प नि सां इत्यादि स्वर समूह से कुछ सारंग अंग का आभास होता है परन्तु धैवत शुद्ध एवम् कोमल गंधार का प्रयोग इस आभास के नष्ट करता रहता है। गंधारी में दोनों रिषभ, देवगंधार में दोनों गंधार इसके अतिरिक्त दोनों रागों में कोमल धैवत, आसावरी और जौनपुरी अंग के प्रयोग के कारण देशी इन रागों से भिन्न रहता है।

आविर्भाव-तिरोभाव

तिलक कामोद द्वारा तिरोभाव

देशी राग की मूल प्रतिष्ठा—रे ग सा रे नि़ सा, रे म प नि सां।

तिलक कामोद द्वारा तिरोभाव—सां प ध म, म प नि सां।

देशी द्वारा आविर्भाव—रें गं सां रें नि सां।

काफी द्वारा तिरोभाव

मूल राग की प्रतिष्ठा—प ध म प, रे ग सा रे नि़ सा।

काफी द्वारा तिरोभाव—प^{म} (ग) रे, रे म प ध म प, म प^{ग} (ग) रे।

देशी द्वारा आविर्भाव—रे ग स रे नि़ सा।

स्वरों का प्रयोग तथा महत्व

सर्वश्रेष्ठ स्वर षड्ज के अतिरिक्त रिषभ का प्रस्तुत राग में न्यास बहुत्व का स्थान है क्योंकि इस स्वर को आरोहावरोह में कभी भी छोड़ते नहीं हैं यथा— रे म प रे ग रे नि़ सा तथा रे प ग रे, म प रे ग रे सा रे नि़ सा, व ^{ग}रे ग सा रे नि़ सा इत्यादि। राग का संवादी स्वर होने के कारण यह न्यासयुक्त है परंतु आरोह में अलंघन बहुत्व और अवरोह में न्यास बहुत्व है।

गंधार का इस राग में अनाभ्यास अल्पत्व का स्थान है क्योंकि राग विस्तार में कभी भी इस स्वर पर अभ्यास नहीं किया जाता है यथा— प ग रे, ध म प ग रे, इत्यादि अवरोह का रिषभ न्यास युक्त प्रभावशाली स्वर होने के कारण गंधार स्वर उसके प्रभाव में आ जाता है परन्तु प ग ऽ रे, इस प्रकार की स्वर संगति में इसका दीर्घ बहुत्व का स्थान अवश्य दृष्टिगोचर होता है। मध्यम स्वर का रे म प तथा द्रुत तान में प ध प म रे ग रे सा नि़ सा, स्वर समूह प्रयोग में अनभ्यास तथा रे प, व प ग रे, स्वर संगति में लंघन अल्पत्व का ही स्थान निश्चित है।

पंचम वादी स्वर के अतिरिक्त राग का सम्पूर्ण न्यास बहुत्व का भी स्वर है क्योंकि आरोहावरोह दोनों ही क्रम में इस पर न्यास किया जाता है। यथा— रे म प, प ग ऽ रे, रे म प, ध म प, प सां प, रें नि सां प इत्यादि। धैवत आरोह में वर्जित तथा अवरोह में भी प्रभावहीन है अर्थात् सां प, स्वर संगति में लंघन व कभी कदाचित सां $^{नि}$ध प तथा नि ध प प्रयोग में अनाभ्यास अल्पत्व युक्त है कोमल धैवत का सां प ध म प इस प्रकार राग विस्तार में अल्प प्रयोग होता है।

कोमल निषाद केवल आरोह में प्रयोग होता है और प सां की संगति में लंघन तथा म प नि सां के प्रयोग में अनाभ्यास अल्पत्व युक्त है। इस प्रकार यह वक्र युक्त होने पर भी गम्भीर तथा शांत रस से युक्त तथा प्रचार का अत्यन्त लोकप्रिय राग है।

आरोह— सा रे म प, ध म प नि सां।

अवरोह— सां प ध म प ग रे, ग सा रे नि़ सा।

मुख्य स्वर समूह— प ग ऽ रे ग सा रे नि़ सा।

राग—देशकार

दोहा— "थाट बिलावल में जबै, म-नि को दिये निकार।

ध-ग वादी-संवादि तें, औडव देसीकार॥"

(रागचंद्रिकासार)

इस राग का थाट बिलावल है। वादी धैवत तथा संवादी गंधार है। जाति औडव-औडव है। इसका गायन समय दिन का प्रथम प्रहर है। इस राग में कुछ लोग अवरोह में क्वचित् निषाद का प्रयोग करते हैं। इस राग के आरोहावरोह में वे ही स्वर प्रयुक्त होते हैं, जो भूपाली राग में लगाये जाते हैं, परन्तु भूपाली का चलन (स्वर-विस्तार करने का ढंग) आश्रय राग यमन की शैली से होता है, अतः भूपाली कल्याण-थाट का राग माना जाता है; परन्तु देशकार का चलन आश्रय-राग बिलावल की शैली पर अवलम्बित है, अतः देशकार को बिलावल-थाट का जन्य राग माना जाता है। देशकार वस्तुतः प्रातः काल की भूपाली ही है। दिन और रात्रि के अनेक रागों में इसी प्रकार मूर्ति-प्रतिमूर्ति भाव पाया जाता है।

कुछ संस्कृत ग्रन्थकारों ने देशकार को सन्ध्या समय का राग माना है, परन्तु कुछ अन्य संस्कृत ग्रन्थों ने इसे दोपहर का राग भी कहा है। यद्यपि आजकल यह सर्वसम्मति से प्रातर्गेय राग माना जाता है। धैवत स्वर पर देशकार का स्वरूप निर्भर

है। यदि कुशलतापूर्वक समुचित रीति से धैवत न दिखाया गया, तो भूपाली राग की छाया दिखाई दे सकती है। 'सां, ध प, पग प ध, ध, प, ग रे सा, ध प,' इन स्वरों को सावकाश गाते ही देशकार दिखाई देने लगता है, परन्तु भूपाली राग का नाद-स्वरूप 'ग, रे सा, सा रे ग, ध प ग, रे ग रे, सा' इत्यादि स्वरों पर निर्भर है। उपर्युक्त दोनों स्वर-समुदायों को बारम्बार गाकर यह देखना चाहिए कि इनके गाने से किस प्रकार दो भिन्न-भिन्न राग-स्वरूप बन जाते हैं। बार-बार ऐसा करने से भूपाली और देशकार का पारस्परिक अन्तर भलीभाँति समझ में आ जायेगा। देशकार का स्थूल नाद-स्वरूप यह है— सां ऽ ऽ ध ऽ ध ऽ प, ग प ध प, ग रे सा, सा रे ग प, ध ध, ग प ध ध प, ग रे सा, सा ऽ ध़ ध़ सा, रे ग, प ऽ ऽ ग प ध ऽ प, सा रे ग प, ध ऽ प, ग प ध प ग रे सा, सा रे ग, रे ग प, ग प ध ऽ ध प, ग प ध प ग ऽ रे सा, ग प ध प ध ऽ प।

उत्तरांग प्रधान, प्रात: कालीन तथा गम्भीर प्रकृति का राग होने से देशकार में पंचम भी महत्वपूर्ण विश्रान्ति-स्थान माना जाता है। यही कारण है कि गायक 'सा रे ग प, सां ध ऽ प, ग प ध प,' इत्यादि स्वर-समुदायों के सहारे से धैवत के साथ-साथ पंचम को भी आगे बढ़ाते रहते हैं। देशकार के उत्तरांग में धैवत, पंचम तथा तार-षड्ज—तीनों ही महत्वपूर्ण स्वर हैं। इसके पूर्वांग में गंधार स्वर संवादी माना गया है, अत: उसे साधारण रूप से दिखाकर ऋषभ का स्पर्श करते हुए गायक मध्य-षड्ज से मिल जाते हैं। प्राय: 'ग प ध प, ग ऽ रे सा,' इस तान के सहारे से मध्य षड्ज से मिला जाता है। पूर्वांग में ऋषभ प्रबल होने से रात्रि की छाया पड़ने का डर रहता है, इसलिए देशकार के पूर्वांग में ऋषभ का प्रयोग मर्यादित ही माना गया है।

देशकार के इस स्वरूप को कुछ लोग चढ़े स्वरों का विभास कहते हैं, परन्तु इस मत के मानने वाले बहुत ही कम हैं। आजकल विभास दो प्रकार का माना जाता है। एक भैरव-थाट का विभास तथा दूसरा मारवा-थाट का विभास। कुछ लोगों का कहना है कि देशकार के उपर्युक्त प्रकार में स्वल्प निषाद का प्रयोग कर देना चाहिए। ऐसा करने से देशकार तथा चढ़े स्वरों का विभास—आसानी से अलग-अलग किये जा सकते हैं, परन्तु आजकल देशकार का उपर्युक्त स्वरूप प्राय: सर्वमान्य है, अत: उसमें निषाद का स्वल्प प्रयोग भी उस समय तक नहीं किया जा सकता, जब तक सर्वसम्मति से देशकार में निषाद का प्रयोग मान्य न हो जाय।

कुछ ग्रन्थों ने देशकार को पूर्वी-थाट का राग माना है। उसमें मध्यम तीव्र तथा 'रे-ध' कोमल होने से उसके गाने का समय सायंकाल माना जाता है, परन्तु इस प्रकार का देशकार भी आजकल विशेष प्रचलित नहीं है। बिलावल-थाट का उपर्युक्त देशकार ही आजकल विशेष प्रचलित है। बिलावल थाट का देशकार स्वरों की दृष्टि से जैतकल्याण के भी निकट है। देशकार के स्वरों में धैवत का महत्व कम करके, पंचम प्रबल करने से (वादी बनाने से) जैतकल्याण नामक राग का स्थूल स्वरूप उत्पन्न होता है।

आरोह—सा रे ग, प, ध सां।

अवरोह—सां ध, प, ग प ध प, ग रे सा।

मुख्य अंग—ध, प, ग प, ग रे सा।

राग—नन्द

दोहा— दो मध्यम शुद्ध स्वर, गावत राग आनन्द।
थाट कल्याण षाडव-सम्पूर्ण, प्रथम रात्रि सुखचंद॥

राग-परिचय—नन्द राग कल्याण थाट से उत्पन्न माना गया है। इसमें दोनों मध्यम तथा अन्य स्वर शुद्ध लगते हैं। आरोह में ऋषभ वर्ज्य व अवरोह वक्र रूप से सम्पूर्ण है। जाति षाडव-सम्पूर्ण है। वादी षड्ज, संवादी पंचम है। गान समय रात्रि का दूसरा प्रहर है। इसका चलन वक्र है। इसके आरोह में बिहाग व अवरोह में गौड़-सारंग का सम्मिश्रण है। बीच-बीच में थोड़ा हमीर व कामोद का भी आभास होता है। इसके आरोह में 'प़ ऩि सा ग, सा म, ग प,' ऩि सा, ग म प नि सां इत्यादि स्वर समुदायों से बिहाग का अंग आता है, वहां ग म प ध नि प, भ मं ग ग, ग प सां इस प्रकार लेने से यह राग स्पष्ट हो जाता है। अवरोह में 'सां ध, नि प, ध मं, प ग, इन स्वर समुदायों से गौड़-सारंग का अंग आता है वहाँ इन स्वर समुदाय के आगे 'ग म ध पग, रे सा, ग म' यह स्वर समुदाय जोड़ने से यह राग स्पष्ट हो जाता है। 'ग म ध प' इस स्वर समुदाय द्वारा थोड़ा हमीर का व 'मं प, ध मं प

ग,' ग म प ग म इस स्वर समुदाय द्वारा कामोद का आभास होता है वहाँ 'ग म ध प' के आगे ^ग^रे, सा, ग म, प मं ध, ध मं प ग, ग म प ग म के आगे ध प, ^ग^रे, सा, ग म यह लेने से यह राग स्पष्ट हो जाता है। इस राग में शुद्ध मध्यम महत्व का विश्रान्ति स्थान है। प ^ग^रे, 'सा, ध प ^ग^रे, सा इस स्वर समुदाय द्वारा कल्याण का अंग आता है वहाँ ग, म ध ^ग^रे, सा, ग, म ऐसा लेने से यह राग स्पष्ट हो जाता है, प्रत्येक राग के अंग के आगे जो स्वर समुदाय ऊपर बताये हैं वह लेने से नन्द राग पूर्ण रूप से स्पष्ट हो जाता है। 'सा, ग, म ध प ^ग^रे सा ग, म' यह इसका राग वाचक स्वर समुदाय है, कुछ लोग इसको आनन्दी भी कहते हैं।

आरोह—सा, ग, म ध प, ^ग^रे सा, ग, म, प नि, सां।

अवरोह—सां ध, नि प, ध मं, प ग, ग, म ध प, रे सा।

मुख्य स्वर समुदाय— सा, ग, म ध प, ^ग^रे, सा, ग, म।

विशेषता—(1) इस राग को नन्द, आनन्दी अथवा आनन्द कल्याण भी कहते हैं।

(2) तीव्र मं का अल्प प्रयोग अवरोह के पंचम के साथ होता है जैसा कि कल्याण थाट के अन्य रागों में होता है जिनमें दोनों मध्यम प्रयोग किये जाते हैं, जैसे—केदार, कामोद, हमीर।

(3) इसमें बिहाग, कामोद, गौड़ सारंग और हमीर रागों का सुन्दर मिश्रण है। ऩि सा ग मं और प मं प राग बिहाग के स्वर समूह हैं। मं प ध प और ग म प राग कामोद और हमीर के स्वर-समूह और ध प ^ग^रे सा गौड़ सारंग के स्वर हैं। नन्द राग में इन सब रागों का सुन्दर समन्वय है।

(4) यह एक चंचल प्रकृति का राग है। अत: इसमें बिलंबित आलाप नहीं किया जाता और इसका गायन भी मन्द्र सप्तक में नहीं होता।

(5) इस राग का प्रत्येक आलाप अधिकतर मुक्त मध्यम से समाप्त होता है। आरोह में भी मध्यम पर रूकते हैं। जैसे—सा ग म किन्तु अवरोह में मध्यम स्वर पर नहीं रूकते।

(6) प रे की संगति इस राग में बार-बार दिखाई जाती है।

(7) आरोह में धैवत और निषाद अल्प है, इसलिए उत्तरांग में पंचम से सीधे तार सा तक पहुँचते हैं। न्यास के स्वर—ग, म और प।

राग—नायकी कान्हड़ा

सुप्रसिद्ध राग नायकी कान्हड़ा, कन्हड़ा अंग का एक अत्यधिक श्रुति मधुर राग है। प्रस्तुत राग काफी थाट जन्य है तथा इसमें गंधार निषाद कोमल एवं अन्य स्वर शुद्ध लगते हैं। धैवत स्वर वर्जित होने के कारण इसकी जाति षाडव-षाडव है। साथ ही इस राग में मध्यम वादी एवं षड्ज संवादी है कतिपय विद्वान प्रस्तुत राग में पंचम वादी एवं षड्ज संवादी मानते हैं। इस राग का विस्तार तीनों सप्तकों में होता है। राग नायकी कान्हड़ा गंभीर प्रकृति का पूर्वांग प्रधान राग है। इसमें षड्ज, गन्धार, मध्यम एवं पंचम स्वर पर न्यास किया जाता है। इस राग का गायन समय रात्रि के द्वितीय प्रहर का अन्तिम चरण एवं तृतीय प्रहर का प्रथम चरण है।

राग के सृजन में दो या तीन रागों को मिश्रण इस प्रकार हुआ है कि राग का स्वरूप निखर उठा है एवं अत्यधिक कर्णप्रिय बन गया है। वस्तुत: तीन प्रमुख रागांगों को एक स्थल पर एकत्रित करके रागांगों की त्रिवेणी, नायकी कांहड़ा के रूप में प्रतिष्ठित हो गयी है। यथा— सर्वप्रथम, सप्तक के पूर्वार्ध में— ऩि ऩि सा रे रे ^रे^ग, ^रे^ग म रे, सा दरबारी अंग है, इसी प्रकार मध्य सप्तक में— रे प ^नि^^म^प ^म^ग ^म^ग म, मियाँ मल्हार का अंग है, इसी प्रकार सप्तक के उत्तरार्द्ध में— म प नि, प नि सां, नि सां रें सां, सारंग अंग है। प्रस्तुत राग की गायकी यद्यपि क्लिष्ट अवश्य है, परन्तु रागों के मिश्रण को सही ढंग से समझ कर यथा स्थान सही स्वर संगतियों के प्रयोग से उक्त राग में करूण, शृंगार एवम् वीर रस की अवतारणा प्रत्यक्ष रूप से जीवित हो जाती है। यथा— रे ऩि सा रे, सा रे ^रे^ग ^रे^ऽ ^रे^ऽ म रेसा, रे, सा राग दरबारी के इस स्वर-समूह से करूण रस, रे ऩि सा रे प ^नि^^म^प ^म^ग ^म^ग म, मियाँ मल्हार के इस स्वर-समूह से शृंगार रस एवं म प नि प नि सां निसां रें सां प नि प म प, सारंग के इस स्वर-समूह से वीर रस प्रवाहित होता है। परन्तु यह सब तभी संभव है

जबकि राग का गायन-वादन विशुद्ध रूप में किया जाय, अन्यथा राग की हानि तो अवश्यम्भावी है।

प्रस्तुत राग का साधारण स्वरूप इस प्रकार है यथा—सा रे नि सा, प़ नि प़, प़ सा, रे नि सा रें ग रें ऽ म रे सा रे, सा, रे रेसा- नि़ सा पि नि़ प़ सा, रे नि़ सा रे प निमप, (प) मग ऽ मग म, म नि प, नि म प (प) मग, मग ग म प म रे सा रे ऽ सा, रेम रेसा पनि प़, प़ सा, म म प नि प नि सां, प नि सां प, नि प, मग मग म, म नि प, प मग ऽ म, ग म प म रे सा रे ऽ सा। इस राग को शुद्ध रूप से गाने-बजाने के लिए कतिपय बातों पर ध्यान देना परमावश्यक है तथा—प्रथमतः 'गधार' का सही उच्चारण, दूसरे रे प स्वर सङ्गति का उचित प्रयोग, तीसरे तीनों रागों का सामंजस्य बनाये रखना, चौथे राग के विशेष स्वर समूह ग म प म रे सा रे, सा का यथा स्थान प्रयोग इत्यादि।

राग नायकी कांहड़ा के आरोह में गन्धार दरबारी अंग से ऋषभ के सहारे उच्चारित होता है यथा—सा रे, रे रेंग, रेंग म सारे सा तथा अवरोह में गन्धार का प्रयोग मियां मल्हार अंग से मध्यम के सहारे होता है यथा—रे प निमप मग, मग म सारे सा। इसी प्रकार रे प, स्वर संगति का प्रयोग भी मियाँ मल्हार की तरह सावकाश रीति से सा म रे मरे पि, इस भांति नहीं किया जाता। इसका उच्चारण तथा लगाव इस प्रकार है यथा—रे नि सा रे प, निमप मग मग म, म प नि प। रे प, स्वर संगति के बाद जो दूसरा पंचम है इस पर कोमल निषाद व मध्यम दोनों का कण अवश्य लगाना चाहिये, क्योंकि इस प्रकार का प्रयोग इस राग में मुख्य पकड़ की भाँति है। वैसे कांहड़ा के इन पंच प्रकारों में पंचम का इस भाँति प्रयोग होता है, परन्तु अन्तर केवल यह है कि ग म नि प निमप, इस प्रकार कोमल निषाद और मध्यम का कण युक्त पंचम का प्रयोग सभी में नहीं होता है। नायकी में रे प स्वर संगति के साथ पंचम का यह विशिष्ट प्रयोग कांहड़ा के इन पंच प्रकारों में सबसे भिन्न दृष्टव्य होता है। वस्तुतः इस राग में रे नि़ सा रे प, निमप मग ऽ म नि प ध प मग ऽ म, म रे प म नि प, नि प म प गग ऽ म, इस भांति रे प स्वर संगति को सम्भाले रखना चाहिये।

प्रस्तुत राग के आरोहात्मक स्वर समूहों का बड़ी सावधानी से मनन करना चाहिये क्योंकि मध्य षड्ज से पंचम की ओर जाने के कई मार्ग हैं यथा सा रे रेंग रेंऽ म, म नि प व रे नि सा रे प निमप मग, मग म नि प, तथा द्रुतगति के स्वर समूह या द्रुत तान में, रेसानि़सा—रे म प मग ऽ म नि प, इस भांति पृथक् ढंग से पंचम की ओर जाया जाता है। उत्तरांग में म प नि प सां, सां प नि प, इस भांति पंचम तार षड्ज का तार षड्ज पंचम की स्वर संगति तथा नि म प, आदि स्वर संगति बार-बार समक्ष आती है।

यह राग एक पूर्वांग प्रधान राग है, अतः मंद्र सप्तक में भी बड़ा आकर्षक लगता है जैसे— सा, प नि प़, नि प़ रे रे सा नि़ सा म रेसा पनि प सा इत्यादि राग में कांहड़ा के पंच प्रकारों की भांति ग म रे सा व प नि प सां, सां प नि प, व सां नि प, यह कांहड़ा राग का अङ्ग अवश्य है, परन्तु अपने अन्य विशिष्ट नियमों के कारण यह कांहड़ा के अन्य प्रकारों से बिल्कुल ही पृथक् हो जाता है यथा— रे प की स्वर संगति, गन्धार का दरबारी एवम् मियाँ मल्हार एवम् दोनों ही अङ्गों से प्रयोग तथा मंद्र सप्तक का प्राबल्य और ग म प म रे सा रे, सा स्वर-समूह का प्रयोग इत्यादि तथ्य इस राग को कांहड़ा के अन्य प्रकारों से दूर रखने में सहायक होता है।

प्रस्तुत राग में कतिपय विद्वान कोमल धैवत का वक्र प्रयोग अल्प रूप से करते हैं यथा—ध नि प, परन्तु नायकी कांहड़ा बिना धैवत के ही एक उत्तम प्रकार है तथा प्रचार में भी यह धैवत युक्त प्रकार नहीं के बराबर है। इसके अतिरिक्त कोमल धैवत युक्त, नायकी का प्रकार उत्तरांग में अड़ाना इत्यादि रागों का भ्रम उत्पन्न करता है। इस हेतु नायकी से धैवत को दूर रखना ही अच्छा है।

कुछ विद्वान प्रस्तुत राग में मध्यम वादी के स्थान पर पंचम वादी मानते हैं। उन विद्वानों का कथन है कि इस राग में मध्यम वादी मानने से यह राग सूहा के अधिक निकट आ जायेगा। परन्तु इस राग में मध्यम वादी से जितना सूहा के निकट आ जायेगा, पंचम वादी होने से उतना ही सुघराई के निकट हो जायेगा, क्योंकि पंचम वादी होने से मध्यम का महत्व कम हो जायेगा जिससे सुघराई व देवसाख राग का

आभास उत्पन्न होगा। अत: इस दृष्टि से पंचम को वादी माने का जो अभिप्राय है वह असुविधा रहित नहीं दिखता। इसके अतिरिक्त मध्यम वादी होने से इस राग में ऐसी कोई विशेष परेशानी भी नहीं उत्पन्न होती है और वास्तविकता की भी रक्षा होती है, क्योंकि इस राग में मल्हार अंग होने से मध्यम वादी होना स्वाभाविक भी है। इसके अतिरिक्त मध्यम वादी के साथ ही आरोहात्मक ऋषभ का प्रयोग रे प स्वर की संगति दोनों निषाद का प्रयोग, मंद्र सप्तक का प्राबल्य, पूर्वांग प्रधान स्वरूप इत्यादि नियम नायकी को सूहा से पृथक् रखने के लिए पर्याप्त है।

स्वरों का प्रयोग तथा स्थान—वस्तुत: प्रत्येक राग का आधार स्तम्भ षड्ज तो होता ही है परन्तु प्रस्तुत राग में तो इसने सम्वादी स्वर का स्थान भी ग्रहण कर लिया है, अत: इसके महत्व का कहना ही क्या, इसका तो राग में अतिश्रेष्ठ स्थान है ही। ऋषभ का आरोहात्मक एवम् अवरोह में इस प्रकार दीर्घ प्रयोग होता है यथा— सा रे [रे]ग [रे]ग म, रे नि सा रे प व द्रुत तानों में—रे म प तथा अवरोह में— [म]ग म रेसा रे ऽ सा या ग म [स]रे सा। इस प्रकार ऋषभ आरोह में लंघन रहित एवं अवरोह में दीर्घ है। चूंकि प्रस्तुत राग में ऋषभ आरोह-अवरोह में बराबर प्रयुक्त होता है एवम् इसका कभी भी लंघन नहीं होता है, अत: राग में ऋषभ का अलंघन एवं दीर्घ, दोनों ही प्रकार का बहुत्व है।

राग नायकी कांहड़ा में गन्धार विविध प्रकार से प्रयुक्त होता है। दूसरे शब्दों में हम कह सकते हैं कि आंदोलित व वक्र के साथ ही साथ गन्धार का प्रस्तुत राग में आरोहात्मक न्यास बहुत्व भी है। सा रे [रे]ग [रे]ग, इस प्रकार आरोह में अति कोमल अर्थात् ऋषभ के सहारे आंदोलित प्रयोग प [म]ग [म]ग मरे सा इस भांति अवरोह में गन्धार का आंदोलित तथा वक्र प्रयोग, एवं प [म]ग [म]ग, म नि प, नि म प (प) [म]ग ग, म प सां, प नि प, नि नि प म (प) [म]ग [म]ग, रें सां रें नि सां प नि सां (प) [म]ग, [म]ग, ग मं रें सां, प [प]नि प, म प नि [म]ग [म]ग ग म प म रे सा रे ऽ सा इस प्रकार न्यासयुक्त है। इस स्थल पर उल्लेखनीय है कि गन्धार के महत्वपूर्ण स्थान के साथ ही साथ इसका लंघन भी स्पष्ट है यथा— रे नि सा रे प [निम]प, तथा द्रुत तानों में नि सा रे म प नि म प इस प्रकार गन्धार का लंघन अल्पत्व भी हो जाता है। वस्तुत: यह स्वर राग में कभी भी स्थिर नहीं रहता, क्योंकि आरोह में ऋषभ के सहारे एवं अवरोह में मध्यम के सहारे आंदोलित होकर राग में प्रयुक्त होता है। इस प्रकार अनेक प्रकार से प्रयुक्त होने पर इस स्वर का बहुत्व व न्यास बहुत्व तो है इसके साथ ही साथ इस स्वर का राग में अस्थिर प्रयोग अर्थात् ऋषभ व गन्धार के सहारे आंदोलित तथा वक्र प्रयोग, इस प्रकार का जो दोष दृष्टव्य है यही कांहड़ा अंग का राग होने के कारण गुण के समान है, क्योंकि कांहड़ा अंग के राग में गन्धार का आंदोलन तथा अवरोह में वक्र होना ही इस अंग को सुदृढ़ बनाने में सहायक होता है। इस हेतु इस स्वर को कांहड़ा अंग के रागों के रागांग वाचक स्वर कहेंगे एवं इसके अभ्यास तथा न्यास बहुत्व के स्थान को भी स्वीकार करेंगे।

मध्यम का प्रस्तुत राग में आंशिक न्यास बहुत्व है। सा रे [रे]ग [रे]ग म, म नि प, सा, नि सा रे प [निम]प, [म]ग [म]ग म, म नि प नि म प [म]ग ऽ म, इस भांति केवल अवरोहात्मक न्यास युक्त होकर राग में मुक्त रूप से प्रयुक्त होता है। रे प व प ग की स्वर संगति में मध्यम का लोप होता है। इस दोष का भी निवारण मुक्त व न्यास युक्त मध्यम के कारण हो जाता है। मध्यम के प्रयोग में यह ध्यान रखना चाहिए कि अवरोह में बराबर प ग की संगति के बाद ही यह प्रयोग होता है यथा—प ग म। हाँ ग म प म रे सा रे ऽ सा इस स्वर समूह के साथ द्रुत गति में पंचम से सीधे मध्यम पर आ जाते हैं अन्यथा सभी जगह प ग संगति के बाद ही या आरोह में— सा रे ग ऽ म, इस भाँति सीधा प्रयोग करते हैं।

पंचम इस राग में सम्पूर्ण न्यास बहुत्व का स्वर है यथा रे नि सा रे प [निम]प, [म]ग [म]ग म नि प, म प सां प नि प, नि नि प म प नि [म]ग [म]ग म निप, सा प नि प नि सा रे सा, रे प [निम]प, ग म, म प नि सां प नि प म प, इस प्रकार राग में यह स्वर प्रयुक्त होता है। म नि प व नि म प, इस स्वर समूह में पंचम का लंघन तो दिखता है, परन्तु तत्काल न्यास युक्त हो जाने पर यह दोष बराबर मिटता रहता है।

प्रस्तुत राग में यद्यपि दोनों निषादों का प्रयोग होता है,

परन्तु शुद्ध निषाद से कोमल निषाद का महत्व अधिक है क्योंकि कोमल निषाद का प्रयोग आरोह-अवरोह दोनों ही में होता है यथा—सा नि सा रे प निम प, ग म नि प म प सां नि प, म प नि सां, रें सां पनिप, परंतु निषाद का केवल आरोह में—म प नि सां, नि सां रें सां, रें रें—सां नि सां नि प, इस भांति अल्प प्रयोग होता है। कोमल निषाद के प्रयोग में इतना ध्यान रखना चाहिये कि अवरोह में नि प स्वर संगति में कोमल निषाद पर पंचम का कण अवश्य लगाना चाहिए क्योंकि उत्तरांग में यह कृत्य कांहड़ा अंग का द्योतक है। हाँ, आभोगी कांहड़ा जैसे कांहड़ा प्रकार को छोड़कर, क्योंकि उसके उत्तरांग में कांहड़ा का अंश है ही नहीं। म प सां, सां प नि प, इस प्रकार का पंचम तार षड्ज व तार षड्ज पंचम की संगति में निषाद का लंघन भी बार-बार सामने आता है। इस भांति राग में इस स्वर का अनाभ्यास व लंघन दोनों ही प्रकार का अल्पत्व दृष्टिगोचर होता है।

आरोह—नि़ सा रे प, मग म, नि प नि सां।

अवरोह—सां पनि प मग ऽ म, रे सा रे ऽ सा।

मुख्य स्वर समूह—रे नि़ सा रे प निमप, मग ऽ म, ग म प म रे सा रे ऽ सा।

राग—पटदीप

इस राग की जाति औडव-सम्पूर्ण है। विन्यास षड्ज तथा अपन्यास पंचम है। इसके मुख्य अंश मपनि–धनिसां–निध–प। इसका समय भीमपलासी के बाद और मुल्तानी के पूर्व दिन का तृतीय प्रहर है। इसकी प्रकृति शुद्ध निषाद के बाहुल्य और उसे दिखाने के लिए बार-बार ऊपर जाने की प्रवृत्ति से अल्प प्रगल्भ। भीमपलासी के ढंग से कोमल गान्धार और मध्यम का प्रयोग इसे कुछ गंभीर बनाता है एवं शुद्ध निषाद का बाहुल्य इसमें तरलता लाता है।

आरोह—नि़ सा ग म प नि–धनि सां।

अवरोह—नि ध–प, म प ग म ग सारि सा।

विशेष विवरण—पटदीप, परदीप, प्रदीप या पशदीप—ऐसे भिन्न-भिन्न नाम इस राग के लिए भिन्न-भिन्न लोगों की ओर से बरते हुए सुने हुए हैं। कुछ लोग प्रदीपिका नाम का जो राग है, उसके साथ इसे मिला देते हैं। वास्तव में पटदीप और प्रदीपिका दोनों में भिन्नता है।

सामान्य रूप से यह कहा जाता है कि भीमपलासी के कोमल निषाद के स्थान पर शुद्ध निषाद प्रयुक्त करके इस राग की रचना की गई है, जैसे कि मालकौंस के अतिकोमल निषाद के स्थान पर शुद्ध निषाद प्रयुक्त करके चन्द्रकौंस बनाया गया है।

कुछ लोगों का यह भी अनुमान है कि ऐसे राग आधुनिक कलाकारों ने कुतुहल से या नवीनता दिखाने के चाव से प्रचारित किए हैं।

यह बात सिद्धान्त रूप से मानी हुई है कि जो स्वर राग में प्रयुक्त होते हैं, उन स्वरों का पारस्परिक षड्ज-पंचम-भाव से या षड्ज-मध्यम-भाव से संवाद रहता है और रहना चाहिए। जिन रागों में संवाद के इस नियम का पालन होता है, वे शुद्ध कहलाते हैं। रागों के शुद्धत्व की यह एक व्याख्या हुई। इसके अतिरिक्त रागों के शुद्धत्व की दूसरी व्याख्या ऐसी है कि जिन रागों में अन्य किसी राग या रागों की छाया या सम्मिश्रण न हो, उन्हें शुद्ध माना जाए। इसके उपरान्त कुछ रागों में स्वरों की कुछ क्रियायें ऐसी होती हैं, जो पूर्वाङ्ग, और उत्तरांग में एक सी रहती हैं और उन दो क्रियाओं के मिलने से ही वे राग बनते हैं। ऐसे रागों को भी शुद्ध कहा जाता है। शुद्धत्व के इन तीनों प्रकारों के उदाहरण निम्नोक्त हैं—

(1) स्वर—संवाद की शुद्धता—भैरव। इसमें सभी स्वरों का षड्ज-पञ्चम—भाव से परस्पर संवाद है। यथा—सारिगम पधनिसां।

(2) अन्य रागों के मिश्रण का अभाव—कल्याण।

(3) पूर्वाङ्ग, और उत्तरांग में समान स्वर—क्रियाएँ—बिहाग। यथा—निसागमग–रिनि सा, म्पनि–सांनि–धम्प।

स्वर—संवाद का जो नियम है, उसका तो शुद्ध, छायालग, मिश्र या संकीर्ण सभी रागों में पालन होना शास्त्रीय दृष्टया अनिवार्य है। क्योंकि रागों के मिश्रण से उसका कोई सम्बन्ध नहीं। इस नियम को देखते हुए, पटदीप में जो शुद्ध-निषाद प्रयुक्त होता है, उससे षड्ज-पञ्चम-भाव या षड्ज-मध्यम भाव से संवाद करने वाला कोई भी स्वर इस राग की स्वरावलि में नहीं है। इस दृष्टि से पटदीप का स्थान शुद्ध रागों का नहीं

हो सकता, अपितु उसे अशुद्ध या अशास्त्रीय रागों में बिठाना चाहिये। किन्तु यह एक बहुत प्रचार पाया हुआ लोकप्रिय राग होने के कारण, विद्यार्थी उससे अनभिज्ञ न रह जाएँ, इसलिए इसे यहाँ स्थान दिया गया है।

पटदीप में निषाद को छोड़कर सारे ही स्वर भीमपलासी के लगते हैं। इसका आरोहावरोह भी भीमपलासी के सदृश किया जाता है। यथा—

नि सा ग म प नि, सां नि ध प, म प ग म रि सा।

सामान्यतः इस राग का यही आरोहावरोह माना जाता है। फिर भी आरोह करते समय निषाद पर ठहरकर पुनः धनिसां लेने की परिपाटी भी प्रचलित है। यथा— नि सा ग म प नि, धनिसांनि ध ऽ प, तद्वत रि सा रि नि, सा ग ऽ रि ऽ सा— इस प्रकार शुद्ध निषाद पर काफी प्रमाण में ठहरकर पुनः भीमपलासी के स्वर लिये जाते हैं। भीमपलासी सदृश स्वरों से सुनने वालों में भीमपलासी का आभास न होने पाये, इसलिए शुद्ध निषाद का बार-बार उच्चार और उस पर मुकाम किया जाता है, जिससे भीमपलासी तिरोहित होकर पटदीप का आविर्भाव करा सके। साथ ही यह भी ध्यान रखा जाए कि मध्यम, गान्धार, ऋषभ आदि स्वर भीमपलासी के ही ढंग से उच्चारे जाएं, अन्यथा बिना आन्दोलन का गान्धार और बिना स्पर्श का ऋषभ पीलू की छाया खड़ी करेंगे।

नि सा [म]ग ऽ [सा]रि ऽ सा [रि]नि, अथवा प नि सा [म]ग ऽ [सा]रि सा नि, — इन्हीं स्वरों का नि सा ग ऽ रि सा नि, प नि सा ग ऽ रि सा ग ऽ रि सा नि इस प्रकार स्पर्श रहित उच्चार करने से पीलू दिखेगा। इसीलिए यह कहा गया है कि निषाद को छोड़कर इस राग में भीमपलासी के सदृश ही अन्य स्वरों का उच्चारण करना चाहिए।

राग—बहार

दोहा— "रि-ध तीवर कोमल नि-ग-म, उतरत धैवत टार।
स-म संवादि-वादि है, समझो राग बहार॥"

—चन्द्रिकासार

इस राग का थाट काफी है। वादी मध्यम तथा संवादि षड्ज है। जाति षाडव-षाडव है। गाने का समय—(1) बसंत ऋतु में सर्वकालिक है, (2) अन्य समय में मध्यरात्रि है। इस राग का संयोग अनेक रागों से होता है।

प्राचीन संस्कृत-ग्रंथकारों ने बहार राग का उल्लेख नहीं किया है। बहार वस्तुतः यावनिक राग है। आजकल जिस प्रकार पीलू, बरवा इत्यादि राग कुशल गायकों द्वारा 'धुन' कहे जाते हैं, उसी प्रकार शायद उस युग में यह राग भी 'धुन' समझा जाता होगा। संभवतः इसी कारण तत्कालीन ग्रन्थों में इसे अन्यान्य रागों की श्रेणी में स्थान नहीं मिला है। यह राग बहुत ही श्रुतिमधुर तथा लोकप्रिय है। आजकल शायद ही कोई ऐसा गायक होगा, जो इस राग से अपरिचित हो। 'सिने संगीत' के भी बहुत से गाने ऐसे मिलेंगे, जिनकी स्वर-रचना इसी राग के आधार पर हुई है।

इस राग के पूर्वाङ्ग में '[म]ग म रे सा' तथा उत्तरांग में '[प]नि प' का प्रयोग होता है। ये दोनों विशेषतायें कान्हड़े के विभिन्न प्रकारों में भी दृष्टिगोचर होती हैं, तथापि कुछ विद्वानों को इसे कान्हड़ा-अंङ्ग का राग स्वीकार करने में आपत्ति है। संभवतः इसका कारण यह है कि इसके आरोह में ऋषभ वर्जित है। बहार के आरोह में 'सा रे, [म]ग म रे सा,' यह भाग अथवा [म]ग, रे रे, सा', यह भाग, जो प्रायः कान्हड़ा के विभिन्न प्रकारों में दृष्टिगोचर होता है— नहीं आता। तथापि इतने सूक्ष्म भेद के आधार पर इसे कान्हड़ा-अंग का राग न मानना युक्तिसंगत नहीं है। हाँ, यह अवश्य कहा जा सकता है कि यह राग कान्हड़े का एक प्रकार नहीं है, अपितु इसमें कान्हड़े का अंग अवश्य है।

बहार तथा बागेश्री के बहुत-से स्वर-समुदाय साधारण (Common) हैं। ये दोनों राग उत्तरांग में एक-दूसरे के बहुत ही निकट आ जाते हैं। सप्तक के उत्तराङ्ग में 'म प ध नि सां', इन स्वरों का महत्व होता है। बागेश्री तथा बहार, इन दोनों के आरोह में उपर्युक्त स्वरों का प्रयोग इस प्रकार होता है—'प [म]ग म, [नि]ध नि सां'। यह बहार का टुकड़ा है तथा 'म ग, म ध नि सां' यह बागेश्री का टुकड़ा है। गायक बागेश्री के आरोह में कभी-कभी निषाद कोमल से कुछ ऊँचा (करीब-करीब तीव्र निषाद) लगा देते हैं। परन्तु इस प्रयोग के आधार पर यह कहा जा सकता है कि 'म, म ग, म ध, नि सां, म नि ध नि सां,' ये टुकड़े बागेश्री तथा बहार, दोनों ही रागों में आ सकते हैं। जब तक इनके उच्चारण में भेद नहीं किया जायेगा,

तब तक केवल उपर्युक्त टुकड़ों के आधार पर राग का बताना कठिन ही होगा। उच्चारण का भेद करके यदि 'म नि ध, नि सां' कहा जायगा, तो बहार का रूप दिखाई देगा, परन्तु 'म ग म नि ध, नि सां' कहने से बागेश्री का बोध होगा। बागेश्री और बहार में वस्तुत: यह एक सूक्ष्म भेद है।

यद्यपि बहार तथा बागेश्री, आरोह में एक दूसरे के निकट आने लगते हैं, परन्तु अवरोह करते ही वे एक-दूसरे से फिर पृथक् हो जाते हैं। बागेश्री का अवरोह करते समय मध्य-सप्तक के षड्ज से मिलने के लिए 'म ग रे सा', 'म प ग, रे सा' अथवा 'म प ग, म ग रे सा', ये रूप रखने पड़ते हैं, परन्तु बहार के अवरोह में मध्य-षड्ज से मिलने के लिए 'ग^{म} म रे सा' कहना आवश्यक है। बहार के उत्तराङ्ग में अवरोह करते समय 'नि प' का प्रयोग होता है। यह प्रयोग बागेश्री में नहीं होता। 'सां, नि प' के स्थान पर बागेश्री में 'सां, नि ध', यह प्रयोग होता है। द्रुत तानों का प्रयोग करते समय बहार में भी कुछ गायक 'नि ध प, म प, ग म, नि ध, नि सां' कह जाते हैं, परन्तु यहां अवरोह में धैवत का प्रयोग 'द्रुतगीतो न रक्तिहर:', इस न्याय से प्रयोजनीय है, तथापि ध्यान रखना चाहिये कि बहार के अवरोह में धैवत वर्जित है, परन्तु बागेश्री में धैवत वर्जित नहीं है। तानें लेते समय कुछ गायक बहार के आरोह में भी ऋषभ लगा देते हैं, परन्तु 'द्रुतगीतो न रक्तिहर:', या 'मनाक् स्पर्श' के सिद्धान्त को बहुत व्यापक बनाना ठीक नहीं है। बहार के आरोह में ऋषभ वर्जित है, अत: तानों को लेते समय आरोह में ऋषभ न लगाना ही अच्छा है।

पंचम के प्रयोग की दृष्टि से भी बागेश्री तथा बहार में अन्तर है, बागेश्री में पंचम या तो वर्जित कर दिया जाता है अथवा उसका प्रयोग अल्प होता है। पंचम का यह अल्प प्रयोग भी प्राय: बागेश्री के अवरोह में ही दिखाई देता है। परन्तु बहार के कुछ बड़े ख्याल ऐसे भी दिखाई देते हैं, जिनमें आरोह में पंचम का स्पष्ट प्रयोग हुआ है तथा ऐसी भी अनेक चीजें दिखाई देंगी, जिनसे आरोह में पंचम प्रयुक्त नहीं हुआ है। 'क्रमिक पुस्तक' चौथी में 'बहार आई रे' शीर्षक झूमरे का जो ख्याल दिया हुआ है, उसे उपर्युक्त कथन के प्रमाण में उद्धृत किया जा सकता है। इस ख्याल के मुखड़े में 'म प, नि नि प म प, म नि ध, म ग', इस प्रकार आरोह में पंचम लगाया गया है। इसी प्रकार 'नई रूत नई फूल' शीर्षक सुप्रसिद्ध ख्याल में 'म प ध प म, ग म', इस प्रकार आरोहावरोह में पंचम प्रयुक्त हुआ है। पंचम की दृष्टि से बागेश्री के जो तीन प्रकार हैं, उनमें भी इस प्रकार के समुदाय दृष्टिगोचर होते हैं, परन्तु यह ध्यान रखना चाहिए कि बहार में बागेश्री की अपेक्षा पंचम का प्रयोग अधिक होता है। बहार के अवरोह में तो पंचम अवश्य ही लगाया जाता है तथा वह सुन्दर भी प्रतीत होता है; परन्तु कभी-कभी बहार के आरोह में भी पंचम प्रयुक्त होता है। तथापि ध्यान रखना चाहिये कि बहार के आरोह में 'ग म प ध नि सां', इस तरह से सरल तान के अन्तर्गत पंचम का प्रयोग करना उचित नहीं है।

आरोह—नि सा, ग म, प ग म, ध, नि सां।

अवरोह—सां, नि प म प, ग म, रे सा।

पकड़—म प ग म, ध, नि सां।

राग—बिलासखानी तोड़ी

सोरठा—म-नि वर्जित आरोह, सब स्वर मृदु रसरूप जहँ।
संपूरन अवरोह, तोड़ी बिलासखान की॥

राग-परिचय—उपर्युक्त सोरठा बिलासखानी तोड़ी को औडव-संपूर्ण बताता है। अधुना प्रचार में भी वैसा ही है। किन्तु यह ध्यान भी रखना चाहिए कि इस समय भी कुछ पुराने गुणिजन बिलासखानी को संपूर्ण-संपूर्ण गाते हैं, और ऐसा करते समय वे 'रे ग रे-सा' इस तोड़ी बोधक स्वरावलि को महत्वपूर्ण स्थान देते हैं तभी वह संपूर्ण बिलासखानी, भैरवी से अलग दिखाई देती है। कर्णाटक में हनुमततोड़ी नामक मेल की स्वर व्यवस्था हमारी भैरवी के सदृश ही हैं। स्वरों की वही व्यवस्था बिलासखानी तोड़ी में भी है।

कहते हैं प्रसिद्ध गायक तानसेनजी के सुपुत्र बिलासखान ने बिलासखानी तोड़ी की रचना की उन्होंने उस रागरूप को औडव-संपूर्ण रखा था या संपूर्ण-संपूर्ण, यह खोज का विषय हो जाता है किन्तु कतिपय वयोवृद्ध कलाकार बिलासखानी में 'ग म प' तथा 'ध नि सां' जैसे प्रयोग कर लेते हैं। इसी से लगता है कि शायद पुरानी बिलासखानी तोड़ी संपूर्ण हो। स्वरों की व्यवस्था की दृष्टि से कर्णाटक का हनुमततोड़ी मेल

तथा यहाँ की संपूर्ण बिलासखानी तोड़ी सर्वथा समान है।

इस राग के सम्बन्ध में धारणा है कि श्री बिलासखान को हनुमततोड़ी के बारे में जानकारी रही हो। हनुमततोड़ी में 'तोड़ी' शब्द है ही, उस शब्द को लेकर, 'तोड़ी-अंग' के रूप में 'रे ग रे सा' पर बल देकर 'बिलासखानी तोड़ी' का नामकरण हुआ हो, या वह उनकी अपनी भी सूझ हो सकती है।

एक ऐसी भी धारणा है कि आजकल का तोड़ी अंग 'रे ग रे सा' पहले नहीं था। यह सत्य भी हो तब भी, जो बुजुर्ग गुणिजन बिलासखानी को संपूर्ण गाते हैं, वे 'रे ग रे सा' से ही बिलासखानी में तोड़ी अंग का दर्शन कराते हैं। ऐसे गुणीजनों ने अपने गुरूजनों से ही तो सीखा होगा। अत: आज का तोड़ी अंग 'रे ग रे सा' काफी अर्से से प्रचार में माना गया है, यह निश्चय होता है। साथ ही बिलासखानी तोड़ी अब अधिकांश गुरूजनों द्वारा औडव-संपूर्ण ही गाई जाती है।

पुराने या नये कलाकार जो भी बिलासखानी तोड़ी गाते-बजाते हैं, उनके गायन-वादन में 'रे$^{\text{सा}}$ नि$^{\text{सा}}$ सा रे$^{\text{रे}}$ ग, ^{ग}रे ग^{ग} म रे^{ग} ग$^{\text{रे}}$ रे-सा' इन्हीं स्वरों से बिलासखानी का मुख विलास दृष्टिगोचर होता है।

सा, रे, ग, ध, नि इन सभी स्वरों से आलाप तान का आरंभ किया जा सकता है अर्थात् यह प्रत्येक स्वर न्यूनाधिक परिमाण में, गृह-स्वर का कार्य कर सकता है। पूर्वांग में कोमल ऋषभ युक्त कोमल गांधार तथा उत्तरांग में कोमल निषाद इसके जीव स्वर होंगे। न्यास पंचम है। 'बिलासखानी तोड़ी' तथा 'कोमल ऋषभ आसावरी' के अवरोह में स्थूलमान से साम्य है।

चलन

सा, रे नि, सा, रे ग, रे ग, म ग, रे, सा, सा रे ध, सा, रे ग, म ग, रे, सा। ध प, नि ध म, प ग, रे ग, म ग, रे, सा। ध प, नि ध म, प ग, रे ग, म ग, रे सा, सा ध , सा रे ग, रे ग, म ग, रे, सा।

न्यास के स्वर—ग, प और ध।

मतभेद—इसकी जाति के विषय में विद्वानों में मतभेद है। इसका मुख्य कारण यह है कि इसका चलन वक्र है। आरोह में मध्यम तथा अवरोहात्मक प्रयोग है और निषाद अल्प तथा वक्र है। इसलिए कुछ विद्वानों ने आरोह औडव, कुछ ने षाडव और कुछ ने सम्पूर्ण माना है। सम्पूर्ण मानना इसलिये उचित नहीं है, क्योंकि आरोह में मध्यम का अवरोहात्मक प्रयोग किया जाता है, वह भी कभी-कभी। संपूर्ण गायन में केवल एक दो बार म का सपाट प्रयोग, वह भी पञ्चम तक, बड़ी कुशलता के साथ किया जाता है। आरोह षाडव मानने पर मध्यम वर्ज्य और औडव मानने पर म और नि दोनों वर्ज्य माने जाने हैं। नि सा रे ग, इसका मुख्य अंग है। इसलिए आरोह षाडव मानते हुए निषाद अल्प माना जाना उचित है क्योंकि धैवत से ऊपर जाते समय निषाद सपाट प्रयोग नहीं होता।

समप्रकृति राग—भूपाल तोड़ी, भैरवी और कोमल रिषभ आसावरी।

इसे भैरवी राग से बचाने के लिए आरोह में मध्यम वर्ज्य और कुछ लोग ग अल्प करते हैं। इसी प्रकार से आरोह में निषाद भी अल्प कर देने से भैरवी राग से बच सकते हैं। बिलासखानी में प म प, स्वर-समूह कभी नहीं लेते और ऋषभ व गन्धार का विशिष्ट प्रयोग करते हैं।

राग—भटियार

दोहा— री कोमल सुध ग म ध नी, पंचम वक्र उचार।
दो मध्यम गावत गुनी, निज-निज मत भटियार॥

राग-परिचय—भटियार अथवा भटिहार अथवा भटियारी यह राग मारवा थाट से उत्पन्न होता है। इसमें दोनों मध्यम लगते हैं। वादी शुद्ध मध्यम व संवादी षड्ज है। गान समय रात्रि का अंतिम प्रहर है। आरोह में ऋषभ व निषाद दुर्बल है। 'पग', 'धम', 'निप' यह स्वर संगतियां इसमें मुख्य रूप से आती हैं। इसमें मांड, भंखार, राग का आभास होता है। सांध, निप, धम, पग यह स्वर समुदाय मांड का आभास इस राग में उत्पन्न करता है, परन्तु इसके आगे प ग, रे सा यह स्वर समुदाय जोड़ने से भटियार हो जाता है, कारण मांड में ऋषभ शुद्ध होता है। पम, पग, पग, रे सा इस स्वर समुदाय द्वारा भंखार का आभास इस राग में होता है परन्तु भंखार में पंचम

वादी, षड्ज संवादी है। भटियार में मध्यम वादी षड्ज संवादी है, इसके अतिरिक्त भंखार में सा, ग, प यह विश्रांति स्थान है और भटियार में सा, म, प, ध यह विश्रांति स्थान है, इन कारणों से दोनों राग परस्पर एक दूसरे से भिन्न हो जाते हैं। कोई गायक, इसमें थोड़ा ललित का भी अङ्ग लेते हैं जैसे मं ग रे सा, म मं म ग इसके आगे 'म ध प म, पग, पग रे सा' यह स्वर समुदाय लेकर भटियार स्पष्ट करते हैं। कोई-कोई गायक इसमें कालिङ्गड़ा, परज व ललित का मिश्रण मानते हैं वह कोमल धैवत अथवा दोनों धैवत लेते हैं। कोई खमाज थाट में भी भटियार मानते हैं किन्तु वह बहुत अप्रचलित है।

भटियार राग राजा भर्तृहरि के द्वारा प्रचार में लाया, गया ऐसी दन्त कथा है। इस राग का प्रारम्भ 'सा ध, ध, प म, प ग, रे सा' इस प्रकार करना चाहिये, जिससे राग का रूप तत्काल स्पष्ट होता है।

पं. भातखण्डेजी ने भटियार को मारवा थाट का भाना है अतः उनके अनुसार 'मं ध सां' इन तारगामी स्वरों से लोगों ने भटियार में मारवा अंग ग्रहण किया। किन्तु कुछ वर्षों में उक्त 'मं ध सां' के अतिरिक्त मन्द्र तथा तार में 'ध नि रे' तथा 'रे नि ध' इन स्वरों को लेकर भी मारवा अंग का अधिकाधिक प्रयोग सुनने में आ रहा है। शुद्ध मध्यम के भटियार में भी कोमल ऋषभ का स्थान अत्यंत महत्वपूर्ण है। फिर भी वह मारवा अंग को पुष्ट करने के लिए नहीं। 'रें नि ध' इस भटियार में भी होता है, किन्तु उसके तुरन्त बाद 'नि-प' भी आता रहता है। उस व्यवस्था में मारवा अंग होने का प्रश्न ही नहीं उठता।

भटियार में षड्ज से ही अधिकांश आलाप-तान का आरंभ होगा। षड्ज के बाद क्रमशः गंधार, मध्यम तथा धैवत से भी आलाप या तान लिए जा सकते हैं। पंचम का कार्य अधिकतर अवरोह में ही रहेगा। किन्तु 'म प ध नि' तथा 'सा-ग म प' इन स्वरावलियों में वह आरोही भी बन सकता है। यह ध्यान रहे कि— 'ग म प ध' या 'ग म प ध नि', ऐसा पंचम का प्रयोग सर्वथा वर्जित है। पंचम के अलावा कोमल ऋषभ भी आरोही नहीं बन सकता। 'ध नि सां रें' 'नि सां रें सां' 'सां रें सां नि' इस तरह के प्रयोग रागपोषक होंगे किन्तु सां रें गं (सा रे ग) संभव नहीं। भटियार का अवरोही विश्राम 'पगरेसा' सर्वमान्य है।

भटियार का गठन देखते हुए सा, ग, म, ध ये गृह स्वर माने जाएँगे। मध्यम तथा पंचम दोनों पर न्यास हो सकता है। जीवस्वर के रूप में पंचम तथा कोमल ऋषभ दोनों ही लिए जाने चाहिए। यह राग प्रातर्गेय है। इसका विस्तार मध्य-तार में अधिक, मंद्र में अल्प किया जाता है।

आरोह—सा ध, ध नि प म, प ग, मं ध सां।

अवरोह—सां-रेंनि ध प, ध नि प म, प ग, मं ग रे सा।

समप्रकृति राग—भंखार

राग भटियार और भंखार दोनों आपस में बहुत मिलते-जुलते हैं। भटियार में मध्यम जितना प्रमुख है, भंखार में पंचम स्वर उतना ही प्रमुख है। इसलिए भंखार में सा, ग और प पर न्यास होता है और भटियार में सा, म और प पर।

भटियार के उत्तराङ्ग के अवरोहात्मक स्वरों में मांड राग की छाया आने लगती है, जैसे— सां ऽ ध, नि ऽ प, ध ऽ म, प ऽ ग, इसके बाद प ग रे सा, प्रयोग करने से भटियार राग बिल्कुल स्पष्ट हो जाता है।

मुख्य स्वर समुदाय—सा ध, ध प म, प ग, प ग, रे सा।

राग—भीमपलासी

दोहा— तीखे रीध कोमल गमनि आरोहत रिध हीन।
सम संवादी वादितें भीमपलासी चीन्ह॥
(रागचंद्रिका सार)

यह राग काफी थाट से उत्पन्न होता है। इस राग के संबंध में विभिन्न मत पाये जाते हैं। भीम और पलासी दो स्वतंत्र रागों के मिश्रण से भीमपलासी का संयुक्त स्वरूप बना है, ऐसा कहा जाता है। किन्तु काफी थाट जनित भीमपलासी भी एक स्वतंत्र राग स्वरूप है, इतना मानना यहां पर्याप्त है।

इस राग के आरोही में रे तथा ध स्वर वर्जित हैं व अवरोही संपूर्ण है, इस कारण इसकी जाति औडव-संपूर्ण है। वादी मध्यम स्वर व संवादी षड्ज हैं। दिन के तृतीय प्रहर में

इसे गाया जाता है। ऋषभ तथा धैवत स्वर को छोड़कर शेष अन्य प्रयुक्त होने वाले सभी स्वरों पर इसमें न्यास किया जाता है। हिन्दुस्तानी संगीत पद्धति में यह नित्य ध्यान रखा जाता है कि वादी स्वर के अतिरिक्त अन्य स्वरों पर न्यास करते समय वादी स्वर का प्रबलत्व अनिवार्य रूप में दिखाया जाये। इसी तत्व को ध्यान में रखकर मध्यम स्वर का प्रयोग इस राग में बारम्बार किया जाता है। यदि गांधार स्वर पर न्यास किया जाये तो नि सामग, पमग, मग, गमपमग, मग निसगम पमऽ, पग, मग, मग रेसा इस आलापचारी में मग यह स्वर-जोड़ी अनेक बार लाकर गांधार न्यास के साथ-साथ वादी स्वर मध्यम का प्रबलत्व दिखाया जा सकता है। इसी प्रकार अन्य स्वरों पर न्यास करते समय मग, पमग, पग, मग, इस प्रकार की स्वर-संगति बार-बार प्रयुक्त होनी चाहिए। उक्त प्रकार के स्वर-प्रयोग से यह स्पष्ट हो जाता है कि पूर्वांग में मगऽ, पमगऽ, पगऽ मगऽ, का स्वर-प्रयोग इस राग में प्रमुख रूप में होता है; अतः प्रचलन की दृष्टि से पूर्वांग में मग पमग, मग को मुख्य स्वर-समुदाय समझना अनुचित नहीं होगा।

उक्त स्वर-प्रयोग के मींडयुक्त होने से यह स्पष्ट होता है कि यह राग मींड प्रधान है व मींडप्रधान होने से इसकी चलन तथा प्रकृति गंभीर है। मंद्र, मध्य तथा तार तीनों ही सप्तकों में यह राग सुचारू रूप से तथा सुविधाजनक रीति से गाया जाता है। साधारणतया यह देखने में आया है कि मींडप्रधान राग मंद्र मध्य तथा तार तीनों ही सप्तकों में गाये जाते हैं व उनका चलन गंभीर होता है। इसके आरोही स्थायी का उठाव निसागम निसामगम , निसा प म, इस प्रकार होकर अंतरे का उठाव मपनि सां मपसां तथा गमपसां या गमपनी सां इस प्रकार होता है। अवरोही-उत्तरांग उठाव 'सांनिधप' व किंचित् निसांप मग इस स्वर-संगति से किया जाता है।

कोमल गांधार पर मध्यम से तथा कोमल निषाद पर तार सप्तक सां से गंभीर मींडयुक्त आंदोलन इस राग की एक विशेषता है। नि सा ग^{म} ऽऽ, नि सा म ग^{म} ऽऽऽ पगऽऽऽ मगऽऽऽ, इन स्वर-समूहों द्वारा गांधार पर मींडयुक्त आंदोलन किये जाते हैं जिनके द्वारा पूर्वांग में राग का स्वरूप स्पष्ट किया जाता है। इस प्रक्रिया में कोमल गांधार नियत स्थान से किंचित् उच्च होने का आभास देता है परन्तु नियत श्रुति से वह गांधार किंचित् उच्च है, ऐसा कहा नहीं जा सकता। इसी प्रकार पूर्वांग के कोमल गांधार से संवादित स्वर, उत्तरांग के, कोमल निषाद की स्थति है। प नि$^{सां}$ऽऽऽ, नि$^{सां}$ऽऽऽ, गमपनि$^{सां}$ऽऽऽ, $^{सां}$पनिऽऽऽ, सां आदि स्वर-प्रयोगों में कोमल निषाद तार सप्तक के षड्ज के स्पर्श द्वारा मींड युक्त व आंदोलित होता है, और इस प्रक्रिया में निषाद की निषाद के स्थान से तीव्र निषाद की ध्वनि दूरी कम होने का आभास होता है, परन्तु ऐसी प्रक्रिया में निषाद कोमल है यही कहना चाहिए; अतएव भीमपलासी राग में पूर्वांग के कोमल गांधार व उत्तरांग के कोमल निषाद की उच्चारण शैली गुरूमुख से सावधानी पूर्वक समझ लेनी चाहिए व उनका यथोचित शैली में प्रयोग करना चाहिए।

तान-प्रक्रिया में नि साग मपनिसां सांनिधप मग रेसा, जैसा सरल प्रयोग किया जाता है। यह एक अतीव मधुर तथा लोकप्रिय राग है।

आरोही— नि सा, ग म, पनिसां।

अवरोही— सां निधप, म, ग, रेसा।

पकड़— निसाम, मग, पमग, मग रेसा।

राग—भैरव

भैरव राग भैरव थाट से निर्मित हुआ है, ऐसा माना जाता है। इसमें ऋषभ तथा धैवत कोमल होते हैं व अन्य शेष स्वर शुद्ध होते हैं। आरोही-अवरोही में सातों ही स्वरों का प्रयोग होने से इसकी जाति संपूर्ण-संपूर्ण है। इसमें वादी धैवत, तथा संवादी ऋषभ है। उत्तरांगवादी संधि-प्रकाश राग होने से प्रातःकाल अर्थात् सूर्योदय के किंचित् पूर्व काल में इस राग को गाया जाये, ऐसा कहा गया है।

इस राग की विशेषता कोमल धैवत तथा कोमल ऋषभ पर निर्भर करती है। धैवत तथा ऋषभ के आंदोलन युक्त उच्चारण के साथ-साथ मध्यम स्वर के न्यास के रूप में मुक्त उच्चारण से यह राग रूचिवर्धक तथा भावभिव्यंजक सिद्ध होता है। अतएव आंदोलन युक्त कोमल धैवत तथा कोमल ऋषभ व न्यास के रूप में मुक्त मध्यम आदि प्रक्रियाओं को भलीभांति समझ लेना आवश्यक है। राग का मींडयुक्त चलन

राग-प्रकृति को गम्भीर स्वरूप प्रदान करता है व इस राग में म<u>रे</u>ऽऽऽ का मींड प्रयोग एक विशेष स्वर-संगति मानी जाती है। उक्त मींड-प्रक्रिया में गांधार का छिपा हुआ प्रयोग दिखाई देता है, जो इस थाट से निर्मित अन्य रागों में प्रयुक्त म<u>रे</u> स्वर-संगति से भिन्न है; अर्थात् म<u>रे</u>ऽऽऽ की मींडयुक्त स्वर-संगति तथा ऋषभ स्वर पर उचित आंदोलन इस राग की प्रमुख विशेषताएं मानी जाती हैं।

रागकल्पद्रुमांकुर के ग्रन्थाकार ने 'आरोहे ल्पर्षभत्वम्' कथन से आरोही में <u>रे</u> स्वर का अल्प प्रयोग किया जाना चाहिए, यह बताया है। आरोही में कोमल ऋषभ का अल्प प्रयोग होने से राग के पूर्वांग का उठाव अधिकतर 'सा गम' होता है व कभी-कभी 'साम' स्वरसंगति से भी आलाप का उठाव किया जाता है। ऋषभ के अल्प प्रयोग का यह अर्थ नहीं है कि 'सा<u>रे</u>गम' ऐसा उठाव नहीं हो सकता है, इसका अर्थ यह लेना चाहिए कि अधिकतर उठाव 'सागम', 'साम' तथा 'निसागम' स्वर-समूहों द्वारा किया जाना चाहिए जिससे कि <u>रे</u> का आरोही में अल्प प्रयोग सिद्ध हो। अंतरे का उठाव गमप<u>ध</u>, निसां, गम<u>ध</u>ऽऽ निसा के स्वरसमूहों द्वारा किया जाता है। उत्तरांग-अवरोही में सांनि<u>ध</u>पम, यह सरल प्रयोग होता है परन्तु आलापचारी में राग को गम्भीरता प्रदान करने के लक्ष्य से उत्तरांग-अवरोही मींड युक्त गाया जाकर सरल 'सनि<u>ध</u>पम' के स्थान पर सांऽ<u>ध</u> पम जैसा स्वर प्रयोग किया जाता है व तार-सप्तक के षड्ज से मध्य सप्तक के मध्यम स्वर तक मींड बताई जाती है। सांऽ<u>ध</u>पम, गमनि<u>ध</u> पऽ<u>ध</u> <u>ध</u>पम पमगम म के (म)ऽऽऽऽ सा की आलापचारी भैरव राग को अतिरंजकता प्रदान करती है।

तान 'निसागमप<u>ध</u>निस' तक जाती है व अवरोही सांनि<u>ध</u>प मग<u>रे</u>सा का सरल प्रयोग किया जाता है। अतएव मुख्य रूप से धैवत-ऋषभ के आंदोलित उच्चारण, मध्यम स्वर का न्यास के रूप में मुक्त प्रयोग तथा रागोचित स्वर-समूहों एवं स्वर-संवादों का मींडयुक्त उच्चारण आदि इस राग की विशेषताएं मानी जाती हैं, जिनका उचित अभ्यास द्वारा प्रस्तुतीकरण करके राग को गम्भीर तथा रंजक बनाना चाहिए।

आरोही-अवरोही-स्वरूप

सा<u>रे</u> गम, प<u>ध</u>निसां सांनि<u>ध</u>, प, म, ग<u>रे</u>, सा।

मुख्य अंग अथवा पकड़

सा गम, प <u>ध</u> पम।

राग—मारूबिहाग

दोहा—मारूबिहाग मधुलाग दिनावसाने। मध्यम उभय कछुक मिश्रित अंग मानो।

आरोह त्याग रि-ध औडव जाति गाये। संपूर्ण होत अवरोहण सिद्ध पाये॥

राग-परिचय— मारूबिहाग बिहाग का ही एक प्रकार माना गया है। उसके आरोह '<u>नि</u> सा ग मं प नि सां' में 'सुहाग' अथवा 'कर्णाटकी अमृतवर्षिणी' का दर्शन होता है तथा अवरोह 'सां नि ध प मं ग रे सा' में 'कल्याण' होता है। 'साग-म ग^प-सा' शुद्ध मध्यम युक्त इस स्वरावलि में तथा 'प नि सा ग रे^ग-सा' इस स्वरावलि में भी बिहाग बोलता रहता है। किन्तु 'साम-म' यह मुक्त मध्यम किंचित् 'नन्द' का आभास कराता है। करीब तीन दशकों से प्रचार पाया हुआ यह राग अनेकरूपता में भी एकरूपता साधे हुए है।

मारूबिहाग में तीव्र मध्यम के मुकाबले शुद्ध मध्यम का प्रयोग अत्यल्प होने पर भी उसे परमावश्यक माना गया है। कदाचित् बिहाग नाम सार्थक करने के लिए ही ऐसा हुआ हो। सौ वर्ष पूर्व बिहाग में तीव्र मध्यम नियमित नहीं वरन् आगन्तुक स्वर माना गया था, ऐसा उस समय के ग्रन्थ पढ़ने से सिद्ध होता है। इसके अतिरिक्त पुरानी पीढ़ी के कतिपय गुणीजनों ने भी उपर्युक्त कथन की पुष्टि की है, फलत: बिहाग को बिहागत्व प्रदान करने के लिए शुद्ध मध्यम अनिवार्य स्वर हो जाता है।

मारूबिहाग में तीव्र मध्यम के बिना काम नहीं चलेगा। 'नि सा ग मं प नि सां नि धपमंग मंगरेसा' इस तान में कहीं शुद्ध मध्यम नहीं फिर भी इसे मारूबिहाग की तान कहने में तनिक भी आपत्ति नहीं हो सकती है। इसके विपरीत तीव्र मध्यम के बदले यदि शुद्ध मध्यम बरता जाये, तो उसे

मारूबिहाग कहना उचित न होगा। इस तथ्य को देखते हुए तीव्र मध्यम ही मारूबिहाग का प्राणस्वर बन जाता है। शुद्ध मध्यम उपांश; निषाद तथा गंधार गृह स्वर, पंचम गृह तथा न्यास स्वर भी।

इस राग की उत्पत्ति कल्याण थाट से मानी गई है। दोनों मध्यम तथा शेष स्वर शुद्ध प्रयोग किये जाते हैं। वादी ग सम्वादी नि माना जाता है। गायन-समय रात्रि का प्रथम प्रहर है। आरोह में ऋषभ और धैवत वर्ज्य तथा अवरोह में सातों स्वर प्रयोग किये जाते हैं। इसलिये इसकी जाति ओडव-सम्पूर्ण है। दोनों म तथा शेष स्वर शुद्ध प्रयोग किये जाते हैं।

आरोह—ऩि सा ग मं प, नि सां।

अवरोह—सां नि धप ध ऽ प मं ग, मं ग रे सा।

पकड़—नि, धप ऽ ध ऽ पमं प, मं ग, मं ग सारे सा।

विशेषता—(1) नाम से लगता है कि जैसे मारूबिहाग में मारू और बिहाग इन दो रागों का मिश्रण है किन्तु ऐसा नहीं है इसमें कल्याण और बिहाग रागों का मिश्रण है। इन दोनों रागों के छोटे-छोटे टुकड़े एक दूसरे के बाद आते हैं, ऩि सा ग, और प नि सां बिहाग राग के, प ध प, सां नि ध प, प ध, मं ग ऽ मं ग रे सा कल्याण अंग के हैं।

(2) इसमें दोनों मध्यम प्रयोग किये जाते हैं। तीव्र मं आरोह अवरोह दोनों में प्रयोग किया जाता है और शुद्ध मध्यम केवल आरोह में षड्ज के साथ प्रयोग किया जाता है जैसे—सा म, म ग, मं ग रे सा। बसन्त राग में ठीक इसी प्रकार शुद्ध म का प्रयोग होता है। इसमें शुद्ध म के प्रयोग न करने से मार्ग बिहाग राग की सृष्टि होती है, ऐसा कुछ विद्वानों का मत है।

(3) इस राग की चलन तीनों सप्तकों में समान रूप से होती है।

(4) अवरोह में सर्वप्रथम बिहाग के समान धैवत शीघ्रता से लेते हैं और फिर कल्याण के समान धैवत पर रूकते हैं जैसे— सां नि धप ध ऽ प। इसी प्रकार रिषभ भी बिहाग के समान सर्वप्रथम शीघ्रता से प्रयोग करते हैं और उसके बाद उस पर रूकते हैं जैसे— मं ग, म ग रेसा रे ऽ सा।

(5) यह राग अधिक पुराना नहीं है इसलिए इसमें पुरानी बंदिशें बहुत कम मिलती हैं। अब यह धीरे-धीरे बहुत लोकप्रिय हो रहा है।

न्यास के स्वर—ग, प और नि।

समप्रकृति राग—कल्याण और बिलावल।

राग कल्याण से बचने के लिए शुद्ध म और बिलावल अंग का प्रयोग और बिलावल से बचने के लिए कल्याण अंग का प्रयोग करते हैं।

राग—मालकौंस

सोरठा—मध्यरात्रि कर गान, 'रि-प' वर्जित कोमल सकल।

मालकौंस गुनि मान, शान्त गभिर 'स' 'म' स्वर सबल॥

राग-परिचय—सर्वथा सुगम, सुमधुर एवं शांत रागों में मालकौंस का स्थान अग्रगण्य है। मध्यरात्रि में अपनी अन्यतम माधुरी से श्रोताओं को आप्लावित करने वाला प्राचीनों का यह पुरुष राग 'रि-प' का त्याग करके जब 'षड्ज-मध्यम' का शांत सुयोग स्थापित करता है तब सुनने वालों को मानो समाधि लग जाती है। थाट-पद्धति के अनुसार भैरवी थाट से उत्पन्न इस राग में 'ग-ध-नि' स्वर कोमल हैं। सभी स्वर जोड़ियाँ आपस में मधुरतम सवांद रखती हैं।

मालकौंस के पहले मालवकौशिक तथा उससे भी प्राचीन मालवकौशिक नाम सुनने में आए हैं। किन्तु आज हमें इस मालकौंस के साथ उसका 'रि-प' वर्जित तथा कोमल 'ग-ध-नि' युक्त स्वर-रूप ही अपेक्षित है। विशेष बात इतनी है कि हमारे मालकौंस के स्वर-सन्निवेश को कर्णाटक पद्धति में 'हिंदोलम्' तथा उड़ीसी संगीत-पद्धति में 'शुद्ध-कैशिकी' कहते हैं। प्राचीन ग्रंथों में प्रयुक्त कैशिक शब्द आज उड़ीसी संगीत-पद्धति में पर्याप्त प्रचार पाया हुआ है और उसका सीधा संबंध हमारे मालकौंस से है।

'सा' के अतिरिक्त मध्यम एक ऐसा प्रबल स्वर है जो आरोही तथा अवरोही दोनों ही क्रियाओं में मालकौंस को अत्यधिक पुष्ट करता है—यथा 'निध निसा सा म' तथा 'सां नि ध-म गम मग ग सा' इसी कारण मध्यम को अंश स्वर भी कहा है। हालाँकि षड्ज से आरंभ और षड्ज पर ही अंत अत्यंत स्वाभाविक रूप से होता रहता है तथापि प्रचार में तानों

का आरंभ मन्द निषाद से करने का रिवाज है। ऐसे समय उसे गृह-स्वर कहने में कोई आपत्ति नहीं। मींड क्रिया तथा स्पर्श स्वरों का अधिकाधिक प्रयोग मालकौंस में पाया जाता है। इस राग का गायान समय रात्रि का प्रथम प्रहर तथा कुछ लोग तीसरा प्रहर मानते हैं।

आरोह— स ग म ध नि सां।

अवरोह— सां नि ध म, ग म ग सा।

पकड़— ग म, ग सा, नि़ सा, ध़ नि़ सा म मऽऽ।

राग—यमन

रागकल्पद्रुमांकुर ग्रन्थ में यमन-राग के संबंध में निम्नांकित वर्णन दिया हुआ है—

कल्याणो यमनो विभाति सकलैस्तीव्रस्वैरमंडितो।
गांधार: कथितोऽत्र वाघथ च संवादी निषाद स्वर: ॥
शेषा: स्युस्त्वनुवादिन: क्वचिदिस्यान्मध्यम कोमलो।
गेयो रात्रिमुखे मनीषिभिरसौ संपूर्ण रागाग्रणी ॥

उक्त संस्कृत कथन के अतिरिक्त 'राग-चंद्रिका-सार' हिन्दी पुस्तक में भी निम्नांकित संक्षेप वर्णन प्राप्य है—

सबही तीवर सुर जहाँ, वादी गांधार सुहाय।
अरू संवादी निखादते, ईमन राग कहाय ॥

मुगल व पठान काल में भारतीय शास्त्रीय संगीत में कर्नाटकी तथा उत्तरी अर्थात् हिन्दुस्तानी ऐसी दो संगीत-पद्धतियां जब प्रचार में आईं, तब उस समय पूर्वकालीन मेचकल्याण राग हिन्दुस्तानी संगीत-पद्धति में 'यमन' राग की संज्ञा से प्रचलित हुआ।

आरोही-अवरोही में सातों ही स्वरों का प्रयोग होने से इसकी जाति सम्पूर्ण-सम्पूर्ण कही जाती है और सम्पूर्ण-सम्पूर्ण जातियों के रागों में इस राग को सम्पूर्ण रागों का अग्रणी अर्थात् प्रमुख राग माना जाता है, जिसका समर्थन 'राग कल्पद्रुमांकुर' ग्रन्थ के उक्त संस्कृत उद्धरण में इसे 'सम्पूर्ण रागाणी' कहकर किया गया दिखाई देता है। क्वचित् समय वादी स्वर के मध्य में 'ग म ग' प्रयोग में शुद्ध मध्यम का प्रयोग भी किया जाता है, तब इसे यमन-कल्याण राग की संज्ञा दी जाती है।

इस राग का वादी स्वर गांधार तथा संवादी स्वर निषाद है। इसका गायन समय रात्रि का प्रथम प्रहर माना जाता है। इसे आश्रय राग की संज्ञा भी दी जाती है।

उक्त साधारण जानकारी के अतिरिक्त राग सम्बन्धी अन्य बातों का ज्ञान होना आवश्यक है। इस राग में सारे ही स्वरों पर न्यास अर्थात् ठहराव किया जा सकता है। साधारणतया यह देखा गया है कि वादी तथा संवादी स्वरों के अतिरिक्त शेष अन्य अनुवादी स्वरों पर भी न्यास किया जाता है, किन्तु ऐसा न्यास करते समय राग के पूर्वांग तथा उत्तरांग का ध्यान रखना आवश्यक हो जाता है। राग पूर्वांगवादी अर्थात् पूर्वांग-प्रबल हुआ तो उत्तरांग के स्वरों पर आलापचारी करते समय विशेष सावधान रहने की आवश्यकता होती है। ऐसा करते समय पूर्वांग के स्वरों को बार-बार लेते हुए उत्तरांग के स्वरों पर इस प्रकार न्यास किया जाना चाहिए जिससे उस राग के स्वरूप का ह्रास न हो। यमन राग में गांधार स्वर वादी होने के कारण यह राग पूर्वांगवादी अर्थात् पूर्वांग-प्रबल होता है। पूर्वांग के सा, रे, ग म प इन पाँच स्वरों के अतिरिक्त उत्तरांग के धैवत तथा निषाद स्वरों पर न्यास करते समय वादी स्वर गांधार के साथ-साथ पूर्वांग के अन्य स्वरों की बार-बार सहायता लेना राग-स्वरूप-संरक्षण की दृष्टि से अत्यन्त आवश्यक हो जाता है।

न्यास सम्बन्धी उक्त तत्व पर ध्यान देने के साथ-साथ राग में राग-सूचक प्रमुख-प्रमुख स्वर संवादी जोड़ियों, प्रमुख स्वर-समूहों, कण एवं मींड युक्त स्वरों के प्रयोग के महत्व की ओर भी ध्यान देना चाहिए—इस राग में राग-सूचक स्वर-जोड़ी 'प रे' की संगत मानी जाती है, क्योंकि प रे की स्वर-संगति कल्याण-अंग की स्वर-संगति है। इसका प्रयोग आलापचारी एवं बंदिशों में दिखाई देता है। 'प रे' स्वर संगति के अतिरिक्त इस राग के पूर्वांग का उठाव 'सा रे ग' के स्थान पर 'नि रे ग' से ही अधिकतर किया जाता है। आलाप की समाप्ति के समय अधिकतर 'नि़ रे सा' स्वर-समूह लिया जाता है, अत: पूर्वांग में 'नि रे ग' व 'नि रे सा' ये दोनों स्वर समूह इस राग के राग-सूचक प्रमुख स्वर-समूह माने जाते हैं।

'प ग' के मींडयुक्त स्वर-समूह में तीव्र म का उपयुक्त स्पर्श किया जाता है। नि [ध]नि (प) स्वर-समूह अनेक बंदिशों

में पाया जाने के कारण, गायक-वादक आलापचारी करते समय उक्त स्वर-समूह का अनेक बार प्रयोग करते हैं; उसके पश्चात् ऋषभ तथा गांधार-स्वर को जोड़ के 'नि धनि (प) रेग' स्वर-समूह की रचना कर वैचित्र्य एवं विशिष्ट अन्तरंग को स्पष्ट करते हुए दिखाई देते हैं। म गरे ग यह स्वर-समूह भी वादी स्वर के कण के रूप में दिखाया जाकर कई बार प्रयुक्त किया हुआ दिखाई देता है। इसी प्रकार आरोही-अवरोही में पंचम को वर्जित करके "नि रे ग, म ध, नि, ध म ग रे ग रे नि़ रे सा" इस स्वर-समूह का भी उचित प्रयोग किया जाता है। उक्त कण, मींड तथा स्वरों के लंघन द्वारा प्रयुक्त स्वर-समूह राग का वैचित्र्य बढ़ाकर राग को शोभादायक व रंजक बनाते हैं।

जैसा कि पहले कहा गया है कि इस राग के पूर्वांग आरोही का उठाव अधिकतर नि रे ग म प स्वर-समूह द्वारा किया जाता है। इस राग के अंतरे का अर्थात् उत्तरांग आरोही का उठाव प सां पधपसां मपधनिसां, मधनिरेंसां क्वचित् मधानिसां आदि स्वर-समूहों में से किसी एक स्वर-समूह द्वारा किया जाता है। राग का उठाव नि रे ग से होने के कारण अधिकतर आलाप व तानें निरेगम निरेगम से ही उठाई जाती हैं। ध्यान यही होना चाहिए कि राग-स्वरूप राग-प्रकृति, रागचलन एवं उस राग विशेष में निहित राग-रंजकत्व व रसानुभूति आदि की पूर्ति में बाधा नहीं आनी चाहिए।

इस राग की प्रकृति एवं चलन गंभीर है व मींड एवं गमकादिक अलंकारों का प्रयोग राग की सुन्दरता तथा रंजकता को बढ़ाता रहता है। यह राग अतिलोकप्रिय रागों में से एक है।

राग के आरोही-अवरोही स्वरूप सा रे ग, म प, ध नि सां, सांनिध, प मग, रेसा।

पकड़ अथवा मुख्य अंग

नि़ रेग, रेसा, प मग, रे, ग रे, नि़रेसा।

यह राग गायन तथा वादन दोनों ही विधाओं में खिलकर सामने आता है।

राग—रागेश्वरी

राग रागेश्वरी खमाज थाट जन्य है। निषाद कोमल तथा अन्य स्वर शुद्ध हैं। पंचम वर्जित होने के कारण इसकी जाति षाडव-षाडव है मध्यम वादी व षड्ज सम्वादी सर्वमान्य है। गायन-समय रात्रि का द्वितीय प्रहर है। केवल निषाद को छोड़कर राग के अन्य सभी नियमों के सम्बन्ध में गुणीजन एकमत हैं। कुछ विद्वान प्रस्तुत राग में दोनों निषादों का प्रयोग करते हैं। निषाद के प्रयोग में मतभेद का मुख्य कारण यह है कि जो लोग प्रस्तुत राग को खमाज अंग का मानकर गाते हैं, वे लोग इसमें दोनों निषादों का प्रयोग करते हैं। यहाँ एक बात ध्यान देने योग्य है कि खमाज अंग के राग रागेश्वरी में गन्धार वादी तथा मध्यम का बहुत्व मानकर गाने में ही राग अंग के हित की रक्षा होगी। इसके अतिरिक्त केवल कोमल निषाद युक्त रागेश्वरी को बागेश्वरी अंग प्रधान मानकर गाते हैं तथा केवल कोमल निषाद और मध्यम को वादी, गन्धार का बहुत्व व रिषभ का केवल दीर्घ बहुत्व मानकर बागेश्वरी अंग की पुष्टि करते हैं। इसके अतिरिक्त इस राग में जो धैवत गन्धार की संगति होती है वह बागेश्वरी अंग का चिन्ह है यथा— सां नि ध म, म ध ग म ग रे सा। इस स्वर समूह में केवल गन्धार कोमल कर देने से पूर्ण रूप से बागेश्वरी राग बन जायेगा। कहने का अभिप्राय यह है कि इस राग में ध ग स्वर संगति से बागेश्वरी राग की पुष्टि होती है। इस हेतु ऊपरोक्त दोनों निषाद युक्त खमाज थाट से सम्बन्धित रागेश्वरी राग में ध ग की संगति युक्ति संगति नहीं लगती है, क्योंकि खमाज अंग में ध ग की संगति नहीं लगती है और ध ग की संगति इस राग में मुख्य रूप से होती है। वैसे प्रचार में अधिकांश गायक व वादक इस राग में केवल कोमल निषाद का प्रयोग करते हैं।

इस कारण इससे सम्बन्धित राग स्वरूप ही यहाँ दिया जा रहा है जैसे— सा नि़ धु नि़ सा ग रे ऽ सा, ध़ नि सा ग म म ग रे ऽ सा, सा ग म, म ग म ध, नि ध म, ध ग म, म ग ऽ रे ऽ रे ऽ सा, रे सा नि़ ध़ म़ ध़ नि़ सा, ग म ध नि नि सां (सां) नि नि ध, नि ध म, ग म ध म ग, सा ग म ग रे सा। राग विस्तार में सां नि ध, नि ध म ग, ध म ग, म नि ध

म ग, इस प्रकार गन्धार के न्यास से क्षणिक खमाज का आभास हो सकता है, परन्तु पुनः मध्यम का पूर्ण न्यास खमाज के ऊपरोक्त आभास को दूर कर देता है। प्रस्तुत राग में ग म रे सा इस प्रकार अवरोह में गन्धार वक्र प्रयोग प्रचार में गायक-वादक जन करने लगे हैं जिसे आधुनिक प्रयोग समझना चाहिये।

स्वरों का प्रयोग तथा स्थान

सर्वश्रेष्ठ स्वर षड्ज के अतिरिक्त रिषभ का प्रस्तुत राग में सा ग रे सा इस भाँति के प्रयोग में अल्पत्व तथा कभी-कभी सा ग म ग रे रे सा, इस पुनरावृत्ति में दीर्घ प्रयोग या दीर्घ बहुत्व भी दृष्टव्य होता है। कभी कदाचित रिषभ का सा ग रे ग म ग, इस प्रकार आरोह में भी प्रयोग दिखता है, परन्तु यह राग नियम के अन्तर्गत नहीं है।

गंधार इस राग के आरोह में अपन्यास बहुत्व युक्त है, परन्तु अवरोह में मध्यम के प्रभाव से तेज हीन हो जाता है यथा आरोह में सा ध नि सा ग, सा रे सा नि़ ध़ नि़ सा ध़ नि सा ग ग, म इत्यादि परन्तु अवरोह में म ग ध म, ध नि ध म, ध ग म, सां नि नि ध म, सा ग म ध म, म ग रे सा इत्यादि। कभी-कभी ग म रे के लगाव में गंधार का लंघन भी दिखाई पड़ता है।

मध्यम का प्रस्तुत राग में आंशिक न्यास बहुत्व (वादी स्वर सम्बन्धी न्यास) है जैसे— सा ग म, म ग म ध म, ध नि सा ग म इत्यादि परन्तु ध ग की संगति में क्षणिक लोप होकर पुनः सामने आकर लंघन दोष से मुक्त हो जाता है। धैवत तथा निषाद इस राग में अभ्यास बहुत्व का स्वर है जैसे—ग म ध ध नि ध म, म ध नि नि ध नि (सां) नि नि ध, नि ध म, ध ग म ध सांनि सांनि सां इत्यादि।

इस प्रकार यह राग अपनी मधुर स्वर-संगतियों के प्रचार के द्वारा श्रोताओं के मन को रजक प्रदान करने में पूर्ण समर्थ है। यह राग गायन तथा वादन दोनों के लिए ही उपयुक्त है।

आरोह—सा ग, म, ध नि सां।

अवरोह—सां नि ध म, ग रे सा।

मुख्य स्वर समूह—सा ग म, ध ग म, म ग रे सा।

राग—शहाना

राग-परिचय—यह काफी थाट का राग है। इसकी जाति सम्पूर्ण-सम्पूर्ण है। गंधार व निषाद कोमल तथा अन्य सब स्वर शुद्ध लगते हैं।

आरोह—रेनी सा मग म, ग म ध नी प, म प, सां।

अवरोह—सां नि ध नी प, म प मग म रे सा।

मुख्य अंग—सा, नीध नी प, म प सां नीध नी प, म प, ग म ध नीध नीप, ध म प, मग म रे सा।

विशेष विवरण—यह कान्हड़ा अंग का एक प्राचीन प्रकार है इस राग का आरोह-सम्पूर्ण होते हुए भी आरोह में रिषभ की उपेक्षा करके "नी़ सा मग म प" करके जाते हैं। "नी़ सा रे म रे सा" द्वारा विस्तार करते हैं, यह उत्तरांग प्रधान राग है, और इस राग का विस्तार मध्य तथा तार सप्तक में अधिक होता है। शहाना की विशेषता यह है कि षड्ज से धैवत की संगति अधिक होती है तथा धैवत का अधिक महत्व है। इस राग में मध्यम से अधिक प्रबल पंचम है। इसमें मध्यम से पंचम अधिक बढ़ता है। कभी-कभी पंचम से तार षड्ज पर जाते हैं, जैसे "म प नी, म प सां" और तार षड्ज खूब चमकता है। इस राग में शुद्ध निषाद का भी प्रयोग करते हैं जैसे—म प ध नि सां तथा म प नि सां।

विद्वानों का कथन है कि शहाना में चार रागों का मिश्रण है बहार, अडाना, मल्हार तथा बागेश्री इस राग में धैवत पर अधिक रूकते हैं, जैसे—स ध, नी प म प, या ग म ध, नी प इस राग के निकट सूहा सुघराई, नायकी और देवसाख है। शहाना में पंचम का वादी होना तथा शुद्ध धैवत का अधिक प्रयोग नायकी को अलग करता है। देवसाख में गंधार और पंचम की संगति तथा धैवत का वर्जित होना शहाना को अलग करता है। पंचम का अधिक बहुत्व तथा धैवत का अधिक प्रयोग सूहा को अलग करता है। सुघराई तीनों सप्तकों में गाई जाती है परन्तु शहाना केवल मध्य तथा तार सप्तक में गाया जाता है। शहाना में केवल सप्तक पूरा करने के लिए मध्यम पर आते हैं। सुघराई दिन में शहाना रात में गाई जाती है। शुद्ध धैवत लेने के कारण इसका स्वरूप बहार से बहुत कुछ मिलता हे परन्तु शहाना में पंचम का वादी होना तथा

आरोह में रिषभ का प्रयोग बहार को अलग करता है क्योंकि बहार के आरोह में रिषभ वर्ज्य तथा मध्यम वादी है।

स्वरूप

सा, नि़ सा रे सा ग ऽ म रे सा, ग म प, ग ऽ म रे सा, नि़ सा म, म प ग म, रे सा, पनि़ प़ सा। नि़ सा म, म प ग म, ध प म ग म, सां ध ध नि म प ग म, म प ध नि सां, नि ध नि म प, ग ऽ म सा, नि़ सा ग म, ध नि प म प मग ऽ म रे सा। सां ध ऽ ध नि प म प सां, रें सां, रें नि सां, गं मं रें सां, मं रें सां ध नि प, नि नि प सां, ध नि प, ध प म प, मग म रे सा।

राग—शुद्धसारंग

सोरठा— आरोही ग-ध त्याग, अवरोही गंधार बिनु।
मध्यम द्वय मधु, लाग, राग शुद्ध सारंग में॥

राग-परिचय—प्रस्तुत सोरठे में सूचित राग शुद्ध सारंग, सारंग का एक प्रकार माना गया है। सारंग के अन्य प्रकारों के रूप में मियाँ की सारंग अथवा मल्हार सारंग, मधमाद सारंग, नूर सारंग आदि नाम आते हैं।

शुद्ध शब्द कई राग नामों के पूर्वार्ध में पाया जाता है। यथा— शुद्ध कल्याण, शुद्ध नट, शुद्ध गुणकली तथा शुद्ध बंगाल इत्यादि। कर्णाटक में भी सावेरी तथा शुद्ध सावेरी ऐसे दो राग-रूप मिलते हैं। शुद्ध बंगाल नाम प्राचीन ग्रंथ में मिलता है। किन्तु शेष सभी राग-नाम व उनके रूप अधुना प्रचलित हैं। शुद्ध नट, शुद्ध गुणकली तथा कर्णाटकी शुद्ध सावेरी में विकृत स्वरों का सर्वथा अभाव है, इसलिए भी उन राग रूपों की 'शुद्ध' संज्ञा आंशिक रूप से सार्थक है। शुद्ध कल्याण के विषय में दो मत अवश्य हैं— एक मत के अनुसार उसमें भी विकृत स्वर का अभाव अवश्य है, परन्तु दूसरे मत से अवरोह में तीव्र मध्यम का प्रयोग माना गया है। फलतः शुद्ध कल्याण के लिए 'शुद्ध' संज्ञा विचाराधीन रह जाती है। ठीक वैसी ही स्थिति शुद्ध सारंग की भी है। शुद्ध सारंग में विकृत स्वर तीव्र मं का प्रयोग अनिवार्य हो जाता है। ऐसी स्थिति में 'शुद्ध' शब्द का अर्थ लगाना कठिन हो गया है।

'नि सा रे म रे', 'रे म प म रे', 'प नि प म रे', 'नि प म रे', ये स्वरावलियाँ पूर्णतः सारंग अंग को ही दिखलाती हैं। सारंग अंग तथा कानड़ा अंग का तुलनात्मक अध्ययन करते समय सारंग का कोमल निषाद अत्यंत महत्वपूर्ण स्वर बन जाता है। यहाँ कोमल निषाद को छोड़कर 'नि सा रे म रे', 'रे म प म रे', ये स्वर समुदाय, सारंग अंग को प्रकट कर ही देते हैं। सभी जानते हैं कि सारंग (वृंदावनी सारंग) में ग-ध सर्वथा वर्जित हैं। शुद्ध सारंग के आरोह में ऐसा ही है। किन्तु अवरोह में धैवत का प्रयोग खुलकर किया जाता है। मध्यम का प्रयोग शुद्ध सारंग को सारंग से हटाकर श्याम कल्याण की ओर ले जाता है। परिणामतः शुद्ध सारंग को, 'सारंगत्व' की रक्षा के लिए 'नि सा रे म रे', अथवा 'रे म रे सा नि सा', इन स्वरावलियों की सहायता बार-बार लेनी पड़ती है। साधारणतया—'नि सा रे मं प नि सां' इससे उसकी जाति औडव-षाडव सिद्ध होती है। गृहस्वर निषाद तथा ऋषभ, अंशस्वर तीव्र मध्यम, उपांश स्वर धैवत, न्यास षड्ज तथा अपन्यास ऋषभ।

शुद्ध सारंग में दो म और शेष स्वर शुद्ध हैं। आरोह में ग, ध और अवरोह में ग वर्ज्य होने से जाति औडव-षाडव है लेकिन प्रचार में कई गुणीजन आरोह में बीच-बीच में ध का अल्प प्रयोग करते हैं इसलिए कोई इसकी जाति षाडव-षाडव भी मानते हैं। प्रचार में यह अलग-अलग ढंग से गाया जाता है।

(1) कोई आरोह में ध वर्ज्य कर अवरोह में भी ध छोड़कर सांनिप अथवा सांनिमंप इस प्रकार इसका प्रस्तार करते हैं।

(2) कोई अवरोह में सांनिमंप के साथ बीच-बीच में सांनिधप इस प्रकार सरल ध भी लेते हैं।

(3) कोई 'नि़ध़सानि़रेसानि़' इस प्रकार वक्र स्वरूप से ध़सा संगति से भी इसका प्रस्तार बीच-बीच में करते हैं।

(4) कोई बीच-बीच में अवरोह में मंपनिधप इस प्रकार कोमल नि का अल्प प्रयोग भी करते हैं।

(5) कोई बीच-बीच में मपधनिसांनिधप इस प्रकार आरोह अवरोह में सरल ध का प्रयोग करते हैं।

तीव्र म आरोह में और शुद्ध म अवरोह में लिया जाता है, लेकिन कभी-कभी बीच-बीच में 'पममरे' इस प्रकार दोनों म एक साथ भी अवरोह में लेते हैं, जिससे राग की रंजकता में वृद्धि होती है। गायन समय मध्यान्ह है। अवरोह में शुद्ध नि पर बार-बार न्यास किया जाता है।

आरोह—सारे, मप, नि, सां।

अवरोह—सांनि, धप, मरे, सानि़, सा।

पकड़—सानि़, प़, नि़ध़सानि़ रे, सा, रे, मप, म, मरे, नि़ सानि़।

स्वरविस्तार

(1) सा नि़सा, रे, सारे, नि सा, नि़ ध़, सानि़, रे, नि़, सा, रेम, प, मप, मरे, सारे, नि़, सा, रे, मरे, मप, धप, मरे, नि़, सानि़, रे, नि़ सा।

(2) सा, नि़ प़, म़ प़, नि़, सा, रे, प, मप, मरे, मसारे, नि़, सा, रे, गप, धप, मप, मरे, प़नि़सारे, मरे, पमप, नि, धप, मप, म, म रेसा, नि़, प़नि़सारे, मरे, नि़, सा।

(3) नि़सा, रे, मप, धप, निधसां, निरें, नि, सां, नि, धप, मप, रेम, रेप, मप, नि, सां, निप, मप, रेमपनिसां, निप, मप, मरे सारेमरे, प, म, मरे, नि़, सानि़, रे, नि़, सा।

राग—श्याम कल्याण

प्रचलित श्याम कल्याण राग की उत्पत्ति कल्याण थाट से मानी गई है। यद्यपि इसमें दोनों मध्यमों का प्रयोग होता है, परन्तु तीव्र मध्यम तथा कल्याण अंग अधिक होने से, इसका कल्याण थाट जन्य होना उचित और न्याय संगत है। तीव्र मध्यम का प्रयोग आरोह और शुद्ध मध्यम का अवरोह में होता है। तीव्र मध्यम के अतिरिक्त शेष सभी स्वर शुद्ध हैं। आरोह में धैवत वर्जित है एवं गन्धार का प्रयोग कामोद अंग से किया जाता है जैसे—ग म प, ग म रे सा। अवरोह सम्पूर्ण होने के कारण इसकी जाति षाडव-सम्पूर्ण है। जाति के विषय में काफी मतभेद विद्वानों में है। कुछ संगीताचार्य इस राग को सम्पूर्ण-सम्पूर्ण, कुछ संगीतज्ञ ओडव-सम्पूर्ण तथा कुछ लोग षाडव-सम्पूर्ण जाति का राग मानते हैं। यथा—

(1) स्वर्गीय पं. विष्णु नारायण भातखंडेजी द्वारा रचित 'क्रमिक पुस्तक मालिका' के पाँचवें भाग में जों विलंबित ख्याल हैं, उदाहरणार्थ जैसे 'म्हारा रसिया' और 'घटा कारी हूँ' या 'जियो मेरे लाल' अथवा 'पार्वती नाथ' इत्यादि बंदिशों में गंधार धैवत स्पष्ट रूप से आरोह-अवरोह में प्रयुक्त हुआ है, अत: इस प्रकार को मुक्त कंठ से संपूर्ण-संपूर्ण कहा जायेगा।

(2) दूसरे प्रकार के आरोह में गन्धार को कामोद की तरह लगाते हैं जैसे—ग म प, या ग म ध प। इस प्रकार स्वर लेने से आरोह में भी गन्धार का प्रयोग हो जाता है। इसीलिए आरोह में केवल धैवत को वर्जित करके इसको षाडव-संपूर्ण मानते हैं।

(3) तीसरा प्रकार पं. वि.ना. पटवर्धनजी द्वारा मान्य है। वह केवल अवरोह में ग म रे सा द्वारा गंधार का प्रयोग करते हैं तथा आरोह में गन्धार और धैवत को वर्जित करके इसकी जाति ओडव-संपूर्ण मानते हैं।

'राग कल्पद्रुम' तथा 'चंद्रिकासार' ग्रन्थों को देखने से ऐसा प्रतीत होता है कि इन ग्रन्थों के रचना-काल में श्याम कल्याण में सा-म-वादी-सम्वादी मानने का रिवाज था। परन्तु वर्तमान समय में पञ्चम-षड्ज व रिषभ-पंचम वादी-सम्वादी मानने का प्रचलन है। जो विद्वान इस राग में हमीर, गौड़ सारंग और केदार का मिश्रण मानते हैं, उनके श्याम कल्याण में स्वाभाविक रूप से ही शुद्ध मध्यम कुछ दीर्घ होगा जो कि सम्वादी के योग्य हो सकता है। मध्यम के दीर्घ होने से तथा म रे, की संगति होने से मल्हार का भी कुछ आभास हो सकता है। किन्तु भातखंडेजी के मतानुसार प्रचलित श्याम कल्याण जो कि कल्याण और कामोद के मिश्रण से बना है, अर्थात्—सा रे म प ध ध प, म प नि ध ऽ म प, म प नि सां ध ऽ म प, कल्याण के इस स्वर-समूह में ग ग प ग म रे सा, राग कामोद के इस स्वर-समूह को मिलाकर श्याम कल्याण राग का आविर्भाव होता है। इस स्वरूप में न तो मध्यम संवादी होने की गुंजाइश है और न ही मल्हार राग का आभास होने की आशंका ही है। क्योंकि कल्याण का तो यह स्वर ही नहीं है, और कामोद में भी अनुवादी के रूप में ही इसका प्रयोग किया जाता है। कहने का अभिप्राय यह है कि

प्रचलित श्याम कल्याण में षड्ज और मध्यम को वादी-संवादी मानना कुछ उचित नहीं प्रतीत होता है। यदि षड्ज के साथ पंचम को वादी-सम्वादी लिया जाय तो यह प्रचलित श्याम कल्याण में उचित प्रतीत होगा।

लेकिन यहाँ यह प्रश्न उठता है कि षड्ज को वादी मानना चाहिए अथवा नहीं। विद्वानों का कथन है कि षड्ज, स्वर राग की सृष्टि करता है। बिना वादी-सम्वादी हुये ही राग में उसकी अधिकता रहती है, अत: यदि राग में षड्ज के अलावा कोई ऐसा स्वर मौजूद है जो कि वादी स्वर होने के योग्य है तो सर्वप्रथम उसी को यह स्थान देना चाहिये, क्योंकि षड्ज को वादी मान लेने से राग का विस्तार क्षेत्र भी संकुचित हो जाता है। इन सभी कारणों के प्रकाश में यह स्पष्ट हो जाता है कि यदि षड्ज को वादी न बनाया जाय तो अधिक श्रेयस्कर होगा।

इसके अतिरिक्त रिषभ भी वादी स्वर होने के लिए अधिक उपयुक्त नहीं प्रतीत होता है। क्योंकि जिस प्रकार दिन के प्रथम प्रहर में रिषभ का वादी होना सुन्दर नहीं लगता ठीक उसी प्रकार यह रात्रि के प्रथम प्रहर में भी शोभा नहीं देता। दिन और रात्रि के द्वितीय प्रहर के रागों में रिषभ का वादी होना अधिक सजता है यथा— दिन में सारंग अंग के रागों में (गौड़ सारंग को छोड़कर) एवम् रात्रि में देश अंग के रागों में।

श्याम कल्याण रात्रि के प्रथम प्रहर का राग है जो कि कल्याण थाट के रागों का समय है। कल्याण थाट के रागों में अधिकतर यह देखा गया है कि ग प स्वर वादी का स्थान ग्रहण कर लेता है। उदाहरणार्थ— यमन, शुद्ध कल्याण, भूपाली, जैत-कल्याण, चंद्रकांत, मारूबिहाग इत्यादि रागों के नाम लिये जा सकते हैं। यद्यपि रिषभ का भी महत्व कम नहीं रहता, फिर भी एकाध ही ऐसे राग मिलेंगे जो कल्याण थाट के हों और उसमें रिषभ को वादी का स्थान मिला हो। ऐसे रागों में अपवाद स्वरूप एक छायानट राग है। जिसमें रिषभ वादी है। इन सभी कारणों के प्रकाश में, श्याम कल्याण राग में पंचम षड्ज वादी-सम्वादी की धारणा अधिक उपयुक्त प्रतीत होती है। पंचम षड्ज वादी-संवादी मानकर गाने से, राग शुद्ध सारंग का भी अधिक भय नहीं रहेगा, क्योंकि उसमें रिषभ-पंचम वादी-सम्वादी और सारंग अंग प्रधान है। श्याम कल्याण में षड्ज के अलावा पंचम ही एक ऐसा स्वर है जिस पर सर्वाङ्ग न्यास किया जाता है। मध्यम धैवत पर न्यास होता नहीं, रिषभ पर अवरोहात्मक न्यास एवम् निषाद पर आरोहात्मक न्यास किया जाता है। इसके विपरीत इन स्वरों पर न्यास करने से शुद्ध सारंग की स्पष्ट छाया पड़ने लगेगी। उदाहरणार्थ रिषभ पर आरोहात्मक न्यास— सा, ऩि सा रे, म रे सा ऩि सा रे, प़ ऩि सा रे, सा ऩि ध़ प़ सा, ऩि सा रे। निषाद पर अवरोहात्मक न्यास— सा, रे सा ऩि, म रे सा ऩि, प़ ऩि सा रे सा ऩि, सा रे म रे ऩि इत्यादि।

इसलिए पंचम ही इस राग में वादी के योग्य दिखता है और यही होना भी चाहिए। यहाँ पर एक प्रश्न उठता है कि राग में ऐसा नियम होता है कि यदि वादी पूर्वाङ्ग में हो तो संवादी को उत्तरांग में होना चाहिये। श्यामकल्याण में यदि वादी स्वर पंचम को मानेंगे तो दोनों मुख्य स्वर पूर्वांग में हो जाने से राग के नियम का उलंघन होगा। परन्तु ऐसा बहुत से रागों में हुआ है। उदाहरण के लिए राग केदार में मध्यम-षड्ज, कामोद में पंचम-रिषभ, जैत कल्याण में पंचम-षड्ज, हमीर में पंचम-षड्ज, वादी-सम्वादी हैं। इन सभी रागों में वादी सम्वादी पूर्वांग के ही स्वर हैं। जब इन रागों में इस प्रकार के वादी-संवादी न्याय संगत हैं तो फिर श्याम कल्याण में भी असंगत होने का प्रश्न ही नहीं उठता।

इन सभी समस्याओं के समाधान हेतु नियम यह होना चाहिये कि पूर्वांग राग के वादी स्वर पूर्वांग में हों और उत्तरांग रागों के वादी स्वर उत्तरांग में होना चाहिये। परन्तु संवादी स्वर वादी के विपरीत क्षेत्र के अतिरिक्त भी चार अथवा पांच स्वर की दूरी पर उसी क्षेत्र के अन्तर्गत हो सकता है। ऐसा करने से बहुत से राग जो अभी अपवाद की श्रेणी में आते हैं वह अपवाद से बच जायेंगे।

राग श्याम कल्याण में पंचम के साथ रिषभ को सम्वादी मानना उचित नहीं प्रतीत होता, क्योंकि इस राग में कामोद का मिश्रण है और कामोद में भी यही स्वर वादी-संवादी हैं। इस कारण कामोद अंग अधिक होने की सम्भावना रहेगी। जबकि मुख्य राग से, मिश्रण वाले राग का अंग (महत्व) कम होना चाहिये। इसलिए श्याम कल्याण में रिषभ के स्थान पर षड्ज

को ही सम्वादी मानना अधिक उचित होगा।

स्वरों का प्रयोग तथा महत्व—प्रस्तुत राग में रिषभ का अवरोहात्मक न्यास दृष्टव्य होता है यथा— प म॑ प ग म रे, रे म॑ म॑ प ग म रे, ऩि सा, ऩि ध़ प़, ऩि सा रे म रे, रे म॑ म॑ प, ग म प ग म रे इत्यादि। इस प्रकार के प्रयोग को अवरोहात्मक न्यास बहुत्व कहेंगे, जो कि रिषभ के लिए उपयुक्त है। गंधार का प्रयोग जब कामोद अंग से किया जाता है तब ग म प, ग म रे व कभी-कभी ग म ध प इस प्रकार की स्वर-संगति का प्रयोग किया जाता है। ग म प या ग म ध प स्वर-संगति का प्रयोग करने से गंधार का प्रयोग आरोह में होता है, परन्तु अवरोह में गंधार का अत्यन्त अल्प प्रयोग किया जाता है। अवरोह में गंधार का प्रयोग प, ग म रे सा, इस प्रकार किया जाता है। आरोह की अपेक्षाकृत गंधार का महत्व अवरोह में अधिक है। यद्यपि आरोह-अवरोह दोनों में गंधार का अल्पत्व है, परन्तु अंतर यह है कि आरोह में गंधार का प्रयोग सीधा होता है यथा—ग म प, व ग म ध प, इसके विपरीत, अवरोह में गंधार का वक्र रीति से प्रयोग किया जाता है यथा—ग म रे सां।

शुद्ध मध्यम आरोह में अत्यन्त अल्प है। ग म प व ग म ध प इस प्रकार ग प व ग ध के बीच कैद रहता है। परन्तु शुद्ध मध्यम का अवरोह में लंघन अल्पत्व तथा अलंघन बहुत्व दोनों ही है। इस कथन में वस्तुत: विरोधाभास मालूम होता है, परन्तु राग के स्वरूप पर दृष्टिपात करने से यह स्पष्ट हो जाता है। क्योंकि जब पंचम से नीचे को उतरते हैं तो प ग म रे सा स्वर-समुदाय का प्रयोग करते हैं, अत: प ग की संगति होने से मध्यम को छोड़ देते हैं। इस प्रकार लंघन अल्पत्व हो जाता है। इसके विपरीत जब गन्धार से रिषभ की ओर आते हैं तो बिना मध्यम लगाये कभी नहीं उतर सकते हैं यथा—प ग ग म रे सा। इस प्रकार शुद्ध मध्यम का अलंघन बहुत्व हो जाता है। प्रस्तुत राग में तीव्र मध्यम का अलंघन बहुत्व है, क्योंकि आरोह में इस स्वर को कभी भी छोड़ते नहीं हैं। कभी-कभी तो राग में यह स्वर दीर्घ बहुत्व का स्थान ग्रहण कर लेता है जैसे— सा रे म॑, म॑ प ग म रे, रे म॑, ग म रे, म रे ऩि सा रे म॑, म॑ प, ध म॑ म॑ प इत्यादि। पंचम का इस राग में आंशिक न्यास (वादी स्वर सम्बन्धी न्यास) बहुत्व होने के कारण सर्वांग न्यास स्वाभाविक ही हो जाता है। 'आंशिक न्यास बहुत्व' शब्द का प्रयोग केवल वादी स्वर के लिए ही किया गया है, क्योंकि वादी स्वर का दूसरा नाम अंश स्वर है। सर्वांग न्यास अथवा संपूर्ण न्यास उस स्वर के लिए कहा जाता है जिस स्वर पर आरोह-अवरोह दोनों ही ओर से न्यास व विश्रांति होती है। यह संपूर्ण न्यास का स्वर वादी स्वर के अतिरिक्त भी राग में हुआ करता है उदाहरणार्थ राग पूरिया कल्याण में पंचम को ले सकते हैं, पंचम का प्रयोग इस राग में इस प्रकार होता है यथा— प म॑ प, नि ध प, प ग म रे, रे म॑ म॑ प, नि सां नि ध प, प ग म रे, ऩि सा रे म॑ प, इस प्रकार पंचम का बाहुल्य होने से इसके लिए उपर्युक्त स्थान उपयुक्त ही दृष्टव्य होता है।

धैवत का प्रस्तुत राग में अवरोहात्मक अलंघन बहुत्व है, क्योंकि अवरोह में कभी भी इस स्वर को छोड़ते नहीं हैं जैसे— सां नि, ध प, ध म॑ प इत्यादि। निषाद का भी प्रस्तुत राग में न्यास (अभ्यास) बहुत्व है यथा— रे म॑ प नि, नि ध प म॑ प रे म॑ प नि, प नि सां रें सां, नि सां ध म॑ प, रे म॑ प नि आदि। अवरोह में भी निषाद के साथ धैवत को भी दीर्घ रखना पड़ता है, जिससे शुद्ध सारंग की शंका दूर होती रहती है। सां नि, नि ध ऽ प इसके स्थान पर कभी-कभी अवरोह में नि सां ध ऽ प इस प्रकार निषाद को लांघकर भी धैवत पर चले आते हैं। इस प्रकार अवरोह में दीर्घ बहुत्व के साथ ही साथ निषाद का लंघन और वक्र अल्पत्व भी दृष्टव्य होता है। षड्ज तो सभी रागों का पूरक तथा राग रूपी साम्राज्य में सम्राट की भांति है। इस प्रकार राग में स्वरों के महत्व को समझने के लिए राग के स्वर विस्तार का भली भाँति मनन करना अनिवार्य है। अर्ध विश्रांति एवम् पूर्ण विश्रांति के स्थान पर विशेष ध्यान देने से इस महत्व का रहस्य शीघ्र ही बोधगम्य हो जायेगा।

प्रस्तुत राग का समप्रकृति राग शुद्ध सारंग है। उससे बचने के लिए प्रारम्भ में ऩि सा, रे म-रे, म॑ प ऐसा स्वर न लेकर ऩि सा रे, रे म॑, म॑ प, प ग म रे, म रे ऩि, रे सा ऐसा स्वर समुदाय प्रयोग करने से शुद्ध सारंग की छाया न आकर श्याम

कल्याण बिल्कुल स्पष्ट हो जाता है। मरे, म रे, म रे, मनि़ सा रे सा ऐसा स्वर गाने से शुद्ध सारंग की छाया आती है, परन्तु इसके आगे नि़साधृ ऽ म॑ प़, नि़ऽसा, ऐसा स्वर प्रयोग करने से शुद्ध सारंग की छाया मिट जाती है। प ध म॑ प, ग म प, ग म रे, स्वर समुदाय से कामोद राग समझ आता है, परन्तु इसके आगे म रे नि़, नि़ रे सा ऐसा स्वर जोड़ने से कामोद का आभास समाप्त हो जाता है।

तात्पर्य यह है कि पूर्वांग में गंधार का प्रयोग तथा तीव्र मध्यम दीर्घ होने से कामोद की छाया मिटती है। रे म, की संगति तथा निषाद के दीर्घ होने से कामोद की छाया मिट जाती है और उत्तरांग में सां नि ध-म॑ प, नि सां नि ध म॑ प, म॑ प, नि ध-म॑ प, इस प्रकार का स्वर समुदाय प्रयोग करने से शुद्ध सारंग की छाया दूर हो जाती है। कल्याण थाट के अन्य रागों की भाँति इसका भी अंतरा प प सां से प्रारम्भ किया जाता है। कोमल निषाद विवादी स्वर के नाते कभी-कभी अवरोह में इस प्रकार प्रयुक्त होता है सां ध नि प। कोमल निषाद के प्रयोग में यह उल्लेखनीय तथ्य है कि श्याम-कल्याण में कोमल निषाद बिलावल अंग से लगाया जाता है और शुद्ध सारंग में सारंग अंग से, कुछ गायनाचार्य प, म ग म रे सा, इस स्वर समुदाय को श्याम कल्याण में प्रयोग करते हैं जिससे बिलावल की छाया आती है। परन्तु इसके बाद ही रे नि़, नि़ रे सा स्वर जोड़ने से बिलावल की छाया दूर हो जाती है।

आरोह—नि़ सा, रे, म॑ प नि सां।

अवरोह—सां नि ध प, ध म॑ प, ग म प ग म रे, नि़ सा।

मुख्य स्वर—नि़ सा रे, रे म॑, म॑ प, ग म रे, नि़, रे सा।

राग—सूरमल्हार

राग-परिचय—यह मल्हार का एक प्रकार है जो शहनशाह अकबर के दरबार में रामदास नामक गायक थे उनके सुपुत्र सूरदास के द्वारा प्रचार में लाया गया ऐसी मान्यता है।

यह सारंग अंग से गाया जाता है। कई गुणीजन इसमें गंधार, धैवत, वर्ज्य करते हैं, लेकिन प्रचार में यह ज्यादा भाग सिर्फ गंधार वर्ज्य करके अवरोह में धैवत लेकर गाया जाता है। कई गुणीजन राग हानि न होवे इतना ध्यान रखकर आरोह अवरोह दोनों में थोड़ा सा धैवत लेते हैं। जो अवरोह में धैवत लेते हैं वे खास करके आलाप में 'सां नि ध प' व ऐसा एक साथ में स्वर न लेकर 'सां' नि ध प' इस तरह 'सां' पर ठहर के 'नि म प' सां नि ध प' इस तरह से लेते हैं।

जो इसमें गंधार लेते हैं वे 'रेगा सारे' 'गमरेसा' इस तरह कोमल गांधार का अल्प प्रयोग करते हैं। यह प्रकार खास करके ध्रुपद, धमार में ज्यादा प्रचलित है। फिर भी किसी ख्याल के गीतों में भी इसका अल्प प्रयोग किया गया दिखाई देता है। राग की फिरत में ऐसा प्रयोग खासतौर पर नहीं दिखाई देता है।

इसमें सारंग अंग आगे आता है और जानकारों के मत हैं कि इसमें सारंग और मल्हार का संयोग है 'पमप' निधप, सांनिधप से सोरट, देस की छाया दिखाई देती है और यह कहना ठीक होगा कि इसमें सारंग, मल्हार और सोरट, देस का संयोग है। 'सा, म, और प' का प्राबल्य इसमें ज्यादा रहता है और तार 'सां' भी चमकता रहता है।

वादी स्वर सा और संवादी प माना जाता है। कई गुणीजन वादी म, प और संवादी सा मानते हैं लेकिन पहला मत अधिक ग्राह्य है। आरोह में ग, ध और अवरोह में ग वर्ज्य होने से जाति औडव-षाडव है। 'नि म प' संगति जो मल्हार में रक्तिदायक है इसमें भी दिखाई देती है।

'म प, नि ध प, सां, निधप, मप, निसां, रेंनि, निधप, मरे, सारेनि़सा, सां, निमप,' यह समुदाय बार-बार दिखाई देते हैं। 'सा, रेम, प, म, नि ध प' से सामंत सारंग का भास होता है लेकिन 'मनि' और 'रेंनिमप' यह स्वर संगति और 'मरे' मींड से सारंग दूर होता है और मल्हार आगे आता है। गायन समय वर्षा ऋतु में चाहे जब, व अन्य समय में प्रातः काल का दूसरा प्रहर है। सूरमल्हार में प्रायः वर्षाऋतु का वर्णन या भक्तिभाव का वर्णन रहता है।

आरोह—सा, मरे म, म प, सांनि, सां।

अवरोह—सां, निध, प, रेंम रे, सानि, सा।

पकड़—सां, नि म, नि प, नि ध प, रेमरे, सानि, सा, निसां।

राग—हेमन्त

राग-परिचय—राग हेमन्त एक आधुनिक राग है। चूंकि प्रस्तुत राग में सभी स्वर शुद्ध हैं इस हेतु वर्तमान थाट पद्धति के अनुसार इसको बिलावल थाट जन्य मानेंगे। यद्यपि प्रस्तुत राग के स्वरूप का बिलावल से कोई सम्बन्ध नहीं है। इस राग का पूर्वाङ्ग ध म ग प प म ग, रे सा तथा सा ग म, ग म ध म ग, ये खमाज या रागेश्वरी रागांग की भांति है जो खमाज थाट की ओर इंगित करता है। परन्तु वर्तमान समय में मुख्य रूप से थाट पद्धति का प्रचलन होने के कारण राग हेमन्त को बिलावल थाट जन्य मानना ही शास्त्र के अनुकूल है। इसमें मध्यम वादी तथा षड्ज संवादी है। गायन समय रात्रि का दूसरा प्रहर है। आरोह में रिषभ तथा पंचम वर्ज्य एवं अवरोह में सभी स्वरों का प्रयोग होता है। इस कारण इसकी जाति औडव-सम्पूर्ण है।

मुख्य रूप से रागेश्वरी राग में कोमल निषाद के स्थान पर शुद्ध निषाद और केवल अवरोह में पंचम के प्रयोग से प्रस्तुत राग का स्वरूप सामने आता है। षड्ज, मध्यम, धैवत एवं निषाद इसके न्यास बहुत्व के स्वर हैं। गन्धार अभ्यास बहुत्व व रिषभ केवल अवरोह में दीर्घ बहुत्व और पंचम अनाभ्यास अल्पत्व के रूप में प्रयोग होता है।

आरोह—सा, ग म ध नि सां।

अवरोह—सां नि ध, प म, ग रे सा।

मुख्य स्वर समूह—ग म, ध नि ध प म।

आलाप

(1) सा, ध़ नि़ नि़ सा, सा रे सा, नि़ ध़ नि़ नि़ सा, ध़ नि़ सा ग, रे रे रा, नि़ सा रे रे सा नि़ ध़ नि़ सा।

(2) ग रे सा, नि़ ध़, म़ ध़ नि़ सा, नि़ सा ग ग म, म ग रे रे सा, नि़ ध़, नि़ ध़ नि़ नि़ सा, ध़ नि़ सा ग, ग म, म ग ग रे सा नि़ ध़ नि़ नि़ सा।

(3) ग म ध, ध प म, म ग ध ध म, प म ग रे सा, ग म ध नि नि ध, नि ध प म ग ग म, म ग म ध, म ध नि नि ध, ध नि सां, सां नि ध, नि ध म, ध प म ग, सा ग म ग ग रे सा।

(4) म ग म ध नि नि सां, ध नि सां रें सां, नि गं रें रें सां, नि सां ध ध नि ध म, ध ग म ध, नि सां, म ग म नि नि ध म ग म ध नि सां, ध नि सां गं गं रें रें सां सां नि ध ध प म, म नि ध प म, प म ग, सा ग म ध नि ध म, ध म ग रे सा।

(5) नि़ सा ग म, ग म ध म ध नि सां, ध नि सां रें सां, ध नि सां गं रें सां, सां गं मं, मं गं रें रें सां ध नि सां रें सां, सां नि ध प म, म ग म ध नि सां, म ग रे सा ग म ध नि सां, ध नि सां गं रें सां नि नि सां नि ध, नि ध प म, ग ग म ग ग रे सा ध़ नि़ नि़ सा।

राग—हंसध्वनि

दोहा—म-ध वर्जित री प्रबल जहँ, चंचल चलत सुखेन।
हंसध्वनि गावत सुनी, कर्नाटक की देन॥

राग-परिचय—यह कर्णाटक पद्धति का राग अपने चमकीले रूप के कारण पूरे भारत में लोकप्रिय बन गया है। कई प्रसिद्ध गायक-वादकों ने इसे अपनाया और विशेष लोकप्रिय बनाया जिनमें उ. अमीर खाँ, प्रो. शिवकुमार शुक्ल और पं. रविशंकर का नाम उल्लेखनीय है। अब तो हंसध्वनि के अवरोह में 'प-रे' की संगति लेकर, यथा—'सां नि प ग प ग रे-सा' इसे हंसकल्याण भी कहा जाने लगा है। इसके ऋषभ का दीर्घोच्चारण सर्वमान्य है तथा 'स नि रे, ग रे, ग प ग रे' आदि स्वरावलियाँ इसे कल्याण के निकट ले आती हैं। हमारे म वर्जित तथा दुर्बल रे-ध युक्त शंकरा के निकट इसे माना जाएगा। हंसध्वनि तथा शंकरा दोनों ही अपनी चंचल गति के कारण प्रकृति में भी काफी साम्य रखते हैं। इसे रात में गाने-बजाने का प्रचलन है क्योंकि यह कल्याण तथा शंकरा के निकट दिखता है। इसके समप्राकृतिक राग शंकरा, बिहाग हैं।

हंसध्वनि में गंधार तथा निषाद अपना महत्व रखते हैं, फिर भी राग को जीवन तथा माधुर्य प्रदान करने में उन्मुक्त ऋषभ की बराबरी वे नहीं कर सकते। इस राग में अधिकतर मध्य तथा द्रुत लय की बंदिशें गाई जाती हैं। धीर-गंभीर रागों के पश्चात् चंचल प्रकृति के हंसध्वनि का प्रस्तुतिकरण सर्वथा प्रसंगानुकूल देखा गया है।

इस राग का विस्तार प्रायः मन्द्र सप्तक में कम होता है,

मध्य व तार सप्तक में ही अधिक होता है। इसमें रिषभ स्वर पर भी बार-बार न्यास किया जाता है। इसमें मींड आदि का प्रयोग कम होता है। यह राग मधुर है। यह बिलावल थाट से उत्पन्न माना गया है इसमें मध्यम और धैवत स्वर वर्ज्य होते हैं। बाकी सब स्वर शुद्ध हैं। इसका वादी स्वर षड्ज है। कोई-कोई गांधार को वादी मानते हैं। यह राग रात्रि के प्रथम प्रहर में गाया जाता है। इसका साधारण चलन निम्न-रूप से होता है।

चलन

सारेगसा, सा, गपगरे, गपनि, पनिनि, सां, रेंसां, रेंगंरेंसां नि, पनिरेंसांनि, गरेगपनि, नि रेंगंरेंसां।

आरोह—सा रे ग रे, ग प, नि सां।

अवरोह—रें सां नी प, ग रे, सा।

पकड़—ग प, नी प, ग रे, ग रे, सा।

आलाप

सा, ग रे, सा ऩि प़, प़ ऩिसा, प ऩि सा ग रे, ग प ग रे, सा ग प गरे, सा ऩि प़ ऩि सा ग गरे, ऩि प़ ऩि सा। ग प, ग प नि प, नि प, गरे ऽ सा ग प नि प, नि प नि सां, गं रें सां रेंगं रें, नि प ग रे, सा ऩि प़ ऩि सा ग प नि सां, प नि सां गं रें, नि प ग प नि सां नि प गरे ऽ सा ऩि प गरे सा।

अध्याय-2

महत्वपूर्ण ग्रन्थों और पुस्तकों का परिचय

1. अभिनव ताल मंजरी
2. चतुर्दण्डी प्रकाशिका
3. दत्तिलम्
4. नग़माते आसफ़ी
5. नाट्यशास्त्र
6. बृहद्देशी
7. भरत का संगीत सिद्धान्त
8. भरतभाष्य
9. भारतीय संगीत में ताल और रूप-विधान
10. मानकुतूहल
11. मुआदनुल मूसीकी
12. राग तरंगिणी
13. राग विबोध
14. राग तत्व विबोध
15. राधागोविन्द संगीतसार
16. संगीत दर्पण
17. संगीत पारिजात
18. संगीत मकरंद
19. संगीत रत्नाकर
20. संगीत राज
21. संगीत समयसार
22. सद्रागचन्द्रोदय
23. स्वरमेलकलानिधि
24. हृदय कौतुक और हृदय प्रकाश

अप्पा तुलसीकृत अभिनव ताल मञ्जरी

अभिनव ताल मंजरी के लेखक अप्पा तुलसी हैदराबाद (दक्षिण) के निवासी और निज़ाम हैदराबाद के दरबारी गायक थे। आप अधिकांशतः ध्रुपद गाते थे। यह प्रसिद्ध संगीताचार्य स्व. भातखण्डे के समकालीन तथा मित्र थे। अप्पा तुलसी संस्कृत के विद्वान् होने के साथ कवि भी थे। आपने संगीत के कई प्रसिद्ध ग्रन्थ–'संगीत सुधाकर', 'राग कल्पद्रुमांकुर,' 'राग चान्द्रिका', 'अभिनव ताल मंजरी' तथा 'राग चन्द्रिकासार' आदि की रचना की। इनमें से 'राग चंद्रिकासार' हिन्दी में तथा अन्य ग्रंथ संस्कृत भाषा में हैं। आपके द्वारा लिखे लगभग सभी ग्रन्थ वर्तमान हिन्दुस्तानी संगीत-पद्धति के आधार-ग्रन्थ माने जाते हैं।

अभिनव ताल मंजरी ग्रन्थ में संस्कृत के कुल 130 छन्द हैं। पहले छंद में भगवान राम का स्मरण किया गया है। इस ग्रन्थ में वर्तमान तालों को संगीत रत्नाकार से जोड़ते हुए निम्न 25 तालों का संस्कृत श्लोक, तालांग, मात्रा व घात सहित वर्णन है, जैसे–(1) एकताल, (2) दादरा, (3) तेवरा, (4) रूपक, (5) धुमाली, (6) झम्पा, (7) शूलताल, (8) रुद्रताल, (9) चौताल, (10) विश्वताल, (11) धमार ताल, (12) झूमरा, (13) दीपचन्दी, (14) आड़ा चौताल, (15) सवारी, (16) त्रिताल, (17) विष्णुताल, (18) पुराणताल, (19) शेषताल, (20) गणेशताल, (21) श्रुतिताल, (22) त्रिपुटताल, (23) मागध ताल, (24) ब्रह्मताल इत्यादि बताये गये हैं। उदाहरण के लिए धमार ताल के बारे में उनका कहना है कि 'जनकभाषा' में धमार नाम से प्रसिद्ध जो चौदह मात्रा की ताल है वह शारंगदेव द्वारा 'चण्ड' नाम से कही गयी है। इसमें दो लघुविराम व एक लघु तथा तीन निघात होते हैं जो चतुर मार्दिकों द्वारा विचित्र प्रकार से बजाई जाती है।

इसके बाद दूसरा भाग है जिसमें 71 श्लोक हैं। इस भाग में ताल के दस प्राणों का विवेचन है।

व्यंकटमखीकृत चतुर्दण्डी प्रकाशिका

तंजौर के व्यंकटमखी नामक विद्वान् की प्रामाणिक रचना चतुर्दण्डी प्रकाशिका सन् 1700 की मानी जाती है। इस ग्रंथ में उन्होंने सर्वप्रथम 72 मेलकर्त्ता अथवा ठाठों को स्थापित किया और दक्षिण में बारह स्वर-पद्धति को अंतिम रूप दिया था।

इस ग्रंथ में ग्रंथकार ने प्राचीनों की भांति नाद के एक स्थान में 22 श्रुतियाँ और उनके कथन 'चतुश्चतुश्चतुश्चैव षड्ज मध्यम पंचमा द्वै निषाद गान्धारौ त्रिस्त्री रिषभ धैवतो' के अनुसार सात शुद्ध स्वरों में विभाजन तथा प्रत्येक स्वर की उसकी अन्तिम श्रुति पर स्थित मानी है तथा अपना शुद्ध स्वर सप्तक 'मुखारी' स्वीकार किया है। सात शुद्ध स्वरों के अतिरिक्त साधारण गान्धार, अन्तर गान्धार, वराली मध्यम, कैशिक तथा काकली निषाद आदि पांच विकृत स्वर मानकर

सप्तक में शुद्ध और विकृत स्वरों की कुल संख्या बारह मानी है। उन्होंने पं. सोमनाथ के मृदु पंचम को वराली मध्यम (त्रिश्रुतिक) का नाम प्रदान किया है। उन्होंने मेल सिद्धान्त की पुष्टि के लिए सप्तक के बारह स्वरों के लिए अलग-अलग नाम भी प्रदान किए हैं, जैसे द्विश्रुतिक गान्धार को गान्धार और ऋषभ का नाम देना हो तो इसे पंचश्रुति ऋषभ भी कह देते हैं, क्योंकि ऋषभ की तीन और गान्धार की दो अर्थात् कुल श्रुतियाँ पाँच हो जाती हैं।

नाना-देशीय रागों में वेंकटमखी ने पन्तुवराली और कल्याणी गिनाये हैं। उन्होंने अपने परम गुरु तानप्पा को मत के अनुसार आलाप का निरूपण किया। उन ठाठों का भी वर्णन किया, जिनकी प्राकल्पना तानप्पाचार्य ने की थी।

शुद्ध मेला और मध्य मेला वीणाओं पर तार मिलाने की पद्धत्ति वेंकटमखी भी बताते हैं। 'एकराग मेल' और 'सर्वराग मेल' नामक उपभेद भी बताते हैं। अपने पिता गोविन्द दीक्षित की बनायी हुई रघुनाथेन्दु मेला की चर्चा भी इन्होंने की है और आपके द्वारा आविष्कृत वेंकटाध्वरि वीणा की भी चर्चा की है।

मेलाध्याय में लेखक विवादी स्वरों को उचित रूप में प्रयोग करने का सुझाव देते हैं। उनके मतानुसार ऐसा करने से राग के सौन्दर्य में वृद्धि होती है। वेंकटमखी मेल तार षड्ज का भी ग्रहण कर लेते हैं। उनके अनुसार 'सम्पूर्ण' राग में आठ, षाडव राग में सात, षाडव राग में छह और औडुव राग में पांच स्वर की मान्यता है। इसी अध्याय में विद्वान् लेखक ने गणित के आधार पर सप्तक के बारह स्वरों के बहत्तर मेलकर्त्ता और प्रत्येक मेलकर्त्ता से 484 रागों की उत्पत्ति के साधन को भी दर्शाया है। इन बहत्तर मेलकर्त्ताओं में से पं. व्यंकटमखी ने प्रचलित रागों के वर्गीकरण के लिए केवल उन्नीस मेल ही पर्याप्त समझे हैं। इन उन्नीस मेलों में अठारहवाँ मेल 'सिंहरव' है जिसमें पंचश्रुतिक रे, साधारण ग, पंचश्रुतिक ध और कैशिक नि स्वरों का प्रयोग होता है। यह स्वर उत्तर भारतीय गन्धार, निषाद कोमल तथा तीव्र मध्यम स्वरों से मेल खाते हैं। इस स्वरावलि का प्रयोग उत्तर भारतीय मधुवन्ती राग में होता है।

वेंकटमखी का दैनन्दिन सम्पर्क मुसलमानों से था। वे कहते हैं कि कन्नड़, तेलगू और तुरुष्क भाषा के पद गाने वालों की आलाप-पद्धति सदृश है। 'चतुर्दण्डि प्रकाशिका' में वेंकटमखी ने बाईस श्रुतियां मानी हैं। परन्तु उन्होने 'गुड़क्रिया' राग में निबद्ध अपने गीत में श्रुति-संख्या चौबीस मानी है।

व्यंकटमखी को अर्वाचीन कर्नाटकी संगीत का पाणिनी कहा गया है। इस ग्रन्थ के अतिरिक्त राग-लक्षण नामक एक और ग्रन्थ की रचना व्यंकटमखी द्वारा हुई। विषय-सूचिका में दस प्रकरणों का उल्लेख है जिसका क्रम इस प्रकार है-वीणा, श्रुति, स्वर, मेल, राग, आलाप, ठाय, गीत, प्रबन्ध एवं अनुबंध। गीत प्रकरण में सालग सूड आदि का विस्तृत विवेचन करते हुए तालनामों के उल्लेख हुए हैं। साथ ही विभिन्न रसों के लिए विभिन्न तालों का उल्लेख व्यंक्रटमखी ने पृष्ठ 70 से 72 तक किया है।

वास्तव में व्यंकटमखी एक स्पष्टवादी और साहसी व्यक्ति थे, उन्होंने अपने पिता के सम्प्रदाय का अनुगमन न करके अपने परम गुरु तानप्पा का अनुकरण किया, जो रामामात्य या सोमनाथ के अनुयायी नहीं थे।

अब चतुर्दण्डी प्रकाशिका के राग प्रकरण और स्वर प्रकरण का विस्तार से वर्णन किया जा रहा है-

राग प्रकरण

राग प्रकरण में राग की परिभाषा बताते हुए व्यंकटमखी कहते हैं कि जो मन का रंजन करते हैं वह राग कहलाते हैं। राग के दस लक्षण व्यंकटमखी ने वही स्वीकार किये हैं जो प्राचीनकाल से माने गए हैं, जैसे ग्रह, अंश, न्यास, मन्द्र, तार अपन्यास, अल्पत्व, बहुत्व, सन्यास, विन्यास, । इनकी व्याख्या भी प्राचीन की भाति ही दी है। इस संदर्भ में व्यंकटमखी कहते हैं कि रागों के उपर्युक्त ग्रह, अंश, न्यास आदि लक्षण शास्त्र में माने गये हैं, परन्तु देशी रागों में यह सभी लक्षण पाये नहीं जाते, सबसे पहले रागों का वर्गीकरण करते हुए उन्होंने अपने ग्रंथ में वर्णित रागों को ग्रह, अंश, न्यास, स्वर की दृष्टि से विभाजित किया है।

राग प्रकरण में इन्होने राग नाट, सौराष्ट्र, सारंग नाट, शुद्ध बसंतक, गुणक्रिया, नादरामक्रिया, वराली, ललित, सालग, बसंत, आहरी, आभेरी, सामंत, बसंत भैरवी, हेजुज्जी, मालव श्री, शुद्ध रामक्री, कांभोजी, मुखारी, देवगांधारी, नागध्वनि,

साम, सामवराली, गुर्जरी, भिन्न षड्ज, रेवगुप्ति, नारायण देशाक्षी, कर्णाट बंगाल, जयंतसेन, मध्यमादि, बहुलि, आंधाली, सावेरी, मलहरि, घंटारव, बेलावलि, भैरवी, गौल, केदारगौल, छायागौल, रीतिगौल, पूर्वगौल, नारायणगौल, कन्नड़गौल, सिंहरव इत्यादि रागों को दिया है। अंत में व्यंकटमखी कहते हैं कि ये 55 राग बताये गये हैं, इन सबका वर्णन किया गया है। इन सभी रागों में गुरु तानप्पाचार्य ने गीत, ठाह तथा प्रबंधों की रचना की है। सिंहरव नामक राग की रचना व्यंकटमखी स्वयं के द्वारा बताते हैं। आगे उनका कथन है कि कल्याणी आदि देशी राग में कभी भी गीत, ठाह तथा प्रबन्धों की रचना करना उपर्युक्त नहीं। कल्याणी राग सम्पूर्ण जाति का राग है, उसके आरोह में म नि स्वर वर्जित हैं, अवरोह संपूर्ण है जो हिन्दुस्तानी शुद्ध कल्याण के समान है। यह राग गीतादि रचना के लिए अनुपयुक्त होने पर भी उत्तर भारत की मुसलमान जनता में प्रसिद्ध है। (तुरुष्कामतिप्रिय) इसी प्रकार दूसरा राग पंतुवराली है जो हिन्दुस्तानी तोड़ी के समान है। यह राग साधारण जनता में पावन प्रिय है। विभिन्न प्रादेशिक अंचलों में ऐसे बहुत राग प्रचलित हैं, परंतु उन सबका रूप मिश्रित होने के कारण हमने उनकी अलग से चर्चा नहीं की है।

राग प्रकरण के संदर्भ में विशेष बातें इस प्रकार हैं–

(1) संपूर्ण रागों को इन्होंने ग्रह, अंश, न्यास की दृष्टि से विभाजित किया है, जैसे षड्ज ग्रह, अंश, न्यास स्वर वाले राग। फिर ऋषभ ग्रह, अंश, न्यास वाले राग इसी प्रकार सप्त स्वरों में ग्रह, अंश, न्यास की दृष्टि से विभाजन किया है।

(2) उन्होंने प्रत्येक रागों के वादी, संवादी, विवादी और अनुवादी स्वर का उल्लेख किया है। परन्तु इन शब्दों का अर्थ उत्तर हिन्दुस्तानी संगीत के समान नहीं समझना चाहिए, जैसे– राग में लगने वाले और उसके मेल में भी व्यवहृत विशिष्ट स्वरों को विवादी की श्रेणी में माना गया है। इसी प्रकार अनेक रागों में दो संवादी स्वर बताये गये हैं।

(3) राग नाट उनका प्रथम राग है जिस राग का नाम मेल के नाम के समान है, वहाँ मेल का नाम नहीं बताया है।

(4) मेल वर्गीकरण के स्वीकार करने के पश्चात् रागों का वर्णन करते समय रागांग, भाषांग, क्रियांग और उपांग इन वर्गों का उल्लेख प्रत्येक राग के वर्णन के साथ किया है।

राग नाट उदाहरण–भाषांग राग, वादी षड्ज, संवादी पंचम, विवादी गांधार-निषाद और अनुवादी ऋषभ, धवैत इसका गान समय सायंकाल है। वे कहते हैं कि अवरोही में नि ध ग रे ये चार स्वर वर्जित होते हैं, परंतु गायकों की संगति में यह राग संपूर्ण जाति का है। इसका आरोही-अवरोही भातखण्डे स्वरलिपि पद्धति के अनुसार सा ग ग म प नि नि सां अवरोही सा प म स तथा प्रचलित मत के अनुसार अवरोही सा नि प म ग स है। इस राग का रूप उत्तर हिन्दुस्तानी जोग राग से मिलता है।

इसके अतिरिक्त कुछ राग ऐसे हैं जिनके स्वर उत्तर हिन्दुस्तानी रागों से मिलते हैं जैसे–

व्यंकटमखी के राग	*उत्तर हिन्दुस्तानी के राग*
सौराष्ट्र	भैरव के समान
भूपाल	भूपाल तोडी के समान
ललिता	ललिता राग में तीव्र मध्यम वर्जित
श्रीराग	काफी के समान
बसंत भैरवी	बसंत मुखारी के समान
सावेरी	भैरव थाट के जोगिया
श्रीराग से उत्पन्न	
धन्यासी रे ध वर्ज्य है	धानी
शंकराभरण	बिलावल

इस प्रकार व्यंकटमखी के राग प्रकरण के अनेक रागों के स्वर उत्तर हिन्दुस्तानी रागों से मिलते हैं।

एक मेल में कई अंग के रागों को सम्मिलित किया गया है, जैसे काफी मेल में सारंग, मल्हार और कान्हडा अंग आदि।

स्वर प्रकरण

इस ग्रंथ के स्वर प्रकरण में कुछ महत्वपूर्ण तथ्यों का निरूपण हुआ है जो निम्न प्रकार हैं–

1. शुद्ध गांधार जब गांधारत्व को रहता है तो द्विश्रुतिक

रहता है, जैसे– मुखारी राग में। वही जब ऋषभ हो जाता है तो पंचश्रुतिक रे कहलाता है, जैसे– श्रीराग में।

2. शुद्ध निषाद जब निषाद बन के रहता है तो द्विश्रुतिक रहता है, जैसे– मुखारी राग में। वही जब धैवत बनकर प्रयुक्त होता है तो पंचश्रुतिक धैवत हो जाता है, जैसे– शंकराभरण में।

इस प्रकार शुद्ध गांधार व शुद्ध निषाद द्विरूपी है।

3. जब साधारण गांधार शुद्ध ऋषभ से युक्त होता है तो त्रिश्रुतिक होता है, जैसे– भूपाल राग में। जब उसी साधारण गांधार का पंचश्रुतिक ऋषभ से अंतराल होता है तो वह एकश्रुतिक हो जाता है और इसी की ऋषभ संज्ञा होने पर षट्श्रुतिक होता है।

4. कैशिक निषाद का शुद्ध धैवत के साथ संयोग होने पर वह त्रिश्रुतित्व प्राप्त करता है। उसी का जब पंचश्रुति ध से अंतराल होता है तो वह एकश्रुतिक होता है और धैवत होने पर वह षट्श्रुतिक होता है।

इस प्रकार साधारण गांधार और कैशिक निषाद दोनों त्रिरूपी स्वर हैं।

5. अंतर गांधार का संयोग शुद्ध ऋषभ के साथ होने पर वह पंचश्रुतिक होता है और उसी का प्रयोग पंचश्रुतिक रे के साथ होने पर वह त्रिश्रुतिक होता है। वही जब षट्श्रुतिक रे के साथ आता है तो द्विश्रुतिक होता है।

6. काकली निषाद शुद्ध ऋषभ के साथ संयुक्त होने पर पंचश्रुतिक होता है और वही जब पंचश्रुतिक धैवत के साथ प्रयुक्त होने पर वह द्विश्रुतिक होता है।

7. जब शुद्ध मध्यम की संगति शुद्ध गांधार के साथ होती है तब वह चतु:श्रुतिक होता है और साधारण गांधार के साथ संयुक्त होने पर वह त्रिश्रुतिक होता है तथा अंतरगांधार के साथ युक्त होने पर एकश्रुतिक होता है।

8. षड्ज जब शुद्ध निषाद के साथ होता है तो वह चतु:श्रुतिक होता है और वही जब कैशिक निषाद के संयोग में आता है तो त्रिश्रुतिक होता है और काकली निषाद की संगति में आने पर एकश्रुतिक होता है।

इस प्रकार शुद्ध मध्यम व षड्ज भी त्रिरूपी हुए।

9. शुद्ध गांधार के साथ वराली मध्यम सात श्रुतियों का स्वर होता है, वहीं साधारण गांधार के साथ प्रयुक्त होने पर षट्श्रुतिक कहलाता है और अंतरगांधार के साथ प्रयुक्त होने पर चतु:श्रुतिक होता है।

इसी प्रकार वराली मध्यम भी त्रिरूपी है।

10. पंचम, शुद्ध मध्यम की संगति में आने पर चतु:श्रुतिक और वराली मध्यम की संगति में आने पर एकश्रुतिक होता है। इस प्रकार पंचम द्विरूपी स्वर है।

उक्त विवेचना का सार यह है कि शुद्ध त्रिरूपी व शुद्ध धैवत एकरूपी, शुद्ध ग, शुद्ध नि तथा पंचम द्विरूपी और साधारण गांधार, कैशिक नि, अंतरगांधार, काकली निषाद, शुद्ध मध्यम व वराली मध्यम तथा षड्ज त्रिरूपी स्वर हैं।

दत्तिलकृत दत्तिलम्

दत्तिल ने दत्तिलम् नामक ग्रन्थ में मूर्च्छना के चार भेद, पूर्णा, षाडवा, औडुविता और साधारणी माने हैं, इस सम्बन्ध में मतंग ने भी दत्तिल का अनुसरण किया है। प्रथम शती ई. के एक शिलालेख में दत्तिल की चर्चा है। 'नृत्तलक्षण' नामक एक ग्रन्थ की चर्चा भी प्राय: आती है, जो दत्तिल के सिद्धान्तों का प्रतिपादक कहा जाता है।

यह मंगल स्त्रोत से अपना ग्रन्थ प्रारम्भ करते हैं, उनका कहना है कि नारद द्वारा गान्धर्व को विधिवत रूप में मनुष्यों के सम्पर्क में लाया गया है। वे गान्धर्व के चार तत्व पद, स्वर, ताल और अवधान (चित्त को एक ओर लगाना)को बताते हैं। यह छोटा-सा ग्रन्थ पूर्णतया श्लोकबद्ध है। आगे बाईस श्रुति, सात स्वर, दो ग्राम, तानों सहित मूर्च्छना, स्थान, वृत्ति, अठारह जातियों एवं उनके नाम, गमक आदि के विषय में चर्चा की गई है। ग्राम मूर्च्छना के विषय में उन्होंने कहा है–

स्वरो यावतिथौ स्यांता ग्रामयो: षड्जमध्यमौ।
मूर्च्छना तावतिथ्येव तद्ग्रामावत् एव तौ॥

अर्थात् षड्ज मध्यम दो ग्रामों में जितने स्वर होते हैं उतनी ही मूर्च्छनाएं उनकी उन ग्रामों में पाई जाती हैं। मूर्च्छनाओं के नाम उत्तरमन्द्रा उत्तरायता आदि का भी वर्णन इस ग्रन्थ में किया गया है। वादी स्वर की परिभाषा देते हुए इन्होंने कहा है कि जो स्वर अत्यन्त प्रयुक्त या बाहुल्य वाला हो, वह वादी अथवा अंश स्वर कहलाता है। ग्रन्थकार ने वादी और संवादी

स्वरों का पारस्परिक अन्तर 9 और 13 श्रुतियों का स्वीकार किया है। इसके अतिरिक्त ताल एवं लय पर इस ग्रन्थ में विस्तारपूर्वक चर्चा की गई है।

दत्तिल ने सप्त स्वरों को स्वर मण्डल कहते हुए भरत के समान ही षड्ज ग्राम में षड्ज स्वर से क्रमिक आरोहण पद्धत्ति का अनुकरण किया है। दत्तिल ने 'अथताल प्रवक्ष्यामि' कहते हुए श्लोक क्रमांक 109 से कला, पात, पादभाग, मात्रा, परिवर्त, वस्तु, विदारी, पाणि, यति आदि ताल के अनिवार्य उपादानों का परिचय देते हुए आवाप, निष्काम, विक्षेप, प्रवेश, शम्या, ताल, सन्निपात आदि का उल्लेखकर उनका भी विवरण प्रस्तुत किया है। कला के सौन्दर्य में उन्होंने कहा है—निमेष काल को कई विद्वान् कला कहते हैं। चित्रा, वार्तिक व दक्षिण तीन कलाएं हैं जिनमें क्रमश: दो, चार व आठ कलाओं (द्विकल, चतुष्कल, अष्टकल आदि) का समावेश होता था। उनके मतानुसार, 'द्वि मात्रा स्यात कला चित्रेचतुर्मात्रा तु वार्तिके, अष्टमात्रा तु विद्वद्भिर्दक्षिणे समुदाहृता' मात्रा युक्त होकर कलाओं का विकास होता है। 'आवाप' उठी हुई ऊँगलियों का कुंचन है। 'निष्क्राम' हस्त के अध:स्तल का प्रसारण है। उसी प्रकार हस्त के अध:स्तल के दक्षिण की ओर प्रसारण को 'विक्षेप' एवं आकुंचन को 'प्रवेश' कहा है। दक्षिण हस्त से छटिका द्वारा ताल देने की क्रिया को शम्या, वाम हस्त से ताल देने की क्रिया को ताल एवं उभय हस्त से ताल देने की क्रिया को सन्निपात कहा है।

दत्तिल ने विदारी, वस्तु अवगाठ, अन्तमार्ग, विषम, विविध, द्रुत, मध्य व बिलम्बित लय, त्रिपाणि, समा, श्रोतोगता व गोपुच्छा, यति, पुलक, छेदक, निर्युक्त व अनिर्युक्त पद आदि का विवरण श्लोक क्रमांक 1 पर से 170 तक दिया है।

आगे अपरन्तक प्रकरण में शाखा, प्रतिशाखा, मार्ग आदि का उल्लेख हुआ है। उल्लोप्यक में शम्या, सन्निपात आदि तालक्रियाओं के प्रयोगों को दर्शाकर अन्य क्रियाओं की प्रयोग-विधि का भी वर्णन दत्तिल ने किया है। 'अन्ताहरण' के तीन अंगों का उल्लेख भी आगे है एवं उनकी समाप्ति के तीन प्रकार होते हैं। सम्भवतः अन्ताहरण द्वारा तिहाई दिखाने की प्रथा रही हो। आगे वस्तु प्रकरण में विभिन्न मात्राओं की वस्तुओं का विवरण दिया गया है। पंचपाणि, चारगीतियां (मागधी, अर्धमागधी, संभाविता और पृथुला को समझाया है) अन्त में ध्रुवमार्ग को समझाकर इस ग्रंथ को समाप्त किया गया है।

मोहम्मद रज़ाकृत नग़माते आसफ़ी

मोहम्मद रज़ा का जन्म 18वीं शताब्दी में उत्तर प्रदेश के जौनपुर नामक शहर में हुआ। इन्होंने जौनपुर के श्रीबते हसन नामक गायक से शोज एवं मर्सिया नामक गीत की शिक्षा ली थी। मोहम्मद रज़ा आसिफउद्दौला (शासनकाल 1775 से 1795 ई.) के दरबार में मुसाहिब थे। जब आसिफउद्दौला (अवध का नबाव) ने फैजाबाद के स्थान पर लखनऊ को अपनी राजधानी बनाया तो मोहम्मद रज़ा लखनऊ जाकर स्थायी रूप से बस गये। उन्हे संगीत का अच्छा ज्ञान था और वे सुन्दरी (छोटा सितार) नामक वाद्य बजाते थे। इनके पुत्र का नाम गुलाम रज़ा था। यह मसीतखां का शिष्य था। मोहम्मद रज़ा ने अपने पुत्र गुलाम रज़ा को सितार की प्रारंभिक शिक्षा प्रदान की, तत्पश्चात् गुलाम रज़ा ने उस्ताद मसीत खां से सितारवादन की गहन शिक्षा प्राप्त की। गुलाम रज़ा ने ही रज़ाखानी गत की रचना करके उसका प्रचार एवं प्रसार किया।

कुछ वर्षों के पश्चात् मुहम्मद रज़ा बिहार के पटना नामक शहर में जाकर बस गये, उन्होंने सन् 1813 ई. में नग़माते आसफ़ी नामक ग्रंथ की रचना फ़ारसी भाषा में की। मोहम्मद रज़ा की यह पुस्तक संगीत के क्षेत्र में अपना विशिष्ट स्थान रखती है। इस ग्रन्थ में बिलावल थाट के स्वरों को शुद्ध स्वर सप्तक माना गया है। इसमें अनेक लक्षणगीत दिए गए हैं। मोहम्मद रज़ा ने भरत मत, हनुमान मत, कल्लिनाथ मत एवं सोमेश्वर के राग वर्गीकरण की आलोचना की है। इन्होंने भैरव, मालकोंस, हिंदोल, श्री, मेघ, नट रागों को प्रमुख राग माना है। प्रत्येक राग की भार्यायें तथा पुत्र-वधू रागों का भी उल्लेख किया गया है। इस प्रकार मोहम्मद रज़ा का यह ग्रन्थ राग-रागिनी वर्गीकरण पर महत्वपूर्ण प्रकाश डालता है। इस ग्रंथ में पूर्ववर्ती संगीत तथा तत्कालीन प्रचलित संगीत में परस्पर बलात् संबंध स्थापित करने का कोई प्रयास नहीं किया गया है। मोहम्मद रज़ा ने अपने पूर्ववती संगीत के उन्हीं सिद्धान्तों को अपने ग्रन्थ में स्थान दिया है जो उनके काल में

भी क्रियात्मक संगीत में प्रयुक्त हो रहे थे। संगीत संबन्धी जो सिद्धान्त पुराने हो गये थे तथा जिनका महत्व केवल ग्रन्थों तक ही सीमित रह गया था, मोहम्मद रज़ा ने उनका परित्याग कर दिया और प्रचलित संगीत के आधार पर ही नई मान्यतायें स्थापित कीं। इस कारण 'नग़माते आसफ़ी' ग्रन्थ की मौलिकता में वृद्धि हुई एवं वर्तमान संगीत का मोहम्मद रज़ा के युग के संगीत से सीधा संपर्क स्थापित हो गया।

भरतमुनिकृत नाट्यशास्त्र

नाट्यशास्त्र के 6 अध्याय (28 से 33 तक) संगीत से सीधा सम्बन्ध रखते हैं। अट्ठाईसवें अध्याय में वाद्यों के चार भेद–स्वर, श्रुति, ग्राम, मूर्च्छनाएं; अठारह जातियाँ, उनके ग्रह, अंश, न्यास, इत्यादि का विवरण है। उनत्तीसवें में जातियों का रसानुकूल प्रयोग तथा विभिन्न प्रकार की वीणायें और उनकी वादक विधि दी गई है। तीसवें अध्याय में सुषिर वाद्यों का वर्णन, इकतीसवें में कला, लय और विभिन्न तालों का विवरण है। बत्तीसवें में ध्रुवा के पाँच भेद, छन्द विधि, गायक, वादकों के गुण दिये हैं और तेतीसवें में अवनद्ध वाद्यों की उत्पत्ति, भेद, वादन विधि, इनके वादन की अठारह जातियाँ और वादकों के लक्षणों का वर्णन है।

इस प्रकार 28 व 29वें अध्याय तो बहुत ही महत्व के हैं। इनके अतिरिक्त छठे अध्याय में रस का लक्षण और व्याख्या, भाव का लक्षण और व्याख्या, आठ रसों का उनके उपकरणों सहित वर्णन, रसों के देवता और वर्ण तथा सातवें में भाव, विभाव, अनुभाव आदि की सामान्य व्याख्या, स्थायी, व्यभिचारी और सात्विक भावों का विवरण दिया हुआ है। साथ में उन्नीसवें अध्याय में स्वरों का रसों में विनियोग, तीन स्थान, काकु, अलंकार आदि का वर्णन है। इस आधार पर नाट्यशास्त्र के नौ अध्याय संगीत के विद्यार्थियों के लिए अत्यन्त उपयोगी हैं। अब हमारे द्वारा सभी अध्यायों पर प्रकाश डाला जा रहा है।

भरतकृत नाट्यशास्त्र ग्रन्थ में 36 अध्यायों का निरूपण है। अब इन अध्यायों का क्रमानुसार वर्णन इस प्रकार है–

पहला अध्याय—इस अध्याय में नाट्य की दिव्य उत्पत्ति तथा प्रथम नाट्यभिनय का वर्णन है। अतिप्राचीन काल में एक बार आत्रेय ऋषि आदि कुछ लोग भरतमुनि के पास पहुँचे और बोले कि 'हे भगवान्, आपने जो वेद के समान पाँचवें वेद 'नाट्य वेद' को बनाया है, तो हमें यह बताने की कृपा करें कि यह किस प्रकार से उत्पन्न हुआ है? इसके कितने अंग हैं? इसे कैसे प्राप्त किया जाए और इसका उपयोग कैसे करें? इसके उत्तर में भरतमुनि ने ब्रह्माजी को स्मरण करके प्रार्थना की कि 'हे देव, हमें मनोविनोद का कोई ऐसा साधन बताइए जो सभी वर्णों के लिए उपयोगी हो और देखने तथा सुनने योग्य हो'। इस पर ब्रह्माजी ने सभी वेदों का स्मरण करके ऋग्वेद से पाठ्य अंग को लेकर इस नाट्य वेद की रचना की। इस अध्याय को 131 श्लोकों में समाप्त कर दिया।

दूसरा अध्याय—द्वितीय अध्याय में नाट्य को जहाँ प्रस्तुत किया जाता है, उस प्रेक्षाग्रह का बड़ा ही सम्यक् निरूपण हुआ है। चौकोर (चतुरस्र), आयत (विकृष्ट) एवं तिकोने (त्र्यास) प्रेक्षाग्रहों के अनेक अंगों का वर्णन, प्रकाश एवं ध्वनि की समायोजना, प्रेक्षकों के बैठने की व्यवस्था तथा प्रेक्षाग्रह की सजावट आदि की विशद विवेचना इस अध्याय में की जाती है। इस प्रसंग में भरत द्वारा उठायी गयी समस्यायें और उनके विवेचन बड़े आधुनिक हैं और रंगमंच के प्रस्तुतीकरण की दृष्टि से उनका महत्व असंदिग्ध हैं। इस अध्याय में 109 श्लोकों में नाट्यग्रह की रचना का क्रम बताया है।

तीसरा अध्याय—इसमें नाट्यग्रह की पूजा का विधान बताया गया है। रंगदेव-पूजन के विवरण के पश्चात् नाट्य प्रयोग के पहले पूर्वरंग के अन्तर्गत विविध देवताओं की पूजा का इसमें उल्लेख है। इस प्रकार इस अध्याय में 103 श्लोक हैं।

चौथा अध्याय—चौथे अध्याय में नाट्य के अत्यन्त उपकारक विषय नृत्य के अन्तर्गत ताण्डव की विवेचना की गयी है। इस अध्याय में 326 श्लोक हैं।

पांचवां अध्याय—इस अध्याय में ऋषिगण भरतमुनि से 'पूर्वरंग' के विषय में जानना चाहते हैं। इसमें वाद्ययन्त्रों का उचित स्थान पर स्थापन, गायक तथा गायिकाओं को उनके लिए निर्धारित स्थान पर बैठाना, कण्ठ द्वारा आलाप आदि का प्रारम्भ करना, वादन के पूर्व वाद्यों में व्यवस्थापूर्वक एकरूपता

लाना, विभिन्न वाद्यों का वादन, ताल की निःशब्द तथा सशब्द क्रियाओं के द्वारा उनके स्वरूप का स्पष्टीकरण करना (इसे संगीत की भाषा में 'आसारित' कहते हैं) जैसी क्रियायें बताई गई हैं। इस प्रकार इस अध्याय को नाटक की प्रस्तावना के रूप में समझना चाहिए। इस तरह इस अध्याय में 222 श्लोकों में पूर्वरंग के स्वरूप को बताया है।

छठा अध्याय—यह अध्याय ही रसाध्याय है, जिसमें नाट्यानुभव की प्रकृति और प्रक्रिया का विचार किया गया है। परवर्ती काल में अत्यधिक प्रसिद्ध भरत का रससूत्र 'विभावानुभावव्यभिचारिसंयोगाद्रस निष्पतिः' इसी अध्याय में है। काव्यशास्त्र के इतिहास में इस सूत्र की विविध व्याख्याओं के आधार पर विभिन्न वादों की उपस्थापना की गयी हैं। परवर्ती सम्पूर्ण रस चेतना के निमित्त सारा भारतीय साहित्य नाट्यशास्त्र के इस अध्याय का ऋणी है। इस अध्याय की भी समसामयिक प्रासंगिकता निर्विवाद है।

सातवां अध्याय—इस अध्याय में रस-प्रकरण के ही अंतर्गत भाव, विभाव, स्थायी भाव आदि का विवेचन किया गया है। इसे भावाध्याय कहा जाता है। इस प्रकार इस अध्याय में 126 श्लोक हैं।

आठवां अध्याय—इस अध्याय में अभिनय का वर्णन प्रारम्भ हो जाता है। आंगिक, वाचिक, आहार्य एवं सात्विक, ये अभिनय के चार भेद बताए गए हैं। जिनमें से आंगिक अभिनय के अंतर्गत उपांगाभिनय का भी अध्ययन किया गया है।

नवां अध्याय—इस अध्याय में भरतमुनि ने क्रमशः हाथ, उरःस्थल, पार्श्व, उदर, कटि, जंघा, उरु (पिंडलियां) तथा पैरों के अभिनय कार्य तथा लक्षणों को बताया है। हस्ताभिनय का निरूपण करते हुए असंयुक्त एवं संयुक्त हस्तों के भेदों का कलात्मक वर्णन तथा हस्तमुद्राओं की उपयोगिता की विवेचना की गई है। इस अध्याय को 214 श्लोकों में समाप्त किया है।

दसवां अध्याय—दसवें अध्याय में वक्ष, कटि आदि के अभिनय का वर्णन किया गया है।

ग्यारहवां अध्याय—इसमें चारी का विधान किया गया है। केवल एक अंग के उत्तम अभिनय से अच्छी अभिव्यक्ति नहीं हो सकती। इसके लिए भरतमुनि हाथ, पैर, कमर, वक्ष आदि सभी से किये जाने वाले अभिनय के समानीकरण या चारी का उल्लेख करते हैं। अध्याय के अंत में नाट्य में शास्त्रों के प्रयोग की विधि तथा चतुस्रादि दिग्दर्शित हुए हैं। इस अध्याय को 102 श्लोकों में पूरा किया गया है।

बारहवां अध्याय—इसमें बीस मण्डलों के लक्षण, अंग के लक्षण आदि संख्या तथा प्रयोग का निरूपण किया गया है। इस प्रकार 68 श्लोकों में इस अध्याय को समाप्त किया गया है।

तेरहवां अध्याय—यह अध्याय रसादि के अवसरों एवं अवस्थाओं के अनुकूल पात्रों की गति के विवरण से पूर्ण है। वणिक एवं सचिवों की गति, रथ की गति, आकाशगमन की गति, नाव की गति, जल के बहने की गति, वृद्ध, रोगी, स्थूल, मदमत्त, विदूषक, पक्षी, सिंह आदि की गतियों की विवेचना के साथ युवक, युवती, नपुंसक, भयभीत आदि की गति का अत्यंत सूक्ष्म चित्रण किया गया है। अध्याय के अन्त में पुरुषों द्वारा स्त्रियों के तथा स्त्रियों द्वारा पुरुषों के अभिनय का भी वर्णन किया है। इस अध्याय को 228 श्लोकों में पूर्ण किया है।

चौदहवां अध्याय—इसमें चार प्रकार की प्रवृत्तियों के धर्म की व्याख्या और सुकुमार तथा आबिद्ध नामक दो प्रकार के नाट्य प्रयोगों का औचित्य तथा लोकधर्मी एवं नाट्यधर्मी नामक दो नाट्य-विधाओं का निरूपण हुआ है। इस अध्याय को 84 श्लोकों में समाप्त किया गया है।

पन्द्रहवां अध्याय—इस अध्याय से वाचिक अभिनय प्रारम्भ होता है। इसके अन्तर्गत छन्द-विभागों की व्याख्या करते हुए अक्षरों के स्वर-व्यंजनात्मक भेद बताकर उनके स्थान, प्रसन्नादि का विवरण दिया गया है। लौकिक संस्कृत में छन्दशास्त्र पर सर्वप्रथम अभिमत नाट्यशास्त्र के इसी अध्याय में मिलते हैं, जो छन्द के विकास को समझने में अत्यन्त सहायक हैं। इस अध्याय को 102 श्लोकों में समाप्त किया गया है।

सोलहवां अध्याय—इसमें वृत्तों की उदाहरण सहित व्याख्या की गयी है। अंत में सम तथा विषम वृत्त बताकर आर्यावृत्त के प्रभेदों का वर्णन किया गया है।

सत्रहवां अध्याय—इसके अन्तर्गत काव्य के छत्तीस लक्षणों का उल्लेख किया गया है। उपमा, रूपक, दीपक तथा यमक–इन चारों अलंकारों की व्याख्या तथा गुणों एवं दोषों की चर्चा इस अध्याय की प्रमुख विशेषताएं हैं।

अठारहवां अध्याय—इस अध्याय का संबंध भाषा-विधान से है। अति, आर्य आदि चार प्रकार की देश–भाषाओं का वर्णन करते हुए नाट्य में मागधी, अर्धमागधी, प्राची, शौरसेनी तथा दक्षिणात्या के प्रयोग का निरूपण किया गया है। इसके अतिरिक्त बोलने के नियम, विराम तथा काकु का प्रयोग आदि की भी चर्चा की गयी है। इस अध्याय को 61 श्लोकों में समाप्त किया गया है।

उन्नीसवां अध्याय—इसमें उत्तम, मध्यम, अधम वर्ग के पात्रों को सम्बोधन करने की शैलियां बताते हुए गद्य-पाठ्य के गुण, स्वर–व्यंजनादि के उच्चारण स्थान, स्वरों के उदात्तादि प्रकार तथा स्वरों के उच्च, दीप्त, द्रुत, बिलम्बित आदि अलंकार बताये गये हैं। इस अध्याय को 78 श्लोकों में पूर्ण किया है।

बीसवां अध्याय—बीसवें अध्याय में रूपक के दसों भेद तथा अन्य उपभेदों का वर्णन किया गया है। इसके साथ ही अंक, प्रवेशक, विष्कम्भक, चूलिका आदि का भी विधान किया गया है। फिर वीथी के तेरह अंगों के समझाकर 152 श्लोकों में इस अध्याय को समाप्त किया है।

इक्कीसवां अध्याय—इसमें नाटक की कथावस्तु के भेदों का निरूपण, पाँच सन्धियों, पाँच अवस्थाओं तथा पाँच अर्थप्रकृतियों आदि के विवरणात्मक लक्षण मिलते हैं। इस प्रकार 131 श्लोकों में इस अध्याय को समाप्त किया है।

बाईसवां अध्याय—इस अध्याय में नाटकोपयोगी वृत्तियों का वर्णन है। भारती, सात्वती, कैशिकी तथा आरभटी की उत्पत्ति एवं प्रयोग बताने के साथ–साथ रसों में वृत्तियों का विनियोग प्रदर्शित किया गया है। इस अध्याय को 66 श्लोकों में पूर्ण किया है।

तेईसवां अध्याय—इस अध्याय में भरतमुनि आहार्य (नेपथ्य) की उपयोगिता को बताते हैं। नेपथ्य के चार प्रकार बताकर अलंकारों का विवरण देते हुए विभिन्न देशों के निवासी स्त्री–पुरुषों द्वारा प्रयुक्त किये जाने वाले आपादमस्तक समस्त अलंकारों तथा तिलक, अंजन आदि उपकरणों, राजा, श्रेष्ठि आदि को मूर्त करने के लिए धारण की जाने वाली विशिष्ट केश–सज्जा या मूंछ–दाढ़ी आदि की संरचना इत्यादि इस अध्याय के विवेचित विषय हैं। इस अध्याय को 213 श्लोकों में पूर्ण किया है।

चौबीसवां अध्याय—इस अध्याय के अन्तर्गत सामान्य अभिनय का निरूपण किया गया है। स्त्रियों के स्वाभाविक अलंकार हाव, भाव, हेला, लीला, विलास आदि का बड़ा मनोवैज्ञानिक वर्णन किया गया है। काम की दसों अवस्थाओं का वर्णन तथा प्रणय, क्रोध या ईर्ष्या में प्रयुक्त किये जाने वाले सम्बोधनों का रोचक विवरण दिया गया है। अन्त में मानवीय भावों में देवांगनाओं के भावों को बताकर 330 श्लोकों में इस अध्याय को पूर्ण किया है।

पच्चीसवां अध्याय—इस अध्याय का नाम वाह्योपचार है तथा इसमें नाट्य की बाहरी सामग्रियों का वर्णन हुआ है। इसके अंतर्गत वैषिक पुरुषों के लक्षण तथा सहज गुण, उसके मित्र एवं दूती आदि का सांगोपांग निरूपण किया गया है। कामतन्त्र के अनुसार, स्त्रियों की प्रवृत्ति, प्रेमियों के प्रकार तथा वेश्याओं के व्यवहार के साथ ही वशीकरण के भी उपायों का वर्णन करके इस अध्याय को 79 श्लोकों में समाप्त किया गया है।

छब्बीसवां अध्याय—यह अध्याय चित्राभिनय से संबंधित है। इसके अंतर्गत आकाश, रात्रि, सायंकाल, अंधकार, विद्युत्, उल्का आदि को प्रदर्शित करने के लिए किये जाने वाले अभिनय का वर्णन हुआ है। इसी अध्याय में आकाश भाषित, वृद्ध एवं बालक के सम्भाषण, आसन्न, मृत्यु आदि के मंचन आदि की विधियां भी प्रदर्शित की गयीं हैं। अंत में निर्देशन और नाट्य की प्रतिष्ठा के कारणों को बताकर इस अध्याय को 130 श्लोकों में पूर्ण किया है।

सत्ताईसवां अध्याय—इसमें देवी तथा मानुषी सिद्धि एवं उसमें आने वाले विघ्नों का पूर्ण विवरण दिया गया है। इसी अध्याय में नाटक–प्रदर्शन के निर्णायकों की श्रेणियों एवं योग्यता का परिचय भी दिया गया है। तत्पश्चात् आदर्श पात्र के गुणों को बताकर और आदर्श प्रयोग का स्वरूप बताते हुए 102 श्लोकों में इस अध्याय को समाप्त किया है।

अट्ठाईसवां अध्याय—इस अध्याय में तत्, अवनद्ध, घन तथा सुषिर वाद्यों का नाट्य में किस प्रकार से प्रयोग किया जाना चाहिए, यह बताया है। अनेक वाद्यों की सम्मिलित ध्वनि को 'कुतप' (वाद्यवृन्द) कहा गया है। आगे कहा है कि जब आतोद्य (अर्थात् तन्त्री वाद्यों का वादन) स्वर, ताल और पदों (गीत) का आश्रय ले लेता है तो वही 'गान्धर्व' कहलाता है। यह अध्याय संगीत शास्त्र से संबंधित है। तदनुसार अट्ठाइसवें अध्याय में वाक्यों के चार प्रकार बताकर स्वरों के सात प्रकार तथा उनके वादी, संवादी आदि भेद तथा स्वर, ग्राम, मूर्च्छना, जाति आदि का वर्णन किया गया है। इस अध्याय को 151 श्लोकों में समाप्त किया है।

उनत्तीसवां अध्याय—इस अध्याय में यह बताया गया है कि किस भाव और किस रस के लिए किस जाति का प्रयोग करना चाहिए। इसके बाद गीति का वर्णन करते हुए उसके चार भेदों को बताया गया है। इसके उपरांत वाद्यवादन के लिए विस्तार, करण, आविद्ध, व्यंजन जैसी चार धातुओं को बताया है। साथ ही तन्त्रवाद्यों का वर्णन तथा वीणाओं के स्वरूप की चर्चा की गयी है। इस प्रकार वीणा के स्वरों के विषय में इस अध्याय में कुल 156 श्लोक हैं।

तीसवां अध्याय—इस अध्याय में सुषिर वाद्य (वंशी) का वर्णन हैं। वंशी में चार, तीन और दो श्रुतियों से उत्पन्न होने वाले स्वरों को वादन करने का विधान बताया है। साथ में यह भी कहा है कि साधारण और काकली स्वरों को किस प्रकार से उत्पन्न किया जाए। उनके अनुसार शरीरोत्पन्न (कंठ) स्वर, वीणा स्वर और वेणु के स्वरों में एकरूपता हो जाने पर वह अधिक अच्छा लगता है। साथ ही वेणु के स्वर अविचल, बीच में न टूटने वाले और वर्ण तथा अलंकार से युक्त मन्द्र, ललित और मधुर होने चाहिए। इस प्रकार इस अध्याय में केवल 13 श्लोक हैं।

इकत्तीसवां अध्याय—इसमें ताल का विधान बताया है। उनके अनुसार कला, पात और लय से युक्त काल का वह खण्ड जो घन वाद्यों के वर्ग में आता है, 'ताल' कहलाता है। ताल भी सामान्यतया निःशब्द और सशब्द जैसी दो प्रकार की क्रियाओं द्वारा निर्मित होती है। इनमें प्रत्येक के चार-चार भेद हो जाते हैं। इसके उपरान्त कनिष्ठ, मध्यम और ज्येष्ठ आसारितों को बताया है। इसके बाद गीत के सात प्रकारों को समझाया है। फिर इनके द्विकल और चतुष्कल भेदों का निरूपण किया है। 502 श्लोकों में इस अध्याय को समाप्त किया है।

बत्तीसवां अध्याय—अब भरतमुनि गीत के उन प्रकारों के विषय में बताते हैं जिन्हें नारद आदि मुनियों ने 'ध्रुवा' कहा है। जब गीत एक वस्तु में निबद्ध हो तो उसे 'ध्रुवा', दो वस्तु में निबद्ध होने पर 'परिगीतिका', तीन वस्तु में निबद्ध गीत को 'मद्रक' और चार वस्तु में निबद्ध गीत को 'चतुष्पदा' कहते हैं। ध्रुवा में त्र्यस्त्र और चतुरस्त्र ताल रहती है। फिर मागधी, अर्धमागधी, सम्भाविता और पृथुला गीतियों को समझाकर गायकों एवं वादकों के, आचार्य के, शिष्य के, कण्ठस्वर के गुण-दोषों को समझाकर 525 श्लोकों में इस अध्याय को समाप्त किया है।

तैंतीसवां अध्याय—अब तक भरतमुनि ने संक्षेप में तत् वाद्यों के विषय में बताया है। अब वे अवनद्ध वाद्यों के अन्तर्गत उनकी उत्पत्ति, उपयोगिता तथा इसके साथ ही मृदंग, पणव, व दर्दुर वाद्यों की वादन विधि और उनके लक्षणों को बताते हैं। उनके अनुसार चमड़े से मढ़े हुए जितने वाद्य होते हैं उन्हें 'अवनद्ध' समझना चाहिए। इनके सैकड़ों प्रकार हो सकते हैं, साथ ही वे त्रिपुष्कर वाद्य वादन के जो नियम हैं, उन्हें बताते हैं। इसके उपरान्त श्रोताओं की रुचि-भिन्नता को समझाकर यह बताया है कि किस अवसर पर किस प्रकार के वाद्यों की योजना की जाए। वादकों के दोष बताए हैं। इसके उपरान्त, आंकिक मृदंग, उर्ध्वक, आलिंग्यक पणव और दर्दुर की लम्बाई तथा उनके मुखों की चौड़ाई आदि को बताकर उन पर मढ़े जाने वाले उत्तम चर्म के लक्षणों, वाद्यों पर लेपन, नवीन वाद्यों का संस्कार (पूजन), अवनद्ध वाद्यों के आदि देवता तथा लक्षण बताए हैं। इसके बाद उपहस्तों (कर्तरी, समहस्त, हस्तपाणित्रय, वर्तना और दण्ड-हस्त) को समझाकर, उत्तम वादकों के लक्षण एवं गुण तथा मृदंग के गुणों को बताकर 301 श्लोकों में इस अध्याय को समाप्त किया है।

चौंतीसवां अध्याय—इस अध्याय में पात्रों के स्वरूप को, जो उत्तम, मध्यम और अधम वर्ग के अन्तर्गत आते हैं, उनके विषय में बताया है। इनमें किस-किस प्रकृति तथा गुणों के लोग होते हैं, यह भी बताया है। फिर नायक के चार भेद

बताये हैं। इसी प्रकार नायिका के भी (1) देवी, (2) महारानी, (3) कुलांगना, (4) गणिका जैसे चार भेद बताए हैं। इसके बाद इनकी आभ्यान्तर प्रकृति तथा देवी, स्वामिनी, स्थायिनी, भोगिनी और शिल्पकारिका के गुणों व स्वभावों को बताकर अभिनेत्री, नर्तकी, अनुचारिका, परिचारिका, संचारिका, प्रेषण-चारिका, महत्तरिका, प्रतिहारी, कुमारिका, वृद्ध और आयुक्तिका के लक्षणों को बताया है।

इसके बाद उन पुरुषों का वर्णन किया है जो बांहर या प्रजनन से सम्बन्धित हों। इनमें राजा, सेनापति, मन्त्री तथा पुरोहित, आमात्य, कुमाराधिकृत और सभासद के गुणों व स्वभाव को बतलाकर 99 श्लोकों में इस अध्याय को पूर्ण किया है।

पैंतीसवां अध्याय—इस अध्याय में यह बताया है कि किस प्रकार के व्यक्तियों को नाटक में किस प्रकार भी भूमिकायें दी जायें। इसके उपरांत रंगमंच पर आने वाले पात्रों के विषय में बताते हैं। उनके अनुसार नाट्य प्रयोग में मंच पर प्रस्तुत की जाने वाली प्रकृति (1) अनुरूपा, (2) विरूपा (3) रूपानुसारिणी जैसी तीन प्रकार की होती है। तत्पश्चात् नाट्य प्रयोग में रस तथा भाव की दृष्टि से (1) सुकुमार, (2) आबिद्ध भेदों को बताकर, इनके स्वरूपों को बताया है। इसके बाद भूमिका के लिए अनुपयुक्त स्त्री-पात्रों के विषय में बताकर आदर्श नाट्य मण्डली के विषय में बताया है। उनका कहना है कि नाट्य मण्डली में कार्य करने वाले पुरुषों में भरत, विदूषक, नट, सूत्रधार आदि सभी 'भरत' कहलाते हैं। अत: आगे भरत, विदूषक, तौरिप, नट या अभिनेता, नान्दी, सूत्रधार, नाट्यकार, नट, नाटकिया (अभिनेत्री) मुकुटाकार, आभरणकृत, माल्यकार तथा वेषकार, चित्रकार, कुशीलव तथा अन्य सहयोगी गणों की विशेषताओं को बताकर 109 श्लोकों में इस अध्याय को समाप्त किया है।

छत्तीसवां अध्याय—नाट्यशास्त्र के छत्तीसवें एवं अंतिम अध्याय का नाम 'नाट्यावतार' है। इसमें पृथ्वीतल पर नाट्य के संचार तथा नाटवंश की उत्पत्ति का इतिहास देते हुए नाट्यशास्त्र के माहाम्त्य का वर्णन प्रश्नोत्तर शैली में किया गया है। इसके अतिरिक्त राजा नहुष की प्रार्थना पर स्वर्गस्थित नाट्य के भूतल पर अवतरण की कथा दी गयी है। नाट्यशास्त्र के जिन संस्करणों में सैंतीस अध्याय हैं, उनमें नहुष की कथा का आख्यान सैंतीसवें अध्याय में दिया गया है। आज के नाट्य प्रयोक्ता, जो पारम्परिक, रूप से नाट्य प्रयोग न करके नये प्रयोगों एवं मौलिक विधाओं पर बल देना चाहते हैं, उनके लिए भी भरत के नाट्यशास्त्र के जो अध्याय विशेष रूप से दृष्टव्य हैं, वे निम्न हैं:—

(1) प्रेक्षाग्रह के निर्माण एवं व्यवस्था से संबंधित दूसरा अध्याय।
(2) नाटक के लक्ष्य, रसानुभूति और रस की व्याख्या करने वाला छठा अध्याय।
(3) भावाध्याय नामक सातवां अध्याय।
(4) स्वर के उतार-चढ़ाव से अभिनय में प्रभाव डालने वाला उन्नीसवां अध्याय।
(5) रूपकों के भेद बताने वाला बीसवां अध्याय।
(6) व्यक्तियों को उनके अनुरूप भूमिका प्रदान करने वाला पैंतीसवां अध्याय।

मतंगकृत बृहद्देशी

मतंगकृत 'बृहद्देशी' संगीत का एक अद्वितीय ग्रंथ है, जिसकी रचना प्राचीन काल में हुई। इस ग्रन्थ के समय के विषय में विद्वानों के विभिन्न मत हैं। कुछ विद्वान् इसे सातवीं शताब्दी, कुछ आठवीं अथवा नौवीं शताब्दी का मानते हैं। डॉ. राघवन के विचारानुसार इस रचना को 825 से 875 के बीच का समझना चाहिए। मतभेद चाहे कुछ भी हो, तथ्य यह है कि यह एक प्राचीन ग्रन्थ है, जिसके द्वारा भारतीय संगीत का एक नया दौर शुरू होता है। नाट्य से पृथक् करके संगीत का प्रतिपादन करने वाले उपलब्ध ग्रन्थों में 'बृहद्देशी' का नाम सर्वप्रथम लिया जाता है, इसलिए संगीत के शास्त्रीय क्षेत्र में इसका स्थान महत्वपूर्ण माना जाता है।

इस ग्रन्थ के प्रकाशित संस्करण में अध्यायों की संख्या नहीं दी गई है, केवल अन्तिम अध्याय के लिए लिखा है कि यह छठा अध्याय है, लेकिन प्रकरणों के अनुसार इसके अध्यायों को 10 प्रकार से विभाजित कर सकते हैं जैसे देशीलक्षणम्, नादोत्पत्ति, श्रुति निर्णय, स्वर निर्णय, 33 अलंकार, गीतियां, जाति, राग लक्षणम्, भाषा लक्षण्, प्रबन्धाध्याय। कई लेखकों

का मत है कि इसमें वाद्याध्याय भी था, क्योंकि मतंग के बाद के कई विद्वानों ने मतंग को वाद्यों में निपुण बताकर इन्हें अत्यन्त आदर और सत्कार की दृष्टि से देखा। वैसे भी इन्हें चित्रा वीणा का महान् कलाकार माना गया है जिसके लिए राणा कुम्भा ने इन्हें 'चैत्रिक' कहा है। कहते हैं कि मतंग किन्नरी वीणा के निर्माता थे और इन्होंने ही सर्वप्रथम वीणा पर परदे (सारिकाएं) बाँधी थीं। श्री लक्ष्मीनारायण गर्ग के मतानुसार आधुनिक सभी तन्त्री वाद्य (परदे वाले) मतंग द्वारा निर्मित किन्नरी वीणा का ही विकसित रूप हैं।

इस ग्रन्थ में मतंग ने देशी की उत्पत्ति और लक्षण, नादोत्पत्ति के अन्तर्गत नाद महिमा, उत्पत्ति, प्रकार और उसके 5 भेदों की चर्चा की है। श्रुति निर्णय के अन्तर्गत श्रुत्युत्पत्ति, चार प्रकार की श्रुतियां, 66 और 22 श्रुतियों में अंतर, श्रुति का प्रमाण और परिणाम श्रुति और स्वर में सम्बन्ध के विषय में चर्चा की गई है। मतंग ने श्रुति का विश्लेषण इस प्रकार किया है–

श्रुश्रवणे चास्या धातौः कित प्रत्यय समुद्‌भवश्रुति शब्दः।
प्रसाध्योऽयं शब्दज्ञैः भवि साधनाः।

ग्राम का वर्णन करते हुए मतंग ने ग्राम की उत्पत्ति तथा प्रयोजन को बताया है। ग्राम का प्रयोजन स्वर श्रुति, मूर्च्छना, तान, जाति रागों की व्यवस्था के लिए कहा है।

स्वर निर्णय के अन्तर्गत वादी, संवादी, अनुवादी और विवादी स्वरों की व्याख्या, स्वरों के वर्ण, कुल और देवता, सप्त स्वरों और 12 स्वरों की मूर्च्छना विधि, मूर्च्छना और तार में अन्तर, भरत की सप्त स्वर मूर्च्छना के साथ-साथ द्वादश स्वर मूर्च्छना का उल्लेख भी किया है।

मतंग ने 33 प्रकार के अलंकारों का उल्लेख अपने इस बृहद्‌कोश में बड़े सुन्दर ढंग से किया है। अलंकार शब्द के विषय में उन्होंने एक श्लोक में कहा है कि जैसे कटक, केयूरादि अलंकारों द्वारा नारी या पुरुष मण्डित होकर शोभा पाते हैं, उसी प्रकार इन वर्णाश्रित, प्रसन्नादि अलंकारों द्वारा अलंकृत गीति, गायक और श्रोता दोनों को सुखावह होती है। मतंग ने चोक्षा, भिन्ना, गौड़ी, राग, साधारणा, भाषा और विभाषा आदि सप्त गीतियों का लक्षणों सहित वर्णन किया है। 7 शुद्ध और 11 विकृत जातियों को स्वीकार किया है। जातियों के 10 लक्षण ग्रह, अंश आदि का भी विस्तृत वर्णन दिया है। 'सकलस्य रागादेर्जन्म हेतुत्वाऽजातयः इति।' अर्थात् मतंग ने जातियों को सब रागों को जन्म देने वाली कहा है।

मतंग के बृहद्देशी के विषय में जो एक सबसे महत्वपूर्ण बात है वह यह कि आज तक के उपलब्ध ग्रन्थों में सबसे पहले बृहद्देशी में रागों का विस्तृत विवरण मिलता है। राग के विषय को विशद रूप से प्रस्तुत करने वाला ग्रन्थ आज मतंग का ही बृहद्देशी माना जाता है, जिसमें तीस ग्राम रागों के नाम पुल्लिंगवाची और भाषा-विभाषा, अन्तर भाषाओं के नाम सर्वत्र स्त्रीलिंगवाची हैं। राग की परिभाषा को मतंग ने भिन्न-भिन्न रूप से प्रस्तुत किया है जैसे–

स्वर वर्ण विशेषेण ध्वनिभेदेन वा पुनः
रज्यते येन यः कश्चित् सरागः संगतः सताम्।

अर्थात् विशिष्ट स्वर वर्ण (गान क्रिया से अथवा ध्वनि-भेद के द्वारा) जो जनरंजन में समर्थ है वह राग है। मतंग ने रागों को सप्त गीतियों के अन्तर्गत माना है। शुद्धा, भिन्ना, गौड़ी, राग तथा साधारणी गीति के अन्तर्गत 32 रागों के नामों का वर्णन किया है। रागों का ग्राम से सम्बन्ध, राग में रस विनियोग, राग की मूर्च्छना, राग में प्रयुक्त होने वाले वर्ण, प्रयुक्त होने वाली तालों का भी निर्देश किया गया है। रागों का लक्षणयुक्त विवेचन प्रथम बार प्रस्तुत किया गया है। इसके अतिरिक्त भाषा-विभाषा का उनके स्वर विस्तार सहित वर्णन उपलब्ध है। अन्तिम अध्याय प्रबन्धाध्याय में अनेक प्रकार के प्रबन्धों का परिचय दिया गया है।

मतंग का कथन है कि रागों के सम्बन्ध में न तो भरत ने न और विद्वानों ने ही कुछ कहा है, इसीलिए रागों के विषय में जैसा प्रचलित है; उसी के अनुसार वे उसके लक्षण बताते हैं। इस आधार पर यह अनुमान लगाया जाता है कि मतंग के रागय में रागों का प्रचार अच्छी प्रकार से समाज में हो चुका था। मतंग ने उन्हीं प्रचलित अर्थात् देशी रागों के सिद्धान्तों को स्पष्ट करने के लिए इस ग्रन्थ को लिखा। इसके नाम से ही यह स्पष्ट होता है कि इस ग्रन्थ में 'बृहद' रूप से 'देशी' रागों की व्याख्या की गई है। देशी शब्द का ही यह अर्थ है कि देशी संगीत साधारण लोगों, स्त्रियों, बच्चों तथा समाज के सब व्यक्तियों को प्रिय था। यही नहीं किन्तु ऐसा प्रतीत होता है

कि मतंग के समय में न केवल जातियों का स्थान रागों ने ले लिया था, वरन् अनेक प्राचीन रागों के स्थान पर कुछ नवीन राग भी प्रचलित हो गये थे।

मतंग के अनुसार, जातियों से ही ग्राम रागों की उत्पत्ति हुई है तथा स्वर और श्रुतियों से जातियों का जन्म हुआ है। 'राग-जाति' की परिभाषा देते समय मतंग लिखते हैं कि 'स्वरों का ऐसा आकर्षक मेल जो चित्त को प्रसन्नता दे, राग कहलाता है।' जातियों के विषय में उन्होंने वे ही दस लक्षण (ग्रह, अंश, तार, मन्द्र, षाडव, औडव, अल्पत्व, बहुत्व, न्यास और अपन्यास) जो कि आज भी रागों के हैं, बताये हैं।

अनुमान लगाया जाता है कि जाति-गायन भरतमुनि से पूर्व भी प्रचलित था, जो भरत काल में अपने पूर्ण उत्कर्ष पर था। कारण कि मतंग के मतानुसार 'मध्यम ग्राम' की जातियां नाटक के मुख (अर्थात् आरम्भ) के समय में, 'षड्ज ग्राम' की प्रतिमुख (अर्थात् नाटक प्रारम्भ होने के उपरान्त) में, 'साधारित जातियों' का प्रयोग नाट्य के विकास के समय में और 'पंचम जाति' का प्रयोग विमर्श (अर्थात् बातचीत) के समय में किया जाता था। मतंग ने सर्वप्रथम संगीत के साहित्य में 'राग' शब्द का प्रयोग किया है। इन्होंने लिखा है कि इनके पूर्व जातियों के पांच भेद थे, जिन्हें क्रम से शुद्धा, भिन्ना, बेसरा, गौड़ और साधारित कहते थे। परंतु इनके समय में वे सात हो गए, जिन्हें क्रम से शुद्धा, भिन्ना, गौड़ी, राग जाति, साधारणी, भाषा जाति और विभाषा जाति कहते हैं। इनके मतानुसार शुद्धा और भिन्ना तथा साधारणी के सात, भेद होते हैं, इसी प्रकार गौड़ी के तीन, रागों के आठ, भाषा के सोलह और विभाषा के बारह भेद हैं। इन्होने अपनी जातियों के नाम भी भिन्न दिये हैं।

मतंग मुनि लिखते हैं देशे देशे प्रवृत्तोऽसौ ध्वनिर्देशीत: संज्ञित: (पृष्ठ 1, श्लोक 2) इसमें वर्णित विषय देश्युत्पत्ति, देशी लक्षण, नादोत्पत्ति, श्रुति निर्णय:, स्वर निर्णय:, मूर्च्छना:, तान मूर्च्छना– तान, वर्णभेद, प्रसन्नादि:, प्रसन्नान्त:,– प्रसन्नादयन्त आदि, त्रयस्त्रिंशदलङ्कार, गीत, जाति, राग लक्षण, भाषा, राग लक्षण और प्रबन्धाध्याय का वर्णन है। इसमें जिन रागों का वर्णन है उनमें से कुछ गौड़ पञ्चम, गौड़-कौशिक, टक्क राग, मालव-पञ्चम, बोट्ट राग, हिन्दोल:, मालव-कौशिक, नर्तराग, ककुभ, भम्माण-पञ्चम, गान्धार-पञ्चम, रेवगुप्त, त्रवणा, वेरञ्जिका, मालवेसरी, गूर्जरी, सौराष्ट्री, रविचन्द्रा, देशाख्य, अम्बाहेरी, ललिता, कोलाहली, हर्षपूरी, माङ्गाली, सैन्धवी, प्रथम-मंजरी, मधुकरी, आभीरी, भाविनी, कैशिकी, श्रीकंठी, कालिन्द्री, गान्धारी, वराटी, मालवा, शार्दूली आदि हैं। ग्रन्थ में कुल 511 श्लोक हैं। इसमें काश्यप, कोहल, दत्तिल, दुर्गशक्ति, नन्दिकेश्वर, नारद, ब्रह्मा, भरत, महेश्वर, याष्टिक, वल्लभ, विश्वावसु और शार्दूल आदि के संदर्भ हैं।

आचार्य बृहस्पतिकृत भरत का संगीत सिद्धान्त

भरत का संगीत सिद्धान्त ग्रन्थ आचार्य बृहस्पति द्वारा लिखित है। इसका प्रथम प्रकाशन 1959 में, प्रकाशन शाखा, सूचना विभाग, उत्तर प्रदेश द्वारा किया गया था। दूसरा संस्करण 1989 में बृहस्पति पब्लिकेशन्स, D/4-C, डी.डी.ए. फ्लैट्स, मुनीरिका, नई दिल्ली द्वारा प्रकाशित हुआ। यह ग्रन्थ छह अध्यायों में है। छठे अध्याय में अनुबन्ध (1), अनुबन्ध (2), अनुबन्ध (3), अनुबन्ध (4) भी दिये गये हैं।

इस ग्रन्थ में मूल रूप से नाट्यशास्त्र में भरतमुनि द्वारा प्रतिपादित कुछ विषयों को लेकर उनका खुलासा किया है, जिसके अंतर्गत भरतमुनि की धारणाओं को समझाकर वर्तमान समय में उनकी प्रयोगविधि भी बताई हैं।

पहले अध्याय में लेखक ने ग्राम, श्रुति और स्वर पर विचार किया है। ग्राम को देखें तो भरत ने केवल षड्ज और मध्यम ग्राम वर्णन किया है। उन्होंने गान्धार ग्राम की चर्चा नहीं की है, लेकिन इस ग्रंथ में लेखक द्वारा यह स्पष्ट रूप से बतलाया है कि भरत ने श्रुतियों की व्यवस्था संवादित्व के आधार पर की है। पहले क्रियात्मक रूप से देख लिया कि कौन-कौन-से स्वर परस्पर संवादी हैं, फिर उन्होंने यह जानने की चेष्टा की कि संवादी स्वर कितनी श्रुतियों के अन्तर पर स्थित हैं, फिर क्रमश: उन्होंने प्रत्येक स्वर की श्रुति संख्या प्राप्त की।

लेखक ने पहले यह दिखलाया है कि किस प्रकार नवतन्त्री विपञ्ची वीणा पर षड्ज, ऋषभ, भरतोक्त शुद्ध गान्धार, अन्तर गान्धार, मध्यम, पञ्चम, धैवत, निषाद और काकली निषाद प्राप्त होते हैं। इस अध्याय का 'श्रुति-दर्शन-

विधान' बहुत ही पाण्डित्यपूर्ण है। इसमें लेखक ने पहले भरत की चतु: सारणाएं विस्तारपूर्वक समझायी हैं और यह दिखलाया है कि उनसे किस प्रकार श्रुतियों की संख्याएं प्राप्त होती हैं। इसके अनन्तर लेखक ने यह दिखलाया है कि उनके द्वारा निर्मित 'श्रुतिदर्पण' वाद्य पर किस प्रकार समस्त सारणाएं सम्पन्न हो जाती हैं और श्रुतियों की संख्याएं सरलतापूर्वक प्राप्त हो सकती हैं।

दूसरे अध्याय में मूर्च्छना की व्युत्पत्ति एवं लक्षण बताये हैं। इस अध्याय में लेखक ने यह सिद्ध किया है कि सप्तस्वरता मूर्च्छना का मुख्य लक्षण है। इसमें मूर्च्छनाओं के प्रयोजन को लेखक ने बहुत सुन्दर रीति से समझाया है। इतना विशद और पाण्डित्यपूर्ण वर्णन अन्यत्र नहीं मिलता। जाति विशेष के लिए मूर्च्छना-विशेष का पाश्चात्यकालीन नियम और उसका प्रयोजन बताया है साथ ही द्वादश स्वर मूर्च्छनावाद और उसकी पाश्चात्यकालीन आलोचना की गई है। अंत में वादन में मूर्च्छना द्वारा किस प्रकार सौकर्य होता था, इसे विस्तारपूर्वक समझाया है। मतंग किन्नरी, जाति विशेष के लिए मूर्च्छना विशेष का मतंगकृत निर्देश, तन्त्रीवाद्यों पर मूर्च्छनाओं की स्थापना के प्रकार इत्यादि के बारे में बताया गया है।

तीसरे अध्याय में जाति लक्षण और जातियों के भेद, जाति के दस लक्षण, जिसमें ग्रह, अंश, तार, मन्द्र, न्यास, अपन्यास, अल्पत्व, बहुत्व, षाडवत्व और औडुवत्व के नियमों द्वारा स्वर सन्निवेश किया गया हो, वह 'जाति' है। आचार्य बृहस्पतिजी ने इन दस लक्षणों को इस गन्थ में भली-भांति समझाया है। इनमें सबसे महत्वपूर्ण लक्षण अंश-स्वर है। अंश-स्वर के ही महत्व को समझने से 'जाति' का रहस्य समझ में आ सकता है। लेखक ने इन सब लक्षणों को समझाते हुए जाति-गान और वादन पर सुन्दर प्रकाश डाला है। उन्होंने अठारह जातियों का विस्तृत वर्णन किया है।

चतुर्थ अध्याय में लेखक ने संगीत-रत्नाकार में दिये हुए जाति प्रस्तारों को विशद रूप से समझाकर लिखा है और उनके अनुसार स्वरलिपि से जातियों का प्रत्यक्षीकरण किया है। इसमें षाड्जी-प्रस्तार, आर्षभी-प्रस्तार, गान्धारी-प्रस्तार, मध्यमा-प्रस्तार, पञ्चमी-प्रस्तार, धैवती प्रस्तार, नैषादी प्रस्तार, षड्जकैशिकी-प्रस्तार, आन्ध्री-प्रस्तार, नन्दयन्ती-प्रस्तार इत्यादि के बारे में बताया गया है। पंचम अध्याय में स्वर-साधारण और जाति-साधारण का विस्तृत रूप से स्पष्टीकरण किया गया है। लेखक ने एक मण्डल-प्रस्तार में साधारण स्वरों का श्रुति-स्थान भली-भांति समझाया है।

छठे अध्याय में राग का विशद वर्णन किया है। इन्होंने पहले राग की परिभाषा समझायी है और फिर यह बतलाया है कि भरतोक्त ग्राम राग जाति से उत्पन्न हुए हैं। तदुपरांत कश्यप एवं शारंगदेव का विधान, आलाप, करण, पद, आक्षिप्तिका, मतंग एवं मोक्षदेव के विधान, कैशिक मध्यम अथवा शुद्ध कैशिक मध्यम, शारंगदेव एवं मोक्षदेव के विधान भी बताये हैं। फिर आक्षिप्तिका, ग्रामरागों के प्रकार, उपराग, राग, भाषाजनक ग्रामराग—भाषाएं, विभाषाएं, अन्तरभाषाएं इत्यादि के बारे में बताया गया है।

उपर्युक्त छह अध्यायों में भरत-सिद्धान्त का पूर्णरूप से प्रतिपादन हुआ है। इसके बाद चार प्रकार के अनुबन्ध दिये गये हैं। इनके पहले अनुबन्ध में भरत-सिद्धान्त में आये हुए पारिभाषिक शब्दों की व्याख्या है, जैसे—ताल, क्रिया, मार्ग, लय, यति, आलाप इत्यादि का वर्णन किया है। दूसरे अनुबन्ध में रस-सिद्धान्त को संक्षेप में समझाया गया है और भिन्न-भिन्न रसों का विशिष्ट स्वर-सन्निवेशों से सम्बन्ध बतलाया गया है। तीसरे में श्रुतियों की अनन्तता और देशी रागों में प्रयोज्य ध्वनियां बतलायी गयी हैं और मूर्च्छना तथा आधुनिक ठाठों की स्वर-विश्लेषण द्वारा तुलना की गयी है। चौथे में भारतीय संगीत के 15वीं शती ई. तक के शास्त्रकारों, जैसे—ब्रह्मा-शिव, शंकर-पार्वती, शिवा-नन्दिकेश्वर-नारद-स्वाति, विशाखिल, पार्श्वदेव, गोपालनायक इत्यादि शास्त्रकारों का संक्षिप्त परिचय दिया गया है।

इस प्रकार इस ग्रंथ के अध्ययन करने पर यह ज्ञात होता है कि यह ग्रन्थ बहुत खोज के साथ लिखा गया है। भरत-सिद्धान्त को समझने के लिए यह अत्युत्तम कृति है। लेखक ने इसकी रचना करके संगीत के विद्यार्थियों को अमूल्य निधि प्रदान की है। आचार्य बृहस्पतिजी द्वारा छह अध्यायों में निर्मित 'भरत का संगीत सिद्धान्त' नामक यह ग्रंथ भरतमुनि के सिद्धान्तों को सरल करके समझाने में तथा उन सिद्धान्तों की वर्तमान प्रयोगविधि बताने में सहायक है।

भूपति नान्यदेवकृत भरतभाष्य

भूपति नान्यदेव मिथिला के राजा थे इनका समय 11वीं शताब्दी का उत्तरार्ध था। इनके ग्रन्थ का नाम भरतभाष्य तथा सरस्वती हृदयालंकार है इसे लोग भरतभाष्य के ही नाम से जानते हैं। नाम से लगता है कि यह भरत का ही कथन होगा, मगर यह स्वतंत्र ग्रन्थ है। बहुत-सी ऐसी बातों का उल्लेख इसमें है जो किसी अन्य ग्रन्थ में नहीं मिलता। यह ग्रन्थ काफी बड़ा है, जो आंशिक रूप से प्राप्त है। इसमें 6,7 अध्याय अधूरे-से हैं और दो भाग ही प्रकाशित हैं। कुल अध्याय 17 थे, बाकी अध्याय प्रकाशित नहीं हैं। एक ही पाण्डुलिपि है जो भण्डारकर इंस्टीट्यूट पूना में है। इस ग्रंथ की विशेषता दो-तीन बातों से है—(1) शिक्षा उच्चारण शास्त्र, (2) छन्द पर भी अलग अध्याय है। (3) ध्रुवाओं पर भी एक अध्याय था जो लुप्त है। जो पाण्डुलिपि पूना में है वह अपूर्ण है और बाकी अध्याय भी खंडित हैं। इस प्रकार महत्वपूर्ण होते हुए भी यह ग्रन्थ आज पूर्ण रूप में नहीं मिलता है, खंडित प्राप्त होता है। ग्रन्थ के अन्त:साक्ष्य के आधार पर पूरे ग्रन्थ की विषयवस्तु इस प्रकार है—

पहला अध्याय—सबसे पहले मंगलाचरण के द्वारा स्तुति की गयी है। पूरा ग्रन्थ तीन भागों में बंटा है। किसकी क्या विषयवस्तु है, इसका संग्रह शुरू में दिया गया है।

नादोत्पत्ति—बाईस प्रकार के नाद और श्रुति, श्रुति से नाद की उत्पत्ति, स्वर की विकृत अवस्था, शुद्ध विकृत मिलाकर चौदह स्वर, गीत-भेद, संगीत का महत्व, ग्रन्थ के सत्रह अध्यायों का संग्रह, चार प्रकार के वाद्य विभिन्न प्रकार की वीणा और उसके भेद, गीत के दोष, भरत के मत से कंठ के दोष, कंठ के गुण, भरत के ही मत से गान और गायक के गुण का वर्णन किया है।

दूसरा अध्याय—शिक्षा शब्द की व्युत्पत्ति, वर्ण की उत्पत्ति, वर्णो के स्थान और प्रयत्न, उदात्त आदि स्वरों का निरूपण, व्याकरण शास्त्रियों के मत से शब्द का नेतृत्व, स्वर साधना (भाषा के स्वर अ, आ) इत्यादि को इस अध्याय में शमिल किया है।

तीसरा अध्याय—सात स्वरों के वर्ण, हर स्वरों के रंग, उदाहरण (षडज का रंग कमल की आभा के समान) स्वरों के वर्ण, जाति, छन्द, स्वरों के ऋषि (सृष्टा), देवता, उच्चारणकर्त्ता, स्वरों की परस्परप्रियता का सम्बन्ध, स्वरों की उत्पत्ति स्थान, तीन ग्राम, ग्राम का लक्षण, ग्रामों में श्रुति निदर्शन, अन्तर काकली स्वर, भरत के मत से मध्यम ग्राम की श्रुतियां, गांधार ग्राम का स्वर्ग में प्रयोग, गाधार ग्राम का निरूपण, स्वरों में उनकी स्थिति इस अध्याय के वर्ण्य विषय हैं।

चौथा अध्याय—मूर्च्छना निरूपण, चार प्रकार की मूर्च्छनायें, तीन ग्रामों में बाईस मूर्च्छनायें, मूर्च्छनाओं के देवता, नारद के मत से मूर्च्छनाओं के नाम, षाडव-औडव का लक्षण, तान का लक्षण, तान संख्या, प्रस्तार, नारद के मत से तीन ग्रामों की तान संख्या, भरत के मत से चौरासी तानें कश्यप आदि के मत से तानों की संख्या बतायी गयी हैं।

पांचवां अध्याय—यह ग्रन्थ में नहीं है। इसके शुरू में विषयवस्तु बतायी गयी है। अलंकार और गमक दो विषय इसमें हैं, ऐसा पता चलता है। गमक आदि का हिस्सा अध्याय सात में मिल जाता है।

छठा अध्याय—जाति निरूपण, शुद्धा विकृता जातियां, ग्रह, अंश आदि जाति लक्षणों का निरूपण, प्रत्येक जाति का ग्रह उदाहरण सहित, कपाल, इसकी उत्पत्ति, पाणिका का लक्षण, 18 पाणिका बताये हैं।

सातवां अध्याय—प्रसंगवश पुन: सात स्वरों का निरूपण, तीन ग्राम आदि का लक्षण, रागोत्पत्ति, स्वर, ग्राम, मूर्च्छना, जाति साधारण, स्वर साधारण, तान, स्वर, श्रुति, श्रुतियों के रस, जाति लक्षण, ग्रह-अंश आदि, जाति लक्षण, अलंकार भेद, गीति और वर्ण का भेद, मागधी आदि चार गीतियां, प्रत्येक में पांच-पांच भेद, अलंकार का महत्व, गमकों के नाम और लक्षण, जातियों के अंशानुसार गीतियों के रस और छन्द, गीतियों के देवता, ग्राम-भेद से गान में ऋतु काल आदि का नियम शुद्धा आदि गीति-भेद से गान में काल नियम, रागों की अनन्तता, अंश का अभेद होने पर भी राग में भेद, रागों का (अन्तराल) आलापक, रूपक, गमक, राग का लक्षण, ग्राम रागों के भेद और संख्या, भाषा, विभाषा, अन्तर भाषा, ग्राम राग और भाषा आदि का विस्तृत विवेचन किया है।

आठवां अध्याय—ताल की मुक्तता, बिदारी का लक्षण और भेद, गीत वस्तु और वस्तु के अंग, वृत्त, द्विविध वस्तुगत (रूपक) विदारी (गीत खण्ड), ताल के कुछ पारिभाषिक शब्दों का निरूपण सात प्रकार के गीत, सामगान के उदाहरण, उसमें तालादि का नियम, भाषा-विभाषा आदि के रस, वृत्तताल, वृत्त-भेद से तालभेद, पाठ्य और गेय, तीन स्थान और पाठ्य में उनका प्रयोग, चार वर्ण और उनका रसों में प्रयोग, द्विविधा काकू, छह अलंकार और छह अंग, रसों में इनका प्रयोग, विराम के भेद और अभिनय में उनका प्रयोग आदि बताये गये हैं।

नवां अध्याय—पांच प्रकार की ध्रुवा, सम, विषय, आदि के भेद से ध्रुवाओं की मूल जाति, संख्या निरूपण, ध्रुवाओं के वार्णिक वृत्त, ध्रुवाओं के मात्रावृत्त, गाथानाम, मात्रावृत्तों की विधि, ताल की अनन्तता, ध्रुवा आदि में मात्रा इत्यादि बताये हैं।

दसवां अध्याय—लय, ताल, द्विपदी, भंग (खास गीत प्रकार) उपभंग आदि का विस्तृत विवेचन किया गया है।

ग्यारहवां अध्याय—मार्ग लक्षण, मार्ग से देशी की उत्पत्ति, दो प्रकार के गीतांङ्ग, देशी गीतों में नाना देशों की भाषा का अनुकरण, नानाविध तालात्मक गीत, प्रबन्ध गीत, प्रबन्धों के भेदों का वर्णन किया गया है।

बारहवां अध्याय—तत् वाद्य, रावण की तपस्या से वीणा की उत्पत्ति, वीणा का प्रयोजन और महात्म्य, वीणाओं का वैशिष्टय, नानाविधि वीणाओं की निर्माणविधि, मतंग के मत से वीणा वादक का लक्षण, वीणा वादन की विविध विधियां इत्यादि बतायी गयी हैं।

तेरहवां अध्याय—सुषिर वाद्य, सुषिर के भेद, श्रुति इत्यादि को बताया गया है। चतुर्विध ताल साम्य, आठ प्रकार का वाद्य साम्य, भरतोक्त वाद्यों की अठारह जातियां, वाद्य जातियों के दस अंग, 21 अलंकार, नाट्य और नृत्य में पांच वाद्यों का विनियोग नियम, तालांग से वाद्य नियम, छन्द के अनुसार वाद्य नियम, ताल आदि के विषय में अल्पज्ञ का दोष, वाद्य प्रयोग का समय, वाद्य प्रयोग का श्रुतिफल आदि इस अध्याय में प्राप्त होता है।

इसके बाद दो अध्याय प्राप्त नहीं हैं जो अप्राप्य हैं। दूसरा भाषा विधान है।

सोलहवां अध्याय—यह छंद का है जो प्राप्त नहीं होता है।

सत्रहवां अध्याय—जिसमें संस्कृत, अपभ्रंश का प्रयोग कैसे करना है, यह बताया गया है। यह अन्तिम अध्याय है।

ग्रंथ का महत्व—इसमें ऐसी बातों का निरूपण है जो भरत परम्परा के ग्रंथों में नहीं मिलती। बृहद्देशी के बाद एवं संगीत रत्नाकार के कुछ पहले का यह महत्वपूर्ण और विशाल ग्रन्थ है। शिक्षा संबंधी विषय को सामान्यत: वैदिक (उच्चारण) साहित्य में रखा जाता था। यह एक ही विद्वान् है जिन्होंने शिक्षा को संगीत में रखा है। यह एक ही ऐसा ग्रंथ है जिसमें शिक्षा पर अलग से अध्याय लिखा गया है। इसी प्रकार छन्द मूलत: छन्दशास्त्र का विषय था, लेकिन इसमें छन्द अलग से अध्याय था, भले ही आज उपलब्ध नहीं है। भाषा संबंधी विषय साहित्य शास्त्र का था, लेकिन भाषा को भी इन्होंने अपने ग्रंथ में समाविष्ट किया है। ग्रन्थ में स्थान-स्थान पर अनेक पूर्वाचार्यो के मतों का उल्लेख प्राप्त होता है। ऐसे पूर्वाचार्य जिनके बारे में आज प्राय: कोई सामग्री उपलब्ध नहीं है, इस दृष्टि से भी यह ग्रन्थ महत्वपूर्ण है। इसमें कुछ विषय ऐसे हैं जो अन्य ग्रन्थों में प्राप्त नहीं होते जैसे—नारद के मत से मूर्च्छनाओं के नाम, तीनों ही ग्रामों की तान संख्या, कश्यप आदि के मत से तीन ग्रामों की तान संख्या, अठारह प्रकार की पाणि का लक्षण, श्रुतियों के रस, गीति के भेद, अंश-भेद से जाति में छंद, गीतियों के देवता, सामगान के उदाहरण उसमें ताल का नियम, वृत्त-भेद से ताल भेद, पाठ्य गेय, चार वर्ण और रस में उनका प्रयोग, द्विविधा काकू, भंग, उपभंग, नृत्य में पांच वाद्यों का विनियोग नियम इत्यादि ऐसे तथ्य हैं जो इस ग्रन्थ को अत्यन्त विशिष्ट स्थान प्रदान करते हैं।

भारतीय संगीत में ताल और रूप विधान

भारतीय संगीत में ताल और रूप-विधान ग्रन्थ सन् 1984 में डॉ. सुभद्रा चौधरी द्वारा लिखा गया है। इस ग्रन्थ को पांच अध्यायों में विभक्त किया गया है— (1) ताल, (2) गीतक, (3) प्रबन्ध, (4) छन्द और (5) ध्रुवा। संगीत की दृष्टि से ताल, प्रबन्ध और छन्द में से ताल का स्थान सर्वप्रथम आता है। इसलिए ताल को सबसे पहले रखा है।

गीत और वाद्य में से गीत की प्रधानता मानी गई है, और मार्ग तालों के स्वरूप की सिद्धि गीतकों में होती है; इसीलिए ताल के बाद गीतक को रखा है। गीतक के तत्व स्वर, ताल और पद हैं। प्रबन्ध में भी मुख्य रूप ये यही तीन तत्व हैं, यद्यपि गीतक ताल प्रधान है और प्रबंध पद प्रधान है। गीतक गेय हैं और प्रबन्ध भी गेय हैं। इस प्रकार इन दोनों में सामीप्य है। इसीलिए गीतक के बाद प्रबन्ध को स्थान दिया है। प्रबन्धों में पद की प्रधानता है, पद के साथ छन्द का संबंध है और प्रबन्धों में छन्द का विशेष स्थान है। इसीलिए प्रबन्ध के बाद छन्द को रखा है। गेय छन्द ही ध्रुवा कहलाते हैं जिन्हें भरत ने बहुत महत्व दिया है, इसलिए छंद के बाद ध्रुवा को लिया है। इसी प्रकार पांचों अध्याय अपने से पूर्व पूर्ववर्ती अध्यायों से संबद्ध हैं।

गीतक और ध्रुवा को छोड़कर शेष तीन अध्यायों में अलग-अलग परिच्छेद बनाये हैं। प्रत्येक अध्याय के परिच्छेदों का परिचय इस प्रकार है—

प्रथम अध्याय—यह चार परिच्छेदों में विभक्त है। पहले अध्याय के परिच्छेद 'क' में ताल और उसके तत्वों का विश्लेषण किया है। इसमें मार्ग और देशी की व्याख्या की गयी है और काल, घन, वाद्य, ताल, कला, पात, नि:शब्द क्रियाएं, सशब्द क्रियाएं, मार्ग, तालों के अन्य भेद, मात्रा, लय, मार्ग आदि का निरूपण मूल ग्रन्थों के आधार पर प्रस्तुत किया है। ताल के पांच प्रकार हैं मार्गताल-चच्चत्पुट, चाचपुट, षट्पितापुत्रक, सम्पकवेष्टाक, उद्घट्ट कहे हैं। तालों की कलाविधि, अंगुलिनियम, मात्रा अथवा मार्गकला, यति, पाणि अथवा ग्रह इत्यादि को समझाया गया है।

प्रथम अध्याय के ही परिच्छेद 'ख' में देशी तालों का स्वरूप और विकास है। इसके अंतर्गत मान-सोल्लास, संगीत चूड़ामणि ग्रंथों के आधार पर देशीताल और उनके तत्वों का विश्लेषण किया है साथ ही ताल के अवयव, क्रियाएं, तालों के लक्षण एवं ताल प्रत्यय-प्रस्तार, संख्या, नष्ट, उद्दिष्ट, पाताल, द्रुतमेरू, लघुमेरू, गुरुमेरू, प्लुतमेरू, संयोगमेरू, खण्ड प्रस्तार, द्रुतमेरू नष्ट, द्रुतमेरू उद्दिष्ट, लघुमेरू नष्ट, लघुमेरू उद्दिष्ट, गुरुमेरू नष्ट, प्लुतमेरू नष्ट, गुरू व प्लुत मेरू उद्दिष्ट इत्यादि का वर्णन प्राप्त होता है।

परिच्छेद 'ग' में रत्नाकरोत्तरकालीन ग्रंथों में प्राप्त ताल सम्बन्धी तथ्यों को समझाया गया है। इस परिच्छेद में संगीत समयसार, संगीतोपनिषत्सारोद्धार, आनन्द संजीवनम्, रस कौमुदी, संगीतदर्पण, नर्तननिर्णय, संगीत मकरंद, अनूपसंगीत रत्नाकर, अनूप संगीत विलास,अनूपसंगीतांकुश, अपराजित-पृच्छा इत्यादि ग्रन्थों में प्राप्त विभिन्न देशीतालों की संख्या, ताल की धारणा में परिवर्तन—अवयव, मार्ग, अवयवों के मान, ग्रह, जाति, यति, मार्ग और देशीतालों में भेद की समाप्ति, नवीन मोड़ इत्यादि बातों को सम्मिलित किया है।

परिच्छेद 'घ' में वर्तमान लक्ष्य में ताल का स्वरूप बताया है। इसमें ताल प्रयोग के आधार में परिवर्तन को बताया गया है। तत्पश्चात् ताल के भेद, यति, ग्रह और सम आदि को बताकर ताल प्रयोग के आधार वाद्य के रूप में घन से अवनद्ध की ओर जाने के कारणों को समझाया है तथा अनवद्ध वाद्यों पर ताल और 'ठेका' का वर्णन किया गया है।

दूसरा अध्याय—यह अध्याय गीतक पर आधारित है। इसमें गीतक का सामान्य परिचय और गीतकों की संख्या और उनका वर्गीकरण, गीतकों में ताल की प्रधानता, गीतकों का प्रयोग स्थल, गीतकों का नृत्य, वाद्य और अभिनय से सम्बन्ध, गीतक का पदांश, गीतक की प्रकृति व उसके भेद, निर्युक्त, अनिर्युक्त, पद निर्युक्त, वस्तुनिबद्ध तथा 'अंगकृत्' गीतक, वस्तु और अंग, गीतकों के विभिन्न अंग और उनके लक्षण, तालांग पाद, प्रतिपाद, शीर्षक, संहरण, अन्त, वेणी, प्रवेणी, चतुरश्र, वज्र, शरीर, मात्रा, तालिका, उपवर्तन, मुख, प्रतिमुख, गीतांग अथवा वर्णांग, विदारी, एकक, विविध, वृत्त, प्रस्तार, पदांग-उपोहन, प्रत्युपोहन, शाखा, प्रतिशाखा, गीतकों के मार्ग, गीतकों के लक्षण-मुद्रक, अपरान्तक, का उल्लेख किया गया है साथ ही उल्लेप्यक, प्रकरी,उत्तर, छन्दक, आसारित, वर्धमान, पाणिका, ऋक्, गाथा, साम का वर्णन प्राप्त होता है।

तीसरा अध्याय—यह अध्याय प्रबन्ध से सम्बन्धित है। यह भी चार परिच्छेदों में विभक्त है।

परिच्छेद 'क' इस परिच्छेद का शीर्षक है—'प्रबन्ध का विश्लेषण'। इसमें प्रबन्ध की व्युत्पत्ति और विभिन्न अर्थ बताएं हैं तथा प्रबंध की विभिन्न संज्ञाएं भी दी गयी हैं। साथ ही प्रबन्ध और गीत में भेद, प्रबन्ध और गीत का सम्बन्ध,

प्रबन्ध का लक्षण तथा धातु और अंग का विश्लेषण भी किया गया है। फिर सामगीतों के अंगों से धातुओं का सादृश्य, अवनद्ध वाद्य प्रबन्धों के अंगों का धातुओं से सादृश्य, अंग, प्रबन्ध-जाति, प्रबन्ध-भेद, प्रबन्धों का वर्गीकरण बताया गया है। इसके बाद सालग सूड, मिश्र सूड, विभिन्न तत्वों के आधार पर प्रबन्धों का विश्लेषण, गीत के गुण-दोष, एला प्रबन्ध इत्यादि का वर्णन किया गया है।

परिच्छेद ख—'प्रबन्ध-भेदों के लक्षण और प्रबन्धों के स्वरूप में पविर्तन'। इस परिच्छेद के अंतर्गत प्रबन्ध सम्बन्धी ग्रंथों का परिचय, भरत परंपरा के ग्रंथों में प्राप्त प्रबन्ध लक्षण—संगीत रत्नाकर, भरतभाष्य, मानसोल्लास, संगीतराज, मध्ययुगीन ग्रंथों में प्राप्त प्रबन्ध लक्षण—संगीत पारिजात, संगीत दामोदर, चतुर्दण्डी-प्रकाशिका, संगीत सूर्योदय, प्रबंध के स्वरूप में ऐतिहासिक मोड़ इत्यादि को बताया गया है।

परिच्छेद ग—'प्रबन्धों के अन्य रूप'। इसमें प्रबंध संज्ञा से रहित गेय रूप—जाति-प्रस्तार, आक्षिप्तिका, कपाल-गान, वाद्य प्रबंध, नृत्त प्रबंध इत्यादि का वर्णन किया है।

परिच्छेद घ—'वर्तमान लक्ष्य में प्रचलित गीतों का विकास और वर्तमान रूप'। इसके अन्तर्गत उत्तर भारतीय, कर्णाटक, उड़ीसी तीनों का समावेश है, जैसे उत्तर भारतीय में ध्रुपद, ख्याल, तराना, धमार, टप्पा, ठुमरी इत्यादि पारिभाषिक शब्दों का वर्णन किया है। कर्णाटक के कीर्तन, वर्णम्, पदम्, रागमालिका, गीतम् इत्यादि के बारे में बताया है और उडीसी में छन्द, चम्पू, सूड आदि का वर्णन किया है।

इसके बाद परिशिष्ट का उल्लेख हुआ है।

चौथा अध्याय—यह छंदाध्याय है। यह भी चार परिच्छेदों में विभक्त है।

परिच्छेद क में छन्द का सामान्य परिचय और गद्य, पद्य, ताल, वाद्य और संगीत से उसका सम्बन्ध बताया गया है। इसके बाद वाक् और काल तत्व, सत्, चित् की धारणा से संगीत का संबंध बताया है फिर काव्य और संगीत का संबन्ध बताया गया है। तदोपरान्त 'पद' का विश्लेषण, छन्द और पद्य, वाद्य में छन्द, गान और छन्द, ताल और संगीत का संबंध बताकर छन्द की परिभाषा को बताया गया है।

परिच्छेद ख—इसमें छन्द की शास्त्रीय शब्दावली का परिचय दिया है। इसके अन्तर्गत छन्द की व्युत्पत्ति, भरत की छन्दोगत विधि, पाद, स्थान, अक्षर, वर्ण, स्वर, विधि, वृत्त, भरतोत्तरकालीन छन्द सम्बन्धी पारिभाषिक शब्द-संस्कृत वृत्त सम्बन्धी शब्द बताकर मात्रा, यति, विराम, मात्रिकगण, हिन्दी छन्द सम्बन्धी विशेष शब्द—चरण, विश्रान्ति, तुक, ध्रुव अथवा टेक , पद, छन्द सम्बन्धी कुछ फुटकर नियम, यति नियम,तुक योजना का वर्णन किया गया है।

परिच्छेद ग—इस परिच्छेद में छन्द के उद्‌भव और विकास क्रम का परिचय दिया गया है। इसमें वैदिक छन्द, संस्कृत वृत्त परम्परा, प्राकृत परम्परा, अपभ्रंश परम्परा, डिंगल परम्परा, हिन्दी छन्द परम्परा के कुछ छन्द, घनाक्षरी, सवैया, ध्रुवपद, पद, आधुनिक हिन्दी काव्य की छान्दसिक प्रवृत्ति इत्यादि का वर्णन करके उपसंहार दिया गया है।

परिच्छेद घ—इसमें विशेष छन्दों का विशेष तालों से सम्बन्ध दिखाया है। इस परिच्छेद में वृत्त और तालों में समानताएं, कर्षण और उसका छंद व ताल से संबंध बताकर ताल में छंद का स्वरूप और ताल की रचना और विशिष्ट छन्द आदि बताकर विभिन्न बोलों में छन्द का स्वरूप इत्यादि का वर्णन किया गया है।

पांचवां अध्याय—यह अध्याय ध्रुवा से सम्बन्धित है। इसमें ध्रुवा की सामान्य चर्चा की गयी है और गांधर्व गान का भेद, ध्रुवा का महत्व, ध्रुवा का स्वरूप, ध्रुवा और गीतक के अंग, पञ्चविध ध्रुवाओं का स्वरूप—प्रावेशिकी, आक्षेपिकी, प्रासादिकी, अन्तरा, पञ्चविध ध्रुवाओं के भेद—शीर्षक। उद्धत, अनुबद्धा, बिलम्बिता, अड्डिता, अवकृष्टा, द्रुता, पाठ्य तथा गेय वृत्तों का भेद, पूर्वरंग में प्रयुक्त ध्रुवाएं, भरतभाष्य के वृत्त, दशविध निर्गीत, आश्रावणा, परिघट्टना, मार्गासारिता, लीलाकृत, परिवर्तनी ध्रुवा, शुष्कावकृष्टा ध्रुवा और ध्रुवा संबंधी फुटकर तथ्य देकर उपसंहार भी दिया गया है।

इस प्रकार यह ग्रन्थ पांच बिस्तृत निषयों को समेटे हुए एक प्रमाणिक ग्रन्थ है जो ताल, गीतक, प्रबन्ध, छंद और ध्रुवा पर प्रकाश डालता है।

मानसिंह तोमरकृत मानकुतूहल

ग्वालियर के तोमर वंश के महाराजा मानसिंह का संगीत-ज्ञान बहुत उच्चकोटि का था। इनका शासनकाल (1486–

1518 ई.) था। आपके दरबार में कई प्रसिद्ध गायक-वादक रहते थे, जिनमें बैजू, बख्शू, चरजू तथा रामदास के नाम उल्लेखनीय हैं। इन्होंने अपने यहां के उच्चकोटि के गायक-वादकों की सहायता से रागों की संख्या तथा उनके प्रकार को विस्तारपूर्वक व्याख्या-सहित लिपिबद्ध करके 'मानकुतूहल' नामक ग्रंथ की रचना अपने गायक-वादकों की सहायता से की, जिसका फारसी अनुवाद 'संगीत दर्पण' के नाम से फकीरउल्ला द्वारा हुआ। ध्रुवपद के पुन: स्थापना का पूरा श्रेय मानसिंह तोमर को ही है। संगीत कला के साथ साहित्यिक ज्ञान भी मानसिंह में यथेष्ट था, जिसका प्रमाण 'मानकुतूहल' में दिए उनके रचित पद हैं।

'मानकुतूहल' में श्रेष्ठ वाणीकार की विशेषताओं के बारे में राजा मानसिंह लिखते हैं—"श्रेष्ठ गायक तथा रचयिता को व्याकरण, पिंगल, अलंकार, रस, भाव, देशाचार, लोकाचार का अच्छा ज्ञान होना चाहिए तथा शब्द-ज्ञान में भी प्रवीण होना चाहिए। उसकी प्रवृत्ति कलानुवर्ती तथा समय से सामंजस्य स्थापित करने वाली होनी चाहिए, उसके गीत विचित्र और अनूठे होने चाहिए, प्राचीन रचनाएं कंठस्थ होनी चाहिए तथा संगीत, नृत्य, वाद्य में उसकी पैठ होने के अतिरिक्त प्रबन्ध का उत्तम ज्ञान भी होना चाहिए।"

मानसिंह तोमर की सभा में निर्मित राग प्रिय तो हुए ही, उसके शिष्य 'बख्शू' द्वारा निर्मित राग भी प्रिय लगे और लोक में प्रसिद्ध हुए।

अपने विचारों को मूर्त रूप देने के लिए जहाँ मानसिंह ने गीतों का निर्माण किया और कराया, वहाँ 'मानकुतूहल' नामक एक ग्रन्थ की भी रचना की। जिसमें विषय-विभाजन इस प्रकार है—

प्रथम अध्याय : प्रयोजन—इस अध्याय का अध्ययन बताता है कि मानसिंह तोमर की सभा में बक्शू और लोहंग नामक गायक थे। नायक पाण्डवी नामक एक कलाकार भी था, जो दक्षिण से कुरुक्षेत्र स्नान के लिए आया था। मानसिंह के हृदय में यह बात उत्पन्न हुई कि संगीत के विद्यार्थियों की कठिनता को दूर करने के लिए इन गुणियों की सहायता से एक ऐसी पुस्तक का निर्माण किया जाना चाहिए, जिसमें रागों की संख्या एवं प्रकार विस्तारपूर्वक लिपिबद्ध हों।

द्वितीय अध्याय : राग—इस अध्याय में छह रागों तथा उनके विभेदों की चर्चा है।

तृतीय अध्याय : ऋतुएं, रागों से उनका सम्बन्ध, अशुभ गण—इस अध्याय में ऋतुओं के समय का निर्देश करके विशिष्ट रागों का विनियोग विशिष्ट ऋतुओं में किया गया है। दग्धाक्षरों का वर्णन है तथा अशुभ गण बताये हैं।

चतुर्थ अध्याय : स्वरों की उत्पत्ति तथा गीत-भेद—इस अध्याय में विभिन्न प्राणियों से स्वरों का सम्बन्ध बताकर मानव-शरीर में उसकी उत्पत्ति के स्थान बताये गए हैं। गीतों के दो भेद 'चन्द्रप्रकाश' एवं 'सूर्यप्रकाश' कहे गये हैं, इस वर्गीकरण का आधार ताल है।

पंचम अध्याय : वाद्ययन्त्र, नायक-नायिका, सखी—इस अध्याय में विभिन्न वाद्ययन्त्रों का वर्णन है। तत्पश्चात् नायकों और नायिकाओं के प्रकार दिये गए हैं।

नायक—(अ) एक स्त्रीवाला, (आ) बहुपतीक, (इ) बहला-फुसलाकर स्त्री को वश में करने वाला।

नायिकायें—इनके तीन प्रकार 'स्वकीया', 'परकीया', और 'सामान्य' हैं। स्वकीया के तीन भेद 'अज्ञात यौवना', 'ज्ञात यौवना' और 'प्रौढ़ा' हैं। अन्य आचार्य स्वकीया के तीन भेद 'अज्ञात यौवन', 'मध्या' और 'प्रगल्भा' बताते हैं। 'मध्या' के तीन प्रकार 'धीरा', 'अधीरा' और 'धीराधीरा' भी हैं। स्वकीया के दो प्रकार 'ज्येष्ठा' और 'कनिष्ठा' भी हैं। परकीया के दो प्रकार 'प्रौढ़ा' और 'गणिका' हैं। प्रौढा के छह 'गुप्ता', 'विदग्धा', 'लक्षणा', 'कुलटा', 'अनसूया' और 'मोदिता' हैं। सामान्य के तीन प्रकार 'सम्भोग दूतिका', 'वकोक्ति गर्विता' और 'मानवती' हैं। वकोक्तिगर्विता के दो प्रकार 'प्रेमगर्विता' और 'तद्द्वयगर्विता' हैं। मानवती भी एक प्रकार की नायिका है।

स्वकीया, परकीया एवं सामान्या के आठ भेद वर्णित हैं, जैसे—प्रेषितभर्तका, कलहान्तरिका, विप्रब्धा, उत्कष्ठित, वासकसज्जा, स्वाधीनपतिका, प्रोपत्स्यत्पतिका और अभिसारिका। इसके पश्चात् दूती और उसके कर्तव्यों का वर्णन है।

षष्ठ अध्याय—इस अध्याय में गायक के दोषों का वर्णन है।

सप्तम अध्याय—इसमें विभिन्न कण्ठ तथा स्वरों की

विशेषताएं वर्णित हैं।

अष्टम अध्याय—इस अध्याय में वाग्गेयकारों और गायकों के गुणों और भेदों पर विचार किया गया है।

नवम अध्याय—इसमें 'वृन्द' (गायक-वादक-समूह) की परिभाषा तथा उसके भेदों का वर्णन है। 'वृन्द' के लाभ भी बताये गये हैं।

'मानकुतूहल' ग्रन्थ की मूल प्रति आजकल नहीं मिलती है, अत: यह नहीं कहा जा सकता है कि यह ग्रंथ संस्कृत भाषा में लिखा है अथवा ग्वालियरी भाषा में, परन्तु ग्वालियरी भाषा में स्वयं लिखे तथा अन्यों से लिखाए हुए पद्यों को शास्त्रीय संगीत का माध्यम बनाकर मानसिंह ने लोकभाषा के प्रति जो प्रेम प्रकट किया है, उसे देखते हुए यह असम्भव नहीं कि 'मानकुतूहल' की रचना ग्वालियरी भाषा में हुई हो। यदि ऐसा है, तो 'मानकुतूहल' ब्रजभाषा या ग्वालियरी भाषा का यह प्रथम ग्रन्थ है, जिसमें संगीत के विभिन्न अंगों के साथ नायिका-भेद पर विचार किया गया है।

मुहम्मद करम इमामकृत मुआदनुल मूसीकी

सन् 1857 ई. के लगभग वाजिदअली शाह के हकीम, मुहम्मद करम इमाम ने इस ग्रंथ की रचना की। यह अपने समय के गुणी विद्वान् थे। आपके पिता का नाम दिलावर खां था जो ऊंचे दर्जे के संगीतज्ञ थे। मुहम्मद करम इमाम की बाल्यावस्था से ही गाने-बजाने में विशेष रुचि थी। तदुपरांत मीर अली साहब से आपने संगीत सीखा।

मुआदनुल मूसीकी ग्रंथ में संगीत विषय की विवेचना तथा किंवदंतियों के साथ-साथ संगीत-कलाकारों के घराने का संक्षिप्त इतिहास भी मिलता है। साथ ही अनेक पुस्तकों के नाम भी दिए गए हैं।

लोचनकृत राग तरंगिणी

राग तरंगिणी लोचन द्वारा लिखा महत्वपूर्ण ग्रंथ है। यह मिथिला जिले के निवासी थे। इस ग्रंथ की रचना का काल 14वीं शताब्दी के अंतिम अथवा 15वीं शताब्दी के प्रारंभिक वर्षों में कहा जा सकता है। वैसे इसका रचनाकाल ठीक-ठीक निश्चित करना कठिन है। यह ग्रन्थ पांच तरंगों (अध्याय) में विभाजित है। शुरू की चारों तरंगों में राग से सबंधित वर्णन है। पांचवीं तरंग में स्वर स्वस्थान फिर अंत में राग वर्णन है।

पांचों तरंगें संक्षेप में इस प्रकार हैं—

(1) पुरुष राग स्वरूप कथन
(2) रागिनी स्वरूप कथन
(3) नोमतोम विषय
(4) तिरूहुत देश के संकीर्ण (मिश्र) रागों का वर्णन
(5) स्वर, वीणा बाद्य, श्रुति विभाग, राग संस्थान, राग गान समय और नायक-नायिका-भेद कथन।

पूरे ग्रन्थ में स्वर प्रकरण नहीं है। पांचवीं तरंग में स्वर संबंधी वर्णन है। स्वर के बारे में प्रारम्भ करते हुए लोचन ने कहा कि—

(वीणा यंत्र या वाद्य में बजने वाले रागों की उत्पत्ति संस्थानों से होती है। संस्थान ठाठ या मेल) उन संस्थानों को स्पष्ट करने वाले स्वर हैं। स्वर से ही संस्थान बनते हैं। इन स्वरों की संज्ञाएं षड्ज, ऋषभ, गांधार इत्यादि हैं।

वीणा के सब रागों में स्वरों की जो संस्थियां (स्थान) हैं, जिनके वादन मात्र से स्वर की अभिव्यक्ति होती है, ये संस्थियां रागों में बारह कही गई हैं। उन्हीं के द्वारा राग गाये जाते हैं। उन संस्थियों के नाम भैरवी, तोड़ी, गौरी, कर्णाट, केदार, ईमन, सारंग, मेघ, धनाश्री, पूर्वा, मुखारी और दीपक। इन्हीं बारह संस्थानों में सब राग व्यवस्थित बताए गए हैं।

भैरवी—लोचन के सभी स्वर जहां शुद्ध होते हैं वो भैरवी के हैं। अहोबल ने शुद्ध मेल तथा श्रीराग मेल नाम दिया है।

तोड़ी—सभी शुद्ध स्वरों के साथ रे ध कोमल करने पर तोड़ी संस्थान बनता है। लोचन की तोड़ी आज हमारी भैरवी के समान है।

गौरी—तोड़ी की स्वरावली में ही ग, म की और नि, सां की दो-दो श्रुति लेने पर गौरी संस्थान होता है। हमारे आज के भैरव के समान है।

कर्णाट—इसका लक्षण खण्डित है।

केदार—सब शुद्ध स्वरों के साथ ग, म की और नि, सां की दो-दो श्रुति ले लें तो यह केदार संस्थि है। हमारे आज के बिलावल के समान है।

ईमन—केदार में म दो श्रुति चढ़ जाए तो उसे यमन संस्थान कहेंगे। इनका ईमन आज के यमन से मिलता है।

सारंग—इसका लक्षण खण्डित है।

मेघ—ग, म और नि दो-दो श्रुति चढ़ जाते हैं और साम्य में शुद्ध म का भी प्रयोग हो तो वह मेघ होगा।

धनाश्री—रे, ध कोमल और ग, म, नि दो-दो श्रुति चढ़े हुए हैं तो यह धनाश्री संस्थान है। यह आज के हमारे पूर्वा थाट के समान है।

पूर्वा (पूर्वी)—इसका लक्षण स्पष्ट नहीं है।

मुखारी—सब शुद्ध स्वरों के साथ ध कोमल होने पर मुखारी यह आज के आसावरी समकक्ष है।

दीपक—इसका लक्षण खण्डित है।

आपने इस ग्रंथ में भारतीय संगीत एवं यवन संगीत के गुणों का संग्रह कर इस ग्रंथ की रचना की। जहां आपने भरत कथित नाद, श्रुति, स्वर, सिद्धान्त अपनाए, वहीं फारसी 24 'हंगाम' और बारह 'मुकाम' पद्धति को भी अपने 12 संस्थान पद्धति में स्थान दिया है। आपने श्रुतियों के प्राचीन नाम और स्वर स्थान स्वीकार किए हैं अर्थात् प्रत्येक स्वर को उसकी अन्तिम श्रुति पर स्थित ही माना है, परन्तु सात शुद्ध स्वरों के साथ नौ विकृत अर्थात् कुल सोलह स्वर माने हैं।

राग तरंगिणी के अनुसार स्वरों की जातियां इस प्रकार हैं—सम्पूर्ण षाडव और औडव को क्रमश: ब्राह्मण, क्षत्रिय और वैश्य कहा है। इससे कम स्वर वाले राग शूद्र कहलाते हैं।

बारह संस्थानों में प्रमुख रागों को वर्गीकृत किया है। जैसे—

भैरवी—नीलाम्बरी

तोड़ी—देशकार, त्रिवणा, मुलतानी, धनाश्री, बसंत, रामकली, गुर्जरी, बगुली, रेवा, भटियार, मालवश्री, जयश्री, आसावरी, देवगंधार, सिंधी, आसावरी और गुणकरी।

गौरी—मालवश्री, गौरी, चैती, पहाड़ी, देशी।

कर्णाट—बागेश्री, खम्बावती, सोरठ, परज, मारू, जयजयवन्ती, ककुभ, कामोद, कामोदी, केदारी, गौड, मालवकैषिक, हिन्दोल, सुघराई, श्रीराग इत्यादि।

केदार—केदारनाट, शंकराभरण, बिहंगड़ा, हम्मीर, श्याम, छायानट, भूपाली, भीमपलासी, कैशिक और मारू इत्यादि हैं।

ईमन—शुद्धकल्याण, पूरिया। प्रचार में इसे जैतकल्याण कहते हैं।

सारंग—पटमंजरी, वृन्दावनी, सामंत बड़हंस।

मेघ—मल्लार, गौड़सारंग, नट, बेलावली, अल्हैया, शुद्ध सूहा, देशी सूहा, देशाख्य, शुद्ध नाट।

धनाश्री—धनाश्री और ललिता।

पूर्वा—पूर्वा, मुखारी और बाकी दो के लक्षण खण्डित हैं।

दीपक—इनके रागों के उल्लेख नहीं मिलते। इसके बाद मिश्र रागों का वर्णन किया है।

बागेश्री राग—धनाश्री और कानड़ा के मिश्रण से।

गुणक्री—गुर्जरी और आसावरी के मिश्रण से।

भीमपलासी—धनाश्री और पूरिया का मिश्रण।

बिहागड़ा—कल्याण और कानड़ा का मिश्रण।

इसके बाद रागों का गायन समय बतलाया है—रागों को प्रात: गेय, मध्यान्ह गेय, सायंगेय और सर्वकालीन चार प्रकार के बताए हैं। कुछ रागों का समय चौबीस घंटे में विभाजित किया है। ग्रन्थ की समाप्ति नायक और नायिका-भेद से की है।

अंतत: कह सकते हैं कि कवि लोचन ने जहां एक ओर भरत कथित नाद श्रुति-स्वर सिद्धान्त अपनाए, वहां दूसरी ओर फारसी 24 हंगाम तथा 12 मुकाम पद्धति को भी अपने संस्थान पद्धति में स्थान दिया है। भातखण्डेजी इस ग्रंथ को छन्दशास्त्र का ग्रंथ माना है।

पं. सोमनाथकृत राग विबोध

दक्षिणी संगीत पद्धति पर रचित इस ग्रंथ का रचनाकाल सन् 1610 ई. में माना जाता है। इस ग्रंथ के लेखक का नाम पं. सोमनाथ है। यह आंध्र प्रदेश के रहने वाले थे। इस ग्रंथ की टीका भी इन्होंने स्वयं ही की, जिससे इस ग्रंथ को समझने का कार्य बहुत सरल हो गया। टीका करते समय इन्होंने अन्य ग्रंथकारों के उद्धरण भी दिये हैं, जिनके द्वारा इनके मत की पुष्टि होती है।

पण्डित सोमनाथ एक कुशल वीणा-वादक भी थे। वीणा के सम्बन्ध में 'राग विबोध' ग्रंथ में अनेक नवीन चिन्हों की योजना दृष्टिगोचर होती है। यह ग्रंथ दाक्षिणात्य संगीत का प्रतिष्ठाता है। जहां शारंगदेव ने 22 श्रुतियों को प्रकंट करने के लिए 22 पृथक्-पृथक् तार लगाये थे वहां इन्होंने अपनी वीणा के तारों के नीचे 22 परदे लगाकर उनसे 22 श्रुतियां उत्पन्न कीं। ये स, म, प से पहली श्रुति पर स्थित स्वर को मृदु सा, मृदु मा और मृदु पा कहते हैं। फिर 22 श्रुतियों पर सात शुद्ध स्वर स्थापित करने के उपरान्त 15 विकृत स्वरों का वर्णन किया है। इन्होंने अपने 75 जन्य रागों का वर्गीकरण 23 मेलों के अन्तर्गत किया है। आज भी अनेक रागों का रूप इन प्राचीन रागों के समान ही प्रतीत होता है। अत: ऐतिहासिक दृष्टि से यह ग्रंथ उत्तरी संगीतज्ञों के लिए विशेष महत्व का प्रतीत होता है।

पं. श्रीनिवासकृत राग तत्व-विबोध

इस ग्रंथ का रचनाकाल 18वीं शताब्दी का पूर्वार्ध माना जाता है। ग्रंथकार पं. श्रीनिवास ने ग्रंथ में अपने कुल एवं तिथि आदि का कोई परिचय नहीं दिया है, क्योंकि इस ग्रन्थ में पं. अहोबल के दृष्टिकोण का स्पष्टीकरण किया गया है और पं. भावभट्ट ने अपने अनूप विलास आदि ग्रन्थों में इस ग्रंथ की एवं ग्रन्थकार के मत की चर्चा की है, इसीलिए इसका रचनाकाल पं. अहोबल और पं. भावभट्ट के बीच का समय ही समझना उचित है। यह एक छोटा-सा ग्रन्थ संस्कृत भाषा में है। इससे पं. अहोबल के विचारों को उज्जवल रूप प्राप्त होता है।

इसमें कुल आठ अध्याय हैं। पहले अध्याय में ईश वन्दना है, दूसरे में श्रुतियों का वर्णन, उनका जाति विवेचन। तीसरे अध्याय में शुद्ध तथा विकृत और संवादी स्वरों का वर्णन है। चौथे अध्याय में ग्राम, मूर्च्छना है। पांचवें अध्याय में गमक और छठे अध्याय में मेल प्रकरण है। सातवें अध्याय में राग प्रकरण (इसमें 101 रागों का वर्णन है) और आठवें अध्याय में श्रुति निर्णय प्रकरण है। समस्त ग्रन्थ संस्कृत में है और बड़े आकार के 62 पृष्ठों में छपा है।

इस ग्रंथ में ग्रंथकार ने पं. अहोबल के मतानुसार ही सप्तक के शुद्ध और विकृत स्वरों की स्थापना 'माप-सिद्धान्त' के आधार पर वीणा के तार पर की है। पं. श्रीनिवास स्पष्ट कह देते हैं कि बेशक यह सिद्धान्त स्वर स्थापना के लिए सरल है फिर भी इसमें स्थापित होने वाले ऋषभ और धैवत स्वर चतु:श्रुतिक ही प्राप्त होते हैं, त्रिश्रुतिक नहीं। इन्हें शुद्ध रूप प्रदान करने के लिए सारिकाओं को एक श्रुति इधर-उधर खिसकाया जा सकता है।

श्रीनिवास द्वारा वीणा पर मिलाने के बाद काफी का स्वर मिलता है। वीणा की बात अहोबल स्पष्ट नहीं कर पाए थे। इन्होंने स्पष्ट की है। अहोबल के द्वारा वीणा पर स्वरों की स्थापना के समय जो श्रुतियां रह गयी थीं उसका निवारण इन्होंने किया है। मेल, औडव, षाडव, सम्पूर्ण की परिभाषा देकर, मूर्च्छना के विषय में कुछ कम समझाते हैं। मेल की परिभाषा में 'मेल उस स्वर-समूह को कहते हैं जिसमें राग उत्पन्न करने की शक्ति हो।' उस काल में प्रत्येक राग में चार भाग होते थे जिन्हें उद्ग्राह, स्थाई, संचारी और मुक्तयी कहा जाता है। उद्ग्राह वह प्रथम भाग था जिससे राग का आलाप प्रारम्भ होता था। शेष तीन रागालाप के द्वितीय, तृतीय और चतुर्थ भाग थे। रागाध्याय का सारा विवरण इन्होंने पारिजात से लिया है। इन्होंने अपने मेलों के वर्णन में केवल बारह श्रुतियों का ही प्रयोग किया है।

अपने ग्रंथ में दिये गए रागों के परिचय में पं. श्रीनिवास जहां किसी राग का मेल बतलाते हैं वहां उसकी मूर्च्छना का परिचय भी देते हैं। उनके मतानुसार मेल किसी राग में लगने वाले स्वरों और उसमें वर्जितावर्जित स्वरों का परिचय देता है और मूर्च्छना उस राग का आरोहावरोह और चलन बतलाती है। इससे यह स्पष्ट हो जाता है कि जहां प्राचीन काल में मूर्च्छनाओं से राग उत्पन्न होते थे वहां मध्यकाल अर्थात् मेल युग में मूर्च्छना केवल किसी राग के आरोहावरोह आदि दर्शाने के काम ही आती थी। पं. श्रीनिवास सप्तक में बारह स्वर ही मानते हैं। उन्होंने इन बारह स्वरों के अतिरिक्त शेष दस श्रुतियों के प्रयोग का विरोध किया है।

महाराजा सवाई प्रतापसिंहकृत राधागोविन्द संगीतसार

महाराजा सवाई प्रतापसिंह द्वारा लिखित ग्रन्थ राधागोविन्द संगीतसार है। 'सवाई' की उपाधि इनको मिली थी इसीलिए इनका नाम सवाई प्रतापसिंह देव भी प्रचलित है। ये सूर्यवंशी राजा थे। जयपुर के सूर्यवंशी राजा जयसिंह के नौंवे उत्तराधिकारी थे। इनके पिता का नाम माधवसिंह था। प्रतापसिंह के बड़े भाई का नाम पृथ्वीसिंह था। पृथ्वीसिंह की मृत्यु के बाद प्रतापसिंह देव जयपुर के शासक हुए और उनका शासनकाल 1779 से 1804 ई. तक था। महाराज प्रतापसिंह बहुत ही धार्मिक वृत्ति के राजा थे। यह राधा और गोविन्द के परमभक्त थे, इसीलिए इन्होंने अपने ग्रंथ का नाम 'श्री राधागोविन्द संगीतसार' रखा। उनका यह ग्रंथ ब्रजभाषा में लिखा हुआ है, जिसका प्रकाशन पूना के गायन समाज ने किया। सवाई प्रतापसिंह को ब्रजनिधि की उपाधि भी मिली थी। इनके राधागोविन्द संगीतसार ग्रंथ में शारंगदेव लिखित 'संगीत रत्नाकर' नामक ग्रंथ का ही प्रमुख रूप से अनुकरण किया गया है। यद्यपि प्राचीन धारणाओं का अनुकरण करने के साथ-साथ इस ग्रंथकार ने अपने समय में प्रचलित लक्ष्य को भी समेटा है। इसीलिए इस ग्रंथ में वर्तमान समय में प्रचलित कई तथ्यों और पारिभाषिक शब्दों का उल्लेख भी प्राप्त होता है।

श्री राधागोविन्द संगीतसार ग्रंथ में अध्यायों का विभाजन भी संगीत रत्नाकर ग्रंथ के आधार पर किया गया है। यद्यपि विभाजन क्रम संगीत रत्नाकर से अलग है। इस ग्रंथ को निम्नलिखित सात अध्यायों में बांटा गया है—(1) स्वराध्याय, (2) वाद्याध्याय, (3) नर्तनाअध्याय, (4) प्रकीर्णकाध्याय, (5) प्रबंधाध्याय, (6) तालाध्याय, (7) रागाध्याय।

(1) स्वराध्याय—स्वराध्याय के अंतर्गत तुर्य तृक का लक्षण, गीत के स्वरूप, गीत वाद्य एवं नृत्य का परिचय, पुरुष के शरीर का वर्णन, नाड़ी, नाद की उत्पत्ति एवं भेद, सारणाक्रिया श्रुति एवं स्वरों का लक्षण, सात स्वरों के स्वरूप ध्यान, सात स्वरों के स्थान, स्वरों के कुल, जाति, वर्ण, द्वीप, ऋषि, देवता, छंद आदि का वर्णन; विकृत स्वर, वादी, संवादी, अनुवादी एवं विवादी स्वर का लक्षण बताया गया है एवं ग्राम का लक्षण और उसका भेद, मूर्च्छना, तान एवं कूटतान के लक्षण, स्वर प्रस्तार, खंडमेरु, नष्ट-उद्दिष्ट पद्धति, वर्ण एवं अलंकार के लक्षण एवं भेद, मेल के लक्षण जाति के 13 लक्षण, जातियों के भेद इत्यादि पर विस्तार से चर्चा की गई है।

(2) वाद्याध्याय—वाद्याध्याय के अंतर्गत वाद्यों के चार भेद एवं लक्षण, रुद्रवीणा के वादन की विधि एवं उसके वादकों के लक्षण, ब्रह्मवीणा, तंबूरा, स्वर मंडल, रावण हस्तक, वीणा, पिनाकी वीणा, किन्नरी वीणा, दण्ड वीणा आदि के लक्षणों का वर्णन किया गया है। इसके पश्चात् नकुली, चित्रा, विपंची, मत्तकोकिला वीणाओं के लक्षणों का वर्णन किया गया है। तत्पश्चात् वीणा के विभिन्न करण एवं धातु के लक्षण भी बताये गये हैं। साथ ही मत्तकोकिला नकुली, किन्नरी, आलापिनी वीणा के वादन की विधि बतायी है। इसके अतिरिक्त वीणा पर बजाये जाने वाले अनेक रागों, उदाहरण—बंगाल भैरव, वराटी, गुर्जरी, बसंत, धन्नासी, देसी, भूपाली, रामकली, भैरव, छायानट, रामक्री, मल्हार इत्यादि रागों के बजाने की विधि पर प्रकाश डाला गया है। इसके बाद पिनाकी वीणा तथा निसंक वीणा के लक्षण का उल्लेख किया गया। इसके पश्चात् अवनद्ध वाद्यों के अन्तर्गत मृदंग, हुडक्का, ढोल, घड़ा इत्यादि घनवाद्यों के अन्तर्गत कांस्यताल, घंटा, क्षुद्रघंटा, जयघंटा इत्यादि का वर्णन किया गया है। तत्पश्चात् सुषिर वाद्यों के अन्तर्गत वंशी पर विस्तार से चर्चा की गई है। इसके अतिरिक्त शृंग, शंख, सुनारी, नागस्वर, पाविका, रणसींगा आदि के लक्षणों का वर्णन किया है।

(3) नर्तनाध्याय—नर्तनाध्याय के अन्तर्गत नृत्य, लास्य के लक्षणों का उल्लेख किया गया है। इसके साथ ही नर्तकों के विचित्र भेदों और लक्षणों पर प्रकाश डाला है। इसके पश्चात् आचार्य (गुरु), संप्रदाय (परंपरा) के लक्षणों का उल्लेख किया गया। इसके साथ ही आचार्य, नर्तक, सभापति तथा सभा के विविध गुणों का वर्णन किया गया। तत्पश्चात् अभिनय के विविध भेद, हस्तक, चरण, ग्रीवा, दृष्टि, भौं आदि के प्रकारों तथा उनके लक्षणों का वर्णन किया है। इसके पश्चात् चारी (चलने की क्रिया), एवं नृत्य के विचित्र भेद अंगहार के लक्षण, मार्गी एवं देशी, देवता, दैत्य, राक्षस आदि

के स्वरूप एवं लक्षण रासमंडल नृत्य के लक्षण, इत्यादि का वर्णन किया गया है।

(4) प्रकीर्णकाध्याय—इस अध्याय के अंतर्गत वाग्गेयकार, गांधर्व राज तथा श्रेष्ठ गायक के लक्षणों का वर्णन किया गया है। इसके पश्चात् गायकों के भेद, कंठ ध्वनि, गायकों के दोष, कण्ठ ध्वनि के दोष, शद्गरीर के लक्षण तथा गुण-दोष, गमक के भेद और उनके लक्षण, स्वस्थान तथा ग्रहस्थान के लक्षण पर भी चर्चा की गयी है। इसके अतिरिक्त आलाप के अन्तर्गत रागालाप और रूपकालाप के लक्षण, वृन्द के लक्षण एवं गुण पर भी विस्तार से प्रकाश डाला गया है।

(5) प्रबंधाध्याय—इस अध्याय में गीत के लक्षण, मार्गगान और गान्धर्व गान के लक्षण, प्रबंध के छह अंग तथा चार धातुओं एवं पांच जातियों के नाम एवं लक्षण का उल्लेख किया गया है। इसके पश्चात् सूडप्रबंध, ऐलाप्रबन्ध आदि के बारे में विस्तार से वर्णन किया गया है।

(6) तालाध्याय—तालाध्याय में ताल के दस प्राण के लक्षण, पांच मार्गतालों के लक्षण, देशी तालों के लक्षणों का विस्तार से वर्णन किया गया है। इसके पश्चात् ताल के विभिन्न अंगों के प्रस्तार के बारे में विस्तार से चर्चा की गयी है।

(7) रागाध्याय—इस अध्याय के अन्तर्गत पंच गीतियों के लक्षण, रागों के विभिन्न भेदों तथा उनके लक्षण का वर्णन किया गया है। इसके साथ ही भाषा राग, विभाषा राग आदि के लक्षणों का वर्णन किया गया है। छह पुरुष रागों के अंतर्गत भैरव, मालकौंस हिन्दोल, दीपक, श्रीराग तथा मेघराग की उत्पत्ति एवं उनकी विविध रागनियों का वर्णन किया गया है तथा उनके अनेक पुत्र रागों का भी विस्तार से वर्णन किया गया है।

पं. दामोदरकृत संगीत दर्पण

पं. दामोदर मुगल बादशाह जहांगीर के समय में हुए थे। उसी समय इन्होंने सन् 1625 ई. में 'संगीत दर्पण' नामक ग्रंथ की रचना की। आपके पिता का नाम पं. श्रीधर था। आपके इस ग्रंथ का फारसी, हिन्दी तथा गुजराती में अनुवाद हो चुका है।

स्वराध्याय में नादोत्पत्ति, वादी, संवादी भेद, रस, श्रुति, मूर्च्छनायें तथा उनके भेद, कूटतान, खंडमेरु, नष्टोदिष्ट प्रकरण, साधारण प्रकरण, वर्ण (आरोही, अवरोही, संचारी) अंश, ग्रह, जाति लक्षण, अलंकार आदि के बारे में विस्तार से बताया गया है।

रागाध्याय में राग की परिभाषा, रागांग, भाषांग, क्रियांग और उपांग को संक्षेप में समझाकर मतंग के मतानुसार रागों के तीन भेद (शुद्ध, छायालग और संकीर्ण) बताकर रत्नाकर से 20 रागों के नाम उद्धृत कर दिए हैं और शिवमत के राग व रागिनी, राग समय, राग ध्यान, ऋतु, हनुमत मत से राग-रागिनियां, रागार्णव मत, भैरवी, बंगाली, वराटी, सैंधवी, रामकिरी, गौरी, हिन्दोली, खम्बावती, तोड़ी, मालव कौशिक, बिलावली, ललित, दीपक, कामोदी, मालवी, आसावरी, मेघ, देशी, देशकारी, भूपाली, धनाश्री, गुर्जरी, टंका, कल्याण नाट, सारंग नट, देवगिरी, सौरटी, त्रिवणा, पहाड़ी पंचम रागों के ग्रह—अंश, वर्ज आदि स्वरों का वर्णन तथा ध्यान दिए हैं और अंत में शंकराभरण, बड़हंस, विभास, रेवा, कुड़ाई और आभारी रागों का केवल वर्णन है। इनके ध्यान नहीं दिए हैं।

अहोबलकृत संगीत पारिजात

संगीत पारिजात ग्रंथ की रचना 17 वीं शताब्दी के उत्तरार्ध में दक्षिण के एक विद्वान द्राविड़ ब्राह्मण पं. अहोबल द्वारा हुई। इनके पिता श्रीकृष्ण संस्कृत के प्रकांड विद्वान् थे। संगीत कला में निपुणता प्राप्त कर पं. अहोबल उत्तर की ओर आये और उत्तरी संगीत का अध्ययन किया। धनबड़ नामक नगर में वहां के राजा ने आपको सम्मानित किया और यहां रहकर आपने लोचन कवि के ग्रंथों का अध्ययन किया और इसके बाद 'संगीत पारिजात' नागक ग्रंथ की सन् 1650 ई. के लगभग रचना की। यह एक लोकप्रिय एवं प्रसिद्ध ग्रन्थ है। इस ग्रंथ का सन् 1724 ई. में पं. दीनानाथ द्वारा अनुवाद फारसी में हो चुका था।

इस ग्रंथ में अहोबलजी ने मंगलाचरण में संगीत की परिभाषा देकर मार्ग और देशी संगीत का भेद बताकर, हृदय में स्थित बाईस नाड़ियों से नाद की उत्पत्ति, श्रुति की व्याख्या, बाईस श्रुतियों के नाम, उनकी दीप्ता, आयता, करुणा, मृदु

और मध्या पांच जातियां, उनके तीव्र, तीव्रतर, तीव्रतम जैसे भेद, वादी, संवादी, अनुवादी, विवादी, की व्याख्या, स्वरों की जाति (देवकुल, दैत्यकुल वैश्य और शूद्र) तथा सातों स्वरों के रंग, स्वरों की जन्मभूमि के दीप, सातों स्वरों के दृष्टा, उनके देवता, उनके छन्द, और सातों स्वरों का नवरसों में वर्गीकरण बताया गया है। फिर तीन ग्राम, मूर्च्छनाएं, तथा उनके भेदों को समझाया है।

पं. अहोबलजी ने इस ग्रंथ में अलंकारों के कई प्रकार बताए हैं जैसे—मृदु, नन्द, विस्तीर्ण, सोम, बिन्दु, वेदि, प्रकाशक आदि। स्थाई वर्ण के 7 अलंकार, अवरोही वर्ण के भी 12 तथा संचारी वर्ण के 25 अलंकार। इस प्रकार कुल 56 अलंकारों का उल्लेख किया है।

वर्ण लक्षणम् के अध्याय में स्थायी, आरोही, अवरोही, संचारी वर्णों को समझाकर अलंकारों का निरूपण किया है। जाति निरूपणम् के अध्याय में जातियों के लक्षण तथा कुछ गमकों के भेदों को समझाया है। इसके उपरान्त वीणा के तार पर शुद्ध तथा विकृत स्वरों के स्थान बताए हैं। आगे मेल (थाट) की परिभाषा देने के उपरान्त शुद्धा, भिन्ना, गौड़ी, बेसरा और साधारणी गीतियों को समझाने के बाद अनेक रागों का गायन समय बताया है।

गमक प्रकरण में सात शुद्ध जातियों जैसे षाडजी, आर्षभी, गान्धारी, मध्यमा, पंचमी, धैवती, निषादी का संक्षिप्त परिचय दिया गया है और कम्पित, स्फुरित, तिरिप, घर्षण, हुम्फित आदि गमक प्रकारों को समझाया गया है।

राग प्रकरण के अन्तर्गत सैन्धव, सम्पूर्ण धनाश्री, षाडव धनाश्री, औडव धनाश्री, मेघमल्लार, नीलाम्बरी, मालव श्री, रक्तहंस, गौरी, मल्लारी, पंचम, बसन्त, देशाख्य, देशकारी, मध्यमादि, बंगाली, नारायणी, विभास, कानडी, मेघनाद तोड़ी, छाया तोड़ी, मार्ग तोड़ी, घण्टा राग, वराटी, शुद्ध वराटी, तोड़ी वराटी, प्रताप वराटी, कल्याण, वराली, खम्भावती, अभीरिका, कल्याण, रामकरी, सारंग, मालव, गुणक्रिया, शंकराभरण, बड़हंस, बिलावली, केदारी, काम्बोधी, दीपक, ललिता, वहुला, गौल, केदारगौल, छायानट, रीतिगौल, नारायण गौल, मालवगौल, देशी, हिन्दोल, ढक्कः, नाट, कामोद-नाट, आभीरीनाट, कल्याणनाट, केदारनाट, वैराटीनाट, तैलंग और भीमपलासी के स्वर, स्वर-विस्तार और कुछ के स्वरूपों का भी वर्णन है।

सबसे अंत में यह बताया है कि इन रागों में जो स्वर प्रयुक्त हुए हैं उनमें शुद्ध स्वर से दो श्रुति कम वाले स्वर को 'पूर्व-कोमल' और एक श्रुति कम होने पर 'कोमल' कहते हैं। इसी प्रकार शुद्ध स्वर से एक श्रुति अधिक होने पर 'तीव्र' दो श्रुतियां चढ़ जाने पर 'तीव्रतर' और तीन श्रुतियां चढ़ जाने पर 'तीव्रतम' स्वर कहा जाता है। इस प्रकार इन्होंने पूर्व ऋषभ, कोमल ऋषभ, पूर्व गान्धार, कोमल गान्धार, पूर्व धैवत, कोमल धैवत, पूर्व निषाद, कोमल निषाद जैसे आठ कोमल स्वर और ऋषभ, धैवत को तीव्र तथा तीव्रतर, गान्धार, मध्यम व निषाद को तीव्र, तीव्रतर और तीव्रतम और अतितीव्रतम गान्धार जैसे चौदह तीव्र-विकृत स्वर माने हैं।

नारदकृत संगीत मकरन्द

'संगीत मकरन्द' नामक ग्रन्थ की रचना सातवीं, आठवीं या नवीं शताब्दी का योगदान माना जाता है। इसके ग्रंथकार नारद थे। संगीत के इतिहास में पांच महापुरुषों का परिचय मिलता है जो नारद के नाम से प्रसिद्ध हुए हैं। इनमें नारदीय शिक्षा के लेखक नारद, गान्धर्व वेद के रचनाकार नारद , भरत ऋषि के सहयोगी नारद, 'चत्वारिंशच्छत रागनिरूपण' के कर्ता नारद और संगीत मकरन्द के लेखक नारद उल्लेखनीय हैं।

इस ग्रंथ में प्रथम बार पुरुष राग, स्त्री राग, और नपुंसक रागों का वर्गीकरण है। परन्तु यह ध्यान देने की बात है कि उन्होंने 'रागिनी' शब्द का प्रयोग नहीं किया है। इनमें 20 पुरुष राग, 24 स्त्री राग और 13 नपुंसक राग गिनाये हैं; साथ में स्वर, मूर्च्छना, राग, ताल आदि विषयों को लिया गया है। रागों के इस वर्गीकरण का आधार उनका रस सिद्धान्त है। उनका कहना है कि रौद्र, अद्‌भुत तथा वीररस के लिए पुरुष राग; श्रृंगार, हास्य तथा करुण रस के लिए स्त्री राग और भयानक, हास्य तथा शान्त रस की उत्पत्ति के लिए नपुंसक रागों को प्रयोग में लाना चाहिए। इस ग्रंथ में रागों की जातियां (सम्पूर्ण, षाडव, औडव) तथा रागों के गायन समय को भी बताया गया है।

श्रुतियों के नाम प्रचलित परम्परा से भिन्न हैं। भरतमुनि ने जहां तेतीस अलंकारों का वर्णन किया है, वहां इस ग्रंथ में केवल उन्नीस अलंकारों का निरूपण किया गया है। नखज, वायुज, चर्मज, लोहज और शरीरज नाम से नाद के पांच भेदों का उल्लेख है तथा वीणा के अठारह भेदों का वर्णन है।

संगीत मकरंद में परिभाषा सहित 101 तालों का वर्णन किया गया है। इसमें ताल शब्द की निष्पत्ति करके दश प्राणों का उल्लेख किया है। मार्ग, मात्रा, क्रिया अंग, ग्रह, आदि पर भरतोक्त मान्यताओं की पुष्टि की है।

इस ग्रंथ के संगीत अध्याय के प्रथम पाद में देव स्तुति और संगीत की परिभाषा है। इसी पाद में 'आदौ नादोत्पत्ति निरूप्यते' में नाद को पांच भेदों में विभाजित किया है जो नखज (वीणा), वायुज (वंशी), चर्मज (मृदंग), लोहज (धातु के वाद्यों की ध्वनि) और शरीरज (प्राणी की ध्वनि) जैसे हैं। फिर सात स्वरों का जानवरों से सम्बन्ध (जैसे षड्ज का मोर से, ऋषभ का चातक से आदि) बताया है। फिर स्थायी, संचारी, आरोहावरोह, वादी, संवादी, अनुवादी, विवादी को समझाकर स्वरों के वर्ण (रंग) द्वीप, ऋषि, गोत्र, नक्षत्र, राशि, रस आदि को बताया है। इसके बाद षड्ज ग्राम, मध्यम ग्राम और गान्धार ग्राम के स्वर बताए हैं। फिर षड्ज ग्राम की श्रुतियों को बताते हैं। इनकी श्रुतियों के नाम सिद्धा, प्रभावती, कांता, सुप्रभा, शिखा, दीप्तिमति, उग्रा, हलादी, निर्विरी, दिरा, सर्पसहा, क्षांति, विभूति, मालिनी, चपला, बाला, सर्वरत्ना, शान्ता, विकलिनी, हृदयोन्मालिनी, विसारिणी और प्रसूना हैं। फिर उनकी मूर्च्छनाओं का वर्णन करके स्वर-प्रकृति इत्यादि को समझाया है। इस पाद में कुल 114 श्लोक हैं।

द्वितीय पाद में 'संगीत देह निरूपण' के अन्तर्गत संगीत के शरीर को समझाया है। इस प्रकार इस पाद में कुल 24 श्लोक हैं।

संगीत के तीसरे पाद में रागों के नाम सूर्यांश के अन्तर्गत गायन समय के अनुसार (जैसे गान्धार, देवगान्धार, धन्नासी, सैंधवी, नारायणी, गुर्जरी, बंगाल, पटमंजरी आदि को प्रातः कालीन राग बताया है)। फिर सम्पूर्ण, षाडव व औडव रागों के ग्रह स्वरों को बताया है। साथ ही पुर्लिंग, स्त्रीलिंग और नपुंसकलिंग रागों के नाम दिए हैं। इसमें कुल 92 श्लोक हैं।

संगीत के चौथे पाद में मृदंग के लक्षण, वीणा के लक्षण, वाद्य विशेष (मृदंग, दर्दुर, पणव, झर्झरी, पटह) आदि का वर्णन, स्वरोत्पत्ति का स्थान, गायक लक्षण आदि को समझाया है। इस पद में कुल 59 श्लोक हैं।

इसके बाद नृत्याध्याय का प्रारम्भ होता है। इसमें नाट्य-शाला, सभा, विद्वान्, कवि, गायक, परिहास, इतिहास, ज्योतिष, वैद्यक, पौराणिक, सभापति, नट, घर्घरि, पात्र आदि के लक्षण बताए हैं। इसमें अधिकांश लक्षण एक-एक श्लोक में हैं। अन्त में पुष्पाञ्जलि के तीन श्लोक देकर, इस पाद को 54 श्लोकों में समाप्त किया है। इसी पाद में पांच तालों की उत्पत्ति का निरूपण भी किया गया है। नृत्याध्याय के द्वितीय पाद में एकोत्तरशत तालों के नाम हैं तथा लघु, गुरु, प्लुत के आधार पर उन तालों के लक्षण हैं। इस प्रकार इस पाद में कुल 74 श्लोक हैं।

नृत्याध्याय के तृतीय पाद में दस प्रकार के ताल-प्रबन्धों का वर्णन लघू, सूलादिताल और अंग ताल, ताल शब्द की निष्पत्ति, काल, मार्ग और मात्रा का लक्षण, देशी तथा मार्गी क्रियाओं के नाम, अंग, ग्रह, लय (इसी के अन्तर्गत यति भी दी गई है) जाति प्रस्तार को भी समझाया है। इस पाद में कुल 100 श्लोक हैं।

नृत्याध्याय का अन्तिम पाद चतुर्थ पाद है। इसमें 43 श्लोकों में मृदंगोत्पत्ति के लक्षण बताए हैं। इस प्रकार इस ग्रंथ में कुल 506 श्लोक हैं। तदुपरान्त विभिन्न नृत्य मुद्राओं का विवेचन नृत्याध्याय में हस्तक प्रकरण की समाप्ति के साथ हुआ है।

शारंगदेवकृत संगीत रत्नाकर

13वीं शताब्दी के उत्तरार्ध में शारंगदेव ने 'संगीत रत्नाकार' की रचना की। इस ग्रंथ को सन् 1942 ई. में आनन्द आश्रम संस्कृत ग्रन्थावली के 35वें ग्रन्थांक रूप में प्रकाशित किया गया।

संगीत रत्नाकर संगीत जगत् का महत्वपूर्ण ग्रन्थ है। यह काफी बड़ा और पूर्ण ग्रन्थ है इसमें सभी बातों का स्पष्ट विवेचन हुआ है। सभी लोग भारतीय संगीत में रत्नाकर को आधार स्वरूप ग्रहण करते हैं। सिंहभूपाल तथा कल्लिनाथ ने

संस्कृत में तथा विट्ठल ने तेलुगु में इस पर टीका की है। इसकी हिन्दी (ब्रजभाषा) टीका के कर्त्ता कोई गंगाराम हुए हैं।

रत्नाकर में प्राचीन एवं सामयिक संगीत का विस्तृत वर्णन है। सात अध्यायों में क्रमश: स्वर, राग, प्रकीर्ण विषय, प्रबन्ध, ताल, वाद्य एवं नृत्य का विशद वर्णन शारंगदेव ने किया है, इसीलिए इनका ग्रंथ 'सप्ताध्यायी' कहलाता है। यह ग्रंथ कुल चार भागों में प्रकाशित है। ग्रंथ के सातों अध्यायों का वर्णन इस प्रकार है—

(1) स्वराध्याय—इस अध्याय को आठ प्रकरणों में बांटा गया है।

1. पहले प्रकरण का नाम पदार्थ संग्रह है—जिसके अन्तर्गत सबसे पहले शिव की स्तुति मंगलाचरण के द्वारा की गयी है। फिर आश्रयदाता का परिचय मिलता है इसके बाद पूर्वाचार्यों का स्मरण फिर संगीत का लक्षण देते समय मार्ग और देशी बताये गये हैं। गीत का प्राधान्य बताते हुए गीत की प्रशंसा की है। अंत में धर्म, अर्थ, काम, मोक्ष चारों की सिद्धी पुरुषार्थ से हो सकती है यह बताया है। पूरे ग्रन्थ का उद्देश या पदार्थ संग्रह किया है। इस प्रकरण में 48 श्लोक हैं और इस प्रकरण का नाम भी पदार्थ संग्रह है।

2. पिण्डोत्पत्ति प्रकरण—इसमें पहले गीत, वाद्य, नृत्य के लिए नाद की अनिवार्यता बतायी गयी है और नाद की प्रशंसा की गयी है। सबसे पहले इस प्रकरण में शुरू से लेकर अंत तक पिण्डों की प्रक्रिया बतायी है।

3. नाद, कुल, द्वैवत, द्वैवतार्षि, द्वैवश्छिन्दों रस प्रकरण—बारह विकृत स्वर बताये गये हैं। फिर वादी, संवादी चार भेद, स्वर, श्रुति, जाति आदि बातों का इसमें निरूपण किया गया है।

4. ग्राम, मूर्च्छना, क्रमतान प्रकरण—सबसे पहले तीनों ग्रामों के लक्षण दिये हैं फिर तीनों ग्रामों के देवता और ऋतु समय बताया गया है। मूर्च्छना का लक्षण मूर्च्छनाओं के नाम शुद्धा आदि चार प्रकार की मूर्च्छना, मूर्च्छनाओं के देवता, गान्धार ग्राम की मूर्च्छना, षाडव, औडव, कूटतान और शुद्धतान के लक्षण, खण्डमेरु नष्ट उदिष्ट इत्यादि के बारे में बताया गया है।

5. पांचवां प्रकरण—स्वर साधारण और जाति साधारण इसमें दोनों प्रकार का साधारण और इन दोनों की विधि बतायी है।

6. वर्णालंकार प्रकरण—इस प्रकरण में वर्ण का लक्षण, उसके चार भेद, अलंकार का लक्षण, उसके चार प्रकार के अलंकार—आरोही, अवरोही, संचारी, स्थायी इनके लक्षण बताये हैं।

7. सातवां प्रकरण—इस प्रकरण में अठारह जातियां, शुद्धा जातियों के विकृत भेद, दोनों ग्रामों की जातियां और उनके निश्चित प्रकार, ग्रह, अंश आदि जातियों के तेरह लक्षण, अठारह जातियों के अलग-अलग लक्षण प्रस्तार सहित हैं।

8. गीति प्रकरण—सात प्रकार के कपाल, चार प्रकार की गीति, मागधी इत्यादि के बारे में बताया गया है।

(2) राग विवेकाध्याय—इसके पहले प्रकरण में पांच प्रकार की गीतियों का निरूपण किया गया है। गीतियों के आधार पर ग्राम रागों के पांच प्रकार, उपराग, राग, भाषा, भाषा जनक राग तथा विभाषा, अन्तर्भाषा इत्यादि का उल्लेख किया है।

रागांग आदि देशी रागों को पूर्व प्रसिद्ध और अधुना प्रसिद्ध ऐसे दो भागों में गिनाया गया है। अधुना प्रसिद्ध देशी रागों के लक्षण बताने के लिए उनके जनक मार्ग रागों के भी लक्षण दिये गये हैं। इस प्रकरण में कुल 264 राग गिनाये गये हैं। रत्नाकर वर्णित रागों में अनेक राग ऐसे हैं, जिनके साथ मालव, गौड, कर्णाट, बंगाल, द्रविड़, सौराष्ट्र, दक्षिण, गुर्जर जैसे शब्द संलग्न हैं, जो इन रागों का विभिन्न प्रदेशों के साथ सम्बन्ध होना सिद्ध करते हैं।

आचार्य शारंगदेव ने लिखा है कि मेरे समय में बंगाल, भैरव, वराटी, गुर्जरी, बसन्त, धन्नासी, देशी, देशाख्या इत्यादि रागांगों, डोम्बकी, प्रथममंजरी जैसे भाषागों, गौडकृति, देवकृति जैसे क्रियाङ्गों तथा भैरवी, मल्हार, कर्णाट गौड, तुरुष्क गौड, द्राविड़ गौड, ललिता इत्यादि उपाङ्गों के रूप में सर्वथा परिवर्तन हो गया है।

(3) प्रकीर्ण अध्याय—इस अध्याय के अंतर्गत वाग्येयकार, गान्धर्व स्वरादि, गायक के गुण-दोष, शिक्षाकार

आदि गायक के प्रकार, शब्द भेद, शब्द के गुण और दोष, शारीर का गुण और दोष, पन्द्रह प्रकार की गमकों के लक्षण, 96 स्थायों के लक्षण, आलप्ति के लक्षण और भेद-प्रभेद, वृंद के लक्षण और भेद तथा गुण एवं तीन प्रकार के कुतप इत्यादि का निरूपण किया गया है।

(4) प्रबन्धाध्याय—इसमें गान्धर्व-गान, मार्ग-देशी, निबद्ध-अनिबद्ध प्रबन्ध के छह अंग, निर्युक्त, अनिर्युक्त, सूड आलि, विप्रकीर्ण, इला, इला के भेद, रीति, गुण, मात्रा आदि का वर्णन है।

(5) तालाध्याय—ताल शब्द की व्युत्पत्ति और लक्षण, पांच प्रकार के मार्गताल, मात्रा, मार्ग, कला, लघु, गुरु, प्लुत, चचत्पुटः, चाचपुटः, षट्पितापुत्रक, पात और कला, चौदह प्रकार के गीतकों का लक्षण, देशीताल का लक्षण उनका उद्देश्य, 120 देशी तालों के नाम तथा रूप और प्रस्तार का वर्णन है।

(6) वाद्याध्याय—इसमें तत्, अवनद्ध, सुषिर और घनवाद्यों का वर्गीकरण है। वीणा वादन की तकनीक, वंशी व उसके भेद जैसे—मुरली, काहल, सुरंगा, शंख आदि तथा अवनद्ध वाद्यों में पाट, सोलट, हस्तपाट, मर्दल, तथा घनवाद्यों में घंटा आदि का वर्णन है।

(7) नर्तन अध्याय—इसमें अंग, प्रत्यंग, 108 करण, अंगहार, रेचक, चारी, देशी, मार्गी, मण्डल, देसी लास्य अंग, अभ्यास के लिए निर्देश दिए हैं। इसमें सिर, हाथ, ऊंगली, कंधे, पैर तथा अन्य प्रत्यंगों जैसे गर्दन, हाथ, पैर, कमर, कटि, कलाई, घुटने, दृष्टि, भाव, भौंह, पुतलियां, गाल, जिव्हा, स्वांस, नाक, ऐड़ी, दांत, ओंठ आदि के संचालन को बताया गया है। आगे संगीत के लिए कमरा नवरस व व्यभिचारी भाव आदि का भी वर्णन है।

अंत में पांच परिशिष्ट हैं। पहले परिशिष्ट में भाषा, विभाषा, आदि रागों के नाम हैं। दूसरे परिशिष्ट में सप्त स्वरों का प्रस्तार है। तीसरे परिशिष्ट में 22 श्रुतियों पर शुद्ध तथा विकृत स्वरों की स्थापना की गई है। चौथे परिशिष्ट में श्रुतियों के आधार पर षडज, मध्यम व गान्धार ग्राम के अनुसार स्वरों की स्थिति को बताया है और पांचवें परिशिष्ट में संगीत के ग्रंथकारों के नाम है।

इस प्रकार यह ग्रंथ पूरे एक हजार पृष्ठों में संस्कृत के अनुष्टुप छंद में रचा गया है।

महाराणा कुम्भा द्वारा रचित संगीत राज

मेवाड़ के प्रसिद्ध विजयी महाराणा कुम्भकर्ण या कुम्भा द्वारा 'संगीतराज' नामक ग्रंथ लिखा गया। कुम्भा ने लगभग 1480 ई. में इसे लिखा। इस ग्रंथ में पांच अध्याय हैं। प्रत्येक अध्याय में चार प्रकरण और प्रत्येक प्रकरण में चार परिच्छेद हैं। सोलह सहस्त्र श्लोकों में यह ग्रंथ पूर्ण हुआ है। ग्रंथकार ने विषय विभाजन इत्यादि में शार्ङ्गदेव का अनुकरण किया है तथा अभिनव गुप्त, विप्रदास, अशोक, देवेन्द्र, मदन एवं पण्डित-मण्डली का प्रभाव भी उन पर है। ग्रन्थ में रागों के ध्यान के साथ भरत, मतंग एवं अभिनव गुप्त के सिद्धान्तों पर तथा देशी संगीत की कुछ विशेष प्रवृत्तियों पर भी चर्चा है।

संगीत रत्नाकर से बड़ा ग्रन्थ 'संगीत राज' कुम्भा द्वारा रचित है। जो संगीत रत्नाकर के 300 वर्ष बाद लिखा गया। जो बातें संगीत रत्नाकर में बतायी गयी हैं वही बात 'संगीत राज' में दोहरायी गयी हैं और विस्तृत करके कही गयी हैं—

ग्रन्थ के पांच अध्याय इस प्रकार हैं :—

1. पाठ्यरत्नकोष—

(1) अनुक्रमनिकोल्लास—कत्री प्रशंसा परीक्षण, आरम्भ परीक्षण, समर्धन परीक्षण, संगीत स्तुति परीक्षण।

(2) पदोल्लास—पद परीक्षण, वाक्य परीक्षण, संसापरीक्षण, परिभाषा परीक्षण।

(3) छन्दोल्लास—अनुष्टप परीक्षण I वृत्त परीक्षण, आयविलोकन परीक्षण, प्रस्तार परीक्षण, परिपाटी परीक्षण।

(4) अलंकारोल्लास—उद्देश परीक्षण-लक्षण परीक्षण, अलंकार परीक्षण, गुण-दोष परीक्षण।

2. गीतरत्नकोष—

(1) स्वरोल्लास—स्थानादि परीक्षण, साधारण परीक्षण, वर्णालंकार परीक्षण, जाति परीक्षण।

(2) रागोल्लास—ग्राम राग परीक्षण, रागांग परीक्षण, भाषांग परीक्षण, क्रियांग परीक्षण।

(3) प्रकीर्णकोल्लास—वाग्गेयकार परीक्षण, शब्द भेद परीक्षण, गमक परीक्षण, स्थाय वाग परीक्षण।

(4) प्रबन्धोल्लास—गीत परीक्षण, सूड आलि परीक्षण, प्रकीर्ण प्रबन्ध परीक्षण, प्रबन्ध परीक्षण।

3. वाद्य रत्नकोष—

(1) तत्तोल्लास—एक तंत्री परीक्षण, नकुलादि परीक्षण, मत्त कोकिला परीक्षण, किन्नरी परीक्षण।

(2) सुषिरोल्लास—वंश परीक्षण, स्वरोत्पत्ति परीक्षण, गुण-दोष परीक्षण, पावादि परीक्षण।

(3) धनोल्लास—मार्गताल परीक्षण, देशीताल परीक्षण, ताल प्रत्यय परीक्षण, लक्षण परीक्षण।

(4) अवयोल्लास—पुष्पक वाद्य परीक्षण, पाट परीक्षण, वाद्य परीक्षण, प्रबन्ध परीक्षण, पटहादि परीक्षण।

4. नृत्य रत्न कोष—

(1) अंगोल्लास—अंगपरीक्षण, प्रत्यंग परीक्षण, उपांग परीक्षण, आहार्य परीक्षण।

(2) चारिओल्लास—स्थानक परीक्षण, प्रत्यंग परीक्षण, देशीचारि परीक्षण, मण्डल परीक्षण।

(3) कर्णोल्लास—शुद्ध कर्ण परीक्षण, शुद्ध चारि परीक्षण, अंग परीक्षण, रेचक परीक्षण।

(4) प्रकीर्णोल्लास—वृत्ति परीक्षण, देशी कर्ण परीक्षण, लास्यांग परीक्षण, पात्र लक्षण परीक्षण।

5. रस रत्नकोष—

(1) रसोल्लास—रस स्वरूप परीक्षण, रस तत्व परीक्षण, रसाश्रय परीक्षण, रस लक्षण परीक्षण।

(2) विभावोल्लास—नायक, परीक्षण, नायिका परीक्षण, चेष्टादिक परीक्षण, उद्दीपन परीक्षण।

(3) अनुभावोल्लास—अनुभव परीक्षण, अवस्था परीक्षण, सात्विक परीक्षण, प्रवास परीक्षण।

(4) संचारीओल्लास—निर्षेद परीक्षण, भावास्था परीक्षण, रससंकर परीक्षण, ग्रन्थ समाप्ति परीक्षण।

ग्रंथ का महत्व—प्राचीन संगीत के बारे में वर्णन करने वाला सबसे विस्तृत ग्रन्थ है। इतना अधिक वर्णन किसी ग्रन्थ में नहीं मिलता है। 15वीं शताब्दी में यह ग्रंथ लिखा गया परन्तु बातें प्राचीन हैं। इन्होंने प्राचीन संस्कृति को सिर्फ ग्रहण ही नहीं किया बल्कि उसकी समालोचना भी कही है। कुम्भा ने बारह स्वर वाली मूर्च्छना का खण्डन किया है। नवीन धारणाओं का समावेश है। ग्राम देशी राग को वर्गीकृत किया है। ध्यान की परम्परा राग रागिनी से ग्रहण की व देशी से जोड़ दिया है। इस ग्रंथ में भरतभाष्य के समान अनेक प्राचीन आचार्यों के मत प्राप्त होते हैं, जिनके अपने कोई स्वंतत्र ग्रन्थ नहीं हैं। पाठ्य विषय का यह एक ग्रन्थ है। इसमें 1700 श्लोक हैं। प्राचीन परम्परा का अंतिम प्रतिनिधि ग्रन्थ है। साहित्यक दृष्टि से अन्य ग्रन्थों की अपेक्षा यह क्लिष्ट है। काशी हिन्दू विश्वविद्यालय, वाराणसी से पाठ्य व गीत रत्नकोष ही प्रकाशित हुआ है, एवं राजस्थान प्राच्य विद्या, जोधपुर से नृत्य रत्नकोष प्रकाशित हुआ है।

पार्श्वदेवकृत संगीत समयसार

इस ग्रंथ की रचना आचार्य पार्श्वदेव ने ईसा की तेरहवीं शताब्दी में की थी। पार्श्वदेव ने स्वयं को अनेक राजसभाओं में स्थित रसिकों के द्वारा स्तुत्य कहा है, जिससे यह सिद्ध होता है कि वे देश-देशान्तर में घूमे हुए विद्वान् थे। पिता का नाम 'आदिदेव' और माता का नाम 'गौरी' था। उनकी उपाधि 'संगीताकार' थी। इनके संगीत समयसार में कुल नौ अध्याय हैं।

इस ग्रंथ में चन्दर वंश के अठारहवें राजा 'परमर्दी' का उल्लेख किया है। पार्श्वदेव ने अपने इस ग्रंथ में मतंग का भी उल्लेख किया है। इनका काल ग्यारहवीं शताब्दी माना गया है, अत: इस युक्ति से भी यही सिद्ध होता है कि पार्श्वदेव बारहवीं शताब्दी के अंत में अथवा तेरहवीं शताब्दी के प्रारंभ में हुए होंगे।

इन्होंने पहले अध्याय में मंगलाचरण के बाद संगीत की दो विधा मार्ग और देशी बतायी हैं। इसके बाद स्थान का लक्षण, मध्य, मन्द्र, तार स्थान बताकर अन्तरश्रुति और वीणा की श्रुति साथ ही मन्द्र-मध्य-तार सप्तकों की 22-22-22 श्रुतियां यानी कुल 66 श्रुतियां बतायी हैं। तदोपरान्त ग्राम का लक्षण, मूर्च्छना, तान जाति का निरूपण किया है। कहा है कि—अंशभूत व्यवस्थित श्रुति युक्त स्वरों का समूह ग्राम कहलाता है। स्वर और श्रुति इत्यादि से युक्त दोनों ग्राम समूहवाची हैं। मूर्च्छना के अन्तर्गत मूर्च्छना की उत्पत्ति का लक्षण बताया है। जाति, राग सप्त शुद्ध ग्राम राग पांच भिन्न सबका निरुक्त संगीत रत्नाकर के समान माना है। सप्त स्वर व

द्वादश स्वर मूर्च्छनाओं का उल्लेख करके 49 षाडव और 35 औडव मूर्च्छनाओं को मिलाकर 84 मूर्च्छनाएं बताई हैं। इसके उपरान्त स्वर साधारण, तान जाति ग्राम राग को बताकर 7 शुद्ध, 5 भिन्न, 3 गौड, 8 बेसर, 7 साधारण और छह उपरागों के राग बताए हैं।

दूसरे अध्याय में देशी का लक्षण और 'शुद्ध' 'सालग' इन दो भेदों के कारण देशी दो प्रकार का कहा है। यह देशी सातों स्वराश्रित गीत, वाद्य, नृत्य तीनों में बताया है। इसके बाद नाद की उत्पत्ति मतंग मुनि द्वारा और पांच प्रकार का नाद अतिसूक्ष्म, सूक्ष्म आदि को कहा है। शारीर का लक्षण, भेद, गुण-दोष बताकर निबद्ध-अनिबद्ध को समझाया है। इसके बाद गमक के अंतर्गत इसका लक्षण इस प्रकार कहा है—जो स्वर अपने श्रुति स्थान पर सम्भूत छवि को अन्य श्रुति की छाया तक पहुंचा दे, वह गमक कहलाता है। यानि यह बात परम्परागत नहीं है। इन्होंने सात गमक बतायीं हैं स्फुरित, कम्पित, लीन, तिरिपु, आहत, आन्दोलित और विभिन्न जबकि संगीत रत्नाकार में पंद्रह प्रकार की गमक बतायी गयी हैं। इस अध्याय का अंत गीत भेद के लक्षण से किया गया है।

तीसरे अध्याय का प्रारम्भ ठाय से किया है। इसके बाद जीवस्वर, ग्रह न्यास, संन्यास, तार, मन्द्र, राग तथा आलप्ति के दो प्रकार बताए हैं। फिर छह प्रकार के काकु बताए हैं। राग की अपनी छाया 'राग काकु' कही गई है। गीतज्ञों ने उसे (राग की) 'भाषा' कहा है। किसी स्वर विशेष की छाया को 'स्वर काकु' कहा है। एक राग में अन्य राग की छाया को 'अन्य रागजकाकु' बताया है। फिर अंश को समझाया है। अंश के सात भेद बताये हैं।

चौथे अध्याय में रागाङ्ग, भाषाङ्ग, क्रियाङ्ग के लक्षण के पश्चात्, सात स्वर तथा उनकी स्वर-व्यवस्था का भी उल्लेख किया है। 101 रागों में लोक-व्यवहार सिद्ध कुछ रागों के लक्षण भी कहे हैं। रागांग रागों में देशी, वेलाउली आदि भाषाङ्ग राग में सैंधव, वराटी और वराटी के अन्य प्रकार उपांग में भैरवी क्रियांग में देवक्री आदि सम्पूर्ण रागों के स्वरों का वर्णन बताया गया है। राग के लक्षण दो प्रकार के बताये हैं। भैरव के विषय में कहा है कि 'भैरव का जन्म भिन्न-षड्ज से हुआ है। इसके न्यास स्वर मध्यम तथा अंश स्वर धैवत है। ऋषभ-पञ्चम वर्जित है। प्रार्थना में इसका विनियोग होता है।'

पांचवां अध्याय प्रबन्ध अध्याय है। इसके अन्तर्गत निबद्ध प्रबन्ध उसका लक्षण, उद्ग्राह, मेलापक, ध्रुव, आभोग, सूड के विभिन्न भेद, उत्तमोत्तम सूड भेद, जैसे—करण-वर्तनी, एला, ढेंकी, आलिक्रम, विप्रकीर्ण सूड आदि बताये हैं। सूडक्रमाश्रित प्रबन्ध लक्षण भी बताये हैं। इसमें उपरोक्त करण, ढेंकी, एला आदि के लक्षण बताये हैं इसी में स्वरार्थ, रास के लक्षण, एकताली आदि को बताया गया है।

छठे अध्याय में वाद्यों का वर्णन है। गीत के अनुगामी होने के कारण अब उद्देशपूर्वक लोकरंजक के चतुर्विध वाद्य जैसे—तत्, अवनद्ध, घन, सुषिर आदि के अन्तर्गत आने वाले वाद्यों का वर्णन हुआ है। तत् के अंतर्गत वीणा, अलावणी और किन्नरी आदि को, अवनद्ध के अन्तर्गत पटह, हुडुक्का, ढक्का, मृदंग और करटा को, घन के अन्तर्गत कांस्यताल, ताल, क्षुद्र घण्टिका तथा सुषिर के अंतर्गत वंश, महुरी, शंख और शृंग इत्यादि को बताया है।

इसके पश्चात् हाथ के लक्षण और उनकी मुद्राओं जो कि आठ प्रकार की हैं, पिण्डहस्त, ऊर्ध्वहस्त आदि के बारे में बताया है। दस प्रकार की हस्त मुद्राओं का भी प्रयोग मिलता है। इसमें समपाणि, पाणिहस्त, विषमपाणि हस्त हैं। फिर बीस वाद्य प्रबन्धों को बताया है। यति के विषय में वे कहते हैं कि ताल एवं छन्द के परिज्ञान के लिए जो श्रुतिप्रिय विराम, वाद्यहीन बनाया जाता है, वह 'यति' है।

सातवां अध्याय नृत्य के विषय में है। इसमें पहले अनेक विस्तृत शास्त्रों के द्वारा 'नृत' कहा गया है, इन शास्त्रों का संक्षेप करके नृत्यसार स्पष्ट रूप से निरूपित किया है। अवस्थाओं की अनुकृति करने वाला गात्र निक्षेप नृत्त है, वह वाक्, अंग, आहार्य्य और सत्व से उत्पन्न तथा ताल, भाव और लय के अधीन है। उसमें वाचिक, आहार्य्य और सात्विक अभिनयों का परित्याग करके नृत्त आदि के विविध आंगिक कहे हैं। शिर के नौ, वक्ष के चार, कर के चौंसठ, पार्श्व के चार, कटि के पांच, पाद के पांच प्रकार बताकर देशी और स्थान के लक्षणों को बताया है। इसके उपरांत करण, भ्रमरकाएं और आंगिक अभिनय को बताया है साथ ही पांच पेरण (नृत्त,

कैवार, घर्घर, वागड और गीत) तथा उनकी वादन पद्धत्ति को बताया है।

आठवें अध्याय में ताल का विवेचन है। इसमें ताल शब्द की निष्पत्ति, ताल लक्षण, काल, आवाप, निष्काम, सन्निपात यह आठ क्रियायें बतायी हैं। कला फिर लय बतायी है और यति के तीन प्रकार, लक्ष्य के अनुसार देशी सम्बद्ध मार्ग कहे हैं। इसके पश्चात् ताल निरूपण और तालों के नाम, जैसे—चच्चत्पुट, चाचपुट, षट्पितापुत्रक, उद्घट्ट, सिंहलील, गजलील आदि बीस तालों में प्रयुक्त लघु-गुरु आदि के संयोजन को बताया गया है।

नवें अध्याय में वाद (विवाद) के विषय में बताया गया है। इसमें बताया गया है कि वाद का मध्यस्थ राजा का आसन सभा मण्डप में कहां हो, रानी किधर बैठे, वाग्गेयकार, कविताकार, नर्तक किस ओर बैठें और अन्य विशेष विधाओं के विशेषज्ञ तथा अपने पक्ष का मण्डन करने वाले किधर बैठें और प्रतिवादी (खण्डन करने वाले) कहां बैठें। फिर 'वाद' के कारण, वाद किनसे करना चाहिए आदि को बताकर उनके लक्षण बताए हैं। इसके उपरान्त, वाग्गेयकार के गुण-दोष गायक तथा गायिकाओं के प्रकार तथा उनके गुण-दोष, आदि को समझाकर साथ ही वैणिक (वीणा वादक), वांशिक (वंशी वादक) के नौ-नौ प्रकार बताये हैं। इसी प्रकार कविताकार के तथा अवनद्ध वाद्यों के वादकों के गुण-दोषों का उल्लेख किया है। फिर नर्तकों के गुण-दोषों का वर्णन करके कहा है कि इस आधार पर जय-पराजय का निर्णय करना चाहिए। साथ ही यह भी बताया गया है कि जय-पराजय का निर्णय करते समय किन बातों का ध्यान रखना चाहिए।

पुण्डरीक विट्ठलकृत सद्रागचन्द्रोदय एवं उनके अन्य ग्रंथ

पुण्डरीक विट्ठल ने 'रागमाला', 'राग मंजरी', 'नर्तन-निर्णय' और 'सद्राग-चन्द्रोदय' चार ग्रन्थ लिखे हैं। इसमें नर्तन निर्णय, नृत्य कला से सम्बन्ध रखता है और शेष तीन में रागादि का वर्णन है। 1590 ई. के लगभग सद्राग-चन्द्रोदय नामक ग्रंथ लिखा गया है। इसमें 7 शुद्ध स्वरों के अतिरिक्त 10 विकृत स्वर माने हैं। 1570 ई. के लगभग इन्होंने उत्तर भारत का भ्रमण किया। सर्वप्रथम चन्द्रोदय की रचना की। उस समय संगीतशास्त्र तथा प्रचलित संगीत पद्धति में विभिन्नता थी, अत: इन्होंने शास्त्र तथा प्रचार में साम्य लाने के उद्देश्य से यह पुस्तक लिखी।

सद्राग चन्द्रोदय ग्रंथ के प्रारम्भ में कारूवी वंश के राजाओं अहमद खां, ताज खां आदि की प्रशंसा है। जैपुर में रहते हुए मानसिंह की आज्ञानुसार पुण्डरीक ने राग मंजरी की रचना की इसके आरंभ में मानसिंह और उसके पिता तथा बादशाह अकबर की प्रशंसा की गई है। यह सम्राट अकबर और मानसिंह के समकालीन थे। कुछ विद्वान् इस ग्रंथ को 1562 ई. के आसपास का मानते हैं।

ग्रंथ की विशेषताएं—(1) इन्होंने 22 ध्वनियां स्वीकार कीं जो क्रमश: ऊंची होती जाती हैं। ध्वनि के तीन स्थान मन्द्र, मध्य, तार होते हैं। प्रत्येक स्थान में 22 श्रुतियां हैं, जिनका रूप 4-3-2-4-4-3-2 है अर्थात् स, म, प की 4-4-4 श्रुतियां, रे-ध की 3-3, ग-नि की 2-2, इस तरह इनके सप्तक में 9 श्रुतियां हैं। 4 + 3 + 2 = 9 स-म-प चतु:श्रुतिक, रे-ध त्रिश्रुतिक, ग-नि द्विश्रुतिक हैं।

(2) शुद्ध स्वरों के नाम तथा स्थान पूर्व ग्रन्थकारों के समान ही दिये हैं, परन्तु विकृत स्वर भिन्न हैं।

(3) थाट के विषय में यह दक्षिणी थाट पद्धति के अनुसरणकर्त्ता थे, परन्तु स्वरों के नाम और पारिभाषिक शब्द उत्तरी हिन्दुस्तान पद्धति के लिए हैं।

(4) षड्जग्राम को अधिक महत्व दिया है, इसी ग्राम में सारा संगीत निहित किया है।

(5) इनकी वीणा लगभग उत्तर हिंदुस्तानी आधुनिक वीणा जैसी है, पर्दे तथा तार मिलाने का तरीका भी उत्तर हिन्दुस्तानी पद्धति जैसा है।

(6) इन्होंने शुद्ध सप्तक दक्षिण पद्धति को अनुसरण करते हुए मुखारि या कनकांगी मेल माना है (सा, <u>रे</u>, रे, म, प, <u>ध</u>, ध सां) फिर भी इनकी गणना उत्तरी संगीत के विद्वानों में मानी जाती है।

(7) इनके स म प जब एक-एक श्रुति नीचे उतरते हैं तो यह उन्हें 'लघु षड्ज' 'लघु मध्यम' और 'लघु पंचम' कहते हैं।

(8) इन्होंने अपने 57 रागों को 19 घाटों के अंतर्गत रखा है।

अब पुण्डरीक विट्ठल द्वारा लिखित ग्रंथ 'रागमाला' और 'रागमंजरी', नर्तननिर्णय 2 ग्रंथों का वर्णन किया जा रहा है—

रागमाला—इस ग्रंथ में पुण्डरीक विट्ठल ने रागों को तीन वर्गों में बांटा है—(1) पुरुष, (2) स्त्री, (3) पुत्रराग। इनके पुरुष राग शुद्ध भैरव, हिंडोल, देशकार, श्री, शुद्ध नाट और नटनारायण थे। इनमें प्रत्येक राग के देवता, चित्र और समय का परिचय भी दिया है। इस समय केवल षड्जग्रामिक स्वर सप्तक ही प्रचलित था। इनके शुद्ध स्वरों की संज्ञा 'स्थिति' है। विकृत होने पर जब स्वर एक श्रुति चढ़ता है तो 'प्रथम गति' और दो श्रुति चढ़ने पर 'द्वितीय गति' जैसा कहा है।

रागमंजरी—यह ग्रंथ लगभग 1600 ई. का माना जाता है, इसमें 7 पुरुष राग, प्रत्येक की 5-5 रागिनी, प्रत्येक के पांच पुत्र आदि का वर्णन है। रागों के स्वर बताने के बाद राग का देवात्मक स्वरूप और राग चित्र बताया है। इनके अनुसार साधारण गान्धार और कैशिक निषाद क्रमशः गान्धार और निषाद की प्रथम गतियां हैं। शुद्ध मध्यम एक गति चढ़ने पर 'मनुमध्यम', दो गति चढ़ने पर 'पाक्षांतिक मध्यम' और तीन गतियां चढ़ने पर 'नृप मध्यम' कहलाते हैं। इसी प्रकार रे वा धा को एक-एक श्रुति चढ़ने पर क्रमशः कैशिक रे और कैशिक धा कहा है। जब ये दो-दो श्रुतियां चढ़ते हैं तो इन्हें क्रमशः ऊर्ध्वखल रे और ऊर्ध्वखल धा और तीन-तीन श्रुतियां चढ़ जाने पर इन्हें अत्युच्छृंखल रे व ध कहा है। पांच राग समय को भी स्पष्ट किया है। इस ग्रंथ के अन्त में इन्होंने कुछ ऐसे फारस के रागों का वर्णन किया है जो यवनों द्वारा हिन्दुस्तानी संगीत में प्रचलित किये गये थे, जैसे हुसैनी, यमन, सरपरदा, बाजरज, हिजाज, मुश्शक इत्यादि। यहां यह ध्यान रखने की बात है कि इन्होंने अपना शुद्ध थाट दक्षिण के शुद्ध थाट को ही माना है।

नर्तननिर्णय—इस ग्रंथ में नृत्य सम्बन्धी विषयों का प्रतिपादन किया है।

रामामात्यकृत स्वरमेलकलानिधि

रामामात्यकृत 'स्वरमेलकलानिधि' की गणना दाक्षिणात्य पद्धति के मध्यकालीन आधारभूत ग्रंथों में की जाती है। रामामात्य के कथनानुसार 'स्वरमेलकलानिधि' का रचनाकाल शक संवत् 1472 अर्थात् ईसवी सन् 1550 है।

'स्वरमेलकलानिधि' को लगभग 400 वर्ष पुरानी पुस्तक कहा जा सकता है। रामामात्य ने इस पुस्तक को चार परिच्छेदों में विभक्त किया है, अर्थात्—(1) उपोद्घात-प्रकरण, (2) स्वर-प्रकरण, (3) वीणा-प्रकरण, (4) मेल-प्रकरण, (5) राग-प्रकरण। उपोद्घात प्रकरण की प्रारम्भिक भूमिका-मात्र है। शेष प्रकरण प्रतिपाद्य विषयों के अनुसार नामांकित हैं।

स्वर-प्रकरण—इसमें रामामात्य ने संगीत को 'गान्धर्व' तथा 'गान', इन दो भागों में विभाजित करके इन दोनों परिभाषिक शब्दों का स्पष्टीकरण किया है। 'रामामात्य' ने 'गांधर्व' तथा 'गान' का पारस्परिक भेद 'रत्नाकर' के समान ही माना है। गांधर्व की व्याख्या करते हुए रामामात्य कहते हैं कि आजकल जो राग प्रचलित हैं, उन्हें 'देशी' संगीत के ही अन्तर्गत रखा जा सकता है। मार्ग संगीत से प्रचलित रागों का सम्बन्ध नहीं है। गांधर्व संगीत में नियमों का कठोरतापूर्वक पालन करना पड़ता था। संभवतः इसी प्रतिबन्ध के कारण शनैः-शनैः गांधर्व संगीत लुप्त हो गया। देशी संगीत में मुख्य प्रयोजन मनोरंजन होने से नियमों का वैसा कठोर प्रतिबन्ध नहीं है। इस प्रकरण में गीत-प्रशंसा, स्थान, श्रुति इत्यादि का निरूपण किया गया है।

'स्वरमेलकलानिधि' के स्वर-प्रकरण में सात शुद्ध तथा सात विकृत स्वर माने गये हैं। इस प्रकार कुल स्वर-संख्या चौदह हो जाती है। श्रुति स्वर का विभाजन भी परम्परागत है, परन्तु रामामात्य ने श्रुतियों के नामों की सूची नहीं दी है। 'रत्नाकर' में बारह विकृत स्वरों का उल्लेख है, परन्तु 'स्वरमेलकलानिधि' में विकृत स्वरों की संख्या सात ही है, इस प्रकार 'रत्नाकर' तथा 'स्वरमेलकलानिधि' में पांच विकृत स्वरों का अन्तर दिखाई देता है। रामामात्य ने अवशिष्ट पांच स्वर-नामों को 'रत्नाकर' के कुछ शुद्ध स्वरों के पर्यायवाची नाम माना है, अतः पुनरुक्ति समझकर उन पांच स्वर-नामों को छोड़ दिया है।

रामामात्य के चौदह स्वर इस प्रकार हैं—(1) शुद्ध षड्ज, (2) शुद्ध ऋषभ, (3) शुद्ध गांधार अथवा पंचश्रुति ऋषभ, (4) साधारण गांधार अथवा षट्श्रुति ऋषभ, (5) अन्तर गांधार,

(6) च्युत् मध्यम गांधार, (7) शुद्ध मध्यम, (8) च्युत् पंचम मध्यम, (9) शुद्ध पंचम, (10) शुद्ध धैवत, (11) शुद्ध निषाद अथवा पंचश्रुति धैवत, (12) कैशिक निषाद अथवा षट्श्रुति धैवत, (13) काकली निषाद, (14) च्युत षड्ज निषाद।

उपर्युक्त नामावली में रामामात्य ने चार नवीन संज्ञाओं का प्रयोग किया है, अर्थात् (1) पंचश्रुति ऋषभ, (2) षट्श्रुति ऋषभ, (3) शुद्ध निषाद, (4) षट्श्रुति धैवत। तात्पर्य यह है कि रामामात्य ने (1) शुद्ध गांधार, (2) साधारण गांधार, (3) शुद्ध निषाद, (4) कैशिक निषाद इन चारों स्वरों के क्रमश: दो-दो माने हैं, अत: नाम संख्या बढ़ जाने पर भी स्वर-संख्या में वृद्धि नहीं होती।

मेल-प्रकरण—'स्वरमेलकलानिधि' के मेल-प्रकरण में बीस ठाठों के शुद्ध तथा विकृत स्वरों का भी स्पष्ट उल्लेख है। इन बीस ठाठों की नामावली यह है:—

1. मुखारी, 2. मालवगौल, 3. श्री, 4. सारंगनाट, 5. हिंदोल, 6. शुद्धरामक्रिया, 7. देशाक्षी, 8. कन्नडगौल, 9. शुद्ध नाट, 10. आहरी, 11.नादरामक्री, 12. शुद्धवराली, 13. रीतिगौड़, 14. बसंतभैरवी, 15. केदारगौड़, 16. हिजुज्जी, 17. सामवराली, 18. रेवगुप्ती, 19. सामंती, 20. कांभोजी।

रामामात्य ने अपने 20 मेलों में मुखारी को शुद्ध मेल माना है। अपने समय के गायकों और वीणा-वादकों में मतान्तर की चर्चा करते हुए रामामात्य कहते हैं कि 20 मेलों का प्रयोग करते हैं और वीणा-वादक 15 का, क्योंकि वह अन्तर गान्धार और काकली निषाद स्वरों के स्थान पर च्युत् मध्यम गान्धार और च्युत् षड्ज निषाद सारिकाओं का प्रयोग करते हैं।

राग-प्रकरण—इसमें उपर्युक्त बीस ठाठों के अन्तर्गत 63 जन्यरागों का उल्लेख है। सबसे अधिक विस्तृत क्षेत्र मालवगौड़ मेल का है। इस मेल के अन्तर्गत 14 राग हैं। विस्तार की दृष्टि से श्री, सारंगनाट तथा कन्नडगौल इन तीनों ठाठों का क्रमश: दूसरा, तीसरा तथा चौथा स्थान है। श्री मेल में 11, सारङ्गनाट मेल में 9 तथा कन्नड़गौल मेल में 7 रागों का वर्गीकरण किया गया है। शुद्धरामक्री मेल में 4, हिंदोल मेल में 2 तथा शेष ठाठों के अंतर्गत एक-एक राग है। प्रत्येक मेल का पहला आश्रय राग अथवा ठाठ-वाचक राग है।

वीणा-प्रकरण—इस प्रकरण में वीणा के तारों को किस प्रकार मिलाया जाता था, उनके पर्दे किस प्रकार बांधे जाते थे इसका विवरण दिया है। वीणा के दण्ड पर अपने चौदह स्वरों को स्थापित किया है।

हृदयनारायण देव कृत 'हृदय कौतुक' और 'हृदय प्रकाश'

हृदय नारायण देव 'गढ़ा मंडला' के राजा थे। सन् 1651 ई. में शत्रुओं द्वारा पराजित होकर आप मंडला जाकर बस गये। इनके पिता का नाम प्रेमशाह उर्फ प्रेमनारायण था। हृदय- नारायण देव द्वारा 'हृदय कौतुक' और 'हृदय प्रकाश' की रचना 17वीं शताब्दी के उत्तरार्ध में की गई।

हृदय कौतुक—यह छोटा-सा ग्रंथ है। इसमें ग्रंथकार ने लोचन का स्वर सिद्धान्त स्वीकार किया है और उनकी 'संस्थान पद्धति' को स्वीकर करते हुए उसमें एक संस्थान और बढ़ा दिया था। यह तेरहवां संस्थान उनके अपने रचे हुए नए राग से सम्बन्धित था, जिसमें त्रिश्रुतिक 'मा' और त्रिश्रुतिक 'नी' का प्रयोग किया गया था। इस राग एवं संस्थान का नाम 'हृदयरामा' घोषित किया। राग की परिभाषा देने वाले श्लोक भी दिए गए हैं। इसके साथ ही इन्होंने राग वर्गीकरण सम्बन्धी एक नवीन पद्धति की घोषणा भी की थी। इसके अन्तर्गत रागों को ब्राह्मण, क्षत्रिय, वैश्य और शूद्र आदि चार वर्णों में विभाजित किया था। इसमें सम्पूर्ण जाति के रागों को ब्राह्मण, षाडव जाति के रागों को 'क्षत्रिय,' औडव जाति के रागों को 'वैश्य' और शेष 'शूद्र' वर्ण के राग कहे गए। इस ग्रंथ में रागों का शास्त्रीय परिचय लक्षण रूप में दिया गया है। यह ढंग पं. विष्णु नारायण भातखण्डे को इतना पंसद आया कि इन्होंने स्वयं भी राग परिचय देते हुए इसी शैली का अनुसरण किया है।

हृदय प्रकाश—इस ग्रंथ में हृदयनारायण देव ने लोचन कवि के 12 मेल पद्धति सिद्धान्त को स्वीकार करते हुए मेल की परिभाषा 'मेल: स्वर समूह: स्याद्रागव्यंजन शक्तिमान्' अर्थात् मेल स्वरों का वह समूह है जो राग उत्पन्न करने में समर्थ हो, इस रूप में दी है। अपने स्वर प्रकरण में इन्होंने अन्य प्राचीन एवं मध्यकालीन विद्वानों द्वारा मान्यता प्राप्त स्वर श्रुति सिद्धान्त को स्वीकार किया है। विकृत स्वर व्यवस्था में,

शुद्ध स्वर से एक, दो अथवा तीन श्रुति चढ़े स्वरों को तीव्र, तीव्रतर और तीव्रतम तथा एक अथवा दो श्रुति उतरे स्वरों को कोमल कहा है। जब 'नि' और 'म' क्रमशः स और प स्वरों की तीसरी श्रुति पर स्थापित होते हैं तो 'मृदु स' और 'मृदु प' कहलाते हैं। ग्रंथकार वादी स्वर को राजा, संवादी स्वर को मन्त्री, अनुवादी स्वर को सेवक और विवादी स्वर को शत्रु की संज्ञाएं प्रदान करते हैं और वादी तथा संवादी स्वरों का पारस्परिक अन्तर बारह श्रुतियों को स्वीकार कर षड्ज-पंचम भाव की पुष्टि करते हैं। राग और तान में अन्तर दर्शाते हुए दो, तीन अथवा चार स्वरों के समूह को 'तान' और 5, 6 अथवा 7 स्वरों के क्रम को क्रमशः औड़व, षाड्व और संपूर्ण राग मानते हैं।

वीणा के तार पर स्वर स्थापना का सिद्धान्त पं. अहोबल का ही स्वीकार किया है, जिसमें तार के ठीक मध्य में षड्ज, समस्त तार के पहले एक तिहाई पर पंचम, दोनों षडज स्वरों (मुक्त तार और समस्त तार का मध्य) के बिल्कुल मध्य में 'मध्यम', षडज और पंचम के ठीक मध्य में 'शुद्ध गान्धार', षडज और पंचम के बीच के तार के पहले एक-तिहाई चिन्ह पर ऋषभ, पंचम और षडज (तार सप्तक)के बीच के तार के दूसरे एक तिहाई चिन्ह पर 'निषाद' और पंचम तथा तार षडज के बिल्कुल मध्य में 'धैवत' स्वर होंगे।

इस प्रकार दोनों ही ग्रंथों का अध्ययन करने पर पता चलता है कि 'हृदय कौतुक' ग्रंथ पर कवि लोचन के 'राग तरंगिणी' और 'हृदय प्रकाश' ग्रंथ पर पं. अहोबल के 'संगीत परिजात' नामक ग्रन्थ की छाया दिखती है।

अध्याय-3

कुछ महत्वपूर्ण जीवनियाँ

1. अनोखेलाल
2. अमीर खुसरो
3. अहमदजान थिरकुवा
4. ओम्कारनाथ ठाकुर
5. ई. क्लेमेन्टस
6. उस्ताद फैय्याज खां
7. कुदऊसिंह पखावजी
8. कैलाशचन्द्र देव वृहस्पति
9. जयदेव
10. पं. डी.बी. पलुस्कर
11. तानसेन
12. देवल
13. प्रेमलता शर्मा
14. फकीरउल्ला
15. बैजू
16. भरत
17. मतंग
18. मानसिंह तोमर
19. विष्णु दिगम्बर पलुस्कर
20. विष्णु नारायण भातखण्डे
21. सामता प्रसाद मिश्र
22. स्वामी हरिदास

अनोखेलाल

बनारस घराने के इस श्रेष्ठ प्रतिनिधि तबला-वादक का जन्म वाराणसी के एक निर्धन परिवार में सन् 1914 में हुआ। आपके पिता का नाम श्री बुद्धू प्रसाद मिश्र था। माता-पिता का बाल्यकाल में ही देहांत हो जाने के कारण आपकी दादी ने मेहनत-मजदूरी करके आपका पालन-पोषण किया। अतः इनका बचपन मुसीबतों में ही बीता। बालक अनोखेलाल में प्रतिभा, लगन के साथ-साथ अभ्यास के प्रति गहरी रुचि थी। आपने छह वर्ष की अल्प आयु में ही पं. भैरव प्रसाद मिश्र से शिक्षा और कठिन अभ्यास ने अनोखेलाल को अनोखा बना दिया।

ईश्वर प्रदत्त प्रतिभा और कठोर रियाज के फलस्वरूप ही पं. अनोखेलालजी भारतवर्ष के तबला क्षेत्र में अनोखे ही तबला वादक हुए। भारत के प्रायः सभी बड़े नगरों के संगीत सम्मेलनों में तथा आकाशवाणी के केन्द्रों द्वारा आपके तबला वादन के कार्यक्रम प्रसारित होते थे। तंत्रकारों की संगत में आप सिद्धहस्त थे। वैसे आप मुक्त (सोलो) वादन में भी पारंगत थे। आपका स्वतंत्र तबलावादन बहुत पसन्द किया जाता था। आप शरीर से दुबले-पतले और स्वभाव से अत्यन्त नम्र एवं अल्पभाषी थे।

मिश्रजी स्वतंत्र वादन तथा साथ-संगत दोनों में पारंगत थे। तीनताल का ठेका 'ना धिं धिं ना' और 'धिरधिर' के वादन के लिए वे आज भी याद किये जाते हैं। आपका बाज शुद्ध बनारस घराने का बाज था। आपके तबलावादन की सर्वाधिक विशेषता थी सफाई। तबले पर आप स्पष्ट बोल निकालते थे। आकाशवाणी अमेरिका से भी आपके कार्यक्रम प्रसारित किए गए थे।

पं. अनोखेलाल के ज्येष्ठ पुत्र श्री रामजी मिश्र एवं शिष्यों में सर्वश्री स्व. महापुरुष मिश्र, ईश्वर लाल मिश्र, छोटेलाल मिश्र एवं काशीनाथ मिश्र का नाम उल्लेखनीय है।

शायद ही कोई ऐसा संगीत-प्रेमी होगा, जो इस तबला-वादक से अपरिचित हो। अत्यंत सरल स्वभाव वाले इस कलाकार में तनिक भी गर्व नहीं था। मात्र चौबालीस वर्ष की आयु में गेंगरीन नामक रोग से सन् 1958 में आपका निधन वाराणसी में हो गया इससे तबला जगत की अपार क्षति हुई।

अमीर खुसरो

अमीर खुसरो का वास्तविक नाम अबुलहसन था। इनके पिता का नाम सैफुद्दीन महमूद था। जोकि लाचीन निवासी तुर्क थे। यह सुल्तान शम्सुद्दीन इल्तुतमिश और उसके उत्तराधिकारियों के समय उच्च पदों पर नियुक्त रहे। इनकी मां बजवासी महिला थीं इनकी मातृभाषा हिन्दी थी।

अमीर खुसरो का जन्म 1253 ई. में उत्तर प्रदेश के एटा जिले में स्थित पटियाली नामक ग्राम में हुआ था। इस प्रकार यह पितृ परम्परा से तुर्क और मातृ परम्परा से बृजवासी हिन्दू थे। 1264 ई. में इनके पिता एक युद्ध में मारे गये इस कारण इनका लालन-पालन अपने नाना के संरक्षण में हुआ।

अच्छे लेखन के खुसरो के गुरु सादुद्दीन मुहम्मद थे। छोटे से ही इनकी रुचि काव्य-रचना में अधिक थी। इसी में इनकी प्रतिभा निखरकर सामने आयी यह बाल्यकाल में ही शैख़ निज़ामुद्दीन के शिष्य हो गये थे। इन्होंने फारसी, तुर्की और अरबी के अतिरिक्त हिन्दी का भी अध्ययन कर लिया था।

अमीर खुसरो ने बलवन के भतीजे अलाउद्दीन किशली खां के दरबार में और बलवन के कनिष्ठ पुत्र बुग़रा खां के दरबार में नौकरी कर ली, फिर खुसरो बलवन के ज्येष्ठ पुत्र शाहज़ादा मुहम्मद के साथ होकर मुलतान चले गये। शाहज़ादा मुहम्मद 1284-85 ई. में मुग़लों के हाथ से मारा गया और खुसरो को मुगलों के हाथों बन्दी बनना पड़ा, फिर यह बन्दीगृह से भागकर ग्यासुद्दीन बलवन के पास पहुंचे; और शाहज़ादा मुहम्मद की मृत्यु का शोक-काव्य बलवन को सुनाया। यह सुनकर बलवन इतना रोया कि उसे ज्वर चढ़ आया और उसकी मृत्यु हो गयी।

बलवन की मृत्यु के पश्चात् यह अली जामदार के आश्रित रहे, और इनके साथ अवध चले गये। 1288 ई. में इन्हें कैकुबाद ने बुला लिया और ये शाही दरबार के आश्रित हो गये। जलालुद्दीन खिलजी के युग में खुसरो की नियुक्ति बादशाही पुस्तकालय के अध्यक्ष के स्थान पर हुई। कुतुबुद्दीन खिलजी के दरबार में इन्हें बड़ा सम्मान मिला और गयासुद्दीन तुगलक के साथ 1324 ई. में यह भी बंगाल चले गये और इसी वर्ष निजामुद्दीन के स्वर्गवास के पश्चात् 1325 ई. में अमीर खुसरो भी स्वर्गवासी हो गये।

कार्यों का योगदान—सुल्तान की महफिल में खुसरो नई-नई ग़ज़लें प्रस्तुत करते थे। अलाउद्दीन खिलजी के युग में भी यह खुसरो दरबार से सम्बन्धित रहे। जलालुद्दीन खिलजी के हत्यारे अलाउद्दीन खिलजी की प्रशंसा तो खुसरो ने की। उस घृणित हत्या से कहीं शैख़ बू अली कलन्दर जैसे प्रभावशाली सन्त रुष्ट न हों, अत: गा-बजाकर कलन्दर को रिझाने का काम भी अमीर खुसरो ने बड़ी कुशलतापूर्वक किया।

दौलतशाह द्वारा उद्धृत एक क़तअ में खुसरो ने कहा है कि मेरी सांगीतिक रचनाएं तीन जिल्दों में आयेंगी, परन्तु आज खुसरो द्वारा प्रणीत कोई संगीत ग्रन्थ उपलब्ध नहीं है। मुल्तान से लौटने के पश्चात् खुसरो ने लिखा है कि मुझे ईरानी संगीत के चार उसूलों-बारह पर्दों तथा सूक्ष्म रहस्य का ज्ञान है। भारतीय संगीत के विषय में अमीर खुसरो ने कहा कि संसार के किसी भी देश के संगीत को भारतीय संगीत के समान नहीं कहा जा सकता। यहां का संगीत मन तथा प्राणों में ज्वाला भड़का देता है और पशु-पक्षियों को भी मोहित करता है। संसार के विभिन्न भागों से लोग यहां संगीत सीखने आये पर वर्षों प्रयत्न करने पर भी वे सफल नहीं हुए। जानी के अनुसार इन्होंने 99 ग्रन्थ लिखे उनमें से कुछ ही उपलब्ध हैं। जिनमें कुछ साहित्यिक और कुछ ऐतिहासिक हैं।

खुसरो के ग्रन्थ—

(1) ऐतिहासिक ग्रन्थ—शीरीं व खुसरो, मजनूं व लैला, आईन-ए-सिकन्दरी, हश्त-बहिश्त, तुगलकनामा। खुसरो का अन्तिम ऐतिहासिक काव्य है, जिसका विषय खुसरो खां पर गयासुद्दीन तुगलक की विजय है यह पुस्तक 1320 ई. में पूर्ण हुई।

(2) साहित्यिक ग्रन्थ—तोहफ़तुस्सिगार, वस्तुल् हयात्, ग़ुर्रतुलकमाल, बक़ीअए नक़ीआ, निहायतुल् कमाल आदि ग्रन्थ हैं।

कहा जाता है कि इन्होंने भारतीय संगीत में अनेक महत्वपूर्ण कार्य किये। कव्वाली गायन की प्रथा को जन्म दिया। खुसरो पहले से भी भारतीय और अभारतीय संगीतज्ञों में प्रतियोगिताएं कराते थे। कब्बाली की गोष्ठियों में जब शैख़ निजामुद्दीन चिश्ती नाचने लगते, तब अमीर खुसरो भी गाते थे। अबुलफजल के अनुसार खुसरो ने सीमित और 'तातार' की सहायता से 'क़ौल' और 'तराना' का आविष्कार किया। खुसरो प्रणीत संगीत-ग्रन्थ आज उपलब्ध नहीं हैं। फकीरउल्ला द्वारा लिखित रागदर्पण के आधार पर अमीर खुसरो ने फारसी और भारतीय संगीत के मिश्रण से कुछ नये रागों की सृष्टि की। जैसे-सरपर्दा, जिला, साजगिरि इत्यादि।

खुसरो निस्सन्देह युगप्रवर्तक भारतीय थे। भारतीय विद्वानों को बारह स्वरों वाली मुकाम पद्धति से परिचित कराया और भारतीय ग्रन्थों की विचारधारा 'मुकाम पद्धति' की ओर मोड़

दी चिश्ती-परम्परा में 'बसन्त' और 'रंग' का प्रवेश ब्रजभाषा में विरचित गीतों का विभिन्न अवसरों पर अनिवार्य रूप से गाया जाना खुसरो की ही देन है। आज भी शेख निज़ामुद्दीन चिश्ती की दरगाह में खुसरो के ब्रजभाषी-गीत-परम्परा के रूप में गाये जाते हैं। एक बार तातारियों के आक्रमण में गयासुद्दीन के पुत्र खान ईशाहिद की मृत्यु पर एक भावपूर्ण मर्सिया लिखकर उन्होंने सारे दरबार को रुला दिया था। उन्होंने अनेक पहेलियां, दोहे और कुछ गीत भी लिखे हैं। अलाउद्दीन खिलजी ने प्रसन्न होकर खुसरो को अमीर की उपाधि से सम्मानित किया था।

अमीर खुसरो के नाम के साथ सितार के निर्माण की बात को भी जोड़ा जाता है परन्तु आज यह तथ्य प्रमाणित हो चुका है कि सितार के निर्माणकर्त्ता अमीर खुसरो नहीं थे बल्कि सितार वाद्य खुसरो खां नामक व्यक्ति द्वारा निर्मित हुआ था।

अहमदजान थिरकुवा

इनका जन्म एक ऐसे घराने में हुआ था जिसमें सब उत्तम तबलावादक थे। इनके चाचा शेर खां, मामा फैयाज खां, बसवा खां और फ़ज़ल अली तथा इनके नाना कलंदर बख्श और छोटे भाई नाटोरी वाले इलाही बख्श, बोली बख्श और करीम बख्श सभी प्रसिद्ध तबलावादक थे। पटियाले के स्व. उस्ताद अब्दुल अजीज खां कहा करते थे कि अहमदजान जब छोटी उम्र में तबला सीखा करते थे तो इनका हाथ तबले पर एक विचित्र प्रकार से थिरका करता था। इसलिए इनका नाम 'थिरकू' पड़ गया। वैसे तो इनके घर में भी सभी तबला-वादक थे परन्तु फिर भी इन्होंने नियमित शिक्षा मेरठ निवासी उस्ताद मुनीर खां से ली। कुछ लोगों का कहना है कि ये छात्र जीवन में बड़े नटखट थे। अतः मुनीर खां के पिता उस्ताद काले खां ने नटखट होने के कारण इन्हें 'थिरकवा' नाम दे दिया। कुछ भी हो, अहमदजान थिरकवा को लखनऊ, मेरठ, अजराड़ा, फर्रुखाबाद आदि सभी घरानों का बाज याद था। आप जितना उत्तम बजाते थे उसी तैयारी में बड़ी स्पष्ट पढ़न्त भी करते थे। कठिन तालों को भी आप बडी सुगमता से बजाते थे।

उस्ताद अहमदजान थिरकवा चारों पाट के तबलिये थे। आपको दिल्ली और फर्रुखाबाद घरानों की वादन शैली पर अद्भुत अधिकार था। आप अपने स्वतंत्र-वादन के लिए विशेष रूप से प्रसिद्ध थे। सोलोवादन में वे परम्परागत शैली और नियमों का कठोरता से पालन करते थे। अतः आपके वादन का क्रम पेशकारे से प्रारम्भ होकर कायदे, गत बजाते हुए रेले और रौ से समाप्त होता था। थिरकवा साहब का बाज मध्यलय का बाज था, परन्तु बोलों के भराव के कारण उसकी खूबसूरती निखर उठती थी। संगति करने में तो आप बेजोड़ थे। संगति करते समय आप कलाकार के साथ ऐसे घुल-मिल जाते कि उसकी कला में और भी चमक आ जाती थी। अतः सब बड़े-बड़े संगीतज्ञ आपकी संगति के लिए लालायित रहते थे। संगति करने में तन्त्रवाद्यों के साथ जवाब सवाल की संगति करना अधिक पसन्द करते थे। एक बार की इलाहाबाद महफिल में उस्ताद फैयाज खां साहब गा रहे थे तो उनके मुंह से अचानक निकल गया 'न हुआ थिरकवा' इससे इस बात का पता चलता है कि उच्च कोटि के संगीतज्ञ आपकी संगति पाने के लिए कितने बेचैन रहते थे।

तबले के एकाकी वादन के विषय में उनका कहना था कि 'जब मैं छोटा था तब तबले का एकाकीवादन नहीं होता था। हम इसका एकाकी वादन केवल उन महफिलों में करते थे जहां कि हमारे अन्य संगीतज्ञ भाई ही मौजूद होते थे। इसी कारण से हमें कठिन रियाज करना पड़ता था। यही स्थिति सारंगी की भी थी'।

सांगीतिक योगदान—खां साहब अपने जीवन के संध्याकाल में भी चुस्त-दुरुस्त रहा करते थे। आपने देश के सभी प्रतिष्ठित संगीत सम्मेलनों में भाग लिया तथा आकाशवाणी के राष्ट्रीय कार्यक्रमों में अनेक बार प्रसारण किया। आपके सोलो-वादन के कई ग्रामोफोन रिकार्ड्स उपलब्ध हैं, जिनसे उनके जीवन्त वादन की झलक मिलती है।

उस्ताद अहमदजान ने बम्बई में रहकर नाट्य सम्राट बाल गन्धर्व की नाटक कम्पनी में अपने वादन के चमत्कार से काफी लोकप्रियता प्राप्त की। कुछ वर्षों के पश्चात् उत्तर प्रदेश के रामपुर रियासत के कला पारखी नवाब ने उ. थिरकवा को राज्य के अन्य कलाकारों के साथ नियुक्त कर लिया। रामपुर में रहकर थिरकवा साहब ने अपनी कला को और अधिक

परिमार्जित किया। वे बचपन में ही अत्यन्त परिश्रमी थे और नौ वर्षों तक तो आपने पूरी रात अभ्यास किया।

सन् 1959–60 में उ. अहमदजान थिरकवा की नियुक्ति लखनऊ के भातखण्डे संगीत महाविद्यालय में हुई। वहां इन्होंने पांच-छह वर्षों तक तबले की शिक्षा दी। भारत में शायद ही कोई ऐसा शहर होगा जहां के संगीत समारोह में थिरकवा साहब का तबला वादन न हुआ हो। बड़े-बड़े तबला वादक आपकी स्पष्टता और दिल्ली बाज की तैयारी का लोहा मानते थे। सन् 1970 ई. में भारत सरकार ने आपको 'पद्मभूषण' के अलंकरण से सम्मानित किया। जीवन में उनको अनेकों मान-सम्मान और उपाधियां मिलीं। इसके पूर्व 1953–54 में राष्ट्रपति पुरस्कार प्राप्त कर चुके थे। आपकी जीवनचर्या पर चलचित्र विभाग ने एक फिल्म भी तैयार की है। उ. थिरकवा अत्यन्त विनोदप्रिय और सरल स्वभाव के व्यक्ति थे। उस्ताद को ठुमरी, ख्याल, दादरा गाने में भी बहुत दिलचस्पी थी।

बाल्यावस्था से ही आप कला में इतने तल्लीन रहे कि आप अपना नाम तक लिखना न सीख सके। उस्ताद के तीन पुत्रों का नाम नबी जान, मुहम्मद जान और अली जान है। आपके अनेक शिष्य पूरे देश में फैले हुए हैं, उनमें से कुछ के नाम इस प्रकार हैं—सर्वश्री स्व. लालजी गोखले (पुणे), स्व. प्रेम बल्लभ (दिल्ली), स्व. पद्मभूषण, निखिल घोष (बम्बई), सूर्यकान्त गोखले, एस.बी. भिडे, नारायण राव जोशी, मोहनलाल जोशी, प्रो. सुधीर वर्मा, अहमद मियां, सखत हुसेन, राजकुमार शर्मा आदि।

उस्ताद अहमदजान थिरकवा अपने अन्तिम समय में कुछ दिनों के लिए बम्बई चले गये थे, परन्तु वे लखनऊ से बेहद प्यार करते थे। अपने जीवन के संध्याकाल में वे अपनी दो ही इच्छा व्यक्त किया करते थे—एक यह कि जब तक जिन्दा रहूं तबला बजाता रहूं और दूसरी यह कि अंतिम सांस लखनऊ में ही लूं। मां सरस्वती के इस साधक पुत्र की दोनों इच्छायें पूरी हुईं। खां साहब मुहर्रम करने लखनऊ आये। पुनः बम्बई जाने की तैयारी की, बच्चों को दुआयें दीं, सवारी पर बैठे, खुदा हाफिज़ कहा और 13 जनवरी सन् 1976 में हमेशा के लिए हम सबसे अलविदा हो गये।

पं. ओम्कारनाथ ठाकुर

बड़ौदा के जहाज गांव में श्री गौरीशंकर 'ठाकुर' के यहां पंडितजी का जन्म हुआ। पंडितजी को जन्म से मधुर आवाज ईश्वरीय देन थी। विद्यार्थी काल में कविता गाने के आपके ढंग से शिक्षक प्रसन्न होते थे। बचपन से ही आपका संगीत-प्रेम अपूर्व था। गांव में कहीं पर किसी छोटे या बड़े गायक का संगीत-कार्यक्रम होता तो वहां आप अवश्य उपस्थित होते थे।

पंडित जी की उम्र जब 14 साल की हुई, तब इनके पिताजी का स्वर्गवास हुआ। श्री गौरीशंकर ठाकुर ने सात दिन पहले ही तिथि और समय बताकर ज्येष्ठ शुक्ल पूर्णिमा को सवेरे 9 बजे योग-समाधि और प्रणव का दीर्घ गान करते हुए शरीर त्याग दिया। इसके बाद पंडितजी के जीवन में एक घटना घटी, जिससे आपकी जीवन-धारा बदल गई। भड़ौंच के एक उदार दानी पारसी गृहस्थ सेठ शाहपुरजी मंजेरे डुग्गा ने आपको गाने के लिए निमंत्रित किया। ओम्कारनाथ के गायन को सुनकर ये पारसी सज्जन अत्यन्त प्रभावित हुए और इनके अन्दर विशेषता देखकर उन्होंने इच्छा प्रकट की कि इस बालक को भी विष्णु दिगम्बरजी के गांधर्व महाविद्यालय, बम्बई में शिक्षा के लिए भर्ती कराया जाए। पंडितजी के भाई ने स्वीकृति दे दी और ये उक्त विद्यालय में भर्ती हो गए। उस समय आपकी उम्र 15 वर्ष की थी।

पंडितजी का गायन अत्यन्त श्रेष्ठ और प्रभावशाली था। इनका गायन स्वर-प्रधान और भावना-प्रधान होते हुए भी आवाज इतनी जोरदार थी कि दोनों तानपूरों की झनकार भी फीकी मालूम होती थी। इनका संगीत सुनकर श्रोतागण चित्र के समान स्तब्ध हो जाते थे। पंडितजी का गायन उनके कंठ से ही नहीं निकलता था, अपितु उनका संगीत-भण्डार उनके हृदय से सागर की लहरों के समान उछलकर बाहर आता था।

आपकी गायकी में जो आलापचारी का अंग था, वह इस गायकी के प्रसिद्ध प्रवर्तक खां साहब हद्दू खां, हस्सू खां के पुत्र रहमत खां साहब से प्राप्त था। यद्यपि आपकी गायकी का विशेष अंग तो आपको गुरुदेव श्री विष्णु दिगम्बरजी से ही प्राप्त हुआ, किंतु कभी-कभी रहमत खां साहब विष्णुदिगम्बरजी

के यहां आया करते थे और महीनों ठहरते। इस अवसर से पंडितजी ने लाभ उठाया और उनकी गायकी को अपने गले में उतारते रहे। विशेष रूप से तो पण्डितजी ख्याल के गायक थे, फिर भी ध्रुपदधमार और टप्पा आप सफलतापूर्वक गा सकते थे। $1\frac{1}{2}$ या 2 घंटे तक विभिन्न ढंग से एक ही राग को गाकर उसका हू-ब-हू स्वरूप खड़ा करने वाले हिन्दुस्तान के गिने-चुने व्यक्तियों में से पंडितजी एक थे। क्लिष्ट, वक्र और कूट तानें भी आप लेते थे, फिर भी आपका विशेष झुकाव आलाप की ओर ही रहता था।

भारतभूषण पं. मदनमोहन मालवीय ने आपके संगीत से प्रभावित होकर आपको 'संगीत प्रभाकर' की उपाधि से सम्मानित किया था। बेनी टो मुसोलनी ने पंडित जी के वीर, करुण और शान्त रस के स्वर-चमत्कारों को सुनकर उन्हें स्वरलिपिबद्ध करने के लिए रोम की 'रायल ऐकेडमी ऑफ म्यूजिक' के प्रिंसिपल को आज्ञा दी थी।

पंडितजी का प्रभावशाली व्यक्तित्व और प्रतिभा, आपकी कलात्मक पोशाक, स्वर-सिद्धि के साथ ही व्याख्यान देने की कला में भी आपकी दक्षता, गुजराती, हिन्दुस्तानी और मराठी में संगीत तथा अन्य विषयों पर धारा प्रवाह प्रवचन करने की क्षमता आज आदर्श हैं। इनके अतिरिक्त पंजाबी, अंग्रेजी के भी आप ज्ञाता थे। सन् 1931 ई. में सिंध के दौरे के समय संगीत के जल्सों की अपेक्षा आपके व्याख्यान ही अधिक हुए थे। 28 दिनों में भिन्न-भिन्न विषयों पर आपके 64 व्याख्यान हुए। सन् 1933 ई. में आपने यूरोप की यात्रा की और फ्लोरैंस नगर की अन्तर्राष्ट्रीय संगीत-परिषद् में भाग लिया। यूरोप के अन्य देशों में, जहां-जहां आप गए, आपको सम्मान और आदर प्राप्त हुआ। उन दिनों आपको रूस की ओर से भी निमन्त्रण मिला और आप जाने ही वाले थे कि आपकी पत्नी श्रीमती इन्दिरा देवी के दु:खद अवसान का समाचार मिला। इससे आप अपने कार्यक्रम को रद्द करके भारत लौट आए।

पण्डितजी ने अपने जीवन के अन्तिम ध्येय की सिद्धि के रूप में संगीत विद्यापीठ की स्थापना की। साथ ही वे संगीत के शास्त्रीय ग्रन्थों का लेखन, अपनी परम्परा के संगीत-पदों का स्वरलिपि-सहित प्रकाशन, नाद-शास्त्र की दृष्टि से वाद्यों में सुधार और राग-रागिनियों के पौधों, पशुओं और मानवों पर प्रभाव एवं संसार की संस्कृति पर हमारे रागों का प्रभाव आदि का सूक्ष्म संशोधन, सम्यक् आलेखन और निर्देशन में लगे रहे। आप बनारस हिन्दू यूनिवर्सिटी के संगीत-विभाग के कुलगुरु रहे, हिन्दी में आपने 'प्रणव-भारती' तथा 'संगीताजलि' नामक पुस्तक लिखकर राग और रस के ऊपर संक्षेप में अच्छा प्रकाश डाला।

1955 में प्रजातंत्र दिवस के शुभ अवसर पर भारत सरकार ने 'पद्मश्री' की उपाधि देकर आपको सम्मानित किया। योगीपुत्र, प्रणवभक्त, संगीत मार्तण्ड, स्वरसम्राट पं. ओम्कारनाथ जो वर्षों तक जनमानस पर छाये रहे, जो प्रत्येक महफिल में मुनि की भांति द्रष्टा एवं शेर की तरह विजयी रहे, जिनकी आवाज चोटी के गायकों और स्वर-विशेषज्ञों को अचम्भे में डालती रही तथा जिन्होंने हिंदू संगीत को गौरवान्वित किया, लंबी पक्षाघात की बीमारी के बाद रात्रि को 1 बजकर 30 मिनट पर इस संसार से सदा के लिए विदा हो गये। इनका संगीत के क्रिया और शास्त्र दोनों में समान योगदान था, इसीलिए इन्हें 'वाग्गेयकार' भी कहा जाता है। समय की पाबंदी इन्हें बहुत पसंद थी। यह व्यक्ति की चाल देखकर उसकी स्थिरता, धैर्य या चंचलता आदि स्वभाव के गुणों का पता लगा लिया करते थे।

अब पण्डितजी द्वारा रचित प्रणव भारती व संगीतांजलि ग्रन्थों का संक्षिप्त परिचय प्रस्तुत किया जा रहा है—

प्रणव भारती— पं. ओंकारनाथ ठाकुर द्वारा प्रणव भारती ग्रंथ की रचना सन् 1956 में की गई। अपने साठ वर्ष के निजी अनुभव एवं लगभग 55 प्राचीन, मध्यकालीन एवं अर्वाचीन ग्रन्थों के सूक्ष्म अध्ययन के पश्चात् की है। ग्रन्थों द्वारा पंडित जी ने बहुत सी समस्याओं का समाधान किया है। प्रणव भारती ग्रंथ के पहले अध्याय में नादतत्व, दूसरे अध्याय में श्रुति-स्वर-ग्राम, तीसरे अध्याय में प्राचीन एवं मध्यकालीन शुद्ध-विकृत-व्यवस्था एवं दाक्षिणात्य स्वर सप्तक, चौथे अध्याय में पं. भातखण्डे के श्रुति-स्वर सिद्धान्त की आलोचना, पांचवें अध्याय में स्वर-श्रुति सम्बन्धी आधुनिक लक्ष्य तथा गुरुदेव पं. विष्णु दिगम्बरजी की गुरु परम्परा, छठे अध्याय में मूर्च्छना-जाति, सातवें अध्याय में वर्ण-अलंकार

और तान तथा परिशिष्ट में प्राकृतिक स्वरों का पशु-पक्षियों के नाद से सम्बन्ध तथा स्वरों के प्राचीनोक्त वर्णदेवता, ऋषि, रस इत्यादि विषयों पर विवेचनात्मक शोध-कार्य किया है। ग्रंथ के अंत में 55 प्राचीन, मध्यकालीन एवं अर्वाचीन ग्रंथों की सूची दी गई है, जिनके अध्ययन से यह ग्रंथ लिखा गया है।

संगीतांजलि— इस ग्रंथमाला के छह भाग शास्त्रीय तथ्यों के वर्णन एवं अनेक रागों के सूक्ष्म परिचय एवं उनकी सुन्दर रचनाओं से सम्पन्न हैं।

ओंकारनाथजी अपनी आवाज और अपनी प्रतिभा पर इतने अधिक निर्भर थे और उनको अपनी गायन-कला पर इतना भरोसा था कि वह किसी गायकी के अनुशासन का हू-ब-हू पालन करने को तैयार नहीं थे।

मंच पर बैठकर वह एक छोटा-सा व्याख्यान भी देते थे और श्रोतागण को सम्बोधित करके उनसे अपनी बात भी कहते थे। इस तरह एक मूक वार्तालाप उनमें और उनके श्रोताओं के बीच में होता था, जिसके माध्यम के द्वारा एक मृदुभाषी वक्ता होने की हैसियत से वह उनसे एक व्यक्तिगत नाता भी जोड़ लेते थे। उनकी सुरीली और भावुक आवाज, उनकी व्यक्तिगत भावुकता के प्रत्यक्ष और सूक्ष्म संकेत, उनके गायन स्वरों का अति भावुक प्रसारण, उनके चेहरे की आकृति यह सब मिलकर उनके श्रोताओं की आंखों और कानों पर बड़ा जबरदस्त प्रभाव डालते थे। वह गायक नहीं थे, मंच पर बैठे एक जादूगर के समान थे जो अपने पिटारे से नये-नये अद्‌भुत चमत्कार निकालकर अपने श्रोताओं को चकित करते थे।

यदि राग मियां की तोड़ी किसी अखिल-भारतीय संगीत सम्मेलन में गाते थे तो कभी-कभी अपने व्याख्यान में भावुकता के आवेग में आकर श्रोताओं से कहते थे, "यह राग मेरी स्वर्गीया अर्धांगिनी को बहुत प्रिय था।" ऐसे भावुक शब्दों का गहरा प्रभाव श्रोताओं पर पड़ता था। पण्डित ओंकारनाथ की व्यक्तिगत धारणा थी कि गायक, कवि अथवा नाटक का पात्र मंच पर एक दूसरे व्यक्तित्व का जामा पहन लेता है जिसका उसके अपने असली व्यक्तित्व से कोई सम्बन्ध नहीं होता। यह उसका बनावटी वेश होता है, जिसे वह अपने अभिनय के अन्त हो जाने पर उतार कर रख देता है। यदि वह मंच से गाये गये गायक के गायन को समय के अनुसार एक भावात्मक अथवा रसात्मक प्रदर्शन अथवा अभिनय ही समझते थे तो संगीत में यह उनका व्यक्तिगत सिद्धान्त था जो उन्हें गायकी के अनुशासन से मुक्त कर देता था। एक भावुक कलाकार की हैसियत से वह अपनी इस आजादी का समर्थन करते थे और इस कारण पूर्ण स्वतंत्रता से मनमानी भी करते थे। पण्डित ओंकारनाथ ने रुढ़ियों का परित्याग करते हुए अपनी एक अलग गायकी बनाई थी, जिसका सिद्धान्त था कलाकार की सीमारहित स्वतंत्रता।

पण्डित ओंकारनाथ प्रखर बुद्धि वाले बड़े भावुक गायक थे। उनके गायन का पूरा प्रभाव उनके श्रोताओं पर पड़ता था। उनमें कल्पना भी थी परन्तु उनकी गायन-शैली इस कल्पना पर कोई प्रतिबन्ध नहीं लगा पाती थी। गाते समय वह अपने श्रोताओं की रुचि को पूरे समय ध्यान में रखते और भावुकता के माध्यम से ही उन्हें वश में कर लेते थे। अपने गायन के अन्त में वह एक-आध भावुक भजन भी बड़ी भावुक तन्मयता से गाते थे और श्रोताओं को धार्मिक भावों और विचारों के प्रवाह में वहा ले जाते थे। 'मैया मैं नहीं माखन खायो' अथवा 'जोगी मत जा, मता जा' यह शब्द श्रोताओं के कानों में गूंज उठते थे और उन्हें ऐसा लगता था कि मानो गायक अपनी आराधना में खोया बैठा है। उनका गायन भक्ति-भावना ही का एक रूप था। उनके गायन की सात्विक भावना का बड़ा गहरा प्रभाव उनके श्रोताओं पर पड़ता था। मंच पर आकर वह यही दिखाते थे कि वह सरस्वती की पूजा कर रहे हैं और उनका गायन उनकी साधना और उनकी भक्ति का केवल एक साधन था। एक संगीत सम्मेलन में अपने गायन के पहले उन्होंने यह शर्त लगाई थी कि लोग धूम्रपान बन्द कर दें और अपनी सिगरेटें बुझा दें। मानों धुएं से दूषित वातावरण में उनके राग के कोमल और पवित्र स्वर प्रवेश नहीं कर सकते थे। इसका परिणाम यह हुआ कि कुछ लोगों ने अपना सिगरेट पीना बन्द कर दिया। जो गायक इस प्रकार सात्विक रूप धारण करता है वह अपने गायन से सभा को प्रभावित भी बहुत करता है।

पण्डित ओंकारनाथ का कण्ठ बहुत सुन्दर और सुरीला था। जब वह अपना नाटकीय अभिनय छोड़कर मन लगाकर

किसी राग को गाते थे तो गायकी के हिसाब से बहुत अच्छा गाते थे। इन्होंने अपने गुरु की संगीत-शिक्षा के अलावा अपनी प्रतिभा को भी संगीत-सेवा में लगाया और ख्याति प्राप्त की, जिसका सबसे अधिक लाभ पण्डित विष्णु दिगम्बर की शिष्य-परम्परा की प्रतिष्ठा को ही पहुंचा। पण्डित ओंकारनाथ ने अपने गुरु-ऋण को इसी सुन्दर ढंग से चुकाया। यही कारण है कि उनकी मृत्यु के पश्चात् भी लोग उनके संगीत के साथ उनके व्यक्तित्व को भी याद करते हैं।

ई. क्लेमेन्टस

यह I.C.S. अधिकारी थे, एवं डिस्टिक कलेक्टर के पद पर कार्यरत थे। वे मूलतः इंग्लैण्ड के नागरिक थे, एवं अंग्रेजी शासनकाल में भारतवर्ष में नियुक्त थे। वे पाश्चात्य संगीत के मर्मज्ञ थे, और भारतीय संगीत में रुचि रखते थे। इन्होंने भारतीय संगीत के स्वरशास्त्र का अध्ययन करके सन् 1912 ई. में एक पुस्तक लिखी जिसका शीर्षक था—'Introduction to the Study of Indian Music.' श्रुति संबंधी इनकी धारणा से पं. भातखंडेजी सहमत नहीं थे। इन्होंने श्रुति और स्वर सम्बन्धी चर्चा में प्रोफेसर खरे, प्रो. को. डो पन्तछत्रे, उ. अब्दुल करीम खां, श्री देवल आदि का सहयोग लिया था। इन्होंने बड़ौदा में पं. भातखंडेजी द्वारा आयोजित संगीत सम्मेलन में स्वयं उपस्थित होकर स्वनिर्मित श्रुति-हारमोनियम पर श्रुतियों का प्रदर्शन किया, किन्तु उनके द्वारा निर्मित श्रुति हारमोनियम को अब्दुल करीम खां सहित अन्य भारतीय संगीतज्ञों ने स्वीकार नहीं किया।

जब वे सन् 1930 ई. में अहमदाबाद के कलेक्टर थे तब इन्होंने Fill Harmonik Society में एक संगीत परिषद का आयोजन किया। इनके द्वारा सन् 1912 में लिखित पुस्तक "Introduction to the Study of Indian Music" को पांच अध्यायों में बांटा गया है। इस पुस्तक का प्राक्कथन (Foreward) सुप्रसिद्ध विद्वान् आनन्द कुमार स्वामी ने लिखा था। इस पुस्तक के प्रथम अध्याय में वर्तमानकालीन हिन्दुस्तानी संगीत की श्रुतियों पर चर्चा की गयी है। द्वितीय तथा तृतीय अध्याय के अंतर्गत पाश्चात्य स्वरलिपि पद्धति एवं भारतीय श्रुतियों पर चर्चा की गयी है। चतुर्थ अध्याय के अंतर्गत भारतीय संगीत के प्राचीनकालीन ग्रन्थों का वर्णन किया गया है। पांचवें अध्याय में क्लेमेन्टस ने भारतीय संगीत की प्रमुख विशेषताओं का वर्णन किया है।

उस्ताद फैय्याज खां

सन् 1886 ई. में, आगरा के निकट सिकन्दरा में अपने मामा के घर में फैय्याज खां का जन्म हुआ। आपके जन्म के तीन-चार महीने पहले ही आपके पिता सफदर हुसैन गुजर चुके थे, अतः आपके नाना गुलाम अब्बास खां साहब ने आपका पालन-पोषण किया। पांच वर्ष की उम्र से 25 वर्ष तक उन्होंने ही आपको तालीम दी। इनके चाचा फिदा हुसैन खां कोटा वालों से आपको संगीत शिक्षा प्राप्त हुई। मूलरूप से फैय्याज खां आगरा-निवासी थे। मुहर्रम के दिनों में वे आगरा जाया करते थे। इसी कारण फैय्याज खां की शिष्य-परम्परा तथा उनकी शैली का गायन आगरा-घराने का गायन कहलाता था।

गायन शैली—आलाप में नोम्-तोम् आपकी एक विशेषता थी। बोलतानें तथा विभिन्न प्रकार के मुखड़े लेकर सम पर आने का ढंग विचित्र तथा प्रभावशाली था। तानें छोटी और दानेदार होती थीं। तानों में स्वरों का कण स्पष्ट होता था। लयकारी सुन्दर और आनन्दायक होती थी। स्वर पर स्थिर होना और आस-पास के स्वरों को एक झटके से लगाना आपकी एक कला थी।

संगीत-शिक्षा जो प्राप्त हुई,उसका आधार ध्रुवपद-धमार-गायन-शैली की विशेषता है। ख्याल गायन के प्रारंभ के पूर्व घराने की परम्परा के अनुसार आप भी 'नोम्-तोम्' द्वारा राग विस्तार करने के पश्चात् ख्याल के स्थायी, अंतरा, आलाप, तानें आदि प्रस्तुत किया करते थे। आप ध्रुवपद, धमार, ख्याल तथा ठुमरी गीत-प्रकार समान स्तरीय रंजकता से गाते थे, इसीलिए इन्हें चौमुखा गायक कहा जाता है। ख्याल गायन प्रारंभ के पूर्व 'नोम्-तोम्' द्वारा राग-लक्षणों के सिद्धांतानुसार राग का विस्तार आपकी विशेषता थी। गलाफेंक एवं कम्पन की तानें जो आपके घराने की गायकी की विशेषता हैं, वह आपके गायन में कूट-कूटकर भरी थीं। तोड़ी, जयजयवन्ती, पूरिया, ललित, दरबारी कान्हडा, बिहागड़ा आदि आपके

प्रिय राग थे। इन रागों में आपकी आलापचारी, तीया लगाने का ढंग, स्वरों की स्थिरता और उलट-पुलट तथा फिरत सुनते ही बनती थी। चीजों में बोलतान बोलने की भी उनकी गायकी की अपनी विशिष्टता थी। पृथक्-पृथक् मुखड़े लेकर सम पर आने की उनकी रीति तथा लय के ऊपर प्रभाव, दोनों ही विचित्र थे। आपकी तानें छोटी होती थीं। आवाज सुन्दर, बुलन्द, भरावदार तथा सुरीली थी। लगभग दो-सौ, ढाई-सौ बन्दिशों की रचना आपने अपने 'प्रेमपिया' उपनाम से की है। जयजयवन्ती की एक चीज 'मोरे मंदिर अबलों नहीं आए' तथा सुघराई की 'ऐ मोरी छोड़ो' आदि चीजों की बन्दिशें तो बहुत ही चित्ताकर्षक हुई हैं। इन चीजों में उनके घराने की गायकी के सभी चिन्ह मौजूद हैं।

संगीत क्षेत्र में ख्याति—आपने 10–12 वर्ष की आयु से ही सभाओं में गाना प्रारम्भ कर दिया था। सन् 1906 के लगभग आप मैसूर दरबार में गये। वहां आपको सन् 1911 ई. में 'आफताबे मूसिकी' की उपाधि मिली। फिर आप अनेक अन्य रियासतों में भी गये, परन्तु सन् 1912 ई. से बड़ौदा महाराज सयाजीराव ने आपको राजकीय कलाकार के रूप में रख लिया और 'ज्ञान रत्न' की उपाधि से विभूषित किया।

दरबार की स्वीकृति लेकर खां साहब बम्बई, दिल्ली, लखनऊ, लाहौर तथा कलकत्ता के आकाशवाणी केन्द्रों से एवं अन्य अनेक संगीत सम्मेलनों से जनता को अपने अद्वितीय संगीत का रसास्वादन कराते रहे।

आपकी शिष्य-परम्परा बहुत ही विस्तृत है, जिनमें से कुछ के नाम इस प्रकार हैं—आपके अनेक मेधावी शिष्यों में उस्ताद निसार हुसैन तथा डॉ. एस.एन. रातनजंनकर, बशीर खां, दिलीपचन्द वेदी, अजमत हुसैन, अता हुसैन, स्वामी बल्लभदास, मलकाजान आदि उल्लेखनीय हैं।

लगभग 65 वर्ष की अवस्था में सन् 1950 में आप दिवंगत हुए। वास्तव में फैय्याज खां जैसा नोम्-तोम् शैली का आलाप करने वाला दूसरा गायक भारत में अभी तक पैदा नहीं हुआ। जिन कला-मर्मज्ञों ने उनके नोम्-तोम् के आश्चर्यजनक आलापों को सुना है, वे उन्हें जीवन-पर्यन्त नहीं भूल सकेंगे। वह अपनी सुन्दर गायकी के साथ कैसेट, रिकार्ड्स आदि में आज भी हमारे समक्ष हैं।

कुदऊसिंह पखावजी

कुदऊसिंह जी का व्यक्तित्व बड़ा रौबीला था। ऊंचा कद, लम्बी भुजाएं, फिर पीले रंग का अलफा, तहमद (लुंगी), वाद्य-चर्म की टोपी, माथे पर सिंदूर के तीन आड़े तिलक उनके व्यक्तित्व की विशेषताएं थीं। आपके पखावज के गुरु भवानी सिंह उर्फ श्री दासजी थे।

उन दिनों उत्तर भारत में लखनऊ और मध्य भारत में ग्वालियर संगीत के केन्द्र बने हुए थे। लखनऊ में नवाब वाजिदअली शाह और ग्वालियर नरेश महाराज जियाजी राव संगीत के बड़े प्रेमी थे। अत: कुदऊ सिंह पहले लखनऊ आए। वहां पखावज-वादन के सम्बन्ध में एक प्रतिस्पर्धा आयोजित हो गई। इस प्रतिस्पर्धा में जीतने वाले को नवाब की ओर से एक हजार रुपये के पुरस्कार की घोषणा कर दी गई। कुदऊसिंह ने इस प्रतियोगिता में जीतसिंह नामक पखावजी को परास्त कर दिया और इस प्रकार कीर्ति और सम्पत्ति दोनों प्राप्त कीं। नवाब ने भी इन्हें 'कुंवरदास' की उपाधि से विभूषित किया।

इनके बारे में पुस्तकों में अनेक घटनाएं व कथाएं प्राप्त होती हैं, कुछ इस प्रकार हैं—

लखनऊ के बाद कुदऊसिंह ग्वालियर दरबार में पहुंचे। वहां आपने महाराज से अपने लिए 'अविजित' होने का प्रमाण-पत्र मांगा। परन्तु अहंकार एक न एक दिन टूटता ही है। परीक्षा के लिए ग्वालियर दरबार के वृद्ध ध्रुपद गायक नारायण शास्त्री की संगति के लिए कुदऊसिंह जी बिठाए गए। ध्रुपद शुरू हुआ। कई बार प्रयत्न करने पर भी कुदऊसिंह सम के स्थान को न पहचान सके। इस प्रकार भरे दरबार में उनका गर्व चूर्ण हो गया। फिर महाराज जियाजी राव ने जब इनका वादन सुना तो उन्होंने उन्हें अपने दरबार में रख लिया।

उल्लेखनीय है कि झांसी के तत्कालीन शासक गंगाधर राव के संरक्षण में एक नाटक मंडली थी। उसमें महाराज कुदऊसिंह पखावज-वादन के लिये नियुक्त थे। 1857 में स्वतंत्रता संग्राम के लिए एक बड़ा विद्रोह हुआ। उसमें झांसी की रानी लक्ष्मीबाई के शौर्य का वर्णन इतिहास में स्वर्ण अक्षरों में अंकित है। परन्तु वे झांसी को बचा न सकी थीं। अंग्रेजों ने

नाटक-मंडली के सभी कलाकारों तक को कैद कर लिया। चूंकि दतिया के राजा भवानीसिंह का अंग्रेजों से मधुर सम्बंध था, अतः कुदऊसिंह सहित सभी बंधक दतिया के कारावास में भेज दिये गये। कुछ समय के बाद किसी सूत्र से वहां की रानी को बंधकों में कुदऊसिंह के भी होने का समाचार मिला। कला पारखी रानी ने अपने प्रयास से उनको मुक्त करा दिया। परन्तु उस स्मृति को बनाये रखने के लिये महाराज कुदऊसिंह जीवन-पर्यन्त पैर में बेड़ी पहने रहे।

इसके सम्बन्ध में एक कथा जो विशेष प्रसिद्ध है वह इस प्रकार है—

दतिया के पास समथर नामक एक छोटा-सा राज्य था। उसके राजा चतुरसिंह भी संगीत के प्रेमी थे। पहले कभी एक बार सेंवड़ा के युद्ध में चतुरसिंह के पूर्वजों ने महाराज भवानीसिंह के पूर्वजों का साथ दिया था। उस युद्ध में विजित होने पर दतिया महाराज ने 'सेवड़ा विजय' के पुरस्कार स्वरूप समथर का राज्य चतुरसिंह के पूर्वजों को दे दिया था। इस कारण से दतिया के महाराज, समथर के राजा को अपने से छोटा समझते थे। सन् 1890 ई. की बात है कि सेंवड़ा के बीहड़ वन में एक पंजाबी बाबा रहते थे। ये उत्तम गायक थे। ये कभी-कभी दतिया के पखावजी कुदऊसिंह के यहां आकर गाया करते थे। कुदऊसिंह पखावज पर संगति करते। एक बार महाराज भवानीसिंह को पंजाबी बाबा का गायन सुनने का अवसर मिला। उन्होंने बाबा के गायन की प्रशंसा की। इस पर पंजाबी बाबा ने कहा कि 'तुम बड़े भाग्यशाली हो कि तुम्हारे राज्य में पखावज का ऐसा कुशल वादक वास करता है'। पंजाबी बाबा की बात से प्रभावित होकर दतिया महाराज ने राजाशाही (उसके राज्य में चलने वाले चांदी के) सात रुपये रोज और भंडार से भोजन का प्रबन्ध कर दिया। साथ में आवश्यकता होने पर सात सौ रुपया प्राप्त करने की घोषणा भी कर दी।

एक बार टीकमगढ़ से एक कत्थक (नर्तक) आया। उस्ताद ने उसके समारोह के लिए विशेष प्रबन्ध किया और दो सौ रुपये की मांग की। दीवान ने रुपये देने में कुछ झंझट किया। फलस्वरूप अप्रसन्न होकर आप दतिया से बाहर चले गये। भवानी सिंह ने कहा कि 'आप जहां जाना चाहें चले जायें किंतु समथर न जाएं'। इस पर आपने उत्तर दिया कि 'आप हमें रोकने वाले कोई नहीं हैं। जहां हमारी इच्छा होगी जाएंगे'। और, आप भवानीसिंह की इच्छा के विरुद्ध समथर ही जा पहुंचे। वहां भी उनका खूब स्वागत-सत्कार हुआ। वहां भी जब तीन-चार महीने बीत गये और इनका कोई कार्यक्रम नहीं हुआ तो आप चतुरसिंह से बोले 'हम कोई रोटी तोड़ने थोड़े ही आए हैं, कोई कार्यक्रम कराइए'। इस पर चतुरसिंह बोले 'एक-दो वर्ष रहिए कार्यक्रम तो होता ही रहेगा।' इस पर आपने कहा कि 'तो अब हम जाने वाले हैं'। महाराज ने पुनः कहा कि 'अच्छा दशहरे का त्यौहार पास में है। उसमें हमने एक मद-मस्त हाथी को वश में करने का कार्यक्रम रखा है। उस उत्सव के बाद आपका कार्यक्रम रखा जाएगा'। इस पर आप बोले कि उसे हम पखावज सुनाकर वश में कर देंगे।

इनकी आज्ञानुसार एक तख्त पर आप पखावज लेकर बैठ गये। आपने पखावज पर 'गज परन' बजाना शुरू किया और महाराज से कहा कि अब हाथी को छोड़ा जाए। हाथी झूमता हुआ आया और पखावज सुनकर शान्त स्थिति में उसने अपना मस्तक पखावज पर रख दिया। इस पर चतुरसिंह ने प्रसन्न होकर कुदऊसिंह को तिलक किया, उनकी पखावज का पूजन किया, उनकी भुजा में स्वर्ण कण्कण बांधा, साथ में एक सहस्र रुपये उस हाथी पर वार कर, वह धन तथा हाथी भी कुदऊसिंह को दे दिया। बस, कुदऊ सिंह पुनः भवानीसिंह के यहां हाथी सहित लौट आए। अब महाराज ने दीवान से कहा कि 'दीवान साहब अब तक तो अकेले उस्ताद का ही खर्चा था अब इस हाथी का भी बोझ उठाना पड़ेगा। गुणी, और कलाकारों को नाराज करने पर यही सजा मिलती है'।

आपके प्रमुख शिष्यों में अजयगढ़ के सितारे हिन्द मदनमोहन उपाध्याय, टीकमगढ़ के हरचरण लाल झल्ली, पर्वतसिंह, रामदास, देवकीनंदन पाठक, विष्णुदेव पाठक, पुत्र भैया लाल एवं पं. अयोध्या प्रसाद प्रमुख थे। दतिया में आज भी कुदऊसिंह की हवेली, उनकी कीर्ति की मूक दर्शक विद्यमान है, जो अब अग्रवाल धर्मशाला में बदल गयी है। आपका घराना 'सिंह घराने' के नाम से जाना जाता है। आपकी समाधि, दतिया से लगभग एक मील पूर्व उन्नाव के

मार्ग पर, झांई दरवाजे के पास बनी हुई है। लगभग 95 वर्ष की दीघार्यु भोगने के बाद 1910 के आसपास आप परलोक सिधारे।

कैलाशचन्द्र देव वृहस्पति

आचार्य कैलाशचन्द्र देव वृहस्पति का जन्म सन् 1874 ई. में उत्तर प्रदेश के रामपुर में हुआ। आपके पिता श्री गोविन्दराम, दादा पं. अयोध्या प्रसाद तथा परदादा पं. बुद्धसेन अर्थात् सभी पूर्वज संस्कृत के प्रकांड विद्वान् थे। बालक वृहस्पति को केवल दस वर्ष की आयु में पितृ-स्नेह से वंचित हो जाना पड़ा, परन्तु उनकी विदुषी जननी स्व. नर्मदा देवी ने इस होनहार बालक का साहसपूर्वक पालन-पोषण करने के साथ ही साथ वे संस्कार भी इनके हृदय में बद्धमूल कर दिए, जिनके परिणामस्वरूप अपनी वंश परम्पराओं की सुरक्षा के प्रति यह बालक जागरूक रहा।

श्री वृहस्पतिजी का उच्चारण साढ़े तीन वर्ष की अवस्था में पूर्णतया शुद्ध था। पांच वर्ष की आयु में 'चाणक्य नीति' एवं 'पाण्डव गीता' के श्लोकों के साथ 'दुर्गासप्तशती' के 'कवचा', 'ऊर्गला' और 'कीलक' भी इन्हें कंठस्थ थे। ग्यारहवें वर्ष में इन्होंने 'सवैया' छंद की रचना करना प्रारम्भ कर दिया था। चौदह वर्ष की आयु में अयोध्या की एक पंडित-परिषद् ने संस्कृत में लोक-रचना से संतुष्ट होकर इन्हें 'काव्य-मनीषी' एवं 'साहित्य-सूरि' उपाधियों से विभूषित किया था।

आचार्यजी ने संस्कृत के अध्ययन के साथ-साथ संगीत की शिक्षा रामपुर घराने से प्राप्त की। सनातन धर्म कालेज, कानपुर में धर्मशास्त्र के प्रोफेसर रहे। आपने श्रुति दर्पण एक नवाविष्कृत वीणा द्वारा प्रमाण एवं परिमाण श्रुति का सिद्धान्त स्थापित किया। आपके मतानुसार भरत की श्रुतियां समान नहीं बल्कि क, ख और ग (तीन) प्रकार की थीं एक और आविष्कृत वीणा (वृहस्पति वीणा) द्वारा आप प्राचीन जाति गायन प्रस्तुत कर बड़े-बड़े कलाकारों को चकित कर चुके हैं।

आचार्यजी की शिक्षा—आचार्यजी ने अलंकार शास्त्र की शिक्षा महामहोपाध्याय पं. परमेश्वरानन्द शास्त्री से, न्याय एवं व्याकरण की शिक्षा, पं. हरिशंकर व पं. छेदी झा से और प्रारंभिक शिक्षा, पं. कन्हैया लाल शुक्ल तथा राजपण्डित रामचन्द्र शास्त्रीजी से प्राप्त की। रामपुर दरबार के मृदंग-वादक स्व. पं. अयोध्या प्रसाद के भी आप शिष्य रहे। आपको मृदंग के साथ-साथ प्रौढ़ स्वर-ज्ञान दुर्लभ गुरु-कृपा के परिणाम स्वरूप प्राप्त हुआ। आपने गुरुओं के प्रति विनम्रता, आदर तथा समर्पण की भावना आचार्यजी में कूट-कूट कर भरी थी। इसी कारण अपने प्रत्येक गुरु की दुर्लभ कृपा एवं आशीर्वाद इन्हें प्राप्त हुआ।

वृहस्पतिजी को रेडियो-श्रोता, कवि, आलोचक, गीतकार, वक्ता, हास्य-लेखक एवं नाटककार के रूप में भी जाना जाता है। 'मेघ का कवि', 'विश्वामित्र', 'सागर-मंथन', 'कला-भारती', 'महापंडित', 'जीवन का संदेश', इत्यादि श्रेष्ठध्वनि रूपक प्राय: हिन्दी-भाषी सभी आकाशवाणी केन्द्रों से मूलरूप में तथा विभिन्न केन्द्रों से कन्नड़ एवं गुजराती जैसी समृद्ध भाषाओं में प्रसारित हुए। साथ ही इन्हीं भाषाओं के प्रमुख समाचार पत्रों में प्रकाशित होकर श्रेष्ठ आलोचकों को आकृष्ट कर चुके हैं। यह खड़ी बोली, ब्रजभाषा एवं संस्कृत के श्रेष्ठ विद्वान् थे।

अपनी माताजी की प्रेरणा के परिणामस्वरूप इन्होंने संगीत का ज्ञान भी बाल्यावस्था से प्राप्त करना आरम्भ कर दिया। छह वर्ष तक स्वर-साधना के पश्चात् 1937 ई. से 'महर्षि भरत' एवं 'आचार्य शार्ङ्गदेव' श्री वृहस्पतिजी के अध्ययन का विषय बने। संस्कृत के शास्त्रों से प्रगाढ़ परिचय, सूत्रशैली की भी मर्मज्ञता, शब्दों के प्रकृति-प्रत्यय ज्ञान, रस-सिद्धान्त पर असामान्य अधिकार एवं आधुनिक संगीत के व्यवहारिक ज्ञान ने समन्वित होकर आचार्य वृहस्पति के व्यक्तित्व का निर्माण किया। इनका स्वभाव अत्यन्त विनोदप्रिय था।

'भरत का संगीत-सिद्धान्त' तथा 'संगीत-चिन्तामणि' जैसे महत्वपूर्ण ग्रन्थों के अतिरिक्त आचार्य वृहस्पति द्वारा कई अन्य महत्वपूर्ण ग्रन्थों की रचना भी की गई है। 'मुसलमान और भारतीय संगीत' नामक ग्रन्थ सन् 1974 में प्रकाशित हुआ। अपने इस ग्रन्थ में आचार्य महोदय ने सांगीतिक इतिहास की कुछ भ्रान्त धारणाओं का निराकरण किया है। कुछ लोगों की यह मिथ्या धारणा है कि वर्तमान कर्नाटक संगीत सर्वथा भारतीय तथा विदेशी प्रभाव से अछूता है। इस मिथ्या धारणा का सप्रमाण खण्डन इस ग्रन्थ में किया है। औरंगजेब की

संगीत-सम्बन्धी धारणा के प्रति कुछ अकाट्य तथ्य इस ग्रंथ में प्रस्तुत किए गए हैं। 'खुसरो, तानसेन तथा अन्य कलाकार' नामक कृति भी आचार्य वृहस्पति तथा उनकी पत्नी श्रीमती सुलोचना वृहस्पति के सतत परिश्रम का परिणाम है। सन् 1976 में आचार्यजी का एक और ग्रन्थ 'ध्रुवपद और उसका विकास' प्रकाशित हुआ। आचार्य पार्श्वदेव का महत्वपूर्ण ग्रन्थ 'संगीत-समयसार' भी आचार्य जी द्वारा संशोधित, सम्पादित एवं अनुदित है। 'राग-रहस्य' नामक कृति का प्रकाशन सन् 1986 में आचार्य वृहस्पति की मृत्यु के उपरान्त श्रीमती सुलोचना वृहस्पति तथा श्री आमोदवर्द्धन के प्रयत्नों से हुआ। इस ग्रन्थ में आचार्य वृहस्पति द्वारा रचित अनेक रागों की बन्दिशें हैं, जो 'अनंगरंग' की मुद्रा से मुद्रित हैं। आचार्यजी का उपनाम 'अनंगरंग' था।

शिक्षण-कार्य का भी आपको काफी अनुभव था। धर्मशास्त्र के अध्यापन के साथ-साथ एॅम.ए. कक्षा को 'रस-सिद्धांत' का अध्यापन भी आप सन् 1965 तक कराते रहे। आपने जिन शिष्यों को संगीत-शिक्षा दी है, उनमें श्रीमती सुमित्रा आनन्दपालसिंह तथा गुलाम मुस्तफा खां के नाम उल्लेखनीय हैं।

वृहस्पति द्वारा लिखित 'संगीत-चिन्तामणि' का द्वितीय खण्ड भी प्रकाशित हो चुका है। 'वृज-बल्लरी-बिलास' ग्रन्थ भी आचार्य बृहस्पति की मृत्यु के उपरान्त प्रकाशित हुआ। प्रस्तुत ग्रन्थ में आचार्य वृहस्पति द्वारा लिखित ब्रजभाषा-काव्य का संग्रह है।

संगीत-जगत् का यह चमकता हुआ सितारा अचानक ही 30 जुलाई, 1979 ई. को इकसठ वर्ष की आयु में लुप्त हो गया। वास्तव में संगीत की एक अमूल्य निधि हमसे छिन गयी, लेकिन वह अपने ग्रन्थ और अपनी विद्वत्तता के माध्यम से हम सबके बीच हमेशा याद किये जाते रहेंगे और सदा ही अमर रहेंगे।

जयदेव

जयदेव एक संगीतकार थे। संगीत के क्षेत्र में इनका नाम बड़े आदर के साथ लिया जाता है। ये उच्चकोटि के संगीतकार होने के साथ कवि भी थे अर्थात् वाग्येयकार थे।

जन्म—इनके जन्म के बारे में अनेक मत हैं—बंगाल के राजा लक्ष्मणसेन का काल 1179 से 1205 तक के बीच का समय था। कहा जाता है इनके दरबार में पंचयंत्र में से एक कवि जयदेव भी थे। यह इनके दरबार में थे, इसलिए इनका जन्म यहीं हुआ हो, लेकिन इस बात का खण्डन करते हुए अलकासेन के अनुसार 1025 से 1050 तक का समय माना जाता है। सम्भवत: इनका जन्म यहीं हुआ हो, लेकिन इस मत के बारे में भी कोई प्रमाण प्राप्त नहीं होता। कुछ लोगों का कहना है कि उड़ीसा के केंदुली गांव में इनका जन्म हुआ था, लेकिन इस मत का भी कहीं प्रमाण प्राप्त नहीं होता। इनकी माता का नाम सुमित्रा तथा पिता का नाम महादेव था और गुरु का नाम गोवर्धन आचार्य था। जो वैष्णव भक्त थे।

इनकी रचनायें निम्नलिखित हैं—

1. प्रसन्न राघव—इसमें कृष्ण की भक्ति सम्बन्धी रचनायें हैं।

2. छन्द शतक—इसमें राम और कृष्ण के छन्दों का वर्णन है।

3. रति मंजरी—इसमें कामशास्त्र का वर्णन है।

4. चंद्रालोक—इसमें साहित्यशास्त्र का वर्णन है।

5. गीतगोविन्द—यह इनका प्रसिद्ध गीत काव्य है, जिसके कारण यह जाने जाते हैं। "संगीत के स्वर तथा काव्य की वाणी का सम्यक् संयोग ही गीतगोविन्द की सार्थकता है।" गीतगोविन्द की रचना कहां हुई इसके बारे में दो मत हैं— कुछ का कहना है कि राजा लक्ष्मणसेन के दरबार में आश्रयकाल से ही इन्होंने लेखन-कार्य प्रारम्भ किया। कुछ का कहना है कि उड़ीसा के जगन्नाथ के मंदिर में लेखन-कार्य प्रारंभ किया ऐसा मानते हैं। इसकी भाषा संस्कृत है। श्रीमद्भागवत के 12 सर्ग हैं इसमें 24 गीत हैं और 8–8 पद हैं। इसलिए यह अष्टपदी कहलाता है। वर्ण-विषय राधा और कृष्ण की रात और दिन की तीन क्रीड़ाओं का वर्णन है। सांगीतिक पक्ष में पद का आकर्षण है शुद्ध योजना, अनुप्रास योजना, ध्वनि का उतार-चढ़ाव, नियमबद्धता और ध्रुव पंक्ति का प्रयोग मुख्य है।

पद—प्रत्येक अष्टपदी में प्रबन्धों के उदाहरण हैं, जैसे—

ललिततलवंगलतापरिशीलन कोमलमलयसमीरे।
मधुकरनिकरम्बित कोकिलकूजितकुञ्जकुटीरे॥

विहरति हरिरिह सरसवसन्ते।

नृत्यति युवतिजनेन समं सखि विहहिजनस्य दुरन्ते ॥

पहली पंक्ति में उद्ग्राह है। दूसरी पंक्ति में मेलापक है। तीसरी पंक्ति में ध्रुव है। चौथी पंक्ति में आभोग है। ध्रुव पंक्ति की परम्परा को जयदेव ने ही आगे बढ़ाया।

इनकी 24 अष्टपदियों में से 13 रागों के नाम मिलते हैं। (1) मालव गौड़, (2) बसंत, (3) देशी, (4) रामकिरी, (5) गोड़किरी, (6) विलास, (7) बरान्डी, (8) भैरवी, (9) देशाग (10) कर्नाट, (11) गुर्जरी, (12) मालव, (13) वराड़ी आदि हैं। इनमें प्रयुक्त होने वाली 5 तालों के नाम इस प्रकार हैं— (1) यति, (2) रूपक, (3) निस्सारू, (4) एकताल, (5) अष्टताल।

योगदान—उड़ीसा के मंदिर से नृत्यों की परम्परा प्रारंभ हुई, ये अष्टपदी पर गाते थे। इनकी पत्नी नृत्य करती थीं। यह बंगाल में प्रारंभ हुआ। संस्कृत में लिखा यह पहला ग्रन्थ है। बाद में हिन्दी में पद का प्रभाव पड़ा। छोटी पंक्ति को ध्रुव पक्ति माना गया। प्राचीन ग्रन्थों का साहित्य नहीं मिलता, बहुत कम मिलता है। उसके उदा. आज भी मिलते हैं। इनके आश्रय से लोग आज भी जो गाते हैं, उनमें ब्रजभाषा, अवधी आदि होती है। इसके अनुसार गीतों को तोड़ा-मरोड़ा जा सकता है।

पं. डी.वी. पलुस्कर

संगीत-जगत् की महान् विभूति पं. विष्णु दिगंबर पलुस्कर को कुरंदवाड़ में 18 मई, 1921 को एक पुत्र रत्न प्राप्त हुआ, जिसका नामकरण श्री दत्तात्रेय विष्णु पलुस्कर किया गया। इसके पूर्व के अनेक भाई-बहिनों का देहावसान होने से आप घर भर में सबसे लाड़ले बने व अतीव लाड़-प्यार से आपका लालन-पालन हुआ। आपके यज्ञोपवीत-संस्कार में पिताश्री के अनेक शिष्य आये थे, उन्होंने उन्हें शुभाशीर्वाद दिया।

पिताश्री पं. विष्णु दिगंबरजी ने इन्हें थोड़ी-थोड़ी संगीत शिक्षा देनी प्रारंभ की ही थी कि वे स्वर्गवासी हो गये। इसके पश्चात् इनके चचेरे भाई श्री चिंतामणि के पास इनकी संगीत-शिक्षा प्रारंभ हुई। कुछ समय पश्चात् आपने 1935 में गांधर्व महाविद्यालय, पूना में पं. विनायक बुवा पटवर्धन के पास अपनी संगीत-शिक्षा नियमित रूप में प्रारंभ की और महाविद्यालय-मण्डल की अंतिम परीक्षा उत्तीर्ण की। इस शिक्षा-काल में आपने गायन का बहुत अभ्यास किया और एक उच्च श्रेणी के संगीत-विद्यार्थी होने का परिचय दिया। पं. विनायक बुवा से संगीत-शिक्षा प्राप्त करने के पश्चात् आपने पं. नारायण राव व्यास तथा श्री मीराशी बुवा से भी संगीत सीखा।

ई.सं. 1935 में आपने पं. विनायक बुवा पटवर्धन के साथ पंजाब की यात्रा की व जालंधर में उत्तम गायक होने का परिचय दिया। ई.सं. 1938 में आपका आकाशवाणी केन्द्र पर भी गायन हुआ, जिससे आपकी श्रेष्ठ श्रेणी के ख्याल गायकों में गणना होने लगी। इस काल में आपने ख्याल, तराना, भजन आदि शैलियों द्वारा साधारण जनता एवं संगीत-मर्मज्ञ दोनों को ही अपनी ओर आकर्षित किया और सम्पूर्ण भारत में आप उक्त शैली के विशिष्ट गायक माने जाने लगे।

यह पण्डित विष्णु दिगम्बर के सबसे छोटे और होनहार पुत्र थे, जिनकी प्रतिभा का पूरा प्रदर्शन होने के पहले ही उनका निधन थोड़ी अवस्था में ही हो गया। इस प्रतिभाशील, तरुण गायक के निधन से व्यावहारिक संगीत को काफी धक्का पहुंचा।

उनकी आवाज में एक विशेष प्रकार का माधुर्य था और एक खास ढंग की मिठास थी जिसके कारण वह अपने श्रोताओं के लिए लोकप्रिय गायक बन गये थे। उनका गायन सब तरह से श्रोता पसंद करते थे। उनका कण्ठ मधुर था और वह जो कुछ गाते थे, वह सुनने में भी बहुत अच्छा लगता था।

प्रत्येक ख्याति वाले गायक की दो-एक चीजें आम लोगों में बहुत मशहूर हो जाती हैं। अगर स्वर्गीय डी.बी. पलुस्कर के गुरु पटवर्धनजी अपने भजन ''जोगी मत जा मत जा मत जा'' के लिए भारतवर्ष में मशहूर हो गये हैं और उन्होंने गाया भी बड़े उत्साह से तो वह भी अपने भजन 'रघुपति राघव राजाराम' के लिए घर-घर मशहूर हैं। अभी भी जब उनका यह रिकार्ड बजता है तो उनकी याद ताजा हो जाती है। इस बेजोड़ धार्मिक रचना को, जो गांधीजी को सबसे प्रिय थी, इस तरुण गायक ने गाया भी बड़ी धार्मिक तन्मयता से है। उनको सुनकर यही लगता था कि इस तरह

की मिठास से दूसरा गायक उसे नहीं गा सकता था। इस रचना की राष्ट्रीयता और धार्मिकता दोनों मिलकर उसकी भावुकता के महत्व को बहुत बढ़ा देते थे। इसका सामूहिक गायन भी कानों को बहुत अच्छा लगता था और अब तक अच्छा लगता है।

पं. विष्णु दिगम्बर भी जीवन के अन्तिम वर्षों में इस विशेष रचना को प्रयाग के कुम्भ अथवा माघ के मेले में हजारों की भीड़ के सामने गाकर अपने श्रोताओं को आनन्द से भर देते थे और उन्हें तृप्त कर देते थे। डी.बी. पलुस्कर ने अपने पूज्य पिता के पदचिन्हों पर चलकर जन-समूह की इस धार्मिक भावना को अनेक अवसरों पर बड़ा आनन्द पहुंचाया।

उनके संगीत की प्रतिभा के बारे में जो कुछ कहा जायेगा, वह अधूरा होगा। यह होनहार, प्रतिभासम्पन्न तरुण गायक गायन कला की पराकाष्ठा की ओर ही जा रहा था और अपने लम्बे कदम उठा रहा था कि मृत्यु ने उसको हमसे छीन लिया।

सत्व, रज तथा तम इन तीनों गुणों के स्रटा ब्रह्मा, विष्णु तथा महेश के प्रतीक श्री दत्तात्रेय त्रिगुणमूर्ति अवतार आज जिस प्रकार भक्ति-मार्ग में प्रमुख माने जाते हैं, उसी प्रकार स्व. श्री दत्तात्रेय ने अपने नाम को भी पूर्णरूप से सार्थक किया। संगीत प्रमुख तत्व स्वर, ताल तथा लय इन त्रिगुणों के समन्वय द्वारा ही आपका सुमधुर गायन सर्वत्र लोकप्रिय हुआ। मौलिकता एक त्रिगुण-सौन्दर्य आपकी गायकी की विशेषता थी। ई. सं. 1955 में आपका स्वर्गवास हुआ।

इस गायक के श्रोता अभी भी आपको याद करके दुखी होते हैं और यही कहते हैं, कि काश डी.वी. पलुस्कर अभी और जीते। यही उनके प्रति प्रेम की श्रद्धांजलि है। यही डी.बी. पलुस्कर के संगीत की विजय है।

तानसेन

इनका जन्म 1500 ई. के लगभग ग्वालियर के पास बेहट गांव में मकरन्द पाण्डे के यहां हुआ था। इन्होंने प्रारम्भिक संगीत-शिक्षा अपने पिता से प्राप्त की। तानसेन को बचपन से ही संगीत से प्रेम था। इनकी वाणी भी भगवान् शंकर की कृपा से अति मधुर थी।

तानसेन की गुरु परम्परा ध्रुवद गायन शैली की थी। उसी के अनुसार तानसेन भी एक उच्चकोटि के कलावत्त थे। इनको यन्त्र संगीत का भी ज्ञान था। गायन के साथ ही साथ तानसेन एक उच्चकोटि के कवि भी थे। इनके रचे हुए अनेक ध्रुपद भाव और भाषा की दृष्टि से उच्चकोटि की साहित्य रचना कही जा सकती है।

तानसेन के बचपन का नाम तन्ना मिश्र था। ग्वालियर में रहने के कारण तन्ना के पिता और ग्वालियर-नरेश का अच्छा परिचय था और आना-जाना भी खूब था। ग्वालियर-नरेश तन्ना से बहुत प्रसन्न रहते थे और उन्होंने ही बचपन में तन्ना को 'तानसेन' की उपाधि दी थी, परन्तु कुछ लोगों का मत है कि तन्ना को 'तानसेन' की उपाधि सम्राट अकबर ने दी थी।

संगीत का ज्ञान लेकर रीवा-नरेश श्रीरामचन्द्र के दरबार में रहने लगे। राजा रामचन्द्र संगीत के बड़े पारखी थे। थोड़े ही समय में तानसेन का नाम फैलने लगा। जब अकबर बादशाह ने तानसेन का नाम सुना तब उन्होंने निश्चय कर लिया कि ऐसा संगीतज्ञ उनके दरबार की शोभा के लिए अवश्य होना चाहिए। इससे बादशाह ने जलालुद्दीन कुची नामक दरबारी को रीवा भेजकर तानसेन को अपने पास बुलवा लिया। अकबर ने तानसेन को अपने नवरत्नों में शामिल कर लिया। तानसेन ने अनेक नए रागों की रचना की।

तानसेन की गायन-शक्ति के सम्बन्ध में अनेक कथायें प्रसिद्ध हैं। कहा जाता है कि इन्होंने एक बार उन्मत्त हाथियों को अपने गायन से मुग्ध कर दिया था। तानसेन ने दीपक राग गाया जिससे दीपक जल उठे, इससे सब तरफ ज्वाला भड़क उठी। इनकी एक पुत्री बतायी गयी है जिसका नाम सरस्वती था। उसने मेघ राग गाकर अग्नि शान्त करके अपने पिता की जीवन-रक्षा की।

जाति—तानसेन कलावन्त नामक संगीतजीवी जाति में उत्पन्न हुए थे। अबुलफ़ज़ल ने ढारी, कव्वाल, हुरकिया, दफ़ज़न, नटवा और कलावन्त नामक संगीतजीवी जातियों का वर्णन किया है। इन जातियों में केवल 'कीर्तिनिया' वर्ग को ब्राह्मण बताया गया है। अबुल फ़जल के अनुसार, ग्वालियर निवासी ध्रुपद-गायक कलावन्त कहलाते थे। अत: तानसेन कलावन्त से सम्बन्धित थे, इसलिए यह ब्राह्मण नहीं रहे होंगे। जिन लोगों ने तानसेन को हरिदासजी अथवा गोविन्द

स्वामी का शिष्य बनाना चाहा, उन्होंने निरपराध तानसेन को ब्राह्मण बना दिया अस्तु, अबुल फ़ज़ल के कथन के अनुसार सिद्ध है कि तानसेन का जन्म उस संगीतजीवी जाति में हुआ था, जो अकबरी युग में कलावन्त कहलाती थी।

तानसेन की संगीत-शिक्षा—तानसेन के तीन गुरु थे—मुहम्मद आदिलशाह 'अदली', बक्शू, बैजू आदि को अपना गुरु समझते थे सम्भवत: मकरन्द भी इनके गुरु रहे हों। आदिलशाह अदली बादशाह संगीतमर्मज्ञ था। अदली खुसरो पद्धति का पण्डित था। तानसेन ने अदली के दरबार में रहकर इस पद्धति से भी परिचय प्राप्त किया।

तानसेन के आश्रयदाता—तानसेन के तीन आश्रयदाता थे—(1) मुहम्मद आदिलशाह अदली, (2) राजा रामचन्द्र, (3) अकबर।

अकबरी दरबार में तानसेन का सम्मान और उसके कारण—अकबरी दरबार में तानसेन अनिच्छापूर्वक गये थे, क्योंकि राजा रामचन्द्र पर अकबर की कोप दृष्टि थी, अत: अपने उदार आश्रयदाता को इस कोप से बचाने के लिए उन्हें अकबरी दरबार में जाना पड़ा। वहां जाकर अपने विनम्र और सरल स्वभाव के कारण उन्होंने अकबर के दरबार के कलाकारों में मूर्धन्य स्थान प्राप्त किया। तानसेन ने संगीत का विकास तो किया ही साथ ही ध्रुपदों की विषय-वस्तु में भी परिवर्तन किया।

तानसेन की योग्यता—'सहसरस' के अनुसार तानसेन गायन-कला के उच्चतम शिखर तक पहुंचे हुए गायक थे। उनका कण्ठस्वर अत्यन्त पुष्ट था। उनकी शैली भी बहुत अच्छी थी और गायन अत्यन्त मोहक था। शाही दरबार के गायक तानसेन की रचनाओं का अत्यधिक सम्मान करते थे। शाहजहां के युग में भी तानसेन के प्राय: दो हजार ध्रुपद प्रचार में थे। उन्होंने अनेक रागों की भी रचना की, जैसे—मियां की सारंग, मियां की मल्हार, मियां की तोड़ी इत्यादि। गायन के साथ ही तानसेन एक उच्चकोटि के कवि भी थे। इनके रचे हुए अनेक ध्रुपद भाव और भाषा की दृष्टि से उच्चकोटि की साहित्य-रचना कही जा सकती है। इनको यन्त्र संगीत का भी ज्ञान था।

तानसेन की सन्तानें और शिष्य-प्रशिष्य—तानतरंग खां और विलास खां तथा सूरतसेन और हमीरसेन मियां तानसेन के पुत्र थे। तानतरंग खां की चर्चा अबुल फ़ज़ल ने 'आइने अकबरी' में की है और अवशिष्ट तीन की फ़क़ीरुल्लाह ने 'राग-दर्पण' में सौहिलसेन और सुधीरसेन क्रमश: तानसेन के पौत्र एवं प्रपौत्र थे।

तानसेन के वंशज दो वर्गों में बंट गये। एक तो 'बीनकर' कहलाये और दूसरे 'रबाबिये'। तानसेन ने जो भी देन संगीत को दी है उसे कभी भुलाया नहीं जा सकता। उन्होंने कई नये आविष्कार किये हैं जो इस प्रकार हैं—

(1) सुरबहार नामक वाद्य का आविष्कार इन्होंने वीणा और सितार के आधार पर किया।

(2) वीणा के आधार पर ही उन्होंने 'रबाब' नामक वाद्य का आविष्कार किया।

अनेक नये रागों का आविष्कार किया। अपने रागों के नामों में उन्होंने 'मियां' शब्द का प्रयोग किया, जैसे—मियां मल्हार, मियां की सारंग, मियां की तोड़ी आदि। दरबारी कान्हड़ा भी इन्होंने रचा था। तानसेन के वंशज 'सेनिया' कहलाते हैं। इनकी शिष्य-परम्परा तीन भागों में विभाजित हो गयी है—1. बीनाकार, 2. रबाबिया, 3. ध्रुपद गायक।

देवल

इनका पूरा नाम रावराहब कृष्णाजी देवल था। इनका जन्म 6 मई, 1846 को दक्षिण महाराष्ट्र के सांगला नामक स्थान में हुआ था। जब ये महाराष्ट्र के रत्नागिरि डिप्टी कलेक्टर पद पर नियुक्त थे, तब इनकी नयी संगीत के श्रुतियों से सम्बन्धित सिद्धांत को जानने की इच्छा हुई। इसके पूर्व न तो उन्हें संस्कृत विषय का ज्ञान था और न ही संगीत-विषय की शिक्षा मिली थी। पं. भातखण्डेजी की सहायता से इन्होंने संगीत सम्बन्धी संस्कृत में लिखे गये ग्रंथों का अध्ययन किया और अपने कार्य के प्रसिद्ध गायकों के साथ मिलकर श्रुति संबंधी कुछ नवीन प्रयोग किए। उसके पश्चात् उन्होंने सन् 1910 ई. में एक निबंध लिखा जिसका विषय "Hindu Musical Scale & 22 Surhits" था। यह उल्लेख Times of India में प्रकाशित हुआ। उनके इस लेख से सतारा जिले के ड्रिस्ट्रिक और सेशन्स जज Mr. E. Clements बहुत प्रभावित

हुए। कुछ दिनों के पश्चात् इन दोनों व्यक्तियों ने मिलकर एक संस्था की स्थापना की जिसका नाम "Fill Harmonic Socity of India" रखा। उनकी इस संस्था ने हिन्दुस्तानी और कर्नाटक संगीत के कई ग्रन्थों का प्रकाशन किया।

देवलजी की प्रशंसा में Mr. Clements ने अपने ग्रंथ में अनेक स्थलों पर कहा है कि देवल ने एक महत्वपूर्ण प्रयोग किया था, जिसमें स्वरों के नाद को एक गीत रूप में निर्माण करने वाला एक डायकार्ड तैयार किया। ध्वनि के कारण कम्पित होने वाले एक बोर्ड पर दो समान लम्बाई की तार लगाकर उसमें से एक के साथ स्वरों की कंपन संख्या दिखाने वाला Scale लगाया, एवं विस्तार की लम्बाई के बराबर एक सिरे से दूसरे सिरे तक सरकने वाली लकड़ी की एक चूड़ी को लगाया। उनकी यह योजना थी कि दोनों तारों को एक ही स्वर में, गायक के षड्ज स्वर में मिलाया जाए, तत्पश्चात् उसकी आवाज के उतार चढ़ाव के प्रत्येक स्वर पर चूड़ी को सरकाकर स्थिर किया जाए। इस तरह किसी भी स्वर की षड्ज से हुए कंपन संख्या आदि को नापा जा सकता है। इसी सिद्धान्त के आधार पर उन्होंने एक हारमोनियम का निर्माण किया। उनके इस योगदान से सभी भारतीय संगीतज्ञ अत्यधिक प्रभावित हुए। इनका देहावसान 16 मार्च, 1931 ई. में हुआ।

प्रेमलता शर्मा

स्व. डा. प्रेमलता शर्माजी का जन्म बैशाख शुक्ल नवमी, सं. 1984 वि. (10 मई, 1927 ई.) नकोदर, जिला जालंधर (पंजाब) में हुआ था। इनकी प्रारम्भिक शिक्षा घर पर हुई थी। इन्होंने बी.ए. दिल्ली विश्वविद्यालय से किया और ऍम.ए. हिन्दी और संस्कृत से किया। पीऍच.डी. संस्कृत से की और शास्त्राचार्य साहित्य से करके संगीतालंकार गायन से किया। इन्होंने सभी शिक्षा काशी हिन्दू विश्वविद्यालय से पूर्ण की। प्रेमलताजी काशी हिन्दू विश्वविद्यालय के संगीत संकाय में संगीतशास्त्र के अध्यक्ष पद पर कार्यरत रहीं। इन्होंने तीन वर्षों तक इन्द्रिरा कला संगीत विश्वविद्यालय, खैरागढ़ (म.प्र.) में वाइस चांसलर (उपकुलपति) का कार्यभार भी संभाला।

संगीत में योगदान—इन्होंने कई पुस्तकों का प्रकाशन, संपादन, अनुवाद भी किया जिसका विवरण इस प्रकार है—

प्रकाशन : पाठ संशोधनात्मक सम्पादन—रसविलास; 52; 'संगीतराज', 62; 'सहसरस', 62; एक लिंगमाघत्मयम्, 76; **संपादन**—'नादरूप'; 60–61; 'चित्रकाव्य-कौतुकम्'; 65; 'ध्रुपदवार्षिकी', 86-87 तथा अनेक सन्त वाङ्मय (संस्कृत एवं हिन्दी);

अनुवाद—(बंगला से): 'जपसूत्रम्'; 66; 'अमरवाणी'; 68; 'साधु दर्शन व सत्प्रसंग' (भागर) 69।

संस्कृत नाट्य-प्रयोग—भरतनाट्यशास्त्र के आधार पर पूर्वरंग का पुनर्निर्माण; तदंगभूत ध्रुवा, निर्गीत, गीतक आदि का पुनरुद्धार; अनेकों संस्कृत नाट्य प्रस्तुतियों का निर्देशन इनके द्वारा किया गया है।

इन्होंने 'रस-सिद्धान्त मूल, शाखा, पल्लव और पतझड़' नाम से एक पुस्तक लिखी है जोकि संगीत में रस की दृष्टि से बहुत ही महत्व की है । इस पुस्तक में रस से सम्बन्धित सभी बातों का समावेश किया गया है। प्रस्तुत पुस्तक में अपने व्याख्यानों में रस-सम्बन्धी चिन्तन के उत्स उपनिषद् में प्रतिपादित 'आनन्द' और 'रस' के प्रसंग को उठाकर इन दोनों का पंचमहाभूतों में से क्रमशः आकाश और जल के साथ सूक्ष्म सादृश्य-सम्बन्ध दिखाया गया है। इसी प्रसंग में ऐन्द्रिय स्तर पर 'रसना-व्यापार' की विलक्षणता की चर्चा भी की गई है।

सामान्य रूप से रस-सिद्धान्त का परिचय साहित्य (श्रव्य काव्य अथवा दृश्य काव्य के पाठ्य अंश मात्र)के संदर्भ में ही होता रहा है, किन्तु 'नाट्य' (दृश्य काव्य का प्रयोग), चित्र, स्थापत्य, संगीत में यह सिद्धान्त किस प्रकार व्यापक भूमिका को प्राप्त हुआ है; इसका एकत्र दर्शन इसी पुस्तक में प्राप्त होता है।

प्रेमलता शर्माजी ने विदेशों में भी कार्य किया। इन्होंने मॉस्को कंजर्वेटायर के शताब्दी समारोह में, 66; किया। संयुक्त राष्ट्र अमेरिका में (1) अध्यापन—रॅचिस्टर (न्यूयार्क), शार्लेट (नार्थ केरोलीना) में, 70, 78; (2) निबंध वाचन बर्कले में, 77 में किया। मारीशस में संगीत परीक्षण सन् 1981 में किया। मास्को की विचारगोष्ठी में भारतीय दल का नेतृत्व 87 में किया।

वास्तव में विदुषी डॉ. प्रेमलता शर्माजी संगीत-क्षेत्र में

अपने योगदान के लिए हमेशा अविस्मरणीय रहेंगी। इनके निधन से संगीत-क्षेत्र को बहुत बड़ा आघात पहुंचा है।

फ़क़ीरउल्ला

फ़क़ीरउल्ला औरंगजेब के शासनकाल में कश्मीर के सूबेदार थे। वह भारतीय संगीत को बहुत्त सम्मान की दृष्टि से देखते थे। उन्हें (ईरानी) फ़ारसी संगीत का बहुत अच्छा ज्ञान था। सम्राट औरंगजेब के प्रति उनकी प्रगाढ़ आस्था थी। फ़क़ीरउल्ला के जन्म आदि के सम्बन्ध में विस्तृत वर्णन प्राप्त नहीं होता, किन्तु यह निश्चित है कि यह विद्वान् सन् 1700 ई. में औरंगजेब के शासनकाल में हुआ था। इसके शासनकाल में हयात् रब्बानी, शेख कमाल आदि प्रसिद्ध संगीतज्ञ फ़क़ीरउल्ला के आश्रय में थे। महाराज मानसिंह की संगीत सेवाओं से फ़क़ीरउल्ला बहुत प्रभावित थे। यह उल्लेखनीय है कि महाराजा मानसिंह के शासनकाल में 'मानकुतूहल' नामक ग्रंथ की रचना हुई थी। इस ग्रंथ को पढ़कर फ़क़ीरउल्ला बहुत प्रभावित हुए तथा उन्होंने मानकुतूहल ग्रंथ का फारसी भाषा में अनुवाद किया, एवं उसका नाम 'रागदर्पण' रखा। इस ग्रंथ में फ़क़ीरउल्ला ने जगह-जगह पर अपनी टिप्पणियां भी दी हैं। फ़क़ीरउल्ला का मानना था कि उनके इस ग्रंथ से भारतीय संगीत के सुप्रसिद्ध ग्रंथ नाट्यशास्त्र, संगीत रत्नाकर, संगीत दर्पण इत्यादि को पढ़ने की आवश्यकता नहीं पड़ेगी। मानकुतूहल का अनुवाद फ़क़ीरउल्ला ने तीन वर्ष में किया। उन्होंने भारतीय संगीत के कई रागों की तुलना ईरानी संगीत से की है उदाहरणार्थ—ईरानी संगीत का 'गिज़ाल' भारतीय संगीत के 'षट्राग' से मिलता है। 'दरगाह' 'शुद्धतोड़ी' से मिलता है। 'नैरोज़', 'कल्याण' से मिलता है। 'इराक' 'पूरियाधनाश्री' से मिलता है।

फ़क़ीरउल्ला भारतीय संगीत को धार्मिक दृष्टि से ही सदैव आंकते थे। अपने सम्राट औरंगजेब के प्रति उसकी दृढ़ आस्था थी। जिन दिनों वह कश्मीर का सूबेदार था, उन दिनों रागों की फ़ारसी नग़मों से तुलना करके सामंजस्य-स्थापन का संकल्प भी उसने संजोया था।

फ़क़ीरउल्ला के इस ग्रंथ से यह भी स्पष्ट हो जाता है कि औरंगजेब के दरबार से संगीत का बहिष्कार नहीं हुआ था। फ़क़ीरउल्ला ने राग दर्पण में औरंगजेब के काल के अनेक गायक और वादकों का परिचय दिया है। वहां यह भी उल्लेख मिलता है कि औरंगजेब के प्रसिद्ध दरबारी संगीतज्ञ पुरुष नयन एवं सुखीसेन सम्राट के विशेष कृपापात्रों में से थे। इनके अतिरिक्त कई अन्य गायक तथा वादक औरंगजेब के दरबार में नियुक्त थे।

फ़क़ीरउल्ला बहुत उदार प्रकृति के तथा मौजी स्वभाव के थे। संगीत में उनकी विशेष रुचि थी, इस कारण संगीतज्ञों को बहुत सम्मान देते थे। अपने जीवन में उन्होंने जो कुछ धन कमाया उस सबको संगीतज्ञों की सेवा में अर्पित कर दिया।

बैजू

बैजू एक संगीतकार थे। संगीत के क्षेत्र में इनका नाम बड़े आदर के साथ लिया जाता है। इनके जन्म के बारे में कई मतभेद पाये जाते हैं। पहले मत के अनुसार अकबर के दरबारी गायक के साथ बैजू की प्रतियोगिता हुई तब बैजू अकबर के दरबार में थे। उस समय इनकी उम्र 30-35 वर्ष की रही होगी इसीलिए अनुमान है कि इनका जन्म 1500 के आसपास रहा होगा लेकिन इस मत के विषय में कोई प्रामाणिक जानकारी प्राप्त नहीं होती। दूसरे मत के अनुसार मानसिंह तोमर का राज्यकाल (1486 से 1516 ई.) तक था। इनके राज्यकाल में बैजू ने मानसिंह तोमर के उस कार्य में सहायता दी, जिसने उत्तर भारत में संगीत की धारा ही बदल दी। ब्रजभाषा में ध्रुवपदों का निर्माण और प्रतिक्षण बैजू के पौरोहित्य में हुआ। इसीलिए हो सकता है इनका जन्म इन्हीं के आश्रयकाल में हुआ हो। तीसरे मत के अनुसार मानसिंह के पुत्र विक्रमाजीत के आश्रय में रहे इसके बाद कालिंजर के राजा कीरत के आश्रित रहे फिर बहादुरशाह गुजराती के पास चले गये। संभवत: इनका जन्म वहीं हुआ हो। चौथे मत के अनुसार 1535 ई. में हुमायूं ने माण्डों पर अधिकार किया। संयोगवश बैजू को भी एक मुगल सैनिक ने बन्दी बनाया, परन्तु हुमायूं के पक्ष के एक राजपूत राजा ने इन्हें पहचानकर हुमायूं तक पहुंचा दिया और इनका परिचय दिया। बैजू ने हुमायूं जैसा पत्थर हृदय एक फ़ारसी ग़ज़ल गाकर पिघला दिया तभी से हुमायूं ने कत्ले आम करने बन्द करा दिये और बैजू को

पुरस्कार देकर अपने आश्रय में रखा। इससे पता चलता है कि इनका जन्म हुमायूं के काल में हुआ होगा। लेकिन इन सभी मतों के बारे में कोई प्रमाणिक जानकारी प्राप्त नहीं होती।

बाल्यावस्था में इनके पिता की मृत्यु हो गई थी और इनकी माता इन्हें ब्रज लेकर चली आईं। यहां संभवत: स्वामी हरिदासजी से संगीत शिक्षा ग्रहण की। संगीत कला में पारंगत होने से पहले वह चन्देरी के शासक राजसिंह कछवाहा के आश्रय में रहे, परन्तु चन्देरी में अपनी कला की उन्नति के लिए उपयुक्त क्षेत्र न पाकर वह ग्वालियर चला आया और यहां मानसिंह तोमर का दरबारी गायक नियुक्त हो गया। ग्वालियर में ही उसे 'नायक' की पदवी से विभूषित किया गया।

ग्वालियर में रहकर इन्होंने मृगनयनी को संगीत-शिक्षा दी थी और मानकुतूहल की रचना में महत्वपूर्ण योगदान दिया था। 'बैजू बाबरे' के नाम से रचे गए अनेक ध्रुपद आज भी उपलब्ध हैं। पद भक्तिपरक हैं। यह सूर्य, चन्द्रगा, मां दुर्गा आदि की स्तुतियां गाते थे। इनके पदों में नायिका भेद, देव स्तुति काव्यात्मक होते थे। इनकी मृत्यु 1600 के आसपास रही होगी लेकिन इसके भी सही प्रमाण प्राप्त नहीं होते।

भरत

भरत का काल 500 ई. से भी पहले है। 'भरत नाट्य शास्त्र' इनके सिद्धान्तों का प्रतिपादक ग्रंथ है। इस ग्रंथ पर अनेक विद्वान् आचार्यों ने टीकाएं की हैं। नाट्य के आदिम प्रयोक्ता भरत ब्रह्मा के शिष्य कहे गये हैं। मत्स्य पुराण में भी इनकी चर्चा मिलती है। डॉ. मनमोहन घोष भरत को काल्पनिक व्यक्तित्व मानते थे, परन्तु कुलगुरु कालिदास के द्वारा इन्हें नाट्य का आदिम प्रयोक्ता माना गया है। बाण ने 'भरत' का स्मरण नृत्यशास्त्र के प्रणेताओं में किया है।

महर्षि भरत ने चित्रा और विपंची नामक दो तंत्री वाद्यों की चर्चा अपने ग्रंथ नाट्यशास्त्र में की है। चित्रा में सात तार होते थे, जो क्रमश: सातों स्वरों में मिलाए जाते थे। महर्षि भरत की वीणा मत्तकोकिला कही जाती है, जिसमें इक्कीस तारों पर तीनों सप्तक मिले रहते थे। भरतकाल की वीणा में सारिकाएं (परदे) नहीं होती थीं। प्रत्येक स्वर के लिए अलग-अलग तार होता था।

दत्तिल, कोहल, मतंग, अभिनवगुप्त, हरिपाल, शारंगदेव एवं कुम्भा जैसे लेखक प्रधानत: भरत-मतानुयायी ही थे। नाटक के सभी अंगों पर नाट्यशास्त्र में विचार किया गया है। भरत-प्रतिपादित श्रुति-सिद्धान्त के आधार पर स्थित जातियों में समस्त लोक का संगीत निहित है। भरत के सिद्धांत सार्वभौमिक एवं सार्वदेशिक हैं। जातियों के निरूपण के अतिरिक्त भरत ने शुद्ध ग्राम रागों का नाम लेकर नाट्य में उनके प्रयोग के अवसर बताए हैं। जाति-अवस्था के राग-अवस्था में बदल जाने के कुछ कारणों पर 'भरतनाट्यशास्त्र' में विचार किया गया है। महर्षि भरत ने अपने सौ पुत्रों को नाट्य वेद की शिक्षा दी। नाट्य के जिस अंग-विशेष में जिसे रुचि थी,वह उसमें पारंगत हुआ।

कनिष्क काल के उपरांत ही भरत ने संगीत का प्रसिद्ध ग्रंथ नाट्यशास्त्र लिखा। भरतमुनि के नाट्यशास्त्र का काल कुछ विद्वान् 200 ई.पू. से 400 ई. के मध्य में मानते हैं। विद्वानों की मान्यता नुसार 'भरत' शब्द का अर्थ 'अभिनय करने वाले' से है। इसीलिए 'भरत' नाम नाट्य के शास्त्रकारों के साथ जुड़ा हुआ है, ऐसा भी माना जा सकता है। इस आधार पर कुछ विद्वानों का कथन है कि यह ग्रंथ किसी एक व्यक्ति की रचना नहीं है। कुछ भी हो आज नाट्यशास्त्र के तीन संस्करण (बम्बई, बड़ौदा और बनारस के) प्राप्त होते हैं। इनमें पाठभेद तथा अध्यायों एवं श्लोकों की संख्या और क्रमभेद से यह स्पष्ट होता है कि इस ग्रंथ में काफी परिवर्तन होते रहे होंगे। परन्तु फिर भी अधिक विद्वान् इसी पक्ष में हैं कि यह एक ही व्यक्ति की रचना है।

मतंग

जनश्रुति के अनुसार इनका काल छठी सदी ई. है। प्रो. रामकृष्ण कवि इनका काल नवीं सदी ई. का मध्य भाग मानते हैं। मतंग के ग्रन्थ का नाम 'बृहद्देशी' है, जिसमें आठ अध्याय हैं। इस ग्रंथ में ताल और वाद्य पर भी विचार किया गया है। इस ग्रंथ में देशी शब्द कई अर्थों में प्रयुक्त हुआ है। (1) ध्वनि को देशी कहते हैं इसीलिए इसका अर्थ व्यापक है, (2)इन्होंने भाषा को भी देशी कहा है। तीसरे स्तर पर इन्होंने संगीत को देशी कहा है तथा चौथे स्तर पर इन्होंने संगीत के दो भाग

मार्ग और देशी में से एक भाग को देशी कहा है। देशी का व्यापक अर्थ होने के कारण इस ग्रंथ का नाम बृहद्देशी पड़ा है।

मतंग ने कश्यप, नन्दी, कोहल, दत्तिल, दुर्गशक्ति, याष्टिक, बल्लभ, विश्वावसु, शार्दूल, विशाखिल इत्यादि पूर्वाचार्यों की चर्चा की है। इन्होंने भरतोक्त सप्त स्वर मूर्च्छनाएं मानी तो हैं, परंतु राग सिद्धि के लिए मूर्च्छना के आकार को विस्तृत करके उसे द्वादश स्वर मानने पर बल दिया है, जिसमें सात स्वर एक सप्तक के तथा पांच स्वर अन्य सप्तक के सम्मिलित हैं। यह द्वादश स्वर मूर्च्छनावाद नंदिकेश्वर मत का कहा जाता है।

मतंग ने निबद्ध और अनिबद्ध गान का उल्लेखकर उस प्रसंग में कई दार्शनिक तत्वों का उल्लेख किया है। मतंग ने बिन्द, नाद, मात्रा, वर्ण, रागग्राम, जाति का विषद् विवेचन किया है। सात शुद्ध स्वर व साधारण गान्धार व काकली निषाद को विकृत स्वर मान मतंग ने मूर्च्छना, तान आदि का विस्तृत विवेचन किया है। देशी रागों का प्रमाणिक विवरण बृहद्देशी में उपलब्ध हुआ है। गणैला, मात्रैला, वर्णेला आदि देशी प्रबन्धों का विभिन्न पद, ताल, देवता, रीति, वृत्ति, कुल, रस, राग व वर्ण आदि के समावेश से मतंग ने विवेचन किया है।

मतंग चित्रा वीणा के श्रेष्ठ वादक थे, इसीलिए इन्हें 'चैत्रिक' कहा जाता है। प्रो. रामकृष्ण कवि के अनुसार मतंग ही किन्नरी वीणा के आविष्कारक हैं, इनसे पूर्व वीणा पर सारिकाएं नहीं होती थीं। कुम्भा के अनुसार मतंग की किन्नरी पर चौदह पर्दे होते थे, वैसे उनकी संख्या अठारह तक हो सकती थी। आधुनिक वे सभी तन्त्रीवाद्य किन्नरी वीणा के ही विकसित रूप हैं, जिन पर सारिकाएं विद्यमान हैं। मतंग ने देशी रागों को भी ग्रामों में वर्गीकृत किया है। मूर्च्छना के अनुसार, जब बाज के तार की ध्वनि ऋषभ, गांधार, मध्यम, पंचम, धैवत या निषाद होती थी, तब उसी के अनुसार श्रुतिसंख्या के आधार पर परदों को सरकाकर अवशिष्ट स्वरों की स्थापना होती थी। बाज का काम केवल एक तार पर होता था, किसी स्वर से सप्तक का आरम्भ मानने पर सम्पूर्ण मंद्र सप्तक, सम्पूर्ण मध्य सप्तक एवं तार सप्तक के पांच स्वरों की प्राप्ति वादक को एक तार पर हो जाती थी। एक स्वर मुख्य तार पर था तथा अवशिष्ट अठारह स्वर अठारह परदों पर मिल जाते थे। चौदह परदों वाली किन्नरी पर सम्पूर्ण मंद्र सप्तक, सम्पूर्ण मध्य सप्तक एवं तार सप्तक के केवल एक स्वर की प्राप्ति होती थी।

नाट्यशास्त्र के बाद का तथा संगीत रत्नाकर के पहले का सबसे महत्वपूर्ण ग्रन्थ है। उस समय की परम्परा का अनुमान बृहद्देशी से मिलता है। इसमें नाद का निरूपण मिलता है। श्रुति और स्वर के बीच के सम्बन्ध पर दार्शनिक दृष्टि से इस ग्रन्थ में विचार किया गया है। स्वरों की षड्जादि की संक्षिप्त संज्ञायें बतायी गयी हैं।

देशी प्रबन्धों सम्बन्धी निरूपण सबसे पहले बृहद्देशी में ही मिलता है। यह मतंग की अपनी मौलिक विशेषताएं हैं। स्वर, जाति, मूर्च्छना, वर्ण, अलंकार, ग्राम सभी विषय हैं जो कि नाट्यशास्त्र की अपेक्षा बृहद्देशी में विस्तृत रूप में प्राप्त होते हैं। इसमें अनेक प्राचीन आचार्यों के मत मिलते हैं।

मानसिंह तोमर

मानसिंह तोमर का जन्म 15 वीं. शताब्दी का उत्तरार्ध है। यह सन् 1486 से 1516 ई. तक ग्वालियर नरेश रहे। यह महान् वीर, अप्रतिम कलामर्मज्ञ और गुणियों के प्रिय आश्रयदाता थे। एक किवदंती है कि एक बार आप शिकार खेलने गये वहां एक गूजर की बालिका जिसका नाम मृगनयनी था, उसके रूप-लावण्य, साहस-वीरता को देखकर आप उस पर मुग्ध हो गये तथा उससे विवाह कर लिया। यह विवाह सन् 1482 ई. के लगभग हुआ था। मृगनयनी भी संगीतप्रेमी थी। अत: विवाहोत्सव पर, उस काल के प्रसिद्ध गायक बैजू को निमंत्रित किया गया। बैजू के अद्‌भुत संगीत से मानसिंह तथा मृगनयनी दोनों ही बड़े प्रभावित हुए। मृगनयनी ने बैजू से संगीत शिक्षा गृहण करने की इच्छा प्रकट की और मानसिंह ने उन्हें मृगनयनी का संगीत शिक्षक नियुक्त कर दिया। यह भी कहा जाता है कि मृगनयनी ने गूर्जरी तोड़ी, मृगरंजनी तोड़ी और हुगल गूजरी आदि कई नए रागों की रचना की है।

संगीत में योगदान—शाहजहां और औरंगजेब के राज्यकाल में काश्मीर के गवर्नर फकीरुल्लाह ने 'रागदर्पण' के नाम से 'मानकुतूहल' का अनुवाद किया। फकीरुल्लाह ने 'रागदर्पण' के आरम्भ में कहा है—कि "1073 हि. में

मानसिंह की लिखाई हुई एक पुस्तक 'मानकुतूहल' देखने में आई है।" यह ग्रंथ तत्कालीन संगीत-शैली पर प्रकाश डालता है।

ग्वालियर की गान-कला के साथ ही अकबरी दरबार में ब्रजभाषा को प्रतिष्ठित कराने का पूर्ण श्रेय राजा मानसिंह तोमर को है, जिसने लोकभाषा को स्तर से उठाकर ग्वालियरी-भाषा (ब्रजभाषा) को राजसभा में सर्वप्रथम उच्च सिंहासन दिया था। आगरा के दीर्घकालीन निवास और तानसेन एवं रामदास जैसे गायकों के दिव्य संगीत ने राजा मानसिंह को भी ब्रजभाषा-कवियों का प्रमुख आश्रयदाता बना दिया।

भारतीय गीत प्राय: मानसिंह-प्रवर्तित शैली के ध्रुवपद ही थे। 'ध्रुवपद' के माध्यम से अकबरी युग में भी मानसिंह तोमर की गानशैली का प्रभाव बख्तर खां के द्वारा बीजापुर में पहुंचा। मानसिंह तोमर ने ही ध्रुवपद तथा धमार गायकी का ढंग प्रारम्भ किया।

मानसिंह ने युग की आवश्यकता को समझा और एक पारम्परिक प्रबन्ध 'ध्रुवपद' को लोकभाषा दी। ब्रजभाषा के माध्यम से इन ध्रुवपदों में लोक-भावना की अभिव्यक्ति हुई। नर-नारी का सनातन प्रेम इन ध्रुवपदों का विषय बना। विषय की दृष्टि से ये ध्रुवपद ग़ज़ल का जबाब थे, फलत: यह सभी को अच्छे लगे।

इन्होंने पद परम्परा को भी नवजीवन दिया और विष्णु-भक्ति से युक्त पदों को 'विष्णुपद' कहा। ध्रुवपदों की परम्परा दरबारों में प्रतिष्ठित हुई और विष्णुपद-परम्परा ने हमें अष्टछाप के सूरदास, नन्ददास इत्यादि कवि दिये। विषय की दृष्टि से पद कव्वालियों का जबाब थे।

गीत रचना—'रागदर्पण' में मानसिंह को ध्रुवपद का आविष्कारक कहा गया है। इसका अर्थ यही सम्भव है कि ग्वालियरी-भाषा में लिखे हुए गीतों को शास्त्रीय संगीत के ढांचे में सर्वप्रथम मानसिंह तोमर ने ढाला। इसने इस प्रयोजन के लिए सर्वप्रथम ग्वालियरी-भाषा में कविताएं लिखीं, और इस तरह यह एक नवीन शैली का आविष्कार हुआ। भगवान कृष्ण से सम्बद्ध पदों का नामकरण मानसिंह तोमर ने 'विष्णुपद' किया। अन्य धार्मिक विभूतियों की प्रशंसा से युक्त पदों को 'स्तुति' कहा तथा प्रेम की अवस्थाओं के चित्रण से युक्त रचनाओं का नाम ध्रुवपद रखा।

मानसिंह के राज्यकाल में रचित रीति ग्रंथ—मानसिंह तोमर के समय के कलाकार बैजू और बख्शू तथा उनके अनुयायी तानसेन के द्वारा रचित ध्रुवपदों में प्रेम की विभिन्न अवस्थाओं का चित्रण था और ये ध्रुवपद जनता के प्रत्येक वर्ग का मन मोहनेवाले थे। दूसरे शब्दों में यही वे कृतियां थीं, जो बृजभाषा के दरबारी काव्य का आदिम नमूना थीं। मानसिंह के राज्यकाल के प्राय: पच्चीस वर्ष बाद कृपाराम ने संवत् 1598 (सन् 1541 ई.) में 'हिततरंगिणी' नामक ग्रंथ लिखा, जिसका विषय रसरीति है।

मानसिंह की मृत्यु सन् 1516 में हुई। इनकी मृत्यु से 134 वर्ष पश्चात् सन् 1650 ई. में चिन्तामणि त्रिपाठी ने अपना 'कविकल्पतरु' लिखा। चिन्तामणि को हिन्दी में रीति ग्रन्थों की अविरल एवं अखण्ड परम्परा का प्रवर्तक कहा जाता है। इस दृष्टि से 'मानकुतूहल' नायिका-भेद सम्बन्धी अध्याय एक विशिष्ट महत्व रखता है।

ग्वालियर में ध्रुवपद शैली की शिक्षा के लिए मानसिंह तोमर ने एक संगीत विद्यालय स्थापित कर रखा था, जिसके प्रमुख आचार्य विजय जंगम नामक व्यक्ति थे।

विष्णु दिगम्बर पलुस्कर

पं. विष्णु दिगम्बर पलुस्कर का जन्म रियासत कुरुन्दवाड़ जिला बेलगांव में श्रावण पूर्णिमा 1872 ई. के दिन हुआ था। इनके पिता का नाम दिगम्बर गोपाल तथा माता का नाम श्रीमती गंगादेवी था। बचपन के एक दुर्घटना के कारण इनकी नेत्र ज्योति क्षीण हो गई, जिसके कारण इनको स्कूली शिक्षा से हाथ धोना पड़ा। इनके पिता ने इनकी संगीत-विषयक शिक्षा के लिए इन्हें मिरज भेज दिया। मिरज रियासत के आश्रय में एक प्रसिद्ध गायक बालकृष्ण बुआ इचलकरंजीकर रहते थे। उनकी छत्रछाया में बालक विष्णु की संगीत शिक्षा प्रारम्भ हुई। लगभग ग्यारह वर्ष निरन्तर साधना करने के पश्चात् यह एक सिद्ध और कुशल कलाकार बन गये। कंठ संगीत इनका मुख्य विषय था और ख्याल गायन इनकी मुख्य शैली।

पन्द्रह वर्ष की अवस्था में इनका विवाह श्रीमती रमाबाई

के साथ हो गया। इनके बारह बच्चे हुए जिनमें अब एक भी जीवित नहीं हैं। कुछ वर्ष पूर्व इनके प्रतिभाशाली पुत्र जिनका नाम पं. दत्तात्रेय विष्णु पलुस्कर था। आप संगीत के क्षेत्र में एक सितारे की तरह चमक रहे थे और अपने सरस तथा मधुर संगीत से संगीत-प्रेमियों का मन मोह रहे थे कि उनका भी देहान्त हो गया।

विष्णु दिगम्बर पलुस्कर का संगीत में योगदान

सन् 1896 ई. में पं. विष्णु दिगम्बरजी अपने गुरुजी से विदा लेकर भ्रमण के लिए निकल पड़े तथा अपने सुमधुर संगीत से जनता को मन्त्र-मुग्ध कर लिया। पलुस्करजी ने जिन स्थानों में अपने संगीत का प्रदर्शन किया उनमें से बड़ौदा, ग्वालियर, दिल्ली, रावलपिण्डी, भरतपुर, हैदराबाद (सिंध), अहमदाबाद, नवदीप, पूना, बम्बई, इलाहाबाद, वर्मा, नेपाल, काशी आदि मुख्य हैं।

5 मई, 1901 ई. को इन्होंने लाहौर में गान्धर्व महाविद्यालय नामक संगीत की शिक्षा देने वाली संस्था की स्थापना की। लाहौर में रहकर इन्होने संगीत की पत्रिका निकाली और विद्यार्थियों के लिए अनेक पाठ्य-पुस्तकों का निर्माण किया। लाहौर में विद्यालय की आर्थिक दशा ठीक नहीं थी तथा विद्यालय में विद्यार्थियों की संख्या भी कुछ अधिक नहीं थी। इन्हीं सब कारणों को ध्यान में रखकर 1908 में इन्होने बम्बई में 'गान्धर्व महाविद्यालय' की स्थापना की और उसके लिए एक भवन बनवाया। इन्होंने अब तक की सम्पूर्ण कमाई इस संस्था को समर्पित कर दी। विद्यालय के लिए किराए पर एक मकान लिया, कुछ सामान और वाद्य-यन्त्र इकट्ठे किए, किन्तु आर्थिक कठिनाई के कारण विद्यालय सुचारु रूप से नहीं चल पाया। बीच-बीच में संगीत विद्यालय के लिए धन एकत्रित करने के लिए पण्डितजी बाहर दौरे पर भी जाते थे। 1923 में एक आर्थिक झंझावात के कारण यह विद्यालय भी बन्द हो गया। इस संस्था के बन्द हो जाने के बाद पंडितजी संसार से विरक्त हो गये। भक्ति का अंकुर जो उन्हें अपनी पैतृक सम्पत्ति के रूप में प्राप्त हुआ था, वह पल्लवित और पुष्पित हो उठा। रामनाम के कीर्तन के साथ पण्डिजी के हृदय की तंत्री बज उठी। सन् 1922 में नासिक आकर इन्होंने रामनाम आधार आश्रम की स्थापना की। रामभक्ति के साथ ही साथ पण्डितजी का हृदय राष्ट्रीय भावनाओं से भी परिपूर्ण था। अपने शिष्यों के साथ अनेक राष्ट्रीय सभाओं में इन्होंने राष्ट्रीय गीत गाये थे।

विष्णु दिगम्बर पलुस्करजी एक महान् गायक होने के साथ-साथ एक आदर्श गुरु के रूप में भी हमारे सामने आते हैं। ये अपने साथ शिष्यों की मण्डली रखते थे। उनको शिक्षा देने और जीवन में एक सफल व्यक्ति बनाने में एक आदर्श पिता के समान अपना कर्त्तव्य समझते थे। उसी के परिणामस्वरूप देश के महान् कलाकारों की वृद्धि हुई। उनमें से मुख्य संगीत-मार्तन्ड पं. ओंकारनाथ ठाकुर, प्रयाग संगीत समिति के भूतपूर्व संचालक स्व. प्रो.बी.ए. कशालकर, पण्डित नारायण व्यास, पण्डित विनायकराव पटवर्धन, श्री बी.आर. देवधर तथा श्री वी.ए. ठकार आदि हैं।

पलुस्करजी ने एक अत्यन्त सम्पूर्ण और वैज्ञानिक स्वरलिपि-पद्धत्ति का भी निर्माण किया। वह स्वरलिपि-पद्धत्ति आज उत्तर भारत में अत्यन्त प्रसिद्ध और मान्य पद्धति है। पण्डितजी ने गीतों में से श्रृंगार सम्बन्धी शब्दों को हटाकर भक्ति-रस को स्थान दिया। इनके गीतों में भक्ति रस का ही प्रभाव नहीं रहा, उनके अनेक गीतों में राष्ट्रीय भावना भी पायी जाती है। राष्ट्रीय महासभा के वार्षिक अधिवेशनों पर वे विशेष रूप से निमंत्रित किए जाते थे। पण्डितजी ने गीत में से श्रृंगार और अश्लीलता निकालकर उसके शुद्ध राग-रागिनियों द्वारा भक्ति रस को लोकप्रिय बनाया, संगीत के प्रति यह उनकी एक महान् सेवा है।

संगीत के विषय में अनेक पुस्तकें लिखकर क्रमबद्ध और प्रमाणभूत संगीत साहित्य का भी आपने निर्माण किया। इन्होंने संगीत की लगभग 50 पुस्तकों की रचना कर उन्हें प्रकाशित किया, जिनमें 'संगीत-बालप्रकाश' आदि के नाम उल्लेखनीय हैं। जो आज संगीत के लिए एक धरोहर के रूप में समझे जाते हैं। इनकी अधिकतर पुस्तकें धार्मिक भावनाओं से ओतप्रोत हैं। आपने जनसाधारण में संगीत-ज्ञान की वृद्धि के लिए 'संगीतामृत-प्रवाह' मासिक पत्र भी निकाला था।

क्रियात्मक संगीत का सूक्ष्म और पूर्ण-लिपिबद्ध स्वरूप जो इनकी पुस्तकों में मिलता है, वह भारतीय संगीत में

अद्वितीय है। इन्होंने कला को नैतिकता के साथ सम्बद्ध करने का सफल प्रयत्न किया। मुगलकालीन विलासिता के रंग में रंगे हुए कुरुचिपूर्ण गीतों का कलेवर, बदलकर सूर, मीरा, तुलसी आदि भक्त कवियों की रचनाओं को शास्त्रीय संगीत की गायन-शैली में लाकर सभ्य समाज में संगीत के प्रति एक महान् आस्था स्थापित कर दी। इन्होंने ध्रुपद, धमार, तराने की रचनाएं कीं और पाश्चात्य स्वरलिपि के आधार पर नयी स्वर-लिपि की रचना की। संगीत के कई विद्यालयों की स्थापना की, जिनमें 'गांधर्व महाविद्यालय-मण्डल' अब विकसित होकर एक महान् संगीत-संस्था के रूप में संगीत की सेवा कर रहा है, इनकी शाखाएं भारत में फैली हुई हैं, जिनके द्वारा हजारों विद्यार्थी संगीत-ज्ञान प्राप्त कर रहे हैं।

पलुस्करजी की जीवन के अन्तिम काल में धार्मिक प्रवृत्ति और अधिक जाग्रत हो गयी थी, और आपने नासिक में 1925 में 'राम-नाम आधार' नामक एक आश्रम की स्थापना की। इन्होंने रामभक्ति के आधार पर देश में संगीत के प्रति एक पवित्र वातावरण स्थापित कर दिया। आगे चलकर बम्बई के विद्यालय को प्रमुख केन्द्र बनाया गया। पण्डितजी की शिक्षा- प्रणाली बहुत सुन्दर थी। वे अपने शिष्यों से संगीत-वार्ताएं करते थे, जिससे इनके शिष्य नयी-नयी खोज कर सकें। पंण्डिजी के लगभग 100 शिष्य निकले, जिनमें से कुछ तो भारतीय संगीत के उच्च कलाकार हैं, बाकी शिष्य अध्यापन द्वारा भारत के भिन्न-भिन्न शहरों में संगीत का प्रचार कर रहे हैं।

पण्डितजी के गीतों में भक्ति-रस का प्राबल्य था। वे सदैव राम-भक्ति में लीन रहा करते थे। ''रघुपति राघव राजा राम'' उनका प्रिय कीर्तन था। राम-भक्ति के अतिरिक्त उनके हृदय में राष्ट्रीय भावनाएं भी ओत-प्रोत थीं। वे प्राय: अपने शिष्यों के साथ राष्ट्रीय सभाओं में राष्ट्रीय गान गाया करते थे।

पण्डितजी को 1930 ई. में लकवा का प्रभाव हो गया और उससे वे अस्वस्थ रहने लगे। 21 अगस्त सन् 1931 ई. में शरीर त्याग दिया। उनकी स्मृति में गान्धर्व महाविद्यालय मण्डल की स्थापना की गयी, जिसमें संगीत का एक पाठ्यक्रम तैयार किया गया और उत्तीर्ण विद्यार्थियों को उपाधियां प्रदान करने का आयोजन किया जाता है। इनका मुख्य केंद्र आज भी बम्बई है तथा भिन्न-भिन्न नगरों में संगीत के विद्यालयों में इसके पाठ्यक्रम का अभ्यास कराया जाता है। पण्डितजी की स्मृति में प्रत्येक वर्ष अनेक नगरों में उनकी पुण्य-तिथि पर उत्सव तथा कार्यक्रम प्रस्तुत किये जाते हैं। आपकी संगीत-सेवायें तथा देन इतनी अधिक हैं कि उन्हें कभी भी भुलाया नहीं जा सकता है।

पं. विष्णु नारायण भातखण्डे

भातखण्डे का जन्म बम्बई प्रान्त के बालकेश्वर नामक स्थान में कृष्ण जन्माष्टमी के दिन एक उच्च ब्राह्मण वंश में हुआ था। इनके माता पिता संगीत के बड़े प्रेमी थे। भातखण्डेजी को संगीत में बचपन से रुचि थी। बचपन में अपनी माता के मधुर कंठ का अनुकरण कर इन्होंने अपनी संगीत-शिक्षा प्रारम्भ की। इन्होंने संगीत-विद्या को कई गुरुओं द्वारा प्राप्त किया था और इनके मुख्य गुरु मुहम्मद अली खां थे, जो जयपुर में रहा करते थे। इनके अन्य गुरुओं में ग्वालियर के श्री एकनाथ पण्डित, रामपुर के नवाब कलवे अली खां तथा पण्डित बुआ बेल बाघकर थे। सितार की शिक्षा पण्डितजी ने सेठ बल्लभदास से प्राप्त की थी।

भातखण्डेजी जब किसी गुणी से कोई बन्दिश सीखते, तो उसकी स्वरलिपि लिखते। उस्ताद को सुनाते कोई भूल होती तो उसे ठीक करते और उस्ताद के सन्तुष्ट होने पर ही उस बन्दिश को संग्रह में स्थान देते थे। दक्षिण में लक्षण गीतों की प्राचीन-परंपरा थी। भातखण्डेजी ने पुरानी बन्दिशों की स्वरलिपि पर बोल रखकर अपने लक्षण-गीतों की रचना की, जिससे कि उन लक्षण गीतों के राग-पक्ष पर आक्षेप न किया जा सके। भातखण्डेजी एक कुशल, सुदर्शन, वाक्पटु एवं परिश्रमी व्यक्ति थे। भातखण्डे साहित्य का अधिकांश भाग मराठी भाषा में लिखा गया था, अत: उसकी प्रतिक्रिया महाराष्ट्र में हुई। उस साहित्य का हिन्दी अनुवाद जब हुआ, तब उस साहित्य की प्रतिक्रिया सार्वदेशिक रूप में हुई।

भातखण्डेजी ने स्वरलिपि पद्धति का निर्माण किया। यह पद्धति आसान है और सभी इसे बडी ही सुगमता से प्रयोग में ला सकते हैं। संगीत-शिक्षा और संगीत-प्रचार दोनों को इस सरल स्वरलिपि ने बहुत प्रोत्साहन दिया है।

पढ़े-लिखे लोगों में संगीत-ज्ञान के आम प्रचार में भी इस स्वरलिपि से बहुत सहायता मिली है।

ध्यान से देखने पर हम पण्डितजी का काम चार भागों में बांट सकते हैं—

(1) सबसे पहला कार्य जो पण्डित भातखण्डेजी ने किया वह संगीत-कला और शास्त्र का मेल था। उन्होंने प्रचलित और अप्रचलित रागों की खोज करके थाट-राग-पद्धति में बैठाया। उन्होंने दस थाट माने और हिन्दुस्तानी सारे राग इन्हीं थाटों के अन्तर्गत रखे। इस प्रकार जनक-जन्य पद्धति अथवा थाट-राग-पद्धति को प्रचार में लाये।

(2) दूसरा महत्वपूर्ण कार्य यह किया कि बड़े-बड़े उस्तादों के पास जाकर उनसे उनकी खानदानी चीजों (गीतों) को लेकर इकट्ठा किया। इन सब खानदानी चीजों को इन्होंने 'क्रमिक पुस्तक मालिका' के छह भागों में प्रकाशित किया। इनका यह कार्य बहुत ही सराहनीय है। इस प्रकार संगीत की पुरानी चीजें (गीत) अमर हो गयीं।

(3) पण्डितजी का तीसरा महत्वपूर्ण कार्य एक नयी नोटेशन पद्धत्ति अर्थात् स्वरलिपि-पद्धति को बनाना था। उन्होंने एक स्वतन्त्र स्वर-लेखन-पद्धति अथवा नोटेशन पद्धति की स्थापना की जो सरल होने के साथ-साथ वैज्ञानिक भी है।

(4) चौथा कार्य पण्डितजी का आधुनिक संगीत शिक्षा-प्रणाली का है, जिसके अन्तर्गत संगीत की संस्थागत शिक्षण पद्धति का महत्वपूर्ण स्थान है।

कुछ लोगों ने पण्डितजी के कार्यों की आलोचना भी की और उन पर अनेक आक्षेप किये। पण्डितजी के अनेक कार्य सराहनीय हैं और संगीत-जगत् सदैव उनका आभारी रहेगा। इसीलिए उन्हें भारतीय संगीत-शास्त्र का प्राणदाता कहकर पुकारते हैं।

भातखण्डेजी ने भारतीय संगीत पर अंग्रेजी, हिन्दी, संस्कृत, गुजराती और मराठी भाषाओं में कई पुस्तकें लिखीं। इनके कुछ ग्रन्थों के नाम इस प्रकार हैं—'हिन्दुस्तानी संगीत पद्धति', 'क्रमिक पुस्तक मालिका' (छह भागों में), 'अभिनव राग मंजरी' (संस्कृत में), 'हिन्दुस्तानी संगीत पद्धति' (चार भाग मराठी भाषा में), 'स्वर मालिका' (गुजराती भाषा में), 'लक्ष्यगीत' (संस्कृत में) इत्यादि।

इनकी पुस्तकों का अवलोकन करने से पता चलता है कि आप संगीत-कला के साथ-साथ कविता करने में भी कुशल थे। क्रमिक पुस्तकों की बहुत-सी चीजों में 'चतुर' शब्द का प्रयोग हुआ है, यह चीजें पण्डितजी द्वारा ही रची हुई हैं। आपका उपनाम 'चतुर पण्डित' था।

पण्डित भातखण्डेजी ने रागों का वर्गीकरण दस ठाटों के अनुसार करके आधुनिक हिन्दुस्तानी संगीत की उचित और सैद्धांतिक व्यवस्था कर दी, जिससे संगीत-शिक्षा में भी बड़ी आसानी हो गई। संगीत-शिक्षकों को और संगीत के विद्यार्थियों को इससे बड़ी सुविधा हो गई। सामान्य रूप से इस प्रकार का वर्गीकरण सुगम और लाभदायक साबित हुआ। संगीत के शिक्षकों और संगीत से संबंधित संस्थाओं को भी इस प्रकार के वर्गीकरण और सरल स्वरलिपि के आविष्कार से बहुत लाभ पहुंचा और अधिक सुविधा भी हुई। बड़ौदा, बम्बई, नागपुर, ग्वालियर और लखनऊ के संगीत विद्यालय इन्हीं सुविधाओं का प्रयोग कर रहे हैं। लखनऊ का 'भातखण्डे संगीत विश्वविद्यालय' भातखण्डे पद्धति का मुख्य केन्द्र ही माना जायेगा। यही पहले मैरिस म्यूजिक कालेज के नाम से पुकारा जाता था। मैरिस म्यूजिक कॉलेज के शिक्षकों में उस्ताद अहमद खां, उस्ताद आबिद हुसैन, नसीर खां, बड़े मुन्ने खां, हामिद हुसैन, सखाबत खां, श्रीकृष्ण नारायण रातनजनकर ऐसे सुविख्यात धुरंधर संगीतज्ञ थे जिनके व्यक्तित्व से भी छात्रों को प्रोत्साहन मिलता था।

भातखण्डेजी 1884 ई. में बम्बई की 'गायन उत्तेजक मण्डली' के सदस्य हो गये। 1890 ई. में उन्होंने संगीत ग्रंथों का अध्ययन आरंभ किया। सन् 1904 में इन्होंने भ्रमण करना शुरू कर दिया। वे मद्रास, तंजौर, मदुरै, रामनाडु, रामेश्वरम्, त्रिवेन्द्रम इत्यादि स्थानों में गये। 1906 में वे मनरंग घराने के प्रसिद्ध उस्ताद मुहम्मद अली खां से रामपुर में मिले। 1902 ई. में वे नागपुर, कलकत्ता, हैदराबाद इत्यादि स्थानों में गये। मियां की सारंग की शिक्षा भातखण्डेजी को उस्ताद वज़ीर खां से मिली थी।

सन् 1916 में पण्डितजी ने बड़ौदा में एक बहुत बड़ा संगीत सम्मेलन किया। इस सम्मेलन का उद्‌घाटन स्वयं बड़ौदा-नरेश ने किया। इस सम्मेलन के परिणामस्वरूप इन्होंने सन् 1919 में 'आल इण्डिया म्यूजिक ऐकेडमी' खोली। इस संगीत सम्मेलन के बाद पण्डितजी ने भिन्न-भिन्न नगरों में जाकर संगीत सम्मेलन किये, जिनमें दिल्ली, बनारस, लखनऊ आदि प्रमुख हैं। पण्डितजी ने संगीत के तीन विद्यालय खोले।

पहला लखनऊ में 'मैरिस म्यूजिक कॉलेज' जो आजकल 'भातखण्डे संगीत विश्वविद्यालय' कहलाता है। दूसरा संगीत विद्यालय ग्वालियर में खोला जो 'माधव संगीत महाविद्यालय' के नाम से प्रसिद्ध है। तीसरा बड़ौदा में खोला। इन विद्यालयों के द्वारा संगीत का बहुत प्रचार हुआ। इन संस्थाओं ने अपने पाठ्यक्रम निर्धारित किये और उत्तीर्ण छात्रों को उपाधियां भी प्रदान कीं। आजकल ये विद्यालय भारतीय संगीत की प्रमुख संस्थाएं मानी जाती हैं। संगीत को स्वतंत्र विषय के रूप में मान्यता दिलाने के क्षेत्र में इन्होंने अभूतपूर्व योगदान दिया। इन्हीं की प्रेरणा और लगन के परिणामस्वरूप आज देश के अधिकांश विश्वविद्यालयों एवं महाविद्यालयों में अनेक विषयों की भांति संगीत भी एक स्वतंत्र विषय बन गया है। वास्तव में भारतीय संगीत के इतिहास में भारतखण्डेजी का नाम सदा के लिए स्वर्णाक्षरों में अंकित रहेगा।

तीन साल की लम्बी बीमारी के बाद संगीत का यह पुजारी गणेश चतुर्थी के दिन परलोकवासी हो गया। तब लगा कि संगीत-क्षेत्र का यह बहुमूल्य हीरा हम सभी संगीत साधकों से 19 सितम्बर, सन् 1936 को हमेशा के लिए छिन गया लेकिन उनके बहुमूल्य कार्य हमें हमेशा उनकी याद दिलाते रहेंगे।

सामता प्रसाद मिश्र

सुप्रसिद्ध तबला-वादक पं. सामता प्रसाद मिश्र अपने उपनाम 'गुदई महाराज' के नाम से संगीत-जगत् में अधिक प्रसिद्ध हैं। दुर्भाग्यवश इन्हें आठ वर्ष की छोटी उम्र में ही पिता की छत्रछाया से वंचित होना पड़ा। आपकी प्रारंभिक शिक्षा घर पर ही पिता श्री वाचा महाराजजी के द्वारा प्रारंभ हुई जो स्वयं तबले के अच्छे कलाकार थे। अपने पिता की मृत्यु के पश्चात् कुछ दिनों के बाद आप पंडित बलदेव सहायजी के शिष्य पं. विक्कू महाराज से तालीम लेने लगे। यह क्रम कई वर्षों तक चलता रहा। पं. सामता प्रसाद बचपन से ही घोर परिश्रमी थे, अतः अपने परिश्रम से गुरु को सब कुछ सिखा देने के लिए बाध्य कर दिया। आपका जीवन आरम्भ से ही अत्यंत संघर्ष पूर्ण रहा है, परन्तु जिस साहस और कठिनाई से आपने उसका सामना किया वह दूसरों के लिए आज आदर्श बन गया है।

पं. सामता प्रसाद की ख्याति इलाहाबाद विश्वविद्यालय द्वारा सन् 1942 में आयोजित अखिल भारतीय संगीत सम्मेलन से प्रारंभ हुई। यहां आपको पहली बार एक महत्वपूर्ण अवसर मिला। फिर क्या था? देश के कोने-कोने से निमन्त्रण आने लगे और जहां भी आपका वादन हुआ, लोगों ने प्रशंसा की। तबले के इस जादूगर ने पांच दशक तक संगीत-जगत् की सेवा की। देश का शायद ही कोई उच्च चोटी का कलाकार हो, जिसके साथ आपने संगत न की हो।

पंडित सामता प्रसाद देश के उन गिने-चुने तबला-वादकों में से थे, जिन्होंने विदेशों में अपने तबले के चमत्कार से अपना तथा अपने देश का नाम उज्ज्वल किया। भारत से भेजे गये कई सांस्कृतिक प्रतिनिधि मंडलों में आपको एक सदस्य के रूप में जाने का अवसर प्राप्त हुआ। फिर तो बाद में समय-समय पर हंगरी, पूर्वी अफ्रीका, लंदन, जर्मनी तथा अफगानिस्तान आदि देशों में आपको कला के प्रदर्शन का अवसर मिलता रहा। मास्को में मई दिवस के अवसर पर आपका वादन बहुत ही प्रशंसनीय रहा। इस कार्यक्रम में प्रधानमंत्री बुलागानिन, वार्शा के प्रधान मंत्री तथा संसार के अनेक उच्च नेता उपस्थित थे। एडिनबरा में आयोजित उत्सव में भी पं. सामता प्रसाद के तबले की प्रशंसा कला समीक्षकों तथा इंगलैंड के पत्रों ने की।

पं. सामता प्रसाद ने हिन्दी फिल्म 'झनक-झनक पायल बाजे', 'दो आंखें बारह हाथ' तथा बंगला फिल्म 'असमाप्तो', 'जलसा घर ढुली' आदि कितनी ही फिल्मों में चमत्कार पूर्ण वादन करके लोकप्रियता प्राप्त की। देश का शायद ही कोई ऐसा संगीतज्ञ हो जो इन्हें न जानता हो। पंडितजी का व्यक्तित्व अत्यन्त आकर्षक था। आपको गायन में भी विशेष रुचि थी कभी-कभी यूं ही मौज में आकर ठुमरी गाया करते थे। आपके दो पुत्र कुमार लाल तथा कैलाश हुए। दोनों ने ही तबले की शिक्षा प्राप्त की तथा ज्येष्ठ पुत्र श्री कुमार लाल एक कुशल कलाकार हैं। इनके अतिरिक्त इनके शिष्यों का एक बड़ा परिवार है जो यश प्राप्त कर रहे हैं। शिष्यों में सर्वश्री जेसी मैसी, नवकुमार पंडा, सत्यनारायण वशिष्ठ आदि विशेष रूप से उल्लेखनीय हैं।

वादन शैली—पंडित सामता प्रसादजी का बाज विशेष रूप से बनारस घराने का बाज था, परन्तु आपने दूसरी वादन-शैलियों पर भी अच्छा अधिकार प्राप्त कर लिया था। आपके वादन से आपके कठिन परिश्रम और अभ्यास का परिचय

मिलता है। आपकी सबसे बड़ी विशेषता तैयारी, सफाई और जोरदारी है। आपके बाज की नवीनता जनता को सहज ही आकर्षित कर लेती है। लग्गी-लड़ी का काम दिखाने में तथा नृत्य के साथ आपका वादन खिल उठता है।

पं. सामता प्रसादजी को जीवन में अनेक मान-सम्मान मिले। उनमें से कुछ मुख्य हैं—'तबला का जादूगर', 'ताल-मार्तण्ड', 'ताल-शिरोमणि', 'तबला विज़र्ड', 'तबला सम्राट', 'ताल-विलास', 'संगीत नाटक अकादमी पुरस्कार', 'हाफ़िज अली खां सम्मान', 'पद्मश्री', 'पद्मभूषण' इत्यादि की उपाधियों से इन्हें सम्मानित किया गया था।

कर्मयोगी सामता प्रसाद 21 मई सन् 1994 को एक तबला-कार्यशाला में भाग लेने पुणे पहुंचे, वहां दिल का जानलेवा दौरा पड़ा और वे 31 मई, 1994 को चिरनिद्रा में विलीन हो गये।

स्वामी हरिदास

स्वामी हरिदासजी एक रससिद्ध भक्त गायक थे। भक्तों में वे प्रथम ध्रुवपद गायक हुए हैं। इनका नाम तानसेन के नाम के साथ जोड़ दिया गया है। महापुरुषों के महाप्रयाण के सैकड़ों वर्ष पश्चात् उनके निकटवर्ती कभी-कभी ऐसी बातें लिख देते हैं जिनकी कोई ऐतिहासिक प्रमाणिक जानकारी प्राप्त नहीं होती और कालान्तर में विवाद बन जाती हैं। जैसे—इनकी मृत्यु के 200 वर्ष बाद ही लोगों ने यह कल्पनायें कर दीं कि हरिदासजी को तानसेन का गुरु कहा गया। अकबर स्वामीजी का गाना सुनने गया था। हरिदासजी के भक्तों ने ऐसे चित्र भी बना दिये हैं जिनमें अकबर और तानसेन स्वामी हरिदासजी की सेवा में उपस्थित हैं। कुछ ने तो किंवदन्तियों को आश्रय मानकर हरिदासजी का जन्म संवत् तरह-तरह से निश्चित किये हैं। भक्त सिन्धु के अनुसार 1384 ई., गोपाल कवि के अनुसार 1452 ई., बलदेव कवि ने 1458 ई., सहचरिशरण ने 1478 ई., 'निजमत सिद्धांत' ने 1480 ई., सुदर्शनसिंह चक्र ने 1512 ई., गोस्वामी रामनाथजी शास्त्री के अनुसार 1527 ई., डॉ. गोस्वामी के अनुसार 1478 ई. के आसपास मानते हैं।

जन्म—हरिदासजी के सम्बन्ध में दो मत हैं—एक पक्ष कहता है कि वे आशुधीरजी के शिष्य थे। हरिदासजी के पिता का नाम गंगाधर एवं माता का नाम चित्रा था। वे सनाढ्य ब्राह्मण थे। बख्शू और हरिदासजी की शैली एक है परन्तु हरिदासजी के ध्रुपदों की भाषा और शैली कहीं अधिक प्रांजल, उदात्त, सरस और मनोरम है, अत: हरिदासजी बख्शू के परवर्ती हैं और इस दृष्टि से स्वै. गोस्वामी रामनाथजी शास्त्री के अनुसार हरिदासजी का जन्म वर्ष का अनुमान 1527 ई. लगाया जाता है।

हरिदासजी के सम्बन्ध में दूसरा पक्ष यह है कि स्वामी हरिदासजी आशुधीरजी के पुत्र थे। उनकी माता का नाम गंगा था। उनका जन्म हरिदासपुर में हुआ था। इनकी पत्नी का नाम विजया या हरिमती था। हरिदासजी के काव्य में शृंगार-शोभा का वर्णन यह बताता है कि हरिदासजी को गृहस्थ जीवन का अनुभव था। दूसरे पक्ष के समर्थन में डॉ. शरणबिहारी गोस्वामी ने अखण्डनीय तर्क दिये हैं। पहले मत का खंडन किया है, दूसरा मत ही सही हो सकता है।

हरिदासजी ने अपना दो प्रकार से योगदान दिया है—(1) संगीत के क्षेत्र में (2) साहित्य के क्षेत्र में।

(1) संगीत क्षेत्र में योगदान—संगीत के क्षेत्र में इनके सवा सौ पद संग्रहीत हैं। 'केलिमाल' में ग्यारह रागों का प्रयोग हुआ है। 'नट' (दो पद), कान्हरा (तीस पद), के द्वारा (बाईस पद), कल्यान (बारह पद), सारंग (ग्यारह पद), विभास (दस पद), बिलावल (दो पद), मलार (आठ पद), गौड (दो पद) और बसन्त (पांच पद) स्वामीजी द्वारा प्रयुक्त हुए हैं।

तन्तुवाद्यों में किन्नरी और अघौटी के साथ ही रबाब जैसा अभारतीय वाद्य भी पदों में चर्चा का विषय बना है। अवनद्ध वाद्यों में मृदंग की चर्चा है तो 'ढप' जैसे अभारतीय वाद्य की भी चर्चा है। घन वाद्यों में 'ताल' है, तो सुषिर वाद्यों में वंशी स्वामीजी के पदों में आये हैं। 'सुर देना', 'आलापना', 'लाग-डाट', 'उरपतिरप', 'चन्द्रागति', 'औघर ताल देना', 'ताण्डव', 'लास्य', 'अंगहार' जैसे पारिभाषिक शब्द भी 'केलिमाल' के ध्रुपदों में आये हैं।

(2) साहित्य के क्षेत्र में योगदान—प्रकृति वर्णन, रूपचित्रण, प्रेमव्यंजना, अलंकार-विधान इत्यादि बातें हरिदासजी के काव्य की विशेषताएं हैं।

सामान्यतया स्वामीजी की भाषा ब्रजभाषा थी, जिसमें संस्कृत के तत्सम शब्द, तद्‌भव शब्द और देशज शब्द भी हैं। बन्दे, अख्तपार, दर, पिदर, सदके, बिसात, सतरंज, रूख, फ़ील, पयादे जैसे शब्द भी हैं।

अध्याय-4

रागों का तुलनात्मक अध्ययन

1. आसावरी और जौनपुरी की तुलना।
2. काफी और पीलू रागों की समता-भिन्नता।
3. खमाज एवं तिलंग की तुलना।
4. गौड़मल्हार और मियांमल्हार की तुलना।
5. छायानट एवं कामोद की तुलना।
6. जयजयवंती और देश की तुलना।
7. तोड़ी और गुर्जरी तोड़ी की तुलना।
8. तोड़ी एवं मुलतानी की समता-विभिन्नता।
9. दरबारी और अड़ाना की समता-असमानता।
10. दुर्गा एवं रागेश्री की समताएँ और असमाताएँ।
11. पूरियाधनाश्री और परज की समता-भिन्नता।
12. पूरियाधनाश्री और पूर्वी की तुलना।
13. पूरियाधनाश्री और बसंत की तुलना।
14. बसंत एवं परज की समता-भिन्नता।
15. बागेश्री और भीमपलासी की तुलना।
16. बिलावल एवं अल्हैया बिलावल की तुलना।
17. बिलासखानी तोड़ी एवं भैरवी की समानता विभिन्नता।
18. भूपाली और शुद्धकल्याण में समानताएँ और असमानताएँ।
19. भैरव और कालिंग्ड़ा रागों की तुलना।
20. मधमाद सारंग और वृन्दावनी सारंग में समानताएँ और असमानताएँ।
21. मियाँमल्हार और बहार रागों में समता-विभिन्नता।
22. मेघमल्हार और सूरमल्हार रागों की तुलना।
23. यमनी बिलावल और देवगिरी बिलावल की तुलना।
24. रामकली और भैरव की समता-भिन्नता।
25. शुद्धकल्याण और देशकार की समता-विभिन्नता।
26. सूहा और सुघराई रागों की समानताएँ-असमानताएँ।
27. सूहा कान्हड़ा और नायकी कान्हड़ा की तुलना।
28. सोहनी और मारवा की तुलना।

आसावरी और जौनपुरी की तुलना

समता

आसावरी और जौनपुरी दोनों ही राग आसावरी थाट के राग हैं। दोनों ही में गंधार, धैवत और निषाद कोमल व अन्य स्वर शुद्ध हैं। दोनों ही के गायन समय दिन के द्वितीय प्रहर का प्रथम चरण है। दोनों ही उत्तरांग प्रधान राग तथा दोनों ही में धैवत गंधार वादी-सम्वादी हैं। दोनों ही रागों में म प ध म प ^{म}ग $^{सा}$रे सा, स्वर समूह तथा प ग एवं रे नि की संगति का प्रयोग होता है तथा दोनों का अवरोह सम्पूर्ण है।

भिन्नता

आसावरी

(1) यह आसावरी थाट का एक आश्रय राग है।

(2) संगीत के संस्कृत ग्रन्थों में इसे नट-भैरवी के नाम से सम्बोधित करते हैं।

(3) प्रचार में इसके दो रूप हैं एक कोमल रिषभ की आसावरी तथा दूसरा शुद्ध रिषभ की आसावरी।

(4) इसका आरोह अवरोह इस प्रकार है— आरोह- सा रे म प ध, सां। अवरोह— सां नि ध, प, म ग रे सा।

(5) वर्तमान समय में आसावरी रागांग राग की कोटि में माना जाता है।

(6) इसमें धैवत गन्धार वादी संवादी का मत सर्वमान्य है।

(7) इस राग की पकड़ इस प्रकार है— सा ध ध प ध म प ^{म}गऽ $^{सा}$रे सा।

(8) आरोह में गन्धार निषाद वर्जित तथा अवरोह सम्पूर्ण होने के कारण इसकी जाति औडव संपूर्ण है।

(9) आसावरी राग का मुख्य स्वरूप इस प्रकार है यथा— सा रे म प ध, ध, नि ध ऽ प, म प ^{म}ग ऽ $^{सा}$रे सा रे नि ध ध सा।

जौनपुरी

(1) यह राग आसावरी का छायालग राग है।

(2) इस प्रकार जौनपुरी का कोई अन्य नाम नहीं है।

(3) इसका कोई अन्य रूप नहीं है।

(4) इसका आरोह अवरोह निम्नलिखित है— आरोह— सा रे म प, ध, नि सां। अवरोह— सां नि ध प, म ग रे सा।

(5) वर्तमान में प्रचलित मत के अनुसार जौनपुरी आसावरी अंग से गाया जाता है।

(6) इसमें धैवत गन्धार के स्थान पर कुछ विद्वान पंचम तथा षड्ज वादी संवादी मानते हैं।

(7) इस राग की पकड़ इस प्रकार है— रे म प, ध म प ^{म}गऽ रे म प।

(8) इसके आरोह में केवल गन्धार वर्जित तथा अवरोह सम्पूर्ण होने के कारण इसकी जाति षाडव-संपूर्ण है।

(9) जौनपुरी राग का मुख्य स्वरूप इस प्रकार है— सा, रे म प, म प ध ध, प नि ध ऽ प, म प ^{म}ग ऽ $^{सा}$रे सा, ध नि सा।

काफी और पीलू रागों की समता-भिन्नता

काफी और पीलू दोनों राग काफी थाट से उत्पन्न होते हैं। दोनों में दोनों गन्धार और निषाद कोमल लगते हैं। किन्तु काफी में शुद्ध गन्धार का प्रयोग बहुत कम होता है। दोनों रागों में कोमल धैवत का अल्प प्रयोग होता है। काफी में कोमल रिषभ का प्रयोग कभी नहीं होता किन्तु इसके विपरीत पीलू में कोमल रिषभ का प्रयोग भी प्रायः होता है।

काफी के आरोह-अवरोह में कोई स्वर वर्जित नहीं होता इसलिए इसकी जाति सम्पूर्ण-सम्पूर्ण मानी जाती है। पीलू के आरोह-अवरोह में काफी की भाँति सीधे स्वर नहीं लगते और आरोह में रिषभ धैवत प्रायः दुर्बल रहते हैं। फिर भी पीलू राग की जाति सम्पूर्ण-सम्पूर्ण मानी जाती है। दोनों ही राग चंचल प्रकृति के होते हैं। किन्तु काफी की अपेक्षा पीलू का चलन अधिक वक्र होता है। प्रचार में इन दोनों रागों में ठुमरी, भजन-दादरा और छोटे ख्याल गाये जाते हैं। इन दोनों रागों के गाने के समय में भी कोई बन्धन नहीं माना जाता। यद्यपि काफी का गायन समय रात्रि का तीसरा प्रहर और पीलू का गायन समय दिन का तीसरा प्रहर माना जाता है।

काफी का वादी स्वर पंचम और सम्वादी स्वर षड्ज होता है। किन्तु पीलू में वादी स्वर कोमल गन्धार और सम्वादी शुद्ध निषाद माना जाता है। यद्यपि शास्त्रीय दृष्टि से शुद्ध निषाद के साथ कोमल गन्धार का संवाद उचित नहीं है। काफी का विस्तार मध्य और तार सप्तकों में और पीलू का विस्तार मध्य और मन्द्र सप्तकों में होता है।

काफी के मुख्य स्वर हैं— सासा रेरे गग मम प, म प, ग रे, ध म प, ग रे, ऩी सा हैं।

पीलू के मुख्य स्वर हैं— ऩी सा ग, रे सा ऩी, स ऩी ध़ प़ म़ प़ ऩी, सा, ग म प, ग रे, सा ऩी स।

खमाज एवं तिलंग की तुलना

समानताएँ

(1) इसकी उत्पति खमाज थाट से हुई है।

(2) इनका वादी स्वर गंधार, संवादी स्वर निषाद है।

(3) इनके आरोह में शुद्ध निषाद, अवरोह में कोमल निषाद है।

(4) इनके आरोह में रिषभ स्वर छोड़ दिया जाता है। अत: सागमप स्वरों से आरोही क्रम आरम्भ करते हैं। इनके आरोही में रिषभ वर्ज्य है।

(5) इनका गायन समय रात्रि का द्वितीय प्रहर है।

(6) इनमें निम्न स्वर संगतियाँ समान रूप से विद्यमान हैं—गमपनिसां, ऩिसागमप, पनिसांरेंसां।

(7) इनका विश्रांति स्थान गंधार है।

(8) ये क्षुद्र प्रकृति के राग हैं।

(9) इनमें प्राय: ठुमरी, ग़ज़ल, भजन आदि गाए जाते हैं। इनमें ख्याल गायिकी कम सुनने को मिलती है।

(10) ये पूर्वांगवादी राग हैं।

(11) इन रागों में प्राय: मध्य और तार सप्तक में ही गाया जाता है।

(12) ये साधारण और प्रचलित राग हैं।

(13) ये प्राचीन राग हैं अत: इन्हें ग्रन्थाधार प्राप्त है।

(14) ये श्रृंगाररस प्रधान राग हैं।

(15) कुछ विद्वानों के मतानुसार दोनों का आरोही क्रम सागमपनिसां है। तिलंग का ये आरोही क्रम निश्चित है लेकिन खमाज के आरोही में धैवत को अल्प मानकर कभी-कभी उसे छोड़ देते हैं। वैसे खमाज़ के आरोही में गमध निसां स्वर नियुक्त हैं।

असमानताएँ

खमाज

(1) ये अपने थाट का आश्रय राग है। लेकिन रिषभ स्वर आरोही में वर्जित है।

(2) इसके आरोही के शुद्ध नि क़ो धैवत से घसीटकर लेते हैं।

(3) इसके अवरोही में रिषभ स्वर मौजूद है— ग म ध निसां रें सां, सांरेसां, नि ध प।

(4) इस राग की जाति षाडव सम्पूर्ण है। इसके आरोही में रिषभ वर्जित है और अवरोही सम्पूर्ण है।

(5) इस राग के अवरोही में सां नि ध, म, मग।

(6) खमाज में 'ध म' संगति है जैसे— सांनिधम पंचम को अवरोह में अल्प कर देते हैं। कभी-कभी निधपम भी ले लिया जाता है।

(7) इसके अन्तरे का उठाव मधनिसां, निसां।

(8) इसके अवरोही के अन्त में ग, म ग रे सा। इसके कोमल निषाद पर षड्ज का कण होता है। सां $^{\text{सां}}$नि ध प, धम ग रे सा।

(9) इस राग के मुख्य स्वर समुदाय— नि ध, मप, ध, म ग।

तिलंग

(1) ये खमाज थाट का जन्य राग है।

(2) इसके शुद्ध नि खमाज के शुद्ध नि की अपेक्षा ऊँचा होता है। इस पर तार षड्ज़ का कण होता है।

(3) इसमें विवादी स्वर के नाते कभी-कभी रिषभ को अवरोही में ले लेते हैं— गमपनि सां, रेंसां, नि प।

(4) इस राग की जाति औडव-औडव है। आरोही एवं अवरोही में रेध स्वर वर्जित हैं।

(5) इस राग के अवरोही में— सां निप, गमग।

(6) तिलंग में 'निप' संगति प्रमुख है। इस राग में धैवत के न होने से निषाद अत्यन्त प्रबल है।

(7) इस राग के अंतरे का उठाव है— गमपनिसां।

(8) इसके अवरोही के अन्त में गमगसा। इस राग के कोमल निषाद पर पंचम का कण इस प्रकार होता है— सां ^{प}नि प, गमगसा।

(9) इस राग के मुख्य स्वर समुदाय— ऩिसागमप, निसां, सां, निप, गमगसा।

गौड़मल्हार और मियांमल्हार की तुलना

समता

दोनों राग मल्हार का एक मधुर प्रकार है। दोनों के गाने का समय वर्षाऋतु है। अर्थात् दोनों ही वर्षाऋतु में किसी भी समय में गाये जा सकते हैं अन्य समय में दोनों ही रागों का गायन-समय रात्रि का दूसरा प्रहर है। दोनों में म रे मरे प मल्हार का यह स्वर समूह प्रयोग होता है कुछ लोग दोनों का ही वादी-संवादी मध्यम षड्ज मानते हैं। दोनों में पंचम न्यास का स्वर है। दोनों रागों में दोनों निषाद का प्रयोग होता है। कुछ संगीतज्ञ दोनों रागों को काफी थाट जन्य मानते हैं। दोनों लगभग प्राचीन राग हैं। दोनों ही रागों में ध्रुपद, धमार, ख्याल इत्यादि गाये जाते हैं। दोनों के उत्तरांग में म प ध नि सां स्वर-समूह का प्रयोग है तथा दोनों ही पूर्वांग प्रधान राग हैं।

विभिन्नता

गौड़मल्हार

(1) गौड़मल्हार के लिए थाट सम्बन्धी मतभेद है। क्योंकि कुछ लोग इसे खमाज तथा कुछ बिलावल जन्य भी मानते हैं।

(2) इसके दो प्रकार हैं। एक काफी थाट का दूसरा बिलावल या खमाज थाट का।

(3) इसमें कुछ लोग दोनों गंधार, निषाद तथा कुछ लोग केवल शुद्ध-गंधार का प्रयोग करते हैं इस प्रकार स्वर प्रयोग में मतभेद है।

(4) इसमें गौड़ तथा मल्हार का मिश्रण है।

(5) इसमें सर्वसम्मति से मध्यम षड्ज वादी-संवादी का नियम मान्य है।

(6) इसके पूर्वांग में सा, रे ग रे ग म स्वर-समूह का प्रयोग होता है।

(7) इसका उत्तरांग इस प्रकार है यथा— म प ध सां ध नि प, म प ध नि सां, ध प म।

(8) इसमें निषाद के लगाव में बिलावल अंग का प्रभाव है यथा—सां ध नि प, म प ध नि सां इस प्रकार निषाद, राग की विशेषता से सम्बन्धित नहीं है।

(9) यह राग मधुर होने के साथ सरल है। इसकी जाति सम्पूर्ण-सम्पूर्ण है।

(10) यह केवल गायन के लिए अधिक उपयुक्त है। इसका विस्तार मध्य तथा तार-सप्तक में अधिक होता है।

(11) इसमें ऋषभ तथा निषाद का अल्पत्व तथा गंधार-धैवत का अनभ्यास बहुत्व और षड्ज-मध्यम तथा पंचम का न्यास बहुत्व है।

(12) यह चंचल प्रकृति तथा मध्यलय में गाने योग्य राग है।

मियांमल्हार

(1) थाट सम्बन्धी मतभेद इस राग में नहीं है।

(2) इसका केवल एक ही प्रकार है।

(3) इसमें स्वर सम्बन्धी कोई मतभेद नहीं है। सभी विद्वान दोनों गंधार तथा दोनों निषाद का प्रयोग करते हैं।

(4) इसमें कांहड़ा तथा मल्हार का मिश्रण है।

(5) इसमें वादी-संवादी के विषय में मतभेद है अर्थात् कुछ विद्वान षड्ज-मध्यम या षड्ज पंचम वादी संवादी भी मानते हैं।

(6) इसके पूर्वांग में ग म सारे सा स्वर-समूह का प्रयोग होता है।

(7) इसका उत्तरांग इस प्रकार है यथा— म प निध निध नि नि सां ध नि म प व म प ध नि सां नि प।

(8) इसमें निषाद के लगाव में ही राग की विशेषता निहित है यथा—सा ऩि ध़ ऩि ध़ ऩि ऩि सा या सा ऩि ऩि ध़ ऩि ऩि सा इस प्रकार दोनों निषाद का एक साथ उच्चारण है।

(9) यह राग मधुर होने के बावजूद अत्यन्त कठिन है। इसकी जाति षाडव-षाडव है।

(10) यह गायन-वादन दोनों ही के लिए उपयुक्त है। इसका विस्तार मंद्र तथा मध्य-सप्तक में अधिक होता है।

(11) इसमें मध्यम तथा धैवत का अल्पत्व तथा ऋषभ-गंधार व कोमल-निषाद का अभ्यास बहुत्व और षड्ज-पंचम तथा शुद्ध-निषाद का न्यास-बहुत्व है।

(12) यह गम्भीर प्रकृति का राग है तथा बिलम्बित में गाने योग्य राग है।

छायानट एवं कामोद की तुलना

समता

दोनों रागों का थाट कल्याण माना जाता है। दोनों में समान स्वर का प्रयोग होता है। दोनों ही रागों की जाति संपूर्ण-संपूर्ण है। दोनों का गायन समय रात्रि का प्रथम प्रहर है। दोनों के अवरोह में गंधार तथा कोमल-निषाद वक्र हैं यथा— सां ध नि प ग म रे सा। दोनों के अंतरे का उठान एक सा है यथा— प प सां, या ध प मे प सां। दोनों में रिषभ, पंचम न्यास-बहुत्व के स्वर हैं। दोनों में मध्यम और धैवत का अनाभ्यास-अल्पत्व तथा निषाद का लंघन अल्पत्व है। दोनों रागों में प प सां, सां ध नि प, ध प मे प ग म रे सा इत्यादि स्वर-समूहों का प्रयोग होता है। दोनों गम्भीर प्रकृति के राग और शांत-रस प्रधान हैं तथा दोनों ही मिश्र कोटि के रागों के अन्तर्गत आते हैं।

भिन्नता

छायानट

(1) छायानट का वादी-संवादी रिषभ तथा पंचम है।

(2) इसमें छाया और नट राग का मिश्रण है।

(3) छायानट में कोमल-निषाद दो प्रकार से प्रयोग किया जाता है यथा— (1) रे ग म नि ध प (2) सां ध नि प।

(4) इसमें पंचम तथा रिषभ की संगति होती है।

(5) यह राग मींड-प्रधान है यथा—सां रें सां ध प, प रे।

(6) इस राग का पूर्वाङ्ग इस प्रकार है— सा^{ग} रे^{ग} रेग, ग म प, प रे, रे ग म प, म ग म रे सा।

(7) इसका रिषभ और मध्यम राग नट से सम्बन्धित है— सा^{ग} रे, ^{ग}रि ग$^{रे}$ ग म, $^{रे}$ सा रे, रे सा।

(8) इसके रिषभ का इस भाँति प्रयोग होता है— ^{ग}रि, रे ग म, $^{रे}$सा रे ऽ सा।

(9) इसका मुख्य अङ्ग इस प्रकार है— प रे, रे ग म प म ग म रे, सा।

(10) यह एक साधारण वक्र राग है।

(11) इसमें गंधार का अभ्यास बहुत्व का स्थान है।

कामोद

(1) कामोद का वादी-संवादी पंचम और रिषभ है।

(2) इसमें कल्याण, हमीर और मल्हार का मिश्रण है।

(3) इसमें कोमल-निषाद केवल एक ही प्रकार से लगाया जाता है। यथा— सां ध नि प।

(4) इसमें रिषभ और पंचम की संगति होती है।

(5) इस राग में मींड का प्रयोग छायानट की तरह नहीं होता है।

(6) इसके विपरीत कामोद का पूर्वाङ्ग इस प्रकार है— सा^{म} रे, रे, प, ग म प, ग म$^{सा}$ रे सा।

(7) इसका रिषभ और मध्यम मल्हार-राग से सम्बन्धित है— सा म रे ^{म}रे प।

(8) परन्तु इसके रिषभ का अधिकतर इस प्रकार प्रयोग होता है— ग म प ग म $^{सा}$रि सा। अर्थात् इसके रिषभ में षड्ज का कण लगाया जाता है।

(9) इसका मुख्य अंङ्ग इस प्रकार है— म रे^{म} रे प, ग म प ग म$^{सा}$ रे सा।

(10) वक्र कोटि के रागों में इसका प्रमुख स्थान है।

(11) परन्तु इसमें गंधार का अनभ्यास तथा लंघन-अल्पत्व का स्थान है।

जयजयवंती और देश की तुलना

समता

दोनों रागों का थाट खमाज है। दोनों में समान स्वरों का प्रयोग होता है। दोनों में ऋषभ तथा पंचम वादी-संवादी है। दोनों का गायन समय रात्रि का द्वितीय-प्रहर है। दोनों में म प नि सां रें नि̲ ध प, ध म ग रे, स्वर-समूह समान रूप से प्रयोग होता है। दोनों पूर्वाङ्ग प्रधान राग हैं। दोनों ही का विस्तार तीनों सप्तकों में होता है। दोनों ही राग गायन तथा वादन के लिए उपयुक्त हैं। दोनों ही राग गम्भीर प्रकृति तथा श्रृंगार-रस प्रधान हैं। दोनों में षड्ज, रिषभ और पंचम न्यास के स्वर हैं।

भिन्नता

जयजयवंती

(1) यह एक परमेल-प्रवेशक राग है।

(2) इसकी जाति संपूर्ण-संपूर्ण है।

(3) कुछ लोग इसकी जाति षाडव-संपूर्ण मानते हैं।

(4) इसमें प़ रे, ध़ नि̲ रे, ध म ग म रे, इत्यादि स्वर-सङ्गतियों का प्रयोग होता है।

(5) इसमें गन्धार-स्वर का अनभ्यास-बहुत्व है।

(6) यह राग गायन में केवल ध्रुपद और ख्याल-गायन के लिए उपयुक्त है।

(7) राग का मुख्य स्वरूप इस प्रकार है— सा नि̲ ध़ प़ रे, रे ग म ग रे ग̲ रे सा।

(8) यह दो प्रकार से गाया जाता है— (1) देश-अङ्ग से (2) बागेश्वरी-अङ्ग से।

देश

(1) चूँकि इसमें कोमल गन्धार आवश्यक स्वर नहीं है इस कारण यह परमेल-प्रवेशक राग नहीं है।

(2) यह ओडव-संपूर्ण जाति का राग है। क्योंकि इसके आरोह में गंधार और धैवत वर्जित हैं।

(3) इसकी जाति कुछ लोग संपूण-संपूर्ण भी मानते हैं।

(4) इसमें केवल ध म ग म रे, स्वर-सङ्गति का प्रयोग होता है।

(5) इसमें गंधार वक्र और अनभ्यास अल्पत्व के रूप में प्रयोग होता है।

(6) यह राग ध्रुपद और ख्याल गायन के अतिरिक्त ठुमरी, भजन इत्यादि गायन-शैली के लिए भी उपयुक्त है।

(7) इसका मुख्य स्वरूप इस प्रकार है— म प ध म ग म रे, ग नि़ सा।

(8) यह केवल सोरठ-अङ्ग से गाया जाता है।

तोड़ी और गुर्जरी तोड़ी की तुलना

समानताएँ

(1) ये तोड़ी थाट से उत्पन्न हुए हैं।

(2) इनमें रे ग ध स्वर कोमल एवं मध्यम स्वर तीव्र है।

(3) ये उत्तरांगवादी राग हैं।

(4) दोनों का वादी स्वर धैवत है।

(5) ये गम्भीर प्रकृति के राग हैं।

(6) इन रागों से करूण रस की प्राप्ति होती है।

(7) तोड़ी में पंचम अल्प होने के तथा गुर्जरी में पंचम वर्जित होने के कारण कुछ स्वरों का साम्य है— सा रे ग रे, ग म ग रे, ध म, ग रे, म ध नि, ध नि सां।

असमानताएँ

तोड़ी

(1) यह अपने थाट का आश्रय राग है।

(2) जाति सम्पूर्ण-सम्पूर्ण है।

(3) वादी धैवत, संवादी गंधार है।

(4) यह राग बहुप्रचलित राग है।

(5) शुद्ध तोड़ी को मन्द्र, मध्य प्रचारिणी कहते हैं। अत: ये नीचे को देखती है। इसमें अधिक काम मन्द्र में होता है।

(6) इसके पूर्वांग की चलन सा रे रे, सा, सा रे ग, रे ग रे सा ऩि ध़ प़, ध़ ऩि सा, ग रे ग रे सा।

(7) उत्तरांग की चलन— म प, ध, म ग रे, नि ध प ध, म ग रे, म प ध निसां, नि ध, प, ध म ग रे सा।

(8) ग्रन्थाधार— तोड़ी का शुद्ध तोड़ी, दरबारी तोड़ी, मियाँ की तोड़ी ये तीनों नाम एक ही प्रसिद्ध तोड़ी के प्रकार हैं।

गुर्जरी तोड़ी

(1) यह अपने थाट का जन्य राग है।

(2) जाति षाडव-षाडव है। आरोह-अवरोह में पंचम स्वर वर्ज्य है।

(3) वादी धैवत, संवादी रिषभ है।

(4) यह तोड़ी की अपेक्षा प्रचार में कुछ कम है।

(5) इसे मध्य, तार प्रचारिणी कहते हैं। यह ऊपर को देखती है। इसमें मन्द्र सप्तक में विशेष काम नहीं होता।

(6) पूर्वांग की चलन— ग ग रे रे सा, ऩि सा रे ग, रे सा, ऩि ग रे, ऩि रे ग रे सा रे ग रे, सा।

(7) उत्तरांग की चलन—म ध, म ग रे, म ध नि म ध निसां, सां नि ध म नि ध म ग रे सा।

(8) ग्रन्थाधार— दक्षिण के ग्रन्थकार इसे मालवगौड़ में लेते हैं। उसमें पंचम वर्ज्य करते हैं। उत्तर में इसे भैरव थाट में मानते हैं। हृदय पंडित ने इसके लक्षण इस प्रकार बताए— सा रे ग प ध सां सां ध प ग रे सा अत: ये विभास के समान ही लगता है। संगीत रत्नाकर में महाराष्ट्र गुर्जरी, सौराष्ट्र गुर्जरी, दक्षिणी गुर्जरी, द्राविड़ गुर्जरी और गुर्जरी भेद कहे हैं। राग मंजरी में पुंडरीक ने इसे गौरी मेल में कहा। हृदयप्रकाशकार ने गुर्जरी में 'गांधार ग्रह' कहा। प्रतापसिंह ने गुर्जरी को मेघ राग की एक रागिनी कहा है। रे ग ध नि स्वर कोमल व पंचम अल्प दिया है। दर्पण में भी मेघ की रागिनी है। कल्पद्रुमकार ने धैवत वादी बताया, यह हमारे कुछ निकट है।

तोड़ी एवं मुलतानी की समता-विभिन्नता

समता

दोनों ही राग एक थाट का होने पर भी समता कम परन्तु भिन्नता अधिक है। समानता यह है कि दोनों ही राग तोड़ी थाट जन्य हैं, दोनों ही में रे ग ध कोमल, मध्यम तीव्र तथा अन्य स्वर शुद्ध हैं।

विभिन्नता

(1) तोड़ी राग का वादी संवादी धैवत तथा गंधार है। मुलतानी राग का वादी संवादी पंचम तथा षड्ज है।

(2) तोड़ी में रिषभ, गंधार, पंचम तथा धैवत न्यास का स्वर है और मुलतानी में गंधार, पंचम तथा निषाद न्यास स्वर है।

(3) तोड़ी राग की जाति संपूर्ण-संपूर्ण है तथा यह करूण (शृंगार) रस प्रधान है जबकि मुलतानी राग की जाति औडव-संपूर्ण है तथा यह भक्ति रस प्रधान है।

(4) तोड़ी के गंधार का रिषभ के सहारे अति कोमल उच्चारण है इस राग के गाने का समय दिन के द्वितीय प्रहर का अन्तिम चरण है। जबकि मुलतानी राग में गंधार मध्यम के सहारे उच्चारित होता है और इस राग के गाने का समय दिन के तृतीय प्रहर का अंतिम चरण है।

(5) राग तोड़ी में मध्यम का अलंघन बहुत्व तथा निषाद का लंघन अनाभ्यास अल्पत्व है। राग मुलतानी में रिषभ धैवत का अनाभ्यास अल्पत्व तथा मध्यम का आरोह में अभ्यास-बहुत्व और अवरोह में अनाभ्यास व लंघन दोनों ही प्रकार का अल्पत्व है।

(6) तोड़ी उत्तरांग प्रधान राग है और मुलतानी पूर्वांग प्रधान राग है।

(7) तोड़ी की चलन इस प्रकार है— ध़ नि़ सा रे ग, म ग रे ग, ग रे सा। मुलतानी की चलन— नि़ सा [म]ग म प, प म ग म ग, रे सा है।

(8) संस्कृत ग्रन्थों में तोड़ी का अन्य नाम 'शुभ पंतुवराली' है। जबकि मुलतानी राग का अन्य कोई दूसरा नाम नहीं है।

दरबारी और अड़ाना की समता-असमानता

समता

दोनों राग आसावरी थाट जन्य हैं। दोनों में गन्धार, धैवत, निषाद कोमल हैं। दोनों में मग म सा रे सा, सां ध नि प स्वर-समूह का प्रयोग होता है। दोनों में गान्धार धैवत स्वर वक्र है। दोनों के अवरोह के निषाद में पंचम का कण लगाया जाता है। दोनों ही में ध नि रें सां स्वर-समूह का प्रयोग होता है। दोनों ही में पंचम न्यास का स्वर है। दोनों में मध्यम निषाद का अनाभ्यास अल्प्त्व है तथा दोनों राग रात्रिगेय हैं। प सां तथा प ग स्वरों की संगति का दोनों में प्रयोग किया जाता है। दोनों ही एक दूसरे के समप्राकृत राग हैं तथा दोनों का सम्वादी स्वर पंचम है। दोनों रागों में ध्रुपद, धमार, ख्याल तथा तराने आदि गाये जाते हैं।

असमानता

(1) दरबारी, कांहड़ा प्रकार का 'आश्रय राग' माना जाता है। अड़ाना राग आश्रय राग नहीं माना जाता है।

(2) राग दरबारी का वादी ऋषभ है और यह बहुत प्राचीन राग है। जबकि अड़ाना का वादी स्वर तार षड्ज है और यह बहुत प्राचीन राग नहीं है।

(3) दरबारी पूर्वांग प्रधान राग है। इस हेतु इसका विस्तार मन्द्र तथा मध्य-सप्तक में होता है और अड़ाना उत्तरांग प्रधान राग है इस कारण विस्तार मध्य तथा तार-सप्तक में होता है।

(4) दरबारी में केवल कोमल निषाद का प्रयोग है जबकि अड़ाना में दोनों निषादों का प्रयोग है।

(5) राग दरबारी के आरोह का गंधार रिषभ के सहारे प्रयुक्त होने वाला अति कोमल गंधार है और राग में इसका अभ्यास बहुत्व स्थान के साथ अत्यंत आंदोलित प्रयोग है। यथा— सा रे रेग ऽऽ म रे सा इसके विपरीत अड़ाना राग के आरोह में गन्धार का अति अल्प प्रयोग है तथा यह हमेशा मध्यम के सहारे ही प्रयोग किया जाता है यथा— मग म रे सा तथा दरबारी की भांति यह आंदोलित भी नहीं है।

(6) दरबारी में गंधार का वक्र प्रयोग के अतिरिक्त रेगऽ रेसा ध इस प्रकार अवरोह में सीधा प्रयोग भी होता है। अड़ाना में गंधार हमेशा वक्र प्रयोग होता है।

(7) दरबारी राग में गंधार की तरह ही धैवत आंदोलित तथा अभ्यास बहुत्व का स्थान ग्रहण किये हुए है। जबकि अड़ाना में धैवत का अल्पत्व है।

(8) राग दरबारी का स्वरूप स्वतन्त्र है क्योंकि इसमें किसी राग का मिश्रण नहीं है। अड़ाना राग दरबारी कांहड़े के आश्रित है और इसमें कांहड़ा और सारंग मिला हुआ है।

(9) कुछ विद्वानों का कहना है कि दरबारी राग की रचना मियाँ तानसेन ने की और कुछ ग्रन्थकारों का कहना है कि अड़ाना राग की रचना अमीर खुसरो ने की।

(10) दरबारी राग आलाप प्रधान तथा गम्भीर प्रकृति का राग है यह गायन-वादन दोनों के लिए उपयुक्त है। जबकि अड़ाना राग चंचल प्रकृति का होने के कारण तान प्रधान राग है इसे प्राय: गायन के लिए ही उपयुक्त माना जाता है।

(11) दरबारी का गायन समय रात्रि का द्वितीय प्रहर है और इसका प्रारंभ अधिकतर मन्द्र धैवत या मध्य षड्ज से किया जाता है। जबकि अड़ाना का गायन समय रात्रि का द्वितीय प्रहर है। इसका प्रारंभ अधिकतर पंचम से किया जाता है।

(12) राग दरबारी मन्द्र तथा मध्य सप्तक का राग होने के कारण यह पुरूषों के कंठ के लिए अधिक उपयुक्त है। राग अड़ाना यह मध्य और तार सप्तक का राग होने के कारण महिलाओं के कंठ के अधिक अनुकूल है।

दुर्गा एवं रागेश्री की समताएँ और असमताएँ

समानताएँ

(1) इन रागों की उत्पत्ति खमाज थाट से हुई है।

(2) इनका वादी स्वर गंधार एवं संवादी स्वर निषाद है।

(3) इन रागों का गायन समय रात्रि का द्वितीय प्रहर है।

(4) ये पूर्वांगवादी राग हैं। इनकी चलन तीनों सप्तकों में होती है।

(5) दोनों राग में 'ध म' स्वर संगति रक्तिवर्धक है।

(6) दोनों राग के आरोह में रिषभ, पंचम स्वर वर्जित है। अत: दोनों का आरोह औडव-जाति का है।

(7) दोनों राग चंचल प्रकृति के हैं। ये शृंगार रस से ओतप्रोत हैं।

(8) निम्न स्वरों से उत्तरांग में राग बागेश्री का भास होता है— धनिधम, सांनिधनिधम। लेकिन दोनों में शुद्ध गन्धार के प्रयोग से राग बागेश्री की शंका दूर हो जाती है।

(9) इनके आरोह में शुद्ध निषाद और अवरोह में कोमल निषाद का प्रयोग होता है।

(10) दोनों रागों में मध्यम मुक्त रूप से प्रयोग किया जाता है।

(11) इनमें पंचम स्वर वर्जित होने के कारण तानपुरा मध्यम स्वर से मिलाया जाता है।

(12) कुछ स्वर संगतियाँ समान हैं— सागमध, गमधम, धनिध मग, धनिसां, सांनिध। लेकिन रागेश्री के पूर्वांग में गरेसा आने पर ये राग भिन्न हो जाते हैं।

(13) इनके अन्तरे का उठाव एक सा है— गमधनिसां, धनिधनिसां।

असमानताएँ

दुर्गा

(1) इस राग की जाति औडव-औडव है। आरोह अवरोह में रिषभ और पंचम स्वर वर्ज्य हैं।

(2) इस राग के पूर्वांग में— गमगसा, सागमग सा।

(3) इसकी चलन प्राय: मन्द्र और मध्य सप्तक में होती है। तार सप्तक में चलन होती है लेकिन रागेश्री की अपेक्षा कम।

(4) पूर्वांग की चलन— सारे, सा, ग, मग, रेसा, रे रेसा, ग, मग, गम गरे सा।

रागेश्री

(1) इसकी जाति औडव-षाडव है। आरोही में रे प और अवरोह में केवल पंचम स्वर वर्जित है।

(2) इसके पूर्वांग में— साग, मग, रेसा, मग गमग रेसा।

(3) इस राग की चलन मन्द्र में कम और मध्य और तार सप्तक में अधिक होती है।

(4) पूर्वांग की चलन— साग, मग, गमग, मग सा, ध निसा, मग, गमगसा।

पूरियाधनाश्री और परज की समता-भिन्नता

समता

दोनों राग पूर्वी थाट जन्य हैं। दोनों में रे ध कोमल, मध्यम तीव्र व निषाद शुद्ध प्रयोग होता है। दोनों में षड्ज, गंधार, पंचम और निषाद न्यास के स्वर हैं। दोनों ही सन्धि-प्रकाश राग हैं। दोनों का अवरोह सम्पूर्ण है।

भिन्नता

पूरियाधनाश्री

(1) यह सम्पूर्ण-सम्पूर्ण जाति का राग है।

(2) इसमें केवल तीव्र-मध्यम का प्रयोग होता है

(3) इसका पूर्वांग इस प्रकार है— ऩि रे ग, म रे ग प, प म ग म रे ग।

(4) इस राग के गंधार, पंचम तथा निषाद पर केवल आरोहात्मक न्यास, राग के अधिक अनुकूल दिखता है।

(5) इस राग का उत्तरांग इस प्रकार है—म ग म ध सां ध नि रें सां रें नि ध प।

(6) यह गंभीर प्रकृति का शांत रस का राग है। इसका गायन समय सायंकाल है।

(7) इसका मूल आधार राग पूर्वी है और यह पूर्वांग प्रधान राग है।

(8) इसमें बिलम्बित तथा द्रुत ख्याल दोनों ही का गायन राग-स्वरूप के अनुकूल द्रष्टव्य होता है

(9) इसके पूर्वांग में ऩि रे ग चलन के कारण षड्ज का लंघन अल्पत्व दिखता है।

(10) इसमें पंचम-ऋषभ या षड्ज वादी-सम्वादी है और इसमें म रे ग प स्वरों की संगति है।

परज

(1) यह षाडव-सम्पूर्ण जाति का राग है।

(2) इसमें दोनों मध्यम का प्रयोग होता है।

(3) इसका पूर्वांग इस प्रकार है— ऩि सा ग, म ध प, म प ध प मग म ग म ग रे सा।

(4) इस राग के गंधार, पंचम तथा निषाद पर केवल अवरोहात्मक न्यास, राग के अधिक अनुकूल दिखता है।

(5) इसका उत्तरांग इस प्रकार है— म ध म ध नीऽसां, सां रें सां रें नि सां नि ध नि, सा निपध प।

(6) यह चंचल प्रकृति तथा शृंगार रस का राग है। इसका गायन समय रात्रि का अन्तिम प्रहर है।

(7) इसका मूल आधार राग कालिंगड़ा है और यह उत्तरांग प्रधान राग है।

(8) इसमें केवल मध्य लय का ख्याल राग स्वरूप से अधिक अनुकूल दिखता है।

(9) इसके पूर्वांग में ऩि सा ग, चलन के कारण षड्ज का स्वाभाविक प्रयोग है।

(10) इसमें तार षड्ज वादी पंचम सम्वादी है और इसमें म प ग म ग या प म ग म ग तथा म ध म ध, सां रें सां रें इत्यादि स्वरों की संगति है।

पूरियाधनाश्री और पूर्वी की तुलना

समानताएँ

दोनों ही राग पूर्वी थाट जन्य हैं। दोनों ही में रे ध कोमल, मध्यम निषाद तीव्र तथा दोनों की जाति संपूर्ण-संपूर्ण है। दोनों सन्धि-प्रकाश राग तथा दोनों का गायन समय सायंकाल है। दोनों पूर्वांग प्रधान तथा दोनों रागों में षड्ज, गंधार, पंचम और निषाद न्यास के स्वर हैं। दोनों शांत रस तथा गंभीर प्रकृति के राग हैं।

असमानताएँ

(1) पूरियाधनाश्री राग में केवल तीव्र मध्यम का प्रयोग होता है और पूर्वी राग में दोनों मध्यम का प्रयोग होता है।

(2) पूरियाधनाश्री में मं रे ग प स्वर की संगति है जबकि पूर्वी में प मं ग म रे ग स्वर की संगति है।

(3) पूरियाधनाश्री राग पूर्वी राग का आश्रित राग है जबकि पूर्वी राग स्वयं ही आश्रय राग है।

(4) पूरियाधनाश्री में मुख्य रूप से पंचम और निषाद स्वर की प्रमुखता है। पूर्वी में पंचम और गंधार स्वर की प्रमुखता है।

(5) पूरियाधनाश्री में पंचम-ऋषभ या षड्ज वादी-संवादी है जबकि पूर्वी में गंधार-निषाद वादी-संवादी है।

(6) राग पूरियाधनाश्री की चलन इस प्रकार है— नि़ रे ग, मं रे ग प, मं ध प, मं ग मं रे ग, प मं ग रे ग रे सा। जबकि राग पूर्वी की चलन है— सा, नि़ ध़ नि़ सा रे ग, मं ग रे ग मं प, मं ग म रे ग, रे म ग, मं ग रे सा है।

(7) राग पूरियाधनाश्री दो रागों के नाम से सम्बन्धित है यथा— पूरियाधनाश्री। जबकि पूर्वी राग स्वयं रागांग राग है।

(8) राग पूरियाधनाश्री के पूर्वांग में पूरिया राग का अंग आता है जैसे— नि़ रे ग, मं रे ग, मं ग रे सा। जबकि पूर्वी राग में अन्य किसी राग का अंग नहीं आता है।

पूरियाधनाश्री और बसंत की तुलना

समता

दोनों ही राग पूर्वी थाट जन्य हैं। दोनों ही में रे ध कोमल-मध्यम तीव्र तथा शुद्ध निषाद का प्रयोग होता है। दोनों ही राग सन्धि-प्रकाश हैं। दोनों में पंचम स्वर वादी है। ग मं ध नि ध सां, नि रें नि ध प, ये स्वर समूह दोनों रागों में प्रयुक्त होते हैं। षड्ज, गंधार और पंचम दोनों ही में न्यास के स्वर हैं।

भिन्नता

पूरियाधनाश्री

(1) इसका सम्वादी स्वर रिषभ है।

(2) इसमें केवल तीव्र-मध्यम का प्रयोग है।

(3) यह सम्पूर्ण-सम्पूर्ण जाति का राग है।

(4) इसमें मुख्य रूप से पूरिया और पूर्वी अंग के स्वर समूहों का प्रयोग है।

(5) यह सायंकालीन सन्धिप्रकाश राग है

(6) मौसमी राग से इसका कोई सम्बन्ध नहीं है।

(7) इसके गाने का समय सायंकाल है।

(8) यह पूर्वांग प्रधान राग है।

(9) इस राग के गीतों (बंदिशों) में किसी ऋतु का वर्णन नहीं मिलता है।

(10) इस राग का स्वरूप इस प्रकार है यथा—नि़ रे ग, मं रे म प, मं ध प मं ग मं रे ग।

(11) इसमें मं रे ग प, स्वर-संगति का मुख्य रूप से प्रयोग होता है।

(12) इस राग में षड्ज, गंधार, पंचम तथा निषाद का न्यास बहुत्व तथा ऋषभ, मध्यम और धैवत का अल्पत्व है।

बसंत

(1) इसका सम्वादी स्वर षड्ज है।

(2) इसमें दोनों मध्यमों का प्रयोग है।

(3) इसके आरोह में ऋषभ वर्जित है इस कारण, इसकी जाति षाडव सम्पूर्ण है।

(4) इसमें ललित, पूरिया और श्री रागों के स्वर-समूहों का प्रयोग है।

(5) यह प्रातः कालीन सन्धिप्रकाश रागों के अन्तर्गत आता है।

(6) यह बसन्त ऋतु का राग है अर्थात् मौसमी राग है।

(7) यह बसन्त ऋतु में किसी समय भी गाया जा सकता है

(8) यह उत्तरांग प्रधान राग है।

(9) इस राग के गीतों (बंदिशों) में खास करके बसन्त ऋतु का वर्णन मिलता है।

(10) इसका स्वरूप इस प्रकार है यथा— मं ध रें ऽसां, रेंनिधऽप, प मंग मंऽग, मं ग रे सा, सा मं मं म ग, ग नि ध प।

(11) इसमें प मंग मंऽग, मं ध रें ऽ सां, सा म मं म ग, मं ध नि मं ऽ ग, इत्यादि स्वर-संगति का प्रयोग होता है।

(12) इसमें केवल षड्ज, गंधार और पंचम का न्यास बहुत्व है और धैवत तथा तार षड्ज के रिषभ का दीर्घ बहुत्व है। इसके अतिरिक्त रिषभ (मध्य सप्तक का) मध्यम तथा निषाद का अल्पत्व है।

बसंत एवं परज की समता-भिन्नता

समता

दोनों राग पूर्वी थाट जन्य हैं। दोनों में रिषभ-धैवत कोमल दोनों मध्यम तथा अन्य स्वर शुद्ध हैं। दोनों की जाति षाडव-सम्पूर्ण है। दूसरे मत से औडव-सम्पूर्ण अथवा सम्पूर्ण भी मानी जाती है। दोनों प्रात: कालीन सन्धि प्रकाश राग के अन्तर्गत आते हैं। दोनों उत्तरांग प्रधान राग हैं। दोनों में षड्ज, गंधार-पंचम का न्यास बहुत्व है। दोनों में रिषभ का अल्पत्व है तथा दोनों का अवरोह सम्पूर्ण है। दोनों का उठान पंचम से होता है तथा दोनों के पूर्वांग में नि़ सा ग की चलन है।

भिन्नता

बसंत

(1) इसमें शुद्ध-मध्यम का प्रयोग ललित अंग से होता है जैसे— सा म, मं म ग।

(2) इसमें ललित राग के अतिरिक्त पूरिया तथा श्री राग का अंग दिखता है जैसे— रें‌ऽनि धऽप, (श्री) तथा मं ध नि मंऽग, मं ध ग मं ग रे सा (पूरिया)।

(3) इसमें पंचम वादी तथा तार षड्ज सम्वादी है।

(4) इस राग का मुख्य स्वरूप इस प्रकार है यथा— मं ध रेंऽसां रेंनिधनिधऽप (प) मंग मंऽग।

(5) इसमें षड्ज, गंधार और पंचम न्यास के स्वर हैं।

(6) इसमें रिषभ और निषाद का अल्पत्व तथा धैवत और शुद्ध मध्यम का दीर्घ व तीव्र मध्यम का अभ्यास बहुत्व है।

(7) इसके तार-सप्तक के रिषभ का दीर्घ प्रयोाग है। यथा रेंऽनिधमंप।

(8) यह मौसमी राग है इस कारण इसके गीतों (बन्दिशों) में अधिकतर बसन्त ऋतु का वर्णन मिलता है।

(9) यह बसन्त ऋतु में किसी समय भी गाया जा सकता है।

(10) इसमें सा म, प मंग मंऽग, मं ध रें सां, रेंऽनि धऽप, नि मंऽग, ध ग मं ग इत्यादि स्वरों की संगति है।

(11) यह भक्ति रस प्रधान तथा गंभीर प्रकृति का राग है।

(12) इसके धैवत का सावकाश रीति से दीर्घ प्रयोग है यथा— नि ध नि ध मं प।

परज

(1) इसमें शुद्ध-मध्यम का प्रयोग कालिंगड़ा अंग से होता है जैसे— प ध प ध ग म ग।

(2) इसमें कालिंगड़ा के अतिरिक्त तीव्र-मध्यम के संयोग से केवल पूर्वी राग के स्वरों का दर्शन होता है।

(3) परन्तु इसमें तार षड्ज वादी तथा पंचम संवादी है।

(4) इसका मुख्य स्वरूप इस प्रकार है जैसे— मं ध मं ध निऽसां, सां रें सां रें नि सां नि ध नि ऽ ^{प}ध प, ध प ध मं प ग म ग।

(5) इसमें इन स्वरों के अतिरिक्त निषाद का भी न्यास बहुत्व है।

(6) इसमें रिषभ, धैवत और शुद्ध मध्यम का अल्पत्व है।

(7) इसके तार सप्तक के रिषभ का पुनरावृत्ति प्रयोग है यथा— सां रें सां रें नि सां।

(8) यह मौसमी राग नहीं है, इसके गीतों (बन्दिशों) में अधिकतर शृंगार रस का वर्णन मिलता है।

(9) इसके गाने का समय रात्रि का अन्तिम प्रहर निश्चित है।

(10) इसमें मं ध मं ध, सां रें सां रें, प ध मं प ग, स्वरों की संगति है।

(11) यह शृंगार रस तथा चंचल प्रकृति का राग है।

(12) इसका धैवत चंचल और पंचम के सहारे उच्चारित होता है तथा— सां नि ^{प}ध प।

बागेश्री और भीमपलासी की तुलना

समानताएँ

(1) दोनों राग काफी थाट से उत्पन्न हुए हैं।

(2) गंधार और निषाद स्वर कोमल हैं।

(3) वादी स्वर मध्यम है और संवादी स्वर षड्ज है।

(4) दोनों ही रागों में नि सा, ग, म, नि सा म ग।

(5) म ग रे सा स्वर प्रयुक्त हैं।

(6) ये सर्वकालिक राग हैं, क्योंकि मध्यम वादी है।

(7) इन रागों को प्राचीन ग्रन्थाधार प्राप्त है।

(8) दोनों रागों में मग की पुनरावृत्ति है— सांनिधप, या सांनिधम के बाद—मग मग रे सा।

(9) गन्धार पर मध्यम का कण और निषाद पर षड्ज का कण होता है— नि सा, मग म, प निसां, सां, या ध निसां सां।

असमानताएँ

बागेश्री

(1) यह राग काफी थाट के 'कानड़ा' अंग का है। जैसे— सा, ऩि ध़ ऩि, सा गम रे सा।

(2) ये उत्तरांग प्रधान राग है।

(3) यह चंचल प्रकृति का राग है।

(4) इस राग में पंचम का प्रयोग अति अल्प होता है जैसे— म, पधु ग, म गरेसा।

(5) इसका गायन समय रात्रि का तीसरा प्रहर है।

(6) इसके अरोह में 'रेप' स्वर वर्जित हैं। अवरोह में पंचम स्वर वर्जित है।

(7) इस राग का सौन्दर्य सा, ग ध नि स्वरों पर आधारित है।

(8) इस राग की मन्द्र में चलन सा, ऩि ध़ ऩि सा, सारेसा, ध़ ऩि ध़ सा।

(9) यह करूण रस के द्वारा वियोग शृंगार प्रस्तुत करता है।

(10) इस राग के उत्तरांग में मगम, ध सांनि सां, सां निधनिसां गमधनि सां, अवरोह में सां, नि ध, म स्वर हैं।

(11) इस राग की चलन मध्य और तार सप्तक में होती है।

(12) इस राग में पंचम न होने के कारण मग रेसा स्वरों से इस राग की समाप्ति होती है।

भीमपलासी

(1) यह काफी थाट का धनाश्री अंग का राग है। भीमपलासी का आरोह-अवरोह स्वरूप धनाश्री की ही भाँति है।

(2) ये पूर्वांग प्रधान राग है।

(3) यह गम्भीर प्रकृति का राग है।

(4) इस राग में पंचम स्वर वादी स्वर के साथ प्रयोग होता है जैसे— सा, म, प ग, मगम, प म ग, पग मग स्वर संगति भी ली जाती है।

(5) इसका गायन समय दिन का तीसरा प्रहर है।

(6) इसके आरोह में रे ध स्वर वर्जित हैं, अवरोह सम्पूर्ण है।

(7) इसमें सामप नि स्वरों का प्राबल्य है।

(8) इस राग की मन्द्र में चलन इस प्रकार है— सा, ऩि ध़ प़ ऩि सा, म़, प़ ऩि सा।

(9) यह वीर रस प्रधान राग है।

(10) उत्तरांग में प ग म, प नि,सां सां, म, प ग म, पनिसां प निसां सां। अवरोह में सांनि ध प स्वर गाते हैं।

(11) इस राग की चलन मन्द्र और मध्य सप्तक में तार की अपेक्षा अधिक होती है। वैसे ये तीनों सप्तक में गाया जाता है।

(12) इस राग के अवरोह में म ग रे सा और प ग रेसा दोनों प्रकार से तान या आलाप की समाप्ति करते हैं।

बिलावल एवं अल्हैया बिलावल की तुलना

समानताएँ

(1) ये बिलावल थाट के राग हैं।

(2) इनमें सभी स्वर शुद्ध लगते हैं।

(3) वादी स्वर धैवत, संवादी स्वर गंधार है।

(4) गायन समय प्रात:काल है। अत: प्रात: प्रथम प्रहर में इसे गाते हैं।

(5) ये बिलावल अंग के प्रकार हैं।

(6) ये उत्तरांगवादी राग हैं।

(7) इनकी चलन प्राय: मध्य और तार सप्तक में होती है। कई बार इनकी बंदिश तार सप्तक के नि, ध या सां से शुरू होती है।

(8) इनके नि और ग स्वर वक्र हैं— प ध, नि ध, नि सां, म ग मरे सा।

(9) इनका अवरोह सम्पूर्ण जाति का है।

(10) ये श्रृंगार रस के राग हैं।

(11) इनकी प्रकृति चपल है।

असमानताएँ

बिलावल

(1) ये अपने थाट का आश्रय राग है।

(2) इसकी जाति सम्पूर्ण-सम्पूर्ण है।

(3) इसमें कोई स्वर वर्जित नहीं है।

(4) इस राग में कोमल निषाद नहीं लिया जाता। इस राग में केवल शुद्ध निषाद ही प्रयोग किया जाता है— ग म प ध, निध, नि-सां, सां निध, प।

(5) इस राग के उत्तरांग में ग म पध निध, निसां, ध पम, ग मप स्वर प्रयुक्त है। इस राग में मध्यम का प्रयोग अल्हैया बिलावल की अपेक्षा अधिक है।

(6) मुख्य स्वर समुदय सा रे ग म, ग पध, निधनि सां, सां निध प, म ग रे सा।

अल्हैया बिलावल

(1) ये अपने थाट का जन्य राग है।

(2) इसकी जाति षाडव-सम्पूर्ण है।

(3) इस राग के आरोही में मध्यम स्वर वर्जित है।

(4) इस राग के अवरोही में कोमल निषाद विवादी स्वर के नाते प्रयोग किया जाता है— सां नि धप, ध नि ध -प।

(5) इस राग के आरोह में मध्यम स्वर वर्ज्य है— ग प, निध, निसां, ग, प निध, सां नि ध, नि ध प।

(6) मुख्य स्वर समुदय ग, रे ग प, निध, निसां, निध, नि धप, मग, मरे सा।

बिलासखानी तोड़ी एवं भैरवी की समानता विभिन्नता

समानता

(1) बिलासखानी तोड़ी और भैरवी दोनों ही भैरवी थाट के राग माने गये हैं।

(2) दोनों रागों में रे ग ध और नि स्वर कोमल प्रयोग किये जाते हैं।

(3) दोनों ही प्रातः कालीन राग हैं।

(4) बिलासखानी तोड़ी और भैरवी दोनों रागों का अवरोह सम्पूर्ण है।

विभिन्नता

(1) बिलासखानी तोड़ी के आरोह में मध्यम वर्ज्य और निषाद अल्प है, किन्तु भैरवी में सातों स्वर प्रयोग किये जाते हैं।

(2) भैरवी राग में म–सा और बिलासखानी में ध–ग क्रमशः वादी संवादी माने गये हैं।

(3) बिलासखानी तोड़ी गंभीर प्रकृति का राग है और भैरवी चंचल प्रकृति का इसलिए बिलासखानी में ख्याल और भैरवी में प्रायः ठुमरी गाई जाती है।

(4) बिलासखानी मन्द्र सप्तक प्रधान है और भैरवी मध्य और तार सप्तक प्रधान है।

(5) भैरवी में मध्यम स्वर महत्वपूर्ण है और बिलासखानी में गौण हैं। बिलासखानी को भैरवी से बचाने के लिए मध्यम का प्रयोग कुशलता से करना पड़ता है।

(6) भैरवी में राग की रंजकता बढ़ाने के लिए अन्य स्वरों का प्रयोग करते हैं, किन्तु बिलासखानी में किसी विवादी स्वर का प्रयोग नहीं करते।

(7) बिलासखानी तोड़ी की जाति के विषय में विद्वानों में मतभेद है, किन्तु भैरवी की जाति के विषय में कोई मतभेद नहीं है।

भूपाली और शुद्धकल्याण में समानताएँ और असमानताएँ

समानताएँ

भूपाली और शुद्धकल्याण राग कल्याण थाट के राग हैं। इनका आरोह औडव-जाति का है और इनका वादी गन्धार, संवादी धैवत है। दोनों ही रागों के आरोह में म नि स्वर वर्जित है। इनका गायन समय रात्रि का प्रथम प्रहर है। यह प्राचीन राग हैं। इनमें गन्धार पर न्यास होता है। चलन तीनों सप्तकों में होती है। ये पूर्वांगवादी राग होने के साथ प्रसिद्ध और लोकप्रिय राग हैं। गप, पग, संगति दोनों में दिखाई देती है। कुछ स्वर समूह दोनों में समान रूप से विद्यमान हैं— ग प ध प, ध सां, ध प, सारेग, रेग, गप सां।

असमानताएँ

भूपाली

(1) इस राग की जाति औडव-औडव है। अतः ये पांच स्वरों का राग है।

(2) 'प ग' संगति इसमें है लेकिन अन्तर इतना ही है कि इसमें प ग को मींड से न लेकर सीधे लेते हैं। प से ग पर आते हुए मध्यम का स्पर्श न हो।

(3) इस राग में निषाद स्वर वर्जित है।

(4) ये राग मींड प्रधान नहीं है। इसमें तीव्र मध्यम का प्रयोग निषेध है।

(5) इस राग में धैवत का प्रयोग शुद्ध कल्याण की अपेक्षा अधिक होता है— गपधप, ग, रेसा, पध, सां, धसां, धपं, ग, पग, रेसा।

(6) इसमें 'प रे' की संगति नहीं आती।

(7) इस राग की मन्द्र सप्तक में चलन इस प्रकार है— साध प, धसा, रेसा, धसा।

(8) अवरोह की समाप्ति ग रे सा स्वरों से की जाती है। इसमें प रे सा स्वर प्रयुक्त नहीं होते।

(9) अन्तरे का उठाव-तार षड्ज से मिलने हेतु गपध सां, धप, गपधप, पपसां, सां रें सां, धसां, धप, गरेसा स्वर लिये जाते हैं।

शुद्धकल्याण

(1) इस राग की जाति औडव-सम्पूर्ण है।

(2) इसमें 'प ग' स्वरों को मींड से लिया जाता है। प ग की इस छोटी सी मींड के बीच तीव्र मध्यम गुप्त रूप से प्रदर्शित होता है। ये मींड इस राग को अधिक रंजक बनाती है। आरोह में मंपधप, गमंप के रूप में भी लेते हैं।

(3) निषाद का प्रयोग अल्प है— पध, निध, प, सां नि ध प (प) ग। अवरोही में निषाद लिया जाता है।

(4) ये राग मींड प्रधान राग है। इसके अवरोह में तीव्र मध्यम का प्रयोग होता है। तीव्र मध्यम अधिकांश मींड के रूप में आता है लेकिन तान के रूप में स्पष्ट सां नि ध प मं ग रे सा स्वर भी लिये जाते हैं।

(5) इस राग में भूपाली की अपेक्षा धैवत का प्रयोग कम मात्रा में होता है— पपसा, सा रे सा, धसां, सांनिधप, पपसां।

(6) इसमें 'परे' संगति है— ग, प, ग, (प) रे सा। पंचम को हिलाकर फिर मींड से रिषभ पर आते हैं।

(7) मन्द्र सप्तक में चलन इस प्रकार है— सा नि ध प, सा, पध सा।

(8) अवरोह की समाप्ति पर (प) रे सा स्वर लेते हैं। लेकिन जलद तानों में ग रे सा स्वरों से भी समाप्ति की जाती है।

(9) अन्तरे का उठाव—पपसां, रें सां, सांनिधप, (प) ग, गपधसां ध (प) ग (प) रे सा स्वर लिये जाते हैं।

भैरव और कालिंग्ड़ा रागों की तुलना

समानताएँ

(1) इनकी उत्पत्ति भैरव थाट से हुई है।

(2) इनकी जाति सम्पूर्ण है।

(3) ये प्रात:कालीन संधिप्रकाश राग हैं।

(4) ये उत्तरांगवादी राग हैं।

(5) इनका आरोही-अवरोही क्रम एक समान है—सा रे ग म प ध नि सां। सां नि ध प म ग रे सा।

(6) इनमें रिषभ, धैवत स्वर कोमल हैं।

(7) कुछ संगीतकारों के मतानुसार दोनों का वादी स्वर धैवत है।

(8) ये समप्राकृतिक राग हैं अत: आविर्भाव, तिरोभाव की क्रिया में सुविधा रहती है।

(9) ये प्राचीन राग हैं। अत: इन्हें ग्रन्थाधार प्राप्त है।

(10) ये राग अवरोह में स्पष्ट होते हैं।

(11) इनकी चलन मध्य और तार सप्तक में विशेष होती है।

असमानताएँ

भैरव

(1) इस राग का वादी स्वर धैवत सर्वसम्मत है।

(2) इसके आरोह में प्राय: रिषभ को छोड़ देते हैं जैसे— सा, गम, रेसा, गम।

(3) कभी-कभी इसके अवरोह में कोमल निषाद का प्रयोग विवादी स्वर के नाते किया जाता है जैसे—ध नि ध प।

(4) इस राग का संवादी स्वर रिषभ है।

(5) ये गम्भीर प्रकृति का राग है।

(6) इस राग में रे ध स्वर आन्दोलित है।

(7) इस राग का गायन समय प्रात:काल है।

(8) इस राग के अन्तरे के उठाव में कभी-कभी पंचम को छोड़ देते हैं— गम ध प, गम ध नि सां, प ध नि सां।

(9) इस राग में 'धरे' संवाद महत्वपूर्ण है।

(10) इस राग में मध्यम से रिषभ की मींड बहुत सुन्दर दृष्टिगोचर होती है।

(11) इस राग में धैवत या रिषभ पर विश्रांति होती है। ग म रे, रे सा, ग म प, ग म रे रे, सा ध़ ध़ सा।

(12) इस राग का वैचित्र्य रेध स्वरों पर निर्भर है।

कालिंग्ड़ा

(1) इस राग का वादी स्वर धैवत है, लेकिन कुछ संगीतकार वादी स्वर पंचम मानते हैं।

(2) इसके आरोह में रिषभ को नहीं छोड़ा जाता है जैसे— सारे ग, रेसा।

(3) इस राग में कोमल निषाद का प्रयोग नहीं होता है।

(4) इस राग के संवादी स्वर के सम्बन्ध में भी मतभेद है। इसका संवादी स्वर गंधार है। लेकिन कुछ विद्वान जो कि वादी पंचम मानते हैं वे इसका संवादी स्वर षड्ज मानते हैं। भातखण्डेजी के अनुसार गन्धार स्वर संवादी स्वर है।

(5) ये क्षुद्र प्रकृति का राग है।

(6) इस राग को भैरव थाट से भिन्न रखने के लिए रेध स्वरों को आंदोलित नहीं करते। इन स्वरों को अपने स्थान पर ही लेते हैं।

(7) इस राग का गायन समय रात्रि का अन्तिम प्रहर है।

(8) इस राग के अन्तरे के उठाव में पंचम नहीं छोड़ते क्योंकि इस राग का महत्वपूर्ण स्वर पध पध निसां, पध निसां है।

(9) इस राग में 'ध ग' और 'प सा' संवाद है लेकिन 'पसा' संवाद अधिक उचित है।

(10) इस राग में 'म रे' की मींड नहीं होती।

(11) इस राग में गन्धार पर विश्रांति इस प्रकार होती है— सारे ग, मग, गमप ग, मपध प म ग, गमग, रे सा।

(12) इस राग का समस्त वैचित्र्य ग पध स्वरों पर निर्भर हैं।

मधमाद सारंग और वृन्दावनी सारंग में समानताएँ और असमानताएँ

समानताएँ

(1) ये दोनों राग काफी थाट से उत्पन्न सारंग अंग के राग हैं।

(2) इनका वादी स्वर रिषभ, संवादी स्वर पंचम है।

(3) इनका गायन समय दोपहर मध्यान्ह काल मानते हैं।

(4) इनमें ग ध स्वर वर्जित हैं।

(5) इन दोनों की जाति औडव-औडव है।

(6) दोनों राग सरल, लोकप्रिय एवं प्रचलित राग है।

(7) दोनों को ग्रन्थाधार प्राप्त है। इसमें म रे और नि प की संगति दोनों रागों में है।

(8) दोनों रागों का न्यास स्वर रिषभ है।

(9) मधमाद सारंग और वृन्दावनी सारंग राग पूर्वांगवादी राग हैं।

(10) आरोह के निषाद पर षड्ज का और अवरोह के निषाद पर पंचम का कण है।

असमानताएँ

मधमाद सारंग

(1) इस राग के आरोह-अवरोह दोनों में कोमल निषाद ही प्रयुक्त होता है।

(2) इस राग का विस्तार मन्द्र और मध्य सप्तक में होता है।

(3) इस राग में 'मरे' के अतिरिक्त 'प रे' की संगति भी कहीं-कहीं प्रयुक्त होती है जैसे— नि नि प, रे सा, ऩि सा।

(4) इस राग के पूर्वांग की चलन इस प्रकार है— ऩि ^{सा}सा, रे, मप, रेप, ^मरे, ऩि सा, प़ ऩि सा।

(5) इस राग के उत्तरांग की चलन इस प्रकार है—मप ^पनि प, म प नि, सां, नि सां रे सां, ^{सां}नि सां, ^पनि प, पमरे, परे, सा।

वृन्दावनी सारंग

(1) इस राग के आरोह में शुद्ध निषाद एवं अवरोह में कोमल निषाद प्रयुक्त है।

(2) इस राग का विस्तार मध्य और तार सप्तक में होता है।

(3) इसमें केवल म रे की ही संगति अधिकांश रूप में होती है।

(4) इस राग के पूर्वांग की चलन इस प्रकार है—सा, ऩि सा, रे, ऩि सा, प ऩि सा, रे मपमरे, पमरे, ऩिसा, रेमपम रे, ऩिसा।

(5) इस राग के उत्तरांग की चलन इस प्रकार है— मप, ^पनि प, ^{सां}नि सां, नि सां रें, मं रें, सां, ^पनि प, मरे, सांनिप म रे ऩिसा।

मियाँमल्हार और बहार रागों में समता-विभिन्नता

समता

दोनों ही राग काफी थाट जन्य हैं। दोनों में गंधार कोमल तथा दोनों निषाद का प्रयोग होता है। चूँकि दोनों के अवरोह में धैवत वर्जित है इस कारण दोनों की जाति षाडव-षाडव है। दोनों का वादी संवादी मध्यम षड्ज माना जाता है। दोनों राग मौसमी हैं। अर्थात् एक को वर्षा ऋतु तथा दूसरे को बसन्त ऋतु में किसी भी समय गाया-बजाया जा सकता है। ऐसे अन्य समय में दोनों रागों का गायन समय रात्रि का द्वितीय प्रहर माना जाता है। दोनों में कान्हड़ा का मिश्रण है। इस हेतु सां ^{प}नि प^{म} ग म$^{\text{सा}}$ रे सा यह स्वर समूह दोनों रागों में प्रयुक्त होता है। इसके अतिरिक्त नि ध नि सां रें सां यह स्वर समूह भी सामान्य रूप से दोनों में प्रयोग होता है। दोनों में गंधार वक्र है तथा दोनों ही में पंचम न्यासयुक्त तथा ऋषभ धैवत का अनभ्यास अल्पत्व है।

विभिन्नता

(1) मियाँमल्हार, मल्हार का एक सुमधुर प्रकार है इसका विस्तार मन्द्र तथा मध्य सप्तक में होता है। जबकि बहार राग स्वयं ही रागांग का राग है इसका विस्तार मध्य तथा तार सप्तक में अधिक होता है।

(2) राग मियाँमल्हार के गीतों में वर्षा ऋतु का वर्णन रहता है यह मियाँ तानसेन का बनाया हुआ राग है। बहार राग के गीतों में बसन्त ऋतु का वर्णन रहता है यह अमीर खुसरो का रचा हुआ कहा जाता है।

(3) मियाँमल्हार के आरोह में गंधार वर्जित है यह रात्रि के द्वितीय प्रहर में गाया-बजाया जाता है और बहार राग के आरोह में ऋषभ वर्जित है यह राग रात्रि के द्वितीय प्रहर में अन्तिम चरण के समय गाया-बजाया जाता है।

(4) मियाँमल्हार राग के वादी सम्वादी के सम्बन्ध में मतभेद है। अर्थात् कुछ लोग मध्यम-षड्ज वादी-संवादी तथा कुछ लोग षड्ज-मध्यम वादी संवादी मानते हैं। जबकि राग बहार में वादी संवादी के सम्बन्ध में मतभेद नहीं है। अर्थात् सभी लोग मध्यम षड्ज वादी संवादी मानते हैं।

(5) मियाँमल्हार में मल्हार तथा कांहड़ा का मिश्रण है इस राग में शुद्ध निषाद का अधिक महत्व है और बहार राग में कांहड़ा तथा बागेश्री का मिश्रण है इसमें कोमल निषाद का अधिक महत्व है।

(6) राग मियाँमल्हार गायन तथा वादन दोनों ही विधाओं में प्रयुक्त होता है। जबकि राग बहार केवल गायन के लिए प्राय: उपयुक्त माना जाता है।

(7) मियाँमल्हार पूर्वांग प्रधान राग है इसकी प्रकृति गम्भीर है। बहार राग उत्तरांग प्रधान राग है इसकी प्रकृति चंचल है।

(8) मियाँमल्हार में मध्यम वादी स्वर होने पर भी न्यासहीन है। बहार में मध्यम न्यास युक्त है।

मेघमल्हार और सूरमल्हार रागों की तुलना

समानताएँ

(1) इनकी उत्पत्ति काफी थाट से हुई है।

(2) इन रागों का आरोही औडव जाति का है।

(3) इनका गायन समय मध्य रात्रि है।

(4) ये मौसमी राग हैं। अत: वर्षा ऋतु में किसी भी समय गाये बजाए जा सकते हैं।

(5) इन रागों के आरोह में शुद्ध निषाद और अवरोही में कोमल निषाद प्रयुक्त है।

(6) ये गम्भीर प्रकृति के राग हैं।

(7) इन रागों की चलन तीनों सप्तकों में है।

(8) इनके आरोह में गंधार और धैवत स्वर वर्ज्य हैं।

(9) इन दोनों ही रागों का वादी स्वर षड्ज, संवादी स्वर मध्यम है। यद्यपि सूरमल्हार का वादी मध्यम संवादी षड्ज भी माना जाता है। लेकिन कुछ लोगों के मतानुसार 'साम' वादी संवादी है।

(10) ये सार्वकालिक राग हैं। इनमें 'सामप' स्वरों का प्राबल्य है।

(11) ये मींड प्रधान राग हैं।

(12) इनमें सारंग अंग और मल्हार का मिश्रण है।

(13) समान स्वर स्वरूप है— म रे प, रे प, नि प, मपनिसां, सानिपमरे, रें मं रें सां।

(14) दोनों रागों में मध्यम स्वर पर मुकाम होता है।

असमानताएँ

मेघमल्हार

(1) इस राग की जाति औडव-औडव है।

(2) ये राग सूरमल्हार की अपेक्षा अधिक प्राचीन है। राग रागिनी पद्धति में इसका उल्लेख है। इसके पूर्व जब शिवजी ने पाँच रागें अपने मुख से गाई थीं। उनमें से एक राग मेघ थी।

(3) इसके वादी संवादी के विषय में मतभेद है। सा वादी म संवादी है। लेकिन कुछ लोग वादी संवादी सा प मानते हैं।

(4) इसके आरोही एवं अवरोही में गंधार और धैवत स्वर वर्जित है।

(5) ये गमक प्रधान राग है।

(6) इस राग का चलन मन्द्र सप्तक में सूरमल्हार की अपेक्षा अधिक है— सा ^प^नि प निसा, नि प, मप नि सा, सारेसा, नि नि प।

(7) इस राग में रिषभ पर मध्यम का कण अनिवार्य है। ये कण झटके के रूप में लिया जाता है— ^म^रे ^म^रे ^म^रे, म रे सा, नि प नि सा।

(8) इसमें धैवत का प्रयोग नहीं है।

(9) कोमल निषाद को पंचम के कण से आघात करके लिया जाता है— नि^प नि^प प।

(10) रिषभ पर मध्यम के द्वारा होने वाले आन्दोलन इसे अन्य रागों से भिन्न रखते हैं। निषाद पर पंचम के कण का आघात भी इसी राग में सम्भव है।

(11) इस राग में नि^प प संगति अधिकांश रूप में विद्यमान है। इसमें सूरमल्हार की भाँति नि म प संगति नहीं है।

(12) मुख्य स्वर समुदाय— रे^म रे^म रे^म म रे सा, नि^प नि^प प।

(13) ग्रन्थाधार— यह राग अति प्राचीन है। सर्वप्रथम जो पाँच राग शिवजी के मुख से निकले उनमें से एक राग ये भी था। ऐसा कहा जाता है। अत: इस नाम का उल्लेख राग-रागिनी पद्धति के पूर्व था। रागरागिनी पद्धति में ये राग के रूप में था जिससे कई रागनियों ने जन्म लिया।

सूरमल्हार

(1) इस राग की जाति औडव-षाडव है।

(2) मुगलकाल में इस राग का प्रचार हुआ था।

(3) इस राग का वादी मध्यम संवादी षड्ज है लेकिन कुछ लोग वादी षड्ज और संवादी मध्यम मानते हैं।

(4) आरोही में गध स्वर और अवरोही में केवल गंधार वर्जित है।

(5) ये गमक प्रधान राग नहीं है।

(6) इस राग का चलन मध्य और तार सप्तक में विशेष होता है। सारे ऩि सा रे प, म नि म प, म नि प नि सां।

(7) इस राग में मेघमल्हार की भाँति आन्दोलित नहीं किया जाता। रिषभ पर मध्यम का हल्का सा कण होता है— मरे म रे, सा।

(8) इसके अवरोही में धैवत स्वर इस प्रकार लेते हैं— सां पर विश्रांति करके निधप स्वरों पर टुकड़ा लेते हैं। सां, नि ध प, मनिधप, पनिधप। इसके धैवत को सीधे ढंग से लेते हैं। किसी प्रकार का आन्दोलन नहीं होता।

(9) इसमें किसी प्रकार आघात की आवश्यकता नहीं होती।

(10) इसके अवरोही में धैवत का प्रयोग स्पष्ट है— सां, नि ध प, म नि प, नि ध प।

(11) नि म प संगति अधिक प्रचार में है। कभी-कभी नि प संगति भी ले लेते हैं।

(12) मुख्य स्वर समुदाय— रे प, म नि प निसां, नि ध प।

(13) ग्रन्थाधार— अकबर के दरबार में बाबा रामदास और सूरदास जो कि पिता पुत्र थे इन्हीं सूरदास ने सूरमल्हार की रचना की। अत: ये राग उन्हीं के नाम से प्रचार में है। 'श्रीमलक्ष्यसंगीतम्', 'संगीत-सुधाकर', 'संगीत कल्पद्रुम', 'अभिनवराग मंजरी', नामक ग्रन्थों में इसका उल्लेख है।

यमनी बिलावल और देवगिरी-बिलावल की तुलना

समानताएँ

(1) इनकी उत्पत्ति बिलावल थाट से हुई है।

(2) इनका वादी स्वर षड्ज एवं संवादी स्वर पंचम है।

(3) इनका गायन समय दिन का प्रथम प्रहर है।

(4) ये उत्तरांगवादी राग हैं।

(5) दोनों रागों के पूर्वांग में कल्याण और उत्तरांग में बिलावल अंग हैं।

(6) दोनों रागों में तीव्र मध्यम का प्रयोग होता है लेकिन देवगिरी में प्राय: तीव्र मध्यम नहीं लिया जाता।

(7) ये श्रृंगार रस के राग हैं। इनकी प्रकृति चंचल है।

(8) 'ग प' संगति दोनों में विद्यमान है। सामगप, सागप।

(9) ये उत्तरांगवादी होने पर भी इनका चलन पूर्वांग में ही होता है।

(10) इनमें विवादी स्वर के नाते कोमल नि का प्रयोग होता है।

(11) इनमें सा ग प न्यास के स्वर माने जाते हैं। इनमें गनि स्वर वक्र है।

(12) ये प्रात:कालीन राग और बिलावल प्रकार होने के कारण इसमें शुद्ध मध्यम अधिक प्रबल है। यमनी में तीव्र म का प्रयोग शुद्ध मध्यम की अपेक्षा कम है। देवगिरी में कुछ लोग तीव्र म लेने को कहते हैं लेकिन अधिकांश रूप में तीव्र मध्यम का प्रयोग नहीं किया जाता।

(13) दोनों ही रागों की चलन मन्द्र और मध्य सप्तक में होती है।

(14) इनकी अवरोह समाप्ति पर गरेसा, मगमरेसा स्वर लिये जाते हैं।

(15) दोनों रागों के अन्तरे का उठाव समान रूप में होता है— ग प नि ध सां।

(16) इनमें निम्न स्वर स्वरूप समान हैं— रेग, मगप, नि ध सां, पमग, प गम गरे, नि़रेगरेसा मगरेसा। गमरे, मगमरे, पधनिसां।

असमानताएँ

यमनी बिलावल

(1) इस राग की उत्पत्ति के सम्बन्ध में मतभेद है। इसमें तीव्र मध्यम का प्रयोग होने के कारण कुछ लोग इसे कल्याण थाट का राग मानते हैं। लेकिन उत्तरांग में बिलावल अंग विद्यमान है इसलिए बिलावल थाट के अन्तर्गत मानते हैं। अत: यह राग यमन और बिलावल का मिश्रित रूप है इसलिए इस राग का नाम यमनी बिलावल रखा गया।

(2) ये राग आरोही में अधिक स्पष्ट है।

(3) इसके अवरोह में ध ग स्वर अल्प नहीं हैं।

(4) इस राग की जाति सम्पूर्ण है। कुछ इसे षाडव-सम्पूर्ण मानते हैं।

(5) इस राग का पूर्वांग में चलन है— सा नि़ ध़, सा, रेग, ग, म रेसा, रेग पमग, मरेग, मरेसा।

(6) उत्तरांग का चलन है— गपध, निधसां, निध<u>नि</u>प, पपनिधसां।

(7) इस राग में यमन और बिलावल का मिश्रित रूप है।

(8) इस राग में दोनों मध्यम का प्रयोग होता है। इसमें तीव्र म का प्रयोग निश्चित है। इन दोनों में भेद ही तीव्र म के कारण किया जाता है। पंचम के साथ तीव्र म का प्रयोग होता है—प, मग, गमप, प। इस राग में तीव्र मध्यम की अपेक्षा शुद्ध मध्यम अधिक है।

(9) यह एक आधुनिक राग है। इसमें कोमल निषाद का प्रयोग नहीं है।

(10) इस राग में कोई स्वर वर्जित नहीं है।

(11) मुख्य स्वर समुदाय— सारेगरे, सा, नि़ ध़ नि़, ध़ प़, ध़नि़सा, ग, मग, पमप,गमगरे, गरेसा।

(12) इस राग का विस्तार मन्द्र, मध्य व तार सप्तक में होता है।

(13) इसमें निषाद स्वर का बहुत्व है इसमें ये आवश्यक स्वर हैं— सानि़ ध़ प़, ध़ नि़ सा।

(14) इस राग में 'निप' संगति नहीं है। अवरोही में

सांनिधप, निध, निधप स्वर प्रयुक्त हैं। इसमें एक शुद्ध निषाद ही लिया जाता है।

देवगिरी बिलावल

(1) इस राग की उत्पत्ति बिलावल थाट से मानी गई है। इसमें देवगिरी और बिलावल रागों का मिश्रण नहीं है। देवगिरी अलग कोई राग नहीं है। इस राग में शुद्ध कल्याण और बिलावल का योग है। कुछ कल्याण और बिलावल और कुछ विद्वान इस राग में बिहाग और कल्याण का मेल मानते हैं। लेकिन शुद्ध कल्याण और बिलावल के मेल को ही प्राय: भिन्नता दी जाती है। विनायक राव पटवर्धन ने कल्याण और बिलावल का योग कहा है।

(2) ये राग अवरोही में अधिक स्पष्ट होता है।

(3) इसके अवरोह में ध ग स्वर अल्प हैं।

(4) इस राग की जाति औडव सम्पूर्ण है।

(5) इस राग का पूर्वांग में चलन है—सारेगरेसा, नि़सा प़ध़नि़सा, गमरेग, पमप, गम, रेगप, मग मरेसा।

(6) उत्तरांग का चलन है— गपध, निध, सां, पधनिसां, सांनिधप।

(7) इस राग में शुद्ध कल्याण और बिलावल का योग है।

(8) इस राग में केवल शुद्ध मध्यम का प्रयोग होता है।

(9) यह राग प्राचीन ग्रन्थोक्त है। इस राग के अवरोह में धैवत के साथ कोमल निषाद का प्रयोग किया जाता है— सां नि ध नि प। इस राग में कोमल निषाद का प्रयोग विवादी स्वर के नाते होता है।

(10) इस राग के आरोह में मनि स्वर वर्ज्य है। अवरोह में ध ग स्वर अति दुर्बल है।

(11) इस राग का मुख्य स्वर समुदाय है— सा, ध़नि़धसा, रेग, ग ग, गरे, सा, सागप, धनिप, मग, म रेसा।

(12) इस राग का विस्तार मन्द्र और मध्य सप्तक में होता है।

(13) इसमें निषाद स्वर अल्प है। मन्द्र सप्तक में जाते समय प्राय: नि छोड़ देते हैं— सा, ध़ प़ ग-म रेग रेसा।

(14) इस राग में 'निप' संगति है। सांनिध, निप, गपधनिप, इस राग में दोनों निषाद लिये जाते हैं।

रामकली और भैरव की समता-भिन्नता

समता

दोनों ही राग भैरव थाट के हैं और दोनों में ही ऋषभ धैवत कोमल प्रयोग होते हैं। दोनों राग प्रातः गेय हैं। धैवत ऋषभ वादी-संवादी हैं तथा दोनों राग उत्तरांग प्रधान हैं। दोनों ही की जाति संपूर्ण संपूर्ण मानी जाती है। दोनों ही प्रातः सन्धिप्रकाश राग के अन्तर्गत आते हैं। दोनों में ही ऋषभ धैवत आंदोलित तथा ऋषभ, धैवत, पञ्चम न्यास बहुत्व के स्वर हैं। दोनों ही में शुद्ध मध्यम और शुद्ध-निषाद का अनभ्यास अल्पत्व है। दोनों ही में गम रे, रे सा तथा गमधधप, मपधधसांधनिसांधधप, इत्यादि स्वर-समूह का प्रयोग होता है।

भिन्नता

भैरव

(1) भैरव अत्यंत प्राचीन राग है।

(2) यह प्राचीन 6 रागों में से एक है तथा यह पुरूष जाति का राग है।

(3) भैरव का अति प्राचीन काल से एक ही नाम प्रचलित है।

(4) यह भैरव थाट का आश्रय राग है तथा रागांग राग है।

(5) इस राग के लिए महान संगीतज्ञ तानसेन का कहना 'प्रथम राग भैरव' अर्थात् संगीत साधना के लिये यह प्रारम्भिक राग है।

(6) यह सर्वसम्मति से सम्पूर्ण जाति का राग माना गया है।

(7) इसमें रिषभ, धैवत कोमल तथा दोनों निषाद का प्रयोग होता है।

(8) इसमें कोमल निषाद का प्रयोग विवादी के रूप में किया जाता है। अधिकतर ध्रुपद गाने वाले ही इस स्वर का अधिक प्रयोग करते हैं।

(9) यह शुद्ध राग है। इसमें अन्य किसी राग की छाया नहीं आती है।

(10) इस राग के सहारे अर्थात् भैरव-अंग से भैरव के बहुत से प्रकार गाये जाते हैं जैसे रामकली, गुणकली, आनंद-भैरव, अहीर-भैरव, शिवमत-भैरव, सौराष्ट-भैरव इत्यादि।

(11) इसका विस्तार मन्द्र, मध्य, तार तीनों सप्तकों में किया जाता है।

(12) इसका मुख्यांग इस प्रकार है, यथा— सा[म]रे सा रे सा, ग म ध ध प ग म रे रे सा।

(13) भैरव गम्भीर प्रकृति तथा शांत-रस व भक्ति-प्रधान राग है।

रामकली

(1) रामकली बहुत प्राचीन राग नहीं है।

(2) रामकली 36 रागिनियों में से एक है तथा स्त्री जाति की रागिनी है।

(3) रामकली के विविध नाम हैं यथा— रामक्री, रामकिरी और रामकली।

(4) यह भैरव का प्रकार है।

(5) इसके लिए विद्वानों के मुख से ऐसी कोई बात नहीं कही गई है। अर्थात् यह एक साधारण कोटि का राग है।

(6) इसकी जाति कुछ लोग ओडव-सम्पूर्ण तो कुछ विद्वान षाडव-सम्पूर्ण तो कुछ संगीतज्ञ संपूर्ण-सम्पूर्ण मानते हैं।

(7) इसमें इसके अतिरिक्त विकृत स्वर के रूप में तीव्र-मध्यम का भी प्रयोग होता है।

(8) इसमें सर्वसम्मति से कोमल निषाद का प्रयोग अनुवादी के रूप में किया जाता है।

(9) यह छायालग राग है इसमें कालिंगड़ा, और परज राग की छाया आती है।

(10) यह स्वयं भैरव के आश्रित है अर्थात् भैरव का प्रकार है।

(11) इसका विस्तार अधिकतर मध्य और तार सप्तक में किया जाता है।

(12) इसका मुख्यांग इस प्रकार है, यथा— सा रे रे सा नि़ सा ग म प, ग म ध ध प, म प ध नि ध प।

(13) रामकली नारी स्वभाव का राग है तथा तीव्र मध्यम के प्रयोग से इसकी प्रकृति कुछ चंचल और शृंगार (करूण) रस प्रधान है।

इस प्रकार एक थाट का राग होने पर भी इन दोनों रागों में काफी भिन्नता दृष्टव्य होती है।

शुद्धकल्याण और देशकार की समता-विभिन्नता

समता

(1) दोनों का आरोह समान है।

(2) दोनों के प्रत्येक स्वर शुद्ध हैं।

(3) कुछ विद्वानों के मतानुसार दोनों रागों में प रे की सङ्गति होती है, किन्तु यह प्रयोग शुद्ध कल्याण में तर्क सम्मति द्वारा होता है।

(4) दोनों में गन्धार अन्य अनुवादी स्वरों की तुलना में प्रमुख हैं।

विभिन्नता

(1) शुद्धकल्याण की उत्पत्ति कल्याण थाट से और देशकार की बिलावल थाट से मानी गयी है।

(2) शुद्धकल्याण रात्रिकालीन और देशकार प्रात:कालीन राग है।

(3) शुद्धकल्याण में ग वादी, ध संवादी और देशकार में ध वादी व ग संवादी माना जाता है।

(4) शुद्धकल्याण पूर्वांग प्रधान राग और देशकार उत्तरांग प्रधान राग है।

(5) शुद्धकल्याण रे म प रे की संगति सर्वसम्मति से है, किन्तु देशकार में प रे की संगति सर्वसम्मति से नहीं है।

(6) शुद्धकल्याण में मन्द्र और मध्य सप्तक का काम खूब होता है, किन्तु देशकार में मध्य सप्तक का और तार सप्तक का काम खूब होता है और मन्द्र सप्तक का प्रयोग बिल्कुल नहीं के बराबर होता है।

(7) देशकार औडव जाति का और शुद्धकल्याण औडव-षाडव जाति का राग है।

(8) देशकार की अपेक्षा शुद्धकल्याण में रिषभ प्रमुख है। देशकार के आरोह में अधिकतर रिषभ वर्ज्य कर देते हैं, किन्तु शुद्धकल्याण के आरोह में रिषभ कभी भी वर्ज्य नहीं करते।

सूहा और सुघराई रागों की समानताएँ-असमानताएँ

समानताएँ

(1) ये काफी थाट के कान्हड़ा अंग के राग हैं।

(2) ये प्राचीन राग हैं, इन्हें ग्रन्थाधार प्राप्त है।

(3) गन्धार और निषाद स्वर कोमल हैं।

(4) आरोह में धैवत स्वर वर्जित है।

(5) निप और गमरेसा स्वर संगति कान्हड़ा अंग को इंगित कर रही है।

(6) आरोह में शुद्ध एवं अवरोह में कोमल निषाद लेते हैं।

(7) गायन समय दिन का द्वितीय प्रहर है।

(8) कानड़ा अंग के साथ-साथ दोनों में सारंग अंग भी है। अडाना और वृन्दावनी की कुछ झलक दृष्टिगोचर है।

(9) इन्हें सारंग अंग के राग आरम्भ होने के पूर्व गाया जाता है।

(10) इनमें निप, मप, गम रेसा स्वरों की संगति है। 'पसां' स्वर लेने में स्वतन्त्रता है। कभी-कभी मपनिसां भी ले सकते हैं।

असमानताएँ

सूहा

(1) इस राग का वादी स्वर मध्यम है।

(2) इसमें धैवत स्वर वर्जित है।

(3) इस राग में मध्यम मुक्त रूप से प्रयुक्त होता है जैसे—^{म}सा ग म, पप, नि म प, सांनिप, मपगम।

(4) इसके आरोह में रिषभ स्वर वर्जित है। अवरोह में ^{म}ग म, रेसा के साथ लिया जाता है। आरोह में नि सा ^{म}ग म, प ^{म}ग म ये स्वर इसके जीवभूत स्वर हैं।

(5) इस राग में मेघ और दरबारी का योग है। स्वर इस प्रकार हैं—^{प}नि प, ग म रे सा, गंधार दरबारी की भाँति वक्र और आन्दोलित हैं।

(6) इसका पूर्वांग इस प्रकार है— सा, ^{म}ग, मप ^{म}ग म, रे सा। ^{म}ग म ... प प ^{म}ग म ... रेसा।

सुघराई

(1) इस राग का वादी स्वर पंचम है।

(2) धैवत स्वर आरोह से वर्जित है, लेकिन अवरोह में धैवत स्वर इस प्रकार ग्रहण किया जाता है। धैवत वक्र रूप में है— नि ध नि प।

(3) इसमें मध्यम की अपेक्षा पंचम का बाहुल्य है। वादी भेद के कारण सूहा से भिन्न है। पंचम पर मुकाम होता है। ग प प, प नि प, पनिध, निप।

(4) इसके आरोह में रिषभ का प्रयोग होता है— रे म प, ^{म}ग म प, ^{प}नि प, निसांरेंसां, नि, ध नि प, ये इसके जीवभूत स्वर हैं।

(5) इसमें बागेश्री और मधमाद का मिश्रित रूप है। नि ध नि सां रें सा ये स्वर बागेश्री के हैं और मधमाद के स्वर इस प्रकार हैं— नि सारे, मप, निसां रें निसां।

(6) इसका पूर्वांग इस प्रकार है— सा रे$^{सा}$ म प, ^{म}ग, मप, धपमप, ^{म}ग म, प ... ^{म}ग म रेसा।

सूहा कान्हड़ा और नायकी-कान्हड़ा की तुलना

समता

इन दोनों में केवल समता इतनी है कि ये दोनों कांहड़ा के प्रकार हैं तथा दोनों में मल्हार राग का मिश्रण है। कुछ लोग दोनों में मध्यम वादी मानते हैं। कांहड़ा के प्रकार होने के कारण दोनों में ग म[सा] रे सा तथा सां प नि प [म]ग [म]ग म नि प इत्यादि स्वर संगतियों का प्रयोग है जो कांहड़ा के पांच प्रकार (सूहा, सुघराई, देवसाख, नायकी, शहाना) में प्रयोग होता है। इसके अतिरिक्त दोनों प्रकारों में धैवत वर्जित है।

अब सूहा व नायकी में अन्तर देखिये—

भिन्नता

सूहा कान्हड़ा

(1) इसमें कान्हड़ा, मेघ व मल्हार का मिश्रण है।

(2) इसके आरोह में ऋषभ तथा धैवत पूर्णतया वर्जित है, इस कारण इसकी जाति ओडव-षाडव है।

(3) इसकी वादी मध्यम सर्वमान्य है।

(4) इसमें मेघ राग का मिश्रण होने के कारण केवल कोमल निषाद का प्रयोग होता है यथा म प नि प नि नि सां, नि सां रें सां [प]नि प।

(5) इसके आरोह में चूँकि ऋषभ वर्जित है इस कारण गन्धार का प्रयोग मध्यम के सहारे ही होता है यथा— ऩि सा[म] ग ग म, प[म] ग म[सा] रे सा।

(6) इसके अवरोह का ऋषभ इस प्रकार है— प[म] ग[म] ग म [सा] रे सा। (गुणिजनों का यह कथन सत्य ही है कि सूहा गंधार को तथा नायकी ऋषभ को देखता है)।

(7) इसमें मल्हार का मिश्रण केवल मुक्त मध्यम से स्पष्ट होता है। रे प संगति का प्रयोग नहीं होता।

(8) यह उत्तरांग प्रधान तथा दिन के द्वितीय प्रहर में गाये जाने वाला है (कुछ गायक आजकल इसे रात्रि में भी गाते हैं)।

(9) इसका चलन इस प्रकार है, प (प)[म] ग[म] ग म, म नि प[म] ग [म]ग म[सा] रे सा ऩि सा[म] ग[म] ग म, प म नि प, म प नि प सां, प नि प।

नायकी कान्हड़ा

(1) इसमें कान्हाड़ा, मल्हार और सारंग का मिश्रण है।

(2) इसके आरोह-अवरोह में ऋषभ का प्रयोग तथा धैवत वर्जित है इस कारण इसकी जाति षाडव-षाडव है।

(3) इसमें मध्यम के अतिरिक्त पंचम भी वादी मानते हैं। जो राग के अनुकूल तथा निकट के राग से इसके स्वरूप को भिन्न रखने में सहायक होता है।

(4) इसमें सारंग का मिश्रण होने से दोनों निषाद का प्रयोग होता है यथा— म प नि प नि सां।

(5) इसके आरोह में ऋषभ का प्रयोग है इस हेतु गन्धार दो अंगों से प्रयोग होता है अर्थात् आरोह में दरबारी अंग से अति कोमल गन्धार है यथा— सा रे[रे] ग[रे] ग म और अवरोह में मियाँ मल्हार अंग से अर्थात् मध्यम के सहारे प्रयोग होता है यथा प[म] ग[म] ग म रेसा रेऽसा।

(6) इसके अवरोह के ऋषभ में विशेष दीर्घत्व है यथा— प[म] ग[म] ग, गमपमरेसा रेऽसा।

(7) इसमें म रे प तथा रे प व मध्यम मुक्त मल्हार का द्योतक है।

(8) यह पूर्वाङ्ग प्रधान तथा रात्रि के द्वितीय प्रहर में गाये जाने वाला राग है (इसको दिन मे कभी गाते हैं)।

(9) इस राग का चलन इस प्रकार है— सा, रे ऩि सा, सा प़ ऩि प़ सा रे [रे]ग [रे]ग म[म], ग म रेसा रेऽसा रे ऩि सा रे प[निम] प[म] ग[म] ग म नि प, [म]ग [म]ग , गमपमरेसा रेऽसा।

सोहनी और मारवा की तुलना

समता

दोनों मारवा थाट के राग हैं। दोनों में समान स्वरों का प्रयोग होता है। दोनों संधिप्रकाश राग के अन्तर्गत आते हैं। दोनों का समप्रकृति राग पूरिया है। दोनों में मध्यम का अनाभ्यास अल्पत्व है।

भिन्नता

सोहनी

(1) यह केवल मारवा थाट से सम्बन्धित है।

(2) इस राग के लिए तीव्र-मध्यम के अतिरिक्त केवल शुद्ध-मध्यम या दोनों मध्यम युक्त वर्णन भी शास्त्रों में दृष्टव्य होता है।

(3) इसमें धैवत तथा गंधार वादी-संवादी है।

(4) इसके गाने का समय रात्रि का तृतीय प्रहर है।

(5) यह प्रात:कालीन संधिप्रकाश रागों के अन्तर्गत आता है।

(6) इसमें गंधार, धैवत और निषाद न्यास बहुत्व के स्वर हैं।

(7) मंध्य सप्तक में रिषभ का अनभ्यास-अल्पत्व तथा तार सप्तक के रिषभ का अभ्यास बहुत्व है।

(8) इसमें राग का मुख्य केन्द्र तार षड्ज होने के कारण कुछ लोग इसके तार षड्ज को ही वादी मानते हैं।

(9) इसमें निषाद न्यास-बहुत्व का स्वर है।

(10) इसमें सां <u>रें</u> सां <u>रें</u> नि सां तथा ध ग की स्वर-संगति है।

(11) यह चंचल प्रकृति के साथ श्रृंगार (करूण) रस प्रधान है।

मारवा

(1) यह मारवा थाट का आश्रय राग भी है।

(2) यह राग सर्वसम्मति से केवल तीव्र-मध्यम युक्त है।

(3) इसमें रिषभ तथा धैवत वादी-संवादी है।

(4) इसके गाने का समय सायंकाल है।

(5) यह सायंकालीन संधिप्रकाश राग है।

(6) इसमें रिषभ, गंधार और धैवत न्यास बहुत्व के स्वर हैं।

(7) इसमें रिषभ का आंशिक न्यास-बहुत्व है।

(8) इसके विपरीत इसमें षड्ज का अल्पत्व है।

(9) इसमें निषाद नि ध सां इस प्रकार वक्र तथा अनभ्यास अल्पत्व का स्वर है।

(10) इसमें नि ध सां इस प्रकार धैवत और षड्ज की संगति है।

(11) यह रौद्र प्रकृति का राग है।

अध्याय-5

महत्वपूर्ण निबन्धों का परिचय

1. पारम्परिक लोकगीतों का अध्ययन
2. वृन्दवादन का महत्व
3. लोकसंगीत एवं शास्त्रीय संगीत का पारस्परिक सम्बन्ध
4. लोकसंगीत की विधा—कजली अथवा कजरी
5. ललित कलाओं में संगीत का स्थान।
6. शास्त्रीय संगीत और लोकसंगीत में राग, लय और ताल का परिचय
7. संगीत में शोध की उपयोगिता
8. संगीत में सप्तक और संवाद का स्वरूप

पारम्परिक लोकगीतों का अध्ययन

हमारे देश की संस्कृति और प्रकृति बड़ी अनूठी है इसकी गोद में असंख्य दुर्लभ चीजों का समागम है। यहाँ अनेक प्रकार के पर्वों का सिलसिला लगा ही रहता है और इन उत्सवों में अपने-अपने प्रान्तों में अपनी-अपनी भाषाओं में गाये जाने वाले गीतों को लोकगीतों की श्रेणी में रखा जाता है। लोक संगीत से तात्पर्य है कि जो संगीत जनमानस के मन का रंजन करे, लोक+संगीत = लोकसंगीत। यह संगीत लोक जीवन से जुड़े आम मनुष्य का संगीत है। लोकगीतों के माध्यम से व्यक्ति अपने मन के अनछुए भावों की अभिव्यक्ति करने में सक्षम होता है वह अभिव्यक्ति, खुशी, व्यथा, विस्मय, आल्हाद, भक्ति और वात्सल्य किसी भी रूप की हो सकती है। इन लोकगीतों के माध्यम से सम्पूर्ण भारतवर्ष के निवासी अपने-अपने भावों, विचारों का आदान-प्रदान काफी समय से करते आये हैं इससे हम सभी आपस में एक-दूसरे के विचारों से परिचित होते हैं और अपने ज्ञान का विकास करते हैं।

इन लोकगीतों को किसी भी जगह गाया जा सकता है। गाने के साथ नाच की भी काफी पुरानी प्रथा है। उत्तर प्रदेश के अलीगढ़ से लेकर राजधानी दिल्ली के रास्ते तक अनेक कामकाजी महिलाएं प्रतिदिन एक स्थान से दूसरे स्थान तक जाते हुए ट्रेन की महिला बोगी में ही इन लोकगीतों को गाते हुए अपना सफर पूरा करती हैं। कभी इन गीतों को गाते-गाते वे उसकी ताल, लय, स्वर और शब्दों में इतना भाव-विभोर हो जाती हैं कि उनका पैर नाचने को उठ जाता है और कुछ तो नाचना शुरू भी कर देती हैं। इनके यह गीत पारम्परिक होते हैं जो अन्य जगहों पर गाये जाने वाले गीतों की अपेक्षा काफी भिन्न होते हैं। इन गीतों के साथ यह कभी-कभी मंजीरा भी बजातीं हैं इस तरह की प्रक्रिया अक्सर होती है इससे उनका समय भी आसानी से कट जाता है और एक दूसरे के गीत भी सीखने को मिल जाते हैं जिससे मन भी प्रसन्न रहता है।

हमारे आम जीवन से जुड़े इन गीतों से न सिर्फ मनोरंजन ही होता है बल्कि एक प्रकार का संदेश इसमें निहित रहता है। इन्हें स्वरों के उतार-चढ़ाव और विभिन्न प्रकार की लयों तथा ताल, स्वर, पद आदि के द्वारा गाया जाता है।

कुछ पारम्परिक लोकगीतों को दो प्रकार में बाँटा जा रहा है। इनमें स्त्रियों की मनोदशा का वर्णन भिन्न-भिन्न रूप से प्राप्त होता है।

1. गाने के पारम्परिक लोकगीत।
2. गाने और नाच दोनों के लोकगीत।

अब पहले वर्ग के लोकगीतों पर प्रकाश डाला जा रहा है। उदाहरणार्थ नीचे उत्तर प्रदेश के कुछ पारम्परिक लोकगीतों का वर्णन दृष्टव्य है—

देखो स्वयंवर बहार, बहार सियाप्यारी।
1. रंगभूमि की रचना है सुन्दर।
देखो श्री आँखें पसार, पसार सियाप्यारी
देखो स्वयंवर बहार, बहार सियाप्यारी।
2. देश-देश के राजा आये बैठे।
बैठे हैं कौशल कुमार सियाप्यारी
देखो स्वयंवर बहार, बहार सियाप्यारी।

इस लोकगीत में सीता के स्वयंवर का वर्णन है। रंगभूमि की जगह इतनी सुन्दर है कि सब बिना पलक झपकाये उसे निहार रहे हैं। देश-देश के कुशल राजा आये बैठे हैं। जिनमें कौशल्या के पुत्र राम भी हैं।

स्थाई का अन्तिम शब्द प्रत्येक अंतरे का अंतिम लाइन के अंत में 'सियाप्यारी' आया है यह "अन्त्यानुप्रास" का उदाहरण भी तथा इससे छंद भी पूरा किया गया है।

यह गीत जिन लोगों द्वारा गाये जाते हैं उनके द्वारा कई पीढ़ियों से चली आ रही परम्परा पिछली पीढ़ी से अगली पीढ़ी को सिखाते हुए क्रमशः लोकगीतों की परम्परा आगे बढ़ रही है। अगले उदाहरण में दृष्टव्य है—

तू राधे तेरा श्याम बनूंगा मैं।
हरदम तेरा नाम लूंगा मैं॥
छोटे-छोटे जाल होंगे जाल विच मछली।
तू मछली तेरा जाल बनूंगा मैं॥
हरदम तेरा नाम लूंगा मैं॥

एक उदाहरण और इस प्रकार है—

मार डालें पतुरिया को ठन गन।
1. मींना बाजार को जाकर खरीद करने लगे।
मियां के बाल और बच्चे भी भूखों मरने लगे॥
लेते आना सुनरवा से कंगन।
मार डालें पतुरिया को ठन गन।

उपरोक्त उदाहरणों में अलग-अलग प्रकार का मनोविज्ञान दिखाई पड़ रहा है जैसे—प्रथम गीत में कृष्ण के माध्यम से राधा को प्रेम समर्पण किया गया है।

स्त्रियां धार्मिक संस्कारों में बंधी होती हैं इसलिए उनके मन की समस्त भावनायें व्यक्त करने का माध्यम अधिकतर ईश्वर ही रहते हैं और वह ईश्वरीय सत्ता को अपना माध्यम बनाकर भक्ति की ही नहीं बल्कि प्रेम समर्पण तथा वात्सल्य आदि की बात भी कह देती हैं। साथ ही इस तरह उनके द्वारा ईश्वर के नाम का स्मरण भी हो जाता है।

दूसरे गीत में औरतों द्वारा पति से अपनी फरमाइश करने पर यह गीत बना है। ठन-गन का अर्थ है नखरा। उक्त गीत में पत्नी, पति से किस प्रकार नखरा करती है इसका वर्णन मिलता है। यह लोकगीत राजस्थान तथा उत्तर प्रदेश दोनों ही जगहों में गाया जाता है।

गाने और नाच दोनों का एक लोकगीत इस प्रकार है—

पंजाबी मेरे कान का बाला रे।
1. इधर गंगा उधर जमुना रे।
बीच गिरा कान का बाला रे॥
2. बुलाओ उन शहर के सुनरा को रे।
गड़ै मुझे कान का बाला रे॥
3. बुलाओ उन सास के लड़के को रे।
पहनाये मुझे कान का बाला रे॥
पंजाबी मेरे कान का बाला रे।

इस लोकगीत में पंजाबी कटिंग का कान का बाला खो जाने का वर्णन है—इधर गंगा उधर जमुना है बीच में बाला गिरा है। इस गीत में नायिका अपना कान का बाला खो जाने से काफी चिंतित है क्योंकि यह माना जाता है कि स्त्रियों को गहनों से विशेषकर लगाव होता है। वह कहती है कि सुनार को बुलाओ वह वैसा ही कान का बाला बनाये क्योंकि गंगा, जमुना में गिर जाने से तो अब मिलेगा नहीं। सास के लड़के से तात्पर्य अपने पति से है कि उसे बुलाओ वही आके मुझे कान का बाला पहनाएगा। गीत की प्रत्येक पंक्ति के अंत में रे आया है यह छंद पूरा करने के लिए है।

उपरोक्त पारम्परिक लोकगीतों को साहित्य की दृष्टि से देखा जाय तो इन लोकगीतों में रे, सियाप्यारी जैसे शब्दों का प्रयोग गाते समय किया जाता है इससे पद और भी सुन्दर बन जाता है साथ ही इससे छन्द भी पूरा होता है। इन समस्त लोकगीतों में खड़ीबोली, बृजबोली, बुन्देली, अवधी, राजस्थानी भाषा के शब्दों का प्रभाव है।

लोकगीत भावनाओं को शब्दों में प्रकट करने का माध्यम है। अतः यह सहज ही पद प्रधान होते हैं। ताल, लय, स्वर इसके सहयोगी हैं। यद्यपि बिना अभ्यास के और वो भी समूह में गाते हुए विभिन्न स्थानों पर कभी-कभी बेसुर और बेताल होने की गुंजाइश होती है तथापि पद और विषयवस्तु इतनी सहज व सार्थक होती है कि वह अपने प्रवाह में प्रत्येक को बहा ले जाने में समर्थ है।

सांगीतिक वाद्य—इन पारम्परिक लोकगीतों के साथ ढोलक और ढोलक के ऊपर चम्मच बजता है और कोई-कोई तो साथ में झाड़ू के पीछे की मोटी डण्डी को ढोलक के बजते समय बीच-बीच में बजाते हैं। प्रमुख वाद्य के रूप में हारमोनियम, घुंघरू, मंजीरा आदि का प्रयोग किया जाता है। गाते व नाचते समय कुछ लोग सहज रूप से ताली भी बजाते हैं। जिन लोगों को हारमोनियम बजाना नहीं आता वे सिर्फ ढोलक पर ही गाते हैं कुछ लोग ढोलक की जगह पर नाल बजाकर भी गाते हैं विभिन्न उत्सवों और संस्कार विशेष के अवसरों पर इन लोकगीतों के गाने का कार्यक्रम तीन-चार घंटे तक निरन्तर चलता रहता है।

ढोलक बजाते समय जिन्हें अच्छी ढोलक बजानी आती है वह तो अपनी कल्पना से कई प्रकार की ढोलक बजाकर

गाते हैं जिन्हें ढोलक बजानी नहीं आती उनके साथ संगत में कोई और ढोलक बजाता है। आज इन लोकगीतों के गाने और इन पर नाचने के अतिरिक्त कैसेट लगाकर सिने गीतों पर भी नृत्य होता है। यह प्रयोग वर्तमान समय में संगीत के बदलते हुए रूप की ओर संकेत करता है। इससे एक तरफ यह लाभ हुआ कि सिने गीतों के भिन्न प्रकार के भावों और मुद्राओं को लोक कलाकारों से अपने लोकनृत्यों में प्रयोग करके लोकनृत्य को समृद्ध बनाया है। वहीं दूसरी ओर कुछ स्थानों पर कैसेट्स के प्रयोग के कारण लोकगीतों व नृत्य की परम्परा अवरूद्ध हो रही है। कैसेट के नृत्य को अभिजात्य समझने के कारण लोक कला का ह्रास हो रहा है। इस हानि के फलस्वरूप लोकगीतों का विस्तृत क्षेत्र सिमट गया है। कुछेक तो इस परम्परा को छोटे लोगों का मनोरंजन कहकर उपहास करते भी देखे जाते हैं। यह सर्वथा अनुचित है।

स्वरों की भाँति शब्द भी लोकगीतों में इतना परिमार्जित, श्रुतिमधुर एवं मार्मिक स्वरूप ले लेते हैं कि कृत्रिमता तो उनमें नाम को नहीं मिलती। इसी प्रकार लोकगीतों की अपनी सार्वभौम विशेषतायें हैं; जैसे—पुनरावृत्ति, प्रश्नोत्तर प्रणाली, टेक आदि जिनसे गीत को कंठस्थ करने में, भावाभिव्यंजना में तथा गीत के विस्तार में सुविधा होती है। लोकसंगीत में उलट-चाल बदलने की तथा टेक उठाने की क्रिया बहुत मनोरंजक होती है। जुगलबंदी भी रहती है तथा गायन का चरमोत्कर्ष करने का अपना एक विशेष ढंग रहता है। लोकगीतों में लोकजीवन की अनंतता के दर्शन होते हैं। उल्लेखनीय है कि लोकगीतों में, तत्कालीन सभ्यता एवं संस्कृति का प्रभाव भी परिलक्षित होता है।

लोकगीतों का गाया जाना एक सहज बात है इन्हें गाने से हमें अपने देश की संस्कृति के विस्तार का परिचय मिलता है। इन लोकगीतों के माध्यम से आम आदमी खुले मन से एक दूसरे के ऊपर छींटाकशी करते हुये भी अपने मनोभावों को सहज रूप से व्यक्त कर लेता है। साथ ही लोकगीतों से हमें एक दूसरे की संस्कृति एवं अलग-अलग प्रान्तों की भिन्न-भिन्न चीजों को सीखना चाहिए। आपसी मनमुटाव दूर करके परस्पर मिलकर एक दूसरे का सम्मान करना चाहिए। किसी भी प्रान्त की संस्कृति का मजाक न बनाकर उसके मूल तत्व को समझकर उसकी अच्छाइयों को अपनाने का प्रयत्न करते हुए उनके लोकगीतों का संग्रह भी अपने अंतरतम में करते चलना चाहिये। अनेक प्रान्तीय लोकगीतों का संग्रह अनेकता में एक सूत्रता लाने की दिशा में एक सशक्त कदम होगा।

वृन्दवादन का महत्व

सन् 1952 में जब 'ऑल इंडिया रेडियो' ने अपने वाद्य-वृंद की स्थापना की, तो इस दिशा में पहली बार गंभीर प्रयत्न प्रारंभ हुआ। शुरू में इस वाद्य-वृंद में 28 संगीतज्ञ थे। तीन भागों में 15 तंतु-वाद्य इसके मूलाधार थे। ये सारे तंतु-वाद्य गज से बजने वाले थे। इसके तार तार-स्वरीय सात वाद्यों में पाँच वायलिन और दो छोटी सारंगियाँ, मध्य-स्वरीय भाग में दो मझोली सारंगियाँ, दो वायला (बेला) और एक इसराज तथा मंद्र-स्वरीय भाग में एक चेलो, एक मंदरबहार और एक डबल बास आदि वाद्य थे। भारतीय और पश्चिमी वाद्यों के सम्मिश्रण से तंतु वाद्यों को एक विशेष स्वर गुण मिला। इस वाद्य-वृंद में मिजराब से बजनेवाला कोई वाद्य नहीं था, यद्यपि दो सरोद अलंकरण के रूप में मौजूद थे। इस वाद्य-वृंद में पीतल का कोई सुषिर वाद्य नहीं था और काष्ठ के सुषिर वाद्यों में दो वंशियाँ, दो क्लारनेट और एक ओबोए थे। भारत के सभी महत्वपूर्ण घनवाद्य इसमें मौजूद थे। सौभाग्यवश इस वाद्य-वृंद के संचालक पहले दो विख्यात संगीतज्ञ रहे— पं. रविशंकर और श्री टी.के. जयराम अय्यर दोनों ही उच्चकोटि के संगीतकार हैं। स्वतंत्रता प्राप्ति के बाद वृंद-वादन की यह टोली समय-समय पर विभिन्न केन्द्रों पर अपना प्रदर्शन करती रहीं और उनके रिकार्ड आकाशवाणी के केन्द्रों से प्रायः प्रसारित होते रहे।

आचार्य भरतमुनि ने नाट्यशास्त्र में 'कुतप' नामक शब्द व उसकी धारणा का निरूपण किया है। जो निश्चित ही आज का वाद्य-वृंद है। भरतमुनि ने एक स्थान पर आनद्ध कुतप भी प्रयोग किया है, जो आज की तालवाद्य कचहरी है। परन्तु ऐसा लगता है कि प्राचीन भारत में इसका उपयोग स्वतन्त्र रूप से नहीं हुआ। वह संस्कृत के नाटकों से ही जुड़ा रहा था।

हिन्दुस्तानी संगीत के अंतर्गत वाद्य-वृंद की रचनाओं में या तो कोई राग-विशेष होता है या एक ही रचना में एक से अधिक रागों का मिश्रण होता है या संपूर्ण रचना लोक-धुनों पर आधारित होती है। इन रचनाओं में अनेक प्रकार की लयकारियाँ और झाले बहुतायत से पाए जाते हैं।

हिन्दुस्तानी संगीत के वृंद-वादन में पाश्चात्य संगीत की वाद्य-रचनाओं की भाँति न तो अधिक भेद होते हैं और न ही वादकों की संख्या ही 30-40 से अधिक होती है। हिन्दुस्तानी वाद्य वृंद में जो वाद्य साधारणतया काम में आते हैं वे विचित्रवीणा, सितार, सरोद, गोटुवाद्यम्, स्वरमंडल, सारंगी, वायलिन, इसराज, वंशी शहनाई, नागस्वरम्, क्लैरीनेट, जलतरंग, काष्ठ-तरंग, मुकुर-तरंग, तबला और मृदंग इत्यादि हैं। कभी-कभी इनके अतिरिक्त जो अन्य वाद्य सुनाई देते हैं, उनमें चैलो, खंजरी, शंख, झाँझ, मोरचंग और घटम् इत्यादि हैं।

तकनीक की दृष्टि से वाद्य-वृंद की रचनाओं में मैलॉडी ही प्रधान रहती है, परंतु उसमें आनंद उत्पन्न करने के लिए यदा-कदा कॉर्ड्स का भी सहारा लिया जाता है। परंतु भारतीय वृंद वादन में वाद्यों की जाति के आधार पर, कुछ स्वर-समूहों को शीघ्रता से बजवाकर जो टोन कलर उत्पन्न किया जाता है, उसका अपना पृथक् स्थान है।

भारतीय संगीत में तालों के आधार पर अगणित रिद्म्स उपलब्ध हैं। अत: यहाँ ताल-वाद्य-कचहरी नामक जो ताल वाद्यों का छोटा सा वृन्दवादन होता है, उसमें श्रोताओं को झुमा देने वाली अनेक प्रकार की रिद्म्स पाई जाती हैं। यह भारतीय संगीत के वृन्द-वादन की एक अलग मौलिकता है।

संगीत का सर्जन सांगीतिक ध्वनियों का किसी कलात्मक रूप से अथवा किसी तकनीक के आधार से मिला देने से नहीं होता, वरन् उसमें आंतरिक भावनाओं को स्वरों के माध्यम से प्रकट करना होता है। स्वर तो वे बाह्य उपकरण-मात्र हैं, जिनके द्वारा भावनाओं को व्यक्त किया जाता है। इसलिए वृंद-वादन के मध्य में जब भारतीय कलाकार को अपने वाद्य-विशेष को एकाकी रूप से बजाने का अवसर प्राप्त होता है तो वह मुक्त रूप से अपनी भावनाओं को व्यक्त करता है और वह गर्व के साथ अपने व्यक्तित्व को उस वृंद-वादन के मध्य में छोड़ जाता है। इस प्रकार भारतीय वृंद-वादन में भारतीय कलाकार सामूहिक रूप से अपने अन्य कलाकारों के साथ में पूर्ण रूप से सहयोग करते हुए अपने स्वयं के अस्तित्व को भी स्थिर रखता है, यह भारतीय वृंद-वादन की एक विशेष मौलिकता है।

हमें यदि वृंदीकरण की दिशा में आगे बढ़ना है, तो कुछ मौलिक बातों पर ध्यान देना आवश्यक है। पहले तो हमें एक अचल मूल स्वर (पिच) निर्धारित और स्थिर करना होगा। दूसरे वृंद-वादकों के लिखे हुए संगीत को बजाना सीखना पड़ेगा और इसके लिए एक समुचित तथा संतोषजनक स्वरलिपि का विकास बहुत ही जरूरी है। तीसरे व्यक्तिगत उपज के आधार पर बजाने वाले भारतीय संगीतज्ञों को पूर्णत: समवेत रूप से एक साथ बजाने का अनुशासन मानना होगा। वाद्यवृंद के लिए तंतु-वाद्यों में एक ही प्रकार से गज और उँगलियाँ चलाना, सुषिर वाद्यों में एक ही प्रकार से फूँक भरना और घन-वाद्यों को सुनिश्चित और नियंत्रित ढंग से बजाना अनिवार्य रूप से आवश्यक है। वाद्य-वृंद के संचालन की सर्वस्वीकृत पद्धतियों का विभिन्न लयों के निर्देशन, अलग-अलग वाद्यों के आरंभ के लिए बाएँ हाथ के स्वतंत्र उपयोग आदि का विकास करना होगा। रचनाकारों को वाद्यों की प्रकृति और वाद्य-समुदाय के रूप में अपने संगीत को रूपायित करना सीखना होगा। उन्हें यह भी समझना होगा कि वाद्यों के विशिष्ट स्वर-गुण आदि का अपने आप में बड़ा भारी महत्व है। साथ ही उन्हें कथात्मक, इतिवृत्तात्मक संगीत का अथवा किसी घटना के चारों ओर संगीत रचने का प्रलोभन छोड़ना होगा; क्योंकि इसके फलस्वरूप प्राय: संगीतकार वास्तविक संगीतगत मूल्यों से हटकर सस्ती अनुकरण-मूलक तिकड़मों में फँस जाता है। अंत में उत्तम वृंदीकरण के लिए वाद्य-वृंद की आवश्यकता के अनुरूप संगीत-रचना की योग्यता होना आवश्यक है।

10वीं सदी के बाद विदेशियों के आक्रमण तथा देशी राजाओं में आपसी फूट के कारण देश की एकता छिन्न-भिन्न होने लगी। आगे चलकर अंग्रेजों ने देश को हथिया लिया और हमारी परम्पराओं को नष्ट करना प्रारम्भ कर दिया। शनै:-शनै: संस्कृत नाटकों के साथ वृंद-वादन का भी लोप होने

लगा। नाटकों को पुन: जीवन तब मिला जब क्षेत्रीय भाषाओं में नाटक खेले जाने लगे। देश में विभिन्न नाटक कम्पनियाँ बनी, जो स्थान-स्थान पर जाकर अपना प्रदर्शन किया करती थीं। इस प्रकार विदेशी वाद्य जैसे हारमोनियम, क्लारोनेट, ट्रमपेट, वायलिन आदि जोड़ दिये गये और साथ-साथ धुनें भी सर्वसाधारण की रूचि को ध्यान में रखते हुये बनाई गयी।

जन साधारण ने रूचिकर धुनों को वृंद-वादन में सुनकर उसकी उपयोगिता और आवश्यकता का मूल्यांकन किया। फिर देश के कई संगीत प्रिय राजाओं और नवाबों ने भी इसका स्वागत और पोषण किया, जिसमें नवाब रामपुर, बड़ौदा और मैहर के राजाओं के नाम विशेष रूप से उल्लेखनीय हैं। वृंद-वादन का प्रथम मंचीय प्रदर्शन बंगाल के श्री क्षेत्रमोहन गोस्वामी ने श्री जीतेन्द्र मोहन तथा सौरेन्द्र मोहन टैगोर ने सन् 1859 में किया।

लोकसंगीत एवं शास्त्रीय संगीत का पारस्परिक सम्बन्ध

लोकसंगीत आदिकाल से ही जनजीवन का अभिन्न अंग रहा है। लोकसंगीत प्रकृति की अनूठी देन है, फलस्वरूप यह प्रकृति के सन्निकट है। आदिमानव ने शताब्दियों तक प्रकृति को अति निकटता से देखा है, प्राकृतिक परिस्थितियों के अनुरूप अपने जीवन की आवश्यकताओं की पूर्ति करता रहा है। जीवन की अनेक विसंगतियों का अनुभव अनजाने में ही करता रहा है। प्राकृतिक सौन्दर्य ने आदि मानव के मन में जिज्ञासा उत्पन्न की फलस्वरूप उसे रंजकता की अनुभूति हुई। ज्ञानेन्द्रियां जाग्रत हुईं और सौंदर्यबोध की कल्पना की उत्पत्ति हुई।

आदिमानव पशु-पक्षी, कीड़े-मकोड़े आदि के स्वर से परिचित हुआ, अनुकरण की प्रवृत्ति जाग्रत हुई और उनके स्वर से अपने स्वर को मिलाने का प्रयास करने लगा। उनकी उड़ान, उनकी चाल तथा गति का अनुकरण करने लगा। पवनवेग से झूमती, थिरकती हुई डालियों को देखकर स्वयं भी झूमने और थिरकने लगा। इसे झूमने, थिरकने आदि से उसे लय और ताल की सुन्दर अनुभूति हुई। नदियों और झरनों की कल-कल ध्वनि से उसके होठों में बोल, पैरों में थिरकन और शरीर में लचक प्रस्फुटित हुई। वह बुदबुदाने लगा, कुछ गाने लगा, बजाने लगा एवं विभिन्न गतिशील अंगों का संचालन करने लगा।

शास्त्रीय संगीत और लोकसंगीत एक वृक्ष की दो शाखाएँ हैं। संगीत के इन दोनों प्रकारों की विकसित दिशाएँ स्वतंत्र हैं तथा दोनों ही प्रौढ़ संगीत-शैलियों के दो विकसित, स्वरूप हैं। शास्त्रीय संगीत के प्रेरणा-स्रोत व्यक्ति एवं शास्त्र हैं, और शास्त्र के नियमों में बँधा हुआ शास्त्रीय संगीत स्वतंत्रतापूर्वक विचरने का अधिकारी नहीं है। लोकसंगीत का प्रेरणा-स्रोत जन-मानस है। उसका विकास और संचरण-क्षेत्र अधिक विस्तृत है। शास्त्रीय संगीत के प्रयोग और परीक्षण के लिए शास्त्र-ज्ञान की आवश्यकता है तथा विशिष्ट अभ्यास-क्रम से गुजरने की जरूरत है, परन्तु लोकसंगीत के प्रयोग के लिए किसी अभ्यास तथा ज्ञान की आवश्यकता नहीं है। शास्त्रीय संगीत वैयक्तिक साधना का प्रतीक है तथा लोकसंगीत सामुदायिक साधना का।

संगीत-रचनाएँ जब प्रौढ़ता को प्राप्त होती हैं, तभी उन पर शास्त्र बनते हैं। पहले रचनाएँ होती हैं, उनमें अनेक वाद-विवाद, प्रकार, उपप्रकार, क्रिया-प्रक्रियाएँ चलती हैं, तब शास्त्रों का आधार लिया जाता है। अनिबद्ध रचनाओं को निबद्ध करने के लिए शास्त्र दिशा-निर्देश करता है। प्रारंभ में शास्त्र सरल, सुगम तथा संक्षिप्त होता है, बाद में रचना-क्रम के विस्तार के साथ वह भी पेचीदा होने लगता है। अनेक नियम-उपनियम, धारा-उपधाराओं की सृष्टि होती है। शास्त्रीय संगीत यदि स्वर प्रधान होता है तो लोकसंगीत शब्द प्रधान होता है। लोकसंगीत का स्वरूप सहज, स्वच्छन्द एवं लयगर्भित होता है, शास्त्रीय संगीत जटिल एवं शास्त्रोक्त होता है, किन्तु सांगीतिक तत्वों के आधार पर दोनों में पारस्परिक सम्बन्ध की अनुभूति विद्यमान है।

लोकधुनों में शास्त्रोक्त रागें छुपी हुई हैं। शास्त्रीय नृत्यों में लोक तत्वों का व्यापक प्रभाव है। शास्त्रीय पद्धति से गाए जाने वाले अनेक गीतों में लोक बोली के शब्द होते हैं, ऐसे ही शब्द लोकगीतों के आधार स्तम्भ होते हैं। लोकसंगीत में स्वर व ताल रचना का सीधा महत्व नहीं होता है, किन्तु रचनाकार शास्त्रीय संगीत की दृष्टि से रचना की युक्ति का

निर्माण कर लेता है, जिससे दोनों का पारस्परिक सम्बन्ध उजागर होता है। तबला शास्त्रीय संगीत का प्रधान वाद्य है, किन्तु लोक संगीतज्ञ भी इसका उपयोग पूर्ण मनोयोग से करते हैं जो शास्त्रीय संगीत एवं लोकसंगीत के पारस्परिक सम्बन्ध का परिचायक है। शास्त्रीय संगीत में कलात्मकता है लोक संगीत की कला में सर्वग्राहिता है। दोनों ही पारस्परिकता के मुकाम हैं, क्योंकि दोनों की सांगीतिक विशेषता का अपना महत्व है।

अनुभव के आधार पर पाया गया है कि छत्तीसगढ़ी पंडवानी में लोकपक्ष की प्रधानता तो है, किन्तु कला पक्ष शास्त्र आधारित पाया जाता है। पंडवानी गायकी में लोकधुनों की मात्राओं में बंधकर शास्त्रीयता का रूप प्रदान करने की कोशिश की जाती है। झाडूराम देवांगन के पंडवानी गायन में इस तरह की पारस्परिकता का अनुभव शास्त्रीय संगीत के मनीषियों ने बखूबी परखा है। उनका कहना है कि झाडूराम देवांगन मात्राओं का प्रयोग ठीक उसी प्रकार करते हैं, जिस तरह पक्की गायकी में प्रयोग होता है। झाडूराम देवांगन शास्त्रीय संगीतज्ञ नहीं हैं, फिर भी अनजाने में वे शास्त्रीय पद्धति का उपयोग पंडवानी गायन में यत्र-तत्र कर लेते हैं, यही लोकसंगीत और शास्त्रीय संगीत का पारस्परिक सम्बन्ध है।

लोकसंगीत में स्वर एवं लय रचना की प्रधानता नहीं होती है, किंतु रचना करने योग्य परिस्थिति अवश्य होती है तभी तो शास्त्रीय संगीत के ज्ञाता किसी भी लोकगीत की स्वर एवं लय रचना (नाटेशन्स) करने में सफल हो जाते हैं। यह लोकसंगीत एवं शास्त्रीय संगीत का आन्तरिक पारस्परिक सम्बन्ध है। लोकसंगीत में भी स्वर एवं लय विशेष पर ठहराव, ठहराव का उचित समय, न्यास, स्वर संगति आदि समाहित होते हैं, आरोह-अवरोह का उपयुक्त सामंजस्य होता है जो दोनों के पारस्परिक सम्बन्ध का बोध कराता है। आकर्षण, सम्मोहन, विविधता, सौंदर्य, रोचकता एवं रंजकता आदि गुण संगीत के प्राथमिक तत्व हैं जो दोनों प्रकार के संगीत में विद्यमान होते हैं, इस दृष्टि से भी दोनों में पारस्परिक सम्बन्ध हैं। लोकसंगीत का वातावरण उत्साह, उमंग और तन्मयता से सराबोर पाया जाता है। कीर्तनियों के समान, लोकसंगीत के गायकों का भी लक्ष्य तल्लीनता और आनंद की सृष्टि ही है, इसलिए लोकसंगीत मर्म को स्पर्श करता है और हृत्तन्त्री को झंकृत करता है।

लोकसंगीत भी मनुष्य की भावात्मक अभिव्यक्ति के रूप में जनमानस में विराजता गया और सतत संचरण व प्रयोग से निर्दिष्ट तथा सुव्यवस्थित स्वर-धारा के रूप में प्रस्फुटित हुआ। विशेषज्ञों ने इन स्वर-रचनाओं का विश्लेषण किया। अनेक गीतों के परीक्षण से उन्हें स्वाभाविक स्वर-रचनाओं के ऐसे अनेक सार्थक चयनों का पता लगा, जो विशिष्ट भावात्मक स्थितियों में मनुष्य की विशिष्ट सांस्कृतिक पृष्ठभूमि के आधार पर जुड़ते मिलते हैं। उन्हें विशिष्ट रागों की संज्ञा दी गयी और यह निश्चित किया गया कि अमुक-अमुक स्वरों के चयन से एक विशेष प्रकार की धुन का जन्म होता है। इन्हीं धुनों का नामकरण किया गया और उनका एक विशिष्ट शास्त्र धीरे-धीरे विकसित हुआ। उन धुनों का विश्लेषण पंडितों ने अपने-अपने ढंग से किया। कई निष्कर्ष निकले, कुछ निश्चित परिणामों पर पहुँचे तथा राग-रागिनियों का नामकरण हुआ। उसके बाद अनेक विद्वानों ने स्वतंत्र परीक्षण व प्रयोग भी किए तथा नवीन राग-रागिनियों की सृष्टि भी हुई। लोकगीतों के स्वर-चयन में शास्त्रोक्त राग-निर्धारण न पहले ही था और न आज ही है। उनमें केवल रागों का आभास मात्र रहता है। उसी आभास के आधार पर शास्त्रीय संगीत का विस्तार-पक्ष सक्रिय होता है। मूल स्वर-चयन को स्वर-विस्तार के समय वादी, संवादी, विवादी, आरोही, अवरोही आदि के कड़े नियमों में बाँधकर शास्त्रकारों ने उन्हें विशिष्ट दशा दी तथा उन्हें रागों के घेरे में बाँध दिया। इस तरह अनेक लोकगीतों के परीक्षण से यह भली-भाँति ज्ञात होता है, कि उनकी स्वर-रचनाओं में स्वर-चयन किसी रागात्मक तथा भावात्मक वृत्ति के आधार पर ही होता है; तथा उनका बीजरूप निश्चय ही शास्त्रीय रागों में निहित है। यह आवश्यक नहीं है कि प्रत्येक लोकगीत का स्वर-चयन एक ही राग का द्योतक हो। रचयिताओं की मानसिक अवस्था के अनुसार अनेक रागों के आभास भी उनमें परिलक्षित होते हैं, जो कि आज भी विशेषज्ञों के अध्ययन के लिए बहुत ही दिलचस्प विषय बने हुए हैं।

लोकसंगीत की विधा— कजली अथवा कजरी

विभिन्न प्रांतों में जीवन के विभिन्न प्रसंगों, उत्सवों, त्यौहारों आदि पर गाये जाने वाले गीतादि लोकसंगीत के अंतर्गत आते हैं। यह विभिन्न प्रकार के स्वर, ताल, पद द्वारा गाये जाते हैं। इसी में कजरी नामक एक गीत प्रकार है जो कि सावन के महीने में गायी जाती है यह उत्तर प्रदेश में गाया जाने वाला एक प्रकार का लोकप्रिय लोकगीत है। इसे हम ऋतु गीत भी कह सकते हैं वैसे वर्षा ऋतु में कभी भी इस गीत को गाया जा सकता है। कजरी को कजली भी कहा जाता है। इसका क्षेत्र मुख्य रूप से उत्तर प्रदेश का पूर्वी भाग है। मिर्जापुर और उसके आसपास का क्षेत्र कजरी के लिए अधिक प्रसिद्ध है। बनारस में कजरी मिर्जापुर से ही पहुँची जो बाद में वहाँ अपना ली गयी। इन गीतों में विरह का बहुत ही मार्मिक वर्णन मिलता है। कई गीत श्रृंगार रस के भी दिखाई देते हैं। कई गीतों में प्रकृति वर्णन का सुन्दर चित्रण मिलता है। कजरी गायन की अनेक शैलियाँ प्रचलित हैं। कुछ में ठुमरी अंग विशेष रूप से दिखाई देता है।

प्रारम्भ में कुछ कजरी गीतों के उदाहरण इस प्रकार हैं—

(1)

सखियां झूलन चलीं फूल बगियन।
घिर आयी कारी बदरिया॥
फूलवा बीनें, हरवा गुथैय।
सखियां.....

(2)

नहीं आये सजना हमार।
सावनमां आई गइले ननदी॥
इस गीत में कहरवा ताल का वज़न मिलता है।

(3)

कैसे खेलन जैबू, सावनमां कजरिया।
बदरिया घेरी आई ननदी॥

सरस सावन, आँखों को सुख पहुँचाने वाली मखमली हरियाली, रिमझिम फुहार—इनका असल चित्र वस्तुतः कजली में ही मिलता है। वैसे, देखा जाय, तो अधिकांश लोकगीत किसी-न-किसी ऋतु अथवा त्यौहार के होते हैं। वर्षा-ऋतु के आगमन पर लोगों के मन में जिस नए उल्लास एवं उमंग का संचार होता है, उसको अभिव्यक्त करती है कजली। इसी कारण इसे वर्षा के साथ मनुष्य के तादात्म्य का सुर में, साज में और छंद में आलाप कहा गया है। सावन-भादों के महीने में बनारस, मिर्जापुर और इनके निकटवर्त्ती इलाके कजली से गूँजते हैं। न केवल स्त्रियाँ, बल्कि पुरुष भी कजली गाते हैं और बड़े उत्साह से गाते हैं।

कहा जाता है कि कजली का नामकरण सावन के काले बादलों के कारण पड़ा है। 'भारतेन्दु' के अनुसार, मध्य प्रदेश के दादूराय नामक लोकप्रिय राजा की मृत्यु के बाद वहाँ की स्त्रियों ने एक नए गीत की तर्ज का आविष्कार किया, जिसका नाम 'कजली' पड़ा। कुछ लोग कजली-वन से भी इसका संबंध जोड़ते हैं। पं. बलदेव उपाध्याय के विचार में आजकल की कजली प्राचीन लावनी की ही प्रतिनिधि है। कजली का संबंध एक धार्मिक तथा सामाजिक पर्व के साथ जुड़ा हुआ है। भादों के कृष्ण-पक्ष की तृतीया को (तीजा) कज्जली-व्रत पर्व मनाया जाता है। यह स्त्रियों का मुख्य त्योहार है। स्त्रियां इस दिन नए वस्त्र-आभूषण पहनती हैं, कज्जली देवी की पूजा करती हैं और अपने भाइयों को 'जई' बाँधने के लिए देती हैं। उस दिन वे रात-भर जागती और कजली गाती हैं।

कजली के कई अखाड़े भी होते हैं। प्रत्येक अखाड़े का अलग-अलग गुरू (शायर) होता है और उनके शिष्यों की परंपरा लंबी होती है। ज्येष्ठ दशमी को अखाड़ों में ढोलक का पूजन करके कजली शुरू होती है और अनंत चतुर्दशी को समाप्त की जाती है। कुछ आखाड़ों में आश्विन कृष्णाष्टमी तक कजली-गायन चलता है। पहले सभी अखाड़े कजली गाते हुए स्थानीय नदेसर मुहल्ले में इकट्ठे होते थे और वहाँ रात-भर गाई जाती थी। दो गुरु-घरानों में कजली प्रतियोगिता भी होती थी। एक आखाड़ा दूसरे अखाड़े को इलायची भेंट करके निमंत्रण देता था।

काशी में कजली-दंगलों की परंपरा काफी पुरानी है। लगभग तीस-चालीस गज की दूरी पर आमने-सामने दो मंच

बनाए जाते हैं, जिन पर प्रतिद्वंदी अखाड़े वाले बैठते हैं। पहले एक अखाड़े का उस्ताद खड़ा होता है और सुमिरिनीं से दंगल प्रारंभ होता है। उसके बाद दूसरा दल उसी छंद और उसी तर्ज में तथा उसी विषय पर कजली गाकर पहले का जवाब देता है, फिर एक कजली और गाता है, जिसका जवाब पहलेवाले दल को देना होता है। जब तक शायर जवाब सोचता है, तब तक उसके दल के अन्य सह-गायक (जिन्हें 'डेवढ़िया' कहते हैं) टेक की कड़ी को दुहराते रहते हैं। गाते समय ढोलक, लकड़ी, चंग आदि बजाए जाते हैं। शायरों को प्रतिद्वंदी पर चोट करने के लिए काफी श्रम करके नए-नए विषयों और छंदों में कजलियाँ तैयार करनी पड़ती हैं। आमतौर से ये दंगल रात के दस-गयारह बजे से शुरू होकर सुबह तक चलते रहते हैं। श्रोताओं को बहुत आनन्द आता है। शायरों और पेशेवर गानेवालियों के बीच भी कजली-दंगल होते हैं। किसी जमाने में, कजली-दंगल के शायर मारकंडे, श्याम लाल, भैरों, खुदाबख्श, पलटू, रहमान, सुनरिया गौ-निहारिन आदि का बहुत नाम था।

स्वतंत्रता-प्राप्ति से पहले राष्ट्रीय कजली-दंगलों का आयोजन होता था। दंगल में गाई जाने वाली कजलियों का अपना अलग-अलग राग और स्वर होता है, मगर पिछले कुछ वर्षों से सिनेमा की तर्जों और कव्वाली का उन पर बहुत प्रभाव पड़ा है। कजली का मुख्य विषय है, शृंगार-रस के संयोग और वियोग-पक्ष। एक ओर स्त्री अपने पति के परदेश से आगमन पर आनंद से झूम उठती है—

आरे बाव बहेला पुरवैया,
अब पिया मोरे सोवे ए हरी,
कलियाँ चुनि-चुनि सेजियाँ डसवलीं,
सइयाँ सुतेले आधी राति।

इधर दूसरी ओर प्रियतम परदेश से नहीं लौटा है। सभी सहेलियाँ तो खुशी से मगन हैं और वह अकेली विरह में तप रही है—

बादल बरसे, बिजुरी चमके,
जियरा ललचे मोर सखिया।
सइयाँ घरे न अइलें,
पानी बरसन लागेला मोर सखिया।

ठेठ रूप में कजली की ध्वनि दो प्रकार की मानी जा सकती है एक को बहर या ग़ज़ल की बंदिश में कजली-दंगलों में सुना जा सकता है। दूसरी है ढुनमुनिया कजली, जिसे औरतें वृत्त बनाकर ताल देते हुए झुक-झुककर गाती हैं—

कहो चित लाके, शीश नवाके, गणपति बाँके ना।
सँवलिया सुत गिरजा के ना॥

शायद ही ऐसा कोई विषय बचा होगा, जिस पर कजली न लिखी गई हो। राष्ट्रीय-अंतरराष्ट्रीय समस्याओं, गांधीजी के अहिंसा-आंदोलन, गोरक्षा, ऐतिहासिक लड़ाइयों के साथ-साथ ताश के खेल, कुश्ती के दाँव-पेंच, मिठाई एवं फलों के प्रकारों आदि पर भी शायरों ने कजली लिखी हैं। देवी-देवताओं की प्रार्थना के रूप में भजन-कजली और निर्गुणियाँ कजली भी मिलती हैं। 'ककहरा' कजली, जिसमें 'क' से 'ज्ञ' तक प्रत्येक अक्षर पर पंक्तियाँ लिखी गई हैं, से लेकर 'अधर' कजली तक लिखी गई हैं, जिसमें प-वर्ग वर्णो का प्रयोग नहीं किया जाता।

कजली के शायर लोग समाज के प्रति कितने सजग रहते थे, इसका प्रमाण इसी बात से मिलता है कि इन्होंने समाज की प्रत्येक बुराई की ओर लोगों का ध्यान आकर्षित किया। ये अपने पूरे परिवेश से जुड़े रहते थे— बड़ी से लेकर छोटी-छोटी घटनाएँ तक इन पर असर डालती थीं।

मिर्जापुर की कजली काफी प्रसिद्ध है। इस संबंध में एक कहावत प्रचलित है— 'लीला रामनगर की भारी, कजली मिर्जापुर सरनाम'। अष्टभुजा के ऊपर का पर्वत वर्षाकाल में और भी सुंदर हो जाता है। नीचे पुण्यसलिला गंगा, बहुत दूर तक विंध्यमाला चारों ओर छाए हुए काले-काले मेघ-मिर्जापुर की कजली की मादकता इनसे और बढ़ जाती है और प्रसिद्ध कवि प्रेमधन कह उठते हैं—

साँचहुँ सरस, सुहावन, सावन गिरिवर विंध्याचल पै रामा,
हरि-हरि मिर्जापुर की कजरी लागे प्यारी रे हरी।

यहाँ नागपंचमी के पहले झूले पड़ जाते हैं। कजली तीज को 'कजरहवा ताल' पर रात-भर कजली उत्सव होता है, जिसे सुनने के लिए श्रोताओं की अपार भीड़ होती है। बहुत से लोग बनारस से भी आते हैं और रातभर झूम-झूमकर

कजली सुनते हैं। यहाँ के कजली शायरों में वफ्फत, सूरा, हरीराम, लक्ष्मण, मोती आदि के नाम लिए जाते रहे हैं।

लक्ष्मण मिर्जापुरी ने विरहिणी राधा का कैसा मर्म-स्पर्शी चित्र खींचा है—

नहिं आए घनश्याम, घेरि आई बदरी।
बैठी तीरे बृज-बाम, तू न मेरो लाज धाम॥
आई सावन की बहार, मुझे मोरवा पुकार।
पड़े बुन्दन फुहार, घेरि आई बदरी॥
कान्हा हमें बिसराय, रहे सौतन लगाय।
करी कौन उपाय, घेर आई बदरी॥

मिर्जापुर की कजली का अपना एक रंग है और बनारस की कजली का एक अलग रंग। इन दोनों रंगों में से कोई भी एक-दूसरे से कम नहीं। स्त्रियों द्वारा गाई जाने वाली कजलियों में अब भी वास्तविक सौंदर्य और माधुर्य सुरक्षित है; दंगल में अब कजली का स्थान धीरे-धीरे कव्वाली लेती जा रही है। पहले कजली गाते समय हारमोनियम का इस्तेमाल नहीं होता था, अब हारमोनियम भी बजाया जाता है।

ललित कलाओं में संगीत का स्थान

कलाओं को सामान्यत: दो वर्गों में विभक्त किया जाता है— ललित कला तथा उपयोगी कला। ललित कलाएँ मनुष्य के सौन्दर्यबोध की प्रतीक हैं, उपयोगी कलाओं में बौद्धिकता तथा उपयोगिता का सम्मिश्रण रहता है। ललित कलाओं में वास्तुकला, मूर्तिकला, चित्रकला, संगीतकला और काव्यकला की गणना होती है। उपयोगी कलाएँ मनुष्य की भौतिक आवश्यकताओं की पूर्ति से सम्बद्ध हैं। उपयोगी कलाओं में भी थोड़ा-बहुत सौन्दर्यबोध का भाव तो रहता है, पर वह गौण है। कुर्सी, मेज आदि वस्तुओं में 'डिजाइन' का ध्यान रखा जाता है, किन्तु यह डिजाइन प्राय: उपयोगिता की दृष्टि से बनाई जाती है। इस प्रकार उपयोगी कला व्यवहार जनित और सुविधा बोधी है तथा ललित कला मन के सन्तोष के लिए है। साथ ही उसमें उस विशिष्ट मानसिक सौन्दर्य की योजना है जो उपयोगितावाद्व से भिन्न तत्त्व है।

ललित कला के अन्तर्गत जो पाँच भेद माने जाते हैं। इनमें प्रथम तीन अर्थात् वास्तुकला, मूर्तिकला तथा चित्रकला का 'दृश्य' माना जाता है तथा संगीत कला और काव्य कला को प्रमुखत: 'श्रव्य' कहा गया है। ललित कलाएँ मनुष्य के सौन्दर्यबोध की विकसित अवस्थाओं की परिचायक हैं। यद्यपि ये मनुष्य की जीविका हेतु उपयोगी भी होती हैं, परन्तु प्रमुखत: वे अलौकिक आनन्द की सिद्धि में ही सहायक सिद्ध होती हैं। इस दृष्टि से सामान्यत: कला कहने से ललित कलाओं का बोध होता है। इन कलाओं में से जिस कला में माध्यम के रूप में प्रयुक्त हाने वाले उपकरण सबसे कम होते हैं, वही कला सर्वश्रेष्ठ मानी जाती है। इस कसौटी पर वास्तुकला सबसे निम्न स्तर की ठहरती है। इसका कारण यह है कि उसमें प्रयुक्त उपकरण ईंट, रोड़ी, चूना आदि एकदम मूर्त तथा स्थूल है।

वास्तुकला के बाद मूर्तिकला आती है। इसके उपकरण पत्थर, छैनी, हथौड़ा आदि वास्तुकला से तो कम मूर्त हैं, पर फिर भी उसमें सूक्ष्मता का अभाव है। चित्रकला के उपकरण कागज, रंग, कूची आदि और भी कम स्थूल हैं फिर भी उसमें सूक्ष्मता का अभाव है। काव्य में केवल शब्द को उपकरण बनाकर साहित्यकार अपनी सृष्टि की रचना करता है। परन्तु संगीत कला में शब्दों का भी सहारा छोड़ दिया जाता है। वहाँ केवल ध्वनि संयोजन के आधार पर रचना की जाती है।

अनेक विद्वान इन ललित कलाओं में साहित्य का स्थान सर्वश्रेष्ठ मानते हैं। यहाँ यह विचारणीय बात है कि यद्यपि 'शब्द' ही हमारी आत्मा के सबसे अधिक समीप है परन्तु साहित्य में शब्दों को सुनते समय हमारी बुद्धि को अनेक अर्थों और भावों को ध्यान में रखने का प्रत्यन करते रहना पड़ता है तभी साहित्य का आनन्द आता है। परन्तु किसी वाद्य द्वारा उत्पन्न संगीत में अथवा केवल आ-आ द्वारा रागालाप की अभिव्यक्ति में बुद्धि को शब्दों के अर्थो में नहीं उलझना पड़ता। वहाँ केवल नाद द्वारा ही भावों की अभिव्यक्ति होती है। अतएव जो आनन्द संगीत द्वारा मनुष्य को प्राप्त हो सकता है वह अन्य किसी ललित कला द्वारा सम्भव नहीं है। इसीलिए ललित कलाओं में संगीत का स्थान सर्वश्रेष्ठ माना जाता है।

अमूर्त भावनाओं को मूर्त रूप देने के लिए किसी भौतिक पदार्थ को माध्यम बनाना पड़ता है। यह पदार्थ जितना ही

हमारी आत्मा के निकट होगा उतना ही उत्तम होगा। हीगेल नामक जर्मन दार्शनिक के अनुसार 'शब्द' हमारी आत्मा के सबसे अधिक निकट है। इसीलिए शब्दों के माध्यम द्वारा हम आध्यात्मिक जगत की अनुभूतियों को अधिक स्पष्ट कर सकते हैं। ध्वनि में जो रूप होता है उससे संगीत का जन्म होता है। गति में जो रूप होता है, उससे नृत्य की अनुभूति होती है। एक गायक या वादक की आत्मा ही स्वरों का रूप धारण करके, कल्पना और वेदना से प्रेरित होकर भाँति-भाँति से जो स्वर योजना करने लगती है, वही संगीत है। उस समय आत्मा के आलोक से चमचमाते स्वर, जीवन की सम्पूर्ण वेदना लेकर उत्कृष्ट संगीत को जन्म देते हैं। ऐसे ही संगीत को सुनकर श्रोता उन्मुक्त अवस्था का अनुभव करने लगता है।

कला के क्षेत्र में सौन्दर्य, कलाकार के हृदय में उदय होता, पलता और पुष्ट होता है और अनेक माध्यमों द्वारा अभिव्यक्त होता है। सुन्दर अभिव्यञ्जनाओं का लक्ष्य ही आनंद की उपलब्धि कराना होता है। यह तभी सम्भव होता है जबकि कलाकार के अन्त:करण में तीव्र वेदना को अनुभव करने की स्वाभाविक ग्राहकता हो। इस अभिव्यकित में नियम और स्वच्छन्दता का सामञ्जस्य आवश्यक होता है। परन्तु नियम की कठोरता में अभिव्यक्ति नीरस और मृतवत् हो जाती है। अत: कलाकार की कलात्मक प्रतिभा का स्वच्छन्द गति से बहना ही श्रेयस्कर है।

जिस प्रकार कि केवल ईंट, रोड़ी, चूना, पत्थर इत्यादि को भवन नहीं कहा जा सकता, ठीक उसी प्रकार केवल स्वरों से संगीत नहीं बनता। संगीत रचना के लिए अनेक स्वरों को किसी क्रम और लय में रखना आवश्यक है। लय या गति को प्रदर्शित करने के लिए समय की आवश्यकता होती है। अत: 'स्वरों का किसी क्रम से लय में आते रहने की क्रिया को संगीत का प्रथम चरण कहा जा सकता है।' परन्तु जब तक इन स्वरों के क्रम में कोई नियम या बन्धन न हो, उसे संगीत नहीं कहा जा सकता।

संगीतकला में 'समय' एक आवश्यक तत्व होने के कारण, संगीत-रचना को एक ईंट, चूने के बने भवन, पत्थर की मूर्ति अथवा चित्र की भाँति एक बार में ही समग्र रूप में नहीं देखा जा सकता। इसमें एक ध्वनि के उपरान्त अन्य ध्वनियाँ आती रहती हैं। जो ध्वनि सुनाई देती है, श्रोता को उसके पूर्व की ध्वनि को याद रखना पड़ता है और आगे आने वाली ध्वनियों से उसके सम्बन्ध को ध्यान में रखना पड़ता है, तभी उसे संगीत का आनन्द आता है।

रचनात्मक प्रवृत्ति से 'रूप' की उत्पत्ति होती है। ललित कलाओं में यही 'रूप' स्वयं अपने प्रभाव से आनन्द की अनुभूति उत्पन्न करता है। रचनात्मक प्रवृत्ति से रूप का आविष्कार करना एक आनन्ददायक, मानसिक आसैर शारीरिक क्रिया है। इसी कारण से संगीतज्ञ स्वरों को गुनगुना कर संगीत की रचना करता है। नवीन, आनन्दवर्धक और सुन्दर 'रूप' का आविष्कार करने के लिए कलाकार का पर्याप्त मानसिक विकास और रूप की रूपता को हृदयङ्गम कराने में समर्थ स्वाभाविक क्षमता की आवश्यकता होती है। इसी स्वाभाविक क्षमता को 'कलात्मक प्रतिभा' कहा जाता है।

संगीत का आनन्द लेने के लिए सबसे पहले इस बात का ध्यान रखना चाहिए कि सुन्दरता, रूचि के अनुसार भिन्न-भिन्न व्यक्तियों को भिन्न-भिन्न वस्तुओं या कार्यों में मिलती है। यदि हम संगीत का आनन्द लेना चाहते हैं तो हमें अपने मन को ऐसा बनाना पड़ेगा कि वह संगीत का आनंद ले सके। फिर, विभिन्न मन:स्थितियों में एक ही मनुष्य को एक ही वस्तु सुन्दर और असुन्दर दोनों प्रकार की प्रतीत हो सकती है। इस प्रकार सुन्दरता मन:स्थिति पर निर्भर करती है। अतएव्र संगीत का आनन्द लेने के लिए सबसे आवश्यक बात यह है कि हमें अपनी जड़ तथा स्थिर प्रवृत्तियों, इच्छाओं और द्वन्दों को त्याग के, सहृदयता के साथ स्वयं को संगीत के स्वर तथा लय-प्रवाह में पूर्ण रूप से समर्पित कर देना होगा। तभी संगीत अपनी स्वर लहरी से हृदय को विशेष गति प्रदान करके स्वत: जीवन मुक्त अवस्था और मादकता प्रदान करेगा। तब हमें ऐसा प्रतीत होगा कि देह का बन्धन छूट गया, रस का महोदधि उमड़ पड़ा; और अपने में अद्भुत आनन्द छा गया।

शास्त्रीय संगीत और लोकसंगीत में राग, लय और ताल का परिचय

शास्त्रीय संगीत में राग के नियमों का विशेष महत्व है। स्वर वर्णों की ऐसी रचना जो सुनने में प्रिय लगे उसे राग कहते हैं। लोकसंगीत में लोकधुन 20 या 25 आवर्तन की होती है। लोकधुन एक रचना है। राग के नियमों को ध्यान में रखकर जितनी भी रचना बनायेंगे वे सभी राग के अन्तर्गत

आते हैं। राग और लोकधुन में कोई साम्य नहीं है। लोकधुन पूर्व नियोजित होती हुई लचीली होती है। लोकधुन सीमित होती है। परन्तु राग बन जाने से उसके विस्तार का क्षेत्र बढ़ जाता है। लोकसंगीत की धुनें पूरी तरह शास्त्रीय न बनकर उपशास्त्रीय रह गई है। कभी-कभी कार्यक्रमों के अंत में इन धुनों का प्रयोग होता है।

लोक का अर्थ है देखना या जितना दिखाई पड़ता है और शास्त्र का अर्थ है जिसमें नियम हो। लोक और शास्त्र ये शब्द हमारी भारतीय धारणा में सामान्य रूप में प्रयुक्त किये जाते हैं। लोक शब्द हमारे ग्रन्थों में संस्कृत से आया जिसका व्यापक (विस्तार) अर्थ लिया जाता है परन्तु धीरे-धीरे इसका अर्थ संकुचित हो गया और केवल क्षेत्र में प्रचलित संगीत के लिए इस शब्द का प्रयोग किया जाने लगा।

संगीत में स्वर व ताल का महत्व बराबर है। यदि संगीत में स्वर शरीर है, तो ताल उसमें आत्मा के समान है। जिस प्रकार शरीर बिना आत्मा के मिट्टी का लोंदा मात्र है, उसी प्रकार बिना ताल के स्वर है। शरीर को चलने के लिए आत्मा का सहारा लेना ही पड़ेगा व आत्मा को सगुण रूप में आने के लिए सगुण रूप शरीर का सहारा लेना ही पड़ेगा; उसी प्रकार स्वर व ताल एक-दूसरे के आश्रित हैं।

जनजीवन का सामान्य निर्वाह सभी देशों में समान है और उसकी स्वरात्मक एवं लयात्मक अभिव्यक्ति उनका लोकसंगीत है। करूणा की अभिव्यक्ति 'क्रंदन' में जिस प्रकार राष्ट्रीय पार्थक्य नहीं, उसी प्रकार लय-ध्वनिसंपन्न लोकसंगीत में भाषा भिन्नता के अतिरिक्त मौलिक उपादानों की समानता है।

'लय' लोकसंगीत का एक अविभाज्य अंग होने के कारण उसका संरक्षण एवं संवर्द्धन लोकसंगीत की सभी धाराओं में आदिकाल से विद्यमान है। अधिकांश लोकसंगीत में मध्य एवं द्रुत लयों का प्रयोग होता है। विलंबित लय का प्राय: अभाव है। विलंबितता-हेतु अधिकतर अनिबद्ध शैली का ही प्रयोग होता है। साधारणत: विलंबितलय-हीन पंक्तियों को द्रुत या मध्य लय-साम्य के भीतर आयोजित करते हैं।

भारतीय लोकसंगीत में लयात्मकता का महत्व किसी अन्य-देशीय लोकसंगीत से अधिक रहा है। अवनद्ध वाद्यों का विभिन्न लयों में कल्पना-शक्ति से प्रस्तार भारत में ही संभव हुआ है। हमारे लोकसंगीत में निश्चित काल-माप का निर्वाह करते हुए असंख्य क्लिष्ट लय-स्वरूपों का सर्जन चर्म-वाद्यों पर होता है। हमारे लयवाद्य-वादकों को बाल्यावस्था से ही इन गति-स्वरूपों का इतना अभ्यास रहता है कि सहस्त्रों बोलों की रचना करते हुए भी वे लय-भ्रष्ट नहीं होते। अन्य देशीय संगीत-शास्त्री इस लयात्मकता से मंत्र-मुग्ध होते रहे हैं।

फाक्स स्ट्रैंगवेज ने 'म्यूजिक ऑफ हिन्दुस्तान' पुस्तक में भारत की लयात्मकता का गुणगान करते हुए लिखा है— ''भारतीय काल-मापों की विविधता असीम है। वादक अपनी कुशल्लता से असंख्य बोलों का निर्माण करता रहता है और उनके आवर्तनों में काल-माप समान होते हुए भी अत्यंत कौशलपूर्ण नवीन बोलों का प्रदर्शन होता है। भारतीय संगीत में लय-ध्वनियों का क्रम प्रारंभ से अंत तक बना रहता है। केवल लय-वाद्य की संगति यथेष्ट समझी जाती है। वादक कभी पूरे हाथ से, कभी अँगुलियों से और कभी छोटी डंडियों से उन्हें बजाते हैं।''

'ताल' संगीत में विभिन्न सौंदर्यपूर्ण चलन-शैलियों का विकास करता है, उससे संगीत के संयम की रक्षा होती है। 'ताल' संगीत को अनुशासित कर उसके सुगठित रूप, स्थायित्व एवं चमत्कारिता से श्रोताओं को विभोर कर देता है। ताल के ही कारण प्राचीन एवं वर्तमान संगीत को स्वरलिपि एवं बोललिपि द्वारा भविष्य के लिए सुरक्षित रखना संभव हुआ है। निश्चय ताल-गति के फलस्वरूप ही संगीत के क्रमिक आरोह, अवरोह, विराम आदि अत्यंत प्रभावोत्पादक हो जाते हैं। तालों में गति-भेद उत्पन्न कर रस-निष्पत्ति संभव होती है। करूण, शृंगार, रौद्र, बीभत्स आदि रसों के लिए तालों की विभिन्न गतियों का बड़ा महत्व है।

'छन्द:शास्त्र' के अनुसार 36 मात्राओं से भी अधिक मात्राओं के पदों की रचना की जा सकती है एवं जितनी मात्राओं के पद हो सकते हैं, उतनी मात्राओं के तालों का निर्माण भी हो सकता है। वे बुद्धि के चमत्कार अवश्य हैं, इसीलिए बुद्धि को ग्राह्य भी हैं। इन चमत्कारों का आनंद मेधावी पुरुष ही लिया करते हैं। धमार का छंद पर्याप्त वक्र है, किंतु उसमें भी समझने वालों के लिए अद्‌भुत आनंद छिपा हुआ है। किसे किस लयात्मक प्रयोग से आनंद की प्राप्ति होगी, यह कहना कठिन है। बड़े ताल विशेषत: विद्वानों के लिए आनन्दप्रद हैं।

शास्त्रीय तालों के प्रयोग विभिन्न लयों के आधार पर पृथक्-पृथक् होते हैं। झपताल, सूलताल, तीव्रा, दादरा, कहरवा आदि द्रुत गति में ही अच्छे लगते हैं एवं उनके प्रयोग तद्नुकूल संगीत शैली में योग्य प्रतीत होते हैं। इसी प्रकार तीनताल, चौताल, एकताल, धमार आदि मध्य लय में एवं तिलवाड़ा, झूमरा, पंजाबी विलंबित लय में उचित लगते हैं। तीनताल, झपताल-सदृश तालों का प्राय: सभी संगीत-शैलियों में बहुलता से प्रयोग हो रहा है।

लोकसंगीत में निश्चित अंतराल पर स्थापित किए गये छन्दों के समय को मापा जाता है (ताल दिखाने के लिए छन्द होते हैं) शास्त्रीय संगीत में लघु, गुरू आदि क्रियाओं द्वारा काल की निशचितता को मापा जाता है। शास्त्रीय संगीत में स्वर की रंजकता पर ज्यादा ध्यान देने के कारण प्राय: लय को मध्य या बिलम्बित रखना पड़ता है। इस कारण स्वर और लय दोनों ही संतुलित रहते हैं। लोकसंगीत में पद, स्वर, लय तीनों का आनन्द लेने के लिए लय द्रुत होती है। लोकसंगीत के तालों में— पश्तो, कहरवा, रूपक, दादरा आदि के नाम उल्लेखनीय हैं। शास्त्रीय संगीत में दस, बारह, चौदह, सोलह आदि मात्राओं के बड़े-बड़े ताल भी होते हैं जबकि लोकसंगीत में छह, सात, आठ आदि कम मात्राओं के ही ताल अधिक प्रयुक्त होते हैं।

संगीत में शोध की उपयोगिता

सामान्यतया शोध का अभिप्राय ज्ञान की खोज से लिया जा सकता है, किन्तु वास्तव में शोध का अर्थ किसी विशेष विषय या लक्ष्य को सुनियोजित एवं वैज्ञानिक ढंग से खोज करना है। अत: शोध एक वैज्ञानिक एवं नियोजित ढंग से आविष्कार करने की कला है।

ज्ञान के क्षेत्र में शोध का कार्य निरन्तर जारी रहता है— शोध ज्ञान की किसी सीमा तक पहुँच कर रुक नहीं जाता। वह आगे ही बढ़ता जाता है। शोधकर्त्ता का कार्य भूले हुए लक्ष्य को पुन: प्रकाश में लाना होता है और उसे पूर्व ज्ञान की शृंखला से जोड़ देना है। प्राचीनकाल से ही मनुष्य ने सृष्टि के जड़-चेतन तत्वों के सम्बन्ध में जो खोज की है, वह साहित्य, दर्शन ज्योतिष, विज्ञान आदि शास्त्रों की उपलब्धि बन गई है मन का स्वभाव ही मनन करना है। इसी स्वभाव के कारण वह कभी ज्ञात तथ्यों का समर्थन करता है, कभी उनकी नयी व्याख्या करता है और इस प्रकार ज्ञान को अद्यतन बनाए रखता है। भली-भाँति व्याख्या सहित परिकल्पना या समस्या को हल करने की व्यवस्थित तथा तटस्थ प्रक्रिया का नाम ही शोध है।

संगीत विषय में शास्त्र पक्ष के साथ-साथ क्रियात्मक पक्ष भी बहुत महत्वपूर्ण है। संगीत के शास्त्र अथवा सैद्धान्तिक पक्ष में शोध-प्रविधि जैसे— विषय निर्वाचन, रूपरेखा, भूमिका, प्राक्कथन, सामग्री-संकलन, वर्गीकरण, विश्लेषण, उपसंहार, सन्दर्भ ग्रन्थ-सूची, पाद-टिप्पणी आदि का प्रयोग किया जा सकता है। संगीत के क्रियात्मक पक्ष में नए-नए रागों का निर्माण, विभिन्न कलाकारों के प्रस्तुतीकरण के ढंग पर भी शोधकार्य हो सकता है। इसी तरह वाद्यों की क्षमता बढ़ाना, नए-नए वाद्यों का निर्माण आदि भी शोध-कार्य हैं।

अन्य विषयों के समान ही यह आवश्यक है कि संगीत के क्षेत्र में भी शोध-कार्य निरन्तर चलता रहे। क्योंकि किसी भी क्षेत्र में प्रगति के लिए यह आवश्यक है कि उसमें आगे बढ़ाने के लिए नवीन मार्ग खोजे जाएँ जीवन का मूल उद्देश्य प्रगति करना ही है। इसलिए परम्परागत रूप से प्राप्त संगीत की धरोहर को सम्भालकर रखने और उसमें आगे नवीनता लाने के लिए यह अनिवार्य है कि उसमें शोध-कार्य चलता रहे। हम अपने भूतकाल को जाने बिना अपनी वर्तमान की स्थिति का सही आकलन नहीं कर सकते और वर्तमान के आधार पर ही भविष्य की ओर बढ़ सकते हैं। इस भूतकाल से वर्तमान काल की यात्रा में प्राप्त उपलब्धियों का ब्यौरा शोध-कार्य द्वारा ही सम्भव है। इसलिए संगीत जैसे व्यापक और लोकप्रिय विषय में शोधकार्य की आवश्यकता निम्न कारणों से प्रतीत होती है जैसे— आज संगीत की क्या स्थिति है? संगीत का यह स्थान जो आज समाज में है, उस स्थान को प्राप्त करने के लिए उसे किन मार्गों से गुजर कर आगे बढ़ना पड़ा। प्राचीनकाल में संगीत की क्या स्थिति थी? वह किस रूप में था, कब-कब उसमें प्रगति हुई, किस प्रकार उसका विकास हुआ, उसमें कैसे अलग-अलग शैलियों का निर्माण हुआ तथा किस-किस समय किन-किन नए वाद्यों की उत्पत्ति हुई आदि। इन सब प्रश्नों को हल करने के उपरान्त ही हम सही प्रकार इसका अवलोकन कर सकते हैं कि आज संगीत की क्या स्थिति है इन प्रश्नों को हल करना

और किसी निष्कर्ष तक पहुंचना यही एक शोधार्थी का धर्म है।

मध्यकाल ऐतिहासिक दृष्टि से महत्वूपर्ण काल माना जाता है। इस काल में सामाजिक, राजनैतिक अनेक परिवर्तन हुए। संगीत भी इनसे अछूता नहीं रहा। मुसलमानों के आगमन से जहाँ एक ओर भारत की राजनैतिक स्थिति में परिवर्तन आया वहीं दूसरी ओर हमारे प्राचीन संगीत पद्धति में थोड़ा परिवर्तन आया। इस प्रभाव अथवा परिवर्तन को हम संगीत की अवनति अथवा उन्नति दोनों ही पक्षों के द्वारा अवलोकन कर सकते हैं। जहां बाहरी संगीत के प्रभाव से भारतीय संगीत परम्परागत रूप से चली आ रही प्राचीन संगीत पद्धति में जो परिवर्तन आया उससे उसका प्राचीन रूप स्थिर न रह सका, इसे अवनति न मानकर हम उन्नति की दृष्टि से भी इसको देख सकते हैं क्योंकि संगीत एक बहती धारा के समान है, जिस प्रकार यदि जल एक स्थान पर ठहर जाए तो वह खराब होने लगता है और बहती धारा स्वच्छ बनी रहती है। उसी प्रकार दूसरे संगीत के भारतीय संगीत में समावेश से जो रूप सामने आया उसे संगीत की उन्नति ही मान सकते हैं। इस प्रकार यह भी एक महत्वपूर्ण विषय है जिस पर अधिक से अधिक शोधकार्य की आवश्यकता है जिससे संगीत के विद्यार्थिओं को लाभ प्राप्त हो सके।

संगीत एक ललित कला है, तथापि इसके दोनों पक्षों (सैद्धांतिक एवं प्रायोगिक) में शोधकार्य की प्रबल संभावनाएं हैं। शोधकर्त्ता को सर्वप्रथम संगीत के दोनों पक्षों में से किसी एक पक्ष में शोधकार्य करने के लिए चयन करना पड़ता है और यह चयन उसकी रूचि के अनुरूप होता है। अर्थात् यदि शोधकर्त्ता की रूचि संगीत के क्रियात्मक पक्ष में है तो वह अपने लिए ऐसे विषय का चयन करेगा जो कि क्रियात्मक पक्ष से संबंधित हो, तथा इसके विपरीत जिसकी रूचि शास्त्रीय पक्ष में होगी तो, वह उसी के अनुसार विषय का चुनाव करेगा।

इसके अतिरिक्त संगीत का शिक्षणपक्ष भी महत्वपूर्ण है। अत: इसके क्षेत्र में शोधकार्य स्वतन्त्र रूप से किए जाने की प्रबल सम्भावना को अस्वीकार नहीं किया जा सकता। इसी संदर्भ में डॉ. प्रेमलता शर्मा के विचार द्रष्टव्य हैं—"संगीत में अनुसंधान की आवश्यकता पर कुछ कहना सूर्य को दीपक दिखाना है। फिर भी इस प्रसंग में आज की परिस्थिति पर दृष्टिपात उपयोगी होगा, क्योंकि उससे अनुसंधान की उत्कट आवश्यकता का कुछ भान हो सकेगा। संक्षेप में, इस परिस्थिति के चार पहलू हैं—(1) प्रयोगपक्ष, (2) शास्त्रपक्ष, (3) इतिहासपक्ष, (4) शिक्षणपक्ष।"

अत: संगीत में भी शोधकार्य के लिए व्यापक क्षेत्र विद्यमान है। सांगीतिक शोध को मुख्यत: तीन भागों में विभाजित किया जा सकता है—(1) सैद्धान्तिक विषय (शास्त्रीय पक्ष), (2) प्रायोगिक विषय (क्रियात्मक पक्ष), (3) शिक्षण विषय पक्ष।

सैद्धान्तिक क्षेत्र में निम्नलिखित पक्षों पर शोधकार्य हो सकता है—(1) शास्त्र सम्बन्धी मान्यताओं पर, (2) ऐतिहासिक पक्ष, (3) सामाजिक पक्ष, (4) मनोवैज्ञानिक पक्ष, (5) वैज्ञानिक पक्ष। अब हम क्रमानुसार इनकी व्याख्या करेंगे।

शास्त्र सम्बन्धी मान्यताओं पर शोधकार्य— विगत तीन शताब्दियों से संगीतशास्त्र प्राय: उपेक्षित सा रहा है। तत्कालीन मुसलमान शासकों ने संगीत के कला पक्ष को ही प्रोत्साहित किया। उस समय के उस्ताद लोग भी प्रायोगिक पक्ष में रियाज पर बल देते रहे, परन्तु संगीतशास्त्र को कोई प्रोत्साहन नहीं मिला। प्राय: सभी पुराने संगीत ग्रन्थ संस्कृत में थे, जिन्हें न तो मुसलमान कलाकार जानते थे और न ही उन्होंने उनका अनुशीलन-परिशीलन करने का प्रयास किया। परिणामस्वरूप संगीतकला इन शताब्दियों में नई पद्धतियों का निर्माण करती हुई बदलती गई। परन्तु संगीत की शास्त्रीय पद्धति समानान्तर रीति से उन्नत न हो सकी। संगीतशास्त्र की बहुत सी रचनाएं अपने समय की विद्यमान स्थिति का उल्लेख किए बिना ही केवल पुरातन सिद्धान्तों की पुनरावृत्ति करती आयी हैं। इन ग्रन्थों में हमारे संगीत का आधार है इनमें प्राचीन संगीत के विषय में जानकारी का अथाह भंडार है। इनके अध्ययन से हम अपने संगीत के प्राचीन रूप को समझ सकते हैं। अत: इन पुराने ग्रन्थों को समझकर उनका विश्लेषण करके पुनराख्यान करने के क्षेत्र की सम्भावनाएं अधिक प्रबल हैं।

ऐतिहासिक पक्ष पर शोधकार्य— जब हम संगीत के ऐतिहासिक पक्ष की बात करते हैं, तब हमें यह एहसास होता

है कि उसका इतिहास अति प्राचीनकाल से सम्बद्ध है। प्राचीन काल ही क्या, इसकी व्युत्पत्ति की शृंखला हमारे देवी-देवताओं से जुड़ी मानी जाती है। जब इस क्षेत्र में विषय का चयन किया जाएगा तो इसके इतिहास में से कोई भी एक विशेष काल लेकर उस समय के संगीत की स्थिति के ऊपर अध्ययन किया जा सकता है। इसके अतिरिक्त इसके विभिन्न पहलुओं में उस समय के प्रचलित वाद्यों पर या उनकी उत्पत्ति पर भी अध्ययन किया जा सकता है या उस काल की प्रचलित गायन शैलियों पर अथवा स्वरों की उत्पत्ति और विकास आदि पर। इस प्रकार के अनेक विषयों पर शोधकार्य किया जा सकता है। इसी क्षेत्र में प्राचीन से वर्तमान समय तक संगीत के इतिहास की प्रामाणिकता के लिए शोधकार्य हो सकता है।

सामाजिक पक्ष पर शोधकार्य— संगीत के सामाजिक पक्ष पर शोधकार्य करने के लिए संगीत का समाज के साथ सम्बन्ध जोड़ते हुए शोध-विषय का चयन किया जा सकता है। उदाहरणार्थ समाज में संगीत की स्थिति एवं उसका महत्व, संगीत का समाज पर प्रभाव तथा मानव जीवन में संगीत का व्यापक उपयोग एवं संगीत में रोजगार आदि विषय लिये जा सकते हैं।

मनोवैज्ञानिक पक्ष पर शोधकार्य— संगीत के मनोवैज्ञानिक पक्ष पर भी शोध की प्रबल सम्भावनाएं हैं। इस क्षेत्र में अभी तक शोधकार्य कम ही हुआ है। प्राचीनकाल से ही हम मानसिक प्रक्रिया को समझने का प्रयत्न करते आ रहे हैं। रसानुभूति एक ऐसी ही प्रक्रिया है, जिसको तर्कों द्वारा समझना कठिन है। भौतिक एवं चेतन मनोवैज्ञानिक स्तर पर भी इस विषय को समझना मुश्किल है, परन्तु हम इसके प्रायोगिक मनोवैज्ञानिक स्तर से संगीत के सन्दर्भ में जान सकते हैं। इस प्रकार के प्रयोगों से, नाटक, फिल्मों एवं नृत्य के संगीत-संयोजकों को लाभ पहुंचेगा और वे यह जान सकेंगे कि कौन सा राग किस मानसिक स्थिति को दर्शाता है।

वैज्ञानिक पक्ष पर शोधकार्य— संगीत में वैज्ञानिक पक्ष को लेकर भी शोधकार्य करने की प्रबल सम्भावनाएं हैं। इस प्रकार के शोधकार्य में सांगीतिक ध्वनि, भौतिक प्रकृति, उसका उद्‌भव एवं ग्रहण, उद्‌भव के समय मानसिक स्थिति तथा संगीत द्वारा चिकित्सा व पर्यावरण के क्षेत्र में संगीत के योगदान आदि विषय सम्मिलित किए जा सकते हैं।

प्रायोगिक विषय (क्रियात्मक पक्ष)— संगीत एक प्रायोगिक कला है। इसका क्रियात्मक पक्ष बहुत महत्वपूर्ण है। अतः संगीत के क्रियात्मक पक्ष में शोधकार्य की निरन्तर सम्भावनाएं बनी रहती हैं। मसलन, नई धुनों, नए रागों का निर्माण कार्य और पुराने रागों का विश्लेषणात्मक अध्ययन के विषय शोध के लिए चुने जा सकते हैं। विभिन्न कलाकारों की प्रत्येक राग में अलग-अलग मान्यताएँ हैं तथा राग स्वरूपों में भी भिन्नता है, अतः रागों की स्वाभाविक रस उत्पत्ति के अनुकूल बंदिशों की रचना पर शोध किया जा सकता है। नए-नए रागों के निर्माण के अन्तर्गत सौन्दर्यात्मक, कलात्मक एवं भावात्मक राग बनाए जा सकते हैं। सूक्ष्म अध्ययन इस ओर भी हो सकता है कि एक ही कलाकार ने एक ही राग को आकाशवाणी से कैसे और दूरदर्शन पर कैसे प्रस्तुत किया और वही राग रिकार्ड अथवा टेप में कैसे प्रस्तुत किया तथा संगीत समाराहों और सम्मेलनों में उसका प्रस्तुतिकरण कैसा रहा? यह सब शोध के द्वारा ही जाना जा सकता है कि विभिन्न परिस्थितियों में राग की प्रस्तुति कैसी रहती है और उसमें क्या गुण-दोष हैं?

शिक्षण पक्ष— संगीत एक ऐसी कला है जिसका शास्त्रीय परम्परागत रूप बिना शिक्षा के सम्भव नहीं। चाहे वह विद्यालयी शिक्षा-प्रणाली हो अथवा घरानेदार-पद्धति की तालीम। वर्तमान शिक्षण पद्धति पूर्णतः सही है या नहीं, अथवा दोनों पद्धतियों के सामंजस्य से किसी नई पूर्ण विकसित और निर्दोष वैज्ञानिक पद्धति के आविष्कार द्वारा संगीत शिक्षण पक्ष में सुधार तथा शोध हो सकता है।

संगीत में सप्तक और संवाद का स्वरूप

स्वर-सप्तक संगीत पद्धति की नींव है। स्वर-सप्तक का अर्थ 7 स्वरों के नियमित क्रम से है। संगीत का विकास, चाहे यह पौर्वात्य हो या पाश्चात्य, सप्तक के विकास पर निर्भर करता है। संगीत की राग-रागिनियाँ तथा पाश्चात्य हारमनी दोनों का विकास एवं विस्तार सप्तक के विकास से सम्बन्धित है। सात स्वरों का विकास सभ्यता के विकास से सम्बद्ध है। सात स्वरों का विकास शताब्दियों की निरन्तर साधना का फल है। वैदिक युग के मन्त्रकाल से नाट्यशास्त्र के काल तक

विभिन्न अवस्थाओं के बीच उसका विकास हुआ।

भारतीय संगीत में सप्तक का अर्थ सात स्वरों का क्रमिक या सिलसिलेवार समूह है। पाश्चात्य संगीत में सप्तक को 'आक्टेव' के नाम से जाना जाता है, जो वस्तुतः मध्य सा से तार सा तक आठ स्वरों का सूचक है। सप्तक में 7 शुद्ध स्वरों के अतिरिक्त पाँच विकृत स्वरों का भी समावेश होता है। इस प्रकार एक सप्तक में मोटे तौर पर 12 स्वर होते हैं।

ध्वनि-सिद्धान्त के अनुसार किसी संगीत-प्रणाली का स्वर-सप्तक संवादी स्वरों से बनता है, जिसका निर्धारण वैज्ञानिक प्रक्रिया से किया जा सकता है। प्राचीन संगीत में 'संवाद' का अत्यधिक महत्व था। भरत तथा शार्ङ्गदेव को सा-म तथा सा-प दोनों संवाद मान्य थे। सा-म संवाद नौ श्रुतियों वाला संवाद कहलाता था और सा-प संवाद को सप्तक की रचना का आधारभूत तत्व कहा है। आधुनिक ध्वनि विज्ञान में निम्न तीन संवाद प्रमुख रूप से माने जाते हैं—(1) सा-सां, (2) सा प तथा (3) सा-म। इन तीनों में पहला संवाद सबसे श्रेष्ठ माना जाता है क्योंकि ये दोनों स्वर एक साथ गाये-बजाये जाने पर इतने अधिक एक रूप हो जाते हैं कि दोनों में कोई भिन्नता नजर नहीं आती। उसके बाद सा-प का संवाद आता है, जिनमें परस्पर सम्बन्ध डेढ़ गुना कम्पनों का है। सा-म संवाद को आधुनिक ध्वनि विज्ञान में स्वतन्त्र स्थान नहीं दिया जाता क्योंकि यह प-सां को उलटकर पैदा होने वाला सम्बन्ध है। प-सां में जो सम्बन्ध है वही सा-म में है। आधुनिक ध्वनि विज्ञान की दृष्टि से सबसे अधिक महत्वपूर्ण संवाद सा-सां है। यदि इसको वैज्ञानिक स्वर सप्तक (स्केल) की आधारशिला कहें तो गलत न होगा। इसको संगीत संसार के समक्ष सर्वप्रथम प्रस्तुत करने का श्रेय जर्मन पण्डित हेल्म-होल्ट्ज़ को है। उनका मत है कि विभिन्न स्वरों में जो परस्पर संवाद दिखाई देता है वह उनसे उत्पन्न होने वाले 'स्वयंभू' स्वरों पर निर्भर करता है। इनके लिए पाश्चात्य संगीत में 'हारमोनिक्स' संज्ञा है। किसी भी स्वर के गाये बजाये जाने पर उनमें से कुछ अन्य स्वर सूक्ष्म रूप से निनादित होते रहते हैं, जिनको स्वरसिद्ध संगीतज्ञ तथा वैज्ञानिक सुन सकते हैं। ये ही स्वर 'स्वयंभू' स्वर कहलाते हैं। तानपुरे पर इसका उदाहरण स्पष्टतः दिखाई देता है। तानपुरे के मन्द्र सा की तन्त्री से शुद्ध ग की सूक्ष्म ध्वनि या आंस निकलती सुनाई पड़ती है, यह तथ्य संगीतज्ञ जानते हैं। मन्द्र सा की तन्त्री स्वर में ठीक से मिल गई है, इसकी कसौटी यही है कि उससे मन्द्र ग की ध्वनि निकलती हो। ध्वनि विज्ञान के अनुसार सा की तन्त्री से तार सा, मध्य प तथा तीव्र ग तीनों अपने आप पैदा होते हैं। सा के साथ इन तीनों का मेल सुखद होने के कारण इनको उसका संवादी मानते हैं। इन सूक्ष्म स्वरों के लिए स्वयंभू, हारमोनिक्स या उत्स्वर संज्ञा है। इनमें से कुछ वैज्ञानिक उपकरणों की सहायता से सुने जा सकते हैं और कुछ अभ्यास से सुने जा सकते हैं। इन्हीं संवादों के आधार पर वैज्ञानिक स्वर सप्तक का निर्माण किया जाता है।

पाश्चात्य ध्वनि विज्ञान की दृष्टि से 'सा ग प' इस स्वर-त्रयी का हारमनी संगीत में महत्वपूर्ण स्थान है। 'सा ग प' में जो संवाद है, वही 'म ध सां' और 'प नि रें' में है। इसी स्वर-त्रयी को पाश्चात्य संगीत में 'कार्ड' कहते हैं। मेजर स्केल में यह कार्ड तीव्र या 'शार्प' ग ध नि से बनते हैं। इसको 'मेजर कार्ड' कहा जाता है। मायनर स्केल में यही स्वर-गुच्छ कोमल या 'फ्लैट' ग, ध और नि से बनते हैं। मेजर तथा मायनर स्केल में यह 'कार्ड' अर्थात् स्वर-गुच्छ निम्नानुसार होंगे—

1. मेजर कार्ड सा ग प रे म ध प नि रें
2. मायनर कार्ड सा <u>ग</u> प रे म <u>ध</u> प <u>नि</u> रें

मेजर कार्ड के स्वरों को सप्तक के क्रम से जमाने पर 'मेजर स्केल' बनता है और मायनर कार्ड के स्वरों को सिलसिलेवार स्थापित करने से 'मायनर स्केल' बनता है। सप्तक के निर्माण का क्रम निम्नानुसार है—

(अ) मेजर स्केल 1. प्रथम स्थिति (मेजर कार्ड) सा ग प म ध सां प नि रें

2. दूसरी स्थिति (मेजर मोड़) सा रि ग ग प ध नि सां

(आ) मायनर स्केल 1. प्रथम स्थिति (मायनर कार्ड) सा <u>ग</u> प म <u>ध</u> प <u>नि</u> रें

2. दूसरी स्थिति (मायनर मोड़) सा रि <u>ग</u> म प <u>ध</u> <u>नि</u> सां

पाश्चात्यों का मेजर स्केल ही उत्तर का बिलावल तथा दक्षिण का शंकराभरणम् है और उनका मायनर स्केल ही उत्तर की आसावरी तथा दक्षिण की नटभैरवी है।

पाश्चात्यों के सी, डी, ई, एफ, जी, ए, बी हमारे सा, रे,

ग, म, प, ध और नि के समकक्ष हैं। मेजर स्केल के सा रि के बीच के अन्तराल को 'मेजर सेकण्ड' कहते हैं। सा और ग के स्वरांतर को 'मेजर थर्ड' कहते हैं। सा-म स्वरांतर को 'मेजर फोर्थ', सा-प को 'मेजर फिफ्थ', सा-ध को 'मेजर सिक्सथ', सा-नि को 'मेजर सेवन्थ' और सा-सां को 'आक्टेव' कहते हैं। प्रमाण या परस्पर गुणोत्तर की दृष्टि से सा से इन स्वरों के अन्तराल निम्नानुसार होंगे—

सा : रि = 9/8 सा : ग = 5/4 सा : म = 4/8

सा : प = 3/2 सा : ध = 5/8 सा : नि = 15/8

सा : सां = 2

इस आधार पर मेजर स्केल या बिलावल के स्वर-कम्पन निम्नानुसार होते हैं—

स्वर	सा	रि	ग	म	प	ध	नि	सां
कम्पन संख्या	240	270	300	320	360	400	450	480

स्वरों के षड्ज-पंचम तथा षड्ज मध्यम भाव के आधार पर भी स्वरों के उपर्युक्त कम्पन प्रायः प्रमाणित होते हैं। रि-ध, ग-नि और म-सां में सा-प संवाद अर्थात् डेढ़ गुना संवाद है। सा के कम्पन यदि 240 हैं तो प के ($240\times\frac{3}{2}$) = 360 होंगे। यदि प के 360 हैं, तो प रि के डेढ़ गुना अर्थात् ($360\times\frac{3}{2}$) = 540 होंगे। मध्य सप्तक का रि इसके आधे प्रमाण का होगा। इसलिए रि के कम्पन 270 होंगे। रि-ध में सा-प की भाँति डेढ़ गुना सम्बन्ध है। अतएव ध के कम्पन ($270\times\frac{3}{2}$) = 405 होंगे। ध का डेढ़ गुना तार ग होगा, जिसके कम्पन ($405\times\frac{3}{2}$) = $607\frac{1}{2}$ होंगे। मध्य ग के कम्पन इसके आधे अर्थात् $303\frac{3}{4}$ होंगे। इसके आधार पर नि के कम्पन ($12\frac{15}{4}\times\frac{3}{2}$) = $455\frac{5}{8}$ होंगे। सा-म सम्बन्ध 3:4 होने के कारण म के कम्पन ($240\times\frac{4}{3}$) = 320 होंगे। मध्य सा एवं तार सां के बीच 1:2 का प्रमाण होने से तार सां के कम्पन 480 होंगे। षड्ज-पंचम संवाद के आधार पर मेजर स्केल या बिलावल का स्वरूप निम्नानुसार होगा—

स्वर	सा	रि	ग	म	प	ध	नि	सां
कम्पन	240	270	$303\frac{3}{4}$	320	360	405	$455\frac{5}{8}$	480

इससे स्पष्ट होता है कि ग, ध और नि की कम्पन-संख्या को छोड़कर शेष स्वरों के कम्पन दोनों में समान हैं। दूसरी तालिका के कम्पनों के लिए एक अन्य आधार भी है। वह यह कि सप्तक का उत्तरार्द्ध, पूर्वार्ध का ही प्रतिरूप है। 'प ध नि सां' स्वर-समूह 'सा रि ग म' का ही दूसरा रूप है। जैसा कि ऊपर देखा जा चुका है, सा-रि अन्तर 9/8, रि-ग अन्तर 10/9 और ग-म अन्तर 16/15 है। ठीक यही स्वरांतर क्रमशः प-ध, ध-नि व म-सां में है। प-ध के 9/8 प्रमाण के आधार पर ध के कम्पन ($360\times\frac{9}{8}$) = 405 होना आवश्यक है। एक मत सा-ग तथा प-नि में (9/8 × 9/8) = 81/64 प्रमाण मानने के पक्ष में है। इस आधार पर ग के कम्पन $303\frac{3}{4}$ होंगे और नि के कम्पन इसके डेढ़ गुना अर्थात् $455\frac{5}{8}$ होंगे।

पाश्चात्यों के 'मायनर स्केल' में भी आठ स्वर होते हैं, जिनमें सा, म, प और तार सां मेजर स्केल के समान ही हैं। केवल ग, ध और नि कोमल हैं, जिनके अन्तराल भिन्न हैं। इन्हें क्रमशः 'मायनर थर्ड', 'मायनर सिक्स्थ' और 'मायनर सेवन्थ' कहते हैं। परस्पर प्रमाण या गुणोत्तर की दृष्टि से सा से इन स्वरों के अन्तराल निम्नानुसार हैं—

सा : $\underline{\text{ग}}$ = 6/5 सा : $\underline{\text{ध}}$ = 8/5 सा : $\underline{\text{नि}}$ = 16/9

इस आधार पर 'मायनर स्केल' या आसावरी की कम्पन-संख्या निम्नानुसार होगी—

स्वर	सा	रि	$\underline{\text{ग}}$	म	प	$\underline{\text{ध}}$	$\underline{\text{नि}}$	सां
कम्पन	240	270	288	320	360	384	$426\frac{2}{3}$	480

संगीत की संस्थागत शिक्षण प्रणाली

शास्त्रीय संगीत जिसको कि केवल लोकरंजन अथवा भक्ति के साधन के रूप में देखा जाता था, उसका जब महाविद्यालयों और विश्वविद्यालयों में शिक्षण के रूप में प्रवेश हुआ, तब संगीत की स्थिति में कई परिवर्तन आए। जहां एक

ओर उसकी उन्नति हुई वहीं दूसरी ओर परम्परागत रूप से चली आ रही घरानेदार शिक्षण पद्धति को आघात पहुंचा। शिक्षा के विषय के रूप में संगीत के समावेश से संगीत का सम्पूर्ण देश में प्रचार एवं प्रसार हुआ, साथ ही इस क्षेत्र में रोजगार के अवसर बढ़ गए।

संगीत कला मानव-जीवन में जन्म से लेकर मृत्यु तक जुड़ी हुई है। जीवन का कोई भी कार्य इसके बिना अधूरा ही है। प्रत्येक अवसर पर संगीत किसी न किसी रूप में विद्यमान रहता है। चाहे वह कोई मांगलिक कार्य हो अथवा ईश्वर आराधना हो या फिर युद्ध-क्षेत्र, प्रत्येक क्षेत्र संगीतविहीन अपूर्ण हैं। प्रत्येक स्थान पर संगीत का अपना महत्व है।

संगीत की शिक्षण पद्धति दो प्रकार की है-(1) संस्थागत शिक्षण पद्धति, (2) गुरु-शिष्य प्रणाली। प्राय: 19वीं सदी के पूर्व तक संगीत की शिक्षा गुरु-शिष्य प्रणाली से दी जाती थी, इसके बाद संस्थागत शिक्षण पद्धति की शुरुआत लगभग 1880 ई. के आसपास मौलाबक्श (बड़ोदा) द्वारा और सुरेन्द्र मोहन टैगोर (कलकत्ता) द्वारा हो चुकी थी। वास्तव में संगीत- संस्थाओं के युग का सूत्रपात पं. विष्णु दिगम्बर पलुस्कर तथा पं. विष्णु नारायण भातखंडे के द्वारा हुआ। जिन्होंने क्रमश: 1901 में लाहौर में तथा 1927 में लखनऊ में म्यूजिक कॉलेज की स्थापना की।

विशाल जलनिधि के समान संगीत का क्षेत्र भी अत्यन्त व्यापक, गूढ़ और गहरा है। इस विशालता, गूढ़ता और गहराई ने संगीत में शोधकार्य की सीमाओं को बहुत अधिक बढ़ा दिया है। युगदृष्टा पं. विष्णु नारायण भातखण्डे और पं. विष्णु दिगम्बर पलुस्कर ने आधुनिक युग में शोध-प्रवृत्ति को जागृत किया। उन महापुरुषों ने काल और समाज के भावी परिवर्तनों का अनुमान करते हुए संगीत में घरानेदार पद्धति में संशोधन किया। जहां पलुस्करजी ने शिक्षण की पुरानी गुरुकुल पद्धति व घरानेदार पद्धति का आधार लेते हुए संस्थागत शिक्षण पद्धति की परिकल्पना की, वहीं भातखण्डे ने विशुद्ध संस्थागत शिक्षण पद्धति के निर्माण के लिए भिन्न-भिन्न पाठ्यक्रमों का निर्माण कर संगीत-कला को एक विषय के रूप में विद्यालय और विश्वविद्यालयों के प्रांगण में, अन्य विषयों के समकक्ष खड़ा कर दिया। इससे संगीत में शोधात्मक प्रवृत्ति को मजबूत आधार मिला। उन्होंने संगीत के क्षेत्र में महत्वपूर्ण शोध और स्वरलिपि पद्धति का निर्माण कर दिया इससे भविष्य के शोधार्थियों का मार्ग सरल हो गया।

संस्थागत शिक्षा के पूर्व तक हमारे देश में संगीत की शिक्षा विद्यालयी रीति से न देकर गुरु-शिष्य परंपरानुसार दी जाती थी। गुरु जिस प्रकार चाहता, शिष्य को सिखाता था। प्राय: गुरु से प्रश्न करने का अधिकार शिष्य को नहीं होता। कभी-कभी ऐसा भी होता था कि यदि कोई शिष्य प्रश्न करने की हिम्मत भी करता, तो उसे आगे की शिक्षा प्राप्त करने से वंचित कर दिया जाता था। संगीत की शिक्षा देने की भी कोई निर्धारित विधि नहीं होती थी। यह सब-कुछ गुरु पर ही निर्भर करता था। गीतों के नोटेशन लिखने की हमारे यहाँ कोई प्रणाली नहीं थी।

नाट्यशास्त्र के उपरान्त हमें अनेक सांगीतिक ग्रंथ प्राप्त होते हैं, जिनसे तत्कालीन संगीत की स्थिति ज्ञात होती है। संगीत में नवीन शैलियों के विकास के साथ-साथ विभिन्न घरानों का उदय हुआ। इन घरानों के माध्यम से संगीत का आगे विकास हुआ। संगीत वह कला है जिसे शिष्य अपने गुरु के सम्मुख बैठकर ही सीख सकता है। गुरुओं की विभिन्न शैलियों के आधार पर इन घरानों का निर्माण हुआ। ये घराने आज भी संगीत जगत् में अपना महत्वपूर्ण स्थान रखते हैं। परन्तु संगीत की शिक्षण-प्रणाली में थोड़ा परिवर्तन आ गया है। पहले शिष्य घराना पद्धति के अनुसार किसी कलाकार को गुरु स्वीकार करके उनके पास जाकर उनसे संगीत की शिक्षा ग्रहण करता था, परन्तु सामाजिक परिवर्तन के साथ-साथ जब शिक्षा के क्षेत्र में विकास हुआ, तब जिस प्रकार अन्य विषयों की शिक्षा विद्यालयों तथा विश्वविद्यालयों द्वारा प्रदान की जाने लगी, उसी के समान संगीत की शिक्षा भी विभिन्न संस्थानों, विद्यालयों तथा विश्वविद्यालयों में प्रवेश कर गई। इस प्रकार घराना पद्धति पर थोड़ा प्रभाव तो अवश्य पड़ा, परन्तु इसका महत्व बना रहा। क्योंकि इस प्रकार की विश्वविद्यालयीन शिक्षा में वह सम्पूर्णता नहीं है जो पूर्णता घरानेदार तालीम या गुरु-शिष्य परंपरा में निहित थी। अत: यदि कोई शिष्य संगीत के क्षेत्र में विशेष स्थान पाना चाहता है तो उसे किसी न किसी गुरु की शरण में जाना ही पड़ेगा। क्योंकि शिक्षण संस्थानों में शिक्षा का ढंग थोड़ा भिन्न रहता

है। उदाहरणार्थ, एक शिक्षण संस्थान में विभिन्न घरानों के चार गुरु हैं तब यदि एक शिष्य उन सबसे एक साथ शिक्षा ग्रहण करे तो उसके लिए वह शिक्षा ज्ञानवर्धक तो अवश्य हो सकती है, परन्तु इससे वह उतना सूक्ष्म लाभ नहीं उठा सकता, वह अपनी एक पहचान नहीं बना सकता, उसके लिए विद्यार्थी को किसी एक शैली को अपनाना आवश्यक है। चार भिन्न-भिन्न शैलियों को मिलाकर यह सम्भव नहीं है। इसी प्रकार विद्यालयों में अन्य विषयों के ही समान संगीत में भी प्रत्येक वर्ष का अपना पाठ्यक्रम होता है। जबकि संगीत तो वह कला है जिसमें एक चीज के अभ्यास में ही वर्षों व्यतीत हो जाते हैं। तब एक वर्ष में सम्पूर्ण पाठ्यक्रम पूर्ण करने में न तो शिष्य अधिक ग्रहण कर पाता है और न ही गुरु के पास उतना समय होता है कि वह प्रत्येक शिष्य की क्षमता के अनुसार उनको अभ्यास कराते हुए शिक्षा प्रदान करे।

घरानेदार शिक्षण पद्धति जो कि भारतीय शास्त्रीय संगीत पद्धति की अपनी विशेषता है, उस पद्धति पर भी आज की संस्थागत शिक्षण प्रणाली का प्रभाव पड़ा है। वह संगीत शिक्षा प्राप्त करने की श्रृंखला जो कि परम्परागत रूप से चली आ रही थी, विद्यालयों में संगीत शिक्षा के प्रवेश से उसमें कुछ परिवर्तन आया है। इसके अतिरिक्त टेक्निकल सिस्टम के साथ ही शिक्षा पद्धति की इस प्रणाली पर कुछ प्रभाव पड़ा। इस सबको जहाँ हम एक ओर अच्छा मान सकते हैं, वहीं दूसरी ओर इससे घरानेदार पद्धति का ह्रास भी हुआ। उदाहरणार्थ, जैसे यदि रिकार्ड अथवा टेप को लें तो जहाँ एक ओर इनके आविष्कार से संगीत जगत् को बहुत लाभ प्राप्त हुआ है, इनके माध्यम से हम कलाकारों को सुनकर उनकी शैली के विषय में जानकारी प्राप्त कर सकते हैं। वहीं दूसरी ओर विद्यार्थी इन्हीं के माध्यम से बिना गुरु की सहायता के स्वयं ही शिक्षा ग्रहण करने का प्रयास करता है तब उससे लाभ के स्थान पर हानि की अधिक सम्भावना रहती है।

अंत में कहा जा सकता है कि गुरु शिष्य परम्परा में गुरु-शिष्य अथवा उस्ताद-शागिर्द सम्बन्ध शुद्ध और पवित्र होता था, जिससे कोई व्यक्तिगत लाभ या स्वार्थ का कोई भी भाव नहीं होता था। गुरु की हार्दिक सहानुभूति और शिष्य की श्रद्धा और उसका सेवा-भाव इस प्रकार के सूत्र थे जो दोनों को एक-दूसरे से बांध देते थे। गण्डा बांधने और बंधवाने की रस्म में भी एक शुद्ध धार्मिक भावना होती थी। गुरु बाध्य था अपनी विद्या को स्वीकार और ग्रहण कराने के लिए शिष्य स्वयं एक सुपात्र बने। इस पवित्र पारस्परिक सम्बन्ध में प्राचीन आश्रम की शिक्षा की पवित्र भावना का अंश भी था। दर्शन, धर्म, अध्यात्म, ध्यान साधना, कला, ज्ञान, गूढ़ विद्या, इन सबकी शिक्षा इस प्रकार गुरु शिष्य को देता था और शिष्य उसका अध्ययन और मनन करता था। यही थी प्राचीनकाल की शिक्षा-पद्धति।

संगीत के गुरुओं और उस्तादों ने इसी प्राचीन प्रथा का अनुकरण घरानेदार पद्धति में भी किया था। शिक्षा का यह ऊँचा आदर्श प्राचीन था। मगर संगीत-शिक्षा के क्षेत्र में शायद आधुनिक युग की आवश्यकताओं की पूर्ति इस पुरानी पद्धति से नहीं हो सकती थी। इसीलिए पंडित विष्णु दिगम्बरजी ने सबसे पहले लाहौर में विद्यालय खोला, बाद में इस तरह के संगीत विद्यालय और भी शहरों में खुल गये और पूना में उनका एक अखिल भारतीय केन्द्र स्थापित हो गया। इन विद्यालयों से संगीत का प्रचार-प्रसार तो काफी हुआ ही साथ ही इनसे प्रोफेसर, लेक्चरार, शिक्षक, अच्छे श्रोता, प्रशंसक, विद्वान और शोधकर्त्ता आदि निकले जिन्होंने आगे चलकर अपने-अपने विद्यालयों का नाम रोशन किया और आज भी कर रहे हैं। विशेषकर संगीत के क्षेत्र में अनुसंधान की आवश्यकता और व्यापकता को संस्थाओं के द्वारा ही विस्तृत भूमि (Plateform) प्राप्त हुआ। साथ ही संगीत का अधिकाधिक प्रचार-प्रसार संस्थाओं के द्वारा ही संभव हुआ।

सुगम संगीत का महत्व

संगीत वह कला है, जिसके द्वारा संगीतज्ञ अपने हृदय के सूक्ष्म से सूक्ष्म भावों को स्वर व लय के द्वारा प्रकट करता है। संगीत का सम्बन्ध केवल हृदय से ही नहीं, वरन् सम्पूर्ण शरीर से है। चाहे वह किसी भी विधा का हो, जैसे—सुगम संगीत, फिल्म संगीत, ग़ज़ल, भजन, शास्त्रीय इत्यादि।

पूर्वकाल में अपने क्षेत्र में पारंगत साहित्यकार, संगीतज्ञ फिल्म की कथावस्तु व स्वभाव के अनुरूप साहित्य और संगीत का सृजन करते थे तथा नियमित अभ्यास किए हुए मर्मज्ञ गायक गीतों को गाते थे, जिसके कारण राग-रस का प्रादुर्भाव होता था, जिसे कर्णप्रिय सुरीले व्राद्ययंत्र अत्यन्त हृदयग्राही बना देते थे। सर्वोत्तम संगीत और साहित्य में

भूतकाल की श्रेष्ठ परंपराएं, वर्तमान की सजीवता तथा भविष्य की प्रगति की ओर उन्मुख विधाओं का समावेश होना चाहिए। संगीत और साहित्य समाज का दर्पण होता है तथा पथ-प्रदर्शक भी, इसलिए साहित्य और संगीत में नैतिकता नितांत आवश्यक है।

सुगम संगीत जिसमें राग केवल आधार रूप में रहते हैं लेकिन उसमें राग का कोई महत्व नहीं रहता, शब्द प्रधान होता है। पार्श्व संगीत में विभिन्न प्रकार के स्वर समूह जो बजते हैं उनमें मैलॉडी नहीं रहती, किन्तु उनमें हारमनी भी नहीं रहती। फिल्म संगीत में पश्चिमी संगीत का बहुत प्रभाव है, इसमें हारमनी का प्रभाव अवश्य है, लेकिन विकृत रूप में।

आज के समय में पूरे भारत में सुगम संगीत की लोकप्रियता अभूतपूर्व है। इसका कारण यदि हम जानने की कोशिश करें तो हमें पहले और पहलुओं पर गौर करना होगा। ये पहलू निम्नलिखित हैं-

1. सुगम संगीत में भावानाओं का व्यक्त होना—सुगम संगीत में जिन शब्दों के प्रयोग होते हैं वे बहुत ही सरल भाषा में बंधे होते हैं, जिसे आम लोग जल्द ही समझ जाते हैं और शब्दों के अनुसार जब संगीतकार इसके सुर बांधते हैं तब ये संगीत में परिवर्तित हो जाते हैं।

अच्छे गायक इसमें इतने अच्छे भाव का प्रदर्शन करते हैं कि कभी-कभी आम श्रोता झूमते रह जाते हैं। यह भी देखा जाता है कि कई श्रोताओं की आँखों में आँसू आ गये हैं। ऐसा भी देखा जाता है कि कई श्रोता सुगम संगीत की भावनाओं में लीन होकर इतने अधिक आकर्षित और भावात्मक हो जाते हैं कि संगीत के क्षेत्र में अपने आपको समर्पित कर देते हैं। सुगम संगीत में घंटों तक लोग विलीन रहकर अपने आपको संगीत की मादकता में डुबो देते हैं।

2. सामाजिक अवसरों पर सुगम-संगीत का गाया जाना—सुगम संगीत का क्षेत्र बहुत अधिक विस्तृत होता है। विभिन्न सामाजिक अवसरों पर सुगम-संगीत का बहुत ही महत्व होता है, जैसे-फूल सजाते समय, माला गूथते समय, शादी के अवसर पर, जन्मदिन के अवसर पर, पूजा के अवसर इत्यादि पर।

3. सुगम संगीत का व्यवसायिक रूप—पहले सुगम संगीत का व्यावसायिक क्षेत्र बहुत ही सीमित था, लेकिन आज के युग में यह बहुत ही व्यापक आकार में नज़र आता है, जैसे-रेडियो, फिल्म, टी.वी., स्टेज प्रोग्राम इत्यादि। इसे पेशेवर तरीका भी कहा जा सकता है। इस पेशेवर तरीके से कलाकार का अपना खर्चा चलता है।

4. सुगम संगीत में शिक्षा का प्रभाव—सुगम संगीत में शिक्षा का प्रभाव होने से कलाकार अच्छी सरल भाषा प्रयोग करता है। सार्वजनिक गीतों में, जिनमें ज्ञानवर्धक शिक्षाप्रद एवं तत्वज्ञान मिलते हैं। गीतों में जीवन-दर्शन होता है और कुछ न कुछ संदेश अवश्य निहित होता है। आत्मा का परमात्मा से मिलन किस विधि होना है, इसका ज्ञान भी निहित होता है। भाषा सरल और सुन्दर होने पर ज्यादा प्रभाव डालती है। आम लोग इसे जल्दी समझ लेते हैं और पूरा आनंद भी उन्हें अवश्य मिलता है।

अन्तत: कहा जा सकता है कि वर्तमान समय में सुगम संगीत के अभ्यार्थियों के लिए विश्वविद्यालय स्तर पर इसकी गायकी तथा शैली के विषय पर पाठ्य-पुस्तकें उपलब्ध हैं। इससे सभी सुगम संगीत गायक-गायिका लाभान्वित हो सकते हैं। इन्द्रिरा कला संगीत विश्वविद्यालय (छत्तीसगढ़) में सुगम संगीत के शिक्षण हेतु गीतांजलि जूनियर व गीतांजलि सीनियर दो वर्षीय डिप्लोमा पाठ्यक्रम का संचालन भी होता है। इसके अतिरिक्त कई और संगीत संस्थाएं भी सुगम संगीत में डिप्लोमा कक्षाएँ संचालित करती हैं।

यह संगीत का क्षेत्र अत्यंत व्यापक है। इसमें भजन, ग़ज़ल, गीत आदि के अतिरिक्त विभिन्न प्रांतों के लोक-संगीत, लोकनृत्य आदि का समावेश है।

रागों एवं बंदिशों में निहित सौन्दर्य के आधार तत्व

वर्तमान शास्त्रीय संगीत को हम रागदारी संगीत कहते हैं। दक्षिण भारतीय तथा उत्तर भारतीय दोनों ही संगीत में राग के रूप में जो एक विशेष स्वरूप प्रस्तुत किया जाता है, वह है उस राग में प्रयुक्त होने वाले विशेष स्वर सन्निवेशों के आधार पर राग का विस्तार। शास्त्रीय संगीत की अन्य विधा ठुमरी,

टप्पा, धमार, ध्रुवपद आदि जिनमें बंदिश यानी पद आवश्यक नहीं है, उनमें अधिकांश काम उपज पर आधारित रहता है। राग के स्वरूप में विस्तार के लिए स्वरों का फैलाव प्रमुख साधन होता है।

वर्तमान शास्त्रीय संगीत के प्रदर्शन के आधार पर राग के दो स्वरूप दृष्टिगोचर होते हैं–

बंदिश से पूर्व व मध्य में यानी बंदिश प्रारम्भ करने के उपरान्त वह काम जो कि स्वर प्रधान होता है, शब्द प्रधान नहीं।

राग के प्रदर्शन की दृष्टि से—राग के प्रदर्शन का पक्ष कलाकार की निजी धरोहर है। राग के स्वरूप पर उसकी कुछ विशेषताएँ तो रहती ही हैं, किन्तु प्रत्येक कलाकार के गाने की कुछ व्यक्तिगत विशेषताएँ होती हैं जो उसके सम्पूर्ण व्यक्तित्व की देन हैं। कलाकार राग की कल्पना जिस ढंग की करता है उसके अनुसार राग का स्वरूप बदल जाता है। हालांकि राग का मूल आकार एक-सा ही रहता है। स्वरों के प्रयोग का ढंग, आवाज की विशेषता, खटके, मुर्की, गमक का प्रयोग, राग के सम्पूर्ण स्वरूप को प्रस्तुत करने का ढंग, शब्द उच्चारण, तालपक्ष, प्रत्येक घराने की कुछ अपनी प्रमुख चीजें, ये सब बातें मिलकर राग के प्रभाव को निश्चित स्वरूप प्रदान करती हैं। इसी कारण किसी एक ही राग को दो अलग व्यक्तियों के द्वारा गाने पर एक ही राग रहने पर भी दोनों के प्रस्तुतिकरण में अवश्य अंतर होता है और उस अंतर के कारण उस राग से उत्पन्न होने वाले प्रभाव में भी अंतर होगा। इसीलिए प्रदर्शन की स्थिति कलाकार की व्यक्तिगत स्थिति है।

बंदिश की रचना के आधार पर—संगीत के तीन प्रमुख तत्व हैं—स्वर, ताल और पद। इन्हीं तीनों तत्वों से आज हमारी बंदिश बंधी रहती है। इसलिए बंदिश की रचना की दृष्टि से विचार करने के लिए इन तीनों तत्वों की दृष्टि से विचार करना आवश्यक है–स्वर की दृष्टि से–बंदिश का महत्वपूर्ण तत्व स्वर हैं क्योंकि आज का शास्त्रीय संगीत ख्याल प्रधान है और ख्याल में स्वरों का कर्षण होने के कारण ख्याल के स्वर का प्राधान्य है। बंदिश छोटी होने के कारण राग का समग्र स्वरूप व्यक्त करने में सक्षम नहीं होती। राग के सम्पूर्ण स्वरूप का एक संक्षिप्त अंश ही उसे कह सकते हैं। राग का स्वरूप संक्षिप्त रूप से जितने अच्छे स्वरों में बद्ध होगा, बंदिश भी उतनी ही बढ़िया होगी।

पद की दृष्टि से—प्राचीन काल में सभी ग्रन्थों में प्रबन्ध के रचयिता को वाग्गेयकार कहा है, और वाग्गेयकार के लिए भाषा व साहित्य से सम्बन्धित गुण होना आवश्यक कहा है; क्योंकि प्रबंध यानी गीत की रचना में शब्द-रचना का अपना महत्व है। बंदिश की रचना के लिए उसका स्वरपक्ष व तालपक्ष ही अनिवार्य नहीं, बल्कि पदपक्ष भी जरूरी है। पद साहित्य जितना श्लिष्ट, मंजा हुआ व ऊंचे स्तर का होगा, उतनी ही बंदिश भी प्रभावशाली होगी। इस संदर्भ में यह भी उल्लेखनीय है कि संगीत जीवन से जुड़ा है और शब्द के माध्यम से ही हम जीवन के विभिन्न पहलुओं को व्यक्त करने में सक्षम होते हैं। बंदिश में शब्दों की योजना राग की प्रकृत्ति के अनुरूप ही की जाती है, जैसे–तोड़ी करुणा प्रधान राग है, और वहाँ यदि वीररस के पद की योजना कर दें तो राग स्वरूप ही नष्ट हो जाएगा; क्योंकि पद की रचना राग के स्वरूप के विरुद्ध हो जाएगी।

ताल की दृष्टि से—राग की प्रकृति, भाव, शब्द-रचना के अनुरूप ही यदि ताल का चयन भी किया जाए तो बंदिश अधिक प्रभावोत्पादक होती है। ताल की विषम मात्रा से यदि बंदिश उठे और लय को काटती हुई चले तो उसका एक नया रूप हमारे सामने प्रयुक्त होता है।

राग अपने विशिष्ट रूप में तभी सामने आता है। जब उसकी शब्द-रचना के अनुरूप ही उसका तालपक्ष भी हो यानि स्वर, ताल और पद इन तीनों का संतुलन होना चाहिए।

बंदिश के प्रदर्शन के आधार पर

बंदिश का प्रदर्शन कुछ बातों पर निर्भर है–

1. आवाज लगाने का ढंग।
2. बंदिश गाने का ढंग।
3. आलाप अंग।
4. तान पक्ष।
5. ताल योजना।

उपर्युक्त सभी बातों के आधार पर रागों एवं बंदिशों में निहित सौन्दर्य का विस्तार तथा प्रदर्शन किया जा सकता है।

अध्याय-6

रवीन्द्र संगीत

* स्मृति पर आधारित

पहली पीढ़ी

1794-1846(0) द्वारकानाथ टैगोर,
स्त्री-कादम्बरी देवी

↓

- कन्या (अल्पायु)
- (0) देवेन्द्रनाथ 1817, शारदा देवी 1905,
- नरेन्द्रनाथ
- (0) गिरीन्द्रनाथ
- भूपेन्द्रनाथ
- नगेन्द्रनाथ

दूसरी पीढ़ी

दूसरी पीढ़ी देवेन्द्रनाथ की

↓

- (0) कन्या (अल्पायु)
- द्विजेन्द्रनाथ (1840-1926) → द्विपेन्द्रनाथ, (0) द्विनेन्द्रनाथ (1882-1935)
- सर्वसुंदरी देवी
- सत्येन्द्रनाथ (1842-1923)— सुरेन्द्रनाथ, इन्दिरा देवी, कलीन्द्रनाथ
- (0) हेमेन्द्रनाथ (1844-1884)—प्रतिभा देवी (1865-1922) नीपमयी देवी
- वीरेन्द्रनाथ (1845-1915) पुत्रवधु—(0) सहाना देवी प्रफुल्लमयी देवी
- सौदामिनी-कन्या
- (0) ज्योतिरीन्द्रनाथ (1849-1920)
- (0) कादम्बरी देवी (बौठान) (निःसंतान)
- सुकुमारी-कन्या
- → पूर्णेन्द्रनाथ
- शरत कुमारी-कन्या
- (0) स्वर्णकुमारी-कन्या— (0) हिरण्यमयी, (0) सरला, उर्मिला
- ब्रर्ण कुमारी-कन्या
- सोमेन्द्रनाथ (अविवाहित)
- रवीन्द्रनाथ (1861-1941), (0) मृणालिनी देवी
- बुधेन्द्रनाथ (अल्पायु)

तीसरी पीढ़ी

1861-1941
रवीन्द्रनाथ
मृणालिनी
मृत्यु-1902

↓

- माधुरीलता (बेला)
- (0) रवीन्द्रनाथ → पालिता पुत्री
- (0) प्रतिमा देवी (0) नन्दिनी
- रेणुका
- मीरा←कन्या—नंदिता (0) गिरीन्द्रनाथ— (1916-1967) (पति) कृष्ण कृपलानी
  - गणेन्द्रनाथ
  - कादम्बिनी
  - कुमुदिनी
  - गुणेन्द्रनाथ—
    1. गंगनेन्द्रनाथ
    2. समरेन्द्रनाथ
    3. अवनीन्द्रनाथ
    4. विनीयिनी
  - (0) प्रतिमा देवी
- शमीन्द्र (1894-1907)

नोट—चिह्न (0) ← रवीन्द्रनाथ के संगीत-जीवन में प्रत्यक्ष और परोक्ष रूप से विशेष सहायक व्यक्तित्व। 2. सारे सन्, तारीख, जन्म और मृत्यु के हैं। बंधनी में नाम पति-पत्नी के हैं।

बंगाल का लोक संगीत

बंगाल के ग्रामीणों का प्राण संगीत है, घर, बाहर, खेत-खलिहानों के लिए वहां अलग-अलग तरह के गीत गाए जाते हैं, लोक-गीत प्रायः सप्तक के 2-3 स्वरों में ही गाए जाते हैं, कलकत्ता जैसे बड़े शहर में भी लोग अपने ग्रामीण लोगों से किसी भी बात में अधिक भिन्न नहीं दिखायी देते, अतः बंगाल के ग्राम गीतों में रागों की छाप दिखाई देगी, विशेषकर जात्रा और कीर्तन में यह लोकगीतों की श्रेणी में नहीं आते, मगर यह मानना पड़ेगा कि बंगाल के लोक-गीत में भी बंगाली टप्पे का मेल है।

बंगाल के लोक संगीत में बहुत विविधता है, कुछ गीतों में ताल और लय का प्राधान्य है तो कुछ में नहीं, बंगाल के कुछ ऐसे ही प्रसिद्ध लोकगीतों का विवरण निम्न प्रकार से है—

भावैया—'भावैया' यह बिहार और उसके निकटवर्ती क्षेत्रों के किसानों का गीत है, यह गीत 'भटियाली' (जोकि

बंगाल के किसानों और मल्लाहों का गीत है से मिलता है, पर इसकी लय और ताल, अधिक जोरदार है, आजकल यह सम्पूर्ण बंगाल में प्रचलित है।

जारी–जारी गीतों को पूर्वी बंगाल के मुसलमान गाते हैं, ये करबला की घटनाओं के बारे में है, इन गीतों को बड़े जोश से गाया जाता है। यह गीत अन्य लोकगीतों से भिन्न है, इन गीतों को हिन्दू भी गाते हैं।

गम्भीरा–यह गीत मालदा जिले में गाया जाता है। यह आधुनिक और लोकगीतों के बीच का है। इन गीतों में शिवजी को गांव के बड़े-बूढ़े के रूप में माना जाता है। गांव की सब अच्छी या बुरी बातें उन्हीं के कारण होती है। गांव पर आपत्ति आने पर या गांव वालों की रक्षा न कर सकने पर उन्हें दोष भी दिया जाता है।

बंगाल का लोक नृत्य–बंगाल के लोकनृत्यों में 'रायबेशी' का नाम सबसे पहले लिया जाता है। यह नृत्य वीरभूमि मुर्शिदाबाद के जिलों के डोमों में अधिक प्रचलित है तथा यह नृत्य पुरुष प्रधान होता है। इसमें नर्तक वृत्तों में नृत्य करते हैं और दाहिने पांव में घुँघरू पहनते हैं, इस नृत्य में कोई भी गीत नहीं गाता, सिर्फ हाव-भाव के बदलने पर ढोल की थाप में परिवर्तन होता है।

इसी प्रकार काठी नृत्य भी बंगाल की पिछड़ी जाति का प्रमुख नृत्य है। इस नृत्य में नर्तक ऊपर दोनों हाथों में एक-एक छोटी डंडी लेकर एक लकड़ी से दूसरी लकड़ी पर ताल के साथ चोट करते हुए घूम-घूम कर नृत्य करते हैं। इस नृत्य में मादल नामक वाद्य यंत्र का प्रयोग होता है–

इन नृत्यों के अतिरिक्त ढाली व बाउल नृत्य भी बंगाल में लोकप्रिय है। ढाल नृत्य वीरता प्रदर्शित करने वाला लोक-नृत्य है। बाउल नृत्य में गीतों के साथ एकतारा बजाकर नृत्य का प्रदर्शन किया जाता है।

बंगाल का सबसे प्राचीन लोक नृत्य कीर्तन है, कीर्तन में लीलाओं का वर्णन होता है। इसमें नर्तक वृत्त बनाकर नृत्य करते हैं और इनके साथ-साथ मृदंग वादक भी मृदंग बजाते हुए नृत्य करता है। यह नृत्य भगवान की भक्ति से पूर्ण होता है। कृष्ण की लीलाओं का वर्णन करने वाला जात्रा भी बंगाल में बहुचर्चित लोक नृत्य है। इस नृत्य में कृष्ण के जीवन पर आधारित अनेक घटनाएं प्रस्तुत की जाती है।

रवीन्द्र संगीत में प्रयुक्त होने वाले वाद्य

भारत में पूर्व की ओर बंगाल है। बंगाली स्वभावतः मिलनसार और कलाप्रेमी होते हैं, ये लोक संगीत में विशेष रस लेते हैं। इन्होंने संगीत ग्रंथों में 'वाद्य' विषय पर अच्छा प्रकाश डाला है, राधा मोहन स्वामी, सर सुरेन्द्रनाथ टैगोर, श्री कृष्णधन बनर्जी आदि संगीत के विद्वान रहे हैं। वहां शास्त्रीय वाद्य दिलरुबा, इसराज, सितार आदि विशेषतः बजाये जाते हैं। कलकत्ता म्यूजियम में अनेक प्रकार के वाद्य देखे जा सकते हैं। वहां वाद्य संख्या भी अधिक है। नवरात्र में दुर्गा पूजा होती है वहां भजन-कीर्तन में खोल नामक वाद्य का उपयोग होता है। खोल मृदंग जैसा मिट्टी का बनता है और पखावज के स्थान पर प्रयोग में आता है। बंगाल के व्यक्ति नक्कारा जैसे जगझप्पा नामक वाद्य बजाते हैं। उसको परिन्दों के पंखों से सजाया जाता है यह एक बड़ा ढोल होता है। इसके अतिरिक्त वे वंसी, बांसुरी और पावा बजाते हैं।

आकार मात्रिक स्वरलिपि

संगीत नाटक अकादमी द्वारा गृहीत मानक स्वरलिपि की मुख्य विशेषता यह है कि इसके अन्तर्गत कृति में व्यवद्धत सरगम स्वरों को उनके स र ग म प ध न मूल व्यंजनों से निर्देशित किया जाता है।

रवीन्द्र-संगीत की यह स्वरलिपि आकार-मात्रिक कहलाती है। यह स्वरलिपि 'गीत शैली' की सूक्ष्मातिसूक्ष्म बारीकियों को दर्शाने में सक्षम सिद्ध हुई है–

रवीन्द्रनाथ जी ने करीब 2000 गीत लिखे हैं और उन्हें स्वरलिपिबद्ध किया है। भातखण्डे एवं पलुस्कर पद्धति सरल एवं शीघ्र समझने योग्य है। रवीन्द्रनाथ जी की स्वरलिपि की अंकन पद्धति इस प्रकार है–

शुद्ध सप्तक–स र ग म प ध न।

मंद्र सप्तक–स्वरों के नीचे हलन्त चिह्न दिया जाता है, जैसे प धे नि

तार सप्तक–स्वरों के ऊपर रेफ का चिह्न दिया जाता है, जैसे सं रं गं मं

कोमल तीव्र स्वर–कोमल व तीव्र करने के लिए गुरुदेव ने विभिन्न अक्षरों का प्रयोग किया है। जैसे-

शुद्ध	कोमल
रे	ऋ
ग	ङ
ध	द
न	ण
म	धृ (तीव्र)

ताल विभाग–खड़ी लकीर। एक आवर्तन के बाद एक खड़ी लकीर। एक पद के आदि व अंत में दो खड़ी लकीरें पूरे गीत के अंत में चार खड़ी लकीरें॥ स्थायी की पुनरावृत्ति के लिए जोड़ी लकीरें होती॥ चार लकीरें॥ ॥देकर जहां पर दो खड़ी लकीरें हों, वहां से स्थायी दोहराई जाती है। स्थायी के आरम्भ में, दो खड़ी लकीरों के बाहर का हिस्सा एक ही बार गाया जाता है–

ताल चिह्न व ताल संख्या–ताल खण्ड 12340 इस प्रकार दर्शाया है। 0 यह खाली का चिह्न है तथा रेफ के चिह्न का संकेत सम से है, जैसे–1234

मात्रा – एक मात्रा – T (आ की मात्रा)

आधी मात्रा =

दो 1/2 मात्रा = सम

चार 1/4 मात्रा = सर

दो 1/4 मात्रा मिलाकर 1 = सः सरः

एक 1/2 एम मात्रा

एक $1\frac{1}{2}$ मात्रा त।

एक 1/2 मात्रा मिलकर 1 = राः गः

कण – किसी स्वर के पूर्व यदि किसी अन्य स्वर का कण लगे, तो कण का स्वर मुख्य स्वर की बाईं ओर लिखा जाता है।

ग म प, कभी-कभी स्वर के बाद में म प ध किसी स्वर का कण लगाया जाता है। जैसे– स रे ग म, इस प्रकार कण के स्वरों को दाहिनी ओर लिखेंगे।

विराम

(अ) आड़ी लकीर या हायफन का चिह्न।

(ब) पद के अंत में यदि किसी स्वर पर दो खड़ी लकीरें हो, जैसे– स, तो वहां पर या तो पूरी तरह रुक जाएंगे या थोड़ी देर रुककर दूसरा पद आरम्भ करेंगे।

अनुकोमल स्वर व अतिकोमल स्वर

अनुकोमल स्वर–स्वरों पर 1 का अंक लिखकर उन्हें दर्शाया जाता है–

जैसे – र[1] ग[1] ध[1] नि[1]

इन स्वरों का स्थान

स व रे के बीच,

रे व ग॒ के बीच

1 1

रे व ग॒ के बीच

प व ध॒ के बीच

ध व नि॒ के बीच होगा,

111111

अतिकोमल स्वर–स्वरों पर 'दो' का अंक लिखकर दर्शाया जाता है। जैसे–

रे[2] ग[2] ध[2] नि[2] इन स्वरों का स्थान

रे व रे के बीच

ग॒ व ग के बीच

ध व ध के बीच होगा

यदि किसी कृति में सप्तक न. 0, 0 यानी विलावल थाट का प्रयोग हुआ है, तो राग लक्षण या संगीत लक्षण ने उसका ज्ञान 'सब शुद्ध स्वर' 'सब स्वर शुद्ध' कथन से मिल जाएगा और स्वरलिपि में व्यवहृत मूल व्यंजन उन्हीं सात स्वरों का निर्देश करेंगे जो सप्तक न. 4 में सामान्यतः प्रयुक्त होते हैं और जिनमें चार स्वर कोमल होते हैं, अन्य सप्तकों के सम्बन्ध में भी यही सिद्धांत लागू होता है।

इसके अतिरिक्त उत्तर-भारतीय शास्त्रीय संगीत में श्रद्धेय भातखण्डे जी, पलुस्कर जी द्वारा बनाई गयी स्वरलिपियां भी प्रचलित है। रवीन्द्रनाथ ठाकुर के गीतों के आकार मात्रिक स्वरलिपि के अध्ययन के लिए इन तीन स्वरलिपियों का तुलनात्मक दृष्टि से अध्ययन करना आवश्यक होगा।

कोष्ठक के चिन्ह

1. यदि किसी पंक्ति की पुनरावृत्ति आवश्यक हो, तो वह टुकड़ा {–} सर्पाकार कोष्ठक के बीच लिखा जाएगा।
2. यदि गीत का कोई भाग पुनरावृत्ति में छोड़ा जाए, तो () छोटे कोष्ठक के बीच लिखा जाएगा।
3. पुनरावृत्ति के समय यदि स्वरों का परिवर्तन किया जाना आवश्यक हो तो अंदर परिवर्तित स्वर लिखे जाएंगे जैसे–

   र ग म   र ग म

   स र ग   स र ग

मीड़ के चिह्न–ना – पा स्वर के नीचे अर्द्धचन्द्राकार रेखा।

खाली मात्रा के चिह्न–यदि स्वर के नीचे गीत के अक्षर न होते, तो स्वर के साथ-साथ हायफन का चिन्ह व गीत के शब्द के साथ शून्य लगेगा, जैसे–

स – –1–

0 तू 0 0 0

विराम का चिह्न–स्वर के पूर्व या बाद में थोड़ा-सा यदि रुकना पड़े, तो आड़ी लकीर के द्वारा दर्शाया जाता है। यही चिह्न मात्राओं के समूह के लिए भी प्रयुक्त होता है।

अवग्रह या खाली स्थान का चिन्ह–स्वरों के बीच खाली स्थान होने पर आड़ी लकीर लगायी जाती है। जिन स्वरों के शब्दों के नीचे शब्द नहीं होते, वहां '0' (शून्य) का चिह्न लगाया जाता है।

स्वरांकन संकेत	**आकार मात्रिक स्वरलिपि पद्धति**	**भातखण्डे जी की स्वरलिपि पद्धति**	**पलुस्कर जी की स्वरलिपि पद्धति**
शुद्ध स्वर	स र ग म प ध न	स रे ग म प ध नि	स रे ग म प ध नि
कोमल स्वर	ऋ ज्ञ द ण्र	रे ग ध नि	र ग ध नि
तीव्र मध्यम	ह्म	म	म
मंद्र सप्तक	स् र् ग् म् प् ध् न्	स रे ग म प ध नि	सां रैं गं मं पं धं निं
तार सप्तक	स रे गे मे पे धे ने	सां रें गं मं पं धं निं	सा रे ग म प ध नि
मात्रा	1	डैश	एस ऽ
ताल विभाग	एक आवर्तन के बाद एक लकीर। व नये पद के प्रारम्भ में ॥ गीत के अंत में ॥ ॥ गीत के जिस अंश को दोहराने का संकेत देना हो वहां गीतांश के आगे व बाद में ॥ ॥ दो लकीरें दी जाती हैं गीत के नीचे 0 हो, तो खाली और एक 1 लिखकर हलन्त हो सम जैसे।	आवर्तन के लिए अलग कोई संकेत नहीं है, गीत जिस ताल में होता है उसके अनुसार एक आवर्तन	गीत के नीचे ताल लय के संकेत चिह्न दिए जाते हैं। जैसे– लघु. द्रुतः अणु द्रुत उसके अनुसार एक मात्रा, दो चार या आठ स्वर गाना चाहिए, गीत के नीचे ताल चिह्न लगाए जाते हैं। लय वजन के अनुसार ताल की मात्रा व ताल चिह्न लगाये जाते हैं जैसे सम के लिए 1 खाली के लिए + लिखा जाता है।

रवीन्द्रनाथ टैगोर की संदर्भ-ग्रन्थ सूची

रवीन्द्रनाथ टैगोर एक महान् कवि थे, उन्होंने अनेक कविताओं, निबंधों, उपन्यासों, नाट्यों, ग्रन्थों की रचना की थी। इन सभी रचनाओं में सुखः दुख, जन्म-मृत्यु, ईश्वर, प्रकृति आदि संसार के सभी पहलुओं को दर्शाया। इन ग्रन्थों की संदर्भ सूची निम्न प्रकार से है—

क्रम सं.	काव्यग्रंथ	सन्
1.	कबिकाहिनी	1878
2.	वनफूल	1880
3.	भग्न हृद्रय	1881
4.	संध्या संगीत	1882
5.	प्रभात संगीत	1883
6.	छबिओ गान	1884
7.	शैशव संगीत	1884
8.	भानु सिंह ठाकुरेर पदावली	1884
9.	कड़ि ओ कोमल	1886
10.	मानसी	1890
11.	सोनारतरी	1894
12.	चित्रा	1896
13.	चैताली	1896
14.	कणिका	1899
15.	कथा	1890
16.	कादिनी	1890
17.	कल्पना	1990
18.	क्षणिका	1990
19.	नैवेद्य	1901
20.	शिशु	1903
21.	रगरण	1903
22.	खेया	1906
23.	गीतांजली	1910
24.	उत्सर्ग	1914
25.	गीतिमाल्य	1914
26.	गीतालि	1914
27.	बलाका	1916
28.	पलातका	1919
29.	शिशु भोलनाथ	1922
30.	पूरवी	1925
31.	महुया	1929
32.	वनवाणी	1931
33.	पनुश्च	1932
34.	शेष सप्तक	1935
35.	पत्रपुट	1936
36.	श्यामली	1936
37.	खाबहाड़ा	1937
38.	प्रान्तिक	1938
39.	सेजुति	1938
40.	प्रहासिनी	1939
41.	आकाश प्रदीप	1939
42.	नवजातक	1940
43.	सानाइ	1940
44.	रोग राप्याय	1940
45.	आरोग्य	1941
46.	जन्मदिन	1941
47.	शेष लेखा	1941

(मृत्यु के बाद प्रकाशित)

क्रम सं.	नाट्य ग्रन्थ	सन्
1.	बाल्मीकि प्रतिभा	1881
2.	रुद्रचंद्र	1881
3.	कालमृग्या	1882
1.	प्रकृतिर प्रतिरोध	1884
5.	नलिनी	1884

6.	मायार खेला	1888
7.	राजाओ रानी	1889
8.	विसर्जन	1891
9.	चित्रांगदा	1892
10.	गोडाय गलद	1892
11.	मालिनी	1896
12.	बैकुंठरे खाता	1897
13.	हास्य कौतुक	1907
14.	व्यंग कौतुक	1907
15.	शरदोत्सव	1908
16.	मुकुट	1908
17.	प्रायश्चित	1909
18.	राजा	1910
19.	डाकघर	1912
20.	अचलायतन	1912
21.	फाल्गुनी	1916
22.	गुरु	1918
23.	अरुपरतन	1920
24.	ऋणशोध	1921
25.	मुक्तधारा	1922
26.	गृह प्रवेश	1925
27.	चिरकुमार सभा	1926
28.	नटीर पूजा	1926
29.	शोध-बोध	1926
30.	रक्त करवी	1926
31.	शेष रक्षा	1928
32.	तपती	1929
33.	शापमोचन	1931
34.	चंडालिका	1933
35.	तासेर देश	1933
36.	बांशरी	1933
37.	चित्रांगदा (गीतिनाट्य)	1938
38.	चित्रांगदा (नृत्यनाट्य)	1939

क्रम सं.	निबंध-ग्रंथ	सन्
1.	प्राचीन साहित्य	1907
2.	लोक साहित्य	1907
3.	साहित्य	1907
4.	आधुनिक साहित्य	1907
5.	राजा प्रजा	1908
6.	समूह	1908
7.	स्वदेश	1908
8.	समाज	1908
9.	शिक्षा	1908
10.	शब्दतत्व	1909
11.	धर्म	1909
12.	विद्यासागर चरित्र	1909
13.	शांति निकेतन (1-8 भाग)	1909
14.	शांति निकेतन (9-11 भाग)	1910
15.	शांति निकेतन (12-13) भाग	1912
16.	जीवन स्मृति	1912
17.	छिन्न पत्र	1912
18.	शांति निकेतन (थोड़ा-सा)	1915
19.	शांति निकेतन (15-17 भाग)	1916
20.	संजय	1916
21.	परिचय	1916
22.	मानुषेर धर्म	1933
23.	भारत पथिक राममोहन राय	1933

24.	शांति निकेतन (1, 2 खण्ड)	1935
25.	साहित्यरेर पथे	1936
26.	कालांतर	1937
27.	विश्व परिचय	1937
28.	बंगला परिचय	1938
29.	पथेर संजय	1939
30.	सभ्यातर संकट	1941
31.	आश्रमरे रूप ओ विकाश	1941

क्रम सं.	उपन्यास/कहानी	सन्
1.	राजर्षि	1887
2.	छोटागल्प	1894
3.	विचित्रगल्प	1894
4.	कथा चतुष्टय	1894
5.	गल्पदशक	1895
6.	चोखेर बालि	1903
7.	कर्मफल	1903
8.	नौकाडुबि	1906
9.	प्रजापतिर निर्बन्ध	1908
10.	गोरा	1910
11.	गल्प चारिटी	1912
12.	घरे बाइरे	1916
13.	चतुरंग	1916
14.	मल्प शतक	1916
15.	योगयोग	1929
16.	शेबेर कविता	1929
17.	दुइबीन	1933
18.	मालंच	1936
19.	चार अध्याय	1936
20.	से	1937
21.	तिन संगी	1940
22.	गल्पसल्प	1941

शास्त्रीय संगीत और रवीन्द्र संगीत में मुख्य अंतर

हिन्दुस्तानी संगीत	रवीन्द्र संगीत
संगीत की यह धारा वैदिक युग से प्रवाहमान है, पंडित भरत तथा पंडित शारंगदेव के समय से ही शास्त्रीय संगीत विकसित रूप से प्रवाहमान है।	19वीं शताब्दी से लगभग बंगला 1881 से प्रवाहमान है।
संगीत कार्यक्रम को अलंकृत करने के लिए विभिन्न प्रकार के गमक मूर्च्छना प्रभृति का बहुत प्रयोग।	अलंकार का बड़ा ही मर्यादित प्रयोग एवं अलंकार बाहुल्य का निषेध।
दक्षिणी या कर्नाटक ताल में केवल 'भरी' ही होते हैं। 'खाली' नहीं होते।	जहां हिन्दुस्तानी तालों में रवीन्द्रनाथ ने गीत रचना की केवल उन्हीं गीतों में 'ताली' 'खाली' आदि का प्रयोग हुआ है एव स्वरलिपि में भी उन्हें दर्शाया गया है।
उत्तरी या हिन्दुस्तानी ताल पद्धति में प्रत्येक ताल में 'भरी' और 'खाली' यह दोनों चीजें होती हैं—	रवीन्द्र सूट तालों में कर्नाटक तालों के समान केवल 'भरी' होते हैं। 'खाली' नहीं होते।
शुद्ध थाट बिलावल माने जाते हैं एवं थाट संख्या कुल दस अभी तक मानी जा रही है।	शुद्ध थाट सम्बन्धी कोई चर्चा नहीं है। वतमान में जिसे शुद्ध थाट माना गया है उसका आशय

	राग 'बिलावल' पर कवि के काफी गीत मिलते है।
शास्त्रीय संगीत के कुछ गीतों का प्रकार प्राचीन 'प्रबंध गायन से आया है; जैसे—उत्तर भारत का 'ध्रुपद्र' तथा दक्षिण भारत का कीर्तन।	रवीन्द्र संगीत अनेक दीर्घ या लम्बे गीत प्रबंध गीत जैसा ही है। उदाहरण के लिए, 'कृष्णकलि' ओम तोरइ वलि' (स्वर वितान-13)
सुगम संगीत में गजल, भजन, चैती, सावन, कजरी, लोरी आदि गीतभेद प्रचलित हैं—	तराने पर आधारित गीत भी हैं पर संख्या में बहुत ही कम। इन गीतों पर अतिरिक्त सुगम श्रेणी के अनेक प्रकार के गीत बाउल, भटियाली, सारी, वेद-उपनिषद् से गृहीत मंत्रगान, स्वदेशी गान, विभिन्न नाट्यों के गीत, अनुष्ठानिक गीत प्रभृति पर्याप्त परिमाण में मिलते हैं।
ध्रुपद धमार की गायकी मीड़ प्रधान होती है। ख्यालों में भी राग विशेष पर मीड़ का काम निर्भर है। कई मीड़ प्रधान राग भी होते हैं जिन्हें मीड़ से गाया जाता है।	विशेष गीतों में जगह-जगह पर मीड़ को बड़ा ही महत्व दिया गया है। विशेष रूप से ध्रुपदांग धमारांग के गीतों में मीड़ का काफी काम मिलता है। गंभीर भावनाओं के प्रकाशन में मीड़ बड़ी ही सहायक होती है-
शास्त्रीय संगीत में कलाकार का मुख्य लक्ष्य राग रूप स्पष्टीकरण रहता है।	कलाकार का लक्ष्य रहता है काव्यों का सही भावाभिव्यंजन।
कार्यक्रम के प्रारंभ में आकार या नौमतोम का आलाप किया जाता है।	कार्यक्रम के प्रारम्भ में आलाप प्रथा नहीं है।
रागरूप स्पष्टीकरण के लिए स्वर विस्तार लिया जाता है।	रागरूप स्पष्टीकरण का प्रश्न ही नहीं उठता है। गीत की भावाभिव्यक्ति के लिए प्रयोजनानुसार रागों का प्रयोग होता है।

रवीन्द्र नाथ टैगोर का भारतीय संगीत में योगदान

6 मई, 1861 ई. को जिस दिन पं. मोतीलाल नेहरू का जन्म हुआ, उसी दिन रवीन्द्र संगीत के प्रतिष्ठाता रवीन्द्रनाथ टैगोर का जन्म कलकत्ता में हुआ। महर्षि देवेन्द्रनाथ के चौदह बच्चों में वे सबसे छोटे थे, जिनके चारों ओर भारतीय संस्कृति का एक समृद्ध वातावरण था। उनके घर में ईसाई धर्म की प्रधानता होने के कारण पाश्चात्य संगीत का प्रभाव था, लेकिन रवीन्द्रनाथ तो प्रकृति के ऐसे संगीत में अवगाहन कर रहे थे जो सम्पूर्ण विश्व का संगीत है।

वे भारतीय संगीत से प्रभावित थे, परन्तु जटिलता के सदैव विरोधी रहे, इसीलिए अनेक रागों को उन्होंने अपने ढंग से परिवर्तित कर लिया। उनके अनेक गीत, ध्रुपद शैली पर आधारित हैं। ख्याल-गायन ने उन्हें कभी आकर्षित नहीं किया, क्योंकि द्रुतलय के प्रवाह और शब्दों की हत्या से उन्हें सख्त नफरत थी। उन्होंने पूर्वी और यमन, तोड़ी और आसावरी, तोड़ी और देसी, केदार और हमीर के संयोग से नये मिश्ररागों की रचना की, जिनमें लोक-संगीत का प्राधान्य था।

उत्तर-भारतीय संगीत से ही उन्हें लगाव था और वे चाहते थे कि उसकी विकृतियों को समाप्त कर शब्द और स्वर के बीच में एक जैसा सेतु बाँधा जाए जो दोनों को एक-दूसरे से कभी अलग न होने दे। शब्द और सुरों से भी अधिक महत्व वे उनमें अन्तर्निहित घोष और लय को देते थे।

रवीन्द्र संगीत में प्रधान विषय भक्ति, पूजा, प्रेम तथा षट्ऋतु वर्णन है। उन्होंने स्वदेश सम्बन्धित गान भी लिखे। हास्य विषयक गान भी अनेक मिलते हैं। इसके अलावा बच्चों के गाने योग्य गीत तथा समूहगान गीत काफी मिलते हैं।

उनके द्वारा रचित भक्ति और पूजा विषयक गीत प्रायः शान्तरस के अन्तर्गत ही रखे जा सकते हैं और ऐसे गीतों में रवि बाबू ने प्रायः ध्रुपद तथा अपने युग में प्रचलित ख्याल गायिकी का प्रयोग किया। उनके कई गीतों में टप्पा शैली का प्रभाव भी दृष्टिगोचर होता है। "रवीन्द्र संगीत" कालक्रम की दृष्टि से तीन चरणों में व्याप्त है। इस प्रकार हम देखते हैं कि टैगोर द्वारा बनाई गई रवीन्द्र संगीत शैली शास्त्रीय संगीत के अनुरूप होते हुए भी अपनी विशिष्टताओं के कारण एक अलग पहचान बनाए हुए है।

अध्याय-7

कर्नाटक संगीत

'कर्नाटक' शब्द का सर्वप्रथम प्रयोग 'वृहद्देशी' ग्रन्थ में प्राप्त हुआ। इस ग्रन्थ के 375 श्लोक में देशी रागों के अन्तर्गत एक राग 'कर्नाट' है। शारंगदेव ने भी कर्नाटक संगीत और नृत्य के विषय में उल्लेख किया है। नान्यदेव ने भरतवार्तिक में भी 'कर्नाटक' शब्द का उल्लेख किया है।

तमिल भाषा में 'कर्नाटक' शब्द के अर्थ 'सम्प्रदाय' और 'शुद्ध' इत्यादि हैं।

भारतीय संगीत को देशी संगीत कहा गया है। यह संगीत दो प्रकार से माना गया। पहला 'हिन्दुस्तानी' और दूसरा कर्नाटक। 'कर्नाटक' शब्द के दो अर्थ हैं-(1) प्राचीन और दूसरा भारतीय दक्षिण का पठार। देशी संगीत ने प्राचीन मार्गी संगीत के तत्वों को अपने में समावेश कर लिया है।

भारत के उत्तर और दक्षिण की सीमा पर देवगिरी में हरिपाल नामक एक राजा थे। सन् 1294 ई. में जब मलिक काफूर ने दक्षिण पर हमला किया, तभी से भारतीय संगीत पर फारस के संगीत का प्रभाव पड़ना शुरू हो गया था। इस प्रकार सन् 1309-1312 ई. के मध्य में हरिपाल देव द्वारा लिखित ग्रंथ 'संगीत सुधाकर' में सबसे पहले कर्नाटक संगीत और हिन्दुस्तानी संगीत का विभाजन देखते हैं। उत्तर भारत के संगीत को हिन्दुस्तानी संगीत और दक्षिण के संगीत को कर्नाटक संगीत कहा गया।

यह संगीत आंध्र, मैसूर और मद्रास प्रान्तों में प्रचलित है। इसकी रचनाओं की भाषाएं तमिल, मलयालम और कन्नड़ होती हैं।

द्वादश स्वर स्थान

सप्तस्वरों में षड्ज और पंचम प्रकृति स्वर है इन दोनों में हर एक का अपना एक निश्चित स्थान होता है, जिसका कोई विकल्प नहीं होता। इसीलिए ये स्वर अचल स्वर भी कहे जाते हैं। साधारणतया षड्ज तथा पंचम अविकृत ही माने जाते हैं और जहां तक व्यावहारिक संगीत का सम्बन्ध है, ऐसा मानना पर्याप्त है। इन दोनों को छोड़कर बाकी पांचों स्वरों में हर एक के दो-दो स्थान होते हैं। इस प्रकार एक सप्तक में बारह स्वस्थान होते हैं। कर्नाटक संगीत में 'सप्तक' को 'स्थायी' कहते हैं और हिन्दुस्तानी संगीत में 'स्थायी' शब्द जोकि गान के प्रारम्भिक भाग को सूचित करता है। कर्नाटक संगीत में पर्यायवाची शब्द 'पल्लवि' है।

क्र.सं.	कर्नाटक	हिन्दुस्तानी	स्पन्दन-संख्या या आवृत्तियां (प्रति सेकण्ड)	अनुपात
1.	षडजम	षड्ज	360	1
2.	शुद्धऋषभम्	कोमल ऋषभ	384	16/15
3.	चतुःश्रुति ऋषभम्	शुद्ध या तीव्रऋषभ	405	9/8
4.	साधारण गांधारम्	कोमल गांधार	432	9/5
5.	अंतर गांधार	शुद्ध या तीव्र गांधार	450	5/9
6.	शुद्ध मध्यम	कोमल मध्यम	480	4/3
7.	प्रति मध्यमम्	तीव्र मध्यम	$506^{1/4}$	45/32
8.	पंचनम	पंचम	540	3/2
9.	शुद्ध धैवतम्	कोमल धैवत	576	8/5
10.	चतुःश्रुति धैवतम्	शुद्ध या तीव्र धैवत	600	5/3
11.	कौशिक निषाद	कोमल निषाद	640	16/9
12.	काकली निषाद	शुद्ध या तीव्र निषाद	675	15/8

(यह गणना आधार षड्ज की आवृत्ति को प्रति सेकण्ड में 360 मानकर की गई है।)

स्वरों की आवृत्ति—संख्या द्वारा निरपेक्ष रूप में तथा षड्ज, पंचम आदि नामों द्वारा सापेक्ष रूप में सूचित किया जाता है।

कर्नाटक—संगीत पद्धति में 'शुद्ध' शब्द रि ग म ध नि आदि पाँचों स्वरों के कोमल भेदों को सूचित करता है, मगर हिन्दुस्तानी संगीत पद्धति में 'शुद्ध' शब्द 'म' को छोड़कर अन्य सभी स्वरों के तीव्र भेदों को सूचित करता है। कर्नाटक संगीत पद्धति के अनुसार ही स्वर स्थानों के नाम दिए गए हैं।

इन स्वर स्थानों को संक्षिप्त संकेतों से सूचित करें तो महत्वपूर्ण होगा और कठिनाई भी नहीं होगी। रि, ग, ध, नि आदि अक्षर रि, ग, ध, नि स्वरों के तीव्र भेदों को सूचित करते हैं और उनके नीचे एक हलन्त (्) खींचने से मिलने वाले रूप (रि्, ग्, ध तथा नि्) कोमल भेदों को। जब 'म' किसी चिह्न के बिना लिखा जाता है तो कोमल मध्यम को सूचित करता है, उसके ऊपर एक खड़ी रेखा खींचने से (मे) तीव्र मध्यम को; जैसे—

सा	— षड्ज		मे	—	प्रति मध्यम
रि्	— शुद्धऋषभ		प	—	पंचम
रि	— चतुःश्रुति ऋषभ		ध्	—	शुद्ध धैवत
ग्	— साधारण गांधार		ध	—	चतुःश्रुति धैवत
म	— शुद्ध मध्यम		नि्	—	कौशिक निषाद
			नि	—	काकली निषाद

प्रकृति तथा विकृति स्वर

षड्ज और पंचम दोनों में अपना एक निश्चित स्थान होता है, जिसका कोई विकल्प नहीं होता। बाकी पाँचों स्वरों में हर एक के दो-दो वैकल्पिक स्थान होते हैं। इसलिए षड्ज तथा पंचम को प्रकृति स्वर और बाकी दसों स्वर-स्थानों को विकृति मानना उपयुक्त है ऐसा ग्रन्थों में माना जाता है—

1. षड्ज	प्रकृति	9. प्रतिमध्यम	प्रकृति
2. शुद्धऋषभ	प्रकृति	10. पंचम	प्रकृति
3. शुद्ध गांधार	विकृति	11. शुद्ध धैवत	प्रकृति
4. चतुःश्रुति ऋषभ	विकृति	12. शुद्ध निषाद	विकृति
5. साधारण गांधार	विकृति	13. चतुःश्रुति धैवत	विकृति
6. षट्श्रुति ऋषभ	विकृति	14. कौशिकी निषाद	विकृति
7. अंतर गांधार	प्रकृति	15. षट्श्रुति धैवत	विकृति
8. शुद्ध मध्यम	प्रकृति	16. काकली निषाद	प्रकृति

बहत्तर मेलकर्ता

दक्षिणात्य संगीत में प्रधानतया 72 मेलकर्ता होते हैं। प्रमुख राग, सम्पूर्ण राग, जनक राग आदि मेलकर्ता के पर्यायवाची शब्द हैं। सारे रागों के लिए ये मेलकर्ता ही आधारभूत हैं। भरत के समय में ऐसे जनक राग ही जातियां कहलाती थीं। षड्जग्राम (आधुनिक खरहरप्रिया या काफी थाट) तथा उसके हर स्वर से गृहभेद द्वारा प्राप्त छह राग—ये सात प्रधान जातियां मानी जाती थीं। आधुनिक हिन्दुस्तानी संगीत में ऐसे सम्पूर्ण राग दस माने जाते हैं, जिन्हें 'ठाठ' या थाट कहते हैं। पाश्चात्य संगीत में प्रधानतया दो ऐसे सम्पूर्ण राग हैं, जिन्हें 'मेजर स्केल' तथा 'माइनर स्केल' कहते हैं।

72 मेलकर्ता कैसे बने

षड्ज और पंचम प्रकृति स्वर है अर्थात् इन दोनों में हर एक का अपना एक निश्चित स्थान होता है, जिसका कभी कोई विकल्प नहीं होता। बाकी पाँच स्वरों में हर एक के दो दो स्थान होते हैं। इस प्रकार एक सप्तक में 12 स्वर स्थान होते हैं। हर मेलकर्ता के लिए सा, रि, ग, म, प, ध, नि आदि सातों स्वरों का होना अनिवार्य है। स्वर स्थान बारह हैं। इन बारह स्थानों में ये सात स्वर जितने विभिन्न प्रकार से बिठाये जा सकेंगे, उतने ही सम्पूर्ण राग बनेंगे। इस प्रक्रिया को चार खण्डों में बाँटा गया है—

1. सा और प	2. रि, ग
3. ध, नि	4. म

दक्षिण के नृत्य

दक्षिण के मन्दिर संगीत के केन्द्र बने हुए हैं। राधा-कृष्ण की रास लीलाओं को 'कल्बकोबा' नृत्य के द्वारा प्रदर्शित किया जाता है। 16वीं और 17वीं शताब्दी में वैष्णव तथा शैव

उपासकों द्वारा संगीत और नृत्य का खूब प्रचार हुआ। रामायण, महाभारत और भागवत कथाओं पर संगीतमय महाकाव्य लिखे गए, जिन्होंने देश के वायुमण्डल को पवित्र बनाया। कर्नाटक की प्रसिद्ध गीतकार स्त्रियों में पंपा और पोन्ना के रचे हुए गीत आज भी प्रेम से गाए जाते हैं। तमिल प्रदेश में संत, भक्त और दार्शनिक ही संगीतज्ञ हुआ करते थे। वे ईश्वरोपासना में विश्वास रखते थे। वे अपना संगीत ईश्वर को अर्पित कर देते थे। मुगल-युग के समय में तमिल संगीत में कीर्तनों की भरमार थी। धार्मिक नृत्यों की व्यापकता थी।

मन्दिरों के पवित्र वातावरण में उत्पन्न हुए कलाकारों में निग्मता और हमतैया के नाम उल्लेखनीय है। वास्तव में उत्तर भारत में जब यवन राजाओं का बोलबाला था तो कर्नाटक संगीत की आत्मा बड़ी सजीव एवं दिव्य थी। इस काल में भारतीय संगीत का यदि कोई सच्चा प्रतिनिधित्व कर रहा था, तो यही कर्नाटक संगीत। कर्नाटक संगीत में हमें मनुष्यता का सुंदरतम् चित्र प्राप्त होता है। दक्षिण में लावनी, विल्लुपट्टू, वचीपन्ट्रट्टू तथा ललि-ऊजल और नरलगू लोक संगीत के प्रकार हैं।

देवदासी प्रथा

दक्षिण के लोगों में धार्मिकता की भावना प्रबल होने के कारण दक्षिणी संगीत पर भी धर्म का प्रभाव पड़ रहा था। कहा जाता है कि दक्षिणी भारत के मन्दिरों में कुछ ऐसी अविवाहित ब्रह्मचारिणी स्त्रियां रखी जाती थीं, जो अपने आलौकिक गायन व नृत्य से भगवान को प्रसन्न करती थीं। इन स्त्रियों को 'देव-दासियां' कहा जाता था। इन देव-दासियों के संयमी और त्यागमय जीवन ने संगीत के विकास में बड़ा योगदान दिया। इस प्रकार उन्हीं दिनों से मन्दिर में देवदासी रखने की प्रथा आरम्भ हो गई। उनके द्वारा किए गए नृत्य को कुरवंजि कहते थे।

दक्षिण भारत का लोक संगीत

लोक संगीत में वे समस्त गीत आ जाते हैं जो शुद्ध शास्त्रीय संगीत के क्षेत्र में नहीं आते। लोक गीत, शास्त्रीय संगीत के विपरीत अधिकांश में 'अनादि-सम्प्रदाय' अथवा अज्ञात लेखक द्वारा निर्मित होते हैं। जबकि शास्त्रीय संगीत किसी जानकार की देन है। लोक संगीत का निर्णय करने के लिए अथवा उसकी परिभाषा देने के लिए कोई नियम निर्माता नहीं हुआ है। लोक संगीत ही वह नींव है जिस पर शास्त्रीय संगीत विकसित हुआ है।

शास्त्रीय संगीत के निर्माताओं में त्यागराज ने दक्षिण भारतीय संगीत की महत्वपूर्ण सेवा की है। उन्होंने बहुत-सी लोक धुनों को, जो उनके समय में प्रचलित थी, अपने खुले रंगमंचों के नाट्य में अमर करके 'दिव्य कीर्तन' और उत्सव सम्प्रदाय कीर्तन की प्रचुर सेवा की है।

लोक संगीत लाखों मूक लोगों का संगीत है। यह पुरुषों और स्त्रियों के समूहों का अधिकृत क्षेत्र है। यह श्रांत कृषक एवं श्रमिक को असीम सांत्वना प्रदान करता है।

लोक गीत युवा-वृद्ध असंख्य नर-नारियों द्वारा विभिन्न अवसरों पर घर-बाहर गाए जाते हैं। ये ही वे ग्रामीण गीत हैं जिनकी परम्परा शास्त्रीय संगीत से भी पुरानी है। लोक गीतों में स्वयं का जादू है।

लोक संगीत का ध्येय मुख्यतः मनोरंजन है। 'कैचीलम्बू' एक प्रकार का लोक-कथाक्षेपम् है। जो संगीत से मिलता जुलता और संगीतात्मक ध्वनियों का सम्पुट होता है। 'पोम्मियिन थिरुभनम्' इसका प्रिय विषय है। 'नैयन्दीमेलम्' वृन्दवाद्य है। यह स्वतंत्र रूप में और कराकरम्, करवाड़ी, मूक अश्व नृत्य तथा दूसरे नृत्यों में भी बजता है।

'ललि' 'ऊजल' नरलंगू और 'सम्मान्धीएसल' लोक-संगीत के प्रकार हैं जो सभी घरों में विवाहोत्सवों पर प्राचीन समय में बहुत प्रचलित रहे हैं। प्रथम तीन यद्यपि सरल हैं किन्तु ये श्रेष्ठ राग धुनों से युक्त रहते थे। पुराने जमाने में स्त्री और पुरुष इनको विशेष उमंगपूर्वक सम्पन्न करते थे। 'सम्मान्धी एसल' एक प्रकार का पारस्परिक विनोद है। विवाह के अवसर पर जब युगल आमने-सामने बैठ जाता है और गेंद गुड़ाता है, तब वर-वधू के दलों के बीच यह होता है। प्रत्येक दल संगीत में ही एक-दूसरे की कमजोरी और अच्छाई हास्य-विनोद पूर्ण वातावरण में प्रकट करता है। 'किरीक्कट्टी वाद्यम्' लोक संगीत का वाद्य है, जिसे बजाने के साथ-साथ नृत्य किए जाते हैं।

'वचीपट्टू' मालावार का नौका-गीत (ओडम्) है। लोक गीत लोगों के विचारों और सही भावनाओं को ढूंढ निकालने के साधन हैं। जब नए विचार आते हैं और पुराने चले जाते हैं, तो काव्य पंक्तियों में भी तदनुसार आवश्यक परिवर्तन हो जाता है। लोगों की आधुनिकता आन्तरिक भावनाएं लोक गीतों में अपनी अभिव्यक्ति पाती है। इस प्रकार लोक गीत गतिशील

रखे जाते हैं। यद्यपि ये बँधे-बँधाए साहित्य के स्वर से ऊँचे नहीं उठ पाते, फिर भी ये लोकप्रिय भावों और विश्वासों के सच्चे प्रतिबिम्ब हैं। बिल्लुपट्टु लोक संगीत भी दक्षिण का प्रसिद्ध लोक संगीत है।

हिन्दुस्तानी और कर्नाटक संगीत के थाट

हिन्दुस्तानी संगीत में 'थाट' शब्द का और कर्नाटक संगीत में 'मेल' शब्द का प्रयोग किया गया।

क्र. स.	हिन्दुस्तानी	कर्नाटकी
1.	भैरवी	हनुमत तोड़ी
2.	भैरव	मायामालव गौलम्
3.	आसावरी	नटभैरवी
4.	काफी	खरहर प्रिया
5.	खमाज	हरिकाम्भोजी
6.	बिलावल	धीरशंकराभरणम्
7.	तोड़ी	शुभपंतुवराली
8.	पूर्वी	कावर्धिनी
9.	मारवा	गमनप्रिय
10.	कल्याण	मेघकल्याणी

दक्षिण के प्रसिद्ध ग्रंथ और उनके पुस्तकालय

मद्रास/Oriental Library

1. नृता लपुराण संग्रह
2. राग विशेष
3. संगीत दर्पण
4. संगीतरत्नाकर
5. संगीत सारसंग्रह
6. स्वरमेल कलानिधि

तंजावर/Place Library

1. संगीत सारामृत
2. संगीत मुक्तावली
3. राग रत्नाकर
4. अभिनय दर्पण
5. अष्टोत्तरश ताल लक्षण
6. ताल प्रस्तार
7. ताल लक्षण
8. ताल दीपिका
9. राग प्रस्तार
10. तालदशप्राणदीपिका
11. राग लक्षण
12. संगीत दर्पण
13. दंतिलकोहलीयम

त्रिवेन्द्रम/Place Library

1. अंगहारलक्षण
2. नाट्यग्रन्थ
3. नाट्यवेद
4. नाट्यतेविवृत्ति
5. नृत्य रत्नाकर
6. बलरामभरत
7. भाव प्रकाश
8. रसाणिवसुधाकर (हरिपाल)
9. संगीत चिंतामणि
10. संगीत चूड़ामणि
11. संगीतसुधा
12. संगीत सुधाकर (हरिपाल)
13. सप्तस्वर लक्षण
14. स्वरतालादि लक्षण

मैसूर/Government Oriental Library

1. अभिनयदर्पण
2. अभिनय प्रकरण
3. अभिनय मुकुर
4. अभिनव भरत सारसंग्रह
5. आदिभरत
6. संगीतदर्पण
7. भरत सारसंग्रह
8. संगीत चूड़ामणि
9. संगीतमकरंद
10. संगीत रत्नाकर व्याख्या
11. स्वर प्रस्तार
12. स्वरमेल कलानिधि

कर्नाटक संगीत की सुप्रसिद्ध लोक धुन

निरवल–कीर्तन या कृति के पल्लवि, अनुपल्लवि या चरण के साहित्य भाग के दो चार आवर्तो को लेकर उन्हें कई प्रकार के कल्पना संचारों के साथ गाना निरवल कहलाता है। कल्पना संचारों की सुविधा के लिए हर साहित्याक्षर के लिए नियुक्त आकार, इकार आदि की संख्या घटायी-बढ़ायी जा सकती है, पर एक पूरे आवर्तन का साहित्य भाग एक पूरे आवर्तन के अंदर अवश्य समा जाना चाहिए। अतः कहीं किसी साहित्याक्षर के लिए अधिक क़ाल दिया जाए, तो दूसरे किसी साहित्याक्षर के लिए कम करना पड़ेगा। इस प्रकार हम साहित्याक्षरों को ताल के चन्द्र आवर्तनों में भर देते हैं। निरवल का शब्दार्थ ही है पर जहाँ पल्लवि एक अलग आइटम' होता है वहां निरवल कृति या कीर्तन का एक अंगमात्र होता है। पल्लवि बड़े विस्तार से गाया जाता है, निरवल उतने विस्तार से नहीं गाया जाता। तीसरा अंतर यह है कि निरवल तो कीर्तन के किसी भाग में होता है। अतः उसका ताल और बोल रचे-रचाये होते हैं, मगर पल्लवि के लिए उपयुक्त राग, ताल तथा बोल गायक ही अपनी कल्पनानुसार चुन लेते हैं, निरवल प्रथम तथा द्वितीय काल में गाया जाता है।

तिल्लाना–यह भारतीय संगीत के तराना के समान होती है। चोल्लुक्केटटु के रूप में ताल की विभिन्न गतियों को तथा पेचीदा स्वर संचारों की चमत्कारपूर्ण रीति से गूंथकर द्रुतकाल में गायी जाने वाली एक कृति विशेष होता है। इस गीत के भी तीन खण्ड होते हैं। साधारणतया पल्लवि तथा अनुपल्लवि में 'चोल्लुक्केटटु आंशिक रूप में मिले होते हैं।

वर्णम–अभ्यासगान की कृतियों में यह प्रमुख है। इसमें राग भाव को पूर्णरूपेण व्यक्त करने वाले रंजक प्रयोग, विशेष संचार आदि भरे होते हैं। इस प्रबन्ध की रचना तीन सौ वर्ष पूर्व हुई है। यह भारतीय संगीत में ख्याल के समान है। दो कालों में और कभी-कभी तीन कालों में भी इसका अभ्यास किया जाता है। करीब ढाई सप्तकों तक व्यास इसकी संचार आवाज को परिमार्जित बनाता है और इच्छानुसार गाने की योग्यता प्रदान करता है।

वर्णम के चार भेद होते हैं–

1. चौकपद,
2. पदवर्णम,
3. ध्वजवर्णम,
4. तानवर्णम।

2. **पदवर्णम**–इसकी बनावट लगभग चौकवर्णम के समान ही है, पर इसमें स्वर साहित्य वाले चिट्टेस्वरों की प्रचुरता होती है, इसके मध्य में राग आलापन के लिए गुंजाइश रहती है।

4. **तानवर्णम**–चौकवर्णम् के समान इसमें भी पल्लवि, अनुपल्लवि चरण आदि अंक होते हैं, यह साधारणतया मध्यकाल में गाया जाता है। अन्य प्रकार में कल्पना-संचारों के लिए गुंजाइश रहती है, इसमें नहीं रहती। इसमें केवल पल्लवि, अनुपल्लवि तथा चरण के ही साहित्य होते हैं।

पदम्–यह कीर्तनों की अपेक्षा विलम्बित काल में गाई जाने वाली एक कृति है इसके पल्लवि, अनुपल्लवि तथा अनेक चरण होते हैं। इसमें श्रृंगार रस की प्रधानता होती है। 'भरतनाट्यम' नृत्य में इसका प्रयोग मुख्यतः होता है। इसमें साहित्य के रसभाव के अनुसार कल्पनासंचार करके गाने की सुविधा होती है। उसमें भक्ति रस भी स्पष्ट दिखायी देता है। जीवात्मा और परमात्मा नायक-नायिका की तरह वार्तालाप करते हैं। पदम् तमिल, तेलुगू तथा कन्नड़ भाषाओं में मिलते हैं, इसमें चिट्टेस्वर भी जोड़ते हैं। पदम् के भी तीन प्रकार माने गए हैं। इसकी बंदिशे व गात्रा की तित्र त्रिपुटि ताल में होती है।

रागम्–किसी राग को लेकर स्वर संचार को शास्त्रीय ढंग से गाकर उसका विस्तार करना 'रागम्' कहलाता है। इसे रागअलापना भी कहा जाता है। रागम् में कल्पना का बड़ा स्थान होता है, इसमें किसी प्रकार के नियमों का बंधन नहीं होता। इसमें निम्न बातों को ध्यान में रखा जाता है-

1. राग-अलाप में कोई ऐसा संचार कभी न आए, जो उसके आरोह-अवरोह और स्वर स्थानों के अनुकूल न हो।
2. पूरे आलाप में राग-भाव को कोई व्याघात न पहुंचे।
3. श्रुतिमधुरता पर भी काफी ध्यान रखा जाए।

तानम्–विस्तृत राग-आलाप के बाद तानम् गाया जाता है। कभी ताल के साथ, कभी ताल के बिना तानम् पहले विलम्बकाल में तथा बाद में द्रुतकाल में गाया जाता है। राग के विभिन्न संचारों को आकार रूप में ता, न, म् आदि अक्षरों की सहायता से लगातार शृंखलाबद्ध रूप में गाने की क्रिया तानम् कहलाती है। राग का सम्पूर्ण स्वरूप तानम् में स्पष्ट हो जाना चाहिए। इसमें स्वर-प्रस्तारों की प्रचुरता पायी जाती है। जिस प्रकार राग-आलाप करने की एक सुंदर पद्धति होती है, उसी प्रकार तानम् गाने की भी होती है। तानम् के बीच में कई बार स्वरों पर ठहराव होता है। और थोड़ी देर वायलिन-वादक को तानम् बजाने के लिए दी जाती है। तानम् में त, न, र, म् आदि अक्षरों से ही प्रचुरता से काम लिया जाता है, इसमें 'आनन्दम् शब्द के ही अक्षर विभिन्न प्रकार से आते हैं इसके गाने का उद्देश्य ही आनन्द प्रदान करना होता है। वैसे तानम् किसी भी राग में गाया जा सकता है। फिर भी धनरागों के तानम् बड़े महत्वपूर्ण हैं। धनराग दस होते हैं, जो निम्न प्रकार से हैं–नाट, गौल, वराली, आरभी, श्रीरागम्, केदारगौल, नारायणगौल, बौली, केदारम् तथा सारंगनाट आदि।

पल्लवि–यह रागम् तथा तानम् के बाद ही गाया जाता है। चार-पांच शब्दों से बने किसी अर्थपूर्ण साहित्य को लेकर उसको राग और लय के साथ विन्यास करके गाना ही पल्लवि कहा जाता है। इस शब्द के लिए एक चमत्कारपूर्ण व्याख्या यह है कि चूंकि इसमें पदों का लय के साथ विन्यास होता है, इसका नाम 'पल्लवि' पड़ा। मगर इस व्याख्या के अनुसार इसका नाम 'पलवि' होना चाहिए, 'पल्लवि' नहीं। साधारणतया पल्लवि द्विकला या चतुष्कला चिलंव में गाया जाता है। पल्लवि समाप्त होने के बाद मृदंग बजाने के लिए थोड़ी देर दी जाती है। इस अवसर पर अकेले मृदंग विद्वान् पल्लवि के ही ताल में विभिन्न प्रकार की जातियों तथा गीतियों में उत्साहवर्द्धक ढंग से बजाते हैं इस प्रकार मृदंग-विद्वान् का अकेले बजाना 'तानि आवर्तनम्' (अलग आवर्त) कहलाता है।

गीत–स्वर साहित्य के साथ राग-स्वरूप को स्पष्ट करने के लिए रची गई कृति है। विशेष लम्बाई की दृष्टि से गीत तीन प्रकार के होते हैं–एक खण्ड गीत, द्विखण्ड गीत, त्रिखण्ड गीत। जिस गीत में तीन खण्ड होते हैं, वह उत्तम गीत कहलाता है। हर खंड को गाने के बाद प्रथम खंड की प्रथम पंक्ति को गाना चाहिए। उसको 'ध्रुव' कहा जाता है। गीतों के साहित्य (मातु) अक्सर कन्नड़, प्राकृत, पांडीर आदि भाषाओं में होते हैं। गीत के दो भेद होते हैं–

1. लक्ष्यगीत और
2. लक्षणगीत।

गीत के पल्लवि, अनुपल्लवि चरण आदि अंग नहीं होते। इसमें कठिन संचार, 'संगति' वक्रसंचार आदि नहीं पाए जाते। प्रायः धातु बहुत ही आसान होती है।

स्वरजाति–किसी निश्चित राग और ताल से उस राग के उपयुक्त संचार तथा ताल की विभिन्न जातियों का सुंदर समन्वय करके बनाई गई एक कृति; यह प्रधानतया भरतनाट्यम के लिए बनी है। भरतनाट्यम में पैरों का संचालन विभिन्न प्रकार से होता है, उसके लिए स्वर जाति बहुत ही सहायक है। एक शताब्दी पहले ही स्वरजाति का उद्भव हो गया था। इसके भी तीन अंग होते हैं। पल्लवि (स्थायी) अनुपल्लवि (अंतरा) तथा चरणम्। कभी-कभी पल्लवि के बाद चरण ही होते हैं। अनुपल्लवि नहीं होती। स्वरजाति का साहित्य (मातु बोल) अक्सर ईश्वर-स्तुति सम्बन्धी या शृंगार सम्बन्धी या संगीत के आश्रयदाताओं की प्रशंसा सम्बन्धी होता है।

कण	–	धप	धप
खटका	–	(प) = पधमप	(प)
गीत उच्चारण	–	श्या ऽ ऽ म	श्या ० ० म

अध्याय-8

पाश्चात्य संगीत

पाश्चात्य स्वरलिपि पद्धति

इस पद्धति के अन्तर्गत चार पद्धतियाँ आती हैं-

1. सोल्फा स्वरलिपि पद्धति
2. न्यूम्स स्वरलिपि पद्धति
3. चीव स्वरलिपि पद्धति
4. स्टाफ स्वरलिपि पद्धति

1. सोल्फा स्वरलिपि पद्धति—इस पद्धति के अन्तर्गत स्वरों के नाम डो रे मी फा सोल्, ला सी, हैं। भारतीय संगीत में ये सा, रे, ग, म, प, ध, नि कहलाते हैं। इस पद्धति में तार सप्तक के स्वरों के लिए स्वर के ऊपर खड़ी या पड़ी रेखा लगाते हैं; मंद्रसप्तक के स्वरों के लिए नीचे पड़ी रेखा लगाते हैं, जैसे—

मंद्र सप्तक के स्वर d r m

मध्य सप्तक के स्वर d r m

तार सप्तक के स्वर d r m या d r m

कोमल तथा तीव्र स्वरों के लिए स्वरों के उच्चारण में ही परिवर्तन किया जाता है।

2. न्यूम्स स्वरलिपि पद्धति—इस पद्धति का विकास रोम के गिरजों में हुआ। इस पद्धति में विराम, अल्पविराम, डैश तथा लकीरों का प्रयोग होता था। भारतीय संगीत के वैदिककालीन ग्रन्थों में भी कुछ ऐसे ही चिन्ह मिलते हैं।

3. चीव स्वरलिपि पद्धति—इस पद्धति का विकास फ्रांस के चीव नाम के गणितज्ञ ने किया था। इसमें स्वरों को दर्शाने के लिए अंकों का प्रयोग किया जाता था। ऊँचे-नीचे स्वरों को दर्शाने के लिए अंकों के ऊपर तथा नीचे बिन्दु लगाए जाते थे। इस तरह के अंक सामवेद के मंत्रों में भी मिलते हैं।

4. स्टाफ स्वरलिपि पद्धति—आधुनिक समय में स्टाफ पद्धति सर्वाधिक प्रचलित है। यह पद्धति इसी प्रकार है।

1. ग्रेट स्टाफ—यह ग्यारह लाइनों का एक समूह होता है। इन लाइनों के ऊपर तथा बीच में स्वरों के चिन्हों को लिखा जाता है। इन लाइनों के माध्यम से मंद्र से लेकर तार सप्तक के स्वरों को आसानी से लिख सकते हैं। इन ग्यारह लाइनों में मध्य की लाइन बिन्दुओं (Dot) से

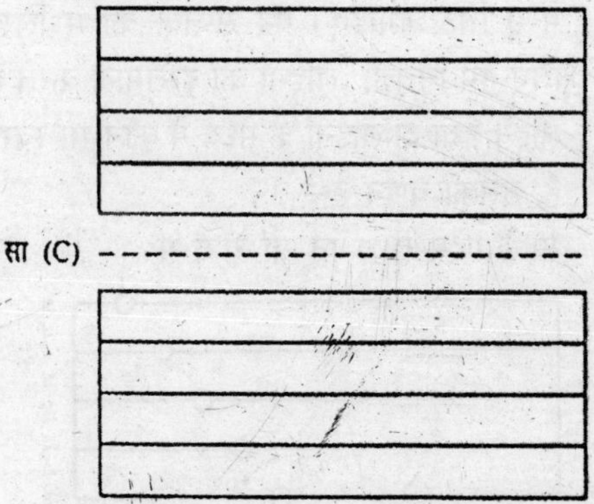

लिखी जाती है इस पर मध्य सा रहता है सा को पाश्चात्य संगीत में C कहते हैं। उस रेखा के ऊपर के स्वरों पर तार सप्तक के स्वर तथा नीचे के स्वरों में मंद्र सप्तक के स्वर लिखे जाते हैं।

2. स्वर—स्टाफ पद्धति में स्वरों को दर्शाने के लिए अंडाकार (⬭) चिन्ह होता है। सभी स्वर इसी के माध्यम से दर्शाए जाते हैं। भारतीय संगीत की तरह के इसमें हर स्वर के लिए अलग चिन्ह नहीं होता। पाश्चात्य पद्धति में स्वरों को बताने के लिए ग्रेट स्टाफ का प्रयोग होता है। स्वर बताने के लिए स्टाफ की ग्यारह लाइनों के ऊपर मध्य में यह (0) चिन्ह लगाया जाता है। हर रेखा एक स्वर को बताती है; जैसे मध्य सा के लिए बिन्दुओं की लाइन है जो ग्रेट स्टाफ के मध्य में है, इस रेखा के ऊपर अंडाकार चिन्ह लगेगा तो वह सा कहलायेगा।

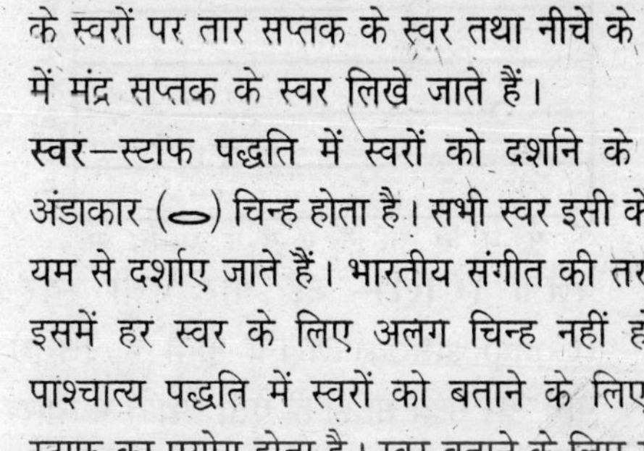

चिह्न किसी भी लाइन के ऊपर या मध्य में लगते हैं। रे (D) लिखना है, तो सा के ऊपर दो लाइनों के मध्य में 0 चिह्न लगाइए। मंद्र सप्तक का प लिखने के लिए हम निचली लाइनों का इस्तेमाल करते हैं। हर लाइन, तथा दो लाइनों के मध्य में कौन-सा स्वर आता है, उसका वर्णन है–

सा रे ग म प ध नि सां रे गं मं

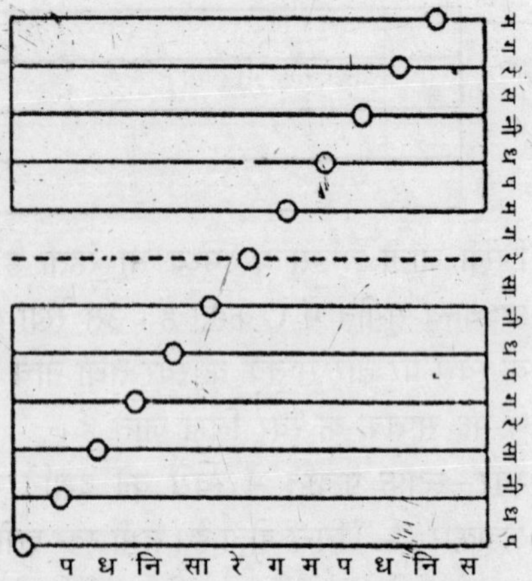

3. **क्लैफ (Clef)**– कई बार ऐसी स्वर रचना (Composition) लिखनी होती है, जिसमें सबसे नीचे स्वर मध्य सा ही हो ऐसी स्थिति में ग्यारह लाइनें खींचना काफी मुश्किल काम है, क्योंकि निचली 5 लाइनों में कुछ भी नहीं लिखा जा सकता। इस स्थिति में केवल ऊपर की पांच पंक्तियाँ खींचते हैं तथा उन पर निम्न चिह्न लगाते हैं जो यह बताता है कि इन लाइनों पर सबसे निचला स्वर मध्य सा है। मंद्र सप्तक के स्वर नहीं लग रहे हैं।

अगर स्वर रचना में सबसे ऊँचा स्वर मध्य सा हो अर्थात् सभी स्वर मंद्र सप्तक या उसमें नीचे के हो, तो पांच लाइनों के शुरू में निम्न चिह्न लगाते हैं।

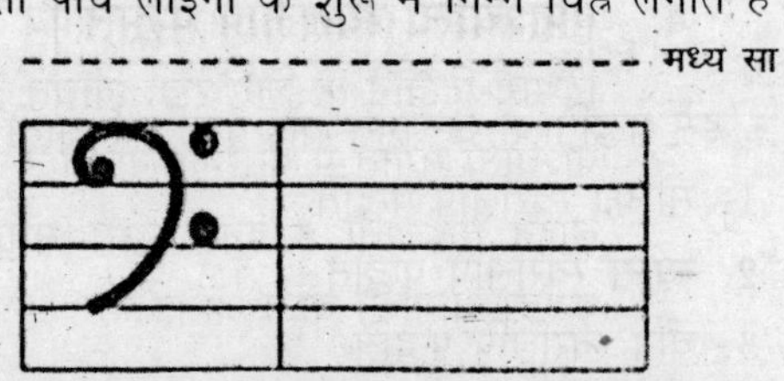

इस चिह्न को बास क्लैफ (Bass Clef) कहते हैं। इसके ऊपर यदि हम छोटी रेखा खींचकर स्वर लिखें, तो वह मध्य सा होगा।

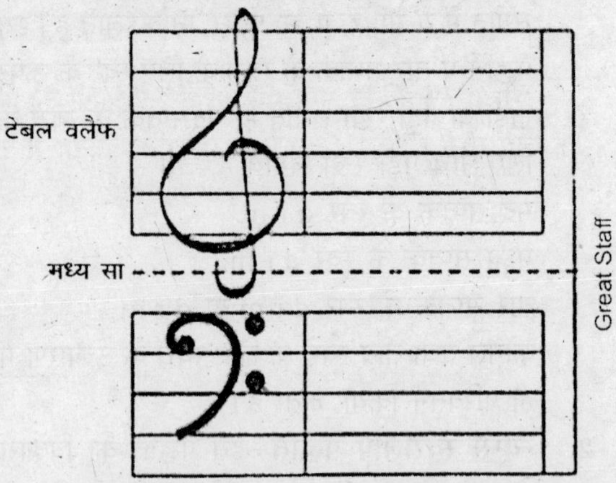

की सिगनेचर (Key Signature)– स्वरों को कोमल या तीव्र (Flat Sharp) 6 या # चिह्न को लगातार कर सकते हैं। पर कभी-कभी ऐसा होता है कि हममें एक रचना ऐसी लिखनी है, जिसमें कोई एक या ज्यादा स्वर कोमल या तीव्र हों। ऐसी स्थिति में बार-बार स्वर पर फ्लैट का चिह्न लगाने की जगह हम क्लैफ के बाद फ्लैट का चिह्न लगा देते हैं। ऐसा करने से उस लाइन पर आने वाला स्वर फ्लैट (कोमल) हो जाएगा। इन्हीं को ही सिगनेचर कहते हैं अर्थात् वे चिह्न जो क्लैफ के बाद आते हैं की सिगनेचर कहे जाते हैं

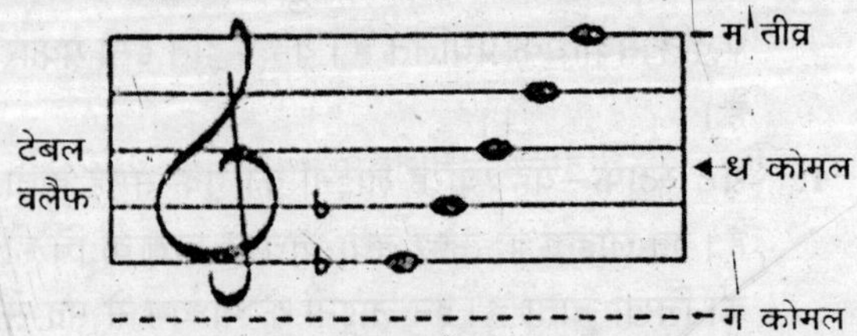

4. **बार लाइन (Bar line)**– भारतीय संगीत में जैसे विभाग दिखाने के लिए रेखा खींचते हैं, उसी प्रकार पाश्चात्य संगीत में भी रेखा खींचते हैं यह रेखाएं बार लाइन कहलाती हैं इनके द्वारा संगीत रचना को बराबर भागों में बांटा जाता है।

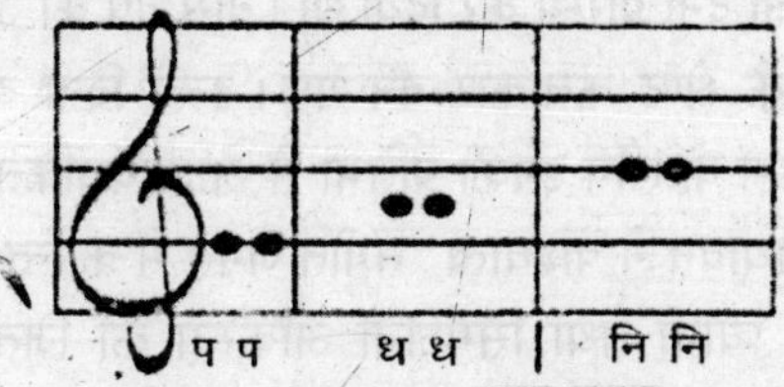

बार लाइन

मात्रा–पाश्चात्य संगीत में विभिन्न मात्राओं को लिखने के लिए स्वर का चिह्न (⬭) में ही परिवर्तित किया जाता है।

1. **एक मात्रा**–एक मात्रा दर्शाने के लिए (⬭) चिह्न है, इसे सेमी ब्रीव कहा जाता है।
2. **आधी मात्रा**– $\frac{1}{2}$ मात्रा के लिए (⬭) चिह्न के साथ एक रेखा खींच देते हैं, जैसे या इस चिह्न का नाम मितिम है।
3. $\frac{1}{4}$ मात्रा $\frac{1}{4}$ मात्रा दर्शाने के लिए मिनिम के गोले को स्याही से भर देते हैं जैसे या । इस चिह्न को क्रोरो कहते हैं।
4. $\frac{1}{8}$ मात्रा– $\frac{1}{8}$ मात्रा दर्शाने के लिए क्वेयर का चिह्न है, इस चिह्न में क्रोशे के ऊपर एक छोटी रेखा लगा देते हैं, जैसे **स** या **स.**
5. $\frac{1}{16}$ गात्रा–इसे दर्शाने के लिए क्वेय के ऊपर दो लाइनें लगा देते हैं, जैसे या । इसे सेमी क्वेयर कहते हैं।
6. $\frac{1}{32}$ मात्रा– $\frac{1}{32}$ मात्रा के लिए सेमी बवेयर में एक रेखा और लगा देते हैं। इसे डेमी-सेमी क्वेयर कहते हैं या ।

चिह्न	नाम	मात्रा
	सेमी ब्रेव (Semi Breave)	1
	मिनिम (Minim)	$\frac{1}{2}$
या	क्रोरा (Crotchet)	$\frac{1}{4}$
या	क्वेयर (Quaver)	$\frac{1}{8}$
	सेमी क्वेयर (Semi Quaver)	$\frac{1}{16}$
	डेमी सेमी क्वेयर (Demi & Semi)	$\frac{1}{32}$

पाश्चात्य शास्त्रज्ञों का भारतीय संगीत में योगदान

बाके–पाश्चात्य संगीतकारों में जोहन सैबस्टियन बाक का नाम बड़ा सम्माननीय है। इनका जन्म 21 मार्च, 1685 ई. को जर्मनी के ईसेनाक नगर में हुआ।

बाक ने अपने जीवनकाल में जो सांगीतिक रचनाएं की उनमें अनेक सोनाध्टाह, सिम्फॉनी, ऑर्केस्ट्रा, स्वीट्स, चर्च, कनटाटज, टोक्काटाज, मोटैट्स आदि उल्लेखनीय हैं। इनकी अधिकांश रचनाएं गिरजा (चर्च) से सम्बद्ध है, जिनमें आध्यात्मिक रंग झलकता है। बाक का सम्पूर्ण जीवन संगीत के लिए ही समर्पित रहा। जीवन के अन्तिम चरण में अचानक उनकी आंखों की रोशनी चली गई तथा पक्षाघात की बीमारी ने भी जकड़ लिया और 22 जुलाई, 1750 ई. को जर्मनी में उन्होंने अपना नश्वर शरीर त्याग दिया।

मोजार्ट–मोजार्ट का जन्म 27 जनवरी, 1756 को ऑस्ट्रिया के साल्जवर्ग में हुआ। उस समय के प्रसिद्ध संगीतकार हीडिन ने मोजार्ट के पिता से कहा था मैंने ऐसा उत्तम संगीत रचयिता कभी नहीं सुना। तीन वर्ष की आयु में मोजार्ट संगीत के पाठों को बजाने लगे थे और पांच वर्ष की आयु में छोटी-छोटी रचनाएं करने लगे। पूरे यूरोप में इनकी ख्याति हो गई। इनके अन्तिम ऑपेरा का नाम है 'दि मैजिक फ्ल्यूट'। मोजार्ट की समस्त संगीत रचनाएं प्रत्येक संगीतज्ञ के गले का हार हैं।

रोजैने जैसे महान् व्यक्तित्व के ये शब्द संगीत जगत् में सदैव गूंजते रहेंगे कि 'मोजार्ट' केवल एक ही हुआ है। मोजार्ट के गीत, धुनें ऑर्केस्ट्रा, सिम्फ़ॉनी तथा वाद्य संगीत के लिए की गई रचनाएं आज भी बड़े आदर के साथ सुनी और सुनाई जाती हैं। 5 दिसम्बर, 1791 को विएना में इस महान् संगीतकार का देहावसान हो गया।

शूबर्ट—गीतों के विशेषज्ञ, लगभग छः सौ गीतों, पन्द्रह क्वार्टेट्स (तार वाद्यों के लिए), आठ सिम्फ़ॉनी, प्यानों के लिए अनेक रचनाएं, कॉनशियरटोज तथा जर्मन नृत्य आदि के रचनाकार शूबर्ट का जन्म 31 जनवरी, 1797 ई. को विएना (ऑस्ट्रिया) में एक स्कूल मास्टर के पुत्र के रूप में हुआ।

शूबर्ट बीथोवन के परम भक्त थे। संयोग की बात है कि उनकी मृत्यु के केवल बीस महीने बाद ही शूबर्ट की मृत्यु हो गई और बीथोवन के निकट ही उन्हें समाधिस्थ किया गया। उनकी समाधि पर एक पत्थर लगा है, जिस पर अंकित वाक्य हैं—यहां संगीत का खजाना गड़ा है। इस प्रतिभा सम्पन्न कलाकार का केवल 31 वर्ष की आयु में 1828 ई. में स्वर्गवास हो गया।

बीथोवन—इनका पूरा नाम लुदविंग वैन बीथोवन है। 16 दिसम्बर, 1770 ई. को बोन (जर्मनी) में इनका जन्म हुआ। चार वर्ष की आयु में ही इनके पिताश्री ने इनको प्यानों की शिक्षा देना प्रारम्भ कर दिया था। बीस वर्ष की आयु में वह प्यानों के श्रेष्ठ कलाकार बन गए। इन्हीं दिनों वह विएना गए। वहां के लोग इनकी प्रतिभा से आश्चर्यचकित रह गए।

बीथोवन ने पाश्चात्य संगीत जगत् में क्रान्ति मचा दी। उन्होंने प्यानों तथा सिम्फ़ॉनी ऑर्केस्ट्रा को जितना सुगम और स्पष्ट कर दिया, उतना किसी भी संगीतज्ञ ने नहीं किया, उन्होंने क्वाटेंट, क्विन्टैड सैप्टैड, ट्रायो, सोनाटाह, कॉनशिटारटो, प्रीयूल्ड, सिम्फानफिग, कनटाटा, कोरस इत्यादि रचनाएं की है। इतनी विविध रचनाएं किसी ने नहीं कीं। एक भयानक रोग के कारण सन् 1827 में विएना में इनका देहांत हो गया।

अध्याय-9

विविध

ग्राम और मूर्च्छना

ग्राम–ग्राम और मूर्च्छना का बड़ा ही अटूट संबंध है। वास्तव में ग्राम ही मूर्च्छना का आधार है। जिस प्रकार परिवार में लोग मिल-जुलकर रहते हैं, मर्यादा की रक्षा करते हैं, उसी प्रकार वादी-संवादी स्वरों का वह समूह जिसमें श्रुतियाँ व्यवस्थित रूप में हों और मूर्च्छना आदि का आश्रय हो तो उसे ग्राम कहते हैं। श्रुति से स्वर और स्वर से ग्राम की रचना हुई है। ग्राम तीन प्रकार के माने गए हैं : 1. षडज ग्राम, 2. मध्यम ग्राम, 3. गांधार ग्राम।

मूर्च्छना–इसका अर्थ है मस्ती, मोहित होना, आकर्षण या आनंद विभोर होना। प्रयोगात्मक रूप में वह स्वरावली जिसे सुनकर प्राणी आनंद विभोर हो जाए, वह मूर्च्छना है। सात स्वरों का क्रम से आरोह-अवरोह करना मूर्च्छना कहलाता है। ''संगीत रत्नाकर'' में पं. शारंगदेव ने कहा है : ''क्रमात्स्वराणाम सप्तानाम आरोहश्चावरोहणम्''।

जाति–राग के आरोह-अवरोह में लगने वाले स्वरों की संख्या से राग की जाति का बोध होता है। कुल मिलाकर जातियाँ 9 होती हैं जिससे पता चलता है कि राग में कितने स्वर लगे हैं।

ताल के दस प्राण

संगीत में ताल का प्रमुख स्थान है। वास्तव में ताल ही संगीत का प्राण है। जिस प्रकार मनुष्य के शरीर में तत्व प्राण का अभाव हो जाए तो वह मिट्टी के समान हो जाता है। उसी प्रकार संगीत में ताल का अभाव हो जाए तो वह निष्प्राण हो जाएगा। प्राचीन काल के विद्वानों ने दस प्राण का होना बतलाया है अर्थात् उन दस तत्वों का समावेश किसी भी ताल में उसी प्रकार होना आवश्यक है जिस प्रकार प्राणी मात्र में प्राण का। ''संगीत मकरन्द'' में तालों के दस प्राण इस प्रकार बतलाए हैं–

कालो मार्ग क्रियाअंग ग्रहो जाति कला लया।
यति प्रस्तार कश्चयोति ताल प्राणम् दशस्मृता।

1. **काल**–काल का शाब्दिक अर्थ है समय अवधि या योग। यह अत्यन्त व्यापक शब्द है। संगीत के क्षेत्र में काल नापने के लिए ताल, मात्रा और विभा हैं।
2. **मार्ग**–जिस ढंग से ताल पहली मात्रा से अंतिम मात्रा तक चलता है उसे मार्ग कहते हैं।
3. **क्रिया**–क्रिया का ताल में महत्वपूर्ण स्थान है। कार्य के करने को क्रिया कहते हैं।
4. **अंग**–उत्तर भारतीय ताल पद्धति में विभाग बनाए गए हैं। उसी प्रकार कर्नाटक पद्धति के अंग बताए गए हैं। कर्नाटक ताल पद्धति में छः भाग माने गए हैं।
5. **ग्रह**–किसी ताल के जिस मात्रा के स्थान से गीत आरंभ होता है, उसे ग्रह कहते हैं।
6. जाति
7. **कला**–वाद्यों को बजाने की रीति को कला कहते हैं।
8. **लय**–संगीत में लय की समान गति को लय कहते हैं।
9. यति
10. प्रस्तार

ठुमरी और टप्पा गायन शैली की उत्पत्ति

ठुमरी–ठुमरी को अर्धशास्त्रीय वर्ग में रखा गया है। ठुमरी के लिए कुछ हल्के-फुल्के व चंचल प्रकृति के राग ही उपयुक्त माने गए हैं; जैसे–खमाज, पीलू, मांड, काफी, पहाड़ी, भैरवी आदि। ठुमरी मुख्यतः दो अंगों से गाई जाती है–पूर्वी और पंजाबी। पूर्वी अंग के अन्तर्गत दो शैलियाँ आती हैं–लखनऊ की और बनारस की।

लखनऊ की ठुमरी को 'वाजिद अली शाह' से प्रोत्साहन मिला। इन्होंने 'अख्तर पिया' के नाम से अनेक ठुमरियो की रचना की।

बनारस अंग की ठुमरी में कजरी और चैती आदि लोक संगीत की शैलियों का प्रभाव देखने को मिलता है। आधुनिक समय में पूर्वी अंग की ठुमरियों के लिए

रसूलन बाई, गिरजा देवी, कृष्णा बाई, लखनऊ की बेगम अख्तर, अख्तरी बाई आदि गायिकाएँ प्रसिद्ध हैं।

टप्पा–ऐसा प्रचलित है कि टप्पा गायन शैली का आरम्भ पंजाब में ऊँट पर सवार होकर चलने वाले कबीलों के लोकगीतों से हुआ है। टप्पे की भाषा अधिकतर शुद्ध पंजाबी या हिंदी-पंजाबी का मिश्रण है। टप्पे में गमक, मुर्की, खटके आदि का प्रयोग अत्यधिक होता है। टप्पे के साथ पंजाबी ठेका या अद्धा त्रिताल बजाया जाता है। टप्पा अधिकतर मध्य लय में गाया जाता है।

गुरु शिष्य परम्परा

संगीत शिक्षण का आरंभ गुरु-शिष्य परम्परा से हुआ। इसका उल्लेख हमें वेदों, रामायण, महाभारत आदि महाग्रन्थों से होता है। शिष्य गुरुकुल में ही रहकर कठोर अनुशासन और सतत्-साधना करते हुए गुरु द्वारा दी गई शिक्षा केवल मौखिक रूप में ग्रहण करता था। इसी कारण उस समय के संगीत का क्रियात्मक पक्ष अधिक प्रबल रहा।

समयानुसार गुरु-शिष्य परम्परा धीरे-धीरे विकसित होती चली गई। मुगल काल में इस परंपरा ने 'घराना' प्रथा का रूप लिया। विभिन्न घरानों से उच्च कोटि के कलाकार पैदा हुए जिन्होंने संगीत के क्रियात्मक पक्ष को ऊँचा उठाने में महत्वपूर्ण सहयोग दिया।

एक समारोह में अवनद्ध वाद्यों की भूमिका

अवनद्ध वाद्यों के अन्तर्गत मृदंग, सर्वाधिक महत्वपूर्ण वाद्य है, जिसका संगीत सम्बन्धी उपयोग के अतिरिक्त अन्य अवसरों पर भी उपयोग होता था। मृदंग के अतिरिक्त अन्य प्रकार के ढोलों का भी प्रचार था, जो विभिन्न अवसरों पर बजाये जाते थे। विजय घोषणा, नगर जागरण सेवा में ढोल का उपयोग एवं इन्द्रोत्सव आदि के समय ढोल वादन प्रमुख रूप से किया जाता था। विवाह के अवसर पर भी इसका वादन होता था। समय सूचना, उत्सव घोषणा एवं राजकीय घोषणाएँ ढोल वादन द्वारा होती थीं।

भारतीय संगीत और संगीतशास्त्र में पंडित भातखण्डे अथवा पंडित पलुस्कर का योगदान

पं. विष्णु नारायण भातखण्डे–10 अगस्त, 1860 ई. को श्रीकृष्ण जन्माष्टमी के दिन प्रातः बालकेश्वर में पं. भातखंडे जी का जन्म हुआ। भारतीय संगीत को जीवित रखने के लिए पंडित जी ने अनेक कार्य किये जिनका वर्णन निम्नलिखित प्रकार से है–

1. पं. भातखण्डे जी का सबसे पहला कार्य थाट-राग वर्गीकरण को प्रचार में लाना था। पंडित जी ने दक्षिणी मेल-पद्धति के आधार पर 10 थाट चुनकर भारतीय रागों को उनमें वर्गीकृत किया। उन्होंने बिलावल को शुद्ध थाट माना।
2. 1915-16 में बड़ौदा में पंडित जी ने एक विशाल संगीत सम्मेलन का आयोजन किया। इस सम्मेलन में एक All India Music Academy की स्थापना का प्रस्ताव पारित हुआ।
3. 1926 में पंडित जी ने "मैरिस स्कूल ऑफ हिन्दुस्तानी म्यूजिक" की स्थापना की।
4. पंडित जी ने नई स्वरलिपि पद्धति बनाई जो सरल तथा वैज्ञानिक है।
5. पंडित जी ने रागों के समय सिद्धान्त की स्थापना की।

आज उत्तर भारतीय संगीत पद्धति के समस्त स्कूलों, कॉलेजों, विश्वविद्यालयों एवं संगीत से सम्बन्धित विद्यापीठों में भातखण्डे जी द्वारा निर्मित सरल स्वरलिपि पद्धति ही प्रयोग में लाई जाती है। भारत को इस महान संगीतज्ञ पर गर्व है।

रस सिद्धान्त और भारतीय संगीत में इसका प्रयोग

लौकिक संगीत का मुख्य उद्देश्य आनंद की प्राप्ति है। संगीत द्वारा आनंद, रस की निष्पत्ति के कारण होता है। प्राचीन आचार्यों ने रस सिद्धान्त पर गहरा चिंतन किया और भिन्न-भिन्न विधाओं के साथ रस के सम्बन्ध का

विवेचन किया। भारतीय संगीत का मुख्य अंग राग है और इन्हीं से रस निष्पत्ति होती है। राग भारतीय संगीत का प्रधान वैशिष्ट्य है। राग प्रधान होने के कारण ही भारतीय संगीत को 'रागदारी' संगीत भी कहा जाता है।

स्वर तथा गेय रचनाओं में भाव अभिव्यक्ति की शक्ति निहित है। उनसे ही रसों की निष्पत्ति होती है। ऐसे भाव स्थाई भाव, विभाव, अनुभाव के नाम से जाने जाते हैं। भाव तथा उनसे उत्पन्न रस इस प्रकार हैं—

रति	—	शृंगार
हास	—	हास्य
शोक	—	करुण
क्रोध	—	रौद्र
उत्साह	—	वीर
भय	—	भयानक
जुगुप्सा		वीभत्स
विस्मय	—	अद्भुत

रागों का निर्माण स्वरों से ही होता है। हर स्वर का अपना एक रस विशेष है।

षड्ज—वीर, रौद्र, अद्भुत। ऋषभ-वीर, रौद्र, अद्भुत। गांधार—करुण। मध्यम—हास्य, शृंगार। पंचम—हास्य, शृंगार। धैवत—भयानक, वीभत्स। निषाद—करुण। अंतः जो रस स्वर विशेष के हैं, उस स्वर युक्त राग से वही रस निष्पादित होगा। इसी आधार पर हम कह सकते हैं कि प्रत्येक राग का अपना एक मूल रस लेता है; जैसे—

हिंडोला	—	शृंगार
वराली	—	करुण
मालकौंस	—	वीर
दरबारी	—	गंभीर

भारतीय संगीत में तानपूरा का महत्व

तानपूरा को भारतीय संगीत का आधार कहा जाता है। ऐसा माना जाता है कि तानपूरे का निर्माण प्राचीन काल में तुम्बरू नामक गंधर्व ने किया था। इस वाद्य में पहले एक तार था, फिर दो, तीन, चार तार हुए। आधुनिक काल में कुछ तानपूरों में पाँच या छः तार भी मिलते हैं। तानपूरे को भारतीय संगीत का मूलाधार निम्न कारणों से कहा जाता है—

1. यह संगीत गायन का प्रमुख वाद्य है।
2. इसका प्रयोग वादन तथा नृत्य के साथ भी होता है।
3. इसकी तारों को बजाने से सभी स्वर प्राप्त होते हैं।
4. यह वादन संगीत में सहायक होता है तथा उसमें रस एवं प्रभाव प्रकट करता है।
5. वैज्ञानिक भाव से देखें तो इसका एक तार एक से पाँच सप्तकों तक के नाद उत्पन्न कर सकता है।

प्रथम आघात से जो स्वर उत्पन्न होता है वह मूल नाद कहलाता है। परन्तु ऐसा भी देखा गया है कि मूल नाद के अतिरिक्त अन्य नाद भी उत्पन्न होते हैं। ये नाद सहायक नाद कहे जाते हैं। इन्हें ही 'स्वयंभू स्वर' भी कहा जाता है। स्वयंभू स्वरों को ओवरटोन या हारमोनिक्स भी कहते हैं। इन स्वयंभू स्वरों का हर वाद्य में अलग-अलग स्थान है। नाद की जाति इसी के कारण होती है। जैसे हम सुनकर ही बता सकते हैं कि दो अलग-अलग वाद्यों पर 'सा' बज रहा है। यह जो भेद है वह स्वयंभू स्वर के कारण ही होता है। सबसे अधिक स्पष्ट रूप से ये तंत्री वाद्यों में सुनाई देते हैं।

सहायक नादों की उत्पत्ति का वैज्ञानिक नियम है। ये नाद मूल नाद से दुगने, तिगुने, चारगुने आदि के क्रम से होते हैं।

लोक संगीत

लोक संगीत की उपमा उस झरने से की जा सकती है जो पहाड़ से फूटकर पत्थरों और चट्टानों से टकराता हुआ स्वच्छता से मनचाही दिशा में आगे बढ़ता है। लोक संगीत में लय की मुख्य भूमिका होती है। लोक संगीत में शब्दावली के सुन्दर व सरल प्रयोग और अवसरानुकूलता पर ध्यान दिया जाता है।

मध्य-भारत का लोक संगीत—मध्य भारत के हमेशा से लहलहाते हुए खेत, सरिता का मधुर संगीत, आम्रकुजों की सघनता, फागुन के पलाश की अनुरागमयी लालिमा और वैशाख में गुलमोहर व अमलतास की ललक एवं खलिहानों व कुंजों में मादकता का प्रसार करनेवाले प्राकृतिक उपकरण अपने-आपमें भरे-पूरे हैं। ऋतुएँ आती हैं और अपने साथ गीतों की शिप्रा, चंबल, बेतवा और काली सिंध बहाती लाती है। मेड़ों पर किसान अपनी पगड़ी सम्हालकर कंठ को सँवारता है, लाजवंती मालविकाओं की वाणी में जादू उतर आता है और पत्रों में ठुमकन भर जाती है। ग्वालियर और भिंड की खंजड़िया बजने लगती हैं। मध्य-भारत के गाँव-गाँव में सामूहिक लोक-संगीत के स्वर उठने लगते हैं।

वर्षा की फुहारों के साथ 'आल्हा' और बिरहा' के गीत उतर से आते हैं, तो दक्षिण गाने लगता है—'बरसों मेरी काली बदली' सवाई बरसा और छोटी-छोटी लड़कियाँ कब चुप रह सकती हैं—

लीजे लिबोली पाकी सावन महिनो आयो जी।
उट हो म्हारावाला बीरा लीलड़ी पलाणो जी॥

अर्थात्—"नीम पर निबौरी पक गई, सावन का महीना आ गया। उठो हे मेरे भाई, घोड़ी तैयार करो।" क्योंकि राखी-दिवस आ गया है। 'राखी दिवसो आयो, लेबा आव म्हारा बीरा जी,।

मध्य-भारत का लोक-संगीत अनेक अंशों में अपनी विभिन्न धुनों के नाते समृद्ध है।

संगीत शिक्षण की गुरु-शिष्य परंपरा

संगीत शिक्षण में गुरु अपने शिष्य को जो सिखाता था वही सब कुछ शिष्य आगे सिखाता था। जैसे बंदिश का स्वरूप वैसा ही रहता था जैसा पहले था। पहले घराना परम्परा के कारण ही एक शिष्य संगीत की बारीकियों को सीख पाता है। ये बारीकियाँ सीखने के लिए विद्यालय आदि नहीं बने हैं। एक शिष्य को ये सीखने के लिए कई साल लगते हैं। पर वह एक योग्य कलाकार बन जाता है। यह परंपरा मौखिक रूप से ही आगे बढ़ती रहती है।

संस्थागत शिक्षण पद्धति

संस्थागत शिक्षण पद्धति के द्वारा कोई भी विद्यार्थी सामान्य सा शुल्क देकर शिक्षा ग्रहण कर सकता है। क्रियात्मक पक्ष के साथ-साथ संगीत-शास्त्र का ज्ञान भी प्राप्त किया जा सकता है। इस प्रकार विद्यार्थी क्रिया पक्ष तथा शास्त्रपक्ष दोनों में ही समान रूप से आगे बढ़ता है। इसमें (संस्थागत पद्धति) महान शास्त्रकारों, ग्रंथकारों, संगीतज्ञों द्वारा लिखित सामग्री को पढ़ने का अवसर प्राप्त होता है, जिससे संगीत संबंधी तत्वों को जानने का एक मौका मिलता है। संस्थागत शिक्षण प्रणाली में कई विद्यार्थी एक साथ कक्षा में शिक्षा ग्रहण करते हैं। इससे उनमें प्रतिस्पर्धा की भावना उत्पन्न हो जाती है, जिससे वे अधिक सीखने का प्रयास करते हैं। संगीत, प्रतियोगिताओं के आयोजन भी होते हैं जो विद्यार्थियों में आत्मविश्वास को बढ़ाते हैं। संस्थागत पद्धति द्वारा ज्ञान अर्जित छात्र, एक संगीतकार, शोधकार, आलोचक, शिक्षक आदि के क्षेत्रों में अपना एक सम्मान स्थापित कर, जीविकोपार्जन कर सकता है।

किराना घराना

किराना घराने के संस्थापक उस्ताद अब्दुल करीम खाँ का निवास स्थान उत्तरप्रदेश में किराना नामक ग्राम (जिला सहारनपुर) होने के कारण उनका घराना किराना घराना कहलाया। खाँ साहब ने अपनी संगीत शिक्षा अपने पिता काले खाँ और चाचा अब्दुल्ला खाँ से ली। इनको ठुमरी गायन में अत्यधिक ख्याति प्राप्त थी।

इस घराने के प्रसिद्ध कलाकारों में स्व. सवाई गन्धर्व, स्व. सुरेश बाबू माने, बहरे बुआ आदि के नाम उल्लेखनीय हैं। वर्तमान कलाकारों में गंगू बाई हंगल, उस्ताद रजब अली खाँ, हीराबाई बड़ोदकर, भीमसेन जोशी, प्रभा अत्रे, श्रीमती माणिक वर्मा के नाम प्रसिद्ध हैं।

विशेषताएँ

1. किराना घराने की ख्याल गायकी आलाप प्रधान है। राग के कुछ महत्वपूर्ण स्वरों का जाल बुनना इस गायकी की विशेषता है।

2. राग में सुरीलापन, आलापचारी के कई प्रकार तथा मींड व कण युक्त प्रयोग भी इस घराने की गायकी की विशेषता है।
3. किराना घराने की गायकी भावना से परिपूर्ण गायकी है। गायकी का प्रधान लक्षण कारुण्य, भक्तिभाव तथा प्रार्थना इत्यादि है।
4. रागों की परम्परा में तोड़ी, दरबारी, पूरिया और मालकौंस इस घराने के सिद्ध राग हैं।

लोक संगीत की प्रमुख विशेषताएँ

1. लोक संगीत मानव की सभ्यता तथा संस्कृति पर प्रकाश डालते हैं।
2. लोक संगीत का कोई एक जनक नहीं होता।
3. लोक संगीत मानव जीवन की, उसके सुख-दुःख की कहानी को बताता है।
4. यह देश की संस्कृति का रक्षक है।
5. लोक संगीत किसी नियम से बद्ध नहीं होता।
6. लोक संगीत में धुनें तीन या चार स्वरों में ही साधारणतया बनी होती हैं।
7. यह सरल भाषा में होता है।
8. लोक संगीत में अनेक वाद्यों का प्रयोग होता है।
9. लोक संगीत साधारण जन के सबसे निकट है।
10. लोक संगीत में सभी रसों की निष्पत्ति होती है।

लोक संगीत का जीवन में महत्व

लोक संगीत को जीवन में महत्व इसलिए देना चाहिए क्योंकि इसका सम्बन्ध जनसाधारण से है। इस शब्द 'लोक' में नागरिक एवं ग्रामीण दोनों संस्कृतियों का समन्वय है।

लोक मनुष्य समाज का वह वर्ग है जो आभिजात्य संस्कार, शास्त्रीयता और पांडित्य की चेतना तथा अहंकार से शून्य है और जो एक परंपरा के प्रवाह में जीवित रहता है।

डॉ. राजेन्द्र प्रसाद के अनुसार—लोक संगीत का जीवन में बहुत महत्व है क्योंकि "आधुनिक जीवन को सुन्दर, समृद्ध व सम्पन्न बनाने के लिए लोक संगीत सहायक सिद्ध होता है।" हमारी "संस्कृति को सुखद बनाने वाली कला है लोक संगीत"।

लोक तथा शास्त्रीय संगीत में संबंध

लोक संगीत एवं शास्त्रीय संगीत का पारस्परिक सम्बन्ध बहुत गहरा और अटूट है। संगीत में ये दोनों ही पक्ष अनादि काल से एक-दूसरे के समकक्ष चलते आए हैं और एक-दूसरे से प्रेरणा लेते रहे हैं।

हमारे शास्त्रीय संगीत की एक बहुत बड़ी विशेषता है 'राग-नियम'। राग को दूसरे शब्दों में विशिष्ट भावनाओं का स्वर चित्र भी कह सकते हैं। शास्त्रीय संगीत में कुछ राग ऐसे हैं जो मूल रूप से लोक धुन थे। उनका विश्लेषण करके उन्हीं के आधार पर इन रागों का निर्माण और विकास हुआ; जैसे—सारंग, भुपाली, काफी आदि रागों का बीज रूप लोकधुनों में है। लोकगीतों के कुछ प्रकार तो शास्त्रीय संगीत के बहुत करीब हैं; जैसे—बनारस की कजरी या चैती।

लोक संगीत में लय की भूमिका

लोक संगीत में लय की मुख्य भूमिका होती है। लोक संगीत जन साधारण का अपना संगीत है, जिसमें कोई आडम्बर नहीं होता, कोई अंकुश नहीं होता, इसी कारण लोक संगीत प्रत्येक मानव को अनायास अपनी ओर आकर्षित कर लेता है। लोक-कलाकार लोक संगीत के माध्यम से भावभिव्यक्ति तथा रसानुभूति की ओर अग्रसर होता है। लोक संगीत को प्रत्येक प्राणी समझ सकता है और थोड़े से प्रयास से स्वयं गा सकता है। लोक संगीत शब्द प्रधान होने के कारण वास्तविक जीवन के लोकाचार, संस्कार एवं परंपरागत विचारों के वैविध्य को आत्मसात करते हुए आगे बढ़ता है। इस प्रकार लोक संगीत में लय सरल हो जाती है।

संगीतोपयोगी नाद

संगीत शास्त्रों में "ऊँ" ध्वनि को प्रणव नाद या ब्रह्मनाद की संज्ञा दी गई है, अर्थात् यह नाद सम्पूर्ण ब्रह्माण्ड के जड़ तथा चेतन में व्याप्त है। संगीत का

आधार ध्वनि है। ध्वनि उत्पन्न होने का वैज्ञानिक आधार यह है कि जब किन्हीं दो वस्तुओं में टकराव या घर्षण होगा तो उस वस्तु में कम्पन पैदा होगी। जब यह कंपन नियमित एवं स्थिर होंगे तो वह संगीतोपयोगी एवं कर्णप्रिय ध्वनि नाद कहलाएगी। नाद के दो भेद बताए गए हैं—1. आहत नाद, 2. अनाहत नाद।

आहत नाद—जो नाद दो वस्तुओं के टकराने से उत्पन्न होता है उसे आहत नाद कहते हैं। जैसे—किसी वाद्य का तार छेड़ने पर उत्पन्न आवाज।

अनाहत नाद—जो नाद बिना किसी संघर्ष द्वारा उत्पन्न हो उसे अनाहतनाद कहते हैं।

हिन्दुस्तानी व कर्नाटक संगीत ताल पद्धतियों की तुलना

कर्नाटक ताल पद्धति में तालों की संख्या सीमित है। आजकल कर्नाटक संगीत में कुल 35 ताल माने जाते हैं। इसके पूर्व तालों की संख्या 108 मानी जाती थी। मुख्य ताल 7 हैं—ध्रुव, मठ, रूपक, झम्प, त्रिपुट, आठ और एक। उत्तर भारतीय तालों की कर्नाटक पद्धति में लिखने के लिए खाली के विभाग को उसके आगे के विभाग में जोड़ देंगे। उदाहरण के लिए, झपताल का विभाग इस प्रकार है—2, 3, 2, 3 और तीसरे विभाग में खाली है इसलिए तीसरे विभाग को दूसरे में जोड़ देंगे, अतः दूसरा विभाग 5 मात्राओं का हो जाएगा और 4 के स्थान पर कुल 3 विभाग हो जाएंगे।

मार्ग

मार्ग का अर्थ पथ से है। मार्ग द्वारा ताल खण्ड, मात्रा की गतियों का क्रम, ताली, खाली आदि दिखाए जाते हैं। नाट्य-शास्त्र में 'चित्र', 'वार्त्तिक' और 'दक्षिण' तीन प्रकार के मार्ग कहे गए हैं। 'चित्र' मार्ग में कला (गुरु) की दो मात्राएँ मानी जाती हैं। 'वार्तिक मार्ग में कला की चार मात्राएँ होती हैं और 'दक्षिण' मार्ग में आठ। 'संगीत रत्नाकर' में 'ध्रुव' नामक मार्ग भी कहा गया है। इसमें कला की मात्रा 'एक' है। उदाहरण के लिए, ध्रुव मार्ग में केवल एक ताली होगी जैसे—$\begin{matrix}1\\+\end{matrix}$, चित्र मार्ग में कला की आठ मात्राएँ हो जायेंगी जैसे— $\begin{matrix}1 & 2\\+ & 0\end{matrix}$। वार्तिक मार्ग में कला की आठ मात्राएँ हो जायेंगी। इसमें 4 पर ताल दी जायेगी और सात पर खाली होगी जैसे—$\begin{matrix}1 & 2 & 3 & 4\\+ & 0 & 0 & 0\end{matrix}$

दक्षिण मार्ग $\begin{matrix}1 & 2 & 3 & 4 & 5 & 6 & 7 & 8\\+ & 0 & 0 & 0 & 0 & 0 & 0 & 0\end{matrix}$

लोक एवं शास्त्रीय संगीत के अन्तर्सम्बन्ध

लोक संगीत एवं शास्त्रीय संगीत का पारस्परिक सम्बन्ध बहुत गहरा और अटूट है। संगीत में ये दोनों ही पक्ष अनादि काल से एक-दूसरे के समकक्ष चलते आए हैं और एक-दूसरे से प्रेरणा लेते आ रहे हैं। लोक संगीत की उपमा उस झरने से की जा सकती है जो पहांड़ से फूटकर पत्थरों और चट्टानों से टकराता हुआ स्वच्छता से मनचाही दिशा में आगे बढ़ता है। शास्त्रीय संगीत, उस जलधारा के समान है जो नियमों, बंधनों में मर्यादित रहकर सही मार्ग और दिशा में सुव्यवस्थित रूप से प्रवाहित होता है। ये दोनों एक ही नदी की दो धाराओं के समान हैं।

'ध्रुपद' की बानी

1. **खंडारी बानी**—कहते हैं कि अकबर बादशाह के दरबारी प्रसिद्ध बानीकार सम्मोखन सिंह (नौबत खाँ) इस बानी के जन्मदाता थे। वे 'खंडार' नामक गाँव में रहते थे, इसलिए उनकी गायन-शैली खंडारी कहलाई।
2. **डागुर बानी**—डागुर बानी स्वामी हरिदास जी द्वारा आरंभ मानी जाती है। जियाउद्दीन खाँ, अल्लाबन्दे खाँ आदि डागुर बानी के गायक कहलाए।
3. **नौहारी बानी**—इस बानी के प्रवर्तक सुजानदास, जो हाजी सुजान खाँ के नाम से प्रसिद्ध हुए, माने जाते हैं।
4. **गोबरहारी बानी**—इस बानी के प्रवर्तक तानसेन माने जाते हैं। उनकी शैली 'गौड़ी' अथवा 'गोबरहारी' कहलाई। परन्तु लोगों का विचार है कि इस बानी की स्थापना नायक कुम्भनदास के वंशजों ने की।

प्रमुख विद्वान एवं उनकी कृतियाँ

1. **विष्णु नारायण भातखण्डे**–असाधारण प्रतिभावान पण्डितजी ने स्वरचित संगीतलिपि की सहायता से 'क्रमिक पुस्तक मालिक' (6 खण्ड) 'भातखण्डे संगीतशास्त्र' (4 खण्ड), 'लक्ष्य संगीत' आदि असंख्य रचनाएँ मराठी, संस्कृत व अंग्रेजी भाषाओं में की है।
2. **श्रीकृष्ण नारायण रातनजनकर**–(बी.ए. 1899-1974) इन्होंने 'संगीत शिक्षा' 'तान संग्रह' (3 खण्ड) आदि अनेक ग्रंथों की रचनाएं की।
3. **निखित घोष**–(1914) जिन्होंने ए न्यू सिस्टम ऑफ नोटेशन आदि कई ग्रंथों की रचना की।
4. **कृष्णानन्द व्यास**–इन्होंने 'संगीत राग कल्पद्रुम' में उस समय के प्रचलित ध्रुपद, ख्याल आदि का संग्रह किया, किन्तु बिना स्वरलिपि के केवल शब्द बेकार है।
5. **मुहम्मद रजा**–सन् 1813 में 'नगमाते आसफी' नामक पुस्तक लिखी, जिसमें उन्होंने तत्कालीन राग-रागिनी पद्धति के चार मतों–शिव, कल्लिनाथ, भरत और हनुमान मत का खंडन किया।

ध्रुपद

ध्रुपद–ध्रुपद एक गंभीर प्रकृति का गीत है, जिसे गाते समय कंठ और फेफड़े पर बल पड़ता है। इसका प्रचलन मध्यकाल में अधिक था। किंतु आजकल जन रुचि में परिवर्तन होने के कारण इसका स्थान ख्याल गायकी ने ले लिया है। इस गायन शैली में भक्ति रस, वीर रस, शांत रस तथा शृंगार रस की प्रधानता रहती है। ध्रुपद के चार भाग होते हैं–1. स्थाई, 2. अन्तरा, 3. संचारी, 4. आभोग।

जाति-गायन

आधुनिक भारतीय संगीत 'रागदारी' संगीत कहा जाता है, परन्तु प्राचीन काल में 'जाति गायन' का प्रचार था। रंजन और अदृष्ट अभ्युदय को जन्म देते हुए विशिष्ट स्वर ही विशेष प्रकार के सन्निवेश से युक्त होने पर 'जाति' कहे जाते हैं। जाति-गायन का प्रचार भरत काल में था। इन जातियों का गायन आधुनिक रागों के समान था।

भरत के अनुसार 'रस-निष्पत्ति'

भरत के अनुसार प्रत्येक ललित कला का उद्देश्य रसानुभूति है। संगीत, काव्य, चित्र, शिल्प आदि सभी में रसानुभूति की परम स्थिति एक जैसी होती है। भरत के अनुसार विभाव, अनुभाव एवं संचारी भागों के संयोग से रस निष्पत्ति होती है जिस प्रकार विभिन्न व्यंजनों, द्रव्यों, औषधियों के सहयोग से षट्रसों का निर्माण होता है। भरत ने आठ रस इस प्रकार बताए हैं 1. शृंगार, 2. हास्य, 3. रौद्र, 4. करुण, 5. वीर, 6. अद्भुत, 7. बीभत्स, 8. भयानक। भरत ने आठ रसों को ही अपने ग्रंथ में स्थान दिया है और निर्वेद जिसका स्थाई भाग शांत है उसे निर्वेदकी के नाम से संचारी भागों में प्रमुख स्थान दिया है। तत्व के दो विभावानुभाव व्याभिचारी अर्थात् विभाव, अनुभाव व्याभिचारी के संयोग से रस की निष्पत्ति होती है।

वृन्दगान/वृन्दवादन का इतिहास

वृन्दगान–वृंदगान की परंपरा हमारे देश में अत्यन्त प्राचीन काल से चली आ रही है। वेदकाल में सहस्त्रों ब्राह्मण मिलकर मंत्रों का सस्वर पाठ करते थे। चारों वेदों में सामवेद को सबसे महत्वपूर्ण माना गया है। स्वयं भगवान क्रष्ण ने कहा है–''वेदाना सामवेदोऽस्मि''। सामवेद सम्पूर्णतया संगीतमय है। ''संगीत रत्नाकर'' के तृतीय अध्याय में शारंगदेव ने वृंदगान का विस्तारपूर्वक बर्णन किया है। गायकों-गायिकाओं तथा वंशी, मृदंग आदि वाद्यों पर संगीत करने वाले वादकों का क्या अनुपात हो, इसका विस्तृत विवेचन किया है। उत्तम, मध्यम तथा कनिष्ठ गानवृंदों का भी उल्लेख है। स्वर्गीय श्री एम. बी. श्रीनिवासन का महत्वपूर्ण योगदान वृंदगान के क्षेत्र में रहा है। 1972 में अमेरिका, 1981 में फिलीपीन्स, 1984 में हंगरी अंतर्राष्ट्रीय वृंदगान समारोहों में भारत

का प्रतिनिधित्व करने का गौरव गंधर्व वृंद को भी प्राप्त हुआ है।

संगीत में शोध-कार्य

यद्यपि संगीत एक ललित कला है, तथापि इसके दोनों पक्षों (सैद्धान्तिक एवं प्रायोगिक) में शोध कार्य की प्रबल, संभावनाएँ हैं। शोधकर्त्ता को सर्बप्रथम संगीत के दोनों पक्षों में से किसी एक पक्ष में शोध कार्य करने के लिए चयन करना पड़ता है और यह चयन उसकी रुचि के अनुरूप होता है। अर्थात् यदि शोधकर्ता की रुचि संगीत के क्रियात्मक पक्ष में है तो वह अपने लिए ऐसे विषय का चयन करेगा जो कि क्रियात्मक पक्ष से संबंधित हो तथा इसके विपरीत जिसकी रुचि शास्त्रीय पक्ष में होगी तो वह उसी के अनुसार विषय का चुनाव करेगा। इसके अतिरिक्त संगीत का शिक्षण पक्ष भी महत्वपूर्ण है। अतः इसके क्षेत्र में शोध-कार्य स्वतंत्र रूप से किए जाने की प्रबल सम्भावना को अस्वीकार नहीं किया जा सकता।

लोक संगीत एवं शास्त्रीय संगीत का सम्बन्ध

लोक संगीत एवं शास्त्रीय संगीत का पारस्परिक सम्बन्ध बहुत गहरा और अटूट है। संगीत में ये दोनों पक्ष अनादि काल से एक-दूसरे के समकक्ष चलते आए हैं और एक-दूसरे से प्रेरणा लेते रहे हैं।

लोक संगीत की उपमा इस झरने से की जा सकती है, जो पहाड़ से फूटकर पत्थरों और चट्टानों से टकराता हुआ स्वच्छता से मनचाही दिशा में आगे बढ़ता है। शास्त्रीय संगीत, उस जलधारा के समान है जो नियमों, बंधनों में मर्यादित रहकर सही मार्ग और दिशा में सुव्यवस्थित रूप से प्रवाहित होता है। ये दोनों एक ही नदी की दो धाराओं के समान हैं।

हमारे शास्त्रीय संगीत की एक बहुत बड़ी विशेषता है ''राग नियम''। राग को दूसरे शब्दों में विशिष्ट भावनाओं का स्वर चित्र भी कह सकते हैं। शास्त्रीय संगीत में कुछ राग ऐसे हैं जो मूल रूप से लोकधुन थे। उनका विश्लेषण करके उन्हीं के आधार पर इन रागों का निर्माण और विकास हुआ; जैसे–सारंग, भूपाली, देस, पीलु, काफी, मोड़ और पहाड़ी आदि रागों के बीज रूप लोकधुनों में है। लोकगीतों के कुछ प्रकार तो शास्त्रीय संगीत के बहुत करीब हैं जैसे–बनारस की कजरी या चैती।

लोकसंगीत में लय की मुख्य भूमिका होती है। लोक संगीत के अन्तर्गत अनेक तालों का विकास होकर शास्त्रीय संगीत के उपयोग में आये; जैसे–दादरा, कहरवा, खेमटा।

लोक संगीत के उपयोग में आने वाले स्वर वाद्यों एवं ताल वाद्यों की संख्या में भी कमी नहीं है। एकतारा, दोतारा, रावण हत्या, अलगोजा, बांसुरी, ढोलक, खंजरी, मजीरा, करताल आदि। इन वाद्यों का प्रयोग शास्त्र एवं नियमों में बँधकर शास्त्रीय संगीत के अन्तर्गत भी होता है।

इस प्रकार लोक संगीत शास्त्रीय संगीत की जननी है, यह कहना तो तर्क-संगत प्रतीत नहीं होता परन्तु एक-दूसरे के पूरक एवं प्रेरक अवश्य हैं। शास्त्रीय संगीत में जो लोक संगीत से लिया गया है वह कल्पनातीत है, तथा अनादि काल से भारत के संगीत शास्त्रों में इनकी आवृत्ति होती आई है।

घराना के निर्माण में सहायक विभिन्न कारण

घराना के निर्माण में सहायक विभिन्न कारण निम्नलिखित हैं–

1. मुसलमानों के आगमन के कारण दरबारी संगीतज्ञों एवं दरबार से बाहर के संगीतज्ञों का दो वर्ग उभर कर सामने आया। पहला वर्ग ''संगीतजीवी'' तथा दूसरा वर्ग ''संगीतोपासक'' बना। विभिन्न राज्यों में संगीतजीवी वर्ग द्वारा विकसित संगीत में गान शैलियों की विविधता के कारण विभिन्न घराने बने।
2. मुसलमान गायक हिन्दू साहित्य, संस्कृति एवं भाषा को समझ पाने में असमर्थ थे, फलस्वरूप उन्होंने स्वर-प्रधान गायिका को प्रमुखता और

नवीन गायकियों की रचना के साथ घरानों का जन्म हुआ।

3. अशिक्षित कलाकारों की मनोवृति संकीर्ण भी हो सकती है, क्योंकि गुरु अपने शिष्यों को मौखिक शिक्षा देता था तथा शिष्य दूसरे किसी गुरु की विद्या सीखना तो क्या सुनना भी पसंद नहीं करता था। इस प्रकार अशिक्षित कलाकारों की संकीर्ण मनोवृत्ति के फलस्वरूप संगीत के क्षेत्र में घरानों की नींव पड़ गई।
4. एक अन्य कारण उस समय के यातायात के साधनों में कमी हो सकती है। एक स्थान पर एक गुरु के अनेक शिष्य, फिर इन शिष्यों के भी आगे कई शिष्य।

   इस प्रकार से एक वर्ग के रूप में एक ही गायकी से प्रभावित होने के कारण घरानों का जन्म हो गया।

ग्वालियर घराने की गायकी की विशेषताएँ

1. ग्वालियर घराने की ख्याल गायकी में ध्रुपद के बोलबांट जैसी तानें, मध्य विलंबित लय तथा ध्रुपद जैसे विविध लयों का प्रयोग स्पष्ट दिखाई देता है।
2. इस घराने की ख्याल गायकी में मुख्य विशेषता यह है कि राग को प्रारंभ करते समय आरंभिक स्वर खुली बुलन्द आवाज तथा जोरदार लगाया जाता है।
3. इस घराने की गायकी में मध्य विलंबित लय का प्रयोग किया जाता है। लय न तो अति विलंबित हो तथा न ही अति द्रुत।
4. ग्वालियर घराने के ख्याल की एक विशेषता यह भी है कि ख्याल गाने का प्रचार अधिकतर एकताल, झूमरा, तिलवाड़ा व आड़ा चारताल में हुआ है।
5. इस घराने में टप्पा अंग के ख्याल भी गाये जाते हैं, साथ ही जयदेव कृत "गीत गोविन्द" की अष्टपादियों को भी इस घराने के ख्याल गायक भली प्रकार गाते हैं।

ग्वालियर की गायकी भाव-प्रधान गायकी है जो अतिधीर, गम्भीर, डोलदार एवं सौन्दर्ययुक्त है।

भारतीय संगीत में शोध के नये क्षेत्र

1. शोधार्थी को अपनी रुचि के अनुसार निर्देशक की सहमति से शोध का क्षेत्र एवं विषय निर्वाचित करना चाहिए।
2. शोध का विषय समस्यामूलक हो। विषय निश्चित करते समय शोधार्थी को यह देखना चाहिए कि मूल रूप से उसमें कोई समस्या है या नहीं।
3. साधारणतः विषय की पुनरावृत्ति न हो, किन्तु यदि शोधार्थी और निर्देशक यह अनुभव करते हैं कि विषय पर कुछ नया कार्य होने की प्रबल सम्भावना है तो वही विषय चुना जा सकता है।
4. व्यक्तित्व तथा कृतित्व सम्बन्धी प्रसंग भी शोध के विषय बन सकते हैं। किन्तु इसमें ध्यान रखना चाहिए कि शोधार्थी द्वारा चुना गया विषय प्रारंभिक कार्य ही है। इसके अतिरिक्त व्यक्तित्व तथा कृतित्व में परस्पर कारण–कार्य सम्बन्ध स्थापित करने का भी शोधार्थी को ध्यान रखना चाहिए।
5. नए क्षेत्र या किसी विषय के नए पक्ष पर शोधकार्य करना भी युक्तिसंगत है। यह विषय उस पक्ष की रचना प्रक्रिया को उद्घाटित करता है।
6. शोध का विषय निश्चित करते समय उसे सूत्र रूप में ढालना होता है। सूत्र में विषय का और विषय में समस्या का उल्लेख रहता है। अतः इसके लिए सतर्क चिन्तन की आवश्यकता है, उसमें जरा-सी भी असावधानी होने पर उसमें अतिव्याप्ति, अव्याप्ति अथवा अस्पष्टता आ सकती है जिससे शोधकर्त्ता उद्देश्य-विहीन हो जाता है।

मंदिर गायन

शास्त्रीय संगीत में स्वरों के परस्पर संवाद तथा लय ताल के घेरे में बँधी हुई उनकी क्रमिक बढ़त संगीत को

प्रभावशाली, रुचिकर व सुन्दर बनाने में उत्तरदायी होती है। सांगीतिक संरचना या बंदिश केवल उसका बाह्य शरीर होती है। परन्तु स्वरों की लयात्मक बढ़त उसकी आत्मा होती है। अतः जब अनेक अलंकरणों के साथ स्वर व लय एक-दूसरे में समाहित होकर एक रूप हो जाते हैं तभी संगीत में सौन्दर्यात्मक लक्षण उभर पाते हैं। शास्त्रीय संगीत में बन्दिश के शब्दों की अपेक्षा स्वर विस्तार के माध्यम से भावों का अभिव्यक्तिकरण अधिक महत्वपूर्ण होता है। शब्दों के माध्यम से अभिव्यक्त भाव केवल स्थूल रूप से ही सामने आते हैं परन्तु स्वर लय के माध्यम से कलाकार उन शब्दों में निहित गूढ़ार्थ का स्वयं अनुभव करके उसका रस रूप आस्वादन रसिकों को कराता है।

सौन्दर्य शास्त्र की दृष्टि से शब्दों में निहित दीर्घ स्वरों को ह्रस्व स्वरों की अपेक्षा अधिक महत्व देने से शब्दों के उच्चारण में किसी प्रकार का स्वरात्मक या लयात्मक अवरोध नहीं आता। आलाप व शब्दोच्चारण के बीच न, न, री, ओ तो आदि अक्षरों के गुथांव से सांगीतिक सरलता व कोमलता भी स्थान ग्रहण कर लेती है। ऋचाओं को गेयात्मक बनाने के लिए स्तोम अक्षरों के प्रयोग का शास्त्रात्मक विधान वैदिक काल से रहा है, हाँ इतना अन्तर अवश्य है कि वह स्तोम निरर्थक नहीं वरन् अर्थयुक्त होते थे और ऋचा के विशिष्ट अर्थ को ध्यान में रखकर ही उनका प्रयोग विहित था। स्वर के साथ-साथ लय की समानुरूपता से ही गायन या वादन में संतुलन आता है। सांगीतिक अवयवों के अन्तर्गत आलाप बोल-आलाप, बोलतान, तान स्थान आरोही, अवरोही व संचारी वर्णों के उचित प्रयोग से ही विशिष्ट राग, विशिष्ट विधा या सांगीतिक संरचना परिपुष्ट होती है।

प्रमुख वाद्ययंत्र और उनके सुप्रसिद्ध कलाकार

तबला–अल्ला रखा खां, गुदई महाराज (पंडित सामता प्रसाद), जाकिर हुसैन, लतीफ खां, किशन महाराज, फैयाज खां, सुखविंदर सिंह आदि।

सितार–पंडित रविशंकर, निखिल बनर्जी, विलायत खां, बंदे हसन, शाहिद परवेज, उमाशंकर मिश्रा, बुद्धादित्य मुखर्जी।

बांसुरी–पन्नालाल घोष, हरिप्रसाद चौरसिया, वी.कुजमणि, एन. नीला, राजेन्द्र प्रसन्ना, राजेन्द्र कुलकर्णी आदि।

सरोद–अमजद अली खां, अली अकबर खां, अलाउद्दीन खां, विश्वजीत राय चौधरी, जरीन दारुवाला, बुद्धदेव दास, मुकेश शर्मा आदि।

वीणा–एस. बालचंद्रन, कल्याण कृष्ण भागवतार, बदरुद्दीन डागर, वी. दोरैस्वामी अयंगर आदि।

शहनाई–बिस्मिल्ला खां, दयाशंकर जगन्नाथ, अली अहमद हुसैन खां आदि।

संतूर–शिव कुमार शर्मा, भजन सोपोरी।

वायलिन–डॉ. एन. राजन, विष्णु गोबिन्द जोग, एल. सुब्रमण्यम, संगीता राजन, टी.एन. कृष्णन्।

पखावज–गोपाल दास, उस्ताद रहमान खां, छत्रपति सिंह ठाकुर, लक्ष्मण आदि।

रुद्रवीणा–असद अली खां, सादिक अली खां।

मृदंग–पालधार रघु, ठाकुर भीकम सिंह, डॉ. जगदीश सिंह।

संगीत

वस्तुनिष्ठ प्रश्न

पारिभाषिक शब्दावली

1. सितार पर चिकारी के तार कितने होते हैं ?
   A. एक B. दो
   C. तीन D. चार

2. पद से संबंधित एक गीति प्रकार–
   A. बेसरा B. स्फुरित
   C. खंम्भाविता D. आसारिता

3. विष्णु दिगम्बर पलुस्कर किस क्षेत्र से सम्बंधित थे ?
   A. गायन B. वादन
   C. नृत्य D. लोक संगीत

4. सामगान का स्वर–
   A. मन्द्र B. उदात्त
   C. मध्यम D. कुरुल

5. पं. भातखण्डे के अनुसार 'धैवत' किस श्रुति पर स्थित है ?
   A. 15 B. 16
   C. 17 D. 18

6. वैदिक संगीत के सप्त स्वरों में से एक का नाम क्या है ?
   A. इली B. क्रुष्ट
   C. च्युत षड्जा D. षाड्जी

7. अगर षड्ज चौथी श्रुति पर स्थित है तो मृदु षड्ज का स्थान–
   A. 2 B. 3
   C. 1 D. 5

8. वृत्ति कितने प्रकार की होती है ?
   A. तीन B. चार
   C. दो D. एक

9. करण के कितने भेद होते हैं ?
   A चार B. पांच
   C. छह D. सात

10. कुतप कितने प्रकार का होता है ?
   A. तीन B. पांच
   C. सात D. नौ

11. व्यंजन के कितने भेद होते हैं ?
   A. पांच B. सात
   C. आठ D. दस

12. पांच सेवर्ट की श्रुतियों को कौन-सी श्रुति कहा जाता है ?
   A. प्रमाण श्रुति B. उपमहती श्रुति
   C. सेवर्ट D. महती श्रुति

13. चांटी और स्याही के बीच के स्थान को क्या कहते हैं ?
   A. चांटी B. बद्धी
   C. लव D. पूड़ी

14. गोट और स्याही के बीच के भाग को क्या कहते हैं ?
   A. कूड़ी B. मैदान
   C. गजरा D. गुड़री

15. अठारह सेवर्ट की श्रुति को कौन-सी श्रुति कहते हैं ?
   A. महती श्रुति B. उपमहती श्रुति
   C. प्रमाण श्रुति D. प्रतिभूत श्रुति

16. सितार का पहला तार किस स्वर में मिलाते हैं ?
   A. षड्ज B. गंधार
   C. पंचम D. मध्यम

17. आलप्ति क्या है ?
   A. सरगम B. कूटतान
   C. अनिबद्ध आलाप D. आंदोलन

18. ख्याल किस भाषा का शब्द है ?
   A. हिंदी B. मराठी
   C. फारसी D. गुजराती

19. कौन-सी शैली चारताल में गाई जाती है ?
   A. धमार B. ध्रुपद
   C. ठुमरी D. ख्याल

20. तानपुरे में तारों की संख्या कितनी होती है ?
   A. 2 B. 3
   C. 4 D. 5

21. 'प्रबंध' मध्यकालीन रचना प्रकार है–
   A. गलत है B. शायद
   C. रचना ही नहीं है D. सही है

22. सितार पर हाथ की सही मुद्रा इस प्रकार है–
   A. केकड़े जैसी B. नाग-फन जैसी
   C. कौए के चोंच जैसी D. कोई भी नहीं

23. ध्रुपद शैली की गायकी के साथ संगत युक्त ताल कौन-सी है?
A. पंजाबी ताल B. शिखर ताल
C. विष्णु ताल D. कहरवा ताल

24. मध्यम ग्राम में कितनी श्रुतियां हैं?
A. 11 B. 22
C. 33 D. 44

25. शुद्धसूड प्रबंधों में से एक है–
A. करण B. श्रीरङ्ग
C. पञ्चतालेश्वर D. ओवी

26. सितार के दूसरे तार को किसका तार कहा जाता है?
A. जोड़ का B. मध्यम का
C. गंधार का D. चिकारी का

27. षड्जग्राम की मूर्च्छना बताइये–
A. शुद्ध षड्जा B. शुद्ध मध्या
C. सुखा D. पौरवी

28. 'परन' मूलरूप से किस वाद्य से संबंधित है?
A. नक्कारा B. ढोलक
C. मंजीरा D. पखावज

29. दाव-गांस का संबंध किससे है?
A. वाद्य की रचना B. वाद्य का रख-रखाव
C. वादन तकनीक D. वाद्य का स्वर में मिलाना

30. 'राग' और 'मेलोडी' समानार्थक शब्द हैं–
A. गलत है B. सही है
C. शायद D. विपरीतार्थक हैं

31. अभ्यास करते समय कुल कितने स्वरों का उपयोग होगा?
A. आठ B. बारह
C. दस D. पंद्रह

32. ध्रुपद-धमार के साथ कौन से वाद्य की संगति की जाती है?
A. सितार B. घटम्
C. मृदंगम् D. पखावज

33. गांधार ग्राम में कितनी श्रुतियां हैं–
A. 11 B. 22
C. 33 D. 44

34. 'चतु:सारणा' में सारणा क्रिया कितनी बार की जाती है?
A. दो बार B. तीन बार
C. चार बार D. पांच बार

35. 'राग' का 'रस' से कुछ भी लेना-देना नहीं है–
A. हो सकता है B. सही है
C. शायद D. घनिष्ठ संबंध है

36. ग्रह कितने प्रकार के होते हैं?
A. पांच B. तीन
C. दो D. एक

37. निम्न में से कौन-सी बंदिश 'विस्तारशील' रचना नहीं है?
A. चक्रदार B. पेशकार
C. कायदा D. रेला

38. 'धुमकिट तक धिलांग' यह बोल मूलरूप से किस वाद्य का बोल है?
A. डफ B. खंजरी
C. पखावज D. तबला

39. 'फर्द' क्या है?
A. टुकड़ा B. गत
C. रेला D. परन

40. तबले की पुड़ी किस पशु की खाल से बनती है?
A. भैंस B. भेड़
C. बकरी D. गाय

41. झपताल मूलरूप से किस वाद्य की ताल है?
A. पखावज B. तबला
C. ढोलक D. नगाड़ा

42. पांच स्वर के कितने 'स्वर प्रस्तार' बन सकते हैं?
A. 520 B. 720
C. 120 D. 420

43. बिलम्बित ख्याल के साथ संगति करने में निम्न में से किस ताल का प्रयोग होता है?
A. तिलवाड़ा B. दादरा
C. तीव्रा D. कहरवा

44. सात स्वर से कितने 'स्वर प्रस्तार' बन सकते हैं?
A. 5010 B. 5020
C. 5030 D. 5040

45. निम्न वाद्यों में से 'सूलफाकताल' किस वाद्य की ताल है?
A. डमरू B. पणव
C. पखावज D. नगाड़ा

46. 'गदिगन' बोल निम्न में से किस वाद्य का है?
A. पखावज B. ढोलक
C. नाल D. डमरू

47. चार स्वर के कितने 'स्वर प्रस्तार' बनते हैं ?

A. 24 B. 30
C. 35 D. 40

48. सूलफाकताल का प्रयोग किस अंग की गायकी के साथ होता है ?

A. ठुमरी B. भजन
C. ग़ज़ल D. ध्रुपद

49. झपताल का प्रयोग किस अंग की गायकी के साथ होता है ?

A. ख्याल B. ध्रुपद
C. ठुमरी D. टप्पा

50. छह स्वर से 'स्वर प्रस्तार' बनते हैं–

A. 720 B. 240
C. 150 D. 320

उत्तरमाला

1	2	3	4	5	6	7	8	9	10
B	C	A	B	C	B	B	A	B	A
11	**12**	**13**	**14**	**15**	**16**	**17**	**18**	**19**	**20**
D	A	C	B	B	D	C	C	B	C
21	**22**	**23**	**24**	**25**	**26**	**27**	**28**	**29**	**30**
D	B	B	B	A	A	A	D	C	B
31	**32**	**33**	**34**	**35**	**36**	**37**	**38**	**39**	**40**
B	D	B	C	D	C	A	C	B	C
41	**42**	**43**	**44**	**45**	**46**	**47**	**48**	**49**	**50**
B	C	A	D	C	A	A	D	A	A

प्रयोगात्मक शास्त्र

1. राग कालिंगड़ा किस थाट से उत्पन्न राग है?
   A. भैरवी B. भैरव
   C. काफी D. बिलावल

2. पं. देबू चौधरी द्वारा निर्मित राग का नाम बताइये–
   A. बैरागी भैरव B. पालास सारंग
   C. गौडमल्हार D. गौड़सारंग

3. बसंत मुखारी राग का गायन समय क्या है?
   A. प्रात:काल B. रात्रि का तीसरा प्रहर
   C. रात्रि का प्रथम प्रहर D. मध्यरात्रि

4. राग धनाश्री की जाति क्या है?
   A. सम्पूर्ण-सम्पूर्ण B. षाडव-सम्पूर्ण
   C. औडव-सम्पूर्ण D. सम्पूर्ण-षाडव

5. कोमल-रिषभ-आसावरी का संवादी स्वर कौन-सा है?
   A. गांधार B. मध्यम
   C. पंचम D. धैवत

6. खंबावती राग का गायन समय है–
   A. मध्यरात्रि B. रात्रि का प्रथम प्रहर
   C. रात्रि का द्वितीय प्रहर D. रात्रि का तीसरा प्रहर

7. राग जोगकोंस की जाति निम्न में से कौन-सी है?
   A. औडव-षाडव B. सम्पूर्ण-सम्पूर्ण
   C. षाडव D. षाडव-सम्पूर्ण

8. तिलंग के अवरोह में कोमल गंधार लगने मात्र से कौन-सा राग बनता है?
   A. बिहाग B. जोग
   C. यमन D. पूरिया

9. उस्ताद अली अकबर खां द्वारा निर्मित राग का नाम है–
   A. हेमहिन्दोल B. छायानट
   C. मेघमल्हार D. चन्द्रंकौंस

10. श्री राग किस थाट का राग है?
   A. काफी B. पूर्वी
   C. भैरव D. भैरवी

11. क्या यह सच है कि कुछ राग वाद्य प्रधान होते हैं?
   A. नहीं B. हाँ
   C. हो सकता है D. नहीं कहा जा सकता

12. झिंझोटी राग का गायन समय माना जाता है–
   A. रात्रि का दूसरा प्रहर B. मध्यरात्रि
   C. रात्रि का प्रथम प्रहर D. रात्रि का अंतिम प्रहर

13. राग धनाश्री का वादी स्वर निम्न में से कौन-सा है?
   A. पंचम B. मध्यम
   C. धैवत D. रिषभ

14. राग कोमल-रिषभ-आसावरी की जाति बताइये–
   A. सम्पूर्ण B. षाडव-सम्पूर्ण
   C. औडव-सम्पूर्ण D. औडव

15. 'अंतध्वनि' राग का सृजन किस कलाकार ने किया?
   A. अमजद अली खां
   B. पं. शिवकुमार शर्मा
   C. पं. हरिप्रसाद चौरसिया
   D. पं. जसराज

16. शुद्ध नट में कोमल निषाद लगाने से किस राग का रूप बनता है?
   A. छायानट B. बागेश्री
   C. भीमपलासी D. पूर्वी

17. षड्जग्राम किस आधुनिक स्वर सप्तक के समान है?
   A. बिलावल B. काफी
   C. खमाज D. भैरव

18. पूरियाधनाश्री का गायन समय बताइये–
   A. दिन का चतुर्थ प्रहर B. प्रात:काल
   C. मध्यरात्रि D. रात्रि का द्वितीय प्रहर

19. 'हंसध्वनि' राग का आरोह होगा–
   A. सा रे ग प ध सां B. सा रे ग प नि सां
   C. सा रे ग प ध नि सां D. सा रे म प ध सां

20. सोहनी किस थाट का राग है?
   A. कल्याण B. मारवा
   C. पूर्वी D. भैरव

21. मुल्तानी राग में रे-ध शुद्ध करने से कौन सा राग बनता है?
   A. सारंग B. मधुवन्ती
   C. मारवा D. तोड़ी

22. अलाउद्दीन खां द्वारा निर्मित राग का नाम है–

A. मारूबिहाग B. बिहाग
C. हेमबिहाग D. जोगकोंस

23. देशकार राग की जाति बताइये–

A. सम्पूर्ण-सम्पूर्ण B. षाडव-षाडव
C. औडव-औडव D. औडव-सम्पूर्ण

24. प्रात:कालीन राग कौन-सा है ?

A. बागेश्री B. विभास
C. बहार D. यमन

25. ठुमरी किस राग में ज्यादातर गायी जाती है ?

A. मालकौंस B. केदार
C. पीलू D. मल्हार

26. राग कामोद का वादी स्वर बताइये–

A. गांधार B. पंचम
C. निषाद D. धैवत

27. 'चन्द्रकांस' राग का अंश स्वर कौन-सा है ?

A. ग॒ B. नि
C. म D. ध॒

28. राग तोड़ी किस थाट का राग है ?

A. भैरव B. तोड़ी
C. खमाज D. काफी

29. मध्यरात्रि का राग इनमें से कौन-सा है ?

A. भैरव B. बिलासखानी तोड़ी
C. सोहनी D. मालकौंस

30. शुद्ध कल्याण राग की जाति बताइये–

A. औडव-सम्पूर्ण B. सम्पूर्ण
C. षाडव-सम्पूर्ण D. औडव-षाडव

31. 'भूपाली' का प्रथम स्वर है -

A. रे B. ग
C. प D. ध

32. हमीर राग का गायन समय क्या है ?

A. प्रात:काल
B. रात्रि का प्रथम प्रहर
C. रात्रि का तीसरा प्रहर
D. दिन का तीसरा प्रहर

33. दो मध्यमवाला राग इनमें से कौन-सा है ?

A. मल्हार B. दरबारी
C. विभास D. मारूबिहाग

34. दुर्गा राग का आरोह होगा–

A. सा रे ग प ध सां B. सा रे ग प नि सां
C. सा रे म प ध सां D. सा रे म प नि सां

35. भीमपलासी का वादी स्वर क्या है ?

A. गांधार B. रिषभ
C. पंचम D. मध्यम

36. पूरियाधनाश्री राग किस थाट का राग है ?

A. मारवा B. पूर्वी
C. बिलावल D. आसावरी

37. गौडसारंग की जाति है–

A. वक्र सम्पूर्ण B. औडव-षाडव
C. औडव-सम्पूर्ण D. औडव-औडव

38. विभास राग किस थाट का राग है ?

A. तोड़ी B. भैरवी
C. आसावरी D. भैरव

39. शुद्धकल्याण का गायन-समय बताइये–

A. मध्यरात्रि B. प्रात:काल
C. संध्याकाल D. रात्रि का दूसरा प्रहर

40. आरोह में किस राग में दो निषाद लगते हैं ?

A. मल्हार B. सारंग
C. देश D. काफी

41. 'मालकौंस में कितने कोमल स्वर' लगते हैं ?

A. 2 B. 3
C. 4 D. 5

42. ग॒ – नि॒ कोमल किस राग में लगता है ?

A. काफी B. यमन
C. पूर्वी D. खमाज

43. 'गंगेश्वरी' राग किस कलाकार द्वारा निर्मित राग है ?

A. उस्ताद बिलायत खां
B. पं. रविशंकर
C. पं. देबू चौधरी
D. उस्ताद हलीम जाफर

44. ''प ध॒ प, ग ग ग रे॒ स'' यह मुख्यांग किस राग का है ?

A. भूपाली B. शंकरा
C. विभाग D. श्री

45. राग दरबारी का गायन समय बताइये–
A. रात 10 से 11–30
B. प्रात: 7 से 10
C. प्रात: 10 से 11–30
D. रात 1 से 4

46. देशकार किस थाट का राग है?
A. खमाज B. बिलावल
C. पूर्वी D. मारवा

47. नि कोमल लगने वाला राग कौन-सा है?
A. बिलावल B. मारवा
C. खमाज D. यमन

48. राग देश का गायन-समय बताइये–
A. रात्रि का दूसरा प्रहर B. सायंकाल
C. दिन का प्रथम प्रहर D. दिन का दूसरा प्रहर

49. राग भूपाली किस थाट का राग है?
A. खमाज B. काफी
C. कल्याण D. भैरव

50. शंकरा राग का गायन समय है–
A. रात 7 से 10 B. दिन 1 से 4
C. रात 1 से 4 D. प्रात: 10 से 11–30

51. राग भूपाली का वादी-संवादी क्या है?
A. रे-नी B. रे-ध
C. ग-प D. म-सां

52. सा म म प, मे प ध प म, रे सा स्वर समूह किस राग का बोध कराता है?
A. केदार B. भैरव
C. काफी D. मारु-बिहाग

53. अहीर भैरव का गायन समय क्या है?
A. दोपहर B. प्रातःकाल
C. रात्रि D. सायंकाल

54. अल्हैया बिलावल किस थाट का राग है?
A. विलावल B. खमाज
C. तोड़ी D. भैरव

55. अड़ाना राग की उत्पत्ति किस थाट से हुई है?
A. भैरवी B. आसावरी
C. कल्याण D. मारवा

56. राग जौनपुरी का गायन समय क्या है?
A. दिन का दूसरा प्रहर
B. दिन का प्रथम प्रहर
C. सायंकाल
D. रात्रि का प्रथम प्रहर

57. 'ध, म रे ड प प ध म ड रे, सा रे ध सा' स्वर समूह किस राग का है?
A. दुर्गा B. बृन्दावनी सारंग
C. मधुवंती D. यमन

58. राग जौनपुरी किस थाट से उत्पन्न हुआ है?
A. कल्याण B. आसावरी
C. खमाज D. मारवा

59. अड़ाना राग का गायन समय क्या है?
A. रात्रि का प्रथम पहर
B. रात्रि का द्वितीय प्रहर
C. रात्रि का तीसरा प्रहर
D. प्रातःकाल

60. राग भीमप्लासी का वादी-संवादी क्या है?
A. म-सा B. रे-प
C. ग-नी D. सा-म

61. पहाड़ी राग किस थाट का है?
A. बिलावल B. काफी
C. कल्याण D. मारवा

62. राग मारु बिहाग में न्यास किस स्वर पर होता है?
A. ग प नि B. म ध सा
C. रे ग ध D. म रे सा

63. राग जय-जयवन्ती का गायन समय क्या है?
A. रात्रि का तीसरा प्रहर
B. रात्रि का दूसरा प्रहर
C. रात्रि का प्रथम प्रहर
D. सायंकाल

64. राग भटियार का समप्रकृतिक राग कौन-सा है?
A. भरवार B. तोड़ी
C. कामोद D. परज

65. राग केदार का समप्रकृतिक राग कौन-सा है?
A. कामोद B. कल्याण
C. बिहाग D. मारु बिहाग

66. राग मेघ का समप्रकृतिक राग़ कौन-सा है?
A. सारंग B. मधमांद सारंग
C. मल्हार D. अल्हैया बिलावल

67. राग आभोगी कान्हड़ा का समप्रकृतिक राग कौन-सा है?
A. काफी B. भरवार
C. मेघ D. दुर्गा

68. स्वरों में कौन-सी जोड़ी 'राग मारवा' से सम्बन्ध रखती है?
A. रे-ध B. रे-म
C. ग-नी D. इनमें से कोई नहीं

69. राग आभोगी कान्हड़ा का वादी-संवादी कौन-सा है?
A. सा-म B. भ-सा
C. रे-ध D. ग-ध

70. गुर्जरी तोड़ी की जाति क्या है?
A. औडव B. षाडव
C. औडव-षाड़व D. सम्पूर्ण

71. राग दरबारी कान्हड़ा का थाट क्या है?
A. आसावरी B. काफी
C. खमाज D. तोड़ी

72. राग मघमाद सारंग का समप्रकृतिक राग कौन-सा है?
A. मेघ B. काफी
C. आसावरी D. कल्याण

73. नायकी कान्हड़ा का गायन समय क्या है?
A. मध्यरात्रि B. प्रातःकाल
C. सायंकाल D. दिन का प्रथम प्रहर

74. राग साज़गिरी के रचयिता कौन थे?
A. तानसेन B. अमीर खुसरो
C. मोहम्मद शाह D. फैयाज खाँ

75. राग मियाँ मल्हार का समप्रकृतिक राग कौन-सा है?
A. कल्याण B. चन्द्रकौंस
C. कामोद D. बहार

76. राग नायकी कान्हड़ा का समप्रकृतिक राग है—
A. मांड B. शहाना
C. बहार D. बिहाग

77. राग दरबारी कान्हड़ा की रचना किसने की?
A. पं. रविशंकर B. अलाउद्दीन खाँ
C. अमीर खुसरो D. तानसेन

78. अमीर खाँ ने किस राग की रचना की?
A. मोहनकौंस B. मल्हार
C. मधुकौंस D. झीलफ

79. दिलीपचन्द्र बेदी ने किस राग की रचना की?
A. दुर्गेश्वरी B. परमेश्वरी
C. मांड D. बेदी की ललित

80. राग मालकौंस का न्यास स्वर क्या है?
A. सा-म B. प-रे
C. ग-ध D. रे-ध

81. राग पलासकाफी की रचना किसने की?
A. पं. रविशंकर B. बड़े गुलाम अली खाँ
C. निसार हुसैन D. चाँद खाँ

82. 'कुमार गन्धर्व' ने कौन-से राग का निर्माण किया?
A. रात का मधवा B. जन सम्मोहिनी
C. चण्डिका D. गंगेश्वरी

83. राग पहाड़ी की जाति क्या है?
A. औं-स B. सं-सं
C. षा-सं D. औ-औ

84. राम अड़ाना केदार के रचनाकार कौन हैं?
A. हाफिज अली खाँ B. वाजिद अली खाँ
C. फकीरुल्ला खाँ D. गुलाम रसूल खाँ

85. राग चन्द्रकौंस का वादी-संवादी बताइए?
A. ग-ध B. रे-प
C. म-सा D. रे-ध

86. राग नट भैरव और वैरागी भैरव की रचना किसने की?
A. फैयाज खाँ B. पं. रविशंकर
C. तानसेन D. बैजू बावरा

87. राग मालगुंजी की जाति क्या है?
A. षाडव-सम्पूर्ण B. औडव-सम्पूर्ण
C. औडव-षाडव D. षाडव-षाडव

88. मारु बिहाग की जाति क्या है?
A. औडव सम्पूर्ण B. औडव-औडव
C. सम्पूर्ण-सम्पूर्ण D. षाडव-सम्पूर्ण

89. राग भागवती की रचना किसने की?
A. तानसेन B. बिलास खाँ
C. अलाउद्दीन खाँ D. हरिदास

90. समयाश्रित राग वर्गीकरण का उल्लेख किसने किया?

A. वि.दि. पलुस्कर B. अमीर खुसरो

C. वी.एन. भातखण्डे D. श्री निवासम्

91. राग जय-जयवन्ती का समप्रकृतिक राग कौन-सा है?

A. देश B. मालकौंस

C. हिन्डौल D. भैरव

92. कुकुभ राग किस थाट का है?

A. बिहाग B. खमाज

C. बिलावल D. आसावरी

93. म म प ध स, ध नि ध, म रे, रे सा किस राग का स्वर समूह है?

A. जोग B. जौनपुरी

C. जोगिया D. जोगकौंस

94. किस ग्रन्थ में सर्वप्रथम बिलावल थाट का उल्लेख मिलता है?

A. नगफाते आसफी B. चतुर्दण्डी प्रकाशिका

C. रागतरंगिणी D. वृहददेशी

95. सोमनाथ में रागों की संख्या कितनी बताई है?

A. 460 B. 960

C. 560 D. 360

96. 'दशविधि' राग वर्गीकरण का उल्लेख किस ग्रन्थ ने किया है?

A. जयदेव B. नारद

C. शारंगदेव D. लोचन

97. बिलावल थाट से कितने रागों की उत्पत्ति हुई?

A. 285 B. 320

C. 440 D. 360

98. ध नि स रे ग - रे ग मे - ग रे सा किस राग का स्वर समूह है?

A. दरबारी B. तोड़ी

C. तिलंग D. झिंझोटी

99. राग आभोगी कहाँ का राग है?

A. हिन्दुस्तान का B. बंगाल का

C. कर्नाटक का D. पाश्चात्य का

100. राग अहीर भैरव का समप्रकृतिक राग कौन-सा है?

A. भैरवी भैरव B. आनन्द भैरव

C. नट भैरव D. भैरव

101. मुल्तानी राग किस राग की श्रेणी में आता है?

A. परमेल प्रवेशक B. आश्रय राग

C. पूर्वांग राग D. उत्तरांग राग

102. परमेल प्रवेशक राग कौन-सा है?

A. हिन्डोल B. मालकौंस

C. जय जयवन्ती D. जोग

103. एक पुरुष प्रधान राग कौन-सा है?

A. मधुवन्ती B. भैरव

C. मालकौंस D. रामकली

104. पूरिया राग किस श्रेणी में आता है?

A. पूर्वांग B. उत्तरांग

C. संधिप्रकाश D. परमेल प्रवेशक

105. रे प नि म प स्वर किसका समूह है?

A. कान्हड़ा B. मल्हार

C. जोग D. बिहाग

106. विश्वेश्वरी राग के रचयिता कौन थे?

A. पं. रविशंकर B. तानसेन

C. अलाउद्दीन खाँ D. पं. देव चौधरी

107. गुर्जरी तोड़ी का अंश स्वर क्या है?

A. रे B. ध

C. ग D. म

108. जाति द्वारा राग वर्गीकरण के कितने आधार हैं?

A. नौ B. बारह

C. छः D. तीन

109. कोमल ऋषभ एवं कोमल धैवत वाले राग का गायन समय क्या है?

A. प्रातःकाल

B. 4 से 7 बजे

C. रात्रि का प्रथम प्रहर

D. 10 से 4 बजे

110. पं. भातखण्डे जी के ऋषभ धैवत शुद्ध वाले रागों का समय क्या बताया है?

A. संधिप्रकाश रागों के बाद

B. संधिप्रकाश रागों से पहले

C. कोमल ग-नि स्वरों के बाद

D. दोपहर 12-4 बजे तक

111. निम्न रागों में कौन-सा राग सन्धिप्रकाश राग है?
A. पूर्वी B. जौनपुरी
C. मारवा D. ललित

112. पन्नालाल घोष ने किस राग की रचना की?
A. सरपरदा B. गनम
C. दीपावली D. इमन

113. 'बाबुल मोरा नैहर छूटो जाय' बंदिश के रचनाकार कौन हैं?
A. बड़े गुलाम अली खाँ
B. फैयाज खाँ
C. वाजिद अली खाँ
D. ओमकार राय खाँ

114. हरिप्रिया राग की रचना किसने की?
A. वाजिद अली खाँ B. गुलाम अली
C. अमजद अली खाँ D. सादिक अली खाँ

115. राग कालिंगड़ा का गायन समय क्या है?
A. रात्रि का अन्तिम प्रहर
B. दिन का प्रथम प्रहर
C. दिन का दूसरा प्रहर
D. रात्रि का प्रथम प्रहर

116. सुल्तान हुसैन शर्की नें कितने प्रकार के श्याम रागों की रचना की?
A. 12 B. 14
C. 18 D. 8

117. राग पंचम किस थाट का राग है?
A. मारवा B. बिलावल
C. काफी D. भैरवी

118. राग नंद का वादी-संवादी क्या है?
A. सा-प B. प-रे
C. ग-नि D. रे-ध

119. देवगन्धार राग किस थाट का है?
A. खमाज B. बिलावल
C. आसावरी D. तोड़ी

120. इमन तथा फरदोस्त राग के रचनाकार कौन हैं?
A. तानसेन B. अमीर खुसरो
C. बैजू बावरा D. पन्ना लाल घोष

121. राग गौरीमंजरी के रचयिता कौन हैं?
A. अली अक़बर B. पं. रविशंकर
C. अलाउद्दीन खाँ D. गोपाल नायक

122. स नि ध, म प ध ग ड का स्वर समूह किसका है?
A. भटियार B. बागे श्री
C. भीमप्लासी D. बहार

123. हेमन्त राग का गायन समय किस प्रहर में है?
A. चौथे B. तीसरे
C. दूसरे D. पहले

124. ईमन तथा फरदोस्त रागों का वर्णन किस ग्रन्थ में है?
A. संगीत मकरंद B. रागतरंगिणी
C. संगीत दर्पण D. बृहददेशी

125. शुद्ध छायालंग संकीर्ण राग वर्गीकरण पद्धति का उल्लेख किस ग्रन्थ में सर्वप्रथम मिला?
A. रांगीत दर्पण B. संगीत रत्नाकर
C. संगीतांजलि D. नाट्यशास्त्र

126. वराली मध्यम किसे कहा जाता है?
A. मध्यम ग्राम के पंचम को
B. मध्यम ग्राम के ऋषभ को
C. मध्यम ग्राम के धैवत को
D. मध्यम ग्राम के गन्धार को

127. ध म ग सा रे गा सा नि किस राग का स्वर है?
A. रागे श्री B. तिलक कामोद
C. हिन्डोल D. श्री

128. राग की उत्पत्ति किससे हुई है?
A. जाति B. मूर्च्छना
C. थाट D. सप्तक

129. राग गें कम-से-कम कितने स्वर अनिवार्य है?
A. 7 B. 5
C. 2 D. 3

130. संकीर्ण राग किसे कहा जाता है?
A. एक राग की छाया वाले
B. दो से अधिक रागों का मिश्रण
C. आश्राय राग की छाया वाले
D. शुद्ध स्तर वाले

131. राग पूरिया धनाश्री का समप्रकृतिक राग कौन-सा है?

A. मुल्तानी B. मारवा

C. पूर्वी D. भैरव

132. सा, <u>नि</u> सा रे, ग, प, प ग रे <u>नि</u> ध सा स्वर समूह किस राग का है?

A. भूपाली B. गुणकरी

C. कलावती D. आभोगी

133. राग गांधी बिलावल और दुर्गेश्वरी की रचना किसने की थी?

A. गोपाल नायक B. उ. फैयाज खाँ

C. उ. अलाउद्दीन खाँ D. उ. अमीर खाँ

134. राग श्री किस जाति का राग है?

A. औ - सं. B. षा. - सं.

C. औ - औ. D. औ - षा.

135. रे प म प ग रे, म म ऽ प स्वर समूह किस राग का है?

A. सोहनी B. भीमप्लासी

C. काफी D. बहार

136. पं. भातखण्डे जी ने रागों के समय को कितने भागों में बाँटा है?

A. एक B. दो

C. तीन D. चार

137. राग दरबारी कान्हड़ा में कौन-सा स्वर प्रमुख है?

A. कोमल गंधार B. अतिकोमल गंधार

C. शुद्ध गंधार D. तार सप्तक का गंधार

138. शाङ्गदेव के ग्राम रागों की संख्या कितनी है?

A. 30 B. 20

C. 40 D. 10

139. राग साजगिरी का वादी-संवादी क्या है?

A. ग-नी B. म-सा

C. ध-रे D. सा-प

140. शुद्ध मध्यम स्वर वाले रागों की क्या विशेषता है?

A. प्रातःकालीन संधिप्रकाश

B. सायंकालीन संधिप्रकाश

C. परमेल प्रवेशक राग

D. पूर्वांगवादी राग

141. राग मधमाद सारंग का गायन समय क्या है?

A. दिन का प्रथम प्रहर

B. रात्रि का प्रथम प्रहर

C. प्रातःकाल

D. दिन का दूसरा प्रहर

142. राग मियाँ की सारंग किस थाट का है?

A. पूर्वी B. तोड़ी

C. काफी D. खमाज

143. राग हंस ध्वनि किस पद्धति का राग है?

A. हिन्दुस्तानी B. कर्नाटकी

C. रवीन्द्र D. पाश्चात्य

144. राग सरपरदा की रचना किसने की?

A. तानसेन B. स्वामी हरिदास

C. बैजू बावरा D. अमीर खुसरो

145. राग भैरवी का गायन समय क्या है?

A. रात्रि का प्रथम प्रहर

B. दिन का प्रथम प्रहर

C. दिन का द्वितीय प्रहर

D. रात्रि का तृतीय प्रहर

146. राग बिहाग के मुख्य स्वर कौन-से हैं?

A. ग, प, नि B. सा, रे, ग

C. म, प, ध D. रे, ग, रे

147. राग काफी का बर्जित स्वर क्या है?

A. म B. प

C. ग D. इनमें से कोई नहीं

148. राग बागे श्री की जाति कौन-सी है?

A. औडव-सम्पूर्ण B. षाडव-सम्पूर्ण

C. औडव-औडव D. षाडव-षाडव

149. राग काफी में कौन-से गीत विशेष रूप से गाये जाते हैं?

A. बड़ा ख्याल B. छोटा ख्याल

C. ध्रुपद D. ठुमरी

150. संगीत रत्नाकर ग्रन्थ में कितने रागों का वर्णन है?

A. 240 B. 246

C. 258 D. 320

151. ताल मार्गों का एक भेद–
A. सन्निपात B. दक्षिण
C. पद्मिनी D. गुरु

152. ज़ब चार मात्राओं के काल में छह मात्रायें बजा दी जायें तो उसे कौन-सी लयकारी कहते हैं ?
A. कुआड़ी लय B. आड़ी लय
C. बिआड़ी लय D. सवाई लय

153. ताल का प्रारंभिक स्थान है–
A. सम B. विषम
C. अतीत D. अनागत

154. 16 मात्रा वाली ताल की 'तिगुन' एक आवर्तन में कितनी मात्रा में संभव है ?
A. 8 B. 4
C. $5\frac{1}{3}$ D. 6

155. किस ताल में दो खाली हैं ?
A. एकताल B. झपताल
C. रूपक D. त्रिताल

156. ताल की इकाई है–
A. ताली B. आवर्तन
C. मात्रा D. खाली

157. आड़ाचौताल में कुल मात्रायें हैं–
A. ग्यारह मात्रा B. बारह मात्रा
C. तेरह मात्रा D. चौदह मात्रा

158. कौन-सा पाटाक्षर मुक्त प्रहार से बजाया जाता है ?
A. कत् B. तित्
C. दिं D. तक्

159. निम्न में से कौन-सा मार्गताल नहीं है ?
A. चच्चत्पुट B. उद्घट्ट
C. सिंह विक्रम D. संपक्वेष्टाक

160. तिहाई के तीनों पल्ले समान होने चाहिए–
A. गलत B. संदेहास्पद
C. सही D. कह नहीं सकते

161. रूद्रताल में कितनी मात्रायें होती हैं ?
A. 7 B. 9
C. 11 D. 13

162. 7/4 की लयकारी को क्या कहते हैं ?
A. सवा गुन B. पौन गुन
C. सवा दो गुन D. पौने दो गुन

163. 'लग्गी-लड़ी' किस ताल में बजाते हैं ?
A. झपताल B. मत्तताल
C. धमार D. कहरवा

164. धमार ताल की जाति है–
A. चतुरत्र B. तिरत्र
C. मिश्र D. खण्ड

165. किस ताल में खाली ही नहीं है ?
A. दीपचंदी B. तीनताल
C. तीव्रा D. झपताल

166. झूमरा ताल में किस मात्रा पर खाली है ?
A. आठ B. पांच
C. सात D. नौ

167. रूपक ताल में तालियों की संख्या कितनी है ?
A. एक B. दो
C. चार D. पांच

168. जतताल में कितनी मात्रायें हैं ?
A. 16 B. 17
C. 18 D. 19

169. जब चार मात्राओं के काल में सात मात्रायें बजा दी जायें तो उसे कौन-सी लयकारी कहते हैं ?
A. बिआड़ी लय B. कुआड़ी लय
C. आड़ी लय D. ड्योढ़ी लय

170. 'कायदा' पखावज पर नहीं बजाया जाता–
A. सही B. गलत
C. संदेहास्पद D. उपरोक्त में से कोई नहीं

171. सूलफाकताल के बोल किस प्रकार के हैं ?
A. खुले और जोरदार B. बंद बोल
C. मुलायम D. कठोर

172. कव्वाली ताल में किस मात्रा पर खाली है ?
A. नौ B. पांच
C. तीन D. सात

173. दादरा ताल की जाति है–
A. तिस्त्र B. चतुस्त्र
C. खण्ड D. मिश्र

174. 5/4 की लयकारी को कहते हैं–

A. आड़ B. कुआड़
C. बिआड़ D. पौन गुन

175. 'आड़ा चारताल' में तालियों की संख्या है–

A. 2 B. 3
C. 4 D. 5

176. निम्न में से किस ताल का प्रयोग स्वतंत्र वादन के लिए होता है?

A. दादरा B. तीनताल
C. कहरवा D. कव्वाली ताल

177. तीव्रा ताल की प्रकृति किस प्रकार की है?

A. गम्भीर B. चंचल
C. करुण D. शृंगार

178. पखावज पर बजने वाली प्रचलित ताल है–

A. झपताल B. चारताल
C. दादरा D. दीपचंदी

179. शिखर ताल में कितने विभाग हैं?

A. 5 B. 4
C. 3 D. 2

180. निम्न में से तीव्रा ताल किस वाद्य की ताल है?

A. पखावज B. खंजरी
C. ढोलक D. नाल

181. |थुं(2) गा धिन नक| यह बोल किस ताल से संबंधित है?

A. शिखर ताल B. जतताल
C. सरस्वती ताल D. झूमरा ताल

182. पंजाबी ताल कितने मात्रा की होती है?

A. 14 B. 16
C. 17 D. 18

183. टप्पा ताल में खाली किस मात्रा पर होती है?

A. 7 B. 3
C. 9 D. 14

184. चार मात्राओं में तीन मात्राएं प्रदर्शित करने पर लयकारी होगी–

A. सवा गुन B. डेढ़ गुन
C. पौने दो गुन D. पौन गुन

185. निम्न में से किस ताल में पखावज पर स्वतंत्र वादन किया जाता है?

A. रूपक ताल B. कव्वाली ताल
C. चारताल D. धुमाली ताल

186. धुमाली ताल किस जाति की ताल है?

A. चतुरस्त्र B. मिश्र
C. त्र्यस्त्र D. संकीर्ण

187. पखावज पर स्वतंत्र-वादन के लिए उपयुक्त ताल कौन-सी है?

A. दादरा B. दीपचंदी
C. रूपक D. धमार

188. स्तुति परनें विशेष रूप से किस घराने में बजाई जाती हैं?

A. दिल्ली घराना B. बनारस घराना
C. पंजाब घराना D. अजराड़ा घराना

189. निम्न में से किस ताल में 4, 8 और 18 पर खाली है?

A. मत्तताल B. विष्णुताल
C. लक्ष्मीताल D. जतताल

190. निम्न में से पखावज की अप्रचलित ताल कौन सी है?

A. तीन ताल B. चार ताल
C. गजझम्पा ताल D. कहरवा ताल

191. ताल की कितनी 'जातियाँ' बतायी गयी हैं?

A. 3 B. 4
C. 5 D. 2

192. दिल्ली 'बाज' में प्रायः कितनी अंगुलियों का प्रयोग किया जाता है?

A. 2 B. 3
C. 4 D. 1

193. आड़ी लय किसे कहते हैं?

A. तिगुनी लय B. दोगुनी लय
C. ड्योढ़ी लय D. सवाई लय

194. ताल गति के लिए कितने 'ग्रह' बताये गए हैं?

A. 1 B. 2
C. 3 D. 4

195. किस ताल में दस मात्राएँ होती हैं?

A. धमार B. आडाचारताल
C. झपताल D. तीनताल

196. दो भिन्न तालों के मिश्रण से निर्मित ताल को क्या कहते हैं?

A. देशीताल B. सालगताल
C. तीनताल D. ब्रह्मताल

197. रेला किस लय में बजाया जाता है?
A. द्रुत B. मध्य
C. विलम्बित D. इनमें से कोई नहीं

198. दोनों हाथों के द्वारा ताली देकर ताल दिखलाने की क्रिया को क्या कहा गया?
A. निशब्द क्रिया B. क्रिया
C. सशब्द क्रिया D. काल

199. कुआडी लय से क्या अभिप्राय है?
A. सवाई B. ड्योढ़ी
C. दोगुनी D. तीनगुनी

200. ताल के कितने प्राण बताए गए हैं?
A. 6 B. 8
C. 10 D. 12

201. मुख्यतः ताल की संख्या कितनी है?
A. 5 B. 10
C. 15 D. 20

202. आवृत्ति शब्द से क्या अभिप्राय है?
A. ताल का आधा चक्र
B. ताल के दो चक्र
C. ताल का एक सम्पूर्ण चक्र
D. ताल के तीन चक्र

203. लडी से क्या अभिप्राय है?
A. बोल की शृंखला
B. तबला बनाने की प्रयुक्त सामग्री
C. सितार का तार
D. नृत्य का प्रकार

204. दाहिने तबले का ढांचा किस लकड़ी का नहीं बनाया जाता?
A. लाल चन्दन B. विजयसार
C. अमरूद D. खैर

205. तबले की पुडी में चमड़े की कितनी परतें होती हैं?
A. 5 B. 3
C. 4 D. 2

206. ताल की पहली मात्रा को क्या कहते हैं?
A. खाली B. सम
C. लयकारी D. इनमें से कोई नहीं

207. कई तालों के संयोग से बने तालों को क्या कहते हैं?
A. देशी ताल B. संकीर्ण ताल
C. शुद्ध ताल D. सालग ताल

208. तबले के दिल्ली बाज का दूसरा नाम क्या है?
A. खुला बाज B. किनारे का बाज
C. आड़ी लय का बाज D. इनमें से कोई नहीं

209. संगीत में काल की अवधि को क्या कहते हैं?
A. ताल B. स्वर
C. गीत D. ध्वनि

210. तबले में कुल कितने वर्ण होते हैं?
A. 7 B. 10
C. 11 D. 12

211. दीपचन्दी ताल का प्रयोग किसके साथ होता है?
A. ध्रुपद्र B. धमार
C. टप्पा D. ठुमरी

212. समान मात्रा व समान विभाग वाली ताल का नाम बताइए।
A गजझम्पा ताल B. रुद्र ताल
C. शिखर ताल D. रूपक ताल

213. भारतीय ताल पद्धति में अणुद्रुत का चिन्ह् कौन-सा है?
A. U B. 0
C. । D. +

214. अवनद्ध वाद्य में किसकी प्रधानता रहती है?
A. स्वर प्रधान B. लय प्रधान
C. ताल प्रधान D. इनमें से कोई नहीं

215. तबला वाद्य का प्रयोग किसके लिए होता है?
A. सोलो वादन B. स्वतन्त्र वादन
C. लोक संगीत D. सुगम संगीत

216. कर्नाटक ताल पद्धति की कितनी मुख्य तालें होती हैं?
A. 4 B. 5
C. 6 D. 7

217. अवनध वाद्य किसके बने होते हैं?
A. तार के B. लकड़ी के
C. मिट्टी के D. चमड़े की खाल के

218. चौपल्ली कितनी प्रकार की लयकारियों से मिलकर बनती है?
A. 4 B. 3
C. 2 D. 5

219. बियाड की लयकारी को क्या कहते हैं?
A. सवागुन B. डेढ़गुन
C. पोनेदोगुन D. आड़ी लय

220. कुआड़ को क्या कहा गया है?
A. ड्योढ़ी लय B. डेढ़गुन
C. सवागुन D. पोनेदोगुन

221. चक्करदार तिहाई को क्या कहा गया?
A. नौहक्का B. बेदम तिहाई
C. परन D. गत

222. मार्ग तालें कितनी हैं?
A. 3 B. 4
C. 5 D. 6

223. ठेका कितनी आवृत्तियों का होता है?
A. 1 B. 2
C. 5 D. इनमें से कोई नहीं

224. देशी तालें कितनी हैं?
A. 3 B. 6
C. 5 D. 4

225. क्रिया क्या है?
A. तिहाई लगाना
B. तबले पर आघात
C. ताल की मात्राएँ गिनना
D. ठेका

226. ताल के कितने अंग होते हैं?
A. 2 B. 6
C. 4 D. 5

227. लय के चाल क्रम को क्या कहा जाता है?
A. यति B. अंग
C. लघु D. गुरु

228. 2, 3, 2, 3 विभाग वाली ताल कौन-सी है?
A. झपताल B. दादरा
C. तींनताल D. रूपक

229. 16 मात्रा की ताल का नाम बताइए?
A. तिलवाड़ा B. दादरा
C. धमार D. झपताल

230. कौन-सा बोल बाएँ हाथ से नहीं बजता?
A. कत् B. ता
C. क D. ग

231. सम निकलने के बाद जब गीत प्रारम्भ हो, तो उसे कहते हैं–
A. विषम ग्रह B. अनागत ग्रह
C. अतीत ग्रह D. सम ग्रह

232. किस ताल में पहली मात्रा पर खाली होता है?
A. रूपक B. तीव्रा ताल
C. दादरा ताल D. तिलवाड़ा ताल

233. 'पायक्षर' शब्द किस वाद्य से सम्बन्धित है?
A. पखावज B. ढोलक
C. गिटार D. सितार

234. तबले का जन्म कहाँ हुआ?
A. दिल्ली में B. बनारस में
C. लखनऊ में D. कोलकाता में

235. फर्रुखाबाद घराना किसके लिए प्रसिद्ध है?
A. टुकड़ा B. कायदा
C. गत D. पेशकार

236. 'रौ' शब्द का सम्बन्ध किससे है?
A. पेशकार B. गत
C. रेला D. चक्रदार परन

237. कहरवा ताल का मुख्यतः प्रयोग किया जाता है–
A. लग्गी लड़ी B. झाला
C. गट्टा D. जोड़

238. वृन्द के कितने गुण होते हैं?
A. 4 B. 5
C. 6 D. 7

239. 'कमाल की परन' किसके अन्तर्गत आती है?
A. चक्रदार परन B. पेशकार
C. तिहाई D. वेदम तिहाई

240. 'धिरकिट' शब्द को स्याही से खिसकाकर पूरे पंजे से बजाने का प्रचलन किसने प्रारम्भ किया?
A. मम्मू खाँ B. अल्लारखा खाँ
C. अनोखेलाल D. जाकिर हुसैन

241. कर्नाटक ताल पद्धति में तीन ताल को कैसे लिखा गया?
A. 010 B. 151
C. 111 D. 0111

242. यदि झपताल को कहरवा ताल में एक ही आवृत्ति में सम से सम तक सेट किया जाए, वो कौन-सी लयकारी होगी?

A. $1\frac{1}{3}$ B. $1\frac{3}{4}$

C. $1\frac{1}{2}$ D. $1\frac{1}{4}$

243. किस ताल के ठेके में डेढ़ मात्रा का 'धा' होता है?

A. पंचमसवारी B. रुद्र

C. फरदोस्त D. खेमटा

244. काकपद का चिन्ह् क्या है?

A. O B. 1

C. S D. +

245. तिट कट / गदि गन किस ताल में आता है?

A. तीव्रा B. चारताल

C. खेमटा D. रूपक

246. लुप्त कितनी मात्राओं को दर्शाता है?

A. 2 B. 4

C. 6 D. 12

247. सूल ताल के कितने विभाग होते हैं?

A. 6 B. 5

C. 4 D. 7

248. धिंधिं धामे तिरकिट/तिं तिं तक किस ताल के बोल हैं?

A. एक ताल B. गजझम्पा ताल

C. झूमरा ताल D. पंचमसवारी ताल

249. खंड जाति में कितनी मात्राएं होती हैं?

A. 5 B. 4

C. 3 D. 2

250. ताल की पहली मात्रा या सम को ताल का क्या कहते हैं?

A. उठान B. मुखड़ा

C. टुकड़ा D. लग्गी

251. लग्गी के पल्टों को कहा जाता है–

A. लड़ी B. बाँट

C. तिहाई D. सम

252. मार्ग में निःशब्द क्रियाएँ कितनी होती हैं?

A. 2 B. 3

C. 4 D. 5

उत्तरमाला

1	2	3	4	5	6	7	8	9	10
B	B	A	C	A	C	A	B	A	B
11	12	13	14	15	16	17	18	19	20
B	A	A	C	B	A	B	A	B	B
21	22	23	24	25	26	27	28	29	30
B	C	C	B	C	B	C	B	D	A
31	32	33	34	35	36	37	38	39	40
A	B	D	C	D	B	A	D	A	A
41	42	43	44	45	46	47	48	49	50
B	A	B	C	D	B	C	A	C	A
51	52	53	54	55	56	57	58	59	60
A	A	B	A	B	A	A	B	B	D
61	62	63	64	65	66	67	68	69	70
A	A	C	A	A	B	B	A	B	B
71	72	73	74	75	76	77	78	79	80
A	A	A	B	D	B	D	C	D	D

81	82	83	84	85	86	87	88	89	90
B	A	C	C	C	B	A	A	C	A
91	92	93	94	95	96	97	98	99	100
C	C	C	A	B	C	C	B	C	B
101	102	103	104	105	106	107	108	109	110
A	C	C	A	B	D	B	B	B	A
111	112	113	114	115	116	117	118	119	120
B	C	C	C	A	A	A	A	C	B
121	122	123	124	125	126	127	128	129	130
A	B	B	B	A	A	B	C	B	B
131	132	133	134	135	136	137	138	139	140
C	C	C	C	C	B	B	A	A	A
141	142	143	144	145	146	147	148	149	150
A	C	B	D	B	A	D	A	D	B
151	152	153	154	155	156	157	158	159	160
B	B	A	C	A	C	D	C	C	C
161	162	163	164	165	166	167	168	169	170
C	D	D	C	C	A	B	A	A	A
171	172	173	174	175	176	177	178	179	180
A	B	A	B	C	B	A	B	A	A
181	182	183	184	185	186	187	188	189	190
A	B	C	D	C	A	D	B	B	C
191	192	193	194	195	196	197	198	199	200
C	A	C	D	C	A	A	C	A	C
201	202	203	204	205	206	207	208	209	210
C	C	A	B	D	B	B	B	A	B
211	212	213	214	215	216	217	218	219	220
D	B	A	B	A	D	D	A	C	C
221	222	223	224	225	226	227	228	229	230
A	C	A	A	C	B	A	A	A	B
231	232	233	234	235	236	237	238	239	240
A	A	A	A	A	C	A	C	A	A
241	242	243	244	245	246	247	248	249	250
B	D	C	A	A	D	B	C	A	B
251	252								
B	C								

गेय विधाएँ तथा उनका क्रमिक विकास

1. नोबेल पुरस्कार इनमें से किसे प्राप्त है ?
A. रवीन्द्रनाथ टैगोर B. विलायत खां
C. यदुभट्ट D. सौरिन्द्रमोहन ठाकुर

2. बंगला कीर्तन के कितने अंग होते हैं ?
A. पांच B. सात
C. नौ D. ग्यारह

3. रवीन्द्रनाथ ने अधिकांश गीत किस राग में लिखे हैं ?
A. यमन B. काफी
C. विलावल D. भैरवी

4. बंगला कीर्तन की प्रमुख शैलियां कितनी मानी गयी हैं ?
A. तीन B. दो
C. एक D. चार

5. रूपकड़ा ताल के विभाग होंगे–
A. 3 + 2 + 3 B. 4 + 4
C. 3 + 3 + 3 D. 5 + 3

6. रवीन्द्रनाथ टैगोर का जीवनकाल है–
A. 1861 – 1941 B. 1860 – 1940
C. 1862 – 1938 D. 1861 – 1943

7. रवीन्द्रनाथजी के संगीत की स्वरलिपि मुख्य रूप से किसने की है ?
A. दिनेन्द्रनाथ टैगोर B. अतुल प्रसाद सेन
C. इंदिरा देवी चौधरी D. ज्ञानेन्द्रनाथ टैगोर

8. टैगोर की मृत्यु के उपरान्त 'संगीत-चिन्ता' नामक सूक्ति संग्रह किस वर्ष में प्रकाशित हुआ था ?
A. 1942 B. 1961
C. 1966 D. 1983

9. 'वाल्मीकि प्रतिभा' नामक गीतिनाट्य रवीन्द्रनाथ ने किस वर्ष में लिखा और मंचन करवाया ?
A. 1881 B. 1882
C. 1883 D. 1920

10. निम्न में से 'गीत वितान' का गीत कौन-सा है ?
A. 'प्रथम युगेर उदय दिगंगने'
B. 'कान्ना-हासिरे दोल दोलानो'
C. 'नित्र गिगारितो रे'
D. 'जोदि तोर डाक सुने केउ ना आसे'

11. 'रवीन्द्र संगीत' किस प्रदेश से संबंधित है ?
A. केरल B. बिहार
C. गुजरात D. पश्चिम-बंगाल

12. रवीन्द्रनाथ टैगोर ने 'फाल्गुनी' किसे समर्पित किया है ?
A. जदुभट्ट B. दीनेन्द्रनाथ टैगोर
C. द्विजेन्द्रलाल राय D. अतुलप्रसाद सेन

13. ''रवीन्द्र संगीत के स्त्रोत हैं : राग ओर लोक संगीत''–
A. सही है
B. गलत है
C. शायद
D. मात्र लोक संगीत पर आधारित है

14. वर्ष 1882 टैगोर की रचना और उसके मंचन के लिए विख्यात है–
A. कालमृगया B. वाल्मीकि प्रतिभा
C. मायार खेला D. फाल्गुनी

15. नोबेल पुरस्कार रवीन्द्रनाथ को किस वर्ष मिला ?
A. 1913 B. 1915
C. 1917 D. 1919

16. रवीन्द्रनाथ टैगोर का जन्म किस सन् में हुआ?
A. 1861 B. 1870
C. 1903 D. 1700

17. बंकिमचन्द्र के गीत 'वन्देमातरम्' को किस राग में स्वरांकित किया गया?
A. देश B. मल्हार
C. भैरव D. खमाज

18. राजा राममोहन राय की गायन शैली कौन-सी थी?
A. ध्रुपद B. धमार
C. ठुमरी D. तराना

19. कल्पतरु ग्रंथ के लेखक कौन थे?
A. राजा राममोहन राय B. क्षेत्रमोहन
C. स्वामी विवेकानन्द D. हेमचन्द्र

20. पृथ्वीराज पराजय के लेखक कौन थे?
A. रवीन्द्रनाथ टैगोर B. सत्येन्द्रनाथ
C. गजेन्द्रनाथ D. अतीन्द्रनाथ

21. बंगाली गाने की कौन-सी विधा ललन फकीर से सम्बन्धित है?
A. बाउल B. भटियाली
C. सारी D. ध्रुपद

22. रवीन्द्रनाथ कहां से आए थे?
A. बिहार B. लखनऊ
C. कलकत्ता D. रांची

23. टैगोर को नोबेल पुरस्कार किस सन् में मिला था?
A. 1914 में B. 1913 में
C. 1911 में D. 1907

24. आर्यदर्शन के लेखक कौन थे?
A. क्षेत्रमोहन B. कालिदास
C. बिहारीलाल D. नवीनचन्द्र

25. रवीन्द्रनाथ टैगोर का सबसे पहला लेख किस पत्रिका में छपा था?
A. भारती B. कलावसुधा
C. ज्ञानांकुर D. वनफूल

26. भारती नामक पत्रिका का सम्पादक कौन था?
A. स्वर्णकुमारी B. द्विजेन्द्रनाथ ठाकुर
C. ज्योतिरिन्द्रनाथ D. अवनीन्द्रनाथ

27. बनफूल नामक पत्रिका कब प्रकाशित हुई?
A. 1880 B. 1881 में
C. 1876 में D. 1885 में

28. बंग्लासंगीत की एक रचना को कितनी अवधि में गाया जाता है?
A. 20-25 मिनट B. 25-30 मिनट
C. 10-15 मिनट D. 5-7 मिनट

29. रवीन्द्र संगीत की प्रस्तुति किस चरण में नहीं होती है?
A. प्रारम्भिक आलाप B. बंदिश
C. ताल D. संगतकार

30. रवीन्द्र संगीत में किस वाद्य का अत्यधिक प्रयोग होता है?
A. पखावज B. नाल
C. खोल D. ढोलक

31. बंगला भाषा में भाषा ज्ञान से क्या तात्पर्य है?
A. बंग्ला गीतों पर आधारित ज्ञान
B. प्रबंध गीतों पर आधारित ज्ञान
C. कर्नाटकी गीतों पर आधारित ज्ञान
D. हिन्दी गीतों पर आधारित ज्ञान

32. वन्देमातरम् को स्वर किसने प्रदान किए?
A. विद्यापति B. युद्धभट्ट
C. रवीन्द्रनाथ टैगोर D. रजनीकांत

33. रवीन्द्रनाथ टैगोर के पिता का नाम क्या था?
A. सोमेन्द्रनाथ टैगोर B. देवेन्द्रनाथ टैगोर
C. अतीन्द्रनाथ टैगोर D. ज्योतिरिन्द्रनाथ टैगोर

34. रवीन्द्रनाथ के प्रथम संगीत के गुरु कौन थे?
A. ज्योतिरीन्द्रनाथ टैगोर B. युद्धभट्ट
C. सौरेन्द्रमोहन टैगोर D. बिहारीलाल

35. रवीन्द्रनाथ टैगोर को सर की उपाधि किस वर्ष मिली?
A. 1910 में B. 1915 में
C. 1913 में D. 1912 में

36. टैगोर की प्रयुक्त की गई स्वरलिपि का नाम क्या है?
A. भातखण्डे स्वरलिपि B. आकारमात्रिक स्वरलिपि
C. पलुस्कर स्वरलिपि D. संतोतक स्वरलिपि

37. 'वन्देमातरम्' को टैगोर ने किस ग्रामोफोन रिकॉर्ड में गाया था?
A. स्पेशली ट्रेण्ड बाइ डॉ. रवीन्द्रनाथ टैगोर
B. साँग्स ऑफ आर.एन. टैगोर
C. स्पेशल सांग्स ऑफ आर.एन. टैगोर
D. सांग्स बाइ रवीन्द्रनाथ

38. टप्पा गायक नीधू बाबू का पूरा नाम क्या था?
A. निधि शर्मा B. रामगुप्त टैगोर
C. निधिराम शर्मा D. रामनिधि गुप्ता

39. युद्ध भट्ट किस शताब्दी के संगीतज्ञ थे?
A. 17वीं B. 18वीं
C. 19वीं D. 20वीं

40. 'ब्रह्म समाज' की स्थापना किसने की?
A. अवीन्द्रनाथ B. रवीन्द्रनाथ
C. राममोहन राय D. देवेन्द्रनाथ टैगोर

41. गीत सूत्रधार पुस्तक किस भाषा में है?
A. हिन्दी B. उर्दू
C. बंगला D. अंग्रेजी

42. गीतांजलि में कितने गीतों का संकलन है?
A. 215 B. 225
C. 230 D. 203

43. सन् 1839 में कौन-सा नृत्य-नाट्य लिखा गया?
A. राजा B. श्यामा
C. चण्डालिका D. चित्रांगदा

44. 'आमार सोनार बंगला' गीत का संबंध किससे है?
A. स्वदेश B. पूजा
C. प्रेम D. प्रकृति

45. 'घ' किस विषय से सम्बन्धित है?
A. वीर रस B. शान्त रस
C. शृंगार रस D. भक्ति परक

46. रवीन्द्रनाथ ने विदेशी धुनों के गीत किस ग्रंथ में लिखे?
A. परिशोध B. वाल्मीकि प्रतिभा
C. कथा D. घरवा

47. मन जागो मंगल लोके किस ख्याल के आधार पर है?
A. बोले रे पपिहरा B. मोरी नई लगन लागी रे
C. जागो मोहन प्यारे D. बरन-बरन के फूल फूले

48. क्रंठ कौमुदी पुस्तक के लेखक कौन थे?
A. रवीन्द्रनाथ टैगोर B. क्षेत्रमोहन गोस्वामी
C. कृष्णधन बन्दोपाध्याय D. राधिका मोहन गोस्वामी

49. रवीन्द्र संगीत में ताल का कौन-सा चरण नहीं होता?
A. सम B. मात्रा
C. खाली D. विभाग

50. रवीन्द्रनाथ टैगोर ने कितनी तालों की रचना की?
A. 5 B. 6
C. 8 D. 9

51. कश्मीरी खेमटा ताल में कितनी मात्राएं हैं?
A. 5 B. 7
C. 6 D. 4

52. रूपकड़ा ताल में कितनी मात्राएं होती हैं?
A. 10 B. 8
C. 14 D. 12

53. यत ताल में कितनी मात्राएं होती हैं?
A. 8 B. 12
C. 12 D. 14

54. टैगोर की मां का क्या नाम था?
A. शारदा देवी B. स्वर्णकुमारी
C. माधुरीलता D. भक्तारिणी देवी

55. 'भारतीय गीतिकाव्य' के लेखक कौन थे?
A. डॉ. निशिकांत चट्टोपाध्याय
B. स्वर्णकुमारी
C. युद्धभट्ट
D. रबीन्द्रनाथ टैगोर

56. रवीन्द्रनाथ टैगोर की कितनी संतानें थी?
A. 3 B. 4
C. 5 D. 6

57. 'कृष्णकोलि आमि तोरई बोली' यह गीत किससे सम्बद्ध है?
A. पूजा B. प्रेम
C. प्रकृति D. वर्षा

58. रवीन्द्रनाथ टैगोर का विवाह कब हुआ?
A. 1870 में B. 1880 में
C. 1883 में D. 1885 में

59. प्रसिद्ध रचना 'आमार मिलेछि आज मायर डाके' किस अधिवेशन में और किस सन् में गाई गई?
A. 1885- इण्डियन नेशनल कांग्रेस के प्रथम अधिवेशन में
B. 1886- इण्डियन नेशनल कांग्रेस के द्वितीय अधिवेशन में
C. 1887- इण्डियन नेशनल कांग्रेस के तृतीय अधिवेशन गें
D. 1888- इण्डियन नेशनल कांग्रेस के चतुर्थ अधिवेशन में

60. टैगोर की पुत्री का क्या नाम था?
A. स्वर्णकुमारी B. माधुरीलता
C. शारदादेवी D. मृणालिनी

61. रवीन्द्रनाथ टैगोर की मृत्यु कब हुई?
A. 1941 में B. 1942 में
C. 1943 में D. 1945 में

62. 'गुरुदेव' की उपाधि रवीन्द्रनाथ को किसने दी?
A. जवाहरलाल नेहरू B. सुभाष चन्द्र बोस
C. महात्मा गांधी D. लालबहादुर शास्त्री

63. सौरिन्द्रमोहन ठाकुर का जन्म किस सन् में हुआ?
A. 1840 में B. 1845 में
C. 1850 में D. 1860 में

64. टैगोर का सबसे प्रसिद्ध उपन्यास कौन-सा था?
A. गोरा B. प्रवासी
C. योगायोग D. इनमें से कोई नहीं

65. 'नटराज' कब लिखा गया था?
A. 1927 में B. 1928 में
C. 1930 में D. 1931 में

66. द्वारकानाथ का जन्म कब हुआ?
A. 1780 में B. 1785 में
C. 1795 में D. 1794 में

67. भारत संगीत समाज का पहले क्या नाम था?
A. कलकत्ता संगीत समाज
B. शान्ति निकेतन
C. ब्रहमचर्याश्रम
D. बंगला संगीत

68. 1884 में Knight Bachelor of the United Kingdom की उपाधि से किसे विभूषित किया गया?
A. एम.एम. ठाकुर B. रवीन्द्रनाथ
C. युद्धभट्ट D. सौरिन्द्रमोहन

69. रवीन्द्रनाथ द्वारा रचित रूपकड़ा ताल के समतुल्य दक्षिण भारत में कौन-सी ताल है?
A. आदि ताल B. झम्पा ताल
C. सार ताल D. तीन ताल

70. 1871 में बंगाल म्यूज़िक स्कूल की स्थापना किसने की?
A. सौरिन्द्रमोहन ठाकुर B. रवीन्द्रनाथ टैगोर
C. ज्योतिरीन्द्रनाथ ठाकुर D. अबीन्द्रनाथ टैगोर

71. रबीन्द्रनाथ टैगोर ने अपने संगीत में कितने राग-रागनियों का प्रयोग किया?
A. 90 B. 80
C. 70 D. 60

72. बंगला में 'रांग' शब्द का अर्थ क्या है?
A. हास्य B. दुख
C. क्रोध D. श्रृंगार

73. नेताजी सुभाषचन्द्र बोस किस वर्ष विश्व भारती में आए थे?
A. 1939 में B. 1940 में
C. 1941 में D. 1950 में

74. महात्मा गांधी शान्ति निकेतन प्रथम बार कब आए थे?
A. 1911 में B. 1912 में
C. 1914 में D. 1915 में

75. उस कवि का नाम बताइए जिनकी कविता दो देशों द्वारा राष्ट्रगीत के लिए स्वीकृत है?
A. सोमेन्द्रनाथ B. बंकिमचंद्र चटर्जी
C. स्वर्णकुमारी D. बुधेन्द्रनाथ

76. टैगोर की 'गोल्डेन बुक' कब प्रकाशित हुई?
A. 1930 में B. 1931 में
C. 1932 में D. 1934 में

77. टैगोर का हास्यकौतुक किस शैली पर आधारित है?
A. काव्यात्मक शैली B. व्यंग्यात्मक शैली
C. वर्णात्मक शैली D. गद्यात्मक शैली

78. शान्ति निकेतन में सुबह कौन-सा वेदगान होता है?
A. सरस्वती वंदना B. माधोत्सव
C. गणेश बन्दना D. शिव उपासना

79. विश्व भारती की स्थापना कब हुई?
A. 1911 में B. 1876 में
C. 1918 में D. 1880 में

80. हिन्दू मेले के अवसर पर रवीन्द्रनाथ की आयु क्या थी?
A. 5 वर्ष B. 8 वर्ष
C. 10 वर्ष D. 12 वर्ष

81. शान्ति निकेतन की ओर से दशिकोत्तम की उपाधि किसे प्रदान की गयी थी?
A. उ. अल्लारखा खां B. उ. अलाउद्दीन खां
C. उ. बिस्मिल्लाह खां D. अहमदजान थिरकुपा

82. तागे तेते बोल किस ताल का है?
A. तीन ताल B. एक ताल
C. एकादशी ताल D. रूपकड़ा ताल

83. रबीन्द्रनाथ ने कितने गीत रचे?
A. 2000 B. 1800
C. 1200 D. 1600

84. रबीन्द्रनाथ ने कितने गीत हिन्दी गीतों के आधार पर रचे?
A. 200 B. 210
C. 215 D. 220

85. भवइया और भटियाली गीत किस थाट में गाया जाता है?
A. खमाज B. भैरवी
C. आसावरी D. बिलावल

86. रवीन्द्रनाथ ने गीतों को कितने भागों में बांटा था?
A. पांच B. छः
C. सात D. नौ

87. भटियाली किस लय में गाया जाता है?
A. मध्य B. विलम्बित
C. द्रुत D. साधारण

88. नौ आवर्तन में एक मात्रा वाली ताल का नाम क्या है?
A. वास्तु ताल B. रूपकड़ा ताल
C. आदि ताल D. झम्पा ताल

89. 'नीव नव घने' किस राग में है?
A. खमाज B. यामन
C. भैरवी D. आसावरी

90. 'प्रंचड गर्जन सजल वर्षा ऋतु' किस राग में है?
A. भूपाली B. कलिगडा
C. तोडी D. बिहाग

91. 'मन जागो मंगल लोके' किस राग में है?
A. खमाज B. यमन
C. भैरव D. भैरवी

92. 'तोमार देखा पावो बोले' किस राग में है?
A. करकंगनता B. गौड़ मल्हार
C. देशी D. पूर्वी

93. 'मम अंतर उदास' किस राग में गाया जाता है?
A. मेघ मल्हार B. खमाज
C. गौड़ सारंग D. बसंत

94. 'तुम आपनि जागाओ' किस राग में गाया जाता है?
A. बिहाग, B. मल्हार
C. भैरव D. गौड़ सारंग

95. 'सुर और संगीत' कब रची गई?
A. 1934 में B. 1935 में
C. 1936 में D. 1937 में

96. 'संगीत चिन्ता' की रचना कब हुई थी?
A. 1966 में B. 1961 में
C. 1962 में D. 1963 में

97. 'श्यामा' गीतिनाट्य की रचना कब हुई?
A. 1925 में B. 1930 में
C. 1939 में D. 1945 में

उत्तरमाला

1	2	3	4	5	6	7	8	9	10
A	A	D	A	A	A	A	C	A	D
11	**12**	**13**	**14**	**15**	**16**	**17**	**18**	**19**	**20**
D	B	A	A	A	A	A	A	C	A
21	**22**	**23**	**24**	**25**	**26**	**27**	**28**	**29**	**30**
A	B	B	C	C	B	C	D	A	A
31	**32**	**33**	**34**	**35**	**36**	**37**	**38**	**39**	**40**
D	C	B	B	B	B	A	D	D	C
41	**42**	**43**	**44**	**45**	**46**	**47**	**48**	**49**	**50**
C	D	B	A	D	B	C	B	C	A
51	**52**	**53**	**54**	**55**	**56**	**57**	**58**	**59**	**60**
C	B	A	A	A	C	B	C	B	B
61	**62**	**63**	**64**	**65**	**66**	**67**	**68**	**69**	**70**
A	C	A	A	A	D	A	A	C	A
71	**72**	**73**	**74**	**75**	**76**	**77**	**78**	**79**	**80**
B	C	A	D	B	B	B	B	C	B
81	**82**	**83**	**84**	**85**	**86**	**87**	**88**	**89**	**90**
B	A	A	C	A	A	A	A	B	A
91	**92**	**93**	**94**	**95**	**96**	**97**			
C	B	A	C	A	A	C			

घराना और गायकी

1. निम्न में से सेनिया घराने के संगीतज्ञ का नाम बताइये–
A. हबीबुद्दीन खां B. बिस्मिल्लाह खां
C. गुलाम अली खां D. अलाउद्दीन खां

2. आबिद हुसैन खां तबले के किस घराने से संबद्ध हैं ?
A. लखनऊ B. बनारस
C. फर्रूखाबाद D. दिल्ली

3. केसरबाई ख्याल के किस घराने की गायिका थीं ?
A. जयपुर B. किराना
C. ग्वालियर D. कोल्हापुर

4. तबले के दिल्ली घराने के कलाकार का नाम है–
A. हुसैन बख्श B. रामसहाय
C. गामी खां D. अनोखेलाल मिश्र

5. ''धिटधिट धागेतिट, धुमकिट'' किस घराने के बोल हैं ?
A. बनारस घराना B. अजराड़ा घराना
C. लखनऊ घराना D. पंजाब घराना

6. फर्रूखाबाद घराने के कलाकार का नाम बताइये–
A. अल्लारक्खा खां B. करामतउल्ला खां
C. नाथू खां D. कंण्ठे महाराज

7. स्याही प्रधान बाज है–
A. दिल्ली बाज B. बनारस बाज
C. फर्रूखाबाद बाज D. लखनऊ बाज

8. तबले के कितने घराने माने गये हैं ?
A. छह B. आठ
C. दस D. बारह

9. त्र्यश्र जाति की रचनाएं किस घराने में बजायी जाती हैं ?
A. बनारस घराना B. फर्रूखाबाद घराना
C. लखनऊ घराना D. अजराड़ा घराना

10. लव (लौ) प्रधान बाज कौन-सा है ?
A. लखनऊ B. पंजाब
C. बनारस D. अजराड़ा

11. उस्ताद नसीर अमीनुद्दीन डागर की वाणी कौन-सी है ?
A. नौहार वाणी B. खण्डार वाणी
C. डागर वाणी D. गोबरहार वाणी

12. चांटी प्रधान बाज कौन-सा है ?
A. फर्रूखाबाद B. दिल्ली
C. लखनऊ D. अजराड़ा

13. पूरब बाज कहलाता है–
A. किनार का बाज B. चांट का बाज
C. बंद बाज D. खुला बाज

14. लय की विचित्रता किस घराने की विशेषता है ?
A. अजराड़ा घराना B. बनारस घराना
C. पंजाब घराना D. दिल्ली घराना

15. तबले के घरानों में सबसे प्रथम घराना कौन-सा है ?
A. पंजाब B. दिल्ली
C. अजराड़ा D. लखनऊ

16. निम्न में से किस घराने की बंदिशों में ''धिनाड़ धिडंत धाती नाड़ा'' जैसे बोल प्रयुक्त होते हैं ?
A. पंजाब B. लखनऊ
C. दिल्ली D. अजराड़ा

17. स्व. उस्ताद अमान अली खां का ख्याल के किस घराने से संबंध था ?
A. जयपुर B. भिंडी बाजार
C. ग्वालियर D. पटना

18. फर्रूखाबाद घराने के संस्थापक कौन हैं ?
A. उस्ताद जहांगीर खां
B. पं. रामसहाय
C. उस्ताद सिधार खां
D. हाजी विलायत अली

19. दिल्ली बाज कहलाता है–
A. लव का बाज B. किनार का बाज
C. स्याही का बाज D. थाप का बाज

20. उस्ताद विलायत हुसैन किस घराने से सम्बन्धित हैं ?
A. किराना B. ग्वालियर
C. आगरा D. पटियाला

21. फर्रूखाबाद घराना विशेष रूप से जाना जाता है–
A. कायदे के लिए B. परन के लिए
C. टुकड़ा के लिए D. गतों के लिए

22. उस्ताद इनाम अली खां किस घराने से संबंधित हैं ?
A. अजराड़ा B. दिल्ली
C. लखनऊ D. बनारस

23. किस घराने में आड़ी लय के कायदे विशेष रूप से बजाये जाते हैं ?
A. अजराड़ा B. दिल्ली
C. फर्रूखाबाद D. लखनऊ

24. अब्दुल करीम खां किस घराने से सम्बन्धित हैं ?
A. इंदौर B. आगरा
C. बनारस D. किराना

25. उस्ताद मुश्ताक अली खां किस घराने के थे ?
A. लखनऊ B. जयपुर
C. बनारस D. सेनिया

26. पं. किशन महाराज तबले के किस घराने के हैं ?
A. दिल्ली B. इंदौर
C. बनारस D. अजराड़ा

27. बनारस घराने के संस्थापक कौन हैं ?
A. पं. कंठे महाराज B. पं. गुदई महाराज
C. उ. मुनीर खां D. पं. रामसहाय

28. उस्ताद नत्थू खां किस घराने से संबंधित थे ?
A. फर्रूखाबाद B. लखनऊ
C. अजराड़ा D. दिल्ली

29. उस्ताद साबरी खां संबंधित हैं–
A. दिल्ली घराना से B. अजराड़ा घराना से
C. पंजाब घराना से D. फर्रूखाबाद घराना से

30. 'सवाई गंधर्व' का किस घराने से संबंध है ?
A. आगरा B. किराना
C. जयपुर D. पटियाला

31. पं. हरिप्रसाद चौरसिया के गुरु का क्या नाम है?
A. बलवन्तराय भट्ट B. सुल्तान खाँ
C. अली अकबर D. अन्नपूर्णा देवी

32. बिन्दू झावेरी के गुरु का नाम बताइए।
A. पं. बिरजू महाराज B. पं. शम्भू महाराज
C. विलायत खाँ D. अल्लारखा

33. हाजी सुजान खाँ किस घराने के थे?
A. आगरा घराना B. दिल्ली घराना
C. बनारस घराना D. जयपुर घराना

34. मो. अली खाँ किस घराने के कलाकार हैं?
A. जयपुर B. पटियाला
C. आगरा D. अतरौली

35. किसने अपनी स्वतन्त्र गायन शैली से एक नवीन घराना चलाया?
A. उ. अल्लादिया खाँ B. उ. अमजद अली खाँ
C. पं. रविशंकर D. रामदास

36. सिद्धेश्वरी देवी किस घराने की गायिका थीं?
A. कलकत्ता B. बनारस
C. जयपुर D. लखनऊ

37. अब्दुल करीम खाँ किस घराने के कलाकार थे?
A. दिल्ली B. आगरा
C. किराना D. जयपुर

38. यक्ष जाति के बोलों का प्रयोग किस घराने की पहचान है?
A. दिल्ली B. बनारस
C. अजराड़ा D. लखनऊ

39. केसरबाई केरकर किस घराने से है?
A. ग्वालियर B. लखनऊ
C. आगरा D. जयपुर

40. गुलाम रसूल किस घराने से सम्बन्धित है?
A. आगरा B. ग्वालियर
C. जयपुर D. लखनऊ

41. बिरजू महाराज के गुरु का नाम बताइए।
A. शम्भू महाराज B. ब्रजलाल
C. कालिका प्रसाद D. जगन्नाथ प्रसाद

42. आलाप का प्रयोग किस घराने में होता है?
A. पटियाला B. जयपुर
C. दिल्ली D. किराना

43. फर्रुखाबाद घराना किसके लिए प्रसिद्ध है?
A. दादरा B. ठुमरी
C. कायदा D. टुकड़ा

44. किशोरी आमोणकर किस घराने की हैं?
A. दिल्ली B. आगरा
C. जयपुर D. बनारस

45. दिल्ली घराने के प्रवर्तक का नाम बताइए।
A. पण्डित जसराज B. भवानी सिंह
C. मणिराम D. उ. सिद्धार खाँ

46. आगरा घराने के जन्मदाता कौन हैं?
A. अब्दुल करीम खाँ B. गिरिजादेवी
C. नत्थन वीरबख्श D. हाजी सुल्तान खाँ

47. पटियाला और दिल्ली घराना किस वाद्य के लिए प्रसिद्ध है?
A. हार्मोनियम B. सितार
C. तबला D. सारंगी

48. अल्लादिया खाँ के घराने का नाम बताइए।
A. जयपुर B. पंजाब
C. ग्वालियर D. अतरौली

49. वह कौन-सा घराना है जिसमें तिहाइयाँ वर्जित हैं?
A. पटियाला B. दिल्ली
C. जयपुर D. आगरा

50. पं. जसराज के गुरु का नाम बताइए।
A. मणिराम B. अल्लारखा
C. जहाँगीर D. अन्नपूर्णा देवी

51. बन्दे अली खाँ का घराना कौन-सा है?
A. जयपुर B. आगरा
C. दिल्ली D. किराना

52. उ. अलाउद्दीन खां के गुरु कहाँ रहते थे?
A. लखनऊ B. बनारस
C. रामपुर D. आगरा

53. अजराड़ा घराने में किस लयकारी का प्रयोग अत्याधिक किया जाता है?
A. कुआड़ B. आड़
C. बियाड़ D. द्रुत

54. घग्घे खुदाबख्श किस घराने के हैं?
A. पटियाला B. आगरा
C. अतरौली D. किराना

55. कुदऊ सिंह के गुरु का नाम क्या है?
A. हरिप्रसाद B. पुरुषोत्तमदास
C. भवानी प्रसाद D. खादिम हुसैन खाँ

56. विष्णु दिगम्बर पलुस्कर के गुरु का नाम क्या है?
A. बाबा दीक्षित B. देवजी परांजपे
C. दिगम्बर गोपाल D. इनायत हुसैन

57. विनायक राव पटवर्धन और राजा भैया किस घराने के हैं?
A. ग्वालियर B. जयपुर
C. दिल्ली D. किराना

58. आगरा घराना गायन की किस विधा के लिए प्रसिद्ध है?
A. ध्रुपद-धमार B. ठुमरी-दादरा
C. तराना D. विलम्बित ख्याल

59. ठुमरी का प्रयोग किस घराने में विशेष होता है?
A. किराना B. दिल्ली
C. अतरौली D. फर्रुखाबाद

60. मेंहदी हुसैन खाँ किस घराने के कलाकार हैं?
A. दिल्ली B. जयपुर
C. किराना D. ग्वालियर

61. प्रारम्भ में नोम तोम के आलाप की विशेषता किस घराने में मिलती है?
A. आगरा B. लखनऊ
C. किराना D. मैहर

62. वानरस खाँ किस घराने से जुड़े हैं?
A. आगरा B. दिल्ली
C. जयपुर D. लखनऊ

63. पन्नालाल घोष के गुरु का नाम क्या है?
A. बुद्धदेव दास B. पुरुषोत्तमदास
C. पं. रविशंकर D. अली अकबर खाँ

64. गंगू बाई हलंग किस घराने की है?
A. लखनऊ B. दिल्ली
C. अतरौली D. किराना

65. अमीर खाँ किस घराने से सम्बन्धित हैं?
A. ग्वालियर B. पटियाला
C. इन्दौर D. आगरा

66. राम सहाय किस घराने के जन्मदाता हैं?
A. दिल्ली B. लखनऊ
C. बनारस D. जयपुर

67. हस्सू खाँ-हद्दू खाँ का सम्बन्ध किस घराने से है?
A. जयपुर B. आगरा
C. दिल्ली D. ग्वालियर

68. उ. मियाँ शोरी के पिता का नाम क्या है?
A. इनायत हुसैन B. आसिफद्दौला
C. अहमदशाह D. गुलाम रसूल

69. किराना घराने के काले खाँ कौन-सा वाद्य बजाते थे?

A. सारंगी B. वीणा

C. तबला D. सितार

70. फैयाज खाँ किस घराने के हैं?

A. दिल्ली B. आगरा

C. लखनऊ D. जयपुर

71. पं. जसराज के गुरु कौन हैं?

A. सुमित मुरारकर B. मोतीराम

C. अब्दुल करीम खाँ D. मणिराम

72. मुश्ताक हुसैन खाँ किसके गुरु हैं?

A. निसार हुसैन खाँ B. शंकरराव पण्डित

C. कृष्णराव पण्डित D. इनायत हुसैन खाँ

73. दौरे स्वामी आयंगर किस विधा से संबंधित हैं?

A. गोटुवाद्यम् B. वीणा वादन

C. मृदंगवादन D. कर्णाटक गायन

74. जावलि किसके समकक्ष गाया जाता है?

A. धमार B. ठुमरी

C. ग़ज़ल D. भजन

75. खंजरी को कर्नाटक प्रदेश में क्या कहा जाता है?

A. चीमटा B. डफली

C. गंजीरा D. मुरचंग

76. प्रचलित कर्नाटक वीणा का नाम किस शहर से संबद्ध है?

A. कुंभकोणम् B. मदुरई

C. तिरूवयरू D. तन्जौर

77. जातिस्वरम् किसके सदृश होता है?

A. कीर्तन B. स्वरजति

C. पदम् D. जावलि

78. किस प्रांत का संगीत 'कर्णाटक संगीत' नहीं है?

A. तमिलनाडु B. आंध्र प्रदेश

C. केरल D. महाराष्ट्र

79. वह कर्णाटकी ताल जिसमें द्रुत और अणुद्रुत दोनों ही नहीं हैं–

A. एकताल B. झम्प

C. मठ्य D. त्रिपुट

80. कटपयादि फार्मूला किसकी गणना के लिए प्रयोग में लाया जाता है?

A. कृतियों B. रागों

C. मेलों D. वाद्यों

81. गुरुवयूर मंदिर (केरल) की एक प्रसिद्ध नृत्य-नाटिका क्या है?

A. कुरवंची B. कृष्णट्टम्

C. कत्थकली D. थिरूकुट्टु

82. तमिलनाडु मंदिरों में गर्भगृह के संगीत को गाने वाले परम्परागत समुदाय कौन हैं?

A. ओडुवार B. दासकुट

C. आनन्दमार्गी D. वैरागी

83. अभ्यास गान के प्रथम पाठों को क्या कहा जाता है?

A. झण्डा वारिसई B. अलम्कार

C. सालणी वारिसई D. पत्तु वारिसई

84. कलामण्डलम् कृष्णन नायर किस विधा के कलाकार थे?

A. तुल्लल B. भरतनाट्यम्

C. मोहिनीअट्टम् D. कत्थकली

85. स्वाति तिरूमल को प्राय: किस रूप में जाना जाता है?

A. गर्भ श्रीमान B. कीर्तनाचार्य

C. संगीत पराग D. संगीत रत्नाकर

86. देवार नामों को किस भाषा में निबद्ध किया गया है?

A. तेलगु B. ब्रजभाषा

C. संस्कृत D. कन्नड़

87. एम.एस. सुब्बुलक्ष्मी का निधन कब हुआ?

A. 11 दिसम्बर, 2004

B. 7 दिसम्बर, 2004

C. 5 दिसम्बर, 2004

D. 3 दिसम्बर, 2004

88. चरणम् में रचयिता के नाम की छाप होने के कारण इसे क्या कहा जाता है?

A. देवारम् B. मुद्राचरणम्

C. देवगानम् D. अभंग

89. तिल्लाना की रचना किस सदी के वाग्गेयकारों द्वारा हुई?

A. 16 वीं सदी B. 17 वीं सदी

C. 18 वीं सदी D. 19 वीं सदी

90. जावलि सामान्य रूप से किस ताल में गाया जाता है?

A. कहरवा ताल B. दादरा ताल

C. आदि ताल D. धमार ताल

91. निम्न में से कौन-सा पालना गान है ?

A. तालाट्टु B. गीतम्

C. वर्णम् D. पदम्

92. कर्णाटकी राग 'हेमावती' किस कलाकार द्वारा निर्मित राग है ?

A. त्यागराज B. स्वाति तिरूनल

C. रविशंकर D. श्यामा शास्त्री

93. शहनाई से मिलता-जुलता वाद्य दक्षिण भारत में निम्न में से कौन-सा है ?

A. सुनादी B. नागस्वरम्

C. मोरचंग D. तवल

94. चतुरश्र जाति ध्रुवताल किसकी स्कीम में निबद्ध होता है ?

A. 108 ताल B. 35 ताल

C. झम्पताल D. मार्गताल

95. भक्ति संगीत से संबंधित गीत प्रकार है–

A. कृति B. तिल्लाना

C. देवारनामा D. तानम्

96. जावलि के रचनाकारों में निम्न में से कौन है ?

A. स्वाति तिरुनल B. त्यागराज

C. श्यामाशास्त्री D. मुथ्थुस्वामी दीक्षितार

97. मेल नं. 54 के धैवत को निकालकर मेल नं. 21 के धैवत को रखने से प्राप्त मेल–

A. कीरवाणी B. नीतिमति

C. भवप्रिय D. सिम्हेन्द्रमध्यमम्

98. कर्णाटकी संगीत में हिन्दुस्तानी संगीत के रूपक ताल के समान मानयुक्त ताल है–

A. तिरत्र जाति रूपक B. चतुरश्र जाति रूपक

C. तिस्त्र जाति त्रिपुट D. तिरत्र जाति झम्प

99. कीर्तन के प्रथम रचयिता के रूप में किसका नाम लिया जाता है ?

A. स्वाति तिरूनाल B. पं. वेंकटमखी

C. तालपाकम् D. मुत्थुस्वामी दीक्षितार

100. निम्न में से कौन-सा कर्नाटक शब्द 'जावल' से उत्पन्न हुआ है ?

A. वर्णम् B. जावलि

C. पदम् D. कृति

101. कृति के कितने अवयव होते हैं ?

A. चार B. तीन

C. दो D. एक

102. 'जावलि' कौन सा रस प्रधान प्रबन्ध है–

A. शृंगार रस B. वीर रस

C. भक्ति रस D. करूण रस

103. कर्नाटक प्रदेश की सुविख्यात नर्तकी का नाम बताइए।

A. एम.एस सुबुलक्ष्मी B. रुक्मिणी देवी

C. झाबेरी बहनें D. ऋता देवी

104. उस वाद्य का नाम बताइए जो मन्दिर एवं संगीत कार्यक्रम दोनों में प्रयुक्त होता है?

A. बांसुरी B. मजीरा

C. चंग D. सितार

105. कल्वकोवा नृत्य को प्रकाशित किस भगवान की लीलाओं द्वारा प्रदर्शित किया जाता है?

A. शिव-पार्वती B. राधा-कृष्ण

C. राम-सीता D. गणेश-स्तुति

106. कर्नाटक शैली के सारिकाहीन वार वाद्य का नाम बताइये–

A. गेट्टू वाद्यम् B. मृदंग

C. वायलिन D. बांसुरी

107. हिन्दुस्तानी संगीत पद्धति का कौन-सा स्वर कर्नाटक षट्श्रति में साम्यता रखता है?

A. कोमल ऋषभ B. कोमल गांधार

C. मध्यम D. ब्रसली मध्यम

108. उस दक्षिण के संगीतकार का नाम बताइए जिन्होंने बहुत से हिन्दुस्तानी गीतों की रचना की–

A. स्वाती तिरुनल B. त्यागराज

C. श्यामाशास्त्री D. टी.बी. सुब्बाराव

109. दक्षिण भारत के विष्णु मन्दिरों में अरेयारों द्वारा गाये जाने वाले गीत का नाम बताइए–

A. वर्णम् B. देवार नाम

C. ध्रुपद D. तानम

110. कर्नाटकी वीणा का नाम किस शहर से सम्बन्धित है?

A. मदुरई B. तन्जौर

C. श्रीरंगम् D. त्रिचे

111. संकीर्ण जाति की झपताल में कितने अक्षर होते हैं?

A. दस B. बारह

C. चौदह D. सोलह

112. हिन्दुस्तानी शास्त्रीय संगीत में किस काल तक एक ही पद्धति रही?

A. भरतकाल B. जयदेवकाल

C. शाङ्गदेवकाल D. नारदकाल

113. कर्नाटक के संगीतज्ञ की आरम्भिक स्वरावली किस राग में होती है?

A. हिन्डोल B. माया मालवगांढ़

C. तोड़ी D. मोहनम

114. हिन्दुस्तानी संगीत के शुद्ध निषाद को दक्षिणात्य संगीत के किस नाम से जाना जाता है?

A. शुद्ध धैवत B. चतुः श्रुति धैवत

C. कौशिक निषाद D. काकली निषाद

115. दक्षिण संगीत में किस संगीतज्ञ का उपनाम 'गुरुग्रह' है?

A. श्यामा शास्त्री B. त्यागराज

C. मुत्थूस्वामी D. स्वाति तिरुनल

116. त्यागराज किस प्रदेश के रहने वाले थे?

A. केरल B. तमिलनाडु

C. आंध्र प्रदेश D. कर्नाटक

117. कर्नाटक संगीत पद्धति में आरम्भिक गान को क्या कहते हैं?

A. सभागान B. अभ्यासगान

C. सम्प्रदायगान D. युग्मागान

118. कर्नाटक संगीत का तिल्लाना हिन्दुस्तानी संगीत की किस शैली में मिलता है?

A. ठुमरी B. ख्याल

C. ध्रुपद D. तराना

119. त्यागराज की कृतियों की भाषा क्या थी?

A. हिन्दी B. तमिल

C. संस्कृत D. तेलुगू

120. अभ्यासगान का प्रथम अध्याय क्या है?

A. धातु वरिसई B. अलंकार

C. सरली वरिसई D. झंडा वरिसई

121. कृति के कितने अंग होते हैं?

A. पांच B. चार

C. तीन D. दो

122. वर्णम् गायन विद्या में कितने चरण होते हैं?

A. एक B. चार

C. दो D. तीन

123. शंकर भरणम चित्र के संगीत निर्देशक कौन है?

A. प. जसराज

B. पं. भीमसेन जोशी

C. पं. रविशंकर

D. उस्ताद अमजद अली खां

124. पी. साम्भवमूर्ति कौन थे?

A. वीणावादक B. संगीतशास्त्री

C. नर्तक D. साहित्यकार

125. महावैद्यनाथ अय्यर की 72 मेल रागमालिका को गाने में कितने घण्टे का समय लगता है?

A. 2 घण्टे B. 3 घण्टे

C. 4 घण्टे D. 5 घण्टे

126. कीर्तन का जन्म कर्नाटक संगीत में कब हुआ?

A. 14वीं सदी B. 15वीं सदी

C. 12वीं सदी D. 10वीं सदी

127. कीर्तन के कितने अंग होते हैं?

A. 3 B. 4

C. 5 D. 6

128. कर्नाटक के प्राचीन गति का नाम बताइए—

A. कीर्तनम् B. दुरु

C. ख्यालम् D. रागम्

129. जावल शब्द का क्या अर्थ है?

A. भक्तिरस का गीत

B. हास्य रस का गीत

C. शृंगार रस का गीत

D. वीर रस का गीत

130. पदम किस लय में गाया जाता है?

A. द्रुत B. मध्य

C. विलम्बित D. अतिद्रुत

131. तमिल में वीणा के लिए क्या संज्ञा दी गई है?
A. व्याज B. कुतुप
C. अवनद्ध D. इकतंत्री

132. संस्कृत के वादी स्वर को तमिल में क्या कहा गया?
A. सप्तक B. थाट
C. इनइ D. नटपु

133. आलाप तथा तानों का प्रयोग किस विधा के साथ होता है?
A. पल्लवि B. जावली
C. कीर्तनन D. पदम्

134. संगीत के संवादी स्वर को तमिल में क्या कहा गया है?
A. इनइ B. नटपु
C. थगइ D. किलइ

135. 72 मेल का आविष्कार किस संगीतज्ञ ने किया?
A. श्री निवास राव B. विद्याण्टा
C. पं. व्यंकटमुखी D. पं. लोचन

136. रागमालिका तिल्लाना का प्रयोग सर्वप्रथम किस संगीतज्ञ द्वारा हुआ?
A. पं. व्यंकरमुखी B. श्यामा शास्त्री
C. बाल मुरलीकृष्ण D. वीना सेराना

137. नारायण तीर्थ की रचना किस नाम से प्रसिद्ध हुई?
A. कृति B. जावली
C. कीर्तनम् D. तंरगम्

138. मेलकर्ता पद्धति में कितने चक्रों का प्रयोग होता है?
A. सोलह B. बारह
C. अड़तीस D. बहत्तर

139. तमिल संगीत का पौराणिक ग्रन्थ कौन सा है?
A. ताल सुन्दरम् B. संगीत कल्पद्रुम
C. संगीता चन्द्रकाई D. पंचमा रबू

140. त्यागराज का जन्म कब हुआ?
A. 1866 में B. 1867 में
C. 1868 में D. 1869 में

141. संयुक्त राष्ट्र संघ में सर्वप्रथम गायन प्रस्तुत करने वाली महिला का नाम बताइए?
A. लता मंगेशकर
B. बेगम अख्तर
C. एम.एस. शुबालक्ष्मी
D. किशोरी अमोनकर

142. कर्नाटक संगीत का प्रियुच्छ हिन्दुस्तानी संगीत की किस लय में मिलता है?
A. गमक B. मीड़
C. घटका D. अलंकार

143. पुरन्दरदास की रचनाएं किस भाषा में थी?
A. तमिल B. मलयालम
C. कन्नड़ D. संस्कृत

144. एल. सुब्रहमण्यम क्या बजाते थे?
A. वीणा B. सरोद
C. वायलिन D. सितार

145. कर्नाटक में भक्ति संगीत से सम्बन्धित गीत का नाम बताइए–
A. चिंता स्वरम B. जाति स्वरम
C. कृति D. वर्णम्

146. 1 जनवरी, 1954 को भारत के उपराष्ट्रपति डॉ. राधाकृष्णन् ने संगीतशास्त्र प्रवीण की उपाधि किसे प्रदान की?
A. त्यागराज B. श्यामा शास्त्री
C. पी. शाम्बमूर्ति D. श्री निवास राव

147. कर्नाटक संगीत की वह कौन-सी विधा है, जो संगीत और नृत्य दोनों में प्रयोग की जाती है?
A. वर्णम B. जावली
C. तिल्लाना D. दरु

148. त्यागराज के गुरु का नाम क्या है?
A. रामाब्रह्म B. सोंटी वेंकटरामान्य
C. नारायण तीर्थ D. अय्यर

149. त्यागराज के संगीत का काल कौन-सी शताब्दी से आरम्भ हुआ?
A. 17वीं B. 18वीं
C. 19वीं D. 20वी

150. त्यागराज कौन-सा वाद्य यंत्र बजाते थे?
A. बांसुरी B. घट्टम
C. वीणा D. मृदंग

151. केरल राज्य का कौन-सा संगीतज्ञ था?

A. स्वाती तिरुनल　　B. मुत्थूस्वामी दीक्षितर

C. त्यागराज　　D. पुरन्दरदास

152. किस रचनाकार की रचनाएं हिन्दुस्तानी संगीत से प्रभावित रही?

A. पुरन्दरदास　　B. सुबारया शास्त्री

C. स्वाती तिरुनल　　D. रामास्वामी

153. श्यामा शास्त्री का असली नाम बताइए–

A. वेंकट सुब्रह्मणयम　　B. सुबारया शास्त्री

C. संगीत स्वामी　　D. तंजौर रामाराव

154. निम्नलिखित समूह में से किस संगीतज्ञ की रचना सही नहीं है?

लेखक	रचनाएं
A. क्षेत्रजन	मूवा गोपाल
B. त्यागराज	प्रहलाद भक्ति विजय
C. अडयालकुन्नालर	चिलकपादी का रंग
D. कन्यन नाप्पियार	कुछेलोपाख्या नाम

155. पुरन्दरदास ने अपनी रचनाओं को किस उपनाम से किया?

A. पुरन्दर विट्ठन　　B. पुरन्दरदास

C. पुत्तरूप　　D. कुरन्दर

156. किस राग को एक से अधिक नामों से जाना जाता है?

A. सारंग　　B. मयामालव गौड़

C. हंसध्वनि　　D. काम वर्धनी

157. वर्णम् के कितने वेद होते हैं?

A. 2　　B. 3

C. 4　　D. 5

158. द्विकला और चतुशकला किसमें गायी जाती है?

A. स्वरजाति　　B. पल्लवि

C. तिल्लाना　　D. निर्बल

159. हरिकाम्भभोजी राग हिन्दुस्तानी संगीत के किस राग के समान है?

A. भैरव　　B. आसावरी

C. तोड़ी　　D. खमाज

160. गमनप्रिय राग हिन्दुस्तानी के किस राग के समान है?

A. हिन्डोल　　B. दुर्गा

C. मारवा　　D. खमाज

161. शुभषंतुवराली राग हिन्दुस्तानी संगीत के किस राग के समान है?

A. तोड़ी　　B. काफी

C. पूरिया　　D. मारवा

उत्तरमाला

1	2	3	4	5	6	7	8	9	10
D	A	A	C	C	B	D	A	D	C
11	**12**	**13**	**14**	**15**	**16**	**17**	**18**	**19**	**20**
C	B	D	A	B	A	B	D	B	C
21	**22**	**23**	**24**	**25**	**26**	**27**	**28**	**29**	**30**
D	B	A	D	D	C	D	D	D	B
31	**32**	**33**	**34**	**35**	**36**	**37**	**38**	**39**	**40**
C	C	A	B	A	B	C	C	D	D
41	**42**	**43**	**44**	**45**	**46**	**47**	**48**	**49**	**50**
D	D	C	C	D	C	D	D	C	A
51	**52**	**53**	**54**	**55**	**56**	**57**	**58**	**59**	**60**
C	C	B	B	C	A	A	A	D	A
61	**62**	**63**	**64**	**65**	**66**	**67**	**68**	**69**	**70**
A	B	D	D	C	C	D	D	A	B

71	72	73	74	75	76	77	78	79	80
D	B	B	B	C	D	B	D	A	C
81	82	83	84	85	86	87	88	89	90
C	B	C	B	B	D	A	B	C	C
91	92	93	94	95	96	97	98	99	100
A	C	B	B	A	A	A	C	C	B
101	102	103	104	105	106	107	108	109	110
B	A	A	A	B	A	B	A	B	B
111	112	113	114	115	116	117	118	119	120
B	C	B	D	D	C	B	D	D	C
121	122	123	124	125	126	127	128	129	130
C	A	C	B	A	A	A	B	C	C
131	132	133	134	135	136	137	138	139	140
A	C	A	D	C	A	D	B	D	B
141	142	143	144	145	146	147	148	149	150
C	A	C	C	C	C	C	B	C	C
151	152	153	154	155	156	157	158	159	160
A	C	A	D	A	D	C	B	D	C
161									
A									

भारतीय संगीत के शास्त्रज्ञों का योगदान एवं उनकी शास्त्रात्मक परंपरा

1. "तकार: शङ्कर प्रोक्तो लकार: पार्वती स्मृता" यह श्लोक किस ग्रंथ में मिलता है ?
A. संगीत दर्पण B. मानकुतुहल
C. संगीत सार D. नारदीय शिक्षा

2. संगीत समयसार का पांचवां अध्याय कौन सा है ?
A. रागाध्याय B. प्रबन्ध अध्याय
C. वाद्याध्याय D. तालाध्याय

3. संगीत सारामृत ग्रंथ का पहला अध्याय किससे सम्बन्धित है ?
A. श्रुति प्रकरण B. वर्णालंकार प्रकरण
C. जाति प्रकरण D. गीत प्रकरण

4. नाट्यशास्त्र के 84 श्लोकों में किस अध्याय की समाप्ति हुई है ?
A. इकत्तीसवां अध्याय B. तेंतीसवां अध्याय
C. छत्तीसवां अध्याय D. उनत्तीसवां अध्याय

5. संगीत मकरंद नामक ग्रंथ में कितनी तालों का वर्णन किया गया है ?
A. 109 B. 101
C. 110 D. 120

6. संगीत दर्पण ग्रंथ किस सन् में लिखा गया ?
A. सन् 1625 B. सन् 1650
C. सन् 1675 D. सन् 1680

7. सात शुद्ध और पंद्रह विकृत स्वरों का वर्णन किस ग्रंथ में मिलता है ?
A. स्वरमेल कलानिधि B. मानकुतूहल
C. राग विबोध D. चतुर्दण्डि प्रकाशिका

8. 'संगीत चूडामणि' ग्रंथ में कितने अध्यायों का उल्लेख किया गया है ?
A पांच B. सात
C. आठ D. दस

9. 'संगीत रत्नाकर' ग्रंथ में कुल कितने रागों का वर्णन है ?
A. 165 B. 170
C. 230 D. 264

10. 'स्वरमेल-कलानिधि' ग्रंथ किस सन् में लिखा गया ?
A. सन् 1550 B. सन् 1552
C. सन् 1554 D. सन् 1556

11. रामामात्य ने कितने शुद्ध स्वर बताये हैं ?
A. पांच B. सात
C. आठ D. दस

12. किस ग्रंथकार ने अपने ग्रंथ में तेरहवां थाट "हृदय रामा" जोड़ा ?
A. व्यंकटमखी B. रामामात्य
C. संगीत रत्नाकर D. हृदय नारायण देव

13. संगीत पारिजात ग्रंथ में लगभग कितने रागों का वर्णन मिलता है ?
A. 120 B. 122
C. 125 D. 128

14. संगीत समयसार के सातवें अध्याय में किसका वर्णन है ?
A. स्वर B. गमक
C. आलाप D. नृत्य

15. 'हृदय प्रकाश' नामक ग्रंथ में दो, तीन या चार स्वरों के मेल को क्या कहा है ?
A. तान B. गमक
C. मींड D. खटका

16. रामामत्य ने कितने विकृत स्वर बताये हैं ?
A. सात B. नौ
C. बारह D. चौदह

17. संगीत रत्नाकार ग्रंथ किस शताब्दी का लिखा ग्रंथ है ?
A. 12 वीं. B. 13 बीं.
C. 14 वीं. D. 15 वीं.

18. संगीत मकरंद ग्रंथ में कुल कितने रागों का वर्णन है ?
A. 50 B. 57
C. 60 D. 65

19. हृदय कौतुक ग्रंथ किस सन् में लिखा गया ?
A. सन् 1625 B. सन् 1650
C. सन् 1660 D. सन् 1680

20. पं. अहोबल द्वारा शुद्ध विकृत कुल कितने स्वर व्यवहार हेतु स्वीकार किए गए हैं ?
A. बारह B. पंद्रह
C. उन्नीस D. बाईस

21. भरत के नाट्यशास्त्र में संगीत वाद्यों के लिए किस शब्द का प्रयोग हुआ है ?
A. संगीत वाद्य B. वाद्ययंत्र
C. यंत्रोद्य D. आतोद्य

22. 'नग़माते आसफ़ी' ग्रंथ की रचना किस भाषा में की गई है ?
A. संस्कृत B. फारसी
C. गुजराती D. मराठी

23. निम्नलिखित में से एक ग्रंथ उड़ीसा प्रदेश का नहीं है–
A. संगीत समयसार B. गीत प्रकाश
C. संगीत कल्पलतिका D. संङ्गीतार्णव चन्द्रिका

24. भारतीय संगीत पर अंग्रेजी में सर्वप्रथम किस विदेशी लेखक ने पुस्तक लिखी ?
A. अगस्टन B. विलियर्ड
C. सी.आर. डे. D. विलियम जोंस

25. 'दत्तिलम्' ग्रंथ में अप्राप्त ताल क्रिया भेद–
A. शम्या B. ध्रुव
C. निष्क्राम D. विक्षेप

26. 'राग विबोध' ग्रंथ की रचना कब हुई ?
A. सन् 1605 B. सन् 1610
C. सन् 1620 D. सन् 1640

27. श्रीकण्ठ ने अपने ग्रंथ में कितने शुद्ध स्वर माने हैं ?
A. पांच B. छह
C. आठ D. सात

28. निम्न में से किस ग्रंथ की रचना सन् 1934 ई. में हुई–
A. रस कौमुदी B. नाद–विनोद
C. गीत सूत्रधार D. राग कल्पद्रुम

29. निर्गीतों का वर्णन किस ग्रंथ में प्राप्त होता है ?
A. मानसोल्लास B. वृहद्देशी
C. दत्तिलम् D. नाट्यशास्त्र

30. थाट-राग पद्धति के वर्णन से युक्त ग्रंथ का नाम बताइये–
A. संगीत पारिजात B. राग संजरी
C. राग तरंगिणी D. संगीत दर्पण

31. भैरवी राग का सर्वप्रथम उल्लेख किस ग्रंथ में मिलता है ?
A. संगीत समयसार B. नाट्यशास्त्र
C. पारिजातक D. संगीत मकरंद

32. रागध्यान संबंधी श्लोक किस ग्रंथ में है ?
A. संगीत रत्नाकर B. राग तत्व विबोध
C. वृहद्देशी D. राग विबोध

33. 'मादनुल मौसीकी' ग्रंथ किस सन् के लगभग लिखा गया ?
A. सन् 1850 B. सन् 1857
C. सन् 1860 D. सन् 1864

34. रस कौमुदी ग्रंथ में कितने विकृत स्वर बताये गये हैं ?
A. सात B. छह
C. पांच D. चार

35. किस ग्रंथ में अनेक ध्रुपदों को पाश्चात्य स्वरलिपि पद्धति में लिखा गया ?
A. नाट्यशास्त्र B. वृहद्देशी
C. संगीत कल्पद्रुम D. गीत सूत्रधार

36. 'राधा-गाविंद संगीतसार' ग्रंथ का चौथा अध्याय कौन सा है ?
A. रागाध्याय B. तालाध्याय
C. प्रकीर्णअध्याय D. वाद्याध्याय

37. 'राग विबोध' ग्रंथ में 22 श्रुतियों पर कितने विकृत स्वर बताये हैं ?
A. पंद्रह B. सत्रह
C. अठारह D. बाईस

38. निम्न में से किस ग्रंथ में सर्वप्रथम विलावल राग को शुद्ध स्वर माना गया–
A. संगीत कलाधर B. मारिफुन्नग़मात्
C. नाद-विनोद D. संगीत सरिणि

39. निम्न में से संगीत-रत्नाकार ग्रंथ के एक टीकाकार कौन हैं ?
A. सिंहभूपाल B. विठ्ठल
C. केशव D. लोचन

40. ग्रामराग का उल्लेख किस ग्रंथ में मिलता है ?
A. नारदीय शिक्षा B. संगीत सारामृत
C. वृहद्देशी D. नाट्यशास्त्र

41. 'राग कल्पद्रुम' ग्रंथ की रचना किस सन् में की गई ?

A. सन् 1835 B. सन् 1840
C. सन् 1842 D. सन् 1850

42. 'राग-तत्व विबोध' ग्रंथ की रचना किस शताब्दी के लगभग हुई ?

A. 15 वीं. शताब्दी B. 16 वीं. शताब्दी
C. 17 वीं. शताब्दी D. 18 वीं. शताब्दी

43. मारिफुन्नग़मात किस सन् के लगभग लिखित ग्रंथ है ?

A. सन् 1917 B. सन् 1920
C. सन् 1925 D. सन् 1930

44. 'राग विबोध' ग्रंथ में बाईस श्रुतियों पर कितने शुद्ध स्वर बताये हैं ?

A. पांच B. सात
C. नौ D. ग्यारह

45. वह प्राचीन लेखक कौन है जिसने वर्तमान संदर्भ में राग शब्द का प्रयोग किया था ?

A. नारद B. लोचन
C. मतंग D. दत्तिल

46. किस ग्रंथ में सात अध्याय हैं ?

A. नाट्यशास्त्र B. वृहद्देशी
C. संगीत रत्नाकर D. रागविबोध

47. 'सितार मार्ग' के लेखक का नाम बताइये–

A. दामोदर B. वाद्योपाध्याय
C. श्रीनिवास D. महाराणा कुम्भा

48. संगीत रत्नाकर में वर्णित देशी तालों की संख्या कितनी है ?

A. 120 B. 108
C. 220 D. 240

49. तबला-कौमुदी पुस्तक के लेखक कौन हैं ?

A. स्वामी पागलदास B. मन्नूजी मृदंगाचार्य
C. प्रेमबल्लभ D. सत्यनारायण वशिष्ठ

50. स्वर गुंजन भाग 1 व 2 पुस्तक के लेखक का नाम है–

A. भगवतशरण शर्मा B. अरुण कुमार सेन
C. उमेश जोशी D. के. वासुदेव शास्त्री

51. सन् 1928 में किस विद्वान ने बृहददेशी का सम्पादन किया?

A. भोलाशंकर व्यास B. रामनारायण
C. हरेकृष्ण मुखोपाध्याय D. के. साम्बशिव

52. किन्नरी वीणा के आविष्कारक कौन थे?

A. नतंग मुनि B. व्यंकटमखी
C. शारंगदेव D. लोचन

53. वैदिक काल में गज का नाम क्या था?

A. इषिका B. पिनाकी
C. विपंची D. सरस्वती

54. 'नाट्यशास्त्र' की रचना किस शताब्दी में हुई?

A. दूसरी शताब्दी B. तीसरी शताब्दी
C. चौथी शताब्दी D. पाँचवी शताब्दी

55. संगीत मकरंद ग्रन्थ कितने अध्यायों में विभाजित है?

A. 4 B. 2
C. 6 D. 8

56. संगीत रत्नाकर को अन्य किस नाम से जाना जाता है?

A. चतुर्थाध्यायी B. पंचाध्यायी
C. सप्ताध्यायी D. अष्टाध्यायी

57. किताबे-नौरस के रचियता कौन थे?

A. सोमेश्वर देव B. फकीरुल्ला
C. इब्राहीम आदिशाह D. नान्य भूपाल

58. 'संगीत रत्नाकर' में कितने परिशिष्ट हैं?

A. 8 B. 7
C. 6 D. 5

59. 'द इंडियन साँग ऑफ साँग' (The Indian Song of Song) के नाम से किस ग्रन्थ का अनुवाद किया गया?

A. संगित मण्डल B. संगीतमाला
C. गीत गोविन्द D. नर्तन निर्णय

60. संगीत समय सार ग्रन्थ में कितने अध्याय हैं?

A. 7 B. 8
C. 9 D. 10

61. रस कौमुदी ग्रन्थ के लेखक कौन थे?

A. पुण्डरीक विट्ठल B. श्रीकंठ
C. भावभट्ट D. श्रीनिवास

62. संगीत पारिजात ग्रन्थ की रचना कब हुई?

A 18वीं शताब्दी में B. 17वीं शताब्दी में
C. 16वीं शताब्दी में D. 15वीं शताब्दी में

63. संगीतराज ग्रन्थ के रचयिता कौन थे?
A. हरिभट्ट B. कुम्भकरण
C. व्योम भूपाल D. नान्य भूपाल

64. 'ऑन म्यूजिक एंड म्यूजिशियंस ऑफ हिंदुस्तान' (On Music and Musicians of Hindustan) के रचयिता कौन थे?
A. एम.आर. गोस्वामी B. भगवतशरण शर्मा
C. अशोक डी. रानाडे D. डॉ. हेमलता

65. भरत भाष्य ग्रन्थ में कितने अध्याय हैं?
A. 14 B. 15
C. 16 D. 17

66. 'द म्यूजिक ऑफ हिंदुस्तान' (The Music of Hindustan) ग्रन्थ में कितने अध्याय हैं?
A. 10 B. 12
C. 14 D. 7

67. स्वर मेलकलानिधि में कितने अध्याय हैं?
A. 5 B. 6
C. 7 D. 8

68. संगीत रत्नाकर ग्रन्थ में कितने अध्याय हैं?
A. 8 B. 6
C. 5 D. 7

69. नाट्यशास्त्र में किस अध्याय में तालों का वर्णन किया गया है?
A. 39 B. 30
C. 31 D. 32

70. नाट्यशास्त्र पर टीका किस ग्रन्थकार ने लिखी?
A. दतिल B. कल्लिनाथ
C. मुकुन्दलाठ D. मतंग

71. संगीत मकरंद ग्रन्थ में कितने श्लोक हैं?
A. 460 B. 560
C. 360 D. 260

72. संगीत मकरंद ग्रन्थ के लेखक कौन हैं?
A. मतंग B. नारद
C. शार्दूल D. देवेन्द्र

73. संगीत रत्नाकर में प्रबन्ध अध्याय कौन-सा है?
A. एक B. दो
C. तीन D. चार

74. 'राग तरंगिणी' के लेखक कौन थे?
A. कोहल B. मतंग
C. सोमेश्वर D. लोचन

75. पं. लोचन का पूरा नाम क्या था?
A. लोचन झा B. लोचन साहू
C. लोचन साहा D. लोचन राय

76. अभिनव ताल मंजरी ग्रन्थ किस सन् में लिखा गया?
A. 1834 में B. 1836 में
C. 1750 में D. 1820 में

77. स्वरमेल कलानिधि में कुल कितने अध्याय हैं?
A. 7 B. 5
C. 12 D. 8

78. 'थाट' शब्द का प्रयोग सर्वप्रथम किस ग्रन्थ में हुआ?
A. राग तरंगिणी B. सरस्वती हृदयालंकार
C. रागदर्पण D. भरत भाष्य

79. इण्डियन म्यूजिक के लेखक कौन थे?
A. विष्णु शर्मा B. शाहन्दा
C. शुभांकर D. नान्य भूपाल

80. तानपुरे का उल्लेख सर्वप्रथम किस ग्रन्थ में हुआ?
A. संगीत रत्नाकर B. संगीत पारिजात
C. संगीत मकरंद D. संगीत समयसार

81. सामवेद के तीन स्वरों में से एक है–
A. उदात्त B. कुष्ट
C. अनिष्ट D. संचारी

82. सर्वप्रथम रचित वेद का नाम–
A. सामवेद B. अथर्ववेद
C. ऋग्वेद D. यजुर्वेद

83. नाट्यशास्त्र में कितने रसों का उल्लेख मिलता है?
A. 5 B. 4
C. 8 D. 9

84. ऋग्वेद में सुषिर वाद्यों को नाम दिया गया–
A. बांसुरी B. नाष्ठी
C. गज D. भाँड

85. संगीत रत्नाकर में वर्णित अलंकारों की संख्या कितनी है?
A. 35 B. 30
C. 32 D. 33

86. 'शुद्ध छायालंग संकीर्ण' राग वर्गीकरण पद्धति सर्वप्रथम किस ग्रन्थ में लिखी गई?
A. संगीत रत्नाकर B. संगीत दर्पण
C. संगीत मकरन्द D. बृहद्देशी

87. कल्लिनाथ ने अपनी टीका किस शताब्दी में लिखी?
A. 13वीं B. 14वीं
C. 15वीं D. 16वीं

88. भरत ने कितनी जातियों का उल्लेख किया?
A. 20 B. 11
C. 18 D. 22

89. भारतरत्न की लेखिका कौन थीं?
A. एम.एस. सुबुलक्ष्मी B. डॉ. प्रेमलता
C. डॉ. प्रभाअन्ने D. गंगूबाई हंगल

90. मानसोल्लास ग्रन्थ किस शताब्दी में लिखा गया?
A. 12 वीं B. 13 वीं
C. 14 वीं D. 15 वीं

91. मानसोल्लास की रचना किसमें हुई?
A. रस B. प्रबन्ध
C. अनुष्टुप छन्द D. अलंकारात्मक शैली

92. संगीत समयसार पुस्तक किस शताब्दी में रचित हुई?
A. 16 B. 15
C. 13 D. 9

93. रस कौमुदी ग्रन्थ में कितने अध्याय हैं?
A. 2 B. 5
C. 10 D. 12

94. आइने अकबरी ग्रन्थ में कितने संगीतज्ञों का वर्णन किया है?
A. 15 B. 25
C. 36 D. 47

95. 'माई म्यूजिक माई लाईफ' (My Music My Life) के लेखक का नाम है?
A. पं. रविशंकर B. पं. भीमसेन जोशी
C. पं. जसराज D. दिलीप चन्द्र

96. संगीत बोध के लेखक कौन थे?
A. मोहनानन्द झा B. परान्जपे
C. मधुकर D. पुरुषोत्तम

97. 'यूनीवर्सल हिस्ट्री ऑफ म्यूजिक' में किस प्रकार के संगीत की चर्चा है?
A. विभिन्न देशों का संगीत
B. हिन्दुस्तानी संगीत
C. बाउल संगीत
D. लोक संगीत

98. नाट्यशास्त्र के 28वें अध्याय की हिन्दी पर टीका किसने लिखी?
A. आचार्य बृहस्पति B. बिरजू महाराज
C. प्रेमलता शर्मा D. शारदा मिश्रा

99. किस वेद में सामगान का सम्बन्ध ऋतुओं से जोड़ा गया है?
A. अथर्ववेद B. ऋग्वेद
C. यजुर्वेद D. सामवेद

100. संगीत दर्पण ग्रन्थ कितने अध्यायों में विभक्त है?
A. 2 B. 4
C. 6 D. 8

101. राग तत्व विबोध में कितने अध्याय होते हैं?
A. 8 B. 5
C. 7 D. 6

102. 'अनूपसंगीतविलास ग्रन्थ' किस शताब्दी में लिखा गया?
A. 1774-1809 B. 1674-1709
C. 1709-1874 D. 1609-1750

103. मानसोल्लास के रचयिता कौन थे?
A. हरिपाल B. कपिला वात्स्यायन
C. सोमेश्वर D. पार्श्वदेव

104. राग चन्द्रिकासार के लेखक कौन थे?
A. पं. विष्णु शर्मा B. पं. विष्णु नारायण
C. लोचन D. सोमेश्वर

105. 'सूर सागर ग्रन्थ' के लेखक कौन थे?
A. कुम्भनदास B. तुलसीदास
C. कबीरदास D. सूरदास

106. 'अभिनव ताल मंजरी' का हिन्दी अनुवाद किस ग्रन्थकार ने किया?
A. मधुकर B. पुरन्दाधीच
C. परान्जपे D. ओंकारनाथ ठाकुर

107. नर्तन निर्णय ग्रन्थ के लेखक कौन थे?

A. नारद B. लोचन

C. रोमामात्य D. पुण्डरीक विट्ठल

108. 'द म्यूजिक ऑफ हिंदुस्तान' (The Music of Hindustan) के लेखक कौन थे?

A. सोमेश्वर B. कोहल

C. मतंग D. ए.एच. कास्स एट्रेम्वेज

109. स्वरमेल कलानिधि ग्रन्थ किस शताब्दी में लिखा गया?

A. 19वीं B. 18वीं

C. 17वीं D. 16वीं

110. संगीत दामोदर ग्रन्थ की रचना किसने की?

A. शुभांकर

B. इब्राहीम

C. नान्य भूपाल

D. नारद

111. मतंग मुनि कौन-सी वीणा बजाते थे?

A. किन्नरी वीणा B. महती वीणा

C. चित्रा वीणा D. विपंची वीणा

112. पुराणों की संख्या कितनी मानी गयी है?

A. 10 B. 14

C. 18 D. 20

उत्तरमाला

1	2	3	4	5	6	7	8	9	10
A	B	A	C	B	A	C	A	D	A
11	**12**	**13**	**14**	**15**	**16**	**17**	**18**	**19**	**20**
B	D	B	D	A	A	B	B	C	A
21	**22**	**23**	**24**	**25**	**26**	**27**	**28**	**29**	**30**
D	B	A	D	B	B	D	C	D	B
31	**32**	**33**	**34**	**35**	**36**	**37**	**38**	**39**	**40**
A	D	B	A	D	C	A	B	A	D
41	**42**	**43**	**44**	**45**	**46**	**47**	**48**	**49**	**50**
C	C	A	B	C	C	B	A	A	A
51	**52**	**53**	**54**	**55**	**56**	**57**	**58**	**59**	**60**
D	A	A	C	D	C	C	D	C	C
61	**62**	**63**	**64**	**65**	**66**	**67**	**68**	**69**	**70**
B	B	B	C	D	B	A	D	C	B
71	**72**	**73**	**74**	**75**	**76**	**77**	**78**	**79**	**80**
B	D	D	A	A	B	A	B	B	A
81	**82**	**83**	**84**	**85**	**86**	**87**	**88**	**89**	**90**
A	A	C	B	D	B	C	C	A	A
91	**92**	**93**	**94**	**95**	**96**	**97**	**98**	**99**	**100**
B	C	C	C	A	B	A	A	C	A
101	**102**	**103**	**104**	**105**	**106**	**107**	**108**	**109**	**110**
A	B	C	A	D	B	D	B	D	A
111	**112**								
C	C								

संगीत के ऐतिहासिक परिप्रेक्ष्य में

1. बाक का जन्म किस सन् में हुआ?
   A. 1685 में B. 1809 में
   C. 1632 में D. 1810 में

2. जो स्वर रचना बजाई जा सके उसे पाश्चात्य संगीत में कहते हैं?
   A. कैन्टाटा B. सोनाटा
   C. पोलका D. चैम्बर

3. 'रॉम्बा नृत्य' को किस लय में किया जाता है?
   A. विलम्बित B. मध्य
   C. द्रुत D. अतिद्रुत

4. हीडिन का जन्म और मृत्यु किस सन् में हुई?
   A. 1750-1791 B. 1732-1809
   C. 1810-1856 D. 1823-1856

5. वह गीत जो एकल या समूह में गाया जाये उसे कहते हैं?
   A. पोलका B. प्रियुल्ड
   C. कैन्टाटा D. मॉस

6. पाश्चात्य संगीत में छोटे-छोटे गीत क्या कहलाते हैं?
   A. प्रियुल्ड B. नॉकटार्न
   C. पॉलीकोनी D. सोनाटा

7. 'शूबर्ट' का जन्म कब हुआ?
   A. 1856 में B. 1797 में
   C. 1810 में D. 1823 में

8. आधुनिक स्केल पद्धति को क्या कहते हैं?
   A. मोड B. मेलाडी
   C. ऑपेरा D. आर्केस्ट्रा

9. मोट्सार्ट की मृत्यु किस सन् में हुई?
   A. 1732 में B. 1791 में
   C. 1797 में D. 1856 में

10. जो संगीत रचना नियमबद्ध हो वह कहलाती है—
    A. रागिनी B. मेलाडी
    C. ऑपेरा D. बलाट

11. सिम्बल वाद्य का आकार कैसा है?
    A. मंजीरा B. घुंघरू
    C. शंख D. डमरू

12. स्विस ड्रम किस वाद्य से बना है?
    A. अबनद्ध वाद्य B. सुषिखाद्य
    C. घनवाद्य D. चर्मवाद्य

13. सोल्फा पद्धति में षड्ज को क्या कहते हैं?
    A. डो B. रे
    C. फा D. सी

14. चीव स्वर लिपि पद्धति के जनक कौन थे?
    A. बाक B. चीव
    C. शूबर्ट D. वागनर

15. एक मैजर में जितने स्वर रखे जाते हैं उन्हें क्या कहते हैं?
    A. सार लाइन B. बीट्स
    C. सिम्पिल टाइमं D. ड्यूपिल टाइम

16. बाक की पत्नी का नाम क्या था?
    A. मोरिया B. बारबरा
    C. अमर प्रेयसी D. क्लेराविक

17. ट्रेबिल ब्लैक का कौन-सा चिह्न संकेत करता है?
    A. U: B. &
    C. # D. .....

18. स्टाफ स्वर लिपि पद्धति में स्वरों को किस प्रकार दर्शाया जाता है?
    A.  B. 
    C.  D. 

19. पाश्चात्य संगीत में सा से शुद्ध रे की दूरी क्या कहलाती है?
    A. शार्प B. टोन
    C. डबल D. सेमीटोन

20. सा से पहले 66 का चिन्ह हो तो कौन-सा स्वर बजेगा?

A. नि B. सा

C. रे D. नि;

21. पाश्चात्य संगीत शार्प के लिए कौन-सा चिन्ह है?

A. /\ B. 66

C. # D. •

22. $\frac{1}{4}$ मात्रा को दर्शाने के लिए कौन-सा चिह्न है?

A. ● B. 

C.  D. ⬭

23. एक मात्रा को प्रकट करने के लिए किस चिह्न का प्रयोग किया जाता है?

A. ⬬ B. ⬯

C. , D. □

24. मीड़ को पाश्चात्य संगीत में कहते हैं–

A. पाज B. रेस्ट

C. स्लर D. क्वेयर

25. पाश्चात्य संगीत में मिनिम को क्या कहते हैं?

A. मिनिम B. टाइम

C. क्वेयर D. क्रोशे

26. टाइम सिगनेचर के 4/2 के अन्तर्गत 4 क्या है?

A. हर स्वर चार मात्रा का

B. प्रत्येक खँड में एक मात्रा

C. प्रत्येक खंड में स्वरों की संख्या

D. ताल को चार गुना बढ़ाना है

27. बासड्रम सर्वप्रथम कहाँ बनाया गया?

A. स्पेन में B. इटली में

C. टर्की में D. जावा में

28. पाश्चात्य संगीत में VIVO का अर्थ क्या है?

A. साधारण लय B. द्रुत लय

C. विलम्बित लय D. अतिद्रुत लय

29. MODERATE का क्या अर्थ है?

A. मध्य लय

B. द्रुत लय

C. साधारण विलम्बित लय

D. अतिविलम्बित लय

30. CHORDOPHONE कौन-सा वाद्य है?

A. सुषिर B. घन

C. अवनद्ध D. तत्

31. पाश्चात्य संगीत में मध्य सा की स्थिति का सूचक है–

A. क्लेफ B. स्टाफ स्वरलिपि

C. शार्प D. डोमीनेन्ट

32. सब डोमीनेन्ट कार्ड कैसे बनता है?

A. म ध य सा B. म ध य सां

C. नी ध प D. ध म रे

33. मध्य सा और रे के बीच का गुणान्तर क्या है?

A. 8 : 9 B. 9 : 8

C. 3 : 2 D. 2 : 3

34. Royal College of Music कहाँ स्थित है?

A. रोम B. लंदन

C. ब्रिटेन D. अमेरिका

35. गॉगड्रम का प्रयोग कहाँ हुआ?

A. स्पेन में B. जर्मनी में

C. इंग्लैंड में D. रूस में

36. जब दो वाद्य को एक साथ बजाया जाए और उनकी सामूहिक ध्वनि कानों को अच्छी लगे तो उसे कहते हैं–

A. हार्मनी B. मेलाडी

C. स्वरसंवाद D. स्वरांतर

37. पाश्चात्य स्वरों के नाम क्या है?

A. डो रे मी फा सो ले

B. सा रे ग म प ध नी

C. सी.डी.ई.एफ.

D. सा रि ग म प ध न

38. पाश्चात्य संगीत में किस स्वर लिपि का प्रयोग किया गया?

A. भातखण्डे स्वरलिपि B. स्टाफ स्वरलिपि

C. आकारमात्रिक स्वरलिपि D. दक्षिणी स्वरलिपि

39. किन्हीं दो स्वरों की दूरी को कहते हैं–

A. गुणांतर B. स्वरसंवाद

C. स्वरांतर D. मीड़

40. पाश्चात्य संगीत में एक सप्तक में मुख्यतः कितने अन्तराल पाये जाते हैं?

A. 2 B. 3

C. 4 D. 5

उत्तरमाला

1	2	3	4	5	6	7	8	9	10
A	B	C	B	C	A	B	B	B	B
11	**12**	**13**	**14**	**15**	**16**	**17**	**18**	**19**	**20**
D	A	B	B	B	A	B	A	B	A
21	**22**	**23**	**24**	**25**	**26**	**27**	**28**	**29**	**30**
C	C	B	C	A	C	C	B	A	A
31	**32**	**33**	**34**	**35**	**36**	**37**	**38**	**39**	**40**
A	A	A	B	C	C	C	B	C	B

1. कौन-सा वेद संगीत से सम्बन्धित है?
   A. अथर्ववेद B. सामवेद
   C. यजुर्वेद D. ऋग्वेद

2. संगीत के इतिहास में कौन-सा काल स्वर्णयुग कहा गया है?
   A. प्राचीकाल B. वर्तमान काल
   C. अतिप्राचीन काल D. मध्य काल

3. ब्रह्मा के मुख से किसकी उत्पत्ति मानी गई है?
   A. रामायण B. वेद
   C. गीता D. पुराण

4. सामवेद का सम्बन्ध किससे है?
   A. विज्ञान B. कला
   C. संगीत D. मनोविज्ञान

5. ललित कलाओं में कौन-सी कला सर्वश्रेष्ठ है?
   A. मूर्तिकला B. चित्रकला
   C. काष्ठकला D. संगीत

6. 'द हिस्ट्री ऑफ द अर्ली म्यूजिक ऑफ इंडिया' (The History of the early music of India) किस काल में लिखी गयी थी?
   A. मध्य युग B. पूर्वपाषाण काल
   C. आधुनिक युग D. उत्तर पाषाण काल

7. वैदिक काल में लोक संगीत की रचना कौन करते थे?
   A. शूद्र B. वैश्य
   C. क्षत्रिय D. ब्राह्मण

8. 'नाट्यशास्त्र' ग्रन्थ किस युग में लिखा गया था?
   A. मौर्य काल B. नाग युग
   C. वैदिक काल D. पाणिनी युग

9. पंडित शार्ङ्गदेव किसके पौत्र थे?
   A. कालिदास B. शोठल
   C. भास्कर D. शुद्रक

10. कनिष्क काल में संगीत में किस नृत्य का प्रचलन था?
   A. देवीदास अट्टम B. भाव नृत्य
   C. कत्थक नृत्य D. कल्पना नृत्य

11. 'Dead Lock Period' किस काल को कहा गया था?
   A. वैदिक काल B. शुंग काल
   C. पुराण काल D. मध्य युग

12. ताजमहल को 'काल के गाल का आँसू' किसने कहा?
   A. हुमायूँ B. अंकबर
   C. तानसेन D. महाकवि टैगोर

13. संगीत रत्नाकर के टीकाकार पंडित कल्लिनाथ चरण ने टीका लिखा
   A. मुगल काल के प्रथम चरण में
   B. द्वितीय चरण में
   C. मध्य युग में
   D. मौर्य काल में

14. 'पुष्पचयन उत्सव' नृत्य किस काल में था?
   A. रामायण युग B. पाणिनी युग
   C. मौर्य काल D. महाभारत काल

15. स्टील के तार में ध्वनि का वेग कितना होता है?
   A. 16822 B. 16443
   C. 16728 D. 17386

16. पूर्ण सस्वनता (Perfect Consonance) कितने अनुपात में होगा?
   A. 5 : 6 B. 9 : 8
   C. 5 : 8 D. 2 : 3

17. हिन्दुस्तानी संगीत में दस घाट पद्धति का प्रचलन किसने किया?
   A. पं. विष्णु नारायण भातखण्डे
   B. पं. विष्णु दिगम्बर पलुस्कर
   C. पं. नारायण राव व्यास
   D. पं. ओंकार नाथ ठाकुर

18. षड्ज ग्राम में कौन-सा संवाद होता है?
   A. म-नी B. प-सां
   C. सां-प D. रे-प

19. स्वरान्तर में कितने स्वर होते हैं?
   A. 3 B. 4
   C. 2 D. 5

20. नाद कितने प्रकार के होते हैं?
A. 6 B. 5
C. 4 D. 7

21. आरोही वर्ण में कितने अलंकार होते हैं?
A. 5 B. 7
C. 6 D. 4

22. षड्ज एवं कोमल गान्धार की आन्दोलन संख्या का अनुपात कितना होगा?
A. 5 : 6 B. 9 : 8
C. 2 : 3 D. 5 : 8

23. उत्तर भारत का रे-म स्वर मुखारी थाट में कौन-सा है?
A. प-सा B. ग-म
C. रे-ध D. ध-नी

24. तानपूरे के जोड़ी के तार को किस सप्तक में मिलाया जाता है?
A. मध्य B. अविभन्द्र
C. मन्द्र D. तार

25. श्रुतियाँ कितनी होती हैं?
A. 24 B. 23
C. 27 D. 22

26. 12 स्वरों में से सात मुख्य स्वरों को कहते हैं?
A. विकृत स्वर B. शुद्ध स्वर
C. तीव्र स्वर D. कोमल स्वर

27. किसी एक स्वर या तारता में गाने को क्या कहते हैं?
A. ऋचागान B. वृन्दगान
C. स्तोभगान D. इनमें से कोई नहीं

28. संगीत द्वारा हम किस रोगी का उपचार करने में अधिक सफलता प्राप्त करते हैं?
A. विकलांग B. मानसिक
C. शारीरिक D. उपर्युक्त में से कोई नहीं

29. अचल स्वर किसे कहते हैं?
A. नी-प B. रे-प
C. सा-प D. ध-प

30. संगीत रत्नाकर ग्रन्थ में स्थायों की संख्या कितनी है?
A. 92 B. 82
C. 96 D. 70

31. राग यमन को क्या कहा जाएगा?
A. उत्तरांगवादी B. परमेल प्रवेशक
C. पूर्वांगवादी D. इनमें से कोई नहीं

32. हुतलय में क्या गाया जाता है?
A. धमार B. तराना
C. ध्रुपद D. भजन

33. विकृत स्वरों का प्रयोग सर्वप्रथम किसने किया?
A. भरत B. मतंग
C. नारद D. शार्ङ्गदेव

34. श्रुयते इति श्रुयत! का अर्थ है?
A. शब्द B. वर्ण
C. राग D. श्रुति

35. पंचम स्वर की आन्दोलन संख्या कितनी है?
A. 320 B. 480
C. 360 D. 240

36. ख्याल का सम्बन्ध किससे है?
A. गायन से B. नृत्य से
C. वादन से D. विज्ञान से

37. रामाभात्य ने कितने शुद्ध एवं विकृत स्वरों का प्रयोग किया?
A. 7 शुद्ध 7 विकृत B. 8 शुद्ध 8 विकृत
C. 7 शुद्ध 8 विकृत D. 9 शुद्ध 9 विकृत

38. किस गायन शैली में शास्त्रीय एवं लोक दोनों संगीत के तत्व विद्यमान हैं?
A. धमार B. ठुमरी
C. तराना D. ध्रुपद

39. निम्नलिखित में काफी प्राचीन गीत कौन-सा है?
A. स्वरजाति B. जातिस्वरम्
C. पदग् D. दुरु

40. राग के कितने भेद होते हैं?
A. 120 B. 108
C. 122 D. 150

41. संगीत एवं कलाओं का प्रथम विश्वविद्यालय कहाँ पर स्थित है?
A. वडोदरा में B. रायगढ़ में
C. खैरागढ़ में D. वाराणसी में

42. सुनन्ना कहलाता है?

A. कर्ण B. ग्राम
C. श्रुति D. स्वर

43. व्यवहार में कितनी श्रुतियाँ आती हैं?

A. 7 B. 5
C. 4 D. 9

44. ग्राम कितने होते हैं?

A. 5 B. 3
C. 7 D. 6

45. एक सप्तक में कितनी श्रुतियाँ होती हैं?

A. 24 B. 32
C. 22 D. 30

46. हिन्दुस्तानी 'स्वर सप्तक' में कौन-सा स्वर अचल है?

A. पंचम B. निषाद
C. धैवत D. ऋषभ

47. हारमोनियम में कौन-सा स्केल होता है?

A. पाइथागोरियन स्केल B. समविभागीय स्केल
C. मेजराल D. माइनर स्केल

48. षड्ज-पंचम भाव किन स्वरों के मध्य है?

A. प-नी B. सा-ग
C. ग-नी D. रे-प

49. सात स्वरों के सप्तक को क्या कहते हैं?

A. हेप्टाटोनिक स्केल B. पेन्टाटोनिक स्केल
C. हेक्साटोनिक D. हारमोनिक स्केल

50. मार्गी संगीत प्रधान होता है?

A. शब्द B. अलंकार
C. अर्थ D. रूप

51. देशी संगीत किसने बनाया है?

A. महेश ने B. विष्णु ने
C. मानव ने D. ब्रह्मा ने

52. राग की उत्पत्ति किससे हुई है?

A. जाति B. थाट
C. मूर्च्छना D. सप्तक

53. शुद्ध मध्यम स्वर वाले रागों की क्या विशेषता है?

A. प्रातःकालीन संधि प्रकाश
B. सायंकालीन संधि प्रकाश
C. परमेल प्रवेश राग
D. पूर्वांगवधि राग

54. परमेल प्रवेशक राग कौन-सा है?

A. हिन्डोल B. मालकौंस
C. जैजैवन्ती D. जोग

55. संगीत रत्नाकर ग्रन्थ में कितने रागों का वर्णन है?

A. 258 B. 240
C. 320 D. 246

56. ध्रुपद का आविष्कार किस सदी में हुआ?

A. 20वीं B. 17वीं
C. 15वी D. 18वीं

57. ध्रुपद के आविष्कारक कौन थे?

A. राजा मानसिंह तोमर B. अमीर खुसरो
C. बैजू बावरा D. तानसेन

58. ठुमरी गायकी के आविष्कारक कौन थे?

A. शोरी मियाँ B. वाज़िद अली शाह
C. तानसेन D. बेगम अख्तर

59. तानसेन ध्रुपद की कौन-सी बानी के थे?

A. गोबरहारी बानी B. नौहार बानी
C. डागुर बानी D. खंडार बानी

60. धमार गायकी में किस ताल का प्रयोग किया जाता है?

A. चारताल B. तीवरा ताल
C. सूलताल D. धमारताल

61. हृदयनारायण देव का पूरा नाम क्या था?

A. हृदयनारायण देव साहू
B. हृदयनारायण देव साहा
C. हृदयनारायण देव पण्डित
D. हृदयनारायण देव झा

62. पंडित लोचन का पूरा नाम क्या था?

A. लोचन साहा B. लोचन झा
C. लोचन साहू D. लोचन राय

63. स्वरमेल कलानिधि में कुल कितने अध्याय हैं?

A. 8 B. 5
C. 7 D. 12

64. तानपूरे का उल्लेख सर्वप्रथम किस ग्रन्थ में हुआ?

A. संगीत रत्नाकर B. संगीत परिजात
C. संगीत मकरंद D. संगीत समयसार

65. सर्वप्रथम उचित वेद का नाम क्या है?
A. सामवेद
B. ऋग्वेद
C. यजुर्वेद
D. अथर्ववेद

66. हृदय कौतुक तथा हृदय प्रकाश ग्रन्थ के लेखक कौन थे?
A. सोमनाथ
B. अहोबल
C. हृदयनारायण देव
D. भावभद्र

67. व्यंकटमखी का पूरा नाम क्या था?
A. वेंकटेश्वर दीक्षित
B. व्यंकटेश साहा
C. व्यंकटेश झा
D. वेंकटेश्वर पण्डित

68. 'द म्यूजिक ऑफ हिंदुस्तान' (The Music of Hindustan) के लेखक कौन थे?
A. ए. एच. फाक्स स्ट्रेंगवेज
B. कोहल
C. मतंग
D. सोमेश्वर

69. पंडित भातखण्डे द्वारा आरम्भ की गई मासिक पत्रिका कौन-सी है?
A. अभिनवराग मंजरी
B. भरत वार्तिकम्
C. छायानट
D. संगीत

70. संगीत समय सार के लेखक का नाम क्या था?
A. सोमनाथ
B. श्रीनिवास
C. पार्श्वदेव
D. दामोदर

71. हारमोनियम का आविष्कार कब हुआ?
A. 1830 ई. में
B. 1730 ई. में
C. 1840 ई. में
D. 1780 ई. में

72. कच्छपी वीणा में तारों की संख्या कितनी है?
A. 4
B. 3
C. 6
D. 8

73. तानपूरा किस लकड़ी का बना होता है?
A. आम
B. चन्दन
C. सागौन
D. पीपल

74. भरतमुनि ने कितने प्रकार के मृदंग का वर्णन किया?
A. 3
B. 2
C. 4
D. 5

75. ताल की पहली मात्रा या सम को ताल का क्या कहते हैं?
A. उठान
B. टुकड़ा
C. मुखड़ा
D. लग्गी

76. तबले का जन्म कहाँ हुआ?
A. लखनऊ
B. कलकत्ता
C. बनारस
D. दिल्ली

77. सारणा चतुष्टय प्रक्रिया किस आचार्य की देन है?
A. मतंग
B. कोहल
C. दत्तिल
D. भरत

78. अचल स्वर किसे कहते हैं?
A. नी-प
B. सा-प
C. रे-प
D. ध-प

79. विष्णु नारायण भातखण्डे जी का जन्म कब हुआ?
A. 13 अगस्त, 1860
B. 12 अगस्त, 1860
C. 10 अगस्त, 1860
D. 14 अगस्त, 1860

80. आगरा घराने के जन्मदाता कौन हैं?
A. अब्दुल करीम खाँ
B. हाजी सुजान खाँ
C. नत्थन वीरबख्श
D. गिरिजा देवी

81. गंगू बाई हंगल किस घराने की है?
A. लखनऊ
B. दिल्ली
C. किराना
D. अतरौली

82. दिल्ली घराने के प्रवर्तक का नाम बताइए
A. भवानी सिंह
B. पण्डित जसराज
C. मणिराम
D. उ. सिद्धार खाँ

83. विनायक राव पटवर्धन और राजा भैया पूँछवाले किस घराने के हैं?
A. ग्वालियर
B. जयपुर
C. किराना
D. दिल्ली

84. कृष्णराव पण्डित के गुरु का नाम क्या है?
A. वी.आर. देवधर
B. वी.एन. भातखण्डे
C. निसार हुसैन
D. शंकर राव पण्डित

85. विष्णु दिगम्बर पलुस्कर के गुरु का क्या नाम है
A. बाबा दीक्षित
B. दिगम्बर गोपाल
C. देवजी परांजपे
D. इनायत हुसैन

86. बिरजू महाराज के गुरु का नाम बताइए?
A. शम्भू महाराज
B. कालिका प्रसाद
C. जगन्नाथ प्रसाद
D. ब्रजलाल

87. उ. बिस्मिल्ला खाँ के गुरु का नाम क्या है?
A. अच्छन खाँ B. मोहम्मद हुसैन
C. अली अकबर D. गोपाल कृष्ण

88. किन्नरी वीणा का आविष्कार किसने किया?
A. मतंग B. भरत
C. नारद D. अहोबल

89. हारमोनियम का आविष्कार किसने किया?
A. रॉबर्ट शूमैन
B. बाक
C. अलैक्जैण्डर फैंकस डिवेड
D. मोट्सार्ट

90. 'अड़ाना' राग की उत्पत्ति किस थाट से हुई है?
A. भैरवी B. कल्याण
C. आसावरी D. मारवा

91. अड़ाना राग का गायन समय क्या है?
A. रात्रि का दूसरा प्रहर
B. रात्रि का तीसरा प्रहर
C. प्रातःकाल
D. रात्रि का प्रथम प्रहर

92. अहीर भैरव का गायन समय क्या है?
A. प्रातःकाल B. दोपहर
C. रात्रि D. सायंकाल

93. राग मियाँ मल्हार का समप्रकृति राग क्या है?
A. कल्याण B. कामोद
C. चन्द्रकौंस D. बहार

94. राग दरबारी कान्हड़ा की रचना किसने की?
A. अलाउद्दीन खाँ B. रविशंकर
C. अमीर खुसरो D. तानसेन

95. राग आभोगी कहाँ का राग है?
A. हिन्दुस्तान B. कर्नाटक
C. बंगाल D. पाश्चात्य

96. बिलावल थाट से कितने रागों की उत्पत्ति हुई?
A. 320 B. 360
C. 285 D. 440

97. शुद्ध कल्याण राग क्या है?
A. अत्तरांगराग B. आश्रायराग
C. परमेलप्रवेशक राग D. पूर्वांगराग

98. राग सरपरदा की रचना किसने की?
A. स्वामी हरिदास B. बैजू बावरा
C. अमीर खुसरो D. तानसेन

99. पं. भातखण्डे जी ने रागों के समय को कितने भागों में बाँटा है?
A. दो B. चार
C. तीन D. एक

100. शुद्ध मध्यम स्वर वाले रागों की क्या विशेषता है?
A. परमेल प्रवेशक राग B. सांयकालीन सन्धि प्रकाश
C. पूर्वांगवादी राग D. प्रातःकालीन सन्धि प्रकाश

101. ताल की कितनी 'जातियाँ' बताई गयी हैं?
A. 5 B. 4
C. 3 D. 2

102. किस ताल में दस मात्राएँ होती हैं?
A. धमार B. झपताल
C. तीनताल D. एकताल

103. दोनों हाथों से ताली देकर ताल दिखलाने की क्रिया को क्या कहा गया है?
A. निशब्द क्रिया B. क्रिया
C. काल D. सशब्द क्रिया

104. आवृत्ति शब्द से क्या अभिप्राय है?
A. ताल का एक सम्पूर्ण चक्र
B. ताल का तीन चक्र
C. ताल का दो चक्र
D. ताल का आधा चक्र

105. ताल की पहली मात्रा को क्या कहते हैं?
A. सम B. खाली
C. लयकारी D. इनमें से कोई नहीं

106. तबले की पुड़ी में चमड़े की कितनी परतें होती हैं?
A. 5 B. 3
C. 4 D. 2

107. ताल में कितने प्राण होते हैं?
A. 5 B. 10
C. 6 D. 12

108. अवनद्ध वाद्य किसके बने होते हैं?
A. मिट्टी के B. चमड़े की खाल के
C. तार के D. लकड़ी के

109. देशी ताल कितनी होती हैं?
A. 6 B. 5
C. 4 D. 3

110. कर्नाटक ताल पद्धति में कितनी ताल होती है?
A. 4 B. 5
C. 7 D. 6

111. बियाड़ की लयकारी को क्या कहते हैं?
A. सवागुन B. पोने दो गुन
C. डेढ़गुन D. आड़ी लय

112. कुआड़ को क्या कहा गया है?
A. ड्योड़ीलय B. सवागुन
C. डेढ़गुन D. पौन दो गुन

113. मार्ग ताल कितनी है?
A. 3 B. 5
C. 4 D. 6

114. 'नाट्यशास्त्र' की रचना किस शताब्दी में हुई?
A. दूसरी शताब्दी B. तीसरी शताब्दी
C. चौथी शताब्दी D. पांचवी शताब्दी

115. संगीत सम्बन्धी जानकारी नाट्यशास्त्र के किस अध्याय में प्राप्त है?
A. सोलह से बीस B. बीस से छब्बीस
C. एक से पन्द्रह D. अट्ठाइस से तैंतीस

116. वादी तथा सम्वादी स्वरों में कितनी श्रुतियों का अन्तराल बताया गया है?
A. 9 से 13 श्रुतियों का
B. 8 से 11 श्रुतियों का
C. 9 से 12 श्रुतियों का
D. 10 से 14 श्रुतियों का

117. हिन्दुस्तानी शास्त्रीय संगीत में कितने ग्रामों का उल्लेख किया गया है?
A. 2 B. 3
C. 4 D. 5

118. उदग्राह शब्द किस गायन विधा से सम्बन्धित है?
A. ख्याल B. ध्रुपद
C. ठुमरी D. प्रबन्ध

119. संधि प्रकाश राग किस समय गाए-बजाए जाते हैं?
A. सायंकाल 4-7
B. प्रातःकाल 4-7
C. प्रातःकाल तथा सायंकाल 4-7
D. प्रातःकाल तथा सायंकाल 3-6

120. भातखण्डे ने हिन्दुस्तानी संगीत पद्धति के कितने सिद्धान्तों का उल्लेख किया है?
A. 20 B. 40
C. 30 D. 50

121. वर्णों की संख्या कितनी बताई गई है?
A. 5 B. 3
C. 4 D. 2

122. अनूपसंगीतविलास ग्रन्थ किस शताब्दी में लिखा गया?
A. 1674-1709 B. 1874-1909
C. 1574-1609 D. 1774-1809

123. आइना-ए-अकबरी के लेखक का नाम बताइए।
A. अब्दुल रहमान शाह नवाज़
B. शाहआलम
C. अबुलफज़ल
D. नवाब अली

124. अमीर खुसरो का जन्म किस शताब्दी में हुआ?
A. 11वीं B. 13वीं
C. 14वीं D. 12वीं

125. बारहमासा किस प्रदेश का लोकगीत है?
A. उत्तर प्रदेश B. पंजाब
C. हरियाणा D. राजस्थान

126. कजरी और चैती किस राज्य से सम्बन्धित है?
A. हिमाचल प्रदेश B. राजस्थान
C. उत्तर प्रदेश D. पंजाब

127. घूमर लोकनृत्य किस स्थान से सम्बन्धित है?
A. महाराष्ट्र B. राजस्थान
C. पंजाब D. छत्तीसगढ़

128. लावणी लोकनृत्य किस स्थान से सम्बन्धित है?
A. राजस्थान B. गुजरात
C. महाराष्ट्र D. पंजाब

129. संगीत निबन्धावली किसने लिखी है?
A. बसंत B. लक्ष्मीनारायण गर्ग
C. शरद चन्द्र D. शिवनन्दन राम त्रिपाठी

130. 'ऋषभ स्वर' किस पशु/पक्षी का द्योतक है?
A. कोकिल B. पपीहा
C. मयूर D. गज

131. कौन-सा राग वर्षा ऋतु के समय गाया-बजाया जाता है?
A. पूरिया कल्याण B. मारवा
C. मधुवंती D. मियाँ मल्हार

132. जो संगीत रचना नियमबद्ध हो वह कहलाती है?
A. हार्मनी B. ब्लाड
C. ऑपेरा D. मेलॉडी

133. पंडित भातखण्डे जी ने रिषभ धैवत शुद्ध वाले रागों का समय क्या स्थापित किया?
A. संधि प्रकाश रागों के बाद
B. संधि प्रकाश रागों से पहले
C. कोमल ग-निस्वरों के बाद
D. दोपहर 12-4 बजे तक

134. ''बाबुल मोरा नेहर छूटो जाए'' बंदिश के रचनाकार कौन हैं?
A. फैयाज खाँ
B. वाजिद अली खाँ
C. बड़े गुलाम अली खाँ
D. ओंकार नाथ खाँ

135. धमार गायकी के आविष्कारक कौन हैं?
A. तानसेन B. सुल्तान हुसैन शर्की
C. अमीर खुसरो D. बैजू बावरा

136. धमार गायकी में किस रस की प्रधानता रहती है?
A. शृंगार रस B. करुण रस
C. वीर रस D. शान्त रस

137. धमार गायकी को अन्य किस नाम से जाना जाता है?
A. होरी B. कजरी
C. चैती D. बाज

138. टप्पा के आविष्कारक कौन थे?
A. वाज़िद अली शाह B. शोरी मियाँ
C. फैयाज खाँ D. अमीर खुसरो

139. 'माई म्यूजिक माई लाईफ' (My Music My Life) के लेखक का नाम क्या था?
A. पंडित भीमसेन जोशी
B. दिलीप चन्द्र
C. पंडित जसराज
D. पंडित रविशंकर

140. किस वेद में सामगान का सम्बन्ध ऋतुओं से जोड़ा गया है?
A. अथर्ववेद B. ऋग्वेद
C. सामवेद D. यजुर्वेद

141. नज़रुल क़ाजी का जन्म कहाँ हुआ?
A. बंगाल में B. महाराष्ट्र में
C. केरल में D. तमिलनाडु में

142. नज़रुल पिता का नाम क्या था?
A. अवीन्द्रनाथ B. ज्योतिन्द्रनाथ
C. ज़ाहिदा खातून D. यतेन्द्रनाथ

143. नज़रुल बचपन का नाम क्या था?
A. अब्बाज़ खाँ B. शोरीमियाँ
C. नवाब कादिर D. दुक्खू मियाँ

144. नज़रुल समय में कौन-सी नौटंकी का प्रचलन था?
A. चन्द्रावली B. प्लेटो
C. राजा हरिशचन्द्र D. आल्हा ऊदल

145. नज़रुल के गुरु का नाम क्या था?
A. कुमुद रंजक मलिक B. सरलादेवी
C. परांजपे D. रवीन्द्रनाथ

146. नज़रुल की सबसे पहली कविता किस पत्रिका में छपी?
A. संगीत B. छायानट
C. मुक्ति D. कलावसुधा

147. नज़रुल के उपन्यास का नाम क्या था?
A. बाँधनहारा B. चार-प्रवासी
C. आँसू D. ज्ञानांकुर

148. नज़रुल काज़ी किस पत्रिका के सम्पादक हुए?
A. मुक्ति B. नवयुग
C. छायानट D. वसुधा

149. नज़रुल काज़ी का देहान्त किस सन् में हुआ?
A. सन् 1976 में B. सन् 1978 में
C. सन् 1870 में D. सन् 1850 में

150. 'नीलपरी' कविता के लेखक कौन थे?
A. सरला देवी B. गोविन्द देव
C. रवीन्द्रनाथ D. नज़रुल काज़ी

151. नज़रुल की पत्नी का नाम क्या था?
A. केतकी B. प्रमिलासेन
C. मायादेवी D. शारदादेवी

152. नज़रुल का विवाह किस सन् में हुआ?
A. 1924 में B. 1850 में
C. 1910 में D. 1878 में

153. नज़रुल द्वारा रचित ताल कौन-सी है?
A. रूपकड़ा ताल B. नवनन्दन ताल
C. धूमाली ताल D. खेमटा ताल

154. नज़रुल के गीतिनाट्य का क्या नाम था?
A. चण्डालिका B. मायारखेला
C. छन्दसी D. प्रियतमा

155. नज़रुल ने डी.लिट् की उपाधि कहाँ से प्राप्त की?
A. रबीन्द्रभारती से
B. महाराष्ट्र विश्वविद्यालय से
C. कर्नाटक विश्वविद्यालय से
D. ग्वालियर विश्वविद्यालय से

156. नज़रुल को बांग्लादेश की नागरिकता कब प्राप्त हुई?
A. सन् 1950 में B. सन् 1972 में
C. सन् 1960 में D. सन् 1910 में

157. नज़रुल को 'जगतारिणी पुरस्कार' कब प्राप्त हुआ?
A. 1920 में B. 1888 में
C. 1915 में D. 1945 में

158. मंगलकाव्य कहाँ का लोक नृत्य है?
A. उत्तर प्रदेश B. मध्य प्रदेश
C. आन्ध्र प्रदेश D. बंगाल

159. 'मंगलकाव्य' में किस देवता की वन्दना की जाती है?
A. देवी B. विष्णु
C. शिव D. राम

160. कीर्तन के साथ किस वाद्य का प्रयोग किया जाता है?
A. तबला B. हारमोनियम
C. करताल D. श्रीखोल

161. कोलअट्टम लोक नृत्य किस भगवान के जन्मदिन पर गाया जाता है?
A. कृष्ण B. राम
C. विष्णु D. शिव

162. कोलअट्टम कहाँ का लोक नृत्य है?
A. तमिलनाडु B. केरल
C. गुजरात D. राजस्थान

163. नागा नृत्य के साथ कौन-सा प्रमुख वाद्य बजाया जाता है?
A. ढोल B. बाँसुरी
C. मृदंग D. झाँझ

164. महाराष्ट्र में गणेश चतुर्थी के अवसर पर कौन-सा नृत्य किया जाता है?
A. बाँस नृत्य B. लेजिम
C. नागा नृत्य D. दशावतार

165. कोल, मुंडा सम्प्रदाय के लोग कौन-सा नृत्य करते हैं?
A. झूमर B. कुम्भी
C. यक्षगान D. कीर्तन

166. जटजाटिन कहाँ का लोक नृत्य है?
A. राजस्थान B. बिहार
C. छत्तीसगढ़ D. गढ़वाल

167. जद्दा कहाँ का नृत्य है?
A. हिमाचल प्रदेश B. उत्तर प्रदेश
C. आन्ध्र प्रदेश D. मध्य प्रदेश

उत्तरमाला

1	2	3	4	5	6	7	8	9	10
B	D	B	C	D	B	A	B	C	D
11	**12**	**13**	**14**	**15**	**16**	**17**	**18**	**19**	**20**
B	D	A	B	A	D	A	C	B	B
21	**22**	**23**	**24**	**25**	**26**	**27**	**28**	**29**	**30**
B	A	B	C	D	B	A	B	C	B

31	32	33	34	35	36	37	38	39	40
B	B	D	A	C	A	A	B	D	C
41	42	43	44	45	46	47	48	49	50
C	C	D	B	C	A	A	B	A	A
51	52	53	54	55	56	57	58	59	60
C	B	A	C	D	C	A	B	A	D
61	62	63	64	65	66	67	68	69	70
B	B	B	B	A	C	A	B	D	C
71	72	73	74	75	76	77	78	79	80
C	C	C	A	C	D	D	B	C	B
81	82	83	84	85	86	87	88	89	90
C	D	A	D	B	C	B	A	C	C
91	92	93	94	95	96	97	98	99	100
D	A	A	B	B	D	B	C	A	D
101	102	103	104	105	106	107	108	109	110
A	B	D	A	A	D	B	B	D	C
111	112	113	114	115	116	117	118	119	120
B	B	B	C	D	A	B	D	C	B
121	122	123	124	125	126	127	128	129	130
C	A	C	B	A	C	B	C	B	B
131	132	133	134	135	136	137	138	139	140
D	D	A	B	D	A	A	B	D	D
141	142	143	144	145	146	147	148	149	150
A	C	D	B	A	C	A	B	A	C
151	152	153	154	155	156	157	158	159	160
B	A	B	C	A	B	D	D	A	D
161	162	163	164	165	166	167			
B	A	A	B	A	B	A			

1. बायें मुख के ये पाटाक्षर ढ, ट, तया, द, ध, ला किस वाद्य के हैं ?

A. मार्दल B. तबला

C. घटम् D. मृदंग

2. नारद ने अपनी नारदीय शिक्षा में जिस वाद्य पर अपना क्रम स्थापित किया था, वह कौन सी है ?

A. वीणा B. वेणु

C. भेरी D. बाना

3. तारों वाला एक वैदिक वाद्य कौन-सा है ?

A. नालि B. गोधा

C. भेरी D. दुन्दुभि

4. पटह में पाटाक्षरों की संख्या कितनी है ?

A. दस B. बारह

C. चौदह D. सोलह

5. नगाड़े का प्रचलन किस जगह के उत्सवों में अधिक होता है ?

A. महाराष्ट्र B. राजस्थान

C. पंजाब D. आन्ध्र प्रदेश

6. दर्दुर वाद्य का आकार किसके सदृश होता है ?

A. ढोलक B. नाल

C. घड़े D. नगाड़ा

7. पुष्कर वाद्य की कितनी जातियाँ मानी जाती थीं ?

A. 18 B. 15

C. 13 D. 10

8. खंजरी को महाराष्ट्र में क्या कहा जाता है ?

A. दिमड़ी B. खंजरी

C. डफ D. चीमटा

9. निम्न में से किस पर 'काली स्याही' लगायी जाती है ?

A. खंजरी B. तबला

C. तानपुरा D. शंख

10. निम्नलिखित में से कौन-सा वाद्य ख्याल में संगत के रूप में प्रयोग नहीं किया जाता है ?

A. वायलिन B. सरोद

C. सारंगी D. हारमोनियम

11. वाद्यों को कितने विभाग में वर्गीकृत किया गया है ?

A. आठ B. चार

C. पांच D. तीन

12. इनमें से किस वाद्य में परदे लगे हैं ?

A. तानपुरा B. इसराज

C. सरोद D. एकतारा

13. 'क्लैरिओनैट' किस वाद्य के अंतर्गत आता है ?

A. तत् वाद्य B. सुषिर वाद्य

C. घन वाद्य D. अवनद्ध वाद्य

14. इसराज वाद्य में कितने पर्दे होते हैं ?

A. 16 B. 19

C. 17 D. 24

15. स्वरमण्डल बजाने की कितनी विधियां पाई जाती हैं ?

A. तीन B. दो

C. चार D. एक

16. 'गज' और 'मिजराब' दोनों से बजाया जाने वाला वाद्य कौन-सा है ?

A. सरोद B. सुरसिंगार

C. स्वर मण्डल D. वायलिन

17. सरोद में तरब के कितने तार लगे होते हैं ?

A. 10 B. 12

C. 20 D. 22

18. तत् वाद्य के अन्तर्गत किस प्रकार के वाद्य आते हैं ?

A. मृदंग B. सितार

C. शंख D. ढोलक

19. धनवाद्य के अंतर्गत कौन सा वाद्य आता है ?

A. वंशी B. खंजरी

C. मजीरा D. सरोद

20. पटह कितने प्रकार का होता है ?

A. दो B. तीन

C. चार D. पांच

21. भरत काल में मृदंग वाद्य को कहा जाता है?

A. चाचपुट B. कुतुप

C. तुर्य D. त्रिपुष्कर

22. जलतरंग के प्याले किस धातु के होते हैं?

A. लोहा B. प्लास्टिक

C. चीनी मिट्टी D. एल्यूमिनियम

23. सरोद सम्राट की उपाधि किसे प्राप्त है?

A. पं. रविशंकर B. उ. अमजद अली ख़ाँ

C. उ. अमीर खाँ D. उ. विलायत खाँ

24. तबला/पखावज की दुआल (बद्धी) किस पशु के चमड़े से बनती है?

A. गाय B. ऊँट

C. भेड़ D. बैल

25. 'उपंग' नामक वाद्य किस श्रेणी में आते हैं?

A. सुषिर B. तत्

C. अवनद्ध D. घन

26. संगीत मकरंद में वीणाओं के कितने प्रकार बताए गए हैं?

A. 18 B. 20

C. 22 D. 24

27. मृदंग किस स्वर में मिलाई जाती है?

A. षड्ज स्वर में B. गन्धार स्वर में

C. पंचम स्वर में D. मध्यम स्वर में

28. ऋग्वेद में सुषिर वाद्यों को क्या नाम दिया गया?

A. नास्ठी B. गज

C. दूषिका D. तुर्य

29. घोषिका वीणा में तारों की संख्या कितनी होती है?

A. 1 B. 2

C. 4 D. 5

30. मोहन वीणा किससे विकसित है?

A. गिटार B. जलतरंग

C. सितार D. वीणा

31. आचार्य बृहस्पति द्वारा निर्मित वाद्य कौन-सा है?

A. श्रुति दर्पण B. मतकोकिला वीणा

C. घोष वीणा D. एकतंत्री वीणा

32. 'मतकोकिला वीणा में तारों की संख्या कितनी होती है?

A. 12 B. 14

C. 21 D. 19

33. तंजौरी वीणा में तारों की संख्या कितनी होती है?

A. चार B. पांच

C. सात D. तीन

34. इसराज के पदों की संख्या बताइए।

A. 19 B. 20

C. 18 D. 16

35. भरत काल में वाद्यवृन्द के लिए संज्ञा दी गई?

A. तुर्य B. गज

C. कुतुप D. इषिका

36. वैदिक काल में गज का नाम था–

A. गान्तु B. इषिका

C. साम D. गीत

37. वीणा किससे निर्मित होती है?

A. आबनूस . B. चन्दन

C. बांस D. आम

38. 'पाटाक्षर' शब्द किस वाद्य से सम्बन्धित है?

A. तबला B. पखावज

C. सितार D. सरोद

39. नारद ने कितने प्रकार के वाद्यों का वर्णन किया है?

A. 4 B. 3

C. 5 D. 6

40. राष्ट्रीय वृन्दवादन कहाँ स्थित है?

A. दिल्ली में B. चेन्नई में

C. कोलकाता में D. मुम्बई में

41. विपंची वीणा में तारों की संख्या कितनी होती है?

A. 9 B. 10

C. 12 D. 7

42. तानपुरा किस लकड़ी से बनता है?

A. आम B. चन्दन

C. सागौन D. पीपल

43. सम्राट अकबर किस वाद्य को बजाने में निपुण थे?

A. वीणा B. सितार

C. नक्कारा D. बीन

44. भारतीय संगीत में 'खाल' से मढ़े वाद्यों को क्या कहा जाता है?

A. अवनद्ध B. सुषिर

C. तत् D. घन

45. तंजौरी वीणा में तारों की संख्या कितनी होती है?
A. पाँच B. चार
C. सात D. तीन

46. शहनाई बजाते समय किस वाद्य की संगति होती है?
A. तुर्य B. मृदंग
C. तबला D. नगाड़ा

47. भरतमुनि ने कितने प्रकार की मृदंग का वर्णन किया?
A. 2 B. 4
C. 3 D. 5

48. 'बेला' को बजाने के लिए क्या प्रयोग किया जाता है?
A. गज B. पत्ती
C. इषिका D. बो

49. हारमोनियम का आविष्कार कब हुआ?
A. 1750 ई. में B. 1840 ई. में
C. 1830 ई. में D. 1780 ई. में

50. दिलरुबा में किसका प्रयोग होता है?
A. जवा B. वो
C. मिजराव D. गज

51. 'शहनाई' को किस दूसरे नाम से भी जानते हैं?
A. शाहनया B. शाहनेय
C. शाहनयी D. शहजादी

52. सन्तूर के प्रत्येक स्वर को कितने तारों में बाँधा गया है?
A. छः B. चार
C. दो D. आठ

53. श्री खोल वाद्य का प्रयोग किसके साथ होता है?
A. गज़ल B. कीर्तन
C. ख्याल D. नृत्य

54. कच्छपी वीणा में तारों की संख्या कितनी है?
A. 4 B. 6
C. 3 D. 8

55. चित्रा वीणा में तारों की संख्या कितनी होती है?
A. 6 B. 7
C. 5 D. 3

56. गागङ्म का प्रयोग कहाँ हुआ?
A. स्पेन में B. इंग्लैण्ड में
C. पेरिस में D. जर्मनी में

57. सितार में मुख्य तार कितने होते हैं?
A. 4 B. 7
C. 5 D. 6

58. वायलिन में कितने तार होते हैं?
A. 4 B. 6
C. 5 D. 7

59. शारंगदेव ने किन्नरी वीणा के कितने प्रकार बताए हैं?
A. 8 B. 6
C. 3 D. 2

60. वृन्द के कितने गुण होते हैं?
A. 6 B. 7
C. 8 D. 5

61. आचार्य बृहस्पति द्वारा निर्मित वाद्य कौन-सा है?
A. एकतंत्री वीणा B. श्रुति दर्पण
C. मतकोकिला वीणा D. घोषा वीणा

62. भारतीय संगीत में फूँक से बजने वाले वाद्य को क्या कहा गया?
A. सुषिर B. तत्
C. घन D. अवनद्ध

63. मृदंग हाथ में लिया हुआ नर्तक किस शैली में है?
A. ओडिसी B. कथकली
C. मणिपुरी D. भरतनाट्यम

64. जवा के लिए किसका प्रयोग होता है?
A. पत्ती B. प्लास्टिक
C. नारियल का टुकड़ा D. नाखून

65. सन्तूर वाद्य में कितने तार होते हैं?
A. 50 B. 60
C. 80 D. 100

66. बॉस ड्रम का प्रयोग सर्वप्रथम कब हुआ?
A. 1782 ई. में B. 1750 ई. में
C. 1901 ई. में D. 1820 ई. में

67. साज चन्द्र सारंग के आविष्कारक कौन हैं?
A. उ. अलाउद्दीन खाँ B. उ. अमजद अली खाँ
C. उ. अल्लारखा खाँ D. उ. बिस्मिल्लाह खाँ

68. यटम् किस मिट्टी का बना होता है?
A. काली मिट्टी B. गुल्लाली मिट्टी
C. साधारण मिट्टी D. बलुई मिट्टी

69. शाङ्गदेव ने किन्नरी वीणा के कितने प्रकार बताए हैं?
A. 6 B. 5
C. 2 D. 3

70. सरोद की उत्पत्ति किस शब्द से हुई?
A. अब्र-रुद्र B. शा-रुद्र
C. अरबी भाषा D. फारसी भाषा

71. ऐसे दो वाद्यों के नाम बताइए जिनका फिल्म संगीत में अधिक प्रयोग होता है?
A. बाँसुरी-क्लारनेट B. मंजीय-खंजरी
C. तबला-ढोलक D. ढोलक-बाँसुरी

72. तानपूरे का प्रयोग सर्वप्रथम किस शताब्दी में हुआ?
A. 10वीं B. 13वीं
C. 14वीं D. 16वीं

73. किन्नरी वीणा का आविष्कार किसने किया?
A. मतंग B. नारद
C. भरत D. अहोबल

74. संगीत रत्नाकर में वाद्यों के कितने प्रकार बताए गए हैं?
A. 2 B. 3
C. 5 D. 4

75. तानपूरे का उल्लेख सर्वप्रथम किस ग्रन्थ में किया गया है?
A. संगीत पारिजात B. नाट्यशास्त्र
C. बृहद्देशी D. संगीत मकरंद

76. अवनद्ध वाद्यों को भरत काल में क्या पुकारा जाता था?
A. गान्तु B. पुष्कर
C. भाण्ड D. उद्घट्ट

77. चेन्डा मृदलनम् कहाँ का वाद्य है?
A. केरल B. दक्षिण
C. गुजरात D. मध्य प्रदेश

78. सादश वाद्य का आविष्कार किसने किया?
A. गुरु नानक B. अकबर
C. भरत D. गुरु रामदास

79. हारमोनियम का आविष्कार किसने किया?
A. बाक
B. अलेक्जेण्डर-फेंकस डेविड
C. रॉबर्ट शूमैन
D. मोट्सार्ट

80. भरतमुनि ने दुर्दर वाद्यों को किस श्रेणी में रखा है?
A. तत् B. अवनद्ध
C. घन D. सुषिर

81. 'चित्रा' वीणा का प्रयोग कौन करते थे?
A. नारद B. श्रीनिवास
C. मतंग D. अहोबल

82. 'वेला' वाद्य का आविष्कार किसने किया?
A. शिव ने B. रावण ने
C. राम ने D. भरत ने

83. मृदंग में दाहिने मुख से कितने पाटाक्षर निकलते हैं?
A. 6 B. 5
C. 7 D. 3

84. सन्तूर को किससे बजाया जाता है?
A. पीतल की छड़ी से B. लोहे की पत्ती से
C. लकड़ी की छड़ी से D. एल्यूमिनियम की छड़ी से

85. शंख किस प्रकार का वाद्य है?
A. तत् B. घन
C. अवनद्ध D. सुषिर

86. हवेली संगीत में किस वाद्य की संगति होती है?
A. पखावज B. तबला
C. श्रीखोल D. घटम

87. रुद्र वीणा का प्रयोग किस गायन विधा के साथ होता है?
A. ध्रुपद B. टप्पा
C. ठुमरी D. ख्याल

88. जालरा किस श्रेणी में आता है?
A. तत् B. अवनद्ध
C. सुषिर D. घन

89. वाद्य प्रधान गीत कौन-सा है?
A. मिगीति B. गान्तु
C. उद्घट्ट D. अनुष्पुच्ट छन्द

90. 'मृदंग वादन' के लेखक कौन हैं?
A. नारद B. कालिदास
C. पुरुषोत्तमदास D. बिरजू महाराज

91. भरत के नाट्यशास्त्र में कितने प्रकार के अभिनय का वर्णन होता है?
A. 3 B. 4
C. 5 D. 6

92. नृत्य में तिरछी दशा में आगे जाने को क्या कहते हैं?
A. अनुलोम B. अन्दाज
C. आमद D. अंचित

93. अभिनय दर्पण ग्रन्थ में नृत्य में ग्रीवा संचालन के कितने भेद बताए गए हैं?
A. 2 B. 3
C. 5 D. 4

94. चक्रभ्रमरी और एकवाद भ्रमरी किसमें आता है?
A. धुमरिया B. चारी
C. गुरु D. गत

95. मुद्रा कितने प्रकार की होती है?
A. 1 B. 2
C. 3 D. 4

96. चार मात्राओं से निर्मित जाति को क्या कहते हैं?
A. मिस्र जाति B. संकीर्ण
C. चतुस्त्र D. तिस्त्र जाति

97. डापुवाद्यम नृत्य किस प्रदेश का है?
A. आन्ध्र प्रदेश B. उत्तर प्रदेश
C. हिमाचल प्रदेश D. मध्य प्रदेश

98. जादुर लोक नृत्य कहाँ का है?
A. राजस्थान का B. चेन्नई का
C. बिहार का D. कर्नाटक का

99. बंगाल का प्रसिद्ध लोक नृत्य कौन-सा है?
A. बिहू B. खासी
C. रामवेश D. बनजारा

100. पंजाब में लोक नृत्यों का सरताज किसे कहते हैं?
A. भंगडा B. गिद्दा
C. लावणी D. बगावली

101. 'ढोलचा' कहाँ का लोक नृत्य है?
A. उत्तर प्रदेश का B. महाराष्ट्र का
C. बंगाल का D. बिहार का

102. गुजरात का पुरुष प्रधान नृत्य कौन-सा है?
A. गरबा B. गरबी
C. दाँडिया D. मटको

103. भवई नृत्य कहाँ का है?
A. राजस्थान का B. बंगाल का
C. असम का D. ओडिसा का

104. ओडिसी नृत्य का जन्म किस मन्दिर में हुआ?
A. केदारनाथ B. जगन्नाथपुरी
C. बद्रीनाथ D. द्वारिकापुरी

105. भरतमुनि ने भ्रू की कितनी क्रियाएँ बताई हैं?
A. 7 B. 8
C. 6 D. 5

106. कुचिपुडी नृत्यु का उद्गम कब हुआ?
A. पहली शताब्दी B. तीसरी शताब्दी
C. दूसरी शताब्दी D. चौथी शताब्दी

107. कुचिपुड़ी कहाँ का नृत्य है?
A. आन्ध्र प्रदेश का B. मध्य प्रदेश का
C. कर्नाटक का D. राजस्थान का

108. मणिपुरी नृत्य में किसका वर्णन होता है?
A. शिव-पार्वती B. राधा-कृष्ण
C. विष्णु-लक्ष्मी D. सरस्वती

109. 'मृर्दुल' किस नृत्य में बजता है?
A. ओडिसी B. कथकली
C. मणिपुरी D. कुचिपुड़ी

110. भारत का कौन-सा नृत्य है जिसमें नौ रसों को भावों द्वारा प्रदर्शित किया जाता है?
A. कुचिपुडी B. कथकली
C. ओडिसी D. भरतनाट्यम

111. किस नृत्य में स्त्री का अभिनय भी पुरुष करते हैं?
A. कत्थक B. भरतनाट्यम
C. कथकली D. ओडिसी

112. कथकली नृत्य में कौन-सी कथाएं होती हैं?
A. वैदिककालीन B. पौराणिक
C. धार्मिक D. सांस्कृतिक

113. भरतनाट्म नृत्य कितने चरणों में बाँटा गया है?
A. 3 B. 4
C. 6 D. 7

114. 'भरतनाट्यम' कहाँ का लोकनृत्य है?
A. दक्षिण भारत का B. ओडिशा का
C. राजस्थान का D. बांग्लादेश का

115. तांडव नृत्य के कितने उपभेद हैं?
A. 4 B. 5
C. 6 D. 7

116. 'कत्थक' कहाँ का नृत्य है?
A. उत्तर प्रदेश का B. ओडिशा का
C. मध्य प्रदेश का D. राजस्थान का

117. नाट्यनृत्य का विकास किस काल में अत्यधिक रहा?
A. बौद्धकाल B. महाभारत काल
C. आर्यकाल D. रामायण काल

118. लास्य नृत्य कितने प्रकार के हैं?
A. 2 B. 3
C. 4 D. 5

119. जेथीस्वरम किस नृत्य में आता है?
A. भरतनाट्यम B. कत्थक
C. ओडिसी D. कथकली

120. अभिनय दर्पण में कितने प्रकार के शिरो भेद बताए गए हैं?
A. 9 B. 8
C. 7 D. 6

121. सितार वाद्य का आविष्कार किसने किया?
A. तानसेन B. गोपाल नायक
C. अमीर खुसरो D. बैजू बावरा

122. सितार के आलाप का जो भाग लयबद्ध होता है, उसे क्या कहते हैं?
A. जोड़ B. झाला
C. जमजमा D. मीड़

123. सितार शब्द की उत्पत्ति किससे हुई?
A. अरबी B. फारसी
C. उर्दू D. तमिल

124. चिकारी का प्रयोग किस शताब्दी में हुआ था?
A. 10वीं B. 11वीं
C. 12वीं D. 14वीं

125. सितार में सर्वप्रथम तरबें किसने लगाई?
A. इनायत खाँ B. विलायत खाँ
C. बलराम पाठक D. इमदाद खाँ

126. सितार का तुम्बा किससे बनाया जाता है?
A. लौकी B. कद्दू
C. केला D. बरगद

127. सितार में मुख्य कितनी तारें होती हैं?
A. 3 B. 4
C. 6 D. 7

128. बाज के तार पर पखावज के बोल पर आधारित रचना को बजाने की क्रिया को क्या कहते हैं?
A. लड़न्त B. लड़ी
C. गुत्थी D. छूट

129. सितार के पहले तार को क्या कहते हैं?
A. बाज B. जमजमा
C. झाला D. जोड़

130. सितार का दूसरा तार क्या कहलाता है?
A. बाज B. जोड़े
C. छसीट D. जमजमा

131. सितार के आलाप के कितने अंग होते हैं?
A. 3 B. 2
C. 4 D. 5

132. आकर्ष क्रिया से क्या तात्पर्य है?
A. चिकारी के तार पर प्रहार
B. बाज के तार पर बाहर से अन्दर की ओर प्रहार
C. बाज के तार पर अन्दर से बाहर की ओर प्रहार
D. खरज के तार पर प्रहार

133. सितार वादन का सही क्रम क्या है?
A. आलाप, जोड़, झाला, गत
B. आलाप, झाला, जोड़, गत
C. गत, जोड़, आलाप, झाला
D. गत, झाला, आलाप, जोड़

134. अधिकांश सितारों में तरब के तार की संख्या कितनी है?
A. 9 B. 10
C. 11 D. 12

135. गत कितने प्रकार की होती है?
A. 3 B. 2
C. 4 D. इनमें से कोई नहीं

136. सितार कौन-सा वाद्य है?
A. सहायक वाद्य B. तत् वाद्य
C. सुषिर वाद्य D. घन वाद्य

137. मसीतखानी गत के बोल किस लय में बजाये जाते हैं?
A. विलम्बित लय B. मध्य लय
C. द्रुत लय D. इनमें से कोई नहीं

138. मसीतखानी गत का आविष्कार किसने किया?
A. मसीत खाँ B. अमीर खुसरो
C. तानसेन D. गोपाल नायक

139. 'तंतुवाद्य' के अन्तर्गत आता है?
A. बीन B. बाँसुरी
C. सितार D. शहनाई

140. चल थाट के सितार के पर्दों की संख्या कितनी होती है?
A. 13-15 B. 16-19
C. 20-21 D. 22-24

141. सितार में किस नम्बर का तार 'चिकारी' का तार होता है?
A. 1 B. 2
C. 5 D. 6

142. सितार में अचल थाट वाले तारों की संख्या कितनी है?
A. 15 B. 24
C. 20 D. 18

143. 'चिकारी' का तार किस स्वर में मिलाया जाता है?
A. मन्द्र B. मध्य
C. तार षड्ज D. गांधार

144. सितार में बाज का तार किस स्वर में मिलता है?
A. निषाद B. मन्द्रमध्यम
C. पंचम D. धैवत

145. मिजराब को क्या कहा जाता है?
A. नक्की B. गज
C. जवा D. बो

146. 'चिकारी' के तार पर क्या बजाया जाता है?
A. गत B. झाला
C. जमजमा D. मींड़

147. दादरा में दा के बोल को कैसे बजाते हैं?
A. अन्दर से बाहर की ओर
B. बाहर से अन्दर की ओर
C. दोनों तरह से
D. उपर्युक्त तीनों प्रकारों से

148. सितार के पर्दों की संख्या कितनी है?
A. 18-23 B. 15-20
C. 22-25 D. 17-24

149. सितार को बजाते समय दाएं हाथ में क्या प्रयोग होता है?
A. मिज़राब B. नक्की
C. जवा D. पत्ति

150. सितार में कृतन अंग को किसने समविष्ट किया?
A. बलराम पाठक B. इमदाद खाँ
C. पं. रविशंकर D. पं. देबू चौधरी

151. सितार में गायकी अंग का समावेश सर्वप्रथम किसने किया?
A. पं. रविशंकर B. विलायत खाँ
C. इनायत खाँ D. इमदाद खाँ

152. वर्तमान में अतिमंद्र सप्तक में एक तार किसने लगाया है?
A. पं. देबू चौधरी B. पं. रविशंकर
C. बुद्धिव्य मुखर्जी D. बलराम पाठक

153. सितारखानी गत कितनी मात्राओं के ताल में बजाई जाती है?
A. 12 B. 14
C. 16 D. 18

154. 'चिकारी' के कितने तारों द्वारा झाला बजाया जा सकता है?
A. 2 B. 1
C. 4 D. 3

155. सितार में आलाप जोड़ तथा झाला वादन के पश्चात् कौन-सी गत बजाई जाती है?
A. विलम्बित ख्याल B. मसीतखानी गत
C. रज़ाखानी गत D. द्रुत ख्याल

156. 'तोड़ा' किस लय में बजाया जाता है?

A. विलम्बित B. मध्य

C. द्रुत D. अतिद्रुत

157. सितार वादन को समाप्त करने पर क्या बजाया जाता है?

A. जोड़ B. झाला

C. जमजमा D. घसीट

158. पं. रविशंकर किस अंग से सितार बजाते हैं?

A. बीन अंग B. गायकी अंग

C. ख्याल अंग D. गत

उत्तरमाला

1	2	3	4	5	6	7	8	9	10
D	B	A	D	B	C	A	A	B	B
11	**12**	**13**	**14**	**15**	**16**	**17**	**18**	**19**	**20**
B	B	B	A	A	B	B	B	C	A
21	**22**	**23**	**24**	**25**	**26**	**27**	**28**	**29**	**30**
D	C	B	B	C	A	A	A	A	A
31	**32**	**33**	**34**	**35**	**36**	**37**	**38**	**39**	**40**
A	C	A	A	C	B	A	B	B	A
41	**42**	**43**	**44**	**45**	**46**	**47**	**48**	**49**	**50**
A	C	C	A	B	D	C	A	B	D
51	**52**	**53**	**54**	**55**	**56**	**57**	**58**	**59**	**60**
B	B	B	A	B	B	B	A	D	A
61	**62**	**63**	**64**	**65**	**66**	**67**	**68**	**69**	**70**
B	A	A	C	D	A	A	A	C	B
71	**72**	**73**	**74**	**75**	**76**	**77**	**78**	**79**	**80**
C	B	A	D	A	C	B	D	B	B
81	**82**	**83**	**84**	**85**	**86**	**87**	**88**	**89**	**90**
C	B	C	C	D	A	C	D	A	C
91	**92**	**93**	**94**	**95**	**96**	**97**	**98**	**99**	**100**
B	A	D	A	B	C	A	C	C	A
101	**102**	**103**	**104**	**105**	**106**	**107**	**108**	**109**	**110**
B	B	A	B	A	C	A	B	B	B
111	**112**	**113**	**114**	**115**	**116**	**117**	**118**	**119**	**120**
C	B	D	A	D	A	C	B	A	A
121	**122**	**123**	**124**	**125**	**126**	**127**	**128**	**129**	**130**
C	A	B	C	D	B	D	C	A	B
131	**132**	**133**	**134**	**135**	**136**	**137**	**138**	**139**	**140**
C	B	A	C	B	B	A	A	C	B
141	**142**	**143**	**144**	**145**	**146**	**147**	**148**	**149**	**150**
D	B	C	B	A	B	B	A	A	C
151	**152**	**153**	**154**	**155**	**156**	**157**	**158**		
D	B	C	A	B	C	B	A		

लोक संगीत

1. कश्मीर में धान की कटाई के अवसर पर कौन-सा गीत गाया जाता है ?
A. ढोलामारु B. छकरी
C. भरथरी गायन D. भतरानट

2. पूर्वी पंजाब का लोकगीत कौन-सा है ?
A. जिन्दुआ B. सारी
C. गंभीरा D. विदेसिया

3. कामायचा कहां का लोकवाद्य है ?
A. राजस्थान B. बिहार
C. हिमाचल प्रदेश D. पंजाब

4. बस्तर की जनजाति का लोक-नाट्य है–
A. भतरानट B. अग्निनृत्य
C. करमा नृत्य D. स्वांग

5. बुन्देलखण्ड का प्रख्यात लोकनृत्य कौन-सा है ?
A. भतरानट B. राई नृत्य
C. करमा नृत्य D. भगोरिया नृत्य

6. मांच लोकनृत्य किस प्रदेश का है ?
A. उत्तर प्रदेश B. आन्ध्र प्रदेश
C. मध्य प्रदेश D. हिमाचल प्रदेश

7. गंभीर किस जगह गाया जाता है ?
A. पटना B. मालदा
C. उड़ीसा D. बंगाल

8. 'लोकसंगीत में एकता में विविधता और विविधता में एकता' मिलती है–
A. गलत है
B. सही है
C. शायद
D. इनमें से कोई नहीं

9. 'बिछुआ नृत्य' किस प्रदेश का प्रचलित नृत्य है ?
A. राजस्थान B. उत्तर प्रदेश
C. केरल D. बुन्देलखण्ड

10. निम्न में से मध्य प्रदेश का कौन-सा नृत्य है ?
A. जिहू नृत्य B. डांडिया नृत्य
C. पंथी नृत्य D. भांगडा नृत्य

11. 'घोड़ी नृत्य' किस क्षेत्र का प्रचलित नृत्य है ?
A. बंगाल B. हरियाणा
C. बिहार D. पूना

12. 'तमाशा' किस क्षेत्र का प्रचलित नृत्य है ?
A. गुजरात B. महाराष्ट्र
C. आन्ध्र प्रदेश D. असम

13. राजस्थान का एक प्रमुख लोकनृत्य निम्न में से कौन-सा है ?
A. भगोरिया नृत्य B. करमा नृत्य
C. भतरानट D. अग्निनृत्य

14. 'लोकसंगीत' और 'शास्त्रीय संगीत' में लेन-देन चलता है–
A. शायद B. गलत है
C. सही है D. सर्वथा नहीं

15. 'अभंग' किस प्रदेश की गेय विधा है ?
A. पंजाब B. महाराष्ट्र
C. राजस्थान D. हरियाणा

16. 'सोहर' नामक गीत गाये जाते हैं–
A. जन्मोत्सव पर B. विवाह पर
C. मुण्डन पर D. धर्मकार्यों में

17. सिने संगीत पर लोक संगीत का प्रभाव दिखाई देता है–
A. शायद B. गलत है
C. सही है D. कह नहीं सकते

18. 'जत्सर' नामक गीत का संबंध किससे है ?
A. चक्की पीसते समय B. कोल्हू चलाते समय
C. हल चलाते समय D. धान काटते समय

19. लोकसंगीत के साथ संगति करने की ताल कौन-सी है ?
A. चारताल B. झपताल
C. धुमाली D. झूमरा

20. 'गिद्दा' नृत्य किस जगह प्रचलित है ?
A. गुजरात B. पंजाब
C. बंगाल D. हरियाणा

उत्तरमाला

1	2	3	4	5	6	7	8	9	10
B	A	A	A	B	C	B	B	A	C
11	**12**	**13**	**14**	**15**	**16**	**17**	**18**	**19**	**20**
B	B	D	C	B	A	C	A	C	B

विविध

1. भण्डारकर ओरियन्टल रिसर्च इन्स्टीट्यूट कहां स्थित है?
A. पुणे B. बड़ौदा
C. मुम्बई D. नासिक

2. दूरदर्शन शास्त्रीय संगीत को पोषित करता है—
A. हां
B. नहीं
C. जितना चाहिए उतना नहीं
D. कदाचित्

3. आई.के.एस.वी.वी., खैरागढ़ के प्रथम कुलपति कौन थे?
A. डॉ. एम.आर. गौतम
B. डॉ. प्रेमलता शर्मा
C. डॉ. इन्द्राणी चक्रवर्ती
D. पं. एस.एन. रातनजंनकर

4. ललित कलाओं में संगीत का स्थान है—
A. महत्त्वपूर्ण B. सामान्य
C. सरसरी D. कुछ भी नहीं

5. पाश्चात्य संगीत ज्यादातर पूर्व निर्धारित लिखा हुआ होता है—
A. गलत है B. शायद
C. सही है D. पूरी तरह कामचलाऊ है

6. 'सारे जहां से अच्छा हिन्दोस्तां हमारा' किसने लिखा है?
A. रवीन्द्रनाथ B. गालिब
C. बंकिमचन्द्र D. मुहम्मद इकबाल

7. चिकित्सा के क्षेत्र में संगीत से मदद मिलती है—
A. शायद B. जरूर
C. कभी-कभार D. कदापि नहीं

8. संगीत रिसर्च अकादमी कहां स्थित है?
A. कोलकाता B. चेन्नई
C. बंगलौर D. नई दिल्ली

9. 'प्राचीन कला केन्द्र' किस जगह स्थित है?
A. चण्डीगढ़ B. पंजाब
C. गुजरात D. महाराष्ट्र

10. 'आर्य संगीत विद्यालय' कहां पर स्थापित है?
A. मैसूर B. पूना
C. इंदौर D. भोपाल

11. 'प्रयाग संगीत समिति' कहां स्थित है?
A. फैजाबाद B. कानपुर
C. इलाहाबाद D. लखनऊ

12. 'भारतीय संगीत के संवर्धक मन्दिर हैं'—
A. सही है B. गलत है
C. पहले के समय में D. कदापि नहीं

13. चलचित्र संगीत में रागों का प्रयोग नहीं होता—
A. सही है B. गलत है
C. कभी-कभार D. अक्सर प्रयोग होता है

14. अबुल फ़ज़ल किसके दरबार में थे?
A. अकबर B. बाबर
C. माधोसिंह D. औरंगजेब

15. अलाउद्दीन संगीत अकादमी कहां स्थित है?
A. लखनऊ B. अमृतसर
C. भोपाल D. कोलकाता

16. कुचीपुड़ी नृत्य का एक प्रमुख गीत कौन सा है?
A. गीतम् B. कृति
C. तरङ्गम D. कुम्भि

17. नृत्य से संबंधित गीतक है—
A. अपरान्तक B. वर्धमान
C. गाथा D. उत्तर

18. जैलाल मिश्र कत्थक के किस घराने के प्रमुखतम कलाकार थे?
A. लखनऊ B. जयपुर
C. रायगढ़ D. बनारस

19. मणीपुरी नृत्य में प्रयुक्त होने वाला अवनद्ध वाद्य कौन-सा है?
A. ढोलक B. नगाड़ा
C. खोल D. नाल

20. 'मोराडान्स' नृत्य किस जगह का प्रसिद्ध नृत्य है ?

A. गुजरात B. महाराष्ट्र

C. बिहार D. पंजाब

21. कत्थक मार्तण्ड की उपाधि किसे मिली थी ?

A. बिंदादीन महाराज B. केलुचरण महापात्र

C. रूकमणि अरूण्डेल D. मृणालिनी साराभाई

22. श्री. सी.सी. चन्द्रशेखर तथा श्रीमती जया चन्द्रशेखर युगल-दम्पति किस नृत्य से संबंधित हैं ?

A. कत्थक B. ओडिसी

C. भरतनाट्यम् D. कथकली

23. उदयशंकर से सम्बद्ध नृत्यशैली कौन-सी है ?

A. भरतनाट्यम्

B. कत्थक

C. कथकली

D. क्रिएटिव डांस (रचनात्मक नृत्य)

24. वाद्य संगति की सहायता के बिना नृत्य नहीं हो सकता है-

A. सही है B. गलत है

C. शायद D. हो सकता है

25. संगीत रत्नाकर में नृत्याधाय के लिए कौन सा नाम प्रयुक्त हुआ है ?

A. नर्तनाध्याय B. नूतनाध्याय

C. नाट्याध्याय D. नित्याध्याय

26. कौन-सा वाद्य सारिकायुक्त है?

A. वायलिन B. सारंगी

C. सितार D. तानपूरा

27. संगीत रत्नाकर के रचयिता कौन हैं?

A. कल्लिनाथ B. लोचन

C. शारङ्गदेव D. मम्मट

28. निम्नलिखित में से कौन मैहर घराने का नहीं है?

A. अलाउद्दीन खां B. निखिल बनर्जी

C. रविशंकर D. हलीम जाफर खां

29. कौन-सा लोकनृत्य गुजरात से सम्बन्धित है?

A. गिद्धा B. गरबा

C. रास D. नाचनी

30. निम्नलिखित में से कौन ठुमरी गायिका नहीं है?

A. गिरिजा देवी B. शरन रानी

C. सिद्धेश्वरी देवी D. शोभा गुर्टू

31. मुख्यतः वाद्यों के कितने वर्ग हैं?

A. तीन B. चार

C. पांच D. छः

32. निम्नलिखित में से कौन सितार वादक नहीं है?

A. पं. रविशंकर B. शिवकुमार शर्मा

C. बुद्धदित्य मुखर्जी D. रहीम खां

33. निम्नलिखित में से कौन गुख्यतः ध्रुपद गायक नहीं है?

A. भीमसेन जोशी B. फैमुद्दीन डागर

C. गुन्देचा बन्धु D. ए. रहीमुद्दीन डागर

34. राग शब्द का सर्वप्रथम प्रयोग किस ग्रंथ में हुआ?

A. संगीत रत्नाकर B. राग तरंगिणी

C. नाट्यशास्त्र D. बृहद्देशी

35. संगीत के सौन्दर्य पर सर्वाधिक लेखन करने वाला कौन है?

A. डॉ. एस.के. सक्सेना B. प्रो. अशोक डी. रानाडे

C. बी.सी. देव D. के.सी.डी. बृहस्पति

36. सुमेलित कीजिए:

सूची-I	सूची-II
(a) सितार वादक	(i) पं. बृजभूषण काबरा
(b) गिटार वादक	(ii) पं. शिवकुमार शर्मा
(c) सरोद वादक	(iii) पं. निखिल बनर्जी
(d) संतूर वादक	(iv) अमजद अली खां

कूटः

	(a)	(b)	(c)	(d)
A.	(ii)	(i)	(iii)	(iv)
B.	(iv)	(iii)	(i)	(ii)
C.	(i)	(ii)	(iv)	(iii)
D.	(iii)	(i)	(iv)	(ii)

37. निम्नलिखित में से कौन-सा तबला वादक चारों घराने के तबला वादन में सिद्ध रहा?

A. अहमद जान थिरकावा

B. सामता प्रसाद

C. किशन महाराज

D. मुन्ने खां

38. बसंत ताल में कितनी मात्राएं होती है?
A. 5 B. 7
C. 9 D. 11

39. कर्नाटक अवनद वाद्य के एक कर्नाटक गुरुः
A. पालघाट मणि अय्यर B. टी.आर. महालिंगम
C. मदुराई मणि अय्यर D. चेंबई वैद्यनाथ अय्यर

40. 20वीं शताब्दी का गायकः
A. चेम्बई बैद्यनाथ अय्यर
B. मुथुस्वामी दीक्षितर
C. त्यागराज
D. सुब्रह्मण्यम भारती

41. राग पुरनिर आता हैः
A. कथकली B. ओडिसी
C. कुचिपुडी D. भरतनाट्यम

42. किस महिला ने कलाक्षेत्र की स्थापना की?
A. रुक्मणी देवी अरुण्डेल
B. सरस्ती बाई
C. एम.एस. सुब्बुलक्ष्मी
D. डी.के. पट्टाम्मल

43. नौवां मेलाकार्ताः
A. धेनुनका B. नाटकप्रिय
C. कीरवाणी D. नाट्भैरवी

44. हिन्दुस्तानी शास्त्रीय संगीत के किस गायक को टैगोर ने जीवनभर याद रखा?
A. फैयाज खां B. भीष्म चक्रवर्ती
C. जगन्नाथ भट्टाचार्य D. केसरबाई केरकर

45. टैगोर के संगीत संबंधी विचारों को किस पुस्तक में समाहित किया गया है?
A. संगीतोभाव B. संगीतोर धर्ग
C. संगीतोर मुक्ति D. संगीत चिंता

निर्देश (46 से 50) : *निम्नलिखित अनुच्छेद को पढ़ें तथा प्रत्येक प्रश्न का उत्तर दें।*

समूचे प्राच्य संगीत के बीच भारतीय संगीत कलात्मक रीति से पूर्णरूपेण विकसित है, इसका एक सशक्त सैद्धांतिक आधार है, रंगपटल में यह सर्वाधिक समृद्ध है, तथा 2000 वर्षों की अवधि तक फैला इसका एक गरिमामय इतिहास है। यह सभी प्रकार की विविधताओं, यथा कला संगीत, धार्मिक या भक्ति संगीत, नृत्य संगीत तथा लोक संगीत से युक्त है। इसके इतिहास के प्रारंभ से भारत में कुछ सौ वाद्ययंत्र पाये जाते हैं। भारतीय संगीत स्वरमाधुर्य पूरित संगीत है परन्तु सभी प्रकार की स्वरघटाओं, अर्थच्छटाओं तथा वक्रों का उपयोग करते हुए यह संगीतात्मक अभिव्यक्ति की समस्त सूक्ष्मताओं को अनुष्ठित करता है।

प्राचीन संगीत काल का आरंभ वेदों के युग से तथा अंत 13वीं शताब्दी में हुआ जिसके उपरान्त संगीत का मध्यकाल पूर्णतः विकसित हुआ तथा अंततः हिन्दुस्तानी तथा कर्नाटक इन दो पद्धतियों में द्विशाखित हुआ।

46. A. भारतीय संगीत धार्मिक तथा भक्तिसंगीत से युक्त है।
B. भारतीय संगीत आधुनिक युग की देन है।
C. भारतीय संगीत को कर्नाटक संगीत भी कहते हैं।
D. भारतीय संगीत में सुरीलापन का होना आवश्यक नहीं है।

47. A. प्राचीन संगीत काल का आरंभ मध्ययुग से हुआ।
B. प्राचीन संगीत काल का आरंभ वेदों के युग से हुआ।
C. भारतीय संगीत में हिन्दुस्तानी संगीत का प्रकार नहीं है।
D. भारतीय संगीत में स्वर का महत्व नहीं होता।

48. A. भारतीय संगीत का प्राचीन काल, वेदों के युग से 13वीं शताब्दी तक रहा।
B. भारतीय संगीत सुरीला नहीं होता।
C. स्वर माधुरी तथा ताल का प्रयोग भारतीय संगीत में आवश्यक नहीं है।
D. स्वर और ताल ये दोनों ही भारतीय संगीत में आवश्यक नहीं हैं।

49. A. भक्ति संगीत तथा नृत्य संगीत भी भारतीय संगीत की देन है।
B. भारतीय संगीत राग प्रधान नहीं है।
C. हिन्दुस्तानी संगीत में ताल वाद्यों का प्रयोग नहीं होता है।
D. भारतीय संगीत को लोक संगीत कहते हैं।

50. A. भारतीय संगीत में ताल वाद्यों का प्रयोग नहीं होता है।
B. लोक संगीत, भक्ति संगीत भारतीय संगीत नहीं हैं।
C. हिन्दुस्तानी तथा कर्नाटक संगीत भारतीय संगीत नहीं हैं।
D. भारतीय संगीत समृद्ध नहीं है।

51. वीणा के तार पर मेरु से मध्यम की दूरीः
A. 6″ B. 8″
C. 9″ D. 12″

52. मसीतखानी गत के प्रारम्भिक स्वर की मात्राः
A. 9 B. 10
C. 11 D. 12

53. 'ध नी रे स' स्वर किस राग का है?
A. अहीर भैरव B. तोड़ी
C. मारवा D. भैरवी

54. 'उद्गाता' किस गान से सम्बन्धित है?
A. ध्रुपद B. टप्पा
C. लावणी D. साम

55. व्यावसायिक संगीत शिक्षण केन्द्रः
A. गांधर्व संगीत विद्यालय
B. विश्वविद्यालय
C. संगीत नाटक अकादमी
D. आई.सी.सी.आर

56. गंधार की आंदोलन संख्याः
A. 240 B. 270
C. 320 D. 360

57. कॉर्ड्स का प्रयोग किस संगीत में होता है?
A. रवीन्द्र B. हिन्दुस्तानी
C. पाश्चात्य D. दक्षिण

58. कौन-सा वाद्य आधुनिक है?
A. तबला B. भेरी
C. दुन्दुभि D. पखावज

59. निम्न में से कौन विदेशी संगीतशास्त्री है?
A. वी.सी. देव B. ए.एन. जयराजभॉय
C. ए. डेनेल्यु D. लीला ओमचिरी

60. डॉ. लालमणि मिश्र क्या बजाते थे?
A. वीणा B. सरोद
C. गिटार D. तबला

61. संगीत विश्वविद्यालय कौन सा है?
A. राजस्थान विश्वविद्यालय
B. इन्द्राकला संगीत विश्वविद्यालय
C. आगरा विश्वविद्यालय
D. बनारस हिन्दू विश्वविद्यालय

62. ध्रुपद के अंगों को अपेक्षित रूप में क्रमबद्ध कीजियेः
A. स्थाई, संचारी, आभोग, अंतरा
B. आभोग, संचारी, अंतरा, स्थाई
C. अंतरा, संचारी, आभोग, स्थाई
D. स्थाई, अंतरा, संचारी, आभोग

63. वीणा के तार पर रे, ग, म, प, नी को अवरोही क्रम में क्रमबद्ध कीजियेः
A. 4″, 6″, 9″, 12″, 20″
B. 6″, 4″, 12″, 9″, 20″
C. 20″, 12″, 9″, 6″, 4″
D. 12″, 9″, 6″, 4″, 20″

64. सुमेलित प्रकार के प्रश्नः
नीचे दो प्रकार के कथन दिये जा रहे हैं, प्रथम सूची के कथन का दूसरे कथन के सही उत्तर से मिलान कर सही का चिन्ह लगाइयेः

सूची-I	सूची-II
(a) ग कोमल म तीव्र	(i) मारूबिहाग
(b) दोनों म का प्रयोग	(ii) मुल्तानी
(c) रे-प वर्जित	(iii) मधुवंती
(d) आरोह में रे-ध वर्जित	(iv) मालकोस

कूटः

	(a)	(b)	(c)	(d)
A.	(iii)	(i)	(iv)	(ii)
B.	(ii)	(iii)	(i)	(iv)
C.	(i)	(iii)	(ii)	(iv)
D.	(iv)	(ii)	(i)	(iii)

65. अकबर महान कौन-सा वाद्य बजाता था?
A. ढोलक B. मृदंग
C. नक्कारा D. ढोल

66. मध्यम ग्राम में पंचम किस श्रुति पर स्थापित है?
A. 15वीं B. 16वीं
C. 17वीं D. 18वीं

67. शुद्ध स्वरों की निर्धारित श्रुतियों का सही क्रम क्या है?
A. 4 3 2 4 3 2 4 B. 4 2 4 3 2 3 4
C. 3 2 4 4 2 4 3 D. 4 3 2 4 4 3 2

68. किस पाश्चात्य संगीतशास्त्री ने हिन्दू धर्म अपनाया?
A. मार्टिन क्लेटन B. ऐलेन डेनेल्यू
C. मूपबोर D. मार्कलेगी

69. मेल मिलाइये:

सूची-I	सूची-II
(a) नाट्यशास्त्र	(i) मतंग
(b) बृहद्देशी	(ii) अहोबल
(c) संगीत परिजात	(iii) भरत
(d) संगीत मकरंद	(iv) नारद

कूट:

	(a)	(b)	(c)	(d)
A.	(ii)	(i)	(iii)	(iv)
B.	(iii)	(i)	(ii)	(iv)
C.	(iv)	(iii)	(ii)	(i)
D.	(i)	(iv)	(iii)	(ii)

70. हिन्दुस्तानी संगीत का गिटार वादक कौन है?
A. पं. शिवकुमार शर्मा B. हरिप्रसाद चौरसिया
C. बुद्धादित्य मुखर्जी D. पं. ब्रजभूषण काबरा

71. विधान (A): आचार्य कैलाश चन्द्रदेव बृहस्पति संस्कृत के ज्ञाता थे। आपने अनेक पुस्तकों की रचना की जिनके द्वारा संगीत के इतिहास और अनेक गूढ़ रहस्यों का उद्घाटन किया। आप एक श्रेष्ठ गायक, लेखक और गुरु थे।
तर्क (R) : आचार्य बृहस्पति ने सौन्दर्यशास्त्र एवं दार्शनिक पक्ष पर बहुत कार्य किया।
A. (A) सही है (R) गलत है
B. (A) और (R) दोनों गलत हैं
C. (A) और (R) दोनों सही हैं
D. (A) गलत है (R) सही है

72. विधान (A): ख्याल वही अच्छा गा सकता है, जिसने ध्रुपद को साधा हो।
तर्क (R) : ध्रुपद गायकी को सिद्ध करने से कण्ठ संस्कार और लयकारी पुष्ट होती है।
A. (A) सही है (R) गलत है
B. (A) गलत है (R) सही है
C. (A) और (R) दोंनों गलत हैं
D. (A) सही है (R) सही है

73. आड़ी लय के कायदे के किस घराने में अधिक बजते हैं?
A. दिल्ली B. पंजाब
C. अजराढ़ा D. फर्रुखाबाद

74. ग्यारह मात्रा की ताल:
A. लक्ष्मी ताल B. गणेश ताल
C. रुद्र ताल D. पार्वती ताल

75. संगीत का अर्थ हैं-
A. गायन
B. वादन
C. गायन एवं वादन
D. गायन, वादन एवं नृत्य

76. संस्कृत ग्रंथों के अनुसार, श्रुतियों की संख्या हैं-
A. 12 B. 20
C. 22 D. अगणित

77. नाट्य शास्त्र में कितने ग्रामों का उल्लेख हैं?
A. एक B. दो
C. तीन D. चार

78. 'साम संगीत' में कितने स्वरों का प्रयोग हुआ है?
A. दो B. तीन
C. चार D. पांच

79. कर्नाटक संगीत में निम्नलिखित में से किस अवनद्ध वाद्य द्वारा संगति होती हैं?
A. तबला B. मृदंगम्
C. खोल D. पखवाज

80. तबला तथा पखावज हैं-
A. तत् वाद्य B. सुषिर वाद्य
C. अवनद्ध वाद्य D. घन वाद्य

81. 'वंदे मातरम्' की मूल धुन किस राग पर आधारित हैं?

A. देश B. सोरठ

C. खमाज D. मल्हार

82. 'मालकौंस - राग' की अवतारणा करते समय तानपूरा मिलाया जाता है:

A. नि सा सा सा B. म सा सा सा

C. प सा सा सा D. ग सा सा सा

83. 'एकताल' में कितनी ताली और खाली होती हैं?

A. तीन ताली एवं तीन खाली

B. चार ताली एवं दो खाली

C. पांच ताली एवं एक खाली

D. दो ताली एवं चार खाली

84. राग-रागिनी वर्गीकरण की चर्चा किस पुस्तक में है?

A. बृहद्देशी B. संगीत रत्नाकर

C. नाट्य शास्त्र D. संगीत दर्पण

85. प्राचीन स्वरों में क्रुष्ट स्वर किस क्रम संख्या पर है?

A. पांचवें B. चौथे

C. पहले D. सातवें

86. 'ठुमरी' के साथ अधिकतर किस ताल का प्रयोग होता है?

A. झूमरा B. आड़ा चौताल

C. धमार D. दीपचंदी

87. किस प्रसिद्ध महिला संगीतज्ञ को 'भारत रत्न' की उपाधि से विभूषित किया गया?

A. आर. वेदवल्ली

B. डी.के. पट्टमल

C. एम.एल. वसंतकुमारी

D. एम.एस. सुब्बलक्ष्मी

88. 'जनगणमन' की रचना टैगोर ने किस सन् में की:

A. 1900 B. 1901

C. 1910 D. 1911

89. भरत ने नाटयशास्त्र में कितने प्रमुख 'रसों' की चर्चा की है?

A. आठ B. दस

C. चार D. तेरह

90. कर्नाटक संगीत के एक प्रसिद्ध रचनाकार:

A. त्यागराज B. आर.श्रीनिवासन्

C. वेंकटेश D. जानकीरमन

91. रवीन्द्र नाथ ठाकुर को नोबेल पुरस्कार किस वर्ष दिया गया?

A. 1913 B. 1931

C. 1911 D. 1919

92. संगीत ग्रंथों में ताल के कितने प्राणों का उल्लेख किया गया है?

A. सात B. आठ

C. नौ D. दस

93. पखावज बनता है:

A. मिट्टी से B. लकड़ी से

C. तांबे से D. कांच से

94. कर्नाटक संगीत में गीत प्रकार के साथ प्रयुक्त होने वाला एकताल है:

A. झपताल B. कहरवा

C. आदिताल D. दीपचंदी

95. हवेली संगीत के साथ किस वाद्य की संगति होती है?

A. ढ़ोलक B. ताशा

C. घटम् D. पखावज

96. मेल-राग वर्गीकरण का प्रारंभ किसने किया?

A. विद्यारण्य B. सोमनाथ

C. वेंकटमखी D. रामामात्य

97. 'एकला चालो रे' के रचयिता हैं:

A. रबीन्द्र नाथ ठाकुर B. इंदिरा देवी चौधरी

C. एम.एस.ठाकुर D. बी.सी.देव

98. नाट्यशास्त्र के किस अध्याय में संगीत विषय का विवेचन है?

A. 15 B. 28

C. 14 D. 40

99. संगीत रत्नाकर में वर्णित मार्गतालों की संख्या है-

A. तीन B. चार

C. पांच D. छह

100. 'राग दर्पण' ग्रंथ किस भाषा में लिखा गया है?

A. फारसी B. उर्दू

C. संस्कृत D. हिन्दी

101. किस ग्रंथ को संगीत का सप्ताध्यायी कहा जाता है?
A. बृहद्देशी B. संगीतसमयसार
C. संगीत दर्पण D. संगीतरत्नाकर

102. 'मानसौल्लास' ग्रंथ के लेखक का नाम बताइये।
A. दामोदर B. सोमेश्वर
C. अहोबल D. शारदातनय

103. 'संगीतरत्नाकर'' पर किसने टीका लिखी है?
A. मल्लिनाथ B. कल्लिनाथ
C. अभिनवगुप्त D. कुम्भा

104. स्वाति मुनि द्वारा किस वाद्य का आविष्कार किया गया था?
A. दुन्दुभि B. तबला
C. पुष्कर D. पखावज

105. 'स्वरमेलकलानिधि' ग्रंथ में कितने अध्याय हैं?
A. पांच B. छः
C. सात D. आठ

106. मंतग मुनि वादक थेः
A. एकतंत्री वीणा के B. विपंची वीणा के
C. चित्रा वीणा के D. मत्तकोकिला वीणा के

107. किन्नरी वीणा में कितने तुम्बा होते थे?
A. एक B. दो
C. तीन D. कोई नहीं

108. पं.वि.दि. पलुस्कर का नाम थाः
A. द.वि. पलुस्कर
B. कुमार गंधर्व
C. अलाउद्दीन खां
D. बालकृष्णा बुवा इचलकरंजीकर

109. प्रसिद्ध बांसुरीवादक पन्ना लाल घोष के गुरू का नाम लिखियेः
A. निखिल घोष B. अलाउद्दीन खां
C. विलायत खां D. अलारखा खां

110. शारंगदेव के पितामह का क्या नाम था?
A. भास्कर B. सिंहभूपाल
C. कल्लिनाथ D. शुभंकर

111. 72 मेलकर्त्ता के आविष्कारक कौन थे?
A. अहोबल B. रामामात्य
C. त्यागराज D. वेंकटमखी

112. 'राधागोविन्द संगीतसार' ग्रंथ लिखा गया हैः
A. संस्कृत में B. हिन्दी में
C. ब्रजभाषा में D. गुजराती में

113. वेंकटमुखी के पिता का क्या नाम था?
A. लोचन B. गोविन्द दीक्षित
C. हृदयनारायण देव D. सोमनाथ

114. अभिनवगुप्त ने टीका लिखी हैः
A. दत्तिलम पर B. बृहद्देश पर
C. नाट्यशास्त्र पर D. संगीतरत्नाकर पर

115. वी.जी. जोग प्रसिद्ध कलाकार थेः
A. बांसुरी के B. सितार के
C. तबला के D. वायलिन के

116. भीमसेन जोशी किस घराने के हैं?
A. किराना B. पटियाला
C. आगरा D. ग्वालियर

117. हरिणाश्व नाम हैः
A. राग का B. मेल का
C. मूर्च्छना का D. गमक का

118. केलु चरण महापात्र प्रसिद्ध कलाकार थेः
A. भरतनाट्यम नृत्य का
B. ओडीसी नृत्य का
C. कथकली नृत्य का
D. कथक नृत्य का

119. 'बाउल' एक लोकगीत हैः
A. बंगाल का B. असम का
C. त्रिपुरा का D. मेघालय का

120. प्रसिद्ध तबला वादक गुदई महाराज का वास्तविक नाम लिखिये।
A. कण्ठे महाराज B. किशन महाराज
C. शामता प्रसाद D. अनोखे लाल

121. गिरजा देवी एक प्रसिद्ध गायिका हैंः
A. ख्याल की
B. सुगम शास्त्रीय संगीत की
C. ध्रुपद की
D. धमार की

122. ओंकारनाथ ठाकुर का उपनाम क्या है?
A. प्रणवरंग B. मनरंग
C. हररंग D. शोखरंग

123. इनायत हुसैन खां का उपनाम क्या है?
A. सनदपिया B. सुघरपिया
C. इनायतपिया D. दरसपिया

124. प्रदीप कुमार दीक्षित का उपनाम है–
A. हररंग B. नेहरंग
C. सदारंग D. अनंगरंग

125. जगन्नाथ बुआ पुरोहित का उपनाम है–
A. महारंग B. अदारंग
C. सुजान D. पुरजान

126. गनपत राव का उपनाम है–
A. दरसपिया B. सुघरपिया
C. नेहपिया D. प्राणपिया

127. फिरोज खां का उपनाम है–
A. अदारंग B. दिलरंग
C. सुरंग D. चतुरंग

128. अनीता सेन का उपनाम क्या है?
A. नजरपिया B. नेहपिया
C. प्राणपिया D. अख्तरपिया

129. अलाउद्दीन खां साहब का उपनाम है–
A. शौरी मियां B. आलम
C. दरसपिया D. प्रेमपिया

130. अमीर खां का उपनाम है–
A. सुरंग B. हररंग
C. रामरंग D. भावरंग

131. किशनगढ़ नरेश नवाब सिंह का उपनाम है–
A. ब्रजराज B. रसराज
C. रागराज D. मनराज

132. तबक्कुल हुसैन का उपनाम क्या है?
A. प्रेमपिया B. सुघरपिया
C. नजरपिया D. सनदपिया

133. भातखण्डे का उपनाम है–
A. हररंग B. अनंगरंग
C. रामरंग D. नेहरंग

134. गुलाम नवी शौरी का उपनाम है–
A. शौरी मियां B. इनायतपिया
C. नेहपिया D. आलम

135. जोधपुर के महाराज मानसिंह का उपनाम क्या है?
A. रागराज B. रसराज
C. ब्रजराज D. तालराज

136. रामपुर नवाब हैदरअली का उपनाम क्या है?
A. सनदपिया B. हैदयपिया
C. नजरपिया D. सरसपिया

137. नियामत खां का उपनाम क्या है?
A. सदारंग B. हररंग
C. अदारंग D. मनरंग

138. नजरअली का उपनाम है–
A. सनदपिया B. नजरपिया
C. सरसपिया D. प्रेमपिया

139. श्रीलाल गोस्वामी का उपनाम क्या है?
A. सुजान B. कुवरशाम
C. नेहरंग D. शौखरंग

140. अजमत हुसैन खां का उपनाम है–
A. रामरंग B. प्रणवरंग
C. दिलरंग D. मनरंग

141. ग्वालियर नरेश माधवराव शिंदे का उपनाम है–
A. माधवपिया B. अख्तरपिया
C. सरसपिया D. नेहपिया

142. उस्ताद नसीर अमीनुद्दीन डागर को ध्रुपद सोसायटी ने स्वामी हरिदास पुरस्कार किस सन् में प्रदान किया?
A. 1977 B. 1979
C. 1981 D. 1983

143. अब्दुल लतीफ खां को संगीत नाटक अकादमी द्वारा सम्मान किस वर्ष मिला?
A. 1990 B. 1991
C. 1992 D. 1993

144. नफीस खां को सुरश्रृंगार संसद बंबई ने तालमणि की उपाधि से किस वर्ष नवाज़ा?
A. 1983 B. 1984
C. 1985 D. 1986

145. 'पखावज केसरी' की उपाधि से किस कलाकार को विभूषित किया गया?

A. अहमदजान थिरकुआ

B. अनोखे लाल

C. कुदऊ सिंह

D. कण्ठे महाराज

146. निम्नलिखित में से 'चक्रवर्ती संगीत राय' की उपाधि किसे प्रदान की गयी?

A. भावभट्ट B. मतंग

C. शार्ङ्गदेव D. लोचन

147. नसीर अमीनुद्दीन डागर को तानसेन सम्मान किस वर्ष मिला?

A. 1990 B. 1992

C. 1994 D. 1996

148. उस्ताद फैयाज़ खां किस पदवी से जाने जाते हैं?

A. मियां B. सुरबहार

C. सुरसिंगार D. आफताबे मौसिकी

149. पं. देबू चौधरी को 9 मार्च, 2002 को डी. लिट् की मानद उपाधि से किस विश्वविद्यालय ने विभूषित किया था?

A. बनारस विश्वविद्यालय

B. लखनऊ विश्वविद्यालय

C. इंदिरा कला संगीत विश्वविद्यालय

D. मेरठ विश्वविद्यालय

150. सुमति मुटाटकर को कालीदास सम्मान किस सन् में मिला था?

A. सन् 2004 B. सन् 2003

C. सन् 2002 D. सन् 2001

151. नसीर अमीनुद्दीन डागर को केन्द्रिय संगीत नाटक अकादमी के राष्ट्रीय पुरस्कार से कब नवाज़ा गया?

A. 1985 B. 1988

C. 1990 D. 1993

152. अब्दुल लतीफ खां को वर्ष 1990 में किस सम्मान से सम्मानित किया गया?

A. पद्मश्री

B. पद्मभूषण

C. संगीत नाटक अकादमी

D. पद्मविभूषण

153. शोभा गुर्टू को 'पद्मभूषण' की उपाधि किस सन् में प्राप्त हुई?

A. सन् 2001 B. सन् 2002

C. सन् 2003 D. सन् 2004

154. विश्वमोहन भट्ट को 2002 में किस सम्मान से नवाज़ा गया?

A. पद्मश्री B. संगीत नाटक अकादमी

C. भारत रत्न D. पद्म भूषण

155. नसीर अमीनुद्दीन डागर को 1986 में किस सम्मान से विभूषित किया गया?

A. पद्मश्री B. पद्मभूषण

C. भारत रत्न D. तालमणि

156. किशोरी अमोनकर को 2002 में कौन-सा सम्मान प्रदान किया गया?

A. सुरमणि B. पद्मविभूषण

C. कालीदास D. तालमणि

157. उस्ताद नसीर अमीनुद्दीन डागर का जन्म कब हुआ था?

A. 20 अक्टूबर 1923

B. 21 अक्टूबर 1924

C. 22 अक्टूबर 1926

D. 23 अक्टूबर 1928

158. उस्ताद अब्दुल हलीम जाफर का जन्म कहां हुआ था?

A. अयोध्या B. पूना

C. जावरा D. हरिद्वार

159. बाला साहब पूंछवाले का जन्म कहां पर हुआ?

A. आगरा B. भोपाल

C. ग्वालियर D. ललितपुर

160. सरोदवादिका शरणरानी शिष्या हैं–

A. पं. रविशंकर B. अली अकबर खां

C. राधिका मोइन मित्रा D. हाफिज अली खां

161. हीराबाई बड़ोदकर के पिता कौन थे?

A. शमशुद्दीन B. अब्दुल करीम खां

C. फैय्याज़ खां D. अल्लादिया खां

162. गंगूबाई हंगल का जन्म कब हुआ?

A. मार्च, 1913 B. अप्रैल, 1915

C. मई, 1917 D. जून, 1919

163. उस्ताद नसीर अमीनुद्दीन डागर के पिता का नाम बताइये–

A. रियाजुद्दीन डागर B. जियाउद्दीन डागर

C. नसीरूद्दीन डागर D. मोइनुद्दीन डागर

164. पन्नालाल घोष के गुरु कौन थे ?
A. अलाउद्दीन खां B. वज़ीर खां
C. फैयाज़ खां D. अल्लादिया खां

165. विलायतअली खां की मृत्यु कब हुई ?
A. 14 मार्च, 2004 B. 18 मार्च, 2004
C. 20 मार्च, 2004 D. 22 मार्च, 2004

166. प्रसिद्ध गायिका गंगूबाई हंगल का जन्म किस जगह हुआ ?
A. धारबाड़ B. पटना
C. बनारस D. कलकत्ता

167. बाला साहब पूंछवाले का जन्म कब हुआ ?
A. 13 दिसम्बर, 1917
B. 14 दिसम्बर, 1918
C. 15 दिसम्बर, 1919
D. 16 दिसम्बर, 1920

168. पं. वी.जी. जोग का निधन कब और कहां हुआ ?
A. 31 जनवरी 2004, कोलकाता
B. 28 जनवरी 2004, पूना
C. 25 जनवरी 2004, मुम्बई
D. 20 जनवरी 2004, अहमदाबाद

169. इमदाद खां किस जिले के थे ?
A. खुर्जा B. कानपुर
C. इटावा D. पूना

170. रामनिधि गुप्त किस विधा से संबंधित हैं ?
A. ध्रुपद B. टप्पा
C. ठुमरी D. ख्याल

171. उस्ताद अब्दुल हलीम जाफर खां का जन्म किस सन् में हुआ ?
A. 1927 B. 1929
C. 1931 D. 1933

172. तबला वादन में प्रवीण कौन था ?
A. अहमदजान थिरकुआ
B. वी.जी. जोग
C. मुश्ताक अली खां
D. हस्सू खां

173. हिंदुस्तानी संगीत के एक प्रख्यात संगीतज्ञ निम्न में से कौन थे ?
A. वी.एन. भातखण्डे B. गोपाल कृष्ण
C. अमजदअली खां D. अब्दुल करीम खां

174. फिल्मी गायिका एवं अदाकारा सुरैया की मृत्यु कब और कहां हुई ?
A. 22 जनवरी 2004, मध्य प्रदेश
B. 25 जनवरी 2004, उत्तर प्रदेश
C. 28 जनवरी 2004, गुजरात
D. 31 जनवरी 2004, मुम्बई

175. इनमें से विशेषत: 'भजन-गायक' कौन हैं ?
A. रवीन्द्रनाथ टैगोर B. जगजीत सिंह
C. डी.वी. पलुस्कर D. अनूप जलोटा

176. सितारवादक पं. रविशंकर जी के गुरु का नाम है–
A. उ० अली अकबर खां
B. उ० अमीर खां
C. उ० अलाउद्दीन खां
D. उ० अल्लादिया खां

177. पद्मभूषण शोभा गुर्टू का जन्म कब हुआ ?
A. 1925 B. 1928
C. 1930 D. 1932

178. उस्ताद विलायत खां कौन सा वाद्य बजाते थे ?
A. सरोद B. तबला
C. सितार D. वीणा

179. तानसेन किसके दरबार में थे ?
A. अकबर B. जहांगीर
C. शाहजहां D. औरंगजेब

180. पं. नारायण राव किसके शिष्य थे ?
A. पं० वी.डी. पलुस्कर
B. पं० डी.वी. पलुस्कर
C. उ० अल्लादिया खां
D. पं० भीमसेन जोशी

181. इनायत खां का जन्म कब हुआ ?
A. 16 जून, 1895 ई. B. 18 जून, 1895 ई.
C. 19 जून, 1895 ई. D. 20 जून, 1895 ई.

182. कौन सा लोकप्रिय वादक है ?
A. बड़े गुलाम अली खां B. ओंकारनाथ ठाकुर
C. रविशंकर D. सुमति मुराटकर

183. इनमें से एक कलाकार को 'भारत रत्न' नहीं मिला है–
A. लता मंगेशकर B. रविशंकर
C. जसराज D. बिसमिल्लाह खां

184. हद्दू खां का जन्मस्थान कहाँ है ?
A. लखनऊ B. कानपुर
C. इटावा D. ग्वालियर

185. शोभा गुर्टू की मृत्यु कब हुई ?
A. 27 सितम्बर, 2004
B. 29 सितम्बर, 2004
C. 30 सितम्बर, 2004
D. 1 अक्टूबर, 2004

186. उस्ताद मुश्ताक अली खां के शिष्य का नाम बताइये–
A. हलीमजाफर B. रविशंकर
C. पं. देबू चौधरी D. विलायतअली खां

187. पं. विनायक राव पटवर्धन के गुरु का नाम है–
A. उस्ताद अमीर खां B. पं. भातखण्डे
C. पं. डी.बी. पलुस्कर D. पं. वी.डी. पलुस्कर

188. अल्लादिया खां की प्रमुख महिला शिष्या कौन हैं ?
A. प्रभा अत्रे B. हीराबाई
C. रसूलन बाई D. केसरबाई

189. कल्लू खां और भीरू खां कौन थे ?
A. दिल्ली घराने के संस्थापक
B. अजराड़ा घराने के संस्थापक
C. लखनऊ घराने के संस्थापक
D. पंजाब घराने के संस्थापक

190. हद्दू खां की मृत्यु कब हुई ?
A. सन् 1870 B. सन् 1875
C. सन् 1880 D. सन् 1885

191. जगजीत सिंह किस विधा के कलाकार हैं ?
A. भजन B. ठुमरी
C. ग़ज़ल D. दादरा

192. फर्रूखाबाद घराने के उस्ताद अमीर हुसैन खां के गुरु थे–
A. उस्ताद अहमदजान थिरकवा
B. उस्ताद बख्शू खां
C. उस्ताद आबिद हुसैन
D. उस्ताद मुनीर खां

193. सुमति मुटाटकर किस विधा की कलाकार हैं ?
A. गायन B. वादन
C. नृत्य D. लोक संगीत

194. इनायत खां की मृत्यु कब हुई ?
A. 9 नवम्बर, 1938 B. 10 नवम्बर, 1938
C. 11 नवम्बर, 1938 D. 12 नवम्बर, 1938

195. के.बी. सुबन्ना किस विधा के कलाकार कहलाते हैं ?
A. ध्रुपद B. रंगकर्म
C. धमार D. ख्याल

196. सुजात हुसैन खां किससे संबंधित हैं ?
A. सितार B. सरोद
C. सारंगी D. तबला

197. निखिल घोष की मृत्यु कब और कहां हुई ?
A. 2 मार्च, 1994 भोपाल
B. 3 मार्च, 1995 मुंबई
C. 4 मार्च, 1996 पूना
D. 5 मार्च, 1997 इंदौर

198. पं. रविशंकर की पुत्री का नाम बताइये–
A. साश्वती B. अनुष्का
C. जया D. शोभा

199. अब्दुल करीम खां के गुरु का नाम बताइये–
A. रहमान खां B. सुजान खां
C. फैय्याज़ खां D. हद्दू खां

200. हद्दू खां की मृत्यु कहां पर हुई ?
A. भोपाल B. ग्वालियर
C. इंदौर D. खुर्जा

उत्तरमाला

1	2	3	4	5	6	7	8	9	10
A	C	D	A	C	D	B	A	A	B
11	**12**	**13**	**14**	**15**	**16**	**17**	**18**	**19**	**20**
C	C	C	A	C	C	B	B	C	A

21	22	23	24	25	26	27	28	29	30
A	C	D	A	A	B	C	D	B	B
31	**32**	**33**	**34**	**35**	**36**	**37**	**38**	**39**	**40**
B	B	A	D	B	D	A	C	B	C
41	**42**	**43**	**44**	**45**	**46**	**47**	**48**	**49**	**50**
D	A	D	B	C	A	B	A	A	C
51	**52**	**53**	**54**	**55**	**56**	**57**	**58**	**59**	**60**
C	D	A	D	D	C	C	A	C	A
61	**62**	**63**	**64**	**65**	**66**	**67**	**68**	**69**	**70**
B	D	A	A	C	B	D	B	B	D
71	**72**	**73**	**74**	**75**	**76**	**77**	**78**	**79**	**80**
C	B	C	C	D	C	B	B	B	C
81	**82**	**83**	**84**	**85**	**86**	**87**	**88**	**89**	**90**
A	B	B	D	D	D	D	D	A	A
91	**92**	**93**	**94**	**95**	**96**	**97**	**98**	**99**	**100**
A	D	B	C	D	C	A	B	C	A
101	**102**	**103**	**104**	**105**	**106**	**107**	**108**	**109**	**110**
D	B	B	D	A	C	C	A	D	C
111	**112**	**113**	**114**	**115**	**116**	**117**	**118**	**119**	**120**
B	D	A	B	B	A	C	B	D	B
121	**122**	**123**	**124**	**125**	**126**	**127**	**128**	**129**	**130**
C	A	C	B	C	B	A	B	B	A
131	**132**	**133**	**134**	**135**	**136**	**137**	**138**	**139**	**140**
A	D	A	A	B	B	A	B	B	C
141	**142**	**143**	**144**	**145**	**146**	**147**	**148**	**149**	**150**
A	B	A	A	C	A	A	D	C	D
151	**152**	**153**	**154**	**155**	**156**	**157**	**158**	**159**	**160**
A	C	B	A	B	B	A	C	C	B
161	**162**	**163**	**164**	**165**	**166**	**167**	**168**	**169**	**170**
A	A	C	A	A	A	C	A	C	B
171	**172**	**173**	**174**	**175**	**176**	**177**	**178**	**179**	**180**
B	A	A	D	D	C	A	C	A	A
181	**182**	**183**	**184**	**185**	**186**	**187**	**188**	**189**	**190**
A	C	C	A	A	C	D	D	B	B
191	**192**	**193**	**194**	**195**	**196**	**197**	**198**	**199**	**200**
C	D	A	C	B	A	B	B	A	B

संगीत

अभ्यास प्रश्न–पत्र

(हल सहित)

अभ्यास-पत्र-1

गायन एवं वाद्य-वादन (तबला छोड़कर)

1. मत्तकोकिला वीणा किस श्रेणी में है ?
   A. सुषिर B. अवनद्ध
   C. घन D. तत्
2. 'रास' किस प्रदेश में किया जाता है ?
   A. बंगाल B. उत्तर-प्रदेश
   C. राजस्थान D. हरियाणा
3. 'कीर्तन' किस प्रदेश में पाया जाता है ?
   A. उत्तर-प्रदेश B. महाराष्ट्र
   C. राजस्थान D. बंगाल
4. उस ताल वाद्य का नाम बताइये जिसका प्रयोग संख्या में वृद्धि करके राग-वादन के लिए किया जाता है—
   A. उपंग B. चंग
   C. तबला D. पखावज
5. दादा साहब फालके पुरस्कार किस क्षेत्र में प्रदान किया जाता है ?
   A. संगीत B. चित्रकला
   C. फिल्म D. नृत्य
6. जसराज किस घराने के हैं ?
   A. मेवात B. किराना
   C. ग्वालियर D. आगरा
7. हिन्दुस्तानी संगीत के उस कलाकार का नाम बताइये जिसे पद्म विभूषण से सम्मानित किया गया है—
   A. कुमार गन्धर्व B. रविशंकर
   C. अली अकबर D. अमजद अली
8. किस लेखक ने प्रथम बार पर्दों का उल्लेख किया है ?
   A. भरत B. मतंग
   C. शारंगदेव D. नारद
9. 'मुश्ताक अली खाँ' के सितार में कितने पर्दे थे ?
   A. 17 B. 19
   C. 20 D. 21
10. संगीत का 'अखिल भारतीय कार्यक्रम' आकाशवाणी से किस दिन प्रसारित होता है ?
   A. मंगलवार B. शुक्रवार
   C. शनिवार D. रविवार
11. सियाराम तिवारी किस विद्या के गायक हैं ?
   A. ख्याल B. ठुमरी
   C. भजन D. ध्रुपद
12. 'सादरा' किस ताल में गाया जाता है ?
   A. तीनताल B. एकताल
   C. झपताल D. दीपचन्दी
13. डी. अमेल किससे सम्बन्धित थे ?
   A. तबला B. सारंगी
   C. बांसुरी D. सितार
14. 'कण्ठे महाराज' किस घराने के थे ?
   A. बनारस B. फर्रुखाबाद
   C. जयपुर D. दिल्ली
15. उन कलाकारों के नाम बताइये जो 'अलइया-फत्तू' के नाम से प्रसिद्ध थे—
   A. सलामत अली—नज़ाकत अली
   B. अली बक्श—फतेहअली
   C. चांद खां—उस्मान खां
   D. हद्दू खां—हस्सू खां
16. 'सदारंग-अदारंग' किस सदी में हुए ?
   A. 16वीं B. 17वीं
   C. 18वीं D. 19वीं
17. 'रागध्यान' किस ग्रन्थ में दिए हुए हैं ?
   A. संगीत दर्पण B. संगीतसार
   C. हृदय प्रकाश D. राग तत्व विबोध
18. सामगान से कौन संबन्धित है ?
   A. सुस्काक्षर B. स्तोभाक्षर
   C. पटाक्षर D. निराक्षर
19. मांड लोकधुन किस प्रदेश की है ?
   A. मध्य प्रदेश B. उत्तर प्रदेश
   C. राजस्थान D. पंजाब

20. बंगाल का कौन-सा क्षेत्र ध्रुपद के लिए प्रसिद्ध है?
A. वर्द्धवान B. नादिया
C. विष्णुपुर D. शान्तिपुर

21. प्राचीन वीणाओं में से कौन-सी वीणा में सारिका थी?
A. विपंची B. घोषक
C. मत्तकोकिला D. चित्रा

22. तानसेन किस सदी में हुए?
A. 14वीं B. 15वीं
C. 17वीं D. 16वीं

23. हार्मोनियम किस स्केल में मिलाया जाता है?
A. नेचुरल B. क्रोमेटिक
C. डायोटोनिक D. टेम्पर्ड

24. मोघूबाई कुर्डीकर किस घराने की थीं?
A. आगरा B. किराना
C. जयपुर D. ग्वालियर

25. भावगीत किस प्रकार का गीत प्रकार है?
A. पंजाबी B. मराठी
C. बंगाली D. राजस्थानी

उत्तरमाला

1	2	3	4	5	6	7	8	9	10
D	B	D	C	C	A	A	B	A	D
11	**12**	**13**	**14**	**15**	**16**	**17**	**18**	**19**	**20**
D	C	C	A	B	C	D	B	C	C
21	**22**	**23**	**24**	**25**					
C	B	D	C	B					

अभ्यास-पत्र-2

हिन्दुस्तानी (अवनद्ध वाद्य)

तबला और पखावज

1. उत्तर प्रदेश में उस नगर का नाम बताइये जहां प्रतिवर्ष शिवरात्रि-पर्व पर ध्रुपदियों एवं पखावजियों का जमघट होता है—
A. अयोध्या B. मथुरा
C. वाराणसी D. हरिद्वार

2. यदि झपताल को कहरवा (आठ मात्रा) में सम से सम तक लिखा जाय तो कौन-सी लयकारी होगी?
A. पौन गुन B. सवाई
C. आड़ D. पौने दो गुन

3. अतीत व अनागत किसके अंग हैं?
A. जाति B. प्रस्तार
C. ग्रह D. मार्ग

4. नाट्यशास्त्र के किस अध्याय से संगीत-विषयक प्रतिपादन प्रारंभ होता है?
A. 26वां B. 27वां
C. 28वां D. 29वां

5. | तू ना | क त्ता किस ताल के ठेके का अंग है?
| 0 | 3
A. एक ताल B. आड़ा चौताल
C. फरोदस्त D. झूमरा

6. उड़ीसी नृत्य की संगत किस ताल वाद्य के साथ की जाती है?
A. मृदंग B. तबला
C. खोल D. ढोलक

7. 'अजराड़ा' किसके लिये विशेष रूप से जाना जाता है?
A. गत
B. तिहाई
C. आड़ी लय के कायदे
D. गत-परन

8. ताल धुमाली किसके लिए सर्वाधिक उपयुक्त है?
A. ठुमरी B. दादरा
C. कजरी D. भजन

9. प्रस्तार किसमें किया जाता है ?
A. गत B. परन
C. मुखड़ा D. कायदा

10. हबीबुद्दीन कहाँ के रहने वाले थे ?
A. दिल्ली B. मेरठ
C. फर्रुखाबाद D. लखनऊ

11. नवहक्का में कितने 'धा' होते हैं ?
A. 3 B. 9
C. 27 D. 81

12. 'पाटाक्षर' का नया नाम क्या है ?
A. नाद B. स्वर
C. ध्वनि D. बोल

13. किस तबला-वादक को 'चौमुखा-वादक' कहते हैं ?
A. अहमद जान थिरकुआ B. पं. राम सहाय
C. कण्ठे महाराज D. अनोखे लाल

14. उस्ताद हबीबुद्दीन को कौन-सी उपाधि प्रदान की गई थी ?
A. संगीत-सम्राट B. संगत-सम्राट
C. संगीत-शिरोमणि D. संगीत-प्रवीण

15. कण्ठे महाराज किसके गुरु थे ?
A. किशन महाराज B. गुदई महाराज
C. सुदई महाराज D. अनोखे लाल

16. लौह का मैल किस वस्तु के बनाने में प्रयुक्त होता है ?
A. दुआल B. गजरा
C. चांटी D. स्याही

17. बकरे की खाल का प्रयोग किस वस्तु के बनाने में होता है ?
A. दुआल B. ईंडुरी
C. पुड़ी D. स्याही

18. ‿धा किस ताल के ठेके में आता है ?
A. दीपचन्दी B. आड़ा चारताल
C. झूमरा D. पंजाबी

19. |तिट् कत| गदि गिन| (2, 3) किस ताल के ठेके के अंश हैं ?
A. तीव्रा B. गजझंपा
C. चौताल D. सूलताल

20. सितार पर झाले की संगत तबले पर किस लय में करनी होती है ?
A. अति बिलम्बित B. बिलम्बित
C. द्रुत D. मध्य

21. अनिबद्ध व निबद्ध गान में अन्तर स्थापित करने वाला तत्व क्या है ?
A. काल B. ताल
C. जाति D. प्राण

22. 'काल मार्ग क्रियागानि' क्या है ?
A. जाति B. लय
C. प्राण D. यति

23. स्वामी हरिदास किस ताल-वाद्य की संगति में गाते थे ?
A. तबला B. खोल
C. पखावज D. दर्दुर

24. सितार के प्रथम तार को किसका तार कहा जाता है ?
A. बाज का B. जोड़ का
C. चिकारी का D. खरज का

25. ताल झूमरा किस गायन-शैली के लिये प्रयुक्त होती है ?
A. झूलना B. बिलम्बित ख्याल
C. चैती D. कजरी

26. 1.5 मात्रा का धिं किस ताल के ठेके में प्रयुक्त होता है ?
A. दीपचन्दी B. पंजाबी
C. आड़ा चौताल D. झूमरा

27. 'संगीत रत्नाकर' ग्रंथ को किस अन्य नाम से भी जाना जाता है ?
A. पंचाध्यायी B. सप्ताध्यायी
C. नवाध्यायी D. एकादशाध्यायी

28. 'त्रक धिकिट धान' मूलतः किस ताल-वाद्य का बोल है ?
A. तबला B. पखावज
C. ढोलक D. नक्कारा

29. बृहद्देशी ग्रंथ किस शताब्दी में लिखा गया ?
A. चौथी B. पांचवीं
C. छठी D. सातवीं

30. 'विक्रमोर्वशीय' नाटक के लेखक हैं—

A. भास B. कालिदास
C. हर्ष D. भवभूति

31. तबला या पखावज प्राय: किस स्वर में मिलाया जाता है ?

A. पंचम स्वर B. मध्यम स्वर
C. गन्धार स्वर D. षड्ज स्वर

32. उस्ताद ज़ाकिर हुसैन किसके पुत्र हैं ?

A. उस्ताद अहमद जान थिरकुआ
B. उस्ताद नन्हें खां
C. उस्ताद अल्लारक्खा खां
D. उस्ताद करामतउल्ला खां

33. तबले के प्रमुख चारों बाजों पर किसका अधिकार था ?

A. उस्ताद अहमद जान थिरकवा
B. पं. सामता प्रसाद गुदई महाराज
C. उस्ताद अल्लारक्खा खां
D. उस्ताद करामतउल्ला खां

34. पं. किशन महाराज किस बाज का प्रतिनिधित्व करते हैं ?

A. दिल्ली बाज B. पंजाब बाज
C. बनारस बाज D. लखनऊ बाज

35. 'संगत-सम्राट' की उपाधि किसे मिली थी ?

A. गुदई महाराज B. कंठे महाराज
C. करीम खां D. हबीबुद्दीन

36. 'धुमकिट' बोल किस वाद्य से सम्बन्धित है ?

A. तबला B. पखावज
C. ढोलक D. ढोल

37. पागलदास पखावजी कहां के रहने वाले थे ?

A. मथुरा B. काशी
C. अयोध्या D. उज्जैन

38. पं. अयोध्या प्रसाद पखावजी कहां के रहने वाले थे ?

A. रामपुर B. कानपुर
C. भरतपुर D. ललितपुर

39. |तिट कत|गदि गन| बोल किस ताल के हैं ?
|3 |0

A. चौताल B. तीव्रा
C. सूलताल D. इनमें से कोई नहीं

40. 'तानसेन' की संगत किस वाद्य से होती थी ?

A. पखावज B. तबला
C. नक्कारा D. ढोलक

41. ताल, जिसके ठेके की अंतिम मात्राओं में आड़ है—

A. आड़ाचौताल B. झूमरा
C. दीपचन्दी D. फरोदस्त

42. |तिट कत गदि गन किस ताल के ठेके के बोल हैं ?
|3

A. मत्तताल B. गजझंपा
C. तीव्रा D. चारताल

43. स्वामी हरिदास कहां रहते थे ?

A. मथुरा B. वृंदावन
C. ग्वालियर D. गोवर्धन

44. तबला/पखावज संगतकार को कहाँ बैठना चाहिये ?

A. गायक के सामने B. गायक के पीछे
C. गायक के दाहिनी ओर D. गायक के बायीं ओर

45. कर्नाटक संगीत की मुख्य तालें कितनी हैं ?

A. 5 B. 7
C. 9 D. 11

46. 'गीतं, वाद्यं तथा नृत्तं त्रयं संगीतमुच्वते' किस ग्रंथ से है ?

A. भरतकृत नाट्यशास्त्र B. संगीत रत्नाकर
C. संगीत मकरंद D. संगीत पारिजात

47. भरत नाट्यशास्त्र में भारतीय संगीत वाद्य कितने भागों में वर्गीकृत किये गये हैं ?

A. 3 B. 4
C. 5 D. 6

48. तबले में कितने घर होते हैं ?

A. 4 B. 8
C. 12 D. 16

49. तबला/पखावज के कितने वर्ण होते हैं ?

A. 8 B. 10
C. 12 D. 16

50. परदे का सम्बन्ध किस वाद्य से है ?

A. सितार B. सरोद
C. सारंगी D. मृदंग

51. सादरा गायन शैली की संगत किस ताल वाद्य से होती है ?

A. तबला
B. पखावज
C. चंग
D. उपंग

52. तबला तरंग किस वर्ग का वाद्य है ?

A. अवनद्ध वाद्य
B. सुषिर वाद्य
C. तत् वाद्य
D. घन वाद्य

53. तिलवाड़ा ताल किसके लिये सर्वाधिक उपयुक्त है ?

A. बिलम्बित ख्याल
B. द्रुत ख्याल
C. टप्पा
D. तराना

54. हवेली-संगीत (अष्टछाप परम्परा) की संगति किस वाद्य पर की जाती है ?

A. तबला
B. पखावज
C. मृदंगम्
D. घटम्

55. भरत नाट्यशास्त्र में प्रयुक्त शब्द 'कुतप' का क्या अर्थ है ?

A. वाद्य वृन्द
B. वृन्द गान
C. ताल वाद्य समूह
D. नर्तक समूह

उत्तरमाला

1	2	3	4	5	6	7	8	9	10
C	B	C	C	B	A	C	D	D	B
11	**12**	**13**	**14**	**15**	**16**	**17**	**18**	**19**	**20**
B	D	A	A	A	D	C	C	A	C
21	**22**	**23**	**24**	**25**	**26**	**27**	**28**	**29**	**30**
B	C	C	A	B	A	B	A	C	B
31	**32**	**33**	**34**	**35**	**36**	**37**	**38**	**39**	**40**
D	C	A	C	D	B	C	A	C	A
41	**42**	**43**	**44**	**45**	**46**	**47**	**48**	**49**	**50**
D	B	B	C	B	B	B	D	B	A
51	**52**	**53**	**54**	**55**					
A	A	A	B	A					

अभ्यास-पत्र-3

संगीतशास्त्र

1. किस ग्रंथ में ग्रंथकार ने प्रथम बार वीणा के तार की लम्बाई पर स्वर-स्थापना विधि बताने में स्वर संवाद का आश्रय लेने को कहा है ?

A. राग तत्वविबोध
B. राग तरंगिणी
C. संगीत पारिजात
D. चतुर्दण्डि प्रकाशिका

2. किस ग्रंथ के ग्रंथकार ने सबसे पहली बार विकृत स्वरों के लिए कोमल, तीव्र संज्ञाओं को लिया ?

A. राग तरंगिणी
B. संगीत पारिजात
C. हृदय प्रकाश
D. राग तत्वविबोध

3. सबसे पहला ग्रंथ जिसने स्वरों को पक्षी तथा पशु की ध्वनियों से जोड़ा—

A. दत्तिलम्
B. नारदीय शिक्षा
C. संगीत मकरंद
D. वृहद्देशी

4. सितार के आविष्कार कौन हैं ?

A. अमीर खुसरो
B. खुसरो खां
C. मसीत खां
D. रज़ा खां

5. बारह शुद्ध विकृत स्वरों में वराली मध्यम जोड़ने से कितने मेलों का निर्माण होता है ?

A. 32
B. 36
C. 72
D. 10

6. नारदीय शिक्षा में कितने स्वर हैं ?
   A. पांच B. सात
   C. बारह D. तीन

7. विपंची क्या है ?
   A. तत् वाद्य B. अवनद्ध वाद्य
   C. सुषिर वाद्य D. घन वाद्य

8. किस ग्रंथ में 'धमार' गीत का नाम सबसे पहली बार लिया हुआ दिखता है ?
   A. संगीत रत्नाकर B. वृहद्देशी
   C. संगीत राज D. संगीत परिजात

9. भरत ने कितने साधारण स्वर प्रयोग में लिये हैं ?
   A. 2 साधारण स्वर B. 4 साधारण स्वर
   C. 5 साधारण स्वर D. 6 साधारण स्वर

10. किस ग्रंथ में पांच रागों की उत्पत्ति महादेव के पंचमुख से तथा छठे राग की उत्पत्ति पार्वती के मुख से माने जाने का उल्लेख है ?
   A. संगीत मकरन्द B. संगीत दर्पण
   C. अनूप संगीत रत्नाकर D. अभिनव भारती

11. भरत द्वारा कितने प्रकार के न्यास स्वर वर्णित किए गए हैं ?
   A. पच्चीस B. इक्कीस
   C. बाईस D. उनत्तीस

12. राग के दस लक्षण किस गेय विधा से अवतरित किए गए हैं ?
   A. प्रबन्ध B. जाति गायन
   C. ध्रुवा गान D. अष्टपदी

13. षड्ज ग्राम की कौन-सी मूर्च्छना हिन्दुस्तानी स्वर सप्तक का आधार है ?
   A. छठी B. चौथी
   C. पहली D. पांचवीं

14. संगीत सारामृत ग्रंथ कितने अध्यायों में है ?
   A. दस B. सात
   C. पांच D. चौदह

15. दो श्रुतियों के बीच अन्तराल मापने के लिए 'महती तथा उपमहती' नामक मापदण्डों की कल्पना किसके द्वारा की गई ?
   A. कैलाशचन्द्र देव वृहस्पति
   B. शार्ङ्गदेव
   C. भरत
   D. ओंकारनाथ ठाकुर

16. संगीत समयसार ग्रंथ के छठे अध्याय में किसका वर्णन है ?
   A. रागों का B. तालों का
   C. वाद्यों का D. मेलों का

17. मानव-शरीर में उत्पन्न पांच प्रकार के नादों (सूक्ष्म, अतिसूक्ष्म, पुष्ट, अपुष्ट, कृत्रिम) का उल्लेख किस ग्रंथ में प्राप्त होता है ?
   A. संगीत दर्पण B. संगीत रत्नाकर
   C. संगीत मकरन्द D. संगीत पारिजात

18. अभिनव ताल मंजरी ग्रंथ कब लिखा गया था ?
   A. संवत् 1832 B. संवत् 1833
   C. संवत् 1834 D. संवत् 1835

19. सारणाचतुष्टयी की तृतीय सारणा में शुद्ध स्वरों की स्थापना के लिए श्रुति व्यवस्था क्या है ?
   सा - रे - ग - म - प - ध - नी
   A. 3 - 6 - 8 - 12 - 16 - 19 - 21
   B. 2 - 5 - 7 - 11 - 15 - 18 - 20
   C. 4 - 7 - 9 - 13 - 17 - 20 - 22
   D. 1 - 4 - 6 - 10 - 14 - 17 - 19

20. ध्रुपद की रचना का वर्णन किस ग्रंथकार ने किया है ?
   A. पुण्डरीक विट्ठल B. व्यंकटमखी
   C. भावभट्ट D. हृदय नारायण देव

21. 'राग चंद्रिकासार' ग्रंथ किस लेखक का लिखा हुआ ग्रंथ है ?
   A. पं. विष्णु शर्मा B. पार्श्वदेव
   C. भरत D. भगवत्शरण शर्मा

22. 'संगीत समयसार' ग्रंथ के ताल अध्याय को कितने श्लोकों में समाप्त किया गया है ?
   A. 63 B. 65
   C. 68 D. 69

23. सामगान के कितने प्रकार के स्तोभाक्षरों का प्रयोग किया गया है ?
   A. दस B. तेरह
   C. चौदह D. बारह

24. संगीत मकरंद में नारद ने नपुंसक रागों के कितने प्रकार बताए हैं?

A. बारह B. तेरह
C. पन्द्रह D. सात

25. किस गंथ में रागों के स्त्रीलिंग व पुल्लिंग स्वरूप का उल्लेख किया गया है?

A. संगीत राज B. संगीत मकरंद
C. राग तरंगिणी D. राग माला

26. किस ग्रंथकार ने देशी रागों का सम्बन्ध देशी धुनों से होने का उल्लेख किया है?

A. नारद B. मतंग
C. पुण्डरीक विट्ठल D. हृदय नारायण देव

27. 'ए हिस्टोरिकल डवलपमेंट ऑफ इण्डियन म्यूज़िक' नामक पुस्तक के लेखक कौन हैं?

A. बी.सी.देवा B. श्री. ना. रातंजनकर
C. एस.एग. टैगोर D. स्वामी प्रज्ञानानन्द

28. सेंनिया घराने के संगीतज्ञ का नाम बताइए—

A. हबीबुद्दीन खां B. बिसमिल्लाह खां
C. गुलाम अली खां D. अलाउद्दीन खां

29. ख्याल के आविष्कार के साथ किसका नाम जुड़ा हुआ है?

A. चांद खां B. बाज़ बहादुर
C. सूरज खां D. अमीर खुसरो

30. बालकृष्ण बुवा इचलकरंजीकर का सम्बन्ध किस घराने से रहा है?

A. पटियाला B. ग्वालियर
C. किराना D. दिल्ली

31. ख्वागी हरिदास का जन्म किस प्रान्त में हुआ था?

A. उत्तर प्रदेश B. राजस्थान
C. पंजाब D. बंगाल

32. नाट्यशास्त्र के सोलहवें अध्याय को कितने श्लोकों में पूर्ण किया गया है?

A. 177 B. 179
C. 181 D. 183

33. विनायक राव पटवर्धन किस गेय विधा से सम्बन्धित थे?

A. ठुमरी B. ध्रुपद
C. तराना D. टप्पा

34. 'चलवीणा' व 'अचल वीणा' का उल्लेख किस ग्रंथ गें किया गया है?

A. चतुर्दण्डी प्रकाशिका B. हृदय कौतुक
C. नाट्यशास्त्र D. दत्तिलम्

35. 'उत्तम-मध्यम-अधम' राग वर्गीकरण पद्धति किस ग्रंथ में वर्णित है?

A. स्वरमेल कलानिधि B. संगीत पारिजात
C. मानसोल्लास D. हृदय प्रकाश

36. सप्तगीतकों में एक है—

A. उत्तर B. पञ्चपाणि
C. आसारित D. आन्ध्री

37. रामनिधि गुप्त किसलिए प्रसिद्ध हुए?

A. ध्रुपद B. धमार
C. टप्पा D. भजन

उत्तरमाला

1	2	3	4	5	6	7	8	9	10
C	A	B	B	C	B	A	C	B	B
11	**12**	**13**	**14**	**15**	**16**	**17**	**18**	**19**	**20**
B	B	B	D	C	C	B	C	D	C
21	**22**	**23**	**24**	**25**	**26**	**27**	**28**	**29**	**30**
A	A	C	B	B	B	D	D	D	B
31	**32**	**33**	**34**	**35**	**36**	**37**			
A	B	C	C	A	A	C			

अभ्यास-पत्र-4

हिन्दुस्तानी (अवनद्ध वाद्य)
तबला और पखावज

1. स्वतन्त्र वादन में कौन-सी बोल रचना पहले बजायी जाती है ?

A. कायदा B. पेशकार

C. गत D. परन

2. दाव-गांस का सम्बन्ध किससे है ?

A. वाद्य की रचना

B. वाद्य का स्वर में मिलाना

C. वाद्य का रख-रखाव

D. बोलों का सौन्दर्य

3. तबला/पखावज की पुड़ी किस पशु के चमड़े से बनती है ?

A. भेड़ B. घोड़ा

C. बकरी D. ऊंट

4. 'आदिताल' का स्वरूप किस ताल से मिलता है ?

A. चारताल B. धमार

C. तीनताल D. झपताल

5. 'पाटाक्षर' शब्द किस वाद्य से सम्बन्धित है ?

A. तबला/पखावज B. वीणा

C. वेणु D. जलतरंग

6. फर्रुखाबाद घराना किसके लिए प्रसिद्ध है ?

A. पेशकार B. कायदा

C. गत D. परन

7. कर्नाटक ताल पद्धति में तीनताल का स्वरूप क्या होगा ?

A. । ऽ । B. ।।ऽ

C. ऽऽऽ D. ।।।

8. पं. पन्नालाल घोष किस वाद्य के लिए प्रसिद्ध थे ?

A. सितार B. सरोद

C. वीणा D. बांसुरी

9. 'परन' का स्रोत कौन-सा तालवाद्य है ?

A. तबला B. पखावज

C. ढोलक D. नक्कारा

10. उस्ताद अल्लारक्खा के पुत्र का नाम क्या है ?

A. निजामुद्दीन B. फैयाज खां

C. जाकिर हुसैन D. मुन्ने खां

11. अबान ई. मिस्त्री किस वाद्य को बजाती हैं ?

A. सितार B. सरोद

C. तबला D. पखावज

12. यदि पंचम सवारी (15 मात्राएं) को झपताल में सम से सम तक लिखें तो कौन-सी लयकारी होगी ?

A. $\frac{3}{4}$ B. $1\frac{1}{2}$

C. $2\frac{1}{4}$ D. $2\frac{1}{2}$

13. नफीस खां किस विधा के संबंधित कलाकार हैं ?

A. सितार B. सरोद

C. वायलिन D. तबला

14. संगीत परिजात में जिस स्वर-समूह से राग प्रारम्भ होता है, उसे क्या कहा है ?

A. मेलापक तान B. आलाप

C. उद्ग्राह तान D. मुर्की

15. निम्न में से कौन-सा कलाकार सितार वादक है ?

A. पं. भीमसेन जोशी B. पं. जसराज

C. उ. अमजद अली D. पं. देबू चौधरी

उत्तरमाला

1	2	3	4	5	6	7	8	9	10
B	D	C	C	A	C	A	D	B	C
11	**12**	**13**	**14**	**15**					
C	B	D	C	D					

अभ्यास-पत्र-5

संगीतशास्त्र

1. सामवेद की शिक्षा का नाम है—
   A. याज्ञवल्क्य शिक्षा B. पाणिनीय शिक्षा
   C. नारदीय शिक्षा D. जैमिनीय शिक्षा
2. नारदीय शिक्षा में गान्धर्व स्वरों के लिए किस वाद्य का उल्लेख है ?
   A. काष्ठ वीणा B. वल्लकी वीणा
   C. वेणु D. कन्दा वीणा
3. ठुमरी शैली के आश्रयदाता का नाम बताइए—
   A. मोहम्मद शाह रंगीले B. वाजिद अली शाह
   C. अलाउद्दीन खिलजी D. शाहजहां
4. सारिकाविहीन वाद्य का नाम बताएं—
   A. सुर श्रृंगार B. इसराज
   C. सुरबहार D. सुरपेटी
5. जाति का नाम है—
   A. छन्दोवती B. ललिता
   C. पंचमी D. करुणा
6. नारद द्वारा लिखा ग्रंथ का नाम—
   A. चतुर्दण्डी प्रकाशिका
   B. चत्वारिशंच्छत रागनिरूपणम्
   C. रागकल्पद्रुम
   D. वृहद्दोशी
7. एक प्राचीन तारों वाला वाद्य क्या है ?
   A. नगाड़ा B. पनाड़ा
   C. परिवादिनी D. नालि
8. संगीत मंजूषा के लेखक का नाम बताएं—
   A. प्रेमलता शर्मा B. बृहस्पति
   C. एस.पी. वंद्योपाध्याय D. इन्द्राणी चक्रवर्ती
9. किराना घराने के प्रवर्तक—
   A. बहरे बुवा B. अब्दुल करीम खां
   C. अब्दुल अजीज खां D. वाजिद खां
10. वीणा पर सभी स्वर स्थित होने पर क्या कहा जाता है
    A. अचल B. चल
    C. चलाचल D. प्रकृत
11. संगीत में ग्राम क्या है ?
    A. गांव B. मूर्च्छनाओं का मिश्रण
    C. श्रुतियों का समूह D. स्वरों का समूह
12. कौन-सी गीति शैली होली का वर्णन करती है ?
    A. त्रिवट B. धमार
    C. चतुरंग D. ध्रुपद
13. हिन्दुस्तानी तथा कर्नाटक दोनों पद्धतियों में किसने गीतों की रचना की ?
    A. श्यामा शास्त्री
    B. स्वाति तिरुनाल
    C. तुलजाजी भोंसले
    D. विष्णु दिगम्बर पलुस्कर
14. शुद्ध स्वरों के अलावा अन्य स्वरों का पारिभाषिक शब्द नाट्यशास्त्र में क्या है ?
    A. साधारण B. विकृत
    C. असाधारण D. मृदु
15. कर्नाटक मेल का नाम बताएं जो हिन्दुस्तानी पूर्वी थाट के समकक्ष है—
    A. कामवर्धिनी B. मायामालवगौल
    C. धीरशंकराभरण D. शुभपन्तुवराली

उत्तरमाला

1	2	3	4	5	6	7	8	9	10
A	C	B	D	D	B	C	D	B	A
11	**12**	**13**	**14**	**15**					
D	B	B	A	A					

अभ्यास-पत्र-6

हिन्दुस्तानी संगीत (तबला छोड़कर)
गायन एवं वाद्य वादन

1. मध्यमग्राम का पंचम किस श्रुति पर स्थित है?
A. पन्द्रहवीं श्रुति B. सोलहवीं श्रुति
C. सत्रहवीं श्रुति D. अट्ठारहवीं श्रुति

2. षड्जग्राम में कुल कितने विकृत स्वर हैं?
A. दो B. पांच
C. चार D. एक

3. मध्यम ग्राम से कुल कितनी मूर्च्छनाएं उत्पन्न होती हैं?
A. पांच B. सात
C. बारह D. पन्द्रह

4. 'संगीत रत्नाकर' में कुल कितने अध्याय हैं?
A. पांच B. सात
C. आठ D. दस

5. सामगान में कितने स्वरों का व्यवहार हुआ है?
A. तीन B. पांच
C. सात D. बारह

6. निम्नलिखित में से किस ग्रंथकर्त्ता ने 'सारणा चतुष्टय' सिद्धान्त को प्रतिपादित किया?
A. दत्तिल B. भरत
C. कोहल D. मतंग

7. निम्नलिखित में से किस ग्रंथकार ने वीणा के तार की लम्बाई का विभाजन कर अपने शुद्ध-विकृत स्वरों की स्थापना की?
A. अहोबल B. श्रीनिवास
C. पुंडरीक विट्ठल D. भातखण्डे

8. प्रबंध के कुल कितने अंग थे?
A. दो B. तीन
C. चार D. छह

9. गीतियां कुल कितनी थीं?
A. दो B. तीन
C. चार D. पांच

10. बड़े ख्याल की रचना किसने की—
A. अमीर खुसरो B. सदारंग
C. मुहम्मद रज़ा D. फैयाज़ खां

11. सदारंग-अदारंग किसके दरबार में थे?
A. वाजिद अली शाह B. मुहम्मद शाह रंगीले
C. बहादुर शाह ज़फर D. राजा मानसिंह तोमर

12. कर्नाटक संगीत में मुख्य ताल कितने हैं?
A. सात B. पांच
C. तीस D. चालीस

13. स्व. अल्लादिया खां किस घराने के गायक थे?
A. आगरा घराना B. ग्वालियर घराना
C. जयपुर घराना D. पटियाला घराना

14. 'सहसरस' का संकलन एवं संपादन किसने किया है?
A. डॉ. के.सी.डी. बृहस्पति
B. श्रीमती सुलोचना बृहस्पति
C. डॉ. प्रेमलता शर्मा
D. पं. ओंकारनाथ ठाकुर

15. पं. भातखण्डे के अनुसार 'धवैत' किस श्रुति पर स्थित है?
A. पन्द्रह B. सोलह
C. सत्रह D. अट्ठारह

16. 'सितारा देवी' कत्थक नृत्य के किस घराने से संबद्ध है?
A. जयपुर B. लखनऊ
C. रायगढ़ D. बनारस

17. बिरजू महाराज कत्थक नृत्य के किस घराने से संबद्ध हैं?
A. जयपुर B. लखनऊ
C. रायगढ़ D. बनारस

18. आबिद हुसैन खां तबला के किस घराने से संबद्ध है?
A. लखनऊ B. बनारस
C. फर्रुखाबाद D. दिल्ली

19. तबला नवाज़ ज़ाकिर हुसैन के गुरु कौन थे?
A. मुनीर खां B. करामतुल्ला खां
C. अहमदजान थिरकुआ D. अल्लारक्खा खां

20. स्व. उस्ताद अमानअली खां ख्याल के किस घराने से संबद्ध हैं ?

A. जयपुर B. भिंडी बाज़ार

C. ग्वालियर D. पटियाला

21. पं. रामचतुर मलिक किस गान-शैली के गायक थे ?

A. ख्याल B. ध्रुवपद

C. ठुमरी D. तराना

22. स्व. ज़हीरुद्दीन डागर के पिता कौन थे ?

A. नसीरुद्दीन खां डागर B. रहीमुद्दीन खां डागर

C. अमीनुद्दीन खां डागर D. मोइनुद्दीन खां डागर

23. हीराबाई बडोदेकर के पिता कौन थे ?

A. शमशुद्दीन खां B. अब्दुल करीम खां

C. फैयाज़ खां D. अल्लादिया खां

24. केसरबाई केलकर ख्याल के किस घराने की गायि थीं ?

A. आगरा B. ग्वालियर

C. किराना D. कोल्हापुर

25. उस्ताद अलाउद्दीन खां कहां जाकर बसे ?

A. मैहर B. रामपुर

C. लखनऊ D. दिल्ली

उत्तरमाला

1	2	3	4	5	6	7	8	9	10
B	C	B	B	C	B	A	D	D	B
11	**12**	**13**	**14**	**15**	**16**	**17**	**18**	**19**	**20**
B	A	C	C	C	D	B	A	D	B
21	**22**	**23**	**24**	**25**					
B	A	A	A	A					

अभ्यास-पत्र-7

हिन्दुस्तानी संगीत (तबला छोड़कर)

गायन एवं वाद्य वादन

1. 'राग' का उल्लेख सर्वप्रथम किसने किया है ?

A. मतंग B. नान्यदेव

C. राणा कुम्भा D. रामामात्य

2. 'संगीत राज' के लेखक कौन हैं ?

A. बृहस्पति B. राणा कुम्भा

C. जयदेव D. लोच्चन

3. 'उद्‌ग्राह' क्या है ?

A. प्रबन्ध का एक अवयव है।

B. ध्रुवपद का एक अवयव है।

C. किसी राग को प्रारम्भ करने का स्वर है।

D. रूपक का एक प्रकार है।

4. 'कम्पित' क्या है ?

A. एक गमक है।

B. प्रबन्ध का धातु है।

C. तान का प्रकार है।

D. स्वरोच्चारण का दोष है।

5. अमीर खुसरो क्या थे ?

A. अलाउद्दीन खिलजी के प्रधानमंत्री थे।

B. शेरशाह सूरी के प्रधानमंत्री थे।

C. कुतुबुद्दीन ऐबक के प्रधानमंत्री थे।

D. हुमायूं के प्रधानमंत्री थे।

6. सितार को लोकप्रिय बनाया—

A. अमीर खुसरो ने B. खुसरो खां ने

C. मसीत खां ने D. रज़ा खां ने

7. ध्रुवपद का विकास हुआ है—

A. कव्वाली से B. प्रबन्ध से

C. ध्रुवगान से D. अष्टपदी से

8. अकबर बादशाह के दरबार में जाने से पूर्व, तानसेन दरबारी गायक थे—
A. ग्वालियर के B. आगरा के
C. रीवां के D. दतिया के

9. तानसेन ने प्रसिद्ध किया—
A. राग भैरव B. राग तोड़ी
C. राग यमन D. राग बिलावल

10. तानसेन विशेषज्ञ थे—
A. ख्याल के B. ध्रुवपद के
C. सितार के D. पखावज के

11. बख्शू दरबारी संगीतज्ञ थे—
A. राजा मानसिंह तोमर के B. रामचन्द्र बघेला के
C. अलाउद्दीन खिलजी के D. अकबर के

12. सरोद वाद्य को लाया गया है—
A. अफगानिस्तान से B. ईरान से
C. सऊदी अरब से D. पाकिस्तान से

13. बिन्दादीन महाराज रचनाकार थे—
A. ख्यालों के B. ध्रुवपदों के
C. ठुमरियों के D. टप्पा के

14. स्वामी हरिदास रचनाकार थे—
A. ख्यालों के B. ध्रुवपदों के
C. अष्टपदियों के D. चतुरंगों के

15. उस्ताद अलाउद्दीन खां के गुरु रहते थे—
A. लखनऊ में B. रामपुर में
C. ग्वालियर में D. दिल्ली में

16. अल्लादिया खां—
A. जयपुर घराने के थे।
B. किराना घराने के थे।
C. आगरा घराने के थे।
D. ग्वालियर घराने के थे।

17. मोहन वीणा को विकसित किया है—
A. सितार से B. गिटार से
C. सरोद से D. सुरबहार से

18. राग-रागांग सिद्धान्त को स्थापित किया—
A. वी.एन. पटवर्धन ने
B. नारायण मोरेश्वर खरे ने
C. नारायण राव व्यास ने
D. वी.डी. पलुस्कर ने

19. राग रामकली गाया जाता है—
A. सुबह के प्रथम प्रहर में
B. रात्रि के अन्तिम प्रहर में
C. सुबह के संधि प्रकाश में
D. शाम के संधि प्रकाश में

20. भैरव राग का मुख्य रागांग है—
A. म, ग, रे॒, सा B. ग, म, रे॒, सा
C. रे, ग, रे॒, सा D. ग, म, ध॒, प

21. सारंग का प्रमुख रागांग है—
A. प म रे, सा B. रे म, रे, सा
C. रे॒ म प, रे D. नि़ सा रे, सा

22. 'प नि, ध, सां, नि, प' यह स्वर समूह किस राग का है ?
A. बिहाग B. हंसध्वनि
C. शंकरा D. बिहागड़ा

23. निम्नलिखित स्वर-समूह किस राग का है ?
ग म, ग॒ सा, ग॒ सा
A. जोग B. मालकौंस
C. चन्द्रकौंस D. मधुकौंस

24. राग भैरवी किस स्वर-समूह से अच्छी तरह व्यक्त होगी—
A. म ग॒, सा रे॒ सा, B. सा, ग॒, म, प,
C. म, ध॒, नी॒, सा D. नि॒ , सा, रे॒, ग

25. बिलावल अंग किस स्वर-समूह के द्वारा अच्छी तरह व्यक्त होगा ?
A. गप, धनीसां B. गरे, गप
C. ध, गप D. मग, मरेसा

उत्तरमाला

1	2	3	4	5	6	7	8	9	10
A	B	A	A	A	B	B	A	B	B

3. 'षड्ज पंचम भाव' का गणितीय मूल्य क्या है?

A. $\frac{5}{4}$ B. $\frac{3}{2}$

C. $\frac{16}{15}$ D. $\frac{9}{8}$

4. पं. अहोबल द्वारा शुद्ध विकृत कुल कितने स्वर व्यवहार हेतु स्वीकार किये गये हैं?

A. बारह B. पन्द्रह

C. उन्नीस D. बाईस

5. 'संगीत पारिजात' में मिलने वाला शुद्ध स्वर-सप्तक समान लगता है—

A. बिलावल के B. काफी के

C. भैरव के D. खमाज के

6. स्वामी हरिदास के समय में कौन-सी गायन-शैली प्रचलित थी?

A. ध्रुवपद B. ख्याल

C. ठुमरी D. टप्पा

7. 'बाऊल' लोकगीत प्रचलित है—

A. पंजाब में B. बंगाल में

C. आसाम में D. बिहार में

8. 'संतूर' लोकप्रिय लोकवाद्य है जो प्रचलित है—

A. पंजाब में B. कश्मीर में

C. हिमाचल प्रदेश में D. मेघालय में

9. उस्ताद विलायत हुसैन खां—

A. ग्वालियर घराने के थे B. आगरा घराने के थे

C. जयपुर घराने के थे D. किराना घराने के थे

10. शक्कर खां-मक्खन खां—

A. ग्वालियर घराने के थे B. लखनऊ घराने के थे

C. दिल्ली घराने के थे D. पटियाला घराने के थे

11. पं. रामानारायण के द्वारा कौन-सा वाद्य बजाया जाता है?

A. दिलरुबा B. इसराज

C. सारंगी D. वाइलिन

12. 16/15 का गणितीय मूल्य—

A. दो श्रुतियों का है। B. प्रमाण श्रुति का है।

C. तीन श्रुतियों का है D. चार श्रुतियों का है।

13. जोग-कौंस—

A. प्राचीन राग है।

B. संगीत पारिजात में प्राप्त होता है।

C. जगन्नाथ बुआ पुरोहित ने निर्माण किया है।

D. विलायत हुसैन खां ने निर्माण किया है।

14. 'हिन्दोलम्' हिन्दुस्तानी किस राग के समकक्ष है?

A. हिंडोल B. मालकौंस

C. सोहिनी D. सारंग

15. सरोदवादिका शरण रानी शिष्या हैं—

A. पं. रविशंकर की

B. अली अकबर खां की

C. राधिका मोहन मोइत्रा की

D. हाफिज़ अली खां की

उत्तरमाला

1	2	3	4	5	6	7	8	9	10
B	C	B	A	B	A	B	B	B	A
11	**12**	**13**	**14**	**15**					
C	A	C	B	B					

अभ्यास-पत्र-10

संगीतशास्त्र

1. 'चतुर्दण्डी विधा' (फार्म) के अग्रणी (पायोनियर) के रूप में, जिस विद्वान को स्वीकार किया गया है, वह निम्न में से कौन हैं?

A. वेंकटमखी B. तेनप्पाचार्य

C. गोपाल नायक D. पुण्डरीक विट्ठल

2. गांधर्व के निरूपण (ट्रीटमेन्ट) मात्र के प्रति जो रचना समर्पित (डिवोटिड) है, वह है—

A. दत्तिलम् B. बृहद्देशी

C. भरतभाष्य D. मानसोल्लास

3. निम्न में से वह कौन-सा स्वरूप है जोकि ध्रुवगान का प्रकार (वैराइटी) नहीं है ?

A. प्रवेशिकी B. नायक्षेत्रमिकी

C. प्रासादिकी D. परिवर्तिनी

4. शारंगदेव द्वारा निर्दिष्ट विकृत स्वरों की संख्या है—

A. 14 B. 10

C. 07 D. 12

5. एक कटावदार धनुषाकार वाद्य यन्त्र (फ्रैटिड बाउड इन्स्ट्रूमेन्ट) है—

A. सितार B. सारंगी

C. सरोद D. इसराज

6. केवल 'सालगसूड' में अस्तित्व रखने वाला (ऑकरिंग) प्रबंध धातु है—

A. उद्ग्राह B. अन्तरा

C. ध्रुव D. आभोग

7. निम्न में से कौन-सा वीणा का अंग नहीं है ?

A. दण्ड B. ककुभ

C. कैराना D. किलका

8. 'संगीत समयसार' में प्रयुक्त स्थायी के लिए निम्न में से कौन-सा पद (टर्म) प्रयुक्त होता है ?

A. थाय B. स्थान

C. काकु D. धालू

9. निम्न में से कौन-सी कृति पी.साम्बमूर्ति की नहीं है ?

A. भारतीय संगीत एक परिचय

B. दक्षिण भारतीय संगीत एवं संगीतकारों का शब्दकोश

C. वेणु (दी फ्लूट)

D. महान स्वर रचनाकार (ग्रेट कम्पोजर्स)

10. निम्न ग्रंथकार में से कोई एक राजा नहीं था ?

A. शाहजी B. तुलजा

C. रघुनाथ नायक D. गोविन्द दीक्षित

11. संगीत अनुसंधान अकादमी कहां पर स्थित है ?

A. चेन्नई B. कलकत्ता

C. मुम्बई D. दिल्ली

12. 'संगीत-सारिता' नामक संगीत-शिक्षा-कार्यक्रम निम्न में से किसके अन्तर्गत है ?

A. दूरदर्शन

B. आकाशवाणी दिल्ली 'अ'

C. आकाशवाणी विविध भारती

D. जी.टी.वी.

13. शारंगदेव की ध्रुववीणा एवं चलवीणा में तंत्रियों की संख्या है—

A. 20 B. 21

C. 07 D. 22

14. हिन्दी की मासिक पत्रिका 'संगीत' जिस स्थान से प्रकाशित होती है, वह स्थान कौन-सा है ?

A. इलाहाबाद B. हाथरस

C. अलीगढ़ D. बनारस

15. वीणा निर्वहमकर्त्ता (वीणा परफोर्मर) निम्न में से कौन है ?

A. मैसूर दोरायस्वामी अय्यंगर

B. लालगुडी जयरमण

C. एन. रमणी

D. टी.बी. शंकरनारायन

16. 'चतुर्दण्डी' की एक प्रशाखा (लिम्ब्स) है—

A. कृति B. तानम्

C. निरावल D. प्रबंध

17. एक ऐसा 'गमक' जिसका संस्कृत ग्रंथों में उल्लेख नहीं हुआ है वह है—

A. आन्दोलितॉ B. मीन्दॉ

C. प्लावितॉ D. हम्फिता

18. यदि कोमल धैवत की आन्दोलन संख्या (फ्रिकेन्सी) 560 है तो षड्ज की आन्दोलन संख्या होगी—

A. 350 B. 320

C. 375 D. 400

19. यदि 'मध्य स्थान कोमल मध्यम' मूल स्वरक (फन्डामेन्टल टोन) है तो तृतीय गुणत स्वर (थर्ड हारमोनिक) है—

A. तारस्थान कोमल मध्यमा

B. तारस्थान कोमल निषाद

C. अति तारस्थान गांधार

D. अति तारस्थान षड्ज

20. बांस के इकहरे तने से निर्मित वाद्य यन्त्र (सिंगल रीड इन्स्ट्रूमेन्ट) का उदाहरण है—

A. क्लैरीनेट B. शहनाई

C. नाग-स्वरम् D. [illegible]री

उत्तरमाला

1	2	3	4	5	6	7	8	9	10
C	A	B	D	B	B	C	A	C	D
11	**12**	**13**	**14**	**15**	**16**	**17**	**18**	**19**	**20**
B	C	D	B	A	D	B	A	D	D

अभ्यास-पत्र-11

हिन्दुस्तानी संगीत (तबला छोड़कर)

गायन एवं वादन

1. संगीत रत्नाकर में कुल कितनी गमकों का वर्णन किया गया है ?

A. दस　　B. बारह

C. पन्द्रह　　D. बीस

2. तानसेन ध्रुवपद की किस वाणी के गायक थे ?

A. नौहारी　　B. खंडारी

C. गौरारी　　D. डागुर

3. सुल्तान हुसैन शर्की किस राज्य के शासक थे ?

A. बनारस　　B. जौनपुर

C. गया　　D. बेतिया

4. सुल्तान हुसैन शर्की ने किस गायन को प्रसिद्ध किया ?

A. ध्रुवपद　　B. ख्याल

C. कव्वाली　　D. ठुमरी

5. उस्ताद अमीनुद्दीन डागर का जन्म कहां पर हुआ ?

A. भोपाल　　B. आगरा

C. ग्वालियर　　D. इंदौर

6. बहत्तर मेलकर्ता के सिद्धान्त को किसने प्रतिपादित किया ?

A पुण्डरीक बिट्ठल　　B. अहोबल

C. वेंकटमखी　　D. सोमनाथ

7. किस ग्रंथ में पहली बार बिलावल को शुद्ध स्वर सप्तक की तरह बताया गया है ?

A नग़माते आसफ़ी　　B. मुआदुनल मौसीकी

C. राग दर्पण　　D. संगीत सार

8. गुलाम रसूल कौन थे ?

A. ध्रुवपद गायक　　B. ख्याल गायक

C. कव्वाली गायक　　D. ठुमरी गायक

9. बालकृष्ण बुआ किसके शिष्य थे ?

A. वासुदेव राव जोशी　　B. हद्दू खां

C. गुलाम रसूल　　D. शक्कर खां

10. शंकरराव पंडित ख्याल के किस घराने के प्रतिनिधि थे ?

A. आगरा　　B. ग्वालियर

C. जयपुर　　D. पटियाला

11. मुश्ताक अली, सितार नवाज़, किस घराने के थे ?

A. सेनिया घराना　　B. ग्वालियर घराना

C. आगरा घराना　　D. मैहर घराना

12. सिद्धेश्वरी देवी प्रसिद्ध थीं—

A. ठुमरी गायन के लिए　　B. ख्याल गायन के लिए

C. ग़ज़ल गायन के लिए　　D. ध्रुवपद गायन के लिए

13. राजा भैया पूंछवाले ख्याल के किस घराने से जुड़े थे ?

A. आगरा　　B. ग्वालियर

C. पंजाब　　D. किराना

14. केसरबाई ख्याल के किस घराने की गायिका थीं ?

A. आगरा　　B. जयपुर

C. ग्वालियर　　D. किराना

15. राग जयजयवन्ती का प्रमुख स्वर-समूह कौन-सा है ?

A. स नी ध़ प़ रे　　B. रे ग ग, रे ग रे

C. रे, ग म प　　D. रे, ग म ग रे

16. रे ग रे, नि़ सा, किस राग की पकड़ है ?

A. भैरवी　　B. तोड़ी

C. बिलासखानी　　D. भैरव

17. ग म, नी ध, नी सां यह स्वर-समूह किस राग का है ?

A. बागेश्वरी　　B. बहार

C. अडाना　　D. शहाना

18. जौनपुरी का सबसे उपयुक्त स्वर-समूह कौन-सा है?
A. म, प ध नी सां B. म प ध प, ग रे
C. रे म प, नी ध प D. नी सां, रें नि ध प

19. निम्न में से किस भारतीय संगीतज्ञ को ग्रामी पुरस्कार से सम्मानित किया गया है?
A. अली अकबर खां B. विश्वमोहन भट्ट
C. रविशंकर D. ज़ाकिर हुसैन

20. पन्नालाल घोष के गुरु कौन थे?
A. अलाउद्दीन खां B. वज़ीर खां
C. फैयाज़ खां D. अल्लादिया खां

उत्तरमाला

1	2	3	4	5	6	7	8	9	10
C	C	B	B	D	C	A	B	A	B
11	12	13	14	15	16	17	18	19	20
A	A	B	B	A	B	B	A	B	A

अभ्यास-पत्र-12

संगीतशास्त्र

1. पखावज किस वाद्य के संगत हेतु उपयुक्त है?
A. सितार B. सरोद
C. शहनाई D. बांसुरी

2. षड्ज ग्राम से कुल कितनी मूर्च्छनाएं उत्पन्न होती हैं?
A. पांच B. सात
C. बारह D. चौदह

3. पं. सोमनाथ ने अपने राग विबोध में कितने रागों को वर्गीकृत किया है?
A. उन्नीस B. तेईस
C. अट्ठाईस D. पिचहत्तर

4. किस ताल में 15 मात्राएं एवं 5 विभाग होते हैं?
A. लक्ष्मी ताल B. चित्रा ताल
C. रुद्र ताल D. बसन्त ताल

5. पं. शारंगदेव ने कितनी गीतियों को मान्यता दी?
A. पांच B. छह
C. सात D. आठ

6. अचल थाट वाले सितार में कितने परदे होते हैं?
A. पन्द्रह B. उन्नीस
C. बीस D. इक्कीस

7. पं. शारंगदेव ने कितने प्रबन्धों का वर्णन किया है?
A. दस B. पन्द्रह
C. पचास D. पचहत्तर

8. संगीत रत्नाकर में कुल कितने रागों का वर्णन किया है?
A. दो सौ B. दो सौ पच्चीस
C. दो सौ पैंतालीस D. दो सौ छियालिस

9. अलिया फत्तू किस घराने के हैं?
A. ग्वालियर B. आगरा
C. किराना D. पटियाला

10. निम्नलिखित रागों में से कौन-सा राग खमाज थाट के अन्तर्गत आता है?
A. बागेश्री B. रागेश्री
C. धनाश्री D. जैतश्री

11. वाज़िद हुसैन खलीफा का घराना कौन-सा था?
A. अजराड़ा B. बनारस
C. लखनऊ D. पंजाब

12. जयपुर घराने के संगीतज्ञ कौन हैं?
A. भीमसेन जोशी B. मल्लिकार्जुन मंसूर
C. अमीर खां D. जसराज

13. हिन्दुस्तानी तथा कर्नाटक शैली के संगीतज्ञों को आश्रय देने वाला राजदरबार है—
A. रामपुर B. कोयम्बटूर
C. जयपुर D. मैसूर

14. सरोद की उत्पत्ति किस वाद्य से हुई है?
A. रबाब B. सितार

C. बेला D. ताऊस

15. ऐसे तबला वादक का नाम बताइए जो सितार में भी सिद्धस्त है ?

A. किशन महाराज B. नयन ज्योति घोष
C. ज्ञान प्रकाश घोष D. श्यामल बोस

16. पं. रविशंकर के साथ किस विदेशी वायलिन वादक ने सबसे अधिक जुगलबन्दी की है ?

A. ई.एम. फॉरेस्टर B. वाई.बी. कीट्स
C. चार्ल्स डिकन्स D. यहूदी मैनूहिन

17. अख्तरी बाई का सम्बन्ध किस गायन-शैली से है ?

A. ध्रुपद B. ख्याल
C. ठुमरी D. ग़ज़ल

18. किस शताब्दी ने 'अष्टछाप' गायकों को उत्पन्न किया ?

A. 15वीं शताब्दी B. 16वीं शताब्दी
C. 17वीं शताब्दी D. 18वीं शताब्दी

19. किस राग में कान्हड़ा और मल्हार अंग दोनों हैं ?

A. नट मल्हार B. गौड़ मल्हार
C. मियां मल्हार D. सूर मल्हार

20. संगीत सारामृत ग्रंथ में कितने मेलों की गणना की गई है ?

A. 15 B. 21
C. 25 D. 27

उत्तरमाला

1	2	3	4	5	6	7	8	9	10
A	B	D	B	A	B	D	D	D	B
11	**12**	**13**	**14**	**15**	**16**	**17**	**18**	**19**	**20**
C	B	D	A	B	D	C	A	B	B

अभ्यास-पत्र-13

हिन्दुस्तानी संगीत (तबला छोड़कर)
गायन एवं वाद्य वादन

1. त्रिपुष्कर वाद्य किस प्रकार का वाद्य था ?

A. ताल वाद्य B. तन्त्री वाद्य
C. गज वाद्य D. फूंक वाद्य

2. चाचपुट क्या है ?

A. प्राचीन ताल B. एक ताल
C. एक जाति D. एक संगीत वाद्य

3. षड्ज-ग्राम में प्रत्येक स्वर स्थापित किया जाता था, उसकी—

A. प्रथम श्रुति पर B. द्वितीय श्रुति पर
C. तृतीय श्रुति पर D. अंतिम श्रुति पर

4. राग-संगीत का वर्णन सर्वप्रथम किस ग्रंथकार ने किया है ?

A. संगीत रत्नाकर B. नाट्यशास्त्र
C. बृहद्देशी D. संगीतराज

5. 'संगीत रत्नाकर' पर टीका किसने लिखी है ?

A. कल्लिनाथ B. हृदयनारायण देव
C. नान्यदेव D. श्रीनिवास

6. अमीर-खुसरो के आध्यात्मिक गुरु कौन थे ?

A. बहाउद्दीन ज़करिया
B. हज़रत निज़ामुद्दीन
C. मुहम्मद गौस
D. शेख सलीम चिश्ती

7. अकबर दरबार में सम्मिलित किए जाने के पूर्व तानसेन किसके राजाश्रय में थे ?

A. राजा रामचन्द्र पपेला B. राजा रागोंखन सिंह
C. राजा टोडरमल D. राजा आसफ़ुद्दौला

8. पं. भीमसेन जोशी के गुरु कौन हैं ?

A. अब्दुल करीम खां B. सवाई गंधर्व

C. बाल गंधर्व D. कुमार गंधर्व

9. पं. रविशंकर को भारत के राष्ट्रपति द्वारा कौन-सी उपाधि से विभूषित किया जा चुका है?

A. पद्मभूषण B. पद्मविभूषण

C. भारत रत्न D. पद्मश्री

10. रे॒ ग॒ रे॒ सा, यह स्वर-संगति किस राग की पकड़ है?

A. भैरवी B. तोड़ी

C. कोमल आसावरी D. काफी

11. मल्हार का प्रमुख रागांग कौन-सा है?

A. नी॒, ध़ नी़, सा B. म, रे रे प

C. रे म रे, सा D. रे म प, रे, सा

12. यह स्वर-समूह किस राग में आता है?

प, म, ग म ग

A. बिहाग B. पूर्वी

C. परज D. बसंत

13. इस स्वर-समूह के द्वारा कौन-सा राग व्यक्त होता है?

नि़ ध़ नी, सा

A. यमन B. बिलावल

C. शंकरा D. बहार

14. निम्नलिखित स्वर-समूह किस राग का है?

रे म रे, (सा) नि़

A. श्यामकल्याण B. शुद्ध सारंग

C. देश D. वृन्दावनी सारंग

उत्तरमाला

1	2	3	4	5	6	7	8	9	10
A	A	D	C	A	B	A	B	C	B
11	**12**	**13**	**14**						
B	A	B	B						

अभ्यास-पत्र-14

संगीतशास्त्र

1. मार्गरागों का एक वर्ग—

A. भाषाङ्ग B. राग

C. संकीर्ण D. मध्यम

2. देशीताल को पहचानिए—

A. एला B. कङ्काल

C. लीलाकृत D. त्रोटिका

3. षड्जग्राम में कुल औडुव तान हैं—

A. 28 B. 35

C. 21 D. 24

4. 'रागनिधि' रागसूची के ग्रंथकार—

A. सुब्बराम दीक्षितर B. बी.सुब्बाराव

C. वी.सी.देवा D. अशोक रानाडे

5. संस्कृत लाइब्रेरी यहां स्थित है—

A. मैसूर B. मदुरै

C. बीकानेर D. तंजाबूर

6. वर्ण-भेद—

A. स्थायी B. स्थाय

C. स्थित D. स्थिर

7. गमक का प्रकार—

A. प्लावित B. सन्निवृत्तप्रवृत

C. करण D. उत्फुल्ला

8. जाति के दस लक्षणों में से एक—

A. अन्तरमार्ग B. विन्यास

C. संन्यास D. अल्पत्व

9. राग की गीतियों में एक—

A. बेसरा B. पृथुला

C. बिक्षिप्ता D. कैशिकी

10. शुद्धग्राम रागों की कुल संख्या—

A. 5 B. 6

C. 7 D. 8

11. शुद्ध विकृत स्वर वर्णन करने वाला प्रथम लक्षणग्रंथ—
A. संगीतरत्नाकर B. वृहद्देशी
C. भरतभाष्य D. संगीत चूड़ामणि

12. मद्रक निम्न का भेद है—
A. जाति B. प्रबन्ध
C. राग D. गीतक

13. चतुर्दण्डी प्रकाशिका में उक्त प्रथम मेल—
A. कनकाङ्गी B. श्रीराग
C. मुखारी D. गौल

14. ओंकारनाथ ठाकुर इस घराने के थे—
A. किराना B. ग्वालियर
C. जयपुर D. पटियाला

15. नाट्य की वृत्ति—
A. नागरिका B. निर्युक्त
C. वाचिक D. भारती

16. नृत्त से सम्बधित गीतक—
A. अपरान्तक B. वर्धमान
C. गाथा D. उत्तर

17. उड़ीसा क्षेत्र में लिखित ग्रंथ—
A. गीतप्रकाश B. सङ्गीत सूर्योदय
C. सङ्गीत दर्पण D. संगीत दामोदर

18. सङ्गीत कलाविहार यहां से प्रकाशित है—
A. हाथरस B. दिल्ली
C. बड़ौदा D. मिरज

19. पुरुष राग—
A. हिन्दोल B. मालकौंस
C. मल्हार D. कान्हड़ा

20. बसन्तबहार फिल्म के सङ्गीत निर्देशक हैं—
A. नौशाद B. एस.डी.बर्मन
C. रविशंकर D. शंकर-जयकिशन

21. लखनऊ घराने के कत्थक गुरु—
A. सितारा देवी B. दुर्गालाल
C. गोपीकृष्ण D. ब्रिरजू महाराज

22. 'लड़ी' किससे सम्बन्धित है?
A. पेशकार B. कायदा
C. लग्गी D. रेला

23. 'प्रस्तार' का सम्बन्ध किससे है?
A. लय B. प्राण
C. गति D. यति

24. 'मृदंगम्' भारत के किस भाग से सम्बन्धित है?
A. उत्तरी B. दक्षिणी
C. पूर्वी D. पश्चिमी

25. | ना धी (4) | धी ना (0) | किस ताल का अंश है?
A. तीनताल B. आड़ा चारताल
C. सवारी D. इनमें से कोई नहीं

उत्तरमाला

1	2	3	4	5	6	7	8	9	10
B	B	C	A	C	A	A	D	A	C
11	**12**	**13**	**14**	**15**	**16**	**17**	**18**	**19**	**20**
A	D	C	B	B	B	A	D	A	D
21	**22**	**23**	**24**	**25**					
D	C	A	B	B					

अभ्यास-पत्र-15

गायन, वादन एवं नृत्य

1. तानसेन के आश्रयदाता कौन थे?
A. मानसिंह तोमर B. शाहजहां
C. अकबर D. जहांगीर

2. पं. भातखण्डे किस प्रदेश के रहने वाले थे?
A. बंगाल B. पंजाब
C. महाराष्ट्र D. मद्रास

3. शारङ्गदेव किस शताब्दी में हुए ?
A. पहली शताब्दी B. सत्रहवीं
C. तेरहवीं शताब्दी D. दसवीं शताब्दी

4. ध्रुवा गीत का उल्लेख करने वाले ग्रंथ का नाम बताइये—
A. नाट्यशास्त्र B. संगीत पारिजात
C. रागमाला D. हृदयप्रकाश

5. कौन-सा वाद्य सारिकायुक्त है—
A. सरोद B. सितार
C. वायलिन D. सारंगी

6. 'सारणाचतुष्टय' सिद्धान्त का उल्लेख किस ग्रंथकार ने किया है ?
A. भरत B. सोमनाथ
C. श्रीनिवास D. भावभट्ट

7. प्रसिद्ध ख्याल गायक कौन हैं ?
A. डागरबन्धु B. गंगूबाई हंगल
C. अली अकबर खां D. अब्दुल हलीम ज़ाफर

8. दक्षिण भारत के प्रसिद्ध वायलिन वादक का पूरा नाम बताइये—
A. एम.एल. बसंत कुमारी B. टी.एन. कृष्णनन्
C. सिक्किल बहनें D. पालघाट मणि अय्यर

9. ओड़िसी नृत्य किस प्रदेश से बिकसित हुआ ?
A. तमिलनाडु B. बिहार
C. उड़ीसा D. आसाम

10. कौन-सा प्रदेश भांगड़ा नृत्य के लिए प्रसिद्ध है ?
A. कर्नाटक B. पंजाब
C. उत्तर प्रदेश D. नागालैंड

11. किसका नाम ख्याल की उत्पत्ति से जुड़ा हुआ है ?
A. स्वामी हरिदास B. महाराणा कुम्भा
C. सदारंग-अदारंग D. बैजू

12. अष्टछाप के प्रसिद्ध ध्रुवपद गायक कौन थे ?
A. स्वामी हरिदास B. सूरदास
C. कबीर D. मीराबाई

13. वह कौन-सा प्रात:कालीन राग है जिसमें कोमल निषाद भी प्रयुक्त होता है ?
A. भटियार B. मियां की तोड़ी
C. रामकली D. गुणकली

14. उस राग का नाम बताइये जिसमें पंचम वर्जित है तथा मध्यम पर न्यास होता है—
A. बिहागड़ा B. आभोगी
C. मियां की सारंग D. दरबारी कान्हडा

15. उस राग का नाम बताइये जो हिन्दुस्तानी संगीत के शुद्ध स्वर सप्तक पर आधारित है—
A. कल्याण B. बिलावल
C. तोड़ी D. पूर्वी

16. 'संगीत रत्नाकर' के विप्रकीर्ण प्रबन्धों की संख्या बताइये—
A. बीस B. छत्तीस
C. दस D. तेरह

17. पं. रविशंकर के गुरु का नाम बताइये—
A. हाफ़िज अली खां B. अलाउद्दीन खां
C. इनायत खां D. वज़ीर खां

18. सदारंग-अदारंग के आश्रयदाता कौन थे ?
A. बहादुरशाह ज़फर B. जहांगीर
C. मुहम्मदशाह रंगीले D. अकबर

19. चौदह मात्रा वाले ताल का नाम बताइये—
A. आड़ा चौताल B. सूलफाक
C. ब्रह्म D. मत्त

20. डागर बन्धु किस गीत प्रकार के लिए प्रसिद्ध हैं ?
A. ठुमरी B. ख्याल
C. टप्पा D. ध्रुपद

21. संगीत रत्नाकर के किस अध्याय में गमक का वर्णन है ?
A. रागविवेकाध्याय B. प्रकीर्णकाध्याय
C. स्वरगताध्याय D. तालाध्याय

22. हिन्दुस्तानी स्वरलिपि पद्धति के अग्रणी कौन थे ?
A. ओंकारनाथ ठाकुर
B. वी.एन. भातखण्डे
C. फैयाज़ खां
D. विनायक राव पटवर्धन

23. किस स्वर सप्तक के स्वर मध्यकालीन हिन्दुस्तानी शुद्ध स्वर सप्तक से मिलते-जुलते हैं ?
A. आसावरी B. भैरवी
C. बिलावल D. काफी

24. वैदिक संगीत से सम्बद्ध पारिभाषिक शब्द कौन-सा है ?

A. जाति B. स्तोभाक्षर

C. काकली D. स्थाय

25. सारंग के उस प्रकार को बताइये जिसमें तीव्र मध्यम लिया जाता है।

A. लंकादहन B. सामन्त

C. शुद्ध D. वृन्दावनी

26. किशन महाराज के गुरु कौन हैं ?

A. बिरजू महाराज B. अनोखे लाल

C. शम्भू महाराज D. कण्ठे महाराज

27. गोविन्द राव बुरहानपुरकर की प्रसिद्धि किसके लिये है ?

A. सारंगी B. पखावज

C. तबला D. सरोद

28. उस संगीतज्ञ का नाम बताइये जिसने संतूर को मंच पर प्रतिष्ठित किया—

A. निखिल बैनर्जी B. अन्नपूर्णा देवी

C. पन्नालाल घोष D. शिवकुमार शर्मा

29. हिन्दुस्तानी संगीत में दस थाट पद्धति का प्रचलन किया—

A. विष्णु दिगम्बर पलुस्कर

B. नारायण राव व्यास

C. वी.एन. भातखण्डे

D. ओंकारनाथ ठाकुर

30. किस बादशाह के शासनकाल में फ़कीरुल्ला ने 'राग दर्पण' लिखा था—

A. अकबर B. अलाउद्दीन खिलजी

C. औरंगजेब D. मानसिंह

उत्तरमाला

1	2	3	4	5	6	7	8	9	10
C	C	C	A	B	A	B	B	C	B
11	**12**	**13**	**14**	**15**	**16**	**17**	**18**	**19**	**20**
C	B	C	B	B	B	B	C	A	D
21	**22**	**23**	**24**	**25**	**26**	**27**	**28**	**29**	**30**
B	B	D	B	C	D	B	D	C	C

संदर्भ-सूची

1. राग-शास्त्र, भाग 1, 2 — डॉ. गीता बनर्जी
2. संगीत कादम्बिनी — विश्वम्भरनाथ भट्ट
3. संगीतशास्त्र पराग — गोविन्दराव राजुरकर
4. अभिनव गीतांजलि भाग 1, 2, 3 — पं. रामाश्रय झा 'रामरंग'
5. संगीतांजलि, भाग 4 — ओम्कारनाथ ठाकुर
6. भावरंग लहरी, भाग 2 — बलवंतराय भट्ट
7. हिन्दुस्तानी संगीत शास्त्र भाग 2, 3 — भगवतशरण शर्मा
8. क्रमिक पुस्तक मालिका भाग 6 — पं. विष्णु नारायण भातखण्डे
9. भारतीय शास्त्रीय संगीत में रागों का परिचय — कुमकुम सहदेव
10. हाई-स्कूल संगीतशास्त्र — प्रो. नाथूराम शर्मा
11. राग-विज्ञान, भाग 4, 5, 6 — विनायक राव पटवर्धन
12. राग-व्याकरण — विमलकान्त राय चौधरी
13. संगीत-बोध — डॉ. शरच्चन्द्र श्रीधर परांजपे
14. हमारे संगीत रत्न — लक्ष्मीनारायण गर्ग
15. संगीतशास्त्र विज्ञान — डॉ. पन्नालाल मदन
16. ताल परिचय, भाग 1, 2, 3 — गिरीश चन्द्र श्रीवास्तव
17. पाश्चात्य संगीत शिक्षा — भगवतशरण शर्मा
18. निबन्ध संगीत — संकलनकर्ताङ्क लक्ष्मीनारायण गर्ग
19. मुसलमान और भारतीय संगीत — आचार्य वृहस्पति
20. नाट्यशास्त्र — भरतमुनि
21. संगीत ग्रंथसार — भगवतशरण शर्मा
22. संगीत-रत्नाकर — शार्ङ्गदेव
23. संगीत-संचयन — डॉ. सुभद्रा चौधरी
24. भारतीय इतिहास में संगीत — भगवतशरण शर्मा
25. संगीतशास्त्र दर्पण, भाग 1 — श्रीमती शान्ति गोवर्धन
26. हमारा आधुनिक संगीत — डॉ. सुशील कुमार चौबे
27. भारतीय संगीत में ताल और रूप विधान — डॉ. सुभद्रा चौधरी
28. भारतीय तालों का शास्त्रीय विवेचन — डॉ. अरुण कुमार सेन
29. भरत का संगीत सिद्धान्त — आचार्य वृहस्पति
30. तबला कौमुदी — रामशंकर पागलदास
31. रस-सिद्धान्त — डॉ. प्रेमलता शर्मा
32. संगीत सरिता, भाग 2 — लालमणि मिश्र
33. संगीत निबन्धावली — संकलनकर्ताङ्क लक्ष्मीनारायण गर्ग
34. भारतीय संगीत में शोध-प्रविधि — अलका नागपाल
35. राग परिचय, भाग 2, 4 — हरिश्चन्द्र श्रीवास्तव
36. ध्रुपद और उसका विकास — कैलाशचन्द्र देव वृहस्पति
37. खुसरो, तानसेन और अन्य कलाकार — सुलोचना वृहस्पति, कैलाशचन्द्र वृहस्पति
38. संगीत में शोध की संभावनाएं और आवश्यकताएं
39. संगीत प्रवीण, भाग 2
40. संगीत प्रवीण दर्शिका भाग 1

पत्रिकायें

1. संगीत पत्रिका — सितम्बर, 1993/ लेख/पंकजरानी अग्रवाल
2. संगीत पत्रिका — जुलाई, 2002/ लेख/डॉ. सौभाग्य वर्धन
3. छायानट पत्रिका — अंक 20, जनवरी-मार्च, 1982/ लेख/सुधा रस्तोगी

YOUR SPACE

YOUR SPACE